*표는 별도의 명칭을 가지고 있고, 쓰이는 위치에 따라 자형(字形)이 변하는 부수 글자임.

東亞

實用玉篇

동아출판

머 리 말

우리나라는 중국이나 일본 등 세계 경제에서 높은 비중을 차지하는 한자 문화권 국가와의 교류를 점점 더 확대하고 있다. 세계화, 국제화 시대의 무한 경쟁 속에서 이들 나라에서 통용되는 국제 문자인 '한자' 실력을 높인다면 개인이나 국가적으로 경쟁력을 갖추는 데 큰 도움이 될 것이다.

이러한 현실을 반영하듯 최근 들어 한자에 대한 국민적 관심이 점점 높아지고 있다. 초등학생부터 일반에 이르기까지 한자 학습 열풍이 일고 있는 것이다. 대학 수학능력 시험에서 한자가 제2외국어로 선정된 지 몇 해가 지났으며, 한자 능력을 대학 신입생 선발 시 반영하거나 가산점을 부여하는 대학도 해마다 늘고 있다. 기업체의 신입사원 채용 시 한자 시험을 치르고, 한자 능력을 회사원들의 승진의 잣대로 삼기도 한다. 교육 기관이나 기업체에서 한자의 중요성을 새롭게 인식하여 교육 기회를 확대하고, 관련 제도를 마련한 것은 한자가 지닌 현실적인 힘과 유용함을 드러낸 것으로 고무적인 일이다.

한자 능력이 이처럼 중요하고 사회적으로도 높은 관심을 보이고 있지만, 많은 학습자들이 한자는 매우 까다롭고 익히기 어렵다고 느끼고 있다. 그 이유는 한자를 일상생활에서 많이 보고 쓰지 않기 때문이다. 이러한 어려움을 극복하기 위해서 우리는 옥편을 늘 옆에 두고 필요할 때마다 찾아보는 습관을 들여야 한다. 우리말의 70% 이상이 한자어라는 사실을 감안한다면 옥편은 한문을 전공하는 사람들뿐만 아니라 우리말을 익히는 사람들에게도 꼭 필요한 지침서라고 말할 수 있다.

그간 우리는 휴대하면서 필요할 때 쉽게 찾아볼 수 있도록 '현대활용옥편' 을 펴냈고, 초학자부터 한문을 전공하는 사람들까지 두루 요긴한 '백년옥편' 을 펴낸 바 있다. 그런데 많은 독자들이 '현대활용옥편' 의 간편함과 '백년옥편' 의 상세한 정보를 함께 아우를 수 있는 사전 개발을 요청해 왔다. 이에 우리는 독자들의 요청에 부응하여 휴대하기에 편리하면서도 많은 정보를 담은 사전을 개발하게 된 것이다.

이 사전은 다음과 같은 점에 편찬의 주안점을 두었다.

첫째, 한문 교육용 기초 한자의 상세한 풀이에 역점을 두었다. 기초 한자마다 자원과 필순을 보였고, 실생활에서 널리 쓰이는 한자어를 빠짐없이 수록하였다.

둘째, 문장례에 독음을 달아 뜻을 모르는 글자는 색인에서 쉽게 찾아볼 수 있도록 하였다.

셋째, 각 면의 윗부분에는 표제자가 속한 부수와 획수가 같은 부수를 순서대로 모두 보여 부수로 글자를 찾을 때 유용할 뿐 아니라 부수의 순서를 익히는 데도 도움이 되도록 하였다.

넷째, 표제 한자의 다양한 이체자와 중국에서 쓰는 간체자를 한눈에 알아볼 수 있도록 정리하여 여러 가지 한자 자형을 두루 익힐 수 있게 꾸몄다.

다섯째, 대법원 지정 인명용 한자를 모두 수록하였고, 인명용으로 지정된 한자의 음도 자세히 밝혔다.

여섯째, 한자능력검정시험의 급수를 글자마다 표시하여 검정 시험에 대비하는 수험생들에게 유용한 사전이 되도록 하였다.

우리는 이 사전의 완성도를 높이기 위해 많은 노력을 기울였다. 그러나 부족한 부분이 많을 것이므로 끊임없이 다듬고 이 분야 전문가와 독자의 의견에 귀 기울여 좀 더 완성된 사전으로 가꾸어 나가는 데 힘쓸 것을 약속하는 바이다.

2006년 10월
두산동아 사전편찬실

일러두기

◈ 이 사전의 구성

➲ 표제자(標題字)

ㅇ 교육인적자원부 선정 한문 교육용 기초 한자
ㅇ 대법원 지정 인명용(人名用) 한자
ㅇ 한자능력검정시험 급수 한자
ㅇ 국어 어휘에 많이 쓰이는 한자 및 교양 한문 독해에 필요한 한자
ㅇ 우리나라와 중국의 한문 고전 해독에 필요한 한자

➲ 표제어(標題語)

ㅇ 뜻갈래를 이해하는 데 반드시 필요한 어휘
ㅇ 일상생활에서 자주 쓰이는 어휘
ㅇ 널리 쓰이는 숙어·고사·속담
ㅇ 한문 문장 독해에 필요한 어휘

➲ 부록(附錄) 및 색인(索引)

ㅇ 중국 간체자표(中國簡體字表)—주요 간체자를 총획수순으로 배열하고 그에 대응되는 한자를 밝혔다.
ㅇ 한자능력검정시험 배정 한자—한국어문회 시행 한자능력검정시험 1급 배정 한자 3,500자를 한글자모순으로 배열하였다.
ㅇ 총획 색인(總畫索引)—모든 표제자를 총획수순으로 나누고, 다시 부수순으로 배열한 다음 본문의 수록 면수를 밝혔다.
ㅇ 자음 색인(字音索引)—모든 표제자를 한글자모순으로 배열하고, 음(音)이 같은 자는 부수획수순(部首畫數順)으로 늘어놓은 다음 본문의 수록 면수를 밝혔다. 한 표제자가 몇 개의 음으로 읽히는 경우에도 각각의 음을 모두 실었고, 표제자의 본음(本音)도 빠짐없이 실었다.

◈ 표제자란(標題字欄)에 대하여

➲ 표제자의 배열(排列)

ㅇ 표제자는 『강희자전(康熙字典)』에 준거하여 부수획수순(部首畫數順)으로 배열하였다.
ㅇ 같은 부수에 딸린 표제자로서 획수가 같은 것은 자음(字音)의 한글자모순으로 배열하였다.

➲ 표제자 자음(字音)의 표기

ㅇ 자음이 둘 이상인 경우에는 대표음(代表音)을 앞세웠다.

7
⑭ 【說】 说 ①말씀 설 屑
②기쁠 열 屑
③달랠 세 霽

4
⑨ 【省】 ①살필 성 梗
②덜 생 梗

ㅇ 본음(本音)은 쓰이지 않고 관용음(慣用音)만 쓰일 경우, 관용음을 앞세우되 본음

앞에 本의 약호로 표시하였다.

9 ⑬【暇】 겨를 가 本하 禡

3 ⑥【寺】 1 절 사 本시 寘
2 내시 시 寘

○ 자음이 지니는 성조(聲調)는 사성(四聲) 106운(韻)을 따라 평성(平聲)은 □, 상성(上聲)은 □, 거성(去聲)은 □, 입성(入聲)은 □의 약호로써 각각 그 운통(韻統)을 밝혔다.

11 ⑮【樂】乐 1 풍류 악 覺
2 즐길 락 藥
3 좋아할 요 效

표제자의 중국음(中國音) 및 간체자(簡體字)

○ 한어병음(漢語拼音) 자모(字母)와 간체자는 『漢語大字典(한어대자전편집위원회, 1986)』에 근거하였다.

표제자의 유별(類別)

○ 표제자와 관련된 본자(本字)·동자(同字)·속자(俗字)·고자(古字) 등도 표제자로 싣고, 관련 표제자가 있는 면수를 밝혔다.

5 ⑨【昰】 1 是(581)의 본자
2 夏(274)의 고자 인명

4 ⑩【笔】 筆(947)과 동자

7 ⑩【帰】 歸(676)의 속자

○ 현대에 와서 새로 만들어 쓰게 된 표제자에는 그 훈(訓) 앞에 現의 약호로, 우리나라에서 만들어 쓰는 표제자에는 그 훈 앞에 國의 약호로 표시하였다.

4 ⑦【呎】 現피트 척

5 ⑥【乭】 國이름 돌 인명

표제자의 구성

○ 표제자의 구성 체제

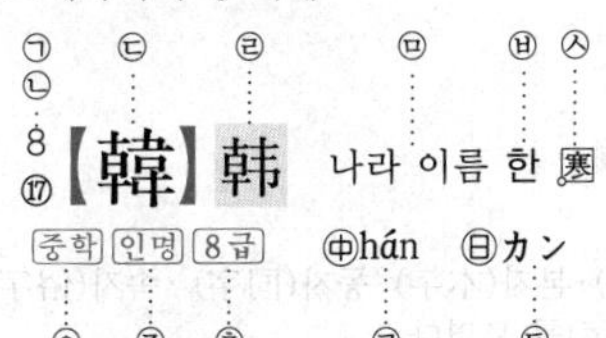

㉠부수(部首) 이외의 획수 ㉡총획수 ㉢표제자 ㉣간체자(簡體字) ㉤대표훈 ㉥표제자의 음 ㉦운통(韻統) ㉧교육용 기초 한자 약호 ㉨인명용 한자 약호 ㉩한자능력검정시험 급수 약호 ㉪중국어 병음(拼音) ㉫일본어 독음

○ 한문 교육용 기초한자는【 】, 인명용 한자는〖 〗, 그 외 한자는【 】의 약호로써 구별하였다. 또, 한문 교육용 기초한자 1,800자에는 필순을 10단계로 나누어 제시하였다.

3 ⑥【字】 글자 자 寘

중학 인명 7급 ㊥zì ㊐ジ

필순 丶 丷 宀 宁 字 字

5 ⑨〖胤〗 이을 윤 震

인명 2급 ㊥yìn ㊐イン

1 ⑤【氏】 1 근본 저 霽 2 종족 이름 저 齊

㊥dǐ, dī ㊐テイ

◆ 해자란(解字欄)에 대하여

➲ 자원(字源)의 내용

○ 교육용 기초한자와 주요 표제자는 그 구성 원리를 설명하기 위하여 육서(六書)를 밝히고, 그 글자의 짜임과 어원(語源)을 풀이하였다.

6 ⑩【栗】 밤나무 률 質

자원 象形. 卤+木→㮚→栗. 나무〔木〕에 가시가 있는 열매〔卤〕가 매달려 있는 모습을 본뜬 글자로, '밤, 밤나무' 의 뜻을 나타낸다.

0 ⑥【行】 1 갈 행 庚 2 행실 행 敬 3 늘어설 항 陽

자원 會意. 彳+亍→行. '彳(척)' 은 왼발이 걷는 모양, '亍' 은 오른발이 걷는 모양. 합하여 좌우의 발을 차례로 옮겨 걸어간다는 뜻을 나타낸다.

➲ 참고(參考)의 내용

○ 자형(字形)이 비슷하여 표제자와 혼동하기 쉬운 한자나 음이 여럿인 표제자에서 인명용 음을 적시해야 하는 경우에는 참고의 부호 아래에 그 내용을 밝혔다.

9 ⑭【署】 署 관청 서 御

참고 暑(590)는 딴 자.

5 ⑨〖柑〗 1 감자나무 감 覃 2 재갈 먹일 겸 鹽

참고 인명용 음은 '감' 이다.

○ 표제자의 소전(小篆)·초서(草書)·본자(本字)·동자(同字)·속자(俗字)·고자(古字)·갖은자 등 각종 이체자(異體字)를 보였다.

14 ⑱【歸】 归 돌아갈 귀 微

소전 [篆] 초서 [草] 고자 帰 동자 皈 동자 皈 속자 帰 속자 归

◘ 자해(字解)의 내용

ㅇ 뜻갈래는 기본적으로 ❶, ❷, ❸, …으로 세분하였으며, 음(音)이나 운통(韻統)이 다른 것은 1, 2, 3, …으로 나눈 뒤 다시 ❶, ❷, ❸, …으로 세분하였다.

11 ⑮【數】数 1 셀 수 麌 2 수 수 遇 3 자주 삭 覺 4 촘촘할 촉 沃

자해 1 **❶세다, 계산하다.** 〔周禮〕 以歲之上下數邦用이세지상하수방용. **❷헤아리다, 생각하다.** 〔詩經〕 心焉數之심언수지. **❸책하다, 죄목을 하나하나 들어 책망하다.** ¶ 數罪수죄. 2 **❶수, 양(量)을 헤아릴 때의 수.** 1, 2, 3, … 등. **❷일정의 수량이나 수효.** **❸약간의, 서너너덧, 대여섯.** 〔孟子〕 數口之家수구지가. **❹산법(算法), 셈.** 주대(周代)의 육예(六藝)의 하나. 〔周禮〕 禮樂射御書數례악사어서수. **❺규칙, 예법(禮法).** **❻운명, 운수.** **❼정세.** **❽기술, 재주, 솜씨.** 〔孟子〕 今夫弈之爲數금부혁지위수. **❾꾀, 책략(策略).** 3 **❶자주.** ¶ 數飛삭비. **❷자주 하다.** 〔論語〕 事君數사군삭, 斯辱矣사욕의. **❸빨리 하다, 급히 서둘러 하다.** 4 **촘촘하다.** 〔孟子〕 數罟촉고, 不入洿池불입오지.

ㅇ 뜻갈래 끝에 출전(出典)을 밝힌 예문이나 활용된 어휘 등을 보이고 한글 독음을 덧붙여 자의(字義)의 이해를 돕도록 하였다. 또한 출전을 밝힌 예문은 두음법칙에 상관없이 모두 본래의 독음을 달았다.

11 ⑭【寧】宁 편안할 녕 靑

자해 **❶편안하다.** **㉮몸이나 마음이 편안하다.** ¶ 康寧강녕. **㉯편안하게 하다, 안심시키다.** **㉰탈이 없다, 무사하다.** ¶ 寧靜영정. **❷문안(問安)하다, 귀성(歸省)하다.** 시집간 여자가 친정집에 돌아가 부모를 찾아뵙는 일. 〔詩經〕 歸寧父母귀녕부모. **❸차라리.** 선택(選擇)의 뜻을 나타낸다. 〔史記〕 寧爲雞口녕위계구, 勿爲牛後물위우후. **❹어찌, 어찌하여, 어찌 ~하랴?** 의문·반어(反語)의 뜻을 나타낸다. 〔國語〕 寧其得此國也녕기득차국야.

ㅇ 뜻갈래와 같은 뜻으로 쓰이는 한자는 =, 통용(通用)되는 한자는 ≒의 약호 다음에 밝혀 두었다.

0 ⑤【示】 1 보일 시 寘 2 지신 기 支

자해 1 **❶보이다.** 〔禮記〕 國奢則示之以儉국사즉시지이검. **❷보다.** ≒視. 2 **지신(地神).** =祇. 〔周禮〕 掌天神人鬼地示之禮장천신인귀지기지례.

◈ 표제어란(標題語欄)에 대하여

◘ 표제어의 배열(排列)

ㅇ 제2음절 이하에 오는 자음의 한글자모순으로 배열하였다.

ㅇ 표제자가 뒤에 오는 어휘는 ◨ 의 약호 뒤에 한글자모순으로 배열하고 독음도 아울러 달았다.

[표제자 '理' 에서]

◨ 管理관리, 論理논리, 道理도리, 妙理묘리, 物理물리, 非理비리, 事理사리, 生理생리, 攝理섭리, 心理심리, 料理요리, 義理의리, 條理조리, 地理지리, 眞理진리, 天理천리, 哲理철리, 推理추리.

◘ 표제어의 독음(讀音)

ㅇ 독음에 따라 뜻이 다른 경우에는 독음을 ❶, ❷, …로 구별하고 뜻도 해당 번호에

맞추어 풀이하였다.

道場(❶도장 ❷도량) ❶①무예(武藝)를 가르치거나 연습하는 곳. ②수양·훈련을 위하여 단체 생활을 하는 곳. ❷부처를 공양(供養)하는 곳. 절. 불사(佛寺).

○ 본음(本音)보다 관용음(慣用音)으로 익히 쓰이는 어휘는 본음 뒤에 →의 약호로 구분하되, 배열은 본음을 따랐다.

喜怒哀樂(희노애락→희로애락) 기쁨과 노여움과 슬픔과 즐거움. 사람의 온갖 감정.

○ 불교(佛敎) 관계 용어 가운데서 관용음으로 읽는 것은 그 본음과는 관계 없이 관용음을 따랐다.

婆羅門(바라문) 인도 사성(四姓) 가운데 가장 높은 지위의 승족(僧族).

➲ 표제어의 해설(解說)

○ 뜻갈래가 여럿일 경우에는 ①, ②, ③, …으로 구별하였다.

煙火(연화) ①밥 짓는 연기. 人煙(인연). 火煙(화연). ②봉화(烽火). ③불에 익힌 음식물. ④불꽃. 花火(화화).

○ 우리나라에서만 쓰이는 뜻은 國의 약호로 표시하였다.

文衡(문형) ①장식이 있는 병거(兵車)의 횡목(橫木). ②國대제학(大提學)의 딴 이름.

○ 고사가 있는 어휘는 먼저 그 뜻을 풀이한 다음 故事의 부호 뒤에 고사의 내용을 자세히 밝혔다.

槐安夢(괴안몽) 꿈과 같이 헛된 한때의 부귀영화. 故事 당대(唐代)의 순우분(淳于棼)이 술에 취하여 홰나무의 남쪽으로 뻗은 가지 밑에서 낮잠을 자다가, 꿈에 괴안국(槐安國)의 부마(駙馬)가 되고, 또한 남가군(南柯郡)의 태수가 되어 30년 동안이나 부귀와 영화를 누렸는데, 잠에서 깨어 보니 홰나무 밑에 커다란 개미 구멍이 있었다는 고사에서 온 말. 南柯一夢(남가일몽).

○ 불교에서 쓰이는 어휘에는 풀이 앞에 (佛)의 약호를 덧붙였다.

往生(왕생) (佛)다른 세계에 가서 태어남. 극락정토로 감.

一部 한일

0
① 【一】 한 일 質

중학 인명 8급 ㊥yī ㊐イチ, イツ

필순 一

소전 一 초서 一 고자 弌 같은 壹 자원 指事. 가로 그은 한 획으로써 '하나' 의 뜻을 나타낸다.

자해 ❶하나. 〔論語〕 聞一以知十문일이지십. ❷한 번. 〔中庸〕 人一能之인일능지, 己百之기백지. ❸처음. 〔漢書〕 凡民有七亡범민유칠망, 陰陽不和음양불화, 水旱爲災수한위재, 一亡也일망야. ❹같다. 〔國語〕 戮力一心륙력일심. ❺오로지. 〔禮記〕 欲一以窮之욕일이궁지. ❻어느, 어떤. 〔春秋穀梁傳〕 其一曰기일왈, 君在而重之也군재이중지야. ❼모두. 〔詩經〕 政事一埤益我정사일비익아. ❽조금. 〔春秋左氏傳〕 且吾不以一眚掩大德차오불이일생엄대덕.

一家(일가) ①한집안. ②본과 성이 같은 겨레붙이. ③학문·기술·예술 등의 분야에서 하나의 독자적인 체계를 이룬 상태.

一角(일각) 한 모서리. 한 부분.

一刻(일각) ①한 시(時)의 첫째 각(刻). 한 시간의 4분의 1로 15분. ②매우 짧은 동안.

一刻千金(일각천금) 극히 짧은 시각도 천금처럼 아깝고 귀중함.

一間斗屋(일간두옥) 한 칸밖에 안 되는 작은 오막살이 집.

一擧兩得 (일거양득) 한 가지 일을 하여 두 가지의 이득을 봄. 一石二鳥(일석이조). 一箭雙鵰(일전쌍조).

一擧一動(일거일동) 하나하나의 동작(動作)이나 움직임.

一見(일견) ①한 번 봄. ②언뜻 봄.

一擊(일격) 한 번 세게 침. 한 번의 공격.

一驚一喜(일경일희) 한편으로 놀라며 한편으로 기뻐함.

一經之訓(일경지훈) 자식을 위하여 재물을 남기는 것보다는 경서(經書) 한 권을 가르치는 것이 나음. 故事 한대(漢代)에 위현(韋賢)이 자식들에게 학문을 가르쳐 모두 높은 벼슬자리에 오르자, 당시 사람들이 자식을 위해서는 황금을 남기는 것보다 경서 한 권을 가르치는 것이 좋다고 한 고사에서 온 말.

一考(일고) 한 번 생각하여 봄.

一顧(일고) ①한 번 돌아봄. ②남의 찬양이나 천거를 받음. 故事 어떤 말을 백락(伯樂)이 한 번 살펴보기만 해도 그 말의 값이 열 배나 올랐다는 고사에서 온 말.

一顧傾城(일고경성) 한 번 돌아보면 한 성이나 나라를 망침. ㉠절세의 미인. ㉡미녀의 추파(秋波). 一顧傾國(일고경국).

一鼓作氣(일고작기) 개전(開戰) 신호로 한 번 북을 쳐 병사들의 원기를 진작함. 처음에 힘을 북돋아 일에 임함.

一貫(일관) 태도나 방법 등을 처음부터 끝까지 한결같이 함.

一括(일괄) 한데 뭉뚱그림.

一匡(일광) 천하의 질서를 세워 통일함.

一塊肉(일괴육) 한 덩어리의 고기. ㉠하나의 인체(人體). ㉡겨우 살아남은 한 사람의 자손.

一口(일구) ①하나의 입. ②한 사람. ③한 마디. 한 말. 一語(일어). ④입을 모아 말함. 모두가 같은 말을 함.

一具(일구) ①갑주(甲胄)·의복·기구(器具) 등의 한 벌. ②시체(屍體) 한 구.

一口難說(일구난설) 한 마디 말로 다 설명하기 어려움. 내용이 장황하거나 복잡함.

一口二言(일구이언) 한 입으로 두 말을 함. 말을 이랬다저랬다함.

一裘一葛(일구일갈) 한 벌의 갖옷과 칡으로 만든 옷. 몹시 가난함.

一丘一壑(일구일학) 때로 언덕에 올라 소풍하고 때로 골짜기에서 낚시질함. 세속(世俗)을 떠나서 자연을 벗삼아 지냄.

一丘之貉(일구지학) 같은 언덕에 사는 오소리 같은 종류나 한통속.

一掬(일국) 두 손으로 한 번 움킴. 한 움큼.

一軍(일군) ①주대(周代)의 제도로, 군사 1만 2,500명. ②온 군사. 全軍(전군).

一軌(일궤) ①하나의 도로(道路). ②한 가지로 통일함. ③같은 길. 같은 경로.

一饋十起(일궤십기) ①나라를 잘 다스리기 위하여 일이 매우 바쁨. ②인재를 대우하거나 고르는 정성이 대단함. 故事 우(禹)임금이 한 끼의 식사를 하는 동안에 열 번이나 일어나 찾아온 객을 맞이했다는 고사에서 온 말.

一揆(일규) ①같은 경우나 경로. ②한결같은 법칙.

一琴一鶴 (일금일학) 하나의 거문고와 한 마리의 학이 재산의 전부임. 벼슬아치가 청렴결백함. 故事 송대(宋代)에 조변(趙卞)이 지방관리로 부임하면서 거문고와 학만 가지고 간 고사에서 온 말.

一氣(일기) ①천지간에 꽉 차 있는 대기(大氣). ②천지가 나뉘기 전의 혼돈한 기운. 만물의 원기(元氣). ③같은 분위기(雰圍氣). ④단숨에.

一期(일기) ①어느 기간. ②살아 있는 동안. 한평생. ③일 년. 일 주년.
一氣呵成(일기가성) ①일을 단숨에 해냄. ②단숨에 글을 지어 냄.
一騎當千(일기당천) 한 사람의 기마 병사가 천 사람의 적을 당해 냄. 용맹이 아주 뛰어남.
一己之慾(일기지욕) 자기 하나만을 위한 욕심.
一諾千金(일낙천금) 한 번 승낙한 말은 값이 천금이 됨. 약속을 중히 여김.
一念(일념) ①한결같은 마음. 한 가지의 생각. ②(佛)전심하여 염불을 하는 일. ③매우 짧은 시간. 일찰나(一刹那).
一念通天(일념통천) 한결같은 마음으로 하면 하늘도 감동하여 일을 이루게 함.
一茶頃(일다경) 한 잔의 차를 마실 정도의 사이. 매우 짧은 시간.
一旦(일단) 우선 먼저. 우선 잠깐.
一團(일단) ①한 덩어리. ②한 무리.
一團和氣(일단화기) 여러 사람이 단합된, 화목한 분위기.
一當百(일당백) 한 사람이 백 사람을 당함. 매우 용맹함.
一帶(일대) 어떤 지역의 전부. 一圓(일원).
一大事(일대사) ①중대한 사건. ②(佛)생사의 세계가 바로 참된 세계라는 묘리(妙理).
一刀兩斷(일도양단) 한 칼에 두 동강을 냄. 머뭇거리지 않고 선뜻 결정함.
一同(일동) 어떤 단체에 든 모든 사람.
一動一靜(일동일정) ①혹은 움직이고, 혹은 고요함. ②國하나하나의 모든 행동이나 동정.
一得一失(일득일실) 한 가지 이득이 있으면 동시에 한 가지 손실도 있음.
一落千丈(일락천장) ①갑자기 몹시 떨어짐. 세차게 낙하하는 모양. ②퇴보(退步)가 빠름.
一覽(일람) ①한 번 봄. 한 번 죽 훑어봄. ②많은 내용을 죽 훑어볼 수 있도록 간명하게 수록한 책.
一覽輒記(일람첩기) 한 번 보면 곧 기억함. 총명하고 기억력이 좋음. 一覽不忘(일람불망).
一臘(일랍) ①(佛)승려가 득도(得道)한 뒤의 첫해. ②사람이 태어나서 이레 되는 날.
一連(일련) 관계를 가지고 하나로 이어지는 것. 하나의 연속.
一列(일렬) ①한 줄. ②첫째 줄.
一例(일례) 하나의 예.
一勞永逸(일로영일) 한때의 노고(勞苦)에 의해 오랜 안락을 얻음.
一路平安(일로평안) 가는 길이 평안하기를 빎. 먼 길을 떠나는 사람에게 하는 인사말.
一龍一蛇(일룡일사) 때로는 용이 되어 하늘로 오르고, 때로는 뱀이 되어 땅속으로 들어감. ㉠태평한 시대에는 세상에 나와 일을 하고, 난세에는 은거함. ㉡변화(變化)가 빨라서 헤아릴 수 없음.
一龍一豬(일룡일저) 하나는 용이 되고 또 하나는 돼지가 됨. 배우고 배우지 않음에 따라 능력의 차이가 아주 심해짐.
一流(일류) 어떤 분야에서 첫째가는 지위나 부류. ②하나의 같은 유파나 계통.
一輪月(일륜월) ①하나의 둥근 달. ②(佛)우주에 달이 하나인 것처럼 사람에게는 마음 하나가 고귀함.
一律(일률) 한결같음.
一理(일리) ①한 가지의 이치. ②같은 이치.
一犁雨(일리우) 쟁기로 밭을 갈기에 알맞게 내린 한 보지락의 비.
一抹(일말) ①붓으로 한 번 칠하거나 지우는 일. ②한번 스치는 정도. 약간.
一望無際(일망무제) 한눈에 다 바라볼 수 없을 만큼 넓고 멀어서 끝이 없음.
一網打盡(일망타진) 한 번 그물을 쳐서 깡그리 잡음. 한꺼번에 죄인을 모조리 잡음.
一脈相通(일맥상통) 사고방식·처지·상태 등이 한 줄기로 서로 통하여 비슷함.
一面識(일면식) 한 번 만나 인사나 나눈 정도로 아는 사이.
一面如舊(일면여구) 처음 만나 사귀었으나 옛 벗처럼 친숙함.
一名(일명) ①한 사람. 一人(일인). ②과거(科擧)에서 장원 급제함. 또는 그 사람. ③본 이름 외에 따로 부르는 또 하나의 이름. 別名(별명).
一命(일명) ①한 번 명령함. 하나의 명령. ②한 목숨.
一毛(일모) ①한 개의 털. ②극히 가벼운 것. ③매우 적은 분량.
一目十行(일목십행) 한눈에 열 줄을 읽음. 독서 능력이 매우 뛰어남.
一目瞭然(일목요연) 한 번 보고 곧 알 수 있도록 환하고 명백함.
一問一答(일문일답) 한 번의 물음에 대하여 한 번씩 대답함.
一味(일미) ①첫째가는 좋은 맛. ②색다른 한 가지 요리.
一般(일반) ①똑같음. ②한 가지. 一種(일종). ③보통. 보편.
一飯三吐哺(일반삼토포) 한 번 식사하는 동안 세 번이나 입에 든 음식을 토해 내고 찾아온 사람을 맞이함. 현사(賢士)를 두터이 대접함. 一沐三握髮(일목삼악발).
一飯之德(일반지덕) 한 술의 밥을 베푸는 정도의 덕. 아주 작은 은덕.

一飯千金(일반천금) 은혜를 후하게 갚음. 故事 한대(漢代)에 한신(韓信)이 불우했을 때 빨래하는 노파에게 한 끼의 밥을 얻어 먹고 허기를 면하였는데, 훗날 부귀하게 되고 나서 천금으로 그 은혜를 갚았다는 데서 온 말.
一髮千鈞(일발천균) 한 오리의 머리털로 1,000균 무게의 물건을 끎. 상황이 아주 위태로움.
一方(일방) 한쪽. 한편.
一方之藝(일방지예) 한 가지 일에 뛰어난 기예(技藝).
一罰百戒(일벌백계) 한 사람을 벌주어 백 사람을 경계함. 다른 사람들에게 경각심을 불러일으키기 위하여 본보기로 한 사람에게 엄한 처벌을 하는 일.
一邊倒(일변도) 한 쪽으로만 쏠리거나 치우침.
一碧萬頃(일벽만경) 호수나 바다의 푸른 수면이 아주 넓게 펼쳐져 있는 모양.
一別三春(일별삼춘) 작별한 지 3년이 됨. 헤어진 지 오래되어 그리운 정이 간절함.
一步(일보) ①한 걸음. ②첫걸음. 시작.
一伏時(일복시) 일주야(一晝夜). 하루. 자시(子時)에서 해시(亥時)까지.
一部(일부) 전체의 한 부분.
一夫終身(일부종신) 남편이 죽은 뒤에도 개가를 아니하고 일생을 마침.
一抔土(일부토) ①한 줌의 흙. ②무덤.
一臂(일비) ①한 팔. ②얼마 안 되는 도움. ③도움이 되는 사람.
一悲一喜(일비일희) 혹은 슬퍼하고, 혹은 기뻐함. 一喜一悲(일희일비).
一嚬一笑(일빈일소) 때로는 찡그리기도 하고 때로는 웃기도 함. 감정이나 표정의 변화를 쉽게 드러냄.
一絲不亂(일사불란) 질서 정연하여 조금도 어지러운 데가 없음.
一瀉千里(일사천리) 강물이 거침없이 흘러서 천 리에 다다름. 거침없이 기세 좋게 진행됨.
一觴一詠(일상일영) 때로는 술을 마시고 때로는 시를 읊음.
一色(일색) ①한 가지 빛깔. ②한 가지. 한 종류. ③모두 똑같음. ④뛰어난 미인.
一生(일생) 살아 있는 동안. 평생.
一眚(일생) ①한때의 잘못. ②작은 과오.
一生一死(일생일사) 한 번 나고 한 번 죽음.
一昔(일석) 하룻밤. 하루저녁.
一說(일설) ①어떠한 말. 하나의 설(說). ②한 학설(學說). 또는 이설(異說).
一世(일세) ①한평생. ②그 시대. 當代(당대). ③한 세대.
一世冠(일세관) 그 시대의 제일인자.
一歲九遷(일세구천) 일 년 동안에 아홉 번 관위(官位)가 오름. 임금의 두터운 총애를 받음. 一日九遷(일일구천).
一所(일소) ①같은 곳. ②초시(初試)와 회시(會試) 때 응시자를 두 곳에 나누어 수용하던 첫째 시험장.
一掃(일소) 모조리 쓸어 버림.
一樹百穫(일수백확) 나무 한 그루를 심어 백 가지 수확을 얻음. 인재 한 사람을 길러 여러 가지 이익을 얻음.
一巡(일순) 한 바퀴 돎.
一瞬(일순) ①눈을 한 번 깜짝이는 동안. 아주 짧은 시간. ②한 번 봄.
一乘(일승) ①네 필의 말이 끄는 수레 하나. ②네 개의 화살.
一息(일식) ①한 번 숨을 쉼. ②잠깐 동안. ③잠시 쉼.
一食頃(일식경) 한 끼의 밥을 먹는 동안. 짧은 시간. 한 식경. 一餉(일향).
一身(일신) 자기 한 몸.
一新(일신) 아주 새로워짐. 새롭게 함.
一身千金(일신천금) 몸 하나가 천금과 같음. 사람의 몸이 매우 중하고 귀함.
一室(일실) ①한 방. ②한집안에서 사는 식구.
一心同體(일심동체) 한마음 한몸. 여러 사람이 뜻이나 행동을 같이함.
一心不亂(일심불란) ①마음의 섞갈림이 없이 오로지 한 가지 일에만 마음을 씀. ②(佛)하나의 대상에 집중하여 마음이 흔들리지 않음. 三昧(삼매).
一心專力(일심전력) 온 마음을 기울이고 온 힘을 다 쏟음.
一握(일악) ①한 줌. 한 움큼. ②아주 적음. ③손바닥 안. 掌中(장중).
一躍(일약) ①한 번 뜀. ②지위·등급 따위가 갑자기 뛰어오르는 모양.
一陽來復(일양내복) 음력 시월에 음(陰)이 극에 이르고, 동지에 양의 기운이〔一陽〕이 다시 돌아옴. ㉠봄이 돌아옴. ㉡새해. 신년. ㉢괴로움이 가고 행운이 옴.
一魚濁水(일어탁수) 한 마리의 물고기가 물을 흐림. 한 사람의 잘못으로 여러 사람이 해를 입게 됨.
一言半句(일언반구) 한 마디 말과 반구절. 매우 짧은말.
一言之下(일언지하) 한 마디로 딱 잘라서 말함.
一言千金(일언천금) 한 마디의 말이 천금의 값어치가 있음.
一葉(일엽) ①잎 하나. 한 잎. ②책장 한 장. ③한 척의 작은 배〔舟〕.
一葉知秋(일엽지추) 하나의 낙엽을 보고 가을이 옴을 앎. 작은 일을 보고 장차 올 일을 앎.

一葉片舟(일엽편주) 한 척의 조각배.
一往一來(일왕일래) ①가고 오고 함. 혹은 가고 혹은 옴. ②교제함. 왕래함.
一羽(일우) 깃 하나. 극히 가벼운 것.
一元(일원) ①사물의 시초. ②만물의 큰 근본. 大本(대본). ③한 임금의 첫 연호(年號).
一員(일원) 단체 따위 구성원 가운데 한 사람.
一遊一豫(일유일예) 한 번의 놀이와 한 번의 즐거움.
一陰一陽(일음일양) ①천지 사이에 있는 음과 양의 두 기운. ②한 번 음이면 다음은 양이 되는 원리.
一意(일의) ①하나의 생각. ②마음을 오로지 한 곳에만 씀. 專心(전심). ③마음을 합함. 同心(동심).
一義(일의) ①하나의 도리(道理). 一理(일리). ②같은 뜻. 같음.
一衣帶水(일의대수) ①한 줄기의 띠와 같은 좁은 강물이나 냇물. ②강이나 좁은 바다를 끼고 가까이 대치하여 있음.
一意直到(일의직도) 생각하는 대로 꾸밈없이 그대로 나타냄.
一以貫之(일이관지) 한 이치로써 모든 일을 꿰뚫음. 一貫(일관).
一翼(일익) ①하나의 날개. ②한쪽 부분. ③한 소임(所任).
一日三省(일일삼성) 하루에 세 가지 일로 자신을 살핌. 끊임없이 자신을 성찰함. 故事 증자(曾子)가 매일 '남을 위하여 충실하였는가, 벗과 사귐에 신의가 있었는가, 전수(傳受)한 학문을 공부하였는가' 라는 세 가지 일을 살핀 데서 온 말.
一日三秋(일일삼추) 하루가 3년 같음. 그리워하는 정이 몹시 간절함.
一日之長(일일지장) ①나이가 조금 많음. ②조금 나음.
一日千里(일일천리) ①하루에 천 리를 달리는 말. ②뛰어난 재능을 가진 사람. ③물이 급히 흐름. ④문장 짓는 속도가 빠름.
一任(일임) 도맡김. 모두 맡김.
一稔(일임) 곡물이 한 번 여물어 익음. 곧 일년(一年).
一字(일자) ①한 일(一) 자. ②한 글자. ③한 마디 글.
一字無識(일자무식) 아무것도 모름.
一字三禮(일자삼례) 경문(經文)을 한 자 베낄 때마다 세 번 절함.
一字一珠(일자일주) ①주옥(珠玉)처럼 글이 아름다움. ②아름다운 노랫소리.
一字之師(일자지사) 시나 문장 가운데 적당하지 않은 글자 한 자를 고쳐 준 은인.
一字千金(일자천금) 한 글자가 천금의 값어치가 있음. 지극히 가치가 있고 훌륭한 문장.
一張一弛(일장일이) ①활시위를 죄었다 늦추었다 함. ②사람이나 물건을 적당히 부리고 적당히 쉬게 함.
一場春夢(일장춘몽) 한바탕의 봄 꿈. 덧없는 일이나 헛된 영화.
一戰(일전) 한 바탕의 싸움.
一轉(일전) ①한 번 구름. ②아주 변함. 一變(일변).
一箭雙鵰(일전쌍조) 화살 하나로 수리 두 마리를 떨어뜨림. ㉠한 가지 일로 두 가지 이득을 취함. ㉡활 솜씨가 아주 뛰어남.
一點(일점) 단 하나.
一點紅(일점홍) ①푸른 잎 속의 한 송이의 꽃. 석류 따위. ②많은 남자 속에 섞인 한 여자. 紅一點(홍일점).
一定(일정) 정해져 있어 바뀌거나 달라지지 않고 한결같음.
一齊(일제) 여럿이 한꺼번에 함.
一助(일조) 조그마한 도움.
一條(일조) ①나무 한 가지. ②한 조목(條目). ③한 사건.
一朝(일조) ①하루의 아침 동안. ②한 번. ③아침 일찍. 이른 아침. ④한 번 조공(朝貢)함. ⑤한 번 조현(朝見)함. ⑥조정(朝廷) 전체. 온 조정.
一朝一夕(일조일석) 하루아침이나 하루저녁. 짧은 시간.
一種(일종) ①한 종류. ②어떤 종류.
一周(일주) 한 바퀴를 돎.
一週(일주) 한 주일.
一籌(일주) ①한 개의 산가지. ②한 가지 계책. 一策(일책).
一周忌(일주기) 사람이 죽은 지 한 돌 만에 지내는 제사. 小祥(소상).
一樽(일준) 한 개의 술동이. 一尊(일준). 一罇(일준).
一知半解(일지반해) 하나쯤 알고 반쯤 깨달음. ㉠제대로 알지 못함. ㉡아는 것이 적음.
一枝春(일지춘) 매화(梅花)의 딴 이름.
一陣狂風(일진광풍) 한바탕 부는 사납고 거센 바람.
一進一退(일진일퇴) ①나아갔다 물러났다 함. ②성했다 쇠했다 함.
一次(일차) ①한 차례. 한 번. ②첫 번. ③근본적이고 원초적인 것.
一着(일착) 맨 먼저 닿음.
一倡三歎(일창삼탄) ①종묘의 제사에 음악을 연주할 때 한 사람이 선창하면 세 사람이 따라 부르는 일. ②시(詩) 따위가 잘 되었음을 칭찬하는 말.

一隻眼(일척안) ①애꾸눈. ②어떤 방면에 특별히 갖추고 있는 감식력(鑑識力).

一喘(일천) 한 번 헐떡거림. 아주 짧은 시간.

一轍(일철) ①바퀴자국을 한 가지로 함. 결과가 일치함. 一軌(일궤). ②서로 통하는 길. 하나의 길.

一切(❶일체 ❷일절) ❶①모든 것. ②전부. 완전히. ❷①한 번 끊거나 자름. ②아주. 전혀. 도무지.

一體(일체) ①한 몸. 한 덩어리. ②전부. 온통.

一觸卽發(일촉즉발) 한 번 건드리기만 해도 곧 폭발함. 몹시 위급한 상태.

一蹴(일축) 한 번 내참. 단번에 물리침.

一炊之夢(일취지몽) 인생이 덧없고 부귀영화가 덧없음. 故事 당대(唐代)에, 노생(盧生)이 한단(邯鄲) 땅의 주막집에서 여옹(呂翁)이라는 선인(仙人)의 베개를 얻어 베고 한잠 자는 사이에 꿈 속에서 50년 동안의 부귀영화를 누렸으나 깨고 보니 짓고 있던 메조밥이 아직 익지 않은 짧은 시간이었다는 고사에서 온 말. 黃粱一炊夢(황량일취몽).

一致(일치) ①취지가 서로 같음. ②어긋나지 않고 들어맞음.

一針(일침) 바늘처럼 따끔한 충고.

一派(일파) ①강(江)의 한 지류(支流). ②학예(學藝)·종교(宗敎) 따위의 한 유파(流波).

一波萬波(일파만파) 처음에는 대수롭지 않던 일이 걷잡을 수 없이 복잡해짐.

一敗塗地(일패도지) 싸움에 한 번 패하여 간과 뇌가 땅바닥에 으깨어짐. 다시 일어나지 못할 만큼 여지없이 패배함.

一片孤月(일편고월) 외로이 떠 있는 조각달.

一片丹心(일편단심) 한 조각의 붉은 마음. 진정에서 우러나오는 충성된 마음.

一片氷心(일편빙심) 한 조각의 얼음같이 깨끗한 마음.

一片舟(일편주) 조각배. 一扁舟(일편주).

一品(일품) ①제일가는 훌륭한 품질. 또는 그런 물품. 逸品(일품). ②제일 높은 벼슬. ③한 가지 물건.

一筆(일필) ①붓 한 자루. ②한 번의 운필(運筆). ③한 편의 짧은 문장. ④같은 필적.

一筆勾之(일필구지) 붓으로 단번에 금을 죽 그어 글자를 지워 버림. 일체를 배제함. 故事 송대(宋代)에 범중엄(范仲淹)이 부덕한 사람들을 명부에서 일필로 삭제해 버린 고사에서 온 말.

一筆揮之(일필휘지) 단숨에 힘차게 글씨를 내리씀.

一合一離(일합일리) 혹은 합치고 혹은 떨어짐.

一行(일행) 길을 함께 가는 사람.

一向(일향) ①하나를 향함. ②한결같이. 꾸준히. 오로지. ③죄다. 모조리.

一餉(일향) 한 끼를 먹는 정도의 짧은 시간. 한식경. 一食頃(일식경).

一虛一實(일허일실) 갑자기 비었다가 갑자기 참. 변화무쌍하여 실상을 헤아리기가 어려움.

一毫(일호) 한 개의 가는 털. ㉠극히 작은 정도. ㉡아주 작은 사물.

一呼再諾(일호재낙→일호재락) 한 번 부름에 두 번 대답함. 비굴하게 아첨함.

一狐之腋(일호지액) 여우 겨드랑이 밑의 희고 고운 모피(毛皮). 아주 진귀한 물건.

一壺天(일호천) 별천지. 故事 후한(後漢)의 비장방(費長房)이 약 파는 노인과 병 속에 들어가 별천지의 즐거움을 얻었다는 고사에서 온 말.

一攫千金(일확천금) 힘들이지 않고 단번에 많은 재물을 얻음.

一環(일환) ①이어진 고리 가운데 하나. ②썩 가까운 관계에 있는 사물의 한 부분.

一薰一蕕(일훈일유) 좋은 향기가 나는 풀과 나쁜 냄새가 나는 풀. ㉠선한 것은 없어지기 쉽고 악한 것은 떨어내기 어려움. ㉡악이 선을 이김.

一喜一悲(일희일비) ①기쁜 일과 슬픈 일이 번갈아 일어남. ②한편으로는 기쁘고 한편으로는 슬픔.

1 ② 【丁】 1 넷째 천간 정 靑 2 벌목 소리 정 庚

중학 인명 4급 ㊥dīng, zhēng ㊐テイ, チョウ

필순 一丁

소전 초서 참고 흔히 '고무래 정'이라고도 하는데, 이는 글자 모양이 고무래와 비슷하기에 붙여진 속훈(俗訓)에 불과하다.

자원 象形. 못〔釘〕의 모양을 본뜬 글자라는 설과 사람의 정수리 모양을 본뜬 글자라는 설이 있다.

자해 1 ❶**넷째 천간**(天干). 오행(五行)으로는 화(火), 방위로는 남(南)에 배당된다. 이에서 전용되어 등급·순서 등을 매길 때의 넷째. 〔書經〕 越三日丁巳월삼일정사, 用牲于郊용생우교. ❷**당하다**. 〔詩經〕 寧丁我躬영정아궁. ❸**씩씩하다**. 〔史記〕 丁者정자, 言萬物之丁壯也언만물지정장야. ❹**젊은 남자**. 당대(唐代)의 제도에서는 21~59세에 해당하는 남자. 2 **벌목 소리**. 〔詩經〕 伐木丁丁벌목정정.

1획

丁艱(정간) 부모의 상(喪)을 당함.

丁強(정강) ①굳세고 왕성함. ②굳세고 왕성한 사람.

丁口(정구) ①장년의 남자. ②인민. 백성.

丁女(정녀) ①한창때의 여자. ②불〔火〕. '丁'은 오행의 '火'에 해당한 데서 온 말.

丁年(정년) ①태세(太歲)의 천간(天干)이 정(丁)으로 된 해. ②남자의 20세.

丁寧(정녕) ①친절함. ②재삼 간절히 충고함. ③틀림없이.

丁當(정당) 구슬 따위가 부딪치는 소리. 丁璫(정당).

丁力(정력) 한 사람 몫의 일을 할 만한 장정(壯丁)의 힘.

丁賦(정부) 정년(丁年)이 된 사람에게 부과하던 세금. 인두세(人頭稅). 丁銀(정은).

丁時(정시) 24시의 열넷째 시. 오후 12시 30분에서 1시 30분 사이.

丁夜(정야) 오전 1시에서 3시 사이에 해당하는 밤. 四更(사경).

丁役(정역) 부역(賦役)에 해당하는 장정.

丁匠(정장) 관아(官衙)에 속하여 물건을 만드는 장인(匠人).

丁壯(정장) ①왕성함. ②혈기(血氣) 왕성한 남자. 壯丁(장정).

丁丁(정정) ①도끼로 나무를 찍는 소리. ②패옥(佩玉)의 쟁그랑거리는 소리.

丁坐(정좌) 國묏자리, 집터 따위가 남서쪽〔丁方〕을 등진 좌향(坐向).

◨ 兵丁병정, 役丁역정, 壯丁장정.

1
② **【七】** 일곱 칠 質

중학 인명 8급 ㊥qī ㊐シチ

필순 一七

소전 초서 갖은 柒 갖은 漆 자원 指事. 본래 숫자 7은 '十'으로 쓰고, 10은 '丨'으로 썼는데, '十' 자와 혼동되자 가운데 획을 구부려 '七'로 썼다.

자해 ❶**일곱.** 〔詩經〕 摽有梅표유매, 其實七兮기실칠혜. ❷**일곱 번.** 〔蜀志〕 七擒七縱칠금칠종.

七諫(칠간) 초사(楚辭)의 편명(篇名). 한대(漢代)의 동방삭(東方朔)이 지음. 신하는 보통 왕에게 세 번 간하여 듣지 않으면 물러나는 것이나, 굴원(屈原)은 초왕(楚王)과 성(姓)이 같았기 때문에 일곱 번 간하는 정성을 다하였음을 밝힌 내용임.

七去(칠거) 지난날, 아내를 내쫓을 수 있는 일곱 가지 경우. '시부모에게 불순(不順)함, 자식을 낳지 못함, 행실이 음탕함, 질투함, 나쁜 병이 있음, 말이 많음, 도둑질을 함'을 이름. 七出(칠출).

七經(칠경) 일곱 가지 경서(經書). ㉠시경(詩經)·서경(書經)·예기(禮記)·악기(樂記)·역경(易經)·논어(論語)·춘추(春秋). ㉡시경·서경·역경·의례(儀禮)·춘추·공양전(公羊傳)·논어. ㉢시경·서경·역경·춘추·예기·의례·주례(周禮).

七竅(칠규) 사람 얼굴에 있는 일곱 구멍. 귀·눈·코·입. 七體(칠체).

七氣(칠기) 기쁨·성남·슬픔·은혜·사랑·놀람·두려움의 일곱 가지의 심기(心氣).

七難八苦(칠난팔고) 온갖 고난. 온갖 고초.

七德(칠덕) ①무(武)의 일곱 가지 덕(德). 곧, 금포(禁暴)·즙병(戢兵)·보대(保大)·정공(定功)·안민(安民)·화중(和衆)·풍재(豐財). ②정치상의 일곱 가지 덕. 곧, 존귀(尊貴)·명현(明賢)·용훈(庸勳)·장로(長老)·애친(愛親)·예신(禮新)·친구(親舊).

七律(칠률) ①음악의 일곱 가지 음률. 곧, 황종(黃鐘)·태주(太簇)·고선(姑洗)·임종(林鐘)·남려(南呂)·응종(應鐘)·유빈(蕤賓). ②'칠언 율시'의 준말.

七廟(칠묘) 제왕의 조상을 모신 사당. 중앙에 태조(太祖)를 모시고, 왼쪽에 삼소(三昭)를 배치하고 오른쪽에 삼목(三穆)을 배치함.

七寶(칠보) (佛)①일곱 가지의 보배. 무량수경(無量壽經)에서는 금·은·유리·파리(玻璃)·마노(瑪瑙)·거거(硨磲)·산호, 법화경(法華經)에서는 금·은·마노·유리·거거·진주·매괴(玫瑰). ②전륜왕(轉輪王)이 가지고 있는 일곱 가지의 보배. 곧, 윤보(輪寶)·상보(象寶)·마보(馬寶)·여의주보(如意珠寶)·여보(女寶)·장보(將寶)·주장신보(主藏臣寶).

七步詩(칠보시) 일곱 걸음 걷는 동안에 지은 시(詩). 故事 위(魏)나라의 조식(曺植)이 형인 문제(文帝)의 미움을 받아, 일곱 걸음 걷는 동안에 시를 짓지 못하면 처형하겠다는 명을 받고, 즉석에서 시를 지어 같은 부모에게서 난 형이 동생을 죽이는 것은 너무한 일이라고 풍자한 고사에서 온 말. 七步才(칠보재).

七佛(칠불) (佛)석존(釋尊) 이전의 육불(六佛)과 석존.

七書(칠서) ①사서삼경(四書三經). 곧, 논어(論語)·맹자(孟子)·중용(中庸)·대학(大學)과 시경(詩經)·서경(書經)·역경(易經). ②일곱 가지 병서(兵書). 곧, 손자(孫子)·오자(吳子)·사마법(司馬法)·울료자(尉繚子)·삼략(三略)·육도(六韜)·이위공문대(李衛公問對).

七夕(칠석) 음력 7월 7일 밤. 견우(牽牛)와 직녀(織女)가 오작교에서 일 년에 한 번 만난다는 전설이 있음.
七言(칠언) 한시(漢詩)의 한 구(句)가 일곱 자로 된 것.
七曜(칠요) 일월(日月)과 수성·화성·목성·금성·토성의 오성(五星).
七雄(칠웅) 전국 시대의 일곱 강국(強國). 곧, 제(齊)·초(楚)·진(秦)·연(燕)·조(趙)·위(魏)·한(韓). 七國(칠국).
七音(칠음) 동양 악률에서, 기본 음계를 이루는 일곱 가지 소리. 곧, 궁(宮)·상(商)·각(角)·치(徵)·우(羽)·변궁(變宮)·변치(變徵).
七顚八起(칠전팔기) 일곱 번 넘어지고 여덟 번 일어남. 여러 번 실패하여도 굴하지 않고 다시 일어섬.
七顚八倒(칠전팔도) 일곱 번 넘어지고 여덟 번 거꾸러짐. ㉠수없이 실패를 거듭하거나 몹시 고생함. ㉡세상이 몹시 어지러워짐.
七政(칠정) ①태양·달·화성·수성·목성·금성·토성. ②북두칠성. ③천문(天文)·지리(地理)·인도(人道)와 사계절(四季節).
七情(칠정) 사람의 일곱 가지의 감정. 곧, 희(喜)·노(怒)·애(哀)·낙(樂)·애(愛)·오(惡)·욕(慾).
七族(칠족) ①증조(曾祖)·조부(祖父)·부(父)·자신·자(子)·손자(孫子)·증손(曾孫). ②부계친(父系親)·모계친(母系親)·내종(內從)·외손(外孫)·처부모(妻父母)·생질(甥姪)·질자(姪子).
七縱七擒(칠종칠금) 일곱 번 놓아주었다가 일곱 번 사로잡음. ㉠적을 감동시켜 심복(心服)하게 함. ㉡상대를 마음대로 다룸. 故事 제갈량(諸葛亮)이 맹획(孟獲)을 일곱 번 사로잡았다가 일곱 번 놓아주어 끝내 복종시킨 고사에서 온 말. 七擒(칠금).
七耋(칠질) 나이 일흔 살.
七七齋(칠칠재) (佛)사람이 죽은 지 49일 되는 날에 지내는 재. 七齋(칠재).
七賢(칠현) ①주대(周代)의 일곱 현인(賢人). 곧, 백이(伯夷)·숙제(叔齊)·우중(虞仲)·이일(夷逸)·주장(朱張)·소련(少連)·유하혜(柳下惠). ②진(晉)나라 초기의 죽림칠현(竹林七賢). 곧, 완적(阮籍)·혜강(嵇康)·산도(山濤)·상수(向秀)·유영(劉伶)·완함(阮咸)·왕융(王戎).
七絃琴(칠현금) 일곱 줄로 된 거문고.

2 **【万】** 1일만 만 願
③ 2성 묵 職
인명 ㊥wàn, mò ㊐マン, バン

참고 ❶주로 '萬(1081)'의 속자로 쓰인다. ❷인명용 음은 '만'이다.
자해 1**일만.** 1000의 10배. 2**성.**
万俟(묵기) 본래 선비(鮮卑)의 부락이었으나, 나중에 성(姓)이 됨.

2 **【三】** 1석 삼 覃
③ 2거듭 삼 勘
중학 인명 8급 ㊥sān ㊐サン

필순 一 二 三

소전 三 초서 ㆔ 같은 參 고자 弎 자원 指事. 가로획[一]을 세 개 포개어 3의 수효를 나타낸다.
자해 1❶**셋.** [詩經] 三歲貫女삼세관녀, 莫我肯顧막아긍고. ❷**세 번, 세 번 하다.** [春秋左氏傳] 三逐巴師삼축파사, 不克불극. 2**거듭, 자주.** [論語] 季文子三思而後行계문자삼사이후행.
三加(삼가) ①관례(冠禮) 때에 세 번 관을 갈아 씌우던 의식. ②세 번 공격함. ③세 번 벼슬을 더함.
三諫(삼간) 예전에, 윗사람이 잘못을 고치도록 세 번에 걸쳐서 간함을 이르던 말. 신하가 세 번 간하여도 임금이 듣지 않으면 벼슬을 물러나고, 자식이 세 번 간하여도 어버이가 듣지 않으면 울면서 어버이를 따름.
三綱(삼강) 군신(君臣)·부자(父子)·부부(夫婦)의 도(道). 곧, 임금은 신하의 벼리가 되고[君爲臣綱], 아버지는 자식의 벼리가 되며[父爲子綱], 지아비는 지어미의 벼리가 됨[夫爲婦綱]을 이름.
三綱領(삼강령) 대학(大學)의 세 강령. 곧, 본디 타고난 밝은 덕을 밝히는 명명덕(明明德), 백성을 새롭게 하는 신민(親民), 지극히 선한 경지에 이르게 하는 지어지선(止於至善).
三綱五倫(삼강오륜) 삼강과 오륜.
三綱五常(삼강오상) 삼강과 오상. 오상은 인(仁)·의(義)·예(禮)·지(智)·신(信).
三愆(삼건) ①어른을 모실 때의 세 가지 허물. 곧, 묻기도 전에 말함[躁], 물어도 답하지 않음[隱], 안색(顏色)도 살피지 아니하고 멋대로 말함[瞽]. ②(佛)탐(貪)·진(瞋)·치(癡).
三經(삼경) ①군주(君主)가 나라를 유지하는데 필요한 세 가지 대강(大綱). 마음을 바르게 하고, 공평하여 사사로움이 없게 베풀며, 모든 사람이 각각 업(業)을 계승하게 하여 생활을 보장함. ②시경(詩經)·서경(書經)·역경(易經). ③역경(易經)·시경(詩經)·춘추(春秋). ④서경(書經)·주례(周禮)·시경(詩經).
三戒(삼계) 세 가지 경계할 일. 곧, 청년 시절에는 색(色), 중년에는 싸움, 노년에는 이욕

(利慾).
三計(삼계) 1년·10년·종신(終身)의 세 가지 계획. 곧, 곡식을 심는 일〔樹穀〕, 나무를 심는 일〔樹木〕, 사람을 기르는 일〔樹人〕.
三顧草廬(삼고초려) 세 번 초가집을 찾아감. 인재를 맞아들이기 위하여 온갖 정성을 다함. 故事 촉한(蜀漢)의 유비(劉備)가 제갈량(諸葛亮)의 초가집을 세 번이나 직접 찾아가서 예를 다한 끝에 그를 군사(軍師)로 맞아들인 고사에서 온 말.
三告投杼(삼고투저) 세 번 알려주면 북을 던져 버림. 근거 없는 말이라도 여러 번 하면 믿게 됨. 故事 베틀에 앉아 베를 짜고 있던 증자(曾子)의 어머니에게 어떤 사람이 와서 증자가 사람을 죽였다고 말하자 두 번째까지는 믿지 않다가 세 번째는 그 말을 믿고 북〔杼〕을 내던지고 도망하였다는 고사에서 온 말.
三公(삼공) ①조선 때, 영의정(領議政)·좌의정(左議政)·우의정(右議政)을 아울러 이르던 말. 三政丞(삼정승). ②주대(周代)의 태사(太師)·태부(太傅)·태보(太保). ③후한(後漢)에서 위진(魏晋)까지의 태위(太尉)·사도(司徒)·사공(司公). 三司(삼사).
三過(삼과) ①세 번 지나감. ②세 가지 과실(過失). 탐(貪)·진(瞋)·치(癡)의 세 가지. ③(佛)몸·입·뜻이 저지르는 잘못. 삼업(三業)에서 생기는 과실.
三寡(삼과) 세 가지를 적게 하는 양생법(養生法). 곧, 생각을 적게 하여 정신을 쉬게 함, 기욕(嗜欲)을 적게 하여 정(精)을 쌓음, 말을 적게 하여 기(氣)를 기름.
三光(삼광) ①해·달·별. 三精(삼정). ②방(房)·심(心)·미(尾)의 세 별.
三槐九棘(삼괴구극) 삼공(三公)과 구경(九卿). 故事 주대(周代)에 삼공은 회화나무 밑에서 다스리고, 구경은 가시나무 밑에서 다스렸던 고사에서 온 말.
三敎(삼교) ①유교(儒敎)·불교(佛敎)·도교(道敎). ②하(夏)·은(殷)·주(周) 삼대(三代)의 가르침. 곧, 충(忠)·경(敬)·문(文).
三宮(삼궁) ①황제(皇帝)·태후(太后)·황후(皇后)의 합칭.
三權(삼권) 세 가지 권력. 곧, 입법권·사법권·행정권.
三極(삼극) 하늘·땅·사람. 三才(삼재).
三多(삼다) ①다복(多福)·다수(多壽)·다남자(多男子). ②문장을 잘 짓는 데 필요한 세 가지. 다독(多讀)·다작(多作)·다상량(多商量). ③國제주도의 여다(女多)·석다(石多)·풍다(風多).
三端(삼단) 세 가지 끝. 곧, 문사(文士)의 붓끝·무사의 칼끝·변사(辯士)의 혀끝.
三達德(삼달덕) 천하에 두루 통하는 귀하고 중요한 세 가지 덕. 곧, 지(知)·인(仁)·용(勇).
三達尊(삼달존) 세상 어느 곳에서나 통하는 존귀한 것 세 가지. 곧, 조정(朝廷)에서는 작위(爵位), 향리(鄕里)에서는 나이, 세상을 다스림에는 덕(德).
三代(삼대) 세 왕조. 곧, 하(夏)·은(殷)·주(周).
三德(삼덕) 세 가지의 덕목(德目). ㉠정직(正直)·강극(剛克)·유극(柔克). ㉡지(知)·인(仁)·용(勇). ㉢천(天)·지(地)·인(人)의 덕. ㉣(佛)법신(法身)·반야(般若)·해탈(解脫).
三到(삼도) 독서에 필요한 세 가지의 일. 안도(眼到)·구도(口到)·심도(心到).
三道(삼도) ①어버이를 섬기는 세 가지 도리. 곧, 어버이 봉양(奉養), 부모 상사(喪事)에 근신(謹愼)하는 일, 제사(祭祀)를 받드는 일. 三行(삼행). ②국가 대체(大體)에 밝을 것, 인사(人事)의 종시(終始)에 통할 것, 직언 극간(直言極諫)할 것을 이름.
三刀之夢(삼도지몽) 출세할 길몽(吉夢). 故事 진대(晉代)에 왕준(王濬)이 칼 세 자루가 걸려 있는데 한 자루가 더해진 꿈을 꾸고 꺼림칙하게 여기던 중에 이의(李毅)가 칼 세 자루는 '刕'로 '州' 자인데 거기에 하나를 더하면〔益〕'益州(익주)'가 되니 익주의 지방 장관이 되리라 하였는데, 과연 다음날 익주 자사(刺史)에 임명되었다는 고사에서 온 말.
三冬(삼동) ①겨울 석 달. 곧, 초동(初冬;음력 10월)·중동(仲冬;11월)·계동(季冬;12월). ②세 해의 겨울. 곧, 3년.
三樂(삼락) ①군자(君子)의 세 가지 즐거움. 곧, 부모가 살아 계시고 형제가 무고한 일, 하늘과 사람에게 부끄러워할 것이 없는 일, 천하 영재(英才)를 얻어 교육하는 일. ②사람으로 태어남과, 남자로 태어남과, 장수함.
三略(삼략) 병서(兵書). 황석공(黃石公)이 한대(漢代)의 장양(張良)에게 주었다는 상략(上略)·중략(中略)·하략(下略).
三靈(삼령) ①천(天)·지(地)·인(人). ②천신(天神)·지기(地祇)·인귀(人鬼). ③영대(靈臺)·영유(靈囿)·영소(靈沼).
三令五申(삼령오신) 세 번 훈령(訓令)하고 다섯 번 신칙(申飭)함. 거듭 신신당부함.
三禮(삼례) ①의례(儀禮)·주례(周禮)·예기(禮記). ②천신(天神)·지기(地祇)·인귀(人鬼)를 제사 지내는 예.
三忘(삼망) 장사(將士)가 출정(出征)할 때에 잊어야 할 세 가지 일. 곧, 명령을 받고는 집을 잊고〔忘家〕, 싸움에 임해서는 부모를 잊고〔忘親〕, 싸움이 급해졌을 때는 몸을 잊음〔忘身〕.

三昧(삼매) ①학문·기예 등의 오묘한 경지. 蘊奧(온오). ②(佛)잡념이 없이 오직 한 가지 일에만 정신력을 집중하는 경지. 三昧境(삼매경).

三務(삼무) 봄·여름·가을의 농무(農務).

三無(삼무) 무성(無聲)의 음악과, 무체(無體)의 예(禮)와, 무복(無服)의 상(喪)의 세 가지. 곧, 형체는 없고 그 정신만 있음.

三房(삼방) 國①중국에 보내는 서장관(書狀官)이 묵던 곳. ②과거(科擧) 보일 때 세 시관(試官)이 머물던 곳.

三拜(삼배) ①세 번 절함. ②(佛)세 번 무릎 꿇고 배례(拜禮)함. 신(身)·구(口)·의(意)의 삼업(三業)에 대한 경의를 표시하기 위해 함.

三寶(삼보) 세 가지 보배. ㉠천자의 삼보. 선기(璿璣)·옥형(玉衡)·율도(律度). ㉡제후(諸侯)의 삼보. 토지·백성·정사(政事). ㉢대농(大農)·대공(大工)·대상(大商). ㉣(佛)불(佛)·법(法)·승(僧).

三伏(삼복) 초복(初伏)·중복(中伏)·말복(末伏). 여름철의 몹시 더운 기간.

三本(삼본) ①세 가지 근본(根本). ㉠예(禮)의 세 근본. 곧, 천지(天地)·선조(先祖)·군사(君師). ㉡정치(政治)의 세 근본. 곧, 작위(爵位)·축록(蓄祿)·정령(政令). ㉢치란(治亂)의 세 근본. 곧, 덕(德)·공(功)·능(能).

三賦(삼부) 조(租)·용(庸)·조(調)의 세 가지 세법(稅法).

三分鼎足(삼분정족) 솥의 발처럼 삼자가 천하를 셋으로 나누어 차지하고 서로 대립함.

三不去(삼불거) 아내를 버리지 못하는 세 가지 경우. 곧, 돌아가서 의지할 곳이 없을 때, 부모의 삼년상(三年喪)을 같이 치렀을 때, 가난할 때 같이 고생하다가 뒤에 부귀(富貴)하게 된 경우. 三不歸(삼불귀).

三不惑(삼불혹) 미혹되지 말아야 할 세 가지. 곧, 술·여자·재물.

三不孝(삼불효) 세 가지 불효. 곧, 부모를 불의(不義)에 빠지게 하는 일, 부모가 늙고 집이 가난한데 벼슬하지 않는 일, 자식이 없어 조상의 제사를 끊어지게 하는 일.

三司(삼사) ①한대(漢代)의 삼공(三公). 곧, 태위(太尉)·사공(司空)·사도(司徒). ②당대(唐代)의 어사대부(御史大夫)·중서(中書)·문하(門下). ③송대(宋代)의 이재관(理財官). 곧, 염철(鹽鐵)·탁지(度地)·호부(戶部). ④㉠조선 때 홍문관(弘文館)·사헌부(司憲府)·사간원(司諫院). ㉡고려 때 전곡(錢穀)의 출납을 맡아보던 관청.

三事(삼사) ①하늘과 땅을 섬기고 사람을 다스리는 일. ②나라를 다스리는 데 중요한 세 가지. 정덕(正德)·이용(利用)·후생(厚生). ③사람된 도리로 섬겨야 할 세 가지 일. 곧, 사군(事君)·사친(事親)·사사(事師).

三思(삼사) ①세 번 생각함. 깊이 생각함. ②어릴 때는 자란 뒤를 생각하여 힘써 배우고, 늙어서는 죽은 뒤를 생각하여 자손들을 가르치고, 넉넉할 때는 가난할 때를 생각하여 남을 도와주는 세 가지 일.

三赦(삼사) 죄를 용서받을 수 있는 세 가지 조건에 해당되는 사람. 곧, 7세 이하인 유약(幼弱), 80세 이상인 노모(老耄), 어리석고 미련한 용우(庸愚).

三三五五(삼삼오오) 여기저기 몇몇씩 떼를 지은 서너 사람이나 네댓 사람.

三常(삼상) 항상 일정하여 변하지 않는 것 세 가지. ㉠하늘의 상(象), 땅의 형(形), 사람의 예(禮). ㉡정사(政事)의 간(幹), 예(禮)의 종(宗), 나라의 상(常).

三牲(삼생) 희생(犧牲)으로 쓰는 세 가지 짐승. 곧, 소·양·돼지.

三善(삼선) 세 가지 착한 일. 곧, 부모에 대한 효도·임금에 대한 충의·장유(長幼)의 예절.

三省(삼성) ①매일 세 가지 일을 반성함. ②당대(唐代)의 중서성(中書省)·상서성(尙書省)·문하성(門下省). ③고려 때, 중서성·문하성·상서성. ④조선 때, 의정부·사헌부·의금부.

三聖(삼성) ①우리나라 상고 시대의 세 성인(聖人). 곧, 환인(桓因)·환웅(桓雄)·환검(桓儉). ②세계적인 세 성인(聖人). 곧, 석가(釋迦)·공자(孔子)·예수.

三世(삼세) ①조부(祖父)·부(父)·자(子)의 삼대(三代). ②(佛)과거·현재·미래.

三稅(삼세) ①조(租)·용(庸)·조(調)의 세 가지 세제(稅制). ②조선 때, 전세(田稅)·대동(大同)·호포(戶布).

三損友(삼손우) 사귀면 손해를 보는 세 부류의 벗. 편벽된 편벽우(便辟友), 착하기만 하고 줏대가 없는 선유우(善柔友), 말만 잘하고 성실하지 못한 편녕우(便佞友).

三旬(삼순) ①상순(上旬)·중순(中旬)·하순(下旬)의 총칭. 三澣(삼한). ②서른 날.

三旬九食(삼순구식) 서른 날 동안 아홉 끼니만 먹음. 집안이 매우 가난함.

三始(삼시) 정월 초하루의 아침. 연·월·일의 처음이란 뜻. 三元(삼원). 元旦(원단).

三時(삼시) ①봄·여름·가을. ②과거·현재·미래. ③國아침·점심·저녁의 세 끼니. 또는 세 끼니 때.

一 2획

三辰(삼신) 해와 달과 별.

三神山(삼신산) 신선이 살고 있다는 세 산. 발해(渤海)의 봉래산(蓬萊山)·방장산(方丈山)·영주산(瀛州山)을 이름.

三十六計(삼십육계) ①갖가지 계략(計略). ②빵소니치는 일.

三養(삼양) ①복(福)·기(氣)·재(財) 세 가지를 기르는 일. ②신(神)·정(精)·기(氣) 세 가지를 기르는 일.

三嚴(삼엄) ①행군 군령(行軍軍令)의 한 가지. 초엄(初嚴)에 정돈(整頓)하고, 이엄(二嚴)에 무기를 갖추고, 삼엄에 행군을 시작함. ②세 사람의 엄한 사람. 곧, 임금·아버지·스승.

三業(삼업) (佛)①신(身)·구(口)·의(意)에서 오는 죄악의 행동. ②탐욕(貪欲)·진에(瞋恚)·우치(愚癡)의 세 죄업(罪業).

三餘(삼여) 공부하기에 좋은 세 때. 곧, 겨울〔歲之餘〕, 밤〔日之餘〕, 비오는 때〔時之餘〕. 讀書三餘(독서삼여).

三易(❶삼역 ❷삼이) ❶세 종류의 역. 연산(連山)·귀장(歸藏)·주역(周易). ❷문장을 지을 때에 유의해야 할 세 가지 법칙. 곧, 쉬운 글자를 써서 보기 쉽도록, 글과 글자의 뜻을 알기 쉽도록, 읽기 쉽도록 함을 이르는 말.

三五(삼오) ①열닷새. ②보름날 밤. ③15세의 나이. ④삼황오제(三皇五帝).

三五之隆(삼오지륭) 삼황오제(三皇五帝) 때의 융성했던 세상(世上).

三王(삼왕) 삼대(三代)의 성왕(聖王). 곧, 하(夏)의 우왕(禹王), 은(殷)의 탕왕(湯王), 주(周)의 문왕(文王) 또는 무왕(武王).

三王之佐(삼왕지좌) 하(夏)·은(殷)·주(周)의 삼왕(三王)을 도울 만한 어진 인물.

三畏(삼외) 군자가 두려워하고 조심하는 세 가지. 곧, 천명(天命), 대인(大人)의 말, 성인(聖人)의 말.

三樂(삼요) 세 가지 좋아하는 것. 예악(禮樂)과 사람의 착함, 어진 벗이 많음을 좋아하는 익자삼요(益者三樂)와, 분에 넘치는 사물과 하는 일 없이 노는 것, 주색(酒色)을 좋아하는 손자삼요(損者三樂).

三友(삼우) ①서로 따라야 어울리는 세 가지 운치. ㉠시(詩)·주(酒)·금(琴). ㉡산수(山水)·송죽(松竹)·금주(琴酒). ㉢송(松)·죽(竹)·매(梅). ②도움이 되는 세 가지의 벗과 손해가 되는 세 가지의 벗.

三虞(삼우) 장사 지낸 뒤에 세 번째 지내는 제사. 곧, 초우(初虞)와 재우(再虞)를 지내고 나서 지내는 우제(虞祭). 三虞祭(삼우제).

三元(삼원) ①연·월·일의 처음. 음력 정월 초하루. ②정월 보름인 상원(上元), 칠월 보름인 중원(中元), 시월 보름인 하원(下元). ③일(日)·월(月)·성(星).

三怨(삼원) ①원망을 사는 세 가지. 벼슬이 높은 사람은 그렇지 못한 사람에게, 관직에 있으면서 세력이 크면 임금에게, 녹봉이 많으면 백성에게 원망을 듣게 됨. ②남의 원한을 살 만한 세 가지 행위. 남을 능멸하고, 남을 모함하고, 남의 선(善)을 감추는 일.

三位一體(삼위일체) ①세 가지 것이 하나의 목적을 위하여 하나로 통합됨. ②(佛)법신(法身)·응신(應身)·보신(報身)의 삼위(三位)가 구분되나 본래는 하나임. ③성부(聖父)·성자(聖子)·성령(聖靈)의 세 위격(位格)이 하나의 실체인 하나님 안에 존재한다는 교의.

三益友(삼익우) ①사귀어 이로운 세 가지 벗. 곧, 정직한 사람, 성실한 사람, 다문(多聞)한 사람. ②풍류인이 이르는 매화·대나무·돌.

三仁(삼인) 은대(殷代) 말기의 충신 세 사람. 곧, 미자(微子)·기자(箕子)·비간(比干).

三人成虎(삼인성호) 세 사람이 짜면 거리에 범이 나왔다는 거짓말도 통함. 근거 없는 말도 여러 사람이 말하게 되면 믿게 됨.

三日遊街(삼일유가) 國과거에 급제한 사람이 사흘 동안 좌주(座主)·선진자(先進者)·친척 등을 찾아보던 일.

三日點考(삼일점고) 수령(守令)이 부임한 뒤 사흘 만에 부하를 점고하던 일.

三日天下(삼일천하) 삼일 동안 천하를 차지함. 극히 짧은 기간 정권을 잡았다가 실권(失權)함의 비유.

三長(삼장) 사가(史家)에게 필요한 세 가지 장점. 곧, 재주·학문·식견.

三場(삼장) ①과거(科擧)의 초장(初場)·중장(中場)·종장(終場)의 시험. ②초시(初試)·복시(覆試)·전시(殿試).

三藏(삼장) (佛)①경(經)·율(律)·논(論)의 총칭. ②경·율·논에 통달한 고승(高僧).

三才(삼재) ①천(天)·지(地)·인(人). 三材(삼재). ②얼굴의 세 부분. 곧, 액문(額門)·준두(準頭)·지각(地角).

三災(삼재) (佛)세 가지의 재액. ㉠수재(水災)·풍재(風災)·화재(火災). ㉡도병(刀兵)·기근(饑饉)·역려(疫癘).

三戰神(삼전신) (佛)전쟁을 맡은 세 신(神). 마리지천(摩利支天)·대흑천(大黑天)·비사문천(毘沙門天).

三絕(삼절) ①세 가지 뛰어난 사물. ②세 가지 뛰어난 재주를 가진 사람. ③세 수(首)의 절구(絕句).

三政(삼정) 나라의 정사 중에서 가장 중요한 전부(田賦)·군정(軍政)·환곡(還穀).

一

2획

三精(삼정) ①일(日)·월(月)·성(星). ②사람의 몸 속에 있다고 하는 태광(台光)·상령(爽靈)·유정(幽精)의 세 가지 정혼(精魂).

三族(삼족) ①부모(父母)·형제(兄弟)·처자(妻子). ②부(父)·자(子)·손(孫). ③부계(父系)·모계(母系)·처계(妻系).

三足烏(삼족오) ①태양 속에 산다는 세 발 가진 까마귀. ②태양. ③서왕모(西王母)의 먹을 것을 가져온다는 전설상의 새.

三尊(삼존) ①존중해야 할 세 가지. 곧, 군(君)·부(父)·사(師). ②(佛)㉠미타(彌陀) 삼존. 곧, 아미타여래(阿彌陀如來)·관세음보살(觀世音菩薩)·대세지보살(大勢至菩薩). ㉡석가 삼존. 곧, 석가여래(釋迦如來)·문수보살(文殊菩薩)·보현보살(普賢菩薩). ㉢불(佛)·법(法)·승(僧).

三從(삼종) ①지난날, 여자가 지켜야 할 세 가지 도리. 어려서는 부모를, 결혼하여서는 남편을, 남편이 죽은 뒤에는 아들을 좇음을 이르는 말. 三從之道(삼종지도). 三從之義(삼종지의). ②팔촌이 되는 관계. ③삼종형제.

三知(삼지) ①도를 알게 되는 세 단계. 나면서 아는 생지(生知), 배워서 아는 학지(學知), 애써서 아는 곤지(困知). ②명(命)·예(禮)·언(言) 세 가지를 아는 일.

三枝禮(삼지례) 비둘기는 어미 비둘기가 앉은 가지에서 아래로 세 번째 가지에 앉음. ㉠부모에 대한 지극한 효성. ㉡사람은 누구나 예를 지켜야 함.

三秦(삼진) ①진말(秦末)에 항우(項羽)가 관중(關中)을 3분하여 진(秦)의 항장(降將)들로 봉(封)한 세 나라. 곧, 옹(雍)·새(塞)·적(翟). ②오호십육국(五胡十六國) 시대의 전진(前秦)·후진(後秦)·서진(西秦).

三尺童子(삼척동자) ①키가 석 자 정도 되는 철모르는 어린아이. ②6~7세의 어린아이.

三尺法(삼척법) 법률. 석 자 길이의 대쪽에 법률을 기록한 데서 온 말.

三遷之教(삼천지교) 좋은 교육 환경을 찾아 집을 세 번 옮겨 가르침. 孟母三遷之教(맹모삼천지교). 故事 맹자(孟子)의 어머니가 아들의 교육에 나쁜 영향을 주는 환경을 피하여 처음에는 묘지(墓地) 옆에서 살다가 저잣거리로 옮기고 다시 학교 옆으로 옮긴 고사에서 온 말.

三寸不律(삼촌불률) 길이 세 치의 붓. '不律'은 '붓'을 뜻함.

三寸舌(삼촌설) 세 치 길이의 혀. 사람을 움직이는 '뛰어난 언변'의 비유.

三秋(삼추) ①가을의 석 달. 음력 7월·8월·9월. ②세 계절. 아홉 달. ③3년.

三春(삼춘) ①봄의 석 달. 곧, 음력 1월·2월·3월. ②새 해의 봄. 3년.

三七日(삼칠일) 출생 후 21일째.

三歎(삼탄) ①여러 번 한탄함. ②감탄하여 몇 번이나 칭찬함.

三吐(삼토) 식사를 하던 중에 먹던 음식을 세 번 뱉어 냄. 현사(賢士)를 두터이 대접함. 一飯三吐哺(일반삼토포).

三學(삼학) ①당대(唐代)의 세 학교. 곧, 국자학(國子學)·태학(太學)·사문학(四門學). ②(佛)비구(比丘)가 수행하는 세 가지 학문. 곧, 계학(戒學)·정학(定學)·혜학(慧學).

三寒四溫(삼한사온) 사흘 동안은 춥고 나흘 동안은 따뜻함. 우리나라 겨울철 기후의 특징을 이름.

三行(삼행) ①부모님이 살아 계실 때, 돌아가셨을 때, 제사 지낼 때 행하는 세 가지 예. ②國신랑이 세 번째로 처가에 다니러 감.

三獻(삼헌) 제사 때에 술잔을 세 번 올리는 일. 곧, 초헌(初獻)·아헌(亞獻)·종헌(終獻).

三革五刃(삼혁오인) 갑옷·투구·방패의 세 가죽 무장과, 칼·큰칼·세모창·화살 및 가지 달린 창의 다섯 쇠붙이 무기.

三絃(삼현) ①줄이 세 개인 악기. ②거문고·가야금·향비파(鄕琵琶)의 세 가지 현악기.

三絃鈴(삼현령) 國급한 공문을 발송할 때 봉투에 세 개의 동그라미를 찍던 일.

三皇(삼황) 고대 중국의 전설에 나타난 세 임금. ㉠복희씨(伏羲氏)·신농씨(神農氏)·황제(黃帝)나 수인씨(燧人氏). ㉡천황씨(天皇氏)·지황씨(地皇氏)·인황씨(人皇氏).

三皇五帝(삼황오제) 복희(伏羲)·신농(神農)·수인(燧人)의 삼황(三皇)과, 황제(皇帝)·전욱(顓頊)·제곡(帝嚳)·요(堯)·순(舜)의 오제. 황제 대신에 소호(少昊)를 넣기도 함.

三孝(삼효) 세 가지의 효행(孝行). ㉠큰 효도는 어버이를 공경하는 일이고, 그 다음가는 효도는 어버이를 욕되게 하지 않는 일이며, 세 번째의 효도는 어버이를 잘 봉양하는 일. ㉡어버이 생시에는 봉양하고, 사후에는 집상(執喪)하고, 삼년상이 끝난 뒤에는 제사로 받드는 일.

三后(삼후) ①세 임금. ㉠우(禹)·탕(湯)·문왕(文王). ㉡우(禹)·설(契)·후직(后稷). ②세 황후. ③태황태후(太皇太后)·황태후(皇太后)·황후(皇后).

三犧(삼희) ①천(天)·지(地)·종묘를 제사 지내는 데 쓸 희생. 육축(六畜) 가운데 우모(羽毛)를 완전히 갖춘 것. ②기러기·집오리·꿩.

三喜聲(삼희성) 세 가지 기쁜 소리. 곧, 다듬이 소리, 글 읽는 소리, 갓난아이 우는 소리.

2 【上】 ①위 상 漾
③ ②오를 상 養

중학 인명 7급 ㊥shàng ㊐ジョウ

필순 丨 卜 上

소전 上 초서 𠄞 자원 指事. 소전의 글자 모양에서 가로획〔一〕은 일정한 위치를 나타내고, 세로획〔丨〕은 그 위치보다 높은 장소임을 가리킨다. 합하여 위쪽을 표시하였다.

자해 1 ❶**위.** ㉮**높은 쪽, 꼭대기.** 〔詩經〕 高高在上고고재상. ㉯**조직·계급·수준 등의 높은 쪽, 나은 쪽.** 〔書經〕 穆穆在上목목재상, 明明在下명명재하. ❷**하늘.** 〔論語〕 禱爾于上下神祇도이우상하신기. ❸**임금.** ¶ 上覽상람. ❹**손위.** ¶ 上下老少상하로소. ❺**옛, 옛날.** 〔呂氏春秋〕 自此以上者자차이상자, 亡國不可勝數망국불가승수. ❻**무겁다, 중하다.** 〔孟子〕 善戰者服上刑선전자복상형. ❼**첫째.** ¶ 上旬상순. ❽**부근, 곁.** 〔論語〕 子在川上자재천상. 2 ❶**오르다.** ㉮**오르다.** 〔易經〕 雲上於天운상어천. ㉯**올리다, 바치다.** 〔禮記〕 食上식상, 必在視寒煖之節필재시한난지절. ㉰**차·말·배 등을 타다.** ¶ 上船상선. ㉱**올라가다, 지방에서 중앙으로 가다.** ¶ 上京상경. ❷**사성(四聲)의 한 가지** ¶ 上聲상성.

上監(상감) 國임금의 높임말.
上甲(상갑) ①초하루. '甲'은 '初'로 '처음'을 뜻함. 上日(상일). ②과거 급제자 가운데 성적이 가장 뛰어난 부류.
上客(상객) ①지위가 높은 손님. 상좌에 모실 만한 손님. 上賓(상빈). ②혼인 때 가족 중에서 신랑·신부를 데리고 가는 사람.
上格(상격) ①높은 위치(位置). ②뛰어난 자격(資格). 높은 격식(格式).
上京(상경) ①천자의 도읍. 서울. ②서울로 올라감.
上界(상계) ①천상(天上)의 세계. ②(佛)부처가 있는 곳. 天上界(천상계).
上啓(상계) 조정(朝廷)이나 윗사람에게 글로써 아룀. 上書(상서).
上告下布(상고하포) 나라에 중대한 일이 있을 때 종묘(宗廟)에 아뢰고, 국민에게 널리 공포하던 일.
上空(상공) 높은 하늘.
上官(상관) 자기보다 더 높은 직책에 있는 사람.
上敎(상교) ①임금의 지시(指示). ②윗사람의 가르침.
上級(상급) 보다 높은 등급이나 계급.
上納(상납) ①나라에 조세를 바침. ②윗사람에게 돈이나 물건을 바침.
上年(상년) ①좋은 해. 豐年(풍년). ②지난해. 昨年(작년).
上達(상달) ①좋은 방향으로 크게 발달함. 고명(高明)한 경지에 이름. 덕의(德義)를 환하게 깨달아 앎. ②위에 이름. ③윗사람에게 말이나 글로 여쭈어 알게 함.
上答(상답) 윗사람에게 대답함.
上代(상대) ①옛날. 상고 시대. ②윗대. 祖上(조상).
上德(상덕) ①최상의 덕. ②제왕의 훌륭한 덕. ③덕을 숭상하는 일.
上途(상도) 여행길에 오름. 출발함.
上冬(상동) 초겨울. 곧, 음력 10월. 孟冬(맹동).
上同(상동) ①윗사람에 아부하여 의견을 좇음. ②위에 기록한 바와 같음.
上棟下宇(상동하우) 마룻대를 올리고 서까래를 얹음. 집을 지음.
上頭(상두) ①여자가 15세가 되어 처음으로 비녀를 꽂는 예(禮). 남자의 관례(冠禮)에 해당한다. ②남자의 관례. ③첫머리. 先頭(선두). ④위쪽. 上方(상방).
上覽(상람) 임금이 봄. 御覽(어람).
上梁(상량) ①기둥에 보를 얹고, 그 위에 처마도리와 중도리를 걸고 마지막으로 마룻대를 올림. ②마룻대. 上樑(상량).
上梁文(상량문) 문체(文體)의 이름. 건축물의 상량(上梁)을 축하하는 글.
上漏下濕(상루하습) 위로는 비가 새고 아래로는 습기가 참. 허술하고 가난한 집.
上流(상류) 강·내의 발원지에 가까운 부분.
上陸(상륙) 배에서 육지로 오름.
上命(상명) ①군주(君主)의 명령. ②장수(長壽). ③명령을 존중함.
上文(상문) ①학문을 숭상함. ②문식(文飾)을 숭상함. ③한 편의 글에서 앞부분의 글. 前文(전문).
上聞(상문) ①임금에게 아룀. ②아랫일이 조정(朝廷)에 알려짐.
上文右武(상문우무) 문무(文武)를 모두 숭상(崇尙)함.
上膊(상박) 어깨에서 팔꿈치까지의 부분.
上方(상방) ①지세의 가장 높은 곳. ②동쪽과 북쪽. ③(佛)㉠산 속에 있는 절. 山寺(산사). ㉡주지(住持).
上房(상방) ①이전의 담당자. 前任者(전임자). ②몸채. 正房(정방). ③國㉠관아(官衙)에서 상관이 거처하던 방. ㉡한 집에서 호주(戶主)가 거처하는 방. 곧, 주인의 방.
上番(상번) ①첫번. 첫째 번. ②번을 듦. 당직 근무에 듦.
上變(상변) 급변(急變)을 위에 알림.

上輔(상보) 재상(宰相)의 높임말.
上服(상복) ①상급(上級)의 중죄(重罪)를 순순히 인정함. ②상체(上體)에 과하는 형벌. 묵형(墨刑)·의형(劓刑) 따위. ③웃옷. 겉옷.
上奉下率(상봉하솔) 國위로는 부모를 봉양하고 아래로는 처자를 거느림.
上部(상부) ①위쪽 부분. ②보다 높은 직위나 관청.
上賓(상빈) ①상석(上席)에 자리할 빈객(賓客). 上客(상객). ②날아 하늘에 오름. 곧, 천자(天子)가 죽음.
上巳(상사) 음력 3월의 첫 사일(巳日). 이날 흐르는 물가에 가서 재앙을 떠는 풍속(風俗)이 있으며, 뒤에 3월 3일로 바뀌었음.
上司(상사) 자기보다 직위가 위인 사람.
上舍(상사) ①좋은 집. 甲第(갑제). ②선비를 높여 이르는 말.
上相(상상) ①임금이 대전(大典)의 의식을 치를 때 이를 주관하던 벼슬아치. ②재상(宰相)의 높임말. ③國 '영의정'의 딴 이름.
上翔(상상) ①하늘을 낢. ②봉황이 날면서 우는 일.
上賞(상상) 최상의 상. 일등상.
上書(상서) ①천자에게 글을 올림. 또는 그 글. ②國윗사람에게 글을 올림. 또는 그 편지.
上仙(상선) ①신선(神仙)이 됨. ②제왕(帝王)의 죽음. ③선인(仙人) 중에서 가장 뛰어난 선인. 上眞(상진). 上僊(상선).
上船(상선) 배에 올라탐.
上善(상선) 가장 훌륭한 선(善). 最善(최선).
上聲(상성) ①한자(漢字) 사성(四聲)의 하나. 처음은 낮게 계속하다가 차차 높아져서 가장 높게 되었다가 그치는 소리. ②중세 국어 사성의 하나. 처음이 낮고 나중이 높은 소리.
上疏(상소) 임금에게 글을 올림. 또는 그 글. 奏疏(주소).
上壽(상수) ①나이가 썩 많음. ②백 살 이상 된 노인. ③환갑 잔치 등에서, 주인공에게 장수(長壽)를 비는 뜻으로 술잔을 올림.
上旬(상순) 한 달 가운데 초하루부터 초열흘까지의 사이.
上術(상술) 가장 좋은 수단 방법.
上昇(상승) 위로 올라감. 上升(상승).
上試(상시) 國과거 때 시관(試官)의 우두머리.
上食(상식) ①음식물을 받들어 올림. 進食(진식). ②國상가(喪家)에서 아침저녁으로 궤연(几筵) 앞에 올리는 음식.
上謁(상알) 명함(名銜)을 올려 뵙기를 청함.
上言(상언) ①백성이 임금에게 글을 올림. ②윗사람의 말.
上演(상연) 연극을 공연함.
上映(상영) 영화를 공개함.
上午(상오) 밤 0시부터 낮 12시까지의 동안.
上愚(상우) 바보는 아니면서도 편벽된 의견을 가져 미련한 사람.
上雨旁風(상우방풍) 위에서는 비가 새고 옆에서는 바람이 들어옴. 낡고 가난한 집.
上元(상원) ①음력 정월 보름. ②하늘. 上天(상천).
上苑(상원) 천자의 정원. 대궐 안의 동산.
上院(상원) ①훌륭한 저택. ②양원 제도에서 하원과 더불어 국회를 구성하는 의원.
上援下推(상원하추) 위에서는 끌어올리고, 아래서는 밀어 줌. 서로 도와서 함께 나아감.
上位(상위) 높은 지위나 위치.
上諭(상유) 임금의 말씀.
上衣(상의) 윗옷.
上意(상의) ①임금의 마음 또는 명령. 上旨(상지). ②윗사람의 의사. 지배자의 생각.
上意下達(상의하달) 윗사람의 뜻이 아랫사람에게 전달됨.
上日(상일) ①초하루. 上甲(상갑). 朔日(삭일). ②좋은 날. 吉日(길일). 良日(양일).
上梓(상자·상재) 문서(文書)를 판목(版木)에 새김. 책을 박음.
上長(상장) 지위가 위인 사람. 손윗사람.
上裁(상재) ①임금의 재가. ②상관의 결재.
上程(상정) ①여정(旅程)에 오름. ②의안(議案)을 회의에 내놓음.
上帝(상제) ①옥황상제(玉皇上帝). 天帝(천제). ②조물주. ③임금. 왕. ④옛 임금.
上第(상제) ①과거(科擧)에서 첫째로 급제함. 또는 그 사람. ②최선의 것.
上足(상족) 제자 가운데서 가장 뛰어난 사람. '足'은 제자를 스승의 발에 비유한 것. 上佐(상좌).
上奏(상주) 임금에게 말씀을 아뢺.
上旨(상지) 임금의 뜻. 上意(상의).
上志(상지) ①상고(上古)의 기록. 上誌(상지). ②임금의 뜻.
上知(상지) 배우지 않고도 아는 지혜. 뛰어난 지혜. 또는 그 사람. 生知(생지).
上指(상지) ①위를 가리킴. ②임금의 뜻.
上池水(상지수) 아직 땅에 떨어지지 않은 이슬. 곧, 대나무나 잎에 괸 이슬 따위.
上饌(상찬) 아주 좋은 반찬.
上策(상책) 훌륭한 계책. 上計(상계).
上天(상천) ①하늘. ②겨울 하늘. ③하느님. 天帝(천제). ④승천(昇天)함.
上天下地(상천하지) 위에 있는 하늘과 아래에 있는 땅. 곧, 온 세상.
上聽(상청) 임금의 귀에 들어감.

上廳(상청) ①여러 방 중에서 가장 좋은 방. ②國윗사람이 있는 곳이나 관청. ③國주점(酒店) 등에서, 말을 타고 하인을 거느린 손님에 대한 경칭(敬稱).
上寵(상총) ①임금의 총애. ②윗사람의 총애.
上衝(상충) 위로 치밀어 오름.
上通(상통) ①아랫사람의 근무 태도가 윗사람에게 인정받음. ②아래의 사정을 위에 통함.
上平(상평) ①한자(漢字) 사성(四聲) 중의 평성(平聲)을 상하(上下)로 나눈 것 가운데 위의 반. ②현재 중국 발음의 사성의 한 가지. 소리를 고르고 짧게 냄.
上幣(상폐) 상등의 화폐(貨幣). ㉠주옥(珠玉). ㉡금. 황금.
上表(상표) 임금께 표(表)를 올림.
上品(상품) ①가계(家系)가 좋음. ②품위가 고상함. ③품질이 좋은 물품.
上風(상풍) 바람이 불어오는 방향.
上下(상하) ①위와 아래. ②임금과 신하. ③높은 지위에 있는 사람과 낮은 지위에 있는 사람. ④장유(長幼). ⑤하늘과 땅. 天地(천지). ⑥산과 늪. 산과 평지(平地). ⑦풍년과 흉년.
上下老少(상하노소) 윗사람과 아랫사람, 늙은 이와 젊은이. 곧, 모든 사람.
上下相蒙(상하상몽) 國윗사람과 아랫사람이 서로 속임.
上限(상한) 위쪽의 한계.
上行(상행) ①위로 나아감. ②윗사람이 행함. 또는 그 행위(行爲). ③윗자리. 또는 위의 열(列). 上坐(상좌).
上向(상향) 위쪽을 향함.
上玄(상현) ①하늘. ②마음. ③도교(道敎)에서 심장을 이르는 말.
上弦(상현) 매월 음력 7, 8일경에 나타나는 달. 활시위가 위로 간 형상인 데서 온 말.
上賢(상현) ①뛰어나게 현명함. 또는 그 사람. ②어진 이를 숭앙함.
上刑(상형) 가장 무거운 형벌. 極刑(극형).
上皇(상황) ①하느님. 天帝(천제). ②선위(禪位)하여 생존한 황제의 존칭. 太上皇(태상황). ③상고(上古)의 제왕(帝王).
上廻(상회) 어떤 기준보다 웃돎.
上候(상후) ①㉠임금의 편안한 소식. ㉡임금 신체의 안위. 聖候(성후). ②편지로 웃어른에게 안부를 여쭙.
◨ 陸上육상, 以上이상, 引上인상, 頂上정상, 地上지상, 進上진상, 天上천상, 最上최상, 向上향상, 獻上헌상.

2 ③【与】 與(1049)의 속자

2 ③【丈】 어른 장 養

고등 인명 3Ⅱ급 ㊥zhàng ㊐ジョウ

필순 一ナ丈

소전 [seal] 초서 [cursive] 속자 [variant] 자원 會意. 소전의 글자 모양은 '十'과 '又'로 이루어졌는데, '十'은 수효의 '10', '又'는 오른손을 나타낸다. 1뼘은 1척(尺)이므로 그 10배인 10척을 1장(丈)이라 한다. 또 1장은 8척이어서 성인(成人) 남자의 키와 같아 '어른, 길' 등의 뜻도 나타낸다.
자해 **❶어른. ❷길이의 단위.** 1장(丈)은 주척(周尺)으로 10척(尺). 〔春秋左氏傳〕里而栽리이재, 廣丈광장, 高倍고배. **❸지팡이.** ≒杖. **❹재다.** ¶ 丈量장량.
丈勘(장감) 토지와 논밭을 측량함.
丈量(장량) ①1장(丈)을 단위로 하여 길이를 잼. ②토지의 넓이를 잼.
丈母(장모) 아내의 친정 어머니.
丈夫(장부) ①다 자란 씩씩한 남자. ②재능이 뛰어난 훌륭한 사람. ③現남편.
丈人(장인) ①노인. ②덕행이 높은 장로(長老)나 성인(聖人). ③아내의 친정 아버지. 岳父(악부).
丈尺(장척) ①장(丈)과 척(尺)으로써 길이를 잼. ②열 자 길이가 되게 만든, 장대로 된 자.
◨ 儀丈의장, 一丈일장, 椿府丈춘부장.

2 ③【下】 ①아래 하 馬 ②내릴 하 禡

중학 인명 7급 ㊥xià ㊐カ, ゲ

필순 一丅下

소전 [seal] 초서 [cursive] 자원 指事. 소전의 글자 모양에서 가로획〔一〕은 일정한 위치를 나타내고, 세로획〔丨〕은 그 위치보다 낮은 장소임을 가리킨다. 합하여 아래쪽을 표시하였다.
자해 ① **❶아래.** ¶ 下向하향. **❷아랫사람, 신하.** 〔中庸〕爲下不倍위하불배. **❸뒤, 끝.** 〔詩經〕下武維周하무유주. ② **❶내리다.** 〔孟子〕沛然下雨패연하우. **❷내려가다, 낮아지다.** 〔易經〕以貴下賤이귀하천, 大得民也대득민야. **❸항복하다.** 〔史記〕下齊七十餘城하제칠십여성. **❹내려 주다.** 〔史記〕天子下其事천자하기사, 與丞相議여승상의.
下嫁(하가) 공주(公主)나 옹주(翁主)가 귀족이나 평민에게로 시집감.
下瞰(하감) 아래를 내려다봄.
下降(하강) ①내려감. 떨어짐. ②공주가 신하

에게 시집감. 下嫁(하가).
下車(하거) ①수레에서 내림. ②벼슬아치가 임소(任所)에 다다름. 부임함.
下界(하계) ①(佛)인간 세계. 이 세상. 娑婆(사바). ②인간 세상에 내려옴.
下棺(하관) 관(棺)을 광(壙) 안에 내림.
下卦(하괘) ①주역의 육효(六爻) 중 아래에 있는 세 괘. ②길하지 못한 점괘.
下教(하교) ①國임금이 내린 명령. 傳教(전교). ②윗사람이 가르치어 보임.
下剋上(하극상) 하(下)가 상(上)을 이김. 신분이 낮은 사람이 윗사람을 꺾고 오름.
下女(하녀) ①시녀(侍女). ②일하는 능력이 하급(下級)인 여자.
下達(하달) ①재리(財利)에 밝음. ②윗사람의 뜻이 아랫사람에게 이름. ③여자 집에 중매인을 통하여 결혼을 신청하는 일.
下堂(하당) ①대청(大廳)에서 내려옴. ②아내와 이혼함.
下堂迎之(하당영지) 뜰에 내려가 찾아온 사람을 맞이함. 윗사람이나 반가운 사람을 극진히 영접함.
下待(하대) ①상대편을 낮게 대우함. ②상대편에게 낮은 말을 씀.
下落(하락) 아래로 떨어짐.
下諒(하량) 國윗사람이 아랫사람의 마음을 살펴 알아줌을 아랫사람이 높여 이르는 말.
下僚(하료) 지위가 낮은 관리.
下流(하류) ①하천의 아래쪽. ②사회적 신분이나 생활 수준이 상대적으로 낮은 계층.
下吏(하리) ①신분이 낮은 벼슬아치. ②각 관아(官衙)에 딸린 구실아치의 총칭.
下里(하리) ①시골. ②사자(死者)의 혼(魂)이 모이는 곳. ③國아랫마을.
下痢(하리) 설사. 下泄(하설).
下馬(하마) ①말에서 내림. ②좋지 못한 말. ③관리가 임지에 도착함. 부임(赴任)함.
下馬碑(하마비) 궁전(宮殿)이나 공자묘(孔子廟) 앞에 세우던 푯돌. 말 탄 사람은 누구든지 그 앞을 지날 때에는 말에서 내리라는 내용을 새겼음.
下馬評(하마평) 관리의 이동·임명에 관한 세간(世間)의 물망(物望).
下望(하망) 아래를 바라봄.
下命(하명) ①명령(命令)을 내림. ②위에서 내려다봄.
下錨(하묘) 닻을 내림. 배를 항구(港口)에 댐. 碇泊(정박).
下問(하문) 손아랫사람에게 물음. 후배에게 가르침을 받음.
下民(하민) 세상 사람. 백성. 凡民(범민).
下膊(하박) 팔꿈치에서 손목까지의 부분.
下方(하방) ①아래쪽. 下部(하부). ②인간 세계. ③지세(地勢)가 낮은 곳. ④남쪽과 서쪽.
下房(하방) ①아랫방. ②㉠초라한 방. ㉡천제(天帝)에 대하여 천자(天子)의 궁전을 겸손하게 이르는 말. ③國㉠하인(下人)들이 거처하는 방. ㉡침실(寢室).
下番(하번) ①당직(當直)을 마치고 나오는 사람. ②군영(軍營)에서 돌림차례를 마치고 나오는 번(番).
下服(하복) ①가벼운 형벌로 복역함. ②하체(下體)에 과하는 형벌. 궁형(宮刑) 따위. ③아랫사람이 되어 섬김.
下僕(하복) 하인. 사내종. 奴僕(노복).
下部(하부) 아래쪽 부분.
下賜(하사) 임금이나 국가 원수가 아랫사람에게 물건을 내려 줌.
下三道(하삼도) 國충청도, 전라도, 경상도의 총칭. 三南(삼남).
下世(하세) ①죽음. ②후세(後世).
下屬(하속) ①부하(部下). ②國하인의 무리.
下手(하수) ①스스로 행함. 着手(착수). ②기술이 낮은 사람. ③바둑·장기에서 수가 낮음. 또는 그 사람.
下水(하수) ①새로 만든 배의 진수(進水). ②배가 흐름에 따라 떠감. ③물에 들어감. ④더러운 물. 또는 도랑.
下手人(하수인) ①손을 대서 직접 사람을 죽인 사람. ②남의 밑에서 졸개 노릇을 하는 사람.
下宿(하숙) 일정한 돈을 내고 남의 집에서 먹고 잠.
下旬(하순) 스무하루부터 그믐까지의 열흘 동안. 下浣(하완).
下濕(하습) 땅이 낮고 습기가 많음.
下視(하시) ①아래를 봄. ②낮잡아 봄. 업신여김. 下瞰(하감).
下野(하야) 시골로 내려감. 관직(官職)에서 물러남.
下午(하오) 낮 12시부터 밤 12시까지의 동안.
下獄(하옥) 죄인을 옥(獄)에 가둠.
下愚(하우) ①아주 어리석고 못난 사람. ②자기(自己)의 겸칭(謙稱).
下意(하의) ①겸손함. ②본래의 뜻을 굽힘. ③아랫사람들의 의사(意思). ④백성의 뜻.
下衣(하의) 아랫도리에 입는 옷.
下人(하인) ①사내종. ②남의 집에 매여 일을 하는 사람.
下箸(하저) 젓가락을 댐. 음식을 먹음.
下情(하정) ①어른에게 대하여, 자기의 심정이나 뜻을 낮추어 이르는 말. ②아랫사람들의 사정. 下懷(하회).

下情上通(하정상통) 백성의 사정이나 뜻이 위에 잘 통함.
下第(하제) 과거에 낙제함.
下劑(하제) 설사를 하게 하는 약제. 설사약.
下從(하종) 순사(殉死)함. 아내가 죽은 남편의 뒤를 따라 자결함.
下種(하종) 씨를 뿌림.
下坐(하좌) 아랫자리. 낮은 자리.
下肢(하지) 두 다리.
下直(하직) ①당직(當直)을 마침. ②먼 길을 떠날 때 웃어른께 작별을 고함. ③서울을 떠나는 벼슬아치가 임금에게 작별을 아룀.
下車(하차) 승객이 차에서 내림.
下處(하처) ①임시로 묵는 곳. ②國손이 길을 가다가 묵음. 또는 묵고 있는 곳.
下遷(하천) 벼슬 자리가 떨어짐. 좌천 또는 강등(降等)됨.
下體(하체) 몸의 아랫도리.
下焦(하초) 삼초(三焦)의 하나. 배꼽 아래에 해당되는 부분.
下層(하층) 등급이 아래인 계층.
下鍼(하침) 침을 놓음.
下榻(하탑) ①손님을 극진히 대접함. 故事 후한(後漢)의 진번(陳蕃)이 군내(郡內)의 고사(高士) 주구(周璆)를 위하여 특별히 안석(案席) 하나를 마련하였다는 고사에서 온 말. ②기숙(寄宿)함.
下土(하토) ①땅. 下地(하지). ②메마른 땅. ③두멧구석. ④낮은 땅.
下腿(하퇴) 종아리.
下品(하품) ①인품이 낮음. ②질이 낮은 물건. ③하등(下等) 계급.
下風(하풍) ①바람이 불어 가는 쪽. ②남의 아랫자리. 남의 지배 아래.
下筆(하필) 붓을 대어 씀. 시나 글을 지음.
下筆成章(하필성장) 붓을 잡기만 하면 당장에 문장을 이룸. 문재(文才)가 뛰어남.
下學上達(하학상달) ①아래로는 인간의 사리(事理)를 배우고 위로는 하늘의 도리(道理)에 통함. ②쉬운 것을 배워서 점차 깊은 학문에 나아감.
下限(하한) 아래쪽의 한계.
下行(하행) 아래쪽으로 내려감.
下向(하향) 위에서 아래쪽으로 향함.
下弦(하현) 음력 매월 23일경에 반달 모양으로 되는 달. 만월(滿月)과 다음 신월(新月)과의 중간이며 활의 현(弦)을 뒤엎은 모양임.
下化衆生(하화중생) (佛)보살이 중생(衆生)을 교화하여 제도(濟度)함.
下回(하회) 다음 차례. 次回(차회).
下廻(하회) 기준보다 밑돎.
下懷(하회) 자기 마음의 겸칭. 주로 어른에게 보내는 편지 글에서 씀.
下厚上薄(하후상박) 아랫사람에게 후하고 윗사람에게 박함.
下恤(하휼) 아랫사람의 형편을 딱하게 여겨 물질로 도와줌.
◨ 貴下귀하, 臣下신하, 以下이하, 殿下전하, 足下족하, 地下지하, 陛下폐하.

3
④【丐】 빌 개 泰

㊥gài ㊐カイ

자해 ❶빌다, 남의 것을 거저 얻으려고 사정하다. 〔文選〕 攀其鱗翼반기린익, 丐其餘論개기여론. ❷걸인. 〔柳宗元·書〕 皁隸傭丐皆得上父母丘墓조례용개개득상부모구묘.
丐乞(개걸) ①빌어먹음. ②거지.
丐命(개명) 목숨을 빎. 살아나기를 빎.
丐子(개자) 거지.

3
④【丏】 가릴 면 銑

㊥miǎn ㊐メン

소전 참고 丐(16)는 딴 자.
자해 ❶가리다. ❷토담. 화살을 막기 위한 낮은 토담.

3
④【不】 1아닐 불·부 月·宥
2새 이름 부 尤

중학 인명 7급 ㊥bù, fǒu, fōu ㊐フ, ブ

필순 一 ア 不 不

소전 초서 참고 ❶우리나라에서는 '不' 다음에 'ㄷ·ㅈ'을 첫소리로 하는 한자(漢字)가 오면 '부'로 발음한다. ❷인명용 음은 '불·부'이다.

자원 象形. '一'은 하늘, '⺌'는 새가 날고 있는 모양이다. 새가 하늘 높이 날아올라 내려오지 않는다는 데서 '부정(否定)'의 뜻을 나타낸다.

자해 1❶아니다, 아니하다. 〔中庸〕 雖不中不遠수부중불원. ❷없다. 〔詩經〕 不日不月불일불월. ❸못하다. 〔孟子〕 不爲也불위야, 非不能也비불능야. ❹마라. 금지(禁止)의 뜻을 나타낸다. 〔書經〕 王不敢後왕불감후. 2❶새 이름. ≒鴀. ❷아닌가? 의문을 나타내는 어조사. ≒否. 〔史記〕 視我舌尙在不시아설상재부.
不可(불가) ①옳지 않음. ②할 수 없음.
不可缺(불가결) 없어서는 안됨.
不可分(불가분) 나눌 수 없음.
不可思議(불가사의) 사람의 생각으로는 미루어

헤아릴 수 없이 이상하고 야릇함.
不可侵(불가침) 침범할 수 없음.
不可避(불가피) 피할 수 없음.
不可抗力(불가항력) 사람의 힘으로는 어찌할 수 없음.
不恪(불각) 조심하지 않음. 삼가지 않음.
不刊(불간) ①닳아 없어지지 않음. 깎아 없애지 못함. ②영원히 전할 책.
不堪(불감) 견디기가 어려움.
不敢(불감) 감히 하지 못함.
不敢當(불감당) 감히 당해 내지 못함. 그만한 자격이 없다는 겸양의 말.
不敢生心(불감생심) 힘에 부쳐 감히 엄두도 내지 못함. 不敢生意(불감생의).
不虔(불건) 신불(神佛)을 공경하지 아니함.
不潔(불결) 깨끗하지 않음.
不敬(불경) 무람없이 굴어 예를 잃음.
不繫之舟(불계지주) 잡아매지 않은 배. ㉠속세를 벗어난 무념무상(無念無想)의 경지. ㉡정처 없이 방랑함.
不辜(불고) 죄가 없는 사람. 無辜(무고).
不顧(불고) 돌아보거나 돌보지 않음.
不恭(불공) 공손하지 못함.
不共戴天(불공대천) ①한 하늘 아래에서는 더불어 살 수 없는 원수. ②임금이나 부모에 대한 원수.
不愧屋漏(불괴옥루) 옥루에서도 부끄러움이 없음. 사람이 보지 않는 곳에서도 경계하고 신중히 행동하여 부끄러움이 없음. '屋漏'는 '방의 서북쪽의 어두운 구석'을 뜻함.
不具(불구) 몸의 어떤 부분이 온전하지 못함.
不拘(불구) 거리끼지 않음. 勿拘(물구).
不求聞達(불구문달) 세상에 명성이 들날리기를 바라지 않음.
不拘小節(불구소절) 자질구레한 예절에 얽매이지 않음.
不求甚解(불구심해) 뜻을 깊이 캐지 않음. 대의(大意)에만 통함.
不屈(불굴) ①처음의 뜻을 굽히지 아니함. 절개를 꺾지 아니함. ②복종하지 아니함. 항복하지 아니함. ③다하여 없어지지 않음.
不軌(불궤) ①궤도를 벗어남. ②법을 지키지 아니함. ③반역을 꾀함.
不歸(불귀) ①돌아오지 아니함. ②죽음.
不及(불급) 미치지 못함.
不急之察(불급지찰) 필요하지도 급하지도 않은 일을 살핌. 필요 없는 성찰.
不肯(불긍) 응낙하지 아니함. 즐기어 하고자 아니함.
不起(불기) 병들어 일어나지 못하고 죽음.
不器(불기) 인격(人格)·재예(才藝)가 갖추어져서 어떠한 방면에도 능함. '器'는 '한 방면에만 쓰임'을 뜻함.
不羈(불기) 남에게 구속을 받지 아니함.
不期而會(불기이회) 우연히 서로 만남.
不吉(불길) 길하지 않음. 좋지 못함.
不佞(불녕) ①재주가 없음. 자기의 비칭(卑稱). ②구변(口辯)이 없음.
不能(불능) ①능히 할 수 없음. ②능하지 못함.
不良(불량) 질이나 상태가 좋지 않음.
不逞(불령) ①불평을 품고 제멋대로 행동함. 불평을 품고 방자함. ②만족하지 않음.
不勞所得(불로소득) 노동의 대가로 얻는 소득이 아닌 소득.
不老長生(불로장생) 언제까지나 늙지 않고 오래 삶.
不老草(불로초) 먹으면 늙지 않는다는 풀. 선경(仙境)에 있다는 상상의 풀.
不祿(불록) ①선비〔士〕의 죽음. ②일찍 죽음.
不倫(불륜) ①인륜(人倫)에서 벗어남. ②같은 무리가 아님.
不律(불률) ①법을 지키지 않음. ②붓의 딴 이름. 발음이 '筆(필)'과 비슷한 데서 온 말.
不利(불리) 이롭지 못함.
不立文字(불립문자) (佛)글이나 말을 쓸 수 없음. 불도(佛道)는 설명이나 해석에 의지하지 않고 마음으로 깨달아야 함.
不磨(불마) 닳아 없어지지 아니함. 갈아 없애지 못함.
不滿(불만) 마음에 차지 않는 느낌.
不忘(불망) 잊지 아니함.
不買(불매) 사지 않음.
不眠不休(불면불휴) 자지도 않고 쉬지도 않고 힘써 함.
不滅(불멸) 영원히 없어지지 않음.
不明(불명) ①밝지 못함. ②사리에 어두움. 어리석음.
不毛(불모) ①오곡(五穀)이 나지 않음. 또는 그런 땅. ②오곡을 심지 않음.
不睦(불목) 서로 사이가 좋지 않음.
不文(불문) ①꾸밈이 없음. ②문장이 서투름. 학문이 없음. ③글자로 적지 아니함.
不問可知(불문가지) 묻지 아니하여도 알 수가 있음.
不問曲直(불문곡직) 묻지 않고 함부로 함. 덮어놓고 마구 함.
不美(불미) 추잡하여 아름답지 못함.
不敏(불민) ①민첩하지 못함. 어리석음. ②자기의 겸칭.
不憫(불민) 딱하고 가엾음.
不拔(불발) 든든하여 뽑히거나 꺾이지 않음.
不發(불발) ①화살을 쏘지 않음. ②문 따위를

열지 않음. ③밝히지 않음. ④쏜 총알이나 던진 폭탄이 터지지 않음. ⑤떠나지 않음.
不犯(불범) ①남의 것을 침범하지 않음. ②(佛)사음계(邪淫戒)를 범하지 않음.
不法(불법) 법에 어긋남.
不變(불변) 변하지 않음.
不服(불복) ①복종하지 아니함. ②길들지 않음. ③불만을 품음.
不卜日(불복일) 혼인·장사 따위의 날을 가리지 않고 지냄.
不備(불비) ①제대로 갖추지 못함. ②예를 갖추지 못하였다는 뜻으로, 편지 끝에 쓰는 말.
不仕(불사) 벼슬을 시켜도 나서지 않음.
不辭(불사) 사양하지 않음.
不死身(불사신) ①어떤 고통이나 상해(傷害)도 견디어 내는 굳센 몸. ②어떤 곤란을 당해도 기력을 잃지 않는 사람.
不死永生(불사영생) 죽지 않고 영원히 삶.
不事二君(불사이군) 두 임금을 섬기지 아니함.
不死鳥(불사조) 영원히 죽지 않는다는 전설의 새. 어떠한 고난도 이겨 내는 사람의 비유.
不舍晝夜(불사주야) 밤낮으로 쉬지 않음.
不相能(불상능) 서로 용납(容納)되지 않음. 화목(和睦)하지 못함.
不祥事(불상사) 상서(祥瑞)롭지 못한 일. 좋지 못한 일.
不生不滅(불생불멸) (佛)생겨나지도 않고 죽어 없어지지도 않음. 변화가 없는 우주(宇宙)의 본체(本體)를 이름.
不惜身命(불석신명) 목적을 이루기 위하여 신명(身命)을 아끼지 않고 정성을 다함.
不宣(불선) ①널리 떨치지 못함. ②다 적지 못함. 친구 사이에 주고받는 편지 끝에 쓰는 말.
不善(불선) ①착하지 아니하거나, 좋지 못함. ②國잘하지 못함.
不屑(불설) 탐탁하게 여기지 않음.
不贍(불섬) 넉넉하지 못함. 모자람.
不成(불성) 사물이 다 이루어지지 못함.
不世出(불세출) 세상에 좀처럼 나오지 않음. 뛰어남.
不遜(불손) 공손하지 않음.
不隨(불수) ①따르지 않음. ②마음대로 되지 않음. 손발이 마비되어 자유로이 안 됨.
不須多言(불수다언) 國여러 말 할 필요가 없음.
不熟(불숙) ①과실이나 곡식이 익지 아니함. ②음식물이 익지 아니함. 곧, 설거나 덜 삶아짐. ③익숙하지 못함. 未熟(미숙).
不純(불순) 딴 것이 섞이거나 딴마음이 있어 순수하지 못함.
不順(불순) ①도리(道理)를 따르지 아니함. ②공손하지 못함. ③순조롭지 못함.
不時(불시) ①알맞은 때가 아님. ②뜻밖. 不意(불의). ③언제라도. 수시로.
不息(불식) 쉬지 않음.
不識(불식) ①알지 못함. 알리지 않음. ②알지 못하고 범한 죄(罪).
不食之報(불식지보) 國조상의 숨은 덕에 힘입어 자손이 잘 되는 보응(報應).
不信(불신) 믿지 않음.
不臣(불신) ①신하의 도리(道理)를 다하지 않음. ②신하로 대하지 않고 존경함.
不悉(불실) 말을 다 못함. 편지 끝에 쓰는 말.
不審(불심) ①잘 살피지 아니함. ②신중하지 못함.
不安(불안) 걱정이 되어 마음이 편하지 않음.
不夜城(불야성) ①한대(漢代)에 밤에도 해가 돋았다는 동래군(東萊郡) 불야현(不夜縣)에 있던 성(城) 이름. ②불빛이 휘황찬란하여 대낮같이 밝은 곳.
不言(불언) ①말을 하지 않음. ②헤아리지 못함. ③말에 의거하지 않음. 덕으로 백성을 다스려 교화시킴.
不言之教(불언지교) 말이 없는 가운데 자연히 주는 교훈. 특히 노장(老莊)의 무위자연(無爲自然)의 가르침을 이름.
不言之花(불언지화) 말을 하지 않는 꽃. ㉠복숭아꽃. ㉡자두꽃.
不如歸(불여귀) 소쩍새. 子規(자규). 杜鵑(두견). 蜀魂(촉혼).
不如意(불여의) 일이 뜻대로 되지 않음.
不易(❶불역 ❷불이) ❶바꾸지 아니함. 변경하여 고치지 아니함. ❷①쉽지 않음. ②다스려지지 않음.
不易之典(불역지전) ①변경할 수 없는 규정(規定). ②國하지 않을 수 없는 일.
不然(불연) ①그렇지 않음. ②그렇지 않으면.
不豫(불예) ①마음에 즐거워하지 아니함. ②임금의 병환. ③예기(豫期)하지 못함.
不穩(불온) 평온하지 아니함.
不撓不屈(불요불굴) 마음이 흔들리거나 굽힘이 없음.
不要不急(불요불급) 꼭 필요하지도 않고 급하지도 않음.
不容(불용) ①들일 공간이 없음. ②세상에 소용되지 못함. ③용서하거나 용납하지 않음.
不虞(불우) ①미리 헤아리지 못함. 意外(의외). ②불의의 재난.
不遇(불우) 때를 만나지 못하여 출세를 못함. 불운(不運)함. 不耦(불우).
不運(불운) 운수가 좋지 못함.
不遠千里(불원천리) 천 리 길도 멀다고 여기지 않음.

不踰矩(불유구) 법도에서 벗어나지 않음.
不遺餘力(불유여력) 있는 힘을 남기지 않고 모두 씀.
不允(불윤) 임금이 허가하지 아니함.
不應(불응) 응하지 않음. 듣지 않음.
不意(불의) ①뜻밖. 意外(의외). ②마음에 두지 않음.
不義(불의) 의리에 어긋남. 옳지 않은 일.
不貳(불이) ①거듭하지 아니함. ②이심(二心)이 없음. ③배반하지 않음.
不仁(불인) ①어진 마음이 없음. ②수족이 마비되어 자유롭지 못함.
不忍(불인) ①참지 못함. ②차마 하지 못함.
不忍見(불인견) 차마 볼 수가 없음.
不忍之心(불인지심) 차마 어떠한 것을 할 수 없는 마음.
不忍之政(불인지정) 아주 가혹한 정치.
不姙(불임) 임신하지 못함.
不次擢用(불차탁용) 관계(官階)의 차례를 밟지 아니하고 특별히 발탁하여 벼슬에 등용함.
不察(불찰) 잘 살피지 않은 잘못.
不參(불참) 참가하거나 참석하지 않음.
不遷怒(불천노) 어떤 사람에 대한 노여움을 다른 사람에게 옮기지 않음.
不撤晝夜(불철주야) 밤낮을 가리지 않음. 일에 몰두하여 온 힘을 다함.
不請客(불청객) 청하지 않았는데 스스로 찾아온 손님.
不肖(불초) ①아버지를 닮지 않은 못난 아들. ②자기의 겸칭(謙稱).
不忠(불충) ①신하의 도리를 다하지 아니함. ②남을 위하여 진심을 다하지 아니함.
不就(불취) 어떠한 일에 나서지 않음.
不娶同姓(불취동성) 성이 같은 사람끼리는 혼인하지 않음.
不測之淵(불측지연) 깊이를 헤아릴 수 없는 못. ㉠위험한 곳. ㉡불안전한 것.
不治(불치) ①병이 잘 낫지 않음. 고칠 수 없음. ②정치가 잘못되어 나라가 어지러움.
不恥下問(불치하문) 아랫사람에게 묻는 일을 부끄럽게 여기지 않음.
不寢番(불침번) 밤에 자지 않고 번을 서는 일. 또는 그 사람.
不快(불쾌) 마음이 상쾌하지 않음.
不便(불편) ①편하지 않음. ②편리하지 않음.
不偏不黨(불편부당) 어느 편에도 치우치지 않고 공평함.
不平(불평) ①공평하지 않음. ②마음에 불만이 있어 마땅하지 않게 여김. ③병으로 몸이 편하지 못함.
不蔽風雨(불폐풍우) 집이 헐어서 바람과 비를 가리지 못함.
不避風雨(불피풍우) 바람과 비를 피하지 아니하고 한결같이 일을 함.
不學(불학) ①배우지 아니함. ②학문이 없음. 無學(무학).
不汗黨(불한당) 떼를 지어 돌아다니며 재물을 마구 빼앗는 사람들의 무리.
不咸(불함) ①뜻이 맞지 않는 것. '咸'은 '同'으로 '서로 같음'을 뜻함. ②골고루 미치지 못함. ③마음에 차지 않음.
不咸山(불함산) 國백두산(白頭山).
不合(불합) ①맞지 않음. ②정의(情誼)가 서로 맞지 않음. ③합당하지 못한 일.
不幸(불행) ①운수가 나쁨. ②죽음. ③행복하지 못함.
不惑(불혹) ①미혹(迷惑)되지 않음. ②나이 40세. 공자(孔子)가 40세에 이르러서야 비로소 세상 일에 미혹되지 않았다고 한 데서 온 말. 不惑之年(불혹지년).
不和(불화) 사이가 좋지 못함.
不況(불황) 경기가 좋지 않음.
不朽(불후) 썩어 없어지지 않음. 곧, 영원히 전하여 나아감.
不諱(불휘) ①임금이나 아버지의 이름자를 기휘(忌諱)하지 않음. ②꺼릴 것 없이 말함. 직언(直言)함. ③죽음. 不可諱(불가휘).
不當(부당) 정당하지 않음.
不達時變(부달시변) 시대의 변화에 따르지 못함. 완고하여 변통성이 없음.
不德(부덕) ①덕망(德望)이 없음. ②남에게 은혜를 베풀지 않음.
不渡(부도) 어음이나 수표를 가진 사람이 기한이 되어도 어음이나 수표에 적힌 돈을 지불받지 못하는 일.
不道(부도) 도리(道理)에 벗어남. 無道(무도).
不倒翁(부도옹) 오뚝이.
不動(부동) 움직이지 않음.
不動產(부동산) 움직여 옮길 수 없는 재산.
不動心(부동심) 마음이 흔들리지 않음. 또는 그러한 마음.
不凍港(부동항) 겨울에도 해면(海面)이 얼지 않는 항구.
不得其位(부득기위) 실력은 충분하나 그 실력을 펴 볼 적당한 지위를 얻지 못함.
不得不(부득불) 아니할 수 없어. 하는 수 없이.
不得已(부득이) 하는 수 없이. 마지 못하여.
不才(부재) ①재주가 없거나 부족함. ②자기 재주의 겸칭(謙稱).
不在(부재) ①그 자리에 있지 않음. ②그 지위에 있지 않음. ③죽고 없음.
不絕如縷(부절여루) ①실처럼 끊어지지 아니하

고 계속됨. ②겨우 지탱하거나 매우 위태로움. ③자손이 쇠락(衰落)하거나 후계자가 드묾. 不絶如髮(부절여발).
不正(부정) ①바르지 아니함. ②세금을 받지 아니함.
不貞(부정) 절개(節槪)·정조(貞操)를 지키지 아니함.
不庭(부정) ①조정(朝廷)에 조회하지 아니함. ②윗사람에게 복종(服從)하지 않음.
不精(부정) 정밀(精密)하지 않음.
不正名色(부정명색) 정당하게 얻은 것이 아닌 재물.
不悌(부제) 형이나 어른에게 공손하지 아니함.
不齊(부제) 가지런하지 못함.
不弔(❶부조 ❷부적) ❶①조상(弔喪)하지 않음. ②좋지 못함. 不善(불선). ❷이르지 않음. 不至(부지).
不祧之典(부조지전) 국가에 큰 공이 있는 사람의 신주를 영구히 사당에 모시게 하던 특전.
不足(부족) 필요한 양이나 기준에 모자람. 넉넉하지 않음.
不存(부존) 안존(安存)할 수가 없음.
不從(부종) ①따르지 않음. 복종하지 않음. ②좋지 않음. 불길(不吉)함.
不中(부중) ①들어맞지 아니함. ②중용(中庸)의 덕(德)이 없음. ③낙제함.
不知去處(부지거처) 간 곳을 모름.
不知中(부지중) 알지 못하는 사이에.
不職(부직) 직무(職務)를 견디지 못함. 소임을 다하지 못함.
不振(부진) 세력이 떨치지 못함.

3 ④【丈】 丈(14)의 속자

3 ④【丑】 丒 소 축 ㊍추 ⑰

중학 인명 3급 ㊥chǒu ㊐チュウ

필순 ㇆ 𠃌 丑 丑

소전 초서 참고 중국(中國)의 인명(人名)·지명(地名) 등은 公孫丑(공손추)처럼 '추'로 읽어야 한다.
자원 象形. 손가락을 굽힌 모양, 또는 손가락으로 물건을 쥐고 있는 모양을 본뜬 글자.
자해 **❶소, 12지(支)의 둘째.** 달로는 음력 12월, 방위로는 북동쪽, 오행으로는 토(土), 짐승으로는 소, 시각으로는 오전 1~3시에 배당된다. **❷수갑(手匣).**
丑年(축년) 간지(干支)가 축으로 된 해. 을축년(乙丑年)·정축년(丁丑年) 따위.
丑時(축시) ①십이시의 둘째 시. 곧, 오전 1시~3시. ②이십사시의 셋째 시. 곧, 오전 1시 30분~2시 30분.
丑月(축월) 음력 섣달의 딴 이름.
丑肉(축육) 쇠고기. 牛肉(우육).

4 ⑤【丘】 언덕 구 ㊇

고등 인명 3Ⅱ급 ㊥qiū ㊐キュウ

필순 丘

소전 초서 동자 北 속자 坵 고자 𡴀

참고 공자(孔子)의 이름자이므로 촉휘(觸諱)가 된다 하여 '邱' 자를 따로 만들어 썼다.
자원 會意. 北+一→丘. '一'은 땅을, '北'은 사람이 사는 집의 북쪽임을 나타낸다. 집은 산 밑 남향받이에 있으므로 집의 북쪽에 있는 '언덕이나 산'이라는 뜻을 나타낸다.
자해 **❶언덕, 동산.** ¶ 丘岡구강. **❷무덤. ❸마을.** 〔文選〕 去鄕三十載거향삼십재, 復得還舊丘부득환구구. **❹고대 토지 구획의 단위.** 4정(井)을 읍(邑), 4읍을 구(丘)라 하였다. **❺손윗사람, 맏.** 〔漢書〕 過其丘嫂食과기구수식. **❻비다.** 〔漢書〕 寄居丘亭기거구정. **❼공자(孔子)의 이름.**
丘軻(구가) 공자(孔子)와 맹자(孟子)를 아울러 이르는 말. '丘'는 공자의 이름, '軻'는 맹자의 이름.
丘岡(구강) 언덕. 丘阜(구부). 丘陵(구릉).
丘壟(구롱) ①언덕. ②무덤.
丘里之言(구리지언) ①촌스러운 말. 속된 말. 俚言(이언). ②터무니없는 말.
丘木(구목) 무덤 가에 있는 나무.
丘墓之鄕(구묘지향) 조상의 무덤이 있는 시골.
丘封(구봉) 묘(墓). '丘'는 왕공(王公)의 묘, '封'은 제신(諸臣)의 묘.
丘墳(구분) ①무덤. ②언덕.
丘首(구수) 여우는 죽을 때 원래 살던 언덕 쪽으로 머리를 둠. ㉠근본을 잊지 않음. ㉡고향을 그리워함.
丘嫂(구수) 맏형수.
丘嶽(구악) 언덕과 산.
丘言(구언) 속된 말. 俚言(이언).
丘塋(구영) 무덤. 墓所(묘소).
丘亭(구정) 빈 집. 空家(공가).
丘冢(구총) 언덕처럼 쌓은 무덤.
丘壑(구학) ①언덕과 골짜기. ②속세(俗世)를 떠난 곳.
丘墟(구허) ①황폐(荒廢)한 유적(遺跡). 廢墟(폐허). ②언덕.
◻ 比丘비구, 砂丘사구.

一 3획

4
⑤【丠】 丘(20)와 동자

4
⑤【丙】 남녘 병 梗

중학 인명 3Ⅱ급 ㊥bǐng ㊐ヘイ

필순 一 丆 万 丙 丙

소전 丙 초서 丙 자원 會意. 一+入+冂→丙. '一'은 양기(陽氣), '冂'은 먼 곳을 나타낸다. 양기가 먼 곳으로 들어가는〔入〕 것, 양기는 쇠하고 음기(陰氣)가 일어나려고 함을 뜻한다.

자해 ❶**남녘, 10간(干)의 셋째.** 오행(五行)으로는 화(火), 방위로는 남(南), 순서나 등급을 매길 때의 셋째. ❷**밝다, 환하다.**

丙科(병과) 과거(科擧)의 성적에 따라 나눈 세 등급 중 셋째 등급.

丙部(병부) 중국 고적을 네 가지로 분류한 것 가운데 하나. 경(經)·사(史)·자(子)·집(集)에서는 자부(子部)와 유사함.

丙夜(병야) 하오 11시부터 다음 날 상오 1시 사이. 三更(삼경).

丙午丁未(병오정미) 병오년과 정미년. 옛날에 이 두 해는 난리가 일어나는 액년(厄年)이라고 하여 꺼렸음.

丙坐(병좌) 묏자리·집터 따위가 남쪽을 등진 좌향(坐向).

丙火(병화) 불빛. 火光(화광).

4
⑤【丕】 클 비 支

인명 2급 ㊥pī ㊐ヒ

소전 丕 초서 丕 동자 丕 자해 ❶**크다.**〔逸周書〕四曰敬사왈경, 敬位丕哉경위비재. ❷**으뜸, 처음.**〔書經〕是有丕子之責于天시유비자지책우천. ❸**받다, 받들다.**〔書經〕丕視功載비시공재.

丕愆(비건) 큰 잘못. 큰 허물.

丕基(비기) 큰 사업을 이루는 기초.

丕圖(비도) 큰 꾀. 큰 계획.

丕命(비명) 큰 명령. 임금의 명령.

丕緖(비서) 큰 공(功). 丕績(비적).

丕承(비승) 훌륭하게 이어받음.

丕業(비업) 큰 사업. 洪業(홍업).

丕烈(비열) 큰 공(功).

丕子(비자) 임금의 적자(嫡子). 太子(태자).

丕祚(비조) 임금의 지위. 王位(왕위).

丕闡(비천) 크게 나타남. 많이 나타남.

丕顯德(비현덕) 크게 밝은 덕. 훌륭한 덕.

丕訓(비훈) 큰 가르침.

4
⑤【世】 대 세 霽

중학 인명 7급 ㊥shì ㊐セイ, セ

필순 一 十 廿 廿 世

소전 世 초서 世 속자 丗 고자 世 자원 指事. '十'을 셋 합치고 아랫부분을 기다랗게 그은 모양으로, 30년을 뜻한다.

자해 ❶**대(代), 대대로.**〔詩經〕世有哲王세유철왕. ❷**한 세대, 30년.**〔論語〕如有王者여유왕자, 必世而後仁필세이후인. ❸**세상, 인간.** ❹**때, 시세(時勢).** ❺**평생.**〔論語〕君子疾沒世而名不稱焉군자질몰세이명불칭언. ❻**맏.** ¶ 世子세자.

世家(세가) ①대대로 나라의 중요한 자리를 맡아 오는 집안. 世族(세족). ②사기(史記)에서, 제후(諸侯)·왕(王)·명족(名族)을 기록한 부분.

世間(세간) ①인간 세상. ②(佛)중생이 서로 의지하며 살아가는 이 세상.

世居(세거) 한 고장에서 대대로 살고 있음.

世系(세계) 조상으로부터 대대로 이어 내려오는 계통.

世界(세계) ①온 세상. ②우주 전체.

世故(세고) ①세상의 속된 일. 세상일. ②세상의 변고.

世功(세공) 대대(代代)의 공적.

世交(세교) 대대로 사귀는 사이.

世紀(세기) ①서력(西曆)에서 100년을 단위로 세는 시대 구분. ②시대.

世難(세난) 세상의 난리(亂離).

世念(세념) ①명리(名利)를 구하는 마음. 俗念(속념). ②國세상살이에 대한 온갖 생각.

世代(세대) ①약 30년을 한 구분으로 하는 연령층. 또는 그런 사람들의 총체. ②아버지·자식·손자로 이어지는 대.

世德(세덕) 여러 대를 거쳐 쌓아 내려오는 아름다운 덕화(德化).

世途(세도) 세상을 살아가는 길. 世路(세로).

世道(세도) ①세상을 올바르게 다스리는 도리. ②세상 사람이 지켜야 할 도의.

世羅(세라) ①세상의 그물. 세상이 어지러움의 비유. ②제왕이 세상을 다스리는 기강.

世祿(세록) 대대로 나라에서 녹을 받음. 또는 그 녹봉(祿俸).

世累(세루) 속세의 근심. 俗累(속루).

世吏(세리) 대대로 이어오면서 임용되는 벼슬아치.

世網(세망) 세상의 그물. 세상살이가 근심·예교(禮敎)·풍속·법률 등에 얽매임의 비유. 世繩(세승).

世務(세무) 당세(當世)의 국가 사회를 위해 해야 할 온갖 일. 時務(시무).
世門(세문) 대대로 국록을 먹는 집안.
世變(세변) ①세상의 변천. ②세상에 일어나는 변사(變事).
世譜(세보) 조상 대대로의 계보(系譜)를 모아 엮은 책.
世紛(세분) 세상의 어지러운 온갖 일.
世事(세사) 세상에서 일어나는 온갖 일.
世祀(세사) 대대로 지내는 제사.
世嗣(세사) ①제후의 후사(後嗣). ②國몇 대가 지난 뒤의 자손. 後孫(후손).
世上(세상) 사람이 살고 있는 모든 사회.
世相(세상) 세상의 형편. 世態(세태).
世世(세세) 거듭된 세대. 代代(대대).
世俗(세속) ①세상. ②세상 풍속(風俗). ③세상 사람.
世俗五戒(세속오계) 신라 때, 화랑(花郞)이 지키던 다섯 가지 계율. 곧, 사군이충(事君以忠)·사친이효(事親以孝)·교우이신(交友以信)·임전무퇴(臨戰無退)·살생유택(殺生有擇)을 이름.
世孫(세손) 임금의 맏손자.
世守(세수) 여러 대를 두고 지켜 내려옴.
世襲(세습) 대대로 물려받음.
世臣(세신) 대대로 국가(國家)에 공로(功勞)가 있는 신하.
世諺(세언) 세상에서 널리 쓰는 속담.
世緣(세연) 속세(俗世)의 인연.
世染(세염) 세상의 너저분한 일. 세상의 속된 일. 俗塵(속진).
世外(세외) 세상 밖. 번거로운 속세를 떠난 곳.
世儒(세유) ①경박한 세상에서 떠받드는 속된 유학자. 俗儒(속유). ②세상에서 떠받드는 학자.
世蔭(세음) 좋은 집안. 좋은 문벌(門閥).
世醫(세의) 대대로 이어오면서 하는 의원.
世議(세의) 세상의 평판. 세상 소문.
世人(세인) 세상 사람.
世子(세자) 왕위(王位)를 이을 아들. 王世子(왕세자).
世爵(세작) 대대로 계승하는 작위(爵位).
世箴(세잠) 세상의 훈계(訓戒).
世嫡(세적) 집의 대를 잇는 사람.
世傳(세전) ①대대로 전함. 대대로 전해 내려옴. ②대대의 계보.
世尊(세존) (佛)석가모니(釋迦牟尼)의 존칭.
世主(세주) 임금. 君主(군주).
世塵(세진) 속세(俗世)의 먼지. 세상의 잡다한 일의 비유.
世稱(세칭) 세상에서 흔히 말함.
世態(세태) 세상의 형편이나 상태.
世統(세통) 대대로 이어 내려오는 혈통(血統).
世波(세파) 세상살이의 풍파.
世嫌(세혐) 두 집안 사이에 대대로 내려온 혐오(嫌惡).
◨ 隔世격세, 近世근세, 今世금세, 亂世난세, 來世내세, 末世말세, 處世처세, 出世출세, 治世치세, 現世현세, 後世후세.

4 ⑤【丗】 世(21)의 고자

4 ⑤【且】 1 또 차 馬 2 도마 저 魚
중학 인명 3급 ㊥qiě, jū ㊐シャ, ショ
필순 丨 冂 月 目 且
소전 초서 자원 象形. '冂'는 '几(안석 궤)'로 책상, 그 안의 '二'는 책상 다리에 걸친 가름대나무, 밑의 '一'은 책상을 놓는 땅을 본뜬 글자.
자해 1 ❶또. 〔史記〕 孔子貧且賤공자빈차천. ❷비록, 가령. 〔論語〕 且予縱不得大葬차여종부득대장, 予死於道路乎여사어도로호. ❸대저. 〔荀子〕 且順情性好利欲得차순정성호리욕득. ❹장차. 〔國語〕 城且拔矣성차발의. 2 ❶도마. ❷많은 모양. 〔詩經〕 籩豆有且변두유저.
且驚且喜(차경차희) 한편으로 놀라면서, 한편으로는 기뻐함.
且夫(차부) 그리고 저. 발어사.
且戰且走(차전차주) 한편으로는 싸우면서, 한편으로는 달아남.
且置(차치) 문제 삼지 않고 우선 내버려 둠.

5 ⑥【両】 兩(111)의 속자

6 ⑤【丞】 1 도울 승 蒸 2 나아갈 증 迥
인명 1급 ㊥chéng, zhěng ㊐ショウ
소전 초서 참고 인명용 음은 '승'이다.
자해 1 ❶돕다, 돕는 사람. 〔漢書〕 丞天子승천자. ❷받들다, 이어받다. 〔史記〕 於是丞上指어시승상지. ❸관직 이름. 〔莊子〕 舜問乎丞승문호승. 2 ❶나아가다. 〔史記〕 丞丞治不至姦증증치부지간. ❷구제하다. ≒拯. 〔文選〕 丞民乎農桑증민호농상, 勸之以弗怠권지이불태.
丞史(승사) 승(丞)과 사(史). 둘 다 장관의 속료(屬僚).
丞相(승상) 정승. 宰相(재상).

丞掾(승연) 승(丞)과 연(掾). 둘 다 장관의 속료(屬僚).

丞丞(증증) ①나아가는 모양. ②사물이 왕성하게 일어나는 모양.

6 ⑦【𠩄】 所(491)의 속자

7 ⑧【並】 竝(937)과 동자 [인명]

8 ⑨【𠀤】 竝(937)과 동자

丨部 뚫을 곤

1 ①【丨】 뚫을 곤 阮

㊥gǔn ㊐コン

[자원] 指事. 위에서 아래로 한 획을 그어 상하(上下)로 통한다는 뜻을 나타낸 글자.

[자해] **뚫다.**

2 ③【个】 낱 개 ㊍가 箇

㊥gè ㊐カ

[소전] [초서] [자해] **❶낱.** 낱으로 된 물건 또는 사람의 수를 세는 단위. =個·箇. 〔史記〕竹竿萬个죽간만개. **❷곁방.** 주가 되는 방 곁에 딸린 방. 〔禮記〕季春居右个계춘거우개.

2 ③【丫】 가장귀 아 麻

㊥yā ㊐ア

[자해] **❶가장귀, 두 가닥. ❷가장귀지게 묶은 머리.** ¶ 丫鬟아환. **❸여자 아이.**

丫髻(아계) ①어린 아이의 두 갈래로 묶은 머리. 총각(總角)의 머리 묶음. ②사내종. 童僕(동복).

丫叉(아차) ①두 가닥으로 갈라져서 '丫' 자 모양으로 된 것. 두 가닥의 포크 따위. ②팔짱을 낌.

丫鬟(아환) ①두 가닥으로 빗어 올려 귀 뒤에서 두 개의 뿔처럼 둥글게 묶은 아이의 머리. ②여자 아이. 丫頭(아두).

3 ④【丰】 예쁠 봉·풍 冬東

㊥fēng ㊐ホウ

[소전] [자해] **❶예쁘다, 아름답다.** 〔詩經〕子之丰兮자지봉혜, 俟我乎巷兮사아호항혜. **❷풀이 무성한 모양. ❸풍채** ≒風.

丰茸(봉용) 많고 무성한 모양.

丰姿(봉자) 아름다운 모습.

丰采(풍채) 남보다 드러나 보이는 사람의 겉모양. 風采(풍채).

3 ④【中】 1 가운데 중 東 2 맞을 중 送

[중학] [인명] [8급] ㊥zhōng ㊐チュウ

[필순] 丶 口 口 中

[소전] [초서] [자원] 象形. 주문의 글자 모양을 보면 '깃발'을 본뜬 글자이다. 고대에 큰 일이 생기면 넓은 곳에 깃발을 세워 사람들이 그것을 보고 모이게 하였는데, 그렇게 하면 깃발을 세운 곳이 중앙이 되는 데서 '가운데'라는 뜻이 나왔다.

[자해] 1 **❶가운데, 안, 속.** 〔書經〕王來紹上帝왕래소상제, 自服於土中자복어토중. **❷마음, 정신.** 〔禮記〕禮樂交錯於中예악교착어중. **❸치우치지 아니하다.** 〔論語〕允執厥中윤집궐중. **❹중국.** 〔後漢書〕中外服從중외복종. 2 **❶맞다, 마땅하다, 알맞다.** 〔管子〕不中者死부중자사, 失理者亡실리자망. **❷닿다.** 〔史記〕秦無韓魏之規진무한위지규, 則禍必中於趙矣즉화필중어조의. **❸걸리다, 독(毒)이나 풍(風)이 들다.** ¶ 中毒중독. **❹급제하다.** 〔北齊書〕武成親試之무성친시지, 皆中개중.

中間(중간) ①두 사물의 사이. ②가운데.

中堅(중견) ①삼군(三軍)의 중앙. 대장군이 있는 곳. 中軍(중군). ②속이 단단함. ③단체나 사회의 중심이 되는 사람.

中徑(중경) 지름. 直徑(직경).

中計(중계) ①중등의 계략. 보통의 계책. ②계책에 빠짐. 계략에 적중함.

中繼(중계) 중간에서 이어 줌.

中古(중고) ①이미 사용하였거나 오래됨. ②좀 오래되거나 낡은 물건. 中古品(중고품).

中空(중공) ①속이 텅 빔. ②하늘의 한가운데. 中天(중천).

中矩(중구) 곱자에 들어맞음. 규칙에 맞음.

中宮(중궁) ①황후가 거처하는 궁전. ②황후.

中逵(중규) 사통팔달(四通八達)한 길이 교차하는 곳. 네거리. 사거리.

中級(중급) 중간 정도의 등급.

中氣(중기) ①중화(中和)의 기운. ②24절기(節氣) 중 양력으로 매달 중순 이후에 드는 절기. 우수(雨水)·춘분(春分)·곡우(穀雨)·

소만(小滿)·하지(夏至)·대서(大暑)·처서(處暑)·추분(秋分)·상강(霜降)·소설(小雪)·동지(冬至)·대한(大寒)을 이름. ③갑자기 정신을 잃고 넘어지는 병. 중풍(中風) 따위.
中期(중기) 일정한 기간의 중간인 시기.
中年(중년) ①청년과 노인의 중간 나이. 사오십 세 전후. ②수확이 평작(平作)인 해.
中斷(중단) 중도에서 끊어짐. 또는 중도에서 끊음.
中隊(중대) 부대(部隊) 편제 단위로, 대대와 소대의 사이.
中德(중덕) 중용(中庸)을 체득한 덕.
中途(중도) 일이 되어가는 동안.
中道(중도) 어느 쪽으로도 치우치지 않는 일.
中渡金(중도금) 계약금과 잔금 사이에 일부를 치르는 돈.
中途而廢(중도이폐) 일을 하다가 중간에서 그만둠. 半途而廢(반도이폐).
中毒(중독) 약물·독물 등으로 몸에 이상이 생기는 일.
中冬(중동) 음력 동짓달.
中東(중동) 유럽을 기준으로 극동(極東)과 근동(近東)의 중간 지역. 사우디아라비아에서 파키스탄에 이르는 지역.
中等(중등) 가운데 등급. 초등과 고등의 사이.
中略(중략) ①중등의 책략(策略). ②말·글 따위의 중간 부분을 줄임.
中領(중령) 국군의 영관 계급의 하나로, 소령의 위, 대령의 아래.
中路(중로) ①오가는 길의 중간. 中道(중도). ②國중인(中人)의 계급.
中流(중류) ①강이나 내의 중간 부분. ②중간 정도의 계층.
中流底柱(중류지주) 황하(黃河) 중류의 격류(激流) 속에서 굳건히 서 있는 기둥 모양의 작은 산. 난세(亂世)에 처해도 의연히 절의(節義)를 지킴의 비유.
中立(중립) 중간적인 자리에 섬. 두 편 사이에서 어느 한 편에도 치우치지 않음.
中冥(중명) 해질 무렵. 저녁때.
中目放賣(중목방매) 물건을 훔쳐다 팖.
中微(중미) 중도에서 쇠미(衰微)해짐.
中飯(중반) ①점심밥. 中食(중식). ②식사하는 도중. 식사중(食事中).
中盤(중반) 운동 경기 등에서 초반이 지나고 본격적인 대전으로 들어가는 국면.
中保(중보) 두 쪽 사이에 서서 일을 주선하는 사람.
中部(중부) 어떤 지역의 가운데 부분.
中分(중분) ①하나를 똑같이 둘로 나눔. ②國중년(中年)의 운수.
中婢(중비) 11세 이상, 20세 이하의 계집 종.
中祕書(중비서) 대궐 안의 장서(藏書).
中使(중사) 임금이 내밀히 보내는 사신(使臣).
中傷(중상) ①손상을 입음. ②근거 없이 남을 헐뜯어 명예를 손상시킴.
中暑(중서) ①여름. ②더위를 먹어 생기는 병. 中熱(중열).
中夕(중석) 밤중. 한밤중. 中夜(중야).
中性(중성) 중간적인 성질.
中城(중성) 주장(主將)이 있는 내성(內城).
中世(중세) 역사 시대 구분의 한 가지. 고대와 근세의 중간 시대.
中歲(중세) ①평년작(平年作)의 해. 또는 평년작. ②중년경(中年頃).
中小(중소) 규모·수준 따위가 중치 또는 그 아래의 것.
中宵(중소) 한밤중. 中夜(중야).
中霄(중소) 하늘과 땅 사이의 그다지 높지 않은 허공. 中天(중천).
中宿(중숙) ①이틀 밤의 숙박. 二泊(이박). ②중도에서 숙박함.
中旬(중순) 한 달의 11일에서 20일까지의 동안. 中澣(중한). 中浣(중완). 中澣(중한).
中試(중시) 시험에 합격함. 급제(及第)함.
中始祖(중시조) 이름이 별로 없던 집안을 다시 일으킨 선조(先祖).
中食(중식) 점심.
中身(중신) ①50세 전후의 나이. 中年(중년). ②몸의 중간 부분.
中實(중실) 진실(眞實). 사실(事實).
中央(중앙) ①사방의 중심이 되는 곳. 한가운데. ②양쪽 끝에서 같은 거리에 있는 지점. ③가장 요긴하고 종요로운 위치. ④서울. 首都(수도).
中夜(중야) 한밤중. 中夕(중석). 中宵(중소).
中嚴(중엄) 궁성(宮城)의 경비(警備).
中葉(중엽) 시대·세기 따위의 중간 무렵.
中午(중오) 정오(正午). 한낮.
中外(중외) ①조정의 안팎. ②나라의 안팎. ③서울과 지방. ④집안의 안팎. ⑤겉과 안. ⑥고종 사촌. 외사촌. 이종 사촌.
中夭(중요) ①중년(中年)에 죽음. 젊어서 죽음. ②뜻밖의 재난.
中用(중용) ①쓸모가 있음. 소용됨. ②도장을 한복판에 찍음.
中庸(중용) ①어느 쪽으로도 치우치지 않고 중정(中正)함. ②재능이 보통임. ③사서(四書)의 하나. 공자(孔子)의 손자인 자사(子思)가 지었다고 하며, 원래 예기(禮記)의 한 편(篇)이었음.
中元(중원) 삼원(三元)의 하나. 음력 7월 보

름. 百中(백중).

中原(중원) ①들판. 넓은 들. ②변경(邊境)에 대하여, 왕기(王畿)를 이름. ③황하 중류에서 하류에 이르는, 한족(漢族)의 발상지. ④중국(中國).

中原逐鹿(중원축록) 중원에서 사슴을 쫓음. ㉠군웅(群雄)이 천하를 차지하려고 다툼. ㉡어떤 지위를 얻으려고 경쟁함.

中尉(중위) 국군의 위관 계급의 하나. 소위의 위, 대위의 아래.

中允(중윤) 마음을 성실(誠實)히 함.

中隱(중은) 한가한 벼슬자리에 자기를 숨김.

中衣(중의) ①제복(祭服)·조복(朝服) 등의 안에 받쳐 입는 옷. ②속옷. 땀받이. ③國남자의 홑바지. 袴衣(고의).

中意(중의) 마음에 맞음. 뜻에 맞음.

中人(중인) ①현우(賢愚)·빈부(貧富)·강약(強弱)이 중간쯤 되는 사람. ②환관(宦官). 궁녀(宮女). ③조선 때, 양반과 평민의 중간에 있던 신분 계급. 주로 기술직이나 사무직에 종사함.

中將(중장) 국군의 장관 계급의 하나. 소장의 위, 대장의 아래.

中腸(중장) ①창자. ②마음속.

中藏(중장) ①내장(內臟). ②궁중(宮中)의 창고. ③속에 거두어 숨김.

中才(중재) 평범한 재지(才智). 보통의 재주.

中殿(중전) 왕비의 존칭.

中典(중전) 가볍지도 무겁지도 않은 중간의 형(刑). 일반적으로 행해지는 형벌.

中節(중절) ①중정(中正)하며 절조(節操)가 있음. ②규율에 맞음. ③장단에 맞음.

中正(중정) 어느 한 편으로 치우치지 않고 바름. 中庸(중용).

中情(중정) 속에서 우러나는 참된 마음.

中正無私(중정무사) 중정의 도리를 지켜 사심(私心) 없이 공정함.

中朝(중조) ①임금이 정치를 듣는 곳. 治朝(치조). ②중국(中國). ③중앙 정부. ④조정(朝廷)의 안. ⑤중세 시대. ⑥조정에 임(臨)함.

中主(중주) ①두드러지지 않은 평범한 임금. ②속에 있어 주가 되는 것. 중심.

中酒(중주) ①주연(酒宴)이 한창일 때. ②술에 만취함. ③식사 후에 술을 마심.

中止(중지) 일을 중도에 그만둠.

中池(중지) ①마음의 딴 이름. ②못 속. 못 가운데. ③쓸개. 膽(담).

中旨(중지) ①천자의 뜻. 제왕의 유지(諭旨). ②임금의 뜻에 맞음.

中指(중지) 가운뎃손가락.

中智(중지) 평범한 슬기.

中直(중직) ①바름. 中正(중정). ②속이 비뚤지 않음. 속이 곧음.

中天(중천) ①하늘의 한가운데. 天心(천심). ②중간 부분의 하늘. 中空(중공).

中秋(중추) ①가을의 중간 무렵. ②음력 8월 보름. 한가위. 仲秋(중추).

中樞(중추) ①사물의 중심이 되는 중요한 부분이나 자리. ②한가운데. 중심. ③병부(兵部). ④중앙 정부.

中軸(중축) ①수레의 중심에 있는 굴대. ②물건의 중심이 되는 중요한 곳.

中土(중토) ①중국(中國). ②중원(中原). ③구주(九州)의 하나. 기주(冀州)를 이름.

中通(중통) 가운데에 구멍이 나 있음. 속에 구멍이 뚫려 있음.

中退(중퇴) 중도에서 그만둠.

中篇(중편) 상중하 세 권으로 나누어진 책의 가운데 편.

中平(중평) 평범함. 평평(平平).

中品(중품) ①중등(中等)의 품위. ②품질이 중간 정도인 물건.

中風(중풍) 뇌혈관 장애로 정신을 잃고 반신불수, 언어 장애 따위의 후유증을 일으키는 병.

中寒症(중한증) 추위로 말미암아 사지가 굳어지거나 까무러치는 병증.

中核(중핵) 사물의 중요한 부분.

中行(중행) ①중용(中庸)을 지키는 바른 행실. ②일상적인 행실.

中型(중형) 중간쯤 되는 규모나 규격.

中和(중화) ①사람의 성정(性情)이 치우치지 아니하고 똑바름. 곧, 덕성(德性)이 중용(中庸)을 잃지 아니한 상태를 이름. ②성질이 다른 두 물질이 서로 융합하여 각각의 특징이나 작용을 잃는 일.

中華(중화) 세계의 중앙에 있고 문명이 가장 발달한 나라라는 뜻으로, 중국 사람들이 자기 나라를 이르는 말.

中懷(중회) 마음속. 心中(심중).

中興(중흥) 쇠퇴하던 것을 중간에 다시 일어나게 함.

◨ 空中공중, 宮中궁중, 夢中몽중, 門中문중, 病中병중, 伏中복중, 喪中상중, 的中적중, 醉中취중, 胎中태중, 胸中흉중.

4 ⑤【丱】 쌍상투 관 諫

㊥guàn ㊐カン

동자 卝 자해 ❶쌍상투, 두 가닥 지게 묶은 머리. 〔詩經〕婉兮孌兮완혜련혜, 總角丱兮총각관혜. ❷어리다.

丱角(관각) ①두 가닥으로 뿔이 나게 묶은 머

리. ②어린이.
丱童(관동) 머리를 두 가닥으로 뿔이 나게 묶은 어린이.

6
⑦【串】 ①익힐 관 諫 ②궬 천 霰 ③國곶 곶 曷

인명 2급 ㊥guàn, chuàn ㊐カン, セン
참고 인명용 음은 '관·곶' 이다.
자해 ① ❶익히다, 길들다. 〔詩經〕 串夷載路관이재로. ❷친압하다, 무람없다. ② ❶꿰다. ≒穿. ❷어음, 문권. ¶ 串子천자. ③ 國곶. 바다로 좁고 길게 뻗어 있는 육지.
串柹(관시) 곶감.
串狎(관압) 친압함.
串戲(관희) ①극(劇)이나 가무(歌舞)의 놀이. ②배우(俳優).
串子(천자) ①영수증. ②물건으로 바꿀 수 있는 표지. ③꼬챙이에 꿴 것.

丨 6획

丶 部 점주

0
①【丶】 점 주 麌

㊥zhǔ ㊐チュウ
소전 丶 자원 指事. 등불의 불꽃 모양을 본뜬 글자.
자해 점.

2
③【丸】 알 환 寒

고등 인명 3급 ㊥miǎn ㊐ガン
필순 丿 九 丸
소전 초서 본자 㐷 자원 指事. 소전의 자형은 '厂+人→仄'을 반대로 놓은 모양이다. '仄'은 사람〔人〕이 언덕〔厂〕 곁에 있어 몸이 기울어져 있음을 뜻하며, 이 반대는 굴러서 둥글게 됨을 나타낸다.
자해 ❶알. 〔逸周書〕 二丸弇이환엄. ❷환. 환약·먹·자루 따위의 개수를 세는 단위. 〔搜神記〕 一雙筆일쌍필, 一丸墨일환묵. ❸환약. ❹곧다, 꼿꼿하다. 〔詩經〕 松柏丸丸송백환환.
丸泥(환니) 한 덩이의 흙.
丸藥(환약) 약재를 작고 둥글게 빚은 약. 丸劑(환제).
丸丸(환환) 쭉 곧음. 곧아 거칠지 아니함.
■ 彈丸탄환, 砲丸포환.

2
③【㐷】 丸(26)의 본자

3
④【丹】 붉을 단 寒

중학 인명 3Ⅱ급 ㊥dān ㊐タン
필순 丿 冂 冃 丹
소전 초서 참고 契丹(거란), 木丹(모란) 등과 같이 음이 '란'으로 변한 경우도 있으며, '란' 음도 인명용으로 지정됨.
자원 指事. '冂'은 '井'으로 채광(採鑛)을 위해 판 갱도이며, '丶'는 그 밑바닥에 나타나 보이는 붉은 빛깔의 광석을 뜻한다.
자해 ❶붉다, 붉은빛. 〔詩經〕 顏如渥丹안여악단. ❷붉게 칠하다. ❸단사(丹砂), 진사(辰砂). 수은과 유황의 화합물. ❹정성(精誠).
丹慊(단겸) 진심. 참마음. 丹心(단심). 丹款(단관).
丹經(단경) 신선(神仙)의 글.
丹禁(단금) 붉은 칠을 한 궁전(宮殿).
丹臺(단대) 선인(仙人)이 사는 곳.
丹彤(단동) 붉은 칠.
丹方(단방) ①도교에서 단약(丹藥)을 만드는 방법. ②대대로 전해 내려오는 비방(祕方).
丹石(단석) ①붉은 서조(瑞兆)를 띤 돌. ②마노(瑪瑙).
丹誠(단성) 진정으로 우러나는 정성. 참된 정성. 丹心(단심).
丹素(단소) ①흰 상의(上衣)와 붉은 중의(中衣). 곧, 사대부의 옷. ②진실하고 깨끗한 마음. ③역사책.
丹脣(단순) ①붉고 고운 입술. 朱脣(주순). ②소년(少年).
丹脣皓齒(단순호치) ①붉은 입술과 하얀 이. ②아름다운 여자의 얼굴.
丹心(단심) 마음속에서 우러나오는 정성 어린 마음. 丹款(단관).
丹崖青壁(단애청벽) 붉은빛의 낭떠러지와 푸른빛의 석벽(石壁). ㉠인품이 고상(高尙)함의 비유. ㉡보기 어려운 사람을 만남의 비유.
丹藥(단약) ①선술(仙術)을 지닌 도사(道士)가 단사(丹砂)를 이겨 만든 환약. 먹으면 오래 살고 죽지 않는다고 함. 仙丹(선단). 仙藥(선약). ②모란과 작약.
丹陽布衣(단양포의) 은거하여 벼슬하지 않음. 故事 남조(南朝) 때 제(齊)나라의 단양(丹陽) 사람 도홍경(陶弘景)이 구곡산(句曲山)에 은거하며 평민〔布衣〕으로 지낸 고사에서 온 말.

丹鉛(단연) ①단사(丹砂)와 연분(鉛粉). ②교정(校訂). ③연지와 분.
丹楹(단영) ①붉은 칠을 한 기둥. 화려한 집. 丹柱(단주). ②사치함.
丹粧(단장) 머리·얼굴·옷차림 따위를 아름답게 꾸밈.
丹田(단전) 배꼽에서 한 치쯤 아랫부분.
丹頂鶴(단정학) 정수리가 붉은 학. 두루미. 仙鶴(선학).
丹鳥(단조) ①봉황(鳳凰)의 딴 이름. ②개똥벌레의 딴 이름. 丹良(단량).
丹朱(단주) ①붉은빛. ②요(堯)임금 아들의 이름. ③주사(朱砂).
丹脂(단지) 연지(臙脂).
丹靑(단청) ①붉은빛과 푸른빛. 丹碧(단벽). ②건축물에 여러 가지 무늬를 그린 채색.
丹忠(단충) 마음에서 우러나오는 충성.
丹衷(단충) 마음에서 우러나오는 정성.
丹楓(단풍) 기후 변화로 식물의 잎이 붉은빛이나 누런빛으로 변하는 현상. 또는 그렇게 변한 잎.
丹筆(단필) 붉은 글씨를 쓰는 붓. 죄인의 이름·죄상 따위를 기록하던 데 씀.
丹黃(단황) ①붉은빛과 누른빛. ②책에 권점(圈點)을 칠 때 쓰는 것.
◨ 牧丹목단, 仙丹선단, 神丹신단, 紫丹자단, 朱丹주단.

4 ⑤【丼】 井(44)의 본자

4 ⑤【主】 주인 주 麌

중학 인명 7급 ㊥zhǔ ㊐シュ

필순 丶 亠 亡 主 主

소전 초서 자원 象形. '王'은 촛대, '丶'는 촛대 위에 타고 있는 불꽃을 본뜬 글자. 뒤에 '주인'이란 뜻으로 가차되었다.

자해 ❶주인. 〔禮記〕 賓爲賓焉빈위빈언, 主爲主焉주위주언. ❷임금. 〔書經〕 無主乃亂무주내란. ❸공경대부(公卿大夫). 〔周禮〕 主以利得民주이리득민. ❹우두머리, 장(長). ¶ 祭主제주. ❺위패. 〔史記〕 武王載木主而東征무왕재목주이동정. ❻근본, 사북. 〔易經〕 樞機之發추기지발, 榮辱之主也영욕지주야. ❼공주(公主). 〔漢書〕 午死오사, 主寡居주과거. ❽주로 하다. 〔論語〕 主忠信주충신.

主家(주가) ①주인 집. ②집안의 주인이 됨. 집안 일을 맡아봄. ③벼슬아치가 천자를 이르는 말. ④아내가 남편을 이르는 말. ⑤공주(公主).
主幹(주간) 어떤 일을 주장하여 처리함.
主客顚倒(주객전도) 주인과 손의 위치가 바뀜. 사물의 대소(大小)·경중(輕重)·본말(本末) 등이 뒤바뀜.
主見(주견) 주된 의견.
主顧(주고) ①단골 손님. ②여자가 결혼하기로 약속한 대상자.
主管(주관) 일을 주장하여 관리함.
主觀(주관) 자기만의 생각.
主君(주군) ①임금. 君主(군주). ②경대부(卿大夫)를 이르는 말. ③남에 대한 경칭.
主權(주권) ①주되는 권리. ②국가의 의사를 최종적으로 결정하는 권리.
主饋(주궤) ①음식 등의 집안일을 부녀자가 주관함. ②아내가 거처하는 곳.
主導(주도) 주가 되어 이끎.
主動(주동) 어떤 일에 주장이 되어 행동함.
主力(주력) 중심이 되는 힘이나 세력.
主領(주령) ①우두머리가 되어 일을 영도(領導)함. ②우두머리. 首領(수령).
主禮(주례) 예식을 주장하여 진행함. 또는 그 일을 맡아보는 사람.
主流(주류) 원 줄기가 되는 큰 흐름.
主盟(주맹) 맹회(盟會)를 관장함. 또는 그 사람. 盟主(맹주).
主命(주명) ①임금의 명령. ②주인의 분부.
主謀(주모) 주장하여 일을 꾀함. 또는 그 사람.
主務(주무) 사무를 주장하여 맡아봄.
主文(주문) ①과거(科擧) 시험관의 우두머리. ②사관(史官). ③한 편(篇) 문장의 주요 부분. ④國대제학의 딴 이름.
主犯(주범) 범죄 행위를 주동한 사람.
主柄(주병) 주된 권력(權力). 근본(根本)이 되는 권력.
主僕(주복) 주인과 종. 상전과 하인.
主峯(주봉) 산줄기의 최고봉.
主婦(주부) ①한 집안의 제사를 책임진 사람의 아내. ②한 가정의 살림을 맡아 하는 안주인.
主簿(주부) ①각 관서(官署)의 문서·장부(帳簿)를 맡은 벼슬. ②國한약방을 차린 사람.
主賓(주빈) 여러 손 가운데 주가 되는 손.
主司(주사) ①과거(科擧)의 시험관. ②담당 사무의 책임자. 主任(주임).
主使(주사) 주장하여 사람을 부림.
主事(주사) ①주(主)가 되어 일을 함. ②벼슬 이름. 여러 관아에 딸린 속관의 하나. ③남을 점잖게 높여 이르는 말.
主上(주상) 신하가 임금을 이르는 말.
主壻(주서) 임금의 사위. 駙馬(부마).

主席(주석) ①주가 되는 자리. 윗자리. ②주인의 자리. ③많은 사람들로 조직된 단체의 우두머리.
主膳(주선) ①천자의 음식을 맡은 관리. ②國주방에서 반찬 만드는 일을 맡아 하는 사람.
主帥(주수) 주장이 되어 통솔하는 사람. 主將(주장).
主食(주식) 평소 끼니에서 주로 먹는 음식.
主臣(주신) ①임금과 신하. ②신하가 임금 앞에서 황공하다는 뜻으로 쓰는 말.
主審(주심) 주장이 되는 심사관이나 심판.
主眼(주안) 중요한 목표. 要點(요점).
主業(주업) 주가 되는 직업. 本業(본업).
主役(주역) 주된 역할, 또는 주된 역할을 하는 사람.
主演(주연) 연극이나 영화에서 주인공으로 출연함.
主翁(주옹) 늙은 주인. 主人翁(주인옹).
主要(주요) 주되고 중요함.
主辱臣死(주욕신사) 임금이 욕을 당하면 신하는 임금을 위하여 목숨을 바침.
主位(주위) ①주가 되는 위치. ②중요한 지위. ③임금의 지위. ④주인의 자리.
主恩(주은) ①임금의 은혜. ②주인의 은혜.
主意(주의) ①임금의 생각. ②주장이 되는 뜻. 主旨(주지). ③의견(意見).
主義(주의) ①사상·학설·사물을 처리하는 면 따위에서 가지는 일정한 방침이나 주장. ②도의(道義)를 바탕으로 함.
主人(주인) ①물건을 차지하고 있는 임자. ②한 가정을 도맡아 꾸려 나가는 사람.
主日(주일) 기독교에서, 주의 날. 일요일.
主一無適(주일무적) 마음을 오로지하여 잡념을 가지지 않음. 主一(주일). 專一(전일).
主任(주임) 어떤 임무를 주로 담당함. 또는 그 사람.
主張(주장) 자기의 의견이나 주의를 내세움. 또는 그 의견이나 주의.
主將(주장) ①군대에서 우두머리가 되는 장수. ②운동 경기에서 팀의 우두머리.
主掌(주장) 어떤 일을 오로지 맡아봄.
主宰(주재) 주장하여 통할함. 또는 그 사람.
主戰(주전) ①싸우기를 주장함. ②주력(主力)이 되어 싸움.
主題(주제) 중심이 되는 문제나 사상.
主潮(주조) ①주된 조류. ②주된 사조(思潮).
主從(주종) ①주장이 되는 사물과 이에 딸린 사물. ②주인과 종복. 임금과 신하.
主酒客飯(주주객반) 國주인은 손님에게 술을 권하고 손님은 주인에게 밥을 권함. 주인과 손님이 서로 다정하게 식사함.
主持(주지) 한 절을 맡아보는 중.
主唱(주창) 앞장을 서서 부르짖음.
主體(주체) ①제왕의 몸. ②사물의 본체(本體). ③행위나 작용의 근본이 되는 것.
主催(주최) 행사·회합 따위를 주장하여 엶.
主軸(주축) 주가 되는 축.
主治(주치) 한 의사가 맡아서 치료함.
主筆(주필) 신문사·잡지사 등의 행정이나 편집을 책임지는 사람.
主婚(주혼) 혼사를 맡아 주관함. 또는 그 사람.
◨ 喪主상주, 船主선주, 城主성주, 領主영주, 自主자주, 株主주주, 地主지주, 車主차주.

丿部 삐침 별

0 ① 【丿】 삐침 별 屑

㊥piě ㊐ヘツ

소전 丿 자원 象形. 오른쪽 위에서 왼쪽 아래로 굽게 삐친 모양을 본뜬 글자.

자해 **삐침**. 오른쪽 위에서 왼쪽 아래로 굽게 삐친 획.

0 ① 【乀】 파임 불 物

㊥fú ㊐フツ

소전 乀 자해 **파임**. 왼쪽 위에서 오른쪽 아래로 굽게 삐친 획.

1 ② 【乃】 이에 내 賄

중학 인명 3급 ㊥nǎi ㊐ダイ, サイ

필순 丿 乃

소전 초서 자원 象形. 소전은 숨을 제대로 쉬지 못하여 애쓰는 모양을 본뜬 것이다. 말이 술술 이어지지 않기에 '이에, 곧' 등의 말을 중간에 넣게 된다는 뜻을 나타낸다.

자해 ❶**이에, 곧**. =迺. 〔書經〕乃命羲和내명희화. ❷**너**. 〔書經〕惟乃之休유내지휴. ❸**접때**. 〔漢書〕乃者내자, 我使諫君也아사간군야. ❹**이, 그**. 〔後漢書〕予錄乃勳여록내훈.
乃公(내공) 너의 임금. ①임금이 신하에게 대하여 교만하게 이르는 자칭(自稱). ②아버지가 아들에게 대하여 이르는 자칭. ③國그 사람. 저이.
乃武乃文(내무내문) 문무(文武)를 아울러 갖춤. 임금의 덕(德)을 기리는 말. 允文允武(윤문

윤무).
乃父(내부) 너의 아비. 아버지가 자식에게 대하여 이르는 자칭. 乃翁(내옹).
乃岳(내악) 아내의 아버지. 丈人(장인).
乃祖(내조) 너의 할아버지. 손자에 대한 할아버지의 자칭(自稱).
乃至(내지) ①수량을 나타내는 말들 사이에 쓰여 '얼마에서 얼마까지'의 뜻을 나타내는 말. ②또는.
乃後(내후) 너의 자손. 자손을 이르는 말.
◨ 無乃무내, 若乃약내.

1 ② 【乂】 벨 예 隊

인명 ㊥yì ㊐ガイ

소전 초서 자해 ❶베다, 풀을 베다. ≒刈. ❷다스리다. ≒艾.
乂安(예안) 평안하게 다스려짐. 艾安(예안).

1 ② 【乄】 五(40)의 고자

2 ③ 【久】 오랠 구 宥

중학 인명 3Ⅱ급 ㊥jiǔ ㊐キュウ, ク

필순 丿 ク 久

소전 초서 자원 指事. ク+㇏→久. '㇏'는 '人'으로, 사람이 걸으려는 것을 뒤에서 잡아당기고 있는 모양. 이에서 머무름, 또는 시간이 경과하여 오래됨을 뜻한다.
자해 ❶오래다. 〔詩經〕何其久也하기구야, 必有以也필유이야. ❷변하지 아니하다. 〔中庸〕不息則久불식즉구. ❸오래되게 하다, 멈추다. 〔孟子〕可以久則久하이구즉구. ❹머무르다. 〔孟子〕久於齊구어제, 非我志也비아지야.
久敬(구경) 오래 사귈수록 그 사람을 더욱 존경함.
久稽(구계) ①오래도록 생각함. ②오래 머무름. ③오래도록 어긋남.
久故(구고) 오랫동안 사귄 친한 벗.
久交(구교) 오랜 사귐.
久久(구구) 오랫동안. 긴 세월.
久留(구류) 오래도록 머무름.
久聞(구문) 오랫동안 듣고 있음.
久仰(구앙) 오랫동안 우러러 존경하였음. 초면에 하는 인사말.
久延(구연) 오래 삶. 장명(長命)함.
久雨(구우) 장마.
久怨(구원) ①오래된 원한. ②오래 원망함.
久遠(구원) ①아득하게 멀고 오래됨. ②영원하고 무궁함.
久任責成(구임책성) 임기를 길게 하여 직책을 다하게 함.
久懷(구회) 오래된 회포.
◨ 耐久내구, 永久영구, 悠久유구, 長久장구, 天長地久천장지구, 恒久항구.

2 ③ 【乇】 부탁할 탁 ㊍척 陌

㊥tuō ㊐タク
자해 부탁하다. ≒託
乇羅(탁라) 國제주(濟州)의 옛 이름.

3 ④ 【之】 갈 지 支

중학 인명 3Ⅱ급 ㊥zhī ㊐シ

필순 丶 ㇇ ㇇ 之

소전 초서 본자 자원 象形. '屮'는 풀, '一'는 땅을 본떠, 대지에 풀이 돋아나 자라난다는 데서 '가다'의 뜻을 나타낸다.
자해 ❶가다. 〔孟子〕先生將何之선생장하지. ❷이, 이것. 〔論語〕老子安之노자안지. ❸에. 〔大學〕人之其所親愛而辟焉인지기소친애이벽언. ❹이, 가. 주격임을 나타낸다. 〔書經〕邦之臧방지장, 惟汝衆유여중. ❺의. 관형격임을 나타낸다. 〔論語〕是誰之過與시수지과여. ❻이르다. 〔詩經〕之死矢靡它지사시미타.
之東之西(지동지서) 동쪽으로도 가고 서쪽으로도 감. 일에 주견(主見)이 없이 갈팡질팡함.
之無(지무) 몇 자 안 되는 글자. 故事 당대(唐代)에 백거이(白居易)가 태어난 지 7개월 만에 '之·無'의 두 글자를 익혀서 틀리지 않았다는 고사에서 온 말.
之死靡它(지사미타) 죽음에 이르러도 딴 마음을 품지 아니함. 죽어도 마음이 변하지 아니함. 之死靡他(지사미타).
之字路(지자로) '之' 자 모양으로 꼬불꼬불하게 난 길.
之子于歸(지자우귀) 딸이 시집가는 것을 이름.

4 ⑤ 【乍】 1 잠깐 사 禡 2 지을 작 藥

인명 ㊥zhà, zuò ㊐サ

초서 참고 인명용 음은 '사'이다.
자해 1 ❶잠깐. 〔張衡·賦〕將乍往而未半장사왕이미반. ❷갑자기. 〔孟子〕今人乍見孺子將入於井금인사견유자장입어정. 2 짓다. ≒作. 〔墨子〕乍光于四方작광우사방.

丿 4획

乍往乍來(사왕사래) 갑자기 갔다가 갑자기 옴. 변화가 급함.
乍雨(사우) 갑자기 비가 내림.
乍存乍亡(사존사망) 있는가 했더니 갑자기 없어짐.
乍晴(사청) 비가 오다가 잠깐 갬.

4 ⑤【乏】 가난할 핍 洽

인명 1급 ㊥fá ㊐ボウ

소전 초서 자해 ❶가난하다, 모자라다. 〔戰國策〕 使人給其食用사인급기식용, 無使乏무사핍. ❷버리다, 폐하다. 〔戰國策〕 不敢以乏國事불감이핍국사.

乏困(핍곤) 가난하여 고생함.
乏厄(핍액) 가난하여 고생함.
乏月(핍월) 보릿고개인 음력 4월의 딴 이름.
乏人(핍인) 인재(人材)가 모자람. 乏材(핍재).
乏資(핍자) 밑천이 모자람. 자본이 모자람.
乏絕(핍절) 부족하여 끊어져 버림.
乏盡(핍진) 죄다 없어짐.
◨ 缺乏결핍, 困乏곤핍.

4 ⑤【乎】 인가 호 虞

중학 인명 3급 ㊥hū ㊐コ

필순

소전 초서 고자 자원 指事. 소전은 '丿'과 '兮'로 이루어져 소리를 길게 끌어 마음속의 생각을 다 나타냄을 뜻한다.
자해 ❶인가, 로다. 의문·영탄·반어(反語)의 어조사로 쓰인다. ❷~에, ~보다. 〔書經〕 能哲而惠능철이혜, 何憂乎驩兜하우호환두.

5 ⑥【乒】 現탁구 팡

㊥pāng ㊐パン
자해 탁구(卓球). ping-pong에서 'pong'의 음역자.

5 ⑥【乓】 現탁구 핑

㊥pīng ㊐ピン
자해 탁구(卓球). ping-pong에서 'ping'의 음역자.
乒乓(핑팡) 탁구(卓球).

6 ⑦【乕】 虎(1105)의 속자

7 ⑧【乖】 어그러질 괴 佳

인명 1급 ㊥guāi ㊐カイ

소전 초서 자해 ❶어그러지다. 〔易經〕 家道窮必乖가도궁필괴. ❷어기다, 배반하다. 〔楚辭〕 吾獨乖剌而無當兮오독괴랄이무당혜. ❸떨어지다, 나뉘다. 〔漢書〕 六家分乖륙가분괴.

乖角(괴각) ①남에게 생트집을 잡는 사람. ②어긋남. 어그러짐. ③총명한 아이.
乖覺(괴각) ①총명하고 재능이 있는 사람. ②조숙한 사람.
乖亂(괴란) 이치에 어그러져 어지러움.
乖戾(괴려) 사리에 어그러져 온당하지 아니함. 乖剌(괴랄). 乖悖(괴패).
乖離(괴리) 어그러져 동떨어짐.
乖僻(괴벽) 성질이 비뚤어짐.
乖別(괴별) 이별함. 헤어짐.
乖忤(괴오) 어그러지고 거슬림.
乖違(괴위) 서로 어그러짐. 乖異(괴이).
乖舛(괴천) ①어그러짐. 틀림. ②이치에 어그러져 옳지 못함.
乖敗(괴패) 헐어지고 무너짐.
乖愎(괴퍅→괴팍) 남에게 붙임성이 없이 꽤 까다롭고 고집이 셈.

8 ⑨【乗】 乘(30)의 속자

9 ⑩【乘】 ①탈 승 蒸 ②대 승 徑

중학 인명 3Ⅱ급 ㊥chéng ㊐ジョウ

필순

소전 초서 속자 乗 본자 椉 자원 會意. 人+桀→乘. '桀'은 나무 위에 두 발이 얹혀 있는 모양. 사람〔人〕이 두 발로 나무 위에 오른다〔桀〕는 데서 '타다'라는 뜻을 나타낸다.
자해 ① ❶타다. 〔易經〕 時乘六龍以御天시승륙룡이어천. ❷기회 따위를 이용하다. 〔孟子〕 雖有智慧수유지혜, 不如乘勢불여승세. ❸곱하다. ② ❶대. 수레를 세는 단위. 〔孟子〕 後車數十乘후거수십승. ❷탈것. 〔孟子〕 今乘輿已駕矣금승여이가의. ❸둘 한 쌍. 〔儀禮〕 宰夫始歸乘禽재부시귀승금. ❹넷 한 쌍. 〔孟子〕 發乘矢而後反발승시이후반. ❺네 필의 말, 사마(駟馬). 〔詩經〕 元戎十乘원융십승, 以先啓行이선계행. ❻역사, 역사의 기록. 〔孟子〕 晉之乘진지승.
乘客(승객) 차·배·비행기 등에 탄 손님.
乘堅策肥(승견책비) 단단한 수레를 타고 살진

말을 채찍질함. 생활이 호화롭고 사치스러움의 비유.
乘轎(승교) 가마.
乘隙(승극) 틈을 탐. 乘間(승간).
乘龍(승룡) ①용을 탐. 승천(昇天)함. ②네 마리의 용. ③용과 같은 훌륭한 사위를 얻음.
乘馬(승마) ①말을 탐. 또는 사람을 태우기 위한 말. ②네 마리가 한 짝인 말.
乘望風旨(승망풍지) 國망루에 올라 바람결을 헤아림. 남의 눈치를 보아 가며 뜻을 잘 맞추어 줌.
乘船(승선) 배를 탐.
乘勢(승세) 기세를 탐. 곧, 기세를 이용함.
乘勝長驅(승승장구) 싸움에 이긴 기세를 타고 마구 휘몰아치는 일.
乘矢(승시) 네 개의 화살.
乘時(승시) 때를 탐. 기회를 얻음. 乘機(승기).
乘運(승운) 좋은 운수를 탐.
乘危涉險(승위섭험) 國위태로움과 험난함을 무릅씀.
乘除(승제) ①곱셈과 나눗셈. ②번성함과 쇠퇴함. ③더하고 덜어서 알맞게 함.
乘志(승지) 역사를 기록한 책. 史乘(사승).
乘車(승차) 차를 탐.
乘風破浪(승풍파랑) 바람을 타고 파도를 헤치며 멀리 감. 원대한 뜻이 있음.
乘鶴(승학) 학을 타고 승천함. 신선이 됨.
乘虛(승허) 적의 빈틈을 탐. 적의 허를 찌름.
乘興(승흥) 흥이 나서 마음이 내킴.
◨ **萬乘**만승, **搭乘**탑승, **便乘**편승, **合乘**합승.

乙部 새 을

0
① **【乙】** 새 을 質

중학 인명 3Ⅱ급 ㊥yǐ ㊐オツ

필순 乙

소전 초서 참고 ①'亂'과 같이 자형(字形)이 '乚'으로 된 것도 이 부수에 속한다. ②'乙'을 '새 을' 또는 '제비 을'이라고 하는 것은 '乙(제비 을)'과 모양이 흡사하여 통용하게 된 결과이다.

자원 象形. 음기(陰氣)가 아직도 강한 이른봄이기에, 초목의 싹이 곧게 돋아나지 못하고 구부러져 있는 모양을 본뜬 글자.

자해 ❶**새, 제비.** ≒乙. ❷**굽다.** 〔史記〕 其於十母爲甲乙기어십모위갑을. ❸**10간(干)의 둘째.** 방위로는 남(南), 오행으로는 목(木), 순서나 등급의 둘째. 〔書經〕 越六日乙未월륙일을미. ❹**하나.** ¶ 太乙. ❺**아무개.** 이름을 대신하거나, 부정칭 대명사로 쓴다. 〔史記〕 奮長子建분장자건, 次子甲차자갑, 次子乙차자을.

乙覽(을람) 임금이 밤에 독서(讀書)함. 낮에는 정무(政務)에 바빠서 을야(乙夜)에 독서함에서 온 말. 乙夜覽(을야람).
乙夜(을야) 하룻밤을 다섯으로 나눈 그 둘째. 이경(二更). 밤 10시경.
乙酉(을유) 60갑자의 스물두째.
乙乙(을을) ①좋은 생각이 떠오르지 아니하여 안타까워하는 모양. 軋軋(알알). ②하나하나. 낱낱이. 一一(일일).
乙鳥(을조) 제비의 딴 이름.
乙丑甲子(을축갑자) 무슨 일이 제대로 되지 아니하고 순서가 뒤바뀜.
乙亥(을해) 60갑자의 열두째.
◨ **甲乙**갑을, **太乙**태을.

0
① **【乙】** 제비 을 質

㊥yì ㊐オツ

소전 자해 **제비.** ≒乙.

乙鳥(을조) 제비의 딴 이름.

1
② **【九】** 아홉 구 有

중학 인명 8급 ㊥jiǔ ㊐キュウ

필순 丿 九

소전 초서 자원 指事. 굴곡(屈曲)의 변화가 많은 모양을 그려서, 극수(極數) 곧, '아홉'의 뜻을 나타낸다.

자해 ❶**아홉.** 〔書經〕 九載績用弗成구재적용불성. ❷**아홉 번.** ¶ 九死一生구사일생. ❸**수효가 많다.** 〔漢書〕 腸一日而九回장일일이구회.

九乾(구건) 넓은 하늘. 九天(구천).
九卿(구경) 9명의 대신(大臣). 九賓(구빈). 九司(구사). 九品(구품). ㉠주대(周代)에는 총재(冢宰)·사도(司徒)·종백(宗伯)·사마(司馬)·사구(司寇)·사공(司空)·소사(少師)·소보(小保)·소부(小傅). ㉡한대(漢代)에는 태상(太常)·광록훈(光祿勳)·위위(衛尉)·태복(太僕)·정위(廷尉)·대홍려(大鴻臚)·종정(宗正)·소부(小府)·대사농(大司農). ㉢조선 때 육조 판서(六曹判書)·좌우 참찬(左右參贊)·한성 판윤(漢城判尹)을 이름.
九經(구경) 아홉 가지의 경서(經書). ㉠주례(周禮)·의례(儀禮)·예기(禮記)·춘추좌씨전(春秋左氏傳)·춘추공양전(春秋公羊傳)·춘추곡량전(春秋穀梁傳)·역경(易經)·서경(書經)·시경(詩經). ⓒ주역·시경·서경·예기·춘추·효경·논어·맹자·주례.

九穀(구곡) 아홉 가지의 곡물. 메기장·찰기장·차조·벼·참깨·콩·팥·보리·밀.

九曲肝腸(구곡간장) 圖굽이굽이 서린 창자. 상심이 쌓이고 쌓인 마음속.

九官(구관) 순(舜)임금이 두었다는 아홉 대관(大官). 사공(司空)·후직(后稷)·사도(司徒)·사(士)·공공(共工)·우(虞)·질종(秩宗)·전악(典樂)·납언(納言).

九逵(구규) 도시의 큰 길. 여러 갈래로 갈라진 큰 길. 九衢(구구).

九竅(구규) 사람 몸에 있는 아홉 구멍. 눈·코·귀·입·오줌길·항문. 九穴(구혈).

九棘(구극) 구경(九卿)의 자리.

九氣(구기) ①기(氣)의 변화에 의해 생기는 아홉 가지 감정. 곧, 노(怒)·희(喜)·비(悲)·공(恐)·한(寒)·경(炅)·경(驚)·노(勞)·사(思). ②만물의 근본이 되는 아홉 가지 기운.

九畿(구기) 주대(周代)에 기내(畿內)를 천 리 사방(千里四方)으로 하여, 그 밖을 500리(里)마다 일기(一畿)로 하여 센 구획(區劃). 곧, 왕기(王畿)·후기(侯畿)·전기(甸畿)·남기(男畿)·채기(采畿)·위기(衛畿)·이복(夷服)·진복(鎭服)·번복(蕃服). 九服(구복).

九年面壁(구년면벽) 전심(全心)을 기울여 참선함. 故事 양(梁)나라 때 달마 대사(達磨大師)가 9년 동안 벽을 향하여 좌선(坐禪)한 고사에서 온 말.

九年之蓄(구년지축) 9년 동안 먹고 살 수 있는 식량.

九大(구대) 풍(風)·운(雲)·뇌(雷)·해(海)·화(火)·일(日)·지(地)·천(天)·공(空).

九德(구덕) ①구공(九功)의 덕(德). ②충(忠)·신(信)·경(敬)·강(剛)·유(柔)·화(和)·고(固)·정(貞)·순(順)의 아홉 가지 덕.

九道(구도) ①아홉 개의 길. 아홉 개의 흐름. ②달이 운행(運行)하는 아홉 개의 길. 九行(구행). ③학문(學問)의 아홉 가지 종류. 곧, 도덕(道德)·음양(陰陽)·법령(法令)·천관(天官)·신징(神徵)·기예(伎藝)·인정(人情)·계기(械器)·처병(處兵).

九禮(구례) 아홉 가지 예(禮). 관(冠)·혼(婚)·조(朝)·빙(聘)·상(喪)·제(祭)·빈주(賓主)·향음주(鄕飮酒)·군려(軍旅).

九流(구류) ①아홉 갈래의 흐름. ②아홉 갈래의 학파(學派). 곧, 유가(儒家)·도가(道家)·음양가(陰陽家)·법가(法家)·명가(名家)·묵가(墨家)·종횡가(縱橫家)·잡가(雜家)·농가(農家).

九陌(구맥) ①아홉 갈래의 한길. 도성(都城)의 큰 길. 九緯(구위). ②논밭 사이의 큰 길. 큰 논두렁 길.

九貊(구맥) 옛날 중국의 동북쪽에 있었던 아홉 이민족. 九夷(구이).

九尾狐(구미호) ①아홉 개의 꼬리가 달린 늙은 여우. ②간사하고 교활한 사람.

九旻(구민) ①가을 하늘. 秋空(추공). 秋天(추천). ②높은 하늘. 구중(九重)의 하늘.

九拜(구배) ①아홉 가지 배례. 곧, 계수(稽首)·돈수(頓首)·공수(空首)·진동(振動)·길배(吉拜)·흉배(凶拜)·기배(奇拜)·포배(褒拜)·숙배(肅拜). ②여러 번 고개를 숙여 경의(敬意)를 나타냄. ③편지 끝에 붙이는 말.

九伯(구백·구패) 구주(九州)의 장(長).

九府(구부) ①주대(周代)에 재정(財政)을 맡은 아홉 관부(官府). 곧, 대부(大府)·옥부(玉府)·내부(內府)·외부(外府)·천부(泉府)·천부(天府)·직내(職內)·직금(職金)·직폐(職幣). ②구주(九州)의 보배를 저장한 곳집. 훌륭한 생산품(生産品)이 나는 땅.

九賓(구빈) ①임금이 우대하는 아홉 손님. 공(公)·후(侯)·백(伯)·자(子)·남(男)·고(孤)·경(卿)·대부(大夫)·사(士). ②구경(九卿).

九思(구사) 군자가 명심하여야 할 아홉 가지 일. 시(視)에는 명(明), 청(聽)에는 총(聰), 안색(顔色)에는 온(溫), 자태(姿態)에는 공(恭), 언(言)에는 충(忠), 사(事)에는 경(敬), 의문(疑問)에는 문(問), 분(忿)에는 난(難), 득(得)에는 의(義)를 생각하라는 것.

九死一生(구사일생) 여러 차례 죽을 고비를 당하였다가 겨우 살아남.

九星(구성) ①일백(一白)·이흑(二黑)·삼벽(三碧)·사록(四綠)·오황(五黃)·육백(六白)·칠적(七赤)·팔백(八白)·구자(九紫). 이것으로 음양가(陰陽家)는 방위(方位)·배우(配偶) 등 길흉(吉凶)을 판단함. ②구요(九曜). ③북두성(北斗星).

九世同居(구세동거) 집안이 화목함.

九藪(구수) 옛날 중국에 있었던 아홉 군데의 큰 못. 곧, 구구(具區)·운몽(雲夢)·포전(圃田)·망제(望諸)·대야(大野)·현포(弦蒲)·해양(貕養)·양우(楊紆)·소여기(昭餘祁).

九十春光(구십춘광) 봄의 석 달 90일 동안의 화창한 햇빛.

九野(구야) ①구주(九州)의 들. 구주의 땅. ②천하(天下).

九野淸泰(구야청태) 천하(天下)가 잘 다스려져 조용함. 天下泰平(천하태평).

九陽(구양) ①해가 솟아오르는 곳. ②해. 太陽(태양).

九譯(구역) 아홉 번을 통역함. 아주 먼 땅.

九五(구오) ①역괘(易卦)의 육효(六爻) 중 밑에서부터 다섯 번째의 양효(陽爻). ②천자의 지위.

九五之尊(구오지존) 천자의 지위.

九曜(구요) 인도 점성술에서 이르는 아홉 개의 별. 일요성(日曜星)·월요성(月曜星)·화요성(火曜星)·수요성(水曜星)·목요성(木曜星)·금요성(金曜星)·토요성(土曜星)·계도성(計都星)·나후성(羅睺星).

九牛一毛(구우일모) 아홉 마리의 소 가운데 하나의 털. 지극히 많은 가운데 아주 적은 수.

九垠(구은) 천지의 끝. 구천(九天)의 끝. 九埏(구연). 九垓(구해).

九儀(구의) ①귀천(貴賤)의 품등(品等)을 바로잡는 아홉 의식. 곧, 수직(受職)·수복(受服)·수위(受位)·수기(受器)·사칙(賜則)·사관(賜官)·사국(賜國)·작목(作牧)·작백(作伯). ②천자가 빈객을 대접하는 예. 공(公)·후(侯)·백(伯)·자(子)·남(男)·고(孤)·경(卿)·대부(大夫)·사(士)의 아홉 신분에 따라 그 절차를 달리함.

九夷(구이) ①중국에서 이르던 동쪽의 아홉 이민족. 곧, 견이(畎夷)·우이(于夷)·방이(方夷)·황이(黃夷)·백이(白夷)·적이(赤夷)·현이(玄夷)·풍이(風夷)·양이(陽夷). 九貊(구맥). 九貉(구맥). ②여러 오랑캐.

九夷八蠻(구이팔만) 중국을 중심으로 동(東)의 아홉, 남(南)의 여덟 오랑캐.

九折羊腸(구절양장) 아홉 번 꼬부라진 양의 창자. 꼬불꼬불하며 험한 산길.

九鼎(구정) 우(禹)임금이 구주(九州)에서 구리를 거두어들여 주조(鑄造)한 솥. 하(夏)·은(殷)·주(周) 삼대에 걸쳐 임금의 보물로 보전됨.

九鼎大呂(구정대려) 구정(九鼎)과 대려(大呂). 중요한 지위나 명망. '大呂'는 주(周)의 태묘(太廟)에 있던 대종(大鐘).

九族(구족) 고조(高祖)로부터 증조(曾祖)·조부(祖父)·부(父)·자기(自己)·자(子)·손(孫)·증손(曾孫)·현손(玄孫)까지의 직계친(直系親)을 중심으로 하여 방계친(傍系親)으로 고조의 사대손(四代孫) 되는 형제, 종형제(從兄弟), 재종 형제(再從兄弟), 삼종 형제(三從兄弟)를 포함하는 동종(同宗) 친족의 일컬음.

九州(구주) ①우(禹)임금이 전국을 아홉 개의 주로 나누었다는 행정 구획. 곧, 기(冀)·연(兗)·청(靑)·서(徐)·예(豫)·형(荊)·양(揚)·옹(雍)·양(梁). 九域(구역). 九有(구유). 九土(구토). ②중국 전토(全土). ③통일 신라 시대에 전국을 나눈 아홉 개의 주. 곧, 상주(尙州)·양주(良州)·강주(康州)·웅주(熊州)·전주(全州)·무주(武州)·한주(漢州)·삭주(朔州)·명주(溟州).

九疇(구주) 기자(箕子)가 주(周) 무왕(武王)의 물음에 답한, 천하를 다스리는 아홉 가지 대법. 곧, 오행(五行)·오사(五事)·팔정(八政)·오기(五紀)·황극(皇極)·삼덕(三德)·계의(稽疑)·서징(庶徵)·오복(五福)·육극(六極).

九重(구중) ①아홉 겹. 겹겹이 싸임. ②하늘. ③궁중(宮中). ④천자(天子).

九重天(구중천) ①궁정(宮廷). ②높은 하늘. 九天(구천).

九川(구천) 우(禹)임금이 다스렸다는 아홉 개의 큰 강. 곧, 약수(弱水)·흑수(黑水)·하수(河水)·양수(瀁水)·강수(江水)·윤수(沇水)·회수(淮水)·위수(渭水)·낙수(洛水).

九天(구천) ①가장 높은 하늘. 九旻(구민). ②궁중(宮中).

九泉(구천) ①저승. 黃泉(황천). ②깊은 땅 속. 九幽(구유).

九夏(구하) ①여름 90일 동안. ②주대(周代)의 큰 아홉 가지 조정(朝廷) 음악.

九陔(구해) 하늘 끝. 하늘 위. 九垓(구해).

九回腸(구회장) ①창자가 아홉 번 비틀림. 몹시 괴로워함. ②강이나 언덕 따위가 꼬불꼬불한 것을 형용.

◨ 三九삼구, 上九상구, 陽九양구, 重九중구, 初九초구.

2
③**【乞】** 빌 걸 物

고등 인명 3급 ㊥qǐ ㊐キツ

필순 丿 𠂉 乞

소전 初 초서 乞 자원 象形. 소전의 글자 모양은 구름이 피어오르는 모양을 본뜬 것이다. 뒷날에 가차(假借)하여 '빌다'라는 뜻이 나왔다.

자해 ❶**빌다, 빌어먹다.** 〔史記〕 行乞於市행걸어시. ❷**구하다.** 〔春秋左氏傳〕 公子遂如楚乞師공자수여초걸사. ❸**소원.** 〔吳志〕 深自陳乞심자진걸.

乞假(걸가) ①말미를 청함. 휴가원(休暇願)을 제출함. 乞暇(걸가). ②물건을 빌려 씀.

乞丐(걸개) ①거지. ②청원하여 구함.

乞客(걸객) 몰락한 양반으로서 의관을 갖추고 다니며 얻어먹는 사람.

乞粒(걸립) ①동네에서 쓸 경비를 마련하기 위해 여러 사람들이 패를 짜서 각처로 다니면서 풍물을 치고 재주를 부리며 돈이나 곡식

乙
2획

을 구하는 일. ②절에서 쓸 경비를 마련하기 위해 승려들이 돈이나 곡식을 구걸하는 일.
乞盟(걸맹) ①적(敵)에게 화의(和議)를 구함. ②맹세할 때 신(神)에게 고하는 일.
乞命(걸명) 목숨을 살려 달라고 빎.
乞食(걸식) 음식을 빌어먹음.
乞神(걸신) ①빌어먹는 귀신. ②염치없이 지나치게 탐하는 마음의 비유.
乞人憐天(걸인연천) 거지가 하늘을 불쌍히 여김. 불행한 처지에 놓여 있는 사람이 부질없이 행복한 사람을 동정함.
乞骸(걸해) 늙은 재상(宰相)이 벼슬을 사퇴하기를 임금에게 청원함. 乞身(걸신).
◨ 丐乞개걸, 求乞구걸, 行乞행걸.

2획

2 ③ 【也】 1어조사 야 (馬) 2또 야 (禡)

중학 인명 3급 ㊥yě ㊐ヤ

필순

소전 초서 자원 象形. 여자 음부(陰部)의 모양을 본뜬 글자라는 설과 주전자의 모양을 본뜬 글자라는 설이 있다.

자해 1 어조사. ㉮문미(文尾)에 놓여 단정·결정의 뜻을 나타낸다. 〔莊子〕南冥者남명야, 天池也천지야. ㉯의문·반어·영탄·강조의 뜻을 나타낸다. 〔詩經〕何其久也하기구야. ㉰이름을 부를 때 쓰는 조자(助字). 〔論語〕回也其庶乎회야기서호. ㉱어세를 고르는 조자. 〔論語〕必也狂狷乎필야광견호. 2 또. 〔岑參·詩〕萬里烟波也夢君만리연파야몽군.

3획

也夫(야부) 영탄(詠歎)의 종결사(終結辭).
也與(야여) 강한 단정을 나타내는 어조사.
也有(야유) 또한 있다. 무엇무엇도 있다.
也矣(야의) 단정(斷定)을 나타내는 어조사.
也哉(야재) ①강한 단정의 뜻을 나타내는 어조사. ②반어(反語)를 나타내는 어조사.
也乎(야호) 강조의 뜻을 나타내는 어조사.
也乎哉(야호재) ①반어(反語)를 나타내는 어조사. ②영탄(詠歎)의 뜻을 나타내는 어조사.

3 ④ 【乯】 國울 울 인명

자원 于(우)+乙(을→ㄹ)→乯(울)
자해 울. '울' 음을 표기하기 위하여 우리나라에서 만든 글자.

4 ⑤ 【乴】 종족 이름 이 (支)

㊥yí ㊐イ
자해 종족 이름. 중국의 광동(廣東) 지방에 살던 종족.

5 ⑥ 【乫】 國땅 이름 갈 인명

자원 加(가)+乙(을→ㄹ)→乫(갈).
자해 땅 이름.

5 ⑥ 【乬】 國걸 걸

자원 巨(거)+乙(을→ㄹ)→乬(걸).
자해 걸다, 걸어 두다.

5 ⑥ 【乩】 점칠 계 (齊)

㊥jī ㊐ケイ
자해 ❶점치다. ❷생각하다. =稽.

5 ⑥ 【乭】 國이름 돌 인명

자원 石(석)+乙(을→ㄹ)→乭(돌).
자해 이름. 사람 이름에 쓰임. ¶ 甲乭갑돌.

5 ⑥ 【乮】 國봉호 몰

자원 卯(묘)+乙(을→ㄹ)→乮(몰).
자해 봉호(封號). 임금이 토지를 내려 주면서 주는 칭호. 〔璿源系譜〕乮山君몰산군.

6 ⑦ 【乱】 亂(36)의 속자

7 ⑧ 【乶】 國볼기 볼 인명

자원 甫(보)+乙(을→ㄹ)→乶(볼)
자해 볼기. '볼' 음을 표기하기 위하여 우리나라에서 만든 글자.

7 ⑧ 【乷】 國살 살 인명

자원 沙(사)+乙(을→ㄹ)→乷(살)
자해 살. '살' 음을 표기하기 위하여 우리나라에서 만든 글자.

7 ⑧ 【乳】 젖 유 (麌)

고등 인명 4급 ㊥rǔ ㊐ニュウ

필순

소전 초서 자원 會意. 孚+乚→乳. '孚'는 '爪+子'로 사람

이 자식을 감싸고 있음을 나타내고, '乚' 은 새나 제비를 나타낸다. 곧, 사람이나 날짐승이 자식이나 새끼를 낳아 기름을 뜻한다.

자해 ❶젖. 〔唐書〕 兄弟共乳而生형제공유이생. ❷젖을 먹이다, 양육(養育)하다. 〔後漢書〕 豈無阿乳之恩기무아유지은. ❸낳다, 새끼를 치다. 〔史記〕 懷子不乳회자불유. ❹약을 갈다. ¶ 乳鉢유발.

乳氣(유기) ①어린애다운 기분(氣分). 어린티. 稚氣(치기). ②유즙(乳汁) 같은 것.
乳頭(유두) 젖꼭지.
乳名(유명) 어릴 때의 이름. 幼名(유명).
乳母(유모) 젖어머니.
乳鉢(유발) 약을 갈아서 가루를 만드는 데 쓰는 자그마한 그릇.
乳房(유방) 젖퉁이.
乳液(유액) 식물의 세포 속에 들어 있는 흰색이나 황색의 액체.
乳養(유양) 젖을 먹여 기름.
乳汁(유즙) 유방(乳房)에서 분비하는 유백색(乳白色)의 액체. 젖.
乳雛(유추) 새가 새끼를 기름.
乳臭(유취) ①젖에서 나는 냄새. 젖내. ②나이가 어리거나 경험이 부족함을 조롱하여 이르는 말. 口尙乳臭(구상유취).
乳齒(유치) 젖니.
乳虎(유호) ①새끼가 딸린 암범. 사납고 두려운 것의 비유. ②갓 태어난 범.
◨ 母乳모유, 粉乳분유, 授乳수유, 牛乳우유, 離乳이유.

8 ⑨【乹】 乾(35)의 속자

8 ⑨【乺】 國솔 솔

자원 所(소)+乙(을→ㄹ)→乺(솔).
자해 솔. 먼지나 때 따위를 쓸어 떨어뜨리거나 닦아 내기 위한 도구.

8 ⑨【乼】 國줄 줄

자원 注(주)+乙(을→ㄹ)→乼(줄).
자해 줄. 새끼·노끈·철사 등과 같이, 매거나 동이거나 할 수 있는 긴 물건.

9 ⑩【亀】 龜(1467)의 속자

9 ⑩【乽】 國봉호 잘

자원 者(자)+乙(을→ㄹ)→乽(잘).
자해 봉호(封號). 임금이 일정 정도의 토지를 내려 주면서 주는 칭호. 〔璿源系譜〕 乽山君잘산군.

10 ⑪【乾】 干 ①하늘 건 先 ②마를 건·간 本간 寒

중학 인명 3Ⅱ급 中qián 日カン

필순 一 十 𠀋 古 古 直 卓 卓 乾 乾

소전 𠦝 초서 乾 속자 乹 고자 漧 참고 인명용 음은 '건' 이다.

자원 形聲·會意. 倝+乙→乾. '倝(건)' 은 음 부분이며, 아침해가 솟아올라 빛나는 모양도 나타낸다. '乙' 은 초목의 싹이 위를 향하여 싹터 오르는 모양이다. 아침해가 뜨는 곳이나 초목의 싹이 향하는 곳은 하늘이므로 '하늘' 의 뜻을 나타낸다.

자해 ① ❶하늘. ¶ 乾坤건곤. ❷괘 이름. ㉮8괘의 하나. 괘형은 ☰. 위에 있어서, 굳셈·다스림·비롯함 등을 상징한다. ㉯64괘의 하나. 괘형은 ䷀. 강건불식(剛健不息)을 상징한다. ❸임금. 〔易經〕 乾以君之건이군지. ❹남자, 지아비. 〔易經〕 乾道成男건도성남. ② ❶마르다. 〔詩經〕 暵其乾矣한기건의. ❷모자라다, 다하다. 〔春秋左氏傳〕 外彊中乾외강중건. ❸건성으로.

乾竭(건갈) 말라 없어짐.
乾剛(건강) ①굳셈. ②굳세어 굴하지 않는 덕.
乾綱(건강) ①하늘의 법칙. ②임금이 나라를 다스리는 대강(大綱). 임금의 대권(大權).
乾乾(건건) ①부지런한 모양. 멈추지 않고 계속 나아가는 모양. 孜孜(자자). ②조심하고 공경하는 모양.
乾啓(건계) 하늘의 가르침. 天啓(천계).
乾坤(건곤) ①건괘(乾卦)와 곤괘(坤卦). ②하늘과 땅. ③양(陽)과 음(陰). ④북서(北西)와 남서(南西). ⑤남자와 여자. ⑥해와 달.
乾坤一擲(건곤일척) 천하를 걸고 주사위를 한 번 던짐. 운명과 흥망을 걸고 전력을 다해 마지막 승부나 성패를 겨룸.
乾基(건기) 제왕(帝王)의 기업(基業). 제업(帝業)의 터전.
乾端坤倪(건단곤예) 하늘 끝과 땅 끝.
乾圖(건도) 하늘의 그림. 천체(天體)의 형상. 天象(천상).
乾道(건도) 하늘의 도(道). 주역(周易)에서 지강지건(至剛至健)한 덕(德).
乾糧(건량) ①먼 길을 갈 때 휴대하기 쉽게 만든 양식. ②國흉년에 곤궁한 사람을 구제할 때 죽을 쑤어 주지 않고 대신 주던 곡식.

乾沒(건몰) ①요행으로 이득을 얻음. ②남의 물건을 횡령함. ③國법에 걸린 물건을 관아에서 몰수함.
乾杯(건배) ①술잔의 술을 다 마셔 비움. ②술자리에서 서로 잔을 높이 들어 상대방의 건강 또는 행운을 비는 일.
乾符(건부) 제왕이 천명(天命)을 받을 조짐. 天符(천부).
乾石魚(건석어) ①굴비. ②간조기.
乾癬(건선) 마른버짐.
乾性(건성) 물기가 적어 마르기 쉬운 성질.
乾愁(건수) 까닭없이 일어나는 걱정.
乾柹(건시) 곶감.
乾魚物(건어물) 말린 물고기.
乾曜(건요) 해. 태양(太陽).
乾元(건원) ①하늘. ②하늘의 도(道). ③임금.
乾儀(건의) ①하늘의 법(法). ②천자의 법.
乾電池(건전지) 전해액을 채워 만든 일차 전지.
乾淨(건정) ①일의 뒤끝이 깨끗함. ②일의 처리를 잘하여 후환이 없음. ③정결(淨潔)함. 淸潔(청결).
乾啼(건제) 건성으로 우는 울음.
乾燥(건조) 물기나 습기가 말라서 없어짐.
乾草(건초) 말린 풀.
乾唾(건타) 침을 말림. 모욕을 참음. 故事 당대(唐代)에 누사덕(婁師德)이 동생에게 '남이 네 얼굴에 침을 뱉으면 닦지 말고 그대로 두어 마르게 하라' 고 훈계한 고사에서 온 말.
乾統(건통) 천자(天子)의 혈통(血統).
乾涸(건학) 못이나 내의 물이 졸아 마름.
乾犒饋(건호궤) 國음식을 먹여 군사를 위로하는 대신 돈을 주던 일.
乾木水生(간목수생) 마른나무에서 물이 남. 아무것도 없는 사람에게 무리하게 무엇을 내라고 요구함.
乾物(간물) ①생선이나 육류(肉類)를 말린 것. ②물건을 말림.
◨ 旱乾한건, 皇乾황건.

10 ⑪ 【亀】 龜(1467)의 속자

12 ⑬ 【亂】 乱 어지러울 란 翰

고등 인명 4급 ㊥luàn ㊐ラン

필순 ノ ⺈ ⺈ ⺈ ⺈ 𤔔 𤔔 𤔔 𤔔 亂

소전 [소전체] 초서 [초서체] 속자 乱 자원 會意. 𤔔+乚→亂. '𤔔'은 어린아이들이 이리저리 얽혀 다투는 모양을 나타내고, '乚'은 내리누르는 모양으로 다스린다는 뜻이다. 어지러운 것은 다스려져야 한다는 데서 '다스리다' 라는 뜻이 되었다.

자해 ❶어지럽다. ¶ 亂局난국. ❷다스리다. [書經] 其能而亂四方기능이란사방. ❸반역(反逆), 무도(無道). [孝經] 禍不作亂화부작란. ❹함부로, 멋대로. [書經] 亂罰無罪란벌무죄. ❺난리, 전쟁. ¶ 避亂피란. ❻음악의 끝 가락. [論語] 關雎之亂관저지란.

亂家(난가) ①화목하지 못하고 어수선한 집안. ②인륜(人倫)이 무너져 어지러운 집안. ③유가(儒家) 이외의 학파.
亂階(난계) ①어지러워지는 실마리. 亂梯(난제). ②위계(位階)의 순서에 의하지 아니하고 건너뛰어 진급함.
亂局(난국) 어지러운 판국.
亂軍(난군) ①적과 뒤섞이어 싸움. ②규율이 없는 군대. ③반란을 일으킨 군대.
亂君(난군) 무도(無道)한 임금. 亂主(난주).
亂群(난군) ①어지럽고 질서가 없는 무리. ②무리를 어지럽힘.
亂氣(난기) ①어지러운 마음. 亂心(난심). ②음란한 기운.
亂紀(난기) ①문란해진 기율(紀律). ②기율을 문란하게 함.
亂踏(난답) 함부로 짓밟음.
亂刀(난도) 칼로 마구 벰. 칼로 잘게 다짐.
亂道(난도) ①사설(邪說)로 도리(道理)를 어지럽힘. ②시문(詩文)이 조잡함. 자기가 지은 시문의 겸칭(謙稱).
亂讀(난독) 닥치는 대로 아무 책이나 마구 읽음. 濫讀(남독).
亂動(난동) 질서를 어지럽히며 함부로 난폭하게 행동하는 짓.
亂流(난류) ①물이 어지럽게 흐름. 물이 물길을 벗어나 아무 데나 흐름. ②강을 가로질러 건넘. ③문란하고 제멋대로임.
亂倫(난륜) ①도리(道理)를 어지럽힘. 破倫(파륜). ②인륜(人倫)에 어긋남. 주로 남녀 관계를 이름. ③서로 걸맞지 않은 혼인.
亂理(난리) 도리(道理)에 어긋남. 또는 그러한 행동.
亂離(난리) ①전쟁이나 병란. ②세상이 소란하고 질서가 어지러워진 상태.
亂立(난립) 어지럽게 늘어섬.
亂麻(난마) 뒤얽힌 삼 가닥. 어지럽게 뒤얽힌 사건(事件)이나 세태(世態)의 비유.
亂脈(난맥) 체계가 서지 않거나 질서가 없는 상태.
亂舞(난무) 엉킨 듯이 어지럽게 추는 춤. 함부로 나서서 마구 날뜀의 비유.
亂民(난민) ①질서를 어지럽게 하는 백성. ②

백성을 다스림.
亂罰(난벌) 함부로 벌을 줌.
亂法(난법) ①난폭한 법률. 문란해진 법률. ②법률을 어지럽힘.
亂飛(난비) 어지럽게 낢.
亂射(난사) 화살이나 탄환을 일정한 목표 없이 마구 갈겨 쏨. 亂發(난발).
亂想(난상) 부질없는 생각. 두서없이 생각함.
亂世(난세) 어지러운 세상.
亂俗(난속) ①풍속을 어지럽힘. ②어지러운 풍속. 나쁜 풍속.
亂臣(난신) ①나라를 잘 다스리는 신하. ②나라를 어지럽게 하는 신하.
亂臣賊子(난신적자) 임금을 시해(弑害)하는 신하와 부모를 해치는 아들. 亂賊(난적).
亂逆(난역) 반역(反逆)을 꾀함. 謀叛(모반).
亂人(난인) ①난(亂)을 일으키는 사람. 나라를 어지럽히는 사람. ②미친 사람.
亂入(난입) 어지럽게 함부로 드나듦.
亂刺(난자) 함부로 찌름.
亂雜(난잡) 어수선하고 혼잡함.
亂戰(난전) 두 편이 뒤섞여 어지러이 싸움.
亂廛(난전) ①허가 없이 길에 함부로 벌여 놓은 가게. ②조선 때, 나라에서 허가한 시전 상인 이외의 상인이 하던 불법적인 가게.
亂政(난정) ①정사를 어지럽힘. ②도리에 벗어난 정사. ③정사를 다스림.
亂調(난조) 조화나 정상을 잃은 상태.
亂中(난중) 난리 중.
亂草(난초) ①어지럽게 난 풀. ②난잡하게 쓴 초서(草書). ③함부로 쓴 초고(草稿).
亂打(난타) 마구 침.
亂鬪(난투) 어지러이 서로 뒤섞여 싸움.
亂暴(난폭) 몹시 포악함.
亂筆(난필) ①되는대로 어지럽게 쓴 글씨. ②자기 글씨의 겸칭(謙稱). 亂書(난서).
亂虐(난학) 난폭하고 잔학함.
亂花(난화) 어지러이 피어 있는 꽃.
◨ 霍亂곽란, 狂亂광란, 攪亂교란, 內亂내란, 叛亂반란, 紛亂분란, 散亂산란, 淫亂음란, 戰亂전란, 治亂치란, 胡亂호란, 混亂혼란, 患亂환란.

亅 部 갈고리 궐

0
①【亅】 갈고리 궐 月
㊥jué ㊐ケツ
[참고] 부수로만 쓰이고 독자적으로는 쓰이지 않는다.
[자원] 象形. 위 끝은 뾰족하고 아래 끝은 꼬부라진 갈고리의 모양을 본뜬 글자.
[자해] **갈고리**.

1
②【了】 마칠 료 篠
[고등][인명][3급] ㊥liǎo ㊐リョウ
[필순] 了
[소전] [초서] [자원] 象形. '子' 자에서 '一'이 없는 글자. 곧, 두 팔이 없는 아이의 다리가 뒤틀어져 쑥쑥 자라지 못하는 모양을 나타낸다. 더 자라지 못한다는 데서 '마치다, 끝나다' 등의 뜻이 되었다.
[자해] ❶**마치다**. ¶ 修了수료. ❷**깨닫다**. 〔世說新語〕雖神氣不變而心了其故수신기불변이심료기고. ❸**밝다, 총명하다**. 〔後漢書〕小而了了大未必奇소이요료대미필기. ❹**드디어**. 〔唐書〕了復何益료부하익. ❺**어조사**. 문미(文尾)에 놓아 결정·과거·지정 등의 뜻을 나타낸다.
了得(요득) ①깨달아 알아냄. ②기예가 뛰어남. ③그것으로 좋음. 그래도 좋음.
了了(요료) ①슬기로운 모양. 현명한 모양. ②명확한 모양. 확실한 모양. 判然(판연). ③마침내. 드디어. ④마침. 끝남.
了事(요사) ①일의 이치를 명확하게 깨달아 앎. ②現일을 끝냄. 결말을 지음.
了知(요지) 깨달아 앎.
了解(요해) 깨달아 알아냄.
◨ 修了수료, 完了완료, 終了종료.

2
③【亇】 國망치 마
[자해] ❶**망치, 철추(鐵鎚)**. ❷**땅 이름**. 〔新增東國輿地勝覽〕亇知島마지도.

3
④【予】 ①나 여 魚 ②줄 여 語
[고등][인명][3급] ㊥yú, yǔ ㊐ヨ
[필순] 予
[소전] [초서] [참고] 豫(1193)의 속자(俗字)로 쓴다.
[자원] 象形. 손으로 물건을 밀어 주는 모양을 본뜬 글자.
[자해] ① **나**. 〔論語〕天生德於予천생덕어여. ② ❶**주다**. ≒與. 〔詩經〕君子來朝군자래조, 何錫予之하석여지. ❷**허락하다, 용서하다**. 〔漢書〕春秋予之춘추여지. ❸**함께**. 〔荀子〕有所共予也기소공여야.

予寧(여녕) 한대(漢代)에, 관리 또는 박사의 아들이 부모상을 당했을 때 휴가를 주어 집에 돌아가 거상(居喪)하게 한 일.
予小子(여소자) ①천자가 상중(喪中)에 쓰는 자칭(自稱). 선왕(先王)에 대하여 이르던 말. ②선배나 어른에게 자신을 이르는 말.
予一人(여일인) 나도 여느 사람과 다름없는 한 인간임. 임금이 자신을 겸손하게 이르던 말.

5 ⑥【争】 爭(793)의 속자

7 ⑧【事】 일 사 寘

중학 인명 7급 ㊥shì ㊐ジ

필순 一 丅 듸 둬 亐 亊 亊 事

소전 事 초서 𠃌 고자 叓 자원 象形. 고자(古字)는 '叓'로 '十'은 나무 또는 깃대, '口'는 깃발, '又'는 손을 각각 나타낸다. 깃발을 단 깃대를 손으로 세우고 있다는 데서 '일'이라는 뜻이 되었다.

자해 ❶**일, 사업.** 〔論語〕 執事敬집사경. ❷**사건, 사고.** 〔禮記〕 天子無事與천자무사여, 諸侯相見제후상견. ❸**일삼다, 전념하다.** 〔論語〕 請事斯語矣청사사어의. ❹**정치.** 〔春秋左氏傳〕 禮以行事례이행사. ❺**섬기다.** 〔論語〕 未能事人미능사인, 焉能事鬼언능사귀. ❻**다스리다, 경영하다.** 〔呂氏春秋〕 事五穀사오곡.

事件(사건) ①벌어진 일이나 일거리. ②뜻밖의 변(變).
事故(사고) 뜻밖에 일어난 사건.
事功(사공) 일의 됨됨이. 일을 애써 이룩한 공.
事貴神速(사귀신속) 國일을 하는 데는 무엇보다 빠른 것이 가장 좋음.
事大(사대) 약자가 강자를 섬김.
事例(사례) 일의 전례.
事理(사리) 일의 이치.
事務(사무) 자신이 맡은 직책에 관련된 여러 가지 일을 처리하는 일.
事無常師(사무상사) 일에는 항상 표준이 될 만한 것이 없음.
事無二成(사무이성) 두 가지 일이 모두 이루어질 수는 없음. ㉠적어도 한 가지는 실패함. ㉡공적인 일과 사적인 일을 모두 온전히 하기는 어려움.
事物(사물) 모든 일과 물건.
事犯(사범) 형벌이 따르는 법령을 어긴 행위.
事變(사변) ①보통이 아닌 큰 변고나 재앙. ②세상일의 변화. ③경찰력으로는 막을 수 없는 난리. ④선전포고 없이 행해지는 작은 규모의 전쟁.
事不如意(사불여의) 일이 뜻대로 되지 않음.
事事件件(사사건건) ①모든 일. ②일마다.
事事無成(사사무성) 한 가지 일도 이루지 못함. 하는 일마다 모두 실패함.
事勢(사세) ①정치 따위에 있어서의 세력. ②일이 되어 가는 형편.
事實(사실) 실제로 있었거나 현재 있는 일.
事案(사안) 법률적으로 문제가 되어 있는 일의 안건.
事業(사업) 어떤 일을 일정한 목적과 계획을 가지고 짜임새 있게 지속적으로 경영함.
事緣(사연) 일의 앞뒤 사정과 까닭.
事由(사유) 일의 까닭. 緣由(연유).
事宜(사의) 일이 형편에 알맞음.
事以密成(사이밀성) 일은 치밀하게 해야 이루어짐.
事蹟(사적) 일의 자취. 사실의 형적.
事典(사전) 여러 가지 사항을 일정한 순서로 배열하여 설명·해설한 책.
事前(사전) 무슨 일이 있기 전.
事情(사정) ①일의 형편이나 까닭. ②國딱한 처지를 하소연하여 도움을 비는 일.
事際(사제) 사변이 일어날 기회(機會).
事親(사친) 어버이를 섬김.
事態(사태) 일이 되어 가는 형편.
事必歸正(사필귀정) 무슨 일이든 결국은 올바른 이치대로 되고 맒. 올바르지 못한 것은 오래가지 못함.
事項(사항) 일의 조목.
事後(사후) 일이 끝나거나 일을 끝낸 뒤.
◨ 檢事검사, 慶事경사, 工事공사, 國事국사, 農事농사, 大事대사, 萬事만사, 無事무사, 政事정사, 從事종사, 行事행사, 好事호사, 凶事흉사.

二部 두 이

0 ②【二】 두 이 寘

중학 인명 8급 ㊥èr ㊐ニ

필순 一 二

소전 二 초서 𠄞 고자 弍 같은 貳 자원 指事. 두 개의 가로획(一)으로 '2'라는 뜻을 나타내었다.

자해 ❶**둘.** 〔易經〕 二人同心이인동심, 其利斷金기리단금. ❷**두 번, 둘로 나누다.** 〔齊書〕 醮酒二辭초주이사. ❸**두 마음.** 〔春秋左氏傳〕 有死

無二유사무이. ❹**갑절**. 〔史記〕 秦得百二焉진득백이언. ❺**의심하다**. 〔呂氏春秋〕 令二輕臣也령이경신야. ❻**다음, 둘째**. 〔書經〕 二曰敬用五事이왈경용오사.

二價(이가) ①두 가지의 값. ②부르는 값과 깎는 값.

二教(이교) 두 가르침. 곧, 노자(老子)의 가르침과 석가모니의 가르침.

二極(이극) ①남극(南極)과 북극(北極). 兩極(양극). ②두 개의 지극한 도(道). 충(忠)과 효(孝). ③임금과 어버이.

二氣(이기) ①음과 양. ②음양의 기운.

二難(이난) ①두 가지 얻기 힘든 것. 곧, 현명한 임금과 훌륭한 빈객(賓客). ②우열(優劣)을 가리기 어려운 두 사람. 곧, 현명한 형제. ③두 가지의 난처한 일.

二端(이단) ①두 마음. 兩端(양단). ②기(氣)와 백(魄).

二利(이리) (佛)자리(自利)와 이타(利他). 자기의 이로움과 남의 이로움.

二盟(이맹) ①두 맹세. ②거짓 맹세. 어느 나라와 동맹을 맺고 또 다른 나라와 내밀히 동맹을 맺는 일.

二明(이명) 해와 달. 二曜(이요).

二命(이명) ①두 명령(命令). 임금의 명령과 그 밖의 다른 명령. ②다른 명령. 어느 사람의 명령 이외의 명령.

二毛(이모) ①흰 머리털이 섞인 반백(斑白)의 노인. 곧, 중늙은이. ②흰 머리털이 나기 시작하는 나이. 곧, 32세. 故事 반악(潘岳)이 서른두 살 때 머리가 희끗희끗해지기 시작했다는 고사에서 온 말. 二毛之年(이모지년).

二味(이미) 두 가지 맛을 갖춘 사치스러운 식사(食事).

二柄(이병) ①군주(君主)가 가진 정치상 중요한 두 개의 권력. 곧, 상과 벌, 또는 형(刑)과 덕(德). ②문(文)과 무(武)의 두 가지 권력.

二服(이복) 제복(祭服)과 조복(弔服).

二分(이분) ①춘분(春分)과 추분(秋分). ②둘로 나눔.

二分明月(이분명월) 아름다운 풍광(風光). 故事 당대(唐代)에 서응(徐凝)이 천하(天下)의 명월(明月)을 셋으로 나누고는 그중에 둘이 양주(揚州)에 있다고 읊은 데서 온 말.

二史(이사) ①좌사(左史)와 우사(右史). 좌사(左史)는 말을, 우사(右史)는 사실(事實)을 기술하였음. ②태사(太史)와 국사(國史).

二三(이삼) ①두세 가지로 함. 자주 바꿈. 일관(一貫)하지 않음. ②2와 3의 곱, 곧 6. ③두셋. 조금. ④두세 사람.

二三子(이삼자) ①두세 사람. ②너희들. 몇 사람의 제자들을 일컫는 말.

二色(이색) ①두 가지 빛깔. ②흑백이 섞인 머리. ③두 마음. 二心(이심). ④두 가지. 두 종류. ⑤정부나 첩 따위를 두는 일.

二姓(이성) ①남편의 성(姓)과 아내의 성. ②두 왕조(王朝)의 군주.

二聖(이성) ①주(周)의 문왕(文王)과 무왕(武王). ②주공(周公)과 공자(孔子).

二姓之合(이성지합) 서로 다른 두 성이 합함. 곧, 남녀가 혼인하는 일.

二世(이세) ①이대(二代). 둘째 대(代). ②진(秦)의 2대 황제인 호해(胡亥). ③(佛)현재의 세상과 미래의 세상.

二豎(이수) ①두 아이. ②병마(病魔). 질병. 故事 진(晉)나라의 경공(景公)이 병을 앓을 때, 병마가 두 아이로 변신하여 병에 걸리면 고치기 어렵다는 고황(膏肓)에 숨는 꿈을 꾸었다는 고사에서 온 말.

二信(이신) 두 가지 믿음. 두 성의(誠意).

二實(이실) 쌀과 비단. 은과 돈을 이허(二虛)라고 하는 데 대한 말.

二十四史(이십사사) 청대(淸代)의 건륭제(乾隆帝) 때 정한 중국의 정사(正史).

二十四節氣(이십사절기) 태양의 황도상(黃道上)의 위치에 따라서 정한 음력의 절기(節氣). 15일을 1기(一氣)로 하여 나누었음.

二十五史(이십오사) 이십사사(二十四史)에 신원사(新元史)를 더한 중국의 정사(正史).

二十八宿(이십팔수) 천구(天球)를 황도(黃道)에 따라 스물여덟으로 등분한 구획. 또는 그 구획의 별자리.

二言(이언) ①두 말. ②거짓말.

二曜(이요) 해와 달.

二月花(이월화) 봄에 핀 꽃.

二酉(이유) ①호남성에 있는 대유(大酉)·소유(小酉)의 두 산. ②장서(藏書)가 많음의 비유. 故事 대유·소유 두 산에 있는 동굴에 진(秦)나라 사람이 1,000여 권의 책을 남겨 두었다는 전설에서 온 말.

二律背反(이율배반) 서로 모순되어 양립할 수 없는 두 개의 명제.

二儀(이의) ①하늘과 땅. ②음(陰)과 양(陽). 兩儀(양의).

二藏(이장) (佛)불교의 교리를 둘로 나눈 성문장(聲聞藏)과 보살장(菩薩藏). 곧, 소승(小乘)과 대승(大乘)의 두 교리(敎理).

二情(이정) 두 마음. 二心(이심).

二程(이정) 송대(宋代)의 성리학자(性理學者)인 정호(程顥)와 정이(程頤) 형제(兄弟).

二諦(이제·이체) 세간(世間)의 도리와 출세간(出世間)의 도리. 속제(俗諦)와 진제(眞諦).

二帝三王(이제삼왕) 이제(二帝)는 요(堯)임금과 순(舜)임금, 삼왕(三王)은 하(夏)의 우왕(禹王), 은(殷)의 탕왕(湯王), 주(周)의 문왕(文王)·무왕(武王).

二足無毛(이족무모) 두 발에 털이 없음. 곧, 사람. 인류(人類).

二足尊(이족존) (佛)두 발을 가진 존재 중 가장 높은 이. 곧, 부처.

二周(이주) 서주(西周)와 동주(東周). 또는, 그 왕조(王朝).

二至(이지) 하지(夏至)와 동지(冬至).

二千石(이천석) ①한대(漢代)에 구경(九卿)·낭장(郎將)부터 군수위(郡守尉)까지의 사람들. 이들의 녹봉(祿俸)이 2천 석인 데서 온 말. ②태수(太守).

二霸(이패) 두 사람의 패자(霸者). 곧, 춘추 시대 제(齊)나라의 환공(桓公)과 진(晉)나라의 문공(文公).

二虛(이허) 은(銀)과 돈. 쌀과 비단을 이실(二實)이라 한 데 대한 말.

二后(이후) ①두 임금. 주(周)나라의 문왕(文王)과 무왕(武王). ②두 왕비(王妃).

二凶(이흉) 마음의 평정(平正)을 잃게 하는 두 가지 나쁜 원인(原因). 곧, 기쁨과 노여움.

◨ 九二구이, 無二무이, 百二백이, 不二불이.

1
③【于】 ①어조사 우 虞 ②아 우 魚

중학 인명 3급 ㊥yú, xū ㊐ウ

필순 一 二 于

소전 亐 초서 子 참고 干(386)은 딴 자.

자원 指事. 一+丂→亐=于. '一'은 내쉬는 숨이 고름을, '丂'는 그 숨이 어떤 장애로 인해 막힘을 나타내어 탄식하는 숨임을 뜻한다.

자해 ① ❶어조사. ㉮발어사(發語辭). ㉯~에. 〔論語〕吾十有五而志于學오십유오이지우학. ㉰~보다, ~에서. ㉱~구나. 〔論語〕孝于惟孝효우유효. ❷가다. ② 아! 감탄사. 〔詩經〕于嗟麟兮우차린혜.

于歸(우귀) 신부가 처음 시집에 들어가는 일.

于今(우금) 지금까지.

于役(우역) 임금의 명을 받고 외국에 사자(使者)로 감. 行役(행역).

于嗟(우차) 감탄사. ㉠찬탄의 뜻을 나타냄. ㉡비탄의 뜻을 나타냄.

1
③【亍】 ①자축거릴 촉 沃 ②國땅 이름 마

㊥chù ㊐チョク

참고 于(40)는 딴 자.

자해 ① ❶자축거리다. '亍'은 오른발로 걷는 걸음, '彳(척)'은 왼발로 걷는 걸음. ❷멈춰 서다, 잠시 멈추다. ② 땅 이름. 〔輿地勝覽〕潭陽有亍入谷담양유마입곡, 平壤有亍島평양유마도.

2
④【五】 다섯 오 麌

중학 인명 8급 ㊥wǔ ㊐ゴ

필순 一 丁 万 五

소전 X 초서 五 고자 㐅 같은 伍 자원 指事. 二+㐅→五. '二'는 하늘과 땅을 가리키는데 하늘은 양(陽)을, 땅은 음(陰)을 의미한다. '㐅'는 그 음과 양이 서로 합함을 나타낸다. 음양이 합하면 수(水)·화(火)·목(木)·금(金)·토(土)의 오행(五行)이 상생(相生)한다는 데서 '다섯'의 뜻을 나타낸다.

자해 ❶다섯, 다섯 번. 〔論語〕四體不勤五穀不分사체불근오곡불분. ❷다섯 번 하다, 여러 번 하다. 〔詩經〕良馬五之량마오지. ❸다섯 곱절. 〔孫子〕五則攻之오즉공지, 二則分之이즉분지.

五家作統(오가작통) 조선 때 다섯 민호(民戶)를 한 통(統)씩으로 정한 호적 제도.

五諫(오간) 다섯 가지의 간(諫)하는 방법. ㉠정면에서 정직하게 간하는 정간(正諫), 일단 임금의 뜻에 따르며, 서서히 틈을 이용하여 간하는 항간(降諫), 성심으로써 간하는 충간(忠諫), 우직으로써 간하는 장간(戇諫), 간접적으로 말을 부드럽게 하여 간하는 풍간(諷諫). ㉡직언(直言)하지 않고 교언(巧言)으로 간하는 휼간(譎諫)·항간(降諫)·장간(戇諫)·직간(直諫)·풍간(諷諫).

五感(오감) 시(視)·청(聽)·후(嗅)·미(味)·촉(觸)의 다섯 감각.

五車書(오거서) 다섯 수레에 실을 만한 많은 책. 많은 장서(藏書).

五經(오경) ①역경(易經)·서경(書經)·시경(詩經)·예기(禮記)·춘추(春秋)의 다섯 가지 경서(經書). 五典(오전). ②길(吉)·흉(凶)·군(軍)·빈(賓)·가(嘉)의 다섯 가지 예(禮). 五禮(오례).

五經掃地(오경소지) 오경이 쇠퇴하여 없어짐. 성인의 가르침이 쇠망하는 것을 탄식함.

五戒(오계) 다섯 가지의 계율. ㉠유가(儒家)의 계율. 곧, 서(誓)·고(誥)·금(禁)·규(糾)·헌(憲). ㉡불교의 계율. 살생(殺生)·투도(偸盜)·사음(邪淫)·망언(妄言)·음주(飮酒)의 오악(五惡)을 금함.

五考(오고) 조선 때, 2년 반 동안에 관원(官員)

의 근무 성적을 다섯 번 고사(考査)하던 일.

五苦(오고) ①다섯 가지의 쓴 맛. ②(佛)인생의 다섯 가지 괴로움. ㉠생(生)·노(老)·병(病)·사(死)·범죄 가쇄(犯罪枷鎖)의 고통. ㉡천도(天道)·인도(人道)·축생도(畜生道)·아귀도(餓鬼道)·지옥도(地獄道)의 고통.

五穀(오곡) ①다섯 가지 곡식. ㉠쌀·수수·보리·조·콩. ㉡쌀·보리·콩·수수·기장. ②온갖 곡식의 총칭.

五穀不升(오곡불승) 오곡이 모두 여물지 않음. 흉년이 듦.

五穀蟲(오곡충) 똥에 생긴 구더기.

五官(오관) ①인체의 다섯 가지 감각 기관. 곧, 눈, 귀, 코, 혀, 피부. ②은(殷)·주(周) 때의 다섯 관직. 곧, 사도(司徒)·사마(司馬)·사공(司空)·사사(司士)·사구(司寇).

五教(오교) ①군자(君子)가 사람을 가르치는 다섯 가지 방법. 곧, 단비가 초목을 기르듯 자애로써 가르치며, 덕성(德性)에 응하여 가르치며, 재능을 살려 가르치며, 물음에는 의문을 풀어 주며, 간접적으로 군자의 감화를 받도록 가르침. ②오륜(五倫)의 가르침.

五極(오극) ①사람이 행해야 할 가장 착한 다섯 가지 일. 곧, 인(仁)·의(義)·예(禮)·지(智)·신(信). ②다섯 가지의 형벌.

五紀(오기) ①세(歲)·월(月)·일(日)·성신(星辰)·역수(曆數)의 총칭. ②60년. 1기(紀)는 12년임.

五伎(오기) 신라 시대의 다섯 가지 탈춤. 곧, 금환(金丸)·월전(月顚)·대면(大面)·속독(束毒)·산예(狻猊).

五達(오달) 길이 동·서·남·북·중앙의 오방으로 통함, 또는 그 길.

五代(오대) 다섯 왕조. ㉠당(唐)·우(虞)·하(夏)·은(殷)·주(周). ㉡황제(黃帝)·당(唐)·우(虞)·하(夏)·은(殷). ㉢동진(東晋)이 망한 뒤부터 당(唐)나라가 건국될 때까지 있던 다섯 왕조. 곧, 남조(南朝)의 송(宋)·제(齊)·양(梁)·진(陳)·수(隋). ㉣당나라가 망한 뒤부터 송(宋)나라가 건국될 때까지 있던 다섯 왕조. 곧, 후량(後梁)·후당(後唐)·후진(後晋)·후한(後漢)·후주(後周).

五德(오덕) ①유교에서 말하는 사람의 다섯 가지 덕. 곧, 온화·양순·공손·검소·겸양. ②장군이 갖추어야 할 다섯 가지 덕. 곧, 지(智)·신(信)·인(仁)·용(勇)·엄(嚴).

五度(오도) 척도(尺度)의 분(分)·촌(寸)·척(尺)·장(丈)·인(引).

五道(오도) ①다섯 갈래의 길. ②몸·눈·귀·입·뜻의 다섯을 기르는 방법. ③(佛)업인(業因)에 의하여 왕래하는 다섯 길. 지옥도(地獄道)·아귀도(餓鬼道)·축생도(畜生道)·천도(天道)·인도(人道). 五趣(오취).

五斗米(오두미) 닷 말의 쌀. 곧, 얼마 되지 않는 봉급.

五斗米道(오두미도) 후한(後漢) 말기에 장릉(張陵)이 창시한 초기 도교.

五等(오등) ①다섯 등급. ②작(爵)의 다섯 등급. ㉠공(公)·후(侯)·백(伯)·자(子)·남(男). ㉡천자(天子)·공(公)·후(侯)·백(伯)·자남(子男). 五等爵(오등작). ③부인(婦人)의 다섯 등급. 곧, 천자의 처인 후(后)·제후의 처인 부인(夫人)·대부의 처인 유인(孺人)·사(士)의 처인 부인(婦人)·서민의 처인 처(妻).

五力(오력) (佛)수행에 필요한 다섯 가지 힘. 곧, 신력(信力)·정진력(精進力)·염력(念力)·정력(定力)·혜력(慧力).

五靈(오령) 다섯 가지의 신령스러운 동물. 곧, 기린(麒麟)·봉황(鳳凰)·거북〔龜〕·용(龍)·백호(白虎).

五禮(오례) ①길례(吉禮)·흉례(凶禮)·빈례(賓禮)·군례(軍禮)·가례(嘉禮)의 다섯 가지 의식(儀式). ②공(公)·후(侯)·백(伯)·자(子)·남(男)의 다섯 등급의 제후(諸侯)의 예(禮). ③임금·제후(諸侯)·경대부(卿大夫)·사(士)·서인(庶人)의 예(禮).

五倫(오륜) 다섯 가지의 인륜(人倫). 곧, 부자(父子) 사이의 친애(親愛), 군신(君臣) 사이의 의리(義理), 부부(夫婦) 사이의 분별(分別), 장유(長幼) 사이의 차서(次序), 붕우(朋友) 사이의 신의(信義). 五典(오전).

五輪(오륜) ①다섯 개의 수레바퀴. ②(佛)우주 만물을 형성한다고 하는 다섯 가지 원소(元素). 곧, 지(地)·수(水)·화(火)·풍(風)·공(空). 五大(오대).

五里霧中(오리무중) 5리나 되는 안개 속에 있음. 안개 속과 같이 희미하고 몽롱하여 무슨 일에 대하여 방향이나 갈피를 잡을 수 없는 상태. 故事 장해(張楷)가 도술(道術)을 써서 5리에 걸쳐 안개를 일게 하였다는 고사에서 온 말. 五里霧(오리무).

五味(오미) 다섯 가지의 맛. 곧, 신맛·쓴맛·매운맛·단맛·짠맛.

五民(오민) 다섯 부류의 백성. 곧, 사(士)·농(農)·공(工)·상(商)·고(賈).

五波羅蜜(오바라밀) (佛)보살이 수행하는 다섯 가지 바라밀. 곧, 보시(布施)·지계(持戒)·인욕(忍辱)·정진(精進)·선정(禪定).

五兵(오병) 다섯 가지의 무기(武器). ㉠과(戈)·수(殳)·극(戟)·추모(酋矛)·이모(夷矛). ㉡도(刀)·검(劍)·모(矛)·극(戟)·시(矢). 五戎(오융).

二 2획

五福(오복) 다섯 가지 복. ㉠수(壽)·부(富)·강녕(康寧)·유호덕(攸好德)·고종명(考終命). ㉡장수(長壽)·부유(富裕)·무병(無病)·식재(息災)·도덕(道德). ㉢장수·부·귀(貴)·강녕·다남(多男).

五服(오복) ①고대 중국에서 왕기(王畿) 밖 500리(里)마다 차례로 구역을 정하고 일컫던 지역의 명칭. 곧, 전복(甸服)·후복(侯服)·수복(綏服)·요복(要服)·황복(荒服). ②천자(天子)·제후(諸侯)·경(卿)·대부(大夫)·사(士)의 제복(制服).

五父(오부) 친부(親父)·양부(養父)·계부(繼父)·의부(義父)·사부(師父).

五部(오부) ①사방 제후(諸侯)를 다섯 갈래로 나눈 부(部). ②금·목·수·화·토의 오행(五行). ③유학(儒學)·도학(道學)·문학(文學)·사학(史學)·음양학(陰陽學).

五不孝(오불효) 다섯 가지 불효. 게을러서 부모를 돌보지 아니함, 도박과 술을 좋아하여 부모를 돌보지 아니함, 재화(財貨)와 처자(妻子)만을 좋아하여 부모를 돌보지 아니함, 유흥을 좋아하여 부모를 욕되게 함, 성질이 사납고 싸움을 잘하여 부모를 불안하게 함.

五事(오사) 다섯 가지 중요한 일. ㉠홍범구주(洪範九疇)의 하나로, 사람이 타고난 바탕이 되는 다섯 가지. 곧, 용모와 말하고 듣고 보고 생각하는 것. ㉡병법에서 근본 조건이 되는 다섯 가지. 곧, 무도(武道)·천기(天氣)·지형(地形)·장수(將帥)·군사의 규율(規律).

五常(오상) 사람이 지켜야 할 다섯 가지 도리(道理). ㉠인(仁)·의(義)·예(禮)·지(智)·신(信). ㉡아버지는 의리〔義〕·어머니는 자애〔慈〕·형은 우애〔友〕·아우는 공경〔恭〕·자식은 효(孝). 五倫(오륜).

五色(오색) 청(靑)·황(黃)·적(赤)·백(白)·흑(黑)의 다섯 가지 색. 五采(오채).

五色無主(오색무주) 공포(恐怖)와 두려움으로 연달아 안색이 여러 가지로 변함.

五色筆(오색필) 오색(五色)의 아름다운 붓. 글재주가 있는 사람. 故事 남북조 시대의 양(梁)나라 사람 강엄(江淹)이 꿈속에서 곽박(郭璞)에게 붓을 돌려 달라는 말을 듣고 품속에서 오색의 아름다운 붓을 꺼내 준 뒤부터 좋은 글을 짓지 못했다는 고사에서 온 말.

五牲(오생) 제사의 희생으로 쓰던 다섯 가지 짐승. ㉠소·양·돼지·개·닭. ㉡순록·사슴·노루·이리·토끼.

五瑞(오서) 천자가 제후를 봉할 때 그 등급에 따라 주던 서옥(瑞玉). 곧, 공(公)에는 환규(桓圭), 후(侯)에는 신규(信圭), 백(伯)에는 궁규(躬圭), 자(子)에는 곡벽(穀璧), 남(男)에는 포벽(蒲璧). 五玉(오옥).

五善(오선) ①사술(射術)에 있어서의 다섯 가지 선덕(善德). 곧, 화지(和志)·화용(和容)·주피(主皮)·화송(和頌)·흥무(興儛). ②(佛) 오계(五戒)를 잘 지키는 일.

五性(오성) ①사람의 다섯 가지 성정(性情). 곧, 희(喜)·노(怒)·욕(欲)·구(懼)·우(憂). ②사람의 다섯 가지 나쁜 성질. 곧, 포(暴)·음(淫)·사(奢)·혹(酷)·적(賊). ③오장(五臟)의 다섯 가지 성질. 간장(肝臟)의 정(靜), 심장(心臟)의 조(躁), 비장(脾臟)의 역(力), 폐장(肺臟)의 견(堅), 신장(腎臟)의 지(智).

五聖(오성) ①문묘(文廟) 안에 합사(合祀)하는 공자(孔子)·안자(顔子)·증자(曾子)·자사(子思)·맹자(孟子). ②고대 중국의 다섯 성인. 곧, 신농(神農)·요(堯)·순(舜)·우(禹)·탕(湯).

五聲(오성) 궁(宮)·상(商)·각(角)·치(徵)·우(羽)의 다섯 음률. 五音(오음).

五獸不動(오수부동) 國 닭·개·사자·범·고양이가 한곳에 모이면 서로 두려워하고 꺼리어 움직이지 못함. 서로 견제하는 여러 세력으로 조직이 이루어져 있음.

五心熱(오심열) 위경(胃經) 속에 화기가 뭉쳐 양쪽 손바닥과 발바닥, 가슴의 다섯 곳이 몹시 더워지는 병.

五十步百步(오십보백보) 싸움에서 오십 보 후퇴한 자가 백 보 후퇴한 자를 비겁하다고 비웃음. 조금은 차이가 있으나 본질적으로는 같음.

五惡(오악) ①소국(小國)이 대국(大國)을 좇을 때의 다섯 가지 나쁜 일. 죄려(罪戾)를 변명하고, 부족한 것을 요청하며, 그 정사(政事)를 행하며, 공물(貢物)을 바치며, 그의 명령에 복종함. ②음험(陰險)·사벽(邪僻)·위변(僞辯)·괴이한 일을 잘 기억함·외식(外飾)함의 다섯 가지. ③신체에 해를 끼치는, 열(熱)·한(寒)·풍(風)·습(濕)·조(燥)의 다섯 가지.

五嶽(오악) ①중국에서 나라의 진산(鎭山)으로 받들어 천자가 제사를 지내던 다섯 명산. 곧, 태산(泰山)·화산(華山)·형산(衡山)·항산(恒山)·숭산(嵩山). 五鎭(오진). ②우리나라의 다섯 명산. 곧, 금강산·묘향산·지리산·백두산·삼각산. ③사람의 이마·코·턱·좌우 광대뼈.

五言律詩(오언율시) 한 구가 다섯 자씩 여덟 구로 된 한시.

五言絶句(오언절구) 한 구가 다섯 자씩 네 구로 된 한시.

五逆(오역) ①임금·부모·조부모를 시해하는

일. 또는 그 사람. ②(佛)지옥에 가는 원인이 되는 다섯 가지 큰 잘못. 곧, 아버지를 죽임, 어머니를 죽임, 아라한(阿羅漢)을 죽임, 승려의 화합(和合)을 깨뜨림, 불신(佛身)을 상하게 함.

五玉(오옥) 빛깔로써 나눈 다섯 가지 옥(玉). 창옥(蒼玉)·적옥(赤玉)·황옥(黃玉)·백옥(白玉)·현옥(玄玉).

五欲(오욕) 사람의 다섯 가지 욕심. 곧, 식욕·수면욕·색욕·재물욕·명예욕.

五友(오우) ①벗으로 삼을 만한, 절조(節操) 있는 다섯 가지 식물. 곧, 난(蘭)·국(菊)·연(蓮)·매(梅)·죽(竹). ②풍류(風流)의 다섯 벗. 곧, 도우(道友)·의우(義友)·자래우(自來友)·오락우(娛樂友)·상보우(相保友).

五月爐(오월로) 오월의 화로. ㉠불필요한 것. ㉡필요는 없으나 없애고 나면 공연히 마음이 허전해지는 것.

五月飛霜(오월비상) 오월에 서리가 내림. 억울한 옥사(獄事)가 일어날 조짐. 故事 전국 시대에 연(燕)나라의 추연(鄒衍)이 혜왕(惠王)을 섬기다가 모함을 받고 옥에 갇혔는데 그가 하늘을 향해 하소연하자 음력 5월인데도 서리가 내렸다는 고사에서 온 말.

五儀(오의) ①공(公)·후(侯)·백(伯)·자(子)·남(男)의 의용(儀容). ②다섯 등급의 인품(人品). ㉠용인(庸人)·사인(士人)·군자(君子)·현인(賢人)·대성(大聖). ㉡수사(秀士)·선사(選士)·준사(俊士)·조사(造士)·진사(進士).

五刃(오인) 다섯 가지 병기(兵器). 곧, 도(刀)·검(劍)·모(矛)·극(戟)·시(矢).

五日京兆(오일경조) 관직의 수명이 짧음. 故事 한대(漢代)에 장창(張敞)이 경조윤(京兆尹)에 임명되었다가 며칠 후에 탄핵을 받고 면직되었던 고사에서 온 말.

五材(오재) ①사물의 다섯 가지 재료. ㉠금(金)·목(木)·수(水)·화(火)·토(土). ㉡금(金)·목(木)·피(皮)·옥(玉)·토(土). 五才(오재). ②지(智)·인(仁)·용(勇)·신(信)·충(忠).

五情(오정) ①다섯 가지 감정. ㉠희(喜)·노(怒)·애(哀)·락(樂)·원(怨). ㉡희·노·애·락·욕(欲). ②(佛)눈·귀·코·혀·몸[身]의 욕정.

五帝(오제) 중국의 전설상의 다섯 황제(皇帝). ㉠황제(黃帝)·전욱(顓頊)·제곡(帝嚳)·요(堯)·순(舜). ㉡소호·전욱·제곡·요·순.

五衆(오중) ①사도(司徒)·사마(司馬)·사공(司空)·사사(司士)·사구(司寇)의 오관(五官)에 속하는 군신(群臣). ②(佛)출가한 사람의 다섯 종류. 곧, 비구(比丘)·비구니(比丘尼)·식차마나니(式叉摩那尼)·사미(沙彌)·사미니(沙彌尼).

五借物(오차물) (佛)사람이 이 세상에 살고 있는 동안 빌려 쓰고 있는 다섯 가지. 곧, 흙·물·바람·공기·불.

五鑿(오착) 이(耳)·목(目)·구(口)·비(鼻)·심(心)의 다섯 구멍.

五彩(오채) 다섯 가지의 색채. 곧, 청·황·적·백·흑. 五采(오채).

五蟲(오충) 다섯 종류의 동물. 우충(羽蟲)·인충(鱗蟲)·모충(毛蟲)·개충(介蟲)·나충(裸蟲)으로, 각기 그 으뜸되는 것은 봉황(鳳凰)·기린(麒麟)·신구(神龜)·교룡(蛟龍)·사람임.

五臭(오취) 다섯 가지의 냄새. 곧, 노린내·비린내·향내·타는 내·썩는 내.

五土(오토) 토지(土地)의 다섯 가지. 곧, 산림(山林)·천택(川澤)·구릉(丘陵)·분연(墳衍)·원습(原隰).

五霸(오패) 춘추 시대에 패업을 이룬 다섯 명의 제후(諸侯). 곧, 제(齊) 환공(桓公)·진(晉) 문공(文公)·진(秦) 목공(穆公)·송(宋) 양공(襄公)·초(楚) 장왕(莊王).

五風十雨(오풍십우) 닷새에 한 번씩 바람이 불고, 열흘에 한 번씩 비가 옴. 기후가 순조롭고 풍년이 들어 천하가 태평한 모양.

五學(오학) 삼대(三代) 때의 학교 제도. 곧, 동학(東學)·서학(西學)·남학(南學)·북학(北學)·태학(太學).

五害(오해) 다섯 가지의 해. 곧, 수해(水害)·한해(旱害)·풍무박상해(風霧雹霜害)·여해(厲害)·충해(蟲害).

五行(오행) 만물을 생성(生成)하는 우주 간의 다섯 가지 원소. 곧, 금(金)·목(木)·수(水)·화(火)·토(土).

五行相剋(오행상극) 오행이 서로 배척하고 부정하는 이치. 곧, 토극수(土剋水)·수극화(水剋火)·화극금(火剋金)·금극목(金剋木)·목극토(木剋土)의 이치.

五行相生(오행상생) 오행이 서로 순환하면서 낳는 이치. 곧, 목생화(木生火)·화생토(火生土)·토생금(土生金)·금생수(金生水)·수생목(水生木)의 이치.

五刑(오형) 다섯 가지 형벌. ㉠주대(周代)의 다섯 가지 형벌. 묵형(墨刑;살갗에 먹물로 글자 새기기)·의형(劓刑;코베기)·비형(剕刑;발뒤꿈치 베기)·궁형(宮刑;생식기를 없앰)·대벽(大辟;사형). ㉡태형(笞刑)·장형(杖刑)·도형(徒刑)·유형(流刑)·사형(死刑).

五胡(오호) 전한(前漢)에서 남북조 시대에 이르는 동안에 서북방에서 중국 본토에 이주한 다섯 민족. 곧, 흉노(匈奴)·갈(羯)·선비(鮮卑)·저(氐)·강(羌).

五侯(오후) 공(公)·후(侯)·백(伯)·자(子)·남

(男)의 다섯 등급의 제후.

五葷菜(오훈채) 자극성이 있다고 먹기를 꺼리는 다섯 가지 채소. ㉠불가에서는 마늘·달래·무릇·김장파·골파, ㉡도교에서는 부추·호수(胡荽)·마늘·평지·달래. 五辛菜(오신채).

◨ 三五夜삼오야, 三三五五삼삼오오.

2 ④【云】 이를 운 文

중학 인명 3급 ㊥yún ㊐ウン

필순 一 二 云 云

초서 자원 象形. 구름이 하늘로 뭉게뭉게 피어오르는 모양을 본뜬 글자. 뒤에 '이르다, 말하다'의 뜻으로 가차되었다. '雲(구름 운)' 자를 만들기 전에는 이 자를 썼기 때문에 '雲'의 고자(古字)이다.

자해 ❶**이르다**. ㉮**말하다**. 〔書經〕 我舊云刻子아구운각자. ㉯**가로되**. 남의 말을 인용해서 말할 때 쓰인다. 〔大學〕 詩云시운, 於戲어희, 前王不忘전왕불망. ㉰**~라고 말하다**. 말이나 문장을 생략할 때 쓴다. 〔漢書〕 上曰吾欲云云상왈오욕운운. ❷**어조사**. 구말(句末)에 쓰인다. 〔史記〕 其聲殷云기성은운.

云云(운운) ①이러이러하다고 함. 글이나 말을 인용 또는 생략할 때에 쓰는 말. ②말이 많은 모양.

云爲(운위) 말과 행동. 言動(언동).

云何(운하) 어찌하여. 어떠한가. 어찌할꼬. 如何(여하).

2 ④【井】 우물 정 梗

중학 인명 3Ⅱ급 ㊥jǐng ㊐セイ

필순 一 二 キ 井

소전 井 초서 본자 井 자원 象形. 정자(井字) 모양으로 짠 우물 귀틀 안에 두레박이 달려 있는 것을 그려 '우물'을 나타낸다.

자해 ❶**우물**. ¶ 天井천정. ❷**일리사방(一里四方)의 땅**. 주대(周代)의 제도로, 900묘(畝) 넓이의 전지(田地). 〔周禮〕 九夫爲井구부위정, 四井爲邑사정위읍. ❸**마을**. 〔宋史〕 井戶旣爲商人所要정호기위상인소요. ❹**별 이름**. 28수의 하나. ❺**괘 이름, 64괘의 하나**. 괘형은 ䷯. 견고하여 변함이 없는 것을 상징한다.

井間(정간) 바둑판과 같이 정자(井字) 모양으로 된 각각의 칸살. 絲欄(사란).

井臼之役(정구지역) 물을 긷고 절구질하는 일. 곧, 집안일에 골몰함.

井水(정수) 우물물.

井田(정전) 주대(周代)에 사방 1리(里)의 농지를 정자(井字) 모양으로 아홉 등분하여 중앙의 한 구역을 공전(公田), 주위의 여덟 구역을 사전(私田)이라 한 뒤, 사전은 여덟 농가가 하나씩 경작하여 소유하고, 공전은 여덟 집이 공동으로 경작하여 그 수확을 나라에 바치게 했던 제도.

井井(정정) ①일이나 행동에 절도가 있는 모양. ②정결하고 고요한 모양. 井然(정연).

井中觀天(정중관천) 우물 안에 앉아서 하늘을 쳐다봄. 견문이 썩 좁음. 坐井觀天(좌정관천). 井底蛙(정저와).

◨ 坐井觀天좌정관천, 天井천정.

2 ④【互】 서로 호 遇

고등 인명 3급 ㊥hù ㊐ゴ

필순 一 工 互 互

소전 互 초서 자원 象形. 본디 실패에 실을 이리저리 감아 놓은 모양을 본떠 '얼레' 같은 도구를 뜻하였으나, 뒤에 '서로'의 뜻으로 가차되었다.

자해 ❶**서로**. 〔范仲淹·記〕 漁歌互答어가호답. ❷**갈마들다, 번갈아 들다**. 〔書經〕 秋冬相與互추동상여호.

互角(호각) 쇠뿔의 크기가 서로 같음. 서로 우열을 가릴 수 없을 정도로 역량이 비슷함.

互相(호상) 서로. 相互(상호).

互選(호선) 어떤 조직의 구성원들이 서로 투표하여 그 조직 구성원 가운데서 어떤 사람을 뽑음.

互市(호시) ①국가 간의 상품 거래. ②악한 사람들이 서로 결탁하는 일.

互讓(호양) 서로 양보하거나 사양함.

互用(호용) 서로 넘나들며 쓰거나 이쪽으로도 쓰고 저쪽으로도 씀.

互有長短(호유장단) 서로 장점과 단점이 있음.

互助(호조) 서로 도움. 相互扶助(상호부조).

互稱(호칭) 서로 일컫는 이름.

互惠(호혜) 서로 편익(便益)이나 은전을 베풂.

互換(호환) 서로 교환함.

◨ 交互교호, 相互상호.

4 ⑥【亘】 ①걸칠 긍 徑 ②펼 선 先

인명 1급 ㊥gèn, xuān ㊐コウ, セ

소전 초서 참고 인명용 음은 '긍'이다.

자해 ① 《本》 亙(45). ❶**걸치다, 뻗치다**. ¶

亘古긍고. ❷극하다, 더할 수 없는 정도에 이르다. 〔文選〕 其疇能亘之哉기주능긍지재. ② 《本》 亙(45). 펴다. ≒宣.
亘古(긍고) 길고 오램. 永遠(영원).
亘帶(긍대) 널리 둘러쌈.

4
⑥【亙】 亘①(44)의 본자 인명

5
⑦【亙】 亘②(44)의 본자

5
⑦【些】 ① 적을 사 麻
② 어조사 사 箇

인명 1급 ㊥xiē, suò ㊐シャ

소전 초서 참고 '些'의 '此(차)'는 지부(止部) 2획의 '此' 자와는 달리, 6획이 아니고 5획이다.

자해 ① 적다, 조금. ¶ 些少사소. ② 어조사. 문미(文尾)에 두어 어세를 강조한다. 〔楚辭〕 魂兮歸來혼혜귀래, 南方不可以止些남방불가이지사.
些事(사사) 자그마한 일. 사소한 일.
些細(사세) 조금. 분량이 많지 않음.
些少(사소) 하잘것없이 작거나 적음. 些些(사사). 些細(사세).

5
⑦【亜】 亞(45)의 속자 인명

6
⑧【亞】 亚 ① 버금아 아 禡
② 아귀 아 麻

고등 인명 3Ⅱ급 ㊥yà, yā, è ㊐ア

필순 一 ㄒ ㄒ 亍 亞 亞 亞 亞

소전 亞 초서 속자 亜 자원 象形. 사람의 등이 보기 흉하게 굽은 모양을 본떠 '흉하다'의 뜻을 나타낸다. 현재 이 뜻으로는 '心'을 더하여 惡(미워할 오) 자를 쓰고, 이 자는 주로 '버금'이라는 뜻으로 쓰인다.

자해 ① ❶버금. 〔蜀志〕 管蕭之亞匹也관소지아필야. ❷동서. 자매(姊妹)의 남편끼리 서로 일컫는 말. ≒婭. 〔詩經〕 瑣瑣姻亞쇄쇄인아. ❸現 아시아의 약칭. ② 아귀. 사물의 갈라진 부분.
亞卿(아경) ①구경(九卿)의 다음가는 벼슬. ②國참판(參判)·좌우윤(左右尹) 따위와 같이 경(卿) 다음가던 종이품 벼슬.
亞流(아류) ①서로 비슷한 무리. 同類(동류). ②제일류(第一流)의 다음가는 사람. ③어떤 학설이나 주의를 맹목적으로 따르거나 모방하는 사람. 流亞(유아).
亞父(아부) 아버지 다음가는 사람. 임금이 공신(功臣)을 존경하여 부르던 말. 초(楚)나라의 항우(項羽)가 범증(范增)을 존경하여 부른 데서 온 말.
亞相(아상) 재상(宰相)의 다음. 곧, 어사대부(御史大夫).
亞聖(아성) 성인(聖人) 다음가는 현인(賢人). 공자(孔子)를 성인이라 하고 안연(顏淵)·맹자(孟子)를 아성(亞聖)이라 함.
亞字窓(아자창) 문살이 '亞' 자 모양인 창.
亞銓(아전) 이조 참판(吏曹參判)의 딴 이름.
亞獻(아헌) 제사 지낼 때 두 번째로 술잔을 올리는 일.

7
⑨【亟】 亟 ① 빠를 극 職
② 자주 기 寘

㊥jí, qì ㊐キョク, キ

소전 초서 자해 ① 빠르다. 〔詩經〕 經始勿亟경시물극. ② 자주, 여러 번. 〔孟子〕 仲尼亟稱於水중니기칭어수.

亠部 돼지해머리

0
②【亠】 두

참고 '亥(돼지 해)'의 머리 부분인 '亠'와 모양이 같기 때문에 '돼지해머리'라고 한다.
자해 뜻 미상. 음은 '두'인데 훈을 알 수 없고, 용례도 찾아볼 수 없다.

1
③【亡】 ① 망할 망 陽
② 없을 무 虞

중학 인명 5급 ㊥wáng, wú ㊐ボウ

필순 丶 亠 亡

소전 초서 본자 亾 참고 인명용 음은 '망'이다.
자원 會意. ㄴ+入→亡. 'ㄴ'은 '隱(숨을 은)'의 고자(古字). 사람이 잘못을 저지르고 달아나 은폐된 곳에 들어간다〔入〕는 데서 '잃다, 죽다' 등의 뜻을 나타낸다.
자해 ① ❶망하다. 〔墨子〕 圍王宮위왕궁, 而吳國以亡이오국이망. ❷달아나다, 도망치다. 〔春秋左氏傳〕 亡不越竟망불월경. ❸죽다. 〔周禮〕 以喪禮哀死亡이상례애사망. ② 없다. ＝無. 〔詩經〕 何有何亡하유하무.
亡國(망국) ①망한 나라. ②나라를 망침.
亡國之音(망국지음) ①망한 나라의 음악. ②나라를 망칠 음악. 저속하고 음탕한 노래.

忘年交(망년교) 재능과 덕행을 주로 하여 사귀며, 나이의 많고 적음을 묻지 않는 사귐.
亡匿(망닉) 도망쳐 숨음.
亡德(망덕) ①덕이 없음. ②덕을 잃음.
亡靈(망령) 죽은 이의 영혼. 亡魂(망혼).
亡命(망명) 자기 나라에 있지 못할 사정이 생겨 남의 나라로 몸을 옮김.
亡臣(망신) 달아난 신하. 망명한 신하.
亡失(망실) 없어짐. 잃어버림.
亡羊補牢(망양보뢰) 양을 잃고 우리를 고침. 이미 실패한 뒤에 뉘우쳐도 소용없음.
亡羊之歎(망양지탄) 갈림길이 많아서 잃어버린 양을 찾을 수 없음을 한탄함. 학문의 길이 여러 갈래여서 한 갈래의 진리도 얻기 어려움.
亡友(망우) 죽은 벗.
亡運(망운) 망한 운수. 망할 운수.
亡人(망인) ①외국에 망명(亡命)한 사람. ②죽은 사람.
亡日(망일) 죽은 날.
亡逸(망일) 달아나 자취를 감춤.
亡者(망자) 죽은 사람. 亡人(망인).
亡子計齒(망자계치) 죽은 자식 나이 세기. 이미 그릇된 일을 생각하고 애석하게 여김.
亡終(망종) 사람이 죽는 때.
亡走(망주) 달아남. 도주(逃走)함.
亡妻(망처) 죽은 아내. 亡室(망실).
亡親(망친) ①어버이를 잃음. ②돌아가신 어버이. 죽은 어버이.
亡魂(망혼) ①죽은 사람의 혼. 亡靈(망령). ②정신을 잃음.
◨ 逃亡도망, 滅亡멸망, 死亡사망, 存亡존망, 敗亡패망, 興亡흥망.

2
④【亢】 1목 항 本강 陽
2오를 항 本강 漾

인명 2급 中gāng, kàng 日コウ

소전 초서 자해 1❶목, 목줄기. 〔漢書〕 絕亢而死절항이사. ❷목구멍. 〔史記〕 搤其亢액기항. 2❶오르다, 올리다. ❷자부하다, 자만하다. ❸별 이름. 28수(宿)의 하나. ❹겨루다. 〔漢書〕 適戍之衆적수지중, 不亢於九國之師불항어구국지사.

亢羅(항라) 씨를 세 올이나 다섯 올씩 걸러서 한 올씩 비우고 짠 옷감.
亢禮(항례) 대등한 처지에서 예(禮)를 행함.
亢龍(항룡) 하늘 끝까지 오른 용. 지극히 존귀(尊貴)한 지위.
亢龍有悔(항룡유회) 하늘 끝까지 오른 용이 내려올 줄 모르면 반드시 후회가 있음. 존귀한 지위에 있는 사람은 항상 몸가짐을 조심하지 않으면 실패할 우려가 있음.
亢陽(항양) 큰 가물. 亢旱(항한).
亢傲(항오) 거만을 떪. 기세를 부림.
亢燥(항조) 지대가 높아서 땅이 기름지지 못함. 高燥(고조).
亢進(항진) ①위세 좋게 뽐내고 나아감. ②병세 따위가 심하여 짐.
亢秩(항질) 최고의 품계(品階).
亢旱(항한) 큰 가물. 亢陽(항양).

4
⑥【交】 사귈 교 肴

중학 인명 6급 中jiāo 日コウ

필순 丶 亠 六 六 交 交

소전 초서 자원 象形. 윗부분의 '六'은 '大'로 사람이고, 밑부분의 '乂'는 종아리를 서로 엇건 모양을 본뜬 글자. 사람이 다리를 교차시킨 데서 '섞이다, 바뀌다' 등의 뜻을 나타낸다.

자해 ❶사귀다. 〔論語〕 與朋友交여붕우교. ❷엇갈리다. 〔詩經〕 獻酬交錯헌수교착. ❸주고받다. 〔禮記〕 男女不交爵남녀불교작. ❹서로. 〔孟子〕 上下交征利상하교정리. ❺동아리, 벗.

交加(교가) ①뒤섞임. 한데 섞임. ②서로 왕래함. 서로 오고 감.
交感(교감) 서로 접촉하여 느낌.
交結(교결) 사귀어 정분(情分)을 맺음.
交界(교계) 땅의 경계가 서로 맞닿은 지경.
交款(교관) 서로 사귀어 즐김. 交歡(교환).
交關(교관) ①오고 감. 왕래함. ②남녀가 상관(相關)함. ③뜻을 통함.
交戟(교극) 수위(守衛)가 창을 십자(十字) 모양으로 엇거는 일. 또는 그렇게 하는 사람.
交代(교대) 어떤 일을 여럿이 나누어서 차례에 따라 맡아 함.
交刀(교도) 가위.
交道(교도) ①남과 사귀는 도리. ②네거리. 十字街(십자가).
交龍(교룡) 전각(殿閣) 등에 장식한 용의 그림이나 새김. 용틀임.
交流(교류) 문화나 사상 따위가 서로 통함.
交隣(교린) 이웃 나라와의 사귐.
交尾(교미) 암컷과 수컷이 성적(性的)인 관계를 맺는 일. 交接(교접).
交拜(교배) ①서로 절함. ②혼인식에서 신랑·신부가 서로 절을 하는 일.
交配(교배) 생물의 암수를 인위적으로 수정 또는 수분시켜 다음 세대를 얻는 일.
交付(교부) 내어 줌. 내리어 줌.
交分(교분) 교제(交際)의 본분(本分). 친구 사이의 정의(情誼). 交契(교계). 交誼(교의).

交聘(교빙) 서로 초빙함. 나라와 나라 사이에 서로 사신(使臣)을 보내는 일.
交涉(교섭) 어떤 일을 이루기 위하여 서로 의논하고 절충함.
交手(교수) ①공수(拱手)함. ②손을 맞잡음. ③솜씨를 겨룸.
交食儀(교식의) 일식(日蝕)·월식(月蝕)을 관측하는 기계.
交信(교신) 우편·전신 따위로 정보나 의견을 주고받음.
交易(교역) 물건과 물건을 서로 바꿈. 무역함.
交惡(교오) 서로 싫어함. 서로 미워함.
交友(교우) 친구와 사귐. 사귄 벗.
交遊(교유) ①서로 사귀어 놂. 交際(교제). 交游(교유). ②벗. 친구.
交印(교인) ①인계서에 서로 도장을 찍어 후임자에게 사무를 인계함. ②관인(官印)을 후임자에게 건네 줌. ③여럿이 연명하여 도장을 찍음.
交子(교자) ①맞대어 차이가 없음을 확인하는 증거 서류. ②송대(宋代)의 지폐(紙幣) 이름. ③國교자상에 차려 놓은 음식.
交戰(교전) 서로 전쟁을 함.
交情(교정) 서로 사귀는 정분. 友情(우정).
交際(교제) 서로 사귀어 가까이 지냄.
交迭(교질) 갈마들어 바뀜. 遞代(체대).
交叉(교차) 서로 엇갈리거나 마주침.
交錯(교착) 서로 뒤섞여 엇걸림.
交淺言深(교천언심) 사귄 지 얼마 되지 않았는데도 함부로 속마음을 터놓고 말함. 말이 분수에 지나침.
交睫(교첩) 눈을 감음. 잠을 잠.
交替(교체) 대신하여 바꿈.
交通(교통) ①탈것을 이용하여 사람이 오고 가는 일이나 짐을 실어 나르는 일. ②서로 소식이나 정보를 주고 받음.
交合(교합) ①뜻이 서로 맞음. ②남녀(男女)·자웅(雌雄)의 성교. 交接(교접). 交媾(교구).
交互(교호) ①서로 어긋나게 맞춤. ②서로 번갈아 함.
交和(교화) ①양자(兩者)가 서로 화합(和合)함. ②양군(兩軍)이 서로 대치(對峙)함.
交換(교환) 서로 바꿈.
交會(교회) ①사귀어 만남. 또는 만나는 곳. ②교자(交子)와 회자(會子). 모두 송대(宋代)의 화폐(貨幣) 이름임.
◧ 結交결교, 國交국교, 社交사교, 外交외교, 絶交절교, 情交정교, 親交친교.

4
⑥【亦】 또 역 陌

중학 인명 3Ⅱ급 ㊥yì ㊐エキ

필순 丶 亠 广 亣 亦 亦

소전 초서 자원 指事. 大+八→亦. '大'는 사람, '八'은 겨드랑이를 나타내어 본래 '겨드랑이'를 뜻하였다. 뒤에 '겨드랑이'를 나타내는 글자로 '腋(액)' 자를 새로 만들어 쓰면서, 이 자는 '또, 역시'라는 뜻으로 가차되었다.

자해 ❶또. 〔孟子〕聖人之於民亦類也성인지어민역류야. ❷모두. 〔書經〕亦行有九德역행유구덕. ❸크다. 〔詩經〕亦服爾耕역복이경, 十千維耦십천유우. ❹다만. 〔史記〕亦貧賤者驕人耳역빈천자교인이.

亦是(역시) 또한.
亦然(역연) 또한 그러함.
亦參其中(역참기중) 어떤 일에 참여함.

4
⑥【亥】 돼지 해 賄

중학 인명 3급 ㊥hài ㊐カイ

필순 丶 亠 亡 亥 亥 亥

소전 초서 고자 豕 자원 象形. 돼지의 머리와 몸뚱이와 네 다리를 본뜬 글자.

자해 **돼지, 지지의 열두째.** 동물로는 돼지, 방위로는 북북서, 시각으로는 오후 9시부터 11시 사이, 달〔月〕로는 음력 시월, 오행으로는 수(水)에 배당된다.

亥囊(해낭) 정월 첫 번째 해일(亥日)에 임금이 가까운 신하들에게 내리던 비단 주머니. 宮囊(궁낭).
亥豕之譌(해시지와) 글자를 잘못 적음. 故事 '亥'와 '豕'가 글자 모양이 비슷하고, '己(기)'와 '三(삼)'도 서로 비슷하므로 己亥(기해)로 적어야 할 것을 三豕(삼시)로 잘못 썼다는 고사에서 온 말. 亥豕(해시).

5
⑦【亨】 ①형통할 형 庚 ②드릴 향 養 ③삶을 팽 庚

고등 인명 3급 ㊥hēng, xiǎng, pēng ㊐コウ, キョウ, ホウ

필순 丶 亠 亠 亡 亨 亨 亨 亨

초서 참고 인명용 음은 '형'이다.
자원 象形. 본래 '亯'으로 썼는데, 종묘(宗廟)의 모습을 본떴다. 종묘는 제사를 지내는 곳이기 때문에 '제사'·'바치다'라는 뜻으로 쓰이게 되었다. '亯'은 뒤에 '亨'·'享

(누릴 향)'·'亯(삶을 팽)'으로 나뉘어졌는데, 옛날에 이 세 글자는 통용되었다.

자해 1 ❶형통하다. 〔易經〕乾건, 元亨利貞원형리정. ❷제사, 제사를 올리다. 2 드리다, 올리다. ≒享. 〔易經〕公用亨於天子공용향어천자. 3 삶다. ≒烹. 〔詩經〕或剝或亨혹박혹팽.

亨通(형통) ①모든 일이 뜻과 같이 잘됨. ②운(運)이 좋아서 출세(出世)함.

6
⑧【京】 서울 경 庚

중학 인명 6급 ㊥jing ㊐キョウ, ケイ

필순 丶 亠 亠 古 古 亨 亨 京

소전 京 초서 京 동자 亰 자원 會意. 高+亅→京. '亠'는 '高(높을 고)'에서 '口'가 생략된 것이고, '亅'은 높이 솟아 있는 모양을 나타낸다. 사람이 만든 높은 돈대를 나타내어 사람들이 많이 모여 사는 '서울'을 뜻하게 되었다.

자해 ❶서울, 수도. 〔詩經〕裸將于京라장우경. ❷크다, 성하다. 〔春秋左氏傳〕八世之後팔세지후, 莫之與京막지여경. ❸돈대, 높은 언덕. 〔漢書〕於是乎有京觀어시호유경관.

京闕(경궐) 서울의 대궐.

京劇(경극) ①서울의 번화한 곳. ②청대(淸代)에 시작된 중국의 전통극. 京戲(경희).

京畿(경기) ①서울 부근. 畿內(기내). ②서울. 京師(경사).

京都(경도) 천자가 있는 곳. 서울.

京洛(경락) 낙양(洛陽). 주(周) 평왕(平王)이 처음으로 도읍하였고 동한(東漢)도 여기에 도읍하였음.

京輦(경련) 서울. 京師(경사).

京府(경부) 수도. 서울.

京山(경산) 서울 부근에 있는 산.

京在所(경재소) 國각 지방에서 덕망(德望)이 높은 사람을 서울에 불러서 같은 고을 사람끼리 묶게 하여 그 지방의 일을 주선하고 의논하게 하던 곳.

京峙(경치) 높은 언덕.

京鄕(경향) 서울과 시골.

◨ 歸京귀경, 上京상경.

6
⑧【享】 누릴 향 養

고등 인명 3급 ㊥xiǎng ㊐キョウ

필순 丶 亠 亠 古 古 亨 享 享

소전 享 초서 享 본자 亯 자원 會意. 본래 '亯'으로 썼는데, 종묘(宗廟)의 모습을 그린 것이다. 종묘는 제사를 지내는 곳이기 때문에 '제사·바치다'라는 뜻으로 쓰이게 되었다.

자해 ❶누리다, 받다. 〔春秋左氏傳〕保君父之命보군부지명, 而享其生祿이향기생록. ❷드리다, 올리다, 바치다. ≒亨. 〔周禮〕諸侯以享天子제후이향천자. ❸제사 지내다. 〔易經〕王用享于岐山왕용향우기산. ❹대접하다, 잔치하다. ≒饗.

享國(향국) ①왕위(王位)를 받음. ②군주가 재위(在位)한 연수(年數).

享年(향년) ①이 세상에 생존한 햇수. ②왕조(王朝)의 연수.

享樂(향락) 쾌락을 누림.

享禮(향례) 혼례(婚禮)가 끝나고 예물(禮物)을 바치는 의식. 饗禮(향례).

享祀(향사) 제사를 지냄. 또는 그 제사.

享受(향수) ①물건을 받음. 受領(수령). ②예술 작품 따위를 음미(吟味)하고 즐김.

享壽(향수) 오래 사는 복을 누림.

享宴(향연) 아랫사람에게 내리는 주연(酒宴).

享有(향유) 누리어 가짐.

◨ 大享대향, 配享배향.

7
⑨【亰】 京(48)과 동자

7
⑨【亮】 1 밝을 량 漾
2 천자의 상중 량 陽

인명 2급 ㊥liàng, liáng ㊐リョウ

소전 亮 초서 亮 속자 亮 자해 1 ❶밝다, 명석하다. 〔後漢書〕且火德承堯차화덕승요, 雖昧必亮수매필량. ❷진실로. ≒諒. 〔詩經〕母也天只모야천지, 不亮人只불량인지. 2 천자(天子)의 상중(喪中). ¶ 亮陰양음.

亮陰(양음) 임금이 상중(喪中)에 있음.

亮直(양직) 마음이 밝고 바름.

亮察(양찰) 밝게 살핌. 곧, 아랫사람의 형편 등을 헤아려 살핌.

亮許(양허) 형편이나 사정을 잘 알아서 용서하거나 허용함.

7
⑨【亱】 夜(276)의 속자

7
⑨【亭】 정자 정 靑

고등 인명 3Ⅱ급 ㊥tíng ㊐テイ

필순 丶 亠 亠 古 古 亨 亨 亭 亭

소전 高 초서 亭 속자 亭 자원 形聲. 高+丁→亭. '高'는 '高(높을 고)'의 생략형이고, '丁(정)'이 음을 나타낸다.

자해 ❶**정자**. 〔漢書〕 奇居丘亭기거구정. ❷**역참, 여인숙**. 〔漢書〕 及壯試吏급장시리, 爲泗上亭長위사상정장. ❸**머무르다**. ≒停. 〔漢書〕 其水亭居기수정거.

亭午(정오) 한낮. 正午(정오).

亭子(정자) 놀거나 쉬기 위하여, 전망이 좋은 곳에 지은 누각. 亭閣(정각).

亭長(정장) 숙역(宿驛)의 장(長). 향촌(鄕村)의 장. 진한대(秦漢代)에 10리마다 1정(亭)을 두고 정마다 장(長)을 두어 도적을 잡는 일을 맡게 하였음.

亭亭(정정) ①높이 솟은 모양. 亭然(정연). 亭直(정직). ②멀고 까마득한 모양.

亭主(정주) ①역참을 관리하는 사람. ②한 집 안의 주인.

亭戶(정호) 당송대(唐宋代)에 관명(官命)에 의해 소금을 제조하던 집.

亭候(정후) 변경(邊境)에 높이 쌓아 적의 동정을 살피는 망대(望臺).

◨ 旅亭여정, 驛亭역정, 鄕亭향정.

7 ⑨【亯】 享(48)의 본자

8 ⑩【亳】 땅 이름 박 藥

㊥bó ㊐ハク

소전 亳 초서 亳 속자 亳 자해 **땅 이름**. 은(殷)의 탕왕(湯王)이 도읍한 곳. 〔書經〕 自河徂亳자하조박.

8 ⑩【亮】 亮(48)의 속자

8 ⑩【亭】 亭(49)의 속자

11 ⑬【亶】 ①믿을 단 旱 ②날 선 先

인명 ㊥dǎn, dàn ㊐タン, セン

소전 亶 초서 亶 참고 인명용 음은 '단'이다.

자해 ①❶**믿다, 믿음**. 〔詩經〕 亶不聽단불총. ❷**진실로, 참으로**. ❸**도탑다**. 〔國語〕 亶厥心단궐심. ❹**다만**. ≒但. ②**날다**. 〔揚雄·賦〕 堪巖亶翔감엄선상.

亶亶(단단) 평탄(平坦)한 모양. 坦坦(탄탄).

亶翔(선상) 날아오름. 翾翔(현상).

20 ㉒【亹】 ①힘쓸 미 尾 ②물문 문 元

㊥wěi, mén ㊐ビ, モン

자해 ①**힘쓰다**. 〔詩經〕 亹亹文王미미문왕, 令聞不已금문이이. ②**물문, 수문(水門)**. 〔詩經〕 鳧鷖在亹부예재문.

亹亹(미미) ①부지런히 노력하는 모양. ②아름답고 훌륭한 모양.

人部 사람 인

0 ②【人】 사람 인 眞

중학 인명 8급 ㊥rén ㊐ジン, ニン

필순 ノ 人

소전 人 초서 人 참고 한자의 구성에서 변으로 쓰일 때는 글자의 모양이 '亻(사람인변)'으로 바뀐다.

자원 象形. 사람이 팔을 뻗치고 서 있는 모양을 옆에서 그린 글자.

자해 ❶**사람**. 〔易經〕 立人之道립인지도, 曰仁與義왈인여의. ❷**백성**. 〔荀子〕 王奪之人왕탈지인, 覇奪之與彊奪之地패탈지여강탈지지. ❸**남, 타인**. 〔論語〕 人不知而不慍인부지이불온. ❹**사람을 세는 단위**. 〔論語〕 三人行必有我師焉삼인행필유아사언.

人家(인가) 사람이 사는 집. 人煙(인연).

人間(인간) ①사람이 사는 사회. ②사람. 인류. ③신(神) 또는 동물과 대립되는 존재로서의 사람. ④사람의 됨됨이. 인물.

人傑(인걸) 특히 뛰어난 인재. 人豪(인호).

人格(인격) 사람으로서의 품격.

人境(인경) 사람들이 사는 곳. 이승.

人困馬乏(인곤마핍) 사람과 말이 모두 지쳐 피곤함.

人工(인공) ①사람이 하는 일. ②사람의 힘으로 자연에 대하여 가공하거나 작용하는 일.

人口(인구) 일정한 지역에 사는 사람의 수.

人君(인군) 임금.

人權(인권) 인간으로서 당연히 가지는 기본적 권리.

人琴俱亡(인금구망) 사람과 거문고가 함께 없어짐. 사람의 죽음을 몹시 슬퍼함. 故事 진(晉)나라의 왕헌지(王獻之)가 죽은 뒤, 그가 애용하던 거문고도 가락이 맞지 않았다는 고사에서 온 말. 人琴之嘆(인금지탄).

人氣(인기) ①사람의 마음. 人心(인심). ②짐승들이 맡는, 사람의 냄새. 인내. ③國㉠세상에 큰 인물이 태어날 기운. ㉡어떤 대상에 쏠리는 대중의 관심이나 좋아하는 기운.

人器(인기) ①사자(死者)와 함께 파묻는 그릇. ②國사람의 됨됨이.

人德(인덕) 사람이 갖춘 덕.

人道(인도) ①사람이 다니는 길. 步道(보도). ②사람이 지켜야 하는 도리(道理).

人頭稅(인두세) 납세 능력의 차이를 고려하지 않고 각 개인에게 일률적으로 매기는 세금.

人力(인력) ①사람의 힘. ②노동력.

人類(인류) 사람을 다른 동물과 구별하여 이르는 말.

人倫(인륜) 상하·존비의 인간관계나 질서.

人倫大事(인륜대사) 國인간 생활에 있어서 겪는 중대한 일. 곧, 혼인·장례 따위.

人吏(인리) 지방 관청에 딸린 낮은 구실아치. 衙前(아전).

人里(인리) 사람이 사는 마을.

人理(인리) 사람이 마땅히 행해야 할 도리(道理). 사람의 도리.

人立(인립) 짐승이 사람처럼 섬.

人馬絡繹(인마낙역) 사람과 말의 왕래가 끊임없이 이어짐. 번화한 곳.

人望(인망) ①사람들이 원하고 바라는 것. ②여러 사람에게서 받는 존경과 신망.

人脈(인맥) 정계·재계·학계 따위에서 형성된 사람들의 유대 관계.

人面獸心(인면수심) 얼굴은 사람이나 마음은 짐승과 같음. 마음이나 행동이 흉악함.

人名(인명) 사람의 이름.

人命(인명) ①사람의 목숨. ②사람의 수명.

人命在天(인명재천) 사람의 목숨은 하늘에 달려 있음.

人謀(인모) 사람의 계략. 사람이 낼 수 있는 지혜를 다한 꾀.

人文(인문) ①인류의 문화. ②인물과 문물.

人物(인물) ①사람. 人間(인간). ②사람의 됨됨이. 인격. 人品(인품). ③훌륭한 사람. 人才(인재). ④사람과 물건.

人民(인민) ①평민. 백성. ②사람. 인류.

人福(인복) 다른 사람의 도움을 많이 받는 복.

人夫(인부) ①품삯을 받고 육체 노동을 하는 사람. ②공역(公役)에 부리는 사람.

人糞(인분) 사람의 똥.

人非木石(인비목석) 사람은 목석이 아님. 사람에게는 이성과 감정이 있음.

人士(인사) 사회적 지위가 높거나 사회적 활동이 많은 사람.

人師(인사) ①품행(品行)이 단정하여 다른 사람의 모범이 되는 사람. ②스승.

人事(인사) ①사람의 일. ②세상에서 벌어지는 일. ③관리나 직원의 임용·해임·평가 따위에 관한 일. ④처음 만나는 사람끼리 서로 이름을 통하여 자기를 소개함. ⑤마주 대하거나 헤어질 때 예를 표함.

人事不省(인사불성) ①큰 병이나 중상(重傷) 등으로 의식을 잃은 상태. ②사람으로서 차려야 할 예절을 지킬 줄 모름.

人死留名(인사유명) 사람은 죽어서 이름을 남김. 사람의 삶이 헛되지 않으면 그 이름이 길이 남음.

人山人海(인산인해) 사람이 산을 이루고 바다를 이룸. 사람이 수없이 많이 모인 상태.

人相(인상) ①사람의 얼굴 생김새. 容貌(용모). ②(佛) '나는 사람이다' 라는 아집(我執)을 가지는 일.

人生(인생) 사람이 세상을 살아가는 일.

人庶(인서) 백성. 庶民(서민).

人性(인성) 사람의 성질. 사람 본연의 성품.

人時(인시) 백성의 생업에 중요한 시기. 춘경(春耕)·제초(除草)·추수(秋收) 등의 농사철.

人臣(인신) 신하(臣下).

人身(인신) ①사람의 몸. ②인품(人品).

人神(인신) ①사람의 넋. ②사람과 신(神).

人心(인심) ①사람의 마음. 人意(인의). ②남의 딱한 처지를 헤아리고 도와주는 마음. ③백성의 마음. 民心(민심).

人心如面(인심여면) 사람마다 마음이 다른 것은, 얼굴 모양이 저마다 다른 것과 같음.

人我(인아) ①남과 나. 다른 사람과 자기. ②(佛)사람들이 집착하는, 늘 변하지 않는 실체로서의 나.

人言(인언) ①남의 말. ②세인(世人)의 평판이나 소문.

人煙(인연) ①사람이 사는 집에서 불 땔 때 나는 연기. ②사람이 사는 집. 人家(인가).

人員(인원) 단체를 이루고 있는 사람들. 또는 그 수효.

人位(인위) ①천지(天地)에 대한 사람의 지위(地位). ②신하(臣下)의 위계(位階).

人爲(인위) 사람의 힘으로 이루어지는 일.

人惟求舊(인유구구) 인물은 사무(事務)에 통달한 세신구가(世臣舊家)에서 구해야 함.

人意(인의) ①사람의 마음. ②사람의 의지. ③백성의 마음. 人心(인심).

人子(인자) 사람의 자식.

人爵(인작) 작위(爵位)·관록(官祿) 등 사람이 정한 지위.

人災(인재) 사람이 만드는 화(禍). ㉠애증(愛憎)에서 일어나는 불행(不幸). ㉡사람에 의

해서 일어나는 재난.
人材(인재) 재능이 있는 사람. 人才(인재).
人跡(인적) 사람의 발자취. 사람의 왕래.
人丁(인정) 정년(丁年)인 사람. 성년(成年)에 달한 남자.
人定(인정) ①갑야(甲夜). 곧, 오후 8시. ②이경(二更), 곧 오후 10시. 또는 그 시각에 치는 종(鐘)이나 북.
人情(인정) ①남을 돕는 마음. ②사람이 본디 가지고 있는 온갖 감정. ③세상 사람의 심정.
人種(인종) 인류를 신체적 특성에 따라 구분한 종류.
人主(인주) 임금. 人牧(인목).
人中(인중) ①코와 윗입술 사이의 오목한 곳. ②사람들 사이.
人衆(인중) 많은 사람. 뭇사람.
人智(인지) 사람의 지혜와 재능.
人之常情(인지상정) 사람이면 누구나 가지는 보통 인정.
人質(인질) 서약의 담보로 상대방에게 잡혀 두는 처자나 근친자(近親者). 볼모.
人天(인천) ①사람에게 없어서는 안 될 하늘과 같은 물건. 곧, 음식물. ②임금. ③사람과 하늘. ④인도(人道)와 천도(天道). ⑤(佛)인간계(人間界)와 천상계(天上界).
人彘(인체) 돼지 같은 사람. 故事 한대(漢代)에 여후(呂后)가 고조(高祖)가 총애하던 후비(后妃)인 척부인(戚夫人)의 수족(手足)을 자르고 눈알을 빼고 귀를 지지고 벙어리가 되는 약을 먹인 후 뒷간에서 살게 하면서 '人彘'라 한 고사에서 온 말. 人豕(인시).
人體(인체) 사람의 몸.
人波(인파) 사람의 물결. 사람이 많이 모여 물결처럼 보이는 상태.
人表(인표) 사람의 사표(師表). 사람의 모범(模範). 民表(민표).
人品(인품) 사람의 품격이나 됨됨이.
人海(인해) 무수히 많은 사람이 모여 있는 상태. 人山人海(인산인해).
人和(인화) 서로 마음이 통하여 화합함.
◨ 巨人거인, 故人고인, 軍人군인, 達人달인, 大人대인, 道人도인, 同人동인, 凡人범인, 犯人범인, 婦人부인, 殺人살인, 商人상인, 成人성인, 聖人성인, 小人소인, 女人여인, 外人외인, 偉人위인, 義人의인, 丈人장인, 主人주인, 超人초인, 他人타인, 下人하인, 行人행인, 賢人현인, 好人호인, 黑人흑인.

2 ④ 【介】 끼일 개 卦

고등 인명 3Ⅱ급 ㊥jiè ㊐カイ

필순 ノ 人 介 介

소전 초서 자원 會意. 十+八→介. '八'은 '나눈다'는 뜻. 사람이 각각 그 나누어진 분수를 지킨다는 데서 '절개'의 뜻을 나타낸다. 또, 사람이 나누어 놓은 두 사이에 들어 있다는 데서 '끼이다'의 뜻을 나타낸다.

자해 ❶**끼이다, 사이에 들다.** 〔春秋左氏傳〕介居二大國之間개거이대국지간. ❷**딱지, 단단한 껍질.** 〔淮南子〕介鱗者개린자, 夏食而冬蟄하식이동칩. ❸**갑옷.** 〔春秋公羊傳〕吾君孰爲介오군숙위개. ❹**소개하다.** 〔漢書〕無一日之雅무일일지아, 左右之介좌우지개. ❺**정조, 절의(節義).** 〔孟子〕不以三公易其介불이삼공역기개.
介甲(개갑) ①거북 따위의 단단한 겉껍데기. ②갑옷.
介介(개개) 마음이 결백하여 세속(世俗)과 어울리지 못하는 모양.
介潔(개결) 성질이 굳고 깨끗함.
介鱗(개린) ①조개와 물고기. ②바다 동물의 총칭(總稱).
介馬(개마) 갑옷을 입힌 말. 무장한 말.
介福(개복) 큰 행복(幸福). 介祉(개지).
介士(개사) ①갑옷을 입은 무인(武人). 介夫(개부). 介兵(개병). ②기개(氣慨)가 있는 사람. 지조가 있는 인사(人士).
介心(개심) ①굳은 마음. ②마음에 두어 생각함. 介意(개의).
介入(개입) 자신과 직접적인 관계가 없는 일에 끼어듦.
介弟(개제) 남의 아우에 대한 존칭(尊稱).
介冑(개주) 갑옷과 투구. 甲冑(갑주).
介特(개특) ①도와주는 사람이 없이 고립됨. ②지조를 지켜 세속에 영합하지 않음.
◨ 媒介매개, 紹介소개, 節介절개.

2 ④ 【仇】 원수 구 尤

인명 1급 ㊥qiú, chóu ㊐キュウ

소전 초서 자해 ❶**원수.** 〔詩經〕與子同仇여자동구. ❷**원망하다.** 〔書經〕萬姓仇予만성구여. ❸**짝, 상대.** 〔詩經〕公侯好仇공후호구. ❹**거만한 모양, 교만한 모양.** 〔詩經〕報我仇仇보아구구.
仇校(구교) 두 가지 서적을 대조하여 잘못된 데를 바로잡음. 校正(교정).
仇仇(구구) 뽐내는 모양. 거만한 모양.
仇隙(구극) 서로 원수와 같이 어긋난 사이.
仇視(구시) 원수같이 봄. 원수로 여김.
仇怨(구원) 원한. 원수. 仇恨(구한).

仇匹(구필) 비슷한 상대. 同輩(동배).

2 ④【今】 이제 금 侵

중학 인명 6급 ㊥jīn ㊐コン, キン

필순 ノ 人 𠆢 今

소전 今 초서 今 속자 今 자원 會意. 亼+㇇→今. '亼'는 '合(합)'의 생략형으로 한 곳에 모임을 나타내고, '㇇'은 '乁' 곧 '及(급)'의 생략형으로 미치다라는 뜻이다. 시간에 맞춰 모인 때라는 데서 '지금'의 뜻이 되었다.

자해 ❶이제. ㉮이때, 바로 이때. 〔史記〕今釋不擊금석불격, 此所謂養虎自遺患也차소위양호자유환야. ㉯현재, 현대. 〔孟子〕今之樂금지악, 由古樂也유고악야. ㉰바로, 지금 곧. 〔史記〕吾今召君矣오금소군의. ❷이, 이에. 〔孟子〕今有殺人者금유살인자.

今年(금년) 올해.
今明間(금명간) 오늘이나 내일 사이.
今文(금문) ①당대(當代)에 통용되는 문자. ②한대(漢代)에 널리 쓰인 문자인 예서(隸書).
今上(금상) 현재의 임금. 당대의 임금.
今生(금생) ①지금의 세상. 이 세상. ②살아 있는 동안.
今昔(금석) 지금과 옛적.
今昔之感(금석지감) 현재와 과거를 비교하여 현저하게 변화한 것에 대한 감개(感慨).
今世(금세) 지금의 세상. 이승.
今是昨非(금시작비) 오늘은 옳고 어제는 그름. 과거의 잘못을 지금 비로소 깨달음.
今始初聞(금시초문) 이제서야 처음 들음. 今時初聞(금시초문).
今日(금일) ①오늘. ②지금. 현재.
今週(금주) 이번 주일.
今體(금체) 육조(六朝)의 시문을 고체(古體)라고 하는 데 대하여 당대(唐代) 이후의 시문을 이름.
今春(금춘) 올 봄.
今回(금회) 이번. 今般(금반).
今曉(금효) 오늘 새벽. 오늘 아침. 今朝(금조).
今後(금후) 지금으로부터 뒤에 오는 시간.
◨ 古今고금, 方今방금, 昨今작금, 只今지금.

2 ④【仂】 나머지 륵 職

㊥lè ㊐ロク

자해 ❶나머지, 남은 수. 〔禮記〕祭用數之仂제용수지륵. ❷10분의 1, 또는 3분의 1. 〔禮記〕喪用三年之仂상용삼년지륵.

2 ④【仆】 엎드릴 부·복 遇屋

㊥fù, pū ㊐フ, ホク

소전 仆 초서 仆 자해 ❶엎드리다, 넘어지다. ¶ 仆倒부도. ❷뒤집어지다. 〔唐書〕興仆植僵흥부식강. ❸죽다. 〔漢書〕日以仆滅일이부멸.

仆倒(부도) 넘어짐. 섰던 것이 자빠짐.
◨ 顚仆전부.

2 ④【仏】 佛(64)의 고자

2 ④【什】 ① 열 사람 십 緝 ② 세간 집 ㊍십 緝

인명 1급 ㊥shí ㊐シュウ

소전 什 초서 什 참고 인명용 음은 '십·집'이다.

자해 ① ❶열 사람, 열 집. 〔管子〕十家爲什십가위십, 五家爲伍오가위오. ❷열. ※ '十'의 갖은자. ② 세간, 가구. 〔漢書〕處置什器처치집기.

什佰之器(십백지기) 보통 사람보다 십 배 백 배나 뛰어난 기량(器量).
什襲(십습) 열 겹. 여러 겹으로 쌈.
什伍之制(십오지제) 열 집 또는 다섯 집으로 하여금 서로 비위(非違)를 적발하도록 한 제도.
什長(십장) ①병졸 열 사람의 우두머리. ②일꾼들을 감독·지휘하는 우두머리.
什物(집물) 일상생활에 쓰는 온갖 도구. 什器(집기).

2 ④【仁】 어질 인 眞

중학 인명 4급 ㊥rén ㊐ジン, ニン

필순 ノ 亻 亻 仁

소전 仁 초서 仁 자원 會意·形聲. 人+二→仁. '人'이 음을 나타낸다. 자기 혼자가 아닌 두〔二〕 사람〔人〕이 생활해 나가자면 서로 사랑하고 친밀하게 지내야 한다는 데서 '어질다'의 뜻을 나타낸다.

자해 ❶어질다. 〔孟子〕仁者愛人인자애인. ❷자애, 사랑. 〔書經〕克寬克仁극관극인. ❸만물을 낳다, 기르다. 〔老子〕天地不仁천지불인. ❹어진이. 〔論語〕汎愛衆而親仁범애중이친인. ❺씨, 과실의 씨눈. 〔顔氏家訓〕單服杏仁단복행인. ❻사람. 〔論語〕井有仁焉정유인언, 其從之也기종지야.

仁君(인군) ①어진 임금. ②남을 존경하여 부르는 말.
仁德(인덕) 인정이 깊은 지선(至善)의 덕.

仁篤(인독) 어질고 인정이 두터움.
仁里(인리) 풍속이 아름다운 지방.
仁聞(인문) 인정(仁政)의 평판(評判). 인덕(仁德)에 대한 소문. 仁聲(인성).
仁恕(인서) 마음이 어질고 너그러움.
仁聖(인성) ①어질고 사리에 밝음. ②지덕(知德)이 높은 사람.
仁壽(인수) 인덕(仁德)이 있고 수명이 긺.
仁獸(인수) 어진 짐승. 기린(麒麟)의 딴 이름.
仁順(인순) 어질고 순함.
仁術(인술) ①인(仁)을 행하는 방법. ②인을 행하는 기술. 곧, 의술(醫術).
仁心(인심) 어진 마음.
仁愛(인애) ①남에게 베푸는 도타운 사랑. ②귀여워함. 仁親(인친).
仁弱(인약) 인정이 두텁고 마음이 약함.
仁言利博(인언이박) 인덕(仁德)이 있는 사람의 말은 널리 대중(大衆)에게까지 이익이 미침.
仁勇(인용) 어질고 용맹스러움.
仁柔(인유) 인자하고 부드러움.
仁義(인의) ①인(仁)과 의(義). 어질고 의로움. 박애(博愛)와 정의(正義). ②사람이 지켜야 할 도리의 총칭. 道德(도덕).
仁義禮智信(인의예지신) 사람이 갖추어야 하는 다섯 가지 도리(道理). 五常(오상).
仁者(인자) 어진 사람. 덕(德)을 갖춘 사람. 仁人(인인).
仁慈(인자) 어질고 자애로움.
仁者無敵(인자무적) 어진 사람은 모든 사람을 사랑하기 때문에 천하에 적이 없음.
仁者安仁(인자안인) 어진 사람은 천명(天命)을 알아 인(仁)의 경지에 편안히 잠기어 있어, 불인(不仁)한 일로 마음이 움직이지 아니함.
仁者樂山(인자요산) 어진 사람은 의리를 편안하게 여겨 행동이 중후(重厚)하고 심경(心境)이 흡사 산과 같아 저절로 산을 좋아함.
仁悌(인제) 어질고 공손함.
仁鳥(인조) 어진 새. 봉황(鳳凰)의 딴 이름.
仁風(인풍) ①인덕(仁德)의 교화(敎化). ②부채의 딴 이름.
仁賢(인현) ①어짊과 슬기로움. 어질고 슬기로움. ②인인(仁人)과 현인(賢人).
仁兄(인형) 편지 글에서, 친구 사이에 상대편을 높여 이르는 말.
仁惠(인혜) 자애로운 은혜. 仁慈(인자).
仁化(인화) 인덕(仁德)의 감화.
仁和(인화) 인덕이 있고 온화(溫和)함.
仁孝(인효) 인자하고 효성(孝誠)이 지극함.
仁厚(인후) 마음이 어질고 후덕함.
仁恤(인휼) 어진 마음으로 구제함.
◨ 不仁불인, 殺身成仁살신성인, 宋襄之仁송양지인, 一視同仁일시동인, 杏仁행인.

2 ④ 【仍】 인할 잉 蒸

인명 ㊥réng ㊐ジョウ

소전 초서 자해 ❶인하다, 그대로 따르다. 〔論語〕 仍舊貫如之何잉구관여지하. ❷거듭하다. 〔漢書〕 吉瑞累仍길서루잉. ❸거듭, 자주. 〔漢書〕 饑饉仍臻기근잉진. ❹곧, 이에. 〔史記〕 仍父子再亡國잉부자재망국.
仍舊(잉구) 그 전과 다름없이 행함. 전례를 좇음. 仍貫(잉관). 仍舊貫(잉구관).
仍用(잉용) 이전 것을 그대로 씀.

2 ④ 【从】 從(425)의 고자

2 ④ 【仄】 기울 측 職

인명 ㊥zè ㊐ソク

소전 초서 자해 ❶기울다. 〔後漢書〕 每日視朝매일시조, 日仄乃罷일측내파. ❷미천하다. 〔宋書〕 無漏于幽仄무루우유측. ❸곁. ≒側. 〔漢書〕 旁仄素粲之人방측소찬지인. ❹측성(仄聲).
仄起(측기) 근체시(近體詩)에서, 기구(起句)의 둘째 자에 측자(仄字)를 쓰는 일.
仄陋(측루) 비천(卑賤)한 신분(身分).
仄聲(측성) 한자의 사성(四聲) 가운데 상(上)·거(去)·입(入) 삼성의 총칭. 仄韻(측운).
仄日(측일) 서쪽에 기울어진 해. 저녁 해.
仄字(측자) 한자 중 측운(仄韻)에 딸린 글자.
仄行(측행) ①윗사람에게 경의를 표하여, 옆으로 비켜 걸음. ②게걸음. 蟹行(해행).
◨ 傾仄경측, 平仄평측.

3 ⑤ 【仐】 今(52)의 속자

3 ⑤ 【代】 대신할 대 隊

중학 인명 6급 ㊥dài ㊐ダイ, タイ

필순 丿 亻 亻 代 代

소전 초서 자원 形聲. 人＋弋→代. '弋(익)'이 음을 나타내는데, 옛날에는 음이 '대'였다. 앞 세대의 사람과 뒷 세대의 사람이 갈마든다는 데서 '대신하다'의 뜻을 나타낸다.
자해 ❶대신하다. 〔書經〕 天工천공, 人其代之인기대지. ❷시대. 〔十八史略〕 亂臣賊子란신적

人 3획

자, 何代無之하대무지. ❸**왕조**(王朝). 〔論語〕 周監於二代주감어이대. ❹**혈통**. 이어 내려오는 가계(家系). 〔隋書〕 家代隆盛가대융성. ❺國**대금, 값**. ¶ 食代식대.

代價(대가) 일을 하고 그에 대한 값으로 받는 보수.

代金(대금) 물건의 값으로 치르는 돈.

代納(대납) ①남을 대신하여 조세 따위를 바침. ②다른 물건으로 대신하여 바침.

代代(대대) 거듭된 여러 대.

代理(대리) ①남을 대신하여 일을 처리함. ②대청(代聽).

代立(대립) ①선군(先君)을 이어서 군주(君主) 자리에 오름. 代位(대위). ②國공역(公役)에 사람을 대신 보내는 일.

代馬(대마) 중국 북방의 대(代) 땅에서 나던 명마(名馬).

代馬依風(대마의풍) 대마(代馬)가 북풍(北風)에 귀를 기울여 제 고장을 그리워함. 미물도 제 고향을 그리워하는 정이 있음.

代拜(대배) ①남을 대리하여 관직(官職)을 받음. ②남을 대신해 신불(神佛) 등에 참배함.

代辯(대변) 남을 대신하여 의견을 발표함.

代俸(대봉) 國꾸어 준 돈이나 물건 대신에 다른 물건을 받음.

代謝(대사) 새 것과 낡은 것이 갈마듦.

代殺(대살) 國살인한 사람을 사형에 처함. 代命(대명).

代書(대서) 남을 대신하여 글씨나 글을 씀. 代筆(대필).

代署(대서) 남을 대신하여 서명(署名)함.

代贖(대속) 남의 죄를 대신하여 속죄(贖罪)함.

代囚(대수) 國죄수의 근친(近親)이나 관계되는 사람을 볼모로 대신 가두어 둠.

代身(대신) 어떤 대상과 자리를 바꾸어서 있게 되거나 어떤 대상이 하게 될 구실을 바꾸어서 하게 됨. 또는 그렇게 되는 새로운 대상.

代案(대안) 어떤 안을 대신하는 안.

代言(대언) ①임금을 대신하여 조명(詔命)을 기초함. ②國㉠남 대신으로 말함. ㉡승지(承旨)의 딴 이름.

代役(대역) 어떤 사람이 다른 사람의 역할을 대신 맡아 함. 또는 그 사람.

代用(대용) 대신하여 다른 것을 씀.

代位(대위) 선군(先君)에 이어서 왕위(王位)에 오름. 代立(대립).

代撰(대찬) 國임금의 말씀이나 명령을 대신 지음. 制撰(제찬).

代聽(대청) 國왕세자가 왕을 대신하여 임시로 정치를 행하던 일.

代替(대체) 다른 것으로 대신함.

代促(대촉) 國한 세대(世代)의 햇수가 짧음.

代辦(대판) 대신 사무를 처리함.

代表(대표) 개인이나 단체를 대신하여 책임지는 일. 또는 그 사람.

代行(대행) 남을 대신하여 행함.

◨ 古代고대, 近代근대, 當代당대, 世代세대, 時代시대, 歷代역대, 年代연대, 初代초대, 現代현대, 後代후대, 稀代희대.

3 ⑤ 【仝】 同(192)과 동자 인명

3 ⑤ 【令】 1명령할 령 敬 2하여금 령 靑

중학 인명 5급 ㊥lìng ㊐レイ

필순 ノ 人 亼 今 令

소전 令 초서 令 속자 令 자원 會意. 亼+卩→令. '亼'은 '合(합)'의 생략형으로 모인다는 뜻이고, '卩'는 무릎을 꿇고 있는 사람의 모양이다. 신(神)이나 높은 지위에 있는 사람이 모인 사람들을 굴복시킨다는 데서, '명령'의 뜻을 나타낸다. 후대에 명령은 입으로 말하는 것이라 하여 '口(입 구)'를 더하여 '命(명)' 자를 만들어 쓰게 되었다.

자해 1❶**명령하다**. 〔新書〕 天子之言曰令천자지언왈령. ❷**법령, 규칙**. 〔書經〕 發號施令발호시령. ❸**가르침, 훈계**. 〔論語〕 不令而行불령이행. ❹**우두머리**. 〔韓非子〕 卜皮爲縣令복피위현령. ❺**경칭, 남을 높이는 말**. ¶ 令愛영애. 2❶**하여금, ~로 하여금 ~하게 하다**. 사역형(使役形)의 문장을 만든다. 〔史記〕 臣能令君勝신능영군승. ❷**가령, 만일**. 〔史記〕 令我百歲後령아백세후, 皆魚肉之矣개어육지의.

令甲(영갑) ①법령의 제1령. ②정령(政令).

令旗(영기) ①군대를 지휘하는 데 쓰는 기(旗). ②國군대에서 군령을 전하러 가는 사람이 들고 가던 기. 기폭에 '令' 자를 썼음.

令達(영달) 國명령을 전달함.

令堂(영당) 남을 높이어 그의 '어머니'를 이르는 말. 萱堂(훤당).

令德(영덕) 훌륭한 덕행(德行). 美德(미덕).

令郞(영랑) 남을 높이어 그의 '아들'을 이르는 말. 令胤(영윤). 令息(영식). 令子(영자).

令望(영망) 좋은 평판(評判). 좋은 인망.

令名(영명) ①훌륭한 명예. 좋은 평판. ②좋은 이름. 훌륭한 명칭.

令聞(영문) 훌륭한 소문. 좋은 평판.

令夫人(영부인) ①신분이 높은 사람의 부인을 부르는 경칭. ②제후의 부인.

令士(영사) 선량한 선비.
令嗣(영사) 훌륭한 사자(嗣子). 남을 높이어 그의 '아들'을 이르는 말. 令郞(영랑).
令色(영색) 남의 비위를 맞추려고 아첨함.
令辰(영신) 좋은 때, 또는 경사스러운 날.
令愛(영애) 남을 높이어 그의 '딸'을 이르는 말. 令孃(영양).
令人(영인) ①선인(善人). ②지아비가 죽은 지어미.
令狀(영장) 명령의 뜻을 기록한 서장.
令箭(영전) 군령(軍令)을 전하기 위하여 쓰는 화살.
令尊(영존) 남을 높이어 그의 '아버지'를 이르는 말. 令嚴(영엄).
令終(영종) 제명대로 살다가 편안히 죽음. 考終命(고종명).
令旨(영지) 國왕비·왕대비·왕세자의 명령을 적은 문서.
令行禁止(영행금지) 명령하면 행하고 금하면 그침. 국민이 법령을 잘 지킴.
令兄(영형) ①남을 높이어 그의 '형'을 이르는 말. ②편지에서 친구의 존칭(尊稱).
◨ 假令가령, 口令구령, 命令명령, 法令법령, 設令설령, 律令율령, 政令정령, 指令지령, 縣令현령, 訓令훈령.

3 ⑤ **【令】** 令(54)의 속자

3 ⑤ **【付】** 줄 부 遇

고등 인명 3Ⅱ급 ㊥fù ㊐フ

필순 ノ 亻 仁 付 付

소전 초서 자원 會意. 人+寸→付. '人'은 사람, '寸'은 손에 물건을 들고 있는 모양이다. 손에 물건을 들고 사람을 향해 있다는 데서 '주다'의 뜻을 나타낸다.

자해 **❶주다.** 〔書經〕 皇天旣付中國民황천기부중국민. **❷청하다, 부탁하다.** 〔後漢書〕 以首令相付矣이수령상부의. **❸붙이다.** ≒附. 〔管子〕 致道치도, 其民付而不爭기민부이부쟁.
付過(부과) 줌. 건네줌.
付壁(부벽) 벽에 붙이는 그림이나 글씨.
付丙(부병) 불살라 버림. 비밀 편지 같은 것을 불태워 버림.
付囑(부촉) 부탁하여 위촉함.
付託(부탁) 남에게 당부하여 맡김.
付黃(부황) 國①임금의 재가(裁可)를 받을 문서에서, 고칠 데나 표할 곳에 누른 종이 쪽지를 붙이던 일. ②유생(儒生)이 비행(非行)이 있는 조정의 관리를 탄핵할 때 누른 종이에 이름을 써 붙인 북을 치면서 사람들에게 알리던 일.
◨ 交付교부, 給付급부, 送付송부.

3 ⑤ **【仕】** 벼슬 사 紙

중학 인명 5급 ㊥shì ㊐シ, ジ

필순 ノ 亻 仁 什 仕

소전 초서 자원 會意·形聲. 人+士→仕. '士'가 음을 나타낸다. 선비는 나아가 일을 하거나 임금을 섬긴다는 데서 '벼슬, 일' 등을 뜻한다.

자해 **❶벼슬하다.** 〔春秋公羊傳〕 退而致仕퇴이치사. **❷섬기다.** 〔禮記〕 仕于家曰僕사우가왈복.
仕官(사관) ①관리가 되어 종사함. 仕宦(사환). ②벼슬아치가 매달 초하룻날에 상관을 뵈던 일.
仕記(사기) 벼슬아치의 사진(仕進)을 기록하던 종이. 오늘날의 출근부.
仕途(사도) 관리가 되는 길. 官途(관도). 仕路(사로).
仕進(사진) 벼슬아치가 규정된 시각에 직소(職所)에 출근함.
仕版(사판) 벼슬아치의 명부(名簿).
◨ 給仕급사, 出仕출사.

3 ⑤ **【仙】** 신선 선 先

중학 인명 5급 ㊥xiān ㊐セン

필순 ノ 亻 仆 仙 仙

초서 동자 僊 동자 屳 자원 會意·形聲. 人+山→仙. '山'이 음을 나타낸다. 산에 숨어 살면서 불로장생(不老長生)의 도를 닦은 사람, 곧 '신선'을 뜻한다.

자해 **❶신선.** 〔楚辭〕 美往世之登仙미왕세지등선. **❷고상한 사람, 세속을 초월한 사람.** 〔杜甫·歌〕 自稱臣是酒中仙자칭신시주중선. **❸現센트**(cent). 미국의 화폐 단위.
仙家(선가) ①신선(神仙). ②신선이 산다는 집. 仙莊(선장).
仙駕(선가) 임금 또는 신선이 타는 수레.
仙客(선객) ①신선. ②학(鶴)을 고상하고 멋있게 부르는 이름. ③소쩍새의 딴 이름.
仙界(선계) 신선이 산다는 곳. 仙境(선경). 仙鄕(선향).

仙骨(선골) ①신선의 골상(骨相). 곧, 비범한 골상. ②도교(道敎)에서, 신선이 될 자질.
仙果(선과) ①신선이 먹는 과일. 선경의 과일. ②복숭아의 딴 이름.
仙窟(선굴) 신선이 사는 곳. 속세를 떠난 주거.
仙丹(선단) 신선이 만든 장생불사(長生不死)의 약(藥). 仙藥(선약).
仙桃(선도) ①신선에게 드리는 복숭아. ②신선이 사는 곳에 있는 복숭아.
仙道(선도) 신선의 도술(道術).
仙洞(선동) 신선이 산다는 산골.
仙童(선동) 선계에 산다는 아이. 신선의 심부름을 하는 동자.
仙味(선미) 선인(仙人)의 취미. 탈속(脫俗)한 고상한 취미.
仙佛(선불) ①신선과 부처. ②선도(仙道)와 불도(佛道).
仙聖(선성) 걸출(傑出)한 성인(聖人).
仙術(선술) ①신선이 되는 술법(術法). ②신선의 술법.
仙娥(선아) ①㉠선녀(仙女). ㉡미녀. ②달의 딴 이름.
仙樂(선악) ①신선이 베푸는 선계(仙界)의 음악. ②궁중의 음악. ③아름다운 음악.
仙馭(선어) 신선의 탈것. 학(鶴)의 딴 이름.
仙人掌(선인장) 선인장과 식물의 총칭. 대부분 가시가 있고 잎은 없음.
仙姿玉質(선자옥질) 신선 같은 모습에 옥 같은 자질. 용모가 아름답고 인품이 고결함.
仙才(선재) 선인(仙人)과 같은 재능. 곧, 뛰어난 재주.
仙風道骨(선풍도골) 선인(仙人)의 풍모와 도사(道士)의 골격(骨格). 남달리 뛰어난 풍채.
仙蹕(선필) 임금의 행차.
仙鶴(선학) ①학의 아칭(雅稱). ②두루미.
仙化(선화) ①㉠신선이 됨. ㉡도사(道士)의 죽음. ②늙어서 병 없이 곱게 죽음.
◨ 登仙등선, 詩仙시선, 神仙신선.

3 ⑤【以】 써 이 紙

중학 인명 5급 ㊥yǐ, sì ㊐イ

필순 丨 レ レ 以 以

소전 초서 자원 指事. 소전의 글자 모양은 '그치다, 말다'의 뜻인 '巳(이)'를 뒤집어 놓은 모양이다. 그래서 그 훈도 '巳'와 반대로 '하다, 쓰다'의 뜻을 나타낸다. 현재의 글자 모양은 오른편에 '人'을 덧붙인 것이다.

자해 **❶써, ~로써, ~을 가지고.** 목적·수단·원인·이유 등을 나타낸다. 〔大學〕 可以人而不如鳥乎가이인이불여조호. **❷부터, ~에서.** 〔史記〕 南浮江漢以下남부강한이하. **❸까닭.** 〔詩經〕 必有以也필유이야. **❹~와, ~과, 함께.** 〔詩經〕 不我以歸불아이귀. **❺생각하다.** 〔春秋左氏傳〕 邱孫以可구손이가, 勸권. **❻하다, 되다.** 〔春秋左氏傳〕 封疆社稷是以봉강사직시이. **❼쓰다, 사용하다.** 〔孟子〕 以羊易之이양역지. **❽거느리다, 인솔하다.** 〔戰國策〕 以齊事王이제사왕.

以德報怨(이덕보원) 덕으로써 원한을 갚음. 원한이 있는 사람에게 은혜를 베풂.
以毒制毒(이독제독) 독을 해소시키기 위하여 다른 독을 씀. 악인을 없애려고 악인을 씀.
以頭搶地(이두창지) 머리를 땅에 댐. ㉠애걸하는 모양. ㉡노하는 모양.
以卵投石(이란투석) 알을 돌에 던짐. 당해 낼 수 없거나 번번이 실패함의 비유. 以卵擊石(이란격석).
以來(이래) 일정한 때로부터 지금까지.
以蠡測海(이려측해) 표주박으로 바닷물을 떠서 잼. ㉠좁은 소견(所見)으로 큰 일을 추측함. ㉡견식(見識)이 좁음.
以毛相馬(이모상마) 털빛으로 말의 좋고 나쁨을 점침. 외모만 보고 내용을 보지 않음.
以民爲天(이민위천) 백성을 하늘같이 여김. 백성을 나라를 다스리는 근본으로 삼음.
以死爲限(이사위한) 죽음을 각오하고 일을 하여 감. 죽기 전에는 그만두지 않음.
以石投水(이석투수) 돌을 물에 던짐. 설득하는 말이 고분고분 받아들여짐.
以少凌長(이소능장) 젊은 사람이 나이 많은 사람에게 무례한 언행을 함.
以升量石(이승양석) 섬 곡식을 되로써 됨. 소인의 능력으로는 군자의 뜻을 헤아리지 못함.
以食爲天(이식위천) 백성은 먹는 일을 으뜸으로 삼음. 食爲民天(식위민천).
以心傳心(이심전심) (佛)마음에서 마음으로 전함. 글자나 말을 사용하지 않고 마음과 마음으로 뜻이 서로 통함.
以熱治熱(이열치열) 열(熱)로써 열을 다스림.
以爲(이위) 생각함.
以一警百(이일경백) 한 사람을 징계하여 여러 사람의 경계(警戒)가 되게 함.
以財發身(이재발신) 어진 사람은 재산을 선용(善用)하여 자기 몸을 완성함.
以天捉虎(이천착호) 하늘로써 범을 잡음. 아주 쉬운 일의 비유.
以暴易暴(이포역포) 난폭한 임금을 제거하기 위하여 난폭한 수단을 씀.
以下(이하) 수량이나 정도가 일정한 기준보다 더 적거나 모자람.

以血洗血(이혈세혈) 피로써 피를 씻음. 나쁜 일을 감추기 위하여 다시 나쁜 일을 거듭함.
以孝傷孝(이효상효) 효성이 도를 지나치면 효도가 될 수 없음. 부모의 죽음을 너무 슬퍼하다가 병을 얻게 되는 경우 따위.
以後(이후) 이제로부터 뒤.
◧ 所以소이.

3 ⑤【仞】 길 인 震

㊥rèn ㊐ジン

소전 초서 속자 仭 자해 ❶길. 높이·깊이를 재는 단위. 7척(尺)·8척 등의 설이 있다. 〔論語〕夫子之牆數仞부자지장수인. ❷재다. 〔春秋左氏傳〕度厚薄도후박, 仞溝洫인구혁.

3 ⑤【仭】 仞(57)의 속자

3 ⑤【仔】 자세할 자 紙 支

인명 1급 ㊥zǐ ㊐シ

소전 초서 자해 ❶자세하다. 〔白居易·詩〕世路風波仔細諳세로풍파자세암. ❷견디다. 〔詩經〕佛時仔肩불시자견.
仔肩(자견) ①잘 이겨 냄. ②책임.
仔詳(자상) 國찬찬하고 자세함.
仔細(자세) 사소한 부분까지 아주 구체적이고 분명함.
仔蟲(자충) 알에서 깨어 성충(成蟲)이 되기 전의 벌레. 애벌레. 幼蟲(유충).

3 ⑤【仗】 무기 장 漾 養

인명 1급 ㊥zhàng ㊐ジョウ

초서 자해 ❶무기. 〔宋書〕其以仗自防기이장자방, 悉勿禁실물금. ❷호위(護衞), 수위(守衞). ¶ 仗衞장위. ❸의지하다. 〔史記〕仗兵革之彊장병혁지강.
仗器(장기) 國적을 치거나 막는 데 쓰는 모든 기구. 武器(무기).
仗衞(장위) 무기를 들고 시위(侍衞)함.
仗義(장의) 정의(正義)로써 일을 행함.
◧ 器仗기장, 兵仗병장.

3 ⑤【仟】 일천 천 先

인명 ㊥qiān ㊐セン

초서 자해 ❶일천. ※'千'의 갖은자. 〔漢書〕有仟伯之得유천백지득. ❷천 사람의 우두머리. ❸두둑에 난 길. ≒阡. 〔漢書〕開仟伯개천맥.
仟伯(❶천백 ❷천맥) ❶천전(千錢)과 백전(百錢). ❷밭 사이로 난 길. '仟'은 남북으로 난 길, '伯'은 동서로 난 길.
仟佰(천백) 천 사람의 우두머리와 백 사람의 우두머리.

3 ⑤【他】 1 다를 타 歌 2 겹칠 타 箇

중학 인명 5급 ㊥tā, tuó ㊐タ

필순 丿 亻 仁 仲 他

초서 자원 形聲. 人+也→他. '也(야)'가 음을 나타낸다.

자해 1 ❶다르다. 〔孟子〕王顧左右而言他왕고좌우이언타. ❷남, 골육(骨肉) 이외의 사람. 〔詩經〕兄弟匪他형제비타. ❸두 마음, 부정(不正). 〔詩經〕之死矢靡他지사시미타. 2 겹치다, 겹쳐 쌓이는 모양. ¶ 他他.
他界(타계) ①다른 세계. ②사람의 죽음.
他端(타단) 다른 생각. 다른 수단(手段).
他力(타력) ①남의 힘. ②부처나 보살의 능력.
他門(타문) ①다른 문. ②혈통이 다른 남의 집안. 남의 가문(家門). ③(佛)다른 종파.
他山之石(타산지석) 다른 산에서 나는 나쁜 돌도 자기 옥(玉)을 가는 데는 쓸모가 있음. 모범이 되지 않는 남의 언행(言行)도 나의 지식과 인격을 닦는 데 도움이 됨.
他殺(타살) 다른 사람이 죽임.
他愛(타애) 남을 사랑함. 자기의 이익보다 남의 이익이나 행복을 꾀함. 愛他(애타).
他言(타언) ①다른 말. 그 밖의 다른 말. ②남에게 말함. 누설(漏說)함.
他律(타율) 자신의 의지와 관계없이 정해진 원칙이나 규율에 따라 움직이는 일.
他意(타의) ①다른 생각. 다른 마음. ②다른 사람의 생각이나 의견.
他人(타인) 남. 다른 사람.
他人所視(타인소시) 남이 보는 바. 남이 보기에 감출 수 없음.
他地(타지) 다른 지방이나 지역.
他薦(타천) 남이 추천함.
他出(타출) 밖에 나감. 外出(외출).
他他(타타) 짐승이 많이 죽어 있는 모양.
他鄕(타향) 자기 고향이 아닌 고장.
◧ 其他기타, 排他배타, 利他이타, 自他자타, 出他출타.

4 ⑥【仮】 假(87)의 속자

人 4획

4 ⑥【价】 착할 개 卦

인명 2급 ㊥jiè ㊐カイ

소전 초서 자해 ❶착하다. 〔詩經〕价人維藩개인유번. ❷갑옷을 입은 사람. ¶ 价人개인.

价人(개인) ①갑옷을 입은 사람. 주대(周代)에 군사(軍事)를 맡은 높은 벼슬아치. ②착한 사람. 훌륭한 사람. ③덕이 있는 사람.

4 ⑥【件】 사건 건 銑

고등 인명 5급 ㊥jiàn ㊐ケン

필순 丿 亻 亻 仁 仵 件

초서 자원 會意. 人＋牛→件. 큰 짐승인 소〔牛〕는 나누기 쉽기 때문에 '나누다' 라는 뜻으로 쓰였다.

자해 ❶사건. ❷건. 사물의 수를 세는 말. 〔舊唐書〕所斷罪二十件以上소단죄이십건이상.

件件(건건) 가지가지. 이 일 저 일.
件名(건명) 일·문건의 이름.
件數(건수) 사건의 수.
◨ 物件물건, 事件사건, 要件요건, 用件용건, 條件조건.

4 ⑥【伋】 속일 급 緝

인명 ㊥jí ㊐キュウ

소전 초서 자해 ❶속이다. ¶ 伋伋급급. ❷사람 이름. 공자(孔子)의 손자인 자사(子思)의 이름.

伋伋(급급) 속이는 모양.

4 ⑥【企】 꾀할 기 寘 紙

고등 인명 3Ⅱ급 ㊥qǐ ㊐キ

필순 丿 人 个 个 企 企

소전 초서 자원 會意. 人＋止→企. '止(지)' 는 발〔足〕을 뜻한다. 사람이 발돋움하여 멀리 바라본다는 뜻을 나타낸다.

자해 ❶꾀하다, 계획하다. 〔唐書〕可以企之가이기지. ❷발돋움하다. 〔漢書〕日夜企而望歸일야기이망귀.

企及(기급) ①이루고자 꾀함. 얻어지기를 원함. ②꾀하여 이룸. 성취함.
企待(기대) 일이 이루어지기를 바라고 기다림.
企圖(기도) 일을 이루려고 꾀함.
企望(기망) 발돋움해 바라봄. 성취되기를 원하고 바람. 希望(희망).
企業(기업) 영리(營利)를 얻기 위하여 재화나 용역을 생산하고 판매하는 조직체.
企踵(기종) 발돋움하여 바라봄. 애타게 바람.
企劃(기획) 일을 꾀하여 계획함.
◨ 仰企앙기, 延企연기.

4 ⑥【伎】 ①재주 기 紙 ②천천할 기 支

인명 1급 ㊥jì, qí ㊐キ

소전 초서 자해 ①❶재주. ≒技. 〔書經〕無他伎무타기. ❷광대, 배우. 〔唐書〕歌者名姝異伎가자명주이기. ②천천하다. 〔詩經〕惟足伎伎유족기기.

伎巧(기교) 솜씨가 아주 묘함. 技巧(기교).
伎伎(기기) 느릿느릿 걷는 모양.

4 ⑥【仿】 ①헤맬 방 陽 ②비스름할 방 養

㊥páng, fǎng ㊐ホウ

소전 초서 자해 ① 헤매다, 떠돌다. 〔國語〕屛營仿偟於山林之中병영방황어산림지중. ②❶비스름하다. 〔淮南子〕叫呼仿佛규호방불. ❷본뜨다. ≒倣. ¶ 仿古방고.

仿古(방고) ①고인(古人)의 작품을 모방함. ②고식(古式)을 본뜸.
仿佛(방불) ①비슷함. ②그윽이 보이는 모양.
仿佯(방양) 일 없이 이리저리 돌아다니는 모양. 彷徉(방양).
仿效(방효) 본뜸. 모방함. 倣效(방효).

4 ⑥【伐】 칠 벌 月

중학 인명 4Ⅱ급 ㊥fá ㊐バツ

필순 丿 亻 仁 代 伐 伐

소전 초서 자원 會意. 人＋戈→伐. 창〔戈〕으로 사람〔人〕의 목을 친다는 데서 '치다' 의 뜻을 나타낸다.

자해 ❶치다, 적을 공격하다. 〔孟子〕武王伐紂무왕벌주. ❷베다, 끊다. 〔春秋左氏傳〕遂伐其木수벌기목. ❸뽐내다, 자랑하다. 〔論語〕願無伐善원무벌선.

伐柯(벌가) 도끼자루감을 도끼로 벰. ㉠진리는 눈앞에 있는 것이니 먼 데서 구할 것이 아님. ㉡어진 사람을 맞아들이는 데는 어진 사람이 가야 함. ㉢혼인에는 중매가 있어야 함.
伐氷(벌빙) 얼음장을 떠냄.
伐善(벌선) 자기의 선행을 뽐냄. 자기의 장점을 자랑함.

人 4획

伐採(벌채) 나무를 베어 내거나 섶을 깎아 냄.
伐草(벌초) 무덤의 풀을 베어서 깨끗이 함.
◨ 攻伐공벌, 濫伐남벌, 征伐정벌, 討伐토벌.

4 ⑥ **【伏】** ① 엎드릴 복 屋 ② 길 복 職

중학 인명 4급 ㊥fú ㊐フク

필순 ノ 亻 仁 什 伏 伏

소전 초서 자원 會意. 人+犬→伏. 개〔犬〕가 사람〔人〕의 곁에서 눈치를 살핀다는 데서 '살피다, 엿보다'의 뜻을 나타낸다.

자해 ① ❶**엎드리다**. 〔禮記〕 寢毋伏침무복. ❷**숨다, 감추다**. 〔詩經〕 潛雖伏矣잠수복의. ❸**굴복하다, 복종하다**. ≒服. 〔史記〕 四人慙伏사인참복. ❹**절후**. 음력 6월의 절기. 하지(夏至) 뒤의 셋째 경일(庚日)을 초복(初伏), 넷째 경일(庚日)을 중복(中伏), 입추(立秋) 뒤의 첫째 경일(庚日)을 말복(末伏)이라 한다. ② **기다**. ≒匐. 〔春秋左氏傳〕 飮冰以蒲伏음빙이포복.

伏乞(복걸) 엎드려 빎. 간절히 빎.
伏匿(복닉) 숨음. 세상을 피함. 伏隱(복은).
伏櫪(복력) 말이 마구간에 누워 있음. 사람이 뜻을 펴지 못하고 있음의 비유.
伏龍(복룡) 숨어 있는 용(龍). 세상에 알려지지 않은 큰 인물. 潛龍(잠룡).
伏流(복류) 땅속으로 스며서 흐르는 물.
伏魔殿(복마전) ①악마가 숨어 있는 곳. ②나쁜 일을 꾀하는 무리들이 모여 있는 곳.
伏望(복망) 웃어른의 처분을 삼가 바람.
伏法(복법) 법에 따라 형벌을 받음.
伏兵(복병) 적병을 기습하기 위해 군사를 숨기어 둠. 또는 그 군사.
伏暑(복서) ①복더위. 음력 6월의 더위. ②더위를 먹음. 飮暑(음서).
伏線(복선) ①뒷일에 대비하여 미리 남모르게 베푸는 준비. ②소설·희곡 따위에서, 뒤에 일어날 일을 미리 슬쩍 비쳐 두는 서술.
伏謁(복알) 높은 사람을 엎드려 뵘.
伏願(복원) 웃어른께 삼가 원함.
伏惟(복유) 삼가 생각하옵건대.
伏藏(복장) ①엎드려 숨음. ②깊이 감추어 둠. ③(佛)불상의 가슴 속에 금·은·칠보(七寶) 따위를 넣는 일.
伏在(복재) 드러나지 않고 숨어 있음. 잠복하여 있음.
伏節(복절) 절개를 굽히지 않고 굳게 지킴.
伏罪(복죄) ①죄상(罪狀)에 따라 법(法)의 조처를 받음. ②아직 발각되지 않은 죄.
伏奏(복주) 삼가 아룀.
伏誅(복주) 형벌에 복종하여 죽음.
伏祝(복축) 삼가 축원함.
伏虎(복호) ①엎드려 도사리고 있는 범. ②요강. 虎子(호자).
伏羲(복희) 전설상의 임금. 처음으로 백성에게 고기잡이·사냥·목축(牧畜) 등을 가르치고 8괘(卦)를 만들었다고 함.
◨ 屈伏굴복, 埋伏매복, 三伏삼복, 潛伏잠복, 降伏항복.

4 ⑥ **【仳】** ① 떠날 비 紙 ② 추할 비 支

㊥pǐ, pí ㊐ヒ

소전 자해 ① **떠나다**. 〔詩經〕 有女仳離유녀비리. ② **추하다**.

仳離(비리) 이별함. 仳別(비별).
仳倠(비휴) 못생긴 여자. 醜女(추녀).

4 ⑥ **【伜】** 倅(84)의 속자

4 ⑥ **【仰】** ① 우러를 앙 養 ② 믿을 앙 漾

중학 인명 3Ⅱ급 ㊥yǎng, áng ㊐ギョウ

필순 ノ 亻 亻 仰 仰 仰

소전 초서 자원 會意·形聲. 人+卬→仰. '卬(앙)'이 음을 나타낸다. '卬'은 왼쪽에 서 있는 사람을 무릎을 꿇은 오른쪽 사람이 바라보고 있는 모양이다.

자해 ① ❶**우러르다**. 〔易經〕 仰以觀於天文앙이관어천문. ❷**존경하는 마음을 가지다**. 〔孟子〕 仰足以事父母앙족이사부모. ❸**믿다**. ¶ 信仰신앙. ❹**분부, 명령**. ¶ 仰議앙의. ② **믿다, 의지하다**.

仰告(앙고) 우러러 고함. 우러러 바람.
仰企(앙기) 소원이 이루어지기를 간절히 바람.
仰毒(앙독) 독약(毒藥)을 마심. 仰藥(앙약).
仰望(앙망) ①존경하는 마음으로 우러러봄. ②희망이 실현되기를 우러러 바람.
仰望不及(앙망불급) 우러러 바라보아도 미치지 못함.
仰眄(앙면) 우러러 쳐다봄. 仰瞻(앙첨).
仰慕(앙모) 우러러 그리워함.
仰俯(앙부) 쳐다봄과 굽어봄.
仰釜日影(앙부일영) 해의 그림자로 시간을 측정하는 해시계. 仰釜日晷(앙부일구).
仰羨(앙선) 우러러 바라보며 부러워함. 사모하고 동경함.
仰首伸眉(앙수신미) 머리를 쳐들고 눈썹 사이를 활짝 폄. 당당하여 굽히지 않는 모양.
仰議(앙의) 조정에서 의논함.

仰帳(앙장) 천장이나 상여 위에 치는 장막.
仰止(앙지) 우러러 사모함. 우러러봄.
仰天俯地(앙천부지) ①하늘을 우러러보고 땅을 굽어봄. ②마음에 부끄러움이 없음.
仰天而唾(앙천이타) 하늘에 침 뱉기. 남을 해치려다가 도리어 자기가 해를 입게 됨.
仰天祝手(앙천축수) 하늘을 쳐다보며 빎.
仰祝(앙축) 우러러 축하함.
仰欽(앙흠) 우러르며 흠모(欽慕)함.
◨ 信仰신앙, 推仰추앙.

人 4획

4 ⑥【仵】 짝 오 ㊤麌

㊥wǔ ㊐ゴ

자해 **❶짝, 상대(相對). ❷거스르다, 어긋나다.** 〔管子〕不慮則仵於物矣불허즉오어물의. **❸검시(檢屍)하다.** ¶ 仵作오작.
仵逆(오역) 거스름. 상충(相衝)함.
仵作(오작) 검시하는 일을 맡은 관속(官屬).

4 ⑥【伍】 대오 오 ㊤麌

인명 1급 ㊥wǔ ㊐ゴ

소전 초서 자해 **❶대오, 편성된 대열.** 〔孟子〕一日而三失伍일일이삼실오. **❷조(組), 다섯 사람을 1조로 한 단위.** 〔春秋左氏傳〕先偏後伍선편후오. **❸동지, 한동아리.** 〔史記〕生乃與噲等爲伍생내여쾌등위오. **❺다섯.** ※ '五'의 갖은자.
伍伯(오백) 군대에서 다섯 사람이 한 무리를 이루는 오(伍)의 우두머리.
伍列(오열) 군대의 대열(隊列).
伍長(오장) ①주대(周代)의 제도로, 군졸 다섯 사람의 우두머리. ②송대(宋代)의 제도로, 다섯 집의 우두머리.
◨ 軍伍군오, 落伍낙오, 隊伍대오.

4 ⑥【伊】 저 이 ㊥支

인명 2급 ㊥yī ㊐イ

소전 초서 자해 **❶저, 그.** 사람을 가리키는 대명사. 〔世說新語〕汝兄自不如伊여형자불여이. **❷이.** 발어사. '是'와 같은 뜻으로 쓰인다. 〔漢書〕伊年暮暮이년모모. **❸㊊이탈리아의 약칭.**
伊皐(이고) 은(殷) 탕왕(湯王) 때의 어진 재상인 이윤(伊尹)과 요(堯)임금 때의 어진 재상인 고요(皐陶). 어진 재상이나 신하의 비유.
伊霍之勳(이곽지훈) 이윤(伊尹)과 곽광(霍光)의 공훈. 나라를 위하여 무도한 임금을 몰아낸 공적. 故事 은(殷)의 재상 이윤(伊尹)이 태갑(太甲)을 동궁(桐宮)으로 내쫓아 악행을 고치게 한 뒤에 다시 제위(帝位)에 복귀시킨 일과, 한(漢)의 곽광(霍光)이 창읍왕(昌邑王) 하(賀)를 폐(廢)하고 선제(宣帝)를 세운 고사에서 온 말.
伊呂(이려) 은(殷)의 이윤(伊尹)과 주(周)의 여상(呂尙). 임금을 보필하는 중신(重臣). 伊望(이망).
伊尹(이윤) 중국 은나라의 이름난 재상. 탕왕(湯王)을 도와 하나라의 걸왕(桀王)을 멸망시키고 선정을 베풀었다고 함.

4 ⑥【任】 1맡길 임 ㊥沁 2맞을 임 ㊥侵

고등 인명 5급 ㊥rèn ㊐ニン

필순 ノ 亻 亻 仁 仟 任

소전 초서 자원 形聲. 人+壬→任. '壬(임)'이 음을 나타낸다.

자해 1 **❶맡기다.** 〔書經〕任賢勿貳임현물이. **❷맡은 일, 직무(職務).** 〔論語〕仁以爲己任인이위기임. **❸마음대로.** 〔晉書〕縱任不拘종임불구. **❹능하다.** 〔戰國策〕是大王籌策之臣無任矣시대왕주책지신무임의. 2 **❶맞다.** 〔春秋左氏傳〕衆怒難任중노난임. **❷지다, 책임을 맡다.** 〔詩經〕我任我輦아임아련. **❸짐, 부담.** 〔孟子〕門人治任將歸문인치임장귀.
任官(임관) 관직에 임명됨.
任期(임기) 임무를 맡아보는 일정한 기간.
任器(임기) ①그 사람의 기량(器量)에 맡김. ②일상(日常)에 쓰는 잡다한 기물.
任達(임달) 제멋대로 굶. 제 마음대로 행동함.
任大責重(임대책중) 임무(任務)가 크고 책임이 무거움.
任免(임면) 임명과 해임.
任命(임명) ①직무를 맡김. ②운명에 맡김.
任務(임무) 맡은 일.
任放(임방) 예법(禮法)을 버리고 마음대로 행동함. 방자하게 행동함.
任負(임부) ①짐. 짊어짐. 책임을 맡음. ②무거운 짐을 실음.
任事(임사) ①일을 시킴. ②일에 종사함.
任用(임용) 직무를 맡기어 사람을 씀.
任員(임원) 어떤 단체에 소속하여 그 단체의 중요한 일을 맡아보는 사람.
任意(임의) 일정한 기준이나 원칙 없이 하고 싶은 대로 함.
任子(임자) 높은 관직에 있는 아버지의 힘으로 그 아들이 벼슬자리에 오르는 일.
任縱(임종) 제멋대로 함. 放縱(방종).
任重道遠(임중도원) 등에 진 물건은 무겁고 길

은 멂. 선비의 책임이 중대함.
任地(임지) 임무를 받아 근무하는 곳.
任天(임천) 하늘에 맡김.
◨ 兼任겸임, 擔任담임, 放任방임, 赴任부임, 辭任사임, 選任선임, 所任소임, 信任신임, 委任위임, 在任재임, 專任전임, 責任책임, 退任퇴임.

4 ⑥【伝】 傳(94)의 속자

4 ⑥【仲】 버금 중 送

고등 인명 3Ⅱ급 ㊥zhòng ㊐チュウ

필순 ノ 亻 亻 仲 仲 仲

소전 초서 자원 會意·形聲. 人＋中→仲. '中(중)'이 음을 나타낸다. 여기에 '人'을 덧붙여 형과 아우의 사이인 '둘째'의 뜻을 나타낸다.

자해 ❶**버금, 둘째.** 〔詩經〕伯氏吹壎백씨취훈, 仲氏吹篪중씨취지. ❷**가운데.** ≒中. 〔淮南子〕太陰在四仲태음재사중. ❸國**거간, 중개.** ¶ 仲媒중매.

仲介(중개) 당사자(當事者) 사이에 서서 일을 주선하는 일. 거간.
仲尼(중니) 공자(孔子)의 자(字).
仲媒(중매) 결혼이 이루어지도록 중간에서 소개하는 일.
仲陽(중양) 음력 2월. 仲春(중춘).
仲子(중자) 둘째 아들. 次男(차남).
仲裁(중재) 분쟁에 끼어들어 쌍방을 화해시킴.
仲秋(중추) 음력 8월. 仲商(중상).
仲秋節(중추절) 추석을 명절로 이르는 말.
◨ 伯仲백중.

4 ⑥【仺】 倉(85)의 고자

4 ⑥【伉】 ①짝 항 本강 漾 ②정직할 항 本강 陽

인명 ㊥kàng, gāng ㊐コウ

소전 초서 자해 ①❶**짝.** 〔春秋左氏傳〕非伉儷也비항려야. ❷**굳세다.** 〔漢書〕選伉健習騎射者皆從軍선항건습기사자개종군. ❸**맞서다, 대적하다.** ≒抗. 〔戰國策〕天下莫之能伉천하막지능항. ②**정직하다.** 〔宋史〕爲人簡伉위인간항.

伉健(항건) 힘이 세고 몸이 튼튼함.
伉儷(항려) 남편과 아내. 배우자.
伉禮(항례) 존비(尊卑)의 차등을 두지 않음. 대등(對等)한 예(禮)로 대함.
伉直(항직) 의리를 굽히지 아니하고 정직함.

4 ⑥【会】 會(601)의 속자

4 ⑥【休】 쉴 휴 尤

중학 인명 7급 ㊥xiū, xǔ ㊐キュウ

필순 ノ 亻 亻 什 休 休

소전 초서 자원 會意. 人＋木→休. 사람〔人〕이 나무〔木〕 그늘 밑에 있는 모양에서 '쉬다'라는 뜻을 나타낸다.

자해 ❶**쉬다.** 〔春秋左氏傳〕吾乃休吾民矣오내휴오민의. ❷**그치다, 그만두다.** 〔杜甫·詩〕官應老病休관응로병휴. ❸**휴가.** 〔後漢書〕長休百日장휴백일. ❹**아름답다, 크다, 좋다.** 〔書經〕俟天休命사천휴명. ❺**기쁨, 행복.** 〔國語〕以承天休이승천휴.

休暇(휴가) 직장·학교·군대 따위에서 일정한 기간 동안 쉬는 일.
休嘉(휴가) 좋은 일. 즐거운 일.
休刊(휴간) 신문·잡지 등의 정기 간행물을 한동안 발행하지 않고 쉬는 일.
休講(휴강) 계속되는 강의를 한때 쉼.
休憩(휴게) 어떤 일을 하다가 잠깐 동안 쉼.
休耕(휴경) 농사짓던 땅을 얼마 동안 묵힘.
休慶(휴경) 기쁜 일. 慶事(경사).
休館(휴관) 도서관·미술관·박물관 따위의 업무를 하루 또는 한동안 쉼.
休光(휴광) ①훌륭한 공훈. 休烈(휴열). ②아름다운 빛.
休校(휴교) 학교가 수업과 업무를 한동안 쉼.
休咎(휴구) 기쁜 일과 언짢은 일. 행복과 재앙.
休德(휴덕) 훌륭한 덕. 善德(선덕).
休圖(휴도) 좋은 계책.
休眠(휴면) 쉬고 활동을 하지 않음.
休明(휴명) 훌륭하고 명백함.
休沐(휴목) 관리의 휴가. 한대(漢代)에는 5일마다 하루씩, 당대(唐代)에는 10일에 하루씩 집에 돌아가 목욕하는 것을 허락하였음. 休浴(휴욕).
休務(휴무) 늘 하던 일을 하루나 한동안 쉼.
休問(휴문) ①좋은 소식. ②좋은 명성.
休祥(휴상) 행운(幸運). 吉祥(길상).
休息(휴식) 하던 일을 멈추고 잠깐 동안 쉼.
休神(휴신) 정신을 쉬게 함. 마음을 편안하게 함. 休心(휴심).
休養(휴양) 편히 쉬면서 심신을 건강하게 함.
休偃(휴언) 쉼. 휴식함.

休業(휴업) 학업이나 영업을 얼마 동안 쉼.
休日(휴일) 쉬는 날.
休戰(휴전) 교전국이 합의하여 전쟁을 얼마 동안 멈추는 일.
休兆(휴조) 좋은 징조. 吉兆(길조).
休紙(휴지) 못 쓰게 된 종이.
休職(휴직) 일정한 기간 동안 직무를 쉼.
休診(휴진) 병원에서 진료를 쉼.
休妻(휴처) 아내와 이혼함. 休棄(휴기).
休戚(휴척) ①기뻐하기도 하고 슬퍼하기도 함. ②기쁜 일과 슬픈 일. 休慼(휴척).
休致(휴치) 늙어서 그 직(職)을 그만둠. 休官致仕(휴관치사).
休學(휴학) 학생이 일정 기간 동안 학교를 쉬는 일.
休會(휴회) 하던 회의를 멈추고 잠깐 쉼.
休休(휴휴) ①도(道)를 즐겨 마음 편안히 지내는 모양. ②마음이 너그러운 모양. ③아름답고 큰 모양. ④검소(儉素)한 모양.
◨ 公休日공휴일, 連休연휴.

5 ⑦【伽】 절 가 麻

인명 2급 ㊥qié ㊐カ, ガ

초서 자해 **절.** 범어(梵語) 'ka, ga, gha'의 음역자(音譯字).
伽藍(가람) (佛)절. 불도(佛道)를 수업(修業)하는 곳. 僧伽藍摩(승가람마).
伽倻琴(가야금) 우리나라 고유 현악기의 하나. 신라 진흥왕 때 악사(樂師) 우륵(于勒)이 만들었으며, 판은 오동나무이고 줄이 12개임.

5 ⑦【估】 값 고 麌

㊥gū, gù ㊐コ

초서 자해 **❶값.** 〔新唐書〕乃高鹽價내고염가, 賤帛估천백고. **❷매매하다, 흥정하다.** 〔論語〕估之哉我待賈者也고지재아대고자야. **❸상인.** 〔北史〕商估交入상고교입.
估價(고가) 값. 價格(가격).
估客(고객) 상인(商人).
估計(고계) 가격·수량을 어림잡음. 계산을 함.

5 ⑦【佝】 ① 꼽추 구 ㊍후 宥 ② 거리낄 구 麌

㊥kòu, gōu, jū ㊐コウ

소전 초서 자해 ① **❶꼽추.** 〔列子〕佝僂承蜩구루승조. **❷어리석다.** =怐. ¶ 佝瞀구무. ② **거리끼다.** ≒拘.
佝僂(구루) ①곱사등이. ②노쇠(老衰)하거나 쇠약하여 등이 앞으로 굽은 모양.
佝瞀(구무) 어리석음. 몽매함.

5 ⑦【佞】 아첨할 녕 徑

㊥nìng ㊐ネイ

소전 초서 자해 **❶아첨하다.** 〔論語〕惡夫佞者악부녕자. **❷재능(才能), 영리함.** 〔國語〕夷吾不佞이오불녕. **❸변재(辯才), 구재(口才).** 〔書經〕非佞折獄비녕절옥, 惟良折獄유량절옥. **❹위선(僞善).** 〔國語〕佞之見佞녕지견녕.
佞姦(영간) 간사하고 마음이 바르지 못함. 또는 그런 사람. 佞奸(영간). 奸佞(간녕).
佞媚(영미) 아첨함. 또는 그 사람.
佞辯(영변) 아첨하는 말솜씨가 좋음. 또는 그런 말. 佞口(영구). 佞舌(영설).
佞人(영인) 간사한 사람.
佞才(영재) 구변이 좋아 남에게 아첨하는 재주가 있음.
佞幸(영행) 말재주로써 임금의 사랑을 얻음. 또는 그 사람. 佞倖(영행).
◨ 奸佞간녕, 不佞불녕, 便佞편녕.

5 ⑦【伱】 너 니 紙

㊥nǐ ㊐ジ

동자 你 자해 **너.**

5 ⑦【你】 伱(62)와 동자

5 ⑦【但】 다만 단 旱 翰

중학 인명 3Ⅱ급 ㊥dàn ㊐タン

필순 丿 亻 亻 仴 伯 但 但

소전 초서 자원 形聲. 人+旦→但. '旦'이 음을 나타낸다.
자해 **❶다만. ㉮단지. ㉯오로지. ㉰겨우, 가까스로.** 〔史記〕但見老弱及羸畜단견로약급리축. **❷부질없이, 헛되이. ❸속이다.**
但書(단서) 본문 다음에 '但' 자를 쓰고, 조건이나 예외를 밝히는 글.
但只(단지) 다만.

5 ⑦【伶】 영리할 령 靑

인명 ㊥líng ㊐レイ

소전 초서 자해 **❶영리하다, 똑똑하다.** ≒怜. **❷외로움. ❸음악사(音樂師), 배우(俳優). 〔唐書〕 制新曲제신곡, 教女伶교여령.
伶官(영관) 음악을 연주하는 벼슬아치. 황제(黃帝) 때 영윤(伶倫)이 악관(樂官)이 된 후부터 영 씨(伶氏)가 대대로 음악을 맡은 데서 온 말. 樂官(악관).
伶俐(영리) 눈치가 빠르고 똑똑함. 怜悧(영리).
伶俜(영빙) ①외로운 모양. ②헤매는 모양. ③영락(零落)한 모양.
伶牙俐齒(영아이치) 말솜씨가 좋음.
伶樂(영악) 음악.
伶優(영우) 배우(俳優).

5 ⑦【伴】 짝 반 旱 翰

고등 인명 3급 ㊥bàn, pàn ㊐ハン

필순 ノ 亻 亻' 亻' 亻 伫 伴

소전 초서 자원 形聲. 人+半→伴. '半(반)'이 음을 나타낸다.

자해 ❶짝, 동무. 〔楚辭〕 又何以爲此伴也우하이위차반야. ❷따르다, 모시다. ¶ 隨伴수반. ❸한가한 모양, 느긋한 모양. 〔詩經〕 伴奐爾游矣반환이유의. ❹광대한 모양. ¶ 伴奐반환.

伴倘(반당) 國①서울 각 관청에서 부리던 사환. ②중국에 가는 사신(使臣)이 자비(自費)로 데리고 가던 종자(從者).
伴侶(반려) ①짝이 되는 친구. 짝. ②육조(六朝) 때 제(齊)나라의 음악.
伴送(반송) ①다른 물건에 끼워서 함께 보냄. ②시중 드는 사람을 딸려 보냄.
伴食(반식) 주빈(主賓)과 더불어 음식 대접을 받음. 무능한 관리를 비웃어 이르는 말.
伴奏(반주) 노래나 기악의 연주를 도와 다른 악기를 연주함.
伴行(반행) 길을 같이 감. 同行(동행).
伴奐(반환) ①광대(廣大)하고 문채(文彩)가 있음. ②한가하게 즐김.
◨ 同伴동반, 隨伴수반.

5 ⑦【伯】 1 맏 백 陌 2 길 맥 陌 3 우두머리 패 禡

고등 인명 3Ⅱ급 ㊥bó, mò, bà ㊐ハク, ハ

필순 ノ 亻 亻' 亻' 伯 伯 伯

소전 초서 참고 인명용 음은 '백'이다.

자원 形聲. 人+白→伯. '白(백)'이 음을 나타낸다.

자해 1 ❶맏, 맏아들. 〔詩經〕 伯氏吹壎백씨취훈, 仲氏吹篪중씨취지. ❷우두머리, 지방의 장관(長官). 〔禮記〕 千里以外設方伯천리이외설방백. ❸일가(一家)를 이룬 사람. ¶ 畫伯화백. ❹작위, 오등작(五等爵)의 셋째. 2 길. 동서(東西)로 통하는 밭두둑 길. ≒陌. 〔管子〕 修封彊正千伯수봉강정천맥. 3 우두머리, 제후의 맹주(盟主). 〔荀子〕 穆公任之목지임지, 强配五伯六卿施강배오패륙경시.

伯樂(백락) ①별 이름. 천마(天馬)를 주관한다고 함. ②주대(周代)의 손양(孫陽). 말〔馬〕의 좋고 나쁨을 잘 감별하였다고 함. ③말에 관하여 밝음. ④말거간꾼.
伯樂一顧(백락일고) 백락이 한 번 돌아봄. ㉠명마(名馬)가 백락을 만나 그 가치를 인정받게 됨. ㉡인재가 훌륭한 임금이나 재상에게 인정받게 됨의 비유.
伯母(백모) 큰어머니.
伯父(백부) 큰아버지.
伯氏(백씨) 남의 맏형의 존칭.
伯牙絕絃(백아절현) 백아가 거문고 줄을 끊음. 나를 알아주는 친구. 故事 백아가 거문고를 타면 종자기(鍾子期)만이 그 소리를 알아주었는데, 종자기가 죽자 거문고 소리를 알아줄 사람이 없음을 슬퍼하고는, 거문고를 깨뜨리고 줄을 끊어 종신토록 타지 않았다는 고사에서 온 말.
伯夷叔齊(백이숙제) 백이와 숙제. 두 사람은 고죽군(孤竹君)의 두 아들로 아버지가 죽은 후 서로 왕위를 사양하다가 둘 다 나라를 떠나게 되었는데, 후에 주(周) 무왕(武王)이 상(商)을 칠 때 형제가 무왕의 말고삐를 잡고 신하의 도(道)가 아님을 간(諫)하였으나 듣지 않으므로, 주(周)의 녹(祿)을 먹기를 거부하고 수양산(首陽山)에 들어가 고사리를 캐어 먹으며 숨어 살다가 굶어 죽었음.
伯爵(백작) 오등작(五等爵)의 셋째. 후작(侯爵)의 아래.
伯仲(백중) ①맏형과 그 다음 형. ②서로 어금지금함. 伯仲之間(백중지간).
伯中叔季(백중숙계) 네 형제의 차례. '伯'은 맏이, '仲'은 둘째, '叔'은 셋째, '季'는 막내.
◨ 畫伯화백.

5 ⑦【体】 1 용렬할 분 阮 2 몸 체 薺

㊥bèn, tǐ ㊐ホン, タイ

자해 1 ❶용렬하다. ❷상여꾼. 〔資治通鑑〕 賜酒百斛사주백곡, 以飼体夫이사분부. 2 몸. ※ '體(1414)'의 속자.

体夫(분부) 상두꾼. 상여꾼.

人 5획

5 ⑦【佛】 부처 불 物

중학 인명 4Ⅱ급 ㊥fó ㊐ブツ

필순 丿亻仁仨仴佛佛

소전 초서 속자 仏 자원 形聲. 人+弗→佛. '弗(불)'이 음을 나타낸다.

자해 ❶부처. ❷불교. 〔韓愈·表〕佛者夷狄之一法耳불자이적지일법이. ❸비슷하다. ≒彿. 〔揚雄·賦〕仿佛其若夢방불기약몽. ❹現프랑스의 약칭.

佛家(불가) (佛)①불교를 믿는 사람, 또는 그들의 사회. ②불교의 사원(寺院).
佛偈(불게) (佛)부처를 찬미(讚美)하는 시. 대개 사구(四句)이기 때문에 사구게(四句偈)라고도 함.
佛經(불경) 불교의 경전.
佛曲(불곡) 불가(佛家)의 음곡(音曲).
佛骨(불골) 부처의 유골(遺骨). 舍利(사리).
佛供(불공) 부처 앞에 공양을 드림.
佛果(불과) (佛)불도 수행의 결과 얻게 되는 과보. 성불(成佛)의 증과(證果).
佛敎(불교) 기원전 5세기 무렵에 인도의 석가모니가 베푼 종교. 釋敎(석교).
佛國(불국) ①(佛)㉠부처가 있는 나라. 극락정토(極樂淨土). ㉡부처가 태어난 나라. 천축(天竺). ②프랑스(France). 佛蘭西(불란서).
佛壇(불단) 부처를 모셔 놓은 단.
佛徒(불도) 불교를 믿는 무리.
佛道(불도) ①부처의 가르침. 불법(佛法)의 도. ②國불과(佛果)에 이르는 길.
佛蘭西(불란서) 프랑스의 음역어(音譯語).
佛力(불력) 부처의 통력(通力).
佛老(불로) 석가(釋迦)와 노자(老子). 불가와 도가. 老佛(노불).
佛滅(불멸) (佛)부처의 입적(入寂).
佛鉢(불발) 부처 앞에 밥을 담아 올리는 굽이 달린 그릇.
佛法(불법) 부처가 말씀한 교법.
佛法僧(불법승) (佛)우주의 진리를 깨달은 불타(佛陀), 불타가 설한 교법(敎法), 교법을 따라 수행하는 승려의 삼보(三寶).
佛舍利(불사리) (佛)석가모니의 유골(遺骨). 佛沙利(불사리).
佛像(불상) 부처의 형상을 표현한 상.
佛說(불설) 부처의 설법(說法).
佛心(불심) ①자비스러운 부처의 마음. ②國깊이 깨달아 번뇌에 흐려지지 않는 마음.
佛緣(불연) 불교(佛敎)에의 인연.
佛鬱(불울) 근심·걱정으로 마음이 침울한 모양. 편안하지 않은 모양. 弗鬱(불울).
佛子(불자) ①부처의 제자. ②보살(菩薩)의 딴 이름. ③계(戒)를 받아 출가(出家)한 사람. ④일체 중생.
佛者(불자) ①석가모니. ②불도(佛道)의 수업자. 승려. 佛弟子(불제자).
佛殿(불전) 불상을 모신 집. 佛宇(불우).
佛錢(불전) 부처 앞에 바치는 돈.
佛祖(불조) 불교의 개조(開祖). 석가모니.
佛鐘(불종) 절간의 종.
佛陀(불타) 부처. 浮屠(부도).
佛土(불토) ①부처가 있는 극락정토(極樂淨土). ②부처가 교화(敎化)한 국토(國土).
佛號(불호) ①부처의 명호(名號). ②승려의 호. ③불문(佛門)에 들어간 사람의 호.

◨ 石佛석불, 成佛성불, 神佛신불, 念佛염불.

5 ⑦【伾】 힘셀 비 支

㊥pī ㊐ヒ

소전 자해 ❶힘세다, 힘 있는 모양. 〔詩經〕以車伾伾이거비비. ❷산 이름.

伾伾(비비) 강한 모양. 힘센 모양.

5 ⑦【似】 같을 사 紙

고등 인명 3급 ㊥sì ㊐ジ, シ

필순 丿亻亻亻亻似似

소전 초서 동자 佀 자원 形聲. 人+以→似. '以(이)'가 음을 나타낸다.

자해 ❶같다. 〔易經〕與天地相似故不違여천지상사고불위. ❷닮다. ¶ 似而非사이비. ❸잇다, 계승하다. 〔詩經〕似續妣祖사속비조.

似續(사속) 뒤를 이음. 대(代)를 이음.
似而非(사이비) 겉으로는 비슷하나 속은 완전히 다름.

◨ 近似근사, 相似상사, 類似유사, 恰似흡사.

5 ⑦【佀】 似(64)와 동자

5 ⑦【伺】 엿볼 사 寘支

인명 ㊥sì ㊐シ

소전 초서 자해 ❶엿보다. 〔史記〕使人微伺之사인미사지. ❷찾다, 방문하다. 〔韓愈·序〕伺候於公卿之門사후어공경지문.

伺窺(사규) 가만히 형편을 살핌.

伺隙(사극) 틈을 엿봄. 기회를 엿봄.
伺候(사후) ①동정을 엿봄. 탐색함. ②웃어른을 찾아서 문안함. 웃어른을 옆에서 받듦.

5 ⑦【伸】 펼 신 眞

고등 인명 3급 ㊥shēn ㊐シン

필순 ノ 亻 亻 仴 伸 伸 伸

소전 伸 초서 伸 자원 形聲. 人+申→伸. '申(신)'이 음을 나타낸다.

자해 ❶**펴다.** 〔易經〕引而伸之인이신지. ❷**풀다, 맺힌 것을 없애다.** ¶ 伸冤신원. ❸**기지개를 켜다.** 〔儀禮〕君子欠伸군자흠신.

伸理(신리) ①이치(理致)를 폄. 조리(條理)를 늘려서 펼침. ②現이유를 설명함.
伸冤(신원) ①가슴에 맺힌 원한을 풀어 버림. ②억울한 누명을 씻어 버림.
伸冤雪恥(신원설치) 마음에 맺힌 원한을 풀고 당했던 치욕(恥辱)을 씻어 원수를 갚음.
伸張(신장) 세력·권리 따위가 늘어남.
伸縮(신축) 늘고 줆. 늘이고 줄임.
伸欠(신흠) 기지개와 하품. 欠伸(흠신).
◨ 屈伸굴신, 追伸추신, 欠伸흠신.

5 ⑦【余】 나 여 魚

중학 인명 3급 ㊥yú ㊐ヨ

필순 ノ 人 亼 亼 仐 仐 余

소전 余 초서 余 자원 象形. 원시 시대에 나무 위에 세운 집 모양을 본뜬 글자이다.

자해 ❶**나, 자신(自身).** ≒予. 〔春秋左氏傳〕余嘉乃勳여가내훈. ❷**나머지.** ※餘(1394)의 속자. 〔周禮〕凡其余聚以待頒賜범기여취이대반사.

余輩(여배) 우리들.

5 ⑦【佑】 도울 우 宥 宥

인명 2급 ㊥yòu ㊐ユウ

초서 佑 자해 **돕다, 신령(神靈)이 비호하다.** 〔書經〕上天孚佑下民상천부우하민.

佑啓(우계) 도와서 계도(啓導)함.
佑命(우명) ①하늘의 도움. ②왕명(王命)을 실현하도록 도움.
佑助(우조) 도움. 輔佐(보좌). 輔弼(보필).
◨ 保佑보우, 神佑신우, 天佑神助천우신조.

5 ⑦【位】 자리 위 寘

중학 인명 5급 ㊥wèi ㊐イ

필순 ノ 亻 亻 亻 仁 仁 位

소전 位 초서 位 자원 會意. 人+立→位. 옛날 조정에서 신하는 임금의 앞에 좌우로 죽 벌여 섰는데, 그 서는 자리는 품계에 따라 정해져 있었다. 그 정해진 자리를 나타내는 글자이다.

자해 ❶**자리.** 〔周禮〕掌正王之服位장정왕지복위. ❷**임금의 지위.** 〔書經〕朕在位七十載짐재위칠십재. ❸**신분·관직의 등급.** 〔周禮〕惟王建國辨方正位유왕건국변방정위. ❹**수(數)의 경칭.** 사람의 수를 세는 경칭. ¶ 諸位제위.

位階(위계) ①벼슬의 품계. ②지위나 계층 따위의 등급.
位高(위고) 지위가 높음.
位高望重(위고망중) 지위가 높고 명망(名望)이 두터움.
位極人臣(위극인신) 신하로서 가장 높은 지위에 오름.
位祿(위록) 벼슬과 녹봉(祿俸). 位秩(위질).
位次(위차) 지위의 차례. 벼슬의 등급.
位置(위치) ①일정한 곳에 자리를 차지함. ②사회적으로 담당하고 있는 지위나 역할.
位牌(위패) 신주(神主)의 이름을 적은 나무패.
◨ 高位고위, 寶位보위, 兩位양위, 讓位양위, 爵位작위, 在位재위, 帝位제위, 卽位즉위, 地位지위, 職位직위, 簒位찬위, 體位체위, 廢位폐위, 品位품위.

5 ⑦【佚】 1 편안할 일 質 2 방탕할 질 本절 屑

인명 1급 ㊥yì, dié ㊐イツ, テツ

소전 佚 초서 佚 참고 인명용 음은 '일'이다.

자해 1 ❶**편안하다.** ≒逸. 〔孟子〕以佚道使民이일도사민, 雖勞不怨수로불원. ❷**숨다.** ≒逸. 〔荀子〕身不佚者志不廣신불일자지불광. 2 ❶**방탕하다, 들뜨다.** 〔論語〕樂佚遊락질유. ❷**서로, 번갈아.** ≒迭. 〔史記〕四國佚興사국질흥.

佚女(일녀) ①미인(美人). 美女(미녀). ②음탕한 여자. 淫女(음녀).
佚老(일로) ①세속을 떠나 은거하여 사는 노인. ②노인을 편하게 함.
佚民(일민) 세상에 나서지 않고 파묻히어 지내는 사람. 逸民(일민).
佚罰(일벌) ①실정(失政)한 벌(罰). ②벌할 것을 벌하지 못한 일.
佚宕(질탕) 번갈아 들면서 해(害)를 끼침.
佚蕩(질탕) 하는 짓이 들뜨고 실답지 않음. 하는 일이 자상하지 못하고 조잡함.

5 **【作】** ①지을 작 藥
⑦ ②만들 주 ㊍자 箇

중학 인명 6급 ㊥zuò ㊐サク, サ

필순 ノ イ イ' 亻 作 作 作

소전 초서 참고 인명용 음은 '작'이다.

자원 會意. 人+乍→作. '乍(사)'는 바느질하는 모습을 나타낸다. 여기서 '짓다'라는 뜻이 나왔다.

자해 ①❶**짓다.** 〔書經〕若作酒醴약작주례, 爾惟麴蘖이유국얼. ❷**처음으로 하다.** 〔論語〕述而不作술이부작. ❸**일어나다, 잠에서 깨다.** 〔管子〕夜寐蚤作야매조작. ❹**일어서다.** 〔論語〕雖少者必作수소자필작. ②**만들다.** =做.

作家(작가) 예술품을 창작하는 사람.
作客(작객) ①나그네가 됨. 손님 노릇을 함. ②말·행동 등을 삼가서 사양함.
作故(작고) ①선례(先例)를 만듦. ②國죽음.
作曲(작곡) 악곡을 지음.
作氣(작기) 원기(元氣)를 떨쳐 일으킴.
作鬧(작뇨) 소동을 일으킴. 起鬧(기뇨).
作黨(작당) 떼를 지음. 무리를 이룸.
作圖(작도) 도면을 만듦.
作動(작동) 기계 따위가 작용을 받아 움직임.
作力(작력) 일에 힘씀.
作名(작명) 이름을 지음.
作木(작목) 조선 때, 곡식 대신에 무명을 조세(租稅)로 받아들이던 일.
作文(작문) 글을 지음.
作文三上(작문삼상) 글을 짓는 데 골몰(汨沒)할 수 있는 가장 알맞은 세 가지 장소. 곧, 마상(馬上)·침상(枕上)·측상(厠上).
作物(작물) ①농작물(農作物). ②명공(名工)이 만든 도검(刀劍)·기물(器物) 따위.
作伴(작반) 길동무가 됨. 길동무를 삼음. 作侶(작려).
作坊(작방) 일터. 작업장(作業場).
作別(작별) 서로 헤어짐.
作事(작사) ①일을 만듦. 일을 일으킴. ②일을 함. ③집을 지음.
作詞(작사) 노랫말을 지음.
作善(작선) 착한 일을 함.
作成(작성) 원고·서류 따위를 만듦.
作心三日(작심삼일) 國작정한 마음이 사흘을 가지 못함. 결심이 굳지 못함.
作業(작업) 일을 함. 또는 그 일.
作用(작용) 어떠한 현상을 일으키거나 영향을 미침.
作俑(작용) 목우인(木偶人)을 만듦. 나쁜 전례(前例)를 만듦. 故事 옛날 장사 지낼 때 나무로 만든 인형을 시체와 함께 묻었는데 이로 인해 후세에 순사(殉死)의 풍습이 생겨났다는 데서 온 말.
作爲(작위) ①의식적인 의사(意思)에 의한 적극적인 행위. ②만듦. 만들어 냄. 인위(人爲)를 가함.
作者(작자) ①떠나는 사람. ②일을 행하는 사람. ③저작자(著作者).
作戰(작전) 어떤 싸움이나 일 등에 대한 조치나 방법을 세움.
作定(작정) 일을 어떻게 하기로 결정함.
作證(작증) 증거가 되게 함. 보증함.
作態(작태) ①의도적으로 어떠한 태도나 표정을 지음. ②하는 짓거리.
作弊(작폐) ①부정한 짓을 함. ②직권을 남용하여 사사로운 이익을 꾀함. ③폐단을 일으킴. 폐를 끼침.
作品(작품) ①만든 물품. ②예술 활동으로 얻어지는 제작물.
作風(작풍) 예술 작품에 나타난 작가의 독특한 개성이나 수법.
作嫌(작혐) 國서로 싫어하는 관계가 됨.
作況(작황) 농작물이 잘되고 못된 상황.
作興(작흥) ①일어남. ②기운이나 정신을 와짝 일어나게 함. 振興(진흥).

◨ 佳作가작, 改作개작, 巨作거작, 傑作걸작, 耕作경작, 工作공작, 近作근작, 動作동작, 拙作졸작, 豐作풍작, 合作합작, 凶作흉작.

5 **【佇】** 우두커니 저 語
⑦

인명 ㊥zhù ㊐チョ

소전 초서 동자 竚 자해 **우두커니.** 잠시 멈춰 서 있는 모양. 〔詩經〕佇立以泣저립이읍.

佇眷(저권) 멈추어 서서 뒤돌아봄.
佇念(저념) 멈추어 서서 생각함.
佇立(저립) 잠시 멈추어 섬.
佇想(저상) ①멈추어 서서 생각함. ②생각을 멈춤.

5 **【低】** 낮을 저 齊
⑦

중학 인명 4Ⅱ급 ㊥dī ㊐テイ

필순 ノ イ 亻 亻 仾 低 低

소전 초서 자원 形聲. 人+氏→低. '氏(저)'가 음을 나타낸다.

자해 ❶**낮다.** ¶ 低溫저온. ❷**숙이다, 머리를 숙이다.** 〔莊子〕據軾低頭거식저두, 不能出氣불능출기.

低價(저가) 헐한 값. 싼 값.
低減(저감) ①낮추어 줄임. ②값을 싸게 함.
低空(저공) 지면에 가까운 하늘.
低級(저급) 등급이 낮음. 낮은 등급.
低能(저능) 지능이 보통보다 낮음.
低頭(저두) ①머리를 숙임. ②머리를 숙여 경례(敬禮)함. ③두려워서 머리를 숙임. 머리를 숙이고 남에게 복종함.
低頭平身(저두평신) 머리를 숙이고 몸을 낮춤.
低廉(저렴) 값이 쌈.
低利(저리) 싼 이자.
低迷(저미) ①흐릿하여 똑똑하지 않은 모양. ②머리를 떨어뜨리고 서성거리는 모양. ③구름 따위가 낮게 떠도는 모양.
低俗(저속) 품위가 낮고 속됨.
低速(저속) 느린 속도.
低昻(저앙) 낮아졌다 높아졌다 함. 낮추었다 높였다 함. 低仰(저앙).
低劣(저열) 질이 낮고 용렬함.
低溫(저온) 낮은 온도.
低賃(저임) 낮은 임금.
低潮(저조) ①썰물. 干潮(간조). ②기세가 까라져 소침한 상태. ③질이 좋지 못한 은(銀).
低調(저조) ①낮은 가락. ②활동이나 감정 등이 가라앉아 식음.
低質(저질) 품질·품격이 낮음
低下(저하) 떨어져 낮아짐.
低回(저회) ①머리를 숙이고 사색(思索)에 잠겨 서성거림. ②공중에 낮게 떠서 빙빙 돎.
低回趣味(저회취미) 감정 · 사상 · 이상 따위를 바로 표현하지 않고 돌려서 표현하는 태도.
◨ 高低고저, 最低최저.

5 ⑦【佃】 밭 갈 전 先

인명 ㊥tián, diàn ㊐テン

소전 초서 자해 ❶밭을 갈다. 〔史記〕民雖不佃作而足於棗栗矣민수부전작이족어조률의. ❷소작인. 〔宋史〕訂其主佃정기주전. ❸사냥하다. ≒畋·田. 〔易經〕以佃以漁이전이어.
佃具(전구) 농사일에 쓰는 기구.
佃漁(전어) 사냥과 고기잡이.
佃作(전작) 경작함. 소작 농업에 종사함.
佃戶(전호) 남의 땅을 빌려 농사를 짓고 소작료를 지급하던 사람. 小作人(소작인).
◨ 耕佃경전, 並佃병전.

5 ⑦【佔】 볼 점 鹽

㊥zhàn ㊐テン

자해 ❶보다. 〔禮記〕今之教者금지교자, 呻其佔畢신기점필. ❷엿보다. ＝覘.
佔佔(점점) ①귓속말로 소곤소곤 이야기하는 모양. ②옷자락이 살랑살랑 움직이는 모양.
佔畢(점필) 책을 엿봄. 글을 읽기만 하고 그 뜻을 모름.

5 ⑦【征】 황급할 정 庚

인명 ㊥zhēng ㊐セイ
자해 황급하다, 황급한 모양.
征伀(정종) ①두려워서 허둥지둥함. ②허둥지둥 가는 모양.

5 ⑦【佐】 도울 좌 ㊍자 箇 哿

고등 인명 3급 ㊥zuǒ ㊐サ

필순 丿 亻 亻 仁 仕 佐 佐

초서 자원 會意·形聲. 人+左→佐. 본디 '左(좌)' 자가 '돕다'의 뜻이었으나 뒤에 '왼쪽'이라는 뜻으로 쓰이게 되면서 '人' 자를 덧붙여 '돕다'라는 의미를 나타내었다.
자해 ❶돕다. 〔周禮〕以佐王治邦國이좌왕치방국. ❷도움, 돕는 사람. 〔春秋左氏傳〕有伯瑕以爲佐유백하이위좌.
佐車(좌거) ①여벌로 따라가는 수레. 副車(부거). 貳車(이거). ②구역(驅逆)의 수레. 곧, 사냥에서 짐승을 몰아내는 수레와 기다렸다가 짐승을 잡는 수레.
佐理(좌리) 정치를 도와 나라를 다스림.
佐命(좌명) 천명(天命)을 받아 임금이 될 사람을 도움. 나라를 세우는 일을 도움.
佐書(좌서) 예서(隸書).
佐貳(좌이) 조선 때, 육조(六朝)의 참판(參判)과 참의(參議).
◨ 輔佐보좌, 王佐왕좌, 賢佐현좌.

5 ⑦【住】 살 주 遇

중학 인명 7급 ㊥zhù ㊐ジュウ

필순 亻 亻 亻 亻 什 住 住

초서 자원 形聲. 人+主→住. '主(주)'가 음을 나타낸다.
자해 ❶살다. 〔崔顥·行〕君家何處住군가하처주. ❷거처, 사는 집. 〔許渾·詩〕猶有漁人數家住유유어인수가주.
住家(주가) ①사는 집. 住宅(주택). ②現㉠며느리가 친정에 감. ㉡거처함.

人 5 획

住居(주거) 일정한 곳에 머물러 삶.
住民(주민) 일정한 지역에 살고 있는 사람.
住所(주소) 사람이 살고 있는 곳.
住持(주지) (佛)①세상에 안주(安住)하여 불법을 보지(保持)함. ②삼보(三寶)를 잘 지키는 사람. ③한 절의 주승(主僧). 住職(주직).
住止(주지) 한 곳에 머물러 삶.
住著(주착) 일정한 곳에 정착(定着)하여 삶.
住宅(주택) 사람이 사는 집.
◨ 居住거주, 常住상주, 安住안주, 移住이주.

5 ⑦ 【佌】 작을 차 紙

㊥cǐ ㊐シ

자해 **작은 모양.** 〔詩經〕 佌佌彼有屋차차피유옥.
佌佌(차차) ①작은 모양. ②늘어선 모양.

5 ⑦ 【佗】 1다를 타 歌 2입을 타 哿 3아름다울 이 支

㊥tuō, tuò, yí ㊐タ

소전 초서 자해 1**다르다.** 〔呂氏春秋〕 況於佗物乎황어타물호. 2**입다, 무릅쓰다.** 〔史記〕 醮酒佗髮초주타발. 3**아름답다.** 〔詩經〕 委委佗佗위위이이.
佗髮(타발) 머리를 흐트러뜨림.
佗負(타부) 등에 짊어짐.
佗佗(타타·이이) 덕(德) 또는 용모가 아름답고 누긋한 모양.

5 ⑦ 【佈】 펼 포 遇

인명 ㊥bù ㊐ホ

초서 자해 ❶**펴다.** ❷**퍼뜨리거나 알리다.**
佈告(포고) ①일반에게 널리 알림. ②국가의 결정 의사를 공식적으로 널리 알림.

5 ⑦ 【佖】 점잖을 필 質

인명 ㊥bì ㊐ヒツ

소전 자해 **점잖다, 위의(威儀)가 있다.** 〔詩經〕 威儀佖佖위의필필.

5 ⑦ 【何】 어찌 하 歌

중학 인명 3Ⅱ급 ㊥hé ㊐カ

필순 丿 亻 亻 仁 仃 何 何

소전 초서 자원 象形. 본디 사람이 물건을 짊어지고 있는 것을 본뜬 글자. '어찌, 무엇'이라는 뜻은 뒤에 가차된 것이고, '짊어지다'라는 뜻은 발음이 비슷한 '荷(하)' 자를 쓰게 되었다.

자해 ❶**어찌.** ㉮**의문.** 〔孟子〕 許子何不爲陶冶허자하불위도야. ㉯**감탄.** 〔論語〕 何其多能也하기다능야. ㉰**반어(反語).** 〔論語〕 何敢望回하감망회. ❷**무엇.** ㉮**어느 것.** 〔論語〕 吾何執오하집, 執御乎집어호, 執射乎집사호. ㉯**누구.** 〔孟子〕 何事非君하사비군, 何使非民하사비민. ㉰**어디.** ❸**얼마, 어느 정도.** 〔史記〕 居無何거무하, 使者果召參사자과소참.
何故(하고) 무슨 까닭.
何關(하관) 무슨 관계.
何等(하등) 아무런. 아무.
何也(하야) ①무슨 까닭이냐. ②왜냐하면.
何如(하여) ①어떻게. ②어찌. 何若(하약).
何以(하이) ①무슨 까닭으로. 어찌하여. ②무엇으로써.
何處(하처) 어디. 어느 곳.
何必(하필) 어찌하여 반드시.
何許人(하허인) 어떠한 사람.
何況(하황) 하물며.
◨ 幾何기하, 奈何내하, 如何여하.

6 ⑧ 【佳】 아름다울 가 佳

중학 인명 3Ⅱ급 ㊥jiā ㊐カ

필순 丿 亻 仁 什 仕 佳 佳 佳

소전 초서 자원 形聲. 人+圭→佳. '圭(규)'가 음을 나타낸다.

자해 ❶**아름답다.** 〔漢書〕 北方有佳人북방유가인. ❷**좋다, 훌륭하다.** 〔老子〕 夫佳兵者부가병자, 不祥之器也불상지기야.
佳客(가객) 좋은 손님. 반가운 손님.
佳境(가경) ①경치가 좋은 곳. ②재미있는 판이나 고비.
佳果(가과) 맛이 좋은 과실.
佳氣(가기) 상서로운 기운. 瑞氣(서기).
佳期(가기) ①좋은 시절. 佳節(가절). ②미인과 만나는 때. 곧, 혼인날.
佳器(가기) ①좋은 그릇. ②훌륭한 인물.
佳郞(가랑) ①재질이 있는 훌륭한 신랑. ②얌전한 총각.
佳麗(가려) ①경치·용모(容貌) 따위가 아름다움. ②미인(美人).
佳名(가명) 좋은 명성. 좋은 평판.
佳芳(가방) 아름다운 향기(香氣).
佳配(가배) 좋은 배우자(配偶者).
佳朋(가붕) 좋은 벗. 良朋(양붕).
佳壻(가서) 얌전한 사위. 훌륭한 사위.

佳宵(가소) ①아름다운 밤. 기분이 상쾌한 밤. ②가인(佳人)을 만나는 밤.
佳勝(가승) 좋은 경치.
佳約(가약) ①좋은 언약. ②연인(戀人)과 만날 약속. ③부부(夫婦)가 되자는 약속.
佳緣(가연) ①아름다운 인연. ②부부 관계나 연인 관계를 맺게 된 연분.
佳友(가우) ①좋은 친구. 良友(양우). 益友(익우). ②국화(菊花)의 딴 이름.
佳人(가인) ①아름다운 여자. 美人(미인). ②신하가 임금을 이르거나 임금이 어진 신하를 이르는 말. ③좋은 친구.
佳人薄命(가인박명) 아름다운 여자는 수명이 짧음.
佳日(가일) ①좋은 날. 혼인하는 날. 경사가 있는 날. ②청명(淸明)한 날.
佳作(가작) ①매우 뛰어난 작품. ②당선 작품에 버금가는 작품.
佳絶(가절) 매우 좋음. 絶佳(절가).
佳節(가절) 좋은 시절이나 계절.
佳趣(가취) 좋은 취미. 아름다운 운치(韻致).
佳肴(가효) 좋은 안주. 嘉肴(가효).

6 ⑧【価】 價(98)의 속자

6 ⑧〖侃〗 강직할 간 旱 翰

인명 ㊥kǎn ㊐カン

소전 초서 동자 偘 자해 **강직하다, 굳세고 바르다.** 〔論語〕 侃侃如也간간여야.
侃侃(간간) 강직(剛直)한 모양. 성품이나 행실이 꼬장꼬장함.
侃諤(간악) 성격이 강직하여 말을 굽히지 않는 모양. 기탄없이 바른말을 하는 모양.

6 ⑧【供】 이바지할 공 冬 宋

고등 인명 3Ⅱ급 ㊥gōng, gòng ㊐キョウ

필순 丿 亻 仁 什 供 供 供 供

소전 초서 자원 形聲. 人＋共→供. '共(공)'이 음을 나타낸다.
자해 **❶이바지하다. ㉮보내어 주다, 공급하다.** 〔春秋左氏傳〕 敢不供給감불공급. **㉯바치다, 받들다.** 〔後漢書〕 凡供薦新味범공천신미, 多非其節다비기절. **❷말하다, 진술하다.** ¶ 供辭공사.
供具(공구) ①연회(宴會)에 쓸 휘장·막 등을 치는 데 쓰는 도구. ②(佛)부처·보살(菩薩)에게 공양하는 향화(香華)·번개(幡蓋)·등명(燈明) 따위. 또는 거기에 쓰이는 그릇.
供饋(공궤) 윗사람에게 음식을 드림.
供給(공급) 물품 따위를 제공함.
供辭(공사) 죄인이 범죄 사실을 진술하는 일. 供招(공초). 招辭(초사).
供需(공수) ①(佛)절에서 손님에게 무료로 대접하는 음식. ②물자의 공급과 수요.
供案(공안) 조선 때, 죄인을 문초한 내용을 적어 둔 문서.
供養(공양) ①부모나 조부모를 봉양(奉養)함. ②가묘(家廟)에 음식을 올림. ③(佛)절에서 음식을 먹는 일. ④(佛)부처 또는 죽은 사람에게 음식·꽃·향 따위를 바침. 供施(공시).
供御(공어) 임금에게 진상(進上)함.
供進(공진) 임금에게 헌상(獻上)함.
供饌(공찬) 상을 차림. 식사를 마련함.
供薦(공천) 신령이나 부처에게 물건을 바침.
◨ 提供제공.

6 ⑧〖侊〗 성한 모양 광 陽

인명 ㊥guāng ㊐コウ

소전 초서 자해 **성한 모양, 큰 모양, 푸짐한 모양.** 〔國語〕 侊飯不及壺飧광반불급호손.
侊飯(광반) 잘 차린 음식. 盛饌(성찬).

6 ⑧【佼】 예쁠 교 巧

㊥jiǎo ㊐コウ

소전 초서 자해 **❶예쁘다, 용모가 아름답다.** 〔墨子〕 面目佼好면목교호. **❷교활하다.** ≒狡. 〔管子〕 好佼反而行私請호교반이행사청.
佼反(교반) ①속여서 배반함. ②벗과 사귐. 또는 그 사귄 벗. 交友(교우). '反'은 '友'의 잘못.
侊飯(광반) 예쁜 사람. 姣人(교인).

6 ⑧【佹】 괴이할 궤 紙

㊥guǐ ㊐キ

초서 자해 **❶괴이하다.** 〔荀子〕 請陳佹詩청진궤시. **❷속이다.** ≒詭. 〔春秋〕 晉侯佹諸卒진후궤제졸.

6 ⑧〖佶〗 건장할 길 質

인명 ㊥jí ㊐キツ

소전 초서 자해 **❶건장하다.** 〔詩經〕 四牡旣佶사빈기길, 旣佶且

人 6획

閑기길차한. ❷굽다. ¶ 佶屈聱牙길굴오아.
佶屈(길굴) 막혀서 답답함.
佶屈聱牙(길굴오아) 글이 몹시 어려워 이해하기 힘듦. '佶屈'은 딱딱하고 답답한 모양, '聱牙'는 듣기 힘들다는 뜻.

6 ⑧【侫】 佞(62)의 속자

6 ⑧【來】来 올 래 灰

중학 인명 7급 ㊥lái ㊐ライ

필순 一 𠂆 ⺈ 𠆢 从 来 來 來

소전 來 초서 来 속자 来 속자 耒 자원 象形. 하나의 겉껍질 안에 낟알 두 개가 들어 있는 보리의 모양을 본뜬 글자. 뒤에 '오다, 이르다' 등의 뜻으로 쓰이면서 '보리'란 뜻으로는 '夂'를 더하여 '麥'을 쓰게 되었다.

자해 ❶오다. 〔論語〕 有朋自遠方來유붕자원방래. ❷장래, 미래. 〔論語〕 來者猶可追래자유가추. ❸부르다. 〔中庸〕 來百工則財用足矣래백공즉재용족의. ❹부터, 에서. 〔孟子〕 由孔子而來至於今百有餘歲유공자이래지어금백유여세.

來簡(내간) ①온 편지. ②편지를 보내옴.
來去(내거) ①가고 옴. ②반복함. 되풀이함.
來貢(내공) 내조(來朝)하여 공물을 바침.
來觀(내관) 와서 봄. 보러 옴.
來年(내년) 올해의 다음 해.
來同(내동) ①와서 동맹(同盟)을 맺음. ②와서 합류(合流)함. 來會(내회).
來歷(내력) 지금까지 지내온 경로나 경력.
來訪(내방) 찾아옴.
來報(내보) ①와서 알림. ②내세(來世)의 응보(應報).
來附(내부) 와서 따르고 복종함. 귀순(歸順)함. 來服(내복).
來奔(내분) 도망쳐 옴.
來賓(내빈) 초대를 받아 찾아온 손님.
來聘(내빙) ①예를 갖추어 찾아옴. 來享(내향). ②예를 두터이 하여 사람을 부름.
來生(내생) 사후(死後)의 세상. 저 세상.
來書(내서) 남에게서 온 편지. 來信(내신).
來世(내세) ①뒷세상. 後世(후세). ②(佛)삼세(三世)의 하나. 죽은 뒤에 다시 태어난다는 미래의 세상.
來歲(내세) 내년(來年).
來襲(내습) 습격하여 옴.
來訊(내신) ①찾아옴. ②現소식(消息).
來葉(내엽) 후세. 내세(來世).
來裔(내예) 후세(後世)의 자손. 來胤(내윤).
來由(내유) 사물(事物)의 내력. 由來(유래).
來遊(내유) 와서 놂. 놀러 옴.
來意(내의) 오게 된 까닭. 온 뜻.
來日(내일) 오늘의 바로 다음날.
來玆(내자) 내년.
來者(내자) ①지금부터 뒤의 일. ②나를 붙좇아 오는 사람. 귀순(歸順)하는 사람. ③나보다 뒤에 태어난 사람.
來者可追(내자가추) 지나간 일은 어쩔 수 없지만 장차 올 일은 개선(改善)할 수가 있음.
來庭(내정) 제후가 조정(朝廷)에 와서 임금을 뵘. 귀순(歸順)함.
來朝(내조) 다른 나라 사신(使臣)이 찾아옴. 제후가 천자의 조정에 와 뵘. 入朝(입조).
◨ 去來거래, 到來도래, 未來미래, 本來본래, 往來왕래, 外來외래, 元來원래, 由來유래, 以來이래, 將來장래, 傳來전래, 招來초래.

6 ⑧【例】 법식 례 霽

중학 인명 6급 ㊥lì ㊐レイ

필순 丿 亻 仁 仃 伢 伢 例 例

소전 㣂 초서 例 자원 形聲. 人+列→例. '列(렬)'이 음을 나타낸다.

자해 ❶법식, 전고(典故). 〔晉書〕 法者법자, 蓋繩墨之斷例개승묵지단례. ❷보기, 본보기. 〔史記〕 臣子一例신자일례.

例貢(예공) 상례(常例)로 바치는 공물(貢物). 例進(예진).
例規(예규) ①관례와 규칙. ②관례로 되어 있는 규칙. 例式(예식).
例年(예년) 보통의 해. 여느 해.
例示(예시) 예를 들어 보임.
例外(예외) 일정한 규칙이나 정례(定例)에서 벗어나는 일.
例題(예제) ①정례로 내리는 제사(題辭). ②연습을 위하여 예로 들어 주는 문제.
◨ 慣例관례, 凡例범례, 事例사례, 先例선례, 實例실례, 用例용례, 特例특례, 判例판례.

6 ⑧【侖】仑 둥글 륜 元 眞

인명 ㊥lún ㊐リン

소전 侖 초서 侖 자해 ❶둥글다. ❷조리를 세우다, 순서를 잡다.

6 ⑧【侔】 가지런할 모 尤

㊥móu, máo ㊐ボウ

소전 侔 초서 侔 자해 ❶가지런하다. 〔韓非子〕 超五帝초오제, 侔三王者모삼왕자, 必此法也필차법야. ❷취하다, 꾀하다. ≒牟. 〔鹽鐵論〕 騰躍則商賈侔利등약즉상고모리.

侔利(모리) 이익을 취함. 牟利(모리).

6 ⑧【侮】 侮(74)의 속자

6 ⑧【佰】 일백 백 陌

인명 ㊥bǎi ㊐ハク

소전 佰 초서 佰 자해 ❶일백. ※ '百'의 갖은자. ❷백 사람, 백 사람의 우두머리. 〔史記〕 俯仰仟佰之中부앙천백지중.

6 ⑧【併】 倂(82)의 속자

6 ⑧【偹】 備(91)의 고자

6 ⑧【使】 1하여금 사 紙 2사신 사 本시 寘

중학 인명 6급 ㊥shǐ ㊐シ

필순 ノ イ 仁 仁 佢 佢 使 使

소전 使 초서 使 자원 會意. 人+吏→使. '吏(리)'는 일을 하는 사람이란 뜻이다. 이에 '人'을 더하여 '남에게 일을 시키다'의 뜻을 나타낸다.

자해 1❶하여금. ㉮하게 하다. 〔論語〕 子路使門人爲臣자로사문인위신. ㉯가령. 〔論語〕 使驕且吝사교차린, 其餘不足觀而已기여부족관이이. ❷시키다. 〔論語〕 使民以時사민이시. 2❶사신. 〔史記〕 吳使使問仲尼오사사문중니. ❷심부름하다. 〔莊子〕 嘗使于楚矣상사우초의.

使客(사객) 연도(沿道)에 있는 수령(守令)이 봉명 사신(奉命使臣)을 이르던 말.

使君(사군) 임금의 명을 받들어 여러 나라에 사절(使節)로 가는 사람에 대한 존칭(尊稱).

使鬼錢(사귀전) ①귀신을 부리는 돈. ②재력(財力)이 몹시 큼.

使氣(사기) 혈기에 맡겨 자기의 기세를 부림.

使令(사령) ①명령하여 부림. ②각 관청에서 심부름하는 사람.

使命(사명) ①지워진 임무. 사자(使者)의 임무. ②사신(使臣)이 받은 명령.

使臂使指(사비사지) 팔로 부리고 손가락으로 부림. 지시와 명령을 자유자재로 함.

使聘(사빙) 사자(使者)를 보내어 안부(安否)를 묻거나 예물을 보냄. 聘問(빙문).

使臣(사신) 임금의 명령을 받고 외국에 사절로 가는 신하.

使用(사용) ①일정한 목적이나 기능에 맞게 씀. ②사람을 다루어 씀.

使人大慚(사인대참) 하는 짓이 옆에서 보는 사람으로 하여금 부끄럽게 함.

使者(사자) ①어떠한 구실을 띠고 심부름을 하는 사람. ②(佛)죽은 사람의 혼을 저승으로 데려간다는 염마(閻魔)의 차사(差使).

使節(사절) ①천자의 사자(使者)가 소지하는 부절(符節). ②국가를 대표하여 어떤 임무를 띠고 외국에 나가는 사람.

使嗾(사주) 남을 부추겨 나쁜 일을 시킴. 唆囑(사촉).

使喚(사환) 관청·회사에서 잔심부름을 시키기 위하여 고용한 사람.

◨ 大使대사, 密使밀사, 府使부사, 副使부사, 勅使칙사, 特使특사.

6 ⑧【侚】 재빠를 순 震

㊥xùn ㊐シュン

소전 侚 초서 侚 자해 ❶재빠르다. 〔素問〕 黃帝幼而侚齊황제유이순제. ❷따라 죽다. ≒殉.

6 ⑧【侍】 모실 시 寘

고등 인명 3Ⅱ급 ㊥shì ㊐ジ

필순 ノ イ 仁 仕 佳 佳 侍 侍

소전 侍 초서 侍 자원 形聲. 人+寺→侍. '寺(시)'가 음을 나타낸다.

자해 ❶모시다. 〔論語〕 閔于侍側민우시측. ❷귀인을 곁에서 모시고 있는 사람. 〔唐書〕 早喪妻不置妾侍조상처불치첩시. ❸기르다, 양육하다. 〔呂氏春秋〕 以養疾侍老也이양질시로야.

侍講(시강) 천자 또는 동궁(東宮)의 어전(御前)에서 경전(經典)을 강의함. 또는 그 사람.

侍女(시녀) ①나인(內人). ②시중드는 여자.

侍墓(시묘) 부모의 거상(居喪) 중에 3년 동안 무덤 옆에 움막집을 짓고 삶.

侍服(시복) 곁에 따름.

侍奉(시봉) 받들어 모심.

侍率(시솔) 위로 어른을 모시고, 아래로 처자를 거느림.

侍食(시식) 손윗사람을 모시고 식사를 함.

侍御(시어) 임금을 측근에서 받드는 사람. 侍從(시종).

侍子(시자) ①시봉(侍奉)하는 아들. ②제후가 자식을 인질(人質)로 바쳐 천자를 모시게 하던 일. 質子(질자).
侍坐(시좌) ①어른을 모시고 앉음. ②임금이 정전(政殿)에 나갈 때 세자(世子)가 그 옆에 자리하던 일.
侍湯(시탕) 부모의 병환에 약시중을 듦.
◨ 內侍내시, 奉侍봉시.

6 ⑧【侁】 걷는 모양 신 圓

인명 ㊥shēn ㊐シン

소전 초서 자해 걷는 모양, 분주히 오가는 모양. 〔楚辭〕往來侁侁些왕래신신사.

6 ⑧【佯】 거짓 양 陽

인명 ㊥yáng ㊐ヨウ

초서 자해 ❶거짓. 〔淮南子〕此善爲詐佯者也차선위사양자야. ❷~한 체하다. 〔荀子〕利心無足리심무족, 而佯無欲者也이양무욕자야. ❸헤매다, 어정거리다. ≒徉. 〔宋玉·賦〕徜佯中庭상양중정.
佯狂(양광) 미친 체함.
佯病(양병) 꾀병.
佯言(양언) 속여 말함. 거짓말. 詐言(사언).
佯敗(양패) 패한 체함. 佯北(양배).

6 ⑧【侑】 권할 유 宥

인명 ㊥yòu ㊐ユウ

소전 초서 자해 ❶권하다. ❷갚다, 보답하다. 〔宋史〕民有報侑민유보유.
侑觴(유상) 잔을 권함. 술을 권함.
侑食(유식) 임금을 모시고 함께 음식을 먹으면서 임금에게 음식을 권함.

6 ⑧【侌】 陰(1338)의 고자

6 ⑧【依】 의지할 의 微

중학 인명 4급 ㊥yī ㊐イ, エ

필순 ノ イ 亻 亻 亻 依 依 依

소전 초서 자원 形聲. 人+衣→依. '衣(의)'가 음을 나타낸다.

자해 ❶의지하다. 〔論語〕依於仁의어인. ❷돕다. 〔漢書〕聲依咏성의영, 律和聲률화성. ❸믿다. 〔春秋左氏傳〕輔車相依보거상의. ❹사랑하다. 〔詩經〕有依其士유의기사.
依據(의거) ①근거(根據)로 함. ②근거하거나 의탁하는 사물.
依舊(의구) 옛날 그대로 변함이 없음.
依歸(의귀) ①의지함. 매달림. ②투항(投降)함. 항복함. ③(佛)오로지 마음을 기울임.
依賴(의뢰) 남에게 부탁함.
依倣(의방) 흉내를 냄. 모방함.
依施(의시) 國청원에 의하여 허가함.
依恃(의시) 의지함. 의뢰함.
依約(의약) ①결부(結付)함. 맺음. ②어렴풋함. 방불(髣髴)함. 依稀(의희).
依違(의위) ①무엇을 결정하지 못하고 우물쭈물함. 주저함. ②명확하지 못함. 모호함.
依依(의의) ①나뭇가지가 휘늘어진 모양. 나무가 무성한 모양. ②헤어지기 섭섭한 모양. 안타까이 사모하는 모양. ③마음이 조마조마한 모양. ④멀어서 희미한 모양.
依倚(의의) 의지함. 힘을 믿고 기댐.
依支(의지) 다른 것에 몸을 기댐.
依託(의탁) 어떤 것에 몸이나 마음을 의지하여 맡김.
◨ 歸依귀의.

6 ⑧【佾】 춤 줄 일 質

인명 2급 ㊥yì ㊐イツ

소전 초서 자해 춤 줄. 1일(佾)의 수는 천자는 8명, 제후는 6명, 대부는 4명, 사(士)는 2명임. 〔論語〕八佾舞於庭팔일무어정.
佾舞(일무) 종묘나 문묘의 제향 때, 가로 줄과 세로 줄에 같은 수의 무인(舞人)이 벌여 서서 추는 춤. 천자는 8일(佾)로 64명, 제후는 6일로 36명, 대부는 4일로 16명, 사는 2일로 4명이 춤.

6 ⑧【佺】 신선 이름 전 先

인명 ㊥quán ㊐セン

소전 초서 자해 신선 이름, 전설상의 신선인 악전(偓佺)을 이름.

6 ⑧【佻】 방정맞을 조 蕭

㊥tiāo ㊐チョウ

소전 초서 자해 ❶방정맞다. 〔楚辭〕余猶惡其佻巧여유오기조교. ❷인정이 없다, 박정(薄情)하다. 〔春秋左氏傳〕視民不佻시민부조.

佻巧(조교) 겉모양만 그럴듯하고 실속이 없이 경박함. 구차하게 미봉(彌縫)함.

◨ 輕佻경조.

6⑧【侏】 난쟁이 주 虞

인명 ㊥zhū ㊐シュ

초서 자해 ❶난쟁이. 〔禮記〕 侏儒百工주유백공, 各以其器食之각이기기식지. ❷광대, 배우. 〔史記〕 優倡侏儒戲而前우창주유희이전. ❸동자기둥, 쪼구미. 들보 위에 세우는 짧은 기둥.

侏離(주리) ①서융(西戎)의 음악. ②오랑캐의 언어. ③이해하기 어려운 외국어.

侏儒(주유) ①난쟁이. ②광대. 배우(俳優) ③동자기둥.

6⑧【侄】 어리석을 질 質

인명 ㊥zhí ㊐シツ

자해 ❶어리석다. ❷굳다. ❸한 곳에 머무르다. ❹조카.

6⑧【侘】 실의할 차 禡

인명 ㊥chà ㊐タ

초서 자해 실의하다. 〔楚辭〕 忳鬱邑余侘傺兮돈울읍여차제혜.

侘傺(차제) 실의(失意)한 모양.

6⑧【佽】 재빠를 차 寘

㊥cì ㊐シ

소전 초서 자해 ❶재빠르다, 빠르다. ❷돕다. 〔詩經〕 人無兄弟인무형제, 胡不佽焉호불차언.

佽助(차조) 도움. 도와줌.

6⑧【侈】 사치할 치 紙

인명 1급 ㊥chǐ ㊐シ

소전 초서 자해 ❶사치하다. 〔韓非子〕 多費之謂侈다비지위치. ❷넓다, 크다. 〔國語〕 已侈大哉이치대재. ❸많다. 〔書經〕 祿不期侈록불기치. ❹무절제하다, 난잡하다. 〔孟子〕 放辟邪侈방벽사치.

侈端(치단) 낭비의 시초. 사치의 시초.

侈麗(치려) 크고 아름다움.

侈靡(치미) 분수에 넘치는 사치(奢侈).

侈侈(치치) 풍부하고 많은 모양.

◨ 邪侈사치, 奢侈사치.

6⑧【侗】 ①클 통 東 ②정성 동 送

㊥tōng, dòng ㊐トウ

소전 초서 자해 ①❶크다, 키가 크다. ❷어리석다. 〔書經〕 在後之侗재후지통. ②정성, 거짓이 없음.

6⑧【佩】 찰 패 隊

인명 1급 ㊥pèi ㊐ハイ

소전 초서 동자 珮 자해 ❶차다. 〔論語〕 去喪無所不佩거상무소불패. ❷노리개. 〔詩經〕 青青子佩청청자패. ❸지니다, 몸에 간직하다. 〔漢書〕 佩此書者不死패차서자불사.

佩劍(패검) 허리에 칼을 참. 佩刀(패도).

佩犢(패독) 칼을 지니는 대신 송아지를 삼. 무사(武事)를 그만두고 생산(生產)에 종사함.

佩物(패물) 사람의 몸에 차는 장식물.

佩服(패복) ①몸에 참. ②마음에 새겨 잊지 않음. ③감복(感服)함.

佩綬(패수) 인끈을 참. 벼슬자리에 있음.

佩用(패용) 몸에 차거나 달고 다니면서 씀.

佩韋(패위) 무두질한 가죽을 참. 성급한 마음을 바로잡음. 故事 전국 시대 위(魏)나라의 서문표(西門豹)가 자신의 급한 성격을 고치기 위해 무두질한 가죽을 몸에 지니고 다니며 항상 경계로 삼았다는 고사에서 온 말.

佩弦(패현) 팽팽하게 메운 활시위를 참. 마음의 해이함을 고침.

◨ 銘佩명패, 玉佩옥패, 環佩환패.

6⑧【佷】 ①고을 이름 한 慁 ②어그러질 한 阮

㊥héng, hěn ㊐コウ, コン

자해 ①고을 이름. 한대(漢代)의 현(縣). ②어그러지다. 〔韓非子〕 佷剛而不和한강이불화.

佷子(한자) 어버이의 말을 어기는 아들.

6⑧【侐】 고요할 혁 職

인명 ㊥xù ㊐キョク

소전 초서 자해 고요하다, 쓸쓸하다. 〔詩經〕 閟宮有侐비궁유혁.

6⑧【佸】 이를 활 曷

㊥huó ㊐カツ

소전 초서 자해 ❶이르다. 〔詩經〕 羊牛下佸양우하활. ❷모이다. 〔詩經〕 曷其有佸갈기유활.

人 6획

6 ⑧【佪】 어정거릴 회 灰

㊥huí ㊐カイ

초서 佪 자해 ❶어정거리다. ＝徊. 〔漢書〕 俳佪往來배회왕래. ❷흐리멍덩하다.

佪翔(회상) 하늘을 날아다님.

佪佪(회회) ①어두운 모양. 사리에 밝지 못한 모양. ②어지러운 모양.

7 ⑨【侹】 徑(422)과 동자 인명

7 ⑨【係】系 걸릴 계 霽

고등 인명 4Ⅱ급 ㊥xì ㊐ケイ

필순 丿 亻 亻 仫 仫 伾 係 係 係

소전 係 초서 係 자원 會意·形聲. 人＋系→係. '系(계)'가 음과 뜻을 나타낸다. 사람이 사물을 이어 놓는다는 뜻이다.

자해 ❶걸리다. 〔春秋左氏傳〕 秦人過析隈진인과석외, 入而係輿人입이계여인. ❷잇다, 묶다. 〔後漢書〕 親德係後莫宜於祜친덕계후막의어호.

係頸(계경) 새끼줄로 목을 묶음. ㉠자살하려 함. ㉡벌을 기다림. ㉢투항함.

係戀(계련) 사람이나 일에 마음이 끌려 잊지 못함.

係累(계루) ①다른 일이나 사물에 얽매임. ②다른 일이나 사물에 얽매어 당하는 괴로움. ③한집에 거느리고 사는 식구. 眷屬(권속).

係嗣(계사) 대(代)를 잇는 자식. 後嗣(후사).

係爭(계쟁) 어떤 일에 관계하여 다툼.

係風捕影(계풍포영) 바람을 잡아 매고 그림자를 붙잡음. 도저히 불가능한 일의 비유.

◨ 關係관계.

7 ⑨【俇】 허둥지둥할 광 養

㊥guàng ㊐キョウ

소전 俇 초서 俇 자해 허둥지둥하다. 〔楚辭〕 魂俇俇而南行兮혼광광이남행혜.

俇俇(광광) 허둥지둥하는 모양.

7 ⑨【俅】 공손할 구 尤

㊥qiú ㊐キュウ

소전 俅 초서 俅 자해 공손하다, 정중하다. 〔詩經〕 載弁俅俅재변구구.

俅俅(구구) 공손한 모양.

7 ⑨【侶】侣 짝 려 語

인명 1급 ㊥lǚ ㊐リョ

소전 侶 초서 侶 자해 ❶짝. ❷벗하다. 〔蘇軾·賦〕 侶魚蝦而友麋鹿려어하이우미록. ❸승려(僧侶).

侶伴(여반) 동료. 伴侶(반려).

侶行(여행) 함께 길동무하여 감.

◨ 伴侶반려, 僧侶승려.

7 ⑨【俐】 똑똑할 리 寘

인명 ㊥lì ㊐リ

초서 俐 동자 悧 자해 똑똑하다. ¶ 伶俐영리.

7 ⑨【俚】 속될 리 紙

인명 1급 ㊥lǐ ㊐リ

소전 俚 초서 俚 자해 ❶속되다, 촌스럽다. 〔漢書〕 質而不俚질이불리. ❷속된 노래.

俚歌(이가) 민간(民間)에 유행하는 노래. 속된 노래.

俚婦(이부) ①천한 여자. ②시골 여자.

俚言(이언) 속된 말. 상말.

俚諺(이언) 항간에 퍼져 쓰이는 속담.

俚謠(이요) 속된 노래. 유행가 따위.

俚耳(이이) 속인(俗人)의 귀. 듣고도 뜻을 모르는 귀. 俗耳(속이). 里耳(이이).

◨ 鄙俚비리, 庸俚용리.

7 ⑨【俛】 1 힘쓸 면 銑 2 구푸릴 부 麌

2급 ㊥miǎn, fǔ ㊐ベン, フ

소전 俛 초서 俛 자해 1 힘쓰다. 〔禮記〕 俛焉日有孳孳면언일유자자. 2 구푸리다. ＝俯. 〔漢書〕 左俛卬之間耳좌부앙지간이.

俛首帖耳(부수첩이) 머리를 수그리고 귀를 드리움. 비굴하게 아첨하는 모양.

俛仰(부앙) ①구푸림과 쳐듦. ②오르내림.

俛焉(면언) 부지런히 힘쓰는 모양.

俛僂(부루) ①몸을 앞으로 웅크림. ②곱사등이. 俯僂(부루).

7 ⑨【侮】 업신여길 모 麌

고등 인명 3급 ㊥wǔ ㊐ブ

필순 丿 亻 亻 亻 仁 佐 侮 侮 侮 侮

소전 [篆] 초서 [草] 속자 侮 자원 形聲. 人+每→侮. '每(매)'가 음을 나타낸다.

자해 ❶**업신여기다, 멸시하다.** 〔春秋左氏傳〕 不侮鰥寡불모환과. ❷**깔보다.** 〔書經〕 侮慢自賢모만자현.

侮慢(모만) 남을 얕보고 저만 잘난 체함.
侮罵(모매) 업신여겨 꾸짖음.
侮蔑(모멸) 경멸(輕蔑)함.
侮狎(모압) 업신여김. 무시함.
侮辱(모욕) 깔보고 욕되게 함.
侮謔(모학) 깔보아 희롱함.
■ 輕侮경모, 凌侮능모, 慢侮만모, 受侮수모.

7 ⑨ 【保】 지킬 보 晧

중학 인명 4Ⅱ급 ㊥bǎo ㊐ホ

필순 ノ 亻 亻 伊 伊 伃 伻 保 保

소전 [篆] 초서 [草] 동자 呆 자원 會意. 人+呆→保. '呆'는 아이를 나타낸다. 사람이 아이를 업고 있다는 데서 '보호하다'라는 뜻이 되었다.

자해 ❶**지키다.** 〔詩經〕 南土是保남토시보. ❷**편안하게 하다.** 〔詩經〕 天保定爾천보정이. ❸**돕다.** 〔書經〕 天迪格保천적격보. ❹**맡기다.** 〔周禮〕 令五家爲比령오가위비, 使之相保사지상보. ❺**태보(太保).** 천자와 제후의 자제를 교육하던 벼슬. 〔書經〕 召公爲保소공위보. ❻**심부름꾼, 고용인.** 〔史記〕 窮困賃傭於齊궁곤임용어제, 爲酒人保위주인보.

保介(보개) ①주대(周代)에 농사를 장려하던 벼슬 이름. ②무기를 잡고 병거(兵車)의 오른쪽에 서 있는 무사(武士). 車右(거우). ③곁에서 돕는 사람.
保健(보건) 건강을 보전함.
保結(보결) ①사람을 보증함. ②처음으로 출사(出仕)하는 관리가 제출하는, 동향(同鄕) 관리의 신원 보증서.
保管(보관) 물건을 맡아서 관리함.
保菌(보균) 병균을 몸에 지니고 있음.
保留(보류) 어떤 일을 당장 처리하지 않고 나중으로 미루어 둠.
保隣(보린) 이웃끼리 서로 도움.
保命(보명) ①윗사람의 명령을 믿고 의지함. ②목숨을 길이 보전함.
保姆(보모) 보육원이나 탁아소 따위의 시설에서 어린이를 돌보아 주는 여자.
保釋(보석) 보증금을 내게 하고 구류 중인 미결수를 석방하는 일.
保稅(보세) 관세의 부과를 미루는 일.
保守(보수) ①보전하여 지킴. ②재래의 풍속·습관과 전통을 중요시하여 그대로 지킴.
保安(보안) 안전을 유지함.
保養(보양) ①잘 보호하여 기름. ②몸을 편안하게 하여 건강을 잘 돌봄.
保溫(보온) 일정한 온도를 유지함.
保庸(보용) ①공(功)이 있는 사람을 편안하게 함. ②고용인(雇傭人). 保傭(보용).
保佑(보우) 보살피어 도움.
保衛(보위) 보호하여 지킴.
保有(보유) 가지고 있음.
保育(보육) 보호하여 기름.
保任(보임) ①인수(引受)하여 잘 간직함. ②보증(保證)함. ③죄인을 보호·감시함.
保障(보장) 잘못되는 일이 없도록 보증함.
保全(보전) 온전하게 보호하여 유지함.
保存(보존) 잃어버리지 않게 잘 간수함.
保佐(보좌) 보호하여 도움.
保重(보중) 몸을 잘 관리하여 건강을 유지함.
保證(보증) 틀림이 없음을 증명함.
保合(보합) 시세 변동이 거의 없는 상태.
保享(보향) 마음 편히 받음.
保險(보험) 불의의 사고에 대비하여 미리 일정액을 내게 하고 사고 시에 그 손해를 보상해 주는 제도.
保護(보호) 잘 지켜 원래대로 보존되게 함.
■ 擔保담보, 留保유보, 確保확보.

7 ⑨ 【俌】 도울 보 麌

㊥fǔ ㊐フ

소전 [篆] 자해 **돕다.** =輔. 〔蘇軾·書〕 左龍右虎俌之좌룡우호보지.

7 ⑨ 【俘】 사로잡을 부 虞

㊥fú ㊐フ

소전 [篆] 초서 [草] 자해 ❶**사로잡다.** 〔春秋左氏傳〕 俘諸江南부저강남. ❷**포로.** 〔春秋左氏傳〕 齊人來歸衞俘제인래귀위부.

俘馘(부괵) 포로의 귀. '馘'은 적을 죽이고 죽인 표적으로 벤 왼쪽 귀.
俘級(부급) 사로잡은 포로와 베어 얻은 적의 머리.
俘虜(부로) 전쟁에서 사로잡은 포로. 俘囚(부수). 俘獲(부획).

7 ⑨ 【俟】 1기다릴 사 紙 2성 기 支

인명 ㊥sì, sí ㊐シ

人 7획

소전 초서 참고 인명용 음은 '사'이다.

자해 1 **기다리다, 기대하다.** ≒竢. 〔詩經〕俟我於城嵎사아어성우. 2 **성(姓).** '万俟(묵기)'라는 복성(複姓)이 있다.

俟望(사망) 오는 것을 기다림.

俟命(사명) ①천명(天命)을 기다림. ②명령을 기다림.

俟嗣(사사) 지위(地位)의 승계를 기다림.

7 ⑨ 【俗】 풍속 속 沃

중학 인명 4Ⅱ급 ㊥sú ㊐ゾク

필순 丿 亻 亻 亻 伀 俗 俗 俗 俗

소전 초서 자원 形聲·會意. 人+谷→俗. '谷(곡)'이 음을 나타낸다. 골짜기〔谷〕에서 솟아나는 물은 환경에 순응하여 흘러간다는 데서 '풍속'이라는 뜻을 나타낸다.

자해 ❶**풍속, 풍습.** 〔禮記〕入國而問俗입국이문속. ❷**보통, 범용(凡庸).** 〔呂氏春秋〕俗主虧情속주휴정. ❸**속되다.** 〔後漢書〕然多鄙俗연다비속. ❹**세상, 세상 사람.** 〔漢書〕係於俗계어속, 牽於世견어세. ❺**출가하지 않은 사람.** 〔宋書〕世祖命使還俗세조명사환속.

俗家(속가) ①속인이 사는 집. 民家(민가). ②불교나 도교를 믿지 않는 사람의 집. ③승려가 되기 전에 태어난 집.

俗客(속객) ①무식하고 멋을 모르는 사람. ②오얏꽃의 딴 이름. ③(佛)절간에 손으로 와 있는, 승려가 아닌 사람.

俗見(속견) 세속적인 생각.

俗曲(속곡) 세상에 유행되는 노래. 비속한 노래. 俗歌(속가). 俗謠(속요).

俗忌(속기) 세속에서 꺼리는 일.

俗氣(속기) 속계의 기풍. 속된 기풍.

俗念(속념) 세속의 관념(觀念). 세속에 얽매인 속된 생각. 俗慮(속려).

俗談(속담) ①속된 이야기. ②國민간에 전해 내려오는 간략하면서도 교훈적인 말.

俗例(속례) 세속의 관례(慣例).

俗論(속론) ①세속의 논의(論議). ②통속적인 이론. ③하찮은 의견.

俗陋(속루) 속되고 천함. 俗惡(속악).

俗累(속루) 세상살이에 얽매인 너저분한 일.

俗流(속류) 속된 무리. 쓸모없는 사람들.

俗吏(속리) ①속무(俗務)에 종사하는 관리. ②평범한 관리. ③쓸모없는 관리.

俗文(속문) ①알기 쉬운 글. ②쓸모없는 문장(文章). ③통속적인 글.

俗物(속물) ①배움이 없거나, 식견이 좁거나, 풍류를 모르는 사람. ②속된 물건.

俗士(속사) ①식견이 낮은 사람. 범용한 인물. ②비천한 선비. ③속사(俗事)에 능한 사람.

俗事(속사) 세상살이의 이런저런 일. 세속적인 번거로운 일. 俗務(속무). 塵事(진사).

俗尙(속상) 세속에서 숭상하여 좋아하는 것.

俗書(속서) 비속(卑俗)한 서적. 학문적이 아닌 저급한 책.

俗說(속설) 세간에 전하여 오는 설이나 견해.

俗姓(속성) 승려가 되기 전에 가졌던 성(姓).

俗世(속세) 불가에서 일반 사회를 이르는 말.

俗心(속심) 명예나 이익에 끌리는 속된 마음.

俗樂(속악) ①통속적인 음악. ②우리 고유의 전통 궁중 음악.

俗語(속어) ①통속적으로 쓰는 저속한 말. ②상말. ③속담.

俗諺(속언) ①민간에 떠도는 상스러운 말. ②예로부터 전해 오는 말.

俗緣(속연) ①속세와의 인연. 塵緣(진연). ②(佛)승려가 되기 전의 일가(一家).

俗謠(속요) ①민간에 널리 떠도는 속된 노래. 民謠(민요). ②지방(地方) 노래.

俗韻(속운) 야비한 곡조. 속된 노래.

俗儒(속유) 식견(識見)이나 지행(志行)이 저속한 선비.

俗耳(속이) ①범인(凡人)의 귀. ②세속의 소리에만 익숙한 귀.

俗人(속인) ①세상의 일반 사람. 속세의 사람. ②학문이 없는 사람. ③풍류를 알지 못하는 사람. ④(佛)출가(出家)하지 않은 일반 사람.

俗字(속자) 규범적 글자가 아니고 통속적으로 쓰이는, 획이 간단하거나 조금 다른 한자. '體·恥·高'를 '軆·耻·髙'로 쓰는 따위.

俗才(속재) 속사(俗事)에 능한 재주. 처세(處世)에 능한 재주. 世才(세재)

俗情(속정) ①속인의 마음. 명리(名利)만 찾는 야비한 생각. 俗懷(속회). ②세간의 인정.

俗智(속지) ①세상일에 관한 지혜. 범속한 지혜. ②(佛)세상의 도리를 아는 슬기.

俗塵(속진) 속세의 티끌. 세상의 번잡한 사물.

俗體(속체) ①(佛)승려가 아닌, 속인(俗人)의 풍체(風體). ②속된 자체(字體).

俗漢(속한) ①성품이 저속한 사람. ②승려가 아닌 보통 사람.

俗解(속해) 일반 사람들이 쉽게 알 수 있도록 해석함. 통속적인 해석.

俗好(속호) 세속적인 기호(嗜好). 속인의 취향.

俗化(속화) ①속되게 변함. 속되게 감화됨. ②풍속(風俗)의 교화(敎化).

俗話(속화) 고상하지 못한 세상 이야기.

◨ 民俗민속, 凡俗범속, 卑俗비속, 世俗세속, 習俗습속, 雅俗아속, 異俗이속, 脫俗탈속, 通俗통속, 風俗풍속, 還俗환속.

7
⑨【俢】 修(83)의 고자

7
⑨【信】 1 믿을 신 震
2 펼 신 眞

중학 인명 6급 ㊥xìn, shēn ㊐シン

필순 ノ 亻 亻 亻 亻 信 信 信 信

소전 [篆] 초서 [草] 고자 㐰 자원 會意. 人+言→信. 사람〔人〕의 말〔言〕은 심중에서 우러나는 거짓 없는 것이라는 데서 '믿다'의 뜻을 나타낸다.

자해 1 ❶믿다. 〔孟子〕盡信書진신서, 則不如無書즉불여무서. ❷진실, 성실. 〔論語〕與朋友交여붕우교, 而不信乎이불신호. ❸표지, 증표. 〔老子〕其中有信기중유신. ❹맡기다. 〔荀子〕明主任計명주임계, 不信怒불신노. ❺소식, 편지. ¶ 書信서신. 2 펴다, 곧게 펴다. ≒伸. 〔易經〕往者屈也왕자굴야, 來者信也래자신야.

信口(신구) 입에 맡김. 곧, 말을 함부로 함.
信謹(신근) 신의(信義)가 있고 조심성이 많음.
信禽(신금) 기러기.
信女(신녀) (佛)출가(出家)하지 않고 불교를 믿는 여자. 優婆夷(우바이).
信念(신념) 굳게 믿는 마음.
信徒(신도) 어떤 일정한 종교를 믿는 사람.
信賴(신뢰) 남을 믿고 의지함.
信望(신망) 신임하고 기대함. 또는 그런 신임과 기대.
信物(신물) 신표가 될 만한 물품.
信美(신미) 참으로 아름다움.
信服(신복) 믿고 복종(服從)함. 心服(심복).
信奉(신봉) 믿고 받듦.
信符(신부) ①부절(符節). ②國대궐에 드나드는 하인에게 병조(兵曹)에서 주던 표.
信憑(신빙) 믿어서 의거함.
信士(신사) ①신의(信義)가 있는 사람. 信人(신인). ②(佛)출가(出家)하지 않고 불교를 믿는 남자. 信男(신남). 優婆塞(우바새).
信史(신사) 확실하여 믿을 만한 사적(史籍).
信賞必罰(신상필벌) 공이 있는 사람에게는 반드시 상을 주고, 죄가 있는 사람에게는 반드시 벌을 주는 일. 상과 벌을 공정하게 함.
信誓(신서) ①신의로써 맹세함. ②성심(誠心)에서 우러나오는 맹세.
信手(신수) 손이 움직이는 대로 맡겨 둠. 손을 자유자재로 움직임.
信臣(신신) 충근(忠勤)한 신하.
信實(신실) 믿음직하고 진실함.
信心(신심) ①어떤 것을 옳다고 굳게 믿는 마음. ②종교를 믿는 마음.
信仰(신앙) 믿고 받드는 일.
信約(신약) 약속. 맹세.
信義(신의) 믿음과 의리. 진실하고 올바름.
信任(신임) 믿고 일을 맡김. 또는 그 마음.
信章(신장) 國도장. 印章(인장).
信箭(신전) 國임금이 거둥할 때, 선전관(宣傳官)을 시켜서 각 영(營)에 군령(軍令)을 전하는 데 쓰던 화살.
信節(신절) ①신의와 절조. ②임금의 사자(使者)가 가지는 증표로서의 부절.
信條(신조) ①신앙의 조목. ②굳게 믿어 지키고 있는 일.
信託(신탁) 믿고 맡김.
信牌(신패) 증거로 삼기 위하여 주고받는 작은 조각.
信風(신풍) ①바람이 부는 대로 따름. ②동북풍(東北風). ③계절풍(季節風).
信標(신표) 뒷날에 보고 증거가 되게 하기 위하여 서로 주고받는 물건.
信號(신호) 일정한 부호·표지·소리·몸짓 따위로 정보를 전달하거나 지시함. 또는 그렇게 하는 데 쓰는 부호.
信厚(신후) 신의가 있고 인품이 너그러움.

◨ 過信과신, 迷信미신, 背信배신, 符信부신, 書信서신, 受信수신, 威信위신, 自信자신, 電信전신, 通信통신, 花信화신, 確信확신.

7
⑨【俄】 갑자기 아 歌

인명 1급 ㊥é ㊐ガ

소전 [篆] 초서 [草] 자해 ❶갑자기, 별안간. 〔周書〕俄拜洛州刺史아배락주자사. ❷現러시아의 약칭. ¶ 俄館아관.

俄頃(아경) 잠깐 동안.
俄館(아관) 제정 러시아 공사관을 이르던 말.
俄國(아국) 러시아. 露西亞(노서아).
俄羅斯(아라사) 러시아의 음역어(音譯語).
俄然(아연) 잠시. 잠깐.

7
⑨【俉】 맞이할 오 遇

인명 ㊥wǔ ㊐ゴ

자해 맞이하다.

7
⑨【俑】 허수아비 용 腫

인명 ㊥yǒng ㊐ヨウ

소전 초서 자해 허수아비, 우인(偶人). 죽은 사람과 함께 묻는 인형. 〔孟子〕始作俑者시작용자, 其無後乎기무후호.

7 ⑨【俞】 兪(111)의 속자

7 ⑨【俋】 밭 갈 읍 緝

㊥yì ㊐ユウ

초서 자해 밭을 갈다. 〔莊子〕俋俋乎耕而不顧읍읍호경이불고.

俋俋(읍읍) 밭을 가는 모양.

7 ⑨【俎】 도마 조 語

인명 ㊥zǔ ㊐ソ

소전 초서 자해 ❶도마. ¶ 俎上肉조상육. ❷적대. 제향 때 희생을 올려놓는 그릇. 〔詩經〕爲俎孔碩위조공석.

俎豆(조두) ①제기(祭器). ②제사를 지냄.

俎上肉(조상육) 도마에 오른 고기. 어찌할 수 없이 된 막다른 운명의 비유.

◨ 樽俎준조.

7 ⑨【俊】 준걸 준 震

고등 인명 3급 ㊥jùn ㊐シュン

필순 丿 亻 亻' 亻ᐟ 亻ᐟ 伃 俊 俊 俊

소전 초서 자원 形聲. 人+夋→俊. '夋(준)'이 음을 나타낸다.

자해 ❶준걸. 〔孟子〕俊傑在位준걸재위. ❷뛰어나다, 걸출하다. 〔曹植·七啓〕乃古之俊公子也내고지준공자야.

俊傑(준걸) 재덕(才德)이 뛰어난 사람.

俊器(준기) 우수한 기량(器量). 또는 그런 인물. 偉器(위기).

俊德(준덕) 큰 덕(德). 峻德(준덕).

俊良(준량) 재능이 빼어남. 또는 그런 사람.

俊望(준망) 뛰어난 명성과 덕망. 훌륭한 영예(榮譽). 俊聲(준성). 俊譽(준예).

俊茂(준무) 재주와 학식이 뛰어남. 또는 그런 사람.

俊敏(준민) 동작이 민첩하고 영준함.

俊拔(준발) 재주와 슬기가 뛰어남.

俊爽(준상) ①재주와 슬기가 뛰어나고 명석함. ②인품(人品)이 높음.

俊秀(준수) 재주·슬기·풍채 등이 빼어남.

俊乂(준예) 재주와 슬기가 뛰어난 사람.

俊異(준이) 뭇사람보다 탁월하게 뛰어남. 또는 그런 사람.

俊逸(준일) 재능이 뛰어남. 또는 그런 사람.

俊才(준재) 아주 뛰어난 재주. 또는 그런 재주를 가진 사람.

俊哲(준철) 뛰어나고 슬기로움. 또는 그런 사람. 俊彦(준언).

俊弼(준필) 훌륭한 보필(補弼). 훌륭하게 보필하는 신하(臣下).

俊豪(준호) 재덕(才德)이 뛰어난 사람.

◨ 傑俊걸준, 英俊영준, 才俊재준, 賢俊현준.

7 ⑨【促】 재촉할 촉 沃

고등 인명 3Ⅱ급 ㊥cù ㊐ソク

필순 丿 亻 亻' 亻ᐟ 亻ᐟ 伬 伻 俣 促

소전 초서 자원 形聲. 人+足→促. '足(족)'이 음을 나타낸다.

자해 ❶재촉하다, 독촉하다. ¶ 催促최촉. ❷다가오다, 급하다. ¶ 促迫촉박.

促急(촉급) 촉박하여 매우 급함.

促迫(촉박) 기한이 바싹 닥쳐 있음.

促膝(촉슬) 무릎을 대고 마주 앉음. 친밀함.

促織(촉직) 귀뚜라미. 날이 차가워지니 빨리 베를 짜라고 재촉하여 우는 벌레라는 데서 온 말. 蟋蟀(실솔).

促進(촉진) 다그쳐 빨리 나아가게 함.

促促(촉촉) ①시간 따위가 짧은 모양. ②마음에 여유가 없는 모양. 초조한 모양.

◨ 督促독촉, 催促최촉.

7 ⑨【侵】 침노할 침 侵

고등 인명 4Ⅱ급 ㊥qīn ㊐シン

필순 丿 亻 亻 亻ᐟ 亻ᐟ 亻ᐟ 侵 侵 侵

소전 초서 자원 會意. 人+彐+又→侵. '彐'는 '비'를 뜻하는 '帚'의 생략형이고, '又'는 손을 뜻한다. 사람〔人〕이 손〔又〕에 비〔彐〕를 들고 땅을 쓸어 나가 차츰차츰 남의 땅까지도 쓴다는 데서 '침노하다'의 뜻을 나타낸다.

자해 ❶침노하다, 범하다. 〔孟子〕狄人侵之적인침지. ❷잠식(蠶食)하다.

侵攻(침공) 남의 나라를 침범하여 공격함.

侵寇(침구) 침입하여 노략질함.

侵掠(침략) 남의 나라를 불법으로 쳐들어가 약탈함.

侵略(침략) 정당한 이유 없이 남의 나라에 쳐들어감.

侵陵(침릉) 남을 침해하여 욕보임.
侵冒(침모) 침범하여 가로챔.
侵伐(침벌) 침노하여 침. 侵擊(침격).
侵犯(침범) 남의 영토나 권리, 재산 따위를 침노하여 범함.
侵削(침삭) 남의 영토를 침범하여 조금씩 개먹어 들어감.
侵蝕(침식) ①차차로 개먹어 들어감. 蠶食(잠식). 侵齧(침설). ②남의 땅을 점점 침범하여 들어감.
侵尋(침심) ①차츰차츰 앞으로 나아감. ②점차로 넓어짐. 侵潯(침심).
侵漁(침어) 어부가 남의 어장(漁場)에서 고기를 잡듯이 남의 물건을 점차로 침범하여 취하는 일. 侵奪(침탈).
侵擾(침요) 침노하여 어지럽힘.
侵恣(침자) 남의 권리를 침해하고 방자함.
侵奪(침탈) 침범하여 빼앗음.
侵蔽(침폐) 침범하여 은폐함.
侵暴(침포) 침노하여 포학(暴虐)하게 굶.
侵害(침해) 침범하여 해를 끼침.

7
⑨【便】 1편할 편 ㊍변 㒹
2아첨할 편 ㊍변 霰
3똥 변 㒹

중학 인명 7급 ㊥biàn, pián ㊐ベン, ビン

필순 ノ イ 仁 仁 何 何 佰 便 便

소전 [小篆] 초서 [草書] 본자 㑊 참고 인명용 음은 '편·변'이다.

자원 會意. 人+更→便. 사람〔人〕은 불편한 점이 있으면 이를 고쳐서〔更〕 편리하게 만든다는 뜻을 나타낸다.

자해 1 ❶**편하다.** 〔史記〕 因利乘便인리승편. ❷**소식, 편지.** 〔陸雲·書〕 道路悠遠도로유원, 不値信便불치신편. ❸**편안하다, 쉬다.** 〔漢書〕 高園便殿火고원편전화. ❹**익다, 익숙하다.** 〔大戴禮〕 謹其所便근기소편. 2 **아첨하다, 알랑거리다.** 〔論語〕 友便佞우편녕. 3 ❶**똥, 오줌.** 〔漢書〕 郞有醉小便殿上랑유취소변전상. ❷**곧, 문득.** 〔莊子〕 未嘗見舟而便操之미상견주이변조지. ❸ 國**편.** 전하여 보내는 데 이용하는 계제.

便巧(편교) ①교묘하게 아첨함. ②편리하고 교묘함. ③몸이 날쌤. 몸이 잼.
便佞(편녕) 구변만 좋을 뿐, 마음이 음험하고 실속이 없음. 또는 그런 사람.
便道(편도) 지름길. 다니기 편한 길.
便覽(편람) 보기에 편리하게 엮은 책.
便利(편리) ①편하고 쉬움. ②동작이 빠름.
便法(편법) 간편하고 손쉬운 방법.
便辟(편벽) ①남에게 알랑거려 그 비위를 잘 맞춤. ②총애를 받는 사람. 便嬖(편폐).
便船(편선) ①때맞게 떠나는 배. ②가볍고 편한 배.
便習(편습) 익숙해짐.
便乘(편승) ①얻어 탐. ②남의 세력을 이용하여 자신의 이익을 거둠.
便安(편안) 편하고 걱정 없이 좋음.
便言(편언) 구변이 좋음. 변설이 좋음.
便娟(편연) ①품위가 있고 아름다운 모양. ②춤추는 모양.
便衣(편의) 간편하게 만든 옷. 평상시에 입는 옷. 便服(편복).
便宜(편의) 형편·조건 따위가 편하고 좋음.
便易(편이) 편리하고 쉬움.
便益(편익) 편리하고 유익함.
便殿(편전) 정전(正展) 이외의 별전(別展). 제왕이 휴식하던 곳.
便紙(편지) 안부·소식 따위를 적어 보내는 글. 片紙(편지).
便捷(편첩) 재빠름. 날쌤.
便便(편편) ①살찐 모양. ②분명히 말하는 모양. 말이 또렷한 모양. ③우아(優雅)한 모양.
便風(편풍) ①순풍(順風). ②소식(消息).
便祕(변비) 똥이 너무 굳어서 잘 누이지 않는 증세.
便所(변소) 대소변을 보도록 만들어 놓은 곳.
◪ 簡便간편, 方便방편, 不便불편, 船便선편, 郵便우편, 人便인편, 形便형편.

7
⑨【俔】 1염탐할 현 銑
2비유할 견 霰

인명 ㊥xiàn, qiàn ㊐ケン

소전 [小篆] 참고 인명용 음은 '현'이다.

자해 1 ❶**염탐하다, 간첩.** ❷**풍향계(風向計), 배 위에 설치한 바람개비.** 〔淮南子〕 辟若俔之見風也벽약현지견풍야. 2 **비유하다.** 〔詩經〕 俔天之妹견천지매.

7
⑨【俠】侠 호협할 협 葉

인명 1급 ㊥xiá ㊐キョウ

소전 [小篆] 초서 [草書] 자해 ❶**호협하다.** 〔史記〕 然其自喜爲俠益甚연기자희위협익심. ❷**가볍다, 경쾌하다.** 〔淮南子〕 喜武非俠也희무비협야. ❸**제멋대로 굴다.**

俠客(협객) 강자를 꺾고 약자를 돕는 협기를 지닌 사람. 俠士(협사). 遊俠(유협).
俠骨(협골) 장부다운 기골. 호협한 기골. 俠氣(협기).
俠魁(협괴) 협객(俠客)의 두목.
◪ 遊俠유협, 義俠의협, 豪俠호협.

人 7획

7 ⑨【侯】 과녁 후 尤

고등 인명 3급 ㊥hóu ㊐コウ

필순 ノ 亻 亻 仁 仁 伊 侯 侯 侯

소전 초서 본자 矦 자원 會意. 소전의 글자 모양은 人+厂+矢→矦. '厂'은 벼랑처럼 드리운 포장의 모양으로, 사람이 이를 향하여 화살을 쏜다는 데서 '과녁'의 뜻을 나타낸다.

자해 ❶과녁. 〔儀禮〕乃張侯下綱내장후하강. ❷제후, 임금. 〔春秋左氏傳〕凡侯伯救患分災범후백구환분재. ❸후작, 오등작(五等爵)의 둘째. 〔孟子〕侯一位후일위.

人 7획

侯鵠(후곡) 활의 과녁. 사방(四方) 열 자의 둘레를 '侯'라 하고, 그 속 사방 넉 자의 둘레를 '鵠'이라 함.

侯伯(후백) 후작(侯爵)과 백작(伯爵).

侯服(후복) ①오복(五服) 또는 구복(九服)의 둘째 복. ②왕성(王城) 밖 500리(里)에서 1,000리에 이르는 지방(地方).

侯服玉食(후복옥식) 왕후의 옷을 입고 좋은 음식을 먹음. 사치스럽고 호화로운 생활.

◨ 君侯군후, 列侯열후, 王侯왕후, 諸侯제후.

7 ⑨【俙】 소송할 희 微

인명 ㊥xī ㊐キ

자해 ❶소송하다. ❷감동하다. 〔司馬相如·文〕於是天子俙然改容어시천자희연개용.

俙然(희연) 감동하는 모습.

8 ⑩【個】 个 낱 개 箇

중학 인명 4Ⅱ급 ㊥gè ㊐コ

필순 ノ 亻 亻 们 们 們 們 個 個 個

초서 속자 个 자원 形聲. 人+固→個. '固(고)'가 음을 나타낸다.

자해 ❶낱. 셀 수 있는 물건의 하나하나. ❷개. 낱으로 된 물건의 수효를 세는 단위. =个·箇.

個別(개별) 하나씩 따로따로.

個性(개성) 개인마다 각각 다르게 형성되는 취미·성격 등의 특성.

個人(개인) 국가·사회·단체를 구성하는 낱낱의 사람.

個體(개체) 하나의 독립된 생물체.

◨ 各個각개, 單個단개, 別個별개, 一個일개.

8 ⑩【倨】 거만할 거 御

인명 1급 ㊥jù ㊐キョ

소전 초서 자해 ❶거만하다. 〔春秋左氏傳〕直而不倨직이불거. ❷책상다리하다. 〔莊子〕老聃方將倨堂로염방장거당.

倨氣(거기) 거만한 기색.

倨慢(거만) 겸손하지 못하고 뽐냄. 잘난 체하고 남을 업신여김. 倨傲(거오).

倨色(거색) 교만하게 뽐내는 안색(顔色).

◨ 簡倨간거, 驕倨교거, 箕倨기거, 倂倨병거.

8 ⑩【倹】 儉(98)의 속자

8 ⑩【倞】 ①굳셀 경 敬 ②밝을 량 漾

인명 ㊥jìng, liàng ㊐ケイ, リョウ

소전 참고 인명용 음은 '경'이다.

자해 ①굳세다, 강하다. =勍. ②❶밝다. =亮. ❷찾다, 구하다.

8 ⑩【倥】 ①어리석을 공 東 ②바쁠 공 董

㊥kōng, kǒng ㊐コウ

초서 자해 ①어리석다. ¶ 倥侗공통. ②바쁘다. ¶ 倥傯공총.

倥傯(공총) 바쁜 모양.

倥侗(공통) 어리석은 모양. 무지한 모양.

8 ⑩【俱】 함께 구 虞

고등 인명 3급 ㊥jù ㊐ク

필순 ノ 亻 亻 们 们 但 但 俱 俱 俱

소전 초서 자원 形聲. 人+具→俱. '具(구)'가 음을 나타낸다.

자해 ❶함께. 〔孟子〕雖與之俱學수여지구학, 弗若之矣불약지의. ❷함께 하다, 같이 가다. 〔莊子〕道可載而與之俱也도가재이여지구야.

俱慶(구경) 國양친(兩親)이 다 살아 계시어 경사스러움.

俱沒(구몰) 어버이가 모두 세상을 떠남.

俱發(구발) ①함께 출발함. ②어떤 일이 동시에 일어남.

俱生神(구생신) (佛)사람이 태어날 때부터 양쪽 어깨 위에 있으면서 행위의 선악을 기록한다는 남녀의 신.

俱存(구존) 어버이가 모두 살아 계심.

8 ⑩【倔】 고집 셀 굴 物

㊥jué ㊐クツ

자해 ❶고집이 세다. 〔鹽鐵論〕 倔強倔傲굴강굴오. ❷몸을 일으키다, 입신(立身)하다. 〔史記〕 倔起什伯之中굴기십백지중. ❸굽다, 굽히다. ≒屈. 〔史記〕 君子倔於不知己군자굴어부지기.
倔彊(굴강) 고집이 세어 남에게 굴하지 아니함. 屈強(굴강).
倔起(굴기) 몸을 일으킴. 필부(匹夫)로서 입신(立身)함.
倔信(굴신) 굽힘과 폄. 屈伸(굴신).

8 ⑩ 【倦】 게으를 권 霰

인명 1급 ㊥juàn ㊐ケン

소전 초서 본자 劵 자해 ❶게으르다. 〔易經〕 通其變통기변, 使民不倦사민불권. ❷피로하다. 〔呂氏春秋〕 立倦而不敢息립권이불감식.
倦悶(권민) 몹시 지쳐 걱정하며 괴로워함.
倦憊(권비) 싫증이 나고 고달픔.
倦厭(권염) 피로하고 염증이 남.
倦怠(권태) 어떤 일에 대한 싫증이나 게으름.

8 ⑩ 【倛】 탈 기 支

㊥qī ㊐キ

자해 탈, 가면. 구나(驅儺) 때 쓰는 눈이 둘 있는 탈. 눈이 넷인 탈은 방상(方相)이라고 한다. 〔荀子〕 仲尼之狀面如蒙倛중니지상면여몽기.

8 ⑩ 【倘】 1혹시 당 養 2어정거릴 상 陽

㊥tǎng, cháng ㊐トウ, ショウ

초서 자해 1❶혹시. =儻. 〔庾信·詩〕 故人倘思我고인당사아. ❷갑자기 멈추는 모양. 〔莊子〕 倘然止당연지. 2어정거리다, 배회하다. 〔宋玉·賦〕 然後倘佯中庭연후상양중정.
倘然(당연) 문득 멈추는 모양.
倘佯(상양) 어정거림. 배회(徘徊)함.

8 ⑩ 【倒】 1넘어질 도 皓 2거꾸로 도 號

고등 인명 3Ⅱ급 ㊥dǎo, dào ㊐トウ

필순 丿 亻 亻 伾 伾 侄 侄 侄 倒 倒

소전 초서 자원 形聲. 人+到→倒. '到(도)'가 음을 나타낸다.
자해 1넘어지다. 〔南史〕 屛風倒壓其背병풍도압기배. 2거꾸로, 거꾸로 하다. 〔詩經〕 顚之倒之전지도지, 自公召之자공소지.
倒屣(도사) 신을 거꾸로 신고 사람을 영접함. 진심으로 손을 환영함. 倒屧(도섭).
倒產(도산) ①재산을 모두 잃고 망함. ②해산할 때 아이의 발이 먼저 나오는 일.
倒生(도생) 초목(草木). 초목은 머리를 땅에 붙이고 자라기 때문에 이르는 말.
倒影(도영) ①그림자가 거꾸로 비침. 거꾸로 비친 그림자. ②저녁때의 해. 夕陽(석양).
倒杖(도장) ①지팡이를 거꾸로 함. ②풍수(風水)가 광(壙)을 만들어 관(棺)을 놓는 법.
倒井(도정) 우물을 거꾸로 함. 비가 억수로 쏟아짐.
倒錯(도착) 뒤바뀌어 거꾸로 됨.
倒置(도치) ①거꾸로 세움. ②차례·위치 따위가 뒤바뀜.
倒置干戈(도치간과) 병기를 거꾸로 세워 둠. 세상이 평화로움의 비유.
倒懸(도현) 거꾸로 매달림. 심한 곤경이나 위험한 고비에 처함.
◨ 驚倒경도, 壓倒압도, 卒倒졸도, 打倒타도.

8 ⑩ 【倮】 알몸 라 哿

㊥luǒ ㊐ラ

자해 알몸, 벌거벗다. ≒裸. 〔禮記〕 其蟲倮기충라.
倮麥(나맥) 쌀보리.
倮蟲(나충) ①털·날개가 없는 벌레의 총칭. ②털·날개·비늘 따위가 없는 동물. 곧, 인류나 자라·지렁이 따위.

8 ⑩ 【倆】 俩 재주 량 漾 養

인명 1급 ㊥liǎng, liǎ ㊐リョウ

초서 자해 ❶재주, 솜씨, 재능. ❷둘, 두 사람. =兩.
◨ 技倆기량.

8 ⑩ 【倫】 伦 인륜 륜 眞

중학 인명 3Ⅱ급 ㊥lún ㊐リン

필순 丿 亻 亻 个 伶 伶 侖 倫 倫 倫

소전 초서 자원 形聲. 人+侖→倫. '侖(륜)'이 음을 나타낸다.
자해 ❶인륜, 도리. 〔書經〕 彝倫攸敍이륜유서. ❷무리, 또래. 〔呂氏春秋〕 身狀出倫신상출륜. ❸순서, 차례. 〔論語〕 言中倫언중륜. ❹나뭇결. 〔周禮〕 析幹必倫석간필륜.
倫紀(윤기) 윤리와 기강(紀綱).
倫理(윤리) 사람으로서 마땅히 행하거나 지켜야 할 도리.

人 8획

倫常(윤상) 인륜의 떳떳한 도리.
倫匹(윤필) ①나이나 신분이 서로 같거나 비슷한 사이의 사람. ②배우자. 아내.
◨ 常倫상륜, 五倫오륜, 人倫인륜, 絕倫절륜, 天倫천륜, 悖倫패륜.

8 ⑩【們】们 들 문 元
인명 ㊥mén ㊐モン
자해 들, 무리. 인칭 대명사에 붙어서 복수를 나타내는 글자.

8 ⑩【倣】仿 본뜰 방 養
고등 인명 3급 ㊥fǎng ㊐ホウ
필순 ノ イ イ' 仁 仿 仿 仿' 仿 仿 倣
초서 자원 形聲. 人+放→倣. '放(방)'이 음을 나타낸다.
자해 본뜨다, 흉내 내다. 〔韓愈·表〕 轉相倣傚전상방효, 惟恐後時유공후시.
倣古(방고) 옛 것을 모방함. 고인(古人)의 작품을 모방하여 만듦.
倣傚(방효) 본뜸. 모방함.
◨ 模倣모방, 慕倣모방, 依倣의방.

8 ⑩【倍】 곱 배 賄
고등 인명 5급 ㊥bèi ㊐バイ
필순 ノ イ イ' 仁 仁 仁 仁 倍 倍 倍
소전 초서 자원 形聲. 人+咅→倍. '咅(부)'가 음을 나타낸다.
자해 ❶곱, 갑절. 〔詩經〕 如賈三倍여고삼배. ❷등지다, 배반하다. =背. 〔大學〕 上恤孤而民不倍상휼고이민불배. ❸더하다. 〔春秋左氏傳〕 焉用亡鄭以倍鄰언용망정이배린. ❹점점 더. 〔王維·詩〕 每逢佳節倍思親매봉가절배사친.
倍加(배가) 갑절 또는 몇 갑절로 늘어남.
倍道(배도) ①보통 사람이 이틀 걸릴 길을 하루에 걸음. ②도리에 어긋남.
倍道兼行(배도겸행) 이틀 만에 갈 길을 하루에 걸음.
倍反(배반) ①천자(天子)에게 등을 돌림. ②도리에 어긋남.
倍蓰(배사) 여러 갑절. 數倍(수배).
倍心(배심) 배반하는 마음. 이반하는 마음.
倍日(배일) 이틀분을 하루에 함.
倍日幷行(배일병행) 밤낮을 가리지 않고 가거나 행함. 晝夜兼行(주야겸행).
◨ 萬倍만배, 百倍백배, 數倍수배.

8 ⑩【俳】 ①광대 배 佳 ②어정거릴 배 灰
인명 2급 ㊥pái ㊐ハイ
소전 초서 자해 ①❶광대, 배우. ¶ 俳笑배소. ❷장난, 농담. ¶ 俳諧배해. ②어정거리다, 배회하다. =徘. 〔淮南子〕 坐俳而歌謠좌배이가요.
俳笑(배소) 광대 따위가 희롱하며 웃음.
俳優(배우) ①광대. ②연극·영화에서 어떤 인물로 분장하여 대사나 동작·표정 따위로 그 내용을 실연(實演)하는 사람.
俳諧(배해) 우스갯소리. 弄談(농담). 戲言(희언). 俳謔(배학).
俳徊(배회) 어정거리며 이리저리 다님. 목적 없이 거닒. 徘徊(배회).

8 ⑩【倂】併 아우를 병 敬
인명 2급 ㊥bìng ㊐ヘイ
소전 초서 속자 併 자해 ❶아우르다, 어우르다. =幷. 〔漢書〕 高皇帝與諸公倂起고황제여제공병기. ❷나란하다. =竝. 〔禮記〕 行肩而不倂행견이불병.
倂用(병용) ①작용(作用)을 함께 함. ②아울러 같이 씀. 竝用(병용).
倂呑(병탄) 죄다 삼켜 버림. 남의 물건을 한데 아울러서 제 것으로 만들어 버림.
倂合(병합) ①둘 이상의 사물을 합쳐서 하나로 만듦. ②어떤 나라가 다른 나라를 강제로 통합함. 合倂(합병).
◨ 兼倂겸병, 合倂합병.

8 ⑩【俸】 녹 봉 宋
인명 2급 ㊥fèng ㊐ホウ
초서 자해 녹, 봉급, 급료. 〔後漢書〕 詔增百官俸조증백관봉.
俸給(봉급) 직장에서 일한 대가로 정기적으로 받는 보수.
俸祿(봉록) 벼슬아치에게 주던 봉급.
俸廩(봉름) 관리에게 봉급으로 주던 쌀.
◨ 減俸감봉, 祿俸녹봉, 薄俸박봉.

8 ⑩【俯】 구푸릴 부 麌
인명 1급 ㊥fǔ ㊐フ
초서 자해 구푸리다, 구부리다. 〔易經〕 俯以察於地理부이찰어지리.
俯瞰(부감) 고개를 숙이고 봄. 높다란 곳에서 내려다봄. 下瞰(하감).
俯首聽令(부수청령) 윗사람의 위엄에 눌려 명

령대로 좇아 함.
俯仰(부앙) 하늘을 우러러보고 땅을 굽어봄.
俯仰不愧(부앙불괴) 우러러보고 굽어보아도 부끄러울 것이 없음. 공명정대(公明正大)하여 세상에 부끄러울 것이 없음.
俯察(부찰) 아랫사람의 형편을 굽어 살핌.
俯聽(부청) 고개를 숙이고 들음. 공손히 들음.
俯項(부항) 고개를 숙임.
俯畜(부휵) 처자(妻子)를 부양(扶養)함.
◨ 仰俯앙부, 畏俯외부, 陰俯음부.

8 ⑩【俾】 1 더할 비 紙 2 흘겨볼 비 ㊍폐 霽
㊥bǐ, bī, pì ㊐ヒ, ヘイ
소전 초서 자해 1 ❶더하다. ≒裨. ❷시키다, ~하게 하다. 〔書經〕俾予從欲以治비여종욕이치. ❸좇다, 따르다. 〔書經〕罔不率俾망불솔비. 2 흘겨보다. ≒睥.
俾倪(비예) ①흘겨봄. 곁눈질하여 봄. 睥睨(비예). ②성가퀴. 女牆(여장).
俾晝作夜(비주작야) 낮을 보태 밤을 지음. 밤낮을 가리지 않고 즐김.

8 ⑩【丧】 喪(220)의 속자

8 ⑩【修】 닦을 수 尤
중학 인명 4Ⅱ급 ㊥xiū ㊐シュウ
필순 ノ イ 亻 亻 亻 亻 修 修 修 修
소전 초서 고자 참고 '脩(수)'는 원래는 딴 자였으나 통용되고 있다. 그러나 육포(肉脯)의 뜻일 때는 반드시 '脩'를 쓴다.
자원 形聲. 攸+彡→修. '攸(유)'가 음을 나타낸다.
자해 ❶닦다. 〔論語〕修己以安人수기이안인. ❷다스리다. 〔中庸〕修其祖廟수기조묘. ❸고치다, 손질하다. 〔孟子〕修我牆屋수아장옥. ❹꾸미다. 〔論語〕行人子羽修飾之행인자우수식지.
修改(수개) ①손질을 하여 옛 모습으로 고침. ②개정(改訂)함. 정정(訂正)함.
修交(수교) 나라와 나라 사이에 교제를 맺음.
修己(수기) 자기 몸을 닦음. 자기 수양을 함.
修己治人(수기치인) 자신의 몸과 마음을 닦은 후에 남을 교화(敎化)함.
修德(수덕) 덕(德)을 닦음.
修道(수도) ①도를 닦음. ②길을 손질함.
修得(수득) ①도(道)를 닦음. ②후천적으로 닦거나 배워서 체득(體得)함.
修羅(수라) (佛)팔부중(八部衆)의 하나로, 싸우기를 좋아하는 귀신. 阿修羅(아수라).
修羅場(수라장) (佛)①악신(惡神) 수라가 제석천(帝釋天)과 싸운 곳. ②매우 혼란스럽거나 참혹한 상태. 阿修羅場(아수라장).
修鍊(수련) 인격·기술 따위를 닦아서 단련함. 修練(수련).
修禮(수례) 예의를 닦음.
修了(수료) 일정한 학과를 다 배워 끝냄.
修理(수리) 고장이 나거나 허름한 데를 손보아 고침.
修補(수보) 허름한 데를 고치고, 갖추지 않은 데를 기움.
修復(수복) ①고쳐서 본모습과 같게 함. ②편지의 답장을 함.
修史(수사) 역사(歷史)를 편수(編修)함.
修辭(수사) 말이나 문장을 수식하여 묘하고 아름답게 함.
修繕(수선) 낡거나 헌 물건을 고침.
修成(수성) 닦아서 이룸. 손질하여 만듦.
修省(수성) 수양하고 반성함.
修習(수습) 학업이나 일을 닦고 익힘.
修飾(수식) ①겉모양을 꾸밈. 멋을 부림. ②문장의 표현을 화려하고 기교 있게 꾸밈.
修身(수신) 몸을 닦아 행실을 바르게 함.
修身齊家(수신제가) 자기의 심신(心身)을 닦고, 집안을 다스림. 修齊(수제).
修養(수양) 몸과 마음을 단련하여 품성이나 지덕을 닦음.
修業(수업) ①학문(學問)·기예(技藝)를 익히고 닦음. ②가업(家業)을 영위함.
修正(수정) ①바로잡아서 고침. ②정도(正道)를 닦음.
修整(수정) 고쳐서 정돈함. 손질하여 가꿈.
修葺(수즙) 지붕·바람벽 등의 허름한 데를 고치고 이음. 깁고 고침. 補葺(보즙).
修撰(수찬) ①서적을 편집하여 펴냄. ②조선 때, 홍문관의 정육품 벼슬.
修飭(수칙) 몸을 닦고 스스로 삼감.
修學(수학) 학업을 닦음.
修行(수행) ①학문·기예·행실 따위를 닦음. ②(佛)불도를 닦음.
◨ 監修감수, 改修개수, 補修보수, 編修편수.

8 ⑩【俶】 1 비롯할 숙 屋 2 뛰어날 척 錫
㊥chù, tì ㊐シュク, テキ
소전 자해 1 ❶비롯하다, 비로소. 〔書經〕俶擾天紀숙요천기. ❷정돈하다. ¶ 俶裝숙장. ❸맑다, 착하다. ≒淑. 2 뛰어나

人 8획

다. ≒倜. 〔史記〕好奇偉俶儻之畫策호기위척당지획책.
俶然(숙연) 삼가고 공경하는 모양.
俶裝(숙장) 몸차림을 함. 준비를 함.
俶儻(척당) 재기(才氣)가 뛰어남.

8 ⑩【倏】 갑자기 숙 屋
㊥shū ㊐シュク
소전 초서 속자 자해 ❶갑자기. 〔漢書〕辰倏忽其不再진숙홀기부재. ❷빛, 빛나다.
倏倏(숙숙) ①빛남. ②빛.
倏瞬(숙순) 눈 깜짝하는 동안. 극히 짧은 시간.
倏忽(숙홀) 갑자기. 재빨리. 극히 짧은 시간.

8 ⑩【倐】 倏(84)의 속자

8 ⑩【倅】 1 버금 쉬 ㊍췌 隊 2 백 사람 졸 月
㊥cuì, zú ㊐サイ, ソツ
소전 속자 자해 1 ❶버금, 다음. 〔周禮〕乘王之倅車승왕지쉬거. ❷國원, 수령(守令). 2 ❶백 사람. ≒卒. 〔隋書〕各有倅長각유졸장. ❷갑자기. 〔墨子〕倅然斷之졸연단지.
倅車(쉬거) 임금의 수레에 여벌로 따라가는 수레. 副車(부거).
倅然(졸연) 갑자기.

8 ⑩【俺】 나 엄 ㊍암 豔
인명 ㊥yàn, ǎn ㊐エン
소전 초서 자해 나, 자신(自身).

8 ⑩【倪】 어린이 예 齊
인명 ㊥ní, nì ㊐ゲイ
소전 초서 자해 ❶어린이. 〔孟子〕反其旄倪반기모예. ❷흘겨보다. ≒睨.
倪齒(예치) ①늙은이의 다시 난 이. ②장수하는 사람.

8 ⑩【倭】 1 왜국 왜 ㊍와 歌 2 두를 위 支
인명 2급 ㊥wō, wēi ㊐ワ, イ
소전 초서 참고 인명용 음은 '왜'이다.
자해 1 왜국, 일본. ¶ 倭寇왜구. 2 두르다, 빙 돌아서 먼 모양. 〔詩經〕周道倭遲주도위지.
倭寇(왜구) 13~16세기에 우리나라와 중국 동남 연안(沿岸)에서 노략질하던 일본 해적.
倭國(왜국) 일본(日本)을 낮잡아 이르는 말.
倭亂(왜란) ①왜인(倭人)이 일으킨 전란(戰亂). ②임진왜란(壬辰倭亂).
倭夷(왜이) 옛날 중국 사람들이 일본 사람들을 낮잡아 이르던 말. 倭奴(왜노).
倭敵(왜적) 적국으로서의 일본이나 일본인.
倭遲(위지) 빙 돌아서 먼 모양.

8 ⑩【倚】 1 의지할 의 紙 2 기이할 기 支
인명 ㊥yǐ, jī ㊐イ
소전 초서 참고 인명용 음은 '의'이다.
자해 1 ❶의지하다. 〔論語〕在輿則見其倚於衡也재여즉견기의어형야. ❷치우치다. 〔荀子〕倚其所私以觀異術의기소사이관이술. ❸인하다, 말미암다. 〔老子〕禍兮福之所倚화혜복지소의. 2 ❶기이하다. ≒奇. 〔荀子〕倚魁之行기괴지행. ❷불구(不具). ≒畸. 〔莊子〕有倚人焉유기인언.
倚廬(의려) 부모의 상중(喪中)에 상주가 거처하던 막.
倚閭(의려) ①이문(里門)에 기대어 섬. 부모가 자식이 돌아오기를 기다림. ②여막(廬幕).
倚馬才(의마재) 말에 기대어 기다리는 짧은 시간 동안에 긴 문장(文章)을 지어 내는 글재주. 倚馬可待(의마가대). 故事 진(晉)의 원호(袁虎)가 말에 기대어 서서 기다리는 동안에 일곱 장의 명문을 완성했다는 고사에서 온 말.
倚門而望(의문이망) 문에 기대어 바라봄. 부모가 자식이 돌아오기를 몹시 기다림. 倚閭之望(의려지망).
倚門訓(의문훈) 어머니의 정다운 교훈. 자애(慈愛)로운 어머니의 가르침.
倚辯之才(의변지재) 변설에 뛰어난 재능.
倚乘(의승) 수레를 타고 서 있음.
倚託(의탁) 어떤 것에 몸이나 마음을 의지하여 맡김.
倚魁(기괴) 괴상하고 기이함. 奇怪(기괴).
倚人(기인) 병신. 불구자. 畸人(기인).
◨ 依倚의의, 親倚친의, 偏倚편의.

8 ⑩【倧】 상고의 신인 종 冬
인명 ㊥zōng ㊐ソウ
자해 ❶상고(上古)의 신인(神人). ❷國신인, 한배검. 〔朝鮮古紀〕神人降于太白山檀木下

신인강우태백산단목하, 是爲大倧也시위대종야.

8
⑩【借】 빌릴 차 禡

중학 인명 3Ⅱ급 ㊥jiè ㊐シャク

필순 丿 亻 仁 仕 供 供 借 借 借 借

소전 𠍥 초서 𠋩 자원 形聲. 人+昔→借. '昔(석)' 이 음을 나타낸다.

자해 **❶빌리다, 빌려 쓰다.** 〔後漢書〕 外戚賓客외척빈객, 假借威權가차위권. **❷빌려 주다, 돕다.** 〔論語〕 有馬者유마자, 借人乘之차인승지.

借鏡(차경) 남의 거울을 빌려 비추어 봄. 타인의 언행을 자기의 경계로 함. 借鑑(차감).

借款(차관) 한 나라에서 다른 나라의 자금을 빌려 옴.

借刀殺人(차도살인) 남의 칼을 빌려 사람을 죽임. 다른 사람의 힘을 이용하여 사람을 해침.

借名(차명) 남의 이름을 빌려 씀.

借文(차문) 남에게 청탁하여 시문(詩文)을 대신 짓게 함. 또는 그 글.

借問(차문) ①시험 삼아 물음. 그저 한번 물어 봄. ②남에게 물음.

借手(차수) ①現남의 손을 빌림. ②남에게 물건을 빌려 온 사람.

借用(차용) 돈·물건 따위를 빌려서 씀.

借入(차입) 돈이나 물건을 꾸어 들임.

借字(차자) ①가차하거나 통용하는 글자. ②자기 나라 말을 적는 데 남의 나라 글자를 빌려 씀. 또는 그 글자.

借作(차작) 國①차문(借文). ②남의 손을 빌려 물건을 만듦. 또는 그 물건.

借廳入室(차청입실) 國마루를 빌려 쓰다가 방에 들어옴. 남에게 의지하여 있던 사람이 나중에는 그의 권리까지를 침범함. 借廳借閨(차청차규).

借換(차환) 새로 꾸어서 먼저 꾼 것을 갚음.

◪ 假借가차, 貸借대차, 賃借임차.

8
⑩【倉】仓 곳집 창 陽

고등 인명 3Ⅱ급 ㊥cāng ㊐ソウ

필순 丿 人 𠆢 今 今 今 侌 侌 倉 倉

소전 倉 초서 𫞐 고자 仺 고자 𠓗 자원 會意·象形. 亼+口→倉. '亼'은 '食(식)'의 생략형이고, '口'는 사방을 두른 방형(方形)의 창고를 본뜬 것이다. 곧, 사람이 먹는 곡식을 넣어 두는 '곳집'을 뜻한다.

자해 **❶곳집, 창고.** 〔孟子〕 居者有積倉거자유적창. **❷갑자기.** 〔漢書〕 倉卒悲哀之時창졸비애지시. **❸푸르다.** ≒蒼. 〔儀禮〕 繅三采六等朱白倉소삼채륙등주백창.

倉庚(창경) 꾀꼬리. 倉鶊(창경).

倉庫(창고) 곳집.

倉囷(창균) 쌀 창고. '倉'은 방형(方形), '囷'은 원형(圓形)의 창고. 倉庾(창유).

倉廩(창름) ①곡물 창고. ②곳집.

倉粟(창속) 창고 속의 곡물(穀物).

倉氏庫氏(창씨고씨) 사물이 오래도록 변하지 않음의 비유. 옛날 중국에서 창씨와 고씨가 세습적으로 곳집을 맡아본 데서 온 말.

倉卒(창졸) 미처 어찌할 겨를 없이 매우 갑작스러움.

倉皇(창황) 아주 갑작스러운 모양.

◪ 穀倉곡창, 空倉공창, 官倉관창, 米倉미창.

8
⑩【倀】伥 1미칠 창 陽 2길 잃을 창 敬

㊥chāng, zhèng ㊐チョウ

소전 𠋫 자해 1**❶미치다, 갈팡질팡하다. ❷귀신 이름.** 〔太平廣記〕 爲虎所食위호소식, 其鬼爲倀기귀위창. 2**길을 잃다.** 〔禮記〕 倀倀乎其何之창창호기하지.

倀鬼(창귀) ①범에게 물려 죽은 사람의 귀신. 범에 붙어 다니며 범의 심부름을 한다고 함. ②남을 꾀어 못된 짓을 하게 하는 사람.

倀倀(창창) 갈 길을 잃어 헤매는 모양.

8
⑩【倡】 1광대 창 陽 2창도할 창 漾

인명 1급 ㊥chāng, chàng ㊐チョウ

소전 𠋭 초서 𠍇 자해 1**❶광대, 배우.** 〔晏子春秋〕 今君左爲倡右爲優금군좌위창우위우. **❷기생.** =娼. **❸미치다, 미치광이.** =猖. 〔莊子〕 倡狂妄行창광망행. 2**❶창도하다, 외치다.** ≒唱. 〔史記〕 爲天下倡위천하창. **❷성하다, 창성하다.** ≒昌.

倡狂(창광) 크게 미침. 몹시 미침.

倡隨(창수) 남편이 주장하고 아내가 좇음. 부부가 화목하고 가정이 원만한 일.

倡率(창수) ①앞장서서 외침. ②구나(驅儺)할 때 붉은 옷에 탈을 쓰고 주문을 외던 사람.

倡優(창우) 광대. 배우. '倡'은 소리하는 사람, '優'는 놀이하는 사람. 娼優(창우).

倡義(창의) 의(義)를 주창함. 의병을 일으킴.

◪ 俳倡배창, 優倡우창.

8
⑩【倜】 대범할 척 錫

인명 ㊥tì ㊐テキ

소전 초서 자해 ❶대범하다. 〔荀子〕 倜儻然無所歸宿척당연무소귀숙. ❷뛰어나다. 〔史記〕 唯倜儻非常之人稱焉유척당비상지인칭언.
倜儻(척당) ①다른 사물에 구속을 받지 않음. ②출중(出衆)함.
倜儻不羈(척당불기) 인물이 뛰어나서 남에게 눌려 지내지 않음.

8 ⑩【倩】 1 예쁠 천 霰 2 사위 청 敬
㊥qiàn, qìng ㊐セン, セイ
소전 초서 자해 1 예쁘다. 〔論語〕 巧笑倩兮교소천혜. 2 ❶사위. 〔史記〕 黃氏諸倩황씨제청. ❷고용하다.
倩粧(천장) 예쁜 단장.
倩倩(천천) 예쁘고 얌전한 모양.
倩工(청공) 國일시적인 용인(傭人). 고용인.
倩人(청인) 사람을 고용함.
倩草(청초→천초) 國남을 시켜 글을 쓰게 함.

8 ⑩【俴】 얇을 천 銑
㊥jiàn ㊐セン
소전 자해 ❶얇다, 얇다. ≒淺. 〔詩經〕 小戎俴收소융천수. ❷갑옷을 입지 않다. 〔管子〕 與俴者同實여천자동실.
俴駟(천사) 얇은 철로 만든 갑옷으로 경쾌하게 무장한 네 마리의 말.
俴者(천자) 갑옷을 입지 않은 병사.

8 ⑩【倢】 빠를 첩 本접 葉
㊥jié ㊐ショウ
소전 자해 ❶빠르다. ≒捷. 〔後漢書〕 負糧倢步부량첩보. ❷굳세다. ❸여관(女官) 이름. ≒婕.
倢伃(첩여) 한(漢) 무제(武帝) 때 두었던 여관(女官) 이름. 婕妤(첩여).

8 ⑩【値】 值 값 치 寘
고등 인명 3Ⅱ급 ㊥zhí ㊐チ
필순 ノ 亻 亻 亻 付 佶 侑 侑 侑 値 値
소전 초서 자원 形聲. 人+直→値. '直(직)'이 음을 나타낸다.
자해 ❶값. ¶ 價値가치. ❷만나다. 〔史記〕 無値寧成之怒무치녕성지노.
値遇(치우) 우연히 만남. 뜻밖에 만남.
◨ 價値가치, 數値수치, 絕對値절대치.

8 ⑩【倬】 클 탁 覺
인명 ㊥zhuō ㊐タク
소전 초서 자해 ❶크다, 두드러지다. ❷뛰어나다.

8 ⑩【俵】 흩을 표 嘯
인명 ㊥biào ㊐ヒョウ
초서 자해 ❶흩다. ❷나누어 주다. 〔舊唐書〕 委御史臺依品秩分俵위어사대의품질분표.
俵散(표산) 여러 사람에게 나누어 줌.
俵災(표재) 國흉년에 조세를 감하던 일.

8 ⑩【倖】 요행 행 梗
인명 ㊥xìng ㊐コウ
초서 자해 ❶요행. ❷괴다, 사랑하다. 〔後漢書〕 議者譏其過倖의자기기과행.
倖望(행망) 國요행을 바람.
倖臣(행신) 마음에 드는 신하.
倖而得免(행이득면) 좋지 못한 일을 요행히 벗어남.
倖進(행진) 요행으로 승진(昇進)함.
◨ 僥倖요행.

8 ⑩【倣】 倣(92)의 속자

8 ⑩【候】 물을 후 宥
고등 인명 4급 ㊥hòu ㊐コウ
필순 ノ 亻 亻 仁 仁 伊 伊 伊 候 候
소전 초서 본자 侯 자원 形聲. 人+矦→候. '矦(후)'가 음을 나타낸다.
자해 ❶묻다, 안부를 묻다. ❷시중들다. 〔詩經〕 彼候人兮피후인혜. ❸기다리다, 맞이하다. 〔陶潛·辭〕 稚子候門치자후문. ❹살피다, 정탐하다. 〔呂氏春秋〕 武王使人候殷무왕사인후은. ❺때, 시기(時期). 〔宋史〕 欲知農桑之候욕지농상지후.
候騎(후기) 적을 염탐하는 기병.
候兵(후병) 적정을 살피는 병사.
候補(후보) ①자리가 비어 있는 벼슬이나 직위를 채우던 일. ②어떤 직위나 신분을 얻으려고 일정한 자격을 갖추어 나섬.
候伺(후사) 문안을 드림. 伺候(사후).
候雁(후안) 기러기.

人 8획

候鳥(후조) 철새.
候風(후풍) ①바람 부는 방향을 살핌. ②배가 떠날 무렵에 순풍을 기다림.
■ 氣候기후, 時候시후, 節候절후, 徵候징후.

8
⑩【倠】 추할 휴 支
㊥sui ㊐キ
자해 **추하다, 용모가 아름답지 못하다.**

9
⑪【假】 1 거짓 가 馬 2 바꿀 가 禡
중학 인명 4Ⅱ급 ㊥jiǎ, jià ㊐カ, ケ
필순 亻 亻 亻 亻 亻 作 作 假 假 假
소전 假 초서 假 속자 仮 자원 形聲·會意. 人＋叚 → 假.
'叚(가)'가 음을 나타냄과 동시에 '빌리다'라는 뜻도 나타낸다. 사람에게서 빌린 것은 자기의 것이 아니므로 '거짓, 임시' 등의 뜻을 나타낸다.
자해 1 ❶**거짓, 가짜.** 〔史記〕 大丈夫定諸侯 卽眞爲王耳何以假爲대장부정제후즉진위왕이하이가위. ❷**임시적, 정식이 아닌.** ❸**빌리다.** 〔孟子〕 以力假仁者霸이력가인자패. ❹**빌려 주다.** 〔漢書〕 遂洒開倉廩假貧民수내개창름가빈민. ❺**너그럽다, 용서하다.** ¶ 假貸가대. ❻**가령, 만일.** ¶ 假使가사. 2 ❶**바꾸다.** 〔春秋公羊傳〕 其言以璧假之何易之也기언이벽가지하역지야. ❷**겨를, 여가, 휴일.** ≒暇. 〔三國志〕 自白求假자백구가.
假髻(가계) 부인(婦人)의 머리숱을 더하기 위하여 사용하는 머리털. 다리. 假結(가결).
假期(가기) ①세월을 보냄. 세월을 소비함. ②휴가의 동안. 휴가 기일(期日).
假貸(가대) ①물건을 빌려 줌. ②용서함.
假道(가도) ①임시의 도로. ②타국의 길을 임시로 빌려 통과함. ③관대하게 용서하여 선도(善導)함.
假道滅虢(가도멸괵) 길을 빌려 괵을 멸망시킴. 다른 나라의 길을 임시로 빌려 쓰다가 나중에는 그 나라를 쳐 없앰. 故事 춘추 시대 진(晉)나라가 괵(虢)나라를 친다는 명분으로 우(虞)나라의 길을 빌리고는, 괵나라를 정벌하고 돌아오는 길에 우나라도 멸망시킨 고사에서 온 말.
假量(가량) 정도.
假令(가령) 가정하여 말한다면. 假使(가사).
假面(가면) 탈.
假名(가명) ①가짜 이름. ②임시로 지어 부르는 이름.
假母(가모) 생모(生母)가 아닌 어머니.
假髮(가발) 머리 모양을 만들어 쓰는 것.
假拂(가불) 임시로 지급함.
假死(가사) 정신을 잃어 한때 죽은 것처럼 보이는 상태.
假山(가산) 정원 같은 데에 돌을 모아 쌓아서 조그맣게 만든 산. 石假山(석가산).
假象(가상) 실재(實在)가 아니면서 실재처럼 생각되는 거짓 현상.
假想(가상) 가정하여 생각함.
假設(가설) 임시로 설치함.
假說(가설) 편의상 임시로 설정하여 꾸민 학설.
假聲(가성) 일부러 지어 내는 목소리.
假笑(가소) 거짓 웃음.
假飾(가식) 거짓으로 꾸밈.
假日(가일) 한가한 날. 暇日(가일).
假子(가자) ①양자(養子). ②의붓자식.
假裝(가장) ①태도를 거짓으로 꾸밈. ②얼굴이나 몸 따위를 알아보지 못하게 바꾸어 꾸밈.
假定(가정) 임시로 정함.
假造(가조) 닮게 만듦. 모조함.
假借(가차) ①남의 도움을 빌림. 남의 물건을 빌림. ②용서함. 못 본 체함. ③육서(六書)의 한 가지. 어떤 뜻을 나타내는 한자가 없을 때, 음이 같은 다른 글자를 빌려 쓰는 방법.
假寢(가침) 잠자리에 들지 않고 자는 얕은 잠. 假寐(가매). 假臥(가와).
假稱(가칭) 임시 또는 거짓으로 일컬음.
假鬟(가환) 부인이 성장(盛裝)할 때 쪽 찐 머리에 얹던 큰머리. 어여머리. 假頭(가두).
■ 虛假허가.

9
⑪【偘】 侃(69)과 동자

9
⑪【健】 튼튼할 건 願
고등 인명 5급 ㊥jiàn ㊐ケン
필순 亻 亻 亻 亻 亻 亻 亻 律 健 健 健
소전 健 초서 健 자원 形聲. 人＋建→健. '建(건)'이 음을 나타낸다.
자해 ❶**튼튼하다.** 〔易經〕 天行健천행건. ❷**교만하다.** ❸**탐하다.** 〔荀子〕 無取健무취건, 無取詌무취감.
健脚(건각) 잘 걷거나 달릴 수 있는 튼튼한 다리. 또는 그런 다리를 가진 사람.
健康(건강) 육체적, 정신적으로 아무 탈이 없고 튼튼함.
健忘(건망) 잘 잊어버림.
健婦(건부) 강건한 여자. 기질이 센 여자.
健羨(건선) 탐욕스러움. 시새움이 많음.

健勝(건승) 탈 없이 건강함.
健兒(건아) 혈기가 왕성한 건강한 남자.
健壯(건장) 몸이 튼튼하고 기운이 셈.
健在(건재) 힘이나 능력이 줄어들지 않고 여전히 그대로 있음.
健全(건전) ①튼튼하고 온전함. ②어떤 생각이나 상태가 한쪽으로 치우치지 않고 정상적임.
健鬪(건투) 의지를 굽히지 않고 씩씩하게 잘 싸움.
健筆(건필) ①글씨를 잘 씀. 健毫(건호). ②시문(詩文)을 잘 지음.
◨ 剛健강건, 雄健웅건, 壯健장건, 俊健준건.

人 9획

9 ⑪【偈】 ① 쉴 게 霽 ② 굳셀 걸 屑

인명 1급 ㊥qì, jì ㊐ゲ, ケツ
초서 참고 인명용 음은 '게'이다.
자해 ① ❶쉬다. ≒憩. ❷게, 가타(伽陀). 부처의 공덕이나 가르침을 찬탄하는 노래 글귀. ② 굳센 모양, 용감한 모양.
偈句(게구) (佛)가타(伽陀)의 글귀. 부처의 공덕을 찬미한 시구(詩句).
偈頌(게송) (佛)부처의 공덕을 찬양하는 노래.

9 ⑪【偲】 굳셀 시 支

인명 ㊥sī, cāi ㊐シ
소전 소전 자해 ❶굳세다. ❷똑똑하다. 〔詩經〕其人美且偲기인미차시. ❸선(善)을 권하다. 〔論語〕朋友切切偲偲붕우절절시시.
偲偲(시시) 서로 권면하며 격려하는 모양.

9 ⑪【偓】 악착할 악 覺

㊥wò ㊐アク
소전 자해 악착하다. ≒齷. 〔楚辭〕偓促談於廊廟兮악착담어랑묘혜.
偓促(악착) 아득바득 기를 쓰는 것이 매우 끈덕짐. 齷齪(악착).

9 ⑪【倻】 國땅 이름 야 인명

자해 ❶땅 이름. ¶ 伽倻가야. ❷나라 이름. 낙동강 하류 지역에 있었던 나라.

9 ⑪【偃】 쓰러질 언 銑

인명 ㊥yǎn ㊐エン
소전 초서 자해 ❶쓰러지다, 한쪽으로 기울어지다. 〔論語〕草上之風必偃초상지풍필언. ❷쉬다, 그만두다. 〔莊子〕爲義偃兵위의언병.
偃旗息鼓(언기식고) 군기(軍旗)를 누이고, 북 치는 것을 멈춤. 휴전(休戰)함.
偃武修文(언무수문) 전쟁을 그만두고 문교(文敎)를 닦아 밝힘.
偃兵(언병) 무기를 치움. 전쟁을 그침.
偃息(언식) ①누워서 쉼. 편안하게 쉼. 偃憩(언게). ②그침.
偃仰(언앙) ①누웠다 일어났다 함. ㉠기거(起居)를 자기 마음대로 함. ㉡부침(浮沈)함. ②누워서 한가하게 쉼.
偃臥(언와) ①드러누움. ②마음 편하게 지냄.
偃草(언초) 풀이 바람에 쓸려 누움. 백성이 잘 교화됨의 비유.

9 ⑪【偎】 어렴풋할 외 灰

㊥wēi ㊐ワイ
자해 ❶어렴풋하다, 분명하지 않다. 〔列子〕不偎不愛불외불애. ❷친압하다, 친숙해지다.
偎愛(외애) ①친근감을 가지고 사랑함. ②보였다 안 보였다 하는 모양.

9 ⑪【偶】 짝 우 有

고등 인명 3Ⅱ급 ㊥ǒu ㊐グウ
필순 亻亻伃伃伊伊偶偶偶偶
소전 초서 자원 形聲. 人+禺→偶. '禺(우)'가 음을 나타낸다.
자해 ❶짝. ≒耦. ㉮부부, 내외. 〔魏書〕妙選良偶묘선량우. ㉯짝수. 〔禮記〕鼎俎奇而籩豆偶정조기이변두우. ❷인형(人形), 허수아비. 〔史記〕見木偶人與土偶人견목우인여토우인. ❸뜻하지 아니하게, 때때로. ¶ 偶然우연.
偶對(우대) ①시문(詩文)의 對句(대구). 대우(對偶). ②때마침 서로 대(對)함.
偶發(우발) 우연히 일어남.
偶像(우상) 목석(木石) 또는 쇠붙이 따위로 만든 신불(神佛)이나 사람의 상(像).
偶成(우성) 우연히 이루어짐. 偶作(우작).
偶數(우수) 짝수.
偶語(우어) 둘이 마주 대하여 이야기함.
偶然(우연) 인과 관계가 없이 뜻하지 않게 일어난 일. 偶爾(우이).
偶吟(우음) 얼른 떠오르는 생각을 시가(詩歌)로 읊음. 偶詠(우영).
偶人(우인) 허수아비. 人形(인형).
偶合(우합) ①우연히 맞음. 뜻밖에 일치함. ②뜻밖에 만남.

◨ 對偶대우, 木偶목우, 配偶배우, 喪偶상우, 土偶토우.

9
⑪【偉】伟 훌륭할 위 尾

중학 인명 5급 ㊥wěi ㊐イ

필순 ノ 亻 亻' 亻ᅩ 伫 伫 偉 偉 偉

소전 초서 자원 形聲. 人＋韋→偉. '韋(위)'가 음을 나타낸다.

자해 ❶훌륭하다. ❷크다. 〔漢書〕猗歟偉歟의여위여. ❸아름답다. 〔莊子〕偉哉造物者위재조물자.

偉擧(위거) 뛰어난 행위.
偉觀(위관) 훌륭한 경치. 壯觀(장관).
偉大(위대) 도량·능력·업적 따위가 뛰어나고 훌륭함.
偉略(위략) 출중한 꾀. 훌륭한 책략(策略).
偉辭(위사) 뛰어난 말. 훌륭한 말.
偉彦(위언) 도량이 넓고 재간이 뛰어난 사람.
偉業(위업) 위대한 사업이나 업적.
偉烈(위열) ①위대한 공로. 큰 공훈. ②위대한 공로를 남긴 사람.
偉容(위용) 훌륭하고 뛰어난 모양이나 모습.
偉人(위인) ①도량과 재지(才智)가 뛰어난 사람. ②위대한 일을 한 사람.

◨ 魁偉괴위, 英偉영위, 雄偉웅위, 俊偉준위.

9
⑪【偽】僞(96)의 속자

9
⑪【停】머무를 정 靑

중학 인명 5급 ㊥tíng ㊐テイ

필순 亻 亻' 亻ᅩ 伫 佇 停 停 停 停 停

소전 초서 자원 形聲. 人＋亭→停. '亭(정)'이 음을 나타낸다.

자해 ❶머무르다. 〔杜牧·詩〕停車坐愛楓林晚정거좌애풍림만. ❷쉬다. 〔晉書〕攸乃小停유내소정, 夜中發去야중발거. ❸그만두다.

停刊(정간) 신문·잡지 따위의 발간을 일시적으로 중지함.
停工(정공) 하던 일을 중지함. 停役(정역).
停年(정년) 직장에서 물러나도록 정한 나이.
停留(정류) 자동차 따위가 일정한 장소에 멈추어 머무름.
停雲(정운) ①머물러 있는 구름. ②가는 구름을 멈추게 함. 노랫소리가 아름다운 모양.
停戰(정전) 교전 중인 쌍방이 합의에 의해 일시적으로 전투를 중단함.
停停(정정) ①초목(草木)의 성장이 중지된 모양. ②아직 발동하지 않고 정지 상태인 모양. ③높은 모양. ④아름답고 좋은 모양.
停止(정지) 움직이고 있던 것이 멎거나 그침.
停車(정차) 차가 젖음. 차를 멈춤.
停滯(정체) 한곳에 머물러 막힘.
停廢(정폐) 하던 일을 중도에서 그만둠.
停筆(정필) 붓을 멈춤. 쓰기를 중지함.
停學(정학) 학생이 학교의 규칙을 어겼을 때 등교를 정지하는 일.
停會(정회) 회의를 일시 중지함.

9
⑪【偵】侦 정탐할 정 庚

인명 2급 ㊥zhēn ㊐テイ

소전 초서 자해 ❶정탐하다, 엿보다. ¶偵察정찰. ❷염탐꾼.

偵察(정찰) 적의 형편을 몰래 살핌.
偵諜(정첩) 적의 형편을 몰래 살핌. 또는 그런 일을 하는 사람. 斥候(척후). 偵候(정후).
偵探(정탐) 드러나지 않은 사정을 몰래 살펴 알아냄.

◨ 密偵밀정, 探偵탐정.

9
⑪【做】지을 주 箇

인명 1급 ㊥zuò ㊐サ

초서 참고 作(66)의 속자이나 오늘날에는 구분되어 쓰인다.

자해 짓다, 만들다.

做去(주거) 國실행하여 나감.
做工(주공) 공부나 일을 힘써 함.
做坏(주배) 國도자기의 형체를 만듦.

◨ 看做간주.

9
⑪【偬】傯(95)과 동자

9
⑪【側】侧 곁 측 職

고등 인명 3Ⅱ급 ㊥cè, zè ㊐ソク

필순 亻 亻 们 仴 伹 俱 俱 俱 側 側

소전 초서 자원 形聲(형성). 人＋則→側. '則(칙)'이 음을 나타낸다.

자해 ❶곁. 〔論語〕閔子侍側민자시측. ❷기울다. 〔後漢書〕日側迺罷일측내파. ❸옆으로 돌리다. 〔史記〕側目不敢仰視측목불감앙시.

側近(측근) ①곁의 가까운 곳. ②곁에서 가까이 모시는 사람.

側陋(측루) ①지체가 낮음. 지체가 낮고 비천한 사람. ②궁벽하고 비좁음.
側面(측면) ①옆면. ②얼굴을 옆으로 돌림.
側目(측목) ①무섭거나 너무 슬퍼서 눈을 내리감음. ②증오하거나 질투하여 흘겨봄.
側聞(측문) 옆에서 얻어들음. 풍문에 들음.
側傍(측방) 곁이나 옆.
側壁(측벽) 구조물의 옆에 있는 벽.
側席(측석) 옆으로 비껴 앉음. 어진 이를 대우하여 상좌를 비워 놓음.
側室(측실) ①곁방. ②첩(妾).
側言(측언) 한쪽 편에 치우친 말. 공정하지 못한 말. 僻論(벽론).
側耳(측이) 귀를 기울여서 자세히 들음.
側跌(측질) 넘어짐.
側聽(측청) ①귀를 기울이고 들음. ②엿들음.
側行(측행) ①겸손한 태도로 옆으로 비켜서 걸음. ②모로 걸음. 게걸음침. 仄行(측행).
◨ 反側반측, 兩側양측, 右側우측, 左側좌측.

人 9획

9 ⑪【偸】 훔칠 투 尤

인명 ㊥tōu ㊐トウ

초서 자해 ❶훔치다. 〔後漢書〕 操國柄以偸天下조국병이투천하. ❷가볍다, 경박하다. 〔論語〕 故舊不遺則民不偸고구불유즉민불투.
偸盜(투도) 남의 물건을 몰래 훔침. 또는 그런 짓을 하는 사람.
偸賣(투매) 훔친 물건을 팖.
偸薄(투박) 박정하고 불성실함.
偸生(투생) 죽어야 옳을 때에 죽지 않고 욕되게 살기를 탐함. 苟活(구활).
偸食(투식) 공금이나 공곡(公穀)을 도둑질하여 먹음.
偸安(투안) 눈앞의 안락을 탐냄. 한때의 안일을 즐김.
偸葬(투장) 남의 산이나 묏자리에 몰래 자기 집안의 묘를 쓰는 일.
偸穴(투혈) ①벽에 구멍을 뚫고 훔침. ②좀도둑. 狗盜(구도).

9 ⑪【㑺】 便(79)의 본자

9 ⑪【偏】 치우칠 편 先

고등 인명 3Ⅱ급 ㊥piān ㊐ヘン

필순 丿 亻 亻 伻 伻 伻 偏 偏 偏 偏

소전 초서 자원 形聲. 人+扁→偏. '扁(편)'이 음을 나타낸다.

자해 ❶치우치다. 〔書經〕 無偏無陂무편무파. ❷반, 절반. 〔春秋左氏傳〕 衣身之偏의신지편. ❸한쪽, 한편. 〔史記〕 偏聽生姦편청생간. ❹변(邊). 한자에서 글자의 왼쪽에 있는 부분. ❺오로지. 〔史記〕 偏守新城편수신성.
偏見(편견) 공정하지 못하고 한쪽으로 치우친 생각.
偏枯(편고) ①반신불수(半身不隨)인 사람. ②은택(恩澤)이 한편에 치우쳐 다른 편에 미치지 못함.
偏袒(편단) ①한쪽 어깨를 벗음. ㉠힘을 냄. 偏裼(편석). ㉡한편에 치우쳐 두둔함. ②(佛)승려가 가사를 입을 때 오른쪽 어깨를 드러내어 존자(尊者)에게 공경의 뜻을 표하는 일.
偏母(편모) 아버지가 죽거나 이혼하여 홀로 있는 어머니.
偏僻(편벽) ①마음이 한쪽으로 치우침. ②도회지에서 멀리 떨어져 외짐.
偏食(편식) 특정한 음식만을 가려서 먹음.
偏安(편안) 한 지방에 할거(割據)하여 그것으로 만족함.
偏愛(편애) 어느 한쪽이나 한 사람만을 치우치게 사랑함.
偏倚(편의) ①한쪽으로 치우쳐 있음. 기울어져 있음. ②수치(數値)·위치·방향 등이 일정한 기준에서 벗어난 정도나 크기. 偏差(편차).
偏在(편재) 한곳에 치우쳐 있음.
偏重(편중) 한쪽으로 치우침.
偏執(편집) 편견을 고집하여 남의 말을 받아들이지 않음. 偏狹(편협).
偏差(편차) 수치 따위가 일정한 기준에서 벗어난 정도.
偏頗(편파) 치우쳐 불공평함.
偏廢(편폐) 한쪽만이 못 쓰게 됨.
偏向(편향) 한쪽으로 치우침.
偏狹(편협) 도량이 좁고 치우침.
◨ 無偏無黨무편무당, 不偏不黨불편부당.

9 ⑪【偕】 함께 해 佳

인명 1급 ㊥xié ㊐カイ

소전 초서 자해 ❶함께. 〔詩經〕 與子偕老여자해로. ❷굳세다. 〔詩經〕 偕偕士子해해사자. ❸함께 있다. 〔孟子〕 由由然與之偕유유연여지해.
偕樂(해락) 여러 사람이 함께 즐김.
偕老(해로) 부부가 일생을 함께 지내며 같이 늙음.
偕老同穴(해로동혈) 살아서는 한평생 같이 늙고, 죽어서는 한 무덤에 묻힘. 곧, 부부 사이의 굳은 사랑의 맹세.

偕偶(해우) 짝. 배필(配匹).
偕偕(해해) 굳세고 씩씩한 모양.
偕行(해행) ①함께 감. ②함께 행함.

9
⑪【傒】 傒(80)의 본자

10
⑫【傑】杰 뛰어날 걸 屑

고등 인명 4급 ㊥jié ㊐ケツ

필순 亻 亻' 伃 仵 伡 俘 傑 傑 傑 傑

소전 초서 속자 杰 자원 形聲. 人＋桀→傑. '桀(걸)'이 음을 나타낸다.

자해 ❶뛰어나다, 출중(出衆)하다. ❷뛰어난 사람, 훌륭한 사람. 〔孟子〕俊傑在位준걸재위.
傑句(걸구) 썩 잘 지은 시구(詩句).
傑人(걸인) 뛰어난 사람.
傑作(걸작) 썩 훌륭한 작품. 名作(명작).
傑出(걸출) 남보다 훨씬 뛰어남.
◨ 女傑여걸, 英傑영걸, 人傑인걸, 俊傑준걸, 豪傑호걸.

10
⑫【傔】 시중들 겸 豔

㊥qiàn ㊐ケン

소전 초서 자해 ❶시중들다, 따르다. ¶ 傔卒겸졸. ❷시중꾼, 종자(從者). ¶ 傔從겸종.
傔人(겸인) ①사자(使者)의 심부름꾼. 承差(승차). ②國청지기.
傔卒(겸졸) 호위병. 시중드는 군졸.
傔從(겸종) 하인. 시중드는 사람.

10
⑫【傀】 1 클 괴 灰
2 꼭두각시 괴 賄

인명 2급 ㊥guī, kuǐ ㊐カイ

소전 초서 자해 1 ❶크다, 큰 모양. 〔荀子〕傀然獨立天地之間而不畏괴연독립천지지간이불외. ❷성(盛)하다.
2 꼭두각시.
傀奇(괴기) 기이함. 기이한 물건.
傀儡(괴뢰) ①허수아비. 꼭두각시. ②일정한 주견(主見)이 없이 남의 앞잡이가 되어 이용당하는 사람.
傀然(괴연) ①위대한 모양. ②독립하여 의지하지 않는 모양.

10
⑫【傍】 1 곁 방 陽
2 기댈 방 漾

고등 인명 3급 ㊥páng, bàng ㊐ボウ

필순 亻 亻' 亻亠 亻宀 亻立 仿 倅 倅 傍 傍

소전 초서 자원 形聲. 人＋旁→傍. '旁(방)'이 음을 나타낸다.

자해 1 ❶곁. 〔史記〕執法在傍집법재방. ❷방(旁). 한자에서 글자의 오른쪽에 있는 부분. ≒旁. 2 기대다. 〔晉書〕便當倚傍先代耳편당의방선대이.
傍系(방계) 주된 계통에서 갈라져 나가거나 벗어나 있는 계통.
傍觀(방관) 어떤 일에 관여하지 않고 곁에서 보기만 함.
傍若無人(방약무인) 곁에 사람이 아무도 없는 것처럼 함부로 행동함.
傍人(방인) ①곁의 사람. 옆의 사람. ②남. 다른 사람. 他人(타인).
傍證(방증) 간접적인 증거. 간접적으로 증명함.
傍聽(방청) 회의·토론·연설·방송 등을 참석하여 들음.

10
⑫【傅】 스승 부 遇

인명 2급 ㊥fù ㊐フ

소전 초서 참고 傳(94)은 딴 자.

자해 ❶스승. 임금·왕세자·왕세손의 교육을 맡은 벼슬아치. ❷돕다, 시중들다. 〔孟子〕使齊人傅之사제인부지.
傅婢(부비) 여종. 侍婢(시비). 侍女(시녀).
傅御(부어) 임금을 가까이 모시는 신하. 임금을 보좌하는 사람.
傅說(부열) 별 이름. 후궁(後宮)에서 아들 낳기를 원할 때 여기에 제사 지냄.
傅會(부회) ①이치에 닿지 않는 것을 억지로 끌어다 맞춤. ②문장의 수미(首尾)가 연관되어 완성됨.
◨ 師傅사부, 太傅태부.

10
⑫【備】备 갖출 비 寘

중학 인명 4Ⅱ급 ㊥bèi ㊐ビ

필순 亻 亻 仁 亻† 亻廾 仳 供 俌 備 備

소전 초서 본자 俻 고자 㒇 자원 形聲. 人＋䔺→備. '䔺(비)'가 음을 나타낸다.

자해 ❶갖추다, 마련하다. 〔國語〕財以備器재이비기. ❷갖추어지다. 〔儀禮〕宗人擧獸尾告備종인거수미고비. ❸준비. 〔書經〕有備無患유비무환.
備家(비가) 부잣집. 재산이 넉넉한 집.

備擧(비거) ①세세하게 예를 들어 보임. ②모든 악기(樂器)로 연주함.
備考(비고) ①참고하기 위하여 갖춤. ②문서에 그 내용상 참고가 될 만한 사항을 적어 넣음.
備忘記(비망기) 임금의 명령을 적어서 승지(承旨)에게 전하던 기록.
備數(비수) 일정한 수효를 채움.
備員(비원) 일정한 인원수가 채워짐.
備位(비위) 그 자리를 메우고 있음. 관직(官職)에 있음을 겸손하게 이르는 말.
備蓄(비축) 만약의 경우를 대비하여 미리 갖추어 모아 두거나 저축함.
備置(비치) 갖추어 마련해 놓음.
備品(비품) 늘 갖추어 두고 쓰는 물품.
備荒(비황) 닥쳐올 흉년이나 변재(變災)에 대한 준비. 만일에 대비한 준비.
◨ 兼備겸비, 警備경비, 具備구비, 防備방비, 常備상비, 守備수비, 豫備예비, 完備완비.

人 10획

10 ⑫【傞】 취하여 춤추는 모양 사 歌

㊥suō ㊐サ

소전 초서 자해 **취하여 춤추는 모양.** 〔詩經〕屢舞傞傞루무사사.
傞傞(사사) 취하여 춤추는 모양.

10 ⑫【傘】伞 우산 산 旱

인명 2급 ㊥sǎn ㊐サン

초서 속자 仐 자해 **우산(雨傘), 일산(日傘).** 〔魏書〕持白傘白旛지백산백번.
傘下(산하) 어떤 조직체나 세력의 관할 아래.
◨ 洋傘양산, 雨傘우산, 日傘일산.

10 ⑫【傜】 부역 요 蕭

㊥yáo ㊐ヨウ

자해 **부역(賦役), 부리다.** ≒繇.
傜役(요역) 국민에게 의무적으로 책임을 지우는 노역. 賦役(부역).

10 ⑫【傛】 불안할 용 图 腫

㊥yǒng, róng ㊐ヨウ

소전 초서 자해 **❶불안하다, 근심스럽다. ❷익숙한 모양.**
傛傛(용용) 근심스럽고 불안한 모양.

10 ⑫【傖】伧 천할 창 庚

㊥cāng ㊐ソウ

초서 자해 **천하다.** 〔晉書〕失此二者不足齒之傖耳실차이자부족치지창이.
傖父(창부) 비천한 사람. 시골뜨기.

10 ⑫【傚】 본받을 효 效

㊥xiào ㊐コウ

초서 속자 俲 자해 **❶본받다, 모방하다.** 〔詩經〕民胥傚矣민서효의. **❷배우다.**
傚古(효고) 옛것을 본받음. 擬古(의고).
傚慕(효모) 흉내 냄.

11 ⑬【傾】倾 기울 경 庚

고등 인명 4급 ㊥qīng ㊐ケイ

필순 亻 亻 仆 化 化 何 傾 傾 傾 傾

소전 초서 자원 會意·形聲. 人+頃→傾. '頃(경)'이 음을 나타냄과 동시에 머리가 한쪽으로 기운 상태를 뜻한다. 여기에 '人'을 더하여 '기울다'의 뜻을 나타낸다.
자해 **❶기울다.** 〔淮南子〕重鈞則衡不傾중균즉형불경. **❷뒤집히다.** 〔詩經〕大命以傾대명이경. **❸낮다.** 〔淮南子〕使地東南傾사지동남경. **❹마음을 기울이다.** 〔漢書〕一座盡傾일좌진경.
傾國之色(경국지색) 임금이 혹하여 나라를 뒤엎어도 모를 만한 미인. 뛰어난 미인.
傾葵(경규) 해를 향해 기우는 해바라기. 마음 깊이 사모함. 傾陽葵(경양규).
傾囷倒廩(경균도름) ①재산을 죄다 내놓음. ②國속마음을 그대로 드러내어 말함.
傾倒(경도) ①기울어져서 넘어짐. ②충심(衷心)으로 사모하고 그리워함. ③술을 많이 마심. ④속에 있는 것을 남김없이 말함.
傾慕(경모) 마음을 기울여 사모함.
傾杯(경배) 술잔을 기울여 술을 마심.
傾覆(경복) 기울어져 엎어짐.
傾斜(경사) 비스듬히 기울어짐. 또는 기울어진 정도나 상태.
傾心(경심) 마음을 기울임. 심혼(心魂)을 기울임. 傾意(경의). 傾魂(경혼).
傾注(경주) ①액체 따위를 기울여 붓거나 쏟음. ②한 가지 일에 마음을 기울임.
傾聽(경청) 귀를 기울여 들음. 傾耳(경이).
傾側(경측) 기욺. 기울어짐. 傾仄(경측).
傾駭(경해) 몹시 놀람. 깜짝 놀라게 함.
傾向(경향) 현상·사상·행동 따위가 어떤 방향으로 기울어짐.

11 ⑬【傴】伛 구부릴 구 本우 麌

中yǔ 日ウ

소전 초서 자해 ❶구부리다. 〔春秋左氏傳〕再命而傴재명이구. ❷곱사등이, 꼽추. ¶ 傴僂구루.

傴僂(구루) ①구부림. ②공경하고 삼가는 모양. ③곱사등이. 꼽추.

傴背(구배) 곱사등이. 꼽추.

11 ⑬【僅】仅 겨우 근 震

고등 인명 3급 中jǐn 日キン

필순 亻 亻 亻 亻 亻 亻 亻 亻 亻 僅

소전 초서 자원 形聲. 人+堇→僅. '堇(근)'이 음을 나타낸다.

자해 ❶겨우. 〔呂氏春秋〕僅至於魯司寇근지어로사구. ❷조금. 〔春秋公羊傳〕僅有年也근유년야.

僅僅(근근) 겨우. 간신히.

僅僅得生(근근득생) 겨우겨우 삶을 이어 감.

僅少(근소) 아주 적음.

11 ⑬【僂】偻 구부릴 루 尤

中lóu 日ロウ

소전 초서 자해 ❶구부리다, 굽히다. 〔春秋左氏傳〕一命而僂일명이루. ❷곱사등이, 꼽추. ❸민첩하다. 〔春秋公羊傳〕夫人不僂不可使入부인불루불가사입.

僂儸(누라) ①민첩하게 행동함. ②교활하고 민첩함.

僂指(누지) 재빨리 손가락을 꼽아 셈함.

僂佝(누후) 키가 작고 추한 모양.

◨ 傴僂구루, 背僂배루, 俯僂부루.

11 ⑬【僇】 욕보일 륙 屋

中lù 日リク

소전 초서 자해 ❶욕보이다, 창피를 주다. 〔史記〕僇越大夫常壽過륙월대부상수과. ❷죽이다. ≒戮. 〔大學〕辟則爲天下僇矣벽즉위천하륙의.

11 ⑬【備】 備(91)의 본자

11 ⑬【傷】伤 상처 상 陽

중학 인명 4급 中shāng 日ショウ

필순 亻 亻 亻 亻 亻 亻 亻 亻 傷 傷

소전 초서 자원 形聲. 人+𥏻→傷. '𥏻(상)'이 음을 나타낸다.

자해 ❶상처, 상처를 입히다. 〔禮記〕命理瞻傷명리첨상. ❷상하게 하다, 해치다. 〔戰國策〕家有不宜之財則傷가유불의지재즉상. ❸마음 아파하다. 〔法言〕故習治則傷始亂也고습치즉상시란야.

傷弓之鳥(상궁지조) 한 번 화살을 맞아 다친 새. 전에 있던 일에 질려서 뒤의 일을 몹시 경계함.

傷怛(상달) 상심하여 슬퍼함. 슬퍼하고 놀람.

傷悲(상비) 통탄하고 슬퍼함. 傷惻(상측).

傷心(상심) 슬픔이나 걱정 따위로 속을 썩임.

傷痍(상이) 부상을 당함.

傷慘(상참) 근심하고 슬퍼함. 憂慘(우참).

傷處(상처) 부상을 입은 자리.

傷魂(상혼) 몹시 마음 아파함. 傷神(상신).

傷懷(상회) 마음속으로 애통히 여김.

傷痕(상흔) 다친 자리. 다친 흠.

◨ 凍傷동상, 損傷손상, 重傷중상, 火傷화상, 毁傷훼상.

11 ⑬【僊】 춤출 선 先

인명 中xiān 日セン

소전 자해 ❶춤추다. 〔詩經〕屢舞僊僊루무선선. ❷선인(仙人). ≒仙. 〔史記〕安期生僊者안기생선자.

僊僊(선선) ①춤추는 모양. 仙仙(선선). ②일어났다 앉았다 하는 모양.

11 ⑬【僧】 僧(96)의 속자

11 ⑬【傲】 거만할 오 號

고등 인명 3급 中ào 日ゴウ

필순 亻 亻 亻 亻 亻 亻 亻 亻 傲 傲

소전 초서 자원 形聲. 人+敖→傲. '敖(오)'가 음을 나타낸다.

자해 ❶거만하다. 〔郭璞·賦〕傲自足一嘔오자족일구. ❷업신여기다. 〔呂氏春秋〕傲小物而志屬於大오소물이지속어대.

傲氣(오기) ①능력은 부족하면서 남에게 지기 싫어하는 마음. ②잘난 체하며 방자한 기운.

傲慢(오만) 태도나 행동이 건방지거나 거만함.

傲霜孤節(오상고절) 서릿발 속에서도 굽히지 않고 외로이 지키는 절개. 국화(菊花)의 비유.

傲睨(오예) ①존대(尊大)한 체하면서 부정(不正)한 모양. ②거드름 피우며 흘겨봄.

◨ 倨傲거오, 驕傲교오.

11 ⑬【傭】佣 품팔이 용 图

인명 2급 ㊥yōng ㊐ヨウ

소전 초서 자해 ❶품팔이. 〔史記〕嘗與人傭耕상여인용경. ❷임금(賃金), 품삯.

傭工(용공) 고용되어 일을 하는 사람.

傭兵(용병) 봉급(俸給)을 주고 병역(兵役)에 복무(服務)하게 하는 일. 또는 그 병사.

傭賃(용임) 품삯. 傭錢(용전).

傭作(용작) 고용되어 일을 함.

◨ 雇傭고용, 賃傭임용.

人 11획

11 ⑬【傳】传 1전할 전 2역 전

중학 인명 5급 ㊥chuán, zhuàn ㊐デン

필순 亻 亻 仁 伅 佢 俥 俥 倳 傳 傳

소전 초서 속자 伝 자원 形聲. 人+專→傳. '專(전)'이 음을 나타낸다.

자해 1 ❶전하다. 〔論語〕傳不習乎전불습호. ❷말하다. 2 ❶역, 역참. 〔春秋左氏傳〕晉侯以傳召伯宗진후이전소백종. ❷객사(客舍), 여인숙. 〔後漢書〕坐傳좌전. ❸경서의 주해. 〔春秋公羊傳〕主人習其讀而問其傳주인습기독이문기전. ❹고서(古書). 〔孟子〕於傳有之어전유지. ❺전기, 한평생의 기록.

傳家(전가) 집안의 대대로 전하여 내려옴.

傳喝(전갈) 사람을 시켜 말을 전함.

傳車(전거) 역참에서 공문(公文)·하물(荷物) 따위를 체송(遞送)하던 수레.

傳教(전교) ①전하여 가르침. ②(佛)제자에게 교리(教理)를 전함. ③임금이 내린 명령. 下教(하교).

傳國璽(전국새) 진시황(秦始皇) 때부터 후한(後漢)의 순제(順帝)까지 전하여 오던 황제의 옥새.

傳奇(전기) ①기이한 사실을 취재한 소설이나 희곡. ②기이한 일을 세상에 전함.

傳記(전기) 한 사람의 일생(一生)의 사적(事跡)을 기록(記錄)한 것. 一代記(일대기).

傳單(전단) 선전·광고를 위해 사람들에게 돌리거나 눈에 잘 띄는 곳에 붙이는 종이.

傳達(전달) 지시·명령·물품 따위를 다른 사람이나 기관에 전하여 이르게 함.

傳道(전도) 도리를 세상에 널리 알림.

傳導(전도) ①전하여 인도함. ②열이나 전기가 물체 속을 이동함.

傳來(전래) 예로부터 전하여 내려옴.

傳令(전령) ①명령을 전함. ②명령을 전하는 사람.

傳馬(전마) 체전(遞傳)하는 말. 역말.

傳聞(전문) 다른 사람을 통하여 전해 들음.

傳法(전법) 법을 전함. 방법을 전수(傳授)함. 또는 비전(祕傳)의 법.

傳舍(전사) 주막. 여관. 逆旅(역려).

傳送(전송) 전하여 보냄.

傳受(전수) 기술이나 지식 따위를 전해 받음.

傳授(전수) 기술이나 지식 따위를 전하여 줌.

傳習(전습) 스승의 가르침을 받아 익힘.

傳承(전승) 이어받아 계승함.

傳乘(전승) ①다른 수레에 옮아 탐. ②역참(驛站)에 비치(備置)해 두는 수레.

傳信(전신) 소식을 전함. 편지를 전함.

傳言(전언) 말이나 명령을 전함. 전해진 말.

傳驛(전역) 역말을 갈아타는 곳.

傳染(전염) 병이 남에게 옮음.

傳人(전인) ①세상에 전할 만한 사람. ②사람을 불러들임. 소환함.

傳祚(전조) ①행복을 후세에 전함. ②왕위(王位)를 전함.

傳贊(전찬) 사가(史家)가 전기(傳記)로 각인(各人)의 사실을 기재한 후에 붙이는 평론.

傳遞(전체) ①전하여 줌. 또는 물건을 주고받음. ②남녀 간에 편지를 주고받음. ③다음에서 다음으로 전하여 보냄. 차례차례로 전함.

傳統(전통) 예부터 전하여 내려오는 사상·관습·행동 따위의 양식.

傳播(전파) 전하여 널리 퍼뜨림.

傳票(전표) 금전의 출납이나 거래 내용을 간단히 적은 쪽지.

傳呼(전호) 전하여 부름. 소리를 질러 여기저기 알리는 일.

◨ 口傳구전, 急傳급전, 記傳기전, 祕傳비전, 史傳사전, 列傳열전, 遺傳유전.

11 ⑬【傺】 묵을 제 霽

㊥chì ㊐テイ

초서 자해 묵다, 머물다.

11 ⑬【債】债 빚 채 卦

고등 인명 3Ⅱ급 ㊥zhài ㊐サイ

필순 亻 亻 仁 仩 佳 倩 倩 倩 債 債

소전 초서 자원 會意·形聲. 人+責→債. '責(책)'이 음을 나타냄과 동시에 '구(求)하다, 징수하다'의 뜻을 나타낸다. 남에게 구하고 징수하는 것, 곧 '빚'의 뜻을 나타낸다.

자해 **빚, 갚아야 할 돈이나 일.**

債券(채권) 국가·지방 자치 단체·은행·회사 따위가 사업에 필요한 자금을 차입하기 위하여 발행하는 유가 증권.
債權(채권) 특정인이 다른 특정인에게 어떤 행위를 청구할 수 있는 권리.
債鬼(채귀) 빚 갚기를 몹시 조르는 빚쟁이를 욕으로 부르는 말.
債多不愁(채다불수) 갚을 빚이 많아도 걱정하지 않음.
債務(채무) 특정인이 다른 특정인에게 어떤 행위를 하여야 할 의무.
◨ 公債공채, 國債국채, 卜債복채, 負債부채, 私債사채.

11 ⑬【僉】佥 다 첨 鹽

인명 1급 ㊥qiān ㊐セン

소전 초서 자해 **다, 모두, 여러.** 〔楚辭〕 僉答何憂첨답하우.

僉君子(첨군자) 國여러 점잖은 사람.
僉位(첨위) 國여러분. 僉員(첨원).
僉議(첨의) 여러 사람의 의논. 僉謀(첨모).
僉尊(첨존) '첨위(僉位)'의 존칭(尊稱).

11 ⑬【偬】 바쁠 총 董 送

㊥zǒng ㊐ソウ

동자 傯 자해 ❶**바쁘다.** ❷**괴로워하다.** 〔楚辭〕 愁倥偬於山陸수공총어산륙.

11 ⑬【催】 재촉할 최 灰

고등 인명 3Ⅱ급 ㊥cuī ㊐サイ

필순 亻 亻' 亻' 亻' 亻' 亻' 亻' 催 催 催

소전 초서 자원 形聲. 人+崔→催. '崔(최)'가 음을 나타낸다.

자해 ❶**재촉하다, 독촉하다.** ❷**열다, 베풀다.**

催告(최고) 법률상 일정한 결과를 일으키기 위하여 상대편의 행위를 재촉하는 일.
催淚(최루) 눈물을 흘리게 함.
催眠(최면) 잠이 오게 함.
催迫(최박) 독촉함. 몰아침. 窮迫(궁박).
催促(최촉) 어떤 일을 빨리 하도록 재촉함.
催花雨(최화우) 꽃 피기를 재촉하는 비. 봄비.
◨ 開催개최, 主催주최.

11 ⑬【僄】 가벼울 표 嘯 蕭

㊥piào ㊐ヒョウ

소전 초서 자해 ❶**가볍다, 경박하다.** ¶ 僄狡표교. ❷**날래다, 민첩하다.** 〔史記〕 項羽爲人僄悍猾賊항우위인표한활적.

僄輕(표경) 동작이 가볍고 빠름.
僄狡(표교) 가볍고 날쌤.
僄悍(표한) 날래고 사나움.

12 ⑭【僱】 雇(1350)의 속자

12 ⑭【僑】侨 높을 교 蕭

인명 2급 ㊥qiáo ㊐キョウ

소전 초서 자해 ❶**높다.** ≒喬. ❷**객지에 나가 살다.** ¶ 僑胞교포. ❸**임시 거처.** ¶ 僑居교거.

僑居(교거) 임시로 삶. 임시로 사는 곳.
僑胞(교포) 외국(外國)에 나가 사는 동포.
◨ 韓僑한교, 華僑화교.

12 ⑭【僛】 취하여 춤추는 모양 기 支

㊥qī ㊐キ

소전 초서 자해 **취하여 춤추는 모양.** 〔詩經〕 屢舞僛僛루무기기.

僛僛(기기) 비틀거리며 춤추는 모양.

12 ⑭【僮】 아이 동 東

㊥tóng ㊐ドウ

소전 초서 자해 ❶**아이, 젊은이.** ≒童. 〔春秋左氏傳〕 公爲與其嬖僮汪錡乘공위여기폐동왕기승. ❷**하인, 종.** 〔史記〕 卓王孫家僮八百人탁왕손가동팔백인. ❸**완고하다, 어리석다.** 〔國語〕 僮昏不可使謀동혼불가사모.

僮僮(동동) 두려워하며 삼가는 모양.
僮昏(동혼) 어리석음. 또는 어리석은 사람.

12 ⑭【僚】 동료 료 蕭

고등 인명 3급 ㊥liáo ㊐リョウ

필순 亻 亻 亻 亻 亻 亻 亻 亻 亻 僚

소전 초서 자원 形聲. 人+尞→僚. '尞(료)'가 음을 나타낸다.

人 12획

자해 ❶동료, 같은 부문에서 일하는 사람. 〔春秋穀梁傳〕 外內僚一疑之也외내료일의지야.
僚友(요우) 같은 일자리에 있는 벗.
僚佐(요좌) 일을 돕는 속관(屬官).
◨ 閣僚각료, 官僚관료, 同僚동료, 百僚백료.

12 ⑭【僕】仆 종 복 因

인명 1급 ㊥pú ㊐ボク

소전 초서 본자 僕 자해 ❶종, 하인. 〔詩經〕 并其臣僕병기신복. ❷저. 자신의 비칭(卑稱). 〔漢書〕 僕非敢如此복비감여차. ❸무리. 〔莊子〕 是聖人僕也시성인복야. ❹번거롭다, 귀찮다. 〔孟子〕 使己僕僕爾亟拜也사기복복이극배야.
僕僕(복복) 번거로운 모양. 귀찮은 모양.
僕射(복야) 진대(秦代)에 활 쏘는 일을 주관(主管)하던 관리. 당대(唐代) 이후에는 상서성(尙書省) 장관(長官)을 이르던 말.
僕從(복종) 종. 하인. 奴僕(노복).
僕妾(복첩) 남자 종과 여자 종. 僕婢(복비).
◨ 家僕가복, 奴僕노복, 傭僕용복, 從僕종복, 太僕태복, 下僕하복.

12 ⑭【僨】偾 넘어질 분 問

㊥fèn ㊐フン

소전 초서 자해 ❶넘어지다. 〔春秋左氏傳〕 鄭伯之事僨于濟정백지사분우제. ❷실패하다. 〔大學〕 此謂一言僨事차위일언분사.
僨驕(분교) 제지할 수 없는 기세.
僨事(분사) 사물(事物)을 뒤집어 엎음.

12 ⑭【像】象 형상 상 養

고등 인명 3Ⅱ급 ㊥xiàng ㊐ゾウ

필순 亻 亻 亻 亻 亻 亻 亻 像 像 像

소전 초서 자원 形聲·會意. 人+象→像. '象(상)'이 음을 나타냄과 동시에 뜻도 나타낸다.
자해 ❶형상, 모양. 〔曹植·賦〕 骨像應圖골상응도. ❷본뜬 형상. 〔南史〕 供養石像공양석상. ❸닮다.
像教(상교) 우상(偶像)을 숭배하는 종교. 불교를 이름. 象教(상교).
像形(상형) 어떤 모양을 본떠서 비슷하게 만듦. 또는 그 비슷한 모양. 象形(상형).
◨ 銅像동상, 木像목상, 佛像불상, 想像상상, 石像석상, 偶像우상, 彫像조상, 肖像초상.

12 ⑭【僎】 갖출 선 銑

㊥zhuàn ㊐セン

소전 자해 ❶갖추다. ❷정제(整齊)하다. ❸가려뽑다.

12 ⑭【僧】僧 승려 승 蒸

고등 인명 3Ⅱ급 ㊥sēng ㊐ソウ

필순 亻 亻 亻 亻 亻 亻 亻 亻 僧 僧

소전 초서 속자 僧 자원 形聲. 人+曾→僧. '曾(증)'이 음을 나타낸다.
자해 승려, 불도(佛道)를 닦는 사람. 〔賈島·詩〕 僧敲月下門승고월하문.
僧伽(승가) (佛)승려(僧侶). 僧徒(승도).
僧家(승가) 출가(出家)한 사람. 僧侶(승려).
僧伽藍摩(승가람마) (佛)승려들이 살며 도를 닦는, 절에 딸린 집들.
僧祇(승기) (佛)수로 표현할 수 없는 가장 많은 수, 또는 시간. 阿僧祇(아승기).
僧臘(승랍) 승려가 되어 수행한 햇수.
僧侶(승려) 불교의 출가 수행자.
僧舞(승무) 장삼을 입고 고깔을 쓰고 추는 민속춤.
僧寶(승보) (佛)불보(佛寶). 삼보(三寶)의 하나. 부처의 가르침을 받들고 실천하는 사람.
僧服(승복) 승려의 옷.
僧俗(승속) 승려(僧侶)와 속인(俗人). 출가(出家)와 재가(在家).
僧籍(승적) 승려의 신분을 등록함. 또는 그런 호적.
◨ 高僧고승, 老僧노승, 名僧명승, 禪僧선승.

12 ⑭【僊】 僊(99)의 본자

12 ⑭【僥】侥 바랄 요 蕭

인명 1급 ㊥jiǎo ㊐ギョウ

소전 초서 자해 바라다, 구하다. 〔後漢書〕 上智不處危以僥倖상지불처위이요행.
僥倖(요행) ①행복을 바람. ②뜻밖의 행운.

12 ⑭【僞】伪 ①거짓 위 寘 ②잘못 와 歌

고등 인명 3Ⅱ급 ㊥wěi, wéi ㊐ギ, ガ

필순 亻 亻 亻 亻 亻 亻 亻 僞 僞 僞

소전 초서 속자 偽 참고 인명용 음은 '위'이다.

자원 形聲. 人+爲→僞. '爲(위)'가 음을 나타낸다.

자해 1 ❶거짓. 〔禮記〕作僞主以行작위주이행. ❷속이다. 〔孟子〕舜僞喜者與순위희자여. ❸작위(作爲). 〔荀子〕人之性惡인지성악, 其善者僞也기선자위야. 2 잘못, 그릇되게 바뀌다. ≒訛. 〔漢書〕以勸南僞이권남와.

僞經(위경) 거짓으로 꾸민 경전(經傳).
僞計(위계) 거짓 계략.
僞妄(위망) 거짓. 속임.
僞冒(위모) 거짓으로 남을 속임.
僞薄(위박) 언동(言動)이 거짓되고 인정(人情)이 박함. 겉치레만 하고 경박함.
僞辭(위사) 거짓 언사(言辭). 거짓말.
僞善(위선) 표면상으로만 착한 체함. 본심(本心)이 아닌 체면치레로 선한 체함.
僞飾(위식) 거짓으로 꾸밈. 僞采(위채).
僞讓(위양) 거짓으로 양보함.
僞作(위작) 남의 작품을 흉내 내어 비슷하게 만드는 일. 또는 그 작품.
僞裝(위장) 실제 모습과 다르게 거짓으로 꾸밈. 또는 그 꾸밈새.
僞造(위조) 어떤 물건을 속일 목적으로 꾸며 진짜처럼 만듦.
僞證(위증) 거짓으로 증명함. 또는 그런 증거.
僞幣(위폐) 진짜처럼 보이게 만든 가짜 지폐나 화폐.
僞筆(위필) 거짓으로 꾸며 쓴 필적.
僞學(위학) 정도(正道)에 어그러진 학문.
◨ 詐僞사위, 眞僞진위, 虛僞허위.

12 ⑭【僔】 모일 준 阮

㊥zǔn ㊐ソン

소전 자해 ❶모이다. 〔春秋左氏傳〕僔沓背憎준답배증. ❷많다. ¶ 僔僔준준. ❸삼가다, 공손하다. 〔荀子〕恭敬而僔공경이준.

僔沓(준답) 여럿이 모여서 지껄임.
僔僔(준준) 많은 모양.

12 ⑭【僭】 참람할 참 豔

인명 1급 ㊥jiàn ㊐セン

소전 초서 자해 ❶참람하다, 분수에 지나치다. 〔春秋公羊傳〕譏始僭諸侯기시참제후. ❷범하다, 윗사람을 범하다.

僭君(참군) 왕위를 찬탈한 임금. 僭主(참주).
僭濫(참람) ①침범(侵犯)함. 서로 해(害)침. ②참월(僭越).
僭禮(참례) 예의를 범함. 분수에 넘친 예.
僭妄(참망) 분수에 넘는 언행을 마구 함.
僭越(참월) 분수에 넘침. 제 분수를 돌보지 않고 함부로 날뜀. 僭濫(참람).
僭位(참위) 임금의 자리를 범하여 앉음. 또는 그 자리.
僭擬(참의) 자기의 신분에 어울리지 않게 윗사람인 체함.
僭竊(참절) 분에 넘치는 작위(爵位)를 탐냄. 분에 넘치는 높은 자리에 있음.
僭稱(참칭) 자기 신분을 넘어선 명호(名號). 왕호(王號)·제호(帝號)를 멋대로 붙여 사용함. 또는 그 칭호. 僭號(참호).

12 ⑭【僣】 1 교활할 철 屑 2 참람할 참 豔

㊥tiě, jiàn ㊐テツ, セン

자해 1 교활하다, 약다. 2 참람하다. ※僭(97)의 속자(俗字).

12 ⑭【僦】 빌릴 추 宥

㊥jiù ㊐シュウ

소전 초서 자해 빌리다. 〔漢書〕不償其僦費불상기추비.

僦居(추거) 집을 빌림. 셋방살이를 함.
僦舍(추사) 집을 빌려 삶. 借家(차가).

12 ⑭【僤】 빠를 탄 ㊍단 翰

㊥dàn ㊐タン

소전 초서 자해 ❶빠르다. 〔周禮〕句兵欲無僤구병욕무탄. ❷도탑다, 돈후(敦厚)하다. 〔詩經〕逢天僤怒봉천탄노.

僤怒(탄노) 심한 노여움.

12 ⑭【僩】 노할 한 潸

㊥xiàn ㊐カン

소전 초서 자해 ❶노하다. 〔唐書〕僩然以謂天下無人한연이위천하무인. ❷풍채가 당당한 모양.

僩雅(한아) 위의를 갖춤. 풍채가 우아함.
僩然(한연) 성을 내는 모양.

12 ⑭【僖】 기쁠 희 支

인명 ㊥xī ㊐キ

소전 초서 자해 기쁘다, 즐겁다. ≒喜.

人 12획

13 ⑮ 【價】 价 값 가 禡

중학 인명 5급 ㊥jià, jie ㊐カ

소전 초서 속자 価 자원 會意·形聲. 人+賈→價. '賈(가)'가 음을 나타냄과 동시에 뜻도 나타낸다.

자해 ❶값. ❷값있다, 값지다.

價格(가격) 물건이 지니고 있는 가치를 돈으로 나타낸 것.

價估(가고) 값. 가치.

價廉物美(가렴물미) 가격이 저렴하고 품질이 좋음.

價値(가치) 사물이 지니고 있는 쓸모.

◨ 減價감가, 代價대가, 物價물가, 原價원가, 定價정가, 評價평가.

13 ⑮ 【僵】 쓰러질 강 陽

㊥jiāng ㊐キョウ

소전 초서 자해 쓰러지다. 〔漢書〕僵尸數萬강시수만.

僵立(강립) ①뻣뻣이 서서 움직이지 않음. ②혹은 쓰러지고 혹은 서 있음.

僵拔(강발) 나무가 쓰러져 뿌리가 뽑힘.

僵屍(강시) 넘어져 있는 시체. 僵尸(강시).

13 ⑮ 【儉】 俭 검소할 검 琰 豔

고등 인명 4급 ㊥jiǎn ㊐ケン

소전 초서 속자 倹 자원 形聲. 人+僉→儉. '僉(첨)'이 음을 나타낸다.

자해 ❶검소하다. 〔論語〕禮與其奢也寧儉례여기사야녕검. ❷적다, 넉넉하지 않다. 〔淮南子〕守之以儉수지이검.

儉年(검년) 작물의 결실이 많지 않은 해. 儉歲(검세). 凶年(흉년).

儉德(검덕) 검소한 덕. 검박(儉朴)한 덕.

儉朴(검박) 검소하고 질박(質朴)함.

儉素(검소) 사치하지 않고 질소(質素)함.

儉約(검약) 검소하게 절약함. 儉薄(검박).

儉節(검절) 검소하고 절약함.

◨ 恭儉공검, 勤儉근검, 約儉약검, 節儉절검.

13 ⑮ 【儆】 경계할 경 梗

인명 2급 ㊥jǐng ㊐ケイ

소전 초서 자해 경계하다. ≒警. 〔書經〕儆于有位경우유위.

儆儆(경경) 경계하여 조심하는 모양.

儆戒(경계) 잘못되는 일이 생기지 않도록 미리 조심함. 警戒(경계).

13 ⑮ 【儌】 갈 교 篠 蕭

㊥jiǎo, jiāo ㊐キョウ

자해 ❶가다. ❷구하다, 찾다. 〔莊子〕儌倖於封侯富貴교행어봉후부귀.

13 ⑮ 【儂】 侬 나 농 冬

㊥nóng ㊐ノウ

초서 자해 ❶나. 1인칭 대명사. 〔晉書〕儂知儂知농지농지. ❷종족(種族) 이름. ¶ 儂人농인.

儂家(농가) 나의 집. 내 집.

儂人(농인) 운남성(雲南省)의 묘족(苗族).

13 ⑮ 【儋】 멜 담 覃

㊥dān ㊐タン

소전 초서 자해 ❶메다. =擔. 〔國語〕負任儋向부임담향. ❷두 항아리에 담을 수 있는 부피.

儋石(담석) 분량의 단위. ㉠얼마 되지 않는 곡식. ㉡적은 분량. ㉢적은 금액.

儋石之祿(담석지록) 얼마 되지 않는 녹봉.

13 ⑮ 【僶】 亻黾 힘쓸 민 軫

㊥mǐn ㊐ビン

자해 ❶힘쓰다. =黽. 〔晉書〕臣僶俛從事신민면종사. ❷잠시 동안.

僶俛(민면) ①힘써 일함. 僶勉(민면). 黽勉(민면). ②잠시 동안.

13 ⑮ 【僻】 ①후미질 벽 陌 ②성가퀴 비 寘

인명 2급 ㊥pì ㊐ヘキ, ヒ

소전 초서 참고 인명용 음은 '벽'이다.

자해 ①❶후미지다, 구석지다. ¶ 僻地벽지. ❷치우치다. 〔論語〕師也僻사야벽. ❸피하다. 〔史記〕是外擧不僻讎也시외거불벽수야. ❹천하다. ❺바르지 못하다. 〔詩經〕民之多僻민지다벽. ②성가퀴. ≒陴·埤. ¶ 僻倪비예.

僻見(벽견) 한쪽으로 치우친 의견.

僻陋(벽루) ①궁벽한 두멧구석. ②성질이 편벽

되고 견문이 좁음.
僻事(벽사) ①바르지 않은 일. 비뚤어진 일. 曲事(곡사). ②전고(典故)에 벗어난 일.
僻說(벽설) ①편벽된 의론(議論). ②도리(道理)에 맞지 않는 말.
僻字(벽자) 흔히 쓰이지 않는 글자.
僻地(벽지) 외따로 떨어져 궁벽한 땅.
僻倪(비예) 성가퀴.
◨ 窮僻궁벽, 陋僻누벽, 邪僻사벽, 偏僻편벽.

13 ⑮【僿】 잘게 부술 사·새 寘 隊

인명 ㊥sài ㊐シ, サイ

초서 참고 인명용 음은 '사'이다.
자해 **❶잘게 부수다.** ¶ 僿說사설. **❷성의 없다, 성실성이 없다.** 〔史記〕 小人以僿소인이사.
僿說(사설·새설) 자질구레한 이야기.

13 ⑮【僾】 僾 어렴풋할 애 隊

㊥ài ㊐アイ

소전 초서 본자 僾 자해 **❶어렴풋하다.** 〔禮記〕 僾然必有見乎其位애연필유견호기위. **❷흐느껴 울다, 목메다.**
僾然(애연) 분명하지 못하고 어렴풋한 모양.

13 ⑮【億】 亿 억 억 職

중학 인명 5급 ㊥yì, yī ㊐オク

필순 亻 亻' 亻' 亻' 亻' 偣 偣 億 億 億

소전 초서 자원 形聲. 人+意→億. '意(의)'가 음을 나타낸다.
자해 **❶억.** 수의 단위. **❷헤아리다, 추측하다.** 〔論語〕 億則屢中억즉루중.
億劫(억겁) (佛)무한(無限)히 길고 오랜 시간. '일겁(一劫)'은 천지개벽에서 다음 개벽까지의 동안.
億兆蒼生(억조창생) 수많은 백성.

13 ⑮【儀】 仪 거동 의 支

고등 인명 4급 ㊥yí ㊐ギ

필순 亻 亻' 亻' 亻' 佯 佯 佯 儀 儀 儀

소전 초서 자원 形聲. 人+義→儀. '義(의)'가 음을 나타낸다.
자해 **❶거동, 훌륭한 자태.** 〔詩經〕 威儀棣棣위의태태. **❷예의(禮儀).** 〔中庸〕 禮儀三百례의삼백, 威儀三千위의삼천. **❸풍속, 관습.** 〔荀子〕 諸夏之國제하지국, 同服同儀동복동의. **❹헤아리다, 짐작하다.** 〔詩經〕 我儀圖之아의도지. **❺그릇, 의기(儀器).** 〔後漢書〕 作渾天儀작혼천의.
儀觀(의관) 위엄(威嚴)이 있는 몸가짐.
儀軌(의궤) 법도(法度). 규범(規範). 본보기.
儀器(의기) 천체의 운행을 측정하는 기계.
儀範(의범) 예의(禮儀)의 규범(規範). 예의범절의 본보기. 儀矩(의구).
儀服(의복) 의식(儀式)에 쓰이는 옷.
儀式(의식) 행사를 치르는 일정한 법식. 儀禮(의례).
儀容(의용) ①몸가짐. ②예절을 갖춘 태도. 儀態(의태).
儀衛(의위) 의식(儀式)에 참여하는 호위병.
儀仗(의장) 의식에 쓰던 무기나 일산(日傘)·기(旗) 따위.
儀狀(의장) 용모와 행동거지(行動擧止).
儀典(의전) 행사를 치르는 일정한 법식. 儀法(의법). 儀禮(의례).
儀節(의절) 규범(規範). 규칙(規則).
儀則(의칙) 사람이 지켜야 할 법칙(法則).
儀表(의표) ①규범(規範). 본보기. 龜鑑(귀감). ②겉보기. 외모(外貌). 儀容(의용).
儀形(의형) ①본받음. 또는 규범. ②위엄 있고 엄숙한 자태. 儀容(의용).
儀訓(의훈) 바른 가르침. 좋은 교훈(敎訓).
◨ 公儀공의, 禮儀예의, 威儀위의.

13 ⑮【儁】 준걸 준 震

인명 ㊥jùn ㊐シュン

초서 동자 儁 자해 **❶준걸, 뛰어난 사람.** 〔春秋左氏傳〕 得儁曰克득준왈극. **❷뛰어나다, 훌륭하다.** 〔春秋左氏傳〕 壺何爲焉其以中儁也호하위언기이중준야.

13 ⑮【儈】 侩 거간 쾌 ㊍괴 泰

㊥kuài ㊐カイ

소전 초서 자해 **❶거간, 중개인.** 〔後漢書〕 儈牛自隱쾌우자은. **❷상인, 장사꾼.** 〔新唐書〕 世爲商儈세위상쾌, 往來廣陵왕래광릉.

13 ⑮【儇】 총명할 현 先

인명 ㊥xuān ㊐ケン

소전 초서 자해 **❶총명하다, 영리하다.** 〔荀子〕 鄕曲之儇子향곡지현자. **❷빠르다, 날래다.**

人 13획

儇才(현재) 발랄하고 재지(才智)가 있음.

14 ⑯ 【儜】 괴로워할 녕 庚

㊥níng ㊐ネイ

자해 ❶괴로워하다, 마음이 약하다. 〔宋書〕吾本儜人오본녕인. ❷약하다, 몸이 약하다. 〔宋書〕后在家爲儜弱婦人후재가위녕약부인.

儜弱(영약) 몸이 약함.

儜愚(영우) 마음이 약하고 어리석음.

14 ⑯ 【儐】 傧 ①인도할 빈 震 ②찡그릴 빈 眞

인명 ㊥bìn, bīn ㊐ヒン

소전 초서 자해 ①❶인도하다, 손을 안내하는 사람. 〔管子〕桓公令儐者延而上환공령빈자연이상. ❷대접하다, 공경하다, 예로써 대하다. 〔禮記〕山川所以儐鬼神也산천소이빈귀신야. ②찡그리다. ＝顰.

儐笑(빈소) 찡그렸다 웃었다 하는 모양.

儐者(빈자) 주인을 도와 손을 안내하는 사람.

14 ⑯ 【儒】 선비 유 虞

고등 인명 4급 ㊥rú ㊐ジュ

필순 亻 亻 仁 仁 伫 侢 儒 儒 儒 儒

소전 초서 자원 形聲. 人＋需→儒. '需(수)'가 음을 나타낸다.

자해 ❶선비. 〔論語〕女爲君子儒녀위군자유. ❷유학. 공자의 학설을 연구하는 학문. 〔孟子〕逃楊必歸於儒도양필귀어유.

儒家(유가) 공자의 학설·학풍 등을 신봉하고 연구하는 사람이나 학파.

儒冠(유관) 유학자가 쓰는 갓.

儒敎(유교) 인(仁)을 근본으로 하고 수기치인(修己治人)을 목적으로 하는, 공자(孔子)의 유학을 받드는 학파.

儒道(유도) 유가의 도(道).

儒林(유림) ①유자(儒者)의 사회. ②유교의 도(道)를 닦는 학자들. 士林(사림).

儒佛仙(유불선) 유교와 불교와 도교를 아울러 이르는 말.

儒生(유생) 유학을 공부하는 선비.

儒疏(유소) 유생(儒生)이 연명(連名)하여 올리는 상소.

儒臣(유신) ①유학에 조예가 깊은 신하. ②홍문관(弘文館) 관원의 통칭.

儒儒(유유) 과단성(果斷性)이 없고 주저하는 모양.

儒風(유풍) 유자(儒者)의 풍습(風習).

儒學(유학) 유교를 연구하는 학문.

儒賢(유현) 유교(儒敎)에 정통하고 언행(言行)이 바른 선비.

儒訓(유훈) 유교의 가르침.

◨ 老儒노유, 大儒대유, 名儒명유, 崇儒숭유.

14 ⑯ 【儘】 ①기댈 은 問 ②평온할 온 阮

인명 ㊥yìn, wěn ㊐イン, オン

참고 인명용 음은 '은'이다.

자해 ①기대다, 남에게 기대다. ②평온하다.

14 ⑯ 【儗】 ①의심할 의 紙 ②침체할 의 寘

㊥nǐ, yì ㊐ギ

소전 초서 자해 ①❶의심하다. ≒疑. 〔荀子〕無所儗怍무소의작. ❷무성하다. 〔漢書〕黍稷儗儗서직의의. ②침체하다, 막히다.

儗儗(의의) ①초목이 무성한 모양. ②어찌할 바를 모름. 당혹함.

儗怍(의작) 의심하고 부끄러워함.

14 ⑯ 【儕】 侪 동배 제 佳

㊥chái ㊐サイ

소전 초서 자해 ❶동배(同輩), 무리, 동아리. 〔春秋左氏傳〕況吾儕乎황오제호. ❷함께, 같이. ≒齊. 〔列子〕長幼儕居장유제거.

儕居(제거) 한곳에 같이 삶.

儕等(제등) 동료. 동아리. 等儕(등제).

儕輩(제배) 동료. 동아리. 儕等(제등).

14 ⑯ 【儔】 俦 짝 주 尤

㊥chóu ㊐チュウ

소전 초서 자해 짝, 동아리, 무리. 〔三國志〕蕭曹之儔소조지주, 並以元勳병이원훈.

儔匹(주필) 짝. 패. 벗. 동아리.

14 ⑯ 【儘】 尽 다할 진 軫

㊥jǐn ㊐シン

초서 자해 ❶다하다, 다. ＝盡. ❷멋대로. ¶ 儘敎진교.

儘敎(진교) 될 대로 되라. 어떻든 간에.

15 ⑰ 【儡】 ①영락할 뢰 灰 ②꼭두각시 뢰 賄

인명 1급 ㊥léi, lěi ㊐ライ

소전 초서 자해 ① 영락(零落)하다, 실패하다. 〔淮南子〕 然而不免於儡연이불면어뢰. ② 꼭두각시. ¶ 傀儡괴뢰.

儡儡(뇌뢰) 지쳐서 약해진 모양.

儡身(뇌신) 실패해서 영락(零落)한 몸.

◨ 傀儡괴뢰, 俾儡비뢰.

15 ⑰【償】偿 갚을 상 陽

고등 인명 3Ⅱ급 ㊥cháng ㊐ショウ

필순 亻 亻 亻 亻 亻 伫 倘 償 償 償

소전 초서 자원 形聲. 人+賞→償. '賞(상)'이 음을 나타낸다.

자해 ❶갚다. 〔史記〕 以百金償之이백금상지. ❷보상, 보답. 〔西京雜記〕 與其傭作而不求償여기용작이불구상.

償却(상각) 보상하여 갚아 줌.

償債(상채) 빚을 갚음.

償還(상환) 돌려주거나 갚음. 返濟(반제).

◨ 無償무상, 報償보상, 辨償변상, 有償유상.

15 ⑰【優】优 넉넉할 우 尤

고등 인명 4급 ㊥yōu ㊐ユウ

필순 亻 亻 俨 俨 俨 㥯 僾 僾 優 優

소전 초서 자원 形聲. 人+憂→優. '憂(우)'가 음을 나타낸다.

자해 ❶넉넉하다. 〔國語〕 獨恭不優독공불우. ❷뛰어나다. 〔晉書〕 誰劣誰優수렬수우. ❸광대. 〔春秋左氏傳〕 陳氏鮑氏之圉人爲優진씨포씨지어인위우. ❹머뭇거리다, 결단성이 없다. 〔管子〕 人君唯優與不敏爲不可인군유우여불민위불가.

優待(우대) 특별히 잘 대우함.

優等(우등) 우수한 등급.

優良(우량) 물건의 품질이나 상태가 좋음.

優麗(우려) 우아하고 아름다움. 優美(우미).

優伶(우령) 광대. 풍악쟁이.

優禮(우례) 예를 두텁게 하여 대우함.

優孟衣冠(우맹의관) 우맹이 손숙오(孫叔敖)의 의관을 입음. 겉모습만 같고 실질은 다름. 故事 초(楚)나라의 명우(名優)인 우맹이 죽은 손숙오의 의관을 입고, 곤궁에 빠진 손숙오의 아들을 구해 냈다는 고사에서 온 말.

優免(우면) 너그럽게 보아줌. 용서함.

優命(우명) 정중(鄭重)한 명령.

優婆塞(우바새) (佛)출가(出家)하지 않고 불제자(佛弟子)가 된 남자.

優婆夷(우바이) (佛)출가하지 않고 불제자가 된 여자. 優婆尼(우바니).

優先(우선) 딴 것에 앞서 특별하게 대우함.

優勢(우세) 상대편보다 힘이나 세력이 강함.

優秀(우수) 여럿 가운데서 뛰어남.

優勝(우승) 경기 따위에서 첫째 등위를 차지함.

優勝劣敗(우승열패) 나은 것은 이기고 약한 것은 패함.

優雅(우아) 품위가 있고 아름다움.

優渥(우악) 두터운 은택(恩澤).

優劣(우열) 나음과 못함.

優容(우용) 관대하게 용납(容納)하여 씀.

優遇(우우) 특별히 잘 대우함.

優優(우우) ①화평하고 즐거운 모양. ②너그러운 모양.

優越(우월) 다른 것보다 나음.

優位(우위) 남보다 나은 위치나 수준.

優柔(우유) ①부드럽고 순함. ②주견이 없어 결단성이 없음. ③침착함. 조용함.

優游(우유) ①한가롭게 지내는 모양. 유유자적(悠悠自適)하는 모양. ②만족해하는 모양.

優游不斷(우유부단) 어물어물하고 결단성이 없는 모양. 優柔不斷(우유부단).

優游不迫(우유불박) 느긋하고 침착하여 서두르지 않음.

優游自適(우유자적) 한가롭게 자기 하고 싶은 대로 하는 모양.

優逸(우일) 근심 없이 편안히 즐거움을 누림.

◨ 俳優배우, 聲優성우.

15 ⑰【儦】 많은 모양 표 蕭

㊥biāo ㊐ヒョウ

자해 ❶많은 모양. 〔詩經〕 行人儦儦행인표표. ❷걸음걸이, 걷는 모양.

儦儦(표표) ①사람이나 짐승이 많은 모양. ②성(盛)한 모양.

16 ⑱【儲】储 쌓을 저 魚

인명 ㊥chǔ ㊐チョ

소전 초서 자해 ❶쌓다, 비축(備蓄)하다. 〔漢書〕 儲兵馬以待之저병마이대지. ❷버금, 예비, 다음. ¶ 儲兩저량.

儲君(저군) 다음 대(代)를 이을 태자(太子).

儲宮(저궁) ①왕세자. ②황태자.

儲兩(저량) ①다음가는 사람. ②곁에 따르는 사람. ③대를 이을 사람.

儲胥(저서) ①종. 婢僕(비복). ②모음. 저축함. 儲蓄(저축). ③군중(軍中)의 울타리.

儲書(저서) ①원본과 같이 꾸민 버금 서류. 副本(부본). ②간직하여 둔 책.

儲位(저위) 태자의 지위. 세자의 위(位).
儲積(저적) 저축해서 쌓아 둠.

17
⑲【儵】 빠를 숙 銑

㊥shū ㊐シュク

자해 **빠르다.** 〔莊子〕 儵然而行숙연이행.

儵爍(숙삭) 빛이 일순간에 번쩍하는 일.
儵忽(숙홀) ①별안간. 극히 짧은 시간. 倏忽(숙홀). ②전광(電光). 번갯불.

17
⑲【儳】 1어긋날 참 咸 2참견할 참 陷

㊥chán, chàn ㊐サン

소전 儳 초서 儳 자해 1 **어긋나다.** 〔春秋左氏傳〕 聲盛致志성성치지, 鼓儳可也고참가야. 2 **참견하다.** 〔禮記〕 長者不及毋儳言장자불급무참언.

儳言(참언) 남이 말하는 도중에 딴 말로 끼어드는 일.

19
㉑【儺】 傩 역귀 쫓을 나 歌

인명 1급 ㊥nuó ㊐ダ

소전 儺 초서 儺 자해 **역귀(疫鬼)를 쫓다.** 〔淮南子〕 令國儺九門령국나구문.

儺禮(나례) 궁중에서 음력 섣달 그믐날 밤에 역귀(疫鬼)를 쫓던 의식.

19
㉑【儷】 俪 짝 려 霽

인명 ㊥lì ㊐レイ

소전 儷 초서 儷 자해 ❶**짝, 한 쌍, 한 벌.** 〔儀禮〕 束帛儷皮속백려피. ❷**무리, 동아리.**

儷文(여문) 중국 육조와 당나라 때 성행한 한문 문체. 문장이 화려하며, 4자와 6자의 대구로 이루어짐. 騈儷文(변려문). 四六文(사륙문). 四六騈儷文(사륙변려문).
儷皮(여피) 한 쌍의 사슴 가죽. 혼례의 납폐(納幣)로 쓰였음.
儷偕(여해) 동반(同伴)함.

20
㉒【儻】 傥 빼어날 당 養

㊥tǎng ㊐トウ

소전 儻 초서 儻 자해 ❶**빼어나다.** ¶ 倜儻척당. ❷**갑자기.** 〔莊子〕 物之儻來寄也물지당래기야. ❸**만일, 혹시.** 〔三國志〕 儻有他意당유타의, 爲難不小위난불소.

儻來(당래) 생각지도 않은 것이 굴러 들어옴.
儻或(당혹) 만일. 만약. 혹시. 儻若(당약).

20
㉒【儼】 俨 의젓할 엄 琰

인명 1급 ㊥yǎn ㊐ゲン

소전 儼 초서 儼 자해 ❶**의젓하다, 엄숙하다.** ≒嚴. 〔論語〕 望之儼然망지엄연. ❷**삼가다, 공손하다.** 〔楚辭〕 禹湯儼而求合兮우탕엄이구합혜.

儼恪(엄각) 공경하고 삼가는 일.
儼然(엄연) 엄숙한 모양. 위엄스러운 모양.

儿部 어진사람인발

0
②【儿】 어진 사람 인 眞

㊥rén ㊐ジン

소전 儿 소전 儿 자원 象形. 사람의 두 다리를 본뜬 글자.

자해 ❶**어진 사람.** ❷**한자 부수의 하나, 어진사람인발.**

1
③【兀】 우뚝할 올 月

인명 ㊥wù ㊐ゴツ

소전 兀 초서 兀 자해 ❶**우뚝하다.** ❷**머리가 벗어지다, 민둥산이 되다.** ≒屼. 〔杜牧·賦〕 蜀山兀촉산올, 阿房出아방출. ❸**움직이지 않는 모양.** 〔韓愈·解〕 常兀兀以窮年상올올이궁년. ❹**발뒤꿈치를 베다.** ≒刖. 〔莊子〕 魯有兀者叔山無趾로유올자숙산무지.

兀立(올립) 높이 우뚝 솟음.
兀然(올연) ①움직이지 않는 모양. 또는 우뚝 솟은 모양. ②무지(無知)한 모양.
兀兀(올올) ①마음을 한 곳에 쏟아 움직이지 않는 모양. ②쉬지 않고 힘쓰는 모양.
兀者(올자) 월형(刖刑)을 받은 사람.
兀刑(올형) 오형(五刑)의 하나로, 발뒤꿈치를 베는 형벌. 刖刑(월형).

2
④【元】 으뜸 원 元

중학 인명 5급 ㊥yuán ㊐ゲン

필순 一 二 テ 元

소전 元 초서 元 자원 會意. 二+人→元. '二'는 '上'의 고자(古字)로 사람 몸의 맨 위를 뜻한다. 인체의 맨 위는 머리이기에 '으뜸, 처음' 등의 뜻을 나타낸다.
자해 ❶**으뜸, 처음, 첫째.** 〔易經〕 元亨利貞원형리정. ❷**근본, 근원.** 〔後漢書〕 元元本本원원본본. ❸**연호(年號).** 〔漢書〕 當改元易號增漏刻당개원역호증루각. ❹**크다.** 〔書經〕 命于元龜명우원귀. ❺**바른 계통, 정적(正嫡).** ❻**왕조(王朝) 이름.** 몽고(蒙古)의 칭기즈 칸의 손자 쿠빌라이〔忽必烈〕가 세운 나라. 〔元史〕 建國號曰大元건국호왈대원. ❼現**화폐의 단위.** 청조(淸朝) 이래 중국, 우리나라에서 쓰였다.

元功(원공) 제일 으뜸되는 큰 공(功).
元金(원금) ①밑천으로 들인 돈. ②꾸어 준 돈에서 이자를 붙이지 아니한 본디의 돈.
元氣(원기) ①만물의 근본이 되는 힘. ②심신(心身)의 정력(精力). 사람의 정기(精氣).
元年(원년) ①임금이 즉위한 해. ②나라를 세운 해. 연호(年號)를 정한 해.
元旦(원단) ①설날. ②설날 아침.
元德(원덕) 모든 덕의 근본이 되는 덕(德).
元來(원래) 본디. 처음부터.
元良(원량) ①썩 선량함. 매우 선량한 사람. ②태자(太子)의 딴 이름.
元老(원로) ①나이나 벼슬, 덕망이 높은 벼슬아치. ②한 가지 일에 오래 종사하여 경험과 공로가 많은 사람.
元利(원리) 원금(元金)과 이자(利子).
元服(원복) 남자가 스무 살이 되어, 처음으로 입고 쓰던 어른의 의관.
元妃(원비) 임금의 정실(正室). 皇后(황후).
元宵(원소) 정월 대보름날 밤. 元夕(원석).
元霄(원소) 하늘. 元穹(원궁).원수
元帥(원수) 군인의 가장 높은 계급.
元首(원수) 한 나라를 대표하는 군주(君主)나 대통령(大統領).
元始(원시) ①처음. 始元(시원). ②한 해의 처음. 정월.
元元(원원) ①근본. 또는 근본을 근본 삼음. ②사랑해야 할 것. 곧, 백성(百姓)을 이름.
元元本本(원원본본) 근본을 근본 삼음. 근본으로 거슬러 올라감. 근원을 찾아 냄.
元戎(원융) ①많은 수의 병력(兵力). ②커다란 병거(兵車).
元日(원일) 정월 초하루. 元朔(원삭).
元子(원자) 아직 왕세자에 책봉되지 아니한 임금의 맏아들.
元祖(원조) ①시조(始祖). 첫 대의 조상. ②일을 처음 시작한 사람. 鼻祖(비조).
元從功臣(원종공신) 창업(創業) 때부터 참여하여 큰 공적(功績)을 이룩한 신하(臣下).
元亨利貞(원형이정) 역리(易理)에서 말하는 천도(天道)의 네 가지 덕(德). 곧, 사물(事物)의 근본 원리를 이름. '元'은 만물이 처음 생겨나는 봄이니 그 덕은 인(仁), '亨'은 만물이 자라는 여름이니 그 덕은 예(禮), '利'는 만물이 생을 이루는 가을이니 그 덕은 의(義), '貞'은 만물이 완성되는 겨울이니 그 덕은 지(智).
元勳(원훈) 건국(建國)에 이바지한 큰 공(功). 또는 공이 큰 사람. 元功(원공).
元兇(원흉) 못된 짓을 한 사람들의 우두머리.
■ 紀元기원, 身元신원, 壯元장원, 天元천원.

2 ④ 【允】 진실로 윤 軫

인명 2급 ㊥yǔn ㊐イン

소전 초서 자해 ❶**진실로, 참으로, 진실, 참.** 〔詩經〕 豳居允荒빈거윤황. ❷**동의하다, 승낙하다.** ¶ 允許윤허. ❸國**아들.** ≒胤.

允恭(윤공) 진심으로 근신(謹愼)함.
允文允武(윤문윤무) 진실로 문(文)이 있고, 진실로 무(武)가 있음. 천자(天子)가 문무(文武)의 덕(德)을 겸비(兼備)하고 있음.
允執其中(윤집기중) 진실로 그 중용(中庸)의 도(道)를 잡아서 지킴.
允諧(윤해) 잘 어울림.
允許(윤허) 임금이 신하의 청을 허락함.

3 ⑤ 【充】 가득할 충 東

중학 인명 5급 ㊥chōng ㊐ジュウ

필순 亠 𠫓 𠫓 充 充

소전 초서 속자 充 자원 形聲. 𠫓+儿→充. '𠫓(돌)'은 '育(육)'에서 '月(육달월)'이 생략된 모양으로 음을 나타낸다.
자해 ❶**가득하다, 가득 채우다.** 〔孟子〕 君之倉廩實府庫充군지창름실부고충. ❷**충당하다, 대응하다, 해당하다.** 〔漢書〕 充庖廚而耳충포주이이.

充當(충당) 모자라는 것을 채워 메움.
充棟(충동) 마룻대에 닿을 정도로 집안에 가득함. 장서(藏書)가 많음을 이름.
充滿(충만) 가득 참.
充分(충분) 모자람이 없이 넉넉함.
充塞(충색) ①꽉 차서 막힘. ②꽉 채워서 막음.
充實(충실) 내용이 알차고 단단함.
充員(충원) 인원수를 채움.
充耳(충이) ①귀를 막음. ②귀걸이.
充壯(충장) 몸이 살찌고 건강함.
充電(충전) 축전기나 축전지 따위에 전기 에너지를 채움.

充塡(충전) 빈 곳이나 공간 따위를 채움. 또는 채워서 메움.
充足(충족) 넉넉하여 모자람이 없음.
充斥(충척) 충만(充滿)함. 꽉 참. 가득함.
充虛(충허) ①가득 참과 텅 빔. 盈虛(영허). ②빈 것을 채움. 공복(空腹)을 채움.
充血(충혈) 몸의 일정 부분에 동맥혈이 비정상적으로 많이 모임.
◨ 補充보충, 塡充전충, 擴充확충.

3 ⑤【兄】 맏 형 庚

중학 인명 8급 ㊥xiōng ㊐ケイ, キョウ

필순 丶 口 口 尸 兄

소전 초서 자원 會意. 口＋儿→兄. '口'는 사람의 신체의 구조상 윗부분에 붙어 있으면서 잠시도 쉬는 일이 없으므로 이에 '人'을 더하여, 쉼이 없이 자라는 사람이라는 데서 '늘다, 불어나다'라는 뜻을 나타낸다. 뒤에 여러 형제 중의 '맏'이라는 뜻으로 가차되었다.
자해 ❶**맏이, 먼저 태어난 남자.** ❷**형, 먼저 태어난 남자 동기.**〔管子〕善氣迎人선기영인, 親於兄弟친어형제. ❸**같은 또래끼리 높여 부르는 말.**〔韓愈·書〕辱吾兄眷厚욕오형권후.
兄亡弟及(형망제급) 장남(長男)이 사망할 경우, 다음 동생이 후사(後嗣)를 이음.
兄友弟恭(형우제공) 형제간에 서로 우애(友愛)를 다함.
兄弟之國(형제지국) 사이가 아주 친밀한 나라. 또는 서로 혼인 관계를 이룬 나라.
兄弟鬩墻(형제혁장) 형제가 담 안에서 싸움. 곧, 동족끼리 서로 다툼.
◨ 老兄노형, 妹兄매형, 阿兄아형, 姊兄자형, 從兄종형.

4 ⑥【光】 빛 광 陽

중학 인명 6급 ㊥guāng ㊐コウ

필순 丨 ㅣ 小 业 光 光

소전 초서 동자 昳 자원 會意. 小＋儿→光. '小'는 소전에서 보듯 '火(화)'이다. 불이 사람의 위에서 번쩍번쩍 빛난다는 데서 '빛나다'의 뜻을 나타낸다.
자해 ❶**빛, 광선.**〔新語〕曝之以日光폭지이일광. ❷**빛나다.**〔漢書〕日月光일월광, 星辰靜성신정. ❸**영광, 번영.**〔詩經〕不顯其光불현기광. ❹**위덕(威德).**〔書經〕是訓是行시훈시행, 以近天子之光이근천자지광. ❺**기(氣), 기운.**〔禮記〕見以蕭光견이소광. ❻**경치.**〔杜甫·詩〕江光久滋漫강광구자만.
光景(광경) ①상태와 모양. 情景(정경). ②경치. ③빛. 빛나는 모양.
光芒(광망) 비치는 빛발.
光明(광명) ①밝은 빛. ②밝고 환함. ③(佛)번뇌·죄악의 암흑을 비추어 신앙상(信仰上)의 지견(智見)을 주는 것.
光輔(광보) 크게 도움.
光復(광복) 잃었던 국권(國權)을 도로 회복함.
光線(광선) 빛살.
光焰(광염) ①불꽃. ②빛과 불꽃.
光榮(광영) 빛나는 영예. 榮光(영광).
光佑(광우) 큰 도움.
光陰(광음) 세월(歲月). 또는 시간.
光彩(광채) ①찬란한 빛. ②정기 어린 밝은 빛.
光寵(광총) 총애함. 총애를 받아 높은 자리에 오름. 恩寵(은총).
光宅(광택) 성덕(聖德)이 먼 곳에까지 미침.
光澤(광택) 빛의 반사로 물체의 표면에서 반짝거리는 빛.
光風(광풍) ①비가 갠 뒤에 부는 맑은 바람. ②비 갠 뒤의 아름다운 경치.
光風霽月(광풍제월) 비가 갠 뒤의 맑은 바람과 밝은 달. 마음이 넓어 자질구레한 데 거리끼지 아니하고 쇄락(洒落)한 인품의 비유.
光被(광피) 빛이 널리 미침. 덕택이 세상에 널리 퍼짐.
光華(광화) ①빛. 빛나는 기운. 아름다운 빛. 光輝(광휘). ②영광(榮光).
◨ 觀光관광, 發光발광, 瑞光서광, 曙光서광, 夜光야광, 榮光영광, 月光월광, 日光일광, 電光전광, 燭光촉광, 後光후광.

4 ⑥【先】 1 먼저 선 先 2 앞설 선 霰

중학 인명 8급 ㊥xiān, xiàn ㊐セン

필순 ノ ⺊ 屮 生 生 先

소전 초서 자원 會意. 止＋儿→先. '止'는 '발'을 뜻한다. 이에 '人'을 더하여 남보다 앞서 간다는 데서 '나아가다, 앞서다' 등의 뜻을 나타낸다.
자해 1 ❶**먼저, 앞, 처음.**〔禮記〕教學爲先교학위선. ❷**나아가다.**〔後漢書〕未聞國家有所先後미문국가유소선후. ❸**죽은 아버지.** 흔히 죽은 손윗사람을 이를 때 쓴다. ❹**조상.**〔漢書〕忘先者衆망선자중. ❺**우선, 미리, 앞장서서.**〔呂氏春秋〕其生也必先기생야필선. ❻**먼저 하다.** 2 ❶**앞서다.** ❷**맏동서.**

先覺(선각) 남보다 먼저 깨달음.
先見之明(선견지명) 앞일을 꿰뚫어 보는 눈. 미리 알아차리는 슬기.
先決(선결) 다른 일보다 먼저 해결함.
先考(선고) 돌아가신 아버지. 先人(선인).
先姑(선고) 돌아가신 시어머니.
先攻(선공) 먼저 공격함.
先公後私(선공후사) 공사(公事)를 먼저 하고 사사(私事)를 뒤로 함.
先舅(선구) 돌아가신 시아버지.
先驅(선구) ①행렬의 앞장을 섬. 또는 그 사람. 前驅(전구). ②군(軍)의 선봉(先鋒).
先君(선군) ①선고(先考). ②선왕(先王).
先君子(선군자) 망부(亡父)의 경칭(敬稱).
先納(선납) 기한 전에 미리 냄.
先農(선농) 처음으로 농사를 가르친 신(神). 곧, 신농씨(神農氏).
先農壇(선농단) 선농(先農)을 제사 지내는 단.
先達(선달) ①조선 때 무과(武科)에 급제하고 아직 벼슬하지 못한 사람. ②벼슬·학문이 자기보다 앞선 사람. ③고승(高僧).
先代(선대) 조상의 대. 또는 그 시대.
先導(선도) 앞장서서 이끎.
先頭(선두) 대열이나 행렬의 맨 앞.
先例(선례) 이전부터 있었던 사례.
先民(선민) ①선대(先代)의 현인(賢人). 先賢(선현). ②國조상(祖上).
先發制人(선발제인) 남보다 먼저 일을 시작하면 반드시 다른 사람을 누를 수 있음. 先卽制人(선즉제인).
先輩(선배) 학교나 직장을 먼저 거친 사람.
先鋒(선봉) 맨 앞장을 섬. 앞장을 서는 군대. 先陣(선진).
先拂(선불) 미리 돈을 치름.
先妣(선비) 돌아가신 어머니.
先史(선사) 역사 이전.
先師(선사) ①세상을 떠난 스승. ②전대(前代)의 현인(賢人).
先生(선생) 가르치는 사람.
先聖(선성) ①옛날의 성인(聖人). 前聖(전성). ②공자(孔子).
先聲奪人(선성탈인) 먼저 소문을 퍼뜨리거나 소리를 질러 남의 기세를 꺾음.
先聲後實(선성후실) 먼저 함성을 올려 위협한 다음에 실력을 휘두름.
先手(선수) ①남이 하기 전에 앞질러 하는 행동. ②바둑 따위에서, 먼저 놓거나 두는 일.
先勝(선승) 먼저 이김.
先約(선약) 먼저 한 약속.
先嚴(선엄) 돌아가신 아버지.
先業(선업) ①선대(先代)의 사업(事業). ②(佛)전세(前世)의 업인(業因).
先烈(선열) ①선대(先代)의 공적(功績)이나 공훈. ②國정의(正義)를 위하여 싸우다가 죽은 열사(烈士).
先塋(선영) 조상 무덤이 있는 곳. 先山(선산).
先王(선왕) ①선대(先代)의 임금. ②옛날의 어진 임금. 先后(선후).
先憂後樂(선우후락) 남보다 먼저 걱정하고, 남보다 나중에 즐김. 지사(志士)나 인자(仁者)의 마음씨.
先人(선인) ①돌아가신 아버지. ②전대의 사람.
先任(선임) 어떤 임무나 직무를 먼저 맡음. 또는 그 사람.
先子(선자) ①돌아가신 아버지. 亡父(망부). ②조상. 先祖(선조). ③돌아가신 시아버지.
先慈(선자) 돌아가신 어머니. 亡母(망모).
先占(선점) 남보다 앞서 차지함.
先帝(선제) 전대(前代)의 임금.
先制(선제) 선수를 쳐서 상대편을 제압함.
先祖(선조) 한 가계(家系)의 웃조상.
先朝(선조) 전대(前代)의 왕조(王朝).
先知(선지) ①다른 사람보다 먼저 도(道)를 깨침. 또는 그 사람. 先覺(선각). ②미리 알고 있음. 먼저 앎.
先秦(선진) 진(秦)나라 시황제(始皇帝) 이전. 곧, 춘추 전국 시대.
先進(선진) 단계가 발전되어 다른 것보다 앞섬.
先着(선착) 먼저 도착함.
先天(선천) 태어나면서부터 몸에 지니고 있는 것.
先取(선취) 남보다 먼저 차지함.
先親(선친) 남에게 돌아가신 자기 아버지를 일컫는 말.
先行(선행) 앞서 가거나 앞에 있음.
先鄕(선향) 시조(始祖)가 난 땅. 貫鄕(관향).
先賢(선현) 옛 현인.
先花後果(선화후과) 먼저 꽃이 피고 뒤에 열매가 맺힘. 먼저 딸을 낳고 뒤에 아들을 낳음.
先後(선후) 먼저와 나중.
◨ 率先솔선, 于先우선, 最先최선.

4 ⑥ 【兆】 조짐 조 篆

중학 인명 3Ⅱ급 ㊥zhào ㊐チョウ

필순 丿 丬 㸚 兆 兆 兆

소전 초서 자원 象形. 거북의 등딱지가 갈라져서 터진 무늬를 본뜬 글자. 옛날에는 거북의 등딱지를 구워 거기에 생긴 금을 보고 길흉을 점쳤기 때문에 '조짐'의 뜻을 나타낸다.

儿 4획

자해 ❶조짐, 빌미. 〔國語〕 其魄兆於民기백조어민. ❷점괘. 〔淮南子〕 蓍龜兆시귀조. ❸점치다. 〔漢書〕 兆得大橫조득대횡. ❹묏자리, 묘지. 〔春秋左氏傳〕 無入于兆무입우조. ❺조. 수의 단위. 바뀌어, 썩 많은 수효. 〔春秋左氏傳〕 商兆民離상조민리.
兆卦(조괘) 점괘(占卦)에 나타난 조짐.
兆民(조민) 수많은 백성.
兆祥(조상) ①조짐. ②길조를 보임.
兆域(조역) 묘지(墓地). 무덤이 있는 곳.
兆占(조점) 점을 침. 또는 그 점괘.
兆朕(조짐) 좋거나 나쁜 일이 생길 기미.
◨ 吉兆길조, 亡兆망조, 億兆억조, 凶兆흉조.

儿
4획

4 ⑥ 【充】 充(103)의 속자

4 ⑥ 【兊】 兌(107)의 속자

4 ⑥ 【兇】 흉악할 흉 图 腫
인명 1급 ㊥xiōng ㊐キョウ
소전 초서 자해 ❶흉악하다. ≒凶. ¶ 兇漢흉한. ❷나쁜 사람, 흉악한 사람. ≒凶. ¶ 元兇원흉. ❸두려워하다. ≒悩. 〔春秋左氏傳〕 曹人兇兇懼조인흉흉구.
兇器(흉기) 사람을 죽이거나 해치는 데 쓰는 도구.
兇邪(흉사) 마음이 흉악하고 간특함. 또는 그런 사람. 凶邪(흉사).
兇賊(흉적) 흉악한 도적.
兇暴(흉포) 흉악하고 사나움.
兇險(흉험) 마음이 악하고 바르지 못함.
兇兇(흉흉) 두려워하는 모양.
◨ 姦兇간흉, 群兇군흉, 元兇원흉, 殘兇잔흉.

5 ⑦ 【克】 이길 극 職
고등 인명 3Ⅱ급 ㊥kè ㊐コク
필순 一 十 亡 古 古 亨 克
소전 초서 자원 象形. 무거운 머리를 떠받들고 있기 때문에 다리가 구부정하게 되어 있는 모양을 본떠 '참고 견디다' 의 뜻을 나타낸다.
자해 ❶이기다. 〔論語〕 克伐怨欲극벌원욕. ❷억누르다, 책망하다. 〔論語〕 克己復禮爲仁극기복례위인. ❸능하다, 능히 하다. 〔詩經〕 匪斧不克비부불극.
克家(극가) 가정을 잘 다스림.
克己(극기) 자기의 욕망·감정·충동 따위를 의지(意志)의 힘으로 이겨 냄.
克己復禮(극기복례) 사사로운 욕심을 누르고 예의범절을 좇음. 克復(극복).
克勵(극려) 사욕을 누르고 부지런히 힘씀.
克明(극명) ①능히 임금의 도리를 다함. ②속속들이 밝힘.
克伐怨慾(극벌원욕) 네 가지 악덕(惡德). 곧, '克' 은 이김을 즐겨 함, '伐' 은 스스로 자랑함, '怨' 은 원망함, '慾' 은 물욕이 많음.
克服(극복) 어려움을 이겨 냄.
克復(극복) ①적(敵)과 싸워 이겨 영토를 되찾음. ②정도(正道)로 돌아감. ③극기복례(克己復禮).
克讓(극양) 남을 공경하고 겸손한 태도로 사양(辭讓)함.
克捷(극첩) 싸움에 이김.
克孝(극효) 부모를 효도(孝道)로 잘 섬김.
◨ 剛克강극, 忌克기극, 超克초극, 推克추극.

5 ⑦ 【免】 ①면할 면 銑 ②상복 문 問
중학 인명 3Ⅱ급 ㊥miǎn, wèn ㊐メン
필순 ㇇ ㇇ ㇇ 㔾 㔾 刍 免
소전 초서 속자 免 참고 인명용 음은 '면' 이다.
자원 會意. '兔(토끼 토)' 자에서 '丶' 가 빠져 토끼의 발이 보이지 않음을 나타낸다. 토끼가 발이 보이지 않을 만큼 빨리 달리기 때문에 사람에게 잡히지 않는다는 데서 '면하다' 라는 뜻을 나타낸다.
자해 ① ❶면하다, 피하다. 〔論語〕 民免而無恥민면이무치. ❷벗다, 모자 따위를 벗다. 〔國語〕 左右免冑而下좌우면주이하. ❸해직(解職)하다. 〔漢書〕 免丞相勃면승상발, 遣就國견취국. ❹용서하여 놓아주다. ② 상복(喪服). 〔禮記〕 公儀仲子之喪공의중자지상, 檀弓免焉단궁문언.
免官(면관) 관직(官職)에서 벗어나게 함.
免冠(면관) ①관을 벗음. ②사죄(謝罪)함.
免白頭(면백두) 國백두(白頭)를 면함. 늙어서 처음으로 벼슬을 함을 이름.
免稅(면세) 세금을 면제함.
免疫(면역) 질병에 잘 걸리지 않는 저항력을 가지는 일.
免除(면제) 책임·의무 따위를 면하여 줌.
免職(면직) 일정한 직무에서 물러나게 함.
免責(면책) 책임·책망을 면함.
免黜(면출) 벼슬을 떼고 내쫓음.
免脫(면탈) 죄를 벗어남.
免許(면허) 어떤 일을 할 수 있는 공식적인 자

격을 행정 기관이 허가함.
◨ 放免방면, 赦免사면, 罷免파면.

5 ⑦【兕】 외뿔들소 시 本사 紙
中sì 日シ
소전 초서 자해 **외뿔들소**. 물소와 모양이 비슷하며, 가죽은 갑옷을 만드는 데 쓰고, 뿔은 술잔을 만드는 데 쓴다. 〔春秋左氏傳〕擧兕爵거시작.
兕觥(시굉) 외뿔들소의 뿔로 만든 술잔.

5 ⑦【児】 兒(107)의 속자 인명

5 ⑦【兊】兑 바꿀 태 本대 泰
인명 2급 中duì 日ダ, タイ
소전 초서 속자 兊 자해 ❶**바꾸다, 교환하다**. ❷**기뻐하다**. ❸**괘 이름**. ㉮**8괘의 하나**. 괘형은 ☱. 못·가을·소녀(少女)·서쪽 등에 배당된다. ㉯**64괘의 하나**. 괘형은 ䷹. 곧바르게 하면 모든 일이 이루어지는 것을 상징한다.
兊換(태환) 지폐를 정화(正貨)와 바꿈.

5 ⑦【兎】 兔(107)의 속자

6 ⑧【免】 免(106)의 속자

6 ⑧【兒】儿 아이 아 支
중학 인명 5급 中ér 日ジ, ニ
필순 ノ ㇒ 𠂉 𦥑 𦥑 臼 兒 兒
소전 초서 속자 児 고자 兒 자원 象形. 臼＋儿→兒. '臼'는 어린아이의 두개골의 대천문(大泉門)이 아직 아물지 않은 모양을 본뜬 것이다. 여기에 '人'을 더하여 '어린아이'의 뜻을 나타낸다.
자해 ❶**아이**. 옛날에는 결혼하지 않은 사람. ❷**자식, 아들**. 어버이에 대한 아들의 자칭(自稱). 〔古詩〕兒實爲罪過아실위죄과.
兒童(아동) 어린아이.
兒馬(아마) ①수말〔牡馬〕. ②國아직 길이 안 든 어린 말. ③벼슬아치가 작은 공을 세웠을 때 임금이 상으로 내려 주던 말.
兒房(아방) 대궐 안에서 장신(將臣)이 때때로 묵던 곳.
兒役(아역) 연극·영화에서의 어린이 역.
兒孩(아해) 아이.
兒戲(아희) ①아이들의 희롱. ②아무런 가치(價値)도 없는 일의 비유.
◨ 健兒건아, 孤兒고아, 迷兒미아, 小兒소아, 女兒여아, 嬰兒영아, 幼兒유아, 乳兒유아, 育兒육아, 胎兒태아.

6 ⑧【兗】 兗(107)의 속자

6 ⑧【兔】 토끼 토 遇
인명 3Ⅱ급 中tù 日ト
소전 초서 동자 兎 속자 兎 자해 ❶**토끼**. 〔詩經〕躍躍毚兔약약참토, 遇犬獲之우견획지. ❷**달**. 달에 토끼가 살고 있다는 전설에서 유래한다. 〔杜甫·詩〕兔應疑鶴髮토응의학발.
兔角龜毛(토각귀모) 토끼의 뿔과 거북의 털. 있을 수 없는 일의 비유.
兔缺(토결) 언청이.
兔魄(토백) 달의 딴 이름. 兔月(토월).
兔死狗烹(토사구팽) 토끼가 죽고 나면 토끼를 잡던 사냥개도 삶아 먹힘. 필요할 때는 쓰고 필요 없을 때는 버리는 야박한 세정(世情)의 비유. 故事 한(漢) 고조인 유방(劉邦)이 천하를 통일한 후 일등 공신 한신(韓信)을 죽이려 하자, 한신이 "토끼가 잡히면 사냥개를 삶아 먹고〔狡兔死良狗烹〕 새를 잡고 나면 활을 치워 버린다"라고 탄식한 데서 온 말.
兔死狐悲(토사호비) 토끼가 죽으니 여우가 슬퍼함. 동류(同類)가 서로 동정(同情)함.
兔脣(토순) 언청이. 兔缺(토결).
兔毫(토호) ①토끼의 가는 털. ②붓의 딴 이름.
◨ 狡兔교토, 蟾兔섬토, 玉兔옥토, 月兔월토.

6 ⑧【兎】 兔(107)와 동자

7 ⑨【兗】 바를 연 銑
인명 中yǎn 日エン
초서 속자 兖 자해 ❶**바르다, 단정하다**. ❷**땅 이름**. 하대(夏代)의 구주(九州)의 하나. 〔周禮〕河東曰兗州하동왈연주.

7 ⑨【尭】 堯(262)의 속자

8 ⑩【党】 성 당 養

㊥dǎng ㊐トウ

자해 ❶성(姓). ❷무리. ※黨(1456)의 속자(俗字).

9 ⑪【兜】 투구 두 尤

인명 1급 ㊥dōu ㊐トウ

소전 초서 속자 兠 자해 ❶투구. ¶ 兜鍪두무. ❷미혹되다, 반하다. 〔國語〕 在列者獻詩재렬자헌시, 使勿兜사물두.

兜鍪(두무) 투구. 兜鉾(두모).

兜率(두솔→도솔) (佛)욕계 육천(欲界六天)의 제사천(第四天). 지상(地上)에서 32만 유순(由旬) 되는 곳에 있으며, 미륵보살(彌勒菩薩)이 있다고 함. 兜率天(도솔천).

兜率歌(두솔가→도솔가) ①신라 유리왕(儒理王) 때의 노래. 가악(歌樂)의 시초가 된다. ②신라 경덕왕(景德王) 19년(760)에 월명사(月明師)가 지은 사구체의 향가(鄕歌).

10 ⑫【兟】 나아갈 신 眞

㊥shēn ㊐シン

소전 자해 ❶나아가다, 나아가는 모양. ❷많은 모양.

兟兟(신신) 많은 모양.

12 ⑭【兢】 삼갈 긍 蒸

인명 2급 ㊥jīng ㊐キョウ

소전 초서 자해 ❶삼가다, 조심하다. 〔漢書〕 祇祇兢兢지지긍긍. ❷두려워하다, 와들와들 떨다. 〔詩經〕 兢兢業業긍긍업업.

兢兢(긍긍) 두려워하여 삼가는 모양.

兢兢業業(긍긍업업) 조심하고 삼가는 모양.

入部 들입

0 ②【入】 들 입 緝

중학 인명 7급 ㊥rù ㊐ニュウ

필순 丿 入

소전 자원 象形. 하나의 줄기 밑에 뿌리가 갈라져 땅속으로 뻗어 들어가는 모양을 본뜬 글자.

자해 ❶들다, 들어오다. 〔論語〕 弟子入則孝제자입즉효. ❷섬기다, 벼슬하다. 〔南史〕 入朝委政입조위정. ❸수입(收入). 〔禮記〕 量入以爲出양입이위출.

入閣(입각) 내각(內閣)의 한 사람이 됨.

入庫(입고) 물건을 창고에 넣음.

入貢(입공) 조공(朝貢)을 바침.

入口(입구) 들어가는 어귀.

入闕(입궐) 대궐로 들어감.

入覲(입근) 궁중에 들어가 임금을 뵘.

入隊(입대) 군대(軍隊)에 들어가 군인이 됨. 入營(입영).

入道(입도) (佛)불도(佛道)에 들어가는 일. 또는 그 사람.

入洛(입락) 도읍(都邑)에 들어감.

入木三分(입목삼분) 나무에 밴 먹의 깊이가 3푼이나 됨. 곧, 필력(筆力)이 셈. 故事 진(晉)나라의 왕희지(王羲之)가 쓴 글씨의 묵흔(墨痕)이 축판(祝版)에 3푼이나 스며들었다는 고사에서 온 말.

入墨(입묵) 문신(文身). 또는 자자(刺字).

入門(입문) ①무엇을 배우는 길에 처음 들어섬. ②스승의 문하에 들어가 제자가 됨.

入泮(입반) 반궁(泮宮)에 들어감. 어린이가 처음으로 학교에 들어감. '泮宮'은 '성균관과 문묘'를 이름.

入山(입산) ①산에 들어감. ②(佛)출가(出家)하여 중이 됨.

入山忌虎(입산기호) 國산에 들어가 놓고 범 잡는 일을 기피함. 정작 목적한 바를 당하여서는 꽁무니를 뺌.

入選(입선) 출품작이 심사에 합격해 뽑힘.

入城(입성) 성 안으로 들어감. 싸움에 이겨 점령지에 진주함.

入聲(입성) 한자(漢字)의 사성(四聲)의 하나. 급히 끝을 막는 소리.

入手(입수) ①손에 들어옴. ②손에 넣음.

入水(입수) ①물에 들어감. ②물에 몸을 던져 죽음. 投身(투신).

入神(입신) 기술 따위가 오묘(奧妙)한 경지(境地)에 이름.

入室(입실) ①방에 들어감. ②학문·예술 등의 오의(奧義)에 들어감. ③아내가 됨.

入養(입양) 양자를 들임.

入御(입어) 천자가 궁중에 듦.

入場(입장) 장내로 들어감.

入寂(입적) 승려가 죽음.

入籍(입적) 호적(戶籍)에 넣음.

入朝(입조) ①벼슬아치가 조정의 조회에 들어감. ②외국 사신이 조정의 회의에 참여함.

入住(입주) 새집에 들어가 삶.
入札(입찰) 경매 등에서 희망하는 예정 가액을 적어 내게 하는 일.
入鄕循俗(입향순속) 어떤 고장에 들어가서는 그 고장의 풍속을 따름.
入會(입회) 어떤 모임에 들어가 회원이 됨.
入孝出弟(입효출제) 집에서는 부모에게 효도하고, 나가서는 윗사람에게 공손함.
◨ 介入개입, 記入기입, 亂入난입, 納入납입, 導入도입, 突入돌입, 買入매입, 沒入몰입, 歲入세입, 輸入수입, 潛入잠입, 出入출입, 侵入침입, 投入투입.

1
③【亾】 亡(45)의 본자

2
④【內】 안 내 隊

중학 인명 7급 ㊥nèi ㊐ナイ

필순 丨 冂 冂 內

소전 內 초서 内 속자 内 자원 會意. 冂+入→內. '冂'은 삼 면이 가려진 모양을 나타낸다. 여기에 '入'을 더하여 밖에서 가리어진 안쪽으로 들어간다는 뜻을 나타낸다.

자해 ❶안, 속. 〔論語〕 四海之內사해지내, 皆兄弟也개형제야. ❷궁중(宮中), 조정. 〔史記〕 不得久留內부득구류내. ❸집안일, 가사. 〔禮記〕 男不言內남불언내. ❹처첩(妻妾). 〔史記〕 病得之酒且內병득지주차내. ❺몰래, 비밀히. 〔漢書〕 內謁徑入내알경입. ❻중히 여기다, 친하다. 〔大學〕 外本內末외본내말.

內閣(내각) 국가의 행정권을 담당하는 최고 합의 기관.
內間(내간) ①적국의 벼슬아치를 꾀어 간첩(間諜)으로 삼는 일. ②집안 하인. ③國아낙이 거처하는 곳. 內庭(내정).
內艱(내간) 어머니나 승중(承重) 조모의 상사.
內簡(내간) 부녀자의 편지.
內顧(내고) ①머리를 돌리어 봄. 뒤돌아봄. ②집안일을 생각함. 처자(妻子)를 걱정함.
內攻(내공) ①안을 향하여 공격함. ②병이 체내에 잠복함.
內官(내관) ①궁중의 여관(女官). ②환관(宦官). 內侍(내시).
內敎(내교) ①부녀자들에 대한 가르침. 음교(陰敎). 內訓(내훈). ②불교.
內君(내군) 상대편을 높이어 그의 '아내'를 이르는 말. 令閨(영규).
內勤(내근) 회사 등에서 주로 안에서 근무함.
內諾(내락) ①남몰래 허락함. ②비공식으로 우선 승낙함.
內亂(내란) ①나라 안의 반란. ②일정한 조직 내부의 다툼.
內覽(내람) 공개하지 않고 남몰래 봄.
內陸(내륙) 바다에서 멀리 떨어져 있는 육지.
內幕(내막) 내부의 사정. 일의 속내.
內面(내면) ①정신(精神)·심의(心意)의 방면. ②안쪽. 內側(내측).
內明(내명) 겉으로는 어수룩하나 속셈은 아주 밝음.
內命(내명) 군주(君主)의 내밀(內密)한 명령.
內密(내밀) 밖으로 드러내지 않음.
內報(내보) 내밀히 알림. 비밀의 보고.
內寶(내보) 국내의 보물(寶物).
內福(내복) ①정신적 행복. ②실속 있게 부유함. 알부자.
內附(내부) 복종해서 따름.
內紛(내분) 내부에서 저희끼리 일으키는 분쟁. 內訌(내홍).
內賓(내빈) ①안손님. 여자 손님. ②대궐 잔치에 참여하는 명부(命婦)들.
內事(내사) ①종묘의 제사. ②궁중의 일. ③비밀스런 일. 祕事(비사).
內舍(내사) 집의 안채.
內査(내사) ①비공식적으로 조사함. ②자체에서 하는 조사.
內相(내상) 아내가 집안을 잘 다스림. 또는 그런 아내.
內省不疚(내성불구) 마음속으로 반성하여 부끄러움이 없음.
內聖外王(내성외왕) 안으로는 성인(聖人)의 덕을, 밖으로는 왕의 덕을 갖춘 사람. 학문과 덕행을 겸비한 사람.
內疏外親(내소외친) 속으로는 소홀히 하면서 겉으로는 친한 체함.
內需(내수) 국내의 수요(需要).
內豎(내수) 내시. 한대(漢代) 이후에 썼음.
內示(내시) 공식적으로 알리기 전에 몰래 알림.
內侍(내시) 고려·조선 때, 궁중의 전교(傳敎)·수문(守門) 등의 일을 맡아보던 벼슬아치.
內視反聽(내시반청) 자기를 반성하고 다른 사람을 꾸짖지 아니함.
內申(내신) 겉으로 드러내지 않고 은밀히 윗사람이나 관청에 글로 보고함.
內臣(내신) ①외국(外國)이 예속(隷屬)하여 와서 신하의 예를 갖추는 일. ②임금을 가까이서 모시던 신하. 승지(承旨) 따위.
內室(내실) ①안방. ②남의 부인을 높여 이르는 말.
內實(내실) ①집 안에 있는 진기한 보물과 처

첩(妻妾). ②내부의 실정(實情). 내막(內幕). ③내부가 충실함.
內心(내심) 속마음.
內謁(내알) 은밀히 들어가 알현(謁見)함.
內譯(내역) 분명하고 자세한 내용.
內緣(내연) 은밀하게 맺은 연고.
內外(내외) ①안과 밖. ②부부.
內外艱(내외간) ①국내외의 재난(災難). ②내간상(內艱喪)과 외간상(外艱喪). 곧, 부모(父母)의 상사.
內容(내용) 사물의 속내. 실속.
內憂外患(내우외환) 나라 안의 걱정과 나라 밖에서 오는 환란. 내란과 외적의 침입.
內苑(내원) 궁성 안의 정원. 禁苑(금원).
內柔外剛(내유외강) 내심은 유약하나 외모는 강강(剛強)하게 보임.
內應(내응) 몰래 적(敵)과 서로 응함. 또는 남몰래 도와줌.
內人(내인) ①자기의 아내. ②궁중에 있는 기녀(伎女). ③측근(側近)의 사람.내
內子(내자) ①옛날 경대부(卿大夫)의 아내. ②남에게 대하여 '자기 아내'를 일컫는 말.
內臟(내장) 척추동물의 흉강(胸腔)이나 복강(腹腔) 속에 있는 여러 기관.
內藏(내장) ①마음속에 간직함. ②궁중(宮中)에 있는 관고(官庫). 內庫(내고).
內在(내재) 내부에 가지고 있음.
內典(내전) ①국내(國內)의 서적. ②불교의 서적. 佛典(불전).
內戰(내전) 나라 안에서 일어나는 싸움.
內政(내정) 국내의 정치.
內廷(내정) 궁정(宮廷)의 내부.
內助(내조) 아내가 집안에서 남편을 도움.
內奏(내주) 내밀히 상주(上奏)함.
內旨(내지) 임금이 은밀히 내리는 명령.
內淸外濁(내청외탁) 내심은 맑으나 겉으로는 흐린 체하는 일. 곧, 난세(亂世)에 처신(處身)하는 방도.
內寵(내총) ①궁녀(宮女)에 대한 임금의 사랑. ②사랑을 받는 첩. 內嬖(내폐).
內則(내칙) 가정의 법도. 부녀자의 규칙. 內規(내규).
內勅(내칙) 임금의 내밀한 칙령. 密勅(밀칙).
內親(내친) ①마음으로 친함. ②조정 안에서 친목함. ③부계(父系)의 친척.
內帑庫(내탕고) 國임금의 사사 재물을 넣어 두던 곳간.
內通(내통) ①남녀가 남모르게 정을 통함. 私通(사통). ②남몰래 적과 통함. 內應(내응).
內行(내행) ①집 안에서의 몸가짐. 아낙네의 몸가짐. ②아낙네의 여행.
內宦(내환) 궁중에서 일하는 환관(宦官).
內患(내환) ①아내의 병. ②내부의 근심. 나라 안의 걱정. 內憂(내우).
內訓(내훈) ①여자로서 마땅히 지켜야 할 일에 관한 가르침. 부녀의 가르침. 內敎(내교). ②장관(長官)이 하급 관청에 보내는 기밀(機密)의 훈령(訓令). 內達(내달).
◨ 家內가내, 官內관내, 區內구내, 國內국내, 闕內궐내, 宅內댁내, 道內도내, 城內성내, 市內시내, 室內실내, 案內안내, 域內역내, 年內연내, 場內장내, 體內체내, 海內해내.

3 ⑤ 【仝】 全(110)의 본자

4 ⑥ 【全】 온전할 전 先

중학 인명 7급 ㊥quán ㊐ゼン

필순 丿 入 亼 仝 全 全

소전 초서 본자 고자 자원 會意. 入+王→全. 옥이 사람의 손에 들어가 다듬어지면 완전하게 된다는 데서 '온전하다'의 뜻을 나타낸다.

자해 ❶온전하다. 〔列子〕天地無全功천지무전공. ❷온전하게 하다. 〔戰國策〕楚國不尙全事초국불상전사. ❸완전히, 모두, 다.
全甲(전갑) ①한 명의 군사도 잃지 않음. 일군이 다 무사함. ②완전히 무장한 군사.
全景(전경) 전체의 경치.
全功(전공) 온전한 공로. 위대한 공로.
全校(전교) 한 학교 전체.
全國(전국) 한 나라 전체.
全權(전권) ①맡겨진 일을 처리할 수 있는 모든 권한. ②완전한 권리.
全歸(전귀) 부모에게서 받은 몸을 상한 데 없이 온전히 보전하였다가 죽음에 이르러 이를 부모에게 돌려보내는 일.
全德(전덕) 온전한 덕(德).
全圖(전도) 전체를 그린 그림이나 지도.
全裸(전라) 벌거벗은 알몸.
全力(전력) 모든 힘.
全面(전면) ①모든 방면. ②지면 전체.
全貌(전모) 전체의 모습.
全無(전무) 전혀 없음.
全文(전문) 글의 전체.
全般(전반) 통틀어 모두. 전부.
全福(전복) ①완전한 행복. ②행복을 온전히 누림.
全部(전부) 모두. 전체.

全書(전서) ①한 질(帙)이 갖추어진 서책. ②한 작가의 저작물의 전부를 편찬한 책.

全盛期(전성기) 형세나 세력 따위가 가장 왕성한 시기.

全勝(전승) 모조리 다 이김.

全身(전신) ①몸을 온전히 함. 몸을 보전함. ②몸 전체. 온몸. 渾身(혼신).

全然(전연) 도무지. 아주. 전혀.

全用(전용) 온통 다 씀. 온전히 씀.

全員(전원) 전체의 인원.

全人(전인) 지덕(智德)이 원만한 사람.

全一(전일) 완전한 모양. 통일된 모양.

全知全能(전지전능) 모든 것을 다 알고, 모든 것에 다 능함.

全集(전집) 한 사람 또는 한 시대나 같은 종류의 저작물을 한 데 모아 출판한 책.

全天候(전천후) 어떠한 기상 조건에도 제 기능을 다할 수 있음.

全體(전체) 전부. 온통.

全幅(전폭) ①한 폭의 전부. ②일정한 범위의 전체.

◨ 萬全만전, 純全순전, 安全안전, 完全완전.

6 ⑧ 【兩】两 ①두 량 養 ②양 량 漾 ③國냥 냥

중학 인명 4Ⅱ급 ㊥liǎng, liàng ㊐リョウ

필순 一 丅 冂 币 币 币 兩 兩

소전 兩 초서 𠕎 속자 両 참고 인명용 음은 '량'이다.

자원 會意·形聲. 一＋㒳→兩. '㒳'은 사물을 둘로 나눈 모양을 뜻하며, 동시에 '량'이란 음을 나타낸다. 하나를 둘로 나눈다는 데서 '둘'이란 뜻이 된다.

자해 1 ❶**둘, 두 번**. 〔易經〕兼三才而兩之겸삼재이량지. ❷**아울러, 겸하여**. ❸**무게의 단위**. 1량은 24수(銖). 〔漢書〕十六兩爲斤십륙량위근. 2 ❶**수레를 세는 단위**. 〔書經〕戎車三百兩융거삼백량. ❷**수레 50승(乘)**. 〔春秋左氏傳〕兩於前량어전. 3 **냥**. ㉮**무게의 단위**. 귀금속이나 한약재의 무게를 잴 때 쓴다. 1냥은 37.5g. ㉯**엽전의 단위**. 1냥은 10돈.

兩家(양가) 양쪽 집.

兩間(양간) ①두 개의 간(間). 곧, 규모가 아주 작은 집. ②하늘과 땅 사이.

兩肩(양견) 國양쪽 어깨. 두 어깨.

兩極(양극) ①남극과 북극. ②양극과 음극.

兩岐(양기) 두 갈래. 또는 갈림길.

兩難(양난) 이러기도 어렵고 저러기도 어려움. 두 쪽이 다 어려움.

兩袒(양단) 양쪽 소매를 다 벗음. 두 가지 일을 겸해서 함. 또는 두 가지를 아울러 얻음.

兩端(양단) ①두 끝. ②서로 반대되는 두 극단. 대소(大小)·후박(厚薄) 따위. ③베 한 필(匹). ④國혼인할 때 쓰는 붉은색과 푸른색으로 된 두 끝의 채단.

兩斷(양단) 하나를 둘로 자름.

兩頭(양두) ①두 개의 머리. 兩首(양수). ②양쪽 끝. ③쌍방(雙方).

兩得(양득) 한 가지 일로써 두 가지 이익을 얻음. 一擧兩得(일거양득).

兩立(양립) 둘이 함께 존립(存立)함.

兩面(양면) 양쪽 면. 앞면과 뒷면.

兩班(양반) ①동반(東班)과 서반(西班). 문관(文官)과 무관(武官). ②조선 때, 지배층을 이루던 신분.

兩分(양분) 둘로 나눔.

兩棲(양서) 물과 뭍 양쪽에서 삶.

兩舌(양설) 두 개의 혀. 먼저 말한 것을 번복함을 이름.

兩性(양성) ①남성과 여성. 웅성(雄性)과 자성(雌性). ②두 가지 서로 다른 성질.

兩手執餠(양수집병) 國두 손에 떡을 쥠. 한꺼번에 두 가지의 좋은 일이 생김.

兩位(양위) 두 사람의 존칭. 두 분.

兩儀(양의) ①천지(天地). ②음양(陰陽). '儀'는 '우주(宇宙)의 대법(大法)'을 뜻함.

兩翼(양익) ①새의 양쪽 날개. ②양쪽으로 펼친 군대의 진형(陣形).

兩者(양자) 두 사람. 두 사물.

兩者擇一(양자택일) 두 가지 가운데서 한 가지를 선택함.

兩全(양전) ①두 가지가 다 온전함. ②쌍방이 다 무사함. ③두 가지 일을 완수(完遂)함.

兩朝(양조) ①앞뒤의 두 왕조. ②앞뒤 두 임금의 시대. ③두 나라의 왕조.

兩側(양측) 두 편. 兩便(양편).

兩親(양친) 부친(父親)과 모친(母親).

兩虎相鬪(양호상투) ①두 마리의 범이 서로 싸움. ②두 사람의 영웅 또는 두 강국(强國)이 서로 싸움.

7 ⑨ 【兪】俞 ①점점 유 虞 ②나을 유 麌

인명 2급 ㊥yú, yù ㊐ユ

소전 兪 초서 𠓜 속자 俞 자해 1 ❶**점점, 더욱더**. 〔國語〕辭兪卑사유비, 禮兪尊례유존. ❷**그러하다, 예**. 응낙하는 말. 〔書經〕帝曰兪제왈유. 2 **낫다, 치료하다**. ≒愈. 〔荀子〕未有兪疾之福也미유유질지복야.

人 7획

兪兪(유유) ①느긋한 모양. 마음 편한 모양. ②온화하고 공손한 모양.
兪允(유윤) 용서함. 승낙함.
兪扁(유편) 유부(兪跗)와 편작(扁鵲). 모두 고대의 명의(名醫).

10 ⑫ 【龠】 全(110)의 고자

八部 여덟 팔

0 ② 【八】 여덟 팔 黠
중학 인명 8급 ㊥bā ㊐ハチ
필순 ノ 八
소전)(자원 指事. 사물이 둘로 나뉘어서 갈라진 모양을 본떠서 '나누다' 라는 뜻을 나타낸다. '여덟' 이라는 뜻으로 가차된 뒤에는 '刀(칼 도)' 자를 더한 '分(분)' 자를 새로 만들어 '나누다' 는 뜻으로 썼다.
자해 **❶여덟.** 〔易經〕 天七地八천칠지팔. **❷여덟 번.** 〔後漢書〕 八戰八剋팔전팔극. **❸나누다, 나뉘어지다.**

八家文(팔가문) 당송팔대가의 문장.
八戒(팔계) ①몸을 수양하기 위하여 지켜야 할 여덟 가지 계명(戒銘). 곧, 굴기(屈已)·임운(任運)·관행(觀行)·수일(守一)·망언(忘言)·성기(省已)·존신(存神)·양미(量味). ②(佛) 우바새(優婆塞)·우바이(優婆夷)가 지켜야 할 여덟 가지 경계(儆戒).
八苦(팔고) (佛)사람이 세상에서 면하기 어렵다는 여덟 가지 괴로움. 곧, 생고(生苦)·노고(老苦)·병고(病苦)·사고(死苦)·애별리고(愛別離苦)·원증회고(怨憎會苦)·구부득고(求不得苦)·오음성고(五陰盛苦).
八股文(팔고문) 문체(文體) 이름. 명청대(明淸代)에 과거의 답안을 기술하는 데 씀.
八卦(팔괘) 복희씨(伏羲氏)가 지었다는 여덟 가지 괘. 세상의 모든 현상을 음양(陰陽)의 원리에 따라 나타낸 것으로, 건(乾)·태(兌)·이(離)·진(震)·손(巽)·감(坎)·간(艮)·곤(坤)을 이름.
八區(팔구) 팔방의 구역. 곧, 천하.
八難(팔난) 여덟 가지의 재난. 곧, 배고픔·추위·더위·목마름·병란·불난리·물난리·칼.
八代(팔대) 삼황오제(三皇五帝)의 시대.
八大家(팔대가) 당송대(唐宋代)의 대표적인 여덟 문장가(文章家). 당대의 한유(韓愈)·유종원(柳宗元)과 송대의 구양수(歐陽脩)·소순(蘇洵)·소식(蘇軾)·소철(蘇轍)·증공(曾鞏)·왕안석(王安石). 唐宋八大家(당송팔대가).
八德(팔덕) 여덟 가지 덕. 인(仁)·의(義)·예(禮)·지(智)·충(忠)·신(信)·효(孝)·제(悌)를 이름.
八等身(팔등신) 신장이 머리 길이의 여덟 배가 되는 몸. 또는 그러한 사람. 흔히, 미인의 표준으로 삼음. 八頭身(팔두신).
八蠻(팔만) (歷)중국의 남쪽 지방에 있던 여덟 종족의 나라. 곧, 천축(天竺)·해수(咳首)·초요(僬僥)·파종(跛踵)·천흉(穿胸)·담이(儋耳)·구지(狗軹)·방춘(旁春).
八萬大藏經(팔만대장경) (佛)대장경(大藏經)의 딴 이름. 대장경에는 8만 4천의 법문(法門)이 있는 데서 이르는 말.
八面玲瓏(팔면영롱) ①어느 방면도 다 투명하고 밝음. ②마음에 거리낌이 없음.
八方美人(팔방미인) ①어느 모로 보나 아름다운 사람. ②여러 방면에 두루 뛰어난 사람.
八象(팔상) 주역(周易)의 팔괘(八卦)의 상(象). 건(乾)은 천(天)에, 곤(坤)은 지(地)에, 감(坎)은 수(水)에, 이(離)는 화(火)에, 간(艮)은 산(山)에, 태(兌)는 택(澤)에, 손(巽)은 풍(風)에, 진(震)은 뇌(雷)에 해당함.
八音(팔음) 만드는 재료에 따라 나눈, 여덟 가지의 악기. 곧, 금(金)·석(石)·사(絲)·죽(竹)·포(匏)·토(土)·혁(革)·목(木).
八佾(팔일) 천자의 무악(舞樂). 여덟 사람씩 여덟 열을 지어 아악에 맞추어 추던 춤.
八字(팔자) 사람이 출생한 연월일시(年月日時)의 간지(干支) 여덟 글자. 사람의 한평생의 운수(運數)를 이름.
八字打開(팔자타개) '八' 자 모양으로 엶. 명료하게 해명함.
八條之敎(팔조지교) 고조선(古朝鮮) 때 시행되었던 여덟 가지의 금법(禁法).
八耋(팔질) 80세. 八秩(팔질).
八體(팔체) ①사람 몸의 여덟 부분. 곧, 머리·배·발·다리·귀·눈·손·입. ②여덟 가지의 서체(書體). ㉠대전(大篆)·소전(小篆)·각부(刻符)·충서(蟲書)·모인(摹印)·서서(署書)·수서(殳書)·예서(隸書). ㉡고문(古文)·대전(大篆)·소전(小篆)·예서(隸書)·비백(飛白)·팔분(八分)·행서(行書)·초서(草書). 八體書(팔체서).
八八(팔팔) ①8에 8을 곱한 수. 곧, 64. ②노인. ③사물이 서로 등지고 있는 형태.
八表(팔표) 팔방(八方)의 끝. 八荒(팔황).
八刑(팔형) 주대(周代)의 여덟 가지의 형벌(刑罰). 곧, 불효(不孝)·불목(不睦)·불인(不

嫺)·부제(不弟)·불임(不任)·불휼(不恤)·조언(造言)·난민(亂民)에 대한 형벌.
◻ 望八망팔, 二八이팔, 七顚八起칠전팔기.

2 ④ 【公】 공변될 공 東

중학 인명 6급 ㊥gōng ㊐コウ

필순 ノ 八 公 公

초서 자원 會意. 八+厶→公. '八'은 나뉘어져 배반한다는 뜻이고, '厶'는 '私(사)'의 고자(古字)이다. 사사로움을 배반하고 평분(平分)한다는 데서 '공변되다'의 뜻을 나타낸다.

자해 **❶공변되다, 사사롭지 아니하다.** 〔列子〕國氏之盜公道也국씨지도공도야. **❷공적(公的), 공적인 것.** ¶ 公休日공휴일. **❸높은 벼슬아치.** **㉮재상(宰相).** ¶ 三公삼공. **㉯귀인, 지위가 높은 양반.** ¶ 公子공자. **❹오등작의 첫째.** ¶ 公爵공작. **❺존칭.** ¶ 李忠武公이충무공.

公家(공가) ①조정(朝廷). 왕실(王室). 公室(공실). ②(佛)승려가 절을 이르는 말.
公幹(공간) 관청의 사무. 公務(공무).
公開(공개) 일반에게 개방함.
公車(공거) 전쟁에 쓰는 수레.
公卿(공경) 삼공(三公)과 구경(九卿).
公告(공고) 공개적으로 널리 알림.
公共(공공) 국가나 사회의 구성원에게 두루 관계되는 것.
公館(공관) ①공공(公共)의 건물. ②고관(高官)의 관저(官邸).
公槐(공괴) 삼공(三公)의 자리.
公金(공금) 단체나 회사의 돈.
公女(공녀) 제후(諸侯)의 딸.
公德(공덕) ①공중을 위하는 도덕적인 의리. 공명정대(公明正大)한 덕. ②공적과 덕행.
公道(공도) ①공중이 통행하는 도로. ②공평한 길. 바른 도리.
公廉(공렴) 공정하고 청렴함.
公論(공론) ①사회 일반의 여론(輿論). ②공정한 의론.
公理(공리) 널리 일반에 통하는 도리.
公立(공립) 공공 단체가 설립하여 운영함.
公明(공명) 사사로움이 없이 공정하고 명백함.
公募(공모) 일반에게 공개하여 모집함.
公務(공무) ①여러 사람에 관련된 일. ②국가나 공공 단체의 일. 公事(공사).
公文(공문) 공적인 서면(書面).
公門(공문) 임금이 출입하는 문. 君門(군문).
公僕(공복) 국가나 사회의 심부름꾼. 공무원을 이름.
公服(공복) 조정(朝廷)에 나아갈 때 입는 제복(制服).
公憤(공분) ①정의를 위한 분개. ②대중이 다 같이 느끼는 분노.
公私(공사) ①공공의 일과 사사로운 일. ②정부와 민간. ③사회와 개인.
公社(공사) 나라에서 국민을 위하여 세운 대사(大社). 곧, 사직신(社稷神)에게 풍년을 기원하는 신전(神殿).
公相(공상) 재상(宰相)이면서 태사(太師)를 겸임(兼任)한 사람을 이르는 말.
公設(공설) 국가나 공공 단체에서 시설함.
公需(공수) 관아에서 쓰는 공적인 비용.
公示(공시) 일반에게 널리 알림.
公式(공식) 공적으로 규정한 형식.
公心(공심) 공변된 마음. 공명(公明)한 마음.
公衙(공아) 관청. 官署(관서).
公約(공약) 사회 공중에 대한 약속.
公養之仕(공양지사) 임금의 우대(優待)에 감동하여 출사(出仕)하는 일.
公言(공언) 공개하여 하는 말.
公演(공연) 음악·무용·연극 따위를 많은 사람 앞에서 보이는 일.
公營(공영) 국가나 공공 단체에서 경영함.
公園(공원) 공중의 휴식·오락·보건 등을 위한 시설.
公義(공의) 공평한 의리. 공정한 의리.
公議(공의) 공평한 의논. 공론(公論).
公人(공인) 공적인 일에 종사하는 사람.
公認(공인) 국가나 공공 단체가 공식적으로 인정함.
公子(공자) 귀한 집안의 나이 어린 자제(子弟). 貴公子(귀공자).
公爵(공작) 오등작(五等爵)의 첫째 작위.
公儲(공저) 조정에서 비축(備蓄)하는 곡식.
公敵(공적) 국가 또는 사회의 적.
公田(공전) ①정전법(井田法)에서 9등분한 논밭 중 한복판에 있는, 공유(公有)의 논밭. 그 둘레의 사전(私田)을 부치는 여덟 집에서 경작하여 그 수확을 조세로 바쳤음. ②소유권과 수조권(收租權)을 모두 국가에서 가지고 있는 논밭.
公正(공정) 공평하고 올바름.
公定(공정) ①일반 사람의 공론(公論)에 의하여 정함. ②관청에서 정함.
公租(공조) 정부에 바치는 조세(租稅).
公主(공주) 왕후가 낳은 임금의 딸.
公衆(공중) 사회의 여러 사람. 일반 사람들.
公知(공지) 세상에 널리 알림.
公直(공직) 공평하고 정직함.
公職(공직) 관청이나 단체의 직무.

公賤(공천) 관청에 딸린 종.
公薦(공천) ①다수가 합의하여 추천함. ②공정한 추천. ③선거에 출마할 후보자를 공인된 정당에서 추천함.
公牒(공첩) ①관청이나 공공 단체에서 내는 공적인 편지. ②공사(公事)에 관한 서류.
公平(공평) 어느 쪽으로도 치우치지 않고 고름.
公布(공포) 새로 제정된 법령·조약 등을 국민에게 두루 알림.
公表(공표) 세상에 널리 공개하여 발표함.
公海(공해) 모든 나라가 공통으로 사용할 수 있는 바다.
公廨(공해) 관청. 公廳(공청). 公署(공서).
公行(공행) ①공무로 하는 여행. ②일반 공중이 널리 행함. ③거리낌 없이 공공연하게 횡행(橫行)함.
公侯伯子男(공후백자남) 고대 제후(諸侯)의 계급인 오등작(五等爵)의 이름.

2 ④ **【六】** 여섯 륙 屋

중학 인명 8급 ㊥liù ㊐ロク

필순 丶 亠 六 六

소전 초서 자원 會意. 亠+八→六. '亠'은 '入'으로, 짝수의 기본수에서 가장 큰 '八(팔)'에서 한 걸음 들어간 수인 '여섯'을 나타낸다.

자해 **❶여섯.** 〔孟子〕賢聖之君六七作현성지군륙칠작. **❷여섯 번.** 〔晉書〕六進否劣륙진부렬.

六家(육가) 음양(陰陽)·유(儒)·묵(墨)·명(名)·법(法)·도(道)의 여섯 학파.
六經(육경) 여섯 가지 경서(經書). 역경(易經)·시경(詩經)·서경(書經)·춘추(春秋)·예기(禮記)·악기(樂記). 악기 대신 주례(周禮)를 넣기도 함.
六穀(육곡) 벼·기장·피·보리·조·콩 등의 여섯 가지 곡식.
六國(육국) 전국 시대에 진(秦)을 제외한 여섯 나라. 곧, 제(齊)·초(楚)·연(燕)·한(漢)·위(魏)·조(趙).
六氣(육기) ①천지간의 여섯 가지 기운. 곧, 음(陰)·양(陽)·풍(風)·우(雨)·회(晦)·명(明). ②사람 몸의 여섯 가지 기운. 곧, 호(好)·오(惡)·희(喜)·노(怒)·애(哀)·낙(樂). ③음양(陰陽)의 여섯 가지 기운. 곧, 한(寒)·서(暑)·조(燥)·습(濕)·풍(風)·화(火).
六德(육덕) 사람이 지켜야 할 여섯 가지 덕(德). ㉠지(知)·인(仁)·성(聖)·의(義)·충(忠)·화(和). ㉡예(禮)·인(仁)·신(信)·의(義)·용(勇)·지(智).
六呂(육려) 12율(律) 가운데 음성(陰聲)에 속하는 여섯 가지 소리. 곧, 대려(大呂)·협종(夾鐘)·중려(仲呂)·임종(林鐘)·남려(南呂)·응종(應鐘).
六禮(육례) ①여섯 가지 중요한 예(禮). 관례·혼례·상례·제례·향례(鄕禮)·상견례(相見禮). ②혼인의 여섯 가지 예. 납채(納采)·문명(問名)·납길(納吉)·납징(納徵)·청기(請期)·친영(親迎).
六龍(육룡) ①여섯 마리의 용. ②임금의 수레를 끄는 여섯 마리의 말. 곧, 임금의 수레. 六飛(육비).
六律(육률) 십이율(十二律) 가운데 양(陽)에 속하는 여섯 가지 소리. 곧, 황종(黃鐘)·태주(太簇)·고선(姑洗)·유빈(蕤賓)·이칙(夷則)·무역(無射).
六幕(육막) 천지와 사방. '幕'은 '덮는다'는 뜻. 六合(육합). 六漠(육막).
六波羅蜜(육바라밀) (佛)선보(善報)로 열반(涅槃)에 이르기 위한 보살의 여섯 가지 수행. 곧, 보시(布施)·지계(持戒)·인욕(忍辱)·정진(精進)·선정(禪定)·지혜(智慧).
六法(육법) ①규준(規準)으로 삼을 여섯 가지. 곧, 규(規)·구(矩)·권(權)·형(衡)·준(準)·승(繩). ②여섯 가지의 기본 법률. 헌법·형법·민법·상법·형사 소송법·민사 소송법.
六腑(육부) 대장·소장·위·담·방광·삼초(三焦)의 총칭.
六事(육사) ①나라를 망하게 하는 여섯 가지 일. 곧, 정치가 고르지 못함, 백성이 직업을 잃음, 궁전이 화려함, 궁녀(宮女)가 권세를 마음대로 함, 뇌물이 성행함, 모함하는 사람이 늘어남. ②역사를 읽는 데의 여섯 가지 조항. 곧, 경계(儆戒)·택선(擇善)·곤범(閫範)·논사(論事)·처사(處事)·치체(治體). ③수령이 힘써야 할 여섯 가지 일. 곧, 논밭을 개간함, 호구(戶口)가 늚, 부역(賦役)이 고름, 도적이 없어짐, 군민(軍民)이 화합함, 송사(訟事)가 줄어듦.
六牲(육생) 희생으로 쓰는 여섯 가지 동물. 곧, 말·소·양·돼지·개·닭.
六書(육서) ①한자(漢字)의 구성과 활용에 대한 여섯 가지 방법. 곧, 지사(指事)·상형(象形)·회의(會意)·형성(形聲)·전주(轉注)·가차(假借). ②한대(漢代)의 여섯 가지 서체(書體). ㉠대전(大篆)·소전(小篆)·예서(隷書)·팔분(八分)·초서(草書)·행서(行書). ㉡고문(古文)·기자(奇字)·전서(篆書)·예서(隷書)·무전(繆篆)·충서(蟲書). 六體(육체).
六順(육순) 사람이 좇아야 할 여섯 가지 바른 도리. 군(君)은 의(義), 신(臣)은 행(行), 부

(父)는 자(慈), 자(子)는 효(孝), 형(兄)은 애(愛), 제(弟)는 경(敬).

六十甲子(육십갑자) 갑(甲)·을(乙)·병(丙)·정(丁)·무(戊)·기(己)·경(庚)·신(辛)·임(壬)·계(癸)의 천간(天干)에, 자(子)·축(丑)·인(寅)·묘(卯)·진(辰)·사(巳)·오(午)·미(未)·신(申)·유(酉)·술(戌)·해(亥)의 지지(地支)를 차례로 맞추어, 예순 가지로 늘어놓은 것. 六甲(육갑).

六十四卦(육십사괘) 주역(周易)에서, 복희(伏羲)가 지은 8괘(八卦)를 두 괘씩 겹쳐 얻은 64개의 괘.

六藝(육예) 선비가 배워야 할 여섯 가지 기예. ㉠예(禮)·악(樂)·사(射)·어(御)·서(書)·수(數). ㉡역(易)·서(書)·시(詩)·춘추(春秋)·예(禮)·악(樂). 六經(육경).

六雄(육웅) 전국 시대의 여섯 대국. 곧, 한(韓)·조(趙)·위(魏)·연(燕)·제(齊)·초(楚).

六月飛霜(육월비상→유월비상) 음력 유월에 서리가 내림. 억울한 옥사(獄事)의 비유.

六義(육의) 한시(漢詩)의 여섯 가지 체. 곧, 풍(風)·아(雅)·송(頌)·부(賦)·비(比)·흥(興).

六矣廛(육의전) 조선 때 서울 종로에 있던 여섯 점포. 선전(縇廛)·면포전(綿布廛)·면주전(綿紬廛)·지전(紙廛)·저포전(苧布廛)·내외어물전(內外魚物廛).

六正(육정) 신하(臣下)가 지켜야 할 여섯 가지 바른 길. 곧, 성(聖)·양(良)·충(忠)·지(智)·정(貞)·직(直).

六情(육정) 사람의 여섯 가지 성정(性情). 곧, 희(喜)·노(怒)·애(哀)·낙(樂)·애(愛)·오(惡).

六朝(육조) 후한(後漢)이 멸망한 뒤 수(隋)나라가 통일할 때까지 건강(建康)에 도읍하였던 여섯 나라. 곧, 오(吳)·동진(東晉)·송(宋)·제(齊)·양(梁)·진(陳).

六采(육채) 여섯 가지 빛깔. 곧, 청(靑)·백(白)·적(赤)·흑(黑)·현(玄)·황(黃).

六處(육처) 천지와 사방. 六合(육합).

六戚(육척) ①부·모·형·제·처·자의 총칭. 六親(육친). ②모든 혈족(血族).

六尺之孤(육척지고) ①15세 정도의 고아(孤兒). ②어려서 부왕(父王)의 상중(喪中)에 있는 임금의 자칭(自稱).

六出(육출) 천자나 제후가 아내를 내치던 여섯 가지 조건. 칠거지악(七去之惡) 중 자식을 낳지 못하는 경우가 빠짐.

六學(육학) ①육경(六經). 곧, 역(易)·서(書)·시(詩)·춘추(春秋)·예(禮)·악(樂). ②당대(唐代)의 여섯 학교. 곧, 국자학(國子學)·태학(太學)·사문학(四門學)·율학(律學)·서학(書學)·산학(算學).

六合(육합) 천지와 사방. 天下(천하).

六合同風(육합동풍) 천하가 통일되어 풍속과 교화(敎化)가 같아짐.

六骸(육해) 사람의 머리·몸과 두 손, 두 다리.

六行(육행) 여섯 가지의 선행(善行). ㉠효(孝)·우(友)·목(睦)·인(婣)·임(任)·휼(恤). ㉡인(仁)·의(義)·예(禮)·지(智)·신(信)·낙(樂).

六虛(육허) 천지와 사방. 宇宙(우주).

六花(육화) 눈〔雪〕의 딴 이름. 눈송이가 여섯 모의 결정을 이루는 데서 이르는 말.

六爻(육효) 주역(周易) 64괘 각 괘의 여섯 획.

八 4획

2 ④ **【㕣】** 別(134)의 고자

2 ④ **【兮】** 어조사 혜 齊

고등 인명 3급 ㊥xī ㊐ケイ

필순 ノ 八 八 兮

소전 초서 자원 會意. 八＋丂→兮. '八'은 나뉘어 분산됨을, '丂'는 기운이 펴져 오르려다가 어떤 장애를 받음을 나타낸다. 피어오르던 기운이 장애를 받아 분산되어 피어오른다는 데서, 잠시 말을 멈추었다가 다시 어세를 높이는 어조사로 쓰인다.

자해 **어조사.** 운문의 구(句) 끝이나 중간에 놓여, 어세를 멈추었다가 다시 높이는 데 쓰인다. 〔詩經〕坎坎伐檀兮감감벌단혜.

4 ⑥ **【共】** 1함께 공 宋 2공손할 공 冬 3향할 공 腫

중학 인명 6급 ㊥gòng, gōng ㊐キョウ

필순 一 十 廾 廾 共 共

소전 초서 자원 會意. 廿＋廾→共. '廿(입)'은 '스물'을 뜻하고, '廾'은 사람이 손을 뻗쳐 올리는 모양을 나타낸다. 스무 사람〔廿〕이 모두 손을 쳐들어 올린다는〔廾〕 데서 '함께'의 뜻을 나타낸다.

자해 1 ❶**함께, 같이.** ¶ 共怒공노. ❷**함께 하다.** 〔論語〕與朋友共여붕우공. 2 ❶**공손하다, 정중하다.** ≒恭. 〔春秋左氏傳〕公卑杞공비기, 杞不共也기불공야. ❷**바치다, 올리다.** ≒供. 〔周禮〕共其羊牲공기양생. 3 ❶**향하다, 대하다.** 〔論語〕北辰居其所북진거기소, 而衆星共之이중성공지. ❷**팔짱 끼다.** ≒拱. 〔荀子〕聖人共手성

인공수, 時幾將矣시기장의.

共感(공감) 남의 생각·의견·감정 등에 대하여 자기도 그러하다고 느낌.

共軌(공궤) ①수레바퀴의 폭을 같게 함. ②법규를 평등하게 함.

共怒(공노) 함께 노함.

共同(공동) 둘 이상의 사람·단체가 함께 일을 하거나, 같은 자격으로 관계를 가짐.

共鳴(공명) 남의 사상·감정·행동 따위에 공감하여 자기도 그와 같이 따르려 함.

共謀(공모) 공동으로 모의함.

共犯(공범) 공동으로 저지른 범죄나 그 범인.

共生(공생) 서로 도우며 삶.

共手(공수) 팔짱을 끼고 아무것도 하지 않음. 拱手(공수).

共榮(공영) 서로 함께 번영함.

共用(공용) 함께 씀. 또는 그런 물건.

共有(공유) 공동으로 소유함.

共著(공저) 둘 이상이 함께 저술함. 또는 그렇게 저술한 책.

共定(공정) 함께 정함. 같이 정함.

共濟(공제) ①서로 힘을 모아 도움. ②공동으로 일을 행함.

共擠(공제) 여럿이 합동하여 남을 배척함.

共存(공존) 함께 존재함.

共進會(공진회) 國각종 산물이나 제품을 모아 놓고 일반에게 널리 관람시켜 품평하고 사정(査定)하는 모임.

共治(공치) 같이 다스림.

共通(공통) 여럿 사이에 두루 통하고 관계됨.

共和(공화) 서주(西周) 때 여왕(厲王)이 체(彘) 땅으로 달아난 뒤, 14년간 주공(周公)과 소공(召公)이 협의해서 행한 정치.

◨ 公共공공, 滅共멸공, 反共반공, 防共방공.

4 ⑥ 【兴】 興(1050)의 속자

5 ⑦ 【兵】 군사 병 庚

중학 인명 5급 ㊥bīng ㊐ヘイ, ヒョウ

필순 一 厂 F 斤 丘 乒 兵

소전 초서 자원 會意. 斤+廾→兵. '斤'은 도끼, 곧 무기이며, '廾'은 두 손을 나타낸다. 두 손에 무기를 가진 사람, 곧 군사의 뜻이 된다.

자해 ❶군사. 〔春秋左氏傳〕 簡上國之兵於宗丘간상국지병어종구. ❷싸움, 전쟁. 〔孫子〕 兵者詭道也병자궤도야. ❸무기, 병기. 〔周禮〕 掌五兵장오병. ❹치다, 무기로 죽이다. 〔春秋左氏傳〕 士兵之사병지.

兵家常事(병가상사) 전쟁에서 이기고 지는 일은 흔한 것임. 실패하였다고 낙심할 일이 아님의 비유.

兵甲(병갑) 병기(兵器)와 갑주(甲胄).

兵車(병거) 전쟁 때 쓰는 수레. 전차.

兵車之會(병거지회) 병거를 거느리고 무력으로 제후를 회합시킴.

兵庫(병고) 병기를 두는 창고. 무기고.

兵戈(병과) ①전쟁에 쓰는 창. ②전쟁.

兵權(병권) 병마(兵馬)를 통솔하고 지휘하는 권력. 兵馬之權(병마지권).

兵貴神速(병귀신속) 군사를 지휘할 때에는 귀신같이 빠름을 귀히 여김. 군사 행동은 신속해야 함.

兵戟(병극) 무기. 병기(兵器).

兵器(병기) 전쟁에 쓰는 기구.

兵機(병기) 용병(用兵)의 기미(機微).

兵端(병단) 전쟁을 하게 된 단서. 전쟁의 실마리. 戰端(전단).

兵亂(병란) ①전쟁으로 말미암은 세상의 어지러움. 戰亂(전란). ②병사의 반란. 나라 안에서 일어난 난리. 兵變(병변).

兵力(병력) ①군대의 숫자. ②군대의 힘.

兵馬(병마) ①무기와 군마(軍馬). ②전쟁에 관한 모든 일.

兵馬倥傯(병마공총) 전쟁으로 매우 일이 많고 고단한 모양.

兵法(병법) 군사를 지휘하여 전쟁하는 방법.

兵符(병부) 군대를 출동할 때 쓰던 부절(符節). 發兵符(발병부).

兵士(병사) 군사(軍士).

兵事(병사) 군대·군비·전쟁 등과 같은 군에 관한 일.

兵書(병서) 병법에 대하여 쓴 책.

兵厄(병액) 전쟁으로 인하여 생기는 재앙.

兵役(병역) 국민의 군사적 의무.

兵營(병영) 군대가 집단으로 거처하는 집.

兵衛(병위) 경계를 위하여 배치하거나 순검(巡檢)하는 병사.

兵戎(병융) ①병사. ②병기. ③전란(戰亂).

兵刃(병인) 칼·창과 같이 날이 있는 병기.

兵仗(병장) 전쟁에 쓰는 기구. 兵器(병기).

兵籍(병적) 군인으로서의 기록.

兵丁(병정) 병역에 복무하는 장정.

兵漕船(병조선) 國평시에는 짐을 나르고, 전시(戰時)에는 전투에 쓰던 배.

兵站(병참) 군사 작전에 필요한 인원과 물자를 관리·보급·지원하는 일.

兵革(병혁) 무기와 갑주(甲胄). 군대 또는 전쟁의 비유.

兵火(병화) 전쟁으로 인하여 일어나는 화재. 戰火(전화). 兵燹(병선).

◨ 強兵강병, 擧兵거병, 軍兵군병, 起兵기병, 騎兵기병, 步兵보병, 伏兵복병, 士兵사병, 私兵사병, 義兵의병, 將兵장병, 徵兵징병, 出兵출병, 派兵파병, 砲兵포병, 海兵해병.

6 ⑧ 【具】 갖출 구 遇

고등 인명 5급 ㊥jù ㊐グ

필순 丨 冂 冃 月 目 且 具 具

소전 초서 자원 會意. 目+六→具. '目'은 '貝'의 '八'이 준 꼴로 옛날의 화폐(貨幣)이고, '六'은 두 손을 나타낸다. 두 손으로 화폐를 쥐고 있음을 나타내어 '갖추어 가지고 있다'는 뜻이 된다.

자해 ❶**갖추다, 구비하다.** 〔荀子〕具具而王구구이왕. ❷**온전하다.** 〔荀子〕性之具也성지구야. ❸**설비, 준비.** 〔淮南子〕各有其具각유기구. ❹**제구, 기물(器物).** 〔儀禮〕東北面告濯具동북면고탁구. ❺**함께, 다 같이.** 〔詩經〕兄弟具來형제구래.

具慶(구경) 양친이 다 살아 있음.

具文(구문) 형식만을 갖추었을 뿐 내용이 빈약한 글.

具備(구비) 빠짐없이 다 갖춤.

具色(구색) 國물건 따위를 골고루 갖춤.

具申(구신) 일의 현황을 윗사람에게 자세히 아룀. 具陳(구진).

具臣(구신) 아무 구실도 하지 못하고 자리만 차지하고 있는 신하.

具眼(구안) 사물의 선악(善惡)·가치를 잘 분별하는 안목과 식견이 있음.

具足(구족) 넉넉하게 갖추짐.

具體(구체) ①전체를 완전히 갖춤. ②형체를 갖춤.

具現(구현) 어떤 내용이 구체적인 사실로 나타나게 함.

◨ 家具가구, 工具공구, 道具도구, 漁具어구, 用具용구, 裝具장구, 寢具침구.

6 ⑧ 【其】 그 기 支

중학 인명 3Ⅱ급 ㊥qí, jì ㊐キ

필순 一 十 廾 廾 甘 苴 其 其

소전 초서 자원 象形. 甘+六→其. '甘'는 키, '六'는 키를 얹는 대를 본뜬 것으로 '키'가 원뜻이다. 뒤에 '그'라는 뜻으로 가차하여 쓰이면서 '키'의 뜻으로는 '箕' 자를 새로 만들어 쓰게 되었다.

자해 ❶**그.** 지시대명사. 〔孟子〕彼以其富피이기부, 我以吾仁아이오인. ❷**의.** 소유격 '之(지)'와 같은 뜻. 〔書經〕朕其弟小子封짐기제소자봉. ❸**그.** 감탄·강조를 나타내는 말. 〔春秋左氏傳〕天其以禮悔禍于許천기이례회화우허.

其勢兩難(기세양난) 그 형세가 이렇게 하기도 어렵고 저렇게 하기도 어려움.

其實(기실) 실제의 사정.

其亦(기역) 그것도 또. 그것 역시.

其然(기연) 그러함. 여차(如此).

其人(기인) ①그 사람. ②고려·조선 때 향리의 자제로 서울에 볼모로 있으면서 그 지방 행정의 고문(顧問)에 응하던 사람.

其人如玉(기인여옥) ①그 인격이 옥과 같이 맑고 아름다움. 유덕한 현인(賢人)의 비유. ②여자의 아름다운 얼굴.

其他(기타) 그 밖의 또 다른 것.

6 ⑧ 【典】 법 전 銑

중학 인명 5급 ㊥diǎn ㊐テン

필순 丨 冂 巾 由 曲 曲 典 典

소전 초서 동자 자원 會意. 冊+六→典. '冊'은 '책'이고, '六'은 '丌'으로 책을 얹는 책상. 고대에 오제(五帝)의 글은 소중한 것이었기에 책상 위에 올려놓고 이를 소중히 다루었던 데서 '책'을 뜻하였고, 다시 오제의 글은 언행의 규범이었기에 '법'이라는 뜻도 생겨나게 되었다.

자해 ❶**법.** 〔周禮〕掌建邦之六典장건방지륙전. ❷**책, 서적.** ¶ 典籍전적. ❸**가르침, 도(道).** 〔書經〕五典克從오전극종. ❹**맡다, 주관하다.** ¶ 典獄전옥.

典據(전거) 말이나 문장의 근거가 되는 문헌상의 출처.

典故(전고) 전례(典例)와 고실(故實). 전해오는 예(例). 慣例(관례).

典誥(전고) ①서경(書經)의 요전(堯典)·순전(舜典)과 탕고(湯誥)·강고(康誥) 등 전설상의 제왕의 언행을 담은 기록. ②고서(古書). ③조서(詔書).

典當(전당) 물품을 담보로 돈을 빌리거나 빌려주는 일.

典麗(전려) 바르고 고움. 문장·시부(詩賦) 등이 바르고 아름다움.

典禮(전례) 전법(典法)과 예의. 길례(吉禮)에 관한 의식.

典範(전범) 규칙. 법. 본보기.

典墳(전분) ①고대 오제(五帝)의 책인 오전(五典)과 삼황(三皇)의 책인 삼분(三墳). 三墳五典(삼분오전). ②고서(古書).
典常(전상) 항상 지켜야 할 도리.
典式(전식) 법식(法式). 규칙.
典雅(전아) ①바르고 우아함. 단정하고 품위가 있음. ②문장이나 말이 속되지 않음.
典獄(전옥) ①법을 집행하는 벼슬. 송옥(訟獄)의 일을 관장함. ②교도소의 우두머리. ③죄수를 가두던 곳. 감옥.
典律(전율) 법률. 규율.
典章(전장) ①법(法). 규칙. 典制(전제). ②제도와 문물.
典掌(전장) 일을 맡아서 주관함.
典籍(전적) ①소중한 고서(古書). ②서적. 圖書(도서).
典正(전정) 법칙에 맞고 바름.
典制(전제) ①일을 관장함. ②규칙. 법. 典章(전장).
典主(전주) 現물건을 잡아 놓고 돈을 꾸어 주는 사람.
典質(전지→전질) 전당 잡힘. 전당 잡음.
典憲(전헌) 법. 규칙.
典刑(전형) ①한 번 정해져 변하지 않는 법. 常刑(상형). ②예로부터 전해 내려오는 법. ③형벌을 관장함.
典型(전형) 같은 부류의 사물에서 본보기로 삼을 만한 사물.
典訓(전훈) 가르침. 인도(人道)의 가르침.
◧ 經典경전, 古典고전, 法典법전, 佛典불전, 辭典사전, 原典원전, 字典자전.

7 ⑨【典】 典(117)과 동자

8 ⑩【兼】 겸할 겸 鹽

고등 인명 3Ⅱ급 ㊥jiān ㊐ケン

필순 ノ 八 丷 乡 乡 乡 爭 爭 兼 兼

소전 초서 속자 兼 속자 兼 자원 會意. 禾+禾+又→兼. '又'는 '손'을 뜻한다. 손으로 벼〔禾〕 두 포기를 한 손에 쥐고 있는 데서, '아우르다, 겸하다'의 뜻을 나타낸다.

자해 ❶겸하다. 〔孟子〕 周公兼夷狄驅猛獸而百姓寧주공겸이적구맹수이백성녕. ❷아울러, 함께. 〔儀禮〕 兼執之겸집지. ❸쌓다, 겹치다, 포개다. 〔後漢書〕 重金兼紫중금겸자.

兼官(겸관) ①겸직(兼職). ②國한 고을 원의 자리가 비었을 때, 이웃 고을 원이 임시로 그 직임을 겸하던 일.
兼金(겸금) 값이 보통의 갑절이나 되는 좋은 황금.
兼奴上典(겸노상전) 國종을 둘 처지가 못 되어 종이 할 일까지 몸소 하는 가난한 양반.
兼務(겸무) 본디 맡고 있는 직무 외에 겸하여 맡아보는 직무.
兼備(겸비) 아울러 갖춤.
兼幷(겸병) ①한데 합쳐 하나로 함. ②한데 합쳐 소유함.
兼床(겸상) 國두 사람 이상이 함께 음식을 먹을 수 있도록 차린 상.
兼善(겸선) 자기만이 아니라 다른 사람까지 감화시켜 착하게 함.
兼愛(겸애) 가리지 않고 모든 사람을 평등하게 사랑함.
兼容(겸용) 도량이 넓음. 함께 포용함.
兼人(겸인) 혼자서 몇 사람을 당해 냄.
兼職(겸직) 자기의 본 직무 외에 다른 직무를 겸함. 兼攝(겸섭). 兼任(겸임).
兼聽(겸청) 널리 여러 사람의 설(說)을 들음. 널리 들어서 앎.
兼行(겸행) ①밤낮으로 쉬지 않고 걸음. ②여러 가지 일을 겸하여 행함.

10 ⑫【兼】 兼(118)의 속자

11 ⑬【兾】 冀(118)와 동자

14 ⑯【冀】 바랄 기 寘

인명 2급 ㊥jì ㊐キ

소전 초서 동자 兾 자해 ❶바라다. ¶ 冀望기망. ❷바라건대. ❸땅 이름, 기주(冀州). 구주(九州)의 하나. 〔書經〕 冀州既載壺口기주기재호구.

冀圖(기도) 바라는 바를 이루려고 도모함.
冀望(기망) 앞일에 대해 어떤 기대를 가지고 바람. 希望(희망).
冀北(기북) ①기주(冀州)의 북부. ②인재가 모이는 곳. 기주의 북쪽에서 좋은 말이 많이 난 데서 온 말.
冀幸(기행) 요행(僥倖)을 바람.

18 ⑳【顚】 顚(1383)과 동자

18 ⑳【顛】 顚(1383)의 속자

冂 部 멀경몸

0
②【冂】 멀 경 靑

㊥jiōng ㊐ケイ

소전 冂 자원 象形. 〡〡+一→冂. '〡〡'은 멀리 길이 잇닿아 있는 모양이고, '一'은 경계를 나눈 표지이다. 경계 밖의 먼 곳을 나타내어 '멀다'의 뜻이 되었다.

자해 **❶멀다, 먼 데. ❷비다. ❸한자 부수의 하나, 멀경몸.**

2
④【内】 內(109)의 속자

2
④【冄】 冉(119)과 동자

2
④【円】 圓(246)의 속자 인명

참고 인명용 음은 '엔'인데, 이는 일본의 화폐 단위인 '엔' 음을 따른 것이다.

3
⑤【冋】 坰(253)과 동자

3
⑤【冉】 나아갈 염 琰

㊥rǎn ㊐ゼン

소전 초서 동자 冄 자해 **❶나아가다. ❷부드럽다.**

冉冉(염염) ①길을 가는 모양. 나아가는 모양. ②부드럽고 약한 모양. ③세월이 흘러가는 모양.

3
⑤【冄】 再(119)의 속자

3
⑤【册】 책 책 陌

중학 인명 4급 ㊥cè ㊐サツ, サク

필순 丿 刀 刀 刖 册

소전 초서 동자 冊 동자 笧 자원 象形. 죽간(竹簡)을 나란히 하여 아래위를 가죽끈으로 엮어 놓은 것을 본뜬 글자. 종이가 없던 시절에 대쪽을 엮어서 만든 간책(簡册)을 그린 것이다.

자해 **❶책, 문서(文書).** 〔書經〕 有册有典유책유전. **❷책을 세는 말. ❸세우다, 봉하다.** 〔周書〕 又同日受册우동일수책.

册禮(책례) ①왕세자(王世子)를 책봉하던 의식. ②國책씻이.

册立(책립) 왕태자나 왕후를 조칙(詔勅)으로 봉함.

册命(책명) 책립·책봉의 명령.

册封(책봉) 왕세자·왕세손(王世孫)·후(后)·비(妃)·빈(嬪) 등을 봉작(封爵)함.

册書(책서) ①천자가 신하에게 명하는 글. ②책장에 쓰는 가늘고 깨끗한 글씨. 책글씨.

◨ 別册별책, 書册서책.

3
⑤【冊】 册(119)과 동자 인명

3
⑤【囘】 回(240)의 고자

4
⑥【冎】 발라낼 과 馬

㊥guǎ ㊐カ

소전 자해 **발라내다.** 뼈에 붙은 살을 발라내다.

4
⑥【再】 두 재 隊

중학 인명 5급 ㊥zài ㊐サイ, サ

필순 一 厂 冂 丙 再 再

소전 초서 속자 再 자원 會意. 一+冉→再. '一'은 어떤 일을 한 번 시행함을 뜻하고, '冉'은 '冓'의 '丗'을 줄인 꼴로 나무를 쌓은 모양이다. 일을 한 번 시행하고도 또다시 한다는 데서 '거듭, 두 번' 등의 뜻을 나타낸다.

자해 **❶둘. ❷재차, 거듭.** ¶ 再開재개. **❸두 번 하다, 거듭하다.** 〔禮記〕 過言不再과언부재.

再嫁(재가) 한 번 혼인한 여자가 다시 다른 남자에게 시집감. 再醮(재초).

再開(재개) 어떤 활동이나 회의 따위를 한동안 중단했다 다시 시작함.

再擧(재거) 두 번째로 일을 일으킴.

再考(재고) 한 번 정한 일을 다시 생각함.

再顧(재고) ①두 번 돌아봄. ②거듭 정성스레 찾음.

再起(재기) 다시 일어섬.

再來(재래) ①두 번째 다시 옴. ②다시 이 세상에 태어남. 再臨(재림).

再建(재건) 다시 일으켜 세움.

再論(재론) 다시 의논하거나 거론함.

再發(재발) ①병 따위가 다시 일어남. ②공문을 다시 보냄. ③두 번째로 활을 쏨.
再逢春(재봉춘) 國①음력으로 일 년에 입춘(立春)이 두 번 드는 일. ②불우한 처지에 놓였던 사람이 다시 행복을 찾음.
再三(재삼) 두세 번. 거듭.
再生(재생) 다시 살아남. 다시 살려냄.
再生之恩(재생지은) 죽게 된 목숨을 다시 살려 준 은혜.
再室(재실) ①다시 얻은 아내. ②헌 집을 헐어 내어 그 재목으로 지은 집.
再審(재심) 다시 심사함.
再演(재연) 한 번 하였던 행위나 일을 다시 되풀이함.
再昨年(재작년) 지난해의 바로 전 해.
再祚(재조) 물러난 임금이 다시 임금 자리에 오름. 重祚(중조).
再造之恩(재조지은) 멸망하게 된 것을 구원하여 도와준 은혜.
再從(재종) 6촌이 되는 관계.
再次(재차) 두세 번. 거듭.
再湯(재탕) ①한 번 달여 먹은 약재를 다시 달임. ②한 번 썼던 일이나 말을 다시 써먹음.
再行(재행) 혼인한 뒤에 신랑이 처음으로 처가에 감.
再現(재현) 다시 나타남. 다시 나타냄.
再婚(재혼) 두 번째 혼인함.
再會(재회) 다시 만남. 두 번째로 만남.
再興(재흥) 쇠하던 것이 다시 일어남.

5 ⑦ 【冏】 ˙빛날 경 庚

인명 ㊥jiǒng ㊐ケイ

소전 초서 동자 冏 자해 빛나다, 빛나는 모양. ≒炯.

冏冏(경경) 눈부시게 빛나는 모양. 밝은 모양.
冏然(경연) 밝은 모양. 환하고 똑똑한 모양.

6 ⑧ 【冐】 冒(120)의 속자

7 ⑨ 【冒】 무릅쓸 모 號

고등 인명 3급 ㊥mào ㊐ボウ

필순 丨 冂 冃 冃 冃 冐 冐 冒 冒

소전 초서 속자 冐 자원 會意. 冃+目→冒. '冃'은 머리에 쓰는 두건. 눈 위를 두건으로 가렸다는 데서 '가리다, 덮어쓰다'의 뜻이 되고, 또 눈이 가려져 앞을 보지 못하고 나아가 사물에 부딪힌다는 데서 '부딪다, 무릅쓰다'의 뜻을 나타낸다.

자해 ❶무릅쓰다. 〔漢書〕 冒白刃모백인. ❷덮다, 쓰다. 〔漢書〕 善惡相冒선악상모. ❸쓰개, 모자. 〔漢書〕 著黃冒저황모.

冒耕(모경) 國주인의 승낙 없이 남의 땅에 농사를 지음.
冒瀆(모독) 범하여 욕되게 함. 冒黷(모독).
冒突(모돌) 침범하여 돌격함.
冒頭(모두) 말이나 글의 첫머리.
冒昧(모매) 사리를 따지지 않고 무턱대고 함부로 행함.
冒名(모명) 이름을 거짓으로 꾸며 댐. 또는 그 이름. 僞名(위명).
冒死(모사) 죽음을 무릅씀. 생명을 걺.
冒涉(모섭) 풍파(風波)를 무릅쓰고 건넘.
冒進(모진) 앞뒤를 헤아리지 않고 전진함.
冒嫉(모질) 시기하고 미워함.
冒險(모험) 위험(危險)을 무릅씀.

7 ⑨ 【冑】 투구 주 宥

㊥zhòu ㊐チュウ

소전 초서 참고 胄(1030)는 딴 자.
자해 투구. ¶ 冑甲주갑.

冑甲(주갑) 투구와 갑옷. 甲冑(갑주).

8 ⑩ 【冓】 짤 구 宥

㊥gòu ㊐コウ

소전 자해 짜다, 재목을 어긋매껴 쌓다.

9 ⑪ 【冕】 면류관 면 銑

인명 2급 ㊥miǎn ㊐ベン

소전 초서 자해 면류관. 〔禮記〕 天子之冕천자지면.

冕旒冠(면류관) 천자나 대부(大夫)가 조의(朝儀)나 제례 때 정복에 갖추어 쓰던 관.
冕服(면복) ①제왕의 정복(正服)인 면류관과 곤룡포(袞龍袍). ②귀인이 예복으로 사용하던 관과 옷.

冖部 민갓머리

0 ② 【冖】 덮어 가릴 멱 錫

㊥mì ㊐ベキ

소전 冖 참고 부수의 명칭은 '宀(갓머리)' 와 구별하여 '민갓머리' 라고 한다.
자원 象形. 사방으로 천이 늘어뜨려져 있는, 덮어씌우는 물건의 모양을 본뜬 글자.
자해 **❶덮어 가리다. ❷한자 부수의 하나, 민갓머리.**

2 ④【冗】 宂(321)과 동자 인명

2 ④【冘】 1 머뭇거릴 유 尤 2 게으를 임 侵
㊥yóu, yín ㊐ユウ, イン
소전 초서 자해 1 **머뭇거리다.** ≒猶. 〔後漢書〕 計冘豫未決계유예미결. 2 **❶게으르다. ❷걸어가다.**
冘豫(유예) 망설임. 머뭇거림. 猶豫(유예).
冘冘(임임) 천천히 걷는 모양.

3 ⑤【写】 寫(341)의 속자

7 ⑨【冠】 1 갓 관 寒 2 관례 관 翰
고등 인명 3Ⅱ급 ㊥guān, guàn ㊐カン
필순 丶 冖 冖 冖 冖 冖 冠 冠 冠 冠
소전 초서 자원 會意. 冖+元+寸→冠. '元' 은 '머리', '冖' 은 '덮어 가리다' 의 뜻. 이에서 머리를 덮어 가리는 쓰개인 갓을 뜻하는데, 옛날에는 신분에 따라 쓰는 관이 달랐으므로 신분을 헤아려 쓰는 관이라는 데서 '헤아리다' 의 뜻을 나타내는 '寸' 을 덧붙였다.
자해 1 **❶갓, 관.** ¶ 冠冕관면. **❷볏.** ¶ 冠角관각. 2 **❶관례(冠禮).** 〔禮記〕 冠者禮之始也관자례지시야. **❷갓을 쓰다.** 〔孟子〕 許子冠乎허자관호. **❸으뜸, 우두머리.** 〔漢書〕 位冠群臣위관군신.
冠角(관각) 새의 볏과 짐승의 뿔.
冠蓋(관개) 갓과 수레의 덮개.
冠蓋相望(관개상망) 사자(使者)의 관과 수레 덮개가 길 위로 연이어 감. 사자가 잇달아 파견되는 모양. 冠蓋相屬(관개상속).
冠笄(관계) ①관례(冠禮)와 계례(笄禮). ②관에 꽂는 비녀.
冠帶(관대) ①관(冠)과 띠. ②관면(冠冕)을 쓰고 신대(紳帶)를 두르는 신분. 곧, 관리(官吏). ③예의가 두터운 풍속. ④國관디.
冠帶之國(관대지국) 예의가 바른 나라. 이적(夷狄)에 대하여 중국을 이르던 말.
冠禮(관례) 남자가 20세가 되어 관(冠)을 쓰는 예식. 곧, 성인이 되는 예식.
冠履倒易(관리도역) 갓과 신의 위치가 바뀜. 상하의 순서나 존비의 위치가 거꾸로 뒤바뀜. 冠履顚倒(관리전도).
冠網(관망) 國①갓과 망건. ②갓과 망건을 갖추어 씀.
冠冕(관면) ①관. ②제일. 수위(首位). ③관직. 지위.
冠纓(관영) 관(冠)의 끈. 갓끈.
冠玉(관옥) ①관의 앞쪽을 장식하는 옥. 面玉(면옥). ②남자의 아름다운 얼굴.
冠者(관자) 관례(冠禮)를 끝낸 성년 남자. 정년(丁年)에 달한 남자.
冠絶(관절) 가장 뛰어남. 卓絶(탁절).
冠族(관족) 훌륭한 집안. 대대로 높은 벼슬을 하는 집안. 名門(명문). 甲族(갑족).
冠婚喪祭(관혼상제) 관례·혼례·상례·제례의 사례(四禮).
◨ 鷄冠계관, 金冠금관, 戴冠대관, 弱冠약관, 王冠왕관.

8 ⑩【冦】 寇(333)의 속자

8 ⑩【冥】 어두울 명 庚
고등 인명 3급 ㊥míng ㊐メイ
필순 丶 冖 冖 冖 冖 冖 冖 冝 冥 冥
소전 초서 자원 會意. 冖+日+六→冥. '日+六' 은 16일의 뜻. 음력 16일이 되면 만월이 비로소 이지러지기 시작하는데, 여기에 덮어 가린다는 뜻인 '冖' 을 더하여 '어둡다' 는 뜻을 나타낸다.
자해 **❶어둡다, 캄캄하다, 사리에 밝지 못하다.** 〔史記〕 風雨晦冥풍우회명. **❷어둠, 밤.** 〔詩經〕 噦噦其冥홰홰기명. **❸깊숙하다, 아득하다. ❹저승.** ¶ 冥福명복.
冥鬼(명귀) 저승에 있다는 귀신.
冥器(명기) 죽은 사람의 명복을 빌기 위하여 제물을 담아 태우는 종이 그릇.
冥途(명도) 사람이 죽어서 간다는 영혼의 세계. 저승길. 黃泉(황천).
冥利(명리) 은연중에 받는 이익.
冥冥(명명) ①어두운 모양. ②아득하고 그윽한 모양.
冥福(명복) 죽은 뒤의 행복.
冥府(명부) 저승. 黃泉(황천).
冥想(명상) 눈을 감고 고요히 생각함.
冥頑(명완) 사리에 어둡고 완고함.
冥願(명원) 죽은 뒤에 복을 받고 싶은 소원.

冥應(명응) 신불(神佛)의 가호.
冥助(명조) 은근히 입은 신령의 도움.
冥行(명행) 어둠 속을 감. 사리를 깨닫지 못하고 무턱대고 행함.
冥鴻(명홍) 눈에 띄지 않게 날아가는 기러기. 속세를 떠나 고상한 뜻을 지닌 사람의 비유.
冥晦(명회) 캄캄함. 어둠. 晦冥(회명).

8 ⑩【冡】 덮어쓸 몽 東

㊥méng ㊐モウ

소전 초서 자해 ❶덮어쓰다, 뒤집어쓰다. ≒蒙. ❷어둡다. ≒蒙.

8 ⑩【冤】 원통할 원 元

1급 ㊥yuān ㊐エン

소전 초서 속자 寃 자해 ❶원통하다, 억울한 죄를 받다. 〔史記〕 嗟乎冤哉烹也차호원재팽야. ❷무실(無實)의 죄, 원한, 불평.

冤鬼(원귀) 원통하게 죽은 사람의 귀신.
冤淚(원루) 원통하여 흘리는 눈물.
冤憤(원분) 원죄(冤罪)로 생긴 분통.
冤傷(원상) ①무고한 죄를 받은 사람을 불쌍히 여겨 슬퍼함. ②억울하게 죄를 씌워서 사람을 해침.
冤訴(원소) 원통함을 하소연함.
冤囚(원수) 억울하게 갇힌 죄수(罪囚).
冤罪(원죄) 억울하게 뒤집어쓴 죄.
冤痛(원통) 분하고 억울함. 몹시 원망스러움.
冤魂(원혼) 분하고 억울하게 죽은 사람의 넋.
◨ 身冤신원, 伸冤신원.

8 ⑩【冢】 무덤 총 腫

㊥zhǒng ㊐チョウ

소전 초서 참고 冡(122)은 딴 자.
자해 ❶무덤, 봉분이 크고 높은 무덤. ❷크다. ❸맏, 정실(正室). ¶ 冢婦총부.

冢卿(총경) 육경(六卿) 가운데 국정을 주관하던 사람.
冢壙(총광) 시체를 묻는 구덩이.
冢君(총군) 군장(君長)·대군(大君)·제후(諸侯)에 대한 경칭(敬稱).
冢婦(총부) 적장자(嫡長子)의 처. 맏며느리.
冢祀(총사) 조상의 제사. 종묘(宗廟)나 가묘(家廟)의 제사.
冢子(총자) ①후계의 장남. 맏아들. ②태자(太子). 세자(世子).
冢宰(총재) ①재상. ②이조 판서의 딴 이름.
冢土(총토) 토지의 수호신.

9 ⑪【冨】 富(336)의 속자

10 ⑫【冪】 冪(122)과 동자

12 ⑭【寫】 寫(341)의 속자

14 ⑯【冪】 덮을 멱 錫

인명 ㊥mì ㊐ベキ

초서 동자 羃 동자 幂 자해 ❶덮다, 뒤집어쓰다. ¶ 冪冪멱멱. ❷막(幕). ❸멱, 누승(累乘).

冪冪(멱멱) ①구름 따위가 덮여 있는 모양. ②음산한 모양.
冪數(멱수) 거듭제곱이 되는 수. 세제곱·네제곱 따위. 累乘(누승).

冫部 이수변

0 ②【冫】 얼 빙 蒸

㊥bīng ㊐ヒョウ

본자 仌 참고 부수의 명칭은 '氵(삼수변)'과 구별해 '이수변'이라고 한다.
자원 象形. 얼음이 언 모양을 본뜬 글자.
자해 ❶얼다. ※氷(694)의 고자. ❷한자 부수의 하나, 이수변.

3 ⑤【冬】 겨울 동 冬

중학 인명 7급 ㊥dōng ㊐トウ

필순 ノ ク 夂 冬 冬

소전 초서 자원 會意. 소전의 자형은 夂+仌→冬. '夂'은 '終(끝 종)'의 고자(古字), '仌'은 '冫(얼 빙)'의 고자(古字). 계절의 끝이며 만물이 얼어붙는다는 데서 '겨울'을 뜻한다.
자해 ❶겨울. ❷겨울을 나다. 〔史記〕 土地苦寒토지고한, 漢馬不能冬한마불능동.

冬季(동계) 겨울철. 冬期(동기).
冬服(동복) 겨울철에 입는 옷. 겨울옷.
冬扇夏爐(동선하로) 겨울철의 부채와 여름철의

화로. 시기에 맞지 않아 쓸모없이 된 물건.
冬安居(동안거) (佛)승려들이 음력 시월 보름부터 이듬해 정월 보름까지 석 달 동안 일정한 곳에서 수도하는 일.
冬溫夏凊(동온하정) 겨울에는 따뜻하게, 여름에는 서늘하게 함. 부모를 정성껏 섬김.
冬藏(동장) 수확한 것을 겨울에 저장함.
冬至(동지) 24절기의 하나. 대설(大雪)과 소한(小寒)의 사이로, 12월 22일경.
冬至使(동지사) 조선 때 동짓달에 중국에 정례적으로 보내던 사신.
冬葱(동총) 움 속에서 자란 누른 파. 움파.
冬學(동학) 농촌에서 겨울의 한가한 때를 이용하여 여는 학교.
◨ 季冬계동, 孟冬맹동, 嚴冬엄동, 越冬월동.

4 ⑥【决】 決(699)의 속자

4 ⑥【冰】 氷(694)의 본자

4 ⑥〖冲〗 沖(703)의 속자 인명

4 ⑥【冱】 찰 호 遇
㊥hù ㊐コ
자해 ❶차다, 몹시 춥다. ❷얼다, 얼어붙다.
冱涸(호학) 얼어붙음.
冱寒(호한) 혹독한 추위. 酷寒(혹한).

5 ⑦【冷】 찰 랭 ㊍령 梗
중학 인명 5급 ㊥lěng ㊐レイ
필순 丶 冫 冫 冷 冷 冷 冷
소전 초서 자원 形聲. 冫+令→冷. '令(령)'이 음을 나타낸다.
자해 ❶차다, 춥다. 〔隋煬帝·詩〕露濃山氣冷로농산기냉. ❷깔보다. 〔白居易·詩〕冷笑時時一掉頭랭소시시일도두. ❸한산하다. 〔杜甫·詩〕廣文先生官獨冷광문선생관독랭. ❹쓸쓸하다. 〔白居易·行〕門前冷落車馬稀문전랭락거마희.
冷却(냉각) 식어서 차게 됨. 식혀 차게 함.
冷官(냉관) 지위가 낮고 한가한 관직.
冷氣(냉기) 차가운 기운.
冷暖自知(냉난자지) 물의 차가움과 따뜻함은 마시는 사람이 앎. 자기의 일은 자기 자신이 가장 잘 앎.
冷淡(냉담) 동정심이 없고 쌀쌀함.
冷待(냉대) 푸대접함. 푸대접.
冷埃(냉돌) 國차디찬 온돌.
冷凍(냉동) 인공적으로 얼게 함.
冷落(냉락) 영락(零落)하여 쓸쓸함.
冷冷(냉랭) ①맑고 시원한 모양. ②선뜩하고 차가운 모양.
冷房(냉방) 더위를 막기 위하여 실내 온도를 낮춤.
冷笑(냉소) 쌀쌀한 태도로 비웃음.
冷水(냉수) 찬물.
冷眼(냉안) 애정이 없는 차가운 눈초리.
冷嚴(냉엄) 냉정하고 엄함.
冷豔(냉염) 차갑고 고운 맵시. 눈〔雪〕·배꽃 따위 모양의 형용.
冷腸(냉장) 차가운 창자. ㉠애정이 없는 마음. ㉡불친절하고 박정한 사람.
冷藏(냉장) 식품이나 약품을 차게 저장함.
冷情(냉정) 태도가 정다운 맛이 없고 차가움.
冷靜(냉정) 감정에 좌우되지 않고 이성적이고 침착함.
冷徹(냉철) 사리의 판단이 냉정하고 투철함.
冷汗(냉한) 식은땀.
冷血漢(냉혈한) 인정이 없고 냉혹한 남자.
冷酷(냉혹) 인간다운 정이 없고 혹독함.
◨ 溫冷온랭, 寒冷한랭.

5 ⑦〖冶〗 불릴 야 馬
인명 1급 ㊥yě ㊐ヤ
소전 초서 참고 冶(711)는 딴 자.
자해 ❶불리다, 단련하다. ¶ 冶鍊야련. ❷꾸미다. 〔易經〕冶容誨淫야용회음.
冶金(야금) 광석에서 쇠붙이를 골라내거나 합금을 만드는 일.
冶郞(야랑) 방탕한 남자. 바람난 남자.
冶鍊(야련) 단련함.
冶容(야용) 예쁜 얼굴. 豔容(염용).
冶容誨淫(야용회음) 여자가 지나치게 용모를 단장하는 것은 스스로 음탕한 남자에게 음욕(淫欲)을 가르치는 것이 됨.
冶遊(야유) 주색으로 방탕하게 놂.
冶匠(야장) 대장장이. 冶工(야공).
冶鑄(야주) 주조(鑄造)함.
◨ 鍛冶단야, 陶冶도야.

5 ⑦【况】 況(714)의 속자

6 ⑧〖冽〗 찰 렬 屑
인명 ㊥liè ㊐レツ

소전 초서 자해 차다, 맵게 춥다. ≒冽. 〔詩經〕洌彼下泉렬피하천.
洌洌(열렬) ①추위가 혹독한 모양. ②차가운 바람이 사납게 부는 모양.
洌風(열풍) 차가운 바람. 寒風(한풍).

8
⑩【涸】 얼 고 遇

㊥gù ㊐コ
자해 얼다, 얼어붙다.

8
⑩【凍】冻 얼 동 送

고등 인명 3Ⅱ급 ㊥dòng ㊐トウ

필순 丶冫冫冫冫冫冫冲凍凍

소전 초서 자원 形聲. 冫+東→凍. '東'이 음을 나타낸다.
자해 ❶얼다, 얼어서 굳다. 〔孟子〕父母凍餓부모동아. ❷춥다, 차다. 〔楚辭〕清馨凍歆청형동음.
凍結(동결) ①얼어붙음. ②자산·자금 등의 사용이나 이동을 금지함.
凍梨(동리) ①언 배. ②언 배의 껍질처럼 얼굴에 반점이 생긴 노인. 90세의 노인.
凍氷寒雪(동빙한설) 얼어붙은 얼음과 차가운 눈. 심한 추위.
凍死(동사) 얼어 죽음.
凍傷(동상) 얼어서 살갗이 상함. 凍裂(동렬).
凍餓(동아) 몸이 얼고 배가 고픔.
凍雨(동우) 겨울에 내리는 찬 비. 진눈깨비.
凍雲(동운) 겨울철에 음산하게 느껴지는 구름.
凍足放尿(동족방뇨) 國언 발에 오줌 누기. 곧 효력이 없어지는 임시변통의 비유.
凍破(동파) 얼어서 터짐.
凍解氷釋(동해빙석) 얼음이 녹듯이 의문이나 장애가 사라짐.
◨ 冷凍냉동, 氷凍빙동, 解凍해동.

8
⑩【凉】 涼(727)의 속자 인명

8
⑩【凌】 능가할 릉 蒸

인명 1급 ㊥líng ㊐リョウ

소전 초서 자해 ❶능가하다, 훨씬 넘어서다. ¶ 凌雲之志능운지지. ❷깔보다. ≒陵. 〔呂氏春秋〕立千乘之義립천승지의, 而不可凌이불가릉. ❸범하다. ≒陵. 〔楚辭〕凌余陣兮躐余行릉여진혜렵여행. ❹얼음, 얼음을 넣어 두는 집. 〔漢書〕太官凌室火태관릉실화.

凌駕(능가) 남보다 훨씬 뛰어남.
凌兢(능긍) ①두려워하는 모양. ②추위로 몸이 벌벌 떨림.
凌厲(능려) 세찬 기세를 당해 내기 어려운 모양. 용감히 분기하는 모양.
凌蔑(능멸) 업신여기고 깔봄.
凌澌(능시) 얼음.
凌辱(능욕) ①업신여겨 욕보임. ②폭력으로 여자를 욕보임.
凌雲之志(능운지지) 속세(俗世)를 떠나 고상하게 별천지에서 살고자 하는 마음.
凌遲(능지) ①점차 쇠퇴함. ②사지(四肢)를 찢은 후 목을 베던 극형. 陵遲(능지).
凌逼(능핍) 침범하여 핍박함. 凌摩(능마).
凌虐(능학) 침범하여 학대함. 侵虐(침학).

8
⑩【凊】 서늘할 정 ㊍청 敬

㊥qìng ㊐セイ

소전 초서 속자 清 자해 ❶서늘하다, 선선하다. 〔禮記〕冬溫而夏凊동온이하정. ❷춥다, 차갑다.

8
⑩【凋】 시들 조 蕭

인명 1급 ㊥diāo ㊐チョウ

소전 초서 자해 ❶시들다, 초목이 마르다. ¶ 凋落조락. ❷쇠하다, 쇠하여 줄어지다. 〔史記〕今秦有敝甲凋兵금진유폐갑조병.
凋枯(조고) 시들어 말라 버림. 彫枯(조고).
凋落(조락) ①시들어 떨어짐. 凋零(조령). ②죽음. ③쇠퇴함.
凋零(조령) ①꽃이 시들어 떨어짐. ②노인이 죽음.
凋兵(조병) 피로하여 지친 병사.
凋傷(조상) 시듦. 매우 쇠약해짐.
凋殘(조잔) ①잎이 이운 채 떨어지지 않고 남아 있음. ②지쳐 쇠함. ③피폐해진 백성.
◨ 枯凋고조, 後凋후조.

8
⑩【准】 승인할 준 軫

인명 2급 ㊥zhǔn ㊐ジュン

초서 참고 淮(737)는 딴 자.
자해 ❶승인하다, 허락하다. ¶ 批准비준. ❷따르다, 의거하다. ❸준칙(準則), 표준. 〔梁書〕可謂後生准也가위후생준야.
准此(준차) 이에 의거함. 하급이나 동급 기관에 보내는 공문서에서 사용하던 용어.
◨ 批准비준, 認准인준.

8 ⑩【凄】 쓸쓸할 처 齊

인명 1급 ㊥qī ㊐セイ

초서 동자 淒 자해 ❶쓸쓸하다, 으스스하고 음산하다. 〔陶潛·詩〕秋日凄且厲추일처차려. ❷춥다, 차갑다.

凄涼(처량) ①날씨가 쓸쓸하고 스산함. ②신세가 초라하고 구슬픔.

凄然(처연) ①쓸쓸한 모양. ②서늘한 모양. 凄凄(처처).

凄雨(처우) 쓸쓸하게 내리는 비.

凄日(처일) 싸늘한 가을날.

凄切(처절) 몹시 처량함.

凄慘(처참) 몸서리 칠 정도로 슬프고 끔찍함.

9 ⑪【减】 減(737)의 속자

10 ⑫【溧】 찰 률 質

㊥lì ㊐リツ

소전 자해 ❶차다, 맵게 차다. ❷차가운 바람, 한풍(寒風).

溧冽(율렬) 추위가 호되게 매운 모양.

10 ⑫【凖】 準(748)의 속자

10 ⑫【滄】 찰 창 漾

㊥cāng ㊐ソウ

소전 초서 동자 滄 자해 차다, 춥다. 〔逸周書〕天地之間有滄熱천지지간유창열.

滄熱(창열) 추위와 더위. 寒熱(한열).

滄滄(창창) 냉랭한 모양.

12 ⑭【潔】 潔(757)의 속자

12 ⑭【凘】 성엣장 시 支

㊥sī ㊐シ

소전 초서 자해 성엣장, 유빙(流氷).

13 ⑮【凜】 찰 름 寢

인명 1급 ㊥lǐn ㊐リン

소전 초서 동자 癛 속자 凛 자해 ❶차다, 춥다. 〔潘岳·賦〕凜秋暑退름추서퇴. ❷늠름하다, 꿋꿋하고 의젓하다.

凜冽(늠렬) 추위가 살을 에듯 매서운 모양.

凜慄(늠률) ①추운 모양. ②두려워하는 모양.

凜凜(늠름) ①추위가 살을 에듯 스며듦. ②마음이 꿋꿋한 모양. 용모가 의젓한 모양.

凜秋(늠추) 쌀쌀한 가을철.

13 ⑮【凛】 凜(125)의 속자

13 ⑮【凞】 熙(125)의 속자 인명

14 ⑯【凝】 엉길 응 蒸

고등 인명 3급 ㊥níng ㊐ギョウ

필순 冫 冫' 冫ᅩ 冫ᄎ 冫矣 冫矣 冫疑 冫疑 凝 凝

소전 초서 자원 形聲. 冫+疑→凝. '疑(의)'가 음을 나타낸다.

자해 ❶엉기다. ¶ 凝固응고. ❷모이다. 〔中庸〕苟不至德구부지덕, 至道不凝焉지도불응언. ❸막히다. 〔漢書〕然而嘉氣尙凝陰陽不和연이가기상응음양불화. ❹춥다.

凝結(응결) 한데 엉겨 뭉침.

凝固(응고) 엉기고 굳어짐.

凝湛(응담) 괸 물이 맑음. 맑고 고요한 마음의 비유.

凝望(응망) 뚫어지게 바라봄.

凝水(응수) 괴어 있는 물. 止水(지수).

凝視(응시) 시선을 모아 눈여겨봄.

凝然(응연) 단정하고 듬직함.

凝意(응의) 마음을 집중함. 골몰함.

凝脂(응지) ①엉겨서 뭉쳐진 비계. ②희고 매끄러운 살결.

凝集(응집) 한군데에 엉겨서 뭉침.

凝滯(응체) ①일이 진척되지 않고 걸리고 막힘. ②굳어짐.

凝縮(응축) 한데 엉겨 굳어서 줄어듦.

凝寒(응한) 얼어붙은 음산한 기운.

凝血(응혈) 엉겨서 뭉쳐진 피.

14 ⑯【凞】 화할 희 支

인명 ㊥xī ㊐キ

속자 凞 자해 화하다, 누그러지다.

16 ⑱【凜】 凜(125)과 동자

冫 16획

几部 안석 궤

0
②【几】 안석 궤 紙

1급 ㊥jī, jǐ ㊐キ

소전 초서 자원 象形. 위는 평평하고 발이 붙어 있는 대(臺)의 모양을 본뜬 글자.

자해 ❶안석, 앉아서 몸을 기대는 기구. ❷책상 ≒机.

几几(궤궤) ①신〔靴〕의 장식 모양. ②편안하고 묵직한 모양. ③성(盛)한 모양. 대단한 모양.

几案(궤안) ①의자·사방침(四方枕)·안석 따위의 총칭. ②책상.

几杖(궤장) 안석(案席)과 지팡이.

1
③【凡】 무릇 범 咸

중학 인명 3Ⅱ급 ㊥fán ㊐ボン, ハン

필순 丿 几 凡

소전 초서 속자 凢 자원 會意. 二＋㇋→凡. '二'는 짝, 곧 하늘과 땅을 뜻하고, '㇋'은 '及'의 고자(古字). 합해서 땅에서부터 하늘에 미친다〔及〕는 데서 천지간의 만물을 포괄하는 뜻으로 '모두, 다'의 뜻을 나타낸다.

자해 ❶무릇. 〔詩經〕 凡今之人범금지인, 莫如兄弟막여형제. ❷모두. 〔書經〕 凡有辜罪범유고죄. ❸평상(平常), 일상. ❹보통의, 속(俗)된.

凡境(범경) 보통 장소. 영지(靈地) 등에 대하여 쓰는 말.

凡類(범류) 평범한 사람들.

凡物(범물) 천지간의 모든 물건.

凡百(범백) ①모든 사물. ②모든 사람.

凡夫(범부) 평범한 사나이.

凡常(범상) 중요하지 않고 예사로움.

凡聖(범성) 범인(凡人)과 성인(聖人).

凡小(범소) 평범하고 기량이 작은 인물.

凡俗(범속) 평범하고 속됨.

凡手(범수) 평범한 재주나 기술.

凡僧(범승) ①범용(凡庸)한 승려. ②수행이 모자라 법호(法號)를 받지 못한 승려.

凡眼(범안) 범상한 사람의 안목(眼目).

凡庸(범용) 평범함. 평범한 사람.

凡愚(범우) 평범하고 어리석음.

凡人(범인) 평범한 사람.

凡才(범재) 평범한 재주. 凡材(범재).

凡節(범절) 법도에 맞는 모든 질서나 절차.

凡鳥(범조) ①평범한 새. ②못난 사람. '鳳'을 파자(破字)하면 '凡鳥'가 되므로, 남을 욕할 때 '鳳'이라 부르기도 함.

◨ 大凡대범, 不凡불범, 非凡비범, 平凡평범.

1
③【凢】 凡(126)의 속자

2
④【凤】 鳳(1436)의 속자

3
⑤【処】 處(1106)와 동자

6
⑧【凭】 기댈 빙 蒸

㊥píng ㊐ヒョウ

소전 초서 동자 凴 자해 기대다, 의지하다.

凭欄(빙란) 난간에 기댐. 난간을 의지함.

9
⑪【凰】 봉황새 황 陽

인명 1급 ㊥huáng ㊐オウ

초서 자해 봉황새, 봉황새의 암컷. 수컷은 '鳳'이라고 한다.

10
⑫【凱】凯 즐길 개 賄

인명 1급 ㊥kǎi ㊐ガイ

초서 자해 ❶즐기다, 화락하다. 〔禮記〕 凱弟君子개제군자, 求福不回구복불회. ❷개가(凱歌), 승리의 함성. ❸화(和)하다, 누그러지다. ＝愷. 〔詩經〕 凱風自南개풍자남.

凱歌(개가) 개선할 때 부르는 노래. 승리를 축하하는 노래.

凱旋(개선) 싸움에서 이기고 돌아옴.

凱樂(❶개악 ❷개락) ❶개선할 때 연주하는 음악. ❷화락(和樂)함.

凱弟(개제) 화평하고 즐거움.

凱陣(개진) 싸움에 이기고 진영으로 돌아옴.

凱澤(개택) ①화락(和樂)함. ②평화(平和)의 은택(恩澤).

凱風(개풍) 따뜻한 바람. 南風(남풍).

12
⑭【凳】 걸상 등 徑

㊥dèng ㊐トウ

초서 동자 櫈 자해 걸상, 등상. 발판이나 의자로 쓰는 기구.

凳床(등상) 나무로 만든 기구의 한 가지. 발돋

움으로도 쓰고 걸터앉기도 함.

12 【凴】 ① 凭(126)과 동자
⑭ ② 憑(476)과 동자

凵 部 위튼입구몸

0 【凵】 입 벌릴 감 感
②

㊥qiǎn ㊐ケン

소전 凵 참고 부수의 명칭은 '위튼입구몸'으로, '匚(튼입구몸)'과 구별해서 써야 한다.

자원 象形. 땅이 우묵하게 패어 있는 모양을 본뜬 글자.

자해 **❶입을 벌리다. ❷위가 터진 그릇. ❸한자 부수의 하나. 위튼입구몸.**

2 【凶】 흉할 흉 冬 腫
④

중학 인명 5급 ㊥xiōng ㊐キョウ

필순 丿 乂 凶 凶

소전 초서 동자 㐫 자원 指事. 凵+乂→凶. '凵'은 땅이 꺼져 푹 들어간 모양, 곧 '함정'을 뜻하고, '乂'은 그 함정 가운데로 엇걸려 빠져 들어감을 나타낸다. 함정에 빠진다는 것은 아주 나쁜 결과를 불러온다는 데서, '흉하다, 운수가 사납다' 등의 뜻을 나타낸다.

자해 **❶흉하다, 운수가 나쁘다.** ≒兇. ¶ 吉凶길흉. **❷재앙, 재난.** ≒兇. **❸흉년, 기근(饑饉).** 〔孟子〕 河內凶하내흉, 則移其民於河東즉이기민어하동. **❹두려워하다.** ≒兇·恟. 〔國語〕 敵入而凶적입이흉. **❺부정하다, 사악(邪惡)하다.** ¶ 凶德흉덕.

凶家(흉가) 사는 사람마다 흉한 일을 당하는 불길한 집.
凶計(흉계) 흉악한 꾀.
凶器(흉기) 불길(不吉)한 도구. ㉠사람을 살상하는 데 쓰는 연장. 凶具(흉구). ㉡장례 때 쓰는 여러 가지 도구.
凶年(흉년) 농작물이 잘 되지 않은 해.
凶黨(흉당) 반역의 무리. 逆徒(역도).
凶德(흉덕) 부도덕한 행위. 惡德(악덕).
凶禮(흉례) 초상 때의 예식. 喪禮(상례).
凶物(흉물) ①성질이 음흉한 사람. ②모양이 흉하게 생긴 동물.
凶夢(흉몽) 불길한 꿈. 惡夢(악몽).
凶門(흉문) ①상가(喪家)의 북문(北門). ②장군이 출진(出陣)할 때 나가는 문. 북문으로 나가는 것은 필사(必死)의 뜻을 나타냄.
凶聞(흉문) 사망의 통지. 訃告(부고).
凶服(흉복) ①상중(喪中)에 입는 옷. 喪服(상복). ②불길한 복장. 곧, 갑옷.
凶邪(흉사) ①흉악하고 간사함. 또는 그런 사람. ②마음이 사특함. 또는 그런 사람.
凶事(흉사) ①불길한 일. ②사람이 죽는 일.
凶煞(흉살) ①나쁘고 사나운 기(氣). 邪氣(사기). ②國㉠불길한 운수. ㉡흉한 귀신.
凶手(흉수) 악인(惡人). 악인이 한 짓.
凶心(흉심) 옳지 않은 마음. 음흉한 마음.
凶穰(흉양) 곡물의 못됨과 잘됨. 흉년과 풍년.
凶作(흉작) 농작물의 수확이 평년작을 훨씬 밑도는 일.
凶測(흉측) 몹시 흉악함. 凶惡罔測(흉악망측).
凶慝(흉특) 성질이 흉악하고 간특함.
凶暴(흉포) 몹시 흉악하고 난폭함.
凶虐(흉학) 성질이 매우 모질고 사나움.
凶悍(흉한) 흉악하고 사나움.
凶漢(흉한) 흉악한 짓을 하는 사람.
凶害(흉해) 끔찍한 짓으로 남을 해침.
凶禍(흉화) 재앙(災殃). 재난.
◨ 吉凶길흉, 大凶대흉, 陰凶음흉.

3 【凷】 塊(263)와 동자
⑤

3 【凹】 오목할 요 洽 肴
⑤

인명 1급 ㊥āo ㊐オウ

초서 자해 **오목하다, 가운데가 오목하게 들어가다.**

凹處(요처) 오목한 곳.
凹凸(요철) 오목함과 볼록함.

3 【凸】 볼록할 철 月 屑
⑤

인명 1급 ㊥tū ㊐トツ

초서 자해 **볼록하다, 가운데가 볼록하게 튀어나오다.**

凸面(철면) 가운데가 볼록해진 면.
凸形(철형) 가운데가 도도록한 모양.

3 【出】 날 출 質
⑤

중학 인명 7급 ㊥chū ㊐シュツ

필순 丨 屮 屮 出 出

소전 초서 속자 出 자원 象形. 초목이 차츰 가지를 위로 뻗으며 자라나는 모양을 본떠서 '성장하다, 출생하다' 등의 뜻을 나타낸다.

자해 **❶나다, 나타나다, 태어나다.** 〔易經〕萬物出乎震만물출호진. **❷뛰어나다.** ¶ 出倫출륜. **❸나가다.** 〔論語〕弟子入則孝제자입즉효, 出則弟출즉제. **❹떠나다.** ¶ 出鄕출향. **❺지출(支出).** 〔禮記〕量入以爲出양입이위출.

出家(출가) ①집을 떠나감. ②(佛)속세의 생활을 버리고 불도(佛道)에 들어감.
出嫁(출가) 처녀가 시집을 감.
出嫁外人(출가외인) 國시집간 딸은 친정 사람이 아니므로 남이나 마찬가지임.
出脚(출각) 國은퇴했다가 다시 벼슬에 나아감.
出去(출거) 나감. 떠나감.
出格(출격) ①응제(應制)나 표장(表章)을 쓸 때, 경의(敬意)를 표시하기 위하여 다른 줄보다 한 자 올려서 쓰던 일. ②격식에서 벗어남. 別格(별격). 破格(파격).
出缺(출결) 출석과 결석.
出京(출경) ①시골로 가려고 서울을 떠남. ②시골에서 서울로 올라옴.
出系(출계) 양자(養子)로 들어가서 그 집의 대를 이음.
出庫(출고) 물품을 창고에서 꺼냄.
出口(출구) ①나가는 곳. ②입에서 나옴. 말이 입에서 나옴. ③멀리 귀양 보냄.
出國(출국) 국경 밖으로 나감.
出群(출군) 많은 사람 중에서 빼어남.
出勤(출근) 일터로 근무하러 나감.
出納(출납) ①금전·물품을 내어 주거나 받아들임. ②지출과 수입.
出動(출동) 활동을 위해 목적지로 떠남.
出頭(출두) ①두각(頭角)을 나타냄. 남보다 뛰어남. ②어떠한 장소에 몸소 나감.
出藍(출람) 쪽풀에서 뽑아낸 청색이 오히려 본디의 쪽풀보다 더 푸름. 제자가 스승보다 뛰어남. 靑出於藍(청출어람).
出廬(출려) 초려(草廬)를 나옴, 은거하던 사람이 다시 세상에 나와 활동함.
出令(출령) 명령을 내림.
出類拔萃(출류발췌) 그 무리 중에서 특별히 뛰어남.
出倫(출륜) 무리에서 뛰어남. 여러 사람 중에서 월등함. 出類(출류).
出馬(출마) ①말을 타고 나아감. ②싸움터로 나감. ③現선거에 후보자로 나섬.
出沒(출몰) 나타났다 사라졌다 함.
出門(출문) ①문을 나섬. ②집을 떠남.
出發(출발) ①일을 시작함. ②길을 떠남.
出帆(출범) ①배가 항구를 떠남. ②단체가 새로 조직되어 일을 시작함.
出奔(출분) 도망쳐 달아남. 외국으로 도망감.
出仕(출사) 관리가 됨. 관리가 되어 근무함.
出師(출사) 군대(軍隊)를 싸움터로 내보냄. 出兵(출병).
出産(출산) ①생겨남. 만들어짐. ②아이를 낳음. 解産(해산).
出喪(출상) 상가에서 상여가 떠남.
出塞(출새) 국경을 넘어서 나감.
出生(출생) ①자식이 태어남. ②산출(産出)함.
出席(출석) 수업이나 회합 따위에 나감.
出世(출세) ①사회적으로 높은 지위에 오르게 됨. ②숨어 살던 사람이 세상에 나옴.
出售(출수) 물건을 내어 팖.
出身(출신) ①출생 당시의 사회적 신분. ②사회적 신분이나 이력 관계.
出御(출어) ①다른 마을에서 아내를 구함. ②왕이 행차함.
出漁(출어) 고기잡이를 나감.
出捐(출연) 금품을 내어 도와줌.
出獄(출옥) 감옥에서 석방되어 나옴.
出尤(출우) 많은 사람 가운데서 훨씬 뛰어남.
出爾反爾(출이반이) 자기에게서 나온 것은 자신에게 돌아감.
出入(출입) 드나듦.
出資(출자) 자금을 내놓음.
出張(출장) 용무로 어떤 곳에 가거나 파견됨.
出將入相(출장입상) 나가서는 장수가 되고 들어와서는 재상(宰相)이 됨. 곧, 문무겸전(文武兼全)의 뛰어난 사람.
出典(출전) 출처가 되는 서적.
出征(출정) 싸움터로 나감.
出題(출제) 시험 문제를 냄.
出主(출주) 제사 때 사당에서 신주를 모셔 냄.
出走(출주) 달아남. 도주(逃走)함.
出衆(출중) 뭇사람 속에서 뛰어남.
出塵(출진) (佛)번뇌와 더러움이 가득 찬 속세를 버리고 불도(佛道)를 닦아 깨달음을 얻음.
出差(출차) 공무원이 공무로 출장함.
出妻(출처) ①이혼한 아내. ②아내를 내쫓음.
出處(출처) ①사물이나 말 따위가 생기거나 나온 근거. ②사람이 다니거나 가는 곳.
出處語默(출처어묵) 나아가 벼슬자리에 있음과 물러나 집에 있음. 말함과 침묵함.
出版(출판) 서적·회화 등을 인쇄하여 세상에 내놓음. 出刊(출간).
出必告(출필곡) 외출할 때마다 반드시 부모에게 가는 곳을 아룀.
出荷(출하) 짐을 실어냄.
出港(출항) 배가 항구를 떠남.

出鄕(출향) 고향을 떠남.
出現(출현) 나타남. 나타나서 보임.
◨ 醵出갹출, 傑出걸출, 突出돌출, 輩出배출, 排出배출, 噴出분출, 産出산출, 選出선출, 輸出수출, 演出연출, 外出외출, 支出지출, 進出진출, 逐出축출, 脫出탈출, 退出퇴출, 特出특출.

6
⑧【函】函 1함 함 感
2갑옷 함 覃

인명 1급 ㊥hán ㊐カン

소전 초서 속자 函 자해 1 ❶함. ㉮ 상자, 물건을 넣는 그릇. ㉯國함. 혼인 때 신랑 측에서 채단과 혼서지를 넣어서 신부 측에 보내는 나무 그릇. ❷편지. ¶ 函使함사. 2 ❶갑옷. 〔孟子〕函人惟恐傷人함인유공상인. ❷싸다. 〔漢書〕函蒙祉福함몽사복.
函籠(함롱) 옷을 담는, 큰 함처럼 생긴 농.
函使(함사) 편지 등의 글을 전하는 하인.
函人(함인) 갑옷과 투구를 만들던 사람.
函丈(함장) 스승과 자기의 자리 사이를 1장(丈) 정도 떼어 놓는 일. ㉠스승에게 올리는 서간(書簡)에서 성함 밑에 붙여 쓰는 말. ㉡스승. 仁丈(인장).

7
⑨【凾】函(129)의 속자

刀部 칼 도

0
②【刀】칼 도 豪

중학 인명 3Ⅱ급 ㊥dāo ㊐トウ

필순 フ 刀

소전 초서 참고 '刀'가 한자의 구성에서 방(旁)에 쓰일 때는 모양이 '刂'로 바뀌고, '선칼도'라고 부른다.
자원 象形. 날이 구부정하게 굽은 칼의 모양을 본뜬 글자.
자해 ❶칼. 물건을 베거나 썰거나 깎는 기구. 〔國語〕中刑用刀鋸중형용도거. ❷통화(通貨)의 이름. 〔墨子〕刀糴相爲賈도적상위고. ❸작은 배, 소주(小舟). 〔詩經〕曾不容刀증불용도.
刀車(도거) 전차(戰車)의 한 가지. 바퀴가 두 개이며, 앞면에 많은 창과 칼이 꽂혀 있음.
刀鋸(도거) ①칼과 톱. 옛날 형구(刑具)의 한 가지. 칼은 할형(割刑)에 쓰고, 톱은 월형(刖刑)에 썼음. ②형벌(刑罰).
刀劍(도검) 칼. 장검(長劍).
刀圭(도규) ①약을 뜨는 숟가락. ②의약(醫藥). 의술(醫術). ③국을 뜨는 국자.
刀圭術(도규술) 의술(醫術).
刀戟(도극) 칼과 창(槍).
刀鋩(도망) 칼날. 刃鋩(인망).
刀墨(도묵) 이마에 먹으로 문신(文身)하던 형벌. 黥刑(경형).
刀瘢(도반) 칼에 다친 자국.
刀兵(도병) 병기(兵器)와 군사(軍士).
刀山劍樹(도산검수) 칼산과 칼로 된 나무의 숲. ㉠매우 험하고 위험한 지경. ㉡혹독한 형벌.
刀刃(도인) ①칼날. ②날이 있는 연장의 총칭.
刀子(도자) 작은 칼. 손칼. 短刀(단도).
刀折矢盡(도절시진) 칼은 부러지고 화살은 다하여 없음. 격전 끝에 무기가 바닥남.
刀俎(도조) 식칼과 도마. ㉠요리하는 일. ㉡위험한 장소나 사물.
刀擦(도찰) 國잘못된 글자를 칼로 긁어 고침.
刀槍(도창) 칼과 창.
刀尺(도척) ①가위와 자. ②바느질. ③사람의 재능을 헤아려 진퇴(進退)·임면(任免)을 함.
刀泉(도천) 돈. 통화(通貨).
刀錐(도추) ①칼과 송곳. ②작은 이익.
刀把(도파) 칼자루. 도검(刀劍)의 자루.
刀筆(도필) ①㉠죽간(竹簡)에 문자를 기록하던 붓과, 틀린 글자를 깎아 내던 칼. ㉡붓. ②문서의 기록을 담당하던 낮은 관리.
刀環(도환) 칼자루 끝에 달아맨 옥(玉) 고리.
刀痕(도흔) 칼에 베인 흉터.
◨ 果刀과도, 短刀단도, 食刀식도, 粧刀장도.

0
②【刁】바라 조 蕭

㊥diāo ㊐チョウ

초서 자해 ❶바라, 동라(銅鑼)의 한 가지. 〔漢書〕不擊刁斗불격조두. ❷속이다, 간사하다. ¶ 刁蹬조등.
刁斗(조두) 군대에서 야경을 돌 때 쓰던 바라. 군중(軍中)에서 낮에는 밥을 짓는 데 쓰고, 밤에는 이것을 두들겨 경계하는 데에 썼음.
刁蹬(조등) 國간사한 꾀를 써서 물건의 시세를 오르게 함.
刁踊(조용) 國물건 값이 뛰어오름.

1
③【刃】칼날 인 震

인명 2급 ㊥rèn ㊐ジン

소전 초서 속자 刄 속자 刅 자해 ❶칼날. 〔中

庸〕白刃可蹈也백인가도야. ❷칼, 칼질하다. 〔史記〕我能自刃아능자인.
刃傷(인상) 칼날 따위에 다침. 刃創(인창).
◨ 刀刃도인, 兵刃병인, 尺刃척인, 寸刃촌인.

1 ③【刄】 刃(129)의 속자

2 ④【分】 1나눌 분 文 2분수 분 問

중학 인명 6급 ㊥fēn, fèn ㊐フン, ブン

필순 ノ 八 分 分

소전 초서 자원 會意. 八+刀→分. 본래 '八(팔)'이 나눈다는 뜻이었는데, 뒤에 '여덟'의 뜻으로 가차되자 '刀(칼 도)'를 더하여 칼로 물건을 나눈다는 의미로 썼다.

자해 1 ❶나누다. 〔史記〕分軍爲三분군위삼. ❷구별하다. 〔論語〕五穀不分오곡불분. ❸나누어 주다. ¶ 分配분배. ❹나누어지다. 〔列子〕晝夜各分주야각분. ❺다름, 구별. 〔荀子〕君子小人之分也군자소인지분야. ❻절기의 하나, 밤과 낮의 길이가 같을 때. ¶ 秋分추분. ❼단위. ※㉮·㉯의 뜻으로 쓸 때의 음은 관용적으로 '푼'이라고 읽는다. ㉮길이의 단위. 1척(尺)의 100분의 1. ㉯무게의 단위. 1냥(兩)의 100분의 1. ㉰각도·경위도의 단위. 1도(度)의 60분의 1. ㉱시간의 단위. 1시간의 60분의 1. 2 ❶분수(分數). 〔荀子〕分均則不偏분균즉불편. ❷나누어 맡은 것, 몫. 〔春秋左氏傳〕四國皆有分사국개유분.

分甘(분감) ①단맛을 나눔. 널리 자애를 베풂. ②즐거움을 같이함. 같이 즐김.
分遣(분견) 나누어 보냄. 갈라서 파견함.
分功(분공) ①공(功)이나 수확물을 나눔. ②힘을 나누어서 일을 이룩함.
分館(분관) 본관에서 나누어 따로 세운 건물.
分金(분금) ①돈을 나눔. ②예물을 공동으로 보낼 때 각자 부담할 돈. ③國무덤에 관(棺)을 묻을 때에 그 위치를 똑바로 정하는 일.
分岐(분기) 나뉘어 여러 갈래로 갈라짐.
分內(분내) 신분에 상응하는 일. 분수(分數)에 맞는 일.
分段(분단) ①사물을 여러 단계로 나눔. ②단락을 나눔.
分斷(분단) 동강이 나게 끊어 가름.
分擔(분담) 나누어서 맡음.
分離(분리) 따로 나뉘어 떨어짐.
分娩(분만) 아이를 낳음.
分明(분명) 흐릿하지 않고 또렷함.
分袂(분몌) 소매를 나눔. 곧, 이별함.
分門裂戶(분문열호) ①한 친척이나 한 무리가 서로 파가 갈라짐. ②부문이나 부류를 나눔.
分配(분배) ①몫몫이 나누어 줌. ②개개인이 생산물을 사회적 법칙에 따라 나누는 일.
分別(분별) 사물을 종류에 따라 나누어 가름.
分福(분복) 타고난 복.
分封(분봉) 천자가 토지를 나누어 제후를 봉함. 分茅(분모).
分付(분부) ①많은 사람에게 나누어서 시킴. ②아랫사람에게 명령을 내림. ③나누어 줌.
分賦(분부) ①조리 있게 말함. ②세금 등을 나누어서 부과함.
分崩(분붕) 떨어져 흩어짐. 이산(離散)함.
分泌(분비) 샘세포의 작용에 의하여 특수한 액즙을 만들어 배출함.
分司(분사) 일을 나누어 맡음.
分散(분산) 갈라져 흩어짐.
分析(분석) 복잡한 사물을 그 요소나 성질에 따라 가름.
分數(분수) 타고난 운수. 제 몸에 적당한 분한(分限).
分水嶺(분수령) ①분수계가 되는 산마루나 산맥. ②어떤 사물이나 사태의 전환점.
分身(분신) 몸을 나눔. ㉠한 몸이 여러 개로 나누어짐. ㉡아이를 낳음. 分娩(분만). ㉢(佛)부처가 중생을 제도하기 위하여 나타내는 여러 가지 모습.
分野(분야) 여러 갈래로 나눈 부분이나 범위.
分讓(분양) 많은 것이나 큰 덩어리를 갈라서 여럿에게 나누어 줌.
分裂(분열) 찢어져 갈라짐.
分憂(분우) 근심을 나눔. 같이 근심함.
分韻(분운) 운자(韻字)를 정하고 여러 사람이 나누어 집어서 그 잡은 운자로 즉석에서 한시(漢詩)를 짓는 일.
分陰(분음) 일분(一分)의 광음(光陰). 매우 짧은 시간. 寸陰(촌음).
分義(분의) 분수에 맞음. 분수를 지켜 의(義)를 행함.
分異(분이) 따로따로 함. 따로따로 됨.
分掌(분장) 일이나 사무를 한 부분씩 나누어 맡음.
分財(분재) ①재화(財貨)를 분배함. ②재산을 나누어 줌.
分寸(분촌) 한 푼과 한 치. 매우 적음의 비유.
分破(분파) 나누어서 쪼갬.
分判(분판) ①나눔. 나누임. ②판별함.
分布(분포) 여기저기 흩어져 널리 퍼져 있음.
分限(분한) ①상하 신분의 한계. ②자기의 직분(職分)을 지킴. ③구분.

分割(분할) 나누어 쪼갬.
分轄(분할) 나누어 지배함. 나누어 관할함.
分解(분해) ①따로따로 갈라짐. ②낱낱의 부분으로 가름.
分鞋破鏡(분혜파경) 신발을 나누고 거울을 깸. 부부가 헤어짐의 비유. 故事 부부가 이별할 때 신표(信標)로 삼기 위하여 어떤 사람은 신을 한짝씩 가지고 어떤 사람은 거울을 쪼개어 나누어 가졌다는 고사에서 온 말.
分曉(분효) ①새벽. 동틀 무렵. ②상쾌하고 환하게 밝음.
◨ 過分과분, 區分구분, 名分명분, 部分부분, 餘分여분, 情分정분, 職分직분, 處分처분, 秋分추분, 春分춘분.

2
④【刈】 벨 예 隊

인명 ㊥yì ㊐ガイ

소전 𠚧 초서 𭃑 속자 苅 자해 ❶베다, 풀이나 곡식 따위를 베다. ❷베어 죽이다.

刈刀(예도) 낫의 한 가지.
刈穫(예확) 농작물을 베어 들임. 거두어들임.

2
④【切】 1끊을 절 屑 2모두 체 霽

고등 인명 5급 ㊥qiē, qiè, qì ㊐セツ

필순 一 七 切 切

소전 𭃒 초서 𭃓 속자 切 참고 인명용 음은 '절·체'이다.

자원 會意. 匕+刀→切. '匕'에는 절단(切斷)한다는 뜻이 있는데, 여기에 '刀'를 더하여 칼로 절단한다는 뜻을 나타낸다.

자해 1❶**끊다, 자르다.** 〔詩經〕如切如磋여절여차. ❷**갈다, 문지르다.** 〔馬融·賦〕絞灼激以轉切교작격이전절. ❸**다그다, 접근하다.** 〔揚雄·賦〕入西園切神光입서원절신광. ❹**엄하다, 심하다.** 〔素問〕其候淸切기후청절. ❺**친절하다.** 〔論語〕朋友切切偲偲붕우절절시시. ❻**꾸짖다.** 〔後漢書〕切免公台절면공태. ❼**누르다, 진맥하다.** 〔素問〕切脈動靜절맥동정, 而視精明이시정명. ❽國**떨어지다, 없어지다.** ¶ 切品절품. 2**모두, 모든.** 〔史記〕請一切逐客청일체축객.

切開(절개) 몸의 일부를 째어서 엶.
切近(절근) 눈앞에 다그침. 절박함.
切己(절기) ①자기와 친밀한 관계가 있음. ②國자기에게 필요함. 또는 그 일.
切摩(절마) 붕우(朋友)가 서로 격려하여 배움의 길을 닦음.
切望(절망) 간절히 바람. 절실하게 바람.
切脈(절맥) 의사가 병자를 진맥함.
切問(절문) 자상하게 물음.
切迫(절박) 시간적으로 몹시 급박함.
切膚(절부) ①살갗을 벰. ②통절히 느낌.
切削(절삭) 자르거나 깎음.
切上(절상) 화폐의 대외 가치를 높임.
切實(절실) ①썩 절박하거나 긴요함. ②실제에 꼭 들어맞음.
切愛(절애) 깊이 사랑함. 매우 귀여워함.
切言(절언) 적절한 말. 통절(痛切)한 말.
切要(절요) 적절하고 중요함. 매우 중요함.
切切(절절) ①삼감. ②힘씀. ③엄하게 꾸짖음. 격려함. ④슬픈 모양. 마음에 세게 와 닿는 모양. ⑤생각이 간절한 모양.
切直(절직) ①바름. 나쁨을 바로잡음. ②정성스럽고 바름.
切磋琢磨(절차탁마) 칼로 다듬고 줄로 쓸며, 망치로 쪼고 사석(砂石)으로 갊. ㉠학문과 덕행을 힘써 닦음. ㉡벗끼리 서로 격려함.
切責(절책) 엄하게 책망함.
切齒腐心(절치부심) 분을 못 이겨 이를 갈고 속을 썩임. 몹시 노함.
切親(절친) 매우 친함.
切品(절품) 물건이 모두 팔리고 없음.
切逼(절핍) ①몹시 다급함. ②몹시 가난함.
◨ 懇切간절, 迫切박절, 一切일절, 適切적절, 親切친절.

2
④【刅】 해칠 창 陽

㊥chuāng ㊐ソウ

소전 𠛎 자해 **해치다, 상처를 입히다, 다치게 하다.** =創.

3
⑤【刊】 책 펴낼 간 寒

고등 인명 3Ⅱ급 ㊥kān ㊐カン

필순 一 二 千 刊 刊

소전 𠛏 초서 𭃔 자원 形聲. 干+刀→刊. '干(간)'이 음을 나타낸다.

자해 ❶**책을 펴내다, 출판하다.** ¶ 刊行간행. ❷**깎다, 새기다.** 〔禮記〕刊其柄與末간기병여말. ❸**고치다, 수정하다.** ❹**자르다.** 〔周禮〕令刊陽木而火之령간양목이화지.

刊刻(간각) ①글자를 새김. ②책을 세상에 냄. 刊行(간행).
刊校(간교) 교정(校正)함.
刊木(간목) 나무를 벰. 伐木(벌목).
刊剝(간박) 깎아 냄.
刊本(간본) 목판본과 활자본의 총칭.

刊削(간삭) ①판목(版木)을 깎아 냄. ②글을 없애거나 붓으로 지움.
刊定(간정) 문장이나 문자의 잘못을 고쳐 정본(定本)으로 삼음. 刊正(간정).
刊行(간행) 책 따위를 인쇄하여 발행함.
◨ 改刊개간, 近刊근간, 發刊발간, 續刊속간, 新刊신간, 週刊주간, 創刊창간, 廢刊폐간, 休刊휴간.

3 ⑤【刎】 㓜(390)의 속자

3 ⑤【切】 切(131)의 속자

3 ⑤【刋】 끊을 천 霰

㊥qiàn ㊐セン
초서 참고 刊(131)은 딴 자.
자해 끊다, 자르다.

4 ⑥【刔】 도려낼 결 屑

㊥jué ㊐ケツ
자해 도려내다, 후비다, 긁어내다. ＝抉.

4 ⑥【列】 벌일 렬 屑

중학 인명 4Ⅱ급 ㊥liè ㊐レツ
필순 一 ア 万 歹 歹 列
소전 초서 자원 形聲. 歹＋刀→列. '歹(알)'이 음을 나타낸다.
자해 ❶벌이다, 늘어놓다. 〔張衡·賦〕淸道案列청도안렬. ❷줄, 행렬. 〔荀子〕散則爲列산즉위렬. ❸차례, 등급, 반열. 〔春秋左氏傳〕入而未定列입이미정렬. ❹차례를 세우다.
列強(열강) 여러 강한 나라들.
列擧(열거) 여러 가지를 죽 들어서 말함.
列島(열도) 길게 늘어서 있는 여러 섬.
列列(열렬) ①줄지어 가는 모양. ②높은 모양.
列眉(열미) 좌우에 나란히 있는 눈썹. 명백(明白)함의 비유.
列敍(열서) ①늘어세움. 또는 늘어섬. ②차례로 서술함.
列宿(열수) 하늘에 떠 있는 무수한 별. 列星(열성).
列位(열위) ①차례. 서열(序列). ②벼슬에 오름. 관위(官位)에 듦. ③여러분. 제군(諸君).
列傳(열전) ①많은 사람의 전기(傳記)를 차례로 서술한 책. ②기전체(紀傳體) 역사 서적에서 임금을 제외한 사람들의 전기를 차례로 서술한 것.
列陳(열진) 군대 따위의 행렬. 隊伍(대오).
列次(열차) 벌여 놓은 차례.
列車(열차) 여러 대의 객차나 화물차를 연결한 차량.
列侯(열후) 여러 제후(諸侯).
◨ 隊列대열, 班列반열, 排列배열, 竝列병열, 陳列진열, 齒列치열, 行列행열, 序列서열, 順列순열.

4 ⑥【刘】 劉(146)의 속자

4 ⑥【刕】 가를 리·례 支 齊

㊥lí ㊐リ
자해 가르다, 쪼개다, 절단하다.

4 ⑥【刎】 목 벨 문 吻

인명 ㊥wěn ㊐フン
소전 초서 동자 자해 목을 베다. 스스로 자신의 목을 치다. 〔漢書〕聞鼓聲문고성, 自刎死자문사.
刎頸之交(문경지교) 목을 쳐도 후회하지 않을 만큼 친한 사귐. 생사를 같이할 만큼 매우 친한 사이, 또는 그런 벗.

4 ⑥【刓】 깎을 완 寒

㊥wán ㊐ガン
소전 초서 동자 자해 ❶깎다, 모난 데를 깎아 둥글게 하다. ¶ 刓削완삭. ❷닳다. 〔史記〕爲人刻印위인각인, 刓而不能授완이불능수.
刓缺(완결) 나무·돌 따위에 새긴 것이 닳아서 없어짐.
刓削(완삭) 네모진 나무를 깎아 둥글게 만듦.
刓琢(완탁) 깎고 갈아 다듬음.
刓敝(완폐) 닳아 해짐. 피폐(疲弊)해짐.

4 ⑥【刖】 벨 월 月

㊥yuè ㊐ゲツ
소전 초서 자해 ❶베다. ❷발꿈치를 자르다. 〔韓非子〕王以和爲誑왕이화위광, 而刖其左足이월기좌우.
刖脚(월각) 벌로서 발꿈치를 자름. 발꿈치를 자르는 형벌. 刖足(월족).
刖刑(월형) 발꿈치를 베는 형벌.

4
⑥【刑】 형벌 형 靑

중학 인명 4급 ㊥xíng ㊐ケイ

필순 一 二 于 开 刑 刑

소전 㓝 초서 刑 본자 刑 자원 會意·形聲. 开＋刀→刑. 본래 刱(형)으로 썼는데, '井(정)'이 '법(法)'이라는 뜻과 음을 나타낸다. 법을 집행하는 데에는 칼〔刂〕을 사용한다는 데서 '죄인을 벌하다'라는 뜻을 나타내었다.

자해 ❶**형벌**. 신체에 가하는 벌. 〔莊子〕 刑者無以與乎眉目顏色之好형자무이여호미목안색지호. ❷**형벌하다**. 〔禮記〕 服大刑而天下大服복대형이천하대복. ❸**죽이다**. 〔呂氏春秋〕 刑人之父子也형인지부자야. ❹**법**. 〔春秋左氏傳〕 許無刑而伐之허무형이벌지. ❺**다스리다, 바로잡다**. 〔詩經〕 刑于寡妻형우과처.

刑科(형과) 형벌의 조항.
刑敎(형교) 법률과 도덕. 형벌과 교육.
刑具(형구) 죄인의 처형이나 고문 등에 쓰이는 도구.
刑禁(형금) 형벌과 금령(禁令). 법률.
刑期無刑(형기무형) 형벌의 목적은 형벌이 없게 하는 것에 있음.
刑德(형덕) ①형벌과 덕화(德化). ②형벌과 은상(恩賞). ③오행의 생극(生剋). ④12지와 10간.
刑徒(형도) 죄수. 수인(囚人).
刑戮(형륙) 법에 따라 죄인을 벌함.
刑名(형명) ①형벌의 종류와 명칭. ②중국 옛 법의 총칙.
刑名學(형명학) 전국 시대에 상앙(商鞅)·한비(韓非) 등이 주장한, 법으로 나라를 다스려야 한다는 학설.
刑問(형문) ①國형장(刑杖)으로 죄인의 정강이를 때리던 형벌. ②고문하여 자백시킴. 刑訊(형신). 刑推(형추).
刑罰(형벌) 국가가 죄를 범한 사람에게 법률에 의해 주는 제재.
刑法(형법) 범죄와 형벌에 관한 법률 체계.
刑柄(형병) 사람을 단죄(斷罪)하는 권력.
刑事(형사) ①형법의 적용을 받는 사건. ②범죄 수사와 범인 체포를 맡은 경찰관.
刑殺(형살) 죄로 죽임. 사형함.
刑賞(형상) 형벌과 포상.
刑書(형서) ①형법의 조문. ②형부(刑部)의 벼슬아치.
刑餘(형여) 형(刑)을 받아 불구가 된 사람.
刑人(형인) ①형벌을 줌. 죽임. ②처형된 사람.
刑杖(형장) 죄인을 신문할 때 쓰던 몽둥이.
刑場(형장) 사형을 집행하는 곳.
刑政(형정) 정치와 형벌.
刑措(형조) 형법을 두고도 쓰지 않음. 천하가 잘 다스려져 죄인이 없음. 刑錯(형조).
刑曹(형조) 國육조(六曹)의 하나로, 법률·소송·형옥(刑獄)·노비 등에 관한 일을 맡아보던 관아.
刑罪(형죄) 형을 받아야 할 죄.
◻ 減刑감형, 宮刑궁형, 極刑극형, 死刑사형, 刖刑월형, 杖刑장형, 重刑중형, 處刑처형, 笞刑태형, 火刑화형.

5
⑦【刦】 겁탈할 겁 葉

㊥jié ㊐キョウ

초서 刦 동자 刧 동자 刼 동자 劫 자해 ❶**겁탈하다**. ¶ 刦掠겁략. ❷**으르다**. 〔荀子〕 刦之以師友겁지이사우.

刦掠(겁략) 위협하여 빼앗음. 掠奪(약탈).

5
⑦【刧】 刦(133)과 동자

5
⑦【利】 날카로울 리 寘

중학 인명 6급 ㊥lì ㊐リ

필순 一 二 千 禾 禾 利 利

소전 𥝤 초서 利 고자 𥝢 자원 會意. 禾＋刀→利. 벼〔禾〕를 베는 칼〔刂〕의 뜻. 벼를 베는 칼은 날카로워야 하기 때문에 '날카롭다'는 뜻을 나타낸다.

자해 ❶**날카롭다**. 〔春秋左氏傳〕 訓卒利兵훈졸리병. ❷**만물의 삶을 다하게 하는 덕**. 〔易經〕 元亨利貞원형리정. ❸**편리**. 〔國語〕 唯子所利유자소리. ❹**득, 이득**. 〔禮記〕 望大利망대리. ❺**이롭다**. 〔荀子〕 以治情則利이치정즉리. ❻**사리**(私利), **이익**. 〔莊子〕 小人以身殉利소인이신순리. ❼**요해**(要害). 〔孟子〕 天時不如地利천시불여지리. ❽**이자**. 〔史記〕 逐什一之利축십일지리.

利巧(이교) 간교함. 잔꾀가 많음.
利交(이교) 이익을 위한 교제.
利口(이구) 말을 교묘하게 잘함.
利權(이권) 이익을 얻게 되는 권리.
利金(이금) ①날카로운 날붙이. ②벌어들인 돈. 利益(이익). ③이자. 利息(이식).
利己(이기) 자기 자신의 이익만을 꾀함.
利器(이기) ①날카로운 날이 있는 연장. 예리한 무기. ②이용 가치가 있는 훌륭한 기구. 편리한 기계. ③비상한 재능. 재주가 비상하

刀 5획

여 쓸모 있는 인물.
利尿(이뇨) 오줌이 잘 나오게 함.
利達(이달) 지위가 높고 귀하게 됨. 출세함. 榮達(영달).
利鈍(이둔) ①날카로움과 무딤. ②두뇌의 명석함과 우둔함. ③운수의 좋음과 나쁨.
利得(이득) 이익을 얻는 일. 또는 그 이익.
利兵(이병) 날카로운 연장. 예리한 무기.
利病(이병) ①이익과 손해. 得失(득실). ②장점과 결점.
利息(이식) 돈을 빌려 쓴 대가로 치르는 일정한 비율의 돈. 利子(이자).
利殖(이식) 이자에 이자가 붙어 재물이 늘어감.
利眼(이안) ①날카로운 눈. ②해와 달. ③임금의 비유.
利用(이용) ①이롭게 씀. ②편리한 기계.
利用厚生(이용후생) 기물(器物)의 사용을 편리하게 하고, 재물을 풍부하게 하여 백성의 생활을 윤택하게 함.
利潤(이윤) 장사하여 남은 돈.
利率(이율) 원금에 대한 이자 비율.
利益(이익) 물질적으로나 정신적으로 보탬이 되는 것.
利敵(이적) 적(敵)을 이롭게 함.
利他(이타) 타인의 이익이나 행복을 도모함.
利害(이해) 이익과 손해.
◨ **權利**권리, **不利**불리, **私利**사리, **勝利**승리, **營利**영리, **銳利**예리, **有利**유리, **財利**재리.

刀 5획

5 ⑦【別】 나눌 별 屑

중학 인명 6급 ㊥bié ㊐ベツ

필순 丶 ㄇ 口 另 別 別

소전 ... 초서 ... 고자 ... 본자 ... 속자 別

자원 會意. 冎＋刀→剮→別. '冎'는 살을 발라내어 살과 뼈를 가른다는 뜻. 살을 발라낼 때에는 칼[刂]로써 하므로 '刀'를 더하여 '나누다'의 뜻을 나타낸다.

자해 **❶나누다, 가르다.** [漢書] 此天地所以界別區域차천지소이계별구역, 絕內外也절내외야. **❷헤어지다.** [楚辭] 余旣不難夫離別也여기불난부리별야. **❸차별, 구별.** [孟子] 夫婦有別부부유별. **❹다르다, 형체가 다르다.** [論語] 不敬何以別乎불경하이별호. **❺특히, 유별나게.**

別家(별가) ①딴 집. ②첩(妾).
別講(별강) 國임금이 하루에 두 차례씩 소대(召對)하던 일.
別個(별개) 관련성이 없이 서로 다름.
別開生面(별개생면) ①따로 새로운 분야를 개척함. ②기예(技藝)가 뛰어남.
別居(별거) 따로 떨어져 삶.
別乾坤(별건곤) 딴 세상. 좀처럼 볼 수 없는 아주 좋은 세상. 別天地(별천지).
別逕(별경) 딴 길. 지름길. 샛길.
別故(별고) 특별한 사고.
別軍(별군) 본군(本軍) 이외의 별개의 군대.
別館(별관) 본관(本館) 외에 따로 지은 건물.
別堂(별당) 본채의 곁이나 뒤에 따로 지은 집.
別途(별도) ①원래의 것에 덧붙여서 추가한 것. ②딴 방면.
別來(별래) 작별한 이래.
別淚(별루) 이별의 눈물.
別離(별리) 서로 갈려 헤어짐. 離別(이별).
別名(별명) 본이름 외의 딴 이름.
別味(별미) ①별다른 맛. ②맛이 별다른 음식.
別般(별반) 보통과 다름.
別白(별백) 명백함.
別報(별보) 별다른 보고. 덧붙인 보고.
別封(별봉) ①따로 나누어 봉(封)한 토지. 별읍(別邑). ②따로 봉한 편지.
別使(별사) 國특별한 사명을 띤 사신.
別辭(별사) 이별의 말. 헤어질 때의 인사.
別選(별선) ①특별히 가려 뽑음. ②國사정(射亭)의 임원을 뽑을 때, 그 사정에 알맞은 사람이 없으면 다른 사정의 인물을 골라서 정하던 일.
別世(별세) 윗사람이 세상을 떠남.
別歲(별세) 國음력 섣달 그믐날 밤에 등불을 집 안 구석구석에 밝히고 온 밤을 새우는 풍습. 守歲(수세).
別時(별시) ①서로 헤어질 때. ②다른 때.
別試(별시) 國나라에 경사가 있을 때나 병년(丙年)마다 실시하던 임시 과거 시험.
別食(별식) 國늘 먹는 음식과는 다른 색다른 음식. 別味(별미).
別業(별업) ①별장. 別墅(별서). ②별도의 직업. 다른 사업.
別宴(별연) 이별의 술자리. 송별의 연회(宴會). 別筵(별연).
別有天地(별유천지) 속계(俗界)를 떠난 딴 세계. 別天地(별천지).
別意(별의) ①헤어질 때의 슬퍼하는 마음. ②딴 마음. 他意(타의).
別子(별자) 첩이 낳은 아들.
別莊(별장) 경치 좋은 곳이나 피서지 같은 데에 따로 마련한 집.
別殿(별전) 본전(本殿) 이외에 따로 지은 궁전.
別酒(별주) ①이별의 술. 別杯(별배). ②國특별한 방법으로 빚은 술.
別冊(별책) 따로 엮은 책. 딴 책.

別添(별첨) 따로 덧붙임.
別趣(별취) 다른 정취(情趣). 특수한 정취.
別稱(별칭) 달리 일컫는 이름.
別恨(별한) 이별할 때의 애달픈 마음.
別行(별행) ①따로따로 감. ②특별한 행위. ③따로 잡은 글줄.
別後(별후) 떠난 뒤. 헤어진 뒤.
◨ 訣別결별, 告別고별, 區別구별, 分別분별, 死別사별, 惜別석별, 送別송별, 識別식별, 離別이별, 差別차별, 特別특별, 判別판별.

5 ⑦【别】 別(134)의 속자

5 ⑦【刪】 깎을 산 刪

인명 1급 ㊥shān ㊐サン

소전 초서 속자 删 동자 刪 자해 ❶깎다, 덜어 버리다, 삭제하다. 〔漢書〕刪其僞辭산기위사, 取正義취정의. ❷정하다, 판단하여 잡다. 〔後漢書〕作春秋左氏刪작춘추좌씨산.
刪改(산개) 깎아서 고침. 글귀를 지우고 고쳐 바로잡음. 刪革(산혁).
刪削(산삭) 쓸데없는 문자나 어구(語句)를 삭제함. 刪去(산거). 刪略(산략).
刪修(산수) 불필요한 자구(字句)를 삭제하고 잘 정리함. 刪定(산정).
刪述(산술) 산정(刪定)하여 서술함.
刪詩(산시) 공자(孔子)가 시경(詩經) 3천여 편을 간추려 305편으로 산정(刪訂)한 일.

5 ⑦【删】 刪(135)의 속자

5 ⑦【初】 처음 초 魚

중학 인명 5급 ㊥chū ㊐ショ

필순 丶 ナ 衤 衤 衤 衤刀 初

소전 초서 자원 會意. 衣+刀→初. 옷〔衤〕을 지으려면 우선 옷감을 칼〔刀〕로 마름질해야 한다는 뜻에서 '처음'의 뜻을 나타낸다.
자해 ❶처음. 〔史記〕不忘其初불망기초. ❷첫, 처음의. ¶ 初春초춘. ❸비로소. 〔史記〕年少初學년소초학. ❹이전(以前), 지난번, 옛날. 〔後漢書〕守志如初수지여초. ❺묵은 일, 옛일. 〔儀禮〕伯父帥乃初事백부수내초사.
初更(초경) 하룻밤을 오경(五更)으로 나눈 첫째의 경(更). 오후 8시 전후. 初夜(초야).
初耕(초경) 논밭을 애벌로 갊.
初吉(초길) 음력 매달 초하루.
初代(초대) 어떤 계통의 첫 번째.
初動(초동) 최초의 동작이나 행동.
初等(초등) 맨 처음의 등급.
初涼(초량) 초가을. 早涼(조량). 新涼(신량).
初老(초로) 노년기에 접어드는 초기.
初面(초면) 처음으로 대하는 얼굴이나 처지.
初盤(초반) 바둑·경기 등의 첫 판국이나 단계.
初發(초발) ①꽃이 처음 핌. ②처음으로 생김.
初配(초배) 國처음의 아내. 元配(원배).
初褙(초배) 國애벌로 하는 도배.
初燔(초번) 도자기의 애벌구이.
初步(초보) ①첫걸음. ②사물의 시초. 入門(입문). ③학문·기술의 가장 낮은 정도.
初俸(초봉) 첫 봉급.
初産(초산) 아이를 처음 낳음.
初喪(초상) 國사람이 죽어서 장사 지낼 때까지의 일.
初旬(초순) 한 달 가운데 초하루부터 초열흘까지의 사이. 上旬(상순).
初巡(초순) 활을 쏘는 데 첫 번째 순서.
初試(초시) 과거(科擧)의 맨 첫 시험. 복시(覆試)에 응할 사람을 뽑음.
初心(초심) ①처음에 먹은 마음. 初志(초지). ②순진한 마음. 가식(假飾)이 없는 마음.
初夜(초야) ①초경(初更). ②결혼 첫날밤. ③전날 밤중부터 이튿날 아침까지.
初陽(초양) 아침 해. 朝陽(조양).
初葉(초엽) 어떤 시대를 셋으로 나눌 때 그 초기.
初元(초원) ①임금이 등극(登極)하여 연호(年號)를 정한 첫해. ②나라를 세운 첫해. 元年(원년).
初月(초월) ①초승달. 新月(신월). 彎月(만월). ②정월(正月)의 딴 이름.
初有(초유) 처음으로 있음.
初衣(초의) 관직(官職)에 오르기 전에 입던 옷. 初服(초복).
初入(초입) ①처음 들어감. ②처음 들어가는 어귀.
初章(초장) ①음악·가곡의 첫째 장. ②시조(時調)의 첫째 장.
初志一貫(초지일관) 처음에 세운 뜻을 끝까지 밀고 나감.
初春(초춘) 봄의 초기. 초봄.
初出仕(초출사) 임관된 뒤에 처음 출사함.
初行(초행) 처음으로 감. 또는 그 길.
初獻(초헌) 제전(祭典)이나 빈객을 접대하는 예식에서 첫 번째 술을 바치는 일.
初弦(초현) 음력 매달 상순 7·8일경에 뜨는

달. 上弦(상현).
初婚(초혼) 처음으로 하는 결혼.
◨ 當初당초, 歲初세초, 始初시초, 年初연초, 週初주초, 最初최초, 太初태초.

5 ⑦【判】 판가름할 판

중학 인명 4급 ㊥pàn ㊐ハン, バン

필순 ` ` ` 丷 ⺷ 半 判 判

소전 초서 자원 形聲. 半＋刀→判. '半(반)'이 음을 나타낸다.

자해 **❶판가름하다.** ¶ 判決판결. **❷나누다, 구별하다.** 〔南齊書〕區判文體구판문체. **❸國임금이 재가(裁可)하다.** ¶ 判下판하. **❹國관직명 위에 붙여, 종이품의 품계를 나타내는 말.** 〔芝峰類說〕從二品則曰判牧使종이품즉왈판목사.

判決(판결) 시비(是非)나 선악(善惡)을 판단하여 결정함.
判斷(판단) 사물에 대한 자기의 생각을 마음속으로 정함.
判讀(판독) 어려운 문장이나 암호, 고문서 따위를 뜻을 헤아리며 읽음.
判明(판명) 사실을 판단하여 명백하게 밝힘.
判無識(판무식) 國아주 무식함.
判別(판별) 판단하여 분별함.
判事(판사) 대법원을 제외한 각급 법원의 법관(法官).
判書(판서) 조선 때 육조(六曹)의 으뜸 벼슬. 품계는 정이품.
判示(판시) 판결하여 보임.
判押(판압) 도장 대신 자기의 직함 아래에 붓으로 쓰던 일정한 자형(字形). 手決(수결).
判尹(판윤) 國한성부(漢城府)의 으뜸 벼슬.
判異(판이) 아주 다름.
判定(판정) 판별하여 결정함.
判下(판하) 상주한 안(案)을 임금이 허가하는 일. 判付(판부).
◨ 談判담판, 批判비판, 書判서판, 審判심판, 誤判오판, 印判인판, 裁判재판.

6 ⑧【刻】 새길 각

고등 인명 4급 ㊥kè ㊐コク

필순 ` 亠 亡 亥 亥 亥 亥 刻

소전 초서 동자 刻 자원 形聲. 亥＋刀→刻. '亥(해)'가 음을 나타낸다.

자해 **❶새기다.** ¶ 刻骨難忘각골난망. **❷새김, 새겨 놓은 솜씨.** 〔漢書〕已而按其刻이이안기각. **❸모질다, 몰인정하다.** ¶ 刻薄각박. **❹심하다, 엄하다.** ¶ 刻深각심. **❺때, 시각(時刻).** 〔漢書〕十有餘刻십유여각.

刻苦(각고) 고생을 이겨 내면서 무척 애씀.
刻骨難忘(각골난망) 남의 은혜에 대한 고마운 마음이 깊이 새겨져 잊히지 않음.
刻期(각기) 기한을 작정함. 刻限(각한).
刻廉(각렴) 엄격하고 청렴함.
刻漏(각루) 물시계. 漏刻(누각).
刻鏤(각루) 파서 새김. '刻'은 나무에 새기는 것, '鏤'는 쇠붙이에 새기는 것.
刻銘(각명) 금석(金石)에 명(銘)을 새김. 금석에 새긴 명(銘).
刻薄(각박) 혹독하고 인정이 없음. 잔인하고 박정함.
刻本(각본) 판(版)에 새겨 찍은 책. 인쇄하여 출판한 책. 刊本(간본). 版本(판본).
刻削(각삭) ①깎고 새김. ②사람에 대해 썩 가혹한 처분을 함.
刻石(각석) ①글자·무늬 따위를 돌에 새김. ②석상(石像)을 조각함.
刻深(각심) 엄하고 혹독함.
刻意(각의) 마음을 졸임. 마음을 괴롭힘.
刻印(각인) 도장을 새김.
刻日(각일) 날짜를 정함. 기한을 정함.
刻一刻(각일각) 시간이 지나감에 따라 더욱더.
刻舟求劍(각주구검) 뱃전에 표시를 새겨 칼을 찾으려 함. 어리석은 사람이 완고하여 구습만 지키고, 시세(時勢)의 변천을 알지 못함. 故事 초(楚)나라 사람이 배를 타고 가다가 칼을 물속에 빠뜨렸는데, 그 위치를 뱃전에 표해 놓고 후에 그 표한 곳을 따라 찾으려 했다는 고사에서 온 말.
刻責(각책) 혹심하게 꾸짖음.
刻燭(각촉) 초에 눈금을 새김. 시재(詩才)가 뛰어남의 비유. 故事 남제(南齊)의 경릉왕(竟陵王) 자량(子良)이 학사들을 모아 놓고 초에 눈금을 그어 놓고 눈금 1치〔寸〕가 타는 동안에 사운시(四韻詩) 한 수를 짓게 한 고사에 온 말.
◨ 頃刻경각, 鏤刻누각, 銘刻명각, 時刻시각, 深刻심각, 印刻인각, 篆刻전각, 彫刻조각.

6 ⑧【刻】 刻(136)과 동자

6 ⑧【刳】 가를 고

㊥kū ㊐コ

소전 초서 동자 자해 **❶가르다, 쪼개다. ❷파다,** 도

刀 5획

려내다. 〔易經〕 剡木爲舟고목위주.
剡木(고목) 나무를 파냄.
剡剔(고척) 잘라 쪼갬. 도려냄.

6 ⑧ 【刮】 깎을 괄 黠

인명 1급 ㊥guā ㊐カツ

소전 초서 자해 ❶깎다, 깎아 내다. ¶ 刮腸洗胃괄장세위. ❷비비다. ¶ 刮目相待괄목상대.
刮垢摩光(괄구마광) 때를 긁어 벗기고, 갈아서 빛을 냄. 사람의 부족한 점을 없애고, 착한 덕을 길러 인재를 만듦.
刮目相待(괄목상대) 눈을 비비고 상대를 봄. 남의 학식이나 재주가 눈에 띄게 향상된 것을 경탄하여 이르는 말. 刮目相對(괄목상대).
刮腸洗胃(괄장세위) 칼을 삼켜 창자를 도려내고 잿물을 마셔 위를 씻음. 마음을 고쳐 스스로 새사람이 됨.

6 ⑧ 【券】 문서 권 願

고등 인명 4급 ㊥quàn ㊐ケン

필순 丿 八 ㅛ 㓁 𠔉 类 券 券

소전 초서 속자 券 참고 劵(150)은 딴 자.
자원 形聲. 𠔉+刀→券. '𠔉(권)'이 음을 나타낸다.
자해 ❶문서, 증서. ❷어음쪽. 〔史記〕 公常執左券공상집좌권.
券契(권계) 어음.
券臺(권대) 묘 앞의 제대(祭臺).
券約(권약) 증서에 의한 계약. 약속.
◫ 文券문권, 證券증권, 債券채권.

6 ⑧ 【刲】 찌를 규 齊

㊥kuī ㊐ケイ

소전 초서 자해 ❶찌르다, 죽이다. 〔易經〕 士刲羊無血사규양무혈. ❷빼개다, 베어 가르다.

6 ⑧ 【到】 이를 도 號

중학 인명 5급 ㊥dào ㊐トウ

필순 一 ㄷ 㐅 즈 주 至 到 到

소전 초서 자원 會意·形聲. 본래 화살이 땅에 꽂힌 모양을 본떠 '~에 이르다'라는 뜻을 나타내는 '至(지)'와 '人'을 합하여 사람〔人〕이 어떤 곳에 도달하다〔至〕라는 뜻으로 썼다. 뒤에 '人'이 '刀(도)'로 바뀌고 음도 나타내게 되었다.
자해 ❶이르다. 〔詩經〕 靡國不到미국부도. ❷빈틈없이 찬찬하다. 〔晉書〕 所奏懇到소주간도.
到界(도계) 國감사(監司)가 임지에 이름.
到達(도달) 정한 곳에 이름.
到頭(도두) ①결국. 畢竟(필경). ②과연.
到來(도래) 그곳에 이름. 와 닿음.
到配(도배) 國귀양 가는 죄인이 배소(配所)에 이름.
到任(도임) 지방관이 임지(任地)에 도착함.
到底(도저) ①밑바닥에 닿음. ②마침내. 畢竟(필경). ③끝까지 철저히.
到着(도착) 목적지에 다다름.
到處(도처) 가는 곳마다.
◫ 一到일도, 精到정도, 筆到필도.

6 ⑧ 【刡】 別(134)의 본자

6 ⑧ 【删】 刪(135)과 동자

6 ⑧ 【刷】 쓸 쇄 本솰 黠

고등 인명 3Ⅱ급 ㊥shuā ㊐サツ

필순 ㄱ ㄱ 尸 尸 吊 吊 刷 刷

소전 초서 자원 形聲. 㕞+刀→刷. '㕞(설)'이 음을 나타낸다.
자해 ❶쓸다, 털다. 〔周禮〕 秋刷추쇄. ❷솔, 쇄모(刷毛). ❸박다. ¶ 印刷인쇄.
刷馬(쇄마) ①말을 깨끗이 손질함. ②지방에 배치하던 관용(官用)의 말.
刷新(쇄신) 묵은 것을 없애고 새롭게 함. 새로운 것으로 고침. 革新(혁신).
刷恥(쇄치) 치욕을 씻음. 雪恥(설치).
◫ 印刷인쇄.

6 ⑧ 【刵】 귀 벨 이 寘

㊥èr ㊐ジ

소전 초서 자해 귀를 베다. 고대 육형(肉刑)의 한 가지. 〔書經〕 非汝封劓刵人비여봉의이입.
刵刑(이형) 귀를 베는 형벌.

6 ⑧ 【刺】 1 찌를 자 寘 2 찌를 척 陌

고등 인명 3Ⅱ급 ㊥cì ㊐シ, セキ

刀 6획

필순 一 ㄷ 亓 市 朿 朿 剌 刺

소전 䒒 초서 刺 동자 刾 참고 ❶剌(139)은 딴 자. 다만, 수라(水剌)의 뜻으로 쓸 때는 혼용한다. ❷인명용 음은 '자·척' 이다.

자원 會意. 朿+刀→刺. 가시〔朿〕와 칼〔刂〕을 합하여 '찌르다' 의 뜻을 나타낸다.

자해 1❶**찌르다.** 〔春秋左氏傳〕 不卒戍刺之부졸수자지. ❷**가시.** 〔周禮〕 去一거일, 以爲刺圍이위자위. ❸**나무라다.** 〔詩經〕 天何以刺천하이자. ❹**명함.** ¶ 刺字자자. 2❶**찌르다.** ※우리나라에서는 '척' 으로만 읽지 않고 1과 자의(字義)를 혼동하여 관용적으로 '자' 로도 읽는다. ㉮**칼로 베다.** 〔孟子〕 是何異於刺人而殺之시하이어척인이살지, 曰非我也왈비아야, 兵也병야. ㉯**바느질하다.** ¶ 刺繡자수. ❷**배를 젓다.** 〔史記〕 乃刺舟而去내척주이거.

刀 6획

刺刻(자각) 찌르고 깎음. 가해(加害)함.
刺客(자객) 몰래 사람을 찔러 죽이는 사람.
刺擊(자격) 찌르고 침.
刺股(자고) 넓적다리를 찌름. 자신의 태만을 극복하여 열심히 학문에 힘씀. 故事 전국 시대 위(魏)나라 소진(蘇秦)이 독서할 때 졸음이 오면 송곳으로 자신의 넓적다리를 찔렀다는 고사에서 온 말. 刺股讀書(자고독서).
刺戟(자극) ①어떤 반응이나 작용이 일어나게 함. ②감각을 흥분시킴.
刺刀(자도) ①자객(刺客)이 품은 칼. ②찔러 죽이는 데 쓰는 칼.
刺殺(자살·척살) 찔러 죽임.
刺傷(자상) 칼 따위의 날카로운 것에 찔려서 입은 상처.
刺繡(자수) ①수를 놓음. ②수를 놓은 것.
刺字(자자) ①명함의 글씨. ②명함. 名刺(명자). ③죄인의 얼굴이나 팔뚝에 문신함.
刺促(자촉) 세상사에 쫓겨서 매우 바쁨.
刺痛(자통) 찌르는 듯한 아픔.
刺船(척선) 배를 저음. 刺舟(척주).

6 ⑧ 【制】 마를 제 霽

고등 인명 4Ⅱ급 ㊥zhì ㊐セイ

필순 ノ ㅅ ㅗ 午 台 肀 朱 制

소전 𠛐 초서 制 고자 𠝞 자원 會意. 𠂛+刀→制. '𠂛'는 '未'로, 뜻은 '味'와 같다. 과실이 잘 익어 맛〔𠂛〕이 든 것을 칼〔刂〕로 쪼갠다는 데서 '마르다' 의 뜻을 나타낸다.

자해 ❶**마르다, 자르다.** 〔淮南子〕 猶巧工之制木也유교공지제목야. ❷**만들다.** ≒製. 〔詩經〕 制彼裳衣제피상의. ❸**누르다, 억제하다.** 〔史記〕 吾聞先卽制人오문선즉제인. ❹**법도, 규정.** 〔禮記〕 必告之以其制필고지이기제. ❺**천자(天子)의 말.** ¶ 制詔제조.

制可(제가) 임금의 허가. 윤허(允許).
制誥(제고) 조칙(詔勅)의 글. 조칙.
制度(제도) ①정해진 법도. ②나라나 사회 구조의 체계.
制毒(제독) 미리 독을 막음.
制令(제령) ①법제(法制)에서 정해진 명령. ②제도와 법령.
制禮(제례) 예법을 제정함.
制服(제복) ①어느 단체나 기관에서 일정하게 제정한 복장. ②복장을 제정함. ③상례(喪禮)에 복(服)을 입는 규정.
制使(제사) 임금의 사자(使者). 칙사(勅使).
制勝(제승) ①승리함. ②國세자가 섭정할 때 군무(軍務)의 문서에 찍던 나무 도장.
制壓(제압) 남을 제어하여 억누름.
制約(제약) 조건을 붙여 내용을 제한함.
制御(제어) 억눌러서 억제함. 지배함. 좌우함.
制慾(제욕) 욕심을 억누름.
制裁(제재) 법·규율·관습 등을 위반하는 행위에 대하여 가하는 처벌.
制節(제절) ①알맞게 조절함. 적당한 정도를 지킴. ②비용을 절약함.
制定(제정) 제도를 정함.
制止(제지) 말려서 못하게 함.
制撰(제찬) 임금의 말씀이나 명령의 내용을 대신 지음.
制策(제책) 문제의 이름. 과거(科擧)에서 천자(天子)가 친히 내는 문제.
制覇(제패) ①패권을 잡음. ②운동·바둑 등의 경기에서 우승함.
制限(제한) ①정해 놓은 한도. ②일정한 한도를 넘지 못하게 억제함.
□■ 壓制압제, 抑制억제, 自制자제, 節制절제, 統制통제.

6 ⑧ 【刹】 절 찰 黠

인명 2급 ㊥chà ㊐セツ

소전 䊧 초서 刹 본자 剎 자해 ❶**절, 사원(寺院).** ¶ 名刹명찰. ❷**짧은 시간.** ¶ 刹那찰나. ❸**탑(塔).** 사리(舍利)를 묻은 무덤 위에 세우는 탑.

刹竿(찰간) (佛)큰 절 앞에 세우는 깃대와 비슷한 물건. 덕행이 높은 승려를 사람들에게 널리 알리기 위하여 세웠음.
刹那(찰나) (佛)매우 짧은 시간.

刹土(찰토) (佛)불국(佛國).
◨ 古刹고찰, 羅刹나찰, 大刹대찰, 名刹명찰, 佛刹불찰, 寺刹사찰.

6 ⑧【剏】 創(143)과 동자

6 ⑧【刑】 刑(133)의 본자

7 ⑨【剛】 剛(141)의 고자

7 ⑨【剄】刭 목 벨 경 迥
㊥jǐng ㊐ケイ
소전 자해 ❶목을 베다. 〔史記〕 皆自剄汜水上개자경사수상.
剄殺(경살) 목을 쳐서 죽임.

7 ⑨【剋】 이길 극 職
인명 1급 ㊥kè ㊐コク
초서 속자 尅 자해 ❶이기다. ≒克. ¶ 剋定극정. ❷깎다, 삭제하다. ❸심하다, 급하다. ¶ 剋核극핵.
剋己(극기) 자기의 욕심을 눌러 이김.
剋期(극기) 기한을 정함. 刻日(각일).
剋復(극복) 국란(國亂)을 평정하여 본디의 형편으로 돌림.
剋定(극정) 싸움에 이겨서 전란을 평정함.
剋核(극핵) 엄함.
◨ 忌剋기극, 相剋상극.

7 ⑨【剆】 칠 라 哿 歌
인명 ㊥luǒ ㊐ラ
자해 치다.

7 ⑨【剌】 1 어그러질 랄 曷 2 國수라 라
인명 1급 ㊥là ㊐ラツ
소전 초서 참고 ❶刺(137)는 딴 자. 다만, 수라의 뜻으로 쓸 때는 혼용한다. ❷인명용 음은 '랄' 이다.
자해 1 어그러지다, 서로 반대되다. 〔漢書〕 無乖剌之心무괴랄지심. 2 수라(水剌). 임금에게 올리는 밥의 존칭(尊稱).
剌剌(날랄) 바람 따위의 소리. 颯颯(삽삽).
剌謬(날류) 서로 반대됨. 상반됨.
◨ 潑剌발랄, 水剌수라.

7 ⑨【削】 깎을 삭 藥
고등 인명 3Ⅱ급 ㊥xiāo ㊐サク
필순 丨 丬 小 小 肖 肖 肖 削 削
소전 초서 자원 形聲. 肖＋刀→削. '肖(초)' 가 음을 나타낸다.
자해 ❶깎다. 〔孟子〕 再不朝則削其地재부조즉삭기지. ❷범하다, 해치다. 〔呂氏春秋〕 無或敢侵削衆庶兆民무혹감침삭중서조민. ❸약하다. 〔呂氏春秋〕 魏國從此削矣위국종차삭의.
削減(삭감) 깎고 줄임.
削去(삭거) 國깎아 내어 버림.
削磨(삭마) ①깎이고 갈림. 깎고 문지름. ②풍화나 침식 작용으로 암석이 마손(磨損)됨.
削抹(삭말) 깎아서 지워 버림.
削剝(삭박) ①닳아서 벗어짐. ②깎아서 벗김.
削髮(삭발) 머리를 박박 깎음. 剃髮(체발).
削壁(삭벽) 우뚝 솟은 벽. 절벽(絕壁).
削正(삭정) 문장(文章)이나 시가(詩歌)를 고침. 刪正(산정). 添削(첨삭).
削除(삭제) ①깎아서 없앰. ②지워 버림.
削地(삭지) ①땅을 깎아 줄임. ②땅을 나눔.
削黜(삭출) 영지(領地)를 깎고 관위(官位)를 떨어뜨림.
削奪(삭탈) 죄를 지은 사람의 벼슬과 품계를 빼앗음. 削奪官職(삭탈관직).
◨ 刊削간삭, 添削첨삭.

7 ⑨【剌】 刺(137)와 동자

7 ⑨【前】 앞 전 先
중학 인명 7급 ㊥qián ㊐ゼン
필순 丶 丷 䒑 产 前 前 前 前 前
소전 초서 고자 歬 자원 會意. 본래 발 아래에 쟁반이 있는 모양의 글자가 발전한 것으로 '발을 그릇에 넣고 씻는다' 는 뜻을 나타내었다. 뒤에 '앞서다, 나아가다' 의 뜻으로 가차되었다.
자해 ❶앞. ❷앞서다, 남보다 먼저. 〔周禮〕 前期十日전기십일. ❸나아가다. 〔史記〕 及出壁門급출벽문, 莫敢前막감전. ❹國~에게. 편지·공문·초대장 등에서 받는 사람이나 기관의 이름 밑에 쓴다.
前却(전각) 앞으로 나아가는 일과 뒤로 물러서는 일. 進退(진퇴).
前鑑(전감) 전인(前人)이 남긴 본받을 만한 일. 前監(전감).

前戒(전계) ①선인(先人)의 경계. ②경계로 삼을 만한 이전의 일.
前功可惜(전공가석) 전에 들인 공이 아까움. 애써 한 일이 보람 없이 됨.
前科(전과) 이전에 받은 형벌.
前官(전관) ①전에 관리로 있었던 사람. ②전에 지냈던 관직(官職).
前矩(전구) 선인(先人)이 남겨 놓은 모범.
前驅(전구) 말을 타고 행렬을 선도함. 말을 탄 행렬에서 맨 앞에 선 사람. 先驅(선구).
前期(전기) 먼저의 기간. 앞의 기간.
前代未聞(전대미문) 지금까지 들어 본 적이 없음. 未曾有(미증유).
前途(전도) ①가는 앞길. 前道(전도). ②미래(未來). 장래. 前程(전정).
前導(전도) 선도(先導)함.
前頭(전두) ①앞. ②이전(以前).
前良(전량) 전대의 현량(賢良)한 사람들.
前慮(전려) 일이 일어나기 전에 미리 생각함.
前歷(전력) 과거의 경력.
前例(전례) 이전의 사례(事例).
前勞(전로) 앞서 세운 공훈. 前功(전공).
前馬(전마) 행렬의 맨 앞에 가는 사람.
前無後無(전무후무) 그 전에도 없었고, 앞으로도 없음. 空前絶後(공전절후).
前半(전반) 둘로 나누었을 때 앞부분이 되는 절반.
前方(전방) 앞쪽.
前配(전배) 죽은 전처(前妻).
前陪(전배) 國벼슬아치가 길을 갈 때 그 앞에서 길잡이하던 하인.
前輩(전배) ①학문·덕행·경험·연령 등이 자기보다 앞서거나 높은 사람. ②학교나 일터에 먼저 이르러 거친 사람. 先輩(선배).
前番(전번) 지난번.
前鋒(전봉) 싸움에서 맨 앞장을 섬. 군대의 앞장. 先鋒(선봉).
前非(전비) 이전의 잘못. 앞서 저지른 과오.
前史(전사) ①전대(前代)의 역사. ②역사 이전. 先史(선사).
前生(전생) 이 세상에 태어나기 전의 세상.
前席(전석) 앞쪽에 있는 자리.
前宵(전소) 지난밤. 전날 밤. 前夕(전석).
前修(전수) 전대의 덕을 닦은 현인(賢人). 옛날의 현인이나 군자. 前賢(전현).
前身(전신) 바뀌기 이전의 본체.
前室(전실) 남의 전처(前妻)를 높여 이르는 말.
前惡(전악) ①이전에 지은 죄. 舊惡(구악). ②(佛)전생의 죄업.
前夜(전야) 전날 밤.
前言(전언) ①이전에 한 말. ②옛사람이 남긴 말. 前語(전어).
前烈(전열) ①전대(前代)의 위인. ②전대 사람이 세운 공훈. 餘烈(여열). 遺勳(유훈).
前往(전왕) 이전(以前). 과거(過去).
前衛(전위) ①앞에서 먼저 나가는 호위. ②본대(本隊)의 전방을 경위하는 부대.
前誼(전의) 전부터 사귀어 온 우의(友誼).
前人未發(전인미발) 이전 사람이 아직 밝히지 않았거나 발명하지 않은 일.
前定(전정) ①미리 정함. ②전생의 인연.
前程(전정) 앞길. 앞으로 가야 할 길.
前提(전제) 무슨 일이 이루어지기 위하여 선행되는 조건.
前兆(전조) 미리 나타나는 조짐.
前蹤(전종) 옛사람의 행적(行蹟).
前奏(전주) ①반주의 첫머리. ②오페라 따위의 막을 열기 전에 하는 연주.
前志(전지) ①옛 기록. ②품어 온 뜻.
前知(전지) 앞질러 미리 앎. 豫知(예지).
前職(전직) 이전에 가졌던 직업.
前進(전진) 앞으로 나아감.
前遮後擁(전차후옹) 여러 사람이 앞뒤에서 받들어 모시고 감.
前站(전참) 다음에 머무를 곳. 앞참.
前轍(전철) 앞에 지나간 수레바퀴의 자국. 앞사람의 실패나 잘못의 비유. 前軌(전궤).
前瞻後顧(전첨후고) 일에 부닥쳐 결단하지 못하고 앞뒤를 재며 어물거림.
前哨(전초) 전방에 세운 초소나 초병(哨兵).
前弊(전폐) 전부터 내려오는 폐단.
前蹕(전필) 임금이 거둥할 때 벽제(辟除)하던 일. 또는 그 사람.
前銜(전함) ①문서의 첫머리에 쓰는 관직(官職)과 성명. ②이전의 벼슬.
前行(전행) ①앞으로 감. 전진함. ②본대(本隊)의 전방에 있는 군열(軍列). 前鋒(전봉). ③앞서의 행동. 평소의 행위.
前悔(전회) 이전의 잘못에 대한 뉘우침.
前後(전후) ①앞과 뒤. ②먼저와 나중.
前後相悖(전후상패) 앞뒤가 서로 맞지 않음.
前勳(전훈) 이전에 세운 공훈. 前功(전공).
前徽(전휘) 전대의 칭찬할 만한 아름다운 일.
◨ 面前면전, 目前목전, 門前문전, 事前사전, 產前산전, 生前생전, 御前어전, 靈前영전.

7 ⑨【剬】 制(138)의 고자

7 ⑨【剉】 꺾을 좌 圖

㊥cuò ㊐ザ

刀 7획

소전 [篆] 초서 [草] 자해 ❶꺾다. ≒挫. ¶ 剉折좌절. ❷쪼개다. ¶ 剉絲좌사.
剉絲(좌사) 잘려 동강이 난 실.
剉折(좌절) 의지·기세 등이 꺾임. 挫折(좌절).

7 ⑨【則】则 ①곧 즉 本즉 職 ②법 칙 本측 職
중학 인명 5급 ㊥zé ㊐ソク
필순 丨 冂 冃 月 目 貝 貝 貝 則
소전 [篆] 주문 [籀] 초서 [草] 참고 인명용 음은 '칙'이다.
자원 會意. 貝+刀→則. '貝'는 옛날의 화폐, '刂(←刀)'는 나눈다는 뜻. 곧 물화(物貨)의 차등(差等)을 정하여 나눈다는 뜻이 사람이 좇아야 할 법칙이란 뜻으로 바뀌었다.
자해 ①곧, 어조사. ㉮~하면. 〔論語〕 弟子入則孝제자입즉효, 出則弟출즉제. ㉯만일 ~이라면. 〔論語〕 過則勿憚改과즉물탄개. ㉰은, ~에 이르러서는. 〔論語〕 仁則吾不知也인즉오부지야. ② ❶법. ㉮자연의 이법, 천리(天理). 〔詩經〕 有物有則유물유칙. ㉯규칙, 법률. 〔史記〕 小人不能則也소인불능칙야. ❷본받다. 〔詩經〕 君子是則是傚군자시칙시효.
則度(칙도) 법(法). 표준. 法度(법도).
則效(칙효) 모범을 삼아 배움. 본받음.
◨ 校則교칙, 規則규칙, 罰則벌칙, 法則법칙, 原則원칙, 準則준칙, 學則학칙, 會則회칙.

7 ⑨【剎】 刹(138)의 본자

7 ⑨【剃】 머리 깎을 체 霽
인명 ㊥tì ㊐テイ
초서 [草] 동자 鬀 자해 머리를 깎다, 머리를 밀다.
剃刀(체도) 면도칼.
剃度(체도) (佛)머리털을 깎고 승려가 됨.

8 ⑩【剛】刚 굳셀 강 陽
고등 인명 3Ⅱ급 ㊥gāng ㊐ゴウ
필순 丨 冂 冂 冂 冈 冈 冈 岡 岡 剛
소전 [篆] 초서 [草] 고자 㓻 고자 信 속자 罰
자원 會意·形聲. 본래 '网(망)'과 '刀'를 합하여 '칼〔刀〕로 그물을 자르다'라는 의미를 나타내고, '网'은 음도 나타내었다. 뒤에 그물을 자르려면 칼날이 강해야 하므로 '굳세다'라는 뜻이 나왔다.
자해 ❶굳세다, 튼튼하다. 〔國語〕 旅力方剛려력방강. ❷굳다, 단단하다. ¶ 剛性강성. ❸성하다. 〔論語〕 血氣方剛혈기방강.
剛健(강건) 기력이 좋고 건강함.
剛蹇(강건) 강직하여 굴복하지 않음.
剛謇(강건) 강직하여 거리낌 없이 바른말을 함.
剛耿(강경) ①강하고 명확함. ②웅대함.
剛果(강과) 마음이 강하여 결단력이 있음.
剛氣(강기) 굳세고 용감한 기상.
剛斷(강단) ①강기 있게 결단하는 힘. ②어려움을 꿋꿋이 견디는 힘.
剛烈(강렬) 성질이 강하고 격렬함.
剛木水生(강목수생) 國마른 나무에서 물을 짜냄. 아무것도 없는 사람에게 무엇을 무리하게 요구함. 乾木水生(간목수생).
剛性(강성) ①물질의 단단한 성질. ②압력을 가하여도 형체를 바꾸지 않는 성질.
剛柔(강유) ①단단함과 부드러움. ②양(陽)과 음(陰). ③남자와 여자. ④낮과 밤.
剛柔兼全(강유겸전) 강하고 부드러움을 아울러 갖춤.
剛毅(강의) 강직하여 굴하지 않음.
剛腸(강장) 큰 배짱. 굳센 기질. 굴하지 않는 마음. 剛膽(강담).
剛正(강정) 강직하고 바름. 剛方(강방).
剛直(강직) 마음이 굳세고 곧음.
剛愎(강퍅) ①고집이 세어서 다른 사람의 설(說)을 받아들이지 않음. ②완고하여 사람을 따르지 않음. 剛戾(강려).

8 ⑩【剣】 劍(145)의 속자

8 ⑩【剠】 黥(1456)과 동자

8 ⑩【剞】 새김칼 기 支
㊥jī ㊐キ
소전 [篆] 초서 [草] 자해 ❶새김칼, 조각칼. ¶ 剞劂기궐. ❷노략질하다.
剞劂(기궐) ①조각칼. 새김칼. 剟劂(철궐). ②새김. 팜. 彫刻(조각).

8 ⑩【剝】 벗길 박 覺
인명 1급 ㊥bō, pū ㊐ハク
소전 [篆] 초서 [草] 고자 㓠 동자 𠞊 자해 벗기다. 〔詩經〕 或剝或亨혹박혹팽.

剝離(박리) 벗겨 냄.
剝民(박민) 과중한 세금과 부역 따위로 백성을 괴롭게 함.
剝削(박삭) ①벗겨서 깎음. ②조세(租稅)를 대납(代納)하는 사람이 중간에서 횡령하여 얼마를 깎아 먹던 일.
剝製(박제) 동물의 살과 내장을 발라내고 그 안에 솜이나 심을 넣어 살았을 때의 모양과 같이 만든 것.
剝職(박직) 관직을 박탈함.
剝啄(박탁) ①문을 똑똑 두드리는 소리. ②방문자의 발소리. ③바둑을 두는 소리.
剝奪(박탈) 강제로 빼앗음. 벗겨 빼앗음.
剝皮(박피) 껍질을 벗김.
剝割(박할) 쪼갬. 가름. 割剝(할박).

刀 8획

8 ⑩【剖】 쪼갤 부 有

인명 1급 ㊥pōu ㊐ボウ

소전 초서 고자 剨 자해 ❶쪼개다. ¶ 剖棺斬屍부관참시. ❷가르다. ❸다스리다. 〔楚辭〕 得良公而剖之득량공이부지.

剖檢(부검) 시체를 해부(解剖)하여 죽은 원인을 검사함.
剖決(부결) 판결함. 剖斷(부단).
剖棺斬屍(부관참시) 무덤을 파고 관을 쪼개어 시신의 목을 벰. 죽은 후에 큰 죄가 드러났을 때 처하던 극형(極刑).
剖符(부부) 부표(符票)를 나눔. 부절을 둘로 나누어 그 한쪽을 주던 일.
剖析(부석) ①나누어 쪼갬. ②해결함.
剖心(부심) ①마음을 드러내 보임. ②가슴을 가름. 故事 비간(比干)의 간언에 화가 난 은(殷)의 주(紂)임금이 그의 가슴을 가르고 심장을 꺼냈다는 고사에서 온 말.
剖判(부판) 나눔. 서로 구별하여 가름.
◨ 解剖해부.

8 ⑩【剕】 발 벨 비 未

㊥fèi ㊐ヒ

초서 동자 踑 자해 발을 베다. 고대의 오형(五刑)의 한 가지로, 발꿈치를 잘라 내던 형벌.

剕辟(비벽) 오형(五刑)의 한 가지. 발꿈치를 베는 형벌. 剕罰(비벌).

8 ⑩【剚】 찌를 사 寘

㊥zì ㊐ジ

초서 동자 傳 자해 찌르다, 꽂다, 칼로 찌르다. 〔史記〕 敢剚刃公之腹中감사인공지복중.

8 ⑩【剡】 1 날카로울 염 琰 2 땅 이름 섬 琰

인명 ㊥yǎn, shàn ㊐エン, セン

소전 초서 참고 인명용 음은 '섬'이다.

자해 1 ❶날카롭다. 〔易經〕 剡木爲矢염목위시. ❷빛나는 모양. ¶ 剡剡염염. ❸깎다, 베다. 〔荀子〕 欲剡其脛욕염기경. 2 땅 이름. 절강성(浙江省)에 있었던 옛 현(縣)의 이름.

剡手(염수) 손을 재빠르게 놀림. 민첩한 솜씨.
剡剡(염염) 번쩍번쩍 빛나는 모양.
剡牘(섬독) 공문서(公文書). 섬계(剡溪) 지방에서 나는 종이를 사용한 데서 온 말. 公牘(공독).

8 ⑩【剜】 깎을 완 寒

㊥wān ㊐ワン

소전 초서 자해 깎다, 도려내다. 〔韓愈·詩〕 有洞若神剜유동약신완.

剜肉醫瘡(완육의창) 자기 살을 도려내어 자신의 상처를 고치는 데 씀. 응급 치료를 함.

8 ⑩【剗】 깎을 잔·전 潸 銑

㊥chǎn ㊐サン

초서 자해 ❶깎다, 베다. 〔後漢書〕 剗戾舊章잔려구장. ❷농기구(農器具). 땅을 평평하게 고르고 풀을 제거하는 데 사용함.

剗削(전삭) 닳음. 차츰 마멸됨.
剗除(전제) 베어 없앰.

8 ⑩【剤】 劑(147)의 속자

8 ⑩【剏】 創1(144)의 속자

8 ⑩【剔】 바를 척 錫

인명 ㊥tī ㊐テキ

소전 초서 자해 ❶바르다, 뼈를 바르다. ¶ 剔抉척결. ❷깎다, 풀 따위를 베다. 〔莊子〕 燒之剔之소지척지. ❸없애 버리다. 〔後漢書〕 糾剔姦盜규척간도.

剔去(척거) 제거함.
剔抉(척결) ①뼈를 발라내고 살을 도려냄. ②

부정·결합 등의 근원을 파헤쳐 없앰.
剔除(척제) 도려내어 제거함.
剔出(척출) 발라냄. 도려냄.

8 ⑩【剟】 깎을 철

㊥duō ㊐テツ

소전 초서 자해 깎다, 삭제하다. 〔商君書〕有敢剟定法令者死유감철정법령자사.

剟定(철정) 깎아서 고쳐 정함. 개정(改定)함.

9 ⑪【剮】剐 바를 과

㊥guǎ ㊐カ

동자 冎 자해 바르다, 살을 발라내다, 쪼개다, 난도질하다.

9 ⑪【副】 ①버금 부 ②쪼갤 복

고등 인명 4Ⅱ급 ㊥fù, pì ㊐フク

필순

소전 초서 참고 인명용 음은 '부'이다.

자원 形聲. 畐＋刀→副. '畐(복)'이 음을 나타낸다.

자해 ① ❶버금, 다음. ¶ 副主부주. ❷돕다. 〔素問〕爲萬民副위만민부. ❸곁따르다, 시중들다. ¶ 副車부거. ❹원본의 등사. 〔史記〕藏之名山장지명산, 副在京師부재경사. ② 쪼개다, 가르다. 〔詩經〕不坼不副불탁불복.

副車(부거) 거가(車駕)에 여벌로 따라가는 수레. 예비 수레. 副乘(부승). 副輅(부로).
副官(부관) 군대에서, 공무상의 통신, 기타 행정 업무를 맡아보는 참모 장교.
副輦(부련) 임금이 거둥할 때, 임금이 탄 연(輦)보다 앞에 가던 빈 연.
副馬(부마) 예비로 함께 끌고 다니는 말.
副望(부망) 관리를 추천할 때, 후보자 셋을 추천한 중에서 둘째인 사람.
副木(부목) 부러진 뼈를 고정시키기 위해 대는 기구.
副本(부본) 원본과 똑같이 베낀 것.
副食(부식) 주식에 곁들여 먹는 음식.
副審(부심) 주심을 돕는 심판.
副業(부업) 본업 외에 따로 가지는 직업.
副作用(부작용) 본래의 작용에 곁들여 나타나는 해로운 작용.
副將(부장) 주장(主將)을 보좌하는 장군.
副葬(부장) 임금이나 귀족이 죽었을 때 그 사람이 생전에 쓰던 패물·그릇 따위를 무덤에 같이 묻던 일.
副主(부주) 황태자(皇太子).

9 ⑪【剩】 剩(143)의 속자

9 ⑪【剪】 翦(1012)의 속자 인명

10 ⑫【剛】 剛(141)의 속자

10 ⑫【剴】剀 ①알맞을 개 ②큰 낫 개

㊥kǎi, ái ㊐ガイ, カイ

소전 초서 자해 ① 알맞다, 잘 어울리다. ¶ 剴備개비. ② ❶큰 낫. ❷베다. ❸절실하다, 간절하다. 〔新唐書〕無不剴切當帝之心무불개절당제지심.

剴備(개비) 알맞게 두루 미침.
剴切(개절) ①뿌리 짬을 벰. ②급소에 적중함. 아주 알맞고 적절함. 適切(적절).

10 ⑫【剳】 낫 답

㊥zhá ㊐トウ

참고 우리나라에서는 '箚(951)'의 속자로도 쓰임.

자해 낫, 낫 모양의 갈고리.

10 ⑫【剳】 剖(142)의 고자

10 ⑫【剩】 남을 잉

인명 1급 ㊥shèng ㊐ジョウ

초서 속자 剩 자해 남다, 나머지. ¶ 剩餘잉여.

剩金(잉금) 남은 돈. 剩錢(잉전).
剩語(잉어) 쓸데없는 말. 군소리.
剩餘(잉여) 쓰고 난 나머지.
剩員(잉원) 남아 도는 인원(人員).
◨ 過剩과잉.

10 ⑫【剸】 斲(565)과 동자

10 ⑫【創】创 ①비롯할 창 ②상처 입힐 창

고등 인명 4Ⅱ급 ㊥chuàng ㊐ソウ

刀 10획

필순 丿 𠂉 亽 今 亼 㑹 倉 倉 倉 創

소전 초서 자원 形聲. 倉+刀→創. '倉(창)'이 음을 나타낸다.

자해 1 《同》刅. 《俗》剏·刱. ❶**비롯하다, 시작하다.** 〔孟子〕創業垂統창업수통. ❷**만들다.** 〔漢書〕禮義是創례의시창. 2 《古》戧. ❶**상처를 입히다.** 〔漢書〕欲令創咸面目욕령창함면목. ❷**상처, 부스럼.** ≒瘡. 〔荀子〕創巨者其日久창거자기일구.

創刊(창간) 신문·잡지 따위의 정기 간행물을 새로 펴냄.
創建(창건) 처음으로 건설함.
創見(창견) 독창적인 새로운 의견.
創團(창단) 단체를 처음으로 만듦.
創立(창립) 처음으로 세움.
創傷(창상) 칼·창 따위에 다친 상처.
創設(창설) 기관·단체 따위를 처음으로 베풂.
創世(창세) 처음으로 세상을 만듦.
創案(창안) 처음으로 생각해 냄.
創業(창업) ①나라를 처음으로 세움. ②사업을 처음 일으킴.
創業守成(창업수성) 나라를 세우는 일과 이를 지켜 나가는 일. 創業守文(창업수문).
創業垂統(창업수통) 나라를 세우고 그 통서(統緖)를 자손에게 전함.
創夷(창이) 칼에 베인 상처. 創痍(창이).
創作(창작) 방안이나 물건 따위를 처음으로 만들어 냄.
創製(창제) 창안하여 만듦. 새로 만듦.
創造(창조) ①처음으로 생각해 내어 만듦. ②조물주(造物主)가 처음 우주를 만듦.
創出(창출) 처음으로 이루어져 생겨남.
◨ 開創개창, 獨創독창, 始創시창, 草創초창.

10 ⑫ **【割】** 나눌 할 本갈 曷

고등 인명 3Ⅱ급 中gē 日カツ

필순 丶 宀 宀 宀 宔 宔 害 害 害 割

소전 초서 속자 割 자원 形聲. 害+刀→割. '害(해)'가 음을 나타낸다.

자해 ❶**나누다.** 〔漢書〕割據山河할거산하, 保此懷民보차회민. ❷**쪼개다, 가르다.** 〔論語〕割雞焉用牛刀할계언용우도. ❸**빼앗다.** 〔戰國策〕王可以多割地왕가이다할지. ❹**자르다, 끊다.** 〔後漢書〕割旣往謬妄之失할기왕류망지실. ❺國**할, 10분의 1.**

割去(할거) 베어 버림. 찢어 버림.
割據(할거) 땅을 나누어 차지하고 막아 지킴. 제각기 한 지방을 점령하여 웅거함.
割耕(할경) 남의 논밭을 범하여 경작함.
割股(할고) ①다리의 살을 베어 냄. ②효자가 부모의 병을 고치기 위하여 자기 다리의 살점을 베어 먹임. 효행(孝行)의 비유.
割股充腹(할고충복) 빈 배를 채우기 위하여 허벅지를 베어 먹음. 한때만을 면하려는 어리석은 잔꾀의 비유.
割當(할당) 몫을 나누어 분배함.
割剝(할박) ①가죽을 벗기고 살을 베어 냄. ②國탐관오리가 백성의 재물을 걸태질함.
割半之痛(할반지통) 몸의 반을 베어 내는 고통. 곧, 형제가 죽은 슬픔.
割賦(할부) ①과세(課稅)를 줄임. ②돈을 여러 번에 나누어 냄.
割臂盟(할비맹) 남녀가 서로 사랑을 맹세함. 故事 춘추 시대 노(魯)나라의 장공(莊公)이 맹임(孟任)과 서로 팔뚝을 베어 피를 마시고 맹세를 하여 결국 그를 부인으로 맞이하였다는 고사에서 온 말.
割席(할석) 자리를 달리 함. 절교(絶交)함.
割愛(할애) 아깝게 여기지 않고 나누어 줌.
割肉充腹(할육충복) 國제 살을 베어 배를 채움. 혈족(血族)의 재물을 빼앗는 일.
割引(할인) 일정한 값에서 얼마를 싸게 함.

10 ⑫ **【剳】** 割(144)의 속자

11 ⑬ **【剸】** 1벨 단 寒 2오로지 전 先

中tuán, zhuān 日ダン, セン

소전 초서 자해 1❶**베다.** ¶ 剸剡단염. ❷**절단하다.** 〔後漢書〕燔魚剸蛇번어단사. 2❶**오로지.** ≒專. ❷**마음대로.** ＝摶.

剸剡(단염) 베어서 날카롭게 다듬음.

11 ⑬ **【剺】** 벗길 리 支

中lí 日リ

소전 초서 자해 ❶**벗기다.** ❷**베다, 칼로 베다.**

剺面(이면) 칼로 얼굴을 벰.

11 ⑬ **【剷】** 깎을 산 本찬 潸

中chǎn 日サン

초서 자해 **깎다, 베다.** ＝剗.

剷薙(산치) 베어 없앰. 芟薙(삼치).

11 ⑬【剿】 ① 죽일 초 篠 ② 노략질할 초 肴

㊥jiǎo, chāo ㊐ソウ, ショウ

초서 剿 동자 剿 동자 勦 자해 ① 죽이다. ② 노략질하다.

剿滅(초멸) 도적 떼를 무찔러 없앰.

剿討(초토) 도둑의 무리를 토벌함.

11 ⑬【剿】 剿(145)와 동자 인명

11 ⑬【剽】 ① 빠를 표 嘯 ② 끝 표 篠

인명 1급 ㊥piào, biǎo ㊐ヒョウ

소전 剽 초서 剽 자해 ① ❶빠르다. ≒慓·僄. 〔周禮〕其爲獸必剽기위수필표. ❷사납다. 〔漢書〕已患其剽悍이환기표한. ❸위협하다, 협박하다. ≒勡. 〔北齊書〕剽掠村邑표략촌읍. ❹벗기다, 빼앗다. ¶ 剽剝표박. ② 끝, 첨단. 〔莊子〕有長而無本剽者유장이무본표자, 宙也주야.

剽劫(표겁) 협박함.

剽輕(표경) ①재빠름. 날램. ②경박(輕薄)함. ③거칠고 경박함.

剽狡(표교) 사납고 교활함. 또는 그런 사람.

剽急(표급) 재빠름. 剽疾(표질).

剽掠(표략) 위협하여 빼앗음. 협박하여 약탈함. 剽盜(표도). 剽奪(표탈).

剽虜(표로) 노략질함. 눈을 속여 빼앗음.

剽剝(표박) ①비난하며 공격함. 위협함. ②벗겨져 떨어짐. 脫落(탈락). 剝落(박락).

剽竊(표절) ①노략질함. 훔침. 剽賊(표적). ②남의 시가(詩歌)·문장(文章) 등을 훔쳐 자기가 지은 것처럼 발표함.

剽悍(표한) 표독하고 날쌤.

12 ⑭【劃】 划 그을 획 陌

고등 인명 3Ⅱ급 ㊥huà ㊐カク

필순 一 ⺕ ⺕ 聿 聿 書 書 書 畫 劃

소전 劃 초서 劃 고자 劃 동자 畫 자원 會意·形聲. 畫+刀→劃. 칼〔刂〕로 무엇을 자르기 전에 경계되는 부분을 그린다〔畫〕는 뜻을 나타낸다. '畫(화)'는 음도 나타낸다.

자해 ❶긋다, 나누다, 구별하다. 〔顏氏家訓〕九州未劃구주미획, 列國未分렬국미분. ❷쪼개다.

劃然(획연) ①구별이 분명한 모양. ②물건을 깨는 것과 같은 소리.

劃定(획정) 구획 지음. 구획을 지어 정함.

劃地(획지) ①경계를 지어 땅을 가름. ②땅에 금을 침.

劃策(획책) 일을 꾸미거나 꾀함.

◨ 計劃계획, 企劃기획, 字劃자획, 點劃점획.

12 ⑭【劃】 劃(145)의 고자

13 ⑮【劍】 剑 칼 검 豔

고등 인명 3Ⅱ급 ㊥jiàn ㊐ケン

필순 𠆢 亼 佥 合 侖 侖 僉 僉 僉 劍

소전 劍 초서 劍 동자 劒 동자 劔 속자 剣

자원 形聲. 僉+刀→劍. '僉(첨)'이 음을 나타낸다.

자해 ❶칼. ¶ 劍術검술. ❷검법. 〔史記〕學書不成학서불성, 去學劍거학검, 又不成우불성. ❸찌르다. 〔新唐書〕手劍賦酋수검부추.

劍匣(검갑) 칼을 넣어 두는 궤.

劍客(검객) 칼 쓰기 기술에 능한 사람.

劍戟(검극) ①칼과 창. 劍槊(검삭). ②무기(武器). 戎器(융기).

劍器(검기) ①도검(刀劍)과 기물(器物). ②國 향악의 칼춤에 쓰던 칼.

劍難(검난) 도검(刀劍)으로 인한 재난.

劍頭(검두) 칼끝. 劍鋩(검망). 劍鋒(검봉).

劍舞(검무) 칼춤.

劍璽(검새) 제위(帝位)의 표시로서 천자가 가진 칼과 어보(御寶).

劍楯(검순) 칼과 방패. 劍盾(검순).

劍術(검술) 검(劍)을 가지고 싸우는 기술.

劍把(검파) 칼자루.

劍環(검환) 칼코등이. 劍鼻(검비).

◨ 刻舟求劍각주구검, 短劍단검, 木劍목검, 寶劍보검, 手裏劍수리검, 御劍어검.

13 ⑮【劒】 劍(145)과 동자

13 ⑮【劌】 刿 상처 입힐 귀 霽

㊥guì ㊐ケイ

소전 劌 초서 劌 자해 ❶상처를 입히다. 〔韓愈·誌〕劌目鉥心귀목술심. ❷쪼개다. 〔孔子家語〕廉而不劌렴이불귀, 義也의야.

劌目鉥心(귀목술심) 눈을 놀라게 하고 마음을 놀라게 함. 문장의 구상이 뛰어나서 사람의 생각을 벗어남.

刀 13획

13 ⑮【劇】剧 심할 극 陌

고등 인명 4급 ㊥jù ㊐ゲキ

필순 ⺊ ⺊ 广 卢 虍 虍 虏 豦 豦 劇

소전 초서 동자 劇 속자 劇 자원 形聲. 豦＋刀→劍. '豦(거)'가 음을 나타낸다.

자해 ❶심하다. ¶ 劇甚극심. ❷번거롭다. 〔商君書〕事劇而功寡사극이공과. ❸연극. ¶ 喜劇희극. ❹빠르다. 〔漢書〕口吃不能劇談구흘불능극담.

劇寇(극구) 포악하고 사나운 적(敵).
劇談(극담) ①급하게 말함. ②심하게 떠들어댐. ③연극에 관한 이야기.
劇盜(극도) 흉악한 도둑. 劇賊(극적).
劇烈(극렬) 정도에 지나치게 맹렬함.
劇虜(극로) 세력이 강한 오랑캐.
劇問(극문) 바삐 물음. 급한 물음.
劇繁(극번) 대단히 바쁨. 매우 바쁜 사무.
劇變(극변) 급격한 변화. 激變(격변).
劇本(극본) 연극이나 방송극 등의 대본.
劇暑(극서) 몹시 심한 더위. 酷暑(혹서).
劇甚(극심) 매우 심함.
劇藥(극약) 잘못 사용하면 생명이 위태롭게 되는 위험한 약.
劇語(극어) 과격한 말. 격렬한 말.
劇役(극역) 격심한 근무. 몹시 힘드는 일.
劇熱(극열) ①몹시 심한 열기. ②몹시 뜨거움. 極熱(극열).
劇雨(극우) 줄기차게 많이 내리는 비.
劇場(극장) 연극·영화 따위를 공연하거나 상영하기 위해 설치한 시설.
劇爭(극쟁) 극렬하게 싸움.
劇敵(극적) 강포(強暴)한 적.
劇戰(극전) 극렬하게 싸움. 격렬한 싸움.
劇症(극증) 매우 급한 병.
劇地(극지) 번화하고 중요한 땅.
劇職(극직) 매우 바쁜 직무나 직책.
劇震(극진) 대단한 지진(地震).
◨ 歌劇가극, 悲劇비극, 演劇연극, 雜劇잡극, 慘劇참극, 喜劇희극.

刀 13획

13 ⑮【劇】 劇(146)과 동자

13 ⑮【劇】 劇(146)의 속자

13 ⑮【劉】刘 죽일 류 尤

인명 2급 ㊥liú ㊐リュウ

초서 속자 刘 참고 우리나라에서는 이 자를 흔히 '묘금도류'라 이른다. 이는 파자(破字)에 의해 '卯(묘)＋金(금)＋刂(도)'가 되기 때문이며, 자의(字義)와는 관계가 없다.

자해 ❶죽이다. 〔詩經〕勝殷遏劉승은알류. ❷베풀다, 벌여 놓다. ❸성(姓).

劉項(유항) 한(漢)의 고조(高祖) 유방(劉邦)과 서초(西楚)의 패왕(霸王) 항우(項羽).

13 ⑮【劈】 쪼갤 벽 錫

인명 1급 ㊥pī ㊐ヘキ

소전 초서 자해 ❶쪼개다. ¶ 劈破벽파. ❷향하다.

劈開(벽개) ①쨈. 가름. ②광물이 평면으로 일정한 방향에 따라 쪼개지는 일.
劈頭(벽두) ①글·말의 첫머리. ②일의 첫머리.
劈碎(벽쇄) 쪼개어 부숨.
劈破(벽파) 쪼개서 깨뜨림.
劈破門閥(벽파문벌) 인재를 등용하는 데에 문벌을 가리지 않음.

13 ⑮【剿】 끊을 초 篠

㊥jiǎo ㊐ショウ

소전 초서 자해 ❶끊다, 베다. ＝勦·剿. 〔周書〕天用剿絕其命천용초절기명. ❷일찍 죽다.

剿絕(초절) 베어 멸망시킴.

13 ⑮【斀】 불깔 탁 覺

㊥zhuó ㊐タク

동자 斀 자해 불까다, 불을 치다. 고대에 불알을 까 없애던 형벌의 한 가지.

13 ⑮【劊】刽 끊을 회 泰

㊥guì ㊐カイ

소전 초서 자해 끊다, 자르다.

劊手(회수) 사형(死刑) 집행을 맡아 하는 사람. 劊子(회자). 劊子手(회자수).

14 ⑯【劍】 劍(145)과 동자 인명

14 ⑯【劓】 코 벨 의 寘

㊥yì ㊐ギ

소전 劓 초서 劓 자해 ❶코를 베다. 고대 오형(五刑)의 하나로, 코를 베던 형벌. 〔書經〕 劓刵人의이인. ❷쪼개다. 〔書經〕 我乃劓殄滅之아내의진멸지.
劓馘(의괵) 코와 귀를 베는 형벌.
劓罰(의벌) 코를 베는 형벌. 劓劈(의벽).

14 ⑯ 【劑】 剂 1 약 지을 제 霽 2 엄쪽 자 支
인명 2급 ㊥jì ㊐ゼイ, スイ
소전 劑 초서 劑 속자 剤 참고 인명용 음은 '제'이다.
자해 1 ❶약을 짓다. 〔三國志〕 心解分劑심해분제, 不復稱量불부칭량. ❷가지런히 자르다. 〔後漢書〕 劑其味제기미. 2 엄쪽, 어음. 〔周禮〕 以質劑結信而止訟이질자결신이지송.
劑熟(제숙) 잘 조합함.
劑信(자신) 부절(符節)로써 증거를 삼음.
◨ 洗劑세제, 藥劑약제, 錠劑정제, 調劑조제.

15 ⑰ 【劕】 엄쪽 질 質
㊥zhì ㊐シツ
자해 엄쪽, 어음. 길이를 길게 만든 증권. ＝質.

19 ㉑ 【劗】 劗 깎을 전 銑
㊥jiǎn ㊐サン
초서 劗 자해 ❶깎다, 머리를 깎다. ≒翦. 〔淮南子〕 以斧劗毛이부전모, 以刀抵木이도저목. ❷머뭇거리다. ¶ 劗跙전저.
劗髮(전발) 머리를 깎음.
劗跙(전저) 나아가지 않는 모양.

力部 힘 력

0 ② 【力】 힘 력 職
중학 인명 7급 ㊥lì ㊐リョク, リキ
필순 ㇇力
소전 力 초서 力 자원 象形. 팔에 힘을 주었을 때 근육이 불거진 모양을 본뜬 글자.
자해 ❶힘. 〔孟子〕 或勞心혹로심, 或勞力혹로력. ❷힘쓰다. 〔詩經〕 威儀是力위의시력. ❸있는 힘을 다하여. 〔荀子〕 眞積力久則入진적력구즉입.

力諫(역간) 힘을 다하여 간함.
力求(역구) 힘써 구함.
力救(역구) 힘을 다하여 구원함.
力勸(역권) ①힘써 권함. ②억지로 권함.
力器(역기) 역도(力道)를 할 때 쓰는 기구.
力道(역도) 역기를 들어 올려 기록을 겨루는 운동.
力量(역량) 일을 해낼 수 있는 힘의 정도.
力勉(역면) ①힘써 함. ②격려함.
力不贍(역불섬) 힘이 넉넉하지 못함.
力士(역사) 남보다 힘이 뛰어나게 센 사람.
力說(역설) 힘써 주장함.
力食(역식) 힘써 일해서 먹고 삶.
力役(역역) 나라에서 과(課)하는 부역.
力作(역작) 힘을 들여서 만든 작품.
力爭(역쟁) ①무력(武力)으로 싸움. 힘으로 싸움. ②힘써 간(諫)함. 힘을 다하여 충고함.
力田(역전) 농사에 힘씀. 力耕(역경). 力稼(역가). 力穡(역색). 力農(역농).
力點(역점) 힘을 많이 들이는 주안점(主眼點).
力走(역주) 힘껏 달림.
力投(역투) 힘껏 던짐.
力行(역행) 힘써 행함.
◨ 強力강력, 國力국력, 權力권력, 筋力근력, 氣力기력, 努力노력, 能力능력, 膽力담력, 武力무력, 勢力세력, 速力속력, 壓力압력, 餘力여력, 威力위력, 磁力자력, 財力재력, 全力전력, 電力전력, 戰力전력, 精力정력, 助力조력, 盡力진력, 體力체력, 彈力탄력, 暴力폭력, 風力풍력, 筆力필력, 火力화력, 效力효력.

2 ④ 【劝】 勸(156)의 속자

3 ⑤ 【加】 더할 가 麻
중학 인명 5급 ㊥jiā ㊐カ
필순 ㇇ 力 加 加 加
소전 加 초서 加 자원 會意. 力＋口→加. 입〔口〕놀리기에 힘쓴다〔力〕는 데서 말이 많아진다는 뜻을 나타낸다.
자해 ❶더하다. 〔論語〕 加我數年가아수년. ❷뽐내다, 높은 체하다. 〔禮記〕 不敢以富貴加於父兄불감이부귀가어부형. ❸있다, 처하다. 〔孟子〕 夫子加齊之卿相부자가제지경상. ❹입다, 몸에 걸치다, 입히다. 〔禮記〕 加之衣服가지의복. ❺베풀다, 베풀어 미치게 하다. 〔呂氏春秋〕 光耀加於百姓광요가어백성. ❻업신여기다, 헐뜯다. 〔論語〕 我不欲人之加諸我也아불욕인지가저아야.

力 3획

加減(가감) 보탬과 뺌. 加損(가손).
加減乘除(가감승제) 덧셈·뺄셈·곱셈·나눗셈의 네 가지 셈법.
加擊(가격) 때림. 침.
加結(가결) ①결세(結稅)의 비율을 올림. ②수량을 더하여 늘린 결복(結卜).
加笄(가계) 땋았던 머리를 풀어 쪽을 찌고 비녀를 꽂는 일. ㉠여자 나이 15세. ㉡혼인할 수 있는 나이. 곧, 여자 나이 20세.
加階(가계) 품계(品階)를 올림. 품계가 높아짐. 加級(가급).
加工(가공) 제품을 만들기 위해 소재나 원료에 인공을 더함.
加冠(가관) 스무 살 된 남자가 처음으로 관(冠)을 씀. 관례를 치르고 성년이 됨.
加納(가납) 세금이나 공물(貢物)을 정한 수량보다 더 바침.
加年(가년) ①나이를 더 먹음. 加齒(가치). ②國나이가 모자라는 사람이 과거를 보거나 벼슬을 하려 할 때 나이를 속여 올리던 일.
加擔(가담) ①어떤 일이나 무리에 한몫 낌. ②편이 되어 힘을 보탬.
加賭(가도) 도조(賭租)의 기준을 올려 매김.
加等(가등) ①등급을 높임. ②형벌을 본디 정한 등급보다 더 올림.
加斂(가렴) 조세(租稅)·금곡(金穀) 따위를 정한 액수보다 더 징수함. 加率(가솔).
加勞(가로) 관록(官祿) 등을 가급(加級)하여 위로함.
加望(가망) 관원을 추천할 때 그 관직의 벼슬보다 한 계급 낮은 사람을 삼망(三望) 또는 삼망 밖에 더하여 넣던 일.
加盟(가맹) 동맹이나 연맹에 가입함.
加味(가미) ①음식에 양념을 더 넣어 맛이 나게 함. ②본래 것에 다른 요소를 보태어 넣음.
加捧(가봉) 國정한 액수 외에 돈이나 곡식을 더 징수함.
加捧女(가봉녀) 國의붓딸.
加算(가산) ①더하여 셈함. ②덧셈.
加設(가설) ①추가하여 설치함. ②소정의 관직 외에 관직을 더 설치함.
加勢(가세) 힘을 보태거나 거듦.
加速(가속) 속도나 속력을 더함.
加升(가승) 세곡(稅穀)을 받을 때, 뒤에 축날 것을 예상하여 한 섬에 석 되씩 더 받던 일.
加額(가액) ①돈의 액수를 불림. ②이마에 손을 얹음. 곧, 사람을 몹시 기다림.
加熱(가열) 열을 가함.
加恩(가은) 은혜를 더 베풀어 줌.
加意(가의) 특별히 마음을 씀. 주의함. 조심함.
加一瓜(가일과) 임기가 끝난 관리를 다시 한 임기 더 있게 함.
加入(가입) 어떤 단체의 성원으로 들어감.
加腆(가전) 한층 더 후하게 예물을 줌.
加定(가정) 물품·비용·인원을 정한 수 이상으로 늘림.
加重(가중) 더 무거워짐.
加差下(가차하) 벼슬아치를 정원 외에 더 임명하던 일.
加餐(가찬) ①식사를 잘함. 영양을 섭취하여 몸을 소중히 함. 加養(가양). ②편지글에서, 남의 건강을 축복(祝福)하는 말.
加髢(가체) 國여자가 성장(盛裝)할 때 머리에 큰머리나 어여머리를 얹음.
加出(가출) 國관아에서 정원 외에 잔심부름꾼을 두던 일.
加鞭(가편) 채찍질하여 걸음을 더 재촉함.
加筆(가필) 붓을 대어 보태거나 지워서 고침.
加虐(가학) 남을 못살게 굶.
加害(가해) 남에게 해를 끼침.
加護(가호) ①정성을 들여 지킴. 소중히 보호함. ②(佛)부처가 중생을 도와줌.
加號(가호) 이름이나 호를 내려 줌.
◨ 倍加배가, 增加증가, 參加참가, 添加첨가, 追加추가.

3 ⑤ **【功】** 공 공 東

중학 인명 6급 ㊥gōng ㊐コウ, ク

필순 一 丅 工 玎 功

소전 초서 자원 會意·形聲. 工+力→功. 일한다는 뜻의 '工'과 '力'을 합하여 힘써 해낸 어려운 일, 곧 '공'의 뜻을 나타낸다. '工(공)'은 음도 나타낸다.

자해 ❶공, 공력(功力). 〔孟子〕 事半古之人사반고지인, 功必倍之공필배지. ❷공치사하다. 〔史記〕 公子自驕而功之공자자교이공지. ❸일, 직무. ❹명예, 성적.
功幹(공간) 뛰어난 솜씨. 伎倆(기량).
功苦(공고) 노고(勞苦).
功過(공과) 공로와 과오.
功課(공과) ①일이나 사업의 성과. ②학문이나 교육의 과정.
功能(공능) ①기량(技倆). 수완(手腕). ②효력(效力). 效能(효능).
功德(공덕) ①착한 일을 하여 쌓은 업적과 어진 덕. ②(佛)불도를 수행한 덕.
功德主(공덕주) (佛)①부처. ②삼보(三寶)에 공양하는 시주(施主).
功力(공력) ①효력(效力). 효험(效驗). ②힘.

③큰 공로. ④사람의 힘. ⑤(佛)공덕의 힘. 수행을 통해 얻는 힘.
功烈(공렬) 훌륭한 공적.
功勞(공로) 일에 애쓴 공적.
功利(공리) ①공적과 이익. ②영달과 이득. 공명과 이욕. ③행복과 이익.
功城名遂(공성명수) 훌륭한 공업(功業)을 이루고 명성을 크게 떨침.
功城身退(공성신퇴) 공을 이룬 뒤에 그 자리를 물러남.
功臣(공신) 나라를 위해 공을 세운 신하.
功役(공역) 토목 공사의 부역(賦役).
功用(공용) ①실제로 소용되는 것. 實用(실용). ②공. 공적. ③(佛)몸·입·뜻으로 하는 짓. 곧, 동작·말·생각.
功績(공적) 공로의 실적. 쌓은 공로.
功致辭(공치사) 國자기의 공로를 생색내며 스스로 자랑함.
功効(공효) 공을 들인 보람.
功勳(공훈) 드러나게 세운 공로. 훌륭한 공로.
功虧一簣(공휴일궤) 산을 쌓아 올리는 데 한 삼태기의 흙이 모자라서 완성을 보지 못함. 거의 성취하여 가는 일을 막판에 그만둠.
◨ 農功농공, 無功무공, 武功무공, 成功성공.

4 ⑥【劤】 힘 근 問

인명 ㊥jìn ㊐キン
자해 **힘, 힘세다.**

4 ⑥【劣】 못할 렬 屑

고등 인명 3급 ㊥liè ㊐レツ

필순 丨 小 小 少 劣 劣

소전 초서 자원 會意. 少+力→劣. 힘〔力〕이 적다〔少〕는 데서 남보다 '못하다'는 뜻을 나타낸다.
자해 ❶**못하다, 뒤떨어지다.** 〔法言〕或者劣諸子貢혹자렬저자공. ❷**낮다.** ¶ 劣等열등. ❸**약하다.** 〔曹植·論〕骨體強劣골체강렬, 各有人焉각유인언.
劣等(열등) 낮은 등급.
劣薄(열박) 선천적으로 열등함.
劣勢(열세) 힘이나 형세가 상대편보다 떨어져 약함.
劣惡(열악) 저열하고 나쁨. 몹시 질이 낮음.
劣弱(열약) 못하고 약함.
劣情(열정) 비열한 생각. 이성 관계에서 정욕(情慾)에만 흐르는 마음.
劣敗(열패) 남보다 못하여 경쟁에서 짐.
劣品(열품) 질이 낮은 물건.
◨ 卑劣비열, 愚劣우열, 優劣우열, 拙劣졸렬.

4 ⑥【劦】 힘 합할 협 葉

㊥xié ㊐キョウ
소전 초서 자해 ❶**힘을 합하다.** ≒協. ❷**바람이 잔잔해지다.** 〔山海經〕惟號之山유호지산, 其風若劦기풍약협.

5 ⑦【劫】 위협할 겁 葉

인명 1급 ㊥jié ㊐キョウ
소전 초서 동자 刧 동자 刦 자해 ❶**위협하다.** 〔淮南子〕不可劫以死生불가겁이사생. ❷**빼앗다.** 〔漢書〕剽劫行者표겁행자. ❸**부지런하다.** 〔韓愈·銘〕人皆劫劫인개겁겁, 我獨有餘아독유여. ❹**겁, 오랜 세월.** 불교에서, 천지가 한 번 개벽한 때부터 다음 개벽할 때까지의 동안을 이른다.
劫姦(겁간) 폭력으로 간음함. 強姦(강간).
劫劫(겁겁) ①부지런히 힘쓰는 모양. ②거듭된 세대. 世世(세세). ③성미가 급하여 참을성이 적음.
劫氣(겁기) ①험준한 산의 궂고 무시무시한 기운. ②궁한 사람의 얼굴에 드러나는 근심스럽고 언짢은 기운.
劫年(겁년) 겁운(劫運)이 닥친 해.
劫盜(겁도) 강도(強盜). 劫賊(겁적).
劫掠(겁략) 위협이나 폭력을 써서 빼앗음.
劫盟(겁맹) 위협하여 맹세하도록 함.
劫迫(겁박) 위력으로 협박함.
劫獄(겁옥) 옥에 갇힌 죄인을 폭력으로 빼앗아 냄. 劫囚(겁수).
劫運(겁운) 큰 액운. 겁기(劫氣)가 낀 운수.
劫奪(겁탈) ①위협하여 빼앗음. ②겁간(劫姦).
劫會(겁회) 큰 액운. 劫運(겁운).
◨ 萬劫만겁, 億劫억겁, 永劫영겁.

5 ⑦【劬】 수고로울 구 虞

㊥qú ㊐ク
소전 초서 자해 ❶**수고롭다, 애쓰다.** 〔詩經〕母氏劬勞모씨구로. ❷**자주 하다, 바쁘게 일하다.** ¶ 劬勤구근.
劬劬(구구) 애쓰는 모양. 수고하는 모양.
劬勤(구근) 부지런히 일함. 애써 일함.
劬勞(구로) ①몹시 애써 일함. 힘들여 수고함. ②자식을 낳아 기르는 수고.
劬勞之恩(구로지은) 자기를 낳아 기른 어버이의 은덕.

5
⑦【努】 힘쓸 노 慶

고등 인명 4Ⅱ급 ㊥nǔ ㊐ド

필순 ㇛ 女 女 如 奴 努 努

초서 자원 形聲. 奴+力→努. '奴(노)'가 음을 나타낸다.

자해 ❶**힘쓰다, 있는 힘을 다하다.** ❷**내리긋는 획.** 영자팔법(永字八法)의 하나.

努力(노력) 힘을 들이고 애를 씀. 힘을 다함.

5
⑦【劢】 勵(156)의 속자

力 5획

5
⑦【労】 勞(153)의 속자

5
⑦【劭】 힘쓸 소 嘯

㊥shào ㊐ショウ

소전 자해 ❶**힘쓰다, 열심히 일하다.** ❷**권장하다.** 〔漢書〕先帝劭農선제소농.

劭農(소농) 농사일을 권장함.

5
⑦【助】 도울 조 御

중학 인명 4Ⅱ급 ㊥zhù ㊐ジョ

필순 丨 冂 冃 月 且 𠚤 助

소전 초서 자원 形聲. 且+力→助. '且(차)'가 음을 나타낸다.

자해 ❶**돕다.** 〔論語〕非助我者也비조아자야. ❷**도움.** 〔孟子〕得道者多助득도자다조, 失道者寡助실도자과조. ❸**구실, 조세.** 은·주(殷周) 때의 수세법인 조법(助法). 〔孟子〕殷人七十而助은인칠십이조.

助桀爲虐(조걸위학) 걸왕 같은 폭군을 도와 백성을 괴롭힘. 한패가 되어 악을 저지름. 助桀爲惡(조걸위악). 助紂爲虐(조주위학).

助攻(조공) 도와서 공격함.

助法(조법) 은·주(殷周) 때에 시행하던 수세법(收稅法). 정전법(井田法)에 따라 아홉 등분한 중앙의 한 구역을 여덟 집이 공동으로 경작하여 그 수익을 조세로 삼던 것.

助産(조산) 분만을 도움.

助成(조성) 도와서 이루게 함.

助手(조수) 어떤 책임자 밑에서 지도를 받으면서 그 일을 도와주는 사람.

助言(조언) 거들거나 일깨워 주는 말.

助役(조역) 일을 도와줌, 또는 그런 사람.

助字(조자) 실제상의 뜻은 없고 문장의 의미를 돕는 글자. '於·乎·焉' 따위.

助長(조장) ①의도적으로 어떤 경향이 더 심해지도록 도와서 북돋움. ②무리하게 도와서 도리어 해(害)가 됨.

◨ 內助내조, 補助보조, 神助신조, 援助원조.

6
⑧【劻】 급할 광 陽

㊥kuāng ㊐キョウ

초서 자해 **급하다, 갑자기, 바쁜 모양.**

劻勷(광양) 바쁜 모양.

6
⑧【劵】 倦(81)의 본자

6
⑧【势】 勢(155)의 속자

6
⑧【劼】 삼갈 할 ㊍갈 黠

㊥jié ㊐カツ

소전 초서 자해 ❶**삼가다.** 〔書經〕汝劼毖殷獻臣여할비은헌신. ❷**굳다, 단단하다.** ❸**노력하다.**

劼毖(할비) 힘써 삼감. 신중히 함.

6
⑧【劾】 캐물을 핵 職

인명 1급 ㊥hé ㊐ガイ

소전 초서 자해 ❶**캐묻다, 죄상을 조사하다.** 〔新唐書〕捕位劾禁中포위핵금중. ❷**신문 조서, 죄상을 기록한 문서.** 〔後漢書〕投劾去투핵거.

劾論(핵론) 허물을 들어 논박함.

劾狀(핵장) 탄핵하는 글.

劾情(핵정) 정상을 조사하여 따짐.

劾奏(핵주) 관리의 죄과를 탄핵하여 임금에게 아룀.

劾彈(핵탄) 죄를 들추어냄. 彈劾(탄핵).

◨ 推劾추핵, 彈劾탄핵.

6
⑧【効】 效(551)의 속자 인명

7
⑨【勁】 劲 굳셀 경 敬

인명 1급 ㊥jìng ㊐ケイ

소전 초서 자해 **굳세다, 힘·의지 등이 강하다.** 〔素問〕其氣急疾堅勁기기급질견경.

勁健(경건) 굳세고 건강함.
勁弓(경궁) 센 활. 強弓(강궁).
勁騎(경기) 굳센 기병(騎兵).
勁兵(경병) 강한 군사. 정예 부대. 勁旅(경려).
勁士(경사) ①강직(剛直)한 사람. ②용기가 있는 사람.
勁松(경송) 서리나 눈에도 시들지 않는 소나무. 절개가 곧은 신하.
勁箭(경전) 센 화살. 勁矢(경시).
勁節(경절) 굽히지 아니하는 절개.
勁疾(경질) 굳세고 날램. 勁捷(경첩).
勁草(경초) 억센 풀. 절조(節操)가 굳은 사람.
勁風(경풍) 몹시 거센 바람.
勁悍(경한) 굳세고 사나움. 勁捍(경한).
◨ **剛勁**강경, **堅勁**견경, **雄勁**웅경, **捷勁**첩경.

7 ⑨【勉】 힘쓸 면 銑

중학 인명 4급 ㊥miǎn ㊐ベン

필순 ノ ク ㇰ 㐲 㐲 刍 免 免 勉

소전 [篆] 초서 [草] 동자 勉 자원 形聲. 免+力→勉. '免(면)'이 음을 나타낸다.

자해 ❶**힘쓰다.** 〔論語〕 喪事不敢不勉상사불감불면. ❷**권하다.** 〔呂氏春秋〕 爲君勉之위군면지. ❸**억지로 하게 하다.** ¶ 勉從면종.
勉強(면강) ①억지로 하거나 시킴. ②힘씀.
勉勵(면려) 힘써 함. 남을 힘쓰도록 격려함. 勉厲(면려). 勉礪(면려).
勉力(면력) 힘씀. 힘써 함.
勉勉(면면) 부지런한 모양. 힘쓰는 모양.
勉從(면종) 마지못하여 복종함.
勉學(면학) 학문에 힘씀.
勉行(면행) 힘써 행함. 力行(역행).
◨ **勸勉**권면, **勤勉**근면.

7 ⑨【勃】 우쩍 일어날 발 月

인명 1급 ㊥bó ㊐ボツ

소전 [篆] 초서 [草] 동자 敎 자해 ❶**우쩍 일어나다.** 〔莊子〕 注然勃然주연발연, 莫不出焉막불출언. ❷**갑자기.** 〔莊子〕 忽然出홀연출, 勃然動발연동. ❸**성하다, 성한 모양.** 〔淮南子〕 勃勃陽陽발발양양. ❹**발끈하는 모양, 안색을 바꾸는 모양.** 〔論語〕 色勃如也색발여야.
勃啓(발계) 갑자기 트임. 갑자기 성해짐.
勃起(발기) 별안간 불끈 일어남.
勃勃(발발) ①사물이 한창 성한 모양. ②날렵하고 민첩한 모양.
勃發(발발) 일이 갑자기 터져 일어남.
勃如(발여) 얼굴빛을 바꾸는 모양. 새삼 긴장하는 모양.
勃然(발연) ①발끈 성내는 모양. 안색이 달라지는 모양. ②갑작스러운 모양. 卒然(졸연). ③힘차게 일어나는 모양.
勃然變色(발연변색) 발끈 성을 내어 안색이 달라짐.
勃興(발흥) 갑자기 기운을 얻어 성해짐.
◨ **狂勃**광발, **鬱勃**울발.

7 ⑨【勇】 날쌜 용 腫

중학 인명 6급 ㊥yǒng ㊐ユウ

필순 ㇇ ㇇ 乛 乃 甬 甬 甬 勇 勇

소전 [篆] 초서 [草] 자원 形聲. 甬+力→勇. '甬(용)'이 음을 나타낸다.

자해 ❶**날쌔다.** 〔史記〕 民勇於公戰민용어공전. ❷**과감하다.** 〔墨子〕 勇용, 志之所以敢也지지소이감야. ❸**결단력이 있다.** 〔國語〕 其勇不疼於刑기용부동어형. ❹**강하다.** 〔歐陽修·詩〕 狼勇復輕脫랑용부경탈. ❺**용감하다.** 〔論語〕 見義不爲견의불위, 無勇也무용야.
勇敢(용감) 씩씩하고 기운참.
勇剛(용강) 용감하고 굳셈.
勇決(용결) 과감하게 결단함. 勇斷(용단).
勇氣(용기) 씩씩하고 굳센 기운. 사물을 겁내지 아니하는 기개.
勇膽(용담) 용감한 담력.
勇略(용략) 용기와 지략(智略).
勇猛(용맹) 날쌔고 사나움.
勇猛精進(용맹정진) 용맹하게 힘써 나아감.
勇武(용무) 용감하고 사나움.
勇赴(용부) 용기 있게 나아감.
勇士(용사) 용맹스러운 사람.
勇往直前(용왕직전) 용감하게 똑바로 앞으로 나아가기만 함. 勇往邁進(용왕매진).
勇姿(용자) 용맹스러운 모습.
勇壯(용장) 날쌔고 씩씩함.
勇將(용장) 용감한 장수.
勇退(용퇴) 관직에서 미련 없이 물러남.
勇悍(용한) 날쌔고 사나움.
勇俠(용협) 용감하고 의협심이 있음.
◨ **蠻勇**만용, **武勇**무용, **義勇**의용, **忠勇**충용.

7 ⑨【勅】 조서 칙 職

인명 1급 ㊥chì ㊐チョク

초서 [草] 동자 敕 자해 ❶**조서, 천자의 명령을 적은 문서.** 〔漢書〕 故勅

力 7획

令自免고칙령자면. ❷타이르다. ≒飭. 〔史記〕余每讀虞書여매독우서, 至於君臣相勅지어군신상칙.
勅庫(칙고) 중국 칙사를 접대할 물품을 모아 두던 곳간.
勅勸(칙권) 신칙(申飭)하여 권함.
勅答(칙답) ①임금이 대답함. ②임금의 물음에 대한 대답.
勅命(칙명) 임금의 명령. 勅旨(칙지). 勅詔(칙조). 勅令(칙령).
勅問(칙문) 천자의 하문(下問).
勅使(칙사) 칙명으로 가는 사신. 임금의 사신. 勅差(칙차).
勅書(칙서) 칙령을 기록한 글.
勅選(칙선) 칙령으로 뽑음.
勅額(칙액) 임금이 손수 쓴 편액(扁額).
勅諭(칙유) 임금의 가르침. 임금의 훈유(訓諭). 詔諭(조유). 勅教(칙교).
勅任(칙임) 칙명으로 관리에 임명하는 일, 또는 그 벼슬.
勅裁(칙재) 임금의 재결. 勅斷(칙단).
勅題(칙제) 임금이 출제한 시문의 제목.
勅祭(칙제) 칙명에 의하여 지내는 제사.
勅撰(칙찬) ①임금이 몸소 시가나 문장을 짓는 일. ②칙명에 의하여 책을 만듦.
勅筆(칙필) 임금의 친필(親筆).
勅行(칙행) 칙사의 행차.
◨ 申勅신칙, 詔勅조칙.

8 ⑩【勍】 셀 경 庚
인명 ㊥qíng ㊐ケイ
소전 초서 동자 倞 자해 세다, 강하다. 〔春秋左氏傳〕且今之勍者차금지경자, 皆吾敵也개오적야.
勍敵(경적) 강한 적(敵). 힘이 센 상대.

8 ⑩【勌】 게으를 권 霰
㊥juàn ㊐ケン
초서 자해 게으르다. ≒倦. 〔莊子〕學道不勌학도불권.
勌懣(권만) 싫증이 나서 가슴이 답답함.
勌怠(권태) 게으름이나 싫증. 倦怠(권태).

8 ⑩【勑】 1 위로할 래 隊 2 조서 칙 職
㊥lài, chì ㊐ライ, チョク
소전 초서 자해 1 위로하다. =徠. 2 ❶조서, 임금의 명령을 적은 문서. ≒勅. ❷바루다, 다스리다. 〔書經〕勑天之命칙천지명.

8 ⑩【勉】 勉(151)과 동자

9 ⑪【勘】 헤아릴 감 勘
인명 1급 ㊥kān ㊐カン
소전 초서 자해 ❶헤아리다, 생각하다. 〔司馬光·狀〕勘檢出身감검출신. ❷조사하다. 〔南史〕勘其書目감기서목.
勘檢(감검) 헤아려 조사함.
勘考(감고) 생각함. 심사(深思)함.
勘校(감교) 조사하거나 대조하여 잘못을 바로잡음. 校勘(교감). 校正(교정).
勘當(감당) 죄를 헤아려 벌함.
勘査(감사) 잘 살펴 조사함.
勘案(감안) 헤아려 생각함.
勘誤(감오) 문자나 문장의 착오(錯誤)를 교정함. 正誤(정오).
勘定(감정) 헤아려 정함.
勘罪(감죄) 죄인을 취조하여 처단함.
勘合(감합) 부절(符節)을 서로 맞추어 보아 진부(眞否)를 조사하는 일.
◨ 校勘교감, 磨勘마감.

9 ⑪【動】 动 움직일 동 董
중학 인명 7급 ㊥dòng ㊐ドウ
필순 動
소전 초서 고자 動 자원 形聲. 重+力→動. '重(중)'이 음을 나타낸다.
자해 ❶움직이다. 〔易經〕動靜不失其時동정불실기시. ❷나다, 살다. 〔呂氏春秋〕蟄蟲動矣칩충동의. ❸변하다. 〔呂氏春秋〕宣王太息선왕태식, 動於顏色동어안색. ❹놀라다. 〔宋玉·賦〕使人心動사인심동. ❺곧잘, 걸핏하면. 〔韓愈·解〕動輒得咎동첩득구.
動駕(동가) ①수레를 굴림. ②國어가(御駕)가 대궐 밖으로 나감.
動機(동기) 어떤 사태나 행동을 일으키게 하는 계기.
動亂(동란) 전쟁으로 인한 난리.
動輪(동륜) 수레를 움직이게 함. 발차함.
動兵(동병) 군사를 일으킴.
動不動(동부동) ①끊임없이. 부단히. ②움직임과 움직이지 않음. ③國꼭. 반드시.
動産(동산) 옮길 수 있는 재산.
動息(동식) ①활동과 휴식. ②벼슬살이함과 야인(野人)으로 있음.
動心(동심) ①마음이 움직임. 두려워하고 의혹

하는 일. ②가슴이 두근거림. 사모(思慕)함.
動輿(동여) 왕세자(王世子)가 대궐 밖으로 행차함.
動搖(동요) 움직이고 흔들림.
動容(동용) 행동과 차림새.
動員(동원) 어떤 목적을 달성하기 위하여 사람이나 물건을 집중함.
動靜(동정) ①운동과 정지. ②형편. 상황.
動止(동지) ①움직임과 그침. ②행동거지(行動擧止). 동작(動作). 동정(動靜).
動地(동지) 땅을 움직임. 세상을 놀라게 함.
動天(동천) ①하늘을 감동시킴. ②하늘을 뒤흔들 만큼 세력이 성함.
動輒得咎(동첩득구) 걸핏하면 욕을 먹음.
動聽(동청) 귀 기울여 들음. 경청(傾聽)함.
動塚(동총) 무덤을 옮기려고 파냄.
動態(동태) 움직여 변해 가는 상태.
動向(동향) ①마음의 움직임. ②행동의 방향.
動血(동혈) 희로애락의 감정이 얼굴에 뚜렷이 드러남.
◨ 感動감동, 擧動거동, 激動격동, 亂動난동, 微動미동, 發動발동, 變動변동, 不動부동, 生動생동, 騷動소동, 搖動요동, 移動이동, 蠢動준동, 震動진동, 暴動폭동, 行動행동, 活動활동.

9 ⑪ 【勒】 굴레 륵 職

인명 1급 ㊥lè, lēi ㊐ロク

소전 초서 자해 ❶굴레. 〔杜甫·詩〕 白馬嚼齧黃金勒백마작설황금륵. ❷억지로 하다. ❸새기다. 〔禮記〕 物勒工名以考其誠물륵공명이고기성. ❹다스리다. 〔史記〕 可以小試勒兵乎가이소시륵병호. ❺묶다. ¶ 勒痕늑흔.
勒掘(늑굴) 남의 무덤을 강제로 파게 함.
勒銘(늑명) ①문자(文字)를 금석(金石)에 새김. 또는 그 새긴 문자. ②공훈을 세움.
勒兵(늑병) 군사의 대오를 정돈하고 점검함.
勒死(늑사) 목을 매어 죽음. 목을 졸라 죽임.
勒削(늑삭) 남의 머리털을 강제로 깎음.
勒紲(늑설) 말고삐.
勒抑(늑억) 억지로 못하게 함.
勒定(늑정) 강제로 작정하게 함.
勒停(늑정) 강제로 벼슬을 면제함. 파면함.
勒住(늑주) 억지로 머무르게 하거나 살게 함.
勒奪(늑탈) 폭력이나 위력으로 빼앗음.
勒婚(늑혼) 강제로 하는 혼인.
勒花(늑화) 너무 추워서 꽃이 피지 못함.
勒痕(늑흔) 목을 매어 죽인 흔적.
◨ 彌勒미륵.

9 ⑪ 【務】 务 일 무 遇

중학 인명 4Ⅱ급 ㊥wù ㊐ム

필순 マ ヌ 子 矛 矛 矛 矜 務 務 務

소전 초서 자원 形聲. 敄+力→務. '敄(무)'가 음을 나타낸다.

자해 ❶일. ㉮정사(政事). ¶ 機務기무. ㉯직분, 맡은 일. 〔史記〕 逐什二以爲務축십이이위무. ❷힘쓰다. 〔論語〕 君子務本군자무본. ❸힘쓰게 하다, 권장하다. 〔荀子〕 務其業무기업.
務望(무망) 애써 바람.
務本(무본) 근본에 힘씀.
務實(무실) 참되고 실속 있도록 힘씀.
務實力行(무실역행) 참되고 실속 있도록 힘쓰고 실행함.
◨ 公務공무, 國務국무, 軍務군무, 劇務극무, 勤務근무, 業務업무, 義務의무, 任務임무, 專務전무, 職務직무, 債務채무.

9 ⑪ 【勖】 힘쓸 욱 沃

인명 ㊥xù ㊐キョク

소전 초서 속자 勗 자해 힘쓰다, 노력하다. 〔書經〕 勖哉夫子욱재부자.
勖率(욱솔) 혼례 때, 아버지가 자식에게 명령하여 신부를 맞아 오도록 하는 말.

9 ⑪ 【勗】 勖(153)의 속자

9 ⑪ 【勖】 힘쓸 할 黠

㊥hé ㊐カツ

자해 힘쓰다, 부지런히 일하다.

10 ⑫ 【勞】 劳 ①일할 로 豪 ②위로할 로 號

중학 인명 5급 ㊥láo, lào ㊐ロウ

필순 丶 丷 火 炏 炏 炏 炏 㷀 勞 勞

소전 초서 속자 労 자원 會意. 𤇾+力→勞. '𤇾'은 '熒(반짝일 형)'의 생략형. 불이 늘 타오를 수 있게 힘쓴다〔力〕는 데서 '일하다'의 뜻을 나타낸다.

자해 ①❶일하다. 〔國語〕 勞而不矜其功로이불긍기공. ❷노력하다. 〔論語〕 勞而不怨로이불원. ❸근심하다. 〔淮南子〕 竭力而勞萬民갈력이로만민. ❹지치다. 〔孟子〕 或勞心혹로심, 或勞力혹로

力 10 획

력. ❺**수고, 노고**(勞苦). 〔易經〕說以先民설이선민, 民忘其勞민망기로. ❻**공훈, 공적**. 〔禮記〕功烈勳勞공렬훈로. ② **위로하다, 달래다**. 〔漢書〕勞二千石로이천석.

勞遣(노견) 사람을 보내어 위로함.
勞結(노결) 근심 걱정으로 마음이 답답함.
勞謙(노겸) 큰 공로가 있으면서 겸손함.
勞苦(노고) 힘들여 애쓰는 수고.
勞困(노곤) 고달프고 피곤함.
勞倦(노권) 피로하여 싫증이 남.
勞筋勞骨(노근노골) 몸을 아끼지 아니하고 일에 힘씀.
勞農(노농) 농민을 위로함.
勞動(노동) 몸을 움직여 일함.
勞來(노래) ①수고를 치사함. 위로함. 또는 격려함. ②오는 사람을 맞아 수고를 위로함.
勞力(노력) 물건을 생산하기 위해 힘을 써서 활동함.
勞勉(노면) 위로하고 격려함.
勞務(노무) 임금을 받으려고 육체적 노력을 들여서 하는일.
勞問(노문) 문안하여 위로함. 慰問(위문).
勞使(노사) 노동자와 사용자.
勞神(노신) 정신을 피곤하게 함. 걱정을 함.
勞心焦思(노심초사) 애쓰고 속 태움.
勞役(노역) 몹시 괴롭고 힘든 노동.
勞燕分飛(노연분비) 때까치와 제비가 나뉘어 날아감. 사람이 이별함.
勞而無功(노이무공) 애를 썼으나 효과가 없음.
勞而不怨(노이불원) 효자는 부모를 위하여 어떤 고생을 해도 부모를 원망하지 않음.
勞賃(노임) 품삯. 賃金(임금).
勞作(노작) ①힘들여 일함. ②힘들여 만든 작품. 力作(역작).
勞績(노적) 애써 세운 공적.
勞慘(노참) 피로하고 상심함.
勞瘁(노췌) 고달파서 파리함. 勞悴(노췌).
勞效(노효) 애쓴 공적. 공로(功勞).

◨ 功勞공로, 過勞과로, 勤勞근로, 徒勞도로, 煩勞번로, 慰勞위로, 疲勞피로.

10 ⑫ 【勝】 胜 ① 이길 승 徑 ② 견딜 승 蒸

중학 인명 6급 ㊥shèng ㊐ショウ

필순 丿 月 月 肸 肸 胖 胖 朕 勝 勝

소전 [篆] 초서 [草] 자원 形聲. 朕＋力→勝. '朕(짐)'이 음을 나타낸다.

자해 ① ❶**이기다**. ㉮**승부를 겨루어 이기다**. 〔禮記〕用之於戰勝용지어전승. ㉯**억누르다**. 〔呂氏春秋〕勝人者必先自勝승인자필선자승. ❷**낫다, 훌륭하다**. 〔南史〕勝境名山승경명산. ❸**뛰어난 것, 훌륭한 곳**. 〔白居易·詩〕勝地本來無定主승지본래무정주. ② ❶**견디다**. 〔管子〕子有幼弱不勝養爲累者자유유약불승양위루자. ❷**모두, 온통**. 〔孟子〕穀不可勝食也곡불가승식야.

勝塏(승개) 경치가 좋은 높고 밝은 곳.
勝景(승경) 뛰어난 경치.
勝國(승국) 멸망한 전대의 왕조(王朝).
勝氣(승기) 훌륭한 기상(氣象).
勝機(승기) 이길 수 있는 기회.
勝利(승리) 겨루어서 이김.
勝妙(승묘) 뛰어나게 기묘함.
勝報(승보) 싸움이나 경기에서 이겼다는 알림.
勝負(승부) 이김과 짐. 勝敗(승패).
勝事(승사) 뛰어난 일. 훌륭한 일.
勝算(승산) 이길 가망.
勝商(승상) 부유한 상인(商人).
勝勢(승세) 이길 기세.
勝訴(승소) 소송(訴訟)에서 이김.
勝友(승우) 훌륭한 친구. 좋은 벗.
勝遊(승유) 즐겁게 잘 놂.
勝因(승인) ①(佛)좋은 인연. 특별히 뛰어난 선인(善因). ②승리의 원인.
勝者(승자) 이긴 사람. 이긴 편.
勝蹟(승적) 유명한 고적(古跡). 뛰어난 사적(事蹟). 勝迹(승적). 名勝古蹟(명승고적).
勝戰鼓(승전고) 싸움에 이겼을 때 치는 북.
勝絕(승절) 경치가 더할 나위 없이 뛰어남.
勝接(승접) 자기보다 학식이 나은 글동무.
勝地(승지) ①경치가 좋은 곳. 勝區(승구). 勝境(승경). 勝所(승소). ②지형(地形)이 뛰어난 곳.
勝致(승치) 좋은 흥취나 경치(景致).
勝敗(승패) 이김과 짐. 勝負(승부).
勝會(승회) 성대한 연회. 盛會(성회).

◨ 健勝건승, 決勝결승, 連勝연승, 優勝우승, 戰勝전승, 必勝필승.

10 ⑫ 【勛】 勳(156)의 고자 인명

11 ⑬ 【勧】 勸(156)의 속자

11 ⑬ 【勤】 부지런할 근 文

중학 인명 4급 ㊥qín ㊐キン, ゴン

필순 一 廾 廾 昔 芇 革 堇 堇 勤 勤

소전 [篆] 초서 [草] 자원 形聲. 堇＋力→勤. '堇(근)'이 음을 나타낸다.

力 10획

자해 ❶부지런하다. 〔春秋左氏傳〕 令尹其不勤民령윤기불근민. ❷일, 직책, 임무. 〔禮記〕 服勤至死복근지사. ❸근심하다. 〔呂氏春秋〕 勤天子之難근천자지난. ❹은근하다. ≒懃. 〔詩經〕 恩斯勤斯은사근사.

勤恪(근각) 부지런하고 삼감. 恪勤(각근).
勤懇(근간) ①정성을 다함. ②정중함.
勤幹(근간) 부지런하고 재간이 있음.
勤儉(근검) 부지런하고 검소함.
勤苦(근고) 애써 부지런히 일함.
勤勤(근근) 부지런한 모양.
勤勤孜孜(근근자자) 매우 부지런하고 정성스러운 모양.
勤念(근념) ①정성스럽게 돌보아 줌. ②애쓰고 수고함.
勤勞(근로) 부지런히 일함.
勤勉(근면) 부지런히 일하며 힘씀.
勤務(근무) 직장에 적을 두고 일을 맡아 함.
勤民(근민) ①백성을 부지런하게 함. ②임금이 백성을 위해 힘씀. ③부지런한 백성.
勤敏(근민) 부지런하고 민첩함.
勤仕(근사) 자기가 맡은 일을 힘써 행함.
勤續(근속) 한 직장에서 장기간 계속 근무함.
勤愼(근신) 힘쓰고 삼감. 勤肅(근숙).
勤實(근실) 부지런하고 착실함.
勤王(근왕) 왕실(王室)을 위하여 충성을 다함.
勤止(근지) 부지런히 일을 함. 근면함.
勤怠(근태) ①부지런함과 게으름. ②출근(出勤)과 결근(缺勤). 勤慢(근만).
勤學(근학) 부지런히 공부함. 학문에 힘씀.
勤行(근행) ①힘써 행함. ②(佛)부처 앞에서 독경(讀經)·예배 등을 부지런히 하는 일.
◨ 皆勤개근, 缺勤결근, 夜勤야근, 出勤출근, 退勤퇴근.

11 ⑬【勠】 합할 륙 屋

㊥lù ㊐リク

소전 자해 합하다, 힘을 합하다. 〔國語〕 與諸侯勠力同心여제후륙력동심.

勠力(육력) 힘을 합함. 戮力(육력).

11 ⑬【募】 모을 모 遇

고등 인명 3급 ㊥mù ㊐ボ

필순 丶 十 卄 廾 艹 苩 莫 莫 募 募

소전 초서 자원 形聲. 莫+力→募. '莫(막)'이 음을 나타낸다.

자해 모으다. ㉮불러 모으다. 〔荀子〕 案謹募選閱材伎之士안근모선열재기지사. ㉯돈·재산 등을 축적하다. ¶ 募金모금.

募軍(모군) 國①공사판의 품팔이꾼. ②군인을 모집하는 일.
募金(모금) 기부금을 모음.
募兵(모병) 병정을 뽑음. 또는 그 뽑은 병정.
募役法(모역법) 송대(宋代) 왕안석(王安石)이 만든 신법(新法)의 하나. 요역(徭役)에 나갈 사람 대신에 돈을 징수하여, 그 돈으로 인부를 사서 대신 일을 시키도록 한 법.
募集(모집) 널리 구하여 모음.
◨ 公募공모, 急募급모, 應募응모.

11 ⑬【勢】 势 기세 세 霽

중학 인명 4Ⅱ급 ㊥shì ㊐セイ

필순 十 土 夫 坴 坴 坴 執 執 埶 勢

소전 초서 속자 势 자원 形聲. 埶+力→勢. '埶(예)'가 음을 나타낸다.

자해 ❶기세. ㉮위세, 위력. ㉯힘, 활동력. 〔淮南子〕 各有其自然之勢각유기자연지세. ㉰형세, 형편. 〔史記〕 其勢無所得食기세무소득식. ❷불알. 〔晉書〕 盜淫者割其勢도음자할기세.

勢家(세가) 권세가 있는 집안. 勢道家(세도가). 權門(권문).
勢客(세객) 國세도(勢道) 있는 사람.
勢窮力盡(세궁역진) 형세가 궁하고 힘이 다함.
勢權(세권) 권세(權勢).
勢道(세도) 정치상의 권세를 장악함.
勢力(세력) ①권세의 힘. ②현재 진행되는 힘이나 기세.
勢利之交(세리지교) 권세와 이익을 목적으로 하여 맺는 교제. 勢交(세교).
勢望(세망) 세력과 인망(人望).
勢不兩立(세불양립) 세력이 있는 쌍방(雙方)은 동시에 존재할 수 없음.
勢如破竹(세여파죽) 기세가 맹렬하여 대항할 적이 없는 모양. 破竹之勢(파죽지세).
勢焰(세염) 불꽃 같은 기세. 성(盛)한 세력.
勢要(세요) 권세가 있는 요직(要職). 또는 그 자리에 있는 사람.
勢威(세위) 기세와 위엄.
勢族(세족) 권세가 있는 겨레붙이.
◨ 去勢거세, 權勢권세, 氣勢기세, 優勢우세, 威勢위세, 姿勢자세, 形勢형세.

11 ⑬【勣】 공 적 錫

인명 ㊥jì ㊐セキ

자해 공, 업적. ≒績.

11 ⑬【勦】 노곤할 초 肴

㊥jiǎo ㊐ソウ

소전 초서 동자 勡 동자 剿 자해 ❶노곤하다, 수고롭게 하다. 〔春秋左氏傳〕其以勦民기이초민. ❷죽이다, 공격하다. 〔金史〕勦殺土寇초살토구. ❸빼앗다, 강탈하다. ≒鈔. 〔禮記〕毋勦說무초설.

勦滅(초멸) 적(敵)을 쳐서 무찌름. 모두 잡아 죽임. 剿殄(초진), 勦討(초토).

勦民(초민) 백성을 고단하게 함.

勦說(초설) 남의 학설(學說)을 훔쳐서 자기의 학설로 삼는 일. 剽竊(표절). 勦襲(초습).

勦襲(초습) 現①남의 것을 슬그머니 제 것으로 만듦. ②초설(勦說). ③길 가는 사람 따위를 습격하여 재물을 빼앗음.

12 ⑭【勭】 動(152)의 고자

12 ⑭【勩】 勚 수고로울 예·이 霽 寘

㊥yì ㊐エイ

소전 초서 자해 ❶수고롭다, 수고로움, 피로. ❷괴로움, 괴로워하다. 〔明史〕乞勩罪自效걸예죄자효.

13 ⑮【勱】 힘쓸 매 卦

㊥mài ㊐バイ

소전 초서 자해 힘쓰다, 애써 격려하다. 〔書經〕用勱相我國家용매상아국가.

勱相(매상) 격려하고 도움.

13 ⑮【勰】 뜻 맞을 협 葉

㊥xié ㊐キョウ

소전 초서 자해 뜻이 맞다, 생각이 같다.

13 ⑮【勲】 勳(156)의 속자 인명

14 ⑯【勳】 공 훈 文

인명 2급 ㊥xūn ㊐クン

소전 초서 고자 勛 속자 勲 자해 공, 나라 또는 임금을 위해 세운 업적. 〔書經〕一乃心力일내심력, 其克有勳기극유훈.

勳階(훈계) 훈공의 등급. 勳等(훈등).

勳功(훈공) 나라에 충성을 다하여 세운 공로. '勳'은 임금을 위한 공로, '功'은 나라를 위한 공로. 勳勞(훈로).

勳舊(훈구) ①대대(代代)로 훈공이 있는 집안. ②누대(累代)의 공로자.

勳貴(훈귀) 훈공이 있는 귀족(貴族).

勳記(훈기) 훈장(勳章)을 받는 자에게 훈장과 더불어 내리는 증서.

勳門(훈문) 훈공을 세운 문벌. 勳閥(훈벌).

勳業(훈업) 공훈. 勳績(훈적).

勳烈(훈열) 큰 공훈. 勳列(훈열).

勳位(훈위) ①공훈과 위계. ②공훈에 따라 주어진 위계. 勳級(훈급).

勳章(훈장) 나라에 대한 공로를 표창하기 위해 내리는 휘장(徽章)이나 기장(紀章).

勳籍(훈적) 공훈이 있는 신하의 업적을 적은 기록.

◨ 功勳공훈, 武勳무훈, 首勳수훈, 忠勳충훈.

15 ⑰【勵】 励 힘쓸 려 霽

고등 인명 3Ⅱ급 ㊥lì ㊐レイ

필순 厂 厂 严 厈 厝 厲 厲 厲 厲 勵

초서 속자 励 자원 會意·形聲. 厲+力→勵. '厲(려)'는 '숫돌'을 뜻하고, 음도 나타낸다. 숫돌에 힘껏〔力〕간다는 데서 '힘쓰다'라는 뜻을 나타낸다.

자해 ❶힘쓰다. 〔南史〕夙夜勤勵숙야근려. ❷권장하다. 〔三國志〕以義相勵이의상려.

勵節(여절) 절조를 지키도록 권장함.

勵精(여정) 분발하여 힘쓰도록 격려함.

勵志(여지) 의지를 격려함.

勵行(여행) ①힘써 행함. ②행하기를 장려함.

◨ 激勵격려, 督勵독려, 勉勵면려, 奬勵장려.

17 ⑲【勷】 달릴 양 陽

㊥ráng ㊐ジョウ

자해 ❶달리다, 달리는 모양. ❷바쁘다, 허둥대는 모양. 〔白居易·詩〕倚命不劻勷의명불광양.

18 ⑳【勸】 劝 권할 권 願

중학 인명 4급 ㊥quàn ㊐カン

필순 ⺊ ⺾ 吅 吅 㠭 雈 雚 雚 雚 勸

소전 초서 동자 勧 속자 劝 속자 勧

자원 形聲. 雚+力→勸. '雚(관)'이 음을 나타낸다.
자해 ❶권하다, 권장하다. 〔論語〕 擧善而敎거선이교, 不能則勸불능즉권. ❷힘쓰다. 〔戰國策〕 許救甚勸허구심권.
勸駕(권가) 수레를 보내어 덕행(德行)이 있는 사람을 서울에 불러 올리던 일
勸諫(권간) 격려하고 충고함.
勸講(권강) 임금에게 경전을 강의함.
勸戒(권계) 착한 일을 권장하고 악한 일을 징계함.
勸告(권고) 타일러 권함.
勸禁(권금) 권하는 일과 금하는 일.
勸農綸音(권농윤음) 농사를 장려하는 임금의 교서(敎書).
勸導(권도) 권장하여 인도함.
勸督(권독) 보살피어 권장함.
勸勵(권려) 권장하고 격려함.
勸勉(권면) 권하고 격려하여 힘쓰게 함.
勸服(권복) 진심으로 자진해서 따름.
勸分(권분) 고을 원이 관내(管內)의 부자에게 권하여 가난한 사람을 구제하게 하던 일.
勸相(권상) 힘써 도움. 권하여 도움.
勸善(권선) ①선을 권함. ②(佛)신자들에게 보시(布施)를 청함.
勸善懲惡(권선징악) 선행을 권장하고 악행을 징계함. 勸懲(권징).
勸說(권설) 타일러 권함, 또는 그 말.
勸率(권솔) 권하여 이끎.
勸業(권업) 일에 힘씀. 또는 일을 권장함.
勸誘(권유) 어떤 일을 하도록 권하거나 달램.
勸奬(권장) 권하여 장려함.
勸酒(권주) 술을 권함.
勸止(권지) 권하여 중지시킴.
勸請(권청) ①(佛)부처의 내림(來臨)을 빎. ②신불의 영(靈)을 청하여 맞이함.
勸學(권학) 학문을 힘써 배우도록 권장함.
勸解(권해) 권고하여 화해시킴.
勸化(권화) (佛)①불교를 믿지 않는 사람을 설득하여 믿게 함. ②승려가 불사(佛寺)의 건립 등을 위하여 신자에게 금품의 희사를 권유하는 일. 勸進(권진).
勸誨(권회) 권장하고 가르침.

勹部 쌀포몸

0 ② 【勹】 쌀 포 **勹**

㊥bāo ㊐ホウ

소전 자원 象形. 사람이 몸을 앞으로 구부려 보따리를 싸서 안고 있는 모양을 본떠서 '싸다'의 뜻을 나타낸다.
자해 ❶싸다. ※包(158)의 본자(本字). ❷한자 부수의 하나, 쌀포몸.

1 ③ 【勺】 구기 작 **藥**

인명 1급 ㊥sháo ㊐シャク

소전 초서 속자 勺 자해 ❶구기. 술 같은 것을 뜰 때에 쓰는 기구. 〔禮記〕 殷以疏勺은이소작 周以蒲勺주이포작. ❷작. ㉮홉〔合〕의 10분의 1. ¶ 三合五勺삼합오작. ㉯소량(少量), 얼마 되지 않는 양. ¶ 勺飮작음. ❸잔질하다. ≒酌.
勺水不入(작수불입) 國한 모금의 물도 넘기지 못함. 음식을 조금도 먹지 못함.
勺飮(작음) 한 국자의 물. 소량의 음료(飮料).

1 ③ 【勺】 勺(157)의 속자

2 ④ 【勾】 굽을 구 **尤**

인명 ㊥gōu ㊐コウ

초서 자해 ❶굽다, 휘다. 〔尙書大傳〕 古之人衣上有冒而勾領고지인의상유모이구령. ❷갈고리. ≒鉤. ❸잡다, 붙들다. ≒拘. 〔白居易·詩〕 一半勾留是此湖일반구류시차호.
勾檢(구검) 조사함. 취조함.
勾當(구당) 일을 다룸. 임무(任務)에 당함.
勾留(구류) ①멈추어 머무름. ②붙잡고 못하게 말림.
勾喚(구환) 관청에 소환함.

2 ④ 【匀】 1 적을 균 ㊍윤 **眞**
2 고를 균 **眞**

인명 ㊥yún, jūn ㊐イン, キン

소전 초서 속자 匀 자해 1 ❶적다. ❷가지런히 바로잡다. 2 고르다. ※均(251)과 동자(同字).
匀圓(균원) 아주 둥긂.
匀旨(균지) 정승이 내리는 명령이나 의견. 匀敎(균교).

2 ④ 【匀】 匀(157)의 속자

2 ④ 【勿】 말 물 **物**

중학 인명 3Ⅱ급 ㊥wù ㊐ブツ

필순 ノ 勹 勺 勿

소전 초서 자원 象形. 고대에 사대부(士大夫)가 백성을 불러 모을 때 세우던 기(旗)를 본떠 '기'를 뜻하였는데, 뒤에 금지의 뜻으로 가차되었다.

자해 **❶말다, 말아라.** 금지(禁止)의 뜻을 나타내는 어조사. 〔論語〕 過則勿憚改과즉물탄개. **❷아니다.** 〔舊唐書〕 前事勿論전사물론. **❸매우 바쁜 모양.**

勿驚(물경) 엄청난 것을 말할 때 '놀라지 마라', '놀랍게도'의 뜻을 나타내는 말.

勿禁(물금) 관청에서 금(禁)한 일을 특별히 하도록 허가하여 줌.

勿論(물론) 말할 것도 없음.

勿勿(물물) ①매우 바쁜 모양. ②부지런히 힘쓰는 모양. 孜孜(자자).

勿施(물시) ①실시하려던 일을 그만둠. ②해 온 일을 무효로 함.

勿侵(물침) 건드리거나 침범하지 못하게 함.

勿許還退(물허환퇴) 조선 때, 노비를 매매(賣買)하고 2년이 지난 뒤에는 노비가 도망가더라도 대금 반환을 요구할 수 없도록 한 일.

3 ⑤【匃】 빌 개 · 갈 泰 曷

㊥gài ㊐カイ

소전 동자 自 자해 **❶빌다, 구하다, 구걸하다.** ＝丐. 〔漢書〕 家貧匃貣無節가빈개특무절. **❷주다.** 〔漢書〕 我匃若馬아개약마.

3 ⑤【匄】 匃(158)와 동자

3 ⑤【匆】 悤(451)과 동자

3 ⑤【包】 쌀 포 肴

고등 인명 4Ⅱ급 ㊥bāo ㊐ホウ

필순 ノ 勹 勹 匀 包

소전 초서 본자 勹 자원 象形. 소전의 글자 모양에서 밖의 勹는 사람이 등을 구부려 물건을 안고 있는 모양, 속의 巳는 배 안에 들어 있는 태아(胎兒)의 모양을 각각 본뜬 것으로 '애를 배다'의 뜻을 나타낸다.

자해 **❶싸다.** ㉮**휘감아 싸다, 감싸다.** 〔詩經〕 白芽包之백아포지. ㉯**가리어 싸다.** 〔漢書〕 包紅顏而弗明포홍안이불명. **❷꾸러미, 보따리.**

包裹(포과) 물건을 쌈. 꾸림. 苞裹(포과).

包括(포괄) 전부 휩싸 하나로 묶음.

包袋(포대) 종이·피륙·가죽 따위로 만든 큰 자루. 負袋(부대).

包絡(포락) ①동여 묶음. 싸서 묶음. ②심장(心臟)을 싸고 있는 엷은 막(膜).

包攝(포섭) 상대편을 자기편으로 끌어들임.

包容(포용) 남을 너그럽게 감싸 받아들임.

包圍(포위) 둘레를 에워쌈.

包裝(포장) 물건을 싸거나 꾸림.

包藏(포장) ①싸서 간직함. 싸서 숨겨 둠. ②마음에 품고 있음. 남몰래 가슴에 품음.

包藏禍心(포장화심) 남을 해칠 마음을 품음.

包含(포함) 속에 들어 있거나 함께 넣음.

包懷(포회) ①싸서 가짐. 소유함. ②마음속에 품고 있음. 생각을 가슴속에 품음.

◼ 兼包겸포, 幷包병포, 荷包하포, 含包함포.

4 ⑥【匈】 오랑캐 흉 冬

인명 2급 ㊥xiōng ㊐キョウ

소전 초서 자해 **❶오랑캐.** 중국의 북쪽에 있었던 흉노(匈奴). 〔舊唐書〕 又匈虜一敗우흉로일패. **❷흉흉하다, 인심이 수선스럽다.** ≒恟. 〔史記〕 天下匈匈數歲者천하흉흉수세자. **❸가슴.** ≒胸. 〔漢書〕 其於匈中기어흉중, 曾不蔕芥증부대개.

匈奴(흉노) 중국 북쪽 몽골 고원에서 활약하던 유목 민족.

匈匈(흉흉) ①세상이 어지러워서 인심이 어수선한 모양. ②시끄럽게 떠드는 소리. ③흉포한 모양.

6 ⑧【匊】 움켜 뜰 국 屋

㊥jū ㊐キク

자해 **❶움켜 뜨다, 쌀을 두 손으로 움켜 뜨다.** ≒掬. **❷두 손을 합한 손바닥 안.** 〔詩經〕 蕃衍盈匊번연영국.

6 ⑧【匋】 질그릇 도 豪

㊥táo ㊐トウ

소전 자해 《同》 陶. **❶질그릇, 도기(陶器).** **❷질그릇을 굽다.** **❸질그릇 가마, 도자기를 굽는 가마.**

7 ⑨【匍】 길 포 虞

인명 1급 ㊥pú ㊐ホ

소전 초서 자해 기다, 배를 바닥에 깔고 나아가다. 〔詩經〕誕實匍匐탄실포복.
匍匐(포복) 땅에 배를 깔고 김. 匍伏(포복).

9 ⑪【匐】 길 복 職
인명 1급 ㊥fú ㊐フク
소전 초서 자해 기다, 엎드려서 기어가다. ≒伏. 〔孟子〕赤子匍匐將入於井적자포복장입어정.
匐枝(복지) 땅으로 뻗어 가면서 새 뿌리를 내리고 자라는 줄기.

9 ⑪【匏】 박 포 肴
인명 ㊥páo ㊐ホウ
소전 초서 자해 ❶박. 〔詩經〕匏有苦葉포유고엽. ❷악기(樂器), 8음(音)의 하나. 〔國語〕匏竹利制포죽리제.
匏繫(포계) 열리기는 하나 먹지 못하는 박. 쓸모없는 사람.
匏瓜(포과) 박. 바가지.
匏蘆(포로) 조롱박. 중간 부분이 잘록한 박.
匏竹(포죽) 생황(笙簧)과 피리.
匏尊(포준) 박으로 만든 술 그릇. 匏樽(포준).

10 ⑫【匎】 머리꾸미개 압 合
㊥è ㊐オウ
자해 머리꾸미개, 부인의 머리꾸미개. 〔杜甫·詩〕翠爲匎葉垂鬢脣취위압엽수빈순.
匎葉(압엽) 머리꾸미개.

匕部 비수 비

0 ②【匕】 비수 비 紙
인명 1급 ㊥bǐ ㊐ヒ
소전 초서 자원 象形. 끝이 뾰족한 숟가락 모양을 본뜬 글자.
자해 ❶비수, 단검(短劍). 〔史記〕曹沫執匕首조말집비수. ❷숟가락. ≒枇. 〔三國志〕先主方食失匕箸선주방식실비저.
匕首(비수) 짧은 칼. 단도(短刀).
匕箸(비저) 숟가락과 젓가락.

0 ②【七】 化(159)의 고자

2 ④【化】 될 화 禡
중학 인명 5급 ㊥huà ㊐カ, ケ
필순 ノ イ 亻 化
소전 초서 고자 七 고자 㐫 자원 會意·形聲. 人+匕→化. '匕'는 '化'의 고자(古字)로서 '되다, 화하다'의 뜻과 동시에 음도 나타낸다. 윗사람이 덕으로써 사람을 선도하여 훌륭한 풍속을 만든다는 뜻을 나타낸다.
자해 ❶되다. 〔呂氏春秋〕湯達乎鬼神之化탕달호귀신지화. ❷고쳐지다, 교화가 이루어져 풍속이 새로워지다. 〔荀子〕神則能化矣신즉능화의. ❸풍속(風俗). 〔史記〕黔首改化검수개화. ❹죽다, 망하다. 〔孟子〕且比化者차비화자, 無使土親膚무사토친부. ❺화(化)하다, 재질이 바뀌다. 〔禮記〕變則化변즉화. ❻변천하다. 〔易經〕知變化之道지변화지도.
化感(화감) 덕교(德敎)로써 감화시킴.
化去(화거) 다른 것으로 변하여 감. 죽음.
化工(화공) 조화의 교묘함. 자연의 조화. 天工(천공).
化光(화광) 덕화(德化)의 큰 일.
化膿(화농) 외상을 입은 피부나 장기에 고름이 생기는 일.
化導(화도) 덕으로써 사람을 이끎.
化理(화리) 교화를 베풀어 천하를 다스림.
化民(화민) 백성을 교화하여 착하게 함.
化民成俗(화민성속) 백성을 교화하여 좋은 풍속을 이룸.
化生(화생) 천지, 음양, 남녀의 정(精)이 합하여 새로운 것이 태어나는 일.
化石(화석) 변하여 돌이 됨. 동식물의 유해나 그 자취가 암석 속에 남아 있는 것.
化成(화성) ①육성함. ②모양을 바꾸어 다른 물체가 됨. ③덕화(德化)로 개선됨.
化醇(화순) 변화하여 순수하게 됨.
化身(화신) ①(佛)부처가 중생을 교화하기 위해 여러 모습으로 변화하는 일. ②추상적인 특질이 구체화 또는 유형화된 것.
化外(화외) 교화가 미치지 못하는 변강(邊疆), 또는 치화(治化)가 미치지 못하는 외국.
化雨(화우) 교화가 사람에게 미침을 시우(時雨)에 비유한 말.
化育(화육) 천지 자연이 만물을 낳고 길러 자라게 함.
化人(화인) ①선인(仙人). ②죽은 사람. ③(佛)부처나 보살이 그 형체를 바꾸어 사람이 됨. 또는 신통력으로 사람의 형체로 만듦.
化者(화자) ①죽은 사람. ②변화하는 이 세상

의 모든 것. 유형의 만물.

化粧(화장) 얼굴 따위를 곱게 꾸밈.

化遷(화천) 변천함.

化治(화치) ①교화하여 다스림. ②만들어 냄.

化學(화학) 물질의 조성·구조·성질·변화 따위를 연구하는 과학.

化現(화현) (佛)불보살(佛菩薩)이 중생을 교화하기 위하여 여러 가지 형상으로 변하여 이 세상에 나타나는 일.

■ **感化**감화, **開化**개화, **敎化**교화, **歸化**귀화, **德化**덕화, **變化**변화, **俗化**속화, **造化**조화, **進化**진화, **退化**퇴화, **風化**풍화.

3 ⑤【北】 ①북녘 북 職 ②달아날 배 隊

중학 인명 8급 ㊥běi, bèi ㊐ホク

필순 - ㅓ ㅓ ㅓ' 北

소전 ⺇ 초서 ⺈ 참고 인명용 음은 '북·배'이다.

자원 會意. 두 사람이 등을 맞대고 있는 모양에서 '등지다, 달아나다'는 뜻을 나타낸다.

자해 ① **북녘.** 〔孟子〕 南面而征北狄怨남면이정북적원. ② ❶**달아나다, 도망치다.** 〔史記〕 匈奴小入흉노소입, 詳北不勝상배불승. ❷**등지다, 저버리다.** ≒背. 〔史記〕 士無反北之芯사무반배지심.

北闕(북궐) ①궁성의 북문. ②궁중(宮中). 禁中(금중). ③㊕경복궁(景福宮)을 창덕궁(昌德宮)과 경희궁(慶熙宮)에 상대하여 이르는 말.

北堂(북당) ①주부가 거처하는 곳. 또는 주부. ②어머니. 萱堂(훤당). 母堂(모당).

北斗(북두) ①북쪽 하늘에서 보이는 7개의 별. 북두성. 북두칠성. ②제왕.

北虜(북로) 북쪽 오랑캐.

北邙(북망) ①산(山) 이름. 낙양(洛陽)의 동북쪽에 있는데 한대(漢代) 이후의 왕후 공경(王侯公卿)의 묘지(墓地)가 많음. ②무덤이 많은 곳. 사람이 죽어서 가는 곳.

北面(북면) ①북쪽을 향함. ②신하의 좌위(座位). 신하가 됨. ③제자의 좌위. 제자가 됨.

北冥(북명) 북쪽에 있는 큰 바다.

北門之嘆(북문지탄) 궁한 나머지, 오죽잖은 벼슬자리에 나아가기는 하였으나 뜻을 얻지 못함을 한탄함.

北鄙(북비) 북쪽 변경의 두메 지역.

北首(북수) 머리를 북쪽으로 둠. 사자(死者)의 머리를 북쪽으로 가게 눕히는 일.

北垂(북수) 북쪽의 변방.

北辰(북신) 북극성(北極星)의 딴 이름.

北緯(북위) 적도 이북의 위도(緯度).

北狄(북적) 북방의 만족(蠻族). 중국 사람이 중원(中原) 북방의 이민족을 일컫던 말.

北征(북정) ①북방의 땅을 정벌함. 北伐(북벌). ②북쪽으로 감.

北庭(북정) ①집 안에서 북쪽에 있는 뜰. ②성균관(成均館) 안에 있는 명륜당(明倫堂)의 북쪽 마당. 유생(儒生)들이 이곳에서 승학시(陞學試)를 보았음.

北宗(북종) ①(佛)당(唐)의 신수(神秀)를 교조(敎祖)로 하는 선종(禪宗)의 일파(一派). ②당(唐)의 이사훈(李思訓)을 종장(宗匠)으로 하는 동양화의 일파. 北宗畫(북종화).

北鎭(북진) ①북방의 번진(藩鎭). ②함경북도의 6진(鎭)을 두었던 지방을 이르는 말.

北窓三友(북창삼우) 거문고〔琴〕·술〔酒〕·시(詩)를 이르는 말. 백거이(白居易)의 북창 삼우시(北窓三友詩)에서 온 말.

北學(북학) ①중국 북조(北朝)에서 행해진 학풍. 후한(後漢)의 고문학적(古文學的)인 경학(經學)을 중히 여겨 번잡한 실증(實證)을 존중함. ②조선 영·정조 때 청(淸)나라의 선진 문물을 배워야 한다고 주장하였던 학문.

■ **江北**강북, **南北**남북, **朔北**삭북, **敗北**패배.

7 ⑨【乶】 ㊕뿐 뿐

참고 우리말의 '뿐' 음을 적기 위하여 만든 글자이다.

자해 **뿐.** ※그것만이고 더 이상 없다는 뜻.

8 ⑩【乷】 ㊕밧 밧

참고 우리말의 '밧·밖' 음을 적기 위하여 만든 글자이다.

자해 **밧, 밖.**

9 ⑪【匙】 숟가락 시 支

인명 1급 ㊥chí ㊐シ

소전 匙 초서 匙 자해 ❶**숟가락.** ❷**열쇠.**

匙楪(시접) 제사 지낼 때 수저를 담는 대접 비슷한 그릇.

■ **茶匙**다시, **飯匙**반시, **鑰匙**약시.

匚 部 　 튼입구몸

0 ②【匚】 상자 방 陽

㊥fāng ㊐ホウ

소전 匚 자원 象形. 물건을 넣어 두는 네모진 상자를 옆에서 바라본 모양을 본뜬 글자.

자해 ❶상자, 네모진 상자. ❷한자 부수의 하나, 튼입구몸.

3
⑤【匜】 주전자 이 支紙

中yí 日イ

소전 초서 자해 주전자. 손잡이가 달린 주전자 모양의 그릇. 〔舊唐書〕上置金匜상치금이.

3
⑤【帀】 돌 잡 合

中zā 日ソウ

동자 帀 자해 ❶돌다, 두르다. ❷둘레.

帀旬(잡순) 10일간. 一旬(일순).

4
⑥【匡】 바룰 광 陽

인명 1급 中kuāng 日キョウ

소전 초서 자해 ❶바루다, 바로잡다. 〔孟子〕匡之直之광지직지. ❷바르다, 반듯하다. 〔法言〕卜式之云복식지운, 不亦匡乎불역광호.

匡諫(광간) 바로잡아 간함.
匡困(광곤) 가난한 사람을 도와서 구제함.
匡矯(광교) 바루고 고침. 匡正(광정).
匡救(광구) 잘못을 바로잡고 어려움을 도와줌.
匡勵(광려) 잘못을 바로잡고 격려함.
匡補(광보) 부족한 것을 도와 보충함.
匡輔(광보) 바로잡아 도움. 올바르게 보필함. 匡翼(광익). 匡翊(광익).
匡復(광복) 잘못된 것을 바로잡아 회복함.
匡牀(광상) 편안한 평상. 침대. 匡床(광상).
匡定(광정) 도와서 정함.
匡制(광제) 바로잡아 누름.
匡濟(광제) 잘못을 바로잡아 구제함.
匡坐(광좌) 바르게 앉음. 正坐(정좌).
匡佐(광좌) 임금을 바르게 도움.
匡護(광호) 도와서 지킴. 援護(원호).

4
⑥【匠】 장인 장 漾

인명 1급 中jiàng 日ショウ

소전 초서 자해 ❶장인, 물건을 만드는 것을 업으로 삼는 사람. 〔孟子〕巫匠亦然무장역연. ❷기술자. 〔論衡〕能彫琢文書능조탁문서, 謂之史匠위지사장. ❸고안(考案), 궁리. ¶ 意匠의장.

匠石運斤(장석운근) 기예가 오묘한 경지에 이름. 故事 고대의 명공인 장석(匠石)이 자귀를 휘둘러 물건을 만드는 데 조금의 착오도 없었다는 고사에서 온 말.
匠人(장인) 물건을 만드는 일을 업으로 삼는 사람. 匠色(장색).
匠意(장의) 무엇을 만들고자 하는 착상(着想). 考案(고안). 意匠(의장).

◨ 巨匠거장, 工匠공장, 名匠명장.

5
⑦【匣】 갑 갑 洽

인명 1급 中xiá 日コウ

소전 초서 자해 ❶갑, 궤, 작은 상자. 〔史記〕秦舞陽奉地圖匣진무양봉지도갑, 以次進이차진. ❷우리. 〔論語〕虎兕出于匣호시출우갑. ❸國갑으로 된 것을 세는 단위.

◨ 劍匣검갑, 寶匣보갑, 玉匣옥갑, 漆匣칠갑.

7
⑨【匨】 藏(1099)의 고자

8
⑩【匪】 대상자 비 尾

인명 2급 中fěi 日ヒ

소전 초서 자해 ❶대상자, 폐백(幣帛) 상자. ≒篚. 〔孟子〕其君子實玄黃于匪기군자실현황우비. ❷아니다. ≒非. 〔國語〕莫匪爾極막비이극. ❸도둑, 악한(惡漢). ¶ 匪徒비도.

匪躬之節(비궁지절) 자신의 이익을 생각하지 않고, 오직 국가에 정성을 다하는 충절.
匪徒(비도) 도적의 무리. 匪類(비류).
匪石之心(비석지심) 돌과 같이 자유로이 구르지 않는 마음. 굳어서 움직이지 않는 마음.
匪兕匪虎(비시비호) 외뿔소도 범도 아닌데 광야에서 쫓기고 있음. 어진 사람이 재난을 만나 한탄함. 공자(孔子)가 진(陳)·채(蔡) 사이에서 재난을 만났을 때의 한탄.
匪賊(비적) 무장을 하고 떼 지어 다니면서 사람들을 해치는 도둑.

◨ 共匪공비.

11
⑬【匯】汇 물 돌 회 賄

인명 中huì 日カイ

소전 초서 동자 滙 자해 ❶물이 돌다. ≒回. 〔書經〕東匯澤爲彭蠡동회택위팽려. ❷어음 환

匚 11획

12 ⑭【匱】匮 함 궤 寘

㊥guì, kuì ㊐キ

소전 초서 자해 ❶함, 궤, 갑. ＝櫃. ❷부족하다, 모자라다. ❸우리. 〔莊子〕將爲胠篋探囊장위거협탐낭, 發匱之盜발궤지도.

匱乏(궤핍) 의식(衣食)이 모자람. 匱竭(궤갈).

12 ⑭【匳】 奩(162)과 동자

13 ⑮【匲】 경대 렴 鹽

㊥lián ㊐レン

초서 동자 匳 동자 奩 자해 ❶경대(鏡臺), 거울을 넣어 두는 그릇. ❷향(香) 그릇.

匲幣(염폐) 시집갈 때 가지고 가는 물건. 婚需(혼수).

15 ⑰【匵】 궤 독 屋

㊥dú ㊐トク

소전 초서 자해 ❶궤, 상자. ≒櫝. 〔論語〕韞匵而藏諸온독이장저. ❷작은 관(棺). 〔漢書〕昔帝堯之葬也석제요지장야, 窾木爲匵관목위독.

匚部 감출혜몸

0 ②【匚】 감출 혜 薺

㊥xì ㊐ケイ

소전 자원 會意. '一'은 윗부분을 가리고 있음을 나타내고, 'ㄴ'은 물건을 감추는 곳을 나타낸 데서 '감추다'의 뜻이 되었다.

자해 ❶감추다. ❷덮다. ❸한자 부수의 하나, 감출혜몸.

2 ④【区】 區(162)의 속자

2 ④【匹】 필 필 質

중학 인명 3급 ㊥pǐ ㊐ヒツ

필순 一 丆 兀 匹

소전 초서 자원 會意. 匚+八→匹. '匚'는 피륙을 감춘다는 뜻이고, '八'은 나눈다는 뜻이다. 감추어 둔 피륙을 둘로 나누면 그 각각이 서로 짝이 되므로 '짝'이라는 뜻을 나타낸다.

자해 ❶필. ≒疋. ㉮피륙을 세는 단위. 〔漢書〕布帛長四丈爲匹포백장사장위필. ㉯말이나 소를 세는 단위. ¶ 馬四匹마사필. ❷짝. ㉮배우자. 〔楚辭〕獨無匹兮독무필혜. ㉯편, 짝, 벗. 〔詩經〕率由群匹솔유군필. ㉰짝하다. 〔春秋左氏傳〕庶人夫妻相匹서인부처상필.

匹練(필련) 하얗게 바랜 한 필의 백포(白布). ㉠폭포의 모습. 瀑布(폭포). ㉡백마(白馬)의 모습. 疋練(필련).

匹馬單槍(필마단창) 한 필의 말과 한 자루의 창. 간단한 무장.

匹配(필배) ①짝지음. ②짝. 배우(配偶).

匹夫之勇(필부지용) 깊은 생각 없이 혈기만 믿고 함부로 부리는 소인의 용기.

匹夫匹婦(필부필부) 평범한 남녀.

匹敵(필적) ①서로 비슷함. 엇비슷하여 서로 맞섬. ②짝. 남편과 아내.

匹鳥(필조) 원앙(鴛鴦)의 딴 이름.

◨ 馬匹마필, 配匹배필.

5 ⑦【医】 1동개 예 霽 2의원 의 支

㊥yì, yī ㊐イ, エイ

소전 자해 1동개, 고건. 화살과 활을 꽂아 넣어 등에 지는 물건. 2의원. ※醫(1284)의 속자(俗字).

6 ⑧【匼】 아첨할 암 感

㊥ǎn ㊐アン

자해 ❶아첨하다. 〔唐書〕對上諂諛阿匼대상첨유아암. ❷두르다. 〔白居易·詩〕匼匝雲如抱암잡운여포.

匼匝(암잡) 빙 둘러 있는 모양.

9 ⑪【區】区 지경 구 虞

고등 인명 6급 ㊥qū, ōu ㊐ク, オウ

필순 一 丅 下 丏 叵 叵 品 區 區 區

소전 초서 속자 区 자원 會意. 匚+品→區. '匚'는 감춘다는 뜻이고, '品'은 물건이라는 뜻이다. 물건을 일정한 곳에 감추어 둔다는 데서 '지경, 숨기다' 등의 뜻을 나타낸다.

자해 ❶지경, 지역. 〔張衡·賦〕造我區夏조아구

하. ❷나누다, 경계를 갈라 정하다. 〔論語〕 譬諸草木비저초목, 區以別矣구이별의. ❸거처, 사는 장소. 〔漢書〕 覇具爲區處패구위구처. ❹자질구레하다. 〔舊唐書〕 未聞區區僧敎미문구구승교. ❺國지방 행정 구역의 하나.

區間(구간) 어떤 지점과 다른 지점과의 사이.

區區(구구) ①작은 모양. 근소한 모양. ②변변하지 못한 마음. ③제각각 다름.

區區之心(구구지심) 보잘것없는 마음. 자기 마음을 겸손하게 이르는 말.

區極(구극) 구역의 끝. 곧, 천하. 海內(해내).

區別(구별) 성질이나 종류에 따라 나타나는 차이. 또는 그것을 갈라 놓음.

區分(구분) 전체를 몇 개로 갈라 나눔.

區域(구역) 갈라놓은 지역.

區宇(구우) ①구역의 안. ②천하.

區處(구처) ①근거지. 숨어 있는 곳. ②사물을 구분하여 처리함.

區劃(구획) 경계를 갈라 정함.

◨ 市區시구, 地區지구.

9 ⑪【匿】 숨을 닉 職

인명 1급 ㊥nì ㊐トク

소전 초서 자해 ❶숨다, 도피하다. 〔漢書〕 迺匿其家내닉기가. ❷숨기다. 〔論語〕 匿怨而友其人닉원이우기인. ❸숨은 죄, 드러나지 않은 죄악.

匿空(익공) 몸을 숨기는 굴(窟).

匿名(익명) 이름을 숨김.

匿怨(익원) 원한을 숨김. 마음에는 원한을 품고 있으나 겉으로는 친한 것처럼 꾸밈.

◨ 隱匿은닉.

9 ⑪【匾】 얇을 편 銑

㊥biǎn ㊐ヘン

동자 자해 ❶얇다, 얇은 그릇. ❷납작하다. ❸편액(扁額).

匾額(편액) 문 위나 방 안에 걸던 액자.

匾壺(편호) 옛날에 쓰던 단지의 한 가지.

十部 열 십

0 ②【十】 열 십 緝

중학 인명 8급 ㊥shí ㊐ジュウ, ジッ

필순 一十

소전 十 갖은 拾 자원 指事. 'ㅣ'은 남북, '一'은 동서로, 동서남북과 중앙이 모두 갖추어져 있다는 뜻이다. 이에서 모두 갖춘 수인 '열'을 뜻한다.

자해 ❶열. 〔論語〕 回也聞一以知十회야문일이지십. ❷열 번. 〔中庸〕 人十能之인십능지, 己千之기천지. ❸열 배. 〔漢書〕 利不十者리불십자, 不易業불역업. ❹전부. 〔漢書〕 大王還兵疾歸대왕환병질귀, 尙得十半상득십반.

十家(십가) ①열 집. ②학예(學藝)의 열 가지 유파. 곧 유가(儒家)·도가(道家)·음양가(陰陽家)·법가(法家)·종횡가(縱橫家)·명가(名家)·묵가(墨家)·잡가(雜家)·농가(農家)·소설가(小說家). ③사부(辭賦)에 뛰어난 열 사람. 곧 주(周)·전국 시대의 순경(荀卿)·송옥(宋玉), 한(漢)의 매승(枚乘)·사마상여(司馬相如)·가의(賈誼)·왕포(王褒), 후한(後漢)의 반고(班固)·장형(張衡)·양웅(揚雄)·왕연수(王延壽).

十干(십간) 천간(天干)인 갑(甲)·을(乙)·병(丙)·정(丁)·무(戊)·기(己)·경(庚)·신(辛)·임(壬)·계(癸)의 총칭. 十幹(십간).

十經(십경) 유가(儒家)의 열 가지 경서. 곧, 주역(周易)·상서(尙書)·모시(毛詩)·예기(禮記)·주례(周禮)·의례(儀禮)·춘추좌씨전(春秋左氏傳)·춘추공양전(春秋公羊傳)·춘추곡량전(春秋穀梁傳)·논어(論語)와 효경(孝經).

十年減壽(십년감수) 목숨이 10년이나 줄어듦. 몹시 놀랐거나 위험한 고비를 겪음.

十年知己(십년지기) 10년 동안 사귄, 자기를 알아주는 친구. 오랫동안 사귄 친한 친구.

十大家(십대가) 당(唐)·송(宋)의 열 사람의 문장 대가. 당(唐)의 한유(韓愈)·유종원(柳宗元)·송(宋)의 구양수(歐陽脩)·소순(蘇洵)·소식(蘇軾)·소철(蘇轍)·왕안석(王安石)·증공(曾鞏)의 팔대가(八大家)와 당의 이고(李翺)·손초(孫樵).

十盲一杖(십맹일장) 열 소경에게 막대기 하나. 어떠한 사물이 여러 사람에게 모두 긴요하게 쓰임. 十瞽一杖(십고일장).

十目所視(십목소시) 여러 사람이 다 보고 있음. 세상 사람을 속일 수 없음.

十伐之木(십벌지목) 國열 번 찍어서 베는 나무. 아무리 심지가 굳은 사람이라도 여러 번 유인하면 결국 넘어가게 됨.

十三經(십삼경) 열세 가지의 경서. 역경(易經)·서경(書經)·시경(詩經)·춘추좌씨전(春秋左氏傳)·춘추공양전(春秋公羊傳)·춘추곡량전(春秋穀梁傳)·주례(周禮)·의례(儀禮)·예기(禮記)·효경(孝經)·논어(論語)·맹자(孟子)·

이아(爾雅).

十霜(십상) 십추(十秋), 곧 10년.

十生九死(십생구사) 아홉 번 죽었다가 열 번만에 살아남. 썩 위험한 고비를 겪음.

十手所指(십수소지) 뭇 사람이 손가락질함. 세상 사람들의 비판은 엄정하고 공명함.

十襲(십습) ①열 겹이나 싸서 소중히 간직함. ②옷 열 벌.

十勝之地(십승지지) 풍수가(風水家)가 이르는, 기근(饑饉)·병화(兵火)의 염려가 없어서 피난에 적합하다고 하는 열 군데의 땅. 곧, 공주(公州)의 유구(維鳩)·마곡(麻谷), 무주(茂朱)의 무풍(茂豐), 보은(報恩)의 속리산(俗離山), 부안(扶安)의 변산(邊山), 성주(星州)의 만수동(萬壽洞), 봉화(奉化)의 춘양(春陽), 예천(醴泉)의 금당동(金堂洞), 영월(寧越)의 정동 상류(正東上流), 운봉(雲峯)의 두류산(頭流山), 풍기(豐基)의 금계촌(金雞村).

十匙一飯(십시일반) 열 사람의 한 술 밥이 한 그릇의 밥이 됨. 여럿이 힘을 합하면 한 사람쯤 도와주기는 쉬움.

十室九空(십실구공) 열 집 중에 아홉 집은 빔. 큰 전쟁이나 홍수, 또는 극심한 전염병 등으로 많은 사람들이 흩어지거나 죽음.

十惡(십악) 은사(恩赦)나 대사(大赦)가 미치지 못하는 열 가지 중죄. 곧, 모반(謀反)·모대역(謀大逆)·모반(謀叛)·악역(惡逆)·부도(不道)·대불경(大不敬)·불효(不孝)·불목(不睦)·불의(不義)·내란(內亂).

十羊九牧(십양구목) 양 열 마리에 목자는 아홉 사람. 백성은 적고 벼슬아치는 많음의 비유.

十王(십왕→시왕) (佛)명부(冥府)에 있다는 열 명의 왕. 진광(秦廣)·초강(初江)·송제(宋帝)·오관(伍官)·염라(閻羅)·변성(變成)·태산(泰山)·평등(平等)·도시(都市)·오도전륜(五道轉輪).

十雨(십우) 열흘에 한 번씩 비가 옴. 곧, 알맞은 비.

十二律(십이율) 음악의 육률(六律)과 육려(六呂). 양(陽)인 육률은 황종(黃鐘)·태주(太簇)·고선(姑洗)·유빈(蕤賓)·이칙(夷則)·무역(無射), 음(陰)인 육려는 대려(大呂)·협종(夾鐘)·중려(仲呂)·임종(林鐘)·남려(南呂)·응종(應鐘).

十二支(십이지) 자(子)·축(丑)·인(寅)·묘(卯)·진(辰)·사(巳)·오(午)·미(未)·신(申)·유(酉)·술(戌)·해(亥), 곧 지지(地支).

十人十色(십인십색) 열 사람의 열 가지 색. 생각이나 취향이 사람마다 다름.

十日之菊(십일지국) 국화는 9월 9일이 한창인데 10일이면 때가 늦은 국화임. 이미 때가 늦어 기회를 잃음.

十長生(십장생) 장생불사(長生不死)한다는 열 가지. 곧, 해·산·물·돌·구름·소나무·불로초(不老草)·거북·학(鶴)·사슴.

十全(십전) ①조금도 결점이 없음. 완전무결함. ②國조금도 위험이 없음. 安全(안전).

十中八九(십중팔구) 열이면 여덟이나 아홉이 그러함.

十指不動(십지부동) 열 손가락을 꼼짝하지 않음. 몹시 게으름.

十體(십체) 열 가지의 서체(書體). ㉠당(唐)의 당원도(唐元度)의 십체(十體), 곧 고문(古文)·대전(大篆)·주문(籒文)·소전(小篆)·예서(隸書)·장초(章草)·행서(行書)·팔분(八分)·비백(飛白)·초서(草書). ㉡당(唐)의 장회관(張懷瓘)의 십체(十體), 곧 고문(古文)·대전(大篆)·팔분(八分)·소전(小篆)·비백(飛白)·도해(倒薤)·산예(散隸)·현침(懸針)·조서(鳥書)·수로(垂露).

十八公(십팔공) 소나무의 딴 이름. '十八公'은 송(松)의 파자(破字).

十風五雨(십풍오우) 열흘에 한 번 바람이 불고, 닷새에 한 번 비가 옴. 곧 바람 불고 비 오는 것이, 때와 분량이 알맞음.

十寒一曝(십한일폭) 열흘 춥고 하루 햇볕이 쬠. 일이 꾸준하지 못하고 중단됨이 많음.

十行俱下(십행구하) 열 줄의 글을 단번에 읽어 내려감. 글 읽는 속도가 빠름.

1
③【卄】 廿(404)과 동자 인명

1
③【千】 일천 천 先

중학 인명 7급 ㊥qiān ㊐セン

필순 ノ 二 千

소전 초서 갑문 갑문 자원 指事. '人(사람 인)' 자에 '一'을 더하여 숫자 '천'을 나타내었다.

자해 ❶일천. 〔孟子〕萬取千焉만취천언, 千取百焉천취백언. ❷천 번. 〔中庸〕人十能之인십능지, 己千之기천지. ❸많다.

千劫(천겁) (佛)오랜 세월. 永劫(영겁).

千古(천고) ①먼 옛날. ②먼 후세.

千苦萬難(천고만난) 여러 가지 고난.

千官(천관) 많은 관원.

千軍萬馬(천군만마) 많은 군사와 말.

千鈞(천균) ①3만 근(斤). 일 균(一鈞)은 30

근. ②매우 무거운 무게, 또는 그러한 물건.
千金(천금) ①많은 돈이나 비싼 값. ②아주 귀중한 것.
千金然諾(천금연낙) 천금같이 중한 허락.
千金子(천금자) 부잣집의 아들. 千金之子(천금지자).
千年一淸(천년일청) 황하(黃河) 물이 맑아지기를 바람. 가능하지 않은 것을 바람.
千念(천념) ①(佛)1,800개의 구슬을 꿴 염주. ②많은 생각. 千思(천사).
千慮一得(천려일득) 어리석은 사람이라도 많은 생각 속에는 간혹 쓸 만한 것이 있음.
千慮一失(천려일실) 지혜로운 사람이라도 많은 생각 속에는 간혹 실책이 있음.
千里乾坤(천리건곤) 넓은 하늘과 땅.
千里同風(천리동풍) 온 나라 안에 같은 바람이 붊. 세상이 태평함, 또는 그러한 세상.
千里馬(천리마) 하루에 천 리를 달리는 명마.
千里比隣(천리비린) 천 리나 되는 먼 곳도 가까운 이웃같이 생각됨. 교통이 매우 편리함.
千里眼(천리안) 천 리 밖의 것을 내다볼 수 있는 안력(眼力). 먼 데서 일어난 일을 직감적으로 감지하는 능력.
千萬夢外(천만몽외) 國천만 뜻밖.
千方百計(천방백계) 가지가지의 꾀.
千百(천백) 천 또는 백. 많은 수를 이름.
千變萬化(천변만화) 끝없이 변화함.
千緖萬端(천서만단) 잡다한 일. 가려낼 수 없을 만큼 많은 일의 갈피.
千歲後(천세후) 사람의 '죽음'을 완곡하게 이르는 말. 千秋萬歲後(천추만세후).
千乘之國(천승지국) 제후(諸侯)의 나라.
千辛萬苦(천신만고) 천 가지의 매운 것과 만 가지의 쓴 것. 여러 가지로 어려움을 겪고 심한 고생을 함.
千尋(천심) 매우 높거나 깊음. 千仞(천인).
千巖萬壑(천암만학) 수없이 많은 바위와 골짜기. 깊은 산속의 경치.
千耶萬耶(천야만야) 높거나 깊어서 천길만길이나 되는 듯한 모양.
千言萬語(천언만어) 헤아릴 수 없이 많은 말.
千憂(천우) 온갖 근심. 많은 걱정.
千姿萬態(천자만태) 여러 가지 맵시와 온갖 모양. 온갖 자태.
千紫萬紅(천자만홍) 가지가지의 빛깔, 또는 그런 빛깔의 꽃.
千載一遇(천재일우) 천 년에 한 번 만남. 곧 좀처럼 만나기 어려운 기회.
千枝萬葉(천지만엽) ①무성한 나무의 가지와 잎. ②일이 여러 갈피로 얽히어 어수선함.
千差萬別(천차만별) 여러 가지 사물이 모두 차이와 구별이 있음. 千種萬別(천종만별).
千斬萬戮(천참만륙) 천 번 베고 만 번 죽임. 여러 동강으로 쳐서 죽임.
千村萬落(천촌만락) 무수히 많은 촌락.
千秋(천추) ①천 년. 긴 세월. 千載(천재). ②남의 생일에 대한 경칭.
千秋萬歲(천추만세) ①천년만년. 영구한 세월. ②오래 살기를 축수하는 말.
千態萬象(천태만상) 천 가지 모양과 만 가지 형상. 사물이 제각기 다른 모습을 하고 있음.
千篇一律(천편일률) ①여러 시문의 글귀가 거의 비슷하여 변화가 없음. ②여러 사물이 죄다 대동소이하여 변화가 없음.
千悔(천회) 몹시 후회함.
▣ 數千수천, 一騎當千일기당천.

2 ④【卅】 서른 삽 ㊀

㊥sà ㊐ソウ

소전 초서 자해 **서른, 삼십.**

2 ④【升】 되 승 ㊀

인명 2급 ㊥shēng ㊐ショウ

소전 초서 자해 **❶되. ㉮곡식·액체의 분량을 재는 데 쓰는 그릇.** 〔漢書〕古升고승, 上徑一寸상경일촌, 下徑六分하경육분, 其深八分기심팔분. **㉯용량의 단위.** 말〔斗〕의 10분의 1. ¶ 二升五合이승오합. **❷새, 피륙의 날을 세는 단위.** 한 새는 80올. **❸괘 이름, 64괘의 하나.** 괘형은 ䷭. 전진(前進)하고 향상(向上)함을 상징한다. **❹오르다, 올리다.** ≒昇·陞. 〔詩經〕如日之升여일지승. **❺번성하다.** 〔書經〕道有升降도유승강. **❻익다.** 〔春秋穀梁傳〕五穀不升오곡불승.
升啓(승계) 펼쳐 보도록 올린다는 뜻으로, 편지 겉봉의 받는 사람 이름 아래에 쓰는 말.
升堂(승당) ①마루에 오름. ②학문이나 기예(技藝)의 대의(大意)를 통달함.
升堂入室(승당입실) 먼저 마루에 오른 뒤에 방으로 들어감. 학문의 나아가는 순서.
升斗(승두) ①되와 말. ②얼마 안 되는 녹(祿).
升揚(승양) ①오름. 올라감. ②관위가 높아짐.
升引(승인) ①잡아당겨 올림. ②발탁하여 씀.
升沈(승침) ①오름과 가라앉음. ②영고성쇠(榮枯盛衰). 浮沈(부침).
升擢(승탁) 발탁하여 승진시킴.
升平(승평) 나라가 잘 다스려져 태평함.
升遐(승하) ①하늘로 올라감. 멀리 올라감. ②임금이 세상을 떠남.

2
④【午】 일곱째 지지 오 麌

중학 인명 7급 ㊥wǔ ㊐ゴ

필순 ノ 𠂉 亠 午

소전 仐 초서 𠂉 자원 象形. 본래 절굿공이를 본뜬 것이었으나, 갑골문에서부터 지지(地支)의 일곱째를 뜻하는 글자로 가차되었다.

자해 ❶**일곱째 지지, 12지의 일곱째.** 고갑자(古甲子)로는 돈양(敦牂), 달로는 음력 5월, 시각으로는 정오(正午), 방위로는 정남(正南), 오행으로는 화(火), 동물로는 말에 배당된다. ❷**거스르다, 거역하다.** 〔禮記〕 午其衆오기중, 以伐有道이벌유도.

2획

午𤻲(오료) 점심 요기(𤻲飢).
午夢(오몽) 낮잠에서 꾼 꿈.
午門(오문) 남쪽으로 난 문.
午睡(오수) 낮잠. 午寢(오침).
午時(오시) ①십이시의 일곱째 시. 곧, 상오 11시~하오 1시. ②이십사시의 열셋째 시. 곧, 상오 11시 30분~하오 12시 30분.
午夜(오야) 자정(子正). 밤 12시.
午午(오오) 붐비는 모양. 잡답(雜沓)한 모양.
午溽(오욕) 정오(正午) 무렵의 무더위.
午月(오월) ①단오(端午)의 달. 곧, 음력 5월. ②오야(午夜)의 달. 밤 12시경의 달.
午日(오일) 음력 5월 5일. 단옷날.
午前(오전) 자정부터 낮 열두 시까지의 동안.
午餐(오찬) 점심.
午天(오천) 한낮. 正午(정오).
午風(오풍) ①점심때 쯤불어오는 바람. ②남쪽에서 불어오는 바람. 마파람.
午後(오후) 정오부터 밤 열두 시까지의 동안.
◘ 端午단오, 上午상오, 正午정오, 下午하오.

2
④【卆】 卒(167)의 속자

3
⑤【半】 반 반 翰

중학 인명 6급 ㊥bàn ㊐ハン

필순 丶 丷 丷 半 半

소전 半 초서 半 자원 會意. 八+牛→半. 소〔牛〕를 둘로 나눈다〔八〕는 데서 '나누다, 절반'의 뜻을 나타낸다.

자해 **반.** ㉮**똑같이 둘로 나눈 것의 한 부분.** ¶ 半月반월. ㉯**가운데.** 〔論語〕 小人소인, 半塗而廢今汝書반도이폐금여서.

半減(반감) 절반으로 줆.
半開(반개) ①반쯤 열거나 열림. ②꽃이 반쯤 핌. ③날씨가 반쯤 갬. 半晴(반청).
半徑(반경) 반지름.
半季(반계) ①각 계절의 절반. ②일 년의 반.
半弓(반궁) ①둥근 것이 반쯤 이지러져 궁형(弓形)으로 된 꼴. ②國작은 활.
半規(반규) 반원(半圓).
半旗(반기) 조의(弔意)를 나타내기 위해 기폭만큼 내려 다는 국기.
半島(반도) 삼면이 바다로 둘러싸이고 한 면은 육지에 이어진 땅.
半途(반도) ①어떤 거리의 반쯤 되는 길. ②일을 다 끝내지 못한 중간.
半塗而廢(반도이폐) 일을 하다가 중도에서 그만둠. 中塗而廢(중도이폐).
半輪(반륜) ①둥근 형상의 반쪽. ②반달.
半面之分(반면지분) 극히 얕은 교분(交分). 일면지분(一面之分)도 못 되는 교분.
半白(반백) ①흰색과 검은색이 반반 정도인 머리털. ②현미와 백미가 반반 섞인 쌀.
半壁江山(반벽강산) 절벽에 둘러싸인 산수.
半步(반보) 반걸음.
半臂(반비) 반소매의 옷.
半死半生(반사반생) 반은 죽고 반은 삶. 거의 죽게 된 상태.
半晌(반상) 잠깐. 반나절.
半生(반생) 한평생의 절반.
半生半熟(반생반숙) 반쯤은 설고 반쯤은 익음. 기예(技藝)가 미숙함의 비유.
半醒(반성) 술기운이나 졸음이 반쯤 깸.
半宵(반소) ①한밤중. ②한밤의 절반.
半霄(반소) 중천(中天).
半睡半醒(반수반성) 반쯤 잠들어 있고 반쯤 깨어 있음. 잠이 깊이 들지 않음.
半熟(반숙) 반쯤 익거나 여묾.
半信半疑(반신반의) 진위(眞僞)의 판단이 어려워 반은 믿고 반은 의심함.
半身不隨(반신불수) 몸의 절반이 마비되는 일.
半心(반심) 國할까 말까 망설이는 마음.
半額(반액) 정해진 금액의 절반.
半月(반월) ①한 달의 절반. ②반달.
半印(반인) 반쯤 찍힌 도장.
半子(반자) 반자식. 곧, 사위. 女婿(여서).
半折(반절) ①반으로 꺾거나 가름. 折半(절반). ②절반이 못 쓰게 됨.
半點(반점) ①한 점의 절반. ②반 시간.
半天(반천) ①하늘의 반쪽. ②하늘의 한가운데. 中天(중천). 半空(반공).
半晴半曇(반청반담) 날씨가 반은 개고 반은 흐림. 하늘이 개었다 흐렸다 함.
半靑半黃(반청반황) 반은 푸르고 반은 누름. 성

숙(成熟)한 경지에 이르지 못함. 未熟(미숙).
半寢(반침) 큰 방에 붙여 방같이 만들어 물건을 넣어 두게 된 작은 방.
半風子(반풍자) 이〔虱〕의 은어. '虱'은 '風'에서 한 획을 뺀 자인 데서 온 말.
半解(반해) ①반만을 이해함. ②반으로 나눔.
◨ 過半과반, 夜半야반, 一半일반, 前半전반, 折半절반, 太半태반, 後半후반.

3
⑤【卉】 풀 훼 尾 未

인명 1급 ㊥huì ㊐キ

소전 𠦄 초서 卉 본자 芔 자해 ❶풀, 풀의 총칭. 〔左思·賦〕 卉木跃蔓훼목오만. ❷초목. 〔詩經〕 山有嘉卉산유가훼, 維栗維梅유률유매.

卉木(훼목) 풀과 나무. 草木(초목).
卉服(훼복) 풀로 짠 옷. 곧, 만이(蠻夷)의 복장(服裝). 卉裳(훼상).

4
⑥【卍】 만자 만 願

인명 1급 ㊥wàn ㊐マン

자해 **만자.** 부처의 가슴에 있는 길상(吉祥)의 표지로, 불교에서 '萬' 자와 같은 뜻으로 쓴다.
卍字(만자) (佛)①불심(佛心)에 나타나는 길상(吉祥)의 징표. ②'卍' 자 모양으로 된 무늬.
卍字窓(만자창→완자창) 창살이 '卍' 자 모양으로 된 창.

4
⑥【卋】 世(21)의 속자

4
⑥【芔】 卉(167)의 본자

5
⑦【尗】 叔(183)의 속자

6
⑧【卑】 낮을 비 支

고등 인명 3Ⅱ급 ㊥bēi ㊐ヒ

필순 ′ ľ 白 白 白 白 白 卑

소전 卑 초서 卑 속자 𤰞 속자 卑 자원 會意. ナ+甲→卑. 'ナ'는 왼손, '甲'은 사람의 머리를 뜻한다. 옛날에는 우(右)를 높이고 좌(左)를 천히 여긴 데서 '낮다, 천하다'라는 뜻을 나타낸다.

자해 ❶**낮다.** ㉮**높지 않다.** 〔易經〕 天尊地卑천존지비. ㉯**천하다.** ¶ 男尊女卑남존여비. ❷**신분·지위 등이 낮은 사람.** 〔禮記〕 養卑者否양비자부. ❸**비루하다, 비열하다.** 〔易經〕 卑高以陳비고이진. ❹**낮추다, 겸손하게 대하다.** 〔禮記〕 自卑而尊人자비이존인.

卑怯(비겁) ①겁이 많음. ②하는 짓이 버젓하지 못하고 야비함.
卑見(비견) 못난 의견. 자기 의견의 겸사.
卑官(비관) ①낮은 관위(官位). ②관원의 자기 겸칭(謙稱).
卑屈(비굴) 용기가 없고 비겁함.
卑近(비근) ①고상(高尙)하지 못함. 흔해 빠짐. ②아주 가까운 곳. ③알기 쉬움.
卑陋(비루) ①낮고 좁음. ②하는 짓이 야하고 더러움. ③비천(卑賤)한 지위.
卑微(비미) 신분·지위가 낮음.
卑薄(비박) 땅이 낮고 메마름. 卑瘠(비척).
卑鄙(비비) 신분이 비천함.
卑辭(비사) ①겸손한 말. ②겸손히 말함. 자기를 낮추어서 말함. ③비속(卑俗)한 말.
卑辭厚幣(비사후폐) 말을 정중히 하고 예물을 후하게 함. 곧, 어진 사람을 초빙하거나 큰 나라를 섬기는 예(禮).
卑庶(비서) 서민(庶民). 平民(평민).
卑小(비소) 신분이 낮고 영토가 작음.
卑俗(비속) ①격이 낮고 속됨. ②비천한 풍속.
卑弱(비약) 비천하고 연약함.
卑語(비어) 상스러운 말.
卑劣(비열) 성품이나 행동이 천하고 용렬함. 鄙劣(비열).
卑汚(비오) ①경멸함. 깔봄. ②낮고 천함. 낮고 천한 지위.
卑賤(비천) 신분이 낮고 천함.
卑稱(비칭) 사람이나 사물을 낮추는 뜻으로 이르는 말.
卑下(비하) ①지대가 낮음. ②지위가 낮음. ③자기 자신을 낮춤. ④얕봄. 깔봄.
卑行(비항) 혈족(血族) 가운데서 자기보다 항렬이 낮은 사람. 卑屬(비속).

6
⑧【𤰞】 卑(167)의 속자

6
⑧【卒】 ①군사 졸 月 ②마칠 졸 ㊍줄 質

중학 인명 5급 ㊥zú ㊐ソツ, シュツ

필순 ˋ 亠 广 亣 亣 亣 亣 卒

소전 卒 초서 卒 본자 卆 속자 卆 자원 會意. 衣+一→卆→卒. 고대에 표지〔一〕 있는 옷〔衣〕을

十 6획

입은 사람은 하인이나 병사인 데서 '군사, 하인'의 뜻을 나타낸다.

자해 1 ❶군사. 〔春秋左氏傳〕 收其卒而止수기졸이지. ❷집단(集團). ㉮백 사람의 군졸. 〔周禮〕 五人爲伍오인위오, 五伍爲兩오오위량, 四兩爲卒사량위졸, 五卒爲旅오졸위려, 五旅爲師오려위사, 五師爲軍오사위군. ㉯서른의 제후국(諸侯國). 〔禮記〕 天子於千里之外設方伯천자어천리지외설방백, 三十國以爲卒삼십국이위졸, 卒有正졸유정. ㉰300호(戶). 〔國語〕 三十家爲邑삼십가위읍, 十邑爲卒십읍위졸. ❸갑자기. ≒猝. 〔墨子〕 心無備慮심무비려, 不可以應卒불가이응졸. 2 ❶마치다. 〔禮記〕 三日五哭卒삼일오곡졸. ❷죽다. ❸마침내. 〔孟子〕 卒爲善士졸위선사.

6획

卒去(졸거) 품계(品階)가 오품(五品) 이상 삼품(三品) 이하인 사람의 죽음. 오늘날에는 서인(庶人)에 대해서도 씀.
卒遽(졸거) 갑자기. 별안간.
卒哭(졸곡) 삼우제(三虞祭)를 지낸 뒤 석 달 만에 오는 첫 정일(丁日)이나 해일(亥日)에 지내는 제사.
卒徒(졸도) ①병졸. ②데리고 다니는 사람.
卒年(졸년) 어떤 사람이 죽은 해.
卒倒(졸도) 갑자기 정신을 잃고 쓰러짐.
卒逝(졸서) 죽음. 세상을 떠남.
卒歲(졸세) ①일 년 중. 한 해 동안. ②한 해의 끝. 年末(연말).
卒乘(졸승) 보병(步兵)과 전차병(戰車兵).
卒業(졸업) 학생이 규정된 교과나 학과 과정을 마침.
卒伍(졸오) ①병졸들의 대오(隊伍). ②주대(周代)의 군대 편제. 5명 한 조를 '伍', 100명 한 조를 '卒'이라 하였음.
卒篇(졸편) 시문(詩文)의 전편(全篇)을 죄다 짓거나 읽기를 마침.
卒暴(졸포) 갑자기. 별안간. 卒遽(졸거).
◨ 軍卒군졸, 騎卒기졸, 兵卒병졸, 士卒사졸, 驛卒역졸.

6 ⑧【卆】 卒(167)의 본자

6 ⑧【卓】 높을 탁 覺

고등 인명 5급 ㊥zhuō ㊐タク

필순 丨 卜 卜 占 占 卣 卣 卓

소전 초서 동자 桌 자원 會意. 匕+早→卓. '匕'는 가지런히 사물을 벌임을, '早'는 앞장섬을 뜻한다. 나란히 벌여 놓은 것 중에서 가장 앞장선 것이라는 데서 '높다, 뛰어나다'의 뜻을 나타낸다.

자해 ❶높다, 뛰어나다, 훌륭하다. ¶ 卓見탁견. ❷책상, 탁자. 〔徐積·詩〕 兩卓合八尺량탁합팔척.

卓見(탁견) 뛰어난 식견(識見)이나 의견.
卓冠(탁관) 아주 뛰어남. 우수함.
卓犖(탁락) ①월등하게 뛰어남. ②권모(權謀)가 있고 재기(才氣)가 많음.
卓立(탁립) 우뚝하게 높이 솟음. 무리 중에서 특히 빼어남.
卓拔(탁발) 여럿 중에서 뛰어남.
卓說(탁설) 탁월한 논설.
卓識(탁식) 뛰어난 식견(識見). 卓見(탁견).
卓然(탁연) 여럿 중에서 높이 뛰어나 의젓한 모양. 卓爾(탁이).
卓午(탁오) 대낮. 정오(正午). 日午(일오).
卓遠(탁원) 아득히 멂.
卓越(탁월) 남보다 훨씬 뛰어남. 卓逸(탁일).
卓偉(탁위) 뛰어나게 훌륭함.
卓異(탁이) 보통보다 뛰어나게 다름.
卓子(탁자) 책상. 卓案(탁안).
卓節(탁절) 높은 절조(節操).
卓卓(탁탁) ①높고 먼 모양. ②높고 뛰어난 모양. 남보다 뛰어난 모양.
卓筆(탁필) ①뛰어난 글씨. ②뛰어난 문장.
卓行(탁행) 뛰어나게 훌륭한 행실.
卓效(탁효) 뛰어난 효험.
◨ 食卓식탁, 圓卓원탁.

6 ⑧【協】 协 맞을 협 葉

중학 인명 4Ⅱ급 ㊥xié ㊐キョウ

필순 一 十 十 协 协 協 協 協

소전 초서 동자 恊 속자 劦 자원 會意·形聲. 十+劦→協. '十'은 '여럿, 무리' 등의 뜻이고, '劦(협)'은 힘을 셋 합한다는 뜻이다. '劦'은 음도 나타낸다.

자해 ❶맞다, 적합하다. 〔春秋左氏傳〕 君臣不協군신불협. ❷합하다. 〔書經〕 協和萬邦협화만방.

協同(협동) 힘과 마음을 함께 합함.
協力(협력) 서로 힘을 모음.
協律(협률) 음률(音律)을 고름.
協睦(협목) 화합하고 친목함.
協比(협비) 힘을 합하고 서로 친함.
協商(협상) 어떤 목적에 맞는 결정을 하기 위하여 여럿이 서로 의논함.
協心(협심) 여럿이 마음을 하나로 모음.
協約(협약) 협의하여 약속함. 또는 그 약속.
協議(협의) 여럿이 모여 의논함.

協翼(협익) 힘을 합하여 도움.
協定(협정) 서로 의논하여 결정함.
協助(협조) 힘을 보태어서 서로 도움.
協調(협조) 힘을 모아서 서로 조화를 이룸.
協奏(협주) 두 가지 이상의 악기로 동시에 연주함. 合奏(합주).
協贊(협찬) ①힘을 합하여 도와줌. 協扶(협부). ②협동하여 찬성함.
協和(협화) ①협력하여 화합함. ②여러 소리가 동시에 잘 조화됨.
◨ 不協불협, 妥協타협.

6 ⑧【㭗】 協(168)의 속자

7 ⑨【南】 남녘 남 圜

중학 인명 8급 ㊥nán ㊐ナン

필순 一 十 卄 冂 内 內 丙 南 南

소전 篆 초서 草 자원 象形. 본래 질그릇으로 만든 악기를 본뜬 것인데, 뒤에 '남쪽'의 뜻으로 가차되었다.

자해 ❶남녘, 남쪽. 방위로는 오(午), 사시(四時)로는 여름, 달로는 8월, 오행(五行)으로는 화(火)에 배당된다. ❷남쪽으로 향하다. 〔周禮〕日南일남, 則景短多暑즉경단다서.

南柯一夢(남가일몽) 한때의 헛된 부귀영화. 故事 당대(唐代) 순우분(淳于棼)이 느티나무의 남쪽 가지 밑에서 잠이 들었다가, 꿈에 괴안국(槐安國)에 이르러 임금의 딸을 맞아 아내로 삼고 남가군(南柯郡)의 태수(太守)가 되어 영화를 누렸다는 고사에서 온 말. 南柯夢(남가몽). 槐安夢(괴안몽).
南郊(남교) ①남쪽 들판. 남쪽 교외(郊外). ②천자가 하짓날 하늘에 제사 지내던 곳.
南橘北枳(남귤북지) 강남(江南)의 귤을 강북(江北)에 옮겨 심으면 탱자나무로 변함. 사람은 사는 곳의 환경에 따라 착하게도 되고 악하게도 됨의 비유.
南箕北斗(남기북두) 남기성(南箕星)과 북두성(北斗星). 유명무실함의 비유.
南男北女(남남북녀) 우리나라에서, 남자는 남쪽 지방에, 여자는 북쪽 지방에 잘난 사람이 많다고 예로부터 일러 오는 말.
南臺(남대) ①남쪽에 있는 누대(樓臺). ②어사대(御史臺). ③國학문과 덕이 뛰어나 이조(吏曹)에서 사헌부(司憲府) 대관(臺官)으로 천거한 사람.
南頓北漸(남돈북점) (佛)중국에서 선종(禪宗)의 종풍(宗風)이 남과 북이 서로 다른 것을 표현한 말. 혜능(慧能)이 전한 남종(南宗)은 돈오(頓悟)를, 신수(神秀)가 전한 북종(北宗)은 점수(漸修)를 종풍으로 하였음.
南呂(남려) ①육려(六呂)의 다섯째, 12율(律)의 열째 음계의 소리. ②음력 8월의 딴 이름. ③유(酉)의 방위, 곧 서쪽.
南蠻(남만) 중국 남쪽에 살던 이민족(異民族).
南蠻鴃舌(남만격설) 남쪽 오랑캐의 말은 왜가리의 소리와 같음. 뜻이 통하지 않는 외국인의 말을 경멸하여 이르는 말.
南面(남면) ①남쪽으로 향함. 남쪽을 향하여 위치함. ②임금이 앉던 자리의 방향. ③임금의 자리에 오름.
南冥(남명) 남쪽에 있는 큰 바다. 南溟(남명).
南方之強(남방지강) 중국 남쪽 지방 사람의 강점. 관용과 인내로 남을 이기는 군자의 용기의 비유.
南山之壽(남산지수) ①종남산(終南山)이 무너지지 않듯이 사업이 장구(長久)함. ②장수(長壽)를 비는 말.
南船北馬(남선북마) 남쪽은 강이 많아 배를 이용하고, 북쪽은 산과 사막이 많아 말을 이용함. 사방으로 여행하거나 바쁘게 돌아다님.
南嶽(남악) ①남쪽에 있는 산. ②㉠오악(五嶽)의 하나인 형산(衡山). ㉡종남산(終南山).
南鍋(남와) 냄비.
南倭北虜(남왜북로) 15~19세기에 명(明)을 괴롭힌 남쪽의 왜구(倭寇)와 북쪽의 몽고족.
南越(남월) 지금의 광동(廣東)·광서廣西) 일대의 지역. 南粵(남월).
南人(남인) ①남쪽 나라의 사람. ②원대(元代)에 남송(南宋) 사람을 이르던 말. ③조선 때, 사색당파(四色黨派)의 하나.
南殿(남전) ①남쪽의 궁전. ②궁중의 정전(正殿). 南別殿(남별전).
南田北畓(남전북답) 남쪽에 밭이 있고 북쪽에 논이 있음. 가지고 있는 논밭이 여기저기 흩어져 있음.
南庭(남정) ①집의 남쪽에 있는 뜰. ②성균관(成均館) 안의 명륜당(明倫堂) 남쪽의 뜰.
南宗(남종) ①(佛)혜능(慧能)을 종조(宗祖)로 하는 선종(禪宗)의 한 파. 南宗禪(남종선). ②당대(唐代) 왕유(王維)를 원조(元祖)로 삼는 동양화의 한 파. 南宗畫(남종화).
南酒北餠(남주북병) 國서울의 남촌(南村)은 술맛이 좋고, 북촌(北村)은 떡 맛이 좋다는 말.
南枝(남지) ①남쪽으로 벋어 햇볕을 잘 받는 가지. ②일찍 피는 매화의 가지.
南椒(남초) 산초나무.
南風不競(남풍불경) 남쪽 음악은 그 음조(音調)가 미약하고 활기가 없음. 남쪽 나라의 세력이 쇠약하여 떨치지 못함.
南海(남해) ①남쪽에 있는 바다. ②남쪽 나라.
南行(남행) ①남쪽으로 감. 南征(남정). ②國 과거(科擧)를 거치지 않고 조상의 덕으로 얻은 벼슬. 蔭職(음직).
南行北走(남행북주) 남으로 가고 북으로 달림. 사방으로 몹시 바쁘게 돌아다님.
南向(남향) 남쪽으로 향함. 또는 그 방향.
南華之悔(남화지회) 상관의 비위를 거슬러 과거에 급제하지 못함. 故事 당대(唐代) 온정균(溫庭均)이 재상 영호도(令狐綯)가 어떤 고사(故事)에 대하여 묻자, 남화경(南華經)에 나오니 읽어 보라고 대답했다가 영호도의 미움을 사서 낙제했다는 고사에서 온 말.

十 7획

◨ 江南강남, 東南동남, 西南서남, 召南소남, 嶺南영남, 周南주남, 河南하남, 湖南호남.

7 ⑨【単】 單(220)의 속자

7 ⑨【卑】 卑(167)의 속자

10 ⑫【博】 넓을 박 藥

고등 인명 4Ⅱ급 ㊥bó ㊐バク, ハク

필순 一 十 扌 扩 䏌 恒 博 博 博 博 博

소전 초서 자원 會意·形聲. 十+尃→博. '十'은 '많다'는 뜻이고, '尃'은 '널리 통한다'는 뜻이다. 합하여 '넓다'라는 뜻을 나타낸다. '尃(박)'은 음도 나타낸다.

자해 ❶넓다. ㉮견문이 넓다. 〔論語〕 君子博學於文군자박학어문. ㉯널리 미치다, 두루 퍼지다. 〔孟子〕 守約而施博者수약이시박자, 善道也선도야. ㉰깊다. 〔後漢書〕 博貫六藝박관륙예. ❷넓히다. 〔論語〕 博我以文박아이문. ❸노름, 도박. 〔論語〕 不有博弈者乎불유박혁자호.

博古(박고) ①옛일에 널리 통함. ②옛날 기물(器物).
博局(박국) 놀이에 쓰는 상(床)이나 대(臺). 바둑판, 마작상(麻雀床) 따위.
博大(박대) 넓고 큼.
博徒(박도) 노름꾼.
博覽強記(박람강기) 많은 글을 읽고 기억을 잘 함. 博聞強記(박문강기).
博勞(박로) 소나 말을 매매하는 상인.
博陸(박륙) ①주사위를 써서 말이 먼저 궁에 들어가기를 겨루는 내기. 雙六(쌍륙). ②국가의 중책을 맡을 만한 인물. 故事 한(漢) 무제(武帝)가 곽광(霍光)을 박륙후(博陸侯)에 봉(封)한 고사에서 온 말.
博文(박문) 학문을 널리 닦음.
博文約禮(박문약례) 학문을 널리 닦고 예(禮)로써 그 배운 바를 요약함.
博物(박물) ①사물에 대하여 널리 잘 앎. 博識(박식). ②동물·식물·광물의 총칭. ③여러 가지 사물.
博物君子(박물군자) 사물을 널리 잘 아는 사람.
博辯(박변) 사물을 널리 분별하여 변론함.
博士(박사) ①대학에서 수여하는 가장 높은 학위. ②어떤 일에 정통하거나 숙달된 사람의 비유.
博射(박사) 노름으로 하는 활쏘기.
博涉(박섭) ①널리 책을 읽음. ②널리 사물을 견문함.
博搜(박수) 이 책 저 책에서 널리 찾아냄.
博施(박시) 널리 사랑과 은혜를 베풂.
博識(박식) 견문이 넓고 아는 것이 많음.
博雅(박아) 학식이 많고 행실이 바름.
博愛(박애) 온 세상 사람을 널리 사랑함.
博採(박채) 널리 의견을 채택함.
博學多聞(박학다문) 학식과 견문이 매우 넓음.
博學多識(박학다식) 널리 배워 아는 것이 많음.
博學審問(박학심문) 널리 배우고 자세히 물음.
博奕(박혁) 장기와 바둑. 博弈(박혁).
博洽(박흡) 널리 배워 사물에 막힘이 없음.
博戲(박희) 도박. 도박을 함.

◨ 賭博도박, 該博해박.

卜部 점 복

0 ②【卜】 1점 복 屋 2國짐 복

고등 인명 3급 ㊥bǔ ㊐ボク

필순 丨 卜

소전 초서 자원 象形. 거북을 구웠을 때 그 배 껍데기에 나타난 금을 본뜬 글자. 옛날에는 거북을 구워 그 배 껍데기에 나타난 금의 모양을 보고 점을 친 데서 '점, 점치다'의 뜻을 나타낸다.

자해 1❶점. 길흉을 판단하는 일. 〔史記〕 試之卜數시지복수. ❷점치다, 길흉을 알아내다. 〔史記〕 成王使召公卜居성왕사소공복거. 2國짐, 짐바리.

卜居(복거) 살 곳을 점쳐서 정함. 卜宅(복택).
卜軍(복군) 國짐을 나르는 사람. 짐꾼.
卜吉(복길) 길(吉)한 날을 점쳐서 받음.

卜年(복년) 한 왕조(王朝)가 몇 년 지속될 것인가를 점침.
卜馬(복마) 國짐을 싣고 다니는 말.
卜仕(복사) ①점을 쳐서 벼슬을 함. ②벼슬을 할 수 있느냐 없느냐를 점쳐 봄.
卜師(복사) ①주대(周代)에 점치는 일을 맡아보던 벼슬아치. ②점을 치는 사람.
卜辭(복사) ①귀복(龜卜)의 점괘(占卦)를 적은 글. ②갑골 문자(甲骨文字).
卜筮(복서) 좋고 나쁨을 점침.
卜役(복역) 國백성에게 부담시키던 부역(賦役)이나 병역(兵役).
卜占(복점) 점치는 일.
卜重(복중) 國약간 무거움. 조금 묵직함.
卜債(복채) 점을 쳐 준 값으로 점쟁이에게 주는 돈.
卜築(복축) 점을 쳐 좋은 곳을 가려 집이나 구조물을 지음.
卜駄(복태) 國마소로 실어 나르는 짐.
◨ 龜卜귀복, 賣卜매복, 筮卜서복, 占卜점복.

2 ④【卝】 ①丱(25)과 동자 ②礦(906)과 동자

2 ④【卞】 조급할 변 霰

인명 2급 ㊥biàn ㊐ベン

초서 자해 ❶조급하다, 성급하다. ≒弁. 〔春秋左氏傳〕邾莊公卞急而好潔주장공변급이호결. ❷법, 규칙. ❸고깔, 가죽 고깔. ≒弁. ¶ 卞射변사. ❹國분별하다. ≒辨. ¶ 卞正변정. ❺성(姓).
卞急(변급) 침착하지 못함. 덜렁댐.
卞射(변사) ①가죽 고깔을 쓰고 활을 쏘는 일. ②맨손으로 치는 무술과 활쏘기.
卞正(변정) 옳고 그른 것을 따져 바로잡음. 辨正(변정).

3 ⑤【卡】 ①관 잡 洽 ②기침할 가 麻

㊥qiǎ, kǎ ㊐ソウ, カ

자해 ①관(關). 국경이나 요충지에 설치하여, 지나가는 사람이나 물품을 조사하고 경비를 하던 곳. ②現❶기침을 하다. ❷음역자(音譯字). 카드(card)·차(car)·칼로리(calorie) 등에서 'ca'의 음역자.

3 ⑤【占】 ①차지할 점 豔 ②점 점 鹽

고등 인명 4급 ㊥zhàn, zhān ㊐セン

필순 丨 卜 占 占 占

소전 초서 자원 會意. 卜+口→占. 귀갑(龜甲)을 태워 거기에 나타난 금〔卜〕을 보고 일의 길흉(吉凶)을 묻는다는〔口〕 데서 '점치다'의 뜻을 나타낸다.
자해 ①차지하다. 〔韓愈·解〕占小善者率以錄점소선자솔이록. ②❶점, 점치다. 〔易經〕以卜筮者尙其占이복서자상기점. ❷묻다, 알아보다. 〔漢書〕發政占古語발정점고어. ❸기록하다, 자서(自署)하다.
占居(점거) 어떤 장소를 차지하여 삶.
占據(점거) 일정한 곳을 차지하여 자리잡음.
占卦(점괘) 점을 쳐서 나오는 괘.
占斷(점단) 모조리 점유(占有)함.
占領(점령) 다른 나라의 영토를 무력으로 빼앗아 지배함.
占卜(점복) 길흉을 점치는 일.
占辭(점사) 괘(卦)에 드러난 말.
占筮(점서) 길흉(吉凶)을 알기 위하여 점대로 써 점을 침. 卜筮(복서).
占星術(점성술) 국가의 치란(治亂), 개인의 길흉(吉凶), 천지의 재변(災變) 등을 별의 빛이나 위치 등으로 판단하는 술법.
占守(점수) 차지하여 지킴.
占術(점술) 점치는 법.
占有(점유) 자기 소유로 차지함.
占奪(점탈) 남의 것을 빼앗아 차지함.
占風鐸(점풍탁) 바람이 불고 안 부는 것을 알기 위하여 쓰는 방울. 風鈴(풍령).
◨ 龜占귀점, 獨占독점, 先占선점, 兆占조점.

5 ⑦【卣】 술통 유 有

㊥yǒu ㊐ユウ

초서 자해 술통, 술을 담는 단지. 고대에는 술을 담는 그릇 중에서 큰 것을 '이(彝)', 중간 크기의 것을 '유(卣)', 가장 작은 것을 '뇌(罍)'라 하였다.

6 ⑧【卦】 괘 괘 卦

인명 1급 ㊥guà ㊐カ

소전 초서 자해 ❶괘, 점괘. 주역(周易)에서 음양(陰陽)을 하나의 온줄〔—〕과 두 도막 줄〔--〕로 상징하여, 이효(爻)가 이리저리 어울려 나타내는 상(象). ❷점치다. 〔儀禮〕卦者在左괘자재좌.
卦辭(괘사) 역괘(易卦)의 의의(意義)를 풀이해 놓은 글. 彖辭(단사).
卦象(괘상) 역괘에서 길흉을 나타내는 상(象).

卦筮(괘서) 점치는 일.
卦兆(괘조) 점을 칠 때 나타나는 길흉의 현상.
◨ 陽卦양괘, 陰卦음괘, 八卦팔괘.

6 ⑧【卧】 臥(1043)의 속자

9 ⑪【卨】 卨 벌레 설 屑

인명 2급 ㊥xiè ㊐セツ

자해 ❶**벌레**. ❷**사람 이름**. 은(殷)나라 시조의 이름. ＝禼.

卜 6획

卩 部 병부 절

0 ②【卩】 병부 절 屑

㊥jié ㊐セツ

소전 초서 동자 㔾 동자 卪 참고 '卩'이 한자의 구성에서 발에 쓰일 때는 글자 모양이 '㔾'로 바뀐다.

자원 象形. 병부(兵符)를 둘로 나눈 것 중의 반쪽을 본뜬 글자.

자해 ❶**병부**. 왕과 병권(兵權)을 맡은 지방관 사이에 미리 나누어 가지던 신표. ❷**신표**. 사실이 틀림없음을 밝히는 표. ❸**한자 부수의 하나, 병부절**.

0 ②【㔾】 卩(172)과 동자

1 ③【卪】 卩(172)과 동자

2 ④【卬】 1나 앙 陽 2우러를 앙 養

㊥áng, yǎng ㊐ゴウ, ギョウ

소전 초서 자해 1❶**나**. 〔書經〕不卬自恤불앙자휼. ❷**오르다**. ＝昂. 〔漢書〕萬物卬貴만물앙귀. ❸**성한 모양**. ¶ 卬卬앙앙. 2**우러르다**. ≒仰. 〔荀子〕上足卬則下可用也상족앙즉하가용야.
卬卬(앙앙) ①성(盛)한 모양. ②위엄이나 덕(德)이 있는 모양.

3 ⑤【卯】 넷째 지지 묘 巧

중학 인명 3급 ㊥mǎo ㊐ボウ

필순 ノ ㇆ 卯 卯 卯

소전 초서 본자 夘 본자 丣 자원 象形. 양쪽 문짝을 열어젖힌 모양을 본뜬 글자. 만물이 땅을 열어젖히고 나오는 때가 음력 2월이기에 달로는 2월에 배당된다.

자해 ❶**넷째 지지, 12지의 넷째**. 달로는 음력 2월, 방위로는 동쪽, 시각으로는 오전 5시~7시, 오행으로는 목(木), 동물로는 토끼에 배당된다. ❷**장붓구멍, 장부를 끼우는 구멍**.
卯時(묘시) ①12시의 넷째 시. 곧, 상오 5시~7시. ②24시의 일곱째 시. 곧, 상오 5시 30분~6시 30분.
卯酉線(묘유선) 자오선(子午線)에 직각인 큰 원. 곧, 동서점과 천정(天頂)을 지나는 평면이 천구와 만나는 금.
卯飮(묘음) 아침 술을 마심. 해장술을 마심.

3 ⑤【夘】 卯(172)의 본자

3 ⑤【卮】 잔 치 支

㊥zhī ㊐シ

소전 초서 속자 巵 자해 ❶**잔, 술잔**. 4되〔升〕를 담을 수 있는 큰 잔. ¶ 卮酒치주. ❷**동이 닿지 않다, 앞뒤가 맞지 않다**. 〔莊子〕卮言日出치언일출.
卮言(치언) ①임시변통으로 그때그때 남에게 듣기 좋도록 하는 말. ②줄거리가 없어 종잡을 수 없는 말.
卮酒(치주) 잔에 따라 놓은 술. 杯酒(배주).

4 ⑥【危】 위태할 위 支

중학 인명 4급 ㊥wēi ㊐キ

필순 ノ ⺈ ⺈ 产 产 危

소전 초서 고자 자원 會意. 产＋卩→危. '产'는 사람이 언덕 위에 있는 모양, '㔾'은 병부를 뜻한다. 병부를 받든 사람이 절벽 위에서 떨어질까 조심한다는 데서 '위태하다'의 뜻을 나타낸다.

자해 ❶**위태하다**. 〔孝經〕高而不危고이불위. ❷**위태롭게 하다, 해치다**. 〔禮記〕有比黨而危之者유비당이위지자. ❸**두려워하다**. 〔戰國策〕竊爲君危之절위군위지. ❹**높다**. 〔莊子〕玄其危冠현기위관. ❺**엄정하다**. 〔論語〕危言危行위언위행. ❻**바르다, 똑바르다**. ¶ 危坐위좌.

危閣(위각) 높은 누각. 峻閣(준각).
危徑(위경) 위험한 좁은 길.
危空(위공) 높은 하늘. 高空(고공).
危懼(위구) 두려움. 두려워함.
危急(위급) 위태롭고 급함.
危機一髮(위기일발) 한 오리의 머리털로 천 균(千鈞) 무게의 물건을 끌어당김. 당장에라도 끊어지려는 위급한 순간의 비유.
危道(위도) 위험한 길. 위험한 방법.
危篤(위독) 병세가 중하여 생명이 위태로움.
危亂(위란) 위태롭고 혼란함.
危欄(위란) 높은 난간. 高欄(고란).
危樓(위루) 높은 누각. 危榭(위사).
危邦(위방) 망하려고 하는 나라.
危峯(위봉) 높고 험한 봉우리.
危城(위성) 위험한 성. 위태롭게 된 성.
危術(위술) 위험한 방법.
危若朝露(위약조로) 위험하기가 아침 이슬과 같음. 위험한 운명의 비유.
危語(위어) 격렬한 말. 격한 말.
危言(위언) ①위어(危語). ②기품이 있고 준엄한 말.
危言危行(위언위행) 고상한 언행(言行).
危如累卵(위여누란) 위태롭기가 알을 쌓아 둔 것과 같음. 累卵之危(누란지위).
危疑(위의) ①위험스럽게 생각하고 의심함. ②國위태롭고 불안함.
危坐(위좌) 무릎을 꿇고 정좌(正坐)함.
危重(위중) 병세가 위험할 정도로 중함.
危地(위지) 위험한 곳. 죽을 고비.
危殆(위태) ①형세가 매우 어려움. ②위험함.
危行(위행) 고상한 행동.
危險(위험) ①위태함. 안전하지 못함. ②요해(要害). 요새의 땅.
■ 居安思危거안사위, 累卵之危누란지위, 安危안위.

4 ⑥ 【印】 1 도장 인 震 2 國끝 끝

중학 인명 4Ⅱ급 ㊥yìn ㊐イン

필순 ˊ 𠂆 𠂎 𠂉 ⺕ 印

소전 𢑏 초서 𢎨 참고 인명용 음은 '인'이다.

자원 會意. 爪+卩→印. '爪'는 '가지다'라는 뜻이고, '卩'은 병부(兵符)로 정사(政事)를 맡은 사람이 가지는 신표가 원뜻이다. 이에서 '도장'이라는 뜻이 생겨났다.

자해 1 ❶**도장**. 천자(天子)·임금의 도장은 '새(璽)' 또는 '보(寶)'라 한다. ¶ 私印사인. ❷**찍다, 박다**. ¶ 印刷인쇄. ❸**찍히다, 박히다**. ¶ 印象인상. ❹**벼슬, 관직**(官職). 〔唐書〕 非人望久비인망구, 不敢當印불감당인. 2 國**끝**. 관부(官簿)의 끝에 내용이 끝났다는 뜻으로 쓴다.

印鑑(인감) 자기 도장임을 증명할 수 있도록 미리 관공서의 인감부에 등록해 둔 특정한 도장의 인발.
印契誦呪(인계송주) (佛)손에 인상(印相)을 맺고, 입으로 다라니(陀羅尼)를 외는 일.
印面(인면) 글자를 새긴 도장의 면.
印墨(인묵) 인쇄용 먹.
印文(인문) 도장에 새긴 글자.
印本(인본) 인쇄한 책.
印封(인봉) ①봉한 물건에 도장을 찍음. ②공무가 끝난 뒤에 관인을 봉하여 둠.
印符(인부) 도장과 병부(兵符).
印相(인상) 부처가 내심의 깨달음을 나타내기 위해 열 손가락으로 만든 갖가지 표상. 印契(인계).
印象(인상) ①도장을 찍은 듯이 형상이 뚜렷이 나타나는 일. 옛날, 중국 사람이 코끼리의 실물을 보지 못하고 머릿속으로 그려 본 데서 온 말. ②어떤 대상에 대하여 마음에 깊이 새겨지는 느낌.
印璽(인새) 도장. '璽'는 임금 또는 제후(諸侯)의 인장(印章).
印稅(인세) 서적 발행인이 저작자에게 저작물이 팔리는 수량에 따라 일정한 비율로 치르는 돈.
印刷(인쇄) 잉크를 사용하여 문자나 그림·사진 등을 종이 따위에 옮겨 찍는 일.
印綬(인수) 관리가 몸에 지니던 인장과 그 끈.
印信(인신) ①도장. 證印(증인). ②관리가 패용(佩用)하는 도장.
印影(인영) 인장이 찍힌 흔적. 인발.
印章(인장) ①도장. ②찍어 놓은 도장의 흔적. 인발.
印朱(인주) 도장밥.
印地儀(인지의) 조선 세조가 발명한, 거리와 땅의 높낮이를 측량하는 기구. 窺衡(규형).
印出匠(인출장) ①교서관(校書館)의 책을 박아 내던 공장(工匠). ②사섬시(司贍寺)에서 저화(楮貨)를 박던 공장.
印盒(인합) 관아에서 쓰는 인(印)을 넣어 두던 상자. 인뒤웅이. 印櫃(인궤).
印形(인형) 찍어 놓은 도장의 형적. 인발.
■ 刻印각인, 檢印검인, 官印관인, 烙印낙인, 捺印날인, 拇印무인, 封印봉인, 佩印패인.

5 ⑦ 【却】 물리칠 각 藥

고등 인명 3급 ㊥què ㊐キャク

필순 一 + 土 去 去 去⁷ 却

초서 (초서) 본자 卻 동자 㕁 자원 形聲. 谷+卩→卻→却. '谷(곡)'이 음을 나타낸다.

자해 ❶물리치다. 〔呂氏春秋〕 却其忠言각기충언. ❷물러나다, 돌아가다. 〔漢書〕 却就斧鉞之誅각취부월지주. ❸그치다, 쉬다, 멎다. 〔呂氏春秋〕 爲欲不敢却也위욕불감각야. ❹발어사(發語辭). 화제를 돌려 새 말을 꺼낼 때 쓴다. ¶ 却說각설. ❺도리어, 반대로. ❻어조사(語助辭). ¶ 忘却망각. ❼피하다. 〔史記〕 勇士不却死而滅名용사불각사이멸명.

卩 5획

却老(각로) ①늙음을 극복하여 젊어짐. ②구기자나무.
却立(각립) 뒤로 물러나 섬.
却步(각보) 뒷걸음으로 물러남.
却說(각설) 화제를 돌려 다른 말을 꺼낼 때, 그 첫머리에 쓰는 말.
却掃(각소) 내객(來客)을 거절함. 세상 사람과 교제를 끊음.
却走(각주) 뒷걸음쳐서 달아남.
却下(각하) 원서나 소송 따위를 받지 않고 물리침.
却行(각행) ①뒷걸음질함. ②뒷걸음질하는 벌레. 지렁이 따위.
◨ 忘却망각, 沒却몰각, 燒却소각, 退却퇴각, 敗却패각,

5 ⑦【卵】 알 란 旱

중학 인명 4급 ㊥luǎn ㊐ラン

필순 ㇒ ㇗ ㇗ 𠂎 𠂎⁷ 𠂎𠃌 卵

소전 (소전) 초서 (초서) 자원 象形. 알을 밴 벌레의 배가 불룩하게 나온 모양을 본뜬 글자.

자해 ❶알. 새·물고기·벌레 등의 알. ¶ 鷄卵계란. ❷기르다. 〔莊子〕 衆雌而無雄중자이무웅, 而又奚卵焉이우해란언.

卵殼(난각) 새알 따위의 겉껍데기.
卵塊(난괴) 물고기·곤충 따위의 알 덩어리.
卵白(난백) 흰자위.
卵生(난생) 알에서 태어남.
卵翼(난익) 새가 알을 품듯이 품에 안아 기름. 卵育(난육).
卵塔(난탑) 대좌(臺座) 위에 탑신(塔身)을 달걀 모양으로 세운 탑. 주로 선승(禪僧)의 유골을 안장하는 데 씀. 蘭塔(난탑).
卵黃(난황) 알의 노른자위.
◨ 鷄卵계란, 累卵누란, 產卵산란.

5 ⑦【卲】 높을 소 嘯

인명 ㊥shào ㊐ショウ

소전 (소전) 초서 (초서) 자해 높다, 뛰어나다, 훌륭하다. 〔法言〕 皆不足卲也개부족소야.

5 ⑦【即】 卽(175)의 속자 인명

6 ⑧【㕁】 却(173)과 동자

6 ⑧【卷】 1책 권 霰 2말 권 銑 3굽을 권 先

중학 인명 4급 ㊥juàn, juǎn ㊐カン

필순 ㇒ ㇒ ㇒ 䒑 ⺷ 关 劵 卷

소전 (소전) 초서 (초서) 속자 巻 참고 券(137)은 딴 자.

자원 形聲. 关+卩→卷. '关(권)'이 음을 나타낸다.

자해 1❶책. 〔陶潛·書〕 開卷有得개권유득. ❷권. 책을 세는 단위. ¶ 百卷백권. ❸두루마리. 〔法言〕 一卷之書일권지서. 2❶말다. ≒捲. 〔詩經〕 我心匪席不可卷也아심비석불가권야. ❷굽히다. 〔淮南子〕 贏縮卷舒영축권서, 淪於不測륜어불측. 3❶굽다, 구부정하다. 〔詩經〕 有卷者阿유권자아. ❷아름답다. ≒婘. 〔詩經〕 碩大且卷석대차권. ❸정성스럽다. ≒惓. 〔漢書〕 敢昧死竭卷卷감매사갈권권.

卷甲(권갑) 갑옷을 말아 올림. 전쟁을 그만둠.
卷曲(권곡) 휘어짐. 굽음.
卷卷(권권) ①친절한 모양. 충근(忠勤)한 모양. ②시들어 떨어지는 모양.
卷頭(권두) ①책의 첫머리. 卷首(권수). ②질로 된 책의 첫째 권.
卷末(권말) 책의 맨 끝.
卷髮(권발) ①머리털을 맒. ②고수머리.
卷舒(권서) ①맒과 폄. 屈伸(굴신). ②재덕(才德)을 감추는 일과 나타내는 일.
卷舌(권설) 혀를 맒. 경탄(驚歎)하는 모양.
卷然(권연) 아름답고 날씬한 모양.
卷耳(권이) 도꼬마리.
卷子(권자) 두루마리. 두루마리로 된 책.
卷帙(권질) ①책. ②책의 편수(篇數)와 부수(部數). 書帙(서질).
卷尺(권척) 강철·헝겊 따위로 만들어 둥근 갑 속에 말아 두는 자. 줄자.
卷土重來(권토중래) 땅을 말아 일으킬 것 같은

기세로 다시 옴. ㉠한 번 패한 자가 세력을 회복하여 다시 쳐들어옴. ㉡어떤 일에 한 번 실패한 뒤에 힘을 가다듬어 다시 그 일에 착수함. 捲土重來(권토중래).
卷懷(권회) 말아서 주머니에 집어넣음. 재능을 숨겨 나타내지 않음.
◨ 席卷석권, 試卷시권, 壓卷압권, 全卷전권.

6 ⑧【㔾】 㔾(376)과 동자

6 ⑧【卸】 풀 사 禡

㊥xiè ㊐シャ

소전 篆 초서 草 자해 ❶풀다. ㉮수레에 맨 말을 풀다. ㉯옷끈을 풀다, 옷을 벗다. ¶ 卸甲사갑. ❷떨어지다.
卸甲(사갑) 갑옷을 벗음. 전장에서 돌아옴.
卸擔(사담) 맨 짐을 내려놓음.

6 ⑧【卹】 가엾이 여길 휼 ㊍술 質

㊥xù ㊐ジュツ

소전 篆 자해 ❶가엾이 여기다. ＝恤. 〔莊子〕寡人卹焉과인휼언, 若有亡也약유망야.
卹金(휼금) 이재민을 구제하기 위하여 지출하는 돈.
卹典(휼전) ①관리의 사후(死後)에 관작(官爵)을 추증(追贈)하는 일. ②나라에서 이재민을 구제하는 은전.

7 ⑨【卻】 却(173)의 본자

7 ⑨【卽】 곧 즉 職

중학 인명 3Ⅱ급 ㊥jí ㊐ソク

필순 ノ 亻 白 白 白 皀 皀 皀卩 卽

소전 篆 초서 草 속자 即 속자 即 자원 會意. 皀＋卩→卽. '皀'은 음식이 담긴 그릇, '卩'은 사람이 꿇어앉은 모양으로, 음식을 먹기 위하여 그릇 앞으로 나아간다는 뜻을 나타낸다.
자해 ❶곧. ㉮바로, 그 자리에서 바로. ㉯다시 말해서. 〔般若心經〕色卽是空색즉시공, 空卽是色공즉시색. ❷가깝다. 〔詩經〕子不我卽자불아즉. ❸나아가다. 〔論語〕卽之也溫즉지야온. ❹만약, 혹은. 〔漢書〕卽以爲不毛之地즉이위불모지지, 亡用之民무용지민. ❺끝나다, 죽다. ¶ 卽世즉세.
卽刻(즉각) 당장에 곧.
卽決(즉결) 그 자리에서 곧 결정함.
卽景(즉경) 눈앞에 보이는 광경이나 경치.
卽吉(즉길) 상기(喪期)를 마치고 상복(喪服)을 벗는 일.
卽斷(즉단) 그 자리에서 곧 결단함.
卽答(즉답) 그 자리에서 당장 대답함. 또는 그런 대답.
卽滅(즉멸) 당장 망함.
卽目(즉목) 눈에 비침. 눈으로 본 것.
卽墨侯(즉묵후) 벼루의 딴 이름.
卽死(즉사) 그 자리에서 바로 죽음.
卽事(즉사) ①즉석(卽席)에서 시가(詩歌)를 지음. 卽吟(즉음). ②일에 착수함. ③눈앞에 일어난 일.
卽席(즉석) 일이 진행되는 바로 그 자리.
卽世(즉세) 사람이 죽는 일.
卽速(즉속) 그 자리에서 곧. 빨리. 즉시.
卽是(즉시) 다시 말하면. 곧.
卽身成佛(즉신성불) (佛)육신(肉身) 그대로 부처가 됨.
卽心是佛(즉심시불) (佛)내 마음이 곧 부처임.
卽夜(즉야) 바로 그날 밤.
卽位(즉위) 왕위(王位)에 오름. 極祚(극조).
卽日放榜(즉일방방) 과거(科擧) 급제자에게 그날로 방(榜)을 내어 패(牌)를 주던 일.
卽智(즉지) 날랜 지혜. 頓知(돈지).
卽瘥(즉차) 병이 곧 나음.
卽出給(즉출급) 물건이나 돈을 곧 그 자리에서 치러 줌.
卽行(즉행) ①그 자리에서 곧 감. ②곧 시행함.
卽效(즉효) 곧 반응을 보이는 효험.
卽興(즉흥) 그 자리에서 바로 일어나는 감흥.

7 ⑨【卽】 卽(175)의 속자

8 ⑩【卿】 卿(175)과 동자

9 ⑪【卿】 卿(175)과 동자

10 ⑫【卿】 벼슬 경 庚

고등 인명 3급 ㊥qīng ㊐ケイ

필순 ノ 𠂉 乡 乡 乡 𠂔 卵 卵 卿 卿

소전 篆 초서 草 동자 卿 동자 卿 참고 鄉(1276)

卩 10획

은 딴 자.
자원 會意. 卯+皀→卿. 두 사람〔卯〕이 밥상〔皀〕을 가운데 놓고 마주 앉아 있는 모습으로, 임금과 함께 식사를 할 수 있는 사람, 곧 '높은 벼슬아치'를 뜻한다.
자해 ❶**벼슬**. 〔禮記〕諸侯之上大夫卿제후지상대부경. ❷**경**. ㉮**임금이 신하를 대하여 일컫는 말**. 우리나라에서는 이품(二品) 이상의 벼슬아치에 한한다. 〔朝鮮世祖實錄〕卿妻得病경처득병. ㉯**작위(爵位)가 대등한 사람을 일컫는 말**.
卿大夫(경대부) 경과 대부.
卿輔(경보) 삼정승과 육판서.
卿相(경상) ①재상(宰相). 임금을 돕고 정치를 행하는 대신(大臣). ②삼정승과 육판서. 卿輔(경보).
卿寺(경시) 구경(九卿)이 있는 관서(官署). 곧, 중앙 관서.
卿雲(경운) 상서로운 구름. 瑞雲(서운).
卿尹(경윤) 왕을 보필하고 백관(百官)을 지휘 감독하는 지위에 있는 정삼품 이상 벼슬의 통칭. 宰相(재상).
卿子(경자) 상대방을 높여 이르는 말.
卿曹(경조) 경들. 곧, 임금이 신하들을 부르던 말. 卿等(경등).
◨ 公卿공경, 九卿구경, 亞卿아경.

11 ⑬【䣎】 國땅 이름 산
자해 **땅 이름**. ¶ 䣎洞萬戶산동만호.

11 ⑬【厀】 膝(1040)의 속자

厂 部 민엄호

0 ②【厂】 언덕 한 旱
㊥hǎn ㊐カン
소전 厂 참고 부수의 명칭으로는 '广(엄호)'에 대하여 '丶'이 없는 엄호라고 하여 '민엄호'라 부른다.
자원 象形. 언덕의 윗부분이 툭 튀어나와 그 밑에서 사람이 살 수 있는 곳을 이룬 모양을 본뜬 글자.
자해 ❶**언덕**. ❷**한자 부수의 하나, 민엄호**.

2 ④【厄】 재앙 액 陌
고등 인명 3급 ㊥è ㊐ヤク
필순 一 厂 戸 厄
소전 [篆] 초서 [草] 동자 戹 자원 形聲. 戶+乙→戹→厄. '乙(을)'이 음을 나타낸다.
자해 ❶**재앙**. 〔易經〕解難而濟厄者也해난이제액자야. ❷國**사나운 운수**.
厄年(액년) ①운수가 사나운 해. ②재난이 많다 하여 꺼리는 나이. 남자는 25, 42, 50세. 여자는 19, 33, 37세.
厄運(액운) 재앙을 당할 운수.
厄會(액회) 재앙이 닥치는 불행한 고비.

3 ⑤【厉】 厲(179)의 속자

3 ⑤【厈】 岸(362)의 고자

5 ⑦【厎】 숫돌 지 紙
인명 ㊥dǐ ㊐シ
소전 [篆] 초서 [草] 자해 ❶**숫돌**. =砥. 〔漢書〕天下之厎石천하지지석. ❷**갈다, 문지르다**. ❸**이르다**.
厎厲(지려) ①연장을 숫돌에 갊. ②학문을 연마함. 砥礪(지려).
厎石(지석) 숫돌. 砥石(지석).

6 ⑧【厓】 언덕 애 佳
인명 ㊥yá ㊐ガイ
소전 [篆] 초서 [草] 자해 ❶**언덕, 낭떠러지**. =崖. ¶ 斷厓단애. ❷**끝, 한계(限界)**. 〔揚雄·賦〕洞無厓兮동무애혜. ❸**눈을 흘기다, 눈초리**. =睚.
厓眥(애자) 노려봄. 睚眥(애자).
◨ 斷厓단애.

7 ⑨【厘】 ① 釐(1290)의 속자 인명 ② 廛(400)의 속자

7 ⑨【厖】 클 방 ㊍망 江
㊥máng ㊐ボウ
소전 [篆] 초서 [草] 속자 庬 자해 ❶**크다**. 〔春秋左氏傳〕民生敦厖민생돈방. ❷**섞이다**. ¶ 厖雜방잡. ❸**삽살개**. =尨.
厖大(방대) 규모·양 따위가 매우 크거나 많음.

厖雜(방잡) 뒤섞임. 정세(精細)하지 못함.

7
⑨【厚】 두터울 후 宥

중학 인명 4급 ㊥hòu ㊐コウ

필순 一 厂 厂 𠮛 戶 戶 厚 厚 厚

소전 厚 초서 厚 고자 垕 자원 形聲. 厂＋ 㫗→厚. '㫗(후)'가 음을 나타낸다.

자해 ❶두텁다. ㉮두껍다, 깊다, 크다. 〔戰國策〕道德不厚도덕불후. ㉯마음 씀씀이가 크다. 〔論語〕愼終追遠신종추원, 民德歸厚矣민덕귀후의. ❷두터이 하다, 정성스레 대하다. 〔禮記〕死不厚其子사불후기자. ❸두터이. 〔戰國策〕厚勝之也후승지야.

厚眷(후권) 두터운 은혜. 深眷(심권).
厚待(후대) 후하게 대접함.
厚德(후덕) ①넓고 큰 덕. ②두텁게 은혜(恩惠)를 베풂.
厚斂(후렴) 조세의 과중한 징수.
厚問(후문) 예(禮)를 두텁게 하여 방문함.
厚味(후미) ①맛있는 음식. ②먹는 일에 지나친 낭비를 함.
厚朴(후박) 인정이 두텁고 꾸밈이 없음.
厚薄(후박) ①두꺼움과 얇음. ②정중함과 냉대함. ③많음과 적음.
厚報(후보) 융숭하게 보답함. 厚答(후답). 厚酬(후수).
厚謝(후사) 후하게 사례함.
厚生(후생) ①백성의 생활을 넉넉하게 하도록 꾀하는 일. ②건강을 유지하고 증진하는 일.
厚顔無恥(후안무치) 낯가죽이 두꺼워 부끄러워 할 줄 모름.
厚意(후의) 남에게 인정(人情)을 베푸는 두터운 마음씨.
厚誼(후의) 두터운 정의(情誼). 厚情(후정).
厚典(후전) ①두터운 은전(恩典). ②정중하고 엄숙한 의식(儀式).
厚重(후중) 성질이 온후하고 진중(鎭重)함.
厚志(후지) 두터운 마음.
厚幣(후폐) ①예물을 정중하게 보냄. ②정중한 예물.
厚風(후풍) 순후(醇厚)한 풍속.
厚況(후황) 넉넉하게 받는 봉록(俸祿).
◨ 寬厚관후, 濃厚농후, 敦厚돈후, 醇厚순후, 溫厚온후.

8
⑩【原】 근원 원 元

중학 인명 5급 ㊥yuán ㊐ゲン

필순 一 厂 厂 厂 戶 戶 后 盾 原 原

소전 原 초서 原 본자 原 자원 會意. 厂＋泉→原→原. 언덕〔厂〕밑에 있는 샘〔泉〕에서 물줄기가 나오기 시작한다는 데서 '근원'을 나타낸다.

자해 ❶근원. ＝源. ㉮물줄기가 나오기 시작하는 곳. 〔漢書〕塞川原爲潢洿也색천원위황오야. ㉯근본, 기본. 〔禮記〕必達於禮樂之原필달어례악지원. ❷들, 벌판. 〔詩經〕脊令在原척령재원. ❸용서하다. 〔後漢書〕特原不理罪특원불리죄. ❹기인하다, 의거하다. 〔禮記〕必原父子之親필원부자지친. ❺캐묻다, 근본을 추구하다. 〔漢書〕原心定罪원심정죄.

原告(원고) 소송을 하여 재판을 청구한 사람.
原稿(원고) 글월의 초벌.
原禽(원금) 꿩의 딴 이름.
原緞(원단) 의류의 원료가 되는 천.
原隊(원대) 본디 딸려 있던 부대.
原道(원도) ①근본의 도(道). 인도의 근원. ②도(道)의 근본을 찾음. ③문장 이름. 당대(唐代)에 한유(韓愈)가 회남자(淮南子)의 원도훈(原道訓)을 모방하여 지음.
原豆(원두) 가공하기 전의 커피 열매.
原頭(원두) 벌판 머리. 벌판 언저리. 벌판.
原來(원래) 본디.
原論(원론) 근본이 되는 이론.
原料(원료) 물건을 만들 때 바탕이 되는 재료.
原理(원리) 사물의 근본이 되는 이치.
原木(원목) 가공하지 아니한 통나무.
原廟(원묘) 본디의 종묘 외에 거듭 지은 종묘.
原文(원문) 본디의 글.
原本(원본) ①사물의 근원. 근본. ②근본이 되는 서적이나 문서.
原絲(원사) 직물의 원료가 되는 실.
原産(원산) 그 물건이 본래의 산지(産地)에서 산출되는 일. 또는 그 물품.
原狀(원상) 본디의 상태.
原色(원색) ①들판의 빛깔. ②모든 색의 바탕이 되는 빛깔.
原書(원서) 원본이 되는 책.
原石(원석) 파낸 그대로의 광석.
原性(원성) 본디의 성질.
原始(원시) ①근원을 추구함. ②처음. 시작. 元始(원시). ③자연 그대로의 것. 元始(원시).
原審(원심) 상소 전에 이루어진 재판. 또는 그 심리.
原案(원안) 바탕이 되는 안.
原液(원액) 가공하지 않은 본디의 액체.
原野(원야) 인가(人家)가 없는 넓은 들판.
原油(원유) 땅속에서 뽑아낸 그대로의 기름.

原宥(원유) 죄를 용서함. 原赦(원사).
原意(원의) 본디의 뜻. 原義(원의).
原人(원인) 원시 시대 사람.
原因(원인) 일이 말미암은 까닭.
原任(원임) 본디의 벼슬. 前官(전관).
原作(원작) 번역·각색 따위를 하기 전의 본디 작품.
原田(원전) ①고원(高原)에 있는 밭. ②國들판과 밭.
原典(원전) 기준이 되는 본디의 전거.
原點(원점) 시작이 되는 출발점. 근본이 되는 본래의 점.
原情(원정) 國사정을 하소연함.
原罪(원죄) 죄를 용서하여 벌하지 않음.
原泉(원천) ①샘의 원줄기. ②사물의 근원.
原初(원초) 일의 현상이 비롯하는 맨 처음.
原則(원칙) ①근본이 되는 법칙. ②일반적으로 적용되는 규칙.
原版(원판) ①복제의 바탕이 되는 본디의 판. ②발행의 근본이 되는 인쇄판.
原鄕(원향) 그 지방에서 여러 대를 이어 살아온 향족(鄕族).
原憲貧(원헌빈) 원헌(原憲)의 가난. 청빈한 생활의 비유. 故事 공자(孔子)의 제자인 원헌이 가난한 생활을 하였으나, 의지가 굳어 깊은 도를 닦았다는 고사에서 온 말.
原形(원형) 본디의 꼴.
原畫(원화) ①밑그림. ②복제한 그림에 대하여, 본디의 그림.
◨ 根原근원, 語原어원, 草原초원, 平原평원.

8 ⑩【厝】 1숫돌 착 藥 2둘 조 遇
㊥cuò ㊐サク, ソ
소전 초서 자해 1❶숫돌. ❷섞다, 섞이다. 2두다. ≒措.
厝火積薪(조화적신) 쌓아 놓은 장작 무더기 아래에 불을 놓아 둠. 표면에 아직 나타나지 않은 재해(災害).

9 ⑪【厡】 原(177)의 본자

9 ⑪【厠】 廁(397)과 동자 인명

10 ⑫【厥】 1그 궐 月 2종족 이름 궐 ㊍굴 物
고등 인명 3급 ㊥jué ㊐ケツ
필순 厂 𠂆 𠂇 𠂊 𠂋 𠂌 𠂍 𠂎 𠂏 厥

소전 초서 자원 形聲. 厂+欮→厥. '欮(궐)'이 음을 나타낸다.
자해 1❶그, 그것. 〔書經〕厥民析궐민석. ❷조아리다, 머리를 숙이다. 〔漢書〕厥角稽首궐각계수. ❸짧다. 2종족 이름, 돌궐(突厥). 흉노(匈奴)의 한 종족.
厥角(궐각) 이마를 조아려 절을 함.
厥女(궐녀) 그 여자. 그녀.
厥明(궐명) ①어떤 일이 있은 그 이튿날. ②날이 밝을 무렵. 새벽.
厥尾(궐미) ①짧은 꼬리. ②꼬리가 짧은 개.
厥者(궐자) 그 사람. 그자.
厥宗噬膚(궐종서부) 당(黨)의 무리가 피부 속 깊이 들어감. 당이 굳게 결합하고 임금과 신하가 서로 마음이 잘 맞음.

10 ⑫【厤】 다스릴 력 錫
㊥lì ㊐レキ
소전 자해 ❶다스리다. ❷책력. ※曆(594)의 고자(古字).

10 ⑫【厨】 廚(400)의 속자

10 ⑫【厦】 廈(398)의 속자 인명

11 ⑬【厩】 廐(399)의 속자

12 ⑭【厮】 廝(400)와 동자

12 ⑭【厭】 厌 1싫을 염 豔 2누를 엽 葉
인명 2급 ㊥yàn, yā ㊐エン, オウ
소전 초서 동자 猒 참고 인명용 음은 '염'이다.
자원 形聲. 厂+猒→厭. '猒(염)'이 음을 나타낸다.
자해 1❶싫다, 싫증이 나다. ≒饜. 〔論語〕學而不厭학이불염. ❷차다, 가득 차다. 〔漢書〕克厭上帝之心극염상제지심. ❸극도에 달하다. 〔國語〕民志無厭민지무염. ❹미워하다. 〔論語〕人不厭其言인불염기언. 2❶누르다, 억누르다. 〔漢書〕東厭諸侯之權동엽제후지권. ❷따르다, 순종하다. 〔荀子〕天下厭然猶一也천하엽연유일야. ❸두 손을 가슴에 대고 하는 절. 〔儀禮〕賓厭介入門左빈엽개입문좌.
厭苦(염고) 싫어하고 괴로워함.

厭倦(염권) 물려 싫증이 남.
厭服(염복) 만족하여 승복함.
厭世(염세) 세상을 싫어함.
厭飫(염어) ①흡족함. 만족함. ②지긋지긋함. 정나미가 떨어짐.
厭然(❶염연 ❷엽연) ❶①편안한 모양. ②매우 아름다운 모양. ❷순순히 따르는 모양. 순종하는 모양.
厭厭(염염) ①편하고 고요한 모양. ②성하게 자라는 모양. ③희미하고 어두운 문양. ④나약한 모양.
厭惡(염오) 마음으로부터 싫어하여 미워함.
厭症(염증) 싫은 마음. 싫증.
厭冠(엽관) 상중(喪中)에 쓰는 관(冠).
厭揖(엽읍) 절. '厭'은 두 손을 가슴에 대고 하는 절, '揖'은 두 손을 맞잡아 얼굴 앞에 들고 하는 절.

12 ⑭【廚】 廚(400)의 속자

12 ⑭【廠】 廠(401)의 속자

13 ⑮【厲】厉 ①갈 려 霽 ②문둥병 라 本뢰 泰
中lì, lài 日レイ, ライ
소전 초서 속자 厉 자해 ①❶갈다, 날카롭게 하다. 〔戰國策〕綴甲厲兵철갑려병. ❷화(禍), 재앙. 〔詩經〕誰生厲階수생려계. ❸괴롭다. 〔孟子〕是厲民而以自養也시려민이이자양야. ❹힘쓰다, 힘써 닦다. 〔後漢書〕將帥自厲장수자려. ❺엄하다, 사납다, 매섭다. 〔論語〕子溫而厲자온이려. ❻바르다, 지조를 높게 가지다. 〔論語〕色厲而內荏색려이내임. ②문둥병. ≒癩. 〔史記〕豫讓又漆身爲厲예양우칠신위라.
厲階(여계) 화를 일으킬 빌미. 禍端(화단).
厲壇(여단) 여제(厲祭)를 지내는 단.
厲民(여민) 백성을 몹시 가혹하게 다스림.
厲色(여색) 얼굴빛을 매섭게 함. 노기를 띰.
厲聲(여성) 성난 목소리로 꾸짖음.
厲精(여정) 정신을 가다듬어 부지런히 힘씀.
厲祭(여제) 나라에 역질이 돌 때 역귀에게 지내던 제사.
厲疾(여질) ①매우 빠름. 높고 빠름. ②문둥병. 癩病(나병).
厲風(여풍) ①사나운 바람. ②서북풍.

15 ⑰【厳】 嚴(235)의 속자

厶部 마늘모

0 ②【厶】 ①사사 사 支 ②아무 모 有
中sī, mǒu 日シ
소전 참고 부수의 명칭으로 '마늘모'라 이르는 것은, 글자 모양이 마늘쪽과 같이 세모가 졌기 때문이다.
자원 指事. 자신의 소유물을 묶어 싼 모양을 그려 '나, 사사'의 뜻을 나타낸다.
자해 ①사사, 사사롭다. ※私(918)의 고자(古字). ②❶아무. ※某(624)와 동자(同字). ❷한자 부수의 하나, 마늘모.

2 ④【厷】 팔뚝 굉 蒸
中gōng 日コウ
소전 자해 ❶팔뚝. ＝肱. ❷활. ❸둥글다. 〔漢書〕日德元厷일덕원굉.

3 ⑤【去】 ①갈 거 御 ②덜 거 語
중학 인명 5급 中qù 日キョ, コ
필순 一 十 土 去 去
소전 초서 본자 厺 자원 會意. 大＋凵→厺→去. 사람〔大〕이 어떤 구역〔凵〕 밖으로 나간다는 데서 '떠나다'라는 뜻을 나타낸다.
자해 ①❶가다. ㉮떨어지다, 멀어지다. 〔孟子〕舜禹益相去久遠순우익상거구원. ㉯바뀌다, 변하다. 〔呂氏春秋〕見利之聚견리지취, 無之去무지거. ㉰물러나다. 〔孟子〕與鄕人居여향인거, 由由然不忍去也유유연불인거야. ㉱떠나다. ㉲내버리다, 돌보지 아니하다. 〔後漢書〕人所畔者인소반자, 天所去也천소거야. ❷잃다, 잃어버리다. 〔後漢書〕鴻乃尋訪燒者홍내심방소자, 問所去失문소거실. ❸거성(去聲). 사성(四聲)의 하나. ②❶덜다, 없애다. 〔春秋左氏傳〕衞侯不去其旗위후불거기기. ❷풀다. 〔呂氏春秋〕居無去車거무거거. ❸버리다. 〔漢書〕得漢食物득한식물, 皆去之개거지. ❹죽이다.
去去(거거) ①갈 것을 재촉하는 말. 떠나라. 가거라. ②세월이 머물지 않고 흘러감.
去痰(거담) 가래를 없앰.
去頭截尾(거두절미) 머리와 꼬리를 잘라 버림. 앞뒤의 잔사설은 빼고 요점만 말함.
去來(거래) ①가는 일과 오는 일. 往來(왕래). ②한 번 떠나갔다가 다시 내항(來降)함. ③

물건을 얻는 일과 잃는 일.
去冷(거랭→거냉) 좀 데워서 찬 기운을 없앰.
去路(거로) 나그넷길. 여행길. 行路(행로).
去留(거류) ①떠나감과 머물러 있음. ②일의 성패(成敗). ③죽음과 삶. ④자연의 추세.
去思碑(거사비) 감사(監司)나 수령(守令)이 갈려 간 뒤에 그 선정(善政)을 사모하여 고을 주민들이 세운 비.
去聲(거성) ①명성(名聲)을 멀리하거나 버림. ②사성(四聲)의 하나.
去勢(거세) 동물의 생식 기능을 없앰.
去心(거심) 떠나고 싶은 생각.
去者勿追(거자물추) 가는 사람을 억지로 붙들지 말라는 말.
去者日疏(거자일소) ①죽은 사람은 날이 갈수록 소원(疏遠)해져 차츰 잊게 됨. ②멀리 떨어져 있는 사람과는 차츰 정도 멀어져 감.
去就(거취) ①사람이 어디로 가거나 다니거나 하는 움직임. ②일신상의 출처(出處)나 진퇴(進退).
去貝(거패) 國목면(木綿). 古貝(고패).
去弊生弊(거폐생폐) 폐해를 없애려다가 도리어 다른 폐해를 만듦.
去皮(거피) ①가죽을 벗김. 겉치레를 버림. ②껍질을 벗겨 버림.
◨ 過去과거, 逝去서거, 除去제거, 撤去철거, 退去퇴거.

ㅿ 3획

3 ⑤【厺】 去(179)의 본자

6 ⑧【参】 參(180)의 속자

6 ⑧【叅】 參(180)의 속자

7 ⑨【曑】 參(180)의 고자

9 ⑪【參】参 1간여할 참 覃 2별 이름 삼 侵 3층날 참 侵

중학 인명 5급 ㊥cān, shēn, cēn ㊐サン, シン

필순 ㇐ ㇐ ㇐ ㇐ 厽 夂 𠫭 参 參 參

소전 曑 초서 参 고자 曑 속자 叅 속자 叄

속자 参 참고 인명용 음은 '참·삼'이다. 자원 形聲. 厽+人+彡→參. '彡(삼)'이 음을 나타낸다.

자해 1 ❶간여하다, 관계하다. ¶ 參加참가. ❷섞이다, 뒤섞다. ¶ 參伍참오. ❸뵈다. 아랫사람이 윗사람을 뵙다. ¶ 參謁참알. ❹나란하다, 가지런하다. 〔論語〕 立則見其參於前也입즉견기참어전야. 2 ❶별 이름. 〔大戴禮〕 參則見삼즉견. ❷셋. '三'의 갖은자로 쓴다. 3 층나다, 가지런하지 아니하다. ¶ 參差참치.

參加(참가) 모임·단체 등에 참여함.
參檢(참검) 서로 비교하여 생각함.
參見(참견) ①섞여 보임. ②직접 나아가서 봄. 參看(참간). ③남의 일에 쓸데없이 간섭함.
參考(참고) ①대조하여 생각함. ②살펴서 생각하는 데 도움이 될 만한 재료.
參觀(참관) 어떤 자리에 직접 나아가서 봄.
參列(참렬) 그 자리에 참여함.
參禮(참례) ①알현(謁見)의 의식. ②國예식에 참여함.
參謀(참모) 윗사람을 도와 어떤 일을 꾀하고 꾸미는 데에 참여함. 또는 그 사람.
參墓(참묘) 조상의 묘를 찾아가서 돌봄. 省墓(성묘).
參半(참반) 절반. 반.
參班(참반) 반열(班列)에 참여함.
參榜(참방) 과거(科擧)의 방목(榜目)에 자기 성명이 오름. 과거에 합격함.
參拜(참배) 신이나 부처에게 배례함.
參事(참사) 어떤 일에 참여함.
參席(참석) 자리·모임 등에 참여함.
參禪(참선) (佛)선도(禪道)에 들어가 그 묘리(妙理)를 연구함.
參乘(참승) 높은 이를 모시고 수레에 함께 탐.
參謁(참알) ①궁중에 들어가서 임금을 뵘. ②國해마다 유월과 선달에 관리의 성적을 포폄(褒貶)할 때 각 관아의 관리가 그의 으뜸 벼슬아치를 뵙던 일.
參與(참여) 참가하여 관여함.
參詣(참예) ①모임. 모여듦. ②國신이나 부처에게 나아가 뵘.
參伍(참오) 이리저리 뒤섞이는 모양.
參酌(참작) 서로 비교하여 그 선악(善惡)을 취사(取捨)함. 參量(참량).
參戰(참전) 전쟁에 참가함.
參政(참정) 정치에 참여함.
參朝(참조) 조정(朝廷)에 들어감.
參照(참조) 참고로 대조하여 봄.
參綜(참종) 참여하여 다스림.
參錯(참착) 뒤섞여 엇걸림.
參纂(참찬) 참고하여 편찬함.
參參(❶참참 ❷삼삼) ❶①긴 모양. ②왕성한 모양. ③가지런하지 않은 모양. 들쭉날쭉한 모양. 參差(참치). ❷빽빽이 선 모양.
參差(참치) ①가지런하지 않은 모양. ②연이은 모양. ③흩어진 모양. ④뒤섞인 모양.
參驗(참험) 이것저것을 아울러 헤아림. 여러 가지를 참고하여 조사함.
參互(참호) 이것저것 조회하여 알아봄.
參會(참회) ①섞여서 모임. ②모임에 참여함.
參畫(참획) 계획에 참여함. 관계하여 계획함.
參候(참후) 가서 안부를 물음. 參伺(참사).

10 ⑫【叅】 參(180)의 속자

又部 또우

0 ②【又】 또 우 宥

중학 인명 3급 ㊥yòu ㊐ユウ

필순 フ 又

소전 초서 자원 象形. 오른손과 그 손가락을 본뜬 글자. 다섯 손가락을 줄여 세 손가락으로 나타냈다.

자해 ❶또. ㉮다시 더, 그 위에. 〔禮記〕 以待又語이대우어. ㉯거듭하여. 〔詩經〕 天命不又천명불우.
又況(우황) 하물며.

1 ③【叉】 깍지 낄 차 麻

인명 1급 ㊥chā, chāi ㊐サ

소전 초서 자해 ❶깍지 끼다. ❷엇걸리다. ¶ 交叉교차. ❸가닥, 갈래. 〔蘇軾·縱筆〕 溪邊古路三叉口계변고로삼차구. ❹귀신 이름. 인도(印度) 사람들이 믿는 귀신의 하나. ¶ 夜叉야차.
叉竿(차간) 끝이 갈래진 장대.
叉路(차로) 갈림길. 岐路(기로).
叉手(차수) ①두 손을 어긋맞게 마주 잡음. ②팔짱을 낌. 관여하지 않음. 拱手(공수).
叉牙(차아) ①이가 빠진 모양. ②갈래져 나옴.

2 ④【及】 미칠 급 緝

중학 인명 3Ⅱ급 ㊥jí ㊐キュウ

필순 ノ 乃 及 及

소전 초서 속자 자원 會意. 又+人→及. '又'는 손, '人'은 사람을 뜻한다. 뒷사람의 손이 앞 사람에게 미친다는 데서 '미치다'의 뜻을 나타낸다.

자해 ❶미치다, 닿다, 이르다. 〔國語〕 往言不可及왕언불가급. ❷미치게 하다, 끼치게 하다. 〔孟子〕 老我老로아로, 以及人之老이급인지로. ❸및, 와. 〔孟子〕 予及汝偕亡여급여해망.
及瓜(급과) ①벼슬의 임기가 다 됨. 교대할 시기가 됨. ②國해가 바뀜.
及其也(급기야) 필경에 가서는. 마지막에는.
及門(급문) ①배우기 위하여 문하에 이름. 문하생(門下生)·제자(弟子)가 됨. ②벼슬 문에 이름. 벼슬함.
及第(급제) 과거에 합격함.
◨ 普及보급, 言及언급, 追及추급, 波及파급.

2 ④【及】 及(181)의 속자

2 ④【反】 ①되돌릴 반 阮 ②뒤엎을 번 元

중학 인명 6급 ㊥fǎn ㊐ハン, ホン

필순 一 厂 万 反

소전 초서 참고 인명용 음은 '반'이다.

자원 會意. 厂+又→反. '厂'는 덮어 가리는 것, '又'는 손을 뜻한다. 덮어 가린 것을 손으로 뒤치는 데서 '뒤치다'의 뜻을 나타낸다.

자해 ①❶되돌리다, 돌려주다. 〔漢書〕 反之於天반지어천. ❷뒤집다, 뒤엎다. 〔呂氏春秋〕 反鄭之埤반정지비. ❸되풀이하다, 반복하다. 〔論語〕 必使反之필사반지. ❹되갚음하다, 보답하다. 〔史記〕 禮反其所自始례반기소자시. ❺보복하다, 앙갚음하다. 〔春秋左氏傳〕 欲反其讎욕반기수. ❻구르다, 뒤척이다. 〔詩經〕 以極反側이극반측. ❼되돌아가다, 되돌아오다. 〔孟子〕 君子反經而已矣군자반경이이의. ❽반대로, 도리어. 〔史記〕 天與弗取천여불취, 反受其咎반수기구. ❾되돌아보다, 뉘우치다. 〔禮記〕 知不足지부족, 然後能自反也연후능자반야. ❿모반, 반역. ②뒤엎다, 뒤집다. 〔漢書〕 何以知其不反水漿邪하이지기불번수장야.
反間(반간) ①적국(敵國)에 들어가 적정을 탐지하거나 민심을 교란하는 일. 또는 그런 일을 하는 사람. 간첩. 첩자. ②적의 간첩을 역이용하여 적의 계획을 알아내는 일.
反感(반감) 반대하거나 반항하는 감정.
反擊(반격) 쳐들어오는 적을 되받아 공격함.
反顧(반고) ①뒤돌아봄. ②고향을 생각함.
反骨(반골) 어떤 권력이나 권위에 순응하거나

따르지 아니하고 저항하는 기골. 叛骨(반골).
反求(반구) 어떤 일의 원인을 나 자신에게서 찾음.
反旗(반기) 반란을 일으킨 사람들이 든 기. 모반(謀叛)의 깃발. 叛旗(반기).
反對(반대) ①사물의 위치·방향·순서 따위가 거꾸로 됨. ②의견·제안 등에 찬성하지 않음.
反動(반동) ①반대 방향으로 작용하는 힘. ②반대하여 일어나는 움직임.
反騰(반등) 시세가 떨어지다가 갑자기 오름.
反亂(반란) 정권을 타도하기 위한 조직적인 폭력 활동. 叛亂(반란).
反戾(반려) 사리나 도리에 어그러짐.
反論(반론) 남의 의견에 반대하는 의론.
反倫(반륜) ①동료를 배반함. ②인륜(人倫)에 어그러짐.
反面(반면) ①반대되는 쪽. ②어디를 갔다가 돌아와서 임금이나 어버이를 뵙는 일.
反命(반명) ①사자(使者)가 돌아와 보고함. 또는 그 일. 復命(복명). ②명령에 따르지 않음. 명령을 거역함.
反目(반목) 눈을 흘김. 사이가 좋지 않음.
反問(반문) 남의 물음에 답하지 않고 되받아 물음.
反駁(반박) 의견·비난 따위에 맞서 반대하여 말함.
反縛(반박) 두 손을 뒤로 돌려 묶음.
反撥(반발) ①되받아 퉁김. ②어떤 상태나 행동에 대하여 거스르고 반항함.
反背(반배) 배신함.
反報(반보) ①복명(復命)함. ②보답함.
反復(반복) ①올라감과 내려옴. ②등짐. 배신함. ③되풀이함.
反覆(반복) ①근본으로 되돌림. 근본으로 돌아옴. ②같은 일을 되풀이함. 反復(반복). ③의지나 언행이 일정하지 않음.
反射(반사) 빛이나 전파가 물체에 부딪쳐 되돌아옴.
反殺(반살) 자기를 죽이려고 하는 사람을 도리어 죽임.
反常(반상) 이치에 어긋남. 상도(常道)에서 벗어남.
反生(반생) ①싹이 아래에서 위로 향함. ②다시 살아남. 再生(재생). 回生(회생).
反省(반성) 자신의 언행에 대하여 잘못이나 부족함이 없는지 돌이켜봄.
反手(반수) ①손바닥을 뒤집음. 일이 매우 쉬움. ②뒷짐을 짐. ③㊊손등.
反逆(반역) 나라와 겨레를 배반함.
反映(반영) ①빛이 반사하여 비침. ②다른 것에 영향을 받아 어떤 현상이 나타남.
反影(반영) 반사하여 비치는 그림자.
反應(반응) 어떤 자극을 받아 작용을 일으킴.
反意(반의) ①모반의 마음. ②뜻에 반함.
反張(반장) 휨. 젖히어 틀어짐.
反轉(반전) 반대 방향으로 구르거나 돎.
反切(반절) 한자의 음을 나타내는 방법의 하나. 초성이 같은 한자와 중성 및 종성이 같은 한자를 들어서 나타냄. '東'의 음을 '덕홍절(德紅切)'로 표시하는 따위.
反正(반정) ①정(正)과 부정(不正). ②정도(正道)로 돌림. 태평한 세상으로 돌이킴. ③정도로 돌아감. ④상도(常道)를 잃음.
反坐(반좌) ①자리로 돌아옴. ②남을 무고(誣告)한 사람은 무고한 내용과 같은 죄명으로 처벌받는 일.
反證(반증) 어떤 주장에 대해 그것을 부정할 증거를 만드는 일. 또는 그 증거.
反芻(반추) ①되새김질. ②어떤 일을 되풀이하여 음미하거나 생각함.
反側(반측) ①마음에 걸리는 일이 있어 잠을 이루지 못하고 몸을 이리저리 뒤척거림. ②법도에 어긋남. ③모반(謀叛)함.
反則(반칙) 법규에 어그러짐.
反哺(반포) 까마귀 새끼가 자란 뒤에 늙은 어미에게 먹이를 물어다 먹임. 자식이 부모의 은혜를 갚음의 비유.
反抗(반항) 다른 사람이나 대상에 맞서 대들거나 반대함.
反響(반향) ①산울림. ②어떤 일에 대한 여론의 움직임.
反庫(번고) ①창고에 있는 물건을 뒤져 조사함. ②구역질하여 토함.
反脣(번순) 입술을 뒤집음. 심복(心服)하지 않고 비방하는 모양.
反胃(번위) 위경(胃經)에 생기는 병의 하나. 구역질이 나고 먹은 것을 토해 내는 병.
反田(번전) 논을 밭으로 만듦.
◨ 謀反모반, 背反배반, 相反상반, 違反위반, 離反이반, 正反合정반합.

2 ④【双】 雙(1352)의 속자

2 ④【収】 收(546)의 속자

2 ④【友】 벗 우 ㊒

중학 인명 5급 ㊥yǒu ㊐ユウ

필순 一 ナ 方 友

又 2획

소전 𢑚 초서 友 고자 㕛 자원 會意. 又+又→㕛→友. '又'는 손. 손과 손을 맞잡고 뜻을 같이하는 사이, 곧 '벗'을 뜻한다.

자해 ❶**벗, 친구.** ㉮**뜻을 같이하는 벗, 동지**(同志). 〔春秋公羊傳〕朋友相衞붕우상위. ㉯**한패, 동료, 동아리.** 〔白居易·傳〕彭城劉夢得爲詩友팽성류몽득위시우. ❷**벗하다, 사귀다.** 〔論語〕無友不如己者무우불여기자. ❸**우애 있다.** 〔論語〕友于兄弟우우형제.

友道(우도) 친구를 사귀는 도리.
友睦(우목) 형제간에 우애가 좋음.
友邦(우방) 서로 친밀한 관계인 나라.
友朋(우붕) 벗. 朋友(붕우).
友生(우생) ①벗. 友人(우인). ②같은 문하생(門下生)끼리의 자칭(自稱).
友愛(우애) ①동기간의 사랑. ②벗 사이의 정.
友誼(우의) 친구 사이의 정분. 友情(우정).
友情(우정) 친구 사이의 정.
友風子雨(우풍자우) 바람을 벗하고 비를 아들로 삼음. 곧, 구름.
友好(우호) 개인끼리나 나라끼리 서로 사이가 좋음.

◨ 交友교우, 級友급우, 盟友맹우, 朋友붕우, 益友익우, 知友지우, 鄕友향우.

2 ④ 【㕛】 友(182)의 고자

5 ⑦ 【叓】 事(38)의 고자

6 ⑧ 【受】 받을 수 宥

중학 인명 4Ⅱ급 ㊥shòu ㊐ジュ

필순 一 ㇒ ㇒ 爫 爫 爫 受 受

소전 𠭥 초서 受 자원 會意. 爪+冖+又→受. 두 손〔爪와 又〕 사이에 쟁반(冖)이 있는 모습으로, 두 사람이 물건을 주거나 받는다는 뜻이다. 본래는 이 자 하나로 주고 받는 것을 모두 나타내었으나, 지금은 '받다'의 뜻으로는 이 자를 쓰고, '주다'의 뜻으로는 '授' 자를 써서 구별한다.

자해 ❶**받다.** 〔詩經〕受侮不少수모불소. ❷**그릇 따위에 담다, 싣다.** 〔儀禮〕以籩受이변수. ❸**얻다.** ¶ 受益수익. ❹**받아들이다.** 〔呂氏春秋〕舜得皐陶순득고요, 而舜受之이순수지.

受講(수강) 강습을 받거나 강의를 들음.
受戒(수계) ①훈계를 받음. ②(佛)불계(佛戒)를 받음. 불계를 받아 불문(佛門)에 들어감.
受教(수교) ①가르침을 받음. 受業(수업). ②임금이 내리는 교명(教命).
受權(수권) 권리나 권력을 이어받음.
受難(수난) 재난을 당함.
受納(수납) 돈·물품 따위를 받아 거두어들임.
受動(수동) 다른 것으로부터 작용을 받음.
受諾(수락) 요구를 받아들여 승낙함.
受領(수령) 받음. 受取(수취).
受賂(수뢰) 뇌물을 받음.
受命(수명) ①명령을 받음. ②천명(天命)을 받아 천자(天子)가 됨. ③가르침을 받음.
受命于天(수명우천) 천명을 받아 천자의 자리에 오름. 受命於天(수명어천).
受侮(수모) 모욕을 당함.
受罰(수벌) 벌을 받음.
受賞(수상) 상을 받음.
受禪(수선) 임금의 자리를 물려받음.
受信(수신) 통신을 받음.
受業(수업) 제자가 스승에게서 학문을 배움.
受容(수용) 받아들임.
受遺(수유) ①선물을 받음. ②유산을 받음.
受恩(수은) 은혜를 입음.
受益(수익) 이익을 얻음.
受任(수임) 임무를 받음. 임무를 인수함.
受點(수점) 낙점(落點)을 받음.
受持(수지) 받아서 지킴.
受采(수채) 신랑 집에서 보내는 납폐를 신부 집에서 받음.
受胎(수태) 아이를 밴.
受驗(수험) 시험을 치름.
受刑(수형) 죄인이 형벌을 받음.
受惠(수혜) 혜택을 받음.

◨ 甘受감수, 感受감수, 授受수수, 引受인수, 傳受전수, 接受접수.

6 ⑧ 【叔】 아재비 숙 屋

중학 인명 4급 ㊥shū ㊐シュク

필순 丨 ㅏ 上 尗 尗 尗 叔 叔

소전 𣎵 초서 叔 속자 尗 동자 村 자원 會意. 弋+小+又→叔. 본래 손〔又〕으로 막대기〔弋〕를 잡고 토란〔小〕을 캔다는 뜻이었고, '아재비'의 뜻은 뒤에 가차된 것이다.

자해 **아재비.** ㉮**아버지의 아우.** ¶ 叔父숙부. ㉯**형제 중의 셋째.** 〔詩經〕叔兮伯兮숙혜백혜. ㉰**시동생.** 〔戰國策〕嫂不以我爲叔수불이아위숙.

叔季(숙계) ①막냇동생. 막내아우. 末弟(말제). ②말세(末世).
叔舅(숙구) ①國외숙(外叔). ②천자가 이성(異

又 6획

姓)의 제후(諸侯)를 부르던 말.
叔妹(숙매) 남편의 누이동생. 시누이.
叔母(숙모) 숙부의 아내. 작은어머니.
叔伯(숙백) ①신하의 연하자(年下者)와 연상자(年上者). ②형제(兄弟).
叔父(숙부) 아버지의 동생. 작은아버지.
叔姪(숙질) 아저씨와 조카.
叔行(숙항) 아저씨뻘이 되는 항렬.
◨ 堂叔당숙, 伯叔백숙, 外叔외숙.

6 ⑧【取】 취할 취

중학 인명 4Ⅱ급 ㊥qǔ ㊐シュ

필순 一 丅 F F E 耳 耴 取

소전 초서 자원 會意. 耳+又→取. 싸움에 이겨서 손〔又〕으로 적의 귀〔耳〕를 잘라 가진다는 데서 '취하다'의 뜻을 나타낸다.

자해 ❶**취하다, 얻다.** 〔書經〕 取亂侮亡취란모망. ❷**골라 뽑다, 채용(採用)하다.** 〔禮記〕 力行以待取역행이대취. ❸**가지다, 손에 쥐다.** 〔詩經〕 如取如攜여취여휴. ❹**받다, 받아들이다.** 〔禮記〕 取衣者亦以篋취의자역이협. ❺**장가들다.** ≒娶. 〔易經〕 取女吉취녀길.

取去(취거) 가지는 일과 버리는 일.
取扱(취급) ①물건을 다룸. ②사무나 사건 따위를 다루어 처리함.
取得(취득) 자기의 것으로 만들어 가짐.
取利(취리) ①現이익을 얻음. ②國돈놀이.
取捨(취사) 취함과 버림. 取舍(취사).
取消(취소) 기록하거나 진술한 사실을 지워 없앰. 抹消(말소).
取笑(취소) 남의 웃음거리가 됨.
取信(취신) 남에게서 신용(信用)을 얻음.
取人(취인) 사람을 가려 씀.
取材(취재) 어떤 사물에서 기사나 작품의 재료를 조사하여 얻음.
取調(취조) 범죄 사실을 알아내기 위해 속속들이 조사함.
取種(취종) 씨를 받음.
取次(취차) ①한때. 한동안. ②차차. 차츰.
取下(취하) 신청하거나 제출했던 것을 도로 거두어들임.
◨ 去取거취, 爭取쟁취, 採取채취.

7 ⑨【叚】 1빌릴 가 2성 하

㊥jiǎ, xiá ㊐カ

소전 자해 1**빌리다, 빌려 주다.** ≒假. 2**성(姓).**

7 ⑨【叛】 배반할 반

고등 인명 3급 ㊥pàn ㊐ハン

필순 ㇒ ㇒ ㇒ 𠂇 半 半 叛 叛 叛

소전 초서 자원 會意·形聲. 半+反→叛. '反(반)'이 음도 나타낸다. '半'은 둘로 나뉘다의 뜻이고, '反'은 거스르다의 뜻으로, 배반(背反)하여 떠남을 나타낸다.

자해 ❶**배반하다, 저버리다.** 〔書經〕 三監及淮夷叛삼감급회이반. ❷**떨어지다, 둘이 되다.** 〔春秋左氏傳〕 入于戚以叛입우척이반. ❸**어긋나다.** 〔春秋左氏傳〕 不吾叛也불오반야.

叛軍(반군) 반란을 일으킨 군사.
叛奴(반노) 자기 상전(上典)을 배반한 종.
叛徒(반도) 반란을 꾀한 무리.
叛亂(반란) 정권을 타도하기 위해 일으키는 조직적인 폭력 활동.
叛服(반복) 배반함과 복종함.
叛臣(반신) 배반한 신하.
叛逆(반역) ①나라와 겨레를 배반함. ②통치자에게서 권력을 빼앗으려고 함.
叛衍(반연) 제멋대로 함.
叛將(반장) 반란을 일으킨 장수(將帥).
叛賊(반적) 모반한 역적.
◨ 謀叛모반, 背叛배반.

7 ⑨【叙】 敍(552)의 속자 인명

7 ⑨【叜】 叟(184)의 고자

8 ⑩【叟】 1늙은이 수 2쌀 씻는 소리 수

㊥sǒu, sōu ㊐ソウ

초서 고자 叜 동자 㕇 동자 傁 자해 1**늙은이, 늙은이를 부르는 존칭.** 〔孟子〕 叟不遠千里而來수불원천리이래. 2**쌀 씻는 소리.** ¶ 叟叟수수.

叟叟(수수) 쌀 씻는 소리.

14 ⑯【叡】 밝을 예

인명 ㊥ruì ㊐エイ

소전 초서 동자 叡 고자 睿 자해 ❶**밝다, 깊이 사리에 통하다.** 〔史記〕 幼而叡齊유이예제. ❷**임금의 언행(言行)에 붙이는 말.** ¶ 叡覽예람.

叡覽(예람) 임금이 열람함.

叡慮(예려) 임금의 생각.
叡明(예명) 임금이 매우 명민(明敏)함.
叡敏(예민) 사리에 통달함.
叡算(예산) 임금의 나이. 寶算(보산).
叡聖(예성) 지덕(知德)이 훌륭하고 사리에 밝음. 明聖(명성).
叡旨(예지) 임금의 생각. 聖旨(성지).
叡智(예지) 뛰어나고 현명한 지혜.
叡哲(예철) 지혜가 깊고 사리에 밝음.
◨ 明叡명예, 聰叡총예.

14 ⑯【叡】 叡(184)와 동자

16 ⑱【叢】 丛 모일 총 東

인명 1급 ㊥cóng ㊐ソウ

소전 초서 동자 **자해** ❶**모이다, 모으다.** 〔書經〕是叢于厥身시총우궐신. ❷**떨기.** 풀·나무 등의 무더기. ❸**많다, 번잡하다.** 〔漢書〕罔密事叢망밀사총.

叢棘(총극) ①많이 얽혀 있는 가시. 가시 덤불. ②죄인을 잡아 가두는 곳.
叢論(총론) 논설, 문장 등을 모아 놓은 책.
叢林(총림) ①잡목이 우거진 숲. ②(佛) 승려가 모여 수행하는 곳.
叢莽(총망) 우거진 풀숲.
叢生(총생) 풀이나 나무가 무더기로 남.
叢書(총서) ①갖가지 서적을 모음. 또는 그 서적. ②일정한 형식·체재로 계속해서 출판되어 한 질을 이룬 책들.
叢樹(총수) 우거진 나무숲.
叢語(총어) 많은 낱말을 모아 놓은 책.
叢帖(총첩) 고금의 법첩(法帖)을 모아 판각(版刻)한 것.
叢叢(총총) ①많은 물건이 빽빽하게 들어서 있는 모양. ②떼 지어 모이는 모양.

口 部 입구

0 ③【口】 입 구 宥

중학 인명 7급 ㊥kǒu ㊐コウ, ク

필순 丨 冂 口

소전 초서 **자원** 象形. 사람 입의 모양을 본뜬 글자.

자해 ❶**입.** 〔春秋左氏傳〕勺飮不入口七日작음불입구칠일. ❷**식구, 사람.** 〔孟子〕八口之家팔구지가, 可以無飢가이무기. ❸**어귀.** 〔宋史〕破契丹長城口파거란장성구. ❹**구멍.** 〔陶潛·記〕山有小口산유소구. ❺**자루.** 칼 등을 세는 단위. 〔晉書〕跪獻劍一口궤헌검일구.

口角(구각) 입아귀.
口腔(구강) 입에서 목구멍에 이르는 입 안의 빈 곳.
口訣(구결) ①입으로 전하는 비결(祕訣). ②國 한문의 구절 끝에 다는 토. '𠮟(하고)', '𠂆(에)' 따위.
口徑(구경) 둥근 것의 안지름.
口啓(구계) 國임금에게 말로 보고하거나 물어 보거나 의견을 내거나 함.
口供(구공) 죄인의 자백서(自白書).
口過(구과) 말을 잘못함. 失言(실언).
口給(구급) 말솜씨가 뛰어남. 口敏(구민).
口氣(구기) 말하는 투. 말투.
口訥(구눌) 말을 더듬음.
口頭(구두) 직접 입으로 하는 말.
口頭交(구두교) 진실성이 없이 말뿐인 사귐.
口糧(구량) ①병사(兵士)나 역부(役夫)에게 매달 지급하던 식량. ②식구 수효대로 관아에서 내어 주던 양식.
口令(구령) 여러 사람의 동작을 한결같이 취하게 하도록 부르는 호령.
口味(구미) 입맛.
口糜(구미) 입안이 붉게 허는 병.
口蜜腹劍(구밀복검) 말은 달콤하나 속에 칼을 품고 있음. 겉은 친절하나 내심은 음험함.
口癖(구벽) 입버릇.
口辯(구변) 말솜씨. 言辯(언변).
口腹(구복) ①입과 배. ②음식.
口腹之計(구복지계) 살아가는 방법.
口腹之累(구복지루) 생활의 괴로움.
口賦(구부) 사람의 수효에 따라 과하는 세금.
口分(구분) ①균등하게 나눔. ②식량(食糧). ③병사의 급료(給料).
口分田(구분전) ①당대(唐代)에 18세 이상의 모든 백성들에게 나누어 주던 국가 소유의 공전(公田). ②고려 때 관리의 유자녀, 전쟁 미망인, 늙은 군인 등 생활 능력이 없는 사람에게 나누어 주던 논밭.
口碑(구비) 세간(世間)에 전하여 내려오는 말.
口尙乳臭(구상유취) 입에서 아직 젖내가 남. 말이나 행동이 유치함.
口舌(구설) ①입과 혀. ②말. 辯舌(변설).
口舌數(구설수) 남에게 시비하거나 헐뜯는 말을 듣게 될 신수.
口誦(구송) 소리 내어 욈.
口述(구술) 말로 이야기함.
口實(구실) 핑계 삼을 밑천. 변명할 재료.

口 0획

口案(구안) 말한 대로 적어 놓은 조서(調書).
口業(구업) (佛)입으로 짓는 죄업(罪業).
口演(구연) 말로 연기함.
口吟(구음) ①말을 더듬어 소리가 분명하지 못함. ②읊조림.
口耳之學(구이지학) 귀로 들은 바를 이내 입으로 지껄이는 천박한 학문.
口才(구재) ①말솜씨가 좋음. 또는 그런 사람. ②國노래를 잘 부르는 재주.
口傳(구전) 말로 전함. 말로 전하여 내려옴.
口錢(구전) 흥정을 붙여 주고 그 댓가로 받는 돈. 口文(구문).
口錢(구전) ①인두세(人頭稅). ②國흥정을 붙여 주고 그 수고료로 받는 돈.
口傳心授(구전심수) 말로 전하고 마음으로 가르침.
口占(구점) ①입 속으로 읊음. ②즉석에서 시(詩)를 지음. ③글이나 말을 문서에 의하지 않고 말로써 전달함.
口中荊棘(구중형극) 입 속에 있는 가시. 남을 중상하는 언론(言論)의 음험함의 비유.
口讒(구참) ①악담(惡談). 험담(險談). ②구변(口辯)이 좋음.
口臭(구취) 입에서나는 악취(惡臭). 입내.
口筆(구필) 입에 붓을 물고 쓰는 글씨.
口血(구혈) ①제후(諸侯)가 동맹을 맺을 때에 마시던 희생의 피. ②입으로 토하는 피.
口號(구호) 집회나 시위 따위에서 어떤 요구나 주장을 간결한 형식으로 표현한 문구.
◧ 入口입구, 衆口중구, 出口출구, 浦口포구, 緘口함구, 港口항구, 戶口호구, 虎口호구, 糊口호구.

2
⑤【可】 ①옳을 가 哿 ②군주 칭호 극 職

중학 인명 5급 ㊥kě, kè ㊐カ·コク

필순 一 丁 FI FI 可

소전 可 초서 可 참고 인명용 음은 '가'이다.

자원 象形. 본래 도끼 자루를 본뜬 것으로, 뒤에 '옳다'의 뜻으로 가차되었다.

자해 ① ❶옳다, 규범·사리·격 등에 맞다. 〔後漢書〕 今日立號금일입호, 雖尊可也수존가야. ❷가히. 결정·상상·권고·가능의 뜻을 나타낸다. 〔論語〕 雖百世可知也수백세가지야. ❸쯤, 정도(程度). 〔史記〕 飮可五六斗음가오륙두. ❹듣다, 들어주다. ¶ 許可허가. ❺그런대로 좋다. 〔論語〕 子曰可也자왈가야. ② 군주 칭호, 오랑캐 임금의 칭호. ¶ 可汗극한.

可嘉(가가) 칭찬할 만함.
可堪(가감) 감당할 수 있음.
可決(가결) 회의에서 안건이나 사항을 심의하여 가하다고 결정함.
可恐(가공) 두려워하거나 놀랄 만함.
可觀(가관) ①매우 훌륭하여 볼 만함. ②하는 짓이나 모양 따위가 꼴불견임.
可怪(가괴) 괴상하게 여길 만함.
可矜(가긍) 가엾고 불쌍함.
可欺以方(가기이방) 그럴듯한 말로 남을 속일 수 있음. 可欺以其方(가기이기방).
可能(가능) ①할 수 있음. ②될 수 있음.
可當(가당) ①사리에 맞을 만함. ②해낼 수 있음. ③대체로 합당함.
可東可西(가동가서) 이렇게든 저렇게든 다 할 만함.
可憐(가련) 가엾고 불쌍함.
可望(가망) 될 만한 희망.
可否(가부) ①옳고 그름. 是非(시비). ②찬성과 반대.
可謂(가위) ①~라고 할 만함. ②한마디의 말로 이르자면.
可意(가의) ①뜻에 맞음. 마음에 듦. ②뜻대로 됨. 생각대로 되어 감.
可疑(가의) 의심스러움. 의심할 만함.
可人(가인) 쓸모 있는 사람. 좋은 사람.
可痛(가통) 통분할 만함.
可票(가표) 찬성을 나타내는 표.
可汗(극한) 몽고어로 왕(王)을 뜻하는 말.
◧ 不可불가, 認可인가, 許可허가.

2
⑤【古】 예 고 麌

중학 인명 6급 ㊥gǔ ㊐コ

필순 一 十 十 古 古

소전 古 초서 古 자원 會意. 十+口→古. 앞 세대의 사실을 입〔口〕을 통해 차례차례로 전하여 10대(代)가 지났음을 나타낸다.

자해 ❶예, 옛날. 〔韓愈·說〕 古之學者必有師고지학자필유사. ❷오래다. 〔陳子昂·詩〕 樹石千年古수석천년고. ❸예스럽다. 〔陸游·文〕 簡古可愛간고가애. ❹선인(先人), 선왕(先王), 선조(先祖). 〔詩經〕 古訓是式고훈시식.

古家(고가) 지은 지 오래된 집.
古歌(고가) 옛 노래. 고인(古人)의 노래.
古怪(고괴) 기이함. 괴상함.
古宮(고궁) 옛 궁궐.
古今(고금) 옛날과 지금.
古今獨步(고금독보) 고금(古今)을 통하여 견줄 만한 것이 없음. 홀로 빼어남.

古今同然(고금동연) 예전이나 지금이나 모습이나 형편이 변함없음.
古氣(고기) 예스러운 운치. 古韻(고운).
古淡(고담) 취미가 예스럽고 담백함.
古代(고대) 옛 시대.
古都(고도) 옛 도읍.
古董(고동) 역사적·미술적으로 가치가 있는 옛 미술품이나 기물. 骨董(골동).
古銅爐(고동로) 구리로 만든 옛날 화로.
古來(고래) 예로부터 지금까지의 동안. 自古以來(자고이래).
古老(고로) ①늙어 시대에 뒤떨어진 사람. 못된 자식이 제 부모를 업신여겨 이르는 말. ②경험이 많고 옛일을 잘 아는 노인.
古老相傳(고로상전) 늙은이들의 말에 의하여 대대로 전하여 옴.
古廟(고묘) 오래된 사당(祠堂).
古文(고문) ①옛 글. ②중국의 옛 문자나 문장. ③선진 시대(先秦時代)의 문자. 또는 그 문자로 쓴 책. ④사륙변려체(四六騈儷體)의 글에 대하여 진한(秦漢) 이전의 명쾌(明快)한 문체(文體)를 이름.
古物(고물) ①옛날 물건. ②낡고 헌 물건.
古法(고법) 옛날의 법률이나 법식.
古本(고본) 오래된 책.
古墳(고분) 옛 무덤.
古佛(고불) ①오래된 불상(佛像). ②(佛)과거세(過去世)의 부처. ③國나이가 많고 덕이 있는 늙은이.
古史(고사) ①옛 역사. ②편년체(編年體). 기전체(紀傳體)를 정사(正史)라 함.
古色(고색) ①낡은 빛깔. ②고풍스러운 정치(情致).
古昔(고석) 오랜 옛날. 往昔(왕석).
古詩(고시) ①고대의 시. ②한시(漢詩)의 한 체(體). 당대(唐代)의 근체시(近體詩)에 대하여 수(隋) 이전의 시를 이름. 구수(句數)와 평측(平仄)에 제한이 없고 자유로움.
古雅(고아) 예스러워 아치(雅致)가 있음.
古樂(고악) 옛 풍류. 옛날의 음악.
古語(고어) ①옛말. ②옛 사람이 한 말.
古言(고언) 옛 사람의 말. 옛 사람이 남긴 말.
古諺(고언) 옛날부터 전해 오는 속담.
古屋(고옥) 지은 지 오래된 집.
古往今來(고왕금래) 예전과 지금. 古今(고금).
古意(고의) ①예스러운 정취(情趣). ②회구(懷舊)의 정(情).
古義(고의) ①옛 의의(意義). 옛날의 해석(解釋). ②옛날의 바른 도리. 古誼(고의).
古字(고자) 예서(隸書) 이전의 고대 문자.
古跡(고적) ①옛날의 자취. ②역사적인 축조물(築造物)이 있던 터. 古蹟(고적).
古典(고전) ①옛날의 의식이나 법식. ②고대(古代)의 전적(典籍). 경서(經書) 따위.
古調(고조) 옛 곡조.
古注(고주) 경서(經書)에 대한 한당대(漢唐代)의 주석(注釋). 송대(宋代) 이후의 신주(新注)에 대한 말. 古註(고주).
古參(고참) 오래 전부터 그 일에 종사하여 온 사람.
古鐵(고철) 낡은 쇠. 헌쇠.
古宅(고택) 지은 지 오래된 집.
古風(고풍) ①옛 풍속. 예스러운 모습. ②한시(漢詩)의 한 체(體). 古詩(고시).
古筆(고필) 옛 사람의 서화(書畫).
古墟(고허) ①오래된 폐허. ②옛 성터.
古畫(고화) 옛 그림.
古訓(고훈) ①옛 사람의 교훈. ②선왕(先王)의 교훈.
古稀(고희) 일흔 살. 두보(杜甫)가 '曲江(곡강)' 이라는 시에서 '人生七十古來稀(인생칠십고래희)', 곧 사람의 나이 일흔은 예로부터 드문 일이라고 한 데서 온 말.
◨ 考古고고, 萬古만고, 復古복고, 上古상고, 擬古의고, 千古천고, 太古태고, 懷古회고.

2 ⑤【叩】 두드릴 고 ㊍구 宥

인명 1급 ㊥kòu ㊐コウ

초서 동자 扣 자해 ❶두드리다, 때리다. 〔論語〕以杖叩其脛이장고기경. ❷잡아당기다. 〔史記〕叩馬而諫고마이간. ❸조아리다, 꾸벅거리다. ¶ 叩頭고두.
叩叩(고고) ①문 같은 것을 똑똑 두드리는 모양. ②정성스러운 모양.
叩頭(고두) 머리를 조아림. 이마를 땅에 조아리며 하는 절. 사죄(謝罪)할 때의 예.
叩馬而諫(고마이간) 말을 못 가게 고삐를 붙들고 간함.
叩門(고문) 남을 방문하여 문을 두드림.
叩舷(고현) 뱃전을 두드림.
◨ 擊叩격고, 雙叩쌍고.

2 ⑤【句】 ①글귀 구 遇 ②굽을 구 尤 ③거리낄 구 宥

중학 인명 4Ⅱ급 ㊥jù, gōu ㊐ク, コウ

필순 ノ 勹 勹 句 句

소전 초서 참고 인명용 음은 '구·귀'인데, '귀' 음은 '글귀(-句)' 등의 '귀'와 같이 속음을 따른 것이다.

口 2획

자원 形聲. 口+厶→句. '厶(구)'가 음을 나타낸다.
자해 ① ❶글귀, 글의 구절. ¶ 成句성구. ❷문장이 끊어지는 곳. ¶ 句讀點구두점. ② 굽다, 구부러지다. ＝勾. 〔禮記〕 句者畢出구자필출. ③ ❶거리끼다. ≒拘. ❷일을 맡다. ¶ 句檢구검.
句檢(구검) ①벼슬아치의 근무 상태를 검열함. ②맡아서 다스리고 검사함.
句管(구관) 맡아서 다스림.
句戟(구극) 끝이 굽은 창.
句當(구당) 임무를 담당함.
句讀(구두) 글을 읽기 편하도록 단어·구절에 점 또는 부호 등으로 표시를 하는 방법. 한문에서는 문의(文義)가 끊어지는 곳을 '句'라 하고, 구 중에서 읽기에 편리하도록 하기 위하여 끊어 읽는 곳을 '讀'라고 함. 句讀法(구두법).
句讀點(구두점) 구두에 찍는 점.
句欄(구란) 만곡(彎曲)의 난간(欄干).
句引(구인) ①現끌어들임. 꾐. 내통함. ②잡아 끌고 감. 拘引(구인).
句節(구절) 한 토막의 말이나 글.
句中眼(구중안) 시구 가운데서 눈이라고 할 만한 종요로운 한 자(字). 句眼(구안).
◨ 結句결구, 警句경구, 對句대구, 名句명구, 文句문구, 承句승구, 詩句시구, 字句자구, 章句장구, 絕句절구.

口 2획

2 ⑤ 【叫】 부르짖을 규 ㊍교 嘯 宥
고등 인명 3급 ㊥jiào ㊐キョウ
필순 丨 ㄇ ㅁ 叫 叫
소전 초서 본자 叫 동자 訆 속자 呌
자원 形聲. 口+丩→叫. '丩(규)'가 음을 나타낸다.
자해 ❶부르짖다. 〔春秋左氏傳〕 或叫於宋太廟혹규어송태묘. ❷부르다. 〔楚辭〕 叫我友兮配耦규아우혜배우. ❸울다, 짐승이 울다.
叫叫(규규) ①큰 소리로 부르짖는 모양. ②멀리까지 들리는 소리.
叫賣(규매) 사라고 소리 지르며 팖.
叫吟(규음) 소리 높여 읊.
叫譟(규조) 소리 지르며 떠듦.
叫天子(규천자) 종달새.
叫呼(규호) ①부르짖음. ②비웃음.
叫號(규호) 큰 소리로 부르짖음. 울부짖음.
叫喚(규환) 큰 소리로 부르짖음.
叫囂(규효) 큰 소리로 외침.
◨ 絕叫절규, 呼叫호규.

2 ⑤ 【叫】 叫(188)의 본자

2 ⑤ 【叨】 탐낼 도 豪
㊥tāo ㊐トウ
소전 초서 자해 ❶탐내다. 〔後漢書〕 豈橫叨天功以爲己力乎기횡도천공이위기력호. ❷함부로 차지하다. ¶ 叨竊도절. ❸함부로, 외람되이. 자신을 낮추어 겸손의 뜻을 나타낸다.
叨冒(도모) 욕심이 많음. 叨貪(도탐).
叨竊(도절) 분에 넘치게 높은 자리를 차지함.
叨忝(도첨) 외람되게 은혜를 입음.

2 ⑤ 【另】 헤어질 령 徑
㊥lìng ㊐レイ
초서 자해 ❶헤어지다, 별거하다. ¶ 另居영거. ❷따로, 별도로. 〔水滸傳〕 另修一封書在中間령수일봉서재중간.
另居(영거) 따로 떨어져 삶. 別居(별거).
另眼相看(영안상간) 특별히 우대함.
另日(영일) 다른 날. 딴 날.

2 ⑤ 【司】 맡을 사 支
고등 인명 3Ⅱ급 ㊥sī, sì ㊐シ
필순 ㄱ ㅋ 刁 司 司
소전 초서 자원 指事. '后(임금 후)' 자를 뒤집어 놓은 모양. 안에 있는 임금에 대하여 밖에서 일을 맡아보는 신하, 곧 '벼슬아치'란 뜻을 나타낸다.
자해 ❶맡다. 〔書經〕 王司敬民왕사경민. ❷벼슬, 관리. 〔書經〕 遐棄厥司하기궐사. ❸관아, 공무를 집행하는 곳. ¶ 三司삼사.
司諫(사간) ①주대(周代)의 벼슬 이름. ㉠백성을 규정(糾正)하는 일을 맡아보던 벼슬. ㉡임금의 실정(失政)을 간(諫)하는 일을 맡은 벼슬. ②조선 때, 사간원(司諫院)의 종삼품(從三品) 벼슬.
司空(사공) ①고대에 토지·민사(民事)를 맡아보던 벼슬. ②한대(漢代) 삼공(三公)의 하나. ③고려 때, 삼공의 하나. 정일품(正一品). ④공조(工曹) 판서(判書)의 딴 이름.
司寇(사구) 주대(周代)에 형벌과 경찰의 일을 맡아보던 벼슬.
司徒(사도) ①주대(周代)에 토지의 관리와 백성의 교화를 맡아보던 벼슬. ②한대(漢代) 삼공(三公)의 하나. ③고려 때, 삼공의 하나.

④호조(戶曹) 판서의 딴 이름.
司祿(사록) ①주대(周代)에 봉록(俸祿)을 맡아보던 벼슬. ②조선 때, 의정부(議政府)의 정팔품(正八品) 벼슬.
司馬(사마) ①주대(周代)에 군사(軍事)를 맡아보던 벼슬. ②한대(漢代)에, 삼공(三公)의 하나.
司命(사명) ①생살권을 가지는 사람. ②신(神) 이름. ㉠사람의 생명을 주관하는 신. ㉡부뚜막의 신. ㉢궁중(宮中)의 소신(小神).
司牧(사목) 백성을 맡아서 기름. 임금이나 지방 장관 등을 이름.
司法(사법) 법을 적용하는 국가의 행위.
司書(사서) 도서관에서 도서의 정리·보존·열람을 맡아보는 직위.
司成(사성) ①태자(太子)를 가르치는 일을 맡아보던 벼슬. ②당대(唐代)의 국자감(國子監). ③조선 때, 성균관(成均館)의 종삼품(從三品) 벼슬.
司業(사업) 고려 때 국자감(國子監)이나 성균관(成均館)의 정사품(正四品) 벼슬.
司正(사정) 공직에 있는 사람의 규율과 질서를 바로잡는 일.
司直(사직) ①공명정대하게 일을 처리함. 곧, 재판관(裁判官). ②조선 때, 오위(五衛)의 정오품(正五品) 군직(軍職)의 하나.
司察(사찰) 동정을 살핌.
司天臺(사천대) ①당대(唐代)에 천문(天文)·역일(曆日)을 맡아보던 관청. ②고려 때 천문에 관한 사무를 맡아보던 관청.
司會(사회) 회의나 예식 따위를 진행함. 또는 그 사람.
◨ 監司감사, 三司삼사, 上司상사, 有司유사.

2
⑤【史】 역사 사 紙

중학 인명 5급 ㊥shǐ ㊐シ

필순 丶 ㄇ 口 中 史

소전 초서 본자 史 자원 會意. 中+又→史. '中'은 중정(中正), 곧 똑바름, '又'는 오른손. 중정공평(中正公平)하게 기록을 해야 하는 사람인 사관(史官)을 뜻한다.

자해 **❶역사, 기록된 문서.** ¶ 史觀사관. **❷사관(史官).** 〔論語〕吾猶及史之闕文也오유급사지궐문야. **❸지나치게 꾸미다.** 〔論語〕文勝質則史문승질즉사.

史家(사가) 역사를 연구하는 학자.
史官(사관) 역사의 편찬을 맡아 초고(草稿)를 쓰는 일을 맡아보던 벼슬.
史觀(사관) 역사의 발전 법칙에 대하여 가지는 관점.
史劇(사극) 역사를 소재로 한 극.
史記(사기) ①사관(史官)이 쓴 기록. ②한대(漢代)의 사마천(司馬遷)이 지은 역사서.
史談(사담) 역사에 관한 이야기.
史錄(사록) 역사에 관한 기록.
史料(사료) 역사 연구와 편찬에 필요한 자료.
史乘(사승) 역사적 사실을 적은 서적.
史詩(사시) 역사적 사실을 소재(素材)로 하여 쓴 서사시.
史臣(사신) 사초(史草)를 쓰는 신하. 곧, 예문관(藝文館)의 검열(檢閱), 승정원(承政院)의 주서(注書). 史官(사관).
史二體(사이체) 역사를 기술하는 두 가지 체재. 곧, 기전체(紀傳體)와 편년체(編年體).
史蹟(사적) 역사상 남아 있는 중대한 사건이나 시설의 자취. 古蹟(고적).
史籍(사적) 역사적 사실을 기록한 책.
史傳(사전) 역사서. 史冊(사책).
史體(사체) 사기(史記)의 체재(體裁). 편년체(編年體)와 기전체(紀傳體) 및 기사 본말체(紀事本末體)를 삼대 사체(史體)라 함.
史草(사초) 조선 때 사관(史官)이 시정(時政)을 적어 둔 사기(史記)의 초고. 실록(實錄)의 원고가 되었음.
史筆(사필) 역사를 기록하는 필법(筆法).
史禍(사화) 역사를 기록하는 일로 말미암아 입는 화. 사필(史筆)에 관계되는 옥사(獄事).
◨ 野史야사, 略史약사, 御史어사, 歷史역사, 外史외사, 正史정사.

2
⑤【召】 1 부를 소 ㊍조 嘯
2 성 소 嘯

고등 인명 3급 ㊥zhào ㊐ショウ

필순 ㄱ 刀 刀 召 召

소전 초서 자원 會意. 刀+口→召. 갑골문은 로 두 사람이 숟가락으로 술맛을 보는 모습을 나타낸 것으로, 주인과 손이 술을 놓고 상견례를 함을 뜻한다.

자해 1 **❶부르다.** ¶ 召集소집. **❷어떤 결과를 가져오게 하다.** ¶ 遠禍召福원화소복. **❸부름.** 임금이 신하를 부르는 일. 〔晉書〕乃停召내정소. 2 **❶성(姓).** **❷땅 이름.** 주대(周代)에 소공(召公)을 봉한 땅. =邵.

召見(소견) 불러들여 만나 봄.
召棠(소당) 관리의 덕화(德化)가 두드러짐의 비유. 故事 주대(周代)에 소공(召公)이 남국(南國)을 순행하던 중 그 아래에서 잠시 쉬고

간 감당(甘棠)나무를 그 지방 사람들이 베지 말라고 노래한 고사에서 온 말.
召對(소대) ①왕명(王命)으로 입궐하여 정사에 관한 의견을 말하던 일. ②경연(經筵)의 참찬관(參贊官) 이하를 불러서 임금이 몸소 글을 강론하던 일.
召命(소명) 國신하를 부르는 임금의 명령.
召發(소발) 병사·인부 등을 불러 모음. 徵發(징발).
召辟(소벽) 초야에 있는 사람을 예를 갖추어 불러들여 벼슬을 시킴.
召集(소집) 불러서 모음.
召致(소치) 불러서 오게 함.
召喚(소환) 법원이 피고인·증인 등에게 어디로 올 것을 명령하는 일.
召還(소환) 불러들임.

口

2획

2
⑤【右】 오른쪽 우 宥

중학 인명 7급 ㊥yòu ㊐コウ, ウ

필순 ノナオ右右

소전 초서 자원 會意·形聲. 又+口→右. 'ナ'는 '又(우)'의 생략형으로 오른손을 본뜬 것이며, 음도 나타낸다. 일을 하는데 오른손만으로는 모자라 입으로써 조언한다는 데서 원뜻은 '돕다'이다. 뒤에 '돕다'의 뜻으로는 '佑(우)'자를 새로 만들어 쓰면서 '오른쪽'의 뜻만으로 쓰이게 되었다.

자해 ❶**오른쪽**. ¶ 右列우열. ❷**돕다**. 〔詩經〕 保右命爾보우명이. ❸**숭상하다**. ¶ 右文우문. ❹**오른쪽으로 향하거나 오른쪽으로 가다**. 〔春秋左氏傳〕 子反將右자반장우. ❺**권하다**. 〔詩經〕 鍾鼓旣設종고기설, 一朝右之일조우지. ❻**위, 윗자리**. 〔漢書〕 九卿之右구경지우.

右軍(우군) ①임금이 거느리는 삼군(三軍) 중 우익(右翼)의 군대. ②왕희지(王羲之)의 별칭. 우군 장군을 지냈던 데서 온 말.
右揆(우규) 國우의정(右議政)의 딴 이름.
右袒(우단) 웃옷을 벗어 바른쪽 어깨를 드러냄. 한쪽 편을 듦.
右武(우무) 무(武)를 숭상함. 尙武(상무).
右文(우문) ①글을 숭상함. 학문을 존중함. ②한자의 오른쪽 반, 곧 방(傍).
右文左武(우문좌무) 문을 우로 하고 무를 좌로 함. 문무(文武) 양도(兩道)로 천하를 다스림.
右史(우사) 주대(周代)에 임금의 말을 기록하는 일을 맡아보던 벼슬아치.
右相(우상) ①재상(宰相). ②國우의정.
右列(우열) ①오른쪽 열. ②뛰어난 동아리.
右腕(우완) 오른팔.
右往左往(우왕좌왕) 이리저리로 왔다갔다함. 갈팡질팡함. 左往右往(좌왕우왕).
右援(우원) 도움. 구원.
右翼(우익) ①새의 오른쪽 날개. ②우군(右軍). ③보수적이거나 국수적인 경향.
右族(우족) ①세력이 있고 훌륭한 가문. 右姓(우성). ②적자(嫡子)의 계통.
右職(우직) 지위가 높은 직무(職務).
右戚(우척) 세력이 있는 친척.
右台(우태) 國우의정의 딴 이름. 右閤(우합).
右弼(우필) 임금의 오른쪽에 있으면서 임금을 도우는 사람.
右學(우학) 은대(殷代)의 태학(太學).
右舷(우현) 배의 고물에서 이물 쪽으로 보아 오른쪽 뱃전.
◪ 極右극우, 左右좌우, 座右銘좌우명, 左之右之좌지우지.

2
⑤【台】 1나 이 支 2별 이름 태 灰

인명 2급 ㊥yí, tái ㊐イ, タイ

소전 초서 참고 ❶중국에서는 臺(1048)·颱(1387)의 간체자(簡體字)로 쓰고 있다. ❷인명용 음은 '태'이다.

자해 1❶**나**. 〔書經〕 祗台德先지이덕선. ❷**기뻐하다**. =怡. 〔史記〕 諸呂不台제려불이. ❸**기르다, 양육하다**. 2❶**별 이름**. 삼공(三公)의 자리나 남의 높임말로 쓰인다. ❷**땅 이름**. 〔春秋左氏傳〕 莒人伐我東鄙거인벌아동비, 圍台위태.

台德(이덕) 나의 덕(德). '台'는 임금이 자신을 일컫는 말.
台台(이이) 마음이 화평하며 기뻐하는 모양.
台槐(태괴) ①삼공(三公). ②삼정승(三政丞).
台命(태명) 삼공(三公)이나 지체가 높은 사람의 명령.
台輔(태보) 삼공 또는 재상의 딴 이름.
台司(태사) 삼공.
台相(태상) 재상(宰相).
台位(태위) 삼공의 지위.
台宰(태재) 임금을 돕고 백관(百官)을 통솔하던 대신(大臣).
台鼎(태정) ①삼공. ②삼정승.

2
⑤【叮】 정성스러울 정 靑

㊥dīng ㊐テイ

초서 자해 **정성스럽다, 단단히 부탁하다**. ≒丁.

叮嚀(정녕) ①일에 정성을 다하는 일. 일을 치

밀히 함. ②친절하고 공손함. ③國틀림없이. 영락없이. 丁寧(정녕).
叮囑(정촉) 단단히 부탁함. 정성껏 부탁함.

2
⑤【只】 다만 지 紙

중학 인명 3급 ㊥zhǐ ㊐シ

필순 丶 口 口 尸 只

소전 只 초서 只 자원 會意. 口+八→只. 입〔口〕에서 나오는 입김이 아래로 드리워져 있는 모양으로 말의 여운(餘韻)이 있음을 나타낸다.

자해 ❶다만. 〔韓愈·詩〕 南來今只一身存남래금지일신존. ❷어조사. 구말(句末)·구중(句中) 등에 붙여 어조를 고른다. 〔詩經〕 樂只君子락지군자, 福履綏之복리수지. ❸뿐. 〔春秋左氏傳〕 諸侯歸晉之德只제후귀진지덕지. ❹짧다. ≒咫.
只今(지금) 말하는 바로 이때.
只且(지저) 구말(句末)에 붙이는 어조사.
只尺(지척) 매우 가까운 거리. 咫尺.
◨ 樂只낙지, 但只단지.

2
⑤【叱】 꾸짖을 질 本즐 質

인명 1급 ㊥chì ㊐シツ

소전 叱 초서 叱 자해 ❶꾸짖다. 〔戰國策〕 奚以遽言叱也해이거언질야. ❷욕하다. 〔春秋公羊傳〕 手劍而叱之수검이질지. ❸혀를 차는 소리, 성을 내는 소리. ¶ 叱咤질타.
叱正(질정) ①꾸짖어 바로잡음. ②시문(詩文)의 첨삭(添削)을 받으려 할 때의 겸사(謙辭).
叱叱(질질) ①꾸짖는 소리. ②혀를 차는 소리. ③소나 말을 모는 소리.
叱責(질책) 꾸짖어 나무람.
叱咤(질타) 큰 소리로 꾸짖음. 또는 그 소리.
◨ 怒叱노질, 虎叱호질.

2
⑤【叵】 어려울 파 哿

㊥pǒ ㊐ハ

소전 叵 초서 叵 동자 尀 자해 ❶어렵다, 불가능하다. 부정(否定)의 뜻을 나타낸다. ¶ 叵耐파내. ❷드디어, 마침내. 〔後漢書〕 叵欲討之파욕토지. ❸자못, 매우. ≒頗.
叵奈(파내) 어찌할 수 없음.
叵耐(파내) 참을 수 없음.
叵信(파신) 믿을 수 없음.
叵測(파측) 헤아릴 수 없음.

2
⑤【叭】 1 입 벌릴 팔 黠 2 나팔 팔 本파 禡

인명 ㊥pā, ba ㊐ハツ, ハ

초서 叭 자해 1 ❶입을 벌리다. ❷숨 쉬는 소리. 2 나팔.
◨ 喇叭나팔.

2
⑤【叶】 화합할 협 葉

㊥xié ㊐キョウ

초서 叶 자해 화합하다, 맞다, 여럿이 한마음이 되다. =協.
叶韻(협운) 어떤 운(韻)의 문자가 다른 운에도 통용되는 일.

2
⑤【号】 號(1108)의 속자

3
⑥【各】 각각 각 藥

중학 인명 6급 ㊥gè ㊐カク

필순 ノ ク 夂 夂 各 各

소전 各 초서 各 자원 會意. 夊+口→各. '口'는 옛날에 주거지로 만든 구덩이를 뜻하고, '夊'는 발을 그린 것이다. 이에서 '집에 다다르다'의 뜻이었는데, 뒤에 '각각'의 뜻으로 쓰였다.

자해 각각, 각기. ㉮제각기, 따로따로. 〔韓愈·書〕 人各有能인각유능, 有不能유불능. ㉯각기 다르다, 각각이다. 〔王禹偁·詩〕 男兒既束髮남아기속발, 出處岐路各출처기로각.
各各(각각) 저마다. 따로따로.
各個(각개) 하나하나의 낱낱.
各界(각계) 직업·직무에 따라 갈라진 사회의 각 분야.
各其所長(각기소장) 각각 저마다 가지고 있는 장기(長技).
各論(각론) 각각의 부문·항목에 대한 논설.
各立(각립) 國①서로 갈라섬. ②관아의 하례(下隷)나 계(契)의 계원(契員)이 불평을 품고 떼를 지어 이탈하던 일.
各別(각별) 유달리 특별함.
各樣(각양) 여러 가지 모양. 각각 다른 양식.
各自圖生(각자도생) 제각기 살아 나갈 방법을 꾀함.
各從其類(각종기류) 만물은 다 동류(同類)끼리 서로 따름.
各地(각지) 각 지역. 여러 곳.
各處(각처) 여러 곳. 모든 곳.
各出(각출) ①각각 나옴. ②각각 내놓음.

3
⑥【吉】 길할 길 質

중학 인명 5급 ㊥jí ㊐キツ, キチ

필순 一 十 士 吉 吉 吉

소전 吉 초서 吉 속자 吉 자원 會意. 士+口→吉. 선비〔士〕의 입〔口〕에서 나오는 말은 언제나 선량(善良)하다는 데서 '길하다, 좋다'의 뜻을 나타낸다.

자해 ❶**길하다, 운이 좋다.** ¶ 吉夢길몽. ❷**좋다, 아름답거나 착하거나 훌륭하다.** 〔詩經〕吉士誘之길사유지. ❸**복, 행복, 좋은 일.** 〔書經〕子孫其逢吉자손기봉길.

吉慶(길경) 아주 경사스러운 일.
吉期(길기) 혼인날.
吉夢(길몽) 좋은 일이 생길 징조가 되는 꿈.
吉問(길문) 좋은 소식.
吉服(길복) ①길사(吉事)에 입는 옷. 혼인식 때에 신랑 신부가 입는 옷 따위. ②國삼년상(三年喪)을 마친 뒤에 입는 보통 옷.
吉士(길사) ①착한 사람. 훌륭한 사람. ②國운수가 좋은 사람.
吉事(길사) 좋은 일. 관례(冠禮)·혼례(婚禮) 따위.
吉祥(길상) 운수가 좋을 조짐. 경사가 날 조짐. 吉兆(길조). 吉瑞(길서).
吉人(길인) 착한 사람. 훌륭한 사람.
吉人天相(길인천상) 착한 사람은 하늘이 도움. 남의 불행을 위로할 때 쓰는 말.
吉日(길일) ①길한 날. 吉辰(길신). ②음력 매월 초하룻날.
吉祭(길제) ①길례(吉禮)에 의한 제사. 조상을 제사 지내는 일 따위. ②國죽은 지 27개월 만에 지내는 제사.
吉鳥(길조) 좋은 일이 생길 것을 미리 알려 주는 새. 까치 따위.
吉亨(길형) 길하여 형통(亨通)함.
吉凶(길흉) ①좋은 일과 언짢은 일. 행복과 재앙. 禍福(화복). ②혼례와 장례.
□■ 納吉납길, 大吉대길, 卜吉복길, 不吉불길.

3
⑥【吉】 吉(192)의 속자

3
⑥【同】 한가지 동 東

중학 인명 7급 ㊥tóng ㊐ドウ

필순 丨 冂 冂 同 同 同

소전 同 초서 同 동자 仝 자원 會意. 冂+口→同. 원래 덮어 가린〔冂〕 일정한 장소에 사람〔口〕이 모였다는 데서 '모이다'라는 뜻을 나타낸다.

자해 ❶**한가지.** ¶ 同一동일. ❷**같게 하다.** 〔孟子〕王如好色與百姓同之왕여호색여백성동지. ❸**같게.** 〔詩經〕及公子同歸급공자동귀. ❹**모이다, 회합(會合)하다.** 〔詩經〕獸之所同수지소동.

同價紅裳(동가홍상) 같은 값이면 다홍치마. 이왕이면 좋은 것으로 골라잡음.
同感(동감) 어떤 견해나 의견에 생각이 같음. 또는 그러한 생각.
同甲(동갑) 같은 나이. 同庚(동경).
同居(동거) 한집이나 한방에서 같이 삶.
同格(동격) 같은 자격이나 격식.
同慶(동경) 같이 즐거워함. 함께 축하함.
同契(동계) ①부절(符節)의 두 쪽이 일치함. ②서로 인연을 맺음. 서로 깊이 사귐.
同苦同樂(동고동락) 고락을 같이함.
同工異曲(동공이곡) ①재주나 솜씨는 같지만 표현된 내용이나 맛은 다름. ②엇비슷함. 거의 같음. 大同小異(대동소이).
同軌(동궤) ①천하의 수레바퀴 폭을 같게 함. 천하를 통일함. ②수레바퀴의 넓이가 같은 수레를 사용하는 사람. 곧, 제후(諸侯).
同根(동근) ①뿌리가 같음. ②형제.
同氣(동기) ①같은 기질을 가짐. 또는 그 사람. ②형제자매. 동포.
同期(동기) ①같은시기. 같은 기간. ②같은 해에 입학하였거나 졸업한 사람.
同氣相求(동기상구) 같은 기질의 사람은 서로 찾아 모임. 同氣相應(동기상응).
同道(동도) ①같은 도(道). ②길을 함께 감. ③의기가 투합함. 또는 그런 사람.
同等(동등) 등급이 같음.
同力(동력) ①힘을 합쳐 일함. ②힘이 엇비슷함. 역량이 서로 필적(匹敵)함.
同力度德(동력탁덕) 두 사람의 힘이 같으면 그 덕(德)의 우열을 헤아려 인물을 평가함.
同牢(동뢰) 혼례 때 신랑 신부가 음식을 함께 먹는 의식.
同流(동류) ①나이나 신분이 서로 같거나 비슷한 사람. 同輩(동배). ②두 강이 합류(合流)하는 일. ③같은 유파.
同類(동류) ①같은 무리. 同侶(동려). ②같은 종류. ③동성의 친족.
同盟(동맹) 둘 이상의 단체나 국가가 서로의 이익을 위해 행동을 같이하기로 맹세하는 약속.
同文(동문) 같은 문자(文字). 같은 문장(文章).
同門(동문) 같은 문하(門下).
同文同軌(동문동궤) 다르게 쓰던 문자를 같게 하고, 수레바퀴 사이의 폭을 똑같이 함. 곧, 천하가 통일되어 한 왕조의 지배 아래 있음.

同伴(동반) 데리고 감. 함께 가거나 옴.

同班(동반) ①같은 반. ②같은 반열(班列).

同邦(동방) 같은 나라. 同國(동국).

同病相憐(동병상련) 같은 병을 앓는 사람끼리 서로 불쌍히 여김. 곤란한 처지에 있는 사람들끼리 서로 딱하게 여기고 동정함.

同腹(동복) 같은 어머니의 배에서 남. 또는 그 형제자매.

同封(동봉) 같이 넣어 봉함.

同符(동부) 부절(符節)을 맞춤. 부절을 맞춘 것과 같이 완전히 일치함.

同事(동사) ①동일한 일. 일을 같이 함. ②같은 사무를 보는 사람. 同僚(동료).

同牀(동상) ①잠자리를 같이함. ②임금과 침석(枕席)을 같이하여 총애를 얻는 사람.

同牀各夢(동상각몽) 같은 자리에 자면서 다른 꿈을 꿈. 겉으로는 같이 행동하나 속으로는 각각 딴생각을 함. 同床異夢(동상이몽).

同壻(동서) 형제의 아내끼리 또는 자매의 남편끼리 서로를 일컫는 말.

同棲(동서) 한집에서 삶. 함께 생활함.

同席(동석) 자리를 같이함. 같은 자리.

同聲相應(동성상응) 같은 소리는 서로 응함. 같은 의견을 가진 사람은 서로 친해짐.

同聲異俗(동성이속) 날 때는 다 같은 소리를 가지고 있으나 성장함에 따라 언어·풍속·습관이 달라짐.

同時(동시) 같은 때. 같은 시간.

同視(동시) ①동일한 것으로 봄. 같게 봄. 同一視(동일시). ②같이 봄. 함께 봄.

同室(동실) 방을 같이함. 같은 방을 씀. ㉠부부(夫婦). ㉡일가(一家).

同心合力(동심합력) 마음을 함께하며 힘을 모음. 마음과 힘을 한가지로 함.

同業相仇(동업상구) 동업자는 이해관계 때문에 서로 원수가 되기 쉬움.

同硯(동연) 연석(硯席)을 같이함. 같은 스승 밑에서 함께 공부함.

同意(동의) 의견을 같이함.

同仁(동인) 친소(親疎)의 차별 없이 널리 평등하게 사랑을 베푸는 일. 同愛(동애).

同一轍(동일철) 같은 수레바퀴 자국. 곧, 방법이나 형식이 같음.

同字(동자) 한자(漢字)에서 글자 모양만 다를 뿐 음이나 훈은 똑같은 글자. '剣'과 '劍', '裏'와 '裡', '島'와 '嶋' 따위.

同情(동정) 남의 불행을 딱하고 가엽게 여겨 정을 베풂.

同調(동조) 남의 주의나 주장 등을 찬동하여 따름.

同族(동족) 같은 민족.

同種(동종) 같은 종류.

同舟(동주) ①같은 배를 탐. ②같은 배를 타고 있는 사람. 同船(동선).

同儔(동주) 벗. 동배(同輩).

同舟相救(동주상구) 같은 배를 탄 사람은 서로 도움. 이해관계가 같은 사람은 알고 모르고 간에 서로 돕게 됨.

同志(동지) 목적이나 뜻이 서로 같음. 또는 그런 사람.

同參(동참) ①함께 참여함. ②(佛)한 스승에게서 수업 또는 수학함.

同窓(동창) 같은 학교를 졸업한 사람.

同寢(동침) 남녀가 잠자리를 같이함.

同胞(동포) ①한 어머니에게서 태어난 형제 자매. 同氣(동기). ②한 민족. 같은 국민.

同行(동행) 같이 감.

同鄕(동향) 같은 고향.

同穴(동혈) 부부가 죽은 뒤에 한 무덤에 묻힘.

同好(동호) 취미나 기호를 같이함.

同化(동화) ①자기와 다른 것을 자기와 같은 것으로 변화시킴. ②생물이 외계의 유기물·무기물을 섭취하여 자신의 영양분으로 변화시키는 작용.

同和(동화) 같이 화합(和合)함. 일치 화합함.

◨ 共同공동, 大同대동, 不同부동, 協同협동, 會同회동.

3 ⑥ **【吋】** [1]꾸짖을 두 宥 [2]㊏인치 촌

㊥dòu, cùn ㊐トウ

[초서] [자해] [1] **꾸짖다, 질책하다.** [2] **인치.** 길이의 단위인 인치(inch)의 약호.

3 ⑥ **【吏】** 벼슬아치 리 寘

[고등] [인명] [3Ⅱ급] ㊥lì ㊐リ

[필순] 一 ㄧ 厂 戸 亘 吏

[소전] [초서] [자원] 會意. 一＋史→吏. 나랏일을 기록하는〔史〕 사람은 오로지〔一〕 법령을 지켜야 한다는 데서 '벼슬아치'를 뜻한다.

[자해] ❶**벼슬아치.** 〔書經〕 天吏逸德천리일덕. ❷**다스리다.** 〔漢書〕 是爲長吏시위장리. ❸㊞**아전.** 지방 관아의 속료(屬僚). ¶ 營吏영리.

吏幹(이간) 관리로서의 뛰어난 재간.

吏能(이능) 관리로서의 재능.

吏道(이도) ①관리의 도리. ②이두(吏讀).

吏讀(이두) ㊞한자의 음과 뜻을 빌려서 우리말을 표기하는 데 쓰이던 문자. 吏頭(이두). 吏札(이찰). 吏吐(이토). 吏套(이투).

吏民(이민) ①관리와 서민(庶民). 官民(관민). ②國지방의 아전(衙前)과 백성.
吏士(이사) 벼슬아치. 관리.
吏事(이사) 관리의 사무.
吏屬(이속) 아전의 무리.
吏術(이술) 벼슬아치로서 정치를 하는 도(道).
吏員(이원) ①하급 관리. ②관리의 수. ③아전(衙前).
吏隱(이은) 낮은 관직에 숨음. 오랜 세월 낮은 관직에 머묾.
吏才(이재) 관리로서 일을 처리하는 솜씨.
吏職(이직) 관리의 직무. 관리의 일.
吏治(이치) 관리의 치적.
◨ 官吏관리, 收稅吏수세리, 汚吏오리, 獄吏옥리, 捕吏포리, 酷吏혹리.

口 3획

3 ⑥【名】 이름 명 庚
중학 인명 7급 ㊥míng ㊐メイ, ミョウ
필순 ノ ク タ タ 名 名
소전 초서 자원 會意. 夕+口→名. 저녁〔夕〕이 되면 어두워 서로 상대방을 볼 수 없으므로 입〔口〕으로 자기가 누구인가를 이름을 대어 밝힌다는 데서 '이름'의 뜻을 나타낸다.
자해 **❶이름. ㉮사람의 이름.** ¶ 兒名아명. **㉯사물(事物)의 이름.** ¶ 品名품명. **㉰널리 알려진 평판이나 소문.** ¶ 名譽명예. **❷명분.** ¶ 大義名分대의명분. **❸외관(外觀).** ¶ 名實相符명실상부. **❹이름나다, 훌륭하다.** 〔書經〕 名山大川명산대천. **❺이름하다, 지칭(指稱)하다.** 〔論語〕 蕩蕩乎民無能名焉탕탕호민무능명언.
名家(명가) ①훌륭한 집안. 이름 높은 가문. 名門(명문). ②어떤 분야에서 이름이 높은 사람. ③제자백가(諸子百家)의 하나. 명목(名目)과 실제(實際)가 일치하여야 함을 주장하였음.
名價(명가) 명예와 성가(聲價). 세상에 널리 떨친 이름. 名聲(명성).
名劍(명검) 이름난 칼.
名過其實(명과기실) 널리 알려진 사실이나 이름이 실지의 내용보다 지나침. 평판이 사실 이상임.
名教(명교) 명분(名分)에 관한 가르침. 인륜(人倫)·도덕에 관한 가르침.
名君(명군) 훌륭한 임금. 賢君(현군).
名弓(명궁) ①활을 잘 쏘기로 이름난 사람. ②이름난 썩 좋은 활.
名器(명기) ①작위(爵位)와 거복(車服). ②진귀(珍貴)한 그릇. 유명한 기물(器物).
名單(명단) 관계자의 이름을 적은 표.
名談(명담) 격에 들어맞게 썩 잘한 이야기.
名堂(명당) 國①임금이 조회를 받던 정전. ②무덤 바로 앞에 있는 평지. ③풍수지리에서, 후손에게 좋은 일이 많이 생기게 된다는 묏자리나 집터. ④관상에서, 사람의 이마를 이르는 말.
名論(명론) ①명예(名譽)와 여론(輿論). 名望(명망). ②뛰어난 의론(議論).
名利(명리) 명예와 이익.
名目(명목) ①사물을 지정해 부르는 이름. ②표면상의 이유나 구실.
名聞天下(명문천하) 이름을 세상에 드날림.
名寶(명보) 유명한 보물. 훌륭한 보물.
名分(명분) ①이름과 그에 따르는 내용·직분. ②인륜상의 분한(分限). 本分(본분).
名不虛傳(명불허전) 이름이 공연히 전하여진 것이 아님. 이름날 만한 까닭이 있음.
名士(명사) ①세상에 널리 알려진 사람. ②이름난 선비.
名師(명사) ①이름난 군대. ②이름난 스승.
名士夙儒(명사숙유) 재덕(才德)이 뛰어난 저명 인사나 연공(年功)을 쌓은 학자.
名狀(명상) ①이름과 모양. ②형상을 표현함.
名相(명상) ①이름난 재상(宰相). ②國유명한 관상가(觀相家).
名色(명색) ①(佛)오온(五蘊)의 총칭(總稱). ②어떤 명목(名目)이나 구실(口實). 핑계. ③미인(美人).
名聲(명성) 좋은 평판.
名世(명세) 세상에 이름난 사람. 일세에 이름난 현자(賢者).
名所(명소) 이름난 곳.
名手(명수) 기능·기술 등에서 뛰어난 솜씨나 재주를 가진 사람.
名數(명수) ①호적(戶籍). 名籍(명적). ②사람의 수효. 인원수. ③단위명(單位名)이 붙은 수(數).
名臣(명신) 이름난 신하. 훌륭한 신하.
名實(명실) ①명목(名目)과 실제(實際). ②명예(名譽)와 실리(實利).
名實相符(명실상부) 이름과 실상이 서로 들어맞음.
名言(명언) 훌륭한 말. 지당(至當)한 말.
名譽(명예) 사회적으로 받은 높은 평가와 이에 따르는 영광.
名位(명위) 명성(名聲)과 관위(官位).
名義(명의) ①명칭과 의리. 명예와 도의. ②이름, 명성
名人(명인) ①명성 있는 사람. 뛰어난 사람. ②훌륭한 신하. 名臣(명신). ③어떤 기예에 특

별히 뛰어나서, 이름난 사람. 名手(명수).
名字(명자) ①이름과 자(字). ②평판. 명예.
名爵(명작) 명예 있는 작위(爵位). 또는 명호(名號)와 작위.
名匠(명장) 이름난 장인(匠人). 훌륭한 공인(工人). 名工(명공).
名將(명장) 이름난 장수.
名宰相(명재상) 유명한 재상. 훌륭한 재상.
名迹(명적) 명성과 업적. 훌륭한 업적.
名籍(명적) 명부(名簿). 또는 호적.
名節(명절) ①명예와 절조(節操). ②國㉠국가적으로나 사회적으로 정하여 경축하는 기념일. ㉡해마다 일정하게 지키어 민속적으로 즐기는 날. 名日(명일).
名製(명제) 시문(詩文) 등의 훌륭한 작품.
名族(명족) ①이름난 집안. 훌륭한 집안. ②이름과 성(姓).
名胄(명주) 이름나고 훌륭한 집안의 자손.
名札(명찰) 이름표.
名緇(명치) 훌륭한 승려. '緇'는 '검정 승의(僧衣)'를 뜻함. 名僧(명승).
名稱(명칭) ①명예. 좋은 평판. ②이름.
名牌(명패) 이름이나 직위 따위를 적은 패.
名筆(명필) ①매우 잘 쓴 글씨. ②명필가.
名銜(명함) 성명·주소·신분 따위를 적은 종이쪽. 흔히 처음 만난 사람에게 자신을 알리기 위하여 건네줌. 名牒(명첩). 名刺(명자).
名號(명호) ①명예. 名聲(명성). ②이름과 별호. ③지위나 처지를 나타내는 이름.
名花(명화) ①이름난 꽃. 아름다운 꽃. ②이름난 기생. 名妓(명기).
名華(명화) ①명성 있는 집안. 名門(명문). ②國명예. 평판.
名宦(명환) ①높은 자리. ②명예와 관직. ③훌륭한 관리.
名諱(명휘) 생전(生前)의 이름과 사후(死後)의 이름.
◨ 假名가명, 改名개명, 高名고명, 功名공명, 記名기명, 命名명명, 本名본명, 書名서명, 聲名성명, 姓名성명, 俗名속명, 實名실명, 惡名악명, 汚名오명, 有名유명, 匿名익명, 著名저명, 除名제명, 題名제명, 罪名죄명, 地名지명, 品名품명, 學名학명, 虛名허명, 呼名호명.

3 ⑥【叏】 史(189)의 본자

3 ⑥【吁】 탄식할 우 虞

㊥xū ㊐ク

소전 吁 초서 吁 자해 ❶탄식하다, 근심하다. 〔詩經〕云何吁矣운하우의. ❷아! 탄식·경탄·의문·근심 등의 일로 지르는 소리. 〔書經〕吁來우래.
吁咈(우불) 아, 틀렸도다! 불찬성을 표시하는 말. '咈'은 '戾'로 '맞지 아니함'을 뜻함.
吁嗟(우차) ①탄식. 탄식함. ②탄식하는 모양.

3 ⑥【吊】 弔(408)의 속자 인명

참고 인명용 음은 '적'이다.

3 ⑥【吐】 토할 토 麌

고등 인명 3Ⅱ급 ㊥tǔ ㊐ト

필순 丨 ㄇ 口 口一 叶 吐

소전 吐 초서 吐 자원 形聲. 口+土→吐. '土(토)'가 음을 나타낸다. 3획

자해 ❶토하다, 게우다. 〔史記〕周公一飯三吐哺주공일반삼토포. ❷털어놓다. 〔漢書〕發明詔발명조, 吐德音토덕음. ❸드러내다.
吐剛茹柔(토강여유) 딱딱한 것은 뱉고 부드러운 것은 먹음. 강한 것은 두려워하고 약한 것은 업신여김의 비유.
吐故納新(토고납신) 체내의 낡은 공기를 토해 내고 신선한 공기를 들이마심. 도가(道家)의 수련법. 吐納(토납).
吐氣(토기) ①억눌린 기분을 충분히 펴는 일. ②욕지기.
吐露(토로) 속마음을 다 털어 내어 말함.
吐絲(토사) 누에가 입에서 실을 토해 냄.
吐瀉(토사) 게우고 설사함.
吐舌(토설) 혀를 빼묾. 곧, 괴로워서 헐떡이는 모양.
吐說(토설) 國말하지 않은 사실을 비로소 털어 내어 말함.
吐情(토정) 진정(眞情)을 다 털어놓음.
吐破(토파) 마음속의 생각을 다 털어놓음.
吐哺握髮(토포악발) 현사(賢士)를 얻기 위해 애씀. 故事 주대(周代)의 주공(周公)이 식사를 하고 있을 때면 음식물을 뱉어내고, 머리를 감는 중이면 머리카락을 거머쥐고 찾아온 손님을 맞이하였다는 고사에서 온 말.
◨ 嘔吐구토, 實吐실토.

3 ⑥【合】 1합할 합 合 2國홉 홉

중학 인명 6급 ㊥hé ㊐ゴウ

필순 ノ 人 亼 今 合 合

소전 초서 참고 인명용 음은 '합'이다.

자원 會意. 亼+口→合. '亼'는 세 방면의 것이 모여 있는 모양으로, 여러 사람의 말〔口〕이 모여서 일치한다는 뜻을 나타낸다.

자해 1 ❶**합하다, 여럿이 모여 하나가 되다.** 〔周禮〕 合六幣합륙폐. ❷**만나다.** 〔呂氏春秋〕 合大夫而告之합대부이고지. ❸**맞다, 틀리거나 어긋남이 없다.** ¶ 合理합리. ❹**모이다, 모으다.** ¶ 離合集散리합집산. ❺**들어맞다, 일치하다.** 〔孟子〕 若合符節약합부절. ❻**짝하다, 짝을 짓다, 부부가 되다.** ❼**성교**(性交). 〔史記〕 野合而生孔子야합이생공자. ❽**합, 음식을 담는 그릇.** ＝盒. 2 國**홉.** 한 되〔升〕의 10분의 1.

合格(합격) ①규격 또는 기준에 맞음. ②시험에 통과함.

合計(합계) 한데 합하여 계산함. 또는 그런 수효(數爻).

3획

合拱(합공) 두 팔로 안을 정도의 크기. 한아름의 크기.

合宮(합궁) 國부부 사이의 성교.

合巹(합근) 술잔을 서로 맞춤. 혼례(婚禮)의 딴 이름.

合金(합금) 두 가지 이상의 다른 금속을 섞어 녹여 만든 금속. 合成金(합성금).

合衾(합금) 한 이불에서 잠.

合當(합당) 꼭 알맞음.

合黨(합당) ①한 패가 됨. 도당을 짬. ②두 개 이상의 정당이 하나로 합침.

合禮(합례) ①예절에 맞음. ②國신랑 신부가 첫날밤을 치르는 일. 正禮(정례).

合理(합리) 도리나 사리에 맞음.

合離(합리) 만남과 헤어짐.

合邦(합방) 둘 이상의 나라를 하나로 합침.

合配(합배) 배우자. 배필.

合法(합법) 법령이나 법식에 맞음.

合倂(합병) 둘 이상의 나라를 하나로 합침.

合席(합석) 자리를 함께함.

合性(합성) ①오행(五行)에서 성(性)이 서로 맞음. 또는 그 성. 나무와 흙, 불과 흙 따위. ②성질이 서로 맞는 일. 또는 그 성질.

合勢(합세) 세력을 한데 합함.

合心(합심) ①많은 사람이 마음을 하나로 합함. ②마음에 맞음.

合藥(합약) ①여러 가지 약을 조합하여 만든 약. ②화약(火藥)의 딴 이름.

合緣(합연) 잘 맞는 인연. 인연이 잘 맞음.

合緣奇緣(합연기연) 이상하게 결합하는 인연. 부부가 되는 인연.

合意(합의) ①마음을 합함. 同心(동심). ②서로 의견이 일치함.

合議(합의) 어떤 일을 토의하여 의견을 종합함.

合作(합작) ①힘을 합하여 만듦. ②시나 문장 등이 법식에 맞음.

合掌(합장) 두 손바닥을 마주 합침.

合葬(합장) 둘 이상의 시체를 한 무덤에 묻음.

合戰(합전) 어울려 싸움. 接戰(접전).

合從說(합종설) 전국 시대에 소진(蘇秦)이 주장한, 한(韓)·위(魏)·조(趙)·연(燕)·초(楚)·제(齊)의 6국이 남북으로 동맹하여 서쪽의 진(秦)나라에 대항하자는 의견.

合從連衡(합종연횡) 소진(蘇秦)의 합종설(合從說)과 장의(張儀)의 연횡설(連衡說).

合竹扇(합죽선) 얇게 깎은 겉대를 맞붙여서 살을 만든 쥘부채. 合歡扇(합환선).

合錯(합착) 뒤얽혀 합쳐짐.

合致(합치) 서로 일치함.

合抱(합포) 한 아름의 크기. 큰 나무를 이르는 말. 巨樹(거수).

合歡(합환) ①기쁨을 같이함. ②남녀가 동침(同寢)함.

◨ 結合결합, 競合경합, 配合배합, 倂合병합, 附合부합, 符合부합, 野合야합, 聯合연합, 融合융합, 離合이합, 接合접합, 組合조합, 調合조합, 綜合종합, 集合집합, 混合혼합, 和合화합, 會合회합.

3
⑥ 【向】 1 향할 향 漾
2 성 상 漾

중학 인명 6급 ㊥xiàng ㊐キョウ

필순 ノ 丿 巾 向 向 向

소전 초서 참고 인명용 음은 '향'이다.

자원 會意. 宀+口→向. '宀'은 집이고 '口'는 집에 나 있는 창문이다. '북창(北窓)'을 뜻하다가 널리 '창'을 뜻하게 되었고, 나아가 '향하다'의 뜻으로 전용되었다.

자해 1 ❶**향하다.** ㉮**앞으로 향하다, 앞으로 나아가다.** 〔漢書〕 離合背向리합배향, 變化無常변화무상. ㉯**대하다, 마주하다.** 〔莊子〕 望洋向若而嘆망양향약이탄. ㉰**마음을 기울이다.** 〔南史〕 物情宗向물정종향. ❷**창, 북향**(北向)**의 창.** 〔詩經〕 塞向墐戶색향근호. ❸**접때, 전에.** ≒嚮. 〔莊子〕 向之人何者耶향지인하자야. 2 ❶**성**(姓). ❷**나라 이름.** 지금의 산동성(山東省)에 있던 주대(周代)의 제후국. ❸**땅 이름.**

向路(향로) 향하여 가는 길.

向慕(향모) 마음을 기울여 사모함.

向方(향방) ①바른 길을 감. ②향하여 나아가는 일정한 방향.

向背(향배) ①앞과 뒤. ②좇음과 등짐. ③와서

붙음과 등지고 떠남.
向上(향상) ①위로 오름. ②생활·기능 등의 수준이 높아짐.
向陽(향양) ①태양을 향함. ②남향. 양지쪽.
向隅(향우) 방의 구석을 향함. 평등한 대우를 받지 못하고, 따돌림을 당함.
向日(향일) ①전날. 지난번. 前日(전일). 嚮日(향일). ②태양을 향함.
向者(향자) 접때. 지난번. '者'는 어조사. 嚮者(향자).
向學(향학) 학문에 뜻을 두고 그 길로 나아감.
向後(향후) ①이다음. 앞으로. ②뒤로 향함.
◨ 傾向경향, 方向방향, 性向성향, 意向의향, 趣向취향, 下向하향.

3 ⑥【后】 임금 후 宥

인명 2급 ㊥hòu ㊐コウ

소전 초서 자해 ❶임금, 천자. 〔禮記〕 后王命冢宰후왕명총재. ❷왕비, 후비. ¶ 皇后황후. ❸토지(土地)의 신(神). 〔國語〕 皇天后土황천후토. ❹뒤. ≒後.
后祇(후기) 토지의 신(神).
后辟(후벽) 임금. '辟'도 '임금'을 뜻함.
后輔(후보) 임금의 보좌(輔佐).
后蜂(후봉) 여왕벌.
后妃(후비) 임금의 정실(正室). 皇后(황후).
后王(후왕) 임금. 天子(천자). 君主(군주).
后帝(후제) 천제(天帝). 하늘.
后稷(후직) ①고대에 농사일을 맡아보던 벼슬. ②주(周)나라 시조 기(棄)의 딴 이름. 순(舜)임금 때 사람들에게 농사일을 가르쳐 그 공으로 후직의 벼슬을 받은 데서 이르는 말.
后土(후토) ①토지(土地)의 신(神). 地祇(지기). ②토지. 국토(國土). ③물과 토지를 맡아보던 벼슬.
◨ 母后모후, 王后왕후, 皇后황후, 皇太后황태후.

3 ⑥【吃】 말 더듬을 흘 本글 物

인명 ㊥chī ㊐キツ

소전 초서 자해 ❶말을 더듬다. 〔漢書〕 爲人口吃위인구흘. ❷웃는 소리. ¶ 吃吃흘흘. ❸머뭇거리다, 나아가지 아니하다.
吃驚(흘경) 깜짝 놀람.
吃水(흘수) ①배의 아랫부분이 물 속에 잠기는 깊이. ②마시는 물.
吃人(흘인) 말을 더듬는 사람.
吃吃(흘흘) 껄껄 웃는 소리.

4 ⑦【告】 1 알릴 고 號 2 청할 곡 沃

중학 인명 5급 ㊥gào, gù ㊐コク

필순 ノ 𠂉 𠂒 生 牛 告 告

소전 초서 참고 인명용 음은 '고'이다.

자원 會意. 牛+口→告. 소의 뿔에 덧대어 놓아, 그곳이 뿔임을 사람에게 경고하는 횡목(橫木)이 본뜻으로, 이에서 '알리다'의 뜻을 나타내게 되었다.

자해 1 ❶알리다. ㉮일정한 일에 대하여 알리다. ¶ 告訃고부. ㉯공식적으로 발표하다. ㉰아뢰다. 〔楚辭〕 明以告君子명이고군자. ❷묻다, 안부를 묻다. 〔禮記〕 八十月告存팔십월고존. 2 ❶청하다, 뵙고 청하다. 〔禮記〕 出必告출필곡, 反必面반필면. ❷말미, 관리의 휴가.
告假(고가) ①휴가를 얻음. ②관직을 떠남.
告敎(고교) 깨닫도록 가르침. 타이름.
告老(고로) 벼슬하던 사람이 늙어서 일할 수 없음을 알림. 늙어서 벼슬을 그만둠.
告命(고명) ①사령장(辭令狀). 告身(고신). ②정령(政令)을 냄.
告廟(고묘) 큰 일이나 변고가 있을 때, 조상의 사당에 아뢰는 일.
告發(고발) 범죄에 관계가 없는 제삼자가 범죄 사실을 신고하여, 기소(起訴)를 구하는 행위.
告白(고백) 마음속에 생각하고 있는 것이나 숨기고 있던 것을 털어놓음.
告變(고변) 변사재이(變事災異)를 알림.
告訃(고부) 사람의 죽음을 알림.
告祀(고사) 집안이 잘되기를 바라며 신에게 지내는 제사.
告辭(고사) ①알리는 말. ②의식 때에 글로써 훈계하는 말.
告朔(고삭) ①달마다의 정령(政令)을 백성에게 포고(布告)함. ②주대(周代)에, 천자가 매년 선달에 다음 해 책력을 제후에게 나누어 주면 제후는 사당에 간직했다가 매달 초하루에 사당에 제사 지내고 그 책력을 백성에게 반포하던 일.
告訴(고소) 피해자가 사건을 신고하여 범인의 소추(訴追)를 요구하는 행위.
告示(고시) 관청에서 국민들에게 알릴 것을 글로 써서 게시(揭示)함.
告身(고신) 당대(唐代)에 임관(任官)한 사람이 위로부터 받은 사령장(辭令狀). 職牒(직첩).
告訐(고알) 남의 잘못을 들추어내어 이를 관청에 알림.
告往知來(고왕지래) 이미 말한 바에 의하여 아직 말하지 않은 바를 미루어 앎. 과거에 들은 바에 따라 미래의 일을 알아냄.
告諭(고유) 알려서 깨우쳐 줌. 告喩(고유).
告引(고인) 죄를 짓고 발뺌하기 위해 두세 사람이 서로 상대편이 죄를 지었다고 일러바쳐 상대편을 끌어들이는 일.
告知(고지) 어떤 사실을 관계자에게 알림.
告劾(고핵) 관리의 비행(非行)을 상고(上告)하여 탄핵함.
告休(고휴) 휴가를 얻음. 또는 사직(辭職)함.
告歸(❶곡귀 ❷고귀) ❶임금에게 청하여 고향으로 돌아감. ❷처녀가 시집가라는 말을 들음.
告寧(❶곡녕 ❷고녕) ❶흉사(凶事) 때문에 관리가 휴가를 얻어 집으로 돌아감. ❷난(亂)이 평정되었음을 알림.
◨ 警告경고, 公告공고, 廣告광고, 申告신고, 原告원고, 忠告충고, 通告통고, 布告포고, 被告피고, 抗告항고, 訓告훈고.

口 4획

4 ⑦【君】 임금 군 文

중학 인명 4급 ㊥jūn ㊐クン

필순 ㇇ ⺕ ⺕ 尹 尹 君 君

소전 초서 자원 會意. 尹+口→君. '尹'은 다스리다는 뜻이다. 입〔口〕으로 호령하여 다스리는 사람이라는 데서 '임금'을 뜻한다.

자해 **❶임금, 천자**(天子). 〔禮記〕 以敬事其君長이경사기군장. **❷왕비, 임금의 적처**(嫡妻). 〔詩經〕 人之無良인지무량, 我以爲君아이위군. **❸부모**(父母). **❹망부**(亡父), **조상**(祖上). **❺남편, 지아비**. **❻아내, 지어미**. 〔漢書〕 歸遺細君귀유세군. **❼그대, 자네**. 동배(同輩) 상호 간이나 손윗사람이 손아랫사람을 부르는 칭호. 〔史記〕 舍人曰臣非知君사인왈신비지군. **❽어진 이, 현자**(賢者). ¶ 君子군자.

君公(군공) 제후(諸侯).
君君臣臣(군군신신) 임금은 임금으로서의 도리를 다하고, 신하는 신하로서의 도리를 다함.
君臨(군림) ①임금으로서 나라를 다스림. ②어떤 방면에서 권위(權威)가 가장 높은 자리에 섬의 비유.
君命(군명) 임금의 명령. 王命(왕명).
君父(군부) ①임금과 아버지. ②國국민의 아버지로서 임금을 이름.
君夫人(군부인) 제후(諸侯)의 부인.
君師父(군사부) 임금과 스승과 아버지.
君臣水魚(군신수어) 물과 물고기의 관계와 같이 임금과 신하의 사이가 친밀함. 水魚之交(수어지교).
君臣有義(군신유의) 오륜(五倫)의 하나. 임금과 신하 사이에 의리가 있어야 함.
君王(군왕) 임금.
君辱臣死(군욕신사) 임금이 치욕을 당하면 신하는 죽음을 무릅쓰고 치욕을 씻고자 함. 임금과 신하는 생사(生死)와 간난(艱難)을 같이함.
君爲臣綱(군위신강) 삼강(三綱)의 하나. 임금은 신하의 벼리가 되어야 함.
君恩(군은) 임금의 은혜.
君子(군자) ①학식과 덕망이 높은 사람. ②높은 관직에 있는 사람. ③아내가 자기 남편을 이르는 말.
君子國(군자국) ①풍속이 좋고 예의가 바른 나라. ②신라(新羅)의 딴 이름.
君子不器(군자불기) 군자는 그릇이 아님. 그릇이란 제각기 한 가지 소용에 맞는 것이나, 덕이 있는 사람은 온갖 방면에 두루 통함.
君子三樂(군자삼락) 군자에게는 세 가지 즐거움이 있음. 곧, 부모가 살아 있고 형제간에 탈이 없는 일, 자기의 행하는 일이 온 세상에 떳떳하여 부끄러울 것이 없는 일, 천하에 재주 있는 사람들을 모아 교육하는 일.
君子成美(군자성미) 군자는 사람을 이끌어서 착하게 되도록 함.
君子儒(군자유) 도(道)를 배우고 덕을 닦는 훌륭한 학자.
君子鄕(군자향) 착한 사람이 사는 마을. 故事 후한(後漢) 왕열(王烈)이 덕행(德行)으로써 향리의 사람들을 감화시킨 고사에서 온 말.
君子好逑(군자호구) ①군자의 좋은 배필. ②남자가 좋은 배필을 구함.
君子花(군자화) ①연꽃의 딴 이름. ②국화(菊花)의 딴 이름.
君長(군장) ①군주(君主)와 경대부(卿大夫). ②임금. 君主(군주). ③부락의 우두머리.
君號(군호) 왕이 군(君)을 봉할 때 주는 이름.
君侯(군후) ①제후(諸侯). ②재상(宰相).
◨ 郞君낭군, 大君대군, 名君명군, 明君명군, 父君부군, 夫君부군, 先君선군, 諸君제군, 天君천군, 暴君폭군, 賢君현군.

4 ⑦【吶】 1말 더듬을 눌 月 2말 느릴 납 本열 屑

㊥nè, nuò ㊐トツ

소전 초서 자해 1 **말을 더듬다**. =訥. ¶ 吶吶눌눌. 2 **❶말이 느리다**. **❷떠들다, 고함지르다**.

吶吶(눌눌) 말을 더듬는 모양.
吶吃(눌흘) ①말을 더듬거림. ②일이 되어 나가는 것이 더디고 잘 안 됨.
吶喊(납함) 여럿이 함께 큰 소리를 지름.

4 ⑦【呂】 음률 려 語

인명 2급 ㊥lǚ ㊐リョ

소전 초서 자해 ❶음률(音律), 음(陰)의 음률. ❷등뼈, 등골뼈. =膂. ❸나라 이름. 주대(周代)의 제후국.

呂公枕(여공침) 여공의 베개. 인생이 무상함의 비유. 故事 당대(唐代)의 노생(盧生)이 한단(邯鄲)의 여사(旅舍)에서 여공(呂公)의 베개를 빌려 베고 잤는데, 기장밥을 지을 동안에 80년간 영화(榮華)를 누린 꿈을 꾸었다는 고사에서 온 말. 呂翁枕(여옹침).

呂氏鄕約(여씨향약) 송대(宋代) 여대균(呂大鈞)이 향리(鄕里)인 남전(藍田)에서 실시한 향촌의 자치 규약. 후세 향약의 모범이 됨.

呂律(여율) 음악의 가락. 律呂(율려).

◨ 大呂대려, 六呂육려, 律呂율려, 伊呂이려.

4 ⑦【吝】 아낄 린 震

인명 1급 ㊥lìn ㊐リン

소전 초서 동자 㤁 자해 ❶아끼다. 〔書經〕 改過不吝개과불린. ❷탐하다, 욕심을 부리다. ❸한하다, 원망하다. 〔後漢書〕 無悔吝之心무회린지심.

吝嗇(인색) 재물을 지나치게 아낌.

吝惜(인석) 재물을 몹시 아낌. 吝愛(인애).

4 ⑦【吻】 입술 문 吻

인명 ㊥wěn ㊐フン

소전 초서 자해 ❶입술, 입. ❷입 끝, 입가. 〔漢書〕 傷吻敝策상문폐책. ❸말투, 어기(語氣). 〔舊唐書〕 榮枯生于口吻영고생우구문.

吻士(문사) 의론(議論)을 좋아하는 사람.

吻合(문합) 입술이 딱 맞음. 사물이 서로 합치함을 이름.

4 ⑦【呆】 1 지킬 보 皓
2 어리석을 매 ㊍태 灰

1급 ㊥bǎo, dāi ㊐ホウ

초서 자해 1 지키다. =保. 2 어리석다, 미련하다.

◨ 癡呆치매.

4 ⑦【否】 1 아닐 부 有
2 막힐 비 紙

중학 인명 4급 ㊥fǒu, pǐ ㊐ヒ

필순 一 ア 不 不 不 否 否

소전 초서 참고 인명용 음은 '부'이다.

자원 會意·形聲. 不+口→否. 아니라고〔不〕 말한다〔口〕는 뜻을 나타낸다.

자해 1 ❶아니다. 부정(不定)의 뜻을 나타낸다. 〔孟子〕 否부, 不然也불연야. ❷부정하다, 듣지 아니하다. 〔論語〕 予所否者여소부자. ❸~하지 않았는가. ❹없다. 〔大學〕 其本亂而末治者기본란이말치자, 否矣부의. 2 ❶막히다, 통하지 아니하다. ❷나쁘다, 좋지 아니하다. 〔易經〕 利出否리출비. ❸괘 이름, 64괘의 하나. 괘형은 ䷋. 음양(陰陽)이 서로 통하지 않아 사물이 꽉 막힌 것을 상징한다.

否決(부결) 회의에서 의안(議案)을 승인하지 않기로 결정함.

否認(부인) 옳다고 인정하지 않음.

否定(부정) 그렇지 않다고 함. 그렇다고 인정하지 아니함.

否隔(비격) 막아서 떼어 놓음. 막혀서 통하지 않음.

否德(비덕) 옳지 않은 덕. 不德(부덕).

否剝(비박) 운수가 아주 불길함. '否·剝'은 모두 괘 이름으로, '剝'은 '음기(陰氣)가 왕성하여 양기(陽氣)가 괴로워하는 모양'을 뜻함. 非運(비운). 不運(불운).

否塞(비색) ①꽉 막힘. ②불행하게 됨.

否運(비운) 나쁜 운수.

否臧(비장) 악(惡)과 선(善). 臧否(장비).

否閉(비폐) 막힘. 막히어 통하지 않음.

◨ 可否가부, 拒否거부, 安否안부, 與否여부, 適否적부, 眞否진부.

4 ⑦【吩】 1 뿜을 분 問
2 명령할 분 文

인명 1급 ㊥pèn, fēn ㊐フン

자해 1 뿜다. ※噴(229)의 속자. 2 명령하다, 분부하다.

吩咐(분부) 윗사람의 지시나 명령. 分付(분부).

4 ⑦【甚】 甚(840)의 고자

4 ⑦【吮】 빨 연 銑

㊥yǎn ㊐エン

소전 초서 자해 빨다, 핥다. 〔史記〕 卒有病疽者졸유병저자, 起爲吮之기위연지.

吮癰舐痔(연옹지치) 등창을 빨고 치질을 핥음. 윗사람에게 몹시 아첨함.

吮疽之仁(연저지인) 종기의 고름을 빨아내는

사랑. 상사가 부하를 극진히 사랑함. 故事 전국 시대 위(衛)나라 오기(吳起)가 부하 군사의 종기(腫氣)에서 고름을 빨아 주어 낫게 했다는 고사에서 온 말.

4 【吾】 ①나 오 虞
⑦ ②소원할 어 魚

중학 인명 3급 ㊥wú, yú ㊐ゴ, ギョ

필순 一 丆 丌 五 五 吾 吾

소전 초서 참고 인명용 음은 '오'이다.

자원 形聲. 五+口→吾. '五(오)'가 음을 나타낸다.

자해 1 ❶**나, 자신.** 〔孟子〕我善養吾浩然之氣아선양오호연지기. ❷**글 읽는 소리.** ¶ 吾伊오이. 2 **소원(疏遠)하다, 친하지 않다.** 〔國語〕暇豫之吾吾가예지어어, 不如鳥烏불여조오.

吾等(오등) 우리들.
吾不關焉(오불관언) 나는 그 일에 상관하지 아니함.
吾鼻三尺(오비삼척) 國내 코가 석 자. 자기 사정이 급하여 남을 돌볼 겨를이 없음을 이름.
吾伊(오이) 글 읽는 소리. 伊吾(이오).
吾子(오자) ①나의 아들. ②상대방을 친하게 부르는 경칭.
吾曹(오조) 우리들. 吾輩(오배).
吾兄(오형) 벗을 친밀하게 부르는 말.
吾吾(어어) 친하지 않은 모양. 사이가 먼 모양.

4 【吳】 吴 나라 이름 오 虞
⑦

인명 2급 ㊥wú ㊐ゴ

소전 초서 속자 呉 속자 吴 자해 ❶**나라 이름.** ㉮**춘추 시대에 지금의 강소(江蘇)·절강(浙江) 지방에 세력을 뻗쳤다가 월(越)에 멸망된 나라.** ㉯**삼국 때 손권(孫權)이 건업(建業)에 도읍한 나라.** ㉰**오대(五代) 때 양행밀(楊行密)이 세운 나라.** ❷**떠들썩하다, 큰 소리로 말하다.** 〔詩經〕不吳不敖불오불오.

吳牛喘月(오우천월) 더위에 지친 오나라 소가 달을 보고 해인 줄 알고 헐떡거림. 공연한 일에 미리 겁부터 내고 허둥거리는 사람을 놀림조로 이르는 말.
吳越同舟(오월동주) 사이 나쁜 오나라와 월나라 사람이 같은 배를 탐. ㉠원수끼리 같은 처지에 있게 됨의 비유. ㉡적의(敵意)를 품은 사람들이 서로 협력해야 하는 상황의 비유.
吳吟(오음) 오(吳)나라 사람이 오나라의 노래를 읊음. 고향을 그리워함.
吳下阿蒙(오하아몽) 오(吳)나라 땅의 여몽(呂蒙). 학식이 없는 사람을 기롱하여 이르는 말. 故事 삼국 때 오나라의 노숙(魯肅)이 무략(武略)에만 뛰어난 인물로 알고 있던 여몽을 오랜만에 만나 이야기를 나누어 보니 학문도 깊으므로 감탄하여 이전의 여몽이 아니라고 말하였다는 고사에서 온 말. '阿'는 남을 친근하게 부를 때 붙이는 접두어.

4 【呉】 吳(200)의 속자
⑦

4 【吪】 움직일 와 歌
⑦

㊥é ㊐カ

소전 초서 동자 訛 자해 ❶**움직이다.** 〔詩經〕尙寐無吪상매무와. ❷**화하다, 변화시키다.** ❸**잘못된 말, 사투리.**

4 【吽】 ①물어뜯을 우 尤
⑦ ②짖을 후 宥

㊥ōu, hǒu ㊐グ, ゴウ

자해 1 **물어뜯다, 개 두 마리가 싸우다.** ¶ 吽牙우아. 2 **짖다, 으르렁거리다.** =吼. ¶ 吽呀후하.

吽牙(우아) 서로 물어뜯음.
吽呀(후하) 개가 으르렁거리며 짖음.

4 【听】 ①웃을 은 軫
⑦ ②들을 청 徑

인명 ㊥yǐn, tīng ㊐ギン, テイ

소전 초서 참고 ❶인명용 음은 '은'이다. ❷중국에서는 '聽(청)'의 간체자로 이 자를 쓰고 있다.

자해 1 **웃다, 입을 벌리고 벙글거리다.** 〔史記〕听然而笑은연이소. 2 **듣다.** ※聽(1023)의 와자(譌字).

4 【吟】 ①읊을 음 侵
⑦ ②입 다물 금 沁

중학 인명 3급 ㊥yín, jìn ㊐ギン, キン

필순 丨 口 口 口' 吟 吟 吟

소전 초서 참고 인명용 음은 '음'이다.

자원 形聲. 口+今→吟. '今(금)'이 음을 나타낸다.

자해 1 ❶**읊다, 읊조리다.** 〔莊子〕倚樹而吟의수이음. ❷**끙끙 앓다. 괴로워서 끙끙거리다.** ¶ 呻吟신음. ❸**노래, 시(詩).** ❹**말을 더듬다, 떠듬거리는 소리.** ❺**울다, 새·짐승·벌레 등의 울음**

소리. 〔李白·詩〕 鶯吟綠樹低앵음록수저. ② 입을 다물다. ≒噤. 〔史記〕 吟而不言금이불언.
吟壇(음단) ①시인들의 단체. 詩壇(시단). ②시인(詩人) 중의 우두머리. ③시인의 경칭(敬稱).
吟味(음미) ①시나 노래를 읊어 그 뜻을 새김. ②시의 정취(情趣). 詩趣(시취). ③사물의 의미를 새겨서 깊이 연구함.
吟社(음사) 시(詩)를 짓는 사람들의 모임.
吟哦(음아) 시가(詩歌)를 읊음. 吟唱(음창).
吟詠(음영) 시가(詩歌)를 읊음. 또는 그 시가. 吟嘯(음소). 吟諷(음풍).
吟風弄月(음풍농월) 맑은 바람을 쐬며 노래를 읊고, 밝은 달을 즐김.
吟魂(음혼) 시가를 지어 읊는 마음.
◨ 苦吟고음, 朗吟낭음, 微吟미음, 呻吟신음.

4 ⑦ 【呈】 ① 드릴 정 庚 ② 발보일 정 敬
인명 2급 ㊥chéng, chěng ㊐テイ
소전 초서 속자 자해 ① ❶드리다, 윗사람에게 바치다. ¶ 謹呈근정. ❷나타나다, 드러내 보이다. 〔曹植·賦〕 皓質呈露호질정로. ② 발보이다, 자랑하여 일부러 보이다. ¶ 呈身정신.
呈納(정납) 물건을 윗사람에게 보냄.
呈露(정로) 드러내어 나타냄. 露呈(노정).
呈上(정상) 물건을 보내어 드림.
呈身(정신) 스스로를 추천하여 등용해 줄 것을 바람.
呈進(정진) 드림. 바침. 進呈(진정).
◨ 謹呈근정, 贈呈증정, 獻呈헌정.

4 ⑦ 【呈】 呈(201)의 속자

4 ⑦ 【呎】 ㊣피트 척
㊥chǐ ㊐セキ
자해 피트. 길이의 단위인 피트(feet)의 약호.

4 ⑦ 【吹】 ① 불 취 支 ② 바람 취 寘
중학 인명 3Ⅱ급 ㊥chuī, chuì ㊐スイ
필순 丨 口 口 口' 口ᄼ 吖 吹
소전 초서 자원 會意. 口+欠→吹. 입〔口〕으로 하품〔欠〕을 하면 입김이 입 밖으로 나온다는 데서 '불다'의 뜻을 나타낸다.
자해 ① ❶불다. ㉮입김을 내불다. 〔莊子〕 生物之以息相吹也생물지이식상취야. ㉯피리 등 관악기를 불다. ㉰바람이 불다. 〔李白·詩〕 薄暮東南吹박모동남취. ❷부추기다, 충동하다. ② ❶바람. ❷취주 악기, 취주 악기의 가락. 〔禮記〕 入學習吹입학습취.
吹擧(취거) 사람을 추천함. 吹噓(취허).
吹管(취관) ①피리를 붊. ②불을 피울 때 바람을 불어 넣는 대통.
吹毛(취모) ①터럭을 붊. 극히 쉬움의 비유. ②취모구자(吹毛求疵).
吹毛求疵(취모구자) 흉터를 찾으려고 털을 불어 헤침. 억지로 남의 작은 허물을 들추어냄.
吹雪(취설) 눈보라.
吹雲(취운) ①북〔鼓〕의 딴 이름. ②구름을 묘사하는 화법(畫法). 젖은 종이에 먹물을 뿜어 그림.
吹奏(취주) 피리·나팔 따위를 불어 연주함.
吹竹(취죽) 피리를 붊.
吹彈(취탄) 피리를 불고 거문고를 탐.
吹噓(취허) ①숨을 내쉼. 吹呼(취호). ②사람을 추천함. 吹擧(취거).
吹煦(취후) 입김을 불어서 따뜻하게 함.
◨ 鼓吹고취, 倒吹도취, 獨吹독취, 妙吹묘취

4 ⑦ 【呑】 삼킬 탄 元
인명 1급 ㊥tūn ㊐ドン
소전 초서 자해 ❶삼키다. ㉮목구멍으로 넘기다. 〔史記〕 誤呑之오탄지. ㉯㊣남의 것을 자기 것으로 만들다, 가로채다. ¶ 倂呑병탄. ❷싸다, 싸서 감추다. ❸경시하다, 안중에 두지 아니하다.
呑滅(탄멸) 삼켜서 없애 버림. 멸망시킴.
呑剝(탄박) 강제로 빼앗음.
呑噬(탄서) ①씹어 삼킴과 물어뜯음. 곧, 맹수·독사의 싸움. ②다른 나라를 병합(倂合)함.
呑聲(탄성) 소리를 삼킴. 울음을 참고 흐느낌을 이름.
呑牛之氣(탄우지기) 소를 삼킬 만한 장대한 기상. 웅대한 기백.
呑吐(탄토) 삼킴과 뱉음.
呑恨(탄한) 원한(怨恨)을 참고, 겉으로 드러내지 아니함.
◨ 倂呑병탄, 甘呑苦吐감탄고토.

4 ⑦ 【吠】 짖을 폐 隊
인명 ㊥fèi ㊐ハイ
소전 초서 자해 짖다, 개가 짖다, 개가 짖는 소리. 〔孟子〕 鷄鳴狗吠계명구폐.

口 4획

吠形吠聲(폐형폐성) 한 마리의 개가 사람의 모습을 보고 짖으면 다른 개는 그 소리를 듣고 짖음. ㉠한 사람이 헛된 말을 전하면 많은 사람이 사실로서 전함. ㉡아무것도 모르고 덩달아 따름의 비유.

◨ 狗吠구폐.

4 ⑦【喦】 品(210)의 속자

4 ⑦【呀】 입 벌릴 하 麻

인명 ㊥xiā, yā ㊐ガ

소전 초서 자해 ❶입을 벌리다. 입을 벌리고 웃는 모양. ¶ 呀呀하하. ❷속이 텅 빈 모양. 굴·골짜기 등이 휑하게 뚫린 모양.

4 획

呀呀(하하) ①입을 벌리는 모양. ②맹수가 입을 벌리고 이를 드러내는 모양. ③웃음소리.

呀豁(하활) ①휑하니 넓은 모양. ②공허(空虛)한 모양.

呀咻(하휴) 시끄럽게 떠들어 댐.

◨ 吽呀후하.

4 ⑦【含】 머금을 함 覃勘

고등 인명 3Ⅱ급 ㊥hán ㊐カン

필순 ノ 𠆢 亼 今 令 含 含

소전 초서 자원 形聲. 今+口→含. '今(금)'이 음을 나타낸다.

자해 ❶머금다. 입 속에 넣다. ❷싸다, 받아들이다. 〔易經〕 含萬物而化光함만물이화광. ❸품다, 생각·감정 등을 품다. 〔戰國策〕 含怒日久함노일구. ❹참다, 견디다. 〔春秋左氏傳〕 國君含垢국군함구. ❺무궁주(無窮珠). 염할 때 죽은 사람 입에 물리는 구슬. 〔春秋左氏傳〕 王使榮叔歸含왕사영숙귀함.

含憾(함감) 원망의 뜻을 품음.

含垢納汚(함구납오) 수치를 참고 더러움을 받아들임. 임금이 치욕을 잘 참음.

含氣(함기) 천지간의 기운을 머금은 것. 곧, 생물(生物).

含量(함량) 들어 있는 양.

含靈(함령) (佛)영성(靈性)을 가지고 있는 것. 곧, 사람.

含淚(함루) 눈물을 머금음.

含默(함묵) 입을 다물고 잠잠히 있음.

含味(함미) ①씹어서 맛을 봄. ②의미를 깊이 생각함.

含憤蓄怨(함분축원) 분한 마음을 품고, 원통한 마음을 가짐.

含笑(함소) ①웃음을 머금음. ②꽃이 피기 시작함.

含笑入地(함소입지) 웃음을 머금고 땅에 들어감. 곧, 여한 없이 죽음.

含羞(함수) 부끄러운 기색을 띰. 수줍어함.

含漱(함수) 양치질을 함.

含咽(함연) 마음속에 간직하여 입 밖에 내지 아니함.

含英(함영) ①아름다운 것을 품음. 빛을 띰. ②꽃을 피움.

含英咀華(함영저화) 꽃을 머금고 씹음. 문장의 묘한 곳을 잘 음미해서 가슴 깊이 간직함.

含有(함유) 어떤 성분을 포함하고 있음.

含忍(함인) 하고 싶은 말을 눌러 참음.

含蓄(함축) 말·글 따위에 많은 내용이 집약되어 있음.

含吐(함토) ①머금음과 토함. 머금기도 하고 토하기도 함. ②자유로이 출입함.

含哺鼓腹(함포고복) 실컷 먹고 배를 두드림. 백성이 배불리 먹고 삶을 즐기는 모습.

含嫌(함혐) 혐의(嫌疑)를 품음.

含糊(함호) ①말을 입 속에서 우물거림. ②분명하지 아니함. 모호(模糊)함.

◨ 飯含반함, 包含포함.

4 ⑦【吭】 목 항 陽

㊥háng ㊐コウ

자해 ❶목, 목구멍. 〔柳宗元·書〕 仰首伸吭앙수신항. ❷요해지(要害地). ❸소리를 내다.

4 ⑦【吼】 울 후 宥

인명 1급 ㊥hǒu ㊐コウ

초서 자해 ❶울다. 〔晉書〕 號吼震地호후진지. ❷아우성치다, 큰 소리로 외치다. ❸크게 노한 소리.

吼怒(후노) 노하여 큰 소리로 울부짖음.

吼號(후호) 소리 높여 부르짖음.

◨ 叫吼규후, 獅子吼사자후, 哮吼효후.

4 ⑦【吸】 숨 들이쉴 흡 緝

고등 인명 4Ⅱ급 ㊥xī ㊐キュウ

필순 丶 ㇑ 口 口) 叨 吸 吸

소전 초서 자원 形聲. 口+及→吸. '及(급)'이 음을 나타낸다.

자해 ❶숨을 들이쉬다. ¶ 吸氣흡기. ❷마시다, 빨다. ¶ 吸煙흡연.

吸氣(흡기) 숨을 들이마심. 또는 들숨.
吸墨紙(흡묵지) ㊊잉크·먹물 따위가 번지거나 묻어나지 않도록 마르기 전에 그 위를 눌러서 빨아들이는 종이. 壓紙(압지).
吸收(흡수) 빨아들임.
吸煙(흡연) 담배를 피움.
吸引(흡인) ①빨아들임. ②사람을 끌어들임.
吸入(흡입) 빨아들임.
吸着(흡착) 달라붙음.
吸血鬼(흡혈귀) 사람의 피를 빨아 먹는다는 귀신. 다른 사람을 몹시 괴롭히는 사람의 비유.
◨ 鯨吸경흡, 呼吸호흡.

5 ⑧【呵】 꾸짖을 가 ㊍하 歌

인명 1급 ㊥hē ㊐カ

초서 자해 ❶꾸짖다, 책망하다. 〔史記〕 霸陵尉醉패릉위취, 呵止廣가지광. ❷웃다, 껄껄 웃는 모양. ¶ 呵呵가가. ❸불다, 숨을 내쉬다.
呵呵(가가) 껄껄 웃는 모양. 呵然(가연).
呵喝(가갈) 잘못을 큰 소리로 꾸짖음.
呵禁(가금) 國고귀한 사람이 행차할 때 잡인의 통행을 금하던 일. 呵導(가도). 呵引(가인).
呵止(가지) 꾸짖어 하던 일을 못하게 함.
呵叱(가질) 큰 소리로 꾸짖음.
呵責(가책) 엄하게 꾸짖음. 苛責(가책).
呵噓(가허) 입김을 내붊.

5 ⑧【咖】 ㊊커피 가

㊥kā ㊐カ
자해 커피. ¶ 咖啡가배.
咖啡(가배) 커피차. '커피(coffee)'의 음역어(音譯語).

5 ⑧【呿】 입 벌릴 거 魚

㊥qù ㊐キョ

초서 자해 입을 벌리다, 하품을 하다. 〔莊子〕 公孫龍口呿而不合공손룡구거이불합.
呿吟(거음) 입을 벌리고 숨을 쉼. 호흡함.

5 ⑧【呱】 울 고 虞 麻

인명 1급 ㊥gū ㊐コ

소전 초서 자해 울다. 〔書經〕 啓呱呱而泣계고고이읍.
呱呱(고고) ①아이의 울음소리. ②國아이가 태어나면서 우는 소리.

5 ⑧【咎】 ①허물 구 宥 ②성 고 豪

인명 ㊥jiù, gāo ㊐キュウ, コウ

소전 초서 참고 인명용 음은 '구'이다.
자원 會意. 各+人→咎. 사람〔人〕마다 각각〔各〕 서로 어긋난다는 뜻이다. 서로 어긋나기 때문에 한편에게 좋은 일은 다른 편에게는 재앙이나 근심거리가 된다는 데서 '재앙'이 원래의 뜻이다.
자해 ① ❶허물, 죄과(罪過). 〔易經〕 見惡人以辟咎也견악인이벽구야. ❷재앙, 근심거리. ❸책망하다. 〔論語〕 既往不咎기왕불구. ❹미움, 미워하다. ② 성(姓) ≒皐.
咎殃(구앙) 재앙(災殃).
咎徵(구징) 천재(天災)가 있을 징조.
咎悔(구회) 책망과 후회.

5 ⑧【呴】 ①숨 내쉴 구 ㊍후 麌 ②울부짖을 후 宥

㊥xǔ, hǒu ㊐ク, コウ

초서 자해 ① ❶숨을 내쉬다. 〔漢書〕 呴噓呼吸如喬松구허호흡여교송. ❷입김을 불어 따뜻하게 하다. ❸말이 부드러운 모양. ② 울부짖다, 맹수가 울다. ≒吼.
呴呴(구구) ①닭이 놀라 우는 소리. ②말이 부드러운 모양.
呴兪(구유) 겉으로만 부드러운 얼굴빛을 보임. 呴喩(구유).
呴諭(구유) 따뜻하게 은혜를 베풂.
呴噓(구허) 숨을 내쉼.

5 ⑧【呶】 지껄일 노 肴

㊥náo ㊐ト

소전 초서 자해 지껄이다, 왁자지껄하게 떠들다. 〔詩經〕 載號載呶재호재노.
呶呶(노노) 떠드는 모양. 자꾸 지껄임.

5 ⑧【咄】 꾸짖을 돌 月

㊥duō ㊐トツ

소전 초서 자해 ❶꾸짖다, 질책하다, 꾸짖는 소리. 〔管子〕 後必相咄후필상돌. ❷놀라 지르는 소리, 괴이하게 여겨 혀를 차는 소리. ❸어이! 소리 질러 부르는 소리.
咄咄(돌돌) 뜻밖의 일에 놀라 지르는 소리.
咄咄怪事(돌돌괴사) 놀랄 만한 괴이한 일. 전연 뜻밖의 일.

咄咄逼人(돌돌핍인) 서화(書畫) 따위의 훌륭한 솜씨에 감탄하는 말.
咄嗟(돌차) ①순식간. 咄咤(돌타). ②꾸짖음. 혼냄. 呵叱(가질).

5 ⑧【命】 목숨 명 敬

중학 인명 7급 ㊥mìng ㊐メイ, ミョウ

필순 丿 人 亼 亼 合 合 命 命

소전 초서 자원 會意. 口+令→命. '令'은 임금이 내리는 명령으로, 이 명령을 입[口]을 통해 내리는 것을 나타낸다. 임금은 백성의 생명을 좌우하는 권위를 가졌기 때문에 '목숨, 운명'의 뜻으로 쓰이게 되었다.

자해 ❶**목숨, 생명, 수명.** 〔論語〕 見危授命견위수명. ❷**운수, 운.** ❸**명하다, 명령을 내리다.** ❹**명령, 분부.** ❺**이름짓다, 이름을 붙이다.** 〔國語〕 黃帝能成命百物황제능성명백물. ❻**가르치다, 알리다.** 〔孟子〕 夷子憮然爲間曰이자무연위간왈, 命之矣명지의. ❼**하늘의 뜻, 천명.** 〔論語〕 子罕言利자한언리, 與命與仁여명여인. ❽**도(道), 자연의 이법(理法).**

命輕鴻毛(명경홍모) 목숨을 기러기의 털보다도 가벼이 여김. 나라를 위해 목숨을 아낌없이 버림의 비유.
命宮(명궁) ①사람의 생년월일시(生年月日時)의 방위(方位). ②관상학(觀相學)에서 양미간(兩眉間)을 이르는 말.
命途(명도) 운명(運命).
命令(명령) 윗사람이나 상급 기관이 아랫사람이나 하급 기관에 내리는 지시.
命脈(명맥) ①성명(性命)과 혈맥(血脈). 생명줄. ②어떤 일의 지속에 필요한 최소한의 중요한 부분.
命名(명명) 이름을 지어 붙임.
命門(명문) ①사람의 정기(精氣)가 모이는 곳. ②國명치.
命服(명복) 신분에 알맞은 관복(官服).
命婦(명부) 봉작(封爵)을 받은 부인의 총칭. 궁중에서 품계를 받은 내명부(內命婦)와 남편의 직품에 따라 봉호를 받은 외명부(外命婦)의 구별이 있었음.
命世(명세) 일세(一世)에 뛰어난 저명한 사람.
命數(명수) 하늘이 준 운명. 壽命(수명).
命運(명운) 운명(運命).
命意(명의) 여러 가지로 궁리함. 또는 그 궁리.
命在頃刻(명재경각) 금방 숨이 끊어질 지경에 이름. 거의 죽게 됨.
命題(명제) 어떤 문제에 대한 하나의 논리적인 판단 내용과 주장을 언어 또는 기호로 나타낸 것.
命中(명중) 겨냥한 곳을 바로 맞힘.
命招(명초) 國임금이 명령으로 신하를 부름.
◨ 短命단명, 亡命망명, 薄命박명, 使命사명, 生命생명, 壽命수명, 宿命숙명, 嚴命엄명, 延命연명, 王命왕명, 運命운명, 人命인명, 存命존명, 天命천명, 勅命칙명, 特命특명, 革命혁명.

5 ⑧【味】 맛 미 未

중학 인명 4Ⅱ급 ㊥wèi ㊐バツ

필순 丨 口 口 口一 口二 吽 味 味

소전 초서 자원 會意. 口+未→味. '未'는 과실의 빛깔이 곱고 잘 익었다는 뜻이다. 잘 익은 과실을 입[口]으로 먹어 본다는 데서 '맛, 맛보다'의 뜻을 나타낸다.

자해 ❶**맛.** ㉮**음식의 맛.** 〔論語〕 三月不知肉味삼월부지육미. ㉯**느낌, 기분, 분위기.** ¶ 興味흥미. ❷**맛보다.** ㉮**맛을 보기 위해 먹어 보다.** ㉯**감상(鑑賞)하다, 속뜻을 알아보다.** ¶ 味讀미독. ❸**뜻, 의의.** 〔晉書〕 潛心道味잠심도미.

味覺(미각) 맛을 느끼는 감각. 味感(미감).
味讀(미독) 글의 내용을 충분히 음미하면서 읽는 일. 熟讀(숙독).
◨ 加味가미, 妙味묘미, 無味무미, 五味오미, 肉味육미, 吟味음미, 意味의미, 趣味취미, 風味풍미, 興味흥미.

5 ⑧【咐】 1분부할 부 遇 2숨 내쉴 부 虞

인명 1급 ㊥fù, fú ㊐フ

초서 자해 1**분부하다.** 2**숨을 내쉬다.** 〔淮南子〕 以相嘔咐醞釀이상구부온양.

咐囑(부촉) 분부하여 맡김.

5 ⑧【咋】 1깨물 색 陌 2잠깐 사 禡

㊥zé, zhà ㊐サク, サ

초서 자해 1❶**깨물다, 씹다.** 〔漢書〕 猶孤豚之咋虎유고돈지색호. ❷**큰 소리, 큰 소리를 지르다.** 2**잠깐, 잠시 동안.**

咋舌(색설) 혀를 깨묾. 분하게 여김.
咋唶(색책) 시끄러운 소리의 형용.

5 ⑧【呻】 끙끙거릴 신 眞

인명 1급 ㊥shēn ㊐シン

소전 呻 초서 呻 자해 ❶끙끙거리다, 병으로 앓는 소리를 내다. ¶ 呻吟신음. ❷읊조리다, 웅얼거리다. 〔禮記〕 呻其佔畢신기점필.

呻吟(신음) ①병이나 고통으로 앓는 소리를 냄. ②시가(詩歌)를 읊음. 詠誦(영송).

呻呼(신호) 괴로움을 견디지 못하여서 소리를 지름.

5 ⑧【咏】 詠(1160)과 동자 인명

5 ⑧【呦】 울 유 尤

㊥yōu ㊐ユウ

소전 呦 초서 呦 자해 울다. ㉮사슴이 우는 소리. 〔詩經〕 呦呦鹿鳴유유록명. ㉯새가 우는 소리.

呦呦(유유) ①사슴이 우는 소리. ②슬피 우는 소리.

5 ⑧【呰】 꾸짖을 자 紙 支

㊥zǐ ㊐シ

소전 呰 초서 呰 자해 ❶꾸짖다, 야단을 치다. ❷헐뜯다, 비방하다. ❸흠, 재앙. ❹약하다, 게으르다.

5 ⑧【咀】 씹을 저 語

인명 1급 ㊥jǔ ㊐ソ, ショ

소전 咀 초서 咀 자해 ❶씹다, 음식물을 씹다. ¶ 咀啖저담. ❷맛을 보다. ❸저주하다.

咀啖(저담) 씹어 먹음.

咀嚼(저작) 음식물을 씹음.

咀呪(저주) 남이 잘못되기를 빌고 바람. 詛呪(저주).

5 ⑧【呪】 빌 주 宥

인명 1급 ㊥zhòu ㊐ジュ, ズ

초서 呪 자해 ❶빌다. ❷저주, 저주하다. 〔後漢書〕 呪曰주왈, 有何枉狀유하왕상. ❸(佛)다라니(陀羅尼).

呪罵(주매) 저주하며 꾸짖음.

呪文(주문) ①(佛)다라니(陀羅尼)의 문구(文句). ②술법을 부리거나 귀신을 쫓으려 할 때에 외는 문구.

呪術(주술) 무당 등이 신(神)의 힘이나 신비력으로 재액(災厄)을 물리치거나 내려 달라고 비는 술법. 呪詛(주저).

呪詛(주저) ①주술(呪術). ②㊐저주(咀呪). '呪'는 선악(善惡)에 다 쓰고, '詛'는 악한 기도에만 씀.

■ 咀呪저주, 詛呪저주.

5 ⑧【周】 두루 주 尤

고등 인명 4급 ㊥zhōu ㊐シュウ

필순 丿 刀 冂 冂 用 周 周 周

소전 周 초서 周 자원 會意. 用＋口→周. 입〔口〕을 잘 써서〔用〕 할 말을 다 한다는 데서, '두루 미치다'의 뜻을 나타낸다.

자해 ❶두루, 골고루, 널리. 〔周禮〕 周知九州之地域주지구주지지역. ❷고루 미치다, 마음씨나 주의가 두루 미치다. ❸둘레, 주위. 〔漢書〕 周回五里有餘주회오리유여. ❹지극하다, 더할 나위 없다. 〔論語〕 雖有周親不如仁人수유주친불여인인. ❺두르다, 둥글게 에워싸다. ❻굳히다, 굳게 하다. 〔春秋左氏傳〕 盟所以周信也맹소이주신야. ❼모퉁이, 구부러진 곳. ❽구하다, 구제하다. ≒賙. ❾돌다, 일정한 사이를 한 바퀴 돌다. ＝週. ❿나라 이름.

周孔(주공) 주공(周公)과 공자(孔子).

周郭(주곽) 외곽(外郭).

周求(주구) 두루 구함.

周急(주급) 곤경에 빠진 사람을 구제함.

周給(주급) ①널리 퍼짐. 골고루 미침. ②빠짐없이 나누어 줌. ③주급(周急).

周忌(주기) 사람이 죽은 뒤 해마다 돌아오는 기일(忌日).

周到(주도) 주의가 두루 미쳐 실수가 없음.

周道(주도) ①큰길. 周行(주행). ②주대(周代)의 정교(政敎).

周覽(주람) 두루 봄. 두루 살핌. 周見(주견).

周流(주류) ①널리 두루 퍼짐. ②천하를 두루 돌아다님.

周利(주리) 이익을 꾀하는 데 빈틈이 없음.

周密(주밀) 빈틈이 없고 찬찬함.

周邊(주변) ①어떤 대상의 둘레. ②전두리.

周普(주보) 두루 미침. 널리 퍼짐.

周庠(주상) 주대(周代)의 학교.

周旋(주선) ①돌아다님. 周匝(주잡). 周浹(주협). ②몸가짐. 행동거지. ③일이 잘 되도록 보살펴 줌. ④뒤쫓아감.

周悉(주실) 두루 미침.

周緣(주연) 둘레의 가. 바깥 둘레.

周燕(주연) 소쩍새의 딴 이름.

周圍(주위) ①둘레. ②둘러쌈. 周回(주회).

周遊(주유) 여러 지방을 두루 다니며 유람함.
周而不比(주이불비) 진실하고 공평하게 사귀되 편파적인 붕당(朋黨)은 만들지 않음.
周章(주장) ①놀라서 어찌할 바를 모름. 허둥지둥함. 倉皇(창황). ②두루 돌아다니며 놂. 周遊(주유).
周全(주전) 빠짐이 없고 완전함.
周濟(주제) 두루 만물을 알고, 널리 천하의 사물을 기름. 곧, 성인(聖人)의 지덕(智德). ②구제(救濟)함.
周知(주지) 여러 사람이 두루 앎. 또는 여러 사람이 두루 알게 함.
周察(주찰) 두루 살핌.
周天(주천) ①해·달·별 등이 그 궤도를 일주(一周)하는 일. ②하늘의 주위.
周親(주친) 더할 수 없이 친한 사이.
周徧(주편) 두루 미침. 천하에 행해짐.
周行(주행) ①여러 곳으로 두루 돌아다님. 巡行(순행). 巡遊(순유). ②큰 길. ③순환하여 그치지 않고 계속되는 일.
周還(주환) 한 바퀴 돌아서 제자리에 옴. 일주(一周)하고 돌아옴.
周回(주회) ①둘러쌈. ②둘레.
◨ 四周사주, 圓周원주, 一周일주.

5 ⑧【咆】 으르렁거릴 포 肴
인명 1급 ㊥páo ㊐ホウ
소전 초서 자해 ❶으르렁거리다, 짐승이 울다. ¶ 咆虎陷浦포호함포. ❷성을 내다, 불끈 성내는 모양.
咆虎陷浦(포호함포) 國 으르렁대는 범이 개펄에 빠짐. 큰소리만 치고 일은 이루지 못함.
咆哮(포효) ①사나운 짐승이 울부짖음. ②성을 내어 고함지름. 咆咻(포휴).

5 ⑧【呷】 마실 합 洽
㊥xiā ㊐コウ
소전 초서 자해 ❶마시다, 먹다. ¶ 呷啜합철. ❷울다. ¶ 呷呷합합.
呷啜(합철) 훌쩍훌쩍 마심.
呷呷(합합) ①오리가 우는 소리. ②여럿이 함께 우는 소리.

5 ⑧【咍】 웃을 해 灰
인명 ㊥hāi ㊐カイ, タウ
소전 초서 자해 ❶웃다, 비웃다. 〔楚辭〕又衆兆之所咍也우중조치소해야. ❷기뻐하다. ¶ 咍咍해해.
咍臺(해대) 코를 고는 모양.
咍笑(해소) 비웃음. 조소함.
咍咍(해해) 기뻐하여 웃는 모양. 즐거워하는 모양.

5 ⑧【呟】 소리 현 本견 銑
인명 ㊥juǎn ㊐ケン
초서 자해 소리, 큰 소리. 〔王褒·賦〕哮呷呟喚효합현환.

5 ⑧【呼】 부를 호 虞
중학 인명 4Ⅱ급 ㊥hū ㊐コ
필순 丨 口 口 口' 口ˊ 口ˊˊ 口ˊˊ 呼
소전 초서 자원 形聲·會意. 口+乎→呼. 본래 '乎(호)'가 '부르다'라는 뜻을 나타내었으나, 뒤에 어조사로 가차되면서 '口(구)'를 더하여 쓴 것이다. '乎'는 음도 나타낸다.
자해 ❶부르다. ㉮오라고 부르다. 〔史記〕遮道而呼涉차도이호섭. ㉯소리 내어 외치다. 〔禮記〕城上不呼성상불호. ㉰일컫다, 무엇이라고 말하다. ❷숨을 내쉬다. ¶ 呼吸호흡. ❸아! 탄식하는 소리.
呼價(호가) 팔거나 사려는 값을 부름.
呼喝(호갈) ①큰 소리로 꾸짖음. ②귀인이 외출할 때 하인이 길을 비키라고 외치는 소리. 벽제(辟除)하는 소리.
呼客(호객) 물건 따위를 팔기 위하여 손님을 부름.
呼氣(호기) 날숨. 숨을 밖으로 내뿜는 기운.
呼名(호명) 이름을 부름.
呼不給吸(호불급흡) 너무 놀라서 숨을 내쉬고는 들이쉬지 못함. 사물의 진행이 너무 빨라서 미처 응할 시간이 없음의 비유.
呼訴(호소) 억울하거나 딱한 사정을 하소연함.
呼牛呼馬(호우호마) 남이 나를 소나 말이라고 부르면, 자기도 이에 거역 않고 응함. 남들이 자기를 무어라 비판하든 개의하지 않음.
呼應(호응) ①한 쪽이 부르면 다른 쪽이 이에 답함. 기맥(氣脈)이 서로 통함. ②글월의 앞뒤의 뜻이 서로 맞아 어울림.
呼叱(호질) 마구 꾸짖음.
呼出(호출) 불러냄.
呼稱(호칭) 이름지어 부름. 名稱(명칭).
呼喚(호환) 큰 소리로 부름.
呼吸(호흡) 숨을 쉼.
◨ 點呼점호, 指呼지호, 稱呼칭호, 喚呼환호, 歡呼환호.

5 ⑧ **【和】** ①화할 화 歌 ②답할 화 箇

중학 인명 6급 ㊥hé, hè ㊐ワ

필순 一 二 千 禾 禾 和 和 和

소전 𠰓 초서 和 고자 咊 자원 形聲. 禾+口→和. '禾(화)'가 음을 나타낸다.

자해 ① ❶**화하다, 강유(剛柔)가 알맞다.** 〔周禮〕 中和祗庸孝友중화지용효우. ❷**서로 응하다, 소리를 맞추다.** ❸**합치다, 합하다.** ❹**화평하다.** 〔山海經〕 鳳鳥見則天下和봉조견즉천하화. ❺**같다, 동일하다.** 〔呂氏春秋〕 無致和무치화. ❻**평온하다, 다투지 아니하다.** 〔論語〕 君子和而不同군자화이부동. ❼**화기(和氣), 온화한 기운.** ❽**절도에 맞는 행위.** 〔中庸〕 發而皆中節발이개중절, 謂之和위지화. ❾**방울.** 수레 앞에 가로 댄 나무인 식(軾)에 달아서 말을 몰아 달릴 때 달리는 정도를 바로잡는 것. ② ❶**답하다, 대답하다.** ❷**응하다, 맞추어 대하다.** 〔漢書〕 羌人乘利강인승리, 諸種並和제종병화. ❸**소리를 맞추다, 소리를 응하여 내다.** ❹**차운(次韻)하다, 남의 운을 써서 시를 짓다.** ❺**섞다, 조합(調合)하다.** ❻**나라 이름.** 일본(日本)의 딴 이름.

和羹(화갱) ①여러 가지 양념을 하여 간을 맞춘 국. ②임금을 보좌하는 재상(宰相).

和謙(화겸) 온화하고 겸손함.

和敬(화경) 온화하고 삼감.

和光同塵(화광동진) 빛을 부드럽게 하고 속세를 같이함. ㉠자기의 지덕(智德)과 재기(才氣)를 감추고, 세속을 따름. ㉡(佛)부처가 중생을 구제하기 위해 본색을 숨기고 인간계에 나타남.

和氣靄靄(화기애애) 화목한 분위기가 가득한 모양.

和暖(화난) 화창하고 따스함.

和談(화담) ①화해(和解)하자는 말. ②서로 정답게 주고받는 말.

和答(화답) 시나 노래에 응하여 대답함.

和同(화동) 화목하여 하나가 됨. 화합함.

和樂(❶화락 ❷화악) ❶화평하고 즐거움. ❷음악의 가락을 고름.

和理(화리) 원만하게 잘 다스려짐.

和睦(화목) 서로 뜻이 맞고 정다움. 화락하고 친목함. 和親(화친). 和合(화합).

和穆(화목) 온화함. 온화하고 정다움.

和門(화문) 진영(陣營)의 출입구.

和附(화부) ①순순히 따름. ②부화뇌동(附和雷同)함.

和尙(화상) (佛)①승려의 존칭. ②수계(受戒)하는 사람의 사표(師表)가 되는 승려.

和酬(화수) 남이 지은 시의(詩意)에 맞추어 답을 함.

和順(화순) ①온화하고 순량함. 또는 그런 성질이나 덕(德). ②기후가 따뜻하고 고름.

和氏璧(화씨벽) 보옥(寶玉)의 이름. 故事 초(楚)나라의 옥(玉) 감정인 변화(卞和)가 초산(楚山)에서 얻은 옥돌을 여왕(厲王)에게 바쳤으나 그 진가를 알지 못하고 임금을 속였다는 죄목으로 월형(刖刑)을 받았는데, 문왕(文王) 때에 이르러 그 진가가 판명되었다는 고사가 있다. 和氏之璧(화씨지벽). 和玉(화옥).

和雅(화아) 성질 등이 온화하고 고상함.

和弱(화약) 온화하고 약함. 유약(柔弱)함.

和如琴瑟(화여금슬) 화락함이 거문고와 비파를 탐과 같음. 부부 사이가 좋음의 비유.

和悅(화열) 마음이 화평하여 기쁨.

和韻(화운) 한시(漢詩)의 한 체(體). 남이 지은 시의 운자(韻字)를 써서 화답하는 시를 지음.

和誘(화유) 부드러운 기색으로 꾀어냄.

和議(화의) ①화해(和解)하는 의론. ②조용히 의론함.

和易(화이) 온화하고 상냥함.

和而不同(화이부동) 조화를 이루나 같아지지는 않음. 남과 사이좋게 지내기는 하나, 도리를 어기면서까지 동조하지는 않음.

和適(화적) 마음에 맞음. 기분이 상쾌함.

和戰(화전) 화친과 전쟁.

和暢(화창) 날씨나 마음씨가 온화하고 맑음.

和沖(화충) 화목함.

和衷(화충) 마음을 합함.

和衷協同(화충협동) 마음속으로부터 화합하여 힘을 합함.

和親(화친) ①서로 의좋게 지내는 정분. ②화해함.

和平(화평) 화목하여 평온함. 또는 싸움이 없이 평화로움. 平和(평화).

和合(화합) ①화목하게 어울림. ②서로 조화(調和)됨.

和解(화해) 싸움을 멈추고 좋지 않던 감정을 풀어 없앰.

和諧(화해) 화목하게 어울림.

和協(화협) 서로 터놓고 도움.

和好(화호) 화목하고 친함.

和煦(화후) 날씨가 아늑하고 따뜻함.

◨ 不和불화, 溫和온화, 緩和완화, 柔和유화, 融和융화, 人和인화, 調和조화, 中和중화, 親和친화, 平和평화, 飽和포화.

5 ⑧ **【咊】** 和(207)의 고자

6 ⑨【咯】 ①토할 각 藥 ②말다툼할 락 藥

㊥kǎ, gē, luò ㊐カク, ラク

초서 자해 ① **토하다, 게우다, 뱉다.** ¶ 咯血각혈. ② **말다툼하다.**

咯痰(각담) 담을 뱉음.

咯血(각혈) 허파·기관지 점막 등에서 피를 토함. 또는 그 피. 喀血(객혈).

6 ⑨【咬】 ①새소리 교 肴 ②음란할 요 肴 ③물 교 巧

인명 1급 ㊥jiāo, yāo ㊐コウ, キョウ

초서 참고 인명용 음은 '교'이다.

자해 ① **새소리, 새가 지저귀는 소리.** ② **음란하다, 음란한 소리.** ¶ 咬哇요와. ③ **물다, 깨물다, 씹다.** ¶ 咬傷교상.

咬傷(교상) 짐승·독사·독충 등에 물려서 다침. 또는 그 상처.

咬哇(요와) 음란한 음곡(音曲). 淫哇(음와).

6 ⑨【㕧】 笑(941)의 고자

6 ⑨【哂】 비웃을 신 軫

㊥shěn ㊐シン

자해 ❶**비웃다, 조롱하다.** 〔晉書〕將爲後代所哂장위후대소신. ❷**웃다, 미소짓다.** 〔論語〕夫子哂之부자신지.

哂笑(신소) 비웃음.

6 ⑨【咢】 놀랄 악 藥

㊥è ㊐ガク

소전 초서 자해 ❶**놀라다.** ¶ 驚愕경악. ❷**직언(直言)하는 모양.** 〔漢書〕咢咢黃髮악악황발. ❸**관(冠)이 높은 모양.** ❹**북치다, 노래는 부르지 아니하고 북만 치다.** 〔詩經〕或歌或咢혹가혹악. ❺**칼끝, 뾰족한 것의 끝.** ≒鍔.

咢咢(악악) ①기탄없이 바른말을 하는 모양. ②관(冠)이 높고 위엄이 있는 모양.

6 ⑨【哀】 슬플 애 灰

중학 인명 3Ⅱ급 ㊥āi ㊐アイ

필순 丶 亠 亠 亡 言 卢 亨 哀 哀

소전 초서 자원 形聲. 口+衣→哀. '衣(의)'가 음을 나타낸다.

자해 ❶**슬프다.** 〔孟子〕舍正路而不由哀哉사정로이불유애재. ❷**슬퍼하다, 마음 아파하다.** 〔論語〕哀而不傷애이불상. ❸**불쌍히 여기다, 가여워하다.** ❹**상(喪), 부모의 상.**

哀歌(애가) 슬픈 심정을 표현한 노래.

哀感(애감) ①슬프게 느낌. 슬픈 느낌. ②상중(喪中)에 슬피 우는 일.

哀乞(애걸) 애처롭게 사정하여 빎.

哀苦(애고) 슬퍼하고 괴로워함.

哀眷(애권) 불쌍히 여겨 돌보아 줌.

哀矜(애긍) 불쌍히 여김.

哀悼(애도) 사람의 죽음을 슬퍼함. 哀戚(애척).

哀樂(애락) 슬픔과 즐거움.

哀憐(애련) 애처롭고 가엾게 여김.

哀誄(애뢰) 문체(文體) 이름. 죽은 사람을 애도하며, 살았을 때의 공덕을 칭송하는 글.

哀憫(애민) 불쌍하고 가엾게 여김. 哀愍(애민). 哀閔(애민).

哀絲豪竹(애사호죽) 슬픈 음의 거문고와 용장(勇壯)한 음의 피리. '絲'는 '琴'으로 '거문고', '竹'은 '笛'으로 '피리'를 뜻함.

哀傷(애상) 어떤 사람의 죽음 따위를 슬퍼하고 마음 아파함.

哀惜(애석) 슬프고 아깝게 여김.

哀訴(애소) 슬프게 호소함. 愁訴(수소).

哀愁(애수) ①슬픈 근심. ②서글픈 마음.

哀哀(애애) 몹시 슬퍼하는 모양.

哀咽(애열) 슬퍼하며 목메어 욺.

哀韻(애운) 슬픈 여운.

哀怨(애원) 애절히 원망함.

哀願(애원) 애처롭게 간절히 바람.

哀吟(애음) 슬퍼하며 시(詩)를 읊음.

哀音(애음) 슬픈 음조. 슬픈 가락.

哀而不傷(애이불상) 슬퍼하기는 하나 정도를 지나치지 아니함.

哀子(애자) ①부모의 상중(喪中)에 있는 아들. 축문(祝文)에 졸곡(卒哭) 전에는 애자(哀子), 졸곡 후에는 효자(孝子)라고 씀. ②어머니는 죽고 아버지만 있는 아들.

哀切(애절) 몹시 애처롭고 슬픔.

哀情(애정) ①불쌍하게 여기는 마음. ②구슬픈 심정.

哀弔(애조) 슬피 조상함.

哀楚(애초) 슬퍼하고 애도함.

哀痛(애통) 슬퍼하고 가슴 아파함.

哀恨(애한) 슬퍼하고 원망함.

哀話(애화) 슬픈 이야기.

哀歡(애환) 슬픔과 기쁨.

哀毁骨立(애훼골립) 슬픔 때문에 여위어 뼈가 드러남. 곧, 부모의 죽음을 슬퍼한 나머지 몸이 쇠약해진 모양.

◨ 悲哀비애, 喜怒哀樂희로애락.

6 ⑨【咼】 ①입 비뚤어질 와 ㊍괘 佳 ②성 화 歌

㊥wāi, guō ㊐カイ, カ

소전 자해 ① ❶입이 비뚤어지다. ❷옳지 않다, 비뚤어지다. ② 성(姓).

6 ⑨【哇】 토할 와 麻

㊥wā ㊐ア

소전 초서 자해 ❶토하다, 게우다. 〔孟子〕 出而哇之출이와지. ❷어린아이의 소리. ¶ 哇哇와와. ❸음란한 소리, 음란한 음악. ¶ 哇俚와리.

哇俚(와리) 상말.

哇哇(와와) ①웃는 소리. ②어린아이가 시끄럽게 떠드는 소리.

6 ⑨【咿】 선웃음 칠 이 支

㊥yī ㊐イ

초서 자해 ❶선웃음 치다, 억지로 웃다. ¶ 咿喔이악. ❷글 읽는 소리. ¶ 咿唔이오.

咿啞(이아) 어린아이가 말을 배우는 소리.

咿喔(이악) 아첨하여 꾸며서 웃는 모양.

咿唔(이오) 글 읽는 소리. 伊吾(이오).

咿咿(이이) ①돼지가 우는 소리. ②각적(角笛) 따위를 부는 소리. ③벌레 우는 소리. ④닭이 우는 소리.

6 ⑨〖咽〗 ①목구멍 인 ㊍연 先 ②삼킬 연 霰 ③목멜 열 屑

인명 1급 ㊥yān, yàn, yè ㊐エン

소전 초서 참고 인명용 음은 '인·열'이다.

자해 ① ❶목구멍. ¶ 咽喉인후. ❷요해지(要害地), 요긴한 곳. 〔漢書〕 咽已絕인이절. ② 삼키다. ≒嚥. 〔孟子〕 三咽삼연, 然後耳有聞연후이유문, 目有見목유견. ③ ❶목메다, 목이 메어 말을 못하다. ❷막히다, 가리다.

咽頭(인두) 입 안의 끝부터 식도의 첫머리 사이에 있는 근육.

咽領(인령) 목구멍과 목. 곧, 긴요한 곳.

咽喉(인후) ①목구멍. ②급소.

咽喉之地(인후지지) 매우 요긴한 땅. 要塞(요새). 要害處(요해처).

咽下(연하) 삼킴.

咽塞(열색) 숨이 막힘. 숨이 막히는 병.

咽咽(열열) 흐느끼며 슬퍼하는 모양.

◨ 哀咽애열, 嗚咽오열, 呑咽탄연, 含咽함연.

6 ⑨【咨】 물을 자 支

인명 ㊥zī ㊐シ

소전 초서 자해 ❶묻다, 물어서 꾀하다. 〔書經〕 咨十有二牧자십유이목. ❷탄식하다. 〔後漢書〕 異人同咨이인동자.

咨覯(자구) 찾아봄. 방문함.

咨文(자문) ①청대(清代)에 동급 관청 사이에 주고받던 공문서. ②조선 때, 중국과 주고받던 공식적인 외교 문서.

咨詢(자순) 물어 어떤 일을 꾀함.

咨咨(자자) 탄식하는 모양.

咨歎(자탄) 아끼고 가엾게 여기어 탄식함.

6 ⑨【哉】 어조사 재 灰

중학 인명 3급 ㊥zāi ㊐サイ

필순 一 十 土 吉 吉 吉 哉 哉 哉

소전 초서 속자 𢦏 자원 會意·形聲. 𢦏+口→哉. '𢦏'는 '절단하다'라는 뜻으로, 음도 나타낸다. 입에서 하는 말〔口〕이 끊어지는 데 쓰는 어조사라는 뜻이 되었다.

자해 ❶어조사. ㉮영탄(詠歎)의 뜻을 나타낸다. 〔論語〕 孝哉閔子騫효재민자건. ㉯의문(疑問)의 뜻을 나타낸다. 〔書經〕 禹曰우왈, 兪哉유재. ㉰반어(反語)의 뜻을 나타낸다. 〔孟子〕 奚可哉해가재. ❷처음, 비롯하다. ≒才. 〔書經〕 朕哉自亳짐재자박.

哉生明(재생명) 달이 처음으로 빛을 발함. 곧, 음력 초사흘.

哉生魄(재생백) 달에 처음으로 백이 생김. 곧, 음력 16일.

6 ⑨【咮】 부리 주 宥

㊥zhòu ㊐チュウ

소전 초서 자해 부리, 주둥이. ❷별 이름, 28수(宿)의 하나인 유성(柳星)의 딴 이름.

6 ⑨〖咫〗 길이 지 紙

인명 1급 ㊥zhǐ ㊐シ

소전 초서 자해 ❶길이. 주척(周尺)으로 8치의 길이. 〔國語〕 其長尺有咫기장척유지. ❷짧은 거리나 적은 분량

口 6획

의 비유.
咫步(지보) 얼마 안 되는 걸음. 조금의 행보.
咫尺(지척) 매우 가까운 거리. '尺'은 10치.
咫尺之義(지척지의) 조그마한 의리.

6 ⑨【哆】 클 치 紙

㊥chǐ ㊐シ

소전 자해 ❶크다, 큰 모양. ❷너그러운 모양, 관대(寬大)한 모양. ¶ 哆然치연. ❸입을 벌리다, 크게 벌린 입. ¶ 哆噅치위.
哆然(치연) 관대(寬大)한 모양.
哆噅(치위) 입을 크게 벌리고 있는 모양.

6 ⑨【咤】 꾸짖을 타 ㊍차 禡

인명 ㊥zhà ㊐タ

소전 본자 吒 자해 ❶꾸짖다, 나무라다. 〔漢書〕口倦乎叱咤구권호질타. ❷혀를 차다. ❸슬퍼하다, 마음 아파하다. ❹자랑하다. 〔後漢書〕轉相誇咤전상과타.
咤叱(타질) 큰 소리로 꾸짖음.
◨ 叱咤질타.

6 ⑨【品】 물건 품 寢

중학 인명 5급 ㊥pǐn ㊐ヒン

필순 丶 ㄇ 口 口丶 口ㄇ 口口 品 品 品

소전 초서 속자 자원 會意. 口+口+口→品. 입〔口〕이 셋이나 되어 여러 층의 사람이 모였다는 데서 '품계'라는 뜻을 나타내고, 또 여럿이 모여 옳으니 그르니 한다는 데서 '품평하다'라는 뜻도 나타낸다.

자해 ❶물건. ㉮물품. 〔易經〕品物流形품물류형. ㉯종류, 같은 종류. ㉰품질, 품격(品格). 〔後漢書〕雖情品萬區수정품만구, 質文異數질문이수. ❷품별을 하다, 등차를 매기다. 〔禮記〕品節斯품절사, 斯之謂禮사지위례. ❸품평(品評)하다, 좋고 나쁨을 따지다. ❹관위(官位), 벼슬의 등급. 〔國語〕外官不過九品외관불과구품. ❺수, 정수(定數), 비율. ❻법, 규정. 〔漢書〕叔孫通遁秦歸漢숙손통둔진귀한, 制作儀品제작의품. ❼같다, 같게 하다.
品格(품격) 품성과 인격.
品階(품계) 벼슬자리에 대하여 매기던 등급.
品官(품관) 품계를 가진 벼슬아치.
品劣(품렬) 품성이 낮음. 품질이 낮음.
品例(품례) 등급의 제정(制定).
品命(품명) 관직의 등급에 대한 사령(辭令).
品目(품목) ①물품의 이름을 쓴 목록. ②물품 종류의 이름.
品物(품물) 온갖 물건. 모든 물건.
品味(품미) 음식물의 맛. 음식의 맛을 봄.
品庶(품서) 백성. 서민(庶民).
品性(품성) 사람의 됨됨이. 人品(인품).
品數(품수) ①등급으로 나눈 차례. ②벼슬 등급의 차례.
品式(품식) ①의식(儀式). ②법도(法度).
品位(품위) ①직품(職品)과 직위. ②사람이 갖추어야 할 위엄이나 기품.
品裁(품재) 품질에 따라 구분함.
品節(품절) 차등(差等)을 둠.
品制(품제) 벼슬의 등급. 位階(위계).
品第(품제) 품평(品評)하여 차례를 매김.
品族(품족) 문벌(門閥).
品秩(품질) 작위(爵位)와 봉급(俸給).
品質(품질) 물건의 성질과 바탕.
品評(품평) 물품의 좋고 나쁨과 가치를 평가함.
品覈(품핵) 구별을 하여 조사함.
品行(품행) 품성과 행실. 몸가짐.
品彙(품휘) 물품을 종류에 따라 나눔.
◨ 氣品기품, 物品물품, 賞品상품, 性品성품, 人品인품, 一品일품, 作品작품, 珍品진품, 眞品진품.

6 ⑨【咸】 다 함 咸

고등 인명 3급 ㊥xián ㊐カン

필순 丿 厂 厂 厂 后 后 咸 咸 咸

소전 초서 자원 會意. 口+戌→咸. '戌'은 '모두, 죄다'의 뜻. 죄다 입〔口〕을 모은다는 데서 '다'라는 뜻을 나타낸다.

자해 ❶다, 모두. 〔書經〕庶績咸熙서적함희. ❷두루 미치다, 널리 미치다. 〔國語〕小賜不咸소사불함. ❸같다, 같게 하다. ❹머금다. ≒含. ❺괘 이름, 64괘의 하나. 괘형은 ䷞. 음양(陰陽)이 교감(交感)함을 상징한다. ❻성(姓).
咸告(함고) 하나도 빠뜨리지 않고 다 고함.
咸服(함복) 모두 복종함.
咸悅(함열) 모두 기뻐함.
咸池(함지) ①해가 멱 감는다는 천상(天上)의 못. 곧, 해가 지는 곳. 天池(천지). ②요(堯) 임금 때의 음악(音樂) 이름. 大咸(대함). ③천신(天神)의 이름.
咸興差使(함흥차사) 國함흥으로 보낸 차사. 심부름을 가서 아무 소식이 없거나 돌아오지 않음의 비유. 故事 조선 태조(太祖)가 선위(禪位)하고 함흥에 머물러 있을 때, 태종(太

宗)이 보낸 사신을 죽이거나 잡아 가두어 돌려보내지 않았다는 고사에서 온 말.

6 ⑨【哈】 물고기 많은 모양 합 囹

인명 ㊥hā ㊐ゴウ

초서 자해 ❶물고기가 많은 모양. ❷물고기가 입을 오물거리는 모양.

6 ⑨【咳】 1 어린아이 웃을 해 灰 2 기침 해 隊

인명 1급 ㊥hái, ké ㊐ガイ

소전 초서 자해 1 어린아이가 웃다. 〔禮記〕咳而名之해이명지. 2 기침, 기침을 하다. ¶ 咳喘해천.

咳嗽(해수) 기침. 기침을 함. '咳'는 가래 없이 소리만 나는 기침, '嗽'는 소리가 나지 않고 가래만 나오는 기침.

咳嬰(해영) 젖먹이. 嬰孩(영해).

咳喘(해천) 기침과 천식(喘息).

咳唾(해타) ①기침과 침. 침을 뱉음. ②어른의 말씀.

咳唾成珠(해타성주) ①기침과 침이 다 구슬이 됨. ㉠권세가(權勢家). ㉡일언일구(一言一句)가 다 귀중함. ②시문(詩文)의 재주가 뛰어남.

6 ⑨【哄】 떠들썩할 홍 送

인명 1급 ㊥hòng ㊐コウ

초서 자해 떠들썩하다, 소란하다.

哄動(홍동) 여러 사람이 떠들썩함.

哄笑(홍소) 입을 크게 벌리고 웃음. 큰 웃음.

6 ⑨【咺】 의젓할 훤 阮

㊥xuǎn ㊐ケン

소전 초서 자해 ❶의젓하다, 위의(威儀)나 용모가 뛰어나다. 〔詩經〕赫兮咺兮혁혜훤혜. ❷어린아이가 울음을 그치지 않다.

6 ⑨【咻】 1 떠들 휴 尤 2 따뜻하게 할 후 遇

㊥xiū, xǔ ㊐キュウ, ク

초서 자해 1 ❶떠들다, 시끄럽게 하다. 〔孟子〕衆楚人咻之중초인휴지. ❷앓다, 상심(傷心)하거나 병 때문에 신음하는 소리. ¶ 咻咻휴휴. 2 따뜻하게 하다, 입김으로 녹이다. ¶ 咻呴후구.

咻咻(❶휴휴 ❷후후) ❶앓는 소리. ❷입김이 나오는 모양. 호흡하는 모양.

咻呴(후구) 따뜻하게 함. 녹임.

6 ⑨【咥】 1 웃음소리 희 未 2 물 절 屑

㊥xì, dié ㊐キ, テツ

소전 초서 자해 1 웃음소리, 크게 허허 웃다. 〔詩經〕兄弟不知형제부지, 咥其笑矣희기소의. 2 물다, 깨물다.

7 ⑩【哿】 좋을 가 哿

㊥gě ㊐カ

소전 초서 자해 ❶좋다, 훌륭하다. 〔詩經〕哿矣富人가의부인. ❷부인의 머리꾸미개.

7 ⑩【哥】 노래 가 歌

인명 1급 ㊥gē ㊐カ

소전 초서 자해 ❶노래, 노랫소리, 노래하다. ≒歌. 〔史記〕懷棠樹不敢伐회당수불감벌, 哥詠之가영지, 作甘棠之詩작감당지시. ❷사람을 부르는 말. 손윗사람이나 동배(同輩)끼리 높여 부르는 호칭. ❸國가. 성(姓) 뒤에 붙어 그 성임을 나타내는 말. 〔吏頭便覽〕如云朴哥李哥여운박가리가.

哥哥(가가) ①형(兄)이나 친구 간의 경칭. ②아들이 아버지를 부르는 호칭.

7 ⑩【哽】 목멜 경 梗

㊥gěng ㊐コウ

소전 초서 자해 ❶목메다. 목구멍이 막히다. 〔後漢書〕祝哽在前축경재전, 祝噎在後축열재후. ❷막히다.

哽結(경결) 슬픔에 목이 멤.

哽塞(경색) 지나치게 슬피 울어 목이 잠김.

哽咽(경열) 목메어 욺.

7 ⑩【哭】 울 곡 屋

고등 인명 3Ⅱ급 ㊥kū ㊐コク

필순 丶 ㅁ ㅁ ㅁ' 吅 吅 㗊 哭 哭 哭

소전 초서 자원 會意. 吅+犬→哭. '吅'는 놀라서 소리 지른다는 뜻. 여기에 '犬'을 더하여 개가 울부짖음을 나타내었는데 뒤에 '사람이 슬픔을 못 이겨 울다'의 뜻으로 바뀌었다.

口 7획

자해 울다. ㉮큰 소리를 내며 울다. ¶ 哭泣곡읍. ㉯곡하다, 사람의 죽음을 슬퍼하여 울다. 〔淮南子〕 湯使人哭之탕사인곡지.

哭臨(곡림) ①뭇사람이 슬퍼서 욺. ②國임금이 죽은 신하를 직접 조문함.

哭婢(곡비) 양반의 장례 때 곡하며 행렬의 앞을 가던 여자 종.

哭聲(곡성) 곡하는 소리.

哭泣(곡읍) 소리를 내어 슬피 욺.

哭竹(곡죽) 대숲에서 욺. 효성이 지극함의 비유. 故事 삼국 시대 오(吳)나라의 효자 맹종(孟宗)이 한겨울에 대숲에서 그의 어머니가 좋아하는 죽순(竹筍)을 찾으려고 했지만 구하지 못한 것을 슬퍼하여 울고 있는데 홀연히 눈 속에서 죽순이 나타났다는 고사에서 온 말.

哭歎(곡탄) 대성통곡하며 탄식함.

哭痛(곡통) 목 놓아 슬피 욺.

◨ 鬼哭귀곡, 大哭대곡, 悲哭비곡, 哀哭애곡, 痛哭통곡, 慟哭통곡, 號哭호곡.

7 획

7 ⑩【唜】 國끗 끗

참고 인명용 음은 '말'이다.

자원 末(끝 말→끄)+叱(ㅅ)→唜(끗).

자해 끗. '끗' 음을 표기하기 위하여 우리나라에서 만든 한자.

7 ⑩【唐】 당나라 당 陽

고등 인명 3Ⅱ급 ㊥táng ㊐トウ

필순 丶 亠 广 户 庐 庐 庐 唐 唐 唐

소전 초서 자원 形聲. 庚+口→唐. '庚(경)'이 음을 나타낸다.

자해 ❶당나라. ㉮이연(李淵)이 수(隋)의 뒤를 이어 세운 왕조(618~906). ㉯이존욱(李存勗)이 후량(後梁)을 이어 세운, 오대(五代)의 하나. 후당(後唐). ㉰이변(李昪)이 세운, 십국(十國)의 하나. 남당(南唐). ㉱요(堯)임금의 나라, 도당(陶唐). ㉲중국(中國)의 범칭(汎稱). ❷허풍, 큰소리, 허풍을 떨다. 〔莊子〕 荒唐之言황당지언. ❸저촉되다, 위반되다. ¶ 唐突당돌. ❹갑자기, 느닷없이. ¶ 唐突당돌. ❺둑, 제방. ≒塘. ❻크다, 넓다.

唐唐(당당) 넓은 모양.

唐突(당돌) ①범(犯)함. 저촉(抵觸)함. ②갑자기. 불의에. ③國꺼리거나 어려워함이 없이 올차고 다부짐.

唐麪(당면) 감자 가루로 만든 국수. '唐'은 '중국에서 들어온'의 뜻.

唐三絕(당삼절) 당대(唐代) 예능에 뛰어난 세 사람. 곧, 시부(詩賦)에 이백(李白), 검무(劍舞)에 배민(裵旻), 초서(草書)에 장욱(張旭).

唐扇(당선) 중국에서 만든 부채.

唐宋八大家(당송팔대가) 당·송대(唐宋代)에 활약한 여덟 사람의 대문장가. 곧, 한유(韓愈)·유종원(柳宗元)·구양수(歐陽脩)·소순(蘇洵)·소식(蘇軾)·소철(蘇轍)·증공(曾鞏)·왕안석(王安石).

唐詩(당시) 당대(唐代)의 시(詩). 당대는 시가(詩歌)가 가장 융성했던 시대로 시인(詩人)과 작품의 수에서 단연 으뜸이며, 흔히 한사(漢史)·당시(唐詩)·송문(宋文)·원곡(元曲)으로 불림.

唐樂(당악) ①당대(唐代)의 음악. ②신라(新羅) 때 전래한 중국의 속악.

唐虞(당우) ①도당(陶唐)과 유우(有虞). '唐'은 요(堯)임금의 호(號), '虞'는 순(舜)임금의 호. ②태평성세.

唐衣(당의) 당저고리. 여자 예복의 한 가지.

唐紙(당지) 중국에서 만들어진 종이의 한 가지. 주로 서화(書畫)에 많이 씀.

唐棣(당체) 산앵두나무.

唐筆(당필) 중국에서 들어온 붓.

唐慌(당황) 놀라서 어찌할 바를 모름.

◨ 陶唐도당, 虞唐우당, 荒唐황당.

7 ⑩【哢】 지저귈 롱 送

㊥lòng ㊐ロウ

자해 ❶지저귀다, 새가 울다. ❷웃다, 선웃음 치다. ¶ 哢咿농이.

哢咿(농이) 선웃음 침.

哢吭(농항) 새가 지저귐.

7 ⑩【哩】 어조사 리 寘

㊥lì, lǐ ㊐リ

초서 자해 ❶어조사. 어조(語調)를 고르거나 뜻을 강조하기 위해 붙이는 조자(助字). ❷現마일. 거리의 단위인 마일(mile)의 의역(意譯).

7 ⑩【唎】 소리 리 寘

인명 ㊥lì ㊐リ

자해 소리.

7 ⑩【哱】 어지러울 발 月

㊥pò ㊐ホツ

초서 자해 ❶어지럽다, 혼란해지다. ❷군대에서 쓰는 취주 악기.
哱囉(발라→바라) 군대에서 쓰는 취주 악기의 한 가지. 나발·소라 따위.

7 ⑩【唆】 부추길 사 歌
인명 2급 ㊥suō ㊐サ
초서 자해 ❶부추기다, 꼬드기다, 꾀다.
唆使(사사) 남을 부추겨 시킴.
◨ 敎唆교사, 使唆사사, 示唆시사.

7 ⑩【哦】 읊을 아 歌
㊥é ㊐ガ
소전 초서 자해 읊다, 읊조리다, 시가(詩歌)를 음영하다.

7 ⑩【唉】 그래 애 灰
㊥āi ㊐アイ
소전 초서 자해 ❶그래, 오냐. 대답하는 소리. ❷묻다, 깜짝 놀라며 묻다. 〔管子〕 禹立諫鼓於朝우립간고어조, 而備訊唉이비신애. ❸탄식하여 지르는 소리.

7 ⑩【唁】 위문할 언 霰
㊥yàn ㊐ゲン
소전 초서 자해 위문하다. 죽은 사람에 대한 조위를 '弔'라 하고, 산 사람으로서 나라를 잃거나 슬픈 일을 당한 이를 찾아가 위로하는 것을 '唁'이라 한다.

7 ⑩【唔】 글 읽는 소리 오 虞
㊥wú ㊐ゴ
초서 자해 글 읽는 소리.
唔咿(오이) 글 읽는 소리. 咿唔(이오).

7 ⑩【員】 员 ①수효 원 先 ②더할 운 文
고등 인명 4Ⅱ급 ㊥yuán, yún ㊐イン
필순 丶 口 口 日 月 㒷 員 員 員 員
소전 초서 속자 貟 참고 인명용 음은 '원'이다.
자원 會意. 口+鼎→鼎→員. 솥〔鼎〕의 아가리가 둥근 모양인 데서 '둥글다'가 원뜻이었는데, '수효'의 뜻으로 가차되면서 '둥글다'의 뜻으로는 '圓(원)' 자를 새로 만들어 썼다.
자해 ①❶수효, 물품의 수. ❷인원, 벼슬아치의 수. 〔史記〕 備員而行矣비원이행의. ❸벼슬아치, 관원. ❹둥글다, 동그라미, 둘레. 〔孟子〕 不以規矩不能成方員불이규구불능성방원. ②❶더하다, 늘리다. 〔詩經〕 無棄爾輔무기이보, 員于爾輻운우이폭. ❷이르다. ≒云.
員缺(원결) 관직에 결원이 생김.
員石(원석) 둥근 돌. 圓石(원석).
員數(원수) 인원의 수.
員次(원차) 맡은 직무에 따라 정해진 관원의 석차(席次).
員品(원품) 관리의 품계(品階).
◨ 減員감원, 客員객원, 缺員결원, 官員관원, 敎員교원, 滿員만원, 社員사원, 委員위원, 定員정원, 充員충원, 會員회원.

7 ⑩【唇】 놀랄 진 眞
인명 ㊥zhēn ㊐シン
소전 참고 '脣(1034)'과 통용해 쓰는 것은 잘못이다.
자해 ❶놀라다. ❷놀라서 지르는 소리.

7 ⑩【哲】 밝을 철 屑
고등 인명 3Ⅱ급 ㊥zhé ㊐テツ
필순 一 十 扌 扌 扩 扩 折 折 哲 哲
소전 초서 동자 喆 자원 形聲. 折+口→哲. '折(절)'이 음을 나타낸다.
자해 ❶밝다, 총명하다, 지혜롭다. 〔書經〕 知人則哲지인즉철. ❷도리나 사리에 밝은 사람.
哲理(철리) ①철학상의 이치. ②매우 오묘하고 깊은 이치.
哲辟(철벽) 밝고 어진 임금.
哲夫(철부) 지덕(智德)이 뛰어난 남자.
哲婦(철부) ①지나치게 영리한 여자. ②어질고 현명한 부인.
哲聖(철성) 재덕(才德)을 겸비한 성인. 곧, 천자(天子).
哲人(철인) 도리에 밝은 사람. 지덕이 뛰어난 사람. 哲士(철사).
哲匠(철장) 현명하고 재예(才藝)가 있는 사람. ㉠대신(大臣). ㉡문인(文人). ㉢화가(畫家).
哲學(철학) 인생, 세계, 지식에 관한 근본 원리를 연구하는 학문.
◨ 明哲명철, 先哲선철, 聖哲성철, 英哲영철, 賢哲현철.

7 ⑩【哨】 ①망볼 초 效 ②수다스러울 소 嘯

인명 2급 ㊥shào, xiāo ㊐ショウ

소전 초서 참고 인명용 음은 '초'이다.

자원 形聲. 口+肖→哨. '肖(초)'가 음을 나타낸다.

자해 ① **❶망보다, 망보는 사람.** 〔元史〕命率師巡哨襄樊명솔사순초양번. **❷작다, 잘다.** ② **수다스럽다, 말이 많은 모양.** 〔法言〕禮義哨哨례의소소.

哨戒(초계) 적의 기습에 대비해 망보며 경계함.

哨堡(초보) 적의 동태를 살피기 위하여 쌓은 보루(堡壘). 망보는 보루.

哨所(초소) 보초가 서 있는 곳이나, 경계하는 사람이 근무하는 시설.

哨哨(소소) 말이 많은 모양.

◨ 步哨보초.

口 7획

7 ⑩【唄】呗 찬불 패 卦

인명 1급 ㊥bài ㊐バイ

초서 자해 **찬불(讚佛).** 부처의 공덕을 찬양하는 노래.

唄多羅(패다라) 옛날 인도에서 불경을 새기던 다라수(多羅樹)의 잎.

唄讚(패찬) (佛)부처의 공덕을 찬미하는 노래. 梵唄(범패).

◨ 梵唄범패.

7 ⑩【哺】 먹을 포 遇

인명 1급 ㊥bǔ ㊐ホ

소전 초서 자해 **❶먹다. ㉮음식물을 씹어 먹다. ㉯머금고 있는 음식물, 입속에서 씹고 있는 음식물.** 〔史記〕一飯三吐哺일반삼토포. **❷먹이다, 먹여 기르다.** 〔漢書〕抱哺其子포포기자.

哺養(포양) 먹여 기름. 양육함.

哺乳(포유) 젖을 먹임. 젖을 먹여 기름.

哺育(포육) 젖을 먹여 기름.

◨ 吐哺토포, 含哺함포.

7 ⑩【哮】 으르렁거릴 효 肴

인명 1급 ㊥xiào ㊐コウ

소전 초서 자해 **으르렁거리다, 맹수 등이 울부짖다.** 〔新唐書〕猛虎自哮맹호자효.

哮噬(효서) 사납게 덤벼들어 묾. 적군의 맹렬한 기세의 비유.

哮咆(효포) 울부짖음. 咆哮(포효).

哮闞(효함) 사나운 짐승이 울부짖음.

哮吼(효후) 으르렁거림. 사납게 울부짖음.

◨ 怒哮노효, 嘲哮조효, 咆哮포효.

7 ⑩【唏】 슬퍼할 희 尾未

㊥xī ㊐キ

소전 초서 자해 **❶슬퍼하다, 괴로워하며 슬퍼하다. ❷한탄하여 울다, 탄식하여 울다.** 〔史記〕紂爲象箸주위상저, 而箕子唏이기자희.

8 ⑪【啓】启 열 계 薺

고등 인명 3Ⅱ급 ㊥qǐ ㊐ケイ

필순 丶 丿 戶 戶 戶 户 户 户 户 户 启 啓 啓

소전 초서 자원 會意. 戶+口+攵→啓. 본디 '启'로, 입〔口〕을 벌리듯이 문〔戶〕을 연다는 뜻인데, 여기에 어떤 일을 시킨다는 뜻을 나타내는 '攵'을 더하여 '열다, 가르쳐 인도하다'라는 뜻을 나타내었다.

자해 **❶열다. ㉮닫힌 문 등을 터놓다.** 〔春秋左氏傳〕門啓而入문계이입. **㉯시작하다, 일어나다.** 〔大戴禮〕正月啓蟄정월계칩. **㉰개척하다, 열어 나가다.** 〔南史〕疆宇日啓강우일계. **㉱나아갈 길을 터놓다. ❷가르치다, 알려주어 깨닫게 하다.** 〔莊子〕欵啓寡聞之民관계과문지민. **❸인도하다. ❹여쭈다, 아뢰다.** ¶ 謹啓근계. **❺상주(上奏)하다, 상주하는 글.** 〔晉書〕先密啓後公奏선밀계후공주. **❻돕다, 운을 열어 주다.**

啓居(계거) 집에서 편안하게 지냄.

啓告(계고) 여쭘. 아뢺. 상주(上奏)함.

啓達(계달) 임금에게 의견을 아뢺.

啓導(계도) 깨우쳐서 이끌어 줌.

啓明星(계명성) 금성(金星). 샛별.

啓蒙(계몽) 무지몽매(無知蒙昧)를 계발(啓發)함. 아이들을 가르쳐 이끎.

啓發(계발) 사상·지능 등을 깨우쳐 열어 줌.

啓白(계백) 아룀. 편지의 첫머리에 쓰는 말.

啓報(계보) 상관(上官)에게 아룀.

啓本(계본) 임금에게 큰 일을 아뢸 때 제출하던 문서 양식.

啓事(계사) ①임금에게 일을 아룀. ②임금에게 일을 아뢰는 글.

啓辭(계사) 논죄(論罪)에 관하여 임금에게 올리던 글.

啓示(계시) ①가르쳐 보임. 빠짐없이 나타내 보임. ②(佛)신불(神佛)이 사람의 마음을 열어 진리를 교시(敎示)함.
啓佑(계우) 인도하여 도움.
啓迪(계적) 가르쳐 이끌어 줌.
啓程(계정) 길을 떠남. 發程(발정).
啓奏(계주) 임금에게 아룀.
啓行(계행) ①길을 선도함. 출발함. ②여행을 떠남.
◨ 謹啓근계, 拜啓배계, 狀啓장계, 天啓천계, 行啓행계.

8 ⑪ 【唫】 ①입 다물 금 ②읊을 음
㊥jìn, yín ㊐キン
소전 초서 자해 ①❶입을 다물다. ≒噤. 〔呂氏春秋〕君呿而不唫군거이불금. ❷말을 더듬다. ②❶읊다. ≒吟. 〔漢書〕秋風爲我唫추풍위아음. ❷험하다. ＝崟.

8 ⑪ 【唸】 ①욀 념 ②신음할 전
㊥diàn, niàn ㊐テン
소전 초서 자해 ❶외다, 글을 소리 내어 외다. ≒念. ❷신음하다, 끙끙거리다. ¶ 唸咿전이.
唸咿(전이) 끙끙거림. 신음함.

8 ⑪ 【啖】 ①먹을 담 ②속일 담
인명 ㊥dàn ㊐タン
소전 초서 자해 ①❶먹다, 음식물을 먹다. 〔漢書〕與從官飮啖여종관음담. ❷탐하다, 게걸스럽다. 〔荀子〕啖啖常欲人之有담담상욕인지유. ②❶속이다, 어루꾀다. 〔新唐書〕以利啖之이리담지. ❷먹이다. ❸담박하다. ≒淡.
啖啖(담담) 게걸스럽게 먹는 모양. 한꺼번에 삼키는 모양.
啖嘗(담상) 먹으면서 맛을 봄.
啖咋(담색) 씹어 먹음.
啖食(담식) 게걸스럽게 먹음. 貪食(탐식).

8 ⑪ 【啗】 먹일 담
㊥dàn ㊐タン
소전 초서 자해 ❶먹이다, 먹여 살리다. 〔國語〕主孟啗我주맹담아. ❷속이다, 어루꾀다. ❸먹다. ≒啖. 〔史記〕噲拔劍쾌발검, 切而啗之절이담지.
啗以利(담이리) 이익으로써 남을 꾐.
啗嚼(담작) 잘 씹어 먹음.
◨ 健啗건담.

8 ⑪ 【啚】 圖(247)의 속자

8 ⑪ 【唳】 울 려
㊥lì ㊐レイ
소전 초서 자해 울다, 학이 울다. 〔晉書〕華亭鶴唳화정학려.

8 ⑪ 【問】 问 물을 문
중학 인명 7급 ㊥wèn ㊐モン
필순 丨 𠃌 𠃍 𠃎 門 門 門 門 問 問
소전 초서 자원 形聲. 門＋口→問. '門(문)'이 음을 나타낸다.
자해 ❶묻다. ㉮대답을 청하다. 〔書經〕好問則裕호문즉유. ㉯조사하다, 죄상(罪狀)을 알아보다. 〔詩經〕淑問如皐陶숙문여고요. ㉰책임을 추궁하다. ¶ 問責문책. ❷물음, 질문. 〔論語〕大哉問대재문. ❸알리다, 고(告)하다. 말하다. ❹소식, 편지. ❺방문하다, 위문하다.
問禁(문금) 처음으로 타국(他國)에 들어갈 때 그 나라의 금령(禁令)을 물음.
問難(문난) ①잘못을 캐물어 문책함. 詰問論難(힐문논란). ②물어봄.
問寧(문녕) 안부를 물음. 병문안을 함.
問答(문답) 물음과 대답. 묻고 대답함.
問東答西(문동답서) 동쪽을 물으니 서쪽을 대답함. 어떤 물음에 대하여 엉뚱한 대답을 함의 비유. 東問西答(동문서답).
問名(문명) ①이름을 물음. ②혼례 육례(六禮)의 한 가지. 신랑 집에서 신부 생모(生母)의 성씨(姓氏)를 묻는 예.
問目(문목) 죄인을 신문하는 조목.
問病(문병) 병자를 찾아보고 위로함.
問喪(문상) 남의 죽음에 슬퍼하는 뜻을 드러내어 상주(喪主)를 위문함. 弔喪(조상).
問訊(문신) ①캐물음. 訊問(신문). ②(佛)합장하면서 안부를 묻는 경례법(敬禮法).
問安視膳(문안시선) 안부를 묻고 반찬의 맛을 살핌. 어른을 잘 받듦의 비유.
問議(문의) 물어서 의논함.
問鼎輕重(문정경중) 구정(九鼎)의 무게를 물음. 곧, 천하를 빼앗으려는 흑심. 故事 초(楚) 장왕(莊王)이 천하를 빼앗으려는 마음을 품고 주(周) 정왕(定王)에게 대대로 천자에게 전해진 보물인 구정의 무게를 물었다는 고사에서 온 말.
問罪(문죄) 죄를 캐내어 밝힘.
問津(문진) 나루터로 가는 길을 물음. 학문에

들어가는 길을 물음의 비유.
問責(문책) 책임을 물어 따짐.
問招(문초) 죄인을 신문(訊問)함.
問學(문학) 모르는 것을 물어서 배움.
◨ 檢問검문, 顧問고문, 鞫問국문, 難問난문, 反問반문, 訪問방문, 設問설문, 訊問신문, 審問심문, 慰問위문, 疑問의문, 切問절문, 弔問조문, 質問질문, 責問책문, 下問하문, 學問학문.

8 ⑪ 【啡】 1 코 고는 소리 배 隊 2 現커피 배
中pēi, fēi 日ハイ, ヒ
자해 1 **코 고는 소리.** 2 現**커피.** ¶ 咖啡가배.

8 ⑪ 【唪】 껄껄 웃을 봉 董
中běng 日ホウ
소전 초서 자해 ❶**껄껄 웃다, 큰 소리로 웃다.** ❷**많은 모양, 열매가 많이 열린 모양.**

8 ⑪ 【啤】 現맥주 비
中pí 日ヒ
자해 現**맥주.**
啤酒(비주) 맥주(麥酒).

8 ⑪ 【唼】 1 쪼아 먹을 삽 洽 2 헐뜯을 첩 葉
中shà, qiè 日ソウ, ショウ
초서 자해 1 **쪼아 먹다, 물새가 먹이를 먹는 모양.** ¶ 唼喋삽잡. 2 **헐뜯다, 고자질하다.** ¶ 唼佞첩녕.
唼喋(삽잡) 쪼아 먹음.
唼佞(첩녕) 헐뜯는 말.

8 ⑪ 【商】 헤아릴 상 陽
중학 인명 5급 中shāng 日ショウ
필순 丶 亠 亠 产 产 咅 冏 冏 商 商 商
소전 초서 자원 會意. 咅+內→商. '咅'는 '言'의 생략형이다. 안〔內〕에 있는 것을 밖에서 헤아려 안다는 뜻을 나타낸다.
자해 ❶**헤아리다, 짐작하여 알다.** 〔漢書〕虜必商軍進退稍引去로필상군진퇴초인거. ❷**장사, 장사하다.** ❸**장수, 장사하는 사람.** 〔易經〕商旅不行상려불행. ❹**오음(五音)의 하나.** ❺**가을.** ¶ 商風상풍. ❻**별 이름.** 28수(宿)의 하나인 심수(心宿). 〔春秋左氏傳〕辰爲商星진위상성. ❼**왕조 이름.** 탕(湯)임금이 하(夏)를 멸하고 세운 왕조. 본래 박(亳)에 도읍을 정하였다가 후에 은(殷)으로 옮겨 국호를 '은(殷)'이라고 하였다. 주(周)왕대에 이르러 무왕(武王)에게 멸망당하였다. 〔史記〕封于商봉우상. ❽**나라 이름.**
商家(상가) 장사를 업으로 삼는 집.
商街(상가) 상점이 많이 늘어서 있는 거리.
商搉(상각) 어떤 일을 헤아려 정함. 비교하여 생각함. 商較(상교).
商鑑不遠(상감불원) 은(殷)의 귀감은 멀리 있지 않음. 은나라는 전조(前朝)인 하(夏)의 멸망을 귀감으로 삼아야 함. 곧, 거울삼을 일은 가까운 곳에 있음. 殷鑑不遠(은감불원).
商計(상계) ①생각하여 헤아림. ②國상업상의 계책. 商略(상략).
商估(상고) 장사하는 사람. 商人(상인).
商賈(상고) 장수. 商估(상고).
商工(상공) ①장수와 장인(匠人). ②상업과 공업(工業).
商圈(상권) 상업상의 세력권.
商權(상권) 상업에 관계된 권리.
商量(상량) ①협의함. ②비교하여 헤아림. 참작함. 商度(상탁).
商旅(상려) 떠돌아다니면서 장사하는 사람. 도붓장수. 商客(상객).
商山四皓(상산사호) 진(秦)나라 말에 세상의 어지러움을 피하여 상산(商山)에 숨은 동국공(東國公)·하황공(夏黃公)·녹리선생(甪里先生)·기리계(綺里季) 네 사람. 네 사람 모두 눈썹과 수염이 흰색이어서 사호(四皓)라고 부름.
商參(상삼) 상성(商星)과 삼성(參星). 멀리 떨어져 만나지 못함의 비유. 상성은 동쪽에, 삼성은 서쪽에 있어 동시에 두 별을 볼 수 없다는 데서 온 말.
商船(상선) 상업을 위해 항해하는 배.
商術(상술) 장사 솜씨.
商人(상인) 장사를 업으로 하는 사람.
商敵(상적) ①견주어 봄. 비교함. ②國상업상의 경쟁자.
商店(상점) 일정한 시설을 갖추고 물건을 파는 곳.
商定(상정) 헤아려 결정함.
商秋(상추) 가을. 金秋(금추).
商儈(상쾌) 중간 상인. 거간.
商度(상탁) 헤아려 생각함. 商量(상량).
商標(상표) 자기 상품을 남의 것과 구별하려고 붙이는 고유의 표지.
商品(상품) 판매를 위해 유통되는 생산물.
商風(상풍) 가을바람.

商號(상호) 상점이나 회사의 이름.
商宦(상환) 관청을 상대로 장사하는 사람.
◨ 巨商거상, 富商부상, 通商통상, 行商행상.

8 ⑪【售】 팔 수 宥

㊥shòu ㊐シュウ

소전 초서 자해 ❶팔다, 팔리다, 팔아 넘기다. 〔詩經〕賈用不售고용불수. ❷행하여지다, 유행(流行)하다.

8 ⑪【啞】 唖 ①벙어리 아 馬 ②까마귀 소리 아 麻 ③웃을 액 陌

인명 1급 ㊥yǎ, yā, è ㊐ア

소전 초서 참고 인명용 음은 '아'이다.

자해 ①벙어리. ＝瘂. 〔史記〕呑炭爲啞탄탄위아. ②❶까마귀 소리. 〔淮南子〕烏之啞啞오지아아. ❷어린아이의 서투른 말, 어린아이가 말을 배우다. ③웃다, 웃음소리. 〔吳越春秋〕禹乃啞然而笑우내액연이소.
啞嘔(아구) 어린아이의 서투른 말.
啞啞(❶아아 ❷액액) ❶①까마귀가 우는 소리. ②어린아이의 더듬거리는 말. ❷웃음소리. 웃으며 이야기하는 소리.
啞然(❶아연 ❷액연) ❶어이가 없어 입을 딱 벌리고 있는 모양. ❷웃는 모양. 맥없이 웃는 모양.
啞然失色(아연실색) 몹시 놀라 얼굴빛이 변함.
啞子(아자) 벙어리.
啞子夢(아자몽) 벙어리의 꿈. 자기가 깨달은 바를 자기만 알 뿐 남에게 말할 수 없음의 비유.
◨ 聾啞농아, 盲啞맹아.

8 ⑪【唵】 머금을 암 感

인명 ㊥ǎn ㊐アン

자해 ❶머금다, 음식물을 움켜서 입에 넣다. ❷범어 'om'의 음역자. 주문(呪文)이나 진언(眞言)에 쓰는 발어사.

8 ⑪【啀】 물어뜯을 애 佳

㊥ái ㊐ガイ

자해 ❶물어뜯다, 개가 서로 물어뜯다. ❷개가 으르렁거리다.

8 ⑪【唹】 웃을 어 語魚

인명 ㊥yū ㊐ヨ

자해 웃다.

8 ⑪【啎】 만날 오 遇

㊥wǔ ㊐ゴ

초서 자해 ❶만나다, 상봉하다. 〔楚辭〕重華不可啎兮중화불가오혜. ❷거스르다, 거역하다.

8 ⑪【唯】 ①오직 유 支 ②예 유 紙

중학 인명 3급 ㊥wéi, wěi ㊐イ, ユイ

필순

소전 초서 자원 形聲. 口＋隹→唯. '隹(추)'가 음을 나타낸다.

자해 ①❶오직, 다만. 한정(限定)하는 말. ≒維·惟. 〔易經〕其唯聖人乎기유성인호. ❷비록 ~하더라도. ≒雖. 〔禮記〕唯天子유천자, 受命于天수명우천. ②예. 공손하게 대답하는 말.
唯諾(유낙→유락) ①'예!' 하며 대답하는 소리. '唯'는 빠르고 공손하게, '諾'은 느리고 가볍게 대답한다는 뜻. ②승낙함. 응함.
唯物(유물) 오직 물질만이 존재한다고 생각하는 일.
唯識(유식) (佛)마음의 본체인 식(識)을 떠나서는 어떠한 실재(實在)도 없음.
唯心(유심) (佛)마음은 만물의 본체로서, 오직 단 하나의 실재(實在)라는 사상.
唯阿(유아) ①대답하는 말. '唯'는 공손한 대답, '阿'는 마구 하는 대답. '唯'나 '阿' 모두 진정(眞情)에는 차이가 없음의 비유. ②차이가 크지 않음.
唯我獨尊(유아독존) ①(佛)이 세상에서 오직 나만이 존귀함. ②자기만 잘난 체하는 태도.
唯唯(유유) ①'예, 예'. 공손한 대답. 승낙하는 말. ②아첨하여 순순히 따르는 모양. ③줄을 이어 뒤따르는 모양.
唯一(유일) 오직 하나밖에 없음.

8 ⑪【啇】 밑동 적 錫

㊥dì ㊐テキ

초서 자해 ❶밑동, 뿌리, 근본. ❷물방울. ≒滴.

8 ⑪【啁】 ①비웃을 조 肴 ②우는 소리 주 尤

㊥tiáo, zhōu ㊐トウ, チュウ

소전 초서 자해 ①❶비웃다, 조롱하다. ≒嘲. ❷시끄럽게 떠들다, 많이 지껄이다. ② 우는 소리, 새소리, 벌레 소리. 〔禮記〕 至于燕雀猶有啁噍之頃焉지우연작유유주초지경언.
啁噍(주초) 새가 무리 지어 지저귀는 소리.
啁啾(주추) ①악기의 소리가 서로 뒤섞여 들림. ②새가 지저귐. 새가 지저귀는 소리.

8
⑪【唱】 노래 창 漾

중학 인명 5급 ㊥chàng ㊐ショウ

필순 ㅁ ㅁ 미 미 旧 㫐 昍 唱 唱 唱

소전 초서 자원 形聲. 口+昌→唱. '昌(창)'이 음을 나타낸다.

자해 ❶노래, 가곡(歌曲). ❷부르다. ㉮노래를 부르다. ¶ 合唱합창. ㉯소리 내어 외치다. ¶ 萬歲三唱만세삼창. ❸말을 꺼내다, 앞장서서 주장하다. 〔南史〕 我首唱大義아수창대의.

8 획
唱劇(창극) 판소리와 창을 중심으로 꾸민 가극(歌劇).
唱道(창도) 솔선하여 말함. 주창(主唱)함.
唱導(창도) ①(佛)교의(教義)를 제창하여 사람을 교화하고 인도함. ②앞서서 인도함. 솔선하여 부르짖음. 唱道(창도).
唱酬(창수) 시가나 문장 등을 서로 주고받음.
唱喏(창야) ①목청을 길게 빼서 내는 소리. 唱諾(창낙). ②말을 하고 공손히 읍(揖)함.
唱引(창인) 노래의 가락.
唱和(창화) ①한쪽에서 부르고 다른 한쪽에서 이에 화답함. 호응(呼應)함. ②남의 시의 운에 맞추어 시를 지음.
◨ 歌唱가창, 獨唱독창, 名唱명창, 三唱삼창, 先唱선창, 提唱제창, 主唱주창, 合唱합창.

8
⑪【唶】 ① 부르짖을 책 陌
② 탄식할 차 禡

㊥zé, jiè ㊐サク, シャ

소전 초서 자해 ① ❶부르짖다. 〔史記〕 晉鄙嚄唶宿將진비획책숙장. ❷새가 지저귀는 소리. ② 탄식하다, 탄식하는 소리.
唶唶(책책) ①새가 지저귀는 소리. ②부르짖는 모양. 외치는 모양.

8
⑪【啜】 마실 철 屑

㊥chuò ㊐セツ, テツ

소전 초서 자해 ❶마시다, 맛보다. 〔史記〕 欲啜汁者衆욕철즙자중. ❷먹다, 먹어 치우다. 〔禮記〕 啜菽飮水철숙음수. ❸울다, 훌쩍훌쩍 우는 모양.
啜菽(철숙) 콩을 먹음. 콩죽을 먹음.
啜汁(철즙) 남은 국물을 마심. 남의 힘에 편승하여 이익을 얻거나 공을 세움의 비유.

8
⑪【啐】 ① 맛볼 쵀 隊
② 떠들 줄 質

㊥chì, zá ㊐サイ, ソツ

소전 초서 자해 ① ❶맛보다, 완미(玩味)하다. ❷놀라다. ② ❶떠들다, 떠들썩하다. ❷빠는 소리, 마시는 소리.
啐飮(쵀음) 제사를 올린 뒤, 제사에 쓴 술을 마시는 일.
啐啄同時(줄탁동시) ①닭이 부화할 때, 병아리가 껍데기 속에서 우는 소리인 '줄(啐)'과 어미 닭이 밖에서 쪼아 깨뜨리는 행위인 '탁(啄)'이 동시에 행해짐. 놓쳐서는 안 될 좋은 시기의 비유. ②(佛)선종(禪宗)에서 두 사람의 대화가 상응하는 일. 啐啄同機(줄탁동기).

8
⑪【唾】 침 타 箇

인명 1급 ㊥tuò ㊐ダ

소전 초서 자해 ❶침. ❷침을 뱉다. 〔春秋左氏傳〕 不顧而唾불고이타.
唾具(타구) 가래나 침을 뱉는 그릇.
唾棄(타기) 침을 내뱉듯이 버리고 돌보지 않음. 몹시 업신여기거나 꺼려 함.
唾罵(타매) 침을 뱉고 욕설을 마구 퍼부음.
唾面自乾(타면자건) 남이 나의 낯에 침을 뱉으면 저절로 그 침이 마를 때까지 기다림. 처세(處世)에는 인내가 필요함의 비유.
唾手(타수) 손에 침을 뱉음. ㉠용기를 내어 일에 착수함. ㉡일이 수월함. 唾掌(타장).
唾液(타액) 침.
唾壺(타호) 가래나 침을 뱉는 그릇.
◨ 咳唾해타.

8
⑪【啄】 쫄 탁 本착 覺

인명 ㊥zhuó ㊐タク

소전 초서 자해 쪼다, 부리로 먹이를 쪼다. ≒啅. 〔詩經〕 無啄我粟무탁아속.
啄木(탁목) 딱따구리. 雷公(뇌공).
啄啄(탁탁) ①새가 나무 따위를 쪼는 소리. ②문을 두드리는 소리.

8
⑪【啅】 쪼을 탁 本착 覺

㊥zhuó ㊐タク

자해 ❶쪼다, 부리로 먹이를 쪼다. ≒啄. 〔杜甫·詩〕雀啅江頭黃柳花작탁강두황류화. ❷시끄럽다, 소란한 소리.
啅噪(탁조) 새가 요란하게 지저귐.

8 ⑪【啍】 ①느릿할 톤 元 ②일깨울 순 眞

㊥tūn, zhūn ㊐トン, シュン

소전 자해 ① ❶느릿하다. 〔詩經〕大車啍啍대거톤톤. ❷제멋대로 가르치다. 〔莊子〕啍啍已亂天下矣톤톤이란천하의. ② 일깨우다, 정성스럽게 가르치다. ≒諄. ¶ 啍啍순순.
啍啍(❶톤톤 ❷순순) ❶①동작이 느린 모양. ②자기의 생각대로 가르치는 모양. ❷정성스럽고 자상한 모양. 諄諄(순순).

8 ⑪【啣】 銜(1300)의 속자 인명

9 ⑫【喝】 꾸짖을 갈 曷

인명 1급 ㊥hè ㊐カツ

소전 초서 자해 ❶꾸짖다, 큰 소리로 나무라다. 〔晉書〕裕厲聲喝之유려성갈지. ❷으르다, 위협하다. 〔史記〕是故恫疑虛喝시고통의허갈. ❸고함치다, 외치다.
喝道(갈도) 고관대작의 길을 인도하는 하인이 앞에 서서 소리를 질러 행인의 통행을 금하던 일. 辟除(벽제).
喝采(갈채) 찬양이나 환영의 뜻을 나타내기 위하여 열렬히 외치는 행동.
喝破(갈파) ①큰소리로 꾸짖어 기세를 누름. ②사설(邪說)을 물리치고 진리를 말하여 밝힘.
◨ 恐喝공갈, 大喝대갈, 一喝일갈.

9 ⑫【喈】 새소리 개 佳

㊥jiē ㊐カイ

소전 초서 자해 ❶새소리, 봉황새의 울음소리. 〔詩經〕鷄鳴喈喈계명개개. ❷부드러운 소리. ❸빠른 모양.
喈喈(개개) ①봉황새의 울음소리. ②새의 부드러운 울음소리. 또는 그 울음소리가 멀리 들림. ③종·북 등의 소리. ④백성의 마음이 누그러져 열복(悅服)하는 모양.

9 ⑫【喀】 토할 객 陌

인명 ㊥kā ㊐カク

초서 동자 𠲕 자해 ❶토하다, 뱉다. ¶ 喀血객혈. ❷토하는 소리. 〔列子〕喀喀然遂伏而死객객연수복이사.
喀喀(객객) 토하는 소리.
喀痰(객담) 가래를 뱉음.
喀血(객혈) 피를 토함. 咯血(각혈).

9 ⑫【喬】 乔 높을 교 蕭

인명 1급 ㊥qiáo ㊐キョウ

소전 초서 자해 ❶높다, 높이 솟다. 〔孟子〕出自幽谷출자유곡遷于喬木천우교목. ❷창, 끝에 갈고리를 덧붙인 창. 〔詩經〕二矛重喬이모중교. ❸마음이 편안하지 아니하다.
喬柯(교가) 교목(喬木)의 가지.
喬幹(교간) 높고 큰 나무의 줄기.
喬桀(교걸) 준수하고 훌륭한 사람.
喬林(교림) 교목(喬木)의 숲.
喬木(교목) 키가 크고 줄기가 굵은 나무.
喬木世家(교목세가) 대대로 문벌이 높고 나라와 운명을 함께 하는 집안.
喬木世臣(교목세신) 여러 대를 두고 높은 지위(地位)에 있어 국가의 운명에 자기의 운명을 의탁하는 신하.
喬松(교송) ①키가 큰 소나무. ②장수(長壽). '喬'는 왕자교(王子喬)를, '松'은 적송자(赤松子)를 이름. 둘 다 늙지도 죽지도 않는다는 선인(仙人)인 데서 온 말. 喬松之壽(교송지수).
喬遷(교천) ①높은 곳으로 옮김. ②남의 이사(移徙), 사관(仕官), 영전을 축하하는 말.
喬詰(교힐) 마음이 편하지 못함.

9 ⑫【喫】 마실 끽 本긱 錫

인명 1급 ㊥chī ㊐キツ

소전 초서 자해 ❶마시다. 〔杜甫·詩〕對酒不能喫대주불능끽. ❷먹다. 〔杜甫·詩〕梅熟許同朱老喫매숙허동주로끽.
喫苦(끽고) 고생을 겪음.
喫茶(끽다) ①차(茶)를 마심. ②혼인(婚姻)을 약속함. 차(茶)는 열매를 심으면 다시 옮겨 심지 못하므로, 여자가 일단 약혼하면 다시 청혼을 받지 않는 데서 온 말.
喫飯(끽반) ①밥을 먹음. ②호구(糊口)함. 겨우 생활함.
喫煙(끽연) 연기를 마심. 곧, 담배를 피움.
喫破(끽파) 먹어서 없앰.

9 ⑫【喃】 재잘거릴 남 咸

㊥nán ㊐ナン

초서 자해 ❶재잘거리다, 수다스럽다. ❷글 읽는 소리. 〔寒山·詩〕樹下讀喃喃수하독남남.

喃喃(남남) ①재잘거림. ②글 읽는 소리.

9 ⑫【單】单 ①홑 단 寒 ②오랑캐 임금 선 先

중학 인명 4Ⅱ급 ㊥dān, chán ㊐タン

필순

소전 초서 속자 单 참고 인명용 음은 '단'이다.

자원 象形. 방패〔干〕의 양쪽 끝에 돌맹이 같은 것을 달아매고, 갈라진 곳을 끈으로 단단히 묶은 사냥 도구를 본뜬 글자.

자해 ①❶홑, 하나. 짝을 이루지 않거나 겹으로 되지 아니한 것. 〔荀子〕單足以喩則單단족이유즉단. ❷오직, 다만. ❸혼자, 외롭다. ¶ 孤單고단. ❹단자(單子). 물목(物目)이나 사실을 죽 벌여 적은 종이. ¶ 名單명단. ❺참, 정성, 참으로. ②오랑캐 임금, 흉노(匈奴)의 수장(首長). ¶ 單于선우.

單家(단가) 불운(不運)으로 가난하고 세력없이 지내는 사람. 寒家(한가).

單擧(단거) 오직 한 사람만을 천거함.

單孤(단고) 의지할 데 없는 고아(孤兒).

單鉤(단구) 엄지손가락과 검지손가락만으로 붓을 잡고 쓰는 필법(筆法).

單軍(단군) 원군(援軍)이 없는 고립된 군대.

單衾(단금) ①한 채의 이불. ②얇은 이불.

單刀直入(단도직입) ①혼자서 한 자루의 칼만을 몸에 품고 적진에 곧장 쳐들어감. ②여러 말을 늘어놓지 아니하고 요점이나 본문제를 중심적으로 말함.

單獨(단독) ①혼자. ②단 하나.

單門(단문) ①친척이나 원조자가 적은 외로운 집안. ②가난한 집. 군색한 집.

單文孤證(단문고증) 한 쪽의 문서에 의한 한 개의 증거. 불충분한 증거.

單方(단방) ①간단한 방법. 손쉬운 방법. ②한 가지 약재만으로 처방한 방문.

單兵(단병) 응원 부대가 없는 외로운 군사(軍士). 적은 병력.

單辭(단사) 한쪽만의 말로, 증거가 안 되는 말.

單少(단소) 적음. 사소(些少)함.

單純(단순) 구조·형식 등이 간단함.

單身(단신) 홀몸. 혼자의 몸.

單語(단어) 낱말.

單一(단일) 단 하나로 되어 있음.

單任(단임) 일정 기간 동안 한 차례만 맡음.

單子(단자) ①부조(扶助) 등 남에게 보내는 물건의 수량과 이름을 적은 종이. ②사주(四柱)나 폐백을 보낼 때, 그 내용물을 적은 종이.

單寒(단한) ①친족이 적으며 고독하고 가난함. ②의지할 곳 없고 추위에 떪.

單行(단행) ①혼자서 길을 감. 獨行(독행). ②단독으로 행하여짐.

單獻(단헌) 제사 때 삼헌(三獻)할 술잔을 한 번에 그치는 일.

單于(선우) ①흉노(匈奴)의 추장(酋長). 광대(廣大)하다는 뜻. ②당(唐) 고종(高宗) 때에 내몽고(內蒙古) 지방의 돌궐(突厥) 및 그 밖의 여러 부족을 다스리기 위해 베풀었던 육도호부(六都護府)의 하나.

◨ 簡單간단, 名單명단, 食單식단, 傳單전단.

9 ⑫【喇】 나팔 라 ㊍랄 曷

인명 ㊥lǎ ㊐ラツ

초서 자해 ❶나팔, 악기 이름. ¶ 喇叭나팔. ❷승려, 중. 티베트·몽고 등지에서 이르는 말. ¶ 喇嘛教나마교.

喇嘛(나마) 라마교(lama教)의 고승(高僧). 티베트 어 'lama'의 음역어로, 최승무상(最勝無上)을 뜻함.

喇嘛教(나마교) 인도에서 티베트로 전파된 대승 불교가 티베트의 고유 신앙과 동화하여 발달한 종교. 교주(教主)를 달라이 라마, 부주(副主)를 판첸 라마라고 함.

喇叭(나팔) 끝이 나팔꽃 모양으로 된 금관악기의 총칭.

9 ⑫【喨】 소리 맑을 량 漾

㊥liàng ㊐リョウ

초서 자해 소리가 맑다, 소리가 맑은 모양.

9 ⑫【喪】丧 ①죽을 상 陽 ②잃을 상 漾

중학 인명 3Ⅱ급 ㊥sāng, sàng ㊐ソウ

필순

소전 초서 본자 本자 속자 丧

자원 會意. 㖊+亾→𠷎→喪. '㖊'은 '哭'으로서 '울다', '亾'은 '亡'으로 '잃다'의 뜻인데서, 잃어버린 것을 애타게 여겨 운다는 뜻을 나타낸다.

자해 ①❶죽다, 사람이 죽다. ❷복(服), 복제(服制). 상복에 관한 제도. 〔論語〕三年之喪삼년지상 期已久矣기이구의. ❸복을 입다, 상제 노릇을 하다. 〔禮記〕 子夏喪其子자하상기자, 而喪其明이상기명. ② ❶잃다, 없어지게 하다. ❷지위를 잃다, 자리에서 물러나게 되다. 〔禮記〕 問喪於夫子乎문상어부자호. ❸망하다, 멸망시키다. 〔論語〕 天喪予천상여.

喪家之狗(상가지구) ①상갓집 개. 주인 없는 개. ②몹시 수척한 사람을 빈정거리는 말.

喪國(상국) ①나라를 잃음. ②망한 나라.

喪期(상기) 복(服)을 입는 동안.

喪紀(상기) 상사(喪事)에 관한 일.

喪氣(상기) 기운을 잃음. 낙심함.

喪亂(상란) 사상(死喪)과 화란(禍亂).

喪禮(상례) 상중(喪中)에 행하는 모든 예절.

喪亡(상망) ①잃음. ②망함.

喪明(상명) ①실명(失明)함. ②자식을 잃는 일. 故事 자하(子夏)가 아들을 잃고 너무 비통해 한 나머지 장님이 되었다는 고사에서 온 말.

喪服(상복) 상제로 있는 동안 입는 예복. 凶服(흉복).

喪神(상신) 본정신을 잃음. 失神(실신).

喪失(상실) 잃어버림. 喪亡(상망).

喪心(상심) ①본심(本心)을 잃음. ②근심·걱정으로 마음이 산란하고 맥이 빠짐.

喪人(상인) ①타국(他國)으로 망명(亡命)한 사람. ②상제(喪制).

喪杖(상장) 상제가 짚는 지팡이. 아버지의 상에는 대나무, 어머니의 상에는 오동나무를 쓴다.

喪制(상제) ①상례에 관한 제도. ②부모, 또는 아버지가 세상을 뜬 뒤의 조부모의 거상(居喪) 중에 있는 사람. 棘人(극인). 喪人(상인).

喪布(상포) 초상 때에 쓰는 포목(布木).

◨ 國喪국상, 問喪문상, 心喪심상, 哀喪애상, 弔喪조상, 初喪초상, 脫喪탈상, 好喪호상, 護喪호상, 婚喪혼상.

9 ⑫【䘮】 喪(220)의 본자

9 ⑫【善】 착할 선 銑 霰

중학 인명 5급 ㊥shàn ㊐セン

필순 丶 丷 䒑 羊 羊 羊 羔 盖 盖 善 善

소전 [篆] 초서 [草] 본자 譱 자원 會意. 羊+言→善. '羊'은 '상서롭다, 좋다'의 뜻이다. 군자(君子)의 아름답고 바른〔羊〕 말〔言〕이라는 데서 '착하다'의 뜻이 나왔다.

자해 ❶착하다, 언행이 바르고 어질다. 〔中庸〕 隱惡而揚善은악이양선. ❷잘, 교묘히. ¶ 善戰선전. ❸묘하다, 잘하다, 훌륭하다, 좋다. ¶ 善策선책. ❹친하다. ❺좋아하다, 즐기다. ❻옳게 여기다. 〔孟子〕 王如善之왕여선지. ❼아끼다, 소중히 여기다. 〔荀子〕 善時者霸선시자패.

善價(선가) 좋은 값. 높은 가격.

善巧(선교) ①썩 교묘함. ②(佛)교묘한 방법으로 사람에게 이익을 줌.

善男善女(선남선녀) ①착한 남자와 착한 여자. ②(佛)불법(佛法)에 귀의(歸依)한 재속(在俗)의 남녀(男女).

善待(선대) 잘 대접함.

善德(선덕) 훌륭한 덕(德). 바르고 착한 덕.

善道(선도) 바른 길. 正道(정도).

善導(선도) 올바른 길로 인도함.

善良(선량) 착하고 어짊.

善隣(선린) 이웃과 사이 좋게 지냄.

善謀(선모) 좋은 꾀. 좋은 계책.

善祥(선상) 좋은 징조. 吉祥(길상).

善善(선선) 좋은 것을 좋다고 인정함.

善善惡惡(선선오악) 선을 좋아하고 악을 미워함. 선을 장려하고 악을 징계하여 호오(好惡)를 분명히 함.

善始善終(선시선종) 생(生)도 사(死)도 그대로 받아들여 대자연의 뜻에 맡김.

善惡(선악) 착함과 악함.

善言(선언) 훌륭한 말. 유익한 말.

善柔(선유) 남에게 아첨할 뿐 성실하지 못함.

善游(선유) ①헤엄을 잘 침. ②여행을 많이 함. 쉴새없이 세상을 돌아다님.

善游者溺(선유자닉) 헤엄 잘 치는 사람이 물에 빠짐. 한 가지 재주에 뛰어난 사람이 그 재주만 믿고 자만하다가 도리어 재앙을 당함의 비유.

善應(선응) ①잘 응(應)함. ②좋은 징조가 나타남. ③좋은 징조.

善意(선의) ①착한 마음. ②친절한 마음.

善人(선인) 착한 사람. 선량한 사람.

善哉(선재) 좋구나! 좋다고 탄미(歎美)하는 말.

善戰(선전) 잘 싸움.

善終(선종) ①유종의 미를 거둠. ②천수(天壽)를 다함. ③남의 죽음에 애도의 정을 다하여 곡읍(哭泣)하는 일. ④죽음을 두려워하지 않고 이를 초월함.

善策(선책) 묘한 계책. 훌륭한 계책.

善處(선처) ①좋은 지위(地位). ②훌륭하게 처신함. 잘 처리함. ③(佛)인간 세상, 하늘, 또는 제불(諸佛)의 정토(淨土).

善行(선행) 착한 행실.

◨ 勸善권선, 獨善독선, 不善불선, 性善성선, 僞善위선, 慈善자선, 積善적선, 最善최선, 親善친선.

口 9획

9 ⑫【啻】 뿐 시 寘

㊥chì ㊐シ

소전 초서 자해 **뿐, 다만 ~뿐 아니라.** 不·豈·奚 등의 부정(不定)·반어(反語)를 나타내는 한자와 어울려, '그것뿐 아니라 그보다 더' 라는 뜻을 나타낸다. 〔書經〕 爾不啻不有爾土이불시불유이토.

9 ⑫【喔】 닭 소리 악 覺

㊥wō ㊐アク

소전 초서 자해 **❶닭 소리, 닭이 우는 소리.** ¶ 喔喔악악. **❷억지로 웃는 모양, 선웃음치는 모양.** ¶ 喔咿악이.

喔喔(악악) 닭 소리.

喔咿(악이) ①억지로 웃는 얼굴을 함. ②닭 우는 소리.

口 9 획

9 ⑫【喭】 거칠 안 翰霰

㊥yàn ㊐ガン, ゲン

자해 **❶거칠다, 예의 바르지 않다, 조잡하다.** 〔論語〕 由也喭유야안. **❷굳세다, 강직하다. ❸조상(弔喪)하다, 애도하다.** ＝唁.

喭喭(안안) 강직하여 절조를 굽히지 않는 일.

9 ⑫【啽】 잠꼬대 암 覃

㊥án ㊐ガン

초서 자해 **❶잠꼬대, 코 고는 소리.** 〔列子〕 眼中啽囈呻呼안중암예신호. **❷다물다, 입을 다물다.**

啽默(암묵) 입을 다물고 말을 하지 않음.

啽囈(암예) 잠꼬대.

9 ⑫【営】 營(790)의 속자

9 ⑫【喁】 숨 쉴 옹·우 冬虞

㊥yóng, yú ㊐キョウ, グ

소전 초서 자해 **❶숨 쉬다.** 물고기가 주둥이를 물 위로 내밀고 숨 쉬다. **❷우러러 따르다, 사람이 입을 위로 쳐들다. ❸소리, 화답하는 소리, 맞장구치는 소리.** 〔莊子〕 而隨者唱喁이수자창옹.

喁喁(옹옹) ①윗사람의 덕을 기리고 우러러 따르는 모양. 또는 뭇사람이 즐거워하는 모양. ②물고기가 입을 물 위로 내밀고 오물거리는 모양.

9 ⑫【喓】 벌레 소리 요 蕭

㊥yāo ㊐ヨウ

초서 자해 **벌레 소리, 벌레가 우는 소리.** 〔詩經〕 喓喓草蟲요요초충.

9 ⑫【喟】 한숨 위 本귀 寘

㊥kuì ㊐ギ

소전 초서 자해 **한숨, 한숨 쉬다.** 〔論語〕 顔淵喟然歎曰안연위연탄왈.

喟然歎息(위연탄식) 한숨을 쉬며 크게 탄식함.

9 ⑫【喩】 喻 1 깨우칠 유 遇 2 기뻐할 유 虞

인명 1급 ㊥yù, yú ㊐ユ, ジュ

초서 자해 **1 ❶깨우치다, 깨닫다, 밝게 알다.** 〔論語〕 君子喩於義군자유어의. **❷깨우쳐 주다, 가르쳐 주다. ❸비유하다.** ¶ 比喩비유. **2 기뻐하다, 기뻐하는 모양.**

喩勸(유권) 타이르고 권함.

喩喩(유유) 기뻐하는 모양.

◨ 比喩비유, 引喩인유, 風喩풍유.

9 ⑫【喑】 벙어리 음 侵

㊥yin ㊐イン

소전 초서 자해 **❶벙어리.** 〔後漢書〕 喑不能言음불능언. **❷입을 다물다, 말을 하지 못하다.** 〔墨子〕 近臣則喑근신즉음.

喑啞(음아) ①벙어리. ②입을 다물어 버림.

喑噁(음오) 노기(怒氣)를 띰. 질타(叱咤)함.

喑喑(음음) 말을 못하는 모양.

9 ⑫【啼】 울 제 齊

인명 1급 ㊥tí ㊐テイ

초서 자해 **❶울다, 새·짐승 등이 울다. ❷울부짖다, 눈물을 흘리며 소리내어 울다.** 〔禮記〕 主人啼주인제 兄弟哭형제곡.

啼哭(제곡) 큰 소리로 욺.

啼眉(제미) 울어서 찌푸린 눈살.

啼珠(제주) 눈물 방울.

啼血(제혈) 피를 토하며 욺.

啼痕(제흔) 눈물 자국. 淚痕(누흔).

9 ⑫【喞】 唧 두런거릴 즉 職

㊥jī ㊐ショク

초서 [초서체] 자해 ❶두런거리다, 여럿이 낮은 소리로 말하는 소리. ¶ 喞喞즉즉. ❷새·벌레·쥐 등의 소리. ❸물을 대다.
喞喞(즉즉) ①두런거리는 소리. ②벌레 소리. ③새 소리. ④쥐의 소리.
喞筒(즉통) 물을 높은 곳으로 퍼 올리는 기계. 양수기. 펌프.

9 ⑫ 【喘】 헐떡거릴 천 銑
인명 1급 ㊥chuǎn ㊐セン
소전 [소전체] 초서 [초서체] 자해 ❶헐떡이다, 숨이 차다. 〔漢書〕 牛喘吐舌우천토설. ❷숨, 호흡. 이에서 '목숨·수명'의 뜻으로 전용한다. 〔蘇軾·詩〕 萬劫付一喘만겁부일천. ❸속삭이다, 소곤소곤 말하다.
喘急(천급) 매우 심한 천식(喘息).
喘氣(천기) 가벼운 천식. 천식인 듯한 기세.
喘息(천식) ①헐떡임. 숨참. ②숨이 차고 기침이 나는 병.
喘喘(천천) 헐떡이는 모양.
喘汗(천한) 숨이 차고 땀이 남.

9 ⑫ 【喆】 哲(213)과 동자 인명 2급

9 ⑫ 【喋】 1 재잘거릴 첩 葉 2 쪼을 잡 洽
㊥dié, zhá ㊐チョウ
초서 [초서체] 자해 1 ❶재잘거리다, 수다스레 말을 잘하다. 〔漢書〕 喋喋利口첩첩리구. ❷피가 흘러내리는 모양. 〔史記〕 喋血乘勝첩혈승승. ❸밟다. ≒蹀. 2 쪼다, 쪼아 먹다.
喋喋(첩첩) 거침없이 잘 지껄이는 모양. 말이 많음. 呶呶(노노). 諜諜(첩첩).
喋血(첩혈) 피를 밟음. 유혈이 낭자한 모양.
喋呷(잡합) 오리나 기러기가 모여 먹이를 쪼아 먹음.

9 ⑫ 【啾】 소리 추 尤
㊥jiū ㊐シュウ
소전 [소전체] 초서 [초서체] 본자 噍 자해 ❶소리, 새·벌레 등의 우는 소리. ❷여럿의 소리, 시끄러운 소리.
啾嘈(추조) 시끄럽고 떠들썩한 소리.
啾喞(추즉) ①새 따위가 가냘프게 욺. ②여럿이 시끄럽게 소리 내는 모양.

9 ⑫ 【噍】 啾(223)의 본자

9 ⑫ 【喊】 1 소리 함 豏 2 다물 함 咸
인명 1급 ㊥hǎn, jiān ㊐カン
초서 [초서체] 자해 1 ❶소리. 화를 내거나 외치는 소리. ❷고함지르다, 크게 외치다. 2 다물다, 입을 열지 아니하다.
喊聲(함성) 여럿이 지르는 고함 소리.
■ 高喊고함.

9 ⑫ 【喚】 唤 부를 환 翰
인명 1급 ㊥huàn ㊐カン
소전 [소전체] 초서 [초서체] 자해 ❶부르다, 오라고 하다. ¶ 喚問환문. ❷외치다, 소리치다, 부르짖다.
喚叫(환규) ①울부짖음. ②소리 높여 부름.
喚起(환기) 관심이나 기억을 불러일으킴.
喚問(환문) 불러내어 물어 봄.
喚醒(환성) ①잠자는 사람을 깨움. ②어리석은 사람을 깨우쳐 줌.
喚聲(환성) ①부르는 소리. ②고함 소리.
■ 叫喚규환, 召喚소환.

9 ⑫ 【喤】 1 어린아이 울음 황 陽 2 많을 황 養
㊥huáng ㊐コウ
소전 [소전체] 초서 [초서체] 자해 1 어린아이의 울음소리. 〔詩經〕 其泣喤喤기읍황황. 2 ❶많다, 여럿. ¶ 喤呷황합. ❷떠들썩하다, 시끄럽다.
喤呷(황합) ①많음. 여럿. ②시끄러움. 시끄럽게 떠드는 모양.
喤喤(황황) ①어린아이의 큰 울음소리. ②떠들썩한 모양. ③종과 북소리가 어울리는 모양.

9 ⑫ 【喉】 목구멍 후 尤
인명 2급 ㊥hóu ㊐コウ
소전 [소전체] 초서 [초서체] 자해 ❶목구멍. ¶ 喉頭후두. ❷목, 긴한 곳. 〔晉書〕 扼其咽喉액기인후.
喉衿(후금) ①요해지(要害地). ②주안(主眼)이 되는 곳. 중요한 곳. 綱要(강요).
喉頭(후두) 호흡기의 한 부분. 숨의 통로가 되고 소리를 내는 기관.
喉門(후문) 목구멍.
喉吻(후문) ①목과 입. ②중요한 곳.
喉舌(후설) ①목구멍과 혀. ②임금의 말을 아랫사람에게 전하고, 신하의 말을 임금에게 전하는 벼슬아치. 재상(宰相).
喉舌之臣(후설지신) ①재상(宰相). ②승지(承

旨)의 딴 이름.
喉咽(후인) ①목구멍. 咽喉(인후). ②중요한 곳. 要所(요소).
◨ 結喉결후, 咽喉인후.

9 ⑫【呴】 불 후 麌 宥

㊥xù ㊐ク

초서 [초서] 자해 ❶불다, 숨을 내쉬다. 〔漢書〕 衆呴漂山吸중후표산흡. ❷보호하다, 품에 따뜻이 안다. ≒煦. 〔唐書〕 護民之勞호민지로, 呴之若子후지약자. ❸아첨하여 웃는 모양, 선웃음 치는 모양. ¶ 呴呴후후.
呴噓(후허) 몸 속의 공기를 내쉬고 새로운 공기를 마시는 일. 呼吸(호흡).
呴呴(후후) 선웃음 치는 모양. 아첨하여 웃는 모양.

口
9획

9 ⑫【喧】 떠들썩할 훤 元

인명 1급 ㊥xuān ㊐ケン

초서 [초서] 자해 ❶떠들썩하다, 시끄럽다. 〔陶潛·詩〕 而無車馬喧이무거마훤. ❷위의(威儀)가 드러나는 모양. 〔大學〕 赫兮喧兮者혁혜훤혜자, 威儀也위의야.
喧鬧(훤뇨) 시끄럽게 떠들어댐.
喧騷(훤소) 뒤떠들어서 소란스러움.
喧擾(훤요) 시끄럽게 떠듦. 떠들어댐.
喧傳(훤전) 시끄럽게 말을 이리저리 퍼뜨림. 뭇사람의 입에 오르내려 왁자하게 됨.
喧嘩(훤화) ①시끄러움. ②시끄럽게 떠듦.
喧囂(훤효) 시끄럽게 떠듦.

9 ⑫【喙】 부리 훼 隊

인명 1급 ㊥huì ㊐カイ

소전 [소전] 초서 [초서] 자해 ❶부리, 주둥이. 새·짐승의 입. 〔戰國策〕 蚌合而拑其喙방합이겸기훼. ❷숨, 호흡. ❸괴롭다, 괴로워하다. 〔詩經〕 維其喙矣유기훼의.
喙息(훼식) 주둥이로 숨을 쉼.
喙長三尺(훼장삼척) 부리의 길이가 석 자. 변론을 잘함.

9 ⑫【喜】 기쁠 희 紙

중학 인명 4급 ㊥xǐ ㊐キ

필순 一 十 士 吉 吉 吉 吉 壴 喜 喜

소전 [소전] 초서 [초서] 동자 憙 자원 會意. 壴+口→喜. '壴'는 대(臺) 위에 얹어 놓은 악기를 뜻한다. 음악을 들으면 기쁘고, 기쁘면 주고받는 말에 나타난다고 하여 '口'를 덧붙여 놓은 글자.
자해 ❶기쁘다. ❷즐겁다. ❸좋아하다, 즐기다, 사랑하다. 〔史記〕 問中庶子喜方者문중서자희방자.
喜慶(희경) ①기뻐함. ②경사스러운 일.
喜劇(희극) 익살과 풍자로 인생의 진실을 명랑하고 경쾌한 측면에서 표현하는 연극.
喜氣(희기) ①기쁜 기분. ②現행운(幸運).
喜怒(희노→희로) 기쁨과 노여움.
喜怒哀樂(희노애락→희로애락) 기쁨과 노여움과 슬픔과 즐거움. 사람의 온갖 감정.
喜悲(희비) 기쁨과 슬픔.
喜捨(희사) 사람 또는 어떤 일을 위하여 기꺼이 재물을 베풀어 줌.
喜賞怒刑(희상노형) 기쁠 때에는 상을 주고 화날 때에는 형벌을 내림. 상벌(賞罰)을 제멋대로 내림.
喜色(희색) 기뻐하는 얼굴 빛.
喜壽(희수) 77세. '喜' 자의 초서체(草書體)가 '七十七'과 비슷한 데서 온 말.
喜躍(희약) 기뻐서 펄쩍펄쩍 뜀.
喜懌(희역) 기뻐함.
喜悅(희열) 기쁨과 즐거움.
喜雨(희우) 가뭄 뒤에 오는 반가운 비.
喜鵲(희작) 까치의 딴 이름.
喜出望外(희출망외) 기쁜 일이 뜻밖에 생김.
喜幸(희행) 기쁘고 다행함.
喜喜樂樂(희희낙락) 매우 기뻐하고 즐거워함.
◨ 歡喜환희.

10 ⑬【嗛】 1겸손할 겸 鹽 2흉년들 겸 琰 3머금을 함 咸 4족할 협 葉

㊥qiān, qiǎn, xián, qiè ㊐ケン, キョウ

소전 [소전] 초서 [초서] 자해 1❶겸손하다. ≒謙. 〔荀子〕 則謹愼而嗛즉근신이겸. ❷싫어하다. ≒嫌. 2흉년들다. ≒歉. 〔春秋穀梁傳〕 一穀不升謂之嗛일곡불승위지겸. 3❶머금다, 입 속에 넣다. ❷원한을 품다. 〔史記〕 心嗛之而未發也심함지이미발야. 4족하다, 마음에 흡족하다. =慊. 〔戰國策〕 齊桓公夜半不嗛제환공야반불협.
嗛嗛(❶겸겸 ❷함함) ❶①작은 모양. ②겸양하는 모양. ③부족한 모양. ❷원한을 품은 채 참고 견디는 모양.
嗛退(겸퇴) 겸양함. 겸손하게 물러남.
嗛然(협연) 상쾌한 모양. 만족한 모양.
嗛志(협지) ①마음에 흡족함. ②흐뭇한 생각.

10
⑬【嗜】 즐길 기 寘

인명 1급 　㊥shì 　㊐シ

소전 초서 자해 ❶즐기다, 좋아하다. 〔書經〕甘酒嗜音감주기음. ❷탐하다.

嗜僻(기벽) 편벽되게 즐기는 버릇.
嗜玩(기완) 좋아하며 가지고 놂.
嗜慾(기욕) 즐기고 좋아하는 마음. 기호(嗜好)의 정욕(情慾). 嗜欲(기욕).
嗜好(기호) 어떤 사물을 즐기고 좋아함.
◨ 貪嗜탐기.

10
⑬【嗎】吗 ①어조사 마 麌 ②무엇 마 碼 ③모르핀 마 感

㊥ma, má, mǎ 　㊐シ

자해 ① ❶의문 조사, 의문이나 반어의 뜻을 나타낸다. ② 무엇, 무슨, 어떤. ③ 모르핀.

嗎啡(마비) 모르핀(morphine)의 음역(音譯). 아편에서 추출한 일종의 마취제.

10
⑬【嗣】 이을 사 寘

인명 1급 　㊥sì 　㊐シ

소전 초서 자해 ❶잇다. ㉮뒤를 잇다, 계승하다. ㉯잇달다, 계속하다. 〔春秋左氏傳〕所不嗣事於齊者소불사사어제자, 有如河유여하. ❷상속자, 임금의 자리나 가계(家系)를 잇는 사람. ❸새, 다음의, 뒤의. 〔詩經〕以興嗣歲이흥사세. ❹연습하다, 배워 익히다. ¶ 嗣音사음.

嗣君(사군) 왕위(王位)를 이은 임금.
嗣奉(사봉) 이어받아서 봉행(奉行)함.
嗣歲(사세) 새해. 新年(신년).
嗣續(사속) 아버지의 뒤를 이음. 대(代)를 이음. 嗣繼(사계).
嗣守(사수) 이어받아 지킴.
嗣音(사음) ①소식을 끊지 않음. ②음악을 배워 익힘.
嗣子(사자) 대를 이을 아들. 長子(장자).
嗣適(사적) 적자(嫡子). 후계자. '適'은 '嫡'으로 '정실'의 뜻임.
嗣纂(사찬) 계승함. 이어받음.
嗣響(사향) 뒤이어 계속 일어나는 소리. 즉, 전업(前業)을 계속함.
嗣興(사흥) 앞사람에 뒤이어 흥(興)함.
◨ 國嗣국사, 嫡嗣적사, 後嗣후사.

10
⑬【嗄】 목 잠길 사 禡

㊥shà 　㊐サ

초서 자해 목이 잠기다, 목이 쉬다. 〔老子〕終日號而不嗄종일호이불사.

10
⑬【喪】 喪(220)의 본자

10
⑬【嘗】 嘗(227)의 속자

10
⑬【嗇】啬 아낄 색 職

인명 1급 　㊥sè 　㊐ショク

소전 초서 자원 會意. 來＋㐭→嗇. '㐭'는 쌀광을 본뜬 것이다. 쌀광에 넣을 줄만 알고 낼 줄은 모를 정도로 아낀다는 뜻을 나타낸다.

자해 ❶아끼다, 소중히 여기다. 〔呂氏春秋〕嗇其大寶색기대보. ❷인색하다. 〔史記〕愈於纖嗇유어섬색. ❸탐내다. 〔春秋左氏傳〕嗇于禍색우화. ❹농사. ＝穡.

嗇夫(색부) ①농부(農夫). 농민. ②벼슬 이름. ㉠사공(司空)에 딸린 벼슬. ㉡화폐를 맡아보던 벼슬. ㉢전국 시대의 이색부(吏嗇夫)와 인색부(人嗇夫). 이색부는 모든 이속(吏屬)을 검속하는 일을 맡았으며, 인색부는 서민을 단속하였음. ㉣한대(漢代)에, 고을에서 소송과 조세를 담당하던 관리. ③지위가 낮은 벼슬.

10
⑬【嗚】 탄식 소리 오 虞 遇

고등 인명 3급 　㊥wū, wù 　㊐オ

필순 口 口 口' 口' 口' 口 口' 鳴 嗚 嗚

초서 자원 形聲. 口＋烏→嗚. '烏(오)'가 음을 나타낸다.

자해 ❶탄식 소리. 〔論語〕嗚呼오호, 曾謂泰山不如林放乎증위태산불여임방호. ❷탄식하다, 애달파하다.

嗚軋(오알) 뿔피리를 부는 소리.
嗚咽(오열) 목메어 욺.
嗚嗚(오오) 노래를 부르는 소리.
嗚呼(오호) 슬퍼서 탄식하는 소리.

10
⑬【嗢】嗢 목멜 올 月

㊥wà 　㊐オツ

소전 초서 속자 嗢 자해 ❶목메다, 목이 막히다. ❷웃다, 크게 웃다. 〔三國志〕執書嗢噱집서올각.

口 10획

嗢噱(올갹) ①웃음이 그치지 아니함. ②견딜 수 없을 만큼 즐거움. 몹시 즐거움.
嗢咽(올열) 목이 멤.

10 ⑬【嗌】嗌 ①목구멍 익 ㊍억 陌 ②웃는 모양 악 覺 ③목멜 애 卦

㊥yì, wò, ài ㊐エキ, アイ, アク

소전 초서 자해 ①목구멍. 〔春秋穀梁傳〕嗌不容粒익불용립. ②웃는 모양. ③목메다. 〔莊子〕兒子終日嗥而不嗌不嗄아자종일호이불애불하.

嗌嘔(익구) 아첨하는 소리.
嗌喔(익악) 억지로 웃음을 지어 아첨하는 소리.
嗌嗌(악악) 억지로 웃는 모양.

口 10획

10 ⑬【嗔】嗔 성낼 진 眞

인명 ㊥chēn ㊐シン, テン

소전 초서 자해 성내다. ≒瞋. 〔世說新語〕見敬豫輒嗔견경예첩진.

嗔喝(진갈) 성내어 꾸짖음.
嗔責(진책) 성내어 나무람.

10 ⑬【嗟】 탄식할 차 麻

인명 1급 ㊥jiē ㊐シャ

초서 자해 ❶탄식하다, 탄식. 〔易經〕不鼓缶而歌則大耋之嗟불고부이가즉대질지차. ❷감탄하다, 감탄. ❸발어사. 〔詩經〕嗟乎柰何차호내하.

嗟來之食(차래지식) '자, 와서 먹어라' 고 하며 주는 음식. 무례하고 모욕적인 대접.
嗟伏(차복) 감동하여 복종함. 嗟服(차복).
嗟憤(차분) 개탄(慨歎)함. 분개(憤慨)함.
嗟嗟(차차) ①탄식하는 소리. ②거듭 감탄하며 칭찬하는 소리.
嗟稱(차칭) 감탄하여 칭찬함. 嗟賞(차상).
嗟歎(차탄) ①소리를 길게 빼어 감동의 뜻을 나타냄. ②탄식함. ③감동하여 칭찬함.
嗟乎(차호) 탄식하는 소리.
◨ 咄嗟돌차, 怨嗟원차, 咨嗟자차.

10 ⑬【嗤】 웃을 치 支

인명 1급 ㊥chī ㊐シ

초서 자해 ❶웃다, 비웃다. 〔後漢書〕時人嗤之시인치지. ❷웃음, 웃음거리.

嗤侮(치모) 비웃고 업신여김.
嗤笑(치소) 빈정거리며 웃음.
嗤詆(치저) 비웃으며 욕함.

10 ⑬【嗒】 멍할 탑 合

㊥tà, dā ㊐トウ

초서 자해 ❶멍하다, 멍한 모양. 〔白居易·詩〕嗒然無所偶탑연무소우. ❷핥다.

嗒然(탑연) 자신을 잊고 멍하게 있는 모양.

10 ⑬【嗃】 ①엄할 학 藥 ②피리 소리 효 肴

인명 ㊥hè, xiāo ㊐カク, コウ

소전 초서 참고 인명용 음은 '학' 이다.

자해 ①엄하다, 냉엄하다. 〔易經〕家人嗃嗃가인학학. ②❶피리 소리. 〔莊子〕夫吹筦也부취관야, 猶有嗃也유유효야.

嗃嗃(학학) 엄하고 매우 심한 모양.

10 ⑬【嗀】 토할 학 覺

㊥hù ㊐カク

소전 소전 자해 토하다, 구역질하다. 〔春秋左氏傳〕君將嗀之군장학지.

10 ⑬【嗑】 말 많을 합 ㊍갑 合 洽

㊥kè, xiá ㊐コウ

소전 초서 자해 ❶말이 많다, 시끄럽게 떠들다. ❷입을 다물다. 〔抱朴子〕口張而不能嗑구장이불능합. ❸웃음소리.

嗑嗑(합합) ①말이 많은 모양. ②웃는 모양. ③깔깔 웃는 소리.

10 ⑬【嗋】 숨 쉴 협 葉

㊥xié ㊐キョウ

초서 자해 ❶숨 쉬다, 숨을 들이쉬다. ❷입을 다물다. 〔莊子〕予口張而不能嗋여구장이불능협. ❸으르다, 협박하다. ¶ 嗋嚇협하.

嗋嚇(협하) 말로 남을 위협함.
嗋呷(협합) 숨을 쉼. 呼吸(호흡).

10 ⑬【嗅】 맡을 후 宥

인명 1급 ㊥xiù ㊐キュウ

초서 자해 맡다, 냄새를 맡다. 〔論語〕三嗅而作삼후이작.

嗅覺(후각) 냄새를 맡는 감각.
嗅官(후관) 냄새를 맡는 기관. 곧, 코.

11 ⑭【嘉】 아름다울 가 麻

인명 1급 ㊥jiā ㊐カ

소전 초서 자해 ❶아름답다, 예쁘다. 〔詩經〕文王嘉止문왕가지. ❷뛰어나다, 훌륭하다. 〔詩經〕其新甚嘉기신심가. ❸기쁘다, 경사스럽다. ❹칭찬하다, 가상히 여기다. ❺즐기다, 좋아하다. 〔禮記〕交獻以嘉魂魄교헌이가혼백. ❻가례(嘉禮), 오례(五禮)의 하나.

嘉客(가객) 좋은 손님. 마음에 맞는 반가운 손.
嘉穀(가곡) ①좋은 곡식. 곧, 오곡. ②경사스러운 곡식. 곧, 벼.
嘉納(가납) ①충고하는 말을 옳다고 여겨 받아들임. ②바치는 물건을 달갑게 받아들임.
嘉禮(가례) ①오례(五禮)의 하나. 음식(飮食)·관혼(冠婚)·빈사(賓射)·향연(饗燕)·진번(賑膰)·하경(賀慶) 등의 예(禮). ②경사스러운 예식. ③(制)임금의 성혼·즉위, 또는 왕세자·왕세손의 탄생·성혼·책봉 등의 예식.
嘉名(가명) 훌륭한 이름. 좋은 평판. 令名(영명). 嘉號(가호).
嘉聞(가문) 좋은 소문. 훌륭한 영예.
嘉賓(가빈) 좋은 손님. 마음이 통하는 손님.
嘉辭(가사) ①좋은 말. ②칭찬하는 말.
嘉尙(가상) 착하고 갸륵함. 윗사람이 아랫사람을 칭찬할 때 쓰는 말.
嘉祥(가상) 좋은 징조.
嘉善(가선) ①극히 좋은 것. ②착한 일을 함. 또는 착한 사람.
嘉樂(❶가악 ❷가락) ❶①성률(聲律)에 맞는 음악. 훌륭한 음악. ②國경사스러운 풍악. ❷기뻐하며 즐김.
嘉愛(가애) 착하고 귀하게 여겨 사랑함.
嘉釀(가양) 맛 좋은 술. 美酒(미주).
嘉言(가언) 본받을 만한 좋은 말.
嘉祐(가우) 행복. 행운.
嘉猷(가유) 좋은 계략(計略). 嘉謀(가모).
嘉日(가일) 경사스럽고 반가운 날.
嘉獎(가장) 칭찬하여 장려함.
嘉績(가적) 훌륭한 공적.
嘉節(가절) 좋은 시절. 좋은 날.
嘉禎(가정) 다행(多幸). 행복.
嘉靖(가정) 나라를 잘 다스려 편안하게 함.
嘉兆(가조) 경사스러운 징조.
嘉薦(가천) 잘 차린 제물(祭物).
嘉招(가초) ①조정의 부름. ②남의 초청을 높여서 이르는 말.
嘉稱(가칭) 좋은 이름. 명예. 영예.
嘉好(가호) ①우의(友誼). ②우의를 도타이하기 위한 모임.
嘉會(가회) ①훌륭한 사물의 모임. ②경사스러운 모임. ③아주 경사스러운 만남.
嘉肴(가효) 맛 좋은 안주. 嘉殽(가효).
嘉卉(가훼) 아름다운 화초(花草).

11 ⑭【嘅】嘅 탄식할 개 泰

㊥kǎi ㊐カイ

소전 초서 자해 탄식하다, 탄식. 〔詩經〕嘅其嘆矣개기탄의.

11 ⑭【嘔】呕 1 노래할 구 本우 尤 2 게울 구 本우 有

인명 1급 ㊥ōu, ǒu ㊐オウ, ク

초서 자해 1 ❶노래하다, 노래 부르다. ≒謳〔漢書〕毋歌嘔道中무가구도중. ❷즐거워하는 모양. ¶ 嘔嘔구구. 2 게우다, 토하다. ＝歐. ¶ 嘔逆구역.

嘔嘔(구구) ①즐거워하는 모양. ②물건이 움직일 때 마찰하여 나는 소리.
嘔心(구심) 심혈(心血)을 토하여 냄. 심사숙고(深思熟考)하거나 노심초사(勞心焦思)함.
嘔啞(구아) ①어린이의 말소리. ②배나 수레가 움직이는 소리. ③악기의 소리.
嘔軋(구알) 삐걱거리는 소리. 咿軋(이알).
嘔逆(구역) 토할 것 같은 느낌.
嘔吐(구토) 토함. 먹은 것을 게움.

11 ⑭【嘛】 나마 마

㊥má, ma ㊐マ

초서 자해 나마(喇嘛). 티베트·몽고 등지에서 승려(僧侶)를 이르는 말.

11 ⑭【嘗】尝 맛볼 상 陽

고등 인명 3급 ㊥cháng ㊐キョウ

필순

소전 초서 속자 甞 속자 甞 자원 形聲. 尙+旨→嘗. '尙(상)'이 음을 나타낸다.

자해 ❶맛보다. ㉮음식을 맛보다. 〔詩經〕嘗其旨否상기지부. ㉯경험하다, 직접 체험하다. ❷시험하다. 〔禮記〕臣先嘗之신선상지. ❸일찍이, 일찍. ≒曾. 〔史記〕余嘗西至空峒여상서지공동.

嘗膽(상담) 쓸개를 맛봄. 원수를 갚고자 고생을 참고 견딤. 故事 월(越)나라 왕 구천(句踐)이 오(吳)나라 왕 부차(夫差)에게 복수하기 위하여 쓸개를 맛보며 몸을 괴롭히고 노심초사(勞心焦思)한 고사에서 나온 말. 臥薪

口 11획

嘗膽(와신상담).
嘗味(상미) 맛을 봄. 먹어 봄.
嘗糞(상분) 똥을 맛봄. ①지극한 효성. 故事 남북조 때 유금루(庾黔婁)가 위중한 아버지의 병세를 살피기 위하여 대변의 맛을 보았다는 고사에서 온 말. ②㉠지나친 아첨의 비유. ㉡목적을 이루기 위해 치욕을 참고 견딤의 비유. 故事 월(越)나라 왕 구천(句踐)이 오(吳)나라 왕 부차(夫差)에게 패배하여 그의 신하가 된 뒤 부차(夫差)의 대변을 맛보고, 부차의 병이 나을 것을 예언하여 부차의 환심을 샀다는 고사에서 온 말.
嘗糞之徒(상분지도) 똥을 맛보는 무리. 윗사람에게 아첨하는 사람.
嘗試(상시) ①시험하여 봄. ②시험 삼아 하는 계획·계략.
嘗新(상신) 임금이 신곡(新穀)을 처음으로 먹는 일.

口 11획

11 ⑭【嗽】 1기침할 수 宥 2마실 삭 覺
인명 ㊥sòu, shù, shuò ㊐ソウ, ソク
초서 참고 인명용 음은 '수'이다.
자해 1❶기침하다, 기침. 〔周禮〕冬時有嗽동시유수. ❷양치질하다, 입을 가시다. ＝漱. 〔史記〕日嗽三升일수삼승. 2마시다, 빨다, 빨아들이다.
嗽藥(수약) 입안을 가셔내는 약.
嗽咳(수해) 기침. 기침을 함. 咳嗽(해수).
嗽吮(삭연) 빨아 마심.
◨ 含嗽함수, 咳嗽해수.

11 ⑭【嗾】 부추길 수·주 有 屋
인명 1급 ㊥sǒu ㊐ソウ
소전 초서 참고 인명용 음은 '주'이다.
자해 ❶부추기다, 선동하다. ❷개를 부추기는 소리.
嗾囑(주촉) 남을 꾀어 부추겨 시킴.
◨ 使嗾사주.

11 ⑭【嘎】 새소리 알 ㊍갈 黠
㊥gā ㊐カツ
자해 ❶새소리. ❷웃는 소리.

11 ⑭【嗎】 즐길 언 ㊍헌 先
㊥xiān ㊐ケン
자해 ❶즐기다, 즐거워하다. ❷기뻐하다, 기꺼워하다. ❸웃는 모양, 빙그레 웃는 모양.

11 ⑭【嗷】 시끄러울 오 豪
㊥áo ㊐ゴウ
소전 초서 자해 시끄럽다, 여럿이 떠들썩하다. 〔荀子〕百姓讙嗷백성환오.
嗷嗷(오오) ①시끄럽게 부르는 소리. ②뭇사람의 근심하는 소리. ③기러기의 우는 소리.
嗷嘈(오조) 시끄러움. 떠들썩함.

11 ⑭【嘈】 시끄러울 조 豪
㊥cáo ㊐ソウ
초서 자해 시끄럽다, 떠들썩하다. ¶ 嘈嘈조조.
嘈雜(조잡) 소란함. 시끄러움.
嘈嘈(조조) 여러 가지 소리로 시끄러운 모양.

11 ⑭【嘖】 啧 외칠 책 陌
㊥zé ㊐サク
소전 초서 자해 ❶외치다, 큰 소리로 부르짖다. ¶ 嘖嘖책책. ❷말다툼하다. 〔荀子〕嘖然而不類책연이불류. ❸새소리, 새가 지저귀는 소리. ❹처음, 으뜸, 시초. 〔易經〕聖人有以見天下之嘖성인유이견천하지책.
嘖嘖(책책) ①시끄럽게 떠드는 모양. 언쟁(言爭)하는 모양. ②사람마다 칭찬하여 마지않는 모양. ③새가 우는소리.

11 ⑭【嗺】 재촉할 최 灰
㊥zuī, suī ㊐サイ
자해 재촉하다. 술을 어서 마시라고 재촉하는 말. ¶ 嗺酒최주.
嗺酒(최주) 술 마시기를 재촉함.

11 ⑭【嘆】 叹 탄식할 탄 翰
인명 ㊥tàn ㊐タン
소전 초서 자해 탄식하다, 한숨쉬다. ≒歎. 〔詩經〕嘅其嘆矣개기탄의.

11 ⑭【嗿】 많을 탐 感
㊥tǎn ㊐カン
소전 초서 자해 많다, 많은 모양.

11 ⑭【嘌】 빠를 표 嘯

㊥piāo ㊐ヒョウ

소전 초서 자해 ❶빠르다. ❷흔들리다, 흔들리는 모양. 〔詩經〕匪車嘌兮비거표혜.

11 ⑭【嘏】 클 하 ㊍가 馬

인명 ㊥gǔ ㊐カ

소전 초서 자해 ❶크다, 장대(壯大)하다. ❷복(福)을 받다. 〔詩經〕天錫公純嘏천석공순하.

嘏命(하명) 큰 명령. 중대한 명령.

嘏辭(하사) 제사 때, 축관이 제사를 받는 조상을 대신하여 제주에게 전하는 축복의 말.

11 ⑭【嘒】 가냘플 혜 霽

㊥huì ㊐ケイ

소전 초서 자해 ❶가냘프다, 소리가 가늘고 약하다. ¶ 嘒嘒혜혜. ❷소리가 부드럽고 가락에 맞는 모양. ¶ 嘒嘒혜혜. ❸희미하다. 〔詩經〕嘒彼小星혜피소성, 三五在東삼오재동.

嘒嘒(혜혜) ①매미의 울음소리. ②소리가 부드럽고 가락에 맞는 모양.

11 ⑭【嘑】 부르짖을 호 虞遇

㊥hū, hù ㊐コ

소전 초서 자해 ❶부르짖다, 외치다. ❷거칠게 말하다, 성을 내어 말하는 소리. 〔孟子〕嘑爾而與之호이이여지.

11 ⑭【嘐】 1 큰소리칠 효 肴 2 소리 교 肴

㊥xiāo, jiāo ㊐コウ, ホウ

소전 초서 자해 1 ❶큰소리치다, 과장해서 말하다. ❷크다, 뜻이 크다. 〔孟子〕其志嘐嘐然기지효효연. 2 소리. 닭이 우는 소리.

嘐嘐(교교) ①닭 우는 소리. ②쥐가 기물(器物)을 갉는 소리.

嘐戛(교알) 새가 시끄럽게 지저귀는 소리.

12 ⑮【嘰】 叽 쭉잘거릴 기 微

㊥jī ㊐キ

소전 초서 자해 ❶쭉잘거리다, 조금씩 먹다. ❷울다, 탄식하다.

12 ⑮【噐】 器(231)의 속자

12 ⑮【嚣】 器(231)의 속자

12 ⑮【嘮】 唠 떠들썩할 로 ㊍조 肴

㊥láo, chāo ㊐コウ

초서 자해 떠들썩하다, 시끄럽게 떠들다.

嘮呶(노노) 떠들썩함.

嘮叨(노도) 군소리가 많아 말이 간결하지 못함.

12 ⑮【嘹】 울 료 蕭

㊥liáo ㊐リョウ

초서 자해 ❶울다. 밤에 새가 울다. ¶ 嘹亮요량. ❷멀리까지 들리는 소리. ❸피리 소리. ¶ 嘹嘈요조.

嘹亮(요량) ①욺. 새들이 욺. ②멀리까지 들리는 소리.

嘹嘈(요조) 피리 소리.

12 ⑮【嘸】 呒 분명하지 않을 무 麌

㊥fǔ ㊐ブ

초서 자해 분명하지 않다, 명료하지 않다. 嘸然(무연) 분명하지 않은 모양. 모호한 모양.

12 ⑮【嘿】 고요할 묵 職

㊥mò ㊐ボク

자해 ❶고요하다. ❷말을 아니하다, 입을 다물다. ≒默. 〔史記〕荊軻嘿而逃去형가묵이도거.

12 ⑮【噴】 喷 뿜을 분 願元

인명 1급 ㊥pēn ㊐フン

소전 초서 본자 歕 속자 吩 자해 ❶뿜다, 물·불 따위를 뿜어 내다. ❷꾸짖다. ❸재채기하다.

噴激(분격) ①세차게 뿜어 올림. ②심하게 분개(憤慨)함. 憤激(분격).

噴騰(분등) 물 등을 내뿜어 올리는 일.

噴沫(분말) ①물방울을 내뿜음. ②물방울.

噴霧(분무) 안개처럼 내뿜음.

噴飯(분반) 먹던 밥을 내뿜음. 우스워서 참을 수 없음.

噴噴(분분) 거친 소리로 야단을 치는 모양.

噴射(분사) 뿜어서 내쏨.
噴雪(분설) 눈을 내뿜음. 파도가 하얗게 물보라를 일으키는 모양.
噴水(분수) ①물을 뿜어냄. ②물을 뿜어내도록 만든 구조물.
噴嚏(분체) 재채기.
噴出(분출) 내뿜음. 뿜어냄.
噴火(분화) ①불을 뿜어냄. ②화산이 터져서 활동하는 현상.

12
⑮【嘶】 울 시 齊

인명 ㊥sī ㊐セイ

초서 자해 ❶울다. 〔杜甫·詩〕 我馬向北嘶아마향북시. ❷목이 쉬다. ≒廝.

嘶馬(시마) 우는 말.
嘶噪(시조) 시끄럽게 욺.
12 嘶醜(시추) 목이 쉬어 소리가 나쁨.
획

12
⑮【噎】 목멜 열 屑

㊥yē ㊐イツ

소전 초서 자해 목메다, 목이 막히다. ¶ 噎嘔열구.

噎嘔(열구) 목이 메어 토함.

12
⑮【噁】 恶 ①성낼 오 遇 ②새소리 악 藥

㊥wù, wò ㊐オ, アク

초서 자해 ①성내다, 화내는 모양. 〔史記〕 項王喑噁叱咤항왕음오질타. ②새소리, 새가 지저귀는 소리. ¶ 噁噁악악.

噁噁(악악) 새소리.

12
⑮【噴】 탄식할 위 ㊍귀 卦

㊥kuì ㊐カイ

소전 초서 자해 ❶탄식하다, 한숨쉬다. ＝喟. ❷불쌍히 여기다.

12
⑮【嘲】 비웃을 조 肴

인명 1급 ㊥cháo ㊐チョウ

소전 초서 동자 謿 자해 ❶비웃다, 조롱하다, 희롱하다. 〔三國志〕 嘲啁無方조조무방. ❷새가 지저귀다, 새가 울다.

嘲弄(조롱) 비웃거나 깔보고 놀림.
嘲罵(조매) 비웃고 비난함.
嘲笑(조소) 비웃음.
嘲啾(조추) ①뒤얽혀 들리는 글 읽는 소리. ②새소리.
嘲戲(조희) 조롱함. 희롱함. 嘲謔(조학).
◫ 狂嘲광조, 自嘲자조.

12
⑮【噂】 수군거릴 준 阮

㊥zǔn ㊐ソン

소전 초서 자해 수군거리다, 여럿이 모여 말하다.

噂沓背憎(준답배증) 면전(面前)에서는 많은 말로 아첨하고, 돌아서서는 비방함.

12
⑮【噆】 깨물 참 感

㊥cǎn ㊐サン

초서 자해 깨물다, 입에 넣어 씹다. 〔莊子〕 蚊虻噆膚문맹참부.

噆膚(참부) 모기 따위가 살가죽을 묾.

12
⑮【噌】 ①소리 청 庚 ②시끄러울 증 蒸

㊥chēng, cēng ㊐ソウ

초서 자해 ①소리, 사람·종·북 등의 소리. ②시끄럽다, 어지럽게 떠들썩하다.

噌吰(청횡) 상인(商人)들이 시끄럽게 지껄이는 소리.

12
⑮【噍】 ①먹을 초 嘯 ②새소리 초 蕭

㊥jiào, jiū, jiāo ㊐ショウ

소전 초서 자해 ①먹다, 씹어 먹다. ②새소리, 새가 지저귀는 소리.

噍類(초류) 음식물을 씹어 먹는 동물의 총칭. 특히 사람을 이름. 生民(생민).
噍食(초식) 씹어 먹음.
噍噍(초초) 새가 지저귀는 소리.

12
⑮【噣】 囑(237)의 속자

12
⑮【嘬】 물 최 卦

㊥chuài ㊐サイ

초서 자해 ❶물다, 깨물다. 〔孟子〕 蠅蚋始嘬之승예시최지. ❷한 입에 먹어 버리다.

12
⑮【嘴】 부리 취 紙

인명 ㊥zuǐ ㊐シ

초서 (草書) 자해 ❶부리, 주둥이. ❷사물의 뾰족한 끝, 돌출(突出)한 곳.

12 ⑮ 【嘽】 ①헐떡일 탄 寒 ②느릿할 천 先

㊥tān, chān ㊐タン, セン

초서 자해 ①❶헐떡이다, 숨이 차다. 〔詩經〕嘽嘽駱馬탄탄락마. ❷많다, 많은 모양. 〔詩經〕王旅嘽嘽왕려탄탄. ❸기뻐하다, 기뻐하는 모양. ❹성하다, 성한 모양. ②느릿하다,에돌고 유유(悠悠)한 모양, 느릿하고 태연한 모양. 〔禮記〕其聲嘽以緩기성천이완.

嘽嘽(탄탄) ①마소 따위가 헐떡이는 모양. ②왕성(旺盛)한 모양. 여유 있는 모양. ③많은 모양. ④기뻐 즐기는 모양.

嘽緩(천완) 가락이 화평하고 한가로움.

12 ⑮ 【嘘】 嘘 불 허 魚

인명 1급 ㊥xū ㊐キョ

소전 초서 자해 ❶불다, 숨을 밖으로 내보내다. 〔莊子〕仰天而噓앙천이허. ❷울다, 흐느껴 울다.

噓噓(허허) ①숨을 내쉬어 그 기운이 나오는 모양. ②구름 따위가 이는 모양. ③코를 고는 소리.

噓吸(허흡) ①숨을 쉼. 呼吸(호흡). ②욺. 흐느껴 욺.

噓唏(허희) 크게 탄식하며 슬퍼함.

噓嚱(허희) 감탄하는 소리.

◨ 吹噓취허.

12 ⑮ 【嘷】 짖을 호 豪

㊥háo ㊐コウ

초서 자해 ❶짖다, 짐승이 으르렁거리다. ❷외치다, 울부짖다. 〔莊子〕兒子終日嘷아자종일호.

12 ⑮ 【嘵】 哓 두려워할 효 蕭

㊥xiāo ㊐ギョウ

소전 초서 자해 두려워하다, 두려워서 지르는 소리. 〔詩經〕予維音嘵嘵여유음효효.

12 ⑮ 【噏】 들이쉴 흡 緝

㊥xī ㊐キュウ

초서 자해 ❶들이쉬다, 숨을 들이쉬다. =吸. 〔漢書〕噏淸雲之流瑕兮흡청운지류하혜. ❷거두다, 거두어들이다.

12 ⑮ 【嘻】 웃을 희 支

㊥xī ㊐キ

초서 자해 ❶웃다. ❷화락하다, 화평스럽고 즐겁다. ❸아! 상찬(賞讚)·탄식·애통(哀痛)·비한(悲恨)·노기(怒氣)·위구(危懼) 등의 감정을 나타내는 소리. 〔詩經〕噫嘻成王희희성왕.

嘻笑(희소) 억지로 웃음.

嘻嘻(희희) ①스스로 만족하게 여기는 모양. ②즐거워 웃는 소리.

13 ⑯ 【噱】 크게 웃을 갹 藥

㊥jué ㊐キャク

소전 초서 자해 크게 웃다, 껄껄 웃다.

13 ⑯ 【噭】 주둥이 교 嘯

㊥jiào ㊐キョウ

소전 초서 자해 ❶주둥이, 동물의 입. 〔漢書〕馬蹏噭千마제교천. ❷부르짖다, 외치다. ❸울다, 우는 소리.

噭噭(교교) 슬프게 우는 소리.

噭咷(❶교도 ❷교조) ❶①아이가 울음을 그치지 않음. ②울어서 목이 쉼. ❷교조(噭誂).

噭應(교응) 큰 소리로 대답함.

噭誂(교조) 소리가 부드럽고 맑은 모양.

噭譟(교조) 여러 소리가 섞여 시끄러움.

噭哮(교효) 외침. 울부짖음.

13 ⑯ 【噤】 입 다물 금 沁

㊥jìn ㊐キン

소전 초서 자해 ❶입을 다물다, 말을 하지 아니하다. 〔楚辭〕口噤閉而不言구금폐이불언. ❷닫다.

噤口(금구) 입을 다물고 말하지 않음.

噤門(금문) 문을 닫음. 閉門(폐문).

噤吟(금음) 입을 다물고 끙끙거림.

13 ⑯ 【器】 그릇 기 寘

고등 인명 4Ⅱ급 ㊥qì ㊐キ

필순 丶 ㅁ ㅁ 吅 㗊 㗊 哭 哭 器

소전 초서 속자 器 속자 噐 자원 會意. 㗊+

口 13획

犬→器. '吅'는 그릇, '犬'은 개. 개고기를 담는 그릇이라는 데서 '그릇'이란 뜻을 나타낸다.

자해 **❶그릇. ㉮물건·음식 등을 담는 그릇. ㉯재능. ㉰도량.** 〔論語〕 管仲之器小哉관중지기소재. **㉱한 가지에만 쓰임의 비유.** 〔論語〕 君子不器군자불기. **❷그릇으로 쓰다, 적재를 적소에 쓰다.** 〔論語〕 其使人器之지사인기지. **❸그릇으로 여기다, 중히 여기다. ❹기관(器官), 생물체의 기관.**

器幹(기간) 일을 감당할 능력. 재능(才能).

器械(기계) ①무기. ②연장, 연모, 그릇, 기구 따위의 총칭.

器官(기관) 생물체를 이루는 한 부분.

器具(기구) 세간, 그릇, 연장의 총칭.

器局(기국) 재능과 도량.

器量(기량) ①일정한 양(量). ②재기(才器)와 덕량(德量). ③재능(才能).

器望(기망) 기량(器量)과 명망(名望). 재지(才智)가 뛰어나다는 평판(評判).

器皿(기명) 살림살이에 쓰는 그릇의 총칭.

器使(기사) 그릇으로 씀. 곧, 적재(適材)를 적소(適所)에 씀. 사람을 재능에 따라 씀.

器識(기식) 기량(器量)과 식견(識見).

器業(기업) 재능(才能)과 학문(學問).

器用(기용) ①쓸모 있는 도구(道具). ②재간(才幹)이 쓸 만한 사람의 비유.

器遇(기우) 재능을 아껴 정중히 대우함.

器任(기임) 재능이 그 직책을 감당할 만함.

器材(기재) 기구와 재료.

器重(기중) 재기(才器)가 있다고 인정하고 중하게 여김.

器質(기질) ①기량(器量)과 재질(材質). ②훌륭한 소질.

◨ 大器대기, 寶器보기, 石器석기, 食器식기, 樂器악기, 用器용기, 利器이기, 祭器제기, 土器토기, 凶器흉기.

13 ⑯ 【噥】 哝 소곤거릴 농 冬

㊥nóng ㊐ドウ

초서 자해 **소곤거리다, 소곤거리는 모양.**

13 ⑯ 【噸】 吨 ㊡톤 돈

㊥dūn ㊐トン

자해 **톤.** 무게 단위인 톤(ton)의 음역(音譯).

13 ⑯ 【噴】 噴(229)의 본자

13 ⑯ 【噬】 씹을 서 霽

㊥shì ㊐ゼイ

소전 초서 자해 **❶씹다, 깨물다, 물어뜯다. ❷미치다, 이르다.** ≒逝. 〔詩經〕 噬肯適我서긍적아.

噬啖(서담) 씹어 먹음.

噬齧(서설) 깨묾. 묾.

噬臍莫及(서제막급) 배꼽을 물려고 해도 입이 미치지 않음. 일이 그릇된 뒤에는 후회하여도 어찌할 수 없음. 故事 사람에게 붙잡힌 사향(麝香)노루가 사향 때문에 잡힌 줄을 알고 자기 배꼽을 물어 뜯으려 하였지만 이미 소용이 없었다는 이야기에서 온 말.

噬呑(서탄) ①씹어 삼킴. ②침략하여 빼앗음.

13 ⑯ 〖嘯〗 啸 ①휘파람 불 소 嘯 ②꾸짖을 질 質

인명 ㊥xiào, chì ㊐キョウ, シツ

소전 초서 참고 인명용 음은 '소'이다.

자해 ① **❶휘파람을 불다.** 〔詩經〕 其嘯也歌기소야가. **❷읊조리다, 음영하다. ❸울부짖다, 소리를 길게 뽑아 울다.** 〔史記〕 長嘯哀鳴장소애명. ② **꾸짖다.** =叱.

嘯詠(소영) 시가(詩歌) 따위를 읊조림.

嘯傲(소오) 아무에게나 무엇도 구애되지 않고 자유로움.

嘯咤(질타) ①꾸짖음. 叱咤(질타). ②격노(激怒)하여 혀를 참.

◨ 長嘯장소.

13 ⑯ 【噩】 놀랄 악 藥

㊥è ㊐ガク

초서 자해 **❶놀라다.** =愕. 〔周禮〕 二曰噩夢이왈악몽. **❷엄숙하다.** 〔法言〕 周書噩噩주서악악.

噩耗(악모) 사람의 죽음을 알리는 소식.

噩夢(악몽) 아주 놀란 뒤에 꾸는 꿈.

噩噩(악악) 엄숙한 모양.

13 ⑯ 【噞】 입 벌름거릴 엄 琰

㊥yǎn ㊐ゲン

소전 초서 자해 **입을 벌름거리다.** 물고기가 물 위로 주둥이를 내밀고 호흡하다. 〔淮南子〕 水濁則魚噞수탁즉어엄.

噞喁(엄옹) 물고기가 수면(水面)에 떠서 입을 오물거리며 호흡하는 모양.

13 ⑯【噳】 웃는 모양 우 麌

㊥yǔ ㊐グ

소전 자해 ❶웃는 모양. ❷떼를 짓다. 〔詩經〕 麀鹿噳噳우록우우.

13 ⑯【噢】 ①슬퍼할 욱 屋 ②위로할 우 麌

㊥yuè ㊐ソウ

초서 자해 ①슬퍼하다. ②위로하다, 아픔을 위로하다.

噢咿(욱이) 마음속으로 슬퍼함.

13 ⑯【噪】 떠들썩할 조 號

㊥zào ㊐ソウ

초서 자해 떠들썩하다, 시끄럽다, 떠들다.

噪聒(조괄) 떠들썩하고 시끄러움.
噪急(조급) 입이 사납고 성미가 급함.
噪音(조음) 진동이 불규칙하고 높이나 가락이 분명하지 않은 음. 시끄러운 음.
■ 蟬噪선조, 喧噪훤조.

13 ⑯【噣】 ①부리 주 宥 ②쪼을 탁 覺

㊥zhòu, zhuó ㊐チュウ, タク

소전 초서 자해 ① ❶부리, 주둥이. 〔史記〕 中衍人面鳥噣중연인면조주. ❷별 이름, 유성(柳星). ②쪼다, 쪼아 먹다. ＝啄.

噣鳥(주조) 갈고리 같은 부리를 가진 큰 새.

13 ⑯【噲】 哙 ①목구멍 쾌 卦 ②야윌 괄 曷

㊥kuài, kuò ㊐カイ, カツ

소전 초서 자해 ① ❶목구멍. ❷시원하다, 상쾌하다. ≒快. ②야위다, 초췌하다. ≒癐. 〔莊子〕 顏色腫噲안색종괄.

噲伍(쾌오) ①번쾌(樊噲)와 같은 무리. 평범한 인물. 庸流(용류). ②벗으로서 사귀는 것을 부끄럽게 여김. 故事 한(韓)나라의 왕족 출신인 한신(韓信)이 번쾌(樊噲)와 같은 반열(班列)에 서게 됨을 탄식한 고사에서 온 말. 與噲等伍(여쾌등오).
噲噲(쾌쾌) 상쾌한 모양.

13 ⑯【噦】 哕 ①방울소리 홰 泰 ②딸꾹질 얼 月

㊥huì, yuē ㊐カイ, イツ

소전 초서 자해 ① ❶방울 소리, 말방울이 가락에 맞게 흔들리는 소리. 〔詩經〕 鸞聲噦噦란성홰홰. ❷침침하다, 어둠침침하다. 〔詩經〕 噦噦其冥홰홰기명. ②딸꾹질, 딸꾹질하다.

噦噦(홰홰) ①수레가 천천히 나아감에 따라 말방울이 가락에 맞게 흔들리는 소리. ②어둑어둑한 모양.

13 ⑯【噫】 ①탄식할 희 支 ②트림 애 卦

인명 2급 ㊥yī, ǎi ㊐イ, アイ

소전 초서 참고 인명용 음은 '희'이다.

자해 ① ❶탄식하다. ❷아! 감탄·탄식·한탄 등의 소리. 〔論語〕 噫희, 言游過矣언유과의. ②트림, 하품. 〔禮記〕 不敢噦噫嚏咳불감얼애체해.

噫嗚(희오) 슬피 탄식하는 모양.
噫乎(희호) 애통해하거나 탄식하는 소리.
噫氣(애기) ①내뿜는 숨. ②트림.
噫欠(애흠) 트림과 하품.

14 ⑰【嚀】 咛 간곡할 녕 靑

㊥níng ㊐ネイ

초서 자해 간곡하다, 간절하고 곡진하다. ≒寧.

14 ⑰【嚂】 ①먹을 람 勘 ②소리 함 感

㊥làn, hǎn ㊐ラン, カン

초서 자해 ① ❶먹다, 게걸스럽게 먹다. ❷탐하다, 심하게 좋아하다. ②소리, 외치는 소리. ≒喊.

14 ⑰【嚊】 헐떡거릴 비 寘

㊥pì ㊐ヒ

초서 자해 헐떡거리다, 헐떡이는 소리.

14 ⑰【嚅】 선웃음 칠 유 虞

㊥rú ㊐ジュ

초서 자해 ❶선웃음 치다, 아첨하여 웃다. 〔楚辭〕 喔咿嚅唲악이유아. ❷입을 다물다, 말하다가 말을 하지 아니하다. ❸말이 많다, 떠들썩하다.

嚅囁(유섭) ①소곤거림. ②말이 많음.
嚅唲(유아) ①아첨하여 웃음. ②자신을 굽혀 남에게 복종함.

口 14획

14 ⑰【嚌】哜 맛볼 제 霽

㊥jì ㊐セイ

소전 초서 자해 ❶맛보다, 음식의 맛을 보다. 〔禮記〕主人之酢也주인지작야, 嚌之제지. ❷제수(祭需).

14 ⑰【嚔】 嚏(234)의 속자

14 ⑰【嚃】 들이마실 탑 合

㊥tà ㊐トウ

자해 들이마시다, 씹지 않고 마시다. 〔禮記〕無嚃羹무탑갱.

14 ⑰【嚇】吓 ①웃을 하 禡 ②성낼 혁 陌

㊥xià, hè ㊐カ, カク

초서 자해 ①❶웃다, 웃음소리. ❷으르다, 꾸짖어 위협하다. 〔莊子〕今子欲以子之梁國而嚇我邪금자욕이자지량국이하아야. ②성내다, 화를 벌컥 내다.

嚇我(하아) 남이 나를 위협함.
嚇怒(혁노) 크게 성냄. 大怒(대노).
◨ 恐嚇공하, 威嚇위하.

14 ⑰【嚮】 衖(1300)과 동자

14 ⑰【嚄】 외칠 획 陌

㊥huò ㊐カク

초서 자해 ❶외치다, 부르짖다. 〔史記〕晉鄙嚄唶宿將진비획책숙장, 往恐不聽왕공불청. ❷아! 놀라서 지르는 소리. 〔史記〕嚄획, 大姊대자, 何藏之深也하장지심야.

嚄唶(획책) 잔소리가 많은 모양.
嚄嘖(획책) ①큰 소리로 외침. ②말이 많아 시끄러운 모양.

14 ⑰〖嚆〗 울릴 효 肴

인명 1급 ㊥hāo ㊐コウ

초서 자해 ❶울리다, 소리가 나다. 〔莊子〕焉知曾史之不爲桀跖嚆矢也언지회사지불위걸척효시야. ❷외치다, 부르짖다.

嚆矢(효시) ①쏘면 소리를 내면서 날아가는 화살. 우는살. 鳴箭(명전). ②일의 시초(始初). 전쟁을 시작할 때, 우는살을 먼저 쏘았던 데서 온 말.

15 ⑱【嚙】啮 깨물 교 巧

㊥niè ㊐ゴウ

초서 자해 깨물다, 뼈를 씹다. ＝齩.

嚙鞭之馬(교편지마) 國말이 제 고삐를 씹음. 자기 친척을 헐뜯으면 결국 자기에게 해가 됨.

15 ⑱【嚜】 잠잠할 묵 職

㊥mèi ㊐モク, ボク

초서 자해 ❶잠잠하다, 입을 다물고 말을 하지 않다. ❷불만스러운 모양, 스스로 흡족히 여기지 않는 모양. 〔史記〕于嗟嚜嚜兮우차묵묵혜.

15 ⑱【嚘】 탄식할 우 尤

㊥yōu ㊐コウ

소전 자해 ❶탄식하다. ❷말을 얼버무리다.

15 ⑱【嚚】 어리석을 은 眞

㊥yín ㊐ギン

소전 초서 자해 ❶어리석다. 〔書經〕父頑母嚚부완모은. ❷말에 진실성이 없다, 말에 거짓이 많다. ¶ 嚚訟은송.

嚚訟(은송) 말에 거짓이 많고 말다툼을 좋아함.
嚚瘖(은음) 벙어리.

15 ⑱【嚏】嚏 재채기 체 霽

㊥tì ㊐テイ

소전 초서 속자 嚔 자해 재채기, 재채기하다. 〔詩經〕願言則嚏원언즉체.

嚏噴(체분) 재채기.

16 ⑲【嚪】 먹을 담 感

㊥dàn ㊐タン

자해 먹다, 먹이다. ≒啗.

16 ⑲〖嚧〗 산돼지 부르는 소리 로 虞

인명 ㊥lú ㊐ロ

자해 산돼지를 부르는 소리.

16 ⑲【嚨】咙 목구멍 롱 東

㊥lóng ㊐ロウ

소전 [seal] 자해 목구멍. 〔晉書〕 敎汝捻嚨喉교여념롱후.

嚨喉(농후) 목구멍. 인후. 嚨胡(농호).

16 ⑲【嚭】 클 비 紙

㊥pǐ ㊐ヒ

소전 초서 동자 嚭 자해 ❶크다. ❷크게 기뻐하다.

16 ⑲【嚬】 嚬 찡그릴 빈 眞

인명 1급 ㊥pín ㊐ヒン

초서 자해 찡그리다, 눈살을 찌푸리다. ≒顰. 〔後漢書〕 擧首嚬眉之感거수빈미지감.

嚬呻(빈신) 얼굴을 찡그리고 신음함.

嚬蹙(빈축) ①얼굴을 찡그림. ②비난하는 마음의 표현.

16 ⑲【嚥】 삼킬 연 霰

인명 ㊥yàn ㊐エン

초서 동자 咽 자해 삼키다, 마시다.

嚥日(연일) 햇빛을 들이마시는 도교(道敎)의 수양법의 한 가지.

嚥下(연하) 삼켜 버림. 삼킴.

16 ⑲【嚫】 베풀 친 震

㊥chèn ㊐シン

자해 베풀다, 시주(施主)하다.

嚫物(친물) (佛)①시주한 재물. ②승려가 베풀어 준 재물.

16 ⑲【嚮】 向 향할 향 漾

인명 1급 ㊥xiàng ㊐キョウ

초서 자해 ❶향하다, 바라보다, 대하다. ≒向. 〔孟子〕 相嚮而哭상향이곡. ❷접때, 지난번. ❸누리다, 대접을 받다, ≒饗. 〔史記〕 已嚮其利者이향기리자, 爲有德위유덕. ❹메아리, 메아리치다. ≒響.

嚮導(향도) ①길을 안내함. ②길라잡이.

嚮利忘義(향리망의) 이익만을 구하여 도리를 잊음.

嚮明(향명) ①밝아옴. ②날샐 무렵.

嚮背(향배) 따름과 배반함.

嚮往(향왕) 마음이 향하여 감. 심복(心服)함.

嚮日(향일) ①해를 향함. 태양이 있는 곳으로 향하는 일. ②접때. 저번 날.

嚮者(향자) 접때. 지난 때. 向者(향자).

嚮晦(향회) 어두워질 무렵. 해질 무렵.

17 ⑳【嚳】 喾 고할 곡 沃

㊥kù ㊐コク

소전 초서 자해 ❶고하다, 급히 아뢰다. ❷고대 제왕(帝王) 이름, 제곡(帝嚳). 오제(五帝)의 한 사람인 고신씨(高辛氏). 〔禮記〕 殷人禘嚳而郊冥은인제곡이교명.

17 ⑳【嚶】 嘤 새소리 앵 庚

㊥yīng ㊐オウ

소전 초서 자해 새소리, 새가 장단 맞추듯 서로 지저귀는 소리. 〔詩經〕 鳥鳴嚶嚶조명앵앵.

嚶喔(앵악) 새가 우는 소리.

17 ⑳【嚴】 严 엄할 엄 鹽

중학 인명 4급 ㊥yán ㊐ゲン, ゴン

필순 吅 严 严 严 严 严 嚴 嚴 嚴 嚴

소전 초서 속자 厳 자원 形聲. 吅+厰→嚴. '厰(음)'이 음을 나타낸다.

자해 ❶엄하다, 엄격하다. 〔史記〕 法家嚴而少恩법가엄이소은. ❷급하다, 바쁘다. 〔孟子〕 事嚴사엄, 虞不敢請우불감청. ❸혹독하다, 한기(寒氣)가 대단하다. ❹엄숙함, 위엄(威嚴) 있다. 〔詩經〕 有嚴有翼유엄유익. ❺삼가다, 공경하다. ❻두려워하다. 〔大學〕 十目所視십목소시, 十手所指십수소지, 其嚴乎기엄호.

嚴格(엄격) 매우 엄함. 嚴峻(엄준).

嚴棍(엄곤) 형벌로 엄하게 곤장을 침.

嚴科(엄과) 엄중한 규칙이나 법률.

嚴君(엄군) ①아버지의 높임말. ②부모의 높임말. ③위엄이 있는 임금.

嚴棘(엄극) 감옥. 교도소. 옛날에는 죄수를 가시로 둘러싸 도망을 막았던 데서 온 말.

嚴禁(엄금) 엄하게 금지함.

嚴冬雪寒(엄동설한) 눈이 내리는 깊은 겨울의 심한 추위.

嚴冷(엄랭) ①몹시 추움. ②성질이 세속에 맞지 않아 남과 친숙(親熟)해지지 않음. ③딱딱하고 무표정함.

嚴令(엄령) 엄한 명령.

嚴命(엄명) 엄중하게 명령함.
嚴密(엄밀) ①아주 비밀히 함. ②엄중하여 빈틈이 없음. 세밀함.
嚴罰(엄벌) 엄하게 벌을 줌.
嚴父(엄부) ①엄격한 아버지. ②자기 아버지의 높임말. 嚴親(엄친).
嚴査(엄사) 엄중하게 조사함.
嚴師(엄사) ①엄격한 스승. ②스승을 존경함.
嚴霜(엄상) ①된서리. ②엄중한 형벌.
嚴色(엄색) ①위엄이 있는 안색(顔色). ②엄숙한 표정을 지음.
嚴選(엄선) 엄격하고 공정하게 가리어 뽑음.
嚴守(엄수) 어기지 않고 꼭 지킴.
嚴肅(엄숙) 엄하고 정숙함.
嚴侍下(엄시하) 國어머니는 돌아가시고 아버지만 살아 계신 처지.
嚴威(엄위) ①엄격하고 위엄이 있음. ②두려워하고 삼감.
嚴莊(엄장) 엄숙함. 엄함.
嚴節(엄절) ①지극히 빠른 가락. ②겨울.
嚴正(엄정) 엄격하고 올바름.
嚴朝(엄조) 규율 등이 엄한 조정.
嚴誅(엄주) 엄하게 벌을 줌.
嚴峻(엄준) 엄숙하고 준엄함. 嚴厲(엄려).
嚴重(엄중) 몹시 엄함.
嚴責(엄책) 엄하게 꾸짖음. 엄격한 꾸중.
嚴處(엄처) 엄중하게 처단함. 嚴斷(엄단).
嚴勅(엄칙) 엄한 조칙(詔勅).
嚴飭(엄칙) 엄하게 훈계함.
嚴憚(엄탄) 두려워하여 꺼림.
嚴覈(엄핵) 사건의 실상을 엄격히 조사함.
嚴酷(엄혹) 엄하고 혹독함.
嚴訓(엄훈) 엄중한 훈계.
◨ 戒嚴계엄, 謹嚴근엄, 森嚴삼엄, 威嚴위엄, 莊嚴장엄, 尊嚴존엄, 峻嚴준엄.

17 ⑳【嚲】 휘늘어질 타 哿

㊥duǒ ㊐タ

초서 자해 ❶휘늘어지다, 축축 드리우다. ❷두껍다, 짙다.

嚲煙(타연) 짙은 연기.

17 ⑳【嚱】 소리 희 支

㊥xì ㊐キ

초서 자해 ❶소리, 말소리. ❷아! 경탄하는 소리.

18 ㉑【囁】嗫 소곤거릴 섭 葉

㊥niè, zhé ㊐キュウ

초서 자해 ❶소곤거리다, 속삭이다. 〔史記〕乃效女兒呫囁耳語내효녀아점섭이어. ❷말을 머뭇거리다, 입만 움직이고 말은 똑똑하지 않다.

囁嚅(섭유) ①말을 머뭇거리는 모양. ②속삭임.

18 ㉑【嚼】 씹을 작 藥

인명 1급 ㊥jué ㊐シャク, ソウ

소전 초서 자해 ❶씹다, 입에 넣고 씹다. ❷술을 권하는 말. 〔後漢書〕嚼復嚼者작부작자.

嚼口(작구) 말의 입에 물리는 재갈.
嚼蠟(작랍) 밀을 씹음. 맛이 없음의 비유.
嚼復嚼(작부작) 한 잔 또 한 잔. 억지로 술을 권하는 말.
◨ 咀嚼저작.

18 ㉑【囀】啭 지저귈 전 霰

㊥zhuàn ㊐テン

초서 자해 ❶지저귀다, 새가 잇따라 울다. ❷울림, 가락.

18 ㉑【嚾】 부를 환 寒翰

㊥huān ㊐カン

초서 자해 ❶부르다, 오라고 부르다. ＝喚. ❷시끄럽다, 떠들썩하다. 〔新唐書〕怨言嚾流원언환류.

嚾呼(환호) 시끄럽게 부름. 떠들어댐.

18 ㉑【囂】嚣 들렐 효 蕭

㊥xiāo ㊐キョウ

소전 초서 자해 ❶들레다, 왁자하다. 〔春秋左氏傳〕在陳而囂재진이효. ❷걱정하는 모양, 근심하는 모양. ❸남의 말을 듣지 아니하는 모양. ❹자득(自得)하여 무욕(無欲)한 모양. 〔孟子〕人知之亦囂囂인지지역효효.

囂煩(효번) 시끄럽고 번거로움.
囂浮(효부) ①침착하지 못하고 경박한 모양. ②시끄러운 속세(俗世).
囂埃(효애) 시끄러운 속세.
囂塵(효진) ①시끄럽고 먼지가 많음. 곧, 번화한 시가(市街)의 시끄러운 모양. ②번거로운 속세의 일.
囂風(효풍) 시끄럽게 떠들고 싸우는 풍습.
囂譁(효화) 시끄러움.

囂囂(효효) ①들레고 떠들썩한 모양. ②한탄하고 근심하는 모양. ③만족하여 욕심이 없는 모양. ④텅빈 모양.
囂諠(효훤) 시끄러움. 떠들썩함.
◨ 紛囂분효.

19
㉒【囊】 주머니 낭 陽

인명 1급 ㊥náng ㊐ノウ

소전 초서 자해 ❶주머니. 자루, 밑이 막힌 자루. 〔詩經〕 迺裹餱糧내과식후량, 于橐于囊우탁우낭. ❷주머니에 넣다, 싸서 동여매다.

囊括(낭괄) ①자루에 넣고 자루 아가리를 동여맴. ②남김없이 죄다 싸서 가짐.
囊沙之計(낭사지계) 한신(韓信)이 수많은 모래 자루로 냇물 목을 막았다가, 적군이 그 하류를 건너는 때 한꺼번에 터놓아, 많은 적을 익사하게 한 계략.
囊中之錐(낭중지추) 주머니 속에 든 송곳. 재능이 있는 사람은 대중 속에 끼어 있어도 이내 그 재능이 드러남.
囊橐(낭탁) 자루. 전대. '囊'은 한쪽 끝만 튼 자루, '橐'은 양쪽 끝을 튼 자루.
囊螢(낭형) 개똥벌레를 주머니에 넣음. 고생하며 학문(學問)을 닦음. 故事 진(晉)나라의 차윤(車胤)이 개똥벌레를 주머니에 넣어서 그 불빛으로 책을 읽었다는 고사에서 온 말.
◨ 背囊배낭, 郵便囊우편낭, 枕囊침낭.

19
㉒【囈】吃 잠꼬대 예 霽

㊥yì ㊐ゲイ

초서 동자 讛 자해 잠꼬대, 허황된 말.

囈語(예어) 잠꼬대. 헛소리.

19
㉒【囋】 기릴 찬 寒

㊥zàn ㊐サン

초서 자해 ❶기리다, 돕다. ＝贊. ❷먹다, 마시다. ＝餐.

19
㉒【囍】 國쌍희 희 인명

자해 쌍희. ※우리나라에서 길상(吉祥)의 의미로 공예품·그릇·베갯머리 등에 무늬로 쓰이는 글자.

21
㉔【囑】嘱 부탁할 촉 沃

인명 1급 ㊥zhǔ ㊐ショク

초서 속자 嘱 자해 ❶부탁하다, 당부하다. ❷맡기다. 〔後漢書〕 爲汝有事囑之而受乎위여유사촉지이수호.

囑望(촉망) 잘되기를 기대함. 屬望(촉망).
囑付(촉부) 분부함. 부탁함.
囑言(촉언) ①전갈함. 전언(傳言)함. ②뒷일을 남에게 당부하는 말.
囑託(촉탁) ①일을 부탁하여 맡김. ②관청이나 공공 기관의 임시직. 또는 그 직에 있는 사람.
◨ 懇囑간촉, 咐囑부촉, 委囑위촉, 嗾囑주촉.

囗 部 큰입구몸

0
③【囗】 1 에울 위 微 2 나라 국 職

㊥wéi, guó ㊐イ, コク

자원 象形. 사방을 빙 두른 모양을 본뜬 글자.
자해 1 ❶에우다. ※圍(245)의 고자(古字). ❷한자 부수의 하나, 큰입구몸. 2 나라. ※國(243)의 고자.

2
⑤【四】 넉 사 寘

중학 인명 8급 ㊥sì ㊐シ

필순 丨 冂 罒 四 四

소전 초서 갖은 肆 자원 指事. '口'는 사방(四方)·사우(四隅)를 본뜨고, '八'은 나눈다는 뜻. 곧, 사방 또는 사우를 각각 네 부분으로 나누는 모양으로 '넷'의 뜻을 나타낸다.

자해 ❶넷. '二'의 배수(倍數)로서 음(陰)의 수. 〔易經〕 天一地二천일지이, 天三地四천삼지사. ❷네 번, 네 번 하다. 〔春秋穀梁傳〕 四不克請五사불극청오. ❸사방(四方).

四季(사계) 봄·여름·가을·겨울의 네 계절.
四季花(사계화) ①네 철을 대표하는 살구·연(蓮)·국화·매화의 네 꽃. ②월계화(月季花).
四苦(사고) (佛)사람이 살면서 겪는 네 가지 고통. 곧, 생(生)·노(老)·병(病)·사(死).
四庫(사고) 당(唐) 현종(玄宗)이 모든 책을 경(經)·사(史)·자(子)·집(集)의 네 가지로 나누어서 모아 간수하던 서고(書庫). 또는 그 서적.
四顧無親(사고무친) 사방을 둘러보아도 친한 사람이 없음. 의지할 만한 사람이 도무지 없음.
四苦八苦(사고팔고) 온갖 심한 고통과 괴로움.
四科(사과) 공자가 제자에게 가르친 네 가지

과목. 곧, 덕행(德行)·언어(言語)·정사(政事)·문학(文學).

四館(사관) 조선 때, 성균관(成均館). 예문관(藝文館)·승문원(承文院)·교서관(校書館).

四衢八街(사구팔가) 큰 길이 많은 큰 도시. 사통팔달(四通八達)의 대도시.

四君子(사군자) 묵화(墨畫)에서 기품(氣品)을 군자(君子)에 비긴 네 가지 식물. 곧, 매화·난초·국화·대나무.

四窮(사궁) 늙은 홀아비, 늙은 홀어미, 부모 없는 어린이, 자식 없는 늙은이의 총칭. 鰥寡孤獨(환과고독).

四端(사단) 인간의 마음속에 선천적으로 구비되어 있는 네 가지 도덕의 단서. 곧, 인(仁)·의(義)·예(禮)·지(智)의 도덕적 단서인 측은(惻隱)·수오(羞惡)·사양(辭讓)·시비(是非).

四唐(사당) 시체(詩體)를 기준하여 당대(唐代)를 나눈 네 시기. 곧, 초당(初唐)은 고조(高祖)~현종(玄宗), 성당(盛唐)은 현종~대종(代宗), 중당(中唐)은 대종~문종(文宗), 만당(晩唐)은 문종~소종(昭宗).

四大奇書(사대기서) 명대(明代)에 지어진 네 편의 걸작 소설. 곧, 수호전(水滸傳)·삼국지연의(三國志演義)·서유기(西遊記)·금병매(金甁梅). 금병매 대신 비파기(琵琶記)를 넣기도 함.

四德(사덕) ①주역(周易)에서 말하는 천지가 만물을 화육(化育)하는 네 가지 덕. 곧, 원(元)·형(亨)·이(利)·정(貞). ②여자로서 갖추어야 한다는 네 가지 품성. 곧, 마음씨·말씨·맵시·솜씨. ③인륜(人倫)의 네 가지 덕. 곧, 효(孝)·제(悌)·신(信)·충(忠).

四靈(사령) 네 가지의 신령한 동물. 곧, 기린·봉황·거북·용.

四禮(사례) ①관례(冠禮)·혼례(婚禮)·상례(喪禮)·제례(祭禮). ②임금과 신하, 어버이와 자식, 형제, 벗 사이에서 지켜야 할 예(禮).

四六文(사륙문) 한문 문체의 하나. 네 글자와 여섯 글자로 이루어지는 구(句)를 되풀이하되, 대구(對句)를 많이 써서 운율적으로 아름다운 느낌을 줌. 육조(六朝)와 당대(唐代)에 성행하였음.

四隣(사린) ①사방의 이웃. ②사방에 이웃하여 있는 나라들.

四末(사말) 손과 발의 끝. 곧, 사지의 끝.

四面楚歌(사면초가) 사방에서 초(楚)나라 노래가 들려옴. ㉠적으로 사방이 둘러싸인 형세. ㉡아무런 도움을 받을 수 없는 상태. 故事 초(楚)나라 항우(項羽)가 해하(垓下)에서 한(漢) 고조(高祖) 유방(劉邦)의 군사에게 포위되었을 때, 밤중에 그를 포위한 한나라 진영 가운데서 초나라 노래를 부르는 소리를 듣고, 초나라 백성이 이미 한나라에 항복한 줄로 알고 탄식했다는 고사에서 온 말.

四目(사목) ①네 개의 눈. ②사방의 일을 널리 보고 앎.

四勿(사물) 공자(孔子)가 안회(顏回)에게 가르친 네 가지 삼갈 일. 예가 아니면 보지도 듣지도 말하지도 움직이지도 마라는 가르침을 말함.

四民(사민) ①네 부류의 백성. 곧, 사(士)·농(農)·공(工)·상(商). ②민중(民衆). 백성.

四方之志(사방지지) ①천하를 경영하려는 큰 뜻. ②여러 나라의 기록.

四壁(사벽) ①사방의 벽이나 성벽. ②세간이 없어 벽만 있는 집. 가난한 집.

四分五裂(사분오열) ①여러 갈래로 갈기갈기 찢어짐. ②질서 없이 뿔뿔이 갈라짐. ③천하가 크게 어지러워진 모양의 비유.

四捨五入(사사오입) 4이하의 수는 버리고 5이상의 수는 그 윗자리에 1을 더하여 주는 방법. 반올림.

四象(사상) 주역(周易)에 있어서 음양의 네 가지 상징. 곧, 태양(太陽)·소양(少陽)·태음(太陰)·소음(少陰).

四塞(❶사새 ❷사색) ❶①사방이 산과 강으로 둘러싸인 요해지(要害地). ②이복(夷服)·진복(鎭服)·번복(蕃服) 등 사방에서의 방비. ❷①안개 따위가 사방에 차서 막힘. ②사방이 막힘.

四色(사색) ①네 빛깔. 곧, 적(赤)·청(青)·흑(黑)·백(白). ②조선 때, 네 당파. 곧 노론(老論)·소론(少論)·동인(東人)·서인(西人).

四書(사서) 유교의 네 가지 경전. 곧, 대학(大學)·중용(中庸)·논어(論語)·맹자(孟子).

四聲(사성) 한자가 가진 매 음절의 운(韻)을 그 성조에 따라 나눈 네 가지 유형. 곧, 평성(平聲)·상성(上聲)·거성(去聲)·입성(入聲).

四聖(사성) ①중국의 네 성인. 곧, 복희씨(伏羲氏)·문왕(文王)·주공(周公)·공자(孔子). ②동서고금(東西古今)에 으뜸가는 네 명의 성인. 주로 석가·예수·소크라테스·공자를 드나, 소크라테스 대신 마호메트를 넣기도 함.

四時(사시) ①봄·여름·가을·겨울. 四季(사계). ②하루의 네 때. 곧, 아침·낮·저녁·밤.

四時長春(사시장춘) ①늘 봄빛임. ②항상 잘 지냄.

四神(사신) 네 방위를 맡은 신. 동은 청룡(青龍), 서는 백호(白虎), 남은 주작(朱雀), 북은 현무(玄武).

四岳(사악) 요(堯)임금 때 사방 제후(諸侯)의 일을 나누어 관장한 희씨(羲氏)와 화씨(和

氏)의 네 사람. 곧, 희중(羲仲)·희숙(羲叔)·화중(和仲)·화숙(和叔). 일설에는 사방 제후를 통솔하는 벼슬.

四嶽(사악) ①사방에 높이 솟은 큰 산. 태산(泰山;東嶽)·화산(華山;西嶽)·형산(衡山;南嶽)·항산(恒山;北嶽). 여기에 중앙의 숭산(嵩山;中嶽)을 합하여 오악(五嶽)이라 이름. ②사방의 제후(諸侯). ③지방 장관.

四友(사우) ①눈 속에서 피는 네 가지 꽃. 곧, 옥매(玉梅)·납매(臘梅)·수선(水仙)·산다화(山茶花). ②네 가지 문방구. 곧, 지(紙)·필(筆)·묵(墨)·연(硯).

四宇(사우) 온 천하(天下). 四海(사해).

四侑(사유) 공자(孔子)의 묘(廟)에 함께 모시고 제사 지내는 네 어진 사람. 곧, 안자(顏子)·증자(曾子)·자사(子思)·맹자(孟子). 四配(사배).

四維(사유) ①나라를 유지하는 데 필요한 네 가지 대강령(大綱領). 곧, 예(禮)·의(義)·염(廉)·치(恥). ②사방의 구석. 곧, 건(乾;西北)·곤(坤;西南)·간(艮;東北)·손(巽;東南). ③그물의 네 벼리.

四夷(사이) 옛날 중국에서 한족(漢族) 이외의 이민족(異民族)을 사방의 오랑캐라고 이르던 말. 곧, 동이(東夷)·서융(西戎)·남만(南蠻)·북적(北狄).

四鳥別(사조별) 부모와 자식의 이별. 故事 환산(桓山)에 살던 새가 새끼 네 마리를 길렀는데, 다 키워서 사방으로 갈려갈 즈음에 다시 돌아오지 않을 것을 슬퍼하여 울었다는 고사(故事)에서 나온 말.

四柱(사주) 사람이 태어난 연월일시(年月日時)의 네 간지(干支).

四肢(사지) 사람의 팔다리. 두 손과 두 다리.

四知(사지) 비밀은 숨겨 두어도 언젠가는 반드시 드러남. 故事 후한(後漢)의 양진(楊震)이 동래(東萊) 태수(太守)로 있을 때 왕밀(王密)이 밤중에 찾아와서 금(金) 열 근을 뇌물로 바치면서 '아무도 모른다.'고 하자 양진이 '하늘이 알고 땅이 알고 내가 알고 자네가 안다.'고 하며 거절했다는 고사에서 온 말.

四診(사진) 의사가 병을 진찰하는 네 가지 방법. 곧, 시진(視診)·청진(聽診)·문진(問診)·촉진(觸診).

四天(사천) ①사계(四季)의 하늘. 곧, 봄의 창천(蒼天)·여름의 호천(昊天)·가을의 민천(旻天)·겨울의 상천(上天). ②사방(四方)에 있는 하늘.

四體(사체) ①팔과 다리. 사지(四肢). ②서예의 네 가지 글씨체. 고문(古文)·전(篆)·예(隸)·초(草)

四寸(사촌) ①네 치. ②아버지의 친형제자매의 아들과 딸과의 촌수.

四通五達(사통오달) 길이 사방으로 막힘없이 통함. 四通八達(사통팔달).

四海(사해) ①사방의 바다. ②천하. 온 세상.

四海爲家(사해위가) ①천하를 자기 집안으로 만듦. 제업(帝業)의 광대함의 비유. ②나라 안 모든 곳을 집으로 삼음. 떠돌아다니며 일정한 주거가 없음.

四海兄弟(사해형제) 온 세계 사람이 형제와 다름없이 친함. 四海同胞(사해동포).

四行(사행) ①사람이 지켜야 할 네 가지 중요한 길. 곧, 효(孝)·제(悌)·충(忠)·신(信). ②여자가 지켜야 할 네 가지 행실. 곧, 부덕(婦德)·부언(婦言)·부용(婦容)·부공(婦功).

四皓(사호) 진시황(秦始皇) 때 난리를 피하여 상산(商山)에 은거한 네 노인. 곧, 동원공(東園公)·기리계(綺里季)·하황공(夏黃公)·녹리선생(甪里先生). 商山四皓(상산사호).

四凶(사흉) 순(舜)임금 때의 네 사람의 악인(惡人). 곧, 공공(共工)·환도(驩兜)·삼묘(三苗)·곤(鯀).

◨ 張三李四장삼이사, 再三再四재삼재사, 朝三暮四조삼모사.

口 2획

2 ⑤ **【囚】** 가둘 수 尤

고등 인명 3급 ㊥qiú ㊐シュウ

필순 丨 冂 冂 囚 囚

소전 초서 자원 會意. 口+人→囚. 사람〔人〕이 사방을 둘러친 담〔口〕 안에 갇혀 있다는 데서 '가두다'의 뜻을 나타낸다. 갇혀 있는 사람의 대표적인 사례가 죄수이므로, '죄수'라는 뜻도 가진다.

자해 **❶가두다, 자유를 빼앗다.** 〔書經〕 囚蔡叔于郭鄰수채숙우곽린. **❷죄인, 죄를 짓고 갇힌 사람.** 〔史記〕 敎櫟陽囚사력양수. **❸포로, 인질**(人質). 〔詩經〕 在泮獻囚재반헌수. **❹사로잡다.**

囚繫(수계) ①사로잡힌 몸. 포로. ②잡아서 묶음. 옥에 가둠.

囚禁(수금) 죄인을 감옥에 가두어 둠.

囚徒(수도) 감옥에 갇힌 사람. '囚'는 옥에 갇힌 죄인, '徒'는 형구(刑具)를 차고 노역(勞役)하는 죄인. 囚人(수인).

囚虜(수로) 갇힌 포로.

囚首喪面(수수상면) 죄수처럼 머리를 빗지 아니하고, 상주(喪主)같이 얼굴을 씻지 않음. 용모를 꾸미지 않은 모습.

囚衣(수의) 죄수가 입는 옷.

囚人(수인) 옥에 갇힌 사람. 罪囚(죄수).

■ 模範囚모범수, 死刑囚사형수, 良心囚양심수, 罪囚죄수, 脫獄囚탈옥수.

3
⑥【团】 團(246)의 속자

3
⑥【囟】 정수리 신 震

㊥xìn ㊐シン

소전 [자해] ❶정수리. ❷숫구멍.

囟門(신문) ①숫구멍. 頂門(정문). ②정수리.

3
⑥【因】 인할 인 眞

중학 인명 5급 ㊥yīn ㊐イン

필순 丨 冂 冃 冄 因 因

소전 초서 [자원] 會意. 口+大→因. '口'는 사방을 둘러친 일정한 구역으로 어떤 일을 하는 토대, 기초를 뜻한다. 이 토대를 바탕으로 하여 점점 더 커가게〔大〕한다는 데서 '인하다, 말미암다'의 뜻이 되었다.

[자해] ❶인하다, 말미암다, 원인이나 계기가 되다. 〔孟子〕時子因陳子而以告孟子시자인진자이이고맹자. ❷원인을 이루는 근본. ¶ 因果應報인과응보. ❸유래, 연유, 까닭. ❹의거하다, 기초를 두다. ❺이어받다, 이어받아 그대로 쓰다. 〔論語〕殷因於夏禮은인어하례. ❻말미암아, 그래서, 그런 까닭으로. 〔孟子〕無恒產무항산, 因無恒心인무항심.

因果(인과) ①원인과 결과. ②(佛)인연(因緣)과 과보(果報).

因果應報(인과응보) (佛)좋은 원인에는 좋은 결과가 나오고, 나쁜 원인에는 나쁜 결과가 나오는 것처럼, 자기가 지은 인업(因業)에 대하여 반드시 거기에 상응하는 과보(果報)가 있음.

因循(인순) ①낡은 인습을 버리지 아니하고 지킴. ②내키지 아니하여 머뭇거림.

因習(인습) 이전부터 전하여 내려와 몸에 밴 풍습.

因緣(인연) ①서로의 연분. 연줄. ②사물의 내력. ③의거함. 빙자함.

因噎廢食(인열폐식) 목이 멘다고 음식을 먹지 않음. 사소한 장애 때문에 큰 일을 저버림.

因應(인응) 사심(私心)을 품지 아니하고 자연 그대로 맡김.

因人成事(인인성사) 다른 사람의 힘으로 일을 이룸.

因子(인자) 어떤 결과의 원인이 되는 낱낱의 요소.

因忽不見(인홀불견) 언뜻 보이다가 없어져 보이지 않음.

■ 基因기인, 病因병인, 素因소인, 原因원인, 要因요인, 敗因패인.

3
⑥【回】 돌 회 灰

중학 인명 4Ⅱ급 ㊥huí ㊐カイ, エ

필순 丨 冂 冂 冋 回 回

소전 초서 동자 廻 동자 迴 속자 囬

고자 [자원] 象形. 빙빙 돌고 있는 모양을 본뜬 글자.

[자해] ❶돌다. 중심을 두고 빙빙 돌다, 선회하다. 〔詩經〕昭回于天소회우천. ❷돌아오다. 처음에 떠났던 곳으로 돌아오다. ❸돌리다, 돌아가게 하다. 〔荀子〕圖回天下於掌上而辨白黑도회천하어장상이변백흑. ❹돌이키다, 방향을 반대쪽으로 돌리다. ❺간사하다, 사특하다. 〔詩經〕其德不回기덕불회. ❻어기다, 거스르다. ❼번, 횟수. 〔杜甫·詩〕一上一回新일상일회신.

回甲(회갑) 육십갑자의 '갑(甲)'으로 돌아옴. 예순한 살을 이르는 말. 還甲(환갑).

回改(회개) 돌이켜 고침.

回啓(회계) 임금의 하문(下問)에 대하여 심의하여 상주(上奏)함.

回顧(회고) 지난 일을 돌이켜 봄. 回想(회상).

回曲(회곡) ①휘어지고 꼬부라짐. ②간사하고 비뚤어짐. 邪惡(사악).

回教(회교) 아라비아의 예언자 마호메트가 창시한 종교. 이슬람교. 回回教(회회교).

回光反照(회광반조) 해가 지기 직전에 잠시 빛을 더냄. 사람이 죽기 직전에 잠깐 동안 정신을 차리는 일.

回軍(회군) 군사를 되돌림. 還軍(환군).

回歸(회귀) 한 바퀴 돌아 다시 제자리로 옴.

回巹(회근) 國부부가 혼인한 지 60년 되는 날. 또는 그 해. 回婚(회혼).

回忌(회기) ①꺼려서 피함. 回避(회피). 顧忌(고기). ②(佛)사람이 죽은 뒤 해마다 돌아오는 기일(忌日). 年忌(연기).

回納(회납) 편지나 꾸러미 겉봉에 '회답의 편지' 또는 '회례(回禮)로 보내는 꾸러미'라는 뜻으로 받는 사람의 성명 아래에 쓰는 말.

回鑾(회란) 임금의 수레를 돌림. 임금이 환궁(還宮)함.

回覽(회람) 차례로 돌려 가면서 봄.

回曆(회력) 달력이 한 바퀴 돎. 해가 바뀜.

回禮(회례) ①사례의 뜻을 표하는 예(禮). 返

禮(반례). ②차례차례로 인사하며 도는 일.
回文體(회문체) 한문 시체(詩體)의 한 가지. 바로, 거꾸로, 세로, 가로 어느 쪽으로 읽어도 뜻이 성립되는 시. 진(晉)나라 소백옥(蘇伯玉)의 아내가 지은 반중시(盤中詩)가 그 시초임.
回復(회복) 이전의 상태로 돌아옴.
回附(회부) 문제, 사건, 서류 따위를 절차에 따라 관계 기관에 보내 줌.
回想(회상) 지난 일을 돌이켜 생각함.
回翔(회상) ①새가 빙빙 돌면서 낢. ②배회함. ③유유자적함.
回生(회생) 다시 살아남. 소생(蘇生)함.
回送(회송) 도로 돌려보냄. 還送(환송).
回收(회수) 도로 거두어들임.
回數(회수→횟수) 차례의 수효.
回信(회신) 회답하는 편지나 전보.
回心(회심) 좋지 못한 마음을 고쳐 먹음. 改心(개심).
回雁(회안) 북쪽으로 돌아가는 기러기.
回陽(회양) 양기(陽氣)를 회복함. 되살아남.
回繞(회요) 빙 두름.
回紆(회우) 에돎. 빙 돌아감.
回籍(회적) 본적지로 감. 고향으로 감.
回轉(회전) 한곳을 축으로 하여 그 둘레를 돎.
回族(회족) 돌궐족(突厥族)의 딴 이름. 돌궐족은 대부분이 회교(回教)를 믿는 데서 온 말.
回診(회진) 의사가 환자가 있는 곳을 돌아다니며 진찰함.
回春(회춘) ①봄이 다시 돌아옴. ②병이 나아 건강이 회복됨. ③도로 젊어짐.
回風(회풍) 회오리바람. 旋風(선풍).
回避(회피) 꺼리어 피함.
回蹕(회필) 임금이 대궐로 돌아옴. '蹕'은 도로를 경계하는 벽제(辟除).
回向(회향) ①얼굴을 다른 쪽으로 돌림. ②(佛)㉠나의 공덕을 다른 사람에게 돌림. ㉡죽은 사람을 위하여 명복을 빎.
回回(회회) ①돌고 도는 모양. ②빛나는 모양. ③마음이 어지러운 모양. ④큰 모양.
◨ 今回금회, 挽回만회, 每回매회, 徘回배회, 旋回선회, 紆回우회, 次回차회.

4 ⑦【囧】 冏(120)과 동자 [인명]

4 ⑦【困】 괴로울 곤 願

[중학] [인명] [4급] ㊥kùn ㊐コン

[필순] 丨 冂 冃 闲 闲 困 困

[소전] [초서] [자원] 會意. 口+木→困. 사방을 둘러친 울타리〔口〕 안에 나무〔木〕가 있는 모양. 오래 묵은 집에는 흔히 큰 고목 나무가 있게 마련이어서, 조상 대대로 물려받은, 묵고 낡은 집을 뜻한다. 묵고 낡은 집을 새집으로 바꾸어야 할 '어려운 처지'라는 데서 '곤하다, 어렵다' 등의 뜻을 가지게 되었다.

[자해] **❶괴롭다, 괴로워하다. ❷부족하다, 모자라다.** 〔中庸〕事前定則不困사전정즉불곤. **❸통하지 아니하다.** 〔論語〕困而學之곤이학지. **❹가난하다, 의식(衣食)이 없다. ❺위태롭다, 위험하다.** 〔淮南子〕效忠者希不困其身효충자희불곤기신. **❻곤하다, 지치다.** ¶ 疲困피곤. **❼괴로움, 고생.** 〔史記〕以公子高義이공자고의, 爲能急人之困위능급인지곤.

困境(곤경) 어려운 처지나 경우.
困苦(곤고) 곤란하고 고생스러움.
困窮(곤궁) 가난하고 곤란함.
困倦(곤권) 고단하여 나른함.
困急(곤급) 곤란하고 위급함.
困難(곤난→곤란) ①처리하기 어려움. ②생활이 쪼들림. ③괴로움.
困敦(곤돈) 고갑자(古甲子) 12지의 하나. 자년(子年)의 딴 이름.
困頓(곤돈) ①몹시 피곤함. ②지쳐서 쓰러짐. ③몹시 난감해짐.
困病(곤병) 괴로워하고 마음 아파함.
困否(곤비) 행복스럽지 못함. 不幸(불행).
困獸猶鬪(곤수유투) 궁지에 빠진 짐승은 오히려 싸우려고 덤빔. 절박한 상황에서는 아무리 약자라도 저항함. 窮鼠齧猫(궁서설묘).
困厄(곤액) ①화(禍). 재난(災難). ②몹시 괴로워함. 고민함.
困約(곤약) 생활이 어렵고 궁함. 가난함.
困汙(곤오) 생활이 어렵고 미천(微賤)한 지위에 있음.
困辱(곤욕) 심한 모욕.
困知勉行(곤지면행) 도(道)를 힘써 배워 알고 힘써 닦아서 행함.
困弊(곤폐) 곤궁하고 피폐함.
困乏(곤핍) ①고달파서 힘이 없음. ②가난함. 가난으로 고생함. 窮乏(궁핍).
困逼(곤핍) 몹시 피곤하고 급박함.
困學(곤학) ①막다르게 되어서야 비로소 배움. ②머리가 둔하여 괴로워하며 배움. ③가난에 시달리면서 글을 배움. 苦學(고학).
困惑(곤혹) 곤란한 일을 당하여 난처해 함. 쩔쩔맴.
◨ 飢困기곤, 病困병곤, 貧困빈곤, 春困춘곤, 疲困피곤, 乏困핍곤.

口 4획

4
⑦【囯】 國(243)의 속자

4
⑦【図】 圖(247)의 속자

4
⑦【囤】 곳집 돈 阮

㊥dùn ㊐トン

자해 ❶**곳집, 규모가 작은 곡물 창고.** ❷**소쿠리.** 대를 결어 만든, 곡식을 담는 그릇.

4
⑦【囮】 후림새 와 · 유 歌 宥

㊥é ㊐カ

소전 초서 자해 ❶**후림새.** 잡을 새를 꾀어 후려 들이기 위해 매어 둔 새. ❷**꾀어 들이는 사물, 매개(媒介).**

囮鳥(와조) 잡아매 놓고서 다른 새를 유인하는 새. 媒鳥(매조).

4
⑦【囲】 圍(245)의 속자

4
⑦【囱】 1 천창 창 江 2 굴뚝 총 東

㊥chuāng, cōng ㊐ソウ

소전 초서 동자 窓 자해 1 **천창(天窓), 환기창(換氣窓).** 2 **굴뚝.**

4
⑦【囫】 온전할 홀 月

㊥hú ㊐コシ

초서 자해 **온전하다, 완전하다.** 〔朱子語類〕不是囫圇一物불시홀륜일물.

囫圇(홀륜) 결함이 없는 온전한 덩어리.

4
⑦【囬】 回(240)의 속자

5
⑧【固】 굳을 고 遇

중학 인명 5급 ㊥gù ㊐コ

필순 丨 冂 円 冋 冋 周 固 固

소전 초서 자원 形聲. 囗+古→固. '古(고)'가 음을 나타낸다.

자해 ❶**굳다, 단단하다.** 〔荀子〕兵勁城固병경성고. ❷**재삼(再三), 굳이.** 〔書經〕禹拜稽首固辭우배계수고사. ❸**확고히, 단단히.** 〔中庸〕擇善而固執之者也택선이고집지자야. ❹**처음부터, 본디.** ❺**참으로, 진실로.**

固諫(고간) 간절히 간함. 굳이 간함.
固拒(고거) 단단히 막음.
固窮(고궁) ①매우 곤란한 지경에 빠짐. ㉡곤궁한 경우를 당하게 되면 이를 잘 견디어 천명으로 받아들여 편안한 마음으로 지냄.
固牢(고뢰) ①가축의 우리를 튼튼히 함. ②견고함.
固陋(고루) 낡은 관념이나 습관에 젖어 고집이 세고 변통성이 없음.
固辭(고사) 굳이 사양함.
固塞(고새) 견고한 요새.
固所願(고소원) 본디 바라던 바임.
固守(고수) 굳게 지킴. 固持(고지).
固有(고유) 타고 날 때부터 가지고 있거나 그 사물에만 특별히 있음.
固意(고의) 뜻을 굳게 함. 결심함.
固定(고정) ①한번 정한 대로 변경하지 않음. ②한곳에 꼭 붙어 있거나 박혀 있음.
固存(고존) 나라를 보호하여 안정시킴.
固執(고집) 자기의 의견을 굽히지 아니함.
固着(고착) ①굳게 들러붙음. ②옮기지 않고 한 곳에 붙박혀 있음.
◨ 堅固견고, 鞏固공고, 頑固완고, 凝固응고, 確固확고.

5
⑧【国】 國(243)의 속자 인명

5
⑧【囷】 곳집 균 眞

㊥qūn ㊐キン

소전 초서 자원 會意. 囗+禾→囷. 벼〔禾〕를 넣어 둔 사방이 둘러막힌 곳〔囗〕, 곧 '곳집'을 뜻한다.

자해 ❶**곳집, 둥근 모양의 곡물 창고.** 〔詩經〕胡取禾三百囷兮호취화삼백균혜. ❷**꼬불꼬불 구부러져 있는 모양.**

囷囷(균균) 꼬불꼬불 구부러진 모양.
囷鹿(균록) 곡물 창고. '鹿'은 방형(方形)의 곳집.
囷倉(균창) 곡식 창고. 쌀 창고. '倉'은 방형의 곳집. 囷廩(균름).

5
⑧【囹】 옥 령 靑

인명 1급 ㊥líng ㊐レイ

소전 초서 자해 **옥, 감옥.** 〔禮記〕命有司省囹圄명유사성영어.

囹圄(영어) 감옥. 囹圉(영어).

囹圄空虛(영어공허) 감옥이 비어 있음. 나라가 잘 다스려짐의 비유.

囹圄生草(영어생초) 죄인이 없어 감옥에 풀이 무성함. 나라가 잘 다스려짐의 비유.

6 ⑨【囿】 동산 유 囿

㊥yòu, ㊐ユウ

소전 초서 자해 ❶**동산. 새·짐승·물고기 등을 놓아 기르는 동산.** 〔詩經〕 王在靈囿왕재령유. ❷**구역.** 〔史記〕 五入囿中오입유중.

囿苑(유원) 새나 짐승을 기르는 동산.

囿人(유인) ①주대(周代) 궁중의 동물을 지키는 일을 맡아보던 벼슬아치. ②화초나 나무를 심어 가꾸는 사람. 園丁(원정).

◨ 苑囿원유, 園囿원유, 場囿장유, 圃囿포유.

7 ⑩【圄】 옥 어 語

인명 1급 ㊥yǔ ㊐ギョ, ゴ

소전 초서 자해 ❶**옥, 감옥.** 〔晏子〕 拘者滿圄구자만어. ❷**가두다, 죄인을 잡아 가두다.**

圄空(어공) 감옥이 텅 빔. 나라가 잘 다스려져 죄를 짓는 사람이 없음.

圄囹(어령) 옥. 감옥. 囹圄(영어).

7 ⑩【圃】 밭 포 䕸

인명 1급 ㊥pǔ ㊐ホ

소전 초서 자해 ❶**밭, 채소나 과실나무를 심어 가꾸는 밭.** 〔詩經〕 九月築場圃구월축장포. ❷**들일, 농사일을 하는 사람, 또는 농사.**

圃師(포사) 밭을 일구는 사람. 밭을 가꾸는 사람. 圃人(포인). 圃丁(포정).

圃囿(포유) ①채마밭. ②궁중(宮中)의 동산.

圃田(포전) ①평평하게 넓은 밭. ②채소·과실나무를 심는 밭.

◨ 農圃농포, 藥圃약포, 苑圃원포, 場圃장포.

7 ⑩【圂】 1뒷간 혼 願 2가축 환 諫

㊥hùn, huàn ㊐コン, カン

소전 초서 자해 1 ❶**뒷간, 변소.** ＝溷. ❷**돼지우리.** 〔漢書〕 豕出圂壞都竈시출혼양도조. 2 **가축, 집에서 기르는 짐승.** ＝豢.

圂腴(환유) 가축의 내장(內臟). '圂'은 개·돼지의 내장.

8 ⑪【國】国 나라 국 職

중학 인명 8급 ㊥guó ㊐コク

필순 冂 冂 冃 冋 同 同 國 國 國 國

소전 초서 속자 国 속자 囯 고자 囗

자원 會意. 囗＋或〔口＋戈＋一〕→國. 창〔戈〕을 든 사람〔口〕이 경계〔囗〕 안의 땅〔一〕을 지킨다는 데서 '나라'의 뜻을 나타낸다.

자해 ❶**나라. 국가.** ❷**서울, 도읍(都邑).** 〔孟子〕 在國日市井之臣재국왈시정지신. ❸**나라를 세우다.** 〔史記〕 黥布叛逆경포반역, 子長國之자장국지.

國家(국가) ①나라. 고대에는 '國'은 제후(諸侯)의 봉지(封地)를, '家'는 대부(大夫)의 봉지를 뜻하였음. ②조정. 公家(공가). ③황제. ④수도.

國境(국경) 나라와 나라의 영역을 가르는 경계.

國光(국광) ①나라의 예악과 문물. ②나라의 성덕(盛德)이나 위광(威光).

國交(국교) 나라와 나라 사이의 교제.

國鈞(국균) ①국정(國政)을 처결하는 권력. ②국정을 잡은 사람. 대신(大臣).

國忌(국기) 임금이나 왕후의 제삿날.

國紀(국기) ①나라의 질서를 지키는 규칙. 곧, 예(禮). ②나라 안의 모범이 되는 사람. ③자기 나라의 역사를 기록한 편년사(編年史).

國記(국기) 나라의 기록(記錄). 나라의 역사를 기록한 책.

國基(국기) 나라가 이루어진 본바탕. 나라를 유지하는 근본.

國難(국난) 나라의 위난(危難).

國都(국도) 나라의 수도. 서울.

國棟(국동) 나라의 동량(棟梁)이 되는 으뜸의 사람. 곧, 태자(太子).

國老(국로) ①감초(甘草)의 딴 이름. ②나라의 늙은 신하. 元老(원로). ③㊖영의정을 지낸 사람으로, 나랏일에 고문(顧問)이 될 만한 인물. ④경대부(卿大夫)의 벼슬을 그만둔 후에도 경대부의 대우를 받던 사람.

國祿(국록) 나라에서 주는 녹봉.

國論(국론) 나라 안의 공론(公論). 국민 일반의 의견. 世論(세론).

國利民福(국리민복) 나라의 이익과 국민의 행복(幸福).

國立(국립) 나라에서 세움.

國脈(국맥) 나라의 명맥(命脈). 나라의 수명.

國命(국명) 나라의 정령(政令). 나라의 명령.

國文(국문) ①그 나라 고유의 글자. 또는 그 글자로 쓴 문장. ②나라의 문물(文物). ③우리

나라 글. 한글.
國民(국민) 국가를 구성하는 사람. 또는 그 나라의 국적을 가진 사람.
國柄(국병) 나라의 정사(政事)를 좌우하는 권력. 國秉(국병).
國寶(국보) 나라의 보배.
國本(국본) ①국가의 근본. 國基(국기). ②태자(太子). 세자(世子). ③국민.
國費(국비) 국가에서 내는 경비.
國賓(국빈) 국가의 귀한 손님으로 우대를 받는 사람.
國士(국사) 온 나라에서 가장 뛰어난 인물.
國史(국사) ①한 나라의 역사. ②우리나라의 역사. 韓國史(한국사).
國使(국사) 나라나 임금의 명(命)을 받들고 외국에 가는 사자(使者).
國師(국사) ①나라 군대. ②한 나라의 사표(師表)가 되는 사람. ③벼슬 이름. 임금의 스승. ④국자좨주(國子祭酒). ⑤(佛)임금이 선종(禪宗)의 고승(高僧)에게 내린 존칭.
國嗣(국사) 임금의 후사(後嗣). 임금의 자리를 계승할 사람. 태자(太子). 國儲(국저).
國士無雙(국사무쌍) 온 나라에서 비교할 만한 사람이 없는 뛰어난 인물.
國相(국상) 나라의 정승. 한 나라의 재상(宰相). 國宰(국재).
國常(국상) 나라의 상법(常法). 국가의 제도·규칙·문물 따위. 國典(국전).
國璽(국새) ①국가의 표지(標識)로서 사용하는 관인(官印). ②임금의 도장.
國色(국색) ①그 나라에서 가장 뛰어난 용모. 절세의 미인. ②모란(牡丹)의 딴 이름. 國色天香(국색천향).
國壻(국서) 임금의 사위.
國仙(국선) 國신라 때 화랑(花郞)을 이르는 말.
國粹(국수) 그 나라나 민족 고유의 장점이나 아름다운 점.
國讐(국수) 나라의 원수.
國是(국시) 국민 전체의 의사로 결정된 국정(國政)의 기본 방침.
國樂(❶국악 ❷국락) ❶①그 나라의 의식 따위에 쓰기 위하여 만든 음악. ②國우리나라 고유의 음악. 향악(鄕樂)·아악(雅樂)·당악(唐樂) 따위. ❷온 나라가 즐김.
國用(국용) ①나라의 비용. 나라의 씀씀이. ②나라를 위해 쓰임. 나라에 등용됨.
國威(국위) 나라의 위력.
國恩(국은) 나라의 은혜. 천자의 은택.
國儀(국의) 나라의 공공(公共)의 의식.
國字(국자) ①그 나라의 통용 문자. ②우리나라에서 만든 한자체(漢字體)의 글자. '畓'·'乭' 따위.
國子(국자) ①공경대부(公卿大夫)의 자제(子弟). ②국자학(國子學).
國子監(국자감) ①유학 훈도(儒學訓導)의 정령(政令)을 맡고, 국자학(國子學) 이하의 모든 학교를 다스리던 교육 행정 관청. ②고려 때의 학교. 1275년에 국학(國學), 1342년에 성균관(成均館)으로 이름을 고침.
國子祭酒(국자제주→국자좨주) 국자학(國子學)의 우두머리.
國子學(국자학) 임금·제후·귀족의 자제(子弟) 및 전국의 준재(俊才)를 교육하던 학교. 도성(都城) 안에 두었음. 國學(국학).
國籍(국적) 한 나라의 구성원이 되는 자격.
國賊(국적) ①나라를 어지럽히는 역적. ②나라에 해(害)를 끼치는 자.
國典(국전) ①나라의 법전. ②국가 의식.
國政(국정) ①나라의 정사(政事). ②나라의 정치를 맡아보는 사람. 正卿(정경).
國祖(국조) 나라의 시조(始祖).
國祚(국조) ①나라의 행운(幸運). 국가의 번영(繁榮). ②왕위(王位).
國朝(국조) ①당대(當代)의 조정. ②우리나라의 조정(朝廷). 聖朝(성조).
國族(국족) ①국빈(國賓)과 종족(宗族). ②國임금과 같은 본(本)의 성을 가진 사람들.
國主(국주) 한 나라의 임금.
國冑(국주) ①임금의 맏아들. 세자(世子). ②왕후(王侯) 일족의 아이들.
國志(국지) 나라의 기록. 한 나라의 역사.
國鎭(국진) 국가의 중진(重鎭).
國策(국책) 한 나라의 계책. 국가의 정책.
國戚(국척) 임금의 인척(姻戚)과 외척(外戚).
國恥(국치) 나라의 수치. 나라의 불명예. 國辱(국욕).
國帑(국탕) ①국가의 재보(財寶)를 간직하는 창고. 國庫(국고). ②국가의 재산.
國泰民安(국태민안) 나라가 태평하고 백성이 편안함.
國弊(국폐) 나라의 폐해(弊害).
國風(국풍) ①나라의 풍속. 國俗(국속). ②시경(詩經)에 실린 시(詩)의 한 체(體). 육의(六義)의 한 가지로, 여러 나라의 민요(民謠)를 이른다. ③시골 백성들이 읊은 시가.
國學(국학) ①제후의 나라 서울에 설립한 학교. ②國성균관의 딴 이름. ③자기 나라의 전통적인 문화·사상 등을 연구하는 학문.
國香(국향) ①나라에서 제일 가는 미인. ②난초의 딴 이름. ③매화의 딴 이름.
國號(국호) 나라의 이름.
國婚(국혼) ①천자의 사위. 國壻(국서). ②國

口 8획

왕실의 혼인을 통틀어 이르는 말.
國花(국화) 그 나라의 상징으로 삼은 꽃.
國華(국화) ①나라의 정화(精華). 나라의 영광. ②국가의 훌륭한 인재.
國勳(국훈) 나라를 위하여 세운 공로.
國恤(국휼) ①나라가 근심할 만한 일. ②임금의 초상. 國喪(국상). 國哀(국애).
◨ 開國개국, 擧國거국, 建國건국, 傾國경국, 故國고국, 萬國만국, 亡國망국, 母國모국, 本國본국, 屬國속국, 愛國애국, 外國외국, 異國이국, 全國전국, 戰國전국, 祖國조국, 他國타국.

8 ⑪ 【圈】 1 우리 권 霰 2 술잔 권 先
인명 2급 ㊥juàn, quān ㊐ケン
소전 초서 속자 圏 자해 1 ❶우리, 감방. 〔漢書〕登虎圈등호권. ❷가두다, 강금하다. 〔晉書〕圈閉親戚권폐친척. 2 ❶술잔, 바리때. ≒棬. 〔禮記〕母沒而杯圈不能飮焉모몰이배권불능음언. ❷동그라미. 〔儒林外史〕忙取筆細細圈點망취필세세권점. ❸범위, 구역. ¶ 商圈상권.
圈內(권내) 일정한 범위 내.
圈牢(권뢰) 우리. 짐승을 가두어 두는 곳.
圈發(권발) 한자(漢字)의 사성(四聲)을 표시하기 위해 글자의 네 모퉁이 중의 한 곳에 찍는 반원(半圓). 좌하(左下)는 평성(平聲), 좌상(左上)은 상성(上聲), 우상(右上)은 거성(去聲), 우하(右下)는 입성(入聲).
圈點(권점) ①글을 끝맺는 곳에 찍는 둥근 점. ②글의 중요 부분에 찍은 동그라미표. ③조선 시대에, 벼슬아치를 임명할 때 뽑고자 하는 사람의 이름에 찍던 동그라미표. ④한자 옆에 찍어서 사성(四聲)을 나타내는 둥근 점.
圈套(권투) ①새나 짐승을 잡는 올가미. ②세력의 범위.
圈檻(권함) 짐승을 가두어 두는 우리.
◨ 共産圈공산권, 法圈법권, 商圈상권, 勢力圈세력권, 野圈야권, 與圈여권, 驛勢圈역세권.

8 ⑪ 【圇】 仑 완전할 륜 真
㊥lún ㊐リン
초서 자해 완전하다. 이지러진 데 없이 동글동글하다.

8 ⑪ 【圉】 마부 어 語
㊥yǔ ㊐ギョ, ゴ
소전 초서 자해 ❶마부, 말을 기르는 사람. 〔春秋左氏傳〕男曰圉남왈어, 女曰妾여왈첩. ❷마구간, 외양간. ❸감옥. 〔漢書〕囹圉空虛영어공허. ❹기르다, 가축을 기르다. ❺국경, 변경(邊境). ❻막다, 막아 지키다. ≒禦.
圉禁(어금) 막아서 지킴.
圉絆(어반) 감옥에 가둠. 감옥에 갇힘.
圉師(어사) 주대(周代)에 말의 사육(飼育)에 관한 일을 맡아보던 으뜸 벼슬.
圉圉(어어) ①몸이 굳어 어릿어릿한 모양. ②피로하여 파리한 모양.
圉者(어자) 말을 기르는 사람. 마부.

8 ⑪ 【圊】 뒷간 청 庚
㊥qing ㊐セイ
초서 자해 뒷간, 변소.
圊桶(청통) 오줌통. 便器(변기).
圊溷(청혼) 뒷간.

9 ⑫ 【圈】 圈(245)의 속자

9 ⑫ 【圎】 圓(246)의 속자

9 ⑫ 【圍】 围 둘레 위 微
고등 인명 4급 ㊥wéi ㊐イ
필순 冂 冂 冂 冂 冂 冂 冂 圍 圍 圍
소전 초서 속자 囲 고자 囗 자원 形聲. 囗+韋→圍. '韋(위)'가 음을 나타낸다.
자해 ❶둘레. ¶ 周圍주위. ❷두르다, 둘러싸다. 〔春秋左氏傳〕宋人伐鄭송인벌정, 圍長葛위장갈. ❸경계(境界), 구역. 〔詩經〕帝命式于九圍제명식우구위.
圍擊(위격) 포위하여 침.
圍徑(위경) 둘레와 지름.
圍攻(위공) 포위하여 공격함.
圍碁(위기) ①바둑. ②바둑을 둠. 圍棋(위기).
圍籬(위리) ①울타리를 침. ②유배(流配)된 죄인의 거처에 가시로 울타리를 침.
圍籬安置(위리안치) 배소(配所)에 가시나무로 울타리를 만들고 죄인을 그 안에 가두어 둠.
圍繞(위요) 에워쌈. 둘러쌈.
圍護(위호) 둘러싸고 지킴.
◨ 範圍범위, 周圍주위, 包圍포위, 胸圍흉위.

口 9획

10 ⑬【圓】圆 둥글 원 㒰

중학 인명 4Ⅱ급 ㊥yuán ㊐エン

필순 冂 冂 門 冃 冐 冐 圎 圎 圓 圓 圓

소전 圓 초서 圓 속자 圎 속자 円 자원 形聲. 囗+員→圓. '員(원)'이 음을 나타낸다.

자해 ❶둥글다. ❷원, 동그라미. 〔韓非子〕左手畫圓좌수화원. ❸둘레, 언저리. ¶ 一圓일원. ❹모나지 아니하다, 사교(社交)에 능하다.

圓覺(원각) (佛)부처의 원만한 깨달음.

圓鏡(원경) ①둥근 거울. ②달의 딴 이름.

圓孔方木(원공방목) 둥근 구멍에 네모난 나무를 꽂아 맞춤. 일이 잘 맞지 않음의 비유. 圓鑿方枘(원조방예).

圓丘(원구) ①임금이 동짓날에 천제(天祭)를 지내던 원형(圓形)의 단(壇). 天壇(천단). ②약초(藥草)가 나고 선인(仙人)이 산다는 전설상의 언덕.

圓頭方足(원두방족) 둥근 머리, 네모난 발. 곧, 사람. 圓顱方趾(원로방지).

圓滿(원만) ①인품이나 성격이 너그럽고 결함이 없음. ②일의 진행이 순조로움.

圓木警枕(원목경침) 둥근 나무로 만든 베개. 고학(苦學)함의 비유. 깊이 잠들게 되면 베개가 굴러서 잠이 깨도록 만들어져 있다는 데서 온 말.

圓方(원방) ①둥근 그릇과 네모난 그릇. 맛있는 음식을 담는 그릇. 원형(圓形)과 방형(方形). ②하늘과 땅.

圓熟(원숙) ①무르익음. ②충분히 손에 익어 숙련됨.

圓悟(원오) 사물의 이치를 완전하게 깨달음.

圓融(원융) ①널리 베풂. ②원만하여 막힘이 없음. ③(佛)널리 융화함.

圓轉(원전) ①돎. 구름. ②글의 뜻이 잘통함. ③언행이 모나지 않고 순조로움. ④막힘이 없음. 자유자재(自由自在)임.

圓鑿方枘(원조방예) 둥근 구멍에 모난 장부. 사물(事物)이 서로 잘 맞지 아니함의 비유.

圓周(원주) 원의 둘레.

圓卓(원탁) 둥근 탁자.

圓通(원통) ①두루 사리에 통달(通達)함. ②문장이 치밀하고 막힘이 없음. ③(佛)지혜로써 진여(眞如)의 이치를 깨달음.

圓形(원형) 둥근 모양.

圓滑(원활) ①일이 순조로움. ②모나지 않고 부드러움.

◨ 半圓반원, 方圓방원, 一圓일원, 天圓천원, 楕圓타원.

口 10획

10 ⑬【園】园 동산 원 㘣

중학 인명 6급 ㊥yuán ㊐エン

필순 冂 冂 冃 冃 周 周 周 園 園 園

소전 園 초서 園 동자 薗 자원 形聲. 囗+袁→園. '袁(원)'이 음을 나타낸다.

자해 ❶동산, 정원. ¶ 庭園정원. ❷밭·과수원의 울타리. 〔詩經〕無踰我園무유아원. ❸무덤, 원소(園所). 황후의 무덤. 우리나라에서는 왕세자, 왕세자빈, 왕의 친척들의 산소.

園頭幕(원두막) 國참외·수박 따위를 심은 밭을 지키기 위하여 밭 언저리에 만든 다락집.

園陵(원릉) 임금의 묘(墓). 능(陵).

園所(원소) 國왕세자, 왕세자빈, 임금의 사친(私親) 등의 산소.

園藝(원예) 채소·화초·과목 따위를 심어 가꿈.

園囿(원유) 꽃과 나무 따위를 심어 가꾸거나 여러 가지 짐승을 기르는 동산.

園苑(원원) 정원. 뜰.

園亭(원정) ①뜰 안의 정자. ②정원(庭園).

園庭(원정) 정원. 뜰.

園池(원지) ①동산과 못. ②정원 안에 있는 못.

園圃(원포) 과실나무나 채소 등을 심어 가꾸는 밭. '園'은 나무를 심은 곳, '圃'는 채소를 심은 곳.

◨ 公園공원, 樂園낙원, 農園농원, 田園전원.

11 ⑭【團】团 둥글 단 𡈁

고등 인명 5급 ㊥tuán ㊐タン, トン

필순 冂 冂 冃 冋 圃 圃 團 團 團 團

소전 團 초서 團 속자 团 자원 形聲. 囗+專→團. '專(전)'이 음을 나타낸다.

자해 ❶둥글다. ❷모이다, 모여들다. 〔張說·詩〕爭馳群鳥散쟁치군조산, 鬪伎百化團착기백화단. ❸모임, 단체. ¶ 軍團군단.

團結(단결) 많은 사람이 한마음으로 뭉침. 團合(단합).

團團(단단) ①둥근 모양. ②이슬이 동글동글하게 맺혀 있는 모양.

團欒(단란) ①썩 원만함. ②가족 등의 생활이 화목하고 즐거움.

團飯(단반) 둥글둥글 뭉친 밥. 주먹밥.

團扇(단선) 둥근 모양의 부채. 둥글부채.

團束(단속) 잡도리를 단단히 함.

團圓(단원) ①둥긂. ②가족이 화목함. 團欒(단란). ③원만히 끝냄. 원만히 해결함. ④연극에서의 종막(終幕). 大團圓(대단원).
團月(단월) 둥근 달. 滿月(만월).
團長(단장) 단(團)의 이름으로 불리는 집단의 우두머리.
團坐(단좌) 여러 사람이 둥글게 둘러앉음.
團體(단체) 같은 목적을 가진 사람들끼리 모인 집단.
團聚(단취) ①한 집안 식구나 친한 사람들끼리 화목하게 한데 모임. ②단결함.
◨ 軍團군단, 劇團극단, 分團분단, 師團사단, 樂團악단, 一團일단, 集團집단.

11 ⑭【圖】图 그림 도 虞

중학 인명 6급 ㊥tú ㊐ト, ズ

필순 冂 冂 冃 冎 冎 啚 啚 圖 圖 圖

소전 圖 초서 圖 속자 図 속자 啚 자원 會意. '囗'은 '國(나라 국)'의 고자, '啚'는 '鄙(시골 비)'의 생략형이다. 합하여 나라 전체의 지도(地圖)라는 뜻을 나타낸다.

자해 ❶그림. ❷꾀하다, 대책과 방법을 세우다. 〔儀禮〕君與卿圖事군여경도사. ❸그리다, 베끼다. ❹책, 서적. ¶ 圖書도서. ❺하도(河圖). ❻도장, 인장.

圖鑑(도감) 그림을 싣고 설명을 붙인 책.
圖經(도경) ①도서(圖書)와 경전(經典). ②國 산수(山水)의 지세(地勢)를 그린 책.
圖窮匕見(도궁비현) 지도를 다 펼치자 비수(匕首)가 드러남. 계획이나 비밀이 드러남. 故事 전국 시대에 연(燕)나라의 태자(太子) 단(丹)이 보낸 자객(刺客) 형가(荊軻)가 독항(督亢)의 지도(地圖)를 바치는 기회에 진왕(秦王)을 죽이려고 지도를 펼치는 순간 그 속에 숨겨 두었던 비수를 꺼내 진왕을 찔렀으나 일이 실패로 돌아간 고사에서 온 말.
圖記(도기) ①지리지(地理誌). ②도장(圖章)의 한 가지.
圖錄(도록) 그림이나 사진을 넣은 기록.
圖利(도리) 이익(利益)을 보려고 꾀함.
圖免(도면) 책임에서 벗어나려고 꾀함.
圖謀(도모) 앞으로 할 일에 대하여 수단과 방법을 꾀함.
圖象(도상) ①본떠서 그림. ②그림으로 그린 사람의 모습. 畫像(화상).
圖生(도생) 살아나가기를 꾀함.
圖書(도서) ①책. ②서적·글씨·그림의 총칭.
圖案(도안) 미술 공예품·건축물 따위의 제작이나 장식을 위하여 일정한 모양으로 그려 낸 고안(考案).
圖緯(도위) 하도(河圖)와 위서(緯書). 미래와 점술(占術)에 관한 일을 기록한 책.
圖籍(도적) ①토지의 도면과 호적. ②그림과 서적. ③도서(圖書).
圖讚(도찬) 그림의 여백(餘白)에 찬양하는 내용을 곁들여 써 넣은 시문(詩文).
圖讖(도참) 미래의 길흉화복(吉凶禍福)을 예언하는 술법. 또는 그러한 내용이 적힌 책. 圖錄(도록). 圖籙(도록).
圖表(도표) 그림으로 나타낸 표.
圖形(도형) ①그림의 모양이나 형태. 그림꼴. ②면·선·점 따위가 모여서 이루어진 꼴.
◨ 構圖구도, 企圖기도, 略圖약도, 意圖의도, 地圖지도, 版圖판도, 畫圖화도, 繪圖회도.

13 ⑯【圜】 1두를 환 刪 2둥글 원 先

㊥huán, yuán ㊐カン, エン

소전 圜 초서 圜 자해 1두르다, 에우다, 에워싸다. 〔漢書〕圜悼惠王冢圜邑환도혜왕총환읍. 2둥글다.

圜流(환류) 빙 돌아 흐름. 還流(환류).
圜視(환시) 휘둘러 봄.
圜繞(환요) 에워 두름.
圜冠(원관) 둥근 갓. 유자(儒者)의 갓.
圜丘(원구) 하늘의 모양을 본뜬 원형의 제단. 임금이 동지(冬至)에 천제(天帝)를 지내던 곳임.

19 ㉒【圝】 둥글 란 寒

㊥luán ㊐ラン

초서 圝 자해 둥글다. ≒欒.

土部 흙 토

0 ③【土】 1흙 토 虞 2뿌리 두 麌

중학 인명 8급 ㊥tǔ, dù ㊐ト, ド

필순 一 十 土

소전 土 초서 土 참고 인명용 음은 '토'이다.

자원 象形. 흙더미를 본뜬 글자.

자해 1❶흙. 〔書經〕厥貢惟土五色궐공유토오색. ❷땅. ㉮토양, 육지. ¶ 土膏토고. ㉯영토(領土). 〔國語〕其土又小기토우소. ㉰곳, 장소. ㉱고장, 일정한 어느 곳. ㉲고향, 향토(鄉土).

〔後漢書〕 年老思土년로사토. ⓑ**경작지, 논밭.** ¶ 農土농토. ❸**오행(五行)의 하나.** 방위로는 중앙, 계절로는 사계절에 18일씩 나누어져 있고, 인륜(人倫)으로는 임금, 10간으로는 무·기(戊·己), 빛으로는 황(黃), 오음(五音)으로는 궁(宮), 맛으로는 감(甘), 냄새로는 향(香), 오상(五常)으로는 신(信), 별로는 토성(土星)을 가리킨다. ②**뿌리, 초목의 뿌리.** 〔詩經〕 徹彼桑土철피상두.

土芥(토개) 흙과 먼지. 하찮은 것이나 가치가 없는 것의 비유.

土膏(토고) ①땅의 양분(養分). ②땅이 기름짐. 기름진 땅.

土貢(토공) 조정(朝廷)에 바치는 그 지방의 토산물(土產物).

土管(토관) 흙으로 구워 대롱처럼 둥글게 만든 관. 연통·배수관 따위에 쓰임.

土 2획

土寇(토구) 지방(地方)에서 일어나는 반란민. 土匪(토비). 土賊(토적).

土狗(토구) 농작물의 뿌리를 먹고 사는 해충. 땅강아지.

土窟(토굴) 땅속으로 뚫린 큰 굴.

土囊(토낭) ①큰 구멍. ②흙을 담은 섬.

土臺(토대) ①흙으로 쌓은 대. ②건조물의 밑바탕. ③사물의 바탕이 되는 기초.

土豚(토돈) 흙을 싸거나 담아 성을 쌓거나 물을 막는 데 쓰는 섬. 흙을 담은 섬.

土龍(토룡) ①흙으로 만든 용(龍). 기우(祈雨)하는 데 사용함. ②지렁이의 딴 이름. ③두더지의 딴 이름.

土毛(토모) 땅의 터럭. 채소와 곡식의 비유.

土房(토방) ①흙과 집. 곧, 국가(國家). ②진흙으로 지은 집. ③國마루를 놓을 수 있는 처마 밑의 땅. 흙마루.

土崩瓦解(토붕와해) 흙이 무너지고 기와가 깨어짐. 어떤 사물이 근본적으로 무너져 건잡을 수 없는 상태의 비유.

土匪(토비) 어떤 지방을 중심으로 활동하는, 도둑의 떼. 土賊(토적). 土寇(토구).

土殯(토빈) 장사를 지내기 전에 임시로 관을 땅에 묻음.

土砂(토사) 흙과 모래.

土俗(토속) 그 지방의 특유한 풍속.

土域(토역) 나라 안. 領內(영내).

土屋(토옥) ①토담집. ②본토박이의 집. 변경에 사는 주민의 집.

土旺(토왕) 토기(土氣)가 왕성한 일.

土偶(토우) 흙으로 만든 허수아비. 흙으로 만든인형.

土牛木馬(토우목마) 흙으로 만든 소와 나무로 만든 말. 겉은 훌륭하나 실속이 없음.

土宜(토의) ①그 땅에 적합한 농작물(農作物). ②그 땅의 산물(產物).

土葬(토장) 시체를 땅속에 매장하는 일.

土漿(토장) 황토 땅을 파고 거기서 나는 물을 저어 흐리게 한 다음 다시 가라앉힌 맑은 윗물. 해독에 씀. 地漿(지장).

土藏(토장) ①흙으로 덮음. ②오행(五行)의 토(土)에 해당하는 장부(臟腑). 곧, 비장(脾臟).

土積成山(토적성산) 흙덩이도 쌓이면 높은 산을 이룸. 작은 물건도 쌓이고 쌓이면 큰 것이 됨. 積土成山(적토성산).

土着(토착) 대대로 그 땅에 자리잡고 삶.

土版(토판) 흙으로 만든 책판(冊版).

土風(토풍) ①지방의 민요. ②그 지방의 풍속.

土鉶(토형) 국을 담는 토기(土器). 두 귀에 세 발이 달린 제기(祭器).

土豪(토호) 그 지방의 토착민으로서 세력이 있는사람.

土化(토화) ①썩어서 흙이 됨. ②토질(土質)에 맞게 거름을 주어 농작물을 가꿈.

土花(토화) ①땅 밑에 묻은 기물(器物)이 진흙 때문에 색(色)과 질(質)이 변화한 흔적. ②이끼. 鮮苔(선태).

土貨(토화) 그 나라에서 만든 상품. 국산품.

◨ 疆土강토, 國土국토, 樂土낙토, 邦土방토, 白土백토, 本土본토, 封土봉토, 腐土부토, 沙土사토, 壤土양토, 沃土옥토, 赤土적토, 田土전토, 粘土점토, 淨土정토, 風土풍토, 鄉土향토, 黃土황토.

2 ⑤ 【圧】 壓(270)의 속자

3 ⑥ 【圭】 홀 규 齊

인명 2급 ⊕guī ⊕ケイ

소전 圭 초서 圭 고자 珪 자해 ❶**홀, 옥으로 만든 홀.** 〔周禮〕 以青圭禮東方이청규례동방. ❷**모, 모서리.** ¶ 圭角규각. ❸**용량(容量)의 단위. 기장〔黍〕 64개의 양.** 〔孟子〕 六十四黍爲一圭륙십사서위일규, 十圭爲一合십규위일합. ❹**무게의 단위.** 낟알 10개의 무게.

圭角(규각) ①옥(玉)의 뾰족한 모서리. ②말이나 행동이 모가 나서 남과 잘 어울리지 않음.

圭璧(규벽) ①규(圭)와 벽(璧). 제후(諸侯)가 천자를 알현할 때나 제사 때 표지로 지니던 구슬. ②인품(人品)이 뛰어남의 비유.

圭臬(규얼) ①해 그림자를 재는 기구. 해시계. ②법도(法度). 표준(標準).

圭璋(규장) ①예식 때 장식으로 쓰는 구슬. ②

인품이 높음. ③유용한 인재의 비유.
圭表(규표) ①해의 그림자를 재는 기기(器機). 해시계. ②규범. 표준.

3 ⑥【圮】 무너질 비 紙
㊥pǐ ㊐ヒ
소전 초서 참고 圯(249)는 딴 자.
자해 **무너지다, 허물어지다.** 〔書經〕 方命圮族방명비족.
圮缺(비결) 무너지고 이지러짐.
圮裂(비열) 무너지고 갈라짐.
圮毁(비훼) 허물어짐.

3 ⑥【圬】 흙손 오 虞
㊥wū ㊐オ, ウ
초서 동자 杇 자해 **흙손, 흙손질하는 사람.**
圬人(오인) 미장이. 圬者(오자).

3 ⑥【圩】 오목할 우 虞
㊥yú ㊐ウ
초서 자해 ❶**오목하다, 움푹 패다.** 〔史記〕 生而首上圩頂생이수상우정. ❷**제방, 둑.**
圩頂(우정) 머리 위가 오목하게 들어간 정수리.

3 ⑥【圯】 다리 이 支
㊥yí ㊐イ
소전 초서 참고 圮(249)는 딴 자.
자해 **다리, 흙을 쌓아 만든 다리.**
圯橋(이교) ①흙다리. ②다리 이름. 강소성(江蘇省) 하비(下邳)에 있음.
圯上老人(이상노인) 이교 위에서 장량에게 태공망의 병서를 준 노인. 곧, 황석공(黃石公).
圯下取履(이하취리) 이교 밑에서 신발을 주워 옴. 자신을 낮추어 가르침을 받음. 故事 장량이 황석공을 이교에서 만났을 때 그가 다리 밑에 떨어뜨린 신발을 주워다가 바치고 나서 태공망의 병서를 전해 받은 고사에서 온 말.

3 ⑥【在】 있을 재 賄 隊
중학 인명 6급 ㊥zài ㊐ザイ
필순 一 ナ オ 在 在 在
소전 초서 자원 形聲. 才+土→在. '才(재)'가 음을 나타낸다.
자해 ❶**있다.** ㉮**일정한 위치·벼슬 등에 자리하고 있다.** 〔易經〕 在下位而不憂재하위이불우. ㉯**살고 있다, 이 세상에 존재하고 있다.** 〔論語〕 父在觀其志부재관기지, 父沒觀其行부몰관기행. ❷**보다, 살피다.** ❸**곳, 장소.**
在家(재가) 집에 있음.
在家無日(재가무일) 바삐 돌아다니느라고 집에 있는 날이 없음.
在京(재경) 서울에 머물러 있음.
在庫(재고) 창고에 있음.
在公(재공) 공무(公務)에 종사함.
在來(재래) 전부터 있어 내려온 것.
在留(재류) 다른 나라나 고장에 머물고 있음.
在三(재삼) 가장 존경하여야 할 세 종류의 사람. 곧, 어버이·스승·임금.
在三之義(재삼지의) 군(君)·부(父)·사(師)의 은혜에 보답하고자 정성을 다하는 도리.
在昔(재석) 옛적.
在世(재세) ①세상에 살아 있음. ②살아 있는 동안. 生存(생존). 存命(존명).
在野(재야) 초야(草野)에 있음. 벼슬하지 않고 민간에 있음.
在位(재위) ①임금의 자리에 있음. ②임금 자리에 있는 동안.
在在(재재) 곳곳. 도처(到處).
在籍(재적) 학적 따위의 명부에 이름이 올라 있음.
在舟(재주) 같은 배를 타고 있음. 근심과 걱정을 같이함.
在中(재중) 속에 들어 있음. 주로 편지 겉봉에 쓰는 말.
在職(재직) 직장에 근무하고 있음.
在學(재학) 학교에 적을 두고 있음.
◨ 健在건재, 不在부재, 散在산재, 所在소재, 實在실재, 自在자재, 存在존재, 駐在주재, 現在현재.

3 ⑥【地】 땅 지 寘
중학 인명 7급 ㊥dì, de ㊐チ, ジ
필순 一 十 土 圵 圸 地
소전 초서 자원 形聲. 土+也→地. '也(야)'가 음을 나타낸다.
자해 ❶**땅.** ㉮**뭍, 육지.** 〔詩經〕 乃生女子내생녀자, 載寢之地재침지지. ㉯**지구, 지구의 표면.** ¶ 天地천지. ㉰**토양, 농토, 논밭.** 〔孟子〕 井地不均정지불균. ㉱**곳, 장소.** ㉲**나라, 영토, 국토.** ❷**처지.** 〔孟子〕 禹·稷·顏子우·직·안자, 易地則皆

土 3획

然역지즉개연. ❸신분.
地價(지가) 땅의 값.
地角(지각) ①땅의 끝. 대지(大地)의 구석. ②곶(串). 육지가 가늘고 길게 해중(海中)에 튀어나온 곳.
地殼(지각) 지구의 표층(表層)을 이루는 단단한 부분.
地官(지관) ①벼슬 이름. 주대(周代) 육직(六職)의 하나. 교육과 토지(土地)·인사(人事)에 관한 일을 맡아보았음. ②중원(中元;음력 7월 15일)을 맡아본다는 신(神)의 이름. 사람의 선악(善惡)을 기록한다고 함. ③풍수지리설에 따라 집터·묏자리 따위를 가리어 잡는 사람.
地久(지구) 땅이 영원히 존재함.
地球(지구) 인류가 사는 천체. 태양에서 세 번째로 가까운 행성.
地帶(지대) 한정된 일정한 구역.
地圖(지도) 지구 표면의 상태를 일정한 비율로 줄여, 이를 약속된 기호르 나타낸 그림.
地道(지도) ①땅의 도(道). ②땅속에 굴을 파서 만든 길. 갱도(坑道).
地頭(지두) ①전지(田地)의 양 끝. ②이 자리. ③처소. 장소. ④방면.
地靈人傑(지령인걸) 산천이 수려하고 지세(地勢)가 빼어나서, 그 지기(地氣)를 띠고 태어난 주민도 뛰어남.
地利(지리) ①지형(地形)이 유리함. 지세(地勢)가 편리함. ②토지에서 나는 이익. 생산물·지대(地代) 따위.
地望(지망) 지위와 명망(名望). 좋은 집안.
地盤(지반) ①땅의 거죽. 地殼(지각). ②건물 따위의 기초가 되는 지면(地面).
地方(지방) ①어느 방면의 땅. ②서울 이외의 지역.
地勢(지세) ①토지의 기복(起伏)·심천(深淺) 등의 상태. ②지위(地位). 처지.
地心(지심) ①지각(地殼)에 싸인 지구의 내부를 차지하는 고열부. ②지구의 중심.
地域(지역) 일정한 범위의 땅.
地獄(지옥) (佛)생전(生前)에 지은 죄로 말미암아 죽은 뒤에 가책(苛責)을 받는다는 곳.
地位(지위) 사회적 신분에 따르는 위치나 자리.
地漿(지장) ①땅 속의 물. 또는 땅에서 솟아 나오는 물. ②황토 땅을 파고 거기에서 나는 물을 저어 흐리게 한 다음 다시 가라앉힌 맑은 윗물. 해독에 씀.
地藏(지장) ①땅에 숨음. ②움. 움막. 地窖(지교). ③대지(大地).
地點(지점) 일정한 지역 안에서의 구체적인 어떤 곳.

土

3
획

地丁(지정) ①민들레. ②지조(地租)와 인두세(人頭稅). ③소작인. 佃戶(전호).
地精(지정) ①토지의 정기(精氣). ②㉠인삼(人蔘)의 딴 이름. ㉡하수오(何首烏)의 딴 이름.
地租(지조) 토지에 부과하는 조세.
地主(지주) ①제후가 회합하는 곳으로 정한 나라의 임금. ②대지(大地)에 대한 주인. 곧, 하늘. ③땅의 소유자. ④토지의 신.
地支(지지) 12지. 곧, 자(子)·축(丑)·인(寅)·묘(卯)·진(辰)·사(巳)·오(午)·미(未)·신(申)·유(酉)·술(戌)·해(亥).
地誌(지지) 산천·기후·풍속·산물 등을 기록한 책. 地理書(지리서). 地志(지지).
地質(지질) ①땅의 성질. ②지각(地殼)을 구성하는 암석, 지층(地層)의 성질이나 상태.
地著(지착) ①그 땅에서 나서 붙박이로 살고 있음. ②그 땅에 안주하고 있음.
地嘴(지취) 육지가 가늘고 뾰족하게 바다로 쑥 내민 곳. 곶. 岬(갑).
地表(지표) 지구의 표면. 땅의 겉면.
地皇(지황) 상고(上古)의 제왕(帝王). 천황씨(天皇氏)를 계승하였다고 함.
地黃(지황) 현삼과의 다년생 식물. 뿌리는 보혈 강장·지혈(止血)의 약재로 씀. 地髓(지수).

◧ 空地공지, 窮地궁지, 樂地낙지, 內地내지, 大地대지, 墓地묘지, 死地사지, 實地실지, 餘地여지, 要地요지, 陸地육지, 立地입지, 田地전지, 戰地전지, 尺地척지, 天地천지, 土地토지, 平地평지.

3
⑥【尘】 塵(267)의 고자

4
⑦【坎】 구덩이 감 感

인명 ㊥kǎn ㊐カン

소전 [seal script] 초서 [cursive script] 동자 埳 자해 ❶구덩이. ❷험하다, 평탄하지 아니하다. ❸악기를 치거나 나무를 베는 소리. ❹8괘의 하나. 괘형은 ☵. 물·달·악인(惡人)·북쪽·굳은 마음·숨다·괴로워하다 등을 상징한다. ❺괴로워하다, 뜻을 얻지 못하여 애태우다.
坎坷(감가) 길이 험하여 걸어가기에 힘듦. ㉠때를 만나지 못함. ㉡뜻을 이루지 못함. 坎軻(감가). 不遇(불우).
坎坎(감감) ①나무를 베는 소리. ②북치는 소리. ③불안(不安)한 모양. ④기쁜 모양. ⑤힘을 들이는 소리.
坎卦(감괘) 괘 이름. 8괘의 하나. 물·달·북쪽·악인(惡人) 등을 상징함. 괘형은 ☵.

坎壈(감람) 불우(不遇)한 모양. 뜻을 얻지 못함. 不遇(불우). 失意(실의).
坎井之蛙(감정지와) 우물 안의 개구리. 견문이 좁은 사람의 비유.
坎穽(감정) 짐승을 사로잡기 위하여 파놓은 구덩이. 허방다리.

4 ⑦【坑】 구덩이 갱 庚

인명 2급 ㊥kēng ㊐コウ

초서 坑 동자 阬 자해 ❶구덩이, 움푹하게 팬 곳. ❷구덩이에 묻다. 〔史記〕 羽詐坑秦卒三十萬우사갱진졸삼십만.
坑內(갱내) 구덩이의 안.
坑道(갱도) ①갱내(坑內)의 길. ②땅속에 뚫어 놓은 길.
坑殺(갱살) 구덩이에 쳐 넣어 죽임.
坑儒(갱유) 진시황(秦始皇)이 수많은 유생(儒生)을 구덩이에 묻어 죽인 일.
坑壑(갱학) 구덩이. 구렁.
坑陷(갱함) 구덩이.

4 ⑦【坙】 堅(257)의 속자

4 ⑦【均】 고를 균 眞

중학 인명 4급 ㊥jūn ㊐キン

필순 一 十 土 圴 均 均 均

소전 均 초서 均 동자 匀 자원 會意·形聲. 土＋匀→均. 평평한 땅〔土〕에 고루 미친다〔匀〕는 뜻을 나타낸다. '匀(균)'이 음도 나타낸다.
자해 **고르다. ㉮평평하게 하다, 높낮이를 없게 하다.** 〔詩經〕 大夫不均대부불균. **㉯가지런하게 하다, 조화(調和)를 이루다.** 〔禮記〕 均琴瑟管簫균금슬관소. **㉰한결같다, 같게 하다.**
均等(균등) 차별없이 고름.
均分(균분) 고르게 나눔.
均輸法(균수법) 한(漢) 무제(武帝)가 정한 경제 정책. 각 군(郡)에 균수관(均輸官)을 두어 그 지방에서 많이 나는 물건을 조세로 징수하고 이를 산출이 적은 지방에 팔아 이득을 취하고, 서울에는 평준관(平準官)을 두어 각 지방의 저렴한 물건을 사들여 가격이 올랐을 때 팔아 물가 조절의 수단으로 삼았음.
均役(균역) 부역을 공평하게 함.
均一(균일) 한결같이 고름.
均田(균전) 국민에게 균등하게 토지를 나누어 주는 일. 또는 그 토지.
均霑(균점) 평등하게 혜택을 입음. 均沾(균첨).
均調(균조) 고르게 함. 조절함.
均平(균평) ①공평함. 공평하게 함. ②평화로움. 화평하게 됨.
均衡(균형) 치우침이 없이 고름.
◨ 齊均제균, 調均조균, 平均평균.

4 ⑦【圻】 1 경기 기 微 2 끝 은 眞

인명 ㊥qí, yín ㊐キ, ギン

초서 圻 참고 인명용 음은 '기·은'이다.
자해 1 **경기**(京畿). 왕성(王城)을 중심으로 한 사방 1,000리의 땅. ≒畿. 〔孔子家語〕 天子一圻천자일기. 2 **끝, 지경.** ≒垠. 〔淮南子〕 四達無竟사달무경, 通于無圻통우무은.

4 ⑦【坍】 무너질 담 覃

인명 ㊥tān ㊐タン

자해 **무너지다.** 물이 언덕을 쳐서 무너지다.

4 ⑦【坊】 동네 방 陽

인명 1급 ㊥fāng ㊐ボウ

소전 坊 초서 坊 자해 ❶**동네.** ㉮**마을.** 〔舊唐書〕 在邑居者爲坊재읍거자위방. ㉯國**동네, 조선 때 서울의 오부(五部)를 다시 나눈 행정 구역.** 오늘날의 동(洞)에 해당한다. ¶ 坊民방민. ❷**저자, 가게.** 〔新唐書〕 置市坊치시방, 有貿易錄유무역록. ❸**절, 승려가 거처하는 곳.** ❹**집, 거처하는 방.**
坊間(방간) 도시의 안. 길거리.
坊民(방민) 國방(坊)에 사는 백성.
坊坊曲曲(방방곡곡) 한 군데도 빠짐 없는 모든 곳. 到處(도처).
坊本(방본) 남송(南宋) 이후 민간 서점에서 출판한 책. 坊刻本(방각본).
坊舍(방사) 승려가 거처하는 곳. 僧房(승방).
坊店(방점) 가게, 상점.
坊廚(방주) ①동네의 음식점. ②동네의 여인숙.
◨ 敎坊교방, 內坊내방, 本坊본방, 宿坊숙방, 僧坊승방.

4 ⑦【坏】 언덕 배 灰

㊥pī ㊐ハイ

소전 坏 초서 坏 자해 ❶**언덕, 나직한 산.** ❷**아직 굽지 않은 질그릇이나 기와.** 〔後漢書〕 參差同量坏冶一陶참치동량배야일도. ❸**바르다, 막다, 흙으로 틈을 막다.** ❹**벽**(壁).

坏冶(배야) ①기와를 만들고 쇠를 불림. ②인재를 양성함.
坏車(배차) 축이 달린 널조각 위에 흙덩이를 놓고 돌리면서 도자기를 만드는 물레.
坏土(배토) 國질그릇을 만드는 흙.

4 ⑦【坋】 뿌릴 분 吻
㊥fèn ㊐フン
소전 坋 동자 坌 자해 ❶뿌리다, 가루·분 따위를 끼얹다. 〔漢書〕以末椒薑坋之이말초강분지. ❷먼지, 티끌.

4 ⑦【坌】 먼지 분 願
㊥bèn ㊐ホン
초서 坌 자해 ❶먼지, 티끌. ❷줄을 서다, 나란히 서다. ❸모이다, 모여들다. ❹솟아오르는 모양.
坌勃(분발) 먼지가 잃.
坌涌(분용) 힘차게 솟아오름. 坌湧(분용).
坌入(분입) 나란히 줄을 지어 들어감.
坌集(분집) 떼 지어 모여듦.

4 ⑦【坐】 앉을 좌 箇
중학 인명 3Ⅱ급 ㊥zuò ㊐ザ
필순 ノ 人 从 从 从 坐 坐
소전 坐 초서 坐 동자 㘴 참고 坐와 座(395)는 본디 같은 자이나, 뒤에 坐는 동사로, 座는 명사로 구별하여 쓰이게 되었다.
자원 會意. 두 사람〔人〕이 흙〔土〕 위에 마주 앉아 있는 모습을 나타내었다.
자해 ❶앉다. 〔墨子〕孔某與其門弟子閒坐공모여기문제자간좌. ❷앉아서, 아무 일도 하지 않고서. ❸무릎 꿇다, 무릎을 꿇고 앉다. ❹지키다, 방어하다. 〔春秋左氏傳〕楚人坐其北門초인좌기북문. ❺연좌(連坐)되다, 남의 죄나 사건에 걸려들다. 〔漢書〕除收帑相坐律令제수노상좌률령. ❻자리, 좌석. ＝座. ❼사물의 단위. ㉮건물을 세는 단위. 〔三國遺事〕以賓館一坐二十餘間이빈관일좌이십여간. ㉯기물·악기·불상(佛像) 등을 세는 단위.
坐繫(좌계) 남의 일에 휩쓸려 옥에 갇힘. 연좌(連坐)되어 구금(拘禁)됨.
坐骨(좌골) 골반을 이루는 좌우 한 쌍의 뼈.
坐觀成敗(좌관성패) 다만 승패(勝敗)의 귀추만을 관망(觀望)함.
坐不重席(좌부중석) 앉을 때 깔개를 한 개 이상 쓰지 않음. 검소함.
坐不垂堂(좌불수당) 마루 끝의 난간에 앉지 않음. 위험한 곳에 가까이 가지 않음.
坐不安席(좌불안석) 불안하거나 걱정스러워 한 군데에 오래 앉아 있지 못함.
坐禪(좌선) (佛)조용히 앉아서 참선함.
坐收魚利(좌수어리) 앉아서 어부지리를 거둠. 남들이 싸우는 틈에 손쉽게 이익을 얻음.
坐視(좌시) ①앉아서 봄. ②간섭하지 않은 채 두고 보기만 함.
坐食(좌식) 가만히 앉아서 먹음. 일하지 아니하고 먹음. 無爲徒食(무위도식).
坐藥(좌약) 항문 따위에 끼워 넣는 약.
坐臥(좌와) 앉음과 누움.
坐浴(좌욕) 허리부터 그 아래만을 목욕하는 일.
坐隱(좌은) 앉아서 은둔함. 바둑의 딴 이름.
坐以待旦(좌이대단) 밤중부터 일어나 앉아 날이 새기를 기다림. 어떤 것을 얻고자 하는 마음이 간절함.
坐作進退(좌작진퇴) 앉고, 서고, 나아가고, 물러남. 곧, 사람 살아가는 모든 행동.
坐定(좌정) 자리잡아 앉음. 남을 높일 때나 점잖게 이를 때 씀.
坐井觀天(좌정관천) 우물에 앉아 하늘을 봄. 사람의 식견이 매우 좁음. 井中之蛙(정중지와).
坐罪(좌죄) ①죄를 짓고 처형됨. ②벌을 받음.
坐礁(좌초) 배가 암초에 걸림.
坐致(좌치) 가만히 앉아서 이르게 함. 힘들이지 아니하고 얻음.
坐向(좌향) 묏자리나 집터 따위의 등진 방위에서 정면으로 바라보이는방향.
◨ 對坐대좌, 禪坐선좌, 侍坐시좌, 安坐안좌, 連坐연좌, 正坐정좌, 合坐합좌.

4 ⑦【址】 터 지 紙
인명 2급 ㊥zhǐ ㊐シ
초서 址 동자 阯 자해 터, 토대, 기지. 〔後漢書〕立至化之基地립지화지기지.
址臺(지대) 담이나 집채 등의 아랫도리의 지면에 돌로 쌓은 부분.
◨ 故址고지, 舊址구지, 基址기지, 城址성지, 遺址유지, 廢址폐지.

4 ⑦【坂】 비탈 판 潸
인명 ㊥bǎn ㊐ハン
초서 坂 동자 岅 동자 阪 자해 ❶비탈, 고개. 〔漢書〕帝欲下峻坂제욕하준판. ❷둑, 제방.

5
⑧【坷】 평탄하지 않을 가 哿

㊥kě ㊐カ

소전 초서 자해 ❶평탄하지 않다, 길이 험하여 다니기 힘들다. 〔漢書〕 濊南巢之坎坷兮예남소지감가혜. ❷고생하다, 때를 만나지 못하여 고생하다.

5
⑧【坩】 도가니 감 覃

㊥gān ㊐カン

초서 자해 **도가니.** 쇠붙이를 녹이는 데 쓰는 그릇.
坩堝(감과) 도가니.

5
⑧【坰】 들 경 靑

인명 ㊥jiōng ㊐ケイ

소전 초서 동자 冋 자해 **들, 서울에서 멀리 떨어진 곳.** 〔詩經〕 在坰之野재경지야.
坰外(경외) 먼 교외. 坰野(경야).

5
⑧【坤】 땅 곤 元

중학 인명 3급 ㊥kūn ㊐コン

필순 一 十 土 圠 坝 坰 坥 坤

소전 초서 자원 會意. 土+申→坤. 토(土)의 자리는 12지의 신(申)에 있다는 뜻을 나타낸다.
자해 ❶**땅, 대지(大地).** ❷**괘 이름.** ㉮**8괘의 하나, 순음(純陰).** 괘형은 ☷. 지(地)·모(母)·부(釜)·인색(吝嗇)의 상이며, 방위로는 서남. ㉯**괘 이름, 64괘의 하나.** 괘형은 ䷁. 유순함용(柔順含容)함을 상징한다. ❸**황후의 별칭.**
坤極(곤극) 황후의 자리. 황후의 신분.
坤德(곤덕) ①땅의 덕(德). 대지가 만물을 생육(生育)하는 힘. ②부덕(婦德). 후비(后妃)의 덕.
坤道(곤도) ①땅의 도(道). ②부인(婦人)이 지켜야 할 도리. 婦道(부도).
坤方(곤방) 팔방(八方)의 하나. 서남방.
坤時(곤시) 24시의 열여섯째 시. 곧, 오후 2시 30분~3시 30분.
坤輿(곤여) 대지(大地). '輿'는 수레의 짐을 싣는 곳으로서 만물을 싣고 있는 땅의 비유. 坤儀(곤의).
坤元(곤원) ①땅. ②땅의 덕(德).
坤育(곤육) 대지(大地)가 만물을 보살펴 키움과 같이 귀여워하며 기름. 황후나 어머니의 덕을 이르는 말.
坤儀(곤의) 대지. 坤輿(곤여).
◨ 乾坤건곤.

5
⑧【坵】 丘(20)의 속자 인명

5
⑧【坭】 泥(705)와 동자

5
⑧【坣】 堂(258)의 고자

5
⑧【垈】 國터 대 인명 2급

자해 **터, 집터.** 〔經國大典〕 家垈打量가대타량.
垈田(대전) ①텃밭. ②집터와 밭.
垈地(대지) 집터.

5
⑧【坮】 臺(1048)와 동자 인명

5
⑧【坯】 坏(251)와 동자

5
⑧【坿】 1붙일 부 遇 2떼 부 虞

㊥fù, fú ㊐フ

소전 초서 자해 1**붙이다, 늘리다.** =附. 〔呂氏春秋〕 坿城郭부성곽. 2**떼, 뗏목.**

5
⑧【垂】 드리울 수 支

고등 인명 3Ⅱ급 ㊥chuí ㊐スイ

필순 一 二 千 千 乖 乖 垂 垂

소전 초서 속자 垂 자원 象形. 초목의 가지·잎 등이 처져서 늘어진 모양을 본뜬 글자.
자해 ❶**드리우다.** ㉮**물체가 위에서 아래로 처져서 늘어지다.** 〔詩經〕 垂帶而厲수대이려. ㉯**명예·공적 등을 후세에 전하다.** 〔後漢書〕 垂功名於竹帛수공명어죽백. ❷**베풀다, 위에서 아래에 베풀어 주다.** ❸**가, 끝, 가장자리.** 〔史記〕 坐不垂堂좌불수당. ❹**거의, 거의 이루어지려 하다.**
垂櫜(수고) 활집을 늘어뜨림. 적대(敵對)할 마음이 없음.
垂拱(수공) ①옷소매를 늘어뜨리고 두 손을 가슴 앞에서 포개어 하는 경례. ②옷소매를 늘어뜨리고 팔짱을 끼고 있음. 아무 일도 하지

土 5획

않고 있음.
垂拱之治(수공지치) 수공(垂拱)의 정치. 일부러 하지 않아도 천하가 다스려짐.
垂敎(수교) 좋은 가르침을 후세에 남김. 垂示(수시). 垂訓(수훈).
垂及(수급) 거의 미침. 다다름.
垂年(수년) 늙어서 죽음이 가까운 나이.
垂堂(수당) 마루 끝에 앉음. 위험을 무릅씀의 비유.
垂頭(수두) ①머리를 숙임. 고개를 떨어뜨림. ②목을 길게 늘임. 간절히 바라는 모습.
垂頭喪氣(수두상기) 근심 걱정으로 고개가 숙어지고 맥이 풀림.
垂頭塞耳(수두색이) 머리를 숙여 아첨하고 귀를 막아 비난을 모른척 함. 아첨하는 모양.
垂簾聽政(수렴청정) 발을 드리우고 정사(政事)를 들음. 천자가 어려서 태황(太皇)·태후(太后)·황태후(皇太后) 등이 대신 나랏일을 돌봄. 垂簾之政(수렴지정).
垂老(수로) 70살이 가까운 노인.
垂綸(수륜) 낚싯줄을 드리움. 물고기를 낚음. 垂釣(수조).
垂名竹帛(수명죽백) 영예로운 이름을 역사에 기록하여 길이 후세에 남김.
垂髮(수발) ①아이의 늘어뜨린 머리. ②아이. 垂髫(수초).
垂範(수범) ①모범이 됨. ②본보기를 후세에 남김.
垂氷(수빙) 고드름.
垂死(수사) 거의 다 죽게 됨. 瀕死(빈사).
垂成(수성) 어떤 일이 거의 이루어짐.
垂垂(수수) ①차츰차츰. 점점. ②아래로 드리워지는 모양.
垂直(수직) ①똑바로 드리움. ②하나의 평면이나 직선에 대하여 90도 각도를 이루는 일.
垂髫戴白(수초대백) 머리를 늘어뜨린 아이와 백발의 노인.
垂統(수통) 임금의 통서(統緖)를 자손에게 영원히 전하는 일.
垂訓(수훈) 후세에 전하는 교훈.
◨ 低垂저수, 懸垂幕현수막.

5 ⑧【坳】 팬 곳 요 肴

㊥āo ㊐オウ

소전 坳 초서 坳 자해 팬 곳, 우묵한 곳. 〔莊子〕 覆杯水于坳堂之上복배수우요당지상.
坳堂(요당) 마당 가운데 우묵하게 팬 땅.
坳窪(요와) 깊이 우묵하게 팸, 또는 그런 땅.
坳泓(요홍) 움푹 패어 물이 괸 곳.

5 ⑧【垚】 堯(262)의 속자

5 ⑧【坫】 경계 점 豔

㊥diàn ㊐テン

소전 坫 초서 坫 자해 ❶경계, 한계. ❷대(臺). 술잔·홀〔圭〕·음식물 등을 얹어 두는 대. 〔論語〕 邦君爲兩君之好방군위량군지호, 有反坫유반점.

5 ⑧【坐】 坐(252)와 동자

5 ⑧【坻】 1모래섬 지 支 2비탈 저 薺

㊥chí, dǐ ㊐チ, テイ

소전 坻 초서 坻 자해 1❶모래섬, 작은 섬. 〔詩經〕 宛在水中坻완재수중지. ❷물가. ¶ 坻岸지안. 2비탈, 고개.
坻京(지경) 물속의 높은 땅과 높은 언덕. 수확이 풍부함의 비유.
坻岸(지안) 물가의 조금 높은 곳.

5 ⑧【坧】 토대 척 陌

인명 ㊥zhí ㊐セキ
자해 토대, 기초.

5 ⑧【坼】 터질 탁 陌

인명 ㊥chè ㊐タク

소전 坼 초서 坼 자해 ❶터지다, 갈라지다. ❷싹트다. 〔易經〕 百果草木皆甲坼백과초목개갑탁. ❸터진 금, 갈라진 무늬. 거북 등껍데기를 태워 생긴 균열(龜裂). 〔周禮〕 卜人占坼복인점탁.
坼裂(탁렬) 터져 갈라짐.
坼榜(탁방) 國①과거에 급제한 사람의 이름을 게시(揭示)하던 일. ②일의 결말을 냄.
坼封(탁봉) 봉한 것을 뜯음.
坼副(탁부) ①찢어짐. 갈라짐. ②어렵게 아이를 낳음. 難產(난산). 坼剖(탁부).

5 ⑧【坦】 평평할 탄 旱

인명 1급 ㊥tǎn ㊐タン

소전 坦 초서 坦 자해 ❶평평하다, 평탄하다. 〔莊子〕 明乎坦途명호탄도. ❷너그럽다, 편안하다. 〔論語〕 君子坦蕩蕩군자탄탕탕.

坦道(탄도) 평탄한 길. 넓고 평평한 길. 坦途(탄도).
坦腹(탄복) ①배를 깔고 엎드림. 엎드려 뒹굶. ②사위. 故事 진대(晉代)에 치감(郗鑒)이 왕도(王導)의 집안에서 사윗감을 고르기 위해 사람을 보냈을 때, 잘 보이려고 애쓰는 이들은 두고 동상(東床)에서 배를 드러내고 누워 있던 왕희지(王羲之)를 사위로 삼은 고사에서 온 말.
坦率(탄솔) ①깔끔하고 꾸미지 않음. ②國성품이 관대하여 사소한 예절에 거리끼지 않음.
坦然(탄연) 안정되어 평온한 모양.
坦夷(탄이) 평평함. 고저(高低)가 없음.
坦坦(탄탄) ①넓고 평평한 모양. ②남보다 월등한 점이 없는 모양. 평범함.
坦坦大路(탄탄대로) 높낮이가 없이 평탄하고 넓은 큰 길. 탄로(坦路).
坦平(탄평) 평평함. 坦夷(탄이).
坦懷(탄회) 넓고 편안한 마음. 마음에 조금도 거리낌이 없음.
◨ 順坦순탄, 平坦평탄.

5 ⑧【坡】 고개 파 歌

인명 2급 ㊥pō ㊐ハ

소전 초서 자해 ❶고개, 비탈. ❷둑, 제방. ＝陂. ¶ 坡岸파안.
坡塘(파당) 둑. 제방(堤防).
坡岸(파안) 강 둔덕.
坡陀(파타) 경사지고 평탄하지 않은 모양.

5 ⑧【坪】 평평할 평 庚

인명 2급 ㊥píng ㊐ヘイ

소전 초서 자해 ❶평평하다, 땅이 평평하다. ❷國평. 땅의 면적을 측정하는 단위. 6척(尺) 평방. ¶ 建坪건평.
坪當(평당) 한 평에 대한 비율.
坪數(평수) 평으로 따진 넓이.
◨ 建坪건평.

6 ⑨【垢】 때 구 宥

인명 1급 ㊥gòu ㊐コウ

소전 초서 자해 ❶때, 티끌. 〔史記〕 要之去垢요지거구. ❷때묻다, 더럽혀지다. ❸수치, 부끄러움. 〔春秋左氏傳〕 國君含垢국군함구.
垢膩(구니) ①때가 묻고 기름이 낌. ②기름때.
垢穢(구예) 더러워짐. 더러움.
垢汚(구오) ①때가 묻어 더러움. ②때. 오물. ③명예가 더러워짐.
垢滓(구재) 때와 찌끼. 더러움.
垢塵(구진) 때와 먼지. 더러움.
垢弊(구폐) 때가 묻고 해어짐.
◨ 面垢면구, 身垢신구, 汚垢오구, 塵垢진구, 清淨無垢청정무구.

6 ⑨【垝】 허물어질 궤 紙

㊥guǐ ㊐キ

소전 초서 자해 ❶허물어지다, 무너지다. 〔詩經〕 乘彼垝垣승피궤원. ❷담, 허물어진 담.
垝垣(궤원) 허물어진 담.

6 ⑨【垌】 항아리 동 董

인명 ㊥tǒng ㊐トウ

자해 ❶항아리, 단지. ❷國동막이, 동막이하다. ¶ 垌畓동답.
垌畓(동답) 國간석지(干潟地)에 둑을 쌓고 바닷물을 퍼내어 일군 논.

6 ⑨【城】 城(256)과 동자

6 ⑨【垣】 담 원 元

인명 ㊥yuán ㊐エン

소전 초서 자해 ❶담. 〔書經〕 若作室家약작실가, 既勤垣墉기근원용. ❷별 이름, 태미(太微)·자미(紫微)·천시(天市)의 세 별자리의 구역. 〔史記〕 太微宮垣十星태미궁원십성.
垣幹(원간) 울타리. 왕실(王室)을 지키는 것. 藩屛(번병).
垣屛(원병) 울타리. 담.
垣屋(원옥) 울타리와 지붕.
垣有耳(원유이) 울타리에도 귀가 있음. 비밀로 한 말도 쉽게 새어 나감.
垣衣(원의) 토담에 나는 이끼.
垣牆(원장) 담. 담장.
◨ 文垣문원, 掖垣액원, 紫薇垣자미원.

6 ⑨【垠】 끝 은 眞

인명 2급 ㊥yín ㊐ギン

소전 초서 자해 ❶끝, 땅의 끝. ❷벼랑, 낭떠러지.
垠崖(은애) 우뚝 솟은 벼랑.
垠際(은제) 가장자리. 끝.

6
⑨【垤】 개밋둑 질 屑

㊥dié ㊐テツ

소전 [자해] **❶개밋둑.** 〔詩經〕 鸛鳴于垤관명우질. **❷언덕, 구릉.** 〔孟子〕 泰山之於丘垤태산지어구질.

垤嵲(질얼) ①개밋둑. ②작은 산.

6
⑨【垜】 살받이 타 哿

㊥duǒ ㊐ダ

소전 [자해] **❶살받이.** 과녁의 앞뒤와 양쪽에 화살이 날아와서 꽂히도록 쌓은 것. **❷장벽(牆壁), 전쟁에서 화살과 돌을 막는 벽.**

6
⑨【垞】 성 이름 택 陌

[인명] ㊥chá ㊐タ, ダ

[자해] **❶성(城) 이름. ❷언덕.**

6
⑨【垓】 지경 해 ㊍개 灰

[인명] ㊥gāi ㊐カイ

소전 초서 [자해] **❶지경, 경계. ❷끝, 국토의 끝. ❸해, 큰 수의 이름.** 경(京)의 만 배가 되는 수로, 10^{20}을 이른다. **❹층계.** ≒陔. **❺땅 이름.** 해하(垓下)는 한 고조가 항우를 포위한 곳으로, 지금의 안휘성(安徽省) 동남쪽.

垓埏(해연) 천지(天地)의 끝.

垓字(해자) 國①능(陵)이나 묘의 경계. ②성(城) 밖으로 둘러 판 못. 垓子(해자).

垓坫(해점) 벼랑. 경계.

6
⑨【型】 거푸집 형 靑

[인명] [2급] ㊥xíng ㊐ガイ

소전 초서 [자해] **❶거푸집. ❷모범, 본보기.**

型紙(형지) 본으로 쓰도록 오려서 만든 종이.

◨ 模型모형, 典型전형, 鑄型주형.

6
⑨【垕】 厚(177)의 고자 [인명]

7
⑩【埆】 메마를 각 覺

㊥què ㊐カク

초서 [자해] **❶메마르다, 척박한 땅.** 〔後漢書〕 土地墝埆토지척각. **❷험하다, 가파르다.** 〔胡松·記〕 石陵峭埆석릉초각. **❸모자라다, 흉년이 들다.**

埆墝(각척) 토지가 척박함. 埆瘠(각척).

7
⑩【埒】 바자울 날 ㊍렬 屑

㊥liè ㊐ラツ, ラチ

소전 [자해] **❶바자울, 낮은 담. ❷둑, 제방(隄防). ❸경계, 한계. ❹같다, 비등(比等)하다.** 〔漢書〕 其愛幸埒韓嫣기애행날한언.

埒等(날등) 서로 엇비슷함.

埒垣(날원) 낮은 담.

7
⑩【埋】 묻을 매 佳

[고등] [인명] [3급] ㊥mái ㊐マイ

필순 一 十 土 圳 坦 坦 坦 埋 埋 埋

초서 [자원] 形聲. 土+里→埋. '里(리)'는 '貍(삵 리)'의 생략형으로 음을 나타낸다.

[자해] **❶묻다, 땅속에 감추다.** 〔春秋左氏傳〕 埋璧於大室之庭매벽어대실지정. **❷시체를 묻다, 장사 지내다.** 〔周禮〕 相與葬埋상여장매. **❸숨기다, 덮어 숨기다.**

埋立(매립) ①우묵한 땅을 메움. ②하천·바다를 메워 육지로 만듦.

埋沒(매몰) 파묻음. 파묻힘.

埋伏(매복) 적에 대한 불의의 습격을 목적으로 적당한 곳에 몰래 숨어 있음.

埋設(매설) 땅속에 묻어 설치함.

埋玉(매옥) 옥(玉)을 파묻음. 재능 있는 사람이나 미인이 죽어서 땅속에 묻힘.

埋葬(매장) ①시체를 땅속에 묻음. ②못된 짓을 한 사람을 사회적으로 낯을 못 들게 함.

埋藏(매장) ①묻혀 있음. ②묻어서 감춤.

埋窆(매폄) 관을 땅속에 넣어 묻음.

埋香(매향) 향을 묻음. 미인(美人)을 매장함.

◨ 暗埋암매.

7
⑩【城】 성 성 庚

[중학] [인명] [4Ⅱ급] ㊥chéng ㊐ジョウ

필순 一 十 土 圹 圹 圻 坊 城 城 城

소전 초서 동자 城 [자원] 會意·形聲. 土+成→城. 마을을 빙 둘러친, 흙〔土〕으로 쌓은 담을 나타낸다. '成(성)'은 음도 나타낸다.

[자해] **❶성.** 도시를 둘러싼 울타리. 흔히 이중

土 6획

(二重)으로 되어 있는데, 안쪽의 것을 성(城), 바깥쪽의 것을 곽(郭)이라 한다. ¶ 城郭성곽. ❷구축하다, 성을 쌓다. 〔詩經〕 城彼朔方성피삭방.
城郭(성곽) ①내성(內城)과 외성(外城). ②성(城). 성의 둘레.
城闕(성궐) ①성을 드나드는 문. ②도성(都城). 도시 전체를 이름. ③궁궐.
城壘(성루) 본성에서 떨어진 요소(要所)에 쌓은 작은 성. 城砦(성채).
城門(성문) 성을 드나드는 문. 城闕(성궐).
城堡(성보) 성. 성채(城砦).
城市(성시) 성벽이 있는 도시. 市街(시가).
城隅(성우) ①성곽의 구석. ②성 구석에 세운 높은 누각.
城邑(성읍) 도성(都城)과 읍리(邑里).
城池(성지) ①성 둘레에 판 못. 垓字(해자). ②성벽과 그것을 둘러싼 해자.
城堞(성첩) 성가퀴. 女牆(여장).
城下之盟(성하지맹) 성 밑에서 항복하여 맺는 맹약(盟約). 굴욕적인 강화(講和)의 맹약.
城隍(성황) ①성을 지키기 위해 성 둘레에 파 놓은 마른 해자. ②國서낭. 城隍神(성황신).
城隍神(성황신) 國서낭신. 토지와 마을을 지켜 준다는 신.
◨ 干城간성, 京城경성, 古城고성, 宮城궁성, 金城금성, 籠城농성, 王城왕성, 長城장성, 築城축성, 皇城황성.

7 ⑩【埀】 垂(253)의 속자

7 ⑩【埃】 티끌 애 灰
인명 2급 ㊥āi ㊐アイ
소전 초서 자해 티끌, 먼지. 〔漢書〕 杳冥晝昏묘명주혼, 塵埃抪覆진애포부.
埃及(애급) 이집트의 음역어(音譯語).
埃煤(애매) 티끌과 그을음.
埃滅(애멸) 티끌처럼 망함.
埃霧(애무) 티끌이 안개와 같이 일어남.
埃氛(애분) 먼지가 많은 대기(大氣). 더러워진 속세의 기운. 氛埃(분애).
◨ 氛埃분애, 煙埃연애, 塵埃진애.

7 ⑩【埏】 ①땅의 끝 연 先 ②이길 선 先
㊥yán, shān ㊐エン, セン
소전 자해 ① ❶땅의 끝, 땅의 한계. ❷무덤 속으로 통하는 길. 〔後漢書〕 葬親而不閉埏隧장친이불폐연수. ② 이기다, 흙에 물을 부어 반죽하다. 〔荀子〕 陶人埏埴而爲器도인선식이위기.
埏隧(연수) 땅을 파서 마련한, 무덤 속으로 통하는 길.
埏埴(선식) 진흙을 이김.

7 ⑩【垸】 바를 완·환 寒 翰
인명 ㊥wán, huán ㊐カン, ガン
소전 참고 인명용 음은 '완'이다.
자해 바르다, 잿물에 옻을 타서 바르다.

7 ⑩【埇】 길 돋울 용 腫
인명 ㊥yǒng ㊐ヨウ
자해 길을 돋우다, 길 위에 흙을 더하다.

7 ⑩【埈】 가파를 준 震
인명 2급 ㊥jùn ㊐シュン
동자 陖 자해 ❶가파르다 〔史記〕 徑埈赴險경준부험. ❷서두르다, 급박하다.

8 ⑪【堈】 언덕 강 陽
인명 ㊥gāng ㊐コウ
자해 ❶언덕. ❷독, 항아리.

8 ⑪【堅】 坚 굳을 견 先
중학 인명 4급 ㊥jiān ㊐ケン
필순 一 ㄱ 𠃍 𠄌 臣 臤 臤 堅 堅 堅
소전 속자 坚 자원 會意. 臤+土→堅. 흙(土)이 굳다(臤)는 데서 '굳다' 라는 뜻을 나타낸다.
자해 ❶굳다. ㉮단단하다. 〔詩經〕 實堅實好실견실호. ㉯마음이 굳다, 의지(意志)가 강하다. 〔後漢書〕 窮當益堅궁당익견. ❷굳게, 튼튼하게. ¶ 堅忍不拔견인불발. ❸굳게 하다, 단단하게 하다. 〔史記〕 高壘堅營고루견영. ❹갑옷, 견갑(堅甲)의 약어. 〔漢書〕 被堅執銳피견집예.
堅甲利兵(견갑이병) 튼튼한 갑옷과 날카로운 병기. 강한 병력의 비유.
堅剛(견강) 성질이 굳세고 단단함.
堅勁(견경) 굳세고 강함. 堅硬(견경).
堅固(견고) 단단하고 튼튼함. 堅牢(견뢰).
堅白同異(견백동이) 전국 시대 조(趙)나라 공손룡(公孫龍)이 주장한 궤변. 눈으로 돌을

土 8획

볼 때에는 빛이 흰 것은 아나 굳은 것은 모르고, 손으로 돌을 만질 때에는 굳은 것은 아나 흰 것은 모르므로, 단단한 돌과 흰 돌은 동시에 성립하는 개념이 아니라는 논법. 시(是)를 비(非)라, 비(非)를 시(是)라, 동(同)을 이(異)라, 이(異)를 동(同)이라고 우겨대는 변론(辯論).
堅實(견실) ①단단함. ②미덥고 확실함.
堅忍持久(견인지구) 굳게 참아 오래 견딤.
堅持(견지) 굳게 지니거나 지킴.
堅確(견확) 굳고 확실함.
◨ 剛堅강견, 強堅강견, 中堅중견.

8 ⑪ 【堀】 ①굴 굴 月 ②팔 굴 物
인명 ㊥kū ㊐クツ
소전 초서 자해 ①굴. ≒窟. ¶ 堀穴굴혈. ②파다, 땅을 파다. =掘.
堀室(굴실) 지하실. 窟室(굴실).
堀穴(굴혈) ①동굴. 굴. ②천한 사람의 거처.

8 ⑪ 【堇】 ①진흙 근 眞 ②조금 근 震
㊥qín, jǐn ㊐キン
소전 초서 자해 ① ❶진흙, 찰흙. ¶ 堇塊근괴. ❷때, 시기. 〔管子〕 以待乎天堇이대호천근. ②조금, 약간. 〔史記〕 堇堇物之所有근근물지소유.
堇塊(근괴) 진흙. 粘土(점토). 堇泥(근니).
堇堇(근근) 근소한 모양.
堇泥(근니) 진흙.

8 ⑪ 【埼】 갑 기 支
인명 ㊥jī ㊐キ
자해 갑(岬), 곶(串), 굽은 언덕. =崎.

8 ⑪ 【基】 터 기 支
중학 인명 5급 ㊥jī ㊐キ
필순 一 十 廾 甘 甘 其 其 其 基 基
소전 초서 자원 形聲. 其+土→基. '其(기)'가 음을 나타낸다.
자해 ❶터, 토대. 〔詩經〕 自堂徂基자당조기. ❷업, 사업. 〔太玄經〕 物失其基물실기기. ❸꾀, 꾀하다. 〔書經〕 周公初基주공초기. ❹비롯하다, 기인하다, 근거하다. 〔國語〕 基於其身기어기신.
基幹(기간) 어떤 분야나 부문에서 기초가 되거나 중심이 되는 부분.
基金(기금) 어떤 목적을 위하여 적립하여 두는 자금.
基盤(기반) 기초가 되는 지반(地盤). 기본이 되는 자리.
基底(기저) 기초가 되는 밑바닥.
基調(기조) 사상·작품·학설 등의 기본적인 경향(傾向).
基準(기준) 기본이 되는 표준.
基礎(기초) ①건물 따위의 무게를 받치기 위하여 만든 바닥. 土臺(토대). ②사물이 이루어지는 바탕.
◨ 開基개기, 國基국기, 根基근기, 鹽基염기.

8 ⑪ 【堂】 집 당 陽
중학 인명 6급 ㊥táng ㊐ドウ
필순 丨 丨 ⺌ ⺌ 尚 尚 尚 堂 堂 堂
소전 초서 고자 자원 形聲. 尙+土→堂. '尙(상)'이 음을 나타낸다.
자해 ❶집. ㉮집 중앙의 남향 방, 대청. 〔論語〕 由也升堂矣유야승당의, 未入室也미입실야. ㉯정침(正寢), 공전(公殿). 사무를 보는 방. 〔詩經〕 狐裘在堂호구재당. ㉰정교(政敎)를 행하는 방, 명당(明堂). 〔淮南子〕 堂大足以周旋理文당대족이주선리문. ❷밝다. ❸동조(同祖)의 친척. ¶ 堂兄弟당형제.
堂規(당규) 한 집안의 규율. 家憲(가헌).
堂內(당내) 國같은 성(姓)을 가진 팔촌 이내의 친척. 堂內親(당내친).
堂堂(당당) ①용모가 훤칠하고 행동이 정당한 모양. ②용기 있는 모양. ③여럿 중 뛰어난 모양.
堂老(당로) ①재상(宰相)끼리 서로 부르는 호칭. ②남의 어머니의 존칭. ③어머니.
堂上(당상) ①마루 위. 대청 위. 궁전(宮殿)의 위. ②부모(父母)의 일컬음. ③공경(公卿), 곧 장관(長官). '堂上'에서 일을 다스린다는 데서 온 말. 堂官(당관). ④조선 때 정삼품 이상의 품계에 해당하는 벼슬의 총칭.
堂上官(당상관) 당상의 품계에 있는 벼슬아치.
堂叔(당숙) 아버지의 사촌 형제. 從叔(종숙).
堂室(당실) ①당(堂)과 실(室). '堂'은 집 중앙의 남향에 있는 대청, '室'은 집 중앙의 북향에 있는 거실. ②어머니와 아내.
堂奧(당오) ①당(堂)과 방의 깊숙한 곳. ②문을 들어서면 당에 오르고, 당에서 방으로 들어감. 학문의 깊은 뜻의 비유.
堂姪(당질) 오촌 조카. 곧, 사촌의 아들. 從姪

(종질).

堂下(당하) ①마루 아래. 대청 아래. 궁전(宮殿)의 아래. ②조선 때 정삼품 이하의 품계에 해당하는 벼슬의 총칭.

堂下官(당하관) 당하의 품계에 있는 벼슬아치.

堂兄弟(당형제) 사촌 형제. 從兄弟(종형제).

◨ 講堂강당, 法堂법당, 佛堂불당, 書堂서당, 聖堂성당, 食堂식당, 草堂초당, 學堂학당.

8 ⑪ 【培】 1북돋을 배 灰 2언덕 부 有

고등 인명 3Ⅱ급 ㊥péi, pǒu ㊐バイ, オウ

필순 一 十 土 圹 圹 垶 垶 垶 培 培 培

소전 초서 참고 인명용 음은 '배'이다.

자원 形聲. 土+咅→培. '咅(부)'가 음을 나타낸다.

자해 1 ❶북돋우다. ㉮식물을 북을 주어 가꾸다. 〔中庸〕栽者培之재자배지. ㉯가꾸다, 길러 키우다. ¶ 培養배양. ❷다스리다, 손질하여 다듬다. 〔禮記〕墳墓不培분묘불배. 2 언덕.

培植(배식) ①북돋워 심음. ②인재를 기름.

培養(배양) ①식물을 북돋워 기름. ②가르치고 기름. ③식물·미생물 따위를 인공적으로 기름.

培塿(부루) ①작은 언덕. ②스스로를 낮추는 겸사(謙辭).

8 ⑪ 【埠】 선창 부 遇

인명 1급 ㊥bù ㊐フ

초서 자해 선창, 배를 댈 수 있게 만든 바닷가, 부두.

埠頭(부두) 항구에서, 배를 대어 여객이 타고 내리거나 짐을 싣고 부리는 곳. 船艙(선창).

8 ⑪ 【堋】 1묻을 붕 徑 2활터 붕 蒸

㊥bèng, péng ㊐ホウ

소전 초서 자해 1 ❶묻다, 하관(下棺)하다. ❷보, 봇둑. 〔事物異名錄〕蜀人謂堰爲堋촉인위언위붕. 2 활터, 살받이가 서 있는 곳. 〔庾信·詩〕橫弓先望堋횡궁선망붕.

堋的(붕적) 활터에 세운 과녁. 射的(사적).

8 ⑪ 【埤】 1더할 비 支 2성가퀴 비 霽

㊥pí, pì ㊐ヒ

소전 초서 자해 1 ❶더하다, 늘리다. 〔詩經〕政事一埤益我정사일비익아. ❷낮은 담, 낮은 울타리. 〔杜甫·詩〕掖垣竹埤梧十尋액원죽비오십심. 2 성가퀴.

埤堄(비예) 성가퀴. 埤倪(폐예).

埤益(비익) 보태고 늘려 도움이 되게 함. 裨益(비익).

8 ⑪ 【埴】 埴 찰흙 식·치 職 寘

인명 ㊥zhí ㊐ショク, シ

소전 초서 참고 인명용 음은 '식'이다.

자해 ❶찰흙, 점토(粘土). 〔莊子〕我善治埴아선치식. ❷단단하다. 〔墨子〕埴固以脩久也식고이수구야.

埴土(식토·치토) 찰흙.

8 ⑪ 【堊】 垩 백토 악 藥

인명 1급 ㊥è ㊐アク

소전 초서 자해 ❶백토(白土), 석회(石灰). 〔山海經〕大次之山대차지산, 其陽多堊기양다악. ❷회칠하다, 벽을 희게 칠하다. 〔禮記〕居堊室거악실.

堊車(악거) 하얗게 칠한 수레. 상제(喪制)가 타는 수레.

堊慢(악만) 흰 흙으로 더럽힘. 흰 흙을 바름.

堊室(악실) 흰 종이로 초벽만 바른 집. 상제가 거처하는 방.

◨ 丹堊단악, 白堊백악.

8 ⑪ 【埜】 野(1289)의 속자

8 ⑪ 【域】 지경 역 職

고등 인명 4급 ㊥yù ㊐イキ

필순 一 十 土 圹 圹 垣 域 域 域 域

소전 초서 동자 埊 자원 會意. 或〔戈+口+一〕+土→域. 사방이 둘러싸인〔口〕 땅〔一〕을 창〔戈〕을 들고 지키는 곳〔土〕이라는 데서 '나라, 나라의 지경'이라는 뜻을 나타낸다.

자해 ❶지경(地境), 땅의 경계. 〔詩經〕肇域彼四海조역피사해. ❷나라, 국토(國土). 〔漢書〕以保爾域이보이역. ❸한정된 일정한 곳이나 땅. ¶ 域外역외.

域內(역내) 일정한 장소의 안.

域外(역외) ①일정한 장소의 밖. ②범위 밖.

土 8획

③외국(外國).

域中(역중) ①나라의 안. ②온 세상.

◨ 區域구역, 聖域성역, 領域영역, 流域유역, 異域이역, 地域지역.

8 ⑪ 【場】 밭두둑 역 ㊍익 陌

㊥yì ㊐エキ

초서 자해 ❶밭두둑, 두둑, 밭과 밭의 경계. ❷국경(國境), 경계.

8 ⑪ 【埶】 藝(1101)와 동자 인명

8 ⑪ 【埧】 성가퀴 예 霽

인명 ㊥nì ㊐ゲイ

초서 자해 성가퀴. 성 위에 쌓은 낮은 담. 〔孫子兵法〕 發者所以當埤堄也발자소이당비예야.

8 ⑪ 【堉】 기름진 땅 육 屋

인명 ㊥yù ㊐イク

자해 기름진 땅, 옥토(沃土).

8 ⑪ 【埩】 다스릴 쟁·정 庚

인명 ㊥zhēng ㊐ソウ

참고 인명용 음은 '정'이다.

자해 ❶다스리다. ❷못 이름.

8 ⑪ 【埻】 과녁 준 軫

인명 ㊥zhǔn ㊐キュン

자해 ❶과녁. ❷법칙. 〔潛夫論〕 平議無埻的평의무준적.

8 ⑪ 【執】 执 잡을 집 緝

중학 인명 3Ⅱ급 ㊥zhí ㊐シツ

필순 十 土 扌 去 幸 幸 幸 幸 執 執

소전 초서 자원 會意·形聲. 사람이 꿇어앉아 있는 모습을 본뜬 '丮'과 두 손이 형틀에 묶여 있는 모습을 본뜬 '㚔'을 합하여 '죄인을 체포하다'라는 뜻을 나타낸다.

자해 ❶잡다. ¶ 執筆집필. ❷지키다. 〔禮記〕 執爾顏집이안. ❸가지다. 〔禮記〕 執天子之器則上衡집천자지기즉상형. ❹고집하다. 〔通俗編〕 上曰상왈, 卿何執耶경하집야. ❺벗. 〔禮記〕 見父之執견부지집, 不問不敢對불문불감대.

執柯(집가) ①도끼 자루를 손에 쥠. '柯'는 도끼 자루. ②중매인(中媒人). 매자(媒子). 시경(詩經)에, 나뭇가지를 베는 데는 도끼를 사용하고, 아내를 얻는 데는 중매에 의뢰한다는 말에서 온 말.

執權(집권) 정권을 잡음.

執箕帚(집기추) 쓰레받기와 비를 잡음. ㉠신복(臣僕)이 되어 섬김. ㉡처첩(妻妾)이 됨.

執念(집념) ①머리에서 떠나지 않는 생각. ②한 가지 일에 몰두함.

執禮(집례) ①예식을 집행함. ②㊞제사 때 홀기(笏記)를 읽는 사람.

執務(집무) 사무를 맡아봄.

執柄(집병) ①기구의 자루를 잡음. ②정권을 잡음. 정권을 잡은 사람. 執權(집권).

執事(집사) ①일을 집행함. ②귀인의 집에서 가사(家事)를 돌보아 주는 사람. 侍者(시자). ③귀인의 존함 밑에 붙여 쓰는 말. ④㊞노형(老兄)은 지나고 존장(尊長)은 채 못 되는 사람에 대한 존칭.

執熱不濯(집열불탁) 뜨거운 것을 쥘 때는 먼저 냉수에 손을 적셔야 하는데 그렇게 하지 않음. ㉠나라를 다스림에 현자를 등용하는 것을 잊음. ㉡일을 하는데 있어 수단 방법을 그르침.

執拗(집요) 고집이 세고 끈질김.

執友(집우) ①뜻을 같이하는 친구. ②아버지의 친구.

執牛耳(집우이) 동맹(同盟)의 영수(領袖)가 됨. 故事 제후(諸侯)가 회맹(會盟)할 때에, 맹주(盟主)가 쇠귀를 찢어 그 피를 마시고 맹세한 데서 온 말.

執意(집의) 자기의 의견을 고집함.

執一(집일) ①하나만 고수(固守)함. 뜻을 오로지함. ②한 가지 일만 전념하여 변통이 없음. ③천리(天理)를 파악함.

執政(집정) ①정치를 맡아서 행하는 사람. 재상(宰相). ②정도를 굳게 지킴. 執正(집정).

執中(집중) 중용의 도를 지킴.

執贄(집지) ①신하가 임금을 처음으로 알현할 때, 옥백(玉帛)을 가지고 가서 경의를 표하던 일. ②예물을 바치고 제자가 됨.

執着(집착) 한 가지 일에만 마음이 쏠려 떠나지 않음.

執鞭(집편) ①채찍을 가짐. ②채찍을 잡고 남의 말을 모는 고용인. 馬夫(마부).

執筆(집필) 붓을 잡음. 글이나 글씨를 씀.

執行(집행) 실제로 시행함.

◨ 固執고집, 我執아집, 偏執편집.

8 ⑪【埰】 영지 채 隊

인명 2급 ㊥cài, cǎi ㊐サイ

자해 ❶영지(領地), 식읍(食邑). =采. ❷무덤.

8 ⑪【埵】 언덕 타 哿

㊥duǒ ㊐タ

소전 초서 자해 ❶언덕, 두두룩하게 솟은 땅. ¶ 埵堁타과. ❷둑, 제방. 〔淮南子〕 狟狢得埵防훤학득타방, 弗去而緣불거이연.

埵堁(타과) 두두룩하게 솟은 땅. 언덕.
埵防(타방) 제방(堤防).

8 ⑪【埭】 보 태 隊

㊥dài ㊐タイ

초서 자해 보. 왕래하는 선박에서 통행세를 받기 위하여 쌓은 보. 〔晉書〕 築埭於城北축태어성북.

埭堰(태언) 냇물을 가로막은 보.

8 ⑪【堆】 언덕 퇴 灰

인명 1급 ㊥duī ㊐タイ

초서 자해 ❶언덕, 사구(砂丘). 〔楚辭〕 陵魁堆以蔽視兮릉괴퇴이폐시혜. ❷높이 쌓이다. 〔蘇軾·詩〕 蒼崖半入雲濤堆창안반입운도퇴. ❸두다, 밀쳐 두다. 〔戰國策〕 中旗堆琴중기퇴금.

堆金積玉(퇴금적옥) 높이 쌓아 올린 금은보석. 재물이 많음.
堆肥(퇴비) 풀·짚 등 유기물을 썩혀서 만든 거름. 두엄.
堆愁(퇴수) 쌓이고 쌓인 근심.
堆積(퇴적) 많이 덮쳐 쌓임.
堆疊(퇴첩) 쌓이고 쌓임. 높이 쌓임.

9 ⑫【堪】 견딜 감 覃

인명 1급 ㊥kān ㊐カン

소전 초서 자해 ❶견디다, 참다. 〔論語〕 人不堪其憂인불감기우. ❷하늘, 천도(天道). ¶ 堪輿감여.

堪耐(감내) 참고 견딤.
堪能(감능) ①일을 감당해 냄. 일을 감당할 수 있는 능력. ②기예나 재능이 뛰어남.
堪當(감당) 일을 능히 참고 해냄.
堪輿(감여) ①하늘과 땅. '堪'은 받아들이는 것, 곧 하늘, '輿'는 수레로서 싣는 것, 곧 땅을 뜻함. ②천지의 신(神).

◨ 難堪난감, 不堪불감.

9 ⑫【堺】 界(845)와 동자 인명

9 ⑫【堵】 堵 담 도 麌

인명 1급 ㊥dǔ ㊐ト

소전 초서 자해 ❶담, 담장. 〔莊子〕 故滿若堵耳고만약도이. ❷거처, 주거. 담의 안이라는 뜻.

堵塞(도색) 막음. 틀어막음.
堵列(도열) 담을 두른 것처럼 죽 늘어섬.
堵牆(도장) 담. 울타리. 堵墻(도장).

◨ 安堵안도.

9 ⑫【堗】 굴뚝 돌 月

㊥tú ㊐トツ

자해 ❶굴뚝. =突. ❷國구들, 구들장. 〔經國大典〕 堗匠八돌장팔, 車匠十거장십.

9 ⑫【塁】 壘(271)의 속자

9 ⑫【堡】 작은 성 보 皓

인명 1급 ㊥bǎo ㊐ホウ

초서 자해 작은 성. 돌·흙 등으로 쌓은 성채(城砦). ¶ 堡壘보루.

堡壘(보루) 적을 막기 위하여 구축한 진지. 堡壁(보벽). 堡障(보장). 堡砦(보채).

9 ⑫【報】 报 갚을 보 號

중학 인명 4Ⅱ급 ㊥bào ㊐ホウ

필순 十 土 幸 幸 幸 幸 幸' 幸了 報 報

소전 초서 자원 會意. 幸+𠬝→報. '幸'은 큰 죄, '𠬝'은 죄에 대해 벌한다는 뜻. 죄를 짓고 벌을 받은 사람이란 데서 '갚다'의 뜻을 나타낸다.

자해 ❶갚다, 은혜·도움·원한을 갚다. 〔列子〕 謀報父之讎모보부지수. ❷갚음. 〔史記〕 先王遠施선왕원시, 不求其報불구기보. ❸알리다, 여쭈다. ¶ 報道보도. ❹알림, 통지(通知). ¶ 急報급보. ❺판가름하다, 재판하다. ¶ 報囚보수. ❻간통하다, 간음하다. 〔春秋左氏傳〕 文公報鄭子之妃문공보정자지비.

報告(보고) 주어진 임무에 관한 내용이나 결과를 말이나 글로 알림.
報國(보국) 나라의 은혜를 갚음. 나라를 위해 충성을 바침.
報答(보답) 남의 호의(好意)나 은혜(恩惠) 따위를 갚음.
報德(보덕) 남의 은덕(恩德)을 갚음.
報道(보도) ①어떤 소식을 널리 알림. ②신문·통신 등의 뉴스.
報李(보리) 남의 선물에 대하여 반례(返禮)하는 일. 시경(詩經)의 '投我以桃, 報之以李'에서 온 말.
報命(보명) 명령받은 일의 결과를 보고함.
報復(보복) 원수를 갚음. 앙갚음.
報本反始(보본반시) 천지(天地)나 선조의 은혜에 보답함. 생겨나거나 자라난 근본을 잊지 않고 그 은혜를 갚음. 報本(보본).
報囚(보수) 죄인에게 형벌을 과함. 죄를 논정(論定)함.
報酬(보수) 노력의 대가나 사례의 뜻으로 주는 돈이나 물품.
報施(보시) 은혜를 갚아서 베풂.
報恩(보은) 은혜를 갚음.
報應(보응) 선악의 행위에 따라 받게 되는 대갚음.
報章(보장) ①짜서 무늬를 놓음. ②회답하는 편지.
◨ 警報경보, 公報공보, 急報급보, 朗報낭보, 速報속보, 豫報예보, 日報일보, 電報전보, 情報정보, 通報통보.

土 9획

9 ⑫ 【堰】 방죽 언 ㉕

인명 1급 ㊥yàn ㊐エン

초서 堰 동자 隁 동자 隁 자해 ❶방죽, 둑, 보. ¶ 堰堤언제. ❷막다, 보를 막다, 흐르는 물을 막다.

堰堤(언제) ①물을 가두기 위하여 강이나 계곡을 가로질러 막은 둑. ②댐(dam). 堤堰(제언).
堰埭(언태) ①선박의 통행세를 받기 위하여 강 가운데에 막은 둑. ②전지(田地)의 관개(灌漑)를 위하여 쌓은 방죽.

9 ⑫ 【堧】 빈 터 연 先

인명 ㊥ruán ㊐ゼン

초서 堧 동자 壖 자해 ❶빈 터, 묘(廟)의 안 담과 바깥 담 사이의 빈 터. ¶ 堧垣. ❷성 밑에 있는 땅, 성곽에 잇닿은 땅. 〔漢書〕 稅城郭堧及園田세성곽연급원전.

堧垣(연원) 묘(廟)의 바깥 담.

9 ⑫ 【堯】 尧 요임금 요 蕭

인명 2급 ㊥yáo ㊐ギョウ

소전 堯 초서 尧 속자 尭 속자 尭 자해 ❶요임금. 중국 고대의 성군(聖君). 〔孟子〕 言必稱堯舜언필칭요순. ❷높다, 멀다. ¶ 堯堯요요.

堯桀(요걸) 요임금과 걸임금. 성군과 폭군.
堯舜(요순) ①성군인 당요(唐堯)와 우순(虞舜). ②성군.
堯堯(요요) 매우 높은 모양.
堯趨舜步(요추순보) 요임금과 순임금의 총총걸음. 임금의 의용(儀容)과 동작(動作)을 높이 칭송하는 말.

9 ⑫ 【堣】 모퉁이 우 虞

인명 ㊥yú ㊐グ

자해 모퉁이, 귀퉁이. ≒隅.

9 ⑫ 【堙】 막을 인 眞

㊥yīn ㊐イン

초서 堙 자해 ❶막다, 틀어막다. 〔國語〕 夷竈堙井이조인정. ❷묻다, 빠지다. ＝湮. 〔國語〕 堙替隸圉인체예어. ❸흙메, 성을 공격하기 위해 쌓은 산. 〔春秋公羊傳〕 宋華元亦乘堙而出見之송화원역승인이출견지.

堙陵(인릉) 점차로 쇠해짐.
堙塞(인색) 막힘. 막혀 통하지 않음.
堙窒(인질) 막혀 통하지 않음.
堙替(인체) 내버려 둠. 묻혀 못 쓰게 됨.
堙廢(인폐) 파묻혀 스러짐. 쇠퇴함.

9 ⑫ 【場】 场 마당 장 陽

중학 인명 7급 ㊥cháng, chǎng ㊐ジョウ

필순 ‐ 土 圠 坦 坦 埕 埕 場 場 場

소전 場 초서 场 동자 塲 참고 塲(260)은 딴 자.

자원 形聲. 土+昜→場. '昜(양)'이 음을 나타낸다.

자해 ❶마당, 뜰, 정원. ㉮공지(空地), 경작하지 못하는 산지(山地). 〔國語〕 道路若塞도로약색, 野場若棄야장약기. ㉯밭, 남새밭, 정원(庭園). 〔詩經〕 食我場苗식아장묘. ㉰타작 마당, 곡물을 거두어들이는 뜰. 〔詩經〕 九月築場圃

구월축장포. ㉣광장, 평지. 〔漢書〕犧牲壇場희생단장. ㉤곳, 터. 〔齊書〕置射雉場二百九十六處치사치장이백구십륙처. ❷시험장, 시험을 치르는 곳. 〔柳宗元·書〕登場應對등장응대. ❸시장, 저자. 〔班固·賦〕九市開場구시개장.
場期(장기) 과거(科擧)의 시험 기일.
場面(장면) 어떤 장소에서 벌어진 광경.
場所(장소) 어떤 일이 이루어지거나 일어난 곳.
場屋(장옥) 관리를 채용할 때의 시험장.
場外(장외) 어떠한 곳의 바깥.
場中(장중) ①과장(科場)의 안. 과거를 보는 마당 안. ②밭 가운데.
場圃(장포) ①밭. '場'과 '圃'는 같은 땅으로서, 봄·여름에 채소를 재배할 때에는 '圃', 가을에 추수하여 타작하는 마당으로 쓰일 때에는 '場'이라 이름. 場園(장원). ②집 근처에 있는 채소밭.
◨ 工場공장, 劇場극장, 農場농장, 登場등장, 滿場만장, 牧場목장, 上場상장, 市場시장, 入場입장, 戰場전장, 職場직장, 退場퇴장, 罷場파장, 現場현장, 刑場형장.

9 ⑫【堤】 방죽 제 齊
고등 인명 3급 ㊥dī ㊐テイ
필순 ㇐ ㇐ 圢 坦 坦 垾 埧 堤 堤 堤
소전 초서 자원 形聲. 土+是→堤. '是(시)'가 음을 나타낸다.
자해 방죽, 둑. =隄.
堤防(제방) 둑. 방죽. 堤塘(제당).
堤堰(제언) ①물을 가두어 놓기 위해 강이나 계곡을 가로질러 막는 둑. ②댐(dam).

9 ⑫【堲】 1 미워할 즉 職 2 불똥 즐 質
㊥jí ㊐ショク
소전 초서 자해 1 미워하다, 증오하다. 〔書經〕朕堲讒說짐즉참설. 2 ❶불똥, 타다 남은 심지의 끄트머리. 〔管子〕左手秉燭좌수병촉, 右手折堲우수절즐. ❷불에 구운 벽돌이나 기와. ¶ 堲周즐주.
堲周(즐주) 관(棺)을 쓰지 않고, 흙을 구워 만든 벽돌로 광(壙) 안을 빙 두르는 일. 중국 하후씨(夏后氏) 때 이 방법을 썼음.

9 ⑫【堞】 성가퀴 첩 葉
인명 ㊥dié ㊐チョウ
소전 초서 자해 성가퀴. 성벽 위에 쌓은 나지막한 담.

9 ⑫【堭】 전각 황 陽
인명 ㊥huáng ㊐コウ
자해 ❶전각(殿閣), 벽이 없는 집. 〔漢書〕列坐堂堭上렬좌당황상. ❷당집. ❸바깥 해자. =隍.

9 ⑫【堠】 봉화대 후 宥
㊥hòu ㊐コウ
초서 자해 ❶봉화대, 적정(敵情)을 살피기 위하여 쌓은 돈대. ❷이정표(里程標), 이정(里程)을 표시하기 위해 쌓은 돈대. 〔韓愈·詩〕堆堆路傍堠퇴퇴로방후.
堠槐(후괴) 이정(里程)을 표시하기 위해 쌓는 돈대 대신 심은 홰나무.
堠子(후자) 이정표(里程標). 里堠(이후).
堠程(후정) 여행의 노정(路程). 旅程(여정).

10 ⑬【塏】 垲 높고 건조할 개 賄
인명 2급 ㊥kǎi ㊐ガイ
소전 초서 자해 높고 건조하다, 높고 건조한 땅.

10 ⑬【塊】 块 흙덩이 괴 卦
고등 인명 3급 ㊥kuài ㊐カイ
필순 ㇐ ㇐ 㘫 㘫 㘫 㘫 㘫 塊 塊 塊
소전 초서 동자 凷 자원 形聲. 土+鬼→塊. '鬼(귀)'가 음을 나타낸다.
자해 ❶흙덩이. 〔國語〕野人擧塊以與之야인거괴이여지. ❷덩어리, 뭉치. 〔宋史〕趙氏一塊肉조씨일괴육. ❸홀로인 모양. 〔楚辭〕塊兮鞠괴혜국, 當道宿당도숙.
塊根(괴근) 덩이뿌리.
塊獨(괴독) 외톨.
塊石(괴석) 돌덩이.
◨ 金塊금괴, 大塊대괴, 肉塊육괴, 土塊토괴.

10 ⑬【塘】 못 당 陽
인명 2급 ㊥táng ㊐トウ
소전 초서 자해 ❶못, 연못. 〔王勃·賦〕枕箕岫之孤石침기수지고석, 泛磻溪之小塘범반계지소당. ❷둑, 제방. 〔後漢書〕因高下形勝인고하형승, 起塘四百餘里기당사백여리.
塘池(당지) 둑을 쌓아서 물을 괴게 한 못. 저

土 10획

수지(貯水池). 用水池(용수지).
◨ 蓮塘연당, 堤塘제당, 池塘지당.

10 ⑬【塗】涂 진흙 도 虞

고등 인명 3급 ㊥tú ㊐ト

필순 氵 氵 氵 汵 汵 涂 涂 涂 淦 塗

소전 초서 자원 形聲. 涂+土→塗. '涂(도)'가 음을 나타낸다.

자해 ❶진흙, 진흙탕. 〔孟子〕坐於塗炭좌어도탄. ❷칠하다, 바르다. ¶ 塗料도료. ❸길, 도로. ≒途. 〔論語〕遇諸塗우저도. ❹더럽히다, 더럽혀지다. 〔莊子〕周以塗吾身주이도오신, 不如避之以潔吾行불여피지이결오행. ❺지우다, 칠하여 없애다. ¶ 塗竄도찬.

塗歌里抃(도가이변) 길을 가는 사람은 노래하고 마을 사람은 손뼉 치며 장단을 맞춤. 백성이 모두 태평을 구가함.
塗料(도료) 물건을 썩지 않게 하거나 색을 칠하기 위하여 그 겉에 바르는 물질.
塗褙(도배) 國벽 따위를 종이로 바름.
塗不拾遺(도불습유) 길에 떨어진 물건도 줍는 사람이 없음. 나라가 잘 다스려지고 풍속이 아름다움.
塗說(도설) 길거리에서 듣고 곧장 길거리에서 말함. 경솔하게 듣고 경망하게 말함.
塗鴉(도아) 손가락으로 문질러 그린 까마귀처럼 보이는 글자. 서투른 글씨.
塗裝(도장) 도료를 칠하거나 발라 치장함.
塗竄(도찬) 문장의 문구를 지우고 고쳐 씀.
塗炭(도탄) 진구렁에 빠지고 숯불에 탐. 몹시 곤란하고 고통스러운 지경의 비유.
塗巷(도항) 길. 거리.
◨ 糊塗호도.

10 ⑬【塞】 ①변방 새 隊 ②막을 색 職

고등 인명 3Ⅱ급 ㊥sài, sāi ㊐サイ, ソク

필순 丶 宀 宀 宀 宀 宑 実 実 寒 塞

소전 초서 동자 𡫳 참고 인명용 음은 '새·색'이다.

자원 形聲. 寒+土→塞. '寒(한)'이 음을 나타낸다.

자해 ① ❶변방, 국경 지대. 〔荀子〕築明堂於塞外축명당어새외. ❷성채(城砦). 〔禮記〕完要塞완요새. ❸험한 곳, 가파른 땅. 〔戰國策〕世主不敢交陽侯之塞세주불감교양후지새. ② 막다, 가로막다. ㉮통하지 아니하다, 닫다. 〔漢書〕疑塞治道의색치도. ㉯가리다, 은폐하다. 〔荀子〕塞而避所短색이피소단.

塞關(새관) 국경의 관문.
塞翁之馬(새옹지마) 변방 늙은이의 말. 인생의 길흉화복은 변화가 많아 예측하기 어려움의 비유. 故事 북쪽 변방의 늙은이가 기르던 말이 호지(胡地)로 달아났는데, 얼마 뒤에 그 말이 한 필의 준마를 데리고 돌아왔고, 아들이 그 준마를 타다가 떨어져 절름발이가 되었으나, 뒤에 그로 인하여 출전(出戰)을 면하고 목숨을 보전했다는 고사에서 온 말.
塞外(새외) ①성채의 밖. ②장성(長城)의 밖. 邊土(변토).
塞源(색원) 근원을 막음.
塞責(색책) 맡은 일의 책임을 다함.
◨ 防塞방색, 語塞어색, 要塞요새.

10 ⑬【塑】 토우 소 遇

인명 1급 ㊥sù ㊐ソ

초서 동자 𡑈 자해 ❶토우(土偶). 흙으로 만든 사람이나 신불(神佛)의 형체. ¶ 塑像소상. ❷흙을 이겨서 물건의 형체를 만들다.

塑像(소상) 찰흙으로 만든 모형. 찰흙에 짚, 운모(雲母) 등을 섞어 만든 조상(彫像).
◨ 彫塑조소.

10 ⑬【塍】 밭두둑 승 蒸

인명 ㊥chéng ㊐ショウ

소전 초서 동자 塖 동자 堘 자해 밭두둑, 둑.

塍陌(승맥) 밭두둑.

10 ⑬【塒】埘 홰 시 支

㊥shí ㊐シ

소전 자해 홰, 횃대. 닭이나 새가 올라앉을 수 있도록 닭장이나 새장에 가로질러 놓는 막대기. 〔詩經〕鷄棲于塒계서우시.

10 ⑬【塩】 鹽(1447)의 속자

10 ⑬【塋】茔 무덤 영 庚

인명 ㊥yíng ㊐エイ

소전 초서 자해 무덤, 뫼, 묘지(墓地). 〔後漢書〕塋域所極영역소극.

塋墓(영묘) 무덤. 墳墓(분묘).

塋田(영전) 묘지(墓地). 塋域(영역).
◨ 先塋선영.

10 ⑬ 【塢】坞 둑 오 㦯

인명 ㊥wǔ ㊐オ

초서 자해 ❶둑. 〔後漢書〕繕城郭起塢候선성곽기오후. ❷성채(城砦), 작은 성. ¶ 塢壁오벽. ❸마을, 촌락. 〔杜甫·詩〕谿行盡日無村塢계행진일무촌오.

塢壁(오벽) 흙을 쌓아 만든 성채.

10 ⑬ 【塡】填 ①메울 전 先 ②누를 진 震

인명 1급 ㊥tián, zhèn ㊐テン

소전 초서 참고 인명용 음은 '전·진'이다.

자해 ①❶메우다, 채우다. ¶ 塡補전보. ❷북소리. 〔孟子〕塡然鼓之전연고지. ②누르다, 평정하다. ≒鎭. 〔漢書〕塡國家吾不如蕭何진국가오불여소하.

塡補(전보) 채워서 메움. 塡充(전충).
塡塞(전색) ①메움. 메워짐. ②묻힘.
塡然(전연) 북소리가 요란한 모양.
塡撫(진무) 백성을 평안하게 진정시키고 어루만져 달램.

◨ 補塡보전, 裝塡장전, 充塡충전.

10 ⑬ 【塉】 박토 척 陌

㊥jí ㊐セキ

초서 자해 박토(薄土), 메마른 땅. 〔後漢書〕分別肥塉差爲三品분별비척차위삼품.

塉埆(척각) 메마른 땅. 토박한 땅.

10 ⑬ 【塚】 무덤 총 腫

인명 1급 ㊥zhǒng ㊐チョウ

본자 冢 자해 무덤.

10 ⑬ 【塔】 탑 탑 合

고등 인명 3Ⅱ급 ㊥tǎ ㊐トウ

필순 ⼀ ± ±' ±' ±⁺ ±⁺⁺ 坎 坎 塔 塔

초서 자원 形聲. 土+荅→塔. '荅(답)'이 음을 나타낸다.

자해 ❶탑. 사리나 유골을 모시기 위하여 흙이나 돌을 쌓아 올려 만든 건축물. ¶ 塔婆탑파. ❷절, 불당(佛堂). 〔魏書〕故世稱塔廟고세칭탑묘.

塔碑(탑비) 탑과 비석.
塔影(탑영) 탑의 그림자.
塔婆(탑파) 탑. 범어 'stūpa'의 음역.

◨ 寶塔보탑, 佛塔불탑, 寺塔사탑, 石塔석탑, 鐵塔철탑, 層塔층탑.

10 ⑬ 【塌】 떨어질 탑 合

㊥tā ㊐トウ

초서 자해 ❶떨어지다, 떨어뜨리다. ¶ 塌颯탑삽. ❷넘어지다, 무너지다. 〔杜甫·詩〕忽憶雨時秋井塌홀억우시추정탑.

塌颯(탑삽) 뜻을 이루지 못함. 失意(실의).

10 ⑬ 【塤】 壎(270)과 동자 인명

土 11획

11 ⑭ 【境】 지경 경 梗

고등 인명 4Ⅱ급 ㊥jìng ㊐キョウ

필순 ⼀ ± ±' ±' ±⁺ 境 境 境 境 境

소전 초서 자원 形聲. 土+竟→境. '竟(경)'이 음을 나타낸다.

자해 ❶지경. ㉮땅의 경계. 〔荀子〕境內之聚也경내지취야. ㉯경우, 형편. ❷곳, 장소.

境界(경계) ①지역이 갈라지는 한계. 臨界(임계). ②일정한 표준에 의해 갈라지는 한계.
境域(경역) ①지경. 境界(경계). ②경내(境內)의 땅.
境遇(경우) 놓인 사정이나 형편.
境地(경지) ①학문·예술 등의 독자적 방식. ②어떤 단계에 이른 상태.

◨ 佳境가경, 國境국경, 邊境변경, 祕境비경, 死境사경, 仙境선경, 心境심경, 逆境역경, 絶境절경, 地境지경, 環境환경.

11 ⑭ 【墐】 매흙질할 근 震

인명 ㊥jìn ㊐キン

소전 초서 자해 ❶매흙질하다, 벽을 칠하다. ❷묻다, 무덤에 묻다. ≒殣. 〔詩經〕行有死人행유사인, 尙或墐之상혹근지.

墐戶(근호) 문틈을 흙으로 발라 막음.

11 ⑭ 【墍】 매흙질할 기 寘

㊥xì ㊐キ

소전 초서 동자 塈 자해 ❶매흙질하다, 벽을 칠하다. 〔漢書〕凶年不塈塗흉년불기도. ❷취하다, 가지다. 〔詩經〕頃筐塈之경광기지. ❸쉬다, 휴식하다. 〔詩經〕民之攸塈민지유기.

11 ⑭【墁】 흙손 만

㊥màn ㊐マン

초서 자해 ❶흙손. 흙을 떠서 바르고 표면을 매끄럽게 하는 연장. ≒鏝. ❷벽의 장식. 〔孟子〕毁瓦畫墁훼와화만.

墁治(만치) 벽을 새로 바름.

11 ⑭【墓】 무덤 묘

고등 인명 4급 ㊥mù ㊐ボ

필순 一 艹 艹 苩 苩 苩 苜 莫 莫 墓 墓

소전 초서 자원 形聲. 莫+土→墓. '莫(모)'가 음을 나타낸다.

자해 무덤, 뫼. 능(陵)과 원소(園所)에 대하여 서인(庶人)의 무덤. 〔禮記〕稱古墓而不墳칭고묘이불분.

墓碣(묘갈) 무덤 앞에 세우는 둥그스름한 모양의 작은 빗돌.

墓幕(묘막) 國무덤 가까이에 지은, 묘지기가 사는 집.

墓木已拱(묘목이공) 무덤가에 심은 나무가 아름드리로 자람. 사람이 죽어서 이미 오랜 세월이 흐름.

墓碑(묘비) 죽은 사람의 사적(事蹟)을 새겨 무덤 앞에 세우는 돌의 총칭.

墓所(묘소) 뫼가 있는 곳. 山所(산소).

墓隧(묘수) 무덤으로 통하는 길.

墓地(묘지) 무덤이 있는 땅. 墓田(묘전).

墓誌(묘지) 죽은 사람의 성명·신분·사적 등을 새겨서 무덤 옆에 파묻는 돌이나 도판(陶板). 또는 거기에 새긴 글.

墓誌銘(묘지명) 문체(文體) 이름. 묘지(墓誌)에 운문(韻文)으로 된 명(銘)을 붙인 것.

墓表(묘표) ①문체(文體) 이름. ②무덤 앞에 세우는 푯돌. 墓碑(묘비).

墓穴(묘혈) 관을 묻는 구덩이. 壙穴(광혈).

◨ 古墓고묘, 陵墓능묘, 墳墓분묘, 省墓성묘.

11 ⑭【墨】 墨(267)의 속자

11 ⑭【塽】 높고 밝은 땅 상

인명 ㊥shuǎng ㊐サウ

자해 높고 밝은 땅.

11 ⑭【墅】 농막 서

인명 ㊥shù ㊐ショ

초서 자해 ❶농막. 논밭의 수확물을 넣어 두는 집. ❷별장(別莊). 〔晉書〕又於土山營墅우어토산영서.

墅舍(서사) 별장. 別墅(별서).

◨ 別墅별서.

11 ⑭【塾】 글방 숙

인명 1급 ㊥shú ㊐ジュク

소전 초서 자해 ❶글방, 서당. 〔禮記〕家有塾가유숙. ❷방, 문 좌우에 있는 방. 〔書經〕先輅在左塾之前선로재좌숙지전.

塾堂(숙당) 글방. 서당. 塾舍(숙사).

◨ 家塾가숙, 東塾동숙, 私塾사숙, 義塾의숙, 鄕塾향숙.

11 ⑭【墉】 담 용

인명 ㊥yōng ㊐ヨウ

소전 초서 자해 ❶담. ❷벽. 〔禮記〕負墉南面부용남면. ❸성(城), 보루. 〔詩經〕以伐崇墉이벌숭용.

11 ⑭【塲】 場(262)과 동자

11 ⑭【塼】 벽돌 전

인명 ㊥zhuān ㊐セン

초서 자해 =甎.

塼甓(전벽) 벽돌.

11 ⑭【墊】 垫 빠질 점

㊥diàn ㊐テン

소전 자해 ❶빠지다, 잠기다. 〔書經〕下民昏墊하민혼점. ❷파다. 〔莊子〕廁足而墊之측족이점지.

墊溺(점닉) 빠짐. 물에 빠짐.

墊沒(점몰) 빠져 가라앉음.

11 ⑭【増】 增(268)의 속자

土 11획

11 ⑭ 【塵】 尘 티끌 진 眞

인명 2급 ㊥chén ㊐ジン

소전 초서 고자 尘 자해 ❶티끌. 〔春秋左氏傳〕 且塵上矣차진상의. ❷흙먼지. ❸속세(俗世), 속사(俗事). 〔陶潛·詩〕 遂與塵事冥수여진사명.

塵芥(진개) 쓰레기. 먼지.
塵垢(진구) ①먼지와 때. ②더러운 세상. 俗世(속세).
塵露(진로) ①먼지와 이슬. ②미세한 것. ③덧없는 것.
塵網(진망) 때묻은 그물. 곧, 속세(俗世).
塵務(진무) 속세의 번거로운 사무.
塵事(진사) 세속의 번거로운 일.
塵想(진상) 속세의 잡념.
塵世(진세) 티끌과 같은 이 세상. 俗世(속세). 塵界(진계).
塵心(진심) 속계(俗界)의 더러운 마음. 명리(名利)를 탐하는 마음.
塵埃(진애) ①티끌과 먼지. ②속세.
塵涓(진연) 한 가닥의 먼지와 한 방울의 물. 극히 작은 것의 비유.
塵烟(진연) 연기처럼 일어나는 티끌.
塵緣(진연) 세속의 번거로운 인연.
塵穢(진예) 더러움. 塵汚(진오).
塵土(진토) 먼지와 흙.
塵合泰山(진합태산) 國티끌 모아 태산. 작은 물건도 많이 모이면 크게 이루어짐의 비유.
◘ 蒙塵몽진, 微塵미진, 沙塵사진, 六塵육진, 紅塵홍진, 黃塵황진.

11 ⑭ 【塹】 堑 구덩이 참 豔

인명 1급 ㊥qiàn ㊐ザン

소전 초서 동자 壍 자해 ❶구덩이, 해자. 〔史記〕 使高壘深塹사고루심참. ❷파다, 구덩이·해자 등을 파다.

塹壘(참루) 참호(塹壕)와 성루(城壘).
塹壕(참호) ①성(城) 둘레에 판 못. ②적의 공격을 피하기 위하여 파 놓은 구덩이.

11 ⑭ 【壍】 塹(267)과 동자

12 ⑮ 【墩】 돈대 돈 元

인명 ㊥dūn ㊐トン

초서 동자 墪 자해 돈대, 흙무더기. 〔李白·詩〕 冶城訪遺跡猶有謝公墩야성방유적유유사공돈.

墩臺(돈대) ①평지보다 조금 높직하고 평평한 땅. ②봉홧불을 피우기 위해 쌓은 단.

11 ⑭ 【墪】 墩(267)과 동자

12 ⑮ 【墨】 먹 묵 職

중학 인명 3Ⅱ급 ㊥mò ㊐ボク

필순 ㄇ 罒 罒 甲 里 黒 黒 黒 墨 墨

소전 초서 속자 墨 자원 會意·形聲. 黑+土→墨. '黑(흑)'은 음도 나타낸다. 옛날에는 토석(土石) 중의 흑질(黑質)을 먹으로 사용했기 때문에 '먹'의 뜻으로 쓰였다.

자해 ❶먹. 〔太平御覽〕 近墨者黑근묵자흑. ❷형벌 이름. ¶ 墨刑묵형. ❸검다, 검어지다. 〔孟子〕 面深墨면심묵. ❹먹줄. 나무나 돌에 곧은 줄을 긋는 데 쓰는 도구. ≒纆. ❺묵자(墨子)의 학파, 묵가(墨家). 〔孟子〕 天下之言不歸楊則歸墨천하지언불귀양즉귀묵.

墨家(묵가) 전국 시대 노(魯)나라의 묵적(墨翟)이 개창한 제자백가의 한 파. 겸애(兼愛)·숭검(崇儉) 등을 주장하였음.
墨客(묵객) 서화·시문에 능한 사람.
墨黥(묵경) 자자(刺字)함. 묵형(墨刑)에 처함.
墨卷(묵권) 과거(科擧)의 원답안지. 등록관(謄錄官)이 주필(硃筆)로 필사(筆寫)한 것을 주권(硃卷)이라 한 데 대하여, 원답안은 먹으로 쓴 데서 온 말.
墨突不黔(묵돌불검) 묵자의 집 굴뚝이 검어지지 않음. 몹시 바빠 동분서주함의 비유. 故事 묵적(墨翟)이 자기 도(道)를 전하기 위해 천하를 두루 돌아다니느라 집에 있지 않았으므로, 굴뚝이 검어질 겨를이 없었다는 고사에서 온 말.
墨林(묵림) 서화가(書畫家)의 동아리.
墨水(묵수) 먹물. 墨汁(묵즙).
墨守(묵수) 묵적(墨翟)의 지킴. ㉠자기 의견이나 주장을 굳게 지킴. ㉡전통이나 관습을 굳게 지켜 융통성이 없음. 故事 춘추 시대에 초(楚)나라가 성을 공격하는 신무기를 만들어 송(宋)나라를 공격하려 하자, 묵적이 초나라로 찾아가서 신무기를 만든 공수반(公輸般)과 성을 공격하고 방어하는 기술에 관하여 논쟁하였는데, 공수반이 온갖 꾀를 다 써서 공격했지만 끝내 묵적의 방어를 뚫지 못했다는 고사에서 온 말.
墨魚(묵어) 오징어. 烏賊(오적).

土 12획

墨跡(묵적) ①먹으로 쓴 흔적. ②친필의 글씨나 그림. 墨迹(묵적).
墨勅(묵칙) 임금의 친필 조서. 외정(外廷)을 거치지 않고 궁중에서 바로 내는 칙서(勅書). 墨詔(묵조).
墨海(묵해) 벼루의 딴 이름.
墨香(묵향) 먹의 향기.
墨刑(묵형) 고대 오형(五刑)의 한 가지. 죄인의 이마에 먹물로자자(刺字)하던 형벌.
墨花(묵화) ①먹의 빛깔이 스며든 벼루. 벼루에 스며든 먹의 빛깔을 꽃에 비유한 말. ②먹물로 그린 꽃.
墨畫(묵화) 먹으로 그린 그림.
◨ 白墨백묵, 繩墨승묵, 硯墨연묵, 筆墨필묵.

土
12획

12 ⑮【墦】 무덤 번 元
㊥fán ㊐ハン
초서 자해 무덤, 뫼.

12 ⑮【墳】坟 무덤 분 文
고등 인명 3급 ㊥fén ㊐フン
필순 ＋ 土 圵 圵 坎 墳 墳 墳 墳 墳
소전 초서 자원 形聲. 土＋賁→墳. '賁(분)'이 음을 나타낸다.
자해 ❶무덤, 뫼. ¶ 古墳고분. ❷둑, 제방. 〔潘岳·賦〕崇墳夷靡숭분이미.
墳墓之地(분묘지지) 조상의 묘가 있는 곳. 곧, 고향.
墳寺(분사) 선조 대대의 위패를 모신 절.
墳塋(분영) ①무덤. ②고향.
◨ 古墳고분, 舊墳구분, 三墳삼분, 皇墳황분.

12 ⑮【墡】 흰 흙 선 銑
인명 ㊥shàn ㊐セン
자해 흰 흙.

12 ⑮【墠】 제터 선 霰
㊥shàn ㊐セン
소전 초서 자해 제터. 신(神)에게 제사를 올리기 위하여 정결하게 손질한 교외(郊外)의 땅.
墠場(선장) 신(神)에게 제사하는 장소.

12 ⑮【壄】 野(1289)의 고자

12 ⑮【墝】 ①메마른 땅 요 本교 肴 ②평평하지 않을 요 本교 效
㊥qiāo, qiào ㊐コウ
초서 자해 ①메마른 땅, 척박한 땅. 〔淮南子〕田者爭處墝埆전자쟁처요각. ②평평하지 않다, 땅의 높낮이가 심하다.
墝埆(요각) ①자갈밭. 척박한 땅. ②지세가 험한 요해처(要害處).

12 ⑮【增】增 불을 증 蒸
중학 인명 4Ⅱ급 ㊥zēng ㊐ゾウ
필순 ＋ 土 圵 圻 圻 坤 垧 墒 增 增
소전 초서 속자 增 자원 形聲. 土＋曾→增. '曾(증)'이 음을 나타낸다.
자해 ❶붇다, 늘다. ¶ 增減증감. ❷더하다, 늘리다. 〔墨子〕增氣充虛증기충허.
增加(증가) 양이나 수치가 늚. 양이나 수치를 늘림.
增減(증감) 많아짐과 적어짐. 늘림과 줄임.
增强(증강) 더 늘려 강화함.
增大(증대) 더하여 커짐.
增補(증보) 더 보태고 채움.
增産(증산) 생산량을 늘림.
增設(증설) 더 늘려서 설치함.
增修(증수) 책 따위를 증보하고 수정함.
增殖(증식) 불어서 더 늚. 불려서 더 늘림.
增額(증액) 액수를 늘림. 늘린 액수.
增員(증원) 인원을 늘림.
增資(증자) 자본금을 늘림. 더 늘린 자본.
增進(증진) 점점 늘어가고 나아감.
增築(증축) 기존 건물을 더 늘려서 지음.
增便(증편) 열차·항공기·배 따위의 정기편의 횟수를 늘림.
◨ 加增가증, 激增격증, 急增급증, 倍增배증.

12 ⑮【墜】坠 떨어질 추 寘
인명 1급 ㊥zhuì ㊐ツイ
소전 초서 자해 ❶떨어지다. 〔論語〕未墜於地미추어지. ❷떨어뜨리다. ❸무너지다, 붕괴하다. 〔列子〕天地崩墜천지붕추.
墜落(추락) 높은 곳에서 떨어짐.
墜緖(추서) 쇠퇴한 사업.
墜岸(추안) 깎아지른 듯이 험한 벼랑이나 낭떠러지.
墜地(추지) 땅에 떨어짐. 쇠망함.
◨ 擊墜격추, 崩墜붕추, 失墜실추.

12 ⑮【墮】 堕 ①떨어질 타 ②무너뜨릴 휴
고등 인명 3급 ㊥duò, huī ㊐ダ, キ
필순 阝 阝 阝 阝 阝 阝 陏 陏 隋 墮
초서 동자 㠭 동자 惰 참고 인명용 음은 '타'이다.
자원 形聲. 隋+土→墮. '隋(수)'가 음을 나타낸다.
자해 ① **떨어지다**, 떨어뜨리다. 〔三國志〕兩瓦墮地양와타지. ② **무너뜨리다**. 〔過秦論〕墮名城휴명성.
墮落(타락) 도덕적으로 잘못된 길로 빠짐.
墮損(휴손) 망가뜨림. 부서뜨려 해를 입힘.
◻ 怠墮태타, 頹墮퇴타, 解墮해타.

12 ⑮【㠭】 墮(269)와 동자

12 ⑮【墟】 墟 언덕 허
인명 1급 ㊥xū ㊐キョ
초서 속자 墟 자해 ❶**언덕**, 큰 언덕. ❷**옛터**, 황폐한 터.
墟落(허락) 황폐한 마을. 墟里(허리).
墟墳(허분) 덤불에 묻힌 옛 무덤.
墟域(허역) 성터. 도읍터.
墟巷(허항) 황폐한 거리.
◻ 故墟고허, 舊墟구허, 廢墟폐허, 荒墟황허.

13 ⑯【墾】 垦 따비할 간
인명 1급 ㊥kěn ㊐コン
소전 墾 초서 자해 **따비하다**, 개간하다.
墾耕(간경) 개간하여 경작함.
墾闢(간벽) 황무지를 개간함.
墾田(간전) 논밭을 개간함. 개간한 논밭.
墾荒(간황) 황무지를 개간함.
◻ 開墾개간, 耕墾경간, 新墾신간.

13 ⑯【壊】 壞(271)의 속자

13 ⑯【壇】 坛 단 단 ㊍탄
고등 인명 5급 ㊥tán ㊐タン
필순 ⼀ 土 圹 圹 圹 垧 塇 墰 壇 壇
소전 壇 초서 자원 形聲. 土+亶→壇. '亶(단)'이 음을 나타낸다.
자해 ❶**단**, 흙을 쌓아 올려 만든 단. ㉮제사를 지내는 곳. 〔莊子〕爲壇于郭門之外위단우곽문지외. ㉯임금이 조회를 보던 곳. ❷**곳**, 장소. 〔淮南子〕標擧終始之壇也표거종시지단야.
壇上(단상) 교단이나 강단의 위.
壇墠(단선) 제단(祭壇).
壇位(단위) 흙을 쌓아 올려 만든 단(壇).
壇場(단장) ①제사를 지내기 위하여 땅을 높게 돋운 곳. ②(佛)설법(說法)이나 송경(誦經)을 하는 곳.
◻ 教壇교단, 劇壇극단, 文壇문단, 演壇연단, 齋壇재단, 祭壇제단, 花壇화단.

13 ⑯【壁】 벽 벽
고등 인명 4Ⅱ급 ㊥bì ㊐ヘキ
필순 ⺈ 尸 𡰪 𡰪 启 辟 辟 辟 辟 壁
소전 壁 초서 자원 形聲. 辟+土→壁. '辟(벽)'이 음을 나타낸다.
자해 ❶**벽**, 바람벽. ¶ 壁書벽서. ❷**울타리**, 보루. ❸**벼랑**, 낭떠러지. 〔隋書〕其山絕壁千尋기산절벽천심.
壁光(벽광) 고학(苦學)을 함. 故事 후한(後漢)의 광형(匡衡)이 집이 가난하여 등불을 켜지 못하였으므로, 벽에 구멍을 뚫어 이웃집에서 새어 나오는 불빛으로 공부했다는 고사에서 온 말.
壁壘(벽루) 쳐들어오는 적을 막아내기 위하여 흙·돌 따위로 쌓은 성채.
壁立(벽립) ①바람벽처럼 우뚝 섬. 낭떠러지가 깎아지른 듯이 솟아 있음. ②바람벽만 서 있음. 매우 가난함의 비유.
壁報(벽보) 벽에 써 붙여 여러 사람에게 알리는 글.
壁書(벽서) 벽에 써 붙인 글.
壁有耳(벽유이) 벽에 귀가 있음. 비밀은 새어 나가기 쉬움을 경계한 속담.
壁欌(벽장) ㊏바람벽을 뚫어 만든 장.
壁中書(벽중서) 한(漢) 무제(武帝) 때에 노(魯) 공왕(恭王)이 궁전을 확장하면서 공자의 옛 집 벽 속에서 발견했다는 고문상서(古文尚書)·고문효경(古文孝經) 따위의 책들. 壁經(벽경).
壁紙(벽지) 벽에 바르는 종이.
壁畫(벽화) 바람벽에 그린 그림.
◻ 內壁내벽, 面壁면벽, 石壁석벽, 巖壁암벽, 絕壁절벽, 鐵壁철벽, 土壁토벽, 灰壁회벽.

13 ⑯【墺】 물가 오·욱

土 13획

인명 2급 ㊥ào ㊐オウ, イク

소전 초서 참고 인명용 음은 '오'이다.

자해 물가.

墺地利(오지리) '오스트리아'의 음역어.

13 ⑯【壅】 막을 옹 ㊀冬

인명 1급 ㊥yōng ㊐ヨウ

초서 동자 𡒊 자해 ❶막다, 막아 통하지 못하게 하다. ¶ 壅蔽옹폐. ❷막히다. 〔春秋左氏傳〕川壅爲澤천옹위택. ❸북돋우다. 〔宋史〕灌溉培壅관개배옹.

壅隔(옹격) 막혀서 사이가 뜸. 소원(疏遠)함.

壅固執(옹고집) 國억지가 아주 심한 고집.

壅塞(옹색) 國①생활이 군색함. ②장소가 비좁음. ③소견이 옹졸함.

土 13 획

壅拙(옹졸) 國성질이 너그럽지 못하고 생각이 좁음.

壅蔽(옹폐) 막고 덮음. 윗사람의 총명을 막아서 가림.

13 ⑯【𡒊】 壅(270)과 동자

13 ⑯【墻】墙 담 장 ㊀陽

고등 인명 3급 ㊥qiáng ㊐ショウ

필순 ⺪ ⺪ ⺪ ⺪ 坩 埣 墙 墻 墻 墻

본자 牆 동자 墻 자원 形聲. 爿+嗇→牆. '爿(장)'이 음을 나타낸다.

자해 ❶담. 〔論語〕不在顓臾부재전유, 而在蕭墻之內也이재소장지내야. ❷경계, 사물을 나누어 놓은 칸막이. ❸관(棺)을 덮는 옷. ❹관 옆널.

墻角(장각) 담 모퉁이.

墻籬(장리) 울타리. 울짱.

墻面(장면) 담을 향하여 서면 앞이 내다보이지 않음. 무식하여 도리에 어두움.

墻藩(장번) 담. 울타리.

墻壁無依(장벽무의) 전혀 의지할 곳이 없음.

墻外漢(장외한) 담 밖의 사나이. 어떤 일에 직접 관계가 없는 사람. 門外漢(문외한).

墻宇(장우) ①담과 처마. 집. ②기량(器量). 도량(度量).

墻垣(장원) 담. 담장.

墻有耳(장유이) 담에 귀가 있음. 비밀이 새어 나가기 쉬움.

墻衣(장의) 담에 낀 이끼.

◨ 宮墻궁장, 短墻단장, 堵墻도장, 垣墻원장, 庭墻정장, 土墻토장.

14 ⑰【壓】压 누를 압 ㊇洽

고등 인명 4Ⅱ급 ㊥yā ㊐アツ

필순 厂 厈 厍 厞 肙 厭 厭 厭 壓 壓

소전 초서 속자 压 자원 形聲. 厭+土→壓. '厭(염)'이 음을 나타낸다.

자해 ❶누르다, 억누르다. 〔楚辭〕擧傑壓陛거걸압폐. ❷막다. 〔後漢書〕壓塞群疑압색군의.

壓卷(압권) 모든 답안을 누름. 여럿 중에서 가장 뛰어난 것. 과거에서 최우등으로 급제한 사람의 답안을 가장 나중에 다른 답안 위에 올려놓은 데서 온 말.

壓氣(압기) 기세를 누름. 기세에 눌림.

壓倒(압도) ①눌러서 넘어뜨림. ②뛰어난 힘이나 재주로 남을 눌러 꼼짝 못하게 함.

壓力(압력) 누르는 힘.

壓迫(압박) ①내리누름. ②기운을 못 펴게 누르고 구박함.

壓伏(압복) 위력으로 억눌러서 복종시킴.

壓死(압사) 깔려 죽음.

壓勝(압승) 크게 이김.

壓縮(압축) 물질 따위에 압력을 가하여 그 부피를 줄임.

◨ 強壓강압, 高壓고압, 氣壓기압, 變壓변압, 水壓수압, 威壓위압, 指壓지압.

14 ⑰【壑】 골 학 ㊇藥

인명 1급 ㊥hè ㊐ガク

초서 자해 ❶골, 산골짜기. 〔禮記〕水歸其壑수귀기학. ❷도랑, 수채, 개천. 〔孟子〕擧而委之於壑거이위지어학.

壑谷(학곡) ①구렁. ②움.

14 ⑰【壕】 해자 호 ㊀豪

인명 2급 ㊥háo ㊐コウ

초서 자해 해자, 도랑. 방어용으로 성(城) 둘레에 파 놓은 못.

壕塹(호참) 보루(堡壘)·포대(砲臺)·성(城) 따위의 둘레에 판 구덩이.

14 ⑰【壎】埙 질나팔 훈 ㊄원 ㊀元

인명 2급 ㊥xūn ㊐ケン

소전 초서 동자 塤 자해 질나팔. 흙을 구워서 만든 취주 악기의 한 가지로, 알 모양이며 여섯 개나 여덟 개의 구멍이 뚫려 있다.

壎篪(훈지) 훈과 지. 화목한 형제의 비유. '壎'은 흙으로 만들며, 부르짖는 듯한 소리를 내고, '篪'는 대나무로 만들며, 어린아이의 울음소리를 냄.
壎篪相和(훈지상화) 훈과 지가 서로 조화된 음률을 이룸. 형제가 화목함의 비유.

15 ⑱【壙】圹 광 광 漾

인명 1급 ㊥kuàng ㊐コウ

소전 초서 자해 ❶광. 송장을 묻기 위하여 판 구덩이. ¶ 壙穴광혈. ❷들, 들판. 〔孟子〕 猶水之就下유수지취하, 獸之走壙也수지주광야.
壙中(광중) 무덤 속. 壙內(광내).
壙穴(광혈) 시체를 묻는 구덩이.

15 ⑱【壘】垒 진 루 紙

인명 1급 ㊥lěi ㊐ルイ

소전 초서 속자 塁 자해 ❶진, 보루. 〔禮記〕 四郊多壘사교다루. ❷쌓다, 포개다. ¶ 壘塊누괴.
壘塊(누괴) 가슴에 맺힌 감정. 마음속의 불평.
壘壁(누벽) 보루(保壘). 城砦(성채).

16 ⑲【壞】坏 1 무너질 괴 卦 2 앓을 회 賄

고등 인명 3Ⅱ급 ㊥huāi, huì ㊐カイ, エ

필순 土 圹 坏 坜 坤 坾 壞 壞 壞 壞

소전 초서 속자 壊 참고 인명용 음은 '괴'이다.
자원 形聲. 土+褱→壞. '褱(회)'가 음을 나타낸다.
자해 1 ❶무너지다, 파괴되다. 〔論語〕 禮必壞례필괴. ❷무너뜨리다. 〔漢書〕 魯恭王壞孔子宅로공왕괴공자택. 2 앓다, 병들다. 〔詩經〕 譬彼壞木비피회목.
壞決(괴결) 무너짐. 崩壞(붕괴).
壞滅(괴멸) 무너져 멸망함.
壞俗(괴속) 풍속을 어지럽힘. 문란해진 풍속.
壞敗(괴패) ①부숨. 깨뜨림. ②부서짐.
壞木(회목) 병든 나무. 썩은 나무.
◨ 斷壞단괴, 破壞파괴, 敗壞패괴.

16 ⑲【壚】垆 흑토 로 虞

㊥lú ㊐ロ

소전 초서 자해 ❶흑토(黑土), 검은 석비레. 〔書經〕 下土墳壚하토분로. ❷화로, 향로. ≒爐.
壚埴(노치) 검은 흙.

16 ⑲【壟】垄 언덕 롱 腫 東

인명 1급 ㊥lǒng ㊐ロウ

소전 초서 동자 壠 자해 ❶언덕, 구릉. ¶ 壟斷농단. ❷밭이랑, 밭두둑. 〔漢書〕 輟耕之壟上철경지롱상. ❸무덤. 〔禮記〕 適墓不登壟적묘부등롱.
壟斷(농단) ①깎아 세운 듯이 높이 솟은 언덕. ②이익을 독점함. 故事 어떤 상인이 높은 곳에 올라가 시장을 살펴보고 싼 것을 사서 비싸게 팔아 이익을 독차지하였다는 고사에서 온 말.
壟畝(농묘) ①밭. ②시골.

16 ⑲【壠】 壟(271)과 동자

17 ⑳【壤】 흙 양 養

고등 인명 3Ⅱ급 ㊥rǎng ㊐ジョウ

필순 土 圹 圹 坤 坤 垆 塇 壤 壤 壤

소전 초서 속자 壌 자원 形聲. 土+襄→壤. '襄(양)'이 음을 나타낸다.
자해 ❶흙, 부드러운 흙, 비옥한 흙. ❷땅, 토지, 경작지. 〔管子〕 一農之量일농지량, 壤百畝也양백묘야. ❸국토, 영토. 〔戰國策〕 三國欲與秦壤界삼국욕여진양계. ❹곡식이 익다, 풍년이 들다. ≒穰. 〔莊子〕 居三年거삼년, 畏壘大壤외루대양.
壤界(양계) 땅의 경계.
壤墳(양분) ①농사짓는 데 적합한 기름진 땅. ②무덤. 봉분(封墳).
壤地(양지) 토지. 국토.
壤土(양토) 농경지로 적당한, 모래와 점토가 알맞게 섞인 땅.
◨ 砂壤사양, 天壤천양, 土壤토양.

士部 선비 사

0 ③【士】 선비 사 紙

중학 인명 5급 ㊥shì ㊐シ

필순 一 十 士

소전 士 초서 士 자원 會意. 十+一→士. 일(一)에서 십(十)까지는 기수(基數)이며, 이를 배우는 것은 학업에의 입문 과정이라는 데서 선비가 하는 일의 시초란 뜻이 된다. 이에서 '일', 또는 '벼슬에 나아가 일하는 사람'의 뜻이 되었다.

자해 ❶**선비**, 학식·덕행·의리(義理)가 있는 사람. 〔論語〕士見危致命사견위치명. ❷**사나이**. ㉮장부의 통칭. 〔論語〕士不可以不弘毅사불가이불홍의. ㉯남자의 미칭. 〔詩經〕士曰昧旦사왈매단. ㉰결혼하지 않은 남자. 〔荀子〕處女莫不願得以爲士처녀막불원득이위사. ❸**병사**, 군인. 〔孟子〕興甲兵危士臣흥갑병위사신. ❹**옥관**(獄官), 재판을 관장하는 벼슬아치. 〔孟子〕管夷吾擧於士관이오거어사.

士君子(사군자) ①학문이 있고 덕행이 높은 사람. ②상류 사회의 사람. 紳士(신사).
士氣(사기) ①무사(武士)의 씩씩한 기운. 적에 대한 병사의 기세. ②선비의 꿋꿋한 기개.
士女(사녀) ①남자와 여자. ②미인(美人). 仕女(사녀).
士農工商(사농공상) 선비·농부·장인·상인의 총칭. 四民(사민).
士大夫(사대부) ①벼슬자리에 있는 사람을 평민에 상대하여 이르던 말. ②벼슬이나 문벌이 높은 집안의 사람.
士林(사림) ①책을 읽는 사람들의 무리. ②國 유림(儒林).
士民(사민) ①사민(四民)의 하나인 선비. 도덕을 닦고 예(禮)·악(樂)·사(射)·어(御)·서(書)·수(數)를 학습하는 사람. ②선비와 백성. 모든 사람들.
士兵(사병) 하사관 이하 군인의 총칭.
士庶人(사서인) 관리와 서민. 사대부와 서인(庶人).
士人(사인) ①선비. ②병사. ③백성.
士禍(사화) 조선 때, 조신(朝臣) 및 선비들이 정치적 반대파에게 몰려 참혹한 화를 입은 사건.

◨ 軍士군사, 技士기사, 道士도사, 名士명사, 武士무사, 文士문사, 博士박사, 兵士병사, 力士역사, 人士인사, 壯士장사, 學士학사.

士 1획

1 ④【壬】 아홉째 천간 임 侵

중학 인명 3Ⅱ급 ㊥rén ㊐ジン

필순 ノ 二 千 壬

소전 壬 초서 壬 자원 象形. 양쪽으로 날이 있는 도끼를 본뜬 글자.

자해 ❶**아홉째 천간**. 10간(干)의 아홉째, 오행으로는 수(水), 방위로는 북(北). ❷**아첨하다**, 보비위하다. 〔漢書〕是故壬人在位시고임인재위. ❸**크다**. 〔詩經〕有壬有林유임유림.

壬公(임공) ①물의 딴 이름. ②물의 신(神). '壬'은 오행(五行)에서 '水'에 해당되는 데서 온 말. 壬夫(임부).
壬佞(임녕) 간사함. 마음이 비뚤어짐.
壬人(임인) 절조가 없고 간사한 사람.

3 ⑥【壮】 壯(272)의 속자

4 ⑦【壳】 賣(1205)의 속자

4 ⑦【声】 聲(1021)의 속자

4 ⑦【壱】 壹(273)의 속자

4 ⑦【壯】 壮 씩씩할 장 漾

중학 인명 4급 ㊥zhuàng ㊐ソウ

필순 丨 丬 丬 爿 爿 壯 壯

소전 壯 초서 壮 속자 壮 자원 形聲. 爿+士→壯. '爿(장)'이 음을 나타낸다.

자해 ❶**씩씩하다**, 굳세다. 〔史記〕貴壯健賤老弱귀장건천로약. ❷**장하다**, 훌륭하다, 갸륵하다. ¶ 壯志장지. ❸**성하다**, 기세가 좋다. 〔後漢書〕老當益壯로당익장. ❹**장년**(壯年), 남자 나이 30세. 〔禮記〕三十曰壯삼십왈장.

壯骨(장골) 기운이 세고 큼직하게 생긴 뼈대. 또는 그런 뼈대를 가진 사람.
壯觀(장관) 굉장하여 볼 만한 광경.
壯年(장년) 한창 활동할 나이. 한창 활동할 나이의 사람. 壯齡(장령).
壯談(장담) 자신 있게 말함.
壯大(장대) ①씩씩하고 큼. 크고 훌륭함. ②한창 젊은 나이. 장년(壯年).
壯途(장도) 중대한 사명을 띠고 떠나는 길. 용감히 떠나는 장한 길.
壯圖(장도) 크게 도모하는 계책이나 포부.
壯烈(장렬) 씩씩하고 열렬함.
壯士(장사) ①젊은이. 청년. 壯丁(장정). ②혈기에 넘치는 용감한 사나이.
壯勇(장용) 혈기가 왕성하고 용감함.
壯元(장원) 國과거에서, 갑과(甲科)에 첫째로 급제함. 또는 그런 사람.

壯遊(장유) ①큰 뜻을 품고 멀리 유람함. ②푸짐한 잔치. 성대한 연유(宴遊).
壯意(장의) 혈기 왕성한 의기.
壯丁(장정) ①혈기가 왕성한 성년(成年)에 달한 남자. 정장(丁壯). ②부역이나 군역(軍役)에 소집된 남자. ③징병 적령자.
壯志(장지) 장대한 포부. 큰 뜻.
壯懷(장회) 장한 회포.
◨ 強壯강장, 健壯건장, 宏壯굉장, 老益壯노익장, 悲壯비장, 少壯소장, 勇壯용장, 雄壯웅장.

9 ⑫【壻】 사위 서 霽

인명 1급 ㊥xù ㊐セイ

소전 초서 동자 婿 속자 聟 자해 ❶사위. ❷사나이, 젊은이.

壻郎(서랑) 남의 사위를 높여 이르는 말.
◨ 東壻동서, 孫壻손서, 女壻여서.

9 ⑫【壹】 한 일 質

인명 2급 ㊥yī ㊐イチ

소전 초서 속자 壱 자해 ❶한, 하나. ※ '一(일)'의 갖은자. ❷오로지, 오직, 한결같이. 〔春秋穀梁傳〕壹明天子之禁일명천자지금. ❸모두, 죄다. 〔孔子家語〕壹諸侯之相也일제후지상야.

壹鬱(일울) 근심·걱정으로 마음이 답답함.
壹意(일의) 한 가지 일에 전심(專心)함.
壹倡三歎(일창삼탄) 종묘악(宗廟樂)에서 한 사람이 소리를 내면 세 사람이 이에 맞추어 노래하던 일.

9 ⑫【壺】壶 병 호 虞

인명 ㊥hú ㊐コ

소전 초서 동자 壷 참고 壼(273)은 딴 자.

자해 ❶병, 단지. 음료를 담는 배가 불룩한 그릇. ❷박. 〔詩經〕八月斷壺팔월단호.

壺裏乾坤(호리건곤) 國호리병 속의 하늘과 땅. 늘 술에 취해 있는 상태의 비유.
壺牀(호상) 병이나 항아리처럼 생긴 모양.
壺觴(호상) 술병과 술잔.
壺漿(호장) 병에 담은 음료(飮料).
壺中物(호중물) 술.
壺中天(호중천) 병 속의 하늘. 별천지(別天地). 선경(仙境). 故事 한대(漢代)의 선인(仙人) 호공(壺公)이 항아리를 집으로 삼고 술을 즐기며 세속을 잊었다는 고사에서 온 말. 壺天(호천). 壺中天地(호중천지).

10 ⑬【壼】壸 대궐 안길 곤 阮

㊥kǔn ㊐コン

소전 초서 참고 壺(273)는 딴 자.
자해 ❶대궐 안길, 대궐 안을 왕래하는 길. 〔左思·賦〕永巷壼術영항곤술. ❷문지방, 문지방의 안. 전하여 '여자'를 뜻한다. ¶ 壼訓곤훈.

壼奧(곤오) ①궁중(宮中)의 깊숙한 곳. 사물의 아주 깊은 곳의 비유. ②후비(后妃)가 거처하는 곳.
壼政(곤정) 내전(內殿)의 일.
壼訓(곤훈) 부녀자의 좋은 가르침.

11 ⑭【壽】 목숨 수 宥

중학 인명 3Ⅱ급 ㊥shòu ㊐ジュ

필순 (획순)

소전 초서 속자 寿 자원 形聲. 老+𠷎→壽. '𠷎(수)'가 음을 나타낸다.

자해 ❶목숨, 수명. 〔春秋左氏傳〕人壽幾何인수기하. ❷늙은이. 〔詩經〕三壽作朋삼수작붕. ❸오래 살다, 명이 길다. 〔莊子〕壽則多辱수즉다욕. ❹축수하다, 헌수하다. 〔漢書〕莊入爲壽장입위수.

壽豈(수개) 오래 살고 즐김. '豈'는 '愷(개)'로, '즐기다'의 뜻.
壽客(수객) ①축하객(祝賀客). ②나이가 많은 손님. ③국화(菊花)의 딴 이름.
壽考(수고) 오래 삶. '考'는 '老(노)'로 '오래 살다'의 뜻.
壽骨(수골) ①수명(壽命). ②國오래 살 수 있게 생긴 골격.
壽器(수기) ①관(棺)의 딴 이름. ②생전에 미리 마련해 두는 관(棺).
壽禮(수례) 장수를 축하하는 예나 예물.
壽命(수명) 목숨.
壽福康寧(수복강녕) 오래 살고 복되며 건강하고 평안함.
壽序(수서) 남의 장수를 비는 글.
壽宴(수연) 오래 삶을 축하하는 잔치. 보통 환갑(還甲)을 이름. 壽筵(수연).
壽夭(수요) 오래 삶과 일찍 죽음.
壽衣(수의) 염습할 때 시체에 입히는 옷.
壽則多辱(수즉다욕) 오래 살면 욕됨이 많음. 오래 살수록 그만큼 고생이나 망신이 많음.

士 11획

壽祉(수지) 장수하고 복이 많음.
壽冢(수총) 생전에 미리 만들어 두는 무덤.
壽限(수한) 타고난 수명.
◨ 萬壽만수, 眉壽미수, 長壽장수, 天壽천수.

夂 部 뒤져 올 치

0 ③【夂】 뒤져 올 치 紙

㊥zhǐ ㊐チ

소전 초서 자원 指事. ク+乀→夂. 'ク'은 사람의 두 정강이를 본뜬 것이고, '乀'은 앞으로 가도록 뒤에서 밀고 있음을 나타낸다. 뒤에서 두 정강이〔ク〕를 밀어〔乀〕 천천히 앞으로 나아가게 한다는 데서 '남보다 뒤져서 오다'의 뜻을 나타낸다.

자해 **뒤져서 오다, 천천히 걷는 모양.**

3 ⑥【夅】 學(319)과 동자

4 ⑦【麦】 麥(1450)의 속자

6 ⑨【变】 變(1186)의 속자

夊 部 천천히걸을쇠발

0 ③【夊】 천천히 걸을 쇠 支

㊥suī ㊐スイ

소전 자원 指事. ク+乀→夊. 'ク'은 사람의 두 정강이를 본뜬 것이고, '乀'은 앞으로 나아가지 못하게 제지하는 것을 나타낸다. 뒤에서 정강이〔ク〕가 빨리 걷지 못하도록 한다는 데서 '천천히 걷다'의 뜻을 나타낸다.

자해 **❶천천히 걷다. ❷한자 부수의 하나, 천천히걸을쇠발.**

5 ⑧【夌】 언덕 릉 蒸

㊥líng ㊐リョウ

소전 자해 **❶언덕.** ≒陵. **❷넘보다, 업신여기다.** ≒凌.

7 ⑩【夏】 ①여름 하 馬 ②중국 하 禡

중학 인명 7급 ㊥xià, xià ㊐カ

필순 一 丆 丌 丙 百 百 百 頁 夏 夏

소전 초서 고자 昰 자원 象形. 사람의 머리·손·다리 등을 그려 중원(中原)에 사는 사람을 뜻하였다. 뒤에 '여름'이라는 뜻으로 가차되었다.

자해 ① **여름.** 오행으로는 불〔火〕, 방위로는 남쪽, 색(色)으로는 적(赤). 〔書經〕 有冬有夏유동유하. ② **❶중국, 중국 사람.** 〔書經〕 蠻夷猾夏만이활하. **❷크다, 장대(壯大)하다.** ≒嘏. **❸나라 이름.** 우(禹)임금에서부터 걸(桀)임금에 이르기까지 440년간 존속한 왕조. 〔論語〕 夏禮하례, 吾能言之오능언지.

夏季(하계) 여름의 시기(時期). 夏期(하기).
夏爐冬扇(하로동선) 여름의 화로와 겨울의 부채. 아무 소용 없는 말이나 재주의 비유.
夏服(하복) 여름철에 입는 옷.
夏扇冬曆(하선동력) 여름의 부채와 겨울의 책력. 철에 맞게 선물을 줌의 비유.
夏禹(하우) 하(夏)나라를 세운 임금. 황제(黃帝)의 증손. 성(姓)은 사씨(姒氏), 이름은 문명(文命), 호(號)는 우(禹). 순(舜)임금의 선양(禪讓)으로 임금이 됨.
夏至(하지) 24절기의 하나. 1년 중 낮이 가장 긴 날로, 6월 21일경.
夏蟲疑冰(하충의빙) 여름에만 사는 벌레는 얼음을 믿지 않음. 견문이 얕은 사람이 함부로 사물을 의심함의 비유.
夏畦(하휴) 여름 염천(炎天)에 밭을 갊. ㉠힘써 노동(勞動)함. ㉡신고(辛苦)를 겪음.
◨ 麥夏맥하, 孟夏맹하, 盛夏성하, 立夏입하, 仲夏중하, 初夏초하, 春夏춘하.

11 ⑭【夐】 멀 형 敬

㊥xiòng ㊐ケイ

소전 초서 본자 자해 **멀다, 아득하다.**

夐絕(형절) 멀리 떨어짐.

17 ⑳【夔】 조심할 기 支

인명 ㊥kuí ㊐キ

소전 초서 동자 夔 자해 **❶조심하다, 삼가는 모양.** 〔書經〕 夔夔齊慄기기제률. **❷외발짐승, 외발 달린 짐승의 이름.**

夔鼓(기고) 기(夔)의 가죽으로 만들었다는 북.

夂 0획

소리가 500리까지 들렸다고 함.
夔夔(기기) 조심하고 두려워하는 모양.

夕部 저녁 석

0
③ **【夕】** 저녁 석 陌
중학 인명 7급 ㊥xī ㊐セキ
필순 ノ ク 夕
소전 초서 자원 象形. 달을 본뜬 글자. 본래 '夕'과 '月(달월)'은 같은 글자였다.
자해 ❶**저녁, 해질 무렵**. 〔論語〕 子曰자왈, 朝聞道조문도, 夕死可矣석사가의. ❷**밤**. 〔後漢書〕 竟夕不眠경석불면. ❸**쏠리다, 기울다**. 〔呂氏春秋〕 是正坐於夕室也시정좌어석실야.
夕刊(석간) 저녁때 배달되는 신문.
夕景(❶석경 ❷석영) ❶저녁때. 저녁 경치. ❷저녁 햇빛.
夕室(석실) 묘지(墓地).
夕陽(석양) ①저녁 해. ②저녁나절.
夕煙(석연) 저녁 연기.
夕陰(석음) 해질 녘. 해진 뒤 어스레할 때.
夕照(석조) 저녁때에 비치는 햇빛. 저녁놀. 斜照(사조). 斜陽(사양).
夕霞(석하) ①저녁놀. ②저녁 안개.
夕曛(석훈) 저녁 해.
◨ 旦夕단석, 朝夕조석, 秋夕추석, 七夕칠석.

2
⑤ **【外】** 밖 외 泰
중학 인명 8급 ㊥wài ㊐ガイ
필순 ノ ク 夕 夘 外
소전 초서 자원 會意. 夕+卜→外. 점〔卜〕은 보통 아침에 치는 법인데, 저녁〔夕〕에 점을 치는 것은 정상에서 벗어나는 일이라는 데서 '밖'이라는 뜻을 나타낸다.
자해 ❶**밖, 바깥**. ㉮**구획 밖, 범위 밖**. 〔中庸〕 君子素其位而行군자소기위이행, 不願其外불원기외. ㉯**외국, 타국**. 〔周禮〕 暴內陵外폭내릉외. ㉰**남의 집**. 〔禮記〕 君子非有大故군자비유대고, 不宿于外불숙우외. ㉱**남**. 〔禮記〕 外擧不辟怨외거불벽원. ❷**외대다**. ㉮**제외(除外)하다**. 〔淮南子〕 外此외차, 其餘無足利矣기여무족리의. ㉯**잊다**. 〔莊子〕 能外天下능외천하.
外家(외가) 어머니의 친정.
外艱(외간) ①부친상(父親喪). ②밖에서 오는 근심. 外患(외환).
外間(외간) 친척이 아닌 남.
外感(외감) ①외부 자극에 의한 감각. ②고르지 못한 기후로 생기는 온갖 병. 감기 따위.
外剛內柔(외강내유) 겉으로는 강하게 보이나 속은 부드러움.
外界(외계) ①사람·사물을 둘러싸고 있는 모든 것. ②지구 밖의 세계.
外廓(외곽) ①성(城) 밖으로 다시 둘러 쌓은 성. ②바깥 테두리.
外觀(외관) 겉으로 드러난 모양.
外交(외교) 외국과의 교제.
外寇(외구) 외국에서 쳐들어온 적(敵).
外舅(외구) 장인(丈人).
外難(외난) 밖에서 오는 어려운 일.
外面(외면) ①대면하기를 꺼려 얼굴을 돌림. ②거죽. 외양.
外貌(외모) 겉에 나타난 모습.
外務(외무) ①사회와 관련된 사무. ②자기 의무 밖의 일. 속세의 하찮은 일. ③외교에 관한 일.
外物(외물) ①제 심신(心身) 이외의 온갖 사물. 명리(名利)·부귀 따위. ②물욕(物慾)을 끊음.
外泊(외박) 정해진 거처가 아닌 곳에서 잠.
外婦(외부) 첩(妾). 外宅(외댁).
外部(외부) 바깥 부분.
外史(외사) ①주대(周代)의 벼슬 이름. 외방(外方)의 일과 외방에 전하는 왕명(王命)을 기록하는 관리. ②사관이 아니면서 사사로이 사료(史料)를 기록하는 사람, 또는 그 저술.
外事(외사) ①외부에 관한 일. ②외국 사정, 또는 외국에 관한 일. ③세간(世間)의 일. 世事(세사).
外傷(외상) 몸의 겉에 생긴 상처.
外勢(외세) 외국의 세력.
外孫(외손) 딸이 낳은 자식.
外叔(외숙) 외삼촌(外三寸).
外信(외신) 외국으로부터의 통신.
外壓(외압) 외부로부터 가해지는 압력(壓力).
外樣(외양) 겉모양.
外憂(외우) ①아버지나 친할아버지의 상사(喪事). 外艱(외간). ②외적이 침입하는 근심. 外患(외환).
外遊(외유) 외국에 나가 여행함.
外柔內剛(외유내강) 겉으로 보기에는 순하고 부드러운 것 같으나 속은 꼿꼿하고 굳음.
外資(외자) 외국 자본.
外傳(외전) ①본전(本傳) 이외의 전기(傳記). ②정사(正史) 이외에 따로 기록한 전기.

夕 2획

外政(외정) ①표면으로 나타나는 공식적인 정치. ②외국에 관한 정치·외교(外交).
外弟(외제) ①아버지가 다른 동생. ②이종(姨從) 사촌인 동생. ③國손아래 처남.
外地(외지) 자기가 살고 있는 곳 밖의 땅. 外方(외방).
外債(외채) 외국의 자본 시장에서 모집한 자기 나라의 공채와 사채.
外戚(외척) ①외가 쪽의 친척. ②성이 다른 사람으로서의 친척.
外出(외출) 일을 보러 밖으로 나감.
外治(외치) ①나라의 정사(政事). 궁중(宮中)의 정사와 구별하여 쓰는 말. 外政(외정). ②피부에 난 병을 외과적으로 치료함. ③나라 밖의 정치. 外交(외교).
外套(외투) 양복 위에 덧입는 방한용(防寒用) 의복.
外形(외형) 겉으로 드러난 형상.
外貨(외화) 외국의 화폐.
外患(외환) ①외적의 침노에 대한 근심. ②밖에서 오는 근심. 외부에서 받는 걱정.
◨ 課外과외, 郊外교외, 國外국외, 內外내외, 對外대외, 室外실외, 例外예외, 意外의외, 場外장외, 除外제외, 體外체외, 號外호외.

3 ⑥ 【多】 많을 다 歌

중학 인명 6급 ㊥duō ㊐タ

필순 ノ ク タ 多 多 多

소전 多 초서 多 속자 夛 자원 會意. 夕+夕→多. 저녁[夕]은 오늘이 지나면 내일이 또 닥치면서 무궁하도록 이어져 나간다는 데서 '많다' 라는 뜻을 나타낸다.

자해 ❶많다, 많이. [詩經] 未堪家多難미감가다난. ❷많게 하다. [魏志] 多事好亂다사호란. ❸중히 여기다. [漢書] 士亦以此多之사역이차다지. ❹낫다, 뛰어나다. [呂氏春秋] 聽者自多而不得청자자다이부득. ❺다만, 단지, 겨우. [論語] 多見其不知量也다견기부지량야.

多間(다간) 틈이 많음. 사이가 몹시 나쁨.
多寡(다과) 많음과 적음.
多口(다구) 말이 많음. 수다스러움. 多言(다언). 多辯(다변).
多岐(다기) ①갈림길이 많음. ②일이 다방면에 걸쳐 복잡함.
多岐亡羊(다기망양) 갈림길이 많아 양을 잃어버림. 학문의 길은 너무 다방면이 되면 진리를 찾기 어려움.
多多益善(다다익선) 많을수록 한층 더 좋음.
多端(다단) 할 일이 많음. 바쁨. '端' 은 사업의 실마리.
多大(다대) 많고도 큼.
多讀(다독) 많이 읽음.
多聞(다문) 견문(見聞)이 많음.
多般(다반) 많음. 일이 많음.
多分(다분) 그 비율이 어느 정도 많음.
多事多難(다사다난) 일도 많고 어려움도 많음.
多產(다산) 아이 또는 새끼를 많이 낳음.
多少(다소) 양이나 수의 많고 적음.
多數(다수) 수효가 많음.
多識(다식) 많은 사물을 앎. 博識(박식).
多樣(다양) 모양이나 종류가 많음.
多作(다작) 작품 따위를 많이 지어 냄.
多才多能(다재다능) 재주가 많아 여러 가지에 능함.
多情(다정) ①정이 많음. 애정이 깊음. ②교분(交分)이 두터움. ③사물에 대한 애틋한 정.
多情多感(다정다감) 생각과 느낌이 섬세하고 풍부함. 多感多情(다감다정).
多彩(다채) 여러 가지 색채가 어울리어 호화스러움.
多幸(다행) 뜻밖에 일이 잘되어 운이 좋음.
多血質(다혈질) 감정의 움직임이 빨라서 성급하고 인내력이 부족한 기질.
◨ 過多과다, 煩多번다, 頗多파다, 許多허다.

3 ⑥ 【夙】 일찍 숙 屋

인명 1급 ㊥sù ㊐シュク

소전 㐲 초서 夙 자해 ❶일찍, 아침 일찍. [書經] 夙夜惟寅숙야유인. ❷삼가다, 조신하다. [詩經] 載震載夙재진재숙.

夙暮(숙모) 아침과 저녁. 朝夕(조석).
夙昔(숙석) 좀 오래된 옛날. 宿昔(숙석).
夙夜(숙야) ①이른 아침부터 깊은 밤까지. 조석(朝夕)으로. ②조조(早朝). 새벽.
夙悟(숙오) 일찍이 깨달음. 어릴 때부터 영리함. 夙敏(숙민).
夙意(숙의) 전부터의 의견. 夙志(숙지).
夙興夜寐(숙흥야매) 아침에 일찍 일어나고 밤에는 늦게 잠. 밤낮으로 정무(政務)에 힘씀.

5 ⑧ 【夜】 밤 야 禡

중학 인명 6급 ㊥yè ㊐ヤ

필순 丶 亠 广 疒 疖 夜 夜 夜

소전 夾 초서 夜 속자 亱 자원 形聲. 亦+夕→夜. '亦(역)' 이 음을 나타낸다.

夕 3획

자해 밤. ㉮저녁 어두울 때부터 새벽 밝기까지의 동안. 〔春秋左氏傳〕 夏四月辛卯夜하사월신묘야. ㉯한밤중, 깊은 밤. 〔詩經〕 夙興夜寐숙흥야매.

夜客(야객) 밤손님. 도적(盜賊).
夜景(야경) 밤의 경치나 정경.
夜攻(야공) 야간에 적을 공격함. 夜襲(야습).
夜光(야광) ①밤에 빛남. ②밤에 빛나는 빛. ③달의 딴 이름. ④반딧불의 딴 이름.
夜勤(야근) 밤에 근무함.
夜氣(야기) ①밤공기의 차고 눅눅한 기운. ②깨끗하고 조용한 마음.
夜對(야대) 임금이 밤에 신하를 불러 강서(講書)하던 일.
夜邏(야라) 야경을 돎. 야경꾼.
夜漏(야루) ①밤 시간. ②밤의 물시계.
夜寐(야매) 밤늦게 잠.
夜半(야반) 밤중.
夜事(야사) ①밤일. ②밤의 경계.
夜肆(야사) 밤에 벌이는 저자. 夜市(야시).
夜誦(야송) 밤에 책을 읽음. 夜讀(야독).
夜食(야식) ①월식(月蝕). ②밤에 음식을 먹음. 밤에 먹는 음식.
夜深(야심) 밤이 깊음.
夜宴(야연) 밤에 베푸는 술잔치.
夜陰(야음) 밤의 어둠. 밤중.
夜以繼日(야이계일) 밤으로써 낮을 이음. 아침부터 밤까지 계속함. 夜以繼晝(야이계주).
夜遊(야유) 밤에 놂. 밤놀이.
夜陰(야음) 밤의 어두운 때.
夜長夢多(야장몽다) 밤이 길면 꿈꾸는 일이 많음. 오랜 세월 동안에는 변화도 많음의 비유.
夜柝(야탁) 야경을 돌 때 치는 딱딱이.
夜行被繡(야행피수) 수놓은 좋은 옷을 입고 밤길을 감. 공명(功名)이 세상에 알려지지 않아 아무 보람이 없음.
夜話(야화) 밤에 하는 이야기. 夜談(야담).
◨ 深夜심야, 月夜월야, 前夜전야, 除夜제야, 初夜초야, 秋夜추야.

8 ⑪ 【梦】 夢(277)의 속자

11 ⑭ 【夥】 많을 과 ㊍화 哿

㊥huǒ ㊐カ

소전 초서 동자 夥 자해 ❶많다, 넉넉하다. 〔史記〕 萬物衆夥만물중과. ❷동아리, 패거리. ¶ 夥伴과반.

夥多(과다) 많음.
夥伴(과반) 한패. 동반자. 동아리.

11 ⑭ 【夥】 夥(277)와 동자

11 ⑭ 【夢】 梦 꿈 몽 送東

고등 인명 3Ⅱ급 ㊥mèng, méng ㊐ム

필순 一 十 艹 芇 苎 苎 茜 茜 菛 夢 夢

소전 초서 동자 寢 속자 梦 속자 夣

자원 會意·形聲. 夕+瞢→夢. '瞢'은 '瞢(어두울 몽)'의 생략형으로 음과 뜻을 나타낸다. 저녁〔夕〕이 되어 시계(視界)가 흐려져 잘 보이지 않는다는 데서 '밝지 않다'라는 뜻을 나타낸다.

자해 ❶꿈. 〔莊子〕 夢爲胡蝶몽위호접. ❷꿈꾸다. 〔莊子〕 其寢不夢기침불몽. ❸흐릿하다, 똑똑하지 않다. 〔詩經〕 視天夢夢시천몽몽. ❹마음이 어지러워지다. 〔詩經〕 視爾夢夢시이몽몽.

夢寐(몽매) ①꿈을 꾸고 있는 동안. ②잠을 자는 동안.
夢夢(몽몽) ①멀어서 똑똑하지 않은 모양. ②어지러워진 모양.
夢卜(몽복) ①꿈과 점. ②꿈으로 길흉을 점침. 제왕이 어진 재상(宰相)을 얻음의 비유. 故事 은(殷) 고종(高宗)은 꿈을 꾸고 나서 부열(傅說)을 얻었고, 주(周) 문왕(文王)은 점을 쳐서 태공망(太公望)을 얻었다는 고사에서 온 말.
夢想(몽상) ①꿈에서까지 생각함. ②되지 않을 일을 생각함. 空想(공상).
夢囈(몽예) 잠꼬대.
夢遊(몽유) 꿈속에서 놂. 꿈같은 기분으로 놂.
夢幻(몽환) 꿈의 환상. 사물이 덧없음의 비유.
◨ 吉夢길몽, 惡夢악몽, 春夢춘몽, 凶夢흉몽.

11 ⑭ 【夣】 夢(277)의 속자

11 ⑭ 【夤】 조심할 인 眞

㊥yín ㊐イン

소전 초서 자해 ❶조심하다, 삼가다. 〔漢書〕 中宗明明중종명명, 夤用刑名인용형명. ❷연관되다, 연줄. ❸한계, 끝. 〔淮南子〕 九州之外구주지외, 乃有八夤내유팔인.

夤緣(인연) ①덩굴진 풀이 무성함. 덩굴이 감김. ②뇌물을 쓰거나 권세 있는 연줄을 타서 출세하려 함.
夤畏(인외) 삼가고 두려워함.

大部 큰대

0 【大】 1큰 대 2클 태
③

중학 인명 8급 ㊥dà, tài ㊐ダイ, タイ

필순 一ナ大

소전 초서 참고 인명용 음은 '대'이다.

자원 象形. 정면에서 바라본 사람의 머리, 두 팔, 두 다리를 본뜬 글자.

자해 1 ❶**크다.** 〔老子〕 道大天大地大人亦大도대천대지대인역대. ❷**넓다.** 〔詩經〕 大賂南金대뢰남금. ❸**크게, 성(盛)하게.** ❹**중히 여기다.** 〔荀子〕 大齊信焉대제신언, 輕貨財경화재. ❺**높다, 존귀하다.** 〔論語〕 畏大人외대인. ❻**훌륭하다.** 〔論語〕 林放問禮之本임방문례지본, 子曰자왈, 大哉問대재문. ❼**대강.** ¶ 大較대교. 2 《通》 太(285). ❶**크다.** ❷**심하다, 지나치게.** 〔論語〕 無乃大簡乎무내태간호.

大家(대가) 전문 분야에서 권위를 인정받는 사람.

大駕(대가) ①임금이 타는 수레. ②임금. 鳳駕(봉가). 龍駕(용가).

大姦(대간) ①몹시 나쁜 일. ②몹시 나쁜 사람.

大姦似忠(대간사충) 극악(極惡)한 사람은 겉으로는 충실한 사람같이 보임.

大綱(대강) ①일의 가장 중요한 줄거리. 根本(근본). ②國대체로 추리는 정도로. 대충.

大概(대개) ①대체의 사연. 줄거리. ②대부분. ③대체로.

大擧(대거) ①많은 사람이 한꺼번에 들고일어남. ②크게 서둘러서 일을 함. ③널리 인재를 천거함. ④한꺼번에 많이.

大劍(대검) 큰 칼.

大經(대경) ①사람이 지켜야 할 큰 도리. 大道(대도). ②당대(唐代)에 진사 시험 과목으로 채택되었던 예기(禮記)와 춘추좌씨전(春秋左氏傳).

大驚失色(대경실색) 몹시 놀라 얼굴빛이 변함.

大計(대계) ①큰 계획. ②3년마다 관리(官吏)의 성적을 고과(考課)하던 일.

大故(대고) ①어버이의 상사(喪事). 親喪(친상). ②큰 사고.

大工(대공) ①큰 공사. ②뱃사공. ③솜씨 좋은 장인(匠人).

大功(대공) ①큰 공(功). ②오복(五服)의 하나. 대공친의 상사에 9개월 동안 입는 복제(服制).

大空(대공) 하늘. 太空(태공).

大過(대과) ①큰 허물. ②64괘(卦)의 하나. 지나치게 성대(盛大)함을 상징함.

大觀(대관) ①대국적(大局的) 견지에서 사물을 관찰함. ②웅대한 경치.

大塊(대괴) ①땅. 大地(대지). ②자연.

大魁(대괴) ①장원 급제한 사람. ②큰 세력의 우두머리. 巨魁(거괴).

大較(대교) ①대강의 줄거리. 개요. ②중요한 법칙. 大法(대법).

大巧若拙(대교약졸) 매우 교묘한 재주를 가진 사람은 보통 사람 눈에 오히려 서투른 사람으로 보임.

大局(대국) ①대체의 국면. ②큰 판국.

大國(대국) 국력이 강하거나 국토가 넓은 날.

大君(대군) ①임금. ②國왕후가 낳은 아들.

大軍(대군) 수효가 많은 군대.

大權(대권) 국가를 통치하는 권한.

大闕(대궐) ①큰 결점. ②國궁궐(宮闕).

大逵(대규) 큰 길. 사통오달(四通五達)의 길.

大禁(대금) 중요한 금제(禁制). 나라의 법도.

大氣(대기) ①공기. ②천체의 표면을 싸고 있는 기체.

大器(대기) ①큰 그릇. 중요한 그릇. 寶器(보기). ②임금의 자리나 국가 권력의 비유. ③위대한 인물. 大才(대재). ④하늘.

大器晩成(대기만성) 큰 그릇은 시간이 오래 걸려야 완성됨. 크게 될 인물은 오랜 공적을 쌓아 늦게 이루어짐.

大器小用(대기소용) 큰 그릇을 작은 일에 씀. 뛰어난 인재를 낮은 지위에 씀의 비유.

大年(대년) 노인. 高年(고년).

大端(대단) ①큰 실마리. ②대강의 줄거리. 槪要(개요).

大團圓(대단원) 어떤 일의 맨 마지막.

大膽(대담) 담력이 셈.

大德(대덕) ①높은 덕(德). 높은 덕을 지닌 사람. ②중요한 절도(節度). ③(佛)고승(高僧)의 칭호(稱號).

大道(대도) ①큰길. ②사람이 마땅히 지켜야 할 큰 도리.

大同(대동) ①조금의 차이는 있어도 대체로 같음. ②인심(人心)이 화동(和同)함. ③차별을 두지 않음. 잘 동화(同化)함. ④천지(天地)와 일체가 됨.

大東(대동) ①동쪽 끝. 極東(극동). ②우리나라의 딴 이름.

大同團結(대동단결) 서로 다른 당파가 같은 목적을 이룩하기 위하여 작은 이견을 버리고 뭉쳐서 한 덩이로 됨.

大同小異(대동소이) 거의 같고 조금 다름.

大豆(대두) 콩.
大登(대등) 큰 풍년이 듦.
大略(대략) ①큰 계략. ②대체의 줄거리. ③대충 어림잡아서.
大量(대량) ①큰 도량(度量). ②큰 말, 또는 큰 저울. ③많은 분량(分量). ④주량(酒量)이 큼. 또는 대주가(大酒家).
大呂(대려) 12율(律)의 하나. 섣달에 배당되므로 섣달의 별칭으로 씀.
大慮(대려) ①원대한 생각. ②꾀.
大斂(대렴) 소렴을 행한 다음 날 시체에 옷을 거듭 입히고 이불로 싸서 베로 묶는 일.
大禮(대례) ①규모가 큰 중대한 의식. ②혼인을 치르는 예식.
大怒(대노→대로) 크게 화를 냄.
大路(대로) 넓고 큰 길.
大論(대론) ①높고 훌륭한 의론. ②크게 논함.
大陸(대륙) 바다로 둘러싸인 커다란 육지.
大倫(대륜) ①큰 도리(道理). ②인륜(人倫)의 대도(大道). 곧, 오륜(五倫).
大望(대망) 큰 야망.
大名(대명) 크게 드러난 이름. 남을 높여 그의 이름을 이르는 말.
大命(대명) ①임금의 명령. ②임금이 될 운명. 天命(천명).
大明(❶대명 ❷태명) ❶①해와 달. ②지인(至人)의 지혜가 일월(日月)과 같이 매우 밝은 일. ❷태양의 딴 이름.
大明天地(대명천지) 환하게 밝은 세상.
大夢(대몽) 긴 꿈. 덧없는 인생의 비유.
大門(대문) 큰 문.
大米(대미) 백미(白米). 좁쌀을 소미(小米)라 하는 데 대하여 이르는 말.
大方(대방) ①땅. 大地(대지). ②커다란 법칙. 근본적인 법칙.
大凡(대범) 무릇.
大汎(대범) 매우 넓음. 광대(廣大)함.
大法(대법) ①중요한 법률. ②(佛)대승(大乘)의 불법(佛法).
大辟(대벽) ①오형(五刑)의 하나. 사형(死刑). ②죽음.
大卞(대변) 큰 법칙. 대법(大法).
大便(대변) 사람의 똥.
大辯如訥(대변여눌) 뛰어난 변설가(辯舌家)는 함부로 말을 하지 않으므로 오히려 눌변(訥辯)처럼 보임. 大辯不言(대변불언).
大別(대별) 크게 나눔.
大柄(대병) 큰 권력. 大權(대권).
大寶(대보) ①귀중한 보물. 至寶(지보). ②임금의 도장. 玉璽(옥새). ③임금의 지위.
大夫(대부) 주대(周代)의 벼슬 이름. 사(士)의 위, 경(卿)의 아래.
大富(대부) 재물이 썩 많음. 큰 부자.
大鵬(대붕) 하루에 9만 리를 날아간다는, 상상상(想像上)의 아주 큰 새.
大事(대사) 결혼·초상 따위의 큰 잔치나 예식을 치르는 일.
大使(대사) ①임금을 대신하는 최고의 사자(使者). ②한 나라를 대표하여 외국에 주재하는 외교관.
大師(❶대사 ❷태사) ❶①대군(大軍). ②조정에서 덕이 높은 승려에게 내리는 존호(尊號). ③國승려의 존칭. ❷①주대(周代)의 벼슬 이름. 악공(樂工)의 장(長). ②삼공(三公)의 하나. 문관(文官)의 최고관(最高官).
大赦(대사) ①천자(天子)가 십악(十惡) 이외의 모든 죄수를 방면(放免)하던 일. ②일반 사면(赦免).
大祥(대상) 장사를 지낸 뒤 두 돌 만에 지내는 제사. 大朞(대기).
大象(대상) ①대법(大法). 大道(대도). ②큰 현상(現象). 천지간의 현상. ③큰 코끼리.
大書特筆(대서특필) 큰 글씨로 비중 있게 씀.
大雪(대설) ①많이 내린 눈. 큰 눈. ②24절기의 하나. 소설(小雪)과 동지(冬至) 사이로 12월 8일 경.
大成(대성) 일이 완전히 이루어짐. 훌륭하게 성취함.
大聲(대성) ①큰 목소리. ②고상한 음악.
大成殿(대성전) 문묘(文廟) 안에 있는, 공자(孔子)의 위패(位牌)를 모셔 두는 집채.
大聲痛哭(대성통곡) 큰 소리로 몹시 슬프게 욺. 放聲大哭(방성대곡).
大勢(대세) ①세상의 돌아가는 형편. 천하의 추세(趨勢). ②권세가 있는 높은 지위.
大小(대소) 크고 작음.
大率(대솔) 대략. 대충.
大醇小疵(대순소자) 가장 순수한 것에도 조금의 흠은 있음.
大乘(대승) (佛)소승(小乘)과 더불어 불교의 양대 교파(敎派)의 하나. 소승이 개인적 해탈을 위한 교법(敎法)인 데 대하여 대승은 널리 인간의 전반적 구제를 목표로 함.
大勝(대승) 크게 이김.
大食(대식) 음식을 많이 먹음.
大臣(대신) ①정승(政丞). ②군주 국가에서 '장관(長官)'을 이르는 말.
大雅(대아) ①시경(詩經)의 한 체(體). 육의(六義)의 하나. 왕정(王政) 흥망의 자취를 읊은 것으로, 향연(饗宴)의 노래임. ②뛰어나고 바름. 몹시 우아함.
大雅之人(대아지인) 바르고 품격이 높은 사람.

君子(군자).
大洋(대양) 크고 넓은 바다.
大言(대언) ①훌륭한 말. ②큰소리.
大業(대업) ①큰 사업. ②제왕(帝王)의 업(業). ③심오(深奧)한 학업.
大輿(대여) ①큰 가마. ②國국상(國喪) 때 쓰던 큰 상여(喪輿).
大逆無道(대역무도) 몹시 인륜(人倫)에 거스르고, 도리를 무시한 행위.
大悟(대오) ①크게 깨달음. ②(佛)번뇌를 벗어나 진리를 깨달음.
大獄(대옥) 중대한 범죄 사건으로 많은 사람이 범죄자로 붙잡혀 갇히는 일. 큰 옥사.
大王(❶대왕 ❷태왕) ❶①위대한 임금. ②왕(王)을 높여 이르는 말. ③진(晉)의 서예가 왕희지(王羲之). 소왕(小王)은 왕헌지(王獻之)임. ❷주(周)의 고공단보(古公亶父). 太王(태왕).
大辱(대욕) 크나큰 치욕.
大用(대용) ①크게 씀. 크게 임용함. ②큰 용도(用途). 有用(유용).
大勇若怯(대용약겁) 진정 용맹한 사람은 함부로 날뛰지 않으므로 도리어 겁쟁이같이 보임.
大雨(대우) 큰비
大禹(대우) 하(夏)의 우임금.
大憂(대우) ①큰 근심. ②천자의 붕어(崩御). ③부모의 상(喪).
大運(대운) 아주 좋은 운수.
大雄(대웅) (佛)부처의 덕호(德號).
大原(대원) 근본(根本). 大本(대본).
大圓(대원) ①하늘. 大員(대원). ②큰 원.
大位(대위) ①천자의 자리. 帝位(제위). ②높은 벼슬.
大僞(대위) 큰 거짓. 곧, 자연 그대로가 아닌 인위(人爲).
大猷(대유) 커다란 꾀.
大有年(대유년) 크게 풍년이 든 해.
大義(대의) ①정도(正道). 사람으로서 꼭 지켜야 할 길. ②경서(經書)의 요의(要義). ③대강의 뜻. 대강의 줄거리.
大義滅親(대의멸친) 큰 의리를 위해서는 사사로운 정(情)을 버림. 나라의 큰일을 위해서는 혈육의 정도 버림.
大義名分(대의명분) 사람이 마땅히 지켜야 할 도리와 본분.
大人(대인) ①어른. 成人(성인). ②유덕자(有德者)나 연장자(年長者)를 높여 이르는 말. ㉠덕(德)이 높은 사람. ㉡벼슬자리에 있는 사람. ㉢부모, 기타 집안 어른. ㉣스승. 장로(長老). ③몸집이 큰 사람. 巨人(거인).
大人君子(대인군자) ①크고 훌륭한 덕을 갖춘 사람. ②말과 행실이 바르고 점잖은 사람.
大一(❶대일 ❷태일) ❶지극히 큼. ❷①천지가 아직 나누어지지 않은 혼돈(混沌)한 원기(元氣). ②태고(太古) 때.
大任(대임) 중대한 임무.
大慈大悲(대자대비) (佛)넓고 커서 가없는 자비. 부처·보살의 한없이 큰 자비. '慈'는 중생에게 즐거움을 주는 일, '悲'는 중생의 고통을 구해 주는 일.
大作(대작) ①큰 사업을 일으킴. ②성하게 일어남. 창궐(猖獗)함. ③많은 저서(著書). 큰 작품. ④훌륭한 작품. 傑作(걸작).
大腸(대장) 큰창자.
大丈夫(대장부) 건장하고 씩씩한 사내.
大抵(대저) 대개. 대체로 보아서. 大氐(대저).
大全(대전) ①완전히 갖추어 모자람이 없음. 完全(완전). ②어떤 부문에 관한 글을 모두 모아 편찬한 책의 이름으로 쓰는 말.
大典(대전) ①중요한 전적(典籍). 분량이 많은 기록. ②훌륭한 법칙. 중요한 법전(法典). ③국가의 큰 의식(儀式).
大篆(대전) 서체(書體)의 하나. 주(周)나라 선왕(宣王) 때 사주(史籒)가 만들었다고 함. 籒文(주문).
大帝(대제) ①하늘. 하느님. ②성덕(盛德)한 임금. ③자미궁(紫微宮). 北極星(북극성).
大宗(대종) ①시조(始祖)의 맏아들에서 이어 내려오는 종가(宗家). ②사물의 시초. ③세력이 있는 일족.
大衆(대중) ①많은 사람. ②사회의 대다수를 이루는 사람.
大地(대지) 넓고 큰 땅.
大指(대지) ①대강의 뜻. 大旨(대지). 大意(대의). ②엄지손가락. 拇指(무지).
大智如愚(대지여우) 큰 지혜를 가지고 있는 사람은 잔재주를 부리지 않기 때문에 어리석은 사람과 같이 보임.
大直若屈(대직약굴) 대의(大義)를 위하는 자는 소절(小節)에 구애하지 않으므로 언뜻 보기에는 곧은 사람이 아닌 것같이 보임.
大耋(대질) 아주 늙은 노인. '耋'은 80세.
大刹(대찰) 이름난 큰 절.
大處(대처) 뛰어나게 좋은 곳.
大廳(대청) 집 몸체의 방과 방 사이에 있는 큰 마루.
大捷(대첩) 크게 이김. 大勝(대승).
大體(대체) ①사물의 전체에서 요령만 딴 줄거리. ②큰 모양. 큰 형체. ③큰 체구. ④마음.
大畜(대축) 64괘(卦)의 하나. 괘형은 ☶. 몸에 학덕(學德)을 많이 쌓음을 상징함.
大椿之壽(대춘지수) 오래 삶. 長壽(장수). 大椿

은 전설상의 큰 나무 이름.
大蟲(대충) ①독사(毒蛇). ②범의 딴 이름.
大侵(대침) 아주 심한 흉년.
大浸(대침) 큰물. 홍수.
大澤(대택) ①큰 못. 큰 늪. ②큰 은혜. 곧, 천자의 은총.
大通(대통) ①대도(大道). ②크게 통함. 막힌 것을 통하게 함. ③사리가 탁 트임.
大統(대통) 천자(天子)의 자리. 皇統(황통).
大破(대파) 크게 쳐부숨.
大敗(대패) 크게 짐.
大砲(대포) 화약의 힘으로 포탄을 멀리 내쏘는 무기.
大幅(대폭) 큰 폭이나 범위
大風(대풍) ①큰 바람. 심한 바람. ②서풍(西風). ③훌륭한 음악. ④나쁜 병의 이름. ㉠문둥병. 癩病(나병). ㉡중풍(中風).
大豊(대풍) 곡식이 잘되어 수확이 많은 해.
大筆(대필) ①큰 붓. ②훌륭한 글씨나 문장(文章). ③남의 글씨의 경칭(敬稱).
大夏(대하) ①하(夏)의 우(禹)임금이 만든 음악 이름. ②여름.
大廈棟梁(대하동량) 큰 집을 지을 때 쓰는 기둥과 들보. 국가의 중임(重任)을 맡을 뛰어난 인재(人材)의 비유.
大學(대학) ①학교 제도의 최고 교육 기관. ②사서(四書)의 하나.
大旱(대한) 큰 가뭄. 심한 한발(旱魃).
大寒(대한) 24절기의 하나. 소한(小寒)과 입춘(立春) 사이로 1월 21일경.
大寒索裘(대한색구) 대한(大寒)에 이르러 갖옷을 구함. 미리 준비할 줄 모름의 비유.
大海(대해) 넓고 큰 바다.
大行(대행) ①크게 행하여짐. ②멀리 감. 遠行(원행). ③빈객(賓客)을 접대하는 벼슬. ④임금이나 후비(后妃)가 돌아간 뒤에 시호(諡號)를 올리기 전의 존칭(尊稱).
大憲(대헌) ①큰 법(法). 大法(대법). ②헌법(憲法). ③대사헌(大司憲).
大形(대형) ①몸의 전체 모양. 身體(신체). ②매우 큰 형체.
大型(대형) 같은 종류의 사물 가운데 큰 규격이나 규모.
大閽(대혼) 대궐 문을 지키는 관리의 우두머리.
大化(대화) ①큰 변화. ②큰 덕화(德化).
大患(대환) ①큰 병. 중병. ②큰 근심이나 걱정. ③큰 결점.
大荒(대황) ①큰 흉년. ②중국에서 매우 멀리 떨어진 곳.
大會(대회) 큰 모임이나 회의.
大孝(대효) 지극한 효도(孝道). 至孝(지효).
大凶(대흉) ①아주 흉악함. ②심한 흉년.
大喜(대희) 큰 기쁨. 크게 기뻐함.
大羹(태갱) 양념을 하지 않은 육즙(肉汁).
大羹不和(태갱불화) 태갱(太羹)에는 양념을 하지 않음. 사람에게 질소(質素)한 마음을 기르도록 하기 위해서임.
大羹玄酒(태갱현주) ①태갱과 현주. '玄酒'는 제사 때 술 대신으로 쓰던 맹물. ②규칙에만 얽매여 담박하고 무미한 문장.
大廟(태묘) 종묘(宗廟).
◨ 強大강대, 巨大거대, 寬大관대, 廣大광대, 莫大막대, 厖大방대, 肥大비대, 遠大원대, 雄大웅대, 偉大위대, 長大장대, 尊大존대, 重大중대, 至大지대, 最大최대, 特大특대.

1 ④ 【夬】 1 깍지 결 屑 2 쾌 이름 쾌 卦

인명 ㊥jué, guài ㊐カイ

소전 참고 인명용 음은 '쾌'이다.
자해 1 깍지. 활을 쏠 때, 시위를 잡아당기기 위하여 엄지손가락에 끼는 뿔로 만든 기구. 2 ❶쾌 이름, 64괘의 하나. 괘형은 ䷪. 소인이 물러나고 군자가 뜻을 펴는 것을 상징한다. ❷정하다, 결정하다. 〔呂氏春秋〕 夬心中央쾌심중앙.
夬夬(쾌쾌) 결단하여 의심하지 않는 모양.

1 ④ 【夫】 1 지아비 부 虞 2 어조사 부 虞

중학 인명 7급 ㊥fū, fú ㊐フ

필순 一 二 夫 夫

소전 초서 자원 會意. 一+大→夫. '一'은 관(冠)이 벗어지지 않도록 갓끈에 매어 머리에 꽂던 비녀를 뜻하고, '大'는 '사람'을 뜻한다. 옛날에는 남자나이 스물에 관례(冠禮)를 지냈는데, 사람〔大〕이 관례를 올리고 머리에 관〔一〕을 쓴 데서 '남자 중에서도 어른이 된 남자'라는 뜻을 나타낸다.
자해 1 ❶지아비. 〔儀禮〕 夫者부자, 妻之天也처지천야. ❷사나이, 장정. 〔詩經〕 射夫既同사부기동. 2 ❶어조사. ㉮~련만, ~ㄴ 저. 구말(句末)·구중(句中)에 놓여 감탄을 나타낸다. 〔呂氏春秋〕 申子說我而戰신자설아이전, 爲吾相也夫위오상야부. ㉯~인가. 의문 조사. 〔春秋左氏傳〕 猶義也夫유의야부. ❷그, 이. 지시 대명사. 〔春秋左氏傳〕 且夫易不可以占險차부역불가이점험. ❸그, 그 사람. 인칭 대명사. 〔漢書〕 夫將爲我危부장위아위. ❹저, 그. 발어사. 〔孟子〕 夫舜惡得而禁之부순악득이금지.

夫君(부군) ①임금. ②붕우(朋友). ③상대편을 높이어 그의 남편을 일컫는 말.

夫黨(부당) 남편의 친족(親族).

夫婦(부부) 남편과 아내.

夫婦有別(부부유별) 오륜(五倫)의 하나. 남편과 아내 사이에는 각각 일정한 직분이 있어 서로 침범해서는 안 될 구별이 있어야 함.

夫爲婦綱(부위부강) 삼강(三綱)의 하나. 남편은 아내의 벼리가 되어야 함.

夫人(부인) ①남의 아내의 존칭. ②자기의 아내. ③천자(天子)의 첩. ④제후(諸侯) 또는 귀인(貴人)의 아내.

夫子(부자) ①남자의 통칭. ②춘추 시대에 태자(太子)·대부(大夫)·선생·장자(長者)를 부르던 존칭. 공자의 제자들이 오로지 공자만을 이르게 되어, 후세에는 스승의 칭호로만 쓰임. ③아내가 남편을 부르는 말.

大

1 획

夫唱婦隨(부창부수) 남편이 부르면 아내가 따름. 남편이 주장하고 아내가 이를 따르는 것이 부부가 화목하게 잘 어울리는 도리임. 夫倡婦隨(부창부수).

夫妻(부처) 남편과 아내.

◨ 坑夫갱부, 農夫농부, 大夫대부, 馬夫마부, 凡夫범부, 漁夫어부, 人夫인부, 丈夫장부, 壯夫장부, 匹夫필부.

1
④【夭】 1 어릴 요 蕭 2 젊어 죽을 요 篠

인명 1급 ㊥yāo ㊐ヨウ

소전 초서 자해 1 ❶**어리다, 젊다**. 〔詩經〕 夭之沃沃요지옥옥. ❷**한창때가 되다, 왕성한 모양**. 〔書經〕 厥草惟夭궐초유요. 2 **젊어서 죽다, 요절**. 〔春秋左氏傳〕 民不夭札민불요찰.

夭娜(요나) 여자의 품위 있고 아름다운 자태.

夭桃(요도) ①싱싱한 복숭아. ②젊은 부녀의 용모.

夭死(요사) 젊은 나이에 죽음.

夭傷(요상) 젊어서 죽음. 夭殤(요상).

夭壽(요수) 요절(夭折)과 장수(長壽).

夭閼(요알) ①꺾어서 못하게 함. 막아서 못하게 함. ②젊어서 죽음. 夭折(요절).

夭夭(요요) ①젊고 용모가 아름다움. ②낯빛이 화기(和氣)가 있는 모양.

夭折(요절) 젊어서 일찍 죽음.

1
④【天】 하늘 천 先

중학 인명 7급 ㊥tiān ㊐テン

필순 一 二 チ 天

소전 초서 자원 會意. 大+一→天. 사람〔大〕의 머리 위에 있어 끝없이 넓다〔一〕는 데서 '하늘'이란 뜻을 나타낸다.

자해 ❶**하늘**. ¶ 天地천지. ❷**천체(天體), 천체의 운행**. 〔史記〕 命南正重以司天명남정중이사천. ❸**우주의 주재자(主宰者), 조화(造化)의 신(神)**. 〔論語〕 天何言哉천하언재, 四時行焉사시행언. ❹**자연(自然), 무위자연(無爲自然)의 도(道)**. 〔莊子〕 先明天而道德次之선명천이도덕차지. ❺**임금, 왕(王)**. 〔詩經〕 天降滔德천강도덕. ❻**운명, 자연의 분수**. 〔列子〕 樂天知命락천지명, 故不憂고불우. ❼**천성, 타고난 성품**. 〔淮南子〕 不以人易天불이인역천.

天干(천간) 60갑자(甲子)의 윗부분을 이루는 요소. 곧, 갑(甲)·을(乙)·병(丙)·정(丁)·무(戊)·기(己)·경(庚)·신(辛)·임(壬)·계(癸). 十干(십간).

天蓋(천개) ①하늘. ②(佛)불감(佛龕)이나 관(棺) 등의 위를 가리는 양산 같은 것. ③國관(棺)을 덮는 뚜껑.

天經(천경) ①하늘의 상도(常道). ②효(孝). ③예(禮). ④해〔日〕. ⑤월경(月經).

天經地緯(천경지위) ①하늘이 정하고 땅이 받드는 길. 천지(天地)의 바른 도(道). ②천지의 도에 의하여 행함.

天戒(천계) 하늘의 경계. 신명의 가르침.

天啓(천계) 하늘의 계시(啓示).

天鼓(천고) ①천둥. ②별 이름. 天鼓星(천고성). ③(佛)절에서 새벽에 치는 종.

天高馬肥(천고마비) 하늘은 높고 말은 살찜. 가을을 수식하는 말.

天工(천공) ①하늘이 하는 일. 곧, 천하를 다스리는 일. ②천연의 힘으로 된 세공(細工). 神技(신기). ③기예(技藝)가 뛰어난 일.

天空海闊(천공해활) 하늘이 공허(空虛)하고 바다가 넓음. 도량이 크고 넓어서 기상(氣象)이 맑고 거리낌이 없음.

天戈(천과) 천자(天子)의 창(槍). 곧, 제왕의 군대. 王師(왕사).

天官(천관) ①주대(周代) 육관(六官)의 하나. 그 장관(長官)을 총재(冢宰)라 함. ②관리(官吏). ③천문(天文). ④귀·눈·입·코 형태(形態)의 오관(五官). ⑤國이조(吏曹)의 딴 이름.

天光(천광) ①햇빛 ②영묘한 광채.

天國(천국) 하느님이나 신불이 있다는 이상(理想) 세계.

天君(천군) ①마음. ②삼한(三韓)에서 제사(祭祀)를 주관하던 제사장. ③천신(天神).

天弓(천궁) ①무지개의 딴 이름. ②활을 맡은

별 이름.

天極(천극) ①자연의 도리. ②천도(天道)가 이르러 다하는 곳. ③북극성(北極星).

天氣(천기) ①하늘의 기운. ②일정한 때 일정한 곳의 기상 상태(氣象狀態). 날씨.

天機(천기) ①하늘의 비밀. 조화(造化)의 기밀. ②저절로 갖추어진 기관. ㉠수족(手足) 따위. ㉡마음·소질·능력 따위. ③천마(天馬). 천기(天驥). ④임금의 지위. ⑤국가의 정치. ⑥별 이름.

天堂(천당) ①천상에 있다는 신의 전당. ②천국(天國).

天怒(천노) ①하늘의 노여움. 폭풍·뇌우(雷雨) 따위. ②임금의 노여움.

天桃(천도) 하늘나라에서 난다고 하는 복숭아.

天道(천도) ①천지 자연의 도리. ②천지를 다스린다는 신(神). ③천체(天體)의 운행.

天羅地網(천라지망) 하늘의 그물과 땅의 그물. ㉠아무리 하여도 벗어날 수 없는 경계망의 비유. ㉡피할 길 없는 재액의 비유.

天來(천래) ①하늘에서 옴. ②기술 따위가 신묘하여 사람 솜씨 같지 않은 일.

天路(천로) ①천자의 정치. ②하늘의 법칙. ③아주 먼 길. ④천상(天上)의 길.

天倫(천륜) ①부자·형제 사이의 변하지 않는 떳떳한 도리. ②하늘의 도리. 天理(천리).

天吏(천리) ①천도(天道)를 잘 행하는 덕이 있는 사람. 곧, 임금. ②임금의 관리.

天理(천리) ①천지 자연의 도리. 천지 만물에 통하는 이치. ②타고난 본성(本性). 바른 도리를 갖추고 있는 사람의 본성.

天馬(천마) 상제(上帝)가 타고 하늘을 달린다는 말.

天幕(천막) 비바람 따위를 막기 위하여 치는 장막.

天網(천망) 하늘이 친 그물. 곧, 천벌(天罰).

天明(천명) ①하늘의 밝은 도리. ②하늘에 있는 밝은 것. 해·달 따위. ③새벽.

天命(천명) ①하늘의 명령. 하늘의 뜻. ②하늘에서 받은 운명. 하늘이 준 사명(使命). ③하늘이 준 목숨. 壽命(수명).

天無三日晴(천무삼일청) 맑은 날은 사흘을 계속함이 없음. 세상에는 편한 날이 오래 계속되지 못함의 비유.

天文(천문) 우주와 천체의 온갖 현상.

天無二日(천무이일) 하늘에 두 해가 없음. 곧, 한 나라에는 한 임금뿐임.

天民(천민) ①하늘이 낸 백성. ②천리(天理)를 다하는 백성. 하늘의 법칙에 따르는 백성. ③도(道)를 체득한 사람.

天半(천반) 하늘의 복판. 中天(중천).

天放(천방) 자연 그대로 놓아 둠. 곧, 인위(人爲)가 없음.

天方地軸(천방지축) ①종작없이 덤벙거림. ②급하여 허둥지둥 날뛰는 모양.

天罰(천벌) 하늘이 내리는 형벌.

天變地異(천변지이) 하늘과 땅의 이변(異變). 곧, 일식(日蝕)·유성(流星)·지진(地震)·해일(海溢) 따위.

天兵(천병) 임금의 군대. 王師(왕사).

天報(천보) 하늘이 갚음. 자연(自然)의 보답.

天步艱難(천보간난) 나라의 운수가 트이지 않아 세상 형편이 어려움.

天符(천부) ①하늘이 내리는 상서(祥瑞). ②하늘의 부명(符命).

天賦(천부) 하늘이 줌. 타고난 성질.

天覆地載(천부지재) 하늘이 덮고 땅이 실음. 천지와 같은 넓고 큰 사랑의 비유.

天分(천분) 하늘이 준 재능(才能).

天崩之痛(천붕지통) 하늘이 무너지는 것과 같은 슬픔. 임금이나 아버지를 잃은 슬픔.

天使(천사) ①천제(天帝)의 사자(使者). ㉠해와 달. ㉡유성(流星). ㉢화성(火星). ②천자의 사자. 황제의 사자.

天賜(천사) ①하늘이 내린 것. 天錫(천석). ②임금의 하사품.

天上(천상) 하늘 위.

天常(천상) 하늘의 상리(常理). 오상(五常)의 도(道).

天象(천상) 천체(天體)의 현상. 곧, 일월성신(日月星辰).

天生(천생) ①태어날 때부터 타고남. ②저절로 이루어짐.

天生緣分(천생연분) 하늘이 미리 마련하여 준 연분.

天序(천서) ①해와 달이 자연적으로 갈마듦. 하늘의 질서. ②제왕의 계통을 이음.

天鼠(천서) 박쥐의 딴 이름.

天旋地轉(천선지전) 하늘이 돌고 땅이 구름. ㉠세상일이 크게 변함. ㉡전란(戰亂)이 평정됨. ㉢정신이 헷갈려 어수선함.

天成(천성) 저절로 이루어짐.

天性(천성) 타고난 성질.

天壽(천수) 타고난 수명.

天水畓(천수답) 비가 와야만 모를 내고 기를 수 있는 논.

天時(천시) ①때의 운행(運行). ㉠하늘의 도리(道理). ㉡그 날의 일진(日辰)·운수(運數). ②천명(天命). ③기후.

天神地祇(천신지기) 하늘의 신과 땅의 신.

天心(천심) ①하늘의 마음. 하늘의 뜻. ②하늘의 중심. ③임금의 마음. 天意(천의).

天殃(천앙) 하늘이 내리는 재앙.
天涯(천애) ①하늘의 끝. 아주 먼 곳. ②國온 세상. 天下(천하).
天壤(천양) 하늘과 땅. ㉠차이가 심함의 비유. ㉡끝간 데가 없음의 비유. ㉢광대함의 비유.
天壤之判(천양지판) 하늘과 땅의 차이. 아주 심한 차이.
天然(천연) 자연 그대로. 타고난 그대로.
天王(천왕) ①임금. ②하늘의 왕.
天佑神助(천우신조) 하늘이 돕고 신령이 거들어 줌.
天韻(천운) ①시(詩)가 자연스럽게 흘러나와 교묘한 일. ②임금이 지은 시가(詩歌).
天位(천위) ①임금의 지위. 천자의 자리. ②하늘이 준 벼슬. 곧, 그 사람에게 알맞은 벼슬.
天威(천위) ①상제(上帝)의 위력. 하늘의 형벌(刑罰). ②임금의 위광(威光). ③하늘 같은 위력. 또는 그런 위력을 가진 사람.
天維(천유) 하늘을 지탱하는 밧줄. ㉠하늘이 이루어지는 근본. ㉡나라의 기강.
天胤(천윤) 천자(天子)의 후계자.
天恩(천은) ①하늘의 은혜. ②임금의 은혜.
天泣地哀(천읍지애) 하늘이 울고 땅이 슬퍼함. 곧, 아주 기막힌 슬픔.
天意(천의) ①하늘의 뜻. 天心(천심). ②임금의 마음.
天衣無縫(천의무봉) 하늘나라 사람의 옷에는 솔기가 없음. 시가(詩歌)나 문장 등이 기교의 흔적이 없이 자연스럽게 잘 되어 있음.
天人(천인) ①하늘과 사람. ②천의(天意)와 인사(人事). ③도(道)를 닦은 사람. ④하늘나라 사람. 선인(仙人) 따위. ⑤용모가 아주 빼어난 사람. 곧, 미인(美人). ⑥임금.
天姻(천인) 천자(天子)·황후(皇后)의 친척.
天仞斷崖(천인단애) 천 길이나 될 듯한 높은 낭떠러지.
天人共怒(천인공노) 하늘과 사람이 함께 노함. 누구나 분노를 참을 수 없을 만큼 몹시 증오스러움.
天日(천일) ①해. 태양. ②천자(天子).
天子(천자) 천제(天帝)의 명을 받아서 천하를 다스리는 사람. 황제.
天資(천자) 타고난 자질. 天性(천성).
天子無戱言(천자무희언) 임금에게는 실없는 말이 없음. 임금은 한 마디 말이나 한 가지 행동이라도 삼가야 함.
天長地久(천장지구) 하늘과 땅은 영원함. 곧, 매우 장구(長久)함.
天才(천재) 선천적으로 타고난 남보다 훨씬 뛰어난 재주. 또는 그런 재능을 가진 사람.
天宰(천재) 백관(百官)을 통솔하고 임금을 보필(輔弼)하는 벼슬아치.
天災地變(천재지변) 자연현상으로 일어나는 재앙이나 괴변.
天災地妖(천재지요) 하늘과 땅에서 일어나는 재난(災難)이나 괴이한 일.
天敵(천적) 어떤 생물에 대하여 해로운 적이 되는 생물.
天井不知(천정부지) 國천장(天障)을 알지 못함. 물건 값 등이 자꾸 오르기만 함의 비유.
天帝(천제) 하늘을 다스리는 신(神). 하느님. 上帝(상제).
天祚(천조) 하늘이 내리는 복(福). 특히 천자의 자리. 天幸(천행).
天造(천조) ①천연으로 된 것. ②하늘이 만물을 창조함.
天朝(천조) 조정(朝廷)의 존칭(尊稱). 원래 속국(屬國)이 본국(本國)을 이르던 말.
天縱(천종) ①하늘이 용납하여 마음대로 하게 함. ②날 때부터 훌륭함.
天誅(천주) 하늘이 내리는 벌. 덕(德) 있는 이가 하늘의 뜻을 받들어 내리는 벌.
天中節(천중절) 단오절(端午節). 음력 5월 5일.
天之美祿(천지미록) 하늘이 내려 준 아름다운 녹(祿). 술의 딴 이름.
天之曆數(천지역수) 제왕(帝王)이 되는 천운. 제왕이 되는 자연의 섭리.
天職(천직) ①천제(天帝)의 직분. 사계(四季)를 운행(運行)하고 만물을 생성하는 따위. ②하늘이 준 직무. 사람으로서 마땅히 하여야 할 직분. ③천성(天性)에 적합한 직업.
天眞(천진) ①타고난 그대로의 성품. 인간의 본성. ②순진함. 꾸밈이 없음.
天眞爛漫(천진난만) 조금도 꾸밈이 없이 순진하고 참됨.
天疾(천질) 타고난 병.
天質(천질) 타고난 성질. 天性(천성).
天聽(천청) ①상제(上帝)가 들음. ②하늘이 준 총명(聰明). 天聰(천총). ③임금의 귀. 임금의 생각과 판단.
天聰(천총) 타고난 총명. 총기가 좋음.
天寵(천총) ①하늘의 은혜. ②임금의 사랑.
天竺(천축) 인도(印度)의 옛 이름.
天則(천칙) 천지 자연의 법칙.
天統(천통) ①천도(天道)의 기강(紀綱). ②임금의 핏줄.
天陛(천폐) 하늘에 오르는 계단. 곧, 임금이 사는 궁전의 섬돌.
天稟(천품) 타고난 성품. 天性(천성).
天下(천하) ①하늘 아래 온 세상. ②한 나라의 전체.
天河(천하) 은하수(銀河水). 雲漢(운한).

天下無雙(천하무쌍) 세상에서 견줄 사람이 없음. 天下第一(천하제일).
天旱(천한) 가뭄.
天漢(천한) 은하(銀河). 은하수(銀河水).
天幸(천행) 하늘이 준 은혜. 天祚(천조).
天香國色(천향국색) 천하에서 제일 가는 향기와 빛깔. 모란꽃의 딴 이름.
天險(천험) 천연으로 험난한 곳. 자연의 요해지(要害地). 天阻(천조).
天刑(천형) ①자연의 법. ②하늘이 주는 벌. 天罰(천벌). ③궁형(宮刑).
天刑病(천형병) 문둥병.
天惠(천혜) ①천자(天子)의 은혜. ②하늘이 베풀어 준 은혜. 자연의 은혜.
天和(천화) ①하늘의 화한 기운. ②조화를 얻은 자연의 길.
天皇(천황) ①임금. ②천제(天帝). ③상고(上古) 때의 삼황(三皇)의 한 사람.
天荒(천황) ①천지가 미개할 때의 혼돈한 모양. ②동떨어지게 먼 땅.
■ 九天구천, 上天상천, 昇天승천, 仰天앙천, 雨天우천, 中天중천, 青天청천, 皇天황천.

1 ④ **【太】** 클 태 泰

중학 인명 6급 ㊥tài ㊐タイ

필순 一ナ大太

초서 자원 指事. '大(대)' 자에 점을 찍어 大와 다름을 표시하고, '大보다 더 크다'는 뜻을 나타낸다.

자해 **❶크다.** **㉮부피·규모 등이 크다.** ≒泰·大. 〔書經〕王入太室왕입태실. **㉯존칭(尊稱)을 나타낸다.** 〔史記〕文帝與太后言之문제여태후언지. **❷심히, 매우, 심하다.** 〔五代史〕昨太草草耳작태초초이. **❸國콩.** 〔萬機要覽〕大豆之爲太대두지위태.

太古(태고) 아주 오랜 옛날.
太公(태공) ①조부. ②아버지. ③남을 높이어 그 사람의 아버지를 이르는 말. ④나이가 많은 사람을 높이어 이르는 말.
太空(태공) 하늘. 天空(천공).
太公望(태공망) ①주(周) 문왕(文王)의 스승인 여상(呂尙)의 호(號). ②낚시질하는 사람. 故事 태공망이 위수(渭水)에서 낚시질하면서 등용되기를 기다린 고사에서 온 말.
太極(태극) ①우주 만물을 구성하는 근원이 되는 본체. ②만물의 근원을 그림으로 나타낸 상징.
太急(태급) 매우 급함.
太牢(태뢰) 제사에 소·양·돼지의 세 희생이 갖추어짐.
太母(태모) ①조모. 大母(대모). ②천자(天子)의 어머니. 太后(태후).
太廟(태묘) 역대 임금의 위패를 모신 사당. 宗廟(종묘).
太半(태반) 절반을 훨씬 넘긴 수량. 거의 3분의 2를 넘음.
太白(태백) ①지극히 결백함. ②금성(金星)의 딴 이름.
太父(태부) 조부(祖父).
太不足(태부족) 많이 모자람.
太史(태사) ①천시(天時)·성력(星曆)·제사(祭祀) 따위를 맡아보던 벼슬. ②한림(翰林)의 딴 이름.
太上(태상) ①태고(太古). ②최상의 것. ③임금. 또는 황후(皇后). ④태상황(太上皇).
太上王(태상왕) 자리를 물려준 임금.
太孫(태손) 임금의 손자. 皇孫(황손).
太始(태시) 천지(天地)의 시초. 형체가 나타나기 시작할 때.
太息(태식) 한숨.
太甚(태심) 매우 심함.
太陽(태양) ①해〔日〕. ②양기(陽氣)만 있고 음기(陰氣)가 조금도 없는 상태. ③여름.
太緩(태완) 너무 느즈러짐.
太陰(태음) ①달〔月〕. ②음기(陰氣)뿐이고 양기(陽氣)가 조금도 없는 상태. ③겨울.
太一(태일) ①천지창조의 혼돈한 원기(元氣). 太初(태초). ②천신(天神)의 이름. 또는 천제(天帝). 太乙(태을).
太子(태자) 황제의 자리를 이을 황제의 아들. 皇太子(황태자).
太弟(태제) 임금의 아우.
太祖(태조) ①개국(開國)한 임금의 묘호(廟號). ②시조(始祖). ③일의 맨 처음.
太宗(태종) ①사물의 근본. ②한 왕조의 선조(先祖) 가운데에서 그 공과 덕이 태조(太祖)와 견줄 만한 임금.
太初(태초) 천지가 개벽하기 전. 上古(상고). 太始(태시). 太一(태일).
太促(태촉) 몹시 급하게 재촉함.
太平(태평) ①세상이 매우 화평함. 세상이 잘 다스려짐. ②풍년(豐年). ③해가 돋는다는 극동(極東)의 땅.
太平聖代(태평성대) 어질고 착한 임금이 잘 다스리어 태평한 세상.
太學(태학) ①옛날 임금이 세운 학교. ②성균관(成均館)의 딴 이름.
太虛(태허) ①하늘. 太空(태공). ②우주의 대원기(大元氣). 混氣(혼기).
太皞(태호) 복희씨(伏羲氏). 太昊(태호). 太皓

(태호).
太和(태화) ①음양이 조화된 원기(元氣). 만물 생성의 원기. 大和(대화). ②악부(樂府)의 이름. ③세상이 잘 다스려짐. 太平(태평).
太皇太后(태황태후) 임금의 조모.
太后(태후) 임금의 어머니.

2
⑤【夲】 本(611)의 속자

2
⑤【失】 잃을 실 質

중학 인명 6급 ㊥shì ㊐シツ

필순 ノ ㄴ 二 生 失

소전 초서 자원 形聲. 手＋乙→失. '乙(을)'이 음을 나타낸다.

자해 ❶**잃다, 잃어버리다.** 〔論語〕猶恐失之유공실지. ❷**놓치다, 달아나다.** 〔書經〕時哉시재, 弗可失불가실. ❸**잘못 보다, 오인하다.** 〔淮南子〕有相馬而失馬者유상마이실마자. ❹**잘못, 착오**(錯誤). 〔漢書〕臣聞신문, 奈有十失내유십실.

失脚(실각) ①발을 헛디딤. ②실패하여 지위(地位)를 잃음.
失格(실격) 자격을 잃음.
失計(실계) 잘못된 계획. 失策(실책).
失機(실기) 기회를 놓침.
失當(실당) 이치·도리에 맞지 않음.
失德(실덕) ①덕(德)에 어긋난 짓을 함. ②덕망을 잃음.
失道(실도) ①무위 자연(無爲自然)의 도(道)를 잃음. ②도의(道義)에 벗어남.
失禮(실례) 언행이 예의에 벗어남.
失路(실로) ①길을 잃음. ②출세할 길을 잃음.
失鹿(실록) 임금의 자리를 잃음. 천하를 잃음. '鹿'은 임금을 비유한 말.
失利(실리) ①이익을 잃음. 손해를 봄. ②패배함. 짐.
失望(실망) 일이 뜻대로 되지 않아 낙심함.
失名(실명) ①남의 이름을 잊음. ②이름을 알지 못함.
失明(실명) 시력(視力)을 잃음.
失色(실색) ①부드러운 낯으로 남에게 아첨하는 일. ②몹시 놀라서 얼굴빛이 달라짐.
失性(실성) 정신에 이상이 생겨 본정신을 잃음.
失聲(실성) 심하게 울어서 소리가 나오지 않음.
失笑(실소) 저도 모르게 웃음.
失手(실수) ①손을 뗌. ②國㉠잘못하여 그르침. 또는 그런 짓. ㉡실례(失禮).
失身(실신) ①생명(生命)을 잃음. ②절조(節操)를 잃음. 특히 여자가 정조를 잃음.
失神(실신) 본 정신을 잃음. 기절함.
失心(실심) ①정신이 나감. 멍청하게 있음. ②기절함. 失神(실신).
失言(실언) 실수로 말을 잘못함.
失業(실업) 직업을 잃음.
失戀(실연) 사랑이 이루어지지 않음. 연애에 실패함.
失意(실의) 뜻이나 의욕을 잃음.
失跡(실적) 자취를 감춤. 행방불명이 됨.
失節(실절) 절조를 지키지 않음. 절조를 잃음. 失身(실신). 失貞(실정).
失點(실점) 점수를 잃음.
失政(실정) 정치를 잘못함.
失足(실족) ①발을 헛디딤. ②행동을 잘못함.
失貞(실정) ①동정(童貞)을 잃음. ②정조(貞操)를 잃음. 失節(실절).
失踪(실종) 소재나 행방 따위를 놓쳐 간 곳이나 생사를 알 수 없게 됨.
失職(실직) 직업을 잃음.
失錯(실착) 잘못함. 실패함.
失策(실책) ①잘못된 계책. ②잘못된 처리. 失計(실계).
失體(실체) 체면을 잃음. 체면이 상함.
失墜(실추) 명예나 위신 따위를 떨어뜨리거나 잃음.
失敗(실패) 일을 그르쳐 헛일이 됨.
失行(실행) 도의에 어그러진 행동을 함.
失鄕(실향) 고향을 잃음.
失火(실화) 실수하여 불을 냄.
失效(실효) 효력을 잃음.
◼ 過失과실, 得失득실, 亡失망실, 紛失분실, 燒失소실, 損失손실, 遺失유실.

2
⑤【央】 가운데 앙 陽

고등 인명 3Ⅱ급 ㊥yāng ㊐オウ

필순 丶 ㄇ 口 央 央

소전 초서 자원 會意. 冂＋介→央. '冂'은 '坰'의 고문(古文)으로 국경(國境)을 뜻하고, '介'는 '大'로서 사람을 뜻한다. 사람이 국경의 중앙에 들어가 있는 형상이 되므로 '가운데'라는 뜻을 나타낸다.

자해 ❶**가운데.** ㉮**한가운데.** 〔詩經〕宛在水中央원재수중앙. ㉯**중간, 반.** 〔漢書〕惜蕃華之未央석번화지미앙. ❷**다되다, 끝장나다.** 〔楚辭〕時亦猶其未央시역유기미앙. ❸**오래다, 시간적으로 멀다.** ❹**넓은 모양.**

央瀆(앙독) 부엌에서 물을 흘려 보내는 도랑.
央央(앙앙) 넓은 모양.

3 ⑥【夸】 자랑할 과 麻

㊥kuā ㊐カ

소전 초서 자해 ❶자랑하다, 뽐내다. 〔呂氏春秋〕 富有天下而不驕夸부유천하이불빙혜. ❷사치하다. 〔荀子〕 貴而不爲夸귀이불위과. ❸과장하다. ¶ 夸言과언.

夸矜(과긍) 자랑함. 뽐냄.

夸父逐日(과보축일) 자기의 힘을 헤아리지 않고 큰 일을 계획함의 비유. 故事 과보(夸父)가 자기의 힘을 헤아리지 않고 태양과 경주를 하다가 마침내 목말라 죽었다는 고사에서 온 말.

夸詐(과사) 큰소리를 쳐서 속임.

夸言(과언) 과장하는 말. 큰소리.

3 ⑥【夷】 오랑캐 이 支

고등 인명 3급 ㊥yí ㊐イ

필순 一 ㄱ 크 弓 弔 夷

소전 초서 동자 夸 자원 會意. 大+弓→夷. '大'는 사람을 뜻한다. 동쪽에 있는 군자(君子) 나라의 사람〔大〕이 원뜻이었으나 '동쪽 오랑캐'란 뜻으로 변하였다.

자해 ❶오랑캐. ㉮중국 동쪽에 있는 미개의 종족. 〔禮記〕 東方曰夷동방왈이. ㉯중국의 사방에 살고 있는 종족의 총칭. ❷평평하다, 평평하게 하다. 〔呂氏春秋〕 往而夷夫壘왕이이부루. ❸온화하다, 마음이 편안하다. 〔詩經〕 我心則夷아심즉이. ❹기뻐하다. ≒台. 〔詩經〕 旣夷旣懌기이기역. ❺크다, 성대하다. 〔詩經〕 降福孔夷강복공이. ❻상하다, 다치다, 상처. 〔孟子〕 繼之以怒則反夷矣계지이노즉반이의. ❼멸하다, 죽여 없애다. 〔後漢書〕 禽獸殄夷금수진이. ❽떳떳하다. ≒彝. 〔孟子〕 民之秉夷민지병이. ❾웅크리고 앉다, 예의에 벗어난 앉음새. 〔論語〕 原壤夷俟원양이사.

夷簡(이간) 평이하고 번잡하지 않음.

夷踞(이거) 웅크리고 앉음. 또는 한쪽 무릎을 세우고 앉음. 예의에 벗어난 앉음새.

夷考(이고) 공평하게 생각함.

夷曠(이광) ①땅이 평평하고 넓음. ②성격이 온화하고 활달함.

夷戮(이륙) 죽임. 주륙(誅戮)함.

夷隆(이륭) 낮음과 높음. 성함과 쇠함.

夷蠻戎狄(이만융적) 사방의 모든 야만국. 곧, 동이(東夷)·남만(南蠻)·서융(西戎)·북적(北狄).

夷滅(이멸) 멸망시킴.

夷俘(이부) 포로(捕虜).

夷俟(이사) 웅크리고 앉아서 사람을 기다림. 예(禮)에 벗어나게 처신(處身)함.

夷三族(이삼족) 모반의 대역죄로 부족(父族)·모족(母族)·처족(妻族)의 삼족을 죽임.

夷傷(이상) 상처가 남. 상처.

夷悅(이열) 즐거워함. 기뻐함. 夷懌(이역).

夷儀(이의) 일정한 법칙. 떳떳한 법칙.

夷狄(이적) 오랑캐. '夷'는 중국 동쪽에 살던 이민족(異民族)을, 狄은 중국 북쪽에 살던 이민족을 뜻함. 野蠻(야만). 夷翟(이적).

夷族(이족) 종족(宗族)을 멸망시키는 형벌.

夷跖(이척) 백이(伯夷)와 도척(盜跖). 곧, 선인(善人)과 악인(惡人).

夷則(이칙) ①12율의 아홉째 음. ②음력 7월의 딴 이름.

夷坦(이탄) 마음이 편하고 고요함. 平坦(평탄).

夷蕩(이탕) 평온함. 편안함.

夷平(이평) 평평함.

夷夏(이하) 오랑캐와 중국.

◨ 九夷구이, 東夷동이, 四夷사이, 攘夷양이.

4 ⑦【云】 클 운 吻

인명 ㊥yǔn ㊐グン

자해 ❶크다. ❷높다.

4 ⑦【夾】夹 ①낄 협 ㊍갑 洽 ②손잡이 협 ㊍겹 葉

인명 ㊥jiā, jiá ㊐キョウ

소전 초서 자해 ①❶끼다. ≒挾. ¶ 夾攻협공. ❷가까이 두다, 곁에 데리고 있다. 〔書經〕 爾曷不夾介乂我周王享天之命이갈불협개예아주왕향천지명. ❸부축하다, 좌우에서 돕다. 〔春秋左氏傳〕 夾輔成王협보성왕. ②❶손잡이, 칼자루. 〔莊子〕 韓魏爲夾한위위협. ❷좁다. ≒狹. 〔後漢書〕 其地東西夾기지동서협.

夾攻(협공) 적(敵)을 가운데에 두고 양쪽에서 침. 挾攻(협공).

夾袋(협대) 호주머니.

夾路(협로) 길 양편에 늘어섬.

夾門(협문) ①정문 옆의 작은 문. ②문이 좁을 정도로 많이 모여듦.

夾榜(협방) 성문(城門)·관문(關門)의 양 곁에 내거는 팻말.

夾輔(협보) 좌우에서 도움.

夾扶(협부) 좌우에서 부축함. 좌우에서 모심.

夾侍(협시) ①좌우에서 모심. 또는 그 사람. ②(佛)불상 좌우의 보살.

夾室(협실) 당(堂)의 안방 양쪽에 있는 방.

5
⑧【奇】 ①기이할 기 支 ②홀수 기 支

고등 인명 4급 ㊥qí, jī ㊐キ

필순 一 ナ 大 太 齐 㚚 奇 奇

소전 𡗝 초서 𠫤 속자 竒 자원 會意·形聲. 大+可→奇. 크게〔大〕 옳다〔可〕고 함은 남보다 뛰어나다는 뜻이요, 남보다 뛰어남은 남과 다르다는 뜻에서 '기이하다'라는 뜻을 나타낸다. '可(가)'는 음도 나타낸다.

자해 1 ❶**기이하다, 이상야릇하다.** 〔宋書〕 風骨奇特풍골기특. ❷**뛰어나다, 보통과 다르다.** ¶ 奇骨기골. ❸**갑자기, 돌연, 느닷없이.** ¶ 奇襲기습. ❹**거짓, 거짓말.** 〔老子〕 以奇用兵이기용병. ❺**알아주다, 중시하다.** 〔史記〕 然奇其材연기기재. 2 ❶**홀수.** 〔易經〕 陽卦奇陰卦耦양괘기음괘우. ❷**불운(不運), 운수가 사납다.** ¶ 奇薄기박. ❸**나머지, 우수리.**

奇傑(기걸) 드물게 보는, 뛰어난 인물.
奇計(기계) 기묘한 꾀. 기발한 계책.
奇骨(기골) ①특이(特異)한 골상(骨相). ②뛰어난 기상(氣象)이 있음.
奇崛(기굴) ①산이 험하고 변화가 있는 모양. ②시문(詩文)이 기발하고 훌륭한 모양. ③國 용모가 기이하고 웅장함.
奇詭(기궤) 기이하고 이상스러움.
奇譚(기담) 이상야릇하고 재미있는 이야기.
奇道(기도) 희한한 방법. 비범한 계책.
奇麗(기려) 뛰어나게 아름다움.
奇論(기론) 기이한 논설이나 이론.
奇文(기문) 기이하고 묘한 글. 훌륭한 글.
奇聞(기문) 기이한 소문. 기이한 이야기.
奇物(기물) 진귀한 물건. 희한한 물건.
奇薄(기박) 팔자가 사납고 운수가 불길함.
奇拔(기발) ①아주 빼어남. 유달리 뛰어남. ②남이 생각지도 못하는 색다른 것.
奇僻(기벽) 괴팍한 버릇. 偏僻(편벽).
奇變(기변) ①뜻밖의 난리. ②기이하게 변함.
奇別(기별) 소식을 전함.
奇兵(기병) 기이한 꾀를 써서 불의에 적(敵)을 치는 군사.
奇福(기복) 뜻밖의 행복(幸福).
奇士(기사) 무리에서 뛰어난 인물(人物).
奇思(기사) ①보통 사람과는 다른 생각. ②기발한 생각.
奇相(기상) 기이한 생김새.
奇想天外(기상천외) 보통으로는 상상도 못할 기발한 생각.
奇書(기서) 기이한 내용의 책.
奇襲(기습) 갑자기 공격함.
奇巖怪石(기암괴석) 기이하게 생긴 바위와 괴상하게 생긴 돌.
奇緣(기연) 기이한 인연.
奇玩(기완) 기이한 노리개.
奇遇(기우) 기이하게 만남. 뜻밖에 만남.
奇異(기이) 기묘하고 이상함.
奇人(기인) ①성질이나 행동이 보통 사람과 다른 사람. ②가업(家業)에 보탬이 되지 않는 사람. 한가한 사람.
奇才(기재) 뛰어난 재주. 또는 그 재주를 가진 사람. 奇材(기재).
奇績(기적) 기이한 공적(功績).
奇蹟(기적) 기묘하고 신기한 일. 奇跡(기적). 奇迹(기적).
奇峻(기준) 산 모양이 기이하고 험함.
奇智(기지) 기발한 지혜.
奇致(기치) 진귀한 풍취. 奇趣(기취).
奇特(기특) ①보통이 아니고 특이함. ②신통하고 귀여움.
奇品(기품) ①빼어난 인품(人品). ②진기한 물품. 珍品(진품).
奇行(기행) 기이한 행동.
奇驗(기험) 훌륭한 효험.
奇貨(기화) ①진기한 재물이나 보배. ②뜻밖의 행운. 절호의 기회.
奇貨可居(기화가거) 진기한 물건을 잘 간직해 두었다가 나중에 큰 이익을 남기고 팖. 故事 조(趙)나라에 인질로 잡혀 있으면서 고생하던 진(秦)의 왕자 자초(子楚)를 여불위가 여러 가지 방법으로 도와주었다가 뒷날 자초가 진의 장양왕(莊襄王)이 되자 그 공로로 재상이 되었다는 고사에서 온 말.
奇花異草(기화이초) 기이한 화초(花草).
奇幻(기환) 이상야릇한 환상. 또는 허깨비.
奇譎(기휼) 꾸며서 남을 속임. 詭譎(궤휼).
◻ 怪奇괴기, 神奇신기, 傳奇전기, 珍奇진기.

5
⑧【奈】 ①어찌 내 泰 ②나락 나 歌

고등 인명 3급 ㊥nài ㊐ナ

필순 一 ナ 大 太 夳 夲 奈 奈

초서 柰 참고 인명용 음은 '내·나'이다. 자원 形聲. 大+示→奈. '示(시)'가 음을 나타낸다.

자해 1 **어찌.** 〔國語〕 奈吾君何내오군하. 2 **나락.** ¶ 奈落나락.

奈何(내하) ①어떻게. 어찌하여. ②어떻게 할까. 어떠한가.
奈落(나락) ①지옥. ②벗어나기 어려운 절망적인 상황의 비유.

大 5획

5 ⑧【奉】 받들 봉 **匯**困

중학 인명 5급 ㊥fèng ㊐ホウ

필순 一 二 三 丰 夫 夫 奏 奉

소전 초서 자원 會意·形聲. 手＋廾＋丰→奉. 두 손〔廾〕으로 물건을 떠받들고 있는 형상에서 '받들다'란 뜻을 나타낸다. '丰(봉)'이 또한 음도 나타낸다.

자해 **❶받들다.** ㉮**드리다, 바치다.** 〔周禮〕 祀五帝사오제, 奉牛牲봉우생. ㉯**섬기다, 모시다.** 〔春秋左氏傳〕 奉戴厲公봉대려공. **❷공궤(供饋)하다, 음식을 드리다.** 〔孟子〕 妻妾之奉처첩지봉. **❸씀씀이.** 〔孫子〕 公家之奉공가지봉. **❹녹(祿), 녹봉.** ≒俸. 〔戰國策〕 奉厚而無勞봉후이무로.

奉巾櫛(봉건즐) 수건과 빗을 받듦. ㉠아내가 됨. ㉡남편을 섬김.
奉公(봉공) 공사(公事)를 위하여 힘씀.
奉戴(봉대) 공경하여 높이 받듦.
奉讀(봉독) 삼가 읽음. 받들어 읽음.
奉祿(봉록) 녹. 녹봉(祿俸).
奉使(봉사) 사명(使命)을 받들고 감.
奉祀(봉사) ①신(神)을 받들어 제사 지냄. ②國조상의 제사를 받듦.
奉仕(봉사) ①남을 위하여 일함. ②임금을 받들어 모심.
奉朔(봉삭) 정삭(正朔)을 받듦. 한 왕조(王朝)의 치하(治下)에 있어 그 제정한 역법(曆法)을 따름. 곧, 그 치하(治下)에 속함.
奉先(봉선) 선조(先祖)의 덕업(德業)을 이어 지킴. 또는 선조의 제사를 받들어 모심.
奉粟(봉속) 봉록으로 받는 쌀. 녹미(祿米).
奉率(봉솔) ①이어받아서 실행함. ②위로 부모를 모시고 아래로 처자를 거느림. '상봉하솔(上奉下率)'의 준말.
奉送(봉송) ①귀한 사람이나 윗사람을 배웅함. ②선물을 보냄.
奉承(봉승) ①웃어른의 뜻을 받듦. ②섬김. 시중듦. ③現아첨함.
奉審(봉심) 왕명(王命)을 받들어 능묘(陵廟)를 보살핌.
奉安(봉안) ①임금이나 아버지를 장사 지내는 일. ②신주(神主)·불상(佛像)·위패(位牌) 등을 일정한 곳에 둠.
奉養(봉양) 받들어 모심.
奉迎(봉영) 존경하는 사람을 맞이함.
奉祭祀(봉제사) 제사를 받들어 모심.
奉旨(봉지) 윗사람의 뜻을 받듦. 임금의 명(命)을 받듦.
奉職(봉직) 공직에 종사함.
奉祝(봉축) 공경하는 마음으로 축하함.
奉勅(봉칙) 칙령(勅令)을 받듦. 奉詔(봉조).
奉親(봉친) 어버이를 받들어 모심.
奉行(봉행) 상명(上命)을 받들어 시행함.
奉獻(봉헌) 삼가 바침. 奉呈(봉정).
奉還(봉환) 받들어 돌려 드림.
奉候(봉후) 귀인(貴人)의 안부(安否)를 물음.
◨ **順奉**순봉, **遵奉**준봉, **參奉**참봉, **推奉**추봉.

5 ⑧【奔】 奔(290)의 속자

5 ⑧【奄】 가릴 엄 **琰**

인명 1급 ㊥yǎn ㊐エン

소전 초서 자해 **❶가리다, 덮어 가리다.** 〔詩經〕 奄有龜蒙엄유귀몽. **❷문득, 갑자기.** 〔漢書〕 奄忽如神엄홀여신. **❸고자, 환관(宦官).** 〔周禮〕 奄十人엄십인. **❹함께, 모두.** 〔書經〕 奄有四海엄유사해.

奄奄(엄엄) ①숨이 곧 끊어질 듯한 모양. 생기(生氣)가 없는 모양. ②어두운 모양.
奄有(엄유) 토지(土地)를 전부 차지함.
奄尹(엄윤) 환관(宦官)의 우두머리.
奄人(엄인) 환관.
奄忽(엄홀) 갑자기. 홀연. 奄然(엄연).

5 ⑧【奌】 點(1455)의 속자

6 ⑨【契】
1 맺을 계 **霽**
2 애쓸 결 **屑**
3 종족 이름 글 **物**
4 사람 이름 설 **屑**

고등 인명 3Ⅱ급 ㊥qì, qiè, xiè
㊐ケイ, キツ, ケツ, セツ

필순 一 二 三 丰 刧 刧 刧 契 契

소전 초서 참고 인명용 음은 '계·글·설'이다.

자원 形聲. 㓞＋大→契. '㓞(갈)'이 음을 나타낸다.

자해 1 **❶맺다, 인연이나 관계를 짓다.** **❷합치하다, 맞추다.** ¶ 契合계합. **❸교분, 정분.** 〔晉書〕 定金蘭之密契정금란지밀계. **❹계약서, 증서.** 〔周禮〕 聽取予以書契청취여이서계. **❺새기다.** ¶ 契舟계주. **❻國계.** 친목이나 상부상조를 도모하는 협동 조직. 2 **애쓰다, 애써 노력하다.** 〔詩經〕 死生契闊사생결활. 3 **종족 이름.** ¶ 契丹글단. 4 **사람 이름.** 우(禹)를 도와 치수

大 6획

(治水)에 공을 세워 상(商)에 책봉되었다. ≒ 偰·禼.

契契(계계) 근심과 괴로움을 견디어 내지 못하는 모양.

契券(계권) ①어음. 證書(증서). ②부신(符信). 부절(符節).

契機(계기) 어떤 일의 발생 또는 결정의 근거나 기회.

契盟(계맹) 중대한 약속을 맺음.

契文(계문) ①은대(殷代) 도읍 유적지에서 발굴된 갑골(甲骨) 문자(文字). 계도(契刀)로 새긴 데서 이름. ②계약서. 약정서(約定書).

契分(계분) ①인연(因緣). 緣分(연분). ②친한 벗 사이의 정분. 交分(교분).

契約(계약) 법적 효과를 발생시키는, 합의에 따라 성립되는 법률 행위.

契照(계조) 어음. 부절(符節). '照'는 '대조하며 증거로 삼는다'는 것을 뜻함.

大 6획

契舟(계주) 배에 새김. 구법(舊法)에 얽매이어 현실에 어두움. 故事 초(楚)나라 사람이 배에서 칼을 물 속에 떨어뜨리고는 그 떨어뜨린 지점을 뱃전에 표를 한 후 배가 강기슭에 도착하자 그 표한 뱃전 밑을 찾았다는 고사에서 나온 말. 刻舟求劍(각주구검).

契合(계합) 부절을 맞추듯이 꼭 맞음. 일치함. 符合(부합).

契闊(결활) ①멀리 떨어짐. 멀어짐. 소원하게 됨. ②부지런히 노력함. 매우 애씀.

契丹(글단→거란) 10세기 초에 요(遼)를 세운 종족의 이름.

■ 交契교계, 默契묵계, 書契서계, 心契심계.

6
⑨ **【奎】** 별 이름 규 齊

인명 2급 ㊥kuí ㊐ケイ

소전 奎 초서 奎 자해 **별 이름. ㉮별 이름.** 28수(宿)의 하나로, 서쪽 하늘에 있는 16개의 별을 이른다. **㉯글, 문장**(文章). 별로서의 규(奎)는 문장을 주관한다는 데서 전용된 뜻.

奎星(규성) 28수(宿) 중 병(兵)으로써 폭력을 막는 일을 맡아보는 별. 또는 도랑을 주관하고 문운(文運)을 맡아봄.

奎運(규운) 문운(文運).

奎章(규장) 임금의 글씨. 奎翰(규한).

6
⑨ **【奔】** 달릴 분 元

고등 인명 3Ⅱ급 ㊥bēn ㊐ホン

필순 一 ナ 大 太 本 夲 夲 奔 奔

소전 奔 초서 奔 속자 奔 고자 犇 자원 會意. 소전을 보면 '夲'로, 사람이 팔을 휘젓고 있고 그 아래에는 발을 뜻하는 '止(지)' 자가 세 개 있는 모습이다. 곧, '사람이 뛰어간다'는 뜻을 나타낸다.

자해 **❶달리다, 빨리 가거나 오거나 하다.** 〔詩經〕駿奔走在廟준분주재묘. **❷달아나다, 패주(敗走)하다.** 〔孔子家語〕奔軍之將분군지장. **❸야합(野合)하다, 여자가 정식 예를 갖추지 않고 남자와 동거하다.** 〔國語〕有三女奔之유삼녀분지.

奔競(분경) 앞을 다투어 경쟁함. 다투어 이록(利祿)을 구함.

奔潰(분궤) 무너져 달아남. 패하여 달아남.

奔湍(분단) 여울. 급류.

奔騰(분등) ①물이 세차게 흐름. ②물가가 갑자기 크게 오름.

奔馬(분마) 빨리 닫는 말.

奔亡(분망) 달아남. 도망감.

奔命(분명) ①임금의 명령을 받들어 분주히 돌아다님. ②외국으로 도망한 사람. 망명자(亡命者).

奔放(분방) ①힘차게 달림. ②물살이 셈. ③시문(詩文)이 힘참. ④규칙이나 규범에 얽매이지 않고 자유로움.

奔北(분배) 전쟁에서 패주(敗走)함.

奔赴(분부) ①달려감. ②부고(訃告)를 받고 급히 감.

奔星(분성) 유성(流星). 별똥.

奔逸(분일) ①달아남. 도망침. ②제멋대로 행동함. 逸走(일주).

奔潮(분조) 세찬 조수(潮水).

奔走(분주) ①바삐 달림. ②일정한 목적을 위해 바쁘게 움직임.

奔竄(분찬) 도망쳐 숨음. 遁竄(둔찬).

奔馳(분치) 말을 타고 빨리 달림.

奔波(분파) ①빨리 흐르는 물. 또는 세차게 이는 파도. ②앞을 다투어 감.

奔渾(분혼) ①물이 빠르게 흐름. ②물의 빠른 흐름. 奔流(분류).

6
⑨ **【奏】** 아뢸 주 宥

고등 인명 3Ⅱ급 ㊥zòu ㊐ソウ

필순 一 二 三 夫 夫 夫 奏 奏 奏

소전 奏 초서 奏 자원 會意. 屮+廾+夲→奏. '屮(도)'는 초목이 싹틈을, '廾'는 두 손으로 받쳐 든 모습을, '夲'는 나아감을 뜻한다. 곧, '두 손으로 물건을 받들고 나아가다, 바치다'라는 뜻을 나타낸다.
자해 ❶아뢰다. ㉮여쭈다, 윗사람에게 말씀 드려 알리다. ¶ 奏請주정. ㉯연주하다, 윗사람 앞에서 풍악을 잡히다. ¶ 奏樂주악. ❷상소. 임금에게 올리는 글. ¶ 上奏상주. ❸이루다, 공을 세우다. ¶ 奏功주공. ❹음악의 한 곡. 〔周禮〕 九奏乃終구주내종.

奏決(주결) 임금에게 아뢰어 결정함.
奏功(주공) ①공을 세움. 또는 일의 성공을 임금에게 아룀. ②일이 성취됨.
奏達(주달) 임금에게 아뢰는 일.
奏對(주대) ①임금에게 상주(上奏)함. ②임금의 물음에 대답하여 말함.
奏牘(주독) 임금에게 올리는 간찰(簡札). 奏章(주장).
奏聞(주문) 임금에게 아룀. 奏上(주상).
奏覽(주람) 임금이 보도록 바치어 올림.
奏書(주서) 임금에게 올리는 문서(文書).
奏疏(주소) 문체(文體)의 하나. 신하가 임금에게 올리는 상주문(上奏文)의 총칭(總稱).
奏申(주신) 임금에게 아룀.
奏樂(주악) 음악을 연주함. 또는 그 음악.
奏案(주안) ①상주문(上奏文)을 놓아 두는 책상. ②주청(奏請)하여 죄를 다스림. ③상주(上奏)하여 임금의 재가를 받은 사건(事件). ④상주문의 초(草) 잡은 글.
奏御(주어) 임금에게 아룀.
奏議(주의) 문체(文體)의 하나. 자신의 의견을 임금에게 아룀. 또는 그 글.
奏裁(주재) 임금에게 아뢰어 재결(裁決)함.
奏陳(주진) 임금에게 아룀.
奏薦(주천) 관원을 추천하여 임금에게 아룀.
奏請(주청) 임금에게 아뢰어 요청함.
奏彈(주탄) 임금에게 상주(上奏)하여 벼슬아치의 죄과(罪過)를 조사하여 밝힘.
奏劾(주핵) 임금에게 상주하여 관리의 죄를 다스림.
奏效(주효) ①공효(功效)를 상주(上奏)함. ②보람이 나타남.
◨ 獨奏독주, 伴奏반주, 演奏연주, 前奏전주, 合奏합주.

6 ⑨ 【奕】 클 혁 本역 陌

인명 ㊥yì ㊐エキ

소전 초서 자해 ❶크다, 부피·규모 등이 크다. ❷아름답다. ❸겹치다, 잇달다. ¶ 奕世혁세. ❹근심하는 모양. 〔詩經〕 憂心奕奕우심혁혁. ❺익숙해지다. 〔詩經〕 萬舞有奕만무유혁. ❻바둑, 노름. ≒弈.

奕棋(혁기) 바둑. 圍棋(위기).
奕世(혁세) 대대(代代). 累代(누대).
奕奕(혁혁) ①사물이 큰 모양. ②아름다운 모양. ③빛나는 모양. ④왕성한 모양. ⑤근심하는 모양.

6 ⑨ 【奐】 빛날 환 翰

인명 ㊥huàn ㊐カン

소전 초서 자해 ❶빛나다, 빛나는 모양. ≒煥. 〔禮記〕 美哉奐焉미재환언. ❷성대한 모양. 〔漢書〕 惟懿惟奐유의유환.

奐衍(환연) 널리 흩어지는 모양. 또는 많은 모양. 渙焉(환언).
奐奐(환환) 밝은 모양. 煥煥(환환).

7 ⑩ 【奘】 클 장 養 漾

인명 ㊥zàng ㊐ソウ

소전 초서 자해 ❶크다, 몸집이 크다. ❷성하다. ❸튼튼하다, 건강하다.

7 ⑩ 【套】 덮개 투 號

인명 1급 ㊥tào ㊐トウ

초서 본자 자해 ❶덮개, 씌우개. ❷한 벌, 일조(一組). ❸現정한 대로의, 버릇이 되어 이루어진 일정한 틀. ❹國방식, 일의 방법.

套習(투습) 본을 떠서 함. 틀에 박힌 관습이나 양식.
套語(투어) 생동한 맛이 없는, 틀에 박힌 말. 常套語(상투어). 套話(투화).
◨ 封套봉투, 常套상투, 外套외투.

7 ⑩ 【奚】 어찌 해 齊

고등 인명 3급 ㊥xī ㊐ケイ

필순

소전 초서 자원 會意. 爫+幺+大→奚. 사람〔大〕의 땋은 머리〔幺〕를 손〔爫〕으로 잡아당기는 모습으로, 노예를 뜻한다. '어찌'라는 뜻은 뒤에 가차된 것이다.

자해 ❶어찌, 어찌 ~하느냐? 반어(反語)의 뜻을 나타낸다. 〔論語〕 奚其爲爲政해기위위정. ❷어느, 무엇. 〔呂氏春秋〕 必任巧匠奚故필임교장해고. ❸여자 종. ¶ 奚隸해례.

奚琴(해금) 두 줄로 된 현악기.

奚囊(해낭) 시문(詩文)을 넣어 두는 주머니. 詩囊(시낭). 故事 당대(唐代)의 이하(李賀)가 명승지를 찾아다니며 지은 시가(詩歌)를 해노(奚奴)가 들고 있는 주머니에 넣었다는 고사에서 온 말.
奚奴(해노) 하인. 종.
奚童(해동) 사내아이 종.
奚隷(해례) 남녀의 종. 奴婢(노비).
奚若(해약) 어찌. 어떻게. 何如(하여).

9 ⑫ 【奢】 사치할 사 麻

인명 1급 ㊥shē ㊐シャ

소전 초서 자해 ❶사치하다, 호사하다. 〔論語〕 禮與其奢也寧儉례여기사야녕검. ❷자랑하다, 뽐내다. 〔史記〕 奢言淫樂사언음락. ❸지나치다, 분수에 넘치다.

9획

奢麗(사려) 사치하여 화려하게 꾸밈.
奢靡(사미) 분수에 지나친 사치.
奢佚(사일) 사치하고 놀기를 좋아함.
奢恣(사자) 사치하고 방자함.
奢僭(사참) 분수에 지나친 사치를 함.
奢侈(사치) 필요 이상의 돈이나 물건을 쓰거나 분수에 넘친 생활을 함.
奢華(사화) 사치스럽고 호화스러움.
◨ 豪奢호사.

9 ⑫ 【奡】 오만할 오 號

㊥ào ㊐ゴウ

소전 초서 자해 ❶오만하다, 남을 깔보다. ＝傲. ❷힘이 세다, 헌걸차다.

9 ⑫ 【奧】 奥(292)의 속자

9 ⑫ 【奠】 奠 제사 지낼 전 霰

인명 1급 ㊥diàn ㊐テン

소전 초서 자해 ❶제사 지내다. 〔詩經〕 于以奠之우이전지. ❷제수, 신불에 올리는 물건. ¶ 香奠향전. ❸두다, 안치(安置)하다. 〔禮記〕 奠之而后取之전지이후취지. ❹정하다, 정해지다. ≒定. 〔書經〕 奠高山大川전고산대천.

奠居(전거) 있을 곳을 정함. 奠接(전접).
奠都(전도) 도읍을 정함.
奠物(전물) 부처나 신에게 올리는 물건.
奠鴈(전안) ①기러기를 헌상하는 일. 경(卿)·대부(大夫)가 임금을 알현할 때 빙물(聘物)로 기러기를 사용하였음. ②혼인 때 신랑이 기러기를 가지고 신부집에 가서 상 위에 놓고 절하는 예(禮).
奠儀(전의) 죽은 사람의 영전에 바치는 물건.
奠饗(전향) 음식을 차려놓고 제사 지냄.
◨ 釋奠석전, 祭奠제전, 香奠향전.

10 ⑬ 【奥】 ①속 오 號 ②따뜻할 욱 屋

인명 1급 ㊥ào, yù ㊐オウ, イク

소전 초서 속자 奧 참고 인명용 음은 '오'이다.

자해 ①❶속, 깊숙한 안쪽. 〔淮南子〕 蟋蟀居奧실솔거오. ❷아랫목. 방 안에서 가장 깊숙한 곳. 〔楚辭〕 經堂入奧경당입오. ❸안, 나라의 안. 〔春秋左氏傳〕 國有奧主국유오주. ❹깊숙하다, 그윽하다. ¶ 奧妙오묘. ②❶따뜻하다, 덥다. ≒燠. 〔詩經〕 安且奧兮안차욱혜. ❷후미, 굽이. ≒隩.

奧境(오경) 깊고 오묘한 경지.
奧區(오구) 깊숙한 곳. 나라의 중심이 되는 곳.
奧妙(오묘) 심오(深奧)하고 미묘(微妙)함.
奧義(오의) 어떤 사물이나 현상이 지니고 있는 깊은 뜻. 奧旨(오지).
奧主(오주) ①생각이 깊어 사람을 볼 줄 아는 총명한 임금. ②깊은 방에 거처하는 주인. ③나라 안에 있는 주인.
◨ 祕奧비오, 深奧심오, 玄奧현오.

10 ⑬ 【奨】 奬(292)의 속자

11 ⑭ 【奩】 奁 화장 상자 렴 鹽

㊥lián ㊐レン

초서 동자 匳 동자 匲 자해 ❶화장 상자. 부인들의 화장용 제구를 담는 그릇. 〔後漢書〕 帝視大后鏡奩中物제시대후경렴중물. ❷궤짝, 함.

奩幣(염폐) 시집갈 때 가져가는 화장용 제구와 지참금(持參金).

11 ⑭ 【奬】 奖 권면할 장 養

고등 인명 4급 ㊥jiǎng ㊐ショウ

필순 丨 丬 爿 爿 爿 將 將 將 奬 奬

동자 弉 동자 獎 속자 奨 자원 形聲. 將＋大→奬. '將(장)'이 음을 나타낸다.

자해 ❶권면하다, 권장하다. ¶ 奬勵장려. ❷돕

다. 〔春秋左氏傳〕 皆奬王室개장왕실. ❸칭찬하다, 표창하다.

奬勸(장권) 장려하여 권함.
奬導(장도) 권장하고 인도함.
奬勵(장려) 권하여 힘쓰게 함.
奬進(장진) 권해서 나아가게 함. 권하여 이끎.
奬擢(장탁) 칭찬하여 발탁(拔擢)함.
奬學(장학) 학문을 장려함.
奬訓(장훈) 권장하여 가르침.
◨ 勸奬권장, 推奬추장, 褒奬포장, 訓奬훈장.

11 ⑭ 【奪】 夺 빼앗을 탈 圜

고등 인명 3Ⅱ급 ㊥duó ㊐ダツ

필순 一 大 木 本 夲 夲 奄 奞 奪 奪

소전 초서 자원 會意. 大＋隹＋寸→奪. 옷〔衣〕 안에 있는 새〔隹〕를 손〔寸〕으로 잡으려는 모습으로, 손에 쥐고 있던 새를 놓쳤다는 데서 '빼앗기다, 잃다' 등의 뜻을 나타낸다. 大는 衣 자를 잘못 쓴 것이 굳어진 것이다.

자해 ❶빼앗다, 약탈하다. ㉮징수하다, 징발하다. 〔論語〕 奪伯氏駢邑三百탈백씨병읍삼백. ㉯강요하여 취하다. 〔史記〕 毋爲勢家所奪무위세가소탈. ㉰쳐서 얻다, 공격하여 취하다. 〔史記〕 襲奪帝王軍습탈제왕군. ❷잃다, 잃게 하다. 〔孟子〕 勿奪其時물탈기시.

奪氣(탈기) ①놀라거나 겁에 질려 기운이 빠짐. ②國몹시 지쳐서 기운이 빠짐.
奪倫(탈륜) 질서를 어지럽힘.
奪志(탈지) 강제로 남의 지조를 굽히게 함.
奪取(탈취) 빼앗아 가짐.
奪胎(탈태) 옛 사람의 시(詩)를 바탕으로 하여 말을 만듦. 奪胎換骨(탈태환골).
奪還(탈환) 다시 빼앗아 찾음.
◨ 強奪강탈, 劫奪겁탈, 剝奪박탈, 掠奪약탈, 與奪여탈, 爭奪쟁탈, 侵奪침탈.

12 ⑮ 【奭】 1클 석 陌 2붉을 혁 陌

인명 2급 ㊥shì ㊐セキ

소전 초서 참고 인명용 음은 '석'이다.

자해 1크다, 성하다. 2❶붉다, 붉은 모양. ≒赫. 〔詩經〕 路車有奭로거유혁. ❷성내는 모양.

12 ⑮ 【奫】 물 깊고 넓을 윤 眞

인명 ㊥yūn ㊐イン

초서 자해 물이 깊고 넓다, 물이 깊고 넓은 모양.

13 ⑯ 【奮】 奋 떨칠 분 問

고등 인명 3Ⅱ급 ㊥fèn ㊐フン

필순 大 大 木 本 夲 夲 奞 奮 奮 奮

소전 초서 자원 會意. 옷〔衣〕 안에 있는 새〔隹〕가 몸부림을 치며 탈출해서 들〔田〕로 날아간다는 뜻이다. 大는 衣 자를 잘못 쓴 것이 굳어진 것이다.

자해 ❶떨치다, 위세·용맹·명성 등을 드날리다. ¶ 奮戰분전. ❷흔들리다, 움직이다. 〔易經〕 雷出地奮뢰출지분. ❸격분하다, 성내다. 〔史記〕 項羽怨秦破項梁軍奮항우원진파항량군분. ❹휘두르다, 흔들다. 〔宋書〕 手奮長刀수분장도. ❺새가 날갯짓을 하다. ¶ 奮飛분비.

奮激(분격) 세차게 마음을 떨쳐 일으킴.
奮擊(분격) 용감하게 적을 침.
奮起(분기) 힘차게 기운을 내어 일어남.
奮怒(분노) 분하여 몹시 성냄. 忿怒(분노).
奮勵(분려) 마음과 힘을 떨쳐 힘씀.
奮力(분력) 힘을 떨침. 분발(奮發)함.
奮發(분발) 마음과 힘을 떨쳐 일어남.
奮飛(분비) 새가 날개를 훨쩍 펴고 세차게 낢.
奮臂(분비) 팔뚝을 흔듦. 곧, 힘을 내어 용기를 북돋움.
奮辭(분사) 큰소리. 호언장담.
奮然(분연) 분발하여 일어나는 모양.
奮戰(분전) 힘껏 싸움.
奮討(분토) 힘을 다하여 토벌함.
奮鬪(분투) 있는 힘을 다하여 싸우거나 노력함.
奮效(분효) 분기하여 힘씀.
◨ 感奮감분, 發奮발분, 興奮흥분.

21 ㉔ 【奲】 관대할 차 馬

인명 ㊥chě ㊐シャ

소전 초서 자해 관대(寬大)하다.

女部 계집 녀

0 ③ 【女】 1계집 녀 語 2너 여 語

중학 인명 8급 ㊥nǚ, rǔ ㊐ジョ

필순 く 女 女

女 0획

소전 초서 참고 인명용 음은 '녀'이다.

자원 象形. 사람이 무릎을 꿇고 두 손을 가지런히 모으고 앉아 있는 모습을 그린 것이다.

자해 1 ❶계집, 여자. 〔易經〕 女正位乎內녀정위호내. ❷딸, 처녀. 〔春秋左氏傳〕 諸侯之女제후지녀. 2 너. ≒汝. 〔孝經〕 女知之乎여지지호.

女傑(여걸) 여장부(女丈夫).
女官(여관) 궁녀(宮女). 나인(內人).
女君(여군) ①첩이 본처를 부르는 말. ②황후(皇后).
女權(여권) 여성의 사회적 권리.
女難(여난) 여색 때문에 당하는 곤란함.
女娘(여낭) 묘령의 여자. 아가씨.
女德(여덕) 여자로서 마땅히 행하여야 할 도리. 婦德(부덕).
女郞(여랑) 소녀(少女).
2획 女禮(여례) 여자의 예법.
女巫(여무) 무당.
女卜(여복) 여자 점쟁이.
女史(여사) ①주대(周代)에 왕후의 예사(禮事)를 맡아보던 여관(女官). ②후궁(後宮)의 기록을 맡아보던 여관(女官). ③결혼한 여자나 사회적으로 이름 있는 여자에 대한 경칭.
女色(여색) ①미인. ②여자와의 육체적 관계.
女壻(여서) 사위. 딸의 남편.
女息(여식) 딸.
女媧氏(여와씨) ①중국 상고 시대 여신. 오색(五色)의 돌을 반죽해서 하늘을 깁고, 큰 거북의 발을 잘라서 사극(四極)을 세웠다고 함. 女希(여희). ②우(禹)의 비(妃). 女嬌(여교).
女垣(여원) 성(城) 위의 얕은 담. 성가퀴.
女必從夫(여필종부) 아내는 반드시 남편을 따라야 함.
女禍(여화) 여색(女色)으로 인한 재앙. 여색에 빠져 일을 그르침.
女訓(여훈) 여자가 지켜야 할 교훈.
◨ 宮女궁녀, 妓女기녀, 美女미녀, 婦女부녀, 仙女선녀, 少女소녀, 淑女숙녀, 侍女시녀, 養女양녀, 烈女열녀, 長女장녀, 織女직녀, 姪女질녀, 次女차녀, 處女처녀, 下女하녀, 海女해녀.

2
⑤ 【奶】 젖 내 蟹

㊥nǎi ㊐ダイ

소전 본자 嬭 자해 ❶젖. ❷유모, 어머니.

奶奶(내내) ①하인이 젊은 주부(主婦)를 일컫는 말. ②손자가 조모를 부르는 말. ③형수(兄嫂). ④現부인(婦人)의 존칭.
奶娘(내랑) 現유모.

2
⑤ 【奴】 종 노 虞

고등 인명 3Ⅱ급 ㊥nú ㊐ド

필순 く ㄠ 女 女フ 奴

소전 초서 자원 會意. 女+又→奴. 여자〔女〕가 일을 한다〔又〕는 데서 '종'의 뜻을 나타낸다.

자해 ❶종, 노예. ㉮관노(官奴). ㉯남자 종. 〔宋書〕 耕當問奴경당문노, 織當問婢직당문비. ㉰하인. 〔晉書〕 樗蒲者저포자, 牧豬奴技耳목저노기이. ❷자기의 비칭. 〔宋史〕 楊太妃垂簾與群臣語양태비수렴여군신어, 猶自稱奴유자칭노. ❸놈, 천한 놈. 〔晉書〕 叛逆胡奴반역호노.

奴僕(노복) 사내 종.
奴婢(노비) 남자 종과 여자 종.
奴視(노시) 종 대하듯 함. 깔봄.
奴顔婢膝(노안비슬) 노비의 태도. 사람을 대할 때 비굴(卑屈)한 태도를 보이는 일.
奴隸(노예) 자유를 잃어 남에게 부림을 당하고, 매매 대상이었던 신분의 사람.
奴才(노재) ①열등(劣等)한 재주. ②자기의 비칭. ③現노복(奴僕).
◨ 官奴관노, 農奴농노, 賣國奴매국노, 匈奴흉노.

3
⑥ 【奸】 1범할 간 寒 2간사할 간 刪

인명 1급 ㊥gān ㊐カン

소전 초서 자해 1 ❶범하다, 위반하다. 〔春秋左氏傳〕 臣敢奸之신감간지. ❷간통하다, 간음의 죄를 범하다. ≒姦. ❸구하다, 요구하다. 〔史記〕 以漁釣奸周西伯이어조간주서백. 2 간사하다. ≒姦.

奸計(간계) 간교한 꾀나 속임수.
奸巧(간교) 간사하고 교활함.
奸黨(간당) 간사한 무리. 나쁜 도당.
奸婦(간부) 간악한 여자. 간음한 여자.
奸邪(간사) 성품이 간교하고 바르지 못함.
奸臣賊子(간신적자) 간사한 신하와 부모에게 거역하는 자식.
奸惡(간악) 간사하고 악독함.
奸雄(간웅) 간악한 지혜가 많은 사람.
奸賊(간적) 간악한 도적.
奸慝(간특) 간사하고 능갈침.
奸猾(간활) 간특하고 교활함.
奸譎(간휼) 간사하고 음흉함.
奸凶(간흉) 간사하고 흉악함.
◨ 弄奸농간.

3
⑥【妄】 망령될 망 漾

고등 인명 3Ⅱ급 ㊥wàng ㊐モウ

필순 丶 亠 亡 亡 妄 妄

소전 초서 자원 形聲. 亡＋女→妄. '亡(망)'이 음을 나타낸다.

자해 ❶망령되다, 말이나 행동이 도리나 예의에 어그러지다. 〔列子〕好怪而妄言호괴이망언. ❷허망하다, 헛되다. ¶ 妄想망상. ❸거짓.

妄擧(망거) 분별하지 않고 제멋대로 날뛰는 행동. 輕擧妄動(경거망동).
妄計(망계) 무모(無謀)한 계획.
妄靈(망령) 늙거나 정신이 온전하지 못하여 언행이 정상적이지 못함.
妄想(망상) 이치에 맞지 아니한 망령된 생각을 함. 또는 그 생각.
妄信(망신) 함부로 그릇 믿음.
妄言(망언) 법도에 맞지 않는 그릇된 말. 妄發(망발).
妄意(망의) ①망령된 생각. ②멋대로 생각함.
妄自尊大(망자존대) 함부로 저만 잘난 체하고 남을 경시(輕視)함.
妄進(망진) 멋대로 나아감. 무턱대고 나아감.
妄悖(망패) 망령되고 도리에 어그러짐.
◨ 老妄노망, 迷妄미망, 妖妄요망, 虛妄허망.

3
⑥【妃】 1 왕비 비 微 2 짝 맞출 배 隊

고등 인명 3Ⅱ급 ㊥fēi, pèi ㊐ヒ

필순 𡿨 女 女 女' 妃 妃

소전 초서 참고 인명용 음은 '비'이다.

자원 形聲. 女＋己→妃. '己(기)'가 음을 나타낸다.

자해 1 왕비. ㉮임금의 아내. 〔春秋左氏傳〕惠公元妃孟子혜공원비맹자. ㉯황태자의 아내. 〔新唐書〕皇太子納妃황태자납비. 2 ❶짝을 맞추다. ≒配. 〔春秋左氏傳〕子叔姬妃齊昭公자숙희배제소공. ❷짝, 배우자.

妃耦(배우) 배필. 배우자.
妃匹(배필) 배필(配匹). 배우자.
妃嬪(비빈) 國비(妃)와 빈(嬪). 임금의 정실(正室)과 소실(小室).
妃妾(비첩) 첩. 小室(소실). 側室(측실).
◨ 大妃대비, 王妃왕비, 后妃후비.

3
⑥【如】 같을 여 魚

중학 인명 4Ⅱ급 ㊥rú ㊐ジョ

필순 𡿨 女 女 如 如 如

소전 초서 자원 形聲. 女＋口→如. '女(녀)'가 음을 나타낸다.

자해 ❶같다. 〔詩經〕一日不見如三秋兮일일불견여삼추혜. ❷같게 하다, ~과 같이 하다. 〔孟子〕如舜而已矣여순이이의. ❸따르다, 좇다. 〔史記〕懷王曰회왕왈, 如約여약. ❹가다. 〔呂氏春秋〕與將軍之節以如秦여장군지절이여진. ❺어찌하랴. 〔論語〕匡人其如予何광인기여여하. ❻접속어. ㉮그리하여, 그러나. ㉯곧. ㉰와, 과. ❼만일, 만약. 〔孟子〕王如知此則無望民之多於鄰國也왕여지차즉무망민지다어린국야.

如干(여간) 얼마. 얼마간. 약간.
如鼓琴瑟(여고금슬) 거문고와 비파를 타는 것과 같음. 부부 사이가 화락함.
如今(여금) 방금(方今). 이제. 지금.
如得千金(여득천금) 천금을 얻은 것같이 마음속에 만족을 느낌.
如來(여래) (佛)석가모니.
如履薄氷(여리박빙) 살얼음을 밟듯 매우 조심하고 경계하는 마음가짐.
如反掌(여반장) 손바닥을 뒤집는 것처럼 일이 썩 쉬움.
如拾遺(여습유) 땅에 떨어져 있는 물건을 줍는 것처럼 일이 매우 쉬움.
如是(여시) ①그와 같이. 如斯(여사). ②지당함. 당연함.
如實(여실) 사실과 같음.
如蛾赴火(여아부화) 부나방이 불에 날아드는 것과 같음. 탐욕으로 말미암아 몸을 망침.
如意(여의) ①뜻대로 함. 제 생각대로 함. 또는 일이 뜻대로 됨. ②(佛)독경·법회 등을 할 때 강사인 승려가 가지는 도구.
如意寶珠(여의보주) ①(佛)영묘(靈妙)한 구슬. 이것을 가지면 원하는 대로 뜻이 이루어진다고 함. ②國용의 턱 밑에 있는 구슬. 이것이 있으면 온갖 조화를 마음대로 부릴 수 있다고 함. 如意珠(여의주).
如足如手(여족여수) 발과 같고 손과 같음. 형제는 서로 떨어질 수 없는 깊은 사이임.
如此(여차) ①이러함. ②일이 뜻대로 되지 아니함.
如出一口(여출일구) 한 입에서 나오는 것처럼, 여러 사람의 말이 같음.
如何(여하) ①어찌하여. 어떻게. ②어찌하랴. ③어떠한가?
如合符節(여합부절) 부절(符節)을 합하는 것과 같음. 사물이 꼭 들어맞음.
如或(여혹) 만일. 혹시.
◨ 缺如결여, 一如일여, 眞如진여.

3
⑥【妁】 중매 작 藥

㊥shuò ㊐シャク

소전 초서 자해 중매, 결혼 중매. ≒酌. 〔孟子〕不待父母之命媒妁之言부대부모지명매작지언.

3
⑥【好】 1 좋을 호 皓
2 좋아할 호 號

중학 인명 4Ⅱ급 ㊥hǎo, hào ㊐コウ

필순 ㄑ 女 女 女' 奸 好

소전 초서 동자 㚦 고자 孜 자원 會意. 女+子→好. 젊은 여자는 아름답다는 데서 '좋다, 아름답다' 라는 뜻을 나타낸다.

자해 1 ❶좋다, 옳다, 마땅하다. 〔詩經〕緇衣之好兮치의지호혜. ❷아름답다, 예쁘다. ❸의가 좋다, 화목하다. 〔詩經〕知子之好之지자지호지. ❹우의, 정분, 교분. 〔周禮〕琬圭以治德완규이치덕, 以結好이결호. 2 ❶좋아하다. ㉮칭찬하다, 가상히 여기다. 〔論語〕惟仁者유인자, 能好人능호인, 能惡人능오인. ㉯귀여워하다, 사랑하다. 〔楚辭〕父信讒而不好부신참이불호. ❷즐기다. 〔漢書〕今陛下好與諸生語금폐하호여제생어.

好歌(호가) 좋은 노래. 훌륭한 노래.
好感(호감) 좋은 감정.
好仇(호구) 좋은 반려(伴侶). 好逑(호구).
好機(호기) 좋은 기회.
好奇心(호기심) 신기하거나 새로운 것에 끌리는 마음.
好物(호물) ①좋은 물건. ②좋아하는 일. ③좋아하는 음식.
好不好(호불호) 좋음과 좋지 않음. 好否(호부).
好事(호사) ①좋은 일. 은택을 베푸는 일. 유익한 일. 善事(선사). ②기쁜 일. 慶事(경사). ③일을 벌여 놓기를 좋아함.
好辭(호사) ①좋은 말. 교묘한 말. ②사(辭)를 좋아함. 사를 즐겨 지음.
好事多魔(호사다마) 좋은 일이 있을 때는 이를 방해하는 일이 따라 들기 쉬움.
好喪(호상) 오래 살고 자손이 잘 되어 복이 많은 사람의 죽음.
好色(호색) ①아름다운 용모. ②여색(女色)을 좋아함.
好勝(호승) 경쟁하여 이기고자 하는 마음이 강함. 승벽(勝癖)이 대단함.
好言(호언) 좋은 말. 훌륭한 말.
好惡(호오) 좋아함과 싫어함. 愛憎(애증).
好雨(호우) 때에 맞추어 내리는 비.
好音(호음) ①기쁜 소식. ②고운 소리. 아름다운 소리. ③친절한 말씨.
好意(호의) 친절한 마음.
好衣好食(호의호식) 잘 입고 잘 먹음.
好人(호인) ①일을 잘하는 사람. 솜씨가 좋은 사람. ②남편. ③마음이 좋은 사람. 품행이 순정(純正)한 사람.
好敵手(호적수) 대등한 상대. 좋은 상대.
好戰(호전) 싸우기를 좋아함.
好轉(호전) ①일의 형세가 좋은 쪽으로 바뀜. ②병의 증세가 나아짐.
好調(호조) 상황이나 형편 따위가 좋은 상태.
好評(호평) 좋은 평판.
好漢(호한) ①쓸모 있는 훌륭한 사나이. 좋은 사람. ②용감한 사람.
好漢識好漢(호한식호한) 위인(偉人)은 위인을 알아봄.
好況(호황) 경기(景氣)가 좋은 상황.
◨ 嗜好기호, 愛好애호, 良好양호, 友好우호.

4
⑦【妗】 1 외숙모 금 沁
2 방정맞을 함 感

인명 ㊥jìn, xiān ㊐キン

초서 참고 인명용 음은 '금'이다.
자해 1 외숙모. 〔聊齋志異〕兒少受舅妗아소수구금. 2 ❶방정맞다. ❷기뻐하는 모양.

4
⑦【妓】 기생 기 紙

인명 1급 ㊥jì ㊐キ

소전 초서 자해 ❶기생, 노래나 춤을 파는 여자. 〔後漢書〕發取妓女御者발취기녀어자. ❷창녀, 유녀.

妓女(기녀) 노래하고 춤추는 일로 생계를 꾸리거나, 몸을 파는 일을 업으로 하던 여자. 妓生(기생).
妓樓(기루) 창기(娼妓)를 두고 영업하는 집.
◨ 官妓관기, 童妓동기, 娼妓창기, 退妓퇴기.

4
⑦【妙】 묘할 묘 嘯

중학 인명 4급 ㊥miào ㊐ミョウ

필순 ㄑ 女 女 女l 女() 女小 妙

초서 동자 玅 동자 竗 동자 眇 자원 形聲. 女+少→妙. '少(소)'가 음을 나타낸다.

자해 ❶묘하다. ㉮재주·솜씨·꾀 등이 뛰어나거나 약빠르다. ¶ 妙策묘책. ㉯생김새·동작 등이 신기하거나 보기 좋다. ¶ 妙技묘기. ❷젊다, 나이가 20살 안팎이다. ¶ 妙齡묘령.

妙歌(묘가) 절묘한 노래. 소리가 아름답고 썩 잘 부르는 노래.
妙感(묘감) 예측할 수 없는 신묘한 감응.
妙訣(묘결) 뛰어난 방법. 영묘한 비결.
妙計(묘계) 교묘한 계책.
妙技(묘기) 기묘한 재주.
妙麗(묘려) 용모가 뛰어나게 아름다움.
妙齡(묘령) 스물 안팎의 여자 나이.
妙味(묘미) 미묘한 재미.
妙法(묘법) ①기묘한 방법. ②(佛)불교의 신기하고 묘한 법문. 특히 묘법연화경(妙法蓮華經)을 이름.
妙思(묘사) 뛰어난 생각. 영묘(靈妙)한 사상.
妙算(묘산) 교묘한 계책. 妙策(묘책).
妙數(묘수) ①기묘한 운수. ②묘한 수.
妙案(묘안) 뛰어나게 좋은 생각.
妙藥(묘약) 효과가 탁월한 약.
妙語(묘어) 풍취 있는 말. 묘미(妙味) 있는 말.
妙才(묘재) 뛰어난 재주. 걸출한 재능.
妙在心手(묘재심수) 기예가 뛰어남은 그 사람의 마음과 손에 달려 있음.
妙策(묘책) 교묘한 계책.
妙諦(묘체) 뛰어난 진리.
妙態(묘태) 아름다운 자태. 妙姿(묘자).
妙品(묘품) 훌륭한 작품. 뛰어난 작품.
妙筆(묘필) 썩 잘 쓴 글씨나 썩 잘 그린 그림.
妙訓(묘훈) 훌륭한 가르침. 심원(深遠)한 교훈. 名教(명교).
◨ 巧妙교묘, 奇妙기묘, 微妙미묘, 神妙신묘, 英妙영묘, 奧妙오묘, 絕妙절묘, 玄妙현묘.

4 ⑦【妨】 방해할 방 陽

고등 인명 4급 ㊥fáng ㊐ボウ

필순 ㄑ 女 女 女' 女' 妨 妨

소전 [篆] 초서 [草] 자원 形聲. 女 + 方→妨. '方(방)'이 음을 나타낸다.

자해 ❶방해하다. 〔楚辭〕敬而無妨경이무방. ❷거리끼다. 〔韓愈·詩〕叉牙妨食物차아방식물. ❸해롭게 하다, 해치다. 〔國語〕將妨於國家장방어국가.
妨沮(방저) 방해함. 헤살 놓음.
妨害(방해) 남의 일을 잘못되게 함.

4 ⑦【妣】 죽은 어미 비 紙

1급 ㊥bǐ ㊐ヒ

소전 [篆] 고자 [古] 자해 ❶죽은 어미. ❷어미. 〔書經〕百姓如喪考妣백성여상고비.

4 ⑦【妤】 여관 여 魚

인명 ㊥yú ㊐ヨ

초서 [草] 자해 ❶여관(女官), 한대(漢代) 궁녀의 벼슬 이름. ❷아름답다.

4 ⑦【妍】 姸(301)의 속자

4 ⑦【妧】 좋을 완 翰

인명 ㊥wàn ㊐ワン

자해 좋다, 곱다.

4 ⑦【妖】 아리따울 요 蕭

인명 2급 ㊥yāo ㊐ヨウ

소전 [篆] 초서 [草] 동자 媄 자해 ❶아리땁다, 아름답다. ¶ 妖艷요염. ❷괴이하다, 요망하다. 〔荀子〕口言善身行惡國妖也구언선신행악국요야. ❸도깨비, 요사한 귀신. 〔呂氏春秋〕若國有妖乎약국유요호.
妖怪(요괴) 도깨비. 요사스러운 귀신.
妖氣(요기) 상서롭지 못하고 요사스러운 기운.
妖女(요녀) ①요염한 여자. 妖媛(요원). ②요망하고 간사스러운 계집. 妖婦(요부).
妖魔(요마) 요망하고 간사스러운 마귀.
妖妄(요망) ①요사스럽고 망령됨. ②언행이 경솔함.
妖魅(요매) 괴상한 도깨비. 妖怪(요괴).
妖物(요물) 요사스러운 사람. 또는 그런 존재.
妖變(요변) ①요사스럽게 행동함. ②요사스러운 변화나 사건.
妖邪(요사) 요망하고 사악함.
妖術(요술) 사람을 현혹하는 기이한 술법.
妖僧(요승) 정도(正道)를 어지럽히는 요사스러운 승려.
妖艷(요염) 사람의 마음을 움직일 정도로 매우 아름다움.
妖婉(요완) 요염하고 아름다움.
妖妖(요요) 요염하고 아름다운 모양.
妖精(요정) ①요사스러운 정기(精氣). 도깨비. ②사람을 미혹시킬 만한 아름다운 여자.
妖誕(요탄) 언행이 괴상하고 허무맹랑함.
妖態(요태) 요염하게 애교 부리는 태도.
妖火(요화) 괴이한 불. 도깨비 불.
妖幻(요환) 야릇한 술법으로 사람의 눈을 속임.

4 ⑦【妊】 아이 밸 임 沁

인명 2급 ㊥rèn ㊐ニン

소전 ⿰女壬 초서 妊 동자 姙 동자 姙 자해 아이를 배다. ¶ 妊婦임부.

妊婦(임부) 아이를 잉태한 여자.
妊娠(임신) 아이를 뱀.
◨ 可妊가임, 不妊불임, 避妊피임, 懷妊회임.

4 ⑦【妝】妆 꾸밀 장 陽

㊥zhuāng ㊐ショウ

소전 妝 초서 妝 자해 ❶꾸미다, 화장하다. =粧. ❷화장, 치장, 단장. 〔李商隱·詩〕忍寒應欲試梅妝인한응욕시매장.

妝奩(장렴) 화장 도구를 담아 두는 상자. 妝匣(장갑).

4 ⑦【姘】 안존할 정 敬

인명 ㊥jìng ㊐セイ

자해 안존하다, 얌전하고 조용하다.

4 ⑦【妥】 온당할 타 哿

고등 인명 3급 ㊥tuǒ ㊐ダ

필순 一 ⺈ ⺈ ⺈ 爫 妥 妥

소전 妥 초서 妥 자원 會意. 爫+女→妥. 손〔爫〕으로 여자〔女〕를 어루만져 편안하게 한다는 뜻을 나타낸다.

자해 ❶온당하다, 마땅하다. 〔韓愈·詩〕語法就平妥어법취평타. ❷편안하다. ❸떨어지다. ≒墮. 〔杜甫·詩〕花妥鶯捎蝶화타앵소접.

妥結(타결) 서로 타협하여 합의를 봄.
妥當(타당) 사리에 맞음.
妥議(타의) 온당하게 서로 타협하고 의논함.
妥協(타협) 서로 좋도록 의논함.

4 ⑦【妒】 투기할 투 遇

㊥dù ㊐ト

자해 ❶투기하다, 강샘하다. ≒妬. 〔春秋左氏傳〕叔向之母숙향지모, 妒叔虎之母美而不使투숙호지모미이불사. ❷시기하다, 샘하다. 〔列子〕爵高者작고자, 人妒之인투지.

妒忌(투기) 시새움하여 꺼림.
妒殺(투살) 몹시 질투함.
妒癡(투치) 정도에 지나친 질투.
妒恨(투한) 질투하고 원망함.
妒賢嫉能(투현질능) 어질고 능력 있는 사람을 시기하고 미워함.
◨ 嫉妒질투.

5 ⑧【姑】 시어미 고 虞

고등 인명 3Ⅱ급 ㊥gū ㊐コ

필순 ㇛ 𡿨 女 女 女一 姑 姑 姑

소전 姑 초서 姑 자원 形聲. 女+古→姑. '古(고)'가 음을 나타낸다.

자해 ❶시어미. ¶ 姑婦고부. ❷고모. ❸여자, 부녀(婦女)의 통칭. ¶ 姑息고식. ❹잠시, 잠깐. 〔春秋左氏傳〕子姑待之자고대지.

姑待(고대) 잠시 기다림.
姑舅(고구) ①시부모. 舅姑(구고). 姑公(고공). ②現사촌 동생. 從弟(종제).
姑母(고모) 아버지의 누이.
姑婦(고부) 시어머니와 며느리.
姑息(고식) ①임시 모면을 함. 당장에는 탈 없이 편안함. ②부녀자와 어린아이.
姑息之計(고식지계) 우선 당장 편한 것만을 택하는 꾀나 방법.
姑從(고종) 고모의 자녀.
姑且(고차) 잠깐. 잠시.
◨ 舅姑구고, 先姑선고, 外姑외고.

5 ⑧【妲】 여자의 자 달 曷

㊥dá ㊐ダツ

소전 妲 초서 妲 참고 姐(300)는 딴 자. 자해 여자의 자(字).

妲己(달기) 은대(殷代) 주왕(紂王)의 비(妃). 달(妲)은 자(字), 기(己)는 성(姓). 주왕(紂王)과 더불어 포악(暴惡)하였음.

5 ⑧【姈】 여자 이름 령 靑

인명 ㊥líng ㊐レイ

자해 ❶여자 이름. ❷교활하다.

5 ⑧【妺】 여자의 자 말 曷

㊥mò ㊐バツ

초서 妺 자해 여자의 자(字).

妺喜(말희) 하대(夏代) 걸왕(桀王)의 비(妃).

5 ⑧【妹】 누이 매 隊

중학 인명 4급 ㊥mèi ㊐マイ

필순 ㇛ 𡿨 女 女一 女二 奸 奸 妹

소전 妹 초서 妹 자원 形聲. 女+未→妹. '未(미)'가 음을 나타낸다.

자해 ❶누이, 손아래 누이. 〔詩經〕 東宮之妹동궁지매. ❷소녀, 나이가 아래인 소녀에 대한 애칭.
妹夫(매부) ①손위 누이의 남편. 妹兄(매형). 姊兄(자형). ②손아래 누이의 남편. 妹弟(매제). ③친정 언니나 여동생의 남편.
妹弟(매제) 손아래 누이의 남편.
◨ 令妹영매, 義妹의매, 姊妹자매, 弟妹제매.

5 ⑧【姆】 여 스승 모 麌
인명 ㊥mǔ ㊐ボ
소전 초서 자해 여 스승, 부도(婦道)를 가르치는 부인. 〔禮記〕 姆教婉娩聽從모교완만청종.
姆教(모교) 여 스승의 가르침.
姆傅(모부) 여도(女道)를 가르치는 부인(婦人).

5 ⑧【姒】 동서 사 紙
㊥sì ㊐ジ
소전 고자 娟 자해 ❶동서. ㉮맏동서. ¶ 姒婦사부. ㉯동서. 형제의 아내끼리 서로 상대방을 일컫는 말. 〔春秋左氏傳〕 長叔姒生男장숙사생남. ❷언니.
姒婦(사부) 손위 동서를 이르는 말.
姒娣(사제) 손위 동서와 손아래 동서.

5 ⑧【姓】 성 성 敬
중학 인명 7급 ㊥xìng ㊐セイ
필순 ㄑ 女 女 女 女 奸 姓 姓
소전 초서 자원 會意·形聲. 女+生→姓. 여자〔女〕가 자식을 낳아〔生〕, 한 조상에서 태어난 사람을 다른 사람과 구별하기 위하여 쓴 것을 나타낸다. '生(생)'은 음도 나타낸다.
자해 ❶성. 족속(族屬) 간의 구별을 위하여 이름 위에 붙이는 칭호. 〔詩經〕 不如我同姓불여아동성. ❷겨레, 씨족, 일가, 혈족. ❸백성, 인민. 〔漢書〕 撫百姓무백성.
姓系(성계) 씨족의 계통.
姓名(성명) 성과 이름.
姓銜(성함) 성과 이름을 높여 부르는 말.
姓鄕(성향) 國시조(始祖)가 난 땅. 본(本). 본관(本貫). 貫籍(관적).
◨ 同姓동성, 百姓백성, 異姓이성, 族姓족성.

5 ⑧【始】 처음 시 紙
중학 인명 6급 ㊥shǐ ㊐シ
필순 ㄑ 女 女 女 女 如 始 始
소전 초서 자원 形聲. 女+台→始. '台(이)'가 음을 나타낸다.
자해 ❶처음. ㉮시간이나 순서의 맨 앞. ¶ 始祖시조. ㉯비로소, 최초에. 〔孟子〕 始作俑者시작용자. ❷비롯하다, 시작하다. 〔淮南子〕 虐始於楚학시어초. ❸근본, 근원.
始動(시동) 처음 움직이기 시작함.
始末(시말) ①처음과 끝. ②처음부터 끝까지. 始終(시종).
始原(시원) 시초. 起源(기원).
始作(시작) 처음으로 함.
始祖(시조) ①한 가계나 왕계의 초대(初代)가 되는 사람. ②어떤 학문·기술 따위를 맨 처음 연 사람.
始終如一(시종여일) 처음부터 끝까지 한결같음. 始終一貫(시종일관).
始創(시창) 처음으로 만듦. 創始(창시).
◨ 開始개시, 無始無終무시무종, 年始연시, 原始원시, 創始창시.

5 ⑧【娿】 여자의 자 아 歌
인명 ㊥ē ㊐ア
소전 자해 ❶여자의 자(字). ❷아름답다. =婀.

5 ⑧【委】 1맡길 위 紙 2옹용할 위 支 3비축할 위 寘
고등 인명 4급 ㊥wěi ㊐イ
필순 ノ 二 千 禾 禾 秂 委 委
소전 초서 자원 會意. 禾+女→委. 본래 벼가 익어 고개를 숙인 모양을 나타낸다. 고개 숙인 벼처럼 다소곳한 여자라는 데서 '따르다, 순종하다'라는 뜻을 나타낸다.
자해 1❶맡기다, 위임하다. 〔春秋左氏傳〕 委之常秩위지상질. ❷굽히다. 〔後漢書〕 委質爲臣위지위신, 無有二心무유이심. 2❶옹용(雍容)하다, 마음이 화락하고 조용하다. ❷문채가 있는 모양. 3❶비축하다, 저축하다. 〔周禮〕 委積위적, 膳獻선헌. ❷쌓다, 곳집에 쌓다. 〔孟子〕 孔子嘗爲委吏矣공자상위위리의.
委去(위거) 미련 없이 버리고 떠남.
委寄(위기) 맡김. 위탁함. 委付(위부).
委棄(위기) 버림. 버리고 돌보지 않음. 委捐(위연).

女 5획

委吏(위리) 곡식의 출납을 맡아보던 관리.
委順(위순) ①자연(自然)의 되어 가는 형편. 자연의 운행(運行). ②자연의 추세에 순응함. ③죽음.
委委(위위) 평온하고 아름다움.
委迤(위이) 구불구불한 모양. 委蛇(위이).
委積(위적) ①모아 쌓음. '委'는 조금 쌓고, '積'은 많이 쌓는 것을 뜻함. ②흉년에 대비하여 미곡(米穀)을 저축함.
委質(위지) 처음으로 벼슬하는 사람이 예물을 임금 앞에 두는 일. 예물로는 죽은 꿩을 썼는데, 이것은 임금을 위하여 필사(必死)의 충성을 다한다는 뜻을 나타냄. 委摯(위지). 委贄(위지).
委囑(위촉) 남에게 맡겨 부탁함.
委託(위탁) 남에게 맡기거나 의뢰함.
委巷(위항) 꼬불꼬불하고 지저분한 거리. 일반 백성들이 사는 곳.

女 5획

5 ⑧【姊】 손위 누이 자 紙

중학 인명 4급 ㊥zǐ ㊐シ

필순 ㄑ 乆 女 女' 女' 姉 姊

소전 초서 속자 姉 자원 形聲. 女+朿→姊. '朿(지)'가 음을 나타낸다.

자해 ❶손위 누이. ¶ 姊妹자매. ❷여자를 부르는 말. 여자를 친근하게, 또는 공경하는 뜻에서 부르는 말.

姊妹(자매) ①손위 누이와 손아래 누이. 여자 형제. ②기녀(妓女). 기생.
姊夫(자부) 손위 누이의 남편. 姊壻(자서). 姊兄(자형).

5 ⑧【姉】 姊(300)의 속자 인명

5 ⑧【姐】 ①누나 저 馬 ②교만할 저 御

인명 ㊥jiě, jù ㊐シャ

소전 초서 참고 姐(298)은 딴 자.

자해 ①❶누나, 손위 누이. 〔李白·詩〕與姐亦齊肩여저역제견. ❷아가씨, 여자의 통칭. ¶ 小姐소저. ②교만하다.

姐姐(저저) 누나.

5 ⑧【姃】 여자 이름 정 庚

인명 ㊥zhēng ㊐セイ

자해 ❶여자 이름. ❷단정하다.

5 ⑧【妵】 여자 이름 주 有

인명 ㊥tǒu ㊐トウ

자해 ❶여자 이름. 〔春秋左氏傳〕華妵居于公里화주거우공리. ❷아름다운 모양.

5 ⑧【妻】 ①아내 처 齊 ②시집보낼 처 霽

중학 인명 3Ⅱ급 ㊥qī, qì ㊐サイ

필순 一 ㄱ ㅋ ㅋ 妻 妻 妻 妻

소전 초서 고자 자원 會意. 女+屮+又→妻. 여자(女)가 손(又)으로 머리를 매만지거나 비녀(一)를 꽂은 모습이다. 여자가 비녀를 꽂은 것은 결혼했다는 뜻이므로 '결혼한 여자'를 나타낸다.

자해 ①아내. 신분·연령 등을 막론하고 쓰며, 비(妃)나 첩(妾) 등에 대해 사서인(士庶人)의 정실을 뜻한다. 〔易經〕不見其妻불견기처. ②시집보내다. 〔詩經〕齊侯請妻之제후청처지.

妻家(처가) 아내의 본집.
妻男(처남) 아내의 남자 형제.
妻德(처덕) 아내로 인한 덕택.
妻子眷屬(처자권속) 집안 식구.
妻弟(처제) 아내의 여동생.
妻族(처족) 아내의 친정 친척.
妻妾(처첩) 아내와 첩.
妻兄(처형) 아내의 언니.
◨ 夫妻부처, 前妻전처, 糟糠之妻조강지처, 後妻후처.

5 ⑧【妾】 첩 첩 葉

고등 인명 3급 ㊥qiè ㊐ショウ

필순 丶 亠 亠 亠 立 妾 妾 妾

소전 초서 자원 會意. 辛+女→妾. '辛'은 옛날에 죄를 지은 여자를 몸종으로 삼았던 것을 나타내는 데서 남의 몸종이 된 여자를 뜻한다.

자해 ❶첩. ㉮본처 외에 데리고 사는 여자. 〔孟子〕齊人有一妻一妾而處室者제인유일처일첩이처실자. ㉯여자가 남자에 대하여 '자기'를 낮추어 이르는 말. ❷계집종. 〔書經〕臣妾逋逃신첩포도.

妾婦(첩부) 첩(妾).
妾侍(첩시) 시녀.
妾室(첩실) 남의 첩을 이르는 말. 小室(소실).
妾媵(첩잉) 신부(新婦)를 따라 그의 시가에 가서 첩이 되는 여자. '媵'은 제후(諸侯)의 딸이 시집갈 때 그를 따라가는 동성(同姓)의 여자를 뜻함. 妾婦(첩부). 妾嬖(첩폐).
妾出(첩출) 첩이 낳은 자식.
◪ 臣妾신첩, 愛妾애첩, 妻妾처첩, 賤妾천첩, 蓄妾축첩.

5
⑧【妬】 강샘할 투 遇

인명 1급 ㊥dù ㊐ト

소전 초서 동자 妒 자해 강샘하다, 투기하다, 시기하다.

妬心(투심) 시기하는 마음.
妬妻(투처) 시새움이 심한 아내.
妬悍(투한) 질투가 심하고 사나움.
妬賢(투현) 현인(賢人)을 질투함.

6
⑨【姦】奸 간사할 간 刪

고등 인명 3급 ㊥jiān ㊐カン

필순 く 女 女 女 女 女 女 姦 姦

소전 초서 동자 姧 자원 會意. 女+女+女→姦. 부정(不正)과 불의(不義)라는 뜻을 나타낸다.

자해 ❶간사하다, 간교하다. =奸. 〔漢書〕 及有姦謀급유간모. ❷악한, 나쁜 놈. 〔春秋左氏傳〕 允姓之姦윤성지간, 居於瓜州거어과주. ❸음란하다, 간음하다. 〔後漢書〕 信侍婢亦對信姦通신시비역대신간통.

姦計(간계) 간사한 꾀나 계략.
姦吏(간리) 부정(不正)한 관리.
姦夫(간부) ①간사한 사람. ②샛서방.
姦婦(간부) 간통한 여자.
姦邪(간사) 교활하고 사악함.
姦臣(간신) 간사한 신하. 奸臣(간신).
姦心(간심) 나쁜 마음. 사악함 마음.
姦惡(간악) 간사하고 악독함.
姦言(간언) 간사한 말.
姦雄(간웅) 간사한 지혜가 많은 사람.
姦淫(간음) 부부(夫婦)가 아닌 남녀가 성 관계를 맺음.
姦慝(간특) 간사하고 능갈침. 奸慝(간특).
姦猾(간활) 간특하고 교활함.
姦凶(간흉) 간사하고 흉악함. 姦兇(간흉).
◪ 強姦강간, 輪姦윤간, 通姦통간, 和姦화간.

6
⑨【姧】 姦(301)과 동자

6
⑨【姜】 성 강 陽

인명 2급 ㊥jiāng ㊐キョウ

소전 초서 자해 성(姓). 〔說文解字〕 姜강, 神農居姜水신농거강수, 因以爲姓인이위성.

姜太公(강태공) 주대(周代) 초기의 현명한 신하였던 여상(呂尙)의 딴 이름.

6
⑨【姣】 ① 예쁠 교 巧 ② 음란할 효 肴

인명 ㊥jiāo, xiáo ㊐コウ

소전 초서 참고 인명용 음은 '교'이다.

자해 ① 예쁘다, 아름답다, 우아하다. 〔列子〕 鄕有處子之娥姣者향유처자지아교자. ② 음란하다, 음란한 짓. 〔春秋左氏傳〕 棄位而姣기위이효, 不可謂貞불가위정.

姣童(교동) 얼굴이 예쁜 소년.
姣麗(교려) 용모가 아름답고 예쁨.
姣美(교미) 용모가 아름다움.
姣好(교호) 얼굴이 아름다움.

6
⑨【姤】 만날 구 宥

㊥gòu ㊐コウ

소전 초서 자해 ❶만나다. ❷우아하다, 아름답다, 예쁘다. ❸괘 이름, 64괘의 하나. 괘형은 ䷫. 여자의 기운이 성한 것을 상징한다.

6
⑨【姞】 성 길 質

인명 ㊥jí ㊐キツ

소전 자해 ❶성(姓). 〔萬姓統譜〕 姞氏爲后稷之妃길씨위후직지비. ❷삼가다.

6
⑨【姥】 할미 모 麌

㊥mǔ ㊐ボ

초서 자해 ❶할미, 늙은 여자. 〔晉書〕 見一老姥견일로모. ❷늙은 어머니, 노모(老母). ㉮시어머니. ㉯장모.

6
⑨【姸】 예쁠 연 先

인명 2급 ㊥yán ㊐ケン

소전 속자 姘 자해 예쁘다, 아름답다, 우아하다.

姸麗(연려) 예쁨. 아름다움.
姸芳(연방) 아름답고 향기로움.
姸粧(연장) 예쁘게 화장함. 또는 그 화장.
姸蚩(연치) 아름다움과 추함. 美醜(미추).

女 6획

6 ⑨【娟】 娟(305)과 동자

6 ⑨【娃】 예쁠 왜·와 佳 麻

인명 ㊥wā ㊐アイ, ワ

소전 초서 참고 인명용 음은 '왜'이다.

자해 **❶예쁘다, 아름답다. ❷미녀, 아름다운 여자.**

娃姣(와교) 아름다운 여인.

6 ⑨【姚】 1예쁠 요 蕭 2경솔할 조 嘯

인명 2급 ㊥yáo, tiào ㊐ヨウ

소전 초서 참고 인명용 음은 '요'이다.

자해 1**❶예쁘다, 아름답다.** ≒嬥. 〔荀子〕莫不美麗姚冶막불미려요야. **❷멀리, 멀다.** ≒〔漢書〕雅聲遠姚아성원요. **❸성(姓).** 2**경솔하다.** ≒窕. 〔莊子〕姚佚啓態조일계태.

姚江學派(요강학파) 양명학파(陽明學派). 명대(明代)의 왕수인(王守仁)은 절강성(浙江省) 여요(餘姚) 사람이므로, 요강(姚江)의 이름을 따서 그의 학문 계통을 요강학파(姚江學派)라 함.

姚姒(요사) 순(舜)임금과 우(禹)임금. '姚'는 순임금의 성(姓), '姒'는 우임금의 성(姓).

姚冶(요야) 아름답고 예쁨.

姚姚(요요) ①아름답고 성(盛)한 모양. ②자득(自得)한 모양.

姚佚(조일) 경솔하고 제멋대로임.

6 ⑨【威】 위엄 위 微

중학 인명 4급 ㊥wēi ㊐イ

필순 一 厂 厂 反 反 威 威 威 威

소전 초서 자원 會意. 女+戌→威. 戌은 무기로서 '위협하다'라는 뜻을 나타낸다.

자해 **❶위엄, 존엄.** 〔書經〕有辟作威유벽작위. **❷두려워하다, 두려움. ❸으르다, 협박하다.** 〔易經〕以威天下이위천하. **❹위세(威勢), 위광(威光).** 〔韓非子〕威者위자, 所以行令也소이행령야. **❺예모(禮貌), 용의(容儀).** 〔禮記〕收其威也수기위야. **❻형벌. ❼법칙.** 〔詩經〕既有淫威기유음위. **❽공덕(功德).** 〔書經〕滅威멸위.

威劫(위겁) 위협하고 협박함.

威光(위광) 사람에게 외경심(畏敬心)을 일으키게 하는 덕(德)의 힘. 감히 범할 수 없는 위엄.

威德(위덕) ①위엄과 덕망. 무위(武威)와 덕화(德化). ②엄숙하여 범할 수 없는 덕.

威力(위력) 위세 있고 강한 힘.

威望(위망) 위력과 명망. 위세와 인망.

威網(위망) 법률(法律). 法網(법망).

威名(위명) ①위광(威光)과 명예. ②위력을 떨치는 명성. 威聲(위성).

威武(위무) ①위력과 무력. ②위엄 있고 씩씩한 힘. 武威(무위).

威勢(위세) ①위광(威光)과 세력(勢力). ②사납고 용감한 기세.

威信(위신) 위엄과 신의. 위엄이 있고 충실함.

威壓(위압) 위력으로 억누름.

威嚴(위엄) 존경할 만한 위세가 있어 점잖고 엄숙함. 또는 그런 태도나 기세.

威容(위용) 위엄 있는 모습.

威儀(위의) ①위엄이 있는 의용. ②예(禮)의 세칙(細則). 曲禮(곡례).

威重(위중) 위엄이 있고 무게가 있음.

威澤(위택) 위광(威光)과 은택(恩澤).

威風(위풍) 위세가 있고 엄숙하여 쉽게 범하기 힘든 풍채.

威脅(위협) 위력으로 협박함.

◨ 國威국위, 權威권위, 猛威맹위, 武威무위, 狐假虎威호가호위.

6 ⑨【姨】 이모 이 支

인명 1급 ㊥yí ㊐イ

소전 초서 자해 **❶이모.** 어머니의 자매. 〔春秋左氏傳〕穆姜之姨子也목강지이자야. **❷아내의 자매, 처형과 처제.**

姨母(이모) 어머니의 자매.

姨從(이종) 이종 사촌.

姨姪(이질) 여자 형제의 자녀.

6 ⑨【姻】 혼인 인 眞

고등 인명 3급 ㊥yīn ㊐イン

필순 𡿨 女 女 女 如 如 妍 姻 姻

소전 초서 동자 婣 자원 會意·形聲. 女+因→姻. '因(인)'이 음도 나타낸다. 여자〔女〕가 따라가는〔因〕곳이라는 데서 '시집', 곧 '혼인'이란 뜻을 나타낸다.

자해 **❶혼인, 가취(嫁娶).** 〔禮記〕某以得爲外昏姻모이득위외혼인. **❷인척.** 〔春秋左氏傳〕外姻至외인지. **❸인연, 연분.** 〔蘇軾·詩〕醉眠中山酒취면중산주, 結夢南柯姻결몽남가인.

姻嫁(인가) 혼인. 또는 혼인함.
姻媾(인구) ①사돈 간의 결혼. 중혼(重婚). ②결혼(結婚)함. ③친척(親戚).
姻亞(인아) 사위 쪽의 사돈 및 남자 쪽의 동서 간의 총칭. '姻'은 '사위의 아버지', '亞'는 '남자 동서'를 뜻함. 姻婭(인아).
姻戚(인척) 혼인에 의해 맺어진 친척.
姻親(인친) 사돈(査頓).
姻兄(인형) ①편지에서, 매제가 손위 처남을 높여 부르는 말. ②혼인으로 맺어진 사람 중 나이 많은 동렬의 사람을 높여 부르는 말.
◨ 外姻외인, 親姻친인, 婚姻혼인.

6 ⑨【姙】 妊(297)과 동자 인명

6 ⑨【姿】 1맵시 자 支 2모양낼 자 寘
고등 인명 4급 ㊥zī ㊐シ
필순 丶 冫 冫 冫 次 次 次 姿 姿
소전 초서 자원 形聲. 次+女→姿. '次(차)'가 음을 나타낸다.
자해 1❶맵시, 모양, 모습. 〔世說新語〕 風姿特秀풍자특수. ❷풍취, 멋. ❸바탕, 소질, 성품. 2모양내다, 자태를 꾸미다.
姿媚(자미) 모양을 내고 애교를 부림.
姿色(자색) 아름다운 여자 얼굴.
姿勢(자세) 몸가짐. 태도.
姿容(자용) 모습. 모양. 容姿(용자).
姿宇(자우) 품격(品格).
姿儀(자의) 용모. 모습.
姿態(자태) 모습.
◨ 芳姿방자, 仙姿신자, 聖姿성자, 姸姿연자, 艷姿염자, 英姿영자, 容姿용자, 雄姿웅자, 天姿천자, 風姿풍자.

6 ⑨【姝】 예쁠 주 虞
인명 ㊥shū ㊐シュ
소전 자해 ❶예쁘다, 아름답다, 곱다. 〔詩經〕 靜女其姝정녀기주. ❷순종(順從)하는 모양.
姝麗(주려) 예쁘고 아름다움. 美麗(미려).
姝好(주호) ①아름다움. ②아름다운 여자.
姝姬(주희) 아름다운 여자. 美女(미녀).

6 ⑨【姫】 삼갈 진 軫
㊥zhěn ㊐シン
참고 '姬(303)'는 딴 자. 오늘날 '姬'의 속자로도 쓰인다.
자해 삼가다, 조심하다.

6 ⑨【姪】 조카 질 質
고등 인명 3급 ㊥zhí ㊐チツ
필순 ㄑ 女 女 女 女 妊 妊 姪 姪
소전 초서 동자 妷 자원 形聲. 女+至→姪. '至(지)'가 음을 나타낸다.
자해 ❶조카. ❷조카딸. 〔春秋左氏傳〕 姪其從姑질기종고.
姪女(질녀) 조카딸.
姪婦(질부) 조카의 아내.
姪兒(질아) 조카.
姪孫(질손) 형이나 아우의 손자. 從孫(종손).
◨ 堂姪당질, 甥姪생질, 叔姪숙질, 姨姪이질, 長姪장질.

6 ⑨【姹】 1자랑할 차 禡 2소녀 차 馬
인명 ㊥chà ㊐タ
초서 자해 1❶자랑하다, 뽐내다. 〔史記〕 欲以姹鄙縣욕이차비현. ❷소녀, 아가씨. 2미녀.
姹女(차녀) ①소녀(少女). ②미녀(美女).

6 ⑨【姮】 항아 항 蒸
인명 ㊥héng ㊐コウ
초서 자해 항아. ≒嫦.
姮娥(항아) ①달에 산다는 전설 속의 선녀. 원래 예(羿)의 아내였으나, 예가 서왕모(西王母)에게 얻은 불사약을 훔쳐 먹고 신선이 되어 달로 달아났다고 함. ②달의 딴 이름.

6 ⑨【姬】 1성 희 ㊍기 支 2아가씨 희 ㊍이 支
인명 2급 ㊥jī ㊐キ
소전 초서 자해 1❶성(姓). 주대(周代) 왕의 성(姓). 〔張衡·賦〕 周姬之末주희지말. ❷첩(妾), 곁마누라. 〔史記〕 見呂不韋姬견여불위희. 2❶아가씨, 여자의 미칭(美稱). 〔詩經〕 彼美叔姬피미숙희. ❷황후, 중궁. ❸천자(天子)의 딸, 종실의 딸.
姬姜(희강) ①귀족의 여자. '姬'는 주대(周代)의 성(姓), '姜'은 제(齊)나라의 성으로, 곧 '큰 나라의 공주' 또는 '궁중(宮中)의 부인(婦人)'을 이름. ②미녀(美女).

女 6획

姬旦(희단) 주공(周公)의 이름.
姬周(희주) 주(周)를 이르는 말. '姬'는 주(周) 나라의 성(姓).
◨ 歌姬가희, 舞姬무희, 美姬미희, 寵姬총희.

7 ⑩【娜】 아리따울 나 哿

인명 ㊥nuó ㊐ダ

초서 자해 ❶아리땁다, 숙부드러운 모양. ❷천천히 흔들리는 모양.

娜娜(나나) ①아름다운 모양. ②흔들리는 모양.

7 ⑩【娚】 1말소리 남 咸 2國오라비 남

㊥nán ㊐ナン

자해 1말소리. ＝喃. 2國오라비. 남자 형제 또는 아내의 형제를 이른다.

7 ⑩【娘】 아가씨 낭 陽

고등 인명 3Ⅱ급 ㊥niáng ㊐ジョウ

필순 ㄑ 女 女 女' 女ㄱ 女ㅋ 女ㅌ 姄 娘 娘

초서 자원 形聲. 女＋良→娘. '良(량)'이 음을 나타낸다.

자해 ❶아가씨, 소녀. ¶ 娘子낭자. ❷어머니. 아버지를 '爺(야)'라고 하는 것의 대칭(對稱). 〔太平廣記〕 娘欲寫何經낭욕사하경.

娘家(낭가) ㊓어머니의 친정. 외가(外家).
娘子(낭자) ①처녀. ②어머니. ③아내. ④궁녀. ⑤창기(娼妓).
娘子軍(낭자군) ①여자들로 조직된 군대. ②부녀자의 일단(一團).

7 ⑩【娩】 1해산할 만 ㊒면 阮 2순박할 만 銑

인명 2급 ㊥miǎn ㊐ベン

초서 자해 1해산하다, 아이를 낳다. ＝挽. 2순박하다, 정숙하다. ¶ 婉娩완만.

娩澤(만택) 아름답고 얼굴에 윤기가 있음.
娩痛(만통) 해산(解產)할 때의 복통.
◨ 分娩분만, 嬿娩연만, 婉娩완만.

7 ⑩【娓】 장황할 미 尾

㊥wěi ㊐ビ

소전 자해 ❶장황하다, 장황하게 늘어놓다. ❷힘쓰다, 열심히 일하다. ❸예쁘다.

娓娓(미미) ①장황한 모양. ②부지런한 모양.

7 ⑩【娉】 1장가들 빙 敬 2예쁠 병 庚

㊥pìn, pīng ㊐ヘイ

소전 초서 자해 1장가들다. ≒聘. 〔荀子〕 婚姻娉內혼인빙내. 2예쁘다, 예쁜 모양.

娉內(빙납) 혼례 과정 중의 문명(問名)과 납폐(納幣).
娉命(빙명) 혼인(婚姻)의 약속. 혼약(婚約).
娉婷(병정) 아름다운 모양. 또는 미인.

7 ⑩【娑】 춤출 사 歌

인명 1급 ㊥suō ㊐サ

소전 초서 자해 ❶춤추다, 춤추는 모양. 〔詩經〕 婆娑其下파사기하. ❷옷이 너울거리는 모양.

娑婆(사바) ①춤추는 모양. ②㉠인간이 갖가지 고뇌(苦惱)를 견디고 있는 곳. ㉡석가가 설법(說法)하는 곳. ㉢이 세상. 현세(現世).

7 ⑩【娍】 1여자 이름 성 庚 2아름다울 성 敬

인명 ㊥chéng, shèng ㊐セイ

자해 1여자 이름. 2아름답다.

7 ⑩【娠】 애 밸 신 眞

인명 1급 ㊥shēn ㊐シン

소전 초서 동자 㛛 자해 애를 배다, 잉태하다.

◨ 妊娠임신.

7 ⑩【娥】 예쁠 아 歌

인명 ㊥é ㊐ガ

소전 초서 자해 ❶예쁘다, 아름답다. 〔楚辭〕 衆女嫉余之娥眉兮중녀질여지아미혜. ❷여자의 자(字). ❸미녀, 미인(美人). ❹달(月).

娥眉(아미) 아름다운 눈썹. 미인.
娥英(아영) ①순(舜)임금의 두 비(妃)인 아황(娥皇)과 여영(女英). ②여관(女官) 이름.
娥影(아영) ①달빛. 月光(월광). ②거울에 비친 미인의 영상을 달 속의 항아(嫦娥)에 비유하여 이름.
娥皇(아황) 요(堯)임금의 딸. 곧, 순(舜)임금의 아내를 말함.
◨ 宮娥궁아, 仙娥선아, 素娥소아, 姮娥항아.

7 ⑩【娟】 예쁠 연 先

인명 ㊥juān ㊐エン

소전 초서 속자 姢 자해 ❶예쁘다. ❷숙부드러운 모양. ❸가볍게 나는 모양. ❹굽이진 모양.

娟秀(연수) 뛰어나게 아름다움.

娟娟(연연) ①아름다운 모양. ②희미하게 먼 모양. ③달빛이 맑고 밝은 모양. ④나비가 나는 모양.

◨ 嬋娟선연, 便娟편연.

7 ⑩【娫】 예쁠 연 先

인명 ㊥yán ㊐イン

자해 예쁘다.

7 ⑩【娛】娯 즐거워할 오 虞

고등 인명 3급 ㊥yú ㊐ゴ

필순 ㄑ 女 女 女' 女ㅁ 女口 女ㅁ 女吕 女呉 娛

소전 초서 속자 娯 자원 形聲. 女+吳→娛. '吳(오)'가 음을 나타낸다.

자해 ❶즐거워하다, 즐겁다. 〔詩經〕 聊可與娛료가여오. ❷장난치다, 농담하다.

娛樂(오락) 즐겁게 놂.

娛遊(오유) 즐기며 놂. 娛游(오유).

娛嬉(오희) 즐거워하고 기뻐함.

◨ 遊娛유오, 歡娛환오, 戲娛희오.

7 ⑩【娯】 娛(305)의 속자

7 ⑩【娣】 여동생 제 霽

㊥dì ㊐テイ

소전 초서 자해 ❶여동생. ㉮한 어머니의 여동생을 손위 언니가 부르는 말. ㉯처첩(妻妾) 사이에서 나이가 적은 사람. 〔詩經〕 諸娣從之제제종지. ❷손아래 동서를 부르는 말.

娣婦(제부) 시동생의 아내. 손아래 동서.

娣姒(제사) ①손아래 동서와 손위 동서. ②손아래 누이와 손위 누이. 姊妹(자매). ③첩(妾)사이에서 손아래와 손위.

8 ⑪【婪】 탐할 람 覃

㊥lán ㊐ラン

소전 초서 동자 惏 자해 탐하다, 탐욕이 심하다. 〔楚辭〕 衆皆競進以貪婪兮중개경진이탐람혜.

婪酣(남감) 탐내어 먹음. 게걸스럽게 먹음.

婪尾酒(남미주) ①연회(宴會) 때 손님에게 골고루 돌아가는 술. ②마지막 잔.

8 ⑪【婻】 예쁠 람 感

인명 ㊥lǎn ㊐ラン

자해 예쁘다.

8 ⑪【婁】娄 ①별 이름 루 尤 ②끌 루 虞 ③자주 루 遇

인명 ㊥lóu, lǘ, lǚ ㊐ロウ, ル

소전 초서 속자 妻 자해 ① ❶별 이름. 28수(宿)의 하나. ❷성기다, 드문드문하다. ② ❶끌다, 당기다. 〔詩經〕 弗曳弗婁불예불루. ❷아로새기다. ③자주. ≒屢. 〔漢書〕 婁蒙嘉瑞루몽가서.

婁婁(누루) 텅 빔. 성김.

婁曳(누예) 끎. 끌어당김.

8 ⑪【婦】妇 며느리 부 有

중학 인명 4Ⅱ급 ㊥fù ㊐フ

필순 ㄑ 女 女 女ᄀ 女ᄏ 女ᄏ 女ᄏ 妒 婦 婦

소전 초서 동자 媍 자원 會意. 女+帚→婦. 여자〔女〕가 빗자루〔帚〕를 들고 청소를 한다는 데서 '며느리' 라는 뜻을 나타낸다.

자해 ❶며느리. 〔詩經〕 三歲爲婦삼세위부. ❷아내. 〔詩經〕 婦人能閔其君子부인능민기군자. ❸부인. 결혼한 여자.

婦家(부가) 아내의 친정. 妻家(처가).

婦功(부공) 여자의 일. 아내로서 해야 할 빨래·길쌈 등을 이름. 婦業(부업).

婦女子(부녀자) 결혼한 여자와 성숙한 여자를 통틀어 이르는 말.

婦教(부교) 여자에 대한 가르침.

婦黨(부당) 아내 쪽의 집안. 妻族(처족).

婦德(부덕) 부녀로서 지켜야 할 어진 덕행.

婦翁(부옹) 아내의 아버지. 丈人(장인).

婦容(부용) 여자의 올바른 몸가짐.

婦人(부인) ①士(사)의 아내. '士'는 벼슬아치를 뜻함. 서인(庶人)의 아내는 妻(처)라 함. ②결혼한 여자.

◨ 姦婦간부, 寡婦과부, 夫婦부부, 新婦신부, 姙婦임부, 子婦자부, 宗婦종부, 主婦주부.

8 ⑪【婢】 여자종 비 紙

고등 인명 3Ⅱ급 ㊥bì ㊐ヒ

필순 ㇛ 女 女 女' 女' 女' 女' 女' 婢 婢

소전 초서 자원 形聲. 女＋卑→婢. '卑(비)'가 음을 나타낸다.

자해 ❶여자 종. ❷소첩(小妾). 부인이 스스로를 낮추어 이르는 말. ❸첩(妾), 곁마누라.

婢女(비녀) 계집종.
婢僕(비복) 계집종과 사내종. 婢僮(비동).
婢子(비자) ①계집종. ②여자가 자신을 낮추어 이르는 말. ③여자 종이 낳은 자식. ④첩(妾).
◨ 官婢관비, 奴婢노비, 僕婢복비, 侍婢시비.

8 ⑪【婀】 ①아리따울 아 哿 ②머뭇거릴 아 歌

㊥ē ㊐ア

소전 동자 婀 자해 ①아리땁다, 아름답고 날씬한 모양. ＝婀. ¶ 婀娜아나. ②머뭇거리다, 주저하며 결단하지 못하다.

婀娜(아나) 아름답고 단아한 모양.

8 ⑪【婀】 婀(306)와 동자 인명

8 ⑪【婑】 ①정숙할 와 哿 ②아리따울 유 支

인명 ㊥wǒ ㊐カ, ク

동자 婐 참고 인명용 음은 '유'이다.
자해 ①정숙하다, 날씬하고 아리땁다. ②아리땁다.

婑媠(와타) 정숙하고 아름다움.

8 ⑪【婉】 순할 완 ㊍원 阮

인명 1급 ㊥wǎn ㊐エン

소전 초서 참고 인명용 음은 '완·원'이다.

자해 ❶순하다, 유순하다. 〔春秋左氏傳〕 婦聽而婉부청이완. ❷예쁘다, 아름답다. 〔詩經〕 淸揚婉兮청양완혜. ❸은근하다, 에둘러 말하다. 〔春秋左氏傳〕 婉而成章완이성장. ❹젊은 모양. 〔詩經〕 婉兮孌兮완혜련혜.

婉曲(완곡) 부드럽고 모가 나지 않음. 표현을 노골적으로 하지 않고 빙 둘러서 하는 모양.
婉孌(완련) ①나이가 젊고 아름다움. ②친하게 지내며 사랑함.
婉艶(완렴) 숙부드럽고 아름다움.
婉穆(완목) 정숙하고 유순함.
婉美(완미) 얌전하고 아름다움. 婉麗(완려).
婉嬋(완선) 곱고 아름다운 모양.
婉容(완용) 부드러운 모습. 점잖은 태도.

8 ⑪【婠】 품성 좋을 완 寒

인명 ㊥wān ㊐ワン

소전 자해 ❶품성이 좋다. ❷어린 아이의 살찐 모양.

8 ⑪【婬】 음탕할 음 侵

㊥yín ㊐イン

소전 자해 음탕하다, 음탕하게 놀다. ＝淫. 〔孔子家語〕 欲正一國之婬昏욕정일국지음혼.

婬亂(음란) 음탕하고 난잡함. 淫亂(음란).
婬俗(음속) 음탕한 풍속. 淫俗(음속).
婬昏(음혼) 방탕하고 어리석음.

8 ⑪【婥】 예쁠 작 藥

㊥chuò ㊐シャク

소전 초서 자해 예쁘다, 아름답다.

婥約(작약) 얼굴이나 몸가짐이 아름다운 모양.

8 ⑪【娼】 몸 파는 여자 창 陽

인명 1급 ㊥chāng ㊐ショウ

본자 倡 자해 몸 파는 여자, 몸 파는 일이 직업인 여자.

娼家(창가) 창기(娼妓)의 집.
娼妓(창기) 몸을 파는 여자. 기생.
娼女(창녀) 몸을 파는 여자. 娼婦(창부).

8 ⑪【婇】 여자 이름자 채 賄 隊

인명 ㊥cǎi ㊐サイ

자해 여자 이름자.

8 ⑪【婕】 궁녀 첩 葉

㊥jié ㊐ショウ

소전 초서 자해 ❶궁녀(宮女), 한대(漢代)의 여관. 〔史記〕 幸夫人尹婕好행부인윤첩여. ❷예쁘다, 아름답다.

婕好(첩여) 한대(漢代)의 여관(女官) 이름.

8 ⑪【娵】 별 이름 추 虞

㊥jū ㊐シュ

女 8획

자해 ❶별 이름. ❷물고기. ❸미녀, 아리따운 여자.
娵隅(추우) 물고기.
娵訾(추자) 성수(星宿) 이름.

8 ⑪ 【娶】 장가들 취 遇

인명 1급 ㊥qǔ ㊐シュ

소전 초서 자해 장가들다, 아내를 맞다. 〔書經〕 娶于塗山취우도산.
娶嫁(취가) 장가가고 시집가는 일.
娶妻(취처) 아내를 맞아들임. 장가듦.

8 ⑪ 【婆】 ① 할미 파 歌 ② 음역자 바

인명 1급 ㊥pó ㊐バ

초서 참고 인명용 음은 '파'이다.
자해 ① ❶할미, 늙은 여자, 늙은 어머니. ¶ 老婆노파. ❷춤추는 모양. ¶ 婆娑파사. ② 음역자. 범어(梵語) 'Bha'의 음역자.
婆娑(파사) ①춤추는 모양. 옷자락이 날리는 모양. ②나뭇잎이 무성한 모양. ③거문고의 소리가 가냘프고 억양이 있는 모양.
婆心(파심) ①노파(老婆)의 친절한 마음. ②쓸데없는 걱정.
婆羅門(바라문) 인도 사성(四姓) 가운데 가장 높은 지위의 승족(僧族).
◨ 老婆노파, 媒婆매파, 娑婆사바, 產婆산파.

8 ⑪ 【婚】 혼인할 혼 元

중학 인명 4급 ㊥hūn ㊐コン

필순 ㇛ 女 女 女' 女⺊ 女𠂉 女氏 婚 婚 婚

소전 초서 동자 婚 자원 會意·形聲. 女+昏→婚. 옛날에는 황혼〔昏〕 무렵에 신랑이 신부〔女〕 집에 가서 신부를 맞아 혼례를 올린 데서 '혼인하다'의 뜻을 나타낸다. '昏(혼)'은 음도 나타낸다.
자해 ❶혼인하다. 〔國語〕 同姓不婚동성불혼. ❷아내의 친정, 아내의 친정 살붙이.
婚期(혼기) 결혼하기에 적당한 나이.
婚談(혼담) 결혼을 위해 남자 편과 여자 편 사이에 오가는 말.
婚禮(혼례) ①혼인의 예절. ②혼인의 의식. 결혼식. 婚儀(혼의).
婚事(혼사) 혼인과 관련된 여러 가지 일.
婚書(혼서) 國혼인 때에 신랑 집에서 신부 집으로 보내는 편지. 禮書(예서).
婚需(혼수) 결혼에 필요한 비용과 물품.
婚約(혼약) 혼인하기로 함. 또는 그 약속.
婚姻(혼인) 남녀가 부부로 맺어지는 일.
婚處(혼처) 결혼하기에 적당한 상대.
◨ 結婚결혼, 旣婚기혼, 晩婚만혼, 未婚미혼, 新婚신혼, 約婚약혼, 離婚이혼, 再婚재혼, 早婚조혼, 初婚초혼.

9 ⑫ 【媧】 여신 과·와 麻 佳

㊥wā ㊐カ

소전 자해 여신(女神), 여와(女媧). 천지 만물을 화육(化育)하였다는 여신. 〔淮南子〕 於是女媧煉五色石以補蒼天어시여와련오색석이보창천.

9 ⑫ 【媒】 중매 매 灰

고등 인명 3Ⅱ급 ㊥méi, mèi ㊐バイ

필순 ㇛ 女 女 女一 女卄 女廿 女甘 媒 媒 媒

소전 초서 자원 形聲. 女+某→媒. '某(모)'가 음을 나타낸다.
자해 ❶중매, 중매하다. 〔詩經〕 子無良媒자무량매. ❷매개, 매개하다. 〔新書〕 大臣疑主대신의주, 亂之媒也란지매야. ❸술밑, 누룩. ❹끌어들이다.
媒介(매개) 주선함. 알선함. 중개함. 중간에서 줄을 놓음. 仲介(중개).
媒媒(매매) 어두운 모양. 미련한 모양.
媒孼(매얼) 죄를 짓도록 유도하여 함정에 빠뜨림. '媒'·'孼'은 모두 '누룩'을 뜻함.
媒妁(매작) 중매를 함. 또는 그 사람.
媒質(매질) 한 곳에서 다른 곳으로 물리적 작용을 전하여 주는 매개물.
媒婆(매파) 중매하는 할멈.
媒合(매합) 혼인을 중매함. 媒嫗(매구).
◨ 溶媒용매, 仲媒중매, 觸媒촉매.

9 ⑫ 【媚】 아첨할 미 寘

인명 1급 ㊥mèi ㊐ビ

소전 초서 자해 ❶아첨하다, 비위를 맞추다. ¶ 媚附미부. ❷풍치가 아름답다. ❸아양 부리다. ¶ 媚態미태. ❹사랑하다. 〔詩經〕 媚玆一人미자일인. ❺따르다, 순종하다. 〔詩經〕 媚于天子미우천자.
媚附(미부) 아부함. 아첨함.
媚承(미승) 아첨하여 뜻을 맞추어 줌.
媚藥(미약) 색욕(色慾)을 돋우는 약.
媚態(미태) 아양을 떠는 태도.

女 9획

媚好(미호) 잘생김. 아름다움.
◨ 明媚명미, 阿媚아미, 姸媚연미, 婉媚완미.

9 ⑫【媄】 빛 아름다울 미 紙
인명 ㊥měi ㊐ビ
자해 빛이 아름답다, 곱다.

9 ⑫【婿】 壻(273)와 동자 인명

9 ⑫【媟】 깔볼 설 屑
㊥xiè ㊐セツ
소전 초서 자해 ❶깔보다, 얕보다. 〔漢書〕魚黿媟之어원설지. ❷친압하다, 무람없다. 〔漢書〕古者大臣不媟고자대신불설.
媟近(설근) 친압(親狎)하여 무람없음. 또는 임금에게 친압하여 무람없이 구는 사람.
媟瀆(설독) ①친압(親狎)하여 더럽힘. ②남녀 사이가 문란하여짐.
媟嫚(설만) 친압(親狎)하여 무람없음.

9 ⑫【嫂】 嫂(309)와 동자

9 ⑫【媤】 國시집 시 인명 1급
자해 시집, 남편의 집.
媤家(시가) 시집. 남편의 집안.
媤宅(시댁) 시가의 존칭.
媤父母(시부모) 남편의 부모.
媤叔(시숙) 남편의 형제.

9 ⑫【媪】 媼(309)의 속자

9 ⑫【媛】 1 미인 원 霰 2 끌 원 元
인명 2급 ㊥yuàn, yuán ㊐エン
소전 초서 자해 1 ❶미인, 우아한 여자. 〔詩經〕邦之媛也방지원야. ❷예쁘다, 아름답다. ❸궁녀(宮女). 2 끌다, 끌어당기는 모양.

9 ⑫【媐】 1 기쁠 이 支 2 착할 희 支
인명 ㊥yí, xī ㊐キ
참고 인명용 음은 '이'이다.
자해 1 기쁘다. 2 착하다.

9 ⑫【婷】 예쁠 정 靑
인명 ㊥tíng ㊐テイ
초서 자해 예쁘다, 아름다운 모양.
婷婷(정정) 아름답고 예쁜 모양.

9 ⑫【媮】 1 훔칠 투 尤 2 즐길 유 虞
㊥tōu, yú ㊐トウ, ユ
소전 초서 자해 1 ❶훔치다. =偸. 〔漢書〕媮可用也투가용야. ❷구차하다. 〔漢書〕媮合苟從투합구종. ❸경박하다, 천박하다. ¶ 媮薄투박. 2 ❶즐기다, 기분이 부드러워지다. =愉. 〔楚辭〕聊媮娛以自樂료유오이자락. ❷아름답다.
媮樂(❶투락 ❷유락) ❶일시적인 안락을 탐함. 偸樂(투락). ❷즐김.
媮薄(투박) 언행이 경솔하고 천박함.
媮生(❶투생 ❷유생) ❶생(生)을 훔침. 무익한 삶을 누림. ❷삶을 즐김.
媮食(투식) ①일시적 안락만을 구하여 생활함. 偸安(투안). ②공금(公金)이나 관곡(官穀)을 도둑질하여 먹음. 偸食(투식).
媮娛(유오) 즐김. 즐거워함.

9 ⑫【媓】 어머니 황 陽
인명 ㊥huáng ㊐コウ
자해 어머니. 중국 방언(方言)에서 쓰는 말.

10 ⑬【嫁】 시집갈 가 禡
인명 1급 ㊥jià ㊐カ
소전 초서 자해 ❶시집가다, 시집보내다. 〔詩經〕來嫁於周래가어주. ❷떠넘기다. 〔史記〕是欲嫁禍於趙也시욕가화어조야. ❸가다, 향하여 가다. 〔列子〕將嫁于衞장가우위.
嫁女(가녀) 딸을 시집보냄.
嫁裝(가장) 시집갈 때 가지고 갈 물건.
嫁娶(가취) 혼인. 시집가고 장가드는 일.
嫁禍(가화) 화를 남에게 전가함.
◨ 改嫁개가, 轉嫁전가, 出嫁출가.

10 ⑬【媿】 창피 줄 괴 寘
㊥kuì ㊐キ
소전 초서 자해 ❶창피를 주다, 나무라다. 〔漢書〕更加賞賜갱가상사, 以媿其心이괴기심. ❷부끄럽다, 부끄러워하

女 9 획

다. ≒愧.
媿辱(괴욕) 부끄러움. 수치.

10 ⑬【媾】 화친할 구 宥

㊥gòu ㊐コウ

소전 초서 자해 ❶화친하다, 화해하다. ¶ 媾和구화. ❷겹혼인, 인척끼리의 혼인. 〔春秋左氏傳〕 如舊婚媾여구혼구. ❸총애하다, 사랑하다.
媾和(구화) 싸우던 나라끼리 평화를 의논함.

10 ⑬【嫐】 희롱할 뇨 皓

㊥nǎo ㊐コウ

자해 희롱하다, 놀리다, 시시덕거리다.

10 ⑬【嫋】 예쁠 뇨 篠

㊥niǎo ㊐ジョウ

소전 초서 속자 嬝 자해 ❶예쁘다, 아리땁다. ❷바람에 산들산들 흔들리는 모양. ❸소리가 가늘고 길게 이어지는 모양.
嫋嫋(요뇨) ①약하디 약함. ②바람이 솔솔 부는 모양. ③소리가 가늘게 이어져 끊이지 않는 모양. ④부드럽고 아름다운 모양.

10 ⑬【嫐】 착하고 아름다울 미 紙

인명 ㊥měi ㊐ビ

초서 자해 착하고 아름답다, 선미(善美)하다. ≒美. 〔周禮〕 以貞來歲之嫐惡이정래세지미악.

10 ⑬【嫂】 형수 수 皓

인명 1급 ㊥sǎo ㊐ソウ

초서 동자 嫂 자해 ❶형수. 〔孟子〕 嫂溺則援之以手乎수닉즉원지이수호. ❷부인의 노칭(老稱). 〔儀禮〕 嫂亦可謂之母乎수역가위지모호.
嫂叔(수숙) ①형수와 시동생. ②형제의 아내와 남편의 형제.
■ 季嫂계수, 弟嫂제수, 兄嫂형수.

10 ⑬【媼】 할미 온 ㊍오 皓

인명 ㊥ǎo ㊐オウ

소전 초서 속자 媪 자해 ❶할미, 늙은 여자. ❷어머니, 노모(老母). 〔韓非子〕 請歸與媼計之청귀여온계지. ❸토지의 신(神).
媼嫗(온구) 늙은 여자. 老婆(노파).
媼神(온신) 토지의 신(神).

10 ⑬【嫄】 사람 이름 원 元

인명 ㊥yuán ㊐ゲン

소전 자해 사람 이름. 주대(周代)의 선조인 후직(后稷)의 어머니의 자(字).

10 ⑬【媵】 보낼 잉 徑

㊥yìng ㊐ヨウ

초서 자해 ❶보내다. ㉮전송하다. 〔楚辭〕 魚鱗鱗兮媵予어린린혜잉여. ㉯건네주며 권하다. 〔儀禮〕 主人媵觚于賓주인잉고우빈. ❷몸종. 옛날에 귀인(貴人)이 시집갈 때 데리고 간 여자. 〔春秋左氏傳〕 以媵秦穆姬이잉진목희.
媵妾(잉첩) 옛날 귀한 집 딸이 시집갈 때 데리고 가던 몸종. 媵婢(잉비). 媵御(잉어). 媵侍(잉시).

10 ⑬【嫉】 시기할 질 質

인명 1급 ㊥jí ㊐シツ

소전 초서 자해 ❶시기하다, 시새움하다. ¶ 嫉妬질투. ❷미워하다, 싫어하다. 〔史記〕 嫉濁世之政질탁세지정.
嫉視(질시) 흘겨봄. 시기하여 봄.
嫉妬(질투) ①샘. 우월한 사람을 시기하고 증오함. 또는 그러한 일. ②강샘. 嫉妒(질투).
嫉賢妬能(질현투능) 덕과 재능이 자신에 비해 뛰어난 사람을 시기하고 질투함.

10 ⑬【嫌】 싫어할 혐 鹽

고등 인명 3급 ㊥xián ㊐ケン

필순 く 女 女 女' 女' 女' 女' 嫌 嫌 嫌

소전 초서 자원 形聲. 女+兼→嫌. '兼(겸)'이 음을 나타낸다.
자해 ❶싫어하다, 미워하다. 〔後漢書〕 曹操旣積嫌忌조조기적혐기. ❷의심하다, 의심스럽다. 〔禮記〕 使民無嫌사민무혐.
嫌忌(혐기) 꺼리고 싫어함.
嫌怒(혐노) 싫어서 성냄.
嫌名(혐명) 군부(君父)의 이름과 소리가 비슷한 글자를 피하고 쓰지 않던 일.
嫌猜(혐시) 꺼리고 의심함. 미워하고 시기함.

女 10획

嫌惡(혐오) 싫어하고 미워함.
嫌疑(혐의) ①꺼리고 미워함. ②범죄를 저지른 사실이 있을 가능성.

11 ⑭【㜠】 여자 이름자 강 陽

인명 ㊥kāng ㊐カウ

자해 ❶여자의 이름자. ❷편안하다.

11 ⑭【嫗】 妪 할미 구 ㊍우 遇

㊥yù ㊐ウ

소전 초서 자해 ❶할미, 늙은 여자. 〔史記〕有一老嫗유일로구, 夜哭야곡. ❷여자. ❸안아서 따뜻하게 하다, 어머니가 자식을 기르다. 〔禮記〕煦嫗覆育萬物후구부육만물.

女 11 획

嫗伏(구부) 새가 알을 품어 따뜻하게 함.
嫗育(구육) 잘 보살펴 기름.
嫗煦(구후) 잘 보살펴 기름. 어버이가 자식을 기르는 것과 같이 백성을 사랑하고 보호함.
◻ 老嫗노구, 巫嫗무구, 媪嫗온구, 乳嫗유구.

11 ⑭【嫤】 여자 이름 근 震

인명 ㊥jìn ㊐キン

자해 ❶여자 이름. ❷아름답다.

11 ⑭【嫩】 어릴 눈 願

인명 ㊥nèn ㊐ドン

초서 속자 嫰 자해 ❶어리다, 어리고 연약하다. ❷예쁘다.

嫩綠(눈록) 새로 돋아난 잎의 푸른 빛.
嫩芽(눈아) 새로 돋아난 어린 싹. 새싹.
嫩葉(눈엽) 새로 돋아난 부드러운 잎.

11 ⑭【嫰】 嫩(310)의 속자

11 ⑭【嫠】 과부 리 支

㊥lí ㊐リ

소전 초서 자해 과부, 홀어미. 〔春秋左氏傳〕嫠不恤其緯리불휼기위.

嫠婦(이부) 홀어미. 과부.

11 ⑭【嫚】 업신여길 만 諫

㊥màn ㊐マン

소전 초서 자해 ❶업신여기다, 깔보다. ＝慢. ¶ 嫚罵만매. ❷더럽히다, 음란하게 굴다. ¶ 嫚戲만희.

嫚罵(만매) 깔보고 마구 욕함.
嫚戲(만희) 음란한 희롱. 추잡한 희롱.

11 ⑭【嫙】 예쁠 선 先

인명 ㊥xuán ㊐セン

자해 예쁘다, 아름답다.

11 ⑭【嫣】 상긋 웃을 언 先

인명 ㊥yān ㊐エン

소전 초서 자해 ❶상긋 웃다, 예쁘게 웃는 모양. ¶ 嫣然언연. ❷아리땁다, 아리따운 모양. ¶ 嫣紅언홍. ❸연하다, 잇닿다.

嫣然(언연) 미소 짓는 모양.
嫣紅(언홍) 아리따운 붉은색.

11 ⑭【嫡】 정실 적 錫

인명 1급 ㊥dí ㊐チャク

소전 초서 자해 ❶정실(正室), 본처(本妻). 〔詩經·序〕嫡能悔過也적능회과야. ❷맏아들, 정실이 낳은 맏아들로서 대를 이을 사람.

嫡庶(적서) 적자(嫡子)와 서자(庶子).
嫡子(적자) 본처의 몸에서 난 아들.
嫡傳(적전) 가계(家系)를 정통(正統)에서 정통으로 전함.
嫡出(적출) 본처가 낳은 자녀.
嫡派(적파) 가계(家系)에서 정실의 계통. 嫡統(적통).

11 ⑭【嫖】 날랠 표 蕭

㊥piào ㊐ヒョウ

소전 초서 자해 ❶날래다, 민첩하다, 재빠르다. ≒僄. 〔杜甫·詩〕恐是霍嫖姚공시곽표요. ❷음란하다, 음탕하다. ¶ 嫖子표자.

嫖客(표객) 기생집을 드나드는 남자.
嫖子(표자) 現기녀(妓女). 매음부.

11 ⑭【嫦】 항아 항·상 陽

인명 ㊥cháng ㊐ジョウ, コウ

참고 인명용 음은 '항'이다.

자해 항아(姮娥), 상아. =姮.

嫦娥(상아) 달 속에 있다는 전설 속의 선녀. 姮娥(항아).

12 ⑮【嬌】娇 아리따울 교

인명 1급 ㊥jiāo ㊐キョウ

소전 초서 자해 ❶아리땁다, 예쁘다, 요염하다. ≒姣. ❷사랑하다, 사랑스럽다. 〔杜甫·詩〕平生所嬌兒평생소교아. ❸계집애, 딸.

嬌歌(교가) 아름다운 노래. 고운 노래.
嬌女(교녀) 아리따운 여자. 고운 여자.
嬌聲(교성) 아양 떠는 소리. 아름다운 목소리.
嬌顔(교안) 아름다운 얼굴.
嬌愛(교애) 예쁘고 귀여움. 愛嬌(애교).
嬌姿(교자) 아름다운 자태.
嬌妒(교투) 아름답고 질투가 많음. 嬌妬(교투).
嬌花(교화) 요염한 꽃. 아름다운 꽃.
◨ 阿嬌아교, 愛嬌애교.

12 ⑮【嬀】妫 성 규

㊥guī ㊐キ

소전 초서 자해 ❶성(姓), 순(舜)임금의 자손의 성. ❷강 이름.

12 ⑮【嬈】娆 1번거로울 뇨 2약할 뇨 3예쁠 요

㊥rǎo, ráo, yǎo ㊐ニョ, ヨウ, ジョウ

소전 초서 자해 1번거롭다, 괴로워하다. 〔漢書〕除苛解嬈제가해뇨. 2약하다, 가냘프다. 3예쁘다, 아름다운 모양.

嬈嬈(요뇨) 가냘프며 아름다운 모양.

12 ⑮【嬋】婵 고울 선

인명 ㊥chán ㊐セン

소전 초서 동자 嬋 자해 ❶곱다, 예쁘다, 아름답다. ❷잇닿다, 두 사물이 이어져 끊이지 않다. 〔柳宗元·文〕我姓嬋嫣아성선언. ❸이끌리다.

嬋聯(선련) 이어져 끊이지 않는 모양.
嬋嫣(선언) 이어져 내려오는 모양.
嬋娟(선연) 예쁘고 아름다운 모양.

12 ⑮【嬿】 1성 연 2아리잠직할 연

인명 ㊥rán, rǎn ㊐ゼン

자해 1성(姓). 2아리잠직하다, 작으면서 얌전한 모양.

12 ⑮【嫺】 우아할 한

㊥xián ㊐カン

소전 초서 동자 嫻 자해 ❶우아하다, 단아하다. 〔後漢書〕辭言嫺雅사언한아. ❷익다, 익숙하여지다. 〔史記〕嫺於辭令한어사령.

嫺麗(한려) 우아하고 미려함.
嫺雅(한아) 우아함.

12 ⑮【嫻】 嫺(311)과 동자

12 ⑮【嫿】 여자 이름 화

인명 2급 ㊥huà ㊐カ

자해 ❶여자 이름. ❷아름답다.

12 ⑮【嬉】 즐길 희

인명 2급 ㊥xī ㊐キ

초서 자해 ❶즐기다, 즐거워하다, 기뻐하다. 〔張衡·賦〕追漁夫同嬉추어부동희. ❷놀다, 장난하다. 〔韓愈·進學解〕業精于勤荒于嬉업정우근황우희.

嬉笑(희소) 기뻐하며 웃음. 장난하며 웃음.
嬉娛(희오) 즐거움. 즐김.

13 ⑯【嬗】 1물려줄 선 2고울 선

㊥shàn, chán ㊐セン

소전 자해 1물려주다, 전하여 주다. ≒禪. 〔漢書〕堯嬗以天下요선이천하. 2곱다, 자태(姿態)가 아리땁다. ＝嬋.

13 ⑯【嬴】 찰 영

㊥yíng ㊐エイ

소전 초서 동자 嬴 자해 ❶차다, 가득 차다. ≒盈. ❷남다, 넘쳐서 남다. ¶ 嬴餘영여. ❸이기다. ❹펴다, 늘리다. ¶ 嬴絀영출. ❺성(姓). 진대(秦代) 왕실의 성.

嬴餘(영여) 나머지. 剩餘(잉여).
嬴顚劉蹶(영전유궐) 진(秦)도 한(漢)도 모두 망한 일. '嬴'은 진대(秦代) 천자의 성(姓)을, '劉'는 한대(漢代) 천자의 성을 뜻함.
嬴縮(영축) ①가득 참과 줆. 盈虛(영허). ②이름과 늦음.

女 13 획

嬴絀(영출) 폄과 오그림.
嬴虛(영허) 가득 참과 텅 빔. 남고 모자람.

13 ⑯【嬙】嫱 궁녀 장 陽

㊥qiáng ㊐ショウ

소전 초서 자해 궁녀, 여관(女官)의 하나로 비(妃) 다음의 위계(位階). 〔春秋左氏傳〕 宿有妃嬙嬪御焉숙유비장빈어언.

嬙媛(장원) 궁녀(宮女). 侍女(시녀).

13 ⑯【嬖】 사랑할 폐 霽

인명 ㊥bì ㊐ヘイ

소전 초서 자해 ❶사랑하다, 총애하다. 〔春秋左氏傳〕 嬖人之子也폐인지자야. ❷귀인에게 총애받는 미천한 사람. 〔楚辭〕 斥讒夫與便嬖척참부여편폐.

嬖女(폐녀) 마음에 드는 여자. 총애하는 여자.
嬖御(폐어) 총애를 받음. 또는 그런 첩.
嬖寵(폐총) 총애를 받는 사람.
嬖幸(폐행) 천한 신분으로 임금의 총애를 받음. 또는 그 사람. 嬖愛(폐애).
◨ 寵嬖총폐.

13 ⑯【嬛】 1경편할 현 先 2홀로 경 庚

㊥xuān, qióng ㊐ケン, ケイ

소전 초서 자해 1❶경편(輕便)하다, 몸이 가볍고 재빠르다. 〔司馬相如·賦〕 便嬛綽約편현작약. ❷숙부드러운 모양, 정숙한 모양, 얌전한 모양. ¶ 嬛嬛현현. 2홀로, 외돌토리. ≒煢. 〔詩經〕 嬛嬛在疚경경재구.

嬛佞(현녕) 경박하고 교묘히 아첨함.
嬛嬛(❶현현 ❷경경) ❶정숙한 모양. ❷의지할 곳 없는 모양. 煢煢(경경).

14 ⑰【嬲】 희롱할 뇨 篠

㊥niǎo ㊐ジョウ

초서 자해 ❶희롱하다, 놀리다. ❷흘트리다, 어지럽게 하다.

14 ⑰【嬪】嫔 아내 빈 眞

인명 1급 ㊥pín ㊐ヒン

소전 초서 자해 ❶아내. ¶ 嬪儷빈려. ❷죽은 아내. 〔禮記〕 生曰父생왈부, 曰母왈모, 曰妻왈처, 死曰考사왈고, 曰妣왈비, 曰嬪왈빈. ❸궁첩, 임금의 소실. 〔禮記〕 三夫人九嬪삼부인구빈. ❹여관(女官). ¶ 妃嬪비빈. ❺시집가다. 〔書經〕 嬪于虞빈우우.

嬪宮(빈궁) ①왕세자의 아내. ②왕의 후궁 가운데 지위가 가장 높은 사람.
嬪儷(빈려) 부부(夫婦). 配偶(배우).
嬪婦(빈부) ①궁중(宮中)의 여관(女官). ②덕행(德行)이 있는 부녀자의 미칭.
嬪娥(빈아) 궁녀.
嬪從(빈종) 궁중(宮中)에서 일하는 여관들.
嬪妾(빈첩) 임금의 침석에 시중드는 궁녀. 임금의 첩. 嬪御(빈어). 嬪媵(빈잉).
◨ 貴嬪귀빈, 奉嬪봉빈, 妃嬪비빈.

14 ⑰【嬰】婴 갓난아이 영 庚

인명 1급 ㊥yīng ㊐エイ

소전 초서 자해 ❶갓난아이. ¶ 嬰兒영아. ❷두르다, 빙 둘러치다. ¶ 嬰城영성. ❸목에 걸다. 〔荀子〕 使處女嬰寶珠사처녀영보주. ❹갓끈.

嬰城(영성) 성을 빙 둘러싸고 지킴.
嬰守(영수) 성벽(城壁)을 굳게 지킴.
嬰兒(영아) 젖먹이. 嬰孩(영해).

14 ⑰【嬴】 嬴(311)과 동자

15 ⑱【嬸】婶 숙모 심 寢

㊥shěn ㊐シン

자해 ❶숙모, 작은어머니. ❷現형의 아내가 아우 동서를 부르는 말.

16 ⑲【嬾】 게으를 란 旱

㊥lǎn ㊐ラン

소전 초서 동자 孄 속자 懶 자해 게으르다, 게으름을 피우다.

嬾架(난가) 책을 올려놓고 누워서 볼 수 있도록 만든 대(臺).
嬾癖(난벽) 게으름 피우는 버릇.
嬾婦(난부) ①게으른 여자. ②귀뚜라미의 딴 이름.

16 ⑲【嬿】 아름다울 연 銑

㊥yàn ㊐エン

소전 동자 䜩 자해 아름답다, 마음이 곱고 아리땁다. 〔後漢書〕 展

中情之嬿婉전중정지연완.
嬿服(연복) 아름다운 옷.
嬿婉(연완) 숙부드럽고 아름다운 모양.

16 ⑲【嫑】 嬿(312)과 동자

17 ⑳【孀】 과부 상 陽

인명 1급 ㊥shuāng ㊐ソウ

초서 자해 과부, 홀어미. 〔淮南子〕弔死問疾조사문질, 以養孤孀이양고상.
孀閨(상규) 과부가 거처하는 방.
孀單(상단) 과부. 과부 생활.
孀娥(상아) 홀어미. 과부. 孀婦(상부).
孀雌(상자) 과부. 과부 생활.
◨ 青孀寡婦청상과부.

17 ⑳【孅】 1가늘 섬 鹽 2아첨할 첨 鹽

㊥xiān, qiān ㊐セン

소전 초서 자해 1 ❶가늘다, 가냘프다. ≒纖. ❷자질구레하다. 2아첨하다, 교활하다.
孅介(섬개) 매우 작음.
孅嗇(섬색) 얼마 되지 않는 것을 아낌.
孅阿(섬아) 여자의 얼굴이 아름다운 모양.
孅弱(섬약) ①가냘프고 약함. ②필치(筆致)가 가늘고 약함.
孅姸(섬연) 날씬하고 아름다움.
孅趨(첨추) 아첨하여 굽실거리며 나아감.

17 ⑳【孃】 계집애 양 本냥 陽

인명 2급 ㊥niàng ㊐ジョウ

소전 초서 속자 嬢 자해 ❶계집애. ㉮딸. ㉯아가씨. ❷어미, 어머니.

19 ㉒【孌】 娈 아름다울 련 銑

인명 ㊥luàn ㊐レン

소전 초서 자해 아름답다, 예쁘다. 〔詩經〕孌彼諸姬연피제희.

19 ㉒【孋】 나라 이름 리 支

㊥lí ㊐リ

초서 자해 ❶나라 이름, 고대 산서성(山西省)에 있었던 오랑캐 나라. ❷여자 이름.

21 ㉔【孏】 嬾(312)과 동자

子部 아들 자

0 ③【子】 1아들 자 紙 2사랑할 자 支

중학 인명 7급 ㊥zǐ, zī ㊐シ

필순 ㇇ 了 子

소전 초서 자원 象形. 어린아이의 머리와 두 팔을 본뜬 것이다.

자해 1 ❶아들, 사내 자식. 〔春秋左氏傳〕帝乙之元子也제을지원자야. ❷맏아들, 가계(家系)를 잇는 아들. 〔呂氏春秋〕已爲吾子矣이위오자의. ❸자식, 아들딸, 자손. 〔荀子〕聖王之子也성왕지자야. ❹새끼, 생물의 암수 사이에서 태어난 것. 〔詩經〕螟蛉有子명령유자. ❺사람. 〔詩經〕招招舟子초초주자. ❻남자에 대한 통칭·미칭(美稱)·존칭. ❼스승, 학덕(學德)이 높은 스승. ¶ 孔子공자. ❽일가(一家)의 학설을 세운 학자나 그의 저서. 〔漢書〕諸子十家제자십가. ❾오등작(五等爵)의 네 번째. 〔禮記〕公侯伯子男공후백자남. ❿씨, 열매, 과실(果實). ⓫너, 당신, 자네. 〔論語〕子亦有異聞乎자역유이문호. ⓬만물, 천지 사이의 온갖 생물(生物). 〔漢書〕子猶萬物也자유만물야. ⓭알, 생물이 낳은 알. ¶ 魚子어자. ⓮이자, 이식(利息). 〔史記〕子貸金錢千貫자대금전천관. ⓯사물의 이름 밑에 붙이는 말. ¶ 椅子의자. ⓰서적 분류의 한 갈래. ¶ 經史子集경사자집. ⓱12지(支)의 첫 번째. ㉮방위로는 북(北), 오행으로는 수(水), 동물로는 쥐에 배당된다. ㉯달로는 동짓달, 시간으로는 밤 11시에서 새벽 1시까지. ⓲작다, 잘다. ⓳붇다, 무성해지다. ≒茲. 〔齊民要術〕子息萬計자식만계. ⓴젊은이, 청년. 〔北史〕此郞子好相表차낭자호상표, 大必爲良將대필위양장. 2 ❶사랑하다. ≒慈. 〔中庸〕子庶民也자서민야. ❷양자로 삼다.

子癇(자간) 임신 후기나 분만 전후에 갑자기 온몸에 경련이 일어나는 병.
子宮(자궁) 여성 생식기의 하나인 아기집.
子規(자규) 소쩍새.
子來(자래) 자식처럼 옴. 자식이 부모를 그리워하여 찾아오듯, 서민이 유덕(有德)한 임금 밑에 모여듦.
子母錢(자모전) ①변리가 붙은 돈. 밑천과 변리. 원리금(元利金). 子本(자본). ②큰 돈과 작은 돈. 화폐의 경중을 이름.

子卯(자묘) 불길(不吉)한 날. 은(殷) 주왕(紂王)은 갑자일(甲子日)에, 하(夏) 걸왕(桀王)은 을묘일(乙卯日)에 망하였으므로 이 날을 꺼림. 子卯不樂(자묘불악).

子婦(자부) 며느리.

子史(자사) 제자(諸子)의 책과 역사책. '子'는 노자(老子)·순자(荀子)·장자(莊子) 등 자류(子類)의 책을, '史'는 사기(史記)·한서(漢書) 등 사류(史類)의 책을 뜻함.

子壻(자서) 사위. 女壻(여서).

子姓(자성) 자손(子孫). 후손. '姓'은 '生'으로 '많은 자손'을 뜻함.

子誠齊人(자성제인) 견문이 좁고 고루한 사람. 故事 맹자(孟子)가 자기 나라의 것만 아는 제(齊)나라의 공손추(公孫丑)에게, '당신은 참 제(齊)나라 사람이오'라고 한 고사에서 온 말.

子 0획

子孫(자손) 아들과 손자. 또는 후손.

子時(자시) 12시(時)의 첫째 시간. 오후 11시부터 오전 1시까지.

子息(자식) 아들. 자녀.

子愛(자애) 자식과 같이 사랑함.

子午(자오) 12지의 '子'와 '午'. 방향으로는 각각 정북(正北)과 정남(正南)을, 시각으로는 각각 자정(子正)과 정오(正午)를 뜻함.

子月(자월) 음력 동짓달의 딴 이름.

子爲父隱(자위부은) 자식은 타인에게 아비의 나쁜 일을 숨김. 부자(父子)간의 천륜(天倫).

子弟(자제) ①아들과 아우. '父兄(부형)'의 대. ②젊은 사람. 손아랫사람. '父老(부로)'의 대. ③國남을 높이어 그의 '아들'을 이르는 말.

子坐午向(자좌오향) 북쪽을 등지고 남쪽을 바라보는 좌향(坐向).

子枝(자지) 붇고 늘어서 번성하게 퍼진 자손. 많이 번성한 자손.

子戶(자호) ①분가(分家). ②자궁(子宮).

◨ 君子군자, 卵子난자, 男子남자, 母子모자, 父子부자, 庶子서자, 養子양자, 梁上君子양상군자, 王子왕자, 長子장자, 嫡子적자, 種子종자, 太子태자, 孝子효자.

0 ③ 【孑】 1 짧을 궐 用 2 장구벌레 궐 本공 腫

中jué 日ケツ

소전 초서 자해 1 **짧다, 길지 않다.** ¶ 孑孒궐궐. 2 **장구벌레.** 모기의 애벌레. ¶ 孑孒혈궐.

0 ③ 【孑】 외로울 혈 本결 屑

인명 中jié 日ケツ

소전 초서 자해 ❶**외롭다, 홀로, 혼자.** ❷**남다, 남기다.** 〔詩經〕靡有孑遺미유혈유. ❸**짧다, 길지 않다.** ¶ 孑孒혈궐. ❹**장구벌레.** ¶ 孑孒혈궐. ❺**창, 날이 없는 창.** 〔春秋左氏傳〕授師孑焉수사혈언.

孑孒(혈궐) ①장구벌레. 모기의 애벌레. ②짧음. 작음.

孑立(혈립) 외롭게 섬. 외따로 있음.

孑遺(혈유) 단 하나 남은 것. 소량의 여분.

孑孑(혈혈) ①외로이 선 모양. ②작은 모양.

孑孑孤蹤(혈혈고종) 객지(客地)에 있어서 적적한 나그네의 종적.

孑孑單身(혈혈단신) 아무에게도 의지할 곳이 없는 홑몸.

孑孑無依(혈혈무의) 혼자의 몸으로 의지할 곳이 없음.

1 ④ 【孔】 구멍 공 董

고등 인명 4급 中kǒng 日コウ

필순 ㇇ 了 孑 孔

소전 초서 고자 자원 象形. 어린아이의 머리 윗부분에 있는 아직 완전히 닫히지 않은 구멍을 본뜬 것이다.

자해 ❶**구멍, 굴.** 〔白虎通〕亦有孔穴역유공혈. ❷**매우, 심히.** ≒甚. 〔詩經〕德音孔昭덕음공소. ❸**크다.** 〔老子〕孔德之容공덕지용. ❹**새 이름, 공작(孔雀).** ❺**깊다.** 〔淮南子〕孔乎莫知其所終極공호막지기소종극. ❻**공자(孔子)의 약칭.** 〔淮南子〕孔墨之弟子공묵지제자.

孔敎(공교) 공자의 가르침.

孔竅(공규) 구멍. 인체(人體)의 코·귀·눈·입 등의 구멍.

孔棘(공극) 매우 급한 일. 외환(外患)이 급함.

孔隙(공극) ①구멍. ②빈틈

孔劇(공극) 몹시 지독함.

孔道(공도) ①큰 길. 大路(대로). ②산을 뚫은 길. 터널. ③공자(孔子)가 가르친 도.

孔老(공로) 공자와 노자. 유교와 도교.

孔孟(공맹) 공자와 맹자.

孔明(공명) 대단히 밝음.

孔門十哲(공문십철) 공자의 제자 중에 학덕(學德)이 빼어난 열 사람을 일컫는 말. 덕행(德行)에 뛰어났던 안연(顏淵)·민자건(閔子騫)·염백우(冉伯牛)·중궁(仲弓), 언어(言語)에 뛰어났던 재아(宰我)·자공(子貢), 정사(政事)에 뛰어났던 염유(冉有)·계로(季路), 문학(文學)에 뛰어났던 자유(子遊)·자하(子夏).
孔壁(공벽) 고문상서(古文尙書)·예기(禮記)·논어(論語) 등이 나왔다는 공자(孔子)의 구택(舊宅)의 벽(壁).
孔父(공보) 공자.
孔聖(공성) ①아주 뛰어난 성인. 大聖(대성). ②공자(孔子)의 존칭.
孔穴(공혈) ①구멍. ②사람 몸의 혈도(穴道).
◨ 毛孔모공, 鼻孔비공, 眼孔안공, 穴孔혈공.

2 ⑤【孔】 孔(314)의 고자

2 ⑤【孕】 아이 밸 잉 徑
인명 1급 ㊥yùn ㊐ヨウ
소전 초서 자해 **아이를 배다, 임신하다.** 〔易經〕 婦孕不育부잉불육.
孕別(잉별) ①새끼를 낳음. 분만(分娩). ②수컷을 떠나 새끼를 품는 일.
孕婦(잉부) 아이를 밴 부인.
孕乳(잉유) 아이를 배고 낳음.
孕鬻(잉육) 잉태한 아이를 낳아 기름.
孕重(잉중) 아이·새끼를 뱀.
孕胎(잉태) 아이를 가짐. 임신.
◨ 懷孕회잉.

3 ⑥【字】 글자 자 寘
중학 인명 7급 ㊥zì ㊐ジ
필순 丶 丷 宀 字 字 字
소전 초서 자원 會意·形聲. 宀+子→字. 어린아이〔子〕가 집〔宀〕 안에 있는 모습으로, 집 안에서 자식을 낳아 젖을 먹여 기른다는 것을 뜻한다. '子'는 음도 나타낸다.
자해 **❶글자, 문자. ❷기르다, 양육하다.** 〔春秋左氏傳〕 使字敬叔사자경숙. **❸사랑하다.** ≒慈. **❹자(字).** 이름을 중히 여겨 함부로 부르지 않는 관습에서, 결혼한 후에 부르기 위하여 짓는, 이름에 준한 것. 〔儀禮〕 冠而字之관이자지, 敬其名也경기명야.
字格(자격) ①글자를 쓰는 법칙. ②現영지(影紙). 정간지(井間紙).
字句(자구) 문자와 어구.
字母(자모) 철음(綴音)의 근본이 되는 글자. 곧, 자음(子音)과 모음(母音).
字撫(자무) 사랑하여 어루만짐.
字書(자서) 글자를 모아서 풀이해 놓은 책. 字典(자전).
字眼(자안) 시문(詩文) 가운데에서 가장 주요한 글자. 字面(자면).
字源(자원) 글자가 구성된 밑뿌리. '地'는 土와 也, '信'은 人과 言으로 구성 것 따위.
字育(자육) 양육하는 일. 기름. 키움.
字義(자의) 글자의 뜻.
字字(자자) ①기러기가 줄지어 날아가는 줄을 '字'에 비유하여 이름. ②각 글자.
字字珠玉(자자주옥) 글자마다 구슬임. 필법(筆法)이 뛰어나 글씨가 잘 쓰여진 것.
字體(자체) 글자의 모양. 붓글씨의 서체.
字學(자학) 문자에 관한 학문. 자체(字體)나 자의(字義)를 연구하는 학문.
字解(자해) 글자의 풀이. 문자의 해석.
字號(자호) ①활자의 크기를 나타내는 호수. ②문자로써 표시한 명호(名號). 商號(상호). ③상점(商店). ④자(字)와 호(號).
字訓(자훈) ①한자의 우리말 새김. ②글자의 새김.
字彙(자휘) ①일정한 체계로 글자를 모아 놓은 책. 字典(자전). ②명대(明代)의 매응조(梅膺祚)가 지은 자전(字典).
字恤(자휼) 백성을 어루만져 사랑함.
◨ 文字문자, 誤字오자, 點字점자, 正字정자, 漢字한자.

3 ⑥【存】 있을 존 元
중학 인명 4급 ㊥cún ㊐ソン, ゾン
필순 一 ナ 才 存 存 存
소전 초서 동자 扌 자원 會意. 子+才〔在의 생략체〕→存. 어린이〔子〕를 평안하게 있게〔在〕 한다는 의미로, '잘 있느냐 어떠냐를 물어보다'라는 뜻을 나타낸다.
자해 **❶있다. ㉮존재하다.** 〔孟子〕 操則存조즉존, 舍則亡사즉망. **㉯살아 있다. ㉰머무른 상태대로 계속해 있다.** 〔易經〕 成性存存성성존존. **❷안부를 묻다, 노고(勞苦)를 위로하다. ❸편안하다.** 〔史記〕 存亡之難존망지난.
存念(존념) 늘 생각하고 잊지 않음.
存錄(존록) ①잊지 않게 기록하여, 불쌍히 여김. ②등록하여 잊지 않고 회상함.
存立(존립) 존재하여 자립함. 계속 존재함.
存亡(존망) ①삶과 죽음. 존립과 멸망. 存沒(존몰). ②망하려는 것을 도와서 살게 함.
存命(존명) 살아 있음.
存撫(존무) 위로하여 편안하게 함.
存問(존문) ①안부(安否)를 물음. 위문함. ②

子 3획

고을의 원이 민정(民情)을 살피기 위하여 관하의 백성을 찾아가 봄.

存本取利(존본취리) 돈이나 곡식을 꿔어주고 밑천을 그대로 둔 채 그 변리만을 받음.

存否(존부) 있고 없음.

存續(존속) 계속 존재함.

存心(존심) 본심을 잃지 않고 이를 기름. 방심(放心)하지 않음. 存神(존신).

存養(존양) ①본심을 잃지 않고 착한 성품을 기름. ②은혜를 베풀어 살아가도록 함.

存而不論(존이불론) 어떤 사실의 존재는 인정하나 그 존재하는 까닭은 논하지 않음.

存置(존치) 그대로 둠.

存廢(존폐) 보존과 폐지.

存候(존후) 안부를 물음. 위문함.

◪ 保存보존, 生存생존, 實存실존, 適者生存적자생존, 現存현존.

子 3획

3 ⑥【扞】 存(315)과 동자

3 ⑥【孜】 好(296)의 고자

4 ⑦【孚】 1미쁠 부 虞 2기를 부 遇

인명 ㊥fú ㊐フ

소전 초서 자해 1❶미쁘다, 참되고 믿음성이 있다. 〔詩經〕 成王之孚성왕지부. ❷알이 깨다. 2기르다, 자라다. ＝孵. ¶ 孚育부육.

孚佑(부우) 성심으로 도움.

孚育(부육) 보호하여 기름.

4 ⑦【孜】 힘쓸 자 支

인명 ㊥zī ㊐シ

소전 초서 자해 힘쓰다, 부지런히 힘쓰는 모양. ≒孳. 〔書經〕 予思日孜孜여사일자자.

孜孜(자자) 부지런히 힘쓰는 모양.

4 ⑦【孛】 1살별 패 隊 2안색 변할 발 月

㊥bèi, bó ㊐ハイ, ボツ

소전 초서 자해 1살별, 혜성. ¶ 孛彗패혜. 2❶안색(顏色)이 변하다. ≒勃. 〔論語〕 色孛如也색발여야. ❷어둡다, 밝지 않다. ¶ 孛然발연.

孛然(발연) ①어두운 모양. 孛孛(발발). ②안색을 바꾸어 성내는 모양. 勃然(발연).

4 ⑦【李】 學(319)의 속자

4 ⑦【孝】 효도 효 效

중학 인명 7급 ㊥xiào ㊐コウ

필순 一 十 土 耂 耂 考 孝

소전 초서 자원 會意. 耂+子→孝. '耂'는 '老'의 생략체. 아이〔子〕가 노인〔老〕을 업고 있는 모습으로, '부모를 잘 섬기다, 효도'라는 뜻을 나타낸다.

자해 **효도. ㉮부모를 잘 섬기는 일.** 〔論語〕 弟子入則孝제자입즉효. **㉯선조의 뜻을 바르게 계승하는 일.** 〔書經〕 追孝于前文人추효우전문인.

孝感(효감) 효행(孝行)의 덕이 신인(神人)을 감동시킴.

孝巾(효건) 상중(喪中)에 머리에 쓰는 건.

孝敬(효경) ①어버이를 잘 섬기고 웃어른을 공경함. ②부모를 섬겨 효도를 다하고, 형을 받들어 순종하는 사람. ③웃어른에게 물건을 드림. 또는 웃어른에게 물건을 받음.

孝道(효도) 부모를 잘 섬기는 도리.

孝廬(효려) 집상(執喪) 중에 거처하는 곳.

孝廉(효렴) 효성스럽고 청렴한 사람.

孝服(효복) ①現상복(喪服). ②부모상을 입음.

孝婦(효부) 효성이 지극한 며느리.

孝誠(효성) 부모를 잘 섬기는 정성.

孝順(효순) 부모의 마음이 편하도록 잘 받듦.

孝心(효심) 효성스러운 마음.

孝養(효양) 효행으로 부모를 봉양함.

孝友(효우) 부모에 대한 효도와 형제에 대한 우애. 孝弟(효제). 孝悌(효제).

孝義(효의) 효행(孝行)과 절의(節義). 또는 그런 덕이 있는 사람.

孝慈(효자) 부모에 대한 효도와 자식에 대한 자애.

孝子(효자) ①부모를 잘 섬기는 아들. ②부모의 제사에서 맏아들의 자칭. 또는 부모의 상중(喪中)에 있는 사람.

孝子愛日(효자애일) 효자는 날을 아낌. 효자가 부모에게 효성을 다하여 오래도록 섬기고자 하는 마음.

孝弟(효제) ①부모를 섬겨 효도를 다하고, 형을 받들어 순종하는 일. 孝悌(효제). ②형의 뒤를 이은 아우.

孝鳥(효조) 까마귀. 까마귀는 커서 먹이를 물어다 어미에게 주어 보은(報恩)한다는 데서 온 말. 孝烏(효오).

孝中(효중) 남을 높이어 그의 상중(喪中)을 이르는 말.

孝親(효친) 어버이에게 효도함.
孝行(효행) 부모를 잘 섬기는 행실.
◨ 反哺之孝반포지효, 不孝불효, 至孝지효, 忠孝충효.

5 ⑧【季】 끝 계 霽
중학 인명 4급 ㊥jì ㊐キ
필순 一 二 千 禾 禾 季 季 季
소전 초서 자원 會意. 禾+子→季. 어린〔子〕 벼〔禾〕라는 데서 '막내'라는 뜻을 나타낸다.
자해 ❶끝, 차례의 마지막. ¶ 季指계지. ❷막내, 형제자매 중의 제일 손아래. ¶ 孟仲叔季맹중숙계. ❸젊다, 나이가 어리다. 〔詩經〕 有齊季女유제계녀. ❹철. 석 달이 한 철이 된다.
季刊(계간) 일 년에 네 번 인쇄물을 발간함. 또는 그 간행물.
季父(계부) 아버지의 막내 아우. 막내 삼촌.
季商(계상) 음력 9월의 딴 이름. '商'은 '가을'을 뜻함. 暮商(모상).
季世(계세) 정치·도덕·풍속 등이 쇠퇴한 시대. 季末(계말). 末世(말세).
季月(계월) 각 계절의 마지막 달. 곧, 음력 삼월·유월·구월·섣달.
季節(계절) 철.
季指(계지) 새끼손가락이나 새끼발가락.
季札挂劍(계찰괘검) 신의를 중히 여김. 故事 오(吳)나라의 계찰(季札)이 사신(使臣)으로 가는 길에 서국(徐國)에 들렀다가 그 나라 군주(君主)가 자기의 칼을 가지고 싶어하는 것을 알고, 돌아오는 길에 칼을 선물하려고 다시 들렀더니 군주는 이미 죽은 뒤라 그 칼을 그의 묘소에 걸어 놓고 돌아왔다는 고사에서 온 말.
◨ 冬季동계, 伯仲叔季백중숙계, 四季사계, 秋季추계, 春季춘계, 夏季하계.

5 ⑧【孤】 외로울 고 虞
고등 인명 4급 ㊥gū ㊐コ
필순 ㇇ 了 子 孑 孑 孤 孤 孤
소전 초서 자원 形聲. 子+瓜→孤. '瓜(과)'가 음을 나타낸다.
자해 ❶외롭다, 의지할 데가 없다. 〔晉書〕 勢孤力屈세고역굴. ❷홀로, 외따로, 하나. ❸고아. ㉮아버지가 죽어 없는 아이. 〔孟子〕 幼而無父曰孤유이무부왈고. ㉯부모가 죽어 없는 아이. ❹나랏일을 하다 죽은 이의 자식. ❺나, 왕후(王侯)의 겸칭. 〔禮記〕 凡自稱범자칭, 小國之君曰孤소국지군왈고. ❻저버리다, 배반하다.
孤客(고객) 외로운 나그네. 孤羈(고기).
孤劍(고검) ①한 자루의 칼. ②간단한 무장. ③도움이 없는 외로운 무사.
孤高(고고) 홀로 초연(超然)한 모양.
孤寡(고과) ①고아와 과부. 孤孀(고상). ②왕후(王侯)의 자기에 대한 겸칭.
孤軍(고군) 후원이 없이 고립된 군사.
孤窮(고궁) ①고립되어 위급함. ②돕는 이 없이 힘들게 삶.
孤衾(고금) 외로운 잠자리.
孤單(고단) 의지할 바 없는 외로움. 또는 그러한 신세.
孤獨(고독) ①매우 외롭고 쓸쓸함. ②어려서 부모 잃은 사람과 늙어서 자손 없는 사람.
孤犢觸乳(고독촉유) 어미 없는 송아지가 젖을 찾아 어미를 구함. 의지할 곳 없는 고독한 사람이 구원(救援)을 구(求)함.
孤老(고로) 의지할 데 없는 외로운 늙은이.
孤陋(고루) 견문과 학식이 부족하고 진부함.
孤立無依(고립무의) 외톨이가 되어 기댈 곳이 없음. 孤立(고립).
孤芳(고방) ①인품이 고결(高潔)한 모양. ②홀로 뛰어나게 향기로움.
孤帆(고범) 외로운 돛단배. 孤舟(고주).
孤負(고부) 배반함. 반역함. 背違(배위).
孤憤(고분) 홀로 충성을 다하였으나 세상에 용납되지 않음을 분개하는 일.
孤城(고성) ①외딴 성. ②지원군이 없어 고립된 성.
孤城落日(고성낙일) 고립무원(孤立無援)의 성에 석양이 비침. 의지할 길 없어 불안함.
孤愁(고수) 외로이 수심에 잠김.
孤臣孼子(고신얼자) 임금의 신임을 얻지 못하는 신하와 부모의 사랑을 받지 못하는 서자.
孤兒(고아) 부모를 여읜 아이. 孤遺(고유).
孤哀子(고애자) 부모를 여의고 상제가 된 사람의 자칭.
孤弱(고약) 도와주는 사람이 없어 외롭고 힘이 약함.
孤孼(고얼) 임금에게 버림받은 신하와 첩(妾)의 자식.
孤雲(고운) ①외로이 떠 있는 구름. ②빈사(賓士) 또는 현사(賢士)의 비유.
孤危之禍(고위지화) 혈혈단신(孑孑單身)으로 의지할 곳이 없게 된 불행.
孤恩(고은) 은혜를 저버림. 背恩(배은).
孤子(고자) 아버지의 상중(喪中)에 있는 사자(嗣子). 또는 그가 자기를 이르는 말.
孤掌難鳴(고장난명) 외손뼉만으로 박수를 치지

못함. 혼자서는 일을 이루지 못함.
孤寂(고적) 외롭고 쓸쓸함.
孤族(고족) 일가가 적어 외로운 집안.
孤宗(고종) 자손이 드문 종가.
孤主(고주) ①외롭고 권력이 없는 임금. ②임금을 고립시킴.
孤竹(고죽) ①대나무의 한 가지. ②조릿대로 만든 저〔笛〕. ③독생(獨生)한 대. ④곡명(曲名)의 하나. ⑤은대(殷代)의 나라 이름.
孤忠(고충) 외롭게 혼자서 바치는 충성.
孤枕單衾(고침단금) 한 개의 베개와 한 채의 이불. 젊은 여자가 혼자 쓸쓸히 잠.
孤標(고표) ①홀로 뛰어나 있는 모양. ②특별히 뛰어난 품격(品格).
孤孑單身(고혈단신) 혈육이 없는 홑몸. 孤孑(고혈).
孤魂(고혼) 의지할 곳 없이 외로이 떠돌아다니는 넋.
孤懷(고회) 의지할 곳 없는 마음. 외롭고 쓸쓸한 생각.
◨ 德不孤덕불고.

5 ⑧【帑】 ①자식 노 虞 ②처자 노 週
㊥nú ㊐ド
초서 자해 ①❶자식. 〔書經〕 予則帑戮汝여즉노육여. ❷종. ≒奴. ②처자(妻子). 〔孟子〕 罪人不帑죄인불노.
帑戮(노륙) 죄인의 처자(妻子)까지 아울러 벌하는 일.
帑稚(노치) 어린아이.
◨ 妻帑처노.

5 ⑧【孟】 ①맏 맹 敬 ②동 닿지않을 맹 ㊄망 養
고등 인명 3Ⅱ급 ㊥mèng ㊐モウ
필순 ㇖ 了 子 子 舌 舌 孟 孟
소전 초서 자원 形聲. 子+皿→孟. '皿(명)'이 음을 나타낸다.
자해 ①❶맏, 맏이. 〔詩經〕 美孟姜矣미맹강의. ❷첫, 처음. ❸힘쓰다, 애쓰다. ②동 닿지 않다, 허무맹랑하다. =猛. 〔莊子〕 夫子以爲孟浪之言부자이위맹랑지언.
孟冬(맹동) ①초겨울. ②음력 10월의 딴 이름.
孟浪(맹랑) 이치에 맞지 않는 언행.
孟母斷機(맹모단기) 맹자의 어머니가 베틀의 베를 끊어 학업을 중도에 포기해서는 안 됨을 가르침. 故事 맹자가 학업을 중도에 그만두고 집으로 돌아왔을 때, 그의 어머니가 짜던 베를 칼로 끊어 보이면서 중간에 그만두면 아무 쓸모가 없음을 훈계하여 학업을 완성하게 했다는 고사에서 온 말.
孟母三遷(맹모삼천) 맹자의 어머니가 맹자를 잘 교육시키기 위하여 세 번 이사함. 故事 처음에 공동묘지 가까이 살았는데 맹자가 장사 지내는 흉내만 내므로 시장 가까이로 옮겼더니 이번에는 물건 파는 흉내만 내기에 글방 있는 곳으로 옮겼더니, 그제야 공부를 열심히 하더라는 고사에 온 말.
孟陽(맹양) 음력 정월의 딴 이름.
孟月(맹월) 사계(四季)가 시작되는 달. 곧, 정월·사월·칠월·시월.
孟陬(맹추) 음력 정월의 딴 이름.
孟春(맹춘) ①초봄. ②음력 정월의 딴 이름.
◨ 孔孟공맹, 論孟논맹.

5 ⑧【学】 學(319)의 속자

6 ⑨【孩】 어린아이 해 灰
인명 ㊥hái ㊐ガイ
초서 자해 ❶어린아이. 〔孟子〕 孩提之童해제지동. ❷어린아이가 웃다. ※咳(211)의 고자(古字). 〔老子〕 如嬰兒之未孩여영아지미해.
孩笑(해소) 어린아이의 천진난만한 웃음.
孩嬰(해영) 갓난아이. 幼子(유자).
◨ 孤孩고해, 兒孩아해, 嬰孩영해.

7 ⑩【孫】孙 ①손자 손 元 ②달아날 손 願
중학 인명 6급 ㊥sūn, xùn ㊐ソン
필순 ㇖ 了 子 孑 孖 孫 孫 孫 孫 孫
소전 초서 자원 會意. 子+系→孫. 아들〔子〕이 아버지를 잇고〔系〕 다시 그 아들에게 이어〔系〕 준다는 데서 '손자'라는 뜻을 나타낸다.
자해 ①❶손자(孫子). 〔禮記〕 子孫曰孫자손왈손. ❷자손, 후손. ¶ 十世孫십세손. ②《通》遜(1263) ❶달아나다. 〔春秋經文〕 夫人孫于齊부인손우제. ❷공손하다, 순종하다. 〔禮記〕 民有孫心민유손심.
孫康映雪(손강영설) 손강이 눈빛을 이용하여 책을 읽음. 어려운 환경에서 열심히 공부함. 故事 집안이 몹시 가난하여 등불을 피울 기름이 없었던 손강이 겨울 밤에 눈빛을 이용하여 책을 읽었다는 고사에서 온 말. 映雪讀書(영설독서). 雪案(설안).
孫婦(손부) 손자 며느리.

孫辭(손사) ①빠져 나가려고 꾸며 내는 말. 遁辭(둔사). ②겸손한 말씨. 遜辭(손사).
孫壻(손서) 손녀의 남편.
孫枝(손지) 가지에서 다시 돋은 곁가지. 주로 오동나무의 곁가지를 이름. 桐孫(동손).
◨ 王孫왕손, 外孫외손, 祖孫조손, 宗孫종손, 曾孫증손, 天孫천손, 玄孫현손.

8 ⑪【孰】 누구 숙 屋

고등 인명 3급 ㊥shú ㊐ジュク

필순 亠 亡 亩 享 享 享 享 孰 孰 孰

소전 초서 자원 會意. 亯+羊+丮→孰. 음식물을 익히는 그릇〔亯〕을 잡고〔丮〕 그 그릇에 양고기〔羊〕를 넣어 익힌다는 데서 '익다'가 원뜻이었는데, 뒤에 '누구'라는 뜻으로 가차되면서 본래의 뜻으로는 '熟(숙)' 자를 새로 만들어 쓰게 되었다.
자해 **❶누구.** ≒誰. 〔論語〕 孰謂微生高直숙위미생고직. **❷어느, 어느 것, 무엇.** ≒何. 〔論語〕 是可忍也시가인야, 其孰不可忍也기숙불가인야.
孰能禦之(숙능어지) 누가 능히 막으랴. 막을 사람이 없음.
孰是孰非(숙시숙비) 누가 옳고 누가 그른지 알기 어려움.

9 ⑫【孱】 1잔약할 잔 先 2나쁠 산 潸

인명 ㊥chán, zhàn ㊐セン

소전 초서 참고 인명용 음은 '잔'이다.
자해 1 **❶잔약하다, 나약하다.** 〔史記〕 吾王孱王也오왕잔왕야. **❷산이 높고 험한 모양.** ≒巉. 2 **나쁘다.**
孱骨(잔골) 약한 골격이나 체력. 弱骨(약골).
孱微(잔미) 미천한 신분(身分).

10 ⑬【孶】 1부지런할 자 支 2낳을 자 寘

㊥zī ㊐シ

소전 초서 자해 1 **❶부지런하다.** ≒孜. 〔孟子〕 鷄鳴而起孶孶爲善者계명이기자자위선자. **❷붇다, 늘리다, 불어나다.** ¶ 孶蔓자만. 2 **낳다, 번식하다.** 〔晉書〕 萬物孶育而舒生也만물자육이서생야.
孶蔓(자만) 불어나 만연함.
孶尾(자미) 새·짐승·벌레 등의 암수가 교접(交接)하여 새끼를 낳음.
孶息(자식) 불음. 번식함.
孶育(자육) 동물이 새끼를 낳아 기름.

11 ⑭【孵】 알 깔 부 虞

인명 1급 ㊥fū ㊐フ

초서 자해 **알을 까다, 부화하다.** ¶ 孵化부화.
孵化(부화) 새·어류·곤충 따위의 알이 깸.

13 ⑯【學】学 배울 학 覺

중학 인명 8급 ㊥xué ㊐ガク

필순 ' 𠂆 ⺊ ⺊ ⺊ 𦥑 𦥯 𦥯 學 學

소전 초서 동자 斈 속자 孛 속자 学

자원 會意. 爻+冂+臼+子→學. 어린이〔子〕가 건물〔冂〕 안에서 두 손으로〔臼〕 가르침〔爻〕을 받아 무지(無知)에서 벗어난다는 뜻을 나타낸다.
자해 **❶배우다.** ㉮**가르침을 받다.** 〔論語〕 學而時習之학이시습지. ㉯**지식·기술 등을 익히다.** 〔中庸〕 吾學周禮오학주례. ㉰**본받아 익히다.** **❷학문.** 〔老子〕 爲學日益위학일익. **❸학자.** **❹학교** 〔後漢書〕 學校如林학교여림.
學界(학계) 학자들이 학문을 연구하는 세계.
學科(학과) ①관리 선발 시험 과목. ②학문의 여러 분야.
學官(학관) ①학교의 관사(官舍). 학교 건물(建物). 學舍(학사). ②학사(學事)를 맡아보는 관리.
學究(학구) ①학문을 깊이 연구함. ②글방의 선생. 訓長(훈장).
學宮(학궁) ①학교(學校). ②유교의 교육을 맡아보던 곳. 成均館(성균관).
學窮(학궁) ①학문(學問)에만 몰두하여 세정(世情)에 어두운 사람. 學究(학구). ②곤궁(困窮)한 학자. ③학자가 '자신'을 낮추어 이르는 말.
學期(학기) 일 년 동안 가르치는 수업의 일정 기간.
學堂(학당) ①글방. 학교. ②남아(男兒)를 합장(合葬)한 곳. ③관상가가 귀〔耳〕에 가까운 곳을 이르는 말.
學德(학덕) 학식(學識)과 덕행(德行).
學侶(학려) ①학문에서의 벗. 學友(학우). ②학문하는 승려.
學歷(학력) 학문을 쌓아 온 과정.
學齡(학령) 교육을 받기 시작할 나이.
學理(학리) 학문상의 이론.
學林(학림) ①학문이 성한 곳. 학계(學界)의 중심. ②학교에 딸린 임야(林野).
學名(학명) 학술상 동식물 등에 붙이는 세계

子 13획

공통의 이름.
學文(학문) ①글을 배움. ②학문(學問).
學問(학문) 모르는 것을 배우고, 의심나는 것을 물어 익힘. 또는 그 일.
學閥(학벌) 출신 학교나 학파에 의한 파벌.
學府(학부) ①학문이나 학자가 모이는 곳. 흔히 대학교(大學校)를 이름. ②학문의 대가(大家). ③학문의 중심이 되는 곳.
學士(학사) ①4년제 대학 과정을 마친 사람에게 주는 학위(學位) 이름. ②학식 있는 사람.
學事(학사) ①학문에 관한 일. ②학교의 교육·경영 등에 관한 일.
學生(학생) ①학문을 닦는 사람. 학교에서 공부하는 사람. ②벼슬 못한 고인(故人)의 명정(銘旌)이나 신주(神主)에 쓰는 존칭.
學術(학술) 이론 체계를 갖춘 전문 학문.
學業(학업) 공부하여 학문을 닦는 일.
子 14획
學藝(학예) ①학문과 기예. ②덕행(德行)과 육예(六藝)를 배움. 도예(道藝)를 배움.
學位(학위) 어떤 학문 분야를 깊이 연구하는 과정을 거친 사람에게 수여하는 칭호. 박사(博士)·석사(碩士)·학사(學士).
學而知之(학이지지) 배워서 앎.
學籍(학적) 학교에 비치하는, 학생의 성명·생년월일·주소·성적 등의 기록.
學則(학칙) 학교의 규칙.
學派(학파) 학문상의 주장이 다른 갈래.
學風(학풍) 학문상의 경향.
學海(학해) ①냇물이 끊임없이 흐르고 흘러 기어코 바다에 이르듯, 사람도 꾸준히 배움에 힘써야 함. ②넓고 깊은 바다와 같은 학문.
學行(학행) 학문과 품행. 學德(학덕).
◨ 苦學고학, 獨學독학, 晩學만학, 勉學면학, 文學문학, 碩學석학, 數學수학, 力學역학, 遊學유학, 儒學유학, 醫學의학, 入學입학, 在學재학, 中學중학, 哲學철학, 退學퇴학, 好學호학, 後學후학.

14 ⑰ 【孺】 젖먹이 유 遇

인명 ㊥rú ㊐ジュ

소전 초서 속자 孺 자해 ❶젖먹이, 어리다. 〔孟子〕今人乍見孺子將入於井금인사견유자장입어정. ❷사모하다, 우러러 따르다. ¶ 孺慕유모. ❸딸리다, 종속된 사람. ㉮대부(大夫)의 아내. 〔禮記〕天子之妃曰后천자지비왈후, 諸侯曰夫人제후왈부인, 大夫曰孺人대부왈유인. ㉯國품계의 하나. 구품(九品)의 문무관(文武官) 아내의 품계. 여기서 발전하여 벼슬하지 않은 양반의 아내의 통칭으로도 쓴다. ¶ 孺人유인.

孺慕(유모) ①어린애가 부모를 그리워하듯 깊이 사모함. ②國돌아가신 부모를 사모함.
孺嬰(유영) 젖먹이. 갓난아기.
孺人(유인) ①대부(大夫)의 처(妻). ②구품의 문무관(文武官) 아내의 품계(品階). ③벼슬이 없는 사람의 아내에 대한 통칭. 그 명정(銘旌)이나 신주(神主)에 씀.
孺子(유자) 어린아이.

16 ⑲ 【孼】 서자 얼 屑

인명 ㊥niè ㊐ゲツ

소전 초서 속자 孽 자해 ❶서자. 〔史記〕子楚秦諸孼孫자초진제얼손. ❷꾸미다, 치장하다. 〔詩經〕庶美孼孼서강얼얼. ❸재앙, 폐, 폐를 끼치다. 〔書經〕天作孼천작얼, 猶可違유가위. ❹움, 움돋이.
孼孫(얼손) 서출(庶出)의 자손.
孼子(얼자) 첩에게서 난 아들. 庶子(서자).
孼妾(얼첩) 신분이 낮은 첩.
◨ 庶孼서얼.

17 ⑳ 【孽】 孼(320)의 속자

宀 部 갓머리

0 ③ 【宀】 집 면 先

㊥mián ㊐ベン

소전 자원 象形. 지붕이 덮어 씌워져 있는 모양을 본뜬 글자.
자해 ❶집. 사방이 지붕으로 덮어 씌워져 있는 집. ❷한자 부수의 하나, 갓머리.

2 ⑤ 【宄】 도둑 귀 紙

㊥guǐ ㊐キ

소전 초서 자해 도둑. 〔書經〕寇賊姦宄구적간귀.

2 ⑤ 【它】 1 뱀 사 麻 2 다를 타 歌

㊥shé, tā ㊐シャ, タ

소전 초서 자해 1 뱀. ※蛇(1111)의 고자. 2 다르다. =他.

2 ⑤ 【安】 守(321)와 동자

2 ⑤【宂】 쓸데없을 용 腫

㊥rǒng ㊐ジョウ

소전 초서 동자 宂 자해 ❶쓸데없다, 무익하다, 남아돌다. 〔新唐書〕 其事愈繁而官益宂기사유번이관익용. ❷번잡하다, 번거롭다.

宂官(용관) 직책이 없는 벼슬아치. 또는 한가한 벼슬. 散官(산관).
宂談(용담) 쓸데없는 말. 客談(객담).
宂費(용비) 필요하지 않은 비용.
宂員(용원) 쓸데없는 인원. 남는 인원.
宂雜(용잡) 뒤섞여서 분잡함. 混雜(혼잡).

2 ⑤【宁】 쌓을 저 語

㊥zhù ㊐チョ

소전 자해 ❶쌓다, 저장하다. =貯. ❷잠시 멈추어 서다. ≒佇. ¶ 宁立저립.

宁立(저립) 잠시 멈추어 섬. 佇立(저립).

3 ⑥【守】 ①지킬 수 有 ②벼슬 이름 수 宥

중학 인명 4Ⅱ급 ㊥shǒu, shòu ㊐シュ

필순 丶 丶' 宀 宀 宇 守

소전 초서 동자 고자 고자

자원 會意. 宀+寸→守. 법도〔寸〕로써 관청〔宀〕이 공무를 처리한다는 뜻을 나타낸다.

자해 ① ❶지키다. ㉮보호하다. 〔宋史〕 置官兵치관병, 守護之수호지. ㉯방어하다. 〔易經〕 以守其國이수기국. ㉰감시하다. ¶ 守株수주. ㉱어떤 상태를 그대로 계속 유지하다. 〔易經〕 王公設險以守其國왕공설험이수기국. ❷직무, 직책, 임무. 〔孟子〕 有官守者유관수자, 不得其職則去부득기직즉거. ② ❶벼슬 이름. 지방 장관을 이르는 말. 〔史記〕 任鄙爲漢中守임비위한중수. ❷조선 때의 벼슬 이름.

守閣(수각) 의정(議政)이 긴급한 중대사로 임금에게 알현하기를 청하고, 그 하답(下答)이 있을 때까지 편전의 문에서 기다리던 일.
守口(수구) ①말을 삼감. 비밀을 지킴. ②관문(關門)이나 나루터를 감시하고 지킴.
守舊(수구) 묵은 관습을 따름. 保守(보수).
守口如甁(수구여병) 입을 병마개 막듯이 봉함. 비밀을 잘 지키어 누설하지 않음.
守門(수문) 문을 지킴.
守僕(수복) 묘(廟)·사(社)·능(陵)·원(園)·서원(書院) 같은 곳의 제사에 관한 일을 맡아보던 구실아치.
守分(수분) 분수, 본분을 지킴.
守成(수성) 이룬 사업을 지켜 잃지 않음. 선군(先君)의 성법(成法)을 지킴.
守歲(수세) ①세성(歲星)의 자리를 범(犯)함. ②섣달 그믐날 밤에 자지 않고 밤을 세움.
守身(수신) 자기 몸을 지켜 불의(不義)에 빠지지 않게 함.
守義(수의) ①신하로서의 도리를 지킴. ②정조를 지킴. 절개를 지킴. 守節(수절).
守戰(수전) 쳐들어온 적을 막아서 싸움.
守錢奴(수전노) 돈을 모으기만 하고 쓸 줄 모르는 인색한 사람.
守節(수절) ①절개를 지킴. 守貞(수정). ②과부(寡婦)가 재가(再嫁)하지 않음.
守貞(수정) ①정조를 지킴. 守節(수절). ②여자가 뜻을 지켜 결혼하지 않음.
守拙(수졸) 스스로의 졸렬(拙劣)한 생활 태도에 만족함. 시세(時世)에 약빠르게 적응(適應)하지 않고 만족함.
守終(수종) 끝을 완전하게 함.
守株待兎(수주대토) 나무 그루터기를 지키며 토끼를 기다림. ㉠구습(舊習)에만 젖어 시대(時代)의 변천을 모름. ㉡한 가지 일에만 얽매이어 발전을 모르는 어리석은 사람. 故事 어떤 농부가 밭일을 하다가 우연히 나무 그루터기에 토끼가 부딪쳐 죽은 것을 잡은 후 또 그와 같이 토끼를 잡을까 하여 일도 하지 않고 나무 그루터기만 지켜보고 있었다는 고사에서 온 말. 守株(수주).
守則(수칙) 모두가 지켜야 할 규칙.
守護(수호) 지키고 보호함.
◨ 看守간수, 固守고수, 保守보수, 死守사수, 遵守준수.

3 ⑥【安】 편안할 안 寒

중학 인명 7급 ㊥ān ㊐アン

필순 丶 丶' 宀 它 安 安

소전 초서 자원 會意. 宀+女→安. 집〔宀〕 안에 여자〔女〕가 있어 온 집안이 편안함을 얻을 수 있다는 데서 '편안하다'의 뜻을 나타낸다.

자해 ❶편안하다. ㉮편하다. 〔史記〕 人人自安樂之인인자안락지. ㉯걱정 없이 좋다. ¶ 安心안심. ❷편안하게 하다. 〔書經〕 在知人재지인, 在安民재안민. ❸어찌. ≒何·焉. 〔史記〕 君安得高枕而臥乎군안득고침이와호.

安車(안거) 노인이나 부녀자들이 앉아서 타는 작은 수레. 말 한 필이 끎.
安居(안거) ①편안하게 있음. 조용히 있음. ②

자기가 생활하고 있는 곳에 만족함. ③편안한 주거(住居). ④(佛)승려가 여름과 겨울에 날을 정하여 한곳에 모여서 수행하는 일.

安寧(안녕) ①몸이 건강하고 마음이 편안함. 安康(안강). 安泰(안태). ②겨울.

安堵(안도) 마음을 놓음.

安頓(안돈) ①사물을 잘 정돈함. ②안착함.

安樂(안락) ①편안하고 즐거움. ②(佛)극락정토(極樂淨土).

安利(안리) ①편안하고 위해(危害)의 근심이 없음. ②안락(安樂)과 이익(利益).

安眠(안면) 편히 잘 잠.

安命(안명) ①천명(天命)을 따라 분수에 맞게 삶. ②태어난 시(時)와 달〔月〕로 그 사람의 운명(運命)을 점(占)치는 법.

安撫(안무) 백성을 평안하게 다스림. 백성을 편안하게 정착시킴.

安民(안민) 백성들이 편안하게 살도록 함.

安排(안배) ①알맞게 배치하거나 벌임. 按排(안배). ②사물이 있는 그대로 만족함.

安保(안보) 편안하게 잘 지킴.

安分(안분) 편안한 마음으로 분수를 지킴.

安貧樂道(안빈낙도) 가난한 생활 속에서도 평안한 마음으로 도(道)를 즐김.

安肆(안사) 마음 편하고 즐겁게만 하여 예법을 돌보지 않음.

安舒(안서) 편안하고 조용함. 평온함.

安息(안식) 편히 쉼.

安身(안신) ①몸을 편안히 함. 심신을 편하게 함. ②입신출세(立身出世)함. ③편안한 몸.

安身立命(안신입명) 천명(天命)이 돌아가는 곳을 알아 몸을 세워 마음에 근심하고 번뇌하는 바가 없음.

安心(안심) 근심 걱정 없는 편안한 마음. 또는 마음을 편안히 가짐.

安心立命(안심입명) 마음을 편안히 하여 천명(天命)을 다함.

安如泰山(안여태산) 편안하기가 태산과 같음. 태산같이 마음이 든든하고 끄떡하지 않음. 安如盤石(안여반석).

安穩(안온) 편안하고 안정됨.

安危(안위) 편안함과 위태로움.

安慰(안위) ①위로하여 마음을 편하게 함. 慰安(위안). ②정착하여 편안히 지냄.

安易(안이) 편안하고 쉬움.

安逸(안일) 편안히 즐김. 安佚(안일).

安葬(안장) 죽은 이를 편안하게 장사지냄.

安定(안정) 일이나 마음이 편안하게 정해짐.

安靜(안정) 편안하고 고요함. 安謐(안밀).

安存(안존) ①성품이 안온하고 얌전함. ②편안하게 오래도록 계속됨.

安坐(안좌) ①편히 앉음. 아무 일도 하지 않고 있음. ②(佛)㉠부처를 법당에 봉안함. ㉡부처 앞에서 무릎을 꿇고 앉음.

安置(안치) ①일정한 곳에 편안하게 비치(備置)해 둠. ②잠자리에 듦. ③송대(宋代)에 대신(大臣)을 귀양 보내던 일. ④귀양 간 죄인을 가두어 둠.

安宅(안택) ①편히 살 만한 곳. ②집안에 탈이 없도록 터주를 위로하는 일.

安宅正路(안택정로) 사람이 있어야 할 곳과 좇아야 할 곳. 곧, 인(仁)과 의(義).

安土(안토) ①국토를 편안히 함. ②그 땅에 편히 삶.

安土重遷(안토중천) 고향 떠나기를 즐겨하지 않음. '重'은 '꺼린다'를 뜻함.

安閒(안한) 편안하고 한가함. 편안하고 조용함. 安閑(안한). 安舒(안서).

安行(안행) ①안심하고 행함. ②조용히 감. 천천히 감. 徐行(서행). 安步(안보).

安享(안향) 하늘이 준 복을 편안히 누림.

安候(안후) 안부를 물음.

◨ 問安문안, 保安보안, 不安불안, 慰安위안, 治安치안, 便安편안, 平安평안.

3 ⑥【宇】 집 우 麌

중학 인명 3Ⅱ급 ㊥yǔ ㊐ウ

필순 丶 丷 宀 宀 宇 宇

소전 초서 자원 形聲. 宀+于→宇. '于(우)'가 음을 나타낸다.

자해 ❶**집, 주거(住居).** 〔詩經〕八月在宇팔월재우. ❷**지붕.** 〔漢書〕五帝廟同宇오제묘동우. ❸**처마.** 〔易經〕上棟下宇상동하우. ❹**경계, 한계, 끝.** 〔荀子〕君子言有壇宇군자언유단우. ❺**변방, 국경 지대.** 〔春秋左氏傳〕失其守宇실기수우. ❻**하늘, 공간(空間), 천지 사방.** ¶ 宇宙우주. ❼**나라, 국토(國土).** ¶ 宇內우내. ❽**기량(器量), 국량.**

宇內(우내) 온 세상. 하늘 아래.

宇宙(우주) ①천지 사방(天地四方)과 고왕금래(古往今來). 곧, ㉠공간과 시간. ㉡세계(世界). ②처마와 마룻대의 사이.

3 ⑥【宅】 ①집 택 陌 ②國댁 댁

중학 인명 5급 ㊥zhái ㊐タク

필순 丶 丷 宀 宀 宀 宅

소전 초서 참고 인명용 음은 '택·댁'이다.

자원 形聲. 宀+乇→宅. '乇(탁)'이 음을 나타낸다.
자해 1 ❶집, 주거. 〔晉書〕 宅宇舊物택우구물, 不革於昔불혁어석. ❷대지(垈地), 집이 들어앉을 부지. ❸무덤. 〔禮記〕 大夫卜宅與葬日대부복택여장일. ❹살다, 삶을 영위하다. ❺정하다, 결정하다. 〔書經〕 亦惟助王宅天命역유조왕택천명. 2 國댁. ㉮상대방의 집을 이르는 말. ¶ 宅內댁내. ㉯남의 집이나 부인을 이르는 말. ¶ 慶州宅경주댁.
宅居(택거) 주택. 집.
宅心(택심) 마음에 새겨 두고 잊지 않음.
宅兆(택조) 무덤. 묘소(墓所).
宅號(택호) 國벼슬 이름이나 장가든 곳의 이름을 붙여 그 사람의 집을 부르는 이름.
宅內(댁내) 집안. 격식을 차려 남의 집안을 높여 이르는 말.
◨ 家宅가택, 貴宅귀댁, 社宅사택, 住宅주택.

4 ⑦【宏】 클 굉 庚
인명 1급 ㊥hóng ㊐コウ
소전 초서 자해 ❶크다. 〔後漢書〕 臨乎宏池임호굉지. ❷넓다, 넓히다. ≒弘. ¶ 宏放굉방.
宏傑(굉걸) 아주 크고 뛰어남.
宏構(굉구) ①큰 구조(構造). 큰 건축물. ②대저작(大著作).
宏規(굉규) ①큰 계획. 宏猷(굉유). ②훌륭한 모범. 또는 모범이 될 만한 사람.
宏器(굉기) 큰 그릇. 큰 기량(器量).
宏達(굉달) 널리 사리에 통달함.
宏大(굉대) 넓고 큼. 또는 넓고 크게 함.
宏圖(굉도) 원대한 계획. 宏謨(굉모).
宏麗(굉려) 크고 아름다움. 弘麗(홍려).
宏博(굉박) 크고 넓음.
宏富(굉부) 훌륭하고 내용이 풍부함.
宏儒(굉유) 뛰어난 학자. 대학자(大學者).
宏壯(굉장) 아주 크고 훌륭함.
宏才(굉재) 큰 재능. 크고 넓은 재지(才智).
宏才卓識(굉재탁식) 큰 재능과 뛰어난 견식.
宏闊(굉활) 큼직하고 시원스럽게 넓음.

4 ⑦【宋】 송나라 송 宋
인명 2급 ㊥sòng ㊐ソウ
소전 초서 자해 ❶송나라. ㉮춘추 시대 열국(列國)의 하나. 주(周) 무왕(武王)이 은(殷)을 치고 주왕(紂王)의 서형(庶兄)인 미자계(微子啓)를 봉했던 나라. ㉯남북조 시대 남조(南朝)의 한 왕조. 유유(劉裕)가 세운 왕조로, 건업(建業)에 도읍하였다. ㉰오대(五代)의 뒤를 이어 조광윤(趙匡胤)이 세운 왕조. 960년에 변경(汴京)에 도읍하였고, 금나라의 침입으로 1127년에 강남(江南)의 임안(臨安)에 도읍하였다. ❷성씨.
宋文(송문) 송대(宋代)의 문장. 역대(歷代)의 문학의 특징으로 한사(漢史)·당시(唐詩)·송문(宋文)·원곡(元曲)이라 병칭(倂稱)됨.
宋襄之仁(송양지인) 너무 착하기만 하여 쓸데없는 동정을 베풂. 故事 송(宋)나라 양공(襄公)이 초(楚)나라와 홍(泓)에서 싸울 때 공자(公子) 목이(目夷)가 적이 포진(布陣)하기 전에 공격하자고 진언(進言)하였으나, 양공은 군자(君子)는 남이 곤궁(困窮)에 빠져 있을 때 괴롭혀서는 안 된다면서 듣지 않다가 도리어 패망하였다는 고사에서 온 말.
宋儒(송유) 송대(宋代)의 성리학자(性理學者).
宋學(송학) 송대(宋代)의 유교(儒敎) 철학. 염계(濂溪) 주돈이(周敦頤)에게서 비롯하여, 낙양(洛陽)의 정호(程顥)·정이(程頤), 관중(關中)의 장재(張載)를 거쳐 민중(閩中)의 주희(朱熹)에 와서 대성(大成)된 학문.
◨ 南宋남송, 唐宋당송, 北宋북송.

4 ⑦【完】 완전할 완 寒
중학 인명 5급 ㊥wán ㊐カン
필순 丶 丷 宀 宀 宇 宇 完
소전 초서 자원 形聲. 宀+元→完. '元(원)'이 음을 나타낸다.
자해 ❶완전하다, 온전하다. 〔荀子〕 衣則豎褐不完의즉수갈불완. ❷완전하게 하다. 〔春秋左氏傳〕 不如完舊불여완구. ❸끝내다. ❹다스리다, 수선하다. 〔孟子〕 父母使舜完廩부모사순완름.
完決(완결) 완전히 끝을 맺음.
完久(완구) 완전하여 오래 견딜 수 있음.
完納(완납) 다 바침.
完了(완료) 완전히 끝냄.
完璧(완벽) ①흠이 없는 구슬. 결점이 없이 완전함. ②빌렸던 물건을 온전히 반환함. 故事 전국 시대 조(趙)나라의 인상여(藺相如)가 진(秦)나라 소양왕이 열다섯 개의 성(城)과 화씨벽(和氏璧)이라는 보옥(寶玉)을 바꾸자고 하여 진에 사신으로 갔다가 그 구슬을 빼앗기지 않고 무사히 가지고 돌아왔다는 고사에서 온 말. 完璧歸趙(완벽귀조).
完富(완부) 모자라는 데가 없이 풍족함.
完膚(완부) 상처가 없는 완전한 살가죽. 흠이 없는 곳.

完善(완선) 조금도 나무랄 데가 없음.
完遂(완수) 일을 모두 수행함.
完熟(완숙) 완전히 익음.
完勝(완승) 완전하게 승리함.
完實(완실) ①완전히 갖추어짐. ②축적함.
完然(완연) ①결점이 없는 모양. 완전한 모양. ②자득(自得)하는 모양.
完全無缺(완전무결) 부족함이나 결점이 없고 충분함.
完治(완치) 병을 다 치료함.
完窆(완폄) 장사(葬事)를 끝냄. 完葬(완장).
◨ 未完미완, 補完보완.

4 ⑦【宆】 定(325)의 속자

5 ⑧【官】 벼슬 관 ㊇

중학 인명 4Ⅱ급 ㊥guān ㊐カン

필순 丶 丷 宀 宀 宁 宁 官 官

소전 초서 자원 會意. 宀＋𠂤→官. '𠂤'은 '自'의 생략형으로 '여럿'을 뜻한다. 여러〔𠂤〕 사람을 집〔宀〕 안에 있게 한다는 데서 여러 사람을 잘 살 수 있게 다스리는 '벼슬아치'란 뜻을 나타낸다.

자해 **❶벼슬, 관직.** 〔呂氏春秋〕 無以封侯立大官무이봉후립대관. **❷벼슬아치.** 〔書經〕 建官惟賢건관유현. **❸관청, 공무를 집행하는 곳.** **❹섬기다, 벼슬살이하다.** 〔禮記〕 大德不官대덕불관. **❺벼슬을 주다.** **❻본받다, 기준으로 삼아 따르다.** 〔禮記〕 其官於天也기관어천지. **❼관능(官能), 이목구비(耳目口鼻) 등 사람의 기관(器官).** 〔孟子〕 耳目之官이목지관.

官家(관가) ①임금. ②왕실. ③벼슬아치들이 모여 나랏일을 보는 집. 政府(정부). ④고을의 원.
官戒(관계) 관리가 지켜야 할 계칙(戒飭).
官契(관계) 관청에서 증명한 문서.
官敎(관교) 조선 때 임금이 사품 이상의 문무관에게 주던 사령(辭令). 敎旨(교지).
官軍(관군) 정부의 군대. 官兵(관병).
官權(관권) 관청 혹은 관리의 권한.
官紀(관기) 관청의 규칙. 관리의 규율.
官奴(관노) 관가에 딸려 있는 종.
官能(관능) ①관리의 재능. ②재능이 있는 사람에게 벼슬을 맡김. ③감각 기관 및 오관(五官)의 작용(作用). ④육체적 쾌감. 특히 성적(性的) 감각을 말함.
官等(관등) 관직의 등급.
官令(관령) 관청의 명령.
官祿(관록) ①관위(官位)와 봉록(俸祿). ②관리가 받는 봉급.
官僚(관료) 관리. 공무원.
官廩(관름) 정부의 미곡(米穀) 창고.
官命(관명) 정부의 명령. 公命(공명).
官沒(관몰) ①정부에서 백성의 소유물을 몰수함. ②백성의 자유를 박탈하여 관(官)의 노예로 삼음.
官閥(관벌) ①관위(官位)의 등급. ②관작(官爵)과 문벌.
官報(관보) ①정부가 법률·서임(敍任), 그 밖의 공지(公知)할 사항을 실어서 매일 발간하는 공보(公報). ②관청 또는 관리가 내는 공용 전보(電報). ③관아(官衙)의 통보서.
官府(관부) ①조정(朝廷). 정부(政府). 官廳(관청). ②장관(長官).
官簿(관부) 관청의 장부.
官婢(관비) 죄로 말미암아 관(官)에 붙잡혀서 노예가 된 여자. 계집종.
官仕(관사) 관도(官途)에 오름. 官吏(관리).
官司(관사) ①관직(官職). 관리(官吏). ②관청. 官衙(관아).
官守(관수) 관리의 직책. 직무상의 책임.
官修(관수) ①정부에서 책을 편수(編修)하거나 수정함. ②정부에서 어떤 것을 수선함.
官寺(❶관시 ❷관사) ❶①관아(官衙). ②환관(宦官)이 일을 보는 곳. 또는 환관. ❷나라에서 세운 절.
官衙(관아) 예전에, 벼슬아치들이 모여 나랏일을 처리하던 곳.
官案(관안) ①벼슬아치의 관등(官等) 성명을 적은 책. ②각 마을의 이름과 그곳에 딸린 벼슬 이름을 적은 책.
官用(관용) 관청의 비용. 관청에서 사용함.
官運(관운) ①정부가 운반함. 나라의 전매품(專賣品)을 관(官)에서 운반함. ②國벼슬할 운수. 또는 승진할 운수.
官人(관인) ①벼슬에 있는 사람. 벼슬아치. 官吏(관리). ②왕명(王命)의 출납(出納)과 정부의 중대한 언론을 맡은 사람. 喉舌之臣(후설지신). ③남을 부를 때 붙이는 경칭.
官邸(관저) 고급 관리에게 제공되는 집.
官典(관전) 조정(朝廷)의 전제(典制).
官制(관제) 관청의 조직·권한 및 관리의 직무·권한 등을 정한 규칙.
官租(관조) 조세(租稅).
官尊民卑(관존민비) 관리는 존귀(尊貴)하고 백성은 비천(卑賤)함.
官秩(관질) ①관리의 봉급. 官祿(관록). ②관위(官位).
官治(관치) ①관부(官府)에서 다스리는 일. ②

국가의 행정 기관이 직접 맡아 하는 행정.
官板(관판) 정부에서 간행한 서적.
官牌子(관패자→관배자) 國정부에서 발행한 체포 영장(逮捕令狀).
官銜(관함) 벼슬아치의 봉호(封號), 품급(品級), 지낸 관직 등의 통칭.
官海(관해) 관리의 사회. 宦海(환해).
官行(관행) 위의(威儀)를 차려 길을 가는 관원의 일행.
官憲(관헌) ①국가의 규칙. 명령(命令). ②관리(官吏). 官廳(관청).
官戶(관호) ①관직에 있는 사람의 집. ②범죄로 관노(官奴)가 된, 주·현(州縣)에 적(籍)이 없는 사람.
◨ 高官고관, 堂上官당상관, 堂下官당하관, 大官대관, 名官명관, 武官무관, 文官문관, 法官법관, 史官사관, 譯官역관, 任官임관, 長官장관, 次官차관, 判官판관, 宦官환관.

5 ⑧【宝】 寶(342)의 속자 인명

5 ⑧【宓】 1성 복 屋 2편안할 밀 質
인명 ㊥fú, mì ㊐フク, ヒツ
소전 초서 참고 인명용 음은 '복'이다.
자해 1 성(姓). ≒伏. 〔漢書〕 太昊帝宓羲氏태호제복희씨. 2 ❶편안하다. ≒密. 〔淮南子〕 宓穆休于太祖之下밀목휴우태조지하. ❷몰래, 비밀히. ¶ 祕宓비밀.
宓羲(복희) 중국 고대의 전설상의 제왕(帝王). 伏羲(복희).

5 ⑧【実】 實(338)의 속자 인명

5 ⑧【实】 實(338)의 속자

5 ⑧【宛】 1굽을 완 阮 2나라 이름 원 元 3작을 원 願
인명 1급 ㊥wǎn, yuān ㊐エン
소전 초서 참고 인명용 음은 '완'이다.
자해 1 ❶굽다, 구부정하게 하다, 굽히다. 〔漢書〕 宛舌而固聲완설이고성. ❷완연히, 마치. 〔詩經〕 宛在水中央완재수중앙. 2 나라 이름. 한대(漢代)에 서역(西域)에 있었던 나라. 3 작다, 작은 모양. 〔詩經〕 宛彼鳴鳩원피명구.
宛然(완연) ①마치. 흡사. 명료한 모양. ②남에게 양보하여 비키는 모양.
宛轉(완전) ①변화하는 일. ②눈썹이 아름답게 굽은 모양. ③흩어지는 모양.

5 ⑧【宜】 마땅할 의 支
고등 인명 3급 ㊥yí ㊐ギ
필순 丶 丷 宀 宀 宁 宜 宜 宜
소전 초서 자원 會意·形聲. 宀+夕+一→宐→宜. '夕'는 '多'의 생략형으로 '많음'을, '一'은 지면(地面)을 뜻한다. 땅 위〔一〕에 있는 집〔宀〕 안에 많은〔夕〕 물건을 쌓아 둔다는 데서 '안심하고 정착하다, 마땅하다'란 뜻을 나타낸다.
자해 ❶마땅하다. ㉮알맞다, 마땅하다. 〔呂氏春秋〕 主之賞罰爵祿之所加者宜주지상벌작록지소가자의. ㉯도리에 맞아 옳다. 〔禮記〕 衣服異宜의복이의. ❷화목하다, 화순(和順)하다. 〔詩經〕 宜其室家의기실가. ❸제사 이름.
宜男草(의남초) 훤초(萱草)의 딴 이름.
宜當(의당) 마땅함. 적절함. 으레.
宜稻(의도) 벼 심기에 알맞음.
宜人(의인) ①남의 마음에 듦. ②외명부(外命婦)의 하나. 6품 문무관과 종친 부인의 품계.
宜稱(의칭) ①좋은 이름. ②적당함.
◨ 時宜시의, 適宜적의, 便宜편의.

5 ⑧【定】 정할 정 徑
중학 인명 6급 ㊥dìng ㊐テイ
필순 丶 丷 宀 宀 宁 宁 宇 定
소전 초서 속자 자원 形聲. 宀+正→定. '正(정)'이 음을 나타낸다.
자해 ❶정하다. ㉮결정하다. 〔禮記〕 論進士之賢者론진사지현자, 以告於王而定其論이고어왕이정기론. ㉯편안하게 하다. 〔詩經〕 以定王國이정왕국. ㉰정리하여 바로잡다. 〔禮記〕 昏定而晨省혼정이신성. ㉱바로잡다. ㉲평정하다. ❷반드시, 꼭. 〔史記〕 陳王定死진왕정사. ❸별 이름, 영실(營室).
定價(정가) 정해진 값.
定格(정격) 일정한 기준이나 격식.
定見(정견) 분명한 의견.
定計(정계) 계략을 세움.
定交(정교) 벗이 됨. 친구로 사귐.
定規(정규) ①원형(圓形)을 만듦. ②現정함. 결정함. ③정해진 규칙. 規約(규약).

宀 5획

定期(정기) 정해진 기한.
定量(정량) 정해진 수량.
定例(정례) 일정한 규례.
定論(정론) ①일정한 결론에 도달하여 움직일 수 없는 이론. 定說(정설). ②품등(品等)의 고하(高下)를 결정함.
定律(정률) ①정해진 규칙. 일정한 규칙. ②규칙을 정함.
定理(정리) 영원한 진리.
定命(정명) ①선천적으로 정해진 운명의 정수(定數). 天命(천명). 宿命(숙명). ②(佛)타고난 수명(壽命). ③변경하지 못할 명령. ④천명(天命)을 다함.
定配(정배) 귀양 보낼 곳을 정하고 죄인을 귀양 보냄.
定本(정본) 오류를 정정(訂正)한 책. 이본(異本)이 많은 고전(古典) 따위에서 오류·오식을 정정한 가장 표준이 될 만한 책. 校定本(교정본).
定分(정분) ①군신(君臣)·부자(父子)·부부(夫婦) 등의 정해진 신분. ②자연적으로 정해진 운명. ③지위·신분을 정함.
定石(정석) 일처리 과정에서 합리적인 일정한 방식.
定省(정성) 밤에는 잠자리를 깔아 편안히 쉬게 하고, 아침에는 안부를 물어 살핌. 자식이 부모를 잘 섬김. 昏定晨省(혼정신성).
定時(정시) ①사시(四時)의 절후를 정하여 바룸. ②일정한 시간.
定額(정액) 정해진 금액.
定業(정업) ①일정한 직업. ②업을 정함. 대업(大業)을 성취함. ③(佛)전세부터 정해진 업보(業報).
定義(정의) 사물이나 말의 개념을 명확하게 규정함.
定情(정정) 결혼함. 예를 갖추어 부부가 됨.
定鼎(정정) 도읍을 정함.
定策(정책) ①대신(大臣)이 임금의 존립(尊立)을 도모함. ②계책을 결정함. 획책함.
定策國老(정책국로) 천자(天子)를 세우거나 폐위(廢位)하는 나라의 원로(元老). 故事 당대(唐代)에 경종(敬宗)에서 선종(宣宗)까지의 천자 폐립(廢立)을 환관(宦官)이 마음대로 하였는데, 환관 양복공(楊復恭) 등이 스스로를 '정책국로'라 한 데서 온 말.
定處(정처) 정한 곳. 일정한 곳.
定礎(정초) ①주춧돌. ②사물의 기초.
定則(정칙) 일정한 규칙.
定評(정평) 일반적으로 인정받는 평판.
定限(정한) ①일정한 정도·제한. ②날짜를 한정함. ③기한을 정함.

宀 5획

定形(정형) ①일정한 형체. ②형체를 정함.
定昏(정혼) ①해가 저물 무렵. 저녁때. ②밤에 잘 자라고 인사하는 일. 昏定(혼정).
◨ 假定가정, 鑑定감정, 決定결정, 固定고정, 規定규정, 斷定단정, 未定미정, 設定설정, 安定안정, 豫定예정, 認定인정, 制定제정, 特定특정, 判定판정, 平定평정, 限定한정, 協定협정.

5 ⑧【宗】 마루 종 图

중학 인명 4Ⅱ급 ㊥zōng ㊐ジュウ

필순 丶 丷 宀 宀 宁 宇 宗 宗

소전 초서 자원 會意. 宀+示→宗. 집〔宀〕 안에 신주〔示〕가 있는 모습으로, 조상 또는 신주를 모시는 곳인 '종묘, 사당' 등의 뜻을 나타낸다.
자해 **❶마루, 일의 근원.** 〔國語〕 禮之宗也례지종야. **❷사당, 종묘.** **❸일족(一族), 동성(同姓).** **❹갈래, 유파(流派).** ¶ 禪宗선종. **❺높이다, 으뜸으로 높이다.** 〔史記〕 學者宗之학자종지. **❻존숭하는 사람, 으뜸으로 존중하는 사람.** 〔後漢書〕 導人追宗도인추종. **❼조현(朝見)하다.** 〔書經〕 江漢朝宗於海강한조종어해.
宗家(종가) 한 씨족에서 맏이로 이어온 집.
宗系(종계) 본가(本家).
宗工(종공) ①학문이나 기술이 뛰어나 사람들의 추앙을 받는 사람. ②문중(門中)에서 벼슬에 있는 사람. ③사공(司空)의 직(職).
宗敎(종교) 절대적이고 초인간적인 대상을 신앙하고 숭배하는 일의 전반적 체계.
宗器(종기) 제기(祭器)와 악기(樂器). 곧, 종묘(宗廟)에서 쓰는 기구.
宗畓(종답) 國문중(門中) 소유의 논과 밭.
宗徒(종도) 종교의 신도.
宗老(종로) ①동족 중의 존장자(尊長者). ②가신(家臣) 중에 예악(禮樂)을 맡은 사람.
宗廟(종묘) ①조상을 모시는 사당(祠堂). 임금이나 제후(諸侯)가 그 조상에게 제사를 올리는 사당. ②국가. 社稷(사직).
宗廟社稷(종묘사직) 왕실과 나라의 병칭.
宗婦(종부) ①대종(大宗)의 맏며느리. 본가의 주부. ②동성의 대부(大父)의 처(妻).
宗社(종사) 종묘(宗廟)와 사직(社稷).
宗師(종사) ①숭앙받는 스승. ②받들어 모범을 삼음.
宗孫(종손) 國종가(宗家)의 대를 이을 적장(嫡長)인 자손.
宗臣(종신) ①중직(重職)에 있으면서 세상에서 추앙을 받고 있는 신하. 重臣(중신). ②왕족으로서 벼슬자리에 있는 사람.
宗室(종실) ①태종(太宗)의 묘(廟). 곧, 선조의 사당. ②왕족. 임금의 일가. ③대본(大本). 根本(근본). ④대종(大宗)의 집.
宗氏(종씨) 동족(同族) 또는 촌수나 항렬을 따지지 않는 사이의 호칭.
宗彝(종이) 종묘(宗廟) 제사 때 쓰는 제기의 하나. 술통.
宗匠(종장) ①공인(工人)의 우두머리. 工師(공사). ②스승으로 받드는 사람. 師宗(사종). ③종사(宗師).
宗正(종정) ①한 문중의 가장 높은 어른. ②(佛)불교의 최고 관리자.
宗祧(종조) ①원조(遠祖)를 옮겨 모시던 사당. 宗廟(종묘). ②국가(國家).
宗主(종주) ①으뜸. 근본(根本). ②적실(嫡室)에서 난 후손의 맏아들과 맏손자. 嫡長子(적장자). ③종묘의 위패(位牌).
宗中(종중) 성(姓)이 같고 본(本)이 같은 한 겨레붙이의 문중(門中).
宗支(종지) 한 종중(宗中)의 종파(宗派)와 지파(支派).
宗旨(종지) ①주요한 뜻. 主旨(주지). ②(佛) ㉠종문(宗門)의 취지. ㉡종파(宗派).
宗戚(종척) 왕의 종친(宗親)과 외척(外戚).
宗親(종친) ①國임금의 친족. 宗姓(종성). ②친족. 一族(일족). ③동모(同母)의 형제.
宗統(종통) 주 종교나 가문의 주 계통.
宗會(종회) 문중이나 종파의 모임.
◨ 改宗개종, 教宗교종.

5 ⑧【宙】 집 주 宥

중학 인명 3Ⅱ급 ㊥zhòu ㊐チュウ

필순 丶 ⼂ 宀 宀 宀 宙 宙 宙

소전 (篆) 초서 (草) 자원 形聲. 宀+由→宙. '由(유)'가 음을 나타낸다.

자해 **❶집, 주거. ❷하늘. ❸동량(棟梁), 마룻대와 들보.** 〔淮南子〕以爲不能與之爭於宇宙之間이위불능여지쟁어우주지간. **❹때, 무한한 시간.** 〔莊子〕有長而無本剽者宙也유장이무본표자주야.
宙宇(주우) 왕고래금(往古來今)과 사방 상하(四方上下). 곧, 시간과 공간. 宇宙(우주).

5 ⑧【宕】 방탕할 탕 漾

인명 1급 ㊥dàng ㊐トウ

소전 (篆) 초서 (草) 자해 **방탕하다, 방자하게 굴다.** ≒蕩. 〔春秋穀梁傳〕長狄兄弟三人佚宕中國장적형제삼인일탕중국.
宕巾(탕건) 國관직자만이 사용하던, 망건 위에 쓰는 관건(冠巾)의 한 가지.
◨ 跌宕질탕, 豪宕호탕.

5 ⑧【宖】 집 울릴 횡 庚

인명 ㊥hóng ㊐クワウ

자해 **❶집이 울리다. ❷편안하다.**

6 ⑨【客】 손 객 陌

중학 인명 5급 ㊥kè ㊐キャク

필순 丶 ⼂ 宀 宀 夕 安 客 客 客

소전 (篆) 초서 (草) 자원 形聲. 宀+各→客. '各(각)'이 음을 나타낸다.

자해 **❶손, 찾아오거나 찾아가거나 한 사람.** 〔禮記〕主人敬客주인경객, 則先拜客즉선배객. **❷붙이다, 의탁하다. ❸상객(上客), 한 자리에서 공경받는 사람.** 〔春秋左氏傳〕趙孟爲客조맹위객. **❹식객(食客). ❺외래자(外來者).** 〔春秋左氏傳〕宋先代之後也송선대지후야, 於周爲客어주위객. **❻사람.** 〔後漢書〕吳王好劍客오왕호검객. **❼단골손님, 고객.** 〔南史〕估客不至고객부지. **❽과거, 지나간 때.**
客卿(객경) 타국(他國)에서 와서 경상(卿相)이 된 사람.
客苦(객고) 國객지에서 겪는 고생.
客工(객공) 임시 직공.
客官(객관) ①타국에 들어가서 관리가 됨, 또는 그 사람. ②관청의 사무에 직접 책임이 없는 벼슬아치. ③다른 관아에서 와서 임시로 일을 보는 벼슬아치.
客觀(객관) ①제 삼자의 입장에서 사물을 보거나 생각함. ②주관의 작용과는 상관없이 독립하여 존재한다고 생각되는 것.
客氣(객기) ①쓸데없는 허세. 혈기(血氣)에서 나온 용기. ②그 해의 운(運)을 움직이는 외부에서 온 운기(運氣).
客難(객난) 손님이 비난함. 손님의 비난.
客談(객담) 객쩍은 말. 군소리.
客禮(객례) 손으로서 예우(禮遇)함. 또는 손을 대하는 예의.
客反爲主(객반위주) 손이 거꾸로 주인 행세를 함. 일의 부차적인 것과 주되는 것이 뒤바뀜.
客兵(객병) ①다른 나라에 주둔하는 병사(兵士). ②손님. 客(객).
客舍(객사) 나그네를 묵게 하는 집. 여관.
客使(객사) ①다른 나라에서 온 사자(使者). ②조선 때, 새해 첫날이나 동지(冬至)에 문무 백관이 조하(朝賀)할 때 반열(班列)에 참여시키던 일본·유구(琉球)의 사신들과 모든 야인(野人)의 관원들.
客思(객사) 객지에서 느끼는 생각.
客席(객석) 손님의 자리.
客愁(객수) 객지에서 느끼는 쓸쓸한 느낌이나 호젓한 생각. 객지에서의 수심(愁心).
客心(객심) ①객지에서 느끼는 쓸쓸하고 불안한 마음. ②國딴 마음.
客寓(객우) ①손이 되어 몸을 의탁함. ②손이 되어 거처하는 임시의 집.
客遇(객우) 빈객(賓客)으로 대우함.
客員(객원) 정원 외의 인원.
客遊(객유) 여기저기 떠돌아다님. 유랑함.
客子(객자) 나그네. 旅人(여인). 遊子(유자).
客戰(객전) 타향에서 싸움. 객지의 전투.
客店(객점) 길 가는 손이 음식을 사 먹거나 자는 주막. 客棧(객잔). 旅館(여관).

客亭(객정) ①사신을 송영(送迎)하는 곳. 驛亭(역정). ②여관. 客舍(객사).
客主(객주) ①손과 주인. ②적과 아군. ③國상인의 물건을 위탁받아 팔거나 매매를 소개하며, 또 그 상인을 숙박시키는 영업.
客窓(객창) 나그네가 거처하는 방의 창. 곧, 여관의 방.
客土(객토) ①딴 곳에서 옮겨 온 흙. ②객지(客地). 타향.
客夏(객하) 작년 여름.
客鄕(객향) 타향.
客戶(객호) ①다른 지방에서 새로 입적(入籍)한 사람의 집. ②남의 집에서 몸을 붙여 삶. 寄留(기류). ③단골. 顧客(고객).
客懷(객회) 객지에서 품는 쓸쓸한 회포.
◨ 劍客검객, 顧客고객, 賓客빈객, 食客식객, 刺客자객, 主客주객, 醉客취객, 賀客하객, 俠客협객.

6
⑨【宣】 베풀 선 先

고등 인명 4급 ㊥xuān ㊐セン

필순 丶 丶 宀 宀 宀 宁 宣 宣 宣

소전 㝨 초서 宣 고자 亘 자원 形聲. 宀+亘→宣. '亘(선)'이 음을 나타낸다.

자해 ❶베풀다, 은혜 따위를 끼치어 주다. 〔書經〕日宣三德일선삼덕. ❷펴다. ㉮생각을 말하다, 의사를 밝히다. 〔春秋左氏傳〕未宣其用미선기용. ㉯널리 알리다, 널리 공포하다. 〔周禮〕乃宣布于四方내선포우사방. ㉰널리 퍼뜨리다. ¶ 宣傳선전. ❸임금이 말하다, 임금이 하교(下教)를 내리다. ¶ 宣旨선지. ❹조서(詔書), 조칙. ❺떨치다, 발양(發揚)하다. ¶ 宣揚선양.

宣告(선고) ①널리 알림. ②재판관이 법정에서 판결을 언도함.
宣教(선교) 종교를 전하여 널리 폄.
宣德(선덕) ①덕(德)을 폄. ②한대(漢代)의 장락궁(長樂宮) 안에 있던 궁전 이름.
宣力(선력) 힘을 다함. 진력함.
宣明(선명) 뚜렷이 나타남. 명확하게 밝혀 선언하거나 선포함.
宣命(선명) ①조서(詔書). 조칙(詔勅). ②교명(敎命)을 전달함.
宣撫(선무) 정부의 뜻을 전해 어지러운 민심을 안정시킴.
宣飯(선반) 관청에서 끼니 때 관원에게 제공하던 식사.
宣父(선보) 공자(孔子)의 존칭.
宣誓(선서) 여러 사람 앞에서 맹세하는 일.
宣召(선소) 임금이 신하를 불러서 봄.
宣示(선시) 선포(宣布)하여 널리 알림.
宣揚(선양) 널리 세상에 드날림.
宣言(선언) ①널리 펴서 나타냄. ②정식으로 공표함.
宣醞(선온) 임금이 신하에게 술을 하사(下賜)하던 일. 또는 그 술.
宣威(선위) 위광(威光)을 빛냄. 위력을 떨침.
宣猶(선유) 널리 여러 사람과 꾀함.
宣傳(선전) ①위에서 아래로 명령을 전함. ②말을 퍼뜨림. ③어떤 사물이나 사상·주의 등을 많은 사람에게 널리 알림.
宣戰(선전) 상대국(相對國)에게 전쟁을 개시한다는 일방적인 의사를 표시함.
宣旨(선지) 임금의 명령. 조칙(詔勅).
宣布(선포) 널리 펴 알림. 公布(공포).
宣下(선하) 조서(詔書)를 내림.
宣化(선화) ①선정(善政)을 폄. ②덕화(德化)를 선포(宣布)함.

6
⑨【室】 집 실 質

중학 인명 8급 ㊥shì ㊐シツ

필순 丶 丶 宀 宀 宀 宏 宏 室 室

소전 㝨 초서 室 자원 會意·形聲. 宀+至→室. 사람이 이르러[至] 사는 집[宀]이란 뜻을 나타낸다. '至(지)'가 음도 나타낸다.

자해 ❶집, 건물. 〔詩經〕作于楚室작우초실. ❷방. 〔論語〕未入於室也미입어실야. ❸거처(居處), 사는 곳. ❹아내. 〔禮記〕三十日壯삼십왈장, 有室유실. ❺칼집. 〔史記〕劍長操其室검장조기실. ❻가족, 일가(一家). 〔孟子〕不得罪於

巨室부득죄어거실. ❼구덩이, 무덤. 〔詩經〕 歸于其室귀우기실.
室家(실가) ①집. ②부부(夫婦). ③가정(家庭).
室人(실인) ①주인(主人). ②처첩(妻妾)의 총칭(總稱). ③집안 사람. 가족. 家人(가인). ④자기의 아내를 일컫는 말.
◨ 居室거실, 茶室다실, 密室밀실, 別室별실, 病室병실, 產室산실, 船室선실, 暗室암실, 溫室온실, 王室왕실, 浴室욕실, 蠶室잠실, 宗室종실, 側室측실, 寢室침실, 後室후실.

6 ⑨ 【宥】 용서할 유 宥

인명 1급 ㊥yòu ㊐ユウ

소전 초서 자해 ❶용서하다. 〔書經〕 流宥五刑류유오형. ❷돕다, 보좌하다. 〔漢書〕 神若宥之신약유지. ❸권하다, 식사나 술을 권하다. ≒侑.
宥免(유면) 죄를 용서함. 宥恕(유서).
宥恕(유서) ①너그러이 봐줌. 묵인해 줌. ②죄를 용서함. 宥免(유면).
宥還(유환) 귀양 간 죄인이 용서되어 돌아옴.
◨ 寬宥관유, 赦宥사유.

6 ⑨ 【宦】 벼슬 환 諫

인명 1급 ㊥huàn ㊐カン

소전 초서 자원 會意. 宀+臣→宦. 집〔宀〕 안에서 신하〔臣〕로서의 일을 한다는 뜻을 나타낸다.
자해 ❶벼슬, 관직. 〔南史〕 弱年薄宦약년박환. ❷벼슬아치. 〔新唐書〕 群宦不平군환불평. ❸내시, 환관. 〔後漢書〕 豎宦充朝수환충조.
宦官(환관) ①궁중에서 일하는 남자. 內侍(내시). ②벼슬아치.
宦女(환녀) ①궁중의 여자 종. 관부(官府)의 여자 종. 官婢(관비). ②환관과 여자.
宦達(환달) 벼슬아치로 입신(立身)함.
宦途(환도) ①관리의 위계(位階)와 승강(昇降). ②사관(仕官)의 길. 宦路(환로).
宦成(환성) 벼슬하여 입신 출세함.
宦業(환업) 벼슬아치의 업적.
宦情(환정) 관리가 되고 싶은 뜻.
宦海(환해) 관리(官吏)의 사회. 官界(관계).
◨ 內宦내환, 薄宦박환, 仕宦사환.

7 ⑩ 【家】 집 가 麻

중학 인명 7급 ㊥jiā ㊐カ

필순 丶 丶 宀 宀 宀 字 家 家 家 家

소전 초서 고자 豭 자원 會意. 宀+豕→家. 집〔宀〕 안에 돼지〔豕〕가 있는 모습으로 '돼지우리'를 뜻하였으나 후세에 '사람이 사는 집'으로 뜻이 바뀌었다.
자해 ❶집, 건물. 〔史記〕 平原君家樓평원군가루, 臨民家림민가. ❷집 안. ❸지아비, 남편. 〔孟子〕 女子生而願爲之有家녀자생이원위지유가. ❹아내, 처(妻). 〔楚辭〕 浞又貪夫厥家착우탐부궐가. ❺가정, 가족. 〔周禮〕 上地家七人상지가칠인. ❻한 집안의 계통, 가계(家系). ❼한집안, 일족(一族). 〔詩經〕 宜其室家의기실가. ❽살다, 주거하다. 〔漢書〕 往家焉왕가언. ❾전문 학예·기술에 능통한 사람.
家居(가거) ①벼슬하지 않고 집에 있음. ②집. 주거(住居). 家處(가처).
家慶(가경) ①집안의 즐거운 일. ②양친(兩親)이 건재(健在)함. 具慶(구경).
家系(가계) 집안의 계통.
家計(가계) 한 집안의 살림살이.
家口(가구) ①가족. ②세대. 집.
家具(가구) 살림에 필요한 여러 물건.
家君(가군) 남에게 대하여 자신의 아버지를 일컫는 말.
家眷(가권) 가족. 家率(가솔).
家規(가규) 한 집안의 규율. 家憲(가헌).
家禽(가금) 집에서 기르는 거위·닭·오리 따위의 새.
家給人足(가급인족) 집집마다 넉넉하고 사람마다 풍족함.
家難(가난) 집안의 재난. 집안의 불행.
家內(가내) ①한 집안. ②가까운 친척.
家奴(가노) 개인 집의 사내 종.
家道(가도) ①가족이 집안에서 지켜야 할 도리. ②살림살이. 집안 살림을 다스리는 일. 家計(가계). 家塗(가도).
家豚(가돈) 남에게 자기 아들을 일컫는 말.
家僮(가동) ①집안의 종. ②집안의 아이 종.
家令(가령) ①고관(高官)이나 대가(大家)에서 그 집안 고용인(雇傭人)을 지휘·감독하고 살림 전부를 맡아보는 사람. ②벼슬 이름. 태자(太子)를 섬기는 속관(屬官)으로 태자의 가무(家務)를 맡아보았음.
家禮(가례) 한 집안의 예법.
家老(가로) ①일족(一族)의 장로(長老). ②대부(大夫) 등의 가신(家臣) 가운데 우두머리.
家祿(가록) 대대로 이어서 받는 나라의 녹봉.
家名(가명) 집안의 명성이나 명예.
家廟(가묘) 조상(祖上)의 사당(祠堂).
家門(가문) 가족이나 일가로 이루어진 공동체.
家邦(가방) 집안과 나라. 國家(국가).

家閥(가벌) 문벌(門閥). 선대의 공적.
家法(가법) ①한 집안의 규율. ②그 집안의 대대로 내려오는 비법. ③사제(師弟)가 상전(相傳)하는 일가(一家)의 학문.
家譜(가보) ①한 집안의 계보(系譜). ②한 집안의 족보(族譜).
家寶(가보) 집안의 보배. 대대로 전하여 내려오는 집안의 값진 물건.
家僕(가복) 집에서 부리는 사내 종.
家福(가복) 집안의 행복.
家事(가사) ①집안일. 家務(가무). ②가구. ③완구(玩具).
家舍(가사) 집. 屋舍(옥사).
家山(가산) 고향(故鄕). 家鄕(가향).
家產(가산) 집안의 재산.
家生(가생) ①한 집안의 생계. 家計(가계). ②집안에서 쓰는 집기(什器). ③대대로 그 집을 섬겨 온 사람.
家書(가서) ①그 집에 전하는 책. 家本(가본). ②집으로 부치는 편지. 또는 집에서 온 편지.
家書萬金(가서만금) 타향에 있을 때, 집에서 부쳐 온 편지는 천만금보다 더 귀하고 반가움.
家聲(가성) 그 집안의 명예나 명성.
家世(가세) 가계(家系). 문벌.
家勢(가세) 한 집안의 여러 형세.
家屬(가속) ①집안 식구. ②아내.
家塾(가숙) ①개인이 경영하는 글방. 私塾(사숙). ②주대(周代)의 교육 제도. 25가(家)를 여(閭;里)라고 하는데, 그 이중(里中)의 자제(子弟)를 교육하였음.
家乘(가승) 한 집안의 역사. 또는 집안의 계보(系譜). 家史(가사).
家臣(가신) 경(卿)·대부(大夫)에게 벼슬을 하는 부하. 陪臣(배신).
家信(가신) 고향 집에서 온 소식.
家室(가실) ①집. 주택. ②아내. ③가족.
家嚴(가엄) 남에게 대하여 자기 아버지를 이르는 말. 家公(가공). 家親(가친).
家業(가업) ①집안이 대대로 이어 온 생업(生業). ②한 집안의 재산과 문벌(門閥).
家屋(가옥) 집.
家用(가용) 집안 살림살이에 씀.
家人(가인) ①집안의 사람. 家族(가족). ②종. 下人(하인). 下僕(하복). ③일반 사람. 庶民(서민). 人民(인민). ④64괘(卦)의 하나. 괘형은 ䷤. 내외(內外)가 모두 바름을 얻음을 상징한다. 家人卦(가인괘).
家慈(가자) 남에게 대하여 자기 어머니를 이르는 말. 慈親(자친).
家作(가작) 자기 집에서 직접 만듦.
家長(가장) 한 집안의 어른. 戶主(호주).
家藏什物(가장집물) 집안의 온갖 세간.
家丁(가정) 집에서 부리는 남자 상일꾼.
家政(가정) ①집안 살림을 다스리는 일. ②한 집안의 경제.
家庭(가정) 집.
家尊(가존) ①남의 아버지에 대한 존칭. ②國 남에게 대하여 자기 아버지를 이르는 말.
家主翁(가주옹) 한 집안의 어른.
家集(가집) 한 가문의 문집(文集).
家牒(가첩) 한 집안의 계보를 적은 책.
家畜(가축) 집에서 기르는 동물.
家親(가친) 남에게 대하여 자기 아버지를 이르는 말.
家宅(가택) 집.
家風(가풍) 집안 대대의 예의 범절과 기풍.
家學(가학) ①그 집안에 대대로 전하여 내려오는 학문. ②집에서 배운 학문.
家鄕(가향) 고향(故鄕). 家山(가산).
家兄(가형) ①남에게 대하여 자기의 형을 이르는 말. ②금전(金錢)의 딴 이름.
家患(가환) 집안의 우환.
家訓(가훈) 조상이 자손에게 남긴 교훈.
家諱(가휘) 자기의 부조(父祖) 이름을 부르는 것을 피하는 일. 私諱(사휘).
◨ 國家국가, 歸家귀가, 農家농가, 道家도가, 墨家묵가, 法家법가, 兵家병가, 本家본가, 分家분가, 佛家불가, 貧家빈가, 商家상가, 僧家승가, 王家왕가, 外家외가, 儒家유가, 一家일가, 隣家인가, 作家작가, 出家출가, 畫家화가.

7 ⑩【宮】宫 집 궁 東

고등 인명 4Ⅱ급 ㊥gōng ㊐キュウ

필순 丶 丷 宀 宀 宀 宫 宫 宫 宮 宮

소전 宮 초서 宫 자원 象形. 宀+呂→宮. '宀'은 지붕이고, '呂'은 집과 집이 연결되어 있는 모습이다.

자해 ❶집. ㉮일반 백성이 거처하는 집. 진한(秦漢) 이후에는 이 뜻으로는 쓰이지 않았다. 〔禮記〕 儒有一畝之宮유유일묘지궁. ㉯궁궐. ㉰종묘(宗廟). 〔詩經〕 自郊徂宮자교조궁. ㉱신을 위하는 사당. ㉲신선의 주거. ❷담, 장원(牆垣). 〔儀禮〕 爲宮方三百步위궁방삼백보. ❸두르다, 위요(圍繞)하다. 〔禮記〕 君爲廬宮之군위려궁지. ❹오음(五音) 음계의 제일음. 〔莊子〕 鼓宮宮動고궁궁동. ❺궁형, 오형(五刑)의 하나. 생식 기능을 거세하는 형. 〔漢書〕 宮罪五百궁죄오백.

宮家(궁가) 國대군, 왕자군, 공주, 옹주의 집.

宮監(궁감) ①궁중의 일을 다루는 관리. ②궁중(宮中). 官衙(관아).
宮官(궁관) 동궁(東宮)에 딸렸던 관리.
宮闕(궁궐) 궁성(宮城).
宮禁(궁금) ①왕궁의 금령(禁令). ②황후(皇后)의 거소(居所).
宮女(궁녀) 궁중에서 일하는 여자.
宮童(궁동) 궁중에서 부리는 아이.
宮廟(궁묘) ①임금의 영혼을 모신 사당(祠堂). ②왕실.
宮房(궁방) 궁중의 여관(女官)들의 방.
宮詞(궁사) 궁내(宮內)의 비사(祕事)나 소문을 풍자적으로 읊은 칠언 절구의 시체(詩體).
宮事(궁사) ①부녀자의 일로 가장 중요한 잠상(蠶桑)의 일. ②부녀자가 행하는 가사(家事).
宮商(궁상) ①오음(五音) 중의 기본이 되는 궁(宮)과 상(商). ②음률(音律).
宮商角徵羽(궁상각치우) 음악의 다섯 가지 기본 음(音). 군(君)·신(臣)·민(民)·사(事)·물(物)에 배당됨.
宮室(궁실) ①집. 가옥. ②궁전(宮殿). ③처자(妻子). ④묘(廟)와 제전(祭奠)을 행하는 곳.
宮醞(궁온) 임금이 내리는 술.
宮垣(궁원) 궁궐의 담.
宮闈(궁위) 궁중의 내전(內殿). 황후의 궁전.
宮人(궁인) ①후궁(後宮)에 딸린 부녀자. ②임금의 침실을 맡고, 겸하여 임금의 의복에 관한 일을 맡았던 주대(周代)의 벼슬.
宮墻(궁장) ①집 둘레의 담. 宮牆(궁장). ②사문(師門).
宮殿(궁전) 왕이 거처하는 곳. 宮闕(궁궐).
宮庭(궁정) 대궐 안의 마당.
宮中(궁중) 대궐 안.
宮體(궁체) ①육조(六朝) 말기에서 당대(唐代) 초기까지 유행한 시체(詩體). 궁정(宮廷)의 생활, 남녀 사이의 애정을 주로 담고 있음. ②國궁녀(宮女)들이 쓰던 한글 글씨체.
宮合(궁합) 國남녀의 사주(四柱)를 맞추어 보고 부부로서 적합한가를 알아보는 일.
宮刑(궁형) 오형(五刑)의 하나. 사형(死刑) 다음으로 무거운 형벌로서, 남자는 거세(去勢)하고 여자는 감방(監房)에 유폐하였음. 宮罰(궁벌). 宮罪(궁죄). 宮辟(궁벽).
◨ 東宮동궁, 迷宮미궁, 王宮왕궁, 龍宮용궁, 後宮후궁.

7 ⑩ 【宬】 서고 성 庚

인명 ㊥chéng ㊐セイ

소전 초서 동자 宬 자해 서고(書庫), 장서실(藏書室).

7 ⑩ 【宵】 밤 소 蕭

인명 1급 ㊥xiāo ㊐ショウ

소전 초서 속자 宵 자해 ❶밤, 야간(夜間). 〔書經〕 宵中星虛소중성허. ❷작다. ≒小. 〔禮記〕 宵雅肄三소아이삼. ❸생명주. ≒綃. ¶ 宵衣소의.

宵衣(소의) ①검은 명주로 만든 제복(祭服). 고대(古代) 부인이 제사를 도울 때에 입던 옷. ②소의간식(宵衣旰食).
宵衣旰食(소의간식) 날이 채 밝기 전에 일어나 정복(正服)을 입고, 해가 진 후에 저녁밥을 먹음. 임금이 정사(政事)에 부지런함. 宵旰(소간). 宵衣(소의).
宵行(소행) ①밤길을 감. ②개똥벌레.
◨ 晝宵주소.

7 ⑩ 【宸】 집 신 眞

인명 1급 ㊥chén ㊐シン

소전 초서 자해 ❶집, 처마. ❷대궐. ❸하늘, 허공.

宸鑑(신감) 천자(天子)가 봄.
宸居(신거) 천자가 거처하는 곳.
宸極(신극) ①천자의 거소(居所). ②제왕의 자리. 君位(군위). 皇位(황위). ③북극성.
宸襟(신금) 천자의 마음. 천자의 뜻.
宸怒(신노) 제왕의 분노.
宸斷(신단) 천자의 결단(決斷). 天裁(천재).
宸慮(신려) 천자의 사려. 임금의 생각.
宸掖(신액) 대궐. 궁궐.
宸遊(신유) 천자의 순유(巡遊).
宸儀(신의) ①천자의 규범. 천자의 행실. ②천자의 용자(容姿).
宸旨(신지) 천자의 뜻.
宸筆(신필) 천자의 친필(親筆). 宸翰(신한).

7 ⑩ 【宴】 잔치 연 霰

고등 인명 3Ⅱ급 ㊥yàn ㊐エン

필순 丶 丷 宀 宀 宀 官 宣 宴 宴 宴

소전 초서 자원 會意·形聲. 宀+晏→宴. 집〔宀〕에서 편안〔晏〕하게 지낸다라는 뜻을 나타낸다. '晏(안)'이 음도 나타낸다.

자해 ❶잔치, 술자리. ❷잔치하다, 술자리를 베풀다. 〔孟子〕 不敢以宴불감이연. ❸즐기다. 〔春秋左氏傳〕 衡父不忍數年之不宴형부불인수년지불연.

宴歌(연가) ①주연을 베풀고 노래함. ②연회

때에 부르는 노래.
宴樂(❶연락 ❷연악) ❶①편안히 즐김. ②주연으로 즐김. 宴娛(연오). ❷궁중 음악. 연례악(宴禮樂).
宴席(연석) 술자리.
宴需(연수) 잔치에 소용되는 물건과 비용.
宴安(연안) 편안히 지냄. 놀고 즐김.
宴飮(연음) 술잔치. 酒宴(주연). 宴醑(연서).
宴坐(연좌) ①한가하여 집에서 쉼. 편안히 쉼. ②(佛)좌선(坐禪)함. 燕坐(연좌).
宴饗(연향) 주연을 베풀어 제신(諸臣)이나 빈객(賓客)을 대접함. 宴享(연향).
宴見(연현) 천자가 한가할 때 뵘.
宴犒(연호) 주식(酒食)을 베풀어 사람들을 위로함.
宴會(연회) 잔치를 베풀고 노는 모임.
◨ 送別宴송별연, 酒宴주연, 招宴초연, 披露宴피로연, 賀宴하연, 饗宴향연.

7 획

7 ⑩【容】 얼굴 용 图

중학 인명 4Ⅱ급 ㊥róng ㊐ヨウ

필순 丶 丷 宀 宀 宂 宊 宊 宊 容 容

소전 초서 자원 會意. 宀+谷→容. 집〔宀〕과 골〔谷〕은 다 같이 물건을 넣어 두거나 갈무리해 둘 수 있는 곳이라는 데서, 두 글자를 합하여 '물건을 담다, 받아들이다'라는 뜻을 나타낸다.

자해 **❶얼굴, 모양, 모습. ❷몸가짐, 일상생활의 동작.** ¶ 容止용지. **❸담다, 그릇 안에 넣다.** 〔禮記〕 容斗五升용두오승. **❹받아들이다. ㉮일정한 곳에 받아들이다.** ¶ 收容수용. **㉯남의 말을 들어주다.** 〔後漢書〕 容其請託용기청탁. **㉰용서하다, 처벌하지 않다.** 〔書經〕 有容유용, 德乃大덕내대. **❺치장하다, 맵시를 내다.** 〔史記〕 女爲說己者容녀위열기자용. **❻여유 있는 모양, 노는 모양.** 〔詩經〕 容兮遂兮용혜수혜.

容光(용광) ①틈으로 들어오는 빛. ②모습. 용모. 風采(풍채).
容納(용납) 받아들임.
容貸(용대) 죄나 잘못 등을 관대하게 처리함.
容量(용량) 담을 수 있는 분량.
容貌(용모) 얼굴 모습.
容色(용색) 용모와 안색.
容恕(용서) 남을 이해하여 너그러이 받아들여 책망하지 않음.
容受(용수) 받아들임. 청을 들어줌.
容膝(용슬) 무릎이나 넣을 정도로 방이나 장소가 비좁음. 容身(용신).
容飾(용식) 모양을 만들어 꾸밈.
容身(용신) ①몸을 둠. ②몸을 무리하지 않음.
容顔(용안) 얼굴.
容與(용여) ①느긋한 모양. 여유 있는 모양. ②구애됨이 없는 모양. ③장난하며 노는 모양. ④배·수레 따위가 한가로이 가는 모양.
容悅(용열) 아첨함. 아양부림.
容儀(용의) 몸을 가지는 태도와 행동거지.
容易(용이) 아주 쉬움.
容姿(용자) 용모와 자태. 姿容(자용).
容積(용적) 용기 속에 담을 수 있는 물건의 부피. 容量(용량).
容止(용지) 몸가짐. 진퇴(進退)와 거동(擧動). 行動擧止(행동거지).
容質(용질) 용모와 체질.
容體(용체) 용모와 자태(姿態).
容態(용태) ①용모와 태도. ②병의 상태나 모양. 病狀(병상).
◨ 寬容관용, 內容내용, 美容미용, 收容수용, 威容위용, 包容포용, 許容허용, 花容화용.

7 ⑩【宰】 재상 재 賄

고등 인명 3급 ㊥zǎi ㊐サイ

필순 丶 丷 宀 宀 宀 宁 宇 宰 宰 宰

소전 초서 고자 자원 會意. 宀+辛→宰. '辛(신)'은 큰 죄를 지은 사람을 뜻한다. 집 안〔宀〕에서 큰 죄를 지은 사람〔辛〕을 다스리는 이, 곧 '벼슬아치'란 뜻을 나타낸다.

자해 **❶벼슬아치. ㉮재상(宰相).** 〔禮記〕 宰正百官재정백관. **㉯우두머리, 장(長).** 제관(諸官)·식읍(食邑) 등 한 기관의 우두머리 벼슬. 〔禮記〕 乃命宰祝내명재축. **❷주관하다, 맡아 다스리다.** 〔老子〕 爲而不恃長而不宰위이불시장이부재. **❸무덤.** ≒冢. 〔春秋公羊傳〕 宰上之木拱矣재상지목공의.

宰官(재관) ①관리. ②(佛)관세음보살의 33현신(現身)의 하나. 정치를 맡아봄.
宰柄(재병) 재상(宰相)의 권력.
宰殺(재살) 짐승을 잡아 죽임.
宰相(재상) ①임금을 돕고 백관(百官)을 지휘·감독하는 최고의 관직. 宰臣(재신). ②당대(唐代)의 어사(御史).
宰匠(재장) ①기물(器物)을 만드는 사람. ②천하를 다스리는 사람. 丞相(승상). ③통솔(統率)함.
宰制(재제) 전권(全權)을 잡고 처리함. 이리저리 요리함. 宰割(재할).
宰衡(재형) 재상(宰相).
◨ 卿宰경재, 冢宰총재, 太宰태재.

7 ⑩【害】 ① 해칠 해 [泰] ② 어찌 할 ㊍갈 [曷]

중학 인명 5급 ㊥hài, hé ㊐ガイ

필순 丶 丶 宀 宀 宀 宝 宝 宝 害 害

소전 [篆] 초서 [草] 동자 [同] 참고 인명용 음은 '해'이다.

자원 形聲. 宯+口→害. '宯'는 '余(여)'로 음을 나타낸다.

자해 ① ❶해치다. ㉮해롭게 하다. 〔漢書〕以文毋害이문무해. ㉯죽이다. ❷손해, 해독, 재앙. 〔詩經〕無災無害무재무해. ❸훼방하다, 방해하다. 〔漢書〕不害爲輔佐불해위보좌. ② 어찌. ≒何. 〔書經〕王害不違卜왕할불위복.

害惡(해악) 해가 되는 나쁜 일.

害蟲(해충) 사람에게 해로운 벌레.

◨ 加害가해, 無害무해, 迫害박해, 妨害방해, 殺害살해, 傷害상해, 損害손해, 水害수해, 利害이해, 自害자해, 被害피해, 旱害한해.

8 ⑪【寇】 [冦] 도둑 구 [宥]

인명 1급 ㊥kòu ㊐コウ

소전 [篆] 소전 [篆] 동자 寇 속자 冦 자원 會意. 完+攴→寇. 온전하기〔完〕를 기다려 친다〔攴〕는 데서 '도적, 침략자' 등의 뜻을 나타낸다.

자해 ❶도둑, 떼를 지어 백성의 재물을 약탈하는 사람. 〔書經〕寇賊姦宄구적간구. ❷원수. 〔孟子〕臣視君如寇讐신시군여구수.

寇盜(구도) ①남의 나라에 쳐들어가서 도둑질함. ②침범하여 도둑질하는 자.

寇掠(구략) 남의 나라에 쳐들어가 재물 등을 빼앗음.

寇讎(구수) 원수. 仇敵(구적). 寇敵(구적).

寇賊(구적) 떼를 지어 다니며 백성을 해치고 재물을 강탈하는 도둑.

寇敵(구적) ①외적(外敵). ②원수.

寇偸(구투) 침입하여 도둑질하는 자.

◨ 倭寇왜구.

8 ⑪【寇】 寇(333)와 동자

8 ⑪【寄】 부칠 기 [寘]

고등 인명 4급 ㊥jì ㊐キ

필순 丶 宀 宀 宀 宀 宀 宀 寄 寄 寄

소전 [篆] 초서 [草] 자원 形聲. 宀+奇→寄. '奇(기)'가 음을 나타낸다.

자해 ❶부치다, 주다, 보내다. 〔南史〕前以一匹錦相寄전이일필금상기. ❷맡기다, 위탁하다. 〔國語〕令可以寄政령가이기정. ❸의존하다, 의지하다. 〔後漢書〕方有事山東방유사산동, 未知所寄미지소기.

寄客(기객) 남의 집에 붙어 문객(門客) 노릇을 하는 사람. 食客(식객).

寄居(기거) 임시 주거. 남에게 덧붙어서 임시로 거처(居處)함. 寓居(우거).

寄稿(기고) 신문·잡지 따위에 싣기 위하여 원고를 써서 보냄.

寄公(기공) 나라를 잃고 딴 나라에 망명한 군주(君主). 寓公(우공).

寄留(기류) 남의 집이나 타향에 머묾.

寄命(기명) ①국정(國政)을 맡김. ②생명을 맡김. ③현세(現世)에 임시로 맡긴 목숨.

寄附(기부) 공공 단체나 자선 사업 기관에 재산을 내놓음.

寄生(기생) 남에게 붙어서 삶.

寄宿(기숙) 남의 집에 기거함.

寄語(기어) 인편에 말을 전함. 傳言(전언).

寄與(기여) ①부쳐 줌. 보내 줌. 贈與(증여). ②이바지함. 貢獻(공헌).

寄寓(기우) ①얹혀 있음. 신세를 지고 있음. ②임시의 거처(居處).

寄人籬下(기인이하) 남의 울타리 아래에 몸을 의탁함. 남의 세력에 붙어삶.

寄贈(기증) 물건을 선물이나 기념으로 남에게 거저 줌.

寄着地(기착지) 목적지로 가는 도중 잠시 들르는 곳.

寄託(기탁) ①부탁해서 맡김. ②몸을 의지하거나 맡김. ③글이나 말 속에 어떤 뜻을 담음.

寄港(기항) 배가 항구에 들름.

◨ 委寄위기, 任寄임기, 託寄탁기, 投寄투기.

8 ⑪【密】 빽빽할 밀 [質]

중학 인명 4Ⅱ급 ㊥mì ㊐ミツ

필순 丶 宀 宀 宓 宓 宓 宓 密 密 密

소전 [篆] 초서 [草] 자원 形聲. 宓+山→密. '宓(복)'이 음을 나타낸다.

자해 ❶빽빽하다, 촘촘하다. 〔易經〕密雲不雨밀운불우. ❷조용하다, 고요하다. ❸몰래, 비밀히, 은밀하다. 〔列子〕天地密移천지밀이. ❹자세하다, 꼼꼼하다. 〔史記〕罔亦少密焉망역소밀언. ❺가깝다, 친하다. 〔春秋左氏傳〕以陳蔡之密邇於楚이진채지밀이어초.

密計(밀계) 비밀의 계략.

密啓(밀계) 임금에게 비밀히 올리는 글.

宀 8획

密談(밀담) 비밀히 나누는 이야기.
密度(밀도) 정밀한 정도.
密獵(밀렵) 허가받지 않고 몰래 사냥함.
密賣(밀매) 규정을 어기고 몰래 팖.
密謀(밀모) 주로 좋지 않은 계획을 비밀히 꾸밈. 비밀히 모의하는 계획. 密計(밀계).
密勿(밀물) ①부지런히 힘씀. ②군주(君主)의 곁에 있어 나라의 기밀(機密)에 참여함.
密密(밀밀) ①자상한 모양. 촘촘한 모양. ②빽빽하게 선 모양. ③밀물(密勿).
密封(밀봉) 단단하게 봉함.
密事(밀사) 비밀스런 일.
密疏(밀소) 내밀히 상소함.
密訴(밀소) 몰래 아룀. 몰래 호소함.
密輸(밀수) 법을 어기고 외국 상품을 거래함.
密室(밀실) 남이 함부로 출입할 수 없는, 비밀스러운 방.
宀 8획 密約(밀약) 비밀히 약속함. 비밀 약속.
密語(밀어) 비밀히 하는 말. 남이 알아듣지 못하게 소곤대는 말. 密談(밀담). 密話(밀화).
密友(밀우) 친밀한 벗. 親友(친우).
密諭(밀유) 남모르게 내리는 임금의 명령. 密旨(밀지).
密意(밀의) ①숨은 뜻. 비밀한 뜻. ②(佛)부처의 깊은 뜻.
密議(밀의) 비밀히 의논함.
密藏(밀장) 비밀히 간직함. 祕藏(비장).
密接(밀접) ①떨어지기 어려울 만큼 관계가 긴밀함. ②서로 빈틈 없이 맞닿음.
密偵(밀정) 몰래 적국의 동정을 정탐함. 몰래 살피는 첩자.
密詔(밀조) 비밀리에 내리던 조서(詔書).
密酒(밀주) 허가 없이 몰래 술을 담금. 허가 없이 빚은 술.
密旨(밀지) 임금의 내밀한 뜻. 비밀 칙지(勅旨). 密指(밀지).
密集(밀집) 빽빽하게 모임.
密着(밀착) 단단히 꼭 붙음.
密緻(밀치) ①자상하고 꼼꼼함. ②결이 곱고 질이 단단함.
密勅(밀칙) 비밀히 내린 칙지(勅旨).
密通(밀통) ①남녀가 비밀히 정을 통함. ②비밀을 몰래 알려 줌.
密函(밀함) ①비밀 문서를 넣어 둔 상자. ②비밀 편지. 密書(밀서).
密航(밀항) 규정을 따르지 않고 불법으로 배를 타고 오감.
密行(밀행) ①비밀히 돌아다님. 미행(微行)함. ②비밀히 어떤 곳에 감.
密會(밀회) ①비밀히 모임. 비밀히 만남. ②마음속 깊이 서로 통함.

◨ 緊密긴밀, 綿密면밀, 祕密비밀, 細密세밀, 嚴密엄밀, 緻密치밀, 親密친밀.

8 ⑪ **【宿】** 1 묵을 숙 屋 2 성수 수 宥

중학 인명 5급 ㊥sù, xiù ㊐シュク

필순 丶 宀 宀 宀 宀 宿 宿 宿 宿 宿 宿

소전 초서 참고 인명용 음은 '숙'이다.

자원 會意. 宀+人+百→宿. 집〔宀〕 안에서 사람〔人〕이 돗자리〔百〕를 깔고 그 위에 눕거나 앉아서 쉰다는 데서 '묵다, 숙박하다'의 뜻을 나타낸다.

자해 1 ❶**묵다, 하룻밤을 숙박하다.** 〔詩經〕 有客宿宿유객숙숙. ❷**묵는 집, 여관(旅館).** 〔周禮〕 三十里有宿삼십리유숙. ❸**머무르다, 한곳에 머물러 있다.** ❹**번, 번들다.** ¶ 宿衞숙위. ❺**숙달한 사람, 노련한 사람.** 〔後漢書〕 耆宿大賢기숙대현. ❻**미리, 일찍, 앞서.** ≒夙. 〔管子〕 宿定所征伐之國숙정소정벌지국. ❼**편안하다, 안심하고 정착하다.** 〔春秋左氏傳〕 官宿其業관숙기업. 2 **성수, 별자리.** 〔列子〕 日月星宿不當墜邪일월성수부당추사.

宿耆(숙기) 덕망이 있는 늙은이.
宿諾(숙낙) 승낙한 것을 묵힘. 승낙한 일을 미루고 이행하지 않음.
宿德(숙덕) ①덕망 있는 노인. ②오래도록 쌓은 덕망(德望).
宿老(숙로) 경험을 많이 쌓아서 사리에 밝은 노인. 耆宿(기숙). 耆老(기로).
宿望(숙망) ①오래도록 품은 소망. ②전부터 쌓아 온 명망. 명망이 있는 사람.
宿麥(숙맥) 보리.
宿命(숙명) 날 때부터 타고난 운명.
宿問(숙문) ①의심스러운 일을 가슴에 간직하고 묻지 않음. ②國오래전부터 품은 의문.
宿病(숙병) 오래 묵은 병. 宿痾(숙아).
宿分(숙분) 전세(前世)부터 정해진 운명.
宿舍(숙사) 잠자는 집.
宿夕(숙석) 하룻밤. 잠깐 사이.
宿昔(숙석) ①예로부터. 오래전부터. 從來(종래). ②숙석(宿夕). ③연로(年老)함.
宿素(숙소) ①평소의 염원(念願). ②일찍부터 위세와 신망이 있는 사람. ③늙어서 두터운 신망이 있는 사람. 夙素(숙소).
宿宿(숙숙) ①이틀 밤을 묵음. ②종종걸음으로 걷는 모양. 蹜蹜(축축).
宿習(숙습) ①미리 익힘. 미리 배움. ②(佛)전세(前世)부터 익혀 온 습성. ③예로부터 내려와 굳어진 풍습.

宿食(숙식) 자고 먹음.
宿夜(숙야) 밤새도록. 온밤.
宿業(숙업) ①편안하게 업(業)에 종사함. ②(佛)전세(前世)에 지은 선악에 대한 과보.
宿緣(숙연) 전세부터의 인연.
宿雨(숙우) ①장맛비. 霖雨(임우). ②간밤부터 계속하여 내리는 비.
宿怨(숙원) 오래 묵은 원한.
宿願(숙원) 오래전부터 간직해 온 소원.
宿衞(숙위) 밤에 숙직(宿直)하여 지킴.
宿儒(숙유) 학식과 덕망이 높은 선비.
宿將(숙장) 전쟁에 경험이 많은 장군. 노련한 장군. 老將(노장).
宿情(숙정) 타고난 심정.
宿鳥(숙조) 보금자리에 든 새. 寐鳥(매조).
宿罪(숙죄) 전세(前世)에서 지은 죄.
宿志(숙지) 오래전부터 품은 뜻.
宿直(숙직) 밤새 지킴.
宿滯(숙체) 오래 묵은 체증.
宿草(숙초) 묵은 뿌리에서 난 풀. 곧, 1년이 지난 풀.
宿恥(숙치) 오래된 치욕.
宿醉(숙취) 다음 날까지 깨지 않은 술기운.
宿弊(숙폐) 오래된 폐해. 이전부터의 폐단.
宿學(숙학) 오랫동안 학문을 깊이 연구하여 학리(學理)에 통한 사람.
宿嫌(숙혐) 오래된 혐오.
宿虎衝鼻(숙호충비) 國자는 범의 코를 찌름. 공연히 건드려서 화나 불리(不利)를 자초함.
宿患(숙환) 오래된 병.
◨ 歸宿귀숙, 寄宿기숙, 投宿투숙, 下宿하숙, 合宿합숙.

8 ⑪ 【寃】 冤(122)의 속자 인명

8 ⑪ 【寅】 셋째 지지 인 眞

중학 인명 3급 ㊥yín ㊐イン

필순 丶 宀 宀 宀 宀 宀 宙 宙 寅 寅

소전 寅 초서 寅 자원 會意. 宀＋大＋臼→寅→寅. 사람〔大→人〕이 집〔宀〕 안에서 두 손을 맞잡고 굳게 약속〔臼〕한다는 데서 '삼가다'의 뜻을 나타낸다.

자해 **❶셋째 지지.** 달로는 음력 정월(正月), 방위로는 동북동(東北東), 시각으로는 오전 3~5시, 오행(五行)으로는 목(木), 동물로는 범에 배당된다. **❷삼가다.** ＝夤. 〔書經〕寅賓出日인빈출일. **❸크다. ❹동료, 동관(同官).** ¶ 寅誼인의.

寅念(인념) 삼가 생각함.
寅方(인방) 24방위의 하나. 동북동쪽.
寅時(인시) 오전 3~5시까지 시간.
寅畏(인외) 공경하고 두려워함.
寅月(인월) 음력 정월(正月)의 딴 이름.
寅誼(인의) 동료 간의 정의(情誼).

8 ⑪ 【寂】 고요할 적 錫

고등 인명 3Ⅱ급 ㊥jì ㊐セキ

필순 丶 宀 宀 宀 宇 宇 宇 宋 寂 寂

소전 寂 초서 寂 자원 形聲. 宀＋叔→寂. '叔(숙)'이 음을 나타낸다.

자해 **❶고요하다, 쓸쓸하다.** 〔老子〕寂兮寥兮적혜료혜. **❷(佛)적멸(寂滅), 죽음.**

寂光(적광) (佛)①번뇌를 끊고 열반의 경계로 들어 발휘하는 참된 지혜의 빛. ②적광토(寂光土).
寂光土(적광토) (佛)부처가 머무는 진리의 세계. 깨달음의 세계. 寂光(적광).
寂寞(적막) ①적적하고 쓸쓸함. ②아무것도 없이 텅 비어 고요함. ③맑고 고요함.
寂滅(적멸) ①사라져 없어짐. ②번뇌에서 벗어나 생사를 초월한 경지. ③열반.
寂滅爲樂(적멸위락) (佛)생사(生死)의 고통에 대하여 열반(涅槃)을 즐거움으로 삼음.
寂默(적묵) 말을 하지 않음. 잠잠함.
寂然無聞(적연무문) 조용하고 고요하여 아무 소리도 들리지 않음.
寂靜(적정) ①세상과 멀리 떨어져 쓸쓸하고 고요함. ②(佛)번뇌에서 벗어나 모든 고통이나 어려움이 없어진 경지.
◨ 入寂입적, 靜寂정적, 閑寂한적.

8 ⑪ 【寀】 녹봉 채 賄

인명 ㊥cài ㊐サイ

소전 寀 자해 **녹봉(祿俸), 녹봉으로 지급되는 토지.**

寀地(채지) 경대부(卿大夫)에게 식읍(食邑)으로 준 땅.

8 ⑪ 【寁】 最(601)의 속자

9 ⑫ 【寐】 잠잘 매 寘

인명 1급 ㊥mèi ㊐ビ

소전 寐 초서 寐 자해 **잠자다.** 〔春秋左氏傳〕寢不寐數日침불매수일.

9
⑫【富】 가멸 부 富

중학 인명 4Ⅱ급 ㊥fù ㊐フ

필순 丶 宀 宀 宀 宀 宁 宫 宫 富 富 富

소전 富 초서 富 속자 冨 자원 形聲. 宀+畐→富. '畐(부)'가 음을 나타낸다.

자해 ❶**가멸다, 재물이 많고 넉넉하다.** 〔論語〕富而無驕부이무교. ❷**풍성하다.** ¶ 富歲부세. ❸**나이가 아직 젊다, 어리다.** 〔史記〕皇帝春秋富황제춘추부. ❹**가멸게 하다, 넉넉하게 하다.** ¶ 富國強兵부국강병. ❺**부(富), 복(福).** 〔大學〕富潤屋부윤옥, 德潤身덕윤신.

富強(부강) 나라에 재물이 많고 군사가 강함.

富驕(부교) 재산을 믿고 부리는 교만.

富國(부국) ①나라를 부유하게 함. ②재물이 풍부한 나라.

9획

富國強兵(부국강병) 나라를 부유하게 하고 병력(兵力)을 강하게 함.

富貴功名(부귀공명) 재산이 많고 지위가 높으며, 공을 세워 이름을 널리 떨침.

富貴在天(부귀재천) 부귀는 하늘이 주는 것으로서 사람의 힘으로는 어찌할 수 없음.

富民(부민) ①넉넉하게 잘사는 국민. ②백성을 넉넉하게 함.

富庶(부서) 백성이 많고 부유함. 부유한 백성.

富贍(부섬) ①재물이 넉넉함. ②문재(文才)·학식 따위가 풍부함.

富歲(부세) 풍년(豊年).

富衍(부연) 재산이 넉넉하여 남음.

富翁(부옹) 재산이 매우 많은 사람.

富裕(부유) 재산이 많음.

富潤(부윤) 재물이 많고 넉넉함.

富潤屋(부윤옥) 재물은 집을 윤택하게 함.

富益富(부익부) 부자일수록 더욱 부자가 됨.

富則多事(부즉다사) 재물이 많으면 어려운 일이 많음.

富豪(부호) 재산이 많고 권세가 있는 사람.

◨ 甲富갑부, 巨富거부, 貧富빈부, 猝富졸부, 豊富풍부, 豪富호부.

9
⑫【寔】 이 식 職

인명 ㊥shí ㊐ショク

소전 寔 초서 寔 자해 ❶**이, 이것.** 〔詩經〕寔命不同식명부동. ❷**참으로, 진실로.** 〔禮記〕寔受其福식수기복.

9
⑫【寓】 머무를 우 遇

인명 1급 ㊥yù ㊐グウ

소전 寓 초서 寓 동자 庽 자원 形聲. 宀+禺→寓. '禺(우)'가 음을 나타낸다.

자해 ❶**머무르다, 객지에서 묵다.** 〔孟子〕無寓人於我室무우인어아실. ❷**숙소, 여관.** ¶ 旅寓여우. ❸**붙어살다, 남에게 의지하여 살다.** 〔禮記〕諸侯不臣寓公제후불신우공. ❹**부치다, 보내다.** 〔春秋左氏傳〕子產寓書於子西자산우서어자서. ❺**맡기다, 위탁하다.** 〔禮記〕大夫寓祭器於大夫대부우제기어대부.

寓居(우거) 남의 집이나 타향에서 임시로 삶.

寓公(우공) 나라를 잃고 다른 나라에 몸을 붙여 사는 군주나 제후(諸侯).

寓目(우목) 주의해서 봄. 注視(주시).

寓生(우생) 남에게 덧붙어 삶.

寓書(우서) 편지를 보냄. 寄書(기서).

寓宿(우숙) ①기숙(寄宿)함. ②객지에서 묵음.

寓食(우식) 남의 집에 밥을 붙여 먹음.

寓言(우언) 자기의 생각을 다른 사물에 빗대어 은근히 나타내는 말. 우의(寓意)의 말.

寓意(우의) 어떤 뜻을 다른 사물에 붙여서 암시함.

寓話(우화) 다른 사물에 빗대어 의견이나 교훈을 은연 중에 나타내는 말.

9
⑫【寒】 찰 한 寒

중학 인명 5급 ㊥hán ㊐カン

필순 丶 宀 宀 宀 宀 宙 宙 宙 寉 実 寒 寒

소전 寒 초서 寒 동자 㓺 자원 會意. 宀+茻+仌→寒. '仌'은 '氷(얼음 빙)'의 고자(古字). 얼음이 얼자〔仌〕 집〔宀〕 안에 풀〔屮〕을 깔고 생활한다는 데서 '차다'라는 뜻을 나타낸다.

자해 ❶**차다, 차갑다.** ㉮**춥다, 차다.** 〔呂氏春秋〕夏熱以下하열이하, 化而爲寒화이위한. ㉯**떨다, 오들오들 떨다.** ㉰**냉담하다.** ❷**얼다, 추위로 손발 등이 곱다.** ❸**가난하다, 쓸쓸하다.** 〔史記〕范叔一寒如此哉범숙일한여차재. ❹**적다, 박(薄)하다.** ❺**추위.** ¶ 傷寒상한.

寒家(한가) ①가난한 집. 한미한 집안. ②자기 집의 겸사.

寒苦(한고) ①추위가 심함. ②가난의 괴로움.

寒空(한공) 겨울 하늘. 차가운 하늘.

寒菊(한국) 겨울 국화.

寒閨(한규) 썰렁한 방. 空閨(공규).

寒冷(한랭) 춥고 참.

寒露(한로) ①24절기(節氣)의 하나. 음력 9월의 절기로 양력 10월 8·9일경임. ②찬 이슬.

寒盟(한맹) 약속이나 맹세를 배반함.
寒門(한문) ①북극(北極)의 땅. ②가난하고 문벌이 낮은 집안. ③자기 집의 겸사.
寒微(한미) 가난하고 지체가 변변치 못함.
寒士(한사) 가난한 선비. 미천하고 가난한 사람. 寒流(한류). 寒生(한생).
寒酸(한산) 가난함. 생활이 어려움. 貧苦(빈고).
寒生(한생) ①한기(寒氣)가 생김. ②추운 가운데에서 자라남. ③가난한 선비. 寒士(한사).
寒暑(한서) ①추위와 더위. ②겨울과 여름.
寒蟬(한선) ①가을 매미. 쓰르라미. ②울지 않는 매미.
寒素(한소) ①검약하고 검소함. ②진(晉)에서 선비를 뽑던 과목 이름.
寒粟(한속) 추울 때 몸에 돋는 소름.
寒水(한수) ①찬물. 冷水(냉수). ②얼음.
寒濕(한습) ①차고 습함. ②습기로 허리의 아래가 찬 병.
寒食(한식) 동지(冬至)에서 105일째 되는 날. 4월 5·6일쯤이 됨. 故事 진(晉) 문공(文公)의 공신이면서도 면산(綿山)에 숨어 살던 개자추(介子推)가 벼슬하라는 권유를 거절하고 이날 산에서 불에 타 죽었으므로, 그를 애도(哀悼)하는 뜻에서 불을 때는 것을 금지하고 찬 음식을 먹는 풍습이 생겼다고 하는 고사에서 온 말.
寒心(한심) ①몹시 두려워 몸이 오싹해짐. ②안타깝고 어이없음. ③國가엾고 딱함.
寒餓(한아) 추위와 굶주림.
寒雨(한우) ①찬비. 겨울비. ②쓸쓸한 비.
寒燠(한욱) ①추위와 더위. 寒暑(한서). ②고락(苦樂).
寒威(한위) ①심한 추위. ②추위의 위세.
寒族(한족) 한미(寒微)한 집안.
寒俊(한준) 집안은 가난하나 재주와 지혜가 뛰어난 사람.
寒疾(한질) 감기. 感冒(감모).
寒窓(한창) ①겨울의 창(窓). 쓸쓸한 창. ②가난한 생활. ③객지(客地).
寒天(한천) ①추운 하늘. 겨울 하늘. ②우무.
寒賤(한천) 가난하고 미천함. 寒陋(한루).
寒村(한촌) 가난한 마을. 쓸쓸한 마을.
寒波(한파) 갑자기 밀려오는 추위.
寒鄕(한향) ①추운 곳. 寒境(한경). ②가난하고 쓸쓸한 곳. 窮境(궁경). 窮鄕(궁향).
寒花(한화) 겨울에 피는 꽃.
寒灰(한회) ①불이 꺼져 식은 재. 死灰(사회). ②감정의 움직임이 없음.
寒暄(한훤) ①추위와 더위. ②날씨의 춥고 더움에 대한 인사말. ③세월(歲月).
◪ 極寒극한, 飢寒기한, 大寒대한, 防寒방한, 貧寒빈한, 小寒소한, 酷寒혹한.

10 ⑬【寛】 寬(340)의 속자

10 ⑬【寗】 寧(338)과 동자 인명

10 ⑬【寘】 둘 치 寘

㊥zhì, tián ㊐シ

소전 초서 자해 ❶두다, 일정한 곳에 두다. 〔詩經〕 寘予于懷치여우회. ❷차다, 채우다.

寘耳(치이) 남의 말을 들어 둠.
寘酒(치주) 술잔에 술을 채움.
寘懷(치회) 마음에 둠. 친하여 잊지 못함.

10 ⑬【寖】 寖(340)의 속자

11 ⑭【寡】 적을 과 馬

고등 인명 3Ⅱ급 ㊥guǎ ㊐カ

필순 丶 宀 宀 宀 宀 宣 寡 寡 寡 寡

소전 초서 자원 會意. 宀+頒→寡. 집 안〔宀〕에 저장해 놓은 물건을 나누어 주면〔頒〕 줄어든다는 데서 '적다'의 뜻을 나타낸다.

자해 ❶적다, 수량이 적다. 〔易經〕 吉人之辭寡길인지사과. ❷나, 임금이 자기 자신을 일컫는 겸칭(謙稱). ¶ 寡人과인. ❸홀어미, 과부. 〔詩經〕 哀此鰥寡애차환과.

寡居(과거) 과부살이. 寡處(과처).
寡君(과군) 덕이 적은 임금. 다른 나라 사람에게 자기 나라 임금을 일컫는 겸칭.
寡女(과녀) 홀어미. 寡婦(과부).
寡德(과덕) 덕(德)이 적음. 덕망이 적음.
寡獨(과독) 불쌍한 독신자. '寡'는 늙고 남편이 없는 사람, '獨'은 늙고 자식이 없는 사람.
寡陋(과루) 견문이 적어 완고함.
寡默(과묵) 말이 적음.
寡聞(과문) 견문이 적음.
寡不敵衆(과부적중) 적은 수로 많은 수를 대적할 수 없음. 衆寡不敵(중과부적).
寡守(과수) 홀어미. 寡婦(과부).
寡約(과약) 검소하고 절약함.
寡慾(과욕) 욕심이 적음. 욕심을 적게 함.
寡人(과인) 덕(德)이 적은 사람. ㉠임금이 자기 자신을 일컫는 겸칭. ㉡제후(諸侯)의 부인의 자칭(自稱).
寡占(과점) 어떤 상품 시장의 대부분을 소수 기업이 독점함.
寡妻(과처) ①첩(妾)에 대한 정부인(正夫人). 嫡妻(적처). ②홀로 된 부인. 寡婦(과부). ③자기 아내의 겸칭.
◨ 孤寡고과, 多寡다과, 衆寡중과, 鰥孤獨寡환고독과.

11 ⑭ 【寧】宁 편안할 녕 靑

고등 인명 3Ⅱ급 ㊥níng, nìng ㊐ネイ

필순 丶 宀 宀 宓 寍 寍 寍 寍 寧

소전 寧 초서 亏 동자 甯 동자 寗 속자 寕

자원 會意·形聲. 寍+丂→寧. '寍(녕)'이 음을 나타낸다. 그릇〔皿〕이 집〔宀〕 안에 있으니 마음〔心〕이 편안하다는 뜻을 나타낸다.

자해 **❶편안하다.** **㉮몸이나 마음이 편안하다.** ¶ 康寧강녕. **㉯편안하게 하다, 안심시키다.** **㉰탈이 없다, 무사하다.** ¶ 寧靜영정. **❷문안(問安)하다, 귀성(歸省)하다.** 시집간 여자가 친정집에 돌아가 부모를 찾아뵙는 일. 〔詩經〕 歸寧父母귀녕부모. **❸차라리.** 선택(選擇)의 뜻을 나타낸다. 〔史記〕 寧爲雞口녕위계구, 勿爲牛後물위우후. **❹어찌, 어찌하여, 어찌 ~하랴?** 의문·반어(反語)의 뜻을 나타낸다. 〔國語〕 寧其得此國也녕기득차국야.

寧家(영가) 집안을 잘 조정하여 편안하게 함.
寧居(영거) 마음 편안히 있음. 편안히 삶.
寧邊(영변) 국경을 편안하게 함.
寧歲(영세) ①평화로운 해. 평온한 세월. 寧日(영일). ②國풍년(豐年).
寧息(영식) 편안히 쉼. 安息(안식).
寧日(영일) 평안한 날.
寧靜(영정) 평안하고 고요함. 寧謐(영밀).
◨ 康寧강녕, 歸寧귀녕, 安寧안녕, 丁寧정녕.

11 ⑭ 【寥】 쓸쓸할 료 蕭

1급 ㊥liáo ㊐リョウ

초서 寥 자해 **❶쓸쓸하다.** 〔李白·詩〕 寂寥無所歡적료무소환. **❷휑하다, 텅 비다, 공허하다.** 〔呂氏春秋〕 九竅寥寥구규료료.

寥落(요락) ①드묾. 별 따위가 드문드문 보이는 모양. ②거칠어 황량함. 쓸쓸함. ③영락(零落). 몰락한 모양.
寥戾(요려) 소리가 맑고 깨끗한 모양.
寥寥(요료) ①쓸쓸하고 고요한 모양. 寂寞(적막). 寂寥(적료). ②공허한 모양. ③수가 적은 모양. 稀少(희소).
寥寥無聞(요료무문) 명성이 드날리지 않음.
寥廓(요확) ①휑뎅그렁함. 텅 비고 넓은 모양. ②천지의 기(氣)가 나누이지 않은 상태. ③도량이 넓음. ④멀고 아득함. 久遠(구원).
寥闊(요활) 휑뎅그렁하고 넓은 모양.
◨ 寂寥적요.

11 ⑭ 【寞】 쓸쓸할 막 藥

인명 1급 ㊥mò ㊐バク

초서 寞 자해 **❶쓸쓸하다.** ≒漠. 〔淮南子〕 寞然不見所觀焉막연불견소관언. **❷고요하다.**

寞寞(막막) 쓸쓸하고 괴괴한 모양.

11 ⑭ 【實】实 1열매 실 質 2이를 지 寘

중학 인명 5급 ㊥shí, zhì ㊐ジツ, シ

필순 丶 宀 宀 宀 宀 宀 宀 實 實

소전 實 초서 实 속자 实 속자 実 참고 인명용 음은 '실'이다.

자원 會意. 宀+貫→實. 집〔宀〕 안에 재물〔貫〕이 가득하다는 데서 '차다, 옹골차다'의 뜻을 나타낸다. 속이 찬 것이 열매이므로 '열매'의 뜻으로 바뀌었다.

자해 1 **❶열매, 초목의 열매.** ¶ 果實과실. **❷차다.** **㉮가득 차다.** 〔禮記〕 盛氣顚實성기전실. **㉯가득 차게 하다.** 〔楚辭〕 實羽觴些실우상사. **❸익다, 곡식이 익다.** 〔論語〕 秀而不實者有矣夫수이불실자유의부. **❹씨, 종자.** 〔詩經〕 實函斯活실함사활. **❺속, 내용.** 〔國語〕 吾有卿之名而無其實오유경지명이무기실. **❻참으로, 진실로.** **❼참, 참됨, 정성스러움.** 2 **이르다.** ≒至.

實感(실감) 직접 체험하는 듯한 느낌.
實景(실경) 실제 풍경.
實果(실과) 먹을 수 있는 열매. 果實(과실).
實敎(실교) ①실제의 일에 도움이 되는 가르침. ②(佛)진실한 교리(敎理)의 이치를 탐구하는 교법(敎法).
實權(실권) 실제로 행사할 수 있는 권한.
實技(실기) 실제의 기능이나 기술.
實記(실기) 실제로 있었던 사실의 기록.
實談(실담) ①실제로 있었던 이야기. ②거짓이 아닌 참말.
實力(실력) 실제로 일을 해낼 수 있는 능력.
實例(실례) 실제 있는 예.
實錄(실록) ①사실을 그대로 적은 역사. ②재위(在位)한 동안의 임금의 사적(事蹟)을 적은 기록. ③國조선왕조실록(朝鮮王朝實錄).
實利(실리) 실제로 얻은 이익.
實綿(실면) 목화에서 아직 씨를 빼지 않은 솜.
實名(실명) ①사실에 상응하는 이름. 진정한 명성. ②본명(本名).
實務(실무) 실제로 맡아 하는 업무.
實物(실물) 실제 물건.
實卜馬(실복마) 國무거운 짐을 실을 수 있는 튼튼한 말.
實費(실비) 실제 드는 비용.
實事(실사) 실지로 있는 일. 실제의 일.
實査(실사) 실제의 조사. 실지 조사.
實事求是(실사구시) 사실에 토대를 두고 진리를 탐구함.
實相(실상) ①실제의 모양이나 형편. 있는 그대로의 상황. 眞相(진상). ②(佛)만유(萬有)의 진상(眞相)인 불변의 진리와 실재.
實性(실성) ①실제의 성품. 本性(본성). ②(佛) 진여(眞如)의 딴 이름.
實勢(실세) ①실제의 세력. ②실제의 시세.
實習(실습) 배운 것을 실천하며 익힘.
實施(실시) 실제로 시행함.
實心(실심) ①참마음. ②마음에 가득 채움.
實業(실업) 상업·공업·농업 등 실제의 경제적 사업.
實用(실용) 실제에 쓰임.
實意(실의) ①본뜻. 진실한 마음. ②마음을 참되게 함.
實益(실익) 실제의 이익.
實子(실자) 자기가 낳은 아들.
實字(실자) ①실재(實在)의 사물을 나타내는 문자. 곧, 명사와 대명사. ②뜻이 있는 글자.
實才(실재) ①실제로 쓸모있는 재능. ②國글재주가 있는 사람.
實在(실재) ①실제로 존재함. ②주관을 떠나 객관적으로 존재함.
實積(실적) ①열매가 쌓임. ②실제의 면적이나 용적.
實績(실적) 실제의 성적·업적·공적 따위.
實情(실정) ①실제의 사정. 實況(실황). ②참된 마음. 眞情(진정).
實際(실제) 거짓이 아닌 실지의 경우.
實題(실제) 시제(詩題)를 사서(史書) 중에서 구한 제목.
實存(실존) ①실제로 있음. 현실적으로 존재함. ②인간이 이 세상에서 자기의 존재에 관심을 가지면서 그 존재 이유를 자기 자신이 결정하여 나갈 수 있다는 일.
實證(실증) ①확실한 증거. ②사실로써 증명함.
實地(실지) ①실제의 처지. 실제의 장소. ②진실. 정말. 진짜. 實際(실제).
實直(❶실직 ❷실치) ❶성실하고 정직함. ❷실제의 값.
實職(실직) 國①문무 양반(文武兩班)만이 하던 벼슬. 正職(정직). 顯官(현관). ②실무를 맡는 실제의 관직.
實質(실질) 실상(實相)의 본바탕. 사물의 내용이나 성질. 本質(본질).
實踐(실천) 실제로 행함. 몸소 실제로 이행함.
實踐躬行(실천궁행) 몸소 실제로 행함.
實體(실체) ①정체(正體). 本體(본체). ②영원히 변하지 않는 본질적 존재(存在).
實測(실측) 실제로 측량함.
實彈(실탄) 쏘았을 때 실제로 효력을 나타내는 탄알.
實態(실태) 실제의 태도나 형편.
實吐(실토) 사실대로 모두 말함.
實學(실학) ①실용(實用)의 학문. 실천궁행(實踐躬行)의 학문. ②조선 때, 실제 문제의 해결에 목적을 둔 학풍. 17세기부터 18세기까지 융성하였으며, 실사구시(實事求是)와 이용후생(利用厚生)을 중시하였음.
實覈(실핵) 사실을 조사함.
實行(실행) 실지로 행함.
實驗(실험) ①실제의 효험이나 경험. ②자연에 인공을 가하여 그 변화를 관찰, 탐구하는 일.
實現(실현) 실제로 나타나거나 나타냄.
實兄(실형) 친형(親兄).
實刑(실형) 실제로 받는 형벌.
實惠(실혜) 실제로 받는 은혜나 혜택.
實話(실화) 실제 있는 이야기.
實況(실황) 실제 상황.
實效(실효) 실제 효과.
◨ 堅實견실, 結實결실, 果實과실, 口實구실, 篤實독실, 名實명실, 不實부실, 事實사실, 誠實성실, 如實여실, 眞實진실, 充實충실, 行實행실, 虛實허실, 現實현실, 確實확실.

11 ⑭ 【寤】 깰 오 遇

인명 1급 ㊥wù ㊐ゴ

소전 초서 자해 ❶깨다, 잠에서 깨다. 〔詩經〕寤寐求之오매구지. ❷깨닫다, 각성하다. ≒悟.
寤寐(오매) ①잠을 깸과 잠을 잠. ②자나깨나.
寤寐不忘(오매불망) 자나깨나 항상 잊지 못함.
寤寐思服(오매사복) 자나깨나 생각하고 있음.
寤夢(오몽) 낮에 있었던 일을 밤에 꿈에서 봄.
寤生(오생) 태아(胎兒)의 이상(異常) 출산. ㉠산모가 잠을 자는 동안에 출산함. ㉡태아가 눈을 뜨고 나옴. ㉢다리부터 나옴.
◨ 愧寤괴오, 幽寤유오.

11 ⑭【察】 살필 찰 黠

중학 인명 4Ⅱ급 ㊥chá ㊐サツ

필순 丶 宀 宀 灾 夕 穷 宊 寥 察 察

소전 초서 자원 形聲. 宀+祭→察. '祭(제)'가 음을 나타낸다.

자해 ❶살피다. ㉮주의하여 보다. ¶ 觀察관찰. ㉯어떤 현상을 잘 따져 관찰하다. 〔易經〕俯以察於地理부이찰어지리. ❷조사하다, 생각하여 보다. 〔論語〕衆惡之必察焉중오지필찰언. ❸자세하다, 밝고 자세하다. ¶ 察察찰찰. ❹깨끗하다, 결백하다. 〔楚辭〕安能以身之察察안능이신지찰찰, 受物之汶汶者乎수물지문문자호.

察見(찰견) 자세히 앎. 분명히 앎.
察納(찰납) 잘 조사한 후에 들어줌.
察覽(찰람) 환히 뚫어 봄.
察色(찰색) 안색을 살펴 의중을 헤아림.
察照(찰조) ①잘 생각해서 명백히 해 둠. ②國 편지나 문서 따위를 살펴서 자세히 봄.
察知(찰지) ①國명백히 앎. ②살펴서 앎.
察察(찰찰) ①밝고 썩 자세한 모양. ②결백한 모양. ③조사가 세밀한 모양.
察慧(찰혜) 똑똑함. 현명함. 총명함.
◨ 監察감찰, 檢察검찰, 警察경찰, 考察고찰, 觀察관찰, 糾察규찰, 省察성찰, 巡察순찰, 視察시찰, 按察안찰, 診察진찰.

11 ⑭【寨】 울짱 채 匪

인명 1급 ㊥zhài ㊐サイ

초서 자해 ❶울짱, 울타리. ＝柴. ❷작은 성, 성채. ＝砦. ❸마을, 촌락.

11 ⑭【寢】寝 잠잘 침 寑

고등 인명 4급 ㊥qǐn ㊐シン

필순 宀 宀 宀 宀 宀 宀 宀 寑 寢 寢

소전 초서 속자 寝 고자 寑 자원 形聲. 宀+寑→寢. '寑(침)'이 음을 나타낸다.

자해 ❶잠자다, 잠들다. ❷눕다, 누워서 쉬다. 〔論語〕宰予晝寢재여주침. ❸사당, 조묘(祖廟). 〔呂氏春秋〕執爵于太寢집작우태침. ❹방. ㉮안방, 침실. ㉯거실, 정침(正寢). 〔禮記〕庶人祭于寢서인제우침. ❺능(陵)의 정전(正殿), 능 옆에 있는 제전(祭典)을 행하는 곳.

寢具(침구) 이부자리.
寢臺(침대) 서양식의 침상.
寢廟(침묘) ①영묘(靈廟). 종묘(宗廟)의 제도에서 앞 건물을 묘(廟), 뒤의 건물을 침(寢)이라 함. ②주택과 사당.
寢門(침문) 침전(寢殿)의 문.
寢牀(침상) 누워 잘 수 있게 만든 평상.
寢席(침석) 잠자리.
寢所(침소) 사람이 자는 곳.
寢睡(침수) 잠을 잠.
寢食(침식) 자는 일과 먹는 일.
寢息(침식) ①쉼. 잠잠함. ②그침. 없어짐.
寢室(침실) ①잠자는 방. ②종묘의 후전.
寢園(침원) 능묘(陵墓) 곁에 만든 영묘(靈廟).
寢衣(침의) 잘 때 입는 옷. 잠옷.
寢殿(침전) ①임금의 침방(寢房)이 있는 집. 내전(內殿). ②능(陵)에서 의관궤장(衣冠几伏)을 넣어 둔 건물.
◨ 孤寢고침, 陵寢능침, 廟寢묘침, 安寢안침, 就寢취침.

12 ⑮【寬】宽 너그러울 관 寛

고등 인명 3Ⅱ급 ㊥kuān ㊐カン

필순 宀 宀 宀 宀 宀 宵 宵 實 寬 寬

소전 초서 속자 寛 자원 形聲. 宀+萈→寬. '萈(현)'이 음을 나타낸다.

자해 ❶너그럽다, 관대하다. 〔詩經〕寬兮綽兮관혜작혜. ❷넓다, 집이 넓다. ❸느슨하다, 늦추다. 〔史記〕鄙賤之人비천지인, 不知將軍寬之至此也부지장군관지지차야. ❹용서하다. 〔荀子〕是謂惠暴而寬賊也시위혜포이관적야.

寬大(관대) 마음이 너그럽고 큼.
寬待(관대) 너그럽게 대접함.
寬貸(관대) 너그럽게 용서함.
寬猛(관맹) 너그러움과 엄격함.
寬免(관면) 조세(租稅)를 가볍게 함.
寬恕(관서) ①마음이 넓고 인정이 있음. ②너그럽게 용서함.
寬舒(관서) 너그럽고 느긋함.
寬嚴(관엄) 관대함과 엄격함.
寬容(관용) 너그럽게 이해하여 받아들임.
寬柔(관유) 마음이 너그럽고 부드러움.
寬裕(관유) 너그러움.
寬仁(관인) 마음이 너그럽고 어짊.
寬政(관정) 너그럽게 다스리는 정치.
寬敞(관창) 텅 비고 넓음.
寬刑(관형) 형벌을 너그럽게 함. 관대한 형벌.
寬弘(관홍) 마음이 크고 넓음. 도량이 큼.
寬闊(관활) ①한없이 넓음. ②마음이 넓고 활달함.
寬厚(관후) 인정이 많고 후함.

寬厚長者(관후장자) 인정이 많고 후하며 점잖아 남의 위에 설 만한 사람.
◨ 優寬우관, 裕寬유관, 平寬평관, 紘寬현관.

12 ⑮【寮】 벼슬아치 료
인명 1급 ㊥liáo ㊐リョウ
초서 자해 ❶벼슬아치. 〔書經〕 百寮庶尹백료서윤. ❷동료, 같은 직무에 있는 사람. ≒僚. ¶ 官寮관료. ❸집. ¶ 寮舍요사.
寮舍(요사) 승려들이 거처하는 집.
寮友(요우) 같은 일자리에 있는 벗.
◨ 官寮관료, 同寮동료, 百寮백료.

12 ⑮【寫】写 1베낄 사 2부릴 사
고등 인명 5급 ㊥xiě, xiè ㊐シャ
필순 宀 宀 宀 宀 宀 宀 寫 寫 寫 寫
소전 초서 속자 写 속자 寫 속자 寫
자원 形聲. 宀+舄→寫. '舄(석)'이 음을 나타낸다.
자해 1❶베끼다, 등초(謄鈔)하다. 〔晉書〕 三都賦成삼도부성, 競相傳寫경상전사. ❷본뜨다. ❸그리다, 본떠서 그리다. 〔史記〕 寫放其宮室사방기궁실. ❹토하다. 2부리다, 내리다. 〔晉書〕 發梱寫鞍발격사안.
寫本(사본) ①원본을 베낌. ②원본을 베낀 문서나 책.
寫生(사생) 실제의 사물이나 풍경을 보고 그대로 그림.
寫實(사실) ①실정을 토로함. ②사물이나 상황을 있는 그대로 그려냄.
寫影(사영) 물체의 형상을 비추어 나타냄, 또는 비친 그림자. 映寫(영사).
寫字(사자) 글자를 베껴 씀.
寫情(사정) 실정을 묘사함.
寫照(사조) 초상화(肖像畫)를 그림. 참모습을 그려 냄. 畫像(화상).
寫眞(사진) 사진기의 물체의 화상(畫像)을 찍어내는 기술, 또는 인화지에 나타낸 그 화상.
◨ 謄寫등사, 描寫묘사, 複寫복사, 映寫영사, 透寫투사, 筆寫필사.

12 ⑮【寫】 寫(341)의 속자

12 ⑮【審】审 1살필 심 2돌 반
고등 인명 3Ⅱ급 ㊥shěn, pán ㊐シン, ハン
필순 宀 宀 宀 宀 宀 宷 宷 審 審 審
소전 초서 동자 宷 동자 讅 참고 인명용 음은 '심'이다.
자원 會意. 宀+釆→宷→審. 집〔宀〕 안에서 자세히 살펴 분별한다〔釆〕는 뜻. 이에 짐승의 발을 본뜬 '田'을 더하여 짐승의 발자국을 보고 사물을 분별하여 안다는 뜻을 나타낸다.
자해 1❶살피다, 잘 따져 관찰하다. 〔史記〕 審權勢之宜심권세지의. ❷자세하다. ㉮상세하다. 〔呂氏春秋〕 公怒不審공노불심. ㉯자세히, 상세하게. 〔中庸〕 博學之박학지, 審問之심문지. ❸깨닫다. ❹만일, 만약. 가정(假定)의 뜻을 나타낸다. 2돌다, 물이 빙빙 돌다. 〔莊子〕 流水之審爲淵류수지반위연.
審克(심극) 자세히 살핌. 철저히 조사함.
審理(심리) 상세하게 조사하여 처리함.
審問(심문) 자세히 물음.
審美(심미) 아름다움을 찾아 살핌.
審美眼(심미안) 아름다움을 알아볼 줄 아는 안목(眼目).
審査(심사) 자세히 살펴봄.
審識(심식) 잘 식별함.
審愼(심신) 실수가 없도록 충분히 조심함.
審議(심의) 자세히 살피고 논의함.
審正(심정) 꼼꼼하고 바름.
審定(심정) 자세히 조사하여 정함.
審察(심찰) ①자세히 봄. ②곰곰이 생각함. ③주밀하고 밝음.
審判(심판) 일이 옳고 그름을 살펴 판단함. 또는 그러한 일을 하는 사람.
◨ 三審삼심, 豫審예심, 誤審오심, 初審초심.

12 ⑮【寭】 살필 혜
인명 ㊥huì ㊐ケイ
자해 살피다.

13 ⑯【寯】 모을 준
인명 ㊥jùn ㊐シュン
자해 ❶모으다. ❷뛰어나다.

13 ⑯【寰】 기내 환
㊥huán ㊐カン
소전 초서 자해 ❶기내(畿內), 천자(天子)가 직할하던 도읍 주변의 영지(領地). 〔春秋穀梁傳〕 寰內諸侯환내제후. ❷천하(天下), 하늘 아래.

宀 13획

寰內(환내) ①임금이 다스리는 영토 전체. ② 천하. 온 세계. 寰宇(환우).
寰海(환해) ①육지와 바다. ②천하(天下).
◨ 宇寰우환, 人寰인환.

16 ⑲【寳】 寶(342)의 속자

16 ⑲【寵】宠 괼 총 腫

인명 1급 ㊥chǒng ㊐チョウ

소전 초서 자해 ❶괴다, 사랑하다. 〔漢書〕 寵愛日甚총애일심. ❷은혜. 〔易經〕 在師中吉承天寵也재사중길승천총야. ❸첩, 특히 임금의 첩. ❹영화, 영예. 〔國語〕 其寵大矣기총대의.

寵顧(총고) 손윗사람의 아랫사람에 대한 두터운 사랑. 寵眷(총권).

16 획

寵光(총광) 특별히 사랑을 받는 영광.
寵靈(총령) 은혜와 행복을 내림.
寵祿(총록) 총애하여 봉록(俸祿)을 많이 줌.
寵利(총리) 은총(恩寵)과 이록(利祿).
寵命(총명) 임금의 은총 있는 명령.
寵賜(총사) ①총애를 받으면서 물건을 받음. ②융숭한 하사품(下賜品).
寵賞(총상) 특별히 주는 후한 상.
寵信(총신) 사랑하고 믿음.
寵兒(총아) 많은 사람에게 사랑받는 사람.
寵愛(총애) 남달리 귀여워하고 사랑함.
寵榮(총영) 총애를 받아 번영함.
寵辱(총욕) 총애(寵愛)와 모욕(侮辱).
寵遇(총우) 귀여워하고 사랑하여 특별히 대우함. 寵待(총대).
寵嬖(총폐) 마음에 들어 사랑함. 마음에 드는 사람.
寵幸(총행) 특별히 사랑함.
寵厚(총후) 특별하게 사랑함. 두터이 대우함.
寵姬(총희) 총애를 받는 계집.
◨ 恩寵은총, 天寵천총.

17 ⑳【寶】宝 보배 보 晧

고등 인명 4Ⅱ급 ㊥bǎo ㊐ホウ

필순 宀 宀 宇 宇 宝 寉 寉 寶 寶 寶

소전 초서 속자 寳 속자 珤 속자 宝

자원 會意·形聲. 宀+玉+缶+貝→寶. '缶'(부)가 음을 나타낸다. 집〔宀〕 안에 옥〔玉〕이나 화폐로 쓰는 조개〔貝〕 등이 차 있다는 데서 '보배'라는 뜻을 나타낸다.

자해 ❶보배, 보물. ㉮금은주옥(金銀珠玉) 등의 보배. 〔國語〕 以其寶來奔이기보래분. ㉯화폐(貨幣). ㉰신체(身體). 〔老子〕 輕敵幾喪吾寶경적기상오보. ❷보배롭게 여기다. ㉮존중하다, 숭상하다. 〔淮南子〕 侯王寶之후왕보지. ㉯소중히 하다. 〔漢書〕 戒後世善寶之계후세선보지. ❸옥새, 임금의 도장. 〔唐書〕 改諸璽皆爲寶개제새개위보. ❹임금에 관한 일에 붙여 쓰는 말. ❺상대방을 높일 때 쓰는 말.

寶駕(보가) 임금이 타는 수레. 大駕(대가).
寶鑑(보감) ①좋은 거울. ㉠일상의 좌우명(座右銘). ㉡모범이 되는 책. ②태양.
寶蓋(보개) (佛)보옥으로 장식한 천개(天蓋). 불상의 머리 위를 가리는 장식.
寶劍(보검) 매우 좋은 칼. 寶刀(보도).
寶訣(보결) 도교(道敎) 등의 비결(祕訣).
寶鏡(보경) ①좋은 거울. 寶鑑(보감). ②해와 달. ③(佛)지보(至寶)의 명경(明鏡).
寶戒(보계) 귀중한 계율(戒律). 계율을 높여 이르는 말.
寶庫(보고) 귀중한 물건을 보관하는 창고.
寶冠(보관) 보옥으로 꾸민 관(冠).
寶眷(보권) 남의 가족을 높여 이르는 말.
寶燈(보등) 신불(神佛)에게 바치는 등불.
寶輦(보련) ①천자(天子)의 수레. 鳳輦(봉련). ②훌륭한 수레.
寶齡(보령) 임금의 나이. 寶算(보산).
寶墨(보묵) 남의 필적을 높여 이르는 말.
寶物(보물) 보배로운 물건. 寶貨(보화).
寶璽(보새) 임금의 도장. 玉璽(옥새).
寶書(보서) ①대대로 전하여 경계(警戒)로 삼아야 할 글. ②천자(天子)의 옥새(玉璽)가 찍혀 있는 문서. ③귀중한 서적.
寶石(보석) 희귀하고 아름다운 광석.
寶章(보장) ①훌륭한 필적(筆蹟). 귀중한 법첩(法帖). ②남의 문장을 높여 이르는 말.
寶藏(보장) ①보배로서 간직함. ②귀중품을 간직하는 창고. 寶庫(보고). ③산물(産物)이 많이 나는 곳. ④(佛)부처의 교법(敎法).
寶典(보전) 보배로운 문서나 책.
寶祚(보조) 제왕(帝王)의 자리. 皇位(황위).
寶座(보좌) 임금의 자리. 王座(왕좌).
寶胄(보주) 훌륭한 자손(子孫).
寶刹(보찰) 절. 寺刹(사찰).
寶唾(보타) ①미인의 침이나 눈물. ②좋은 글귀나 명언(名言).
寶貝(보패) ①진귀한 조개. ②보배. 보물.
◨ 家寶가보, 國寶국보, 御寶어보, 七寶칠보.

18 ㉑【寣】 夢(277)과 동자

寸部 마디 촌

0 ③ **【寸】** 마디 촌 願

중학 인명 8급 ㊥cùn ㊐スン

필순 一 十 寸

소전 초서 자원 指事. 又＋丶→寸. 손〔又〕에서 조금 떨어진 맥박이 뛰는 곳〔丶〕을 표시하였다. 이곳은 동맥이 있어 의사가 맥을 짚는 곳으로, 손목에서 손가락 하나를 끼워 넣을 정도의 거리에 위치하고 있는데 이 거리를 '寸'이라 한다.

자해 ❶**마디, 손가락 하나의 굵기의 폭.** 〔春秋公羊傳〕膚寸而合부촌이합. ❷**치.** 길이의 단위. 〔漢書〕十分爲寸십분위촌, 十寸爲尺십촌위척. ❸**경맥(經脈)의 한 부분.** ❹**조금, 약간.** 〔史記〕無有分寸之功무유분촌지공. ❺**國촌수.** 〔雅言覺非〕伯父叔父曰三寸백부숙부왈삼촌.

寸暇(촌가) 아주 짧은 겨를. 寸隙(촌극).
寸刻(촌각) 아주 짧은 시간.
寸功(촌공) 보잘것없는 작은 공로.
寸口(촌구) 손목의 맥 짚는 곳. 寸脈(촌맥).
寸劇(촌극) ①아주 짧은 단편적인 연극. ②잠시 동안의 우스꽝스러운 사건.
寸祿(촌록) 아주 적은 녹봉(祿俸).
寸眸(촌모) 눈〔眼〕.
寸碧(촌벽) 약간의 푸른빛. 구름 사이로 나타난 푸른 하늘.
寸步(촌보) 짧은 걸음. 곧, 매우 짧은 거리.
寸謝(촌사) 약소한 사례. 선사품의 포장지에 쓰는 말.
寸絲不挂(촌사불괘) 몸에 실오라기 하나도 걸치지 않음. 아무런 근심이 없음.
寸誠(촌성) 얼마 안 되는 성의. 자기의 성의를 겸손하게 이르는 말. 微衷(미충).
寸數(촌수) 國친척(親戚)의 멀고 가까움을 나타내는 수.
寸心(촌심) ①마음. 方寸(방촌). ②작은 성의.
寸壤(촌양) 얼마 안 되는 땅. 寸土(촌토).
寸陰(촌음) 아주 짧은 시간. 寸晷(촌구).
寸陰若歲(촌음약세) 아주 짧은 시간이 오랜 기간처럼 느껴짐. 간절히 기다림.
寸意(촌의) 약간의 뜻. 자기 뜻의 겸칭.
寸長(촌장) 약간의 기능(技能). 약간의 장점.
寸田(촌전) ①마음. ②두 눈썹 사이.
寸田尺宅(촌전척택) ①적은 재산. ②조그만 땅뙈기.
寸情(촌정) 약간의 인정.
寸地(촌지) 약간의 토지. 尺寸地(척촌지).
寸志(촌지) ①자그마한 뜻. 자기 뜻의 겸칭. ②약간의 성의. 寸心(촌심).
寸進尺退(촌진척퇴) 한 치 나아가고 한 자 물러섬. 얻는 것은 적고 잃는 것이 많음.
寸鐵(촌철) 작은 칼. 작은 무기(武器).
寸鐵殺人(촌철살인) 촌철(寸鐵)로 사람을 죽임. 짤막한 경구(警句)로 사람의 마음을 찌름.
寸寸(촌촌) ①마디마디. ②갈가리. ③조금씩.
寸衷(촌충) 작은 뜻. 寸心(촌심).
寸評(촌평) 매우 짧게 비평함.
■ 分寸분촌, 一寸일촌, 尺寸척촌.

2 ⑤ **【対】** 對(347)의 속자

3 ⑥ **【寺】** 1절 사 ㊍시 寘 2내시 시 寘

중학 인명 4Ⅱ급 ㊥sì ㊐ジ

필순 一 十 土 圭 寺 寺

소전 초서 참고 인명용 음은 '사'이다.

자원 形聲. 之＋寸→寺. '之(지)'가 음을 나타낸다.

자해 1**절.** 승려가 불상을 모시고 수도하면서 교법(敎法)을 펴는 집. 2❶**내시(內侍), 환관(宦官).** ≒侍. 〔詩經〕時維婦寺시유부시. ❷**관청.** 〔漢書〕城郭官寺성곽관시.

寺門(❶사문 ❷시문) ❶절의 문. 산문(山門). ❷관청의 문.
寺田(사전) 절에 딸린 논밭.
寺刹(사찰) ①절. ②절과 탑.
寺人(시인) 임금을 곁에서 모시던 신하. 후궁(後宮)의 사무를 맡은 벼슬. 宦官(환관).
■ 本寺본사, 佛寺불사, 司農寺사농시, 山寺산사, 太常寺태상시.

4 ⑦ **【対】** 對(347)의 속자

4 ⑦ **【寿】** 壽(273)의 속자

6 ⑨ **【封】** 봉할 봉 图

고등 인명 3Ⅱ급 ㊥fēng ㊐フウ

필순 一 十 土 圭 圭 圭 圭 封 封

소전 초서 고자 㞪 자원 會意. 之＋土＋寸→封. 제

후(諸侯)로 봉하여 그 영지〔土〕에 보내어〔之〕 법도〔寸〕를 따라 다스리게 한다는 뜻이다.

자해 ❶**봉하다.** ㉮**일정한 땅을 떼어 주어 제후를 삼다.** 〔禮記〕 封黃帝之後於蘇봉황제지후어소. ㉯**작위나 작품(爵品)을 내리다.** ¶ 封爵봉작. ❷**아가리나 구멍을 붙이거나 싸서 막다.** ¶ 封緘봉함. ❸**무덤을 만들다.** ❹**단(壇)을 쌓다.** 〔周禮〕 聚土曰封취토왈봉. ❺**봉.** ㉮**봉지(封地).** 〔周禮〕 封疆方五百里봉강방오백리. ㉯**봉지나 봉투 편지의 수를 세는 단위.** ❻**북돋우다, 배양하다.** ¶ 封殖봉식. ❼**크다.** ≒豐. 〔詩經〕 無封靡于爾邦무봉미우이방. ❽**경계(境界), 흙을 쌓아 만든 경계.** 〔春秋左氏傳〕 田有封洫전유봉혁. ❾**봉사(封祀).** 높은 산꼭대기에 흙을 쌓아 단(壇)을 만들어서 하늘에 제사를 올리는 의식.

寸

7획

封疆(봉강) ①경계(境界). 국경(國境). ②경계 안의 땅. 領土(영토).

封建(봉건) 천자가 영토를 나누어 준 제후(諸侯)를 세워 통치하는 제도.

封境(봉경) 국경(國境). 영지(領地)의 안.

封庫罷黜(봉고파출) 어사(御史)나 감사(監司)가 못된 원을 파면하고 관가(官家)의 창고를 봉(封)하여 잠그던 일.

封裹(봉과) 國물건을 싸서 봉함.

封口(봉구) ①입을 다묾. 입을 봉함. ②國물건을 싸서 봉한 자리.

封君(봉군) 군주로부터 봉읍(封邑)을 받는 일. 또는 그 사람.

封內(봉내) 영지(領地)의 안.

封泥(봉니) 죽간(竹簡)·비단 등으로 된 문서나 서함(書函)을 끈으로 묶고 봉할 때 쓰던 아교질의 진흙 덩어리. 그 위에 도장을 찍어 남이 함부로 개봉하지 못하게 했음. 泥封(이봉).

封墓(봉묘) 무덤 위에 흙을 더 쌓아 은명(恩命)을 베풂.

封彌(봉미) 당송대(唐宋代)에 시험관의 불공평을 막기 위하여 수험자의 이름을 풀로 봉하여 암호로 답안을 제출하게 하던 일.

封靡(봉미) 크게 폐를 끼침. 몹시 성가시게 함.

封墳(봉분) 흙을 쌓아 무덤을 만듦.

封事(봉사) 밀봉(密封)하여 임금에게 상주(上奏)하던 의견서(意見書). 封奏(봉주). 封章(봉장).

封祀(봉사) 산 위에 제단(祭壇)을 쌓아 신(神)에 제사함. 封禪(봉선).

封璽(봉새) 봉한 물건에 도장을 찍음.

封禪(봉선) 천자(天子)가 행하는 제사. '封'은 사방의 흙을 높이 쌓아서 제단을 만들고 하늘에 제사 지내는 일, '禪'은 땅을 정(淨)하게 하여 산천에 제사 지내는 일.

封鎖(봉쇄) 봉하여 꼭 잠금. 외부와 단절시킴.

封守(봉수) 국경(國境)을 지킴, 또는 그 사람.

封授(봉수) 토지와 벼슬을 줌.

封豕長蛇(봉시장사) 큰 돼지와 긴 구렁이. 탐욕스런 악인(惡人).

封植(봉식) ①제후(諸侯)에 봉함. ②흙을 쌓아 나무를 심음.

封殖(봉식) ①북돋우어 자라게 함. 부강하게 함. ②재물을 거두어들임.

封邑(봉읍) 제왕이 제후나 공신에게 영지나 식읍을 나누어 줌.

封人(봉인) 국경을 지키는 관리.

封印(봉인) 봉한 곳에 도장을 찍음.

封入(봉입) 물건을 넣고 봉함.

封爵(봉작) ①제후로 봉하고 관작을 줌. ②國의빈·내명부·외명부 따위를 봉하던 일.

封典(봉전) 조정에서 공신이나 그 선조에게 작위(爵位)·명호(名號)를 내리던 영전(榮典).

封冊(봉책) 왕후(王侯)에 봉하는 뜻을 쓴 천자(天子)의 조서(詔書).

封土(봉토) ①흙을 높이 쌓아 올려 제단(祭壇)을 만듦. ②제후(諸侯)에게 나누어 준 땅. 封地(봉지).

封套(봉투) 편지나 서류 등을 넣는 봉지.

封緘(봉함) 편지 따위를 봉투에 넣고 봉함.

封洫(봉혁) 논밭의 경계(境界).

封穴(봉혈) 흙으로 구멍을 막음.

封還(봉환) 사표 따위를 수리하지 않고 그대로 돌려보냄.

◨ 開封개봉, 同封동봉, 密封밀봉, 蟻封의봉, 緘封함봉.

7
⑩【尅】 剋(139)의 속자

7
⑩【専】 펼 부 虞

㊥fū ㊐フ

소전 초서 자해 **펴다, 깔다, 깔리다.** ＝敷. 〔史記〕 雲専霧散운부무산.

7
⑩【射】 1 궁술 사 禡
2 쏠 사 本석 陌
2 맞힐 석 陌

중학 인명 4급 ㊥shè ㊐シャ, セキ

필순 ′ ｨ 介 介 角 身 身 身 射 射

소전 초서 본자 躲 참고 인명용 음은 '사'이다.

자원 會意. 身＋矢→躲→射. 화살〔矢〕이 몸에서 떠나 먼 곳에 날아가 닿다, 곧 '맞히다'

라는 뜻을 나타낸다.
[자해] ①❶**궁술(弓術).** 육예(六藝)의 하나로서 활 쏘는 법. 〔周禮〕 禮樂射御書數례악사어서수. ❷**사궁(射宮)의 약칭.** 〔禮記〕 秋合諸射추합제사. ②**쏘다.** ㉮**활·총 따위를 쏘다.** 〔詩經〕 射則臧兮사즉장혜. ㉯**쏘는 화살처럼 나가다.** ¶ 注射주사. ③**맞히다, 쏘아서 적중시키다.** 〔論語〕 弋不射宿익불석숙.

射擊(사격) 활·총 등을 쏨.
射界(사계) 사격할 수 있는 한계.
射空中鵠(사공중곡) 國허청대고 쏜 화살이 과녁을 맞힘. 무턱대고 한 일이 성공함.
射宮(사궁) ①천자(天子)가 대사례(大射禮)를 행하던 곳. ②향시(鄕試)에 합격한 사람을 고시(告示)하던 곳.
射器(사기) 활과 화살.
射殺(사살) 활이나 총을 쏘아 죽임.
射手(사수) 총포나 활 따위를 쏘는 사람.
射御(사어) 활쏘기와 말타기. 궁술(弓術)과 마술(馬術).
射藝(사예) 활 쏘는 기예(技藝).
射的(사적) ①과녁. ②과녁을 쏨.
射亭(사정) 활터에 세운 정자.
射精(사정) 정액(精液)을 내쏨.
射倖(사행) 우연한 이익을 얻고자 함.
射侯(사후) ①활 쏠 때의 과녁. ②과녁을 쏨. ③천자(天子)가 행하는 대사(大射)의 예(禮).
◨ 亂射난사, 反射반사, 發射발사, 注射주사, 投射투사.

7
⑩【將】 將(345)과 동자

7
⑩【将】 將(345)의 속자

8
⑪【尉】 ①벼슬 위 未 ②다리미 울 物
[인명] [2급] ㊥wèi, yù ㊐イ, ウツ
[소전] [초서] [동자] 尉 [참고] 인명용 음은 '위'이다.
[자해] ①❶**벼슬, 벼슬 이름.** ¶ 校尉교위. ❷**위로하다.** ※慰(472)의 고자(古字). 〔漢書〕 以尉士大夫心이위사대부심. ②❶**다리미, 다리미로 주름을 펴다.** ＝熨. 〔資治通鑑〕 穆使渾奉尉斗於堅목사혼봉울두어견. ❷**성(姓).**

尉官(위관) 대위, 중위, 소위 등의 총칭.
尉安(위안) 위로하여 마음을 편하게 해 줌. 慰安(위안).
尉斗(울두) 다리미. 熨斗(울두).
◨ 校尉교위, 大尉대위, 都尉도위.

8
⑪【將】将 ①장차 장 陽 ②장수 장 漾
[중학] [인명] [4Ⅱ급] ㊥jiāng, jiàng ㊐ショウ
[필순] 丨 丬 爿 爿' 爿ク 爿夕 爿夕 將 將 將
[소전] [초서] [동자] 將 [속자] 将 [자원] 形聲. 爿+寸→將. '爿(장)'이 음을 나타낸다.
[자해] ①❶**장차.** ㉮**막 ~하려 하다.** 〔禮記〕 斯道也將亡矣사도야장망의. ㉯**마땅히 ~하여야 한다.** 〔春秋左氏傳〕 君人者將禍是務去군인자장화시무거. ❷**어찌.** ≒何. 〔春秋左氏傳〕 將得已乎장득이호. ❸**함께, ~과 함께 하다.** ❹**써, ~으로써.** 〔戰國策〕 蘇秦始將連橫소진시장연횡, 說秦惠王세진혜왕. ❺**원하건대, 바라건대.** 〔詩經〕 將子無怒장자무노. ❻**나아가다, 발전하다.** 〔詩經〕 日就月將일취월장. ②❶**장수.** 〔呂氏春秋〕 軍必有將군필유장. ❷**거느리다, 인솔하다.** 〔史記〕 將軍擊趙장군격조.

將計就計(장계취계) 저편의 계략을 미리 알아채고 그것을 역이용하는 계략.
將校(장교) 소위 이상의 고급 무관.
將軍(장군) 군대를 통솔하는 무관.
將器(장기) 장수가 될 만한 기량(器量). 또는 그런 사람.
將帶(장대) 거느림. 인솔함.
將臺(장대) 장수가 올라서서 지휘하는 대(臺).
將來(장래) 아직 오지 않은 미래.
將略(장략) 장수로서의 지략(智略). 용병(用兵)의 계략.
將領(장령) ①통솔(統率)함. ②장수(將帥).
將命(장명) ①장군의 명령. ②명령을 행함. ③말을 중간에 서서 전함.
將兵(장병) 장교와 병사. 將卒(장졸).
將士(장사) 장수와 병졸(兵卒). 將卒(장졸).
將相(장상) 장수와 재상(宰相).
將相器(장상기) 대장(大將)이나 재상(宰相)이 될 만한 기량이 있는 인물.
將星(장성) 장군(將軍).
將聖(장성) 거의 성인(聖人)에 가까움.
將星隕(장성운) 대장이 진중(陣中)에서 죽음. 영웅이나 위인의 죽음.
將率(❶장솔 ❷장수) ❶지휘함. 통솔함. ❷전군(全軍)을 지휘하는 대장. 將帥(장수).
將帥(장수) 군대를 거느리는 장군. 군(軍)의 우두머리. 大將(대장). 將領(장령).
將順(장순) 받아들여 순종함. 좇아 행함.
將御(장어) 거느려 다스림. 統御(통어).
將迎(장영) ①사람을 보냄과 맞음. ②보양(保養)함.
將材(장재) 장수가 될 만한 기량(器量).

寸 8획

將種(장종) 장군 집안에 태어난 사람.
將次(장차) 머지않아.
將就(장취) ①그런대로 맞춤. ②나날이 진보함.
◨ 老將노장, 大將대장, 猛將맹장, 名將명장, 武將무장, 副將부장, 良將양장, 勇將용장, 日就月將일취월장.

8 ⑪【專】专 오로지 전 先

고등 인명 4급 ㊥zhuān ㊐セン

필순 一 厂 戸 戸 亩 亩 亩 亩 專 專

소전 초서 자원 形聲. 叀+寸→專. '叀(전)'이 음을 나타낸다.

자해 ❶**오로지, 오직 한 곬으로.** 〔漢書〕其言專商鞅韓非之語也기언전상앙한비지어야. ❷**마음대로, 멋대로 하다.** 〔淮南子〕所以制有司使無專行也소이제유사사무전행야.

專功(전공) 전문적으로 연구함.
專念(전념) 한 가지 일에만 몰두함.
專斷(전단) 혼자 마음대로 일을 처리함.
專擔(전담) 혼자 도맡음. 專任(전임).
專對(전대) 독단으로 자유로이 응답함.
專對之材(전대지재) 외국에 사신으로 가서 혼자 능히 응대할 만한 재간을 지닌 사람.
專力(전력) 오로지 한 가지 일에 힘을 쏟음.
專利(전리) ①이익을 독점함. ②한결같고 날카로움. 專一銳利(전일예리).
專賣(전매) 특정 상품의 매매를 독점함.
專務(전무) 전문적으로 맡아봄.
專門(전문) 한 분야에 전력을 다함.
專房(전방) 방을 독점함. 처첩(妻妾)들 중 한 사람이 총애를 독차지함.
專貰(전세) 약정 기간 동안 소유물을 그 사람에게만 빌려 주는 일.
專修(전수) 한 가지 분야의 기술이나 지식 따위를 전문적으로 닦음.
專心(전심) 마음을 오로지 한 일에만 씀.
專業(전업) 전적으로 종사하는 일.
專用(전용) 혼자서만 씀.
專威(전위) 위세(威勢)를 혼자서 부림.
專爲(전위) 제멋대로 함.
專意(전의) 뜻을 오로지 한 곳에만 기울임.
專人(전인) 어떤 일을 위하여 특별히 사람을 보냄. 專足(전족). 專伻(전팽).
專一(전일) 오로지 한 가지 일에만 힘을 쏟음.
專任(전임) 오로지 한 일만을 맡기거나 맡음.
專專(전전) 오로지함. 한결같이 함.
專制(전제) ①독단(獨斷)으로 일을 처리함. ②관리가 멋대로 법문(法文)을 늘림.
專執(전집) 제멋대로 받아들임.
專策(전책) 전단(專斷)의 책략(策略).
專擅(전천) 오로지 마음대로 함.
專輒(전첩) 제멋대로 행동함.
專寵(전총) 총애를 한 몸에 받음.
專行(전행) 마음대로 행함.
專橫(전횡) 권세를 독차지하여 제멋대로 함.
◨ 獨專독전.

9 ⑫【尋】寻 찾을 심 侵

고등 인명 3급 ㊥xún ㊐ジン

필순 ㇕ ㅋ ㅋ ㅋ ㅋ 큐 큐 큐 尋 尋

소전 초서 동자 고자 자원 會意. 又+工+口+寸→尋. 난리〔工·口〕를 법도〔寸〕에 따라 손〔又〕으로 다스린다는 뜻. 어떻게 하는 것이 법도에 맞게 다스리는 것일까의 실마리를 찾아야 한다는 데서 '찾다'의 뜻을 나타낸다.

자해 ❶**찾다.** ㉮**보거나 만나기 위하여 찾다.** ¶ 尋訪심방. ㉯**얻어 내려고 뒤지다.** ㉰**알기 위하여 캐묻다.** 〔北史〕硏精尋問연정심문. ❷**생각하다.** ❸**보통, 평소.** ¶ 尋常심상. ❹**잇다.** 〔春秋公羊傳〕尋舊盟也심구맹야. ❺**자**〔尺〕.

尋究(심구) 물어서 밝혀냄. 尋討(심토).
尋訪(심방) 사람을 찾아봄. 尋問(심문).
尋思(심사) 마음을 차분하게 하여 사색함.
尋常(심상) ①대수롭지 않음. 예사로움. 보통임. ②얼마 안 되는 거리나 넓이.
尋繹(심역) ①되풀이해서 행함. 재삼 복습함. ②사리(事理)를 궁구함.
尋引(심인) 자. 尺度(척도).
尋章摘句(심장적구) ①자그마한 장(章) 하나, 구(句) 하나를 천착(穿鑿)함. ②㊂옛사람의 글귀를 여기저기서 따옴.
尋行數墨(심행수묵) ①글자 수나 줄 수에 얽매여 글 짓는 데 고심함. ②문자에 구애되어 도리에 밝지 못함.

9 ⑫【尊】尊 1높을 존 元 2술통 준 元

중학 인명 4Ⅱ급 ㊥zūn ㊐ソン

필순 丷 亠 㒸 㒸 酋 酋 酋 酋 尊 尊

소전 초서 속자 참고 인명용 음은 '존'이다.

자원 會意. 酋+廾→尊. 두 손〔廾〕을 모아 술통을 떠받들고 있는 모양으로, 뒤에 '廾'를 '寸'으로 바꾼 것은 술을 윗사람이나 신(神)에게 올리는 데에는 법도〔寸〕가 있어야 한다

寸 8획

는 생각에서이다.

자해 1 ❶높다. ㉮높이가 높다. 〔易經〕 天尊地卑천존지비. ㉯지위가 높다. ❷높이다. ㉮지위를 높이다. 〔中庸〕 尊其位존기위. ㉯상대자를 높이다, 존경하다. 〔禮記〕 自卑而尊人자비이존인. ㉰높임말을 쓰다. ¶ 尊稱존칭. 2 ❶술통, 술단지. ≒樽. 〔禮記〕 尊用犧象山罍준용희상산뢰. ❷따르다, 좇다. ≒遵. 〔墨子〕 君尊用之군준용지.

尊敬(존경) 높여 공경함.

尊高(존고) 귀하고 높음. 또는 그 신분.

尊貴(존귀) 높고 귀함. 또는 그러한 사람.

尊堂(존당) 남의 어머니의 높임말.

尊大(존대) 벼슬이 높고 귀함.

尊待(존대) 높이 대하거나 대접함.

尊名(존명) ①훌륭한 명예. ②제호(帝號). ③이름을 존중함. ④남의 이름의 경칭(敬稱).

尊命(존명) ①사시(四時) 정교(正敎)의 명령을 존중함. ②남의 명령의 높임말.

尊問(존문) ①남의 물음의 높임말. ②방문(訪問)의 높임말.

尊卑(존비) 신분이나 지위의 높고 낮음.

尊師(존사) ①스승을 존경함. ②도사(道士)에 대한 존칭(尊稱).

尊像(존상) ①천자(天子)의 옥체(玉體). ②유덕(有德)한 사람의 상(像).

尊屬(존속) 부모와 같은 항렬 이상의 친족.

尊崇(존숭) 존경하고 숭배함.

尊信(존신) 존경하고 신뢰함.

尊顔(존안) 어른의 모습에 대한 높임말.

尊仰(존앙) 존경하고 추앙함.

尊嚴(존엄) ①존귀하고 엄숙함. ②지위나 인품이 높아서 범할 수 없음.

尊榮(존영) 지위가 높고 영화로움.

尊影(존영) 남의 화상이나 사진의 높임말. 尊照(존조).

尊王攘夷(존왕양이) 왕실을 높이고 이적(夷狄)을 물리침. 尊攘(존양).

尊位(존위) 존귀한 자리.

尊意(존의) 남의 의사(意思)의 높임말.

尊者(존자) ①웃어른. 尊長(존장). ②(佛) 덕(德)·행(行)·지(智)를 구비한 사람.

尊爵(존작) 고귀한 자리. 존귀한 작위(爵位).

尊重(존중) ①높이고 중하게 여김. ②지위가 높고 권세가 많음.

尊體(존체) 다른 사람의 몸을 높여 이르는 말.

尊寵(존총) ①아끼고 사랑함. 존중하여 총애함. ②國남의 총애에 대한 높임말.

尊稱(존칭) 특정 대상을 높여 부르는 호칭.

尊銜(존함) 남의 이름을 높여 부르는 말.

尊賢(존현) ①현인(賢人)을 존경함. ②존귀하고 현명함. 또는 그 사람.

尊顯(존현) 지체가 높고 이름이 드러남.

尊兄(존형) 동년배에 대한 높임말.

尊號(존호) ①남을 높여 부르는 칭호. ②왕·왕비의 덕을 칭송하여 올리던 칭호.

尊俎(준조) 연회석(宴會席).

尊俎折衝(준조절충) 병력(兵力)을 쓰지 않고, 적의 군신 사절(君臣使節)과 회합하여 주연을 베푼 자리에서 외교로써 평화롭게 자기 나라의 세력을 넓힘.

◨ 釋尊석존, 嚴尊엄존, 唯我獨尊유아독존, 自尊자존, 至尊지존, 天尊地卑천존지비, 推尊추존.

11 ⑭ 【對】対 대답할 대 隊

중학 인명 6급 ㊥duì ㊐タイ

필순 丨 丨丨 丵 ... 對對

소전 對 초서 対 동자 對 속자 对 속자 対

자원 會意. 丵+口+寸→對→對. 입〔口〕으로 자유롭게〔丵〕 응대하되 법도〔寸〕에 맞게 한다는 데서 '대답하다'의 뜻을 나타낸다.

자해 ❶대답하다. 〔詩經〕 聽言則對청언즉대. ❷대하다. ㉮앞에 두고 마주 대하다. 〔舊唐書〕 猶對面語耳유대면어이. ㉯접촉하여 관계를 맺다. ¶ 對敵대적. ❸대. ㉮짝, 배우자. 〔後漢書〕 擇對不嫁택대불가. ㉯상대, 적대자. 〔吳志〕 此彊對也차강대야. ㉰두 짝을 합해 한 벌이 되는 물건을 세는 단위. ❹소(疏)의 한 체. 임금의 물음에 대하여 답하는 글. 〔文心雕龍〕 公孫之對공손지대, 簡而未博간이미박.

對角(대각) 다각형에서 한 변이나 한 각과 마주 대하고 있는 각.

對客(대객) ①손님의 물음에 대답하여 줌. ②손님을 마주 대함.

對決(대결) 서로 맞서 승부를 가림.

對句(대구) 짝을 맞춘 시문(詩文)의 글귀.

對局(대국) ①어떤 상황에 마주함. ②장기나 바둑을 둠.

對內(대내) 내부 또는 국내에 대함.

對談(대담) 마주하여 이야기를 나눔.

對答(대답) ①묻는 말에 대해 어떤 말을 함. ②부름에 응함.

對頭(대두) 적(敵). 적수(敵手). 對敵(대적).

對等(대등) ①서로 견주어 낫고 못함이 없음. ②서로 대하는 데 어떤 차별을 둠이 없음.

對聯(대련) ①시문(詩文) 등에서 대(對)가 되는 연(聯). ②문이나 기둥에 써 붙이는 글귀.

對立(대립) 마주 보고 서거나 적대함.

對面(대면) 서로 얼굴을 마주 대함.
對民(대민) 민간인을 상대함.
對辯(대변) 어떤 사람이나 기관을 대신하여 그의 의견이나 입장을 발표함.
對比(대비) 서로 맞대어 비교함.
對備(대비) 어떤 일에 대처하기 위해 미리 준비함.
對象(대상) ①목표가 되는 사물. ②인식 작용의 객체.
對手(대수) 기량(技倆)이 엇비슷한 상대. 상대할 만한 적수(敵手).
對食(대식) ①마주 앉아서 먹음. ②궁인(宮人)끼리 짝이 되어 부부가 됨.
對岸(대안) 건너편 언덕.
對譯(대역) 원문과 맞추어 번역함.
對偶(대우) ①짝. ②시문(詩文)의 대구(對句). ③어떠한 명제에 대하여 종결을 부정한 것을 가설로 하고, 가설을 부정한 것을 종결로 한 명제.
對耦(대우) 대등한 짝. 곧, 부부(夫婦).
對牛彈琴(대우탄금) 소를 위하여 거문고를 탐. 어리석은 사람에게 도를 깨치게 해도 되지 않음. 牛耳讀經(우이독경).
對應(대응) ①서로 마주 대함. 상대함. ②상대에 따라 일을 함. ③서로 어울림.
對酌(대작) 마주하고 술을 마심.
對敵(대적) 적과 마주함.
對戰(대전) 맞서 싸우거나 겨룸.
對照(대조) 맞대어 비교함.
對坐(대좌) 마주 보고 앉음.
對質(대질) 관계자를 대면시켜 캐물음.
對策(대책) ①어떤 일에 대처할 계획이나 수단. ②시정(時政)의 문제를 제시하고 그에 대한 답안을 쓰게 한 과거 시험 과목의 하나.
對處(대처) 어떤 상황에 대하여 조치함.
對蹠(대척) 서로 정반대임.
對峙(대치) 서로 마주 섬. 對立(대립).
對抗(대항) 서로 맞서 겨룸.
對向(대향) 두 사람이 마주 대함.
對話(대화) 서로 마주 대하여 하는 이야기.
◨ 反對반대, 相對상대, 應對응대, 敵對적대, 絶對절대.

寸 13획

13 ⑯ 【對】 對(347)와 동자

13 ⑯ 【導】 导 이끌 도 號

고등 인명 4Ⅱ급 ㊥dǎo ㊐ドウ

필순 丶 丷 䒑 䒑 首 首 首 道 道 導 導

소전 초서 자원 形聲. 道+寸→導. '道(도)'가 음을 나타낸다.

자해 ❶이끌다, 안내하다, 인도하다. ㉮길잡이를 하다. 〔孟子〕君使人導之出疆군사인도지출강. ㉯유인하다, 권하다. 〔論語〕導之以政도지이정. ㉰앞장서다. 〔呂氏春秋〕忠信以導之충신이도지. ㉱가르치다, 가르쳐 인도하다. ❷다스리다. 〔論語〕導千乘之國도천승지국.

導達(도달) ①이끌어서 이르게 함. ②國윗사람이 알지 못하는 사정을 아랫사람이 때때로 넌지시 알려 줌.
導言(도언) 중매(仲媒)하는 말.
導誘(도유) 꾀어서 이끎. 誘導(유도).
導引(도인) ①길을 인도함. ②신선한 공기를 몸 안에 끌어들인다는 도교(道教)의 양생법(養生法).
導入(도입) 끌어들임.
導體(도체) 전기나 열을 전달하는 물체.
導出(도출) 판단이나 결론 따위를 이끌어 냄.
導火(도화) ①폭약을 터뜨리기 위하여 옮아 붙게 하는 불. ②사건이 일어나는 동기.
導訓(도훈) 이끌어 가르침. 訓導(훈도).
◨ 先導선도, 誘導유도, 引導인도, 傳導전도, 指導지도, 唱導창도, 嚮導향도, 訓導훈도.

小部 작을 소

0 ③ 【小】 작을 소 篠

중학 인명 8급 ㊥xiǎo ㊐ショウ

필순 亅 小 小

소전 초서 자원 會意. 八+亅→小. 아주 미세한 물건〔亅〕을 둘로 나눈다는 데서 '작다'는 뜻을 나타낸다.

자해 ❶작다. 〔論語〕管仲之器小哉관중지기소재. ❷적다. ≒少. 〔易經〕力小而任重력소이임중. ❸짧다, 시간상으로 짧다. 〔莊子〕小年不及大年소년불급대년. ❹낮다, 지위가 낮다. 〔孟子〕不卑小官불비소관. ❺어리다, 젊다. ≒少. ❻협소하다, 좁다. 〔書經〕好問則裕호문즉유, 自用則小자용즉소. ❼작다고 여기다, 가볍게 여기다. 〔春秋左氏傳〕必小羅필소라. ❽첩(妾). 〔詩經〕慍于群小온우군소.

小家(소가) ①제자백가(諸子百家)의 하나. 소설가(小說家)로 일가(一家)를 이룬 사람. ②작은 집. 가난한 집. ③國첩(妾). 첩의 집.
小閣(소각) ①조그마한 누각(樓閣). ②부녀(婦女)들의 방.

小簡(소간) ①작은 대쪽. ②짤막한 편지. ③國 좁고 작은 간지(簡紙).
小康(소강) ①소란하던 세상이 조금 안정됨. 잠시 무사함. ②정치(政治)·교화(敎化)가 잘 행해져서 세상이 태평함. ③얼마간의 재산이 있어 생활에 지장이 없는 일.
小徑(소경) 작은 길. 좁은 길.
小計(소계) 작은 부분의 합계.
小姑(소고) 남편의 누이. 시누이.
小考(소고) 체계를 세우지 않은 단편적·부분적 고찰.
小鼓(소고) 한 면만 가죽으로 꾸민 조그마한 북. 두 개의 채로 침. 單皮鼓(단피고).
小曲(소곡) ①조금 굽음. ②속된 노래. 촌스러운 노래. ③짤막한 곡조.
小科(소과) 조선 때, 생원(生員)과 진사(進士)를 뽑던 과거.
小舅(소구) ①어머니의 아우. 외숙(外叔). ②배우자(配偶者)의 형제. 처남(妻男).
小君(소군) ①제후의 신하가 그 제후의 아내를 부르는 말. ②고려 때 왕후 이외의 몸에서 태어나 승려가 된 왕자를 일컫던 말.
小年(소년) ①1년 정도의 세월. ②짧은 수명(壽命). ③나이가 어림. 少年(소년). ④음력 12월 24일. 이날 부엌신을 제사 지냄.
小膽(소담) 담력이 작음. 용기가 없음.
小大祥(소대상) 소상(小祥)과 대상(大祥). 小大朞(소대기).
小道(소도) ①작은 길. ②이단(異端). 제자백가를 이름. ③도사(道士)가 자기 자신을 낮추어 이르는 말. ④보잘것없는 도덕(道德).
小童(소동) ①아이. ②제후(諸侯)의 아내가 남편에게 자기를 낮추어 이르는 말. ③상(喪)을 입고 있을 때에 임금이 스스로를 일컫는 말.
小豆(소두) ①낟알이 작은 콩. ②팥.
小杜(소두) 만당(晩唐)의 시인 두목(杜牧).
小斂(소렴) 시체를 옷과 이불로 싸는 일.
小滿(소만) 24절기의 하나. 입하(立夏)의 다음으로, 양력 5월 21일경.
小賣(소매) 물건을 도거리로 사서 조금씩 나누어 팖.
小辟(소벽) 사형(死刑) 이외의 형벌.
小便(소변) 오줌. 小遺(소유).
小僕(소복) 젊은 종.
小婦(소부) ①첩(妾). 작은집. ②젊은 여자.
小使(소사) 심부름꾼.
小產(소산) 유산(流產). 半產(반산).
小祥(소상) 죽은 뒤 1년 되는 날에 지내는 제사. 一周忌(일주기). 小朞(소기).
小生(소생) 나이와 지체가 위인 사람에 대한 자신의 겸칭.
小序(소서) ①짧은 머리말. ②문체(文體) 이름. 시문(詩文) 앞에 저작(著作)의 뜻을 간략하게 적은 것.
小暑(소서) 24절기의 하나. 하지(夏至)의 다음으로, 양력 7월 7일경.
小雪(소설) 24절기의 하나. 입동(立冬)의 다음으로, 양력 11월 23일경.
小說(소설) 사실 또는 작가의 상상력에 바탕을 두고 허구적으로 이야기를 꾸며 나간 산문체의 문학 양식.
小成(소성) ①작은 일을 성취함. 작은 성공. ②과거(科擧)의 소과(小科)에서 초시(初試), 또는 종시(終試)에 합격함.
小星(소성) ①작은 별. ②첩(妾).
小小(소소) ①극히 작음. 些少(사소). ②나이가 어림. 젊음.
小瑣(소쇄) 얼마 안 됨. 많지 않음.
小豎(소수) 어린 녀석. 못난 자식. 남을 무시하여 이르는 말.
小臣(소신) ①신분이 낮은 신하. ②임금에 대하여 신하가 자기를 일컫는 말.
小室(소실) 첩. 작은집.
小心(소심) ①도량이 좁음. ②대담하지 못하고 지나치게 겁이 많음.
小心謹愼(소심근신) 매우 조심하여 잔일에도 주의를 게을리 하지 않음.
小心翼翼(소심익익) 공경하는 마음으로 삼가는 모양.
小兒(소아) ①어린아이. ②하찮은 사람.
小弱(소약) ①작고 힘이 약함. 또는 그런 사람이나 나라. ②어리고 약함.
小用(소용) ①약간의 소용(所用). ②오줌.
小戎(소융) 병거(兵車)의 이름.
小人(소인) ①일반 민간인. 庶民(서민). ②덕(德)이 없는 사람. 마음이 간사한 사람. ③사동(使童). 노복(奴僕). ④자기 자신의 겸칭. ⑤몸집이 작은 사람.
小人革面(소인혁면) 간사한 사람도 밝은 임금이 재위(在位)하면 마음까지는 고치지 못할지라도 외면만은 꾸며 나쁜 일을 함부로 하지 않음.
小子(소자) ①아이. 小兒(소아). 童子(동자). ②아들이 부모에 대하여 자기를 이르는 말. ③스승이나 어른이 제자나 손아랫사람을 부르는 말. ④수양이 부족한 사람.
小字(소자) ①어릴 때 부르던 이름. 幼名(유명). ②작은 글자. 細字(세자).
小疵(소자) 조그마한 흠집. 小過(소과).
小作(소작) 國남의 전답을 빌려 경작함.
小姐(소저) ①미혼녀(未婚女)의 통칭(通稱). 處女(처녀). ②남의 딸에 대한 경칭(敬稱).

小底(소저) ①어린 사람. ②사역(使役)되는 사람. 소리(小吏). 노복(奴僕). ㉠백성이 벼슬아치에 대하여 자기를 이르던 말. ㉡종이 주인에 대하여 자기를 이르던 말.
小篆(소전) 서체(書體)의 이름. 진시황(秦始皇) 때에 이사(李斯)가 창시하였다고 함.
小宗(소종) 대종(大宗)에서 여럿으로 갈려 나간 방계(傍系).
小鍾(소종) 조그마한 술잔.
小鐘(소종) 편종(編鐘) 중 작은 종.
小盡(소진) 음력 작은달의 그믐날.
小次(소차) 작은 장막(帳幕). 춘분(春分)에 오제(五帝)를 제사 지내고 물러나 있는 곳.
小妾(소첩) ①나이 어린 첩. ②여자가 자신을 낮추어 부르는 말.
小春(소춘) 음력 10월의 딴 이름.
小貪大失(소탐대실) 國작은 것을 탐하다가 큰 것을 잃음. 貪小失大(탐소실대).
小波(소파) 잔물결. 물놀이.
小品(소품) 크기가 작은 그림이나 분량이 적은 문학 작품.
小學(소학) ①태자(太子)·왕자(王子)·제후(諸侯)의 아들 및 공경대부(公卿大夫)의 적자(嫡子)에게 소절(小節)·소의(小義)·소예(小藝)를 가르치던 학교. ②글자의 형상(形象)·훈고(訓詁)·음운(音韻) 등을 연구하는 학문. ③송대(宋代)에 유자징(劉子澄)이 주희(朱熹)의 가르침을 받아 옛 책에서 예법(禮法)과 선행(善行) 등의 내용을 뽑아 편찬한 책.
小寒(소한) 24절기의 하나. 동지와 대한 사이에 있어, 양력 1월 5일경에 듦.
小閑(소한) 얼마 안 되는 여가. 잠깐의 틈.
小慧(소혜) 조그마한 슬기. 小智(소지).
小戶(소호) ①주량(酒量)이 적은 사람. ②작은 집. 가난한 집.
小話(소화) 짤막한 이야기.
◨ 群小군소, 極小극소, 大小대소, 微小미소, 細小세소, 少小소소, 瑣小쇄소, 弱小약소, 矮小왜소, 最小최소, 縮小축소, 狹小협소.

1 ④ 【少】 1적을 소 篠 2젊을 소 嘯
중학 인명 7급 ㊥shǎo, shào ㊐ショウ
필순 亅 小 小 少
소전 초서 자원 形聲. 小+丿→少. '小(소)'가 음을 나타낸다.
자해 1 ❶적다, 많지 아니하다. 〔易經〕 夫少者부소자, 多之所宗다지소종. ❷약간, 조금. 〔儀禮〕 賓少進빈소진. ❸적다고 여기다, 부족하다고 생각하다. 〔史記〕 豈少朕與기소짐여. ❹미미하다, 쇠약해지다. ❺줄다, 적어지다. 〔後漢書〕 墾田減少간전감소. 2 ❶젊다. 〔春秋左氏傳〕 敝邑之少卿也폐읍지소경야. ❷어리다.
少憩(소게) 잠시 동안 쉼.
少頃(소경) 잠깐. 잠시 동안.
少卿(소경) 벼슬 이름.
少君(소군) ①제후(諸侯)의 처(妻). 小君(소군). ②어린 임금. 幼君(유군).
少年燈科(소년등과) 國젊은 나이에 과거에 급제하던 일.
少量(소량) 적은 분량.
少論(소론) 조선 때 당파의 하나. 서인(西人)에서 갈라져 나옴.
少牢(소뢰) 제사에 쓰기 위하여 잡은 양(羊)과 돼지. 小牢(소뢰).
少傅(소부) 벼슬 이름.
少不如意(소불여의) 조금도 뜻대로 되지 않음.
少小(소소) 나이가 어림.
少溲(소수) 오줌. 小便(소변).
少艾(소애) 젊고 아름다움. 또는 그런 사람. 남녀를 다 이름.
少額(소액) 적은 액수.
少言(소언) 말수가 적음. 寡默(과묵).
少焉(소언) ①잠깐 동안. 얼마 후. 暫時(잠시). ②병이 조금 나음.
少陰(소음) ①주역(周易)에서 여덟의 수를 이르는 말. ②인체 경맥(經脈)의 신경(腎經). ③상술가(相術家)에서, 바른쪽 눈꺼풀의 끝을 이르는 말.
少日(소일) 짧은 일수(日數). 며칠.
少子(소자) 가장 나이 어린 자식. 막내 자식.
少壯(소장) 젊고 혈기왕성함.
少許(소허) 얼마 안 되는 적은 분량.
◨ 減少감소, 極少극소, 僅少근소, 老少노소, 多少다소, 些少사소, 年少연소, 幼少유소, 稀少희소.

2 ⑤ 【尒】 너 이 紙
㊥ěr ㊐ジ
동자 尔 자해 ❶너, 그대. ≒爾·而. ❷가깝다, 가까워지다. ≒邇.

2 ⑤ 【尔】 尒(350)와 동자

3 ⑥ 【尖】 뾰족할 첨 鹽
고등 인명 3급 ㊥jiān ㊐セン
필순 亅 小 小 尘 尖 尖

초서 尖 자원 會意. 小+大→尖. 아래는 크고〔大〕 위는 작은〔小〕 모양으로 '끝이 날카롭다'는 뜻을 나타낸다.

자해 **❶뾰족하다, 끝이 날카롭다.** 〔李白·詩〕 **靄峰尖似筆**애봉첨사필. **❷끝, 날카로운 끝. ❸봉우리, 산봉우리.**

尖刻(첨각) 매우 가혹(苛酷)한 일.
尖端(첨단) ①물건의 뾰족한 끝. ②사조(思潮), 유행 등의 맨 앞. 先端(선단).
尖頭木驢(첨두목로) 성(城)을 공격할 때 사용하는 병기의 한 가지.
尖利(첨리) 뾰족하고 날카로움. 尖銳(첨예).
尖尾(첨미) 뾰족한 끝이나 꽁지.
尖兵(첨병) 군대가 전진할 때 앞서 가면서 적의 상황을 살피는 병사.
尖袖(첨수) 좁은 소매.
尖銳(첨예) ①날카롭고 뾰족함. ②상황이나 사태 따위가 날카롭고 격함.
尖尖(첨첨) 끝이 뾰족한 모양.
尖塔(첨탑) 끝이 뾰족한 탑.
◨ 蜂尖봉첨, 筆尖필첨.

5 ⑧【尙】尚 오히려 상 漾

중학 인명 3Ⅱ급 ㊥shàng ㊐ショウ

필순 丨 ⺌ 小 尚 尚 尚 尚 尚

소전 尙 초서 尙 속자 尚 자원 形聲. 向+八→尙. '向(향)'이 음을 나타낸다.

자해 **❶오히려, 도리어.** 〔詩經〕 尙有典刑상유전형. **❷바라다, 바라건대.** 〔儀禮〕 尙饗상향. **❸높다, 숭상하다. ❹더하다, 보태다.** 〔論語〕 好仁者호인자, 無以尙之무이상지. **❺자랑하다.** 〔禮記〕 不自尙其功부자상기공. **❻오래다.** 〔史記〕 五帝三代之記尙矣오제삼대지기상의.

尙古(상고) 옛적의 문물제도를 소중히 여김.
尙功(상공) 공을 자랑함.
尙年(상년) 노인을 존경함. 尙齒(상치).
尙論(상론) 고인의 언행·행적 등을 논함.
尙武(상무) 무예(武藝)를 숭상함.
尙文(상문) 문예(文藝)를 숭상함.
尙父(상보) 아버지와 같이 높여 모심. 또는 그렇게 높임을 받는 사람.
尙書(상서) ①서경(書經)의 딴 이름. ②벼슬 이름.
尙崇(상숭) 존경하며 숭배함.
尙羊(상양) 한가롭게 거닒. 尙佯(상양).
尙友(상우) 고인(古人)이나 현인을 벗으로 함.
尙優(상우) 높이 뛰어남.
尙子(상자) 맏아들. 長子(장자).
尙早(상조) 아직 이름. 아직 그때가 아님.
尙志(상지) 뜻을 고상(高尙)하게 가짐.
尙質(상질) 질박함을 숭상함.
尙齒會(상치회) 나이를 숭상하는 모임. 나이 많은 사람들을 나이 차례대로 모시고 시가(詩歌)를 지으며 잔치를 베푸는 모임.
尙饗(상향) 흠향(歆饗)하기를 원한다는 뜻으로 제문(祭文) 끝에 쓰는 말.
尙賢(상현) 어진 사람을 존경함.
尙黑(상흑) 검은빛을 숭상함.
◨ 高尙고상, 崇尙숭상.

10 ⑬【尟】 적을 선 銑

㊥xiǎn ㊐セン

소전 尟 초서 尟 동자 尠 자해 **적다, 드물다.** ≒鮮.

尟少(선소) 적음. 鮮少(선소).

10 ⑬【尠】 尟(351)과 동자

尢 部 절름발이 왕

0 ③【尢】 절름발이 왕 陽

㊥wāng ㊐オウ

소전 尢 동자 尣 동자 兀 자원 象形. 사람을 본뜬 '大(대)' 자에 대하여, 한쪽 정강이가 굽은 사람의 모양을 본뜬 글자. 그래서 '절름발이'라는 뜻을 나타낸다.

자해 **❶절름발이, 한쪽 정강이가 굽은 사람.** = 尪. **❷등이 굽고 키가 작은 사람.**

0 ③【尣】 1 尢(351)과 동자
2 尤(351)의 본자

0 ④【兀】 尢(351)과 동자

1 ④【尤】 더욱 우 尤

중학 인명 3급 ㊥yóu ㊐ユウ

필순 一 ナ 九 尤

소전 尤 초서 尤 본자 尣 동자 冘 자원 指事. 又+

尢 1획

一→尤. 손〔又〕에 '一'을 표시하여 손에 무엇이 걸려 있는 모습을 나타낸다.
자해 ❶더욱, 특히, 그 중에서도. 〔晉書〕帝聰明有機斷제총명유기단, 尤精物理우정물리. ❷허물, 문책(問責). 〔詩經〕莫知其尤막지기우. ❸원망하다, 원한을 품다. 〔論語〕不怨天불원천, 不尤人불우인.
尤妙(우묘) 더욱 묘함. 매우 신통함.
尤物(우물) ①뛰어난 물건. ②미인(美人).
尤甚(우심) 더욱 심함.
尤最(우최) 가장 뛰어남. 最上(최상).
尤悔(우회) 잘못과 뉘우침.
◨ 愆尤건우, 怨尤원우.

4 ⑦【尨】 삽살개 방 江
인명 1급 ㊥máng ㊐ボウ
소전 초서 자해 ❶삽살개, 털이 많은 개. 〔詩經〕無使尨也吠무사방야폐. ❷섞이다, 순색(純色)이 아니다. ¶ 尨眉皓髮방미호발. ❸크다. ≒厖.
尨犬(방견) 털이 북슬북슬한 개. 삽살개.
尨大(방대) 매우 큼.

4 ⑧【尪】 절름발이 왕 陽
㊥wāng ㊐オウ
자해 ❶절름발이. ＝尢. ❷곱사등이, 꼽추. 〔春秋左氏傳〕公欲焚巫尪공욕초무왕.
尪蹇(왕건) 곱사등이와 절름발이.
尪傴(왕구) 꼽추.
尪弱(왕약) 약함. 허약(虛弱)함.

9 ⑫【就】 1 이룰 취 宥 2 관대할 여 語
중학 인명 4급 ㊥jiù ㊐シュウ, ヨ
필순 亠 古 古 亨 京 京 京 京 就 就
소전 초서 참고 인명용 음은 '취'이다.
자원 會意. 京+尤→就. 사람의 힘으로 쌓은 언덕이 남다르다〔尤〕는 데서 원뜻은 '높다'였으나 뒤에 '이루다'란 뜻으로 바뀌었다.
자해 1 ❶이루다. ㉮어떤 상태나 결과로 되게 하다. 〔禮記〕日就月將일취월장. ㉯뜻한 바를 그대로 되게 하다. 〔呂氏春秋〕所以就大務也소이취대무야. ㉰어떤 상태나 결과로 되어 있다. ❷나아가다. ㉮앞으로 향하여 가다. 〔後漢書〕去愚就義거우취의. ㉯일자리나 벼슬자리에 나가다. ❸곧, 이에. 〔晉書〕就可詔許之취가조허지. ❹만일, 가령. 2 관대하다, 다급하게 재촉하지 않는 모양. ¶ 就就여여.
就勞(취로) 공사에 착수함.
就眠(취면) 잠을 잠. 就寢(취침).
就縛(취박) 잡힘. 체포됨.
就養(취양) 부모의 곁에서 효양(孝養)함.
就役(취역) 역무(役務)에 종사함.
就業(취업) 일자리를 잡음.
就褥(취욕) 잠자리에 듦.
就日(취일) ①해가 있는 곳으로 향함. ②천자의 덕을 사모함. 천자를 가까이에서 모심.
就任(취임) 직무를 맡음.
就中(취중) 그 가운데.
就職(취직) 직업을 잡아 직장에 나감.
就寢(취침) 잠자리에 듦.
就學(취학) 학교에 들어감.
就航(취항) 배나 비행기가 길을 떠남.
就就(여여) 관대(寬大)한 모양. 탁 트인 모양.
◨ 去就거취, 成就성취.

尸 部 주검 시

0 ③【尸】 주검 시 支
인명 ㊥shī ㊐シ
소전 초서 참고 한자 부수의 명칭으로는 '주검시엄'이라고 부른다.
자원 象形. 머리를 숙이고 등을 구부린 채 배를 깔고 드러누운 사람의 모양, 곧 죽은 사람의 모양을 본뜬 글자.
자해 ❶주검, 시체. 〔春秋左氏傳〕不獲其尸불획기시. ❷시동, 제사 지낼 때 신위 대신으로 교의에 앉히는 어린아이. 〔儀禮〕祝迎尸축영시. ❸위패, 신주. 〔楚辭〕載尸集戰何所急재시집전하소급.
尸諫(시간) 죽음을 무릅쓰고 임금에게 간언함. 故事 춘추 시대 위(衛)나라 대부(大夫) 사어(史魚)가 영공(靈公)에게 어진 사람을 등용하고 간사한 사람을 물리칠 것을 간하였으나 듣지 않았는데, 임종에 이르러 아들에게 명하여 자기를 장사하기 전에 다시 임금에게 간하게 하였다는 고사에서 온 말. 屍諫(시간).
尸官(시관) 벼슬자리에 있을 뿐 그 직책(職責)을 다하지 못함. 尸位(시위).
尸童(시동) 제사를 지낼 때에 신위(神位) 대신 그 자리에 앉히던 어린아이.
尸祿(시록) 봉록(俸祿)만 탐내고 직책을 다하지 않음. 尸位素餐(시위소찬).

尸盟(시맹) 동맹(同盟)을 주관함. 또는 그 사람. 主盟(주맹).
尸饔(시옹) 주방 일을 맡아 다스림.
尸位素餐(시위소찬) 관위(官位)에 있을 뿐, 직책을 다하지 않고 녹봉만 받아먹음.
尸坐齋立(시좌재립) 시동(尸童)처럼 앉고 재계할 때처럼 섬. 몸가짐이 단정하고 신중함.
尸解(시해) 도교에서, 도통한 사람이 시신은 남기고 혼백이 빠져나가 신선(神仙)이 됨.

1 ④【尹】 다스릴 윤 軫

인명 ㊥yǐn ㊐イン

소전 초서 자원 指事. 又+丿→尹. 어떤 일〔丿〕을 잡아 쥔 손〔又〕의 뜻으로, 정사(政事)를 손아귀에 넣는다는 데서 '다스리다' 라는 뜻이 되었다.

자해 **❶다스리다, 바로잡다.** 〔春秋左氏傳〕以尹天下이윤천하. **❷벼슬아치, 장관(長官)인 벼슬아치.** 〔書經〕百尹御事백윤어사. **❸미쁨, 참.**

尹司(윤사) 벼슬아치.

1 ④【尺】 자 척 陌

중학 인명 3Ⅱ급 ㊥chǐ, chě ㊐シャク

필순 ㇇ ㇕ 尸 尺

소전 초서 자원 指事. 尸+乙→尺. 사람 몸〔尸〕의 등 뒤에 여기까지라는 표지〔乙〕를 한 모양을 나타내었다. 표지가 있는 곳까지의 길이, 곧 10치〔寸〕를 단위로 삼은 '자' 라는 뜻을 나타낸다.

자해 **❶자.** ㉮**길이를 재는 자.** ¶ 曲尺곡척. ㉯**길이의 단위.** 1尺＝10寸. 〔論語〕可以託六尺之孤가이탁육척지고. **❷법, 법도(法度).** 〔金史〕文有繩尺문유승척. **❸길이.**

尺度(척도) 평가나 측정의 기준.
尺牘(척독) 편지. 尺簡(척간). 尺素(척소).
尺文(척문) 國세금을 바친 영수증.
尺璧(척벽) 지름이 한 자 되는 보옥(寶玉).
尺山寸水(척산촌수) 높은 데서 내려다보면 산수(山水)가 작게 보임.
尺書(척서) ①편지. 尺楮(척저). ②책.
尺雪(척설) 한 자나 쌓인 눈. 大雪(대설).
尺水(척수) 얼마 안 되는 물.
尺吳寸楚(척오촌초) 오(吳)·초(楚)가 다 같이 큰 나라이나 높은 곳에서 내려다보면 아주 작게 보임.
尺一(척일) 조서(詔書). 한대(漢代)에 조서를 한 자 한 치의 목판에 쓴 데서 온 말.
尺鐵(척철) 짧은 무기. 寸鐵(촌철).
尺寸(척촌) ①한 자와 한 치. 수량·거리 등이 얼마 안 됨. ②치수. ③법칙. 法度(법도). ④척맥(尺脈)과 촌맥(寸脈).
尺土(척토) 얼마 안 되는 땅. 尺地(척지).
尺布斗粟(척포두속) 한 자의 베, 한 말의 곡식. 형제가 서로 불화(不和)함. 故事 한(漢) 문제(文帝)의 동생 회남여왕(淮南厲王) 유장(劉長)이 모반했다가 촉(蜀)으로 유배되는 도중에 밥을 먹지 않아 죽자, 이에 사람들이 '한 자의 베는 꿰맬 수 있고, 한 말의 조는 찧을 수 있지만, 형제는 서로 용납할 수 없다네' 라고 노래불렀다는 고사에서 온 말.
◨ 竿尺간척, 三尺삼척, 繩尺승척, 咫尺지척.

2 ⑤【尻】 꽁무니 고 豪

인명 ㊥kāo ㊐コウ

소전 초서 자해 **꽁무니. ㉮뒤꽁무니, 엉덩이를 중심으로 한 부분.** 〔禮記〕兔去尻토거고. ㉯**뒤, 맨 끝, 뿌리.** 〔楚辭〕其尻安在기고안재.

尻坐(고좌) 볼기를 땅에 대고 무릎을 세워 앉음. 자리 잡고 앉음.

2 ⑤【尼】 1승려 니 支 2그치게 할 닐 質

인명 2급 ㊥ní, nǐ ㊐ニ, デイ

소전 초서 참고 인명용 음은 '니' 이다.

자해 1 **승려, 여승(女僧), 비구니(比丘尼).** ¶ 尼僧이승. 2 **❶그치게 하다.** 〔孟子〕行或使之행혹사지, 止或尼之지혹닐지. **❷가까이하다.** ≒昵.

尼姑(이고) (佛)여자 승려. 比丘尼(비구니).
尼房(이방) (佛)여자 승려들이 사는 집.
尼父(이보) 공자(孔子)를 높여 이르는 말.
尼寺(이사) (佛)여승들이 사는 절. 尼院(이원).
尼僧(이승) (佛)여자 승려. 女僧(여승).
◨ 陀羅尼다라니, 比丘尼비구니, 僧尼승니, 仲尼중니.

3 ⑥【尽】 盡(879)의 속자

4 ⑦【局】 판 국 沃

고등 인명 5급 ㊥jú ㊐キョク

필순 ㇇ ㇕ 尸 尸 局 局 局

소전 초서 자원 會意. 尺+口→局. 자〔尺〕 밑에 입〔口〕이 있

尸 4획

는 모양. '尺'은 또 법도(法度)의 뜻으로, 입을 법도에 맞게 놀린다는 데서 '일정한 한계'를 뜻하게 되었다.

자해 ❶판. ㉮판국, 일이 벌어진 형편이나 장면. ¶ 政局정국. ㉯장기·바둑·윷 따위의 밭을 그린 판. ❷국. ㉮관청, 행정 기관이나 단체의 한 관청. 〔南史〕 乃以誣人之罪내이무인지죄, 收縣職局수현직국. ㉯어떤 사무를 맡아보는 부서. ㉰바둑·장기 등의 승부. 〔南史〕 一局始竟일국시경. ㉱國풍수지리설에서 말하는, 혈(穴)과 사(砂)가 합하여 이룬 자리. ❸재능, 도량(度量). 〔晉書〕 忠正有幹局충정유간국.

局見(국견) 좁은 견해.
局度(국도) 마음의 작용. 도량(度量).
局量(국량) 재주와 도량.
局力(국력) 재주와 슬기의 힘.
局面(국면) 일의 형세나 상황.
局部(국부) 전체 중의 한 부분.
局所(국소) ①전체 가운데 어느 한 곳. ②몸의 관절이 꺾이는 곳.
局外(국외) ①장기나 바둑을 둘 때에 옆에서 구경하는 사람. ②벌어진 어떤 일에 관계없는 위치.
局地(국지) 한정된 지역.
局天蹐地(국천척지) 하늘에 부딪힐세라 등을 구부리고, 땅이 꺼질세라 발소리를 죽여서 걸음. 이 세상에 몸을 편안히 둘 곳이 없음.
局促(국촉) ①몸을 움츠리는 모양. 局縮(국축). ②두려워하는 모양.
局限(국한) 어느 부분이나 정도 등에 한정함.
局戲(국희) 국면 위에서 하는 승부 겨룸. 장기·바둑·쌍륙 따위.

◨ 開局개국, 結局결국, 當局당국, 對局대국, 藥局약국.

4획 ⑦ 【尿】 오줌 뇨 嘯

인명 2급 ㊥niào ㊐ニョウ

소전 초서 자해 오줌, 소변. ≒溺. 〔寒山·詩〕 不飯復不尿불반부불뇨.

尿道(요도) 오줌을 배출하는 관.
尿毒症(요독증) 오줌이 잘 빠지지 못하여 해로운 물질이 혈액 중에 섞여서 생기는 병.
尿意(요의) 오줌이 마려움.
尿精(요정) 정액(精液)이 오줌에 섞여 나오는 병의 증세.
尿閉(요폐) 하초(下焦)에 열이 생겨 오줌이 잘 안 나오는 방광병.
尿血(요혈) 오줌에 피가 섞여 나오는 병. 血尿(혈뇨).

◨ 排尿배뇨, 糞尿분뇨, 泌尿비뇨, 夜尿야뇨, 血尿혈뇨.

4획 ⑦ 【尾】 꼬리 미 尾

중학 인명 3Ⅱ급 ㊥wěi ㊐ビ

필순 ㇕ ㇕ 尸 尸 尸 尸 尾

소전 초서 자원 會意. 尸+毛→尾. 사람의 몸〔尸〕 뒤에 짐승의 털〔毛〕로 만든 장식물을 늘어뜨린 모양. 새나 짐승의 꼬리가 이 장식물을 닮은 데서 '꼬리'의 뜻을 나타낸다.

자해 ❶꼬리. ㉮짐승의 꼬리. 〔書經〕 若蹈虎尾약도호미. ㉯끝, 뒤끝. ❷뒤, 등 뒤. 〔北史〕 吾等宜附其尾오등의부기미. ❸흘레하다. 〔書經〕 鳥獸孳尾조수자미. ❹별 이름. 28수(宿)의 하나. 〔淮南子〕 旦尾中단미중.

尾大不掉(미대부도) 짐승의 꼬리가 너무 크면 흔들지 못함. 신하의 세력이 너무 강해지면 임금도 제어하기 어려움.
尾閭(미려) ①그칠 사이 없이 물이 솟아나고 모든 강의 출구가 된다는, 대해(大海)의 밑에 있는 곳. ②꽁무니뼈.
尾生之信(미생지신) 미생(尾生)의 신의(信義). ㉠굳게 신의를 지킴. ㉡융통성 없이 우직(愚直)함. 故事 미생이란 사람이 어떤 여자와 다리 밑에서 만나기로 약속을 하였는데, 시각이 지나도록 여자는 오지 않고 때마침 큰비로 강물이 불었으나 다리 기둥을 붙들고 약속을 지키다가 죽었다는 고사에서 온 말.
尾行(미행) 본인 몰래 뒤를 밟음.

◨ 交尾교미, 九尾狐구미호, 首尾수미, 徹頭徹尾철두철미.

4획 ⑦ 【屁】 방귀 비 寘

㊥pì ㊐ヒ

초서 자해 방귀. 〔儒林外史〕 放了兩個大屁방료량개대비.

5획 ⑧ 【居】 ①있을 거 魚 ②어조사 기 支

중학 인명 4급 ㊥jū, jī ㊐キョ, キ

필순 ㇕ ㇕ 尸 尸 尸 尸 居 居

소전 초서 동자 凥 동자 㞐 고자 屋

참고 인명용 음은 '거'이다.

자원 形聲. 尸+古→居. '古(고)'가 음을 나타낸다.

자해 ①❶있다. ㉮살다, 거주하다. 〔易經〕 上古穴居而野處상고혈거이야처. ㉯일정한 자리를 차지하고 있다. 〔書經〕 居上克明거상극명. ❷처하다, 어떤 처지에 처하다. ¶ 居喪거상. ❸벼슬에 나아가지 아니하다. 〔禮記〕 居士錦帶거사금대. ❹있게 하다, 살게 하다. ❺있는 그대로. 〔淮南子〕 居數月거수월. ❻앉다. ❼평상시, 보통 때. 〔老子〕 居則貴左거즉귀좌. ❽쌓다, 저축하다. 〔漢書〕 居物致富거물치부. ②어조사. 의문의 뜻을 나타낸다. ≒其·期. 〔春秋左氏傳〕 國有人焉국유인언, 居誰기수.

居甲(거갑) 첫째 자리를 차지함. 우두머리가 됨. 居魁(거괴). 居首(거수).
居敬(거경) 몸가짐을 삼감.
居官(거관) 벼슬살이를 하고 있음.
居留(거류) 남의 나라 영토에 머물러 삶.
居士(거사) ①재덕(才德)을 겸비하였으나 벼슬을 하지 않는 선비. 處士(처사). ②(佛)출가하지 않으면서 불도(佛道)를 믿는 사람.
居常(거상) ①도를 지켜 변하지 않음. ②항상. 일상. 평소.
居喪(거상) 상중(喪中)에 있음. 喪中(상중).
居西干(거서간) 신라 때 박혁거세(朴赫居世)의 왕호(王號). 居瑟邯(거슬한).
居室(거실) 일상생활을 하는 방이나 집.
居安思危(거안사위) 편안할 때도 장래에 있을 수 있는 위태로운 경우를 생각함.
居然(거연) ①그대로. 온통. ②편안한 모양. ③꼼짝하지 않는 모양. ④뚜렷이 나타나는 모양.
居諸(거저) 해와 달. 日月(일월). 일거월저(日居月諸).
居接(거접) 잠시 몸을 의탁하여 거주함.
居貞(거정) 정절(貞節)을 지킴.
居中(거중) ①가운데에 둠. ②중간에 있음. ③중간에 있어 한쪽에 치우치지 않음.
居止(거지) ①주거(住居). ②행동(行動). 행동거지(行動居止).
居處(거처) 자리 잡고 사는 일정한 곳.
居宅(거택) 사는 집. 住宅(주택).
◨ 起居기거, 獨居독거, 同居동거, 別居별거, 寓居우거, 隱居은거, 住居주거, 蟄居칩거, 閑居한거.

5 ⑧【届】 이를 계 囯

인명 ㊥jiè ㊐カイ

소전 [篆] 초서 [草] 속자 屆 자해 ❶이르다, 다다르다. 〔書經〕 無遠弗届무원불계. ❷지극하다, 다하다. 〔詩經〕 君子所届군자소계.

届期(계기) 때가 됨. 정한 시간에 이름.
届出(계출) 國행정 관청에 일정한 사실을 문건으로 제출함.

5 ⑧【届】 届(355)의 속자

5 ⑧【屈】 ①굽을 굴 㧖 ②깎을 궐 月

고등 인명 4급 ㊥qū ㊐クツ, ケツ

필순 ㇕ ㇕ 尸 尸 屈 屈 屈 屈

소전 [篆] 초서 [草] 참고 인명용 음은 '굴'이다.

자원 形聲. 尸+出→屈. '出(출)'이 음을 나타낸다.

자해 ①❶굽다, 굽히다. ㉮굽다, 구부러지다. 〔孟子〕 屈而不信者굴이불신자. ㉯굽히다. 〔春秋左氏傳〕 曲而不屈곡이불굴. ㉰오그라들다, 움츠리다. 〔易經〕 尺蠖之屈척확지굴, 以求信也이구신야. ㉱꺾다, 억누르다, 제압하다. 〔孟子〕 威武不能屈위무불능굴. ❷강하다. 〔漢書〕 屈強於此굴강어차. ❸다하다. ㉮없어지다. 〔荀子〕 財力不屈재력불굴. ㉯있는 힘을 다하다. ❹쇠하다, 쇠퇴하다. 〔淮南子〕 何小節伸而大略屈하소절신이대략굴. ②깎다. 〔禮記〕 君命屈狄군명궐적.

屈強(굴강) 강하여 남에게 굽히지 않음.
屈巾(굴건) 國상복을 입을 때 머리에 쓰는 모자의 한 가지.
屈曲(굴곡) 구불구불함.
屈起(굴기) 일어섬. 일어서는 모양.
屈伏(굴복) 뜻을 굽혀 복종함. 屈服(굴복). 屈從(굴종).
屈膝(굴슬) 무릎을 꿇음. 항복함. 굴복함.
屈伸(굴신) 몸의 굽힘과 폄. 屈申(굴신).
屈身(굴신) ①몸을 앞으로 굽힘. ②겸손하게 처신함.
屈心(굴심) ①본심(本心)을 굽힘. ②사심(私心)·아욕(我欲)을 억누름. 곧, 겸손함.
屈抑(굴억) 억누름. 억압함.
屈枉(굴왕) 휘어져 굽음.
屈撓(굴요) 휘어 굽음.
屈辱(굴욕) 굴복당하여 치욕을 받음.
屈折(굴절) 휘어져 꺾임.
屈節(굴절) 절조(節操)를 굽힘.
屈指(굴지) ①무엇을 셀 때, 손가락을 꼽음. ②여럿 가운데에서 손꼽을 만함.
屈就(굴취) 절조를 굽혀 명령을 따름.
◨ 不屈불굴, 卑屈비굴.

6 ⑨【屏】 屛(357)의 속자

6 ⑨【屎】 ①똥 시 紙 ②앓을 히 支

인명 ㊥shǐ, xī ㊐シ, キ

참고 인명용 음은 '시'이다.

자해 ①똥. ¶ 屎尿시뇨. ②앓다, 끙끙거리며 앓다. 〔詩經〕 民之方殿屎민지방전히.

屎尿(시뇨) 똥과 오줌.

6 ⑨【屍】 주검 시 支

인명 2급 ㊥shī ㊐シ

소전 초서 자해 주검, 송장. ≒尸. 〔春秋左氏傳〕 封殽屍而還봉효시이환.

屍諫(시간) 시체로써 임금에게 간(諫)하여 정도(正道)를 걷게 함. 참尸諫(시간).

屍床板(시상판) 國입관(入棺)하기 전에 시체를 얹어 놓는 긴 널.

屍身(시신) 송장. 주검.

屍汁(시즙) 시체에서 흐르는 물. 추깃물. 屍水(시수).

屍體(시체) 죽은 사람의 몸. 死體(사체).

屍臭(시취) 시체에서 풍기는 썩는 냄새.

◨ 檢屍검시, 戮屍육시.

6 ⑨【屋】 집 옥 屋

중학 인명 5급 ㊥wū ㊐オク

필순 ㄱ ㄱ 尸 尸 尸 层 屋 屋 屋

소전 초서 자원 會意. 尸+至→屋. 사람이 이르러〔至〕 머물러 있는 곳〔尸〕이라는 데서 '집'이라는 뜻을 나타낸다.

자해 ❶집. 〔易經〕 豐其屋풍기옥. ❷지붕. 〔詩經〕 何以穿我屋하이천아옥. ❸덮개, 수레의 덮개. 〔史記〕 乘黃屋車승황옥거.

屋漏(옥루) ①지붕이 샘. ②방 안의 서북 귀퉁이. 사람이 잘 보지 않는 구석진 곳.

屋上架屋(옥상가옥) 지붕 위에 지붕을 더함. 물건이나 일을 부질없이 거듭함.

屋椽(옥연) 지붕 서까래.

屋烏之愛(옥오지애) 그 사람을 사랑하면 그 지붕 위에 앉은 까마귀도 귀엽게 보임. ㉠깊은 사랑. ㉡편애(偏愛). 屋上烏(옥상오).

屋瓦(옥와) 지붕을 인 기와.

屋外(옥외) 집 밖.

屋脊(옥척) 용마루.

屋下架屋(옥하가옥) 지붕 밑에 또 지붕을 만듦. 흉내만 내고 발전이 없음.

◨ 家屋가옥, 陋屋누옥, 茅屋모옥, 社屋사옥, 瓦屋와옥, 牆屋장옥, 草屋초옥.

6 ⑨【昼】 晝(587)의 속자

7 ⑩【屐】 나막신 극 陌

㊥jī ㊐ゲキ

소전 초서 속자 屐 자해 나막신, 또는 사람이 신는 신의 범칭.

屐聲(극성) 나막신 소리. 屐響(극향).

屐子(극자) 신. 나막신 따위.

屐齒(극치) 나막신의 굽.

◨ 木屐목극, 草屐초극.

7 ⑩【屑】 가루 설 屑

인명 1급 ㊥xiè ㊐セツ

소전 초서 자해 ❶가루, 부스러기. 〔儀禮〕 醯醢屑혜해설. ❷부수다, 가루가 되게 부수다. 〔禮記〕 屑桂與薑설계여강. ❸힘쓰다, 수고하다. 〔漢書〕 晨夜屑屑신야설설. ❹잗달다, 잗달고 수효가 많다.

屑塵(설진) 티끌. 먼지.

◨ 瑣屑쇄설.

7 ⑩【展】 펼 전 銑

중학 인명 5급 ㊥zhǎn ㊐テン

필순 ㄱ ㄱ 尸 尸 尸 屏 屏 展 展 展

소전 초서 자원 形聲. 尸+㠭→展. '㠭(전)'이 음을 나타낸다.

자해 ❶펴다. ㉮넓게 벌리다. 〔金史〕 增展太廟증전태묘. ㉯열다, 젖혀 벌리다. ¶ 展開전개. ㉰널리 공포하다. ㉱말하다, 의사를 발표하다. 〔春秋左氏傳〕 敢展謝其不恭감전사기불공. ㉲뜻을 펴다. ❷늘리다. ㉮기한을 미루다. 〔漢書〕 冬令展一月동령전일월. ㉯신장(伸長)하다. 〔國語〕 侈必展치필전. ❸발달하다, 더 나아지다. ¶ 發展발전. ❹베풀다. ㉮진열하다, 늘어놓다. ¶ 展示전시. ㉯차리다, 어떤 자리를 마련하다.

展開(전개) 펼침. 어떤 일이 펼쳐짐.

展讀(전독) 펴서 읽음.

展覽(전람) 펼쳐 놓고 봄. 여러 가지 물건을 진열하여 놓고 봄. 展觀(전관).

展望(전망) ①멀리 바라봄. ②앞날을 미리 내다봄.

展墓(전묘) 선조의 산소를 살핌. 展省(전성).

展眉(전미) 찡그린 눈살을 폄. 근심이 사라짐.

展拜(전배) 이마를 땅에 대고 절함.
展謝(전사) 잘못을 사과함.
展敍(전서) 진술함. 展布(전포).
展示(전시) 펴 놓고 보임.
展轉(전전) ①붙었다 배반했다 함. ②구르듯이 급하게 가는 모양. ③누워서 이리저리 뒤척임. 輾轉(전전).
展限(전한) 기한을 늘림. 연기함.
◨ 發展발전, 進展진전.

8 ⑪【屛】屏 ①병풍 병 靑 ②두려워할 병 庚 ③물리칠 병 梗
고등 인명 3급 ㊥píng, bīng ㊐ヘイ
필순 ㇖ ㇆ 尸 屏 ...
소전 屛 초서 屛 속자 屏 자원 形聲. 尸+幷→屛. '幷(병)'이 음을 나타낸다.
자해 ①❶병풍. ❷울, 담. 〔白居易·記〕巖石爲屛암석위병. ❸가리다, 가려 막다. 〔呂氏春秋〕屛王之耳目병왕지이목. ②두려워하다. ¶ 屛營병영. ③❶물리치다. ㉮치워 없애다, 제거하다. 〔論語〕屛四惡병사악. ㉯내쫓다, 쳐서 물러가게 하다. 〔禮記〕屛之遠方병지원방. ❷물러나다, 뒤로 물러나다. 〔禮記〕左右屛而待좌우병이대.
屛間(병간) ①담 사이. ②담.
屛去(병거) 없앰. 버림. 제거함.
屛居(병거) 세상을 피하여 숨어서 삶.
屛語(병어) 소곤대는 말. 소곤소곤 말함.
屛營(병영) ①방황하는 모양. ②두려워함.
屛障(병장) 보이지 않게 가리는 휘장.
屛黜(병출) 물리침.
屛風(병풍) 바람을 막거나 가리기 위해, 또는 장식하기 위해 쓰는 물건.
◨ 畫屛화병.

9 ⑫【屠】①잡을 도 虞 ②흉노 왕 저 魚
인명 1급 ㊥tú ㊐ト, チョ
소전 屠 초서 屠 참고 인명용 음은 '도'이다.
자해 ①❶잡다, 짐승을 잡다. 〔周禮〕凡屠者斂其皮角筋骨범도자렴기피각근골. ❷무찌르다. 〔漢書〕今屠沛금도패. ❸백장, 백정. 〔史記〕在市屠中재시도중. ②흉노 왕(匈奴王)의 칭호. 〔史記〕渾谷王殺休屠王혼곡왕살휴저왕.
屠家(도가) 백장. 또는 그의 집.
屠龍之技(도룡지기) 용을 잡는 기술. 아무리 교묘해도 실용적 가치가 없는 기술.
屠戮(도륙) 모두 잡아 죽임. 屠殺(도살).
屠腹(도복) 배를 가르고 자살함.
屠肆(도사) 푸주. 정육점.
屠城(도성) 성(城)이 함락됨.
屠蘇酒(도소주) 설날에 먹으면 사기(邪氣)를 물리친다는 술.
屠所之羊(도소지양) 도살장(屠殺場)으로 끌려가는 양. ㉠죽음이 목전에 닥친 사람. ㉡덧없는 인생.
屠宰(도재) 동물을 잡아 죽임. 屠殺(도살).
屠漢(도한) 소·돼지를 잡는 일을 업으로 하던 사람. 백장. 庖丁(포정). 庖漢(포한).
◨ 狗屠구도, 浮屠부도.

9 ⑫【屡】屢(357)의 속자

9 ⑫【属】屬(358)의 속자

11 ⑭【屢】屡 여러 루 遇
고등 인명 3급 ㊥lǚ ㊐ル
필순 ㇖ 尸 ... 屢
소전 屢 초서 屢 속자 屡 자원 形聲. 尸+婁→屢. '婁(루)'가 음을 나타낸다.
자해 ❶여러, 수효가 많은. ❷자주, 여러 번. ≒數. 〔詩經〕君子屢盟군자루맹. ❸매양, 늘. 〔論語〕回也其庶乎회야기서호, 屢空루공.
屢空(누공) 늘 가난함.
屢年(누년) 여러 해. 累年(누년).
屢代(누대) 여러 대. 累代(누대).
屢月(누월) 여러 달. 累月(누월).
屢次(누차) 여러 번. 累次(누차).

11 ⑭【屣】신 사 ㊄시 紙
㊥xǐ ㊐シ
초서 屣 자해 신, 짚신. 〔漢書〕如脫屣耳여탈사이.
屣履(사리) 신을 미처 신지 못하고 끌면서 급하게 나감. 손님을 반갑게 맞이함.

11 ⑭【層】層(358)의 속자

12 ⑮【履】신 리 紙
고등 인명 3Ⅱ급 ㊥lǚ ㊐リ

尸 12획

필순 ⼀ 尸 屖 屐 屐 履 履 履 履 履

소전 [篆] 초서 [草] 본자 屨 자원 會意. 尸+彳+夊+舟→履→履. '尸'는 신을 신을 정도의 지위에 있는 사람, '彳'와 '夊'은 다 같이 간다는 뜻, '舟'는 신의 모양을 본뜬 것인 데서 '신'이라는 뜻을 나타낸다.

자해 **❶신.** 〔列子〕脫履戶外탈리호외. **❷신다, 신을 신다.** 〔史記〕良因長跪履之량인장궤리지. **❸밟다. ㉮발로 밟다.** 〔論語〕行不履閾행불리역. **㉯밟으며 걷다, 밟으며 가다.** 〔易經〕跛能履파능리. **㉰행하다.** 〔禮記〕處其位而不履其事처기위이불리기사. **㉱겪다, 경험하다. ❹괘(卦) 이름, 64괘의 하나.** 괘형은 ☱. 밟고 나아감을 상징한다. 〔易經〕履柔履剛也리유리강야.

履屐(이극) ①짚신과 나막신. ②미세한 사물.
履歷(이력) 걸어온 경력(經歷). 지금까지 거쳐 온 학업·직업 따위의 차례.
履氷(이빙) 얇은 얼음을 밟음. 아주 위험한 지경을 무릅씀. 如履薄氷(여리박빙).
履尙(이상) 품행이 고상함.
履霜之戒(이상지계) 서리가 내리면 머지않아 얼음이 얾. 어떤 조짐을 보고 앞날의 화를 경계하라는 훈계.
履修(이수) 과정에 따라 학업을 연마함.
履新(이신) ①새로운 것을 밟음. ②새해.
履長(이장) 동지(冬至).
履祚(이조) 왕위(王位)에 오름. 即位(즉위).
履蹤(이종) 밟은 발자국. 사람이 다닌 자취.
履踐(이천) 이행함. 행함.
履行(이행) 실행함.
◨ 木履목리, 敝履폐리, 踐履천리, 草履초리.

12 ⑮【屨】 履(357)의 본자

12 ⑮【層】 层 층 층 蒸

고등 인명 4급 ㊥céng ㊐ソウ

필순 ⼀ 尸 尸 尸 屌 屌 屌 層 層 層

소전 [篆] 초서 [草] 속자 層 자원 形聲. 尸+曾→層. '曾(증)'이 음을 나타낸다.

자해 **❶층집, 이 층 이상으로 지은 집. ❷계단(階段), 층층대. ❸층, 켜.** 〔南史〕立九層佛寺립구층불사.

層階(층계) 층층이 올라가는 계단.
層構(층구) 층층으로 지은 집. 층집.
層穹(층궁) 높은 하늘.
層巒(층만) 첩첩이 솟은 산봉우리.
層榭(층사) 여러 층으로 높이 지은 대(臺).
層霄(층소) 높은 하늘. 九霄(구소).
層崖(층애) 바위가 겹겹이 쌓인 언덕.
層層侍下(층층시하) 國조부모, 부모를 다 모시고 사는 상황.
層塔(층탑) 여러 층으로 쌓은 탑.
◨ 高層고층, 單層단층, 富裕層부유층, 上層상층, 下層하층.

14 ⑰【屨】 屦 신 구 遇

㊥jù ㊐ク

소전 [篆] 초서 [草] 자해 **❶신.** 짚신·가죽신·미투리 등의 신발. ≒履. 〔詩經〕糾糾葛屨규규갈구. **❷신다, 신을 신다.** 〔易經〕屨校滅趾구교멸지.

屨賤踊貴(구천용귀) 신 값은 싸고 형벌로 발이 잘린 사람이 신는 용(踊)의 값은 비쌈. 형벌의 남용이 심함.

15 ⑱【屩】 신 갹 藥

㊥juē ㊐キャク

소전 [篆] 초서 [草] 자해 **신.** 짚신·미투리 등의 신발. ≒蹻.

18 ㉑【屬】 属 1이을 촉 沃 2무리 속 沃

고등 인명 4급 ㊥zhǔ, shǔ ㊐ソク

필순 尸 尸 尸 尸 屆 屬 屬 屬 屬 屬

소전 [篆] 초서 [草] 속자 属 참고 인명용 음은 '속'이다.

자원 形聲. 尾+蜀→屬. '蜀(촉)'이 음을 나타낸다.

자해 1 **❶잇다. ㉮잇달다, 연속하다.** 〔漢書〕相屬於道상촉어도. **㉯두 끝을 맞대어 붙이다.** 〔漢書〕刑者不可復屬형자불가부촉. **❷붙다, 붙이다. ❸부탁하다, 맡기다, 위임하다.** ≒囑. 〔呂氏春秋〕寡人將誰屬國과인장수촉국. **❹모으다, 불러 모으다.** 〔孟子〕乃屬其耆老而告之내촉기기로이고지. **❺맺다, 원한을 맺다. ❻가깝다, 다가서다. ❼권하다. ❽족하다, 흡족하다.** 2 **❶무리, 동아리, 한패.** 〔史記〕以此屬取天下이차속취천하. **❷살붙이, 혈족.** ¶ 尊屬親존속친. **❸좇다, 복종하다.** ¶ 屬國속국. **❹뒤따르다, 수행하다. ❺엮다, 글을 짓다.** ¶ 屬文속문. **❻벼슬아치, 하급 관리.** 〔書經〕各率其屬각솔기속.

屬客(촉객) 손님에게 권(勸)함.
屬纊(촉광) 임종(臨終). 숨을 거두려는 사람의

尸 12획

코에 새 솜을 대어 호흡하는지를 알아본 데서 온 말.
屬望(촉망) 희망을 걺. 기대함.
屬目(촉목) 살펴봄. 주의하여 봄.
屬厭(촉염) 싫증이 남.
屬怨(촉원) 원한을 맺음.
屬意(촉의) ①마음을 붙임. ②희망을 걺.
屬耳(촉이) 귀를 기울여 들음.
屬酒(촉주) 술잔을 권함.
屬託(촉탁) 부탁하거나 의뢰함.
屬統(촉통) 혈통(血統)을 계승함.
屬車(속거) 임금이 거둥할 때 여벌로 따라가는 수레. 副車(부거).
屬國(속국) 다른 나라의 지배하에 있는 나라.
屬文(속문) 문장을 지음.
屬性(속성) 사물의 본질을 이루는 고유한 특징이나 성질.
屬籍(속적) 한 집안에 딸린 호적.
屬佐(속좌) 하급 관리.
屬地(속지) 어느 나라에 딸린 땅.
◨ 家屬가속, 官屬관속, 所屬소속, 隷屬예속, 從屬종속, 親屬친속.

屮 部 왼손 좌

0 ③ 【屮】 왼손 좌 箇

㊥zuǒ ㊐サ

소전 자원 象形. 왼손을 본뜬 글자.
자해 **왼손.**

0 ③ 【屮】 ①싹날 철 屑 ②풀 초 皓

㊥chè, cǎo ㊐テツ, ソウ

소전 자원 象形. 풀에서 싹이 움터 나온 모양을 본뜬 글자. 가운데에 내려그은 'ㅣ'은 자라는 모양을, 양쪽은 싹의 두 가지를 나타낸다.

자해 ① **❶싹나다, 싹트다. ❷싹.** ② **풀.** ※艸(1058)의 고자(古字).

屮蹻(초갹) 짚신. 草屩(초갹). 草履(초리).

1 ④ 【屯】 ①진칠 둔 元 ②어려울 준 眞

고등 인명 3급 ㊥tún, zhūn ㊐トン

필순 一 ㄷ ㄸ 屯

소전 초서 참고 인명용 음은 '둔'이다.

자원 象形. 一+屮→屯. 대지〔一〕를 뚫고 싹이 움터 나오려고 애쓰는 모양을 본뜬 글자. '屮'의 자라는 모양을 나타내는 가운데 'ㅣ'이 '⺃'와 같이 바뀌어 자라기 어려움을 나타낸 데서 '어렵다'는 뜻을 나타낸다.

자해 ① **❶진치다.** 〔春秋左氏傳〕夫屯晝夜九日부둔주야구일. **❷진, 병영**(兵營). 〔管子〕置屯籍農치둔적농. **❸언덕, 구릉**(丘陵). 〔列子〕生於陵屯생어릉둔. ② **❶어렵다. ❷견고하다, 험난하다.** 〔春秋左氏傳〕屯固比入준고비입. **❸괘(卦) 이름, 64괘의 하나.** 괘형은 ䷂. 험난하여 나아가기 어려움을 상징한다.

屯墾(둔간) 둔전제(屯田制)에 의한 황무지의 개간. 屯田(둔전).
屯據(둔거) 머물러 웅거함.
屯落(둔락) 마을.
屯兵(둔병) 어느 곳에 머물러 있는 군사.
屯戍(둔수) 군대를 주둔시켜 변방을 지킴.
屯宿(둔숙) 군대가 지방에 머물러 있음.
屯禦(둔어) 병사가 주둔하여 도둑을 막음.
屯營(둔영) 군사가 주둔하고 있는 군영.
屯長(둔장) 주둔한 군사의 으뜸되는 사람.
屯田(둔전) 군대가 변경이나 요충지에 주둔하여 평시(平時)에 그곳에서 군량을 보충하기 위하여 농사를 짓던 토지.
屯駐(둔주) 군대가 머무름. 駐屯(주둔).
屯土(둔토) 둔전(屯田)과 둔답(屯畓).
屯坎(준감) 고생함. 고민함. 屯困(준곤).
屯蹇(준건) 고민함. 고민. 屯坎(준감).
屯困(준곤) 고민함. 괴로워함. 屯難(준난).
屯否(준비) 운수가 비색(否塞)함.
屯如(준여) 일이 잘 되지 않는 모양. 일이 잘 안 되어 곤란한 모양. 邅如(준여).
屯險(준험) 험난하여 나아가기 어려움.
◨ 駐屯주둔, 險屯험준.

1 ④ 【㞢】 之(29)의 본자

山 部 메 산

0 ③ 【山】 메 산 刪

중학 인명 8급 ㊥shān ㊐サン

필순 丨 ㄩ 山

소전 초서 자원 象形. 산의 모양을 본뜬 글자. 위는 봉우리가 셋인 산을, 밑의 '一'은 땅을 나타낸다.

山 0획

자해 ❶메, 산. ❷산신(山神). 〔論語〕 山川其舍諸산천기사저. ❸무덤, 분묘. ❹절, 사찰(寺刹). ¶ 山門산문.

山家(산가) 산속에 있는 집. 山房(산방).

山歌野唱(산가야창) 산야에서 부르는 노래. 곧, 시골 사람들이 부르는 노래.

山脚(산각) 산기슭. 山足(산족).

山閣(산각) 산중에 세운 누각(樓閣).

山間(산간) 산과 산 사이에 골짜기가 많은 곳.

山客(산객) ①산에 사는 사람. ②國등산하는 사람. ③척촉화(躑躅花)의 딴 이름.

山景(산경) 산의 경치. 山光(산광).

山溪(산계) 산과 골짜기. 산골짜기.

山鷄野鶩(산계야목) 國산꿩과 들오리. 성미가 사나워 제 마음대로만 하고 다른 이의 말을 듣지 않는 사람의 비유.

山高水長(산고수장) 산은 높고 물은 긺. ㉠산천이 가로막아서 더 갈 길이 없음. ㉡인품과 절조(節操)가 고결함.

山谷之士(산곡지사) 세상을 도피하여 산중에 사는 사람. 隱士(은사).

山轎(산교) 산길 등에서 이용하던, 대로 엮은 간편한 가마.

山窟(산굴) 산중의 동굴.

山窮水盡(산궁수진) 國산이 막히고 물줄기는 끊어져 더 갈 길이 없음. 막다른 지경에 이름.

山禽(산금) 산새.

山氣(산기) ①산의 기운. 산의 운기(雲氣). ②산에 끼는 아지랑이.

山內(산내) ①산의 속. ②절의 구역 안.

山斗(산두) 매우 존경을 받는 사람. 泰山北斗(태산북두).

山頭(산두) ①산꼭대기. ②화장(火葬)하는 곳.

山厲河帶(산려하대) 태산(泰山)이 숫돌처럼 평평하게 닳고, 황하(黃河)가 띠처럼 좁게 되는 한이 있더라도 변하지 않음. 영원히 변하지 않을 것을 맹세하는 말.

山麓(산록) 산기슭. 山足(산족). 山脚(산각).

山陵(산릉) ①산과 언덕. 산악과 구릉. ②임금의 무덤. ③國국장(國葬)을 하기 전에 아직 이름을 짓지 않은 새 능.

山陵崩(산릉붕) 천자(天子)의 붕어(崩御).

山林(산림) ①산과 숲. ②산에 있는 숲.

山林處士(산림처사) 산골에 살며 글이나 읽으며 지내는 사람. 山林學士(산림학사).

山立(산립) 산과 같이 바르게 섬. 흔들리지 않는 모양.

山脈(산맥) 산들이 이어져 줄기 모양을 하고 있는 산지.

山鳴谷應(산명곡응) 산이 울면 골짜기가 응함. 소리가 산골짜기에 울려 퍼짐.

山門(산문) ①(佛)절의 누문(樓門). 또는 절 전체. ②산의 어귀.

山房(산방) ①산속의 가옥. ②산장(山莊). ③서재(書齋). ④절의 건물(建物).

山寺(산사) 산에 있는 절.

山塞(산새) 산상(山上)의 성채(城砦).

山棲(산서) 산에서 삶. 은둔(隱遁)함.

山城(산성) 외침을 막기 위해 산에 쌓은 성.

山勢(산세) 산의 형세.

山所(산소) ①무덤의 존칭. ②무덤이 있는 곳.

山水(산수) ①산과 물. 산하의 경치. ②산에 흐르는 물. ③산수화(山水畫).

山僧(산승) ①산사(山寺)의 승려. ②승려의 자기에 대한 겸칭.

山神(산신) 산을 주관하는 신령. 山君(산군). 山神靈(산신령).

山嶽(산악) 높고 험준한 산.

山靄(산애) 산에 낀 아지랑이.

山野(산야) ①산과 들. ②시골.

山陽(산양) 산의 남쪽.

山隈(산외) 산모퉁이. 山阿(산아).

山腰(산요) 산의 허리. 산의 중복(中腹).

山容水態(산용수태) 산이 솟은 모양과 물이 흐르는 모양.

山雲(산운) ①산과 구름. ②산에서 이는 구름.

山園(산원) ①산에 있는 화원(花園). 산속에 있는 별장. ②임금의 능. 山陵(산릉).

山陰(산음) 산그늘. 산의 북쪽.

山人(산인) 속세를 떠나 은거하는 사람.

山紫水明(산자수명) 산은 자줏빛이고 물은 맑음. 산수(山水)의 경치가 아름다움.

山莊(산장) 산에 있는 별장.

山嶂(산장) 병풍처럼 둘려 있는 산봉우리.

山積(산적) 산더미처럼 많이 쌓임.

山田(산전) ①산에 있는 밭. ②산중의 사냥터.

山戰水戰(산전수전) 國산에서도 싸우고 물에서도 싸움. 온갖 어려움과 고생을 다 겪었음.

山頂(산정) 산꼭대기. 山巓(산전).

山靜日長(산정일장) 산은 고요하고 해는 긺. 산속에서 사는 한정(閑靜)한 정취.

山足(산족) 산기슭.

山峻水急(산준수급) 산이 험하고 물살이 빠름.

山中宰相(산중재상) ①산중에 은거(隱居)하면서 나라의 자문(諮問)에 응하는 사람. 故事 양(梁)나라의 도홍경(陶弘景)이 구곡산(句曲山)에 은거하면서, 나라에 큰일이 있을 때면 늘 자문하였다는 고사에서 온 말. ②재상될 재능은 있으면서 산에서 헛되이 평생을 마치는 사람.

山盡水窮(산진수궁) 산이 다하고 물이 막힘. 막다른 길에 이르러 빠져나갈 수 없게 됨.

山菜(산채) 산나물.
山妻(산처) ①은사(隱士)의 아내. ②산가(山家)에서 자란 아내. 자기 아내의 겸칭(謙稱).
山川草木(산천초목) 산과 물과 풀과 나무. 곧, 자연.
山草(산초) ①산에 나는 풀. ②초야에 묻혀 삶. 在野(재야).
山椒(산초) ①산마루. 山頂(산정). ②산초나무의 열매.
山樵(산초) 나무꾼. 樵夫(초부).
山頹木壞(산퇴목괴) 태산(泰山)이 허물어지고 들보가 무너짐. 현인(賢人)의 죽음.
山風(산풍) 산에서 불어오는 바람. 산바람.
山下(산하) ①산 아래. ②선산(先山)의 밑.
山河(산하) ①산과 강. ②영토. 강역(疆域). ③자연.
山河襟帶(산하금대) 산이나 강이 옷깃이나 띠처럼 둘림. 견고한 자연의 요해처(要害處).
山海(산해) ①산과 바다. ②은둔(隱遁)의 땅. ③먼 거리. 멀리 떨어져 있는 곳. ④사물이 많고 큼.
山海珍味(산해진미) 산과 바다의 산물을 다 갖춘 진귀한 음식. 山珍海錯(산진해착).
山行(산행) ①산길을 감. ②산놀이.
山峽(산협) ①산속의 골짜기. ②두메.
山蹊(산혜) 산속의 소로(小路). 산중(山中)의 지름길.
山肴(산효) 산나물.
◨ 鑛山광산, 南山남산, 登山등산, 深山심산, 愚公移山우공이산, 雲山운산, 靑山청산, 泰山태산, 火山화산.

2 ⑤【屳】 仙(55)과 동자

3 ⑥【屺】 민둥산 기 紙
㊥qǐ ㊐キ
소전 초서 동자 【자해】 민둥산, 독산(禿山). 〔詩經〕 陟彼屺兮척피기혜.

3 ⑥【屹】 산 우뚝 솟을 흘 物
인명 ㊥yì ㊐キツ
초서 【자해】 산이 우뚝 솟다, 산이 험한 모양.
屹立(흘립) 우뚝 솟아 있음.
屹然(흘연) ①산이 높이 우뚝 솟은 모양. ②홀로 서서 굴하지 않는 모양. 毅然(의연).
屹出(흘출) 산이 우뚝 솟음.
屹屹(흘흘) 산이 높이 우뚝 솟은 모양.

4 ⑦【岌】 높을 급 緝
㊥jí ㊐キュウ
소전 초서 【자해】 ❶높다. ㉮높은 모양. ㉯산이 우뚝 솟은 모양. ¶ 岌峨급아. ❷위태로운 모양. 〔孟子〕 天下殆哉천하태재, 岌岌乎급급호.
岌岌(급급) ①높은 모양. ②위태로운 모양. ③급한 모양. ④성한 모양.
岌峨(급아) 산이 높이 솟은 모양.
岌嶪(급업) 산이 높고 험한 모양.
◨ 嵬岌외급.

4 ⑦【岐】 갈림길 기 支
인명 2급 ㊥qí ㊐キ
초서 고자 【자해】 ❶갈림길. ≒歧. ❷자라나는 모양, 지각이 드는 모양. 〔詩經〕 克岐克嶷극기극억. ❸산 이름. 섬서성(陝西省)에 있는, 주(周)나라의 발상지. 〔詩經〕 至于岐下지우기하. ❹울퉁불퉁하다, 험하다.
岐嶇(기구) 산이 험한 모양. 崎嶇(기구).
岐路(기로) 갈림길. 몇 갈래로 갈라진 길.
岐旁(기방) 갈림길.
岐穎(기영) 성질(性質)이 뛰어나고 우수함.
岐周(기주) 서주(西周)의 딴 이름. 나라를 기산(岐山)에 세운 데서 온 말.
岐黃(기황) ①기백(岐伯)과 황제(黃帝). 모두 의가(醫家)의 시조(始祖). ②의술(醫術).
◨ 多岐다기, 分岐분기.

4 ⑦【岏】 가파를 완 寒
인명 ㊥wán ㊐ガン
【자해】 ❶가파르다, 산이 뾰족이 솟은 모양. ¶ 巑岏찬완. ❷높다.
岏巑(완찬) 높고 험한 산봉우리.

4 ⑦【岑】 봉우리 잠 侵
인명 ㊥cén ㊐シン
소전 초서 【자해】 ❶봉우리, 산봉우리. 〔孟子〕 可使高於岑樓가사고어잠루. ❷높다, 높이 솟다. ❸벼랑, 물가의 언덕.
岑嶺(잠령) 봉우리. 산봉우리.
岑樓(잠루) ①높이 솟은 뾰족한 산. ②높은 다락집. ③봉우리와 높은 누각.
岑蔚(잠울) 산이 깊고 숲이 무성한 곳.
岑崟(잠음) 산이 높고 험한 모양.

岑寂(잠적) ①고요함. ②쓸쓸하게 높이 솟은 모양.
岑壑(잠학) 봉우리와 골짜기.

5 ⑧【岬】 산허리 갑 洽
인명 2급 ㊥jiá ㊐コウ
초서 **자해** **❶산허리, 산허구리. ❷산골짜기, 산과 산 사이. ❸國곶, 갑.** 바다 쪽으로 좁고 길게 들어간 육지.
岬角(갑각) 國바다에 뻗어 나가서 모나게 내민 산줄기.
岬岫(갑수) ①산허구리. 산허리. ②산에 있는 암혈(巖穴).

山 5획

5 ⑧【岡】冈 언덕 강 陽
인명 2급 ㊥gāng ㊐コウ
소전 초서 속자 崗 속자 罡 **자해** **❶언덕, 구릉(丘陵). ❷산등성이.**
岡陵(강릉) 언덕. 구릉(丘陵).
岡巒(강만) 언덕. 낮은 산. 丘山(구산).
岡阜(강부) 작은 산. 언덕.
◨ 高岡고강.

5 ⑧【岱】 대산 대 隊
인명 ㊥dài ㊐タイ
소전 초서 **자해** **대산(岱山). 오악(五嶽)의 하나. 동악(東嶽)으로, 태산(泰山)의 딴 이름.** 〔書經〕 至於岱宗지어대종.
岱宗(대종) 태산(泰山). 오악(五嶽) 중에 제일 높으므로 종(宗)이라 이름.
岱華(대화) 태산(泰山)과 화산(華山).

5 ⑧【岺】 산 이름 령 靑
인명 ㊥líng ㊐レイ
자해 **❶산 이름. ❷산이 깊다.**

5 ⑧【岷】 산 이름 민 眞
인명 ㊥mín ㊐ビン
소전 동자 峄 동자 嵋 **자해** **❶산 이름.** ≒汶. **❷강 이름.**

5 ⑧【岫】 산굴 수 宥
인명 ㊥xiù ㊐シュウ
소전 초서 동자 峀 **자해** **❶산굴, 암혈(巖穴). ❷산봉우리, 산꼭대기.**
岫雲(수운) 산에서 피어나는 구름.

5 ⑧【峀】 岫(362)와 동자 인명

5 ⑧【岳】 큰 산 악 覺
고등 인명 3급 ㊥yuè ㊐ガク
필순 ⼀ 𠂆 𠂇 乒 丘 乒 岳 岳
초서 동자 嶽 **자원** 會意. 丘+山→岳. 봉우리가 두 개인 산을 본뜬 '丘'를 '山' 위에 놓아 '큰 산'이라는 뜻을 나타낸다.
자해 **❶큰 산. ㉮큰 산. ㉯제후(諸侯)의 맹주(盟主).** '山'은 임금의 상(象)이라는 데서 온 말. ¶ 列岳열악. **❷처의 부모.**
岳家(악가) 아내의 친정. 妻家(처가).
岳頭(악두) 산꼭대기.
岳母(악모) 장모.
岳伯(악백) 사악(四岳)과 방백(方伯). 변방을 지키는 관리(官吏).
岳父(악부) 아내의 아버지. 丈人(장인).
岳翁(악옹) 장인(丈人).
岳丈(악장) 장인(丈人).
◨ 四岳사악, 山岳산악, 列岳열악, 五岳오악.

5 ⑧【岸】 언덕 안 翰
고등 인명 3Ⅱ급 ㊥àn ㊐ガン
필순 ' 山 山 屵 岸 岸 岸 岸
소전 초서 동자 峖 고자 厈 **자원** 形聲. 屵+干→岸. '屵(알)'이 음을 나타낸다.
자해 **❶언덕, 물가의 낭떠러지.** 〔詩經〕 淇則有岸기즉유안. **❷기슭, 강기슭.** ¶ 江岸강안. **❸뛰어나다.** 〔漢書〕 充爲人魁岸충위인괴안. **❹높다. ❺층계, 계단.** 〔張衡·賦〕 襄岸夷塗양안이도. **❻옥(獄), 역참(驛站)에 있는 옥.**
岸傑(안걸) 체구가 크고 늠름함.
岸曲(안곡) 물가의 깊이 굽어진 곳. 후미.
岸畔(안반) 언덕의 가. 물가.
岸壁(안벽) ①해안(海岸)이나 하안(河岸)에 배를 댈 수 있게 쌓은 벽. 擁壁(옹벽). ②깎아지른 듯한 언덕.
岸獄(안옥) 죄인을 가두는 감옥.
岸幘(안책) ①두건을 젖혀 머리를 드러냄. ②

예법(禮法)에 구애되지 않고 친숙하게 대함.
◨ 江岸강안, 對岸대안, 沿岸연안, 彼岸피안, 河岸하안, 海岸해안, 湖岸호안.

5 ⑧【岩】 巖(370)의 속자 인명

5 ⑧【岾】 ① 國재 재 ② 國절 점 인명
참고 인명용 음은 '점' 이다.
자해 ① 재, 고개. ② 절, 절 이름. ¶ 楡岾寺유점사.

5 ⑧【岨】 ① 돌산 저 魚 ② 울퉁불퉁할 저 語
㊥qū, jǔ ㊐ショ
초서 자해 ① ❶돌산, 산꼭대기는 흙이 덮인 돌산. ❷험하다, 가파르다. ¶ 岨嶮저험. ② 울퉁불퉁하다. ¶ 岨峿저어.
岨峿(저어) ①산의 모양. ②어긋나 편하지 못한 모양.
岨峻(저준) 산이 험하고 높음.
岨嶮(저험) 험함. 가파름. 阻險(저험).

5 ⑧【岧】 산 높을 초 蕭
인명 ㊥tiáo ㊐チョウ
초서 동자 岹 자해 산이 높다, 산이 높은 모양.
岧嶢(초요) 산이 높은 모양.
岧岧(초초) 산이 높은 모양.

5 ⑧【岵】 산 호 麌
인명 ㊥hù ㊐コ
소전 자해 산. ㉮초목이 우거진 산. ㉯민둥산, 독산(禿山).

6 ⑨【峦】 巒(370)의 속자

6 ⑨【峠】 언덕길 꼭대기 상 인명
참고 본래 일본에서 만든 글자이다.
자해 언덕길 꼭대기.

6 ⑨【峙】 우뚝 솟을 치 紙
인명 2급 ㊥zhì ㊐チ
초서 자해 ❶우뚝 솟다. 〔列子〕 五山始峙오산시치. ❷언덕, 높은 언덕. ❸쌓다, 골고루 저장하다.
峙立(치립) 우뚝 섬.
峙積(치적) 갖추어 쌓음. 모아 쌓음.
◨ 對峙대치.

6 ⑨【峡】 峽(364)의 속자

7 ⑩【島】 岛 섬 도 皓
중학 인명 5급 ㊥dǎo ㊐トウ
필순 ′ ㇒ 户 户 白 自 鳥 島 島 島
소전 초서 동자 嶋 자원 形聲. 鳥+山→島. '鳥(조)'가 음을 나타낸다.
자해 섬, 사면이 바다에 둘러싸인 육지. 〔史記〕 入海居島中입해거도중.
島民(도민) 섬에 사는 주민.
島配(도배) 죄인을 섬으로 귀양 보내던 일.
島嶼(도서) 섬. '島'는 '큰 섬'을, '嶼'는 '작은 섬'을 뜻함.
◨ 孤島고도, 群島군도, 半島반도, 列島열도.

7 ⑩【峯】 봉우리 봉 冬
고등 인명 3Ⅱ급 ㊥fēng ㊐ホウ
필순 ′ 山 山 屵 岁 岑 峯 峯 峯 峯
소전 초서 동자 峰 자원 形聲. 山+夆→峯. '夆(봉)'이 음을 나타낸다.
자해 ❶봉우리, 산봉우리. ❷메, 산.
峯頭(봉두) 산꼭대기. 峯頂(봉정).
峯巒(봉만) 날카로운 산봉우리들.
峯勢(봉세) 산봉우리의 형세.
峯崖(봉애) 산봉우리의 벼랑.
峯嶂(봉장) 험한 산봉우리.
峯尖(봉첨) 봉우리의 뾰족한 꼭대기.
峯疊(봉첩) 산봉우리가 겹겹으로 겹침.
◨ 高峯고봉, 群峯군봉, 奇峯기봉, 上峯상봉, 靈峯영봉, 主峯주봉, 峻峯준봉, 疊峯첩봉.

7 ⑩【峰】 峯(363)과 동자 인명

7 ⑩【峨】 높을 아 歌
인명 ㊥é ㊐ガ
소전 초서 동자 峩 자해 ❶높다. ㉮구름 따위가 높이 떠

山 7획

있다. ¶ 峨峨아아. ㉯산이 높고 험한 모양. ¶ 嵯峨차아. ❷재, 높은 재. ❸위엄이 있다, 위의(威儀)가 당당하다. 〔詩經〕奉璋峨峨봉장아아. ❹산 이름. 아미산(峨眉山)의 약칭.

峨冠(아관) 높은 관(冠). 관을 높게 씀.

峨眉(아미) 산동성(山東省) 박산현(博山縣)에 있는 산. 금이 난다고 함. 峨嵋(아미).

峨峨(아아) ①산이 높고 험한 모양. 嵯峨(차아). ②의용이 엄숙하고 위엄이 있는 모양.

◨ 巍峨외아, 嵯峨차아.

7 ⑩【峩】 峨(363)와 동자

山 7획

7 ⑩【峻】 높을 준 [震]

인명 2급 ㊥jùn ㊐シュン

소전 초서 동자 陖 자해 ❶높다. ㉮높고 크다. ¶ 峻德준덕. ㉯산이 높고 험하다. ❷엄하다, 엄하고 심하다. ¶ 峻嚴준엄. ❸길다, 길이가 길다.

峻刻(준각) 매우 가혹함. 너무 엄격하여 정애(情愛)가 없음.

峻幹(준간) ①나무의 긴 줄기. ②훌륭한 재목(材木).

峻拒(준거) 단호히 거절함.

峻潔(준결) 엄하고 결백함.

峻科(준과) 엄격한 법률. 峻法(준법).

峻極(준극) 지극히 높은 모양.

峻急(준급) ①성질이 엄하여 사람을 용납하지 못함. 아량이 없음. ②물의 흐름이 심히 빠름.

峻湍(준단) 여울. 급류(急流).

峻德(준덕) 뛰어난 덕(德). 밝은 덕.

峻厲(준려) 엄하고 과격함. 준열(峻烈)함.

峻嶺(준령) 높고 험한 산봉우리나 고개.

峻論(준론) 엄정하고 날카로운 언론.

峻網(준망) 엄한 법망. 엄한 형법(刑法).

峻命(준명) 중(重)한 명령. 임금의 큰 명령.

峻密(준밀) ①준엄(峻嚴)하고 세밀함. ②험하고 무성함.

峻法(준법) 엄격한 법.

峻秀(준수) ①산 따위가 높고 빼어남. ②인물이 뛰어남.

峻嶽(준악) 높고 가파른 산.

峻嚴(준엄) ①엄숙함. ②험하고 높음.

峻烈(준열) 매우 엄하고 격렬함.

峻宇(준우) 높고 훌륭한 집.

峻岑(준잠) 높은 산봉우리. 峻峯(준봉).

峻邸(준저) 높이 솟은 저택(邸宅).

峻節(준절) 고상한 절조(節操). 높은 절개.

峻制(준제) 엄한 법률. 嚴制(엄제).

峻阻(준조) 험준함. 阻峻(조준). 峻險(준험).

峻秩(준질) 높은 벼슬. 峻爵(준작).

峻責(준책) 준엄하게 꾸짖음.

峻峭(준초) ①산이 높고 험한 모양. ②뛰어나고 기품(氣品)이 있음.

峻峙(준치) 우뚝 솟아 서로 맞대함.

峻擢(준탁) 특별히 뽑아 씀. 특별히 발탁함.

峻坂(준판) 험한 산비탈. 峭坂(초판).

峻筆(준필) 엄격하고 매서운 문장(文章).

峻險(준험) 산이 높고 험함. 險峻(험준).

峻刑(준형) 엄한 형벌(刑罰). 嚴刑(엄형).

峻酷(준혹) 엄하고 가혹함. 지나치게 엄함.

◨ 高峻고준, 嚴峻엄준, 險峻험준.

7 ⑩【峭】 가파를 초 [嘯]

㊥qiào ㊐ショウ

초서 동자 陗 자해 ❶가파르다, 높고 험하다. ❷엄하다, 엄하고 성급하다. ¶ 峭整초정.

峭刻(초각) 엄하고 가혹함. 인정이 없음.

峭急(초급) 엄하고 날카로움.

峭厲(초려) ①엄하고 굳셈. ②예기(銳氣)가 선뜻 밖으로 나타나는 모양.

峭法(초법) 매우 엄한 법률.

峭壁(초벽) 벽처럼 험하게 솟은 벼랑.

峭訐(초알) 남을 지나치게 비난함.

峭崖(초애) 깎아지른 듯한 절벽.

峭嚴(초엄) 지극히 엄격함. 峻嚴(준엄).

峭絶(초절) 산이 깎은 듯이 높이 솟은 모양.

峭正(초정) 엄정(嚴正)함.

峭整(초정) 엄숙하고 바르게 갖춤. 峻整(준정).

峭峻(초준) 산이 높고 험한 모양.

峭直(초직) 마음이 엄하고 바름. 강직함.

峭寒(초한) 몹시 추움. 몹시 참.

峭覈(초핵) 기상이 날카롭고 엄함. 사물에 대하여 철저함.

峭刑(초형) 엄한 형벌. 峻刑(준형).

◨ 嚴峭엄초, 峻峭준초.

7 ⑩【峴】 岘 재 현 [銑]

인명 2급 ㊥xiàn ㊐ケン

초서 자해 ❶재, 고개. ❷산 이름. 호북성(湖北省)에 있는 산.

7 ⑩【峽】 峡 골짜기 협 [洽]

인명 2급 ㊥xiá ㊐キョウ

초서 속자 峡 자원 形聲. 山+夾→峽. '夾(협)'이 음을 나타낸다.

자해 ❶골짜기, 산골짜기. =陜. ❷좁다, 사이가 좁다. ≒狹. ❸삼협(三峽)의 약칭.
峽谷(협곡) 골. 계곡.
峽路(협로) 산길. 두멧길.
峽氓(협맹) 두메에 사는 농사꾼.
峽水(협수) 골짜기를 흐르는 내. 특히 삼협(三峽)의 험한 곳을 흐르는 장강(長江).
峽雨(협우) 계곡에 내리는 비.
◨ 山峽산협, 三峽삼협, 海峽해협.

8 ⑪【崗】 岡(362)의 속자 인명 2급

8 ⑪【崑】 산 이름 곤 元
인명 ㊥kūn ㊐コン
소전 초서 동자 崐 자해 ❶산 이름. ㉮곤륜(崑崙). ㉯곤산(崑山). ❷서곤(西崑)의 약칭. ¶ 崑體곤체.
崑岡(곤강) 곤륜산(崑崙山)의 딴 이름.
崑崙(곤륜) 서왕모(西王母)가 사는 산으로, 아름다운 옥이 산출된다는 신화 속의 산.
崑陵(곤릉) 곤륜산(崑崙山).
崑山片玉(곤산편옥) 곤륜산(崑崙山)에서 나는 이름난 옥(玉)의 한 가지. 얻기 어려운 인물이나 물건의 비유.
崑體(곤체) 송대(宋代) 초기에 유행한 시체(詩體). 화려한 수사, 대구, 고사 등을 중시하였음. 西崑體(서곤체).

8 ⑪【崐】 崑(365)과 동자

8 ⑪【崛】 우뚝 솟을 굴 物
㊥yù ㊐クツ
소전 초서 동자 崫 자해 우뚝 솟다, 산이 홀로 우뚝 솟다.
崛起(굴기) 갑자기 일어섬. 우뚝 솟음.
崛崎(굴기) 산이 험한 모양.
崛出(굴출) 산이 우뚝 솟음.
◨ 奇崛기굴.

8 ⑪【崎】 험할 기 支微
인명 1급 ㊥qí ㊐キ
초서 자해 ❶험하다. ㉮산길이 험하다. ¶ 崎嶇기구. ㉯살길이 험하다. ❷갑, 곶. 바다로 길쭉하게 내민 육지.
崎嶇(기구) ①산길이 험함. ②고생함. 세상살이에 어려움을 많이 겪음.
崎崟(기음) 험악한 산봉우리.
崎嶬(기의) 산이 높고 험한 모양.

8 ⑪【崍】 崃 산 이름 래 灰
인명 ㊥lái ㊐ライ
자해 산 이름. 양자강(揚子江)의 발원(發源)이 되는, 사천성(四川省)에 있는 산.

8 ⑪【崙】 仑 산 이름 륜 元
인명 2급 ㊥lún ㊐ロン
소전 초서 동자 崘 자해 산 이름. ¶ 崑崙곤륜.

8 ⑪【崘】 崙(365)과 동자

8 ⑪【崚】 험준할 릉 蒸
㊥líng ㊐リョウ
초서 동자 陵 자해 험준하다, 산이 높고 첩첩한 모양.
崚嶒(능증) ①산이 높고 가파르며 첩첩이 겹쳐 있는 모양. ②특출함.
崚層(능층) 산이 높고 첩첩이 겹쳐 있는 모양. 崚嶒(능증).

8 ⑪【崩】 무너질 붕 蒸
고등 인명 3급 ㊥bēng ㊐ホウ
필순 ' 山 山 岁 岁 岁 岁 崩 崩 崩
소전 초서 자원 形聲. 山+朋→崩. '朋(붕)'이 음을 나타낸다.
자해 ❶무너지다. ㉮산·언덕 따위가 무너지다. ㉯쇠퇴하다, 파괴되다. 〔論語〕 三年不樂삼년불락, 樂必崩락필붕. ㉰무너뜨리다, 파괴하다. 〔孟子〕 百姓歸周백성귀주, 若崩厥角약붕궐각. ❷흩어지다, 떠나가다. 〔論語〕 邦分崩離析방분붕리석. ❸죽다, 천자(天子)가 죽다.
崩壞(붕괴) 허물어짐.
崩御(붕어) 임금의 죽음. 崩殂(붕조).
崩墜(붕추) 허물어져 떨어짐.
崩頹(붕퇴) 무너짐. 허물어짐.
◨ 潰崩궤붕, 分崩분붕.

8 ⑪【崧】 우뚝 솟을 숭 東
인명 ㊥sōng ㊐スウ

山 8획

초서 (草書) 동자 嵩 자해 ❶우뚝 솟다, 산이 우뚝 솟은 모양. ❷산 이름, 중악(中嶽).
崧高(숭고) 산이 높고 웅장한 모양.
崧峻(숭준) 산이 높음.

8 ⑪【崇】 높을 숭 東
중학 인명 4급 ㊥chóng ㊐スウ
필순 ' ㅛ 山 山 山 岸 岸 岸 崇 崇
소전 초서 동자 宗 자원 形聲. 山+宗→崇. '宗(종)'이 음을 나타낸다.
자해 ❶높다, 높이. 〔周禮〕崇於軫四尺숭어진사척. ❷높게 하다. ㉮쌓아 올리다. ㉯높은 지위를 주다. 〔國語〕天所崇之子孫천소숭지자손. ❸존중하다. ¶ 崇尙숭상. ❹모으다, 모이다. 〔詩經〕福祿來崇복록래숭. ❺차다, 채우다, 차게 하다. ❻마치다, 끝나다. 〔詩經〕曾不崇朝증불숭조.
崇扃(숭경) 높은 문.
崇敬(숭경) 공경하여 높임. 尊敬(존경).
崇高(숭고) 지위가 높거나 인품이 고상함.
崇丘(숭구) 높은 언덕.
崇德(숭덕) 덕(德)을 숭상함. 덕이 있는 사람을 존경함.
崇棟(숭동) 높은 집의 용마루.
崇麗(숭려) 높고 아름다움.
崇嶺(숭령) 높은 산봉우리. 高峯(고봉).
崇文(숭문) 무(武)가 아닌 문(文)으로 하는 정치를 높이 여김.
崇拜(숭배) ①높이 우러름. 존경함. ②귀의(歸依)함. 신앙(信仰)함.
崇佛(숭불) 부처를 숭상함.
崇事(숭사) 종묘·사직 등을 공경하여 섬김.
崇祀(숭사) 높여 제사 지냄.
崇尙(숭상) 높여 소중히 여김.
崇城(숭성) ①천자의 성. ②천자(天子). 제후(諸侯)를 간성(干城)이라 하는 데 대한 말.
崇盛(숭성) ①존귀하고 광대함. ②지위가 높고 세력이 성함.
崇信(숭신) 공경하여 믿음.
崇嚴(숭엄) 숭고하고 엄숙함.
崇遇(숭우) 융숭하게 대우함. 공경하여 대우함.
崇儒(숭유) 유교(儒敎)를 숭상함.
崇朝(숭조) 이른 새벽부터 아침밥을 먹을 때까지의 사이.
崇祖尙門(숭조상문) 조상을 숭배하고 문중을 위함.
崇峻(숭준) 높음. 품위가 높고 귀함.
◨ 隆崇융숭, 信崇신숭, 尊崇존숭, 欽崇흠숭.

8 ⑪【崖】 벼랑 애 佳
인명 1급 ㊥yá ㊐ガイ
소전 초서 동자 厓 자해 ❶벼랑, 낭떠러지, 언덕. ❷모, 모나다. ❸기슭, 물기슭. ≒涯. 〔荀子〕淵生珠而崖不枯연생주이애불고.
崖壁(애벽) 깎아 세운 듯한 낭떠러지.
崖岸(애안) ①물가의 단애(斷崖). ②오만하여 남과 어울리지 않음.
崖崟(애음) 높고 험한 산.
崖異(애이) ①도도하여 남과 사귀지 않음. ②고독을 즐겨 남과 사귀지 않음.
◨ 斷崖단애, 絕崖절애, 懸崖현애.

8 ⑪【崟】 험준할 음 侵
㊥yín ㊐ギン
소전 초서 자해 ❶험준하다, 산이 높고 가파른 모양. ❷수효가 많은 모양. 〔楚辭〕叢林兮崟崟총림혜음음.
崟岌(음급) 산이 높은 모양.
崟崟(음음) ①높고 가파른 모양. ②수효가 많은 모양.
◨ 崎崟기음, 岑崟잠음.

8 ⑪【崢】峥 가파를 쟁 庚
㊥zhēng ㊐ソウ
초서 동자 崝 동자 峥 자해 ❶가파르다, 산이 높고 험한 모양. ❷추위가 혹독한 모양.
崢嶸(쟁영) ①산이 높고 가파른 모양. ②깊고 험한 모양. ③추위가 매우 심한 모양.

8 ⑪【崒】 험할 줄 質
㊥zú ㊐シュツ
소전 동자 崪 자해 ❶험하다, 산이 높고 험한 모양. ❷무너지다, 붕괴되다.
崒崩(줄붕) 산 따위가 무너져 내림.
崒兀(줄올) 험하고 높은 모양.
崒崒(줄줄) 산이 험한 모양.

8 ⑪【崔】 높을 최 灰 賄
인명 2급 ㊥cuī ㊐サイ
소전 초서 자해 ❶높다, 높고 크다. ❷섞이다, 뒤섞여 얽히다.
崔嵬(최외) ①꼭대기가 흙으로 덮인 돌산. ②

山 8획

산이 아주 높고 험한 모양.
崔巍(최외) 산이 높고 험함.
崔崒(최줄) 높고 험악한 모양.
崔錯(최착) 서로 뒤섞임. 뒤섞여 얽힘.
崔崔(최최) 산이 우뚝하게 솟은 모양.

8 ⑪ 【崋】 산 이름 화 (麻)(禡)

㊥huà ㊐カ

소전 초서 자해 **산 이름.** 사악(四嶽)의 하나로, 섬서성(陝西省)에 있는 산. ≒華.

8 ⑪ 【崤】 산 이름 효 (肴)

㊥xiáo ㊐コウ

초서 자해 **산 이름.**

崤函(효함) 효산(崤山)과 함곡관(函谷關). 모두 하남성(河南省)에 있는 험준한 요해지.

9 ⑫ 【嵁】 험준할 감 (覃)

㊥kān ㊐カン

초서 자해 **❶험준하다, 산이 높고 평탄하지 않은 모양. ❷가파르다.**

嵁崿(감악) 산이 높고 험한 모양.
嵁巖(감암) ①산이 높고 험한 모양. ②높고 험준한 바위.
嵁絕 감절) 매우 가파름.

9 ⑫ 【嵌】 ①산 깊을 감 (咸) ②끼워 넣을 감 (陷)

인명 ㊥qiàn ㊐カン

소전 초서 자해 ① **❶산이 깊다, 산이 깊은 모양. ❷골짜기, 깊은 골짜기. ❸굴, 동굴.** ② **❶끼워 넣다, 새겨 끼워 넣다. ❷새기다, 아로새기다.**

嵌谷(감곡) 깊은 골짜기.
嵌空(감공) ①굴. 동굴. ②영롱(玲瓏)한 모양.
嵌入(감입) 장식 같은 것을 박아 넣음.
嵌巉(감참) 산이 험한 모양.
■ 山嵌산감, 象嵌상감.

9 ⑫ 【嵐】 岚 남기 람 (覃)

인명 ㊥lán ㊐ラン

소전 초서 자해 **남기(嵐氣), 이내.**

嵐光(남광) 햇빛에 빛나는 남기(嵐氣).
嵐氣(남기) 산에 가득 찬 산기운. 이내.
嵐翠(남취) 푸른색의 산기운.

9 ⑫ 【嵄】 산 미 (紙)

인명 ㊥měi ㊐ビ

자해 **산, 메.**

9 ⑫ 【嵋】 산 이름 미 (支)

인명 ㊥méi ㊐ビ

초서 자해 **산 이름.** 사천성(四川省)에 있는 아미산(峨嵋山).

9 ⑫ 【嵒】 바위 암 (咸)

㊥yán ㊐ガン

소전 동자 嵓 자해 **❶바위. =巖. ❷가파르다, 높이 솟다.**

嵒崿(암악) ①바위가 연이어 있는 언덕. ②낭떠러지.
嵒嵒(암암) 위엄 있게 서 있는 모양.
嵒峻(암준) 높고 가파른 모양. 巖峻(암준).

9 ⑫ 【嵓】 嵒(367)과 동자

9 ⑫ 【崴】 높을 외 (灰)

㊥wēi ㊐ワイ

초서 자해 **❶높다, 산이 높고 험한 모양. ❷울퉁불퉁하여 평탄하지 않은 모양.**

崴嵬(외외) ①산이 높고 험한 모양. ②울퉁불퉁하여 평탄하지 않은 모양.
崴巍(외외) 산이 가파른 모양.
崴磈(외외) 높고 험한 산들이 길게 잇닿은 모양.

9 ⑫ 【嵎】 산모롱이 우 (虞)

1급 ㊥yú ㊐グウ

소전 초서 자해 **❶산모롱이.** 〔孟子〕虎負嵎호부우. **❷구석.** ≒隅. 〔列子〕西極之南嵎有國焉서극지남우유국언. **❸높고 험하다, 산이 가파르다.**

嵎嵎(우우) 산이 겹겹이 쌓여 높은 모양.
嵎夷(우이) 해가 돋는 곳.

9 ⑫ 【嵇】 산 이름 혜 (齊)

㊥jī ㊐ケイ

山 9획

소전 [篆] 초서 [草] 동자 嵇 자해 **산 이름**. 하남성(河南省)에 있는 산.

9 ⑫ 【嵇】 嵆(367)와 동자

10 ⑬ 【嵩】 높을 숭 東

인명 ㊥sōng ㊐スウ

소전 [篆] 초서 [草] 동자 崧 자해 **❶높다, 높고 크다.** ¶ 嵩高숭고. **❷산 이름**. 오악(五嶽)의 하나로 중악(中嶽)이라고도 한다.

嵩高(숭고) ①숭산(嵩山). ②산이 높은 모양. ③존엄하고 고귀함.

嵩箕(숭기) 숭산(嵩山)과 기산(箕山). 은자(隱者)가 사는 곳.

嵩嶽(숭악) 숭산.

嵩峻(숭준) 높고 험함.

10 ⑬ 【嵬】 높을 외 灰

인명 ㊥wéi ㊐カイ

소전 [篆] 초서 [草] 동자 峗 자해 **❶높다, 산이 높고 험하다.** ＝巍. ¶ 嵬岌외급. **❷평평하지 않은 모양.** ＝崴. **❸기이하다.**

嵬崛(외굴) 산이 높고 큰 모양.

嵬岌(외급) 산이 높이 솟은 모양.

嵬嶷(외억) 높고 험한 모양.

10 ⑬ 【嵯】 嵳 ①우뚝 솟을 차 歌 ②울쑥불쑥할 치 支

인명 ㊥cuó, cī ㊐サ, シ

소전 [篆] 초서 [草] 동자 嵳 동자 䃎 참고 인명용 음은 '차'이다.

자해 **①우뚝 솟다, 산이 가파르다. ②울쑥불쑥하다, 산이 높고 낮고 한 모양.**

嵯峨(차아) ①산이 높고 험한 모양. ②섬서성(陝西省)에 있는 산 이름.

11 ⑭ 【嶇】 岖 험할 구 虞

인명 1급 ㊥qū ㊐ク

초서 [草] 동자 岴 자해 **❶험하다, 가파르다.** 〔後漢書〕崎嶇危難之間기구위난지간. **❷산길이 평탄치 않다.**

嶇嶔(구금) 산이 험한 모양. 험한 산.

嶇路(구로) 험한 길.

◨ 崎嶇기구.

11 ⑭ 【嶋】 島(363)와 동자 인명

11 ⑭ 【嶂】 산봉우리 장 漾

㊥zhàng ㊐ショウ

자해 **산봉우리, 높고 가파른 산, 병풍처럼 솟은 봉우리.**

嶂密(장밀) 높고 가파른 산봉우리가 첩첩이 쌓임.

嶂雲(장운) 높고 가파른 봉우리에 끼어 있는 구름.

嶂表(장표) 높고 가파른 봉우리의 꼭대기.

◨ 峯嶂봉장.

11 ⑭ 【嶃】 崭 높을 참 咸

㊥chán ㊐ザン

초서 [草] 동자 嶄 자해 **❶높다, 높고 가파른 모양. ❷빼어나다.**

嶃壁(참벽) 깎아지른 낭떠러지.

嶃新(참신) 가장 새로움. 斬新(참신).

嶃巖(참암) ①산이 뾰족하고 날카로운 모양. ②계곡이 깊고 험준한 모양.

嶃然(참연) ①산이 뾰족하게 솟은 모양. ②특출남.

嶃絕(참절) ①산이 높고 험한 모양. ②글씨나 시문이 뛰어난 모양.

嶃崒(참줄) 산이 높고 험준함. 嶃絕(참절).

嶃崱(참측) 산이 험하고 높은 모양.

12 ⑮ 【嶠】 峤 뾰족하게 높을 교 嘯

인명 ㊥jiào ㊐キョウ

소전 [篆] 초서 [草] 동자 嵪 자해 **❶뾰족하게 높다, 뾰족하게 높은 산. ❷산길.**

嶠道(교도) 산마루에 난 길. 산길.

嶠霧(교무) 높은 산에 끼어 있는 안개.

嶠嶽(교악) ①뾰족하게 솟은 높은 산. ②태산(泰山)의 딴 이름.

12 ⑮ 【嶔】 嵚 높고 험할 금 侵

㊥qīn ㊐キン

초서 [草] 동자 崟 자해 **높고 험하다, 산이 몹시 높고 가파른 모양.**

嶔嶇(금구) 산이 험한 모양. 嶇嶔(구금).

嶔崎(금기) 산이 험악한 모양.

嶔巖(금암) ①험악하게 생긴 바위. ②기울어진 바위.
嶔崟(금음) 산이 우뚝 솟은 모양.
嶔岑(금잠) 산이 높고 험한 모양.

12 ⑮【嶝】 고개 등 徑

인명 ㊥dèng ㊐トウ

초서 자해 ❶고개, 나지막한 고개. ❷비탈길, 오르막길.

12 ⑮【嶢】峣 높을 요 蕭

인명 ㊥yáo ㊐キョウ

소전 초서 동자 嶤 자해 ❶높다, 산이 높은 모양. ¶ 嶢屼요올. ❷높고 멀다. ❸위태로운 모양.
嶢崎(요기) ①산이 구불구불 구부러진 모양. ②일이 순탄하게 진행되지 않음.
嶢巖(요암) 높고 험준한 모양.
嶢屼(요올) 산이 높고 험한 모양.
嶢嶢(요요) ①위태한 모양. ②산이 높은 모양. ③뜻이 높은 모양.
嶢崢(요쟁) 높은 모양.

12 ⑮【嶒】嶒 산 높고 험할 증 蒸

㊥céng ㊐ショウ

초서 자해 산이 높고 험하다, 산이 높고 험한 모양.
嶒崚(증릉) 산이 높고 몹시 험한 모양.
嶒峻(증준) 높이 솟음. 특출함.

13 ⑯【嶪】 높고 험할 업 葉

인명 ㊥yè ㊐ギョウ

초서 자해 높고 험하다, 산이 험준한 모양.
嶪岌(업급) ①산이 높고 험한 모양. ②의기(意氣)가 왕성한 모양.
嶪嶪(업업) 산이 높고 험한 모양.

14 ⑰【嶺】岭 재 령 梗

고등 인명 3Ⅱ급 ㊥lǐng ㊐レイ

필순

소전 초서 자원 形聲. 山+領→嶺. '領(령)'이 음을 나타낸다.
자해 ❶재, 산마루의 고개. ❷산봉우리. ❸연산(連山). 잇닿아 뻗어 있는 산줄기.

嶺南(영남) ①오령(五嶺)의 남쪽. ②國경상도.
嶺東(영동) 國대관령 동쪽의 강원도 지방.
嶺上(영상) 재나 고개의 위.
嶺西(영서) 國강원도의 대관령 서쪽 지역.
嶺雲(영운) 산봉우리에 걸린 구름.
嶺岑(영잠) 산봉우리. 높은 산봉우리.
嶺嶂(영장) 높고 험한 산봉우리.
嶺湖(영호) 산정(山頂)의 호수(湖水).
◻ 山嶺산령, 雪嶺설령, 五嶺오령, 峻嶺준령, 重嶺중령, 疊嶺첩령.

14 ⑰【嶼】屿 섬 서 語

인명 1급 ㊥yǔ ㊐ショ

소전 초서 동자 嶕 자해 섬, 작은 섬.
◻ 島嶼도서.

14 ⑰【嶕】 嶼(369)와 동자 인명

14 ⑰【嶽】 큰 산 악 覺

인명 ㊥yuè ㊐ガク

소전 초서 동자 岳 자해 ❶큰 산, 높은 산. ❷대신(大臣)·제후(諸侯)를 이르는 말.
嶽公(악공) 장인(丈人). 岳丈(악장).
嶽蓮(악련) ①화산(華山)에 있는 연(蓮). ②화산(華山)·형산(衡山)의 딴 이름.
嶽母(악모) 장모(丈母).
嶽牧(악목) ①사악(四嶽)과 십이목(十二牧). ②공경(公卿)·제후(諸侯) 등과 같은 높은 벼슬아치.
◻ 山嶽산악, 五嶽오악, 海嶽해악.

14 ⑰【㟼】 산 형상 안 寒

인명 ㊥án ㊐ガン

참고 인명용 음인 '한'은 속음(俗音)이다.
자해 산의 형상, 산이 높은 모양.

14 ⑰【嶸】嵘 가파를 영 庚

인명 ㊥róng ㊐コウ

소전 초서 자해 가파르다, 험하다.

14 ⑰【嶷】 1산 이름 의 支 2높을 억 職

㊥yí, nì ㊐ギ, キョウ

山 14획

소전 초서 자해 1산 이름. 호남성(湖南省)에 있는 구의산(九嶷山)으로 우(虞)임금과 순(舜)임금의 무덤이 있다고 전한다. 2❶높다. ❷알다, 어린아이가 영리하다. 〔詩經〕克岐克嶷극기극억.
嶷嶷(억억) ①덕(德)이 높은 모양. ②어린아이의 지혜가 뛰어난 모양.
嶷然(억연) 높이 빼어난 모양.

17 ⑳【巉】 가파를 참 咸

㊥chán ㊐サン

초서 동자 嶃 동자 巗 자해 가파르다, 높고 험하다.
巉巖(참암) 산이나 바위가 높고 험한 모양.
巉巉(참참) 산이 높고 험한 모양.
巉峭(참초) 산이 깎아지른 듯이 험함.

山 17획

18 ㉑【巋】岿 1험준할 귀 支 2홀로 우뚝 설 귀 寘

㊥kuī, kuì ㊐キ

초서 자해 1험준하다, 높고 가파른 모양. 2홀로 우뚝 선 모양. 〔莊子〕巋然而有餘귀연이유여.
巋焉(귀언) ①홀로 우뚝 서 있는 모양. ②높고 큰 모양.
巋然(귀연) ①우뚝 높이 선 모양. ②홀로 자족(自足)한 모양.

18 ㉑【巍】 높을 외 本위 微

인명 1급 ㊥wēi ㊐ギ

소전 초서 동자 嵬 자해 높다, 높고 큰 모양. 〔論語〕巍巍乎외외호, 舜禹之有天下也순우지유천하야.
巍然(외연) 산이나 건축물 따위가 매우 높게 솟아 있는 모양.
巍巍(외외) 높고 크고 웅장함.

19 ㉒【巒】峦 메 만 本란 寒

인명 ㊥luán ㊐ラン

소전 초서 속자 峦 자해 메. ㉮작은 산. ㉯길게 뻗은 좁은 산. ㉰산봉우리. ㉱산등성이.
巒岡(만강) 산봉우리. 언덕.
巒巘(만헌) 산봉우리.
◨ 岡巒강만, 峯巒봉만, 重巒중만, 層巒층만.

19 ㉒【巓】巅 산꼭대기 전 先

㊥diān ㊐テン

초서 자해 ❶산꼭대기, 산정(山頂). 〔詩經〕首陽之巓수양지전. ❷머리. ¶ 巓疾전질. ❸떨어지다, 떨어뜨리다.
巓倒(전도) 엎어져 넘어짐. 엎어 넘어뜨림.
巓越(전월) 높은 데서 낮은 데로 떨어짐.
巓疾(전질) ①머리의 병. 정신병. ②미치광이.

19 ㉒【巑】 높이 솟을 찬 寒

인명 ㊥cuán ㊐サン

초서 속자 巑 자해 높이 솟다, 높이 뾰족하게 솟은 모양.
巑岏(찬완) 산이 높이 솟은 모양.

20 ㉓【巖】岩 바위 암 咸

중학 인명 3Ⅱ급 ㊥yán ㊐ガン

필순 山 屵 屵 岸 岸 岸 崖 巖 巖 巖

소전 초서 속자 嵓 속자 岩 자원 形聲. 山+嚴→巖. '嚴(엄)'이 음을 나타낸다.
자해 ❶바위. ❷가파르다, 험하다. 〔春秋左氏傳〕制제, 巖邑也암읍야. ❸낭떠러지, 벼랑. ❹굴, 석굴(石窟). 〔楚辭〕穴巖石而窟伏혈암석이굴복.
巖居(암거) 바위틈에서 삶. 속계(俗界)를 피하여 산야에 은거함.
巖窟(암굴) 바위에 뚫린 굴.
巖溜(암류) 바위틈에서 떨어지는 물방울.
巖盤(암반) 암석으로 된 지반(地盤).
巖壁(암벽) 깎아지른 듯이 높이 솟은 벽 모양의 바위.
巖石(암석) 바위. 바윗돌.
巖岫(암수) 바위에 난 동굴.
巖巖(암암) 돌이 높이 쌓인 모양.
巖鹽(암염) 천연으로 나는 소금의 결정(結晶).
巖邑(암읍) 사면이 산으로 둘러싸인 험한 고을. 험요(險要)한 성읍(城邑).
巖嶂(암장) 바위로 이루어진 봉우리. 험준한 산봉우리.
巖墻(암장) 높고 위험한 담. 무너질 듯한 담.
巖泉(암천) 바위 틈에서 솟는 샘.
巖築(암축) ①담장이나 성벽(城壁) 등을 쌓는 공사. ②은거(隱居)하는 곳. 故事 은(殷)의 고종(高宗)이 부열(傅說)을 등용할 때, 부열이 부암(傅巖)에서 담장을 쌓는 일을 하고 있었던 고사에서 온 말.
巖壑(암학) ①골짜기. ②바위에 뚫린 굴. 石窟(석굴).

巖穴之士(암혈지사) 속세를 떠나 깊은 산중에 은거하는 선비. 隱士(은사).

◨ 奇巖기암, 白巖백암, 嶢巖요암, 嶄巖참암.

20 ㉓【巘】巘 봉우리 헌 銑

㊥yǎn ㊐ケン

자해 ❶봉우리, 산봉우리. ❷낭떠러지, 벼랑. ❸가파르다, 험하다.

巘崿(헌악) 언덕. 벼랑.

巘巘(헌헌) 산이 높고 험한 모양.

巛部 개미허리

0 ③【巛】 川(371)의 본자

참고 현대에는 독립된 글자로는 쓰이지 않고 부수로만 쓰인다. 부수의 명칭은 '개미허리'라고 부른다.

0 ③【川】 내 천 先

중학 인명 7급 ㊥chuān ㊐セン

필순 丿 川 川

소전 초서 본자 巛 자원 象形. 도랑을 파서 물을 흐르게 하는 모양을 본뜬 글자.

자해 ❶내, 개천. ❷물귀신. 〔論語〕 山川其舍諸산천기사저.

川渠(천거) 내와 도랑.

川谷(천곡) ①내와 골짜기. ②내.

川獵(천렵) 냇물에서 물고기를 잡는 일.

川流(천류) ①냇물의 흐름. 水流(수류). 河流(하류). ②냇물이 그 유역을 적심. ③혜택이 어떤 범위에 미침.

川上之嘆(천상지탄) 냇가에서 탄식함. 故事 공자가 물가에 서서 물을 바라보며, 한번 지나가면 다시 돌아오지 않는 만물의 변화를 탄식한 고사에서 온 말.

川原(천원) ①하천 유역의 벌. ②내와 고원(高原). ③천원(川源).

川源(천원) 냇물의 근원. 川原(천원).

川奠(천전) 내에서 나는 제물(祭物). 물고기·게·굴 따위.

川澤(천택) 내와 못.

川澤納汙(천택납오) 하천이나 못은 더러운 물도 받아들임. 우두머리 되는 사람은 모든 사람을 널리 포용함의 비유.

川后(천후) 물을 맡아 다스리는 신. 수신(水神). 河伯(하백).

◨ 大川대천, 山川산천, 支川지천, 河川하천.

3 ⑥【州】 고을 주 尤

고등 인명 5급 ㊥zhōu ㊐シュウ

필순 丶 丿 丬 州 州 州

소전 초서 자원 會意. 巛＋ → 州. 은 물이 빙 돌아 흐르는 곳에 있는 땅을 나타낸다. 곧, 사람이 살 수 있는 곳을 뜻한다.

자해 ❶고을, 행정 구역의 단위. ㉮순(舜)임금 때 12주를 둔 이래로, 그 명칭과 수·경계 등의 변화를 거치면서 존속된 지방 행정 구역. 〔書經〕 禹別九州우별구주. ㉯신라 때 처음 둔 이래로 고려·조선 때까지 존속된 지방 행정 구역. 〔三國史記〕 王親定國內州郡縣왕친정국내주군현. ❷섬, 모래톱. ≒洲. 〔詩經〕 在河之州재하지주. ❸마을, 동네. ❹나라 이름. ❺모이다, 모여서 살다.

州曲(주곡) 시골. 村里(촌리).

州閭(주려) 마을. 州巷(주항). 鄕里(향리).

州里(주리) 마을. 향리(鄕里).

州牧(주목) 주(州)의 장관.

州伯(주백) ①주대(周代)의 주(州)의 장관. ②구주(九州)의 방백(方伯).

州序(주서) 향리(鄕里)의 학교.

州處(주처) 사람들이 모여 사는 곳.

州學(주학) 주(州)에서 설치한 학교.

州縣(주현) 지방 행정 구역인 주(州)와 현(縣). 곧, 지방.

◨ 九州구주, 十二州십이주, 諸州제주.

4 ⑦【巡】 돌 순 眞

고등 인명 3Ⅱ급 ㊥xún ㊐ジュン

필순 ㇛ 巜 巛 巛 巛 巡 巡

소전 초서 자원 形聲. 辶＋巛→巡. '川(천)'이 음을 나타낸다.

자해 돌다. ㉮임금이 그 영토 안을 돌다. 〔書經〕 歲二月세이월, 東巡守동순수. ㉯벼슬아치가 그 관할 구역 안을 돌아보다. 〔周禮〕 晝三巡之주삼순지. ㉰널리 돌아다니다.

巡更(순경) 밤에 도둑·화재 따위를 경계하기 위하여 돌아다님.

巡警(순경) ①國경찰관의 맨 아래 계급. ②돌아다니며 경계함.

巡邏(순라) ①國순라군(巡邏軍). ②순찰함.

巛 4획

巡邏軍(순라군) 조선 때 도둑·화재 따위를 경계하기 위하여 순찰하던 군졸.
巡禮(순례) ①여러 곳을 돌아다니며 배례함. ②종교적인 목적으로 성지(聖地)를 두루 참예(參詣)하는 일.
巡撫(순무) 각처를 순회하면서 백성들을 위무(慰撫)함.
巡訪(순방) 여러 곳을 차례로 방문함.
巡杯(순배) 술잔을 돌림.
巡狩(순수) 천자가 수렵(狩獵)을 통하여 병사를 단련하고, 한편으로는 제후국의 민정을 살피던 일. 후에는 단순히 여러 지방을 돌면서 민정을 살피던 일을 이름. 巡守(순수). 巡幸(순행).
巡視(순시) 두루 다니며 살핌.
巡按(순안) 순행하며 안찰함. 주현(州縣)을 두루 다니며 관리의 근무 상태와 민정을 살핌.
8획 巡閱(순열) 돌아다니며 검열함.
巡察(순찰) 돌아다니며 정황을 살핌.
巡航(순항) 배를 타고 여러 곳을 돌아다님.
巡行(순행) ①두루 돌아다님. ②여행이나 공무를 위해 여러 지역을 돌아다님.
巡廻(순회) 여기저기 돌아다님.

8 ⑪【巢】 집 소 肴

인명 2급 ㊥cháo ㊐ソウ

소전 초서 속자 巣 자해 ❶집. ㉮새의 보금자리. 〔詩經〕 維鵲有巢유작유소. ㉯원시 시대에 나무 위에 지은 집. 〔禮記〕 夏則居橧巢하즉거증소. ㉰오랑캐나 도둑떼의 집. ¶ 巢窟소굴. ❷깃들이다, 보금자리를 짓다.

巢車(소거) 망루(望樓)를 설치하여 적의 동정을 살필 수 있는 병거(兵車).
巢居(소거) 새처럼 나무 위에 집을 짓고 삶. 巖棲(암서).
巢窟(소굴) 도둑·악한(惡漢) 따위들이 모여서 활동의 근거지로 삼는 곳.
巢林一枝(소림일지) 새는 숲 속에 둥우리를 틀어도 나뭇가지 하나에 한할 뿐임. 작은 집에서도 만족하게 삶의 비유.
巢幕燕(소막연) 천막에 집을 짓는 제비. 지극히 위태로움의 비유.
巢燧(소수) ①유소씨(有巢氏)와 수인씨(燧人氏). ②태고 시대(太古時代). 유소씨 때는 나무 위에 집을 짓고 살았으며, 수인씨 때는 부싯돌이나 나무를 이용하여 불을 얻었음.
巢由(소유) 소보(巢父)와 허유(許由). 다 같이 요(堯)나라 때의 고사(高士). 巢許(소허).
◧ 古巢고소, 空巢공소, 卵巢난소, 蜂巢봉소.

工部 장인 공

0 ③【工】 장인 공 東

중학 인명 7급 ㊥gōng ㊐コウ

필순 一 丅 工

소전 초서 자원 會意. 二+丨→工. '二'은 수준기(水準器), '丨'는 먹줄을 나타낸다. 이에서 '장인'의 뜻이 되었다.

자해 ❶장인(匠人). 물건을 만드는 일을 업으로 하는 사람. 사농(士農)보다 낮고 상(商)보다는 높은 사회 계급에 속하던 기술자. 〔論語〕 工欲善其事공욕선기사. ❷공교(工巧)하다, 교묘하다. 〔南史〕 帝工書善畫제공서선화. ❸일, 만드는 일. 〔書經〕 天工人其代之천공인기대지. ❹악인(樂人), 가악(歌樂)을 하는 사람. ❺벼슬아치.

工賈(공고) 장인(匠人)과 상인(商人).
工巧(공교) ①솜씨가 좋음. 교묘함. ②솜씨가 좋은 목수. ③경박함.
工具(공구) 물건을 만들거나 고치는 데 쓰이는 도구.
工期(공기) 공사 기간.
工團(공단) 공업 단지.
工兵(공병) 군에서, 토목 건축을 맡은 병과나 그 병과에 속한 병사.
工夫(공부) ①수단을 강구함. 여러 모로 생각함. ②정신의 수양과 의지의 단련을 위하여 힘쓰는 일. ③토목 공사의 인부(人夫). ④학문이나 기술을 배우고 익힘.
工事(공사) 토목이나 건축 등에 관한 일.
工產品(공산품) 공업의 생산품.
工業(공업) 원료를 가공하여 쓸 만한 물건을 만들어 내는 일.
工藝(공예) 조형미를 갖춘 물건을 만드는 재주와 기술.
工人(공인) 장인(匠人).
工作(공작) ①물건을 만듦. ②어떤 목적을 위하여 일을 꾸밈.
工匠(공장) 수공업에 종사하던 장인.
工場(공장) 기계 등을 사용하여 물건을 가공·제조하거나 수리·정비하는 시설.
工程(공정) 공사가 진행되는 과정이나 정도.
工廠(공창) ①철공 제품을 만드는 공장. ②무기·탄약 등을 만드는 공장.
◧ 加工가공, 起工기공, 陶工도공, 名工명공, 木工목공, 石工석공, 良工양공, 竣工준공,

着工착공, 土工토공, 畫工화공.

2 ⑤【巨】 클 거 語

중학 인명 4급 ㊥jù ㊐キョ

필순 一 厂 戸 戸 巨

소전 巨 초서 巨 고자 㠪 자원 象形. 자〔工〕를 손〔コ〕에 들고 있는 모양으로, 원뜻은 '자, 곡척(曲尺)'을 나타낸다.

자해 ❶크다. ≒鉅. 〔孟子〕爲巨室위거실. ❷많다. ❸거칠다, 조악(粗惡)하다. 〔孟子〕巨屨小屨同價거구소구동가. ❹어찌. ≒詎.

巨姦(거간) 큰 죄를 저지른 간악한 사람.
巨鯨(거경) 큰 고래. 큰 것의 비유.
巨款(거관) 큰 돈. 巨額(거액).
巨觀(거관) ①굉장하고 볼 만한 광경. 壯觀(장관). ②커다란 누각(樓閣).
巨魁(거괴) 일당의 우두머리. 頭目(두목).
巨軀(거구) 큰 체격.
巨金(거금) 큰돈. 많은 돈.
巨大(거대) 아주 큼.
巨頭(거두) 우두머리.
巨浪(거랑) 큰 물결. 큰 파도. 巨濤(거도).
巨鱗(거린) 큰 물고기.
巨萬(거만) 심히 많음. 막대한 수.
巨木(거목) 큰 나무. 큰 인물의 비유.
巨物(거물) 큰 인물이나 물건.
巨擘(거벽) ①엄지손가락. 擘指(벽지). ②뛰어난 인물의 비유.
巨富(거부) 큰 부자. 豪富(호부).
巨商(거상) 장사를 크게 하는 사람.
巨星(거성) ①큰 별. ②위대한 사람의 비유.
巨姓(거성) 대대로 번성한 집안.
巨室(거실) ①큰 집. 大廈(대하). ②권력이 있는 대가거족(大家巨族).
巨眼(거안) ①큰 눈. ②위대한 안력(眼力).
巨額(거액) 큰돈.
巨儒(거유) 이름난 유학자. 학식이 많은 선비.
巨人(거인) 몸이 아주 큰 사람.
巨匠(거장) 예술·과학·기술 등의 분야에서 특히 뛰어난 사람.
巨材(거재) ①큰 재목. ②뛰어난 재능.
巨族(거족) 대대로 부귀를 누리는 집안.
巨指(거지) 엄지손가락.
巨鎭(거진) 조선 때 절제사(節制使)를 배치하였던 군사상 중요한 고을.
巨砲(거포) 큰 포. 대포.
巨漢(거한) 몸집이 매우 큰 남자.
巨艦(거함) 매우 큰 군함.

2 ⑤【巧】 공교할 교 巧

고등 인명 3Ⅱ급 ㊥qiǎo ㊐コウ

필순 一 丅 工 工 巧

소전 巧 초서 巧 자원 形聲. 工+丂→巧. '丂(고)'가 음을 나타낸다.

자해 ❶공교하다. ㉮솜씨가 있다. 〔老子〕大巧若拙대교약졸. ㉯잘하다, 꾸며서 하는 말솜씨가 있다. 〔詩經〕巧言如流교언여류. ❷예쁘다, 아름답다. 〔詩經〕巧笑倩兮교소천혜. ❸기교. ㉮재주, 기능. 〔孟子〕公輸子之巧공수자지교. ㉯계교, 꾀. ㉰거짓, 꾸밈, 겉치레. ¶ 巧故교고. ❹겉을 꾸미다, 교묘하게 꾸미다.

巧計(교계) 교묘한 계략. 妙計(묘계).
巧故(교고) 거짓. 속임수.
巧巧佞佞(교교영녕) ①입에 발린 말로 아첨하는 모양. ②똑똑한 체하는 모양.
巧佞(교녕) 교묘하게 아첨함.
巧妙(교묘) 능란하고 기묘함.
巧發奇中(교발기중) 교묘하게 한 말이 용하게 들어맞음. 잘 맞혀서 말함.
巧辯(교변) 아주 재치 있게 잘하는 말.
巧思力索(교사역색) 여러모로 생각하고 힘써 찾음. 곧, 여러모로 궁리함.
巧舌(교설) 교묘한 말. 재치 있는 말.
巧笑(교소) 귀엽게 웃음.
巧手(교수) 교묘한 수단. 妙手(묘수).
巧言(교언) 실상이 없이 교묘하게 꾸며 대는 말. 巧語(교어).
巧言亂德(교언난덕) 교언은 시비(是非)를 어지럽게 하므로 덕을 잃게 함.
巧言令色(교언영색) 번지르르하게 발라맞추는 말과 알랑거리는 낯빛. 남에게 아첨함.
巧諛(교유) 교묘하게 아첨함.
巧人(교인) 솜씨가 좋은 사람.
巧匠(교장) ①솜씨가 썩 뛰어난 목수. ②교묘한 장인(匠人). 良匠(양장).
巧拙(교졸) 교묘함과 졸렬함. 익숙함과 서투름. 工拙(공졸).
巧妻(교처) 슬기로운 아내.
巧捷(교첩) 교묘하고 민첩함.
巧態(교태) 여자의 요염한 자태.
巧幸(교행) 교묘하게 비위를 잘 맞추어 사랑을 받음.
巧儇(교현) 교묘함. 솜씨가 좋음.
◨ 計巧계교, 奇巧기교, 技巧기교, 精巧정교.

2 ⑤【左】 왼 좌 署

중학 인명 7급 ㊥zuǒ ㊐サ

工 2획

필순 一 ナ ナ 左 左

소전 초서 자원 會意. ナ+工→左. 일은 오른손으로 하는데, 그 일〔工〕을 왼손〔ナ〕으로 돕고 있다는 데서 원뜻은 '돕다'이다. 뒤에 '왼쪽'이란 뜻으로 가차(假借)되자 '돕다'란 뜻으로는 '亻'을 더하여 '佐' 자를 만들어 쓰게 되었다.

자해 **❶왼쪽. ㉮왼편.** 〔禮記〕左右有局좌우유국. **㉯남향 때의 동쪽.** 〔詩經〕生于道左생우도좌. **❷왼쪽으로 하다. ❸물리치다, 깔보다. ❹내리다, 낮추다.** 〔史記〕右賢左戚우현좌척. **❺그르다, 어긋나다. ❻증거(證據), 증거를 대다.** 〔漢書〕左驗明白좌험명백. **❼돕다.** =佐.

左降(좌강) ①왼쪽 계단을 내려감. ②낮은 자리로 옮김. 관등(官等)을 낮춤.

左傾(좌경) ①왼쪽으로 기욺. ②급진적(急進的) 사회주의 사상에 기욺.

3획 左計(좌계) 잘못된 계획.

左契(좌계) ①계약서 두 장을 적어 그 하나를 좌계(左契), 다른 하나를 우계(右契)라 하여 후일 대조하여 증거로 삼는 것. ②둘로 나눈 부절(符節)의 왼쪽 반 조각. 左券(좌권).

左顧(좌고) ①왼쪽을 향함. 왼쪽을 봄. ②윗사람이 아랫사람을 찾아옴.

左顧右眄(좌고우면) 왼쪽으로 돌아보고 오른쪽으로 곁눈질함. 앞뒤를 재고 망설임. 이모저모 살핌. 左右顧眄(좌우고면).

左券(좌권) 둘로 나눈 부절(符節)의 왼쪽 조각. 증거(證據) 또는 증서(證書). 證左(증좌). 左契(좌계).

左袒(좌단) ①왼쪽 어깨를 벗음. ②남에게 동의(同意)하는 일. 어느 한쪽을 편듦. 故事 한(漢)나라 여후(呂后)가 반란을 꾀할 때, 주발(周勃)이 군사들을 모아 놓고, 여씨(呂氏)를 돕고자 하는 자는 우단(右袒)하고 유씨(劉氏)를 돕고자 하는 자는 좌단하라고 명하자 군사 모두가 좌단한 고사에서 온 말.

左道(좌도) ①올바르지 못한 종교나 사상. ②조선 때 경기도 남부와 충청도 북부, 황해·전라·경상의 각 도를 둘로 나눈 것 중 동부.

左史右經(좌사우경) 사서(史書)를 왼쪽에 두고, 경서(經書)를 오른쪽에 둠. 곧, 책을 항상 곁에 둠.

左思右考(좌사우고) 이렇게도 저렇게도 생각하고 헤아림. 左思右量(좌사우량).

左右間(좌우간) 이렇든 저렇든 어떻든 간.

左右顧眄(좌우고면) 이쪽 저쪽 돌아다봄. 앞뒤를 재고 망설임. 左雇右眄(좌고우면).

左右手(좌우수) ①좌우(左右)의 손. 양손. ②서로 돕고 힘을 합하는 사람. 또 가장 의뢰할 만한 보좌(輔佐). ③좌우에서 섬기는 사람. 近臣(근신).

左議政(좌의정) 조선 때, 의정부(議政府)의 정일품 벼슬.

左翼(좌익) ①왼쪽 날개. 왼편의 부대. ②사회주의를 신봉하는 경향.

左衽(좌임) 왼쪽 섶을 오른쪽 섶 안으로 함. 곧, 이적(夷狄)의 옷 입는 방식. 야만의 풍속, 또는 야만의 나라.

左提右挈(좌제우설) 왼쪽으로 끌고 오른쪽으로 이끎. 서로 의지해서 도움.

左之右之(좌지우지) 이리저리 제 마음대로 다루거나 휘두름.

左戚(좌척) 친척을 낮은 지위(地位)에 앉힘. 혹은 친척을 멀리함.

左遷(좌천) 왼쪽으로 옮김. 직위가 아래로 떨어짐.

左衝右突(좌충우돌) 이리저리 마구 찌르고 치고받고 함.

左側(좌측) 왼쪽.

左派(좌파) ①단체나 정당에서 급진 사상을 가진 사람들의 파. ②좌익의 당파.

左海(좌해) 우리나라의 딴 이름.

左驗(좌험) 직접 그 일을 본 사람의 증언.

3 ⑥【巪】 國사람 이름 걱

자원 巨+ㄱ→巪. 우리말의 '걱' 음을 적기 위하여 '巨(거)'에 'ㄱ(기역)'을 더하여 만든 글자.

자해 **사람 이름.** ¶ 林巪正임걱정.

4 ⑦【巫】 무당 무 虞

인명 1급 ㊥wū ㊐フ

소전 초서 자해 **무당.** 춤과 노래로 강신(降神)하게 하여 소원을 비는 사람. 후세에 와서는 여자 무당을 무(巫), 남자 무당을 격(覡)이라 부르기도 한다.

巫覡(무격) 무당과 박수.

巫瞽(무고) 무당과 판수.

巫蠱(무고) 무술(巫術)로 남을 미혹(迷惑)함.

巫女(무녀) 무당.

巫堂(무당) 國길흉을 점치거나 굿을 하여 해로운 귀신으로부터 사람을 구제하는 일에 종사하는 여자. 巫女(무녀).

巫卜(무복) 무당과 점쟁이.

巫山之夢(무산지몽) 남녀의 교정(交情). 故事 초(楚)나라 양왕(襄王)이 고당(高唐)에 유락(遊樂)할 때, 꿈에 무산(巫山) 신녀(神女)와 만나 잠자리를 같이하며 즐겼는데, 신녀가 떠나면서 자기는 무산 남쪽 높은 언덕에 살며 아침에는 구름이 되고 저녁에는 비가 된다고 말하였다. 그 후 과연 그러하므로 여신의 사당을 세워 영혼을 위로하였다는 고사에서 온 말. 巫山雲雨(무산운우). 雲雨之情(운우지정).
巫俗(무속) 무당과 연관이 깊은 풍속.
巫術(무술) 무당의 방술(方術).
巫醫(무의) ①무격(巫覡)과 의사(醫師). ②의원(醫員).
巫祝(무축) 신(神)을 섬기며 제사(祭事)·신사(神事)를 맡은 사람. 무당. 巫史(무사).

7 ⑩【差】 1어긋날 차 麻 2가릴 차 佳 3나을 차 本채 卦 4가지런하지 아니할 치 支

고등 인명 4급 中chā, chāi, chài, chà 日サ, シ, サイ

필순 丶 丷 䒑 䒑 羊 羊 差 差 差 差

소전 초서 참고 인명용 음은 '차'이다.

자원 會意. 垂+左→差. 왼손〔左〕이 아래로 드리워져서〔垂〕 오른손과 서로 맞지 않는 데서 '어긋나다'란 뜻을 나타낸다.

자해 1❶**어긋나다, 일치하지 않다, 마음이 맞지 않다.** ❷**실수, 잘못.** 〔荀子〕亂生其差란생기차. ❸**실수하다, 틀리다.** 〔禮記〕毋有差貸무유차대. ❹**차별, 구분.** 〔禮記〕明尊卑之差명존비지차. 2❶**가리다, 선택하다.** 〔詩經〕旣差我馬기차아마. ❷**심부름 가는 벼슬아치, 흠차(欽差).** ❸**겸관(兼官).** 3**낫다, 병이 낫다.** 4**층지다, 가지런하지 않다.** 〔春秋左氏傳〕何敢差池하감치지.
差減(차감) 비교하여 덜어 냄.
差劇(차극) 병세(病勢)의 나아짐과 더함.
差度(❶차도 ❷차탁) ❶병이 나아 가는 정도. ❷비교하여 헤아림. 가림.
差等(차등) 등급의 차이가 있음.
差配(차배) 예속(隷屬)시키어 부림.
差別(차별) 차이가 나게 나눠 가름.
差備(차비) 國준비를 갖춤.
差使(차사) ①관직이나 직무. ②國임금이 중요한 임무를 맡겨 파견하던 임시 벼슬. ③國고을 원이 죄인을 잡으려고 보내던 이속(吏屬).
差額(차액) 어떤 액수(額數)에서 다른 액수를 뺀 나머지 액수.
差異(차이) 서로 구별됨.
差益(차익) 가격의 변동 따위로 생기는 이익.
差錯(차착) 순서가 틀리고 앞뒤가 서로 뒤섞이거나 잘못됨.
差出(차출) 國사람을 뽑아냄.
差下(차하) ①파견(派遣)되어 옴. ②國벼슬을 시킴.
差池(치지) 가지런하지 않은 모양. 參差(참치).
差差(치치) 가지런하지 않은 모양. 고르지 못한 모양.
◨ 落差낙차, 大差대차, 時差시차, 誤差오차, 參差참치, 欽差흠차.

己部 몸기

0 ③【己】 자기 기 紙

중학 인명 5급 中jǐ 日キ

필순 ㇆ ㇆ 己

소전 초서 자원 象形. 새를 쏘는 활의 모양을 본뜬 글자. '천간, 자기' 등의 뜻은 가차된 것이다.

자해 ❶**자기.** ㉮**자기 자신, 자아(自我), 몸.** 〔書經〕舍己從人사기종인. ㉯**사삿일, 사욕(私慾).** 〔論語〕克己復禮爲仁극기복례위인. ❷**여섯째 천간.** 방위로는 중앙, 오행으로는 토(土)에 배당된다. 고갑자(古甲子)는 도유(屠維). ❸**다스리다.** ≒紀. 〔詩經〕式夷式己식이식기.
己身(기신) 자기. 제 몸. 自身(자신).
◨ 克己극기, 舍己사기, 利己이기, 自己자기, 知己지기, 知彼知己지피지기.

0 ③【巳】 여섯째 지지 사 紙

중학 인명 3급 中sì 日シ

필순 ㇆ ㇆ 巳

소전 초서 자원 象形. 뱀이 몸을 도사리고 꼬리를 드리우고 있는 모양을 본뜬 글자.

자해 ❶**여섯째 지지.** 달로는 음력 4월, 방위로는 동남, 시각으로는 오전 9~11시까지, 오행으로는 화(火), 동물로는 뱀에 배당된다. ❷**삼짇날, 상사(上巳)의 약칭.**
巳進申退(사진신퇴) 國사시(巳時)에 출근하고 신시(申時)에 퇴근함.
◨ 己巳기사, 上巳상사.

0 ③【已】 이미 이 紙

중학 인명 3Ⅱ급 中yǐ 日イ

필순 ㄱ ㄱ 已

소전 초서 자원 象形. 농사를 짓는 데 쓰던 구부러진 나무를 본뜬 글자. 뒤에 '이미' 등의 뜻으로 가차되었다.

자해 ❶이미, 벌써. 〔史記〕王已立在莒왕이립이재려. ❷말다, 그치다. 〔詩經〕雞鳴不已계명불이. ❸버리다, 버려두다. 〔論語〕三已之삼이지. ❹뿐, 따름. 단정이나 한정의 뜻을 나타내는 조사(助辭). 〔論語〕辭達而已矣사달이이의. ❺매우, 너무, 대단히. ❻조금 있다가, 얼마 안 있어. ❼낫다, 병이 낫다. ❽써, 쓰다. ＝以.

已決(이결) 이미 결정되거나 끝남.
已久(이구) 이미 오래됨.
已來(이래) 그러한 뒤로. 以來(이래).
已發之矢(이발지시) 이미 시위를 떠난 화살. 이왕 시작한 일은 중지하기 어려움.
已成(이성) 이미 이루어짐. 旣成(기성).
已甚(이심) 매우 심함. 정도에 넘침.
已往(이왕) 지나간 때. 旣往(기왕).
已矣(이의) 절망하는 말. '틀렸도다'의 뜻. 已矣乎(이의호).
已而(이이) ①그만두자. 그치자. '而'는 감탄 조자. ②이윽고, 얼마 안 되어.
已知(이지) 벌써 앎. 旣知(기지).
已還(이환) 그 뒤로. 以來(이래).
已後(이후) 이 뒤. 이 다음. 以後(이후).
◨ 旣已기이, 不得已부득이.

1 획

1 ④【巴】 땅 이름 파 麻

인명 1급 ㊥bā ㊐ハ

소전 초서 자해 ❶땅 이름. 사천성(四川省)에 있는 지명. 〔戰國策〕西有巴蜀서유파촉, 漢中之利한중지리. ❷파조(巴調)의 약칭.

巴人(파인) ①파(巴) 지방 사람. 지금의 사천성(四川省) 옆 중경(重慶) 지방 사람. ②촌뜨기. 시골의 교양 없는 사람. 野人(야인).
巴且(파저) 파초(芭蕉)의 딴 이름.
巴調(파조) ①파인(巴人)이 노래하는 속된 가락. 巴人調(파인조). ②자기가 지은 시가(詩歌)의 겸칭. 俚調(이조).
巴蜀(파촉) 파군(巴郡)과 촉군(蜀郡). 지금의 사천성(四川省) 지역.

4 ⑦【巵】 卮(172)의 속자

6 ⑨【卷】 卷(174)의 속자

6 ⑨【巹】 술잔 근 吻

㊥jǐn ㊐キン

초서 동자 巹 자해 술잔, 합환주(合歡酒)를 따르는 술잔. 혼례 때 신랑 신부가 서로 술을 따라 바꾸어 마시는 술잔.

巹禮(근례) 혼인의 예식. 婚禮(혼례).
◨ 合巹합근.

6 ⑨【巷】 거리 항 絳

고등 인명 3급 ㊥xiàng ㊐コウ

필순 一 十 卄 艹 共 共 巷 巷 巷

소전 초서 동자 衖 자원 會意. 邑＋共＋邑→巷. 마을(邑)과 마을(邑)에서 함께(共) 쓰는 것이라는 데서 '거리'라는 뜻을 나타낸다.

자해 ❶거리, 마을 안에 있는 거리, 골목. ❷마을, 동네.

巷間(항간) 일반 민중들 사이. 민간(民間).
巷哭(항곡) 거리에서 욺. 생전의 선정(善政)을 칭송함. 故事 춘추 시대 정(鄭)나라 재상 자산(子產)이 죽자 사람들이 거리로 몰려 나와 통곡하였고, 석 달 동안 음악 소리가 들리지 않았다는 고사에서 온 말.
巷談(항담) 민간에 떠도는 말. 巷說(항설). 風聞(풍문).
巷說(항설) 거리에 떠돌아다니는 소문. 세상의 풍설. 巷語(항어).
巷議(항의) 세상 평판. 길거리의 뜬소문.
巷戰(항전) 시가지에서 하는 전투.
巷處(항처) 벼슬을 내놓고 거리나 시골에서 삶.
◨ 街巷가항, 衢巷구항, 陋巷누항, 閭巷여항.

9 ⑫【巽】 손괘 손 願

인명 ㊥xùn ㊐ソン

소전 초서 자해 ❶손괘. ㉮8괘의 하나. 괘형은 ☴. 사물을 받아들여 감싸는 덕을 나타내는 상(象) 바람을 상징한다. 방위로는 동남쪽. ㉯64괘의 하나. 괘형은 ䷸. 사양하여 물러나는 유순(柔順)함을 상징한다. ❷유순하다, 공순하다. 〔論語〕巽與之言손여지언. ❸사양하다. ≒遜.

巽方(손방) 24방위(方位)의 하나. 東南(동남).
巽時(손시) 24시의 열째 시. 진시 말에서 사시(巳時) 초에 이르는 시각. 오전 8시 30부터 9시 30까지의 동안.
巽與之言(손여지언) 유순하고 온화하여 남의 마음을 거스르지 않는 말씨. 巽言(손언).

巾 部 수건 건

0 ③【巾】 수건 건 眞

인명 1급 ㊥jin ㊐キン

소전 초서 자원 象形. 수건이 걸려 있는 모양을 본뜬 글자.

자해 ❶수건. 〔禮記〕 盥卒授巾관졸수건. ❷두건. ❸덮다, 입히다. 〔莊子〕 巾以文繡건이문수.

巾卷(건권) ①건상(巾箱)과 책. 상자에 넣은 책. ②태학생(太學生).

巾帶(건대) ①옷과 띠. 衣冠(의관). ②國상복(喪服)에 쓰는 삼베 두건과 삼 띠.

巾冪(건멱) ①헝겊으로 물건을 덮는 일. ②술단지를 덮는 헝겊.

巾笥(건사) 비단을 발라 만든 조그마한 상자.

巾箱(건상) 자리 곁에 두고 책을 넣어 두는 작은 상자. 베를 발라 만들었음.

巾箱本(건상본) 작은 책. 가지고 다니기에 편하게 한 축인본(縮印本). 文庫本(문고본).

巾帨(건세) 수건.

巾櫛(건즐) ①수건과 빗. ②낯을 씻고 머리를 빗는 일.

巾幘(건책) 머리에 쓰는 수건.

◨ 葛巾갈건, 唐巾당건, 頭巾두건, 手巾수건, 儒巾유건, 諸葛巾제갈건.

1 ④【巿】 슬갑 불 物

㊥fú ㊐フツ

소전 초서 자해 슬갑(膝甲), 앞치마. =韍.

1 ④【帀】 두를 잡 合

㊥zā ㊐ソウ

소전 초서 자해 ❶두르다, 한 바퀴 빙 돌다. ❷두루, 널리.

帀旬(잡순) 열흘을 한번 돎. 곧, 10일 동안. 一旬(일순).

帀洽(잡흡) 두루 혜택을 줌.

2 ⑤【市】 저자 시 紙

중학 인명 7급 ㊥shì ㊐シ

필순 丶 亠 广 方 市

소전 초서 자원 會意·形聲. 㞢+乀+㞢→市. 일정한 경계〔㞢〕가 있는 저자에 온갖 물건이 모여들어〔乀〕, 사람들이 그 곳에 가서〔㞢〕 그 구역 안에서 물건을 팔고 사고 하는 곳이란 뜻을 나타낸다. '㞢'는 '之(갈 지)'의 고자로 음도 나타낸다.

자해 ❶저자, 시장(市場). 〔漢書〕 商相與語財利於市井상상여어재리어시정. ❷시가(市街), 번화한 곳. 〔後漢書〕 未嘗入城市미증입성시. ❸장사, 거래, 매매. 〔易經〕 日中爲市일중위시. ❹팔다. ❺사다. 〔論語〕 沽酒市脯고주시포. ❻國행정 구획의 단위.

市街(시가) 시장거리. 도시의 중심가. 도시의 큰 길거리.

市賈(❶시가 ❷시고) ❶상품이 시장에서 매매되는 값. ❷상인. 장수.

市價(시가) 상품이 시장에서 매매되는 값. 시장 가격. 市賈(시가). 市勢(시세).

市內(시내) 도시의 안.

市買(시매) ①사고파는 일. 매매(賣買). ②삼. 물건을 삼.

市民(시민) 도시의 주민.

市肆(시사) 점방. 가게. 상점. 市廛(시전).

市勢(시세) ①시장의 경기(景氣). ②시의 종합적 상황.

市營(시영) 시(市)에서 하는 경영.

市恩(시은) 속셈이 있어 남에게 은혜를 베풂.

市隱(시은) 세상을 피하여 시중(市中)에 숨어 사는 사람.

市人(시인) ①시가에 사는 사람. ②저자에서 장사하는 사람.

市場(시장) 여러 가지 상품을 매매하는 곳.

市廛(시전) 시중의 가게. 상점. 市肆(시사).

市井(시정) ①장이 서는 곳. 저자. ②인가(人家)가 많이 모인 곳. 市街(시가). ③거리의 장사치.

市政(시정) 시의 행정.

市井之人(시정지인) 시중(市中)의 속인(俗人).

市租(시조) ①시민이 바치는 조세(租稅). ②상품에 부과하는 조세.

市廳(시청) 시의 행정 사무를 맡아보는 곳.

市販(시판) 시장이나 시중에서 일반에 판매함.

市況(시황) 시장에서 거래되는 정황.

◨ 都市도시, 門前成市문전성시, 夜市야시, 魚市어시.

2 ⑤【布】 베 포 遇

중학 인명 4Ⅱ급 ㊥bù ㊐フ

필순 ノ ナ 才 右 布

소전 초서 자원 形聲. 父+巾→布. 'ナ'는 '父(부)'의 변형으

巾 2획

로 음을 나타낸다.

자해 ❶베. ㉮식물의 섬유로 짠 베. 〔孟子〕 必織布然後衣乎필직포연후의호. ㉯피륙의 총칭. ❷돈, 화폐(貨幣). 〔詩經〕 抱布貿絲포포무사. ❸펴다. ≒敷. ㉮넓게 깔다. ㉯널리 알리다, 널리 실시하다. ㉰진을 치다. ¶ 布陣포진. ㉱흩다, 흩어지다. ❹베풀다. ㉮나누어 주다. ¶ 布施포시. ㉯벌여놓다. ❺널리 알리는 글, 포고문.

布巾(포건) ①헝겊. ②國베로 만들어 머리에 쓰는 건.
布告(포고) 국가의 결정 의사를 일반에게 널리 알림.
布穀(포곡) 뻐꾸기의 딴 이름.
布袴(포과) 무명 바지.
布教(포교) ①가르침을 널리 폄. ②종교를 널리 폄. 宣教(선교).
布裙(포군) 무명 치마. 거친 옷.
布衾(포금) 무명으로 만든 침구(寢具). 보잘것없는 침구.
布袋(포대) ①무명이나 삼베 따위로 만든 자루. ②데릴사위. ③놀고 먹는 무리를 욕하여 이르는 말.
布德(포덕) ①덕(德)을 폄. 덕을 베풂. ②신흥 민족 종교에서, '상제(上帝)님의 덕을 이 세상에 폄'을 이르는 말.
布令(포령) 법률·명령 따위를 널리 알림.
布木(포목) 國베와 무명.
布帛(포백) 베와 비단. 직물(織物)의 총칭.
布帆(포범) 베로 만든 돛. 돛단배.
布帆無恙(포범무양) 뱃길이 무사함. 여행의 무사함.
布石(포석) ①장래의 성취를 위한 준비. ②바둑을 둘 때 바둑돌의 배치.
布施(❶포시 ❷보시) ❶남에게 물건을 베풂. ❷(佛)탐욕이 없는 깨끗한 마음으로 남에게 재물이나 불법(佛法)을 베풂. 檀那(단나).
布衣(포의) ①베로 지은 옷. 베옷. ②서인(庶人)의 옷. ③벼슬이 없는 상인(常人). 匹夫(필부). 庶人(서인).
布衣韋帶(포의위대) 베옷을 입고 가죽 띠를 띰. 벼슬을 하지 않음.
布衣之極(포의지극) 평민으로서 출세할 수 있는 최고의 자리.
布衣之友(포의지우) 귀천을 떠나서 참된 우정으로 사귀는 벗.
布衣寒士(포의한사) 벼슬이 없는 가난한 선비.
布廛(포전) 國베를 팔던 육주비전(六注比廛)의 하나. 후에 저포전(苧布廛)과 합쳤음.
布政(포정) 정사를 베풂.
布陣(포진) 진을 침.
布陳(포진) 물건을 늘어놓음.
布置(포치) 갈라 나누어 늘어놓음.
布被(포피) 무명 이불. 검소한 이불.
◨ 葛布갈포, 昆布곤포, 公布공포, 毛布모포, 頒布반포, 發布발포, 分布분포, 撒布살포, 宣布선포, 施布시포, 流布유포.

巾 3획

3 ⑥ 【帆】 1 돛 범 咸 2 돛 달 범 陷

인명 1급 ㊥fān, fàn ㊐ハン

소전 [帆] 동자 䒮 자해 1 ❶돛, 바람을 받아 배를 나아가게 하는 천. ¶ 帆船범선. ❷돛단배. 2 돛을 달다, 돛을 달아서 배를 나아가게 하다.

帆竿(범간) 돛대. 帆檣(범장).
帆席(범석) 돗자리 따위로 만든 돛.
帆船(범선) 돛단배. 돛배.
帆影(범영) 돛의 모습. 멀리 보이는 돛이나 배.
帆布(범포) 돛을 만드는 베.
◨ 出帆출범, 片帆편범, 布帆포범, 風帆풍범.

3 ⑥ 【师】 師(381)의 속자

4 ⑦ 【希】 바랄 희 微

중학 인명 4Ⅱ급 ㊥xī ㊐キ

필순 ノ ㄨ 㐅 䒑 产 肴 希

초서 [希] 자원 會意. 爻+巾→希. 얼기설기 성긴 모습을 뜻하는 '爻'와 천을 뜻하는 '巾'을 합하여 '드물다'라는 뜻을 나타내었다.

자해 ❶바라다. ㉮기대하다. 〔莊子〕 希世而行희세이행. ㉯사모하다. ㉰구하다. 〔後漢書〕 請謁希爵청알희작. ❷드물다, 희소하다. ≒稀. 〔論語〕 怨是用希원시용희. ❸성기다, 사이가 배지 않다. 〔論語〕 鼓瑟希고슬희.

希求(희구) 원하고 바람. 欲求(욕구).
希冀(희기) 바람.
希圖(희도) 기도(企圖)함. 계획함.
希臘(희랍) '그리스'의 음역어.
希望(희망) 앞일에 대하여 기대를 가지고 바람.
希慕(희모) 유덕한 사람을 사모하여 자기도 그렇게 되기를 바람.
希微(희미) 드물거나 어슴푸레함.
希聖(희성) 성인(聖人)이 되기를 바람.
希世(희세) ①세상에 드묾. 稀世(희세). 稀代(희대). ②세속적 명예를 바람.
希願(희원) 바라고 원함.
希有(희유) 드물게 있음. 稀有(희유).
希罕(희한) ①매우 진귀함. ②아주 드묾.

希革(희혁) 새와 짐승의 털이 성김. 곧, 짐승이 털을 갊.

5 ⑧【帘】 주막 기 렴 鹽

㊥lián ㊐レン

초서 참고 현재 중국에서는 簾의 간체자로 쓰임.

자해 **주막 기.** 주막(酒幕)의 표지로 세우는 기.

5 ⑧【帓】 머리띠 말 曷

㊥mò ㊐バツ

초서 동자 帕 자해 **❶머리띠, 머리동이. ❷수건. ❸버선.**

帓首(말수) 머리동이. 머리띠.

5 ⑧【帕】 1 머리띠 말 黠 2 휘장 파 禡

㊥mò, pà ㊐バツ, ハ

초서 자해 1 《同》帓(379). 《俗》帞(380). **❶머리띠, 머리동이.** ¶ 帕額말액. **❷싸다, 싸서 매다.** ¶ 帕首말수. 2 **❶휘장. ❷물건을 싸는 헝겊.**

帕額(말액) 머리에 매는 수건. 부녀의 머리에 꽂는 장식품.

5 ⑧【帛】 비단 백 陌

인명 1급 ㊥bó ㊐ハク

소전 초서 자해 **❶비단.** ㉮**견직물.** 〔後漢書〕必書功於竹帛필서공어죽백. ㉯**예물로 보내는 비단.**

帛書(백서) 비단에 쓴 글자. 또는 그 비단.

◼ 竹帛죽백, 幣帛폐백, 布帛포백.

5 ⑧【帙】 책갑 질 質

인명 1급 ㊥zhì ㊐チツ

소전 초서 자해 **❶책갑, 책가위. ❷책의 권수의 차례. ❸國여러 권으로 된 책의 한 벌.**

5 ⑧【帖】 1 표제 첩 葉 2 國체 체

인명 1급 ㊥tiè, tiě ㊐チョウ

소전 초서 참고 인명용 음은 '첩'이다.

자해 1 **❶표제(標題), 비단에 적은 표제. ❷주련, 기둥이나 바람벽에 써 붙이는 글귀.** 〔南史〕家家題門帖賣宅가가제문첩매택. **❸편지, 서한(書翰). ❹어음, 증서(證書).** 〔南史〕惟有質錢帖子數百유유질전첩자수백. **❺수첩(手帖), 법첩(法帖).** 옛 사람의 필적으로 체법이 될 만한 글씨. **❻첩, 한약 한 봉지.** ≒貼. **❼명함, 명찰. ❽정하다, 정해지다.** 〔晉書〕互相領帖호상영첩. **❾좇다, 따르다.** 〔晉書〕遠近帖然원근첩연. **❿편안하다.** ¶ 帖妥첩타. 2 **國체, 체지.** 〔朝鮮宣祖實錄〕帖文七十二丈체문칠십이장.

帖木兒(첩목아) 몽고(蒙古)의 딴 이름.

帖服(첩복) 유순하게 복종함. 帖伏(첩복).

帖耳(첩이) 귀를 드리움. 곧, 아첨해 가며 동정을 바라는 모양.

帖妥(첩타) 편안함. 조용함.

帖黃(첩황) 당대(唐代) 칙서(勅書)에 고칠 점이 있을 경우, 황지(黃紙)를 붙이고 항목을 적어 봉피(封皮)에 나타내던 일.

帖紙(체지) 國①관청에서 이예(吏隸)를 고용할 때에 쓰던 임명장. 곧, 사령(辭令). ②돈을 받았다는 표. 곧, 영수증.

◼ 券帖권첩, 法帖법첩, 碑帖비첩, 手帖수첩.

5 ⑧【帚】 비 추 有

㊥zhǒu ㊐ソウ

소전 초서 속자 箒 속자 菷 자해 **❶비, 쓰는 비. ❷쓸다, 쓸어서 깨끗하게 하다. ❸별 이름. 혜성(彗星).**

帚星(추성) 살별. 혜성(彗星). 꼬리별.

◼ 箕帚기추, 掃帚소추.

5 ⑧【帑】 1 금고 탕 養 2 처자 노 虞

인명 ㊥tǎng, nú ㊐ド

소전 초서 참고 인명용 음은 '탕'이다.

자해 1 **금고, 곳집.** 〔漢書〕以爲虛費府帑이위허비부탕. 2 **❶처자, 자손(子孫).** ≒孥. 〔禮記〕樂爾妻帑락이처노. **❷새의 꼬리.**

帑庫(탕고) 재화를 넣어 두는 곳집.

帑藏(탕장) 재화(財貨)를 보관하는 창고.

◼ 內帑내탕, 妻帑처노.

5 ⑧【帔】 치마 피 寘

㊥pèi ㊐ヒ

소전 초서 자해 **❶치마, 아랫도리옷.** 〔新唐書〕巾褐裘帔건갈구피. **❷배자, 소매 없는 웃옷.**

帔子(피자) 저고리 위에 입는 소매 없는 옷. 배자(褙子).

6 ⑨【帞】 帕 1(379)의 속자

6 ⑨【帍】 師(381)의 고자

6 ⑨【帥】帅 1장수 수 寘 2거느릴 솔 質

고등 인명 3Ⅱ급 ㊥shuài ㊐スイ, ソツ

필순 ノ ㇀ 亻 户 㠯 自 自 自' 帥

소전 초서 참고 인명용 음은 '수·솔'이다.

자원 形聲. 𠂤+巾→帥. '𠂤(퇴)'가 음을 나타낸다.

자해 1❶**장수, 군대의 장군.** 〔論語〕三軍可奪帥也삼군가탈수야. ❷**통솔자, 인솔자, 우두머리.** ≒師. 〔孟子〕夫志氣之帥也부지기지수야. 2❶**거느리다.** ≒率. 〔論語〕子帥以正자솔이정. ❷**좇다, 따르다.** 〔禮記〕奉帥天子봉솔천자.

帥臣(수신) 國병마절도사(兵馬節度使)와 수군절도사(水軍節度使)를 아울러 이르는 말.

帥長(수장) 우두머리. 통솔자.

帥師(솔사) 군대를 통솔(統帥)함.

帥先(솔선) 인도하여 앞섬. 남보다 앞서서 행함. 率先(솔선).

帥由(솔유) 따름. 率由(솔유).

◪ 魁帥괴수, 元帥원수, 將帥장수, 統帥통솔.

6 ⑨【帟】 장막 역 陌

㊥yì ㊐エキ

소전 초서 자해 **장막.** 티끌이 떨어지는 것을 막기 위하여, 위에 넓게 치는 차일 같은 것.

6 ⑨【帝】 임금 제 霽

중학 인명 4급 ㊥dì ㊐テイ

필순 丶 亠 亠 ㅜ 立 产 产 产 帝

소전 초서 자원 象形. 꽃받침의 모양을 본뜬 글자. 꽃의 근본이 꽃받침이므로 '제왕'이란 뜻이 나왔다.

자해 ❶**임금, 천자.** 〔孟子〕自耕稼陶漁以至於帝자경가도어이지어제. ❷**하느님, 조화(造化)의 신(神).** 〔書經〕帝乃震怒제내진노.

帝車(제거) ①북두칠성(北斗七星)의 딴 이름. ②제왕의 수레.

帝嚳(제곡) 고대의 제왕(帝王). 전욱의 뒤를 이어 제왕이 되어 고신씨(高辛氏)라 제호(帝號)하고 박(亳) 땅에 도읍하였음. 帝俈(제곡).

帝國(제국) 제왕이 통치하는 나라.

帝弓(제궁) ①천제(天帝)의 활. ②무지개의 딴 이름.

帝闕(제궐) ①천자(天子)의 궁문(宮門). 궁성(宮城)의 문. ②황성(皇城).

帝畿(제기) 제도(帝都)가 있는 지방. 천자의 직할지(直轄地).

帝德(제덕) 천자(天子)의 위덕(威德).

帝道(제도) ①황제(皇帝)가 행하는 국가 통치의 도(道). 백성을 교화(教化)하기를 인덕(仁德)으로써 하며, 무위자연(無爲自然)으로 다스림. ②제위(帝位).

帝命(제명) ①하늘의 명령. 天命(천명). ②천자의 명령.

帝傅(제부) ①천자의 스승. ②재상(宰相).

帝釋(제석) (佛)수미산(須彌山) 도리천(忉利天)의 임금. 선견성(善見城)에 있어 사천왕(四天王)과 32천(天)을 통솔해서 불법(佛法)과 불법에 귀의하는 사람을 보호하며 아수라(阿修羅)의 군대를 정벌한다는 신(神). 帝釋天(제석천).

帝宸(제신) 제왕의 궁전.

帝掖(제액) 제왕이 사는 곳. 大闕(대궐).

帝業(제업) 제왕(帝王)의 사업. 제왕이 그 나라를 통치하는 일. 帝緖(제서). 帝載(제재).

帝王(제왕) ①천하 만민(萬民)의 군주(君主). 국가를 통치하는 원수(元首). ②오제(五帝)와 삼왕(三王).

帝王之兵(제왕지병) 덕(德)으로써 천하를 다스리는 천자(天子)의 군대.

帝位(제위) 제왕의 자리. 帝座(제좌).

帝威(제위) 천자의 위광. 제왕의 위엄.

帝胤(제윤) 제왕의 혈통. 제왕의 자손.

帝儲(제저) 황태자.

帝政(제정) 제왕이 다스리는 정치.

帝制(제제) 제왕(帝王)이 정한 제도나 법칙. 帝則(제칙).

帝鄕(제향) ①천제(天帝)의 서울. 신선(神仙)이 사는 곳. 천상(天上). ②제왕의 고향. 제왕의 출신지. ③제왕의 거처. 서울.

帝閽(제혼) ①제왕의 궁문(宮門). 禁門(금문). 宮闕(궁궐). 천제의 궁문(宮門).

◪ 上帝상제, 五帝오제, 天帝천제, 皇帝황제.

7 ⑩【帬】 치마 군 文

㊥qún ㊐クン

소전 초서 동자 裙 동자 裠 자해 ❶**치마, 치맛자락.** ❷**속옷, 내복.** ❸**조끼, 배자.**

巾 6획

7 ⑩【帰】 歸(676)의 속자

7 ⑩【帯】 帶(382)와 동자

7 ⑩【帯】 帶(382)의 속자

7 ⑩【師】 师 스승 사 支

중학 인명 4Ⅱ급 ㊥shī ㊐シ

필순 ′ ｨ ｨ ｨ 自 自 自 䬃 䬃 師

소전 師 초서 师 속자 师 고자 𠂤 자원 會意. 自＋帀→師. '自'는 '堆'의 본자로 '작은 언덕'을 뜻하고, '帀'은 '사방, 주위'를 뜻한다. 합하여 사람들을 모아 이룬 집단이라는 데서 '군대'를 뜻한다.

자해 ❶스승. ㉮선생. ㉯사람을 깨우쳐 이끄는 사람. 〔論語〕溫故而知新온고이지신, 可以爲師矣가이위사의. ❷전문적인 기예를 닦은 사람. 〔孟子〕今有場師금유장사. ❸스승으로 삼다, 모범으로 삼다, 따르다. 〔孟子〕莫若師文王막약사문왕. ❹신(神)의 칭호. 〔三國史記〕風師雨師풍사우사. ❺군사. ㉮군대. ㉯주대(周代)의 군제(軍制)로 2500명을 이르는 말. ❻64괘의 하나. 괘형은 ☷. 여러 사람을 통솔할 임금·장수 등을 상징한다. ❼여러, 많은 사람. 〔詩經〕殷之未喪師은지미상사. ❽벼슬아치. 〔孟子〕工師得大木공사득대목. ❾악관(樂官), 악공(樂工). ❿사자. ≒獅.

師矩(사구) ①모범(模範). ②모범으로 함.
師徒(사도) ①군대(軍隊). 군세(軍勢). 士卒(사졸). ②스승과 제자.
師道(사도) 올바른 스승의 길.
師旅(사려) ①군대(軍隊). ②전쟁.
師範(사범) ①본받을 만한 모범. ②학술·무술 등을 가르치는 사람.
師法(사법) ①스승으로 삼음. 본받아 배움. ②스승이 전수(傳授)한 법(法). ③군대가 출동(出動)하는 방법.
師保(사보) ①군주(君主)를 가르쳐 보좌함. 또는 그 사람. ②가르쳐 편안하게 함.
師輔(사보) ①가르쳐 인도하는 사람과 도와 이끄는 사람. ②스승과 벗. 師友(사우).
師父(사부) ①스승. ②불교의 승려나 도교의 도사.
師傅(사부) ①스승. ②벼슬 이름. ③승려.
師事(사사) 스승으로 섬겨 가르침을 받음.
師師(사사) ①스승으로 삼아 본받음. 본받을 만한 훌륭한 스승. ②본받을 만한 훌륭한 용의(容儀). ③많음.
師承(사승) 스승에게서 가르침을 받음.
師心(사심) ①자기의 마음을 스승으로 삼음. ②자기의 마음. 제 생각.
師心自是(사심자시) 자기 생각만을 옳다고 함.
師嚴道尊(사엄도존) 스승이 엄격하면 그 가르치는 도(道)도 자연히 존엄하게 됨.
師役(사역) 전쟁.
師尹(사윤) ①주대(周代)의 태사(太師)였던 윤씨(尹氏). ②많은 정관대부(正官大夫). 윤(尹)은 정관대부로, 경사(卿士)의 아래.
師律(사율) 군의 규율. 군율(軍律).
師子奮迅(사자분신) (佛)사자처럼 분기(奮起)하여 달리는 기세. 부처의 위맹(威猛).
師子座(사자좌) (佛)부처의 앉을 자리.
師子吼(사자후) ①(佛)불교도(佛敎徒)가 모든 박해를 두려워하지 않고 큰소리를 내어 설법하는 일. ②큰 소리로 기운차게 연설함. 獅子吼(사자후).
師匠(사장) ①훌륭한 스승. ②사표(師表)가 될 사람. 모범이 되는 사람.
師長(사장) ①백관(百官)의 장(長). ②스승이나 손위 사람. 尊者(존자).
師弟(사제) ①스승과 제자. ②동문(同門)의 후배.
師祖(사조) (佛)스승의 스승.
師宗(사종) 스승으로 받들어 모심.
師表(사표) 학식과 인격이 높아 남의 모범이 됨. 또는 그런 사람.
師風(사풍) 사표(師表)가 될 만한 풍격(風格).
師行(사행) ①군대의 행진(行進). 行軍(행군). ②많은 사람이 감.
師兄(사형) ①같은 스승에게 먼저 배운 사람. ②학덕이 자신보다 높은 사람에 대한 존칭.

◨ 敎師교사, 軍師군사, 牧師목사, 禪師선사, 樂師악사, 藥師약사, 王師왕사, 恩師은사, 醫師의사, 出師출사, 太師태사.

7 ⑩【席】 자리 석 陌

중학 인명 6급 ㊥xí ㊐セキ

필순 丶 亠 广 广 庐 庐 庐 庐 席 席

소전 席 초서 席 자원 形聲. 庐＋巾→席. '庐'는 '庶(서)'의 생략형으로 음을 나타낸다.

자해 ❶자리. ㉮바닥에 까는 자리. 〔周禮〕加繅席畫純가조석화순. ㉯직위, 지위. 〔禮記〕群居五人군거오인, 則長者必異席즉장자필이석. ❷

巾 7획

깔다, 자리를 깔다. 〔漢書〕 相枕席於道路상침석어도로. ❸앉음새, 자리에 앉는 법. 〔論語〕 必正席필정석. ❹의뢰하다, 믿고 의지하다.

席藁待罪(석고대죄) 거적을 깔고 엎드려 처벌을 기다림. 죄과에 대한 처분을 기다림.

席卷(석권) 자리를 둘둘 말듯이 손쉽게 모조리 차지하는 일. 닥치는 대로 공략(攻略)하는 일. 席捲(석권).

席門(석문) 멍석으로 문(門)을 가림. ㉠가난한 집. ㉡은자(隱者)의 거처.

席不暇暖(석불가난) 앉은 자리가 따뜻해질 겨를이 없음. 매우 바쁘게 돌아다님.

席上(석상) ①유가(儒家). ②어떤 모임의 자리.

席上才子(석상재자) 시 따위를 즉석에서 짓는, 문사(文詞)에 뛰어난 사람.

席次(석차) ①자리의 순서. ②성적의 차례.

席薦(석천) 깔개. 멍석·돗자리·방석 따위.

◨ 客席객석, 缺席결석, 末席말석, 上席상석, 宴席연석, 筵席연석, 座席좌석, 主席주석, 卽席즉석, 次席차석, 着席착석.

7 ⑩ 【帨】 수건 세 ㊝

㊥shuì ㊐ゼイ

초서 자해 ❶수건. 허리에 차는 수건. 〔禮記〕 尊卑垂帨존비수세. ❷닦다, 손을 닦다. ＝挩.

8 ⑪ 【帶】 带 띠 대 ㊝

고등 인명 4Ⅱ급 ㊥dài ㊐タイ

필순 一 十 卄 卅 卌 卌 帶 帶 帶 帶

소전 초서 동자 속자 带 자원 象形. 허리띠에 패옥(佩玉)이 달려 있는 모양을 본뜬 것이다.

자해 ❶띠. ㉮옷 위의 허리에 두르는 띠. 〔論語〕 束帶立於朝속대립어조. ㉯물건의 둘레를 동여매는 너비가 좁고 기다란 천. ❷띠다, 띠를 두르다, 몸에 지니다, 빛깔을 지니다. 〔漢書〕 父兄緩帶형제완대. ❸두르다, 위요하다. 〔戰國策〕 帶以河曲之利대이하곡지리. ❹데리다, 데리고 다니다.

帶劍(대검) 칼을 참. 또는 몸에 차는 칼. 帶刀(대도).

帶鉤(대구) 혁대의 두 끝을 끼워 맞추는 자물단추.

帶同(대동) 함께 데리고 감.

帶厲之誓(대려지서) 공신(功臣)의 집안은 영구히 단절시키지 않는다는 약속. 태산(泰山)이 숫돌처럼 평평하게 되고 황하(黃河)가 띠처럼 좁아져도 변하지 않는다는 데서 온 말.

帶箭(대전) ①화살이 몸에 박힘. ②화살을 몸에 지님.

帶妻僧(대처승) 아내를 두고 살림을 하는 중.

帶下(대하) 생식기와 관련된 부인병.

帶笏(대홀) 큰 띠와 홀. 곧, 문관(文官)의 조복(朝服).

◨ 連帶연대, 熱帶열대, 溫帶온대, 紐帶유대, 一帶일대, 地帶지대, 寒帶한대, 携帶휴대.

8 ⑪ 【常】 항상 상 ㊖

중학 인명 4Ⅱ급 ㊥cháng ㊐ジョウ

필순 丨 丬 ⺌ 㗁 常 常 常 常 常 常

소전 초서 자원 形聲. 尙＋巾→常. '尙(상)'이 음을 나타낸다.

자해 ❶항상. ㉮늘, 언제나. 〔史記〕 常稱病不朝從상칭병부조종. ㉯일정하다, 오래도록 변하지 않다. 〔詩經〕 魯邦是常노방시상. ㉰보통 때, 평일. ㉱늘 하다, 언제나 행하다. 〔易經〕 君子以常德行군자이상덕행. ㉲떳떳하다. ❷법, 전법(典法). ❸불변의 도, 사람으로서 행해야 할 도. 〔書經〕 敗常亂俗패상란속. ❹보통, 보통의 정도. ¶ 凡常범상. ❺정해진 바, 결정되어 있는 바. 〔漢書〕 變化無常변화무상. ❻명수(命數), 운. 〔管子〕 及其常者급기상자. ❼일찍이, 옛날에. ≒嘗. ❽길이의 단위. 1장(丈) 6척(尺). 1심(尋)의 2배.

常經(상경) 영구불변(永久不變)의 도리. 사람으로서 항상 지켜야 할 떳떳한 도리.

常軌(상궤) 항상 지켜야 할 바른 길.

常規(상규) ①일반적인 법규. ②불변의 규칙.

常談(상담) 늘 하는 보통의 이야기.

常道(상도) ①때와 곳에 따라 변하지 않는, 사람이 지켜야 할 도리. 常軌(상궤). ②보통의 방법. 흔히 쓰는 방법.

常例(상례) 흔히 보통 있는 예.

常綠樹(상록수) 일년 내내 잎이 푸른 나무. 늘 푸른나무.

常理(상리) 떳떳한 도리. 당연한 이치.

常民(상민) ①일반 백성. ②國양반이 아닌 보통 사람.

常法(상법) 늘 변함이 없는 법.

常備(상비) 늘 준비하여 둠.

常山蛇勢(상산사세) ①적(敵)의 내습이 있으면 지체없이 모두가 서로 원호(援護)하는 진법(陣法). ②문장의 수미(首尾)가 잘 호응함. 故事 상산(常山)에 머리가 두 개인 뱀이 있어, 머리를 치면 꼬리가 덤비고, 꼬리를 치면

巾 7획

머리가 덤비고, 허리를 치면 머리와 꼬리가 합세하여 대든다는 전설(傳說)에서 온 말.
常山舌(상산설) 죽는 한이 있어도 굽히지 않음. 故事 당대(唐代)의 현종(玄宗) 때 상산(常山)의 태수 안고경(顏杲卿)이 반란을 일으킨 안녹산(安祿山)을 꾸짖다가 혀를 잘렸으나 끝까지 절개를 굽히지 않은 고사에서 온 말.
常常(상상) ①항상. 늘. ②무심(無心)한 모양. ③성(盛)한 모양.
常設(상설) 항상 마련해 둠.
常性(상성) 일정하여 변하지 않는 성질.
常守(상수) ①늘 지킴. 평소의 수비. ②일정(一定)한 규칙(規則).
常羞(상수) 평소(平素)의 음식. 常食(상식).
常習(상습) 몇 차례고 같은 짓을 되풀이함.
常時(상시) ①항상. ②보통 때.
常識(상식) 보통 사람이 으레 지닌 일반 지식이나 판단력.
常娥(상아) 달의 딴 이름. 嫦娥(상아).
常羊(상양) ①헤매어 거니는 모양. 逍遙(소요). ②진퇴를 결정 짓지 못하는 모양.
常溫(상온) ①보통의 온도. ②일년 중의 평균 기온. ③일정한 온도.
常義(상의) 사람이 항상 행하여야 하는 도리.
常任(상임) 일정한 직무를 늘 계속하여 맡음.
常情(상정) 일상의 마음. 보통의 인정.
常駐(상주) 늘 주둔해 있음.
常棣(상체) ①나무 이름. 아가위나무. 산사(山査)나무. 棠毬子(당구자). 唐棣(당체). 棠棣(당체). ②형제(兄弟).
常套(상투) 늘 하는 일반적인 투나 버릇.
常平通寶(상평통보) 조선 숙종 때부터 통용된 동전 이름.
常行(상행) ①예로부터 관례에 따라 행하여지는 길. ②누구나 일상 행하는 일.
常憲(상헌) 일정한 규칙(規則). 항상 지켜야 할 규범. 常法(상법). 常典(상전).
常形(상형) 일정한 모양.
◨ 凡常범상, 非常비상, 五常오상, 異常이상, 日常일상, 正常정상, 通常통상, 恒常항상.

8 ⑪ **【帷】** 휘장 유 支

㊥wéi ㊐イ

소전 초서 자해 ❶휘장. ❷수레에 치는 씌우개.

帷幕(유막) ①휘장과 천막. ②기밀(機密)을 의논하는 곳. 작전 계획을 짜는 곳.
帷薄(유박) ①휘장과 발. 대부(大夫)·사(士)의 집. ②부인이 거처하는 방. 규방(閨房).
帷裳(유상) ①주름이 없는 치마. 네모 바른 폭(幅)의 치마. 제사 때나 출사(出仕) 때에 입음. ②부인이 타는 수레의 휘장.
帷幄(유악) ①휘장과 막(幕). ②작전 계획을 짜는 곳. 참모부. 帷幕(유막). ③참모(參謀).
帷帳(유장) ①휘장(揮帳). 장막. ②작전 계획을 하는 곳.
◨ 書帷서유, 幄帷악유, 簾帷염유.

8 ⑪ **【帳】帐** 휘장 장 漾

고등 인명 4급 ㊥zhàng ㊐チョウ

필순 冂 巾 巾' 巾' 巾' 巾' 巾' 帐 帐 帳

소전 초서 자원 形聲. 巾+長→帳. '長(장)'이 음을 나타낸다.

자해 **❶휘장, 방장, 장막.** ¶ 帳幕장막. **❷군막**(軍幕). ¶ 帳下장하. **❸공책, 장부. ❹장.** 휘장·방장 등을 세는 단위.

帳落(장락) 유목민(遊牧民)이 모여 사는 부락.
帳幕(장막) 둘러치는 휘장(揮帳).
帳房(장방) 노천(露天)에 치는 장막.
帳簿(장부) 금품의 수입·지출 등에 관한 것을 적은 수첩(手帖).
帳籍(장적) 호적 등기(戶籍登記)나 재물 출납의 장부.
帳前(장전) ①임금이 임어(臨御)한 장막의 앞. ②장수(將帥)의 앞.
帳下(장하) ①장막의 아래. 장막의 안. ②대장군(大將軍)이 있는 곳. 幕下(막하).
◨ 記帳기장, 臺帳대장, 蚊帳문장, 房帳방장, 元帳원장, 揮帳휘장.

9 ⑫ **【帽】** 모자 모 號

인명 2급 ㊥mào ㊐ボウ

초서 속자 帽 자해 **모자, 사모**(紗帽), **두건.** 머리에 쓰거나 모자처럼 덮어 씌우는 것.

帽帶(모대) 사모(紗帽)와 각띠.
帽羅(모라) 사모(紗帽)의 겉을 싸는 얇은 깁.
帽簷(모첨) 모자의 차양.
◨ 冠帽관모, 校帽교모, 軍帽군모, 脫帽탈모.

9 ⑫ **【帽】** 帽(383)의 속자

9 ⑫ **【幇】帮** 도울 방 陽

인명 1급 ㊥bāng ㊐ホウ

초서 본자 幫 자해 **❶돕다, 보좌하다.** ¶ 幇助방조. **❷패거리, 패. ❸**

동업 조합(同業組合).
幇助(방조) 거들어서 도움.

9 ⑫【幄】 휘장 악 覺
인명 ㊥wò ㊐アク
초서 자해 ❶휘장. ❷천막, 군막(軍幕). ¶ 帷幄유악.
幄幕(악막) 진중(陣中)에 친 장막. 幄帳(악장).
幄手(악수) 소렴(小殮) 때 시체의 손을 싸는 헝겊.
幄次(악차) 임금이 거둥할 때 쉴 수 있도록 막을 친 곳.
◨ 經幄경악, 帷幄유악, 帳幄장악.

巾 9획

9 ⑫【幃】帏 휘장 위 微
㊥wéi ㊐キ, イ
소전 초서 자해 ❶휘장. ❷향낭. 향을 넣는 주머니.
幃幄(위악) ①휘장. ②작전 계획을 세우는 곳.
◨ 羅幃나위, 書幃서위.

9 ⑫【幀】帧 그림 족자 정 ㊍쟁 敬
인명 1급 ㊥zhèng ㊐テイ
초서 동자 幁 동자 幨 자해 ❶그림 족자, 비단에 그린 그림. ❷㊍책의 겉장이나 싸개. ¶ 裝幀장정.
幀畫(정화→탱화) (佛)부처를 그려 벽에 거는 그림.
◨ 裝幀장정.

9 ⑫【幅】 폭 폭 ㊍복 屋
고등 인명 3급 ㊥fú ㊐フク
필순 冂 巾 巾 巾 帀 帀 幅 幅 幅 幅
소전 초서 자원 形聲. 巾+畐→幅. '畐(복)'이 음을 나타낸다.
자해 ❶폭. ㉮너비. 〔漢書〕布帛廣二尺二寸爲幅포백광이척이촌위폭. ㉯㊖하나로 넓게 연결하기 위하여 같은 길이로 잘라 놓은 천·종이·널 따위의 조각. ㉰그림이나 포목·종이 따위를 세는 단위. ❷넓이. 〔詩經〕幅員既長폭원기장. ❸가, 가장자리.
幅廣(폭광) 한 폭이 될 만한 너비.
幅員(폭원) 넓이. '幅'은 면적, '員'은 둘레의 뜻. 幅圓(폭원).
◨ 巾幅건폭, 廣幅광폭, 邊幅변폭, 全幅전폭, 橫幅횡폭.

9 ⑫【帿】 과녁 후 尤
인명 ㊥hóu ㊐コウ
본자 侯 자해 과녁. 활터에 세운 과녁판.

10 ⑬【幎】 덮을 멱 錫
㊥mì ㊐ベキ
소전 초서 자해 ❶덮다, 덮어 씌우다. ❷물건을 덮는 보, 가리개.
幎冒(멱모) 멱목(幎目)으로 얼굴을 가림.
幎目(멱목) 소렴(小殮) 때 시체의 얼굴을 싸는 명주.

10 ⑬【幌】 휘장 황 養
인명 ㊥huǎng ㊐コウ
초서 자해 ❶휘장. 〔南史〕拂簾幌불렴황. ❷포장, 덮개. 수레 위에 덮어 놓은 포장.

11 ⑭【幗】帼 머리 장식 귀 ㊍괵 陌
㊥guó ㊐カク
소전 초서 속자 帼 자해 머리 장식, 부인들이 머리에 쓰는 꾸미개.

11 ⑭【幕】 막 막 藥
고등 인명 3Ⅱ급 ㊥mù ㊐バク, マク
필순 丶 艹 艹 艹 芦 草 莫 莫 幕 幕
소전 초서 동자 幙 자원 形聲. 莫+巾→幕. '莫(막)'이 음을 나타낸다.
자해 ❶막. ㉮장막, 천막. 공간을 막거나 위에 덮어 씌우거나 둘러치는 데 쓰는 물건. 〔春秋左氏傳〕以幄幕九張行이악막구장행. ㉯임시로 지은 막. ❷장군의 군막, 군사·관직에 관한 일을 처리하는 곳. 〔晉書〕可謂入幕之賓矣가위입막지빈의. ❸덮다, 덮어 가리다. ❹사막, 모래 벌판. ≒漠. 〔史記〕益北絕幕익북절막.
幕間(막간) 연극에서 한 막이 끝나고 다음 막이 시작되기까지의 동안.
幕僚(막료) 막부에 속한 부하.
幕府(막부) 대장군(大將軍)의 본영(本營). 장소가 일정하지 않고 필요한 곳에 막을 치고 군사를 지휘한 데서 온 말.
幕賓(막빈) 비밀 모의에 참여하여 막부의 빈객

(賓客)으로서 대접을 받는 사람.
幕舍(막사) ①임시로 지은 집. ②군대가 거주하는 건물.
幕上燕(막상연) 막(幕) 위에 집을 짓고 사는 제비. 매우 위험한 지위에 있는 사람.
幕天席地(막천석지) 하늘을 덮개로 하고 땅을 깔개로 하여 그 사이에서 기거함. ㉠의기(意氣)가 호방(豪放)함. ㉡한데서 잠을 잠.
幕下(막하) ①장군이 거느리던 장교 및 종사관. ②대장의 휘하.
幕後(막후) ①막의 뒤. ②표면으로 드러나지 않은 뒤편. 背後(배후).
◨ 開幕개막, 軍幕군막, 銀幕은막, 字幕자막, 帳幕장막, 酒幕주막, 天幕천막, 閉幕폐막.

11 ⑭【幙】幕(384)과 동자

11 ⑭【幔】막 만 翰

㊥màn ㊐バン, マン

소전 초서 자해 ❶막, 천막, 휘장. ❷장식이 없는 수레.

11 ⑭【幘】帻 건 책 陌

㊥zé ㊐サク

소전 초서 자해 ❶건, 머리띠, 머리쓰개. ❷꼭대기, 정수리.

12 ⑮【幢】 1기 당 江 2드리워진 모양 동 東

인명 ㊥chuáng ㊐トウ

소전 초서 참고 인명용 음은 '당'이다.

자해 1❶기, 의장(儀仗)이나 군(軍)에서 지휘용으로 쓰는 기. 〔漢書〕帥持幢수지당. ❷막(幕), 휘장, 덮개. 2드리워진 모양, 새털·천 같은 것이 늘어진 모양.
幢竿(당간) (佛)당(幢)을 달아 세우는 대.
幢竿支柱(당간지주) (佛)당간(幢竿)을 받쳐 세우기 위한 기둥.
幢戟(당극) 기(旗)가 달린 창(槍).
幢幡(❶당번 ❷동번) ❶기(旗). ❷(佛)당간에 드리워진 기.
幢主(당주) 한 군대의 우두머리.
幢幢(동동) 깃털이 드리워지는 모양.
◨ 石幢석당, 牙幢아당, 羽葆幢우보당.

12 ⑮【幡】기 번 元

인명 ㊥fān ㊐ハン

소전 초서 자해 ❶기, 표기. ≒旛. ¶ 幡旗번기. ❷나부끼다, 펄럭이다. ❸마음을 돌리다, 마음을 고쳐먹다. 〔孟子〕旣而幡然改기이번연개.
幡旗(번기) 표지(標識)가 있는 기. 標旗(표기).
幡幡(번번) ①경솔한 모양. ②박 잎이 흔들리는 모양.
幡然(번연) 선뜻 태도를 바꾸는 모양. 깨끗이 번의(翻意)하는 모양. 翻然(번연).
◨ 信幡신번, 翩幡편번.

12 ⑮【幞】건 복 沃

㊥fú ㊐ボク

소전 초서 동자 襆 동자 纀 자해 건, 두건, 보자기.
幞巾(복건) ①도복(道服)에 갖추어서 머리에 쓰는 건. ②國사내아이가 명절이나 돌 때 머리에 쓰는 건.

12 ⑮【幟】帜 기 치 寘

인명 1급 ㊥zhì ㊐シ

소전 초서 자해 ❶기, 표기. 표로 세워 보이는 기. ❷표지, 표적.
◨ 旗幟기치, 標幟표치.

12 ⑮【幣】币 비단 폐 霽

고등 인명 3급 ㊥bì ㊐ヘイ

필순 丨 巾 巾 内 巿 甫 甫' 敝 幣 幣

소전 초서 자원 形聲. 敝+巾→幣. '敝(폐)'가 음을 나타낸다.

자해 ❶비단. 〔書經〕惟恭奉幣유공봉폐. ❷예물, 폐백, 예물로 보내는 비단. 〔孟子〕事之以皮幣사지이피폐. ❸재물, 재화.
幣貢(폐공) 조정에 바치던 옥(玉)·말·가죽·비단 따위의 공물(貢物).
幣物(폐물) 선사하는 물건.
幣帛(폐백) ①예물로 바치는 물건. ②돈과 비단. ③혼인 때 신랑이 신부에게 보내는 채단(采緞). ④신부가 처음으로 시부모를 뵐 때 올리는 대추나 포 따위.
幣聘(폐빙) 예물을 보내서 남을 초대함. 예(禮)를 다하여 현자(賢者)를 초빙함.
幣制(폐제) 국가에서 정한 화폐 제도.
◨ 納幣납폐, 錢幣전폐, 造幣조폐, 紙幣지폐, 貨幣화폐.

巾 12획

13 【幨】 1 휘장 첨 鹽
⑯ 2 옷깃 첨 艷

㊥chān, chàn ㊐セン

초서 자해 1 휘장. ㉮커튼, 휘장. ㉯수레에 둘러친 휘장. 〔新唐書〕乃用素車白布幨帷내용소거백포첨유. 2 옷깃.

幨帷(첨유) ①수레에 친 휘장. ②수레에 타고 있는 사람을 높여서 부르는 말.

14 【幪】 덮을 몽 東董
⑰

㊥méng ㊐モウ

초서 자해 ❶덮다, 덮어씌우다. ❷건, 머리띠. 형(刑)이 가벼운 죄인에게 관 대신 씌우던 건. ❸무성한 모양.

14 【幫】 幇(383)의 본자
⑰

14 【幬】帱 1 휘장 주 尤
⑰ 2 덮을 도 豪

㊥chóu, dào ㊐チュウ, トウ

소전 초서 자해 1 ❶휘장. 커튼. 2 덮다, 덮어 가리다.

幬帳(주장) 모기장. 蚊帳(문장).

15 【幭】 덮개 멸 屑
⑱

㊥miè ㊐ベツ

소전 초서 자해 덮개. 덮어 씌우는 것의 총칭.

15 【幮】 휘장 주 虞
⑱

㊥chú ㊐チュウ

초서 자해 휘장, 장막·커튼·모기장 따위의 총칭.

干部 방패 간

0 【干】 방패 간 寒
③

중학 인명 4급 ㊥gān ㊐カン

필순 一 二 干

소전 초서 자원 象形. 끝이 두 갈래로 갈라진 방패를 본뜬 글자.

자해 ❶방패. 창·화살 따위를 막는 물건. 〔書經〕稱爾戈칭이과, 比爾干비이간. ❷범하다. 법·규칙 등을 위반하다. ❸막다, 방어하다. 〔詩經〕公侯干城공후간성. ❹구하다, 요구하다. 〔論語〕子張學干祿자장학간록. ❺간여하다, 참여하다. 〔後漢書〕以直言干政이직언간정. ❻말리다, 마르게 하다. ❼수사(數詞)에 붙이는 어조사. 개(箇)의 뜻. ❽천간(天干). 오행(五行)을 각각 음(陰)과 양(陽)으로 나누어, 이를 역수(曆數)에서 쓸 때의 이름. 곧, 갑(甲)·을(乙)·병(丙)·정(丁)·무(戊)·기(己)·경(庚)·신(辛)·임(壬)·계(癸). ¶ 干支간지. ❾國새앙. ¶ 干三召二간삼조이.

干戈(간과) ①방패와 창. ②전쟁에 쓰는 모든 병기(兵器)의 총칭. ③전쟁.

干求(간구) 구함. 바람.

干黷(간독) 범(犯)하고 더럽힘. 남에게 면회를 청할 때 쓰는 말. 冒黷(모독).

干祿(간록) 녹을 구함. ㉠천우(天佑)를 바람. ㉡봉록(俸祿)을 구함. 사관(仕官)을 바람.

干滿(간만) 간조(干潮)와 만조(滿潮). 썰물과 밀물.

干犯(간범) ①남의 권리를 침범함. ②범죄를 저지름.

干潟地(간석지) 바닷물이 드나드는 개펄.

干涉(간섭) 남의 일에 참견함.

干城(간성) ①방패와 성(城). 나라의 밖과 안을 지킴. ②나라를 지키는 군인. 무사(武士).

干世(간세) 세속(世俗)에 영합(迎合)함.

干與(간여) 어떤 일에 참여함.

干羽(간우) 춤출 때 쥐는 방패와 꿩의 깃. 간무(干舞)와 우무(羽舞).

干雲蔽日(간운폐일) 구름을 범하고 해를 덮음. 나무가 크고 무성함.

干潮(간조) 썰물.

干證(간증) ①소송에 관련된 증인. ②기독교에서 지은 죄를 고백하거나 신적 체험을 이야기하는 일.

干支(간지) 10간(干)과 12지(支).

干拓(간척) 바다나 호수에 제방을 쌓아 물을 빼고 경작지나 육지로 만드는 일.

干戚(간척) ①방패와 큰 도끼. 무기(武器)의 총칭. 干戈(간과). ②무무(武舞)에 쓰는 도끼. 또는 무무.

干囑(간촉) 부탁함. 의뢰함. 請囑(청촉).

◨ 欄干난간, 若干약간, 如干여간, 天干천간.

1 【开】 幵(388)의 속자
④

2 【平】 평평할 평 庚
⑤

중학 인명 7급 ㊥píng ㊐ヘイ

필순 一 ㄏ 㐅 乊 平

소전 (篆) 초서 (草) 자원 會意. 八＋亏→平. '八'은 둘로 나눈다는 뜻, '亏'는 기운이 위로 평평하게 퍼져 오르려는 모양. 합하여 퍼져 오르는 기운이 다시 나누어져 평평하게 깔린다는 뜻을 나타낸다.

자해 ❶**평평하다.** ❷**다스리다, 국가·사회·가정 등을 보살펴 통제하거나 관리하다.** 〔大學〕 修身齊家治國平天下수신제가치국평천하. ❸**바르다.** ㉮**바르다, 곧다.** 〔禮記〕 必平體正필평체정. ㉯**바로잡다.** ❹**평정하다, 정벌하다, 어지러운 사태를 수습하다.** 〔淮南子〕 平夷狄之亂평이적지란. ❺**화목하다, 화친하다.** 〔春秋左氏傳〕 齊侯使管夷吾平戎于王제후사관이오평융우왕. ❻**고르다, 고르게 하다.** ❼**편안하다, 무사하다.** 〔大學〕 國治而后天下平국치이후천하평. ❽**쉽다, 손쉽다.** ❾**보통 때, 평상시.** ❿**사성(四聲)의 하나.** ⓫**운(韻)의 하나.**

平康(평강) 평안함.
平交(평교) 나이가 비슷한 친구 사이의 교제.
平均(평균) ①많고 적음이 없이 고름. ②수나 양의 중간값.
平氣(평기) ①화평한 기운. ②마음을 침착하게 가짐.
平起(평기) 절구(絕句)에서 기구(起句)의 둘째 글자를 평자(平字)로 짓는 일.
平氣虛心(평기허심) 마음이 평온하고 걸리는 일이 없음.
平吉(평길) 마음이 평화롭고 선량함.
平年(평년) ①윤년이 아닌 해. ②농사가 보통 정도로 된 해.
平旦(평단) 새벽. 黎明(여명).
平旦之氣(평단지기) 아직 다른 사물과 접촉하기 전인, 새벽의 맑은 정신.
平淡(평담) 온화하고 담백(淡白)함. 모나지 않음. 집요하지 않음. 平澹(평담).
平澹(평담) 마음이 고요하고 담백함.
平等(평등) 차별이 없이 동등함.
平亂(평란) 난리를 평정함.
平良(평량) ①공평하고 선량함. ②진평(陳平)과 장량(張良). 다 같이 한(漢) 고조(高祖)의 공신(功臣)으로 지모(智謀)에 뛰어났음.
平面(평면) 평평한 표면.
平明(평명) ①동틀 때. 새벽녘. 平旦(평단). ②공평하고 정명(正明)함.
平明之治(평명지치) 공평하고 밝은 정치.
平蕪(평무) 잡초가 우거진 평원. 광활(廣闊)한 들판.
平文(평문) 산문(散文).
平問(평문) 國형틀을 씌우지 않고 그대로 죄인을 심문함.
平民(평민) 일반 백성.
平反(평번) 거듭 조사하여 죄를 밝히고 바로잡음. 조사하여 죄를 가볍게 함.
平凡(평범) 뛰어난 데 없이 보통임.
平服(평복) 평상시 입는 옷.
平復(평복) 병이 나아 회복됨.
平沙落雁(평사낙안) 모래톱에 내려 앉는 기러기. ㉠소상팔경(瀟湘八景)의 하나. ㉡거문고의 곡조 이름. ㉢국화의 한 가지.
平常(평상) 보통 때.
平牀(평상) 나무로 만든 평평한 침상이나 대용 의자. 平床(평상).
平生(평생) 태어나서 죽을 때까지의 동안.
平敍文(평서문) 말하는 이가 어떠한 사실을 평범하게 서술한 문장.
平昔(평석) 예로부터. 이전부터.
平聲(평성) 사성(四聲)의 하나. 평평하고 높낮이가 없는 소리.
平素(평소) 보통 때. 平時(평시).
平時(평시) ①평화스러운 때. 무사한 때. ②보통 때. 平素(평소).
平身(평신) 절한 뒤에 몸을 일으켜 바로 섬.
平信(평신) 무사함을 알리는 편지.
平心(평심) ①평온한 마음. 침착한 마음. ②마음을 평온하게 함. 마음을 진정시킴.
平安(평안) 마음이 편안함.
平野(평야) 넓게 펼쳐진 들.
平穩(평온) 편안하고 안정됨.
平遠(평원) 땅이 평평하여 멀리까지 조망(眺望)할 수 있음.
平原(평원) 평탄한 들. 平野(평야).
平愈(평유) 병이 나아서 본래 상태와 같이 됨. 平復(평복). 平癒(평유).
平易(평이) ①까다롭지 않고 쉬움. 용이(容易)함. ②평평하게 함. 평탄하게 함. ③편안함. 온화함.
平易近人(평이근인) 정치를 쉽게 하여 백성들에게 친근함.
平日(평일) 특별한 일이 없는 보통 때. 평상시(平常時).
平字(평자) 사성(四聲) 가운데 평성(平聲)에 속하는 글자.
平作(평작) 보통 정도의 수확의 농사.
平正(평정) 공평하여 치우침이 없음.
平定(평정) 난리를 평온하게 진정시킴. 적(賊)을 진압함.
平靜(평정) 편안하고 고요함.
平準(평준) ①한(漢) 무제(武帝) 때 비롯된 물가 조절 방법. 물가가 떨어질 때는 관(官)에서 사고, 물가가 오를 때는 관에서 팔아 물가의 높낮이를 조절하던 일. ②수준기(水準器). ③수평(水平)이 되도록 함. 平均(평균).
平地落傷(평지낙상) 國평지에서도 넘어져 다침. 뜻밖에 불행한 일을 당함.
平地風波(평지풍파) 평지에 풍파가 읾. 뜻밖에 일어나는 분쟁.
平直(평직) 평평함과 곧음. 평평하고 곧음.
平織(평직) 씨와 날을 한 올씩 엇바꾸어서 짬. 또는 그렇게 짠 피륙.
平仄(평측) 한자의 평운(平韻)과 측운(仄韻).
平仄式(평측식) 한시(漢詩)의 평측(平仄)에 관한 법식. 평측의 배열상 두 가지 법식이 있는데, 제1구(句)의 둘째 자(字)가 평자(平字)로 시작되는 것을 평기식(平起式), 측자(仄字)로 시작되는 것을 측기식(仄起式)이라 함.
平坦(평탄) ①평평하고 넓음. ②일이 순조로움.
平板(평판) ①씨 뿌릴 때 땅을 고르는 데 쓰는 농구(農具). ②시문(詩文) 등에 억양(抑揚)의 변화가 없이 시종(始終) 같은 흐름으로 정채(精彩)가 없고 단조로움. 單調(단조).
平虛(평허) 마음이 평온하고 아무 생각이 없음. 平氣虛心(평기허심).
平衡(평형) ①저울을 바르게 함. 한쪽으로 치우치지 않음. ②허리를 굽혀, 머리와 허리가 수평이 되도록 하여 절을 함.
平和(평화) ①평온하고 화목함. ②전쟁이 없이 세상이 잘 다스려짐.
◨ 公平공평, 不平불평, 水平수평, 地平지평, 治平치평, 太平태평, 泰平태평, 和平화평.

3 ⑥【幵】 평평할 견 囲
㊥jiān ㊐ケン
소전 幵 속자 开 자해 ❶평평하다. ❷오랑캐 이름. 강족(羌族)의 한 갈래. ❸산 이름.

3 ⑥【年】 해 년 囲
중학 인명 8급 ㊥nián ㊐ネン
필순 ノ 𠂉 𠂉 仁 乍 年
소전 초서 본자 秊 자원 形聲. 禾+千→秊→年. '千(천)'이 음을 나타낸다.
자해 **❶해, 정월 초하루부터 섣달그믐까지.** 〔春秋穀梁傳〕四時具而後爲年사시구이후위년. **❷나이, 연령. ❸익다, 오곡(五穀)이 잘 익다, 풍년들다.**
年刊(연간) 1년에 한 번씩 간행함.
年間(연간) ①한 해 동안. ②임금의 재위 기간.
年鑑(연감) 한 해 동안에 일어난 여러 가지 일이나 기록을 모아 한 해에 한 번 내는 간행물.
年庚(연경) ①생년월일 및 그 간지(干支). ②나이. 연령(年齡).
年功(연공) 여러 해 동안 쌓은 공로.
年光(연광) 세월(歲月). 光陰(광음).
年久月深(연구월심) 오랜 세월.
年金(연금) 국가·단체에서 개인에게 일정 기간이나 종신토록 해마다 지급하는 일정액의 돈.
年紀(연기) ①나이. ②연수(年數). 연대(年代).
年期(연기) ①만 1년. ②1년을 단위로 정한 기간. 年限(연한).
年內(연내) 그 해의 안.
年年歲歲(연년세세) 해마다.
年代(연대) 지나온 햇수나 시대.
年德(연덕) ①연령과 덕. ②풍수가(風水家)의 말로, 연덕신(年德神)이 산다는 좋은 방향.
年德俱尊(연덕구존) 나이도 많고 덕도 높음.
年度(연도) 사무나 회계·결산 등의 편의에 따라 구분한 1년의 기간.
年頭月尾(연두월미) 일년 내내.
年登(연등) 곡식이 잘 여묾. 豐作(풍작).
年齡(연령) 나이.
年例(연례) 해마다 하는 관례(慣例).
年老(연로) 나이가 많음.
年輪(연륜) ①나이테. ②해마다 성장·변화하여 이룩된 역사.
年利(연리) 1년을 단위로 한 이자나 이율.
年末(연말) 세밑.
年貌(연모) 나이와 용모.
年輩(연배) 서로 나이가 비슷한 사람. 또는 서로 비슷한 나이.
年譜(연보) 사람이나 회사 등의 사적을 연대순으로 간략히 적은 기록.
年俸(연봉) 1년 단위로 정한 봉급.
年富力強(연부역강) 나이가 젊고 힘이 셈.
年上(연상) 자기보다 나이가 위임.
年歲(연세) ①나이. 年齡(연령). ②해. 歲月(세월). ③곡물(穀物). 年穀(연곡).
年少(연소) 나이가 젊은 나이가 어림.
年長(연장) 자신보다 나이가 많음.
年祚(연조) ①나라의 수명(壽命). 歷年(역년). ②사람의 수명.
年次(연차) 햇수의 차례.
年初(연초) 새해의 첫머리
年齒(연치) 나이. 年齡(연령).
年表(연표) 역사적인 사실을 연대순으로 배열하여 적은 표.
年豐(연풍) 곡식이 잘 익음. 풍년이 듦.
年賀(연하) ①새해의 복을 빌고 축하함. 新禧(신희). ②노인의 장수(長壽)를 축하함.

年限(연한) 정해진 햇수.
年號(연호) 임금의 재위(在位) 연대에 붙이는 칭호.
◨ 去年거년, 來年내년, 老年노년, 晩年만년, 每年매년, 明年명년, 少年소년, 新年신년, 年年연년, 閏年윤년, 翌年익년, 昨年작년, 長年장년, 壯年장년, 前年전년, 停年정년, 中年중년, 初年초년, 青年청년, 平年평년, 豐年풍년, 後年후년, 凶年흉년.

3 ⑥【幷】 并(389)의 속자 인명

5 ⑧【并】 어우를 병 庚

인명 ㊥bìng ㊐ヘイ

소전 초서 속자 并 자해 ❶어우르다, 하나로 합하다. 〔漢書〕 并爲蒼頡篇병위창힐편. ❷어울리다, 하나가 되다. ❸함께, 함께 하다. ❹나란히 하다.
并兼(병겸) 하나로 합침. 并合(병합).
并容(병용) 오는 사람을 막지 않고 모두 받아들임.
并有(병유) 아울러 소유함. 倂有(병유).
并日(병일) 날을 아우름. 곧, 하루치를 이틀 사흘에 나누어 씀.
并州之情(병주지정) 오래 살던 타향을 제2의 고향으로 그리워하는 생각. 故事 당대(唐代)의 가도(賈島)가 병주(并州)에 오래 살다가 떠난 후 시를 지어 그곳을 고향처럼 그리워했다는 고사에서 온 말.
并呑(병탄) 아울러 삼킴. 아울러서 모두 자기 것으로 함. 倂合(병합).
◨ 兼并겸병, 合并합병.

5 ⑧【幸】 다행 행 梗

중학 인명 6급 ㊥xìng ㊐コウ

필순 一 十 土 土 去 击 击 幸

소전 초서 동자 卒 자원 會意. 夭+屰→幸. 사람이 일찍 죽음〔夭〕을 면하는〔屰〕 것은 길한 일이라는 데서 '다행'의 뜻을 나타낸다.
자해 ❶다행, 행복, 좋은 운. 〔論語〕 丘也幸구야행, 苟有過구유과, 人必知之인필지지. ❷다행하다, 운이 좋다. 〔論語〕 不幸短命死矣불행단명사의. ❸바라다, 희망하다. ❹요행, 뜻하지 않은 좋은 운. ❺거둥, 임금의 외출(外出). ❻임금이 사랑하다, 임금의 침소(寢所) 시중을 들게 하다. 〔史記〕 襄公有賤妾양공유천첩, 幸之有身행지유신. ❼행복을 주다, 은혜를 베풀다.
幸冀(행기) ①원하고 바람. ②소원(所願).
幸免(행면) 운이 좋아 죽음이나 재앙을 피함.
幸反爲禍(행반위화) 행(幸)이 바뀌어 도리어 화(禍)가 됨.
幸福(행복) 만족하여 불만이 없는 상태.
幸臣(행신) 마음에 드는 신하. 寵臣(총신).
幸甚(행심) 매우 다행함.
幸御(행어) ①임금의 행차. ②사랑하여 가까이 함. 침소 시중을 들게 함.
幸運(행운) 복된 운수.
幸位(행위) 요행으로 얻는 벼슬.
幸酒(행주) 술을 좋아함.
幸姬(행희) 총애를 받는 여자. 군주(君主)의 첩(妾). 寵妾(총첩).
◨ 近幸근행, 多幸다행, 不幸불행, 巡幸순행, 天幸천행.

5 ⑧【卒】 幸(389)과 동자

10 ⑬【幹】 干 1줄기 간 翰 2귀틀 간 寒

고등 인명 3Ⅱ급 ㊥gàn ㊐カン

필순 十 古 古 吉 直 卓 𠦝 𠦝 𠦝 幹

소전 초서 본자 榦 자원 形聲. 倝+木→榦→幹. '倝(간)'이 음을 나타낸다.
자해 1❶줄기. ㉮나무나 풀의 대. ㉯줄기 같은 구실을 하는 것. ¶ 幹線간선. ❷기둥, 담을 쌓을 때 양쪽에 세우는 나무 기둥. 〔書經〕 山寺乃楨幹산사내정간. ❸몸, 뼈대, 체구. 〔魏書〕 猛少以姿幹充虎賁맹소이자간충호분. ❹근본, 본질, 주체. ❺재능, 기량. 〔三國志〕 有文幹유문간. ❻맡아서 처리하다. ¶ 幹事간사. ❼10간(干). ≒干. 2귀틀. 우물 위에 나무로 '井'자 모양으로 짜서 설치한 난간. 〔漢書〕 單極之統斷幹단극지통단간.
幹蠱(간고) 부모의 잘못을 아들이 덮어바름. 허물이 있는 사람의 재지(才智) 있는 아들.
幹略(간략) 재간(才幹)과 모략(謀略).
幹吏(간리) ①주요한 관리. ②노련한 관리.
幹部(간부) 조직이나 단체의 우두머리가 되는 사람들. 首腦部(수뇌부).
幹事(간사) 조직이나 단체의 중심이 되어 일을 맡아 처리하는 사람. 또는 그 직무.
幹線(간선) 철도·도로 따위에서 줄기가 되는 중요한 선.
幹枝(간지) 식물의 줄기와 가지.
◨ 骨幹골간, 根幹근간, 基幹기간, 才幹재간.

幺部 작을 요

0
③【幺】 작을 요 蕭

㊥yāo ㊐ヨウ

소전 초서 자원 象形. 갓 태어난 어린 아이를 본뜬 글자. 여기서 '작다, 어리다' 의 뜻을 나타낸다.

자해 ❶작다. ❷어리다. ❸하나. 주사위의 한 점.

幺麼(요마) ①작음. 미소(微小). ②쓸모없음. 보잘것없음. 또는 그런 사람.

幺弱(요약) 어리고 약함. 幼弱(유약).

1
④【幻】 변할 환 諫

인명 2급 ㊥huàn ㊐ゲン

소전 초서 자해 ❶변하다, 변하여 바뀌다. ❷미혹(迷惑)하다, 홀리게 하다, 어지럽히다. ≒眩. 〔書經〕民無或胥譸張爲幻민무혹서주장위환. ❸허깨비, 헛것. ¶ 幻影환영. ❹요술.

幻覺(환각) 실재하는 사물이나 상황이 없는데도 마치 실재하는 것처럼 느껴지는 착각.

幻燈(환등) 그림·사진 등에 강한 빛을 쏘여 렌즈로 확대해서 영사막에 보이도록 하는 장치.

幻沫(환말) 환상(幻像)과 거품. 소멸(消滅)하기 쉬운 것. 夢幻泡沫(몽환포말).

幻滅(환멸) 기대나 희망의 환상이 사라졌을 때 느끼는 허무한 심정.

幻夢(환몽) 허황한 꿈.

幻想(환상) 현실에 없는 현상을 있는 것처럼 느끼는 망상(妄想).

幻生(환생) ①환상처럼 나타남. ②(佛)형상을 바꾸어서 다시 태어남.

幻世(환세) ①덧없는 세상. 무상한 세상. ②현세(現世).

幻術(환술) 남의 눈을 속이는 술법. 魔術(마술). 妖術(요술).

幻心(환심) (佛)환상과 같은 마음. 곧, 사람의 마음.

幻影(환영) ①실재하지 않는 것이 존재하는 것처럼 보임. ②사실이 아닌 것을 사실처럼 느끼는 환각. 幻像(환상).

幻泡(환포) 허깨비와 물거품. 지극히 덧없는 것의 비유.

幻惑(환혹) 사람의 눈을 홀리게 하고 정신을 어지럽게 함. 眩惑(현혹).

幻化(환화) 우주 만물이 환상(幻像)과 같이 변화하는 일.

◨ 夢幻몽환, 變幻변환, 浮幻부환, 妖幻요환.

2
⑤【幼】 ①어릴 유 宥 ②그윽할 요 嘯

중학 인명 3Ⅱ급 ㊥yòu ㊐ヨウ

필순 幼

소전 초서 속자 㓜 참고 인명용 음은 '유' 이다.

자원 會意. 幺+力→幼. 힘〔力〕이 작음〔幺〕, 곧 힘이 약하다는 데서 '어리다' 라는 뜻을 나타낸다.

자해 ① ❶어리다. ㉮나이가 어리다. ¶ 幼年유년. ㉯경험이 적거나 수준이 낮다. ❷어린아이. 〔禮記〕敬長慈幼경장자유. ❸사랑하다, 어린이를 사랑하다. 〔孟子〕幼吾幼유오유, 以及人之幼이급인지유. ② 그윽하다, 시원하다, 정미(精微)하고 훌륭하다.

幼君(유군) 나이 어린 임금. 幼主(유주).

幼根(유근) 씨의 배〔胚〕 안에 있는, 자라서 뿌리가 될 부분.

幼年(유년) 어린 나이. 어린아이.

幼少(유소) 나이가 어림. 또는 그런 사람. 幼沖(유충).

幼兒(유아) 어린아이.

幼帝(유제) 어린 천자(天子).

幼主(유주) 나이 어린 임금.

幼蟲(유충) 애벌레.

幼稚(유치) ①나이가 어림. ②수준·정도가 미숙함.

幼學(유학) ①열 살에 처음으로 글을 배운다는 뜻에서, 열 살을 이르는 말. ②어려서 배움. 또는 그 아이.

幼妙(요묘) 오묘(奧妙)함. 기품이 있고 훌륭함.

幼眇(요묘) 그윽하고 아름다움. 微妙(미묘).

◨ 老幼노유, 長幼장유, 稚幼치유.

6
⑨【幽】 그윽할 유 尤

고등 인명 3Ⅱ급 ㊥yōu ㊐ユウ

필순 幽

소전 초서 자원 會意. 丝+山→幽. 산〔山〕이 깊숙하다〔丝〕는 데서 '그윽하다' 란 뜻을 나타낸다.

자해 ❶그윽하다. ㉮깊숙하고 으늑하다. 〔詩經〕出自幽谷출자유곡. ㉯웅숭깊다, 미묘하다, 심원하다. ❷어둡다. 〔楚辭〕世俗之幽昏兮세속지유혼혜. ❸저승. ¶ 幽明유명. ❹어두운 곳. ❺구석, 구석진 곳. 〔後漢書〕光被六幽광피륙유.

幺 0획

❻검다, 검은빛. 〔詩經〕 其葉有幽기엽유유. ❼음(陰). 양(陽)의 대(對). 〔史記〕 幽明之占유명지점. ❽밤〔夜〕.
幽客(유객) ①은사(隱士). ②난초.
幽居(유거) 세상을 피하여 외딴 곳에 삶. 또는 그 집. 幽處(유처).
幽境(유경) 깊숙한 곳. 고요한 곳.
幽界(유계) 눈에 보이지 않는 세계. 저승.
幽谷(유곡) 깊은 산골. 고요한 골짜기.
幽禁(유금) 감금(監禁)함.
幽期(유기) ①비밀의 약속. ②現남녀의 내밀(內密)한 약속.
幽堂(유당) ①조용하고 그윽한 방. ②무덤.
幽靈(유령) 죽은 사람의 혼령. 亡魂(망혼).
幽明(유명) ①어두움과 밝음. 明暗(명암). ②저승과 이승. 명토(冥土)와 현세(現世). 귀신과 사람. ③선(善)과 악(惡). 암우(暗愚)와 현명(賢明). ④암컷과 수컷. 雌雄(자웅). ⑤해와 달. 낮과 밤.
幽冥(유명) ①그윽하고 어두움. 깊숙하고 묘함. 高妙(고묘). 微妙(미묘). ②(佛)저승.
幽僻(유벽) 시골. 변두리. 외딴 곳.
幽思(유사) 고요히 생각에 잠김. 또는 그 생각. 幽念(유념).
幽囚(유수) ①잡힘. 감옥에 갇힘. 拘禁(구금). ②죄수(罪囚). 囚人(수인).
幽邃(유수) 고요하고 그윽함. 幽深(유심).
幽雅(유아) 조용하고 우아함. 점잖음.
幽厄(유액) 갇힌 괴로움. 유폐(幽閉)의 재액.
幽夜(유야) 고요하고 쓸쓸한 밤.
幽圄(유어) 어두운 감옥. 幽囹(유령).
幽咽(유열) 흐느낌.
幽遠(유원) 깊숙하고 멂. 심오(深奧)함.
幽人(유인) 세상을 피하여 숨어 사는 사람. 隱者(은자).
幽絕(유절) 속세에서 멀리 떨어져 고요함. 또는 그런 곳.
幽情(유정) 고요한 심정. 우아한 정치(情致).
幽靜(유정) 깊숙하고 고요함. 또는 그런 곳.
幽眞(유진) 자연 그대로여서 그윽함.
幽贊(유찬) ①남이 알지 못하게 숨어서 도움. ②귀신의 도움을 받음.
幽趣(유취) 조용하고 고상한 취미.
幽宅(유택) 죽은 이의 집. 무덤.
幽閉(유폐) ①깊숙이 가두어 둠. 拘禁(구금). ②깊이 들엎드림. 마음이 답답함. ③고대에 부인에게 적용한 형벌.
幽壑(유학) 깊숙한 골짜기.
幽閑(유한) ①고요하고 오묘함. ②어둡고 조용함. 또는 그런 곳. 구석진 시골.
幽巷(유항) ①깊숙한 뒷골목. ②인가(人家)를 벗어난 외딴 곳. 深巷(심항).
幽玄(유현) 깊고 미묘함. 유원(幽遠)하고 현묘(玄妙)함. 이치가 매우 깊어 알기 어려움.
幽顯(유현) ①숨음과 나타남. 사람이 안 보는 데와 보는 데. ②유세(幽世)와 현세(顯世).
幽懷(유회) 마음속 깊이 품은 생각.
幽興(유흥) 그윽한 흥취(興趣). 幽趣(유취).
◨ 九幽구유, 僻幽벽유.

9 **【幾】** 几 1기미 기 微
⑫ 2몇 기 尾
중학 인명 3급 ㊥jī, jǐ ㊐キ

필순 ㇜ 幺 幺 幺幺 丝 丝 ... 幾 幾 幾

소전 … 초서 … 자원 會意. 幺+戍→幾. 적은〔幺〕 수의 군대가 지키니〔戍〕 위태롭기 짝이 없다는 데서 '위태하다' 란 뜻을 나타낸다.

자해 1❶**기미, 낌새, 조짐, 징조.** 〔易經〕 君子見幾而作군자견기이작. ❷**거의.** ❸**위태하다, 위태롭다.** 〔詩經〕 維其幾矣유기기의. ❹**바라다, 원하다.** ≒覬. 〔史記〕 毋幾爲君무기위군. ❺**가깝다, 가까워지다.** 〔禮記〕 知樂則幾於禮지악즉기어례. ❻**그.** 어세를 고르는 조사. 2❶**몇, 얼마, 어느 정도.** ❷**자주, 종종.** ❸**어찌.** ≒豈. 〔荀子〕 幾不甚美矣哉기불심미의재.
幾諫(기간) 감정을 상하지 않도록 은근하게 간(諫)함.
幾度(기도) 여러 번. 몇 번.
幾望(기망) 매월 음력 14일. 또는 그날 밤의 달.
幾微(기미) ①낌새. ②미세함. 機微(기미).
幾死之境(기사지경) 거의 죽게 된 지경(地境).
幾朔(기삭) 몇 달.
幾殆(기태) 위급함. 위기일발(危機一髮).
幾何(기하) ①얼마. 몇. ②기하학(幾何學).
幾許(기허) 얼마.
幾乎(기호) 거의 근사함.
◨ 未幾미기, 庶幾서기.

11 **【𢆶】** 繼(999)와 동자
⑭

广 部 엄호

0 **【广】** 집 엄 琰
③
㊥yǎn ㊐ゲン

소전 … 초서 … 자원 指事. 丶+厂→广. 언덕〔厂〕 위에 있는 지붕〔丶〕

广 0획

을 나타내어 '언덕 위에 있는 집'이란 뜻을 나타낸다.
자해 ❶집. ❷마룻대. ❸한자 부수의 하나, 엄호.

2⑤【広】 廣(399)의 속자 인명

2⑤【庀】 다스릴 비 紙
㊥pǐ ㊐ヒ
초서 자해 ❶다스리다. ❷갖추다, 구비하다. 〔春秋左氏傳〕宰庀家器재비가기.

2⑤【庁】 廳(402)의 속자

3⑥【庄】 度(394)의 고자

3⑥【庄】 1농막 장 陽 2평평할 팽 庚
인명 2급 ㊥zhuāng, péng ㊐ソウ, ホウ
참고 인명용 음은 '장'이다.
자해 1농막, 전장. ※莊(1073)의 속자(俗字). 2평평하다.
庄土(장토) 개인이 가지고 있는 논과 밭. 田庄(전장).

4⑦【庋】 시렁 기 紙
㊥guǐ ㊐キ
초서 자해 ❶시렁, 주로 음식물을 올려놓는 시렁. ¶ 庋閣기각. ❷갈무리해 두다, 올려놓다.
庋閣(기각) 선반. 찬장.
庋置(기치) 시렁 위에 올려놓음.

4⑦【庐】 盧(402)의 속자

4⑦【庎】 府(393)와 동자

4⑦【庇】 덮을 비 寘
인명 1급 ㊥bì ㊐ヒ
소전 초서 자해 ❶덮다. ㉮덮어 씌워 가리다. 〔國語〕口以庇信구이비신. ㉯감싸다, 덮어 숨겨 주다. ❷감싸는 도움, 그늘. ❸의탁하다, 의지하다. 〔呂氏春秋〕民知所庇矣민지소비의.
庇佑(비우) 감싸 줌. 보호함.
庇蔭(비음) 차양이나 나무 그늘이 우로(雨露)를 막고 물건을 감싸듯이 사람을 옹호함. 庇廕(비음).
庇護(비호) 감싸서 보호함. 도움.

4⑦【床】 1평상 상 陽 2國상 상
고등 인명 4Ⅱ급 ㊥chuáng ㊐ショウ
필순 丶 亠 广 庀 庄 床 床
자원 본래 '牀'의 속자인데 '牀'은 형성자(形聲字)이다. 爿+木→牀으로 '爿(장)'이 음을 나타낸다.
자해 1평상. ※牀(795)의 속자(俗字). 2상, 밥상·책상·평상 등의 통칭. ¶ 冊床책상.
床蓋(상개) 뚜껑.
床固工(상고공) 개울 바닥이나 둑 허리 등이 물에 씻기지 않게, 그 바닥을 든든히 하는 공사의 한 가지.
床石(상석) 무덤 앞에 제물을 차려 놓기 위하여 넓적한 돌로 만들어 놓은 상. 상돌.
床廛(상전) 잡화(雜貨)를 파는 가게.
床卓(상탁) 제상(祭床)과 향탁(香卓).
床播(상파) 못자리에 씨를 뿌림.
◨ 溫床온상.

4⑦【序】 차례 서 語
중학 인명 5급 ㊥xù ㊐ジョ
필순 丶 亠 广 户 户 庐 序
소전 초서 자원 形聲. 广+予→序. '予(여)'가 음을 나타낸다.
자해 ❶차례. ㉮장유(長幼)의 순서. 〔孟子〕長幼有序장유유서. ㉯전후(前後)의 차례. ❷차례를 매기다, 순서를 정하다. 〔詩經〕序爵以賢서작이현. ❸학교. 하(夏)·은(殷)·주(周) 삼대(三代)에 있던 향학(鄕學)의 이름. 〔孟子〕申之以庠序之教신지이상서지교. ❹말하다, 차례를 따라 서술하다. 〔詩經〕序其事以風焉서기사이풍언. ❺서문, 머리말. ¶ 序文서문. ❻문체(文體) 이름.
序歌(서가) 서사(序詞)에 쓰이는 노래.
序曲(서곡) 극(劇)에서 막을 열기 전에 연주하는 음악.
序頭(서두) ①일이나 말의 첫머리. ②어떤 차례나 문서의 맨 앞.
序論(서론) 논문(論文)이나 책의 첫머리에 기

술하는, 본론의 실마리가 되는 글. 머리말. 序說(서설).
序幕(서막) ①연극에서 처음 여는 막. ②일의 시작. 發端(발단).
序文(서문) 머리말. 序言(서언).
序跋(서발) 서문(序文)과 발문(跋文).
序詞(서사) 머리말.
序庠(서상) 서와 상. 향읍(鄕邑)에 있는 지방 학교. 庠序(상서).
序陞(서승) 관직에 있는 햇수를 따라서 관직·품계를 올리는 일.
序詩(서시) 책의 첫머리에 서문 대신 싣는 시.
序列(서열) ①차례로 늘어놓음. ②차례. 順序(순서).
序志(서지) 자기의 의견을 진술함.
序次(서차) ①차례. 순서. ②계절. 철.
序讚(서찬) 문체(文體)의 한 가지. 여러 사람이 차례로 짓는 찬(讚).
◨ 順序순서, 自序자서, 長幼有序장유유서, 秩序질서.

4 ⑦【応】 應(478)의 속자

4 ⑦【庍】 底(393)와 동자

5 ⑧【庚】 일곱째 천간 경 庚

고등 인명 3급 ㊥gēng ㊐コウ

필순 丶 亠 广 户 庐 庐 庚 庚

소전 초서 자원 象形. 본래 만물이 열매를 맺는 모양을 본뜬 글자이다.

자해 ❶**일곱째 천간**. 방위로는 서(西), 오행으로는 금(金), 사시로는 추(秋)에 배당된다. 〔春秋左氏傳〕庚午之日경오지일. ❷**도(道), 도리**. ≒經. ❸**바뀌다, 고치다**. 〔易經〕先庚三日선경삼일.
庚癸(경계) 진중(陣中)에서 양식과 물을 요구할 때 쓰는 은어(隱語). '庚'은 서쪽으로 곡식을, '癸'는 북쪽으로 물을 다스린다는 데서 온 말.
庚伏(경복) 삼복(三伏).
庚時(경시) 24시의 열여덟째 시. 곧, 오후 4시 30분~5시 30분.
◨ 長庚장경, 倉庚창경.

5 ⑧【庙】 廟(400)의 속자

5 ⑧【府】 곳집 부 麌

고등 인명 4Ⅱ급 ㊥fǔ ㊐フ

필순 丶 亠 广 广 庁 府 府 府

소전 초서 동자 庎 자원 形聲. 广+付→府. '付(부)'가 음을 나타낸다.

자해 ❶**곳집**. 문서나 재물을 갈무리해 두는 곳. 〔漢書〕史書而藏之府사서이장지부. ❷**마을, 도회지**. ❸**관청**(官廳). ❹**고을**. 당대(唐代)에 처음 두었던 행정 구역의 하나. ¶ 安東府使안동부사. ❺**죽은 아비**. ¶ 府君부군.
府庫(부고) 문서나 재물을 보관하는 관(官)의 창고.
府君(부군) 죽은 아버지나 대대의 할아버지의 존칭.
府兵(부병) 궁성(宮城)에 직속되어 있는 병사(兵士). 서위(西魏)에서 시작하여 수·당(隋唐)에 이르러 정비되었음.
府院君(부원군) 조선 때 왕비의 친정 아버지나 정일품의 공신에게 주던 작호(爵號).
府中(부중) ①대장군(大將軍)의 막부(幕府). ②재상(宰相)이 집무하는 관아.
府帑(부탕) 정부의 금고(金庫). 國庫(국고).
◨ 京府경부, 公府공부, 官府관부, 國府국부, 軍府군부, 幕府막부, 冥府명부, 政府정부, 學府학부.

5 ⑧【底】 밑 저 薺

고등 인명 4급 ㊥dǐ ㊐シ

필순 丶 亠 广 广 庀 庀 底 底

소전 초서 동자 底 자원 形聲. 广+氐→底. '氐(저)'가 음을 나타낸다.

자해 ❶**밑**, ㉮**사물의 바닥을 이루는 부분**. ¶ 井底之蛙정저지와. ㉯**맨 끝, 끝나는 곳이나 때**. ¶ 歲底세저. ㉰**기초, 근본이 되는 것**. ¶ 根底근저. ❷**속, 안**. ❸**이르다, 도달하다**. ❹**초고, 원고**. ¶ 底本저본. ❺**어찌, 어떤, 어찌하여**. 의문사. ❻**어조사**. '的'과 거의 같이 쓰였다.
底稿(저고) 원고(原稿). 草稿(초고).
底極(저극) 종극(終極)에 이름. 끝남.
底力(저력) 속에 간직하고 있는, 끈기 있는 힘.
底流(저류) ①강이나 바다 밑의 물흐름. ②드러나지 않는 내부의 움직임.
底邊(저변) 사회적·경제적으로 기저(基底)를 이루는 계층.
底本(저본) ①개정이나 번역을 하기 전의 본디

의 서류나 책. ②문장의 초고(初稿).
底蘊(저온) ①깊숙한 곳. ②마음속 깊이 간직한 것. 蘊奧(온오).
底意(저의) 드러내 보이지 않는 속마음.
底下(저하) ①낮음. 낮아짐. ②비열(卑劣)함.
◨ 基底기저, 到底도저, 歲底세저, 心底심저, 徹底철저, 海底해저.

5 ⑧【店】 가게 점

중학 인명 5급 ㊥diàn ㊐テン

필순 丶 亠 广 广 庐 庐 店 店

초서 자원 形聲. 广+占→店. '占'이 음을 나타낸다.

자해 ❶**가게, 전방, 물건을 파는 곳.** ¶ 商店상점. ❷**여관, 여인숙.**

5획

店頭(점두) 가게 앞.
店肆(점사) 점포(店鋪). 商店(상점).
店員(점원) 남의 가게에서 일을 보아 주고 보수를 받는 사람.
店主(점주) 가게의 주인.
店鋪(점포) 가게를 벌인 집. 가게. 商店(상점).
◨ 開店개점, 露店노점, 賣店매점, 本店본점, 商店상점, 書店서점, 支店지점, 閉店폐점.

5 ⑧【庖】 부엌 포

1급 ㊥páo ㊐ホウ

소전 초서 자해 ❶**부엌, 취사장.** 〔孟子〕庖有肥肉포유비육. ❷**요리사(料理師).** 〔史記〕伊尹爲庖이윤위포. ❸**요리, 요리한 음식.** ❹**복희씨(伏犧氏)의 약칭.** ❺**國푸주.** ¶ 庖丁포정.

庖廩(포름) 부엌과 곳집. 부엌과 광.
庖人(포인) ①주대(周代)에 요리를 맡아보던 벼슬. ②요리하는 사람.
庖丁(포정) ①옛날 이름난 요리인. 소를 잡아 뼈와 살을 발라내는 데 솜씨가 뛰어났음. ②요리하는 사람. 庖人(포인). 庖宰(포재). ③國소나 돼지 따위를 잡는 일을 업으로 하던 사람. 백장. 白丁(백정).
庖丁解牛(포정해우) 포정(庖丁)이 소의 살을 발라냄. 기술이 뛰어남.
庖廚(포주) ①부엌. 廚房(주방). ②푸줏간.
庖犧(포희) 중국 전설상(傳說上) 최초의 제왕(帝王). 伏羲(복희).

6 ⑨【度】 1법도 도 2헤아릴 탁

중학 인명 6급 ㊥dù, duó ㊐ド, タク

필순 丶 亠 广 广 产 产 产 度 度

소전 초서 고자 참고 인명용 음은 '도·탁'이다.

자원 形聲. 庶+又→度. '庶'는 '庶(서)'의 생략형으로 음을 나타낸다.

자해 1❶**법도, 법제(法制), 법.** 〔春秋左氏傳〕度不可改도불가개. ❷**제도(制度), 정해진 규정.** 〔周禮〕以度敎節이도교절. ❸**기량, 국량.** 〔史記〕常有大度상유대도. ❹**자, 길이의 표준.** 〔書經〕同律度量衡동률도량형. ❺**정도(程度).** ❻**모양, 모습, 풍채.** 〔後漢書〕此子之風度차자지풍도. ❼**도수, 횟수, 번.** ❽**건너다, 건네다.** ❾**現도.** 각도, 온도, 습도, 경·위도 등을 나타내는 단위. ❿**넘다, 넘어서다.** 〔漢書〕度百里之限도백리지한. ⓫**나르다, 운반하다.** ⓬**(佛)깨닫다, 번뇌에서 해탈하다.** 2《俗》慶(465). ❶**헤아리다.** ㉮**광협장단(廣狹長短)을 재다.** 〔孟子〕度然後知長短탁연후지장단. ㉯**짐작하다. 미루어 짐작하다.** ❷**꾀하다, 생각하다.**

度量(❶도량 ❷탁량) ❶①자〔尺〕와 말〔斗〕. ②사물을 너그럽게 포용(包容)하는 품성. 局量(국량). ❷사물을 헤아림. 적당한 도수를 생각함.
度量衡(도량형) ①자와 되와 저울. ②길이, 분량, 무게를 재는 일.
度世(도세) ①세속(世俗)을 초탈함. 선인(仙人)이 되는 일. ②(佛)세속(世俗)을 초월하는 일. 또는 생사(生死)의 고해(苦海)를 넘어 열반(涅槃)에 이름.
度數(도수) ①거듭하는 번수나 횟수. ②각도·온도·광도 등의 정도를 나타내는 수. ③정해진 길.
度厄(도액) 액막이.
度外視(도외시) 관계되는 범위 밖의 것으로 여겨 문제로 삼지 않음. 상대하지 않음.
度越(도월) 남보다 뛰어남.
度日(도일) 세월을 보냄.
度牒(도첩) (佛)승려가 되었을 때 나라에서 주는 허가증(許可證). 입적(入寂)하거나 환속하면 도로 반납(返納)해야 함.
度德量力(탁덕양력) 자신의 덕행과 역량을 헤아림.
度地(탁지) 토지를 측량함. 測地(측지).
◨ 角度각도, 強度강도, 高度고도, 速度속도, 年度연도, 溫度온도, 緯度위도, 程度정도, 進度진도, 尺度척도, 態度태도, 限度한도.

6 ⑨【庠】 학교 상

인명 2급 ㊥xiáng ㊐ショウ

소전 庠 초서 庠 자해 **학교**. 은대(殷代)와 주대(周代)에 있었던 향학(鄕學). 〔孟子〕 夏曰校하왈교, 殷曰序은왈서, 周曰庠주왈상.

庠校(상교) 고대의 학교(學校). 庠斆(상효).

庠序(상서) 고대 중국의 지방 학교. 은(殷)은 '序', 주(周)는 '庠'이라 하였음.

7 ⑩【庫】库 곳집 고 遇

고등 인명 4급 ㊥kù ㊐コ

필순 丶 亠 广 广 庐 庐 启 肩 肩 庫

소전 庫 초서 庫 자원 會意. 广＋車→庫. 집〔广〕 안에 수레〔車〕가 있는 모습으로 '무기나 전차를 보관하는 곳'을 뜻한다.

자해 ❶**곳집**. ❷**감옥**.

庫裏(고리) (佛)①절의 부엌. ②주지(住持)나 그 가족이 거처하는 방.

庫房(고방) 창고. 곳간.

庫直(고직) 國창고지기. 고지기.

◨ 金庫금고, 兵庫병고, 寶庫보고, 書庫서고, 倉庫창고, 出庫출고.

7 ⑩【庋】 산신제 기 紙

㊥guǐ ㊐キ

소전 庋 자해 **산신제**(山神祭). 산신에게 지내는 제사. ❷**시렁**. ≒庋.

庋縣(기현) 산신제.

7 ⑩【庬】 ①클 방 江 ②어렴풋할 봉 董

㊥máng, méng ㊐ボウ, モウ

초서 庬 자해 ①**크다, 넉넉하다, 두텁다**. ※ 厖(176)의 속자. 〔漢書〕 湛恩庬洪잠은방홍. ②**어렴풋하다, 확실하지 않은 모양**. ≒濛.

7 ⑩【庭】 뜰 정 靑

중학 인명 6급 ㊥tíng ㊐テイ

필순 丶 亠 广 广 庀 庄 庄 庭 庭 庭

소전 庭 초서 庭 자원 形聲. 广＋廷→庭. '廷(정)'이 음을 나타낸다.

자해 ❶**뜰**. 집 안에 있는 마당. 〔儀禮〕 賓入及庭빈입급정. ❷**조정**(朝廷). ≒廷. ❸**관청, 군**(郡)**이나 현**(縣)**의 정청**(正廳). ≒廳. ❹**궁중**(宮中), **궁궐의 안**.

庭柯(정가) 뜰에 심은 나무. 또는 그 나뭇가지.

庭教(정교) 친히 와서 가르침.

庭鞫(정국) 國의금부(義禁府)·사헌부(司憲府)에서 왕명(王命)에 따라 죄인을 국문(鞫問)하던 일. 庭鞠(정국).

庭試(정시) 國나라에 경사가 있을 때 대궐 안에서 보던 과거.

庭園(정원) 집 안의 뜰과 꽃밭.

庭闈(정위) 어버이가 거처하는 방. ㉠부모. ㉡가정.

庭除(정제) 뜰. 마당.

庭享(정향) 國공로 있는 신하가 죽은 뒤에 종묘(宗廟) 제사에 부제(祔祭)하는 일. 고려 때부터 행하여짐. 廟庭配享(묘정배향).

庭訓(정훈) 가정에서의 가르침. 집안 사람에 대한 교훈. 故事 공자(孔子)가 아들 이(鯉)가 뜰에 지날 때 불러 세워, 시(詩)와 예(禮)를 배워야 한다고 가르친 고사에서 온 말.

◨ 家庭가정, 宮庭궁정, 法庭법정, 山庭산정.

7 ⑩【座】 자리 좌 箇

고등 인명 4급 ㊥zuò ㊐ザ

필순 丶 亠 广 广 广 庀 庂 座 座 座

초서 座 속자 座 자원 形聲. 广＋坐→座. '坐(좌)'가 음을 나타낸다.

자해 ❶**자리**. ㉮**앉거나 눕는 자리**. 〔史記〕 埽除設座소제설좌. ㉯**직위, 지위**. ㉰**일정한 사람이 모이도록 한 자리**. 〔晉書〕 共至酒座공지주좌. ㉱**위치, 일정한 대상이 차지하는 공간적 위치**. ¶ 座標좌표. ❷**좌**. 집·부처·거울 등을 세는 단위. ❸**별자리**.

座客(좌객) 자리를 함께한 손님.

座鼓(좌고) 틀에 달고 채로 치게 된 북.

座談(좌담) 마주 자리잡고 앉아서 하는 이야기.

座席(좌석) 앉는 자리.

座首(좌수) 조선 때 지방의 주(州)·부(府)·군(郡)·현(縣)에 두었던 향청(鄕廳)의 으뜸인 자리. 또는 그 사람. 首鄕(수향).

座右銘(좌우명) 늘 자리 옆에 갖추어 놓고 경계로 삼는 격언.

座長(좌장) 집회 등에서 추대되어 그 자리를 이끄는 사람. 席長(석장).

座主(좌주) 당대(唐代) 이후 과거(科擧)에 급제한 사람이 그 시험관을 높이어 부르는 말. 참座師(좌사).

座中(좌중) 여럿이 모인 자리.

座標(좌표) 수학에서 점이나 자리를 정하는 표준이 되는 표.

座下(좌하) 주로 편지 글에서, 상대편을 높여

그의 이름 아래 쓰는 말.
座興(좌흥) 여럿이 모인 자리의 흥취.
◨ 講座강좌, 寶座보좌, 星座성좌, 首座수좌, 王座옥좌.

8 ⑪【康】 편안할 강 陽

고등 인명 4Ⅱ급 ㊥kāng ㊐コウ

필순 丶 亠 广 户 戶 唐 康 康 康 康

초서 자원 形聲. 禾+米+庚→糠→康. '庚(경)'이 음을 나타낸다.

자해 ❶**편안하다, 몸과 마음이 편하고 걱정 없어 좋다.** 〔國語〕成王不敢康성왕불감강. ❷**성하다.** ❸**기리다, 칭송하다.** ❹**풍년이 들다.** ❺**오거리.** ¶ 康衢강구.

康健(강건) 몸에 탈이 없고 건강함.
康衢(강구) 사통오달(四通五達)한 화려하고 큰 길거리.
康衢煙月(강구연월) 번화한 거리 위로 연기 사이에 은은히 비치는 달빛. 태평한 시대의 평화로운 거리 풍경.
康年(강년) 농사가 잘 된 해. 豊年(풍년).
康寧(강녕) 몸이 튼튼하고 마음은 편안함.
康保(강보) 편안하게 하여 보전함.
康瓠(강호) 흙으로 구운 단지. 보잘것없는 물품의 비유.
◨ 健康건강, 安康안강, 平康평강.

8 ⑪【扇】 漏(750)와 동자

8 ⑪【庳】 집 낮을 비 紙

㊥bì ㊐ヒ

소전 초서 자해 ❶**집이 낮다.** 지붕의 용마루가 나지막한 집. 〔春秋左氏傳〕宮室卑庳궁실비비. ❷**낮다, 낮추다.** ≒卑.

8 ⑪【庶】 ① 여러 서 御 ② 제거할 서 語

고등 인명 3급 ㊥shù ㊐ショ

필순 亠 广 户 庐 庐 府 庶 庶 庶 庶

소전 庶 초서 동자 庻 동자 庻 자원 會意. 广+炗→庶→庶. '炗'은 '光(빛 광)'과 같다. 지붕(广) 밑에 등불이 많이 빛나고 있다는 뜻을 나타낸다. 지붕 밑에 등불이 있는 곳에는 사람이 많이 모여든다는 데서 '여러, 많다' 등의 뜻이 나왔다.

자해 ① ❶**여러, 갖가지, 여러 가지.** 〔書經〕庶績咸熙서적함희. ❷**많다, 수효가 넉넉하다.** 〔詩經〕旣庶且多기서차다. ❸**살찌다.** ❹**거의.** ㉮**거의, 가까운.** ¶ 庶幾서기. ㉯**가깝다, 거의 되려하다.** 〔論語〕回也其庶乎회야기서호. ❺**바라다, 바라건대.** ❻**서출(庶出).** 첩의 자식이나 자손. 〔春秋左氏傳〕殺嫡立庶살적립서. ❼**지손(支孫), 지파(支派).** ❽**벼슬이 없는 사람, 평민.** ② **제거하다, 제독(除毒)하다.** 〔周禮〕凡庶蠱之事범서고지사.

庶官(서관) 모든 관리. 百官(백관).
庶幾(서기) ①가까움. 가까울 것임. ②바람. 바라건대. ③현인(賢人).
庶女(서녀) ①평민의 아내. 평민의 딸. ②첩의 몸에서 난 딸.
庶老(서로) 사(士)나 서인(庶人) 출신으로 벼슬에 있다가 연로하여 치사(致仕)한 사람.
庶僚(서료) 뭇 벼슬아치. 百僚(백료).
庶母(서모) 아버지의 첩.
庶務(서무) 여러 가지 잡다한 사무. 또는 그런 사무를 맡은 사람.
庶物(서물) ①온갖 물건. ②많은 일. 많은 사항. 諸物(제물). 萬物(만물).
庶民(서민) 벼슬이 없는 일반 사람들. 백성. 庶人(서인). 平民(평민).
庶士(서사) ①많은 사람. ②군사(軍士)·하사(下士). ③결혼의 중매인.
庶羞(서수) 온갖 맛있는 음식.
庶孼(서얼) 서자(庶子)와 그 자손.
庶尹(서윤) 백관(百官)의 우두머리.
庶子(서자) ①첩에게서 태어난 아들. ②맏아들 외의 여러 아들.
庶政(서정) 온갖 정사(政事).
庶族(서족) ①모든 씨족(氏族). ②서민. 평민. ③國서파(庶派)의 족속.
庶彙(서휘) ①백성. 신민. ②서물(庶物).
◨ 凡庶범서, 士庶사서, 衆庶중서.

8 ⑪【庻】 庶(396)와 동자

8 ⑪【庻】 庶(396)와 동자

8 ⑪【庵】 암자 암 覃

인명 1급 ㊥ān ㊐アン

초서 고자 菴 자해 ❶**암자.** 승려가 도를 닦기 위해 임시로 거처하는 작은 집. ❷**초막(草幕).**

广

8획

庵廬(암려) 암자(庵子). 초암(草庵).
庵主(암주) ①암자를 가진 중. ②암실(庵室)의 주인.

8
⑪【庸】 쓸 용 图

고등 인명 3급 ㊥yōng ㊐ヨウ

필순 亠广户户户肩肩肩肩庸

소전 초서 자원 會意·形聲. 庚+用→庸. '庚'은 '更'과 같이, 일을 고쳐 바꾼다는 뜻이다. 어떤 일을 새롭게 고쳐 바꾸어 소용〔用〕에 이바지한다는 데서 '쓰다'라는 뜻을 나타낸다. '用(용)'이 음도 나타낸다.

자해 ❶**쓰다, 채용(採用)하다**. 〔書經〕疇咨若時登庸주자약시등용. ❷**공**(功). 〔春秋左氏傳〕君庸多矣군용다의. ❸**써, ~로써**. ❹**항상, 일정하여 변하지 않다**. 〔中庸〕庸德之行용덕지행. ❺**범상, 보통**. ❻**조세(租稅)의 한 가지**. 당대(唐代)의 제도로, 정년(丁年) 이상의 남자에게 해마다 20일간의 노역(勞役)을 부과하고, 이에 빠진 자에게는 하루에 비단 3자〔尺〕씩을 내게 하였다. ¶ 租庸調조용조. ❼**고용하다, 고용된 사람**. ≒傭. 〔漢書〕取庸苦之不與錢취용고지불여전. ❽**어찌**. 반어사. 〔春秋左氏傳〕庸非貳乎용비이호.

庸懦(용나) 평범하고 나약함.
庸劣(용렬) 어리석고 변변치 못함.
庸輩(용배) 보통 사람들.
庸夫(용부) 어리석은 사람.
庸常(용상) 대수롭지 않음.
庸俗(용속) 평범한 사람. 품격이 낮은 사람.
庸言(용언) ①중용(中庸)을 얻은 말. ②평소의 말. 일상의 말.
庸儒(용유) 평범한 학자.
庸音(용음) 평범한 소리. 평범한 시문(詩文).
庸醫(용의) 평범한 의사. 돌팔이 의사.
庸人(용인) 평범한 사람. 보통 사람.
庸才(용재) 용렬한 재주. 庸器(용기).
庸租(용조) 부역(賦役)과 연공(年貢).
庸主(용주) 범용(凡庸)한 군주(君主).
庸行(용행) ①중용(中庸)을 얻은 행위. ②평소의 행실이나 품행. 素行(소행).
◨ 登庸등용, 附庸부용, 中庸중용, 采庸채용.

8
⑪【廗】 [1]고을 이름 적 陌 [2]國움집 움

㊥jí ㊐セキ

자해 [1]**고을 이름**. [2]**움집**.

廗幕(움막) 國땅을 파고 위를 덮어 비바람이나 추위를 막도록 지은 집. 움막집.

8
⑪【座】 座(395)의 속자

8
⑪【庱】 或(486)의 고자

9
⑫【㡿】 架(622)의 속자

9
⑫【庿】 廟(400)의 고자

9
⑫【廂】 행랑 상 陽

인명 ㊥xiāng ㊐ショウ

소전 초서 동자 厢 자해 ❶**행랑**. 대문간에 붙어 있는 방. ❷**곁간**. 집의 주체가 되는 칸의 동서(東西) 양쪽에 딸려 붙은 칸살. 〔史記〕呂后側耳於東廂여후측이어동상.

廂兵(상병) 당송대(唐宋代) 각 주(州)의 주병(州兵) 가운데서 용장(勇壯)한 자를 뽑아서 서울에 두어 금군(禁軍)에 넣고, 남은 자를 본성(本城)에 둔 군대.

9
⑫【廆】 寓(336)와 동자

9
⑫【庾】 곳집 유 麌

인명 2급 ㊥yǔ ㊐ユ

초서 자해 ❶**곳집**. 물가에 베풀어 둔, 미곡(米穀)을 넣어 두는 창고. 〔史記〕發倉庾발창유. ❷**노적가리**. 지붕 없이 들에 쌓아 두는 일. 〔詩經〕我庾維億아유유억. ❸**용량(容量)의 단위**. 16두(斗)란 설도 있고, 2두 4승(升)이란 설도 있다.

庾廩(유름) 쌀 창고.
庾積(유적) 노천(露天)에 쌓아 둔 곡식더미. 노적가리.
◨ 倉庾창유.

9
⑫【廁】 厕 뒷간 측 ㊍치 寘

㊥cè ㊐シ

소전 초서 속자 厠 자해 [1]❶**뒷간, 변소**. 〔史記〕沛公起如廁패공기여측. ❷**돼지우리, 돈사(豚舍)**. 〔漢書〕廁中豕群出측중시군출. ❸**섞다, 섞이다**.

广 9획

〔史記〕 廁之賓客之中측지빈객지중. ❹곁, 옆.
廁間(측간) 뒷간. 변소.
廁鼠(측서) 國뒷간의 쥐. 지위를 얻지 못한 사람의 비유.
廁牏(측투) ①변소의 담. ②속옷. 땀받이.

9 ⑫【廃】 廢(401)의 속자

10 ⑬【廊】 복도 랑 陽

고등 인명 3Ⅱ급 ㊥láng ㊐ロウ

필순 亠 广 广 庐 序 庐 唐 庐 廊 廊

소전 廊 초서 廊 자원 形聲. 广+郞→廊. '郞(랑)'이 음을 나타낸다.

자해 ❶복도. ¶ 廊腰낭요. ❷행랑.

広 9획

廊廟(낭묘) ①정전(正殿). 정사(政事)를 보는 곳. ②조정(朝廷)을 이름. 廟堂(묘당).
廊廟器(낭묘기) 재상·대신이 되어 정사를 맡아 볼 만한 재능을 가진 사람.
廊廡(낭무) 정전(正殿)에 딸린 건물.
廊腰(낭요) 몸체의 주위를 두른 복도의 벽.
廊底(낭저) 행랑(行廊).
廊下(낭하) ①방과 방 또는 건물과 건물을 잇는, 지붕이 있는 좁고 긴 통로. 複道(복도). 회랑. ②행랑.
◨ 長廊장랑, 畫廊화랑, 回廊회랑.

10 ⑬【廉】 청렴할 렴 鹽

고등 인명 3급 ㊥lián ㊐レン

필순 亠 广 广 产 庐 庐 廉 廉 廉 廉

소전 廉 초서 廉 속자 廉 자원 形聲. 广+兼→廉. '兼(겸)'이 음을 나타낸다.

자해 ❶청렴하다, 결백하다. 〔大戴禮〕 潔廉而果敢者也결렴이과감자야. ❷검소하다, 검박(儉朴)하다. ❸곧다, 바르다. ❹싸다, 값이 헐하다. ¶ 廉價염가. ❺모, 모퉁이, 구석. ¶ 廉隅염우. ❻모가 나다, 원만하지 않다. 〔論語〕 古之矜也廉고지긍야렴.
廉價(염가) 싼 값. 低價(저가).
廉介(염개) 결백하고 올바름.
廉儉(염검) 청렴하고 검소함.
廉潔(염결) 청렴결백(淸廉潔白)함. 마음이 깨끗하고 인품이 조촐하며 탐욕이 없음.
廉勁(염경) 마음이 깨끗하고 바름. 청렴하고 강직함.
廉公(염공) 청렴하고 공평함.
廉謹吏(염근리) 마음이 곧고 바르며, 조심성이 많은 관리.
廉利(염리) 모가 서서 날카로움.
廉明(염명) 마음이 청렴하고 밝음.
廉問(염문) 조사함. 물어 따짐.
廉白(염백) 청렴결백함. 廉潔(염결).
廉士(염사) 지조 있는 선비.
廉纖(염섬) ①가랑비가 내리는 모양. ②가느다란 모양.
廉讓(염양) 청렴하여 남에게 양보를 잘함.
廉毅(염의) 청렴하고 강직함.
廉而不劌(염이불귀) 옥(玉)이 모가 나 있어도 다른 물건을 상하게 하지 않는 것과 같이, 군자(君子)는 의(義)를 따라 제재(制裁)하지만 그로 인해서 남을 다치게 하지는 않음.
廉貞(염정) 결백하고 곧음.
廉察(염찰) 자세히 조사함. 자세히 살펴고침. 廉問(염문). 廉按(염안).
廉恥(염치) 조촐하고 깨끗하여 부끄러움을 아는 마음.
廉探(염탐) 남몰래 사정을 조사함.
廉平(염평) 마음이 결백하고 공평함.
◨ 刻廉각렴, 潔廉결렴, 淸廉청렴.

10 ⑬【廋】 숨길 수 尤

㊥sōu ㊐ソウ

초서 廋 동자 庾 자해 ❶숨기다, 숨다. 〔論語〕 人焉廋哉인언수재. ❷모롱이, 산모롱이.

10 ⑬【廈】 큰 집 하 馬

인명 ㊥shà ㊐カ

소전 廈 초서 廈 동자 厍 속자 厦 자해 ❶큰 집, 규모가 큰 집. ❷헐소청. 처마를 사방으로 빼서 만든 방.
廈屋(하옥) 큰 집. 夏屋(하옥).
廈氈(하전) ①임금이 기거하는 곳. 宇宙眞(우주진). ②경연청(經筵廳)의 딴 이름.

11 ⑭【廓】 1둘레 곽 藥 2클 확 本곽 藥

인명 1급 ㊥kuò ㊐カク

초서 廓 참고 인명용 음은 '곽·확'이다.

자해 1❶둘레, 한 구역을 이루는 지역. ❷외성, 성·요새 따위를 두른 울타리. 2❶크다. 〔詩經〕 憎其式廓증기식확. ❷너그럽다. ❸휑뎅그렁하다, 텅 비다. ❹넓히다, 열리다, 확장하다.

廓大(확대) ①면적, 도량 등이 넓고 큼. ②넓혀서 크게 함. 擴大(확대).
廓落(확락) ①큰 모양. ②공허하고 쓸쓸한 모양. 또는 실망한 모양. 零落(영락). ③마음이 넓고 시원한 모양. 磊落(뇌락).
廓如(확여) 텅 빈 모양. 활짝 열려 큰 모양. 豁然(활연).
廓正(확정) 바로잡음. 올바로 고침.
廓淸(확청) 세상의 혼란을 깨끗이 몰아냄. 완전히 소탕(掃蕩)함. 肅淸(숙청).
廓廓(확확) 공허한 모양. 덧없는 모양.
◨ 宏廓굉곽, 恢廓회곽.

11 ⑭【廣】 廣(399)의 속자

11 ⑭【廐】 마구간 구 宥
인명 1급 ㊥jiù ㊐キュウ
소전 廏 초서 𢊆 속자 廐 본자 廏 자해 ❶마구간. 〔詩經〕乘馬在廐승마재구. ❷벼슬 이름, 말에 관한 일을 관장하던 벼슬.
廐舍(구사) 마구간. 廐閑(구한).
廐人(구인) 말을 기르는 사람.
廐卒(구졸) 마구간지기.
廐騶(구추) 기사(騎士)로서 말에 관한 일을 관장하는 사람.
◨ 內廐내구, 馬廐마구.

11 ⑭【廏】 廐(399)의 본자

11 ⑭【廑】 작은 집 근 文
㊥jǐn, qín ㊐キン
소전 廑 초서 𢊆 동자 廑 자해 ❶작은 집. ❷겨우, 조금. ≒僅. ❸노력하다, 소임에 힘쓰다. ≒勤. ¶ 廑身근신.
廑身(근신) 몸을 닦기에 힘씀. 勤身(근신).
廑注(근주) 정성을 다 기울여 애씀. 편지에 쓰는 말.

11 ⑭【廖】 1공허할 료 蕭 2성 료 宥
인명 ㊥liáo, liào ㊐リョウ
소전 廖 초서 𢊆 자해 1공허하다, 속이 텅 비다. 2❶성(姓). ❷나라 이름.
廖廓(요확) 매우 멀고 텅 빈 모양.

11 ⑭【廕】 덮을 음 沁
㊥yìn ㊐イン
초서 𢊆 자해 ❶덮다, 감싸다. ❷그늘. ㉮덮어 가리어진 곳. ㉯보살펴 주는 보호나 혜택. 부모 조상의 여택(餘澤)이 자손에게 미치는 것.

12 ⑮【廘】 國곳간 곳
자해 곳간.

12 ⑮【廣】 广 1넓을 광 養 2넓이 광 漾
중학 인명 5급 ㊥guǎng ㊐コウ
필순 广 广 庐 庐 产 庴 庿 庿 廣 廣
소전 廣 초서 广 속자 廣 속자 広 자원 形聲. 广+黃→廣. '黃(황)'이 음을 나타낸다.
자해 1❶넓다. ㉮면적이 크다. 〔詩經〕漢之廣矣한지광의, 不可泳思불가영사. ㉯너르다, 마음 쓰는 도량이 크다. ❷넓히다, 넓게 하다. 〔國語〕必廣其身필광기신. ❸광동성(廣東省)·광서성(廣西省)의 약칭. ❹성(姓). 2❶넓이, 일정하게 차지하는 평면의 크기. ❷널찍하다, 널따랗게 뻗어 있다. 〔荀子〕人主胡不廣焉인주호불광언.
廣居(광거) 넓은 처소(處所). 인(仁)에 비유하여 이르는 말.
廣告(광고) 세상에 널리 알림.
廣衢(광구) 넓은 길. 큰 길. 한길.
廣大(광대) 넓고 큼.
廣德(광덕) 넓고 큰 덕.
廣度(광도) 넓은 도량(度量).
廣遼(광료) 넓고 아득함. 또는 그 곳.
廣輪(광륜) 넓이.
廣袤(광무) 땅의 면적.
廣文(광문) ①광대한 문덕(文德). ②교수(敎授)의 딴 이름.
廣博(광박) 넓음. 특히 학문·견식 등이 넓음.
廣範(광범) 범위가 넓음.
廣野(광야) 넓은 들판.
廣言(광언) 큰소리. 호언장담. 大言(대언).
廣域(광역) 넓은 지역.
廣衍(광연) ①넓고 평평함. ②널리 퍼짐.
廣淵(광연) 넓고 깊음. 광대(廣大)하고 심원(深遠)함.
廣遠(광원) 한없이 멂. 넓고 멂.
廣義(광의) 어떤 말의 뜻을 넓은 범위로 해석했을 때의 뜻.

廣長舌(광장설) ①(佛)부처의 몸에 갖춘 독특한 모양의 하나. 혀가 넓고 길고 부드러워 이것을 내밀면 얼굴 전체를 덮고 이마 위까지 올라가는 것을 나타냄. ②훌륭한 변설(辯舌). 쓸데없이 장황하게 늘어놓는 말. 長廣說(장광설).
廣濟(광제) 세상 사람을 널리 구제함.
廣坐(광좌) ①여러 사람이 앉아 있는 자리. ②너른 자리.
廣布(광포) ①널리 폄. 세상에 널리 알림. ②폭이 넓은 마포(麻布).
廣寒宮(광한궁) 달 속에 있다는 궁전 이름. 월궁전(月宮殿). 廣寒府(광한부).
廣欬(광해) 큰 헛기침.
廣狹(광협) 넓음과 좁음.
廣闊(광활) 탁 트이고 매우 넓음.
◨ 深廣심광, 增廣증광, 幅廣폭광.

广 12획

12 ⑮【廉】 廉(398)의 속자

12 ⑮【廟】庙 사당 묘 嘯

고등 인명 3급 ㊥miào ㊐ビョウ

필순 亠广广广库庐庐庐廟廟

소전 廟 초서 庿 속자 庙 고자 庿 자원 形聲. 广+朝→廟. '朝(조)'가 음을 나타낸다.

자해 ❶사당. 조상의 신주를 모셔 두고 제사 지내는 곳. 〔春秋公羊傳〕納于太廟납우태묘. ❷신을 제사 지내는 곳. ❸정전(正殿). 〔呂氏春秋〕天子居太廟太室천자거태묘태실. ❹한 나라의 정사를 집행하는 곳. 〔吳志〕不下堂廟而天下治也불하당묘이천하치야.
廟啓(묘계) 조정(朝廷)에서 임금에게 올리는 상주(上奏).
廟堂(묘당) ①조종(祖宗)의 영(靈)을 모신 곳. 종묘(宗廟). 사당(祠堂). ②종묘(宗廟)와 명당(明堂). ③조정(朝廷). ④國의정부의 딴 이름.
廟略(묘략) 조정의 계책. 묘의(廟議)에서 결정한 계획.
廟社(묘사) 종묘(宗廟)와 사직(社稷).
廟祠(묘사) ①사당에 제사 지냄. ②선조의 영혼을 모신 사당.
廟算(묘산) 조정의 계략.
廟食(묘식) 사당(祠堂)에 모시게 됨.
廟室(묘실) 종묘의 신주를 안치하는 방.
廟宇(묘우) ①사당. ②절.
廟院(묘원) ①한 집안의 사당. 家廟(가묘). 祠堂(사당). ②절. 사원(寺院).
廟議(묘의) 조정(朝廷)의 의논(議論).
廟庭配享(묘정배향) 공로가 있는 신하를 죽은 뒤에 종묘(宗廟) 제사에 부제(祔祭)하는 일.
廟主(묘주) 사당(祠堂)에 모신 신주(神主).
廟號(묘호) 임금이 죽은 뒤 신주를 태묘(太廟)에 모실 때 추존(追尊)하는 이름.
廟諱(묘휘) 종묘에 모신 선제(先帝)의 휘(諱). 또는 임금의 이름을 죽은 뒤 이르는 말.
◨ 家廟가묘, 宮廟궁묘, 廊廟낭묘, 靈廟영묘, 祖廟조묘, 宗廟종묘.

12 ⑮【廡】庑 ①집 무 麌 ②무성할 무 虞

㊥wǔ, wú ㊐ブ

소전 廡 초서 庑 자해 ①❶집. ❷처마, 지붕. ②무성하다, 초목이 우거져 있다.

12 ⑮【廝】하인 시 支

㊥sī ㊐シ

초서 廝 속자 厮 자해 ❶하인, 종. 〔春秋公洋傳〕廝役扈養시역호양. ❷비천(卑賤)하다. ❸나누다, 가르다.
廝徒(시도) ①잡일을 맡아보던 하인. 머슴. ②군졸(軍卒).

12 ⑮【廛】가게 전 先

인명 1급 ㊥chán ㊐テン

소전 廛 초서 廛 동자 鄽 속자 墠 속자 厘

자해 ❶가게. ㉮상점. ㉯가게에 대하여 매기는 세금. 〔孟子〕市廛而不征시전이부정. ❷터, 집터. 한 집이 차지하는 2.5묘(畝) 넓이의 택지(宅地). 〔孟子〕願受一廛而爲氓원수일전이위맹. ❸밭, 100묘(畝) 넓이의 밭.
廛房(전방) 가게. 商店(상점). 廛鋪(전포). 店鋪(점포).
廛肆(전사) 가게. 상점.
廛市(전시) 저자거리.
廛閈(전한) ①일반 시민이 사는 마을 어귀에 세운 문. ②거리의 점포.
◨ 肆廛사전, 市廛시전, 六注比廛육주비전.

12 ⑮【廚】부엌 주 虞

인명 1급 ㊥chú ㊐チュウ

소전 廚 초서 廚 속자 厨 속자 廚 자해 ❶부엌, 취

사장. 〔孟子〕 是以君子遠庖廚也시이군자원포주야. ❷요리사(料理師). 음식 만드는 일이 전문인 사람. ❸상자, 함.
廚房(주방) 음식을 만들거나 차리는 방. 부엌.
廚人(주인) 요리하는 사람. 요리사.
廚宰(주재) 음식 만드는 일을 맡아보는 사람.
廚下(주하) 부엌. 廚房(주방).
◨ 御廚어주, 庖廚포주.

12
⑮【廠】厂 헛간 창 養

인명 1급 ⊕chǎng ⓑショウ

초서 속자 廠 자해 ❶헛간, 벽이 없는 건물. ❷공장(工場), 물건을 만드는 곳.
廠房(창방) 공장(工場).
廠舍(창사) 문짝이 없는 광. 헛간.
◨ 工廠공창, 工作廠공작창, 兵器廠병기창, 被服廠피복창.

12
⑮【廢】废 폐할 폐 隊

고등 인명 3Ⅱ급 ⊕fèi ⓑハイ

필순 广 广 广 庐 庐 庐 庐 廃 廃 廢

소전 초서 속자 廃 자원 形聲. 广+發→廢. '發(발)'이 음을 나타낸다.
자해 ❶폐하다. ㉮있어 온 제도·기관·풍습 등을 버리거나 없애다. 〔詩經〕 廢撤不遲폐철부지. ㉯어떤 신분의 사람을 그 자리에서 몰아내다. ¶ 廢黜폐출. ❷그만두다, 그치다. 〔中庸〕 半塗而廢반도이폐. ❸부서지다, 못 쓰게 되다, 쇠퇴하다. ❹해이해지다, 느슨해지다. ❺변하다, 바뀌다.
廢家(폐가) ①허물어진 집. ②대가 끊긴 집안.
廢刊(폐간) 신문이나 잡지 따위의 정기 간행물의 발간을 그만둠.
廢講(폐강) 강의를 없앰.
廢坑(폐갱) 광산이나 탄광을 폐기함.
廢校(폐교) 학교를 폐지함.
廢棄(폐기) ①못 쓰는 물건을 버림. ②법규나 약속 등을 무효로 함.
廢立(폐립) 임금을 내쫓고 새 임금을 세움.
廢務(폐무) ①사무를 게을리 함. ②폐조(廢朝) 등을 위하여 신하가 정무(政務)나 사무(事務)를 집행하지 않음.
廢物(폐물) 아무 소용 없게 된 물건.
廢妃(폐비) 왕비의 자리에서 물러나게 함.
廢塞(폐색) 영락(零落)함. 불운(不運)하여 승진(昇進)의 길이 막힘.
廢船(폐선) 못 쓰게 된 배. 선적(船籍)에서 없애 버린 배.
廢水(폐수) 사용하고 버린 물.
廢業(폐업) 영업을 그만둠.
廢苑(폐원) 황폐한 동산. 廢園(폐원).
廢位(폐위) 왕위(王位)를 폐함.
廢人(폐인) 심신(心身)의 문제로 제구실을 못하는 사람.
廢殘(폐잔) ①못쓰게 되어 남아 있음. ②병을 앓는 사람이나 불구자(不具者).
廢嫡(폐적) 호주 상속인(戶主相續人)으로서의 신분 등을 폐지함.
廢典(폐전) 쓰이지 않는 의식. 폐지된 의식.
廢絕(폐절) 허물어져 없어짐. 廢滅(폐멸).
廢朝(폐조) 황실(皇室)의 흉사(凶事)나 그 밖의 사고로 천자(天子)가 정무를 못 보는 일.
廢止(폐지) 실시하던 일이나 제도 따위를 그만두거나 없앰.
廢疾(폐질) ①불치(不治)의 병. 痼疾(고질). 癈疾(폐질). ②불구자(不具者).
廢撤(폐철) 걷어치움. 종래의 제도나 관습을 폐지함. 撤廢(철폐). 撤罷(철파).
廢置(폐치) ①폐지와 존치. 存廢(존폐). ②면직과 등용. ③國폐지한 채로 버려 둠.
廢蟄(폐칩) 외출하지 않고 집 안에만 틀어박혀 있음.
廢品(폐품) 사용하기 어렵게 되어 버린 물건.
廢墟(폐허) 건물이나 성곽(城郭) 따위가 파괴되어 황폐해진 터. 廢址(폐지).
◨ 改廢개폐, 全廢전폐, 存廢존폐, 撤廢철폐, 頹廢퇴폐, 荒廢황폐, 興廢흥폐.

12
⑮【廞】 진열할 흠 寢

⊕xīn ⓑキン

소전 초서 자해 ❶진열하다, 죽 벌여 놓다. ❷험한 모양. ❸막히다, 진흙에 묻히다.
廞衛(흠위) 國임금의 장례 행렬에 쓰던 기구.

13
⑯【廥】 곳간 괴 泰

⊕kuài ⓑカイ

소전 초서 자해 ❶곳간, 창고. ❷저장하다.
廥廩(괴름) 여물을 저장하는 곳간과 미곡(米穀)을 쌓아 두는 창고. 또는 곳간.

13
⑯【廩】 곳집 름 寢

인명 ⊕lǐn ⓑリン

广 13획

소전 초서 고자 廪 자해 ❶곳집, 쌀광. 〔漢書〕朕虛倉廩짐허창름. ❷갈무리하다, 저장하다. 〔管子〕君已廩之矣군이름지의. ❸쌓다, 모으다. ❹녹미(祿米), 녹봉.

廩庫(늠고) 쌀 곳간. 미곡 창고.

廩料(늠료) 관원의 급료(給料).

廩廩(늠름) ①위의(威儀)가 바름. 풍채(風采)가 있음. ②위태로운 모양.

廩生(늠생) 관에서 녹미(祿米)를 받는 학생.

廩粟(늠속) ①창고에 있는 쌀. ②관에서 주는 쌀. 관급미(官給米).

廩食(늠식) 정부에서 주는 녹미(祿米). 給料(급료). 祿俸(녹봉).

廩入(늠입) 봉록(俸祿)으로서 받는 미속(米粟)의 수입. 俸給(봉급).

廩振(늠진) 관에서 쌀 창고를 열어 빈민을 구제함. 빈민에게 쌀을 배급함.

廩蓄(늠축) 창고에 쌀을 간직함.

◨ 公廩공름, 官廩관름, 米廩미름, 月廩월름, 倉廩창름.

13 ⑯【廨】 관아 해 卦

㊥xiè ㊐カイ

초서 자해 관아(官衙), 공관(公館).

廨舍(해사) 관아의 건물. 官舍(관사).

16 ⑲【廬】 庐 오두막집 려 魚

인명 2급 ㊥lú ㊐ロ

소전 초서 속자 庐 자해 ❶오두막집. ㉮농막. 고대에 농민에게 분배되었던 밭에, 경작의 편의를 위하여 임시로 지은 집. 〔詩經〕中田有廬중전유려. ㉯초옥(草屋), 볼품없는 조잡한 집. 〔荀子〕屋室廬庾옥실려수. ㉰상제가 거처하는, 무덤 근처에 지은 집. ¶ 廬幕여막. ❷주막, 여인숙.

廬幕(여막) 시묘(侍墓)를 위해 상제(喪制)가 거처하는, 무덤 근처에 지은 초막. 廬舍(여사).

廬墓(여묘) 상제가 무덤 근처에 여막을 짓고 기거하며 돌아가신 분을 모시는 일.

廬舍(여사) ①식사와 휴식을 위해 밭 가운데 세운 초막(草幕). 農幕(농막). 田舍(전사). ②무덤 옆에 세운, 상제가 거처하는 초막.

◨ 茅廬모려, 蓬廬봉려, 僧廬승려, 庵廬암려, 屋廬옥려, 田廬전려, 草廬초려, 出廬출려.

17 ⑳【廰】 廳(402)의 속자

18 ㉑【廱】 화락할 옹 冬

㊥yōng ㊐ヨウ

소전 자해 ❶화락(和樂)하다, 화평하다. ❷천자(天子)의 학교, 벽옹(辟廱). 〔詩經〕於樂辟廱어악벽옹.

廱廱(옹옹) 화락한 모양.

22 ㉕【廳】 厅 관청 청 靑

고등 인명 4급 ㊥tīng ㊐チョウ

필순 广 庐 庐 庐 庐 廳 廳 廳 廳 廳

초서 속자 庁 속자 廰 자원 形聲. 广+聽→廳. '聽(청)'이 음을 나타낸다.

자해 ❶관청, 마을, 관아. ❷대청, 마루, 건물.

廳舍(청사) 관청 건물.

◨ 官廳관청, 郡廳군청, 道廳도청, 市廳시청.

廴 部 민책받침

0 ③【廴】 길게 걸을 인 軫

㊥yǐn

소전 참고 한자 부수 명칭으로는 '辶(책받침)'에서 점이 없는 것이라 하여 민책받침이라고 한다.

자원 指事. 조금씩 걷는다는 뜻의 '彳'에서 내리그은 획을 더 늘여 '길게 늘이다'의 뜻을 나타낸다.

자해 ❶길게 걷다. ❷한자 부수의 하나, 민책받침.

4 ⑦【延】 끌 연 先

고등 인명 4급 ㊥yán ㊐エン

필순 ㇀ ㇀ 彳 千 正 㢟 延 延

소전 초서 자원 形聲. 㢟+丿→延. '㢟(천)'이 음을 나타낸다.

자해 ❶끌다. ㉮길게 늘이다. 〔漢書〕延頸鶴望연경학망. ㉯일이나 시간을 미루거나 지연시키다. 〔左傳〕君亦悔禍之延군역회화지연. ❷이끌다, 인도하다, 맞이하다. 〔禮記〕主人延客祭주인연객제. ❸늘어놓다, 벌여 놓다. ❹넓어지다, 퍼지다. ❺미치다, 미치게 하다. ❻오래다, 장구하다.

延閣(연각) ①길게 연이어 있는 누각(樓閣).

②한대(漢代) 조정(朝廷)의 서고(書庫) 이름. 궁정(宮廷)의 서고.
延見(연견) 손을 맞아들여 접견함. 引見(인견).
延頸(연경) 목을 길게 뺌. ㉠멀리 바라봄. ㉡고대(苦待)함. 翹首(교수). 鶴首(학수).
延亙(연긍) 길게 뻗침.
延企(연기) 발을 돋우고 목을 빼어서 멀리 바라 봄. 延頸企踵(연경기종). 延頸擧踵(연경거종).
延期(연기) 정한 기간을 물려 미룸.
延納(연납) 불러들임. 끌어들임.
延年(연년) 수명을 연장함.
延年益壽(연년익수) 오래오래 삶.
延攬(연람) ①끌어들여 자기편으로 함. ②발탁(拔擢)함. 등용함.
延蔓(연만) 널리 퍼짐. 蔓延(만연).
延命(연명) 목숨을 겨우 이어 감.
延袤(연무) 넓이와 길이.
延燒(연소) 불길이 그 부근에 번져 나감.
延髓(연수) 숨골.
延壽堂(연수당) (佛)①양로(養老)나 치병(治病)을 위하여 절 안에 베푼 집이나 방. ②선가(禪家)에서 화장장(火葬場)을 이르는 말.
延緣(연연) 머뭇거려 나아가지 않는 모양. 오래 머무는 모양.
延引(연인) ①시간을 끎. 늦어짐. 遲延(지연). ②이끌어 들임. 안내함.
延長(연장) ①끊이지 않고 장구(長久)함. ②길이, 시간 등을 본래보다 늘임.
延祚(연조) ①오래 계속되는 행복. ②조상(祖上)의 여덕(餘德)으로 누리는 행복.
延着(연착) 예정보다 늦게 이름.
延請(연청) 손을 청함. 請邀(청요).
延滯(연체) 금전의 지급이나 납입을 기한이 지나도록 지체함.
■ **蔓延**만연, **連延**연연, **遲延**지연, **招延**초연.

4 ⑦【廷】 조정 정 ㊀

고등 인명 3Ⅱ급 ㊥tíng ㊐テイ

필순 ノ 二 千 壬 𡈼 廷 廷

소전 초서 자원 形聲. 廴+壬→廷. '壬(임)'이 음을 나타낸다.

자해 ❶**조정**. 제후가 조회하고, 임금이 정사를 펴며 의식(儀式)을 행하는 곳. ❷**관청, 관아**. 벼슬아치가 정무(政務)를 보고, 백성의 소송 사건을 재판하는 곳. 〔後漢書〕母欲使給事縣廷모욕사급사현정. ❸**뜰, 마당**. ≒庭.
廷論(정론) 조정의 공론(公論).
廷吏(정리) ①조정 하급 관리. ②법원에서 잡무나 소송 서류의 송달 등을 맡아보는 직원.
廷辯(정변) 조정에서 논판(論判)하는 일.
廷試(정시) 궁전에서 행하던 과거. 殿試(전시).
廷臣(정신) 조정에서 벼슬하는 신하.
廷議(정의) 조정에서 논의함. 廷論(정론).
廷爭(정쟁) 조정의 다수의 면전에서 간(諫)하고 다투는 일. 廷諍(정쟁).
廷毁(정훼) 조정에서 공공연히 비난함.
■ **宮廷**궁정, **法廷**법정, **朝廷**조정, **出廷**출정, **退廷**퇴정.

5 ⑧【廹】 迫(1245)의 속자

5 ⑧【廸】 迪(1246)의 속자

5 ⑧【廻】 迴(404)와 동자

6 ⑨【建】 세울 건 ㊀

중학 인명 5급 ㊥jiàn ㊐ケン

필순 フ ⺕ ⺕ 聿 聿 聿 建 建 建

소전 초서 자원 會意. 聿+廴→建. '聿'은 법으로 '律'의 생략형, '廴'은 조정으로 '廷'의 생략형. 조정에서 나라의 법을 세운다는 데서 '법률을 제정하다'란 원뜻을 나타낸다.

자해 ❶**세우다**. ㉮**규율·질서 등을 세우다**. ㉯**바닥에서 위를 향하여 곧게 세우다**. ㉰**나라나 기관(機關) 따위가 건립되다**. 〔周禮〕惟王建國유왕건국. ㉱**의견을 말하다, 의론을 내놓다**. 〔漢書〕皆建以爲不可개건이위불가. ❷**월건**(月建). 음력 매월 초하룻날에 북두성의 자루가 가리키는 곳의 12신(辰). ❸**북두성**(北斗星)**의 자루 쪽에 있는 여섯 개의 별**.
建國(건국) 나라를 세움.
建軍(건군) 군대를 창설함.
建極(건극) 임금이 나라를 다스리기 위하여 만민(萬民)의 법칙을 정함.
建德(건덕) ①확고하여 움직이지 않는 덕(德). 또는 덕(德)을 행함. 덕정(德政)을 베풂. ②유덕자(有德者)를 제후(諸侯)로 삼음.
建瓴(건령) 병의 물을 옥상(屋上)에서 쏟음. 세력이 강함.
建立(건립) ①세움. ②제정함. ③설치함.
建物(건물) 집·창고 등의 건축물.
建白(건백) 윗사람에게 의견을 말함.
建設(건설) ①건물을 짓거나 시설들을 이룩함.

②어떤 사업을 이룩함.
建樹(건수) 베풀어 세움. 설치함.
建牙(건아) 출사(出師)할 때 군(軍)의 선두에 세우는 아기(牙旗). 무신(武臣)이 출진함.
建安體(건안체) 후한(後漢)의 헌제(獻帝) 건안(建安) 연간에 조조(曹操) 부자(父子) 및 건안칠자(建安七子)가 쓴 시(詩)의 한 체.
建安七子(건안칠자) 후한(後漢)의 건안(建安) 때 시문(詩文)으로 세상에 널리 알려진 일곱 사람의 문인. 공융(孔融)·진림(陳琳)·왕찬(王粲)·서간(徐幹)·완우(阮瑀)·응창(應瑒)·유정(劉楨). 모두 업(鄴)에 살았으므로 업중칠자(鄴中七子)라고도 함.
建議(건의) 자신의 의견을 냄.
建材(건재) 건축에 쓰이는 여러 가지의 재료.
建節(건절) ①사자(使者)임을 증명하는 임금이 내린 기(旗)를 세움. ②國감사(監司)나 관찰사(觀察使)로 등용됨.
建造(건조) 건물·배 따위를 세우거나 만듦.
建策(건책) 방책(方策)을 세움.
建築(건축) 건물 등을 지음.
建坪(건평) 國건물터의 평수(坪數).
◨ 封建봉건, 再建재건, 創建창건, 土建토건.

6 ⑨【廻】回 돌 회 灰

인명 2급 ㊥huí ㊐カイ

초서 동자 속자 자해 ❶돌다, 빙빙 돌다. ≒回. ❷돌리다, 머리를 돌리다. 〔史記〕墨子廻車묵자회거. ❸피하다.
廻鑾(회란) 임금이 대궐로 돌아옴.
廻文(회문) 한시체(漢詩體)의 하나. 내리읽거나 거꾸로 읽어도 운(韻)이 맞는 시.
廻旋(회선) 둘레를 빙빙 돎. 回旋(회선).
廻轉(회전) 빙빙 돎.
廻天挽日(회천만일) 하늘을 돌리고 지는 해를 잡아당김. 힘이 매우 셈.
廻天之力(회천지력) 하늘을 돌리는 힘. ㉠임금의 마음을 되돌리게 하는 힘. ㉡시세(時勢)를 아주 달라지게 하는 힘.
廻風(회풍) 회오리바람. 旋風(선풍).
廻避(회피) 책임·만남 따위를 피함.
◨ 上廻상회, 巡廻순회.

7 ⑩【廽】 廻(404)의 속자

廾 部 스물입발

0 ③【廾】 바칠 공 腫

㊥gǒng ㊐キョウ

소전 자원 會意. 왼손과 오른손을 모아 떠받들고 있는 모양으로 '두 손으로 바친다'는 뜻을 나타낸다.

자해 ❶바치다. ❷들다. ❸한자 부수의 하나, 스물입발.

1 ④【廿】 스물 입 緝

㊥niàn ㊐ジュウ

소전 초서 동자 卄 자원 會意. 열〔十〕을 둘 합하여 스물의 뜻을 나타낸다.

자해 스물. 10의 2배.

2 ⑤【弁】 고깔 변 霰

인명 2급 ㊥biàn ㊐ベン

초서 동자 覍 자해 ❶고깔. ㉮관(冠). 옛날에는 대부(大夫) 이상은 면류관이나 이 '弁'을 썼고, 사(士)는 면류관을 쓰지 못하고 이 '弁'만을 썼다. 〔詩經〕有頍者弁유규자변. ㉯관(冠)의 총칭. ❷나라 이름. 삼한(三韓) 때의 우리나라 이름. ¶ 弁韓변한. ❸성(姓).
弁髦(변모) 쓸데없는 물건. 무용지물(無用之物). '弁'은 중국에서 관례(冠禮) 때에 한번 만 쓰는 치포관(緇布冠), '髦'는 동자(童子)의 다리〔垂髦〕로 모두가 관례가 끝나면 버리고 다시 쓰지 않는 데서 이르는 말.
弁言(변언) 책의 첫머리에 쓰는 말. 머리말. 序文(서문).
弁絰(변질) 흰 관(冠)에 수질(首絰)을 한 상복.
◨ 武弁무변, 皮弁피변.

4 ⑦【弃】 棄(638)의 고자

4 ⑦【弄】 희롱할 롱 送

고등 인명 3Ⅱ급 ㊥nòng ㊐ロウ

필순 一 丁 干 王 王 王 弄

소전 초서 동자 挵 속자 挊 자원 會意. 王+廾→弄. 구슬〔王〕을 두 손〔廾〕으로 가지고 노는 모습으로, '희롱하다'란 뜻을 나타낸다.

자해 ❶희롱하다, 말이나 행동으로 실없이 놀리다. ¶ 弄假成眞농가성진. ❷가지고 놀다. 〔詩

經〕 載弄之璋재롱지장. ❸제 마음대로 다루다. ¶ 弄權농권. ❹좋아하다, 흥에 겨워하다. ❺타다, 음악을 연주하다. ❻곡조, 악곡. 악부(樂府)의 하나.

弄假成眞(농가성진) 國장난삼아 한 짓이 진심으로 한 것같이 됨.
弄奸(농간) 남을 농락하여 속이거나 남의 일을 그르침.
弄巧(농교) 지나치게 기교를 부림.
弄巧成拙(농교성졸) 기교를 너무 부리다가 도리어 졸렬해진다는 뜻.
弄口(농구) ①조리가 없는 말. 거짓으로 꾸며서 남을 참소함. ②말이 많음.
弄具(농구) 노리개. 장난감.
弄權(농권) 사사로이 정권(政權)을 농락함. 제 분수를 넘어 권력을 남용함. 弄機(농기).
弄談(농담) 장난삼아 하는 말. 실없는 말.
弄法(농법) 법을 제 마음대로 악용함.
弄舌(농설) 혀를 놀림. 쓸데없이 잘 지껄임.
弄臣(농신) 임금이 총애하여 가까이 두고 놀이 상대로 삼는 신하.
弄瓦(농와) 딸을 낳음. 딸이 태어남.
弄玩(농완) 즐기며 가지고 놂. 玩弄(완롱).
弄月(농월) 달을 바라보고 즐김.
弄璋(농장) 아들을 낳음. 故事 중국에서 아들이 태어나면 구슬〔璋〕을, 딸이 태어나면 실패〔瓦〕를 장난감으로 준 고사에서 온 말.
弄蕩(농탕) 남녀가 섞여 질펀하게 놂.
弄筆(농필) ①사실을 왜곡(歪曲)하여 씀. 舞文(무문). ②멋을 부려 흥청거려서 쓴 글씨. ③희롱조로 지은 글.
弄翰(농한) 심심풀이로 글씨나 그림 따위를 쓰거나 그리는 일.
弄花(농화) ①꽃을 보고 즐김. ②화초를 가꿈.
弄丸(농환) ①구슬을 공중에 던졌다가 받는 곡예(曲藝). ②말똥구리·쇠똥구리의 딴 이름.
◨ 翻弄번롱, 玩弄완롱, 愚弄우롱, 嘲弄조롱.

6 ⑨【畁】 思(440)의 고자

6 ⑨【弇】 덮을 엄 琰

㊥yǎn, yān ㊐エン

소전 초서 자해 ❶덮다, 덮어 씌우다. ❷깊다. 〔呂氏春秋〕其器宏而弇기기굉이엄. ❸아가리는 작고 속은 넓다. ❹좁은 길.

6 ⑨【弈】 바둑 혁 陌

㊥yì ㊐エキ

소전 초서 자해 ❶바둑. 〔論語〕不有博弈者乎불유박혁자호. ❷도박, 노름. 〔孟子〕今夫弈之爲數금부혁지위수. ❸바둑을 두다, 도박을 하다.

弈棋(혁기) 바둑. 바둑을 둠.
◨ 博弈박혁.

11 ⑭【獘】 獘(292)과 동자

12 ⑮【弊】 해질 폐 霽

고등 인명 3Ⅱ급 ㊥bì ㊐ヘイ

필순 丶 丷 ⺌ 冂 尙 尙 尙ᐟ 敝 敝 弊

소전 초서 자원 形聲. 敝＋廾→弊. '敝(폐)'가 음을 나타낸다.

자해 ❶해지다, 옷이 낡다. ❷넘어지다, 넘어뜨리다. 〔周禮〕及弊田급폐전. ❸나쁘다, 좋지 않다. 〔周禮〕句者謂之弊弓구자위지폐궁. ❹자신의 사물에 붙이는 겸칭. ❺國폐. ㉮귀찮은 신세나 괴로움. ㉯폐단. ❻다하다, 멎다, 끝나다. 〔管子〕澤不弊而養足택불폐이양족.

弊家(폐가) 자기 집의 겸칭(謙稱).
弊國(폐국) 자기 나라의 겸칭. 弊邦(폐방).
弊端(폐단) 옳지 못한 경향이나 해로운 현상.
弊履(폐리) 해어진 신.
弊社(폐사) 자기 회사의 겸칭.
弊習(폐습) 나쁜 버릇. 좋지 못한 풍습.
弊邑(폐읍) 피폐한 고을. 자기 나라의 겸칭.
弊衣(폐의) 떨어진 옷. 해어진 옷.
弊政(폐정) 폐단이 많은 정치.
弊帚千金(폐추천금) 몽당비를 천금의 가치가 있는 것처럼 생각함. 분수를 모르는 과실(過失) 또는 제가 가진 것은 다 좋다고 생각함.
弊弊(폐폐) 힘써 경영함. 부지런히 힘써서 심신이 피로한 모양.
弊風(폐풍) 나쁜 버릇이나 좋지 못한 풍속.
弊害(폐해) 폐단과 해로움.
◨ 舊弊구폐, 惡弊악폐, 語弊어폐, 疲弊피폐.

弋部 주살 익

0 ③【弋】 주살 익 職

㊥yì ㊐ヨク

소전 초서 자원 象形. 꺾은 나뭇가지에 옆으로 뾰족하게 내민

弋 0획

미늘 같은 것이 있고 거기에 물건이 걸려 있는 모양을 본뜬 글자.
자해 ❶주살. 오늬에 줄을 매어 쏘는 화살. 〔論語〕弋不射宿익불석숙. ❷검은 빛깔. ❸말뚝, 홰. 〔詩經〕雞棲于弋日桀계서우익왈걸. ❹취(取)하다, 빼앗다. 〔書經〕敢弋殷命감익은명.
弋羅(익라) 주살과 그물.
弋獵(익렵) 사냥을 함.
弋射(익사) 주살로 새를 쏨.
弋綈(익제) ①검은 명주. ②두꺼운 명주.
◨ 游弋유익.

1 ④【弌】 一(1)의 고자

2 ⑤【弍】 二(38)의 고자

3 ⑥【弎】 三(7)의 고자

3 ⑥【式】 법 식 職
중학 인명 6급 ㊥shì ㊐シキ
필순 一 二 三 于 式 式
소전 초서 자원 形聲. 工+弋→式. '工(공)'이 음을 나타낸다.
자해 ❶법. ㉮법규, 제도. 〔漢書〕品式備具품식비구. ㉯표준, 본보기. 〔詩經〕下土之式하토지식. ㉰규격, 격식. ❷본받다, 기준으로 삼고 따르다. 〔孟子〕皆有所矜式개유소긍식. ❸정도, 절도(節度). 〔周禮〕以九式均節財用이구식균절재용. ❹써, ~(으)로써. ≒以. 접속의 어조사. ❺절하다, 수레의 손잡이 나무에 기대어 절하다. ❻國식. ㉮의식(儀式). ¶ 卒業式졸업식. ㉯산식(算式). ¶ 方程式방정식.
式車(식거) 수레 앞 가로막이 나무에 손을 얹고 경의(敬意)를 나타냄.
式年(식년) 國과거 보이는 시기로 정한 해. 3년에 한 번씩으로, 지지(地支)에 자(子)·묘(卯)·오(午)·유(酉)가 들어 있는 해.
式閭(식려) 마을에 절을 함. 현인(賢人)이 사는 마을을 지날 때, 수레에서 경의(敬意)를 표하는 일.
式禮(식례) ①예법(禮法). ②예법을 기준으로 삼고 좇음.
式微(식미) 나라의 세력이 쇠퇴함. 쇠미함.
式辭(식사) 식장에서 인사로 하는 말이나 글.
式順(식순) 의식의 진행 순서.
式樣(식양) 모양. 격식. 樣式(양식).
式場(식장) 의식을 행하는 장소.
式典(식전) 의식과 전례(典禮).
◨ 格式격식, 公式공식, 舊式구식, 圖式도식, 法式법식, 數式수식, 新式신식, 略式약식, 禮式예식, 儀式의식, 整式정식, 形式형식

9 ⑫【弑】 弒(406)의 속자

10 ⑬【弒】 죽일 시 寘
인명 1급 ㊥shì ㊐シ
소전 초서 속자 弑 자해 죽이다. '殺(683)'의 뜻과 같으나, 대체로 신하가 임금을, 자식이 어버이를, 아랫사람이 윗사람을 죽이는 데 쓴다. 〔易經〕臣弒其君신시기군.
弒逆(시역) 신하가 임금을 죽임. 대역(大逆) 행위. 弒虐(시학).
弒害(시해) 부모나 임금을 죽임. 弒殺(시살). 弒逆(시역).

弓部 활궁

0 ③【弓】 활 궁 東
중학 인명 3Ⅱ급 ㊥gōng ㊐キュウ
필순 ㇆ ㇕ 弓
소전 초서 자원 象形. 활의 모양을 본뜬 글자.
자해 ❶활. 〔書經〕備乃弓矢비내궁시. ❷궁술(弓術). 활을 쏘는 법이나 기술. ❸길이의 단위. 처음에는 과녁까지의 거리를 재는 단위로서 6척(尺) 또는 8척이란 설이 있으나, 현대에는 땅을 재는 단위로도 쓰이며 그 길이도 1궁(弓)이 5척으로 고정되었다.
弓弩(궁노) 활과 쇠뇌.
弓馬(궁마) ①활과 말. ②궁술(弓術)과 마술(馬術). ③무예(武藝) 또는 무사(武士).
弓馬家(궁마가) 무사(武士)의 집안.
弓手(궁수) ①송대(宋代)에 차역(差役)으로 징발된 사람 가운데 도둑을 잡는 일을 맡은 사람. ②활 쏘는 사람.
弓術(궁술) 활 쏘는 재주.
弓矢(궁시) 활과 화살. 弓箭(궁전).
弓腰(궁요) ①활처럼 나긋나긋하게 휘는 허리. 춤출 때의 나긋나긋한 허리 놀림. ②허리를 중심으로 하여 활처럼 휘어지는 일.

弓衣(궁의) 활집. 弓韃(궁건).
弓人(궁인) 활 만드는 일을 업으로 삼는 사람.
弓旌之召(궁정지소) 활과 기의 부름. 고관(高官)으로 채용됨. 사(士)를 초빙할 때는 궁(弓)으로 하고, 대부(大夫)를 초빙할 때는 기(旗)로 한 데서 온 말.
弓尺(궁척) 國①한량(閑良). ②신라 때 활을 쏘던 병졸.
弓弦(궁현) ①활시위. ②곧은 모양. 또는 길 따위가 곧게 나 있어 가까움. 弓絃(궁현).
弓形(궁형) 활처럼 생긴 모양. 활꼴.
弓弧(궁호) 활.
◨ 大弓대궁, 半弓반궁, 良弓양궁.

1
④【引】 1끌 인 軫
2가슴걸이 인 震
중학 인명 4Ⅱ급 ㊥yǐn ㊐イン
필순 ㇕ ㇕ 弓 引

소전 引 초서 引 동자 弘 자원 會意. 弓+丨→引. '弓(궁)'은 '활', '丨'은 '나아가다' 또는 '화살'을 뜻하며, 활에 화살을 먹여 과녁에 나아가도록 한다는 데서 '당기다'란 뜻을 나타낸다.

자해 1 ❶**끌다.** ㉮**끌어당기다, 그물·물체·수레 따위를 잡아당기다.** 〔孟子〕君子引而不發군자인이불발. ㉯**인도(引導)하다.** ㉰**인용(引用)하다.** 〔中庸〕子思引孔子之言자사인공자지언. ㉱**일이나 시간을 오래 끌다.** ❷**떠맡다, 책임을 지다.** ¶ 引責인책. ❸**늘이다, 신장시키다.** ❹**물러나다.** 〔禮記〕必引而去君之黨필인이거군지당. ❺**죽다, 자살하다.** ¶ 自引자인. ❻**퍼지다, 만연하다.** 〔孔子家語〕民引而不從민인이부종. ❼**바루다, 바로잡다.** ❽**길이.** ㉮**긴 정도.** ㉯**길이의 단위.** 10장(丈)의 길이. 〔漢書〕十丈爲引십장위인. 2 ❶**가슴걸이.** 말의 가슴에 걸어 안장에 매는 가죽 끈. ≒靷. ❷**끈, 영구차를 끄는 밧줄.** 〔禮記〕弔於葬者必執引조어장자필집인.

引喝(인갈) 소리를 길게 끌어 외침. 벽제(辟除) 소리 따위.
引據(인거) 인용하여 근거로 함.
引愆(인건) 잘못 저지른 일의 책임을 짐.
引見(인견) 불러들여 만나봄.
引決(인결) 책임을 지고 스스로 자살함.
引繼(인계) 물건·일 따위를 남에게 넘겨 주거나 남으로부터 이어받음.
引咎(인구) 책임을 스스로 짐. 引責(인책).
引年(인년) ①수명을 연장함. 좀 더 오래 삶. 延年(연년). ②나이가 많음을 구실로 함.
引渡(인도) 물건이나 권리 등을 넘겨 줌.
引導(인도) 가르쳐 일깨움. 이끌어 따르게 함.
引頭(인두) ①목을 길게 뺌. ②(佛)법회(法會) 때 여러 승려를 선도하는 중.
引力(인력) 떨어져 있는 두 물체가 서로 당기는 힘.
引領(인령) ①목을 길게 뺌. ㉠멀리 바라봄. ㉡기대(期待)·사모(思慕)의 정으로 멀리 바라봄. ②인솔함. 안내함.
引滿(인만) ①활시위를 한껏 잡아당김. ②잔에 술을 가득 따름.
引上(인상) ①끌어올림. ②요금, 봉급, 물가 등이 올라감.
引線(인선) ①실을 잡아당김. 낚싯줄을 끌어당김. ②現㉠안내함. ㉡바늘.
引率(인솔) 손아랫사람이나 무리를 이끌고 감.
引受(인수) 넘겨받음.
引繩批根(인승비근) 새끼줄을 걸어서 잡아당겨 뿌리째 뽑아 버림. 둘이서 새끼를 꼬는 것처럼 힘을 합하여 남을 배척함.
引伸(인신) ①잡아 늘임. 길게 함. ②응용(應用)함. ③의미가 확대됨.
引揚(인양) 끌어올림.
引用(인용) 남의 말이나 글의 일부를 자신의 말이나 글 속에 끌어다 씀.
引喩(인유) 인용하여 비교함.
引誘(인유) 꾐. 꾀어 냄. 誘引(유인).
引而不發(인이불발) 화살을 메겨 시위를 당기기까지는 하나 활을 쏘지는 않음. 남을 가르칠 때는 스스로 그 이치를 깨달을 수 있도록 학문하는 방법만 가르치고, 함부로 모든 것을 다 가르치지 않음.
引證(인증) 다른 사례를 끌어다 증거로 삼음.
引責(인책) 스스로 책임을 짐.
引出(인출) 예금을 찾음.
引致(인치) ①가까이 불러들임. 데리고 다님. ②사람을 강제로 끌어 가거나 끌어 옴.
引退(인퇴) ①벼슬에서 물러남. 세상 일을 피하여 한적하게 삶. ②뒤로 물러남.
引避(인피) ①꺼리어 피함. 회피함. ②은퇴(隱退)함.
引下(인하) ①끌어내림. ②요금, 봉급, 물가 따위를 내림.
引嫌(인혐) 의심받을 일을 하지 않아 혐의를 피함.
引火(인화) 불이 옮아 붙음. 導火(도화).
◨ 牽引견인, 拘引구인, 誘引유인, 吸引흡인.

1
④【弔】 1조상할 조 嘯
2이를 적 錫
고등 인명 3급 ㊥diào, dì ㊐チョウ
필순 ㇕ ㇕ 弓 弔

弓 1획

소전 弔 초서 弔 본자 弔 속자 吊 참고 인명용 음은 '조' 이다.

자원 會意. 弓+丨→弔. 사람이 주살을 가지고 있는 모습으로, 주살의 줄을 뜻한다. '丨'은 '人(인)' 의 변형이고, '弓(궁)' 은 주살의 줄을 그린 것이다. 뒤에 '문상(問喪)하다' 라는 뜻으로 가차되었다.

자해 1 ❶**조상하다**. ㉮**영혼을 위로하다**. 〔史記〕爲賦以弔屈原위부이조굴원. ㉯**유족(遺族)을 위로하다**. ¶ 弔問조문. ❷**문안하다, 위문하다**. ❸**마음 아파하다**. 〔詩經〕中心弔兮중심조혜. ❹**매어달다**. 우리나라에서는 이때에 음을 '적' 으로도 읽는다. ¶ 弔橋조교. 2 **이르다, 와서 닿다**.

弔歌(조가) 죽음을 슬퍼하는 노래.

弔客(조객) 죽은 이를 애도하고 남은 이를 위로하러 온 사람.

1획

弔哭(조곡) 조문 가서 애도의 뜻으로 욺.

弔旗(조기) 조의를 나타내기 위해 세우는 기.

弔橋(조교) 강이나 좁은 해협의 양쪽에 줄이나 쇠사슬 따위로 건너질러 매달아 놓은 다리.

弔禮(조례) ①조상(弔喪)하는 예절. 남의 상(喪)에 대하여 슬픈 뜻을 표함. ②천재(天災)를 위문함.

弔臨(조림) 상가(喪家)에 가서 조상함.

弔文(조문) 죽은 사람을 조상하고, 애석한 정을 적은 글의 문체. 이 체(體)에는 사언체(四言體)와 소체(騷體)가 있음.

弔問(조문) 죽은 이를 애도하고 그 가족을 위로하는 일. 弔喪(조상).

弔民伐罪(조민벌죄) 백성을 불쌍히 여겨 죄를 침. 포학한 임금을 토벌해 백성을 구제함.

弔死(조사) ①남의 죽음을 애도함. ②목을 매어 자살함. 또는 그 사람.

弔詞(조사) 죽은 사람을 애도하고 추모하는 뜻을 표하는 글이나 말. 弔辭(조사).

弔喪(조상) 남의 죽음에 대하여 슬퍼하는 뜻을 표함.

弔慰(조위) 죽은 이를 조상(弔喪)하고 유족을 위문함.

弔意(조의) 죽은 이를 애도하는 마음.

弔電(조전) 조상의 뜻으로 치는 전보.

弔祭(조제) 죽은 사람의 영혼을 위로하여 제사 지냄. 또는 그 제사.

弔賀(조하) 조상함과 하례함. 慶弔(경조).

弔鶴(조학) 조객(弔客). 故事 진(晉)나라 때 도간(陶侃)의 조객이 학으로 변했다는 고사에서 온 말.

弔恤(조휼) 불쌍히 여겨 구휼함.

◪ 慶弔경조, 形影相弔형영상조.

1 ④ 【弓】 彈(412)의 고자

1 ④ 【弖】 彈(412)과 동자

2 ⑤ 【弗】 아닐 불 物

인명 2급 ㊥fú ㊐フツ

소전 弗 초서 弗 자해 ❶**아니다**. ≒不. 부정하는 뜻을 나타낸다. 〔書經〕績用弗成적용불성. ❷**빠른 모양, 세차고 성한 모양**. 〔詩經〕飄風弗弗표풍불불. ❸現**달러**(dollar). 미국의 화폐 단위.

弗弗(불불) ①바람이 세게 부는 모양. ②수긍(首肯)하지 않음. 찬동(贊同)하지 않음.

弗素(불소) 치약 등에 넣는 할로겐 원소의 한 가지.

弗豫(불예) 즐거워하지 않음. 임금이 편하지 않음. 不豫(불예).

弗貨(불화) 달러를 단위로 하는 화폐.

2 ⑤ 【弘】 引(407)과 동자

2 ⑤ 【弔】 弔(407)의 본자

2 ⑤ 【弘】 넓을 홍 ㊍횡 蒸

고등 인명 3급 ㊥hóng ㊐コウ

필순 ㇇ ㇇ 弓 弘 弘

소전 弘 초서 弘 자원 指事. 본래 활〔弓〕에 'ノ' 이 더해진 모양으로 'ノ' 이 '厶' 로 변하였다. 'ノ' 은 활에 힘이 가해지는 부분을 표시한 것으로, '높고 크다' 는 뜻을 나타낸다.

자해 ❶**넓다**. 〔詩經〕而式弘大이식홍대. ❷**넓히다**. 〔論語〕人能弘道인능홍도. ❸**널리**. ❹**크다**. ≒宏. ❺**활 소리, 활시위 소리**.

弘經(홍경) (佛)불경을 세상에 널리 전하는 일.

弘敎(홍교) ①넓은 가르침. ②가르침을 넓힘.

弘基(홍기) 큰 근본. 큰 사업을 이루는 기초.

弘度(홍도) ①큰 계획. ②큰 도량(度量).

弘道(홍도) 도를 널리 폄.

弘量(홍량) ①큰 도량. ②도량을 넓힘. ③많은 양. 많은 주량(酒量).

弘法(홍법) (佛)불법을 세상에 보급함. 또는 광대(廣大)한 불법(佛法). 布敎(포교).

弘報(홍보) 널리 알림. 또는 그 보도(報道).

弘宣(홍선) 널리 펴서 그 뜻을 밝게 함.
弘深(홍심) ①넓고 깊음. ②두터움.
弘願(홍원) (佛)넓고 큰 서원(誓願). 아미타불(阿彌陀佛)의 본원(本願) 중에서 근본이 되는 서원.
弘毅(홍의) 마음이 넓고 뜻이 굳셈.
弘益人間(홍익인간) 國널리 인간 세계를 이롭게 함. 우리나라의 건국 이념, 교육 이념임.
弘濟(홍제) 널리 구제함.
弘化(홍화) ①널리 덕화(德化)를 미치게 함. ②큰 덕화.
■ 寬弘관홍, 宣弘선홍, 恢弘회홍.

3 ⑥【弛】 늦출 이 紙

인명 1급 ㊥chí ㊐シ

소전 초서 동자 弛 자해 **❶늦추다, 켕겼던 것을 느슨하게 하다. ❷활부리다, 활시위를 벗기다.** 〔禮記〕 弛弓尙角이궁상각. **❸없애다, 제거하다. ❹한물 가다, 행하여지지 않게 되다.** 〔荀子〕 大事殆乎弛대사태호이.

弛馭(이어) 말 모는 손을 느슨히 함. 정치를 게을리 함.
弛緩(이완) ①느슨함. 늦추어짐. ②맥이 풀림.
弛張(이장) 느즈러짐과 캥김. 이완(弛緩)과 긴장(緊張). 張弛(장이).
弛廢(이폐) 쇠퇴하여 행하여지지 않음.
弛解(이해) 늦추어 풂. 느즈러져 풀림.
■ 傾弛경이, 一張一弛일장일이, 張弛장이, 跅弛척이, 懈弛해이.

3 ⑥【弞】 彈(412)과 동자

4 ⑦【弟】 아우 제 薺

중학 인명 8급 ㊥dì ㊐テイ

필순 丶 丷 㐅 当 弓 弟 弟

소전 초서 자원 會意. 새를 잡는 화살인 주살〔弋〕을 끈〔弓〕으로 묶은 모양이다. 주살을 끈으로 묶는 데도 순서가 있어야 하므로 '차례, 순서' 라는 뜻은 여기에서 나왔고, 뒤에 다시 '형제' 라는 뜻이 파생되었다.

자해 **❶아우.** 〔書經〕 惟孝友于兄弟유효우우형제. **❷나이 어린 사람. ❸제자. ❹공손하다.** 아우가 형을, 나이 어린 사람이 나이 많은 사람을 섬기는 공경의 도(道). ≒悌. 〔詩經〕 豈弟君子기제군자.

弟嫂(제수) 동생의 아내. 季嫂(계수).
弟氏(제씨) 남을 높여 그의 동생을 부르는 말. 季氏(계씨).
弟友(제우) 형이나 형뻘되는 사람을 섬기기를 공손하게 함.
弟子(제자) ①스승의 가르침을 받았거나 받는 사람. 門人(문인). ②남의 아우나 아들. 나이 어린 사람.
弟兄(제형) ①아우와 형. 형제. ②남을 친밀하게 이르는 말.
■ 高弟고제, 昆弟곤제, 難兄難弟난형난제, 徒弟도제, 子弟자제, 從弟종제, 兄弟형제.

4 ⑦【弝】 줌통 파 禡

㊥bà ㊐ハ

초서 자해 **❶줌통.** 활 한가운데의 손으로 쥐는 부분. **❷칼자루.**

5 ⑧【弩】 쇠뇌 노 麌

인명 1급 ㊥nǔ ㊐ド

소전 초서 자해 **쇠뇌.** 화살이나 돌을 잇달아 쏠 수 있게 만든 활.

弩弓(노궁) 쇠뇌. 돌 쇠뇌.
弩臺(노대) 쇠뇌를 장치하여 적에게 시석(矢石)을 쏘는 대(臺).
弩師(노사) 쇠뇌를 만드는 것을 업(業)으로 삼는 사람.
弩手(노수) 쇠뇌를 잘 쏘는 사람.
弩牙(노아) 쇠뇌의 시위를 걸어 매는 곳.
弩砲(노포) 쇠뇌.

5 ⑧【弢】 활집 도 豪

㊥tāo ㊐トウ

소전 초서 자해 **❶활집, 활을 넣어 두는 주머니. ❷기(旗)를 넣어 두는 주머니. ❸숨기다.**

5 ⑧【弥】 彌(413)와 동자 인명

5 ⑧【弣】 줌통 부 麌

㊥fǔ ㊐フ

초서 자해 **줌통.** 활 한가운데의 손으로 쥐는 부분.

5 ⑧【弛】 弛(409)와 동자

弓 5획

5
⑧【弫】 張(411)의 고자

5
⑧【弤】 활 저 薺

㊥dǐ ㊐テイ

초서 자해 **활, 붉은 옻칠을 한 활.** 〔孟子〕 琴弤금저, 弤朕저짐.

5
⑧【弦】 시위 현 先

인명 2급 ㊥xián ㊐ゲン

소전 초서 자해 **❶시위, 활시위. ❷반원형(半圓形)의 달, 반달.** 〔漢書〕 晦朔望弦회삭망현. **❸악기의 줄. 또는 줄을 이용하여 만든 악기.** ≒絃. 〔禮記〕 舜作五弦之琴순작오현지금.

5 획

弦管(현관) 거문고와 저. 현악기와 관악기.
弦琴(현금) 거문고를 탐.
弦脈(현맥) 맥박이 빠르게 뛰는 일.
弦索(현삭) ①악기의 줄. ②현(絃)으로 소리를 내는 모든 악기.
弦誦(현송) 거문고를 타며 노래함. 또는 거문고를 타면서 낭송함. 학업(學業)의 한 가지.
弦矢(현시) 활시위와 화살.
弦影(현영) 반월(半月)의 모양. 또는 그 빛.
弦韋(현위) 활시위와 다룸가죽. 완급(緩急). 故事 춘추 때 진(晉)나라의 동안우(董安于)는 느린 성격을 고치려고 활줄을 지니고 다녔고, 전국 때 위(魏)나라의 서문표(西門豹)는 성급한 성격을 고치려고 무두질한 가죽을 지니고 다녔다는 고사에서 온 말.
◨ 弓弦궁현, 斷弦단현, 上弦상현, 下弦하현.

5
⑧【弧】 활 호 虞

인명 1급 ㊥hú ㊐コ

소전 초서 자해 **❶활, 나무 활.** 〔漢書〕 弧弓射獵호궁사렵. **❷깃발을 펴는, 활 모양의 기구. ❸활 모양으로 굽은 선(線), 곡선이나 원주(圓周)의 한 부분.**
弧矢(호시) 나무로 만든 활과 화살.
弧形(호형) 활등처럼 굽은 형상.
◨ 括弧괄호.

6
⑨【弭】 활고자 미 紙

㊥mǐ ㊐ミ

소전 초서 자해 **❶활고자.** 활의 두 머리, 곧 시위를 매게 된 부분. 〔詩經〕 象弭魚服상미어복. **❷각궁(角弓).** 소나 양의 뿔로 꾸민 활. **❸그치다, 중지하다. ❹잊다, 잊어버리다.**

7
⑩【弱】 약할 약 藥

중학 인명 6급 ㊥ruò ㊐ジャク

필순 ㇆ ㇇ 弓 弓 弓 弜 弜 弱 弱 弱

소전 초서 자원 會意. 弓+彡+弓+彡→弱. '弓'은 휘어진 모양을, '彡'은 구부러지고 약한 털을 그린 것이다. 약한 것은 제 홀로는 설 수 없기에 둘을 나란히 놓아서 '약하다'란 뜻을 나타내었다.

자해 **❶약하다. 기력·체력·능력·세력 등의 힘이 세지 못하다.** 〔史記〕 妻子軟弱처자연약. **❷약한 자, 힘·의지 등이 약한 자.** 〔書經〕 兼弱攻昧겸약공매. **❸약해지다, 쇠해지다.** 〔春秋左氏傳〕 姜族弱矣강족약의. **❹침노하다. ❺젊다.** 〔史記〕 弱而能言약이능언. **❻패하다.**

弱骨(약골) 몸이 약한 사람. 孱骨(잔골).
弱冠(약관) 남자 나이 스무 살. 또는 스무 살 전후의 나이.
弱年(약년) 나이가 젊음. 또는 스무 살. 弱齡(약령).
弱能制強(약능제강) 약한 것이 강한 것을 누름. 弱勝強(약승강).
弱勢(약세) 약한 세력.
弱小(약소) 힘이 부족함.
弱息(약식) 남에게 대하여 '자기 아들'을 낮추어 이르는 말. 愚息(우식).
弱肉強食(약육강식) 약자의 살은 강자의 먹이가 됨. 강한 자가 약한 자를 침해함. '생존 경쟁의 격렬함'을 이름.
弱敵(약적) 적을 약하게 함. 또는 약한 적.
弱點(약점) 부족하거나 불완전한 점.
弱弟(약제) 어린 동생.
弱卒(약졸) 약한 군졸.
弱主(약주) ①나이 어린 임금. ②세력이 없는 임금.
弱志(약지) 약한 의지.
弱行(약행) ①실행력이 약함. 일에 굳은 의지가 없음. ②절름거림. 또는 절름발이.
◨ 強弱강약, 懦弱나약, 懦弱유약, 老弱노약, 微弱미약, 薄弱박약, 貧弱빈약, 衰弱쇠약, 軟弱연약, 虛弱허약.

8
⑪【強】 ①굳셀 강 陽 ②힘쓸 강 養

중학 인명 6급 ㊥qiáng, qiǎng ㊐キョウ

필순 ㇆ ㇇ 弓 弓 弓 弘 弘 弫 強 強

소전 [篆] 초서 [草] 속자 强 자원 形聲. 弘+虫→強. '弘(홍)'이 음을 나타낸다. 본뜻은 '쌀 바구미'였으나 뒤에 '강하다'의 뜻으로 가차되었고, '강하다'의 뜻으로 쓰이던 '彊(강)'은 잘 쓰이지 않게 되었다.

자해 1 ❶**굳세다.** ≒彊. ㉮**힘차고 튼튼하다.** 〔中庸〕子路問強자로문강. ㉯**의지가 억세다.** ¶ 頑強완강. ❷**힘이 있는 자, 세력이 있는 자.** 〔漢書〕誅鉏豪強주서호강. ❸**강, 남다.** 주로 소수 이하의 수에서 어떤 자리 이하의 수를 끊어 버렸을 때 실지 표현한 수보다 원수가 많다는 뜻을 나타내는 말. ❹**마흔 살.** ❺**태세(太歲)의 이름.** ¶ 強圉강어. 2 ❶**힘쓰다.** ＝彊. 〔禮記〕知困然後能自強也지곤연후능자강야. ❷**억지로, 억지로 시키다.** ❸**권하다.**

強姦(강간) 부녀자를 강제로 욕보이는 일.
強諫(강간) 강경하게 간함.
強健(강건) 굳세고 건강함.
強梗(강경) ①유순하지 않음. 고집이 셈. ②만만하지 않음. 거셈.
強硬(강경) 굳세게 버티어 굽히지 않음.
強固(강고) 굳세고 튼튼함.
強勸(강권) 강제로 권함. 억지로 권함.
強記(강기) 오래도록 잘 기억함. 또는 그 기억. 強悟(강오).
強起(강기) ①억지로 일어남. ②강제로 기용(起用)함. 억지로 관(官)에 취임하게 함.
強弩(강노) 센 쇠뇌.
強盜(강도) 폭력으로 남의 재물을 빼앗는 사람.
強賣(강매) 물건을 억지로 팖.
強迫(강박) 억지로 핍박함. 억눌림.
強半(강반) 반 이상. 太半(태반).
強飯(강반) 힘써 밥을 더 먹음. 몸을 소중히 함.
強辨(강변) 잘 분별함.
強辯(강변) ①억지로 자기 주장을 합리화(合理化)하거나 우김. ②무리한 변명.
強仕(강사) 나이 마흔에 처음으로 벼슬을 하게 됨. 마흔 살.
強盛(강성) 굳세고 홍성함.
強襲(강습) 적의 저항·방어를 무릅쓰고 습격을 강행함.
強食(강식) ①부지런히 음식을 먹어 몸을 보양(保養)함. ②강한 자의 먹이. 강한 자의 밥.
強臣(강신) 권력이 강대한 신하.
強顔(강안) 낯가죽이 두꺼움. 부끄러움을 모름.
強圉(강어) 천간(天干)의 '정(丁)'을 고갑자(古甲子)로 이르는 말.
強禦(강어) ①강악(強惡)하여 선(善)을 물리침. ②무용(武勇)이 뛰어남. 또는 그런 사람. 強圉(강어).
強頑(강완) 마음이 비뚤어지고 고집이 셈.
強要(강요) 억지로 시키거나 무리하게 요구함.
強忍(강인) 애써 참고 견딤.
強靭(강인) 억세고 질김.
強作(강작) 억지로 함.
強壯(강장) ①몸이 씩씩하고 튼튼함. 혈기 왕성함. ②30~40세의 무렵. 40세를 '強', 30세를 '壯'이라 함.
強敵(강적) 대적하기 어려운 상대.
強占(강점) 억지로 남의 것을 차지함.
強制(강제) 본인의 의사를 무시하고 우격으로 따르게 함.
強調(강조) 강력하게 주장함.
強打(강타) 매우 세게 침.
強奪(강탈) 폭력을 써서 빼앗음.
強暴(강포) 힘이 세고 포악함. 우악스럽고 사나움. 또는 그러한 사람.
強悍(강한) 힘이 세고 몹시 사나움.
強項(강항) 목덜미가 강하여 쉽게 머리를 숙이지 않음. 강직(剛直)함.
強行(강행) 힘든 과정을 헤치고 억지로 시행함.

◨ 牽強견강, 補強보강, 富強부강, 頑強완강, 豪強호강.

8 ⑪【張】张 1 베풀 장 陽 2 뽐낼 장 漾

고등 인명 4급 ㊥zhāng ㊐チョウ

필순 ㇇ ㇇ 弓 弘 弘 弡 弫 張 張 張

소전 [篆] 초서 [草] 고자 弡 자원 形聲. 弓+長→張. '長(장)'이 음을 나타낸다.

자해 1 ❶**베풀다, 어떤 일을 차리어 벌이다.** 〔戰國策〕張樂設飮장악설음. ❷**메다.** ㉮**활시위를 메다.** 〔詩經〕旣張我弓기장아궁. ㉯**휘장을 치다.** ❸**넓히다, 크게 하다.** 〔春秋左氏傳〕我張吾三軍아장오삼군. ❹**성하게 하다.** ❺**말하다, 크게 떠벌리다.** ❻**어그러지다, 어긋나다.** ¶ 乖張괴장. ❼**속이다, 기만하다.** ❽**장. 얇은 물건이나 활·거문고·비파·휘장 따위를 세는 단위.** ❾**별자리 이름.** 28수(宿)의 하나. 〔史記〕西至于張서지우장. 2 **뽐내다, 교만을 부리다.**

張冠李戴(장관이대) 장(張)의 모자를 이(李)가 씀. ㉠명(名)과 실(實)이 상부하지 않음. ㉡잘못 인식함.
張力(장력) ①길게 늘어나는 힘. ②넓게 퍼지는 힘. 물체가 서로 끌어당기는 힘.
張目(장목) 눈을 부릅뜸.
張門戶(장문호) 주택을 장려(壯麗)하게 꾸며 화사(華奢)를 부림. 학예(學藝) 등으로 일가를 이룸.

張本(장본) ①뒤에 쓸 문장의 근본이 되는 것을 앞에 적은 것. 伏線(복선). ②어떤 일이 벌어지게 되는 원인.
張本人(장본인) 물의를 일으킨 바로 그 사람.
張三李四(장삼이사) 장씨의 셋째 아들과 이씨의 넷째 아들. 보통 사람들.
張弛(장이) ①팽팽하게 켕김과 느즈러짐. ②성함과 쇠함. 弛張(이장).
張皇(장황) ①번거롭고 너절하게 긺. ②넓히어 크게 함. ③당황함.
◨ 誇張과장, 緊張긴장, 伸張신장, 主張주장, 擴張확장.

9 ⑫【强】 強(410)의 속자 [인명]

弓

9 ⑫【弾】 彈(412)과 동자

9획

9 ⑫【弼】 도울 필 質

[인명] [2급] ㊥bì ㊐ヒツ

[소전] 𢐀 [초서] [동자] 弻 [자해] ❶돕다, 거들다. 〔書經〕以弼五敎이필오교. ❷돕는 사람. ㉮보좌역. ㉯천자(天子)의 보좌역. ❸도지개. 틈이 가거나 뒤틀린 활을 바로잡는 틀. ❹바루다, 바로잡다.
弼匡(필광) 도와서 바로잡음. 匡弼(광필).
弼寧(필녕) 도와서 편안하게 함.
弼導(필도) 도와서 인도함.
◨ 匡弼광필, 光弼광필, 輔弼보필, 良弼양필, 俊弼준필.

9 ⑫【弻】 弼(412)과 동자

10 ⑬【彀】 당길 구 宥

㊥gòu ㊐コウ, ク

[소전] [자해] ❶당기다, 화살을 쏘기 위해 세게 잡아당기다. ¶ 彀率구율. ❷활을 쏘다. 〔史記〕彀者十萬人구자십만인. ❸과녁.
彀率(구율) 활시위를 당기는 정도. 표준.

12 ⑮【彈】弾 1탄알 탄 翰 2튀길 탄 寒

[고등] [인명] [4급] ㊥dàn, tán ㊐ダン

[필순] 7 弓 弓" 弓" 弓" 弭 彈 彈 彈 彈

[소전] [초서] [동자] 弓 [동자] 弞 [속자] 弾

[고자] 弓 [자원] 形聲. 弓+單→彈. '單(단)'이 음을 나타낸다.

[자해] 1 ❶탄알. ㉮활에 메워 쏘는 돌. ㉯대포·총 따위로 쏘는 탄알. ¶ 砲彈포탄. ❷탄알을 쏘는 활. 2 ❶튀기다, 손가락으로 튀기다. 〔楚辭〕新沐者必彈冠신목자필탄관. ❷두드리다. 〔史記〕馮驩彈其劍而歌풍환탄기검이가. ❸따지다, 힐책하다. ¶ 彈劾탄핵. ❹타다, 연주하다.
彈冠(탄관) ①갓의 먼지를 떨어 버림. 세진(世塵)을 떨어 버림. ②갓의 먼지를 떨고 임금의 소명(召命)을 기다림. 곧, 출사(出仕)할 뜻이 있음.
彈弓(탄궁) ①탄환을 쏘는 활. ②활시위를 울림. ③솜을 타는 데 쓰는 활.
彈琴(탄금) 거문고를 탐.
彈頭(탄두) 포탄 앞 끝의 폭약을 장착하는 부분.
彈道(탄도) 발사된 탄알이 공중을 지나가는 길.
彈力(탄력) ①용수철처럼 튀거나 팽팽하게 버티는 힘. ②물체에 가해지는 힘이 멈춘 후에 본래 상태로 돌아가려는 힘.
彈墨(탄묵) ①탄문(彈文). ②現목수(木手)가 목재에 먹줄을 튕김.
彈文(탄문) 과실을 탄핵하는 글. 彈墨(탄묵).
彈詞(탄사) 운어(韻語) 속에 많은 고사를 엮어서 악기에 맞추어 노래하게 한 것.
彈絲吹竹(탄사취죽) 음악을 연주하는 일.
彈性(탄성) 물체에 가해지는 힘이 멈춘 후 본래 상태로 돌아가려고 하는 성질.
彈壓(탄압) 권력을 써서 억누름.
彈藥(탄약) 탄알과 화약을 아울러 이르는 말.
彈子(탄자) ①배를 끄는 밧줄. ②탄알. 총탄·포탄 등의 탄알을 이르는 말.
彈章(탄장) 사람을 탄핵하는 문장(文章).
彈奏(탄주) ①죄상을 밝혀 상주(上奏)함. 彈劾(탄핵). 彈文(탄문). ②國가야금·바이올린 따위의 현악기를 탐.
彈指(탄지) ①손끝으로 튀김. ②(佛)매우 짧은 시간. 彈指頃(탄지경).
彈倉(탄창) 탄환을 재어 두는 통.
彈劾(탄핵) 과실이나 죄상을 조사하여 책임을 물음.
彈弦(탄현) 현악기를 탐.
彈丸(탄환) 총이나 대포를 쏠 때 사용하는 쇠구슬. 탄알. 총알. 총탄.
彈痕(탄흔) 탄알에 맞은 흔적.
◨ 糾彈규탄, 實彈실탄, 流彈유탄, 敵彈적탄, 銃彈총탄, 砲彈포탄, 爆彈폭탄.

12 ⑮【彍】 당길 확 藥

㊥guō ㊐カク

소전 [篆] 자해 당기다, 활을 잡아당기다.

13 ⑯ 【彊】 ①굳셀 강 陽 ②힘쓸 강 養

인명 2급 ㊥qiáng ㊐キョウ

소전 초서 자해 ①❶굳세다. ≒強. ❷힘이 센 활. 〔史記〕材官引彊재관인강. ❸국경(國境). ≒疆. ②❶힘쓰다. ❷억지로, 억지로 시키다. 〔孟子〕彊而後可강이후가.

彊記(강기) 기억을 잘함. 기억력이 좋음. 強記(강기).

彊弩(강노) 센 쇠뇌. 強弩(강노).

彊悍(강한) 힘이 세고 사나움. 強悍(강한).

◨ 盛彊성강, 力彊역강, 自彊자강.

14 ⑰ 【彌】 弥 ①두루 미 支 ②그칠 미 紙

인명 2급 ㊥mí ㊐ビ

소전 초서 동자 弥 자해 ①❶두루, 널리. ❷오래다. 〔書經〕既彌留기미유. ❸마치다, 끝나다. 〔詩經〕俾爾彌爾性비이미이성. ❹멀다, 멀리. ¶彌望미망. ❺차다, 가득 메우다. ❻더욱, 점점. 〔論語〕仰之彌高앙지미고, 鑽之彌堅찬지미견. ❼깁다, 꿰매다. ②❶그치다, 중지하다. ❷드리우다, 늘어뜨리다.

彌久(미구) 매우 오래됨. 오래 끎.

彌留(미류) 오랫동안 병이 낫지 않음. 병이 위중함. 병이 오래 끎.

彌綸(미륜) 두루 다스림.

彌滿(미만) 가득 참. 그들먹함. 彌漫(미만).

彌望(미망) 멀리 두루 바라봄. 조망(眺望)이 확 트임.

彌縫(미봉) ①떨어진 곳을 꿰맴. ②결점이나 잘못된 것을 임시변통으로 이리저리 주선해서 꾸며 댐.

彌甥(미생) 외손자.

彌旬(미순) 열흘 동안.

彌月(미월) ①달을 넘김. 여러 달. ②잉태하여 10개월의 기간을 마침. 또는 만 10개월. ③생후 만 1개월.

彌日(미일) 여러 날. 날짜를 거듭함.

◨ 沙彌사미, 須彌수미.

19 ㉒ 【彎】 弯 굽을 만 ㊍완 刪

인명 1급 ㊥wān ㊐ワン

소전 초서 자해 ❶굽다. ¶彎曲만곡. ❷당기다, 화살을 활시위에 메다.

彎曲(만곡) 활처럼 휘우듬하게 굽음.

彎弓(만궁) 화살을 쏘려고 활시위를 한껏 잡아당김.

彎月(만월) 구붓이 이지러진 달. 초승달이나 그믐달.

彎入(만입) 바다나 강의 물이 뭍 쪽으로 활등 모양처럼 휘어듦. 灣入(만입).

彐 部 튼가로왈

0 ③ 【彐】 돼지 머리 계 霽

㊐ケイ

소전 동자 동자 참고 ❶한자의 구성에서 글자 모양이 '彑'나 '⺕'로 쓰이기도 한다. ❷부수의 명칭은 글자 모양이 '曰(가로 왈)'에서 왼쪽의 내리긋는 획이 없다는 데서 '튼가로왈'이라고 부른다.

자원 象形. 돼지 머리의 모양을 본뜬 글자.

자해 ❶돼지 머리. ❷한자 부수의 하나, 튼가로왈.

2 ⑤ 【归】 歸(676)의 속자

3 ⑥ 【彐】 多(276)의 속자

3 ⑥ 【当】 當(851)의 속자

5 ⑧ 【彔】 새길 록 屋

인명 ㊥lù ㊐ロク

자해 ❶새기다. ❷근본, 근원. ❸영롱하다.

6 ⑨ 【彖】 단 단 翰

인명 ㊥tuàn ㊐タン

소전 초서 자해 ❶단, 단사(彖辭). 주역(周易)에서 각 괘(卦)의 총론. ❷판단하다, 점치다.

彖辭(단사) 각 괘(卦)의 뜻을 풀이한 주역의 총론. 주(周) 문왕(文王)이 지었다고 함.

彖傳(단전) 주역에서 10익(翼)의 하나. 단사(彖辭)를 해석해 놓은 것. 공자(孔子)가 지었다는 설이 있으나 확실하지 않음.

8 【彗】 비 혜 霽
⑪
인명 1급 ㊥huì ㊐スイ
소전 초서 자해 ❶비, 쓰는 비. 〔史記〕 擁彗先驅옹혜선구. ❷쓸다. ❸살별, 꼬리별.
彗星(혜성) ①별 이름. 꼬리별. 살별. ②갑자기 두각을 나타냄.
彗掃(혜소) 비로 깨끗이 쓸어 냄.

9 【彘】 돼지 체 霽
⑫
㊥zhì ㊐テイ
소전 초서 자해 돼지. 〔孟子〕 鷄豚狗彘之畜계돈구체지휵.

10 【彙】 汇 무리 휘 ㊍위 未
⑬
인명 1급 ㊥huì ㊐イ
소전 초서 동자 彚 자해 ❶무리, 동류(同類). 〔易經〕 拔茅茹발서여, 以其彙이기휘. ❷모으다. ❸성하다, 번무(繁茂)하다.
彙類(휘류) 같은 종류를 모음.
彙報(휘보) ①여러 자료를 종류에 따라 모아서 알리는 기록물. ②잡지.
彙集(휘집) 같은 종류의 물건을 갈래를 따라 모음. 類聚(유취).
彙纂(휘찬) 여러 가지의 사실을 모아, 그 종류별로 갈라서 편찬함. 類纂(유찬).
◨ 辭彙사휘, 語彙어휘, 字彙자휘.

10 【彚】 彙(414)와 동자
⑬

13 【彛】 彝(414)의 속자 인명
⑯

15 【彝】 떳떳할 이 支
⑱
인명 ㊥yí ㊐イ
소전 초서 속자 彛 자해 ❶떳떳하다. ¶ 彝倫이륜. ❷법, 영구히 변하지 않는 도(道), 이치. ❸술병. 종묘(宗廟)에 비치해 두는 제기(祭器)의 한 가지.
彝器(이기) 종묘에 갖추어 두고 의식(儀式) 때 쓰는 제기(祭器).
彝倫(이륜) 사람으로서 마땅히 지켜야 할 떳떳한 도리.
彝訓(이훈) 사람으로서 항상 지켜야 할 교훈.
◨ 民彝민이, 秉彝병이, 皇彝황이.

彡 部 터럭 삼

0 【彡】 1터럭 삼 咸 2성 삼 琰
③
㊥shān, xiǎn ㊐サン
소전 초서 참고 부수의 명칭은 주로 '터럭삼' 이라고 하나, '三(석 삼)' 의 변형(變形)이라는 데서 '삐친석삼' 이라고도 한다.
자원 象形. 터럭을 빗질하여 놓은 모양을 본뜬 글자.
자해 1터럭, 길게 자란 머리털, 아름답게 꾸민 머리털. 2성(姓).

4 【彤】 붉을 동 冬
⑦
인명 ㊥tóng ㊐トウ
소전 초서 자해 ❶붉다, 빨강. ❷붉은 칠, 붉게 칠하다.
彤管(동관) 붉게 칠한 붓대.
彤矢(동시) 붉게 칠한 화살.
彤雲(동운) 붉은빛의 구름.
彤闈(동위) 붉게 칠한 궁궐의 문. 궁전.
彤庭(동정) 궁궐의 뜰. 임금이 거처하던 궁궐의 뜰을 붉게 색칠한 데서 온 말.

4 【形】 모양 형 靑
⑦
중학 인명 6급 ㊥xíng ㊐ケイ
필순 一 二 チ 开 开' 形' 形
소전 초서 본자 동자 자원 形聲. 幵+彡→形. '幵(견)' 이 음을 나타낸다.
자해 ❶모양. ㉮물건의 모양이나 생김새. 〔易經〕 品物流形품물류형. ㉯맵시, 차림새. ❷몸, 육체. ❸형세, 세력. 〔戰國策〕 周君形不好小利주군형불호소리. ❹나타나다, 드러나다. 〔禮記〕 形於動靜평어동정.
形格勢禁(형격세금) 형세가 거지(拒止)됨. 곧, 행동을 자유로이 할 수 없게 됨.
形局(형국) 어떤 일의 상황.
形氣(형기) 겉모양과 기운.
形單影隻(형단영척) 형체도 하나이고 그림자도 하나임. 외롭고 의지할 곳이 없음.
形名(형명) ①형상과 이름〔名〕. ②신하의 의론〔形〕과 그 실제의 성적〔名〕. ③기(旗)와 금고(金鼓). 기폭〔形〕과 금고〔名〕로 군대를 지휘하던 신호법.

形貌(형모) 겉모습.
形似(형사) 외형이 비슷함.
形相(형상) 생김새.
形象(형상) ①생긴 모양. ②마음과 감각에 의하여 떠오르는 대상의 모습을 떠올리거나 표현함.
形色(형색) ①형상과 빛깔. ②얼굴빛이나 표정.
形性(형성) 모양과 성질.
形成(형성) 어떤 모양을 이룸.
形聲(형성) ①모양과 소리. ②한자 육서(六書)의 하나. 뜻을 나타내는 글자와 음을 나타내는 글자를 합하여 새로운 한자를 만드는 방법. '나무'를 뜻하는 '木(나무목 변)'과 음을 나타내는 '可(가)'를 합한 '柯(가)' 따위.
形勢(형세) 일의 형편이나 상태.
形勢之途(형세지도) 권력 있는 사람들이 있는 곳. 또는 그 지위.
形勝(형승) ①지세가 뛰어남. 땅의 이(利)가 풍부함. ②경치가 좋은 곳. 景勝(경승).
形勝之國(형승지국) 지세가 좋아서 승리하기에 편리한 위치에 있는 나라.
形式(형식) ①겉모습. ②격식. 절차.
形言(형언) 형용하여 말함.
形役(형역) 마음이 육체의 부림을 받음. 정신이 물질의 지배를 받음.
形影(형영) 형체와 그림자. 언제나 서로 떨어지지 않음.
形影相同(형영상동) 형체의 굽고 곧음을 따라 그림자도 굽고 곧고 함. 마음의 선악이 그대로 행동에 드러남.
形影相弔(형영상조) 몸과 그 그림자가 서로 불쌍히 여김. 몹시 외로워 의지할 곳이 없음.
形容(형용) ①사물의 생긴 모양. ②사람의 생김새. ③사물이나 사람의 모양을 말·글·몸짓 등을 통하여 나타냄.
形儀(형의) 예의 범절과 태도. 容儀(용의).
形而上學(형이상학) 우주와 인생의 궁극적인 이치·원리 등을 탐구하는 학문.
形而下學(형이하학) 동물학·식물학·자연과학과 같은 물질적·유형적인 대상을 탐구하는 학문.
形質(형질) ①형태와 성질. 곧, 생긴 모양과 그 바탕. ②몸의 모양.
形體(형체) ①사물의 모양과 바탕. ②사람의 몸. 身體(신체).
形態(형태) 사물의 형상이나 상태.
形便(형편) 일이 되어 가는 상황.
形解(형해) ①망연자실(茫然自失)함. ②신선의 죽음. 尸解(시해).
形骸(형해) ①사람의 몸과 뼈. 肉體(육체). ②송장. ③구조물에서 뼈대를 이루는 부분.
形骸之外(형해지외) 육체의 밖. 심덕(心德)을 '內'라 하는 데 대하여 육체·외모를 이름.
形形色色(형형색색) 형태나 종류 등이 서로 다른 가지가지.
◨ 角形각형, 固形고형, 球形구형, 奇形기형, 大形대형, 圖形도형, 無形무형, 方形방형, 山形산형, 象形상형, 成形성형, 外形외형, 圓形원형, 人形인형, 定形정형, 造形조형, 地形지형, 弧形호형, 幻形환형, 環形환형.

4 ⑦【彤】 形(414)과 동자

6 ⑨【彥】 선비 언 霰

인명 2급 ㊥yàn ㊐ゲン

소전 [篆] 초서 [草] 속자 彦 자해 **선비**. 재덕(才德)이 뛰어난 남자. 또는 그러한 남자의 미칭(美稱). [詩經] 邦之彥兮방지언혜.
彥士(언사) 재덕이 뛰어난 남자. 훌륭한 인물. 彥俊(언준).
彥聖(언성) 뛰어나고 현철(賢哲)한 인물.
◨ 英彥영언, 才彥재언, 俊彥준언.

6 ⑨【彦】 彥(415)의 속자

6 ⑨【形】 形(414)의 본자

7 ⑩【彽】 徒(422)와 동자

7 ⑩【補】 補(1135)의 고자

7 ⑩【彧】 문채 욱 屋

인명 ㊥yù ㊐イク

초서 [草] 자해 **❶문채, 문채가 빛나는 모양. ❷무성한 모양.** [詩經] 黍稷彧彧서직욱욱.
彧彧(욱욱) ①초목이 무성한 모양. ②문채가 있는 모양. 빛나는 모양.

8 ⑪【彬】 빛날 빈 眞

인명 2급 ㊥bīn ㊐ヒン

소전 [篆] 동자 斌 고자 份 자해 **빛나다, 문(文)과 질(質)이**

彡 8획

갖추어져 훌륭한 모양. 〔論語〕 文質彬彬然後君子문질빈빈연후군자.

彬彬(빈빈) 글의 수식과 내용이 서로 어우러져 조화된 모양.

8 ⑪【彫】 새길 조 蕭

인명 2급 ㊥diāo ㊐チョウ

소전 초서 자해 **❶새기다, 파다.** 〔論語〕 朽木不可彫也후목불가조야. **❷꾸미다, 수식하다.** 〔史記〕 救其彫敝구기조폐. **❸다스리다. ❹쪼다, 쪼아먹다.** ¶ 彫啄조탁. **❺시들다, 식물이 물기가 말라서 생기가 없어지다.** ≒凋. 〔論語〕 歲寒然後知松柏之後彫也세한연후지송백지후조야.

彫刻(조각) 글씨·그림·물건의 형상을 돌이나 나무·금속 따위에 새김. 또는 새긴 그 작품.

彫困(조곤) 영락하여 곤궁함. 또는 그런 사람.

彫落(조락) ①초목의 잎이 시들어 떨어짐. 雕落(조락). ②사람이 죽음. 사망함.

彫鏤(조루) 새김.

彫喪(조상) ①쇠퇴하여 멸망함. ②의기소침(意氣銷沈)함.

彫傷(조상) 시들어 완전히 망가짐.

彫像(조상) 조각한 상.

彫塑(조소) 사람이나 동물 등 여러 가지 형상을 나무로 조각하거나 흙으로 빚는 일.

彫飾(조식) 조각하여 장식함.

彫殘(조잔) ①손상(損傷)을 입음. ②쇠하여 느른해짐. 또는 그런 사람.

彫鐫(조전) 새김. 雕鐫(조전).

彫盡(조진) ①다 시들어 버림. ②힘이 다 빠짐.

彫斲(조착) 새기고 깎음. 조각함.

彫蟲(조충) 벌레가 잎을 갉음. 잔재주.

彫蟲小技(조충소기) 학문·기예(技藝) 등을 낮추어 이르는 말.

彫蟲篆刻(조충전각) 충서(蟲書)를 새기고 각부(刻符)를 전자(篆字)로 새김. 문장을 짓는 데 지나치게 어구(語句)의 수식에 얽매임. 충서와 각부는 진서(秦書) 팔체(八體)의 하나.

彫啄(조탁) 새가 먹이를 쪼아 먹음.

彫琢(조탁) ①옥이나 돌을 새기고 쪼음. ②문장의 자구(字句)를 아름답게 다듬음.

彫弊(조폐) 시들어 쇠약해짐.

◨ 木彫목조, 浮彫부조, 後彫후조.

彡 8획

8 ⑪【彩】 무늬 채 賄

고등 인명 3Ⅱ급 ㊥cǎi ㊐サイ

필순 丿 ⺈ ⺤ 爫 乎 采 采 采' 采'' 彩

소전 초서 자원 形聲. 采+彡→彩. '采(채)'가 음을 나타낸다.

자해 **❶무늬.** 〔晉書〕 縟彩彫煥욕채조환. **❷채색, 고운 빛깔.** 〔隋書〕 煙雲獻彩연운헌채. **❸빛, 윤기, 광택. ❹모양, 풍도.**

彩旗(채기) 아름다운 빛깔의 기.

彩色(채색) ①여러 가지 아름다운 빛깔. ②색을 칠함.

彩船(채선) 國나라 잔치 때 선유락(船遊樂)에 쓰던 배. 彩舫(채방).

彩雲(채운) 아롱진 채색으로 물든 구름.

彩翠(채취) 아름다운 비취빛.

彩筆(채필) ①그림 붓. ②아름다운 문장.

彩霞(채하) 아름다운 놀.

彩虹(채홍) 빛깔이 고운 무지개.

彩畫(채화) 채색으로 그린 그림.

◨ 光彩광채, 淡彩담채, 文彩문채, 色彩색채, 水彩수채, 五彩오채.

8 ⑪【彪】 무늬 표 尤

인명 ㊥biāo ㊐ヒョウ

소전 초서 자해 **❶무늬, 범 가죽의 무늬. ❷범, 작은 범.**

彪炳(표병) 범 가죽처럼 문채가 뚜렷하고 아름다움.

彪煥(표환) 무늬가 빛나는 모양.

9 ⑫【彭】 ①성 팽 ㊍붕 庚 ②곁 방 陽

인명 2급 ㊥péng, bāng ㊐ホウ

소전 초서 참고 인명용 음은 '팽'이다.

자해 ①**❶성(姓). ❷나라 이름. ❸땅 이름. ❹방패. ❺오래 살다.** 700여 년을 살았다는 팽조(彭祖)에서 온 말. ¶ 彭殤팽상. **❻매질하다.** 〔後漢書〕 每上彭考매상팽고. ②**❶곁, 옆.** 〔易經〕 匪其彭비기방. **❷부풀어오르다, 불룩해지다.** ¶ 彭亨방형.

彭排(팽배) 방패.

彭殤(팽상) 장수(長壽)와 단명(短命).

彭彭(방방) ①많은 모양. 성한 모양. ②많이 가는 모양. ③힘이 세고 예용(禮容)이 단아(端雅)한 모양. ④많은 수레의 소리.

彭彭魄魄(방방백백) 타작하는 소리.

彭亨(방형) ①스스로 건장(健壯)하다고 자만하는 모양. ②부풀어오름. 膨脹(팽창).

11 ⑭【彰】 밝을 창 陽

인명 2급 ㊥zhāng ㊐ショウ

소전 彰 초서 彰 자해 ❶밝다, 뚜렷하다. 〔呂氏春秋〕忠信親愛之道彰충신친애지도창. ❷밝히다, 드러내다. 〔書經〕彰厥有常창궐유상. ❸무늬.
彰德(창덕) 선행이나 미덕 따위를 세상에 드러내어 밝힘.
彰明(창명) 밝게 드러냄. 또는 드러남.
彰善懲惡(창선징악) 착한 일을 드러내고 악한 일은 징벌함.
彰往察來(창왕찰래) 과거를 밝히며 미래의 득실(得失)을 살핌. 觀往知來(관왕지래).
彰著(창저) 밝게 나타냄. 눈에 잘 보임.
彰顯(창현) 남이 알도록 밝게 나타냄.
◨ 表彰표창, 顯彰현창.

12 ⑮【影】 그림자 영 梗
고등 인명 3Ⅱ급 ㊥yǐng ㊐エイ
필순 ㅁ 日 묘 昌 早 몸 룸 景 景 影 影
초서 影 자원 會意·形聲. 景+彡→影. 햇빛〔景〕을 받아서 무늬〔彡〕가 생긴 것이므로 '그림자'를 뜻한다. '景'이 음도 나타낸다.
자해 ❶그림자. ㉮물체에 광선이 비치어 나타난 그림자. 〔三國志〕形影相弔형영상조. ㉯거울이나 물 속에 비치어 나타난 물체의 형상. 〔後漢書〕引鏡窺影인경규영. ❷사람의 모양, 모습. ❸초상(肖像), 화상. 〔南史〕神影亦有酒色신영역유주색. ❹도움, 덕택. ❺現영화(映畫).
影堂(영당) ①조상의 위패를 모신 집. ②이름난 사람의 화상을 모신 사당. 影殿(영전).
影本(영본) ①금석(金石)에 새긴 글씨나 그림을 그대로 박아 냄. 또는 박은 종이. 搨本(탑본). 拓本(탁본). ②사진판(寫眞版). 영인본(影印本).
影寫(영사) 글씨나 그림 등의 원본을 밑에 받쳐 놓고 그대로 베끼는 일.
影像(영상) ①족자 등에 그린 사람의 모습. ②광선의 굴절, 반사, 차단 등에 의해 생기는 상이나 그림자.
影印本(영인본) 사진 따위로 찍어 원본(原本)과 똑같게 만든 책.
影子(영자) 現그림자.
影殿(영전) ①임금의 화상을 모신 전각. ②이름난 사람의 화상을 모신 사당.
影幀(영정) 화상을 그린 족자.
影駭響震(영해향진) 그림자를 보고도 놀라고 소리의 울림을 들어도 떪. 겁이 많음.
影響(영향) ①그림자와 울림. ②형상에 그림자, 소리에 울림이 따르는 것과 같이 한 사물에 작용이 미쳐 변화를 주는 일.
影護(영호) (佛)그림자가 형상을 따르듯이 항상 곁에서 옹호(擁護)함.
影戲(영희) ①물건·인형 등의 그림자를 비추어 노는 놀이. ②現영화(映畫).
◨ 孤影고영, 燈影등영, 月影월영, 人影인영, 日影일영, 眞影진영, 撮影촬영, 投影투영, 幻影환영.

19 ㉒【䴦】 이무기 리 本치 支
㊥chī ㊐チ
초서 䴦 동자 螭 자해 이무기. 용이 되려다 못 되고 물속에 산다는 상상의 동물.

彳部 두인변

0 ③【彳】 조금 걸을 척 陌
㊥chì ㊐テキ
초서 彳 참고 부수의 명칭은 '亻(사람인변)'에 삐침이 거듭되어 있는 데서 '두인변' 또는 '중인변(重人邊)'이라고 부른다.
자원 象形. 넓적다리·정강이·발의 세 부분을 그려서 처음 걷기 시작함을 나타낸다.
자해 ❶조금 걷다. 능숙하게 걷지 못하고 조금씩 걷다가는 제자리에서 자축거림을 이른다. ❷한자 부수의 하나, 두인변.
彳亍(척촉) 자축거림.

2 ⑤【㣲】 犯(804)의 고자

3 ⑥【彺】 徒(422)와 동자

3 ⑥【彴】 1별똥 박 覺 2외나무다리 작 藥
㊥bó, zhuó ㊐ハク, シャク
초서 彴 자해 1 별똥, 별찌. ＝仢. 〔爾雅〕奔星爲彴約분성위박약. 2 ❶외나무다리. ¶ 彴橋작교. ❷돌다리.
彴約(박약) 운성(隕星). 별똥.
彴橋(작교) 외나무다리. 獨木橋(독목교).

4 ⑦【彷】 1거닐 방 陽 2비슷할 방 養
인명 1급 ㊥páng, fǎng ㊐ホウ

초서 [彷 초서] 자해 1 거닐다, 어정거리다. 〔莊子〕 彷徨乎방황호, 無爲其側무위기측. 2 비슷하다, 확연히 구별할 수 없는 모양. ¶ 彷佛방불.

彷佛(방불) ①거의 비슷함. 근사함. ②멍하여 분명하지 못한 모양. 髣髴(방불).

彷徉(방양) 여기저기 헤매는 모양. 徘徊(배회).

彷徨(방황) 여기저기 목적 없이 헤맴.

4 ⑦【役】 부릴 역 陌

고등 인명 3Ⅱ급 ㊥yì ㊐エキ

필순 ノ ク 彳 彳 彸 役 役

소전 [篆] 초서 [草] 자원 會意. 彳+殳→役. 무기〔殳〕를 들고 이리저리 다니면서〔彳〕 나라를 지킨다는 데서 '수자리'라는 뜻을 나타낸다.

자해 ❶부리다, 일을 시키다. 〔周禮〕 徵役于司隸而役之징역우사례이역지. ❷수자리. 〔詩經〕 勞還役也로환역야. ❸싸움, 전쟁. 〔戰國策〕 宜陽之役의양지역. ❹병사(兵士), 사졸(士卒). ❺요역(徭役). 백성에게 구실로 시키던 강제 노동. ❻직무(職務). ¶ 兵役병역. ❼일꾼, 종, 남의 부림을 받는 사람. ❽일하다, 힘쓰다, 경영하다. 〔禮記〕 君子恭儉군자공검, 以求役仁이구역인.

役徒(역도) 인부(人夫). 役夫(역부).

役務(역무) 노역의 일.

役夫(역부) 일꾼. 인부.

役夫夢(역부몽) 역부의 꿈. 인생의 부귀 영화는 꿈과 같이 허무함. 故事 주대(周代)의 부호인 윤씨(尹氏)의 역부가 낮에는 고된 노동을 하지만 밤에는 꿈속에서 왕후(王侯)가 되어 온갖 영화를 누렸다는 고사에서 온 말.

役事(역사) 일. 사무. 토목·공사 따위의 공사.

役使(역사) 불러서 일을 시킴. 使役(사역).

役役(역역) ①심력(心力)을 기울이는 모양. ②경박하고 간사한 모양.

役調(역조) 부역과 조세.

役終身(역종신) 무기 징역.

役割(역할) 특별히 맡은 소임.

◨ 苦役고역, 軍役군역, 兵役병역, 服役복역, 賦役부역, 使役사역, 戰役전역, 主役주역, 重役중역, 懲役징역, 賤役천역, 現役현역.

4 ⑦【彸】 從(425)과 동자

5 ⑧【径】 徑(422)의 속자

5 ⑧【彾】 걷는 모양 령 靑

㊥líng ㊐レイ

자해 걷는 모양, 홀로 가는 모양.

彾行(영정) 홀로 걸어감. 홀로 타달타달 걷는 모양.

5 ⑧【彿】 비슷할 불 物

인명 1급 ㊥fú ㊐フツ

초서 [草] 자해 비슷하다, 확연히 구별하기가 어렵다. ≒髴.

5 ⑧【往】 1 갈 왕 養 2 향할 왕 漾

중학 인명 4Ⅱ급 ㊥wǎng, wàng ㊐オウ

필순 ノ ク 彳 彳 彳 行 行 往

소전 [篆] 초서 [草] 속자 徍 고자 [古] 자원 形聲. 彳+㞷→往. '㞷(황)'이 음을 나타낸다.

자해 1 ❶가다. ㉮일정한 곳을 향하여 가다. 〔禮記〕 大夫有所往대부유소왕. ㉯일정한 곳에 이르다. ㉰시간이 지나다. ¶ 古往今來고왕금래. ㉱달아나다, 떠나가다. ❷예, 이미 지나간 일, 과거. 〔論語〕 不保其往也불보기왕야. ❸이따금. 〔史記〕 往往稱黃帝堯舜之處왕왕칭황제요순지처. 2 향하다, 향하여 가다.

往鑑(왕감) 후세의 귀감(龜鑑)이 될 만한 사적(事蹟).

往古(왕고) 옛날.

往年(왕년) 옛날. 지난간 해.

往來(왕래) 가고 오고 함. 교류.

往路(왕로) 가는 길.

往亡日(왕망일) 음양도(陰陽道)에서 외출이나 출진(出陣) 등을 꺼리는 흉일(凶日).

往返(왕반) 갔다가 돌아옴. 往反(왕반).

往復(왕복) 갔다가 돌아옴.

往事(왕사) 지나간 일.

往生(왕생) (佛)다른 세계에 가서 태어남. 극락정토로 감.

往昔(왕석) 옛적.

往聖(왕성) 옛 성인(聖人).

往往(왕왕) 이따금. 때때로.

往諭(왕유) 임금의 명령을 받고 가서 회유(懷柔)함.

往而不來(왕이불래) 한 번 가면 두 번 다시 돌아오지 않음. 세월 등을 이름.

往者勿止(왕자물지) 가는 것은 자연에 맡겨 가게 할 것이요, 부질없이 잡아 두어서는 안 됨.

往診(왕진) 의사가 환자가 있는 곳으로 가서

진찰하는 일.
◨ 既往기왕, 來往내왕.

5 ⑧【徃】 往(418)의 속자

5 ⑧【彽】 거닐 저 齊

㊥dī ㊐テイ

초서 [자해] **거닐다, 목적 없이 걸어서 왔다 갔다하다.**

彽徊(저회) 어떤 목적 없이 이리저리 왔다갔다 함. 徘徊(배회).

5 ⑧【征】 칠 정 庚

[고등] [인명] [3Ⅱ급] ㊥zhēng ㊐セイ

필순 丿 彡 彳 彳 行 行 征 征

소전 초서 [자원] 形聲. 彳+正→征. '正(정)'이 음을 나타낸다.

[자해] ❶**치다, 윗사람이 아랫사람의 무도(無道)함을 공격하여 바로잡다.** 〔禮記〕以征不義이정불의. ❷**가다, 바르게 가다.** ❸**취하다, 손에 넣어 자기 것으로 만들다.** 〔孟子〕上下交征利상하교정리. ❹**구실.** ㉮**조세, 세금.** ㉯**구실을 받다, 조세를 매기다.** 〔孟子〕關市譏而不征관시기이부정. ❺**축(逐).** 바둑을 둘 때에 끝까지 단수로 몰리는 수.

征権(정각) 조세의 징수와 전매에 의한 이익의 독점.
征途(정도) ①정벌하러 가는 길. ②여행하는 길. 征路(정로).
征旅(정려) ①토벌(討伐)하는 군대. ②나그네.
征利(정리) 이익을 취함.
征馬(정마) ①전장에서 타는 말. ②여행길에 타는 말.
征伐(정벌) 적군이나 반역도를 군대로 쳐서 바로잡음. 征討(정토).
征帆(정범) 항해하는 배.
征服(정복) 정벌하여 복종시킴.
征夫(정부) ①출정하는 사람. ②먼 길을 가는 사람. 나그네.
征稅(정세) 조세를 징수함. 征賦(정부).
征戍(정수) 변방에 가서 지킴. 또는 그 수비병. 수자리.
征雁(정안) 멀리 날아가는 기러기.
征役(정역) 조세와 요역(徭役).
征衣(정의) ①여행 중의 옷. 客衣(객의). ②진중(陣中)에서 입는 옷. 軍服(군복).
征人(정인) ①여행하는 사람. 游子(유자). 旅客(여객). ②출진(出陣)한 사람.
征戰(정전) ①전쟁. ②전쟁에 나아감.
征鳥(정조) ①매. 새를 잡아먹는 데서 이르는 말. ②철새. 候鳥(후조).
征行(정행) ①정벌의 길을 떠남. 出征(출정). ②여행의 길을 떠남. 旅行(여행).
◨ 遠征원정, 長征장정, 出征출정, 親征친정.

5 ⑧【徂】 갈 조 虞

㊥cú ㊐ソ

소전 초서 [자해] ❶**가다.** ㉮**일정한 곳으로 나아가다.** 〔詩經〕自西徂東자서조동. ㉯**떠나가다.** ㉰**죽다, 사람이 죽다.** ≒殂. 〔史記〕于嗟徂兮우차조혜. ❷**비로소, 비롯하다.** ❸**나라 이름.** 주대(周代)의 제후국.

徂謝(조사) ①죽어 세상을 하직함. ②쇠퇴함.
徂暑(조서) ①물러가는 더위. ②더위가 시작됨. ③음력 6월의 딴 이름.
徂征(조정) ①가서 정벌(征伐)함. ②감.

5 ⑧【彼】 저 피 紙

[중학] [인명] [3Ⅱ급] ㊥bǐ ㊐ヒ

필순 丿 彡 彳 彳 彳 彴 彼 彼

소전 초서 [자원] 形聲. 彳+皮→彼. '皮(피)'가 음을 나타낸다.

[자해] ❶**저.** ㉮**저, 저 사람.** 삼인칭 대명사. 〔後漢書〕彼採其華피채기화, 我收其實아수기실. ㉯**저기.** 장소를 지시하는 말. ㉰**저것.** 사물을 지시하는 말. ❷**그, 그이.** 자기 이외의, 대(對)가 되는 상대를 가리키는 말. 〔孫子〕知彼知己지피지기.

彼己(피기) 그 사람을 가리키는 말.
彼我(피아) 남과 나. 저편과 이편.
彼岸(피안) 저편의 언덕. ①(佛)일체의 번뇌에서 벗어난 경지. 인간 세계의 저쪽에 있다는 정토(淨土).
彼此(피차) ①서로. ②저것과 이것.
彼隻(피척) 소송 행위에서 당사자가 서로 상대편을 이르는 말.
彼出於此(피출어차) '저'라는 개념은 '이'라는 개념이 있기 때문에 생기는 것임. 개념이 상대적(相對的) 관계에 의하여 생겨남을 이름.

6 ⑨【待】 기다릴 대 賄

[중학] [인명] [6급] ㊥dāi ㊐タイ

필순 丿 彡 彳 彳 彳 往 待 待 待

소전 待 초서 待 자원 形聲. 彳+寺→待. '寺(사)'가 음을 나타낸다. 옛날에 '待'와 '寺'는 음이 비슷하였다.

자해 ❶**기다리다, 오는 것을 기다리다, 기다려 맞이하다, 준비하고 기다리다.** 〔易經〕待時而動대시이동. ❷**막다, 방비하다.** ❸**대접하다, 대우하다.** 〔論語〕以季孟之間待之이계맹지간대지. ❹**기대를 걸다.**

待賈(❶대가 ❷대고) ❶값이 오르기를 기다림. 기회를 기다려 벼슬에 오름. ❷좋은 장수를 기다려 팖. 어진 임금의 부름을 기다려서 벼슬함.

待機(대기) 준비를 갖추고 행동할 때를 기다림.

待年(대년) 나이가 들기를 기다림.

待旦(대단) 날이 새기를 기다림.

待令(대령) ①명령을 기다림. ②미리 갖춰 두고 기다림.

6획 待漏(대루) 관원이 입조(入朝)하는 시각.

待望(대망) 기다리고 바람.

待命(대명) ①명령을 기다림. ②운명에 맡김.

待遇(대우) 예의를 갖추어 대함.

待人(대인) ①사람을 기다림. ②처녀가 나들이할 때 보호해 줄 만한 사람과 같이 가고, 결코 혼자 가지 않던 일.

待接(대접) 음식을 차리어 손님의 시중을 듦. 接待(접대).

待詔(대조) ①조칙(詔勅)을 기다림. ②임금의 부름을 받았으나, 아직 임관되지는 않음.

待罪(대죄) ①죄인이 처벌의 명령이 있기를 기다림. ②관리가 자신이 벼슬에 있음을 겸손하게 이르는 말.

待避(대피) 위험 따위를 잠시 피함.

◨ 苦待고대, 企待기대, 期待기대, 冷待냉대, 薄待박대, 相待상대, 優待우대, 尊待존대, 接待접대, 賤待천대, 招待초대, 虐待학대, 歡待환대, 厚待후대.

6 ⑨【律】 법 률 質

중학 인명 4Ⅱ급 ㊥lǜ ㊐リツ

필순 ノ ㇒ 彳 彳⁷ 彳⁼ 律 律 律 律

소전 律 초서 律 자원 形聲. 彳+聿→律. '聿(율)'이 음을 나타낸다.

자해 ❶**법, 법령.** 〔漢書〕前主所是著爲律전주소시저위률. ❷**정도, 비율.** ❸**자리, 지위, 등급.** 〔禮記〕加地進律가지진률. ❹**법에 맞게 행동하다, 기준으로 삼고 따르다.** ❺**가락.** ㉮**음악적 가락, 음률(音律).** ㉯**피리의 음으로써 정한 음계.** 〔書經〕律和聲률화성. ㉰**육률(六律).** 양(陽)에 딸린 6음계. ❻**율시(律詩).** 오언(五言)·칠언(七言)의 8구(句)로 된 시. ❼(佛)**계율(戒律).**

律格(율격) 격률(格律).

律科(율과) ①법. 율령(律令)으로 정한 조항(條項). ②율관(律官)을 선발하는 과거.

律己(율기) 자기가 자신을 단속함. 律身(율신).

律紀(율기) ①지켜야 할 관례. 법도. ②법규. 규칙. 紀律(기율).

律度(율도) 음률(音律)과 척도(尺度). 또는 도량형(度量衡)을 이름.

律動(율동) 주기적으로 움직이는 운동.

律呂(율려) ①성음(聲音)을 바로잡는 기구. 육률(六律)과 육려(六呂). ②음악이나 음성의 가락.

律曆(율력) 1년 12개월의 음양 계절에 관한 법칙. 책력. 曆法(역법).

律令(율령) 형률(刑律)과 법령(法令). 법률과 명령. 모든 국법(國法)을 통틀어 이름.

律文(율문) ①법률의 조문. ②國율격에 맞추어 지은 글. 곧, 운율을 가진 문장.

律法(율법) 법규. 법도(法度).

律賦(율부) 한시(漢詩)에서 부(賦)의 한 형식.

律師(율사) ①변호사. ②(佛)계율(戒律)을 잘 아는 중. ③당대(唐代) 도사(道士)의 존칭.

律詩(율시) 한시(漢詩)의 한 체(體). 8구(句)로 되어 있으며, 1구가 5자로 된 것을 오언율시(五言律詩), 7자로 된 것을 칠언율시(七言律詩)라 함.

律學(율학) 형률(刑律)에 관한 학문. 또는 법률을 가르치는 학교.

◨ 戒律계율, 軍律군율, 規律규율, 紀律기율, 法律법률, 排律배율, 不文律불문율, 聲律성률, 韻律운율, 音律음률, 一律일률, 自律자율, 調律조율, 千篇一律천편일률, 他律타율, 刑律형률.

6 ⑨【徇】 1 주창할 순 震 2 두루 순 眞

인명 ㊥xùn ㊐ジュン

소전 徇 초서 徇 동자 侚 자해 1 ❶**주창하다.** 〔書經〕以木鐸徇于路이목탁순우로. ❷**빼앗다.** 〔史記〕諸將徇地제장순지. ❸**거느리다, 복종시키다.** 〔漢書〕張良亦徇韓地장량역순한지. ❹**구하다, 원하다.** ❺**좇다.** ≒順. ㉮**복종하다.** 〔春秋左氏傳〕國人不徇국인불순. ㉯**따르다.** ❻**돌다, 순행(巡行)하다.** 〔書經〕王乃徇師而誓왕내순사이서. 2 ❶**두루, 널리.** 〔墨子〕思慮徇通사려순통. ❷**영위하다, 경영하다.** ❸**부리다.**

徇財(순재) 목숨을 걸고 재보(財寶)를 얻으려고 함.

徇地(순지) 그 땅을 순행(巡行)하여 그곳의 백성을 복종시킴. 略地(약지).
徇通(순통) 널리 통함.

6 ⑨【徉】 노닐 양 陽

㊥yáng ㊐ヨウ

초서 자해 노닐다, 아무 목적 없이 걸어서 어정거리다.

徉徜(양상) 한가로이 거닒.
◨ 徜徉상양.

6 ⑨【徊】 노닐 회 灰

인명 1급 ㊥huí ㊐カイ

초서 동자 佪 자해 노닐다, 일없이 어정거리다. ¶ 徘徊배회.

徊翔(회상) ①새가 하늘을 빙빙 날아 돎. ②승진(昇進)이 늦음.
徊徨(회황) 배회(徘徊)함. 서성거림.
◨ 徘徊배회, 低徊저회, 遲徊지회.

6 ⑨【後】后 1뒤 후 宥 2뒤로할 후 宥

중학 인명 7급 ㊥hòu ㊐コウ

필순 ノ ク 彳 彳' 彳' 彳幺 彳幺 後 後

소전 초서 고자 逡 자원 會意. 彳+幺+夂→後. 작은〔幺〕 것이 천천히 걸어서〔夂〕 앞으로 나아가는〔彳〕 것이란 데서 '뒤지다'란 뜻을 나타낸다.

자해 1 ❶뒤. ㉮향하고 있는 반대의 쪽이나 곳. 〔後漢書〕 擧兵襲其後거병습기후. ㉯시간상·순서상의 다음이나 나중. 〔呂氏春秋〕 知古則可知後지고즉가지후. ㉰자손(子孫). ㉱엉덩이. 〔戰國策〕 寧爲雞口녕위계구, 無爲牛後무위우후. ㉲끝이나 마지막 부분. ❷늦다, 시간적으로 뒤지다. 〔國語〕 君之殺我也後矣군지살아야후의. ❸능력 따위가 뒤떨어지다. ❹아랫사람. 2 ❶뒤에 하다. 〔論語〕 事君敬其事而後其食사군경기사이후기식. ❷뒤서다. 〔論語〕 非敢後也비감후야, 馬不進也마부진야.

後覺(후각) 나중에 깨달은 사람.
後車(후거) ①주인이 탄 수레에 따른 수레. 副車(부거). ②호종(扈從)하는 사람이 탄 수레. ③뒤에 가는 수레.
後距(후거) ①며느리발톱. 짐승의 뒷발, 새의 다리 뒤쪽에 달린 발톱. ②대열의 맨 꽁무니에서 방비하는 군대. 後拒(후거).
後顧(후고) ①뒤를 돌아봄. ②지나간 일을 못 잊어서 돌아보아 살피거나 생각함. ③후일의 은고(恩顧).
後光(후광) ①부처의 몸 뒤로부터 비치는 광명(光名). ②어떤 사물을 더욱 빛나게 하는 배경이 되는 현상.
後宮(후궁) 제왕의 비빈(妃嬪). 또는 그들이 거처하는 곳.
後期(후기) ①나중 시기. ②뒷날의 기약.
後記(후기) ①뒷날의 기록. ②본문 뒤에 덧붙여 기록함.
後難(후난) 뒷날의 재난이나 곤란.
後年(후년) ①올해의 다음다음 해. ②뒤에 오는 해.
後談(후담) 그 뒤의 이야기.
後堂(후당) ①후비(后妃)가 거처하는 방. ②정당(正堂) 뒤쪽에 있는 별당(別堂).
後頭(후두) 뒤통수.
後來(후래) 이후. 나중.
後慮(후려) 뒷날의 염려.
後斂(후렴) 시·가사에서 반복되어 나타나는 각 절(節)의 마지막 부분.
後錄(후록) 글이 끝난 뒤 그 끝에 다시 덧붙여 쓰는 기록.
後望(후망) 열엿새부터 그믐날까지의 기간.
後命(후명) ①뒤의 명령. 다음 명령. ②國유배된 죄인에게 다시 사약(賜藥)을 내리던 일.
後門(후문) 뒷문.
後聞(후문) 뒷소문.
後尾(후미) 꽁무니. 끝.
後發(후발) 남보다 나중에 출발함.
後輩(후배) 나이·경력 따위가 아래인 사람.
後壁(후벽) ①뒤쪽에 있는 벽. 뒷벽. ②고려 때 활과 살로 장비하여 대궐 안에 들어가서 곳곳마다 시위(侍衛)하던 세도가(勢道家)의 자제들.
後佛(후불) (佛)①장차 나타나리라고 믿는 부처. 彌勒菩薩(미륵보살). ②불상 뒤에 모시는 그림으로 된 부처.
後嗣(후사) 대를 잇는 자식.
後生(후생) ①뒤에 난 사람. ②나이가 적은 사람. 後輩(후배). ③뒤를 이을 자손(子孫). 後世(후세). ④(佛)혼세상에 태어나는 일. 來生(내생).
後生可畏(후생가외) 뒤에 태어난 사람이 두려움. 후배의 역량이 뛰어남.
後素(후소) ①그림을 그릴 때 먼저 여러 빛깔을 칠하고, 뒤에 흰빛으로 점철(點綴)하여 마무름. ②그림.
後食(후식) ①녹봉을 첫째로 생각하지 않고 뒤로 돌림. ②나중에 먹음.
後身(후신) 다시 태어난 몸.

彳 6획

後薪(후신) 후에 더 쌓아 올리는 땔나무. 전공(前功)이 무시됨.
後身外己(후신외기) 내 몸을 뒤로 하고 자기를 밖으로 함. 자기의 일을 뒷전으로 돌리고, 남을 위하여 힘을 다함.
後約(후약) ①약속에 늦음. ②뒷날의 기약(期約)이나 약속.
後彥(후언) 후진(後進)의 영재. 후세의 영재.
後裔(후예) 후대의 자손. 後孫(후손). 後胤(후윤).
後憂(후우) 훗날의 걱정. 後患(후환).
後援(후원) 뒤에서 도와줌.
後園(후원) 집 뒤의 정원.
後任(후임) 전임자에 이어 일을 맡은 사람.
後子(후자) 뒤를 이을 아들. 後嗣(후사).
後者處上(후자처상) 남에게 앞을 양보하는 사람은, 도리어 남의 위에 처하게 됨.
6획 後殿(후전) ①후비(后妃)나 궁녀가 살고 있는 궁전. ②군대가 퇴각할 때 맨 뒤에 남아 적의 추격을 방어하는 군대. 殿軍(전군).
後凋(후조) ①늦게 시듦. ②유속(流俗)에 따르지 않고 굳게 절개를 지킴.
後朝(후조) ①어느 왕조(王朝)의 다음에 선 왕조. ②다음날 아침.
後知(후지) ①남보다 뒤에 깨달은 사람. ②뒤에 지우(知遇)를 받은 사람.
後陣(후진) 뒤에 있는 군대. 後軍(후군).
後進(후진) ①후배(後輩). ②문물의 발달이 뒤떨어짐. ③후퇴(後退).
後進領袖(후진영수) 후진(後進) 중에서 가장 빼어난 사람.
後天(후천) ①천운(天運)에 뒤짐. 천운이 정해진 뒤에 일을 알게 되고 또한 행하게 됨. ②세상에 나온 뒤에 여러 가지 경험이나 지식에 의하여 가지는 성질 또는 체질. ③세상에 나온 뒤에 학문·경험 등에 의하여 얻은 지식이나 습관.
後退(후퇴) 뒤로 물러감.
後篇(후편) 책이나 영화 따위의 뒤 편.
後學(후학) ①후진 학자. ②선배 학자에게 자신을 겸손하게 이르는 말.
後行(후행) ①뒤에 오는 대열. ②國혼례 때 가족이나 친척 중에서 신랑이나 신부를 데리고 가는 사람. 上客(상객).
後患(후환) 나중에 생기는 근심이나 재난.
後悔(후회) 이전의 잘못을 뒤늦게 깨닫고 뉘우치는 일.
後悔莫及(후회막급) 잘못된 뒤에 아무리 후회하여도 어찌할 수가 없음.
後效(후효) ①뒤에 나타나는 효험(效驗). ②뒤의 공적. 장래의 공적.

◨ 空前絕後공전절후, 今後금후, 背後배후, 死後사후, 事後사후, 產後산후, 先後선후, 食後식후, 豫後예후, 午後오후, 以後이후, 前後전후, 戰後전후, 最後최후, 向後향후.

6 ⑨【很】 패려궂을 흔 阮

中hěn 日コン

소전 초서 동자 佷 자해 ❶패려궂다, 말을 듣지 않다. ❷어기다, 거스르다. 〔國語〕 今王將很天而伐齊금왕장흔천이벌제. ❸다투다, 말다툼하다. ❹매우, 몹시.

很戾(흔려) ①심술궂고 뒤틀려 있음. 很愎(흔퍅). ②도리(道理)에 어그러짐.
很忤(흔오) 거스름. 말을 듣지 않음.
很愎(흔퍅) ①심술궂고 행실이 패려(悖戾)함. 很戾(흔려). ②거만하여 남의 말을 듣지 않음.

◨ 戾很누흔, 傲很오흔.

7 ⑩【徑】径 지름길 경 徑

고등 인명 3Ⅱ급 中jìng 日ケイ

필순 ノ ㇒ 彳 彳 彳 徑 徑 徑 徑 徑

소전 초서 동자 俓 속자 径 자원 形聲. 彳+巠→徑. '巠(경)'이 음을 나타낸다.

자해 ❶지름길. 〔禮記〕 送喪不由徑송상불유경. ❷길, 좁은 길, 논두렁길. 〔論語〕 行不由徑행불유경. ❸지름. ¶ 直徑직경. ❹곧바로, 바로. ❺간사하다, 사곡(邪曲)하다. ❻지나다, 지나가다.

徑道(경도) 좁은 길. 지름길. 사잇길.
徑路(경로) ①소로(小路). ②지름길.
徑輪(경륜) 지름과 둘레.
徑畔(경반) 좁은 길거리.
徑庭(경정) ①차이가 심함. 좁은 길과 뜰은 넓이의 차가 심한 데서 이르는 말. ②비스듬히 뜰을 가로지름.
徑情(경정) 마음 내키는 대로 행하여 절제가 없는 것.
徑畛(경진) 논두렁 길.
徑寸(경촌) 한 치〔寸〕의 지름.
徑行(경행) 조금도 꾸밈이 없이 생각한 그대로를 행함.

◨ 半徑반경, 斜徑사경, 山徑산경, 石徑석경, 小徑소경, 直徑직경, 捷徑첩경.

7 ⑩【徒】 무리 도 虞

중학 인명 4급 中tú 日ト

필순 丿 彡 彳 彳 彳 徃 徃 徃 徍 徒

소전 徒 초서 徒 동자 仕 동자 䞣 자원 形聲. 辵+土→徒. '土(토)'가 음을 나타낸다.

자해 ❶무리, 동아리. 〔孟子〕 聖人之徒성인지도. ❷걷다, 걸어다니다. 〔易經〕 舍車而徒사거이도. ❸보병(步兵). ❹제자, 문인(門人). 〔孟子〕 其徒數十人기도수십인. ❺일꾼, 인부(人夫). 〔荀子〕 人徒有數인도유수. ❻맨손, 맨발. 아무것도 걸치지 않은 손 또는 발. ❼형벌, 고된 노동을 시키는 형벌. ¶ 徒刑도형. ❽헛되다, 보람없다. ❾다만, 단지.

徒歌(도가) 반주(伴奏) 없이 노래를 부름. 또는 그 노래.
徒杠(도강) 도보자(徒步者)만 건너는 작은 다리. 小橋(소교).
徒黨(도당) 의견을 같이하는 무리. 떼 지은 무리. 떼거리.
徒勞(도로) 보람 없이 애씀. 또는 헛수고.
徒流(도류) 도형(徒刑)과 유형(流刑).
徒配(도배) 도형에 처한 뒤에 귀양을 보냄.
徒法(도법) 유명무실한 법.
徒步(도보) 걸어서 감.
徒費(도비) 돈을 헛되이 씀. 허비(虛費)함.
徒裼 도석) ①벌거벗음. ②벌거벗음과 맨발.
徒善(도선) 한갓 착하기만 하고 주변성이 없음.
徒跣(도선) 맨발. 徒踐(도천).
徒涉(도섭) 걸어서 물을 건넘.
徒手(도수) 맨손. 赤手(적수).
徒囚(도수) 체포된 사람. 囚徒(수도).
徒食(도식) 하는 일 없이 놀고 먹음. 無爲徒食(무위도식).
徒言(도언) 실없는 말.
徒役(도역) ①인부(人夫). ②부역에 나온 인부.
徒然(도연) ①까닭 없이. 부질없이. ②공허함. 거짓. ③그저 그럴 뿐. 그저 그것뿐. ④하는 일 없이 적적함. 심심한 모양.
徒隸(도예) 노복. 종.
徒弟(도제) 스승한테서 학술·기예 등을 배우는 제자. '門徒弟子(문도제자)'의 준말.
徒罪(도죄) 도형(徒刑)의 죄.
徒取(도취) ①힘들이지 않고 얻음. ②거저 가짐. ③공 없이 벼슬함.
徒行(도행) 탈 것을 타지 않고 걸어감.
徒刑(도형) ①(制)오형(五刑)의 하나. 일정 기간 노역(勞役)을 시키던 형벌(刑罰). ②國오형의 하나. 복역(服役) 기한은 1년부터 3년까지 5등급으로 나누고, 곤장 10대와 복역 반 년을 한 등급으로 하였음.

◨ 奸徒간도, 敎徒교도, 門徒문도, 匪徒비도, 使徒사도, 生徒생도, 囚徒수도, 信徒신도, 逆徒역도, 宗徒종도, 暴徒폭도, 學徒학도.

7 ⑩【徐】 천천할 서 魚

고등 인명 3Ⅱ급 ㊥xú ㊐ジョ

필순 丿 彡 彳 彳 彳 衸 徐 徐 徐 徐

소전 徐 초서 徐 자원 形聲. 彳+余→徐. '余(여)'가 음을 나타낸다.

자해 ❶천천하다. ㉮급하지 않고 느리다. ㉯천천히 하다, 늦추다. 〔戰國策〕 臣請受邊城신청수변성, 徐其攻서기공, 而留其日이류기일. ㉰천천히. ❷평온하다, 조용하다. ❸고을 이름.

徐看(서간) 조용히 바라봄.
徐羅伐(서라벌) 신라 또는 경주(慶州)의 옛 이름. 徐那伐(서나벌). 徐伐(서벌).
徐步(서보) 천천히 걸음.
徐徐(서서) ①행동이 침착한 모양. ②조용히. 천천히.
徐緩(서완) 천천히. 진행이 느림.
徐行(서행) 천천히 감.

◨ 安徐안서, 緩徐완서, 執徐집서.

7 ⑩【従】 從(425)의 속자

8 ⑪【得】 얻을 득 職

중학 인명 4Ⅱ급 ㊥dé ㊐トク

필순 彡 彳 彳 彳 得 得 得 得 得 得

소전 得 초서 得 고자 㝵 자원 會意. 彳+貝+寸→得. 길을 가다가〔彳〕 재물〔貝〕을 주웠다〔寸〕는 데서 '얻다, 이득'의 뜻을 나타낸다.

자해 ❶얻다. ㉮손에 넣다, 차지하다. 〔孟子〕 求則得之구즉득지, 舍則失之사즉실지. ㉯병을 얻다. ㉰지식을 얻다, 알다. ㉱능하다, 자신·힘·용기 등을 가지게 되다. ❷이익(利益), 이득. ❸고맙게 여기다, 감사하다. 〔孟子〕 所識窮乏者得我與소식궁핍자득아여. ❹맞다, 뜻이 서로 통하다. ❺이루다, 이루어지다. 〔禮記〕 陰陽和而萬物得음양화이만물득.

得匣還珠(득갑환주) 형식에만 현혹되어 내용을 잊어버림. 故事 정(鄭)나라 사람이 갑(匣)을 사는데, 갑의 아름다움에 혹하여 갑은 사고 그 속의 구슬은 돌려주었다는 고사에서 온 말.
得君(득군) 임금의 신임(信任)을 얻음.
得達(득달) 목적지에 도달함.

得談(득담) 비방을 들음.
得當(득당) ①틀림이나 잘못됨이 없이 아주 마땅함. ②죄값음을 함.
得度(득도) ①법도(法度)를 얻음. ②(佛)㉠생사(生死)의 바다를 건넘. 곧, 생사를 초월하여 열반(涅槃)에 이름. ㉡출가하여 중이 됨.
得道(득도) ①바른 길을 얻음. ②득탈(得脫). ③길을 바로 찾음.
得隴望蜀(득롱망촉) 농(隴)을 얻고 촉(蜀)을 바람. 사람의 욕심은 한이 없음. 故事 한(漢)의 광무제(光武帝)가 농(隴)을 평정한 뒤에 또 촉(蜀)을 치려 한 고사에서 온 말.
得名(득명) ①명성(名聲)을 얻음. ②이름이 널리 알려짐.
得喪(득상) ①얻음과 잃음. ②성공과 실패.
得色(득색) 득의(得意)한 빛. 일이 뜻대로 되어 뽐내는 기색.
8 得勢(득세) 세력을 얻음.
획 得所(득소) ①생각한 바와 같이 됨. ②알맞은 자리를 얻음.
得失(득실) 얻음과 잃음. 이익과 손해.
得心(득심) ①마음의 만족을 얻음. ②민심(民心)을 거두어 잡음. ③마음으로 잘 앎.
得魚忘筌(득어망전) 고기를 잡고는 통발을 잊어버림. 바라던 바를 달성하고는, 그에 소용되었던 것을 잊어버림. ㉠은혜를 잊음. ㉡학문을 닦음에 있어서 언어에 구애되지 않고 그의 진의(眞意)를 얻음.
得意(득의) ①뜻을 이룸. ②뜻대로 되어 만족하게 여김.
得意之人(득의지인) 마음에 드는 사람.
得人(득인) 쓸 만한 사람을 얻음.
得雋(득전) 선비가 과거에 급제하는 일.
得雋之句(득전지구) 멋있는 문장의 구절. '雋'은 '살진 새고기'를 뜻함.
得點(득점) 점수를 얻음.
得中(득중) ①지나치거나 모자람이 없이 꼭 알맞음. ②시험에 합격함.
得衆得國(득중득국) 대중의 마음을 얻으면 나라도 얻을 수 있음.
得捷(득첩) ①과거에 급제함. ②國싸움이나 경쟁 따위를 하여 승리를 얻음.
得體(득체) ①관(官)을 마련하여 직(職)을 나누어 각기 그 존비(尊卑)의 체(體)를 얻게 하는 일. ②現거동이 예의에 맞음.
得麤忘精(득추망정) 대강은 이해하고 있으나 가장 중요한 내용은 터득하지 못하고 있음.
得脫(득탈) ①(佛)해탈을 얻음. 모든 번뇌와 생사의 속박에서 벗어나서 보리(菩提) 열반(涅槃)의 묘과(妙果)를 터득하여 자유롭게 됨. 得道(득도). ②도망칠 수 있음.

得票(득표) 투표에서 찬성표를 얻음.
得幸(득행) 임금의 알뜰한 사랑을 받음.
◨ 旣得기득, 納得납득, 生得생득, 所得소득, 修得수득, 搜得수득, 拾得습득, 習得습득, 利得이득, 體得체득, 取得취득, 獲得획득.

8 ⑪ 【徠】 ①올 래 灰 ②위로할 래 隊

인명 ㊥lái, lài ㊐ライ

초서 자해 ①오다. =來. ②위로하다. =勑.

8 ⑪ 【徘】 노닐 배 灰

인명 1급 ㊥pái ㊐ハイ

초서 동자 俳 자해 노닐다, 어정거리다.

徘徘徊徊(배배회회) 자꾸 배회(徘徊)함.
徘徊(배회) 어정거림. 하릴없이 이리저리 거닒.

8 ⑪ 【徙】 옮길 사 紙

인명 1급 ㊥xǐ ㊐シ

소전 초서 자해 ❶옮기다, 장소·자리를 옮기다. 〔史記〕范蠡三徙범려삼사, 成名於天下성명어천하. ❷넘기다, 한도를 넘어서다. ❸귀양 보내다, 물리쳐 내쫓다.

徙木之信(사목지신) 나라를 다스리는 사람은 백성을 속이지 않음. 백성에게 신의를 얻음. 故事 진대(秦代)의 상앙(商鞅)이 법령을 믿게 하기 위하여, 세 길 정도의 나무를 남문에서 북문으로 옮기면 상을 주겠다고 공포한 뒤 이를 옮긴 이에게 약속한 상금을 주었다는 고사에서 온 말.
徙邊(사변) 변방(邊方)으로 귀양 보냄.
徙市(사시) 國몹시 가물 때 기우제(祈雨祭)를 지내고 시장을 옮기던 일.
徙倚(사의) 이리저리 왔다 갔다 함. 배회함. 低徊(저회).
徙宅忘妻(사택망처) 이사하며 아내를 잊어버림. ㉠심한 건망증이 있는 사람. ㉡의리(義理)를 분변하지 못하는 어리석은 사람.
◨ 流徙유사, 移徙이사, 遷徙천사.

8 ⑪ 【徜】 노닐 상 陽

㊥cháng ㊐ショウ

초서 자해 노닐다, 어정거리다.

徜徉(상양) 어정거려 노닒. 생각에 잠기어 왔다갔다함. 尙羊(상양). 逍遙(소요).

8 ⑪【御】 어거할 어 囿

고등 인명 3Ⅱ급 ㊥yù ㊐ギョ

필순 ㇒ 彳 彳 彳 彳 犴 犴 徉 徉 御

소전 御 초서

자원 會意. 彳+卸→御. 마차(馬車)를 몰고 가다가〔彳〕, 그 마차를 세우고 메운 멍에를 푼다〔卸〕는 뜻. 멍에를 메우거나 푸는 일은 말을 모는 이의 일이라는 데서 '어거(御車)하다'란 뜻을 나타낸다.

자해 **❶어거하다. ㉮말을 몰다.** 〔史記〕 使造父御사조부어. **㉯어거하는 사람.** 〔詩經〕 徒御不驚도어불경. **❷다스리다.** 〔詩經〕 以御于家邦이어우가방. **❸거느리다, 지배하다. ❹모시다, 가까이서 모시다. ❺맡다, 주장하다. ❻막다, 억제하다.** 〔史記〕 弊御於諸侯폐어어제후. **❼천자·제후에 관한 사물이나 행위에 붙이는 말.** ¶ 御駕어가.

御駕(어가) 임금이 타는 수레.
御袞(어곤) 임금이 곤복(袞服)을 입음. 곧, 정사를 봄.
御極(어극) 극(極)을 다룸. 곧, 천자의 자리에 있음. 在位(재위).
御道(어도) 천자가 통행하는 길. 거둥길.
御覽(어람) ①임금이 봄. ②임금이 보는 글이나 그림.
御令(어령) 임금의 명령. 御命(어명).
御路(어로) ①임금이 다니는 통로. ②임금이 타는 수레.
御廩(어름) 임금이 조상의 제사에 쓰기 위하여 친히 경작한 쌀을 간직하는 곳간.
御名(어명) 임금의 이름. 御諱(어휘).
御命(어명) 임금의 명령. 御令(어령).
御寶(어보) 임금의 도장. 國璽(국새). 大寶(대보). 玉璽(옥새).
御本(어본) 임금의 장서(藏書).
御府(어부) 임금의 물건을 넣어 두던 곳집.
御批(어비) ①임금이 정사(政事)를 처리함. ②임금이 열람한 문서(文書) 위에 붙이는 말.
御師(어사) 임금의 시의(侍醫).
御史雨(어사우) 희우(喜雨). 故事 당대(唐代)에 오랜 가뭄으로 백성들이 고생하고 있을 때, 안진경(顏眞卿)이 감찰어사(監察御使)로서 옥사(獄事)를 결단하니 갑자기 비가 쏟아진 고사(故事)에서 온 말.
御書(어서) ①임금에게 올리던 글. ②임금이 쓴 글이나 글씨.
御膳(어선) 임금에게 올리던 음식.
御世(어세) 천하를 다스림. 御宇(어우).
御試(어시) 임금이 친히 행하는 진사(進士) 시험. 親試(친시).
御食(어식) ①임금에게 올리는 음식. 御膳(어선). ②식사를 권함. ③식사의 시중을 듦. ④궁중에서 내린 식사.
御筵(어연) ①임금이 앉는 자리. ②임금이 베푼 술자리.
御用(어용) ①임금이 쓰는 물건. 御物(어물). ②정부에서 씀. ③권력에 아첨하고 자주성이 없는 사람이나 단체를 경멸하여 이르는 말.
御醫(어의) 임금의 건강을 책임지는 의원.
御人(어인) ①임금을 모시고 있는 사람. ②거마(車馬)를 구종드는 사람. ③남을 부림. 남을 억압하여 자유를 빼앗음.
御者(어자) ①모시고 시중을 드는 사람. 侍子(시자). ②말을 부리는 사람. 馬夫(마부).
御前(어전) 임금의 앞.
御殿(어전) ①임금이 있는 궁전. ②임금이 조정에 나옴.
御製(어제) ①임금이 만듦. ②임금이 지은 글이나 시가(詩歌). 또는 음악.
御題(어제) ①임금이 친히 낸 시가(詩歌)의 제(題). ②임금이 친히 쓴 제자(題字). ③임금이 친히 보이던 과거(科擧) 글제.
御眞(어진) 임금의 화상이나 사진.
御天(어천) ①하늘을 낢. ②궁전(宮殿)의 문 이름.
御榻(어탑) 임금이 앉는 상탑(牀榻).
御風(어풍) 바람을 탐.
御患(어환) 임금의 병.

◨ **崩御**붕어, **臨御**임어, **入御**입어, **制御**제어, **進御**진어, **統御**통어.

8 ⑪【從】从 ①좇을 종 图 ②시중들 종 宋

중학 인명 4급 ㊥cóng, zòng ㊐ジュウ

필순 ㇒ 彳 彳 彳 彴 彴 彴 侔 徉 從

소전 从 초서 동자 从 속자 従 고자 从

자원 會意·形聲. 从+辵→從. 서로 뒤따라〔从〕 간다〔辵〕는 데서 '따라가다, 좇다'라는 뜻을 나타낸다. '从(종)'이 음도 나타낸다.

자해 ① **❶좇다. ㉮뒤를 밟아 따르다.** 〔禮記〕 弔非從主人也조비종주인야. **㉯남의 말을 듣다, 남의 뜻을 따라 그대로 하다.** 〔禮記〕 率神而從天솔신이종천. **❷하다, 일하다.** ¶ 從事종사. **❸좇다, 뒤좇다. ❹부터.** ≒自. 〔孟子〕 施施從外來시시종외래. **❺세로, 남북(南北).** ≒縱. 〔荀子〕 以能合從이능합종. **❻자취, 흔적.** ≒蹤. **❼느릿하다.** 〔書經〕 從容以和종용이화. ② **❶시중들다.** 〔漢書〕 噲等四人步從쾌등사인보종. **❷시**

중드는 사람, 심부름꾼. ❸제멋대로 하다, 방자하게 굴다. ≒縱. ❹놓아주다, 내보내다. 〔論語〕從之純如也종지순여야. ❺친척 사이의 관계를 나타내는 말. 부계(父系)나 모계(母系)에서 사촌(四寸) 관계에 있음을 나타낸다. ¶ 從祖父종조부. ❻종(從). 직위(職位)는 같으나 직급(職級)은 낮은 것.

從駕(종가) 거둥하는 임금의 수레를 따라 수종(隨從)함.

從諫(종간) 간(諫)함을 따름. 간하는 말을 받아들임.

從官(종관) ①임금을 따라 다니는 벼슬아치. ②문학으로 임금의 곁에서 섬기는 벼슬아치.

從軍(종군) 군대를 따라 싸움터로 나아감.

從來(종래) 지금까지 내려오는 동안.

從物(종물) ①외계의 사물에 마음이 끌림. 외계의 사물에 좌우됨. ②사물에 종순(從順)하는 일. 순종함. ③주물(主物)에 딸려 법률 행위의 목적이 되는 사물.

彳 9획

從兵(종병) 따라다니는 병사. 從卒(종졸).

從祀(종사) 종묘(宗廟)나 문묘(文廟)에 신주를 모심. 配享(배향). 從享(종향).

從事(종사) ①어떤 일을 일삼아 함. ②어떤 사람을 좇아 섬김.

從善(종선) 선도(善道)를 따름. 착한 일을 함.

從善如登(종선여등) 선을 좇아 행하는 일은 산에 오르는 것처럼 어려움.

從善如流(종선여류) 선을 행함에는 주저함이 없이 재빨리 함.

從屬(종속) 주된 것에 딸려 있음.

從孫(종손) 형이나 아우의 손자.

從嫂(종수) 사촌 형제의 아내.

從叔(종숙) 아버지의 사촌 형제. 堂叔(당숙).

從順(종순) 순하고 말을 잘 들음.

從臣(종신) 늘 시종하는 신하.

從心(종심) 70세의 딴 이름. 공자가 70세가 되니 마음 내키는 대로 행동하여도 법도에 어긋남이 없었다고 한 데서 온 말.

從心所欲(종심소욕) 마음에 하고 싶은 대로 좇아 함.

從約(종약) 전국 시대, 소진(蘇秦)이 주창하여 실현한 한(韓)·위(魏)·제(齊)·초(楚)·조(趙)·연(燕)의 여섯 나라가 남북으로 연합하여 서쪽에 있는 진(秦)에 대항한 공수 동맹. 從親(종친). 合從(합종).

從隗始(종외시) 외(隗)부터 시작함. 현자를 초빙하는 데는, 먼저 그리 대단하지 않은 자기와 같은 사람을 우대하라는 뜻. 故事 전국 시대 연(燕)나라의 소왕(昭王)이 사방의 현자를 부르려고 했을 때 곽외(郭隗)가 '나부터 초빙하라' 고 한 데서 온 말.

從容(종용) ①자연스럽고 태연한 모양. 떠들지 않고 유유한 모양. ②하는 일 없이 유유히 지냄. ③오램. ④꾀어서 권함. 慫慂(종용).

從游(종유) ①따라서 놂. ②학덕이나 덕행이 있는 사람을 좇아 그에게서 배움.

從者(종자) 데리고 다니는 사람.

從前(종전) 이전. 그전. 이전부터.

從祖父(종조부) 할아버지의 형이나 아우.

從卒(종졸) ①따라다니며 심부름하는 사람. ②특정한 부서나 사람에게 종속되어 있는 병졸. 從兵(종병).

從罪(종죄) 종범(從犯)에 과하는 죄.

從重推考(종중추고) 관리의 죄과(罪過)를 엄중하게 신문하고 살핌. 從推(종추).

從此(종차) 이 다음. 이후.

從便(종편) 일을 편한 대로 좇음.

從風(종풍) ①바람이 부는 대로. ②초목이 바람에 쏠리듯이 쏠리어 따름.

從風而靡(종풍이미) 대세에 휩쓸리어 좇음.

從兄(종형) 사촌 형.

從懷如流(종회여류) 마음 내키는 대로 행동하여도 아무런 제지도 받지 않는 일.

從橫(종횡) ①세로와 가로. ②남북과 동서. ③전국 시대, 소진(蘇秦)의 합종설(合從說)과 장의(張儀)의 연횡설(連衡說). 從衡(종횡). ④공수(攻守)·화전(和戰)의 계략(計略). ⑤뜻대로. 자유로이.

◨ 姑從고종, 屈從굴종, 盲從맹종, 陪從배종, 服從복종, 三從삼종, 相從상종, 順從순종, 侍從시종, 姨從이종, 專從전종, 主從주종, 合從합종.

9 ⑫ 【復】复 ①돌아올 복 屋 ②다시 부 宥

중학 인명 4Ⅱ급 ㊥fù ㊐フク

필순 丿 彳 彳 彳 䘕 㣗 復 復 復 復

소전 초서 참고 인명용 음은 '복·부' 이다.

자원 形聲. 彳+复→復. '复(복)' 이 음을 나타낸다.

자해 ①❶돌아오다. ㉮처음 있던 곳으로 돌아오다. 〔易經〕無往不復무왕불복. ㉯원상태로 돌아가다. 〔禮記〕克己復禮극기복례. ❷돌려보내다, 되돌리다. ❸갚다, 은혜나 원한을 갚다. 〔春秋左氏傳〕我必復楚國아심복초국. ❹복(復). 초혼(招魂)할 때 내는 소리. 〔禮記〕復복, 盡愛之道也진애지도야. ❺실천(實踐)하다. ❻면제하다, 요역·조세 따위를 면제하다. 〔漢書〕復勿租稅二歲복물조세이세. ❼사뢰다, 말씀드리다. 〔孟子〕有復於王者유복어왕자. ❽괘 이름, 64(卦)의 하나. 괘형은 ䷗. 기운(機運)이 순환(循環)하는 것을 상징한다. 2❶다시, 거듭. ¶ 復興부흥. ❷거듭하다, 다시 또 하다.
復刊(복간) 간행을 중지하였거나 폐간하였던 출판물을 다시 간행함.
復古(복고) 상태나 경향 따위가 옛날식으로 돌아감.
復舊(복구) 본래의 상태로 회복함.
復權(복권) 잃었던 권리나 자격을 되찾음.
復歸(복귀) 본래의 상태로 돌아감.
復棋(복기) 바둑이 끝난 후 처음부터 다시 순서대로 놓아보는 일.
復禮(복례) 예에 돌아감. 예의를 지킴.
復命(복명) ①명령을 받고 일을 처리한 사람이 그 결과를 보고함. 反命(반명). ②처음의 본성(本性)으로 되돌아감. 復初(복초).
復辟(복벽) ①뒤집혔던 왕조를 회복하거나, 물러났던 임금을 도로 임금 자리에 앉힘. ②임금에게 복명(復命)함.
復姓(복성) 딴 성(姓)을 일컫던 사람이 다시 본성(本姓)으로 돌아감.
復讐(복수) 앙갚음. 원수를 갚음.
復習(복습) 배운 것을 다시 익힘.
復言(복언) 약속한 것을 실행함.
復言重諾(복언중낙) 약속을 이행하고, 연낙(然諾)을 중히 여김.
復逆(복역) 천자에게 상주(上奏)함.
復元(복원) 원래의 상태나 위치로 돌아감.
復圓(복원) 일식이나 월식이 끝나고 해나 달이 도로 둥근 모양으로 되돌아가는 일.
復位(복위) 폐위되었던 임금이나 후비(后妃)가 다시 그 지위에 오르는 일.
復除(복제) 요역(徭役)을 면제함.
復職(복직) 그만두었던 일자리로 다시 돌아옴.
復唱(복창) 명령이나 남의 말을 그대로 받아서 다시 욈.
復土(복토) 광중(壙中)에 하관(下棺)하고 흙을 덮음.
復學(복학) 정학·휴학 등으로 학교를 떠나 있던 학생이 다시 그 학교에 다니게 됨.
復戶(복호) 조선 때 군인·양반의 일부와 궁중의 노비 등 특정한 대상자에게 조세(租稅)나 호역(戶役) 따위를 면제하여 주던 일.
復生(부생) 소생(蘇生)함. 또는 재생(再生).
復活(부활) ①죽었다가 다시 살아남. ②폐지하였던 일을 다시 하거나, 쇠퇴하였던 것이 다시 일어남.
復興(부흥) ①어떤 일을 다시 일으킴. ②쇠(衰)하였던 것이 전과 같이 다시 흥함.
◨ 光復광복, 克復극복, 反復반복, 報復보복, 收復수복, 往復왕복, 回復회복, 恢復회복.

9 ⑫【循】 좇을 순 眞

고등 인명 3급 ㊥xún ㊐ジュン

필순 彳 彳 彳 犭 犷 犷 循 循 循 循

소전 초서 자원 形聲. 彳＋盾→循. '盾(순)'이 음을 나타낸다.

자해 ❶좇다. ㉮뒤따르다, 뒤를 밟아 따르다. 〔淮南子〕 五星循軌오성순궤. ㉯따르다, 의지하여 가다. 〔春秋左氏傳〕 循山而南순산이남. ㉰복종하다, 따르게 되다. 〔荀子〕 上不循於亂世之君상불순어란세지군. ❷돌다, 빙빙 돌다. ≒巡. ❸주저하다, 머뭇거리다, 결단을 내리지 못하는 모양. ❹어루만지다, 위무(慰撫)하다. 〔漢書〕 拊循其民부순기민. ❺차례가 바르다, 질서 정연하다. 〔論語〕 夫子循循然善誘人부자순순연선유인.
循良(순량) 법을 지키며 선량(善良)함. 또는 그런 사람.
循吏(순리) 법을 잘 지키며 열심히 근무하는 관리.
循俗(순속) 풍속을 좇음.
循守(순수) 규칙이나 명령 등을 그대로 좇아서 지킴.
循循(순순) 질서 바른 모양. 정연한 모양.
循行(순행) ①여러 곳을 돌아다님. 巡行(순행). ②명령을 따라 행함.
循環(순환) 주기적으로 자꾸 되풀이하여 돎. 잇따라 돎.
循環無端(순환무단) 일이 끊임없이 되풀이하여 끝이 없음.
◨ 因循인순.

9 ⑫【徧】 두루 편 ㊍변 霰

㊥biàn, piān, pián ㊐ヘン

소전 초서 자해 ❶두루, 널리, 모두. 〔淮南子〕 天下徧爲儒墨矣천하편위유묵의. ❷돌다, 돌아다니다. ❸두루 미치다, 골고루 미치다. ❹번, 횟수. 〔三國志〕 讀書百徧而義自見독서백편이의자현.
徧讀(편독) 두루 전부 읽음.
徧歷(편력) 두루 돌아다님. 遍歷(편력).
徧循(편순) 두루 추종(追從)함.
◨ 均徧균편, 周徧주편.

9 ⑫【徨】 노닐 황 陽

인명 1급 ㊥huáng ㊐コウ

초서 자해 노닐다, 어정거리다, 방황하다.

彳 9획

10
⑬【微】 작을 미 微

고등 인명 3Ⅱ급 ㊥wēi ㊐ビ

필순 彳 彳 彳 彳 彳 徉 徨 徨 微 微

소전 微 초서 微 동자 微 속자 微 자원 形聲. 彳+敚→微. '敚(미)'가 음을 나타낸다.

자해 ❶작다, 자질구레하다. 〔孟子〕具體而微구체이미. ❷적다, 많지 않다. 〔禮記〕雖有危邪수유위사, 而不治者則微矣이불치자즉미의. ❸숨다, 숨기다. ❹몰래, 은밀히, 비밀히. ❺정묘하다, 묘(妙)하다, 심오하다. 〔史記〕微妙難識미묘난식. ❻어렴풋하다, 또렷하지 않다. ¶ 稀微희미. ❼천하다, 비천(卑賤)하다. ❽쇠하다, 쇠미하다. ❾아니다. ≒非. ❿없다, 없다고 하면. ≒無. 〔論語〕微管仲미관중, 吾其被髮左衽矣오기피발좌임의. ⓫소수(小數)의 이름. 0.000001을 이르는 말.

10 획

微感(미감) 약간의 감동. 마음이 조금 내킴.
微功(미공) 암암리에 공격함.
微官末職(미관말직) 변변찮은 벼슬과 말단 직책. 곧, 지위가 낮은 벼슬.
微動(미동) 아주 조금 움직임.
微量(미량) 아주 적은 분량.
微力(미력) ①작은 능력. 적은 힘. ②'자기의 노력이나 성의'의 겸칭.
微祿(미록) 얼마 되지 않는 봉급.
微末(미말) ①신분이 낮고 천한 사람. ②치우치어 중정(中正)하지 않음.
微茫(미망) 흐릿한 모양. 모호한 모양.
微明(미명) ①희미하게 밝음. ②명백하기는 하나 미묘하여 알 수 없음.
微妙(미묘) 매우 정밀하고 오묘함.
微眇(미묘) ①아주 보잘것없음. 미천함. ②가볍고 적음. 미미(微微)함.
微妙玄通(미묘현통) 앎의 의식 작용이 미묘하고 유현(幽玄)한 곳에 통철(通徹)함. 곧, 진리를 앎.
微物(미물) 작은 물건. 보잘것없는 물건.
微微(미미) ①보잘것없이 썩 작은 모양. ②그윽하고 고요한 모양.
微薄(미박) ①바치는 물품이나 인정·성의 등이 박함. ②발〔簾〕.
微服(미복) 신분을 감추기 위한 복장.
微辭(미사) ①뜻을 속에 숨기고 은근히 말함, 또는 그런 말. ②몇 마디 되지 않는 말.
微誠(미성) 조그마한 정성. 남에게 표시하는 '자기 정성'의 겸칭. 微素(미소).
微細(미세) 매우 가늘고 작음.
微小(미소) 아주 작음.
微少(미소) 아주 적음.
微笑(미소) 빙그레 웃음. 소리를 내지 않고 가볍게 웃는 웃음.
微瑣(미쇄) ①작고 가늚. ②재능이 별로 없음.
微時(미시) 한미(寒微)하거나 미천(微賤)하여 보잘것없을 때.
微恙(미양) 대단하지 않은 병. '자기의 병'을 겸손하게 이를 때 씀.
微言(미언) ①미묘(微妙)한 말. ②속뜻은 숨기고 다른 것에 빗대어 말함.
微溫(미온) 온도가 낮음.
微雨(미우) 가랑비. 이슬비.
微陰(미음) ①음력 5월. ②하늘에 구름이 엷게 낀 날씨.
微意(미의) ①약간의 성의. '자기 성의'의 겸칭. 微志(미지). ②속 깊은 미묘한 뜻.
微旨(미지) 깊고 미묘한 취지.
微志(미지) ①작은 뜻. ②미의(微意).
微知(미지) 엿보아 앎. 탐지함.
微賤(미천) 신분·지위가 보잘것없고 천함.
微忠(미충) 변변하지 못한 충성. 자기의 충성.
微衷(미충) '조그마한 성의'라는 뜻으로, 물품을 남에게 선사하면서 쓰는 말.
微風(미풍) 약한 바람.
微行(미행) ①임금이나 높은 벼슬아치들이 무엇을 살피기 위하여 남이 언뜻 알아차리지 못하도록 몸을 차리고 넌지시 다님. ②좁은 길. 微服潛行(미복잠행). ③적은 행위.
微顯闡幽(미현천유) ①누구나 알 수 있는 환한 일도 이를 궁구(窮究)하여 미묘한 경지에 이르러, 아무도 알 수 없는 원리를 뚜렷하게 헤쳐 밝힘. ②명백한 일을 노골적으로 말하지 않고, 또 명백하지 못한 일을 명료하게 밝힘.
微醺(미훈) 얼근히 취함. 微醉(미취).
◨ 輕微경미, 細微세미, 衰微쇠미, 隱微은미, 寒微한미, 稀微희미.

10
⑬【徭】 구실 요 蕭

㊥yáo ㊐ヨウ

초서 徭 자해 구실, 부역(賦役), 역사(役事). 〔韓非子〕徭役多則民苦요역다즉민고.

徭賦(요부) 요역(徭役)을 부과(賦課)함.
徭稅(요세) 요역과 조세(租稅).
徭戍(요수) 변경(邊境)을 수비하는 병사. 수자리. 戍徭(수요).
徭役(요역) 정부에서 구실 대신으로 시키던 강제 노동.

10
⑬【徯】 샛길 혜 齊

㊥xī ㊐ケイ

소전 徯 초서 徯 동자 蹊 자해 **❶샛길, 좁은 길.** ¶ 徯徑혜경. **❷기다리다, 바라며 기다리다.**

徯徑(혜경) 작고 좁은 길. 샛길.

徯志(혜지) 뜻하는 바를 기다림. 곧, 뜻한 바에 어긋나지 않게 행동함.

11 ⑭【徳】 德(429)의 속자

11 ⑭【微】 微(428)의 속자

11 ⑭【徴】 徵(429)의 속자

12 ⑮【德】 덕 덕 職

중학 인명 5급 ㊥dé ㊐トク

필순 丿 彳 彳 徝 徝 德 德 德 德 德

소전 德 초서 德 속자 徳 고자 悳 자원 形聲. 彳+悳→德. '悳(덕)'이 음을 나타낸다.

자해 **❶덕. ㉮공정하고 포용성 있는 마음, 품성.** [禮記] 道德仁義도덕인의. **㉯본성(本性). ㉰덕택, 혜택.** [論語] 何以報德하이보덕. **㉱國 어떤 유리한 결과를 가져오게 한 원인. ❷어진이, 현자(賢者). ❸능력, 작용.** [易經] 通神明之德통신명지덕. **❹은혜를 베풀다. ❺은혜로 여기다, 고맙게 생각하다. ❻복(福), 행복.** ≒福. [禮記] 百姓之德也백성지덕야. **❼별 이름.** ¶ 德星덕성.

德教(덕교) 도덕으로써 사람을 착한 길로 인도하는 가르침.

德器(덕기) 너그럽고 어진 도량과 재간. 또는 그러한 도량과 재간을 가진 사람. 훌륭한 인격(人格).

德談(덕담) 잘 되기를 바라며 해주는 말이나 인사.

德隆望尊(덕륭망존) 덕행이 높고 인망(人望)이 두터움.

德望(덕망) ①덕행으로 얻은 명망. ②인품과 명망.

德門(덕문) 덕망(德望)이 높은 집안.

德配(덕배) ①덕이 나란함. ②상대편을 높이어 그의 '아내'를 일컫는 말.

德分(덕분) 덕택.

德不孤(덕불고) 덕이 있는 사람은 외롭지 않음. 덕으로 다른 사람을 감화하여 자기와 친한 이웃이 되게 함.

德士(덕사) ①덕이 있는 선비. ②승려의 별칭.

德色(덕색) 남에게 은혜를 베풀어 준 것을 자랑하는 말이나 얼굴빛.

德性(덕성) 어질고 너그러운 품성.

德星(덕성) ①상서로운 표시로 나타나는 별. 瑞星(서성). ②덕행이 있는 사람.

德業(덕업) 어질고 착한 업적이나 사업.

德容(덕용) 좋은 평판. 德音(덕음).

德友(덕우) ①착하고 어진 마음으로 사귀는 벗. ②덕(德)으로써 사귀는 벗.

德輶如毛(덕유여모) 도덕을 행함은 털의 가벼움과 같이 용이함.

德育(덕육) 덕성(德性)을 기르는 교육. 도덕의식을 앙양하는 교육.

德潤身(덕윤신) ①덕(德)은 몸을 윤택하게 함. ②덕이 속에 있으면 반드시 겉으로 나타남.

德音(덕음) ①임금의 말. 綸言(윤언). ②좋은 말. 善言(선언). ③좋은 평판. 德容(덕용). ④덕이 나타난 음악. 彳 12획

德音無良(덕음무량) 말에 실(實)이 없는 일. 또는 유덕(有德)하다는 소문 뿐, 그럴 만한 내용이 없는 일.

德義(덕의) ①사람으로서 마땅히 지켜야 할 도덕상의 의무. ②상과 벌이 그 타당성을 얻음.

德政(덕정) 어질고 바른 정치. 덕으로써 다스리는 정치.

德操(덕조) 변함없는 도덕심. 확고부동(確固不動)한 절조(節操).

德澤(덕택) 남에게 끼친 혜택.

德風(덕풍) 도덕의 교화(教化). 인덕(仁德)의 감화(感化).

德行(덕행) 어질고 은혜로운 행실.

德惠(덕혜) 은혜. 仁惠(인혜).

德化(덕화) 덕행(德行)으로써 교화함.

◧ 功德공덕, 達德달덕, 大德대덕, 道德도덕, 明德명덕, 美德미덕, 薄德박덕, 福德복덕, 不德부덕, 婦德부덕, 聖德성덕, 失德실덕, 惡德악덕, 恩德은덕, 蔭德음덕, 人德인덕, 仁德인덕, 才德재덕, 地德지덕, 厚德후덕.

12 ⑮【徵】 征 1 부를 징 蒸 2 음률 이름 치 紙

고등 인명 3Ⅱ급 ㊥zhēng, zhǐ ㊐チョウ, チ

필순 丿 彳 彳 徉 徉 徨 徨 徵 徵 徵

소전 徵 초서 徵 속자 徴 참고 인명용 음은 '징'이다.

자원 會意. 微+壬→徵. '微'는 '微'의 생략형. 신분이 비록 미천하더라도[微] 착한 일

〔壬〕을 행하는 자는 임금의 부름을 받게 된다는 데에서 '부르다'란 뜻을 나타낸다.

자해 1 ❶**부르다, 사람을 불러들이다.** 〔史記〕擧烽火徵兵거봉화징병. ❷**구하다, 요구하다.** ❸**거두다, 거두어들이다.** ❹**증거.** 〔中庸〕雖善無徵수선무징. ❺**효험, 효과.** 〔中庸〕久則徵구즉징. ❻**조짐.** ❼**증거를 세우다.** 〔論語〕杞不足徵也기부족징야. ❽**그치다, 그만두다.** 〔易經〕君子以徵忿窒欲군자이징분질욕. 2 **음률 이름.** 오음(五音)의 하나로, 우(羽)에 버금가는 청징(淸澄)한 음. 오행(五行)으로는 불, 12(支)로는 오(午), 사시(四時)로는 여름에 배당된다.

徵納(징납) ①조정에서 부름. ②수령(守令)이 세금을 거두어서 나라에 바침.

徵令(징령) ①징병(徵兵)의 영(令). ②징역(懲役)·징부(徵賦)의 법령을 선포함.

徵拔(징발) 불러서 가려 뽑음.

12 획

徵發(징발) 강제로 거두어 들임.

徵兵(징병) 법에 의거하여 해당자를 군대에 복무시키기 위하여 모음.

徵聘(징빙) 조정에서 예를 갖추어 부름.

徵祥(징상) 좋은 징조. 吉兆(길조).

徵色(징색) 얼굴에 나타남.

徵瑞(징서) 경사로운 징조. 祥瑞(상서).

徵收(징수) 세금·수수료 따위를 거두어 들임.

徵用(징용) 징수하여 사용함. 징발하여 씀.

徵入(징입) 사람을 불러들임.

徵兆(징조) 어떤 일이 생길 조짐. 징후.

徵集(징집) 불러 모음. 병역법에 의거하여 장정을 뽑아서 병역에 보충함.

徵招(❶징초 ❷치소) ❶초야(草野)에 묻힌 사람을 벼슬 자리에 불러서 씀. 徵召(징소). ❷악곡(樂曲) 이름. 춘추 때 제(齊)나라의 경공(景公)이 태사(太師)에게 짓게 하였음.

徵逐(징축) 부르고 불리고 하여 친하게 왕래함.

徵表(징표) 다른 사물과 구별하여 보이는 지표.

徵驗(징험) 어떤 징후를 통해 실제 경험함.

徵還(징환) 소환(召還).

徵會(징회) 불러서 모음.

徵效(징효) 보람. 效驗(효험).

徵候(징후) 어떠한 일이 일어날 조짐.

◨ 納徵납징, 明徵명징, 象徵상징, 追徵추징, 特徵특징, 表徵표징.

12 ⑮【徹】彻 통할 철 屑

고등 인명 3Ⅱ급 ㊥chè ㊐テツ

필순

소전 초서 고자 고자 자원 會意. 彳+育+攴→徹. 자식을 양육〔育〕할 때 매질하여〔攴〕 바르게 행동하게 한다〔彳〕는 데서 어디든 다 '통하다'란 뜻을 나타낸다.

자해 ❶**통하다, 막힘 없이 트이다.** 〔莊子〕目徹爲明목철위명. ❷**뚫다, 구멍을 내다.** ❸**환하다, 밝다.** 〔國語〕其何事不徹기하사불철. ❹**부수다, 허물어지다.** 〔詩經〕徹我牆屋철아장옥. ❺**다스리다.** 〔詩經〕徹田爲糧철전위량. ❻**없애다, 제거(除去)하다.** ❼**주대(周代)의 조세법.** 〔論語〕有若對曰盍徹乎유약대왈합철호.

徹頭徹尾(철두철미) 처음부터 끝까지 철저함.

徹法(철법) 중국 주대(周代)의 조세법(租稅法). 사방 1리(里)의 농지를 9등분하여 8가(家)에 사전(私田) 100묘(畝)씩을 나누어 주고, 나머지 100묘는 공전(公田)으로 하고 20묘의 택지를 뺀 80묘의 공전을 8가에서 공동으로 경작하여 그 수확을 조세로 하였음.

徹兵(철병) 군대를 철수시킴. 撤軍(철군).

徹上徹下(철상철하) 상하로 관통함.

徹夜(철야) 밤을 새움. 通宵(통소). 徹曙(철서). 徹曉(철효).

徹底(철저) ①속 깊이 밑바닥까지 투철함. ②의사(意思)가 구석구석까지 잘 통함.

徹天之寃(철천지원) 하늘에 사무치는 크나큰 원한. 徹天之恨(철천지한).

◨ 貫徹관철, 洞徹통철, 通徹통철, 透徹투철.

13 ⑯【徼】 1 구할 요 ㊍교 蕭 2 순찰할 요 ㊍교 嘯

㊥yāo, jiào ㊐キョウ

소전 초서 자해 1 ❶**구하다, 바라다, 요구하다.** 〔漢書〕民離本而徼末矣민리본이요말의. ❷**훔치다, 빼앗다.** 〔論語〕惡徼以爲知者오요이위지자. 2 ❶**순찰하다, 순행(巡行)하다.** 〔漢書〕行徼邯鄲中행요한단중. ❷**순라군, 순찰하는 사람.** ❸**변방의 경계.** 나무 울타리를 치거나, 돌을 쌓거나, 도랑을 빙 둘러서 경계를 만든다. 옛날 중국의 서남쪽에 설치한 것을 말함. ❹**막다, 차단하다.** 〔史記〕徼麋鹿之怪獸요미록지괴수. ❺**길, 교외(郊外)의 길.** 〔史記〕常夜從走卒行徼상야종주졸행요.

徼幸(요행) 분수 외의 복을 바람.

13 ⑯【徹】 徹(430)의 고자

13 ⑯【僻】 避(1268)의 고자

14 ⑰【徹】 徹(430)의 고자

14 ⑰ 【徽】 아름다울 휘 微

인명 2급 ㊥huī ㊐キ

소전 초서 자해 ❶아름답다, 훌륭하다. 〔詩經〕 君子有徽猷군자유휘유. ❷표기. ㉮어떤 표지로 세운 기. ㉯표지(標識). ¶ 徽章휘장. ❸기러기발, 금휘(琴徽). 거문고나 가야금 따위의 줄을 고르는 기구. ❹노끈, 줄. 〔漢書〕 免於徽索면어휘삭.

徽索(휘삭) 오랏줄. 捕繩(포승).

徽言(휘언) 착한 말. 아름다운 말.

徽音(휘음) ①칭찬하는 말. 좋은 평판. ②아름다운 음악. ③좋은 소식. ④國후비(后妃)의 아름다운 덕행과 언어.

徽章(휘장) 소속·신분·명예 등을 나타내기 위하여 붙이는 표.

徽裁(휘재) 왕세자(王世子)가 임금을 대리할 때의 재결(裁決).

徽旨(휘지) ①왕세자가 내리는 문감(門鑑). ②왕세자가 임금을 대리하여 내린 명령.

徽號(휘호) ①기장(旗章). ②제왕(帝王)의 공덕을 칭송하기 위하여 바치는 존호(尊號). 후대에는 주로 후비(后妃)가 승하(昇遐)한 후에 시호(諡號)와 함께 올리는 존호로 썼음.

心部 마음 심

0 ④ 【心】 마음 심 侵

중학 인명 7급 ㊥xīn ㊐シン

필순 ㇒ 心 心 心

소전 초서 참고 '心'이 한자의 구성에서 변에 쓰일 때는 글자 모양이 '忄'으로 바뀌고, '심방변'이라고 부른다. 발에 쓰일 때는 글자 모양이 '㣺'으로 바뀌기도 한다.

자원 象形. 사람의 심장 모양을 본뜬 글자.

자해 ❶마음. ㉮생각·감정 등 정신 활동의 총체. 〔大學〕 心不在焉심부재언, 視而不見시이불견. ㉯기분, 느낌. ㉰뜻, 의지(意志). 〔易經〕 二人同心이인동심, 其利斷金기리단금. ❷염통, 심장. ❸가슴. 〔莊子〕 西施病心서시병심. ❹한가운데, 중앙(中央). ❺도(道)의 본원(本原). ❻별자리 이름. 28수(宿)의 하나. 〔宋史〕 心宿三星심수삼성. ❼(佛)진수(眞髓). 제경(諸經) 중에서 일체의 요의(要義)를 모은 것. ❽심(心). ㉮나무 줄기 가운데의 연한 줄기. ㉯무·배추 따위의 뿌리 속의 질긴 줄기.

心肝(심간) ①심장과 간장. 참마음. 丹心(단심). ②아주 친애함. 또는 친애하는 사람.

心怯(심겁) 소심하고 겁이 많음. 마음이 약하여 대단하지 않은 일에 겁을 냄.

心境(심경) 마음의 상태. 마음가짐.

心鏡(심경) ①거울과 같이 맑고 밝은 마음. ②마음의 거울.

心境(심경) 마음 상태.

心計(심계) ①암산(暗算). 속셈. ②계획.

心契(심계) ①이해함. ②마음이 맞고 서로 지향하는 바가 같음.

心曲(심곡) 이러저러하게 생각하는 마음의 깊은 속. 心中(심중).

心骨(심골) 마음과 뼈. 정신과 신체.

心筋(심근) 심장의 벽을 싸고 있는 근육.

心琴(심금) 어떤 사물이나 상황에 의해 촉발되는 마음의 움직임. 자극에 따라 미묘하게 움직이는 마음을 거문고에 비유한 말.

心廣體胖(심광체반) 마음이 너그러우면 몸이 편안함. 마음에 한 점의 부끄러워할 바가 없이 넓고 너그러우면, 몸 또한 편안하고 태평함.

心氣(심기) 사물이나 현상에 대하여 느끼는 마음이나 기분.

心機(심기) 마음을 움직이게 하는 기틀. 마음의 움직임.

心機一轉(심기일전) 지금까지 품었던 마음 자세를 완전히 바꿈.

心念(심념) ①마음속. 심중(心中). ②마음 깊이 생각함.

心膽(심담) 심지(心地)와 담력.

心動(심동) ①가슴이 두근거림. ②마음이 움직여 어지러워짐.

心頭(심두) 가슴. 마음. 念頭(염두).

心得(심득) 사물의 이치를 깊이 이해함.

心亂(심란) 마음이 뒤숭숭함.

心慮(심려) 염려. 생각.

心力(심력) ①마음과 힘. ②마음이 작용하는 힘. 정신력(精神力).

心靈(심령) ①마음의 작용을 일으킨다는 근원적인 존재. ②육체를 떠나 존재한다는 마음의 주체. 魂靈(혼령).

心理(심리) 마음 속의 상태와 현상.

心魔(심마) (佛)물욕이나 애착의 마음 등 사람을 사도(邪道)로 이끄는 마음의 마귀.

心滿意足(심만의족) 마음에 흡족함.

心法(심법) ①마음을 수련하는 법. ②송대(宋代) 유학자(儒學者)의 말로서, 심체(心體)를 존양(存養)하고 심용(心用)을 성찰(省察)하는 도(道). ③이심전심(以心傳心)의 도(道).

心病(심병) ①마음을 태움. 근심함. ②마음속의 번민(煩悶)이 병이 됨.

心服(심복) 마음으로 기꺼이 복종함.
心腹(심복) ①가슴과 배. ②진심(眞心). 정성스러운 마음. ③마음 놓고 믿을 수 있는 부하. ④중요한 곳. 要地(요지).
心府(심부) 마음이 있는 곳. 또는 마음.
心佛(심불) (佛)①자기 마음속의 부처. 곧, 거룩한 마음의 본바탕. ②마음이 곧 부처일 때 그 마음을 이름.
心思(심사) 마음. 고약하거나 심술궂은 마음.
心算(심산) 속셈.
心狀(심상) 마음의 상태.
心想(심상) 마음속의 생각.
心象(심상) ①마음속에 일어나는 망상(妄想). ②마음속에 생긴 인상.
心緖(심서) 마음속의 회포. 마음의 움직임. 情緖(정서). 心懷(심회).
心性(심성) ①심(心)과 성(性). ②마음. 마음의 본질(本質). 本心(본심).
心聲(심성) 언어(言語). 말은 마음을 소리로 표현한 것.
心素(심소) 성심(誠心). 참마음.
心受(심수) 마음으로 깨달음. 납득함.
心髓(심수) ①중심. 사물의 가장 요긴한 곳. ②마음속.
心手相應(심수상응) 마음과 손이 서로 응(應)하는 일. 마음먹은 대로 손이 움직임.
心術(심술) ①온당하지 않게 고집 부리는 마음. ②남을 괴롭히거나 시기하는 마음.
心身(심신) 마음과 몸.
心心相印(심심상인) 묵묵한 가운데 마음과 마음이 서로 통함. 以心傳心(이심전심).
心眼(심안) ①마음과 눈. ②사물을 관찰하고 식별하는 마음의 작용.
心弱(심약) 마음이 약함.
心如水(심여수) 마음이 물과 같음. 마음이 담박하여 이욕(利慾)의 생각이 없음.
心如搖旌(심여요정) 마음이 나부끼는 깃발과 같음. 마음이 흔들려 안정되지 못함.
心熱(심열) ①정성을 기울임. 또는 마음속의 열망. ②울화로 일어나는 열.
心悅誠服(심열성복) 마음속에서부터 기꺼이 복종함.
心外(심외) ①마음의 밖. 생각의 밖. ②뜻밖. 의외.
心願(심원) ①마음으로 바람. 또는 그 일. ②신(神)이나 부처에게 마음속으로 기원을 함.
心凝形釋(심응형석) 마음이 엉기고 형체가 풀림. 마음이 도(道)에 열중(熱中)하여 무념무상(無念無想)의 경지(境地)에 들고 형체를 망각함. 곧, 마음이 도(道)와 융합(融合)함.
心意(심의) 마음. 생각. 心思(심사).
心腸(심장) ①창자. ②마음속.
心臟(심장) 염통. 오장(五臟)의 하나.
心齋(심재) 잡념을 배제하여 마음을 순일하게 비움.
心田(심전) 마음. 마음은 마치 선악의 씨를 자라게 하는 밭 같다는 데서 이르는 말.
心情(심정) 마음속에 품은 생각과 감정(感情).
心制(심제) ①마음으로 아랫사람을 제어(制御)함. ②國대상(大祥) 때부터 담제(禫祭)까지 입는 복(服).
心中有心(심중유심) 마음속에 또 마음이 있음. 마음으로써 마음을 견제함. 이성(理性)으로 감성(感性)을 억제하는 따위.
心證(심증) 마음속에 갖는 확신.
心地(심지) ①마음의 본바탕. 마음 자리. ②(佛)마음. 정신.
心志(심지) 마음에 지니는 의지. 마음.
心疾(심질) 근심·걱정 등으로 가슴을 앓는 일.
心醉(심취) 어떤 사물에 깊이 마음을 빼앗김.
心通(심통) 마음이 통함. 말 밖에 품은 뜻을 깨달음.
心痛(심통) ①마음이 아픔. 또는 마음의 고통. ②가슴의 병.
心學(심학) ①마음을 닦는 학문. ②마음의 본체를 인정하고 몸을 닦는 학문. 곧, 양지(良知)의 학(學)을 이름. 육상산(陸象山)·왕양명(王陽明) 등이 주창하였음.
心閑體正(심한체정) 마음이 고요하고 몸가짐이 바름.
心虛(심허) ①現마음이 불안함. ②정신이 허약한 병증.
心許(심허) 진정한 마음으로 허락함.
心血(심혈) 정신력과 육체의 모든 것. 최대의 정성과 정력.
心魂(심혼) 참마음. 본심(本心). 神魂(신혼).
心懷(심회) 마음속의 회포.
心胸(심흉) 가슴속. 진심. 心中(심중).
◨ 苦心고심, 關心관심, 落心낙심, 丹心단심, 同心동심, 童心동심, 銘心명심, 無心무심, 放心방심, 變心변심, 本心본심, 腐心부심, 佛心불심, 私心사심, 傷心상심, 善心선심, 誠心성심, 小心소심, 愁心수심, 安心안심, 野心야심, 良心양심, 熱心열심, 慾心욕심, 疑心의심, 人心인심, 一心일심, 專心전심, 操心조심, 中心중심, 眞心진심, 盡心진심, 天心천심, 寸心촌심, 忠心충심, 寒心한심, 協心협심, 歡心환심.

1
⑤【必】 반드시 필 質

중학 인명 5급 中bì 日ヒツ

心 1획

필순 丶ソ必必必

소전 𠂔 초서 𢖽 자원 會意·形聲. 八+弋→必. '八(팔)'이 음도 나타내고, '나누다'라는 뜻도 나타낸다. 어떤 표적으로 말뚝〔弋〕을 박아 확실하게 그 경계를 갈라〔八〕 놓는다는 데서 '단정하다'라는 뜻을 나타낸다. 여기서 '반드시'라는 뜻도 나왔다.

자해 **❶반드시, 틀림없이, 꼭.** 〔論語〕必也使無訟乎필야사무송호. **❷기필하다, 이루어 내다.** 〔論語〕毋意毋必무의무필. **❸오로지, 전일(專一)하다.**

必方(필방) ①불의 신(神)의 이름. ②목신(木神)의 이름.
必死(필사) ①꼭 죽음. ②죽을 각오로 일함. 있는 힘을 다함.
必修(필수) 반드시 학습하거나 이수하여야 함.
必須(필수) ①반드시 있어야 함. ②반드시 해야 함.
必需(필수) 꼭 필요함. 꼭 쓰임.
必然(필연) 반드시 그렇게 됨. 必至(필지).
必要(필요) 반드시 있어야 함.
必有曲折(필유곡절) 반드시 무슨 까닭이 있음. 必有事端(필유사단).
必傳(필전) 반드시 후세에 전해짐.
必定(필정) ①반드시 정해짐. ②꼭. 반드시.
必携(필휴) 반드시 가지고 있어야 함. 반드시 가지고 있어야 할 물건.

◨ 期必기필, 不必불필, 何必하필.

2 ⑤【忉】 근심할 도 豪

㊥dāo ㊐トウ

자해 **근심하다, 걱정하다.**

忉怛(도달) 근심하고 슬퍼함.
忉利天(도리천) (佛)욕계 육천(欲界六天)의 둘째 하늘. 수미산(須彌山) 꼭대기에 있으며, 중앙에 제석천(帝釋天)이 사는 선견성(善見城)이 있음. 三十三天(삼십삼천).

3 ⑦【忈】 恐(444)의 고자

3 ⑦【忌】 꺼릴 기 寘

고등 인명 3급 ㊥jì ㊐キ

필순 ㄱ ㄱ 己 己 忌 忌 忌

소전 𢘊 초서 𢖳 자원 形聲. 己+心→忌. '己(기)'가 음을 나타낸다.

자해 **❶꺼리다.** ㉮**싫어하다.** ¶ 忌避기피. ㉯**꺼림하게 여기다.** ¶ 忌諱기휘. **❷미워하다.** **❸두려워하다.** 〔春秋左氏傳〕幼而不忌유이불기. **❹기(忌), 기일, 부모나 조상이 죽은 날.** ¶ 忌故기고. **음양가(陰陽家)에서 꺼리는 방위(方位)와 일시(日時).** 〔齊民要術〕種之不避其忌종지불피기기.

忌刻(기각) 남을 시기하며 성품이 잔인함.
忌故(기고) 國기일(忌日)에 지내는 제사.
忌克(기극) 남의 재능을 시새워 그것을 이기려고 함.
忌辰(기신) 사람이 죽은 날. 忌日(기일).
忌月(기월) ①무슨 일을 하는 데 꺼려야 할 달. 음력 9월. ②기일(忌日)이 있는 달.
忌日(기일) ①어버이가 죽은 날. ②사람이 죽은 날. ③꺼려야 할 불길(不吉)한 날.
忌祭祀(기제사) 기일(忌日)에 지내는 제사. 忌祭(기제).
忌憚(기탄) 어렵게 여겨 꺼림.
忌避(기피) 꺼려서 피함.
忌嫌(기혐) 꺼리고 싫어함.
忌諱(기휘) ①꺼리고 싫어함. ②나라의 금령(禁令).

◨ 禁忌금기, 猜忌시기, 妬忌투기, 嫌忌혐기.

3 ⑦【忎】 念(435)과 동자

3 ⑥【忙】 바쁠 망 陽

중학 인명 3급 ㊥máng ㊐ボウ

필순 丶 忄 忄 忙 忙 忙

초서 𢖩 자원 形聲. 心+亡→忙. '亡(망)'이 음을 나타낸다.

자해 **❶바쁘다, 겨를이 없다.** **❷조급하다, 마음이 조급해지다.** **❸두려워하다.**

忙劇(망극) 매우 바쁨.
忙裡偸閑(망리투한) 바쁜 중에도 틈을 타 놂.
忙忙(망망) 바쁜 모양.
忙迫(망박) 일에 몰려 몹시 바쁨.
忙食噎喉(망식열후) 國급히 먹는 밥에 목이 메임. 급히 서두르는 일은 실패하기 쉬움.
忙然(망연) 어안이 벙벙한 모양.
忙月(망월) 1년 가운데 농사일에 가장 바쁜 달.
忙中有閑(망중유한) 바쁜 가운데서도 한가한 짬이 있음. 忙中閑(망중한).

◨ 多忙다망, 煩忙번망, 奔忙분망, 慌忙황망.

3 ⑦【忘】 잊을 망 陽 漾

중학 인명 3급 ㊥wàng ㊐ボウ

心 3획

필순 丶 亠 亡 亡 忘 忘 忘

소전 초서 본자 㤺 자원 形聲. 亡+心→忘. '亡(망)'이 음을 나타낸다.

자해 ❶잊다. ㉮기억하지 못하다. 〔易經〕 民忘其勞민망기로. ㉯알아차리지 못하다, 자각하지 못하다. ❷건망증, 기억을 상실하는 병. 〔列子〕 中年病忘중년병망. ❸다하다, 끝나다.

忘却(망각) 잊어버림.
忘機(망기) 세속(世俗)의 일을 잊음. 욕심을 잊음.
忘年(망년) ①나이를 잊음. ②한 해의 괴로움을 잊음. ③나이의 차를 따지지 않음.
忘年交(망년교) 나이의 차이를 따지지 않고 재주와 학문을 존중하여 사귐.
忘死生(망사생) 죽고 사는 것을 돌보지 않음. 忘死(망사).
忘食(망식) 식사조차 잊고 어떤 일에 온 정신을 쏟음.
忘失(망실) 남의 잘못을 잊음.
忘我(망아) 자신을 잊고 사심 없이 공정하게 일함.
忘憂物(망우물) 온갖 근심을 잊게 하여 주는 물건. 곧, 술을 이름.
忘八(망팔) 효(孝)·제(悌)·충(忠)·신(信)·예(禮)·의(義)·염(廉)·치(恥)의 여덟 가지 덕(德)을 잊음. 흔히 욕으로 하는 말.
忘形(망형) ①육체를 잊음. 물아(物我)를 초월하여 무위자연의 도를 깨달음. ②용모·지위 등을 문제 삼지 않음.
忘形交(망형교) 용모나 지위 등을 문제 삼지 않고 마음으로 사귀는 친밀한 교제.
◨ 健忘건망, 備忘비망, 不忘불망.

3
⑦【㤺】 忘(433)의 본자

3
⑦【忞】 恕(445)의 고자

3
⑦【応】 應(478)의 속자

3
⑦【忍】 참을 인 軫

중학 인명 3Ⅱ급 ㊥rěn ㊐ニン

필순 フ 刀 刃 刃 忍 忍 忍

소전 초서 동자 㣼 자원 形聲. 刃+心→忍. '刃(인)'이 음을 나타낸다.

자해 ❶참다, 견뎌 내다. ¶ 忍耐인내. ❷용서하다, 참고 용서해 주다. 〔論語〕 是可忍也시가인야, 孰不可忍也숙불가인야. ❸잔인하다, 동정심이 없다. 〔孟子〕 臣固知王之不忍也신고지왕지불인야.

忍苦(인고) 괴로움을 참고 견딤.
忍耐(인내) 참고 견딤.
忍勉(인면) 참고 힘씀.
忍心(인심) 모진 마음. 잔혹(殘酷)한 마음.
忍愛(인애) 애정을 참고 견뎌 냄.
忍辱(인욕) 욕되는 일을 참고 견딤.
忍辱負重(인욕부중) 세상의 비난을 참으면서 맡은 중대한 임무를 힘써 수행함.
忍人(인인) 잔인한 사람. 잔학(殘虐)한 짓을 하는 사람.
忍從(인종) 참고 따름.
忍土(인토) (佛)이승. 사바세계(娑婆世界).
◨ 剛忍강인, 堅忍견인, 不忍불인, 殘忍잔인.

3
⑥【㣼】 忍(434)과 동자

3
⑦【志】 뜻 지 寘

중학 인명 4Ⅱ급 ㊥zhì ㊐シ

필순 一 十 士 士 志 志 志

소전 고자 㞢 자원 會意·形聲. 之+心→志. 마음〔心〕 가는〔之〕 쪽, 곧 마음이 지향하는 곳이라는 데서 '뜻, 뜻하다'라는 뜻을 나타낸다. '之(지)'는 음도 나타내며, '士'는 之(갈 지)의 본자(本字)인 '㞢'의 변형이다.

자해 ❶뜻. ㉮의향(意向). 〔論語〕 父在觀其志부재관기지. ㉯마음, 본심(本心). 〔列子〕 志彊而氣弱지강이기약. ❷뜻하다, 뜻을 두다. ¶ 志學지학. ❸의로움을 지키다, 절개가 있다. ¶ 志士지사. ❹알다, 기억하다. 〔後漢書〕 博聞彊志박문강지. ❺적다, 기록하다. ❻기록. ¶ 三國志삼국지. ❼표지(標識), 표기(標旗). ❽문체 이름. 사물의 연혁 등을 기록하는 문체.

志格(지격) 뜻이 고아(高雅)함.
志氣(지기) 의지와 기개. 어떤 일을 이루려는 의기(意氣).
志氣相合(지기상합) 서로 뜻이 맞음.
志氣之帥(지기지수) 지(志)는 마음의 발동(發動)이며, 한 몸의 주재(主宰)로서 기(氣)를 통수(統帥)하는 것임.
志慮(지려) 생각. 마음.
志不可滿(지불가만) 바라는 바를 남김없이 만

족시켜서는 안 됨. 생각했던 것보다 좀 부족한 정도로 달성되는 것이 좋음.
志士(지사) 고매한 뜻을 품은 사람. ㉠의(義)를 지키는 사람. ㉡나라에 충성을 다하는 사람. ㉢구세(救世)의 뜻이 있는 사람.
志尙(지상) 뜻. 뜻이 고상함.
志性(지성) 뜻. 훌륭한 뜻.
志乘(지승) 사료(史料)를 기록한 글. 기록.
志願(지원) 뜻하여 바람.
志意(지의) 뜻. 의사(意思).
志在千里(지재천리) 뜻이 천 리 밖에 있음. 뜻이 원대함.
志節(지절) ①지조와 절개. ②굳게 지켜 변함없는 절개. 志操(지조).
志操(지조) 의로움을 지키는 굳은 의지.
志趣(지취) 의지와 취향. 志向(지향).
志學(지학) ①학문에 뜻을 둠. ②뜻을 두는 일과 배우는 일. ③15세.
志行(지행) ①의지(意志)와 품행. ②뜻과 행동이 뛰어남. ③뜻한 바를 행함.
志向(지향) 마음이 쏠려 향하는 바.
◨ 大志대지, 同志동지, 微志미지, 素志소지, 宿志숙지, 雄志웅지, 有志유지, 遺志유지, 意志의지, 立志입지, 壯志장지, 初志초지, 寸志촌지, 鴻志홍지.

3 ⑥【忖】 헤아릴 촌 阮
인명 1급 ㊥cǔn ㊐ソン
소전 초서 자해 헤아리다, 미루어 생각하다.
忖度(촌탁) 남의 마음을 미루어 헤아림.

3 ⑥【忕】 1 사치할 태 泰 2 익힐 세 霽
인명 ㊥tài, shì ㊐タイ
소전 동자 忲 동자 㤗 참고 인명용 음은 '세'이다.
자해 1 ❶사치하다. ❷자세히 살피다. 2 익히다, 익숙해지도록 하다.

3 ⑦【忒】 변할 특 職
㊥tè ㊐トク
소전 초서 자해 ❶변하다, 새롭게 고쳐지다. 〔詩經〕享祀不忒향사불특. ❷어긋나다, 틀리다. ❸의심하다.

4 ⑦【忼】 강개할 강 養
㊥kāng ㊐コウ
소전 초서 자해 강개하다, 의기가 북받쳐 원통하고 슬프다. = 慷. 〔史記〕悲歌忼慨비가강개.
忼慨(강개) 마음에 북받쳐 분개하고 한탄함. 慷慨(강개).

4 ⑦【忣】 急(439)과 동자

4 ⑧【忢】 急(439)과 동자

4 ⑦【忮】 해칠 기 本지 寘
㊥zhì ㊐シ
소전 초서 자해 ❶해치다, 다치게 하다. 〔莊子〕大勇不忮대용불기. ❷거스르다, 거역하다. 〔莊子〕不忮於衆불기어중. ❸원망하다, 원한을 품다. ❹뜻이 굳다, 고집스럽다.

4 ⑧【念】 생각할 념 豔
중학 인명 5급 ㊥niàn ㊐ネン
필순 ノ 人 𠆢 今 今 念 念 念
소전 초서 동자 㤅 자원 形聲. 今+心→念. '今(금)'이 음을 나타낸다.
자해 ❶생각하다. 〔詩經〕無念爾祖무념이조. ❷생각. ❸외다, 읊다. ¶ 念佛염불. ❹스물. '廿'의 변음(變音)에서 온 말. ❺(佛)극히 짧은 시간.
念經(염경) 경문을 외거나 읽음.
念念(염념) ①항상 마음에 둠. 유의함. ②생각마다. ③(佛)아주 짧은 순간.
念念生滅(염념생멸) (佛)세상의 모든 사물은 시시각각으로 나고 죽고 하여 잠시도 그치는 일이 없음.
念頭(염두) 생각. 마음속의 중요한 계획.
念力(염력) ①온 정성을 다 쏟은 힘. ②(佛)한 가지에 전념하여 장애를 극복하는 힘.
念佛(염불) (佛)부처의 이름을 외는 일.
念佛三昧(염불삼매) (佛)일심(一心)으로 염불을 하는 일.
念書(염서) 책을 읽음. 讀書(독서).
念願(염원) 원하고 바람.
念日(염일) 스무날. 20일.
念前(염전) 한 달의 스무날이 되기 전. 念內(염내).
念珠(염주) (佛)부처에게 절하거나 염불할 때

心 4획

손에 쥐는 법구의 하나.
念後(염후) 그 달의 스무날이 지난 뒤.
◨ 概念개념, 觀念관념, 紀念기념, 記念기념, 斷念단념, 無念무념, 邪念사념, 思念사념, 想念상념, 信念신념, 失念실념, 餘念여념, 怨念원념, 一念일념, 雜念잡념, 專念전념, 執念집념, 諦念체념, 體念체념, 通念통념.

4 ⑦ 【忸】 ① 부끄러워할 뉵 屋 ② 길들 뉴 宥
㊥niǔ ㊐ジク
초서 자해 ① 부끄러워하다, 겸연쩍다. 〔書經〕 顏厚有忸怩안후유뉵니. ② 길들다, 버릇이 되다. ≒狃.
忸怩(육니) 부끄러워하는 모양. 수줍은 모양.

4 ⑧ 【忞】 힘쓸 민 眞
인명 ㊥mín ㊐ビン
소전 동자 忟 자해 ❶힘쓰다, 노력하다. ❷어둡다, 잘 이해되지 않는 모양.
忞忞(민민) 어두운 모양. 마음으로 깨닫지 못하는 모양.

4 ⑦ 【忭】 기뻐할 변 霰
㊥biàn ㊐ヘン
초서 자해 기뻐하다, 기뻐하고 즐거워하는 모양.

4 ⑧ 【忿】 성낼 분 問
인명 1급 ㊥fèn ㊐フン
소전 초서 자해 ❶성내다, 화내다. ¶ 激忿격분. ❷분한 마음. ❸원망하다, 원한을 품다. 〔楚辭〕 懲違改忿兮징위개분혜.
忿憤(분분) 분하고 원통하게 여김.
忿恚(분에) 화내고 원망함.
忿怨(분원) 분하게 여기고 원망함.
忿爭(분쟁) 성이 나서 다툼.
忿懥(분치) 화를 내어 짜증을 부림.
◨ 激忿격분.

4 ⑧ 【炁】 愛(462)의 고자

4 ⑦ 【忤】 거스를 오 遇
㊥wǔ ㊐ゴ
초서 자해 ❶거스르다, 거역하다, 반대하다. 〔漢書〕 大與高恭顯忤대여고공현오. ❷어지럽다, 뒤섞이다.
忤視(오시) 똑바로 봄. 상대의 위압에 굴하지 않고 정시(正視)함.
忤逆(오역) ①불효(不孝). ②거스름. 배반함.
忤耳(오이) 충고하는 말이 귀에 거슬림.
忤旨(오지) 임금의 뜻을 거스름.
◨ 乖忤괴오, 違忤위오.

4 ⑧ 【𢗀】 悟(450)의 고자

4 ⑧ 【忠】 志(434)의 고자

4 ⑧ 【忝】 더럽힐 첨 琰 豔
㊥tiǎn ㊐テン
소전 초서 고자 忝 자해 ❶더럽히다, 욕되게 하다. ❷욕, 욕됨.

4 ⑧ 【忝】 忝(436)의 고자

4 ⑦ 【忡】 근심할 충 東
㊥chōng ㊐チュウ
소전 초서 자해 근심하다, 걱정하다, 근심하는 모양. 〔詩經〕 憂心有忡우심유충.
忡忡(충충) 몹시 근심하고 슬퍼하는 모양.

4 ⑧ 【忠】 충성 충 東
중학 인명 4Ⅱ급 ㊥zhōng ㊐チュウ
필순 丶 口 口 中 中 忠 忠 忠
소전 초서 자원 形聲. 中+心→忠. '中(중)'이 음을 나타낸다.
자해 ❶충성. 신하가 임금을 섬기는 도(道). 임금을 섬김에 정성을 다하는 일. 〔論語〕 君使臣以禮군사신이례, 臣事君以忠신사군이충. ❷진심, 참마음, 진실. 〔論語〕 爲人謀而不忠乎위인모이불충호. ❸정성을 다하다. 〔論語〕 忠恕而已矣충서이이의.
忠恪(충각) 성실하고 조심성이 많음.
忠肝(충간) 충성스러운 마음.
忠諫(충간) 충성스러운 마음으로 간함.
忠懇(충간) 참되고 정성스러움.

心 4획

忠謇(충건) 충성스럽고 바름. 忠直(충직).
忠犬(충견) 주인에게 충직한 개.
忠計(충계) 정성을 들여 꾸민 계략.
忠告(충고) 정성스럽게 권고함.
忠君(충군) 임금에게 충성을 다함.
忠烈(충렬) 충성스럽고 열렬함.
忠謀(충모) 충성된 계교. 忠規(충규).
忠僕(충복) 충성스러운 종.
忠憤(충분) 충성심에서, 또는 진실한 마음에서 그 일의 옳지 않음을 분개함.
忠奮(충분) 충의(忠義)를 위해 떨치고 일어남.
忠士(충사) ①진실한 사람. ②충의를 다하는 사람. 義士(의사).
忠死(충사) 충의를 위하여 죽음.
忠邪(충사) 충성됨과 간사스러움. 忠姦(충간).
忠恕(충서) 충직하고 동정심이 많음.
忠誠(충성) 진정에서 우러나오는 정성.
忠肅(충숙) 충성스러우며 삼가는 마음이 깊음.
忠純(충순) 마음이 충성스럽고 참됨.
忠臣(충신) 충성스러운 신하.
忠信(충신) ①충성과 신의. ②진심을 다하고 거짓이 없음.
忠實(충실) 충성스럽고 진실함.
忠心(충심) 충성스러운 마음.
忠愛(충애) ①충성과 사랑. ②진심을 다해 사랑함.
忠言(충언) 충직한 말. 진심으로 간(諫)하는 말.
忠言逆耳(충언역이) 바른 말은 귀에 거슬림.
忠逆(충역) 충의(忠義)와 반역(叛逆).
忠勇(충용) ①충의와 용맹. ②충실하고 담력(膽力)이 큼.
忠友(충우) 진심으로 사귄 벗. 친절한 벗.
忠義(충의) 충성과 절의. 국가나 임금에게 진심을 다함.
忠毅(충의) 충성스럽고 꿋꿋함.
忠節(충절) 충성스러운 절개. 충의(忠義)를 지키는 지조(志操).
忠正(충정) 충실하고 올바름.
忠貞(충정) 마음이 참되고 지조가 곧음.
忠情(충정) 충성스러운 마음.
忠志(충지) 충성스러운 깊은 뜻.
忠直(충직) 충성스럽고 곧음.
忠魂(충혼) ①충의에 넘치는 정신. ②충의를 위하여 목숨을 버린 사람의 넋.
忠孝兩全(충효양전) 충성과 효도를 다 온전히 갖춤. 忠孝雙全(충효쌍전).
忠厚(충후) 충직하고 순후함.
◨ 孤忠고충, 不忠불충, 誠忠성충, 盡忠진충.

4 ⑦ 【忰】 悴(458)의 속자

4 ⑦ 【忱】 정성 침 ㊐

㊥chén ㊐シン

소전 [seal] 초서 [cursive] 동자 忱 자해 정성(精誠), 참마음. ≒諶.

4 ⑦ 【快】 쾌할 쾌 ㊎

중학 인명 4Ⅱ급 ㊥kuài ㊐カイ

필순 丶 丷 忄 忄 忄 快 快

소전 [seal] 초서 [cursive] 자원 形聲. 心＋夬→快. '夬(쾌)'가 음을 나타낸다.

자해 ❶쾌하다, 상쾌하다. 〔孟子〕 構怨於諸候구원어제후, 然後快於心연후쾌어심. ❷병세가 좋아지다. 〔後漢書〕 體有不快체유불쾌. ❸기뻐하다, 즐거워하다. ❹빠르다, 날래다. ❺제멋대로 하다, 방자하게 굴다. 〔戰國策〕 恭于教而不快공우교이불쾌.

快感(쾌감) 상쾌하고 즐거운 느낌.
快擧(쾌거) 시원스럽고 장한 거사(擧事).
快氣(쾌기) 쾌활한 기상. 상쾌한 기운.
快男兒(쾌남아) 성격이나 행동이 시원스럽고 쾌활한 남자.
快刀(쾌도) 아주 잘 드는 칼.
快刀亂麻(쾌도난마) 잘 드는 칼로 헝클어진 삼가닥을 자름. 어지럽게 뒤섞인 사물을 명쾌하게 처단함.
快樂(쾌락) 유쾌하고 즐거움.
快諾(쾌락) 기꺼이 승낙함.
快馬(쾌마) 빨리 달리는 말.
快眠(쾌면) 잘 잠. 기분 좋게 잠.
快報(쾌보) ①듣기에 시원스러운 소식. ②급보(急報).
快復(쾌복) 건강이 완전히 회복됨.
快事(쾌사) 매우 유쾌한 일.
快笑(쾌소) 시원스러운 웃음.
快速(쾌속) 빠른 속도.
快勝(쾌승) 통쾌하게 이김.
快食(쾌식) 즐겁고 맛있게 음식을 먹음.
快心(쾌심) 뜻대로 되어 만족스럽게 여기는 마음. 좋은 기분.
快眼(쾌안) 날카로운 눈.
快癒(쾌유) 병이 완전히 나음. 快差(쾌차).
快意(쾌의) 즐거운 마음. 유쾌한 뜻.
快人(쾌인) 유쾌한 사람. 씩씩하고 시원스러운 사람.
快人快事(쾌인쾌사) 쾌활한 사람의 시원스러운 행동.
快適(쾌적) 심신에 적합하여 기분이 썩 좋음.
快戰(쾌전) 마음껏 싸움. 통쾌하게 이긴 싸움.

快哉(쾌재) 통쾌함. 후련함.
快擲(쾌척) 금품을 마땅히 쓸 자리에 시원스럽게 내놓음.
快晴(쾌청) 하늘이 맑게 갬.
快快(쾌쾌) ①기분이 좋은 모양. ②쾌활(快活)한 모양. ③아주 급하게. 빨리.
快投(쾌투) 야구에서, 투수가 타자를 압도하면서 공을 잘 던지는 일.
快活(쾌활) ①즐거움. 즐김. 기꺼움. ②씩씩하고 활발함.
快闊(쾌활) 시원하게 매우 넓음.
◨ 輕快경쾌, 明快명쾌, 不快불쾌, 爽快상쾌, 完快완쾌, 壯快장쾌, 痛快통쾌.

4 ⑧【忽】 소홀히 할 홀 月

고등 인명 3Ⅱ급 ㊥hū ㊐コツ

필순 ノ 勹 勺 勿 勿 忽 忽 忽

소전 초서 동자 㣲 자원 形聲. 勿+心→忽. '勿(물)'이 음을 나타낸다.

자해 ❶소홀히 하다, 탐탁지 않게 여겨 경시(輕視)하다. 〔漢書〕忽於小過홀어소과. ❷갑자기, 돌연히. 〔列子〕涼風忽至량풍홀지. ❸다하다, 멸(滅)하다, 망하다. 〔詩經〕是絕是忽시절시홀. ❹형체가 없는 모양. ❺작은 수(數)의 단위. 10微는 1忽, 10忽은 1絲.
忽待(홀대) 國대접을 소홀히 함.
忽微(홀미) 아주 잘고 가늚.
忽視(홀시) 소홀히 하거나 가벼이 여김.
忽焉(홀언) 갑자기. 신속한 모양.
忽如過隙(홀여과극) 홀연히 틈을 지나감과 같음. 세월의 지나감이 매우 빠름.
忽然(홀연) 갑자기, 문득.
忽諸(홀저) 문득 사라지는 모양.
忽地(홀지) 문득. 홀연.
忽忽(홀홀) ①문득. 갑작스레. ②황홀한 모양. ③소홀해서 일을 돌보지 않는 모양. ④실망한 모양. ⑤갑자기 떠나가는 모양.
◨ 輕忽경홀, 閃忽섬홀, 疏忽소홀, 怠忽태홀, 飄忽표홀.

4 ⑦【㣲】 忽(438)과 동자

4 ⑦【怀】 懷(481)의 속자

4 ⑦【㤁】 恟(449)과 동자

4 ⑦【忻】 기뻐할 흔 文

인명 ㊥xīn ㊐キン

소전 초서 자해 ❶기뻐하다, 즐거워하다. ≒欣. ❷열다, 마음이 열리다.
忻忻(흔흔) 기뻐하는 모양. 欣欣(흔흔).

5 ⑧【怯】 겁낼 겁 葉

인명 1급 ㊥qiè ㊐キョウ

초서 자해 ❶겁내다, 무서워하다. 〔後漢書〕見小敵怯견소적겁. ❷약하다, 비겁하다, 무서움을 잘 타다. 〔荀子〕勇力撫世용력무세, 守之以怯수지이겁. ❸피하다, 회피하다.
怯劣(겁렬) 비겁하고 용렬함.
怯心(겁심) 두려워하는 마음.
怯疑(겁의) 두려워서 당황함. 겁이 나서 어찌할 바를 모름.
怯惰(겁타) 겁이 많고 게으름.
◨ 懦怯나겁, 卑怯비겁.

5 ⑨【恐】 恐(444)의 고자

5 ⑧【怪】 기이할 괴 卦

고등 인명 3Ⅱ급 ㊥guài ㊐カイ

필순 ' 丶 忄 忄 忄 怪 怪 怪

소전 초서 속자 恠 자원 形聲. 心+圣→怪. '圣(골)'이 음을 나타낸다.

자해 ❶기이하다, 이상야릇하다, 불가사의하다. 〔論語〕子不語怪力亂神자불어괴력난신. ❷의심하다, 의심스러워하다. 〔淮南子〕知者不怪지자불괴. ❸도깨비, 정상(正常)이 아닌 것. ¶ 妖怪요괴.
怪傑(괴걸) 괴상한 재주나 힘이 있는 호걸. 색다르고 뛰어난 인물.
怪怪(괴괴) 몹시 이상야릇함.
怪怪奇奇(괴괴기기) 매우 기이함.
怪巧(괴교) 뛰어나고 교묘함.
怪鬼(괴귀) 도깨비. 妖怪(요괴).
怪禽(괴금) 기이한 새.
怪力(괴력) ①괴상할 만큼 큰 힘. ②괴이(怪異)와 용력(勇力).
怪力亂神(괴력난신) 괴이(怪異)와 용력(勇力)과 패란(悖亂)과 귀신. 이성적으로 설명하기 어려운 불가사의한 존재나 현상.
怪文書(괴문서) 출처가 분명치 않은 문서.

心 4획

怪物(괴물) ①괴상하고 기이한 물체. ②용모나 생각·행동이 괴상한 사람.
怪變(괴변) 괴이한 재난이나 사고.
怪常(괴상) 괴이하고 수상함.
怪石(괴석) ①괴상하게 생긴 돌. 古石(고석). ②옥(玉)과 비슷한 예쁜 돌.
怪說(괴설) 기괴한 설(說).
怪訝(괴아) 의심스럽게 여김. 수상히 여김.
怪惡(괴악) 언행이 괴이하고 흉악함.
怪勇(괴용) 괴상한 용기.
怪迂(괴우) 괴상하게 바르지 않음.
怪異(괴이) 이상야릇함.
怪鳥(괴조) ①괴상하게 생긴 새. 怪羽(괴우). ②마음이 비뚤어진 사람.
怪疾(괴질) 괴이한 병.
怪誕(괴탄) 괴이하고 허황된 이야기.
怪歎(괴탄) 괴상망측하게 여겨 탄식함.
怪特(괴특) 괴상하고 특이함.
怪漢(괴한) 행동이 괴상하거나 정체를 알 수 없는 남자.
◨ 奇怪기괴, 神怪신괴, 妖怪요괴, 駭怪해괴.

5 ⑧【怐】 어리석을 구 宥

㊥kòu ㊐コウ

초서 [초서체] 자해 **어리석다, 우직한 모양.**

5 ⑨【急】 급할 급 緝

중학 인명 6급 ㊥jí ㊐キュウ

필순 [필순]

소전 [소전체] 초서 [초서체] 동자 伋 동자 忣 자원 形聲. 及+心→急. '及(급)'이 음을 나타낸다.

자해 ❶**급하다.** ㉮**지체할 겨를이 없다.** ¶ 急務급무. ㉯**병세가 위태하다.** ¶ 急病급병. ㉰**참을성이 없다.** ¶ 性急성급. ㉱**몹시 딱하거나 군색하다.** ❷**갑자기.** ≒亟. ¶ 急變급변. ❸**빠르다.** 〔史記〕 項羽急擊秦軍항우급격진군. ❹**긴요하다.**

急刻(급각) 엄격함. 엄숙함.
急減(급감) 갑작스럽게 줄어듦.
急遽(급거) ①몹시 서두름. ②國갑자기. 썩 급하게.
急激(급격) 상황의 변화나 행동 등이 몹시 급하고 격렬함.
急救(급구) 서둘러 구함.
急急(급급) 몹시 급함. 至急(지급).
急難(급난) 위급한 곤란.
急湍(급단) 급한 여울.
急騰(급등) 물가나 시세 따위가 갑자기 오름.
急落(급락) 물가나 시세 따위가 갑자기 떨어짐.
急流(급류) 빠른 속도로 흐르는 물.
急流勇退(급류용퇴) 급류를 용감하게 건넘. 관직 따위를 결단성 있게 물러남.
急賣(급매) 급히 팖.
急務(급무) 급히 할 일.
急迫(급박) 형세가 급하고 매우 밭음. 急促(급촉).
急變(급변) ①갑작스럽게 달라짐. ②별안간 일어난 사고.
急病(급병) 갑작스럽게 일어난 병.
急使(급사) 서둘러 사자(使者)를 보냄. 급한 일로 보내는 사자.
急死(급사) 갑자기 죽음. 急逝(급서).
急數(급삭) 매우 잦음.
急煞(급살) 國①그것을 보면 운수가 나빠진다는 별. ②갑자기 닥쳐오는 재액(災危).
急先務(급선무) 가장 먼저 해야 할 일.
急性(급성) ①성미가 급함. 급한 성질. ②증세가 갑자기 나타나거나 아주 빠르게 진행되는 병의 성질.
急所(급소) ①사물이 가장 중요한 부분. ②조금만 다쳐도 목숨이 위험한 자리.
急速(급속) 아주 빠름.
急送(급송) 급히 서둘러 보냄.
急用(급용) ①급한 용무. ②급히 쓸 일.
急雨(급우) 갑자기 쏟아지는 비. 소나기.
急裝(급장) ①급히 차림. 급히 치장함. ②견고하게 무장함. 완전 무장.
急錢(급전) 급히 쓸 돈.
急轉直下(급전직하) 형세가 갑자기 바뀌어 걷잡을 수 없이 내리 밀림.
急切(급절) 매우 급하게 닥침.
急造(급조) 급히 만듦.
急足(급족) 급한 소식을 전하는 심부름꾼.
急增(급증) 갑자기 빠르게 증가함.
急進(급진) 서둘러 급히 나아감. 이상을 급히 실현하고자 함.
急就(급취) 빨리 성취함.
急派(급파) 급히 파견함.
急行(급행) 급히 감.
急患(급환) 위급한 병환.
◨ 救急구급, 緊急긴급, 性急성급, 時急시급, 緩急완급, 危急위급, 應急응급, 躁急조급, 火急화급, 遑急황급.

5 ⑧【忯】 國산 이름 기

자해 **산 이름, 기달(忯怛).** 금강산(金剛山)의 딴 이름.

心 5획

5 ⑨【怒】 성낼 노 遇

중학 인명 4Ⅱ급 ㊥nù ㊐ド

필순 ㄑ 女 女 奴 奴 奴 怒 怒 怒

소전 초서 고자 㣽 자원 形聲. 奴+心→怒. '奴(노)'가 음을 나타낸다.

자해 ❶성내다, 화내다. 〔孟子〕 文王一怒而安天下之民문왕일노이안천하지민. ❷성, 화. ¶ 忿怒분노. ❸힘쓰다, 떨쳐 일어나다. ❹꾸짖다, 나무라다. 〔禮記〕 不可教而后怒之불가교이후노지. ❺세차다, 기세가 오르다. ❻기세, 위세(威勢).

怒譴(노견) 성내어 견책함.

怒氣相加(노기상가) 서로 다투는 사이에 노기가 자꾸 더해 감.

怒氣衝天(노기충천) 노기가 하늘을 찌를 듯함.

怒濤(노도) 무섭게 밀려오는 큰 파도.

怒浪(노랑) 용솟음치는 파도.

怒馬(노마) ①성난 말. ②살찌고 기운이 센 말.

怒罵(노매) 성내어 꾸짖음.

怒發大發(노발대발) 國몹시 화를 냄.

怒髮衝冠(노발충관) 격노하여 곤두선 머리카락이 관을 밀어 올림. 몹시 성난 모양.

怒蠅拔劍(노승발검) 파리에게 성을 내어 칼을 뺌. ㉠사소한 일에 화를 냄. ㉡사소한 일에 어울리지 않게 커다란 대책을 세움. 見蚊拔劍(견문발검).

怒移蟹(노이해) 어떤 사람에 대한 노여움을 다른 비슷한 것에 옮김. 故事 진대(晉代)에 사마윤(司馬倫)이 대장(大將) 해계(解系)를 미워하여, 그의 이름과 같은 음인 해(蟹), 즉 게까지도 미워했다는 고사에서 온 말.

怒張(노장) 터질 듯이 부풀어오름. 필력(筆力)이 웅건(雄健)함.

怒潮(노조) 노호하는 바닷물. 몹시 거친 조수.

怒號(노호) ①성내어 부르짖음. ②바람·물결 따위의 세찬 소리.

◨ 激怒격노, 大怒대노, 憤怒분노, 震怒진노.

5 ⑨【㣽】 怒(440)의 고자

5 ⑧【怩】 부끄러워할 니 支

㊥ní ㊐ジ

소전 초서 고자 자해 부끄러워하다, 겸연쩍어하다.

5 ⑧【怛】 슬플 달 曷

㊥dá ㊐ダツ

소전 초서 참고 이 자의 음에 대해서는 '得案切→단, 當割切→달' 등의 두 설이 있으나, 전자는 '旦'이 음을 나타낸다고 본 결과이다. 우리나라에서는 '단' 음으로는 사용되지 않으므로 후자만을 내세웠다.

자해 ❶슬프다, 슬퍼하다. 〔詩經〕 中心怛兮중심달혜. ❷놀라다, 경악하다. ❸근심하다, 근심 때문에 애쓰는 모양. ¶ 勞心怛怛노심달달.

怛傷(달상) 슬퍼하고 마음 아파함.

怛然(달연) 깜짝 놀라는 모양. 愕然(악연).

◨ 驚怛경달, 傷怛상달, 惻怛측달.

5 ⑧【怜】 ①영리할 령 靑 ②가엾게 여길 련 先

인명 ㊥líng, lián ㊐レイ, レン

초서 참고 인명용 음은 '령'이다.

자해 ①영리하다, 지혜롭다. ¶ 怜悧영리. ②가엾게 여기다, 불쌍히 여기다. =憐.

怜悧(영리) 약고 민첩함. 伶悧(영리).

5 ⑨【㤂】 謀(1174)의 고자

5 ⑧【怫】 ①발끈할 불 本비 未 ②답답할 불 物

㊥fèi, fú ㊐フツ

소전 초서 동자 悲 자해 ①발끈하다, 발끈 화를 내다. 〔莊子〕 怫然作色불연작색. ②답답하다, 울적하다.

怫然(불연) 불끈 성내는 모양. 성을 왈칵 내는 모양.

怫鬱(불울) 불만이나 불평이 있어 마음이 끓어 오르고 답답함. 鬱怫(울불).

5 ⑨【思】 생각할 사 支

중학 인명 5급 ㊥sī ㊐シ

필순 丨 冂 冋 用 田 田 思 思 思

소전 초서 본자 恖 고자 자원 會意·形聲. 田+心→思. 두뇌〔囟→田〕와 마음〔心〕이라는 데서 '생각, 생각하다'를 뜻한다. '田(전)'이 음도 나타낸다.

자해 ❶생각하다. ㉮사유(思惟)·판단 등을 하다. 〔論語〕 三思而後行삼사이후행. ㉯바라다, 원하다. 〔詩經〕 思皇多士사황다사. ㉰따르다, 사모하다. 〔詩經〕 寤寐思服오매사복. ❷어조사.

㉮발어사. ㉯구말(句末)에 놓여, 어세(語勢)를 고르는 말. 〔詩經〕 不可求思불가구사. ❸생각, 뜻, 마음. ¶ 思想사상. ❹성(姓).
思考(사고) 이치 등을 깊이 생각함.
思舊(사구) 옛 친구를 생각함.
思內樂(사내악) 신라 내해왕(奈解王) 때의 풍류 이름. 詞腦樂(사뇌악).
思念(사념) ①깊은 생각. ②그리워함.
思量(사량) 생각하여 헤아림. 思料(사료).
思慮(사려) 신중하게 생각함.
思戀(사련) 생각하여 그리워함.
思路(사로) 글을 짓는 심경. 思致(사치).
思料(사료) 깊이 생각하여 헤아림.
思慕(사모) ①그리워함. ②우러러 받듦.
思無邪(사무사) 생각에 사특함이 없음. 마음이 순정(純正)하여 사악(邪惡)함이 없음.
思服(사복) 늘 잊지 않고 마음속에 생각함.
思婦(사부) 근심이 있는 여자.
思想(사상) ①생각. 생각함. ②사회나 인생에 대한 일정한 견해. ③통일된 판단 체계. ④판단과 추리를 거쳐 생긴 의식 내용.
思索(사색) 이치 등을 깊이 생각함.
思緖(사서) 갈피 많은 생각. 생각이 어지러움.
思惟(사유) ①생각함. ②정신의 이론적 활동. 경험을 통하여 주어진 감각 내용과 표상(表象)을 마음속에서 구별, 결합하여 판단을 내리는 이성(理性)의 작용.
思潮(사조) 그 시대 사람들의 사상의 일반적인 경향. 사상의 흐름.
思親(사친) 어버이를 생각함.
思度(사탁) 생각하고 헤아림.
思鄕(사향) 고향 생각.
◨ 多思다사, 相思상사, 愁思수사, 熟思숙사, 心思심사, 深思熟考심사숙고, 意思의사.

5 ⑧ 【性】 성품 성 敬

중학 인명 5급 ㊥xìng ㊐セイ

필순 丶 丶丶 忄 忄丿 忄𠂉 忄牛 性 性

소전 초서 자원 形聲. 心+生→性. '生(생)'이 음을 나타낸다.

자해 ❶성품, 천성(天性). 〔中庸〕 天命之謂性천명지위성. ❷성질, 사물의 본질. 〔孟子〕 是豈水之性哉시기수지성재. ❸생명, 목숨. 〔春秋左氏傳〕 莫保其性막보기성. ❹모습, 자태(姿態). ❺오행(五行). ❻남녀(男女)·자웅(雌雄)의 구별. ¶ 異性이성.
性格(성격) 특유의 품성.
性空(성공) (佛)모든 사물의 근본이 공허함.
性交(성교) 이성과 성적 관계를 맺음.
性根(성근) 본래의 성질.
性急(성급) 성격이 급함.
性能(성능) 기계나 물건 등의 성질과 기능.
性度(성도) 성품과 도량.
性來(성래) 본래의 성질. 生來(생래).
性靈(성령) ①영혼. 정신. ②끈기. ③중묘(衆妙)한 도리. 妙理(묘리).
性理(성리) ①동양 철학에서 인성(人性)과 천리(天理)를 이르는 말. ②천성. 본성.
性理學(성리학) 인성(人性)과 천리(天理)를 논한 유교 철학. 송대(宋代)에 주돈이(周敦頤)·장재(張載)·정호(程顥)·정이(程頤)·주희(朱熹) 등이 제창한 학설.
性命(성명) ①만물이 제각기 가지고 있는 천부의 성질. ②생명. 수명.
性命理氣(성명이기) 성리학(性理學)의 학설. 하늘이 부여하는 것을 명(命)이라 하고, 이를 받아서 내게 있는 것을 성(性)이라 한다. 이(理)는 일체 평등하나, 기(氣)는 각각 다르다. 성은 이를 받은 것이기 때문에 성인과 범인이 다르지 않으며, 재(才)는 기(氣)를 받은 것이므로 현인(賢人)과 우인(愚人)이 같을 수 없다는 학설.
性味(성미) 성질과 비위.
性癖(성벽) 굳어진 좋지 않은 버릇.
性別(성별) 남녀의 구별. 암수의 구별.
性病(성병) 불결한 성교로 말미암아 주로 생식기를 통하여 전염되는 병. 임질·매독 따위. 花柳病(화류병).
性狀(성상) ①성질과 상태. ②됨됨이나 모양새.
性善說(성선설) 맹자가 제창한 도덕설. 사람의 본성은 착하나, 물욕(物慾) 때문에 악하게 된다는 학설.
性說(성설) 사람의 본성(本性)에 관한 설. 성선설·성악설 따위.
性術(성술) 심지(心志). 마음씨.
性惡說(성악설) 순자(荀子)가 제창한 도덕설. 사람의 본성은 악하며, 선천적으로 이욕(利慾)의 마음이 강하다는 학설.
性慾(성욕) 성교를 하고 싶어 하는 욕구.
性情(성정) 사람이 본디 가지고 있는 성질. 性稟(성품).
性燥(성조) 성질이 조급함.
性智(성지) 본디 타고난 지혜.
性眞(성진) (佛)본성(本性).
性質(성질) 본래의 특성이나 자질.
性體(성체) 마음의 본체(本體).
性品(성품) 사람의 됨됨이.
性行(성행) 성질과 행실.
性向(성향) 성질의 경향.

◨ 慣性관성, 根性근성, 急性급성, 男性남성, 德性덕성, 慢性만성, 本性본성, 佛性불성, 酸性산성, 善性선성, 屬性속성, 習性습성, 神性신성, 心性심성, 惡性악성, 野性야성, 兩性양성, 陽性양성, 女性여성, 異性이성, 理性이성, 人性인성, 磁性자성, 情性정성, 中性중성, 天性천성, 惰性타성, 彈性탄성, 特性특성, 品性품성.

5 ⑧【怏】 원망할 앙 漾

인명 1급 ㊥yàng ㊐オウ

소전 초서 자해 ❶**원망하다, 납득하지 않다.** ❷**불만스럽다, 마음이 쾌하지 않다.**

怏怏(앙앙) 마음에 차지 않거나 야속하여 원망하는 모양. 鞅鞅(앙앙).
怏然(앙연) 앙앙한 마음을 품은 모양.
怏鬱(앙울) 불만이 있어 마음이 우울함.
怏悒(앙읍) 불만스럽고 못마땅하여 근심함.

心 5획

5 ⑨【怨】 ① 원망할 원 願 ② 원수 원 元

중학 인명 4급 ㊥yuàn ㊐エン

필순 ノ ク タ 夘 夗 夗 怨 怨 怨

소전 초서 고자 㤪 자원 形聲. 夗+心→怨. '夗(원)'이 음을 나타낸다.

자해 1 ❶**원망하다, 원망을 품다.** 〔孟子〕 父母惡之勞而不怨부모오지로이불원. ❷**슬퍼하다, 한탄하다.** 〔孟子〕 內無怨女내무원녀. ❸**미워하다.** 2 **원수, 앙숙.** 〔禮記〕 外擧不避怨외거불피원.

怨家(원가) ①원한이 있는 집. ②(佛)자기에게 원한을 품은 사람.
怨骨(원골) 원한을 품고 죽은 사람.
怨曠(원광) ①짝과 이별하여 슬퍼하고 원망함. ②헤어진 지 오래됨. ③원녀(怨女)와 광부(曠夫). 홀어미와 홀아비.
怨咎(원구) 원망하고 타박함. 怨尤(원우).
怨女(원녀) 원한을 품은 여자. 과부(寡婦).
怨毒(원독) 몹시 원망하고 미워함. 큰 원한.
怨望(원망) ①못마땅하게 여겨 탓함. ②불평을 품고 미워함.
怨慕(원모) 임금이나 부친(父親)의 무정을 원망하면서도 사모함.
怨謗(원방) 원망하여 비방함.
怨婦(원부) ①원한을 품은 여자. ②임금의 총애를 잃은 여자. ③혼기를 놓친 여자.
怨誹(원비) 원망하고 비방함.
怨聲(원성) 원망하는 소리.
怨讐(원수) 원한이 있는 상대 사람.
怨惡(원오) 남을 원망하고 미워함.
怨敵(원적) 원수진 적. 원수. 怨仇(원구).
怨罪(원죄) 원한과 죄악. 억울한 죄.
怨嗟(원차) 원망하고 한탄함.
怨天(원천) 하늘을 원망함.
怨慝(원특) 원망하여 간사한 짓을 함.
怨恨(원한) 원통하고 한스러움.
怨嫌(원혐) 원망하고 미워함.

◨ 仇怨구원, 報怨보원, 私怨사원, 宿怨숙원.

5 ⑨【㤪】 怨(442)의 고자

5 ⑧【怡】 기쁠 이 支

인명 2급 ㊥yí ㊐イ

소전 초서 자해 ❶**기쁘다, 기쁘게 하다, 기뻐서 화기(和氣)가 돌다.** 〔論語〕 兄弟怡怡如也형제이이여야. ❷**온화하다.**

怡聲(이성) 부드러운 소리. 기쁜 말소리.
怡顔(이안) 기쁜 낯을 함. 안색을 부드럽게 함.
怡悅(이열) 기뻐서 좋아함. 기쁨. 怡懌(이역).
怡愉(이유) 기뻐하는 모양.
怡怡(이이) 즐거워하는 모양. 기뻐서 좋아하는 모양. 怡然(이연).
怡蕩(이탕) 방탕하게 놂.

5 ⑧【怍】 부끄러워할 작 藥

㊥zuò ㊐サク

소전 초서 동자 㤰 자해 ❶**부끄러워하다, 부끄럽게 여기다.** 〔論語〕 其言之不怍기언지부작. ❷**안색을 바꾸다, 화내다.**

5 ⑧【怔】 두려워할 정 庚

㊥zhēng ㊐セイ, チョウ

초서 자해 ❶**두려워하다, 두려워하여 가슴이 두근거리다, 당황하다.** ❷**신경쇠약증.** ¶ 怔忡정충.

怔忡(정충) 심한 정신적 자극을 받아 가슴이 울렁거리고 불안한 증상.

5 ⑨【怎】 어찌 즘 寑

㊥zěn ㊐シン

자해 **어찌, 어찌하여.** 속어(俗語)에서 의문사나 반어사로 쓰이는 말.

怎麼(즘마) 어떻게. 어째서.

5 【怗】 ① 고요할 첩 葉 ② 막힐 첨 鹽
⑧
㊥tiē, zhān ㊐チョウ, セン
자해 ① ❶고요하다, 조용하다. ¶ 怗怗첩첩. ❷따르다, 복종하다. ¶ 怗服첩복. ② 막히다, 막혀 어수선하다.
怗服(첩복) 따르며 복종함.
怗怗(첩첩) 고요한 모양. 안정된 모양.
怗滯(첨체) 악음(樂音)이 뒤섞여 조화되지 않는 모양.

5 【怊】 슬퍼할 초 蕭
⑧
㊥chāo ㊐チョウ
소전 초서 자해 ❶슬퍼하다, 한탄하다. 〔莊子〕 怊乎若嬰兒之失其母초호약영아지실기모. ❷실의(失意)한 모양. ¶ 怊悵초창.
怊悵(초창) ①슬퍼하는 모양. ②실의(失意)한 모양.

5 【怱】 悤(451)의 속자
⑨

5 【怵】 ① 두려워할 출 質 ② 꾈 술 質
⑧
㊥chù, xù ㊐チュツ, シュツ
소전 초서 자해 ① ❶두려워하다. 〔孟子〕 皆有怵惕惻隱之心개유출척측은지심. ❷슬퍼하다, 가엾게 여기다. 〔禮記〕 心怵而奉之以禮심출이봉지이례. ② 꾀다, 유혹하다.
怵然(출연) ①두려워하는 모양. ②그리워하는 모양. 怵怵(출출).
怵惕(출척) 두려워서 조심함. 마음이 편하지 않음.
怵迫(술박) ①이익에 꾀이고 가난에 시달림. ②협박함. 위협함.

5 【怠】 게으를 태 賄
⑨
고등 인명 3급 ㊥dài ㊐タイ
필순 ㇐ ㇜ ㇜ 台 台 台 怠 怠 怠
소전 초서 자원 形聲. 台+心→怠. '台(태)'가 음을 나타낸다.
자해 ❶게으르다, 게을리 하다. 〔禮記〕 吉事雖止不怠길사수지불태. ❷업신여기다, 깔보다. ❸쇠약해지다, 약해지다, 위태롭다. ≒殆. ❹피곤하다, 지치다.
怠慢(태만) 게을러서 소홀히 함.
怠敖(태오) 게으름 피우며 놂. 안일(安逸)을 꾀함.
怠傲(태오) 방심하고 교만하게 굶.
怠惰(태타) 몹시 게으름.
◨ 倦怠권태, 勤怠근태, 惰怠타태, 懈怠해태.

5 【怕】 ① 두려워할 파 禡 ② 고요할 박 陌
⑧
㊥pà, bó ㊐ハ, ハク
소전 초서 자해 ① ❶두려워하다. ¶ 怕懼파구. ❷아마도, 아마. ❸부끄러워하다. ¶ 怕羞파수. ② ❶고요하다, 평온하다. ≒泊. ❷수수방관하다.
怕懼(파구) 두려워함. 怕畏(파외).
怕婦(파부) 질투심이 강한 아내를 두려워함.
故事 당대(唐代)의 어사대부(御史大夫) 배담(裴談)이 질투가 심한 그의 아내를 두려워하고 꺼려하였다는 고사에서 온 말.
怕羞(파수) 부끄러워함. 수줍어함.

5 【怦】 조급할 평 庚
⑧
㊥pēng ㊐ホウ
초서 자해 ❶조급하다. ❷만족하지 않다, 마음에 차지 않는 모양. 〔楚辭〕 心怦怦兮諒直심평평혜량직.

5 【怖】 두려워할 포 遇
⑧
인명 2급 ㊥bù ㊐フ
초서 자해 ❶두려워하다, 두려움. 〔莊子〕 吾驚怖其言오경포기언. ❷떨다, 두려워서 전율하다. ❸으르다, 협박하다. 〔後漢書〕 依託鬼神의탁귀신, 詐怖愚民사포우민.
怖悸(포계) 두려워서 가슴이 두근거림.
怖覆(포복) ①놀라서 넘어짐. ②넘어질 정도로 깜짝 놀람.
怖畏(포외) 두려워함.
怖慄(포율) 두려워서 떪.
◨ 驚怖경포, 恐怖공포, 畏怖외포.

5 【怰】 팔 현 霰
⑧
인명 ㊥xuàn ㊐ケン
자해 팔다. ≒賣.

5 【怙】 믿을 호 麌
⑧
㊥hù ㊐コ

心 5획

소전 怙 초서 怙 자해 ❶믿다, 믿고 의지하다. 〔春秋左氏傳〕怙其儁才호기준재. ❷아버지의 이칭(異稱). 어머니를 '恃(시)'라 이르는 데 대한 상대적 개념. 〔詩經〕無父何怙무부하호, 無母何恃무모하시.
怙恃(호시) ①믿고 의지함. ②부모(父母).
怙終(호종) 믿는 데가 있어 다시 죄를 저지름.
◨ 恃怙시호, 依怙의호.

5 ⑧【怳】 멍할 황 養

㊥huǎng ㊐キョウ

소전 怳 초서 怳 자해 ❶멍하다, 자실(自失)한 모양. 〔楚辭〕臨風怳兮浩歌림풍황혜호가. ❷놀라서 바라보다, 놀란 눈으로 보다. ❸황홀하다. ❹어슴푸레하다, 분명하지 아니하다. ≒恍. 〔老子〕道之爲物도지위물, 惟怳惟惚유황유홀.
怳然(황연) ①놀라 쳐다보는 모양. ②자실(自失)한 모양.
怳惚(황홀) ①눈이 부셔 어릿어릿할 정도로 찬란하거나 화려함. ②한 가지 사물에 마음이나 정신이 쏠려 어리둥절함. 慌惚(황홀). 怳忽(황홀).

6 ⑨【恪】 삼갈 각 藥

인명 1급 ㊥kè ㊐カク

초서 恪 동자 愙 동자 窓 자해 ❶삼가다, 삼가 공경하다. 〔詩經〕執事有恪집사유각. ❷정성.
恪虔(각건) 삼가고 조심함. 恪肅(각숙).
恪勤(각근) 정성껏 부지런히 힘써 일함.
恪謹(각근) 조심함. 삼감.
恪敏(각민) 조심성이 있고 기민함.
恪守(각수) 정성을 다하여 힘써 지킴.
恪愼(각신) 조심함. 공경하고 삼감.
恪遵(각준) 삼가 좇음.
◨ 虔恪건각, 勤恪근각, 忠恪충각.

6 ⑩【㤩】 恪(444)과 동자

6 ⑩【恳】 懇(477)의 속자

6 ⑩【恝】 ①걱정 없을 개 卦 ②여유 없을 괄 ㊍갈 黠

인명 ㊥jiá ㊐カイ, カツ

초서 恝 참고 인명용 음은 '괄'이다.
자해 ①걱정이 없다, 근심이 없다. ②❶여유가 없다. ❷소홀히 하다, 푸대접하다. 〔孟子〕爲不若是恝위불약시괄.
恝然(①개연 ②괄연) ①무심히. 태연히. ②업신여기는 태도.
恝待(괄대) 푸대접. 푸대접함.
恝視(괄시) 업신여겨 하찮게 대함.

6 ⑩【恐】 ①두려워할 공 腫 ②아마 공 宋

고등 인명 3Ⅱ급 ㊥kǒng ㊐キョウ

필순 一 丅 工 ヨ 玑 玑 巩 恐 恐 恐

소전 恐 초서 恐 고자 忈 고자 恐 자원 形聲. 巩+心→恐. '巩(공)'이 음을 나타낸다.
자해 ①❶두려워하다, 겁내다, 무서워하다. ¶恐怖공포. ❷걱정하다, 우려하다. 〔春秋左氏傳〕何恃而不恐하시이불공. ❸협박하다, 으르대다. 〔漢書〕令弟光恐王령제광공왕. ②아마, 의심컨대. 〔史記〕秦城恐不可得진성공불가득.
恐喝(공갈) 무섭게 으르고 위협함.
恐悸(공계) 무서워서 가슴이 두근거림.
恐懼(공구) 몹시 두려워함.
恐動(공동) 두려워서 동요함.
恐慄(공률) 무서워 부들부들 떪.
恐愼(공신) 두려워하고 삼감.
恐怖(공포) 두려워함. 두려움.
恐惶(공황) 두려워서 어찌할 바를 모름.
◨ 畏恐외공, 震恐진공, 惶恐황공.

6 ⑩【恭】 공손할 공 冬

고등 인명 3Ⅱ급 ㊥gōng ㊐キョウ

필순 一 十 廾 丑 廾 共 恭 恭 恭 恭

소전 恭 초서 恭 본자 㳟 자원 形聲. 共+心→恭. '共(공)'이 음을 나타낸다.
자해 ❶공손하다, 예의 바르다. 〔禮記〕君子恭敬撙節군자공경존절. ❷삼가다, 조심하다. 〔漢書〕內曰恭내왈공, 外曰敬외왈경. ❸섬기다, 직분을 다하다. 〔書經〕允恭克謹윤공극근. ❹겸손하다, 겸양하다. 〔論語〕恭近於禮공근어례.
恭虔(공건) 공손하고 삼감. 恭謹(공근).
恭儉(공검) 공손하고 검소함. 남에 대해서는 공경하고, 자기에 대해서는 검소함.
恭謙(공겸) 삼가 자기를 낮춤. 恭讓(공양).
恭勤(공근) 진심으로 삼가고 힘씀. 공손하고 부지런함.
恭己(공기) ①자기 자신을 삼감. ②실권은 신하에게 있고 임금은 다만 왕위에 있을 뿐임.

心 5획

恭待(공대) 國①공손하게 대접함. ②상대에게 높임말을 씀.
恭默(공묵) 공손하고 조용함.
恭敏(공민) 공손하고 민첩함. 恪敏(각민).
恭遜(공손) 공경하고 겸손함.
恭順(공순) 공손하고 온순함.
恭惟(공유) 공경하고 생각함. 삼가 생각함.
恭賀(공하) 삼가 축하함.
◨ 敬恭경공, 不恭불공, 溫恭온공.

6 ⑩【恭】 恭(444)의 본자

6 ⑨【恇】 겁낼 광 陽
㊥kuāng ㊐キョウ
소전 초서 자해 겁내다, 두려워하다. 〔後漢書〕內外恇懼내외광구.
恇怯(광겁) 겁냄.
恇恇(광광) 무서워하는 모양. 두려워하는 모양.
恇懼(광구) 겁내고 두려워함.
恇擾(광요) 겁내어 어지러워짐.

6 ⑨【恠】 怪(438)의 속자

6 ⑨【恔】 쾌할 교 ㊍효 效
㊥xiào ㊐コウ
소전 초서 자해 쾌하다, 유쾌하다. 〔孟子〕於人心獨無恔乎어인심독무교호.

6 ⑨【恬】 편안할 념 ㊍점 鹽
인명 ㊥tián ㊐テン
소전 초서 동자 恓 자해 ❶편안하다, 마음의 평정을 얻다. ¶ 恬淡염담. ❷조용하다, 고요하다. 〔莊子〕以恬養知이념양지.
恬淡(염담) 마음이 편안하여 욕심이 없음. 이익을 탐내는 생각이 없음. 恬泊(염박).
恬澹(염담) 깨끗하고 고요함.
恬謐(염밀) 고요하고 편안함. 靜謐(정밀).
恬養(염양) 마음을 편안하게 하여 품성을 기름.
恬逸(염일) 마음이 편안하고 속박이 없음.
恬靜(염정) 마음이 편안하고 고요함.
恬蕩(염탕) 마음이 편안하여 제멋대로 함.
恬泰(염태) 조용하여 마음이 태평함.
恬退(염퇴) ①마음이 편안하며 겸손함. ②명예나 이익에 뜻이 없어 남과 다투지 않음.
恬虛(염허) 마음이 평정되고 욕심이 없음.
恬熙(염희) 나라가 태평무사함.

6 ⑩【恧】 부끄러울 뉵 屋
㊥nǜ ㊐ジク
소전 초서 동자 忸 자해 부끄럽다, 부끄러워하다, 겸연쩍게 여기다.
恧怩(육니) 부끄러워함.
恧縮(육축) 부끄러워 움츠림.

6 ⑩【恋】 戀(482)의 속자

6 ⑩【恡】 1 吝(199)과 동자
2 悋(449)과 동자

6 ⑩【恖】 思(440)의 본자

6 ⑩【恕】 용서할 서 御
고등 인명 3Ⅱ급 ㊥shù ㊐ジョ
필순 ㄑ 女 女 如 如 如 如 恕 恕 恕
소전 초서 고자 忞 자원 形聲. 如+心→恕. '如(여)'가 음을 나타낸다.
자해 ❶용서하다. 〔史記〕竊自恕절자서. ❷어질다, 인애(仁愛). 〔論語〕忠恕而已矣충서이이의. ❸깨닫다, 밝게 알다.
恕免(서면) 죄를 용서하여 면함.
恕宥(서유) 잘못을 너그럽게 용서함.
恕而行之(서이행지) 남의 처지를 깊이 동정하는 마음으로 일을 행함.
◨ 寬恕관서, 容恕용서, 仁恕인서, 忠恕충서.

6 ⑨【恂】 1 정성 순 眞
2 갑자기 순 震
인명 ㊥xún ㊐ジュン
소전 초서 자해 1 ❶정성, 참된 마음. ❷미쁘다, 진실하게 여기다, 믿다. 〔列子〕且恂士師之言可也차순사사지언가야. ❸두려워하다, 두려워서 떨다. ¶ 恂懼순구. ❹통달하다. 〔莊子〕思慮恂達사려순달. 2 ❶갑자기, 별안간. 〔莊子〕恂然棄而走순연기이주. ❷끔벅거리다, 눈을 자꾸 끔벅거리다. 〔莊子〕女恍然有恂目之志녀출연유순목지지.
恂懼(순구) 두려워서 벌벌 떪.

心 6획

恂恂(순순) ①매우 삼가는 모양. ②진실한 모양. ③두려워하고 근심하는 모양. ④공손하고 유순한 모양.
恂慄(순율) ①두려워 부들부들 떪. ②썩 야무져 위엄이 있는 모양.

6 ⑨【恃】 믿을 시 紙 寘

인명 ㊥shì ㊐ジ

소전 초서 자해 **믿다.** ㉮**믿고 의지하다.** 〔楚辭〕余以蘭爲可恃兮여이란위가시혜. ㉯**어머니.** 아버지를 '怙(호)'라 하는 데 대한 상대적 개념. 〔詩經〕無父何怙무부하호, 無母何恃무모하시. ㉰**자부(自負)하다.** 〔呂氏春秋〕士有孤而自恃사유고이자시.
恃德者昌(시덕자창) 덕에 의지하는 사람은 번영함.
恃賴(시뢰) 믿고 의지함. 의지로 삼음.
恃才傲物(시재오물) 재능 있음을 믿고 거만을 부림.
恃怙(시호) 부모.
◨ 憑恃빙시, 依恃의시, 怙恃호시.

6 ⑩【息】 숨 쉴 식 職

고등 인명 4Ⅱ급 ㊥xī ㊐ソク

필순 ′ 丿 白 白 自 自 自 息 息 息

소전 초서 동자 怕 자원 會意·形聲. 自+心→息. 마음속〔心〕에 있는 기운이 코〔自〕를 통하여 밖으로 나간다는 데서 '숨쉬다'라는 뜻을 나타낸다. '自(자)'는 음도 나타낸다.
자해 ❶**숨 쉬다, 숨, 호흡하다.** ¶ 喘息천식. ❷**숨 한 번 쉬는 동안.** 〔史記〕不容息불용식. ❸**쉬다.** 〔詩經〕莫敢遑息막감황식. ❹**살다, 생활하다.** ¶ 棲息서식. ❺**아이, 자식.** 〔戰國策〕老臣賤息舒祺最少로신천식서기최소. ❻**그치다, 그만두다, 중지하다.** ≒熄. 〔戰國策〕戰攻不息전공불식. ❼**변, 이자(利子).** 〔史記〕貸錢者대전자, 多不能與其息다불능여기식. ❽**자라다, 기르다.** 〔孟子〕其日夜之所息기일야지소식. ❾**소식(消息).** ❿國**30리.** 거리를 나타내는 단위.
息肩(식견) ①짐을 부리고 어깨를 쉼. 책임을 벗음. ②어깻숨을 쉼.
息耕(식경) 한참 갈 만한 넓이. 논밭의 하루갈이를 여섯으로 나눈 넓이.
息男(식남) 아들.
息女(식녀) 딸.
息利(식리) 이자(利子).
息耗(식모) ①이익과 손실. ②좋은 일과 나쁜 일. 吉凶(길흉). ③소식.
息婦(식부) ①며느리. ②아내의 낮춤말.
息壤在彼(식양재피) 약속은 지켜야 함. 故事 진(秦) 무왕(武王)이 감무(甘茂)와 식양(息壤)에서 맹세를 한 뒤에 그 맹세를 깨뜨리려 하자, 감무가 '식양이 저기 있습니다〔息壤在彼〕'라고 하여 맹세를 지키게 했다는 고사에서 온 말.
息影(식영) 그림자를 쉬게 함. 활동을 멈추고 휴식함.
息調(식조) ①공부(貢賦)의 징수를 중지함. ②호흡을 조절함.
息喘(식천) 숨이 참. 호흡이 곤란함.
息土(식토) 비옥한 토지. 기름진 땅.
息化(식화) 교화(敎化)하는 일을 그침.
◨ 氣息기식, 棲息서식, 消息소식, 安息안식, 女息여식, 令息영식, 利息이식, 子息자식, 喘息천식, 嘆息탄식, 休息휴식.

6 ⑨【怕】 息(446)과 동자

6 ⑩【恙】 근심 양 漾

인명 1급 ㊥yàng ㊐ヨウ

소전 초서 자해 ❶**근심, 근심하다, 걱정하다.** 〔史記〕何恙不已하양불이. ❷**병(病).** ¶ 無恙무양.
恙憂(양우) 염려되는 일. 근심.
◨ 無恙무양, 微恙미양.

6 ⑩【恚】 성낼 에 霽

㊥huì ㊐イ

소전 초서 자해 ❶**성내다, 화를 내다.** 〔魏書〕未曾恚忿미증에분. ❷**분노.**
◨ 忿恚분에, 怨恚원에, 瞋恚진에.

6 ⑨【悅】 悅(450)의 속자

6 ⑩【恩】 은혜 은 元

중학 인명 4Ⅱ급 ㊥ēn ㊐オン

필순 丨 冂 冂 冃 内 囚 因 恩 恩 恩

소전 초서 자원 形聲. 因+心→恩. '因(인)'이 음을 나타낸다.
자해 ❶**은혜, 혜택.** 〔孟子〕今恩足以及禽獸금은족이급금수. ❷**사랑하다.** 〔詩經〕恩斯勤斯은사

근사. ❸측은하게 여기다. ❹은혜로 알다, 고마워하다, 감사하다.
恩顧(은고) 은혜로 돌보아 줌. 恩倖(은행).
恩功(은공) 은혜와 공로.
恩舊(은구) 은의(恩誼)로 오래 사귀어 온 친교(親交).
恩眷(은권) ①어여삐 여겨 잘 보살펴 줌. ②임금의 총애.
恩德(은덕) 은혜와 덕택.
恩免(은면) ①임금의 특명(特命)에 의해 죄를 용서함. 恩赦(은사). ②임금의 특명에 의해 세금을 면제함.
恩命(은명) 관리의 임명이나 은사(恩赦)와 같은 임금의 은혜로운 명령.
恩門(은문) ①은혜 있는 집. 제자가 선생 등을 이르는 말. ②國과거에 급제한 사람이 그 시관(試官)을 이르던 말.
恩師(은사) ①은혜를 많이 입은 스승. 가르침을 받은 선생. 恩傅(은부). ②(佛)승려가 된 후 처음 길러 준 스님.
恩赦(은사) 은명(恩命)으로 죄인을 특별히 사면함. 恩宥(은유).
恩賜(은사) 임금이 내려 줌. 또는 그 물건.
恩山德海(은산덕해) 산같이 큰 은혜와 바다같이 큰 덕.
恩賞(은상) 임금이 상을 내림. 임금이 내린 상.
恩愛(은애) ①은혜와 사랑. ②애정.
恩榮(은영) 은혜를 받는 영광. 임금의 은혜를 입는 영예(榮譽).
恩遇(은우) 은혜롭게 대우함. 임금의 은총.
恩怨(은원) 은혜와 원한.
恩威(은위) 은혜와 위력.
恩蔭(은음) 부조(父祖)의 덕으로 벼슬함.
恩意(은의) 은혜를 베풀고자 하는 뜻.
恩義(은의) 은혜와 의리. 인정(人情)과 도리.
恩誼(은의) 은혜로운 정.
恩人(은인) 은혜를 베푼 사람. 신세진 사람.
恩典(은전) 예전에, 나라에서 은혜를 베풀어 내리던 특전.
恩情(은정) 은혜로 사랑하는 마음.
恩詔(은조) 은혜로운 임금의 말.
恩寵(은총) 높은 사람에게서 받는 특별한 은혜와 사랑.
恩波(은파) 임금의 은혜. 백성에게 널리 미침이 물결과 같다는 데서 온 말.
恩海(은해) (佛)넓고 깊은 바다와 같은 은혜.
恩倖(은행) ①임금의 특별한 총애. 임금의 총애를 받는 사람. ②은혜로 돌보아 줌. 어여삐 여겨 돌보아 줌.
恩惠(은혜) 고맙게 베풀어 주는 신세나 혜택.
恩化(은화) 은혜와 덕화(德化). 자애로운 정치.

◨ 感恩감은, 君恩군은, 背恩배은, 報恩보은, 師恩사은, 謝恩사은, 聖恩성은, 天恩천은.

6 ⑩ 【恁】 1생각할 임 沁 2당신 님 侵

인명 ㊥rèn, nín ㊐ジン

소전 [篆] 초서 [草] 동자 恁 동자 您 참고 인명용 음은 '임'이다.

자해 1❶생각하다. 〔後漢書〕宜亦勤恁旅力의역근임려력. ❷이같이, 이 같은. ¶ 恁地임지. 2당신.
恁麼(임마) ①어떻게. ②이와 같은.
恁地(임지) 이와 같은. 이와 같이. '地'는 조자(助字).

6 ⑩ 【恣】 방자할 자 寘

고등 인명 3급 ㊥zì ㊐シ

필순 丶 冫 冫 次 次 次 次 恣 恣 恣

소전 [篆] 초서 [草] 자원 形聲. 次+心→恣. '次(차)'가 음을 나타낸다.

자해 방자하다, 제멋대로이다, 내키는 대로 하다. 〔史記〕趙王不得自恣조왕부득자자.
恣樂(자락) 삼가지 않고 제멋대로 즐김.
恣肆(자사) 방자하게 자기 주장대로 함.
恣意(자의) 마음대로 함.
恣暴(자포) 제멋대로 날뜀.
恣行(자행) 제멋대로 하는 방자한 행동.
◨ 狂恣광자, 驕恣교자, 放恣방자, 擅恣천자.

6 ⑨ 【恌】 1성의 없을 조 蕭 2근심할 요 蕭

㊥tiāo, yáo ㊐チョウ, ヨウ

초서 [草] 자해 1성의가 없다, 경박하다. 〔詩經〕視民不恌시민부조. 2근심하다, 두려워하다.

6 ⑩ 【恥】 부끄러워할 치 紙

고등 인명 3Ⅱ급 ㊥chǐ ㊐チ

필순 一 丅 F F E 耳 耳 耴 恥 恥

소전 [篆] 초서 [草] 속자 耻 자원 形聲. 耳+心→恥. '耳(이)'가 음도 나타낸다.

자해 ❶부끄러워하다, 부끄럽게 여기다. 〔書經〕其心愧恥기심괴치, 若撻于市약달우시. ❷부끄러움, 치욕. 〔孟子〕人不可以無恥인불가무치. ❸욕보이다, 창피를 주다. 〔春秋左氏傳〕恥匹

夫치필부, 不可以無備불가이무비, 況恥國乎황치국호. ❹욕, 치욕. 〔呂氏春秋〕越王苦會稽之恥월왕고회계지치.
恥骨(치골) 골반 앞쪽 아랫부분의 뼈.
恥辱(치욕) 부끄러움과 욕보임.
◨ 國恥국치, 無恥무치, 雪恥설치, 羞恥수치, 廉恥염치, 沒廉恥몰염치, 厚顔無恥후안무치.

6 ⑨【恫】 ①상심할 통 東 ②뜻 얻지 못할 동 送
㊥tōng, dòng ㊐トウ, ドウ
소전 초서 자해 ① ❶상심하다, 마음이 아프다. ≒慟. 〔詩經〕神罔時恫신망시통. ❷두려워하다. 〔史記〕百姓恫恐백성통공. ② ❶뜻을 얻지 못하다. ❷으르다, 협박하다.
恫喝(동갈) 허세를 부리면서 공갈함. 마음속으로는 두려워하면서 위협함.

6 ⑨【恨】 한할 한 願
중학 인명 4급 ㊥hèn ㊐コン
필순 丶 忄 忄 忄 忄 忄 恨 恨 恨
소전 초서 본자 恨 자원 形聲. 心+艮→恨. '艮(간)'이 음을 나타낸다.
자해 ❶한하다, 원망스럽게 생각하다, 미워하다. ❷뉘우치다, 후회하다. 〔漢書〕吾詐而盡殺之오사이진살지, 至今大恨지금대한. ❸한. 억울하거나 원통하고 원망스럽게 생각하여 뉘우치거나 맺힌 마음. 〔漢書〕抱恨而入地포한이입지.
恨憤(한분) 한탄하고 분개함.
恨死(한사) 한을 품고 죽음.
恨紫愁紅(한자수홍) 한에 젖은 자줏빛과 수심에 겨운 분홍빛. 꽃의 애련한 모양.
恨歎(한탄) 한스럽게 여겨 탄식함.
◨ 多恨다한, 餘恨여한, 怨恨원한, 情恨정한, 痛恨통한, 悔恨회한.

6 ⑨【㥏】 恨(448)의 본자

6 ⑨【恒】 ①항상 항 蒸 ②뻗칠 긍 徑
중학 인명 3Ⅱ급 ㊥héng, gèng ㊐コウ
필순 丶 丶 忄 忄 忄 忄 恒 恒 恒
소전 초서 본자 恆 참고 인명용 음은 '항'이다.
자원 形聲. 心+亘→恒. '亘(긍)'이 음을 나타낸다.
자해 ① ❶항상, 늘, 언제나. 〔易經〕恒不死항불사. ❷변하지 아니하다. 〔孟子〕無恒產무항산. ❸괘 이름, 64괘의 하나. 괘형은 ䷟. 항구 불변함을 상징한다. ❹법칙, 도리, 윤리. 〔禮記〕文繡有恒문수유항. ② ❶뻗치다, 걸치다, 두루 미치다. ≒亘. 〔漢書〕恒以年歲긍이년세. ❷초승달. 〔詩經〕如月之恒여월지긍.
恒久(항구) 오래오래 변함이 없음.
恒士(항사) 보통 사람.
恒山(항산) 중국 오악(五嶽)의 하나인 북악(北嶽). 하북성(河北省) 곡양현(曲陽縣) 서북쪽에 있음. 常山(상산).
恒產(항산) ①생활할 수 있는 일정한 재산. ②일정한 생업.
恒常(항상) 늘, 언제나.
恒星(항성) 스스로 빛을 발하는 붙박이별.
恒時(항시) ①늘. 常時(상시). ②똑같은 상태로 언제나.
恒心(항심) 언제나 지니고 있는 떳떳한 마음. 항상 품고 있어 변하지 않는 도덕심.
恒操(항조) 항상 변함이 없는 지조(志操).

6 ⑨【恆】 恒(448)의 본자 인명

6 ⑨【恊】 協(168)과 동자

6 ⑩【恵】 惠(458)의 속자 인명

6 ⑨【恍】 황홀할 황 養
인명 1급 ㊥huǎng ㊐コウ
초서 자해 ❶황홀하다, 마음을 빼앗겨 멍한 모양. 〔韓非子〕恍惚之言황홀지언. ❷형체가 없는 모양, 미묘하여 알 수 없는 모양. 〔老子〕惚兮恍兮홀혜황혜. ❸어슴푸레하다, 분명하지 않은 모양. ¶ 恍然황연.
恍然(황연) ①어슴푸레하여 확실하지 않은 모양. ②황홀한 모양.
恍惚(황홀) ①미묘하여 그 속내를 헤아려 알 수 없는 모양. ②어떤 사물에 마음을 빼앗겨 멍한 모양. 怳惚(황홀).

6 ⑨【恾】 慌(468)과 동자

6 ⑨【恢】 넓을 회 ㊍괴 灰

心 6획

인명 1급 ㊥huī ㊐カイ

소전 초서 자해 ❶넓다, 넓고 크다. 〔漢書〕天網恢恢천망회회. ❷넓히다. 〔漢書〕恢我疆宇회아강우, 外博四荒외박사황. ❸갖추다, 갖추어지다. ❹돌이키다. ≒回.

恢公(회공) 國①일의 결정을 여러 사람의 의논에 부침. ②과거나 도목정사(都目政事) 때 평점을 매우 공정하게 함.

恢宏(회굉) ①넓음. 넓힘. ②포용력이 큼.

恢復(회복) 원래의 상태로 돌이키거나 되찾음. 回復(회복).

恢弘(회홍) ①넓고 큼. 광대함. ②널리 폄.

恢廓(회확) ①크게 넓힘. ②마음이 넓고 큼. 도량이 넓음.

恢恢(회회) ①넓고 큰 모양. 크게 포용하는 모양. ②여유 있는 모양.

6 ⑨【恤】 구휼할 휼 ㊍술 質

인명 1급 ㊥xù ㊐ジュツ

소전 초서 자해 ❶구휼하다, 어려운 처지에 놓인 사람에게 금품을 주다. 〔禮記〕恤孤寡휼고과. ❷근심, 근심하다. 〔詩經〕胡轉予于恤호전여우휼. ❸동정하다, 가엾게 여기다. 〔大學〕上恤孤而民不倍상휼고이민불배. ❹장의(葬儀), 상(喪).

恤孤(휼고) 고아를 구제함.

恤辜(휼고) 죄를 불쌍히 여김. 재판관이 피고인을 불쌍히 여기는 정(情)으로 대함.

恤米(휼미) 극빈자나 이재민을 구제하기 위해 관청에서 주는 쌀.

恤民(휼민) 백성을 가엾이 여겨 은혜를 베풂.

恤刑(휼형) ①형을 엄정하게 집행함. 정실에 기울거나 권위를 두려워하여 관대하게 하지 않음. ②재판이나 형을 시행할 때 죄인을 위무(慰撫)함.

◨ 救恤구휼, 矜恤긍휼, 撫恤무휼, 賑恤진휼.

6 ⑨【恟】 두려워할 흉 图

㊥xiōng ㊐キョウ

초서 동자 忷 자해 두려워하다, 두려움으로 어수선하다.

恟恟(흉흉) 두려워서 술렁술렁하는 모양.

6 ⑨【恰】 마치 흡 洽

인명 1급 ㊥qià ㊐コウ

소전 초서 자해 ❶마치, 꼭, 흡사. 〔杜甫·詩〕恰似春風相欺得흡사춘풍상기득. ❷새 우는 소리. ❸사이가 좋다.

恰似(흡사) 거의 같음. 비슷함.

恰恰(흡흡) ①마음을 쓰는 모양. ②꾀꼬리가 지저귀는 소리. ③잘 어울리는 모양.

7 ⑩【悃】 정성 곤 阮

㊥kǔn ㊐コン

소전 초서 자해 ❶정성, 거짓이 없는 마음. 〔楚辭〕親忠正之悃誠兮친충정지곤성혜. ❷성실하다.

悃款(곤관) 꾸밈이 없는 모양.

悃誠(곤성) 지극한 정성.

悃願(곤원) 간절히 바람.

悃愊(곤픽→곤복) 참되고 정성스러움.

7 ⑩【惱】 惱(460)의 속자

7 ⑩【悢】 슬퍼할 량 漾

㊥liàng ㊐リョウ

초서 자해 ❶슬퍼하다, 서러워하다. ❷사랑하여 돌보는 모양. 〔後漢書〕天之於漢천지어한, 悢悢無已량량무이.

悢悢(양량) ①슬퍼하고 아파하는 모양. ②불쌍히 여겨 돌보는 모양.

7 ⑩【悧】 俐(74)와 동자 인명 1급

7 ⑩【悋】 아낄 린 震

㊥lìn ㊐リン

동자 恡 속자 悋 자해 아끼다, 인색하다. ＝吝. 〔孔子家語〕甚悋於財심린어재.

7 ⑩【悗】 잊을 문 阮

㊥mèn ㊐モン

자해 ❶잊다, 잊어버리다. 〔莊子〕悗乎忘其言也문호망기언야. ❷홀로인 모양. ❸정직한 모양.

7 ⑩【悚】 두려워할 송 腫

인명 1급 ㊥sǒng ㊐ショウ

초서 자해 ❶두려워하다, 무서워하다. ¶ 悚慄송률. ❷당황하다, 허둥거리다. ❸공경하다. 〔晉書〕整服傾悚정복경송.

悚懼(송구) ①무서워 부들부들 떪. ②國마음에

心 7획

두렵고 미안함.
悚慄(송률) 두려워하여 부들부들 떪.
悚然(송연) 몹시 두려워하는 모양.
◨ 罪悚죄송, 惶悚황송.

7 ⑪【悉】 다 실 質

인명 1급 ㊥xī ㊐シツ

소전 초서 동자 悉 고자 悉 자해 ❶다, 모두, 남김없이. 〔張衡·賦〕悉率百禽실솔백금. ❷다하다, 다 알다, 궁구하다. 〔漢書〕至孅至悉지섬지실.

悉皆(실개) 다. 모두. 남김없이.
悉達(실달) (佛)석가모니(釋迦牟尼)가 출가하기 전, 정반왕(淨飯王)의 태자였을 때의 이름. 悉達多(실달다). 悉多(실다).
悉曇(실담) 범자(梵字)의 딴 이름. 성스러운 문자라는 뜻으로 주로 경전을 기록하는 데 씀. 悉曇文字(실담 문자).
悉心(실심) 마음을 다함.

7 ⑪【悪】 惡(455)의 속자

7 ⑩【悁】 ① 성낼 연 先 ② 조급할 견 霰

㊥yuān, juàn ㊐エン, ケン

소전 속자 悁 자해 ① ❶성내다, 화내다. 〔戰國策〕然而心忿悁含怒之日久矣연이심분연함노지일구의. ❷근심하다, 염려하다, 괴로워하다. ② 조급하다, 초조해하다. ¶ 悁急견급.

悁忿(연분) 성냄. 분노함.
悁憂(연우) 화가 나고 걱정이 됨.
悁悒(연읍) 화를 내면서 걱정함.
悁急(견급) 참을성이 없음. 조급함.

7 ⑩【悅】 기쁠 열 屑

중학 인명 3Ⅱ급 ㊥yuè ㊐エツ

필순 ' ' 忄 忄 忄' 忄' 忙 怡 悅 悅

초서 속자 悦 자원 形聲. 心+兌→悅. '兌(태)'가 음을 나타낸다.

자해 ❶기쁘다, 마음에 즐겁다. ¶ 喜悅희열. ❷심복(心服)하다, 기뻐하며 따르다. 〔詩經〕我心則悅아심즉열. ❸사랑하다. 〔史記〕悅而取之열이취지.

悅口之物(열구지물) 입에 맞는 음식.
悅樂(열락) 기뻐하고 즐거워함. 悅豫(열예).
悅慕(열모) 기뻐하고 사모함.
悅服(열복) 기쁜 마음으로 복종함.
悅澤(열택) 광택이 아름답고 윤이 남.
◨ 大悅대열, 滿悅만열, 法悅법열, 愉悅유열, 和悅화열, 喜悅희열.

7 ⑩【悟】 깨달을 오 遇

중학 인명 3Ⅱ급 ㊥wù ㊐ゴ

필순 ' ' 忄 忄 忏 怀 悟 悟 悟 悟

소전 초서 고자 吾 자원 形聲. 心+吾→悟. '吾(오)'가 음을 나타낸다.

자해 ❶깨닫다, 알다, 체득하다. 〔蘇軾·辭〕予亦驚悟여역경오. ❷깨달음, 깨닫는 일. ❸총명하다. ❹깨우치다, 계발(啓發)하다.

悟道(오도) (佛)깨달음의 길. 번뇌를 해탈하고 불계(佛界)에 들어가는 부처의 가르침.
悟性(오성) 이성과 감성의 중간에 있는 논리적 사유의 능력. 지성이나 사고의 능력.
悟悅(오열) 깨달아 희열(喜悅)을 느낌.
悟入(오입) (佛)충분히 이치를 깨달음. 실상(實相)의 이치를 깨달아서 그 이치에 들어감. 오도(悟道)에 들어감.
悟悔(오회) 깨닫고 뉘우침.
◨ 覺悟각오, 開悟개오, 大悟대오, 頓悟돈오, 妙悟묘오, 省悟성오, 聰悟총오, 悔悟회오, 會悟회오.

7 ⑩【悞】 그릇할 오 遇

㊥wù ㊐ゴ

초서 자해 ❶그릇하다, 잘못하다. ＝誤. 〔周書〕無容悞飮무용오음. ❷속이다, 기만하다.

7 ⑪【㞋】 辱(1242)의 고자

7 ⑪【恿】 날랠 용 腫

㊥yǒng ㊐ヨウ

자해 ❶날래다. ＝勇. ❷종용(慫慂)하다. ＝慂.

7 ⑪【悠】 멀 유 尤

고등 인명 3Ⅱ급 ㊥yōu ㊐ユウ

필순 亻 亻 亻' 攸 攸 攸 攸 悠 悠 悠

心 7획

소전 [seal] 초서 [cursive] 자원 形聲. 攸+心→悠. '攸(유)'가 음을 나타낸다.

자해 ❶멀다, 아득하다. 〔詩經〕於乎悠哉오호유재. ❷생각하다. 〔詩經〕悠哉悠哉유재유재. ❸길다, 오래다. 〔禮記〕微則悠遠미즉유원. ❹느긋하다, 한가롭다. ❺많은 모양.

悠久(유구) 아득하게 오램.

悠揚(유양) ①소리가 멀리서 들려오는 모양. ②오래도록 이어지는 모양

悠然(유연) ①한적한 모양. ②아득하게 멀거나 오래된 모양.

悠遠(유원) ①아득히 멂. ②아주 오래됨.

悠悠(유유) ①걱정하는 모양. ②썩 먼 모양. ③매우 한가한 모양. ④느릿느릿한 모양. ⑤널리 퍼지는 모양.

悠悠自適(유유자적) 어디에도 구속되지 않고 여유롭고 한가로운 모습.

悠長(유장) 오램. 긺.

悠忽(유홀) 빈들빈들 세월을 보냄.

7 ⑩ 【悒】 근심할 읍 緝

㊥yì ㊐ユウ

소전 [seal] 초서 [cursive] 자해 근심하다, 즐겁지 아니하다. 〔楚辭〕武發殺殷何所悒무발살은하소읍.

悒鬱(읍울) 근심스러워 마음이 답답해짐.

悒悒(읍읍) ①우울하여 마음이 편하지 않은 모양. ②펴지지 않음. 맺힌 듯이 불편함.

7 ⑪ 【悠】 恁(447)과 동자

7 ⑩ 【悛】 고칠 전 先

인명 1급 ㊥quān ㊐セン

소전 [seal] 초서 [cursive] 자해 ❶고치다, 새롭게 하다. 〔書經〕惟受罔有悛心유수망유전심. ❷중지하다, 그만두다. ❸깨닫다, 개오(改悟)하다, 경의를 표하다.

悛改(전개) 과거의 잘못을 뉘우쳐 마음을 바르게 고침. 改悛(개전).

悛心(전심) 뉘우쳐 마음을 고침.

悛容(전용) ①위의(威儀)를 차려 얼굴빛을 고침. ②잘못을 뉘우치는 모양.

7 ⑩ 【悌】 공경할 제 霽

인명 1급 ㊥tì ㊐テイ

소전 [seal] 초서 [cursive] 자해 ❶공경하다, 어른을 공경하다. 〔孟子〕入則孝입즉효, 出則悌출즉제. ❷화락하다, 화평하고 즐겁다. 〔後漢書〕性愷悌多智성개제다지.

悌友(제우) 형제나 장유(長幼) 사이가 화목하고도 유순함. 友悌(우제).

悌弟(제제) 형에게 유순한 아우.

悌悌(제제) 손윗사람을 잘 섬김.

◨ 愷悌개제, 友悌우제, 仁悌인제, 孝悌효제.

7 ⑪ 【悐】 惕(458)과 동자

7 ⑪ 【悊】 공경할 철 屑

㊥zhé ㊐テツ

소전 [seal] 자해 ❶공경하다. ❷알다, 지혜롭다. =哲. 〔漢書〕知人則悊지인즉철.

7 ⑩ 【悄】 1근심할 초 篠 2엄할 초 嘯

㊥qiǎo, qiào ㊐ショウ

소전 [seal] 초서 [cursive] 자해 1 ❶근심하다, 걱정에 잠기다. 〔詩經〕勞心悄兮로심초혜. ❷고요하다, 조용하다. 〔白居易·詩〕東船西舫悄無言동선서방초무언. 2 엄하다, 엄격하다, 혹독하다.

悄去明來(초거명래) 남몰래 가서 성공하고, 공공연하게 버젓이 돌아옴.

悄然(초연) 의기가 떨어져서 초라하고 쓸쓸한 모양. 근심하는 모양. 悄悄(초초).

悄愴(초창) 마음이 근심스럽고 슬픔.

悄悄(초초) ①풀이 죽어 근심하는 모양. 悄然(초연). ②고요한 모양.

7 ⑪ 【悤】 바쁠 총 東

인명 ㊥cōng ㊐ソウ

소전 [seal] 동자 匆 속자 怱 속자 忽 자해 ❶바쁘다, 급하다. ❷밝다, 슬기롭다. ≒聰. 〔漢書〕悤明上通총명상통.

悤遽(총거) 바쁜 모양. 부산한 모양.

7 ⑩ 【悖】 1어그러질 패 隊 2성할 발 月

인명 1급 ㊥bèi, bó ㊐ハイ, ボツ

초서 [cursive] 참고 인명용 음은 '패'이다.

자해 1 어그러지다, 도리·사리·기준에서 벗어나다. 〔中庸〕道並行而不相悖도병행이불상패. 2 성하다, 우쩍 일어나다. ≒勃. 〔春秋左氏傳〕其興也悖焉기흥야발언.

悖談(패담) 이치에 어긋나는 말.

心 7획

悖德(패덕) 덕의(德義)에 어그러짐. 도리에 어그러진 행실.
悖亂(패란) ①도리에 벗어난 짓을 하며, 일을 어지럽힘. ②모반(謀反)함.
悖禮(패례) 예의에 어그러짐. 도리에 어그러진 예의.
悖謬(패류) 사리에 어긋나 일을 그르침. 도리에 벗어나 오류를 범함.
悖倫(패륜) 윤리 도덕에 어긋남.
悖理(패리) 사리에 어긋남.
悖習(패습) 인륜에 어긋나는 좋지 못한 버릇이나 풍습.
悖惡(패악) 인륜에 어긋나고 흉악함.
悖逆(패역) 모반(謀叛)함. 모반.
悖入悖出(패입패출) 부정한 방법으로 번 돈은 또 그렇게 나감. 도리에 어긋난 짓을 하면 역시 도리에 어그러진 갚음을 받음.
悖然(발연) ①갑작스레 성을 내거나 놀라는 모양. ②갑자기. 느닷없이.
◨ 狂悖광패, 行悖행패, 凶悖흉패.

7획

7 ⑩【悍】 사나울 한 翰

인명 1급 ㊥hàn ㊐カン

소전 초서 자해 ❶사납다, 억세고 모질다. 〔荀子〕析愿禁悍석원금한. ❷세차다, 빠르다. 〔史記〕水湍悍수단한. ❸용맹하다. 〔史記〕解爲人短小精悍해위인단소정한.
悍吏(한리) 포악한 관리.
悍馬(한마) 사나운 말. 드센 말.
悍婦(한부) 성미가 사나운 여자.
悍勇(한용) 몹시 사납고 용맹스러움.
◨ 猛悍맹한, 勇悍용한, 精悍정한, 妒悍투한, 慓悍표한.

7 ⑪【患】 근심 환 諫

중학 인명 5급 ㊥huàn ㊐カン

필순 ロ ロ 口 吕 吕 串 串 患 患 患

소전 초서 자원 形聲. 串+心→患. '串(관)'이 음을 나타낸다.
자해 ❶근심, 걱정. 〔呂氏春秋〕大臣同患대신동환. ❷재난, 재해. 〔書經〕有備無患유비무환. ❸병(病). ❹근심하다, 걱정하다. 〔論語〕不患人之不己知불환인지불기지. ❺앓다, 병들다.
患苦(환고) 괴로워함. 근심으로 인한 고통.
患難(환난) 근심과 재난.
患難相救(환난상구) 어려움을 당했을 때는 서로 구제함.
患貧(환빈) 빈한함을 걱정함.
患憂(환우) 걱정과 근심.
患候(환후) 어른의 병환.
◨ 內患내환, 老患노환, 病患병환, 外患외환, 憂患우환, 疾患질환, 後患후환.

7 ⑩【悝】 ①농할 회 ㊍괴 灰 ②근심할 리 紙

㊥kuī ㊐カイ, リ

소전 초서 자해 ①❶농하다, 비웃다, 장난치다. ≒詼. ❷사람 이름. 〔漢書〕李悝爲魏文侯이회위위문후. ②❶근심하다, 걱정하다. ❷슬퍼하다.

7 ⑩【悔】 뉘우칠 회 隊 賄

고등 인명 3Ⅱ급 ㊥huǐ ㊐カイ

필순 ′ ″ 忄 忄 忙 忙 悔 悔 悔 悔

소전 초서 자원 形聲. 心+每→悔. '每(매)'가 음을 나타낸다.
자해 ❶뉘우치다, 후회하다. 〔後漢書〕亭長乃慙悔還牛정장내참회환우. ❷뉘우침, 후회. 〔論語〕愼行其餘則寡悔신행기여즉과회. ❸허물, 과오. 〔春秋公羊傳〕尙速有悔於予身상속유회어여신. ❹깔보다, 얕보다. 〔詩經〕庶無大悔서무대회.
悔改(회개) 잘못을 뉘우쳐 고침.
悔愆(회건) 잘못을 뉘우침.
悔過(회과) 허물을 뉘우침. 잘못을 뉘우침. 悔咎(회구).
悔心(회심) 잘못을 뉘우치는 마음.
悔悟(회오) 잘못을 뉘우쳐 깨달음.
悔尤(회우) 허물. 잘못.
悔悛(회전) 잘못을 뉘우쳐 바르게 고침.
悔罪(회죄) 죄를 뉘우침.
悔恥(회치) 뉘우쳐 부끄럽게 여김.
悔恨(회한) 이전의 잘못을 뉘우치며 한탄함.
◨ 憾悔감회, 悟悔오회, 懺悔참회, 後悔후회.

7 ⑩【悕】 슬퍼할 희 微

㊥xī ㊐キ

초서 자해 슬퍼하다. 〔春秋公羊傳〕在招丘悕矣재초구희의.

8 ⑪【悸】 두근거릴 계 寘

인명 1급 ㊥jì ㊐キ

소전 초서 동자 㥞 자해 ❶두근거리다, 가슴이 뛰다.

〔後漢書〕肌慄心悸기률심계. ❷가슴이 두근거리는 병. 〔漢書〕使我至今病悸사아지금병계. ❸두려워하다. 〔楚辭〕惶悸兮失氣황계혜실기.
悸悸(계계) ①놀라고 두려워서 가슴이 두근거리는 모양.
悸病(계병) 가슴이 두근거리는 병.
悸慄(계율) 부들부들 떨며 두려워함.
◨ 恐悸공계, 動悸동계, 心悸심계, 惶悸황계.

8 ⑪【悾】 정성 공 東
㊥kōng ㊐コウ
초서 자해 ❶정성, 진심. ¶ 悾款공관. ❷정성을 다하는 모양, 지성스러운 모양. 〔論語〕悾悾而不信공공이불신.
悾悾(공공) 정성스러운 모양.
悾款(공관) 정성. 진심.

8 ⑪【惓】 1삼갈 권 先 2싫증날 권 霰
㊥quán, juàn ㊐ケン
초서 자해 1❶삼가다. ❷정성스럽다, 간절하다. 2싫증나다, 싫증나도록 피로하다. =倦.
惓惓(권권) ①간절한 모양. ②성실하고 조심성이 많은 모양.

8 ⑫【惎】 해칠 기 寘
㊥jì ㊐キ
소전 초서 동자 惎 자해 ❶해치다, 해롭게 하다. 〔春秋左氏傳〕惎間王室기간왕실. ❷미워하다, 꺼리다. 〔春秋左氏傳〕趙襄子由是惎智伯조양자유시기지백. ❸가르치다.
惎間(기간) ①해치고 어지럽힘. ②이간시킴.

8 ⑫【惄】 허출할 녁 錫
㊥nì ㊐デキ
소전 초서 자해 ❶허출하다, 시장기가 있는 모양. 〔詩經〕惄如調飢녁여조기. ❷생각하다, 마음 아프게 생각하다. 〔詩經〕惄焉如擣녁언여도.
惄如調飢(녁여조기) 허출함이 아침을 먹지 못한 공복(空腹)과 같음. 사람을 그리는 정이 간절함. '調'는 '朝'로 '아침'을 뜻함.

8 ⑪【惔】 탈 담 覃
㊥tán, dàn ㊐タン
소전 초서 자해 ❶타다. ㉮불이 타다. ㉯속이 타다, 애태우다. 〔詩經〕憂心如惔우심여담. ❷편안하다. 〔莊子〕以恬惔爲上者이념담위상자.

8 ⑫【悳】 덕 덕 職
인명 2급 ㊥dé ㊐トク
소전 동자 惪 자해 덕, 선행(善行), 선심(善心). ≒德.

8 ⑫【惪】 悳(453)과 동자

8 ⑪【悼】 슬퍼할 도 號
인명 2급 ㊥dào ㊐トウ
소전 초서 동자 悳 자해 ❶슬퍼하다, 마음 아파하다, 가엾게 여기다. 〔淮南子〕墨子聞而悼之묵자문이도지. ❷떨다, 두려워서 떨다. ¶ 悼悼도도. ❸어린이의 죽음. 일곱 살쯤 된 어린아이의 죽음.
悼歌(도가) 죽은 사람을 애도하는 노래. 장송(葬送)할 때 부르는 노래. 挽歌(만가).
悼亡(도망) 아내의 죽음을 비통해함. 故事 진대(晉代)에 반악(潘岳)이 아내가 죽었을 때 도망시(悼亡詩) 세 수(首)를 지어 슬퍼한 고사에서 온 말.
悼惜(도석) 죽은 사람을 애석하게 여겨 슬퍼함.
悼慄(도율) 두려워 부들부들 떪.
悼痛(도통) 몹시 슬퍼함. 슬프고 마음 아픔.
◨ 哀悼애도, 追悼추도.

8 ⑪【惇】 도타울 돈 元
인명 2급 ㊥dūn ㊐トン
소전 초서 속자 惇 자해 ❶도탑다, 인정이 도탑다. ≒敦. 〔書經〕惇德允元돈덕윤원. ❷진심, 참된 마음. ❸애쓰다, 힘쓰다.
惇大(돈대) 두텁고 큼. 두텁고 크게 함.
惇德(돈덕) 덕이 높은 사람을 돈독하게 대함.
惇篤(돈독) 인정이 후하고 독실함.
惇惇(돈돈) 어질고 순후(純厚)한 모양.
惇信(돈신) 믿음을 도탑게 함. 깊이 믿음.
惇惠(돈혜) 인정이 도탑고 은혜로움.
惇厚(돈후) 인정이 많고 후함. 敦厚(돈후).

8 ⑪【惏】 1탐할 람 覃 2차가울 림 侵
㊥lán, lín ㊐ラン, リン

소전 초서 자해 ① 탐하다, 탐내다. = 婪. 〔大戴禮〕 飽而強포이강, 飢而惏기이람. ② ❶차갑다, 추운 모양, 추워서 떨다. ¶ 惏慄임률. ❷슬퍼서 마음 아파하는 모양. ¶ 惏悷임려.

惏悷(임려) 슬픔으로 마음 아파하는 모양.
惏露雨(임로우) 가을비의 딴 이름.
惏慄(임률) 추운 모양. 추워서 떪.

8 ⑪【惘】 멍할 망 養

1급 中wǎng 日ボウ

초서 자해 멍하다, 멍한 모양.

惘惘(망망) ①낙심하여 멍한 모양. ②뜻대로 되지 않아 당황하는 모양.
惘然(망연) 맥이 풀려 멍한 모양. 실망하거나 놀라 멍한 모양.

8 ⑫【悶】 闷 ① 번민할 민 願 ② 깨닫지 못할 민 本문 元

인명 1급 中mèn 日モン

소전 초서 동자 悶 동자 們 자해 ① ❶ 번민하다, 우울해지다. 〔易經〕 遯世無悶돈세무민, 不見是而無悶불견시이무민. ❷어둡다. ¶ 悶悶민민. ② 깨닫지 못하다.

悶沓(민답) 괴로움으로 가슴이 답답함.
悶懣(민만) 고민함. 괴로워함.
悶悶(민민) ①사리에 어두운 모양. ②속이 답답한 모양. 마음속으로 고민하는 모양.
悶死(민사) ①고민하다가 죽음. ②죽도록 고민함. ③숨이 막혀 죽음.
◨ 苦悶고민, 煩悶번민, 憂悶우민, 鬱悶울민.

8 ⑪【們】 悶(454)과 동자

8 ⑪【悱】 표현 못할 비 尾

中fěi 日ヒ

소전 초서 자해 표현을 못하다, 마음속으로는 알면서도 입으로는 표현하지 못하다. 〔論語〕 不悱不發불비불발.

悱憤(비분) 입 밖으로 나타내지 않는 노여움. 말 못하는 분한(憤恨).
悱悱(비비) 마음속으로는 알면서도 말로써 표현하지 못하는 모양.

8 ⑫【悲】 슬플 비 支

중학 인명 4Ⅱ급 中bēi 日ヒ

필순 丿 ㅋ ㅋ 非 非 非 非 悲 悲 悲

소전 초서 자원 形聲. 非＋心→悲. '非(비)'가 음을 나타낸다.

자해 ❶슬프다, 슬퍼하다. 〔楚辭〕 悲哉秋之爲氣也비재추지위기야. ❷슬픔, 비애. ❸(佛)동정, 가엾이 여기는 마음.

悲歌(비가) 슬프고 애절한 노래.
悲感(비감) 슬픈 마음.
悲觀(비관) ①인생을 어둡게만 보아 슬퍼하거나 절망스럽게 여김. ②앞으로의 일이 잘 안 될 것이라고 봄.
悲劇(비극) ①삶의 불행을 소재로 하여 슬픈 결말로 끝나는 연극. ②인간 사회의 여러 가지 비참한 일들.
悲悼(비도) 죽음을 몹시 슬퍼함.
悲戀(비련) ①슬퍼하며 그리워함. ②이루어지지 못하고 슬프게 끝나는 연애.
悲鳴(비명) ①슬피 욺. ②슬피 우는 소리. 일이 매우 위급하거나 몹시 두려울 때 지르는 외마디 소리.
悲報(비보) 슬픈 소식.
悲憤慷慨(비분강개) 슬프고 분하여 의기가 솟구침.
悲傷(비상) 슬퍼하고 마음 아파함.
悲愁(비수) 슬퍼하고 근심함. 悲戚(비척).
悲哀(비애) 쓰라린 슬픔.
悲運(비운) 슬픈 운명.
悲願(비원) ①(佛)보살이 중생을 구제하려는 자비로운 서원(誓願). ②기필코 이루어 보려는 비장한 소원.
悲壯(비장) 슬프면서도 그 감정을 억제하여 의기가 씩씩함.
悲慘(비참) 슬프고 처참함.
悲愴(비창) 마음이 상하고 슬픔.
悲秋(비추) ①만물이 구슬픈 느낌을 가지는 가을철. 쓸쓸한 느낌을 주는 가을. ②가을 기분에 잠겨 슬퍼함.
悲歎(비탄) 슬퍼 탄식함.
悲痛(비통) 슬프고 가슴 아픔.
悲風(비풍) ①구슬픈 느낌을 주는 바람. ②늦은 가을의 쓸쓸한 바람.
悲恨(비한) 슬퍼하고 한탄함.
悲話(비화) 슬픈 이야기.
悲懷(비회) 슬픈 회포. 슬픈 심사.
◨ 大慈大悲대자대비, 慈悲자비, 喜悲희비.

8 ⑪【惜】 아낄 석 陌

중학 인명 3Ⅱ급 中xī 日セキ

필순 ⺊ 忄 忄 忄 忄 惜 惜 惜 惜 惜

소전 초서 자원 形聲. 心＋昔→惜. '昔(석)'이 음을 나타낸다.

자해 ❶**아끼다, 소중히 여기다.** 〔晉書〕乃惜寸陰내석촌음. ❷**탐하다, 욕심을 부리다.** 〔後漢書〕諸將貪惜財貨제장탐석재화. ❸**아깝다, 애석하다.** 〔論語〕子謂顏淵曰자위안연왈, 惜乎석호.

惜愍(석민) 아까워하고 슬퍼함.

惜別(석별) 헤어짐을 안타깝게 여김.

惜福(석복) 검소하게 생활하여 복을 길이 누리게 함. 비용을 아껴 사치하지 않음.

惜陰(석음) 광음을 아낌. 시간을 귀중히 여김. 惜景(석영).

惜春(석춘) 가는 봄을 아쉬워함.

惜敗(석패) 아깝게 짐.

■ 賣惜매석, 哀惜애석, 吝惜인석, 痛惜통석.

8 ⑫ 【惡】 讐(1187)의 고자

8 ⑫ 【惡】 恶 ①악할 악 藥 ②미워할 오 遇 ③어찌 오 虞

중학 인명 5급 ㊥è, wū ㊐アク, オ

필순 一 丆 丆 亞 亞 亞 亞 亞 惡 惡

소전 초서 속자 悪 참고 인명용 음은 '악·오'이다.

자원 形聲. 亞＋心→惡. '亞(아)'가 음을 나타낸다.

자해 1 ❶**악하다, 모질고 사납다.** 〔墨子〕民吝且惡민린차악. ❷**추하다, 얼굴이 못생겨서 보기에 흉하다.** 〔莊子〕衛有惡人焉위유악인언. ❸**불길(不吉)하다.** 〔史記〕此夢甚惡차몽심악. ❹**흉작(凶作), 흉년이 들다.** 〔漢書〕歲惡民流세악민류. ❺**잘못, 죄악.** 〔春秋左氏傳〕吾以志前惡오이지전악. ❻**재난, 화액(禍厄).** 〔淮南子〕反爲惡반위악. ❼**악인(惡人), 나쁜 사람.** ❽**병, 질병.** 2 ❶**미워하다.** 〔論語〕能惡人능오인. ❷**부끄러워하다.** 〔孟子〕羞惡之心수오지심. ❸**헐뜯다, 비방하다.** 〔漢書〕人有惡噲黨於呂氏인유오쾌당어여씨. 3 ❶**어찌, 어찌하여.** 〔春秋左氏傳〕惡用子矣오용자의. ❷**어디, 어느.** 〔論語〕君子去仁군자거인, 惡乎成名오호성명. ❸**아! 탄식하는 소리.** 〔孟子〕惡오, 是何言也시하언야.

惡感(악감) 나쁜 감정.

惡口(악구) ①남을 헐어 말하기를 좋아하는 짓. 險口(험구). ②(佛)십악(十惡)의 하나. 남에게 악한 말을 하는 짓.

惡鬼(악귀) 악한 귀신.

惡氣(악기) ①사람에게 해를 주는 독기. ②고약한 냄새. 惡臭(악취).

惡女(악녀) 성질이 모질고 나쁜 여자.

惡念(악념) 모진 생각. 나쁜 마음.

惡談(악담) 남을 욕하거나 잘못되도록 저주하는 말.

惡黨(악당) 못된 자들의 무리.

惡德(악덕) 도덕에 어긋나는 나쁜 마음이나 나쁜 행동.

惡道(악도) ①나쁜 길. 사람의 도리에 어그러지는 행위. ②(佛)악한 사람이 죽어서 가는 지옥. 惡處(악처). 惡趣(악취).

惡毒(악독) 흉악하고 독살스러움.

惡童(악동) ①행실이 나쁜 아이. ②장난꾸러기.

惡辣(악랄) 악독하고 표독스러움.

惡靈(악령) 원한을 품고 죽어 사람을 해치는 영혼.

惡魔(악마) ①(佛)사람의 마음을 어지럽혀 선행을 방해하는 귀신. ②몹시 흉악한 사람.

惡罵(악매) 욕하고 꾸짖음.

惡名(악명) 몹시 나쁜 평판.

惡夢(악몽) 기분 나쁘고 불길한 꿈.

惡法(악법) 사회에 해를 끼치는 나쁜 법규나 제도.

惡報(악보) ①나쁜 소식. ②(佛)나쁜 짓에 대한 갚음.

惡事(악사) ①못된 일. 해서는 안 되는 일. ②흉악한 일. 災難(재난).

惡性(악성) ①악한 성질. ②보통의 치료로는 고치기 어려운 병의 성질.

惡聲(악성) ①나쁜 소리. 듣기 거북한 음성. ②좋지 못한 소문. ③예가 아닌 소리. 음탕한 노래 따위.

惡習(악습) 나쁜 풍습이나 습관.

惡心(❶악심 ❷오심) ❶악한 마음. 남을 해치려는 마음. ❷속이 불쾌하고 토할 것 같은 기분이나 그런 현상.

惡言(악언) 나쁘게 욕하는 말. 남을 해치는 말.

惡業(악업) ①좋지 못한 짓. ②(佛)전세(前世)에서 지은 나쁜 행위.

惡役(악역) 연극·영화 따위에서 악인으로 분장하는 배역.

惡緣(악연) 좋지 않은 인연. 불행한 인연.

惡用(악용) 나쁜 일에 이용함.

惡意(악의) 나쁜 마음. 좋지 않은 뜻.

惡衣惡食(악의악식) 좋지 못한 의복과 맛없는 음식. 변변치 못한 의식(衣食).

惡人(악인) 악한 사람.

惡因(악인) (佛)나쁜 결과를 주는 원인.

惡日(악일) ①운이 나쁜 날. 불길(不吉)한 날. 凶日(흉일). ②음력 5월 5일의 딴 이름.

惡戰苦鬪(악전고투) 어려운 상황에서 몹시 힘들게 싸움.
惡卒(악졸) ①나쁜 병졸. ②겁쟁이 병졸.
惡疾(악질) 고치기 힘든 병.
惡質(악질) 아주 못된 성질. 못된 성질을 가진 사람.
惡妻(악처) 행실이나 성질이 악독한 아내.
惡天候(악천후) 몹시 나쁜 날씨.
惡草(악초) ①해로운 풀. ②질이 나쁜 담배.
惡臭(악취) 나쁜 냄새.
惡評(악평) 좋지 못한 평판.
惡弊(악폐) 나쁜 폐단.
惡風(악풍) ①모진 바람. ②나쁜 풍습이나 풍조. 惡俗(악속).
惡筆(악필) 잘 쓰지 못하는 글씨.
惡漢(악한) 못된 짓을 일삼는 사람.
惡行(악행) 악독한 행위.
惡血(악혈) ①고름이 섞여 나오는 피. ②해산한 뒤에 나오는 궂은 피.
惡刑(악형) 모진 형벌.
惡化(악화) 어떤 상태·관계 따위가 나쁘게 변하여 감.
惡戲(악희) 몹쓸 장난.
惡阻(오조) 입덧.
惡寒(오한) ①추위를 싫어함. ②병적으로 몸이 오슬오슬 추워지는 증상.
◨ 極惡극악, 邪惡사악, 善惡선악, 性惡성악, 罪惡죄악, 憎惡증오, 醜惡추악, 暴惡포악, 險惡험악, 凶惡흉악.

8
⑫【惢】 惢(1093)와 동자

8
⑪【惋】 한탄할 완 䤘

㊥wǎn ㊐ワン

초서 [자해] **한탄하다, 놀라며 탄식하다.** 〔晉書〕悵惋不已창완불이.
惋傷(완상) 탄식하며 비통해함.
惋惜(완석) 한탄하며 아까워함.
惋愕(완악) 놀라워하며 슬퍼함.

8
⑪【惟】 생각할 유 囡

[고등] [인명] [3급] ㊥wéi ㊐イ

필순 丶 忄 忄 忄 忄 忄 怍 惟 惟 惟

소전 초서 고자 隹 [자원] 形聲. 心+隹→惟. '隹(추)'가 음을 나타낸다.
[자해] ❶**생각하다.** 〔詩經〕載謀載惟재모재유. ❷**오직, 홀로, 유독.** ≒唯. 〔論語〕惟我與爾有是夫유아여이유시부. ❸**이, 이에.** 발어사. 〔書經〕惟十有三祀유십유삼사. ❹**예.** 허락하는 말. ≒唯.
惟德動天(유덕동천) 덕의 힘은 하늘도 움직임. '惟'는 발어사.
惟獨(유독) 오직 홀로.
惟利是視(유리시시) 의리야 어찌 되었든 오직 이해관계만 따져서 봄.
惟命是聽(유명시청) 어떠한 일이든지 오직 명령대로 복종함.
惟我獨尊(유아독존) ①(佛)나 자신이 가장 존귀함. 석가모니가 세상에 태어나 처음으로 했다는 말. ②세상에서 자기 혼자 잘난 체 뽐내는 태도.
惟日不足(유일부족) 바쁘고 일이 많아 시간이 모자람.
惟精惟一(유정유일) 오직 한 가지 일에 마음을 쏟음. 인심(人心)과 도심(道心)의 구별을 자세히 살펴, 본심의 바른길을 전일(專一)하게 지킴. 精一(정일).
◨ 伏惟복유, 思惟사유.

8
⑫【惪】 惟(456)의 고자

8
⑪【情】 情 뜻 정 庚

[중학] [인명] [5급] ㊥qíng ㊐ジョウ

필순 丶 忄 忄 忄 忄 忄 忄 情 情 情

소전 초서 동자 情 [자원] 形聲. 心+青→情. '青(청)'이 음을 나타낸다.
[자해] ❶**뜻, 무엇을 하리라고 먹은 마음.** 〔楚辭〕恐情質之不信兮공정질지불신혜. ❷**남녀 사이의 애정.** ❸**인정, 동정.** ❹**본성(本性), 타고난 성질.** 〔淮南子〕人愛其情인애기정. ❺**마음의 작용.** 마음의 본체를 '성(性)'이라 함에 대하여 이르는 말. ¶ 性情성정. ❻**사실, 진상.** 〔孟子〕聲聞過情성문과정, 君子恥之군자치지. ❼**이치, 진리.** ❽**사정, 형편, 상태.** 〔戰國策〕盡輸西周之情于東周진수서주지정우동주.
情歌(정가) 남녀 간의 정을 읊은 노래.
情感(정감) 정조와 감흥을 불러일으키는 느낌.
情景(정경) 정서를 자아내는 흥취와 경치.
情款(정관) 친분이 두터운 교제. 우의(友誼).
情交(정교) 친한 교제.
情念(정념) 감정에서 생기는 생각.
情談(정담) ①가까운 사이의 정다운 이야기. ②남녀 간의 사랑 이야기.

情郎(정랑) 남편 이외에 정을 두고 지내는 남자. 情夫(정부).
情禮(정례) 인정과 예의.
情露(정로) 실정이 드러남. 숨기는 바가 없음.
情累(정루) ①마음의 괴로움. 마음에 걸림. ②인정에 이끌림.
情理(정리) 인정과 이치.
情貌(정모) 심정과 용모.
情文(정문) ①내용과 형식. 정신과 형식. ②질(質)과 문(文). 사람의 본바탕과 글재주.
情味(정미) ①마음의 느낌. 은근한 정취. ②따뜻한 정의 맛.
情報(정보) ①정세에 관한 내용이나 자료. ②적(敵)의 실정에 관한 소식이나 보고.
情婦(정부) 아내 외에 정을 두고 지내는 여자.
情事(정사) ①남녀 간의 사랑에 관한 일. ②실정. 사정(事情).
情思(정사) ①감정에서 생기는 생각. ②이성을 그리워하는 마음.
情絲(정사) 실이 얽힘. 남녀 간의 길고 긴 사랑의 정.
情狀(정상) ①실제의 사정과 형편. ②가엾은 형편.
情想(정상) 감정과 생각.
情緖(정서) ①어떤 사물에 부딪쳐서 일어나는 감정. ②희로애락(喜怒哀樂) 등의 복잡한 감정.
情性(정성) 타고난 마음. 本性(본성).
情勢(정세) 사정과 형세. 일이 되어 가는 형편.
情疏(정소) 정이 멀어짐.
情熟(정숙) 정분이 두터워서 친숙함.
情實(정실) ①사사로운 정이나 관계에 이끌리는 일. ②실제의 사실.
情緣(정연) 남녀 관계의 인연.
情熱(정열) 가슴속에서 맹렬하게 일어나는 적극적인 감정.
情欲(정욕) ①마음속에 생기는 욕망. ②성욕(性慾).
情願(정원) 진정으로 원함. 진심으로 바라는 바.
情僞(정위) 진정과 거짓.
情義(정의) 따뜻한 마음과 의리.
情意(정의) ①감정과 의지. 정과 뜻. ②생각.
情誼(정의) 인정과 의리. 우의(友誼).
情人(정인) ①벗. 친구. ②애인.
情調(정조) ①분위기. ②느낌.
情地(정지) ①몸 둘 곳이나 마음 붙일 곳. ②딱한 사정에 있는 가엾은 처지.
情志(정지) 마음.
情知(정지) 명확하게 앎.
情趣(정취) 정서와 흥취. 멋.
情癡(정치) ①애정이 지나치게 깊은 어리석은 사람. ②색정(色情)에 빠져 이성을 잃음.
情態(정태) ①사정과 상태. ②마음씨와 태도.
情表(정표) 사랑이나 친분에 따라 성의로 주는 물건.
情恨(정한) 마음속의 원한.
情火(정화) 격렬한 정열. 불꽃같이 일어나는 정욕. 熱情(열정).
情話(정화) ①애정을 주고받는 이야기. ②인정 어린 이야기.
情況(정황) 일의 사정과 상황.
情懷(정회) 마음속의 생각. 감정과 회포.
◨ 感情감정, 激情격정, 多情다정, 同情동정, 無情무정, 薄情박정, 非情비정, 事情사정, 性情성정, 純情순정, 實情실정, 心情심정, 愛情애정, 溫情온정, 友情우정, 人情인정, 眞情진정, 忠情충정, 癡情치정, 表情표정.

8 ⑪【情】 情(456)과 동자

8 ⑪【悰】 즐길 종 图

인명 ㊥cóng ㊐ソウ

자해 ❶즐기다, 즐겁다, 즐거워하다. ❷생각, 마음.

8 ⑪【惨】 慘(472)의 속자

8 ⑪【惝】 멍할 창 養

㊥chǎng ㊐ショウ

초서 동자 慞 자해 ❶멍하다, 멍한 모양. ❷놀라는 모양. ❸실망하는 모양. ❹뚜렷하지 않은 모양, 어렴풋한 모양. 〔楚辭〕 聽惝怳而無聞청창황이무문.

惝怳(창황) ①실망으로 맥이 풀린 모양. ②놀라는 모양. ③어렴풋한 모양.

8 ⑪【悵】怅 슬퍼할 창 漾

㊥chàng ㊐チョウ

소전 초서 자해 ❶슬퍼하다, 마음 아파하다. ❷원망하다, 한탄하다. 〔史記〕 悵恨久之창한구지.

悵惘(창망) 몹시 슬프고 근심스러워 아무 경황이 없음.
悵望(창망) 한스럽게 바라봄. 슬프게 바라봄.
悵恨(창한) 비통하고 원망스러움. 원망하고 한을 품음.
悵悔(창회) 원망하고 후회함.

◪ 悄悵초창, 惆悵추창.

8
⑪【悽】 슬퍼할 처 齊

인명 2급 ㊥qī ㊐セイ

소전 초서 자해 ❶슬퍼하다. 〔淮南子〕悽愴之志처창지지. ❷차갑다, 추위로 오싹 소름이 끼치다. ¶ 悽愴처창.

悽然(처연) 슬프고 처량한 모양.
悽絕(처절) 몹시 슬픔.
悽慘(처참) 슬프고 참혹함.
悽愴(처창) ①마음이 몹시 구슬픔. ②차가움. 오싹한 느낌이 듦.
悽悽(처처) ①마음이 매우 구슬픈 모양. ②굶어 병든 모양. ③마음의 안정을 잃은 모양.

8
⑪【惕】 두려워할 척 錫

㊥tì ㊐テキ

소전 초서 고자 愁 고자 愁 자해 ❶두려워하다. 〔春秋左氏傳〕無日不惕무일불척. ❷놀라다, 깜짝 놀라다. ❸근심하다, 걱정하다.

惕懼(척구) 두려움. 두려워함. 惕慴(척섭).
惕息(척식) 너무 두려워 숨이 참.
惕惕(척척) ①몹시 두려워하는 모양. ②염려하는 모양.

◪ 驚惕경척, 怵惕출척.

8
⑪【惙】 근심할 철 屑

㊥chuò ㊐テツ

소전 초서 자해 ❶근심하다, 애태우는 모양. 〔詩經〕憂心惙惙우심철철. ❷고달프다, 피로하다. ❸그치다, 그만두다. ≒輟. 〔莊子〕弦歌不惙현가불철.

8
⑪【惆】 실심할 추 宥

㊥chóu ㊐チュウ

소전 초서 자해 ❶실심하다, 실망하다. 〔後漢書〕情惆悵以增傷정추창이증상. ❷슬퍼하다, 한탄하다, 개탄하다. 〔荀子〕惆然不嗛추연불협.

惆然(추연) ①슬퍼하고 한탄하는 모양. ②실망하고 슬퍼하는 모양.
惆愴(추창) 비통함. 구슬픔.

8
⑪【悴】 파리할 췌 寘

인명 1급 ㊥cuì ㊐スイ

소전 초서 속자 倅 자해 ❶파리하다, 수척하다. ¶ 憔悴초췌. ❷근심하다, 마음 아파하다, 괴로워하다. 〔魏書〕百姓窮悴백성궁췌. ❸시들다, 생기를 잃다. 〔魏書〕春苗萎悴춘묘위췌.

悴顔(췌안) 파리한 얼굴.
悴容(췌용) 초췌한 얼굴. 파리한 얼굴 모습.

◪ 傷悴상췌, 憔悴초췌.

8
⑪【悻】 성낼 행 梗

㊥xìng ㊐コウ

초서 자해 성내다, 발끈 화를 내는 모양. 〔孟子〕諫於其君而不受간어기군이불수, 則怒悻悻然見於其面즉노행행연견어기면.

8
⑫【惠】 은혜 혜 霽

중학 인명 4Ⅱ급 ㊥huì ㊐ケイ

필순 一 𠃌 𠃌 𠕁 𠕁 亩 叀 叀 惠 惠 惠

소전 초서 속자 恵 자원 會意. 叀+心→惠. 골고루 자상하게 마음을 쓰다〔叀〕에 '心'을 더하여 '은혜, 은혜를 베풀다'의 뜻을 나타낸다.

자해 ❶은혜, 혜택. 〔周禮〕以王命施惠이왕명시혜. ❷은혜를 베풀다. 〔孟子〕分人以財분인이재謂之惠위지혜. ❸순하다, 유순하다. 〔詩經〕惠于朋友혜우붕우. ❹슬기롭다, 총명하다. ≒慧.

惠念(혜념) 남이 헤아려 돌보아 줌을 높여 이르는 말.
惠撫(혜무) 은혜를 베풀어 주고 달래 줌.
惠愍(혜민) 은혜를 베풀어 불쌍히 여김.
惠書(혜서) 상대편의 편지의 높임말. 惠音(혜음). 惠札(혜찰). 惠翰(혜한). 惠函(혜함).
惠渥(혜악) 두터운 은혜.
惠養(혜양) 은혜를 베풀어 기름.
惠雨(혜우) 만물을 촉촉이 적셔 자라게 하는 비. 임금의 은혜가 두루 미침.
惠育(혜육) 은혜를 베풀어 기름.
惠而不費(혜이불비) 남에게 많은 혜택을 주나 그 때문에 낭비하지는 않음.
惠人(혜인) ①남에게 은혜를 베풂. ②조선 때 정사품·종사품 종친의 아내에게 주던 봉작(封爵).
惠政(혜정) 은혜로써 베푸는 정치. 인자한 정치. 仁政(인정).
惠存(혜존) 자기의 저서나 작품을 남에게 기증할 때, '받아 간직하여 달라'는 뜻으로 쓰는 높임말. 惠鑑(혜감).
惠主(혜주) 어진 주인. 자비로운 군주.

心 8획

惠澤(혜택) 은혜나 덕택.
惠風(혜풍) ①화창하게 불어오는 봄바람. ②음력 3월의 딴 이름. ③임금의 은혜.
惠化(혜화) 은혜를 베풀어 남을 교화함. 은혜로운 감화.
惠和(혜화) ①은혜롭고 부드러움. ②온화함. 화창함.
惠貺(혜황) 은혜를 베풀어 무엇을 내려 줌.
惠訓(혜훈) 은혜로운 가르침. 인자한 가르침.
惠恤(혜휼) 자비심을 가지고 어루만져 돌봄.
◨ 受惠수혜, 施惠시혜, 恩惠은혜.

8 ⑫【惑】 미혹할 혹 職
고등 인명 3Ⅱ급 ㊥huò ㊐ワク
필순 一 ㄷ ㄷ ㄷ 式 或 或 惑 惑 惑
소전 초서 자원 形聲. 或+心→惑. '或(혹)'이 음을 나타낸다.
자해 ❶미혹하다, 현혹되다. 〔論語〕 四十而不惑사십이불혹. ❷의심하다, 수상해하다, 의아해하다. 〔呂氏春秋〕 世必惑之세필혹지. ❸미혹되게 하다, 정신이 헷갈리게 하다. 〔荀子〕 外以惑人외이혹인. ❹미혹, 의혹. 〔漢書〕 棄正作淫기정작음, 玆謂惑자위혹.
惑溺(혹닉) 미혹되어 빠짐. 미혹되어 본심(本心)을 잃음.
惑亂(혹란) 미혹하여 어지럽게 함. 미혹되어 어지러워짐.
惑世(혹세) ①어지러운 세상. ②세상을 현혹(眩惑)함.
惑世誣民(혹세무민) 세상 사람을 미혹하게 하여 속임.
惑信(혹신) 미혹되어 믿음.
◨ 蠱惑고혹, 當惑당혹, 魅惑매혹, 迷惑미혹, 不惑불혹, 誘惑유혹, 疑惑의혹, 眩惑현혹.

8 ⑪【惛】 ①어리석을 혼 元 ②번민할 민 願
㊥hūn, mèn ㊐コン, モン
소전 초서 동자 惽 동자 惃 자해 ①❶어리석다, 도리에 어둡다. 〔漢書〕 臣甚惛焉신심혼언. ❷정신이 흐릿한 모양, 늙어서 혼모한 모양. 〔孟子〕 吾惛不能進於是矣오혼불능진어시의. ❸어지럽다, 시끄럽고 어수선하다. ¶ 惛呶혼노. ②번민하다. =悶. 〔後漢書〕 不見是而不惛불견시이불민.
惛呶(혼노) ①크게 어지러움. ②매우 시끄럽고 어수선함.
惛眊(혼모) 마음이 어두워짐.
惛耄(혼모) 늙어서 정신이 흐리고 쇠약함.
惛懜(혼몽) ①눈이 어두워 환히 볼 수 없음. ②정신이 흐릿하고 가물가물함.
惛怳(혼황) 어둡고 흐리멍덩함.

8 ⑪【惚】 황홀할 홀 月
인명 1급 ㊥hū ㊐コツ
초서 자해 ❶황홀하다, 마음을 빼앗겨 멍한 모양. 〔三國志〕 琰失志慌惚염실지황홀. ❷흐릿하다, 확실하게 보이지 아니하는 모양. 〔老子〕 惟恍惟惚유황유홀.
惚恍(홀황) ①황홀한 모양. 정신을 잃고 도취된 모양. ②희미한 모양. 깊숙하여 헤아릴 수 없는 모양.
◨ 恍惚황홀, 慌惚황홀.

9 ⑬【悫】 恪(444)과 동자

9 ⑬【感】 ①느낄 감 感 ②한할 감 勘
중학 인명 6급 ㊥gǎn, hàn ㊐カン
필순 丿 厂 厂 后 后 咸 咸 咸 感 感
소전 초서 자원 形聲. 咸+心→感. '咸(함)'이 음을 나타낸다.
자해 ①❶느끼다, 마음이 움직이다. 〔禮記〕 其感人深기감인심. ❷느낌, 감동, 감응. ¶ 萬感만감. ❸고맙게 여기다, 은혜를 새겨 두다. ❹닿다, 부딪치다. ❺병에 걸리다. ②한하다, 원한을 품다. =憾. 〔春秋左氏傳〕 以其私感이기사감.
感覺(감각) 내적 또는 외적 자극에 의해 일어나는 느낌.
感慨無量(감개무량) 너무 감격하여 마음속의 느낌을 헤아릴 수 없음.
感激(감격) ①매우 감동함. ②고마움을 깊이 느낌.
感官(감관) 외부의 자극을 뇌에 전달하는 기관. 감각 기관.
感舊(감구) 옛날을 회상하여 감동함.
感氣(감기) 주로 바이러스에 의해 걸리는 호흡기 계통의 병.
感度(감도) 외부의 자극이나 작용에 대하여 반응하는 정도.
感動(감동) 마음이 움직일 정도로 깊이 느낌.
感銘(감명) 깊이 느껴 마음에 새김.
感慕(감모) 마음에 느껴 사모함.
感服(감복) 깊이 느껴 따름.
感謝(감사) 고맙게 여김.

感傷(감상) ①마음에 느껴 슬퍼함. ②하찮은 자극에도 쓸쓸하고 슬프게 느껴 마음이 상함.
感想(감상) 마음에 느껴 생각함.
感賞(감상) 마음에 느껴 좋다고 여김.
感性(감성) 느끼는 성질 또는 능력.
感受(감수) 외부로부터 느낌을 받음.
感心(감심) 마음에 스미게 깊이 느낌.
感咽(감열) 감동하여 목메어 욺.
感悅(감열) 감동하여 기뻐함.
感染(감염) ①병에 옮음. ②깊이 감동됨.
感悟(감오) 느껴 깨달음. 느껴 깨닫게 함.
感恩(감은) 은혜에 대하여 고맙게 여김.
感泣(감읍) 감격하여 목메어 욺.
感應(감응) ①어떤 느낌을 받아 마음이 따라 움직임. ②(佛)신심(信心)의 정성이 신불(神佛)에 통함.
感而遂通(감이수통) ①마음에 느껴 마침내 통함. ②점괘에 신이 감응되어 모든 일이 마침내 통함.
感電(감전) 전기에 감응함.
感情(감정) 외부의 자극으로 느끼는 기쁨, 슬픔, 즐거움 등의 심리적 반응.
感觸(감촉) 외계의 자극에 닿아서 피부에 일어나는 느낌. 觸感(촉감).
感祝(감축) 경사스러운 일을 함께 감사하고 축하함.
感歎(감탄) 깊이 느껴 탄복함.
感通(감통) 마음에 느껴 앎. 마음속에 통함. 感徹(감철).
感佩(감패) 기리는 마음으로 깊이 느껴 잊지 않음.
感化(감화) 감동시켜 변화하게 함.
感會(감회) ①때마침 만남. ②좋은 운명.
感懷(감회) 마음에 느껴 오래 남는 감정.
感興(감흥) 느껴 일어나는 흥취.
感喜(감희) 고맙게 느껴 기뻐함.
◨ 共感공감, 交感교감, 多感다감, 同感동감, 鈍感둔감, 萬感만감, 味感미감, 敏感민감, 反感반감, 靈感영감, 豫感예감, 五感오감, 六感육감, 情感정감, 直感직감, 觸感촉감, 痛感통감, 快感쾌감, 好感호감.

9 ⑬ 【愆】 허물 건 先

인명 ㊥qiān ㊐ケン

소전 초서 동자 愆 자해 ❶허물, 죄, 과실(過失). 〔論語〕侍於君子시어군자, 有三愆유삼건. ❷잘못하다, 허물을 저지르다. 〔詩經〕式禮莫愆식례막건. ❸어그러지다, 어기다. ¶ 愆期건기. ❹병(病), 악질(惡疾). 〔春秋左氏傳〕王愆於厥身왕건어궐신.
愆期(건기) 기일을 어김. 違期(위기).
愆尤(건우) 잘못. 과실(過失). 愆過(건과).
愆義(건의) 의리(義理)에 어그러짐.
愆滯(건체) 잘못하여 연체(延滯)함.

9 ⑫ 【愒】 1 쉴 게 霽 2 탐할 개 泰 3 으를 할 曷

㊥qì, kài, hè ㊐ケイ, カイ, カツ

소전 초서 자해 1 쉬다, 휴식하다. ≒憩. 〔詩經〕汔可小愒흘가소게. 2 탐하다, 탐내다. 〔春秋左氏傳〕翫歲而愒日완세이개일. 3 으르다, 협박하다. ≒猲. 〔史記〕日夜務以秦權恐愒諸侯일야무이진권공할제후.

9 ⑫ 【惸】 근심할 경 庚

㊥qióng ㊐ケイ

초서 자해 ❶근심하다, 근심하는 모양. 〔詩經〕憂心惸惸우심경경. ❷외로운 몸, 독신자, 형제가 없는 사람. 〔詩經〕哀此惸獨애차경독.
惸孤(경고) 의지할 곳 없는 독신자.
惸惸(경경) 근심하는 모양.
惸獨(경독) 아무 데도 의지할 곳이 없는 사람.
惸嫠(경리) 의지할 곳 없는 과부.
惸鰥(경환) 의지할 곳 없는 홀아비.

9 ⑫ 【愞】 1 약할 나 箇 2 약할 유 虞 3 여릴 연 銑

㊥nuò, ruǎn ㊐ダ, ジュ, ゼン

소전 초서 동자 懦 자해 1 ❶약하다. ❷두려워하다. 〔漢書〕太守以畏愞棄市태수이외나기시. 2 약하다. 3 여리다, 쇠약하다.

9 ⑫ 【惱】 恼 괴로워할 뇌 本노 晧

고등 인명 3급 ㊥nǎo ㊐ノウ

필순 丶 忄 忄 忄 忄 惱 惱 惱 惱 惱

초서 속자 惱 속자 恼 자원 形聲. 心+𡿺→惱. '𡿺(뇌)'가 음을 나타낸다.

자해 ❶괴로워하다. ¶ 苦惱고뇌. ❷괴롭히다, 괴롭게 굴다. 〔王安石·詩〕春色惱人眠不得춘색뇌인면부득. ❸괴로움. 〔陳書〕曾無痛惱증무통뇌.
惱苦(뇌고) 몹시 괴로움.

惱亂(뇌란) 고민하여 어지러움.
惱殺(뇌쇄) 몹시 괴롭힘.
◨ 苦惱고뇌, 煩惱번뇌, 懊惱오뇌, 憂惱우뇌.

9 ⑫【惇】 惇(453)의 속자

9 ⑬【惎】 諆(1180)의 고자

9 ⑬【愍】 근심할 민 軫賓

인명 ㊥mǐn ㊐ビン

소전 초서 자해 ❶근심하다, 걱정하다. 〔春秋左氏傳〕吾代二子愍矣오대이자민의. ❷근심, 걱정. ❸불쌍히 여기다, 가엾게 여기다. ❹힘쓰다, 노력하다. 〔周禮〕民不愍作勞민불민작로.

9 ⑬【想】 생각할 상 養

중학 인명 4Ⅱ급 ㊥xiǎng ㊐ソウ

필순 十 木 机 相 相 相 相 想 想 想

소전 초서 자원 形聲. 相+心→想. '相(상)'이 음을 나타낸다.

자해 ❶생각하다. 〔史記〕想見其爲人상견기위인. ❷생각. ❸모양, 형상. ≒像.

想起(상기) 지난 일을 생각함.
想念(상념) 마음에 떠오르는 생각.
想到(상도) 생각이 미침.
想望(상망) ①사모함. ②國기대함.
想思(상사) 생각함. 그리워함.
想像(상상) 어떤 상황이나 사물을 머릿속에 그려 봄.
◨ 感想감상, 空想공상, 妄想망상, 冥想명상, 夢想몽상, 無想무상, 思想사상, 豫想예상, 理想이상, 着想착상, 幻想환상, 回想회상.

9 ⑫【惰】 지혜 서 魚語

인명 ㊥xū ㊐ショ

자해 지혜, 슬기, 재치.

9 ⑫【惺】 영리할 성 靑梗

인명 ㊥xīng ㊐セイ

초서 자해 ❶영리하다, 슬기롭다. ❷꾀꼬리의 울음소리. ❸주사위. ❹깨닫다, 사물의 도리를 깨닫다. 〔抱朴子〕始皇惺惺시황성성.

惺惺(성성) ①영리한 모양. 똑똑한 모양. ②꾀꼬리의 울음소리. ③주사위의 딴 이름.

9 ⑬【愁】 시름 수 尤

중학 인명 3Ⅱ급 ㊥chóu ㊐シュウ

필순 二 千 禾 禾 禾 秋 秋 秋 愁 愁

소전 초서 동자 悐 자원 形聲. 秋+心→愁. '秋(추)'가 음을 나타낸다.

자해 ❶시름, 근심. ¶ 鄕愁향수. ❷시름겹다, 시름겨워하다, 근심하다. 〔春秋左氏傳〕哀而不愁애이불수. ❸얼굴빛을 바꾸다. ❹원망하다. 〔戰國策〕上下相愁상하상수, 民無所聊민무소료.

愁淚(수루) 근심하여 흘리는 눈물.
愁眠(수면) ①걱정하면서 잠을 잠. ②여수(旅愁) 때문에 잠이 깊이 들지 않음.
愁夢(수몽) 우수(憂愁)에 겨워 꾸는 꿈.
愁悶(수민) 근심하고 괴로워함.
愁殺(수살·수쇄) 몹시 슬프게 함. '殺'은 어세를 강하게 하는 말.
愁霜(수상) 근심한 나머지 생긴 백발.
愁色(수색) 근심스러운 기색.
愁城(수성) 근심 걱정으로 고생하는 처지.
愁心(수심) 매우 근심함. 근심스러운 마음.
愁容(수용) ①근심하는 모양. ②수심이 어린 얼굴.
愁雲(수운) ①슬픔을 느끼게 하는 구름. ②수심스러운 기색.
愁怨(수원) 근심하고 원망함.
愁吟(수음) 시름에 겨워 읊음. 슬피 읊는 소리.
愁人(수인) ①근심이 있는 사람. ②사물에 대하여 애수를 느끼는 사람. ③시인(詩人).
愁腸(수장) 근심하는 마음.
愁歎(수탄) 근심하여 탄식함.
愁痛(수통) 근심하며 마음 아파함.
愁怖(수포) 근심하며 두려워함. 愁惕(수척).
◨ 客愁객수, 哀愁애수, 旅愁여수, 憂愁우수, 春愁춘수, 鄕愁향수.

9 ⑬【悐】 愁(461)와 동자

9 ⑫【愕】 놀랄 악 藥

인명 1급 ㊥è ㊐ガク

초서 자해 ❶놀라다, 놀라 당황하다. 〔史記〕群臣皆愕군신개악. ❷직언(直言)하다. 〔吳志〕未嘗切愕미상절악.

愕立(악립) 깜짝 놀라 일어섬.

心 9획

愕視(악시) 놀라 서로 바라봄.
愕愕(악악) 바른말을 거리낌 없이 함.
◨ 驚愕경악, 嗟愕차악, 錯愕착악, 駭愕해악.

9 ⑬【愛】爱 사랑 애 隊

중학 인명 6급 ㊥ài ㊐アイ

필순 愛

소전 초서 고자 㤅 자원 形聲. 㤅+夊→愛. '㤅(애)'가 음을 나타낸다. '㤅'는 '㤅'의 변형이다.

자해 ❶**사랑, 자애, 인정, 자비심.** 〔後漢書〕老牛舐犢之愛로우지독지애. ❷**사랑하다.** 〔戰國策〕孟嘗君舍人有與君之夫人相愛者맹상군사인유여군지부인상애자. ❸**가엾게 여기다, 가엾게 여겨 은혜를 베풀다.** ❹**사랑하는 대상.** ❺**아끼다, 아깝게 여기다.** 〔孟子〕百姓皆以王爲愛也백성개이왕위애야. ❻(佛)**물욕, 탐욕.** 12인연(因緣)의 하나.

愛顧(애고) 사랑하여 돌보아 줌.
愛嬌(애교) 남에게 귀엽게 보이는 태도.
愛及屋烏(애급옥오) 사랑이 지붕에 앉은 까마귀에 미침. 사람을 사랑하게 되면 그 집 지붕 위에 앉은 까마귀까지도 귀엽게 보임.
愛戴(애대) 기뻐하여 받듦.
愛讀(애독) 즐겨 읽음.
愛憐(애련) 사랑하며 가엾게 여김.
愛恪(애린) 아깝게 여김. 인색함.
愛慕(애모) 사랑하고 사모함.
愛撫(애무) 사랑하여 어루만짐.
愛物(애물) ①만물을 사랑함. ②사랑하여 아끼는 물건.
愛別(애별) 이별을 서운해함. 惜別(석별).
愛別離苦(애별리고) (佛)팔고(八苦)의 하나. 사랑하는 사람과 이별하는 괴로움.
愛賞(애상) 완상하며 칭찬함.
愛惜(애석) 사랑하고 아낌.
愛誦(애송) 시나 문장 따위를 즐겨 읊거나 욈.
愛視(애시) 사랑하여 눈여겨봄. 돌보아 줌.
愛兒(애아) 사랑하는 어린 자식.
愛狎(애압) 친근함. 가까이하여 친함.
愛養(애양) 사랑하여 기름. 소중하게 기름.
愛煙(애연) 담배를 즐김.
愛悅(애열) 사랑하고 기뻐함.
愛醶(애염) 애욕의 정에 불탐.
愛玉(애옥) '남의 딸'의 높임말. 令愛(영애).
愛玩(애완) 매우 사랑하여 가까이 두고 구경하며 즐김. 愛翫(애완).
愛欲(애욕) ①애정과 욕심. ②이성에 대한 성적인 욕망.
愛用(애용) 즐겨 씀.
愛育(애육) 사랑하여 기름. 귀엽게 기름.
愛人(애인) ①남을 사랑함. ②이성 간에 사랑하는 사람. 戀人(연인).
愛日(애일) ①사랑스러운 해. 겨울 해의 비유. ②시간을 아낌. ③효양(孝養). 시간을 아껴 잠시도 효도와 봉양을 게을리 하지 않는다는 데서 온 말.
愛情(애정) 사랑하는 마음.
愛酒(애주) 술을 즐기고 좋아함.
愛憎(애증) 사랑과 미움.
愛之重之(애지중지) 사랑하고 소중하게 여김.
愛執(애집) (佛)애정에 집착함. 자기의 소견이나 소유를 지나치게 생각함. 愛染(애염).
愛着(애착) 몹시 집착하여 떨치기 어려운 마음.
愛唱(애창) 노래나 시조 따위를 즐겨 부름.
愛妻(애처) 아내를 사랑함. 사랑하는 아내.
愛妾(애첩) 사랑하는 첩.
愛親(애친) ①어버이를 사랑으로 섬김. ②사랑스럽고 정다운 사람.
愛稱(애칭) 본이름 외에 정답게 부르는 이름.
愛幸(애행) 총애함. 귀여워함. 愛寵(애총).
愛好(애호) 사랑하고 좋아함.
愛恤(애휼) 불쌍히 여겨 은혜를 베풂.
愛姬(애희) 총애하는 여자. 愛寵(애총).
◨ 博愛박애, 戀愛연애, 熱愛열애, 友愛우애, 慈愛자애, 寵愛총애, 親愛친애, 偏愛편애, 割愛할애.

9 ⑬【惹】 이끌 야 馬

인명 2급 ㊥rě ㊐ジャ

소전 초서 자해 ❶**이끌다, 끌어당기다.** ❷**부르다, 초대하다.** ❸**속이다, 거짓말하다.** ❹**걸리다, 속박하다.**

惹起(야기) 일을 일으킴.
惹起鬧端(야기요단) 시비의 시초를 일으킴.
惹鬧(야뇨→야료) 생트집을 부리고 마구 떠들어 대는 짓.

9 ⑫【愠】 慍(468)의 속자

9 ⑬【愚】 어리석을 우 虞

고등 인명 3Ⅱ급 ㊥yú ㊐グ

필순 愚

소전 초서 자원 形聲. 禺+心→愚. '禺(우)'가 음을 나타낸다.

자해 ❶**어리석다.** 〔論語〕不違如愚불위여우. ❷

心 9획

고지식하다. 〔論語〕 柴也愚시야우. ❸어리석은 사람. 〔論語〕 古之愚也直고지우야직. ❹자기의 겸칭. 〔諸葛亮·表〕 愚以爲우이위, 宮中之事궁중지사.

愚見(우견) 어리석은 견해. 자기 의견의 겸칭.
愚悃(우곤) 어리석지만 참됨.
愚公移山(우공이산) 우공(愚公)이 산을 옮김. 어떤 일이든지 끊임없이 노력하면 마침내 성공함. 故事 우공이 자기 집 앞의 산을 불편하게 여겨, 오랜 세월을 두고 다른 곳에 옮기려고 노력하여 마침내 이루었다는 고사에서 온 말.
愚鈍(우둔) 어리석고 둔함.
愚魯(우로) 어리석은 사람. 바보.
愚弄(우롱) 사람을 어리석게 보고 함부로 대하거나 웃음거리로 만듦.
愚昧(우매) 어리석고 사리에 어두움.
愚氓(우맹) 어리석은 백성. 미욱한 백성.
愚問(우문) 어리석은 질문.
愚民(우민) ①어리석은 백성. 愚氓(우맹). ②백성을 어리석게 만듦.
愚樸(우박) 어리석고 순박함.
愚夫愚婦(우부우부) 어리석은 남녀.
愚鄙(우비) 어리석고 저속함. 자기의 재능에 대한 겸사. 愚陋(우루).
愚士繫俗(우사계속) 어리석은 선비는 세속에 얽매임.
愚息(우식) 자기 자식의 겸칭.
愚案(우안) 어리석은 생각. 자기 생각의 겸칭.
愚騃(우애) 어리석음. 지혜가 없는 사람.
愚者一得(우자일득) 어리석은 사람이라도 여러 가지 일을 하거나 생각하는 가운데에 때로는 옳은 것이 있음.
愚拙(우졸) 어리석고 못남.
愚直(우직) 어리석고 고지식함.
愚忠(우충) 고지식하고 충실함. 자기의 충성(忠誠)에 대한 겸사.
愚衷(우충) 어리석은 충심(衷心). 자기의 충심에 대한 겸사.
愚癡(우치) 못나고 어리석음.
◨ 大愚대우, 凡愚범우, 癡愚치우, 賢愚현우.

9 ⑫【惲】恽 도타울 운 吻

㊥yùn ㊐ウン

소전 초서 자해 ❶도탑다, 중후(重厚)하다. ❷꾀하다, 계획하다.

9 ⑫【愉】 1즐거울 유 虞 2구차할 투 尤

인명 1급 ㊥yú, tōu ㊐ユ, トウ

소전 초서 동자 愉 참고 인명용 음은 '유'이다.

자해 1 ❶즐겁다, 즐거워하다. 〔詩經〕 他人是愉타인시유. ❷기뻐하다, 기쁘다. ❸노래, 노래하다. 〔左思·賦〕 吳愉越吟오유월음. 2 구차하다. ＝偸. 〔周禮〕 以俗敎安이속교안, 則民不愉즉민불투.

愉樂(유락) 기뻐하며 즐김. 愉歡(유환).
愉色(유색) 기뻐하는 안색. 기쁨이 넘쳐 흐르는 얼굴빛.
愉悅(유열) 유쾌하고 기쁨.
愉愉(유유) 기뻐하는 모양.
愉逸(유일) 유쾌하여 마음이 편함.
愉快(유쾌) 즐겁고 상쾌함.

9 ⑫【愉】 愉(463)와 동자

9 ⑬【愈】 나을 유 麌

고등 인명 3급 ㊥yù ㊐ユ

필순 ㅅ 亼 亽 俞 俞 俞 兪 兪 愈 愈 愈

초서 자원 形聲. 兪＋心→愈. '兪(유)'가 음을 나타낸다.

자해 ❶낫다, 뛰어나다. 〔論語〕 女與回也孰愈녀여회야숙유. ❷낫다, 병이 낫다. 〔孟子〕 昔日疾석일질, 今日愈금일유. ❸더욱, 점점 더. 〔詩經〕 政事愈蹙정사유척. ❹근심하다, 근심하는 모양. ≒癒. 〔詩經〕 憂心愈愈우심유유. ❺즐기다. ≒愉. 〔荀子〕 心至愈심지유.

9 ⑫【愔】 화평할 음 侵

㊥yīn ㊐イン

초서 자해 ❶화평하다, 화평하고 고요한 모양. 〔春秋左氏傳〕 祈招之愔愔기초지음음. ❷깊숙하고 조용한 모양.

愔翳(음예) 그윽하고 고요한 모양.
愔愔(음음) ①평화롭고 안락한 모양. ②화락한 모양. ③깊숙하고 조용한 모양.

9 ⑬【意】 뜻 의 寘

중학 인명 6급 ㊥yì ㊐イ

필순 亠 亡 立 产 咅 音 音 意 意 意

소전 초서 자원 會意. 音＋心→意. 말소리〔音〕를 들으면 그 사람의 마음〔心〕을 알 수 있다는 데서 '뜻'이라는 뜻을 나타낸다.

자해 ❶뜻, 의미, 의의. 〔史記〕 其意常在沛公也기의상재패공야. ❷생각하다, 헤아리다, 추측(推測)하다. 〔莊子〕 夫妄意室中之藏부망의실중지장. ❸정취, 풍정. 〔杜甫·詩〕 從來多古意종래다고의. ❹대저, 무릇. 〔莊子〕 知不足邪지불족야, 意知而力不能行邪의지이력불능행야.
意見(의견) 어떤 대상에 대하여 가지는 일정한 생각.
意忌(의기) 남을 의심하고 꺼림.
意氣(의기) ①득의한 마음이나 기개(氣槪). ②의지와 용기. ③패기(霸氣).
意氣銷沈(의기소침) 의지와 기개가 사그러짐.
意氣揚揚(의기양양) 스스로에 대한 자부심이 대단한 모양.
意氣衝天(의기충천) 득의한 마음이 하늘을 찌를 듯이 솟아오름.
意氣投合(의기투합) 뜻과 취향이 잘 맞음.
意圖(의도) 어떤 목적을 위한 생각이나 계획.
意望(의망) 소원. 소망.
意味(의미) 말이나 글의 뜻.
意思(의사) 뜻. 생각.
意想(의상) 생각함. 생각.
意識(의식) ①깨어 있는 상태에서 무엇을 인식하는 작용. ②견해나 사상.
意譯(의역) 단어나 구절의 뜻에 얽매이지 않고 문장 전체의 뜻을 살리는 번역.
意外(의외) 뜻밖. 생각 밖.
意慾(의욕) 무엇을 구하거나 하고자 하는 마음.
意義(의의) ①의미·뜻. ②중요성이나 가치.
意字(의자) 뜻을 나타내는 글자. 뜻글자. 한자(漢字) 따위. 表意文字(표의 문자).
意匠(의장) 물건의 외관을 치장하기 위한 고안.
意適(의적) 마음에 맞음. 뜻에 맞음.
意中之人(의중지인) ①마음속에 새겨져 잊을 수 없는 사람. ②마음속으로 지목한 사람. 意中人(의중인).
意志(의지) 어떤 일을 이루고자 하는 마음.
意衷(의충) 속마음의 참뜻.
意趣(의취) 의지와 취향. 의향과 취미.
意表(의표) 생각 밖이나 예상 밖.
意向(의향) 어떻게 할 것인가에 대한 생각.
◨ 介意개의, 故意고의, 妙意묘의, 本意본의, 辭意사의, 善意선의, 誠意성의, 失意실의, 惡意악의, 任意임의, 戰意전의, 合意합의, 好意호의, 厚意후의.

9 ⑬ 【慈】 사랑 자 支

중학 인명 3Ⅱ급 ⊕cí ⊕ジ

필순 丶 丷 䒑 𠂉 兹 兹 兹 兹 慈 慈 慈

소전 초서 본자 慈 자원 形聲. 茲+心→慈. '茲(자)'가 음을 나타낸다.
자해 ❶사랑, 인정, 동정. 〔大學〕 爲人父위인부, 止於慈지어자. ❷사랑하다. 〔國語〕 慈保庶民자보서민. ❸어머니. 아버지를 '嚴'이라 할 때의 상대적 개념. ¶ 慈親자친.
慈儉(자검) 자애롭고 검소함. 자애와 검소.
慈姑(자고) 며느리가 시어머니를 일컫는 말.
慈光(자광) 부처의 대자대비한 빛.
慈堂(자당) 남의 어머니의 높임말.
慈淚(자루) 인자한 마음에서 가엾이 여겨 흘리는 눈물.
慈母(자모) ①어머니. ②어머니를 여읜 뒤에 자기를 길러 준 서모.
慈撫(자무) 사랑하여 어루만짐.
慈愍(자민) 사랑하여 불쌍히 여김.
慈悲(자비) ①남을 깊이 사랑하고 가엾게 여김. ②(佛)중생에게 즐거움을 주고 괴로움을 없게 함.
慈善(자선) ①불쌍히 여겨 은혜를 베풂. ②불쌍한 사람을 도와줌.
慈膝(자슬) 자애 깊은 무릎. 양친의 슬하.
慈侍下(자시하) 國아버지는 돌아가시고 어머니만 모시고 사는 처지.
慈眼(자안) (佛)중생에 대한 보살의 자비에 넘친 눈.
慈愛(자애) ①아랫사람을 도탑게 사랑함. ②도타운 사랑.
慈雲(자운) (佛)은혜가 구름처럼 널리 미침. 부처의 은혜가 넓고 큼.
慈育(자육) 은혜를 베풀어 기름.
慈仁(자인) 자애롭고 인자함.
慈殿(자전) 國임금의 어머니. 慈聖(자성).
慈尊(자존) (佛)미륵불(彌勒佛)의 딴 이름.
慈寵(자총) 도탑게 사랑함.
慈親(자친) ①자애로운 어버이. ②어머니.
慈誨(자회) 자애가 넘치는 가르침.
慈孝(자효) ①어버이를 존경하여 섬기며 효도를 다함. ②어버이의 자애와 자식의 효도. 곧, 어버이와 자식 사이의 애정.
慈訓(자훈) ①인자한 가르침. ②어머니의 훈육(訓育).
◨ 仁慈인자, 孝慈효자.

9 ⑫ 【惵】 두려워할 접 葉

⊕dié ⊕チョウ

초서 자해 두려워하다, 상대의 위엄에 위압당하다. 〔後漢書〕 官房惵息관방접식.

惵懼(접구) 두려워함.
惵息(접식) 두려워서 숨을 죽임.

9 ⑬【惷】 어수선할 준 軫
㊥chǔn ㊐シュン
소전 초서 동자 惷 자해 ❶어수선하다, 어지러운 모양. ❷꿈틀거리다. ❸어리석다. 〔淮南子〕 愚夫惷婦皆能論之우부준부개능론지.
惷惷(준준) ①벌레가 꿈틀거리는 모양. ②어수선한 모양. 蠢蠢(준준).

9 ⑫【愀】 1정색할 초 篠 2쓸쓸할 추 宥
㊥qiāo, qiù ㊐ショウ, シュウ
초서 자해 1❶정색(正色)하다, 태도를 갑자기 바꾸는 모양. ❷근심하다, 근심하는 모양. 〔荀子〕 愀然憂戚초연우척. ❸삼가다, 삼가는 모양. 2쓸쓸하다, 쓸쓸한 모양. 〔後漢書〕 原野寥愀원야료추.
愀然(초연) ①얼굴빛이 변하는 모양. ②근심스럽고 두려워하는 모양.

9 ⑫【惚】 愡(473)의 속자

9 ⑫【惴】 두려워할 췌 寘
㊥zhuì ㊐ズイ
소전 초서 자해 두려워하다, 두려워하여 벌벌 떨다. 〔詩經〕 惴惴其慄췌췌기률.
惴慄(췌율) 두려워하여 부들부들 떪. 무서워서 벌벌 떪.

9 ⑫【惻】惻 슬퍼할 측 職
인명 1급 ㊥cè ㊐ソク
소전 초서 고자 恻 자해 ❶슬퍼하다, 가엾게 여기다. 〔易經〕 爲我心惻위아심측. ❷진심을 다하는 모양, 정성스러운 모양. 〔後漢書〕 誾誾惻惻은은측측, 出於誠心출어성심. ❸간절하다, 절실하다.
惻怛(측달) 불쌍히 여겨 슬퍼함.
惻憫(측민) 가엾게 여기고 근심함.
惻隱(측은) 가엾고 애처로움. 불쌍하게 여김.
惻切(측절) 몹시 가엾고 슬픔.
惻愴(측창) 가엾고 슬픔.
惻惻(측측) ①딱하고 가엾게 여기는 모양. 비통한 모양. ②간절하고 정중함.

9 ⑫【惰】 게으를 타 哿
인명 1급 ㊥duò ㊐タ
초서 동자 憜 자해 ❶게으르다, 나태하다. 〔荀子〕 佚而不惰일이불타, 勞而不僈로이불만. ❷삼가지 아니하다, 불경(不敬)스럽다. 〔禮記〕 臨祭不惰림제불타.
惰性(타성) 굳어 버린 버릇.
惰容(타용) 게을러빠진 모양. 빈둥거리는 모양.
惰卒(타졸) 게으른 병졸(兵卒). 나태한 병사.
惰怠(타태) 게으름.
◨ 懶惰나타, 遊惰유타, 怠惰태타, 懈惰해타.

9 ⑫【愋】 度2(394)의 속자

9 ⑫【惕】 1방자할 탕 養 2빠를 상 陽
㊥dàng, shāng ㊐トウ, ショウ
소전 초서 자해 1❶방자하다, 제 마음 내키는 대로 하다. ❷평평하다, 태평하다. 2빠르다, 곧바로 가다. 〔禮記〕 凡行容惕惕범행용상상.
惕暢(탕창) 태평스럽고 느긋함.
惕悍(탕한) 방탕(放蕩)하고 성질이 간사함.
惕惕(상상) 바로 가서 빠른 모양.

9 ⑫【愎】 괴팍할 퍅 本벽 職
인명 1급 ㊥bì ㊐フク
초서 자해 ❶괴팍하다, 너그럽지 못하다. 〔春秋左氏傳〕 君愎而虐군퍅이학. ❷어긋나다, 남의 말을 듣지 아니하다.
◨ 剛愎강퍅, 乖愎괴퍅.

9 ⑫【惼】 좁을 편 銑
㊥biǎn ㊐ヘン
초서 동자 褊 자해 좁다, 마음이 너그럽지 아니하다, 편협하다. 〔莊子〕 雖有惼心之人不怒수유편심지인불노.
惼心(편심) 도량이 좁은 마음.
惼狹(편협) 도량이 좁음. 偏屈(편굴).

9 ⑫【愊】 1정성 픽 本벽 職 2답답할 핍 本벽 職
㊥bì ㊐フク
소전 초서 자해 1정성, 성의. 〔漢書〕 發憤悃愊발분곤픽. 2❶답답하다, 막히다. ❷성내다, 노여워하다. 〔漢書〕 策慮愊億책려핍억.

心 9획

愊愊(픽픽) 생각이 가슴에 맺힘.
愊怛(픱달) ①막혀 답답함. ②성급함. 조급함.
愊抑(핍억) ①슬퍼하고 노여워함. ②가슴에 맺혀 풀리지 않음.
愊億(핍억) 성내는 모양.
愊憶(핍억) 마음이 울적하여 풀리지 않음.
◨ 悃愊곤핍.

9 ⑫【惛】 惛(459)과 동자

9 ⑫【惶】 두려워할 황 陽

인명 1급 ㊥huáng ㊐コウ

소전 초서 자해 ❶두려워하다, 황공해하다. 〔史記〕對言惶恐대언황공. ❷당황하다. 〔三國志〕備惶遽奔走비황거분주. ❸미혹되다.
惶遽(황거) 두려워 당황함.
惶悸(황계) 두려워서 가슴이 두근거림.
惶恐(황공) 위엄이나 지위에 눌려 어쩔 줄 모르도록 두려워함.
惶愧(황괴) 황송하고 부끄러움.
惶急(황급) 두렵고 다급함.
惶忙(황망) 마음이 몹시 급하여 당황하고 허둥지둥하는 면이 있음.
惶悚(황송) 분에 넘쳐 고맙고도 송구함.
惶汗(황한) 너무 두려워서 흘리는 땀.
惶惑(황혹) 두려워하여 당혹함. 두려워하여 갈팡질팡함.
惶惶(황황) ①몹시 두려워하는 모양. ②당황해하는 모양.
◨ 驚惶경황, 恐惶공황, 兢惶긍황.

9 ⑫【愃】 1너그러울 훤 阮 2상쾌할 선 先

인명 ㊥xuǎn, xuān ㊐セン

참고 인명용 음은 '선'이다.
자해 1너그럽다, 도량이 넓다. 〔詩經〕赫兮愃兮혁혜훤혜. 2상쾌하다, 편안하다.

10 ⑭【愨】 悫 삼갈 각 覺

㊥què ㊐カク

소전 초서 속자 慤 자해 ❶삼가다, 행동을 조심하다. 〔荀子〕其容愨기용각. ❷바르다, 성실하다. ❸정성, 성실한 마음. 〔淮南子〕其民樸重端愨기민박중단각.
愨士(각사) 성실한 선비.
愨愿(각원) 조심성이 많음. 순진함.
◨ 謹愨근각.

10 ⑬【愷】 恺 즐거울 개 賄

인명 ㊥kǎi ㊐ガイ

소전 초서 자해 ❶즐겁다, 즐거워하다. 〔莊子〕中心物愷중심물개, 兼愛無私겸애무사. ❷승전(勝戰)의 음악. ❸크다, 장대하다.
愷歌(개가) 승전가(勝戰歌). 凱歌(개가).
愷樂(❶개악 ❷개락) ❶전쟁에 이겼을 때 연주하는 음악. 凱樂(개악). ❷즐김.
愷悌(개제) ①덕이 장대(長大)함. ②마음이 누그러져 화락함.
愷風(개풍) 부드러운 바람. 곧, 남쪽 바람. 凱風(개풍).

10 ⑬【愾】 忾 1성낼 개 隊 2한숨 쉴 희 未

인명 1급 ㊥kài, xì ㊐ガイ, キ

소전 초서 참고 인명용 음은 '개'이다.
자해 1❶성내다, 분개하다. ≒慨. ❷차다, 가득하다. 2한숨 쉬다, 한탄하다. 〔詩經〕愾我寤歎희아오탄.
愾憤(개분) 분개함.
◨ 憤愾분개, 敵愾心적개심.

10 ⑬【慊】 1찐덥지 않을 겸 琰 2족할 협 葉 3의심할 혐 鹽

인명 ㊥qiǎn, qiè, xián ㊐ケン

소전 초서 참고 인명용 음은 '겸'이다.
자해 1❶찐덥지 아니하다, 마음에 흐뭇하지 아니하다. 〔孟子〕吾何慊乎哉오하겸호재. ❷흡족하다, 마음이 쾌하다. 〔孟子〕行有不慊於心행유불겸어심. ❸성의, 정성. ❹가난하다. 〔淮南子〕不以慊爲悲불이겸위비. 2족하다, 만족하다. =嗛. 3의심하다, 마음으로 싫어하다. ≒嫌. 〔漢書〕婾得避慊之便투득피혐지편.
慊然(겸연) ①상쾌한 모양. ②마음에 차지 않는 모양. 慊如(겸여).

10 ⑬【愧】 부끄러워할 괴 寘

고등 인명 3급 ㊥kuì ㊐キ

필순 丶 丨 忄 忄' 忄ᄼ 忄白 忄由 忄由 愧 愧 愧

초서 자원 形聲. 心+鬼→愧. '鬼(귀)'가 음을 나타낸다.

자해 ❶부끄러워하다, 부끄러움. 〔中庸〕 尙不愧于屋漏상불괴우옥루. ❷창피를 주다, 모욕하다. 〔後漢書〕 季孟嘗折愧子陽계맹상절괴자양, 而不受其爵이불수기작. ❸책망하다. 〔禮記〕 不以人之所不能者愧人불이인지소불능자괴인.
愧懼(괴구) 수치스러워하며 두려워함.
愧赧(괴난) 창피를 당하여 얼굴을 붉힘.
愧服(괴복) 무안하여 복종함. 부끄러워 굴복함.
愧死(괴사) 죽을 정도로 매우 부끄러워함.
愧慙(괴참) 부끄러워함. 羞恥(수치).
愧恥(괴치) 부끄러워함.
愧汗(괴한) 부끄러워 땀을 흘림.
愧恨(괴한) 부끄럽고 한스러움.
■ 羞愧수괴, 慙愧참괴.

10 ⑭【愳】 懼(482)의 고자

10 ⑬【慆】 기뻐할 도 豪
㊥tāo ㊐トウ
소전 초서 자해 ❶기뻐하다. 〔春秋左氏傳〕 非以慆心也비이도심야. ❷방자하다, 제 마음대로 하다. 〔書經〕 無卽慆淫무즉도음. ❸지나다, 경과하다. 〔詩經〕 日月其慆일월기도. ❹감추다, 숨기다. ≒韜. 〔春秋左氏傳〕 以樂慆憂이락도우. ❺오래되다. 〔詩經〕 我徂東山아조동산, 慆慆不歸도도불귀.
慆慆(도도) 오래됨.
慆憂(도우) 근심을 감춤.
慆淫(도음) 지나치게 향락함.

10 ⑬【慄】 두려워할 률 質
인명 1급 ㊥lì ㊐リツ
초서 자해 ❶두려워하다. 〔莊子〕 吾甚慄之오심률지. ❷오싹하다, 소름이 끼치다. 〔史記〕 郡中不寒而慄군중불한이률. ❸슬퍼하다, 비통해하다. 〔漢書〕 懰慄不言유률불언.
慄烈(율렬) 추위가 혹독한 모양. 慄冽(율렬).
慄然(율연) 두려워 떠는 모양.
■ 愧慄괴율, 戰慄전율.

10 ⑬【慏】 마음 다하지 못할 명 梗
인명 ㊥mǐng ㊐ミョウ
자해 ❶마음을 다하지 못하다. ❷근심하다.

10 ⑭【愬】 ① 하소연할 소 遇 ② 두려워할 색 陌
㊥sù, sè ㊐ソ, サク
초서 자해 ① ❶하소연하다. 〔詩經〕 薄言往愬박언왕소. ❷일러바치다, 헐뜯어 말하다. ＝訴. 〔論語〕 公伯寮愬子路於季孫공백료소자로어계손. ② 두려워하다. 〔春秋公羊傳〕 愬而再拜색이재배.

10 ⑬【愫】 정성 소 遇
인명 ㊥sù ㊐ソ
초서 자해 정성, 참된 마음, 진정. 〔漢書〕 披心腹見情愫피심복견정소.

10 ⑬【慅】 ① 흔들릴 소 豪 ② 고달플 초 皓
㊥sāo, cǎo ㊐ソウ
소전 초서 자해 ① 흔들리다, 떠들썩하다. ≒騷. ② ❶고달프다, 고달픈 모양. ❷시름겹다. 〔詩經〕 勞心慅兮로심초혜.

10 ⑬【愼】 慎 삼갈 신 震
고등 인명 3Ⅱ급 ㊥shèn ㊐シン
필순 丶 忄 忄 忄 忙 悄 悄 愃 愼 愼
소전 초서 동자 慎 고자 昚 고자 昚
자원 形聲. 心＋眞→愼. '眞(진)'이 음을 나타낸다.
자해 ❶삼가다, 조심하다. 〔禮記〕 愼其身신기신, 以輔翼之이보익지. ❷진실로, 참으로. 〔詩經〕 予愼無罪여신무죄. ❸두려워하다, 걱정하다. 〔楚辭〕 哀子胥之愼事애자서지신사.
愼謹(신근) 삼가고 조심함. 謹愼(근신).
愼機(신기) 기회를 소홀히 하지 않음.
愼獨(신독) 홀로 있을 때에도 도리에 어그러짐이 없도록 삼감.
愼慮(신려) 삼가 생각함. 신중히 생각함.
愼微(신미) 작은 일에도 삼가고 조심함.
愼密(신밀) 조심성이 많아 빈틈이 없음.
愼思(신사) 삼가 생각함.
愼色(신색) 음란한 짓을 삼감.
愼終(신종) ①일을 온전히 마무리 짓기 위해 삼감. ②부모의 장사(葬事)나 제사(祭事) 따위를 정중히 함.
愼終如始(신종여시) 일의 끝에 이르러서도 처음과 같이 마음을 늦추지 않고 애씀.
愼終追遠(신종추원) 부모의 상에는 슬픔을 다하여 장례를 정성껏 하고, 조상의 제사에는 공경을 다하여 추모함.
愼重(신중) 매우 조심스러움.

愼厚(신후) 깊이 삼가고 묵중(默重)함.
愼候(신후) 國병석에 있는 웃어른의 안부.
◨ 戒愼계신, 恭愼공신, 謹愼근신, 畏愼외신.

10 ⑭ 【慐】 愼(467)의 고자

10 ⑬ 【愼】 愼(467)과 동자

10 ⑬ 【慍】 성낼 온 問

㊥yùn ㊐ウン

소전 초서 속자 愠 자해 ❶성내다, 발끈 화를 내다. 〔詩經〕人不知而不慍인부지이불온. ❷성, 화, 노여움. 〔詩經〕肆不殄厥慍사부진궐온.

慍怒(온노) 성을 발칵 냄.
慍色(온색) 성내고 원망하는 얼굴빛.
慍容(온용) 성낸 얼굴.

10 ⑭ 【慂】 권할 용 腫

인명 ㊥yǒng ㊐ヨウ

초서 자해 권하다, 억지로 권유하다. 〔方言〕慫慂勸也종용권야.

10 ⑭ 【愿】 삼갈 원 願

인명 ㊥yuàn ㊐ゲン

소전 초서 자해 ❶삼가다, 공손하다, 정중하다. 〔書經〕愿而恭원이공. ❷성실하다. 〔禮記〕而民作愿이민작원.

10 ⑭ 【慇】 괴로워할 은 眞

인명 ㊥yīn ㊐イン

소전 초서 동자 慭 자해 ❶괴로워하다, 몹시 애태우다. 〔詩經〕憂心慇慇우심은은. ❷은근하다, 친절하다. 〔史記〕慈仁慇勤자인은근.

慇懃(은근) ①정성을 다함이 남모르게 살뜰함. ②몹시 근심함. ③남녀의 정애(情愛).
慇慇(은은) ①근심하고 슬퍼하는 모양. ②정의가 간절한 모양.

10 ⑭ 【慈】 慈(464)의 본자

10 ⑭ 【憖】 整(557)의 속자

10 ⑬ 【愴】 怆 ①슬퍼할 창 陽 ②실의할 창 養

인명 1급 ㊥chuàng ㊐ソウ

소전 초서 자해 ①슬퍼하다, 마음 아파하다. 〔禮記〕必有悽愴之心필유처창지심. ②실의(失意)하다, 뜻과 의욕을 잃다. ¶ 愴怳창황.

愴愴(창창) 슬퍼하는 모양.
愴怳(창황) ①뜻이나 의욕을 잃은 모양. ②가엾게 여겨 슬퍼하는 모양.
◨ 悲愴비창, 悽愴처창, 惆愴추창.

10 ⑭ 【態】 态 모양 태 隊

고등 인명 4Ⅱ급 ㊥tài ㊐タイ

필순 ㇑ ㇑ 㑹 ... 能 態 態

소전 초서 자원 形聲. 能+心→態. '能(태)'가 음을 나타낸다.

자해 ❶모양, 형상. 〔楚辭〕容態好比용태호비. ❷형편, 상황.

態度(태도) 몸가짐의 모양이나 맵시.
◨ 嬌態교태, 舊態구태, 動態동태, 變態변태, 狀態상태, 生態생태, 世態세태, 姿態자태, 醜態추태, 形態형태.

10 ⑬ 【慌】 ①어렴풋할 황 養 ②황홀할 황 漾 ③다급할 황 陽

인명 1급 ㊥huǎng, huāng ㊐コウ

초서 동자 怳 자해 ①어렴풋하다, 희미한 모양. 〔後漢書〕追慌忽於地底兮추황홀어지저혜. ②황홀하다. =恍. ③다급하다, 절박하다. ¶ 慌忙황망.

慌忙(황망) 몹시 바쁨.
慌惚(황홀) ①흐릿하여 분명하지 아니함. ②눈이 부셔 어릿어릿할 정도로 화려함. ③미묘하여 헤아리기 어려움. ④어떤 사물에 마음이나 시선이 쏠려 달뜸. 恍惚(황홀). 恍忽(황홀).

10 ⑬ 【愰】 ①밝을 황 漾 ②들뜰 황 養

인명 ㊥huàng ㊐コウ

자해 ①밝다, 영리하다. ②들뜨다, 마음이 가라앉지 아니하다.

10 ⑭ 【慁】 근심할 흔 願

㊥hùn ㊐コン

소전 초서 동자 惛 자해 ❶근심하다, 마음에 걸리다.

〔春秋左氏傳〕 主不慁賓주불혼빈. ❷더럽히다, 욕보이다, 명예를 손상시키다. ≒溷. 〔禮記〕 不慁君王불혼군왕.

11 ⑮【慤】 愨(466)의 속자 인명

11 ⑭【慳】慳 아낄 간 刪

㊥qiān ㊐ン

초서 자해 ❶아끼다, 쩨쩨하게 굴다. ¶ 慳吝간린. ❷망설이다, 머무적거리다.

慳吝(간린) 구두쇠. 인색함. 慳嗇(간색).
慳貪(간탐) ①몹시 탐하고 인색함. ②(佛)물건을 아껴 남에게 주지 않으며, 탐내어 구하면서 만족할 줄 모르는 마음.

11 ⑭【慷】 강개할 강 養

인명 1급 ㊥kāng ㊐コウ

초서 자해 ❶강개하다, 의기가 북받쳐 원통해하고 슬퍼하다. 〔後漢書〕 性剛毅慷慨성강의강개. ❷호탕하다. 〔後漢書〕 慷慨有大節강개유대절.

慷慨(강개) ①의분(義憤)이 북받쳐 슬퍼하고 한탄함. ②성격이 호쾌하고 스원스러움.
慷慨之士(강개지사) 세상의 그릇됨을 분하게 여겨 탄식하는 사람.

11 ⑭【慨】 분개할 개 隊

고등 인명 3급 ㊥kǎi ㊐ガイ

필순 忄 忄 忄 忄 忄 忄 忄 忄 忄 慨

소전 초서 자원 形聲. 心+旣→慨. '旣(기)'가 음을 나타낸다.

자해 ❶분개하다, 분격하다. 〔潘岳·賦〕 慨然而賦개연이부. ❷슬퍼하다, 탄식하다. ≒愾. 〔張衡·賦〕 慨長思而懷古개장사이회고.

慨世(개세) 세상을 근심하고 한탄함.
慨然(개연) ①뜻을 떨쳐 일으키는 모양. ②슬퍼 탄식하는 모양. 慨焉(개언).
慨嘆(개탄) 의분이 북받쳐 탄식함.
慨恨(개한) 탄식하고 원망함.
◻ 感慨감개, 慷慨강개, 憤慨분개.

11 ⑮【憇】 憩(474)의 속자

11 ⑮【慶】庆 경사 경 敬

중학 인명 4Ⅱ급 ㊥qìng ㊐ケイ

필순 亠 广 户 严 严 严 庶 庶 廖 慶

소전 초서 자원 會意. 鹿+心+夂→慶. 녹비(鹿皮)를 가지고 가서〔夂〕 마음〔心〕으로 축하한다는 데서 '경사, 경사스럽다'의 뜻을 나타낸다.

자해 ❶경사, 축하할 만한 기쁜 일. 〔晉書〕 誠爲大慶성위대경. ❷경사스럽다, 축하하다. 〔國語〕 固慶其喜고경기희, 而弔其憂이조기우. ❸상(賞), 상으로 내리는 것. 〔禮記〕 行慶施惠행경시혜.

慶科(경과) 國나라에 경사(慶事)가 있을 때 보이는 과거. 慶擧(경거).
慶禮(경례) 경사에 대한 예식(禮式).
慶福(경복) 경사스러운 복.
慶事(경사) 축하할 만한 기쁜 일.
慶瑞(경서) 경사스러운 일의 조짐. 祥瑞(상서).
慶壽(경수) 임금의 탄생일.
慶宴(경연) 경사 때의 잔치.
慶雲(경운) 경사가 생길 조짐이 되는 구름. 상서로운 구름. 瑞雲(서운).
慶弔(경조) 경사와 흉사.
慶弔相問(경조상문) 경사에 서로 축하하고, 흉사에 서로 위문함.
慶祝(경축) 함께 기뻐하며 축하함. 慶賀(경하).
慶幸(경행) 경사스럽고 다행한 일.
慶賀(경하) 경사스러운 일을 치하함.
慶喜(경희) 경사스러운 일을 기뻐함. 기쁨.
◻ 大慶대경, 餘慶여경, 賀慶하경.

11 ⑭【慣】惯 버릇 관 諫

고등 인명 3Ⅱ급 ㊥guàn ㊐カン

필순 忄 忄 忄 忄 忄 忄 慣 慣 慣 慣

초서 자원 形聲. 心+貫→慣. '貫(관)'이 음을 나타낸다.

자해 ❶버릇, 버릇처럼 익숙해진 것. ¶ 習慣습관. ❷버릇이 되다, 익숙해지다. 〔抱朴子〕 猶須慣習유수관습, 然後能善연후능선.

慣例(관례) 습관처럼 된 예.
慣性(관성) 물체가 밖의 힘을 받지 않는 한 정지 또는 운동의 상태를 지속하려는 성질.
慣習(관습) ①익숙함. ②버릇. ③풍습.
慣用(관용) 습관처럼 씀.
慣行(관행) 습관처럼 행해짐.

11 ⑭【慱】 근심할 단 寒

㊥tuán ㊐タン

자해 ❶근심하다, 근심하는 모양. 〔詩經〕 勞心慱慱兮로심단단혜. ❷둥글다. ≒團.

11 ⑮【慮】虑 생각할 려 御

고등 인명 4급 ㊥lǜ ㊐リョ

필순 ⺊ 广 卢 虍 虐 虐 虐 慮 慮 慮

소전 초서 자원 形聲. 虍+思→慮. '虍(호)'가 음을 나타낸다.

자해 ❶생각하다, 헤아려 보다. 〔詩經〕 弗慮弗圖불려불도. ❷근심하다, 걱정하다. ❸생각, 염려. 〔論語〕 人無遠慮인무원려, 必有近憂필유근우. ❹근심, 걱정. 〔後漢書〕 省國家之邊慮성국가지변려. ❺대략, 대개, 대강. ¶ 無慮무려.

慮無(여무) 없는 바를 염려함. 오늘날의 척후병(斥候兵)이 '무성(無聲)을 듣고, 무형(無形)을 봄'과 같은 뜻.

慮周藻密(여주조밀) 생각이 두루 미쳐 문채(文彩)가 완전하고 세밀함.

慮後(여후) 장래의 일에 대하여 염려함.

◨ 考慮고려, 配慮배려, 思慮사려, 熟慮숙려, 心慮심려, 念慮염려, 憂慮우려, 遠慮원려.

11 ⑭【憀】 의뢰할 료 蕭

㊥liáo ㊐リョウ

소전 자해 ❶의뢰하다, 의지하다, 힘입다. 〔淮南子〕 吏民不相憀리민불상료. ❷쓸쓸하다, 서글퍼하다. ❸소리가 맑다, 맑고 낭랑하다.

憀亮(요량) 소리가 맑고 낭랑한 모양.

憀慄(요율) 서글퍼하고 마음 아파함.

11 ⑭【慺】偻 정성스러울 루 虞

㊥lóu ㊐ル

초서 자해 ❶정성스럽다, 정성스러운 모양. ❷공근한 모양, 공손하고 삼가는 모양.

慺慺(누루) ①정성스러운 모양. ②공손하고 깊이 삼가는 모양.

慺誠(누성) 공손하고 정성스러움.

11 ⑭【慢】 게으를 만 諫

고등 인명 3급 ㊥màn ㊐マン

필순 丶 忄 忄 忄 忄 怛 慢 慢 慢 慢

소전 초서 동자 㥄 자원 形聲. 心+曼→慢. '曼(만)'이 음을 나타낸다.

자해 ❶게으르다, 게으름을 피우다. ¶ 怠慢태만. ❷거만하다, 오만하다. ¶ 慢而侮人만이모인. ❸느리다, 더디다. 〔詩經〕 叔馬慢忌숙마만기. ❹느슨하다, 엄하지 아니하여 어지럽다. 〔呂氏春秋〕 刑慢則懼及君子형만즉구급군자. ❺거칠다, 간략하다.

慢侮(만모) 만만히 보아 업신여김. 깔봄.

慢性(만성) ①쉽게 낫지 않고 천천히 진행되어 오래 끄는 병. ②빠르지 않고 느긋한 성질.

慢心(만심) ①(佛)자신을 지나치게 믿고 자랑하며 남을 업신여기는 마음. ②지나친 자부. 자만.

慢然(만연) ①교만하여 의기양양한 모양. ②맺힌 데가 없이 헤벌어져 풀어진 모양.

慢易(만이) ①만만히 보아 업신여김. ②음악의 곡조가 장중(莊重)하지 못함.

慢而侮人(만이모인) 교만하여 업신여김.

慢藏誨盜(만장회도) 창고의 문단속을 게을리 함은 도둑에게 도둑질을 가르치는 것과 같음.

◨ 驕慢교만, 傲慢오만, 自慢자만, 怠慢태만.

11 ⑮【慕】 그리워할 모 遇

고등 인명 3Ⅱ급 ㊥mù ㊐ボ

필순 ⺊ ⺾ 艹 苩 苩 莫 莫 菒 慕 慕 慕

소전 초서 고자 𢛆 자원 形聲. 莫+心→慕. '莫(모)'가 음을 나타낸다.

자해 ❶그리워하다, 사모하다. 〔孟子〕 人少則慕父母인소즉모부모. ❷높이다, 우러러 받들어 본받다. 〔孟子〕 巨室之所慕거실지소모, 一國慕之일국모지. ❸탐하다. 〔淮南子〕 誘慕於名位유모어명위.

慕藺(모린) 현자(賢者)를 경모(敬慕)함. 故事 한대(漢代)의 사마상여(司馬相如)가 전국 시대 조(趙)나라의 인상여(藺相如)를 존경하고 사모하여 자신의 이름을 '相如'로 고쳤다는 고사에서 온 말.

慕心(모심) 그리워하는 마음.

慕愛(모애) 사모하고 사랑함.

慕義(모의) 정도(正道)를 사모함.

慕化(모화) 덕화(德化)를 그리워함. 덕을 그리워하여 교화(敎化)를 따름.

慕華(모화) 중국의 문물이나 사상을 우러러 사모함.

◨ 思慕사모, 愛慕애모, 戀慕연모, 追慕추모.

11 ⑮【𢛆】 慕(470)의 고자

心 11획

11 ⑮【慜】 총명할 민 軫

인명 ㊥mǐn ㊐ビン

자해 **총명하다, 영리하다.** 〔管子〕 人謂我慜인위아민.

11 ⑮【慿】 憑(476)의 속자

11 ⑭【慴】 두려워할 습 ㊍접 葉

㊥shè ㊐ショウ

소전 초서 자해 ❶**두려워하다, 두려워서 벌벌 떨다.** 〔漢書〕 萬夷慴伏만이습복. ❷**으르다, 협박하다.**

慴伏(습복) 두려워서 엎드림. 두려워서 복종함. 慴服(습복).

11 ⑭【慠】 오만할 오 號

㊥ào ㊐ゴウ

초서 동자 慹 동자 傲 자해 **오만하다, 거만하다.** 〔晉書〕 性慠誕성오탄, 不拘禮法불구례법.

慠慢(오만) 남을 깔보며 잘난 체함.

11 ⑮【慾】 욕심 욕 沃

고등 인명 3Ⅱ급 ㊥yù ㊐ヨク

필순 八 父 谷 谷 谷' 谷' 谷' 欲 慾 慾

초서 참고 본디 欲(667)의 속자(俗字)이나, 우리나라에서는 '하고자 하다'의 뜻으로는 쓰지 않고, 주로 그 명사인 '욕심'의 뜻으로만 쓴다.

자원 會意·形聲. 欲+心→慾. 하고자 하는〔欲〕 마음〔心〕, 곧 '욕심'이라는 뜻을 나타낸다. '欲(욕)'이 음도 나타낸다.

자해 **욕심, 욕정.** 〔論語〕 棖也慾장야욕, 焉得剛언득강.

慾界(욕계) (佛)삼계(三界)의 하나. 욕심이 난무하는 인간 세계.
慾望(욕망) 어떤 것을 갖고자 하는 마음.
慾心(욕심) 지나치게 탐내거나 누리고 싶어 하는 마음. 慾念(욕념).
慾情(욕정) 이성에 대한 정욕.
慾海(욕해) 애욕이 바다와 같은 속세.
慾火(욕화) 불같이 일어나는 욕심.
◨ 寡慾과욕, 多慾다욕, 無慾무욕, 色慾색욕, 食慾식욕, 肉慾육욕, 淫慾음욕, 情慾정욕, 貪慾탐욕.

11 ⑭【慵】 게으를 용 冬

㊥yōng ㊐ヨウ

소전 초서 자해 **게으르다, 게으름을 피우다.**

慵懶(용라) 게으름. 慵惰(용타).
慵惰(용타) 게으름. 慵懶(용라).

11 ⑮【憃】 ①천치 용 ㊍송 冬 ②어리석을 창 江

㊥chōng ㊐ショウ, トウ

소전 초서 자해 ①**천치(天癡), 어리석어 사리에 어두운 사람.** ②**어리석다.** 〔淮南子〕 愚夫憃夫우부창부, 皆能論之개능론지.

憃愚(용우) 어리석음.

11 ⑮【憂】 忧 근심할 우 尤

중학 인명 3Ⅱ급 ㊥yōu ㊐ユウ

필순 一 丆 百 百 直 悳 悳 悳 㥑 㥑 憂

소전 초서 자원 形聲. 悳+夊→憂. '悳(우)'가 음을 나타낸다.

자해 ❶**근심하다, 걱정하다.** 〔論語〕 仁者不憂인자불우. ❷**근심, 걱정.** 〔論語〕 樂而忘憂락이망우. ❸**상(喪), 상중(喪中).** 〔書經〕 王宅憂왕택우. ❹**병, 질병.** 〔孟子〕 有采薪之憂유채신지우.

憂慨(우개) 근심하고 개탄함.
憂結(우결) 걱정이 되어 속이 답답함.
憂悸(우계) 걱정이 되어 가슴이 두근거림.
憂苦(우고) ①근심하고 괴로워함. 마음 아파함. ②근심과 괴로움.
憂國(우국) 나랏일을 근심하고 염려함.
憂惱(우뇌) 근심하고 번민함.
憂樂(우락) 걱정스러운 일과 즐거운 일.
憂來無方(우래무방) 근심이란 언제 어디서 오는지 정해져 있지 않음.
憂慮(우려) 근심함. 근심과 걱정.
憂悶(우민) 근심하여 번민함.
憂迫(우박) 근심하여 가슴이 막힘.
憂憤(우분) 근심이 되어 화를 냄.
憂傷(우상) 걱정하며 마음 아파함.
憂世(우세) 세상일을 탄식하고 걱정함. 국가의 안위를 염려함.
憂囚(우수) 근심에 잠겨 헤어나지 못함.
憂愁(우수) 근심과 걱정.
憂心有忡(우심유충) 걱정하는 마음이 가슴 가득히 참.
憂心殷殷(우심은은) 마음에 근심을 안음.
憂虞(우우) 근심하고 걱정함.

憂鬱(우울) 걱정으로 가슴이 답답함.
憂慼(우척) 근심하여 슬퍼함.
憂惴(우췌) 걱정하고 두려워함.
憂嘆(우탄) 근심하여 탄식함.
憂惑(우혹) 근심하며 망설임.
憂患(우환) 집안에 복잡한 일이나 환자가 있어 겪는 근심.
憂懷(우회) 근심하는 마음. 걱정하는 마음.
憂恤(우휼) ①근심하고 염려함. ②동정함. 불쌍히 여김.
◨ 杞憂기우, 內憂내우, 丁憂정우.

11 ⑮【慰】 위로할 위 困
고등 인명 4급 ㊥wèi ㊐イ
필순 ㄱ 尸 尸 尸 屖 屖 尉 尉 尉 慰
소전 慰 초서 慰 동자 慰 고자 尉 자원 形聲. 尉+心→慰. '尉(위)'가 음을 나타낸다.
자해 ❶위로하다, 달래다. 〔後漢書〕 慰撫吏民위무리민. ❷위로. 〔後漢書〕 因數召見인수소견, 加招慰가초위. ❸성, 화, 원망. 〔莊子〕 貪財而取慰탐재이취위.
慰靈(위령) 죽은 사람의 영혼을 위로함.
慰勞(위로) 괴로움을 풀도록 따뜻하게 대해 줌.
慰撫(위무) 위로하고 어루만짐.
慰問(위문) 위로하고 안부를 물음.
慰釋(위석) 마음을 위로하여 근심을 없앰.
慰安(위안) 위로하여 마음을 편하게 함.
慰諭(위유) 위로하고 타일러 잘 달램.
慰懷(위회) 마음을 위로함.
慰恤(위휼) 위로하고 구휼(救恤)함.
◨ 安慰안위, 自慰자위, 弔慰조위.

11 ⑮【慰】 慰(472)와 동자

11 ⑭【慥】 착실할 조 號
㊥zào ㊐ゾウ
자해 ❶착실하다, 착실한 모양, 언행(言行)이 일치하는 모양. 〔中庸〕 君子胡不慥慥爾군자호부조조이. ❷성급한 모양, 서두는 모양.
慥慥(조조) 독실한 모양. 성의 있는 모양.

11 ⑮【慫】 㞫 권할 종 腫
인명 1급 ㊥sǒng ㊐ショウ
소전 慫 초서 慫 자해 ❶권하다. 〔王安石·詩〕 造物誰慫慂조물수종용. ❷놀라다, 놀라 두려워하다.
慫兢(종긍) 두려워서 마음이 편안하지 않음. 놀라서 전전긍긍함.
慫慂(종용) 달래고 부추겨 권함.

11 ⑭【慘】 惨 참혹할 참 寢 感
고등 인명 3급 ㊥cǎn ㊐サン
필순 ⺌ 忄 忄 忄 忄 忄 惨 惨 惨 惨
소전 慘 초서 慘 속자 惨 속자 憏 자원 形聲. 心+參→慘. '參(삼·참)'이 음을 나타낸다.
자해 ❶참혹하다, 무자비하다. 〔後漢書〕 細政苛慘세정가참. ❷아프다, 아프게 하다. 〔列子〕 慘於腹참어복. ❸근심하다, 염려하다. 〔詩經〕 勞心慘兮로심참혜. ❹어둡다, 캄캄하다.
慘苦(참고) 참혹한 고통.
慘劇(참극) ①슬프고 끔찍한 내용의 연극. ②슬프고 끔찍한 사건의 비유.
慘怛(참달) 아프고 슬픔.
慘澹(참담) ①어둠침침하고 쓸쓸함. ②괴롭고 슬픈 모양. ③끔찍하고 절망적임.
慘毒(참독) ①참혹하게 남을 해롭게 함. ②마음 아파하고 슬퍼함.
慘烈(참렬) ①몹시 참혹함. ②매우 혹독함.
慘變(참변) 뜻밖에 당하는 끔찍하고 비참한 재앙이나 사고.
慘事(참사) 비참하고 끔찍한 일.
慘死(참사) 끔찍한 죽음.
慘事(참사) 끔찍한 일.
慘殺(참살) 참혹하게 죽임.
慘狀(참상) 비참하고 끔찍한 상태나 상황.
慘喪(참상) ①젊어서 죽는 일. ②國자손이 부모·조부모보다 먼저 죽는 일.
慘切(참절) 비참한 마음이 절박함.
慘慼(참척) ①몹시 근심함. 慘戚(참척). ②國자손이 부모·조부모보다 먼저 죽는 일.
慘惻(참측) 몹시 슬픔. 몹시 슬퍼함.
慘敗(참패) 참혹하게 짐.
慘刑(참형) 참혹한 형벌.
慘酷(참혹) 몸서리칠 정도로 보기에 끔찍함.
慘禍(참화) 비참하고 끔찍한 재난이나 변고.
◨ 無慘무참, 悲慘비참, 傷慘상참, 悽慘처참.

11 ⑭【慙】 慚(472)과 동자 인명

11 ⑮【慚】 부끄러워할 참 覃
고등 인명 3급 ㊥cán ㊐ザン

필순 ㄱ ㅁ 亘 車 車 車 斬 斬 斬 慚 慙

소전 초서 동자 慚 자원 形聲. 斬+心→慙. '斬(참)'이 음을 나타낸다.

자해 ❶부끄러워하다. 〔史記〕客慙自剄객참자경. ❷부끄러움, 수치. 〔春秋左氏傳〕一慙之不忍일참지불인.

慙慨(참개) 몹시 부끄러워하며 개탄함.
慙愧(참괴) 부끄러워함. 부끄러움.
慙德(참덕) 부덕(不德)을 부끄러워함. 덕(德)을 닦지 못함을 부끄러워함.
慙伏(참복) 부끄러워서 머리를 수그림.
慙服(참복) 부끄러워하며 복종함.
慙死(참사) 치욕을 견디기 어려워서 죽으려 하거나 죽을 지경에 이름.
慙色(참색) 부끄러워하는 얼굴빛.
慙羞(참수) 부끄러워함. 부끄러워하여 얼굴을 붉힘.
慙怍(참작) 부끄러워함. 부끄러움.
慙恨(참한) 부끄러워하고 한스러워함.
慙悔(참회) 부끄러워하며 후회함.
◨ 愧慙괴참, 無慙무참.

11 ⑮【蠆】 가시 채 卦

㊥dì ㊐タイ

소전 초서 동자 懘 자해 ❶가시. ¶蠆芥채개. ❷마음에 걸리다, 마음의 안정을 잃다. 〔史記〕細故蠆葪兮세고채계혜, 何足以疑하족이의.

蠆芥(채개) 가시. 마음에 걸리는 일의 비유.
蠆葪(채계) 가시. 마음에 걸리는 일의 비유.

11 ⑭【懘】 蠆(473)와 동자

11 ⑮【慼】 근심할 척 錫

㊥qī ㊐セキ

소전 초서 동자 慽 자해 ❶근심하다. ❷근심. 〔春秋公羊傳〕自貽伊慼자이이척.

慼慼(척척) 근심에 싸여 생각하고 있는 모양.

11 ⑭【慽】 慼(473)과 동자 인명

11 ⑭【憁】 바쁠 총 送

인명 ㊥còng ㊐ソウ

속자 惣 속자 愡 자해 ❶바쁘다. 〔抱朴子〕憁恫官府之間총통관부지간. ❷뜻을 얻지 못한 모양. ❸무지(無知)하다.

憁恫(총통) ①바삐 뛰어다님. ②뜻을 얻지 못한 모양.

11 ⑭【慟】 恸 서럽게 울 통 送

인명 1급 ㊥tòng ㊐ドウ

초서 동자 慟 자해 서럽게 울다, 큰 소리로 울면서 슬퍼하다. 〔論語〕子哭之慟자곡지통.

慟哭(통곡) 슬퍼서 큰 소리로 욺.
慟絕(통절) 너무 서러워서 정신을 잃음.
◨ 哀慟애통.

11 ⑮【慝】 1사특할 특 職 2숨길 닉 職

인명 1급 ㊥tè, nì ㊐トク, ジョク

초서 참고 인명용 음은 '특'이다.
자해 1❶사특하다, 간사하다. 〔詩經〕之死矢靡慝지사시미특. ❷악한 일. 〔孟子〕民乃作慝민내작특. ❸악한 사람. ❹재앙, 재해(災害). 〔漢書〕亦罹咎慝역리구특. 2숨기다, 속이다.

慝姦(특간) 간악한 사람. 惡人(악인).
慝淑(특숙) 악과 선. 악한 일과 선한 일.
慝怨(익원) 원한을 숨김.
◨ 奸慝간특, 邪慝사특, 淫慝음특, 凶慝흉특.

11 ⑭【慓】 날랠 표 蕭

인명 1급 ㊥piào ㊐ヒョウ

소전 초서 자해 날래다, 재빠르다, 용맹하다. 〔漢書〕慓悍禍賊표한화적.

慓毒(표독) 國사납고 독살스러움.
慓悍(표한) 날래고 사나움. 사납고 강함.

11 ⑮【慧】 슬기로울 혜 霽

고등 인명 3Ⅱ급 ㊥huì ㊐ケイ

필순 一 二 三 丰 丰丰 彗 彗 彗 慧 慧

소전 초서 자원 形聲. 彗+心→慧. '彗(혜)'가 음을 나타낸다.

자해 ❶슬기롭다, 총명하다. 〔國語〕聰慧質仁총혜질인. ❷슬기, 능력. 〔論語〕好行小慧호행소혜. ❸교활하다, 간교하다. 〔蜀志〕便辟佞慧편벽녕혜. ❹상쾌하다, 시원스럽다.

慧劍(혜검) (佛)지혜의 검. 일체 번뇌의 속박

心 11획

을 끊어 버리는 날카로운 지혜.
慧力(혜력) (佛)오력(五力)의 하나. 번뇌를 제거하는 힘.
慧命(혜명) (佛)①지혜를 생명에 비유한 말. ②비구(比丘)의 존칭. 불법의 명맥을 이어 간다는 데서 온 말.
慧敏(혜민) 슬기롭고 민첩함.
慧性(혜성) 총명한 성질. 슬기로운 천품.
慧聖(혜성) 뛰어나게 총명함. 또는 그런 사람.
慧心(혜심) ①총명하고 슬기로운 마음. ②(佛) 마음의 본체가 밝고, 사리를 꿰뚫어 보는 슬기로운 마음.
慧眼(혜안) ①안식(眼識)이 예리함. 活眼(활안). ②(佛)오안(五眼)의 하나. 이 세상의 진리를 식별하는 심안(心眼).
慧悟(혜오) 민첩하고 슬기로움.
慧日(혜일) (佛)태양처럼 밝고 만물을 비추는 불보살(佛菩薩)의 지혜.
慧知(혜지) 똑똑하고 슬기로움.
慧解(혜해) (佛)①민첩하고 총명함. ②지혜로 사리를 잘 해득함.
慧黠(혜힐) 교활함. 간사한 꾀가 많음.
◨ 俊慧준혜, 知慧지혜, 智慧지혜, 聰慧총혜.

12 ⑯【憨】 어리석을 감 覃 勘

㊥hān ㊐カン

초서 [초서자형] 동자 憪 자해 ❶어리석다. ¶ 憨笑감소. ❷천진하다. ❸해치다, 상하게 하다. ¶ 憨害감해.
憨笑(감소) 바보같이 웃음. 웃을 자리도 아닌데 자꾸 웃음.
憨態(감태) 몸은 성숙하여 예쁘나 아직 남녀의 정사(情事)를 모르는 모양. 숫된 모양.
憨害(감해) 해침. 살상(殺傷)을 함.

12 ⑯【憩】 쉴 게 霽

인명 2급 ㊥qì ㊐ケイ

초서 [초서자형] 동자 憇 속자 甜 자해 쉬다, 휴식하다. 〔詩經〕 召伯所憩소백소게.
憩榭(게사) 휴게 장소로 지은 정자.
憩石(게석) 쉬기 위하여 돌에 걸터앉음.
憩息(게식) 휴식함.
憩止(게지) 머물러 쉼.
◨ 小憩소게, 休憩휴게.

12 ⑮【憬】 깨달을 경 梗

인명 1급 ㊥jǐng ㊐ケイ

소전 [소전자형] 초서 [초서자형] 자해 ❶깨닫다, 알아차리다. ¶ 憬悟경오. ❷멀리 가는 모양. 〔詩經〕 憬彼淮夷경피회이. ❸그리워하다. ¶ 憧憬동경.
憬悟(경오) 깨달음. 각성함.

12 ⑮【憍】 교만할 교 蕭

㊥jiāo ㊐キョウ

초서 [초서자형] 자해 ❶교만하다, 거만하다. ≒驕. 〔莊子〕 方虛憍而恃氣방허교이시기. ❷방자하다, 제멋대로 하다.
憍憍(교교) ①제멋대로 행동하는 모양. ②교만을 떠는 모양.

12 ⑯【懼】 懼(482)의 고자

12 ⑮【憒】 愦 심란할 궤 隊

㊥kuì ㊐カイ

소전 [소전자형] 초서 [초서자형] 자해 ❶심란하다, 마음이 어지럽다. 〔楚辭〕 心煩憒兮意無聊심번궤혜의무료. ❷어둡다, 어리석다. 〔漢書〕 憒眊不明궤모불명.
憒憒(궤궤) ①궤란(憒亂). ②어두운 모양. 확실하지 않은 모양.
憒亂(궤란) 마음이 어수선하고 산란함. 憒憒(궤궤).
憒眊(궤모) 마음이 어지럽고 눈이 어두움. 마음이 혼미(昏迷)하고 어지러워 밝지 못함.
憒辱(궤욕) 흐트러지고 더러워짐.

12 ⑮【憞】 1 원망할 대 隊 2 성가실 돈 願 3 어리석을 돈 ㊍톤 元

㊥duì, dùn, tūn ㊐タイ, トン

자해 1 원망하다, 미워하다. ＝懟. 2 성가시다, 번거롭다. ¶ 憞溷돈혼. 3 어리석다, 사리에 어둡다. ¶ 憞恨돈한.
憞恨(돈한) 어리석음. 사리에 밝지 못함.
憞溷(돈혼) 성가시고 번거로움. 어수선하게 어지러움.

12 ⑯【憝】 원망할 대 隊

㊥duì ㊐タイ

소전 [소전자형] 초서 [초서자형] 동자 憞 자해 ❶원망하다, 미워하다. ＝懟. 〔書經〕 凡民罔弗憝범민망불대. ❷악인(惡人), 악한 사람. 〔書經〕 元惡大憝원악대대.

12 ⑮【憧】 그리워할 동 ㊍종 圂

인명 1급 ㊥chōng ㊐ドウ

소전 초서 자해 ❶그리워하다, 그리움. ¶ 憧憬동경. ❷왕래(往來)가 끊이지 아니하는 모양. 〔易經〕 憧憧往來동동왕래. ❸마음이 정해지지 아니한 모양.

憧憬(동경) 어떤 것에 마음이 팔려 그것만을 그리워하고 생각함.

憧憧(동동) ①마음이 잡히지 않는 모양. ②끊임없이 오가는 모양.

12 ⑮【憐】怜 불쌍히 여길 련 先

고등 인명 3급 ㊥lián ㊐レン

필순

소전 초서 동자 憐 자원 形聲. 心+粦→憐. '粦(린)'이 음을 나타낸다.

자해 ❶불쌍히 여기다, 가엾게 생각하다. ¶ 同病相憐동병상련. ❷어여삐 여기다, 사랑하다. 〔柳宗元·文〕 逆知喜怒역지희노, 默測憎憐묵측증련.

憐悼(연도) 죽은 사람을 불쌍히 여김. 불쌍히 여겨 슬퍼함. 哀悼(애도).

憐憫(연민) 가련하고 불쌍하게 여김.

憐惜(연석) 불쌍히 여겨 아낌. 가련하고 애석히 여김.

憐愛(연애) 가엾이 여겨 사랑함.

憐察(연찰) 가엾이 여겨 동정함.

憐恤(연휼) 가엾이 여겨 물건을 베풂.

◨ 可憐가련, 同病相憐동병상련, 哀憐애련.

12 ⑯【憐】 憐(475)과 동자

12 ⑮【憭】 ① 총명할 료 蓧 ② 애처로워할 료 蕭

㊥liǎo, liáo ㊐リョウ

소전 초서 자해 ① 총명하다, 사리에 밝다. ② 애처로워하다, 구슬픈 생각이 들다. 〔楚辭〕 憭慄兮若在遠行료률혜약재원행.

憭慄(요율) 몹시 구슬픔. 悽愴(처창).

12 ⑮【憮】怃 어루만질 무 麌

인명 1급 ㊥wǔ ㊐ブ

소전 초서 자해 ❶어루만지다, 애무하다. ❷멍한 모양, 실의(失意)한 모양. 〔論語〕 夫子憮然曰부자무연왈. ❸예쁘다, 아리땁다.

憮然(무연) ①멍한 모양. 뜻을 얻지 못한 모양. ②괴이하게 여기는 모양.

12 ⑮【憫】悯 근심할 민 軫

고등 인명 3급 ㊥mǐn ㊐ビン

필순

초서 자원 形聲. 心+閔→憫. '閔(민)'이 음을 나타낸다.

자해 ❶근심하다, 고민하다. 〔孟子〕 阨窮而不憫액궁이불민. ❷불쌍히 여기다, 가엾게 생각하다. 〔宋史〕 情可矜憫정가긍민.

憫悼(민도) 애석하고 섧게 여김.

憫惘(민망) 國답답하고 딱하여 걱정스럽거나 안쓰러움.

憫笑(민소) 어리석음을 조소(嘲笑)함.

憫然(민연) 불쌍히 여기는 모양.

憫恤(민휼) 가엾이 여겨 은혜를 베풂.

◨ 愛憫애민, 憐憫연민, 惻憫측민.

12 ⑮【憤】愤 성낼 분 吻

고등 인명 4급 ㊥fèn ㊐フン

필순

소전 초서 본자 憤 자원 形聲. 心+賁→憤. '賁(분)'이 음을 나타낸다.

자해 ❶성내다. 〔舊唐書〕 人神共憤인신공분, 法令不容법령불용. ❷괴로워하다, 번민하다. 〔論語〕 不憤不啓불분불계. ❸분기하다, 떨쳐 일어서다. 〔論語〕 發憤忘食발분망식.

憤慨(분개) 매우 분하게 여김. 憤愾(분개). 憤嘆(분탄).

憤激(분격) 몹시 노엽고 분한 감정이 북받쳐 오름.

憤氣(분기) 분한 생각이나 기운.

憤怒(분노) 몹시 화남.

憤懣(분만) 분한 마음이 일어나 답답함.

憤恚(분에) 분개하여 성냄. 노함.

憤慍(분온) 분개하여 번민함.

憤惋(분완) 성내며 한탄함. 화가 나서 원망함.

憤鬱(분울) 분한 마음 때문에 속이 답답함.

憤怨(분원) 몹시 분해하며 원망함.

憤痛(분통) 몹시 화나고 마음 아픔.

憤敗(분패) 분하게 짐.

◨ 激憤격분, 發憤발분, 悲憤비분, 雪憤설분, 鬱憤울분, 義憤의분, 痛憤통분, 含憤함분.

12 ⑯【憊】惫 고달플 비 ㊀

인명 1급 ㊥bèi ㊐ハイ

소전 초서 자해 ❶고달프다, 피곤하다. 〔楊萬里·詩〕力憊志猶在력비지유재. ❷앓다, 병으로 고생하다. 〔莊子〕貧也빈야, 非憊也비비야.

憊色(비색) 피로한 안색. 고달픈 얼굴빛.
憊臥(비와) 몸이 곤하여 누움.

12 ⑯【憑】凭 기댈 빙 ㊀

인명 1급 ㊥píng ㊐ヒョウ

초서 동자 凭 속자 凴 자해 ❶기대다, 의지하다. 〔書經〕憑玉几빙옥궤. ❷의거하다, 전거로 삼다. 〔舊唐書〕足可依憑족가의빙. ❸성(盛)하다, 대단하다, 크게. ¶ 憑怒빙노. ❹차다, 가득 차다. 〔楚辭〕憑不厭乎求索빙불염호구색. ❺건너다, 걸어서 건너다. 〔論語〕暴虎憑河포호빙하.

憑據(빙거) 근거로 함.
憑公營私(빙공영사) 공적인 일을 핑계로 사적인 이익을 추구함.
憑軾(빙식) 수레 앞턱의 가로나무에 의지함.
憑信(빙신) 의지로 삼고 믿음.
憑依(빙의) ①남의 힘을 빌려서 의지함. ②영혼이 옮겨 붙음.
憑藉(빙자) 다른 일에 의지함. 핑계를 댐.
憑河(빙하) 강을 걸어서 건넘. 무모한 용기.
憑虛(빙허) ①형질이 없는 것. ②허공을 오름. ③무(無)에 의탁함. ④기상(氣象)이 큼.
◨ 信憑신빙, 依憑의빙, 證憑증빙.

12 ⑯【憖】 懕(479)의 속자

12 ⑯【憖】 억지로 은 ㊀

㊥yìn ㊐ギン

소전 초서 속자 憗 자해 ❶억지로, 무리하게. 〔詩經〕不憖遺一老불은유일로. ❷바라건대, 될 수 있다면. ❸삼가다, 공근하다.

憖憖(은은) ①공경하는 모양. ②교만을 떨며 자기를 낮추지 않는 모양.

12 ⑯【憗】 憖(476)의 속자

12 ⑮【憎】憎 미워할 증 ㊀

고등 인명 3Ⅱ급 ㊥zēng ㊐ゾウ

필순 忄 忄 忄' 忄'' 忄'' 忄'' 忄'' 憎 憎 憎

소전 초서 자원 形聲. 心+曾→憎. '曾(증)'이 음을 나타낸다.

자해 ❶미워하다. 〔韓非子〕憎愛無度증애무도. ❷미움.

憎忌(증기) 미워하고 꺼림.
憎惡(증오) 몹시 미워함.
憎怨(증원) 미워하고 원망함.
憎嫉(증질) 미워하여 질투함.
憎嫌(증혐) 미워하고 싫어함.
◨ 可憎가증, 愛憎애증.

12 ⑮【憯】 슬퍼할 참 ㊀

㊥cǎn ㊐サン

소전 초서 속자 憯 자해 ❶슬퍼하다, 비통해하다. 〔淮南子〕怨之憯於骨髓원지참어골수. ❷잔혹하다, 무자비하다. ≒慘. 〔漢書〕法令煩憯법령번참. ❸일찌이, 앞서. 발어사. 〔詩經〕憯不畏明참불외명.

12 ⑮【憏】 慘(472)의 속자

12 ⑮【憿】 놀랄 창 ㊀

㊥chǎng ㊐ジョウ

자해 놀라다, 멍한 모양, 황홀한 모양. 〔張衡·賦〕魂憿惘而無疇혼창망이무주.

憿惘(창망) 실망하고 낙심하여 멍한 모양.
憿怳(창왕) 어리둥절함.

12 ⑮【憔】 수척할 초 ㊀

인명 1급 ㊥qiáo ㊐ショウ

초서 자해 ❶수척하다, 야위어 쇠약하다. 〔楚辭〕顏色憔悴안색초췌. ❷애태우다, 번민하다. ¶ 憔慮초려.

憔慮(초려) 수심(愁心)에 잠겨 애태우느라 수척함.
憔悴(초췌) 수척해짐. 지침.

12 ⑮【憜】 惰(465)와 동자

12 ⑮【憚】惮 꺼릴 탄 ㊀

인명 1급 ㊥dàn ㊐タン

소전 憚 초서 㤀 동자 㦛 자해 ❶꺼리다, 피하다. 〔詩經〕豈敢憚行기감탄행. ❷두려워하다. 〔詩經〕我心憚暑아심탄서. ❸피로해지다, 고달프다. 〔詩經〕哀我憚人애아탄인.

憚改(탄개) 고치기를 두려워하고 망설임.
憚服(탄복) 두려워서 복종함.
憚憚(탄탄) 근심에 싸여 두려워함. 염려하는 모양.
◨ 忌憚기탄, 畏憚외탄, 嫌憚혐탄.

12 ⑯【憲】宪 법 헌 願

고등 인명 4급 ㊥xiàn ㊐ケン

필순 丶 宀 宝 宔 宝 害 憲 憲 憲 憲

소전 憲 초서 㥶 자원 形聲. 宔+目+心→憲. '宔'는 '害(해)'의 생략형으로 음을 나타낸다.

자해 ❶법. ㉮법규, 규정. ¶ 憲法헌법. ㉯모범, 본보기. 〔詩經〕萬邦爲憲만방위헌. ❷가르침, 깨우침, 명령. ❸상관(上官). ❹본뜨다, 본받다. 〔書經〕惟聖時憲유성시헌.

憲綱(헌강) ①으뜸이 되는 중요한 법률. 법의 강령이나 조문. ②관직의 질서.
憲令(헌령) 나라의 법. 국법. 법령.
憲法(헌법) ①국가의 기본법. ②법령을 공포함.
憲部(헌부) 형부(刑部)의 딴 이름.
憲章(헌장) ①본받아 명백히 함. ②법. 법칙. ③법적으로 규정한 규범.
憲典(헌전) 나라의 법.
憲政(헌정) 입헌 정치.
◨ 官憲관헌, 國憲국헌, 違憲위헌, 立憲입헌.

12 ⑮【憓】 사랑할 혜 霽

인명 ㊥huì ㊐ケイ

초서 㥣 자해 ❶사랑하다. ❷따르다, 순종하다. 〔史記〕義征不憓의정불혜.

12 ⑯【憙】 기뻐할 희 寘 支

인명 2급 ㊥xǐ ㊐キ

소전 憙 초서 㐂 고자 憘 자해 ❶기뻐하다. =喜. 〔史記〕無不欣憙무불흔희. ❷좋아하다, 즐기다. 〔漢書〕群臣自憙군신자희. ❸탄식하는 소리, 허허! 〔後漢書〕試潛聽之曰憙시잠청지왈희.

12 ⑮【憘】 憙(477)의 고자 인명

13 ⑰【懇】恳 정성 간 阮

고등 인명 3Ⅱ급 ㊥kěn ㊐コン

필순 ⺈ 乡 于 豸 豸 豸 貇 貇 貇 懇 懇

소전 懇 초서 㦝 속자 恳 자원 形聲. 貇+心→懇. '貇(간)'이 음을 나타낸다.

자해 ❶정성, 성심. 〔吳志〕忠懇內發충간내발. ❷간절하다, 정성스럽다. ❸힘쓰다, 노력하다.

懇懇(간간) 매우 간절하고 지성스러운 모양.
懇曲(간곡) 간절하고 곡진함.
懇求(간구) 간절히 구함.
懇談(간담) 마음을 터놓고 정답게 이야기함.
懇到(간도) 극히 살뜰함. 懇至(간지).
懇篤(간독) 정이 깊고 도타움. 친절함.
懇望(간망) 절실한 소망. 간절히 바람. 절실하게 바람. 懇願(간원).
懇誠(간성) 지극한 정성.
懇切(간절) 매우 절실함.
懇請(간청) 간절히 청함.
懇惻(간측) ①간절하고 지성스러움. ②몹시 가엾고 딱함.

13 ⑯【憾】 한할 감 勘

인명 2급 ㊥hàn ㊐カン

초서 憾 자해 ❶한하다, 서운해하다. 〔中庸〕天地之大也천지지대야, 人猶有所憾인유유소감. ❷한, 서운함. 〔春秋左氏傳〕不可使畜憾불가사축감.

憾恚(감에) 원망하며 성을 냄.
憾怨(감원) 원망함.
憾情(감정) 불평·불만을 품어서 원망하거나 언짢게 여기는 마음.
憾悔(감회) 한하고 뉘우침. 悔恨(회한).
◨ 私憾사감, 宿憾숙감, 遺憾유감.

13 ⑰【懃】 은근할 근 文

인명 ㊥qín ㊐キン

초서 懃 자해 ❶은근하다, 친절한 모양. ❷일에 힘쓰다, 부지런히 일하다. 〔蘇軾·文〕實勞且懃실로차근.

懃懇(근간) 은근하고 간절함. 친절함.

13 ⑯【憹】 괴로워할 뇌 皓

㊥náo ㊐ドウ

초서 憹 자해 괴로워하다, 뉘우치며 한하다. ≒惱.

13 ⑯【憺】 ①편안할 담 感 ②떨 담 勘

인명 1급 ㊥dàn ㊐タン

소전 초서 자해 ① ❶편안하다, 평온하다. 〔司馬相如·賦〕憺乎自持담호자지. ❷고요하다, 조용하다. ② 떨다, 두려워하다. 〔漢書〕威稜憺乎隣國위릉담호린국.

憺畏(담외) 벌벌 떨면서 두려워함. 憚畏(탄외).
◨ 慘憺참담.

13 ⑯【懍】 위태할 름 寢

㊥lǐn ㊐リン

초서 자해 ❶위태하다, 위태로운 모양. ❷삼가다, 조심하다. ❸벌벌 떨다. ㉮두려워서 떨다. ㉯추워서 떨다. 〔杜甫·詩〕救汝寒懍慄구여한름률.

懍慄(늠률) ①추워서 떪. ②두려워서 벌벌 떪.
懍懍(늠름) ①두려워하는 모양. ②위엄이 있는 모양. ③삼가고 조심하는 모양.

心 13획

13 ⑯【懪】 慢(470)과 동자

13 ⑰【懋】 힘쓸 무 宥

인명 ㊥mào ㊐ボウ

소전 초서 동자 忞 자해 ❶힘쓰다, 노력하다. 〔書經〕惟時懋哉유시무재. ❷성대하다, 성대히 하다. ≒茂. 〔書經〕予懋乃德여무내덕. ❸아름답다, 빛나고 훌륭하다. 〔後漢書〕嗚呼懋哉오호무재.

懋戒(무계) 힘써 경계함.
懋典(무전) 성대한 의식. 盛典(성전).

13 ⑯【憤】 憤(475)의 본자

13 ⑯【憸】 간사할 섬 鹽

㊥xiān ㊐セン

소전 초서 자해 간사하다, 알랑거리다, 약삭빠르다. 〔書經〕無昵于憸人무닐우섬인.

13 ⑯【憶】 忆 생각할 억 職

중학 인명 3Ⅱ급 ㊥yì ㊐オク

필순 忄 忄 忄 忙 憶 憶 憶 憶 憶 憶

초서 자원 形聲. 心+意→憶. '意(의)'가 음을 나타낸다.

자해 ❶생각하다, 추억하다, 기억하다. 〔晉書〕猶憶疇昔유억주석. ❷생각, 기억, 추억.

憶念(억념) (佛)생각함. 깊이 생각하여 잊지 않음. 思念(사념).
憶昔(억석) 오래 전에 지나간 옛날을 생각함. 옛일을 생각하건대.
◨ 記憶기억, 追憶추억.

13 ⑯【懌】 怿 기뻐할 역 陌

㊥yì ㊐エキ

소전 초서 자해 ❶기뻐하다, 즐거워하다. 〔書經〕予一人以懌여일인이역. ❷순종하다, 열복(悅服)하다. 〔詩經〕旣夷旣懌기이기역.

13 ⑯【懊】 한할 오 皓

인명 1급 ㊥ào ㊐オウ

초서 자해 한하다, 괴로워하다, 뉘우치며 한하다. ¶ 懊惱오뇌.

懊惱(오뇌) 근심하고 괴로워함. 뉘우쳐 한탄하고 괴로워함. 懊憹(오뇌).
懊嘆(오탄) 원망하고 한탄함.
懊恨(오한) 원망함. 뉘우치고 한탄함.
懊悔(오회) 뉘우침. 悔恨(회한).

13 ⑰【應】 应 ①당할 응 蒸 ②대답할 응 徑

중학 인명 4Ⅱ급 ㊥yīng, yìng ㊐オウ

필순 ⼀ 广 广 府 府 府 府 雁 應 應

소전 초서 동자 譍 속자 应 속자 応

자원 形聲. 雁+心→應. '雁(응)'이 음을 나타낸다.

자해 ① ❶당하다, 감당(堪當)하다. 〔淮南子〕無事不應무사불응. ❷받다, 거두어 가지다. ❸응당 ~하여야 하다. 〔詩經〕我應受之아응수지. ② ❶대답하다, 응하다. 〔戰國策〕齊王不應제왕불응. ❷승낙하다, 허락하다. ❸따라 움직이다, 화동(和同)하다. 〔易經〕同聲相應동성상응.

應口輒對(응구첩대) 묻는 대로 거침없이 대답함.
應急(응급) 급한 대로 우선 처리함.
應器(응기) (佛)법(法)에 응한 식기(食器). 바리때. 應量器(응량기).
應機(응기) 좋은 기회에 응하여 행함.
應諾(응낙) 대답함. 승낙함.
應當(응당) ①당연함. ②마땅히 해야 함.

應對(응대) 응하여 대답함.
應命(응명) 명령에 응함. 명령에 따름.
應募(응모) 모집에 응함.
應門(응문) ①고대 궁정(宮廷)의 정문. ②찾아온 손님을 응대함. 방문객을 주인에게 안내함.
應報(응보) (佛)선악의 행위에 대하여 나타나는 화와 복.
應付(응부) 요구에 응하여 급부(給付)함.
應分(응분) 어떠한 분수나 정도에 알맞음.
應聲(응성) 소리에 응함.
應訟(응송) 송사에 응함. 應訴(응소).
應酬(응수) 어떤 상황에 응대함.
應時(응시) ①시기에 맞추어 응함. ②바로. 때에 따라. 즉시.
應試(응시) 시험에 응함.
應用(응용) ①실제에 활용함. ②어떤 이론이나 이미 얻은 지식을 구체적인 개개의 사례나 다른 분야의 일에 적용시켜 이용함.
應援(응원) 호응하여 도와줌. 곁에서 성원함.
應戰(응전) 상대편의 도전에 응하여 싸움.
應接(응접) 맞이하여 접대함.
應制(응제) 國①임금의 특명으로 임시로 실시하던 과거. ②임금의 명에 의하여 시문(詩文)을 짓던 일. 應詔(응조).
應從(응종) 응하여 그대로 따름.
應鐘(응종) ①십이율(十二律)의 하나. ②음력 10월의 딴 이름.
應天順人(응천순인) 천의(天意)에 응하고 민의(民意)에 순종함.
應驗(응험) ①작용한 일에 대하여 드러난 표시. ②징조가 나타나 맞음. 또는 그 징조.
應和(응화) 서로 응하여 대답함. 서로 조화함.
◨ 感應감응, 對應대응, 反應반응, 相應상응, 順應순응, 適應적응, 饗應향응, 呼應호응.

13 ⑯ **【懆】** 근심할 조 晧
㊥cǎo ㊐ソウ
소전 초서 자해 **근심하다, 불안하여 마음의 안정을 잃은 모양.** 〔詩經〕念子懆懆념자조조, 視我邁邁시아매매.

13 ⑯ **【懈】** 게으를 해 卦
인명 1급 ㊥xiè ㊐カイ
소전 초서 고자 懈 자해 **❶게으르다, 게으름을 피우다.** 〔後漢書〕正身立朝정신립조, 未嘗懈惰미상해타. **❷느슨해지다, 헐렁하다. ❸피곤하다.**
懈慢(해만) 게으름. 怠慢(태만).
懈怠(해태) 게으름. 태만함. 懈惰(해타).

13 ⑰ **【懈】** 懈(479)의 고자

13 ⑯ **【懐】** 懷(481)의 속자

14 ⑰ **【懦】** 나약할 나·유 箇 虞
인명 1급 ㊥nuò ㊐ダ, ジュ
소전 초서 동자 懧 참고 인명용 음은 '나'이다.
자해 **❶나약하다, 무기력하다.** 〔孟子〕懦夫有立志나부유립지. **❷낮다, 낮아지다.**
懦怯(나겁) 겁이 많음. 비겁함.
懦薄(나박) 의지가 약하고 덕이 적음.
懦夫(나부) 겁이 많고 의지가 약한 사람.
懦劣(나열) ①나약하고 용렬함. ②기개가 없음. 무기력함.

14 ⑱ **【懟】** 怼 원망할 대 隊
㊥duì ㊐タイ
소전 초서 자해 **원망하다, 원한을 품다.** 〔春秋左氏傳〕以死誰懟이사수대.

14 ⑱ **【懣】** 懑 번민할 만 旱
㊥mèn ㊐マン
소전 초서 자해 **❶번민하다, 괴로워 가슴이 답답하다.** 〔漢書〕不得舒憤懣부득서분만. **❷화내다, 분개하다.** 〔楚辭〕惟煩懣而盈匈유번만이영흉.
◨ 悶懣민만, 煩懣번만, 憤懣분만.

14 ⑰ **【懜】** 懵(480)과 동자

14 ⑱ **【懕】** 1 편안할 염 鹽 2 넉넉할 염 豔
㊥yān, yàn ㊐エン
소전 초서 동자 懨 속자 㥷 자해 1 **❶편안하다, 평안한 모양. ❷앓는 모양. ❸나른하다.** 2 **넉넉하다, 차고도 남음이 있다.**
懕懕(염염) ①편안한 모양. 厭厭(염염). ②병을 앓는 모양.

14 ⑰ **【懥】** 성낼 치 寘
㊥zhì ㊐チ

心 14획

초서 [자해] ❶성내다, 화내다. 〔大學〕 身有所忿懥신유소분치. ❷한하다, 원망하다.

15 ⑱【懰】 1 근심할 류 尤 2 아름다울 류 有

㊥liú, liǔ ㊐リュウ

초서 [자해] 1 ❶근심하다, 걱정하는 모양. ¶ 懰慄유율. ❷머무르다, 숙박하다. 2 아름답다, 멋지다. 〔詩經〕 佼人懰兮교인류혜.

懰慄(유율) 근심하는 모양. 괴로워하는 모양.

15 ⑱【懮】 느릿할 우 有

㊥yǒu, yōu ㊐ユウ

초서 [자해] ❶느릿하다, 천천하다. 〔詩經〕 舒懮受兮서우수혜. ❷근심하다, 슬퍼하다. 〔楚辭〕 傷余心之懮懮상여심지우우.

懮懮(우우) 근심하는 모양.

心 15획

15 ⑲【懲】 徴 혼날 징 蒸

고등 인명 3급 ㊥chéng ㊐チョウ

필순 彳 彳 彳 徨 徨 徨 徵 徵 懲 懲

소전 초서 [자원] 形聲. 徵+心→懲. '徵(징)'이 음을 나타낸다.

[자해] ❶혼나다, 혼이 나서 잘못을 뉘우치거나 고치다. 〔詩經〕 予其懲而毖後患여기징이비후환. ❷혼내주다, 벌주다, 응징하다. ¶ 勸善懲惡권선징악. ❸징계, 응징. 〔舊唐書〕 不忍加懲불인가징. ❹교훈으로 삼다. 〔韓非子〕 不誅過則民不懲而易爲非부주과즉민부징이역위비.

懲改(징개) ①잘못을 거울삼아 스스로 고침. ②징계하여 잘못을 고치게 함.

懲戒(징계) 잘못을 처벌함.

懲勸(징권) ①악을 징계하고 선을 권장함. 勸善懲惡(권선징악). ②상(賞)과 벌.

懲罰(징벌) 벌을 줌.

懲忿窒慾(징분질욕) 분한 생각을 경계하고 욕심을 막음. 懲窒(징질).

懲禦(징어) 외적을 응징하여 침입을 막음.

懲役(징역) 죄인을 교도소에 가두고 일을 시키는 형벌.

懲膺(징응) 정벌(征伐)하여 징계함.

懲一勵百(징일여백) 한 사람을 징벌함으로써 여러 사람을 격려함.

懲治(징치) 징계하여 다스림. 제재를 가하여 선도함. 허물을 징계하여 고치게 함.

懲貶(징폄) 징계하기 위하여 관위를 낮춤.

◨ 勸善懲惡권선징악, 膺懲응징.

15 ⑱【懴】 懺(482)의 속자

16 ⑲【懶】 懒 1 게으를 라 本란 旱 2 미워할 뢰 泰

인명 1급 ㊥lǎn, lài ㊐ラン, ライ

초서 [참고] 인명용 음은 '라'이다.

[자해] 1 게으르다, 나른하다. 〔南史〕 吾少懶學問오소라학문. 2 미워하다, 혐오하다. 〔蘇轍·詩〕 傍人任嫌懶방인임혐뢰.

懶農(나농) 농사일을 게을리 함.

懶眠(나면) 게을러서 잠.

懶不自惜(나부자석) 게을러서 자기의 재능을 세상에 보여 명성을 얻는 일을 하지 않음. 스스로 자기를 버림.

懶惰(나타) 게으르고 느림. 懶怠(나태).

16 ⑲【㦬】 嬾(312)의 속자

16 ⑲【懵】 1 어리석을 몽 東 2 어두울 몽 徑

㊥měng, mèng ㊐ボウ

동자 懜 [자해] 1 ❶어리석다, 무지(無知)한 모양. 〔白居易·書〕 其他懵然無知기타몽연무지. ❷부끄러워하다. 2 어둡다, 흐릿한 모양.

16 ⑳【懿】 懿(482)와 동자

16 ⑳【懸】 悬 매달 현 先

고등 인명 3Ⅱ급 ㊥xuán ㊐ケン

필순 目 且 县 県 県 縣 縣 縣 懸 懸

초서 [자원] 形聲. 縣+心→懸. '縣(현)'이 본디 '매달다'라는 뜻이었으나, 뒤에 행정 구역의 이름으로 가차(假借)되자 '心'을 더해 '懸' 자를 새로 만들어 '매달다, 달아매다'라는 뜻을 나타냈다. '縣'이 음도 나타낸다.

[자해] ❶매달다, 달아매다. 〔孟子〕 猶解倒懸也유해도현야. ❷매달리다, 늘어지다. 〔李白·賦〕 孤影孤懸고영고현. ❸걸다, 상을 걸다. ¶ 懸賞현상. ❹떨어지다, 동떨어지다. ❺헛되다.

懸車(현거) 수레를 겲. 관직(官職)을 그만둠. [故事] 한대(漢代)에 설광덕(薛廣德)이 관직을 사퇴하고 은거(隱居)할 때, 임금이 내린 안거(安車)를 매달아 자손에게 전하여 광영(光榮)을 보였다는 고사에서 온 말.

懸隔(현격) 서로 거리가 매우 멂.
懸橋(현교) 매달아 놓은 다리. 弔橋(조교).
懸軍(현군) 응원군(應援軍) 없이 홀로 깊이 적지(敵地)에 쳐들어가는 군대.
懸念(현념) 마음에 두고 늘 생각함.
懸湍(현단) 높은 곳에서 떨어지는 물. 폭포.
懸斷(현단) 아무 근거 없이 억측함.
懸頭刺股(현두자고) 애써 노력하여 공부함. 故事 한(漢)의 손경(孫敬)은 상투를 들보에 매달아 졸음을 쫓았고, 전국(戰國) 시대 소진(蘇秦)은 넓적다리를 바늘로 찔러 졸음을 쫓으며 공부한 데서 온 말.
懸燈(현등) ①등불을 높이 매닮. ②國밤에 행군할 때에 깃대에 매달던 등.
懸鈴(현령) ①방울을 닮. ②기둥 같은 데 달아 놓고 사람을 부를 때 줄을 당겨서 울리는 방울. 설렁.
懸邈(현막) 매우 동떨어짐. 동떨어져서 멂.
懸命(현명) 목숨을 걺. 縣命(현명).
懸罰(현벌) 國궁중에서 죄가 있는 사람을 벌하기 위해 두 손을 묶어 나무에 매달던 형벌.
懸氷(현빙) 고드름.
懸賞(현상) 무슨 일에 현금이나 물품 따위의 상을 내걺.
懸殊(현수) 동떨어짐. 큰 차이가 있음.
懸鶉(현순) 해어진 옷. 옷이 해어져서 너덜너덜한 것이 메추리의 꽁지깃이 빠진 것과 같음.
懸鶉百結(현순백결) 누더기. 누덕누덕 기운 옷.
懸案(현안) 이전부터 의논하여 오면서도 아직 결정하지 못한 의안. 해결되지 않은 문제.
懸崖(현애) 깎아지른 듯한 낭떠러지.
懸崖勒馬(현애늑마) 깎아지른 듯한 벼랑에 이르러서야 말고삐를 잡아 쥠. 방탕하게 지내다가 위험에 직면하고서야 뉘우쳐 깨달음.
懸魚(현어) ①생선을 매닮. 뇌물로 주는 물건을 먹지 않고 달아 두어서 거절함. 故事 후한(後漢)의 양속(羊續)이 태수(太守)로 있을 때 생선을 선사한 관리가 있었는데, 속(續)이 그 생선을 매달아 놓았다가 그가 또다시 생선을 가져오자 이를 보여주며 경계하였다는 고사에서 온 말. ②물고기 모양의 패부(佩符). ③물고기 모양으로 만들어 처마 끝에 붙이는 장식.
懸腕直筆(현완직필) 필법(筆法)의 한 가지. 팔목을 들고 붓을 수직으로 잡고 쓰는 필법.
懸旌(현정) ①바람에 나부끼는 기. 마음이 동요하여 안정되지 않음. 懸旗(현기). ②멀리 출군(出軍)함.
懸蹄(현제) 말의 앞다리 무릎 위 안쪽에 붙은 군살. 밤눈.
懸題(현제) 國과거(科擧) 때에 문제를 제시하던 일.
懸珠(현주) 구슬을 달아 놓은 것처럼 보이는 눈. 아리따운 눈.
懸進(현진) 적지(敵地) 깊이 진격함.
懸泉(현천) 폭포(瀑布).
懸榻(현탑) 걸상을 매닮. ㉠손을 후하게 대접함. ㉡귀한 손님. 故事 후한(後漢)의 진번(陳蕃)은 손을 만나지 않기로 유명하였으나, 서치(徐穉)가 올 때만은 걸상을 내놓고 후히 대접하였다가, 그가 떠나면 걸상을 걸어 두고 쓰지 않았다는 고사에서 온 말.
懸板(현판) 글씨나 그림 등을 새겨서 문 위나 벽에 거는 판자.
懸瀑(현폭) 낭떠러지에서 내리 떨어지는 폭포.
懸河(현하) 급히 흐르는 내. 急流(급류).
懸河之辯(현하지변) 도도히 흐르는 물과 같이 거침없이 잘하는 말. 懸河口辯(현하구변).
懸解(현해) 거꾸로 매달린 데서 풀려남. 매우 괴로운 상태에서 풀려남.
懸弧(현호) 사내아이가 태어남. 사내아이가 태어나면 활을 문 왼편에 걸어 놓고 앞날을 축하한 관습에서 온 말.

16
⑲【懷】怀 품을 회 佳

고등 인명 3Ⅱ급 ㊥huái ㊐カイ

필순 忄 忄 忄 忄 忄 忄 懐 懐 懷 懷

소전 [篆] 초서 [草] 속자 怀 속자 懐 고자 褱

자원 形聲. 心+褱→懷. '褱(회)'가 음을 나타낸다.

자해 ❶품다. 〔楚辭〕懷瑾握瑜兮회근악유혜. ❷생각하다. 그리워하다. 〔詩經〕有女懷春유녀회춘. ❸품, 품안, 가슴. 〔論語〕然後免於父母之懷연후면어부모지회. ❹마음, 생각, 정(情). 〔詩經〕寘予于懷치여우회. ❺길들이다, 따르게 하다. 〔詩經〕懷柔百神회유백신. ❻싸다, 둘러싸다. 〔書經〕蕩蕩懷山襄陵탕탕회산양릉. ❼임신하다. 〔顔氏家訓〕懷子三月회자삼월. ❽숨기다. 〔論語〕邦無道則可卷而懷之방무도즉가권이회지.

懷古(회고) 옛일을 생각함.
懷顧(회고) 옛일을 생각하여 되돌아봄.
懷橘(회귤) 귤을 품음. 효성이 지극함. 故事 후한(後漢)의 육적(陸績)이 어린 시절에 구강(九江)으로 원술(袁術)을 뵈러 가서, 원술이 대접한 귤을 어머니에게 드리려고 몰래 품속에 품었다는 고사에서 온 말.
懷金垂紫(회금수자) 황금의 인(印)을 품고 자줏빛 인끈을 늘어뜨림. 높은 벼슬자리에 오름.
懷慕(회모) 마음속 깊이 사모함.

心 16획

懷撫(회무) 잘 어루만져 안심시킴. 잘 달램.
懷想(회상) 그리워함.
懷玉(회옥) 옥을 품음. 좋은 성질을 품음.
懷柔(회유) 어루만져 달램. 달래서 따르게 함.
懷疑(회의) 의심을 품음.
懷貳(회이) 두 가지 마음을 품음.
懷人(회인) 마음에 있는 사람을 생각함.
懷姙(회임) 아이를 뱀. 懷胎(회태).
懷藏(회장) 마음속 깊이 남몰래 간직함.
懷抱(회포) ①가슴에 품음. 어버이가 자식을 가슴에 품거나 안아서 기르는 일. ②마음속으로 생각함. 가슴에 품은 정.
懷鄕(회향) 고향을 그리워함.
◨ 感懷감회, 窮鳥入懷궁조입회, 所懷소회, 述懷술회, 情懷정회.

17 ⑳ 【懺】 忏 뉘우칠 참 陷

인명 1급 ㊥chàn ㊐ザン

소전 속자 懴 자해 뉘우치다. 〔晉書〕愕然愧懺악연괴참.
懺禮(참례) (佛)부처에게 참회하고 예배하여 복을 빎.
懺洗(참세) (佛)참회하여 마음을 깨끗이 함.
懺悔(참회) 잘못을 깨달아 뉘우침.

18 ㉑ 【懼】 惧 두려워할 구 遇

고등 인명 3급 ㊥jù ㊐ク

필순

소전 초서 고자 愳 고자 자원 形聲. 心+瞿→懼. '瞿(구)'가 음을 나타낸다.

자해 ❶두려워하다. 〔論語〕勇者不懼용자불구. ❷위태로워하다, 위태롭게 여기다. 〔周書〕上下猜懼상하시구. ❸두려움, 근심, 걱정. 〔春秋左氏傳〕盍釋楚以爲外懼乎합석초이위외구호. ❹으르다, 협박하다. 〔史記〕懼士卒구사졸.
懼懣(구만) 두려워하며 번민함.
懼喘(구천) 두려워서 숨가쁘게 헐떡임.
◨ 恐懼공구, 悚懼송구, 危懼위구, 疑懼의구.

18 ㉑ 【懾】 慑 두려워할 섭 本접 葉

㊥shè ㊐ショウ

소전 초서 자해 ❶두려워하다, 겁내다, 무서워하다. 〔淮南子〕據義行理而志不懾거의행리이지불섭. ❷으르다, 협박하다. 〔呂氏春秋〕威所以懾之위소이섭지. ❸가지다, 유지하다. 〔後漢書〕徒感王綱之不懾도감왕강지불섭.
懾服(섭복) 두려워서 복종함.
懾怖(섭포) 두려워함.

18 ㉒ 【懿】 아름다울 의 寘

인명 ㊥yì ㊐イ

소전 초서 동자 懿 고자 자해 ❶아름답다, 좋다, 훌륭하다. 〔詩經〕好是懿德호시의덕. ❷기리다, 칭찬하다. 〔易經〕君子以懿文德군자이의문덕. ❸깊다. 〔詩經〕女執懿筐녀집의광. ❹아! 감탄하는 말. 〔詩經〕懿厥哲婦의궐철부.
懿軌(의궤) 좋은 표본. 훌륭한 법칙.
懿德(의덕) 아름답고 뛰어난 덕. 훌륭한 행실.
懿文(의문) 아름다운 문장. 훌륭한 법규.
懿懿(의의) ①향기로운 모양. ②아름답고 착한 모양.
懿績(의적) 훌륭한 공훈.
懿旨(의지) 황후의 분부.
懿戚(의척) ①의친(懿親). ②왕실과 가깝고 친밀한 외척(外戚).
懿親(의친) 친밀한 친척. 懿戚(의척).
懿訓(의훈) 훌륭한 교훈.

18 ㉑ 【懽】 기뻐할 환 寒

㊥huān ㊐カン

소전 초서 자해 ❶기뻐하다, 기뻐서 좋아하다. ＝歡. 〔孝經〕得萬國之懽心득만국지환심. ❷맞다, 들어맞다, 합당하다. 〔戰國策〕大國與之懽대국여지환.
懽娛(환오) 기뻐하여 즐김.

19 ㉓ 【戀】 恋 사모할 련 霰

고등 인명 3Ⅱ급 ㊥liàn ㊐レン

필순

초서 속자 恋 자원 形聲. 䜌+心→戀. '䜌(란)'이 음을 나타낸다.

자해 ❶사모하다, 그리워하다. 〔後漢書〕兄弟相戀형제상련. ❷그리움, 사랑의 정, 연애. ¶ 邪戀사련. ❸사랑하는 이.
戀歌(연가) 사랑을 읊은 노래.
戀慕(연모) 사랑하여 그리워함.
戀愛(연애) 남녀가 서로 사랑함.
戀戀(연연) ①사랑하여 그리워함. ②쉽게 단념하지 못하는 정.
戀情(연정) 사랑하고 그리워하는 마음.
◨ 悲戀비련, 失戀실연, 愛戀애련.

20 ㉓【戇】 惝(457)과 동자

20 ㉓【戄】 놀랄 확 藥

㊥jué ㊐カク

초서 자해 **놀라다, 놀라워 당황하다**. 〔史記〕晏子戄然안자확연.

戄然(확연) 당황하여 바라보는 모양.

21 ㉕【戇】 戇(483)의 속자

24 ㉘【戇】 어리석을 당 ㊍장 絳

인명 ㊥zhuàng ㊐トウ

소전 초서 속자 자해 **어리석다, 우직하다**. 〔史記〕甚矣심의, 汲黯之戇也급암지당야.

戇朴(당박) 고지식하고 순박함.

戇愚(당우) 정직은 하나 어리석음.

戇直(당직) 어리석고 정직함.

戈部 창과

0 ④【戈】 창 과 歌

인명 2급 ㊥gē ㊐カ

소전 초서 자원 象形. 弋+一→戈. '弋'은 주살을, '一'은 가로로 덧붙인 날을 나타낸다. 날이 옆에 달려 있는 주살, 곧 찌르거나 잡아당기게 되어 있는 병기라는 데서 '창'을 뜻한다.

자해 ❶**창**. 한쪽에만 날이 붙은 창. 양쪽에 날이 붙은 것은 '戟(극)'이라고 한다. 〔詩經〕修我戈矛수아과모. ❷**싸움, 전쟁**. 〔吳志〕止戈興仁지과흥인.

戈劍(과검) ①창과 칼. ②병기(兵器).

戈戟(과극) ①창. 병기. ②전쟁.

戈矛(과모) 창. '矛'는 가지가 없는 창.

戈兵(과병) ①병기(兵器). ②전쟁.

戈船(과선) ①악어·수충(水蟲) 따위의 해를 막기 위하여 배 밑면에 창을 장치한 배. ②창을 싣고 다니며 적을 막는 배.

戈盾(과순) 창과 방패.

◨ 干戈간과, 兵戈병과.

1 ⑤【戊】 다섯째 천간 무 宥

중학 인명 3급 ㊥wù ㊐ボウ

필순 丿 厂 尤 戊 戊

소전 초서 자원 象形. 도끼류의 무기를 본뜬 글자. 뒤에 천간(天干)의 뜻으로 가차(假借)되었다.

자해 ❶**다섯째 천간**. 고갑자(古甲子)로는 저옹(著雍), 방위로는 중앙(中央), 오행으로는 토(土), 시간으로는 오전 3~5시에 배당된다. 〔詩經〕吉日維戊길일유무. ❷**창**(槍). 긴 자루에 뾰족한 쇠촉을 박은 무기.

戊夜(무야) 하룻밤을 다섯 부분으로 나누었을 때, 오전3시에서 5시 사이. 五更(오경).

1 ⑤【戉】 도끼 월 月

㊥yuè ㊐エツ

소전 자해 **도끼**. 처음에는 무기로 쓰다가 뒤에는 의장(儀仗)에 사용됨. ＝鉞.

2 ⑥【戍】 成(485)의 속자

2 ⑥【戍】 지킬 수 遇

인명 1급 ㊥shù ㊐ジュ

소전 초서 참고 戌(483)·戊(483)·戉(483)은 딴 자.

자원 會意. 人+戈→戍. 사람〔人〕이 창〔戈〕을 들고 있다는 데서 '지키다'의 뜻을 나타낸다.

자해 ❶**지키다, 국경·국가 등을 지키다**. 〔詩經〕不與我戍申불여아수신. ❷**수자리, 국경을 지키는 임무나 그 사람**. 〔詩經〕我戍未定아수미정. ❸**병사**(兵舍), **병영**(兵營).

戍甲(수갑) 변경을 지키는 병사. 수자리.

戍鼓(수고) 변새(邊塞)를 수비하는 군중(軍中)에서 치는 북.

戍旗(수기) 변방을 지키는 군사가 내거는 기.

戍樓(수루) 적의 동정을 살피기 위하여 성위에 지은 망루(望樓).

戍兵(수병) 국경을 지키는 병사.

戍人(수인) 수자리 사는 사람의 통칭.

2 ⑥【戌】 개 술 質

중학 인명 3급 ㊥xū ㊐ジュツ

필순 丿 厂 F 戌 戌 戌

소전 초서 참고 戍(483)는 딴 자.

자원 象形. 도끼류의 무기를 본뜬 글자. 뒤에 지지(地支)의 뜻으로 가차

(假借)되었다.

자해 ❶개, 열한째 지지. 고갑자(古甲子)로는 엄무(閹茂), 달로는 음력 9월, 시간으로는 오후 7~9시, 방위로는 서북(西北), 오행으로는 토(土), 동물로는 개에 배당된다. ❷마름질하다.

戌削(술삭) ①깎아 냄. 대패로 밀어서 만듦. ②정연하여 아름다운 모양.

戌月(술월) 음력 9월.

2
⑥【戎】 되 융 東

인명 1급 ㊥róng ㊐ジュウ

소전 초서 자해 ❶되, 오랑캐. 중국에서는 서쪽의 오랑캐, 우리나라에서는 북방 오랑캐를 이른다. 〔大戴禮〕西辟之民曰戎서벽지민왈융. ❷병기, 무기(武器)의 총칭. 〔禮記〕以習五戎이습오융. ❸병거(兵車), 전투에 쓰는 수레. 〔詩經〕小戎俴收소융천수. ❹싸움, 전쟁, 전투. 〔書經〕惟甲冑起戎유갑주기융. ❺군사, 병사. 〔易經〕戎伏于莽융복우망. ❻크다. 〔詩經〕念茲戎功념자융공.

戈 2획

戎羯(융갈) 오랑캐. '羯'은 산서성(山西省)에 살던 흉노(匈奴)의 한 종족.

戎功(융공) 큰 공훈(功勳).

戎壇(융단) 대장(大將)의 자리. 戎垣(융원).

戎毒(융독) 큰 폐해(弊害).

戎路(융로) ①싸움터에서 임금이 타는 수레. ②흰 장식을 한 병거(兵車). 戎輅(융로).

戎馬(융마) ①전쟁에 쓰는 말. 軍馬(군마). ②무기와 군마. ③전쟁. 軍事(군사).

戎兵(융병) ①군복과 병기. ②군사. 병사.

戎備(융비) 전쟁 준비.

戎士(융사) 병사(兵士).

戎事(융사) 전쟁.

戎夷(융이) 오랑캐. 오랑캐 나라 사람.

戎場(융장) 전장(戰場). 싸움터.

戎裝(융장) 싸움의 장비. 전쟁 준비.

戎陣(융진) 싸움의 포진(布陣). 軍陣(군진).

戎醜(융추) 많은 사람. 大衆(대중).

戎行(융행) ①군대의 행렬. ②행군함. 진군(進軍)함.

戎軒(융헌) ①전쟁에 쓰는 수레. 兵車(병거). ②병기(兵器)와 수레. ③전쟁. 군사.

戎華(융화) 미개국과 중국. '戎'은 미개한 이민족(異民族), '華'는 중화(中華), 즉 중국. 戎夏(융하).

◨ 犬戎견융, 大戎대융, 西戎서융, 元戎원융.

3
⑦【戒】 경계할 계 卦

고등 인명 4급 ㊥jiè ㊐カイ

필순 一 二 〒 开 戒 戒 戒

소전 초서 자원 會意. 戈+廾→戒. 두 손〔𠂇彐→廾〕으로 창〔戈〕을 높이 들고 있는 모습에서 '경계하다'의 뜻을 나타낸다.

자해 ❶경계하다, 경비하다 〔荀子〕勝敵而愈戒승적이유계. ❷조심하고 주의하다, 삼가다. ≒悈. 〔孟子〕必敬必戒필경필계, 無違夫子무위부자. ❸타이르다, 알리다. ≒誡. 〔儀禮〕主人戒賓주인계빈. ❹교훈, 훈계. 〔孟子〕辭曰사왈, 聞戒문계. ❺이르다, 분부하다. 〔春秋左氏傳〕軍政不戒而備군정불계이비. ❻재계, 재계하다. 〔禮記〕七日戒칠일계. ❼(佛)계율(戒律), 승려가 지켜야 할 행동 규범. ❽문체(文體)의 이름. 경계하는 뜻을 내용으로 하는 문체.

戒告(계고) 일정한 기간 안에 행정상의 의무를 이행하지 않을 경우, 강제 집행한다는 내용을 문서로 알리는 일.

戒懼(계구) 조심하고 두려워함.

戒禁(계금) ①타일러 금지함. ②(佛)모든 악을 경계하여 금지함. 戒律禁制(계율금제).

戒旦(계단) 밤이 새었음을 경고함. 이른 아침.

戒名(계명) (佛)①승려가 계(戒)를 받을 때 스승에게 받는 이름. ②죽은 사람에게 붙여 주는 이름.

戒法(계법) (佛)불제자(佛弟子)에게 주는 경계. 오계(五戒)·팔계(八戒)·십계(十戒) 따위.

戒師(계사) (佛)①계법(戒法)을 일러 주는 스승. ②계법을 받은 승려. ③계법을 잘 지키는 승려.

戒色(계색) 여색(女色)을 경계함.

戒善(계선) (佛)계(戒)를 지켜 선근(善根)을 키워 나감.

戒愼(계신) 경계하여 삼감. 조심함.

戒嚴(계엄) 큰 사건이나 전쟁이 있을 때 군대로 일정 지역을 경계함.

戒律(계율) 지켜야 할 규범.

戒飮(계음) 술을 삼감. 음주를 조심하고 경계함. 戒酒(계주).

戒杖(계장) (佛)승려나 산중(山中)의 수행자가 가지는 지팡이. 錫杖(석장).

戒責(계책) ①경고하고 꾸짖음. ②견책(譴責)함. ③잘못하는 일이 다시 생기지 않도록 경계하여 마음에 각성이 일게 함.

戒牒(계첩) (佛)승려가 계(戒)를 받았다는 증명서. 度牒(도첩).

戒飭(계칙) 경계하여 타이름. 훈계하여 정신을 가다듬게 함. 戒敕(계칙).

◨ 警戒경계, 十戒십계, 齋戒재계, 懲戒징계, 破戒파계, 訓戒훈계.

3
⑦【成】 이룰 성 庚

중학 인명 6급 ㊥chéng ㊐セイ

필순 丿 厂 万 成 成 成

소전 초서 속자 성 고자 자원 會意·形聲. 戊+丁→成. '戊'는 '茂'와 같은 뜻이고, '丁'에는 '충실하다'라는 뜻이 담겨 있으므로, 어떤 사물이든 성해져서〔戊〕 충실하게〔丁〕 되면 이루어져 간다는 데서 '이루다, 이루어지다'라는 뜻을 나타낸다. '丁(정)'이 음도 나타낸다.

자해 ❶이루다. 〔詩經〕 庶民攻之서민공지, 不日成之불일성지. ❷이루어지다. 〔老子〕 大器晩成대기만성. ❸정하여지다. 〔國語〕 吳晉爭長未成오진쟁장미성. ❹익다, 성숙하다. 〔國語〕 是穀不成也시곡불성야. ❺끝나다. 〔書經〕 簫韶九成소소구성. ❻갖추어지다, 정리되다. 〔詩經〕 儀旣成兮의기성혜. ❼어른이 되다, 성인(成人)이 되다. 〔春秋左氏傳〕 齊燕姬生子제연희생자, 不成而死불성이사. ❽다스리다, 평정하다. 〔春秋左氏傳〕 以成宋亂이성송란.

成家(성가) ①혼인하여 한 가정을 이룸. ②기술이나 학문이 하나의 체계를 이룸.
成格(성격) 격식(格式)을 이룸.
成功(성공) ①공적이나 사업을 이룸. ②뜻한 바 목적을 이룸.
成果(성과) 이룩한 좋은 결과.
成冠(성관) 관례(冠禮)를 행함.
成均(성균) 주대(周代)의 태학(太學).
成均館(성균관) ①조선 때 유학(儒學) 교육을 맡아보던 관아. 太學(태학). 學宮(학궁). ②공자를 제사하는 문묘(文廟)와 유학을 강학(講學)하던 명륜당(明倫堂)의 총칭.
成均試(성균시) 고려 때 국자감(國子監)에서 진사를 뽑던 시험. 國子監試(국자감시).
成器(성기) ①완성한 그릇. 좋은 그릇. 善器(선기). ②재예(才藝)와 기능을 완성함.
成年(성년) 성인이 된 나이.
成德(성덕) 몸에 덕을 지님. 또는 그 덕.
成童(성동) ①8세 이상의 소년 ②15세 이상의 소년.
成立(성립) 이루어짐.
成名(성명) ①명예를 얻어 명성이 높음. ②특정한 기예(技藝)에 뛰어남.
成文(성문) ①문장으로 써서 나타냄. 완성한 문장. ②문채(文彩)를 이룸.
成坏(성배) 도자기의 몸을 만듦.
成服(성복) 초상이 난 뒤에 상제와 복인들이 상복(喪服)을 처음 입는 일.
成否(성부) 일의 성공 여부. 成敗(성패).
成分(성분) ①서로 합하여 하나의 복합체를 형성하는 물질. ②문장을 이루는 각 부분. 주어·서술어 따위. ③화합물·혼합물 따위를 만들고 있는 각 원소나 분자.
成佛(성불) ①모든 번뇌를 해탈하여 불과(佛果)를 얻음. ②부처가 됨. ③죽음.
成事(성사) 일을 이룸.
成俗(성속) ①풍속이 됨. ②좋은 풍속을 만듦.
成數(성수) ①일정한 수효를 이룸. ②정해진 운수.
成熟(성숙) ①곡식이나 과일이 익음. ②어떤 현상이 한 단계 발전할 수 있는 상황이 됨.
成習(성습) 습관이 됨. 버릇이 됨.
成實(성실) 열매를 맺음.
成案(성안) 안건을 만듦. 또는 그 안건.
成語(성어) ①숙어(熟語). ②고인(古人)이 만들어 세상에서 널리 쓰이는 말.
成員(성원) ①모임이나 단체를 구성하는 인원. ②회의 성립에 필요한 인원.
成人(성인) 자라서 어른이 된 사람.
成長(성장) 자람.
成績(성적) 하여 온 일의 결과로 얻은 실적.
成丁(성정) 남자가 공역에 복무할 나이인 열여섯 살이 됨.
成竹(성죽) 대를 그리려 할 때, 먼저 대 모양을 마음속에 그려 본 뒤에 붓을 잡음. 미리 마음속에 계획을 세움.
成貼(성첩) 國문서에 관인(官印)을 찍음.
成軸(성축) ①법도를 제정함. ②시회(詩會)에서 지은 글을 두루마리에 차례대로 벌여 적음.
成蟲(성충) 다 자란 곤충.
成娶(성취) 장가듦.
成就(성취) 목적한 바를 이룸.
成湯(성탕) 은(殷)나라의 초대 왕. 湯王(탕왕).
成敗(성패) 성공과 실패.
成形(성형) ①일정한 형체를 만듦. ②신체의 어떤 부분을 고침.
成蹊(성혜) 작은 길이 생김. 덕이 많은 사람에게는 절로 사람이 많이 따름.
成婚(성혼) 혼인이 이루어짐.
成火(성화) ①몹시 마음을 태워서 답답하고 번거로움. ②몹시 귀찮게 굶.

◨ 結成결성, 構成구성, 達成달성, 大成대성, 生成생성, 速成속성, 守成수성, 養成양성, 完成완성, 育成육성, 作成작성, 造成조성, 贊成찬성, 編成편성, 合成합성, 混成혼성.

3
⑦【我】 나 아 哿

중학 인명 3Ⅱ급 ㊥wǒ ㊐ガ

戈 3획

필순 一 二 千 手 我 我 我

소전 𢦐 초서 𢦏 동자 㧴 자원 象形. 무기 또는 농기구를 본뜬 글자. 뒤에 '나' 라는 뜻으로 가차되었다.

자해 ❶나. ㉮나 자신. 〔孟子〕 萬物皆備於我矣만물개비어아의. ㉯나의 편, 나의 나라. 〔漢書〕 虜亦不得犯我로역부득범아. ㉰나의 임금. 〔後漢書〕 天齊乎人천제호인, 假我一日가아일일. ❷우리. 〔論語〕 竊比於我老彭절비어아노팽. ❸외고집. 〔論語〕 毋固毋我무고무아.

我歌査唱(아가사창) 國내가 부를 노래를 사돈이 부름. 책망을 들어야 할 사람이 도리어 큰 소리를 침.

我見(아견) ①나의 의견. ②(佛)칠견(七見)의 하나. 자기의 의견에 집착한 그릇된 견해.

我軍(아군) 우리 편의 군대.

我慢(아만) (佛)자기 자신을 자랑하면서 남을 업신여기는 마음.

我輩(아배) 우리들. 我曹(아조).

我心如秤(아심여칭) 내 마음이 저울과 같음. 마음이나 자세가 공평함.

我田引水(아전인수) 國제 논에 물을 댐. 자기에게 이로울 대로만 굽혀서 말하거나 행동함.

我執(아집) ①자신의 의견만 고집함. ②(佛)존재하는 실체가 항상 제 마음속에 있다고 믿는 집착.

◨ 無我무아, 物我물아, 自我자아, 彼我피아.

3 ⑦【㧴】 我(486)와 동자

3 ⑦【𢦏】 或(486)와 동자

3 ⑦【𢧢】 或(486)의 속자

4 ⑧【戔】 戋 해칠 잔 寒

㊥cán ㊐サン

소전 戔 초서 𢦔 자해 ❶해치다, 상처를 입히다. ≒殘. ❷나머지. ≒殘. 〔周禮〕 雖其潘瀾戔餘수기번란잔여, 不可褻也불가설야.

4 ⑧【戕】 죽일 장 陽

㊥qiāng ㊐ショウ

소전 𢦘 초서 𢧃 자해 ❶죽이다, 살해하다. 〔春秋左氏傳〕 凡自虐其君曰弑범자학기군왈시, 自外曰戕자외왈장. ❷상하게 하다, 손상을 입히다. 〔孟子〕 將戕賊杞柳장장적기류.

戕殺(장살) 죽임.

戕賊(장적) 쳐 죽임. 해침.

戕害(장해) 죽임. 殺害(살해).

4 ⑧【戋】 哉(209)의 속자

4 ⑧【或】 혹 혹 職

중학 인명 4급 ㊥huò ㊐ワク

필순 一 一 冖 冂 冃 或 或 或

소전 或 초서 𢦏 고자 㦽 동자 𢦏 속자 𢧢

자원 會意. 口＋戈＋一→或. 창〔戈〕을 들고 어느 일정한 땅〔一〕의 사방 경계〔口〕를 지킨다는 데서 본뜻은 '나라' 이다. 후세 사람들이 이것만으로는 사방을 지킨다는 뜻이 약하다 하여 '或＋口→國' 과 같이 사방의 경계를 뜻하는 '口' 을 더하여 '나라' 라는 뜻으로는 '國' 자를 쓰게 되고, '或' 자는 '혹' 이라는 뜻으로 가차되었다.

자해 ❶혹, 혹은. ㉮어쩌다가 더러. ¶ 或是或非혹시혹비. ㉯어떤 이, 어떤 사람. 〔論語〕 或謂孔子曰혹위공자왈, 子奚不爲政자해불위정. ㉰어떤 것, 어떤 사물. 〔史記〕 物有不可忘물유불가망, 或有不可不忘혹유불가불망. ㉱어떤 경우. 〔春秋左氏傳〕 天或啓之천혹계지. ❷있다. 〔書經〕 罔或干予正망혹간여정. ❸괴이쩍게 여기다, 이상하게 생각하다. 〔孟子〕 無或乎王之不智무혹호왕지부지.

或問(혹문) ①어떤 사람이 물음. ②질문자에게 대답하는 체재로 기술하는 문체.

或是(혹시) ①만일에. ②어쩌다가.

或時(혹시) 어쩌다가. 어떠한 때에.

或是或非(혹시혹비) 혹은 옳기도 하고 혹은 그르기도 함. 시비(是非)를 가릴 수 없음.

或如(혹여) 혹시(或是).

或者(혹자) ①어떤 사람. ②혹시(或是).

或出或處(혹출혹처) 혹은 벼슬을 하여 조정에 나아가고, 혹은 은퇴하여 집에 있음.

◨ 間或간혹, 設或설혹.

5 ⑨【㦽】 成(485)의 고자

5 ⑨【战】 戰(488)의 속자

戈 3획

6 ⑩【戚】 滅(745)의 고자

7 ⑪【戛】 창 알 黠

㊥jiá ㊐カツ

소전 초서 속자 戞 자해 ❶창, 긴 창. 〔張衡·賦〕立戈迤戛립과이알. ❷법, 예법. 〔書經〕不率大戛불솔대알. ❸두드리다, 가볍게 치다. 〔書經〕戛擊鳴球알격명구. ❹어긋나다. ❺쇠나 돌이 부딪는 소리. 〔蘇軾·賦〕戛然長鳴알연장명, 掠予舟而西也략여주이서야. ❻멍석, 짚.

戛擊(알격) 악기를 가볍게 쳐서 소리를 냄.

戛戛(알알) ①사물이 서로 어긋나고 맞지 않는 모양. ②물건이 서로 부딪치는 소리. ③이〔齒〕를 가는 소리.

戛然(알연) ①학이 우는 소리. ②금석(金石)이 부딪는 소리.

7 ⑪【戚】 겨레 척 錫

고등 인명 3Ⅱ급 ㊥qī ㊐セキ

필순 丿 厂 厂 厂 戶 戶 戶 戚 戚 戚

소전 초서 자원 形聲. 戉+尗→戚. '尗(숙)'이 음을 나타낸다.

자해 ❶겨레, 친족(親族). 〔孟子〕有貴戚之卿유귀척지경. ❷도끼. 의식(儀式)이나 형구(刑具)로 쓰는 큰 도끼. 〔詩經〕干戈戚揚간과척양. ❸슬퍼하다, 마음 아파하다. ≒慽. ❹근심하다, 염려하다. ❺성내다, 분개하다. 〔禮記〕慍斯戚온사척. ❻가깝다. 〔書經〕未可以戚我先王미가이척아선왕. ❼친하다, 친하게 지내다. 〔詩經〕戚戚兄弟척척형제.

戚黨(척당) 외척(外戚)과 처족(妻族).

戚里(척리) ①한대(漢代)에 임금의 외척(外戚)이 모여 살던 장안(長安)의 동네 이름. ②임금의 외척. 戚畹(척완).

戚末(척말) 척당(戚黨) 사이에서 '자기'의 낮춤말. 戚下(척하).

戚分(척분) 성이 다르면서 일가가 되는 관계.

戚屬(척속) 성(姓)이 다른 일가.

戚施(척시) ①곱사등이. 佝僂(구루). ②두꺼비. 추한 것의 비유. ③남의 비위를 맞추고 아첨하는 사람.

戚臣(척신) 임금의 외척이 되는 신하.

戚誼(척의) 인척 간의 정의(情誼).

戚戚(척척) ①서로 친밀한 모양. ②근심하고 슬퍼하는 모양.

◨ 國戚국척, 外戚외척, 姻戚인척, 親戚친척.

8 ⑫【戟】 창 극 陌

인명 1급 ㊥jǐ ㊐ゲキ

소전 초서 동자 戟 속자 戟 자해 ❶창. 끝이 두 가닥으로 갈라진 창. 끝이 외가닥인 창은 '戈'라 한다. 〔詩經〕修我矛戟수아모극. ❷찌르다. ¶ 刺戟자극.

戟架(극가) 창을 거는 도구.

戟槊(극삭) 창. '槊'은 외가닥 창. 矛槊(모삭).

戟手(극수) ①화가 났을 때의 동작. 한 손은 쳐들고 한 손은 팔꿈치를 아래로 굽혀 극(戟) 모양을 만듦. ②주먹을 불끈 쥐고 내저음.

戟盾(극순) 창과 방패. 戟楯(극순).

◨ 劍戟검극, 刺戟자극.

8 ⑫【戞】 戛(487)의 속자

9 ⑬【戡】 칠 감 覃

인명 ㊥kān ㊐カン

소전 초서 자해 치다, 이기다, 평정하다. 〔書經〕西伯旣戡黎서백기감려.

戡亂(감란) 난리를 평정함.

戡夷(감이) 난리를 평정함. '夷'는 '平'으로 '평정하다'라는 뜻.

戡定(감정) 전쟁에 이겨 난리를 평정함.

9 ⑬【戣】 창 규 支

㊥kuí ㊐キ

소전 초서 자해 창. 창끝이 세모 진 무기. 〔書經〕一人冕執戣일인면집규.

9 ⑬【戦】 戰(488)의 속자

9 ⑬【戢】 거둘 즙 緝

㊥jí ㊐シュウ

소전 초서 자해 ❶거두다, 무기를 거두어들이다. 〔春秋左氏傳〕載戢干戈재즙간과. ❷그치다, 그만두다. 〔漢書〕其兵猶火也기병유화야, 弗戢불즙, 必自焚필자분. ❸온화하다. 〔孟子〕思戢用光사즙용광.

戢櫜(즙고) 무기를 거두어 모아 다시는 쓰지 않음. 전쟁을 그만둠.

戢兵(즙병) 군대를 거두어들여 부리지 않음.

전쟁을 그만둠.
戢伏(즙복) 자기의 재능을 숨기고 은둔함.
戢翼(즙익) 새가 날개를 접음. 벼슬을 그만두고 은거(隱居)함.

10
⑭【戟】 戟(487)과 동자

10
⑭【戩】 멸할 전 銑

㊥jiǎn ㊐セン

소전 초서 자해 ❶멸하다, 멸망시키다. ❷죄다, 모두, 다. 〔詩經〕俾爾戩穀비이전곡. ❸복, 행복. 〔隋書〕方憑戩福방빙전복.

10
⑭【截】 끊을 절 屑

인명 1급 ㊥jié ㊐セツ

소전 초서 자해 ❶끊다, 절단하다. ¶ 截長補短절장보단. ❷말을 잘하는 모양. 〔書經〕惟截截善諞言유절절선편언. ❸다스리다, 정제(整齊)하다. 〔詩經〕海外有截해외유절.
截斷(절단) 끊음. 切斷(절단).
截髮易酒(절발역주) 머리털을 잘라 술과 바꿈. 어진 어머니가 빈객(賓客)을 환대함. 故事 진대(晉代)에 도간(陶侃)의 집이 가난하여, 친구인 범규(范逵)가 찾아와도 차려 낼 음식이 없자, 그의 어머니가 머리털을 잘라 판 돈으로 술을 사서 대접하였다는 고사에서 온 말.
截長補短(절장보단) 긴 것을 끊어 짧은 것에 보탬. ㉠장점으로 결점이나 부족한 점을 보충함. ㉡넉넉한 것으로 부족한 것을 보충함.
截截(절절) ①구변(口辯)이 좋은 모양. ②성(盛)한 모양.
截取(절취) 끊어 가짐.
◨ 斷截단절, 直截직절, 橫截횡절.

10
⑭【戧】 戗 다칠 창 陽

㊥qiàng ㊐ソウ

자해 ❶다치다. ※創(143)의 고자(古字). ❷새겨 넣다, 칠기(漆器) 겉면에 금은 가루로 그림을 그려 넣다.
戧金(창금) 그릇 겉면에 금세공(金細工)으로 그림이나 무늬를 박아 넣음.

11
⑮【戮】 죽일 륙 屋

인명 1급 ㊥lù ㊐リク

소전 초서 자해 ❶죽이다, 사형에 처하다. 〔周禮〕斬殺刑戮참살형륙. ❷육시하다, 죽은 사람에게 형벌을 가하여 목을 베다. 〔國語〕殺其生者살기생자, 而戮其死者이륙기사자. ❸벌, 형벌. 〔史記〕有顯戮유현륙. ❹욕, 욕보이다. 〔呂氏春秋〕爲天下戮위천하륙. ❺합하다, 힘을 합하다. ＝勠. 〔國語〕戮力同德륙력동덕.
戮力(육력) 서로 힘을 합함. 協力(협력).
戮笑(육소) 욕을 당하여 웃음거리가 됨.
戮屍(육시) ①이미 죽은 사람에게 형벌을 가하여 목을 벰. ②죄인을 처형하여 여러 사람들에게 구경시켜 욕되게 함.
戮辱(육욕) ①욕되게 함. 凌辱(능욕). ②부끄러움. 恥辱(치욕).
◨ 屠戮도륙, 殺戮살륙, 誅戮주륙, 刑戮형륙.

11
⑮【戱】 戲(489)의 속자

12
⑯【戰】 战 싸울 전 霰

중학 인명 6급 ㊥zhàn ㊐セン

필순 ⼁ 口 吅 𠮛 嘼 單 單 戰 戰 戰

소전 초서 속자 戦 속자 战 자원 會意·形聲. 單＋戈→戰. 무기를 뜻하는 '戈'와 무기를 맞댄다는 뜻의 '單'을 합하여 '적과 무기를 맞대고 싸워 쓰러뜨린다'는 뜻을 나타낸다. '單(단)'이 음도 나타낸다.
자해 ❶싸우다, 전쟁을 하다. 〔書經〕大戰于甘대전우감. ❷싸움, 전쟁. 〔孟子〕王好戰왕호전, 請以戰喩청이전유. ❸두려워하다, 두려워서 떨다. ≒顫. 〔漢書〕股戰而慄고전이률. ❹흔들리다, 살랑거리다. 〔蘇軾·詩〕棠梨葉戰暝禽呼당리엽전명금호.
戰悸(전계) 두려워서 떪.
戰鼓(전고) 싸울 때 울리는 북.
戰功(전공) 전투에서 세운 공. 戰勳(전훈).
戰果(전과) 전투나 경기 따위에서 올린 성과.
戰懼(전구) 두려워하며 떪.
戰國(전국) ①전쟁을 하고 있는 나라. ②전쟁으로 어지러운 세상. 亂世(난세).
戰國時代(전국 시대) 주(周)의 위열왕(威烈王) 때부터 진시황(秦始皇)이 천하를 통일하기까지의, 여러 제후국이 패권을 다투었던 시대(B.C. 403~B.C. 221).
戰國七雄(전국 칠웅) 전국 시대의 일곱 강국(強國). 곧, 제(齊)·초(楚)·연(燕)·한(韓)·조(趙)·위(魏)·진(秦).

戰兢(전긍) 몹시 두려워하고 조심하는 모양. 戰戰兢兢(전전긍긍).
戰機(전기) ①전쟁이 일어나려는 기미. ②전쟁의 기밀(機密). 軍機(군기).
戰騎(전기) 말을 타고 싸우는 군사.
戰圖(전도) ①전쟁이 행해지고 있는 범위. ②전장(戰場)의 지도. 작전 지도. ③전쟁의 상황을 그린 그림.
戰亂(전란) 전쟁으로 말미암은 난리.
戰略(전략) 전쟁이나 전투의 작전 계획.
戰力(전력) 전투나 경기 등을 할 수 있는 능력.
戰利品(전리품) 전쟁에서 적으로부터 빼앗은 물품.
戰笠(전립) 國군인이 쓰던 모자. 벙거지.
戰馬(전마) 싸움에 쓰는 말. 軍馬(군마).
戰亡將卒(전망장졸) 전쟁에서 죽은 장수와 군사. 戰歿將兵(전몰장병).
戰歿(전몰) 전쟁에서 죽음. 戰死(전사).
戰犯(전범) 침략 전쟁을 주도한 범죄자.
戰法(전법) 전쟁이나 경기 따위에서 상대와 싸우는 방법.
戰堡(전보) 보루(堡壘).
戰備(전비) ①전쟁 준비. ②전쟁이 일어났을 경우에 대한 대비.
戰死(전사) 싸움터에서 싸우다가 죽음.
戰線(전선) 적과 대치하거나 전투가 진행 중인 지역.
戰勢(전세) 싸움의 형편.
戰術(전술) 전쟁 등 어떤 목적을 달성하기 위한 여러 가지 수단과 방법.
戰勝攻取(전승공취) 싸우면 이기고, 공격하면 반드시 빼앗음. 연전연승함.
戰列(전열) 전쟁에 참가하는 부대의 대열.
戰友(전우) 전투를 함께하는 동료.
戰雲(전운) 전쟁이 일어날 것 같은 상황.
戰慄(전율) 두려워서 떪.
戰意(전의) 싸우고자 하는 의지.
戰場(전장) 싸움터.
戰爭(전쟁) 국가 사이의 무력 다툼.
戰跡(전적) 전쟁을 한 자취.
戰績(전적) 맞서 싸워 얻은 실적.
戰戰兢兢(전전긍긍) 몹시 두려워하여 벌벌 떨면서 조심함.
戰陣(전진) ①진을 치고 싸우는 곳. 戰場(전장). ②싸우기 위하여 벌여 친 진영(陣營). ③싸움의 수단. 戰法(전법).
戰車(전차) 전쟁할 때 쓰는 수레. 兵車(병거).
戰鬪(전투) 전쟁 상대방과의 싸움.
戰汗(전한) 무섭고 떨려서 나는 식은땀.
戰禍(전화) 전쟁으로 말미암은 재화.
戰況(전황) 전쟁의 실제 상황.
戰後(전후) 전쟁이 끝난 뒤.
◨ 激戰격전, 決戰결전, 苦戰고전, 交戰교전, 挑戰도전, 督戰독전, 舌戰설전, 速戰속전, 勝戰승전, 實戰실전, 惡戰악전, 野戰야전, 作戰작전, 接戰접전, 停戰정전, 終戰종전, 出戰출전, 敗戰패전, 血戰혈전.

12
⑯【戱】 戲(489)의 속자

13
⑰〖戴〗 일 대 隊

인명 2급 ㊥dài ㊐タイ

소전 초서 자해 ❶이다, 얹다. 〔孟子〕 男負女戴남부녀대. ❷널〔棺〕을 묶는 끈. 〔禮記〕 士戴사대, 前纁後緇전훈후치. ❸받들다, 떠받들다. 〔國語〕 欣戴武王흔대무왕.
戴冠式(대관식) 임금이 즉위할 때 왕관을 쓰는 의식.
戴白(대백) ①머리에 흰 털이 많이 남. ②노인(老人).
戴盆望天(대분망천) 동이를 이고 하늘을 바라보려 함. 동시에 두 가지 일을 병행할 수 없음.
戴星(대성) 별을 머리에 임. 아침 일찍 집을 나가 저녁 늦게 돌아옴.
戴天(대천) 하늘을 머리에 임. 이 세상에 생존(生存)함.
◨ 男負女戴남부여대, 奉戴봉대, 推戴추대.

13
⑰【戲】戏 ①놀 희 寘 ②아 호 虞

고등 인명 3Ⅱ급 ㊥xì, hū ㊐ギ, コ

필순 ⺊ 广 卢 卢 虍 虐 虐 虛 戱 戲 戲

소전 초서 속자 戱 속자 戯 참고 인명용 음은 '희'이다.

자원 形聲. 虛+戈→戲. '虛(희)'가 음을 나타낸다.

자해 ① ❶놀다, 장난하다. 〔孔子家語〕 俳優侏儒戲于前배우주유희우전. ❷희롱하다, 말이나 행동으로 실없이 놀리다. 〔詩經〕 無敢戲豫무감희예. ❸놀이, 장난. 〔魏志〕 以獵戲多殺群吏이렵희다살군리. ② 아! 감탄할 때 쓰는 말. =呼. 〔禮記〕 於戲前王不忘오호전왕불망.
戲曲(희곡) ①주로 대화와 연기로 표현하는 문학의 한 형식. ②연극 대본.
戲劇(희극) 웃기는 장면이 주가 되는 연극.
戲談(희담) 웃음거리로 실없이 하는 담화.
戲弄(희롱) 실없이놀리는 짓.

戈
13
획

戱文(희문) 장난삼아 쓴 글. 익살을 주로 한 글.
戱媟(희설) 여자를 데리고 희롱하며 놂. 戱狎(희압).
戱笑(희소) 익살.
戱言(희언) 익살로 하는 말.
戱遊(희유) 실없는 희롱을 하며 놂.
戱作(희작) 장난삼아 쓴 글.
戱綵娛親(희채오친) 어버이의 마음을 즐겁게 함. 故事 춘추 시대 초(楚)나라의 노래자(老萊子)가 일흔 살에 오색 무늬옷을 입고 어버이 앞에서 어린애 짓을 하여 어버이를 즐겁게 하였다는 고사에서 온 말.
戱稱(희칭) ①실없이 희롱하여 일컫는 말. ②풍자(諷刺).
戱謔(희학) 실없는 농지거리.
戱畫(희화) ①장난삼아 그린 그림. ②익살스러운 그림.
◨ 博戱박희, 演戱연희, 遊戱유희, 淫戱음희, 作戱작희.

戶 0획

戶部 지게 호

0 ④【戶】 지게 호 麌

중학 인명 4Ⅱ급 ㊥hù ㊐コ

필순 ㇐ ㇆ 戶 戶

소전 초서 고자 𢨤 자원 象形. 돌쩌귀를 달아 여닫게 되어 있는 문(門)의 한 쪽을 본뜬 글자.

자해 ❶지게, 지게문. 외짝 문. 〔禮記〕 外戶而不閉외호이불폐. ❷출입구. 〔老子〕 不出戶불출호, 知天下지천하. ❸집, 가옥. 〔易經〕 其邑人三百戶기읍인삼백호. ❹사람, 주민(住民). 〔唐書〕 溫戶彊丁온호강정.

戶口(호구) 가구의 수와 인구수.
戶大(호대) 술고래. 주량(酒量)이 센 사람.
戶牖 호유) 지게문과 창문.
戶長(호장) 각 고을 아전의 우두머리.
戶籍(호적) ①가구 수, 인구 등을 기록한 장부. ②國호주(戶主)를 중심으로 한 집안의 가족 관계와 각 가족의 성명, 생년월일 등 신분에 관한 사항을 기록한 공문서.
戶典(호전) 조선 때 호조(戶曹)의 사무 규정 등을 기록한 육전(六典)의 하나.
戶庭(호정) 뜰. 마당.
戶庭出入(호정출입) 앓던 사람이나 늙은이가 겨우 마당 안에나 드나듦.
戶主(호주) 한 집안의 대표자.
戶樞不蠹(호추부두) 문지도리는 좀먹지 않음. 늘 활동하면 안전 무사함.
戶布(호포) 고려·조선 때, 집집마다 봄·가을에 무명이나 모시로 징수하던 세금.
◨ 門戶문호.

1 ⑤【戹】 좁을 액 陌

㊥è ㊐ヤク

소전 초서 자해 ❶좁다, 구멍이 작다. 〔漢書〕 壺口桱戹호구추액. ❷괴로워하다, 고생하다. 〔孟子〕 君子之戹於陳蔡之間군자지액어진채지간, 無上下之交也무상하지교야. ❸재난(災難), 위난(危難). =厄. 〔後漢書〕 況當今之世有三空之戹哉황당금지세유삼공지액재.

戹窮(액궁) 재난을 당하여 괴로움.
戹運(액운) 재난을 당하는 운수. 지진·홍수·해일 따위.
◨ 困戹곤액, 兵戹병액, 水戹수액, 禍戹화액.

3 ⑦【戼】 卯(172)의 본자

4 ⑧【戾】 어그러질 려 霽

인명 1급 ㊥lì ㊐レイ

소전 초서 자해 ❶어그러지다, 맞지 아니하다, 틀어지다. 〔淮南子〕 擧事戾蒼天거사려창천. ❷사납다, 흉포하다. 〔詩經〕 暴戾無親폭려무친. ❸허물, 죄. 〔詩經〕 亦維斯戾역유사려. ❹이르다, 다다르다. 〔詩經〕 鳶飛戾天연비려천. ❺안정(安定)하다, 자리가 잡히다. 〔詩經〕 民之未戾민지미려.

戾天(여천) 높이 낢. 날아서 하늘에 이름.
◨ 悖戾패려.

4 ⑧【房】 방 방 陽

중학 인명 4Ⅱ급 ㊥fáng ㊐ボウ

필순 ` ㇓ 广 户 户 户 房 房

소전 초서 자원 形聲. 戶＋方→房. '方(방)'이 음을 나타낸다.

자해 ❶방. ㉮정당(正堂)의 뒤쪽에 있는 방. 〔書經〕 在東房재동방. ㉯규방(閨房), 침실(寢室). 〔宋書〕 妾當守空房첩당수공방. ❷방성(房星). 28수(宿)의 하나. ❸집, 가옥. 〔王建·詩〕 夜地房前小竹聲야지방전소죽성. ❹전동, 화살을 넣는 통. 〔春秋左氏傳〕 納諸廚子之房납저주자지방. ❺송이, 꽃송이.

房忌諱(방기휘) 國해산한 집에서 산실(産室)을 부정(不淨)과 통하지 않게 함.
房事(방사) 남녀의 성행위.
房外犯色(방외범색) 國자기 아내 이외의 다른 여자와 육체관계를 맺음.
房子(방자) ①본처가 낳은 아들. ②㉠조선 초, 왕실(王室)에 두었던 여자 종. ㉡조선 때, 지방 관아에서 심부름하던 남자 종.
◨ 空房공방, 閨房규방, 煖房난방, 冷房냉방, 獨房독방, 僧房승방, 新房신방, 廚房주방.

4 ⑧【所】 바 소 語

중학 인명 7급 ㊥suǒ ㊐ショ

필순 一 厂 戶 戶 戶 所 所 所

소전 所 초서 𠮷 고자 戺 속자 所 자원 會意. 戶+斤→所. '집'을 뜻하는 '戶'와 도끼를 뜻하는 '斤'을 합하여 '일을 한다'는 뜻을 나타낸다. 뒤에 '사람(벌목공)이 사는 곳'이라는 뜻으로 바뀌었다.

자해 **❶바, 일정한 곳이나 지역.** 〔詩經〕獻于公所헌우공소. **❷지위, 자리, 위치.** 〔論語〕居其所거기소. **❸경우**(境遇). 〔春秋左氏傳〕非歎所也비탄소야. **❹관아**(官衙), **어떤 일을 처리하는 곳.** 〔元史〕始立徵收課稅所시립징수과세소. **❺장소를 세는 단위.** 〔班固·賦〕離宮別館三十六所리궁별관삼십륙소. **❻바.** 일·방법·기회·형편 따위의 뜻을 나타낸다. 〔孟子〕問其所與飮食者문기소여음식자.

所感(소감) 느낀 바나 생각.
所見(소견) 어떤 일이나 사물을 살펴보고 가지게 되는 생각이나 의견.
所管(소관) 맡아 다스리는 일.
所期(소기) 기대한 바. 마음속으로 기약한 바.
所得(소득) 얻는 이익이나 수입.
所領(소령) ①소유하고 있는 땅. 領地(영지). ②자기가 영유(領有)한 바.
所望(소망) 바라는 바.
所聞(소문) 사람들 사이에 전하여 들리는 말.
所生(소생) ①낳은 어버이. 부모. ②낳은 자식.
所産(소산) 어떤 행위나 상황 따위에 의한 결과로 나타나는 현상.
所所(소소) 곳곳. 여기저기. 處處(처처).
所屬(소속) 어떤 조직에 딸림.
所信(소신) 스스로 확신하는 믿음.
所業(소업) ①업으로 하는 일. ②한 짓. 한 일.
所要(소요) 요구되거나 필요한 것.
所用(소용) 쓸 곳. 또는 쓰이는 바.
所願(소원) 원하고 바라는 것.
所謂(소위) 이른바. 말하는 바.
所由(소유) ①말미암은 바. 까닭. ②國고려 때, 사헌부(司憲府)의 구실아치.
所有(소유) 어떤 것을 가짐.
所以(소이) ①하는 일이나 짓. ②까닭.
所以然(소이연) 그렇게 된 까닭.
所任(소임) ①맡은 직책. ②하급의 관리. 色掌(색장).
所自出(소자출) 나온 근본이나 출처.
所長(소장) ①소(所) 자가 붙는 기관의 우두머리. ②가진 장기(長技).
所掌(소장) 맡아보는 일.
所藏(소장) 간직함.
所在(소재) 있는 곳.
所定(소정) 정해진 바.
所從來(소종래) 지내 온 내력.
所重(소중) 매우 귀중함.
所知(소지) 학문으로 안 도리.
所持(소지) 지님.
所天(소천) 하늘로 삼을 만큼 존경하는 사람. 신하가 임금을, 아내가 남편을, 자식이 어버이를 이르는 말.
所請(소청) 남에게 청하거나 바라는 일.
所出(소출) 논밭에서 나는 곡식. 또는 그 곡식의 양.
所致(소치) 어떤 까닭으로 이루어진 바.
所親(소친) ①서로 친하게 지내는 사람. 가까이 지내는 사람. ②방계(傍系)의 친척.
所行(소행) 이미 해 놓은 일이나 짓.
所向無敵(소향무적) 가는 곳마다 대적할 적(敵)이 없음.
所懷(소회) 품고 있는 감회(感懷).
◨ 急所급소, 名所명소, 墓所묘소, 便所변소, 殯所빈소, 宿所숙소, 場所장소, 適所적소, 住所주소, 處所처소.

4 ⑧【戾】 戶(490)의 고자

5 ⑨【扃】 빗장 경 靑

㊥jiōng ㊐ケイ

소전 扃 초서 扃 자해 **❶빗장, 문빗장.** 〔禮記〕入戶奉扃입호봉경. **❷문**(門), **출입문.** **❸닫다, 문을 닫고 틀어박히다.** **❹수레의 가로대.** 병거(兵車)에 설치하여 기(旗)나 창 등을 기대어 세우는 데 쓴다.

扃關(경관) 문빗장.
扃堂(경당) 고구려 때 각 지방에 세운 사학(私學) 기관. 평민층의 자제에게 경학(經學)·문학·무예 등을 가르쳤음.

戶 5획

扃扉(경비) ①문. ②문을 잠금.
扃鎖(경쇄) 자물쇠.

5
⑨【扂】 所(491)의 고자

5
⑨【扂】 빗장 점 琰

㊥diàn ㊐テン
초서 자해 빗장, 문빗장.
扂楔(점설) 문빗장과 문설주.

5
⑨【扁】 1 넓적할 편 銑 2 치우칠 편 ㊍번 先 3 두루 편 ㊍번 元

인명 2급 ㊥biǎn, piān ㊐ヘン
소전 초서 자해 1 ❶넓적하다, 납작하다. 〔後漢書〕欲其頭扁욕기두편, 押之以石압지이석. ❷액자, 문 위나 방 안에 거는 액자. 2 치우치다, 치우쳐서 작다. ≒偏. 3 두루, 널리. 〔莊子〕扁然而萬物自古以固存편연이만물자고이고존.
扁旁(편방) 한자 구성상의 이름. 한자의 왼쪽 부분을 이루는 '편(扁)'과 오른쪽 부분을 이루는 '방(旁)'. 偏旁(편방).
扁額(편액) 글씨를 쓰거나 그림을 그려 벽이나 문 위에 걸어 놓는 액자.
扁鵲(편작) 전국 시대의 명의(名醫). 환자의 오장(五臟)을 투시하는 경지에까지 이르렀다고 함.
扁舟(편주) 조각배. 작은 배. 거룻배.
扁平(편평) 넓고 평평함.

6
⑩【扇】 1 사립문 선 霰 2 부채질할 선 先

인명 1급 ㊥shàn, shān ㊐セン
소전 초서 자해 1 ❶사립문. 〔禮記〕乃修闔扇내수합선. ❷부채. 〔世說新語〕以扇拂塵이선불진. ❸햇빛을 가리는 의장기(儀仗旗)인 단선(團扇). ¶ 扇翣선삽. ❹부추기다, 선동하다. ≒煽. 〔魏志〕更相扇動갱상선동. 2 부채질하다.
扇翣(선삽) 의장(儀仗)에 쓰는, 자루가 긴 단선(團扇). 티끌을 막고, 해를 가리는 데 씀. 掌扇(장선).
扇子(선자) 부채. 團扇(단선).
扇枕溫被(선침온피) 여름에는 베개를 부채질하여 시원하게 하고, 겨울에는 제 몸으로 잠자리를 따뜻하게 함. 효성이 지극함.
◨ 團扇단선, 羽扇우선, 太極扇태극선.

6
⑩【扆】 병풍 의 尾

㊥yǐ ㊐イ
소전 초서 자해 병풍, 칸막이. 도끼 모양을 수놓은 높이 8척(尺)의 병풍으로, 천자(天子)의 거처에 친다. 〔荀子〕負扆而坐부의이좌.
扆座(의좌) 임금의 자리. 임금이 제후(諸侯)를 인견(引見)할 때 병풍을 뒤에 치고 남면(南面)한 데서 온 말. 玉座(옥좌).

7
⑪【扈】 뒤따를 호 麌

인명 2급 ㊥hù ㊐コ
소전 초서 자해 ❶뒤따르다, 시중들기 위하여 뒤따르다. ❷넓다, 마음이 넓다. ❸만연하다, 창궐하다, 퍼지다. ¶ 跋扈발호. ❹막다, 못하게 하다. 〔春秋左氏傳〕扈民無淫者也호민무음자야. ❺마부(馬夫), 말을 기르는 사람. ¶ 扈養호양.
扈駕(호가) 임금이 탄 수레를 수행함.
扈養(호양) 종자(從者). '扈'는 마부(馬夫), '養'은 요리하는 사람.
扈衛(호위) 궁성을 경호함.
扈從(호종) 임금이 탄 수레를 호위하여 따름. 임금을 수행하는 사람.
◨ 跋扈발호, 陪扈배호, 桑扈상호.

8
⑫【扉】 문짝 비 微

인명 1급 ㊥fēi ㊐ヒ
소전 초서 자해 ❶문짝. 〔春秋左氏傳〕子尾抽桷擊扉三자미추각격비삼. ❷집, 주거(住居). 〔白居易·詩〕欲去公門歸野扉욕거공문귀야비.

手部 손수

0
④【手】 손 수 有

중학 인명 7급 ㊥shǒu ㊐シュ
필순 一 二 三 手
소전 초서 참고 '手'가 한자의 구성에서 변에 쓰일 때는 글자 모양이 '扌'으로 바뀌고, 자형(字形)이 '才(재주 재)' 자와 닮은 데서 특히 '재방변'이라고 부른다.
자원 象形. 다섯 손가락을 펼치고 있는 손의

戶 5획

모양을 본뜬 글자.

자해 ❶손. ㉮손. 손목에서 손끝까지의 부분. 〔詩經〕 執子之手집자지수. ㉯손가락. 〔大學〕 十手所指십수소지. ㉰손바닥. 〔唐書〕 唾手可取타수가취. ㉱**팔, 어깨에서 손가락 끝까지의 부분.** 〔後漢書〕 拱手自服공수자복. ❷**사람.** ¶ 名手명수. ❸**힘, 도움이 될 힘이나 행위.** 〔書經〕 假手于我有命가수우아유명. ❹**솜씨, 기량(伎倆).** ❺**수단, 방법, 계략.** ❻**쥐다, 손으로 잡다.** 〔春秋公羊傳〕 曹子手劍而從之조자수검이종지. ❼**스스로, 손수.** 〔後漢書〕 帝報以手書제보이수서. ❽**치다, 손바닥으로 치다.** 〔司馬相如·賦〕 手熊羆수웅비.

手脚慌忙(수각황망) 갑자기 생긴 일에 놀라서 어찌할 바를 모름.

手匣(수갑) 죄인의 손목에 채우는 형구(刑具).

手巾(수건) 얼굴이나 몸을 닦기 위하여 만든 천 조각.

手格(수격) 손으로 침. 맨손으로 쳐서 잡음.

手決(수결) 國도장 대신에 자기 성명이나 직함 아래에 쓰는 일정한 자형(字形).

手工(수공) 손으로 하는 공예.

手巧(수교) 손재주.

手交(수교) 손수 건네줌.

手記(수기) ①자기의 체험을 손수 적은 기록. ②國수표(手標).

手段(수단) ①어떤 목적을 이루기 위한 방법. 또는 그 도구. ②일을 처리하여 나가는 솜씨와 꾀.

手當(수당) 정해진 급료 외에 따로 주는 보수.

手練(수련) 國솜씨가 능란함.

手理(수리) 손금. 手紋(수문).

手舞足蹈(수무족도) 손과 발이 춤을 춤. 너무 기뻐서 어쩔 줄 모름.

手墨(수묵) 손수 쓴 글이나 글씨.

手搏(수박) ①손으로 때림. 맨손으로 격투하여 잡음. ②손과 손으로 서로 쳐서 승부를 가리는 경기. 유도·권투 따위.

手配(수배) 國①어떤 일을 각자 맡아서 하게 함. ②범인을 잡으려고 수사망을 폄.

手法(수법) 일을 처리하는 솜씨.

手不釋卷(수불석권) 손에서 책을 놓지 않음. 부지런히 학문에 힘씀.

手寫(수사) 손수 베낌. 자기 손으로 씀.

手相(수상) 손금 손금이나 손의 모양 따위를 보고 그 사람의 운수와 길흉을 판단하는 점.

手書(수서) 손수 씀. 손수 쓴 편지.

手署(수서) 國손수 서명함.

手疏(수소) ①손수 상소(上疏)를 씀. ②손수 조목별로 써서 진술함.

手續(수속) 일을 처리하기 위한 과정이나 단계.

手數料(수수료) 어떤 일을 맡아 처리해 준 데 대한 보수.

手熟(수숙) 손에 익어서 능숙함.

手術(수술) 몸의 여러 조직을 자르거나 째거나 하여 병을 고치는 일.

手腕(수완) 일을 꾸미거나 치러 나가는 재간.

手刃(수인) 손수 칼을 들고 죽임.

手印(수인) ①손바닥을 물들여 누른 도장. 손도장. ②무인(拇印).

手才(수재) 손재주

手迹(수적) 손수 쓴 글씨. 筆跡(필적).

手製(수제) 손으로 만듦.

手爪(수조) 손톱.

手詔(수조) 임금이 손수 쓴 조서(詔書). 手敕(수칙).

手足(수족) 손발. 마음대로 부리는 사람.

手足之愛(수족지애) 형제의 우애.

手足之情(수족지정) 형제의 정

手指(수지) 손가락.

手織(수직) 손으로 짬. 손으로 짠 물건.

手帖(수첩) ①손수 쓴 서류. ②각 증명 쪽지를 모아 엮은 작은 책. ③가지고 다니며 간단한 기록을 하는 작은 공책.

手抄(수초) 손수 베낌. 손수 베낀 것.

手澤(수택) ①책이나 그릇 따위에, 자주 손이 닿아서 남아 있는 손때나 윤택. ②선인(先人)이 쓰던 유품.

手板(수판) 홀(笏). 관원이 어전(御前)에서 비망(備忘)으로 적기 위하여 지니던 작은 판자.

手標(수표) 國돈 대신 주고받는 증서.

手下(수하) ①손아랫사람. ②부하.

手話(수화) 몸짓이나 손짓으로 하는 말.

◨ 歌手가수, 擧手거수, 高手고수, 鼓手고수, 旗手기수, 騎手기수, 名手명수, 選手선수, 握手악수, 敵手적수, 助手조수, 着手착수, 投手투수, 捕手포수, 下手하수.

0
③ 【才】 재주 재 灰

중학 인명 6급 ㊥cái ㊐サイ

필순 一 十 才

소전 才 초서 才 참고 이 자는 '手'가 변에 쓰일 때의 글자 모양인 '扌'과 글자 모양이 비슷하여 이 부수에 포함시키고 있다.

자원 會意. 一+亅+丿→才. 나무나 풀의 줄기가 땅〔一〕을 뚫고 내밀고〔亅〕 있는 것도 있고, 아직 땅 밑에 있는〔丿〕 것도 있다는 데서 초목이 움트는 시초를 나타내어, 원뜻은 '처음'이다. 또 초목이 움트는 것은 흡사 사람이 태어난 처음에는 온갖 가능성을 갖추고 있는 것과 같다는 데서 '재주'라는 뜻도 나타내게 되었다.

자해 ❶재주, 능력, 지혜. 〔論語〕 旣竭吾才기갈오재. ❷재능이 있는 사람. 〔列子〕 東里多才동리다재. ❸기본(基本), 근본. 〔後漢書〕 三才理通삼재리통. ❹겨우, 조금. ≒纔. 〔晉書〕 才小富貴재소부귀, 便豫人家事편예인가사.

才幹(재간) 재주와 솜씨.
才格(재격) ①재능의 정도. ②뛰어난 재능.
才骨(재골) 재주가 있는 골상. 재주가 있어 보이는 사람.
才器(재기) 재지(才智)와 기량(器量). 재지가 뛰어난 사람.
才能(재능) 재주와 능력.
才德兼備(재덕겸비) 재주와 덕을 겸하여 갖춤.
才度(재도) 재능과 도량.
才略(재략) 재주와 꾀. 才數(재수)
才量(재량) 재주와 도량. 才局(재국).
才力(재력) ①재주와 역량. ②생각하는 능력.
才望(재망) 재능과 인망(人望).
才門(재문) 대대로 재주가 있는 집안.
才辯(재변) 재치 있게 잘하는 말.
才分(재분) 타고난 재능.
才士(재사) 재주가 많은 남자.
才思(재사) 재치 있는 생각. 才情(재정).
才色(재색) 여자의 뛰어난 재주와 아름다운 외모(外貌).
才術(재술) 재능과 기술. 재주와 학예.
才勝德薄(재승덕박) 재주는 있으나 덕이 적음.
才識(재식) 재주와 식견.
才藝(재예) 재지(才智)와 기예(技藝).
才媛(재원) 재주 있는 젊은 여자.
才人(재인) ①지혜가 뛰어난 사람. 재주가 있는 사람. 才子(재자). ②가무(歌舞)와 곡예 등을 직업으로 하던 사람.
才子佳人(재자가인) 재주 있는 남자와 아름다운 여인.
才藻(재조) ①재지(才智)와 문조(文藻). ②시가·문장을 짓는 재능.
才俊(재준) 재주가 뛰어난 사람.
才筆(재필) 시문(詩文)을 짓는 뛰어난 재능. 뛰어난 문장
才學(재학) 재주와 학식
才華(재화) 빛나는 재주.

◪ 鬼才귀재, 鈍才둔재, 文才문재, 人才인재, 天才천재.

1 ④ 【扎】 뺄 찰 黠

㊥zhá, zhā ㊐サツ

초서 자해 ❶빼다, 뽑다. 〔孔子家語〕 毫末不扎호말불찰. ❷베 짜는 소리.

扎扎(찰찰) 베 짜는 소리.

2 ⑤ 【扐】 손가락 사이 륵 職

㊥lè ㊐ロク

소전 초서 자해 손가락 사이, 손가락 사이에 끼다. 〔易經〕 歸奇於扐以象閏귀기어륵이상윤.

2 ⑤ 【扒】 1뺄 배 卦 2깨뜨릴 팔 黠

㊥bài, bā ㊐ハイ, ハツ

자해 1❶빼다, 뽑다. ❷기다, 기어오르다. 2❶깨뜨리다, 쳐부수다. ❷치다.

2 ⑤ 【扑】 칠 복 屋

㊥pū ㊐ボク

초서 자해 ❶치다, 때리다. ≒撲. 〔史記〕 擧筑扑秦皇帝거축복진황제. ❷매, 종아리채. 〔書經〕 扑作敎刑복작교형.

扑撻(복달) 매로 때림. 鞭撻(편달).

2 ⑤ 【払】 拂(504)의 속자

2 ⑤ 【扎】 收(546)의 고자

2 ⑤ 【打】 칠 타 馬

중학 인명 5급 ㊥dǎ ㊐ダ

필순 一 十 扌 扌 打

소전 초서 자원 形聲. 手+丁→打. '丁(정)'이 음을 나타낸다.

자해 ❶치다, 때리다, 공격하다. 〔南史〕 打賀援景타하원경. ❷다스. dozen의 음역자.

打開(타개) 매우 어렵거나 막힌 일을 잘 처리하여 해결의 길을 엶.
打擊(타격) ①때려 침. ②심한 충격이나 손실.
打穀(타곡) 國곡식의 이삭에서 낟알을 떨어냄. 脫穀(탈곡).
打球(타구) 야구에서, 공을 치는 일, 또는 그 공.
打毬(타구) 옛날, 운동 경기의 한 가지. 두 패로 갈라서 각각 말을 타고 내달아 경기장 가운데 놓인 자기편 공을 먼저 자기편 구문(毬門)에 넣으면 이김.
打倒(타도) 때려 거꾸러뜨림.

打量(타량) ①헤아려 살핌. 생각하여 헤아림. ②토지를 측량함. ③계산함.
打令(타령) ①술을 권하는 놀이를 함. ②國㉠광대의 판소리와 잡가의 총칭. ㉡어떤 것에 대하여 자꾸 이야기함.
打麥(타맥) 보리타작.
打碑(타비) 비문(碑文)을 탁본(拓本)함.
打算(타산) 이해관계를 따져 봄.
打線(타선) 야구에서, 타자의 진용.
打順(타순) 야구에서, 공을 치는 선수의 차례.
打樂器(타악기) 두드리거나 서로 부딪쳐서 소리내는 악기.
打圍(타위) ①임금이 직접 하던 사냥. 몰이꾼이 몰이한 짐승을 임금이 쏘아서 잡았음. ②바둑을 둠.
打印(타인) 도장을 찍음. 捺印(날인).
打字(타자) 글자를 찍음.
打者(타자) 야구에서, 투수의 공을 치는 공격편 선수.
打作(타작) 國①곡식의 이삭을 두드려 그 낟알을 거둠. 마당질. ②배메기. ③농지 소출에 대한 지주와 소작인 사이의 배분(配分).
打電(타전) 무전이나 전보를 침.
打鐘(타종) 종을 침.
打診(타진) ①환자의 신체를 두드려 보아 진찰하는 방법. ②남의 마음이나 사정을 미리 살펴봄.
打擲(타척) 후려 때림. 후려침.
打破(타파) 때려 부숨.
◨ 強打강타, 毆打구타, 亂打난타, 安打안타, 連打연타, 軟打연타.

3 ⑥【扛】 들 강 江

㊥gāng, káng ㊐コウ

소전 초서 동자 摃 자해 ❶들다, 들어 올린다. 〔後漢書〕 令十人扛之령십인강지, 猶不擧유불거. ❷메다, 지다.
扛鼎(강정) ①솥을 들어 올림. 힘이 무척 셈. ②필력(筆力)이 왕성함.

3 ⑥【扣】 두드릴 구 宥

㊥kòu ㊐コウ

소전 초서 자해 ❶두드리다, 치다. ≒叩. 〔晉書〕 扣之則鳴구지즉명. ❷당기다, 잡아당기다. 〔曹植·賦〕 扣劍清歌구검청가. ❸덜다, 빼다, 제거(除去)하다. ¶扣除구제.
扣問(구문) 질문함. 叩問(고문).
扣除(구제) 뺌. 덞.
扣舷(구현) ①뱃전을 두드림. ②뱃전을 두드리는 소리.

3 ⑥【扤】 흔들릴 올 月

㊥wù ㊐ゴツ

소전 초서 자해 ❶흔들리다, 흔들다. 〔龍飛御天歌〕 根深之木근심지목, 風亦不扤풍역불올. ❷움직이다, 움직이게 하다. 〔詩經〕 天之扤我천지올아.

3 ⑥〖扜〗 당길 우 虞

인명 ㊥yū ㊐ウ

소전 동자 扝 자해 ❶당기다, 잡아당기다. 〔山海經〕 有人方扜弓射黃蛇유인방우궁사황사. ❷끌어들이다.

3 ⑥【扚】 1끌어당길 적 錫 2손금 약 藥

㊥dí, yuē ㊐テキ, ヤク

소전 자해 1끌어당기다. 〔史記〕 扚雲적운. 2손금, 손가락에 있는 금.

3 ⑥【扠】 집을 차 麻

㊥chā ㊐サ

초서 자해 ❶집다, 집어 들다. ❷작살. 물고기를 찔러서 잡는 어구(漁具). ❸가지런하지 아니한 모양.
扠枒(차아) 가지런하지 않은 모양. 叉牙(차아).

3 ⑥【扡】 끌 타 哿

㊥tuō ㊐タ

초서 자해 ❶끌다, 끌어당기다. ＝拖. ❷쪼개다, 나뭇결을 따라 쪼개다. 〔詩經〕 析薪扡矣석신타의.

3 ⑥【托】 밀 탁 藥

고등 인명 3급 ㊥tuō ㊐タク

필순 一 十 扌 扌 扌 托

초서 자원 形聲. 手+乇→托. '乇(탁)'이 음을 나타낸다.

자해 ❶밀다, 손으로 밀어서 열다. ❷받침, 대(臺). ❸맡기다, 의지하다, 부탁하다. ≒託.
托鉢(탁발) (佛)승려가 바리때를 들고 경문(經文)을 외면서 돌아다니며 구걸하는 일.

托生(탁생) ①세상에 태어나 살아감. ②의탁하여 살아감. ③(佛)전세(前世)의 인연으로 중생이 모태(母胎)에 몸을 붙임.
◨ 依托의탁, 茶托다탁.

3 ⑥【扞】 막을 한 翰

㊥hàn ㊐カン

소전 초서 자해 ❶막다, 막아 지키다. ¶ 扞拒한거. ❷팔찌, 갑옷의 토시. 〔漢書〕被鎧扞持刀兵피개한지도병. ❸범하다, 침범하다. 〔史記〕時扞當世之文罔시한당세지문망. ❹시위를 당기다. 〔呂氏春秋〕因扞弓而射之인한궁이사지.
扞拒(한거) 방어함. 항거해서 막음.
扞格(한격) 서로 막아서 들이지 않음. 완강히 거절하여 가까이하지 못하게 함.
扞禦(한어) 막고 지킴. 防禦(방어).

4 ⑦【抉】 도려낼 결 屑

인명 ㊥jué ㊐ケツ

소전 초서 자해 ❶도려내다, 후벼 내다. 〔莊子〕子胥抉眼자서결안. ❷들추어내다, 폭로하다. 〔新唐書〕構抉過失구결과실.
抉摘(결적) 숨겨진 것을 찾아냄. 정미(精微)한 뜻을 찾아냄.
抉剔(결척) 도려냄. 剔抉(척결).
◨ 剔抉척결.

4 ⑦【抅】 拘(502)의 속자

4 ⑦【扱】 ①미칠 급 緝 ②거두어 모을 삽 洽

인명 1급 ㊥xī, chā ㊐キュウ, ソウ

소전 초서 참고 인명용 음은 '급'이다.

자해 ①❶미치다, 이르다. ≒及. 〔儀禮〕婦拜扱地부배급지. ❷國다루다, 처리하다. ¶ 取扱취급. ②❶거두어 모으다, 수렴(收斂)하다. 〔禮記〕以箕自鄕而扱之이기자향이삽지. ❷끌어당기다. ❸끼우다. ≒插.
◨ 取扱취급.

4 ⑦【技】 재주 기 紙

중학 인명 5급 ㊥jì ㊐ギ

필순 一 十 扌 扌 扌 抆 技

소전 초서 자원 形聲. 手+支→技. '支(지)'가 음을 나타낸다.

자해 ❶재주, 기예, 재능. 〔書經〕然他技연타기. ❷공인(工人), 장인(匠人). 〔荀子〕故百技所成고백기소성, 所以養一人也소이양일인야.
技巧(기교) 정밀한 기술이나 재주.
技能(기능) 기술적인 능력이나 재능.
技倆(기량) 기술상의 재주. 伎倆(기량).
技法(기법) 정교한 방법.
技士(기사) 기술 자격 등급의 하나.
技術(기술) 공예·문학 등 여러 방면의 재주.
技癢(기양) 가진 재주를 쓰지 못하여 안달함. 伎癢(기양). 伎痒(기양).
技藝(기예) ①재주. 技術(기술) ②예능(藝能). ③수예(手藝).
◨ 競技경기, 球技구기, 國技국기, 妙技묘기, 演技연기, 雜技잡기, 長技장기, 鬪技투기, 特技특기.

4 ⑦【扭】 묶을 뉴 有

㊥niǔ ㊐ジュウ

자해 ❶묶다, 체포하다. ❷잡다, 손으로 붙잡아 쥐다. ❸어기다.

4 ⑦【抖】 떨 두 有

㊥dǒu ㊐トウ

자해 떨다, 떨어 흔들다.
抖擻(두수) ①(佛)㉠깨끗이 씻어 버리거나 털어 버림. 의식주(衣食住)에 대한 집착을 없애 버림. ㉡속세를 버린 사람. 斗藪(두수). 頭陀(두타). ②분발함. 떨쳐 일으킴. ③國㉠물건을 듦. ㉡정신을 차리게 함.

4 ⑦【扳】 끌어당길 반 刪諫

㊥bān ㊐ハン

초서 자해 ❶끌어당기다, 오르려고 잡아 당기다. ❷어기다.
扳價(반가) 값을 끌어 올림. 값을 올림.
扳龍(반룡) 세력 있는 사람에게 빌붙음.
扳指(반지) 깍지. 활을 쏠 때, 엄지손가락에 끼우는, 상아나 옥 따위로 만든 것. 班指(반지).

4 ⑦【抜】 拔(503)의 속자

4 ⑦【抃】 손뼉 칠 변 霰

㊥biàn ㊐ベン

초서 扑 자해 ❶손뼉을 치다, 기뻐하며 손뼉 치다. 〔晉書〕 坤神抃舞곤신변무. ❷손으로 때리다.
抃舞(변무) 손뼉을 치며 춤을 춤. 抃踊(변용).
抃悅(변열) 손뼉을 치며 기뻐함.
抃賀(변하) 손뼉 치며 축하함.

4
⑦【扶】 도울 부 虞

중학 인명 3Ⅱ급 ㊥fú ㊐フ

필순 一 十 扌 扌 扌 扶 扶

소전 초서 자원 形聲. 手+夫→扶. '夫(부)'가 음을 나타낸다.
자해 ❶돕다. 〔論語〕 顚而不扶전이불부. ❷떠받치다, 붙들다. 〔荀子〕 蓬生麻中봉생마중, 不扶自直불부자직. ❸곁, 옆. 〔淮南子〕 去高木而巢扶枝거고목이소부지. ❹더위잡다. 〔淮南子〕 扶搖抮抱부요진포, 羊角而上양각이상.
扶起(부기) 도와 일으킴. 안아 일으킴.
扶老携幼(부로휴유) 노인은 부축하고 어린이는 이끎. 노인을 보호하고 어린이를 보살펴 줌.
扶桑(부상) ①동쪽 바다의 해가 뜨는 곳. ②동쪽 바다 속에 있다는 신목(神木). 또는 그 신목이 있는 나라. 부상국(扶桑國).
扶挈(부설) 노인을 부축하고 어린아이를 데리고 감.
扶植(부식) ①뿌리를 박아 심음. ②확고하게 세움. 도와서 세움. 扶樹(부수).
扶植綱常(부식강상) 인륜(人倫)의 길을 바로 세움.
扶腋(부액) 곁부축.
扶養(부양) 생활 능력이 없는 사람을 돌봄.
扶搖(부요) ①힘차게 움직여 일어남. ②회오리바람. 旋風(선풍).
扶翼(부익) ①보호하고 도움. 扶助(부조). ②덮어서 가림.
扶助(부조) ①남을 거들어 도움. ②남의 경조사에 물질적으로 도움을 줌.
扶枝(부지) 줄기에서 난 곁가지.
扶風(부풍) 몹시 센 바람. 疾風(질풍).
扶護(부호) 붙들어 주고 도와줌.
◨ 相扶상부, 協扶협부, 挾扶협부.

4
⑦【抔】 움킬 부 尤

㊥póu ㊐ホウ

초서 자해 ❶움키다, 움켜 뜨다. 〔禮記〕 汚尊而抔飮오존이부음. ❷움큼, 움켜쥘 정도의 분량. ¶ 抔土부토.
抔土(부토) ①흙을 움켜 뜸. 손으로 움켜 뜰 정도의 흙. 한 움큼의 흙. ②무덤.
抔土未乾(부토미건) 무덤의 흙이 아직 마르지 않음. 매장한 지 얼마 안 됨.

4
⑦【扮】 ①꾸밀 분 諫
②아우를 분 吻

인명 1급 ㊥bàn, fěn ㊐フン

소전 초서 자해 ①꾸미다, 가장하다. ¶ 扮裝분장. ②아우르다, 합하다.
扮飾(분식) 몸치장함. 粉飾(분식).
扮裝(분장) ①몸을 치장함. ②출연 배우가 등장 인물로 꾸밈.

4
⑦【批】 칠 비 齊

고등 인명 4급 ㊥pī ㊐ヒ

필순 一 十 扌 扌 扌 扌 批

소전 초서 동자 𢷾 자원 形聲. 手+比→批. '比(비)'가 음을 나타낸다.
자해 ❶치다, 손으로 때리다. 〔春秋左氏傳〕 批而殺之비이살지. ❷비답. 상소에 대한 임금의 대답. ❸밀다, 밀치다. 〔書經〕 則會批之六沴즉회비지륙진. ❹바로잡다, 바르게 고치다. 〔漢書〕 函谷批難함곡비난. ❺표를 하다, 찌지를 붙이다. 〔舊唐書〕 制勅不便者제칙불편자, 黃紙後批之황지후비지. ❻품평(品評)하다, 비평하다.
批答(비답) 신하의 상소(上疏)에 대해 내리는 임금의 답변.
批點(비점) ①시·문장 등의 잘된 곳에 주묵(朱墨)으로 찍는 둥근 점. ②시문(詩文)의 비평.
批准(비준) ①신하의 주청을 임금이 허가하는 일. ②국가 간의 조약을 국가 원수가 최종적으로 허가하는 절차.
批旨(비지) 國비답(批答)의 내용.
批判(비판) 평하여 판단함.
批評(비평) 사물의 옳고 그름이나 좋고 나쁨 따위를 평가함.
批頰(비협) 남의 뺨을 후려침.

4
⑦【抒】 풀 서 語

인명 1급 ㊥shū ㊐ジョ

소전 초서 자해 ❶푸다, 퍼내다, 떠내다. 〔管子〕 抒井易水서정역수. ❷펴다, 토로하다. 〔楚辭〕 發憤以抒情발분이서정.
抒井(서정) 우물물을 퍼냄.
抒情(서정) 자기의 감정을 폄.

4
⑧【承】 받들 승 蒸

중학 인명 4Ⅱ급 ㊥chéng ㊐ショウ

필순 ㇇ 了 了 手 手 承 承 承

소전 초서 속자 丞 자원 會意. 卩＋𠂉ㄱ＋手→承. 임금에게서 부절〔卩〕을 손〔手〕에 받아, 두 손〔𠂉ㄱ〕으로 떠받치고 있는 모양으로 삼가 무엇을 '받들다, 받는다' 의 뜻을 나타낸다.

자해 **❶받들다. ㉮밑에서 받아 올려 들다.** 〔春秋左氏傳〕 承飮而進獻승음이진헌. **㉯공경하여 높여 모시다.** 〔禮記〕 承一人焉以爲尸승일인언이위시. **㉰가르침·명령·지시·의도 등을 받들다.** 〔禮記〕 弟子敢不承乎제자감불승호. **❷잇다, 계승하다.** 〔三國志〕 孤承父兄餘業고승부형여업. **❸장가들다.** 〔漢書〕 國人承翁主국인승옹주.

承繼(승계) 이어받음.
承句(승구) 한시 절구(絕句)의 제2구, 또는 율시(律詩)의 제3·4구. 기구(起句)의 내용을 이어받아 그 뜻을 넓힘.
承諾(승낙) 요청을 허락함.
承露盤(승로반) 한(漢)의 무제(武帝)가 감로(甘露)를 받기 위하여 만든 동반(銅盤).
承命(승명) 어른의 명령을 받듦.
承聞(승문) 어른의 소식을 들음.
承服(승복) ①잘 이해하여 복종함. 납득함. 承伏(승복). ②죄를 스스로 고백함.
承嗣(승사) ①대대로 이어받음. ②대를 이을 아들. 嗣子(사자).
承上接下(승상접하) 윗사람을 받들고 아랫사람을 거느려 그 사이를 잘 주선함.
承召(승소) 임금의 부름을 받음.
承襲(승습) 이어받음. 承繼(승계).
承顏(승안) ①남의 안색을 살펴 거슬리지 않게 함. ②國웃어른을 만나 뵘.
承允(승윤) 임금의 허락을 받음.
承意(승의) ①남의 뜻을 이어받음. ②상대편의 마음에 들도록 비위를 맞춤.
承恩(승은) 은혜를 입음.
承認(승인) 인정하여 승낙함.
承嫡(승적) 國서자(庶子)가 적자(嫡子)로 됨.
承前(승전) ①앞글의 뒤를 이어 계속함. ②이전(以前). 종전(從前).
承傳(승전) ①이어받아 전함. ②임금의 뜻을 전함.
承接(승접) ①남의 뜻을 받아 그 시중을 듦. ②윗글을 받아 아랫글로 이어 줌. ③앞을 받아 뒤에 이음.
承從(승종) 명령에 복종함.
承重(승중) 제사를 받드는 중한 책임을 이음. 소종(小宗)의 사람이 대종가(大宗家)를 잇는 경우나 아버지를 일찍 여의고 조부(祖父)의 상속자가 된 경우에 해당함.
承旨(승지) ①하명(下命)을 받들어 모심. ②조선 때 승정원(承政院)에 속하여 왕명의 출납을 맡아보던 정삼품 당상관.
承寵(승총) 임금의 총애를 받음.
承澤(승택) ①은택(恩澤)을 받음. ②보석으로 꾸민 부채. 寶扇(보선).
承平(승평) 대대로 평화로운 치세(治世)가 계속됨.
承乏(승핍) 인재가 없어서 재능이 없는 사람이 벼슬을 함. 출사(出仕)하는 사람의 스스로에 대한 겸사.
承歡(승환) ①남의 마음에 들도록 함. 알랑거림. ②임금이나 부모의 기쁜 마음을 받아 그 기쁨을 도움.
承候(승후) 웃어른께 문안드림.
◨ 敬承경승, 繼承계승, 拜承배승, 奉承봉승.

4
⑧【丞】 承(498)의 속자

4
⑦【扼】 누를 액 陌

인명 1급 ㊥è ㊐ヤク

초서 동자 搤 자해 **❶누르다, 내리눌러 꼼짝 못하게 하다.** 〔漢書〕 力扼虎력액호. **❷멍에.** ≒軛. 〔莊子〕 加之以衡扼가지이형액. **❸잡다, 움키다, 가지다.**

扼腕(액완) ①성이 나거나 분해서 주먹을 불끈 쥠. ②팔을 걷어 올림.
扼吭(액항) ①목을 조름. 급소(急所)를 누르거나 요해지(要害地)를 점령함. ②분기(憤氣)가 치밀어 오름.
扼喉撫背(액후무배) 앞으로는 목을 누르고, 뒤로는 등을 눌러, 도망갈 길이 없게 함.

4
⑦【扵】 於(567)의 속자

4
⑦【抑】 누를 억 職

고등 인명 3Ⅱ급 ㊥yì ㊐ヨク

필순 一 十 扌 扌 扌 扣 抑

소전 초서 자원 會意. 手＋卬→抑. '卬'은 '印' 자를 거꾸로 한 것이다. 도장을 찍으려고 하는 모양인 데서 '손〔手〕으로 도장을 누른다' 는 뜻을 나타낸다.

자해 **❶누르다.** 〔楚辭〕 抑心而自強억심이자강.

手
4획

❷굽히다, 숙이다. 〔史記〕 皆伏抑首개복억수. ❸물러나다, 물리치다. 〔後漢書〕 不激詭불격궤, 不抑抗불억항. ❹막다, 다스리다. 〔史記〕 禹抑鴻水우억홍수. ❺발어사(發語辭). ㉮그런데, 각설하고. 화제(話題)를 돌림을 나타낸다. 〔春秋左氏傳〕 抑人亦有言曰억인역유언왈. ㉯혹은, 생각하건대. 의문(疑問)의 뜻을 나타낸다. 〔春秋左氏傳〕 抑臣又聞之억신우문지. ㉰그렇지 않다면. 〔論語〕 求之與抑與之與구지여억여지여. ❻우울해지다, 마음에 맺히다.

抑強扶弱(억강부약) 강자를 누르고 약자를 도움. 抑彊扶弱(억강부약).

抑留(억류) 붙잡아 억눌러 둠.

抑買(억매) 남의 물건을 억지로 삼.

抑賣(억매) 제 물건을 억지로 팖.

抑塞(억색) ①억눌러 막음. ②억눌려서 마음이 답답함. ③물리치고 쓰지 않음.

抑損(억손) ①줄임. 감퇴(減退)시킴. ②거만한 마음을 억제함. 얌전하게 행동함.

抑首(억수) ①머리를 숙임. 고개를 숙임. 俯首(부수). ②머리를 누름.

抑壓(억압) 억누름.

抑揚(억양) ①음조(音調)의 높낮이와 강약. ②문장의 문세(文勢)를 올리기도 하고 내리기도 함. ③칭찬하기도 하고 내리 깎기도 함. ④비난과 칭찬. 毁譽(훼예).

抑鬱(억울) 근심이나 불만 따위로 원통하고 답답함.

抑制(억제) 억눌러서 못하게 함.

抑止(억지) 억눌러 멈추게 함.

抑奪(억탈) 억지를 써서 빼앗음.

抑退(억퇴) 억눌러 물리침.

抑何心情(억하심정) 國무슨 마음으로 하는 짓인지 알 수 없음.

抑或(억혹) 설령(設令).

抑婚(억혼) 國당자사의 의견을 무시하고 강제로 하는 혼인.

◨ 屈抑굴억, 壓抑압억, 沮抑저억.

4 ⑦ 【抏】 꺾을 완 寒

㊥wán ㊐ガン

초서 [자해] ❶꺾다, 기세를 꺾다. 〔史記〕 抏士卒之精완사졸지정. ❷무지러지다, 줄어들다. ¶ 抏弊완폐. ❸가지고 놀다, 희롱하다. ≒玩. 〔荀子〕 游抏之脩유완지수.

抏弊(완폐) 줄어들어 피폐(疲弊)함.

4 ⑦ 【折】 꺾을 절 屑

[고등] [인명] [4급] ㊥zhé ㊐セツ

필순 一 丁 才 扌 扩 折 折

소전 초서 [자원] 會意. 艸+斤→折. 도끼〔斤〕로 풀〔艸〕을 벤다는 데서 '꺾다, 휘어서 베다'의 뜻을 나타낸다.

[자해] ❶꺾다. ㉮부러뜨리다. 〔詩經〕 無折我樹杞무절아수기. ㉯굽다. 〔淮南子〕 河九折注於海하구절주어해. ㉰힘·기세 등을 억누르다. 〔史記〕 輕折辱秦士卒경절욕진사졸. ㉱어려서 죽다, 죽다. 〔書經〕 一日凶短折일왈흉단절. ❷자르다, 쪼개다. 〔儀禮〕 其俎折一膚기조절일부. ❸꺾이다, 부러지다. 〔春秋左氏傳〕 三折肱삼절굉, 知爲良醫지위량의. ❹결단하다, 판단하다. 〔易經〕 君子以折獄致刑군자이절옥치형. ❺깎다, 값을 깎다. 〔荀子〕 良賈不爲折閱不市량고불위절열불시. ❻따지다, 힐난하다, 헐뜯다. 〔史記〕 面折廷爭면절정쟁.

折價(절가) ①값을 결정함. 決價(결가). ②물건의 값을 깎음. ③일정한 물품 대신에 다른 물품을 받을 적에, 값을 헤아려 그 받을 물품의 수량을 정함.

折角(절각) ①뿔을 꺾음. ②오만한 자의 콧대를 꺾음. ③두건의 각(角)을 접음.

折簡(절간) ①전지(全紙)를 둘로 끊어서 적은 짧은 편지. ②관리를 임면(任免)할 때의 서찰(書札).

折桂(절계) 계수나무의 가지를 꺾음. 과거에 급제함.

折肱(절굉) 팔뚝을 꺾음. 몹시 고생하거나 쓰라린 경험을 함.

折斷(절단) 꺾거나 끊음.

折柳(절류) 버들가지를 꺾음. 송별(送別)함. [故事] 한대(漢代)에 장안 사람이 손님을 배웅할 때 패교(霸橋)까지 가서 버들가지를 꺾어 주며 다시 만날 것을 기약하였다는 고사에서 온 말.

折半(절반) 하나를 반으로 가름. 또는 그렇게 가른 반.

折本(절본) 철(綴)하지 않고 접어서 만든 책.

折傷(절상) ①뼈가 부러져 다침. ②젊어서 죽음. 夭折(요절).

折獄(절옥) 옥사(獄事)를 처결함. 折訟(절송).

折腰(절요) ①허리를 구부려 일함. ②허리가 굽은 신체. ③허리를 굽혀서 남에게 절을 함.

折辱(절욕) ①굴복함. ②억눌러 욕되게 함. 경멸(輕蔑)함.

折長補短(절장보단) 남는 것으로 모자란 것을 보충함.

折節(절절) 절조(節操)를 굽힘. 지금까지의 주의(主義)나 태도를 바꿈.

折枝(절지) ①가지를 꺾음. 또는 그 나뭇가지.

手 4획

②뿌리는 그리지 않고 꽃가지나 나뭇가지만 그리는 화법(畫法).
折衝(절충) ①적의 공격을 꺾음. 적의 침입을 막음. ②적과 흥정하여 자기편의 체면을 보전함.
折衝禦侮(절충어모) 공격해 오는 적을 무찔러서 감히 깔보지 못하게 함.
◨ 曲折곡절, 骨折골절, 屈折굴절, 斷折단절, 半折반절, 夭折요절, 挫折좌절.

4 ⑦【抓】 긁을 조 看
㊥zhuā ㊐ソウ
초서 자해 ❶긁다, 손톱으로 긁다. 〔莊子〕 委蛇攫抓위사확조. ❷집다, 움켜쥐다.

4 ⑦【抍】 들 증·승 迥 徑
㊥zhěng ㊐ジョウ
소전 초서 동자 拯 자해 ❶들다, 들어올리다, 건져 내다. ❷구휼(救恤)하다. 〔周書〕 以財與之이재여지, 謂之抍위지증.

4 ⑦【抵】 손뼉 칠 지 紙
㊥zhǐ ㊐シ
소전 초서 자해 손뼉 치다. 〔戰國策〕 抵掌而談지장이담.
抵掌(지장) 손뼉을 침. 拍手(박수).

4 ⑦【抄】 노략질할 초 看
고등 인명 3급 ㊥chāo ㊐ショウ
필순 一 十 扌 扌 扎 抄 抄
초서 자원 形聲. 手+少→抄. '少(소)'가 음을 나타낸다.
자해 ❶노략질하다. ＝鈔. 〔魏志〕 抄略諸郡초략제군. ❷뜨다, 숟가락 같은 것으로 뜨다. 〔杜甫·詩〕 飯抄雲子白반초운자백. ❸베끼다, 문서(文書)를 베끼다. 〔唐書〕 手抄六經수초륙경. ❹초(抄)하다, 초록(抄錄). 〔南史〕 百家譜集抄十五卷백가보집초십오권. ❺부피의 단위. 1작(勺)의 10분의 1. ❻國번, 차례. ❼하인.
抄啓(초계) 國인재를 뽑아 임금에게 아룀.
抄掠(초략) 폭력으로 빼앗음.
抄錄(초록) 필요한 부분만을 뽑아 베껴 씀.
抄本(초본) 내용의 필요한 부분만을 뽑아서 베낀 문서.
抄譯(초역) 원문에서 필요한 부분만 뽑아서 번역함.
抄出(초출) 빼냄. 빼내어 씀.
抄筆(초필) 잔글씨를 쓸 때에 사용하는 가느다란 붓.
◨ 謄抄등초, 詩抄시초, 類抄유초, 雜抄잡초.

4 ⑦【抧】 擇(540)의 속자

4 ⑦【投】 던질 투 尤
중학 인명 4급 ㊥tóu ㊐トウ
필순 一 十 扌 扌 扌 抄 投
소전 초서 자원 形聲. 手+殳→投. '殳(수)'가 음을 나타낸다.
자해 ❶던지다, 내던지다. 〔春秋左氏傳〕 受其書而投之수기서이투지. ❷주다, 보내다, 증여(贈與)하다. 〔詩經〕 投我以木瓜투아이목과. ❸들이다, 받아들이다. 〔禮記〕 投殷之後於宋투은지후어송. ❹맞다, 합치하다. ¶ 意氣相投의기상투. ❺묵다, 숙박(宿泊)하다. ¶ 投宿투숙. ❻떨치다, 세게 흔들다. 〔春秋左氏傳〕 投袂而起투메이기. ❼투호(投壺). 화살을 던져 병 속에 넣어서 승부를 겨루는 놀이. 〔禮記〕 侍投則擁矢시투즉옹시.
投稿(투고) 신문·잡지 등에 원고를 보냄.
投瓜得瓊(투과득경) 모과(木瓜)를 선물하고 구슬을 얻음. 사소한 선물에 대해 훌륭한 답례를 받음.
投球(투구) 야구에서 투수가 공을 던짐.
投棄(투기) 내던져 버림.
投機(투기) ①(佛)크게 깨달아 부처의 심기(心機)에 합함. ②요행을 바라고 하는 모험적인 상행위.
投網(투망) 물고기를 잡는 그물. 그물을 던짐.
投賣(투매) 손해를 무릅쓰고 상품을 싼 값에 팔아 버리는 일.
投命(투명) 목숨을 버림. 죽음.
投袂而起(투메이기) 소매를 떨치고 일어섬. 분기(奮起)하는 모양.
投報(투보) ①남의 선물에 대한 답례. ②남녀가 서로 연정(戀情)을 통함. ③은혜를 갚음.
投射(투사) ①빛이 비침. ②기회를 틈타 이익을 취함.
投書(투서) 어떤 사실을 알리기 위해 자신을 밝히지 않고 몰래 글을 써서 보냄.
投鼠忌器(투서공기) 무엇을 던져서 쥐를 때려잡고 싶으나, 그 옆에 있는 그릇을 깰까 두려움. 임금 측근에 알랑거리는 간신을 제거하

手 4획

고 싶으나, 임금을 상하게 할까 걱정됨.
投手(투수) 야구에서, 포수를 향해 공을 던지는 사람.
投宿(투숙) 임시로 머물러 묵음.
投身(투신) ①어떤 일에 뛰어듦. ②목숨을 끊기 위해 몸을 던짐.
投藥(투약) 병에 알맞은 약을 투여함.
投與(투여) 의사가 환자에게 약을 줌.
投影(투영) 물체를 비추어 그림자로 봄.
投獄(투옥) 옥에 가둠.
投入(투입) 던져 넣음. 집어넣음.
投資(투자) 어떤 사업의 밑천을 댐.
投足(투족) ①발을 내디딤. ②國어떤 일에 관계함.
投止(투지) 걸음을 멈춰서 들름. 묵음.
投擲(투척) 던짐.
投託(투탁) ①믿고 부탁함. 남의 세력에 의뢰함. ②國㉠지배층의 착취에 의하여 파산한 양민(良民)이나 농민이 토호(土豪) 지주에게 의탁하여 그 노비가 되던 일. ㉡조상이 분명하지 않은 사람이 유명한 남의 조상을 자기 조상으로 삼아 섬기던 일.
投票(투표) 선거에서 의사를 표시하여 일정한 장소에 내는 일.
投筆(투필) 붓을 놓음. 붓을 던져 버림. 글을 짓는 일을 그만둠.
投下(투하) 아래로 떨어뜨림.
投合(투합) 뜻이나 성질이 서로 잘 맞음.
投降(투항) 적에게 항복함.
投笏(투홀) 홀(笏)을 내던짐. 곧, 벼슬살이를 그만둠.
◨ 失投실투, 力投역투, 意氣相投의기상투.

4 ⑦ 【把】 1잡을 파 馬 2國발 파

고등 인명 3급 ㊥bǎ, bà ㊐ハ

필순 一 十 扌 打 扣 扣 把

소전 초서 자원 形聲. 手＋巴→把. '巴(파)'가 음을 나타낸다.

자해 1❶잡다, 한 손으로 쥐다. 〔戰國策〕 左手把其袖좌수파기수. ❷줌. 다섯 손가락과 손바닥으로 감싸 쥘 정도의 크기. 〔孟子〕 拱把之桐梓공파지동재. ❸자루, 손잡이. 기물(器物)의 손잡이나 자루. ❹묶음, 다발. 〔杜甫·詩〕 淸晨送菜把청신송채파. ❺길이의 단위. 손가락 네 개를 나란히 한 넓이의 길이. 궁시(弓矢)의 길이를 잴 때 쓴다. ❻줌통. ≒弝. 2❶발. 두 팔을 벌린 길이. ❷줌. 조세(租稅)를 부과하기 위한 논밭 넓이의 단위. 한 줌은 1뭇의 10분의 1.
把束(파속) 國논밭에 매기던 결세(結稅) 단위인 줌〔把〕과 뭇〔束〕.
把手(파수) ①손을 잡음. ②그릇의 손잡이.
把守(파수) 경계하여 지킴. 또는 그 사람.
把握(파악) ①서로 손을 잡음. 제휴함. ②어떠한 일을 잘 이해하여 확실하게 앎. ③손에 쥠. ④한 줌 정도의 근소한 양이나 좁은 범위.
把持(파지) ①꽉 쥠. 세력을 한 손에 쥐고 마음대로 함. ②떠받침. 지탱함.
把筆(파필) 붓대를 잡음. 글씨를 씀.

4 ⑦ 【抛】 抛(508)의 속자

4 ⑦ 【抗】 막을 항 本강 漾

고등 인명 4급 ㊥kàng ㊐コウ

필순 一 十 扌 扌 扩 扩 抗

소전 초서 자원 形聲. 手＋亢→抗. '亢(항)'이 음을 나타낸다.

자해 ❶막다. 〔荀子〕 能抗君之命능항군지명. ❷들다, 들어 올리다. 〔詩經〕 大侯既抗대후기항. ❸겨루다, 대항하다, 대적하다. 〔史記〕 與天子抗衡여천자항형.
抗拒(항거) 맞서 대항함.
抗告(항고) 법원의 결정, 명령에 대하여 불복하고 상급 법원에 그 취소나 변경을 구하는 일.
抗禮(항례) 서로 기울지 않은 대등한 예(禮)로 대함. 동등한 교제.
抗論(항론) ①직언(直言)하여 굴하지 않음. ②어떤 이론에 서로 맞서서 논함. 抗辯(항변).
抗訴(항소) 제일심의 판결에 대하여 불복하는 상소.
抗疏(항소) 임금에게 상소문(上疏文)을 올림.
抗顔(항안) 교만한 얼굴.
抗議(항의) 이의를 제기하거나 반대의 뜻을 표시함.
抗爭(항쟁) 항거하여 투쟁함.
抗敵(항적) 버텨 대적함. 대항함.
抗節(항절) 절조(節操)를 지켜 굽히지 않음.
抗衡(항형) 맞섬. 서로 지지 않고 팽팽히 버팀.
◨ 對抗대항, 反抗반항, 抵抗저항.

5 ⑧ 【拒】 막을 거 語

고등 인명 4급 ㊥jù ㊐キョ

필순 一 十 扌 扌 扩 护 拒 拒

초서 자원 形聲. 手＋巨→拒. '巨(거)'가 음을 나타낸다.

자해 ❶막다, 거부하다. 〔論語〕 其不可者拒

手 5획

之기불가자거지. ❷막아 지키다, 방어하다. 〔荀子〕內以固城내이고성, 外以拒難외이거난. ❸겨루다, 적대(敵對)하다.
拒却(거각) 거절하여 물리침.
拒否(거부) 허락하지 않고 물리침. 拒絶(거절).
拒逆(거역) 항거하여 거스름.
拒絶(거절) 응낙하지 않고 물리침.
拒止(거지) 막아서 그치게 함. 방어하여 멈추게 함. 阻止(저지).
◨ 抗拒항거.

5 ⑧【拠】 據(537)의 속자

5 ⑧【拑】 입 다물 겸 鹽
㊥qián ㊐カン
소전 초서 자해 ❶입을 다물다, 입을 다물고 말하지 아니하다. 〔漢書〕臣畏刑而拑口신외형이겸구. ❷재갈 먹이다. 〔春秋公羊傳〕拑馬而秣之겸마이말지.
拑口(겸구) ①입을 다묾. 말하지 않음. ②언론의 자유를 속박함.
拑勒(겸륵) 말에 재갈을 먹임.
拑制(겸제) 자유를 억누름. 鉗制(겸제).

5 ⑧【拐】 속일 괴 蟹
인명 1급 ㊥guǎi ㊐カイ
초서 자해 ❶속이다, 꾀어내다. 속임수로 남을 데려가다. ¶ 誘拐유괴. ❷지팡이. 〔新五代史〕賜以木拐一사이목괴일.
拐帶(괴대) ①속여서 팖. ②속여서 물건을 가지고 달아남.
拐騙(괴편) 부녀(婦女)·재보(財寶) 따위를 속여 빼앗음.
◨ 誘拐유괴.

5 ⑧【拘】 ① 잡을 구 虞 ② 껴안을 구 尤
고등 인명 3Ⅱ급 ㊥jū, gōu ㊐コウ
필순 一 十 扌 扌 扚 扚 拘 拘
소전 초서 속자 抅 자원 形聲. 手+句→拘. '句(구)'가 음을 나타낸다.
자해 ① ❶잡다, 잡히다, 체포하다, 체포되다. 〔書經〕盡執拘以歸于周진집구이귀우주. ❷꺼리다, 구애받다. 〔史記〕不拘文法불구문법. ❸망설이다, 주저하다. ② 껴안다, 두 팔을 벌려 껴안다. 〔禮記〕以袂拘而退이메구이퇴.

拘檢(구검) ①자신의 언행을 바로 다잡음. ②國언행을 마구 하지 못하게 단속함.
拘禁(구금) 붙잡아 가둠.
拘忌(구기) 좋지 않게 여겨 꺼리거나 피함.
拘泥(구니) ①어떤 일에 얽매임. 집착하여 변통할 줄 모름. ②고집스러움. 완고함.
拘攣(구련) ①손발에 경련이 일어나는 병. ②사물에 구애됨.
拘留(구류) 죄인을 1일 이상 30일 미만의 기간 동안 교도소나 경찰서 유치장에 가두어 자유를 속박하는 일. 또는 그런 형벌.
拘束(구속) 행동이나 의사의 자유를 제한하거나 속박함.
拘俗(구속) 속세의 풍속에 휩쓸림.
拘囚(구수) 죄인을 가둠. 갇힌 죄인.
拘礙(구애) 거리낌.
拘引(구인) 사람을 강제로 잡아서 끌고 감.
拘致(구치) 붙잡아 데리고 옴.

5 ⑨【拏】 붙잡을 나 麻
인명 1급 ㊥ná ㊐ダ
소전 초서 자해 붙잡다. ㉮손에 쥐다, 손으로 잡다. ㉯죄인을 붙잡다, 포박하다. =拿.
拏捕(나포) 적이나 죄인을 붙잡음.
拏攫(나확) 잡아당기고 움켜 쥠.

5 ⑧【拈】 집을 념·점 鹽 琰
인명 ㊥niān ㊐ネン, デン
소전 초서 참고 인명용 음은 '념'이다.
자해 집다, 손가락으로 집어 비틀다, 집어 들다, 따다. 〔杜甫·詩〕舍西柔桑葉可拈사서유상엽가념.
拈香(염향) 향을 피움. 燒香(소향).
拈華微笑(염화미소) (佛)꽃을 따니 빙그레 웃음. 문자나 말에 의하지 않고 마음에서 마음으로 전함. 故事 석가모니가 영산회(靈山會)에서 연꽃 한 송이를 따서 제자들에게 보이자 오직 가섭(迦葉)만이 그 뜻을 알고 미소 지었으므로, 불교의 진리를 가섭에게 전하였다는 고사에서 온 말. 拈花示衆(염화시중).

5 ⑧【担】 ① 떨칠 단 旱 ② 올릴 걸 屑 ③ 멜 담 勘
㊥dǎn, jiē, dān ㊐タン, ケン
자해 ① 떨치다, 힘있게 흔들다. ② 올리다, 오르다. 〔楚辭〕意恣睢以担撟의자휴이걸교. ③ 메

手 5획

다. ※擔(538)의 속자(俗字).
拮撟(걸교) 들어 올림. 높이 올라감.

5 ⑧【拉】 꺾을 랍 合
인명 2급 ㊥lā ㊐ロウ
소전 초서 자해 ❶꺾다, 부러뜨리다. 〔史記〕 襄公使彭生拉殺魯桓公양공사팽생랍살로환공. ❷데려가다, 끌어가다. ¶ 拉致납치.
拉殺(납살) 손으로 목을 비틀어 죽임.
拉致(납치) 억지로 끌고 감.
拉朽(납후) 썩은 나무를 꺾음. 어떤 일이 쉬움. 拉枯(납고).

5 ⑧【抹】 바를 말 曷
인명 1급 ㊥mǒ ㊐マツ
초서 자해 ❶바르다, 칠하다. ¶ 塗抹도말. ❷지우다, 지워 없애다. 〔韓愈·銘〕 與世抹摋여세말살. ❸지나가다, 통과하다. 〔蘇軾·詩〕 快馬輕衫來一抹쾌마경삼래일말.
抹茶(말다) 가루로 만든 차.
抹摋(말살) 지워 없앰. 抹殺(말살).
抹消(말소) 지워 없앰.
抹香(말향) 주로 불공 때 사용하는 가루 향(香).
◪ 塗抹도말, 一抹일말.

5 ⑧【拇】 엄지손가락 무 有
인명 1급 ㊥mǔ ㊐ボ
소전 초서 자해 엄지손가락. 〔易經〕 解而拇해이무.
拇印(무인) 손도장. 엄지손가락으로 도장을 대신하여 찍은 것.
拇指(무지) 엄지손가락.

5 ⑧【拍】 칠 박 本백 陌
고등 인명 4급 ㊥pāi ㊐ハク
필순 一 寸 扌 扌' 扌' 拍 拍 拍
소전 초서 동자 搯 자원 形聲. 手+白→拍. '白(백)'이 음을 나타낸다.
자해 ❶치다, 손으로 두드리다. ¶ 拍掌大笑박장대소. ❷어루만지다, 사랑하다. 〔後漢書〕 撫拍豪強무박호강. ❸박자, 음악의 리듬. ❹박(拍). 춤이나 풍악을 시작할 때나 그칠 때, 또는 곡조의 빠르고 느림을 지도하는 데 쓰는 악기의 한 가지.
拍掌大笑(박장대소) 손뼉을 치며 크게 웃음.
拍車(박차) ①부딪쳐서 성벽 따위를 깨뜨리는 데 쓰는 수레. 衝車(충거). ②말을 탈 때 신는 구두의 뒤축에 붙인, 쇠로 만든 물건. 말을 빨리 달리게 하기 위하여 말의 복부(腹部)를 자극하는 기구.
◪ 急拍급박, 節拍절박.

5 ⑧【拌】 버릴 반 旱 寒
인명 1급 ㊥pān ㊐ハン
초서 자해 ❶버리다, 내버리다. ❷쪼개다, 가르다. 〔呂氏春秋〕 瞽叟乃拌五絃之瑟고수내반오현지슬.
拌蚌(반방) 대합조개를 쪼개어 구슬을 취함.

5 ⑧【拔】 1 뺄 발 黠
2 빠를 발 曷
고등 인명 3Ⅱ급 ㊥bá ㊐バツ
필순 一 寸 扌 扌 扩 扐 抜 拔
소전 초서 동자 抜 속자 抜 자원 形聲. 手+犮→拔. '犮(발)'이 음을 나타낸다.
자해 1 ❶빼다, 뽑다, 잡아당기다. 〔易經〕 確乎其不可拔확호기불가발. ❷쳐서 빼앗다, 공략(攻略)하다. 〔戰國策〕 拔宜陽발의양. ❸빼어나다, 특출(特出)하다. 〔南史〕 神采英拔신채영발. ❹빠지다, 빠져 떨어지다. 〔史記〕 龍髯拔룡염발. 2 빠르다, 빨리, 갑자기, 급히. 〔禮記〕 毋拔來무발래.
拔去(발거) 뽑음. 빼어 버림.
拔劍(발검) 검을 뽑음.
拔群(발군) 여럿 가운데 특별히 뛰어남.
拔錨(발묘) 닻을 올림. 배가 떠남. 出帆(출범).
拔本塞源(발본색원) 뿌리를 뽑고 근원을 막음. 원인을 철저히 다스려 다시 생기지 못하게 함.
拔貧(발빈) 가난을 벗어남. 가난하던 사람이 부유하게 됨.
拔山蓋世(발산개세) 힘은 산을 뽑고, 의기는 세상을 뒤덮음. 기력(氣力)이 웅대함.
拔出(발출) ①빼어남. 拔群(발군). ②여럿 가운데서 골라냄.
拔萃(발췌) 여럿 중에서 골라 뽑음.
拔齒(발치) 이를 뽑음.
拔河(발하) 줄다리기.
◪ 奇拔기발, 不拔불발, 選拔선발, 卓拔탁발, 擢拔탁발, 海拔해발.

5 ⑧【抜】 拔(503)과 동자

手 5획

5
⑧【拜】 拜(504)의 속자

5
⑨【拜】 절 배 圭

중학 인명 4Ⅱ급 ㊥bài ㊐ハイ

필순 一 二 三 手 手 手 手 拜 拜

소전 초서 속자 拜 자원 會意·形聲. 手 + 𠦪 → 拜. '𠦪(배)'가 음도 나타내고, '빠르다'라는 뜻도 나타낸다. 사람들이 남에게 뒤질세라 서로 빨리〔𠦪〕 나와 경의(敬意)를 표하려고, 머리가 손〔手〕에 닿는 동작을 한다는 데서 '절하다'라는 뜻을 나타낸다.

자해 **❶절, 절하다.** 〔周禮〕 辨九拜之儀변구배지의. **❷감사하다, 사의(謝意)를 표하다.** 〔論語〕 孔子時其亡也공자시기망야, 而往拜之이왕배지 **❸내리다, 벼슬을 내리다.** 〔史記〕 至拜大將지배대장, 乃信也내신야. **❹받다, 주는 것을 받다.** **❺뵙다, 찾아뵙다.**

手 5획

拜見(배견) ①귀인을 뵘. ②삼가 남의 글이나 물건을 봄. 拜覽(배람).
拜官(배관) 벼슬아치가 됨. 임관(任官)됨.
拜納(배납) 삼가 바침.
拜年(배년) 신년을 축하함. 신년 인사를 함.
拜讀(배독) 받드는 마음으로 편지를 읽음.
拜領(배령) 예물(禮物)을 받음.
拜禮(배례) 절하는 예.
拜命(배명) ①분부를 받음. 상명(上命)을 받음. ②관직에 임명됨.
拜墓(배묘) 조상의 묘를 찾아가서 돌봄. 省墓(성묘).
拜聞(배문) 공경하는 마음으로 삼가 들음.
拜眉(배미) 삼가 뵘. 삼가 만나 봄.
拜別(배별) 존경하는 사람과 작별함.
拜賜(배사) 삼가 주신 것을 받음.
拜謝(배사) 삼가 사례함.
拜辭(배사) ①삼가 작별을 고함. ②삼가 사절(謝絕)함. 삼가 사퇴함.
拜上(배상) 절하여 올림. 편지 글을 다 쓴 뒤 자기 이름 다음에 쓰는 말.
拜相(배상) 재상(宰相)에 임명됨.
拜席(배석) 의식 때 절하는 데 쓰는 자리.
拜掃(배소) 조상의 묘를 깨끗이 하고 돌봄.
拜疏(배소) 삼가 상소문을 올림.
拜誦(배송) 삼가 읽음. 편지를 공경하는 마음으로 읽음. 拜讀(배독).
拜手(배수) 머리를 손에 닿을 정도로 숙여서 하는 절.
拜授(배수) 벼슬을 줌. 관직에 임명함.
拜承(배승) 삼가 받아 봄.
拜謁(배알) 지위가 높은 사람이나 웃어른을 만나 뵘.
拜位(배위) ①관위(官位)를 삼가 받음. 곧, 임관(任官)됨. ②제사 따위에서, 헌관(獻官)이 나아가 절하는 자리.
拜呈(배정) ①삼가 올림. 進上(진상). 呈上(정상). ②삼가 아룀. 편지의 첫머리에 쓰는 말. 拜啓(배계). 謹啓(근계).
拜除(배제) 새로운 관직에 임명됨.
拜候(배후) 방문함. 찾아가 뵘. 문안(問安)함.
◨ 崇拜숭배, 禮拜예배, 再拜재배, 參拜참배.

5
⑧【拚】 ①칠 변 霰 ②날 번 元 ③쓸 분 問

㊥biàn, fān, fèn ㊐ベン, ハン, フン

소전 초서 자해 **1 치다, 손뼉을 치다.** ≒抃. 〔宋書〕 歌拚就路가변취로. **2 날다, 새·짐승이 나는 모양.** ≒翻. 〔詩經〕 拚飛維鳥번비유조. **3 쓸다, 청소하다.**

拚飛(번비) 날개를 치며 낢.

5
⑧【柲】 밀칠 별 屑

㊥bì ㊐ヒツ

자해 **밀치다, 밀쳐 거꾸러뜨리다, 때려서 넘어뜨리다.**

5
⑧【拊】 어루만질 부 麌

㊥fǔ ㊐フ

소전 초서 자해 **❶어루만지다, 사랑하다.** 〔詩經〕 拊我畜我부아휵아. **❷악기 이름.** 작은 북과 비슷한데, 주악(奏樂)을 시작할 때 이를 쳐서 가락을 잡는다. **❸치다, 가볍게 두드리다.** 〔書經〕 予擊石拊石여격석부석. **❹손잡이, 자루.**

拊髀(부비) 넓적다리를 툭 침. ㉠분발하는 모양. ㉡기뻐하는 모양. ㉢비분강개하는 모양.
拊循(부순) 어루만져 위안함. 위무(慰撫)함.
拊心(부심) 가슴을 두드림. ㉠슬퍼하는 모양. ㉡분개하는 모양. 拊膺(부응).

5
⑧【拂】 ①떨 불 物 ②도울 필 質

고등 인명 3Ⅱ급 ㊥fú, bì ㊐フツ, ヒツ

필순 一 十 扌 扌 扌 扌 拂 拂

소전 초서 속자 払 참고 인명용 음은 '불'이다.

자원 形聲. 手+弗→拂. '弗(불)'이 음을 나타낸다.

자해 1 ❶떨다, 먼지 따위를 떨다. 〔禮記〕 進几杖者拂之진궤장자불지. ❷추어올리다, 추켜올리다. 〔國語〕 拂衣從之불의종지. ❸닦다, 씻다. 〔楚辭〕 長袂拂面장몌불면. ❹스치다, 스쳐 지나가다. 〔李白·詩〕 春風拂檻露華濃춘풍불함로화농. ❺먼지떨이. ❻거스르다. 〔漢書〕 拂於耳불어이. ❼國치르다, 값을 건네주다. ¶ 支拂지불. 2 돕다. =弼. 〔漢書〕 匡拂天子광필천자.

拂去(불거) 떨어 버림. 청소함.

拂戾(불려) 어긋남. 어그러짐.

拂鬚(불수) 남의 수염의 먼지를 떨어 줌. 상관에게 아첨함.

拂拭(불식) ①티끌을 털고 훔침. ②임금의 총애를 받아 특별히 등용됨.

拂逆(불역) 거스름. 어김.

拂衣(불의) ①옷자락을 추어올림. 분연(奮然)히 일어나는 모양. ②옷의 먼지를 떪. ③결연히 떠나감. ④은자(隱者)가 됨.

拂子(불자) ①먼지떨이. 총채. 拂塵(불진). ②(佛)승려가 번뇌나 장애를 물리치는 표지로 쓰는 총채.

拂塵(불진) ①티끌을 떪. ②먼지떨이.

拂士(필사) 임금을 정도(正道)로써 보필하는 현사(賢士). 弼士(필사).

5 ⑧ 【押】 1 누를 압 洽 2 단속할 갑 洽

고등 인명 3급 ㊥yā, xiá ㊐オウ, コウ

필순 一 十 扌 扌 扣 扣 押 押

초서 참고 인명용 음은 '압'이다.

자원 形聲. 手+甲→押. '甲(갑)'이 음을 나타낸다.

자해 1 ❶누르다, 내리누르다. ≒壓. 〔晉書〕 便以石押其頭使扁편이석압기두사편. ❷수결. 문서의 증명이나 확인을 위해서, 자기 이름을 일정한 체로 서명(署名)한 것. ❸시를 지을 때 운자(韻字)를 달다. ¶ 押韻압운. ❹도장을 찍다. ¶ 押署압서. ❺잡아 가두다. ¶ 押送압송. 2 ❶단속하다, 검속(檢束)하다. ❷따르다, 친압하다.

押交(압교) 죄인을 압송함. 押附(압부).

押券(압권) 서명(署名)한 문서.

押署(압서) 도장을 찍고 이름을 씀. 서명 날인(捺印)함.

押送(압송) 죄인을 호송함.

押守(압수) 법원이나 수사 기관 등이 직권으로 증거물이나 몰수할 물건을 점유 확보함.

押收(압수) ①물건 따위를 강제로 빼앗음. ②물건의 점유를 취득하는 강제 처분.

押韻(압운) ①한시(漢詩)를 지을 때 일정한 자리에 운자(韻字)를 달아 짓는 일. ②시의 일정한 곳에 같은 운(韻)을 닮.

◨ 署押서압, 差押차압, 花押화압.

5 ⑧ 【拗】 1 꺾을 요 巧 2 비뚤 요 效

인명 1급 ㊥ǎo, ào ㊐ヨウ

소전 초서 속자 拗

자해 1 꺾다, 부러뜨리다. ¶ 拗矢요시. 2 ❶비뚤다, 마음이 비뚤어지다. ¶ 拗強요강. ❷비틀다, 비틀어 돌리다.

拗強(요강) 마음이 비뚤어지고 고집이 셈.

拗矢(요시) 화살을 부러뜨림.

拗體(요체) 한시(漢詩)에서 일정한 평측(平仄)의 규칙을 따르지 않는 근체시(近體詩). 절구(絕句)와 율시(律詩)의 변격으로, 두보(杜甫)의 시에서 많이 볼 수 있음.

◨ 執拗집요.

5 ⑧ 【抵】 1 거스를 저 薺 2 칠 지 紙

고등 인명 3Ⅱ급 ㊥dǐ, zhǐ ㊐テイ, シ

필순 一 十 扌 扌 扌 扺 抵 抵

소전 초서 참고 인명용 음은 '저'이다.

자원 形聲. 手+氐→抵. '氐(저)'가 음을 나타낸다.

자해 1 ❶거스르다, 막다, 거절하다. ¶ 抵抗저항. ❷밀다, 밀어젖히다. ❸닥뜨리다, 부딪다. ≒牴. 〔漢書〕 作角抵戲작각저희. ❹이르다, 다다르다. ≒底. 〔史記〕 道九原抵雲陽도구원저운양. ❺당하다, 해당하다. 〔史記〕 傷人及盜抵罪상인급도저죄. ❻대저(大抵), 무릇. 2 치다, 손으로 치다. ≒抵. 〔漢書〕 奮髯抵几분염지궤.

抵當(저당) ①막음 저항함. ②금전을 빌리면서 담보로 동산이나 부동산을 전당잡힘.

抵排(저배) 밀어 물리침. 저항하여 배척함.

抵死(저사) ①죽기를 각오하고 끝까지 저항함. ②결국. ③사형에 해당함.

抵捂(저오) 서로 어긋남. 서로 모순(矛盾)됨. 抵梧(저오).

抵敵(저적) 서로 맞서서 겨룸. 적을 맞아 싸움.

抵罪(저죄) 죄의 경중(輕重)에 따라 그에 상당한 형(刑)을 줌.

抵觸(저촉) ①서로 부딪치거나 모순됨. ②법률이나 규칙 따위에 위반됨.

抵抗(저항) 항거하거나 대항함.

抵掌(지장) ①손뼉을 침. ②신나게 이야기하는

모양.

◨ 角抵각저, 大抵대저.

5 ⑧【拙】 졸할 졸 ㊍절 屑

고등 인명 3급 ㊥zhuō ㊐セツ

필순 一 十 扌 扎 扎 扎 拙 拙

소전 초서 자원 形聲. 手+出→拙. '出(출)'이 음을 나타낸다.

자해 ❶졸하다, 솜씨가 서투르다. 〔老子〕 大巧若拙대교약졸. ❷운이 나쁘다, 불우(不遇)하다. 〔杜甫·詩〕 益歎身世拙익탄신세졸. ❸소용이 없다, 쓸모가 없다. 〔史記〕 鐵劍利而倡優拙철검리이창우졸. ❹자신의 것을 겸사하여 이르는 말. ¶ 拙稿졸고.

拙稿(졸고) 서투르게 쓴 원고. 자기가 쓴 원고의 겸칭.
拙劣(졸렬) 서투르고 보잘것없음.
拙老(졸로) 늙은이의 겸칭.
拙論(졸론) 보잘것없고 서투른 이론. 자기의 이론에 대한 겸칭.
拙妄(졸망) 옹졸하고 잔망(孱妄)함.
拙樸(졸박) 극히 순박함. 꾸밈이 없고 생긴 그대로임.
拙手(졸수) 서투른 손재주. 졸렬한 솜씨.
拙愚(졸우) 용렬하고 어리석음.
拙吟(졸음) 잘 짓지 못한 시가(詩歌).
拙醫(졸의) 서투른 의사. 돌팔이 의원.
拙著(졸저) 졸렬한 저술. 자기의 저술에 대한 겸칭. 拙作(졸작).
拙妻(졸처) ①자기 아내의 겸칭. 山妻(산처). 荊妻(형처). 拙荊(졸형). ②자기 남편에 대한 아내의 겸칭.
拙筆(졸필) ①잘 쓰지 못한 글씨. ②뛰어나지 않은 시문(詩文). ③자기 글씨나 그림의 겸칭.

◨ 巧拙교졸, 壅拙옹졸, 稚拙치졸.

5 ⑧【拄】 떠받칠 주 麌

인명 ㊥zhǔ ㊐チュウ

초서 자해 ❶떠받치다, 괴다. 〔戰國策〕 脩劍拄頤수검주이. ❷거절하다, 거부하다. 〔漢書〕 連拄五鹿君련주오록군.

拄杖(주장) 짚고 의지하는 막대기. 지팡이.

5 ⑧【抮】 휘어잡을 진 軫

인명 ㊥zhěn ㊐シン

초서 자해 ❶휘어잡다, 거머잡다. ❷붙다, 고착(固着)하다.

5 ⑧【抶】 매질할 질 質

㊥chì ㊐チツ

소전 초서 자해 매질하다, 종아리를 때리다. 〔春秋左氏傳〕 抶其僕以徇질기복이순.

5 ⑧【拓】 1 주울 척 陌 2 넓힐 척 ㊍탁 藥 3 박을 탁 藥

고등 인명 3Ⅱ급 ㊥zhí, tuò ㊐セキ, タク

필순 一 十 扌 扌 扩 扩 拓 拓

소전 초서 참고 인명용 음은 '척·탁'이다.

자원 形聲. 手+石→拓. '石(석)'이 음을 나타낸다.

자해 1 ❶줍다, 떨어진 것을 줍다. ❷꺾다, 부러뜨리다. 〔後漢書〕 拓若華而躊躇척약화이주저. 2 넓히다, 확장하다. 〔漢書〕 拓迹開統척적개통. 3 박다, 금석문(金石文)을 종이에 박다. 〔隋書〕 其相承傳拓之本기상승전탁지본.

拓落(척락) 불우함. 영락(零落)함. 落魄(낙백).
拓地(척지) ①토지를 개척함. ②국토를 넓힘.
拓土(척토) 토지를 개척함. 拓地(척지).
拓本(탁본) 금석(金石)에 새긴 글씨나 그림을 그대로 종이에 박아 냄. 또는 그 박은 종이. 搨本(탑본).

◨ 干拓간척, 開拓개척, 落拓낙척.

5 ⑧【招】 1 부를 초 蕭 2 풍류 이름 소 蕭

중학 인명 4급 ㊥zhāo ㊐ショウ

필순 一 十 扌 扌 扣 扣 招 招

소전 초서 참고 인명용 음은 '초'이다.

자원 形聲. 手+召→招. '召(소)'가 음을 나타낸다.

자해 1 ❶부르다. ㉮오라고 부르다, 손짓하다. ¶ 招聘초빙. ㉯불러일으키다, 가져오게 하다. ¶ 招災초재. ❷구하다. 〔漢書〕 將招權而爲亂首矣장초권이위란수의. ❸얽어매다, 속박하다, 결박하다. 〔孟子〕 又從而招之우종이초지. ❹과녁. 〔呂氏春秋〕 共射其一招공사기일초. 2 풍류 이름. 순(舜)임금이 지었다는 풍류. =韶. 〔漢書〕 舜作招순작소.

招待(초대) 사람을 불러 대접함.
招來(초래) ①어떤 결과를 가져오게 함. ②불러서 오게 함.
招徠(초래) ①불러서 오게 함. 招來(초래). ②

불러서 위로함.
招撫(초무) ①불러서 무마함. ②불러서 따르게 함. 귀순(歸順)시킴.
招聘(초빙) 예(禮)를 갖추어 남을 부름.
招辭(초사) 죄인이 범죄 사실을 자백하는 말. 供辭(공사). 供招(공초).
招壻(초서) ①사위를 맞음. ②데릴사위.
招安(초안) ①악당(惡黨)을 귀순하게 하여 편안한 생활을 누리게 함. ②죄를 용서함. 은사(恩赦)를 공포함.
招延(초연) 불러들임. 모집함.
招要(초요) 불러서 오게 함. 불러 맞이함.
招邀(초요) ①불러서 맞음. ②연회(宴會)에 부름. 招宴(초연).
招尤(초우) ①잘못이나 실수를 저지름. ②현기증. 어지럼증.
招慰(초위) ①불러서 위로함. ②달래어 귀순(歸順)시킴.
招諭(초유) 불러서 타이름. 召諭(소유).
招引(초인) 불러들임. 招延(초연).
招入(초입) 불러서 안으로 들임.
招請(초청) 사람을 청하여 부름.
招出(초출) 불러냄.
招致(초치) 불러서 안으로 들임.
招牌(초패) ①간판. ②國승지가 임금의 지시를 받고 신하를 부를 때에 쓰던 붉은 패.
招魂(초혼) ①사람이 죽었을 때 죽은 사람의 혼을 부르는 행사. ②죽은 사람의 혼을 불러 돌아오게 함.
招還(초환) 불러서 돌아오게 함. 召還(소환).
◨ 供招공초, 問招문초.

5 ⑧【抽】 뺄 추 尤

고등 인명 3급 ㊥chōu ㊐チュウ

필순 一 扌 扌 扌 扣 抽 抽 抽

초서 자원 形聲. 手+由→抽. '由(유)'가 음을 나타낸다.

자해 **❶빼다. ㉮뽑다, 뽑아내다.** 〔春秋左氏傳〕 抽矢菆추시추. **㉯없애다, 제거하다.** 〔詩經〕 言抽其棘언추기극. **❷싹트다, 싹이 나오다. ❸찢다, 부수다.** 〔春秋左氏傳〕 不抽屋불추옥.
抽拔(추발) 골라서 뽑음. 발탁(拔擢)함.
抽象(추상) 구체적인 사물이나 관념에서 공통되는 특성이나 속성 따위를 뽑아 내어 파악하는 작용.
抽賞(추상) 여럿 가운데서 뽑아 기림.
抽身(추신) 어떤 자리에서 몸을 빼어 떠남.
抽奬(추장) 여럿 가운데 뽑아서 칭찬함.
抽籤(추첨) 제비뽑기.
抽出(추출) 전체 속에서 어떤 물건, 요소를 뽑아냄.
抽擢(추탁) 많은 것 중에서 뽑아 씀.

5 ⑧【拖】 끌 타 歌 箇

인명 ㊥tuō ㊐タ

소전 초서 동자 拕 자해 **❶끌다, 끌어당기다.** ¶ 拖鉤타구. **❷미루다, 지연시키다. ❸풀어 놓다, 마음대로 내버려 두다.** 〔淮南子〕 縱體拖髮종체타발. **❹빼앗다, 빼앗기다.** 〔淮南子〕 遇盜拖其衣被우도타기의피.
拖鉤(타구) 줄다리기.

5 ⑧【拕】 拖(507)와 동자

5 ⑧【拆】 터질 탁 陌

㊥chāi ㊐タク

초서 자해 **❶터지다, 갈라지다, 쪼개다.** 〔詩經〕 不拆不副불탁불부. **❷뜯다.** 〔韓愈·詩〕 拆書放牀頭탁서방상두.
拆裂(탁렬) ①쪼갬. ②쪼개어 깨뜨림.
拆封(탁봉) ①편지 따위의 봉한 것을 엶. 開封(개봉). ②봉인(封印)을 뜯음.
拆字(탁자) 점복(占卜)의 한 가지. 글자를 편(偏)·방(旁)·관(冠)·각(脚) 등으로 나누고, 그 부분의 뜻을 가지고 일의 길흉(吉凶)을 점치는 일. '松'을 '十八公', '貨泉'을 '白水眞人'으로 부르는 따위.

5 ⑧【抬】 ① 笞(944)와 동자 ② 擡(541)의 속자

5 ⑧【抨】 탄핵할 평 庚

㊥pēng, bēng ㊐ホン

소전 자해 **❶탄핵하다, 나쁜 일을 들추어내어 책망하다.** ¶ 抨劾평핵. **❷~로 하여금 ~하게 하다.** 사역(使役)의 뜻을 나타내는 재역자(再譯字). 〔漢書〕 抨雄鳩以作媒兮평웅짐이작매혜.
抨劾(평핵) 죄상을 들어서 규탄하거나 책망함. 탄핵함.

5 ⑧【抱】 ① 안을 포 號 ② 던질 포 肴

중학 인명 3급 ㊥bào ㊐ホウ

필순 一 十 才 扌 扚 扚 拘 抱

초서 자원 形聲. 手+包→抱. '包(포)'가 음을 나타낸다.

자해 1 ❶안다, 품다. 〔韓非子〕 抱其璞而哭於楚山之下포기박이곡어초산지하. ❷둘러싸다, 에워싸다. ❸품, 품에 안기다. 〔後漢書〕 三年乃免于懷抱삼년내면우회포. ❹가슴, 흉부. ❺마음, 생각. 〔宋書〕 區區丹抱구구단포. ❻아름, 두 팔을 벌려 껴안은 둘레. 2 던지다, 버리다. =拋. 〔史記〕 姜嫄生后稷강원생후직, 抱之山中포지산중.

抱病(포병) 병을 지님.

抱服絶倒(포복절도) 배를 그러안고 넘어짐. 몹시 웃음.

抱負(포부) 마음속에 지니고 있는, 미래에 대한 계획이나 희망.

抱薪救火(포신구화) 섶을 안고 불을 끄려 함. 재난을 구하려다가 도리어 더 크게 하거나 자멸(自滅)함.

抱玉哭(포옥곡) 옥을 껴안고 울. 억울한 죄를 받고 울. 故事 초(楚)나라의 변화(卞和)가 옥(玉)을 얻어 회왕(懷王)에게 바쳤다가, 가짜로 오인(誤認)되어 도리어 형벌을 받은 고사에서 온 말.

抱擁(포옹) 서로 껴안음. 얼싸안음.

抱怨(포원) 원망함. 앙심을 품음.

抱義(포의) 정의(正義)를 품음.

抱柱(포주) 신의(信義)를 지키는 일. 故事 미생(尾生)이 여자와 다리 밑에서 만나기로 약속했는데, 여자는 오지 않고 갑자기 내린 큰 비로 물이 불어 마침내 다리 기둥을 안고 죽었다는 고사에서 온 말. 尾生之信(미생지신).

抱炭希涼(포탄희량) 숯불을 안고 시원하기를 바람. 행하는 바와 바라는 바가 상반됨.

抱痛西河(포통서하) 자식을 잃고 슬퍼함. 故事 공자의 제자인 자하(子夏)가 서하에서 위문후(魏文侯)의 스승으로 있을 때, 아들을 잃고 너무 비통(悲痛)한 나머지 실명(失明)한 고사에서 온 말.

抱合(포합) 서로 다른 종류의 물질이 물질상의 변화가 없이 결합하는 일.

◨ 懷抱회포.

5 ⑧ 【拋】 던질 포 肴

인명 2급 ㊥pāo ㊐ホウ

소전 초서 속자 抛 자해 ❶던지다, 내던지다. ¶ 拋擲포척. ❷버리다, 내버리다. 〔後漢書〕 同拋財產동포재산.

拋車(포거) 전쟁 때 돌을 던지기 위하여 사용한 수레. 霹靂車(벽력거).

拋棄(포기) ①하던 일을 중도에 그만두어 버림. ②자기의 권리나 자격을 내던져 버림.

拋物(포물) 물건을 집어 던짐.

拋物線(포물선) 물체가 반원 모양을 그리며 날아가는 선.

拋擲(포척) ①내던짐. 팽개침. ②돌보지 않음. ③상관하지 않음. 放擲(방척).

5 ⑧ 【披】 나눌 피 支

인명 1급 ㊥pī ㊐ヒ

소전 초서 자해 ❶나누다, 쪼개다. 〔春秋左氏傳〕 披其地피기지. ❷열다, 개척하다. 〔史記〕 披山通道피산통도. ❸입다, 옷을 걸치다. 〔唐書〕 披裘曳索피구예삭. ❹쓰러지다, 쓸리어 넘어지다. ¶ 披靡피미. ❺찢다, 찢어지다. 〔史記〕 木實繁者목실번자, 披其木피기목.

披肝(피간) 간장(肝臟)을 엶. 곧, 마음속을 털어놓음.

披見(피견) 책이나 편지 따위를 펴서 봄. 披覽(피람).

披襟(피금) ①옷깃을 열어젖힘. ②마음속을 털어놓음.

披覽(피람) 책이나 문서 따위를 펼쳐서 읽음.

披瀝(피력) 속마음을 조금도 숨기지 않고 털어놓음.

披露(피로) ①털어 내놓음. 속마음을 털어놓음. ②일반에게 널리 알림. 공표(公表)함.

披靡(피미) ①초목이 바람을 받아 한편으로 쓰러짐. ②위력이나 권세에 눌려 굴복함.

披髮徒跣(피발도선) 부모가 돌아갔을 때, 머리를 풀고 버선을 벗는 일.

披髮左衽(피발좌임) 머리를 풀어 헤치고 옷깃을 왼쪽으로 여밈. 미개한 종족의 풍속.

披閱(피열) ①열어서 조사해 봄. ②책이나 서류를 펴 놓고 열람(閱覽)함.

披針(피침) 곪은 데를 째는 침. 바소.

◨ 猖披창피.

5 ⑧ 【拡】 擴(543)의 속자

6 ⑩ 【挙】 擧(540)의 속자

6 ⑨ 【挌】 칠 격 陌

㊥gé ㊐カク

소전 초서 자해 ❶치다, 때리다. 〔後漢書〕 叱奴下車질노하거, 因挌殺之인격살지. ❷싸우다, 다투다.

挌鬪(격투) 서로 맞붙어 싸움.

6 ⑨【拷】 칠 고 皓

인명 1급 ㊥kǎo ㊐ゴウ

초서 자해 ❶치다, 때리다. ❷빼앗다, 약탈하다.

拷掠(고략) 고문(拷問)하여 자백을 강요함.

拷問(고문) 죄상을 자백시키기 위하여 육체적인 고통을 주는 일.

6 ⑨【拱】 두 손 맞잡을 공 腫

인명 1급 ㊥gǒng ㊐キョウ

소전 초서 자해 ❶두 손을 맞잡다. ❷팔짱을 지르다, 아무 일도 하지 않는 모양. 〔書經〕 垂拱而天下治수공이천하치. ❸껴안다, 두 팔로 껴안다. 〔淮南子〕 交拱之木교공지목. ❹아름, 두 팔을 벌려 껴안을 정도의 둘레. 〔孟子〕 拱把之桐梓공파지동재. ❺두르다, 빙 둘러치다. 〔論語〕 北辰居其所而衆星拱之북신거기소이중성공지.

拱木(공목) ①둘레가 한 아름이 넘는 큰 나무. 아름드리나무. ②무덤가에 심은 나무.

拱手(공수) ①두 손을 마주 잡아 행하는 절. 길사(吉事)에는 남자는 왼손, 여자는 오른손을 앞으로 하고, 흉사(凶事)에는 그 반대로 함. ②두 손을 마주 잡고 아무 일도 하지 않음.

拱揖(공읍) 두 손을 마주 잡고 가볍게 머리를 숙여 인사함. 拱挹(공읍).

拱把(공파) ①한 아름. ②두 팔을 벌려 에워쌀 만한 굵기.

6 ⑨【括】 묶을 괄 曷

인명 1급 ㊥kuò ㊐カツ

소전 초서 자해 ❶묶다, 동이다, 합치다. ❷감독하다, 단속하다. 〔新唐書〕 鑄錢括苗주전괄묘. ❸오늬. ≒栝. 〔書經〕 往省括于度왕성괄우도. ❹찾다, 궁구하다, 구명하다.

括囊(괄낭) ①주머니의 주둥이를 잡아매듯이 입을 다물고 말하지 않음. 침묵(沈默)함. ②하나로 포괄(包括)함.

括髮(괄발) 삼〔麻〕으로 머리털을 묶음. 중국의 옛 상례(喪禮)의 한 가지. 髻髮(괄발).

括約(괄약) ①모아서 한데 묶음. ②일의 뒤끝을 수습함.

括約筋(괄약근) 오므리거나 벌림으로써 기관의 열고 닫음을 조절하는 근육.

括羽(괄우) 오늬와 깃털. 오늬를 만들고 깃털을 붙여 화살을 완성함. 학문을 닦고, 슬기를 모아 유용한 인재가 됨.

◨ 概括개괄, 一括일괄, 總括총괄, 統括통괄, 包括포괄.

6 ⑨【挂】 1 걸 괘 卦 2 나눌 괘·규 齊

㊥guà ㊐ケイ

소전 초서 자해 1 걸다, 걸리다, 매달다, 매달리다. ¶ 挂冠괘관. 2 나누다, 갈라서 구분을 짓다. 〔莊子〕 以挂功名이괘공명.

挂冠(괘관) 관(冠)을 벗어 걺. 관직을 그만둠. 故事 벼슬을 그만둔 벼슬아치가 관을 벗어 성문(城門)에 걸어 놓고 떠났다는 고사에서 온 말. 挂綬(괘수).

挂榜(괘방) ①정령(政令)이나 포고(布告)를 붙임. ②과거(科擧)에 합격한 사람의 이름을 개시함. ③이름을 밝히지 않고 글을 써 붙임.

挂帆(괘범) 돛을 닮. 挂席(괘석).

挂錫(괘석) 석장(錫杖)을 걸어 둠. 승려가 한 곳에 체류(滯留)함.

6 ⑨【挍】 견줄 교 效

㊥jiào ㊐コウ

초서 자해 ❶견주다, 비교하다. ≒校. ❷갚다, 보답하다.

6 ⑩【拳】 拳 주먹 권 先

고등 인명 3Ⅱ급 ㊥quán ㊐ケン

필순 丶 丷 䒑 屰 尖 尖 类 叁 卷 拳

소전 초서 속자 拳 자원 形聲. 𠍏+手→拳. '𠍏(권)'이 음을 나타낸다.

자해 ❶주먹. 〔晉書〕 攘袂奮拳양몌분권. ❷주먹을 쥐다, 주먹질하다. 〔顏氏家訓〕 手不得拳수부득권, 膝不得屈슬부득굴. ❸힘. 〔詩經〕 無拳無勇무권무용. ❹권법(拳法). 중국 고유의 무술(武術) 이름. ❺소중히 받들어 지키다. ❻사랑하다. ❼공손하다, 정중하다. ❽힘쓰다, 부지런하다.

拳拳(권권) ①진실한 마음으로 정성껏 지키는 모양. ②부지런함. 근면함. ③사랑함. 자애로움. ④공손함. 정중함.

拳拳服膺(권권복응) 늘 마음에 간직하여 정성

手 6획

스럽게 지킴.
拳勇(권용) 권술(拳術)에 능하고 용맹함.
拳菜(권채) 고사리. 처음 돋아날 때의 모양이 주먹 같은 데서 생긴 이름.
拳打(권타) 주먹으로 침.
拳鬪(권투) 복싱.
◨ 強拳강권, 空拳공권, 鐵拳철권.

6 ⑨【拮】 1일할 길 屑 2죄어칠 갈 黠
인명 1급 ㊥jié, jiá ㊐キツ, ケツ
소전 초서 참고 인명용 음은 '길'이다.
자해 1 ❶일하다. 손과 입을 함께 놀리며 일하다. 〔詩經〕予手拮据여수길거. ❷맞서다, 겨루다. ¶ 拮抗길항. 2 죄어치다, 심하게 핍박하다. 〔戰國策〕句踐終拮而殺之구천종갈이살지.
拮据(길거) ①바쁘게 일하는 모양. ②재정이 넉넉하지 못하여 생활이 어려움.
拮抗(길항) 맞서 대항함.

6 ⑩【拿】 붙잡을 나 麻
인명 1급 ㊥ná ㊐ダ
초서 자해 ❶붙잡다, 사로잡다. ＝拏. ❷손에 넣다.
拿鞫(나국) 죄인을 잡아다 국문(鞠問)함.
拿捕(나포) 죄인이나 적선(敵船) 따위를 사로잡음.
拿獲(나획) 죄인을 잡음.

6 ⑩【挐】 1붙잡을 나 麻 2끌 녀 魚
인명 ㊥ná, rú ㊐ダ
소전 참고 인명용 음은 '나'이다.
자해 1 붙잡다, 손에 넣다. ≒拏. 2 끌다, 연속하다. 〔漢書〕禍挐而不解화녀이불해.
挐戮(나륙) 붙잡아 죽임.

6 ⑨【挑】 1돋울 도 本조 蕭 2오가는 모양 도 豪
고등 인명 3급 ㊥tiǎo ㊐チョウ
필순 一 十 扌 扌 扌 扌 扌 挑 挑
소전 초서 자원 形聲. 手＋兆→挑. '兆(조)'가 음을 나타낸다.
자해 1 ❶돋우다. ㉮심지를 돋우다. 〔白居易·歌〕孤燈挑盡未成眠고등도진미성면. ㉯기분·의욕 등을 부추기다. 〔史記〕以琴心挑之이금심도지. ❷어깨에 메다. ❸가리다, 가려서 쓰다. 〔後漢書〕挑取功譽도취공예. 2 오가는 모양. 〔詩經〕挑兮達兮도혜달혜.
挑達(도달) ①오가며 서로 보는 모양. ②침착하지 못하고 제멋대로인 모양.
挑燈(도등) 등불의 심지를 돋우어서 불을 더 밝게 함.
挑選(도선) 고름. 선택함.
挑戰(도전) 싸움을 걺. 전쟁을 도발(挑發)함.

6 ⑨【挵】 弄(404)의 속자

6 ⑨【挀】 拍(503)과 동자

6 ⑩【挈】 1손에 들 설 本결 屑 2끊을 계 霽
㊥qiè, qì ㊐ケツ, ケイ
소전 초서 자해 1 ❶손에 들다, 휴대하다. 〔禮記〕班白不提挈반백부제설. ❷거느리다, 이끌다. 〔春秋公羊傳〕挈其妻子설기처자. ❸돕다. 〔漢書〕左提右挈좌제우설. ❹급한 모양. ¶ 挈挈설설. 2 ❶끊다, 단절하다. 〔史記〕挈三神之驩계삼신지환. ❷새기다. ≒契. ❸문서, 증표. ≒契.
挈缾之智(설병지지) 손에 들 만한 작은 병에 담길 정도의 슬기. 작은 슬기.
挈挈(설설) 급한 모양. 절박한 모양.

6 ⑨【拾】 1주울 습 緝 2열 십 緝
중학 인명 3Ⅱ급 ㊥shí ㊐シュウ
필순 一 十 扌 扌 扒 扲 拾 拾 拾
소전 초서 참고 인명용 음은 '습·십'이다.
자원 形聲. 手＋合→拾. '合(합)'이 음을 나타낸다.
자해 1 ❶줍다, 습득하다. 〔史記〕塗不拾遺도불습유. ❷칼집. ❸팔찌. 활을 쏠 때에 활을 쥐는 팔의 소매를 걷어 매는 띠. 2 열. ※'十'의 갖은자.
拾得(습득) 주워서 얻음.
拾遺(습유) ①남이 잃어버린 것을 주움. ②빠진 글을 뒷날 보충함. ③임금이 깨닫지 못하고 있는 과실(過失)을 들어 간(諫)함.
拾掇(습철) 주움. 주워 가짐. 拾摭(습척).
◨ 收拾수습, 採拾채습, 掇拾철습.

6 ⑨【拭】 닦을 식 職
인명 1급 ㊥shì ㊐ショク

초서 拭 동자 㭒 자해 **닦다, 닦아서 깨끗하게 하다, 훔치다.** 〔漢書〕拭目傾耳식목경이.

拭目(식목) 눈을 닦고 봄. 자세히 봄.

拭拂(식불) 먼지를 떨고 훔침. 의심이나 부조리한 점을 말끔히 떨어 없앰. 拂拭(불식).

拭淸(식청) ①씻어서 깨끗하게 함. ②나쁜 폐단을 제거함. 拭淨(식정).

◪ 拂拭불식, 洗拭세식, 掃拭소식.

6 ⑨【按】 누를 안 翰

인명 1급 ㊥àn ㊐アン

소전 按 초서 按 자해 ❶**누르다, 억누르다, 제지하다.** 〔管子〕按彊助弱안강조약. ❷**어루만지다.** 〔史記〕毛遂按劍모수안검. ❸**당기다, 잡아당기다.** 〔史記〕天子乃按轡而行천자내안비이행. ❹**악기를 타다.** 〔宋書〕按絃拭徽안현식휘. ❺**맥을 짚다.** ¶ 按脈안맥. ❻**조사하다, 죄를 묻다.** 〔漢書〕遣吏考按견리고안. ❼**생각하다, 헤아리다.** 〔漢書〕按之當今之務안지당금지무. ❽**순찰하다, 단속하다.**

按檢(안검) 조사함.

按劍相視(안검상시) 칼을 어루만지며 서로 노려봄. 서로 원수같이 대함.

按圖索駿(안도색준) 그림을 보고 준마를 찾음. 사실을 통하여 얻은 것이 아닌 지식은 실용성이 없음.

按摩(안마) 손으로 몸을 두드리거나 주물러서 피의 을 도와주는 일.

按脈(안맥) 의사가 병자의 맥을 짚어 보고 진찰함. 察脈(찰맥). 診脈(진맥).

按撫(안무) 백성의 형편을 살펴서 어루만져 위로함. 案撫(안무).

按問(안문) 죄를 조사하여 심문(審問)함.

按排(안배) 알맞게 배치하거나 처리함. 按配(안배).

按兵(안병) 군대를 멈추어 세움. 진군(進軍)을 하지 않음.

按殺(안살) 죄상을 조사하여 죽임.

按察(안찰) 자세히 살펴 바로잡음.

按治(안치) 죄를 조사하여 다스림.

按覈(안핵) 자세히 살펴 조사함.

按驗(안험) 잘 살펴서 증거를 세움.

6 ⑨【捎】 捐(514)의 속자

6 ⑨【拯】 건질 증 迥

인명 ㊥zhěng ㊐ジョウ

소전 拯 초서 拯 동자 抍 자해 ❶**건지다, 구조(救助)하다, 돕다.** 〔蜀志〕聖賢拯恤之秋성현증휼지추. ❷**들어 올리다, 취하다.** 〔易經〕不拯其隨부증기수.

拯救(증구) 구제함. 구원함. 救恤(구휼).

拯恤(증휼) 구하여 도와줌. 救恤(구휼).

6 ⑨【持】 가질 지 支

중학 인명 4급 ㊥chí ㊐ジ

필순 一 十 扌 扌 扌 扌 扌 持 持

소전 持 초서 持 자원 形聲. 手＋寺→持. '寺(시)'가 음을 나타낸다.

자해 ❶**가지다, 손에 쥐다.** 〔禮記〕持弓矢審固지궁시심고. ❷**지키다, 유지하다.** 〔李白·論〕十年持漢節십년지한절. ❸**돕다, 부조(扶助)하다.** 〔荀子〕能持管仲능지관중. ❹**버티다, 견디어 내다.** 〔漢書〕曠日持久광일지구, 積數十年적수십년.

持戒(지계) (佛)계를 받은 사람이 계행(戒行)을 지킴. 持律(지율).

持久力(지구력) 오랫동안 버티며 견디는 힘.

持國天王(지국천왕) (佛)동쪽 천국을 지키며 선악자(善惡者)를 가려 상벌한다는 사천왕(四天王)의 하나.

持戟(지극) ①창을 가짐. ②창을 가진 병사.

持論(지론) 늘 가지고 있거나 주장하여 온 이론(理論).

持滿(지만) ①활시위를 충분히 당김. ②가득 차서 넘치지 않을 정도를 유지함. 곧, 높은 지위를 지속(持續)함. ③충분히 준비함.

持病(지병) 오랫동안 잘 낫지 아니하는 병.

持斧伏闕(지부복궐) 도끼를 가지고 대궐 밖에 나아가 엎드림. 왕에게 상소할 때에 만일 뜻이 이루어지지 않으면 이 도끼로 죽여 달라는 결의를 보이는 것.

持續(지속) 어떤 상태가 오래 계속됨.

持重(지중) ①정도(正道)를 굳게 지킴. ②위엄을 유지함. 신중히 함. ③종묘(宗廟)의 제사(祭祀)를 담당하는 사람.

持參(지참) 무엇을 가지고 모임에 참여함.

持平(지평) 공평하여 한쪽으로 치우치지 않음.

◪ 堅持견지, 保持보지, 扶持부지, 所持소지, 維持유지, 住持주지, 支持지지.

6 ⑨【指】 손가락 지 紙

중학 인명 4Ⅱ급 ㊥zhǐ ㊐シ

필순 一 十 扌 扌 扌 扌 指 指 指

手 6획

소전 초서 고자 指 자원 形聲. 手+旨→指. '旨(지)'가 음을 나타낸다.

자해 ❶손가락. 〔孟子〕今有無名之指금유무명지지, 屈而不信굴이불신. ❷발가락. 〔春秋左氏傳〕闔廬傷將指합려상장지. ❸가리키다, 손가락질하다. 〔漢書〕千人所指천인소지. ❹지시하다. 〔史記〕以其策指之이기책지기. ❺서다, 곧추서다. 〔呂氏春秋〕目裂鬢指목렬빈지. ❻뜻. 〔孟子〕言近而指遠者언근이지원자.

指南(지남) ①남쪽을 가리킴. ②가르쳐 인도함.

指導(지도) 가르쳐 이끎.

指頭書(지두서) 손가락 끝으로 쓴 글씨.

指令(지령) 상급 기관에서 내리는 통지나 명령.

指路(지로) 길을 가리켜 인도함.

指鹿爲馬(지록위마) 사슴을 가리켜 말이라고 함. 윗사람을 농락하여 권세를 마음대로 휘두름. 故事 진(秦)의 조고(趙高)가 난을 일으키려고 할 때에 신하들이 따르지 않을까 염려하여 그들의 마음을 떠보려고 황제 앞에서 사슴을 가리켜 말이라 하니, 혹은 침묵하고, 혹은 틀렸다고 하였는데, 그 후에 틀렸다고 하는 자들을 엄하게 처단하니 모두 조고를 두려워하여 따랐다는 고사에서 온 말.

指名(지명) 여러 사람 가운데 누구의 이름을 지정하여 가리킴.

指目(지목) 여럿 가운데 일정한 대상을 가리키어 정함.

指紋(지문) 손가락 끝마디 안쪽에 있는 물결 같은 무늬.

指腹之約(지복지약) 배 속에 있는 태아를 두고 혼인을 약속하는 일. 故事 후한(後漢)의 광무제(光武帝)가, 가복(賈復)의 아내가 임신하였다는 말을 듣고, 태어날 아이와 자기 자식을 혼인시키자고 하였다는 고사에서 온 말.

指不勝屈(지불승굴) 이루 다 손꼽아 셀 수 없음. 수효가 아주 많음.

指事(지사) ①사물을 가리켜 보임. ②한자(漢字) 육서(六書)의 한 가지. 어떤 부호를 이용하여 새 글자를 만드는 일. '一·二·上·下' 등이 이에 속함.

指使(지사) ①지휘하여 부림. ②지휘관.

指授(지수) 지시하여 가르쳐 줌.

指示(지시) 가리켜 보임.

指壓(지압) 손끝으로 누르거나 두드림.

指要(지요) 문장 속에 담겨 있는 중요한 뜻. 要旨(요지)

指日可期(지일가기) 날을 지적하여 기약할 수 있음. 훗날에 성공할 것을 꼭 믿음.

指掌(지장) ①손바닥을 가리킴. ㉠알기 쉬움. ㉡하기 쉬움. ②손가락과 손바닥.

指章(지장) 손도장.

指定(지정) 가리켜 정함.

指摘(지적) ①어느 사물을 꼭 집어서 가리킴. ②잘못을 드러내어 폭로함.

指斥(지척) ①가리킴. 손가락질함. ②웃어른의 언행을 지적하여 탓함.

指天爲誓(지천위서) 하늘에 맹세함.

指針(지침) 생활의 행동이나 방법·방향을 인도하여 주는 준칙.

指稱(지칭) 어떤 대상을 가리켜 이르는 일.

指趣(지취) 근본이 되는 종요로운 뜻.

指飭(지칙) 가리켜서 타이름.

指彈(지탄) ①손가락으로 튀김. ②비난함. 지목하여 비방함.

指標(지표) 방향·목적·기준 따위를 나타내는 표지.

指向(지향) ①어떤 방향으로 쏠리는 마음. ②작정하거나 지정한 방향.

指環(지환) 가락지.

指呼(지호) ①손짓을 하여 부름. ②지시하여 명령함.

指呼之間(지호지간) 손짓으로 부를 만한 가까운 거리.

指畫(❶지획 ❷지화) ❶손가락으로 그려 보이며 친절히 가리킴. ❷손가락 끝에 먹을 묻혀 그림을 그림. 당대(唐代)의 장조(張璪)가 창시하였음. 指頭畫(지두화).

指揮(지휘) 목적을 효과적으로 이루기 위하여 단체의 행동을 통솔함. 指麾(지휘).

◨ 屈指굴지, 無名指무명지, 拇指무지, 食指식지, 藥指약지, 中指중지, 彈指탄지.

6
⑨【指】 指(511)의 고자

6
⑨【挃】 찌를 질 質

㊥zhì ㊐チツ

소전 초서 자해 ❶찌르다, 치다. ❷벼 베는 소리. 〔詩經〕穫之挃挃확지질질.

挃挃(질질) 곡식을 베는 소리.

6
⑨【拶】 핍박할 찰 曷

㊥zā, zǎn ㊐サツ

초서 속자 拃 자해 ❶핍박하다, 들이닥치다. ¶ 拶逼찰핍. ❷형구(刑具)의 한 가지. ¶ 拶指찰지.

拶指(찰지) 형구(刑具)의 한 가지. 다섯 개의 나무토막을 엮어, 이를 죄인의 손가락 사이

手 6획

에 끼워서 죄는 고문(拷問) 기구.
拶逼(찰핍) 바싹 가까이 다가붙음.

6 ⑨【挄】 擴(543)과 동자

7 ⑩【捆】 두드릴 곤 阮
㊥kǔn ㊐コン
초서 속자 자해 ❶두드리다, 두드려 단단하게 하다. 〔孟子〕 捆屨織席以爲食곤구직석이위식. ❷묶다.
捆屨(곤구) 짚신을 삼음.
捆致(곤치) 맺어서 가까이 지냄. 사이좋게 지냄. 捆逼(곤핍).

7 ⑩【挢】 어지럽힐 교 巧
㊥jiǎo ㊐コウ
초서 자해 어지럽히다, 어지럽다. ＝攪. 〔後漢書〕 挢羽群교우군.

7 ⑩【捄】 ①담을 구 尤 ②건질 구 宥
㊥jū, qiú, jiù ㊐ク, キュウ
소전 초서 자해 ①❶담다, 흙을 퍼담다. ❷길다, 가늘고 긴 모양. 〔詩經〕 有捄棘匕유구극비. ❸송이, 과실 송이. 〔詩經〕 一捄之實일구지실. ②건지다, 구원하다. ≒救. 〔大學〕 不能捄之불능구지.

7 ⑩【捃】 주울 군 問
㊥jùn ㊐クン
초서 동자 攈 자해 줍다, 주워 가지다.

7 ⑩【捏】 이길 날 本녈 屑
인명 1급 ㊥niē ㊐ネツ
초서 자해 ❶이기다, 반죽하다. ❷근거 없는 일을 있는 것처럼 만들어 내다.
捏造(날조) ①흙을 이겨 물건의 모양을 만들어 냄. ②근거가 없는 것을 사실인 듯이 거짓으로 꾸며 냄.

7 ⑩【挼】 ①주무를 뇌 歌 ②제사 지낼 휴 支
㊥ruó, suī ㊐ダ, スイ
소전 초서 자해 ①❶주무르다, 문지르다. ❷꺾다, 누르다. ②제사 지내다, 제수(祭需)에 대한 제사.
挼挐(뇌나) 억눌러 붙잡음.
挼祭(휴제) 신(神)에게 제수(祭需)를 올리기 전에, 그 제수에 대해 지내는 제사.

7 ⑩【捋】 집어 딸 랄 曷
㊥luō ㊐ラツ
소전 초서 자해 ❶집어 따다, 따내다. 〔詩經〕 薄言捋之박언랄지. ❷쓰다듬다, 어루만지다.

7 ⑩【挵】 弄(404)과 동자

7 ⑩【挽】 당길 만 阮
인명 1급 ㊥wǎn ㊐バン
초서 자해 ❶당기다, 끌어당기다. ＝輓. 〔杜甫·詩〕 挽弓當挽強만궁당만강. ❷말리다, 못하게 하다.
挽歌(만가) ①장례식 때 영구(靈柩)를 실은 수레를 끄는 사람들이 부르는 노래. 輓歌(만가). ②죽은 사람을 애도(哀悼)하는 시가(詩歌). 挽詞(만사). 挽詩(만시).
挽留(만류) 붙잡고 말림.
挽引(만인) 끌어당기거나 잡아당김.

7 ⑩【捗】 ①거둘 보 遇 ②칠 척 職
㊥bù, zhì ㊐ホ, チョク
초서 자해 ①거두다, 수렴(收斂)하다. ②치다, 때리다.

7 ⑩【捊】 거둘 부 尤
㊥póu ㊐ブ
소전 자해 ❶거두다, 거두어들이다. ❷밭을 갈다, 농사짓다.

7 ⑩【挿】 插(525)의 속자

7 ⑩【捒】 旋(569)의 속자

7 ⑩【捎】 ①없앨 소 肴 ②칠 소 巧
㊥shāo, xiāo, shǎo ㊐ソウ
소전 초서 자해 ①❶없애다, 제거하다. ❷베다, 칼로 베다. 〔曹

手 7획

植·行〕 拔劍捎羅網발검소라망. ②치다, 때리다. 〔杜甫·詩〕 花妥鶯捎蝶화타앵소접.

7 ⑩【捜】 搜(530)의 속자

7 ⑩【挨】 칠 애 蟹

㊥āi ㊐アイ

소전 초서 자해 ❶치다, 등을 때리다. ❷밀치다, 떼밀다. ❸다가오다, 가까이 닥치다.

7 ⑩【挪】 놀릴 야 麻

㊥yé ㊐ヤ

초서 동자 揶 자해 놀리다, 조롱하다, 농지거리하다.

揶揄(야유) 남을 빈정거려 놀림. 조롱함.

手 7획

7 ⑩【挻】 늘릴 연 ㊍선 先

㊥shān ㊐セン

소전 초서 자해 ❶늘이다, 길게 하다. ❷이기다, 반죽하다. ❸취하다, 빼앗다. 〔漢書〕 主上有敗주상유패, 則因而挻之矣즉인이연지의.

挻埴(연식·연치) 찰흙을 이김.

7 ⑩【捐】 버릴 연 先

인명 1급 ㊥juān ㊐エン

소전 초서 속자 捐 자해 ❶버리다. 〔漢書〕 自我得之자아득지, 自我捐之자아연지. ❷없애다. 〔史記〕 捐不急之官연불급지관. ❸주다, 내놓다, 기부하다. 〔漢書〕 出捐千金출연천금.

捐館(연관) ①살고 있던 집을 버림. ②귀인(貴人)의 죽음.

捐納(연납) 돈이나 곡식을 상납하여 벼슬자리를 얻는 일.

捐生(연생) 목숨을 버림. 捐命(연명).

捐世(연세) 사망(死亡)의 존칭. 棄世(기세).

捐助(연조) 금품으로 남을 도와줌.

◨ 棄捐기연, 義捐金의연금, 出捐출연.

7 ⑩【捂】 닿을 오 遇

㊥wǔ ㊐ゴ

초서 자해 ❶닿다, 접촉하다. 〔史記〕 莫敢枝捂막감지오. ❷거스르다, 어긋나다. 〔漢書〕 或有抵捂혹유저오. ❸향하다, 마주대하다. 〔儀禮〕 若無器則捂受之약무기즉오수지. ❹버티다, 괴다.

7 ⑩【挹】 뜰 읍 緝

㊥yì ㊐ユウ

소전 초서 자해 ❶뜨다, 물을 푸다. ≒揖. 〔荀子〕 弟子挹水而注之제자읍수이주지. ❷당기다, 잡아당기다. ❸누르다, 겸양하다. 〔荀子〕 挹而損之읍이손지. ❹읍하다. ≒揖. 〔荀子〕 拱挹指麾공읍지휘.

7 ⑩【挺】 뺄 정 迥

인명 1급 ㊥tǐng ㊐テイ

소전 초서 자해 ❶빼다, 뽑다, 빼내다. 〔戰國策〕 挺劍而起정검이기. ❷이탈하다, 빠져나오다. 〔史記〕 尉劍挺위검정. ❸빼어나다, 특출하다. 〔晉書〕 以天挺之資이천정지자, 應期受命응기수명. ❹솟다, 높이 솟다. ¶ 挺立정립. ❺앞서다, 앞장을 서다. 〔漢書〕 挺身亡정신망. ❻곧다, 굽지 아니하다. ¶ 挺挺정정.

挺傑(정걸) ①아주 월등하게 뛰어남. ②남보다 월등하게 뛰어난 사람.

挺立(정립) ①우뚝 솟음. ②남보다 뛰어남.

挺秀(정수) 훌륭하게 뛰어남. 挺拔(정발).

挺身(정신) ①무슨 일에 남들보다 앞서서 나아감. 솔선(率先)함. ②몸을 뺌. 간신히 모면하여 빠져나옴.

挺然(정연) 남들보다 뛰어난 모양.

挺爭(정쟁) 선두에 나와 다툼.

挺戰(정전) 앞장서서 싸움.

挺節(정절) 절개를 굳게 지킴.

挺挺(정정) 바른 모양. 곧은 모양.

挺出(정출) 특별히 뛰어남. 傑出(걸출).

7 ⑩【挫】 꺾을 좌 箇

인명 1급 ㊥cuò ㊐ザ

소전 초서 자해 ❶꺾다, 꺾이다. ¶ 挫折좌절. ❷창피를 주다, 손상시키다. 〔孟子〕 思以一毫挫於人사이일호좌어인. ❸묶다, 결박하다. 〔老子〕 或挫或隳혹좌혹휴.

挫北(좌배) 꺾여 달아남.

挫傷(좌상) ①기운이 꺾이고 마음이 상함. ②기세가 꺾여 패(敗)함.

挫辱(좌욕) ①기세가 꺾이어 굴복함. ②기세를 꺾어 욕보임.

挫折(좌절) ①뜻이나 기세가 꺾임. ②실패함.

7
⑩【振】 1 떨칠 진 震
2 홑겹 진 軫

고등 인명 3Ⅱ급 ㊥zhèn ㊐シン

필순 一 十 扌 扌 扩 扩 折 振 振 振

소전 초서 자원 形聲. 手＋辰→振. '辰(진)'이 음을 나타낸다.

자해 1 ❶떨치다, 떨쳐 일어나다. 〔詩經〕振鷺于飛진로우비. ❷떨다. ㉮흔들려 움직이다. 〔孟子〕金聲而玉振之也금성이옥진지야. ㉯겁나다, 두려워서 떨다. 〔史記〕燕王振怖연왕진포. ❸들다, 들어 올리다. 〔荀子〕明振毫末명진호말. ❹열다, 열어서 내놓다. 〔春秋左氏傳〕振廩同食진름동식. ❺받아들이다, 수납하다. 〔中庸〕振河海而不洩진하해이불설. ❻구제하다, 구휼하다. ＝賑. 〔易經〕君子以振民育德군자이진민육덕. 2 홑겹, 한 겹. ＝袗. 〔禮記〕振絺綌不入公門진치격불입공문.

振窮(진궁) 가난한 사람을 도와줌. 振窮(진궁).
振起(진기) 떨치고 일어남. 분기(奮起)함. 振擧(진거).
振貸(진대) 빈민에게 나라의 곡식을 꾸어 줌. 賑貸(진대).
振動(진동) ①흔들려 움직임. ②냄새 따위가 아주 심하게 나는 상태.
振旅(진려) ①싸움에서 이기고 돌아옴. ②군대가 대오(隊伍)를 정비하여 돌아오는 일.
振拔(진발) ①㉠힘씀. 떨침. ㉡험난한 곳을 힘써 뛰쳐 나옴. ②가난한 사람을 도와줌.
振舒(진서) 떨쳐서 폄.
振刷(진쇄) 지금까지의 나쁜 점을 전부 고쳐서 새롭게 함.
振肅(진숙) ①두려워서 떨며 삼감. ②어지러워진 규율을 엄숙하게 바로잡음.
振施(진시) 어려운 사람을 구제함. 振濟(진제).
振揚(진양) 떨쳐 들날림. 선양(宣揚)함.
振衣(진의) ①옷의 먼지를 털. ②세속을 벗어나 뜻을 고상하게 함.
振子(진자) 흔들이.
振作(진작) 떨쳐 일으키거나 일어남.
振張(진장) 위력(威力)을 떨치는 모양.
振振(진진) ①마음이 인후(仁厚)한 모양. ②성대(盛大)한 모양. ③신의심(信義心)이 두터운 모양. ④새들이 떼지어 나는 모양. ⑤혼자 잘난 체하여 우쭐거리는 모양.
振天(진천) 소리가 하늘까지 떨쳐 울림. 명성(名聲)이 높음.
振鐸(진탁) 방울을 흔들어 울림. ①정교(政敎)나 법령을 선포할 때, 방울을 흔들어 대중을 깨우치던 일. ②후학을 가르침. '鐸'은 교령(敎令)을 내릴 때 흔들던 방울.
振駭(진해) ①깜짝 놀라게 함. ②물결이 용솟음쳐 일어남.
振興(진흥) 떨쳐 일어남. 떨쳐 일으킴.

7
⑩【捉】 잡을 착 覺

고등 인명 3급 ㊥zhuō ㊐サク

필순 一 十 扌 扌 扣 扣 扣 抑 捉 捉

소전 초서 자원 形聲. 手＋足→足. '足(족)'이 음을 나타낸다.

자해 잡다. ㉮손에 쥐다, 거머쥐다. 〔漢書〕周公躬吐捉之勞주공궁토착지로. ㉯붙잡다, 사로잡다. 〔三國志〕陰欲突前捉曹公음욕돌전착조공.

捉去(착거) 붙잡아 감.
捉刀(착도) 칼을 잡음. ㉠남을 대리함. ㉡대필(代筆)을 함. 故事 위(魏)나라의 무제(武帝)가 흉노의 사신을 만날 적에 최계규(崔季珪)를 대신 내세우고 자기는 칼을 잡고 옆에 서 있었다는 고사에서 온 말.
捉來(착래) 붙잡아 옴.
捉迷藏(착미장) 술래잡기. 捉戲(착희).
捉送(착송) 붙잡아 보냄.
捉囚(착수) 죄인을 잡아 가둠.
捉撮(착촬) 쥠.
■ 擒捉금착, 吐哺捉髮토포착발, 捕捉포착.

7
⑩【捌】 깨뜨릴 팔 黠

인명 ㊥bā ㊐ハツ

소전 초서 자해 ❶깨뜨리다, 쳐부수다. ＝扒. ❷고무래. 곡식을 끌어 모으는 농기구. ❸여덟. ※'八'의 갖은자.

7
⑩【捕】 사로잡을 포 遇

고등 인명 3Ⅱ급 ㊥bǔ ㊐ホ

필순 一 十 扌 扌 扩 拆 拆 捅 捕 捕

소전 초서 자원 形聲. 手＋甫→捕. '甫(보)'가 음을 나타낸다.

자해 ❶사로잡다, 붙잡다, 붙잡히다. 〔漢書〕遣吏分曹逐捕견리분조축포. ❷구하다, 찾다.

捕繫(포계) 잡아서 묶어 둠.
捕告(포고) ①죄인을 잡음. ②죄인을 신고함.
捕盜(포도) 도둑을 잡음.
捕虜(포로) ①적군을 사로잡음. ②사로잡은 적.
捕亡(포망) 도망한 죄인을 잡음.
捕影(포영) 그림자를 잡음. 허망한 짓을 함. 捕風(포풍).

捕捉(포착) ①붙잡음. ②요점이나 요령을 얻음. ③기회나 정세를 알아차림.
捕治(포치) 죄인을 잡아다가 다스림.
捕風(포풍) 바람을 잡음. 잡을 곳이 없음. 捕影(포영).
◨ 拿捕나포, 生捕생포, 逮捕체포.

7 ⑩【捍】 1막을 한 翰 2움직일 한 潸
㊥hàn, xiàn ㊐カン
초서 자해 1 **❶막다, 막아 지키다.** ＝扞. 〔禮記〕能捍大患능한대환, 則祀之즉사지. **❷팔찌.** 활을 쏠 때 활 쥐는 팔의 소매를 걷어 매는 띠. 〔禮記〕右佩玦捍우패결한. **❸사납다, 세차다.** 〔史記〕民雕捍少慮민조한소려. 2 **움직이다, 흔들리다.**

7 ⑩【挾】挟 낄 협 葉
인명 1급 ㊥xié ㊐キョウ
소전 초서 자해 **❶끼다.** ㉮**겨드랑·손가락 사이에 끼다.** ¶ 挾山超海협산초해. ㉯**끼고 돌다, 자기 편으로 만들다.** 〔蜀志〕挾天子以令諸侯협천자이령제후. **❷가지다, 숨기다.** 〔漢書〕除挾書律제협서률. **❸믿고 뽐내다, 믿고 의지하다.** 〔孟子〕不挾長불협장, 不挾貴불협귀. **❹젓가락.** 〔管子〕右執挾匕우집협비. **❺열흘, 10일 동안.** ¶ 挾日협일.
挾憾(협감) 원망을 품음. 含憾(함감).
挾攻(협공) 적을 사이에 두고 양쪽에서 공격함.
挾貴(협귀) 자기의 부귀를 믿고 뽐냄.
挾輔(협보) 받들어 보좌함.
挾私(협사) 사사로운 정을 둠.
挾邪(협사) 사특한 마음을 품음.
挾詐(협사) 간사한 생각을 품음.
挾山超海(협산초해) 산을 옆구리에 끼고 바다를 넘음. 불가능한 일의 비유.
挾書律(협서율) 진시황(秦始皇)이 의약·복서(卜筮)와 관계된 책 이외의 서적을 개인이 소유하지 못하도록 금지한 법률.
挾勢(협세) 위세를 믿고 뽐냄.
挾日(협일) 열흘 동안. 挾旬(협순).
挾持(협지) ①물건을 손에 들거나 몸에 지님. ②마음에 품음.

8 ⑪【据】 1일할 거 魚 2의거할 거 御
인명 ㊥jū, jù ㊐キョ
소전 초서 자해 1 **일하다, 경영(經營)하다.** 〔詩經〕予手拮据여수길거. 2 **❶의거하다.** ≒據. 〔漢書〕据法守正거법수정. **❷교만하다, 불손하다.** ≒倨. 〔史記〕据以驕驁거이교오.

8 ⑪【掲】 揭(525)의 속자

8 ⑫【掔】 끌 견 先
㊥qiān ㊐ケン
소전 초서 동자 掔 자해 **❶끌다, 몰다.** ≒牽. **❷단단하다, 튼튼하다.**
掔掔(견견) 튼튼한 모양. 견고한 모양.
掔羊(견양) 양을 몲.

8 ⑪【掐】 딸 겹 洽
㊥qiā ㊐コウ
자해 **❶따다, 꺾어서 따다.** ¶ 掐摘겹적. **❷두드리다.** ¶ 掐膺겹응. **❸할퀴다, 꼬집다.** ¶ 掐鼻겹비.
掐鼻(겹비) 코를 할큄.
掐膺(겹응) 가슴을 두드림. 근심이나 한(恨)이 있는 모양.
掐摘(겹적) 손톱으로 순·잎 따위를 땀.
掐指(겹지) 손가락을 꼽음.

8 ⑪【控】 1당길 공 送 2칠 강 江
인명 ㊥kòng, qiāng ㊐コウ
소전 초서 참고 인명용 음은 '공'이다.
자해 1 **❶당기다, 끌어당기다, 잡아끌다.** 〔詩經〕抑磬控忌억경공기. **❷고하다, 아뢰다.** 〔詩經〕控于大邦공우대방. **❸던지다.** 〔莊子〕時則不至而控於地而已矣시즉부지이공어지이이의. 2 **치다, 두드리다.** 〔莊子〕儒以金椎控其頤유이금추강기이.
控訴(공소) 하소연함.
控制(공제) ①억눌러 단속함. ②남의 자유를 빼앗음.
控除(공제) 받을 돈이나 물품 등에서 일정한 금액이나 수량을 뺌.

8 ⑪【掛】挂 걸 괘 卦
고등 인명 3급 ㊥guà ㊐カイ
필순 一 十 扌 扌 扌 扌 挂 掛 掛
초서 동자 挂 자원 形聲. 手＋卦→掛. '卦(괘)'가 음을 나타낸다.

手 7획

자해 ❶걸다, 걸어 놓다. 〔易經〕掛一以象三괘일이상삼. ❷마음에 걸리다.
掛冠(괘관) 관(冠)을 쓰지 않고 걸어 둠. 관직을 내놓고 물러남.
掛佛(괘불) ①그림으로 그려서 걸게 된 불상(佛像). 掛佛幀(괘불탱). ②부처의 모습을 그린 그림을 겲.
掛書(괘서) 이름을 숨기고 벽보(壁報) 따위의 글을 내어 겲. 반역(叛逆)을 도모하거나 남을 모함할 때, 또는 관리의 비행을 폭로할 때에 궁문(宮門)·성문(城門) 따위에 써 붙임.

8 ⑪【掬】 움킬 국 屋
㊥jū ㊐キク
자해 ❶움키다, 두 손으로 움켜쥐다. 〔春秋左氏傳〕舟中之指可掬也주중지지가국야. ❷손바닥, 두 손바닥. 〔禮記〕受珠玉者以掬수주옥자이국. ❸용량(容量)의 단위. 한 움큼에 해당하는, 5홉〔合〕의 양.
◨ 挹掬읍국, 一掬일국.

8 ⑪【掘】 팔 굴 物
인명 2급 ㊥jué ㊐クツ
소전 초서 자원 形聲. 手+屈→掘. '屈(굴)'이 음을 나타낸다.
자해 ❶파다, 파내다. ¶ 掘鑿굴착. ❷움푹 패다. 〔晉書〕山陵毁掘산릉훼굴. ❸우뚝 솟은 모양. ≒崛. 〔揚雄·賦〕洪臺掘其獨出兮홍대굴기독출혜. ❹다하다, 있는 대로 다하다. ≒屈. 〔老子〕虛而不掘허이불굴, 動而愈出동이유출.
掘檢(굴검) 땅에 묻었던 송장을 파내어서 검증(檢證)함.
掘起(굴기) 우뚝 솟음. 崛起(굴기).
掘變(굴변) 무덤을 파내어 생긴 재앙이나 사고.
掘移(굴이) 무덤을 파서 옮김. 이장(移葬)함.
掘鑿(굴착) 파서 구멍을 뚫음. 掘穿(굴천).
掘筆(굴필) 끝이 다 닳아서 매우 무디어진 붓. 몽당붓. 禿筆(독필).
◨ 發掘발굴, 試掘시굴, 採掘채굴.

8 ⑪【捲】 卷 ①말 권 銑 ②힘쓸 권 先
인명 1급 ㊥juǎn, quán ㊐ケン
소전 초서 자해 ① 말다, 감아 말다, 걷다. ≒卷. 〔王勃·詩〕珠簾暮捲西山雨주렴모권서산우. ② ❶힘쓰다, 힘써 일하는 모양. 〔莊子〕捲捲乎后之爲人권권호후지위인. ❷주먹. ≒拳. 〔後漢書〕捲握之物권악지물.
捲堂(권당) ①당내의 모든 사람이 과업을 중지하는 일. ②國성균관의 유생들이 제 주장이 관철되지 아니하였을 때에 시위하느라고 일제히 관에서 나가 버리던 일. 空館(공관).
捲勇(권용) 큰 용기.
捲土重來(권토중래) 땅을 말아 일으킬 것 같은 기세로 다시 옴. 한 번 실패한 사람이 힘을 가다듬어 다시 그 일에 착수함. 故事 당(唐)나라 두목(杜牧)이, 항우가 유방과 대결하여 패하자 오강 근처에서 자결한 것을 탄식하며 지은 시구에서 온 말. 卷土重來(권토중래).
◨ 席捲석권.

8 ⑪【掎】 당길 기 紙
㊥jǐ ㊐キ
소전 초서 자해 ❶당기다, 잡아당기다. ¶ 掎角기각. ❷쏘다, 활시위를 당기다. 〔班固·賦〕機不虛掎기불허기.
掎角(기각) 앞뒤에서 적을 공격함. 🔍사슴을 붙잡을 때, 다리를 잡는 것을 '掎', 뿔을 잡는 것을 '角'이라고 한 데서 온 말.
掎擊(기격) 등 뒤에서 공격함.
掎摭(기척) 끌어당겨서 거두어 가짐.

8 ⑪【捺】 누를 날 曷
인명 1급 ㊥nà ㊐ナツ
초서 자해 ❶누르다, 찍다. ❷파임. '永'에서 '㇏'의 획을 긋는 서법(書法).
捺染(날염) 피륙에 무늬를 찍어 물들임.
捺印(날인) 도장을 찍음.

8 ⑪【捻】 비틀 념 鹽
인명 ㊥niǎn ㊐ネン
소전 초서 동자 拈 자해 ❶비틀다, 비꼬다. ❷붙잡다, 손가락으로 집다.
捻鼻(염비) 코를 쥠. 달갑지 않게 여기는 모양. 捉鼻(착비).

8 ⑪【捼】 비빌 뇌 灰
㊥ruó ㊐ダ
소전 초서 자해 비비다, 문지르다. ≒挼.

8 ⑪【掉】 흔들 도 嘯
인명 1급 ㊥diào ㊐トウ

手 8획

소전 초서 자해 ❶흔들다, 움직이게 하다. 〔國語〕 大能掉小대능도소. ❷흔들리다, 요동하다. ❸바로잡다, 정돈하다. 〔春秋左氏傳〕 掉鞅而還도앙이천.

掉尾(도미) ①꼬리를 흔듦. ②끝판에 더욱 세차게 활동함.

◨ 尾大不掉미대부도.

8 ⑪【掏】 가릴 도 豪

㊥tāo ㊐トウ

초서 자해 ❶가리다, 골라잡다. ❷꺼내다, 끄집어내다.

掏摸(도모) 손으로 더듬어서 남의 물건을 훔침. 소매치기. 掏兒(도아).

8 ⑪【掠】 노략질할 략 藥

고등 인명 3급 ㊥lüè ㊐リャク

필순 一 十 扌 扌 扩 扩 掠 掠 掠 掠

소전 초서 자원 形聲. 手+京→掠. '京(경)'이 음을 나타낸다.

자해 ❶노략질하다, 탈취하다. 〔春秋左氏傳〕 輸掠其聚수략기취. ❷스쳐 지나가다. 〔蘇軾·賦〕 掠予舟而西也략여주이서야. ❸서법(書法)의 한 가지. 획을 삐치는 일을 이른다. ❹매질하다, 죄인의 자백을 받기 위하여 매질하다. 〔唐書〕 楚掠慘棘초략참극, 鍛成其罪단성기죄.

掠治(약치) 볼기를 쳐 죄인을 다스림. 매질하며 조사함. 掠笞(약태).

掠奪(약탈) 폭력을 써서 남의 것을 억지로 빼앗음.

◨ 擄掠노략, 侵掠침략.

8 ⑪【捩】 1술대 려 霽 2비틀 렬 屑

㊥lì, liè ㊐レイ, レツ

초서 자해 1술대, 비파를 타는 도구. 2비틀다, 꼬다.

捩柁(열타) 키를 틀어서 배의 방향을 바꿈.

8 ⑪【掄】抡 가릴 론·륜 元眞

㊥lún ㊐ロン

소전 초서 자해 ❶가리다, 선택하다. 〔周禮〕 君掄賢人之後有常位於國者而立之군륜현인지후유상위어국자이립지. ❷꿰뚫다.

掄材(윤재) ①좋은 재목(材木)을 가려서 취함. ②인재(人材)를 선택함.

掄擇(윤택) 가림. 選擇(선택).

8 ⑪【掵】 撫(535)와 동자

8 ⑪【搒】 搒(530)의 본자

8 ⑪【排】 1밀칠 배 佳 2풀무 배 卦

고등 인명 3Ⅱ급 ㊥pái, bài ㊐ハイ

필순 一 十 扌 扌 扌 扌 扌 挶 排 排

소전 초서 자원 形聲. 手+非→排. '非(비)'가 음을 나타낸다.

자해 1❶밀치다, 밀어서 열다. 〔莊子〕 人心排下而進上인심배하이진상. ❷물리치다, 배척하다. 〔後漢書〕 諸儒內懷不服제유내회불복, 相與排之상여배지. ❸없애다, 제거하다. 〔史記〕 爲人排患釋難위인배환석난. ❹트다, 소통(疏通)하다. 〔孟子〕 決汝漢결여한, 排淮泗배회사. ❺늘어서다, 줄서다. 〔白居易·詩〕 松排山面千重翠송배산면천중취. 2풀무. 〔後漢書〕 造作水排조작수배, 鑄爲農器주위농기.

排却(배각) 거절하여 물리침.

排擊(배격) 배척하여 물리침.

排遣(배견) 밀어젖힘. 물리침.

排闥直入(배달직입) 주인의 승낙 없이 대문을 밀어젖히고 쑥 들어감. '闥'은 작은 문.

排門(배문) ①문을 밀어서 엶. ②죄인의 집에 그 죄목을 써서 붙이던 일.

排悶(배민) 마음속의 번민(煩悶)을 떨쳐 버림.

排拂(배불) 밀어내어 없앰. 제거함.

排擯(배빈) 밀어내어 물리침. 擯斥(빈척).

排朔(배삭) 한 달에 얼마씩으로 정하여 여러 달에 걸쳐 나누어 줌. 排月(배월).

排泄(배설) ①안에서 밖으로 새어 나가게 함. ②동물체가 음식의 영양을 섭취하고 불필요하게 된 물질을 몸 밖으로 내보냄.

排設(배설) 의식·연회 등에서 필요한 제구(諸具)를 차려 놓음.

排列(배열) 일정한 차례나 간격에 따라 벌여 놓음. 排列(배열).

排律(배율) 한시(漢詩)의 한 체(體). 오언(五言)이나 칠언(七言)의 대구(對句)를 여섯구 이상 우수(偶數)로 늘어놓은 것.

排入(배입) 방해하는 사람을 밀치고 들어옴.

排詆(배저) 배척하여 비방함.

排除(배제) 물리쳐 제거함. 排拂(배불).

排擠(배제) 물리쳐 어려운 지경에 빠뜨림.

排斥(배척) 반대하여 물리침.

排置(배치) ①순서 있게 벌여 놓음. ②일정한 직무에 보내어 그 자리에 앉힘.
排布(배포) 머리를 써서 일을 조리 있게 계획함. 또는 그런 속마음.
排陷(배함) 배격하여 죄에 빠뜨림.

8 ⑪【捧】 받들 봉 腫

인명 1급 ㊥pěng ㊐ホウ

초서 자해 ❶받들다. =奉. ㉮받치다, 두 손으로 받들다. ㉯받들어 섬기다. ❷들다, 들어올리다.
捧腹絶倒(봉복절도) 배를 움켜쥐고 넘어질 정도로 몹시 웃음. 抱腹絶倒(포복절도).

8 ⑪【掊】 1그러모을 부 尤 2가를 부 有 3넘어뜨릴 부 遇

㊥póu, pǒu, fù ㊐ホウ, フ

소전 초서 자해 1 ❶그러모으다, 가렴주구. 〔詩經〕 曾是掊克증시부극. ❷헤치다, 헤쳐 드러나게 하다. 〔漢書〕 掊視得鼎부시득정. 2 ❶가르다, 쪼개다. ≒剖. 〔莊子〕 掊斗折衡부두절충. ❷치다, 공격하다. 〔莊子〕 自掊擊於世俗자부격어세속. 3 넘어뜨리다, 넘어지다. ≒仆·踣. 〔史記〕 掊兵罷去부병파거.
掊克(부극) ①스스로 뽐내며 남에게 이기기를 좋아함. ②지나치게 세금을 거두어들여 백성을 못살게 굶.

8 ⑪【掤】 전동 뚜껑 붕 蒸

㊥bīng ㊐ヒョウ

소전 초서 자해 전동 뚜껑, 화살을 넣는 통의 뚜껑. 〔詩經〕 抑釋掤忌억석붕기.

8 ⑪【捨】 舍 버릴 사 馬

고등 인명 3급 ㊥shě ㊐シャ

필순 一 十 扌 扌 扌 拎 拎 拴 捨 捨

소전 초서 자원 形聲. 手+舍→捨. '舍(사)'가 음을 나타낸다.
자해 ❶버리다. ㉮그만두다, 중단하다. 〔宋書〕 愛好文義未嘗違捨애호문의미상위사. ㉯제거하다, 물리치다. 〔漢書〕 莫如先審取捨막여선심취사. ㉰내버려 두다, 돌보지 아니하다. 〔韓愈·詩〕 誰肯捨汝眠수긍사여면. ㉱베풀다, 신불(神佛)을 위하여 금품(金品)을 내놓다. ❷(佛)마음이 평온하고 집착(執着)이 없는 상태.
捨近取遠(사근취원) 가까운 것을 버리고 먼 것을 취함. 일의 순서나 차례를 바꾸어서 함.
捨糧沈船(사량침선) 군량미를 버리고 타고 간 배를 가라앉힘. 전쟁터에서 살아서는 돌아가지 않을 뜻을 보임. 破釜沈船(파부침선).
捨生取義(사생취의) 목숨을 버리고 의를 좇음. 목숨을 잃을지언정 옳은 일을 그만두지 않음.
捨身(사신) (佛)①속계(俗界)를 버리고 불문에 들어가 수행함. ②불도의 수행을 위하여 몸과 목숨을 버림.
捨撤(사철) 베풀어 줌.
■ 取捨취사, 喜捨희사.

8 ⑪【捿】 1栖(631)와 동자 2棲(640)와 동자

8 ⑪【掃】 扫 쓸 소 晧

고등 인명 4Ⅱ급 ㊥sǎo ㊐ソウ

필순 一 十 扌 扌 扌 扌 扌 掃 掃 掃

초서 자원 形聲. 手+帚→掃. '帚(추)'가 음을 나타낸다.
자해 ❶쓸다, 비로 쓸다. 〔周禮〕 掌掃門庭장소문정. ❷정토(征討)하다, 멸망시키다. ❸쓰다, 붓을 휘두르다.
掃萬(소만) 모든 일을 제쳐 놓음.
掃滅(소멸) 쓸어서 없애 버림. 제거(除去)함.
掃墓(소묘) 산소(山所)에 제사 지냄.
掃灑(소쇄) 비로 먼지를 쓸고 물을 뿌림. 掃除(소제).
掃愁帚(소수추) 수심(愁心)을 쓸어 내는 비. 술의 비유.
掃地(소지) ①땅을 쓸어 깨끗이 함. ②앉을 자리를 깨끗하게 씀. ③자취도 없이 사라짐.
掃滌(소척) 쓸고 씻어서 깨끗하게 함.
掃蕩(소탕) 쓸 듯이 모조리 무찔러 없앰. 평정(平定)함.
■ 刷掃쇄소, 灑掃쇄소, 一掃일소, 淸掃청소.

8 ⑪【授】 줄 수 宥

중학 인명 4Ⅱ급 ㊥shòu ㊐ジュ

필순 一 十 扌 扌 扌 扌 扌 扌 授 授

소전 초서 자원 形聲. 手+受→授. '受(수)'가 음을 나타낸다.
자해 ❶주다, 손수 건네주다. 〔禮記〕 男女不親授남녀불친수. ❷내리다, 수여(授與)하다. 〔張

手 8획

衡·賦〕授鉞四七수월사칠. ❸**가르치다, 전하여 주다.** 〔史記〕子夏居西河자하거서하, 教授爲魏文侯師교수위위문후사.
授戒(수계) (佛)처음으로 불문에 들어온 사람에게 스승이 오계(五戒)·십계(十戒) 등의 계율(戒律)을 주는 일.
授產(수산) 일자리를 마련해 주어 생활 방도를 세워 줌.
授賞(수상) 상을 줌.
授受(수수) ①주는 일과 받는 일. ②주고받음.
授業(수업) 교사가 학생에게 지식이나 기능을 가르쳐 줌.
授與(수여) 넘겨 줌. 내려 줌.
授乳(수유) 젖을 먹임.
授衣(수의) ①옷을 줌. ②겨울옷을 준비함. ③음력 9월의 딴 이름.
授爵(수작) ①작위를 줌. ②술잔을 줌.
◨ 教授교수, 受授수수, 傳授전수, 除授제수.

手 8획

8 ⑪【掖】 겨드랑 액 陌

인명 ㊥yè ㊐エキ

소전 초서 자해 ❶**겨드랑.** ≒腋. 〔史記〕千羊之皮천양지피, 不如一狐之掖불여일호지액. ❷**끼다, 겨드랑이에 끼다.** ❸**부축하다, 곁부축하다, 돕다.** 〔詩經〕誘掖其君유액기군. ❹**곁문, 궁문(宮門)의 좌우에 있는 작은 문.** ¶ 掖門액문. ❺**정전(正殿)에 딸린 궁(宮).** ¶ 掖庭액정.
掖門(액문) 궁궐 정문의 좌우에 있는 작은 문.
掖省(액성) 당대(唐代)의 문하성(門下省)과 중서성(中書省). 궁궐의 좌우에 있었던 데서 온 말.
掖垣(액원) 궁중 정전(正殿) 옆의 담.
掖庭(액정) 궁중의 정전(正殿) 옆에 있는 궁전. 비빈(妃嬪)이나 궁녀들이 거처하던 곳.

8 ⑪【掩】 가릴 엄 琰

인명 1급 ㊥yǎn ㊐エン

소전 초서 자해 ❶**가리다.** 〔禮記〕處必掩身처필엄신. ❷**닫다, 문을 닫다.** ❸**감싸다, 비호하다.** ❹**숨기다.** 〔春秋左氏傳〕掩賊爲藏엄적위장. ❺**불의에 치다, 갑자기 공격하다.** ¶ 掩襲엄습.
掩蓋(엄개) ①덮음. 덮어서 감춤. ②적탄(敵彈)을 막기 위하여 참호나 방공호 따위의 위를 덮는 덮개.
掩口(엄구) 손으로 입을 가림. ㉠숨을 죽임. ㉡말을 하지 않음. ㉢웃는 모양.
掩卷輒忘(엄권첩망) 책을 덮자마자 잊어버림. 기억력이 부족함.
掩目捕雀(엄목포작) 눈을 가리고 참새를 잡으려 함. 매우 얕은 수로 남을 속이려 함.
掩殺(엄살) 별안간 습격하여 죽임.
掩塞(엄색) 덮어서 가림.
掩襲(엄습) 뜻하지 않은 사이에 습격함.
掩身(엄신) ①몸을 가림. ②집이 가난하여 겨우 몸만 가릴 정도로 옷을 걸침.
掩映(엄영) ①덮어서 가림. '映'은 '隱'으로 '가리다'는 뜻. ②덮어 두루 비춤.
掩翳(엄예) 가리어 숨김.
掩耀(엄요) 빛을 덮어서 가림.
掩泣(엄읍) 얼굴을 가리고 욺.
掩耳偸鈴(엄이투령) 귀를 막고 방울을 훔침. 얕은 꾀를 써서 남을 속이려 하나 아무 성과가 없음.
掩涕(엄체) 얼굴을 가리고 눈물을 흘림. 掩泣(엄읍).
掩土(엄토) 시체를 흙으로 겨우 가릴 정도로 묻음. 掩埋(엄매).
掩蔽(엄폐) 보이지 않도록 가리어 숨김. 掩諱(엄휘).
掩護(엄호) ①덮거나 가려서 보호해 줌. ②적의 습격에 대비하여 자기편을 안전하게 보호함.

8 ⑪【捥】 팔 완 翰

㊥wàn ㊐ワン

초서 자해 **팔.** ＝腕. 〔史記〕偏袒搤捥而進편단액완이진.

8 ⑫【掌】 손바닥 장 養

고등 인명 3Ⅱ급 ㊥zhǎng ㊐ショウ

필순 ' '' 丬 ⺌ 尙 尚 尚 堂 堂 掌

소전 초서 자원 形聲. 手＋尚→掌. '尚(상)'이 음을 나타낸다.
자해 ❶**손바닥.** 〔中庸〕治國其如示諸掌乎치국기여시저장호. ❷**발바닥.** 〔孟子〕熊掌亦我所欲也웅장역아소욕야. ❸**솜씨, 수완.** 〔梁簡文帝·碑〕事偕神掌사해신장. ❹**치다, 손바닥으로 치다.** 〔揚雄·賦〕掌蒺藜장질려. ❺**맡다, 주관(主管)하다.** 〔孟子〕舜使益掌火순사익장화.
掌甲(장갑) 손을 보호하거나 추위를 막기 위하여 손에 끼는 물건.
掌理(장리) 맡아서 처리함.
掌狀(장상) 손바닥을 편 것과 같은 모양.
掌握(장악) 손안에 잡아 쥠. 무엇을 마음대로 할 수 있게 됨.
掌典(장전) 맡음. 관장(管掌)함.

掌中寶玉(장중보옥) 손 안에 있는 보옥. 보배롭게 여기는 물건.
掌中珠(장중주) 손 안의 구슬. ㉠사랑하는 아내. ㉡사랑하는 자녀. 掌珠(장주).
掌篇(장편) ①매우 짧은 산문. ②콩트.
◨ 管掌관장, 分掌분장, 合掌합장.

8 ⑪【掙】挣 1 찌를 쟁 庚 2 참을 쟁 敬
㊥zhēng, zhèng ㊐ソウ
자해 1 **찌르다.** 2 ❶**참다, 참고 견디다.** ❷**열심히 일하다, 노력하다.**

8 ⑪【接】 사귈 접 葉
중학 인명 4Ⅱ급 ㊥jiē ㊐セツ
필순 一 十 扌 扌 扩 扩 扩 拄 拦 接 接
소전 초서 동자 攕 자원 形聲. 手+妾→接. '妾(첩)'이 음을 나타낸다.
자해 ❶**사귀다, 교제하다.** 〔禮記〕 君子之接如水군자지접여수. ❷**엇갈리다, 교차하다.** 〔呂氏春秋〕 兵不接刃병부접인. ❸**흘레하다.** ¶ 交接. ❹**대접하다, 대우하다.** ¶ 接伴접반. ❺**모으다, 모이다, 회합하다.** 〔國語〕 兩君偃兵接乎량군언병접호. ❻**잇다.** ㉮**이어받다, 계승하다.** 〔史記〕 漢興接秦之弊한흥접진지폐. ㉯**계속되다, 이어지다.** 〔楚辭〕 憂與愁其相接우여수기상접. ㉰**접하다.** 〔淮南子〕 聖人之食足以接氣성인지식족이접기. ❼**가까이하다, 가까이 가다.** 〔儀禮〕 賓立接西塾빈립접서숙. ❽**접, 접붙이다.** ≒椄. ¶ 接本접본.
接客(접객) 손님을 대접함. 接賓(접빈).
接見(접견) 공식적으로 손님을 맞아들여 만나 봄.
接境(접경) 두 지역이 서로 맞닿은 경계.
接骨(접골) 어긋나거나 부러진 뼈를 이어 맞춤.
接口(접구) 입에 댐. 음식을 조금 먹음. 接脣(접순).
接近(접근) 가까이 다가감.
接納(접납) 가까이하여 그 말을 받아들임.
接待(접대) 손님을 맞아서 시중을 듦.
接目(접목) 눈을 붙임. 잠을 잠.
接吻(접문) 입을 맞춤.
接聞(접문) 본인한테서 직접 들음.
接物(접물) ①물건에 접함. ②남과 교제함.
接伴(접반) 손님을 접대함.
接本(접본) 접을 붙일 때 그 바탕이 되는 나무.
接線(접선) 어떤 목적을 위하여 비밀리 만남.
接續(접속) 서로 맞대어 이음.
接受(접수) 신청이나 신고 따위를 받음.
接收(접수) 받아서 거둠.
接手(접수) 손을 잡음.
接膝(접슬) ①서로 무릎을 맞대고 가까이 앉음. ②다정하게 이야기함.
接神(접신) ①신(神)과 접함. ②신들림. ③섣달 그믐날 밤에 조신(竈神)을 제사 지내는 일.
接遇(접우) 손을 맞아 대접함. 접대함.
接戰(접전) ①서로 맞붙어 싸움. ②두 편이 서로 힘이 비슷하여 승부가 쉽게 나지 않는 경기나 전투.
接足(접족) ①발을 붙임. 발을 들여놓음. ②(佛)두 손을 존자(尊者)의 발에 대고 절을 하는 일.
接種(접종) 병의 예방·치료 등을 위하여 병원균을 몸 안에 넣음.
接地(접지) 땅에 닿음. 땅에 댐.
接着(접착) 달라붙음. 붙임.
接觸(접촉) ①다가가서 닿음. ②다른 사람과 교섭을 가짐.
接合(접합) 한데 이어 붙이거나 서로 닿아서 맞붙임.
◨ 間接간접, 交接교접, 近接근접, 待接대접, 面接면접, 迎接영접, 熔接용접, 隣接인접, 直接직접.

8 ⑪【措】 둘 조 遇
인명 2급 ㊥cuò ㊐ソ
소전 초서 자해 ❶**두다.** ㉮**일정한 자리에 두다, 붙박다.** 〔禮記〕 措之廟조지묘. ㉯**베풀다, 베풀어 펴다.** 〔易經〕 擧而措之天下之民거이조지천하지민. ❷**그만두다, 하던 일을 버리다.** 〔中庸〕 學之弗能학지불능, 弗措也불조야. ❸**섞다, 섞이다.** 〔史記〕 內措齊晉내조제진. ❹**처리하다, 조처하다.** 〔中庸〕 時措之宜也시조지의야.
措辭(조사) 글을 지을 때 문구를 적절히 배열하는 일.
措手不及(조수불급) 손을 써도 미치지 못함. 손쓸 수 없을 정도로 일이 급함.
措處(조처) 어떤 문제나 사태를 해결하기 위하여 필요한 대책을 세움. 措置(조치).
◨ 擧措거조.

8 ⑪【捽】 잡을 졸 月
㊥zuó ㊐ソツ
소전 초서 속자 捽 자해 ❶**잡다, 머리채를 잡다.** ❷**잡아 뽑다, 뽑아 내다.** ❸**겨루다, 맞붙다, 맞붙어 싸우다.** 〔國語〕 戎夏交捽융하교졸.

手 8획

8 ⑪【採】 캘 채 賄

중학 인명 4급 ㊥cǎi ㊐サイ

필순 一 十 扌 扌 扌 扌 扌 扌 扌 採

초서 採 자원 形聲. 手+采→採. '采(채)'가 음을 나타낸다.

자해 ❶캐다, 따다. 〔北史〕 採掘北芒及南山佳石채굴북망급남산가석. ❷가리다, 가려내다. ¶ 採擇채택. ❸나무꾼, 초부(樵夫). 〔後漢書〕 至爲園採芻牧之處지위원채추목지처.

採光(채광) 창문 따위를 내어 광선을 받아들임.
採鑛(채광) 광물을 캐냄.
採掘(채굴) 땅속에 묻혀 있는 광물을 캐냄.
採根(채근) ①식물의 뿌리를 캠. ②어떤 일의 내용이나 원인 등을 밝혀냄. ③따지어 독촉함.
採納(채납) 의견·요구 등을 받아들임.
採錄(채록) 필요한 자료를 찾아 모아서 적거나 녹음함.
採問(채문) 탐문하여 채집하는 일.
採訪(채방) 물어 가며 찾음. 採探(채탐).
採算(채산) 수입과 지출을 맞추어 계산함.
採拾(채습) ①주워 가짐. 주워 모음. 採集(채집). ②섶나무를 베고 나무 열매를 주움. 가난한 생활.
採薪之憂(채신지우) 병이 들어 땔나무를 할 수 없음. 자기 병의 겸칭. 負薪之憂(부신지우).
採用(채용) ①사람을 골라서 씀. ②어떤 의견·방안 등을 고르거나 받아들여서 씀.
採摘(채적) 잎 따위를 땀.
採點(채점) 점수를 매김.
採種(채종) 씨앗을 골라서 받음. 좋은 씨앗을 받음.
採集(채집) 찾아 모으거나 캐 모음.
採摭(채척) ①뽑아서 가려냄. ②주움.
採取(채취) 풀, 나무, 광석 따위를 찾아 베거나 캐거나 하여 얻어 냄.
採擇(채택) 골라서 가려냄. 가려서 택함.
◨ 博採박채, 伐採벌채, 收採수채.

8 ⑪【掇】 주울 철 ㊍탈 曷

㊥duó ㊐タツ

소전 掇 초서 掇 자해 ❶줍다, 주워 모으다. ¶ 掇拾철습. ❷가리다, 선택하다. 〔漢書〕 掇其切當世施朝廷者철기절당세시조정자. ❸그만두다, 중지하다. ≒輟. 〔左思·賦〕 剞劂罔掇기궐망철.

掇拾(철습) 주워 모음. 채집함.
掇遺(철유) 선대 사람이 남겨 준 사업을 주워 모음.

8 ⑫【掣】 ①당길 철 屑 ②끌 체 霽

㊥chè ㊐セツ, セイ

초서 掣 동자 撤 자해 ① 당기다, 끌어당기다. ② ❶끌다, 억누르다. ❷뽑다, 잡아당기다. 〔晉書〕 羲之密從後掣其筆희지밀종후체기필, 不得부득.

掣電(체전) 번개를 끌어당김. ㉠빠름. ㉡짧은 시간.
掣肘(제주→철주) 남의 팔꿈치를 끎. 남의 일을 방해하여 못 하게 제지함. 掣臂(체비).

8 ⑪【捷】 이길 첩 葉

인명 1급 ㊥jié ㊐ショウ

소전 捷 초서 捷 자해 ❶이기다. 〔詩經〕 一月三捷일월삼첩. ❷노획품, 전리품. 〔春秋左氏傳〕 諸侯來獻戎捷제후래헌융첩. ❸승전(勝戰), 승리. 〔宋書〕 泉浦之捷천포지첩, 威震滄溟위진창명. ❹빠르다, 민첩하다. ¶ 輕捷경첩.

捷勁(첩경) 날래고 강함.
捷徑(첩경) ①지름길. 捷逕(첩경). ②쉽고 빠른 방법. ③國흔히 그렇게 되기가 쉬움.
捷給(첩급) ①재빠르게 공급함. 민첩하고 재빠름. ②대화를 잘하고 응대에 능숙함.
捷路(첩로) 지름길. 捷徑(첩경).
捷利(첩리) 날쌤. 재빠름.
捷書(첩서) 전쟁에 승리하였음을 보고하는 글.
◨ 輕捷경첩, 勁捷경첩, 敏捷민첩, 勝捷승첩.

8 ⑪【捴】 總(995)과 동자

8 ⑪【捶】 종아리 칠 추 紙

㊥chuí ㊐スイ

소전 捶 초서 捶 자해 ❶종아리 치다, 채찍질하다, 매질하다. ¶ 捶笞추태. ❷채찍, 종아리채. ≒箠. 〔莊子〕 橛以馬捶격이마추. ❸찧다, 절구에 빻다. 〔禮記〕 捶反側之추반측지.

捶撻(추달) 매로 때림.
捶殺(추살) 매질하여 죽임. 때려 죽임.
捶笞(추태) 매질함.

8 ⑪【掫】 지킬 추 尤 宥

㊥zōu ㊐ソウ

소전 掫 초서 掫 자해 ❶지키다, 야경(夜警)을 돌다. 〔春秋左氏傳〕 陪

手 8획

臣干掫배신간추. ❷땔나무. 〔漢書〕民驚走민경주, 持藁或掫一枚지고혹추일매.

8 【推】 ① 옮을 추 支
⑪ ② 밀 퇴 灰

중학 인명 4급 ㊥tuī ㊐スイ, タイ

필순 一 十 才 扌 扌 扌 拃 拃 推 推

소전 초서 참고 인명용 음은 '추'이다.

자원 形聲. 手+隹→推. '隹(추)'가 음을 나타낸다.

자해 ① ❶옮다, 변천하다. 〔易經〕寒暑相推而歲成焉한서상추이세성언. ❷천거하다, 추천하다. 〔書經〕推賢讓能추현양능. ❸받들다, 공경하여 높이 받들다. ❹헤아리다, 추측하다. 〔淮南子〕因其自然而推之인기자연이추지. ❺넓히다, 확충(擴充)하다. 〔孟子〕推惡惡之心추오악지심. ② ❶밀다. ㉮앞으로 밀다. ㉯물려주다. ㉰되밀다, 되물리치다. ㉱제거하다, 떨쳐 버리다. ❷성(盛)한 모양.

推計(추계) 추정하여 계산함.
推考(추고) ①미루어 생각함. ②國벼슬아치의 죄과(罪過)를 추궁함.
推故(추고) 다른 일을 핑계로 거절함.
推究(추구) 이치로 미루어 생각하여 밝혀 냄.
推及(추급) 미루어 생각하여서 미침.
推給(추급) 찾아서 내어 줌.
推己及人(추기급인) 자기를 미루어 남에게 미침. 제 마음을 표준으로 삼아 남의 마음을 미루어 앎.
推納(추납) 찾아내어 바침.
推奴(추노) 도망친 종을 찾아서 데려옴.
推斷(추단) ①미루어 판단함. ②범죄를 심문하여 처단함.
推談(추담) 핑계로 하는 말.
推戴(추대) 윗사람으로 떠받듦.
推論(추론) 이치를 좇아 어떤 일을 미루어 생각하고 논급함.
推理(추리) 알고 있는 사실을 바탕으로 미지의 사실을 추측하여 앎.
推問(추문) 죄상을 문초함.
推步(추보) ①천체의 운행을 관측함. ②천체의 운행을 관측하여 역서(曆書)를 만드는 일.
推算(추산) 어림잡아 셈함.
推選(추선) 추천하여 선발함.
推刷(추쇄) ①빚을 모두 받아들임. ②부역·병역을 기피한 사람이나 달아난 노비를 찾아내어 본고장에 돌려보내던 일.
推尋(추심) 찾아내어 가지거나 받아 냄.
推仰(추앙) 높이 받들어 우러름.
推讓(추양) 남을 추천하고 자기는 사양함.
推閱(추열) 범죄자를 심문함.
推移(추이) ①변천함. ②일이나 형편이 시간이 흐름에 따라 변해 가는 일.
推引(추인) ①사람을 발탁해 씀. ②밀고 당김.
推重(추중) 높이 받들어 존경함. 推尊(추존).
推定(추정) 미루어 헤아려서 판정함.
推進(추진) ①진척되도록 밀고 나아감. ②남을 추천함.
推此可知(추차가지) 이 일을 미루어서 다른 일을 알 수 있음.
推捉(추착) 범죄자를 수색하여 체포함.
推察(추찰) 미루어 생각하여 살핌.
推薦(추천) 인재를 천거함.
推治(추치) 죄를 헤아려 다스림.
推測(추측) 미루어 헤아림.
推託(추탁) ①다른 일을 핑계로 거절함. 推故(추고). ②추천하여 일을 맡김. 推托(추탁).
推擇(추택) 인재를 등용함. '推'는 아래에서 천거함, '擇'은 위에서 선발함.
推覈(추핵) 범죄를 자세히 조사함.
推敲(퇴고) 글을 지을 때 자구(字句)를 다듬어 고치는 일. 故事 당(唐)나라 시인 가도(賈島)가 '승고월하문(僧敲月下門)'이란 시구(詩句)를 지을 때 '推'로 할까 '敲'로 할까 궁리하다가, 한유(韓愈)의 의견을 따라 '敲'로 정했다는 고사에서 온 말.
推轂(퇴곡) 수레를 밀어서 앞으로 나아가게 함. ㉠뒤를 밀어 주어 나아가게 함. 남의 사업을 도와줌. ㉡임금이 출전하는 장군의 수레를 친히 밀어서 출발시키던 일.
推舟於陸(퇴주어륙) 육지에서 배를 끎. 무리한 일을 고집스레 함.
推戶(퇴호) 지게문을 밀어서 엶.
◨ 類推유추.

8 【探】 찾을 탐 覃
⑪

중학 인명 4급 ㊥tàn ㊐タン

필순 一 十 扌 扌 扩 扩 扩 挥 挥 探 探

소전 초서 자원 形聲. 手+罙→探. '罙(삼)'이 음을 나타낸다.

자해 찾다. ㉮더듬어 찾다. 〔易經〕探賾索隱탐색색은. ㉯염탐하다, 엿보다. 〔春秋穀梁傳〕已探先君之邪志이탐선군지사지. ㉰구명하다, 깊이 연구하다. 〔漢書〕深探其獄심탐기옥.

探檢(탐검) 탐색하여 두루 살핌.
探求(탐구) 필요한 것을 조사하여 찾아내거나 얻어 냄.
探究(탐구) 진리·이학 따위를 파고들어 깊이

연구함.
探騎(탐기) 적의 동정을 살피는 기병(騎兵).
探囊中之物(탐낭중지물) 주머니 안에 든 물건을 찾음. 일이 아주 손쉬움의 비유. 探囊取物(탐낭취물).
探卵之患(탐란지환) 어미새가 자리를 비운 사이에 보금자리의 알을 잃을까 봐 근심함. ㉠거처를 습격당할까 근심함. ㉡내막이 드러날까 봐 근심함.
探問(탐문) 알려지지 않은 사실이나 소식 따위를 알아내기 위하여 더듬어 찾아가 물음.
探訪(탐방) 어떤 사실이나 소식 따위를 알아내기 위하여 사람이나 장소를 찾아감.
探報(탐보) 더듬어 찾아 알림.
探査(탐사) 더듬어 찾음.
探賞(탐상) 경치 좋은 곳을 찾아다니며 기리고 즐김.
探索(탐색) 드러나지 않은 사물이나 현상을 이리저리 찾음.
探勝(탐승) 경치 좋은 곳을 찾아감.
探龍頷(탐용함) 용의 턱 밑에 감추어져 있는 구슬을 더듬어 찾음. 귀중한 것을 얻기 위하여 큰 위험을 무릅씀.
探情(탐정) 남의 뜻을 넌지시 살핌.
探偵(탐정) 드러나지 않은 사정을 몰래 살펴 알아냄. 또는 그런 일을 하는 사람.
探題(탐제) ①시회(詩會)에서 시제(詩題)를 찾아 나누어 가짐. ②(佛)법회(法會)에서 논의할 일을 고르고 그 논의가 끝나면 그 논지(論旨)를 평가하는 소임을 맡은 승려.
探照(탐조) 무엇을 밝히거나 찾아내기 위하여 빛을 멀리 비춤.
探知(탐지) 더듬어 찾아 알아냄.
探春(탐춘) 봄 경치를 찾아다니며 구경함.
探湯(탐탕) ①끓는 물에 손을 넣음. ②나쁜 일에서 빨리 빠져 나감. 끓는 물에 손이 닿으면 재빨리 손을 뗀다는 데서 온 말.
探險(탐험) 위험을 무릅쓰고 살펴보고 조사함.
探虎穴(탐호혈) 호랑이 굴을 뒤짐. 몹시 위험한 짓을 함.
探花蜂蝶(탐화봉접) 꽃을 찾아 다니는 벌과 나비. 여색(女色)을 좋아하는 사람.
探候(탐후) 남의 안부(安否)를 물음.
◨ 內探내탐, 密探밀탐, 搜探수탐, 偵探정탐.

8 ⑪ 【捭】 ①칠 패 蟹 ②가를 벽 陌
㊥bǎi, bā ㊐ハイ, ヒャク
소전 초서 동자 捭 자해 ① ❶치다, 두 손으로 치다. 〔左思·賦〕拉捭摧藏랍패최장. ❷열다. ② 가르다, 쪼개다. ≒擘 〔周禮〕燔黍捭豚번서벽돈.

8 ⑪ 【拼】 拼 ①부릴 평 庚 ②덜 병 敬
㊥pīn ㊐ホウ, ヘイ
자해 ① ❶부리다, 시키다. ❷튕기다. ② 덜다, 제거하다.

8 ⑪ 【掍】 混(736)과 동자

8 ⑪ 【掀】 치켜들 흔·헌 文
㊥xiān ㊐キン
소전 초서 자해 ❶치켜들다, 번쩍 들다, 높이 들어 올리다. ❷높은 모양, 높이 솟은 모양.
掀天動地(흔천동지) 하늘을 치켜들고 땅을 움직임. 천지가 뒤흔들리게 기세를 크게 떨침.

9 ⑫ 〖揀〗 拣 가릴 간·련 潸 霰
인명 1급 ㊥jiǎn ㊐カン
초서 자원 인명용 음은 '간'이다.
자해 ❶가리다, 가려 뽑다. ¶ 揀擇간택. ❷구별하다, 분별하다. 〔韓愈·詩〕粹美無可揀수미무가간.
揀選(간선) 가려 뽑음. 선택함.
揀擇(간택) ①분간(分揀)하여 선택함. ②國임금이나 왕자의 배우자를 고름.

9 ⑫ 【揩】 ①문지를 개 佳 ②악기 이름 개 卦
㊥kāi, jiá ㊐カイ
초서 자해 ① 문지르다, 닦다, 갈다. ② ❶악기 이름. ㉮북의 한 가지. ㉯주악(奏樂)의 박자를 고르기 위하여 치는 악기. ❷세게 찌르다.
揩鼓(개고) 악기 이름. 손가락으로 쳐서 소리를 내는 북.

9 ⑫ 【揵】 ①멜 건 先 ②세울 건 阮
㊥qián, jiàn ㊐ケン
초서 자해 ① ❶메다, 어깨에 메다. 〔後漢書〕揵弓韣九韡건궁독구달. ❷들다, 들어 올리다. 〔漢書〕揵鰭掉尾건기도미. ② ❶세우다, 서다. 〔史記〕頹竹林兮揵石菑퇴죽림혜건석치. ❷빗장, 문을 닫아 걸다. ≒楗. 〔莊子〕將內揵장내건. ❸둑.
揵然(건연) 꼬리 끝이 위로 치켜 올라간 모양.

手 8획

9
⑫【揭】 ①들 게 [霽] ②세울 걸 [屑]

인명 2급 ㊥jiē ㊐ケイ, ケツ

소전 초서 속자 掲 참고 인명용 음은 '게'이다.

자해 1 ❶들다. ㉮높이 들다. 〔詩經〕維北有斗유북유두, 西柄之揭서병지게. ㉯걸다, 걸어 두다. ¶ 揭板게판. ❷추다, 추어올리다. 〔詩經〕深則厲심즉려, 淺則揭천즉게. 2 ❶세우다. 〔漢書〕揭竿爲旗걸간위기. ❷나타내다, 표시하다.

揭牓(게방) ①공고문이나 간판을 내어 겂. ②시험 성적을 발표함. 揭榜(게방).

揭斧入淵(게부입연) 도끼를 들고 못에 들어감. 쓸데없는 짓을 함.

揭示(게시) 여러 사람에게 알리기 위하여 내붙이거나 내걸어 두루 보게 함.

揭揚(게양) 기 따위를 높이 겂.

揭載(게재) 글이나 그림 따위를 신문이나 잡지 따위에 실음.

揭帖(게첩) ①내어 걸어 붙임. ②내어 건 문서. 揭貼(게첩).

揭板(게판) 시문(詩文)을 새겨 누각에 걸어 두는 나무 판.

9
⑫【揆】 헤아릴 규 [紙]

인명 2급 ㊥kuí ㊐キ

소전 초서 자해 ❶헤아리다, 상량(商量)하다. 〔詩經〕揆之以日규지이일. ❷법도, 도리. ❸꾀, 계책. ❹벼슬, 관리(官吏). 〔書經〕百揆時敍백규시서. ❺재상(宰相).

9
⑫【揬】 문지를 돌 [月]

㊥tú ㊐トツ

자해 ❶문지르다. ❷닿다, 부딪다.

9
⑫【描】 그릴 묘 [蕭]

인명 1급 ㊥miáo ㊐ビョウ

초서 자해 그리다, 그림을 그리다.

描寫(묘사) 어떤 대상이나 사물 따위를 언어로 서술하거나 그림을 그려서 표현함.

描畫(묘화) ①그림을 그림. ②그림을 본떠서 그림.

◼ 白描백묘, 線描선묘, 素描소묘.

9
⑫【揷】 꽂을 삽 ㊍잡 [洽]

인명 2급 ㊥chā ㊐ソウ

소전 초서 속자 挿 속자 插 자해 ❶꽂다, 끼워 넣다. ¶ 揷抹삽말. ❷가래. 농기구의 한 가지. ≒鍤. 〔戰國策〕立則杖揷립즉장삽.

揷架(삽가) ①책을 서가에 꽂음. ②現서가(書架).

揷抹(삽말) 말뚝을 박음.

揷木(삽목) 식물의 가지·줄기·잎 등을 자르거나 꺾어서 흙 속에 꽂아서 뿌리가 내리게 하는 일. 꺾꽂이.

揷樹(삽수) 삽목에 쓰려고 일정한 길이로 자른 나뭇가지.

揷羽(삽우) 군대를 소집할 때 매우 급함을 나타내기 위하여 격문에 새의 깃을 꽂는 일.

挿入(삽입) 틈이나 구멍에 다른 물체를 끼워 넣음.

挿畫(삽화) 서적·신문 등에서 내용을 보충하거나 기사의 이해를 돕기 위하여 넣는 그림.

揷話(삽화) 이야기 줄거리 사이에 끼워 넣는 짤막한 다른 이야기.

9
⑫【挿】 揷(525)의 속자 인명

9
⑫【揎】 걷을 선 [先]

㊥xuān ㊐セン

초서 자해 ❶걷다, 소매를 걷어 올리다. 〔元史〕吏令崔自揎袖리령최자선수. ❷現맨손으로 때리다.

9
⑫【揳】 ①닦을 설 [屑] ②잴 혈 [屑]

㊥xiè, xié, jiá ㊐セツ, ケツ

초서 자해 1 ❶닦다, 씻다. ❷비뚤다. 2 재다. 〔荀子〕不揣長불췌장, 不揳大불혈대.

9
⑫【揲】 셀 설 [屑]

㊥shé ㊐セツ

소전 초서 동자 [illegible] 자해 ❶세다, 손으로 집어 세다. ¶ 揲蓍설시. ❷짚다, 맥을 짚다. 〔史記〕揲荒爪幕설황조막.

揲蓍(설시) 시초점(蓍草占)을 칠 때, 시초를 손으로 셈.

9
⑫【揬】 搜(530)와 동자

手 9획

9
⑫【握】 쥘 악 覺

인명 2급 ㊥wò, òu ㊐アク

소전 초서 자해 ❶쥐다. 잡다. 〔詩經〕握粟出卜악속출복. ❷주먹을 쥐다. 〔莊子〕終日握而手不掜종일악이수불예. ❸손아귀, 수중(手中). ¶ 掌握장악. ❹줌. 한 줌의 분량을 나타내는 양의 단위. ❺길이의 단위. 주먹을 쥐었을 때 엄지손가락을 뺀, 네 손가락을 나란히 한 길이. 약 4치〔寸〕. 〔儀禮〕長尺有握장척유악.

握管(악관) 서법(書法)에서 붓을 잡는 법의 한 가지. 붓을 네 손가락으로 쥐고, 현완직필(懸腕直筆)로 쓰는 방법.

握髮(악발) 현인(賢人)을 얻으려고 애씀. 故事 주공(周公)이 머리를 감을 때 손님이 찾아오면 머리카락을 잡은 채 맞았다는 고사에서 온 말. 握沐(악목). 吐哺握髮(토포악발).

握手(악수) ①손을 서로 잡음. 서로 손을 붙잡아 친애하는 정을 보임. ②소렴 때에 시체의 손을 싸는 헝겊.

握月擔風(악월담풍) 달을 손에 쥐고 바람을 어깨에 멤. 풍월을 그지없이 사랑하는 모양.

◨ 掌握장악, 把握파악.

9
⑫【揠】 뽑을 알 黠

㊥yà ㊐アツ

소전 초서 자해 뽑다. 〔孟子〕其苗之不長而揠之者기묘지부장이알지자.

揠苗(알묘) 곡식의 고갱이를 뽑아 올림. 성공을 서두르다가 도리어 해를 봄.

9
⑫【揶】 挪(514)와 동자 인명 1급

9
⑫【揚】扬 오를 양 陽

중학 인명 3Ⅱ급 ㊥yáng ㊐ヨウ

필순 扌扌扌扌扌扌扌揚揚揚

소전 초서 고자 敭 자원 形聲. 手+昜→揚. '昜(양)'이 음을 나타낸다.

자해 ❶오르다, 위로 오르다. 〔易經〕揚于王庭양우왕정. ❷날다, 하늘을 날다. 〔詩經〕載飛載揚재비재양. ❸바람에 흩날리다. 〔列子〕塵不揚진불양. ❹쳐들다, 위로 번쩍 올리다. 〔史記〕絃歌于揚현가우양. ❺들날리다, 알려지다. 〔孝經〕揚名於後世양명어후세. ❻나타나다, 드러나다. 〔楚辭〕滿內而外揚만내이외장. ❼도끼, 부월(斧鉞). 〔詩經〕干戈戚揚간과척양.

揚名(양명) 이름을 드날림.

揚揚(양양) 뜻을 이루어 만족해 하는 모양.

揚言(양언) 큰소리침. 말을 과장함.

揚州之鶴(양주지학) 많은 욕망을 다 채우고자 탐냄. 故事 여러 사람이 모여 각자 자기의 희망을 말하는데, 어떤 사람은 양주 자사(揚州刺史)가 되겠다 하고, 어떤 사람은 많은 재물을 원한다 하고, 어떤 사람은 학을 타고 하늘에 오르겠다고 하자, 남은 한 사람이 허리에 10만 관의 돈을 차고 학을 타고 양주에 오르겠다고 한 고사에서 온 말.

揚擲(양척) 들어 올려 던짐.

◨ 揭揚게양, 浮揚부양, 宣揚선양, 抑揚억양, 止揚지양, 讚揚찬양.

9
⑫【揜】 가릴 엄 琰

㊥yǎn ㊐エン

소전 초서 자해 ❶가리다, 가리어 덮다, 가리어 싸다. ≒掩. 〔孟子〕從而揜之종이엄지. ❷붙잡다, 덮쳐 잡다. 〔春秋穀梁傳〕揜禽旅엄금려. ❸이어받다, 답습하다. 〔荀子〕能揜迹於文武능엄적어문무. ❹감추다, 숨기다. 〔大學〕揜其不善엄기불선.

揜耳盜鈴(엄이도령) 귀를 막고 방울을 훔침. 얕은 꾀로 남을 속이려 함. 掩耳盜鈴(엄이도령).

揜取(엄취) 덮쳐 잡음. 掩取(엄취).

9
⑫【掾】 도울 연 霰

㊥yuàn ㊐エン

소전 초서 자해 ❶돕다, 바삐 돌아다니며 경영(經營)하다. ❷아전, 하급 관리.

掾吏(연리) 말단의 행정 실무를 담당하던 하급 관리. 아전. 掾屬(연속).

9
⑫【揺】 搖(531)의 속자

9
⑫【援】 1당길 원 元 2도울 원 霰

고등 인명 4급 ㊥yuán, huàn ㊐エン

필순 一 扌 扌 扌 扌 扌 扌 扌 援 援

소전 초서 자원 形聲. 手+爰→援. '爰(원)'이 음을 나타낸다.

자해 1 ❶당기다, 끌어당기다. 〔禮記〕不援其所不及불원기소불급. ❷잡다, 쥐다. ❸뽑다, 뽑아

내다. 〔荀子〕不肖者敢援而廢之불초자감원이폐지. ②❶돕다, 도움. ¶ 孤立無援고립무원. ❷매달리다, 의탁하다. 〔中庸〕在下位재하위, 不援上불원상.
援繫(원계) 출세하거나 영달할 수 있는 연줄.
援救(원구) 도와줌. 救援(구원).
援軍(원군) 전투에서 자기편을 도와주는 군대. 援兵(원병).
援用(원용) 자기에게 도움이 되게 끌어 이용함.
援引(원인) ①끌어당김. 자기편으로 만듦. ②남의 설(說)을 끌어대 증거로 삼음.
援助(원조) 도와줌.
援筆(원필) 붓을 잡음. 글을 씀.
援護(원호) 도와주고 보호함.
◨ 救援구원, 無援무원, 聲援성원, 應援응원, 支援지원, 後援후원.

9 ⑫【揄】 끌 유 虞

인명 1급 ㊥yú, chōu, yáo ㊐ユ

소전 초서 자해 ❶끌다, 질질 끌다. 〔史記〕揄紵縞유저호. ❷끌어내다, 생각을 남에게 말하다. 〔淮南子〕揄策于廟堂之上유책우묘당지상. ❸조롱하다, 빈정거리다. ¶ 揶揄야유.

9 ⑫【揉】 주무를 유 尤

㊥róu ㊐ジュウ

초서 자해 ❶주무르다, 주물러 부드럽게 하다. ❷순하게 하다. ≒柔. 〔詩經〕揉此萬邦유차만방. ❸섞다, 한데 뒤섞이다.

9 ⑫【揖】 ①읍 읍 緝 ②모일 집 緝

인명 1급 ㊥yī, jí ㊐ユウ, シュウ

소전 초서 참고 인명용 음은 '읍'이다.

자해 ①❶읍, 읍하다. 〔春秋公羊傳〕獻公揖而進之헌공읍이진지. ❷사양하다, 사퇴하다. 〔漢書〕揖大福之恩읍대복지은. ②모이다, 모으다. ≒緝. 〔詩經〕螽斯羽揖揖兮종사우집집혜.
揖禮(읍례) 읍을 하는 예법.
揖遜(읍손) 겸손함.
揖讓(읍양) ①예를 다하여 사양함. 손과 주인이 상견(相見)하는 예. ②현인(賢人)에게 임금의 자리를 양위(讓位)하는 일. 禪讓(선양).
揖揖(집집) 많이 모여 있는 모양.

9 ⑫【揃】 ①자를 전 銑 ②적을 전 先

㊥jiǎn, jiān ㊐セン

소전 자해 ①❶자르다, 베다. ≒剪. 〔儀禮〕蚤揃如他日조전여타일. ❷나누다, 분할하다. ¶ 揃剽전표. ❸멸망시키다. ②적다, 기록하다. 〔周禮〕旣揭書揃其數量기게서전기수량.
揃剽(전표) 찢어 나눔. 쪼갬.

9 ⑫【提】 끌 제 齊

고등 인명 4Ⅱ급 ㊥tí, shí, dǐ ㊐テイ

필순 扌 扌 扣 押 押 捍 挰 提 提 提

소전 초서 자원 形聲. 手+是→提. '是(시)'가 음을 나타낸다.

자해 ❶끌다, 끌고 가다. 〔禮記〕長者與之提攜장자여지제휴. ❷들다, 손에 들다, 휴대하다. 〔國語〕范蠡乃左提鼓범려내좌제고. ❸걸다, 들어 올리다. 〔淮南子〕提名責實제명책실. ❹거느리다, 맡아 관리하다. ¶ 提督제독.
提高(제고) 쳐들어 높임.
提供(제공) 갖다 주어 이바지함.
提起(제기) 의견이나 문제를 내어 놓음.
提導(제도) 잡아 이끎.
提督(제독) 해군 함대의 사령관.
提頭(제두) 머리를 위로 올림. 문장 가운데 천자 또는 황실에 관한 글자를 별행으로 잡아 위로 올려 써서 존경의 뜻을 나타냄.
提燈(제등) ①자루가 달려서 손에 들고 다니는 등. ②(佛)등불을 들고 부처에게 축원함.
提封(제봉) ①대강. 개략. ②모두. 통틀어. ③제후(諸侯)의 봉지(封地).
提訴(제소) 소송을 제기함.
提挈(제설) ①거느림. 인솔함. ②휴대함. ③처리함. ④도움. 서로 도움. ⑤드러냄. 내세움.
提示(제시) 어떠한 의사를 말이나 글로 나타내어 보임.
提案(제안) 의안으로 내어 놓음.
提要(제요) 요점을 뽑아 제시함. 提綱(제강). 摘要(적요).
提議(제의) 의논·의안을 내어 놓음.
提耳面命(제이면명) 귀에다 입을 가까이 하고 얼굴을 마주 보며 가르침. 친절하게 타이르고 가르침.
提調(제조) ①단속함. 관리함. ②조선 시대 관제상의 우두머리가 아닌 관원으로 각 관청의 일을 다스리던 벼슬.
提唱(제창) 어떤 일을 내놓아 주장함.
提請(제청) 안건을 제사하여 겨렁하여 달라고 청구함.
提出(제출) 문건·의견·법안 따위를 냄.

提孩(제해) 두세 살 된 어린아이. '提'는 '손으로 안음'을, '孩'는 '어린아이가 처음 웃을 무렵'을 뜻함. 孩提(해제).
提携(제휴) ①서로 손을 잡고 이끎. ②서로 도와줌.
◨ 前提전제, 孩提해제.

9 ⑫【揥】 빗치개 체 霽

㊥tì ㊐ス

초서 [자해] ❶빗치개, 부인의 머리에 꽂는 장식품. 〔詩經〕 象之揥也상지체야. ❷버리다, 내버리다.

9 ⑬【揫】 모을 추 尤

㊥jiū ㊐シュウ

소전 동자 揪 [자해] ❶모으다. 〔後漢書〕 揫斂九藪之動物추렴구수지동물. ❷묶다, 다발을 짓다.

9 ⑫【揣】 1 잴 췌 ㊍취 紙 2 둥글게 할 단 寒

㊥chuǎi, tuán ㊐スイ, タン

소전 초서 [자해] 1 ❶재다, 측량하다. 〔春秋左氏傳〕 揣高卑췌고비. ❷생각하다, 헤아리다. 〔漢書〕 揣知其指췌지기지. ❸시험하다, 뜻을 알아보다. 〔蜀志〕 令褘往揣延意指령휘왕췌연의지. 2 둥글게 하다. ≒摶·團. 〔漢書〕 何足控揣하족공단.
揣摩(췌마) 자기 마음으로 미루어 남의 마음을 헤아림. 추측함.
揣知(췌지) 헤아려 깨달음.
揣度(췌탁) 미루어 헤아림. 생각하여 헤아림. 忖度(촌탁).

9 ⑫【揕】 찌를 침 沁

㊥zhèn ㊐チン

[자해] ❶찌르다. 〔史記〕 右手揕其胷우수침기흉. ❷치다, 때리다.

9 ⑫【換】 换 바꿀 환 翰

고등 인명 3Ⅱ급 ㊥huàn ㊐カン

필순 扌 扌 扌 扌 扚 扚 拵 捡 換 換

소전 초서 [자원] 形聲. 手+奐→換. '奐(환)'이 음을 나타낸다.
[자해] ❶바꾸다, 교체하다. ¶ 交換교환. ❷바뀌다, 교체되다. ❸고치다, 새롭게 하다. ❹제멋대로 하다, 방자하게 굴다. 〔漢書〕 項氏畔換항씨반환.
換價(환가) 물건을 어림쳐서 값을 매김.
換穀(환곡) 곡식을 서로 바꿈.
換骨奪胎(환골탈태) 뼈를 바꾸고 태(胎)를 빼앗음. ㉠옛사람의 시문(詩文)을 고쳐 먼저 것보다 잘되게 함. ㉡좋은 방향으로 변하여 새롭게 됨.
換局(환국) 시국 또는 판국이 바뀜.
換氣(환기) 탁한 공기를 맑은 공기로 바꿈.
換父易祖(환부역조) 아버지와 할아버지를 바꿈. 지체가 낮은 사람이 부정한 수단으로 자기의 가계(家系)를 바꾸어 양반 행세를 함.
換算(환산) 어떤 단위·척도로 된 것을 다른 단위·척도로 고쳐서 헤아림.
換歲(환세) ①해가 바뀜. ②설을 쇰.
換鵝(환아) 거위와 바꿈. 글씨를 청하여 얻음. [故事] 진(晉)나라 왕희지(王羲之)가 어느 도사(道士)에게 도덕경(道德經)을 써 주고 대신 거위를 답례로 받았다는 고사에서 온 말.
換言(환언) 바꾸어 말함.
換用(환용) 바꾸어 씀.
換銀(환은) ①물건을 팔아서 돈으로 바꿈. ②한 나라의 화폐를 다른 나라의 화폐로 바꿈. 換金(환금).
換衣(환의) 다른 옷으로 갈아입음.
換腸(환장) 정상적인 정신 상태에서 벗어나게 마음이 바뀌어 달라짐. 換心(환심).
換錢(환전) 서로 종류가 다른 화폐와 화폐, 또는 화폐와 지금(地金)을 교환함.
換形(환형) 모양이 전과 달라짐.
◨ 交換교환, 變換변환, 轉換전환, 置換치환.

9 ⑫【揮】 挥 휘두를 휘 微

고등 인명 4급 ㊥huī, hún ㊐キ

필순 扌 扌 扌 扌 扌 扌 揮 揮 揮 揮

소전 초서 [자원] 形聲. 手+軍→揮. '軍(군)'은 음을 나타낸다.
[자해] ❶휘두르다. 〔郭璞·賦〕 龍劍揮而不恐용검휘이불공. ❷뿌리다. 〔戰國策〕 揮汗成雨휘한성우. ❸움직이다. 〔曹植·七啓〕 琴瑟交揮금슬교휘. ❹지휘하다, 지시하다. ❺기, 표지. ≒徽.
揮却(휘각) 거절하고 돌아보지 않음.
揮喝(휘갈) 큰 소리를 지르며 지휘함.
揮發(휘발) 보통 온도에서 액체가 기체로 되어 날아 흩어지는 현상.
揮灑(휘쇄) ①붓을 휘두르고 먹을 뿌림. 글씨를 쓰고 그림을 그림. 揮毫(휘호). ②때를 씻어 버림. 깨끗이 닦음.

手 9획

揮手(휘수) ①악기를 연주함. ②손을 흔들어 이별을 아쉬워함. ③거절의 뜻으로 손을 흔듦.
揮帳(휘장) 피륙을 여러 폭으로 이어서 빙 둘러치는 장막.
揮毫(휘호) 붓을 휘두름. 붓글씨를 쓰거나 그림을 그림. 揮墨(휘묵). 揮筆(휘필).
◨ 發揮발휘, 指揮지휘.

10 ⑬【推】 칠 각 覺

㊥què, huō ㊐カク

소전 초서 자해 ❶치다, 때리다, 두드리다. 〔漢書〕 推其眠以爲人彘각기면이위인체. ❷끌어 쓰다. 〔漢書〕 揚推古今양각고금. ❸독차지하다, 오로지하다. ¶ 推巧각교. ❹생각하다, 헤아리다. 〔北史〕 商推古今상각고금.
推巧(각교) 교묘한 솜씨를 오로지함. 그 방면에 정통함.
推利(각리) 나라에서 상품을 전매(專賣)하여 그 이익을 독점함.
推場(각장) 매매를 감독하는 곳.

10 ⑭【搴】 빼낼 건 先

㊥qiān ㊐ケン

초서 자해 ❶빼내다, 뽑아내다. 〔楚辭〕 搴芙蓉兮木末건부용혜목말. ❷들어 올리다, 걷어 올리다.
搴旗(건기) 싸움에 이겨 적의 기를 빼앗음.
搴擷(건힐) 뽑아냄. 뽑아서 가짐.

10 ⑬【搞】 敲(556)와 동자

10 ⑬【搰】搰 팔 골 月

㊥hú, kū ㊐コツ

소전 초서 자해 ❶파다, 파내다. 〔國語〕 狐埋之호매지, 而狐搰之이호골지. ❷흐리게 하다, 흩트리다. 〔呂氏春秋〕 水之性情수지성정, 土者搰之토자골지. ❸힘쓰는 모양, 부지런히 일하는 모양.
搰搰(골골) 힘쓰는 모양.

10 ⑬【搆】 1이해하지 못할 구 宥 2끌 구 尤

㊥gòu, gōu ㊐コウ

초서 자해 1 이해하지 못하다, 사리를 깨닫지 못하다. 2 ❶끌다, 끌어당기다. ❷차리다, 꾸미다, 얽어 만들다. ≒構.

10 ⑬【搦】 억누를 닉 陌

㊥nuò ㊐ダク

소전 초서 자해 ❶억누르다. 〔左思·賦〕 搦秦起趙닉진기조. ❷닦다, 갈다. ❸잡다, 쥐다. ❹묶다, 결박하다.

10 ⑬【搪】 뻗을 당 陽

㊥táng ㊐トウ

자해 ❶뻗다, 뻗치다. 〔王安石·詩〕 旗纛千里相搪揬기독천리상당애. ❷찌르다, 부딪다. ¶ 搪揬당돌. ❸막다, 통하지 못하게 하다. ¶ 搪塞당색.
搪揬(당돌) ①부딪힘. ②느닷없이.
搪塞(당색) ①틈을 막음. ②아무렇게나 해 둠. 얼버무려 그 자리를 모면함.

10 ⑬【搯】 꺼낼 도 豪

㊥tāo ㊐トウ

소전 초서 자해 ❶꺼내다, 퍼내다. ¶ 搯擢도탁. ❷치다, 때리다. 〔國語〕 無搯膺무도응.
搯膺(도응) 가슴을 두드림. 가슴을 침.
搯擢(도탁) 꺼냄.

10 ⑬〖搗〗搗 찧을 도 皓

인명 1급 ㊥dǎo ㊐トウ

초서 동자 擣 자해 ❶찧다, 확에 넣어 찧다. 〔杜甫·詩〕 半濕搗香粳반습도향갱. ❷두드리다, 다듬이질하다. 〔庾信·詩〕 秋夜搗衣聲추야도의성.
搗衣(도의) 옷을 다듬이질함. 擣衣(도의).
搗精(도정) 곡식을 찧는 일.

10 ⑬【搏】 잡을 박 藥

1급 ㊥bó ㊐ハク

소전 초서 자해 ❶잡다, 붙잡다. 〔周禮〕 搏諜賊박첩적. ❷가지다, 취(取)하다. 〔史記〕 盜跖不搏도척불박. ❸치다, 때리다. 〔荀子〕 詈侮捽搏리모졸박.
搏擊(박격) 몹시 후려침.
搏拊(박부) ①현악기 따위를 탐. ②손을 듦. 손을 올림. ③악기 이름. 고(鼓)보다 작은 북.
搏噬(박서) 움켜쥐고 먹음.
搏戰(박전) 몹시 심하게 때리며 싸움.
搏鬪(박투) 서로 치고 때리며 싸움.
搏虎(박호) 범을 맨손으로 때려잡으려 함. 무모한 용기.

◨ 手搏수박, 龍虎相搏용호상박, 攫搏확박.

10 ⑬【搬】 옮길 반 寒

인명 2급 ㊥bān ㊐ハン

초서 자해 옮기다. ㉮이사를 하다. ㉯나르다, 운반하다.

搬入(반입) 운반하여 들여옴.

搬出(반출) 운반하여 냄.

10 ⑬【搒】 1 배 저을 방 敬 2 매질할 방 庚

㊥bàng, péng ㊐ホウ

소전 초서 본자 속자 자해 1 배를 젓다. ＝榜. 〔宋書〕 輒自搒船送妻還孔氏첩자방선송처환공씨. 2 매질하다, 볼기를 치다. ≒笞. ¶ 搒笞방태.

搒掠(방략) 죄인을 매질함.

搒人(방인) 뱃사공. 榜人(방인).

搒笞(방태) 죄인의 볼기를 침. 搒捶(방추).

10 ⑬【搃】 批(497)와 동자

10 ⑬【摂】 攝(544)의 속자

10 ⑬【搔】 1 긁을 소 豪 2 손톱 조 巧

인명 1급 ㊥sāo, zhǎo ㊐ソウ

소전 초서 참고 인명용 음은 '소'이다.

자해 1 ❶긁다, 손톱 따위로 긁다. 〔詩經〕 搔首踟躕소수지주. ❷떠들다. ≒騷. 2 손톱, 손톱을 깎다. ＝爪. 〔儀禮〕 沐浴櫛搔翦목욕즐조전.

搔頭(소두) ①머리를 긁음. 머리를 매만짐. ②비녀.

搔癢(소양) 가려운 데를 긁음.

搔爬(소파) 생체의 연조직을 긁어내는 일.

10 ⑬【損】 損 덜 손 阮

고등 인명 4급 ㊥sǔn ㊐ソン

필순 扌 扌 扌 扌 扌 捐 捐 揖 損 損

소전 초서 자원 形聲. 手＋員→損. '員(원)'이 음을 나타낸다.

자해 ❶덜다, 줄이다. ¶ 損減손감. ❷줄다, 감소(減少)하다. 〔後漢書〕 學道日損학도일손. ❸잃다, 손해를 보다. ¶ 損益손익. ❹해치다, 상하게 하다. 〔吳志〕 勞損聖慮로손성려. ❺헐뜯다, 비난하다. 〔淮南子〕 小人之譽소인지예, 人反爲損인반위손. ❻낮추다, 겸손하다. 〔晉書〕 常自退損상자퇴손. ❼손괘(損卦). 64괘(卦)의 하나. 괘형은 ䷨. 아래의 것을 덜어 내어 위에 보탬을 상징한다.

損減(손감) 줄임. 삭감(削減)함.

損氣(손기) ①건강을 해침. ②음(陰)의 기운.

損年(손년) ①나이를 낮추어 적게 말함. ②수명이 줆.

損福(손복) 복을 잃음.

損傷(손상) ①물체가 깨지거나 상함. ②명예·가치·체면 따위가 떨어짐.

損失(손실) ①축나서 없어짐. ②손해를 봄.

損友(손우) 사귀어서 이롭지 못한 벗.

損益(손익) ①손해와 이익. ②줄고 늚. ③손괘(損卦)와 익괘(益卦).

損者三樂(손자삼요) 몸에 해로운 세 가지를 좋아함. 곧, 교만하고 사치함을 좋아하는 일, 편안하게 놀기를 즐기는 일, 잔치를 베풀고 즐기기를 좋아하는 일.

損者三友(손자삼우) 사귀어서 이롭지 못한 세 부류의 벗. 곧, 편벽된 편벽우(便辟友), 착하기만 하고 줏대가 없는 선유우(善柔友), 말만 잘하고 성실하지 못한 편녕우(便佞友).

損下益上(손하익상) 아랫사람에게 해를 입히고 윗사람을 이롭게 함.

損害(손해) ①물질적·정신적으로 밑짐. ②해를 입음.

◨ 缺損결손, 汚損오손, 破損파손, 毁損훼손.

10 ⑬【搜】 찾을 수 尤

고등 인명 3급 ㊥sōu, shǎo ㊐ソウ

필순 扌 扌 扌 扌 扌 扌 扌 押 拽 搜

소전 초서 동자 挍 속자 捜 자원 形聲. 手＋叟→搜. '叟(수)'는 음을 나타낸다.

자해 ❶찾다. ¶ 搜索수색. ❷빠르다. 〔詩經〕 束矢搜然속시수연.

搜求(수구) 찾아 구함. 조사하여 찾음.

搜得(수득) 찾아서 얻음.

搜訪(수방) 찾아서 가 봄. 尋訪(심방).

搜査(수사) ①찾아다니며 조사함. ②범인의 행방을 찾고 증거 등을 수집함.

搜索(수색) 더듬어 찾음.

搜所聞(수소문) 세상에 떠도는 소문을 더듬어 찾음.

搜探(수탐) 수사하고 탐지함.

搜討(수토) 찾아서 구함.

10
⑬【搤】 잡을 액 陌

㊥è ㊐アク

소전 초서 속자 搤 자해 ❶잡다, 쥐다. ❷조르다, 거머잡고 누르다. ¶ 搤殺액살. ❸막다, 통하지 못하게 하다. ≒隘.

搤殺(액살) 목졸라 죽임.

搤腕(액완) ①팔을 잡음. ②분노하여 팔짓을 함. 분격(憤激)하여 흥분한 모양.

搤咽拊背(액인부배) 멱살을 잡고, 등을 침. 적의 급소를 눌러 꼼짝 못 하게 함.

10
⑬【搖】摇 흔들 요 蕭

고등 인명 3급 ㊥yáo ㊐ヨウ

필순 扌 扌 扌 扌 扌 扌 扌 搖 搖 搖

소전 초서 동자 揺 속자 摇 자원 形聲. 手+䍃→搖. '䍃(요)'가 음을 나타낸다.

자해 ❶흔들리다. 〔唐書〕群心震搖군심진요. ❷움직이다, 흔들다.

搖撼(요감) ①흔듦. 흔들어 움직임. ②자극을 주어서 흔들리게 함.

搖動(요동) ①흔들리어 움직임. 흔들림. ②흔들어 움직임.

搖頭顚目(요두전목) 머리를 흔들고 눈을 굴림. 행동이 침착하지 못함.

搖籃(요람) ①젖먹이를 놀게 하거나 재우기 위하여 올려놓고 흔들도록 만든 물건. ②어떤 사물의 발생지나 근원지.

搖鈴(요령) 흔들면 소리가 나도록, 작은 종 모양으로 만든 물건.

搖尾乞憐(요미걸련) 개가 꼬리를 흔들어 사람에게 아첨함. 비굴한 태도로 아첨함.

搖舌(요설) 혀를 움직임. 말을 함.

搖曳(요예) ①흔들림. 흔들리어 나부낌. ②느긋한 모양. 한가한 모양.

搖搖(요요) ①흔들리는 모양. ②마음이 흔들리어 안정을 잃은 모양.

搖之不動(요지부동) 흔들어도 꼼짝하지 아니함.

搖蕩(요탕) 흔들려 움직임. 搖盪(요탕).

◨ 動搖요동, 飄搖표요.

10
⑬【搘】 버틸 지 支

㊥zhī ㊐シ

초서 자해 버티다, 괴다. ≒支.

搘捂(지오) 버팀. 굄.

10
⑬【搢】 꽂을 진 震

인명 ㊥jìn ㊐シン

소전 초서 속자 搢 자해 꽂다, 사이에 끼워 넣다. ≒縉. 〔禮記〕天子搢珽천자진정.

搢紳(진신) 홀(笏)을 큰 띠에 꽂음. 높은 벼슬아치.

搢笏(진홀) 홀(笏)을 띠에 꽂음.

10
⑬【搢】 搢(531)의 속자

10
⑬【搓】 비빌 차 歌

㊥cuō ㊐サ

초서 자해 ❶비비다, 문지르다. ❷끊다, 자르다.

10
⑬【搾】 짤 착 ㊍자

인명 1급 ㊥zhà ㊐サク

초서 자해 짜다, 짜내다.

搾取(착취) ①누르거나 비틀어서 짜냄. ②자본가나 지주가 노동자나 농민을 부려서 생긴 이익을 독점함.

10
⑬【搶】抢 1닿을 창 陽 2어지러울 창 庚

㊥qiāng, chéng ㊐ソウ

초서 자해 1❶닿다, 이르다, 부딪다. 〔戰國策〕以頭搶地爾이두창지이. ❷모이다, 모여들다. 〔莊子〕搶楡枋창유방. ❸빼앗다, 약탈하다. ¶ 搶奪창탈. 2어지럽다, 어지러워지는 모양. 〔漢書〕國制搶攘국제창양.

搶攘(창양) 몹시 어지러운 모양.

搶奪(창탈) 폭력을 써서 빼앗음. 掠奪(약탈).

10
⑬【搊】 탈 추 尤

㊥chōu ㊐シュウ

자해 타다, 악기를 타다. 〔新唐書〕後人習爲搊琵琶후인습위추비파.

10
⑬【搥】 1칠 추 支 2던질 퇴 灰

㊥chuí, duī ㊐ツイ, タイ

자해 1치다. 〔唐書〕搥一鼓爲一嚴추일고위일엄. 2던지다, 투척하다.

搥鼓(추고) 북을 침.

搥牀(추상) 손으로 앉아 있는 자리를 세게 침.
搥提(퇴제) 던져 버림.

10 ⑬【搐】 경련할 축 屋

㊥chù ㊐チク

초서 자해 경련하다, 쥐가 나다.〔漢書〕一二指搐일이지축, 身慮亡聊신려망료.

10 ⑬【搭】 탈 탑 合

1급 ㊥dā ㊐トウ

초서 동자 搭 자해 ❶타다. ¶ 搭乘탑승. ❷태우다, 싣다. ¶ 搭載탑재. ❸치다, 때리다.〔北史〕搭奴肋折탑노륵절. ❹섞다.〔宋史〕品搭內輸품탑내수.

搭乘(탑승) 배·비행기·차 따위에 탐.
搭載(탑재) 짐을 실음.

10 ⑬【搨】 베낄 탑 合

㊥tà ㊐トウ

초서 자해 ❶베끼다, 원본 위에 종이를 대고 그대로 베끼다. ❷박다, 금석문(金石文) 위에 종이를 대어 박아 내다.

搨本(탑본) 기와나 비석 따위에 새긴 글씨나 그림을 종이에 그대로 박아 냄. 拓本(탁본).
搨影(탑영) 어떤 형상을 그대로 본떠서 그림.

10 ⑬【携】 끌 휴 齊

고등 인명 3급 ㊥xié ㊐ケイ

필순 扌 扌 扌 扌 扌 扌 扌 推 推 携

초서 본자 攜 동자 擕 속자 攜 속자 擕

자원 形聲. 手+巂→攜→携. '巂(휴)'가 음을 나타낸다.

자해 ❶끌다, 이끌다.〔春秋公羊傳〕携其妻子휴기처자. ❷들다, 손에 가지다. ❸잇다, 연(連)하다.〔漢書〕杓携龍角표휴룡각. ❹떨어지다, 떼어 놓다.〔春秋左氏傳〕招携以禮초휴이례.

携筇(휴공) 길을 걸을 때 지팡이를 지님.
携帶(휴대) 손에 들거나 몸에 지님.
携手(휴수) 손을 마주 잡음. 친밀(親密)함.
携貳(휴이) 서로 어그러져 믿지 아니하거나 다른 마음을 가짐.

◨ 扶携부휴, 提携제휴, 必携필휴.

11 ⑭【擄】 據(537)와 동자

11 ⑭【擄】 據(537)의 속자

11 ⑮【擊】 擊(538)의 속자

11 ⑭【摳】 抠 출 구 尤

㊥kōu ㊐コウ

소전 초서 자해 ❶추다, 추어올리다. ¶ 摳衣구의. ❷던지다, 투척하다.〔列子〕以黃金摳者惛이황금구자혼.

摳衣(구의) 옷의 앞자락을 추어올림. 옛사람들이 손님을 맞이하여 공경을 표시하던 동작.

11 ⑭【摎】 맬 규 尤

㊥jiū ㊐キュウ

소전 초서 자해 ❶매다, 묶다, 졸라매다, 동여매다.〔儀禮〕殤之經상지질, 不摎垂불규수. ❷구(求)하다, 찾다.〔後漢書〕摎天道규천도, 其焉如기언여. ❸휘감기다, 엉겨 붙다. ≒糾.〔漢書〕天雨草而葉相摎結천우초이엽상규결. ❹얼크러지다, 뒤얽히다.

摎結(규결) ①엉겨 붙어 굳어짐. ②한데 묶은 것처럼 뭉침.

11 ⑭【摶】 抟 1뭉칠 단 寒 2오로지 전 先 3묶을 전 銑

㊥tuǎn, zhuān, zhuàn ㊐タン, セン テン

소전 초서 자해 1 ❶뭉치다, 둥글게 하다. ❷맺다, 엉기다.〔管子〕摶氣如神단기여신, 萬物備存만물비존. 2 ❶오로지. ≒專. ❷마음대로 하다, 제멋대로 하다. ≒專.〔史記〕摶三國之兵전삼국지병. 3 ❶묶다, 다발을 짓다.〔周禮〕卷而摶之권이전지. ❷묶음.〔周禮〕百羽爲摶백우위전.

摶沙(단사) 모래를 뭉침. 단결력이 적음.

11 ⑭【摝】 흔들 록 屋

㊥lù ㊐ロク

초서 동자 捸 자해 흔들다, 진동시키다.〔周禮〕司馬摝鐸사마록탁.

11 ⑭【摟】 搂 끌어 모을 루 尤

㊥lōu ㊐ロウ

소전 초서 자해 ❶끌어 모으다, 가까이 잡아 끌다.〔孟子〕五伯

者오백자, 摟諸侯以伐諸侯者也루제후이벌제후자야. ❷꾀다, 유인하다. 〔孟子〕 摟其處子루기처자. ❸안다, 두 팔로 끌어안다.

11 ⑭【摛】 퍼질 리 支

㊥chī ㊐チ

소전 초서 자해 ❶퍼지다, 널리 알려지다. ❷글을 짓다.

摛藻(이조) 글을 지음. 摛翰(이한).

11 ⑮【摩】 갈 마 歌

인명 2급 ㊥mó ㊐マ

소전 초서 고자 𢳆 자해 ❶갈다, 문지르다, 비비다. ≒磨. 〔禮記〕 濯手以摩之탁수이마지. ❷쓰다듬다, 어루만지다. 〔陳書〕 手摩其頂수마기정. ❸닿다, 스치다. 〔戰國策〕 人肩摩인견마. ❹고치다, 새롭게 하다. 〔管子〕 能摩故道新道능마고도신도. ❺줄다, 소멸하다. 〔莊子〕 循古而不摩순고이불마.

摩撫(마무) ①어루만짐. ②달래어 위로함. 撫摩(무마).

摩挲(마사) 손으로 어루만짐. 애무(愛撫)함.

摩耶(마야) (佛)석가모니(釋迦牟尼)의 어머니. 본디 이름은 마하마야(摩訶摩耶).

摩頂放踵(마정방종) 정수리부터 닳아서 발뒤꿈치까지 이름. 자기를 돌보지 않고 남을 위하여 희생함.

摩擦(마찰) ①서로 닿아서 비벼짐. ②뜻이 맞지 않아서 옥신각신함.

摩天(마천) 하늘을 문지름. 하늘에 닿을 만큼 높음.

摩天樓(마천루) 하늘을 찌를 듯이 솟은 아주 높은 고층 건물.

◨ 按摩안마, 揣摩췌마.

11 ⑭【摹】 베낄 모 虞

인명 ㊥mó ㊐ボ

소전 초서 자해 ❶베끼다, 본뜨다. ＝摸. ¶ 摹寫모사. ❷본받다, 보고 익히다. 〔漢書〕 規摹弘遠矣규모홍원의. ❸본. ≒模.

摹本(모본) ①사본(寫本). ②글씨의 본보기가 되는 책.

摹寫(모사) 본떠 베낌. 摸寫(모사).

11 ⑭【摸】 1찾을 모 本막 藥 2본뜰 모 虞

인명 1급 ㊥mō, mó ㊐モ, バク

초서 자해 1❶찾다, 더듬어 찾다. ¶ 摸索모색. ❷잡다, 쥐다. 가지다. 2베끼다, 본뜨다. ＝摹. 〔唐書〕 文宗勅摸문종칙모.

摸稜(모릉) 모서리를 더듬음. 이것인가 저것인가를 결정짓지 못하는 일. 故事 당(唐)나라의 소미도(蘇味道)가 국사(國事)에 대한 물음을 받고 확답은 하지 않은 채 책상의 모서리만 쓸고 있었다는 고사에서 온 말.

摸索(모색) 더듬어 찾음. 摸捉(모착).

摸倣(모방) 다른 것을 본뜨거나 본받음. 模倣(모방).

摸擬(모의) 실제의 것을 모방함. 모방하여 흉내 냄. 模擬(모의).

11 ⑭【摻】 摻 1잡을 삼 豏 2가늘 섬 鹽 3칠 참 勘

㊥shǎn, shān, càn ㊐サン

소전 초서 속자 憏 자해 1 잡다, 쥐다. 〔詩經〕 摻執子之袪兮삼집자지거혜. 2가늘다, 여리고 가냘프다. ≒纖. 3치다, 북을 쳐서 연주하는 악곡.

11 ⑮【揅】 갈 연 先

㊥yán ㊐ケン

소전 속자 揅 자해 갈다. ≒硏. ㉮문지르다, 연마하다. ㉯연구하다.

11 ⑭【摇】 搖(531)와 동자

11 ⑭【摏】 찌를 용 冬

㊥chōng ㊐ショウ

초서 자해 ❶찌르다. 〔春秋左氏傳〕 富父終甥摏其喉부부종생용기후, 以戈殺之이과살지. ❷치다, 두드리다.

11 ⑭【摴】 노름 저 魚

㊥chū ㊐チョ

소전 초서 동자 摢 자해 노름, 도박. ≒樗.

11 ⑭【摘】 딸 적 錫

고등 인명 3Ⅱ급 ㊥zhāi ㊐テキ

필순 一 扌 扌 扩 扩 护 摘 摘 摘 摘

手 11획

소전 초서 자원 形聲. 手＋啇→摘. '啇(적)'이 음을 나타낸다.
자해 ❶따다. 〔唐書〕一摘使瓜好일적사과호, 再摘令瓜稀재적령과희. ❷요점만 가려서 쓰다, 남의 글을 따다 쓰다. ❸들추어내다. ¶ 摘奸적간. ❹어지럽히다. 〔後漢書〕東摘濊貊동적예맥.
摘奸(적간) 부정이 있나 없나 조사함.
摘抉(적결) 들추어냄. 폭로함.
摘錄(적록) ①요점을 추려서 적음. ②적바림.
摘發(적발) 숨겨져 있는 것이나 드러나지 아니한 것을 들추어냄.
摘示(적시) 지적하여 제시함.
摘要(적요) 요점을 따서 적음.
摘出(적출) 끄집어내거나 솎아 냄.
◨ 抉摘결적, 指摘지적, 採摘채적.

11 ⑭【摺】折 ①접을 접 葉 ②꺾을 랍 合
인명 ㊥zhé, lā ㊐ショウ, ロウ
소전 초서 참고 인명용 음은 '접'이다.
자해 ① ❶접다, 접어서 겹으로 되게 하다. ¶ 摺扇접선. ❷주름. ② 꺾다, 부러뜨리다. ＝拉. 〔淮南子〕摺脇傷幹랍협상간.
摺本(접본) 책장을 베지 않고 긴 것을 차례차례 접어 책처럼 만든 것. 접책(摺冊).
摺扇(접선) 접었다 폈다 하게 된 부채. 쥘부채. 摺疊扇(접첩선).
摺紙(접지) ①종이를 접음. ②제본할 때, 인쇄된 종이를 차례대로 접는 일.
摺枕(접침) ①접었다 폈다 할 수 있게 만든 목침. ②장방형 헝겊에 짐승의 털을 두껍게 두고 드문드문 누벼서 병풍처럼 여러 조각을 접첨접첨 포개서 만든 베개.

11 ⑮【摯】挚 잡을 지 寘
인명 1급 ㊥zhì ㊐シ
소전 초서 자해 ❶잡다, 쥐다. 〔史記〕以鷹擊毛摯爲治이응격모지위치. ❷이르다, 도달하다. 〔書經〕大命不摯대명부지. ❸권하다, 진언(進言)하다. 〔戰國策〕近習之人근습지인, 其摯諂也固矣기지첨야고의. ❹치다, 때리다. 〔詩經〕摯如翰지여한. ❺폐백. ≒贄. 〔禮記〕名執摯以相見명집지이상견.

11 ⑭【摭】 주울 척 陌
㊥zhí ㊐セキ
초서 자해 줍다, 주워 모으다, 습득하다. 〔漢書〕采經摭傳채경척전.
摭拾(척습) 주움. 주워 모음. 摭採(척채).

11 ⑭【摠】 總(995)과 동자 인명

11 ⑭【摧】 꺾을 최 灰
㊥cuī, cuò ㊐サイ
소전 초서 자해 ❶꺾다, 부러지다, 부러뜨리다. 〔古詩〕寒風摧樹木한풍최수목. ❷누르다, 억압하다. 〔史記〕季布能摧剛爲柔계포능최강위유. ❸막다, 저지하다. 〔詩經〕室人交徧摧我실인교편최아. ❹이르다, 다다르다. 〔詩經〕先祖于摧선조우최. ❺슬퍼하다, 근심하다. 〔古詩〕阿母大悲摧아모대비최.
摧枯拉朽(최고납후) 마른 나무를 꺾고 썩은 나무를 부러뜨림. 일이 매우 쉬움.
摧謝(최사) 굴복하여 사죄함.
摧傷(최상) 꺾이고 상함.
摧碎(최쇄) 쳐서 부숨. 摧破(최파).
摧抑(최억) ①상대편의 힘을 꺾어서 누름. ②마음을 억누름.
摧殘(최잔) ①꺾이어 손상을 입음. ②꺾어서 손상을 입힘.
摧沮(최저) 기세가 꺾여서 풀이 죽음.
摧折(최절) 꺾고 부러뜨림. ①마음이나 기운이 꺾임. ②억눌러서 제어함.

11 ⑭【摽】 ①칠 표 篠 ②손짓할 표 蕭
㊥piāo, biào, biāo, pāo ㊐ヒョウ
소전 초서 동자 자해 ① ❶치다, 가슴을 치다. 〔詩經〕靜言思之정언사지, 寤辟有摽오벽유표. ❷떨어지다. 〔詩經〕摽有梅표유매. ② 손짓하다, 손짓하여 부르다. 〔孟子〕摽使者표사자, 出諸大門之外출저대문지외.
摽梅(표매) 매화나무의 열매가 무르익어 땅에 떨어짐. 처녀가 혼인할 나이가 되었음.

11 ⑭【摫】 攈(543)과 동자

12 ⑮【撁】 牽(802)의 고자

12 ⑮【撟】挢 ①들 교 篠 ②빼앗을 교 嘯
㊥jiǎo, jiāo ㊐キョウ
소전 초서 자해 ① ❶들다, 위로 향하여 들다. ❷바로잡다. ≒

手 11획

矯. ❸칭탁하다, 핑계를 대다. 〔漢書〕 撟制以令天下교제이령천하. ❹어긋나다, 위배되다. 2 빼앗다, 훔치다.

12 ⑮【撚】 비틀 년 銑

인명 1급 ㊥niǎn ㊐ネン

소전 초서 자해 ❶비틀다, 꼬다. ❷이기다, 반죽하다.

撚斷(연단) 손끝으로 비틀어 끊음.
撚絲(연사) 두 가닥 또는 여러 가닥의 실을 합하여 꼬아 놓은 실.
撚紙(연지) ①종이를 꼼. ②종이를 비벼 꼬아서 만든 끈.

12 ⑮【撓】挠 어지러울 뇨 效

인명 1급 ㊥náo, xiáo ㊐ドウ

소전 초서 자해 ❶어지럽다, 어지럽히다. 〔春秋左氏傳〕 撓亂我同盟뇨란아동맹. ❷마음이 바르지 아니하다. 〔呂氏春秋〕 枉辟邪撓之人退矣왕벽사뇨지인퇴의. ❸약하게 하다, 줄이다. ❹꺾이다, 패(敗)하다.

撓改(요개) 휘어서 고침.
撓屈(요굴) ①휘어서 굽힘. ②굴복함.
撓法(요법) 법을 굽힘. 법을 남용함.
撓擾(요요) 어지럽히고 괴롭힘.
◨ 屈撓굴요, 不撓不屈불요불굴.

12 ⑮【撞】 칠 당 江

인명 1급 ㊥zhuàng ㊐トウ

소전 초서 자해 치다, 두드리다. 〔禮記〕 善待問者선대문자, 如撞鐘여당종. ❷부딪치다. ¶ 撞突당돌. ❸돌진하다, 장애를 뚫고 나아가다. ¶ 撞入당입.

撞車(당거) 성(城)을 지키는 데 쓰는 병기.
撞突(당돌) 서로 부딪침. 衝突(충돌).
撞入(당입) 돌진하여 쳐들어감.
撞鐘舞女(당종무녀) 종을 치고 여자를 춤추게 함. 욕심을 마음대로 부리고 호화롭게 생활함.
撞着(당착) ①서로 맞부딪침. ②앞뒤가 서로 맞지 않음. 矛盾(모순).

12 ⑮【撈】捞 잡을 로 豪

인명 1급 ㊥lāo ㊐ロウ

초서 자해 ❶잡다, 건져 내다, 물속에 들어가서 잡다. ❷國끙게. 농기구의 하나.

12 ⑮【撩】 다스릴 료 蕭

㊥liáo ㊐リョウ

소전 초서 자해 ❶다스리다. ¶ 撩理요리. ❷돋우다, 싸움을 걸어오다. ❸취하다, 잡다, 따다.

撩理(요리) 난리를 진압함.

12 ⑮【撛】 도울 린 軫

인명 ㊥lín ㊐リン

자해 ❶돕다. ❷빼다, 뽑다.

12 ⑮【撫】抚 어루만질 무 麌

인명 1급 ㊥fǔ ㊐ブ

소전 초서 동자 捬 속자 抚 자해 ❶어루만지다, 달래다, 위로하다. ¶ 慰撫위무. ❷손에 쥐다. 〔楚辭〕 撫長劍兮玉珥무장검혜옥이. ❸사랑하다. 〔後漢書〕 撫我畜我무아휵아. ❹치다, 두드리다. ¶ 撫掌무장.

撫軍(무군) ①임금을 돕고 군사를 잘 어루만져 복종하게 함. ②태자가 임금을 좇아 출정함.
撫摩(무마) ①손으로 어루만짐. ②마음을 달래어 위로함.
撫綏(무수) 어루만져 편안하게 함.
撫循(무순) 어루만져 복종하게 함.
撫養(무양) 어루만져 기름.
撫御(무어) 어루만져 다스림. 撫馭(무어).
撫慰(무위) 어루만져 위로함. 撫勞(무로).
撫柔(무유) 어루만져 유순하게 함.
撫育(무육) 사랑하여 기름. 撫鞠(무국).
撫恤(무휼) 어루만져 은혜를 베풂.
◨ 宣撫선무, 愛撫애무, 慰撫위무.

12 ⑮【撲】扑 1칠 박 覺 2닦을 복 屋

인명 1급 ㊥pū ㊐ボク

소전 초서 동자 撲 참고 인명용 음은 '박'이다.

자해 1❶치다, 때리다, 두드리다. ¶ 撲殺박살. ❷다, 모두, 다하다. ¶ 撲地박지. ❸잠족(蠶簇), 누에섶. 〔淮南子〕 具撲曲筥筐구박곡려광. 2닦다, 땀·먼지 따위를 닦아 내다.

撲滿(박만) 푼돈을 넣어 모아 두는 작은 저금통. 벙어리저금통. 가득 차면 부수어서 돈을 꺼내는 데서 온 말.
撲滅(박멸) 모조리 잡아 없앰.
撲殺(박살) 때려서 죽임. 打殺(타살).
撲地(박지) 땅에 가득함.

撲筆(박필) 붓을 내던짐. 문필 생활을 그만둠.
◨ 相撲상박, 打撲타박.

12
⑮【撥】拨 ①다스릴 발 曷 ②방패 벌 月
인명 1급 ㊥bō, fá ㊐ハツ
소전 초서 참고 인명용 음은 '발'이다.
자해 ① ❶다스리다. ¶ 撥亂反正발란반정. ❷덜다, 없애다. ❸타다, 현악기를 타다. ❹채, 현악기의 줄을 퉁기는 도구. 〔舊唐書〕以木撥彈之이목발탄지. ❺상여 줄, 상여를 끄는 줄. 〔禮記〕哀公欲設撥애공욕설발. ② 방패, 큰 방패. 〔史記〕矛戟劍撥모극검벌.
撥亂反正(발란반정) 어지러운 세상을 바로잡아 다스려 정상적인 치안 상태를 회복함.
撥剌(발랄) ①활을 당기는 모양. ②바르지 않은 모양.
撥木(발목) 비파(琵琶)를 타는 데 쓰는, 나무로 만든 채. 술대.
撥憫(발민) 고민을 없애 버림.
撥條(발조) 용수철.
◨ 反撥반발, 觸撥촉발.

12
⑮【撇】 닦을 별 屑
㊥piē ㊐ヘツ
소전 초서 동자 撆 자해 ❶닦다, 눈물 등을 닦다. ❷흔들다, 휘두르다. ❸치다, 때리다. ❹삐침, 삐치다. 서법(書法)의 한 가지.
撇涕(별체) 흐르는 눈물을 닦음.
撇波(별파) 물결을 침. 물결을 헤쳐 나감.

12
⑮【撒】 뿌릴 살 曷
인명 1급 ㊥sǎ ㊐サツ
초서 자해 ❶뿌리다, 물·가루 따위를 뿌려서 흩뜨리다. 〔韓愈·詩〕星如撒砂出성여살사출. ❷놓다, 놓아주다. 〔吳志〕出見雉翳출견치예, 手自撒壞수자살괴.
撒砂(살사) 모래를 흩어 뿌림.
撒扇(살선) 쥘부채. 접었다 폈다 하게 된 부채.
撒布(살포) 흩어 뿌림.

12
⑮【搽】 ①摻(533)의 속자 ②操(539)의 속자

12
⑮【撕】 ①훈계할 서 齊 ②찢을 시 支
㊥xī, sī ㊐セイ, シ
초서 자해 ①훈계하다, 잡도리하다. 〔顏氏家訓〕提撕子孫제서자손. ② 찢다, 잡아당겨 찢다.

12
⑮【撙】 누를 준 ㊍존 阮
㊥zǔn ㊐ソン
초서 자해 ❶누르다, 억제하다. 〔荀子〕以相薦撙이상천준, 以相恥怍이상치작. ❷모이다, 모여드는 모양. ❸겸손하다, 겸양하다. ❹꺾다, 제압하다. 〔戰國策〕伏軾撙銜복식준함.
撙節(준절) ①씀씀이를 아낌. 비용을 절약함. ②법도를 지킴. ③억제함.

12
⑮【撦】 찢을 차 馬
㊥chě ㊐シャ
초서 동자 扯 자해 찢다, 여러 조각으로 가르다.
撦裂(차열) 갈기갈기 찢음.

12
⑮【撰】 ①지을 찬 潸 ②가질 선 銑
인명 1급 ㊥zhuàn, xuǎn ㊐セン
초서 본자 譔 동자 籑 참고 인명용 음은 '찬'이다.
자해 ① ❶짓다, 시문(詩文)을 짓다. ¶ 撰文찬문. ❷가지다, 품다. 〔楚辭〕結撰至思결찬지사. ❸만들다. 〔潘岳·賦〕司農撰播殖之器사농찬파식지기. ② ❶가지다, 쥐다. 〔禮記〕撰杖屨선장구. ❷가리다, 선택하다.
撰文(찬문) 글을 지음. 지은 글.
撰述(찬술) 책이나 글을 지음. 著述(저술).
撰進(찬진) 임금에게 글이나 책을 지어 바침.
撰集(찬집) 시나 문장을 골라 모음.
撰次(찬차) 순서를 정하여 편집함.
◨ 改撰개찬, 論撰논찬, 修撰수찬, 新撰신찬.

12
⑮【撤】 거둘 철 屑
인명 2급 ㊥chè ㊐テツ
초서 자해 거두다, 치우다, 그만두다. 〔國語〕不撤薑食불철강식.
撤簾(철렴) 수렴청정(垂簾聽政)을 철폐함.
撤床(철상) 상을 거두어 치움.
撤瑟(철슬) 악기를 치움. 병이 위독함. 집안에 환자가 있으면 현악기를 타지 않았다는 데서 온 말.
撤市(철시) 시장·가게 따위의 문을 닫음.

手 12획

撤廢(철폐) 걷어치워서 폐지함. 撤罷(철파).
撤回(철회) 거두어들임.

12 ⑮【撮】 취할 촬 ㊅

인명 1급 ㊥cuō ㊐サツ

소전 초서 자해 ❶취(取)하다, 손가락으로 집다. ¶ 撮土촬토. ❷모으다. ❸용량(容量)의 단위. 1승(升)의 10,000분의1. ❹㊥사진을 찍다. ¶ 撮影촬영.
撮影(촬영) ㊥형상을 사진이나 영화로 찍음.
撮要(촬요) 요점을 간추림.
撮土(촬토) 한 줌의 흙. 매우 적은 양의 비유. 撮壤(촬양).

12 ⑮【撣】掸 ①손에 들 탄 ㊅ ②당길 선 ㊅

㊥tān, chán ㊐タン, セン

소전 초서 자해 ①❶손에 들다, 가지다. ❷닿다, 접촉하다. ②당기다, 끌어당기다.
撣援(선원) ①끌어당김. ②줄지어 잇닿음.

12 ⑮【撘】 搭(532)과 동자

12 ⑮【撐】撑 버틸 탱 ㊍청 ㊅

1급 ㊥chēng ㊐トウ

초서 속자 撑 속자 撜 자해 ❶버티다. ¶ 支撐지탱. ❷버팀목, 지주(支柱). ❸배를 저어 나아가다.
撐拄(탱주) 쓰러지지 않도록 받치는 기둥. 버팀기둥. 撐支(탱지).

12 ⑮【撑】 撐(537)의 속자

12 ⑮【播】 뿌릴 파 ㊅

고등 인명 3급 ㊥bō ㊐ハ

필순 扌 扌 扩 扩 扩 拚 挬 播 播 播

소전 초서 자원 形聲. 手+番→播. '番(번)'이 음을 나타낸다.
자해 ❶뿌리다, 씨를 뿌리다. 〔詩經〕播厥百穀파궐백곡. ❷퍼뜨리다. ❸베풀다, 널리 미치게 하다. 〔禮記〕播刑之不迪파형지부적. ❹나뉘다, 나누어지다. 〔書經〕又北播爲九河우북파위구하. ❺버리다, 방기(放棄)하다. 〔楚辭〕播規榘以背度兮파규구이배도혜. ❻달아나다, 도망하다. 〔書經〕于伐殷逋播臣우벌은포파신.
播殖(파식) 씨앗을 뿌려 번식하게 함.
播種(파종) 씨앗을 뿌림.
播遷(파천) ①정처 없이 떠돌아다님. ②임금이 도성을 떠나 다른 곳으로 피란하던 일.
◨ 乾播건파, 傳播전파, 直播직파.

12 ⑮【撝】㧑 ①찢을 휘 ㊅ ②도울 위 ㊅

㊥huī, wéi ㊐キ, イ

소전 초서 자해 ①❶찢다, 끌어당겨 찢다. ❷겸손하다, 자기를 낮추다. ②돕다.

13 ⑯【撼】 흔들 감 ㊅

㊥hàn ㊐カン

초서 자해 흔들다, 흔들리다. 〔韓愈·詩〕蚍蜉撼大樹비부감대수.
撼動(감동) ①흔들어 움직임. 搖撼(요감). ②죄(罪)에 빠뜨림.

13 ⑯【據】据 의거할 거 ㊅

고등 인명 4급 ㊥jù ㊐キョ

필순 扌 扩 扩 扩 扩 护 护 挦 据 據

소전 초서 동자 摢 속자 擄 속자 拠
자원 形聲. 手+豦→據. '豦(거)'가 음을 나타낸다.
자해 ❶의거하다, 근거하다. 〔漢書〕今天子據先帝之遺業금천자거선제지유업. ❷의탁하다, 의지하다. 〔詩經〕亦有兄弟역유형제, 不可以據불가이거. ❸굳게 지키다, 믿고 의지하다. 〔論語〕據於德거어덕. ❹증거(證據). ¶ 根據근거.
據守(거수) 어떤 곳에 자리 잡고 버티어 지킴.
據實(거실) 사실에 의거함.
據點(거점) 근거가 되는 중요한 곳.
據火(거화) 반딧불이.
◨ 根據근거, 雄據웅거, 依據의거, 典據전거, 占據점거, 證據증거, 割據할거.

13 ⑯【撿】 단속할 검 ㊅

㊥jiǎn ㊐ケン

소전 초서 자해 ❶단속하다, 순찰하다. ❷조사하다, 살펴서 맞춰 보다. 〔後漢書〕撿閱庫藏검열고장.
撿校(검교) 살펴서 바르게 함.
撿束(검속) 단속함.

13 ⑰【擊】击 칠 격 錫

고등 인명 4급 ㊥jī, jì ㊐ゲキ

필순 一 ㄱ 車 車 車 軎 毄 毄 擊 擊

소전 초서 속자 擊 자원 形聲. 手+毄→擊. '毄(격)' 이 음을 나타낸다.

자해 ❶치다, 두드리다, 공격하다. ¶ 擊沈격침. ❷쳐서 죽이다. 〔儀禮〕 司士擊豕사토격시. ❸부딪치다, 충돌하다. 〔戰國策〕 車轂擊거곡격, 人肩摩인견마. ❹베다, 찌르다. ❺악기(樂器) 이름, 축(柷). 〔後漢書〕 戛擊鳴球알격명구.

擊劍(격검) 장검(長劍)을 쓰는 법.
擊毬(격구) 말을 달리며 공채로 공을 쳐 승패를 겨루는 유희.
擊斷(격단) ①쳐서 끊음. ②마음대로 법률을 적용하여 처벌함.
擊蒙(격몽) 무지한 어린이를 가르쳐 깨우침.
擊攘(격양) 쳐서 쫓아 버림. 擊退(격퇴).
擊壤歌(격양가) 태평성대(太平盛代)를 구가하는 노래. 故事 요(堯)임금 때 한 농부가 땅을 두드리며 천하가 태평함을 노래 불렀다는 고사에서 온 말.
擊刺(격자) ①치고 찌름. ②검으로 사람을 찔러 죽임.
擊錚(격쟁) ①꽹과리를 침. ②조선 때 원통한 일이 있는 사람이 임금에게 하소연하려고 거둥하는 길목에서 꽹과리를 쳐서 하문(下問)을 기다리던 일.
擊節嘆賞(격절탄상) 무릎을 치며 탄복하고 칭찬함. 擊節稱賞(격절칭상).
擊墜(격추) 비행기 따위를 쏘아 떨어뜨림.
擊沈(격침) 배를 쳐서 가라앉힘.
擊柝(격탁) ①딱따기를 침. ②딱따기.
擊退(격퇴) 적을 쳐서 물리침.
擊破(격파) 쳐서 깨뜨림.
◨ 攻擊공격, 突擊돌격, 排擊배격, 射擊사격, 襲擊습격, 進擊진격, 追擊추격, 衝擊충격, 打擊타격, 砲擊포격.

手 13획

13 ⑯【擏】 도지개 경 梗

㊥qíng ㊐ケイ

동자 檠 자해 도지개. 활을 바로잡는 틀. 〔淮南子〕 擏不正而可以正弓경부정이가이정궁.

13 ⑰【擎】 들 경 庚

인명 ㊥qíng ㊐ケイ

초서 자해 ❶들다, 높이 들다. ¶ 擎劍경검. ❷높다, 높이 솟다. 〔曾鞏·詩〕 里表仍孤擎리표잉고경. ❸떠받치다. ¶ 擎天경천.

擎劍(경검) 검을 높이 치켜듦.
擎天(경천) 하늘을 떠받침. 나무가 높이 솟음.

13 ⑯【擓】挝 칠 과 麻

㊥zhuā ㊐タ

초서 자해 ❶치다, 때리다. ❷북을 치다.

13 ⑯【撽】 칠 교 蕭

㊥qiào ㊐キョウ

소전 초서 동자 擊 자해 치다, 때리다. 〔莊子〕 撽以馬捶교이마추.

撽遂(교수) 하늘이 만물을 매질하여 성장시킴.

13 ⑯【擒】 사로잡을 금 侵

인명 1급 ㊥qín ㊐キン

초서 자해 사로잡다, 붙잡다, 생포하다. 〔杜甫·詩〕 擒賊先擒王금적선금왕.

擒縛(금박) 사로잡아 묶음.
擒生(금생) 짐승 따위를 산 채로 잡음.
擒縱(금종) 사로잡는 일과 놓아주는 일.
擒斬(금참) 사로잡는 일과 베어 죽이는 일.
◨ 生擒생금, 七縱七擒칠종칠금.

13 ⑯【撻】挞 매질할 달 曷

인명 1급 ㊥tà ㊐タツ

소전 초서 고자 㺚 자해 ❶매질하다. 〔周禮〕 凡有罪者범유죄자, 撻戮而罰之달륙이벌지. ❷빠르다. 〔詩經〕 撻彼殷武달피은무.

撻罰(달벌) 매질하여 벌을 줌. 笞刑(태형).
撻辱(달욕) 매질하여 욕을 보임. 撻戮(달육).
撻楚(달초) 회초리로 볼기나 종아리를 때림.
撻笞(달태) 매질함.
◨ 楚撻초달, 捶撻추달, 鞭撻편달.

13 ⑯【擔】担 1 멜 담 覃 2 짐 담 勘

고등 인명 4Ⅱ급 ㊥dān, dàn ㊐タン

필순 扌 扌 扌 扩 护 护 护 擔 擔 擔

초서 속자 担 자원 形聲. 手+詹→擔. '詹(첨)' 이 음을 나타낸다.

자해 1 ❶메다. 〔漢書〕大家牛車대가우거, 小家擔負소가담부. ❷맡다, 떠맡다. 〔白居易·碑〕荷擔大事하담대사. 2 ❶짐, 맡은 일. ❷양(量)의 단위. 지금의 100근(斤). ❸부피의 단위. 지금의 1섬〔石〕.
擔架(담가) 들것.
擔鼓(담고) 견우성(牽牛星)의 딴 이름.
擔當(담당) 어떤 일을 맡음.
擔保(담보) 채무자가 채무를 갚지 않을 경우에 대비하여 채권자에게 제공하는 물건.
擔夫(담부) 짐꾼.
擔任(담임) 학급 따위를 책임지고 맡아봄. 또는 그런 사람.
擔着(담착) 담당함.
◨ 加擔가담, 負擔부담, 分擔분담, 專擔전담.

13 ⑯【擋】挡 숨길 당 漾

㊥dǎng ㊐トウ
초서 자해 ❶숨기다, 덮어 숨기다, 피하다. ❷방해하다, 막다.

13 ⑯【擄】掳 사로잡을 로 麌

인명 1급 ㊥lǔ ㊐ロ
초서 자해 ❶사로잡다. ＝虜. ❷노략질하다.
擄掠(노략) 떼를 지어 다니면서 재물이나 생명을 빼앗음.

13 ⑯【擂】 1 갈 뢰 灰 2 칠 뢰 隊

㊥léi, lèi ㊐ライ
초서 본자 擂 자해 1 갈다, 문지르다. 2 ❶치다. 〔宋史〕旗下擂鼓기하뢰고. ❷돌을 굴리다. ＝礧.
擂石車(뇌석거) 돌을 굴려 성(城)을 공격하는 데 쓰던 전차(戰車).

13 ⑯【擗】 1 가슴 칠 벽 陌 2 열 벽 錫

㊥pǐ ㊐ハキ
초서 자해 1 가슴을 치다, 손으로 가슴을 치며 슬퍼하다. 〔孝經〕擗踊哭泣벽용곡읍. 2 열다.
擗踊(벽용) 가슴을 두드리고 땅을 치며 통곡함. 부모의 상(喪)을 당하여 슬피 욺.

13 ⑰【擘】 엄지손가락 벽 陌

인명 1급 ㊥bò ㊐ヘキ, ハク
소전 초서 동자 擗 자해 ❶엄지손가락. ¶ 巨擘거벽. ❷쪼개다, 찢다, 가르다. ≒劈. 〔張衡·賦〕擘肌分理벽기분리.
擘窠(벽과) ①전각(篆刻)할 때, 글자를 고르게 배치하기 위하여 도장의 면에 가로세로 그은 선(線). ②큰 글자를 쓰는 서법.
擘柳風(벽류풍) 버드나무의 가지를 꺾는 바람. 봄에 부는 폭풍.
◨ 巨擘거벽.

13 ⑯【擁】拥 1 안을 옹 腫 2 가릴 옹 冬

고등 인명 3급 ㊥yōng ㊐ヨウ
필순 扌 扩 扩 扩 护 拚 拚 捬 擁 擁
소전 초서 본자 攡 동자 擁 자원 形聲. 手＋雍→擁. '雍(옹)'이 음을 나타낸다.
자해 1 ❶안다, 끌어안다. ¶ 抱擁포옹. ❷들다, 잡다, 소유하다. 〔漢書〕擁天下之樞옹천하지추. ❸지키다. 〔後漢書〕擁衞親族옹위친족. ❹거느리다, 복종시키다. 〔晉書〕坐擁大衆좌옹대중. ❺싸다, 막다. 〔朱熹·詩〕雪擁山腰洞口설옹산요동구. 2 가리다, 막다. 〔禮記〕女子出門녀자출문, 必擁蔽其面필옹폐기면.
擁衾(옹금) 이불로 몸을 덮음.
擁立(옹립) ①돌보아 제구실을 하게 함. ②임금의 자리에 모시어 세움.
擁膝(옹슬) 무릎을 두 팔로 안음. 시(詩)를 지을 때 고심하는 모양.
擁衞(옹위) 부축하여 호위함.
擁腫(옹종) ①나무에 옹이가 많음. 못생기거나 무지(無知)한 모양. ②조그마한 부스럼.
擁護(옹호) 도와서 지킴.
◨ 圍擁위옹, 抱擁포옹.

13 ⑰【擁】 擁(539)과 동자

13 ⑯【擑】 接(521)과 동자

13 ⑯【操】 1 잡을 조 豪 2 절개 조 號

고등 인명 5급 ㊥cāo ㊐ソウ
필순 扌 扌 扌 扌 扌 扌 掃 掃 操 操 操
소전 초서 속자 摻 자원 形聲. 手＋喿→操. '喿(소)'가 음을 나타낸다.

手 13획

자해 1 ❶잡다, 쥐다, 가지다. 〔春秋公羊傳〕 操飮而至조음이지. ❷부리다, 조종하다. 〔莊子〕 津人操舟若神진인조주약신. ❸군사(軍事) 훈련. ¶ 操練조련. ❹現운동. ¶ 體操체조. 2 절개, 절조, 뜻. 〔楚辭〕 夫何執操之不固부하집조지불고.
操潔(조결) 지조가 깨끗함.
操練(조련) ①전투에 필요한 지식이나 기술을 가르쳐 단련함. ②國못되게 남을 괴롭힘.
操守(조수) 삼가서 지킴. 정조나 지조 등을 굳게 지켜 변함이 없음.
操心(조심) 잘못이나 실수가 없도록 말이나 행동에 마음을 씀.
操業(조업) 기계 따위를 움직여 일을 함.
操作(조작) 기계 따위를 일정한 방식에 따라 다루어 움직임.
操切(조절) 단단히 잡아서 단속함.
操縱(조종) ①기계를 다루어 부림. ②다른 사람을 마음대로 부림.
操柁(조타) 배의 키를 잡음.
操筆(조필) 글씨를 쓰기 위하여 붓을 잡음.
◨ 節操절조, 貞操정조, 志操지조, 體操체조.

手 13획

13 ⑯【擉】 찌를 착 覺

㊥chuò ㊐サク

초서 자해 ❶찌르다, 물속의 물고기를 작살로 찔러 잡다. 〔莊子〕 冬則擉鼈於江동즉착별어강. ❷작살.
擉鼈(착별) 자라를 작살로 찔러 잡음.
擉刃(착인) 작살.

13 ⑯【擅】 멋대로 천 本선 霰

인명 1급 ㊥shàn ㊐セン

소전 초서 자해 ❶멋대로, 마음대로. 〔春秋左氏傳〕 擅及鄭盟천급정맹. ❷멋대로 하다. 〔史記〕 擅國之謂王천국지위왕. ❸차지하다. 〔史記〕 得丹穴而擅其利數世득단혈이천기리수세.
擅斷(천단) 제멋대로 처단함.
擅議(천의) 제멋대로 추측하여 정함.
擅恣(천자) 마음대로 하여 꺼림이 없음.
擅場(천장) ①그 자리에서 대적(對敵)할 사람이 없는 제일인자. ②당대(唐代)에 연회(宴會) 같은 데서 시(詩)를 지을 때 일등을 한 사람.
擅朝(천조) 조정의 권력을 차지하여 제멋대로 흔듦.
擅許(천허) 제멋대로 허가함.
擅橫(천횡) 거리낌 없이 제 마음대로 함. 專橫(전횡).

13 ⑯【擇】 择 가릴 택 陌

고등 인명 4급 ㊥zé, yì ㊐タク

필순 扌 扌 扌 扌 扌 扌 扌 择 擇 擇

소전 초서 속자 択 자원 形聲. 手+睪→擇. '睪(역)'이 음을 나타낸다.

자해 가리다, 고르다, 좋은 것을 가려 뽑다. 〔中庸〕 擇善而固執之者也택선이고집지자야.
擇交(택교) ①사귈 나라를 고름. ②사귈 친구를 고름.
擇良(택량) 좋은 것을 선택함.
擇善(택선) ①선을 택함. ②착한 사람을 고름.
擇送(택송) 가려 보냄.
擇言(택언) ①도리에 맞는 말만 가려서 함. ②선악을 가려야 할 말.
擇偶(택우) 배우자를 고름.
擇日(택일) 운수가 좋은 날을 가려 고름.
擇定(택정) 여럿 가운데서 골라 정함.
擇處(택처) 살 곳이나 머물 곳을 고름.
擇出(택출) 골라냄.
◨ 揀擇간택, 選擇선택, 採擇채택.

13 ⑯【擕】 携(532)의 속자

13 ⑯【擕】 携(532)의 속자

14 ⑰【擱】 搁 놓을 각 藥

㊥gē ㊐カク

초서 자해 ❶놓다, 잡고 있던 것을 놓다. ❷멎다, 좌초하다.
擱坐(각좌) 배가 암초에 얹힘. 좌초(坐礁)함.
擱淺(각천) ①좌초함. ②일이 어려움에 봉착함.
擱筆(각필) ①붓을 놓음. 쓰던 글을 멈춤. ②글을 다 쓰고 붓을 내려놓음.

14 ⑱【擧】 举 들 거 語 御

중학 인명 5급 ㊥jǔ ㊐キョ

필순 ⺊ ⺊ ⺊ 𦥑 𦥑 𦥑 𦥑 輿 與 擧

소전 동자 擧 동자 舉 속자 举 자원 形聲. 與+手→擧. '與(여)'가 음을 나타낸다.

자해 ❶들다, 들어 올리다. 〔淮南子〕 擧白而進之거백이진지. ❷일으키다, 세우다. 〔中庸〕 擧廢國거폐국. ❸등용(登用)하다. 〔論語〕 擧賢人

거현인. ❹날아오르다. 〔張衡·賦〕 鳥不暇擧조불가거. ❺일어서다. 〔國語〕 擧而從之거이종지. ❻행동, 행동거지(行動擧止). ❼받들다, 존경하다. 〔禮記〕 山川神祇산천신기, 有不擧者유불거자. ❽시험, 과거(科擧). 〔舊唐書〕 始制武擧시제무거. ❾모두, 다. 〔春秋左氏傳〕 君擧不信群臣乎군거불신군신호.

擧皆(거개) 거의 모두.
擧國一致(거국일치) 온 나라가 하나가 됨.
擧動(거동) 몸을 움직임.
擧頭(거두) 고개를 듦.
擧論(거론) 어떤 사항을 논제로 삼아 제기함.
擧名(거명) 어떤 사람의 이름을 들어 말함.
擧白(거백) 잔을 들어 술을 마심. 또는 술을 권함. 擧杯(거배).
擧兵(거병) 군사를 일으킴.
擧事(거사) 큰일을 일으킴.
擧手(거수) 손을 위로 들어 올림.
擧案齊眉(거안제미) 밥상을 눈썹 높이만큼 받들어 올림. 아내가 남편을 깍듯이 공경함.
擧揚(거양) ①칭찬하여 의기를 높임. ②높이 들어 올림.
擧業(거업) 과거에 응시하던 일.
擧用(거용) 사람을 천거하거나 추천하여 씀.
擧人(거인) ①사람을 등용함. ②관리에 추천되거나 등용 시험에 응시하던 자. ③고려·조선 때, 각종 과거에 응시한 사람을 이르던 말. 擧子(거자).
擧逸(거일) 은둔하고 있는 사람을 등용함.
擧一反三(거일반삼) 한 모서리를 가르쳐 주면 다른 세 모서리를 스스로 헤아려서 앎. 재지(才智)가 뛰어남.
擧子(거자) ①관리의 등용 시험에 응시하는 사람. ②자식을 낳음. 자녀를 키움.
擧場(거장) 과거를 보이는 장소. 科場(과장).
擧措(거조) 드는 일과 놓는 일. 행동함과 정지(靜止)함. 행동거지(行動擧止).
擧族(거족) ①일족 모두. ②민족 전부.
擧踵(거종) ①발꿈치를 듦. ②간절히 바라고 기다림.
擧證(거증) 증거를 제시함. 立證(입증).
擧止(거지) 몸을 움직이는 모든 짓. 모든 행동.
擧劾(거핵) 죄 있는 사람을 그 이름을 들어 탄핵함.
擧行(거행) 들어 행함. 공적으로 행함.
擧火(거화) ①불을 땜. ②생계를 세움. 생활함. ③횃불을 켬. 뜻밖의 재변을 빨리 알리기 위하여 밤에 산 위에 올라가 횃불을 올리던 일. ④억울한 사정을 임금에게 호소하기 위하여 횃불을 들어 올리던 일.

◧ 選擧선거, 列擧열거, 壯擧장거, 快擧쾌거.

14 ⑰ 【擡】 抬 들 대 灰

인명 1급 ㊥tái ㊐タイ

초서 속자 抬 자해 ❶들다, 들어 올리다. 〔白居易·詩〕 腰重倩人擡요중천인대. ❷치켜들다.

擡頭(대두) ①머리를 쳐듦. ②어떤 현상이 머리를 쳐들고 나타남. ③서신이나 공문에서 경의(敬意)를 표하기 위하여 줄을 바꾸어 다른 줄보다 몇 자 올려 쓰거나 몇 자 비우고 쓰던 일.

14 ⑰ 【擣】 찧을 도 皓

㊥dǎo, chóu ㊐トウ

소전 초서 동자 搗 자해 ❶찧다, 빻다. ❷찌르다, 공격하다. ❸두드리다, 다듬이질하다. 〔李白·歌〕 長安一片月장안일편월, 萬戶擣衣聲만호도의성.

擣衣(도의) 다듬이질함.

14 ⑱ 【擥】 攬(545)과 동자 인명

14 ⑰ 【擫】 攬(545)과 동자

14 ⑰ 【擯】 摈 물리칠 빈 震

㊥bìn ㊐ヒン

소전 초서 자해 ❶물리치다, 배척하다. 〔後漢書〕 爲鄕黨所擯위향당소빈. ❷인도(引導)하다, 인도하는 사람. ≒儐.

擯介(빈개) 주객(主客)의 사이에 서서 주선하여 주는 사람. '擯'은 주인 측의 사람, '介'는 손님 측의 사람. 儐介(빈개).
擯棄(빈기) 내쳐서 버림.
擯斥(빈척) 물리쳐 멀리함.

14 ⑱ 【擪】 누를 엽 葉

㊥yè ㊐ヨウ

소전 초서 동자 擫 자해 누르다, 손가락으로 누르다.

擪息(엽식) 맥(脈)을 짚어 봄. 診脈(진맥).
擪籥(엽약) 손가락으로 피리의 구멍을 누름.

14 ⑰ 【擫】 擪(541)과 동자

14 ⑰【擩】 담글 유 麌

㊥rǔ ㊐ジュ

소전 초서 자해 ❶담그다, 적시다. ❷가지다, 쥐다. 〔唐書〕擩嚌道眞유제도진, 涵泳聖涯함영성애.

擩祭(유제) 고대인이 음식을 먹을 때, 간(肝)과 폐(肺)를 염해(鹽醢)에 절여, 먼저 신(神)에게 감사의 인사를 올리던 의식.

擩嚌(유제) 손에 쥐고서 입으로 맛봄. 어떤 일에 깊이 몰입(沒入)함.

14 ⑰【擬】拟 헤아릴 의 紙

인명 1급 ㊥nǐ ㊐ギ

소전 초서 자해 ❶헤아리다, 상량(商量)하다. 〔易經〕君子以正位擬命군자이정위의명. ❷비기다, 비교하다. 〔後漢書〕乃與五經相擬내여오경상의. ❸본뜨다, 흉내 내다. 〔漢書〕侈擬於君치의어군.

擬古(의고) ①옛것을 모방함. ②시문을 옛사람의 풍격(風格)이나 형식에 맞추어 지음.

擬似(의사) 실제와 분간이 어려울 만큼 비슷함.

擬聲語(의성어) 사물의 소리를 흉내 낸 말.

擬作(의작) 본떠서 만듦.

擬制(의제) ①비겨서 정함. ②현실에 존재하지 않는 사실을 제도로서 가정(假定)하는 일.

擬足投跡(의족투적) 함부로 걷지 않고, 남의 발자국을 밟아 걸음. 두려워 삼가면서 걸어감.

擬態語(의태어) 사물의 모양을 흉내 낸 말.

◨ 模擬모의.

14 ⑰【擠】挤 밀 제 霽

㊥jǐ ㊐セイ

소전 초서 자해 ❶밀다, 밀치다. ❷배척하다. ❸해치다, 상하게 하다. 〔莊子〕因其脩而擠之인기수이제지.

擠陷(제함) 악의를 가지고 남을 죄에 빠뜨림.

14 ⑰【擦】 비빌 찰 黠

인명 1급 ㊥cā ㊐サツ

초서 자해 비비다, 문지르다, 마찰하다.

14 ⑰【擢】 뽑을 탁 覺

인명 1급 ㊥zhuó ㊐テキ

소전 초서 자해 ❶뽑다, 뽑아내다, 뽑아 버리다. 〔莊子〕擢德塞性탁덕색성. ❷버리다, 제거하다. 〔禮記〕不擢馬불탁마. ❸발탁(拔擢)하다, 뽑아 올리다. 〔戰國策〕擢之于賓客之中탁지우빈객지중. ❹솟다, 빼어나다, 뛰어나다.

擢登(탁등) 골라 뽑아서 벼슬을 올림.

擢拔(탁발) 많은 사람 중에서 추려 올려서 씀. 拔擢(발탁).

擢髮難數(탁발난수) 머리카락을 뽑은 것처럼 수를 세기 어려움. 수없이 많음.

擢秀(탁수) ①인품이 무리에서 빼어남. ②초목의 이삭이 길게 자람.

擢用(탁용) 많은 사람 중에서 뽑아 씀.

擢第(탁제) 시험에 합격함. 及第(급제).

◨ 拔擢발탁, 選擢선탁, 抽擢추탁.

14 ⑰【擤】 코 풀 형 梗

㊥xǐng ㊐コウ

자해 코를 풀다.

14 ⑰【擭】 1잡을 획 陌 2덫 확 藥

㊥wò, huò ㊐ワク, カク

소전 초서 자해 1잡다, 쥐다, 붙잡다, 가지다. 2덫, 짐승을 사로잡는 함정. 〔周禮〕春令爲阱擭춘령위정확.

15 ⑱【擽】 1칠 력 錫 2굳은 모양 락 藥

㊥lüè ㊐リャク

동자 攊 자해 1❶치다, 때리다. ❷스치다, 살짝 닿다. 〔漢書〕擽蜚遽력비거. 2굳은 모양, 돌이 단단한 모양. ¶ 擽然낙연.

15 ⑱【攂】 擂(539)의 본자

15 ⑲【攀】 더위잡을 반 刪

인명 1급 ㊥pān ㊐ハン

초서 자해 ❶더위잡다. 〔莊子〕烏鵲之巢오작지소, 可攀援而闚가반원이규. ❷매달리다, 달라붙다. ❸의지하다.

攀登(반등) 더위잡고 오름. 기어오름.

攀戀(반련) 수레를 붙들고 사모함. 선정을 베푼 수령이 떠날 때, 고을 백성이 이별을 아쉬워함.

攀龍附鳳(반룡부봉) 용을 끌어 잡고 봉황에 붙음. 훌륭한 인물을 의지하여 붙좇음.

攀緣(반연) ①더위잡아 오름. 攀援(반원). ②(佛)세속의 일에 끌림. ③세력 있는 사람에게 의지함.
攀援(반원) ①더위잡아 오름. ②잡아끎. ③만류함. ④도움. 의지함.
◨ 登攀등반.

15 ⑱ 【擻】 擞 버릴 수 有
㊥sǒu, sòu ㊐ソウ
초서 자해 ❶버리다, 떨어 버리다. ❷떨다, 진동(振動)하다.

15 ⑱ 【擾】 扰 어지러울 요 篠
인명 1급 ㊥rǎo ㊐ジョウ
소전 초서 자해 ❶어지럽다, 어지럽히다. ❷길들이다. ❸순진하다, 유순하다. 〔書經〕擾而毅요이의. ❹편안히 하다. 〔周禮〕以佐王安擾邦國이좌왕요방국. ❺가축(家畜).
擾亂(요란) 시끄럽고 떠들썩함. 어수선함.
擾民(요민) 백성을 길들여 따르게 함.
擾攘(요양) 시끄럽고 어지러움.
擾擾(요요) 어지러운 모양. 소란한 모양.
擾柔(요유) 순하고 부드러움.
◨ 紛擾분요, 騷擾소요, 憂擾우요, 喧擾훤요.

15 ⑱ 【擿】 1 들출 적 錫 2 던질 척 陌
㊥tī, zhì ㊐ラキ
소전 초서 자해 1 ❶들추다. ＝摘. 〔後漢書〕以擿發其姦이적발기간. ❷치다, 때리다. ❸열리다, 열다. 〔淮南子〕擿蚌蜃적방신. 2 ❶던지다, 내던지다. ＝擲. ❷비녀.

15 ⑱ 【攅】 攢(545)의 속자

15 ⑱ 【擲】 掷 던질 척 陌
인명 1급 ㊥zhì ㊐テキ
초서 자해 ❶던지다, 내던지다. ❷버리다. 〔陶潛·詩〕日月擲人去일월척인거. ❸뛰다, 뛰어 오르다.
擲去(척거) 던져서 내버림.
擲梭(척사) ①피륙을 짜느라고 북을 좌우로 엇바꾸어 지름. ②재빨리 움직이는 북. ㉠신속하게 움직임. ㉡빠른 모양.
擲柶(척사) ①윷. ②윷놀이.
擲殺(척살) 던져 죽임. 쳐 죽임.
擲錢(척전) 國동전 같은 것을 던져 드러나는 그 표리(表裏)에 따라 길흉(吉凶)을 점치는 일.
◨ 乾坤一擲건곤일척, 投擲투척, 抛擲포척.

15 ⑱ 【攄】 摅 펼 터 魚
인명 1급 ㊥shū ㊐チョ
초서 자해 ❶펴다, 말을 늘어놓다. 〔後漢書〕獨攄意乎宇宙之外독터의호우주지외. ❷오르다, 높이 뛰어오르다. 〔後漢書〕八乘攄而超驤팔승터이초양. ❸國헤아리다, 상량하다. ¶ 攄得터득.
攄得(터득) 깊이 생각하여 깨달아 알아냄.
攄意(터의) 마음을 말로 늘어놓음.
攄破(터파) 자기가 품은 속마음을 털어놓고 이야기하여 남의 의혹을 풀어 줌.

15 ⑱ 【擺】 摆 열릴 파 蟹
㊥bǎi ㊐ハイ
초서 자해 ❶열리다, 열려지다. ❷벌여 놓다, 배열하다. ❸털다, 털어 버리다. ❹흔들리다, 요동하다.
擺落(파락) 털어 없앰.
擺撥(파발) ①뿌리쳐 버림. 털어 버림. ②㉠공문을 빨리 보내기 위하여 설치한 역참(驛站). ㉡파발꾼. ㉢파발마.
擺脫(파탈) ①벗어남. 제거(除去)함. ②달아남. 도망침.

15 ⑱ 【擴】 扩 넓힐 확 藥
고등 인명 3급 ㊥kuò ㊐カク
필순 扌 扩 扩 扩 扩 擴 擴 擴 擴 擴
초서 동자 挄 동자 擲 속자 拡 자원 形聲. 手＋廣→擴. '廣(광)'이 음을 나타낸다.
자해 넓히다, 규모·세력 등을 넓히다. 〔論衡〕擴施善政확시선정.
擴大(확대) 넓혀서 크게 함.
擴聲器(확성기) 소리를 크게 하여 멀리까지 들리게 하는 기구.
擴張(확장) 넓혀서 늘림.
擴充(확충) 넓히고 보태어 충실하게 함.

15 ⑱ 【擕】 携(532)와 동자

15 ⑱ 【擷】 撷 딸 힐 屑
㊥xié ㊐ケツ

手 15획

초서 ⓐ 자해 ❶따다, 붙어 있는 것을 따다. ❷캐다, 손으로 뽑다.

16 ⑲【攈】 捃(513)와 동자

16 ⑲【攏】拢 ①누를 롱 董 ②빗을 롱 東

㊥lǒng ㊐ロウ

초서 자해 ① ❶누르다, 쓰다듬다. ❷묶다, 합하다. ❸머물게 하다, 배를 정박시키다. ② 빗다, 머리를 빗다.

17 ⑳【攔】拦 막을 란 寒

㊥lán ㊐ラン

초서 자해 ❶막다, 차단하다. 〔杜甫·詩〕牽衣頓足攔道哭견의돈족란도곡. ❷칸막이.

17 ⑳【攘】 물리칠 양 陽

인명 1급 ㊥rǎng, níng ㊐ジョウ

소전 초서 자해 ❶물리치다, 쫓다. 〔詩經〕外攘四夷외양사이. ❷물러나다. 〔漢書〕隨流而攘수류이양. ❸덜다, 제거하다. 〔素問〕濕熱不攘습열불양. ❹걷어 올리다, 소매·옷자락을 걷어 올리다. 〔漢書〕攘袂而正議양메이정의. ❺훔치다, 도둑질하다. 〔淮南子〕直躬其父攘羊직궁기부양양.

攘袂(양몌) 소매를 걷어 올림.
攘伐(양벌) 쳐서 물리침.
攘臂(양비) 소매를 걷어 올림. 힘을 줌.
攘羊(양양) ①양을 훔침. 제 집에 들어온 양을 주인에게 돌려주지 않고 감춤. ②고지식하게 한 행동이 오히려 도리에 맞지 않음. 故事 춘추 시대 초(楚)의 직궁(直躬)이라는 사람이 자기 아버지가 양을 훔친 것을 고발하여 스스로 정직을 밝혔다는 고사에서 온 말.
攘除(양제) 물리쳐 없앰.
攘斥(양척) 물리침.
◨ 擾攘요양, 搶攘창양.

17 ⑳【攖】攖 다가설 영 庚

㊥yīng ㊐エイ

초서 자해 ❶다가서다, 접근하다. 〔孟子〕虎負嵎호부우, 莫之敢攖막지감영. ❷매다, 잡아당겨 매다. 〔莊子〕汝愼無攖人心여신무영인심. ❸어지럽히다. 〔莊子〕不以人物利害相攖불이인물리해상영.

17 ⑳【攙】搀 찌를 참 咸

㊥chān ㊐サン

소전 초서 자해 ❶찌르다. ❷날카롭다. ❸섞다, 혼합하다. 〔蘇軾·書〕妄論利害망론리해, 攙說得失참설득실. ❹혜성(彗星)의 이름. ¶ 攙搶참창.

攙搀(참각) 찔러서 꿰.
攙搶(참창) 혜성(彗星) 이름. 孛星(패성).

18 ㉑【攝】摄 당길 섭 葉

고등 인명 3급 ㊥shè, niè ㊐セツ

필순 扌扌扌扌扌扌扌扌掯攝

소전 초서 속자 摂 자원 形聲. 手+聶→攝. '聶(섭)'이 음을 나타낸다.

자해 ❶당기다, 끌어당기다. ❷잡다, 쥐다. ❸굳게 지키다, 유지하다. 〔國語〕能攝固不解以久능섭고불해이구. ❹알맞게 하다, 조절하다. 〔儀禮〕攝酒섭주. ❺돕다, 보좌하다. 〔詩經〕朋友攸攝붕우유섭. ❻바루다, 바르게 하다. 〔後漢書〕攝幘復戰섭책부전. ❼기르다, 보양하다. ❽대신하다, 대리(代理)하다. ❾겸하다, 임시로 다른 일을 겸하다. 〔論語〕官事不攝관사불섭. ❿끼이다, 사이에 끼이다. 〔論語〕攝乎大國之間섭호대국지간.

攝理(섭리) ①병을 조섭함. ②대신하여 처리하고 다스림. ③신(神)·정령(精靈)이 인간을 위하여 세상을 다스리는 일.
攝祀(섭사) 남을 대신하여 제사를 지냄.
攝生(섭생) 건강관리를 잘하여 오래 살기를 꾀함. 攝養(섭양). 養生(양생).
攝政(섭정) 임금이 직접 통치할 수 없을 때 임금을 대신하여 정치를 함.
攝衆(섭중) (佛)중생을 거두어 보호함.
攝取(섭취) ①좋은 요소를 받아들임. ②생물체가 양분 따위를 물속에 빨아들이는 일.

18 ㉑【攡】扨 움츠릴 송 腫

㊥sǒng ㊐ショウ

자해 ❶움츠리다, 한쪽으로 기울이다. 〔杜甫·詩〕攡身思狡兔송신사교토. ❷잡다, 쥐다.

18 ㉑【攡】 擁(539)의 본자

18 ㉑【攜】 携(532)의 본자

手 16획

19 ㉒【攟】 주울 군 問

㊥jùn ㊐クン

초서 攟 동자 捃 동자 攈 자해 줍다. 〔國語〕 收攟而蒸納要也 수군이증납요야.

19 ㉒【攞】 찢을 라 哿

㊥luǒ ㊐ラ

자해 ❶찢다, 찢어지다. ❷가리다, 고르다.

19 ㉓【攣】 挛 ①걸릴 련 先 ②오그라질 련 霰

인명 ㊥luán ㊐レン

소전 攣 초서 攣 자해 ① ❶걸리다, 이어지다. 〔易經〕 有孚攣如 유부련여. ❷연관되다. 〔後漢書〕 帝知群寮拘攣 제지군료구련. ❸경련이 일다, 쥐가 나다. ② ❶오그라지다, 손발이 오그라들다. ❷그리워하다, 사모하다. ≒戀.

攣急(연급) 쥐가 남.
攣躄(연벽) 손발이 굽어서 펴지지 않음.
攣踠(연원) 손발이 오그라드는 병.
◨ 痙攣경련, 拘攣구련.

19 ㉒【攢】 攒 모일 찬 寒

인명 ㊥cuán ㊐サン

초서 攢 속자 攅 자해 ❶모이다, 모으다. ❷토롱(土壟). 흙을 쌓아 임시로 간략히 만든 무덤. 〔宋史〕 擇地攢殯 택지찬빈. ❸뚫다, 도려내다. ≒鑽.

攢宮(찬궁) 천자(天子)의 시체를 일시 안치(安置)하는 곳. 攢所(찬소). 殯殿(빈전).

19 ㉒【攤】 摊 펼 탄 寒

㊥tān ㊐タン

소전 攤 초서 攤 자해 ❶펴다, 펼치다. 〔杜甫·詩〕 攤書解滿牀 탄서해만상. ❷벼르다, 배당하다. 〔白居易·詩〕 攤令賦役均 탄령부역균. ❸노름, 도박.

20 ㉓【攪】 搅 어지러울 교 巧

인명 1급 ㊥jiǎo ㊐カク

소전 攪 초서 攪 자해 ❶어지럽다, 어지럽게 하다. 〔詩經〕 祇攪我心 기교아심. ❷뒤섞다, 휘젓다. ❸물소리.

攪車(교거) 목화의 씨를 빼는 기계. 씨아.
攪棍(교곤) 사침대.
攪拌(교반) 휘저어 섞음.

20 ㉓【攩】 무리 당 養

㊥dǎng ㊐トウ

소전 攩 초서 攩 자해 ❶무리, 또래. ＝黨·儻. ❷치다, 때리다. ❸가로막다.

20 ㉓【攫】 붙잡을 확 藥

인명 ㊥jué ㊐カク

소전 攫 초서 攫 자해 ❶붙잡다, 잡아 쥐다. 〔禮記〕 鷙蟲攫搏 지충확박. ❷움키다, 급히 빼앗아 움키다.

攫金(확금) 돈·재물을 빼앗음.
攫搏(확박) ①붙잡아 후려갈김. '攫'은 발로 움켜쥠, '搏'은 날개로 침. ②약탈(掠奪)함.
攫噬(확서) 움켜쥐고 물어뜯음.
攫鳥(확조) 다른 동물을 죽이는 맹금(猛禽).
◨ 一攫千金일확천금.

21 ㉔【攬】 揽 잡을 람 感

인명 ㊥lǎn ㊐ラン

소전 攬 초서 攬 동자 擥 동자 擸 자해 ❶잡다, 손에 쥐다. ❷따다, 뽑아서 취하다. ❸주관하다, 총괄하다.

攬轡澄淸(남비징청) 말고삐를 잡고 천하를 맑게 함. 관리가 되어 어지러운 정치를 바로잡아 보려는 큰 뜻.
攬要(남요) 요점을 땀. 요점을 가려 뽑음.
◨ 收攬수람, 總攬총람.

支部 지탱할 지

0 ④【支】 가를 지 支

중학 인명 4Ⅱ급 ㊥zhī ㊐シ

필순 一 十 ち 支

소전 支 초서 支 자원 會意 十+又→支. '十'은 '个'로 '竹'의 반(半)임을 나타내고, '又'는 '手'로 가진다는 뜻. '支'는 대나무〔竹〕의 한쪽 가지를 나누어 손으로 쥐고 있다는 데서 '나누다, 가르다' 등의 뜻을 나타낸다.

자해 ❶가르다, 갈리다. 〔莊子〕 支離楚者지리초자. ❷가지. ㉮초목의 가지. ≒枝. ㉯창날의 가지. 〔後漢書〕 擧弓射戟거궁사극, 正中小支정중소지. ㉰갈라진 혈통. 종가에 대해서는 분가, 적출(嫡出)에 대해서는 서출(庶出)을 이른다. 〔詩經〕 本支百世본지백세. ❸지탱하다, 버티다. 〔國語〕 天之所支천지소지, 不可壞也불가괴야. ❹막다, 맞서서 막다. 〔戰國策〕 魏不能支위불능지. ❺팔다리. ≒肢. 〔易經〕 美在其中미재기중, 而暢於四支이창어사지. ❻헤아리다, 계산하다. 〔大戴禮〕 燕支地計衆연지지계중. ❼치르다, 지출하다. ❽지지(地支), 십이지. 〔周禮〕 和合支幹善日화합지간선일.

支干(지간) 12지와 10간. 干支(간지).
支供(지공) 음식을 보내어 줌.
支給(지급) 돈이나 물품 따위를 정해진 몫만큼 내줌.
支那(지나) 중국. 원래 인도 사람이 중국을 부르던 명칭을 음역(音譯)한 것.
支途(지도) ①금전의 용도. ②돈을 지불(支拂)할 사유.
支流(지류) 원줄기에서 갈려 흐르는 물줄기.
支離滅裂(지리멸렬) 갈갈이 흩어지고 찢기어 갈피를 잡을 수 없이 됨.
支撥(지발) 지출(支出)함. 支放(지방).
支配(지배) 어떤 사람·집단 등을 자기의 의사대로 복종하게 하여 다스림.
支分(지분) 잘게 나눔. 잘게 가름.
支分節解(지분절해) 지체(支體)를 나누고 관절을 분해함. 글의 내용을 세밀하게 밝힘.
支拂(지불) 돈을 내어 줌. 값을 치름.
支葉碩茂(지엽석무) 가지와 잎이 크게 무성함. 본가(本家)와 분가(分家)가 함께 번성함.
支裔(지예) ①본(本)에서 갈려 나온 것. 末流(말류). ②갈려 나온 혈통(血統).
支吾(지오) ①버팀. 반항함. 枝梧(지오). ②속임. 발뺌을 함.
支用(지용) ①지출하여 씀. ②지불함.
支頤(지이) 손으로 턱을 받침.
支子(지자) ①첩의 아들. 庶子(서자). ②적자(嫡子) 이외의 아들.
支障(지장) 일하는 데 거치적거리거나 방해가 되는 장애.
支柱(지주) ①떠받침. ②떠받치는 기둥.
支胄(지주) 지파(支派)의 자손. 支孫(지손).
支持(지지) ①후원함. 찬동함. ②견뎌 냄.
支出(지출) ①갈려 나옴. ②첩의 몸에서 난 아들. ③돈이나 물품 따위를 내줌.
支撐(지탱) 오래 버티거나 배겨 냄.
支解(지해) ①팔다리를 찢어 내던 가혹한 형벌. 肢解(지해). ②분열되고 와해됨.

支 8획

◨ 干支간지, 氣管支기관지, 本支본지, 收支수지, 十二支십이지, 地支지지, 度支탁지.

8 ⑫ 【攲】 기울 기 支

㊥qī ㊐キ

소전 [篆] 초서 [草] 동자 攱 자해 ❶기울다, 기울어지다. 〔新語〕 心無攲斜之慮심무기사지려. ❷높이 솟다.

攲器(기기) 기울어져 엎어지기 쉬운 그릇. 물을 가득 담으면 엎어지고, 물을 전혀 담지 않으면 한쪽으로 기울고, 8할 정도의 물을 담으면 똑바로 서도록 만들어 경계를 삼았음.
攲案(기안) 독서(讀書)에 편리하도록 책을 비스듬히 올려놓게 된 대(臺).

12 ⑯ 【㩻】 바를 리 寘

인명 ㊥lì ㊐リ

자해 바르다, 반듯하다.

攴部 칠 복

0 ④ 【攴】 칠 복 屋

㊥pū ㊐ホク

소전 [篆] 동자 攵 참고 '攴'이 한자의 구성에서 방(旁)에 쓰일 때는 글자 모양이 '攵'으로 바뀌고 '등글월문'이라고 부른다.

자원 形聲. 卜+又→攴. '卜(복)'이 음을 나타낸다. 손〔又〕으로 '폭' 소리가 나게 두드린다는 데서 '치다'라는 뜻을 나타낸다.

자해 ❶치다, 채찍질하다. ❷한자 부수의 하나, 등글월문.

2 ⑥ 【攷】 考(1015)의 고자

2 ⑥ 【收】 1 거둘 수 尤 2 길을 수 宥

중학 인명 4Ⅱ급 ㊥shōu ㊐シュウ

필순 丨 丩 丩' 丩ㄣ 收 收

소전 [篆] 초서 [草] 속자 収 고자 [古] 자원 形聲. 攴+丩→收. '丩(구)'가 음을 나타낸다.

자해 1 ❶거두다, 수확을 얻다. 〔千字文〕 秋收冬藏추수동장. ❷받아들이다, 징수하다. 〔漢

書〕 租稅勿收조세물수. ❸쉬다, 그만두다. 〔戰國策〕 秦可以少割而收害也진가이소할이수해야. ❹잡다, 붙들다. 〔詩經〕 女反收之녀반수지. ❺수확, 수확물. 〔春秋左氏傳〕 爲平公築臺위평공축대, 妨於農收방어농수. ② 긷다, 물을 긷다. 〔易經〕 井收勿幕정수물막.

收家(수가) 빚쟁이의 청구로 빚진 사람의 집을 관아에서 압류하던 일.

收監(수감) 옥에 가둠. 下獄(하옥).

收去(수거) 거두어 감.

收繫(수계) 잡아서 옥(獄)에 가둠.

收管(수관) 죄인(罪人)을 가두어 관리함.

收納(수납) 받아서 넣어 둠.

收得(수득) ①붙잡음. 붙듦. ②거두어들임.

收攬(수람) 거두어 손에 넣음.

收斂(수렴) ①금품·곡물·과실 따위를 거두어들임. ②세금을 받아들임. ③몸을 단속함. 근신함. ④모아 죔. 수축시킴. ⑤생각·주장 등을 한군데로 모음.

收錄(수록) ①모아서 기록함. ②책이나 잡지에 실음.

收買(수매) 물건을 거두어 사들임.

收沒(수몰) 죄인의 재산이나 범죄에 쓰인 물건을 관에서 거두어 감.

收縛(수박) 붙잡아 묶음.

收復(수복) 잃었던 땅이나 권리 따위를 되찾음.

收捧(수봉) ①세금을 거두어들임. ②남에게 준 빚을 거두어들임.

收司(수사) ①죄를 들추어냄. ②잡아서 조사함.

收贖(수속) 속전(贖錢)을 거두어들임.

收拾(수습) ①어수선하고 흩어진 물건을 주워 모음. 정돈함. ②어지러운 정신이나 사태를 가라앉혀 안정되게 함.

收屍(수시) 주검의 머리와 수족 등을 바로잡음.

收養(수양) 남의 자식을 떠맡아서 기름.

收容(수용) 사람이나 물건을 일정한 장소에 넣어 둠.

收益(수익) 이익을 거두어들임.

收入(수입) 돈·물품 따위를 거두어들임. 또는 그 돈이나 물품.

收載(수재) 거두어 실음.

收支(수지) 수입과 지출.

收集(수집) 거두어 모음.

收採(수채) ①거두어들임. 收穫(수확). ②인재(人材)를 골라서 씀.

收責(❶수채 ❷수책) ❶빚 따위를 받아들임. ❷죄를 떠맡아 책임짐. 스스로 죄의 책임을 짐.

收縮(수축) 오그라듦. 줄어듦.

收奪(수탈) 강제로 빼앗음.

收捕(수포) 잡음. 체포함. 拿捕(나포).

收穫(수확) 곡식 따위를 거두어들임.

收賄(수회) 뇌물을 받음.

◨ 買收매수, 沒收몰수, 未收미수, 領收영수, 徵收징수, 撤收철수, 秋收추수, 回收회수.

3 ⑦ 【改】 고칠 개 賄

중학 인명 5급 ㊥gǎi ㊐カイ

필순 ㇆ ㇆ 己 己 己' 改 改

소전 초서 자원 形聲. 己+攴→改. '己(기)'가 음을 나타낸다.

자해 ❶고치다, 바로잡다. 〔易經〕 有過則改유과즉개. ❷다시, 새삼스럽게. 〔詩經〕 敝矛又改爲兮폐모우개위혜. ❸고쳐지다, 바꾸어지다. 〔國語〕 執政未改집정미개.

改嫁(개가) 결혼하였던 여자가 다른 남자와 다시 결혼함.

改閣(개각) 내각을 개편함.

改過不吝(개과불린) 허물을 고침에 인색하지 않음. 과실이 있으면 곧 이를 고치는 데 조금도 주저하지 않음.

改過遷善(개과천선) 허물을 고치고 옳은 길에 들어섬. 改過自新(개과자신).

改棺(개관) 이장할 때, 새 관에 입관하는 일.

改構(개구) 가옥 따위를 다시 고쳐 지음. 개축(改築)함.

改金(개금) 불상(佛像)에 금칠을 다시 함.

改年(개년) ①한 해의 첫머리를 변경함. 하(夏)는 건인(建寅)의 달을, 은(殷)은 건축(建丑)의 달을, 주(周)는 건자(建子)의 달을 각각 정월로 하였음. 改歲(개세). ②새해.

改頭換面(개두환면) ①머리를 고치고 얼굴을 바꿈. ②근본은 고치지 않고 지엽적인 것만 고침.

改良(개량) 나쁜 점을 고쳐 좋게 함.

改量(개량) 다시 고쳐 측량하는 일.

改曆(개력) 묵은해를 보내고 새해를 맞음.

改名(개명) 이름을 고침.

改服(개복) 옷을 바꾸어 입음. 옷을 갈아 입음.

改備(개비) 갈아 내고 다시 장만함.

改色(개색) ①빛깔을 바꿈. ②같은 용도의 물건 중에서 마음에 드는 것으로 바꿈. ③색을 바꾸어 칠함.

改善(개선) 잘못된 것을 고쳐 좋게 함.

改姓(개성) 성(姓)을 고침.

改修(개수) 고쳐 바로잡거나 다시 만듦.

改惡(개악) 좋게 고쳐 보려다가 도리어 더 나빠짐.

改易(개역) 갊. 바꿈.

改悟(개오) 잘못을 뉘우쳐 고침.

改玉改行(개옥개행) 패옥(佩玉)을 바꾸면 걸음

걸이도 바꾸어야 함. 지위가 달라지면 예절도 따라서 달라져야 함의 비유.
改元(개원) 연호(年號)를 바꿈.
改議(개의) ①고쳐 의논함. ②회의에서 동의(動議)를 고침.
改作(개작) 고쳐 다시 만들거나 지음.
改葬(개장) 장사를 다시 지냄. 改窆(개폄).
改悛(개전) 잘못을 뉘우쳐 고침.
改正(개정) ①잘못된 것을 바르게 고침. ②정삭(正朔)을 고침.
改定(개정) 고쳐 다시 정함.
改訂(개정) 고쳐 바로잡음.
改題(개제) 제목을 바꿈.
改造(개조) 고쳐 다시 만듦.
改鑄(개주) 녹여서 다시 부어 만듦.
改撰(개찬) 글을 고쳐 지음.
改竄(개찬) 글이나 글자를 고쳐 씀. '竄'은 '易'으로 '고침'을 뜻함.
改置(개치) 바꾸어 놓음. 고쳐서 둠.
改漆(개칠) ①다시 칠함. ②획을 그은 위에 다시 붓을 대어 고침.
改編(개편) ①책 따위를 고쳐 다시 엮음. ②조직을 다시 편성함.
改標(개표) 푯말·표지(標識) 따위를 고침.
改憲(개헌) 헌법을 고침.
改革(개혁) 낡은 제도나 폐습을 새롭게 뜯어고침.
改號(개호) ①명호(名號)를 고침. ②연호(年號)를 고침.
改換(개환) 바꿈. 바뀜. 易換(역환).
改悔(개회) 잘못을 뉘우쳐 고침.
■ 變改변개, 朝令暮改조령모개, 朝變夕改조변석개.

3 ⑦【攻】 칠 공 東韻

고등 인명 4급 ㊥gōng ㊐コウ

필순 一 丅 工 工' 工ㄏ 巧 攻

소전 초서 자원 形聲. 工+攴→攻. '工(공)'이 음을 나타낸다.

자해 ❶치다, 공격하다. 〔韓非子〕攻擊不休공격불휴. ❷불까다, 거세하다. 〔周禮〕頒馬攻特반마공특. ❸다듬다, 가공(加工)하다. 〔詩經〕他山之石타산지석, 可以攻玉가이공옥. ❹병을 다스리다, 병을 고치다. 〔周禮〕瘡瘍以五毒攻之창양이오독공지. ❺닦다, 배우다, 연구하다. 〔論語〕攻乎異端공호이단.

攻擊(공격) ①적을 침. ②시비(是非)를 가려 공박(攻駁)함. 심히 꾸짖음.
攻苦(공고) ①고난(苦難)과 싸움. 고생함. ②애써 학문을 익힘.
攻究(공구) 연구함. 攻硏(공연).
攻略(공략) 공격하여 빼앗음. 攻奪(공탈).
攻駁(공박) 남의 잘못을 따져 공격함.
攻拔(공발) 적의 성을 공격하여 빼앗음.
攻防(공방) 서로 공격하고 방어함.
攻伐(공벌) 침. 쳐부숨. 攻討(공토).
攻城略地(공성약지) 성을 치고 땅을 빼앗음.
攻勢(공세) 공격하는 태세. 또는 그런 세력.
攻守(공수) 공격과 수비.
攻玉(공옥) ①옥을 갊. ②지덕(知德)을 닦음.
攻圍(공위) 포위하여 공격함.
攻戰(공전) ①공격하여 싸움. ②성을 공격하는 일과 들에서 싸우는 일.
攻特(공특) 숫말을 거세함.
■ 先攻선공, 速攻속공, 遠交近攻원교근공, 專攻전공, 侵攻침공, 挾攻협공, 火攻화공.

3 ⑦【攸】 바 유 尤

인명 ㊥yōu ㊐コウ

소전 초서 자해 ❶바. '所'와 같은 뜻의 어조사. 〔詩經〕福祿攸降화록유강. ❷빠르다. 〔孟子〕攸然而逝유연이서. ❸위태하다. 〔春秋左氏傳〕湫乎攸乎추호유호.

攸好德(유호덕) 좋아하는 바는 덕. 덕을 좋아하며 즐겨 덕을 행하려고 하는 일.

4 ⑧【敎】 教(551)의 고자

4 ⑧【斅】 教(551)와 동자

4 ⑧【攽】 나눌 반 刪

㊥bān ㊐ハン

소전 자해 나누다, 나누어 주다. ≒頒. 〔書經〕乃惟孺子攽朕不暇내유유자반짐불가.

4 ⑧【放】 1 놓을 방 漾 2 본뜰 방 養

중학 인명 6급 ㊥fàng, fǎng ㊐ホウ

필순 丶 亠 亣 方 方' 方ㄏ 於 放

소전 초서 자원 形聲. 方+攴→放. '方(방)'이 음을 나타낸다.

자해 1 ❶놓다, 풀다. 〔書經〕放牛于桃林之野방우우도림지야. ❷내치다, 쫓아내다. ¶ 放逐방축. ❸내걸다, 게시하다. ❹내쏘다, 빛을 발하다. ¶ 放光방광. ❺피다, 꽃이 피다. ❻멋대로 하다, 거리낌 없이 하다. ② ❶본뜨다, 본받다. =倣. 〔書經〕帝堯曰放勳제요왈방훈. ❷준(準)하다, 기준으로 삼아 따르다. 〔漢書〕治放尹齊치방윤제.

放暇(방가) 휴가(休暇).

放課(방과) 하루의 정해진 수업을 마침.

放棄(방기) 아주 내버리고 돌보지 않음.

放達(방달) 사물에 구애받지 않고 제멋대로 행동함. 放曠(방광).

放談(방담) 생각대로 거리낌 없이 말함.

放膽文(방담문) 다소 문법(文法)에 맞지 않는 곳이 있더라도 필법이 대담하고 생각한 대로 자유롭게 쓴 문장. 송(宋)의 사첩산(謝疊山)이 문장궤범(文章軌範)을 편차(編次)하면서 방담문·소심문(小心文)으로 나누어 수록하였음.

放豚(방돈) ①놓아기른 돼지. ②다잡지 않아 제멋대로 자라난 아이를 낮잡아 이르는 말.

放流(방류) ①귀양 보냄. 추방(追放)함. ②마음대로 빛을 냄. ③양식(養殖)을 위하여 어린 물고기를 물에 놓아 보내는 일.

放漫(방만) 제멋대로 풀어져 있음.

放免(방면) 붙잡아 가두어 두었던 사람을 놓아줌.

放牧(방목) 가축을 놓아기름.

放飯流歠(방반유철) 한입에 밥을 가득 떠 넣고 국을 부어 넣듯이 마구 먹음. 예절 없이 음식을 먹음.

放榜(방방) ①과거(科擧)에 급제한 사람의 성명을 발표함. ②조선 때, 과거에 급제한 사람에게 증서를 주던 일.

放伐(방벌) ①쫓아내어 죽임. ②학정을 하는 군주는 마땅히 쫓아내고 덕이 있는 군주로 바꾸어야 한다는 역성혁명(易姓革命)을 인정한 군주 경질의 한 방법. 放殺(방살).

放辟(방벽) 거리낌 없이 제멋대로 행동함.

放紛(방분) 뒤얽힘. 뒤범벅임.

放射(방사) ①바퀴살 모양으로 중심에서 사방으로 내뿜음. ②발사(發射).

放肆(방사) 방자함. 제멋대로임.

放散(방산) ①흩뿌림. 사방으로 흩어짐. 發散(발산). ②제멋대로임. 방자함.

放生(방생) 잡힌 물고기나 날짐승 등을 놓아줌.

放釋(방석) 용서하여 놓아줌. 釋放(석방).

放禪(방선) 참선(參禪)을 쉼.

放率(방솔) 가식(假飾)이 없음. 솔직함.

放送(방송) 라디오나 텔레비전으로 음성과 영상을 전파로 내보냄.

放囚(방수) 죄수를 놓아줌.

放心(방심) 마음을 다잡지 아니하고 풀어 놓아 버림.

放言(방언) 무책임하게 또는 거리낌 없이 함부로 말함. 放語(방어).

放言高論(방언고론) 마음대로 말함. 아무 거리낌 없이 드러내 놓고 말함.

放熱(방열) 열을 발산함.

放映(방영) 텔레비전으로 방송함.

放人(방인) 산야에 숨어 속세의 구속을 받지 않고 자기 뜻대로 사는 사람. 放士(방사).

放任(방임) 간섭하지 않고 내버려 둠.

放恣(방자) 제멋대로 거리낌 없이 행동함.

放電(방전) 전기를 방출함.

放縱(방종) 제멋대로임.

放債(방채) 돈놀이를 함.

放逐(방축) 쫓아냄. 추방함.

放出(방출) 한꺼번에 확 내놓음.

放黜(방출) 물리쳐 내쫓음.

放置(방치) 내버려 둠.

放誕(방탄) 터무니 없이 큰소리를 침.

放下(방하) ①내려놓음. 버려 둠. ②마음을 놓음. 안심함.

放學(방학) 학교에서 학기나 학년이 끝난 뒤 일정 기간 동안 수업을 쉬는 일.

放火(방화) ①불을 지름. ②등잔불을 붙임. 초롱에 불을 붙임.

◨ 開放개방, 釋放석방, 追放추방, 解放해방, 豪放호방, 訓放훈방.

4 ⑧ 【政】 ① 정사 정 敬 ② 구실 정 庚

중학 인명 4Ⅱ급 ㊥zhèng, zhēng ㊐セイ

필순 一 丅 下 正 正 正' 正ケ 政 政

소전 政 초서

자원 會意·形聲. 正+攴→政. '正'이 음도 나타낸다. 바르지 않은 자를 쳐서〔攵〕 바르게〔正〕 만든다는 뜻을 나타낸다.

자해 ① ❶정사(政事), 나라를 다스리는 일. ❷바루다, 바로잡다. ❸법규, 정사를 행하는 규칙. 〔論語〕道之以政도지이정. ❹벼슬아치의 직무나 관직. 〔國語〕棄政而役기정이역. ❺확실히, 틀림없이, 정말로. ② ❶구실, 조세(租稅). 〔周禮〕掌均地政장균지정. ❷치다, 정벌하다. 〔史記〕政適伐國정적벌국.

政綱(정강) 정치의 대강.

政客(정객) 직업적으로 정치 활동을 하는 사람.

政見(정견) 정치상의 의견이나 식견.

政界(정계) 정치 또는 정치가에 관계하는 사회.

政教(정교) ①정치와 교화(教化). '教'는 예의(禮義), '政'은 형금(刑禁). ②정치와 교육.

攴 4획

③정치와 종교. ④군중(軍中)의 호령.
政權(정권) 정치상의 권력. 政柄(정병).
政局(정국) 정치의 형편이나 국면.
政黨(정당) 주의나 주장이 같은 사람들이 정권을 잡고 정치적 이상을 실현하기 위하여 조직한 단체.
政道(정도) 정치의 길. 시정(施政)의 방침. 政術(정술).
政略(정략) 정치상의 책략.
政令(정령) 정치상의 모든 법령.
政務(정무) 정치에 관계되는 여러 가지 사무.
政法(정법) ①정치의 방법. ②정치와 법률.
政變(정변) 정권 쟁탈을 위해 비합법적인 수단으로 일어난 정치상의 큰 변동.
政本(정본) ①정치(政治)의 근본. ②농사. ③예법(禮法).
政府(정부) ①입법(立法), 행정(行政), 사법(司法)의 삼권을 포함하는 통치 기구의 총칭. ②행정부. ③國의정부(議政府).
政事(정사) ①정치에 관계되는 일. ②벼슬아치의 임면(任免)과 출척(黜陟)에 관한 사무.
政聲(정성) 선정(善政)으로 드날리는 명성. 정사(政事)를 잘 본다는 평판.
政丞(정승) 조선 때, 의정부(議政府)의 벼슬인 영의정·좌의정·우의정을 이름.
政院(정원) 國승정원(承政院).
政爭(정쟁) 정치에서의 싸움.
政敵(정적) 정치에서 대립되는 처지에 있는 사람.
政情(정정) 정계의 상황.
政策(정책) 정치적 목적을 실현하기 위한 방책.
政治(정치) 나라를 다스리는 일.
政刑(정형) 정치와 형벌.
政況(정황) 정치계의 상황.
◨ 國政국정, 內政내정, 善政선정, 攝政섭정, 施政시정, 執政집정, 虐政학정, 行政행정, 憲政헌정.

5 ⑨【叓】 更(598)과 동자

5 ⑨【故】 예 고 遇

중학 인명 4Ⅱ급 ㊥gù ㊐コ

필순 一 十 十 古 古 古' 古ᅡ 故 故

소전 초서 자원 形聲. 古＋攴→故. '古(고)'가 음을 나타낸다.

자해 ❶**예, 옛날**. 〔莊子〕 證曏今故증향금고. ❷**원래, 본래**. 〔荀子〕 凡禮義者범례의자, 非故生於人之性也비고생어인지성야. ❸**처음부터, 옛날부터**. 〔史記〕 食其故得辛太后식기고득신태후. ❹**참으로, 확실히**. 〔春秋左氏傳〕 然故不可誣也연고불가무야. ❺**오래되다**. 〔孟子〕 所謂故國者소위고국자, 非有喬木之謂也비유교목지위야. ❻**오래된 일, 옛날 일**. 〔論語〕 溫故知新온고지신. ❼**죽다**. ❽**예부터 친숙한 벗, 잘 아는 친구**. 〔周禮〕 議故之辟의고지벽. ❾**연고, 까닭**. 〔淮南子〕 勸問其故륵문기고. ❿**일**. ㉮**사건**(事件). 〔荀子〕 身盡其故則美신진기고즉미. ㉯**대사**(大事), **중요한 일**. 〔禮記〕 諸侯無故不殺牛제후무고불살우. ㉰**사변**(事變), **사고**(事故). 〔周禮〕 國有故則令宿국유고즉령숙. ⓫**일부러, 짐짓, 고의**(故意)**로**. 〔史記〕 嘉坐自如가좌자여, 故不爲禮고불위례.
故家大族(고가대족) 여러 대를 두고 현달(顯達)한 집안. 故家世族(고가세족).
故丘(고구) 고향(故鄕).
故舊(고구) 사귄 지 오래된 친구.
故國(고국) ①오래된 나라. 역사가 긴 나라. ②조상 때부터 살던 나라. 祖國(조국). ③멸망하여 없어진 나라. 옛 왕조.
故老(고로) 나이가 많고 사리에 밝은 사람. 연륜이 높고 덕망이 있는 사람. 古老(고로).
故里(고리) 고향(故鄕). 향리(鄕里).
故犯(고범) 일부러 죄를 범함.
故夫(고부) 전의 남편. 헤어진 남편.
故事(고사) ①옛날에 있었던 일. ②유래가 있는 옛날의 일. 또는 그런 일을 표현한 어구. ③옛날부터 전해 오는 규칙이나 정례(定例).
故心(고심) 오래도록 품고 있는 뜻.
故友(고우) 옛날부터 사귀어 온 친구.
故苑(고원) 옛 동산. 故園(고원).
故園(고원) ①옛 뜰. 옛 동산. 故苑(고원). ②고향.
故意(고의) ①일부러 하는 일. 의도적으로 꾸미는 일. ②예스러운 정취.
故誼(고의) 예전부터 사귀어 온 정.
故人(고인) ①죽은 사람. ②오래전부터 사귀어 온 친구. 故舊(고구).
故障(고장) 기계나 기구가 제대로 움직이지 못하게 되는 기능상의 장애.
故情(고정) 전부터 사귀어 온 정의(情誼).
故縱(고종) 일부러 놓아줌.
故智(고지) 이미 써 본 계략. 옛사람의 지혜.
故處(고처) 옛날 살던 곳.
故宅(고택) 옛집.
故土(고토) ①전에 가 본 일이 있는 땅. 옛날에 놀던 땅. ②조국. 고향.
故鄕(고향) ①태어나서 자란 곳. ②조상 대대로 살아온 곳.
◨ 無故무고, 變故변고, 事故사고, 有故유고.

5
⑨【敃】 강할 민 𢼄 𢽷

인명 ㊥mǐn ㊐ビン

자해 **❶강하다, 사납다.** ≒暋. **❷힘쓰다, 애쓰다.**

6
⑩【效】 본받을 효 效

중학 인명 5급 ㊥xiào ㊐コウ

필순 丶 亠 亠 六 方 交 交 交 效 效

소전 𢼊 초서 效 속자 効 자원 形聲. 交＋攴→效. '交(교)'가 음을 나타낸다.

자해 **❶본받다, 본받아 배우다.** 〔易經〕效法之謂坤효법지위곤. **❷주다, 수여하다.** 〔春秋左氏傳〕宣王有志而後效官선왕유지이후효관. **❸드리다, 바치다.** 〔禮記〕效馬效羊者효마효양자, 右牽之우견지. **❹나타내다, 나타나다.** **❺보람, 효험.** **❻공, 공적.** 〔淮南子〕其澤之所及者기택지소급자, 效亦大矣효역대의.

效果(효과) 어떤 행위에 의해 드러나는 보람이나 좋은 결과.
效能(효능) 효험을 나타내는 능력.
效力(효력) ①약 따위를 사용한 후에 얻는 보람. ②법률이나 규칙 따위의 작용.
效勞(효로) 힘들인 보람. 功勞(공로).
效顰(효빈) 찡그리는 것을 본받음. 함부로 다른 사람의 흉내를 냄. 故事 월(越)나라의 미녀(美女) 서시(西施)가 속병이 있어 눈살을 찌푸리는 것을 본 못난 여자가 그렇게 하면 자기도 아름답게 보이는 줄 알고 따라서 찌푸리기를 일삼았다는 고사에서 온 말. 效矉(효빈).
效用(효용) 보람 있게 쓰거나 쓰임.
效情(효정) 진정을 나타냄. 정성을 다함.
效忠(효충) 충성을 다함.
效則(효칙) 본받아서 법을 삼음.
效驗(효험) 일의 좋은 보람. 效力(효력).
◨ 發效발효, 失效실효, 藥效약효, 卽效즉효, 特效특효.

7
⑪【教】教 가르칠 교 效 斈

중학 인명 8급 ㊥jiào, jiāo ㊐キョウ

필순 ノ メ 乄 产 考 考 孝 孝 教 教

소전 𢽈 초서 教 동자 敎 속자 教 고자 𢼂

자원 會意·形聲. 孝＋攴→教. '孝(효)'가 음도 나타낸다. '攴'은 '때리다'라는 뜻으로, 윗사람이 아랫사람에게 베푸는 동작이고, '孝'는 '본받다'라는 뜻으로, 아랫사람이 윗사람에게서 배우는 동작이다. 이 두 동작은 서로 작용을 하는 것이므로 '가르치다'라는 뜻을 나타낸다.

자해 **❶가르치다, 일깨우다.** 〔孟子〕古者易子而教고자역자이교. **❷가르침.** **㉮지도, 일깨움.** 〔管子〕先生施教선생시교, 弟子是則제자시칙. **㉯종교, 종지(宗旨), 교리(教理).** **❸교령(教令), 왕이나 제후의 명령.** 〔淮南子〕行不言之教행불언지교. **❹~로 하여금 ~하게 하다.** 사역(使役)의 뜻을 나타낸다. 〔韓非子〕進則教良民作姦진즉교량민작간.

教科(교과) 학교에서 가르칠 일정한 분야.
教勸(교권) 가르치고 권장함.
教規(교규) 교수상의 규칙. 教則(교칙).
教禁(교금) 가르쳐 깨닫게 함과 어떤 행위를 금하는 규칙.
教猱升木(교노승목) 원숭이에게 나무에 오르는 것을 가르침. 나쁜 사람에게 나쁜 일을 하도록 권함.
教壇(교단) 학교에서 교사가 강의할 때 올라서는 단.
教道(교도) 종교적인 도리.
教令(교령) 임금의 명령.
教理(교리) 종교상의 원리나 이치.
教命(교명) 조선 때, 왕비·왕세자·왕세손 등을 책봉할 때에 임금이 내리던 문서.
教務(교무) 학생을 가르치는 일에 대한 사무.
教範(교범) 가르치는 법식(法式).
教本(교본) 교과서.
教師(교사) 학생을 가르치는 사람.
教唆(교사) 남을 부추겨 못된 일을 하게 함.
教授(교수) 대학에서, 전문 기술을 가르치고 연구하는 사람.
教習(교습) 학문이나 기예 따위를 가르쳐 익히게 함.
教室(교실) 학습 활동이 이루어지는 방.
教養(교양) ①가르쳐 기름. ②배워서 얻은 지식과 소양.
教外別傳(교외별전) (佛)선종(禪宗)에서, 말이나 문자를 쓰지 않고 부처의 가르침을 마음에서 마음으로 전하는 일. 以心傳心(이심전심).
教友(교우) ①가르치고 이끌어 주는 벗. ②같은 종교를 믿는 사람.
教誘(교유) 가르쳐 이끎.
教諭(교유) 가르치고 타이름.
教育(교육) 가르쳐 기름. 지식을 가르치며 인격을 길러 줌.
教材(교재) 가르치는 데 쓰이는 여러 가지 재료(材料).

教典(교전) ①교육의 기본이 되는 법칙. ②종교의 근거가 되는 법전.
教弟(교제) 교우(教友) 사이에서 자기를 일컫는 겸칭(謙稱).
教祖(교조) 한 종교나 종파를 세운 사람.
教宗(교종) (佛)불교의 두 파 중 하나로, 교리(教理)를 중심으로 하여 세운 종파.
教旨(교지) ①종교의 취지. ②조선 때 사품(四品) 이상의 벼슬아치에게 내리던 사령(辭令).
教派(교파) 같은 종파의 갈래.
教鞭(교편) 교사가 학생을 가르칠 때 필요한 사항을 가리키기 위하여 사용하는 막대기.
教學(교학) ①가르치는 일과 배우는 일. ②학교를 세우고 교사를 두어 가르치는 일. ③교육과 학문.
教學相長(교학상장) 남을 가르치는 일과 스승에게서 배우는 일은 다 함께 자기의 학업을 증진시킴. 斅學相長(효학상장).
教化(교화) ①교도하여 감화시킴. 가르쳐서 착한 사람이 되게 함. ②(佛)불법(佛法)으로 사람을 가르쳐 착한 마음을 가지게 함.
教誨(교회) 잘 가르쳐서 지난날의 잘못을 깨우치게 함.
教訓(교훈) 가르치고 타이름.
◨ 殉教순교, 儒教유교, 布教포교.

7 ⑪【敎】 教(551)의 속자 인명

7 ⑪【救】 건질 구 宥

중학 인명 5급 ㊥jiù ㊐キュウ

필순 救

소전 초서 자원 形聲. 求+攴→救. '求(구)'가 음을 나타낸다.

자해 **❶건지다, 구원하다.** 〔後漢書〕上下惟心상하유심, 相望救護상망구호. **❷고치다, 치료하다.** 〔呂氏春秋〕是救病而飮之以堇也시구병이음지이근야. **❸막다, 금지하다.** 〔論語〕女弗能救與녀불능구여. **❹도움, 구원.** 〔戰國策〕求救於齊구구어제.

救國(구국) 위태로운 나라를 구함.
救急(구급) 위급한 상황에서 구원함.
救療(구료) 구하여 치료함. 병을 고쳐 줌.
救命(구명) 목숨을 건져 줌.
救焚拯溺(구분증닉) 불에 타는 사람을 구하고 물에 빠진 사람을 건짐. 곤경에서 구해 줌.
救死(구사) 거의 죽게 된 사람을 구함.
救世濟民(구세제민) 어지러운 세상을 구원하고 고통 받는 백성을 구제함. 濟世安民(제세안민).
救援(구원) 곤란을 면하도록 도와줌.
救濟(구제) 어려운 지경에 빠진 사람을 건져줌. 救恤(구휼).
救助(구조) 어려운 처지에 빠진 사람을 구원하여 도와줌.
救弊(구폐) 폐해(弊害)를 고침.
救解(구해) 도와주어 걱정거리나 재난 등에서 벗어나게 함.
救護(구호) 구조하여 보호함.
救火(구화) ①불을 끔. ②반딧불이의 딴 이름.
救火以薪(구화이신) 불을 끄려고 섶나무를 더함. 해를 막으려다가 더 큰 해를 초래함.
救患(구환) 재난(災難)을 구함.
救荒(구황) 흉년에 사람들이 굶주림에서 벗어나도록 도와줌. 救凶(구흉).
救恤(구휼) 빈민이나 재난을 당한 사람에게 금품을 주어 도와줌.

7 ⑪【敏】 재빠를 민 軫

고등 인명 3급 ㊥mǐn ㊐ビン

필순 敏

소전 초서 자원 形聲. 每+攴→敏. '每(매)'가 음을 나타낸다.

자해 **❶재빠르다, 민첩하다.** 〔論語〕敏於事而愼於言민어사이신어언. **❷총명하다, 영리하다, 지혜롭다.** 〔論語〕敏而好學민이호학. **❸힘쓰다, 애써 일하다.** 〔中庸〕人道敏政인도민정.

敏感(민감) 느낌이나 반응이 날카롭고 빠름.
敏給(민급) ①약삭빠름. ②구변이 좋음.
敏達(민달) 총명하고 사리에 통달함.
敏銳(민예) 총명하고 예민함.
敏腕(민완) 민첩한 수완.
敏政(민정) ①정사(政事)에 힘씀. ②정령(政令)을 좇음이 매우 빠름.
敏智(민지) 민첩한 지혜. 機智(기지).
敏捷(민첩) 빠르고 날램.
敏行(민행) ①힘써 행함. 부지런히 힘씀. ②행동을 민첩히 함.
敏慧(민혜) 총명하고 슬기로움. 銳敏(예민).
敏活(민활) 날쌔고 활발함.
◨ 過敏과민, 機敏기민, 明敏명민, 穎敏영민, 銳敏예민, 聰敏총민.

7 ⑪【敍】敘 차례 서 語

고등 인명 3급 ㊥xù ㊐ジョ

필순 敍

소전 초서 속자 叙 속자 敘 자원 形聲. 余+攴→敍. '余(여)'가 음을 나타낸다.

자해 ❶차례. ㉮순번(順番), 서차(序次). 〔淮南子〕不失其敍불실기서. ㉯등급, 품계(品階). 〔周禮〕行其秩敍행기질서. ❷차례를 매기다, 순서를 정하다. 〔書經〕天敍有典천서유전. ❸품계나 관직을 주다. 〔晉書〕宜蒙銓敍의몽전서. ❹펴다, 서술하다. ❺머리말, 머리말을 짓다. ≒序.

敍景(서경) 경치를 글로써 나타냄.
敍論(서론) ①순서를 따라 논함. 또는 그 논설. ②머리말로서의 논설. 序論(서론).
敍事(서사) 사실을 있는 그대로 서술함.
敍述(서술) 사건이나 생각 따위를 차례대로 말하거나 적음.
敍任(서임) 벼슬을 내림.
敍爵(서작) 작위(爵位)를 내림.
敍情(서정) 자기가 느낀 감정을 나타냄.
敍勳(서훈) 훈등(勳等)과 훈장을 내림.

7 ⑪【敘】 敍(552)의 속자

7 ⑪【敔】 막을 어 語

㊥yù ㊐ギョ

소전 초서 자해 ❶막다, 금하다. ≒禦. ❷악기 이름. 음악을 그치게 할 때 쓰던, 나무로 만든 악기.

7 ⑪【敖】 1 놀 오 豪 2 거만할 오 號

인명 ㊥áo, ào ㊐ゴウ

소전 초서 자해 1 ❶놀다, 멋대로 놀다. ❷시끄럽다, 떠들썩하다. 〔荀子〕百姓讙敖백성환오. 2 거만하다, 뽐내다. ≒傲. 〔大學〕之其所敖惰而辟焉지기소오타이벽언.

敖民(오민) 빈둥빈둥 놀고 있는 백성.
敖不可長(오불가장) 오만한 마음을 키워서는 안 됨.

7 ⑪【敕】 勅(151)과 동자

7 ⑪【敗】 败 깨뜨릴 패 卦

중학 인명 5급 ㊥bài ㊐ハイ

필순 丨 冂 冃 目 貝 貝 貝 貝 敗 敗

소전 초서 자원 會意·形聲. 貝+攴→敗. '貝(패)'가 음도 나타낸다. 고대에 화폐 구실하던 조개〔貝〕를 이를 두드려서〔攵〕 깨뜨린다는 데서 '깨뜨리다, 부수다' 등의 뜻을 나타낸다.

자해 ❶깨뜨리다, 부수다. 〔史記〕敗壞其功패괴기공. ❷무너지다, 파손하다. 〔史記〕轉折車敗위절거패. ❸해치다, 손상시키다. 〔書經〕反道敗德반도패덕. ❹패하다. 〔史記〕敗軍之將패군지장, 不可以言勇불가이언용. ❺썩다. 〔論語〕魚餒而肉敗어뇌이육패. ❻시들다, 시들어 떨어지다. ❼재앙, 재화(災禍). 〔禮記〕四方有敗사방유패.

敗家亡身(패가망신) 가산(家產)을 탕진하고 몸을 망침.
敗鼓(패고) 가죽이 찢어져 못 쓰게 된 북.
敗壞(패괴) 부수어 깨뜨림. 부서져 무너짐.
敗德(패덕) 인도(人道)를 거스름. 도리를 벗어난 행동.
敗亂(패란) ①패하여 어지러움. ②질서가 문란(紊亂)함.
敗柳殘花(패류잔화) 마른 버드나무와 시든 꽃. 미인의 용모가 시든 모양.
敗亡(패망) 싸움에 져서 망함.
敗沒(패몰) ①싸움에 져서 망함. 敗亡(패망). ②싸움에 져서 죽음. 敗死(패사).
敗北(패배) ①싸움에 짐. ②싸움에 져서 달아남. 敗走(패주).
敗報(패보) 싸움에 진 소식.
敗死(패사) 싸움에 져서 죽음.
敗散(패산) 싸움에 져 뿔뿔이 흩어짐.
敗勢(패세) 싸움에 패할 형세.
敗訴(패소) 소송에서 짐.
敗俗(패속) ①풍속을 어김. ②쇠퇴한 풍속.
敗屋(패옥) 부서진 집. 퇴락한 집.
敗運(패운) 기울어져 가는 운수.
敗子(패자) 가산을 탕진하는 자식.
敗殘(패잔) 패하여 세력이 꺾인 나머지.
敗將(패장) 싸움에 진 장수.
敗績(패적) ①싸움에 크게 짐. ②실패함. 일을 그르침.
敗戰(패전) 싸움에 짐. 진 싸움.
敗兆(패조) 싸움이나 사업에 실패할 징조. 敗徵(패징).
敗村(패촌) 쇠퇴한 촌락(村落).
敗退(패퇴) 싸움에 지고 물러감. 敗却(패각).
敗頹(패퇴) 무너짐. 퇴락함. 몰락함.
敗荷(패하) 찢어진 연(蓮)잎. 枯荷(고하).
敗興(패흥) 흥(興)을 깸. 재미가 없음.

◨ 大敗대패, 腐敗부패, 憤敗분패, 成敗성패, 勝敗승패, 慘敗참패.

8 ⑫【敢】 감히 감 感

중학 인명 4급 ㊥gǎn ㊐カン

필순 一 エ 千 干 干 青 革 䔉 耿 敢

소전 𣪏 초서 𢽴 고자 㪘 자원 會意. 彐+月+殳→敢. 주문의 글자 모양을 따르면 손톱〔彐〕으로 창〔殳〕을 가지고서 무릅쓰고〔月〕 나아간다는 데서 '감히, 감히 하다' 등의 뜻을 나타낸다.

자해 ❶감히. ㉮두려움을 무릅쓰고. 〔儀禮〕臣敢辭신감사. ㉯주제넘게, 함부로. 〔論語〕敢問死감문사. ㉰결연히, 과단성 있게. 〔荀子〕天下有中천하유중, 敢用其身감용기신. ❷감히 하다, 감행하다. 〔論語〕若聖與仁則吾豈敢약성여인즉오기감. ❸굳세다, 용맹스럽다. 〔唐書〕敢毅善戰감의선전.

敢決(감결) 과감하게 결정함. 敢斷(감단).
敢不生心(감불생심) 감히 하려고 마음먹지 못함. 감히 엄두도 내지 못함.
敢死(감사) 죽음을 두려워하지 않음. 필사적(必死的)임. 決死(결사).
敢然(감연) 과단성 있는 모양. 대담한 모양. 決然(결연).
敢爲(감위) 거리낌 없이 행함. 단호히 결행(決行)함. 敢行(감행).
敢戰(감전) 용감하게 싸움.
◨ 果敢과감, 不敢불감, 勇敢용감.

8 ⑫【㪘】 敢(554)의 고자

8 ⑫【敬】 敬(555)의 속자

8 ⑫【敦】 1도타울 돈 元 2제기 대 隊

고등 인명 3급 ㊥dūn, duì ㊐トン, タイ

필순 亠 亠 古 亨 亨 享 享 享 敦 敦

소전 𢿙 초서 𢽼 동자 𣪠 참고 인명용 음은 '돈'이다.

자원 形聲. 𦎫+攴→𢿙→敦. '𦎫(순)'이 음을 나타낸다.

자해 1❶도탑다, 도탑게 하다. ≒惇. 〔周易〕敦艮돈간, 吉길. ❷힘쓰다, 노력하다. 〔漢書〕敦衆神使式道兮돈중신사식도혜. ❸감독하다. 〔孟子〕使虞敦匠事사우돈장사. 2❶제기(祭器). 서직(黍稷)을 담는, 옛날의 제기. ❷쟁반. 〔周禮〕珠槃玉敦주반옥대.

敦寧(돈녕→돈령) 조선 때 왕실(王室)의 친척. 왕과 같은 성은 9촌 이내, 다른 성은 6촌 이내, 왕비와 같은 성은 8촌 이내, 다른 성은 5촌 이내의 사람.
敦篤(돈독) 인정이 두터움.
敦敦(돈돈) 힘쓰는 모양.
敦勉(돈면) ①교지(敎旨)로써 의정(議政)과 유현(儒賢)을 면려함. ②정성을 들여 힘씀.
敦睦(돈목) 정이 도탑고 서로 화목함.
敦穆(돈목) 인정이 도탑고 화목함.
敦朴(돈박) 친절하고 꾸밈이 없음.
敦迫(돈박) 쉴 새 없이 재촉함.
敦實(돈실) 돈후(敦厚)하고 진실함.
敦諭(돈유) ①친절하게 타이름. ②정승과 유학자들에게 노력하도록 권하던 임금의 말.
敦化(돈화) 백성을 두텁게 교화함.
敦厚(돈후) 인정이 도타움. 친절하고 정중함.

8 ⑫【散】 1흩을 산 旱 2비틀거릴 산 寒

중학 인명 4급 ㊥sǎn, sān ㊐サン

필순 一 艹 艹 艹 昔 昔 背 背 散 散

소전 𢿌 초서 𢽳 동자 𢿌 자원 會意·形聲. 𣳲+月→𢿌=散. '𣳲(산)'이 음도 나타낸다. 쪼개 나누어〔𣳲〕 놓은 고기〔月〕라는 데서 '흩다'란 뜻을 나타낸다.

자해 1❶흩다, 흩뜨리다. 〔易經〕風以散之풍이산지. ❷흩어지다, 헤어지다. 〔大學〕財聚則民散재취즉민산. ❸쓸모없다. 〔莊子〕散人又惡知散木산인우오지산목. ❹한가롭다, 볼일이 없다. ❺가루약. ❻문체의 이름. 운도 밟지 않고 대구도 쓰지 않는 글. ❼나누어 주다, 부여하다. 〔書經〕散鹿臺之財산서대지재. 2비틀거리다, 절룩거리다. ≒跚. 〔史記〕槃散行汲반산행급.

散官(산관) 한산한 지위에 있는 관리.
散畓(산답) 國한 사람의 소유로 여기저기 흩어져 있는 논.
散落(산락) 뿔뿔이 흩어짐. 흩어져 떨어짐.
散亂(산란) ①흩어져 어지러움. ②어수선하고 뒤숭숭함.
散錄(산록) 붓 가는 대로 적음. 또는 그 글. 漫錄(만록). 漫筆(만필).
散僚(산료) ①하급 관리. ②한가한 관리.
散吏(산리) 직무가 한가한 관리.
散亡(산망) 뿔뿔이 흩어져 달아남.
散木(산목) 쓸모없는 나무. 쓸모없는 재목. 散材(산재).
散文(산문) 글자의 수나 운율의 제한 없이 자유롭게 쓴 문장.
散髮(산발) 머리를 풀어 헤침. 풀어 헤친 머리.

散樂(산악) 중국의 속악(俗樂).
散藥(산약) 가루로 된 약.
散熱(산열) 열을 방산(放散)함.
散鬱(산울) 울적한 기분을 풂. 消暢(소창).
散員(산원) 맡은 일이 없는 벼슬아치.
散位(산위) 직위(職位)만 있고 직무가 없는 벼슬 자리.
散人(산인) ①벼슬을 하지 않고 민간에서 한가하게 지내는 사람. ②쓸모없는 사람. 무용의 인물. 散士(산사).
散佚(산일) 흩어져 일부가 빠져 없어짐. 散逸(산일). 散軼(산일).
散在(산재) 여기저기 흩어져 있음.
散財(산재) ①재물을 나누어 줌. ②돈을 씀. 돈을 낭비함.
散齋(산재) 제사를 지내기 전에 목욕재계(沐浴齋戒)하는 일.
散錢(산전) ①사슬돈. 잔돈. ②돈을 뿌림.
散卒(산졸) ①뿔뿔이 흩어진 병사. ②도망친 군졸.
散職(산직) 일정한 직책(職責)이 없는 벼슬.
散秩(산질) 일정한 직책이 없는 관리.
散策(산책) 한가히 거닒. 散步(산보).
散布(산포) 흩어 뿌림. 撒布(살포).
散華(산화) ①낙화(落花)가 되어 흩어짐. ②전쟁에서 죽음. ③부처를 공양하기 위하여 꽃을 뿌림. 散花(산화).
散會(산회) 회의를 마치고 사람들이 흩어짐.
◨ 霧散무산, 發散발산, 分散분산, 流散유산, 離散이산, 集散집산, 風飛雹散풍비박산, 閑散한산, 解散해산, 魂飛魄散혼비백산.

8
⑫【敞】 높을 창 養

인명 2급 ㊥chǎng ㊐ショウ

소전 초서 자해 ❶높다, 높고 평평하다. 〔史記〕行營高敞地행영고창지. ❷드러나다, 드러내다. ❸널찍한 모양, 광대(廣大)한 모양. ❹마음을 빼앗겨 멍하다. 〔漢書〕敞罔靡徙창망미사.
敞罔(창망) 실의(失意)한 모양.

8
⑫【敝】 해어질 폐 霽

㊥bì ㊐ヘイ

소전 초서 자해 ❶해어지다, 옷이 떨어지다. ❷깨지다, 부서지다. 〔易經〕甕敝漏옹폐루. ❸지다, 패배하다. 〔春秋左氏傳〕敝於韓폐어한. ❹피폐하게 하다, 쇠하게 하다. 〔春秋左氏傳〕還師以敝楚환사이폐초. ❺자기를 낮추는 뜻을 나타내는 말. ≒弊. ❻덮어 가리다, 덮어 숨기다. ≒蔽. 〔禮記〕必見其敝필견기폐.
敝衲(폐납) 해어진 장삼(長衫).
敝廬(폐려) ①허술한 집. 廢屋(폐옥). ②자기 집에 대한 겸칭. 敝居(폐거).
敝履(폐리) 닳아 못 신게 된 짚신. 敝屣(폐사).
敝笠(폐립) 부서져 못 쓰게 된 갓. 破笠(파립).
敝衣破冠(폐의파관) 해어진 옷과 부서진 갓. 구차한 차림새.
敝帚(폐추) ①모지랑비. ②자기 분수도 모르고 자랑함.

9
⑬【敬】 공경할 경 敬

중학 인명 5급 ㊥jìng ㊐ケイ

필순 ⺌ 艹 艹 芍 芶 苟 苟 苟 敬 敬

소전 초서 본자 敬 속자 敬 자원 會意. 苟+攴→敬. 입을 삼가 조심할〔苟〕 것을 자신에게 급박하게 재촉한다〔攵〕는 데서 '삼가다' 란 뜻을 나타낸다.

자해 ❶공경하다. 〔荀子〕王者敬日왕자경일. ❷훈계하다, 잡도리하다. 〔詩經〕既敬既戒기경기계. ❸정중하다, 예의가 바르다. 〔史記〕敬順昊天경순호천. ❹삼가다, 마음을 절제하다. 〔詩經〕夙夜敬止숙야경지. ❺예(禮), 감사하는 예. 〔後漢書〕遣生送敬견생송경.
敬虔(경건) 공경하며 삼가고 엄숙함.
敬戒(경계) 삼가고 경계함.
敬謹(경근) 공경하고 삼감.
敬內義外(경내의외) 근신(謹愼)으로써 내심(內心)을 바르게 하고, 의(義)로써 외물(外物)을 바르게 함.
敬禮(경례) 공경의 뜻을 나타내기 위하여 인사하는 일.
敬老(경로) 노인을 공경함.
敬拜(경배) 존경하여 공손히 절함.
敬服(경복) 공경하여 복종함. 존경하여 심복(心服)함.
敬事(경사) ①일을 삼가 행함. ②삼가 섬김.
敬遜(경손) 신중하고 공손함.
敬順(경순) 삼가 좇음. 공경하여 순종함.
敬承(경승) ①삼가 받듦. ②삼가 계승함.
敬仰(경앙) 존경하여 우러름.
敬愛(경애) 공경하고 사랑함.
敬畏(경외) 공경하고 두려워함. 敬懼(경구).
敬遠(경원) ①겉으로는 공경하는 체하나 속으로는 꺼려 멀리함. ②존경하나 가까이하지 않음. 敬而遠之(경이원지).
敬意(경의) 존경하는 마음. 공경하는 뜻.

敬異(경이) 특별히 존경함.
敬以直內(경이직내) 공경함으로써 마음을 바르게 함.
敬弔(경조) 삼가 죽은 이를 조상함.
敬重(경중) 존경하고 중히 여김.
敬止(경지) 삼가 멈추어야 할 곳에 멈춤.
敬天愛人(경천애인) 하늘을 공경하고 사람을 사랑함.
敬請(경청) 삼가 청함.
敬忠(경충) 임금을 공경하고 충성을 다함.
敬稱(경칭) ①공경하여 부르는 칭호(稱號). ②존대하여 이름.
敬憚(경탄) 공경하면서 한편 두려워함. 敬畏(경외).
敬歎(경탄) 공경하여 탄복함.
◨ 恭敬공경, 畏敬외경, 尊敬존경.

9 ⑬【敲】 敬(555)의 본자

9 ⑬【敨】 敦(554)과 동자

9 ⑬【数】 數(556)의 속자

9 ⑬【敭】 揚(526)의 고자 인명

9 ⑬【敁】 殘(680)과 동자

10 ⑭【敲】 두드릴 고 肴

인명 1급 ㊥qiāo ㊐コウ

소전 敲 초서 敲 동자 敲 동자 搞 자해 ❶두드리다, 가볍게 두드리다. ❷매, 짤막한 회초리.
敲金擊石(고금격석) 쇠를 두드리고 돌을 침. 시문(詩文)의 운율·성조가 매우 훌륭함.
敲石(고석) 부싯돌. 부싯돌을 침.
◨ 推敲퇴고.

10 ⑭【敲】 敲(556)와 동자

10 ⑭【敷】 敷(556)와 동자

11 ⑮【敺】 驅(1409)의 고자

11 ⑮【敷】 펼 부 虞

인명 2급 ㊥fū ㊐フ

소전 敷 초서 敷 동자 敷 동자 敷 고자 尃

자해 ❶펴다. ㉮넓게 깔거나 벌리다. ¶ 敷設부설. ㉯널리 베풀다, 널리 실시하다. ❷나누다, 분할하다. ¶ 敷土부토. ❸퍼지다, 널리 흩어지다. ❹다스리다. 〔孟子〕擧舜而敷治焉거순이부치언. ❺두루, 널리.
敷設(부설) 철도·교량·지뢰 등을 설치함.
敷衍(부연) ①널리 폄. ②알기 쉽게 덧붙여 설명함.
敷奏(부주) 의견을 사룀.
敷地(부지) 건물·도로 등을 짓거나 만드는 데 쓰이는 땅.
敷土(부토) ①토지를 나눔. ②토지를 다스림. 흙이나 모래를 펴서 깖.

11 ⑮【敷】 敷(556)와 동자

11 ⑮【數】 数
1 셀 수 麌
2 수 수 遇
3 자주 삭 覺
4 촘촘할 촉 沃

중학 인명 7급 ㊥shǔ, shù, shuò ㊐スウ

필순 口 廿 毌 冒 畠 婁 婁 婁 數 數

소전 數 초서 數 동자 數 속자 數 속자 数

참고 인명용 음은 '수·삭'이다.
자원 形聲. 婁+攴→數. '婁(루)'가 음을 나타낸다.
자해 1 ❶세다, 계산하다. 〔周禮〕以歲之上下數邦用이세지상하수방용. ❷헤아리다, 생각하다. 〔詩經〕心焉數之심언수지. ❸책하다, 죄목을 하나하나 들어 책망하다. ¶ 數罪수죄. 2 ❶수, 양(量)을 헤아릴 때의 수. 1, 2, 3, … 등. ❷일정의 수량이나 수효. ❸약간의, 서너너덧, 대여섯. 〔孟子〕數口之家수구지가. ❹산법(算法), 셈. 주대(周代)의 육예(六藝)의 하나. 〔周禮〕禮樂射御書數례악사어서수. ❺규칙, 예법(禮法). ❻운명, 운수. ❼정세. ❽기술, 재주, 솜씨. 〔孟子〕今夫弈之爲數금부혁지위수. ❾꾀, 책략(策略). 3 ❶자주. ¶ 數飛삭비. ❷자주 하다. 〔論語〕事君數사군삭, 斯辱矣사욕의. ❸빨리 하다, 급히 서둘러 하다. 4 촘촘하다. 〔孟子〕數罟촉고, 不入洿池불입오지.
數刻(수각) 잠시(暫時).
數窮(❶수궁 ❷삭궁) ❶운수가 트이지 않음. ❷

자주 곤란을 당함.
數量(수량) 수효와 분량.
數目(수목) 수. 수효(數爻).
數式(수식) 수나 양을 나타내는 숫자나 문자를 계산 기호로 쓴 식.
數厄(수액) 운수에 관한 재액(災厄).
數罪(수죄) 죄를 일일이 들어서 책함.
數珠(수주) 염주(念珠).
數次(수차) 두서너 차례. 몇 차례.
數値(수치) ①계산하여 얻은 값. ②수식의 숫자 대신에 넣는 수.
數行(❶수행 ❷수항) ❶글의 두서너 줄. ❷두서너 줄기 눈물을 뚝뚝 떨어뜨리는 모습.
數行竝下(수행병하) 책을 읽을 때 몇 줄을 한번에 읽어 나감. 독서하는 안목이 날카로움.
數爻(수효) 사물의 낱낱의 수.
數飛(삭비) ①어미 새가 새끼에게 나는 것을 거듭 가르침. ②부모가 자식을 열심히 가르침.
數數(삭삭) ①자주. 여러 번. 屢次(누차). ②바쁜 모양.
數遞(삭체) 벼슬아치가 자주 바뀜.
數罟(촉고) 코가 촘촘한 그물.
◨ 個數개수, 計數계수, 卷數권수, 級數급수, 多數다수, 等數등수, 枚數매수, 無數무수, 倍數배수, 變數변수, 分數분수, 算數산수, 常數상수, 術數술수, 曆數역수, 運數운수, 字數자수, 函數함수, 虛數허수.

11 ⑮【數】 數(556)와 동자

11 ⑮【數】 數(556)의 속자

11 ⑮【敵】敌 원수 적 錫

중학 인명 4Ⅱ급 ㊥dí ㊐テキ

필순 亠 亣 产 产 商 商 啇 啇 敵 敵

소전 (篆) 초서 (草) 자원 形聲. 商＋攴→敵. '商(적)'이 음을 나타낸다.

자해 ❶원수. 〔戰國策〕 鄰國敵也린국적야. ❷상대방. ㉮서로 겨루는 상대방. ¶ 敵手적수. ㉯짝. 〔國語〕 在禮재례, 敵必三讓적필삼양. ❸대등하다, 맞서다. ❹겨루다, 대항하다, 거역하다.
敵愾(적개) ①자기 군주에게 원한을 품은 자에게 적대함. 공적(公敵)에게 대항함. ②적과 싸우고자 하는 의기.
敵愾心(적개심) 적에 대하여 분개하는 마음.
敵國(적국) ①적대 관계에 있는 나라. ②국력이 엇비슷한 나라. 대등한 제후(諸侯)의 나라. ③재물이 많아 국가에 필적할 만한 사람.
敵軍(적군) 적군의 군대.
敵對(적대) 적으로 맞서 버팀.
敵禮(적례) 대등한 예. 평등한 예.
敵樓(적루) 성채(城砦)의 누대(樓臺).
敵壘(적루) 적군의 보루(堡壘). 적군의 진지. 敵堡(적보).
敵手(적수) ①서로 대적할 만한 상대. ②적의 손길.
敵讎(적수) 원수. 仇讎(구수).
敵耦(적우) 대등하게 나란히 섬. 필적(匹敵)함. 敵偶(적우).
敵僞(적위) 적이 꾸민 계략. 적의 함정.
敵戰(적전) 적대(敵對)하여 싸움.
敵情(적정) 적군의 사정이나 형편.
敵衆(적중) ①많은 사람에 필적함. ②적의 인원수.
敵地(적지) 적의 땅.
敵陣(적진) 적의 진영(陣營).
敵彈(적탄) 적군이 쏜 총알이나 포탄.
敵患(적환) 적의 침범이나 습격에 대한 근심.
◨ 強敵강적, 仇敵구적, 對敵대적, 無敵무적, 政敵정적, 天敵천적, 匹敵필적.

11 ⑮【夐】 夐(274)의 본자

12 ⑯【散】 散(554)과 동자

12 ⑯〖敾〗 ㊀사람 이름 선 인명

자해 사람 이름.

12 ⑯【整】 가지런할 정 梗

고등 인명 4급 ㊥zhěng ㊐セイ

필순 一 申 束 束 敕 敕 軟 整 整 整

소전 (篆) 초서 (草) 동자 整 속자 (俗) 자원 會意·形聲. 束＋攴＋正→整. 어떤 사물을 쳐서〔攴〕 다발을 지어〔束〕 바룬다〔正〕는 데서 '가지런히 하다'란 뜻을 나타낸다. '正(정)'이 음도 나타낸다.

자해 ❶가지런하다, 정돈되다. ❷㊒우수리 없는 모양, 꼭. 돈의 액수 아래에 붙인다.
整軍(정군) 군대를 정돈함. 整旅(정려).
整襟(정금) 옷깃을 여밈. 용의를 단정히 함.
整頓(정돈) 가지런히 바로잡음.
整厲(정려) 몸을 바로 하고 기운을 차림.

整列(정렬) 가지런히 열(列)을 맞추어 섬.
整理(정리) 어수선하거나 어지러운 것을 바로 잡음.
整武(정무) 군비(軍備)를 정돈함.
整比(정비) 정리하여 늘어놓음.
整備(정비) ①가다듬어 바로 갖춤. ②매만져 보살피거나 수리함.
整肅(정숙) 정돈되어 있고 엄숙함.
整飾(정식) 정돈하고 꾸밈. 일에 조리가 있음.
整然(정연) 가지런하고 질서가 있음.
整齊(정제) ①한결같이 가지런함. 정돈하여 가지런히 함. ②매무시를 바르게 함.
整地(정지) 땅을 반반하게 고름.
整風(정풍) 어지러운 가풍을 바로 잡음.
整形(정형) 모양을 가지런히 함.
◨ 端整단정, 修整수정, 肅整숙정, 嚴整엄정, 完整완정, 裁整재정, 調整조정, 平整평정.

12 ⑯【整】 整(557)과 동자

攴 12획

13 ⑰【斂】斂 거둘 렴

인명 1급 ㊥liǎn ㊐レン

소전 초서 자해 ❶거두다, 모으다. 〔荀子〕下斂黨與하렴당여. ❷숨기다, 숨기려고 그만두다. ❸단속하다, 잡도리하다. 〔漢書〕閉戶自斂폐호자렴. ❹염하다. 시체에 옷을 입히는 일이 소렴(小斂), 관(棺)에 시체를 넣는 일이 대렴(大斂)이다.
斂襟(염금) 옷깃을 여밈.
斂髮(염발) 머리를 쪽찌거나 틀어 올림.
斂死(염사) 죽은 자를 거두어 장사함.
斂手(염수) ①손을 오므림. 두려워하고 삼감. ②두 손을 공손히 모아 잡고 서 있음.
斂膝(염슬) 무릎을 가지런히 모아 앉음.
斂容(염용) 용모를 단정히 하여 경의를 표함.
斂衽(염임) 옷깃을 여밈. 복장을 단정히 함.
斂足(염족) 발을 옴츠림. ㉠삼가며 나아가는 모양. ㉡두려워서 나아가지 못하는 모양.
◨ 苛斂가렴, 收斂수렴, 出斂출렴, 聚斂취렴.

13 ⑰【斁】 1 싫어할 역 2 깰 두

㊥yì, dù ㊐エキ, ト

소전 초서 자해 1 ❶싫어하다, 싫증나다. ❷성(盛)하다, 성한 모양. 2 깨다, 부수다.

14 ⑱【斃】毙 넘어질 폐

인명 1급 ㊥bì ㊐ヘイ

초서 자해 ❶넘어지다, 쓰러지다. ❷넘어뜨리다, 넘어뜨려 죽게 하다.
斃死(폐사) 쓰러져 죽음.

16 ⑳【斆】 가르칠 효

인명 ㊥xiào ㊐コウ

소전 초서 동자 斅 자해 가르치다, 교육하다.
斆學半(효학반) 남을 가르치는 일은 자기 학업의 반을 차지함. 학업의 반은 남을 가르치는 동안에 이루어짐.

文部 글월 문

0 ④【文】 1 무늬 문 2 꾸밀 문

중학 인명 7급 ㊥wén ㊐ブン, モン

필순 ` 亠 ナ 文

소전 초서 자원 象形. 무늬가 놓인 모양을 본뜬 글자.

자해 1 ❶무늬. 〔禮記〕五色成文而不亂오색성문이불란. ❷채색, 빛깔. ❸반점. ¶ 文魚문어. ❹결, 나뭇결. ❺조리(條理). ¶ 文理문리. ❻아름다운 외관(外觀). 〔論語〕文質彬彬문질빈빈. ❼법도(法度), 예의(禮儀), 위의(威儀). ❽글자. 〔中庸〕書同文서동문, 車同軌거동궤. ❾서적, 책. ❿어구(語句), 말. 〔孟子〕不以文害辭불이문해사. ⓫글월, 문장. 운문(韻文)과 산문(散文)을 통틀어 이르는 말. ¶ 感想文감상문. ⓬돈, 엽전. 둥근 주화(鑄貨)의 한가운데에 네모의 구멍이 나 있는 전화(錢貨). ¶ 一文일문. ⓭빛나다, 화려하다. 〔荀子〕多言則文而類다언즉문이류. 2 꾸미다. ㉮모양이 나도록 꾸미다. ㉯정돈하다, 가지런하게 하다. 〔論語〕文之以禮樂문지이례악. ㉰잘못을 잘못이 아닌 양 꾸미다. 〔論語〕小人之過也소인지과야, 必文필문.
文件(문건) 공적인 성격을 띤 문서나 서류.
文格(문격) ①글의 품격. ②글을 짓는 격식. 文體(문체).
文庫(문고) ①책이나 문서를 넣어 두는 방이나 상자. ②서고(書庫). ③가지고 다니기 편하도록 작고 값 싸게 만든 출판물.
文藁(문고) 한 사람의 시문을 모아 놓은 원고.
文科(문과) ①경학 문장(經學文章)으로써 문관(文官)을 뽑던 과거. ②대학에서, 문학 내지 인문 과학에 관한 학과(學科).

文過遂非(문과수비) 허물을 숨겨서 마침내 잘못됨. 허물을 어물어물 숨기고 뉘우치지 않음.
文官(문관) 지난날, 문과 출신의 벼슬아치.
文魁(문괴) 문과(文科)의 장원(壯元).
文交(문교) 글로써 사귐. 文字交(문자교).
文敎(문교) ①예악(禮樂)과 법도(法度)로써 민속(民俗)을 교화함. ②문화와 교육.
文驕(문교) 학식을 믿고 부리는 교만.
文具(문구) 글을 쓰는 데 필요한 기구. 문방구(文房具).
文氣(문기) 문장의 기세.
文壇(문단) 문인(文人)들의 사회. 文苑(문원).
文恬武嬉(문념무희) 세상이 태평하여 문관이나 무관이 안일(安逸)에 빠짐.
文練(문련) 무늬가 있는 누인 비단.
文吏(문리) ①문관(文官). 문신(文臣). ②법률을 다루는 관리.
文理(문리) ①문장의 조리. 文脈(문맥). ②글의 뜻을 아는 힘. ③결. 무늬.
文林(문림) ①문인들의 사회. 文壇(문단). ②시문을 모은 것. 詩文集(시문집).
文望(문망) 학문으로 널리 알려진 명망(名望).
文脈(문맥) 글의 맥락.
文盲(문맹) 글자를 읽지 못함. 글자를 읽지 못하는 사람. 까막눈이.
文面(문면) ①문장에 나타난 대강의 내용. ②서면(書面). ③문신(文身)한 얼굴.
文名(문명) 글을 잘한다는 명성. 文聲(문성).
文命(문명) ①문덕(文德)의 가르침. ②하(夏)의 우왕(禹王)의 이름.
文明(문명) ①문채(文彩)가 있고 빛남. ②덕(德)이나 교양이 갖추어져 훌륭함.
文廟(문묘) 공자(孔子)를 모신 사당.
文武(문무) ①문덕(文德)과 무공(武功). 문사(文事)와 무사(武事). ②문재(文才)와 무략(武略). ③주(周) 문왕(文王)과 무왕(武王).
文舞(문무) 아악(雅樂)을 연주할 때, 문관의 복색으로 추는 일무(佾舞).
文武兼全(문무겸전) 문식(文識)과 무략(武略)을 다 갖춤.
文墨(문묵) ①시문을 짓거나 서화를 하는 일. 文筆(문필). ②법률.
文物(문물) 학문·예술·종교 따위의 문화의 산물(産物).
文房(문방) ①문사(文詞)를 맡아보던 지위. ②독서실. 서재(書齋).
文房四寶(문방사보) 종이·붓·벼루·먹의 네 가지 문방구. 文房四友(문방사우).
文範(문범) ①문장의 모범. 모범이 되는 문장. ②모범이 되는 문장을 모아 엮은 책. 文章軌範(문장궤범).
文法吏(문법리) 법률에 밝은 관리.
文不加點(문불가점) 문장이 다 된 뒤에 한 점도 가필(加筆)하지 않음. 문장이 완전무결함.
文史(문사) 문장과 역사. 문학과 사학(史學).
文思(문사) ①재지(才智)와 도덕(道德). 고대에 제왕을 칭송하는 표현으로만 쓰임. ②글을 짓기 위한 구상. ③문장 속에 담겨 있는 사상.
文書(문서) 글로 나타낸 일체의 서류.
文選(문선) ①문관(文官)의 인사 문제나 훈봉(勳封) 등을 사정하는 일. ②많은 글 가운데서 좋은 글만을 가려서 뽑음, 또는 그러한 글을 모은 책.
文宣王(문선왕) 공자(孔子)의 시호(諡號). 당(唐)의 현종(玄宗)이 추증(追贈)함.
文飾(문식) ①꾸밈. 수식함. ②실수나 잘못을 변명함. 꾸며댐.
文臣(문신) 문관인 신하.
文身(문신) 살갗에 글씨·그림 따위를 먹물로 새기는 일.
文雅(문아) ①운치가 있고 우아함. ②문사(文事)에 능하고 풍아(風雅)함.
文案(문안) 문서나 문장의 초안.
文野(문야) 문명과 야만. 개화와 미개(未開).
文弱(문약) 문사(文事)에만 골몰하여 나약함.
文樣(문양) 무늬.
文語(문어) ①문자 언어. ②문장에만 쓰이고 담화에는 쓰이지 않는 말.
文魚(문어) 반점이 있는 물고기.
文言(문언) ①주역(周易) 십익(十翼)의 하나인 문언전(文言傳)의 약칭(略稱). 건(乾)과 곤(坤)의 두 괘(卦)를 해석한 것. ②꾸미기만 하고 내용이 없는 말. ③문장.
文藝(문예) ①문물(文物)과 학예(學藝). 학문과 예술. ②문학(文學).
文友(문우) 글로써 사귄 벗.
文運(문운) ①학문과 예술이 일어나는 기운. 문명의 기운. ②학문상의 기운. 학예의 추세.
文雄(문웅) 문장이 일세(一世)에 뛰어난 사람. 文傑(문걸). 文豪(문호).
文章三易(문장삼이) 문장을 짓는 데 세 가지 쉽게 해야 할 것. 보기 쉽게, 알기 쉽게, 읽기 쉽게 지어야 한다는 말.
文政(문정) 문치(文治)를 주로 하는 정치. 학문과 법령을 운용(運用)하여 나라를 다스리는 일. 文治(문치).
文藻(문조) ①문장의 멋. 문채(文彩). ②문장을 짓는 재주. 文才(문재).
文宗(문종) 문장의 대가(大家)로 세상 사람의 숭앙을 받는 사람. 문학의 대가(大家).
文陣(문진) 문인(文人)들의 사회. 문학의 세계

를 군진(軍陣)에 비겨 이르는 말.
文質(문질) ①문화(文華)와 질박(質朴). 화려함과 순수함. ②새로운 왕조의 예제(禮制)를 바꾸는 원리가 된 것. 은대(殷代)에는 질(質)을 숭상하고, 주대(周代)에는 문(文)을 숭상하여, 왕조의 교체에 따라 문화와 질박이 바꾸어 가며 쓰인 것을 이름.
文質彬彬(문질빈빈) 문(文)과 질(質)이 알맞게 섞여 조화를 이룸.
文集(문집) 개인의 시문을 모아서 엮은 책.
文采(문채) ①오성(五聲)이 화합하고 상응하여 아름다운 음곡(音曲)을 이룸. ②장식(裝飾)·의복 등의 아름답고 화려함. ③문장 저술의 훌륭함. ④빛깔을 넣은 천. 무늬 있는 피륙. ⑤모습. 풍채. 文彩(문채).
文體(문체) ①문장의 양식. ②지은이의 개성이 나타난 문장의 특색.
文致(문치) ①문장의 운치. 문장의 뜻. ②법조문을 제멋대로 적용하여 무고한 사람을 죄주고, 죄가 있는 사람을 구제하는 일. ③문화(文華)의 극치(極致).
文套(문투) 글을 짓는 법식. 글에 나타나는 특징적 버릇.
文風(문풍) ①글의 풍류(風流). ②글을 숭상하는 풍습.
文筆(문필) ①글과 글씨. ②글을 짓거나 글씨를 쓰는 일.
文學(문학) ①학문, 학예. ②정서와 사상을 문자로 나타내는 예술 및 그 작품.
文翰(문한) ①문장(文章)과 필묵(筆墨). ②글을 잘 짓는 사람. ③문채 있는 새〔鳥〕.
文蛤(문합) ①백합(白蛤), 대합조개. ②오배자(五倍子)의 딴 이름.
文獻(문헌) ①제도(制度)와 문물(文物)에 관한 문자 자료와 이에 대해 많이 알고 있는 사람. ②연구의 자료가 되는 서적이나 문서.
文衡(문형) ①장식이 있는 병거(兵車)의 횡목(橫木). ②國대제학(大提學)의 딴 이름.
文豪(문호) 뛰어나고 이름 높은 문학가.
文化(문화) 인지(人智)가 깨어 세상이 열리고 생활이 보다 편리하게 되는 일.
文話(문화) ①문장 또는 문학에 관한 이야기. ②문장에 쓰이는 말. 文語(문어).
文華(문화) ①문명의 화려함. ②문학에 뛰어난 사람. ③문장의 화려함.
文會(문회) 문사(文事)의 모임. 학문이나 시문(詩文)에 관한 집회.
◨ 經文경문, 古文고문, 公文공문, 口文구문, 今文금문, 短文단문, 名文명문, 本文본문, 不文불문, 祕文비문, 碑文비문, 序文서문, 諺文언문, 衍文연문, 戀文연문, 艷文염문, 英文영문, 例文예문, 人文인문, 作文작문, 雜文잡문, 長文장문, 全文전문, 前文전문, 祭文제문, 條文조문, 呪文주문, 天文천문, 祝文축문, 學文학문, 漢文한문, 好文호문.

4
⑧ 【斉】 齊(1462)의 속자

7
⑪ 【斎】 齋(1463)의 속자

8
⑫ 【斑】 얼룩 반 刪

인명 1급 ㊥bān ㊐ハン

초서 자해 얼룩, 얼룩진 무늬. ¶ 斑紋반문.

斑鳩(반구) 산비둘기.
斑禿(반독) 머리가 군데군데 벗겨짐.
斑馬(반마) 얼룩말.
斑紋(반문) 얼룩얼룩한 무늬. 斑文(반문).
斑駁(반박) 여러 가지 빛깔이 뒤섞여 아롱진 모양.
斑白(반백) 희끗희끗하게 센 머리털. 머리털이 희끗희끗하게 센 사람. 頒白(반백).
斑衣之戲(반의지희) 나이가 들어서도 어버이를 잘 봉양함. 故事 춘추 시대 노(魯)나라의 노래자(老萊子)가 일흔 살에도 알록달록한 옷을 입고 늙은 어버이에게 어리광을 부려 어버이의 늙음을 잊게 했다는 고사에서 온 말.
斑紬(반주) 명주실과 무명실을 섞어서 짠 피륙. 아랑주.
斑指(반지) 한 짝으로 된 가락지.
斑疹(반진) 마진(痲疹)·성홍열(猩紅熱) 등으로 온몸에 붉고 좁쌀만 한 점이 돋는 병.
斑布(반포) 반물색의 실과 흰 실을 섞어서 짠 수건감의 폭이 좁은 무명. 반베.
◨ 白斑백반, 一斑일반.

8
⑫ 【斐】 아름다울 비 尾

인명 ㊥fěi ㊐ヒ

소전 초서 자해 아름답다, 문채 나는 모양. 〔大學〕 有斐君子유비군자.

斐斐(비비) 무늬가 화려한 모양.

8
⑫ 【斌】 빛날 빈 眞

인명 ㊥bīn ㊐ヒン

초서 자해 빛나다, 외관과 내용이 아름답게 조화되어 있는 모양. ＝彬.

斌斌(빈빈) 외양과 실질이 잘 어우러져 조화된 모양. 彬彬(빈빈).

斗部 말두

0 ④【斗】 말 두 有

중학 인명 4Ⅱ급 ㊥dǒu ㊐ト

필순 丶 ⺀ 二 斗

소전 초서 속자 㪷 자원 象形. 자루가 달려 있는, 물건의 양을 잴 때 쓰던 용기를 본뜬 글자.

자해 ❶말. ㉮용량의 단위. 10되〔升〕에 해당하는 용량. 〔漢書〕十升爲斗십승위두. ㉯1말〔斗〕을 되는 용기. ㉰용량을 되는 용기의 총칭. ❷구기. 자루가 달린, 술·죽·기름 따위를 푸는 기구. 〔詩經〕酌以大斗작이대두. ❸별 이름. '斗'라고 할 때에는 대개 북두(北斗)를 지칭하나 원뜻은 북두(北斗)·남두(南斗)·소두(小斗)의 세 별자리를 총칭한다. 〔易經〕日中見斗일중견두. ❹갑자기.

斗斛(두곡) ①곡식을 되는 말과 휘. ②얼마 안 되는 분량.

斗穀(두곡) 한 말가량 되는 곡식. 말곡식.

斗箕(두기) 28수(宿)에 속하는 두성(斗星)과 기성(箕星).

斗南(두남) ①북두칠성 이남(以南). ②천하(天下). 온 세상.

斗膽(두담) 한 말들이만 한 담. 담력이 큼. 담력이 큰 사람. 故事 촉(蜀)의 강유(姜維)의 담이 말〔斗〕처럼 컸다는 고사에서 온 말.

斗量(두량) ①말로 됨. 말로 된 분량. ②일을 두루 헤아려 처리함.

斗祿(두록) 얼마 안 되는 녹봉(祿俸).

斗柄(두병) 북두칠성에서 국자 모양의 자루에 해당하는 부분. 곧, 다섯째 별에서 일곱째 별까지의 세 별.

斗城(두성) 작은 성. 작은 고을.

斗筲(두소) ①기량이 좁음. ②녹봉이 적음.

斗升(두승) ①말과 되. ②극히 적은 양.

斗室(두실) 한 말들이만 한 방. 썩 작은 방.

斗然(두연) ①문득. ②우뚝 솟은 모양.

斗屋(두옥) 썩 작은 집.

斗牛(두우) ①북두성(北斗星)과 견우성(牽牛星). ②남두성과 견우성.

斗入(두입) 날카롭게 들이박힘.

斗儲(두저) 약간의 저축. 얼마 안 되는 재산.

斗絕(두절) 절벽처럼 험준하게 솟음.

◨ 南斗남두, 大斗대두, 北斗북두, 星斗성두, 小斗소두, 升斗승두, 玉斗옥두, 泰斗태두.

6 ⑩【料】 되질할 료 嘯 嘯

중학 인명 5급 ㊥liào ㊐リョウ

필순 丶 丷 ⺌ 半 米 米 米 米 米 料

소전 초서 자원 會意. 米+斗→料. 쌀〔米〕이 말〔斗〕 속에 들어 있다는 데서 '되질하다, 헤아리다'의 뜻을 나타낸다.

자해 ❶되질하다, 말로 용량을 헤아리다. 〔史記〕嘗爲季氏吏상위계씨리, 料量平료량평. ❷세다, 수효를 세다. ❸헤아리다, 생각하다. ❹녹(祿), 급여(給與). ❺거리, 감.

料簡(요간) 헤아려서 선택함. 가려 뽑음.

料給(요급) 급료(給料).

料得(요득) 헤아림. 짐작함.

料量(요량) 잘 헤아려 생각함.

料理(요리) ①헤아려 다스림. 규모 있게 처리함. ②國음식물을 조리함.

料米(요미) 급료로 주는 쌀.

料外(요외) 뜻밖. 생각 밖.

料度(요탁) 남의 심중을 헤아림.

◨ 給料급료, 塗料도료, 肥料비료, 史料사료, 思料사료, 燃料연료, 染料염료, 原料원료, 有料유료, 飮料음료, 資料자료, 材料재료.

7 ⑪【斛】 휘 곡 本혹 屋

인명 ㊥hú ㊐コク

소전 초서 동자 㪶 자해 휘. ㉮10말〔斗〕의 용량(容量). ㉯곡식을 되는 그릇.

7 ⑪【㪷】 斗(561)의 속자

7 ⑪【斜】 1비낄 사 麻 2땅 이름 야 麻

고등 인명 3Ⅱ급 ㊥xié, yé ㊐シャ

필순 ノ ㅅ 스 소 숭 余 余 余 余 斜

소전 초서 참고 인명용 음은 '사'이다.

자원 形聲. 余+斗→斜. '余(여)'가 음을 나타낸다.

자해 1❶비끼다. ㉮비끼다, 비스듬하다. ㉯기울다. ❷굽다, 꾸불꾸불하다. ❸성(姓). 2땅 이름. 지금의 섬서성(陝西省)에 있다.

斜路(사로) ①비탈진 길. ②큰길에서 비껴 나간 길.

斜面(사면) 경사진 면. 비탈.

斜斜(사사) ①경사진 모양. 기운 모양. ②비나 눈이 오는 모양. ③달빛 따위가 비스듬히 비치는 모양.

斜線(사선) 비스듬하게 비껴 그은 선. 빗금.

斜視(사시) ①곁눈질로 봄. ②사팔눈.

斜陽(사양) ①기울어지는 해. 저녁볕. ②왕성하지 못하고 시들어지는 현상.

斜影(사영) 비스듬히 비낀 그림자.

斜雨(사우) 바람에 비껴 뿌리는 비.

斜月(사월) 서쪽으로 기울어진 달. 막 지려 하는 달.

斜位(사위) 배 속에 있는 태아의 위치가 바르지 못하고 비스듬히 놓여 있는 상태.

斜截(사절) 비스듬히 자름.

斜風細雨(사풍세우) 비껴 부는 바람과 가늘게 내리는 비. 細雨斜風(세우사풍).

斜皮(사피) 國장구의 줄을 고를 때 늦추었다 죄었다 하는 가죽 고리.

斜漢(사한) 은하수(銀河水).

斜暉(사휘) 저녁의 햇빛. 斜照(사조).

◨ 傾斜경사, 狹斜협사, 迴斜회사, 橫斜횡사.

8 ⑫【斝】 술잔 가 馬

㊥jiǎ ㊐カ

소전 초서 속자 斝 자해 ❶술잔, 옥(玉)으로 만든 술잔. ❷빌다, 신(神)에게 복을 빌다.

斝彝(가이) 제기(祭器)의 하나로, 벼 이삭의 무늬를 새긴 술잔.

9 ⑬【斟】 술 따를 짐 本침 侵

인명 1급 ㊥zhēn ㊐シン

소전 초서 자해 ❶술을 따르다. ¶ 斟酒짐주. ❷헤아리다, 짐작하다.

斟酌(짐작) ①사정이나 형편을 어림쳐서 헤아림. ②술잔을 주고받음. ③처분(處分)함.

10 ⑭【斠】 될 각 覺

㊥jiào ㊐コウ

소전 초서 자해 되다, 분량(分量)을 알아보다.

10 ⑭【斡】 1관리할 알 本관 旱 2돌 알 曷

인명 1급 ㊥guǎn, wò ㊐アツ

소전 초서 자해 1관리하다, 돌봐 주다. ≒幹. 2❶돌다, 빙빙 돌다, 돌리다. ❷성(姓).

斡流(알류) 물이 빙빙 돌아 흐름. 또는 돌아 흐르는 물.

斡旋(알선) ①돎. 돌림. ②남의 일을 잘 되도록 마련하여 줌. 周旋(주선). ③사세(事勢)를 만회하여 결실(缺失)을 메움.

斤部 도끼 근

0 ④【斤】 1도끼 근 文 2살필 근 問

고등 인명 3급 ㊥jīn ㊐キン

필순 ㇀ 𠂆 斤 斤

소전 초서 자원 象形. 날이 선, 자루 달린 도끼를 본뜬 글자.

자해 1❶도끼, 자귀. 나무를 베거나 깎는 연장. 〔孟子〕斧斤以時入山林부근이시입산림. ❷베다, 나무를 베다. ❸근(斤). 무게의 단위로, 16냥(兩)에 해당한다. 2살피다, 밝게 살피는 모양. 〔詩經〕斤斤其明근근기명.

斤斤(근근) ①밝게 살피는 모양. ②불쌍히 여기는 일.

斤量(근량) 무게. 무게를 닮.

斤秤(근칭) 100근까지 달 수 있는 저울.

◨ 斧斤부근, 千斤力士천근역사.

1 ⑤【斥】 물리칠 척 陌

고등 인명 3급 ㊥chì ㊐セキ

필순 ㇀ 𠂆 斤 斤 斥

소전 초서 자원 指事. 도끼날〔斤〕에 물체가 부서진 것〔丶〕을 표시해 '내쫓다' 라는 뜻을 나타낸다.

자해 ❶물리치다, 내쫓다. ¶ 斥黜척출. ❷가리키다, 지적하다. 〔後漢書〕擬斥乘輿의척승여. ❸나타나다, 드러나다. 〔春秋左氏傳〕寇盜充斥구도충척. ❹엿보다, 망보다. ¶ 斥候척후. ❺열다, 열리다, 넓히다.

斥譴(척견) 물리치고 책망함. 거절하고 꾸짖음.

斥鹵(척로) 염분(鹽分)이 많은 땅.

斥賣(척매) 싼 값으로 마구 팖.

斥邪(척사) ①요사스러운 것을 물리침. ②사교(邪敎)를 물리침.

斥言(척언) ①사물의 득실(得失)을 지적하여

말함. ②지명(指名)하여 말함. ③바른말로 과실을 책망함.
斥竄(척찬) 내쳐 귀양 보냄.
斥黜(척출) 벼슬을 빼앗고 내쫓음.
斥退(척퇴) 물리침. 추방함.
斥呼姓名(척호성명) 지적하여 성명을 부름. 어른의 성명을 함부로 부름.
斥和(척화) 화의(和議)를 물리침.
斥候(척후) 몰래 적의 형편을 살핌. 적의 형편을 살피는 군병. 斥兵(척병).
◨ 排斥배척, 攘斥양척, 黜斥출척, 退斥퇴척.

4 ⑧【斧】 도끼 부 麌

인명 1급 ㊥fǔ ㊐フ

소전 초서 자해 ❶도끼. 벌목(伐木)·의장(儀仗)·병기(兵器)·형구(刑具) 등 여러 가지 용도로 썼다. 〔孟子〕 斧斤以時入山林부근이시입산림. ❷**베다, 도끼로 베다.**
斧柯(부가) ①도끼 자루. ②정권(政權)의 비유.
斧斤(부근) 도끼. 큰 도끼와 작은 도끼.
斧鉞(부월) 작은 도끼와 큰 도끼. ㉠병기(兵器). ㉡형벌(刑罰). 살육(殺戮).
斧鑿痕(부착흔) ①도끼와 끌로 다듬은 흔적. ②시(詩)나 문장에 기교를 다한 흔적.
◨ 鬼斧귀부, 雷斧뇌부.

4 ⑧【斦】 斯(563)의 고자

4 ⑧【斨】 도끼 장 陽

㊥qiāng ㊐ショウ

초서 자해 **도끼, 자루를 박는 구멍이 네모진 도끼.**

5 ⑨【斫】 벨 작 藥

인명 ㊥zhuó ㊐シャク

초서 자해 **베다, 자르다, 찍다.**
斫刀(작도) 약재·풀·짚 등을 써는 연장. 작두.
斫伐(작벌) 나무를 찍어 벰.
◨ 新斫신작, 長斫장작.

7 ⑪【断】 斷(565)의 속자

7 ⑪【斬】 벨 참 豏

인명 2급 ㊥zhǎn ㊐ザン

자해 ❶**베다.** ¶ 斬首참수. ❷**끊어지다, 끊기다.** 〔孟子〕 君子之澤군자지택, 五世而斬오세이참. ❸**상복(喪服)의 한 가지.** 옷의 도련을 꿰매지 않은 상복.
斬奸(참간) 악인을 베어 죽임. 斬姦(참간).
斬級(참급) 적의 목을 벰. 벤 적의 목.
斬伐(참벌) ①쳐서 멸망시킴. 정벌(征伐)함. ②죄인을 베어 죽임. 주륙(誅戮)함. ③나무를 벰.
斬殺(참살) 베어 죽임.
斬首(참수) 목을 베어 죽임. 斬馘(참괵).
斬新(참신) 매우 새로움. 極新(극신).
斬釘截鐵(참정절철) 못을 끊고 쇠를 자름. 결단성 있게 일을 처리함.
斬罪(참죄) 목을 베는 형벌. 참수를 당할 죄.
斬衰(참최) 오복(五服)의 하나. 거친 삼베로 짓고 아랫단을 꿰매지 않은 상복. 외간상(外艱喪)에 입음.
斬破土(참파토) 무덤을 만들려고 풀을 베고 땅을 팜.
斬刑(참형) 목을 베어 죽이는 형벌.
斬獲(참획) 참수(斬首)와 생포(生捕). 목을 벰과 사로잡음.
◨ 擒斬금참, 腰斬요참, 斫斬작참.

8 ⑫【斯】 이 사 支

고등 인명 3급 ㊥sī ㊐シ

필순 一 卄 廾 甘 甘 其 其 其' 斯' 斯 斯

소전 초서 고자 斦 자원 會意. 其+斤→斯. '其'는 '箕(키 기)'의 생략형. 본래 도끼〔斤〕로 키〔其〕를 쪼갠다는 뜻이었으나 뒤에 '이것'이라는 뜻으로 가차되었다.

자해 ❶**이.** 사물을 가리키는 대명사. 〔論語〕 有美玉於斯유미옥어사. ❷**어조사.** 어조를 고르는 구실을 한다. 〔論語〕 再斯可矣재사가의. ❸**떠나다, 떨어지다.** 〔列子〕 不知斯齊國幾千萬里부지사제국기천만리. ❹**희다, 하얗다.** ❺**천(賤)하다, 낮다.**
斯界(사계) 이 방면. 이 사회. 이 부분에 관한 전문 분야.
斯道(사도) 이 길. 성현(聖賢)의 길. 공맹(孔孟)의 가르침. 儒道(유도).
斯盧(사로) 신라(新羅)의 옛 이름. 徐羅伐(서라벌).
斯文(사문) ①이 글. 이 학문. 이 도(道). 유교의 학문과 도의. ②유학자(儒學者)의 존칭.
斯文亂賊(사문난적) 유교에서 그 교리에 어긋

나는 언동을 하는 사람.
斯須(사수) 잠시. 須臾(수유).

9
⑬【斲】 斷(565)과 동자

9
⑬【新】 새 신 眞

중학 인명 6급 ㊥xīn ㊐シン

필순 亠 立 立 辛 辛 亲 亲 新 新 新

소전 新 초서 新 본자 新 자원 會意·形聲. 辛+木+斤→新, '辛'이 음도 나타낸다. 도끼〔斤〕로써 나무〔木〕를 벤다〔辛〕는 뜻. 살아 서 있는 나무를 베낸 것은 새것이라는 데서 '새, 새롭다' 등의 뜻을 나타낸다.

자해 **❶새, 새로운.** 〔論語〕 溫故知新온고지신. **❷처음, 처음으로. ❸새로, 새롭게 다시.** 〔春秋公羊傳〕 新作南門신작남문. **❹나라 이름.** 왕망(王莽)이 전한(前漢)을 멸망시키고 세운 나라.

新刊(신간) 책을 새로 간행함, 또는 그 책.
新墾(신간) 땅을 새로 개간함.
新開(신개) 새로 개간함. 새로 개간한 땅.
新曲(신곡) 새로 지은 곡.
新舊(신구) 새 것과 낡은 것.
新規(신규) ①새로 제정한 규정(規定). ②새롭게 어떤 일을 함.
新奇(신기) 새롭고 기이함. 새롭고 별남.
新記錄(신기록) 새로운 기록.
新機軸(신기축) 전에 있던 것과는 판이한 새로운 방법이나 체제.
新年(신년) 새해. 新歲(신세).
新畓(신답) 國새로 개간한 논.
新黨(신당) 새로 조직한 당.
新郞(신랑) 곧 결혼할 남자나 갓 결혼한 남자.
新來(신래) ①새로 옴. ②새로 과거에 급제한 사람. 新恩(신은).
新涼(신량) 첫가을의 서늘함.
新曆(신력) ①새로이 제정한 역법(曆法). ②새해의 책력. ③태양력. 양력.
新聞(신문) 새로운 사건이나 화제 따위를 빨리 보도·해설·비평하는 정기 간행물.
新米(신미) 햅쌀.
新味(신미) ①그 해에 처음으로 맛보는 것. 만물. 時新(시신). ②새로운 맛. 새 맛.
新房(신방) 신랑과 신부가 첫날밤을 치르도록 새로 꾸민 방.
新榜(신방) 과거에 새로 급제한 사람의 이름을 써 붙인 방.
新兵(신병) 새로 입대한 병사.
新婦(신부) 곧 결혼할 여자나 갓 결혼한 여자.
新山(신산) 國새로 쓴 산소(山所).
新壻(신서) 새 사위. 새로 맞은 사위.
新書(신서) 새로 나온 책.
新釋(신석) 새로운 해석. 새로이 해석함.
新鮮(신선) ①새롭고 산뜻함. ②채소나 생선 따위가 싱싱함.
新設(신설) 새로 마련함.
新星(신성) ①새로 발견된 별. ②갑자기 나타나서 강한 빛을 내다가 얼마 후에 없어지는 별. ③어떤 분야나 단체에 새로 나타나 주목이나 인기를 받는 사람.
新訟(신송) 새로 일으킨 소송.
新修(신수) ①새로 수선함. ②새로 편수함.
新愁(신수) 새로운 근심.
新式(신식) 새로운 방식이나 양식.
新蛾(신아) ①갓 나온 누에나방. ②부녀자의 가늘게 그린 눈썹.
新案(신안) 새로운 고안이나 제안.
新銳(신예) ①새롭고 기세나 힘이 뛰어남. ②새로 나타나 만만찮은 실력을 보이는 존재.
新元(신원) ①새해. 설날. ②國음력 정월.
新月(신월) ①음력 3, 4일경의 달. 초승달. ②갓 돋은 달. ③음력 초하루.
新律(신율) 새로 정한 법률.
新恩(신은) 새로 과거에 급제한 사람.
新義(신의) 새 뜻. 새로운 설(說).
新異(신이) 새롭고 특이함. 신기(新奇)함.
新人(신인) ①새로 맞이한 아내. 먼저 아내에 대하여 이르는 말. ②새로 가입한 사람.
新任(신임) 새로 임명됨.
新入(신입) 새로 들어옴.
新作(신작) 새로 만듦.
新裝(신장) 설비나 외관 따위를 새롭게 꾸밈.
新田(신전) ①새로 사들인 밭. ②새로 개간한 밭. 新起田(신기전).
新占(신점) 집터나 묏자리를 새로 정함.
新接(신접) ①살림을 새로 차림. ②다른 곳에서 이사하여 새로 자리를 잡아 삶.
新正(신정) 양력 설이나 정월.
新條(신조) ①새로 제정한 법령(法令). ②새로 나온 나뭇가지.
新知(신지) ①새로 앎. 처음으로 앎. ②새로 알게 된 사람. 새로운 지기(知己).
新祉(신지) 새해의 복. 新禧(신희).
新陳(신진) 새것과 묵은 것.
新進(신진) 어떤 분야에 새로 나아감.
新參(신참) ①새로 들어온 사람. ②새로 벼슬한 사람이 처음으로 관청에 들어감.
新晴(신청) 오랫동안 내리던 비가 멎고 새로 맑게 갬.

新體(신체) ①새로운 체제. ②한시(漢詩)의 신체시(新體詩). 수·당(隋唐) 이후에 확립된 율시(律詩)·배율(排律)·절구(絕句)를 이름.
新築(신축) 새로 축조하거나 건축함.
新春(신춘) 새봄. 開春(개춘). 新陽(신양).
新出(신출) 새로 나옴.
新學(신학) ①새로운 학문. 新學問(신학문). ②처음으로 배움. 初學(초학). ③한(漢)에서 왕망(王莽) 시대의 학문을 이름.
新婚(신혼) 갓 혼인함.
新興(신흥) 새로 일어남.
◨ 改新개신, 更新갱신, 刷新쇄신, 迎新영신, 維新유신, 一新일신, 日新일신, 自新자신, 斬新참신, 嶄新참신, 最新최신, 革新혁신.

10 ⑭【断】 斷(565)의 속자

10 ⑭【新】 新(564)의 본자

10 ⑭【斲】 깎을 착 覺
㊥zhuó ㊐タク
소전 초서 동자 斵 자해 깎다, 깎아 내다.
斲木(착목) ①나무를 벰. ②딱따구리. 啄木鳥(탁목조).

14 ⑱【斷】断 ①끊을 단 旱 ②결단할 단 翰
고등 인명 4Ⅱ급 ㊥duàn ㊐ダン
필순
소전 초서 동자 断 속자 断 속자 㫁
자원 會意. 㡭+斤→斷. '㡭'은 '絕(끊을 절)'의 고문(古文). 도끼〔斤〕로 실을 자른다〔㡭〕는 데서 '끊다'라는 뜻을 나타낸다.
자해 ①끊다. ㉮절단하다, 동강을 내다. 〔易經〕 斷木爲杵단목위저. ㉯그만두다. ㉰거절하다, 사절하다. ② ❶결단하다, 판가름하다. ❷결단. ¶ 獨斷독단. ❸끊어지다. ¶ 斷續단속. ❹단연, 단연히. 〔史記〕 斷而敢行단이감행. ❺나누다, 나뉘다. 〔易經〕 剛柔斷矣강유단의.
斷簡(단간) 조각조각 난 문서. 斷篇(단편).
斷經(단경) 여자의 경도(經度)가 끊어짐.
斷交(단교) ①교제를 끊음. 絕交(절교). ②국가 간의 외교 관계를 끊음.
斷金(단금) 쇠를 끊음. 두 사람의 우정이 쇠붙이도 끊을 만큼 단단함.
斷金侶(단금려) 굳게 맺은 벗.
斷機之戒(단기지계) 학문을 중도에서 그만둠은 짜던 베를 끊어 버림과 같다는 경계. 故事 학문을 중단하고 집에 돌아온 맹자(孟子)에게 그 어머니가 짜던 베를 끊고 훈계한 데서 온 말.
斷念(단념) 품었던 생각을 끊음.
斷斷無他(단단무타) 결코 딴 뜻이 없음.
斷例(단례) 판결의 준거(準據). 판단 기준.
斷末魔(단말마) (佛)①숨이 끊어질 때의 고통. ②죽는 찰나. 臨終(임종).
斷面(단면) ①물체의 잘라낸 면. ②사물이나 현상의 한 부분적인 측면.
斷髮(단발) 머리털을 짧게 자름.
斷不容貸(단불용대) 절대로 용서하지 않음.
斷碑(단비) 깨어진 비석.
斷產(단산) 아이를 낳던 여자가 아이를 낳는 것을 끊음.
斷想(단상) ①생각을 끊음. ②단편적인 생각.
斷續(단속) 끊어졌다 이어졌다 함.
斷送(단송) ①시간을 헛되이 보냄. 虛送(허송). ②내던짐. 버림.
斷水(단수) 물줄기를 막아 끊음. 수도의 물을 끊음.
斷岸(단안) 깎아지른 듯한 낭떠러지.
斷案(단안) 옳고 그름을 딱 잘라서 판단함.
斷言(단언) 딱 잘라서 말함.
斷煙(단연) ①피어오르다 말았다 하는 연기. ②國담배를 끊음.
斷熱(단열) 열의 전도를 막음.
斷獄(단옥) 재판함. 죄를 처단함. 斷罪(단죄).
斷雲(단운) 조각구름.
斷章(단장) ①시문에서 한 장(章)만 떼어 냄, 또는 그 한 장. ②체계를 이루지 않은 산문체의 토막글.
斷腸(단장) ①창자를 끊음. ②더할 수 없는 슬픔. 故事 진(晉)의 환온(桓溫)이 삼협(三峽)을 지날 때 하인 하나가 원숭이의 새끼를 붙들었는데, 어미 원숭이가 울며 백여 리(里)를 따라오다가 마침내 죽었다. 그 배를 갈라 보았더니 창자가 갈기갈기 찢겨 있었다는 데서 온 말.
斷章取義(단장취의) 문장의 일부분을 끊어 내어 그 뜻을 취함. 시나 문장의 한 부분만을 끊어 내어, 자기대로 해석하여 씀.
斷腸花(단장화) ①사람에게 슬픈 생각이 나게 하는 꽃. ②해당화의 딴 이름.
斷電(단전) 전기의 공급이 끊김.
斷絕(단절) ①관계를 끊음. ②흐름이 끊김.
斷截(단절) 자르거나 베어서 끊음.
斷定(단정) 결단하여 정함.

斷罪(단죄) 죄상(罪狀)에 대하여 판결을 내림.
斷層(단층) 지각 변동으로 지층이 상하로 어그러져 층을 이룬 현상.
斷片(단편) 쪼개진 조각이나 한 부분.
斷割(단할) ①칼로 자름. 절단함. ②일을 적절히 처리함.
斷行(단행) 결단하여 실행함. 決行(결행).
斷絃(단현) ①현악기(絃樂器)의 끊어진 줄. ②아내의 죽음.
◨ 決斷결단, 果斷과단, 獨斷독단, 不斷부단, 速斷속단, 兩斷양단, 勇斷용단, 裁斷재단, 專斷전단, 切斷절단, 絕斷절단, 中斷중단, 診斷진단, 處斷처단, 擅斷천단, 判斷판단, 橫斷횡단.

方部 모방

0 ④ 【方】 모 방 陽

중학 인명 7급 ㊥fāng ㊐ホウ

필순 丶 亠 方 方

소전 초서 자원 象形. 두 척의 조각배를 나란히 하여 놓고 이물을 서로 묶어 놓은 모양을 본뜬 글자.

자해 ❶모, 각(角). 〔禮記〕 毁方而瓦合훼방이와합. ❷사방(四方). 〔孟子〕 文王之囿문왕지유, 方七十里방칠십리. ❸방위(方位), 방향. ❹나란히 하다, 어우르다. 〔莊子〕 方舟而濟于河방주이제우하. ❺술법(術法), 방법. ¶ 方士방사. ❻거스르다, 거역하다. 〔孟子〕 方命虐民방명학민. ❼향하다, 마주 대하다. ❽약(藥), 약을 조합(調合)하는 일. ❾당하다, 때를 만나다. 〔漢書〕 方春和時방춘화시. ❿바야흐로, 이제 막. 〔論語〕 血氣方剛혈기방강.

方今(방금) 바로 이제. 이제 막.
方道(방도) 어떤 일을 하거나 문제를 풀어 가는 방법. 方途(방도).
方冬(방동) 음력 시월.
方略(방략) ①무슨 일을 하는 방법과 둘러대는 꾀. 方策(방책). ②군공(軍功). 무공(武功). ③무공을 기록한 책.
方廉(방렴) 바르고 깨끗함. 方潔(방결).
方笠(방립) 國상제(喪制)가 밖에 나갈 때 쓰는 갓. 방갓. 喪笠(상립).
方面(방면) ①어떤 장소나 지역이 있는 방향. ②어떤 분야.
方命(방명) 왕명(王命)을 저버림. 왕명을 거스름.
方明(방명) ①제사 때 혼령이 와서 머문다는, 나무로 만든 방형(方形)의 물건. ②상하 사방의 일에 밝게 통함.
方聞(방문) 행실이 바르고 지식이 넓음.
方物(방물) ①그 지방의 특산물. ②사물을 식별함. ③일상(日常)의 일. '方'은 常, '物'은 事.
方伯(방백) ①은대(殷代)·주대(周代)에 한 지방 제후의 우두머리. ②관찰사(觀察使)의 딴 이름.
方法(방법) 목적을 이루기 위하여 취하는 수단.
方士(방사) ①선술(仙術)을 부리는 사람. 道士(도사). ②벼슬 이름. 주대(周代)에 재판을 맡았음.
方相(방상) ①방상시(方相氏). ②장사 지낼 때 무덤의 네 귀에 창을 들고 서서 감호(監護)하는 사람. ③두려워할 만한 형상.
方相氏(방상시) ①國구나(驅儺)할 때의 나자(儺者)의 하나. 무덤 구덩이의 악귀(惡鬼)를 쫓는 데 썼음. ②주대(周代)의 벼슬 이름. 옛날의 신(神)으로 분장하여 열병의 마귀를 쫓는 일을 맡아보았음. 方相(방상).
方書(방서) ①사방의 문서. 각 지방의 기록. ②방술(方術) 또는 의술(醫術)에 관한 서적.
方席(방석) 깔고 앉는 모난 자리.
方俗(방속) 지방 풍속.
方術(방술) ①장생불사(長生不死)의 선술(仙術). ②의술·점술 따위의 잡기(雜技). ③학예·기술.
方式(방식) 일정한 형식이나 방법.
方案(방안) 일을 처리할 방법이나 방도에 관한 안(案). 計劃(계획).
方藥(방약) ①약제(藥劑)를 조합하는 일. ②처방에 따라 지은 약.
方言(방언) 어떤 지역이나 지방에서만 쓰이는 특유의 언어. 사투리.
方椽(방연) ①네모진 서까래. ②굴도리 밑에 받치는 네모진 나무.
方枘圓鑿(방예원조) 모난 장부에 둥근 구멍. 사물이 서로 맞지 않음. 方底圓蓋(방저원개).
方外(방외) ①세속(世俗)을 초월한 세계. ②구역 밖. 구획 밖. ③오랑캐의 땅. 중국(中國)의 밖이라는 뜻.
方外學(방외학) 유교(儒敎)에서, 도교(道敎)나 불교를 이르는 말.
方位(방위) 동서남북 네 방향을 기준으로 하여 정한 위치.
方丈(방장) ①사방 1장(一丈)의 넓이. ②(佛) ㉠절의 주지나 고승(高僧)이 거처하는 방. ㉡절의 주지. ③삼신산(三神山)의 하나.
方將(방장) ①이제 막. 바야흐로. ②사방(四

方)에 행함.

方長不折(방장부절) ①자라나는 초목을 꺾지 않음. ②전도가 양양한 사람이나 사업에 헤살을 놓지 않음.

方正(방정) ①말이나 행동이 의젓하고 바름. ②모양이 네모반듯함. 方直(방직).

方底圓蓋(방저원개) 바닥이 네모난 그릇에 둥근 뚜껑. 일이 어긋나고 맞지 않음.

方田(방전) ①논밭을 네모반듯하게 구획함. 네모반듯한 논밭. ②구장산술(九章算術)의 하나. 변(邊)의 길이로 면적을 구하는 것.

方正(방정) ①언행이 바르고 점잖음. ②물건이 네모지고 반듯함.

方舟(방주) ①배를 나란히 함. 나란히 한 배. ②뗏목과 배.

方策(방책) ①나무쪽과 대쪽에 쓴 글. 역사책. 典籍(전적). 方冊(방책). ②방법과 계책.

方寸(방촌) ①사방 한 치의 넓이. 얼마 안 되는 크기. ②마음.

方錐(방추) ①네모진 송곳. ②밑면이 정사각형인 각뿔.

方針(방침) 사업이나 행동 방향의 지침(指針).

方土(방토) ①어느 한 지방의 땅. ②그 지방의 토질이나 기후.

方便(방편) ①형편에 따라 일을 쉽게 처리할 수 있는 수단. ②(佛)중생을 구제하기 위하여 세운 수단과 방법.

方向(방향) 향하거나 나아가는 쪽.

方環(방환) 네모진 고리.

方賄(방회) 그 지방에서 나는 재화(財貨).

◨ 多方다방, 祕方비방, 四方사방, 時方시방, 雙方쌍방, 遠方원방, 異方이방, 前方전방, 正方정방, 地方지방, 處方처방, 他方타방, 八方팔방, 漢方한방, 行方행방, 向方향방, 後方후방.

4 ⑧ 【㫄】 旁(568)의 본자

4 ⑧ 【於】 1어조사 어 魚 2탄식할 오 虞

중학 인명 3급 ㊥yú, wū ㊐オ

필순 ` 亠 亣 方 方' 於 於 於

초서 [초서] 속자 扵 참고 인명용 음은 '어'이다.

자원 象形. 까마귀의 깃을 줄에 걸어놓은 모양을 본뜬 글자.

자해 1❶어조사. ≒于. ㉮~에, ~에서. 〔論語〕八佾舞於庭팔일무어정. ㉯~에서, 에게서. 〔論語〕獲罪於天획죄어천, 無所禱也무소도야. ㉰~보다, ~보다 더. 〔論語〕季氏富於周公계씨부어주공. ㉱~을, ~를. 〔論語〕君子博學於文군자박학어문. ㉲~에게, ~한테. 〔中庸〕勿施於人물시어인. ❷있어서, 있어서 ~하다. 〔論語〕子於是日자어시일, 哭則不歌곡즉불가. ❸기대다, 의지하다. 2❶탄식하다, 감탄하는 소리, 아! =烏. 〔詩經〕於昭于天오소우천. ❷까마귀. ※烏(775)의 고자(古字).

於是乎(어시호) 이제야. 이에 있어서.

於焉間(어언간) 어느덧. 어느새. 於焉(어언).

於鵲(오작) 까마귀와 까치. 烏鵲(오작).

於乎(오호) 감탄하는 소리.

5 ⑨ 【旀】 ㊖며 며

자해 ❶며. 우리말에서 '며' 음을 적기 위하여 만든 글자. ❷땅 이름. 신라(新羅) 때 며지현(旀知縣)이 있었다.

5 ⑨ 【施】 1베풀 시 支 2옮을 시 寘

중학 인명 4Ⅱ급 ㊥shī ㊐シ

필순 ` 亠 亣 方 方' 方' 㫃 㫃 施

소전 [소전] 초서 [초서] 자원 形聲. 㫃+也→施. '也(야)'가 음을 나타낸다.

자해 1❶베풀다, 어떤 일을 차려서 벌이다. ¶ 施設시설. ❷퍼지다, 널리 전하여지다. ❸행하다, 시행하다. 〔書經〕施政于我童子시정우아동자. ❹효시(梟示)하다, 기시(棄市)하다. ❺은혜. 〔國語〕夫齊侯好示務施부제후호시무시. ❻버리다, 유기(遺棄)하다. 〔楚辭〕夫何三年不施부하삼년불시. 2❶옮다, 옮아가다. 〔詩經〕施於中谷시어중곡. ❷기울다, 서쪽으로 기울다.

施工(시공) 공사를 시행함.

施禮(시례) 예를 베풂.

施肥(시비) 논밭에 거름을 줌.

施舍(시사) ①은덕을 베풀고 노역(勞役)을 면해 줌. 은혜를 베풀고 부채(負債)를 면해 줌. ②흥함과 망함. 興廢(흥폐). ③나그네가 짐을 푸는 곳. 여관. ④주는 일과 주지 않는 일.

施賞(시상) 상을 줌.

施設(시설) 도구·장치 따위를 베풀어서 갖춘 설비.

施術(시술) 의술·최면술 등의 술법을 베풂.

施用(시용) 베풀어서 씀. 베풀어서 행함.

施爲(시위) 일을 행함. 실행함.

施政(시정) 국가의 정무(政務)를 시행함.

施主(시주) 승려나 절에 물건을 베풀어 주는 일, 또는 그런 일을 하는 사람.

施策(시책) 어떤 정책을 베풂, 또는 그 정책.

施鍼(시침) 침을 놓음.
施行(시행) ①일을 감당하여 처리함. ②실제로 행함.
施惠(시혜) 은혜를 베풂.
施化(시화) 만물(萬物)을 기름.
◨ 勿施물시, 布施보시, 普施보시, 實施실시.

5 ⑨【斿】 깃발 유 尤

㊥yóu ㊐ユウ

초서 [초서 자형] 자해 깃발, 기의 깃대에 다는 부분.

5 ⑨【旆】 旆(569)의 속자

6 ⑩【旂】 기 기 微

㊥qí ㊐キ

소전 [소전 자형] 초서 [초서 자형] 속자 旂 자해 기. ㉮날아오르는 용과 내려오는 용을 그린 붉은 기.

6 ⑩【旍】 旗(570)와 동자

6 ⑩【旅】 군사 려 語

중학 인명 5급 ㊥lǚ ㊐リョ

필순 丶 亠 方 方 方 方 方 旅 旅 旅

소전 [소전 자형] 초서 [초서 자형] 고자 㫃 자원 會意. 㫃+从→旅→旅. 바람에 나부끼는 깃발〔㫃〕 아래 여러 사람이 나란히 서 있는〔从〕 모양을 그려 '군기(軍旗)를 중심으로 모여 있는 군사'라는 뜻을 나타낸다.

자해 ❶군사. ㉮500명을 1대(隊)로 하는 군제(軍制). 〔論語〕 軍旅之事군려지사. ㉯군대, 군사(軍事). ❷무리, 많은 사람. 〔詩經〕 殷商之旅은상지려. ❸늘어서다. ❹여행(旅行), 여행하다. ❺나그네, 길손. ❻괘 이름, 육십사괘(六十四卦)의 하나. 괘형은 ☶☲. 머물던 곳을 떠나서 있지 않은 상(象)이다. ❼제사의 이름. 상제(上帝)·천신(天神)·산천(山川) 등에 올리는 제사. 〔論語〕 季氏旅於泰山계씨려어태산. ❽등뼈. ≒膂.

旅客(여객) 여행하는 사람. 나그네.
旅館(여관) 나그네를 묵게 하는 집.
旅券(여권) 외국에 여행하는 사람의 신분·국적을 증명하는 문서.
旅團(여단) 육군 부대 편성의 한 단위. 연대(聯隊)의 위, 사단(師團)의 아래.
旅毒(여독) 여행으로 생긴 피로나 병.
旅路(여로) 여행길. 나그네가 가는 길.
旅泊(여박) ①여관에서 묵음. 旅次(여차). ②배에서 묵음.
旅思(여사) 나그네의 마음. 客心(객심).
旅愁(여수) 객지(客地)에서 느끼는 호젓함이나 쓸쓸함.
旅食(여식) 나그네가 되어 타향에서 지냄.
旅心(여심) 여행 중에 마음에 우러나는 회포. 나그네의 심정. 旅情(여정). 旅抱(여포).
旅鴈(여안) 먼 곳으로 날아가는 기러기.
旅寓(여우) 여관. 旅宿(여숙).
旅人(여인) 여행하는 사람. 나그네.
旅逸(여일) 나그네가 되어 떠돌아다님.
旅裝(여장) 여행할 때의 차림.
旅程(여정) ①나그네길. ②여행의 일정.
旅進旅退(여진여퇴) ①여럿이 함께 나아가고 함께 물러남. ②일정한 절조나 견식이 없이 남에게 부화뇌동함.
旅窓(여창) 나그네가 묵고 있는 방.
旅體(여체) 객지에 있는 몸. 客體(객체).
旅行(여행) ①함께 감. 동행(同行)함. ②다른 고장이나 외국에 나다니는 일.
旅魂(여혼) 객지에서 느끼게 되는 울적한 느낌. 旅懷(여회).
旅況(여황) 객지에서 지내는 형편.
◨ 客旅객려, 軍旅군려, 羈旅기려, 師旅사려, 商旅상려, 逆旅역려, 振旅진려, 行旅행려.

6 ⑩【㫃】 旅(568)의 고자

6 ⑩【旄】 ① 깃대 장식 모 豪 ② 늙은이 모 號

㊥máo, mào ㊐ボウ

소전 [소전 자형] 초서 [초서 자형] 자해 ① 깃대 장식. 깃대의 꼭대기를 소의 꼬리나 새의 깃을 달아 드리운 장식. 이것이 있는 기(旗)를 정(旌)·수(旞)라 하며, 이 장식은 지휘봉이나 춤추는 사람이 손에 드는 기구의 끝에 달기도 했다. ② 늙은이. 나이 80~90세의 노인.

旄倪(모예) 늙은이와 어린이. 老幼(노유).
旄牛(모우) 털이 긴 소.

6 ⑩【旁】 ① 두루 방 陽 ② 풀 이름 팽 庚 ③ 기댈 방 漾

인명 2급 ㊥páng, pēng, bàng ㊐ボウ

소전 [소전 자형] 초서 [초서 자형] 본자 㫄 참고 인명용 음은 '방'이다.

자해 1 ❶두루, 널리. ❷곁, 옆. ＝傍. 〔漢書〕 食於道旁식어도방. 2 ❶풀 이름. 쑥의 한 가지. ❷말이 달리는 모양. 3 기대다, 의지하다. 〔莊子〕 旁日月방일월.
旁求(방구) 널리 구함. 빠뜨림 없이 찾아다님.
旁岐曲徑(방기곡경) 꾸불꾸불한 길. 부정한 방법을 써서 억지로 함.
旁死魄(방사백) 음력 초이튿날. '死魄'은 초하룻날.
旁午(방오) ①들고 남. 왕래하는 사람이 많음. ②일이 번잡(煩雜)함.
旁燭(방촉) 두루 비춤.
旁矚(방촉) 빠짐없이 두루 봄.
旁側(방측) ①곁. 옆. ②가까이에서 모시는 사람. 近侍(근시).
旁行(방행) ①두루 미침. 두루 돌아다님. ②글씨를 가로줄로 씀. 横書(횡서). ③옆으로 감. ④걸음이 정확하지 못함.
◨ 偏旁편방.

6 ⑩【旃】 기 전 先

㊥zhān ㊐セン

소전 초서 동자 旜 자해 ❶기, 깃대가 구부정한 붉은 기. 〔孟子〕 庶人以旃서인이전. ❷모직물(毛織物). ≒氈. ❸이, 이를. '之·焉' 두 자를 합한 뜻.
旃蒙(전몽) 고갑자(古甲子)에서 천간(天干)의 을(乙)을 이르는 말. 端蒙(단몽).

6 ⑩【斾】 기 패 泰

㊥pèi ㊐ハイ

소전 초서 속자 旆 자해 ❶기, 대장(大將)이 세우는 기. 끝은 갈라져서 제비 꼬리처럼 되어 있다. 〔詩經〕 白斾央央백패앙앙. ❷깃발, 깃발이 펄럭이다.

7 ⑪【旋】 돌 선 先

고등 인명 3Ⅱ급 ㊥xuán, xuàn ㊐セン

필순 亠 方 方 方 於 斻 旋 旋 旋

소전 초서 속자 𣃘 자원 會意. 㫃＋疋→旋. 기〔㫃〕를 흔들어 지시하는 대로 발〔疋〕을 옮겨 진퇴(進退)한다는 데서 '되돌아오다, 돌다' 등의 뜻을 나타낸다.
자해 ❶돌다, 회전하다. ❷돌리다, 돌게 하다. 〔莊子〕 於是焉河伯始旋其面目어시언하백시선기면목. ❸되돌아오다. ❹굽다, 굴곡을 이루다. ❺오줌, 소변. ❻빨리, 갑자기.
旋乾轉坤(선건전곤) 천지가 회전함. 천하(天下)를 일신(一新)함.
旋歸(선귀) 가다가 되돌아옴.
旋毛(선모) 머리의 가마.
旋師(선사) 싸움에 이기고 군사를 돌려 돌아옴.
旋渦(선와) ①물이 소용돌이침. 소용돌이. ②일이 몹시 뒤얽힘.
旋踵(선종) 발길을 되돌림. 잠깐, 곧 시간의 짧음의 형용.
旋風(선풍) ①회오리바람. ②돌발적으로 생겨 사회에 큰 동요(動搖)를 일으킬 만한 사건.
旋環(선환) 돎. 돌림.
旋回(선회) 둘레를 빙빙 돎.
◨ 凱旋개선, 螺旋나선, 斡旋알선, 轉旋전선, 周旋주선, 回旋회선, 廻旋회선.

7 ⑪【旌】 기 정 庚

인명 2급 ㊥jīng ㊐セイ

소전 초서 자해 ❶기, 천자(天子)가 사기(士氣)를 고무할 때 쓰던 기. 오색(五色)의 깃털을 깃대 끝에 드리워 꾸민 기. ❷나타내다, 표창(表彰)하다, 밝히다.
旌鼓(정고) 기와 북.
旌旗(정기) 기(旗)의 총칭(總稱).
旌閭(정려) 충신·효자·열녀 등을 그들이 살던 고을에 정문(旌門)을 세워 표창함.
旌旄(정모) ①기의 총칭. ②지휘하는 기.
旌門(정문) ①제사나 연회 등에서 마련하는, 기(旗)로 꾸민 문. ②효자·열녀 등을 기려 나라에서 그 집 앞에 세우던 붉은 문.
旌節(정절) 사자(使者)가 들고 가던 기(旗).
旌表(정표) 선행을 여러 사람에게 알림.
旌顯(정현) 남의 선행(善行)을 세상에 널리 나타내어 보임.
◨ 銘旌명정, 表旌표정, 懸旌현정.

7 ⑪【族】 1 겨레 족 屋 2 음률 주 宥

중학 인명 6급 ㊥zú, zòu ㊐ゾク, ソク

필순 亠 方 方 方 扩 扩 於 族 族 族

소전 초서 고자 𡚸 참고 인명용 음은 '족'이다.
자원 會意. 㫃＋矢→族. 목표가 되게 세워 놓은 깃발〔㫃〕 아래 화살〔矢〕이 쌓여 있다는 뜻. 많은 무리가 모여 한 덩어리로 뭉쳐 있다는 데서 '겨레'란 뜻을 나타낸다.
자해 1 ❶겨레. ≒屬. ㉮친족. 〔書經〕 九族既

睦구족기목. ㉯같은 동포, 인종(人種)의 갈래. ¶ 蒙古族몽고족. ❷가계(家系). 성(姓)의 갈라짐을 씨(氏), 씨(氏)의 갈라짐을 족(族)이라 한다. ¶ 氏族씨족. ❸무리, 동류(同類). ¶ 魚族어족. ❹벌(罰)이 일족(一族)에게 미치는 극형(極刑). ❺백 집을 한 떼로 한 취락. 주대(周代)의 제도. ② 음률(音律).

族類(족류) ①일가붙이. ②같은 동아리.

族望(족망) 씨족(氏族) 가운데 명망(名望)이 있는 사람.

族閥(족벌) 큰 세력을 가진 문벌의 일족(一族).

族譜(족보) 한 집안의 계통과 혈통 관계를 적어 놓은 책.

族生(족생) 풀숲 등의 떨기가 더부룩하게 남. 簇生(족생). 叢生(총생).

族姓(족성) ①일족(一族)과 가족의 성씨. ②동성(同姓)과 이성(異姓). ③어떤 집안의 문벌이나 성망(聲望). 族望(족망).

族屬(족속) 같은 문중이나 계통의 겨레붙이. 族黨(족당).

族緣(족연) 친척의 인연.

8획

族長(족장) ①일족(一族)의 우두머리. ②주대(周代)의 지방 조직. 100가(家)를 족(族), 5족을 당(黨)이라 함.

族誅(족주) 한 사람의 죄로 일족 또는 삼족(三族)을 죽임.

族戚(족척) 친족(親族)과 인척(姻戚). 한 집안 사람. 族人(족인).

族親(족친) 성(姓)은 같지만 복(服)을 입는 가까운 친척이 아닌 일가.

◨ 家族가족, 巨族거족, 擧族거족, 公族공족, 九族구족, 貴族귀족, 同族동족, 名族명족, 民族민족, 蕃族번족, 閥族벌족, 部族부족, 士族사족, 三族삼족, 氏族씨족, 王族왕족, 遺族유족, 一族일족, 宗族종족, 種族종족, 親族친족, 血族혈족, 豪族호족, 皇族황족.

8 ⑫【旃】 깃발 바람에 날릴 나 📖

인명 ㊥nuǒ ㊐ナ

자해 깃발이 바람에 날리다.

8 ⑫【旐】 기 조 篠

㊥zhào ㊐チョウ

소전 초서 자해 기. 거북과 뱀을 그려 넣은, 폭이 넓은 검은 빛깔의 기.

9 ⑬【旒】 깃발 류 尤

인명 ㊥liú ㊐リュウ

초서 자해 ❶깃발, 기각(旗脚). 깃대에 매지 않는 쪽의 기폭 귀에 붙인 긴 오리. 보통 붉은 비단으로 한다. ¶ 旒旗류기. ❷면류관의 앞 뒤에 드리운 주옥(珠玉)을 펜 술. 천자(天子)는 12줄, 제후(諸侯)는 9줄을 드리운다.

9 ⑬【旕】 國땅 이름 엇

자해 ❶땅 이름. ❷엇시조(旕時調).

10 ⑭【旗】 기 기 支

고등 인명 7급 ㊥qí ㊐キ

필순 ˊ 亠 方 方 方 扩 旃 旃 旗 旗 旗

소전 초서 동자 旂 자원 形聲. 㫃+其→旗. '其(기)'가 음을 나타낸다.

자해 ❶기. ㉮곰과 범을 그린 붉은 기. 군대의 장수가 세우는 기. ㉯기의 범칭. 〔周禮〕 熊虎爲旗웅호위기. ❷표, 표지(標識). ❸별 이름. ❹군대의 부서. 청대(淸代)에 기의 빛깔에 따라 구분했던 군대의 부서. ¶ 八旗팔기.

旗脚(기각) 깃대에 매지 않는 쪽의 기폭 귀에 붙인 긴 오리. 깃발. 旒綴(유철).

旗鼓(기고) 군대를 지휘하는 데 쓰는 기와 북.

旗鼓相當(기고상당) ①양군(兩軍)이 대치함. 양군이 승패를 다툼. ②양쪽의 군세(軍勢)가 엇비슷함.

旗手(기수) ①행렬 등의 앞에서 기를 드는 사람. ②사회 활동에서 대표로 앞장서는 사람의 비유.

旗章(기장) 깃발의 총칭. 旗標(기표).

旗亭(기정) 술집. 요릿집.

旗幟(기치) ①군중(軍中)에서 쓰던 온갖 기. ②어떤 목적을 위하여 표명(表明)하는 태도나 주장. ③기의 표지(標識).

旗幟槍劍(기치창검) 진중에서 쓰는 기·창·칼 따위의 총칭.

旗飄(기표) 깃발이 펄럭임.

旗艦(기함) 함대의 사령관이 타고 있는 군함.

旗號(기호) 기의 표지(標識). 旗幟(기치).

◨ 校旗교기, 九旗구기, 國旗국기, 軍旗군기, 反旗반기, 叛旗반기, 白旗백기, 社旗사기, 手旗수기, 弔旗조기, 降旗항기.

14 ⑱【旛】 기 번 元

㊥fān ㊐ハン

소전 초서 자해 기. ≒幡. ㉮기의 범칭(泛稱). ㉯청대(清代)에 천자(天子)가 거둥할 때 쓰던 기.

15 ⑲【旜】 旃(569)과 동자

无部 없을 무

0 ④【无】 없을 무 虞

㊥mó, wú ㊐ム, ブ

소전 초서 참고 '无'가 한자의 구성에서 방에 쓰일 때는 글자 모양이 '旡'로 바뀌고, '이미기방'이라고 부른다.

자원 會意. 一+大→无. 사람〔大〕의 머리 위에 '一'을 더하여 머리가 보이지 않게 한다는 데서 '없다'란 뜻을 나타낸다.

자해 **없다**. =無.

0 ④【旡】 목 멜 기 未

㊥jì ㊐キ

소전 초서 자해 **목이 메다**. 음식물이 들어가 목이 메다.

5 ⑨【既】 旣(571)의 속자

7 ⑪【旣】 1이미 기 未 2녹미 희 未

중학 인명 3급 ㊥jì, xì ㊐キ

필순 ノ 亻 白 白 白 皀 皀 皀 旣 旣

소전 초서 속자 既 속자 旣 참고 인명용 음은 '기'이다.

자원 會意·形聲. 皀+旡→旣. '旡(기)'가 음도 나타낸다. 껍질이나 겨 따위를 벗긴 맛있는 곡물〔皀〕을 먹어서 배가 불러 목이 멘다는 뜻. 한도(限度)에 차도록 먹었다는 데서 '이미'란 뜻을 나타낸다.

자해 1 ❶**이미, 벌써, 이전에**. 〔書經〕 九族既睦구족이목, 平章百姓평장백성. ❷**다하다, 다 없어지다, 다 없애다**. 2 **녹미(祿米)**. 다달이 급료(給料)로 주는 쌀. 〔禮記〕 旣廩稱事희름칭사.

旣刊(기간) 이미 간행됨.
旣決(기결) 이미 결정됨.
旣得權(기득권) 정당한 절차를 밟아 이미 차지한 권리.
旣望(기망) 이미 보름이 지남. 음력 16일.
旣成(기성) ①사물이 이미 이루어짐. 이미 다 만들어짐. ②國신주(神主)를 만듦.
旣述(기술) 이미 서술함.
旣往(기왕) 이미 지나간 때.
旣往不咎(기왕불구) 이미 지나간 일은 탓하지 않음.
旣爲(기위) 國이미.
旣已(기이) 이미. 벌써.
旣定(기정) 이미 정해짐.
旣存(기존) 이전부터 있음.
旣婚(기혼) 이미 결혼함.
■ 皆旣개기, 蝕旣식기.

7 ⑪【旣】 旣(571)의 속자

9 ⑬【旤】 禍(915)의 고자

日部 날 일

0 ④【日】 해 일 質

중학 인명 8급 ㊥rì ㊐ジツ, ニチ

필순 丨 冂 月 日

소전 초서 자원 象形. 해의 모양을 본뜬 글자.

자해 ❶**해, 태양**. 음양(陰陽)으로는 양(陽), 오행으로는 화(火), 인도(人道)로는 군(君)·덕(德) 등에 해당한다. 〔易經〕 日月相推일월상추. ❷**날**. ㉮**하루**. 자정(子正)에서 다음 날 자정까지의 동안. 〔漢書〕 合時月正日합시월정일. ㉯**낮, 대낮**. 〔孟子〕 夜以繼日야이계일. ㉰**날짜**. ❸**세월**. ❹**때, 시기(時期)**. 〔孟子〕 壯者以暇日장자이가일, 修其孝悌忠信수기효제충신. ❺**기한, 하루의 기한**. 〔國語〕 不日成之불일성지.

日角(일각) ①이마 중앙의 뼈가 해 모양으로 두두룩함. 귀인(貴人)의 상. ②왼쪽 이마.
日脚(일각) 햇발. 햇살.
日刊(일간) 날마다 발행함.
日旰(일간) 날이 저묾. 日暮(일모).
日間(일간) 하루 동안. 요 며칠 사이.
日改月化(일개월화) 날로 달로 변천함.
日高三丈(일고삼장) 國해가 세 길이나 떠올랐음. 날이 밝아 해가 중천에 떠 있음.

日工(일공) ①날품팔이. ②하루의 품삯. ③날삯을 주고 시키는 일.
日課(일과) 날마다 일정하게 하는 일.
日官(일관) 달력에 관한 일을 맡아보는 벼슬아치. 천문(天文)을 맡은 벼슬아치.
日光(일광) 햇빛.
日較差(일교차) 기온·기압·습도 따위의 하루 동안의 최대값과 최소값의 차이.
日晷(일구) ①해의 그림자. ②해시계.
日久月深(일구월심) 날이 오래되고 달이 깊어 감. 세월이 흘러 오래될수록 자꾸 더하여짐.
日軌(일궤) 해가 지나가는 길. 태양의 궤도. 黃道(황도).
日給(일급) 하루를 단위로 하여 지급하는 급료.
日記(일기) ①날마다 일어난 일이나 생각 따위를 적은 기록. ②國폐위된 임금의 치세를 적은 역사.
日氣(일기) 그날그날의 천기(天氣). 날씨.
日暖風和(일난풍화) 날씨가 따뜻하고 바람이 부드러움.
日當(일당) 하루 몫의 수당이나 보수.
日來(일래) ①날마다 옴. ②해가 돋음. ③근래. 요사이.
日曆(일력) ①사관(史官)이 그날그날 조정의 일을 기록한 책. ②날짜별로 볼 수 있는 책력(冊曆).
日錄(일록) ①날마다 일어난 일을 기록함. 日記(일기). ②사건을 기록하는 데 있어서 반드시 그 날짜를 표시하는 일.
日暮途遠(일모도원) 날은 저물고 갈 길은 멂. 늙고 쇠약한데 할 일은 아직 많음.
日沒(일몰) 해가 짐.
日薄西山(일박서산) 해가 서산에 가까워짐. 늙어서 죽을 때가 가까워짐.
日邊(일변) ①태양의 언저리. 태양이 있는 곳. ②왕성(王城)의 근처. ③國하루하루 셈을 치는 변리(邊利).
日報(일보) ①매일 매일 하는 보고나 보도. ②일간 신문.
日復日(일부일) 나날이. 날마다.
日不暇給(일불가급) 날마다 일이 바빠서 여가가 없음.
日不移晷(일불이구) 태양도 그림자를 옮기지 못함. 매우 짧은 동안.
日常(일상) 날마다. 평소에.
日夕(일석) ①낮과 밤. 日夜(일야). 旦夕(단석). ②저물 때. 저녁 무렵.
日省(일성) ①날마다 자기의 행실을 반성함. ②날마다 남의 일하는 태도를 살핌.
日時(일시) 날과 때. 날짜와 시간.
日蝕(일식) 달이 태양과 지구 사이에 끼어서 태양의 일부 또는 전부를 가리는 현상.
日辰(❶일신 ❷일진) ❶일월성신(日月星辰). ❷날의 간지(干支). 곧, 갑자일(甲子日)·을축일(乙丑日) 따위.
日新(일신) 날로 새로워짐. 매일매일 잘못을 고쳐 나감.
日新月盛(일신월성) 날로 새로워지고 달로 왕성하여짐. 나날이 발전함.
日深(일심) 나날이 깊어 감.
日夜(일야) 낮과 밤. 晝夜(주야).
日夜不絕(일야부절) 밤낮으로 계속함.
日域(일역) ①해가 뜨는 곳. 暘谷(양곡). ②해가 비치는 범위. 天下(천하).
日曜(일요) 해가 빛남.
日用(일용) 날마다 씀.
日傭(일용) 날품팔이.
日月(일월) ①해와 달. ②세월(歲月). 광음(光陰). ③하루나 한 달.
日月星辰(일월성신) 해와 달과 별.
日日(일일) 날마다. 나날.
日者(일자) ①점술가(占術家). 그날그날 길흉(吉凶)을 점치는 사람. ②지난날. ③근래.
日昨(일작) ①어제. ②지난날.
日前(일전) 며칠 전. 요전.
日程(일정) ①그날 해야 할 일. ②그날 하루에 가야 할 도정(道程).
日精(일정) 태양의 정기.
日中(일중) ①한낮. 정오(正午). ②밤과 낮의 길이가 같은 때. 춘분(春分)과 추분(秋分).
日中食(일중식) 國가난한 사람이 낮에만 한 번 밥을 먹음. 日中(일중).
日增月加(일증월가) 날로 달로 자꾸 늘어감.
日至(일지) 하지(夏至)와 동지(冬至).
日誌(일지) 그날그날의 일을 적은 책.
日進月步(일진월보) 날로 달로 진보함.
日參(일참) 날마다 출사(出仕)함.
日就月將(일취월장) 나날이 다달이 자라고 발전함. 日將月就(일장월취).
日下(일하) ①해가 비추는 아래. 천하(天下). ②서울. ③먼 곳. 하늘 밑. ④동쪽의 먼 나라.
日行(일행) ①하루에 걷는 걸음. ②태양의 운행. ③해가 돎. 절기(節氣).
日華(일화) 햇빛. 해의 광화(光華).
日後(일후) 뒷날. 후일.
日暈(일훈) 태양 둘레에 보이는 무지개와 같은 현상. 햇무리.
日興(일흥) ①날마다 즐거워함. ②날로 번성하여 일어남.
◨ 近日근일, 今日금일, 忌日기일, 吉日길일, 同日동일, 每日매일, 明日명일, 白日백일, 百日백일, 餘日여일, 迎日영일, 曜日요일,

日
0획

元日원일, 月日월일, 翌日익일, 昨日작일, 前日전일, 祭日제일, 週日주일, 卽日즉일, 祝日축일, 春日춘일, 他日타일, 擇日택일, 平日평일, 休日휴일, 凶日흉일.

1 ⑤【旧】 舊(1050)의 속자

1 ⑤【旦】 아침 단 翰

고등 인명 3Ⅱ급 ㊥dàn ㊐タン

필순 丨 冂 日 日 旦

소전 초서 자원 會意. 日+一→旦. 해〔日〕가 지평선〔一〕에 막 솟아올랐다는 데서 '아침'이란 뜻을 나타낸다.

자해 **❶아침, 해가 돋을 무렵. ❷밤을 새우다.** 〔詩經〕 誰與獨旦수여독단. **❸밤이 새다.**

旦望(단망) 삭일(朔日)과 망일(望日). 음력 초하루와 보름. 朔望(삭망).

旦明(단명) 새벽녘. 朝明(조명).

旦暮(단모) ①해뜰 무렵과 해질 무렵. 아침과 저녁. 旦夕(단석). ②아침저녁으로. 늘. 언제나. ③머지않아. 이내. 곧.

旦夕(단석) 아침과 저녁.

旦晝(단주) 낮.

◨ 明旦명단, 歲旦세단, 元旦원단, 一旦일단, 正旦정단, 早旦조단, 曉旦효단.

2 ⑥【旬】 열흘 순 眞

고등 인명 3Ⅱ급 ㊥xún ㊐ジュン

필순 ノ 勹 勺 旬 旬 旬

초서 자원 會意. 勹+日→旬. '勹'는 '包(쌀 포)'의 생략형. 날〔日〕을 한 돌림 돌게 싼다〔勹〕는 뜻. 날은 십간(十干)에 따라 갑(甲)에서 계(癸)에 이르는 열흘에 한 번을 돌기 때문에 '열흘'이란 뜻을 나타낸다.

자해 **❶열흘, 열흘 동안.** 〔書經〕 朞기, 三百有六旬有六日삼백유륙순유륙일. **❷열 번.** 〔魏志〕 修之旬年수지순년. **❸차다, 꽉 차다. ❹두루, 골고루 미치다.** 〔詩經〕 來旬來宣래순래선. **❺돌다, 한 번 돌다.** 〔管子〕 入國四旬입국사순.

旬刊(순간) 열흘마다 간행함. 旬報(순보).

旬望間(순망간) 음력 초열흘과 보름 사이.

旬報(순보) 열흘에 한 번씩 발간하는 신문.

旬朔(순삭) ①초열흘과 초하루. ②열흘 동안.

旬宣(순선) 사방을 두루 다스려 왕명을 폄.

旬餘(순여) 열흘 남짓한 동안.

旬月(순월) ①만 한 달. ②열 달. ③열흘이나 달포 가량.

旬日(순일) ①음력 초열흘. ②열흘 동안.

旬葬(순장) 죽은 지 열흘 만에 지내는 장사.

旬製(순제) ①성균관(成均館)에서 열흘마다 유생들에게 보이던 시문(詩文)의 시험. ②승문원(承文院)의 관리들에게 열흘마다 보이던 이문(吏文)의 시험.

◨ 三旬삼순, 上旬상순, 中旬중순, 初旬초순, 下旬하순.

2 ⑥【旭】 아침 해 욱 沃

인명 2급 ㊥xù ㊐キョク

소전 초서 자해 **❶아침 해, 돋는 해.** ¶ 旭光욱광. **❷해가 뜨다, 해가 돋는 모양.** ¶ 旭旭욱욱. **❸득의(得意)한 모양.** ¶ 旭旭욱욱.

旭光(욱광) 아침 햇빛. 旭暉(욱휘).

旭日(욱일) 아침 해.

旭日昇天(욱일승천) 아침 해가 하늘에 떠오름. 아침 해가 떠오르는 듯한 기세.

◨ 朝旭조욱.

2 ⑥【早】 새벽 조 皓

중학 인명 4Ⅱ급 ㊥zǎo ㊐ソウ

필순 丨 冂 日 日 旦 早

소전 초서 자원 會意. 日+十→早. '十'은 '甲(머리 갑)'의 생략형. 태양〔日〕이 사람의 머리〔十〕 위에 있다는 데서 '새벽, 아침' 등의 뜻을 가진다.

자해 **❶새벽, 이른 아침. ❷이르다. ㉮때가 아직 오지 아니하다.** 〔春秋左氏傳〕 盛服將朝성복장조, 尙早상조, 坐而假寐좌이가매. **㉯기준되는 때보다 앞서 있다. ❸일찍. ㉮미리, 앞서.** 〔易經〕 由辨之不早辨也유변지부조변야. **㉯첫, 처음.** ¶ 早秋조추.

早計(조계) 깊은 사려 없이 일을 서두름.

早起(조기) 아침 일찍 일어남.

早期(조기) 이른 시기.

早旦(조단) 이른 아침. 早朝(조조).

早達(조달) ①일찍 출세(出世)함. 젊어서 영달(榮達)함. ②나이보다 올됨.

早老(조로) 나이에 비해 일찍 늙음. 겉늙음.

早漏(조루) 성교(性交) 때에 정액이 비정상적으로 너무 빨리 나오는 일.

早晩(조만) ①이름과 늦음. ②아침과 저녁. 조석(朝夕). 旦暮(단모). ③이르건 늦건. 언젠가. 머지않아. ④요사이. 작금(昨今).

早晩間(조만간) ①머지않아. ②이르든지 늦든

지 간에.
早白(조백) ①서둘러 아룀. 바삐 보고함. ②國 머리가 일찍 셈.
早產(조산) 달이 차기 전에 아기를 낳음.
早歲(조세) 젊은 나이. 早年(조년).
早速(조속) 이르고도 빠름.
早衰(조쇠) 일찍 쇠약하여짐.
早熟(조숙) ①곡식·과일 따위가 일찍 익음. ②나이에 비하여 어른스러움.
早食(조식) 아침밥을 일찍 먹음. 아침밥.
早晨(조신) 새벽. 이른 아침.
早失父母(조실부모) 어려서 부모를 여읨.
早秧(조앙) 일찍 낸 볏모.
早刈(조예) 곡식을 일찍 베는 일.
早朝(조조) 새벽. 이른 아침. 早天(조천).
早秋(조추) 초가을. 初秋(초추).
早出暮歸(조출모귀) 아침 일찍 집을 나갔다가 저녁 늦게 돌아옴.
早退(조퇴) 정해진 시각보다 일찍 돌아감.
早慧(조혜) 어려서부터 지혜가 많음.
早婚(조혼) 결혼 적령기보다 일찍 결혼함.
早曉(조효) 새벽.
◨ 尙早상조.

2 ⑥【旨】 맛있을 지 紙

인명 2급 ㊥zhǐ ㊐シ

소전 초서 동자 旨 고자 舌 자해 ❶맛있다, 맛이 좋다. 〔詩經〕 爾酒旣旨이주기지. ❷맛있는 음식. 〔論語〕 食旨不甘식지불감. ❸아름답다, 선미(善美)하다. ❹뜻. ㉮속에 먹은 마음. ㉯내용, 의의.
旨甘(지감) 맛 좋은 음식. 어버이를 봉양하는 음식.
旨意(지의) 뜻. 생각.
旨酒(지주) 맛이 좋은 술.
旨趣(지취) 어떤 일에 깃들여 있는 깊은 뜻.
◨ 微旨미지, 密旨밀지, 聖旨성지, 令旨영지, 宗旨종지, 趣旨취지.

2 ⑥【旨】 旨(574)와 동자

3 ⑦【旰】 해질 간 翰

㊥gàn ㊐カン

소전 초서 자해 ❶해가 지다, 저물어서 때가 늦다. 〔春秋左氏傳〕 日旰不召일간불소. ❷빛이 성한 모양.
旰食(간식) 늦게 식사함. 임금이 정사(政事)에 바빠서 끼니를 늦게 먹음.
◨ 日旰일간.

3 ⑦【昊】 ①햇빛 대 灰 ②클 영 梗

인명 ㊥tái, yīng ㊐タイ, エイ
참고 인명용 음은 '대·영'이다.
자해 ① 햇빛. ② 크다.

3 ⑦【时】 時(583)의 속자

3 ⑦【旴】 클 우 虞

인명 ㊥xū ㊐ク

초서 자해 ❶크다. ❷해가 돋다, 해가 돋는 모양.

3 ⑦【舌】 旨(574)의 고자

3 ⑦【旱】 가물 한 翰

고등 인명 3급 ㊥hàn ㊐カン

필순 丶 ㄇ ㄖ 日 旦 旱 旱

소전 초서 자원 形聲. 日+干→旱. '干(간)'이 음을 나타낸다.
자해 ❶가물다, 가뭄. 〔詩經〕 旱旣大甚한기대심. ❷뭍, 육지.
旱乾(한간→한건) 가뭄으로 땅이 마름.
旱氣(한기) 가뭄. 한발.
旱稻(한도) 밭벼. 陸稻(육도).
旱路(한로) 육상(陸上)의 길. 陸路(육로).
旱雷(한뢰) 맑은 날에 치는 천둥. 마른 번개.
旱魃(한발) ①가뭄. ②가뭄을 맡아 한해를 일으킨다는 귀신.
旱騷(한소) 가뭄으로 말미암은 소동.
旱災(한재) 가뭄으로 인하여 생기는 재앙.
旱田(한전) 밭을 논에 비기어 이르는 말.
旱祭(한제) 기우제(祈雨祭).
旱徵(한징) 가뭄의 징조.
旱天(한천) ①여름 하늘. ②몹시 가문 날씨.
旱害(한해) 가뭄으로 인하여 입은 재해.
◨ 救旱구한, 大旱대한, 炎旱염한.

4 ⑧【昆】 형 곤 元

인명 1급 ㊥kūn ㊐コン

소전 초서 자해 ❶형, 맏. 〔詩經〕 終遠兄弟종원형제, 謂他人昆위타인곤. ❷뒤, 다음, 나중. 〔書經〕 昆命于元龜 곤명우원귀. ❸자손, 후예. 〔書經〕 垂裕後昆수유후곤. ❹같이, 함께. ❺많다, 잡다(雜多)하다.

昆季(곤계) 형제. 昆弟(곤제).

昆侖(곤륜) ①물건에 구별이 없어 확실하지 아니한 모양. 混沌(혼돈). ②산 이름.

昆孫(곤손) ①현손(玄孫)의 손자(孫子). 육대손(六代孫). ②먼 후손을 두루 이르는 말.

昆弟(곤제) 형과 아우. 형제.

昆蟲(곤충) 벌레의 총칭.

昆布(곤포) 다시마. 갈조류의 하나.

◨ 後昆후곤.

4
⑧【昑】 밝을 금 寢

인명 ㊥qǐn ㊐キン

자해 밝다, 환하다.

4
⑧【旽】 밝을 돈 元

인명 ㊥tūn, zhùn ㊐トン

자해 밝다, 동이 트다. ＝暾.

4
⑧【明】 밝을 명 庚

중학 인명 6급 ㊥míng ㊐メイ, ミョウ

필순 丨 ∏ 月 日 日) 明 明 明

소전 [전서] 초서 [초서] 동자 朙 자원 會意. 日＋月→明. 해〔日〕와 달〔月〕이 함께 있으면 밝다는 데서 '밝다'란 뜻을 나타낸다.

자해 ❶밝다. ㉮빛이 밝다. 〔荀子〕 在天者莫明於日月재천자막명어일월. ㉯눈이 밝다. 〔史記〕 明者見於未形명자견어미형. ㉰사리(事理)에 밝다. ¶ 明君명군. ㉱날이 밝다. 〔詩經〕 東方明矣동방명의. ㉲확실하다, 명백하다. ❷밝히다. ㉮알려주다, 깨닫게 하다. 〔大學〕 在明明德재명명덕. ㉯구별하여 똑똑하게 하다. 〔禮記〕 黃帝正名황제정명, 百物以明백물이명. ❸나타나다, 명료하게 드러나다. ¶ 明著명저. ❹희다, 하얗다. ❺낮, 주간(晝間). ¶ 明夜명야. ❻새벽. 〔漢書〕 待明而入대명이입. ❼빛, 광채. 〔易經〕 日月相推일월상추, 而明生焉이명생언. ❽이승, 현세(現世). ❾시력(視力). 〔孟子〕 明足以察秋毫之末명족이찰추호지말. ❿해·달·별. 〔荀子〕 天見其明천견기명. ⓫왕조 이름. 주원장(朱元璋)이 원(元)을 멸하고 세운 왕조.

明鑑(명감) ①밝은 거울. ②뛰어난 감식(鑑識). ③밝은 본보기. 귀감(龜鑑).

明見萬里(명견만리) 만 리 밖을 내다봄. 매우 총명함.

明經(명경) ①경학(經學)에 밝음. ②과거(科擧)의 과목(科目) 이름.

明鏡(명경) ①맑은 거울. ②달〔月〕의 딴 이름.

明鏡止水(명경지수) 맑은 거울과 고요한 물. 잡념과 가식과 허욕이 없는 아주 맑고 깨끗한 마음.

明公(명공) 높은 벼슬아치를 부를 때 높여 일컫는 말.

明光(명광) 밝게 빛남. 밝은 빛.

明君(명군) 총명한 임금.

明氣(명기) ①맑고 아름다운 산천의 기운. 밝은 기운. ②상쾌하고 명랑한 얼굴빛.

明器(명기) 장사 지낼 때에 시체와 같이 묻는 여러 가지 기물.

明年(명년) 다음 해. 來年(내년).

明旦(명단) 내일 아침.

明達(명달) 사리에 밝게 통달함.

明堂(명당) ①임금이 정교(政教)를 행하던 곳. ②풍수설(風水說)에서 좋은 묏자리나 집터.

明德(명덕) 밝은 덕(德). 흐리지 않은 맑은 덕성(德性).

明度(명도) 넓은 도량.

明道(명도) ①밝은 도리. ②도리를 분명히 함.

明朗(명랑) ①흐린 데가 없이 밝고 환함. ②유쾌하고 활발함.

明亮(명량) 현명한 임금과 충량(忠良)한 신하.

明麗(명려) 밝고 아름다움.

明瞭(명료) 분명하고 똑똑함.

明倫(명륜) 인륜(人倫)을 밝히는 일.

明倫堂(명륜당) ①공자묘(孔子廟)의 대전(大殿). ②國성균관(成均館) 안의 유학(儒學)을 강학(講學)하던 곳.

明滅(명멸) 켜졌다 꺼졌다 함.

明命(명명) 밝은 명령. ㉠하늘의 명령. ㉡임금의 명령.

明明(명명) 환히 드러난 모양. 분명한 모양.

明明白白(명명백백) 추호(秋毫)도 의심할 여지가 없음. 아주 명백함.

明眸皓齒(명모호치) 밝은 눈동자와 흰 이. 미인의 아름다운 용모.

明目張膽(명목장담) 눈을 밝게 하고 담을 폄. 두려워하지 않고 분발하여 일을 함.

明文(명문) ①법전(法典)에 분명히 기록되어 있는 조문. ②증서.

明媚(명미) 아름답고 고움.

明敏(명민) 사리에 밝고 재지(才智)가 있음.

明白(명백) 분명하고 뚜렷함.

明法(명법) ①당대(唐代)의 과거(科擧) 과목의 하나. 법률을 시험하였음. ②법을 바로잡아 밝힘.

明辯(명변) ①명확한 변설. 분명히 말함. ②명백하게 분별함.
明分(명분) ①분수를 밝힘. 분한(分限)을 분명히 함. ②당연한 직분(職分).
明師(명사) 학문에 밝은 스승.
明庶風(명서풍) 동쪽에서 불어 오는 바람. 東風(동풍).
明晳(명석) 생각이나 판단이 분명하고 똑똑함.
明星(명성) 밝게 빛나는 별. 금성(金星).
明聖(명성) 총명하고 덕(德)이 높음. 임금의 지덕(智德).
明細(명세) 분명하고 자세함.
明水(명수) 맑고 깨끗한 물. 제사를 지낼 때, 떠 놓는 물.
明淑(명숙) 현명하고 정숙함.
明示(명시) 분명하게 드러내 보임.
明時(명시) ①평화스러운 세상. 태평한 세상. ②명(明)나라 때.
明視(명시) 물건을 똑똑히 봄. 밝은 눈.
明識(명식) 밝게 앎. 밝은 식견.
明悉(명실) 환하게 죄다 앎.
明暗(명암) 밝음과 어두움. 밝기.
明夜(명야) ①낮과 밤. ②내일 밤.
明若觀火(명약관화) 불빛을 보는 것과 같이 뚜렷함. 더 말할 나위 없이 명백함.
明言(명언) 명백히 말함.
明叡(명예) 밝고 지혜로움.
明悟(명오) 환히 깨달음. 총명함.
明遠(명원) 밝고 심원함.
明月(명월) 밝은 달.
明月爲燭(명월위촉) 밝은 달을 등불로 삼음.
明衣(명의) ①염습할 때 맨 먼저 입히는 옷. ②재계(齋戒)할 때 목욕한 뒤에 입는 속옷.
明日(명일) 이튿날. 來日(내일).
明章(명장) 밝게 나타냄. 분명하게 드러냄.
明才(명재) 사리에 밝은 재능.
明著(명저) 밝음. 밝게 드러남.
明正(명정) 분명하게 밝힘.
明淨(명정) 깨끗하고 맑음.
明詔(명조) 명철한 조서. 훌륭한 조칙(詔勅).
明主(명주) 어질고 총명한 임금. 明君(명군).
明珠暗投(명주암투) 명주(明珠)를 어둠 속에서 사람에게 던져 줌. 귀중한 물건도 남에게 잘못 주면 도리어 원망을 삼.
明旨(명지) 분명한 취지. 명확한 뜻.
明智(명지) 총명한 지혜.
明眞(명진) 공명하고 진실함. 명확한 진리.
明澄(명징) 깨끗하고 맑음.
明察(명찰) 명확하게 살핌.
明暢(명창) ①음성이 맑고 시원함. ②논지(論旨)가 분명하고 조리가 있음.
明天(명천) ①내일. ②밝은 하늘. ③國모든 것을 환히 다 아는 하느님.
明哲保身(명철보신) 지혜가 뛰어나고 이치를 좇아 일을 처리하여 몸을 온전하게 보전함.
明燭(명촉) ①밝은 촛불. ②촛불을 켬.
明治(명치) 밝게 다스림. 잘하는 정치.
明快(명쾌) 분명하고 시원함.,
明解(명해) ①분명하게 앎. ②분명하게 해석함. 분명한 해설.
明驗(명험) 뚜렷한 효험.
明顯(명현) 밝게 나타남.
明火(명화) ①일광(日光)에서 얻은 불. 제사에 썼음. ②밝은 불.
明火賊(명화적) 國불한당(不汗黨).
明確(명확) 분명하고 확실함.
明效(명효) 명백한 효험. 현저한 효험.
明曉(명효) 분명히 깨달음.
明訓(명훈) 사리에 올바른 교훈.
明輝(명휘) 밝게 빛남. 밝은 빛.

◨ 高明고명, 公明공명, 光明광명, 文明문명, 發明발명, 分明분명, 不明불명, 說明설명, 聲明성명, 神明신명, 失明실명, 黎明여명, 月明월명, 幽明유명, 自明자명, 證明증명, 透明투명, 賢明현명.

4 ⑧ 【旼】 화락할 민 眞

인명 2급 ㊥mín ㊐ビン

초서 자해 ❶화락하다, 화락한 모양. ❷하늘. ※旻(576)과 동자(同字).

4 ⑧ 【旻】 하늘 민 眞

인명 2급 ㊥mín ㊐ビン

소전 초서 동자 旼 자해 하늘, 가을하늘. 〔書經〕日號泣于旻天일호읍우민천.

旻天(민천) ①가을 하늘. ②뭇사람을 사랑으로 돌보아 주는 어진 하늘.

◨ 九旻구민.

4 ⑧ 【昉】 마침 방 養

인명 1급 ㊥fǎng ㊐ホウ

소전 초서 자해 ❶마침, 때마침. ❷비로소, 처음으로.

4 ⑧ 【昐】 햇빛 분 文

인명 ㊥fēn ㊐フン

자해 햇빛.

日
4획

4 ⑧【昔】 예 석 陌

중학 인명 3급 ㊥xī ㊐セキ

필순 一 十 卄 艹 昔 昔 昔 昔

소전 초서 자원 會意. 丗＋日→昔. '丗'는 '≈'가 변한 것으로 '홍수'를 뜻한다. 지난날〔日〕의 홍수〔丗〕를 잊지 않는다는 데서 '옛날'이라는 뜻을 나타낸다.

자해 ❶**예, 옛날.** 〔書經〕昔在帝堯석재제요. ❷**오래다, 오래되다.** 〔詩經〕誰昔然矣수석연의. ❸**접때, 앞서.** ❹**어제.** 〔孟子〕昔者辭以疾석자사이질. ❺**저녁, 밤.** ≒夕.

昔年(석년) ①옛날. 여러 해 전. ②지난해.
昔歲(석세) 지난해. 작년.
昔彥(석언) 옛날의 현사(賢士).
昔人(석인) 옛사람. 古人(고인).
昔日(석일) 옛날.
◨ 古昔고석, 今昔금석, 夙昔숙석, 往昔왕석, 在昔재석.

4 ⑧【晬】 晬(588)와 동자

4 ⑧【昇】 오를 승 蒸

고등 인명 3Ⅱ급 ㊥shēng ㊐ショウ

필순 丨 冂 日 日 旦 旦 昇 昇

소전 초서 자원 形聲. 日＋升→昇. '升(승)'이 음을 나타낸다.

자해 ❶**오르다.** ㉮**해가 떠오르다.** ㉯**높은 곳에 오르다.** ㉰**벼슬·지위 등이 오르다.** ❷**올리다, 위계(位階)를 올려 주다.**

昇降(승강) ①오르고 내림. ②國서로 옥신각신함. 승강이.
昇格(승격) 격을 올림. 격이 높아짐.
昇騰(승등) 값이 오름.
昇敍(승서) 관위(官位)를 올림. 지위가 높아짐.
昇進(승진) 벼슬이나 지위·계급이 오름.
昇天(승천) ①하늘에 오름. ②죽음.
昇天入地(승천입지) 하늘에 오르고 땅속에 들어감. 가뭇없이 사라져 버림.
昇沈(승침) 뜨고 잠김. 인생에서 잘됨과 못됨.
昇平(승평) 세상이 조용하고 잘 다스려짐. 나라가 태평함.
昇遐(승하) 먼 곳으로 오름. 임금의 죽음. 崩御(붕어).
昇華(승화) ①영화롭고 권세 있는 지위에 오름. ②고체가 액체 상태를 거치지 않고 직접 기체로 변하는 일.

4 ⑧【旹】 時(583)의 고자

4 ⑧【峕】 時(583)와 동자

4 ⑧【昂】 오를 앙 陽

인명 1급 ㊥áng ㊐ゴウ

소전 초서 속자 昻 자해 ❶**오르다.** ㉮**높이 오르다.** 〔唐書〕俄而物價踊昂아이물가용앙. ㉯**기운·감정 등이 높아지다.** ¶ 昂揚앙양. ❷**들다, 머리를 들다.** ❸**높다.**

昂貴(앙귀) 물가가 뛰어오름. 騰貴(등귀). 昂騰(앙등).
昂揚(앙양) 정신·의욕 따위를 드높임.
◨ 激昂격앙, 低昂저앙, 軒昂헌앙.

4 ⑧【易】 1바꿀 역 陌 2쉬울 이 寘

중학 인명 4급 ㊥yì ㊐エキ, イ

필순 丨 冂 日 日 月 另 易 易

소전 초서 참고 인명용 음은 '역·이'이다.

자원 象形. 도마뱀의 머리와 네 개의 발을 본뜬 글자로, 원뜻은 '도마뱀'이다.

자해 1❶**바꾸다. 고치다, 새롭게 하다.** 〔國語〕子常易之자상역지. ❷**교환하다.** 〔春秋左氏傳〕楚人圍宋초인위송, 易子而食역자이식. ❸**장사하다, 무역하다.** 〔荀子〕易者以一易一역자이일역일. ❹**바뀌다, 새로워지다, 개선되다.** ❺**점.** 거북의 등딱지를 태워 나타난 금을 보고 길흉화복을 아는 일. 〔管子〕易者所以守吉凶成敗也역자소이수길흉성패야. ❻**오경의 하나, 역경(易經), 주역(周易).** 〔史記〕孔子晩而喜易공자만이희역, 韋編三絕위편삼절. ❼**점치는 일을 맡은 벼슬아치.** 2❶**쉽다.** 〔論語〕爲君難爲臣不易위군난위신불이. ❷**편안하다, 평온하다.** 〔中庸〕君子居易以俟命군자거이이사명. ❸**평평하다, 평탄하다.** ❹**경시하다. 가벼이 보다.** 〔禮記〕易慢之心入之矣이만지심입지의.

易理(❶역리 ❷이리) ❶주역의 법칙. ❷다스리기 쉬움.
易象(역상) 음양오행설에서 주역의 괘(卦)에 나타난 현상.
易書(역서) 점에 관한 것을 기록한 책.

日 4획

易筮(역서) 길흉(吉凶)을 점침. 卜筮(복서).
易姓革命(역성혁명) ①왕조가 바뀜. ②임금이 덕이 없어 민심을 잃으면, 덕이 있는 다른 사람이 천명(天命)을 받아 새로운 왕조를 세워도 좋다는 유교의 정치 사상.
易數(역수) 주역의 법칙에 의하여 길흉을 미리 알아내는 술법.
易子敎之(역자교지) 자식을 서로 바꾸어서 가르침. 자기의 자식은 자기가 가르치기 어려움.
易田(역전) 땅이 메말라서 매년 경작하지 못하고 한 해 걸러 짓는 논밭.
易占(역점) 64괘에 의해서 자연(自然)·인사(人事)와 그 밖의 모든 일의 길흉(吉凶)을 판단하는 일.
易地(❶역지 ❷이지) ❶처지·지위를 바꿈. ❷평평한 땅.
易地思之(역지사지) 처지를 바꾸어서 생각함.
易簀(역책) 대자리를 갊. 학덕(學德)이 높은 사람의 죽음. 故事 증자(曾子)가 임종할 때, 자신이 깔고 있던 자리가 너무 화려하여 신분에 맞지 않는다 하여 바꾸게 한 뒤에 죽었다는 고사에서 온 말.
易置(역치) 바꾸어 놓음.
易學(역학) 주역에 관하여 연구하는 학문.
易簡(이간) 쉽고 간단함. 손쉬움.
易往(이왕) (佛)아미타불의 본원(本願)에 의하여 극락(極樂)에 쉽게 왕생(往生)하는 일.
◨ 簡易간이, 交易교역, 難易난이, 貿易무역, 變易변역, 安易안이, 便易편이, 平易평이.

4 ⑧【旿】 밝을 오 麌
인명 ㊥wǔ ㊐ゴ
초서 자해 **밝다, 대낮처럼 밝다.** ≒晤.

4 ⑧【旺】 성할 왕 漾
인명 2급 ㊥wàng ㊐オウ
초서 자해 **성(盛)하다, 왕성하다.**
旺氣(왕기) ①행복스럽게 될 징조. ②왕성한 기운.
旺盛(왕성) 잘되어 한창 성함.
旺運(왕운) 왕성한 운수.
◨ 盛旺성왕, 興旺흥왕.

4 ⑧【昀】 햇빛 윤 眞
인명 ㊥yún ㊐イン
자해 **햇빛.**

4 ⑧【昌】 창성할 창 陽
중학 인명 3Ⅱ급 ㊥chāng ㊐ショウ
필순 丶 口 日 日 日 昌 昌 昌
소전 초서 자원 會意. 日+日→昌. 밝게〔日〕 말한다〔曰〕는 뜻. 곧, 해처럼 영원히 전하여질 아름다운 말이라는 데서 '창성하다'란 뜻을 나타낸다.
자해 ❶**창성하다.** 〔穆天子傳〕 犬馬牛羊之所昌견마우양지소창. ❷**아름답다, 곱다.** 〔詩經〕 子之昌兮자지창혜. ❸**기쁨, 경사(慶事).** ❹**훌륭한 말.** ¶ 昌言창언.
昌慶(창경) 기뻐함. 기쁨.
昌樂(창락) 번영하여 즐거움.
昌盛(창성) 한창 융성함.
昌言(창언) 이치에 맞는 말. 도움이 되는 좋은 말. 경계가 되는 말. 金言(금언).
昌運(창운) 탁 트인 좋은 운수.
昌朝(창조) 창성한 조정. 당대(當代)의 조정.
昌平(창평) ①나라가 창성하고 세상이 태평함. ②땅 이름. 공자가 난 곳. 산동성 곡부현(曲阜縣) 동남(東南)에 있음.
◨ 繁昌번창, 隆昌융창.

4 ⑧【旾】 春(582)의 고자

4 ⑧【昃】 기울 측 職
㊥zè ㊐ショク
소전 초서 동자 昗 자해 ❶**기울다.** ≒仄. ㉮**해가 서쪽으로 기울다.** 〔易經〕 日昃之離일측지리. ㉯**한쪽으로 기울다.** ❷**오후(午後).** 〔宋書〕 日向昃일향측.
昃晷(측구) 해가 기욺. 정오가 지남.
◨ 盈昃영측.

4 ⑧【昗】 昃(578)과 동자

4 ⑧【昊】 하늘 호 皓
인명 2급 ㊥hào ㊐コウ
초서 자해 ❶**하늘.** ㉮**하늘의 범칭(泛稱).** 〔詩經〕 有北不受유북불수, 投畀有昊투비유호. ㉯**봄, 또는 여름의 하늘.** ❷**큰 모양, 성(盛)한 모양.**
昊天(호천) ①하늘. 天空(천공). ②봄의 하늘. 여름의 하늘.

昊天罔極(호천망극) 하늘은 넓고 크며 끝이 없음. 부모의 은혜가 크고 다함이 없음.

◧ 蒼昊창호.

4 ⑧【昏】 어두울 혼 元

고등 인명 3급 ㊥hūn ㊐コン

필순 ㇐ ㇇ ㇅ 氏 氏 昏 昏 昏

소전 초서 동자 昬 고자 자원 會意. 氏+日→昏. '氏'는 '氐(낮을 저)'의 생략형. 해〔日〕가 서쪽으로 넘어간다〔氐〕는 데서 '해질 무렵'이란 뜻을 나타낸다.

자해 **❶어둡다. ㉮해가 져서 어둡다. ㉯사리에 어둡다, 어리석다.** ¶ 昏愚혼우. **❷저녁때, 해질 무렵.** 〔詩經〕昏以爲期혼이위기. **❸어지럽히다, 어지러워지다.** 〔書經〕昏棄厥肆祀弗答혼기궐사사불답. **❹요절(夭折), 어려서 죽음.**

昏季(혼계) 어지러운 말세(末世).
昏困(혼곤) 정신이 흐릿하고 곤함.
昏忘(혼망) 정신이 흐려서 잘 잊어버림.
昏盲(혼맹) 어두움. 어리석어 사리에 어두움.
昏明(혼명) ①어둠과 밝음. ②낮과 밤.
昏耄(혼모) 늙어서 정신이 흐리고 기력이 쇠약해짐.
昏暮(혼모) 해가 질 무렵. 해질녘. 昏莫(혼모).
昏夢(혼몽) 똑똑하지 않은 꿈.
昏迷(혼미) ①사리에 어두움. ②의식이 흐림.
昏睡(혼수) ①정신없이 깊이 잠이 듦. ②의식을 잃음.
昏夙(혼숙) ①저녁과 아침. ②짧은 시간.
昏鴉(혼아) 해질녘에 나는 까마귀.
昏闇(혼암) 어두움. 昏暗(혼암).
昏夜(혼야) 어둡고 깊은 밤.
昏愚(혼우) 사리에 어둡고 어리석음.
昏恣(혼자) 우매하고 방자함.
昏絕(혼절) 정신이 아찔하여 까무러침.
昏定晨省(혼정신성) 저녁에는 잠자리를 살피고, 아침에는 일찍이 문안을 드림. 부모에게 효도하는 일상의 도리. 定省(정성).
昏鐘(혼종) 저녁때 치는 종. 晩鐘(만종).
昏晝(혼주) 밤과 낮. 晝夜(주야).
昏醉(혼취) 정신없이 술에 취함.
昏惰(혼타) 어리석고 게으름. 昏怠(혼태).
昏暴(혼포) 사리에 어둡고 성질이 거칢.
昏虐(혼학) 어리석고 잔인함.
昏惑(혼혹) 사리에 어두워 미혹함.
昏昏(혼혼) ①정신이 가물가물하고 희미함. ②어둠침침함. ③조는 모양.
昏晦(혼회) 어두움.
昏曉(혼효) ①저녁과 새벽. 昏晨(혼신). ②어리석음과 똑똑함.
昏黑(혼흑) 어둡고 캄캄함.

◧ 老昏노혼, 幽昏유혼, 黃昏황혼.

4 ⑧【昒】 새벽 홀 月

㊥hū ㊐コツ

소전 초서 동자 曶 자해 **❶새벽, 어둑새벽.** ¶ 昒昕홀흔. **❷어둑어둑하다. ❸빠른 모양.**

昒昕(홀흔) 어둑새벽.

4 ⑧【昕】 아침 흔 文

인명 ㊥xīn ㊐キン

소전 초서 자해 **❶아침, 해가 돋을 무렵.** 〔儀禮〕凡行事必用昏昕범행사필용혼흔. **❷밝은 모양, 분명한 모양.**

昕昕(흔흔) ①밝은 모양. ②환히 아는 모양.

5 ⑨【昵】 1 친할 닐 質 2 선고 녜 霽

㊥nì, nǐ ㊐ジツ, デイ

초서 동자 暱 자해 1 **❶친하다, 친숙해지다.** ¶ 昵比일비. **❷친하게 지내는 사람. 측근(側近).** 〔書經〕官不及私昵관불급사닐. 2 **선고(先考), 아버지의 신위를 모신 사당.**

昵交(일교) 친한 벗.
昵近(일근) 친근히 지냄.
昵藩(일번) 왕실과 친근히 지내는 제후.
昵比(일비) 친하고 스스럼없이 지냄.
昵狎(일압) 흉허물 없이 가까이 사귐.

5 ⑨【昤】 햇빛 령 靑

인명 ㊥líng ㊐レイ

자해 **햇빛, 햇살, 일광.**

5 ⑨【昧】 새벽 매 隊

인명 1급 ㊥mèi ㊐マイ

소전 초서 자해 **❶새벽, 동틀 무렵.** 〔詩經〕士曰昧旦사왈매단. **❷어둡다. ㉮어둑어둑하다, 컴컴하다.** ¶ 昧昧매매. **㉯어리석다.** 〔韓非子〕臣昧死願望見大王신매사원망견대왕. **❸탐하다, 탐내다.**

昧谷(매곡) 해가 지는 골짜기. 날이 저묾.
昧旦(매단) 동틀 무렵. 새벽. 昧爽(매상).
昧例(매례) 관례(慣例)에 어두움.

日 5획

昧昧(매매) ①동틀 무렵. 새벽. ②깊은 생각에 잠긴 모양. ③어두운 모양.
昧沒(매몰) 뜻을 알지 못함.
昧死(매사) ①어리석어서 죽을 죄를 범함. ②죽음을 무릅씀.
昧事(매사) 사리에 어두움.
◨ 蒙昧몽매, 三昧삼매, 暗昧암매, 曖昧애매, 頑昧완매, 愚昧우매, 昏昧혼매.

5 ⑨ 【昴】 별자리 이름 묘 巧

인명 2급 ㊥mǎo ㊐ボウ

소전 초서 자해 **별자리 이름**. 28수의 하나.

5 ⑨ 【昞】 밝을 병 敬

인명 2급 ㊥bǐng ㊐ヘイ

초서 동자 昺 동자 炳 자해 **밝다, 빛나다, 환하다**.

5 ⑨ 【昺】 昞(580)과 동자

5 ⑨ 【星】 별 성 靑

중학 인명 4Ⅱ급 ㊥xīng ㊐セイ, ショウ

필순

소전 초서 자원 形聲. 日+生→星. '日'은 여러 개의 별을 뜻하는 '晶(정)'의 생략형. '生(생)'이 음을 나타낸다.

자해 ❶**별**. 〔詩經〕 嘒彼小星혜피소성, 三五在東삼오재동. ❷**오성**(五星). 〔周禮〕 掌天星장천성. ❸**성수**(星宿). 28수의 범칭. 〔書經〕 日月星辰일월성신. ❹**세월, 광음**(光陰). ❺**천문**(天文), **천체의 현상**. 〔後漢書〕 善風角星算선풍각성산. ❻**요직**(要職)**의 벼슬아치**.

星官(성관) 별을 보고 점을 치는 벼슬. 천문을 맡아보는 관리.
星曆(성력) 성도(星度)를 고찰하여 만든 역법(曆法). 星歷(성력).
星芒(성망) 별빛.
星使(성사) 임금의 사절(使節). 使星(사성).
星槎(성사) ①성사(星使)가 타고 가는 배. ②먼 나라로 항해하는 선박. 세계를 주유(周遊)하는 배. 星查(성사).
星散(성산) 새벽 하늘의 별과 같이 흩어짐. 뿔뿔이 헤어짐.
星算(성산) 천문(天文)과 역수(曆數).
星象(성상) ①별의 총칭. ②별자리의 모양.
星霜(성상) ①별과 서리. ②일 년 동안의 세월. ③머리카락이 희끗희끗함. 斑白(반백).
星星(성성) ①머리털이 희끗희끗하게 센 모양. ②잔 것이 드문드문 흩어져 있는 모양.
星宿(성수) ①모든 별자리의 별들. ②28수의 스물다섯째 별자리.
星數(성수) ①별의 수효. ②운수. 운명.
星術(성술) 천문 현상을 보고 길흉을 판단하는 방법. 점성술(占星術).
星辰(성신) ①별. ②별자리. 성좌(星座).
星夜(성야) 별이 잘 보이는 밤. 별이 빛나는 밤.
星雨(성우) 별똥. 유성(流星).
星雲(성운) 망원경으로 보아 흐릿한 구름과 같이 보이는 천체.
星移(성이) 별의 위치가 옮겨짐. 세월이 흐름.
星傳(성전) 급할 때 내는 역마(驛馬).
星占(성점) 별의 빛이나 위치를 보고 점을 치는 일. 별점.
星座(성좌) 별자리.
星次(성차) 별의 위치. 28수의 차례.
星馳(성치) 별똥이 떨어지듯 매우 급히 달림.
星河(성하) 은하(銀河). 天漢(천한).
星學(성학) 천문학(天文學).
星漢(성한) 은하(銀河)의 딴 이름.
星行(성행) ①유성(流星)이 떨어지는 것처럼 빨리 감. ②밤 안으로 급히 감.
星火(성화) ①유성(流星)의 빛. ②일이 급박함. ③매우 작은 불꽃.
◨ 金星금성, 明星명성, 木星목성, 流星유성, 衆星중성, 土星토성, 恒星항성, 彗星혜성, 惑星혹성, 火星화성, 曉星효성.

5 ⑨ 【昭】 밝을 소 本조 蕭

고등 인명 3급 ㊥zhāo, sháo ㊐ショウ

필순

소전 초서 자원 形聲. 日+召→昭. '召(소)'가 음을 나타낸다.

자해 ❶**밝다, 환히 빛나다**. 〔楚辭〕 白日昭只백일소지. ❷**밝게, 환히**. 〔書經〕 以昭受上帝이소수상제. ❸**밝히다, 환히 나타나게 하다**. 〔春秋左氏傳〕 以昭周公之明德이소주공지명덕. ❹**나타나다, 현저히 나타나다**. 〔中庸〕 亦孔之昭역공지소. ❺**소목**(昭穆). 종묘(宗廟)·사당(祠堂)에 신주(神主)를 모시는 차례.

昭光(소광) ①밝게 반짝이는 빛. ②밝힘.
昭代(소대) 잘 다스려져 태평한 세상. 당대(當代)를 칭송(稱頌)하는 말.
昭朗(소랑) 밝음.

昭名(소명) 환히 드러난 명성(名聲).
昭明(소명) 사물(事物)에 밝음. 顯著(현저).
昭穆(소목) 종묘나 사당에 신주를 모시는 차례.
昭詳(소상) 분명하고 자세함.
昭昭(소소) 밝은 모양. 사리가 밝고 또렷함.
昭蘇(소소) 다시 살아남. 소생함.
昭示(소시) 밝게 보임. 분명하게 제시함.
昭陽(소양) 고갑자(古甲子)의 하나. 천간(天干)의 계(癸)에 해당함.
昭然(소연) 밝은 모양. 분명한 모양.
昭耀(소요) 밝게 빛남.
昭應(소응) 감응(感應)이 뚜렷이 드러남.
昭著(소저) ①현저함. ②뚜렷이 나타냄.
昭顯(소현) 분명히 나타남.
昭和(소화) ①천하가 밝고 평화스럽게 잘 다스려짐. ②당대(唐代)의 아악(雅樂)의 하나.

5 ⑨【是】 옳을 시 紙

중학 인명 4Ⅱ급 ㊥shì ㊐シ, ゼ

필순 丨 口 日 旦 早 早 昰 是 是

소전 [篆] 초서 [草] 본자 昰 자원 會意. 日+正→昰→是. 이 우주에서 가장 옳고 바른〔正〕 것은 해〔日〕라는 데서 '옳다' 란 뜻을 나타낸다.

자해 **❶옳다, 바르다.** 〔淮南子〕 立是廢非립시폐비. **❷옳다고 인정하다.** 〔荀子〕 是是非非謂之知시시비비위지지. **❸바로잡다, 바르게 하다. ❹이, 이것, 여기.** 〔論語〕 夫子至於是邦也부자지어시방야. **❺이.** 어세(語勢)를 강조하는 어조사. 〔詩經〕 是生后稷시생후직. **❻대저, 무릇.**

是非(시비) ①옳음과 그름. 잘잘못. ②옳고 그름을 구별함.
是非曲直(시비곡직) 옳고 그름과 굽고 곧음. 잘잘못. 正邪(정사).
是非之心(시비지심) 착한 일을 옳다 하고 나쁜 일을 그르다 하는 마음. 시비를 구별할 줄 아는 본성(本性).
是是非非(시시비비) 옳은 것은 옳다 하고, 그른 것은 그르다고 함.
是耶非耶(시야비야) 옳은가, 그른가? 옳고 그름을 제대로 판단하지 못하는 일.
是認(시인) 옳다고 인정함.
是日(시일) 이날.
是正(시정) 잘못된 것을 바로잡음.
◨ 國是국시, 若是약시, 如是여시, 或是혹시.

5 ⑨【昰】 ①是(581)의 본자 ②夏(274)의 고자 인명

참고 인명용 음은 '하' 이다.

5 ⑨【昻】 昂(577)의 속자

5 ⑨【昜】 陽(1341)과 동자 인명

5 ⑨【映】 비출 영 敬

고등 인명 4급 ㊥yìng ㊐エイ

필순 丨 ⺆ 日 日 日' 日ㄇ 日ㅁ 日央 映

소전 [篆] 초서 [草] 속자 暎 자원 形聲. 日+央→映. '央(앙)' 이 음을 나타낸다.

자해 **❶비추다. ❷비치다. ❸햇빛, 햇살.**

映發(영발) 서로 비치어 반짝임.
映射(영사) 빛이나 광선 따위가 쏘아 비침.
映寫(영사) 영화 필름·슬라이드 따위를 영사막에 비춤.
映像(영상) 광선의 굴절이나 반사에 따라 비추어지는 물체의 모습.
映雪讀書(영설독서) 눈빛으로 글을 읽음. 故事 진(晉)나라 손강(孫康)이 몹시 가난하여 눈빛에 비추어 글을 읽었다는 고사에서 온 말.
映彩(영채) 환하게 빛나는 고운 빛깔.
映徹(영철) 속까지 비침. 비치어 빛남.
映畫(영화) 일정한 의미를 갖고 움직이는 대상을 촬영하여 영사기로 영사막에 재현하는 종합 예술.
◨ 反映반영, 放映방영, 上映상영, 照映조영.

5 ⑨【昱】 빛날 욱 屋

인명 2급 ㊥yù ㊐イク

소전 [篆] 초서 [草] 자해 **빛나다, 햇빛이 빛나다.**

昱昱(욱욱) 태양이 눈부시게 빛나는 모양.

5 ⑨【昨】 어제 작 藥

중학 인명 6급 ㊥zuó ㊐サク

필순 丨 ⺆ 日 日 日' 日𠂉 昨 昨 昨

소전 [篆] 초서 [草] 자원 形聲. 日+乍→昨. '乍(사)' 가 음을 나타낸다.

자해 **❶어제.** 〔莊子〕 周昨來주작래, 有中道而呼者유중도이호자. **❷이전, 옛날.**

昨今(작금) 어제와 오늘. 요즈음. 요사이.
昨年(작년) 지난해.

昨晩(작만) 어제저녁.
昨夢(작몽) ①어젯밤에 꾼 꿈. ②지나간 일의 허무함.
昨非(작비) 지난날의 잘못. 前非(전비).
昨非今是(작비금시) 이전에는 그르다고 여겨지던 것이 지금은 옳게 여겨짐.
昨夕(작석) 어제저녁.
昨宵(작소) 어젯밤. 昨夜(작야).
昨日(작일) 어제.
昨春(작춘) 지난봄.
昨醉未醒(작취미성) 어제 마신 술이 아직 깨지 아니함.
昨夏(작하) 지난여름.
◨ 再昨年재작년.

5 ⑨ 【昼】 晝(587)의 속자

5 ⑨ 【昣】 밝을 진 軫
인명 ㊥zhěn ㊐シン
자해 **밝다.**

5 ⑨ 【昳】 ①기울 질 ㊍절 屑 ②뛰어날 일 質
㊥diē, yì ㊐テツ, イツ
소전 초서 자해 **①기울다. 해가 기울다. ②뛰어나다, 훌륭하다.** 〔戰國策〕 形貌昳麗형모일려.
昳麗(일려) 용모가 뛰어나게 아름다움.

5 ⑨ 【昶】 밝을 창 養
인명 2급 ㊥chǎng ㊐チョウ
소전 초서 자해 **❶밝다, 환하다, 통하다.** ≒暢. **❷해가 길다.**

5 ⑨ 【春】 봄 춘 眞
중학 인명 7급 ㊥chūn ㊐シュン
필순 一 = 三 夫 夫 夫 春 春 春
초서 본자 萅 고자 旾 자원 會意·形聲. 艸＋屯＋日→萅→春. '屯(둔)'이 음을 나타낸다. 풀〔艸〕이 볕〔日〕을 받아 비로소 싹이 돋으려고〔屯〕 한다는 데서 새싹이 돋는 계절인 '봄'을 뜻한다.
자해 **❶봄.** 방위로는 동쪽, 오행(五行)으로는 나무에 배당된다. 〔書經〕 惟十有三年春유십유삼년춘, 大會于孟津대회우맹진. **❷젊은 때. ❸남녀(男女)의 정(情).** 주로 여자가 남자를 생각하는 정. 〔詩經〕 有女懷春유녀회춘.
春江(춘강) 봄철의 강물.
春耕(춘경) 봄갈이.
春景(춘경) 봄철의 경치.
春季(춘계) 봄철. 春期(춘기).
春困(춘곤) 봄철에 느껴지는 나른하고 졸리는 기운.
春官(춘관) ①종백(宗伯)의 벼슬. 주대(周代) 육직(六職)의 하나. 예법·제사를 다스렸음. ②國예조(禮曹)의 딴 이름.
春光(춘광) ①봄볕. ②봄철의 풍광. ③젊은 사람의 나이를 문자투로 이르는 말.
春宮(춘궁) ①황태자(皇太子)나 왕세자(王世子)의 딴 이름. ②태자궁(太子宮)이나 세자궁(世子宮)의 딴 이름.
春窮(춘궁) 國보릿고개. 봄에 묵은 곡식은 떨어지고 햇곡식은 아직 익지 아니하여 식량에 어려움을 겪는 일.
春閨(춘규) ①부인의 침실. ②처첩(妻妾).
春機(춘기) 이성을 앎. 남녀 간의 정욕(情慾).
春蘭(춘란) 난초의 한 가지. 잎이 가늘고 길며 봄에 약간 푸른 빛깔을 띤 흰 꽃이 핌.
春露秋霜(춘로추상) ①봄의 이슬과 가을의 서리. ②은택(恩澤)과 위엄(威嚴).
春眠(춘면) 봄철의 곤한 잠.
春夢(춘몽) 봄에 꾸는 짧은 꿈. 인생의 덧없음.
春坊(춘방) 조선 때 세자시강원(世子侍講院)의 딴 이름.
春府丈(춘부장) 國남의 아버지에 대한 존칭. 春堂(춘당).
春分(춘분) 24절기의 넷째. 양력 3월 20일경. 밤과 낮의 길이가 같음.
春氷(춘빙) 봄철의 얼음. 위험함의 비유.
春事(춘사) ①봄의 일. 농사. ②봄의 즐거움. 봄의 흥치. ③남녀의 사랑.
春三月(춘삼월) 봄 경치가 한창 무르익는 음력 3월.
春色(춘색) ①봄빛. 봄 경치. ②술 기운.
春雪(춘설) 봄에 내리는 눈.
春宵(춘소) 봄밤. 春夜(춘야).
春愁(춘수) 봄철에 일어나는 시름.
春睡(춘수) 봄날의 졸음.
春樹暮雲(춘수모운) 봄철의 나무와 저문 날의 구름. 멀리 있는 친구를 그리워함.
春信(춘신) 봄 소식.
春心(춘심) ①봄철에 느끼는 심회. ②남녀 간의 정욕. 春情(춘정).
春陽(춘양) ①봄의 햇빛. ②봄.
春餘(춘여) 봄의 끝. 얼마 남지 않은 봄.
春院(춘원) ①봄빛이 비치는 집. ②봄의 사원(寺院). ③감옥(監獄).

春遊(춘유) 봄놀이.
春意(춘의) ①봄의 화창한 기분. ②춘정(春情).
春邸(춘저) ①황태자(皇太子). 왕세자(王世子). ②태자궁(太子宮). 세자궁(世子宮).
春節(춘절) 봄철. 입춘.
春情(춘정) ①봄철의 화창한 정서. ②이성 간의 성적(性的) 욕정. 春心(춘심). 春意(춘의).
春糶(춘조) ①봄에 내어 파는 쌀. 봄에 쌀을 내어 팖. ②國봄철에 나라에서 백성에게 환곡(還穀)을 꾸어 주던 일.
春曹(춘조) 예조(禮曹)의 딴 이름.
春草(춘초) ①봄철에 새로 돋은 보드라운 풀. ②아마존. 백미꽃.
春秋(춘추) ①봄과 가을. ②나이의 높임말. 연령. ③세월(歲月). ④오경(五經)의 하나로, 공자(孔子)가 지은 노(魯)나라의 역사서.
春秋館(춘추관) 시정(時政)의 기록을 맡았던 관청. 고려(高麗)와 조선(朝鮮)에서 두었음.
春秋時代(춘추 시대) 주(周)나라가 도읍을 동쪽으로 옮긴 때로부터 진(晉)나라가 한(韓)·위(魏)·조(趙)의 삼국(三國)으로 분열할 때까지 360년간의 시대.
春秋筆法(춘추필법) 춘추(春秋)와 같이 비판적이고 엄정한 필법. 대의명분(大義名分)을 밝혀 세우는 역사 서술 방법.
春雉自鳴(춘치자명) 國봄철의 꿩이 스스로 욺. ①시키거나 요구하지 않아도 자기 스스로 함. ②제 허물을 스스로 드러냄.
春風秋雨(춘풍추우) 봄철에 부는 바람과 가을에 내리는 비. 흘러가는 세월.
春風和氣(춘풍화기) 봄바람의 따스한 기운. 봄날의 화창한 기운.
春恨(춘한) 봄날의 경치에 끌리어 마음에 뒤숭숭하게 일어나는 정한(情恨).
春寒老健(춘한노건) 봄추위와 늙은이의 건강. 사물이 오래 가지 못함.
春享大祭(춘향대제) 초봄에 지내는 종묘(宗廟)·사직(社稷)의 제사.
春花(춘화) ①봄철에 피는 꽃. 春華(춘화). ②한창때.
春暉(춘휘) ①봄볕. 봄의 따뜻한 햇빛. ②부모의 은혜.
春興(춘흥) 봄철에 절로 일어나는 흥과 운치.
◨ 孟春맹춘, 暮春모춘, 芳春방춘, 思春사춘, 三春삼춘, 新春신춘, 陽春양춘, 立春입춘, 青春청춘, 回春회춘.

5 ⑨ 【昡】 당혹할 현 霰

인명 ㊥xuàn ㊐ケン

자해 **❶당혹하다, 갈팡질팡하다. ❷햇빛.**

5 ⑨ 【昬】 昏(579)과 동자

6 ⑩ 【晈】 皎(874)와 동자

6 ⑩ 【晌】 정오 상 養

㊥shǎng ㊐ショウ

초서 자해 **❶정오(正午), 대낮. ❷나절, 낮의 어느 무렵이나 동안.**

6 ⑩ 【晟】 晟(586)과 동자

6 ⑩ 【晒】 曬(597)와 동자

6 ⑩ 【時】 时 때 시 支

중학 인명 7급 ㊥shí ㊐ジ

필순 丨 ⺆ 冂 日 日 旪 旪 昧 時 時

소전 초서 동자 峕 속자 时 고자 旹

자원 形聲. 日+寺→時. '寺(시)'가 음을 나타낸다.

자해 **❶때.** ㉮**철, 일 년의 구분.** 춘하추동(春夏秋冬)의 사철. 〔書經〕 曆象日月星辰력상일월성신, 敬授人時경수인시. ㉯**시, 하루의 구분.** 옛날에는 12신(辰)으로, 오늘날에는 24시(時)로 나눈다. ㉰**세월, 나달의 경과**(經過). ㉱**연대, 세**(世), **대**(代). 〔孟子〕 彼一時피일시, 此一時也차일시야. ㉲**기회**(機會). 〔論語〕 好從事而亟失時호종사이극실시. ㉳**운명**(運命), **운수.** 10간과 12지가 착행(錯行)할 때, 그에 응하여 길흉(吉凶)이 생겨나는 일. 〔孟子〕 天時不如地利천시불여지리. ㉴**세상의 되어 가는 형편, 시세**(時勢). 〔孟子〕 以其時考之則可矣이기시고지즉가의. **❷때에, 때마다, 때때로.** 〔論語〕 學而時習之학이시습지. **❸때맞추다, 때를 어기지 아니하다. ❹좋다, 훌륭하다. ❺엿보다, 적당한 때를 기다리다.** 〔論語〕 孔子時其亡也而往拜之공자시기망야이왕배지. **❻이, 이것, 여기.** ≒是. 〔書經〕 時日曷喪시일갈상.

時刻(시각) ①시간의 어느 한 점. ②짧은 시간.
時艱(시간) 당시의 난국(難局). 시국의 어려움. 時患(시환).
時間(시간) 어느 때부터 어느 때까지의 사이.
時客(시객) 무궁화.
時耕(시경) 봄에 밭을 갈고 씨를 뿌릴 때.

時局(시국) 나라나 사회 안팎의 사정. 그때의 정세.
時禽(시금) 철을 따라 우는 새. 時鳥(시조).
時急(시급) 시간적으로 몹시 급함.
時機尙早(시기상조) 아직 시기가 이름. 아직 때가 덜 되었음.
時代(시대) ①역사적으로 어떤 표준에 의하여 구분한 일정한 기간. ②지금 있는 그 시기. 문제가 되고 있는 시기.
時令(시령) ①연중행사(年中行事). ②시절. 節氣(절기).
時論(시론) ①한 시대의 여론. ②그때 그때 일어나는 시사에 대한 평론이나 의론.
時流(시류) ①당시의 사람. 時人(시인). ②그 시대의 풍조(風潮).
時命(시명) ①조정(朝廷)의 명령. ②대국(大國)이 소국(小國)에게 때에 따라 제출하게 하는 요구. ③운수, 운명.
時務(시무) ①시급한 일. ②시국에 응하는 일. ③철에 맞추어 하는 일. 농사 따위.
時文(시문) ①당시의 문명. 당시의 예악(禮樂). ②과거(科擧)에 쓰이던 문체(文體). 즉, 팔고문(八股文). ③현대에 보통 쓰이는 문체(文體).
時輩(시배) ①그 당시의 사람들. 그 당시의 현인(賢人)들. ②때를 만나서 명리(名利)만 좇는 무리.
時變(시변) ①사시(四時)의 변천. ②시세(時勢)의 변화.
時報(시보) ①그때그때 일어나는 사건을 알림. ②시각을 알림.
時服(시복) ①철에 맞는 옷. ②國관복(官服)의 한 가지. 단령(團領)에 흉배(胸背)가 없는데, 품계에 따라 홍색·청색·녹색의 구별이 있음.
時不再來(시부재래) 한번 간 시절은 다시 오지 않음.
時不可失(시불가실) 좋은 기회를 잃어서는 아니 됨. 勿失好機(물실호기).
時事(시사) 그때그때의 세상의 정세나 일어난 사건.
時歲(시세) 세월. 때.
時勢(시세) ①그때의 형세. 세상이 되어가는 형편. ②거래할 때의 가격. 時價(시가).
時速(시속) 한 시간에 달리는 속도.
時俗(시속) 그 당시의 풍속.
時習(시습) ①때로 익힘. 배운 것을 때마다 복습함. ②그 시대의 관습(慣習).
時時刻刻(시시각각) ①지나가는 시각. ②시각마다.
時食(시식) ①그 철에 나는 음식. ②(佛)정한 시각에 먹는 음식. 정오 전의 식사.
時新(시신) 그 철에 새로 나온 과일이나 채소 따위.
時夜(시야) ①닭이 울어 밤의 시각을 알리는 일. ②닭의 딴 이름.
時疫(시역) 유행병. 전염병.
時雨(시우) 때맞추어 오는 비. 교화(敎化)가 널리 미침.
時運(시운) 시대나 때의 운수.
時月(시월) ①때와 달. 사시(四時)와 열두 달. ②수개월.
時宜(시의) 그때의 사정에 알맞음. 時中(시중).
時移事去(시이사거) 세월이 지나가고 사물이 바뀜. 시대가 바뀌고 사물도 바뀜.
時日(시일) ①때와 날. ②기일, 기한. ③좋은 날. 吉日(길일). ④이날. 是日(시일).
時節(시절) ①철. 계절. ②일정한 시기나 때. ③세상의 형편.
時點(시점) 시간의 흐름 위에 어느 한 점.
時調(시조) 고려 말엽부터 발달한 우리나라 고유의 정형시(定型詩). 초·중·종장(初中終章)으로 이루어지며, 그 형식에 따라 평시조(平時調)·엇시조(旕時調)·사설시조(辭說時調)·연시조(聯時調) 등으로 나뉨. 時節歌(시절가).
時差(시차) ①시간의 차가 나게 함. ②각 지역의 표준시의 차.
時體(시체) 그 시대의 풍습과 유행.
時牌(시패) 시각(時刻)을 보이기 위하여 내거는 표찰(標札).
時風(시풍) ①때에 따라 부는 바람. 계절에 순응하여 부는 바람. ②유행(流行).
時下(시하) 요사이. 지금. 이때.
時限(시한) 어떤 일을 하는 데의 시간의 한계.
時享(시향) ①國해마다 음력 2월·5월·8월·11월에 사당에 지내는 제사. ②해마다 음력 10월에 조상의 산소에 지내는 제사. 墓祀(묘사). 時祀(시사).
時好(시호) 그 당시의 유행. 시대의 일반적인 기호(嗜好).
時和歲豐(시화세풍) 기후가 순조로워 풍년이 듦. 時和年豐(시화연풍).
時患(시환) ①때를 따라 유행하는 상한(傷寒). 時氣(시기). 時節病(시절병). ②그 시대의 환난. 時病(시병). 時難(시난).
時會(시회) ①때때로 모임. ②그때의 운. 時運(시운).
時效(시효) 일정한 기간의 경과에 의하여 권리가 발생, 또는 소멸하는 일.
時候(시후) ①때. 때의 기후(氣候). ②춘하추동 사시의 절후.
時諱(시휘) 당시에 기휘(忌諱)하는 일. 그 시

대에 용납되지 않는 언행.

■ 近時근시, 農時농시, 當時당시, 同時동시, 民時민시, 不時불시, 巳時사시, 四時사시, 常時상시, 盛時성시, 隨時수시, 零時영시, 一時일시, 臨時임시, 暫時잠시, 適時적시, 卽時즉시, 天時천시, 寸時촌시, 平時평시, 恒時항시, 花時화시.

6 ⑩【晏】 늦을 안 諫

인명 1급 ㊥yàn ㊐アン

소전 초서 자해 ❶늦다. 시간이 늦다. 〔論語〕何晏也한안야. ❷해가 저물다. 〔呂氏春秋〕二子侍君日晏이자시군일안. ❸편안하다, 안심하다, 편안히 살다. ❹화락하다, 화평하다. 〔詩經〕言笑晏晏언소안안. ❺맑다, 하늘이 맑다.

晏駕(안가) 임금의 죽음. 崩御(붕어).
晏起(안기) 늦게 일어남.
晏眠(안면) 늦게까지 잠. 늦잠을 잠.
晏晏(안안) 즐겁고 평화로운 모양.
晏如(안여) 편안하여 마음에 여유가 있는 모양.
晏然(안연) 마음이 편안하고 침착함.

6 ⑩【晁】 朝(607)의 고자

6 ⑩【晋】 나아갈 진 震

인명 2급 ㊥jìn ㊐シン

소전 초서 본자 晉 본자 晉 자해 ❶나아가다. ≒進. ¶ 晋謁진알. ❷억누르다, 억제하다. 〔周禮〕諸侯晋제후진, 大夫馳대부치. ❸꽂다, 사이에 끼우다. ≒搢. 〔周禮〕王晋大圭왕진대규. ❹삼가다, 조심하다. ❺괘 이름, 64괘의 하나. 괘형은 ☲☷. 지상(地上)에 광명(光明)이 나타남을 상징한다. ❻나라 이름. 춘추 시대에 지금의 산서성(山西省) 부근에 있었던 나라. ❼왕조 이름. ㉮사마염(司馬炎)이 위(魏)나라의 선양(禪讓)을 받아 세운 왕조. 뒤에 서진(西晋 : 265~316), 동진(東晋 : 317~410)으로 나뉘었다가 송(宋)나라에 선양하였다. ㉯오대(五代) 때 석경당(石敬塘)이 후당(後唐)을 멸하고 세운 왕조. 이를 후진(後晋)이라 이른다. ❽땅 이름. 산서성(山西省)의 약칭.

晋謁(진알) 높은 사람에게 나아가 뵘.
晋秩(진질) 품계(品階)가 오름.
晋體(진체) 진대(晋代)의 명필 왕희지(王羲之)의 글씨체.

■ 東晋동진, 三晋삼진, 西晋서진, 後晋후진.

6 ⑩【晉】 晋(585)의 본자 인명

6 ⑩【晃】 밝을 황 養

인명 2급 ㊥huǎng ㊐コウ

소전 초서 동자 晄 자해 밝다, 빛나다.

6 ⑩【晄】 晃(585)과 동자 인명

7 ⑪【晜】 형 곤 元

㊥kūn ㊐コン

소전 초서 자해 ❶형, 맏. ≒昆. ¶ 晜弟곤제. ❷뒤, 후손(後孫).

晜孫(곤손) 현손(玄孫)의 손자. 육대손. 昆孫(곤손).
晜弟(곤제) 형과 아우. 형제. 昆弟(곤제).

7 ⑪【晚】 저물 만 阮

중학 인명 2급 ㊥wǎn ㊐バン

필순

소전 초서 동자 晩 동자 䜩 자원 形聲. 日+免→晚. '免(면)'이 음을 나타낸다.

자해 ❶저물다. ㉮해가 저물다. ㉯해질 무렵, 저녁때. ❷늦다. 〔戰國策〕晚食以當肉만식이당육. ❸끝, 시간상의 끝. ¶ 晚秋만추. ❹노년(老年), 늘그막. 〔史記〕孔子晚而喜易공자만이희역. ❺천천히, 서서히. 〔戰國策〕孰與晚救之숙여만구지.

晚覺(만각) 늙은 뒤에 깨달음. 늦게 지각(知覺)이 남.
晚景(만경) ①저녁 경치. 暮景(모경). ②늘그막. 晚年(만년). 老後(노후).
晚境(만경) 늘그막. 늙바탕. 老境(노경).
晚計(만계) ①뒤늦은 계획. ②노후(老後)에 대한 계획.
晚交(만교) 늘그막에 사귐.
晚年(만년) 사람의 일생에서 나이 많은 노인의 시절.
晚達(만달) ①늘그막에 벼슬과 명망이 높아짐. ②늙어서 처음으로 벼슬함.
晚唐(만당) ①당(唐)의 말기(末期). ②당대(唐代)를 한시(漢詩)의 작풍(作風)에 따라 초당(初唐)·성당(盛唐)·중당(中唐)·만당(晚唐)의 네 시기로 구분한 하나. 곧, 문종(文宗)에

日 7획

서 애제(哀帝)까지(836~905).
晩來(만래) ①해질 무렵. 저녁때. ②늦게 옴.
晩生(만생) ①늙어서 자식을 낳음. 晩得(만득). ②선배(先輩)에 대한 자기의 비칭(卑稱).
晩成(만성) 늦게 성취함. 나이가 든 후에 성공함. 晩就(만취).
晩歲(만세) ①만년(晩年). ②수확이 너무 늦어지는 일.
晩秀(만수) 철 늦게 꽃이 핌.
晩熟(만숙) ①열매가 늦게 익음. ②나이에 비하여 발육이 느림.
晩時之歎(만시지탄) 때늦은 탄식. 기회를 놓치고 때가 늦었음을 안타까워하는 탄식.
晩陽(만양) 저녁 해. 夕陽(석양).
晩酌(만작) 저녁때 마시는 술.
晩節(만절) ①만년(晩年). 노년(老年). ②만년의 절개.
晩照(만조) 지는 햇빛. 저녁 햇빛. 晩暉(만휘).
晩鐘(만종) 저녁 때 절이나 교회에서 치는 종.
晩餐(만찬) 저녁 식사. 손님을 초대하여 함께 먹는 저녁 식사.
晩晴(만청) 저녁 무렵에 날이 갬.
晩秋(만추) 늦가을. 음력 9월. 季秋(계추).
晩翠(만취) 겨울에도 변하지 않는 송죽(松竹)의 푸른빛. 늙어서도 지조를 바꾸지 않음.
晩風(만풍) 저녁에 부는 바람.
晩霞(만하) ①저녁노을. ②해질 무렵에 끼는 안개.
晩學(만학) 나이가 들어서 공부를 시작함.
晩餉(만향) 저녁 식사. 晩餐(만찬).
晩婚(만혼) 나이가 들어 늦게 결혼함.
◨ 歲晩세만, 昨晩작만, 早晩조만, 朝晩조만.

7 ⑪ 【晚】 晩(585)과 동자

7 ⑪ 【晟】 밝을 성 敬

인명 2급 ㊥shèng ㊐セイ, ジョウ

소전 晟 초서 晟 동자 晠 속자 晟 자해 ❶밝다, 환하다. ❷성(盛)하다.

7 ⑪ 【晠】 晟(586)과 동자 인명

7 ⑪ 【晨】 새벽 신 眞

고등 인명 3급 ㊥chén ㊐シン

필순 ㄱ ㄲ 日 旦 尸 尸 戸 晨 晨 晨

소전 晨 초서 晨 동자 晨 자원 形聲. 日+辰→晨. '辰(신)'이 음을 나타낸다.

자해 ❶새벽. 〔禮記〕 昏定而晨省혼정이신성. ❷닭이 울다, 새벽을 알리다. 〔書經〕 牝鷄之晨빈계지신, 惟家之索유가지색. ❸방성(房星)의 딴 이름. 28수의 하나.
晨鷄(신계) 새벽을 알리는 닭.
晨晷(신구) 햇빛. 아침 햇빛.
晨起(신기) 아침 일찍 일어남.
晨明(신명) 새벽. 동틀 무렵.
晨門(신문) 새벽에 문을 여는 문지기.
晨省(신성) 아침 일찍 부모의 침소에 가 밤 사이의 안부를 살피는 일.
晨星(신성) ①샛별. 曉星(효성). ②수가 점점 적어짐.
晨夜(신야) ①새벽과 밤. 새벽부터 밤늦게까지. ②시간을 알림.
晨裝(신장) 새벽에 길 떠날 채비를 함.
晨正(신정) 입춘(立春) 날.
晨征(신정) 아침 일찍 길을 떠남. 晨行(신행).
晨鐘(신종) ①새벽에 치는 종. ②미묘한 말로써 남을 각성시키는 일.
晨炊(신취) 아침 일찍 밥을 지음.
晨風(신풍) ①새벽바람. ②새매의 딴 이름.
晨昏(신혼) 새벽과 해 질 무렵.
晨暉(신휘) 아침 햇빛. 晨光(신광).
◨ 牝鷄之晨빈계지신, 霜晨상신, 淸晨청신, 昏定晨省혼정신성.

7 ⑪ 【晨】 晨(586)과 동자

7 ⑪ 【晤】 밝을 오 遇

인명 ㊥wù ㊐ゴ

소전 晤 초서 晤 자해 ❶밝다, 총명하다. ❷만나다, 마주 대하다.
晤語(오어) 마주 대하여 이야기함. 서로 터놓고 이야기함. 晤言(오언).

7 ⑪ 【晢】 ①밝을 절 屑 ②별이 빛날 제 霽

인명 ㊥zhé ㊐セツ, セイ

소전 晢 초서 晢 동자 晣 참고 인명용 음은 '절'이다.

자해 ①밝다, 총명하다. ②별이 빛나다, 별빛이 밝은 모양. 〔詩經〕 明星晢晢명성제제.

7 ⑪ 【晣】 晢(586)과 동자

日 7획

7 ⑪【晝】昼 낮 주 宥

중학 인명 6급 ㊥zhòu ㊐チュウ

필순 ㇇ ⺕ ⺕ 聿 聿 聿 書 書 書 晝

소전 초서 속자 昼 자원 會意. 𦘒+日→晝. '𦘒'은 '畫(그을 획)'의 생략체. 해〔日〕가 뜨고 짐에 따라 밤과의 구분〔𦘒〕이 확연해진다는 데서 '낮은 밤과 경계를 이룬다'는 뜻을 나타낸다.

자해 ❶낮. 〔太玄經〕一晝一夜일주일야. ❷정오(正午).

晝間(주간) 낮 동안.
晝耕夜讀(주경야독) 낮에는 밭을 갈고 밤에는 글을 읽음. 바쁜 틈을 타서 어렵게 공부함.
晝錦(주금) 비단 옷을 입고 낮에 다님. 출세하여 고향에 돌아감.
晝夜(주야) 낮과 밤. 晝宵(주소).
晝夜兼行(주야겸행) 낮이나 밤이나 쉬지 않고 감. 밤낮없이 일을 함.
晝寢夜梳(주침야소) 낮에 자고 밤에 머리를 빗음. 부조리한 생활.
◨ 白晝백주.

7 ⑪【晙】 밝을 준 震

인명 2급 ㊥jùn ㊐シュン

자해 ❶밝다. ❷일찍.

7 ⑪【晡】 신시 포 虞

㊥bū ㊐ホ

초서 자해 ❶신시(申時), 오후 4시 전후. 〔漢書〕晡時至定陶포시지정도. ❷저녁 무렵, 해질 무렵.

晡夕(포석) 해가 질 무렵. 저녁때.
晡時(포시) ①신시(申時). 오후 3시에서 5시 사이. ②저녁때.

7 ⑪【晛】 햇살 현 霰

인명 ㊥xiàn ㊐ケン

소전 초서 자해 햇살, 햇빛.

7 ⑪【晧】 밝을 호 晧

인명 2급 ㊥hào ㊐コウ

소전 초서 자해 ❶밝다, 빛나다. ≒皓. 〔楚辭〕服覺晧以殊俗兮복각호이수속혜. ❷해가 뜨는 모양.

7 ⑪【晥】 환할 환 潸

인명 ㊥huàn ㊐カン

초서 자해 환하다, 밝은 모양.

7 ⑪【晦】 그믐 회 隊

인명 1급 ㊥huì ㊐カイ

소전 초서 자해 ❶그믐, 음력에서 한 달의 맨 마지막 날. 〔史記〕十一月晦십일월회, 日有食之일유식지. ❷어둡다, 캄캄하다. 〔詩經〕風雨如晦풍우여회, 鷄鳴不已계명불이. ❸어둠, 밤. 〔易經〕君子以嚮晦入宴息군자이향회입연식. ❹감추다, 숨기다. ❺어리석다. ❻희미하다, 분명하지 아니하다.

晦昧(회매) ①어둠. 캄캄함. 暗黑(암흑). ②어리석음. 愚昧(우매). 蒙昧(몽매).
晦盲(회맹) ①어두워서 보이지 않음. ②세상이 어지러워 캄캄함. 암흑 사회가 됨.
晦明(회명) 어둠과 밝음. 밤과 낮. 晝夜(주야).
晦冥(회명) 어두컴컴함. 昏暗(혼암).
晦朔(회삭) 그믐과 초하루. 회일(晦日)과 삭일(朔日).
晦塞(회색) 깜깜하게 아주 꽉 막힘.
晦夜(회야) ①캄캄한 밤. ②그믐밤.
晦日(회일) 그믐날.
晦迹(회적) 종적을 감춤.
晦初間(회초간) 그믐초승. 그믐께에서 다음 달 초승까지 사이.
◨ 陰晦음회, 自晦자회, 昏晦혼회.

7 ⑪【晞】 마를 희 微

인명 ㊥xī ㊐キ

소전 초서 자해 ❶마르다, 말리다. 〔詩經〕白露未晞백로미희. ❷밝아 오다, 동트기 시작하다. 〔詩經〕東方未晞동방미희.

8 ⑫【景】 1별 경 梗 2그림자 영 梗

중학 인명 5급 ㊥jǐng, yǐng ㊐ケイ, エイ

필순 ㇅ ⽇ ⽇ 旦 早 景 景 景 景 景 景

소전 초서 참고 인명용 음은 '경'이다.

자원 形聲. 日+京→景. '京(경)'이 음을 나타낸다.

자해 1《俗》暻(594). ❶별, 햇살, 햇볕. 〔後漢書〕吐金景兮歊浮雲토금경혜효부운. ❷해,

日 8획

태양. ❸밝다, 환히 밝다. 〔詩經〕景行行止경행행지. ❹크다. 〔詩經〕以介景福이개경복. ❺우러르다, 사모하다, 따르다. ❻경사스럽다, 상서롭다. ¶ 景雲경운. ❼경치, 풍치. ② 그림자. ＝影.
景光(경광) ①상서로운 빛. 瑞光(서광). ②세월. 光陰(광음).
景教(경교) 기독교의 한 파인 네스토리우스교를 일컫던 명칭. 당(唐) 태종(太宗) 때, 페르시아 인에 의하여 전해졌음.
景氣(경기) ①경치. ②매매나 거래에 나타나는 호황·불황 따위의 경제 활동 상태.
景命(경명) 하늘의 큰 명령. 大命(대명).
景明風(경명풍) 동남풍(東南風).
景慕(경모) 우러러 사모함.
景物(경물) ①경치. 風景(풍경). ②철을 따라 나는 진기한 음식물.
景福(경복) 큰 복. 大福(대복). 景祚(경조).
景星(경성) 큰 별. 상서로운 별.
景勝(경승) 경치가 좋은 곳.
景仰(경앙) 덕을 사모하여 우러러봄.
景雲(경운) 경사스러운 구름. 태평성대에 나타난다는 구름. 慶雲(경운).
景致(경치) 자연의 아름다운 모습. 景槪(경개). 景觀(경관).
景風(경풍) ①사시(四時)의 온화한 바람. ②팔풍(八風)의 하나. ㉠서남풍. ㉡남풍.
景行(경행) ①큰길. ②훌륭한 행실.
景況(경황) 정신적·시간적인 여유.
景象(❶영상 ❷경상) ❶그림자와 형상. ❷경치. 풍경.
景從(영종) 그림자가 형체를 따르는 것처럼 늘 따라다님.
◨ 佳景가경, 光景광경, 近景근경, 背景배경, 山景산경, 雪景설경, 夜景야경, 絕景절경, 秋景추경, 春景춘경, 八景팔경, 風景풍경, 好景호경.

8 ⑫ 【晷】 그림자 구 紙

인명 ㊥guǐ ㊐キ

소전 초서 참고 인명용 음은 '귀'인데, 이는 속음화(俗音化)된 것이다.

자해 ❶그림자. ❷햇빛. ❸빛. 〔漢書〕五星同晷오성동구. ❹해시계. 〔晉書〕立晷測影립구측영.
晷刻(구각) 때. 時刻(시각). 光陰(광음).
晷漏(구루) 해시계와 물시계.
晷儀(구의) 해시계의 한 가지. 해 그림자를 헤아려 시각을 정하는 기구.
◨ 日晷일구, 寸晷촌구.

8 ⑫ 【晩】 晚(585)과 동자

8 ⑫ 【普】 널리 보 麌

고등 인명 4급 ㊥pǔ ㊐フ

필순 丷 丷 丷 丷 丷 並 並 普 普 普

소전 초서 본자 暜 자원 形聲. 並＋日→普. '並(병)'이 음을 나타낸다.

자해 ❶널리, 두루, 널리 미치다. ❷넓다, 광대하다. 〔墨子〕聖人之德성인지덕, 若天之高약천지고, 若地之普약지지보.
普告(보고) 널리 알림.
普及(보급) 널리 펴서 골고루 미치게 함.
普魯士(보노사) 프러시아. 'Prussia'의 음역어(音譯語).
普施(보시) ①널리 베풂. ②(佛)㉠깨끗한 마음으로 법(法)이나 재물을 아낌없이 남에게 베풂. ㉡승려에게 베풀어 주는 금전이나 물품.
普恩(보은) 골고루 미치는 은혜.
普照(보조) 빠짐없이 골고루 비춤.
普天之下(보천지하) 천하. 온 세상.
普通(보통) 일반에 널리 통함.
普遍(보편) 모든 것에 두루 미치거나 통함.
普洽(보흡) 두루 퍼짐. 널리 손이 미침.

8 ⑫ 【暑】 暑(590)의 속자

8 ⑫ 【晳】 밝을 석 陌

인명 2급 ㊥xī ㊐セキ

초서 동자 晰 자해 밝다, 분명하다.

8 ⑫ 【晰】 晳(588)과 동자

8 ⑫ 【晬】 돌 수 隊

㊥zuì ㊐サイ

소전 초서 동자 晬 자해 돌, 일주년.
晬盤(수반) 어린아이의 돌 때 차리는 상.
晬時(수시) 돌날. 첫돌이 되는 날.
晬宴(수연) 생일잔치.

8 ⑫ 【晻】 어두울 엄·암 琰 感

㊥àn, ǎn, yǎn ㊐エン
소전 초서 자해 ❶어둡다, 어두운 모양. ≒暗. 〔漢書〕當拜之日당배지일, 晻然日食엄연일식. ❷포개다, 쌓이다. ❸비, 비가 내리다.
晻昧(암매) ①어둠. 暗昧(암매). ②어리석음. 愚昧(우매).
晻晻(엄엄) ①빛이 점점 약해지는 모양. ②어두운 모양.
晻然(엄연) 어두운 모양.

8 ⑫ 【晹】 해 언뜻 보일 역 陌
인명 ㊥yí ㊐エキ
자해 ❶해가 언뜻 보이다. ❷날씨가 흐리다.

8 ⑫ 【晶】 밝을 정 庚
인명 2급 ㊥jīng ㊐ショウ
소전 초서 자원 會意. 日+日+日→晶. 해〔日〕를 3자 겹쳐 놓아 '밝다, 빛' 등의 뜻을 나타낸다.
자해 ❶밝다, 환하다. ❷빛. ❸맑다, 투명하다. ❹수정(水晶).
晶光(정광) 밝은 빛. 투명한 빛.
◨ 結晶결정, 氷晶빙정, 鮮晶선정, 水晶수정, 玉晶옥정.

8 ⑫ 【晸】 해 뜨는 모양 정 梗
인명 ㊥zhěng ㊐テイ
초서 자해 해가 뜨는 모양.

8 ⑫ 【智】 슬기 지 寘
고등 인명 4급 ㊥zhì ㊐チ
필순 丿 𠂉 𠂇 㔾 矢 知 知 智 智 智
소전 초서 자원 形聲. 知+日→智. '知(지)'가 음을 나타낸다.
자해 ❶슬기, 지혜. 〔孟子〕是非之心시비지심, 智之端也지지단야. ❷슬기롭다, 지혜롭다. ¶ 智巧지교. ❸꾀, 모략(謀略). 〔史記〕吾寧鬪智오녕투지. ❹지혜로운 사람.
智鑒(지감) 영리하여 사물을 잘 분별함.
智劍(지검) (佛)칼처럼 예리하고도 결단성 있는 지력(智力).
智見(지견) 지혜와 식견(識見). 知見(지견).
智巧(지교) 슬기롭고 교묘함. 지혜와 기교.
智囊(지낭) 슬기 주머니. 지혜가 많은 사람.
智德體(지덕체) 지육(智育)·덕육(德育)·체육(體育)을 아울러 이르는 말.
智略(지략) 슬기로운 계략.
智慮(지려) 슬기로운 생각.
智力(지력) ①슬기와 힘. 재지(才智)와 용력(勇力). ②아는 일과 노력하는 일.
智謀(지모) 슬기로운 꾀.
智士(지사) 지모에 뛰어난 사람. 智者(지자).
智育(지육) 지능을 계발하고 지식을 함양하는 것을 목적으로 하는 교육.
智意(지의) 슬기로운 마음. 곧, 지혜.
智仁勇(지인용) 지혜와 인자(仁慈)와 용기.
智者樂水(지자요수) 슬기로운 사람은 흐르는 물처럼 사리에 막힘이 없어서 물을 좋아함.
智將(지장) 지략이 뛰어난 장수.
智慧(지혜) 사리를 정확하게 분별하는 정신적인 능력. 슬기.
◨ 巧智교지, 無智무지, 敏智민지, 上智상지, 深智심지, 靈智영지, 才智재지, 衆智중지, 眞智진지, 聰智총지, 賢智현지, 慧智혜지.

8 ⑫ 【晴】 갤 청 庚
중학 인명 3급 ㊥qíng ㊐セイ
필순 丨 冂 月 日 日一 日十 日丰 日丰 晴 晴 晴
초서 동자 暒 동자 晴 동자 姓 자원 形聲. 日+青→晴. '青(청)'이 음을 나타낸다.
자해 개다. ㉮비가 그치다. 〔史記〕天晴而見景星천청이견경성. ㉯하늘에 구름이 없다, 하늘이 맑다. ¶ 晴和청화. ㉰國마음이 개운하게 되다.
晴耕雨讀(청경우독) 갠 날에는 농사일을 하고, 비 오는 날에는 글을 읽음. 부지런히 일하며 공부함.
晴旦(청단) 맑게 갠 아침.
晴曇(청담) 날씨의 갬과 흐림.
晴嵐(청람) 맑게 갠 날에 보이는 이내, 또는 아지랑이. 嵐氣(남기).
晴朗(청랑) 날씨가 맑고 화창함.
晴霄(청소) 맑게 갠 하늘.
晴雨(청우) 날이 갬과 비가 옴.
晴天(청천) 맑게 갠 하늘.
晴天白日(청천백일) ①맑게 갠 대낮. ②맑은 하늘에 뜬 해. ③마음이 결백함. 青天白日(청천백일).
晴天霹靂(청천벽력) 맑은 하늘에 날벼락. 갑자기 일어나는 변동이나 사고.
晴好雨奇(청호우기) 맑을 때나 비가 올 때나 언제나 아름다운 경치. 雨奇晴好(우기청호).
晴和(청화) 하늘이 맑고 화창함.

晴暄(청훤) 날이 개고 따뜻함.
◨ 雨晴우청, 陰晴음청, 秋晴추청, 春晴춘청, 快晴쾌청.

8 ⑫【晴】 晴(589)의 속자 인명

8 ⑫【晫】 밝을 탁 覺
인명 ㊥zhuó ㊐タク
자해 밝다, 환하다. ≒卓.

8 ⑫【暁】 曉(595)의 속자

9 ⑬【暇】 겨를 가 ㊍하 禡
고등 인명 4급 ㊥xiá ㊐カ
필순 ㅣ ㄇ 日 日' 日' 日' 日' 日'' 日'' 暇
소전 초서 자원 形聲. 日+叚→暇. '叚(가)'가 음을 나타낸다.
자해 ❶겨를, 틈. 〔孟子〕壯者以暇日장자이가일, 修其孝悌忠信수기효제충신. ❷느긋하게 지내다, 여유 있게 지내다.
暇隙(가극) 여가. 틈. 겨를.
暇日(가일) 한가한 날. 暇景(가경).
◨ 公暇공가, 官暇관가, 病暇병가, 餘暇여가, 逸暇일가, 閑暇한가, 休暇휴가.

9 ⑬【暌】 어길 규 齊
㊥kuí ㊐ケイ
초서 자해 ❶어기다, 서로 떨어져 있다. ❷노려보다.

9 ⑬【暖】 1 따뜻할 난 旱 2 온순할 훤 元
중학 인명 4Ⅱ급 ㊥nuǎn, xuān ㊐ダン
필순 ㅣ ㄇ 日 日' 日'' 日'' 日'' 暖 暖 暖
초서 참고 인명용 음은 '난'이다.
자원 形聲. 日+爰→暖. '爰(원)'이 음을 나타낸다.
자해 1 《同》暝(590)·煖(781). ❶따뜻하다, 온도가 따뜻하다. 〔墨子〕輕且暖경차난. ❷따뜻하게 하다. 2 온순하다. ¶ 暖姝훤주.
暖帶(난대) 열대와 온대의 중간 지대.
暖冬(난동) 따뜻한 겨울.
暖流(난류) 온도가 높은 해류(海流).
暖房(난방) ①방을 따뜻하게 함. 따뜻한 방. 煖房(난방). ②이사 온 집에 이웃에서 술과 음식을 가지고 와서 축하하는 잔치.
暖衣飽食(난의포식) 옷을 따뜻하게 입고 배불리 먹음. 부족함이 없이 생활함. 暖飽(난포).
暖紅(난홍) 해. 太陽(태양).
暖姝(훤주) 부드럽고 애교 있는 모양.
◨ 溫暖온난.

9 ⑬【暝】 1 煖(781)과 동자 2 暖 1 (590)과 동자

9 ⑬【暋】 1 굳셀 민 軫 2 번민할 민 眞
인명 ㊥mǐn, mín ㊐ビン
초서 동자 敯 자해 1 ❶굳세다, 강하다. 〔書經〕暋不畏死민불외사. ❷애쓰다, 노력하다. 2 번민하다, 번뇌하다.

9 ⑬【敯】 暋(590)과 동자

9 ⑬【暑】 더울 서 語
중학 인명 3급 ㊥shǔ ㊐ショ
필순 ㅁ 日 旦 早 昰 昰 昰 暑 暑 暑
소전 초서 속자 暑 자원 形聲. 日+者→暑. '者(자)'가 음을 나타낸다.
자해 ❶덥다, 무덥다. 〔三國志〕方今暑夏道路不通방금서하도로불통. ❷더위. 〔易經〕寒往則暑來한왕즉서래.
暑氣(서기) ①여름의 더위. 暑熱(서열). ②더위로 인한 병. 더위 먹음. 中暑(중서)
暑伏(서복) 삼복(三伏)의 더울 때.
暑歲(서세) 대단히 가문 해.
暑濕(서습) 덥고 습기 참. 무더움.
暑炎(서염) 대단한 더위.
暑雨(서우) 무더운 여름철에 오는 비.
暑月(서월) ①더운 여름의 계절. ②음력 6월.
暑症(서증) 더위로 인하여 생긴 병.
暑天(서천) 더운 날. 더운 날씨.
暑滯(서체) 더위 때문에 생긴 체증(滯症).
◨ 大暑대서, 伏暑복서, 盛暑성서, 小暑소서, 炎暑염서, 殘暑잔서, 蒸暑증서, 處暑처서, 暴暑폭서, 避暑피서, 寒暑한서, 酷暑혹서.

9 ⑬【暗】 어두울 암 勘
중학 인명 4Ⅱ급 ㊥àn ㊐アン

필순 冂 日 日 日' 日' 日' 日立 暗 暗 暗

소전 초서 자원 形聲. 日＋音→暗. '音(음)' 이 음을 나타낸다.

자해 **❶어둡다. ㉮주위가 보이지 아니하는 상태에 있다.** ¶ 暗夜암야. **㉯사리(事理)에 어둡다, 어리석다.** 〔晉書〕 名重而識暗명중이식암. **❷밤, 어둠.** 〔晉書〕 車駕逼暗乃還거가핍암내환. **❸몰래, 남이 알지 못하게.** ¶ 暗行암행. **❹보이지 아니하다, 숨어 있다. ❺어두워지다, 침침해지다. ❻외다.** ≒諳.

暗渠(암거) 땅속으로 낸 도랑.
暗計(암계) 비밀히 꾀함. 몰래 꾸미는 꾀.
暗鬼(암귀) ①어둠을 지배하는 귀신. ②환상(幻想)에서 오는 공포(恐怖).
暗記(암기) 머릿속에 외워 잊지 아니함.
暗澹(암담) ①어두컴컴하고 선명하지 않음. ②희망이 없고 막연함. 비참함.
暗毒(암독) 성질이 음험하고 흉악함.
暗淚(암루) 남모르게 흘리는 눈물.
暗流(암류) ①표면에 나타나지 않은 물의 흐름. 하저(河底)의 흐름. ②겉으로 드러나지 아니하는 불온한 움직임.
暗射(암사) 표적 없이 함부로 활을 쏨.
暗算(암산) 머릿속으로 계산함.
暗殺(암살) 몰래 사람을 죽임.
暗笑(암소) 마음속으로 비웃음.
暗誦(암송) 글을 보지 아니하고 입으로 욈.
暗示(암시) 넌지시 깨우쳐 알게 함.
暗室(암실) ①밖으로부터 빛이 들어오지 못하도록 꾸며 놓은 방. ②중죄인을 가두는 감방.
暗暗(암암) ①어두운 모양. 깊숙한 모양. ②매우 고요한 모양. ③國무엇이 인상이나 기억에 남아서 어른거리는 모양.
暗暗裏(암암리) 남이 모르는 사이.
暗夜(암야) 어두운 밤. 闇夜(암야).
暗躍(암약) 남몰래 활약함.
暗雲(암운) 금방 비가 쏟아질 듯한 시꺼먼 구름. 평온하지 못한 형세.
暗鬱(암울) 어둡고 침울함.
暗葬(암장) 남몰래 장사지냄.
暗箭(암전) ①과녁에 맞지 아니하고 빗나가는 화살. ②숨어서 쏘는 화살.
暗潮(암조) ①아직 겉으로 나타나지 않은 조류. ②표면에 나타나지 않은 세력의 변화나 충돌.
暗中(암중) ①어둠 속. ②은밀한 가운데.
暗中摸索(암중모색) 어둠 속에서 손으로 더듬어 물건을 찾음. 어림으로 무엇을 찾아내려 함.
暗礁(암초) 물속에 잠겨 보이지 아니하는 바위나 산호.
暗鬪(암투) 서로 적의(敵意)를 드러내지 않고 암암리에 싸움.
暗愎(암팍) 성질이 엉큼하고 괴팍함.
暗恨(암한) 남이 모르는 원한.
暗合(암합) 무의식으로 한 일이 우연히 일치함. 두 사람이 지은 시가(詩歌)가 뜻밖에 같음.
暗行(암행) 남모르게 다님.
暗香(암향) 그윽하게 풍기는 향기.
暗號(암호) 남이 모르게 쓰는 신호나 부호.
暗黑(암흑) ①어둡고 캄캄함. ②암담하고 비참한 상태.
暗喜(암희) 남몰래 기뻐함. 은근히 기뻐함.
◨ 明暗명암, 溶暗용암, 幽暗유암, 黑暗흑암.

9 ⑬ 【暘】 旸 해돋이 양 陽

인명 ㊥yáng ㊐ヨウ

소전 초서 자해 **❶해돋이, 해가 뜨다.** 〔書經〕 宅嵎夷曰暘谷택우이왈양곡. **❷말리다, 마르다. ❸밝다, 하늘이 맑다.**

暘谷(양곡) 동쪽 끝의 해가 돋는 곳.
暘烏(양오) 태양의 딴 이름. 陽烏(양오).

9 ⑬ 【暎】 映(581)의 속자 인명 2급

9 ⑬ 【暐】 玮 햇빛 위 尾

인명 ㊥wěi ㊐イ

초서 동자 𣇈 자해 **❶햇빛, 햇볕, 햇살. ❷빛나는 모양, 환한 모양.**

9 ⑬ 【暒】 晴(589)과 동자

9 ⑬ 【暁】 曉(595)의 속자

9 ⑬ 【暈】 晕 무리 훈 ㊍운 問

인명 1급 ㊥yùn ㊐ウン

소전 초서 자해 **❶무리. ㉮해나 달의 주위를 두른 둥근 테 모양의 빛.** 〔史記〕 日月暈適일월훈적. **㉯불꽃의 둘레에 생기는 흐릿한 빛. ❷바림, 선염(渲染). ❸눈이 침침해지다. ❹멀미.** ¶ 船暈선훈.

暈輪(훈륜) 달무리·햇무리 따위의 둥근 테두리.
暈色(훈색) 선이 분명하지 않고 희미하게 보이는 무지개 같은 빛깔.
◨ 船暈선훈, 月暈월훈, 日暈일훈, 酒暈주훈, 眩暈현훈.

9
⑬【暄】 따뜻할 훤 元

인명 ㊥xuān ㊐ケン

초서 자해 따뜻하다, 온난하다.

暄日(훤일) 따뜻한 날씨.
暄天(훤천) 따뜻한 천기(天氣).
暄風(훤풍) 따뜻한 바람. 봄바람.
◨ 晴暄청훤, 春暄춘훤, 寒暄한훤.

9
⑬【暉】 晖 빛 휘 微

인명 ㊥huī ㊐キ

소전 초서 자해 ❶빛, 광채(光彩). 〔易經〕 君子之光군자지광, 其暉吉也기휘길야. ❷빛나다.

暉映(휘영) 광채가 비침. 輝映(휘영).
◨ 斜暉사휘, 星暉성휘, 晨暉신휘, 朝暉조휘.

10
⑭【暣】 날씨 기 未

인명 ㊥qì ㊐キ

자해 날씨, 일기.

10
⑭【暝】 어두울 명 靑

인명 1급 ㊥míng ㊐メイ

초서 자해 ❶어둡다, 어둑어둑하다. ＝冥. ¶ 暝途명도. ❷해가 지다. ❸성(姓). ❹밤.

暝途(명도) 어두운 길.
暝暝(명명) ①어두운 모양. ②쓸쓸한 모양.
暝帆(명범) 어둠이 깔린 먼 곳에 어슴푸레하게 보이는 돛. 晩帆(만범).
暝投(명투) 밤이 되어 투숙함.

10
⑭【暜】 普(588)의 본자

10
⑭【暚】 밝을 요 蕭

인명 ㊥yáo ㊐エウ

자해 ❶밝다. ❷햇빛.

10
⑭【暢】 畅 펼 창 漾

고등 인명 3급 ㊥chàng ㊐チョウ

필순 ㅁ ㅁ 日 申 申 申 申 暢 暢 暢

초서 자원 形聲. 申＋昜→暢. '昜(양)'이 음을 나타낸다.

자해 ❶펴다. ㉮진술하다. ❷화락하다, 마음이 누그러지다. ❸통하다, 통달하다. 〔史記〕 四暢交於中사창교어중. ❹날씨가 맑다. ¶ 和暢화창. ❺차다, 충실하다. ¶ 暢月창월.

暢達(창달) ①의견·주장 따위를 막힘 없이 표현하고 전달함. ②거침없이 쑥쑥 뻗어 나감.
暢茂(창무) ①무성함. ②문장이 유창함.
暢敍(창서) 말하여 나타냄. 느릿느릿 이야기함.
暢月(창월) 음력 11월의 딴 이름.
暢適(창적) 유쾌하고 즐거움.
暢快(창쾌) 마음이 시원하고 유쾌함.
暢懷(창회) 시원하게 회포를 풀어냄.
◨ 朗暢낭창, 舒暢서창, 宣暢선창, 流暢유창, 和暢화창.

10
⑭【暠】 흴 호 本고 皓

인명 ㊥gǎo, hào ㊐コウ

초서 참고 인명용 음은 '고'이다.
자해 희다, 흰 모양, 희어서 환한 모양. ＝皓.

10
⑭【暤】 밝을 호 皓 號

㊥hào ㊐コウ

소전 속자 皞 속자 暭 자해 밝다, 맑다.

11
⑮【暱】 친할 닐 質

㊥nì ㊐ジツ

소전 초서 동자 昵 자해 ❶친하다, 친해지다, 가까워지다. 〔春秋左氏傳〕 諸夏親暱제하친닐. ❷친한 사람, 가까운 사람. ❸사사로움.

暱近(일근) ①가까이에 있는 사람과 친함. ②친근해짐. 친근해함. 昵近(일근).

11
⑮【暮】 저물 모 遇

중학 인명 3급 ㊥mù ㊐ボ

필순 丶 ㅗ ㅛ 艹 苩 苩 莫 莫 暮

소전 초서 자원 會意·形聲. 莫＋日→暮. '莫(모)'가 음도 나타낸다. '莫'는 본래 풀숲에 태양이 숨어 있는 형상으로 저녁때를 뜻하는 글자다. 후세에 이 '莫(막)' 자는 음도 바뀌고 뜻도 '없다'로 사용하게 되면서부터, '日'을 더하여 '저물다, 저녁때' 등의 뜻을 나타내게 되었다.

자해 ❶저물다. ㉮해가 지다. ㉯한 해가 거의

日 9획

다 지나다. ¶ 暮歲모세. ❷해질 무렵, 저물 무렵. ❸밤. 〔楚辭〕 暮去次而敢止모거차이감지.

暮境(모경) 늙바탕. 老境(노경). 暮景(모경).

暮年(모년) 늙은 나이. 老年(노년).

暮冬(모동) ①늦은 겨울. 늦겨울. 季冬(계동). ②음력 12월의 딴 이름.

暮歲(모세) ①연말(年末). 歲暮(세모). ②노년(老年).

暮愁(모수) 해질 무렵의 쓸쓸한 생각.

暮靄(모애) 저녁 안개.

暮夜(모야) 밤. 깊은 밤. 昏夜(혼야).

暮雲春樹(모운춘수) 저녁 구름과 봄철의 나무. 멀리 있는 친구를 생각하는 정이 간절함. 春樹暮雲(춘수모운).

暮節(모절) ①음력 12월의 딴 이름. ②음력 9월 9일의 딴 이름. 重陽(중양). ③만년(晩年).

暮潮(모조) 저녁때 밀려오는 조수. 汐水(석수).

暮秋(모추) 음력 9월의 딴 이름.

暮春(모춘) ①늦봄. 晩春(만춘). ②음력 3월의 딴 이름.

暮夏(모하) 음력 6월의 딴 이름.

◨ 旦暮단모, 晩暮만모, 薄暮박모, 歲暮세모, 日暮일모, 朝暮조모, 朝令暮改조령모개.

11 ⑮ 【暫】 잠시 잠

고등 인명 3Ⅱ급 ㊥zàn ㊐ザン

필순 一 ㄇ 亓 亘 亘 車 車 斬 斬 暫

소전 초서 자원 形聲. 斬+日→暫. '斬(참)'이 음을 나타낸다.

자해 ❶잠시, 잠깐. 〔書經〕 暫遇姦宄잠우간구. ❷갑자기, 별안간.

暫不離側(잠불리측) 잠시도 곁을 떠나지 않음.

暫逢(잠봉) 잠시 서로 만남.

暫時(잠시) 얼마 되지 않는 동안. 須臾(수유).

暫定(잠정) ①잠시 동안의 안정(安定). ②임시로 정함.

11 ⑮ 【暲】 밝을 장 陽

인명 ㊥zhāng ㊐シャウ

자해 ❶밝다. ❷해가 돋다.

11 ⑮ 【暴】 1 사나울 폭·포 號 2 쬘 폭 屋

중학 인명 4Ⅱ급 ㊥bào, pù, bó ㊐ボウ

필순 曰 旦 早 昱 昗 㫺 暴 暴 暴 暴

소전 초서 본자 참고 인명용 음은 '포·폭'이다.

자원 會意. 日+出+艹+米→暴. 해〔日〕가 나오자〔出〕 벼〔米〕를 두 손〔艹〕으로 받들어 말린다는 뜻을 나타낸다.

자해 1 ❶사납다. ㉮성질이 사납다. ¶ 暴惡포악. ㉯행동이 거칠어 도리에 어긋나다. 언어 관습상, 이 항의 훈(訓)에 해당하는 한자어는 '폭'으로 읽는다. ¶ 暴君폭군. ❷해치다, 해롭게 하다. 〔孟子〕 持其志지기지, 無暴其氣무포기기. ❸갑자기, 급작스럽게. ❹맨손으로 치거나 때리다. 〔詩經〕 襢裼暴虎단석포호. ❺학대(虐待)하다. 〔孟子〕 豈得暴彼民哉기득포피민재. ❻능멸하다, 범(犯)하다. 2 ❶쬐다. ㉮햇볕에 말리다. =曝. 〔孟子〕 秋陽以暴之추양이폭지. ㉯야영(野營)시키다, 노숙(露宿)시키다. ㉰비바람을 맞히다. ❷따뜻하게 하다. 〔孟子〕 一日暴之일일폭지, 十日寒之십일한지. ❸나타내다, 명백히 드러내 보이다. ¶ 暴露폭로.

暴慢(포만) 성질이 사납고 방자함. 사납고 교만함. 暴橫(포횡).

暴惡(포악) 사납고 악함.

暴虐(포학) 사납고 잔학함.

暴虎馮河(포호빙하) 범을 맨손으로 때려 잡고 황하(黃河)를 걸어서 건넘. 용기는 있으나 행동이 무모함.

暴橫(포횡) 몹시 사납고 방자함.

暴擧(폭거) 난폭한 행동.

暴君(폭군) 사납고 악한 임금.

暴徒(폭도) 폭동을 일으키는 무리.

暴動(폭동) 집단적 폭력 행위를 일으켜 사회의 안녕을 어지럽히는 일.

暴騰(폭등) 물가가 갑자기 뛰어오름.

暴落(폭락) 물가나 주가 등이 갑자기 내림.

暴戾(폭려) 몹시 모질고 사나움. 거칠고 사나워서 도리에 어긋남.

暴力(폭력) 난폭한 힘.

暴露(폭로) ①비밀을 드러나게 함. ②묻히거나 싸인 물건이 드러나서 비바람 따위에 바램.

暴利(폭리) 지나친 이익.

暴杯(폭배) 술잔을 돌리지 않고 한 사람에게만 거듭 마시게 하는 일.

暴白(폭백) 폭로함.

暴兵(폭병) 포학한 병사.

暴富(폭부) 벼락부자.

暴死(폭사) 별안간 참혹히 죽음.

暴暑(폭서) 매우 심한 더위.

暴雪(폭설) 갑자기 많이 내리는 눈.

暴曬(폭쇄) 볕에 쬠.

暴食(폭식) 음식을 함부로 많이 먹음.

暴壓(폭압) 폭력으로 억압함.

暴揚(폭양) 널리 세상에 떨치게 함.

暴言(폭언) 난폭한 말.

日 11획

暴逆(폭역) 난폭하여 도리에 벗어남.
暴雨(폭우) 갑자기 많이 내리는 비.
暴威(폭위) 난폭한 위세.
暴飮(폭음) 술을 지나치게 마심.
暴溢(폭일) 갑자기 넘침. 세차게 넘침.
暴政(폭정) 포악한 정치.
暴走(폭주) 함부로 난폭하게 달림.
暴酒(폭주) 한꺼번에 많이 마시는 술.
暴疾(폭질) ①거칠고 빠름. ②갑자기 앓는 병. 急病(급병).
暴漲(폭창) ①갑자기 넘침. ②갑자기 물가가 뜀. 暴騰(폭등).
暴醉(폭취) 술이 갑작스레 몹시 취함.
暴風(폭풍) 몹시 세게 부는 바람.
暴漢(폭한) 난폭한 사람. 무법자.
暴行(폭행) ①난폭한 행동. ②남에게 폭력을 가하는 일.
◨ 苛暴가폭, 強暴강폭, 亂暴난폭, 猛暴맹포, 恣暴자포, 粗暴조폭, 橫暴횡포, 凶暴흉포.

日 11획

11 ⑮【暵】 말릴 한 旱
㊥hàn ㊐カン
소전 초서 자해 ❶말리다, 햇볕에 쬐어 말리다. ❷덥다, 더위.
暵乾(한건) 오래 비가 오지 아니하여 땅이 말라서 습기가 없음. 旱乾(한건).

11 ⑮【暳】 별 반짝일 혜 霽
인명 ㊥huì ㊐ケイ
초서 자해 별이 반짝이다, 뭇별이 빛나는 모양.

12 ⑯【暻】 밝을 경 梗
인명 ㊥jǐng ㊐ケイ
초서 자해 ❶밝다, 환하다. ❷별. ※景(587)의 속자(俗字).

12 ⑯【曁】 및 기 未
㊥jì ㊐キ
소전 초서 자해 ❶및, 함께. 〔書經〕汝羲曁和여희기화. ❷미치다, 이르다, 다다르다. 〔國語〕上求不曁상구불기. ❸굳센 모양.

12 ⑯【曇】 昙 흐릴 담 覃
인명 1급 ㊥tán ㊐ドン
소전 초서 자해 흐리다, 구름이 끼다. ¶ 曇天담천.
曇天(담천) 흐린 날씨.

12 ⑯【暾】 아침 해 돈 元
인명 ㊥tūn ㊐トン
초서 자해 ❶아침 해. 〔楚辭〕暾將出兮東方돈장출혜동방. ❷아침 해가 솟아 오르는 모양, 아침 해가 비치다.
暾暾(돈돈) ①햇빛이 구석구석 비치는 모양. ②불빛이 환한 모양.

12 ⑯【曈】 동틀 동 東
인명 ㊥tóng ㊐トウ
소전 초서 자해 동트다, 동이 트면서 훤해지는 모양.
曈曈(동동) ①해가 돋는 모양. ②태양처럼 빛나는 모양.

12 ⑯【曆】 历 책력 력 錫
고등 인명 3Ⅱ급 ㊥lì ㊐レキ
필순 一 厂 厈 厍 屏 屏 厤 厤 曆 曆
소전 초서 속자 暦 고자 厤 자원 形聲. 厤+日→曆. '厤(력)'이 음을 나타낸다.
자해 ❶책력. 나달·계절·시령(時令) 등을 날짜에 따라 적어 놓은 것. 〔古詩〕視曆復開書시력부개서. ❷역법(曆法). 천체의 운행을 추산하여 나달·계절·시령 따위를 정하는 법. ❸수(數), 수효. 〔管子〕此其大曆也차기대력야. ❹운명, 운수. ¶ 曆命역명. ❺햇수, 연대(年代), 세월. 〔漢書〕周過其曆주과기력, 秦不及期진불급기. ❻나이, 연령. ❼일지(日誌).
曆官(역관) 역법(曆法)에 관한 일을 맡아보던 관리.
曆年(역년) ①책력에 정한 일 년. 곧, 태양력에서는 365일. 윤년은 366일. ②세월.
曆命(역명) 역수(曆數)와 천명(天命). 타고난 운명.
曆尾(역미) 달력의 끝. 연말(年末).
曆法(역법) ①천체의 주기적 현상을 기준으로 하여 세시(歲時)를 정하는 방법. ②책력(冊曆)을 만드는 방법.
曆象(역상) ①책력을 추산하여 천체의 운행하는 모양을 봄. ②일월성신(日月星辰).
曆數(역수) ①해와 달의 운행 횟수. ②자연적으로 돌아오는 운수.

曆術(역술) 해와 달의 운행을 재어 책력을 만드는 기술.
曆日(역일) ①책력. ②책력에서 정한 날.
曆學(역학) 책력에 관한 학문.
◨ 舊曆구력, 星曆성력, 新曆신력, 略曆약력, 陽曆양력, 月曆월력, 陰曆음력, 日曆일력, 冊曆책력, 太陽曆태양력, 太陰曆태음력.

12 ⑯ 【暸】 밝을 료 [蕭]
㊥liáo ㊐リョウ
[초서] [자해] **밝다, 환하다.**

12 ⑯ 【暹】 暹 해 돋을 섬 [鹽]
[인명] [2급] ㊥xiān ㊐セン
[초서] [자해] **❶해가 돋다, 햇살이 퍼지다. ❷나라 이름.** ¶ 暹羅섬라.
暹羅(섬라) 태국의 전 이름. 'Siam'의 음역어(音譯語).

12 ⑯ 【曄】 晔 빛날 엽 [葉]
[인명] ㊥yè ㊐ヨウ
[소전] [초서] [동자] 曅 [자해] **❶빛나다, 빛을 발하다.** ¶ 曄曄엽엽. **❷성한 모양.** ¶ 曄然엽연.
曄然(엽연) 성(盛)한 모양.
曄曄(엽엽) ①빛나는 모양. 밝고 윤기 있는 모양. ②성한 모양.
曄煜(엽욱) 소리가 크게 울리는 모양.

12 ⑯ 【曅】 曄(595)과 동자

12 ⑯ 【曀】 구름 낄 예 [霽]
㊥yì ㊐エイ
[소전] [초서] [자해] **❶구름이 끼다, 햇빛을 가리다.** 〔詩經〕 曀曀其陰예예기음. **❷구름이 끼고 바람이 불다.**

12 ⑯ 【晉】 晋(585)의 본자

12 ⑯ 【曉】 晓 새벽 효 [篠]
[고등] [인명] [3급] ㊥xiǎo ㊐ギョウ
[필순] 𠃊 日 日⁻ 日⁺ 日± 日卉 曉 曉 曉 曉

[소전] [초서] [속자] 暁 [속자] 晓 [자원] 形聲. 日+堯→曉. '堯(요)'가 음을 나타낸다.
[자해] **❶새벽, 동틀 무렵.** ¶ 曉旦효단. **❷밝다, 환하다.** 〔莊子〕 冥冥之中명명지중, 獨見曉焉독견효언. **❸깨닫다, 환히 알다. ❹타이르다, 일러주다.** 〔漢書〕 叩堂戶曉賊고당호효적. **❺사뢰다, 아뢰다.** 〔漢書〕 未曉大將軍미효대장군.
曉鷄(효계) 새벽을 알리는 닭의 울음소리.
曉光(효광) 새벽녘의 햇빛.
曉起(효기) 아침 일찍 일어남. 夙起(숙기).
曉氣(효기) 새벽녘의 공기.
曉旦(효단) 새벽.
曉達(효달) 깨달아 통달함. 환히 앎.
曉暾(효돈) 아침 햇빛. 아침 해.
曉頭(효두) 먼동이 틀 무렵. 꼭두새벽.
曉得(효득) 깨달아 앎.
曉霧(효무) 새벽 안개.
曉色(효색) 새벽빛. 새벽 경치.
曉夕(효석) 아침과 저녁. 아침저녁.
曉星(효성) ①새벽에 드물게 보이는 별. ②수가 적음. ③샛별. 金星(금성).
曉習(효습) 깨달아 익숙하게 됨.
曉示(효시) 타이름. 諭示(유시).
曉然(효연) 똑똑하고 분명하게 깨닫는 모양.
曉悟(효오) 밝게 깨달음.
曉月(효월) 새벽달.
曉喩(효유) 타이름. 깨우쳐 일러 줌.
曉人(효인) 남을 타이름.
曉風殘月(효풍잔월) 새벽 바람과 지새는 달. 새벽 무렵의 달과 바람.
曉解(효해) 터득함. 曉悟(효오).
◨ 明曉명효, 知曉지효, 通曉통효.

13 ⑰ 【曖】 暧 가릴 애 [隊]
[인명] [1급] ㊥ài ㊐アイ
[초서] [자해] **❶가리다, 가리어지다.** 〔後漢書〕 甘是堙曖감시연애. **❷흐리다, 희미하다. ❸뱃노래.** ¶ 曖迺애내.
曖迺(애내) 뱃노래. 노를 저어 가면서 부르는 노래.
曖昧(애매) 흐리고 분명하지 아니함.
曖曖(애애) 어둠침침한 모양. 흐릿한 모양.

13 ⑰ 【曦】 曦(597)의 속자

14 ⑱ 【曚】 어두울 몽 [東]
㊥méng ㊐モウ

초서 자해 어둡다. ㉮어스레하다, 어둑어둑하다. ¶ 矇朧몽롱. ㉯어리석다, 사리(事理)에 어둡다. ¶ 矇昧몽매.
矇朧(몽롱) 햇빛이 흐릿함. 흐릿한 모양.
矇昧(몽매) ①어두움. ②어리석음.

14 ⑱【曙】 새벽 서 御

인명 1급 ㊥shǔ ㊐ショ

소전 초서 동자 暏 자해 ❶새벽, 날이 샐 무렵. ¶ 曙鐘서종. ❷날이 밝다, 밤이 새다.
曙更(서경) 새벽의 시각(時刻).
曙光(서광) ①동이 틀 때 비치는 빛. ②좋은 일이 일어나려는 조짐.
曙色(서색) ①새벽 빛. ②새벽의 경치.
曙星(서성) 샛별. 明星(명성).
曙月(서월) 새벽녘까지 지지 아니하고 남아 있는 달. 殘月(잔월).
曙日(서일) 아침 해. 아침 햇빛. 曙曦(서희).
曙鐘(서종) 새벽에 치는 종.
曙天(서천) 새벽 하늘.

日 14 획

14 ⑱【曜】 빛날 요 嘯

인명 5급 ㊥yào ㊐ヨウ

초서 자해 ❶빛나다, 빛을 발하다. 〔詩經〕 日出有曜일출유요. ❷빛, 햇빛. ❸빛내다. ¶ 曜威요위. ❹일월(日月)과 오성(五星). ❺㊊칠요일(七曜日).
曜靈(요령) 태양의 딴 이름. 燿靈(요령).
曜魄(요백) 북두칠성의 딴 이름.
曜曜(요요) 빛나는 모양.
◨ 榮曜영요, 日曜일요, 照曜조요, 七曜칠요, 輝曜휘요.

14 ⑱【曘】 해 빛깔 유 虞

인명 ㊥rú ㊐ニュ

자해 ❶해의 빛깔. ❷어둡다.

14 ⑱【㬥】 暴(593)의 본자

14 ⑱【曛】 석양빛 훈 文

㊥xūn ㊐クン

초서 자해 ❶석양빛, 저녁때의 햇빛. ❷저녁 해, 석양. ❸황혼 무렵, 해질 무렵.
曛霧(훈무) 누른빛을 띤 안개. 저녁 안개.
曛日(훈일) 저녁 해. 夕日(석일).
曛黃(훈황) 황혼(黃昏).
曛黑(훈흑) 해가 져서 어두움.
◨ 斜曛사훈, 夕曛석훈.

15 ⑲【曠】 旷 밝을 광 漾

인명 1급 ㊥kuàng ㊐コウ

소전 초서 자해 ❶밝다, 환하다, 뚜렷하다. 〔後漢書〕 曠若發矇광약발몽. ❷들판, 황야(荒野). ❸비다, 공허하다. ❹비우다, 공허하게 하다. 〔孟子〕 曠安宅而弗居광안택이불거. ❺허송하다, 헛되이 지내다. ¶ 曠日광일. ❻홀아비. 아내가 없는 장년의 남자. 〔國語〕 民多曠者민다광자. ❼멀다. ¶ 曠途광도. ❽넓다, 크다. 〔晉書〕 器宇宏曠기우굉광.
曠官(광관) ①광직(曠職). ②㊊고을의 수령(守令) 자리가 오래 빔.
曠年(광년) ①긴 세월을 지냄. ②오랜 세월. 曠歲(광세).
曠達(광달) 마음이 넓어서 사물에 구애받지 않음. 豁達(활달).
曠度(광도) 넓은 도량(度量). 大度(대도).
曠途(광도) ①넓은 길. ②먼 길.
曠朗(광랑) 넓고 밝음. 광대하고 명랑함.
曠邈(광막) 넓고 멂. 茫漠(망막).
曠望(광망) 널리 바라봄. 먼 곳을 바라봄.
曠夫(광부) 젊은 홀아비.
曠世之才(광세지재) 세상에 보기 드문 재주.
曠野(광야) 넓은 들. 허허벌판. 曠原(광원).
曠恩(광은) 광대(廣大)한 혜택. 廣恩(광은).
曠日(광일) 하는 일 없이 헛되이 세월을 보냄.
曠日彌久(광일미구) 오랜 시일을 헛되이 보냄.
曠日持久(광일지구) ①오랫동안 버티어 견딤. ②하는 일 없이 긴 세월을 보냄.
曠職(광직) ①관직에 있으면서 직무(職務)에 태만함. ②관직을 결원인 채 그대로 둠.
曠廢(광폐) ①버려 두고 돌보지 아니함. ②황폐(荒廢)함.
曠懷(광회) 활달한 생각. 마음을 널리 함.
◨ 空曠공광, 放曠방광, 怨曠원광, 淸曠청광.

15 ⑲【曝】 쬘 폭 屋

인명 1급 ㊥pù ㊐バク

초서 자해 쬐다, 햇볕에 쬐어 말리다. ※ 暴(593)의 속자(俗字).
曝露(폭로) 비바람에 씻김.
曝書(폭서) 책을 햇볕에 쬐고 바람을 쐼. 曬書(쇄서).
曝曬(폭쇄→포쇄) 바람을 쐬고 볕에 말림.

曝陽(폭양) 쨍쨍 내리쬐는 볕.

16 ⑳【曣】 청명할 연 霰

인명 ㊥yàn ㊐エン

소전 𣊙 초서 𣊙 자해 **청명(淸明)하다, 해가 뜨고 구름이 없다.**

曣嘔(연온) 날씨가 청명하여 따뜻함. 쾌청(快晴)한 날씨에 온난함. 晏溫(안온).

16 ⑳【曦】 햇빛 희 支

인명 ㊥xī ㊐ギ

초서 曦 속자 曦 자해 **햇빛.**

曦光(희광) 햇빛. 日光(일광).
曦月(희월) 해와 달.
曦軒(희헌) ①해. 太陽(태양). ②해가 타고 다닌다는 수레.

17 ㉑【曩】 접때 낭 養

㊥nǎng ㊐ノウ

소전 曩 초서 曩 자해 **접때, 앞서, 전에, 이전에.** 〔春秋左氏傳〕曩者志入而已낭자지입이이.

曩歲(낭세) 지난해.
曩日(낭일) 접때. 지난번. 前日(전일).
曩篇(낭편) ①전에 지은 시문(詩文). ②옛 사람이 지은 시문.

19 ㉓【曬】 晒 쬘 쇄 卦

㊥shài ㊐サイ

소전 曬 초서 曬 동자 晒 속자 𣊧 자해 **쬐다, 햇볕을 쬐어 말리다.** 〔漢書〕白日曬光백일쇄광.

曬書(쇄서) 책을 햇볕에 쬠.
曬風(쇄풍) 바람을 쐼.

曰 部 가로 왈

0 ④【曰】 가로되 왈 ㊍월 月

중학 인명 3급 ㊥yuē ㊐エツ

필순 丨 冂 日 曰

소전 曰 초서 曰 자원 指事. 口+乚→曰. 입〔口〕에서 입김이 입 밖으로 나옴〔乚〕을 가리킨 글자. 마음속에 있는 사람의 생각을 말로써 나타낸다는 데서 '가로되, 말하다' 등의 뜻을 나타낸다.

자해 **❶가로되, 말하기를.** 남의 말이나 글을 인용할 때에 쓰는 말. 〔論語〕子曰자왈, 學而時習之학이시습지, 不亦說乎불역열호. **❷이르다, 말하다.** 〔論語〕不曰如之何如之何者불왈여지하여지하자. **❸일컫다, 부르다.** 〔書經〕宅嵎夷曰暘谷택우이왈양곡.

曰可曰否(왈가왈부) 어떤 일에 대하여 옳으니 그르니 함.
曰牌(왈패) 國언행이 단정하지 못하고 수선스러운 사람. 曰者(왈자).

2 ⑥【曲】 굽을 곡 沃

중학 인명 5급 ㊥qū ㊐キョク

필순 丨 冂 巾 由 曲 曲

소전 曲 초서 曲 자원 象形. 속이 둥글게 되어 있는 그릇을 본뜬 글자. 이에서 곧지 아니한 것, 곧 '굽다'의 뜻을 나타낸다.

자해 **❶굽다, 휘다.** ¶ 曲徑곡경. **❷굽히다, 휘게 하다.** 〔論語〕曲肱而枕之곡굉이침지. **❸마음이 바르지 아니하다. 사악(邪惡)하다.** 〔戰國策〕曲學多辨곡학다변. **❹자세하다, 상세하다.** 〔禮記〕曲禮三千곡례삼천. **❺옳지 않다, 비뚤어지다.** 〔戰國策〕以曲合於趙王이곡합어조왕.

曲徑(곡경) 꼬불꼬불한 길.
曲境(곡경) 몹시 힘들고 어려운 지경.
曲曲(곡곡) 國굴곡이 많은 산천이나 길의 굽이굽이.
曲肱之樂(곡굉지락) 팔을 구부려 베고 자는 즐거움. 베개도 없어 팔을 베고 잘 정도이지만 청빈(淸貧)에 만족하며 도(道)를 즐김.
曲鞫(곡국) 사정을 자세히 물어 조사함.
曲茶(곡다·곡차) 절에서 술을 이르는 말. 穀茶(곡차).
曲禮(곡례) ①몸가짐 등의 자질구레한 예식. ②행사에 관한 예절.
曲論(곡론) 이치에 어그러진 의론. 바르지 못한 의론. 曲說(곡설).
曲流(곡류) 구불구불 흘러가는 물. 굽이쳐 흐르는 물.
曲馬(곡마) 말을 타고 부리는 여러 가지 재주.
曲木(곡목) 굽은 나무. 휜 나무.
曲目(곡목) 연주할 곡명을 적어 놓은 목록.
曲眉(곡미) 초승달처럼 가늘고 굽은 눈썹. 미인(美人)의 눈썹.
曲法(곡법) 법을 굽힘. 법을 어김.

曲辯(곡변) ①말을 교묘하게 둘러댐. 잘못을 옳다고 우기는 말. ②상세히 말함. 자세하게 변론함.
曲屛(곡병) ①머릿병풍. 머리맡에 치는 병풍. ②가리개.
曲士(곡사) ①촌뜨기. 보잘것없는 사람. ②마음이 바르지 못한 사람.
曲線(곡선) 구부러진 선.
曲城(곡성) 성문을 밖으로 둘러 가려서 구부러지게 쌓은 성. 곱은성. 甕城(옹성).
曲水(곡수) 굽이굽이 휘돌아 흐르는 물.
曲水流觴(곡수유상) 삼짇날 문인(文人)들이 굽이굽이 흐르는 물에 술잔을 띄워 보내어 그 술잔이 자기 앞에 오기 전에 시를 짓고 그 술잔의 술을 마신 풍류 놀이.
曲言(곡언) 넌지시 하는 말. 언외(言外)에 뜻이 있는 말.
曲宴(곡연) 임금이 궁중의 내원(內苑)에서 베풀던 조촐한 잔치.
曲藝(곡예) 줄타기·곡마 따위 신기한 재주를 부리는 연예.
曲墻(곡장) 능(陵)·원(園)·묘(墓) 따위의 뒤에 둘러쌓은 나지막한 토담.
曲折(곡절) ①구부러지고 꺾어짐. ②문장 같은 것의 내용이 복잡하고 변화가 많음. ③까닭. 자세한 사정.
曲節(곡절) 음악의 선율(旋律). 악곡의 마디.
曲調(곡조) 가사나 음악의 가락.
曲從(곡종) 자기 의지를 굽히고 굴종(屈從)함. 도리를 굽혀 남을 따름.
曲直(곡직) ①굽은 것과 곧은 것. ②사악함과 정직함. 正邪(정사). 善惡(선악). 是非(시비). ③노래의 가락.
曲盡(곡진) ①자세하고 간곡함. ②마음과 힘을 다함.
曲尺(곡척) ①'ㄱ' 자 모양으로 만든 자. 곱자. ②직각으로 굽은 형태.
曲筆(곡필) 사실을 굽혀서 씀. 붓 끝으로 잔꾀를 부림. 舞文(무문).
曲學阿世(곡학아세) 그릇된 학문으로 세상에 아부함.
曲解(곡해) 사실과 어긋나게 잘못 이해함.
◨ 歌曲가곡, 屈曲굴곡, 名曲명곡, 舞曲무곡, 序曲서곡, 新曲신곡, 樂曲악곡, 歪曲왜곡, 作曲작곡, 戲曲희곡.

2
⑥【曳】 끌 예 霽

인명 1급 ㊥yè ㊐エイ

소전 초서 속자 曵

자해 ❶끌다, 끌어당기다. 〔孟子〕 棄甲曳兵而走기갑예병이주. ❷끌리다. 〔賈誼·賦〕 賢聖逆曳兮현성역예혜, 方正倒植방정도식.
曳兵(예병) 무기(武器)를 질질 끎. 적과 싸울 기력이 없어서 도망치는 모양.
曳牛却行(예우각행) 소를 끌고 뒷걸음질쳐감. 힘이 매우 셈의 비유.
曳引船(예인선) 다른 배를 끄는 배.

2
⑥【曵】 曳(1049)의 속자

3
⑦【更】 1 다시 갱 敬 2 고칠 경 庚

중학 인명 4급 ㊥gèng, gēng ㊐コウ

필순 一 𠂆 𠃍 戸 戸 百 更 更

소전 초서 동자 㪅 참고 인명용 음은 '갱·경'이다.

자원 形聲. 丙+攴→㪅→更. '丙(병)'이 음을 나타낸다.

자해 1 다시, 재차, 또. 〔史記〕 人人自以爲更生인인자이위갱생. 2 ❶고치다, 개선하다, 새롭게 하다. 〔論語〕 更也경야, 人皆仰之인개앙지. ❷새로워지다, 고쳐지다. ❸바꾸다, 교환하다. ❹교대하다, 번갈아 들다. ¶ 更番경번. ❺시각, 밤 시각. 하룻밤을 5등분한 그 하나의 시간. ¶ 更點경점.
更發(갱발) 다시 발생함.
更生(갱생) ①죽게 되었다가 다시 살아남. ②죄악에서 벗어나 바른 삶을 찾음.
更選(갱선) 다시 뽑음.
更新(❶갱신 ❷경신) ❶다시 새로워짐. ❷옛것을 고쳐 새롭게 함. 革新(혁신).
更進(갱진) ①다시 나아감. 더 나아감. ②다시 올림. 다시 드림.
更改(경개) 바꾸어 고침.
更鼓(경고) 밤에 쳐서 시간을 알리던 북.
更漏(경루) ①조선 때, 밤 동안의 시간을 알리는 데 쓰던 물시계. ②시간.
更番(경번) 교대로 번듦. 번갈아 지킴.
更衣(경의) 옷을 갈아입음. 改衣(개의).
更張(경장) ①거문고 줄을 팽팽하게 고쳐 맴. ②해이한 사물을 고쳐 긴장하게 함. ③사회적·정치적으로 부패한 제도를 바르게 고침.
更點(경점) 시간의 구분. 곧, 경과 점. 조선 때, 하룻밤의 시간을 다섯 경으로 나누고 한 경을 다섯 점으로 나누어 경에는 북을, 점에는 징을 쳐서 알리던 일.
更正(경정) 바르게 고침. 개정함.
更定(경정) 고쳐 정함.
更迭(경질) 서로 바꿈. 어떤 직위에 있는 사람

을 다른 사람으로 바꿈.
更革(경혁) 새롭게 고침. 革新(혁신).
更化(경화) 고쳐 교화함. 고쳐 새롭게 함.
◨ 改更개경, 變更변경, 三更삼경, 初更초경.

3 ⑦【曳】 曳(598)의 속자

5 ⑨【曷】 어찌 갈 ㊍할 曷

인명 ㊥hé ㊐カツ

소전 초서 자해 ❶**어찌, 어찌하여.** 의문(疑問)의 뜻을 나타내는 말. 〔書經〕 汝曷弗告朕여갈불고짐. ❷**언제, 어느 때에.** 〔書經〕 時日曷喪시일갈상. ❸**어찌 ~하지 아니하냐?** '何不(하불)~'의 뜻과 같다. 〔詩經〕 曷飲食之갈음식지.

6 ⑩【書】书 쓸 서 魚

중학 인명 6급 ㊥shū ㊐ショ

필순 ㇕ ⺕ ⺕ 聿 聿 聿 聿 書 書 書

소전 초서 자원 形聲. 聿+者→書. '者(자)'가 음을 나타낸다.
자해 ❶**쓰다, 기록하다.** 〔論語〕 子張書諸紳자장서저신. ❷**글자, 문자**(文字), **육서**(六書). ❸**글.** ㉮**책, 서적.** 〔莊子〕 桓公讀書乎堂上환공독서호당상. ㉯**편지.** 〔古詩〕 適得府君書적득부군서. ❹**장부**(帳簿). ¶ 簿書부서. ❺**서경**(書經), **상서**(尙書).

書架(서가) 책을 얹어 두는 시렁.
書簡(서간) 편지(便紙). 書翰(서한).
書劍(서검) ①책과 칼. ②학문과 무예(武藝).
書契(서계) ①중국 태고의 글자. 나무에 새긴 글자. ②증거가 되는 문서.
書庫(서고) 책을 보관하는 집이나 방.
書館(서관) ①공부하는 집. 학교. ②궁중에서 책을 간직해 두고, 때때로 강의(講義)하던 곳.
書記(서기) ①기록을 맡아보는 사람. ②기록함.
書堂(서당) 글방.
書刀(서도) 대쪽에 글자를 새기거나 글자를 깎아 고치는 데 쓰던 칼.
書圖(서도) 글씨와 그림. 圖書(도서).
書頭(서두) ①본론에 들어가기 전의 첫머리. 緖頭(서두). ②책 위쪽의 여백(餘白). ③초벌 매어 놓은 책 따위의 가장자리.
書蠹(서두) ①반대좀. 책을 좀먹는 벌레. 蠹魚(두어). ②책벌레. 독서광(讀書狂).
書類(서류) 문서의 총칭.
書林(서림) ①책을 많이 모아 둔 곳. ②책을 파는 가게. 책방.
書面(서면) ①글씨를 쓴 지면. ②일정한 내용을 적은 문서.
書法(서법) 글씨를 쓰는 방법.
書史(서사) ①서적. 경서(經書)와 사서(史書). ②서책의 역사.
書肆(서사) ①책방. 서점. 書鋪(서포). ②책을 모으기만 하고 읽을 줄을 모르는 사람.
書辭(서사) 편지에 쓰인 말. 적힌 내용.
書塾(서숙) 글방.
書式(서식) 서류의 양식.
書信(서신) 편지. 書札(서찰). 書牘(서독). 書翰(서한).
書案(서안) ①책상(册床). ②문서의 초안(草案). 문서.
書藝(서예) 글씨를 붓으로 쓰는 예술.
書院(서원) ①당대(唐代) 이후 설치한 학교. ②조선 때 선비들이 모여서 학문을 강론하고 석학(碩學) 또는 충절(忠節)로 죽은 사람을 제사 지내던 곳.
書淫(서음) 글 읽기를 지나치게 좋아함.
書意(서의) ①책이나 편지에 씌어 있는 글의 뜻. ②서법(書法)의 정신.
書齋(서재) 서적을 갖추어 두고 책을 읽거나 글을 쓰는 방. 書室(서실). 書屋(서옥).
書籍(서적) 책. 書册(서책).
書典(서전) 책. 서적. 經典(경전).
書店(서점) 책방.
書題(서제) ①글자를 씀. 기록함. ②책의 표제.
書誌(서지) 책·문서의 형식이나 체제·성립·전래 따위에 관한 사실. 또는 그것을 기술한 것.
書鎭(서진) 책장이나 종이쪽이 바람에 날리지 않도록 누르는 물건. 文鎭(문진).
書窓(서창) ①서재의 창문. ②서재.
書籤(서첨) 책의 제목으로 쓴 글씨.
書帖(서첩) 명필을 모아 꾸민 책. 흔히 여러 겹으로 접게 되어 있음. 墨帖(묵첩).
書牒(서첩) 글씨를 쓰는 대쪽.
書體(서체) ①글씨의 모양. 글씨의 체재(體裁). ②글씨의 여러 형체. 해서(楷書)·행서(行書)·초서(草書)·예서(隸書)·전서(篆書) 따위의 자체(字體).
書癡(서치) 글 읽기에만 몰두하여 세상일을 돌보지 않는 사람.
書幅(서폭) 글씨를 써서 꾸민 족자.
書標(서표) 책장의 읽던 곳을 찾기 쉽도록 책갈피에 끼워 두는 종이쪽지나 끈.
書香(서향) ①책에서 나는 향기. ②학자의 자제들이 그 가업(家業)을 잘 계승하는 일.
書畫(서화) 글씨와 그림.

◨ 經書경서, 古書고서, 讀書독서, 文書문서, 兵書병서, 四書사서, 史書사서, 良書양서, 原書원서, 遺書유서, 醫書의서, 藏書장서, 著書저서, 全書전서, 篆書전서, 詔書조서, 證書증서, 草書초서, 投書투서, 楷書해서, 行書행서, 橫書횡서.

6 ⑩【曺】 國성 조 인명 2급

초서 자해 성(姓). 중국에서는 曹(660) 자를 쓰고, 우리나라에서는 이 자를 쓴다.

6 ⑩【㬝】 會(601)의 고자

7 ⑪【曼】 1 끌 만 2 뻗을 만

인명 ㊥màn ㊐マン

소전 초서 자해 1 ❶끌다, 길게 끌다. ¶ 曼聲만성. ❷길다. 〔詩經〕孔曼且碩공만차석. ❸아름답다, 곱다. ¶ 曼辭만사. ❹가볍다. 2 뻗다, 널리 퍼지다. ¶ 曼衍만연.

曼麗(만려) 살결이 부드럽고 고움.
曼曼(만만) 긴 모양. 먼 모양. 漫漫(만만).
曼聲(만성) 길게 뽑는 소리.
曼壽(만수) 오래 삶. 長壽(장수).
曼衍(만연) ①끝이 없음. 길게 연속함. ②변화함. ③분포(分布)함.
曼陀羅(만다라) (佛)①깨달음의 경지. ②부처가 증험한 것을 나타낸 그림. 曼荼羅(만다라).
曼嬉(만희) 미인. 미녀.

7 ⑪【曹】 마을 조

인명 1급 ㊥cáo ㊐ソウ

소전 본자 𣍘 자해 ❶마을. ㉮관아(官衙), 관청. 〔漢書〕坐曹治事좌조치사. ㉯관리, 벼슬아치. 〔漢書〕除爲功曹제위공조. ❷무리. ㉮또래, 벗. 〔史記〕分曹往분조왕. ㉯떼, 군중(群衆). 〔詩經〕乃造其曹내조기조. ㉰짝, 동행, 동반자. 〔楚辭〕分曹竝進분조병진. ❸나라 이름. 주(周) 무왕(武王)이 아우 숙진탁(叔振鐸)을 봉한 나라. 지금의 산동성(山東省)에 있었다.

曹司(조사) ①벼슬아치가 집무하는 방. ②낮은 벼슬아치.
曹魏(조위) 삼국 시대의 위(魏)나라. 조비(曹丕)가 건국하였으므로 이르는 말.

工曹공조, 法曹법조, 兵曹병조, 六曹육조.

8 ⑫【曾】 曽 일찍 증

중학 인명 3Ⅱ급 ㊥zēng, céng ㊐ソウ

필순 ㇒ ㇒ 㣺 ... 曾

소전 초서 속자 曽 자원 象形. 풍로 위의 시루에 곡식을 찌는 모양을 본뜬 글자로 원뜻은 '시루'이다. 뒤에 '일찍'이라는 뜻으로 바뀌었다.

자해 ❶일찍, 일찍이, 이전에. 〔史記〕曾待客夜食증대객야식. ❷곧, 이에. 어조(語調)를 부드럽게 하는 구실을 한다. 〔孟子〕爾何曾比予於管仲이하증비여어관중. ❸깊다, 깊숙하다. ¶ 曾曲증곡. ❹오르다, 높이 오르다. 〔楚辭〕翾飛兮翠曾현비혜취증. ❺더하다. ≒增. 〔孟子〕曾益其所不能증익기소불능.

曾經(증경) 일찍이. 이전에 겪음.
曾曲(증곡) 깊숙한 구석.
曾參殺人(증삼살인) 증자(曾子)가 사람을 죽임. 근거 없는 말도 널리 퍼지면 믿게 됨. 故事 춘추 시대에 증자와 이름이 같은 사람이 살인을 하고 체포되었는데, 한 사람이 증자의 어머니에게 증자가 사람을 죽였다고 하자 어머니는 '내 아들이 그럴 리 없다'고 하였고, 또 한 사람이 같은 말을 해도 태연하게 옷감을 짜고 있었으나, 조금 뒤 다른 사람이 같은 소식을 전하자 사실로 믿고 안절부절못했다는 고사에서 온 말. '參'은 증자의 이름. 三人成虎(삼인성호).
曾孫(증손) 아들의 손자. 또는 손자의 아들. 曾孫子(증손자).
曾益(증익) 늘림. 더함. 增益(증익).
曾祖(증조) 아버지의 할아버지. 또는 할아버지의 아버지. 曾祖父(증조부).

◨ 未曾有미증유.

8 ⑫【朁】 일찍이 참

㊥cǎn ㊐サン

소전 자해 일찍이, 곧, 이에. 〔詩經〕朁不畏明참불외명.

8 ⑫【替】 쇠퇴할 체

고등 인명 3급 ㊥tì ㊐タイ

필순 ㇐ ㇐ 夫 夫 夫 㚘 㚘 替 替 替

초서 동자 暜 동자 朁 자원 形聲. 竝+白→暜→替. '白(백)'이 음을 나타낸다.

자해 ❶쇠퇴하다, 쓸모없게 되다. 〔春秋左氏

傳〕君盟替矣군맹체의. **❷버리다, 폐하다.**〔書經〕無替厥服무체궐복. **❸멸망하다, 멸망시키다.**〔國語〕君之冢嗣其替乎군지총사기체호. **❹갈다, 바꾸다.**〔蘇軾·文〕以山光水色替其玉肌花貌이산광수색체기옥기화모.

替代(체대) 서로 번갈아 대신함.
替番(체번) 번을 서로 바꿈. 交番(교번).
替換(체환) 갈아서 바꿈. 갈마듦. 교대함.
◨ 交替교체, 代替대체, 隆替융체, 興替흥체.

8
⑫【最】 가장 최 ⊛

중학 인명 5급 ㊥zuì ㊐サイ

필순 ㇆ ㇆ 旦 早 旱 㫡 㫫 㝡 最 最

소전 㝡 초서 最 속자 㝡 자원 會意. 曰+取→最. '曰'은 '冒(무릅쓸 모)'의 생략형. 꺼리지 않고 함부로〔曰〕 취한다〔取〕는 뜻을 나타낸다.

자해 **❶가장, 제일, 으뜸.** ¶ 最少최소. **❷모두.**〔史記〕最從高帝최종고제. **❸최상, 가장 뛰어난 것.**〔漢書〕灌廢邱最관폐구최. **❹모이다, 모으다.**〔管子〕最萬物최만물. **❺중요한 일.**

最強(최강) 가장 강함.
最古(최고) 가장 오래됨.
最高(최고) 가장 높음.
最近(최근) ①가장 가까움. ②지나간 지 얼마 안 되는 날.
最嗜(최기) 가장 즐기거나 좋아함.
最多(최다) 가장 많음.
最大(최대) 가장 큼.
最良(최량) 가장 좋음.
最晚(최만) 가장 늦음.
最末(최말) 맨 끝. 最後(최후). 最尾(최미).
最上(최상) 맨 위.
最善(최선) ①가장 좋음. 가장 착함. ②가장 알맞음.
最小(최소) 가장 작음.
最少(최소) ①가장 적음. ②가장 젊음.
最勝(최승) 가장 나음. 제일 뛰어남.
最新(최신) 가장 새로움. 최근에 된 것.
最甚(최심) 아주 심함. 가장 심함.
最惡(최악) 가장 나쁨.
最愛(최애) 가장 사랑함. 제일 소중히 여김. 最幸(최행).
最長(최장) 가장 길.
最低(최저) 가장 낮음.
最適(최적) 가장 알맞음.
最終(최종) 맨 나중.
最初(최초) 맨 처음.
最下(최하) 맨 아래.
最好(최호) ①썩 좋음. ②가장 좋아함.
最後(최후) 맨 뒤. 맨 나중.

8
⑫【㑹】 會(601)의 속자

9
⑬【會】会 모일 회 ⊛

중학 인명 6급 ㊥huì ㊐カイ

필순 人 𠆢 스 合 侖 命 侖 會 會 會

소전 會 초서 会 속자 㑹 속자 会 고자 㣛

자원 會意. 亼+曾→會. '曾'은 '增'과 통해 쓰이는 자로 '더하다, 증가하다'의 뜻, '亼'은 합한다는 뜻인 데서 두 자가 합하여 '증가하다', 또는 '모이다'의 뜻을 나타낸다.

자해 **❶모이다.** ¶ 會同회동. **❷모으다, 모이게 하다.**〔周禮〕會其什伍회기십오. **❸모임.**〔禮記〕周人作會주인작회, 而民始疑이민시의. **❹만나다.**〔後漢書〕千載一會천재일회. **❺도시(都市).**〔王勃·序〕名都廣會명도광회. **❻때, 적당한 시기.** **❼깨닫다, 이해하다.** ¶ 會得회득. **❽때마침, 우연히.**〔漢書〕會武等至匈奴회무등지흉노. **❾반드시, 꼭, 필연코.**

會見(회견) 서로 만나 봄.
會計(회계) ①한데 모아서 셈함. ②금품 출납에 관한 사무. ③재산 및 수입·지출의 관리와 운용에 관한 제도.
會稽之恥(회계지치) 회계에서 당한 치욕(恥辱). 패전(敗戰)의 치욕. 故事 춘추 시대에 월(越)나라 왕 구천(句踐)이 오(吳)나라 왕 부차(夫差)에게 회계산에서 패전하고, 그 치욕을 잊지 않으려 와신상담(臥薪嘗膽)하여 마침내 복수하였다는 고사에서 온 말.
會館(회관) 집회나 회의 따위를 목적으로 지은 건물.
會期(회기) 개회로부터 폐회까지의 기간.
會談(회담) 모여서 의논함.
會同(회동) ①여럿이 모임. ②주대(周代)의 제도에서, 제후가 모여 천자를 알현(謁見)함. 또는 천자가 제후를 모아 놓고 회견함.
會得(회득) 깨달음. 잘 이해하여 알게 됨.
會獵(회렵) ①여러 사람이 모여 사냥함. ②서로 맞붙어서 싸움. 會戰(회전).
會流(회류) 물줄기가 한데 모여 흐름.
會盟(회맹) ①모여서 맹세함. ②임금이 공신(功臣)들과 희생(犧牲)으로 하늘에 제사 지내고 그 피를 나누어 마시며 단결을 맹세하던 일. ③제후(諸侯)가 합동하여 동맹(同盟)을 맺음.

會費(회비) 모임을 만들거나 유지하기 위하여 그 모임의 구성원에게 걷는 돈.
會社(회사) 상행위 또는 그 밖의 영리(營利) 행위를 목적으로 하는 사단법인(社團法人).
會試(회시) 國문·무과의 초시(初試)에 합격한 사람이 서울에 모여 다시 보던 과거 시험.
會食(회식) 여럿이 모여 함께 음식을 먹음.
會心(회심) 마음에 듦. 마음에 맞음.
會審(회심) 법관이 모여 사건을 심리(審理)함.
會悟(회오) 깨달음. 解悟(해오).
會友(회우) ①같은 모임의 회원. 同志(동지). ②동지를 모음.
會員(회원) 어떤 모임을 구성하는 사람들.
會飮(회음) 여럿이 모여서 술을 마심.
會意(회의) ①마음에 맞음. 의기(意氣)가 상통함. 會心(회심). ②육서(六書)의 한 가지. 둘 이상의 글자를 합하여 한 글자를 만들고 또 그 뜻도 합성한 것. '人'과 '言'을 합하여 '信'이, '日'과 '月'을 합하여 '明'이 되는 따위.
會議(회의) ①여럿이 모여 의논함. ②어떤 사항을 의논하는 기관.
會者定離(회자정리) (佛)만나면 반드시 이별함. 인생의 무상(無常)함을 나타내는 말.
會長(회장) 모임을 대표하고 모임의 일을 총괄하는 사람.
會葬(회장) 장례 지내는 데 참례하는 일.
會戰(회전) 쌍방이 서로 어우러져 싸움.
會朝(회조) ①제후(諸侯)가 모여 천자(天子)를 알현(謁見)하거나 딴 제후와 만남. ②회전(會戰)하는 날의 아침. 故事 주(周) 무왕(武王)이 은(殷)나라를 치려고 아침에 목야(牧野)에서 회동(會同)한 데서 온 말.
會通(회통) ①이치를 깨달아 막힘이 없음. ②사물이 모여 어울리는 일과 변화하는 일.
會下(회하) (佛)사승(師僧) 밑에서 참선(參禪), 수학(修學)하는 승려.
會合(회합) 여러 사람이 만남.
會話(회화) ①서로 만나서 이야기함. ②외국어로 이야기함.

◨ 開會개회, 敎會교회, 國會국회, 機會기회, 大會대회, 面會면회, 密會밀회, 法會법회, 社會사회, 商會상회, 宴會연회, 議會의회, 入會입회, 再會재회, 朝會조회, 集會집회, 總會총회, 閉會폐회, 協會협회.

日 10획

10 ⑭ **【朅】** 갈 걸 屑

㊥qiè ㊐ケツ

소전 초서 자해 ❶가다, 떠나가다. 〔呂氏春秋〕富貴弗就부귀불취, 貧賤弗朅빈천불걸. ❷헌걸찬 모양, 씩씩한 모양. 〔詩經〕庶士有朅서사유걸. ❸어찌 ~하지 아니하느냐? ❹언제, 어느 때에. ≒曷.

朅來(걸래) ①이에. 발어사(發語辭). 聿來(율래). ②어찌 오지 않느냐? 왜 오지 아니할까?

10 ⑭ **【朄】** 작은북 인 震

㊥yǐn ㊐イン

소전 동자 輔 자해 작은북, 작은북의 소리. 큰북을 울리기 전에 치는 북. 〔周禮〕令奏鼓朄령주고인.

10 ⑭ **〖輔〗** 朄(602)과 동자 인명

10 ⑭ **【朁】** 替(600)와 동자

11 ⑮ **【朂】** 豐(1191)의 고자

12 ⑯ **【朁】** 替(600)와 동자

16 ⑳ **【曹】** 曹(600)의 본자

月部 달 월

0 ④ **【月】** 달 월 月

중학 인명 8급 ㊥yuè ㊐ゲツ

필순 丿 冂 月 月

소전 초서 자원 象形. 달의 모양을 본뜬 글자. 태양은 언제나 가득 차 있기에 '日' 자는 둥근 태양의 모양을 본떴고, 달은 초승달에서 차츰 충만해져 만월(滿月)이 되고, 이 만월이 차츰 이지러져 그믐달이 되기에 '月' 자는 이지러진 달의 모양을 본떴다.

자해 ❶달. 오행(五行)으로는 수(水), 방위(方位)로는 진(辰)에 배당된다. ㉮지구의 위성(衛星). 〔易經〕莫大乎日月막대호일월. ㉯1년을 12등분한 기간. ¶ 大月대월. ㉰한 달, 1개월. ¶ 期月기월. ❷달빛. 〔宋史〕映月讀書영월독서. ❸나달, 광음(光陰). 〔陶潛·詩〕歲月不待人세월부대인. ❹다달이, 달마다. 〔中庸〕日省月試일성월시. ❺월경(月經), 경수(經水). 〔素問〕月事以時下월사이시하, 故有子고유자.

月脚(월각) 땅 위에 비친 달빛.

月刊(월간) 매달 한 번씩 발행함.

月經(월경) 성숙한 여성의 자궁에서 주기적으로 출혈하는 생리 현상. 달거리. 月信(월신). 經度(경도).

月桂(월계) ①월계수. ②과거에 급제함. 折桂(절계). ③달 속에 있다는 계수나무. ④달그림자. 달빛.

月桂冠(월계관) ①월계수 가지와 잎으로 만들어 경기에서 우승한 사람에게 씌워 주던 관. ②승리나 명예.

月雇(월고) 한 달에 얼마씩으로 품삯을 정하여 사람을 쓰는 일.

月光(월광) 달빛. 月彩(월채). 月華(월화).

月窟(월굴) ①달 속에 있다는 굴. ②달이 떠오르는 곳.

月宮姮娥(월궁항아) ①달 속에 산다는 선녀. ②미인.

月給(월급) 일을 한 대가로 다달이 받는 급료. 月料(월료). 月俸(월봉).

月吉(월길) 초하룻날.

月旦(월단) ①매달의 첫날. 月朔(월삭). 朔日(삭일). ②월단평(月旦評).

月旦評(월단평) 인물에 대한 평. 故事 후한(後漢) 때 허소(許劭)가 매월 초하룻날마다 마을 사람들의 인물을 평했다는 고사에서 온 말. 月朝評(월조평).

月臺(월대) ①지붕이 없는 누대(樓臺). 달을 볼 수 있는 누대. ②전각 앞의 섬돌.

月廊(월랑) ①행랑(行廊). ②행각(行閣).

月來(월래) ①달이 돌아옴. ②두어 달 동안. 달포 이래.

月曆(월력) ①달력. ②한 달 동안 행할 정사(政事)를 적은 기록.

月令(월령) ①해마다 행하여야 할 정령(政令)을 12개월에 할당하여 규정한 것. ②철. 時候(시후).

月輪(월륜) ①달. ②달의 둘레.

月廩(월름) 관리에게 월봉으로 지급하던 곡식.

月滿則虧(월만즉휴) 달이 차서 둥글게 되면 곧 이지러지기 시작함. 사물이 성한 뒤에는 반드시 쇠함. 月盈則食(월영즉식).

月末(월말) 그 달의 끝 무렵.

月半(월반) ①한 달의 절반. 곧, 보름. ②반달.

月魄(월백) 달의 딴 이름. 月魂(월혼).

月白風淸(월백풍청) 달은 밝고 바람은 맑음. 달이 밝은 가을밤의 경치.

月賦(월부) 갚거나 치러야 할 돈을 다달이 얼마씩 나누어 내는 일.

月夕(월석) ①달이 떠 있는 저녁. 月夜(월야). ②월말(月末). ③음력 8월 15일 밤.

月梳(월소) 빗살이 굵고 성긴 큰 빗. 얼레빗.

月蝕(월식) 지구가 해와 달 사이에 있어서 지구의 그림자가 달을 가려 달의 전부 또는 일부분이 보이지 않게 되는 현상.

月娥(월아) 달 속에 있다는 선녀(仙女).

月耀(월요) 달이 빛남. 月光(월광).

月容(월용) 달 모양으로 예쁜 얼굴.

月銀(월은) 월급으로 치러 주는 돈.

月陰(월음) ①달그림자. 月影(월영). ②달이 흐림. ③달의 간지(干支). 月建(월건).

月子(월자) ①달. '子'는 어조사. ②國여자의 머리숱을 많아 보이게 하려고 덧넣는 딴 머리털. 다리.

月將(월장) 달마다 진보함.

月章星句(월장성구) 달과 같은 문장, 별과 같은 구절. 문장이 아름다움.

月初(월초) 그 달의 처음 무렵.

月出(월출) 달이 지평선 위로 떠오름.

月兔(월토) ①토끼. ②달빛의 딴 이름. 달에 토끼가 산다는 전설에서 온 말.

月波(월파) 달빛에 비치는 물결.

月下老人(월하노인) 달빛 아래 있는 노인. 부부의 인연을 맺어 주는 신이나 사람. 故事 당대(唐代)에 위고(韋固)가 밝은 달빛 아래 앉아 있는 수염이 흰 노인에게 장래의 아내에 대한 예언을 들었다는 고사에서 온 말. 月下氷人(월하빙인).

月環(월환) 달과 같이 둥근 고리. 둥근 옥고리.

月晦(월회) 음력 그믐날.

月暈(월훈) 달무리.

◨ 隔月격월, 今月금월, 臘月납월, 當月당월, 滿月만월, 明月명월, 半月반월, 歲月세월, 日月일월, 殘月잔월, 前月전월, 正月정월, 秋月추월, 風月풍월.

2 ⑥ 【肞】 服(604)의 고자

2 ⑥ 【有】 1 있을 유 宥 2 또 유 宥

중학 인명 7급 ㊥yǒu, yòu ㊐ユウ

필순 ノ ナ 才 冇 有 有

소전 초서 자원 形聲. ナ+月→有. 'ナ(우)'가 음을 나타낸다.

자해 1 ❶있다. ㉮존재하다. 〔孟子〕庖有肥肉포유비육, 廐有肥馬구유비마. ㉯가지고 있다, 소지(所持)하다. 〔論語〕陳文子有馬十乘진문자유마십승. ❷많다, 넉넉하다. 〔詩經〕爰衆爰有

月 2획

원중원유. ❸자재(資財), 소유물(所有物). 〔列子〕羨施氏之有선시씨지유. ❹보유하다, 보전하여 소유하다. 〔禮記〕不能有其身불능유기신. ❺경역(境域), 어떤 범위 안의 땅. 〔詩經〕奄有九有엄유구유. ② 또. 〔書經〕朞三百有六旬有六日기삼백유륙순유륙일.

有間(유간) ①잠시 후에. 有頃(유경). ②병이 조금 나아짐. ③잠깐 틈이 있음. 여가가 있음. ④사이가 벌어짐. 사이가 나빠짐.

有故(유고) ①사고(事故)가 있음. ②연고(緣故)가 있음.

有口無言(유구무언) 입은 있어도 할 말이 없음. 변명할 말이 없음.

有權者(유권자) 선거권이 있는 사람.

有機(유기) 동식물처럼 생활 기능을 갖추어 생활력이 있는 것.

有能(유능) 재능이 있음.

有待(유대) ①기다리거나 의지하는 바가 있음. ②(佛)남의 힘에 의하여 존재하는 것. 곧, 범부(凡夫).

月

4 획

有道(유도) ①도덕을 몸에 갖추고 있음. ②천하가 잘 다스려짐.

有力(유력) ①힘이 있음. 완력(腕力)이 셈. ②세력이 있음.

有利(유리) 이익이 있음.

有理(유리) 이유가 있음. 까닭이 있음.

有望(유망) 잘될 희망이 있음.

有明(유명) 이름이 널리 알려져 있음.

有名無實(유명무실) 이름만 있을 뿐 실상이 없음. 이름만 그럴듯하고 실질이 수반되지 않음.

有無(유무) 있음과 없음.

有髮僧(유발승) ①(佛)머리를 깎지 않은 승려. ②속인으로 불도(佛道)를 닦는 사람.

有服之親(유복지친) 복을 입는 가까운 친척. 有服(유복). 有服親(유복친).

有備無患(유비무환) 미리 준비해 두면 어떤 환란을 당해서도 걱정할 것이 없음.

有司(유사) ①벼슬아치. 관리. ②어떤 단체의 사무를 맡아보는 사람.

有事(유사) ①일이 있음. 용무가 있음. ②비상한 일이 일어남.

有常(유상) 변하지 아니함이 있음.

有象(유상) 형체가 있음. 낌새가 있음.

有償(유상) 어떤 행위에 대하여 보상(報償)이 있음.

有生(유생) ①생겨남. ②생명이 있는 것. 生物(생물). 萬物(만물). ③사람.

有始無終(유시무종) 시작은 있고 끝이 없음. 시작만 하고 결과를 맺지 못함.

有始有終(유시유종) 처음이 있고 끝도 있음. 시작한 일을 끝까지 마무리함.

有識(유식) 학식이 있음. 아는 것이 많음.

有心(유심) ①마음에 생각하는 바가 있음. 정이 있음. 有情(유정). ②주의(注意)를 기울임.

有耶無耶(유야무야) 있는 듯 없는 듯 흐지부지함. 흐리멍덩함.

有若無(유약무) 있어도 없는 것과 같이 함. 재덕(才德)을 자랑하지 않음.

有餘(유여) 남음이 있음. 여유가 있음.

有餘涅槃(유여열반) (佛)수행으로 온갖 번뇌를 말끔히 없앴으나 아직 그 번뇌의 근거가 되는 육신(肉身)이 남아 있는 경지.

有用(유용) 쓸모가 있음.

有爲(유위) ①능력이 있음. 쓸모가 있음. 有能(유능). ②직무가 있음. ③(佛)인연으로 말미암아 조작되는 모든 현상.

有爲轉變(유위전변) (佛)이 세상의 모든 사물은 항상 변천하여 잠시도 머무르지 않음. 인생의 덧없음.

有爲之才(유위지재) 큰일을 할 수 있는 재능.

有意莫遂(유의막수) 마음에는 있어도 뜻대로 되지 않음.

有益(유익) 이익이 있음.

有終之美(유종지미) 끝까지 잘하여 일의 결과가 좋음.

有衆(유중) 조정에서 백성을 부르는 말. '有'는 조자(助字).

有志(유지) ①어떤 일에 참가하거나 실행할 뜻이 있음. ②남달리 세상일을 조심함.

有限(유한) 일정한 한도나 한계가 있음.

有閑(유한) 틈이 있음. 한가함.

有害(유해) 해로움.

有形無跡(유형무적) 혐의는 있으나 증거가 드러나지 않음.

有效(유효) ①효력이 있음. 보람이 있음. ②그 자격이 있어 법률상의 효력이 생김.

◨ 固有고유, 公有공유, 共有공유, 國有국유, 未曾有미증유, 保有보유, 私有사유, 所有소유, 領有영유, 占有점유, 特有특유, 享有향유.

4 ⑧ 【服】 ①옷 복 屋 ②길 복 職

중학 인명 6급 ㊥fú ㊐フク

필순 丿 刀 月 月 月' 肜 服 服

소전 [篆] 초서 [草] 고자 [古] 자원 會意·形聲. 月 + 𠬝 → 服. '𠬝(복)'이 음도 나타낸다. 사람이 배〔月←月=舟〕에 붙어 있는〔𠬝〕 모양. 사공이 손님의 요구대로 배를 부린다는 데서 '좇다'라는 뜻을 나타낸다.

자해 ① ❶옷, 의복. 〔書經〕 車服以庸거복이용. ❷옷을 입다. 〔孝經〕 非先王之法服비선왕지법복, 不敢服불감복. ❸일용품(日用品). 거마(車馬)·의복 등 평소 쓰는 물건. 〔周禮〕 正都禮與其服정도례여기복. ❹좇다. ㉮따르다, 말을 듣다. 〔書經〕 四罪而天下咸服사죄이천하함복. ㉯항복하다. 〔呂氏春秋〕 敵已服矣적이복의. ❺복, 복을 입다. 〔禮記〕 絕族無移服절족무이복. ❻약을 먹다. 〔禮記〕 不腹其藥불복기약. ❼직책, 직업. 〔書經〕 無替厥服무체궐복. ❽차다, 몸에 달아매다. ¶ 服劍복검. ② 기다. ≒匐. 〔禮記〕 扶服救之부복구지.

服劍(복검) ①칼을 참. 허리에 차는 칼. ②길이가 짧은 칼. 短劍(단검). 服刀(복도).

服勞(복로) ①좇아서 힘씀. ②힘든 일에 종사함. 服勤(복근).

服馬(복마) 네 마리의 말이 끄는 수레에서 안쪽에 서는 두 마리의 말.

服務(복무) 일을 맡아봄.

服物(복물) ①의복과 기물(器物). ②백성을 거느림. 백성을 복종시킴.

服兵(복병) 무기를 잡음. 병기를 손에 듦.

服事(복사) ①좇아서 섬김. ②공무에 종사함.

服色(복색) 의복의 빛깔.

服屬(복속) ①좇아서 따름. 服從(복종). ②복(服)을 입을 친속(親屬). 有服親(유복친).

服飾(복식) 옷의 꾸밈새.

服御(복어) ①임금이 쓰는 의복·거마(車馬) 따위. ②씀. 사용함.

服役(복역) ①공역(公役)·병역(兵役) 따위에 종사함. ②징역(懲役)을 삶.

服用(복용) ①약을 먹음. ②옷을 입음. ③몸에 지니고 사용함.

服膺(복응) 가슴에 간직함. 잘 기억하여 잠시도 잊지 않음.

服人(복인) 國1년 이하로 상복(喪服)을 입는 사람.

服裝(복장) 옷차림.

服制(복제) ①상복(喪服)의 제도. ②신분·직업 등에 맞추어 만든 옷차림의 규정.

服從(복종) 남의 명령이나 의사를 그대로 따라서 좇음.

服佩(복패) ①몸에 참. ②마음속에 새겨 잊지 않음.

◨ 感服감복, 敬服경복, 公服공복, 校服교복, 軍服군복, 屈服굴복, 克服극복, 內服내복, 冬服동복, 法服법복, 私服사복, 喪服상복, 說服설복, 素服소복, 僧服승복, 心服심복, 洋服양복, 禮服예복, 衣服의복, 征服정복, 制服제복, 朝服조복, 着服착복, 歎服탄복, 夏服하복, 韓服한복, 降服항복.

4 ⑧ **【朋】** 벗 붕 蒸

중학 인명 3급 ㊥péng ㊐ホウ

필순 丿 刀 月 月 刖 朋 朋 朋

초서 자원 象形. 봉황새의 모양을 그린 그림이 발전한 글자. 봉황이 날면 뭇새가 따른다는 데서 '벗'이라는 뜻을 나타낸다.

자해 ❶벗. ㉮친구. 〔論語〕 有朋自遠方來유붕자원방래. ㉯같은 스승 아래서 공부한 사람. 〔易經〕 以朋友講習이붕우강습. ❷무리, 떼. 〔詩經〕 碩大無朋석대무붕. ❸무리를 이루다. 〔山海經〕 群居而朋飛군거이붕비. ❹쌍, 한 쌍. 〔詩經〕 朋酒斯饗붕주사향.

朋黨(붕당) ①후한(後漢)·당(唐)·송(宋) 때에 발생한 정치적 당파. ②조선 때, 이념과 이해에 따라 이루어진 사림(士林)의 집단.

朋徒(붕도) 한패. 동아리. 동료.

朋比(붕비) 붕당을 지음.

朋飛(붕비) 떼 지어 낢.

朋友(붕우) 벗. 친구. '朋'은 동문(同門), '友'는 동지(同志). 友人(우인).

朋友有信(붕우유신) 친구 사이에는 믿음이 있어야 함. 오륜(五倫)의 하나.

朋友責善(붕우책선) 벗끼리 서로 좋은 일을 하도록 권함.

朋知(붕지) 친구. 벗. 朋執(붕집).

朋好(붕호) ①친구 사이의 친해진 정. 우정(友情). ②친한 벗.

5 ⑨ **【朏】** 초승달 비 尾

㊥fěi ㊐ヒ

소전 초서 자해 ❶초승달. 〔書經〕 三月惟丙午朏삼월유병오비. ❷동틀 때의 어스레한 모양. 〔楚辭〕 時時朏朏兮旦旦시시비비혜단단. ❸짐승 이름. ¶ 朏朏비비.

朏朏(비비) ①동이 트려고 어슴푸레한 모양. 동틀 무렵. ②흰 꼬리에 갈기가 있는, 너구리 비슷한 짐승. 이를 기르면 근심·걱정이 사라진다고 함.

6 ⑩ **【朗】** 朗(606)의 속자

6 ⑩ **【朔】** 초하루 삭 覺

고등 인명 3급 ㊥shuò ㊐サク

필순 丶 丷 䒑 䒑 屰 屰 朔 朔 朔 朔

月 6획

소전 초서 자원 形聲. 屰+月→朔. '屰(역)'이 음을 나타낸다.
자해 ❶초하루, 음력 매월 1일. 〔春秋〕秋七月王辰朔추칠월왕진삭. ❷천자가 제후에게 나누어 주던 달력. 〔論語〕子貢欲去告朔之餼羊자공욕거고삭지기양. ❸처음, 시초. 〔禮記〕皆從其朔개종기삭. ❹아침, 새벽. 〔莊子〕朝菌不知晦朔조균부지회삭. ❺북쪽.
朔禽(삭금) 기러기의 딴 이름.
朔氣(삭기) ①북방의 추운 기운. 寒氣(한기). ②24절기 중 매월 초에 드는 절기.
朔漠(삭막) 북방의 사막 지대.
朔望(삭망) ①음력 초하루와 보름. ②삭망전(朔望奠).
朔望奠(삭망전) 상가(喪家)에서 매월 초하룻날과 보름날 아침에 지내는 제사.
朔方(삭방) 북쪽 지방. 北方(북방).
朔雪(삭설) 북쪽 땅의 눈.
朔月(삭월) 매달 초하루. 朔日(삭일).
朔奠(삭전) 상가(喪家)에서 매월 초하룻날에 지내는 제사.
朔地(삭지) 북방 오랑캐의 땅. 朔土(삭토).
朔風(삭풍) 북쪽에서 불어오는 바람. 北風(북풍). 朔吹(삭취).
朔晦(삭회) 음력 초하루와 그믐.
◨ 滿朔만삭, 月朔월삭, 正朔정삭, 晦朔회삭.

6 ⑩【朕】 나 짐 寢
인명 1급 ㊥zhèn ㊐チン
소전 초서 자해 ❶나. ㉮신분의 귀천이 없이 일컫는 자칭(自稱). 〔孟子〕二嫂使治朕棲이수사치짐서. ㉯천자(天子)의 자칭. 진시황(秦始皇) 때부터 쓰였다. ❷조짐. 〔淮南子〕未成兆朕미성조짐.
朕兆(짐조) 조짐. 징조.
◨ 兆朕조짐.

7 ⑪【朗】 밝을 랑 養
인명 5급 ㊥lǎng ㊐ロウ
소전 초서 본자 朖 속자 朗 자원 形聲. 良+月→朗. '良(량)'이 음을 나타낸다.
자해 밝다, 맑다, 쾌활하다.
朗讀(낭독) 글을 소리 내어 읽음.
朗朗(낭랑) ①소리가 맑고 또랑또랑함. ②매우 밝음.
朗報(낭보) 반가운 소식.
朗誦(낭송) 크게 소리를 내어 글을 읽거나 욈.
朗悟(낭오) 지혜가 밝아서 깨달음이 빠름.
朗月(낭월) 밝은 달. 明月(명월).
朗徹(낭철) 밝고 맑음. 투명하리만큼 맑음.
◨ 明朗명랑, 爽朗상랑, 淸朗청랑.

7 ⑪【朖】 朗(606)의 본자

7 ⑪【望】 바랄 망 漾陽
중학 인명 5급 ㊥wàng ㊐ボウ
필순 丶 亠 亡 切 胡 胡 胡 胡 望 望 望
소전 초서 동자 朢 동자 望 자원 會意·形聲. 亡+𦣞→望. '𦣞'은 '朢'의 생략형. '亡(망)'이 음도 나타낸다. 외출하여 없어진〔亡〕 사람이 돌아오기를, 신하〔臣〕가 조정〔壬〕에서 임금을 바라보기를 하늘의 달〔月〕을 바라보듯 바라보며 기다린다는 데서 '바라보다, 바라다' 등의 뜻을 나타낸다.
자해 ❶바라다. ㉮기대하다, 원하다. 〔後漢書〕海內企望之意해내기망지의. ㉯멀리 내다보다. ¶ 望雲之情망운지정. ❷기다리다. 〔戰國策〕則吾倚門而望즉오의문이망. ❸우러러보다. 〔詩經〕萬民所望만민소망. ❹엿보다. 〔吳志〕覘望知之점망지지. ❺그리워하다, 사모하다. 〔詩經〕洵有情兮순유정혜, 而無望兮이무망혜. ❻원망하다. 〔史記〕絳侯望袁盎강후망원앙. ❼조망(眺望), 전망(展望). 〔漢書〕窮目極望궁목극망. ❽명성(名聲), 이름. 〔詩經〕令聞令望령문령망. ❾보름, 음력 15일.
望間(망간) 보름께.
望哭(망곡) 國먼 곳에서 임금이나 부모의 상사를 당했을 때, 그 쪽을 향하여 곡하는 일.
望九(망구) 아흔을 바라봄. 곧, 여든한 살.
望氣(망기) 운기(雲氣)를 바라보고 길흉(吉凶)을 점침. 候氣(후기).
望臺(망대) 먼 곳을 바라보기 위하여 만든 높은 대(臺).
望樓(망루) 망을 보기 위해 세운 높은 다락집.
望六(망륙) 예순을 바라봄. 곧, 쉰한 살.
望望(망망) ①실의한 모양. ②그리워하는 모양. 사모하는 모양.
望百(망백) 백을 바라봄. 곧 아흔한 살.
望夫石(망부석) 절개가 굳은 아내가 멀리 떠난 남편을 기다리다가 그대로 죽어 화석(化石)이 되었다는 전설적인 돌.
望士(망사) 명망이 있는 선비.
望祀(망사) 멀리 바라보며 산천(山川)의 신에게 지내는 제사.
望色(망색) 얼굴빛을 바라봄. 얼굴빛을 보아

병을 진찰함.
望羊(망양) ①멀리 바라보는 모양. ②우러러보는 모양. 望洋(망양).
望洋之歎(망양지탄) 큰 바다를 바라보며 하는 한탄. 위대한 인물이나 심원(深遠)한 학문 등에 접하여, 자기의 힘이 미치지 못함을 느껴서 하는 탄식.
望外(망외) 바라던 것 이상임. 기대 이상.
望雲之情(망운지정) 자식이 객지에서 부모를 생각하는 마음.
望帝(망제) 두견(杜鵑)의 딴 이름. 故事 촉(蜀)나라 망제(望帝) 두우(杜宇)가 선위(禪位)한 후 서산(西山)에 은거하며 두견이 되었다는 전설에서 온 말.
望祭(망제) ①산천(山川)의 신을 멀리 바라보면서 제사 지내는 일. 望秩(망질). ②國먼 곳에서 조상의 무덤이 있는 쪽을 바라보면서 지내는 제사.
望潮魚(망조어) 꼴뚜기.
望族(망족) 명망이 있는 집안.
望柱石(망주석) 國무덤 앞에 세우는 한 쌍의 돌기둥. 望頭石(망두석).
望風(망풍) ①높은 덕망을 듣고 사모함. 우러러 사모함. ②기세(氣勢)를 바라봄.
望風而靡(망풍이미) 기세를 보고 쏠림. 멀리서 바라보고 그 위풍에 놀라 싸우려고 해 보지도 않고 복종함.
望鄕(망향) 고향 쪽을 바라봄. 고향을 그리워함. 懷鄕(회향).
◨ 可望가망, 渴望갈망, 觀望관망, 大望대망, 德望덕망, 名望명망, 聲望성망, 所望소망, 失望실망, 仰望앙망, 野望야망, 欲望욕망, 怨望원망, 願望원망, 展望전망, 絶望절망, 眺望조망, 志望지망, 責望책망, 希望희망.

7 ⑪【朢】 望(606)과 동자

7 ⑪【朙】 明(575)과 동자

8 ⑫【期】 기약할 기 支

중학 인명 5급 ㊥qī ㊐キ

필순 一 卄 甘 甘 苴 其 其 期 期 期

소전 초서 자원 形聲. 其+月→期. '其(기)'가 음을 나타낸다.
자해 ❶기약하다. 〔史記〕 與老人期여로인기, 後何也후하야. ❷만나다, 약속하여 만나다. 〔國語〕 期於司里기어사리. ❸정하다, 결정하다. 〔春秋左氏傳〕 期死非勇也기사비용야. ❹기대하다. 〔書經〕 期于予治기우여치. ❺때, 기회. ¶ 期節기절. ❻기한(期限), 한도. 〔詩經〕 萬壽無期만수무기. ❼돌. =朞. 〔論語〕 期可已矣기가이의. ❽백 살. ¶ 期頤기이.
期間(기간) 어떤 정해진 시기에서 다른 정해진 시기에 이르는 동안.
期期(기기) ①말을 더듬는 모양. ②기일(期日)을 약속함.
期年(기년) ①만 일 년이 되는 해. ②기한이 되는 해.
期望(기망) 믿고 바람. 기대하여 바람.
期服(기복) 기년(朞年)의 복(服). 일 년의 상(喪). 조부모·백숙부모(伯叔父母)·적손(嫡孫)·형제 등의 복. 朞服(기복). 齊衰(재최).
期成(기성) 어떤 일을 이룰 것을 기약함.
期約(기약) 때를 정하여 약속함.
期月(기월) ①미리 약속한 달. ②만 한 달. ③만 일 년.
期頤(기이) 백 살이 된 사람.
期節(기절) 철. 때. 기회. 季節(계절).
期必(기필) 반드시 이루어지기를 기약함.
期限(기한) 미리 정해 놓은 일정한 시기.
期會(기회) ①일정하게 정하여진 시기마다 갖는 모임. ②때. 시기. ③일 년간의 회계.
◨ 短期단기, 滿期만기, 末期말기, 時期시기, 延期연기, 任期임기, 長期장기, 適期적기, 前期전기, 定期정기, 早期조기, 中期중기, 次期차기, 初期초기, 學期학기, 好期호기, 婚期혼기.

8 ⑫【朞】 돌 기 支

인명 1급 ㊥qī ㊐キ

초서 자해 돌, 만 하루나 만 1개월 또는 1주년. 〔春秋左氏傳〕 朞年狄必至기년적필지.
朞年(기년) ①기년복(朞年服). ②만 일 년. 期年(기년).
朞年服(기년복) 일 년 동안 입는 상복.
朞月(기월) ①만 한 달. ②만 일 년.
◨ 大朞대기, 小朞소기.

8 ⑫【朝】 아침 조 蕭

중학 인명 6급 ㊥zhāo, cháo ㊐チョウ

필순 一 十 古 古 直 卓 朝 朝 朝 朝

소전 초서 고자 𦩶 고자 晁 자원 形聲. 車+月→朝. '月〔←舟=舟〕'가 음을 나타낸다.

月 8획

'𠦝〔倝의 생략형〕'는 해가 떠서 햇빛이 빛나기 시작한다는 데서 '아침'이라는 뜻을 나타낸다.

자해 ❶아침. 〔漢書〕 朝令暮改조령모개. ❷뵙다. ㉮제후(諸侯)가 천자(天子)를 알현하다. 〔詩經〕 朝宗于海조종우해. ㉯제후끼리 회견하다. 〔周禮〕 交世相朝교세상조. ㉰신하가 임금을 뵙다. 〔漢書〕 稱病不朝칭병부조. ㉱자식이 부모를 뵙다. 〔禮記〕 昧爽而朝매상이조. ❸조회(朝會)하다, 조회를 받다. 〔春秋左氏傳〕 朝而不夕조이불석. ❹찾아보다, 방문하다. 〔史記〕 日往朝相如일왕조상여. ❺모이다, 회동(會同)하다. 〔禮記〕 耆老皆朝于庠기로개조우상. ❻조정(朝廷), 정사를 행하는 곳. ¶ 朝臣조신. ❼관청, 관아. 〔後漢書〕 山谷鄙生산곡비생, 未嘗識郡朝미상식군조.

朝家(조가) ①조정(朝廷). ②국가.

朝歌夜絃(조가야현) 아침에는 노래하고 저녁에는 거문고를 탐. 종일 즐거이 놂.

朝講(조강) ①이른 아침에 강연관(講筵官)이 임금에게 강론(講論)하던 일. ②(佛)아침에 불도(佛徒)들이 모여서 불경을 강담(講談)하는 일.

朝譴(조견) 조정에서 견책(譴責)을 내림.

朝哭(조곡) 상제가 소상(小祥) 때까지 이른 아침마다 궤연(几筵) 앞에서 곡하는 일.

朝貢(조공) 제후(諸侯)나 속국(屬國)의 사신이 공물(貢物)을 바치던 일.

朝權(조권) 조정의 권력. 朝柄(조병).

朝闕(조궐) 대궐. 궁궐(宮闕).

朝貴(조귀) 조정의 귀인. 지위가 높은 조신(朝臣). 權臣(권신).

朝菌(조균) 아침에 돋아났다가 저녁에 시든다는 버섯. 덧없이 짧은 목숨의 비유.

朝槿(조근) 무궁화의 딴 이름.

朝覲(조근) 신하가 임금을 알현함. 朝見(조현). 朝謁(조알).

朝端(조단) 조신(朝臣)의 수위(首位).

朝東暮西(조동모서) 아침에는 동쪽, 저녁에는 서쪽. 일정한 주소 없이 여기저기 옮겨 다님.

朝令暮改(조령모개) 아침에 명령을 내렸다가 저녁에 다시 고침. 나라의 법령이 자주 바뀌어 믿을 수가 없음. 朝改暮變(조개모변).

朝露(조로) ①아침 이슬. ②덧없음.

朝命(조명) 조정이나 임금의 명령. 君命(군명).

朝名市利(조명시리) 조정에서는 명예를 다투고, 시장에서는 이익을 다툼. 일은 적당한 곳에서 다루어야 함.

朝聞夕死(조문석사) 아침에 도를 들어 깨달으면 그날 저녁에 죽어도 한이 없음.

朝班(조반) 조회(朝會)에 참여하는 벼슬아치들이 벌여 서는 차례. 朝列(조열).

朝飯(조반) 아침밥.

朝飯夕粥(조반석죽) 國아침에는 밥, 저녁에는 죽을 먹음. 가난한 생활.

朝發暮至(조발모지) 아침에 출발하여 저녁에 도착함.

朝變夕改(조변석개) 아침에 변경하고 저녁에 고침. 계획·결정 따위를 자주 바꿈.

朝報(조보) 조정에서 날마다 명령·보고문 등을 실어서 반포한 문서. 지금의 관보와 비슷함.

朝不慮夕(조불려석) 아침에 저녁 일을 못함. 눈앞의 일이 급하여 앞일을 대비하지 못함. 朝不謀夕(조불모석).

朝聘(조빙) 제후(諸侯)가 천자를 알현함.

朝社(조사) ①조정과 사직(社稷). ②황실(皇室)과 국토(國土).

朝事(조사) ①종묘(宗廟)에 제사 지낼 때 희생(犧牲)을 바치는 일. ②조정에서 하는 일. 국정(國政).

朝三暮四(조삼모사) 아침에는 세 개, 저녁에는 네 개. ㉠눈앞에 당장 보이는 차이만을 알고 결과가 똑같은 것을 모름. ㉡간사한 꾀로 남을 농락함.

朝霜(조상) 아침의 서리.

朝夕(조석) 아침과 저녁.

朝市(조시) ①조정(朝廷)과 시장(市場). ②명예와 이익을 다투는 곳. ③아침에 여는 시장.

朝臣(조신) 조정에 출사(出仕)하는 문무백관(文武百官).

朝紳(조신) 지위가 높은 벼슬아치.

朝衙(조아) 아침 일찍 조정에 출사(出仕)함. 早衙(조아).

朝野(조야) 조정과 민간인.

朝陽(조양) ①산의 동쪽. 아침 해가 먼저 비치는 데서 이르는 말. ②아침 해. 아침 햇빛. 朝日(조일). 朝旭(조욱). 朝暾(조돈).

朝宴(조연) 조정에서 베푸는 연회.

朝旭(조욱) 아침 해. 朝暾(조돈).

朝雲暮雨(조운모우) 남녀의 정교(情交).

朝威(조위) ①조정의 위세(威勢). ②임금의 위광(威光).

朝恩(조은) ①조정의 은혜. ②임금의 은혜.

朝日(조일) 아침 해. 旭日(욱일).

朝章(조장) 조정의 기강(紀綱). 朝綱(조강).

朝籍(조적) 벼슬아치의 명부(名簿).

朝奠(조전) 國장사(葬事)에 앞서 이른 아침마다 영전(靈前)에 지내는 제사.

朝廷(조정) 나라의 정사를 의논하고 집행하는 곳. 朝堂(조당).

朝虀暮鹽(조제모염) 아침에는 나물을, 저녁에는 소금을 먹음. 몹시 가난함.

朝直(조직) 조정에 입시(入侍)함.
朝餐(조찬) 아침 식사.
朝參(조참) ①벼슬아치가 조정(朝廷)에 출근함. ②(佛)이른 아침에 참선(參禪)함.
朝聚暮散(조취모산) 아침에 모였다가 저녁에 흩어짐. 모이고 헤어짐이 덧없음.
朝晡(조포) 아침과 저녁. 朝暮(조모).
朝賀(조하) 경축일에 신하가 조정에 나아가 임금에게 하례(賀禮)함.
朝憲(조헌) ①조정의 법규. ②국가의 헌법. 國憲(국헌).
朝見(조현) 신하가 조정에 나아가 임금을 뵘. 朝謁(조알). 朝覲(조근).
朝暉(조휘) 아침 햇빛. 晨暉(신휘).
◨ 王朝왕조, 六朝육조, 入朝입조.

12 ⑯【朣】 달 뜰 동 東
인명 ㊥tóng ㊐ドウ
초서 자해 **❶달이 뜨다, 달이 뜨려고 달빛이 어리다. ❷흐리다, 어렴풋하다.**
朣朦(동몽) ①밝지 못한 모양. 똑똑하지 못한 모양. ②희미한 모양. 朦朧(몽롱).

14 ⑱【朦】 흐릴 몽 東
인명 ㊥méng ㊐モウ
소전 초서 자해 **흐리다, 어렴풋하다.**
朦朧(몽롱) ①달빛이 아련한 모양. ②분명하지 않은 모양. ③정신이 흐리멍덩한 모양.

16 ⑳【朧】 胧 흐릿할 롱 東
인명 ㊥lóng ㊐ロウ
소전 초서 자해 **흐릿하다, 분명하지 않다.**
朧光(농광) 흐린 달빛.
朧朧(농롱) 어슴푸레한 모양. 희미한 모양.
朧月(농월) 으스름달.
◨ 朦朧몽롱.

木部 나무 목

0 ④【木】 나무 목 屋
중학 인명 8급 ㊥mù ㊐ボク
필순 一 十 オ 木

소전 초서 자원 象形. 줄기, 뿌리, 가지를 갖추고 서 있는 나무의 모양을 본뜬 글자.
자해 **❶나무. ㉮서 있는 나무.** 〔易經〕百穀草木麗于土백곡초목려우토. **㉯벤 나무, 목재**(木材). 〔論語〕朽木不可雕후목불가조. **❷오행**(五行)**의 첫째.** 방위로는 동(東), 인륜(人倫)으로는 신(臣), 사철로는 봄. **❸널, 관, 곽.** 〔春秋左氏傳〕如是而嫁여시이가, 則就木矣즉취목의. **❹고랑·차꼬 등 옛날의 형구**(刑具). 〔司馬遷·書〕關三木관삼목. **❺목제 악기.** 팔음(八音)의 하나. 〔周禮〕金石土革絲木匏竹금석토혁사목포죽. **❻별 이름.** 목성(木星)의 약칭. **❼꾸밈이 없다, 질박하다.** 〔論語〕剛毅木訥강의목눌. **❽國무명.** ¶ 廣木광목.
木刻(목각) 나무에 새김.
木強(목강) 고집이 세고 만만하지 않음.
木工(목공) ①나무를 다루어 물건을 만드는 일. ②목수(木手).
木公(목공) 소나무의 딴 이름.
木毬(목구) 격구(擊毬)할 때 쓰는 나무로 만든 공. 木毬子(목구자).
木屐(목극) 나막신.
木克土(목극토) 오행설(五行說)에서, 목(木)은 토(土)를 이긴다는 말.
木琴(목금) 타악기(打樂器)의 하나. 음계의 순서로 나열한 나뭇조각을 두 개의 솜방망이로 쳐서 소리를 냄.
木器(목기) 나무로 만든 그릇.
木理(목리) 나뭇결. 나이테.
木馬(목마) 나무를 깎아 말의 모양으로 만든 물건.
木磨(목마) ①나무를 다듬어 깎음. ②國곡식을 갈아서 껍질을 벗기는 데에 쓰는 기구. 매통.
木末(목말) ①나무의 끝. 우듬지. 木杪(목초). ②國메밀가루.
木綿(목면) ①목화(木花). 무명. ②무명베.
木母(목모) ①매화나무의 딴 이름. ②나무로 만든 어머니 상(像).
木蜜(목밀) ①대추. ②호깨나무.
木生火(목생화) 오행설(五行說)에서, 목(木)에서 화(火)가 생긴다는 말.
木石(목석) ①나무와 돌. ②무뚝뚝한 사람.
木屑(목설) 톱밥. 대팻밥.
木星(목성) 태양으로부터 다섯 번째로 가까운 행성(行星). 德星(덕성). 歲星(세성).
木手(목수) 나무를 다루어서 집을 짓거나 기구 따위를 만드는 일을 업으로 하는 사람.
木食(목식) 화식(火食)을 하지 않고 과일이나 열매만을 먹음.
木魚(목어) (佛)①나무를 물고기 모양으로 만

들어 매달고 불사(佛事)할 때에 두드리는 기구. ②목탁(木鐸). ③종려나무의 열매. ④國 도루묵.
木纓(목영) 國나무로 구슬같이 만들어 옻칠을 하여 꿴 갓끈.
木王(목왕) 개오동나무.
木旺之節(목왕지절) 오행(五行)의 목기(木氣)가 성해지는 계절. 봄철.
木耳(목이) 썩은 나무에서 돋는 버섯. 목이버섯. 요리할 때나 약재로 씀.
木人(목인) 나무로 만든 인형.
木製(목제) 나무를 재료로 하여 물건을 만듦. 木造(목조).
木主(목주) 위패(位牌). 신주(神主).
木柵(목책) 나무 울타리.
木枕(목침) 나무 토막으로 만든 베개.
木鐸(목탁) ①승려가 염불할 때 두드리는 나무로 만든 물건. ②추(錘)를 나무로 만든 금속의 요령(搖鈴). 문사(文事)와 법령(法令) 등에 관한 교령(敎令)을 시행할 때 흔들어 알렸음. 木舌(목설). ③세상 사람을 깨우쳐 바르게 인도할 만한 사람.
木炭(목탄) 숯.
木筆(목필) ①붓. 붓대를 나무로 만든 데서 온 말. ②연필(鉛筆). ③목련(木蓮).
木丸(목환) 소리를 내지 못하게 입에 물리는 재갈.
◨ 巨木거목, 枯木고목, 灌木관목, 廣木광목, 喬木교목, 苗木묘목, 伐木벌목, 樹木수목, 植木식목, 雜木잡목, 材木재목, 椄木접목, 草木초목, 土木토목.

1 ⑤【末】 끝 말 圓

중학 인명 5급 ㊥mò ㊐マツ

필순 一 二 キ 才 末

소전 초서 자원 指事. 一＋木→末. 나무〔木〕의 위쪽에 '一'의 부호를 그려서, 그 나무의 위쪽, 곧 '나무 끝'을 가리키도록 만든 글자.

자해 **❶끝. ㉮나무 끝.** 〔說文解字〕 木上曰末목상왈말. **㉯사물, 시간, 일 등의 끝.** ¶ 獻杖者執末헌장자집말. **㉰인생의 끝, 늘그막.** 〔漢書〕 末有皇子말유황자. **❷지엽(枝葉), 중요하지 아니한 부분.** 〔荀子〕 反本成末반본성말. **❸신하, 백성.** 〔易經〕 本末弱본말약. **❹자손, 후예.** 〔書經〕 垂及後世裔末也수급후세예말야. **❺상공업(商工業).** 농업에 대하여 이르는 말. 〔漢書〕 背本而趨末배본이추말.
末境(말경) ①말년의 지경. 늙바탕. ②나라의 경계가 되는 땅. 邊境(변경).
末期(말기) 정해진 기간이나 일의 끝 무렵.
末年(말년) 인생의 마지막 무렵.
末茶(말다) 가루로 만든 차(茶).
末端(말단) 맨 끄트머리. 끝. 末尾(말미).
末路(말로) ①가던 길의 마지막. ②사람의 일생 가운데 마지막 무렵.
末流(말류) ①강의 하류. ②먼 자손(子孫). ③보잘것없고 쓸데없는 것. ④낮은 지위. 낮은 지위에 있는 사람. ⑤말세의 풍속.
末輩(말배) 신분이 낮은 사람들.
末席(말석) 맨 끝자리.
末世(말세) 정치·도덕·풍속 따위가 어지러워지고 쇠퇴하여 가는 세상.
末俗(말속) 말세의 타락한 풍속.
末孫(말손) 먼 자손. 後裔(후예). 末裔(말예).
末葉(말엽) 어떠한 시대의 마지막 부분.
末運(말운) 막다른 운수.
末作(말작) 상공업(商工業)을 천하게 이르는 말. 농업을 근본으로 삼는 데 대한 말.
末節(말절) ①맨 마지막 마디. ②사소한 일.
末職(말직) 맨 끝자리의 벼슬이나 직위.
末疾(말질) ①고치기 어려운 못된 병. ②사지(四肢)의 병.
末梢(말초) ①나뭇가지의 끝. 우듬지. ②사물의 맨 끝. 末端(말단).
末行(말행) ①보잘것없는 행동. ②글의 맨 마지막 줄.
◨ 結末결말, 端末단말, 本末본말, 粉末분말, 始末시말, 年末연말, 月末월말, 顚末전말, 終末종말, 週末주말, 毫末호말.

1 ⑤【未】 아닐 미 未

중학 인명 4Ⅱ급 ㊥wèi ㊐ミ

필순 一 二 キ 才 未

소전 초서 자원 象形. 서 있는 나무에 가지가 두 개 더 있음을 그린 글자. 가지가 많으면 그만큼 잎이 더 무성하여, 저쪽을 볼 수 없다는 데서 부정(不定)의 뜻을 나타내는 말로 쓰인다.

자해 **❶아니다. ㉮아니다, 못 하다.** 〔戰國策〕 未能復戰也미능부전야. **㉯아직 ~하지 못하다, 아직 ~하지 아니하다.** 〔孟子〕 臣未之聞也신미지문야. **㉰아직 그러하지 아니하다, 아직 그러하지 못하다.** 〔論語〕 學詩乎학시호, 對曰未也대왈미야. **❷여덟째 지지.** 방위로는 서남(西南). 오행으로는 토(土), 시간으로는 오후 1~3시, 동물로는 양(羊)에 배당된다.
未開(미개) ①아직 생활 수준이 낮고 문화가

발달하지 못한 상태. ②꽃 따위가 아직 피지 않음.
未決(미결) 아직 결정하거나 해결하지 아니함.
未果(미과) 아직 끝을 맺지 못함.
未幾(미기) 오래지 않아 곧.
未納(미납) 내야 할 것을 아직 내지 않았거나 내지 못함.
未達(미달) 아직 이르지 못함.
未來(미래) 아직 오지 않은 때.
未練(미련) ①익숙하지 못함. ②생각을 딱 잘라 끊지 못함.
未滿(미만) 정한 수나 정도에 차지 못함.
未忘人(미망인) 남편이 죽을 때 따라 죽지 못하고 살아 있는 사람. 寡婦(과부).
未萌(미맹) ①아직 초목의 싹이 트지 않음. ②변고(變故)나 어떤 일이 아직 일어나기 전.
未明(미명) 아직 날이 밝지 않을 때. 날이 샐 무렵.
未發(미발) ①꽃이나 잎 따위가 아직 피지 않음. ②일이 아직 일어나지 않음. ③아직 겉으로 나타나지 않음. ④아직 출발하지 않음.
未備(미비) 아직 다 갖추지 못함.
未詳(미상) 자세하지 않음.
未嘗不(미상불) 아닌 게 아니라. 과연.
未成一簣(미성일궤) 산을 만드는 데 마지막 한 삼태기 흙을 올리지 않아 산이 완성되지 못함. 최후의 노력을 게을리 하여 일의 완성을 보지 못함.
未遂(미수) 목적한 바를 시도하였으나 이루지 못함.
未熟(미숙) ①과실이 다 익지 않음. ②일에 익숙하지 못하여 서투름.
未熄(미식) 사건이나 변고가 그치지 않음.
未安(미안) 남에게 대하여 마음이 편치 못하고 부끄러움.
未然(미연) 아직 그렇게 되지 않음.
未完(미완) 아직 완성되지 않음.
未月(미월) 음력 6월의 딴 이름.
未定(미정) 아직 정하지 못함.
未定稿(미정고) 아직 완성하지 못한 원고.
未濟(미제) ①64괘의 하나. 괘형은 ䷿. 일이 아직 이루어지지 않았음을 상징함. ②처리하는 일이 아직 끝나지 않음. 未了(미료).
未曾有(미증유) 지금까지 한 번도 있어 본 적이 없음.
未知(미지) 알지 못함. 아직 모름.
未盡(미진) 다하지 못함.
未妥(미타) ①일이 아직 타결(妥結)되지 않음. ②온당하지 않음.
未畢(미필) 아직 끝내지 못함.
未協(미협) 서로 뜻이 맞지 않아 아직 타협하지 못함.
未婚(미혼) 아직 결혼하지 아니함.
未遑(미황) 미처 겨를을 내지 못함.
未洽(미흡) 흡족하지 못함.
◪ 癸未계미, 己未기미, 辛未신미, 乙未을미, 丁未정미.

1 ⑤ **【本】** 밑 본 阮

중학 인명 6급 ㊥běn ㊐ホン

필순 一 十 才 木 本

소전 本 초서 本 속자 夲 자원 指事. 木+一→本. 나무〔木〕 줄기의 밑 부분에 기호 '一'을 더하여 그 부분, 곧 '밑'이라는 뜻을 나타내도록 만든 글자.
자해 ❶**밑**. ㉮**뿌리**. 〔禮記〕 絶其本末절기본말. ㉯**나무의 줄기**. 〔史記〕 枝大於本지대어본. ㉰**기초, 근본**. 〔論語〕 君子務本군자무본. ❷**기원(起源), 근원**. 〔春秋左氏傳〕 不知其本부지기본. ❸**농업**. 상공업에 상대하여 이르는 말. ❹**마음, 본성**(本性). 〔呂氏春秋〕 必反其本필반기본. ❺**㊀본, 관향**(貫鄕). ❻**책**. ❼**그루**. 초목의 수효를 세는 단위.
本家(본가) ①분가하기 이전의 집. ②친정.
本幹(본간) ①근본이 되는 줄기. ②태어난 해의 간지(干支). '幹'은 '干'으로 '천간(天干)'을 뜻함.
本官(본관) ①수습(修習)·촉탁(囑託) 따위가 아닌 정식의 관직. ②여러 관직을 겸하는 이의 주된 관직. ③관리의 자칭(自稱). ④㊀자기 고을의 수령.
本貫(본관) ①시조(始祖)가 난 곳. 貫鄕(관향). ②본적. 原籍地(원적지).
本館(본관) ①분관(分館)·별관(別館) 따위에 대하여 그 주가 되는 건물. ②별관이나 분관에 대하여 주가 되는 건물.
本校(본교) ①분교에 대하여 중심이 되는 학교. ②자기가 다니고 있는 이 학교.
本國(본국) 자기의 국적이 있는 나라.
本能(본능) 선천적으로 타고난 성질이나 능력.
本宅(본댁) ①자기가 살고 있는 집. 自宅(자택). ②본집의 존칭(尊稱). 宗家(종가).
本來(본래) ①본디. ②처음부터.
本來面目(본래면목) (佛)본래의 모습. 인간이 본디 지니고 있는 심성(心性).
本領(본령) 근본이 되는 강령(綱領).
本論(본론) 논문이나 논설의 중심이 되는 부분.
本末(본말) ①일의 처음과 끝. ②일의 주되는 것과 그에 딸린 것.
本望(본망) 본디부터 가지고 있던 소망.

本名(본명) 본이름.
本命(본명) ①자기가 타고난 명. ②태어난 해의 간지(干支).
本務(본무) 본래의 직무. 본분으로 하는 직무.
本文(본문) 그 책의 주요 내용을 이루는 부분.
本俸(본봉) 기본급.
本部(본부) 어떤 조직의 중심이 되는 기관.
本分(본분) ①자기에게 알맞은 분수. ②마땅히 행하여야 할 직분.
本事(본사) ①근본이 되는 일. 농업. ②그 일. 이 일. ③솜씨. 技能(기능). ④출전(出典).
本色(본색) ①본래의 색. 天然色(천연색). ②본디의 생김새, 또는 성질. ③조세(租稅)로서 상납하는 미곡류(米穀類).
本性(본성) 본디의 성질. 天性(천성).
本始(본시) 처음. 본디.
本式(본식) 國본디의 방식.
本心(본심) 본마음.
本然之性(본연지성) 하늘에서 부여한 자연 그대로의 순수한 성(性). 성리학(性理學)에서 기질지성(氣質之性)의 상대 개념임.
本業(본업) 주가 되는 직업.
本源(본원) 사물의 근원.
本願(본원) ①본디부터 가진 큰 소원. ②(佛)부처나 보살이 중생을 교화하기 위해 세우는 발원(發願).
本位(본위) ①기본으로 삼는 표준. ②근본이 되는 위치. ③한 나라의 통화 단위의 기준.
本有(본유) ①본디부터 있음. ②(佛)사유(四有)의 하나. 나면서부터 죽을 때까지의 몸. 곧, 현세의 생활.
本義(본의) ①참뜻. 本旨(본지). ②문자(文字)의 최초의 의의(意義).
本人(본인) ①어떤 일에 직접 관계가 있거나 해당되는 사람. ②나.
本籍(본적) 호적이 있는 곳.
本傳(본전) 기본이 되는 전기(傳記).
本錢(본전) 밑천으로 들인 돈.
本店(본점) 지점·분점에 대하여 영업의 중심이 되는 점포.
本情(본정) ①본래의 참된 심정. 本心(본심). ②거짓이 없는 참마음. 本意(본의).
本尊(본존) (佛)①신앙의 중심이 되는 부처. ②절의 본당(本堂)에 안치한 불상. ③자기가 주로 신앙하는 부처.
本宗(본종) ①일족 중의 종손 집. ②성과 본이 같은 일가붙이.
本種(본종) 본디 그 땅에 있던 종자. 在來種(재래종).
本支(본지) ①종손(宗孫)과 지손(支孫). ②줄기와 가지. ③본가(本家)와 분가(分家).
本旨(본지) 본디의 취지(趣旨).
本地(본지) ①사람의 성품의 본질(本質). ②자기가 사는 땅. 이 땅. 當地(당지). ③(佛)㉠불보살(佛菩薩)의 본신(本身). ㉡본문(本門)의 증과(證果)를 얻는 지위.
本質(본질) ①본바탕. ②어떤 사물을 성립시키는 데 없어서는 안 될 요소. ③현상에 대한 본체. ④본디 갖추고 있는 사물 자체의 성질.
本體(본체) ①사물의 본바탕. 正體(정체). ②현상(現象)의 근저가 되는 실상(實相). 모든 현상을 낳는 근본적 존재.
本草(본초) ①나무와 풀. 식물. ②한방(漢方)에서 약재(藥材)나 약학(藥學)을 이르는 말.
本土(본토) ①섬이나 속국(屬國)에 대하여 이들이 소속된 국토. ②자기가 사는 지방.
本鄕(본향) 본 고향. 원래의 고향.
本懷(본회) ①본래 품은 생각. 속마음. 본마음. ②본래의 소원. 本望(본망).
◨ 脚本각본, 見本견본, 古本고본, 劇本극본, 根本근본, 臺本대본, 讀本독본, 寫本사본, 元本원본, 人本인본, 資本자본, 正本정본, 製本제본, 眞本진본, 抄本초본, 合本합본.

木 1획

1 ⑤ 【札】 패 찰 黠

인명 2급 ㊥zhá ㊐サツ

소전 초서 자원 形聲. 木+乙→札. '乙(을)'이 음을 나타낸다.

자해 ❶패. 나무·종이·쇠 등의 얇은 조각. 〔漢書〕上令尙書給筆札상령상서급필찰. ❷**편지**. 〔古詩〕遺我一書札유아일서찰. ❸**공문서**(公文書). 상관이 하관(下官)에게 보낸 공문서. ❹**죽다, 일찍 죽다**. 〔春秋左氏傳〕民不夭札민불요찰.

札記(찰기) 조목으로 나누어 간략히 적음.
札翰(찰한) ①문장을 씀. ②편지. 書札(서찰).

1 ⑤ 【朮】 차조 출 質

인명 ㊥shú, zhú ㊐ジュツ

초서 자해 ❶**차조**. 조〔粟〕의 한 가지. =秫. ❷**삽주, 산계**(山薊). 엉거싯과에 속하는 다년초.

2 ⑥ 【机】 책상 궤 紙

인명 1급 ㊥jī ㊐キ

소전 초서 자해 **책상**. ≒几. 〔易經〕渙奔其机悔亡환분기궤회망.

机上論(궤상론) 책상 위에서 하는 논의. 이론뿐인 공론(空論). 卓上空論(탁상공론).

机案(궤안) 책상. 几案(궤안).
机下(궤하) 책상 아래. 편지 겉봉의 받는 사람 이름 밑에 붙여 쓰는 존칭(尊稱).
◨ 案机안궤, 玉机옥궤.

2 ⑥【朸】 나이테 력 職
㊥lì ㊐ロク
소전 자해 나이테, 연륜(年輪).

2 ⑥【朴】 후박나무 박 覺
중학 인명 6급 ㊥pò, pǔ ㊐ボク
필순 一 十 才 木 朴 朴
소전 초서 자원 形聲. 木+卜→朴. '卜(복)'이 음을 나타낸다.
자해 ❶후박나무. 녹나뭇과의 상록 활엽 교목. ❷나무껍질. ❸순박하다, 꾸밈이 없다. ≒樸. 〔荀子〕生而離其朴생이리기박. ❹크다, 몸집이 크다. 〔楚辭〕焉得夫朴牛언득부박우. ❺國성(姓).
朴刀(박도) 칼집이 없는 칼.
朴陋(박루) 소박하고 꾸밈이 없음.
朴素(박소) 사치하지 않고 수수함.
朴忠(박충) 순박하고 충실함.
◨ 素朴소박, 淳朴순박, 質朴질박, 厚朴후박.

2 ⑥【朿】 가시 자 寘
㊥cì ㊐シ
소전 초서 자해 가시, 초목(草木)에 나 있는 가시.

2 ⑥【朱】 붉을 주 虞
중학 인명 4급 ㊥zhū ㊐シュ
필순 ノ 𠂉 ㇒ 牛 朱 朱
소전 초서 자원 指事. 木+一→朱. 나무〔木〕의 한가운데에 '一'의 기호를 더하여, 그 나무의 속이 붉은 빛깔임을 가리키는 글자.
자해 ❶붉다, 붉은빛. 〔論語〕惡紫之奪朱也오자지탈주야. ❷적토(赤土), 주사(朱砂), 단사(丹砂).
朱闕(주궐) 붉은 칠을 한 궁궐(宮闕).
朱螺(주라) 취주 악기의 한 가지. 붉은 칠을 한 소라 껍데기로 만듦.
朱欄畫閣(주란화각) 붉은 칠을 한 난간에 단청(丹靑)으로 채색한 화려한 누각. 朱樓畫閣(주루화각).
朱蠟(주랍) 편지 따위를 봉하는 데 쓰는 붉은 빛깔의 밀랍.
朱鷺(주로) 따오기.
朱笠(주립) 융복(戎服)을 입을 때 쓰던 붉은 칠을 한 갓. 紫笠(자립).
朱明(주명) ①여름의 딴 이름. ②해. 태양. ③명조(明朝). 명나라 임금의 성이 주(朱)였던 데서 온 말.
朱墨(주묵) ①붉은 먹. ②붉은 먹과 검은 먹으로 장부에 지출과 수입을 적음. 관청에서 집무(執務)함.
朱門甲第(주문갑제) 대문에 붉은 칠을 한, 크게 잘 지은 집. ㉠화려한 저택. ㉡지위가 높은 사람의 집.
朱砂(주사) 수은으로 이루어진 황화 광물. 붉은색을 띠고 다이아몬드 광택이 남. 丹砂(단사). 辰砂(진사).
朱脣皓齒(주순호치) ①붉은 입술과 흰 이. ②미인. 丹脣皓齒(단순호치).
朱顏(주안) ①붉은빛을 띤 아름다운 얼굴. ㉠미소년(美少年). ㉡미인. ②술에 취한 붉은 얼굴.
朱硯(주연) 주묵(朱墨)을 가는 데에 쓰는 작은 벼루.
朱儒(주유) ①난쟁이. 侏儒(주유). ②미성년자(未成年者). ③광대. ④들보 위의 짧은 기둥.
朱紫(주자) ①붉은빛과 자줏빛. ②붉은빛과 자줏빛의 관복(官服)이나 인끈. 곧, 높은 벼슬아치. ③정(正)과 사(邪). 선인(善人)과 악인(惡人).
朱子學(주자학) 송대(宋代)에 주돈이(朱敦頤)·정명도(程明道)·정이천(程伊川) 등에서 비롯하여 주자가 집대성한 학설. 道學(도학). 性理學(성리학). 理學(이학).
朱雀(주작) ①28수(宿) 가운데 남쪽을 지키는 일곱 별의 통칭(統稱). ②사신(四神)의 하나. 남쪽 방위를 지키는 신령을 상징하는 짐승.
朱陳之好(주진지호) 주씨(朱氏)와 진씨(陳氏)의 우의(友誼). 두 집안이 대대로 혼인함. 故事 주씨와 진씨가 한 마을에 살면서 양쪽 집안이 대대로 혼인하였다는 고사에서 온 말.
朱天(주천) 서남쪽 하늘.
朱夏(주하) 여름. 朱明(주명).
朱戶(주호) 붉은 칠을 한 지게문. 천자가 공로 있는 제후에게 준 구석(九錫)의 하나.
朱紅(주홍) 누른빛을 약간 띤 붉은빛.
朱黃(주황) 붉은빛과 누른빛의 중간 빛깔.
朱曦(주희) 태양. 여름 태양.
◨ 丹朱단주, 印朱인주, 紫朱자주.

2
⑥【朵】 늘어질 타 哿

㊥duǒ ㊐ダ

소전 초서 속자 朶 자해 ❶늘어지다, 나뭇가지가 휘휘 늘어지다. ❷가지에서 휘늘어진 꽃송이. 〔杜甫·詩〕千朵萬朵壓枝低천타만타압지저.

2
⑥【朶】 朵(614)의 속자 인명

2
⑥【朽】 썩을 후 有

인명 1급 ㊥xiǔ ㊐キュウ

초서 자해 ❶썩다, 부패하다. 〔論語〕朽木不可雕也후목불가조야. ❷쇠하다, 약해지다. 〔晉書〕年朽齒落연후치락. ❸구린내, 썩은 냄새. 〔列子〕先覺焦朽선각초후.

朽老(후로) 늙어서 기력이 쇠약해짐.
朽木(후목) 썩은 나무.
朽木糞牆(후목분장) 썩은 나무와 썩은 토담. ㉠정신이 썩어 있는 사람은 가르치기가 어려움. ㉡처치 곤란한 사람.
朽損(후손) 썩어서 헒.
朽敗(후패) 썩어서 못 쓰게 됨.
朽廢(후폐) 썩어서 소용이 없게 됨.
◨ 老朽노후, 腐朽부후, 不朽불후.

3
⑦【杆】 ① 나무 이름 간 翰 ② 방패 간 寒

인명 2급 ㊥gàn, gān ㊐カン

초서 속자 桿 자해 ① 나무 이름. ㉮박달나무, 단목(檀木). ㉯산뽕나무. ② ❶방패. ≒干. ❷지레, 몽둥이.
◨ 槓杆공간, 欄杆난간.

3
⑦【杠】 깃대 강 江

인명 ㊥gāng ㊐コウ

소전 초서 자해 ❶깃대. ❷다리, 조그마한 다리. 〔柳宗元·記〕杠梁以成강량이성, 人不履危인불리위.

3
⑦【杚】 槪(651)와 동자

3
⑦【杞】 나무 이름 기 紙

인명 1급 ㊥qǐ ㊐キ

소전 초서 자해 ❶나무 이름. ㉮구기자나무. 가짓과의 낙엽 활엽 관목. 〔詩經〕集于苞杞집우포기. ㉯냇버들, 갯버들, 고리버들. ¶ 杞柳기류. ❷나라 이름. 주(周) 무왕(武王)이 하(夏)나라 우(禹)임금의 자손을 봉하여 우임금의 제사를 받들게 한 나라. 지금의 하남성(河南省) 기현(杞縣).

杞柳(기류) 고리버들.
杞憂(기우) 기(杞)나라 사람의 걱정. 쓸데없는 걱정. 故事 기나라의 어떤 사람이 하늘이 무너지지 않을까 걱정했다는 고사에서 온 말.

3
⑦【杜】 팥배나무 두 麌

인명 2급 ㊥dù ㊐ト

소전 초서 자해 ❶팥배나무, 당리(棠梨), 감당(甘棠). 산이나 들에 절로 나는 잎 지는 과수(果樹)의 한 가지. ❷막다, 닫다, 닫아걸다. 〔漢書〕塞隘杜津색애두진.

杜康(두강) ①옛날 중국에서 술을 처음으로 만들었다는 사람. ②술의 딴 이름.
杜鵑(두견) ①두견이. ②진달래의 딴 이름. 杜鵑花(두견화).
杜門不出(두문불출) 문을 닫아걸고 밖에 나가지 않음. 집 안에만 틀어박혀 사람들과 교제를 끊음.
杜魄(두백) 두견이의 딴 이름.
杜塞(두색) 막음. 틀어막음.
杜絶(두절) 교통이나 통신 등이 막히고 끊어짐.
杜弊(두폐) 폐단이 생기지 않도록 막음.
◨ 老杜노두, 大杜대두, 小杜소두, 李杜이두.

3
⑦【来】 來(70)의 속자 인명

3
⑦【李】 오얏나무 리 紙

중학 인명 6급 ㊥lǐ ㊐リ

필순 一 十 才 木 本 李 李

소전 초서 고자 杍 자원 形聲. 木+子→李. '子(자)'가 음을 나타낸다.

자해 ❶오얏나무. 〔孟子〕井上有李정상유리. ❷오얏, 오얏나무의 열매. 〔詩經〕投我以桃투아이도 報之以李보지이리.

李唐(이당) 당(唐)나라의 딴 이름. 이연(李淵)이 세운 당나라라는 뜻으로 일컫는 말.
李杜(이두) 당대(唐代)의 이백(李白)과 두보(杜甫)의 병칭(竝稱).
李杜韓柳(이두한류) 당대(唐代)의 이백(李白)·두보(杜甫)·한유(韓愈)·유종원(柳宗元)의 병칭(竝稱). 앞의 두 사람은 시로, 뒤의 두 사람은 문(文)으로 유명함.

李下不整冠(이하부정관) 오얏나무 밑에서는 갓을 고쳐 쓰지 마라. 의심받을 일은 아예 해서는 안 됨.

3 ⑦【杍】 李(614)의 고자

3 ⑦〖杋〗 나무 이름 범 咸

인명 ㊥fān ㊐ハン

자해 **나무 이름.** 흔히 수부목(水浮木)이라 하고, 이 나무의 껍질을 목부(木浮)라고 한다.

3 ⑦【杀】 殺(683)과 동자

3 ⑦〖杉〗 삼나무 삼 咸

인명 ㊥shān ㊐サン

초서 자해 **삼나무.** 늘푸른 교목의 한 가지.

杉籬(삼리) 삼나무 울타리.

3 ⑦【束】 묶을 속 沃

고등 인명 5급 ㊥shù ㊐ソク

필순 一 𠃍 亠 丅 申 声 束

소전 초서 자원 會意. 木+口→束. 나무〔木〕를 에워싸는〔口=圍의 古字〕 모양으로, 나무를 다발 지어 묶은 형상인 데서 '묶다'의 뜻을 나타낸다.

자해 ❶**묶다.** ㉮**단으로 동여매다, 다발을 짓다.** 〔詩經〕 綢繆束薪주무속신. ㉯**결박하다.** 〔後漢書〕 束手降服속수항복. ❷**매다, 잡아매다.** ❸**띠를 매다.** ¶ 束帶속대. ❹**삼가다, 잡도리하다.** 〔論語〕 自行束脩以上자행속수이상, 吾未嘗無誨焉오미상무회언.

束帶(속대) ①옷을 여미는 띠. ②예복을 입음.

束縛(속박) 얽어매어 구속함.

束髮(속발) ①성인이 됨. 사내아이가 성인이 되어 상투를 틂. ②머리털을 가지런히 하여 흐트러지지 않게 동여맴.

束帛(속백) ①비단 5필을 각각 양 끝에서 마주 말아 한 묶음으로 한 것. 나라 사이에 서로 방문할 때에 보내던 예물. ②國가례(嘉禮) 때 납폐(納幣)로 쓰던 양단(兩端).

束手(속수) ①손을 묶음. 아무것도 하지 않음. ②저항하지 않고 순종함.

束脩(속수) ①한 묶음의 육포(肉脯). 제자가 되려고 스승을 처음 뵐 때에 드리던 예물. ②속대(束帶)로 꾸밈. 곧, 열다섯 살 이상. 열다섯 살 이상이 되어야 의관을 갖추던 데서 온 말.

束手無策(속수무책) 손이 묶인 듯이 어찌할 방책이 없음. 어찌할 도리가 없어 꼼짝 못함.

束薪(속신) ①땔나무를 단으로 묶음. ②단나무.

束裝(속장) 행장을 차림.

◘ 檢束검속, 結束결속, 拘束구속, 約束약속.

3 ⑦【杇】 흙손 오 虞

㊥wū ㊐オ

소전 초서 동자 圬 자해 ❶**흙손.** 이긴 흙을 떠서 바르고 그 표면을 반반하게 하는 연장. ❷**칠하다, 벽에 흙을 바르다.** 〔論語〕 糞土之牆분토지장, 不可杇也불가오야.

3 ⑦【杌】 위태로울 올 月

㊥wù ㊐ゴツ

초서 자해 ❶**위태롭다, 위태로운 모양.** ❷**걸상.**

3 ⑦【杅】 1 잔 우 虞 2 누를 우 遇

㊥yú, wū ㊐ウ

초서 참고 杆(614)은 딴 자.

자해 1 ❶**잔, 물그릇.** 〔後漢書〕 君如杅군여우, 民如水민여수. ❷**목욕통.** 〔禮記〕 出杅출우. 2 **누르다, 견제(牽制)하다.** 〔史記〕 秦得燒掇焚杅君之國진득소철분우군지국.

3 ⑦【杙】 말뚝 익 職

㊥yì ㊐ヨク

소전 초서 자해 **말뚝, 마소를 매는 나무 말뚝.**

3 ⑦〖杖〗 지팡이 장 養 漾

인명 1급 ㊥zhàng ㊐ジョウ

소전 초서 자해 ❶**지팡이.** 〔論語〕 植其杖而芸식기장이운. ❷**짚다, 지팡이를 짚다.** 〔禮記〕 五十杖於家오십장어가. ❸**잡다, 쥐다.** 〔書經〕 左杖黃鉞좌장황월. ❹**의지하다.** 〔漢書〕 杖義而西장의이서. ❺**몽둥이, 곤장.** 〔孔子家語〕 大杖則逃走대장즉도주. ❻**때리다, 몽둥이로 때리다.** 〔晉書〕 于父墓前自杖

三十우부묘전자장삼십.
杖家(장가) 50세. 주대(周代)에 50세부터 집안에서만 지팡이를 짚을 수 있도록 허락한 데서 온 말.
杖毒(장독) 장형(杖刑)을 맞고 난 독.
杖流(장류) 장형(杖刑)과 유형(流刑).
杖問(장문) 곤장을 치며 신문(訊問)함.
杖鉢(장발) ①승려가 가지고 다니는 석장(錫杖)과 바리때. ②탁발승(托鉢僧).
杖罰(장벌) 곤장으로 치는 형벌.
杖朝(장조) 80세. 주대(周代)에 80세부터 조정에서 지팡이를 짚을 수 있도록 허락한 데서 온 말.
杖斃(장폐) 장형(杖刑)으로 죽음.
杖鄕(장향) 60세. 주대(周代)에 60세부터 마을에서 지팡이를 짚을 수 있도록 허락한 데서 온 말.
杖刑(장형) 오형(五刑)의 한 가지. 곤장(棍杖)으로 볼기를 치는 형벌.
◨ 棍杖곤장, 短杖단장, 錫杖석장, 竹杖죽장.

木 3획

3 ⑦【材】 재목 재 灰
중학 인명 5급 ㊥cái ㊐ザイ
필순 一 十 才 木 木 村 材
소전 초서 자원 形聲. 木+才→材. '才(재)'가 음을 나타낸다.
자해 ❶재목. 재료로 쓰는 나무. 〔孟子〕材木不可勝用재목불가승용. ❷원료, 재료. 〔春秋左氏傳〕其材足以備器用기재족이비기용. ❸자질(資質), 바탕. 〔中庸〕必因其材而篤焉필인기재이독언. ❹재능, 재주, 수완. ¶ 材力재력. ❺도리, 길. 〔禮記〕敎人不盡其材교인부진기재.
材幹(재간) ①솜씨. 手腕(수완). ②건축·기구 등의 재료로 쓰이는 나무. 材木(재목).
材官(재관) ①재능에 따라 꼭 알맞은 자리에 씀. ②무관(武官).
材器(재기) ①재능과 도량(度量). ②솜씨. 材幹(재간).
材能(재능) 재주와 능력.
材力(재력) 재능과 역량(力量).
材料(재료) ①물건을 만드는 감. ②어떤 일을 하기 위한 거리.
材吏(재리) 수완이 있는 관리.
材木(재목) ①건축이나 기구를 만드는 데 재료가 되는 나무. ②어떤 일을 할 수 있는 능력을 가졌거나 어떤 직위에 합당한 인물.
材武(재무) 재능이 있고 용맹스러움. 재능과 무용(武勇).
材士(재사) ①재지(才智)가 뛰어난 사람. 才士(재사). ②무력이 뛰어난 사람. 훌륭한 병사.
材臣(재신) 재능이 있는 신하.
材藝(재예) 재능과 기예(技藝).
材質(재질) ①목재의 성질. ②재료의 성질.
◨ 乾材건재, 敎材교재, 器材기재, 木材목재, 文材문재, 石材석재, 素材소재, 詩材시재, 藥材약재, 人材인재, 資材자재, 製材제재, 鐵材철재, 取材취재.

3 ⑦【条】 條(636)의 속자

3 ⑦【杕】 ①홀로 설 체 霽 ②키 타 哿
㊥dì, duò ㊐テイ, タ
소전 초서 자해 ①홀로 서다, 나무 한 그루가 우뚝 서 있는 모양. 〔詩經〕有杕之杜유체지두. ②키. 배의 방향을 잡는 것. ＝柁. 〔淮南子〕毁舟爲杕훼주위타.

3 ⑦【村】 마을 촌 元
중학 인명 7급 ㊥cūn ㊐ソン
필순 一 十 才 木 木 村 村
초서 본자 邨 자원 形聲. 木+寸→村. '寸(촌)'이 음을 나타낸다.
자해 ❶마을, 시골. 〔白居易·詩〕回觀村閭間회관촌려간, 十室八九貧십실팔구빈. ❷촌스럽다, 꾸밈이 없다.
村甲(촌갑) 한 마을의 우두머리.
村郊(촌교) 시골 마을.
村氣(촌기) ①시골의 기풍. ②시골티.
村落(촌락) 시골 마을.
村閭(촌려) ①마을 입구의 문. ②시골 마을.
村老(촌로) 시골에서 사는 늙은이. 村翁(촌옹).
村氓(촌맹) 시골 백성. 村民(촌민).
村婦(촌부) 시골에 사는 여자.
村夫子(촌부자) 시골 글방 선생.
村書(촌서) 속된 책.
村墅(촌서) 시골에 있는 별장.
村叟(촌수) 시골 늙은이. 村老(촌로).
村野(촌야) ①시골. 村里(촌리). ②시골 마을. 村郊(촌교).
村長(촌장) 마을 일을 맡아보던 마을의 어른.
村學究(촌학구) ①시골 글방 선생. 村夫子(촌부자). ②학식이 좁고 고루한 사람.
村漢(촌한) 시골뜨기. 촌뜨기.
村巷(촌항) 궁벽한 시골의 거리.
◨ 江村강촌, 農村농촌, 僻村벽촌, 山村산촌, 漁村어촌, 寒村한촌, 鄕村향촌.

3 ⑦【杝】 ①쪼갤 치 紙 ②나무 이름 이 支

인명 ㊥zhì, yí ㊐チ, イ

소전 초서 참고 인명용 음은 '이'이다.

자해 ① ❶쪼개다, 나뭇결을 따라 쪼개다. 〔詩經〕 析薪杝矣석신치의. ❷뻗치다, 넓히다. ② 나무 이름. 백양(白楊)과 비슷하며, 관(棺)을 만드는 데 쓴다. ＝栘. 〔禮記〕 杝棺一이관일, 梓棺二재관이.

3 ⑦【杓】 ①자루 표 蕭 ②구기 작 藥

인명 2급 ㊥biāo, sháo ㊐ヒョウ, シャク

소전 초서 참고 인명용 음은 '표'이다.

자해 ① ❶자루, 구기의 자루. ❷별 이름, 북두칠성에서 자루에 해당하는 다섯째에서 일곱째까지의 별. 〔李商隱·詩〕 時看北斗杓시간북두표. ② 구기. 술 따위를 푸는 기구. ≒勺. ¶ 杓子작자.

杓子(작자) 구기. 국자.

3 ⑦【杏】 살구나무 행 梗

인명 2급 ㊥xìng ㊐キョウ

소전 초서 자해 ❶살구나무. 〔杜牧·詩〕 牧童遙指杏花村목동요지행화촌. ❷살구. 살구나무의 열매. ¶ 杏仁행인. ❸은행나무. ¶ 杏子木행자목.

杏壇(행단) ①은행나무 단. 학문을 가르치는 곳. 故事 공자(孔子)가 행단에서 학문을 가르쳤다는 고사에서 온 말. ②도교(道教)에서, 수련(修練)하는 곳을 이르는 말.

杏林(행림) ①살구나무 숲. ②의원(醫員)의 미칭. 故事 삼국 시대 오(吳)나라의 동봉(董奉)이라는 의원이 치료의 보수로 중환자에게는 살구나무 다섯 그루, 경환자에게는 한 그루를 심게 하였는데, 이 나무들이 몇 년 뒤 울창한 숲을 이루게 되었다는 고사에서 온 말.

杏仁(행인) 살구 씨의 속. 한약재로 씀.

杏子木(행자목) 은행나무의 목재.

4 ⑧【杰】 傑(91)의 속자 인명 2급

4 ⑧【枅】 栟(628)의 속자

4 ⑧【杲】 밝을 고 ㊍호 晧

인명 ㊥gǎo ㊐コウ

소전 초서 자해 ❶밝다, 햇빛이 환한 모양. 〔詩經〕 杲杲出日고고출일. ❷높다. 〔管子〕 杲乎如登於天고호여등어천.

4 ⑧【果】 실과 과 哿

중학 인명 6급 ㊥guǒ ㊐カ

필순 丶 口 日 日 旦 早 果 果

소전 초서 자원 象形. ⊕＋木→果. 나무〔木〕에 열매〔⊕〕가 달려 있는 모양을 본뜬 글자.

자해 ❶실과, 나무의 열매. ¶ 果蓏과라. ❷해내다, 이루다. 〔老子〕 善者果而已선자과이이. ❸굳세다, 용감하다. 〔論語〕 由也果유야과. ❹결단성이 있다. ¶ 果勇과용. ❺과연. ㉮참으로, 정말. 〔淮南子〕 令不果往령불과왕. ㉯드디어, 마침내. 〔國語〕 果喪其田과상기전. ❻결과.

果敢(과감) 과단성 있고 용감함.

果斷(과단) 일을 딱 잘라서 결정함.

果蓏(과라) 나무 열매와 풀 열매. 과일의 총칭.

果松(과송) 잣나무. 五葉松(오엽송).

果實(과실) ①먹을 수 있는 열매. ②열매.

果若其言(과약기언) 과연 그 말과 같음.

果然(과연) 알고 보니 정말 그러함.

果銳(과예) 과단성이 있고 예민함.

果勇(과용) 과단성이 있고 용기가 있음.

果毅(과의) 결단성이 있고 굳셈.

果蔕(과체) 과실의 꼭지.

果下馬(과하마) 사람을 태우고 과일나무의 가지 밑으로 지나갈 수 있는 말. 키가 썩 작은 말.

◨ 結果결과, 茶果다과, 仙果선과, 實果실과, 因果인과, 效果효과.

4 ⑧【枏】 楠(643)의 동자 인명

4 ⑧【杻】 ①감탕나무 뉴 有 ②고랑 추 有

인명 ㊥niǔ, chǒu ㊐ニュウ, チュウ

초서 참고 인명용 음은 '뉴'이다.

자해 ① 감탕나무. 〔詩經〕 山有栲산유고, 隰有杻습유뉴. ② 고랑, 쇠고랑. 죄인의 손이나 발에 채우는 형구(刑具).

4 ⑧【東】 东 동녘 동 東

중학 인명 8급 ㊥dōng ㊐トウ

필순 一 冂 冃 冃 甲 申 東 東

소전 東 초서 东 자원 會意. 日＋木→東. 태양〔日〕이 동쪽에서 떠올라 나무〔木〕의 중간쯤에 있는 모양으로, 만물이 움직이기 시작할 때의 해의 방향을 나타낸 데서 '동쪽'을 뜻한다.

자해 ❶**동녘, 동쪽.** 오행(五行)으로는 목(木), 사시(四時)로는 봄〔春〕, 오색(五色)으로는 청(靑)에 배당된다. 〔孟子〕 東面而征西夷怨동면이정서이원. ❷**동쪽으로 가다.** 〔春秋左氏傳〕 秦師遂東진사수동. ❸**주인**(主人). 옛날에 주인이 손님을 대할 때 동쪽에 있는 자리를 차지한 데서 온 말. ¶ 東家동가.

東家(동가) ①동쪽에 있는 이웃. ②고용인이 주인을 이르는 말. ③동가구(東家丘).

東家食西家宿(동가식서가숙) 동쪽에 있는 부유한 집에서 먹고, 서쪽에 있는 미남의 집에서 잠을 잠. 탐욕스러운 사람.

東觀(동관) 후한(後漢) 때 궁중 서고(書庫).

東郊(동교) ①동쪽 교외(郊外). ②봄의 들.

東歐(동구) 동유럽.

東國(동국) ①우리나라의 딴 이름. 중국의 동쪽에 있는 나라라는 데서 온 말. ②동쪽에 있는 나라.

東君(동군) ①태양신(太陽神). 태양. ②봄을 맡은 신(神). ③주인. 남편.

東宮(동궁) ①태자(太子). 세자(世子). ②태자의 궁(宮). 세자의 궁.

東流(동류) ①동쪽으로 흐르는 물. ②강(江). 중국의 강은 대부분 서쪽에서 동쪽으로 흐르는 데서 온 말.

東籬君子(동리군자) 동쪽 울타리 밑에 있는 군자. 곧, 국화. '東籬'는 국화를 심은 밭.

東問西答(동문서답) 동쪽을 묻는데 서쪽을 대답함. 어떤 물음에 대하여 당치 않은 엉뚱한 대답을 함.

東班(동반) 문관의 반열(班列). 문반(文班). 조하(朝賀) 때 문관은 동쪽, 무관은 서쪽에 각각 벌여 서던 데서 온 말.

東奔西走(동분서주) 동쪽으로 뛰고 서쪽으로 달림. 사방으로 바쁘게 돌아다님. 東行西走(동행서주).

東牀(동상) 사위. 故事 진(晉)나라의 태위(太尉) 극감(郄鑒)이 사윗감을 찾다가 왕도(王導)의 집 동쪽에 놓인 평상(平牀)에 엎드려 음식을 먹고 있는 왕희지(王羲之)를 골랐다는 고사에서 온 말. 東床(동상).

東床禮(동상례) 國혼례를 치른 뒤에 신랑이 신부 집에서 마을 사람이나 친구들에게 음식을 대접하는 일.

東西古今(동서고금) 동양과 서양, 옛날과 지금. 곧, 모든 시대 모든 곳.

東西不變(동서불변) 동서를 분별하지 못함. ㉠안개 따위가 짙어서 방향을 헤아릴 수 없음. ㉡어리석어 분별할 수 없음. 不辨東西(불변동서).

東嶽(동악) 오악(五嶽)의 하나인 태산(泰山). 東岱(동대). 岱宗(대종).

東洋(동양) 유라시아 대륙의 동부 지역.

東瀛(동영) 동해(東海). 東溟(동명).

東夷(동이) 동쪽 오랑캐.

東儲(동저) 동궁(東宮). 세자. 태자.

東征西伐(동정서벌) 동서로 정벌함. 여러 나라를 이리저리 정벌함.

東朝(동조) ①태후(太后)가 거처하던 곳. 한대(漢代)에 태후가 거처하던 장락궁(長樂宮)이 황제의 처소인 미앙궁(未央宮)의 동쪽에 있었던 데서 온 말. ②태자(太子).

東取西貸(동취서대) 동쪽에서 취하고 서쪽에서 빌림. 여기저기 빚짐.

東敗西喪(동패서상) 동쪽에서 전쟁에 지고 서쪽에서 영토를 잃음. 이르는 곳마다 실패하거나 패망함.

東學(동학) ①주대(周代)에 왕궁(王宮) 동쪽에 세운 대학. ②조선 때 사학(四學)의 하나. ③최제우(崔濟愚)가 창시한 민족 종교. 서학(西學)인 천주교에 대하여 이른 명칭.

東海揚塵(동해양진) 동해에 티끌이 오름. 바다가 육지로 변함. 세상이 많이 변함. 碧海桑田(벽해상전).

東軒(동헌) 國고을 원이나 병사(兵使)·수사(水使) 및 그 밖의 수령(守令)들이 공사(公事)를 처리하던 건물.

東皇(동황) ①봄을 맡은 신. 東君(동군). ②봄.

◨ 江東강동, 關東관동, 極東극동, 近東근동, 南東남동, 山東산동, 遼東요동, 河東하동, 海東해동.

4 ⑧ 【林】 수풀 림 ㊝侵

중학 인명 7급 ㊥lín ㊐リン

필순 一 十 才 木 木 杧 材 林

소전 林 초서 林 자원 會意. 木＋木→林. 두 그루 이상의 나무가 서 있다는 데서 나무가 한곳에 많이 모여 있는 '수풀'이라는 뜻을 나타낸다.

자해 ❶**수풀, 숲.** 〔白居易·詩〕 林間暖酒燒紅葉림간난주소홍엽. ❷**사물이 많이 모이는 곳.** ¶ 林藪임수. ❸**같은 동아리.** 〔漢書〕 列於君子之林矣렬어군자지림의. ❹**많다, 수효가 많은 모양, 성(盛)한 모양.** 〔詩經〕 有壬有林유임유림.

林麓(임록) 숲. 평지의 숲과 산기슭의 숲.

木 4획

林林(임림) 많이 모이는 모양. 떼 지어 모이는 모양.
林立(임립) 숲의 나무와 같이 죽 늘어섬.
林薄(임박) 초목이 무성한 곳. 숲. '薄'은 풀숲.
林森(임삼) 매우 많은 모양.
林藪(임수) ①숲. 덤불. ②초목이 우거진 시골. ③물건이 많이 모여드는 곳.
林野(임야) 숲과 들.
林鐘(임종) ①12율(律)의 여덟째 음률. 여음(呂音). ②음력 6월의 딴 이름.
林泉(임천) 숲과 샘. 은사(隱士)가 사는 곳.
林下(임하) ①수풀 밑. ②은거(隱居)함.
◨ 鷄林계림, 茂林무림, 密林밀림, 士林사림, 山林산림, 森林삼림, 書林서림, 樹林수림, 儒林유림, 造林조림, 竹林죽림, 翰林한림.

4 ⑧【枚】 줄기 매 灰

인명 2급 ㊥méi ㊐マイ

소전 초서 자해 ❶**줄기, 나무 줄기.** 〔詩經〕伐其條枚벌기조매. ❷**채찍, 말채찍.** 〔春秋左氏傳〕以枚數闔이매수합. ❸**하무.** 군사들이 떠들지 못하게 입에 물리던 가는 나무 막대기. 〔詩經〕勿士行枚물사행매. ❹**낱, 하나하나, 낱낱이.** 〔晉書〕得銅鐸五枚득동탁오매.
枚卜(매복) ①하나하나 세어서 점침. ②어떤 일을 지적하지 않고 광범위하게 점침.
枚數(매수) 종이 같은 얇은 것의 수효.
枚陳(매진) 낱낱이 사실대로 진술함.
◨ 銜枚함매.

4 ⑧【柄】 綿(987)과 동자

4 ⑧【杳】 어두울 묘 ㊍요 篠

인명 1급 ㊥yǎo ㊐ヨウ

소전 초서 자해 ❶**어둡다.** 〔張衡·詩〕日杳杳而西匿일묘묘이서닉. ❷**멀다, 아득히 먼 모양.**
杳冥(묘명) ①그윽하고 어두움. ②아득히 멂.
杳杳(묘묘) ①어두운 모양. ②아득한 모양.
杳然(묘연) ①그윽하고 먼 모양. ②알 길이 없이 까마득함.

4 ⑧【枋】 1다목 방 陽 2자루 병 敬

인명 1급 ㊥fāng, bǐng ㊐ホウ, ヘイ

소전 초서 참고 인명용 음은 '방'이다.

자해 1**다목.** 콩과의 작은 상록 교목. 물감의 원료나 한약재 등으로 쓴다. 2**자루, 정치 권력.** ≒柄.
枋政(병정) 정권을 잡음.

4 ⑧【杯】 잔 배 灰

중학 인명 3급 ㊥bēi ㊐ハイ

필순 一 十 才 木 木 杠 杯 杯

소전 초서 동자 桮 속자 盃 자원 形聲. 木+不→杯. '不(불)'이 음을 나타낸다.

자해 **잔.** ㉮**술잔, 음료수·국 따위를 담는 그릇.** 〔孟子〕猶以杞柳爲杯棬유이기류위배권. ㉯**잔의 수량을 나타내는 말.** 〔李白·詩〕一杯一杯復一杯일배일배부일배.
杯棬(배권) 나무를 구부려 만든 잔. 杯圈(배권).
杯盤(배반) 술을 마시는 잔과 그릇. 술상에 차려 놓은 그릇의 총칭(總稱).
杯盤狼藉(배반낭자) 술잔과 접시 등이 어지럽게 흩어져 있음. 술을 마신 뒷자리가 어지러운 모양.
杯酒(배주) 잔에 부은 술.

4 ⑧【枌】 나무 이름 분 文

㊥fén ㊐フン

소전 초서 자해 **나무 이름.** 느릅나무의 한 가지로 껍질이 희다. 〔詩經〕東門之枌동문지분.

4 ⑧【枇】 1비파나무 비 支 2수저 비 紙 3참빗 비 寘

인명 ㊥pí, bǐ, bì ㊐ヒ

소전 초서 자해 1❶**비파나무.** 상록 교목인 과수(果樹). ❷**비파.** 악기(樂器) 이름. ≒琵. 2**수저, 숟가락.** 〔禮記〕枇以桑비이상. 3**참빗, 빗으로 머리를 빗다.** 〔後漢書〕頭不枇沐두불비목.
枇杷(비파) ①비파나무. ②악기의 이름. 비파(琵琶).

4 ⑧【析】 가를 석 錫

고등 인명 3급 ㊥xī ㊐セキ

필순 一 十 才 木 木 杧 析 析

소전 초서 고자 㭊 고자 斨 자원 會意. 木+

木 4획

斤→析. 나무〔木〕를 도끼〔斤〕로 쪼갠다는 데서 '쪼개다, 가르다' 등의 뜻을 나타낸다.

자해 ❶가르다. ㉮나무를 쪼개다. ¶ 析薪석신. ㉯해부하다. 〔淮南子〕 析才士之脛석재사지경. ㉰나누어 밝히다. 〔莊子〕 析萬物之理석만물지리. ❷나누어지다. 〔漢書〕 藩國自析번국자석.

析薪(석신) 장작을 팸.

析出(석출) 화합물을 분석하여 어떤 물질을 골라냄.

◨ 分析분석, 解析해석.

4 ⑧【析】 析(619)의 고자

4 ⑧【松】 소나무 송 图

중학 인명 4급 ㊥sōng ㊐ショウ

필순 一 十 才 木 朩 朩 松 松

소전 松 초서 松 동자 枀 동자 枩 동자 枀

자원 形聲. 木+公→松. '公(공)'이 음을 나타낸다.

자해 소나무. 소나무는 수명이 길고, 잎이 늘 푸르기에 절조(節操)·장수(長壽)·번무(繁茂) 등의 비유적 표현에 흔히 쓴다. 〔詩經〕 如竹苞矣여죽포의, 如松茂矣여송무의.

松炬(송거) 관솔불. 松明(송명). 松火(송화).

松喬之壽(송교지수) 적송자(赤松子)와 왕지교(王之喬)의 삶. 오래 삶. 적송자와 왕지교는 신선으로 모두 장수한 데서 온 말.

松濤(송도) 소나무에 부는 바람 소리. 솔바람. 松風(송풍).

松都三絕(송도삼절) 國개성(開城)의 유명한 세 가지 존재. 곧, 서화담(徐花潭)·황진이(黃眞伊)·박연 폭포(朴淵瀑布).

松籟(송뢰) 솔숲 사이를 스쳐 부는 바람. 松濤(송도). 松風(송풍).

松林(송림) 소나무 숲.

松茂柏悅(송무백열) 소나무가 무성하면 잣나무가 기뻐함. 벗이 잘되는 일을 기뻐함.

松柏(송백) ①소나무와 잣나무. ②절개(節介). 절조(節操). 늘 잎이 푸르러 사철 빛깔이 변하지 않는 데서 온 말.

松柏之茂(송백지무) 송백의 무성함. 소나무와 잣나무의 푸른빛이 변하지 않는 것처럼, 오래 번영(繁榮)함.

松荀(송순) 소나무의 새순.

松蕈(송심) 송이버섯. 松栮(송이).

松煙(송연) ①소나무를 땔 때 나는 연기. ②소나무를 태운 그을음. 먹을 만드는 데 씀.

松節(송절) 소나무의 마디.

松津(송진) 소나무의 줄기에서 분비되는 수지(樹脂). 松膏(송고). 松肪(송방). 松脂(송지).

松楸(송추) ①소나무와 가래나무. ②묘지(墓地). 둘 다 묘지에 심는 나무인 데서 온 말.

松翠(송취) 소나무의 빛깔과 같이 푸른빛.

松花(송화) 소나무의 꽃가루. 소나무의 꽃.

◨ 古松고송, 老松노송, 長松장송, 赤松적송.

4 ⑧【枀】 松(620)과 동자

4 ⑧【枘】 장부 예 霽

㊥ruì ㊐ゼイ

초서 枘 자해 장부, 촉꽂이. 한쪽 끝을 다른 한쪽 구멍에 맞추기 위하여, 그 몸피보다 얼마쯤 가늘고 길게 만든 부분. 〔莊子〕 鑿不圍枘착불위예.

枘鑿(예조) 네모난 장부와 둥근 구멍. 사물이 서로 맞지 않음.

4 ⑧【枉】 굽을 왕 養

인명 1급 ㊥wǎng ㊐オウ

소전 枉 초서 枉 고자 桂 자해 ❶굽다. ㉮나무가 휘다. 〔禮記〕 某有枉矢모유왕시. ㉯마음이 굽다, 도리에 어긋나다. 〔後漢書〕 政有乖枉정유괴왕. ❷굽히다. ㉮의지·기개·주장 등을 꺾고 남에게 복종하다. ¶ 枉道왕도. ㉯존귀(尊貴)함을 굽혀 낮게 하다. ¶ 枉臨왕림. ❸사곡(邪曲)한 사람. 〔論語〕 擧直錯諸枉거직조저왕.

枉告(왕고) 사실을 거짓되게 고함.

枉屈(왕굴) ①억눌려 굴복함. ②남이 찾아옴의 경칭(敬稱).

枉道(왕도) ①정도(正道)를 굽힘. ②길을 돌아서 감. 돌아가는 길.

枉臨(왕림) 귀한 몸을 굽히어 옴. 남이 자기가 있는 곳으로 오는 일의 경칭. 枉駕(왕가).

枉法(왕법) 법을 굽힘. 법을 악용함.

枉死(왕사) 비명(非命)에 죽음. 橫死(횡사).

枉尺直尋(왕척직심) 한 자를 굽혀 여덟 자를 곧게 함. 대(大)를 위하여 소(小)를 희생함. '尋'은 '8척(尺)'을 뜻함.

4 ⑧【杵】 공이 저 語

인명 ㊥chǔ ㊐ショ

소전 杵 초서 杵 자해 ❶공이, 절굿공이. ¶ 杵臼저구. ❷방망이, 다듬잇

방망이. ¶ 杵聲저성. ❸달구. 둑이나 집터를 다질 때 쓰는 물건. 〔張籍·詩〕 千人萬人齊把杵천인만인제파저.

杵臼(저구) ①절굿공이와 절구통. ②성(城)을 공격하는 데 쓰는 기구.

杵臼之交(저구지교) 절굿공이와 절구통의 사귐. 귀천을 가리지 않고 사귐.

杵聲(저성) 다듬이질을 하는 소리. 砧聲(침성).

杵孫(저손) 딸이 낳은 자식. 外孫(외손).

4 ⑧【杼】 1 북 저 語 2 상수리 서 語

㊥zhù, shù ㊐チョ, ショ

자해 1 ❶북, 베틀의 북. ¶ 杼軸저축. ❷엷다, 두껍지 않다. 〔周禮〕 行澤者欲杼행택자욕저. 2 ❶상수리, 상수리 나무의 열매. 〔莊子〕 衣裘褐食杼栗의구갈식서율. ❷상수리나무.

杼梭(저사) ①베틀의 북. ②베를 짜는 일.

杼軸(저축) ①베틀의 북. ②피륙.

杼栗(서율) 도토리와 밤.

4 ⑧【枓】 1 구기 주 虞 2 두공 두 宥

인명 ㊥zhǔ, dǒu ㊐シュ, トウ

소전 초서 참고 인명용 음은 '두'이다.

자해 1 구기. 물·술 따위를 푸는 기구. 〔禮記〕 沃水用枓옥수용주. 2 두공(枓栱). 기둥머리를 장식하기 위하여 끼우는, 대접처럼 넓적하게 네모진 나무. 대접받침.

4 ⑧【枝】 1 가지 지 支 2 육손이 기 支

중학 인명 3Ⅱ급 ㊥zhī, qí ㊐シ, キ

필순 一 十 才 木 木 村 枋 枝

소전 초서 참고 인명용 음은 '지'이다.

자원 形聲. 木+支→枝. '支(지)'가 음을 나타낸다.

자해 1 ❶가지, 초목의 가지. 〔莊子〕 鷦鷯巢於深林초료소어심림, 不過一枝불과일지. ❷가지를 치다, 가지가 나오다. ❸나누어지다, 분기(分岐)하다. ≒岐. ¶ 枝岐지기. ❹분가(分家), 본가(本家)에서 갈라져 나온 자손. 〔春秋左氏傳〕 本枝百世본지백세. ❺흩어지다, 분산하다. 〔荀子〕 心枝則無知심지즉무지. 2 육손이 ＝跂. ¶ 枝指기지.

枝幹(지간) ①10간과 12지. 干支(간지). ②가지와 줄기. ③팔다리와 몸.

枝莖(지경) 나뭇가지와 줄기.

枝岐(지기) 원줄기에서 갈라져 나온 흐름.

枝葉(지엽) ①가지와 잎. ②사물의 중요하지 않은 부분.

枝梧(지오) ①맞서서 버팀. 저항함. ②서로 어긋남. 支捂(지오). 支吾(지오). 抵梧(저오).

枝節(지절) ①나무의 가지와 마디. ②곡절이 많은 일.

枝族(지족) 갈라져 나온 혈족. 支族(지족).

枝梢(지초) 잔가지와 우듬지. 小枝(소지).

枝解(지해) 손발을 잘라 내는 혹독한 형벌.

枝指(기지) 손가락이 여섯인 사람. 육손이.

◨ 幹枝간지, 剪枝전지, 竹枝죽지.

4 ⑧【杪】 끝 초 ㊍묘 篠

㊥miǎo ㊐ビョウ

소전 초서 자해 ❶끝. ㉮나뭇가지의 끝. ㉯사물·시간·철 등의 끝. ❷작다, 가늘다. ¶ 杪杪초초.

杪頭(초두) ①우듬지. ②꼭대기.

杪杪(초초) 세밀하고 작은 모양.

4 ⑧【枢】 樞(655)의 속자

4 ⑧【枕】 베개 침 寢

고등 인명 3급 ㊥zhěn ㊐チン

필순 一 十 才 木 木 朾 朾 枕

소전 초서 속자 杦 자원 形聲. 木+冘→枕. '冘(임)'이 음을 나타낸다.

자해 ❶베개. 〔史記〕 高枕而臥고침이와. ❷베다. 〔論語〕 曲肱而枕之곡굉이침지. ❸잠을 자다, 잠.

枕骨(침골) 두개골의 뒤쪽 아랫부분을 이룬 뼈.

枕頭(침두) 베갯머리. 머리맡. 枕邊(침변).

枕屛(침병) 머릿병풍. 가리개.

枕上(침상) ①베개 위. ②잠을 자거나 누워 있을 때.

4 ⑧【杦】 枕(621)의 속자

4 ⑧【杷】 1 비파나무 파 麻 2 줌통 파 禡

인명 ㊥pá, bà ㊐ハ

소전 초서 자해 1 ❶비파나무. 상록 교목. ❷발고무래. 갈퀴 비슷한 농기구의 한 가지. 2 줌통, 자루, 손잡이.

木 4획

4 ⑧【板】 널빤지 판 潸

고등 인명 5급 ㊥bǎn ㊐ハン

필순 一 十 才 木 木 杠 析 板

초서 자원 形聲. 木+反→板. '反(반)'이 음을 나타낸다.

자해 ❶널빤지. ¶ 板子판자. ❷판목(板木). =版. ¶ 板本판본. ❸딱따기. 시각을 알리거나 신호로 치는 나뭇조각. ❹악기의 하나인 나무로 만든 박. 〔杜牧·詩〕 畫堂檀板秋拍碎화당단판추박쇄. ❺홀(笏). 조현(朝見) 때 오른손에 쥐는 패. 〔後漢書〕 投板棄官而去투판기환이거.

板刻(판각) 글씨·그림 등을 판에 새김.
板木(판목) 인쇄하려고 글자나 그림을 새긴 나무판.
板榜(판방) 나무로 만든 표패(標牌). 게시판.
板本(판본) 목판으로 인쇄한 책.
板子(판자) ①죄인을 치는 데에 쓰던 대쪽. ②널빤지.

木 4획

4 ⑧【杭】 1 건널 항 陽 2 막을 항 本강 漾

인명 ㊥háng, kàng ㊐コウ

초서 자해 1 ❶건너다, 물을 건너다. =航. 〔詩經〕 一葦杭之일위항지. ❷나룻배. 〔史記〕 杭絶浮渚항절부저. 2 막다. =抗.

5 ⑨【柯】 자루 가 歌

인명 2급 ㊥kē ㊐カ

소전 초서 자해 ❶자루, 도끼 자루. 〔詩經〕 伐柯如何벌가여하. ❷줄기, 초목의 줄기. ❸나뭇가지.

柯葉(가엽) 가지와 잎. 枝葉(지엽).

5 ⑨【枷】 1 도리깨 가 麻 2 횃대 가 禡

인명 ㊥jiā, jià ㊐カ

소전 초서 자해 1 ❶도리깨. 낟알을 떠는 농기구의 한 가지. ❷칼. 형틀의 한 가지. ¶ 枷鎖가쇄. ❸칼을 쓰다, 칼을 씌우는 형벌. ¶ 枷囚가수. 2 횃대. 옷을 걸 수 있게 만든 막대.

枷鎖(가쇄) 죄인의 목에 씌우는 칼과 발에 채우는 쇠사슬. 항쇄(項鎖)와 족쇄(足鎖).
枷囚(가수) 죄인의 목에 칼을 씌워 가둠.

5 ⑨【架】 시렁 가 禡

고등 인명 3Ⅱ급 ㊥jià ㊐カ

필순 ㄱ カ か 加 加 加 架 架 架

초서 속자 庡 자원 形聲. 加+木→架. '加(가)'가 음을 나타낸다.

자해 ❶시렁, 선반. 〔杜甫·詩〕 傍架齊書秩방가제서질. ❷횃대. ≒枷. 〔晉書〕 衣服在架의복재가. ❸건너지르다. 〔舊唐書〕 長橋架水장교가수. ❹얽다, 얽어 만들다.

架空(가공) ①공중에 가로 건너지름. ②근거가 없음. 사실이 아님.
架橋(가교) ①다리를 놓음. ②건너질러 놓은 다리.
架上(가상) 시렁 위.
架設(가설) 건너질러 설치함.
架子(가자) ①선반. ②가지가 늘어지지 않도록 밑에서 받쳐 세운 시렁. ③國편경(編磬)·편종(編鐘) 따위를 달아 놓는 틀.
◪ 高架고가, 書架서가, 十字架십자가.

5 ⑨【柬】 가릴 간 潸

인명 ㊥jiǎn ㊐カン

소전 초서 자해 ❶가리다, 분간하다. ≒揀. ❷편지. ≒簡.

5 ⑨【柑】 1 감자나무 감 覃 2 재갈 먹일 겸 鹽

인명 1급 ㊥gān, qián ㊐カン, ケン

초서 참고 인명용 음은 '감'이다.

자해 1 감자나무. ¶ 柑子감자. 2 재갈을 먹이다, 재갈. ≒箝·鉗.

柑橘(감귤) 귤과 밀감의 총칭.
柑子(감자) 홍귤나무의 열매.

5 ⑨【柧】 1 모 고 虞 2 國욋가지 외

㊥gū ㊐コ

소전 자해 1 모, 모서리. ≒觚. 2 욋가지, 외를 엮는 나뭇가지.

5 ⑨【枯】 마를 고 虞

고등 인명 3급 ㊥kū ㊐コ

필순 一 十 才 木 木 村 枯 枯 枯

소전 초서 자원 會意·形聲. 木+古→枯. '古(고)'가 음도 나타낸다. 오래된〔古〕 나무〔木〕는 말라 죽게 마련이라는 데서 '마르다'의 뜻을 나타낸다.

자해 ❶마르다. ㉮초목이 마르다. 〔禮記〕 行冬令則草木蚤枯행동령즉초목조고. ㉯물이 마르다.

¶ 枯旱고한. ㉰야위다, 수척하다. 〔楚辭〕形容枯槁형용고고. ❷비다, 텅 비다. ¶ 枯城고성. ❸마른나무, 말라 죽은 나무. 〔國語〕已獨集于枯기독집우고.
枯渴(고갈) 물이 말라서 없어짐.
枯槁(고고) ①초목이 마름. ②야윔. ③생기가 없음. ④물기가 마름. 乾燥(건조).
枯骨(고골) ①죽은 지 오래되어 살은 썩어 없어지고 뼈만 남음. ②죽은 사람. 枯骸(고해).
枯淡(고담) ①욕심이 없고 담담함. ②서화·문장·성격 등이 산뜻하여 아취(雅趣)가 있음.
枯木死灰(고목사회) 말라 죽은 나무와 불이 꺼진 재. 사람이 생기와 의욕이 없음.
枯木生花(고목생화) 말라 죽은 나무에서 꽃이 핌. ㉠곤궁한 처지에 빠졌던 사람이 행운을 만남. ㉡늘그막에 아기를 낳거나 대가 끊길 지경에서 아들을 낳음.
枯死(고사) 나무나 풀이 말라 죽음.
枯蟬(고선) 매미의 허물. 한약재로 씀. 蟬退(선퇴). 蟬蛻(선태).
枯城(고성) 텅 빈 성.
枯葉(고엽) 마른 잎.
枯腸(고장) ①굶주린 창자. 빈속. ②문장에 재주가 없음.
枯折(고절) 말라서 꺾임.
枯旱(고한) 가뭄으로 물이 마름.
◨ 乾枯건고, 榮枯영고.

5 ⑨【枴】 지팡이 괘 蟹

㊥guǎi ㊐カイ

초서 자해 지팡이, 노인이 짚는 지팡이.

5 ⑨【枸】 ①호깨나무 구 虞 ②구기자나무 구 有 ③굽을 구 尤

인명 1급 ㊥jǔ, gǒu, gōu ㊐ク, コウ

소전 초서 자해 ①❶호깨나무. 낙엽교목. 〔詩經〕南山有枸남산유구. ❷구연, 레몬. ②❶구기자나무. ❷박달목서. 상록 교목. ¶ 枸骨구골. ③❶굽다, 구부정하다. ¶ 枸木구목. ❷탱자나무. ¶ 枸橘구귤.
枸骨(구골) 박달목서.
枸橘(구귤) 탱자나무.
枸杞子(구기자) 구기자나무의 열매.
枸木(구목) 굽은 나무. 曲木(곡목).
枸櫞(구연) 레몬.

5 ⑨【柩】 널 구 宥

인명 1급 ㊥jiù ㊐キュウ

소전 초서 자해 널. 시체를 넣는 상자.
柩衣(구의) 출관(出棺)할 때에 관 위를 덮는 홑이불 같은 보자기.

5 ⑨【柾】 ①관 구 宥 ②國사람 이름 정

인명 ㊥jiù ㊐キュウ

참고 인명용 음은 '정'이다.

자해 ①관, 널. ②사람 이름. 우리나라에서 항렬자로 쓴다.

5 ⑨【柰】 ①능금나무 내 泰 ②어찌 나 歌

인명 ㊥nài ㊐ダイ

소전 초서 참고 인명용 음은 '내·나'이다.

자해 ①❶능금나무. ❷어찌, 어떻게, 어찌하랴. ¶ 柰何내하. ②어찌.
柰何(내하) 어떻게. 어찌하여. 如何(여하).

5 ⑨【柅】 무성할 니 紙

인명 ㊥nǐ ㊐ジ

소전 초서 자해 ❶무성하다, 무성한 모양. ❷수레바퀴의 회전을 멈추게 하는 장치. 〔易經〕繫于金柅계우금니.

5 ⑨【柮】 마들가리 돌 月

㊥duò ㊐トツ

소전 초서 자해 마들가리, 목재(木材)를 자르고 남은 토막.

5 ⑨【柳】 버들 류 有

중학 인명 4급 ㊥liǔ ㊐リュウ

필순 一 十 才 木 木' 朩 杤 柳 柳

소전 초서 본자 桺 동자 栁 자원 形聲. 木+卯→柳. '卯(묘)'가 음을 나타낸다.

자해 ❶버들, 버드나무의 총칭. 〔詩經〕折柳樊圃절류번포. ❷별 이름. 28수(宿)의 하나.
柳車(유거) 상여. 장사 지낼 때 쓰는 수레.
柳京(유경) 평양(平壤)의 딴 이름.
柳器(유기) 고리버들 가지로 결어서 만든 그릇. 고리.
柳綠(유록) 봄철 버들잎의 빛. 연둣빛.
柳綠花紅(유록화홍) 버들은 푸르고 꽃은 붉음.

봄철 자연의 경치.
柳眉(유미) 버드나무 잎같이 가늘고 아름다운 눈썹. 미인의 눈썹. 柳葉眉(유엽미).
柳絲(유사) 버드나무의 가지. 柳條(유조).
柳色(유색) 버드나무의 푸른빛.
柳絮(유서) ①버들개지. ②눈〔雪〕.
柳眼(유안) 버드나무의 새싹.
柳暗花明(유암화명) 버드나무는 무성하여 어둡고, 꽃 빛깔은 밝음. 아름다운 봄 경치.
柳腰(유요) ①하늘거리는 버들가지. ②미인의 가는 허리.
柳態(유태) ①버드나무 가지의 맵시. ②하늘하늘하는 고운 맵시. 미인의 자태.
◨ 細柳세류, 楊柳양류, 花柳화류.

5 ⑨【柳】 柳(0000)와 동자

5 ⑨【某】 아무 모 㑯

고등 인명 3급 ㊥mǒu ㊐ボウ, バイ

필순 一 十 廾 廿 甘 苴 草 某 某

소전 某 초서 某 동자 厶 고자 槑 자원 會意. 甘+木→某. 본래 신맛이 나는 열매를 뜻하였으나, '어떤 사람' 이라는 뜻으로 가차되었다.

자해 **❶아무, 아무개. ㉮호칭을 알 수 없는 사람·사물·장소 등을 나타내는 대명사.** 〔春秋公羊傳〕使勇士某者사용사모자. **㉯성(姓) 아래에 놓아 이름 대신에 그 어떤 사람을 지적하여 이르는 말.** 〔書經〕惟爾元孫某유이원손모. **❷어느, 어느 것, 어느 곳.** 〔禮記〕問品味문품미, 子亟食於某乎자극식어모호.
某年(모년) 아무 해. 어떤 해.
某氏(모씨) 아무개의 존칭(尊稱).
某種(모종) 어떤 종류. 아무 종류.
某處(모처) 아무 곳. 어떤 곳.

5 ⑨【柏】 나무 이름 백 陌

인명 2급 ㊥bǎi ㊐ハク

소전 柏 초서 柏 속자 栢 자해 **❶나무 이름. ㉮측백나무.** 측백(側柏)과 편백(扁柏)의 총칭. **㉯잣나무.** 상록교목. **❷닥치다.**
柏梁臺(백량대) 한(漢) 무제(武帝)가 장안(長安)의 서북쪽에 세운 대(臺).
柏梁體(백량체) 칠언(七言) 연구(聯句)의 한시체. 한(漢) 무제(武帝)가 백량대(柏梁臺) 낙성식에서 신하들에게 짓게 한 데서 유래함.
柏子(백자) 잣. 잣씨.
柏酒(백주) 측백나무나 편백나무의 잎을 담가 우려낸 술. 사기(邪氣)를 물리친다 하여 정월 초하룻날 마심. 柏葉酒(백엽주).
◨ 松柏송백, 竹柏죽백, 側柏측백, 扁柏편백.

5 ⑨【柄】 자루 병 敬

인명 2급 ㊥bǐng ㊐ヘイ

소전 柄 초서 柄 동자 棅 자해 **❶자루, 손잡이.** 〔禮記〕尸酢夫人執柄시초부인집병. **❷근본.** 〔國語〕治國家不失其柄치국가불실기병. **❸권세, 권력.**
柄臣(병신) 권력을 잡은 신하.

5 ⑨【柎】 1 뗏목 부 虞 2 줌통 부 麌

㊥fū, fǔ ㊐フ

소전 柎 초서 柎 자해 1 **❶뗏목, 떼.** ¶ 柎橃부발. **❷꽃받침.** 2 **줌통.** 활의 한가운데 손으로 쥐는 부분.
柎橃(부발) 뗏목.

5 ⑨【柲】 자루 비 寘

㊥bì ㊐ヒ

소전 柲 초서 柲 자해 **❶자루, 손잡이. ❷도지개.** 활을 바로잡는 틀. 〔儀禮〕弓有柲궁유비.

5 ⑨【柶】 수저 사 寘

인명 ㊥sì ㊐シ

소전 柶 초서 柶 자해 **❶수저, 숟가락. ❷國 윷.** ¶ 擲柶척사.

5 ⑨【柤】 1 난간 사 麻 2 도마 조 語

㊥zhā, zǔ ㊐サ, ソ

소전 柤 초서 柤 자해 1 **❶난간, 나무로 만든 난간. ❷풀명자나무.** ≒樝. 2 **도마.** ≒俎.

5 ⑨【査】 사실할 사 麻

고등 인명 5급 ㊥chá, zhā ㊐サ

필순 一 十 才 木 木 杏 杳 査 査

초서 査 자원 形聲. 木+且→査. '且(차)'가 음을 나타낸다.

자해 **❶사실하다, 조사하다.** 〔陸容·記〕査理

査勘사리사감. ❷떼, 뗏목. ≒槎·楂. ❸풀명자나무. ≒樝. ❹찌꺼기. ≒渣. ¶ 査滓사재. ❺國사돈.
査頓(사돈) 國혼인한 두 집의 어버이 대와 그 윗대의 같은 항렬끼리 서로 부르는 말.
査問(사문) 조사하여 따져 물음.
査收(사수) 조사하여 받아들임.
査受(사수) 조사하여 받음.
査閱(사열) ①조사하거나 검열하기 위하여 하나씩 죽 살펴봄. ②군대에서 장병을 정렬시키거나 행진시키어 훈련 정도나 사기를 살펴봄.
査丈(사장) ①검사함. ②國사돈의 존칭(尊稱).
査滓(사재) 찌꺼기. 앙금. 渣滓(사재).
査正(사정) 조사하여 그릇된 것을 바로잡음.
査定(사정) 조사하여 결정함.
査照(사조) 사실에 비추어 조사함.
査證(사증) ①조사하여 증명함. ②외국인에 대한 출입국 허가의 증명. 비자(visa).
査察(사찰) 조사하여 살핌.
◪ 監査감사, 檢査검사, 考査고사, 內査내사, 踏査답사, 搜査수사, 審査심사, 調査조사, 探査탐사.

5 ⑨ 【相】 耜(1017)와 동자

5 ⑨ 【桒】 桑(631)과 동자

5 ⑨ 【栍】 國찌 생

자해 ❶찌, 찌지. 무엇을 표하기 위하여 붙이는 좁은 종이 쪽지. ❷제비. 여럿 가운데 하나를 골라잡게 하여 승부나 차례를 결정하는 방법. ❸장승.

5 ⑨ 【柖】 나무 흔들릴 소 蕭

인명 ㊥sháo ㊐ショウ
자해 ❶나무가 흔들리다. ❷과녁.

5 ⑨ 【枩】 松(620)과 동자

5 ⑨ 【柿】 감나무 시 紙 寘

인명 1급 ㊥shì ㊐シ
소전 𣏌 초서 柿 본자 柹 본자 梯 자해 ❶감나무. 낙엽 교목의 과수(果樹). ❷감. 감나무 열매.
柿雪(시설) 곳감 거죽에 생기는 흰 가루.
◪ 軟柿연시, 沈柿침시, 紅柿홍시.

5 ⑨ 【梯】 柿(625)의 본자

5 ⑨ 【柹】 柿(625)의 본자

5 ⑨ 【枲】 모시풀 시 紙

㊥xǐ ㊐シ
소전 枲 초서 枲 자해 모시풀. 다년생 식물. 줄기의 껍질에서 섬유를 뽑아 모시를 짠다.

5 ⑨ 【柴】 섶 시 ㊍재 佳

인명 2급 ㊥chái ㊐サイ
소전 柴 초서 柴 자해 ❶섶. ㉮산야(山野)에 절로 나는 잡목(雜木). 〔禮記〕 收秩薪柴수질신시. ㉯물거리, 땔나무. ¶ 柴奴시노. ❷거칠다. 〔後漢書〕 柴車草屛시거초병.
柴車(시거) 장식이 없는 초라한 수레.
柴奴(시노) 땔나무를 하는 머슴.
柴糧(시량) 땔나무와 양식.
柴門(시문) 사립문. 柴扉(시비). 柴扃(시경).
柴草(시초) 땔감이 되는 마른 풀.
柴炭(시탄) 땔나무와 숯.
柴戶(시호) 잎나무로 결은 문. 누추한 집.

5 ⑨ 【染】 물들일 염 琰

고등 인명 3Ⅱ급 ㊥rǎn ㊐セン
필순 丶 氵 氵 氿 氿 氿 氿 染 染
소전 𣻝 초서 染 속자 染 자원 會意. 水+九+木→染. 물감이 되는 나무〔木〕를 여러 번 많이〔九〕 물〔氵〕에 적신다는 데서 '물들이다'의 뜻을 나타낸다.
자해 ❶물들이다. 〔周禮〕 掌染絲帛장염사백. ❷적시다, 액체에 담그다. ¶ 染指염지. ❸더럽히다, 더럽게 하다. 〔後漢書〕 轉相誣染전상무염. ❹물들다, 감화(感化)되다. 〔呂氏春秋〕 舜染于許由伯陽순염우허유백양.
染料(염료) 옷감 따위에 빛깔을 들이는 물질. 물감.
染病(염병) ①병에 감염(感染)됨. ②장티푸스. ③전염병.
染色(염색) 염료로 물을 들임.

染俗(염속) 세속에 물듦.
染汚(염오) ①더러움에 물듦. 물들어 더러워짐. ②(佛)모든 번뇌(煩惱).
染指(염지) 손가락을 담금. ㉠음식의 맛을 봄. ㉡지나치게 이익을 얻으려고 함.
染織(염직) ①피륙에 물을 들임. ②염색과 직조(織造).
染著(염착) 세속(世俗)에 물들어 이에 집착함.
染草(염초) 염료가 되는 풀.
染筆(염필) ①붓에 먹이나 물감을 묻힘. ②글씨를 쓰거나 그림을 그림.
染化(염화) 영향을 받음. 감화됨.
◨ 感染감염, 捺染날염, 汚染오염, 傳染전염.

5 ⑨【桊】 棨(650)의 속자 인명

5 ⑨【荣】 榮(650)의 속자

5 ⑨【栧】 1노 예 霽 2도지개 설 屑
㊥yì, xiè ㊐エイ, セツ
초서 동자 枻 자해 1❶노. 〔史記〕揚桂栧양계예. ❷키, 배의 키. 2도지개. 뒤틀린 활을 바로잡는 틀.

5 ⑨【柔】 부드러울 유 尤
중학 인명 3Ⅱ급 ㊥róu ㊐ジュウ
필순
소전 초서 자원 形聲. 矛+木→柔. '矛(모)'가 음을 나타낸다.
자해 ❶부드럽다, 성질·태도 등이 화평하고 순하다. 〔易經〕立地之道립지지도, 曰柔與剛왈유여강. ❷약하다, 여리다, 무르다. ❸편안하게 하다. ¶ 柔遠유원.
柔能制剛(유능제강) 부드러운 것이 능히 굳센 것을 이김.
柔道(유도) ①유순한 도. ②맨손으로 상대자를 넘어뜨리거나 메어치는 무술의 한 가지.
柔良(유량) 유순하고 선량함.
柔麗(유려) 유순하고 아름다움.
柔毛(유모) ①부드러운 털. ②양(羊)의 딴 이름. ③붓의 딴 이름.
柔媚(유미) ①유순한 태도로 아첨함. 柔佞(유녕). ②연약하고 예쁨.
柔範(유범) 여자에게 주는 가르침. 부덕(婦德)에 대한 교훈. 柔訓(유훈).
柔順(유순) 부드럽고 순함.
柔弱(유약) 부드럽고 약함. 柔脆(유취).
柔婉(유완) 유순함.
柔遠(유원) 먼 곳의 백성을 회유(懷柔)하여 따르게 함.
柔情(유정) 온후하고 부드러운 마음. 여자의 사근사근한 마음.
柔質(유질) 가냘프고 나긋나긋한 체질.
柔風(유풍) 부드러운 봄바람. 和風(화풍).
柔和(유화) 성질이 부드럽고 온화함.
柔滑(유활) 부드럽고 미끄러움. 軟滑(연활).
◨ 剛柔강유, 溫柔온유, 懷柔회유.

5 ⑨【柚】 1유자나무 유 宥 2바디 축 屋
인명 1급 ㊥yòu, zhóu ㊐ユ, チク
소전 초서 참고 인명용 음은 '유'이다.
자해 1유자나무. 상록 교목. 〔史記〕橘柚芬芬귤유분분. 2바디. ≒軸. 베틀이나 가마니틀 등에 딸린, 날실을 꿰는 기구의 한 가지.
柚子(유자) 유자나무의 열매.

5 ⑨【柘】 산뽕나무 자 禡
㊥zhè ㊐シャ
소전 초서 자해 ❶산뽕나무, 산상(山桑). ❷적황색(赤黃色). ❸사탕수수. ≒蔗.

5 ⑨【柞】 1나무 이름 작 藥 2벨 책 陌
㊥zuò, zé ㊐サク
소전 초서 자해 1나무 이름. ㉮떡갈나무. ㉯상수리나무. 2베다.
柞蠶(작잠) 멧누에. 떡갈나무 잎을 먹고 갈색 누에고치를 지음.

5 ⑨【柠】 楮(645)와 동자

5 ⑨【柢】 뿌리 저 薺
㊥dǐ ㊐テイ
소전 초서 자해 ❶뿌리, 나무의 뿌리. 〔老子〕深根固柢심근고저. ❷근본, 기초, 근기(根基).

5 ⑨【柊】 나무 이름 종 東
인명 ㊥zhōng ㊐シュウ

초서 [초서체] 자해 ❶나무 이름, 파초(芭蕉)와 비슷한 나무. ❷메.
柊楑(종규) 물건을 다지는 데 쓰는 메.

5 ⑨ 【柱】 ① 기둥 주 ㉿ ② 버틸 주 ㉿
고등 인명 3Ⅱ급 ㊥zhù, zhǔ ㊐チュウ
필순 一 十 才 木 木' 木' 杧 杧 柱
소전 [소전체] 초서 [초서체] 자원 形聲. 木+主→柱. '主(주)'가 음을 나타낸다.
자해 ① ❶기둥. 〔漢書〕 腐木不可以爲柱부목불가이위주. ❷기러기발. 가야금·거문고·아쟁 등의 줄 밑에 괴어 줄의 소리를 고르는 데 쓰는 부속품. 〔史記〕 膠柱鼓瑟교주고슬. ② 버티다, 괴다. 〔韓愈·銘〕 鼎也정야, 不可以柱車불가이주거.
柱幹(주간) ①기둥과 줄기. 中心(중심). ②가장 중요한 곳.
柱國(주국) ①국가를 지탱하는 중요한 땅. ②고려 때 훈위(勳位)의 두 번째 등급.
柱聯(주련) 기둥이나 바람벽에 써서 붙이거나 거는 한시(漢詩)의 연구(聯句). 楹聯(영련).
柱石之臣(주석지신) 국가의 기둥과 주추가 되는 중신(重臣).

5 ⑨ 【枳】 ① 탱자나무 지 ㉿ ② 탱자나무 기 ㉿
인명 1급 ㊥zhǐ ㊐シ, キ
소전 [소전체] 초서 [초서체] 참고 인명용 음은 '지'이다.
자해 ① ❶탱자나무. 〔周禮〕 橘踰淮而化爲枳귤유회이화위지. ❷호깨나무. ② 탱자나무.
枳殼(지각·기각) ①탱자를 썰어 말린 약재. 한방에서 건위제로 씀. ②탱자나무.
枳實(지실·기실) 어린 탱자를 썰어 말린 약재.

5 ⑨ 【柵】 울짱 책 ㉿
인명 1급 ㊥zhà ㊐サク
소전 [소전체] 초서 [초서체] 동자 栅 자해 ❶울짱, 목책(木柵). 〔魏書〕 連營立柵련영립책. ❷성채, 작은 성. 〔陳書〕 攻其水南二柵공기수남이책.
柵門(책문) 울타리의 문.
◨ 木柵목책, 鐵柵철책.

5 ⑨ 【栅】 柵(627)과 동자

5 ⑨ 【柷】 악기 이름 축 ㉿
㊥zhù ㊐シュク
소전 [소전체] 자해 악기 이름. 민속 음악에서 쓰는 목제(木製) 타악기의 한 가지. 모양은 네모지고, 한가운데에 방망이를 넣어 좌우 양쪽을 친다. 〔書經〕 合止柷敔합지축어.
柷敔(축어) 축과 어. '柷'은 음악의 시작 신호로, '敔'는 마치는 신호로 울리는 악기. 柷圉(축어).

5 ⑨ 【梔】 梔(637)와 동자

5 ⑨ 【柒】 ① 漆(755)과 동자 인명 ② 七(6)의 갖은자

5 ⑨ 【柁】 키 타 ㉿
㊥duò ㊐ダ
초서 [초서체] 동자 舵 동자 柂 자해 키, 배의 키. 고물(선미)에 달아 배의 방향을 잡는 기구.
柁樓(타루) 배의 키를 조정하는 선실(船室)의 높은 곳.
柁手(타수) 배의 키를 조종하는 사람. 키잡이. 操柁手(조타수).

5 ⑨ 【柝】 열 탁 ㉿
인명 ㊥tuò ㊐タク
소전 [소전체] 초서 [초서체] 참고 析(619)은 딴 자.
자해 ❶열다, 펼치다, 열리다. 〔淮南子〕 廓四方곽사방, 柝八極탁팔극. ❷터지다, 갈라지다. ¶ 柝居탁거. ❸딱따기, 딱따기를 쳐서 경계하다. 〔周禮〕 夕擊柝而比之석격탁이비지.
柝居(탁거) 세간을 남. 分家(분가).

5 ⑨ 【枰】 바둑판 평 ㉿
인명 ㊥píng ㊐ヘイ
소전 [소전체] 초서 [초서체] 참고 秤(922)은 딴 자.
자해 ❶바둑판, 쌍륙판. ❷은행나무.

5 ⑨ 【枹】 ① 떡갈나무 포 ㉿ ② 북채 부 ㉿
㊥bāo, fú ㊐ホウ, フ
소전 [소전체] 초서 [초서체] 자해 ① 떡갈나무, 졸참나무. ② 북채. ≒桴. 〔春秋左氏傳〕 援枹而鼓원부이고.

枹鼓(부고) ①북채와 북. ②군대의 진영(陣營). ③한대(漢代)에, 도적이 들면 북을 쳐서 대중에게 경계하도록 하던 일.

5 ⑨【柙】 우리 합 㕍

㊥xiá ㊐コウ

소전 초서 자해 ❶우리. 짐승을 가두어 두는 시설. 〔論語〕 虎兕出於柙호시출어합. ❷잡아 가두다. ❸궤, 함.

5 ⑨【枵】 빌 효 蕭

㊥xiāo ㊐キョウ

소전 초서 자해 비다. ㉮텅 빈 모양, 큰 나무의 줄기 속이 빈 모양. ㉯굶주리다, 배가 비다. 〔新唐書〕 糧盡衆枵량진중효, 乃可圖내가도.

枵腹(효복) ①굶주림. 주린 배. 空腹(공복). ②용기(容器)가 텅텅 빔.

木 5획

6 ⑩【栞】 도표 간 寒

인명 ㊥kān ㊐カン

소전 초서 자해 ❶도표(道標). 산길이나 들길을 갈 때, 나뭇가지를 꺾어서 어느 방향으로 갔는가를 표하는 표지. ❷나무를 베다, 나무를 베어 길을 내다. 〔史記〕 九山栞旅구산간려.

6 ⑩【桀】 홰 걸 屑

인명 2급 ㊥jié ㊐ケツ

소전 초서 자해 ❶홰. 닭이 올라앉게 닭장에 가로질러 놓는 막대기. 〔詩經〕 雞棲于桀계서우걸. ❷뛰어나다, 빼어나다. ≒傑. ❸메다, 들다. 〔春秋左氏傳〕 桀石以投人걸석이투인. ❹사납다, 거칠다. 〔漢書〕 初匈奴有桀心초흉노유걸심. ❺하대(夏代)의 마지막 임금.

桀步(걸보) 게〔蟹〕의 딴 이름.

桀惡(걸악) 추악함. 포악함.

桀驁(걸오) 길들지 않은 말. 성질이 포악하고 복종하지 않는 사람.

桀紂(걸주) 하대(夏代)의 걸(桀)임금과 은대(殷代)의 주(紂)임금. 포악무도(暴惡無道)한 임금. 폭군.

6 ⑩【格】 바로잡을 격 陌

고등 인명 5급 ㊥gé ㊐カク

필순 一 十 才 木 朩 杪 柊 柊 格 格

소전 초서 자원 形聲. 木+各→格. '各(각)'이 음을 나타낸다.

자해 ❶바로잡다. 〔孟子〕 格君心之非격군심지비. ❷겨루다, 대적하다. 〔史記〕 虎之與羊不格明矣호지여양불격명의. ❸치다, 때리다. ≒挌. ¶ 格鬪격투. ❹궁구(窮究)하다. ¶ 格物致知격물치지. ❺이르다, 다다르다, 이르게 하다. 〔儀禮〕 孝友時格효우시격. ❻법, 법칙, 표준. 〔禮記〕 言有物而行有格언유물이행유격. ❼자품, 인품, 모양. ❽격자(格子). 가로·세로 일정한 사이를 두고 나무오리나 대오리 등을 성기게 맞춰 짠 물건.

格納(격납) 집어 넣음. 일정한 물건을 격식에 따라 일정한 장소에 넣음.

格令(격령) 규칙(規則).

格例(격례) 격식으로 되어 있는 전례(前例).

格物(격물) 사물의 이치를 끝까지 따지고 파고들어 궁극에 도달함.

格物致知(격물치지) 사물에 이르러 앎을 이룸. 실제적인 사물을 통하여 이치를 궁구함으로써 온전한 지식에 다다름. 格致(격치).

格殺(격살) 손으로 쳐 죽임.

格式(격식) 격에 맞는 일정한 방식.

格心(격심) 바른 마음.

格言(격언) 사리에 맞아 교훈이 될 만한 짧은 말. 格率(격률). 金言(금언).

格外(격외) 보통이 아님. 상례(常例)에서 벗어남. 破格(파격).

格調(격조) ①시가(詩歌)의 체재(體裁)와 품격. 가락. ②사람의 품격과 취향.

格鬪(격투) 서로 맞붙어 싸움.

格下(격하) 자격·지위 따위를 낮춤.

◨ 價格가격, 骨格골격, 規格규격, 同格동격, 變格변격, 本格본격, 性格성격, 昇格승격, 嚴格엄격, 人格인격, 資格자격, 體格체격, 破格파격, 品格품격, 風格풍격, 合格합격.

6 ⑩【栔】 ①새길 계 霽 ②근심할 설 屑

㊥qì, qìe ㊐ケイ, ケツ

소전 자해 ①새기다. ②근심하다.

6 ⑩【枅】 두공 계·견 齊 先

㊥jī ㊐ケイ

소전 속자 자해 두공(枓栱). 규모가 큰 목조 건물의 기둥 위에 지붕을 받치도록 짜 올린 구조.

6 ⑩【桂】 계수나무 계 霽

고등 인명 3Ⅱ급 ㊥guì ㊐ケイ

필순 一 十 才 木 木 木 朴 杜 桂 桂

소전 桂 초서 桂 자원 形聲. 木＋圭→桂. '圭(규)'가 음을 나타낸다.

자해 ❶계수나무. 〔蘇軾·賦〕 桂櫂兮蘭槳계도혜란장. ❷월계수(月桂樹). 달에 있다고 하는 전설상의 나무.

桂櫂蘭槳(계도난장) 계수나무로 만든 노와 목련으로 만든 상앗대.

桂輪(계륜) 달의 딴 이름.

桂林一枝(계림일지) 계수나무 숲의 가지 하나. ㉠여러 인재(人材) 중의 하나라는 겸칭. 故事 진(晉)나라의 극선(郤詵)이 스스로를 어떻게 여기느냐는 무제(武帝)의 질문에, 과거에서 제일로 천거되었지만 이는 계수나무 숲의 가지 하나, 곤산(昆山)의 옥 한 조각과 같다고 대답한 고사에서 온 말. ㉡과거에서 뛰어난 성적으로 합격한 사람.

桂心(계심) 계피(桂皮)의 겉껍질을 벗긴 속의 노란 부분. 약재로 씀.

桂玉之艱(계옥지간) 타국에서 계수나무보다 비싼 장작을 때고, 옥보다 비싼 음식을 먹고 사는 괴로움. 물가가 비싼 도회지에서 고학함.

桂月(계월) ①달의 딴 이름. 桂魄(계백). ②음력 8월의 딴 이름.

桂秋(계추) ①계수나무 꽃이 피는 가을철. ②음력 8월의 딴 이름.

桂皮(계피) 계수나무의 껍질.

6 ⑩【栲】 북나무 고 皓

㊥kǎo ㊐コウ

초서 栲 자해 ❶북나무. 활엽 교목. 〔詩經〕 山有栲산유고. ❷고리, 유기(柳器).

栲栳(고로) 대·버들 따위로 결어 만든, 물건을 담는 그릇. 고리. 柳器(유기).

6 ⑩【框】 문테 광 陽

㊥kuàng ㊐キョウ

초서 框 자해 ❶문테, 문얼굴. ❷널의 문, 관(棺)의 문.

6 ⑩【桄】 광랑나무 광 漾 陽

인명 ㊥guāng ㊐コウ

소전 桄 초서 桄 자해 ❶광랑나무. ❷배·수레 따위의 횡목(橫木).

桄榔(광랑) 광랑나무. 야자과의 상록 교목.

6 ⑩【校】 학교 교 效

중학 인명 8급 ㊥jiào ㊐コウ

필순 一 十 才 木 木 木 栌 杧 栨 校

소전 校 초서 校 자원 形聲. 木＋交→校. '交(교)'가 음을 나타낸다.

자해 ❶학교. 〔漢書〕 郡國曰學군국왈학, 侯國曰校후국왈교. ❷본받다. 〔管子〕 不敬宗廟則民乃上校불경종묘즉민내상교. ❸가르치다. ≒敎. 〔莊子〕 王乃校劍士七日왕내교검사칠일. ❹꾾다, 생각하다, 헤아리다. 〔禮記〕 中年考校중년고교. ❺교정하다. 〔漢書〕 詔劉向校五經秘書조류향교오경비서. ❻장교(將校), 장수. 〔漢書〕 與護軍諸校여호군제교.

校歌(교가) 그 학교의 기풍을 떨쳐 일으키기 위하여 제정하여 부르는 노래.

校刻(교각) 교정하여 판각함.

校勘(교감) 몇 종류의 이본(異本)을 비교하여 차이 나는 점들을 바로잡음.

校了(교료) 교정을 끝냄.

校本(교본) 틀린 것이나 빠진 것이 없이 다 교정하여 놓은 책. 校訂本(교정본).

校舍(교사) 학교의 건물.

校書(교서) 책을 비교·대조하여 이동(異同)·정오(正誤)를 조사함.

校閱(교열) ①문서나 책의 어구나 글자의 잘못을 살펴 교정하며 검열함. ②조사(調査)하거나 검열(檢閱)함.

校正(교정) 출판사나 신문사 등에서 교정쇄와 원고를 대조하여 부호·배열·색 따위를 바르게 고치는 일. 校準(교준).

校訂(교정) 남의 문장이나 출판물의 잘못된 글자나 글귀를 바로 고침.

校定(교정) 글자나 문장을 비교하여 바르게 결정함. 校讎(교수), 讎定(수정).

校庭(교정) 학교의 운동장.

校註(교주) 글자나 문장 등을 원본과 대조하여 바르게 주석(註釋)하는 일.

校風(교풍) 그 학교 특유의 기백이나 학풍.

校合(교합) 한 가지의 책에 이본(異本)이 있을 경우 그것을 비교하여 같고 다름을 조사함.

◨ 登校등교, 母校모교, 本校본교, 分校분교, 將校장교, 再校재교, 初校초교, 退校퇴교, 廢校폐교, 學校학교, 鄕校향교, 休校휴교.

6 ⑩【根】 뿌리 근 元

중학 인명 6급 ㊥gēn ㊐コン

필순 一 十 才 木 朩 杩 杩 根 根 根

소전 初서 자원 形聲. 木+艮→根. '艮(간)'이 음을 나타낸다.

자해 ❶뿌리. ㉮초목의 뿌리. ¶ 草根초근. ㉯이·머리카락 등이 박혀 있는 밑 부분. ¶ 齒根치근. ㉰사물·현상이 발생·발전하는 근본. 〔老子〕 玄牝之門현빈지문, 是謂天地根시위천지근. ❷뿌리박다, 기인하다, 근거하다. 〔孟子〕 仁義禮智根於心인의예지근어심.

根幹(근간) ①뿌리와 줄기. 根莖(근경). ②사물의 바탕이나 중심이 되는 부분.
根據(근거) ①근본이 되는 거점. ②의견·의론 등의 이유나 바탕이 되는 것.
根耕(근경) 그루갈이. 根種(근종).
根痼(근고) 오래된 불치의 병.
根氣(근기) ①참고 견딜 수 있는 기력. ②근본되는 힘. 精魂(정혼). 精力(정력).
根基(근기) 근본적인 토대. 밑동.
根脈(근맥) 일이 생겨난 유래.
根本(근본) ①초목의 뿌리. ②사물의 본바탕.
根性(근성) ①사람의 타고난 성질(性質). ②뿌리가 깊게 박힌 성질.
根源(근원) 일의 밑바탕.
根底(근저) 사물의 뿌리나 밑바탕이 되는 기초.
根絶(근절) 뿌리째 없애 버림.
根腫(근종) 國근이 박힌 종기.
根種(근종) ①사물의 근원이 되는 것. 本原(본원). ②國그루갈이. 根耕(근경).
根蔕(근체) ①뿌리와 꼭지. ②사물의 토대. 根據(근거). 基礎(기초).
根治(근치) ①그 일을 근본적으로 연구하여 그 죄상을 철저히 다스림. ②병을 근본부터 고침. 뿌리째 완전히 없애 버림.
◨ 球根구근, 毛根모근, 草根초근, 禍根화근.

6 ⑩ 【桔】 도라지 길 ㊍결 屑

인명 ㊥jié ㊐ケツ

소전 초서 동자 槔 자해 ❶도라지. ¶ 桔梗길경. ❷두레박틀. ¶ 桔槔길고.

桔梗(길경) 도라지.
桔槔(길고) 한쪽 끝에는 두레박을, 다른 한쪽 끝에는 돌을 매달아 물을 긷게 만든 틀.

6 ⑩ 【桃】 복숭아나무 도 豪

고등 인명 3Ⅱ급 ㊥táo ㊐トウ

필순 一 十 才 木 札 机 村 机 桃 桃

소전 초서 자원 形聲. 木+兆→桃. '兆(조)'가 음을 나타낸다.

자해 ❶복숭아나무. 〔詩經〕 園有桃원유도. ❷복숭아. 〔詩經〕 投之以桃투지이도, 報之以李보지이리.

桃李(도리) ①복숭아나무와 자두나무. 또는 그 꽃이나 열매. ②자기가 천거한 현사(賢士).
桃林處士(도림처사) 소〔牛〕의 딴 이름. 故事 중국 주(周)나라 무왕(武王)이 은(殷)나라를 치고 성채였던 도림(桃林)에 소를 놓아 길렀다는 고사에서 온 말.
桃色(도색) ①복숭아꽃과 같은 빛깔. 淡紅色(담홍색). ②남녀 사이에 얽힌 색정적인 일.
桃源(도원) 속세를 떠난 평화로운 별천지. 武陵桃源(무릉도원).
桃園結義(도원결의) 의형제를 맺는 일. 故事 촉(蜀)나라의 유비(劉備)·관우(關羽)·장비(張飛) 세 사람이 복숭아밭에서 의형제를 맺은 고사에서 온 말.
桃蟲(도충) ①뱁새의 딴 이름. 桃雀(도작). 鷦鷯(초료). ②복숭아에 생긴 벌레.
桃花(도화) ①복숭아꽃. 복사꽃. ②여자의 아름다운 용모.
桃花粉(도화분) 연지(臙脂).
桃花酒(도화주) 복숭아꽃을 넣어 빚은 술. 이것을 마시면 병을 좇고, 안색이 좋아진다고 함.
◨ 仙桃선도, 櫻桃앵도, 天桃천도, 扁桃腺편도선, 胡桃호도.

6 ⑩ 【桐】 오동나무 동 東

인명 2급 ㊥tóng ㊐ドウ

소전 초서 자해 ❶오동나무. ❷거문고.

桐城派(동성파) 청대(淸代)에 일어난 고문(古文)의 한 파. 방포(方苞)·유대괴(劉大魁) 등이 창도하여 요내(姚鼐)에 이르러 대성한 학파. 이들이 모두 안휘성(安徽省) 동성(桐城) 출신인 데서 동성파라 일컬음.
桐油(동유) 오동나무의 씨로 짠 기름.
桐油紙(동유지) 동유를 먹인 방수지(防水紙). 우비 따위에 씀.
桐梓(동재) 오동나무와 가래나무. 좋은 재목.
◨ 梧桐오동, 油桐유동.

6 ⑩ 【栾】 欒(666)의 속자

6 ⑩ 【栗】 밤나무 률 質

고등 인명 3Ⅱ급 ㊥lì ㊐リツ

木 6획

필순 一 ㄷ 亓 襾 覀 覀 覀 覀 栗 栗 栗

소전 桌 초서 栗 고자 桌 참고 '粟(964)'은 딴 자.

자원 象形. 卤+木→㮚→栗. 나무〔木〕에 가시가 있는 열매〔卤〕가 매달려 있는 모습을 본뜬 글자로, '밤, 밤나무'의 뜻을 나타낸다.

자해 ❶**밤나무**. 낙엽 교목의 과수(果樹). ❷**밤**. 밤나무에 열리는 과실. 〔韓愈·序〕霜天熟柿栗상천숙시률. ❸**여물다, 곡식·과실 등이 잘 익다**. 〔詩經〕實穎實栗실영실률. ❹**춥다**. ¶ 栗烈율렬. ❺**떨다, 무서워서 떨다**. 〔論語〕周人以栗주인이률, 曰使民戰栗왈사민전률.

栗烈(율렬) 몸이 떨리는 대단한 추위.
栗房(율방) 밤송이.
栗鼠(율서) 다람쥐. 木鼠(목서).
栗刺(율자) 밤송이의 가시.
◨ 橡栗상률, 棗栗조률, 黃栗황률.

6 ⑩ 【梅】 梅(634)의 속자

6 ⑩ 【栢】 柏(624)의 속자 인명

6 ⑩ 【栰】 떼 벌 月

㊥fá ㊐ハツ

자해 **떼, 뗏목**. 규모가 큰 것을 '栰', 작은 것을 '桴(부)'라 한다. ≒筏.

6 ⑩ 【桑】 뽕나무 상 陽

고등 인명 3Ⅱ급 ㊥sāng ㊐ソウ

필순 フ ヌ ヌ ヌ 叒 叒 叒 桒 桑 桑

소전 桑 초서 桑 동자 桒 속자 桒 자원 會意. 叒+木→桑. 누에를 치기 위하여 여러 사람의 손〔叒〕으로써 그 잎을 따는 나무〔木〕, 곧 '뽕나무'를 뜻한다.

자해 ❶**뽕나무**. 〔孟子〕樹之以桑수지이상. ❷**뽕잎을 따다**. 〔漢書〕率皇后列侯夫人桑솔황후렬후부인상. ❸**뽕나무를 재배하여 누에를 치다**.

桑稼(상가) 양잠(養蠶)과 농사. 農桑(농상).
桑間濮上(상간복상) 복수(濮水) 주변에 있는 뽕나무 숲 사이. 음란한 음악. 나라를 망하게 하는 음악.
桑年(상년) 48세. '桑'의 속자인 '桒'을 파자(破字)하면 十 자가 넷이고 八 자가 하나인 데서 온 말.
桑麻(상마) ①뽕과 삼. ②뽕과 삼을 심는 곳.
桑門(상문) (佛)불교도(佛敎徒). 승려.
桑蓬之志(상봉지지) 남자가 세상을 위하여 공을 세우려 하는 큰 뜻. 옛날 중국에서 사내아이를 낳으면 뽕나무 활로 쑥대 살을 천지와 사방의 여섯 방위에 쏘아서 성공을 축원한 데서 온 말.
桑椹(상심) 뽕나무의 열매. 오디. 桑實(상실).
桑楡(상유) ①뽕나무와 느릅나무. ②저녁 무렵의 해 그림자. 일모(日暮). 저녁 해의 그림자가 뽕나무와 느릅나무 가지에 비쳐 있다는 뜻에서 온 말. ③서쪽의 해 지는 곳. ④늙은 때. 晩年(만년).
桑柘(상자) 뽕나무와 산뽕나무.
桑梓(상자·상재) ①뽕나무와 가래나무. ②고향. 고향의 집. 옛날에는 누에를 치는 데 쓸 뽕나무와 가구를 만드는 데 쓸 가래나무를 집 담밑에 심어 자손들에게 조상을 생각하게 했던 데서 온 말.
桑田碧海(상전벽해) 뽕나무 밭이 푸른 바다로 바뀜. 세상의 변천이 덧없음.
桑戶(상호) 뽕나무 가지로 엉성하게 만든 문. 가난한 집.
◨ 扶桑부상, 柔桑유상, 蠶桑잠상.

6 ⑩ 【桒】 桑(631)의 속자

6 ⑩ 【栖】 ①깃들일 서 齊 ②보금자리 서 霽

인명 ㊥qī, xī ㊐セイ

초서 栖 동자 棲 동자 捿 자해 ①❶**깃들이다, 새가 깃들여 살다**. ¶ 栖息서식. ❷**살다, 묵다**. 〔陶潛·詩〕聊得從君栖료득종군서. ②**보금자리**.

栖息(서식) 깃들여 삶. 棲息(서식).
栖烏(서오) 보금자리의 까마귀. 보금자리를 찾아 돌아가는 까마귀. 栖鴉(서아).

6 ⑩ 【栒】 ①가로대 순 軫 ②나무 이름 순 眞

인명 ㊥sǔn, xún ㊐シュン

자해 ①**가로대, 종과 경쇠를 매다는 가로대**. ②**나무 이름**.

6 ⑩ 【栻】 점치는 기구 식 職

인명 ㊥shì ㊐ショク

초서 栻 자해 ❶**점치는 기구**. 길흉(吉凶)을 점치는 데 쓰는 나무판. 〔漢書〕天文郞按栻于前천문랑안식우전. ❷**나무 이름**

6 ⑩【案】 책상 안 翰

중학 인명 5급 ㊥àn ㊐アン

필순 、 ' 宀 ケ 安 安 安 案 案 案

소전 초서 동자 桉 자원 形聲. 安+木→案. '安(안)'이 음을 나타낸다.

자해 ❶**책상**. ¶ 書案서안. ❷**안석**. ❸**소반, 밥상**. 〔史記〕 自持案자지안, 進食甚恭진식심공. ❹**만지다, 어루만지다**. ≒按. 〔史記〕 案劍以前안검이전. ❺國**안**.

案件(안건) 토의하거나 조사하여야 할 거리.
案几(안궤) 책상.
案內(안내) ①어떤 내용을 소개하여 알려 줌. ②목적하는 곳으로 인도함.
案牘(안독) ①문서와 편지. ②조사하는 데 필요한 서류.
案文(안문) ①문장을 구상함. ②문서를 초안함.
案山(안산) 國집터나 묏자리 맞은편에 있는 산.
案席(안석) 벽에 기대어 놓고 앉을 때 몸을 기대는 방석.
案察(안찰) 조사하여 밝힘. 按察(안찰).
案出(안출) 생각해 냄.
案行(안행) ①조사함. ②순찰(巡察)함. ③대열(隊列)을 정비(整備)함.

◨ 考案고안, 起案기안, 答案답안, 圖案도안, 文案문안, 原案원안, 議案의안, 立案입안, 提案제안, 創案창안, 草案초안, 懸案현안.

6 ⑩【桉】 案(632)과 동자

6 ⑩【桜】 櫻(665)의 속자

6 ⑩【桨】 染(625)의 속자

6 ⑩【栧】 枻(626)와 동자

6 ⑩〖栯〗 1산앵두 욱 屋 2유목 유 有

인명 ㊥yù, yǒu ㊐イク, ユウ

참고 인명용 음은 '욱'이다.

자해 1**산앵두**. 2**유목**(栯木). 먹으면 투기를 하지 않는다고 하는 나무 이름.

6 ⑩【栈】 棧(641)의 속자

6 ⑩【栽】 심을 재 灰

중학 인명 3Ⅱ급 ㊥zāi ㊐サイ

필순 一 十 土 土 圭 圭 圭 栽 栽 栽

소전 초서 참고 裁(1134)는 딴 자.

자원 形聲. 𢦏+木→栽. '𢦏(재)'가 음을 나타낸다.

자해 ❶**심다, 가꾸다**. 〔中庸〕 栽者培之재자배지. ❷**묘목**(苗木). ❸**어린 싹**.

栽培(재배) ①초목을 심고 북돋아 가꾸는 일. ②인재(人材)를 양성함.
栽植(재식) 초목을 옮겨 심음.

6 ⑩〖栓〗 1나무못 전 先 2평미레 전 霰

인명 1급 ㊥shuān ㊐セン

초서 자해 1❶**나무못**. ❷現**병마개**. 2**평미레, 평목**(平木).

6 ⑩【栴】 단향목 전 先

㊥zhān ㊐セン

초서 동자 櫤 자해 **단향목**. 자단(紫檀)·백단(白檀) 따위 향나무의 총칭.

6 ⑩【株】 그루 주 虞

고등 인명 3Ⅱ급 ㊥zhū ㊐シュ

필순 一 十 オ 木 木 木 杵 株 株 株

소전 초서 자원 形聲. 木+朱→株. '朱(주)'가 음을 나타낸다.

자해 ❶**그루**. ㉮**나무·곡식 따위의 줄기 밑동**. 〔易經〕 困于株木곤우주목. ㉯**식물의 포기 수를 세는 말**. 〔蜀志〕 成都有桑八百株성도유상팔백주. ❷**그루터기**. 〔韓非子〕 守株待兔수주대토. ❸**주식**(株式).

株連(주련) 한 사람의 범죄와 관련하여 연루된 사람을 모조리 처벌함. 株聯(주련).
株戮(주륙) 연루자(連累者)를 모두 죽임.
株守(주수) 언제까지나 구습(舊習)을 지키어 변통할 줄을 모르는 사람을 비웃는 말. 守株待兎(수주대토).
株式(주식) ①주식회사의 자본을 이루는 단위. ②주주권(株主權)을 표시하는 유가 증권(有價證券). 株券(주권).
株主(주주) 주식을 가지고 직접 또는 간접으로 회사 경영에 참여하고 있는 개인이나 법인.

◨ 舊株구주, 新株신주.

木 6획

6 ⑩【桎】 차꼬 질 質

인명 1급 ㊥zhì ㊐シツ

소전 초서 자해 ❶차꼬, 족쇄. 〔周禮〕 中罪桎梏중죄질곡. ❷막다, 막히다. ❸쐐기, 사북, 비녀장.

桎梏(질곡) ①차꼬와 수갑. ②자유를 속박함.

桎檻(질함) 차꼬를 채워 옥에 가둠.

6 ⑩【栫】 울 천 霰

㊥jiàn ㊐セン

소전 초서 자해 ❶울, 울타리. ❷울타리로 둘러막다. 〔春秋左氏傳〕 栫之以棘천지이극. ❸어살. 싸리·참대 따위를 강에 날개 모양으로 둘러쳐서 물고기를 잡는 장치.

6 ⑩【桌】 卓(168)과 동자

6 ⑩【核】 씨 핵 陌

고등 인명 4급 ㊥hé ㊐カク

필순 一 十 才 木 杧 杧 杧 栘 核 核

소전 초서 자원 形聲. 木+亥→核. '亥(해)'가 음을 나타낸다.

자해 ❶씨. 내과피 〔周禮〕 其植物宜核物기식물의핵물. ❷물건의 중심이 되는 알맹이. ¶ 核心핵심. ❸씨가 있는 과일. ❹굳다, 견실하다. 〔漢書〕 其文直기문직, 其事核기사핵.

核果(핵과) 씨가 굳어서 된, 단단한 핵으로 싸여 있는 열매. 복숭아·살구·앵두 따위.

核膜(핵막) 세포의 핵을 싸고 있는 막.

核武器(핵무기) 핵반응으로 생기는 힘을 이용한 무기. 수소폭탄·원자폭탄 따위.

核心(핵심) ①사물의 중심이 되는 요긴한 부분. 사물의 알맹이. ②과일의 씨.

◨ 結核결핵, 實核실핵, 中核중핵.

6 ⑩【桁】 1 도리 형 庚 2 차꼬 항 陽

인명 ㊥héng, háng ㊐コウ

참고 인명용 음은 '항'이다.

자해 1 도리. 서까래를 받치려고 기둥과 기둥 위에 걸쳐 놓는 나무. 2 ❶차꼬, 가쇄(枷鎖). ¶ 桁楊항양. ❷배다리. 배를 한 줄로 여러 척 띄워 놓고 그 위에 널조각을 건너질러 깐 다리. ≒航.

桁楊(항양) 죄인을 속박하는 형구. 차꼬.

6 ⑩【桓】 푯말 환 寒

인명 2급 ㊥huán ㊐カン

소전 초서 자해 ❶푯말. 옛날 역참(驛站)의 표지로 세워 놓던 나무. ❷굳세다, 위엄이 있다. ¶ 桓桓환환. ❸머뭇거리다, 나아가지 못하고 빙빙 돌다.

◨ 盤桓반환.

6 ⑩【栩】 상수리나무 후 麌

㊥xǔ ㊐ク

소전 초서 자해 ❶상수리나무. 〔詩經〕 集于苞栩집우포후. ❷기뻐하는 모양, 황홀한 모양.

7 ⑪【桷】 서까래 각 覺

㊥jué ㊐カク

소전 초서 자해 ❶서까래. ❷가지, 나뭇가지. 〔易經〕 或得其桷혹득기각.

7 ⑪【桿】 杆(614)의 속자 인명

7 ⑪【梗】 대개 경 梗

인명 1급 ㊥gěng ㊐コウ

소전 초서 본자 자해 ❶대개, 대강. ¶ 梗槪경개. ❷가시나무, 가시가 있는 나무. ❸도라지. ¶ 桔梗길경. ❹굳세다, 강하다. ≒剛. 〔楚辭〕 梗其有理兮경기유리혜. ❺막히다. ¶ 梗塞경색.

梗槪(경개) 대강의 줄거리. 槪要(개요).

梗梗(경경) 올바르고 용감함.

梗塞(경색) 소통되지 못하고 막힘. 梗澀(경삽).

梗正(경정) 굳세고 바름.

◨ 強梗강경, 桔梗길경, 生梗생경.

7 ⑪【械】 형틀 계 卦

고등 인명 3Ⅱ급 ㊥xiè ㊐カイ

필순 十 才 木 木 朩 杧 栜 械 械 械

소전 초서 자원 形聲. 木+戒→械. '戒(계)'가 음을 나타낸다.

자해 ❶형틀, 수갑·차꼬·칼 등의 형틀. 〔司馬遷·書〕 受械於陳수계어진. ❷기구, 도구. 〔淮南子〕 人械不足인계부족. ❸병장기, 무기.

◨ 器械기계, 機械기계.

7
⑪【梏】 쇠고랑 곡 沃

인명 1급 ㊥gù ㊐コク

소전 梏 초서 梏 자해 ❶쇠고랑. 수갑, 차꼬의 총칭. 〔周禮〕中罪桎梏중죄질곡. ❷묶다, 붙잡다.

梏拲(곡공) 쇠고랑. 수갑. '拲'은 두 손을 모아서 함께 묶는 수갑. 梏拱(곡공).

◨ 桎梏질곡.

7
⑪【梱】 1 문지방 곤 阮
2 가지런히 할 곤 願

인명 ㊥kǔn ㊐コン

소전 梱 초서 梱 동자 稛 자해 1 ❶문지방. ＝閫. 〔禮記〕外言不入於梱외언불입어곤. ❷치다, 두드리다. 2 가지런히 하다. 〔儀禮〕旣拾取矢梱之기습취시곤지.

梱帥(곤수) 國조선 때, 평안도와 함경도의 병마절도사와 수군절도사의 통칭.

梱外之任(곤외지임) 문지방 밖의 임무. 병마를 통솔하던 구실. 곧, 장군의 직무.

7
⑪【梡】 도마 관 旱

인명 ㊥kuǎn ㊐カン

소전 梡 초서 梡 참고 인명용 음은 '완·관'인데, '완'은 속음화(俗音化)된 것이다.

자해 ❶도마. ❷땔나무, 장작.

7
⑪【桾】 고욤나무 군 文

㊥jūn ㊐クン

자해 고욤나무.

7
⑪【梁】 들보 량 陽

고등 인명 3Ⅱ급 ㊥liáng ㊐リョウ

필순 丶 氵 汈 汈 汈 沏 沏 洌 梁 梁

소전 梁 초서 梁 참고 粱(965)은 딴 자.
자원 形聲. 水＋刅＋木→梁. '刅(창)'이 음을 나타낸다.

자해 ❶들보. 칸과 칸 사이의 두 기둥머리를 건너지른 나무. 〔莊子〕不可以爲棟梁불가이위동량. ❷징검다리. 〔詩經〕鴛鴦在梁원앙재량. ❸다리, 교량. 〔詩經〕造舟爲梁조주위량. ❹어량(魚梁). 물고기를 잡는 장치. 〔詩經〕無逝我梁무서아량. ❺나라 이름. 전국 시대에 위(魏)나라가 도읍을 대량(大梁)으로 옮긴 뒤에 일컬은 이름. 〔孟子〕孟子見梁惠王맹자견량혜왕.

梁木(양목) ①들보. ②현철(賢哲).

梁上君子(양상군자) 들보 위의 군자. 도둑의 딴 이름.

梁柱(양주) ①들보와 기둥. ②콧대. 콧날.

◨ 橋梁교량, 棟梁동량, 鼻梁비량, 魚梁어량.

7
⑪【梠】 평고대 려 語

㊥lǚ ㊐リョ

소전 梠 초서 梠 자해 평고대. 처마 끝의 서까래를 받치기 위하여 가로 놓은 나무.

7
⑪【桺】 柳(623)의 본자

7
⑪【梨】 배나무 리 支

고등 인명 3급 ㊥lí ㊐リ

필순 ニ 千 才 禾 禾 利 利 利 梨 梨

소전 梨 초서 梨 본자 棃 자원 形聲. 利＋木→梨. '利(리)'가 음을 나타낸다.

자해 ❶배나무. 과수(果樹)의 한 가지. ❷배. 배나무에 여는 과실.

梨雪(이설) 배꽃을 흰 눈에 견주어 이른 말.

梨園(이원) ①배나무를 심은 정원. ②㉠배우들이 연기를 익히던 곳. ㉡연극. ㉢배우. 故事 당(唐) 현종(玄宗)이 대궐 안에 있는 이원에서 음악을 배우게 한 고사에서 온 말.

梨園弟子(이원제자) 연극배우.

梨棗(이조) ①배와 대추. ②출판(出版). 서적의 판목(版木)에는 배나무와 대추나무가 제일 좋다는 데서 온 말.

梨花(이화) 배꽃.

◨ 鹿梨녹리, 棠梨당리, 山梨산리.

7
⑪【梅】 매화나무 매 灰

고등 인명 3Ⅱ급 ㊥méi ㊐バイ

필순 丨 才 木 杧 杧 柸 梅 梅 梅 梅

소전 梅 초서 梅 동자 楳 동자 槑 속자 梅
고자 槑 자원 形聲. 木＋每→梅. '每(매)'가 음을 나타낸다.

자해 ❶매화나무. 〔詩經〕摽有梅표유매, 其實七兮기실칠혜. ❷장마. 매실이 누렇게 익을 무렵의 장마철. ❸신맛, 산미(酸味).

木
7획

梅蘭菊竹(매란국죽) 매화·난초·국화·대나무를 아울러 이르는 말.
梅甁(매병) 주둥이가 좁고 어깨 부분은 크며 아래는 홀쭉하게 생긴 병.
梅信(매신) 매화꽃이 피기 시작한 소식.
梅實(매실) 매화나무의 열매.
梅雨(매우) 매실이 익을 무렵에 오는 장마. 梅霖(매림).
梅妻鶴子(매처학자) 매화를 아내로 삼고 학을 자식으로 삼음. 풍류 생활. 故事 송(宋)나라 임포(林逋)가 서호(西湖)에 은둔하여 처자 없이 살면서 매화를 심고 학을 기르며 살았다는 고사에서 온 말.
梅天(매천) 매우기(梅雨期)의 하늘.
梅夏(매하) 매실이 익을 무렵의 여름. 긴 장마가 지는 음력 6월경.
梅香(매향) 매화 향기.
梅花(매화) 매실나무의 꽃, 또는 매실나무.
◨ 靑梅청매, 寒梅한매, 紅梅홍매.

7 ⑪【楳】 梅(634)와 동자

7 ⑪【梶】 나무 끝 미 尾
인명 ㊥wěi ㊐ビ
초서 자해 **나무 끝, 우듬지.**

7 ⑪【桮】 술잔 배 灰
㊥bēi ㊐ハイ
초서 자해 **❶술잔.** 〔漢書〕 案上不過三桮안상불과삼배. **❷나무를 구부려 만든 그릇.**
桮棬(배권) 나무를 구부려서 만든 그릇. 옮은 판자를 구부려서 만든 술잔.

7 ⑪【梵】 범어 범 陷
인명 1급 ㊥fàn ㊐ボン
자해 **❶범어(梵語).** 인도(印度)의 고대어(古代語). **❷바라문교(婆羅門敎)를 신봉하는 인도의 귀족. ❸깨끗하다. ❹천축(天竺)이나 불교에 관한 것임을 나타내는 말.**
梵閣(범각) (佛)절이나 불당(佛堂).
梵偈(범게) (佛)불법(佛法)의 시와 글. '偈'는 '찬미의 말'을 뜻함.
梵境(범경) (佛)절의 경내.
梵宮(범궁) (佛)①범천(梵天)의 궁전. ②절. 법당. 梵閣(범각).
梵衲(범납) (佛)승려. '衲'은 '衲衣(납의)'로 승려가 입는 검정색 옷을 뜻함.
梵樂(범악) ①인도의 음악. ②불교 음악.
梵語(범어) (佛)고대 인도의 말. 산스크리트(Sanskrit).
梵宇(범우) (佛)절. 寺刹(사찰). 梵刹(범찰).
梵音(범음) (佛)①부처의 음성. 여래의 청정(淸淨)한 소리. ②불경(佛經)을 읽는 소리.
梵殿(범전) (佛)불당(佛堂). 法堂(법당).
梵鐘(범종) 절에서 치는 종.
梵天(범천) (佛)①바라문교에서 모시는 우주 창조의 신. 梵天王(범천왕). ②색계(色界)의 초선천(初禪天).
梵天王(범천왕) (佛)①바라문교의 교조인 조화의 신. ②제석천(帝釋天)과 함께 부처의 좌우에 모시는 불법 수호의 신.
梵唄(범패) (佛)여래의 공덕을 찬양하는 노래.
梵學(범학) (佛)불경에 관한 학문.
梵行(범행) (佛)①음욕을 끊은 맑은 행실. 청정무욕(淸淨無欲)의 행위. ②해탈(解脫)을 하기 위한 불도(佛道)의 수행.

7 ⑪【桴】 ①마룻대 부 尤 ②뗏목 부 虞
㊥fú ㊐フ
소전 초서 자해 ① **❶마룻대.** 집의 용마루 밑에 서까래가 걸리게 되는 도리. 〔班固·賦〕 荷棟桴而高驤하동부이고양. **❷북채.** ② **뗏목, 떼.** 〔論語〕 乘桴浮于海승부부우해.
桴筏(부벌) 뗏목. '桴'는 '작은 뗏목'을, '筏'은 '큰 뗏목'을 뜻함.

7 ⑪【梹】 檳(663)의 속자

7 ⑪【梭】 북 사 歌
인명 ㊥suō ㊐サ
소전 초서 자해 **북.** 피륙을 짤 때에 씨올의 실꾸리를 넣는 베틀의 부속품.
梭田(사전) 베틀의 북 모양으로 두 끝이 가늘어져 뾰족하고 길쭉하게 생긴 밭.

7 ⑪【梳】 빗 소 魚
인명 1급 ㊥shū ㊐ソ
소전 초서 본자 梳 자해 **❶빗, 얼레빗. ❷빗다, 머리를 빗다.**

木 7획

梳沐(소목) 머리를 빗고 몸을 씻음.
梳洗(소세) 머리를 빗고 얼굴을 씻음.
梳櫛(소즐) 빗질함.

7 ⑪【㮤】 松(620)과 동자

7 ⑪【梛】 榔(644)와 동자

7 ⑪【梧】 벽오동나무 오 虞

인명 2급 ㊥wú ㊐ゴ

소전 梧 초서 梧 자원 形聲. 木+吾→梧. '吾(오)'가 음을 나타낸다.

자해 ❶**벽오동나무**. 〔孟子〕舍其梧檟養其樲棘사기오가양기이극. ❷**거문고**. 〔莊子〕惠子之據梧也혜자기거오야. ❸**책상, 서안**(書案). ❹**버티다, 맞서 겨루다**. 〔史記〕莫敢枝梧막감지오.

梧月(오월) 음력 7월의 딴 이름. 梧秋(오추).
梧陰(오음) 벽오동나무의 그늘.
梧下(오하) 책상 밑. 편지 수신인 이름 밑에 써서 경의를 표하는 말. 梧前(오전).
◨ 魁梧괴오, 枝梧지오.

7 ⑪【梓】 가래나무 재·자 紙

인명 ㊥zǐ ㊐シ

소전 梓 초서 梓 동자 榟 참고 인명용 음은 '재'이다.

자해 ❶**가래나무**. 〔詩經〕維桑與梓유상여재. ❷**판목**(版木). ❸**목수**(木手), **목공**. ❹**고향**. ¶ 梓里재리. ❺**관**(棺). ¶ 梓宮재궁.

梓宮(재궁) ①임금의 관(棺). 임금의 관은 가래나무로 만든 데서 온 말. ②임금의 능(陵).
梓里(재리) 고향. 桑梓(상재).
梓人(재인·자인) 목수의 우두머리.
梓材(재재·자재) ①가래나무 재목. ②가래나무로 만든 인쇄의 판목(版木).
◨ 桐梓동재, 上梓상재, 桑梓상재.

7 ⑪【梲】 ①쪼구미 절 屑 ②지팡이 탈 曷

㊥zhuō, tuō ㊐セツ, タツ

소전 梲 초서 梲 자해 ①**쪼구미, 동자기둥**. 들보 위에 세워 상량이나 오량 따위를 받치는 짧은 기둥. 〔論語〕山節藻梲산절조절. ②**지팡이, 막대기**.

7 ⑪【梃】 몽둥이 정 迥

㊥tǐng ㊐テイ

소전 梃 초서 梃 자해 ❶**몽둥이, 곤장**. 〔孟子〕殺人以梃與刃살인이정여인, 有以異乎유이이호. ❷**곧은 모양**. ❸**대**. 줄기나 막대기 따위를 세는 단위. 〔魏書〕甘蔗百梃감자백정.

7 ⑪【桯】 탁자 정 青

인명 ㊥tīng ㊐テイ

소전 桯 초서 桯 자해 ❶**탁자**. ❷**수레의 가로대 나무**.

7 ⑪【梯】 사다리 제 齊

인명 1급 ㊥tī ㊐テイ

소전 梯 초서 梯 자해 ❶**사다리, 층계**. 〔孫子〕如登樓而去梯階여등루이거제계. ❷**실마리**. 〔史記〕毋爲禍梯무위화제. ❸**기대다, 의지하다**. 〔山海經〕西王母梯几而戴勝杖서왕모제궤이대승장.

梯階(제계) 사다리. 사닥다리. 階梯(계제).
梯索(제삭) 밧줄로 만든 사닥다리.
梯田(제전) 산허리에 계단 모양으로 일군 논밭.
梯航(제항) 사다리를 타고 산에 오르고 배를 타고 바다를 건넘. 산을 넘고 물을 건너 먼 곳에 감.
◨ 階梯계제, 飛梯비제, 雲梯운제, 懸梯현제.

7 ⑪【條】 条 가지 조 蕭

고등 인명 4급 ㊥tiáo ㊐ジョウ

필순 亻 亻 仃 仫 攸 修 條 條 條 條

소전 條 초서 條 동자 桗 속자 条 자원 形聲. 攸+木→條. '攸(유)'가 음을 나타낸다.

자해 ❶**가지, 나뭇가지**. 〔詩經〕伐其條枚벌기조매. ❷**개오동나무**. ≒楸. 〔詩經〕有條有梅유조유매. ❸**유자나무**. ≒柚. ❹**곧다, 바르다**. ❺**조리, 맥락**(脈絡). 〔書經〕有條而不紊유조이불문. ❻**조목, 사항**. 〔舊唐書〕約法爲二十條약법위이십조.

條綱(조강) 조리(條理)와 법(法).
條件(조건) 어떤 사물이 성립되는 데 갖추어야 하는 요소.
條規(조규) 조문(條文)으로 된 규정.
條對(조대) 조목조목 들어 대답함.
條例(조례) ①조목별로 쓴 규칙. ②지방 자치 단체가 자주적으로 만든 법규.
條理(조리) 일·행동·말의 앞뒤가 맞고 체계가

木 7획

서는 갈피.
條目(조목) ①하나하나 따져서 벌인 일의 가닥. ②법률·규정 따위에서 낱낱의 조목이나 항목. 條項(조항).
條約(조약) ①조문으로 맺은 언약. ②문서에 의한 국가 간의 합의.
條條(조조) 조리가 서 있는 모양.
條風(조풍) 동북풍.
◨ 信條신조, 柳條유조.

7 ⑪【絛】 條(636)와 동자

7 ⑪【梴】 처마 진 眞
인명 ㊥zhēn ㊐シン
자해 ❶처마, 평고대. ❷대청, 두 기둥 사이의 공간.

7 ⑪【梢】 ①나무 끝 초 ㊍소 肴 ②도랑 초 ㊍소 蕭
인명 1급 ㊥shāo, xiāo ㊐ショウ
소전 초서 속자 梢 자해 ①❶나무 끝, 나뭇가지의 끝. ≒杪. ❷끝, 말단(末端). ②❶도랑, 개천. ¶ 梢溝초구. ❷國낙지. ¶ 梢魚초어.
梢工(초공) 사공. 뱃사람. 梢公(초공).
梢溝(초구) 개간하지 않은 땅의 도랑. 개천.
梢頭(초두) 나뭇가지의 끝 부분.
梢魚(초어) 낙지.
◨ 末梢말초, 枝梢지초.

7 ⑪【梔】 치자나무 치 支
인명 ㊥zhi ㊐シ
소전 초서 동자 梔 자해 치자나무. 상록 관목.
梔子(치자) ①치자나무. ②치자나무의 열매.

7 ⑪【桶】 ①통 통 董 ②되 용 腫
인명 1급 ㊥tǒng, yǒng ㊐トウ, ヨウ
소전 초서 참고 인명용 음은 '통'이다.
자해 ①통. 물이나 물건을 담는 그릇. ¶ 水桶수통. ②되, 말. 곡식 따위의 분량을 되는 기구. 〔史記〕平斗桶평두용.

7 ⑪【梟】 梟 올빼미 효 ㊍교 蕭
인명 ㊥xiāo ㊐キョウ
소전 초서 본자 梟 자해 ❶올빼미. 〔詩經〕爲梟爲鴟위효위치. ❷사납고 용맹스럽다. 〔漢書〕致梟騎助漢치효기조한. ❸영웅, 용맹이 뛰어난 사람. 〔淮南子〕爲天下梟위천하효. ❹목을 베어 매달다. ¶ 梟首효수.
梟猛(효맹) 날쌔고 용맹함. 梟悍(효한).
梟木(효목) ①죄인을 처형하여 목을 매다는 나무. ②옥문(獄門).
梟首(효수) 죄인의 목을 베어 사람들이 보도록 높은 곳에 매달던 일.
梟勇(효용) 사납고 날쌤.
梟雄(효웅) ①사납고 용맹함. ②사납고 용맹한 영웅.
梟將(효장) 사납고 용감한 장수.
梟鴟(효치) ①올빼미. ②악인.

8 ⑫【椌】 ①악기 이름 강 江 ②도구 공 東
㊥qiāng, kōng ㊐コウ
소전 초서 자해 ①악기 이름. '柷(축)'의 작은 것. ②도구(道具), 장식이 없는 도구.

8 ⑫【検】 檢(661)의 속자

8 ⑫【棨】 창 계 薺
인명 ㊥qǐ ㊐ケイ
소전 초서 자해 ❶창. 〔漢書〕建幢棨건당계. ❷부절(符節).

8 ⑫【梱】 梱(634)과 동자

8 ⑫【椁】 덧널 곽 藥
㊥guǒ ㊐カク
소전 초서 자해 ❶덧널, 외관(外棺). 관을 담는 궤. =槨. ❷헤아리다, 측량하다.

8 ⑫【棺】 널 관 寒翰
인명 1급 ㊥guān, guàn ㊐カン
소전 초서 자해 ❶널, 관. ¶ 棺柩관구. ❷입관하다. 〔春秋左氏傳〕棺而出之관이출지.
棺槨(관곽) 시체를 넣는 속 널과 겉 널. 棺椁(관곽).

木 8획

棺柩(관구) 관. 널.
棺殮(관렴) 시체를 관에 넣음. 納棺(납관).
◨ 蓋棺개관, 納棺납관, 石棺석관, 入棺입관, 出棺출관, 下棺하관.

8
⑫【椈】 노송나무 국 屋
㊥jú ㊐キク
자해 노송나무, 측백나무.

8
⑫【棬】 1 나무 그릇 권 先 2 코뚜레 권 阮
㊥quān, juàn ㊐ケン
초서 자해 1 ❶나무 그릇, 나무를 휘어서 만든 그릇. 〔孟子〕 能順杞柳之性능순기류지성, 而以爲桮棬乎이이위배권호. ❷힘쓰는 모양. 〔莊子〕 棬棬乎권권호, 后尺爲人후척위인. 2 코뚜레. 〔呂氏春秋〕 五尺童子引其棬오척동자인기권.

8
⑫【棘】 멧대추나무 극 職
인명 1급 ㊥jí ㊐キョク
소전 초서 자해 ❶멧대추나무. 대추나무의 한 가지. 〔詩經〕 園有棘위유극. ❷가시나무. 가시가 있는 나무의 총칭. ❸가시. 〔晉書〕 以棘針釘其心이극침정기심. ❹창. 무기의 한 가지. 〔春秋左氏傳〕 子都拔棘以逐之자도발극이축지. ❺감옥, 감옥에 가두다. ❻빠르다, 급박하다. ≒亟.
棘圍(극위) 과거를 보는 장소. 과거 보는 장소에 사람이 함부로 드나들지 못하게 가시나무로 울타리를 만들어 놓았던 데서 온 말. 棘院(극원).
棘人(극인) 몹시 슬픔에 잠겨 있는 사람. 부모의 상(喪)을 입고 있는 사람의 자칭(自稱). 喪制(상제).
棘針(극침) ①가시. ②살을 찌르는 듯한 한기(寒氣).
棘皮(극피) 석회질의 가시가 돋아 있는 동물의 껍데기.
◨ 蒙棘몽극, 楚棘초극, 荊棘형극.

8
⑫【棋】 바둑 기 支
인명 2급 ㊥qí ㊐キ
소전 초서 동자 棊 동자 碁 자해 ❶바둑, 바둑돌. ❷장기, 장기짝.
棋客(기객) 바둑이나 장기를 두는 사람. 棋家(기가).
棋局(기국) ①바둑판이나 장기판. 棋盤(기반). 棋枰(기평). ②바둑이나 장기의 판세.
棋譜(기보) ①바둑이나 장기를 두는 방법을 적은 책. ②바둑이나 장기의 대국 내용을 기록한 것.
棋士(기사) 바둑을 직업으로 삼아 두는 사람.
棋戰(기전) 바둑이나 장기의 승부를 겨룸.
棋布(기포) 바둑판에 바둑돌을 늘어놓은 것과 같이 여기저기 흩어져 있음.
◨ 圍棋위기, 將棋장기, 奕棋혁기.

8
⑫【棊】 棋(638)와 동자

8
⑫【棄】 弃 버릴 기 寘
고등 인명 3급 ㊥qì ㊐キ
필순 亠 ㅗ 云 亠 査 畣 亜 華 棄 棄
소전 초서 고자 弃 자원 會意. 𠫓+廾+箕→棄. 어린아이〔𠫓〕를 두 손〔廾〕으로 삼태기〔箕〕에 담아 버리는 모습이다. 𠫓은 子(자)를 거꾸로 한 형태로, '버리다'의 뜻이 여기에서 나왔다.
자해 ❶버리다, 내버리다. 〔孟子〕 棄甲曳兵而走기갑예병이주. ❷그만두다, 폐하다. 〔國語〕 棄稷弗務기직불무. ❸꺼리어 멀리하다. 〔莊子〕 棄妹不仁也기매불인야.
棄却(기각) ①물품을 내버림. ②법원이 청구 신청을 도로 물리침.
棄權(기권) 권리를 포기함.
棄世(기세) ①세상을 버림. 웃어른이 돌아가심. 別世(별세). ②속세를 초월함. 세상과 관계를 끊음.
棄市(기시) 죄인을 사형에 처하여 그 시체를 거리에 버려 둠.
棄兒(기아) ①버림받은 아이. ②어린아이를 내버림.
棄言(기언) ①말한 것을 실행하지 않음. 食言(식언). ②이미 버린 말. 死語(사어).
棄捐(기연) ①버림. 버림받음. ②사재(私財)를 내놓아 남을 도와줌.
棄擲(기척) 던져 버림.
◨ 放棄방기, 遺棄유기, 打棄타기, 破棄파기, 廢棄폐기, 抛棄포기.

8
⑫【棠】 팥배나무 당 陽
인명 1급 ㊥táng ㊐トウ
소전 초서 동자 樘 자해 ❶팥배나무, 팥배. ❷해당화.

❸산앵두나무.
棠毬子(당구자) 산사나무. 아가위나무.
棠棣(당체) 산앵두나무.

8 ⑫【棹】 ①노 도 ㊍조 效 ②책상 탁 覺
인명 ㊥zhào, zhuō ㊐トウ, タク
초서 참고 인명용 음은 '도'이다.
자해 ① ❶노, 키. ＝櫂. ❷노를 젓다. 〔陶潛·辭〕或命巾車혹명건거, 或棹孤舟혹도고주. ② 책상. ≒卓.
棹歌(도가) 노를 저으며 부르는 노래. 뱃노래. 棹唱(도창).

8 ⑫【棟】栋 용마루 동 送
인명 2급 ㊥dòng ㊐トウ
소전 초서 자해 ❶용마루. 〔易經〕上棟下宇상동하우. ❷마룻대. 〔春秋左氏傳〕棟折榱崩동절최붕. ❸주석(柱石), 중임을 맡은 인물. 〔後漢書〕公爲棟梁공위동량, 傾危不持경위부지. ❹채. ㉮집을 세는 단위. ㉯집, 건물.
棟梁(동량) ①마룻대와 들보. ②한 집안이나 국가의 중임을 맡은 사람. 柱石(주석).
棟梁之材(동량지재) 한 나라의 기둥이 될 만한 인물. 棟梁材(동량재).
棟宇(동우) ①집의 마룻대와 추녀 끝. ②집.

8 ⑫【椋】 푸조나무 량 陽
㊥liáng ㊐リョウ
소전 초서 자해 푸조나무. 느릅나뭇과의 상록 교목.

8 ⑫【棱】 모 릉 蒸
㊥léng ㊐リョウ
소전 동자 楞 자해 ❶모, 모서리. ❷엄하다, 서슬이 푸른 모양. 〔後漢書〕性剛棱疾惡성강릉질악.
棱棱(능릉) ①추위가 몸에 스며드는 모양. 심한 추위. ②모가 나고 바른 모양. 한결 두드러지게 세력이 있는 모양.

8 ⑫【棃】 梨(634)의 본자

8 ⑫【棉】 목화 면 先
인명 1급 ㊥mián ㊐メン
초서 동자 杮 속자 檰 자해 목화. 섬유 식물의 한 가지. ≒綿.
棉作(면작) 목화 농사.
棉花(면화) ①목화의 꽃. ②무명. ③솜.
◨ 木棉목면, 印棉인면, 草棉초면.

8 ⑫【棆】 國홈통 명 인명
자해 홈통. 물을 이끄는 데 쓰는, 길게 골이 진 물건.

8 ⑫【棅】 柄(624)과 동자 인명

8 ⑫【棒】 몽둥이 봉 ㊍방 講
인명 1급 ㊥bàng ㊐ボウ
초서 자해 ❶몽둥이, 막대기. 〔魏書〕刀不如棒도불여봉. ❷치다, 몽둥이로 때리다.
棒術(봉술) 막대기를 사용하여 공격과 방어를 하는 무술.
棒杖(봉장) 몽둥이나 막대기.
◨ 棍棒곤봉, 鐵棒철봉.

8 ⑫【棓】 ①몽둥이 봉 ㊍방 漾 ②발판 부 有 ③성 배 灰
㊥bàng, pǒu, péi ㊐ボウ, フ, ハイ
소전 초서 자해 ① ❶몽둥이, 막대기. ＝棒. 〔淮南子〕羿死於桃棓예사어도봉. ❷도리깨. 곡식의 낟알을 떠는 농기구. ② 발판. 높은 곳을 오르내리기 위하여 설치해 놓은 널. 〔春秋公羊傳〕踊于棓而窺客용우부이규객. ③ 성(姓)

8 ⑫【棼】 마룻대 분 文
㊥fén, fēn ㊐フン
소전 초서 자해 ❶마룻대. ❷어지럽다, 어지럽히다. ≒紛. 〔魏志〕譬猶棼絲비유분사. ❸삼베, 마포(麻布).
棼棼(분분) 어지러운 모양. 紛紛(분분).

8 ⑫【棚】 시렁 붕 ㊍팽 庚
인명 1급 ㊥péng ㊐ホウ
소전 초서 자해 ❶시렁, 선반. 〔陸龜蒙·詩〕鬪鼠落書棚투서락서붕. ❷누각(樓閣). ❸오두막집.

木 8획

8
⑫【棐】 도지개 비 尾

인명 ㊥fěi ㊐ヒ

소전 棐 초서 棐 자해 ❶도지개. 뒤틀린 활을 바로잡는 틀. ❷돕다, 보좌하다. ❸변변치 못하다. 〔漢書〕毋作棐德무작비덕. ❹상자, 광주리. ≒篚. 〔漢書〕賦入貢棐부입공비.

棐德(비덕) 변변치 못한 덕.
棐常(비상) 떳떳한 도리를 도와서 행함.

8
⑫【森】 나무 빽빽할 삼 侵

인명 3Ⅱ급 ㊥sēn ㊐シン

소전 森 초서 森 자해 ❶나무가 빽빽하다. ¶ 森羅삼라. ❷우뚝 솟다, 나무가 밋밋하게 높은 모양. ❸성(盛)한 모양. ❹오싹하다, 으쓱하다. 〔元好問·詩〕山氣森岑入葛衣산기삼잠입갈의. ❺늘어서다, 벌여 서다. 〔梅堯臣·詩〕衆星燦然森중성찬연삼.

森羅(삼라) ①나무가 우거져 늘어섬. ②땅 위에 있는 온갖 물건.
森羅萬象(삼라만상) 우주 사이에 있는 온갖 물건과 모든 현상(現象). 萬物(만물).
森列(삼렬) ①나무가 빽빽이 늘어섬. ②장엄(莊嚴)하게 늘어섬. 엄숙하게 늘어섬.
森林(삼림) 나무가 많이 우거진 곳.
森立(삼립) 우뚝 솟음. 위엄 있게 높이 치솟음.
森森(삼삼) ①나무가 높이 솟은 모양. ②수목이 빽빽하게 들어서서 무성한 모양.
森嚴(삼엄) 무서우리만큼 엄숙함. 정숙(整肅)함. 莊嚴(장엄).
森然(삼연) ①수목이 무성한 모양. ②죽 늘어선 모양. ③엄숙한 모양.
森岑(삼잠) 음랭(陰冷)한 모양.
森閑(삼한) 고요함.

8
⑫【棲】栖 살 서 齊

인명 1급 ㊥qī ㊐セイ

초서 棲 동자 栖 동자 捿 자해 ❶살다, 깃들이다. 〔詩經〕雞棲于塒계서우시. ❷머무르다, 묵다. ❸집, 보금자리. 〔後漢書〕抗志山棲항지산서, 游心海左유심해좌. ❹쉬다, 휴식하다. ❺잠자리. 〔孟子〕二嫂使治朕棲이수사치짐서.

棲屑(서설) 한곳에 머물지 않고 떠돌아다님.
棲息(서식) 동물이 어떤 곳에 깃들여 삶. 棲宿(서숙).
棲隱(서은) 속세를 떠나 은둔하여 삶.
棲遲(서지) ①하는 일 없이 느긋하게 놀며 지냄. ②벼슬을 버리고 시골에서 삶.

◨ 同棲동서, 水棲수서, 兩棲양서.

8
⑫【椉】 乘(30)의 본자

8
⑫【植】植 1심을 식 職 2꽂을 치 寘

중학 인명 7급 ㊥zhí ㊐ショク, チ

필순 一 十 才 木 木 朩 杧 杮 植 植 植

소전 植 초서 植 참고 인명용 음은 '식'이다.

자원 形聲. 木+直→植. '直(직)'이 음을 나타낸다.

자해 1❶심다. ❷초목(草木)의 총칭. ¶ 植物식물. ❸일정한 곳에 근거를 두게 하다. ¶ 植民식민. 2❶꽂다, 꽂아 세우다. 〔論語〕植其杖而芸치기장이운. ❷두다. ≒置. 〔書經〕植璧秉珪치벽병규. ❸우두머리, 감독관.

植物(식물) 생물계(生物界)를 두 갈래로 나눈 것의 한 가지. 초목(草木)·균류(菌類)·조류(藻類) 따위.
植民(식민) 강대국이 종속 관계에 있는 나라에 자국민(自國民)을 이주시키는 일.
植生(식생) 일정 지역에 많이 모여 자라나는 식물의 집단.
植松望亭(식송망정) 소나무를 심어 놓고 정자를 바람. ㉠작은 일을 하여도 큰일을 바라보고 함. ㉡앞날의 성공이 까마득함.
植樹(식수) 나무를 심음. 植木(식목).
植耳(식이) 귀를 기울임. 竦耳(송이).
植字(식자) 골라 뽑은 활자를 원고대로 조판함.

◨ 培植배식, 扶植부식, 樹植수식, 誤植오식, 移植이식, 定植정식, 種植종식, 播植파식.

8
⑫【椏】椏 가장귀 아 麻

㊥yā ㊐ア

초서 椏 자해 가장귀. 나뭇가지의 아귀.

8
⑫【棫】 두릅나무 역 職

㊥yù ㊐イキ

소전 棫 초서 棫 자해 ❶두릅나무. ❷상수리나무.

8
⑫【椀】 주발 완 旱

인명 ㊥wǎn ㊐ワン

木
8획

초서 椀 동자 碗 동자 盌 자해 **주발**. 음식을 담는 작은 그릇.

8 ⑫【椅】 ①의나무 의 支 ②걸상 의 紙

인명 1급 ㊥yī, yǐ ㊐イ

소전 椅 초서 椅 자해 ①**의나무**. 산유자나뭇과의 낙엽 활엽 교목. ②**걸상, 의자**. 〔朱子家禮〕卓子交椅탁자교의.

8 ⑫【棧】 栈 잔도 잔 諫

인명 1급 ㊥zhàn ㊐サン

소전 棧 초서 棧 속자 栈 자해 ❶**잔도**. 발을 붙일 수 없는 험한 벼랑에 선반을 매듯 낸 길. 〔戰國策〕棧道千里잔도천리, 通於蜀漢통어촉한. ❷**마판(馬板)**. 우리의 바닥에 깔아 놓은 널빤지. 〔莊子〕編之以皁棧편지이조잔. ❸**마판을 엮다**. 〔漢書〕覆上棧下부상잔하. ❹**꾸미지 않은 수레**. ¶ 棧車잔거.

棧車(잔거) ①대나무를 엮어서 만든, 사(士)가 타던 수레. ②사람이 끄는 수레. 짐수레.

棧橋(잔교) 國부두에서 선박에 걸쳐 놓아 오르내리게 만든 다리.

棧道(잔도) ①험한 곳에 선반처럼 달아서 낸 길. 棧閣(잔각). ②높은 누각(樓閣)의 복도.

棧雲(잔운) ①구름을 헤쳐 들어가는 듯한 높은 산길. ②잔도(棧道) 가까이 서린 구름.

8 ⑫【楮】 楮(645)의 속자

8 ⑫【椄】 접붙일 접 葉

㊥jiē, jié ㊐セツ

소전 椄 초서 椄 자해 ❶**접붙이다**. ≒接. ❷**형틀**. 형구(刑具)의 한 가지. ¶ 椄槢접습.

椄木(접목) 나무를 접붙임. 接木(접목).

椄本(접본) 접붙일 때 바탕이 되는 나무. 臺木(대목). 接本(접본).

椄槢(접습) 옛날 형구(刑具)의 한 가지. 손발을 묶는 비녀장.

椄枝(접지) 나무를 접붙일 때 접본에 꽂는 나뭇가지. 接枝(접지).

8 ⑫【棖】 枨 문설주 정 庚

㊥chéng ㊐ジョウ

소전 棖 초서 棖 자해 ❶**문설주**. ❷**닿다, 부딪다**. ❸**현악기의 소리**.

棖棖(정정) ①현악기의 소리. ②회초리로 사람을 꾸짖는다고 하는, 지옥에서 온 사자(使者).

8 ⑫【棗】 枣 대추나무 조 皓

인명 1급 ㊥zǎo ㊐ソウ

소전 棗 초서 棗 자해 ❶**대추나무**. ❷**대추**. 〔春秋穀梁傳〕棗栗鍛脩조률단수.

棗栗(조율) ①대추와 밤. ②여자들이 남의 집을 방문할 때 가지고 가던 간단한 예물. ③신부가 시부모에게 드리는 폐백.

◨ 乾棗건조, 酸棗산조, 梨棗이조.

8 ⑫【棕】 椶(646)과 동자 인명

8 ⑫【棌】 참나무 채 賄

인명 ㊥cǎi ㊐サイ

초서 棌 자해 ❶**참나무**. 상수리나무·갈참나무·떡갈나무 계통에 속하는 나무. ❷**생나무, 원목, 재목**. 〔漢書〕夏卑官室하비관실, 唐虞棌椽당우채연.

棌椽(채연) 떡갈나무로 만든 서까래. 검약함의 비유.

8 ⑫【棣】 ①산앵두나무 체 霽 ②침착할 태 隊

㊥dì, dài ㊐テイ, タイ

소전 棣 초서 棣 자해 ① ❶**산앵두나무, 산이스랏나무**. ❷**통하다, 미치다**. ≒逮. 〔漢書〕萬植棣通만식체통. ②**침착하다**. 〔詩經〕威儀棣棣위의태태.

棣蕚(체악) ①산앵두나무 꽃의 꽃받침. ②형제. 산앵두나무 꽃이 그 꽃받침과 서로 의지하여 아름다운 꽃을 이루는 데서 온 말. 棣鄂(체악).

棣蕚之情(체악지정) 화려하게 만발한 산앵두나무 꽃의 정. 형제 사이의 두터운 우애. 棣華之情(체화지정).

棣華(체화) ①산앵두나무의 꽃. ②형제의 의가 좋음.

棣棣(태태) 위의(威儀)가 있는 모양.

◨ 唐棣당체, 棠棣당체.

8 ⑫【椒】 산초나무 초 蕭

인명 ㊥jiāo ㊐ショウ

초서 椒 자해 ❶**산초나무**. 운향과의 낙엽 관목. ¶ 椒蘭초란. ❷**후추나무**. 열매는 향신료나 약재로 쓴다. ❸**향기롭다**. 〔詩經〕有椒其馨유초기형. ❹國**서자**(庶子), **서파**(庶派).
椒蘭(초란) ①산초나무와 난초. 향기가 좋은 훈향(薰香). ②귀한 친척이나 외척. ③자초(子椒)와 자란(子蘭). 아첨을 잘하는 사람. 모두 초(楚)나라 사람으로 임금에게 아첨을 잘한 데서 온 말.
椒林(초림) 國서얼(庶孼).
椒房(초방) ①후비(后妃)가 거처하는 궁전(宮殿). 산초는 난기(暖氣)를 돕고 잡된 냄새를 없애며 많은 열매를 맺으므로, 자손이 많도록 한다는 뜻에서 이를 벽에 칠한 데서 온 말. 椒屋(초옥). ②황후(皇后).
椒房之親(초방지친) 후비(后妃)의 친정 쪽 겨레붙이.
◨ 芳椒방초, 山椒산초, 胡椒호초.

8 ⑫【梺】 楚(646)의 속자

8 ⑫【棰】 매 추 紙
㊥chuí ㊐スイ
초서 자해 ❶**매, 회초리**. ❷**매질하다, 회초리로 때리다**. ≒捶. 〔漢書〕棰楚之下추초지하, 何求而不得하구이부득.
棰楚(추초) ①매질함. ②매. 회초리.

8 ⑫【椎】 몽치 추 支
인명 1급 ㊥chuí, zhuī ㊐ツイ
소전 초서 자해 ❶**몽치, 망치, 방망이**. 〔史記〕袖四十斤鐵椎수사십근철추. ❷**치다, 때리다**. ¶ 椎殺추살. ❸**등뼈, 척추**. ❹**어리석다, 우둔하다**. ¶ 椎魯추로.
椎擊(추격) 침. 때림. 椎打(추타).
椎骨(추골) 등골뼈.
椎魯(추로) 어리석고 둔함. 椎鈍(추둔).
椎輪(추륜) ①바퀴살이 없는 수레바퀴. 질박하고 거친 수레. 棧車(잔거). ②사물의 시초.
椎埋(추매) ①사람을 몽치로 때려 죽여서 파묻음. ②무덤을 파헤침.
椎殺(추살) 몽치로 때려서 죽임.
椎剽(추표) 사람을 때려 죽이고 금품을 빼앗음.
◨ 脊椎척추, 鐵椎철추.

8 ⑫【椓】 칠 탁 覺
㊥zhuó ㊐タク
소전 자해 ❶**치다, 때리다**. 〔詩經〕椓之丁丁탁지정정. ❷**궁형**(宮刑). 음부(陰部)를 제거하는 형벌. ❸**내시, 환자**(宦者).

8 ⑫【棍】 1묶을 혼 阮 2몽둥이 곤 願
인명 1급 ㊥hùn, gùn ㊐コン
초서 참고 인명용 한자의 음은 '곤'이다.
자해 1❶**묶다, 동여매다**. 〔漢書〕棍申椒與菌桂兮혼신초여균계혜. ❷**함께, 같이**. ≒混. 2❶**몽둥이**. ❷**악한**(惡漢). ¶ 棍徒곤도.
棍徒(곤도) 부랑자. 無賴漢(무뢰한).
棍棒(곤봉) 나무를 둥글고 짤막하게 깎아서 만든 방망이.
棍杖(곤장) 죄인의 볼기를 치던 형구(刑具). 버드나무로 길고 넓적하게 만드는데, 대곤(大棍)·중곤(中棍)·소곤(小棍)·중곤(重棍)·치도곤(治盜棍)의 다섯 가지가 있음.

9 ⑬【概】 槪(651)의 속자

9 ⑬【楗】 문빗장 건 願
인명 ㊥jiàn ㊐ケン
소전 초서 자해 ❶**문빗장**. ≒鍵. ❷**방죽, 둑**. 〔史記〕下淇園之竹以爲楗하기원지죽이위건. ❸**다리를 절다**. ≒蹇. 〔周禮〕終日馳騁종일치빙, 左不楗좌불건.

9 ⑬【楬】 1술잔 격 錫 2國들보 보
㊥xí ㊐ケキ
자해 1**술잔**. 2**들보, 대들보**.

9 ⑬【極】 极 다할 극 職
중학 인명 4Ⅱ급 ㊥jí ㊐キョク
필순 一 十 才 木 朩 朾 柯 柯 極 極
소전 초서 자원 形聲. 木+亟→極. '亟(극)'이 음을 나타낸다.
자해 ❶**다하다**. ㉮**끝나다**. 〔淮南子〕游無極之野유무극지야. ㉯**그만두다**. 〔詩經〕曷又極止갈우극지. ㉰**군색해지다**. 〔楚辭〕相觀民之計極상관민지계극. ❷㉮**극, 한계, 더할 수 없는 막다른 지경**. 〔春秋左氏傳〕貢獻無極공헌무극. ㉯現**지구의 자전축이 지구 표면과 교차하는 점**. ¶ 極地극지. ㉰現**전극**(電極)·**자극**(磁極)·**쌍극자**(雙極子)**의 극의 총칭**. ❸**용마루**. 〔漢書〕流星下燕萬載宮極東去류성하연만재궁극동거. ❹**들보, 대들보**. 〔張衡·賦〕峙遊極於浮柱치유극어부주. ❺**이르다, 닿다, 미치다**. 〔詩經〕駿極于天준극우천. ❻**멀다**. ❼**매우, 심히**. 〔史記〕 軍極簡易군극간이. ❽**중정**(中正), **지선**(至善)**의 도**(道). 〔詩經〕 莫匪爾極막비이극. ❾**지상**(至上)**의 자리, 임금의 자리**.

極奸(극간) 몹시 간악함.

極諫(극간) 윗사람에게 잘못된 일이나 행동을 고치도록 온 힘을 다하여 말함.

極艱(극간) 매우 어렵고 고생스러움.

極貴(극귀) 매우 귀함.

極端(극단) ①맨 끝. ②중용을 벗어남. 한쪽으로 크게 치우침. ③이르는 곳까지 이르러 더 나아가지 못함.

極度(극도) 더할 수 없는 정도.

極東(극동) ①동쪽 끝. ②동양의 가장 동쪽 부분. 우리나라·중국·일본 등지. 遠東(원동).

極樂(극락) ①한껏 즐김. ②(佛)아미타불(阿彌陀佛)이 있다는 서방정토(西方淨土).

極力(극력) 있는 힘을 다함.

極流(극류) 지구의 양극 지방에서 적도 쪽으로 흐르는 한류(寒流).

極律(극률) 國사형에 해당하는 죄를 정한 법률.

極目(극목) ①시력(視力)이 미치는 데까지 멀리 봄. ②시야가 가득 참.

極妙(극묘) 지극히 교묘함. 至妙(지묘).

極祕(극비) 절대 알려져서는 안 될 중요한 일.

極貧(극빈) 몹시 가난함.

極上(극상) 가장 좋음. 最上(최상).

極選(극선) 고르고 또 고름.

極盛(극성) ①극히 왕성함. ②國성질이 지나치게 격하고 악함.

極盛則敗(극성즉패) 왕성함이 지나치면 얼마 가지 못하여 패망함.

極甚(극심) 매우 심함.

極深(극심) 심원(深遠)한 곳을 구명(究明)함.

極惡(극악) 마음씨나 행동이 더할 나위 없이 악함.

極限(극한) 궁극의 한계.

極惡無道(극악무도) 더없이 악하고 도의심이 없음.

極熱(극열) ①몹시 뜨거움. 몹시 지독한 더위. 極暑(극서). ②몹시 심한 열. 劇熱(극열).

極銳(극예) 몹시 날카로움. 몹시 예리함.

極月(극월) 섣달.

極尊(극존) ①지위가 아주 높음. ②임금의 존칭. ③어버이. 父母(부모).

極重(극중) ①아주 무거움. ②병이 위독함. ③범죄가 아주 무거움.

極地(극지) ①맨 끝에 있는 땅. 아주 먼 땅. ②지구의 남북의 양극 지방.

極盡(극진) 힘이나 마음을 다함.

極天(극천) ①하늘의 가장 높은 곳. ②하늘에 이름. 하늘을 능가함.

極樞(극추) ①하늘의 중심. ②북두칠성의 첫 번째 별.

極侈(극치) 몹시 사치함.

極致(극치) 더없이 높은 경지(境地).

極擇(극택) 매우 정밀하게 고름. 精選(정선).

極痛(극통) 몹시 아픔.

極害(극해) 몹시 심한 해독.

極刑(극형) 가장 무거운 형벌. 死刑(사형).

◨ 窮極궁극, 南極남극, 登極등극, 罔極망극, 無極무극, 北極북극, 消極소극, 兩極양극, 陽極양극, 陰極음극, 積極적극, 至極지극, 太極태극, 皇極황극.

9 ⑬ 【楠】 녹나무 남 覃

인명 ㊥nán ㊐ナン

초서 (草書) 동자 枏 자해 **녹나무**. 녹나뭇과의 상록 교목.

9 ⑬ 【椴】 자작나무 단 翰

㊥duàn ㊐タン

자해 ❶**자작나무**. ❷**목근**(木槿), **무궁화**(無窮花).

9 ⑬ 【楝】 멀구슬나무 련 霰

㊥liàn ㊐レン

초서 (草書) 자해 **멀구슬나무**, **전단**(栴檀), **단향목**(檀香木).

9 ⑬ 【楼】 樓(652)의 속자

9 ⑬ 【㮚】 栗(630)의 고자

9 ⑬ 【楞】 모 릉 蒸

인명 2급 ㊥léng ㊐リョウ

초서 (草書) 동자 棱 참고 불교에서는 '棱' 자는 쓰지 않고 이 자만 쓴다.

자해 **모, 모서리**.

楞角(능각) 모. 棱角(능각).

9 ⑬ 【楳】 梅(634)와 동자

9 ⑬ 【㮌】 綿(987)의 속자

9 ⑬【楙】 무성할 무 宥

인명 ㊥mào ㊐ボウ

소전 자해 ❶무성하다, 나무가 무성하다. ❷아름답다, 훌륭하다. 〔漢書〕夏以長楙하이장무. ❸모과나무. 과수의 한 가지.

9 ⑬【楣】 문미 미 支

인명 ㊥měi ㊐ビ

소전 초서 자해 ❶문미(門楣). 문틀 위에 대는 상인방. 〔楚辭〕辛夷楣兮藥房신이미혜약방. ❷처마, 차양(遮陽). 〔王勃·序〕接棟連楣접동련미. ❸도리.

楣間(미간) ①지붕이 도리 밖으로 내민 부분. 처마. ②볕을 가리거나 비를 막기 위하여 처마 끝에 덧대는 지붕. 遮陽(차양).

◨ 門楣문미, 長楣장미, 柱楣주미.

木 9획

9 ⑬【榅】 杯(619)와 동자

9 ⑬【棐】 國사닥다리 비

자해 사닥다리, 사다리.

9 ⑬【楂】 떼 사 麻

㊥chá ㊐サ

초서 자해 ❶떼. 뗏목. ≒槎. ❷풀명자나무. ≒樝. ❸까치가 우는 소리. ❹가지런하지 아니한 모양. ❺國나뭇등걸.

9 ⑬【楔】 문설주 설 屑

인명 ㊥xiē ㊐セツ

소전 초서 동자 㮞 자해 ❶문설주, 문주(門柱). ❷쐐기. 물건의 틈에 박아서 그 틈을 없애는 물건. ❸앵두나무. ❹타다, 켜다.

楔齒(설치) 염습(殮襲)하기 전에 입에 낟알을 넣기 위해 이〔齒〕를 벌리는 일.

9 ⑬【楯】 난간 순 軫

인명 ㊥shǔn ㊐ジュン

소전 초서 자해 ❶난간. ¶ 楯軒순헌. ❷방패. ≒盾. ¶ 楯鼻순비. ❸잡아 뽑다, 빼내다. 〔淮南子〕引楯萬物인순만물.

楯鼻(순비) ①방패의 코. 방패의 손잡이. ②군대 안에서 쓰는 방패.

楯軒(순헌) 난간이 있는 긴 복도나 작은 집.

9 ⑬【楽】 樂(653)의 속자

9 ⑬【椰】 야자나무 야 麻

인명 ㊥yē ㊐ヤ

초서 동자 梛 자해 ❶야자나무. 열대 지방의 상록 교목. ❷야자, 야자나무의 열매. ❸國무릇. 밭이나 들에 나는 풀의 한 가지.

椰子(야자) ①야자나무. ②야자나무의 열매.

椰茨菰(야자고) 무릇.

椰漿(야장) 야자나무 열매의 즙(汁).

9 ⑬【楊】杨 버들 양 陽

고등 인명 3급 ㊥yáng ㊐ヨウ

필순 十 木 朷 枂 枵 桿 椙 楊 楊 楊

소전 초서 자원 形聲. 木+昜→楊. '昜(양)'이 음을 나타낸다.

자해 ❶버들, 버드나무. 버들〔柳〕 중에서 잎이 크고 가지가 억센 것. 〔詩經〕楊柳依依양류의의. ❷양주(楊朱)의 약칭. 〔孟子〕天下之言천하지언, 不歸楊則歸墨불귀양즉귀묵.

楊柳(양류) 버드나무. '楊'은 갯버들, '柳'는 수양버들.

楊梅瘡(양매창) 매독(梅毒).

楊墨(양묵) 전국 시대의 두 학자인 양주(楊朱)와 묵적(墨翟). 양주는 이기설(利己說), 묵적은 겸애설(兼愛說)을 주장하였음.

楊枝(양지) ①버들가지. ②이쑤시개.

◨ 白楊백양, 垂楊수양.

9 ⑬【業】业 업 업 業

중학 인명 6급 ㊥yè ㊐ギョウ

필순 ' " "' 业 丵 丵 業 業 業 業

소전 초서 자원 象形. 경쇠나 북 등의 악기를 매다는 틀을 꾸미는 커다란 널빤지를 본뜬 글자.

자해 ❶업. ㉮일, 사업. 〔易經〕君子進德修業군자진덕수업. ㉯학문, 기예(技藝). 〔禮記〕大功廢業대공폐업. ㉰직업. 〔春秋左氏傳〕有事而無業유사이무업. ㉱(佛)전세(前世)의 소행에 의해 현세(現世)에서 받는 선악의 응보(應報). ❷생계(生計), 생업. 〔史記〕爲子孫業耳위자손업이.

❸**기초, 시작.** 〔孟子〕 君子創業垂統군자창업수통. ❹**순서, 차례.** 〔國語〕 民從事有業민종사유업. ❺**이미, 앞서.** 〔史記〕 業已建之업이건지.
業力(업력) ①사업에 대한 능력. ②(佛)과보(果報)를 가져오는 원인이 되는 힘.
業務(업무) 직장 같은 곳에서 맡아서 하는 일.
業報(업보) (佛)전생에서 한 일에 대하여 이승에서 받는 선악의 갚음. 業果(업과).
業業(업업) ①위태로운 모양. ②성(盛)한 모양. ③움직이는 모양.
業寃(업원) (佛)전생에서 지은 죄로 이승에서 받는 괴로움.
業已(업이) 이미. 벌써.
業因(업인) (佛)선악의 갚음을 받는 원인이 되는 행위.
業績(업적) 사업이나 연구 따위에서 이룩해 놓은 성과.
業種(업종) 영업이나 사업의 종류.
業次(업차) 일의 순서.
業態(업태) 영업이나 기업의 형태.
業火(업화) (佛)①격렬한 분노. ②악업(惡業)의 갚음인 지옥의 뜨거운 불. ③무시무시한 화재.
◨ 家業가업, 開業개업, 功業공업, 課業과업, 企業기업, 農業농업, 同業동업, 本業본업, 事業사업, 産業산업, 商業상업, 生業생업, 授業수업, 失業실업, 漁業어업, 營業영업, 王業왕업, 林業임업, 作業작업, 卒業졸업, 罪業죄업, 職業직업, 創業창업, 就業취업, 罷業파업, 廢業폐업, 學業학업, 休業휴업.

9 ⑬ 【椽】 서까래 연 ㊍전 先

인명 1급 ㊥chuán ㊐テン

소전 자해 ❶**서까래.** 마룻대에서 도리에 걸쳐 지른 나무. 〔漢書〕 茅屋采椽모옥채연. ❷**사닥다리.**
椽桷(연각) 서까래. '椽'은 둥근 것, '桷'은 네모난 것.
椽大之筆(연대지필) 서까래같이 큰 붓. 훌륭한 문장. 故事 진(晉)나라의 왕순(王珣)이 꿈에 서까래 같은 큰 붓을 받은 후 훌륭한 글을 쓰게 되었다는 고사에서 온 말. 椽筆(연필).
椽木(연목) 서까래.
◨ 屋椽옥연, 采椽채연, 簷椽첨연.

9 ⑬ 【楹】 기둥 영 庚

인명 ㊥yíng ㊐エイ

소전 초서 자해 **기둥.** 둥글고 굵은 기둥. 〔漢書〕 楹階俎豆之間영계조두지간.
楹鼓(영고) 몸통 중앙에 기둥을 끼워 세운 북.
楹棟(영동) ①기둥과 마룻대. ②가장 중요한 인물.
楹聯(영련) 연구(聯句)를 써서 기둥에 걸어 늘인 것.
楹柱(영주) 기둥.
◨ 丹楹단영, 鳳楹봉영.

9 ⑬ 【楡】 느릅나무 유 虞

인명 2급 ㊥yú ㊐ユ

소전 초서 자해 ❶**느릅나무.** ❷**옮기다.** ❸**흔들다.**
楡莢(유협) 느릅나무의 잎이 나기 전에 가지 사이에 나는 꼬투리.
楡莢錢(유협전) 느릅나무 씨 꼬투리처럼 생긴 한대(漢代)의 돈. 楡莢(유협).
◨ 白楡백유, 桑楡상유, 地楡지유.

9 ⑬ 【楢】 졸참나무 유 尤

인명 ㊥yóu ㊐ユウ

소전 초서 속자 楢 자해 ❶**졸참나무.** 너도밤나뭇과의 낙엽 교목. ❷**내 이름.**
楢溪(유계) 내 이름. 절강성(浙江省)을 흐르는 내. 歡溪(환계).

9 ⑬ 【楮】 楮 닥나무 저 語

인명 ㊥chǔ ㊐チョ

소전 초서 동자 柠 속자 楮 자해 ❶**닥나무.** 뽕나뭇과의 낙엽 관목. ❷**종이.** ¶ 楮墨저묵. ❸**지폐(紙幣), 돈.**
楮墨(저묵) ①종이와 먹. 紙墨(지묵). ②시(詩)와 문장(文章). 詩文(시문).
楮實(저실) 닥나무의 열매.
楮冊(저책) 종이로 만든 책.
楮幣(저폐) 종이돈. 楮券(저권).
楮貨(저화) 고려 말과 조선 초에 쓰던 종이돈. 紙貨(지화).

9 ⑬ 【楪】 1 평상 접 葉 2 창 엽 葉

㊥dié, yè ㊐チョウ, ヨウ

자해 1 **평상, 살평상, 널평상.** 2 **창(窓), 창문.**

9 ⑬ 【楨】 桢 광나무 정 庚

인명 2급 ㊥zhēn ㊐テイ

소전 초서 자해 ❶광나무. 물푸레나뭇과의 상록 관목. ❷기둥, 담 쌓을 때 양쪽에 세우는 기둥. ❸근본, 의지가 되는 사물이나 사람. 〔詩經〕 維周之楨유주지정.

楨幹(정간) ①담을 쌓을 때 담의 양쪽 끝에 세우는 기둥과 양쪽에 대는 널빤지. 둘 다 담을 쌓는 데 중요한 것이다. ②사물의 근본이 되는 것. ③떠받침. 지탱함.

9 ⑬【梯】 빗치개 제 霽

㊥tì ㊐テイ

자해 ❶빗치개, 가르마를 타는 데 쓰는 빗. ❷뿌리. =柢.

9 ⑬【椶】 종려나무 종 東

인명 ㊥zōng ㊐ソウ

소전 초서 동자 棕 자해 종려나무. 야자과에 속하는 상록 교목.

椶櫚(종려) 종려나무.

9 ⑬【楫】 노 집·즙 緝 葉

인명 ㊥jí ㊐シュウ

소전 초서 동자 檝 참고 인명용 음은 '집·즙'이다.

자해 ❶노. 길이가 긴 것을 '櫂', 짧은 것을 '楫'이라 한다. ¶ 楫師집사. ❷모으다. ≒輯. 〔漢書〕 陛下躬發聖德폐하궁발성덕, 統楫群元통집군원.

楫師(즙사·집사) 노 젓는 사람. 뱃사공.

◨ 舟楫주집.

9 ⑬【楚】 모형 초 語

인명 2급 ㊥chǔ ㊐ソ

소전 초서 속자 𣏂 자해 ❶모형(牡荊), 인삼목(人蔘木). 마편초과에 속하는 낙엽 관목. 〔詩經〕 言刈其楚언예기초. ❷가시나무, 가시가 있는 잡목. 〔詩經〕 不流束楚불류속초. ❸매, 회초리. 〔禮記〕 夏楚二物하초이물, 以收其威이수기위. ❹아프다, 고통을 느끼다. ❺우거진 모양, 무성한 모양. 〔詩經〕 楚楚者茨초초자자. ❻곱고 선명하다. 〔詩經〕 衣裳楚楚의상초초. ❼초나라. ㉮춘추 전국 시대에 양자강 중류 일대를 차지한 나라. B.C. 223년에 진(秦)나라에게 멸망되었다. ¶ 楚辭초사. ㉯한(漢) 원년(元年)에 항우(項羽)가 자립하여 세운 나라. 한(漢) 5년에 한(漢)나라에게 멸망되었다. ¶ 楚漢초한. ㉰오대(五代) 십국(十國)의 하나. 마은(馬殷)이 세운 나라로 남당(南唐)에게 멸망되었다.

楚棘(초극) 가시나무.

楚撻(초달) 회초리로 종아리를 때림. 매질을 함. 鞭撻(편달).

楚辭(초사) 초나라 굴원(屈原)의 작품과 후에 그를 본받아 지은 작품을 유향(劉向)이 모아 엮은 책. 현행본은 후한(後漢) 때 왕일(王逸)이 편찬한 것으로, 중국 강남 문학(江南文學)을 대표하는 작품임.

楚腰(초요) 미인의 가냘픈 허리. 故事 초(楚)나라 영왕(靈王)이 허리가 가는 미인을 좋아하였으므로 궁녀들이 모두 허리를 가늘게 하려다 굶어 죽는 지경에 이르렀다는 고사에서 온 말.

楚越(초월) ①초나라와 월나라. ②서로 멀리 떨어져 있어 아무 상관이 없는 사이.

楚材晉用(초재진용) 초나라 인재를 진나라가 등용함. ㉠다른 나라 출신의 인재를 등용함. ㉡다른 사람 것을 자기가 이용함.

楚楚(초초) ①산뜻한 모양. 선명한 모양. ②가시덤불이 우거진 모양. ③고통스러워하는 모양.

楚痛(초통) 아프고 괴로움.

楚漢(초한) 진(秦)나라 말에 항우(項羽)와 유방(劉邦)이 분거(分據)하여 왕이라 칭호하던 시대. 또는 그 할거(割據)하던 지방.

◨ 苦楚고초, 淸楚청초, 痛楚통초.

9 ⑬【楸】 개오동나무 추 尤

인명 2급 ㊥qiū ㊐シュウ

소전 초서 자해 ❶개오동나무. ❷國 가래나무. ❸호두나무. ¶ 楸子추자. ❹바둑판. ¶ 楸枰추평.

楸子(추자) ①가래나무의 열매. ②호두.

楸枰(추평) 바둑판. 棋枰(기평). 棋楸(기추).

9 ⑬【椿】 참죽나무 춘 眞

인명 2급 ㊥chūn ㊐チン

초서 자해 ❶참죽나무. ¶ 椿葉菜춘엽채. ❷신령스러운 나무 이름. 주로 장수(長壽)의 비유로 쓴다. 〔莊子〕 上古有大椿者상고유대춘자, 以八千歲爲春이팔천세위춘, 八千歲爲秋팔천세위추. ❸아버지, 부친(父親).

椿府丈(춘부장) 남의 아버지의 존칭. 椿堂(춘당). 椿府(춘부). 椿丈(춘장). 椿庭(춘정).

椿壽(춘수) 오래 삶. 長壽(장수).

椿樹(춘수) 참죽나무.
椿葉菜(춘엽채) 참죽나물.
椿萱(춘훤) 춘당(椿堂)과 훤당(萱堂). 남의 부모의 존칭.

9 ⑬【椹】 1모탕 침 2오디 심
㊥zhēn, shèn ㊐チン, ジン
초서 자해 1 ❶모탕. 나무를 팰 때에 밑에 괴는 나무. ＝砧. ❷과녁. ❸다듬잇돌. ＝砧. 2 ❶오디. 뽕나무 열매. ≒葚. ❷버섯.
椹質(침질) ①모탕. ②활을 쏘는 과녁. ③죄인의 목을 자르는 대(臺).

9 ⑬【椭】 길쭉할 타
인명 1급 ㊥tuǒ ㊐ダ
동자 橢 자해 ❶길쭉하다, 가늘고 길다. 〔淮南子〕 方圓銳椭不同방원예타부동. ❷길둥굴다.

9 ⑬【楓】 枫 단풍나무 풍
인명 3Ⅱ급 ㊥fēng ㊐フウ
소전 초서 자해 단풍나무, 신나무. 〔杜牧·詩〕 停車坐愛楓林晚정거좌애풍림만.
楓菊(풍국) 단풍과 국화.
楓宸(풍신) 임금의 궁전. '宸'은 제왕의 거소(居所).
楓嶽山(풍악산) 國가을철의 금강산.
楓葉(풍엽) 단풍나무 잎.
◨ 丹楓단풍, 霜楓상풍.

9 ⑬【楷】 나무 이름 해 ㊟개
인명 1급 ㊥jiè, kǎi ㊐カイ
소전 초서 자해 ❶나무 이름. 곡부(曲阜)에 있는 공자묘(孔子廟)에 자공(子貢)이 손수 심었다는 나무. 공목(孔木)·황련목(黃連木)이라고도 한다. ❷본, 본보기, 모범. 〔禮記〕 今世行之금세행지, 後世以爲楷후세이위해. ❸본받다, 본뜨다, 배우다. 〔後漢書〕 天子模楷李元禮천자모해리원례. ❹바르다, 곧다. ❺해서(楷書). 서체(書體)의 한 가지. 예서(隸書)에서 발전한 것으로 자획(字畫)이 엄정하다.
楷法(해법) ①해서(楷書)를 쓰는 법. ②해서. ③모범(模範). 법도(法度).
楷書(해서) 서체(書體)의 이름. 점과 획을 따로따로 하여 방정(方正)하게 쓰는 글씨.
楷隸(해예) ①서체(書體)의 하나. 해서(楷書). 眞書(진서). ②해서와 예서(隸書).
楷正(해정) 글자의 획이 똑바름. 해서로 방정(方正)하게 쓰는 일.
◨ 模楷모해, 隸楷예해, 眞楷진해.

9 ⑬【楛】 나무 이름 호
㊥hù, kù ㊐コ
소전 초서 자해 나무 이름. 모형(牡荊) 비슷한 붉은 빛깔의 나무. 화살대를 만드는 데 쓰인다. 〔詩經〕 榛楛濟濟진호제제.
楛矢(호시) 호목(楛木)으로 화살의 대를 만든 화살.

10 ⑭【榎】 檟(660)와 동자

10 ⑭【榷】 외나무다리 각
㊥què ㊐カク
소전 초서 자해 ❶외나무다리. ❷도거리하다, 전매(專賣)하다. 정부가 독점하여 제조·판매하다. 〔漢書〕 初榷酒酤초각주고. ❸세금, 세금을 매기다.
榷酤(각고) 정부에서 술을 전매하는 일. 榷酒(각주).
榷場(각장) 교역을 허가하여 전매세를 징수하는 일.
◨ 酤榷고각, 官榷관각, 酒榷주각.

10 ⑭【榦】 幹(389)의 본자

10 ⑭【槀】 마를 고
㊥gǎo ㊐コウ
소전 초서 동자 槁 자해 ❶마르다, 말라 죽다. 〔韓非子〕 或槀死於草木혹고사어초목. ❷말리다, 물기를 빼다. ❸치다, 때리다. ❹화살대. ❺짚. ＝藁.
槀木(고목) 마른나무. 枯木(고목).
槀木死灰(고목사회) 마른 나무와 식은 재. 형체는 마른 나무 같고 마음은 식은 재 같아, 생기가 없거나 욕심이 없는 사람. 枯木死灰(고목사회).
槀梧(고오) 거문고의 딴 이름. 마른 오동나무로 만들기 때문에 이르는 말.
槀悴(고췌) ①초목이 말라 시듦. ②여윔.

◨ 枯槀고고, 衰槀쇠고, 凋槀조고.

10 ⑭【槁】 槀(647)와 동자 인명

10 ⑭【穀】 닥나무 곡 屋

㊥gǔ ㊐コク

소전 초서 자해 **닥나무.**

穀樹(곡수) 닥나무. 예부터 이 나무의 껍질로 종이와 베 따위를 만들어 썼음.

10 ⑭【榾】 등걸 골 月

㊥gǔ ㊐コツ

초서 자해 **❶등걸, 그루터기. ❷마들가리.** 땔나무로 하는 나무토막.

榾柮(골돌) 나무 등걸 또는 나무토막.

10 ⑭【槓】杠 지렛대 공 ㊄강 江

㊥gāng ㊐コウ

초서 본자 杠 참고 원래 杠(614)의 속자(俗字)이나, 본자(本字)와 달리 '공'이 관용음(慣用音)으로 되었다.

자해 **❶지렛대, 지레.** ¶ 槓桿공간. **❷**現**㉮작은 다리**〔橋〕. **㉯깃대. ㉰둘러메는 가방.**

槓桿(공간) 지레. 지렛대. 槓杆(공간).

10 ⑭【槐】 홰나무 괴 ㊄회 佳

인명 2급 ㊥huái ㊐カイ

소전 초서 자해 **❶홰나무.** 콩과에 속하는 낙엽 교목. ¶ 槐木괴목. **❷삼공(三公)의 자리.** 주대(周代)에 조정(朝廷)의 뜰에 홰나무 세 그루를 심어 삼공의 좌석을 표시한 데서 온 뜻. 〔後漢書〕 越登槐鼎之任월등괴정지임. **❸속단(續斷)의 딴 이름.** 산과 들에 저절로 나서 자라는 풀.

槐木(괴목) 홰나무.

槐宸(괴신) 천자(天子)의 궁전. 楓宸(풍신).

槐安夢(괴안몽) 꿈과 같이 헛된 한때의 부귀영화. 故事 당대(唐代)의 순우분(淳于棼)이 술에 취하여 홰나무의 남쪽으로 뻗은 가지 밑에서 낮잠을 자다가, 꿈에 괴안국(槐安國)의 부마(駙馬)가 되고, 또한 남가군(南柯郡)의 태수가 되어 30년 동안이나 부귀와 영화를 누렸는데, 잠에서 깨어 보니 홰나무 밑에 커다란 개미 구멍이 있었다는 고사에서 온 말. 南柯一夢(남가일몽).

槐鉉(괴현) 삼공(三公)의 지위. '鉉'은 솥귀에 꿰는 줄. 槐位(괴위). 槐鼎(괴정).

◨ 公槐공괴, 三槐삼괴, 三槐九棘삼괴구극.

10 ⑭【構】构 얽을 구 宥

고등 인명 4급 ㊥gòu ㊐コウ

필순 十 木 木⁻ 木⁺ 木艹 木井 構 構 構 構

소전 초서 속자 构 자원 形聲. 木＋冓→構. '冓(구)'가 음을 나타낸다.

자해 **❶얽다. ㉮집을 짓다, 재목(材木)을 짜 맞추다.** 〔陳書〕 改構亭宇개구정우. **㉯글을 짓다.** 〔後漢書〕 造構文辭조구문사. **㉰생각을 짜내다. ❷맺다, 인연을 맺다.** ¶ 構怨구원. **❸음해하다, 이간하다.** 〔詩經〕 構我二人구아이인. **❹집. 가옥(家屋). ❺일, 사업.** 〔齊書〕 永懷先構영회선구. **❻이루다, 뜻한 바를 이루어 내다.** 〔梁書〕 王業肇構왕업조구.

構內(구내) 큰 건물의 울 안.

構圖(구도) ①꾀하여 도모함. ②조화롭게 배치한 도면의 짜임새.

構亂(구란) 난을 일으킴.

構誣(구무) 터무니 없는 사실을 꾸며서 남을 모함함.

構思(구사) 생각을 얽어 놓음. 구상(構想)함.

構殺(구살) 없는 죄를 씌워 죽임.

構想(구상) ①생각을 얽어 놓음. ②예술 작품의 구성을 생각하는 일.

構成(구성) 얽어 만듦. 짜서 맞춤.

構怨(구원) 서로 원한을 맺음. 틀린 사이가 됨. 結怨(결원).

構造(구조) 전체를 이루고 있는 부분들의 서로 짜인 관계나 그 체계.

構築(구축) 어떤 시설물을 쌓아 올려 만듦.

構陷(구함) 계획적으로 남을 얽어서 죄에 떨어뜨림. 모함(謀陷)함.

構火(구화) 불을 붙임. 불을 일으킴.

構會(구회) 참소를 당하여 죄를 받음.

◨ 結構결구, 機構기구, 虛構허구.

10 ⑭【椝】 矩(895)와 동자

10 ⑭【榿】桤 오리나무 기 支

㊥qī ㊐キ

초서 자해 **오리나무.** 성장이 매우 빨라 3년이면 큰 나무가 된다고 한다. 〔杜甫·詩〕 榿林蔽日吟風葉기림폐일음풍엽.

木 10획

10 ⑭【槈】 枯(630)과 동자

10 ⑭【槈】 가래 누 宥

㊥nòu ㊐ヌ

소전 자해 가래, 쟁기.

10 ⑭【榔】 나무 이름 랑 陽

㊥láng ㊐ロウ

초서 자해 나무 이름. ㉮빈랑(檳榔)나무. ㉯광랑(桄榔)나무. ㉰참느릅나무.

10 ⑭【榴】 석류나무 류 尤

인명 ㊥liú ㊐リュウ

초서 본자 檑 자해 석류나무. 석류나뭇과의 낙엽 교목. 〔韓愈·詩〕五月榴花照眼明오월류화조안명.

榴月(유월) 석류꽃이 피는 달. 음력 5월의 딴 이름.

榴火(유화) 석류꽃의 붉음을 불에 견주어 이르는 말.

◨ 石榴석류.

10 ⑭【楳】 ①梅(634)의 고자 ②某(624)의 고자

10 ⑭【榠】 명자나무 명 靑

㊥míng ㊐メイ

초서 자해 명자나무.

榠樝(명사→명자) 명자나무. 장미과에 속하는 낙엽 관목. 잎·꽃·열매가 모두 모과나무와 비슷하고, 비늘 모양을 한 나무껍질은 스스로 벗겨져 떨어짐.

10 ⑭【槃】 쟁반 반 寒

인명 1급 ㊥pán ㊐バン

소전 초서 자해 ❶쟁반, 소반. 운두가 낮은, 물건을 담는 그릇. =盤. 〔禮記〕少者奉槃소자봉반, 長者奉水장자봉수. ❷머뭇거리다, 빙빙 돌다. ≒般. ¶ 槃停반정. ❸즐기다. 〔詩經〕考槃在澗고반재간. ❹절뚝거리는 모양. ¶ 槃散반산.

槃散(반산) 절름거리며 걷는 모양.

槃旋(반선) 빙글빙글 돎.

槃盂(반우) 소반과 바리때.

槃游(반유) 즐기며 놂.

槃停(반정) 머뭇거리며 지체함.

◨ 考槃고반, 涅槃열반, 玉槃옥반.

10 ⑭【榜】 ①매 방 漾 ②방 방 養 ③도지개 방 庚

인명 1급 ㊥bàng, bǎng, bēng ㊐ボウ

소전 초서 본자 榜 자해 ①❶매, 매질하다. 〔漢書〕榜笞數千방태수천. ❷떼, 배. ≒舫. ❸배를 젓다. 〔南史〕自榜船送妻자방선송처. ❹노. 물을 헤쳐 배를 나아가게 하는 기구. 〔楚辭〕齊吳榜而擊汰제오방이격태. ②❶방. ¶ 榜文방문. ❷방을 써 붙이다. 〔後漢書〕遂共相標榜수공상표방. ③도지개. 〔韓非子〕榜檠矯直방경교직.

榜軍(방군) 國방(榜)을 전하던 사령(使令).

榜掠(방략) 매질하여 고문함.

榜目(방목) 國과거에 급제한 사람의 성명을 적은 책.

榜文(방문) 어떤 일을 널리 알리기 위해 길거리나 사람들이 많이 모이는 곳에 써 붙이는 글.

榜上掛名(방상괘명) 과방(科榜)에 성명이 기록됨. 과거(科擧)에 합격함.

榜示(방시) ①게시함. 공고문을 써서 판에 게시함. ②공고(公告).

榜人(방인) 뱃사공. 水夫(수부).

榜笞(방태) 죄인을 매질하여 문초함.

◨ 落榜낙방, 放榜방방, 酒榜주방, 標榜표방.

10 ⑭【榑】 부상 부 虞

㊥fú ㊐フ

소전 초서 자해 부상(榑桑). 전설상의 신목(神木) 이름.

榑桑(부상) ①해가 돋는 곳에 있다는 신목(神木). ②해가 돋는 곳. 扶桑(부상).

10 ⑭【榧】 비자나무 비 尾

인명 ㊥fěi ㊐ヒ

초서 자해 비자나무. 주목과의 상록 침엽 교목.

10 ⑭【榭】 정자 사 禡

㊥xiè ㊐シャ

소전 초서 자해 ❶정자. 흙을 높이 쌓고 그 위에 세운 집. ¶ 臺

榭大사. ❷사당(祠堂). 내실(內室)이 없는 사당. ❸도장(道場). 무술(武術)을 익히는 곳. 〔春秋左氏傳〕三郤將謀於榭삼극장모어사. ❹곳집, 악기(樂器)를 넣어 두는 창고. 〔漢書〕榭者所以藏樂器사자소이장악기.

10 ⑭【槊】 창 삭 覺

㊥shuò ㊐サク

소전 초서 동자 槊 자해 ❶창. 자루가 주척(周尺)으로 1장(丈) 8척(尺)인 창. 〔魏書〕不畏利槊堅城불외리삭견성. ❷쌍륙(雙六). 〔韓愈·詩〕棊槊以自娛기삭이자오.

10 ⑭【樹】 樹(658)의 속자

10 ⑭【縢】 바디 승 徑

인명 ㊥shèng ㊐ショウ

소전 자해 바디. 베틀에서 날을 꿰어 씨를 치는 기구.

10 ⑭【様】 樣(654)의 속자

10 ⑭【榮】荣 꽃 영 庚

중학 인명 4Ⅱ급 ㊥róng ㊐エイ

필순

소전 초서 속자 荣 속자 栄 자원 形聲. 𤇾+木→榮. '𤇾(형)'이 음을 나타낸다.

자해 ❶꽃, 꽃이 피다. 〔禮記〕木槿榮목근영. ❷성(盛)하다. ㉮숲이 우거지다. 〔陶潛·辭〕木欣欣以向榮목흔흔이향영. ㉯한창 일어나다. ¶ 榮茂영무. ㉰나타나다, 이름이 드러나다. 〔呂氏春秋〕其名無不榮者기명무불영자. ㉱융성하다, 창성하다. 〔荀子〕室宮榮與실궁영여. ❸영화, 영달. 〔孟子〕仁則榮인즉영, 不仁則辱불인즉욕. ❹빛, 광택.

榮枯(영고) ①무성함과 시듦. ②성함과 쇠함. 榮落(영락). 盛衰(성쇠).
榮枯盛衰(영고성쇠) 성하고 쇠함이 서로 뒤바뀌는 일.
榮光(영광) 빛나는 명예(名譽).
榮達(영달) 지위가 높고 귀하게 됨.
榮塗(영도) 영광스러운 길. 영광스러운 인생.
榮落(영락) 성함과 쇠함.
榮祿(영록) 영화로운 복록(福祿).
榮名(영명) 영광스러운 명예.
榮慕(영모) 우러러 사모함.
榮茂(영무) 번영하고 무성함.
榮班(영반) 명예 있는 지위.
榮羨(영선) ①가멸어 여유가 있음. ②현달함. ③부러워함.
榮養(영양) 입신양명(立身揚明)하여 좋은 옷과 음식으로 부모를 봉양함.
榮榮(영영) 번성하는 모양.
榮譽(영예) 영광스러운 명예.
榮耀(영요) 번창하고 빛남.
榮辱(영욕) 영예와 치욕(恥辱).
榮位(영위) 영광스러운 지위.
榮潤(영윤) 번영하고 윤택함.
榮滋(영자) 무성함. 번성함.
榮轉(영전) 지금보다 더 좋은 자리로 전임함.
榮寵(영총) 임금의 총애.
榮親(영친) 부모를 영화롭게 함.
榮顯(영현) 영달하여 명성이 드러남.
榮華(영화) ①초목(草木)이 무성함. 꽃이 활짝 핌. ②몸이 귀하게 되고 이름이 남.

◨ 光榮광영, 繁榮번영, 虛榮허영, 顯榮현영.

10 ⑭【榲】 올발 올 月

㊥wēn ㊐オツ

초서 속자 榅 자해 올발(榲桲), 마르멜로(marmelo).

榲桲(올발) 장미과의 낙엽 소교목. 열매는 잼을 만드는 데 쓰임. 마르멜로.

10 ⑭【榕】 벵골보리수 용 冬

인명 ㊥róng ㊐ヨウ

초서 자해 벵골보리수. 뽕나뭇과의 열대산(熱帶產) 상록 교목.

10 ⑭【梓】 梓(636)와 동자

10 ⑭【槇】 ①우듬지 전 先 ②뿌리 모일 진 眞

㊥diān, zhēn ㊐テン, シン

소전 초서 자해 ① ❶우듬지. 나무의 꼭대기 줄기. ❷나무가 쓰러지다. ② 뿌리가 모이다, 초목의 뿌리가 얼크러지다.

10 ⑭【楳】 梅(632)과 동자

木 10획

10 ⑭【榛】 개암나무 진 [眞]

[인명] ㊥zhēn ㊐シン

[소전] [초서] [동자] ⿰木屖 [자해] ❶**개암나무.** 개암나뭇과의 낙엽 활엽 교목. 〔詩經〕樹之榛栗수지진률. ❷**덤불.** 〔詩經〕其子在榛기자재진. ❸**우거지다, 초목이 무성한 모양.**

榛莽(진망) 잡초·잡목이 우거진 곳. 풀숲. 수풀. 榛藪(진수).

榛蕪(진무) ①초목이 무성함. ②거칠고 어두움. ③미천(微賤)함. 미천한 사람.

榛穢(진예) ①잡초가 우거짐. ②나쁜 풍습. 나쁜 정사(政事).

榛荊(진형) ①초목이 우거진 수풀. ②우거진 가시덤불.

10 ⑭【槎】 [1]나무 벨 차 [馬] [2]떼 사 [麻]

㊥chá ㊐サ

[소전] [초서] [자해] [1]❶**나무를 베다, 나무를 엇비슷하게 베다.** ❷**무구(武具)의 이름.** [2]**떼, 뗏목.**

槎杯(차배) 나무를 비스듬히 잘라서 속을 도려내 만든 술잔.

槎櫱(차얼) 비스듬히 자른 나무에서 돋아난 움.

10 ⑭【槍】枪 창 창 [陽]

[인명] [1급] ㊥qiāng ㊐ショウ

[소전] [초서] [자해] ❶**창.** 〔宋史〕選諸軍中善用槍槊者선제군중선용창삭자. ❷**다다르다, 이르다.** 〔莊子〕我決起而飛槍楡枋아결기이비창유방. ❸**어지럽히다, 흐트러지게 하다.** ¶ 槍攘창양.

槍杆(창간) 창 자루.

槍劍(창검) 창과 칼.

槍旗(창기) 차(茶)나무의 움과 잎. '槍'은 차의 움, '旗'는 차의 잎.

槍手(창수) ①창을 쓰는 군사. ②과거에서 답안을 몰래 대신 써 주는 사람.

槍術(창술) 창을 쓰는 기술.

槍攘(창양) 흐트러진 모양.

◨ 刀槍도창, 長槍장창, 竹槍죽창, 標槍표창.

10 ⑭【榱】 서까래 최 [支]

㊥cuī ㊐スイ

[소전] [초서] [자해] **서까래.** 마룻대에서 도리나 보에 걸쳐 지른 나무. 〔孟子〕榱題數尺최제수척.

榱桷(최각) 서까래. 椽桷(연각).

10 ⑭【槌】槌 [1]망치 추 [支] [2]던질 퇴 [灰]

[인명] [1급] ㊥chuí, duī ㊐ツイ, タイ

[소전] [초서] [참고] 인명용 음은 '퇴'이다.

[자해] [1]❶**망치, 짤막한 몽둥이.** ≒椎. 〔魏書〕雙槌亂擊쌍추란격. ❷**치다, 망치 따위로 때리다.** [2]**던지다, 내던지다.** 〔法言〕槌提仁義퇴제인의.

10 ⑭【槖】 橐(659)의 속자

10 ⑭【榻】 걸상 탑 [合]

[인명] ㊥tà ㊐トウ

[소전] [초서] [동자] ⿰木翕 [자해] ❶**걸상, 길고 좁게 만든 평상.** ¶ 榻牀탑상. ❷**베〔布〕의 이름.** ¶ 榻布탑포. ❸國**임금의 의자.** ❹國**본뜨다, 그대로 베끼다.**

榻本(탑본) 國금석(金石)에 새겨진 글씨나 그림을 그대로 박아 냄.

榻牀(탑상) 걸상·침대 따위의 총칭.

榻布(탑포) 거칠고 두꺼운 베.

◨ 牀榻상탑, 御榻어탑, 臥榻와탑, 下榻하탑.

10 ⑭【榼】 통 합 ㊍갑 [合]

㊥kē ㊐コウ

[소전] [초서] [자해] ❶**통, 술통·물통 따위.** 〔春秋左氏傳〕行人執榼承飮행인집합승음. ❷**칼집.** ❸**덩굴풀의 하나.**

10 ⑭【榥】 책상 황 [養]

[인명] ㊥huàng ㊐コウ

[초서] [자해] ❶**책상.** ❷**창, 천을 바른 창.** 〔晉書〕對榥巢鷹대황소응.

11 ⑮【槪】概 평미레 개 [隊]

[고등] [인명] [3Ⅱ급] ㊥gài ㊐ガイ

[필순]

[소전] [초서] [동자] 槩 [동자] 概 [동자] 杚

[속자] 概 [자원] 形聲. 木+旣→槪. '旣(기)'가 음을 나타낸다.

[자해] ❶**평미레, 평목(平木).** 곡식을 될 때 위

를 밀어 고르게 하는 방망이. 〔禮記〕正權概정권개. ❷평미레질하다, 평평하게 고르다. ❸저울눈, 달다. 〔禮記〕食饗不爲概식향불위개. ❹저울. ❺평평하다, 평온하다. 〔史記〕不概于心불개우심. ❻절개, 절조. 〔北史〕概尙甚高개상심고. ❼풍치, 경치. 〔杜甫·詩〕勝概憶桃源승개억도원. ❽대개, 대강. ¶ 概見개견.

概見(❶개견 ❷개현) ❶①대강을 알게 됨. ②개괄하여 봄. ③대체의 견해. ❷대강이 드러남.
概觀(개관) ①전체를 대강 살펴봄. ②대체적인 모양.
概括(개괄) 사물의 중요한 점만 추려 뭉뚱그림.
概念(개념) 여러 관념 속에서 공통되는 요소를 추상하여 종합한 하나의 관념.
概略(개략) 대체적인 줄거리.
概論(개론) 전체에 대한 대강의 논설.
概算(개산) 대략의 계산. 어림셈.
概說(개설) 내용을 개략적으로 설명함.
概數(개수) 어림하여 잡은 수효. 어림수.
概要(개요) 개략의 요지. 대강의 요점.
概則(개칙) 대체의 규칙.
概況(개황) 대략의 상황.
◨ 梗概경개, 景概경개, 大概대개, 節概절개.

11 ⑮【㮣】 概(651)와 동자

11 ⑮【槩】 概(651)와 동자

11 ⑮【槔】 槹(656)의 속자

11 ⑮【槲】 떡갈나무 곡 ㊍혹 屋

㊥hú ㊐コク

초서 [초서] 자해 떡갈나무. 너도밤나뭇과의 낙엽 교목.

11 ⑮【槨】 덧널 곽 藥

인명 1급 ㊥guǒ ㊐カク

초서 [초서] 동자 椁 자해 덧널. 관을 담는 궤.

11 ⑮【権】 權(665)의 속자

11 ⑮【樻】 밑바닥 귀 隊

㊥guì ㊐カイ

소전 [소전] 초서 [초서] 자해 밑바닥, 상자의 밑바닥.

11 ⑮【樛】 휠 규 尤

㊥jiū ㊐キュウ

소전 [소전] 초서 [초서] 자해 ❶휘다, 굽다. 〔詩經〕南有樛木남유규목. ❷돌고 돌다, 두루 돌아다니다.

樛木(규목) 가지가 아래로 굽은 나무.
樛枝(규지) 굽은 나뭇가지.

11 ⑮【槻】 물푸레나무 규 支

인명 ㊥guī ㊐キ

초서 [초서] 자해 물푸레나무. 느티나무 비슷한, 물푸레나뭇과의 낙엽 교목.

11 ⑮【槼】 規(1145)와 동자

11 ⑮【槿】 무궁화나무 근 吻

인명 2급 ㊥jǐn ㊐キン

초서 [초서] 자해 ❶무궁화나무. 아욱과의 낙엽 관목. 〔白居易·詩〕槿花一日自爲榮근화일일자위영. ❷우리나라의 딴 이름.

槿域(근역) 國무궁화가 많은 땅. 우리나라의 딴 이름. 槿花鄕(근화향).
槿花(근화) ①무궁화. ②덧없음. 무궁화가 아침에 피었다가 저녁에 시드는 데서 온 말.
槿花心(근화심) 아침에 피었다가 저녁에 지는 무궁화 같은 마음. 쉽게 변하는 소인(小人)의 마음.

11 ⑮【槫】 둥글 단 寒

㊥tuán ㊐タン

초서 [초서] 자해 ❶둥글다. ❷상여(喪輿).

11 ⑮【樑】 들보 량 陽

인명 2급 ㊥liáng ㊐リョウ

초서 [초서] 본자 梁 자해 들보, 대들보. 〔淮南子〕大者以爲舟航柱樑대자이위주항주량.

11 ⑮【樓】 楼 다락 루 尤

고등 인명 3Ⅱ급 ㊥lóu ㊐ロウ

필순 十 木 村 村 柙 枵 梩 樓 樓 樓

소전 樓 초서 樓 속자 楼 자원 形聲. 木+婁→樓. '婁(루)'가 음을 나타낸다.

자해 ❶다락, 다락집. 〔史記〕美人居樓上미인거루상. ❷망루(望樓). 벽이 트이어 사방을 바라볼 수 있게 높이 지은 집. 〔後漢書〕光武舍城樓上광무사성루상.

樓閣(누각) 사방을 바라볼 수 있게 높이 지은 다락집.

樓車(누거) 망루(望樓)를 설치한 수레.

樓居(누거) 높은 건물이나 훌륭한 건물에 삶.

樓觀(누관) ①누각(樓閣). ②도교(道教)의 사원(寺院).

樓闕(누궐) ①이층으로 된 문. ②누각과 궁궐.

樓臺(누대) 누각(樓閣)과 대사(臺榭). 곧, 높은 건물. 樓榭(누사).

樓門(누문) 다락집에서 다락 밑으로 드나들게 된 문. 이층으로 지은 문.

樓船(누선) 다락이 있는 배.

◨ 高樓고루, 妓樓기루, 望樓망루, 船樓선루, 城樓성루, 鐘樓종루, 青樓청루, 層樓층루.

11 ⑮【模】 법 모 虞

고등 인명 4급 ㊥mó ㊐モ

필순 十 木 木' 村 村 栉 栉 棤 模 模

소전 模 초서 模 자원 形聲. 木+莫→模. '莫(모)'가 음을 나타낸다.

자해 ❶법, 법식(法式). ¶ 軌模궤모. ❷본, 모범, 본보기. ¶ 模表모표. ❸모양, 형상. ¶ 規模규모. ❹본뜨다, 본받다. =摸. ❺거푸집.

模刻(모각) 베껴서 새김. 책 따위를 전사(轉寫)하여 판목(版木)에 새김.

模倣(모방) 본받고 흉내 냄. 본보기로 삼음.

模範(모범) 본받아 배울 만한 대상. 본보기. 模表(모표). 模楷(모해).

模寫(모사) ①무엇을 형체 그대로 그리거나 본떠서 똑같이 그림. ②원본을 베껴 씀.

模樣(모양) ①사람이나 물건의 형태. 모습. 맵시. 생김새. ②어떤 일이 되어 가는 꼴. 형편. 상태. ③체면. ④모범이 될 만한 의용(儀容). 儀範(의범).

模擬(모의) 실제와 비슷한 형식과 내용으로 연습 삼아 해 봄.

模造(모조) 본떠서 그대로 만듦.

模型(모형) ①똑같은 물건을 만들어 내기 위한 틀. ②물건의 원형대로 줄여 만든 본.

模糊(모호) 분명하지 못함. 흐릿함.

◨ 軌模궤모, 規模규모, 楷模해모.

11 ⑮【樒】 침향 밀 質

㊥mì ㊐ミツ

초서 樒 동자 榓 자해 침향(沈香). 열대 지방 원산의 상록 향나무.

11 ⑮【樊】 울 번 元

인명 ㊥fán ㊐ハン

소전 樊 초서 樊 자해 ❶울, 울타리. ≒藩. ¶ 樊籬번리. ❷에워싸다, 울타리를 하다. ❸새장. ¶ 樊籠번롱. ❹곁, 부근. 〔莊子〕夏則休乎山樊하즉휴호산번.

樊籠(번롱) ①새장. 鳥籠(조롱). ②관직에 매여 자유롭지 못함. ③감옥.

樊籬(번리) ①울. 울타리. 藩籬(번리). ②학술·문장 등의 길로 들어가는 입구. ③영역. 범위.

11 ⑮【樝】 풀명자나무 사 麻

㊥zhā ㊐サ

소전 樝 초서 樝 자해 풀명자나무. 능금나뭇과의 낙엽 관목.

11 ⑮【樔】 풀막 소 肴

㊥cháo ㊐ソウ

소전 樔 초서 樔 자해 풀막, 움막. 소택(沼澤)을 지키는 사람이 있는 집.

11 ⑮【樂】乐 1풍류 악 覺 2즐길 락 藥 3좋아할 요 效

중학 인명 6급 ㊥yuè, lè, yào ㊐ガク, ラク, ゴウ

필순 ′ 白 白 白 伯 牸 牸 始 樂 樂 樂

소전 樂 초서 樂 속자 楽 참고 인명용 음은 '악·락·요'이다.

자원 象形. 白+幺幺+木→樂. '白'은 북, '幺幺'는 비파의 모양을 그린 것으로, 어울려서 악기(樂器)를 나타내고, '木'은 그 악기들을 얹는 대(臺)를 뜻한다. 합하여 악기의 연주에서 이루어지는 음악을 뜻하고, 음악은 즐거울 때 연주되므로 '즐기다'란 뜻도 나타낸다.

자해 1 ❶풍류, 음악. 〔漢書〕造樂歌조악가. ❷아뢰다, 연주하다. 〔禮記〕比音而樂之비음이악지. 2 ❶즐기다, 즐거움을 느끼다. 〔論語〕樂

木 11획

以忘憂락이망우. **❷즐겁다, 기쁘다.** 〔論語〕 有朋自遠方來유붕자원방래, 不亦樂乎불역락호. **③ 좋아하다.** 〔論語〕 知者樂水지자요수, 仁者樂山인자요산.

樂歌(악가) 음악에 맞추어 부르는 노래.
樂曲(악곡) 음악의 곡조.
樂工(악공) ①음악을 연주하는 사람. 樂人(악인). ②조선 때, 왕실에서 음악 연주를 맡아 하던 사람. ③악기를 만드는 장인(匠人).
樂劇(악극) ①가악(歌樂)과 연극. ②음악을 연극의 극적 내용 전개에 합치한 오페라.
樂器(악기) 음악을 연주하는 기구의 총칭.
樂團(악단) 음악을 연주하는 단체.
樂律(악률) ①악음(樂音)의 음률. 음악의 가락. 樂調(악조). ②악음을 음률의 높낮이에 따라 이론적으로 정돈한 체계. 12율(律)·평균율(平均率) 따위.
樂理(악리) 음악의 이치.
樂舞(악무) 음악에 맞춘 무용.
樂譜(악보) 음악의 곡조를 일정한 문자나 기호로 적은 곡보(曲譜).
樂府(악부) ①한(漢) 무제(武帝) 때 설치한, 음악을 관장하던 관서. ②널리 사방의 풍요(風謠)를 채집하여 궁정의 제향(祭享) 때 음악에 맞추어 불리던 시가. ③음악에 맞출 수 있게 지은 일체의 시가.
樂人(악인) 음악을 연주하는 사람. 伶人(영인). 樂士(악사). 樂工(악공). 樂師(악사).
樂章(악장) ①나라의 제전(祭典)이나 잔치에 쓰는 주악(奏樂)을 기록한 가사(歌詞). ②교향곡 따위를 구성하는 악곡의 각 부분의 곡.
樂典(악전) 악보·작곡·연주 등에 관한 규칙을 설명한 책.
樂正(악정) 악관(樂官)의 우두머리.
樂康(낙강) 즐겁고 편안함. 安樂(안락).
樂境(낙경) ①안락한 경지. ②낙토(樂土).
樂觀(낙관) ①인생이나 사물을 밝고 희망적인 것으로 봄. ②앞으로의 일 따위가 잘되어 갈 것으로 여김.
樂國(낙국) 근심이 없고 즐거운 땅.
樂樂(낙락) 매우 즐거운 모양. 안락한 모양.
樂事(낙사) 즐거운 일.
樂勝(낙승) 운동 경기 따위에서 쉽게 이김.
樂歲(낙세) ①즐거운 해. ②풍년.
樂園(낙원) 괴로움이나 고통 없이 즐겁고 편안하게 살 수 있는 곳. 極樂(극락). 天國(천국).
樂易(낙이) 마음이 편안하고 즐거움. 쾌활하고 온화함.
樂以忘憂(낙이망우) 도(道) 행하기를 즐거워하여 가난 따위의 근심을 잊음.
樂而不淫(낙이불음) 즐기되 그 정도를 넘지 않음. 樂易不荒(낙이불황).
樂軼(낙일) 즐겁게 놂.
樂戰(낙전) ①기분 좋은 싸움. 수월한 싸움. 快戰(쾌전). ②싸움을 즐김. 싸움을 두려워하지 않음.
樂天(낙천) ①천명(天命)을 즐김. 자기 처지를 편안히 여김. ②세상과 인생을 즐겁고 좋은 것으로 여김. ③종다리의 딴 이름.
樂土(낙토) 늘 편안하고 즐거운 곳. 樂鄕(낙향).
樂歡(낙환) 즐거워하고 기뻐함.
樂山樂水(요산요수) 산을 좋아하고 물을 좋아함. 산수를 좋아함.
◨ 苦樂고락, 軍樂군악, 極樂극락, 器樂기악, 同樂동락, 聲樂성악, 俗樂속악, 雅樂아악, 安樂안락, 哀樂애락, 悅樂열락, 禮樂예악, 娛樂오락, 音樂음악, 奏樂주악, 快樂쾌락, 行樂행락, 享樂향락, 和樂화락.

11 ⑮ 【様】 样 ①모양 양 漾 ②상수리나무 상 養
고등 인명 4급 ㊥yàng, xiàng ㊐ヨウ, ショウ
필순 十 木 木' 木'' 木羊 木羊 样 様 様 様
소전 초서 속자 樣 참고 인명용 음은 '양·상'이다.
자원 形聲. 木+羕→様. '羕(양)'이 음을 나타낸다.
자해 ① **❶모양, 형상, 상태. ❷본.** ≒像. **㉮법식, 양식.** 〔白居易·詩〕 天上取様人間織천상취양인간직. **㉯본보기.** 〔北史〕 爲明堂圖様奏之위명당도양주지. ② **상수리나무.** ＝橡.
様相(양상) 모습. 모양. 상태.
様式(양식) ①일정한 모양이나 형식. ②오랜 시간이 지나면서 자연히 정하여진 방식.
様子(양자) ①본보기. 견본. ②얼굴의 생긴 모양. ③전형. 형식.
様態(양태) 사물의 모양이나 형편.
◨ 多様다양, 模様모양, 貌様모양, 文様문양.

11 ⑮ 【樟】 녹나무 장 陽
인명 ㊥zhāng ㊐ショウ
초서 자해 **녹나무.** 녹나뭇과의 상록 활엽 교목.
樟腦(장뇌) 녹나무를 증류하여 얻는 무색 반투명의 결정(結晶). 향료·방충제·방취제로 씀.

11 ⑮ 【樗】 가죽나무 저 魚
인명 ㊥chū ㊐チョ

소전 樗 초서 樗 자해 **가죽나무.** 소태나뭇과의 낙엽 교목.

樗根白皮(저근백피) 가죽나무 뿌리의 속껍질. 치질·이질의 약재로 씀.

樗櫟(저력) 가죽나무와 상수리나무. ㉠쓸모없는 나무. ㉡무능한 사람. ㉢쓸모없는 물건.

樗散(저산) 쓸모없는 물건. 자기의 겸칭(謙稱).

樗材(저재) ①아무 데에도 쓸모없는 재목. ②무능한 사람. ③쓸모없는 재주나 재능.

樗蒲(저포) 옛날 도박의 한 가지. 주사위 같은 것을 나무로 만들어 던져서 그 끗수로 승부를 겨룸.

11 ⑮ 【槽】 구유 조 豪

인명 1급 ㊥cáo ㊐ソウ

소전 槽 초서 槽 자해 ❶**구유.** 가축에게 먹이를 주는 그릇. 〔晉書〕 三馬同食一槽삼마동식일조. ❷**술주자, 주조(酒槽).** ❸**통, 나무통.** ❹**절구, 방아확.**

槽櫪(조력) ①말구유와 마판(馬板). ②마구간. 외양간.

11 ⑮ 【樅】 枞 전나무 종 冬

㊥cōng ㊐ショウ

소전 樅 초서 樅 자해 ❶**전나무.** 전나뭇과의 상록 침엽 교목. ❷**높이 솟은 모양.**

樅樅(종종) ①나뭇잎이 우거진 모양. 높이 솟은 모양. ②톱니처럼 깔쭉깔쭉한 모양.

11 ⑮ 【槧】 椠 판 참·첨 感 豔

㊥qiàn ㊐ザン

소전 槧 초서 槧 자해 ❶**판(版).** ㉮**글씨를 쓰는 큰 나무판.** ㉯**판목(版木).** ¶ 槧本참본. ❷**편지, 간독(簡牘).** 〔王令·詩〕 時作寄我槧시작기아참.

槧本(참본) 목판으로 인쇄한 책.

槧人(참인) 독서하는 사람.

11 ⑮ 【樞】 枢 1지도리 추 虞 2느릅나무 우 尤

인명 1급 ㊥shū, ōu ㊐スウ

소전 樞 초서 樞 속자 枢 참고 인명용 음은 '추'이다.

자해 1 ❶**지도리, 문지도리.** ¶ 樞機추기. ❷**고동.** 작동을 시작하게 하는 기계 장치. ❸**사북.** 사물의 가장 중요한 부분. ¶ 樞要추요. ❹**근본.** 〔淮南子〕 經營四方경영사방, 還反於樞환반어추. ❺**한가운데, 중앙.** 〔史記〕 韓魏天下樞也한위천하추야. ❻**처음, 시작.** ❼**별 이름.** 북두칠성의 첫째 별. 2 **느릅나무.** 〔詩經〕 山有樞산유우.

樞機(추기) ①사물의 요긴한 곳. '樞'는 문지도리, '機'는 쇠뇌의 방아쇠. ②중추가 되는 기관. ③매우 중요한 정무(政務)나 사무.

樞密(추밀) 군사(軍事)나 정무에 관한 중요한 기밀.

樞密院(추밀원) 고려 때, 왕명의 출납과 숙위(宿衛), 군기(軍機) 등을 맡아보던 관아. 樞府(추부).

樞星(추성) 북두칠성의 첫째 별.

樞要(추요) 가장 종요로움.

樞軸(추축) ①문의 지도리와 수레의 굴대. ②운동이나 활동의 중심이 되는 가장 중요한 부분. ③권력이나 정치의 중심.

樞轄(추할) ①문의 지도리와 비녀장. ②사물의 중심 또는 가장 중요한 부분. ③통할함.

◪ 機樞기추, 中樞중추, 天樞천추, 戶樞호추.

11 ⑮ 【槭】 1단풍나무 척 ㊉축 屋 2앙상할 색 陌

㊥qī, sè ㊐シュク, サク

소전 槭 초서 槭 자해 1 **단풍나무.** 2 **앙상하다, 나무가 말라 시든 모양.**

槭槭(색색) 나뭇잎이 떨어지는 소리.

11 ⑮ 【榛】 漆(755)과 동자

11 ⑮ 【樋】 나무 이름 통 東

㊥tōng ㊐トウ

초서 樋 자해 **나무 이름.**

11 ⑮ 【標】 标 우듬지 표 蕭

고등 인명 4급 ㊥biāo ㊐ヒョウ

필순 十 木 木 杧 栖 樗 標 標 標 標

소전 標 초서 標 자원 形聲. 木+票→標. '票(표)'가 음을 나타낸다.

자해 ❶**우듬지.** 나무의 꼭대기 줄기. 〔後漢書〕 杪標端초표단. ❷**끝, 사물의 말단(末端).** 〔淮南子〕 本標相應본표상응. ❸**처음, 시작.** ❹**기둥, 푯말.** 〔舊唐書〕 但立直標단립직표, 終無曲影종무곡영. ❺**표, 표시.** ¶ 標信표신. ❻**적다, 기록하다.**

標格(표격) 높은 품격.

標枺(표말→푯말) 어떤 것을 표지하기 위해 세

우는 말뚝.

標榜(표방) ①남의 선행(善行)을 기록하여 그 집 문호에 게시하는 일. 남의 선행을 널리 세상에 알림. ②자기의 주의·주장 또는 처지를 어떤 명목을 붙여서 앞에 내세움.

標本(표본) ①사물의 근본과 끝. ②본보기나 표준으로 삼는 물건. 標品(표품). ③동물·식물·광물 등의 실물 견본.

標石(표석) 어떤 것을 표지하기 위해 세우는 돌. 푯돌.

標示(표시) 표를 하여 외붕에 드러내 보임.

標信(표신) 궁중에 급변을 전할 때나 궁궐문을 드나들 때에 표로 가지던 문표(門標).

標語(표어) 주의·강령 등의 선전 내용을 간명하게 표시한 어구.

標章(표장) 무엇을 표시하는 부호나 휘장.

標的(표적) 목표로 삼는 물건.

標題(표제) ①서책의 겉에 쓰는 그 책의 이름. ②연설·연극·신문 기사 따위의 제목.

標註(표주) 책의 난외(欄外)에 적은 주해(註解). 頭注(두주). 標注(표주).

11획

標準(표준) 사물의 정도나 성격을 알기 위한 근거나 기준.

標紙(표지) ①목표로 삼기 위하여 붙이는 작은 종이쪽. ②國증거의 표로 글발을 적은 종이.

標識(표지) 다른 것과 구별하는 데 필요한 표시나 특징.

標徵(표징) 겉으로 드러나는 특징이나 상징.

標札(표찰) ①문패. 表札(표찰). ②표지(標識)로 써 놓은 것.

標槍(표창) 던져서 적을 공격하는 창.

標致(표치) ①취지를 나타내어 보임. ②용모가 아름다움.

標塔(표탑) 목표가 되게 하기 위하여 세운 탑.

◪ 目標목표, 門標문표, 信標신표, 座標좌표.

11 ⑮【槥】 널 혜 霽

㊥huì ㊐エイ

소전 초서 자해 널, 작은 관. 〔魏志〕告郡國고군국, 給槥櫝급혜독.

槥櫝(혜독) 작은 관, 또는 관의 총칭.

11 ⑮【横】 橫(660)의 속자

12 ⑯【橄】 橄 감람나무 감 感

인명 ㊥gǎn ㊐カン

초서 자해 감람나무. 감람나뭇과에 속하는 상록 교목.

橄欖(감람) 감람나무의 열매.

橄欖石(감람석) 유리 같은 광택을 가진 결정체의 광물.

橄欖油(감람유) ①감람의 씨로 짠 기름. ②올리브유.

12 ⑯【槹】 두레박 고 豪

㊥gāo ㊐コウ

소전 동자 槔 속자 槹 자해 두레박. 물을 긷는 기구.

12 ⑯【橋】 桥 ①다리 교 蕭 ②굳셀 교 嘯

중학 인명 5급 ㊥qiáo, jiào ㊐キョウ

필순 十 木 木' 杧 杧 杯 柊 橋 橋 橋

소전 초서 자원 形聲. 木+喬→橋. '喬(교)'가 음을 나타낸다.

자해 ①❶다리, 교량. 〔史記〕初作河橋초작하교. ❷시렁, 가름대가 있어 물건을 걸어 놓을 수 있는 물건. ❸두레박틀의 도르래를 다는 가름대나무. ②굳세다. 〔漢書〕萬騎屈橋만기굴교.

橋脚(교각) 다리를 받치는 기둥.

橋閣(교각) 개천이나 골짜기에 가설한 다리.

橋頭(교두) 다리 근처. 다리의 곁.

橋頭堡(교두보) ①다리를 엄호하기 위하여 쌓은 보루. ②아군의 공격·퇴각을 돕기 위하여 적진 가까이에 설치한 진지.

橋梁(교량) 다리.

橋畔(교반) 다리 근처. 橋邊(교변).

◪ 架橋가교, 踏橋답교, 浮橋부교, 飛橋비교, 石橋석교, 陸橋육교, 棧橋잔교, 鐵橋철교.

12 ⑯【橇】 덧신 교·취 蕭 霽

㊥qiāo ㊐キョウ, セイ

초서 자해 옛날에 진흙 위를 다닐 때 신 위에 신던 것. 〔史記〕泥行乘橇니행승교.

12 ⑯【橛】 말뚝 궐 月

㊥jué ㊐ケツ

소전 초서 동자 橜 자해 ❶말뚝. 〔隋書〕剡木爲大橛염목위대궐. ❷문지방. ❸나뭇등걸, 그루터기. ❹재갈. 말의 입에 물리는 재갈.

12 ⑯【橜】 橛(656)과 동자

12 ⑯【橘】 귤나무 귤 質

인명 1급 ㊥jú ㊐キツ

소전 초서 자해 ❶귤나무. 운향과의 상록 교목. ❷귤. 귤나무의 과실.

橘顆(귤과) 귤나무의 열매. 귤.

橘井(귤정) 의원(醫員). 故事 진대(晉代)에 소탐(蘇耽)이 죽음에 임하여 다음 해 역질(疫疾)이 있을 것을 미리 알고 귤나무의 잎과 우물물로써 병을 치유하는 법을 전하여 사람들을 구했다는 고사에서 온 말.

橘中之樂(귤중지락) 바둑을 두는 즐거움. 故事 파공(巴邛)에 사는 사람이 뜰의 귤나무에서 큰 귤을 따서 쪼개 보니, 그 속에서 두 노인이 바둑을 두고 있었다는 고사에서 온 말.

橘皮(귤피) 귤의 껍질.

橘紅(귤홍) 귤피의 안쪽 흰 부분을 긁어 낸 껍질. 담(痰)의 약재로 씀.

橘化爲枳(귤화위지) 회남(淮南)의 귤을 회북(淮北)으로 옮겨 심으면 탱자가 됨. 환경에 따라 성질이 변함.

◨ 柑橘감귤, 金橘금귤.

12 ⑯【機】机 틀 기 微

고등 인명 4급 ㊥jī ㊐キ

필순 十 木 杙 栏 桦 櫟 機 機 機 機

소전 초서 자원 形聲. 木+幾→機. '幾(기)'가 음을 나타낸다.

자해 ❶틀, 기계. 〔史記〕 機相灌輪기상관륜. ❷베틀. 〔史記〕 投杼下機투저하기. ❸교활하다. 〔莊子〕 有機事者유기사자, 必有機心필유기심. ❹기미, 조짐. ❺기틀, 일의 가장 중요한 고동. 〔後漢書〕 後裔握機후예악기. ❻계책, 순책.

機械(기계) ①교묘한 구조의 기구. 機器(기기). ②교묘한 꾀. 교지(巧智). ③병기(兵器)의 총칭. ④갖가지 장치로, 동력을 내고, 작업을 하도록 만들어진 기구. ⑤판에 박은 듯한 사람.

機關(기관) ①수력·화력 등의 에너지를 기계적 에너지로 바꾸는 기계 장치. ②어떤 목적을 이루기 위해 설치한 조직.

機巧(기교) ①교묘한 꾀. 巧智(교지). 策略(책략). ②교묘한 장치.

機構(기구) 어떤 목적을 위하여 구성한 조직이나 기관의 구성 체계.

機能(기능) ①신체의 각 부분의 활동력. ②어떤 사물이 가지는 능력.

機動(기동) 상황에 따라 재빠르게 움직이거나 대처하는 행동.

機略(기략) 기민하게 대처하는 계략.

機務(기무) ①국가의 가장 중요한 정무(政務). ②기밀을 요하는 정무.

機微(기미) ①낌새. 눈치. ②어떤 일이 일어날 기운.

機敏(기민) 눈치가 빠르고 행동이 날쌤. 機警(기경).

機密(기밀) ①중요하고 비밀한 일. ②가장 중요한 직위.

機辯(기변) 임기응변(臨機應變)의 변설(辯說).

機變(기변) ①간교한 속임수. 巧詐(교사). ②임기응변의 계책. 權謀(권모).

機變之巧(기변지교) 그때그때를 따라 교묘한 수단을 씀.

機鋒(기봉) ①날카로운 창끝. ②날카로운 말.

機先(기선) ①일이 막 일어나려고 하는 참. ②일을 막 착수하려는 순간. ③일의 조짐.

機心(기심) 간교(奸巧)하게 속이는 마음. 책략을 꾸미는 마음. 機械之心(기계지심).

機業(기업) 피륙을 짜는 사업. 織物業(직물업).

機緣(기연) ①(佛)선(善)의 기근(機根)이 있어서 부처의 가르침을 받을 만한 인연. ②기회(機會). 계기. 꼬투리.

機要(기요) ①사북. 썩 중요한 부분. ②중요한 일. 기밀에 속하는 긴요한 일.

機運(기운) 그때의 운수. 時運(시운).

機宜(기의) 시기나 형편에 잘 맞음.

機杼(기저) ①베틀의 북. 베틀. ②궁리. 특히 문장을 짓는 궁리.

機智(기지) 상황에 대처하여 재빨리 행동하는 꾀나 재치.

機樞(기추) ①가장 긴요한 곳. 가장 긴요한 일. ②가장 중요한 관직이나 지위. 樞機(추기).

機軸(기축) ①사물의 중심. ②국정(國政)의 긴요한 중심. '機'는 쇠뇌의 시위를 거는 곳, '軸'은 수레의 굴대.

機會(기회) 어떠한 일을 하는데 적절한 시기나 경우.

◨ 待機대기, 動機동기, 時機시기, 失機실기, 危機위기, 轉機전기, 投機투기, 好機호기.

12 ⑯【橈】桡 ①굽을 뇨 效 ②노 요 蕭

인명 ㊥ráo ㊐ドウ, ジョウ

소전 초서 참고 인명용 음은 '요'이다.

자해 ①❶굽다, 구부러지다. 〔易經〕 棟橈동뇨. ❷숙부드럽다, 나긋나긋하다. ❸약해지다. 〔漢書〕 謀橈楚權모뇨초권. ②노, 작은 노. 〔楚辭〕 蓀橈兮蘭旌손요혜란정.

木 12획

撓折(요절) 굽혀 꺾음.

12
⑯【橦】 1 나무 이름 동 東
2 장대 장 陽

㊥tóng, chuáng ㊐トウ

소전 초서 자해 1 **나무 이름**. 꽃에서 실을 뽑아 천을 짠다. 2 **장대**.

12
⑯【橙】 1 등자나무 등 ㊍증 庚
2 등상 등 ㊍증 徑

인명 1급 ㊥chéng, dèng ㊐トウ

소전 초서 자해 1 ❶**등자나무**. ❷**등자**. 등자나무의 열매. 2 **등상**. 발판으로도 쓰고 걸터앉기도 하는 기구. ≒凳.

橙色(등색) 귤이나 등자 겹질의 빛깔과 같이 붉은빛을 약간 띤 누런색.

橙子(등자) 등자나무의 열매. 맛이 시고 향기가 있어 향수의 원료로 쓰임.

橙黃(등황) ①등자가 누렇게 익음. ②등황색. 등색. 주황색.

12
⑯【橊】 榴(649)의 본자

12
⑯【樸】朴 1 통나무 박 覺
2 총생할 복 屋

인명 1급 ㊥pǔ, pú ㊐ボク, ホク

소전 초서 참고 인명용 음은 '박'이다.

자해 1 ❶**통나무, 켜거나 짜개지 않은 나무**. 〔老子〕樸散則爲器박산즉위기. ❷**질박하다, 순박하다**. 〔禮記〕素車之乘소거지승, 尊其樸也존기박야. 2 **총생(叢生)하다, 총생하는 작은 나무**.

樸頭(박두) 화살의 하나. 촉이 나무로 되어 있으며, 무과(武科)를 보일 때나 활쏘기를 교습할 때 썼음.

樸鈍(박둔) ①연장 따위가 예리하지 못함. 무딤. ②성질이 온순하고 둔함. 樸愚(박우).

樸野(박야) 꾸밈이 없고 촌티가 남.

樸直(박직) 꾸밈이 없고 정직함.

樸學(박학) ①고대의 질박한 학문. 명리(名利)에 무관심한 학문. ②한학(漢學).

樸厚(박후) 인품이 순박하고 후함. 朴厚(박후).

◨ 素樸소박, 純樸순박, 醇樸순박, 質樸질박.

12
⑯【橵】 ㊀산자 산

자해 **산자**. 지붕 서까래 위나 고물 위에 흙을 받기 위하여 가는 나무오리나 싸리나무 따위로 엮은 것.

12
⑯【橡】 상수리나무 상 養

인명 ㊥xiàng ㊐ショウ

초서 자해 ❶**상수리나무**. 너도밤나뭇과의 낙엽 교목. ❷**상수리**. 상수리나무의 열매.

橡實(상실) 상수리. 橡子(상자).

橡實乳(상실유) 도토리묵.

12
⑯【樹】树 1 나무 수 遇
2 심을 수 麌

중학 인명 6급 ㊥shù ㊐ジュ

필순 十 木 朩 朩 桔 桔 桔 植 樹 樹

소전 초서 속자 樹 자원 形聲. 木+尌→樹. '尌(주)'가 음을 나타낸다.

자해 1 ❶**나무, 자라고 있는 나무**. 〔春秋左氏傳〕有嘉樹焉유가수언. ❷**초목(草木), 식물의 범칭**. 〔淮南子〕萍樹根于水평수근우수. ❸**담, 담장**. 〔禮記〕臺門而旅樹대문이려수. 2 ❶**심다, 식물을 심다**. 〔詩經〕君子樹之군자수지. ❷**세우다**. 〔漢書〕樹功而不忘수공이불망.

樹稼(수가) ①수목(樹木)과 곡식. ②서리가 나무나 풀에 내려 눈처럼 된 것. 상고대.

樹功(수공) 공을 세움. 樹勳(수훈).

樹冠(수관) 가지와 잎이 많이 달려 갓 모양을 이루고 있는 나무의 윗부분.

樹根(수근) ①나무의 뿌리. ②근본을 세움. 기초를 세움.

樹林(수림) 나무가 우거진 숲.

樹立(수립) 사업이나 공을 이룩하여 세움.

樹木(수목) ①나무를 심음. ②나무.

樹勢(수세) 나무의 자라나는 기세.

樹植(수식) ①나무를 심음. ②일의 기초를 세워 놓음.

樹液(수액) ①땅속에서 나무의 줄기를 통하여 잎으로 올라가는 액. ②나무껍질 따위에서 나오는 액. 나무즙.

樹藝(수예) ①과목·채소 등을 심음. ②곡식.

樹陰(수음) 나무의 그늘.

樹子(수자) ①나무의 열매. ②천자의 명령으로 가계(家系)를 이은 제후의 적자(嫡子).

樹種(수종) ①나무의 종류. ②나무의 종자. ③초목을 심음.

樹皮(수피) 나무의 껍질.

樹畜(수휵) 농업. '樹'는 누에를 치는 일, '畜'은 가축을 치는 일.

◨ 常綠樹상록수, 針葉樹침엽수, 闊葉樹활엽수.

12 ⑯【橓】 무궁화 순 震

인명 ㊥shùn ㊐シュン

자해 **무궁화.** =舜·蕣.

12 ⑯【橤】 꽃술 예 紙

인명 ㊥ruǐ ㊐ズイ

초서 䋈 동자 蕊 동자 蘂 동자 樷 자해 **❶꽃술. ❷드리우다, 축 늘어지다.**

橤橤(예예) ①꽃술마다. 어느 꽃이고 다. ②드리워져 늘어진 모양.

12 ⑯【橒】 나무 이름 운 文

인명 ㊥yún ㊐ウン

자해 **❶나무 이름. ❷나뭇결, 나무의 무늬.**

12 ⑯【樲】 멧대추나무 이 寘

㊥èr ㊐ジ

소전 樲 초서 樲 자해 **멧대추나무.** 갈매나뭇과의 낙엽 교목. 〔孟子〕 舍其梧檟사기오가, 養其樲棘양기이극.

樲棘(이극) ①멧대추나무. 대추나무와 비슷하나 열매는 대추보다 잘고 신맛이 남. ②멧대추나무와 가시나무. 쓸모없는 사물의 비유.

12 ⑯【樽】 술통 준 元

인명 1급 ㊥zūn ㊐ソン

초서 樽 동자 罇 속자 樽 자해 **술통, 술단지.**

樽罍(준뢰) ①제향 때 술을 담는 그릇. ②술통. '罍'는 구름과 번개 모양을 그린 통.

樽杓(준작) 술단지와 술잔.

樽俎(준조) ①술그릇과 안주를 올려놓는 상. ②친목을 위하여 베푸는 연회.

樽俎折衝(준조절충) ①연석(宴席)에서 평화스러운 교제로써 적의 예봉(銳鋒)을 누름. ②외교상의 담판으로 국위를 빛냄.

樽酒(준주) 술단지에 담은 술.

樽花(준화) 나라의 잔치 때, 술통에 꽂아 춤을 출 때 쓰던 가화(假花).

12 ⑯【樵】 땔나무 초 蕭

인명 1급 ㊥qiáo ㊐ショウ

소전 樵 초서 樵 자해 **❶땔나무, 화목(火木).** ¶ 薪樵신초. **❷나무하다, 땔나무를 마련하다.** ¶ 樵童汲婦초동급부. **❸나무꾼, 땔나무를 하는 사람.** ¶ 樵漁초어.

樵汲(초급) 나무하고 물을 길음.

樵童汲婦(초동급부) ①나무하는 아이와 물 긷는 여인. ②평범하게 살아가는 일반 백성.

樵童牧豎(초동목수) ①나무하는 아이와 가축을 치는 아이. ②식견이 좁은 사람.

樵夫(초부) 나무꾼. 樵子(초자).

樵漁(초어) ①나무하는 일과 물고기를 잡는 일. ②나무꾼과 어부. 漁樵(어초).

樵隱(초은) ①나무꾼과 은사(隱士). ②나무꾼이 된 은자.

樵笛(초적) 나무꾼이 부는 피리.

樵採(초채) 나무를 함. 採樵(채초).

◨ 薪樵신초, 漁樵어초, 芻樵추초.

12 ⑯【樷】 叢(185)과 동자

12 ⑯【樞】 國나무 이름 추

자해 **❶나무 이름, 싸리나무. ❷고을 이름.**

12 ⑯【橢】 椭(647)와 동자

12 ⑯【橐】 전대 탁 藥

㊥tuó ㊐タク

소전 橐 초서 橐 속자 槖 자해 **❶전대. 의복·책 등을 넣는 자루.** 〔漢書〕 持橐簪筆지탁잠필. **❷풀무.** 바람을 일으키는 기구.

橐籥(탁약) 풀무. 불을 피울 때 바람을 일으키는 기구.

橐駝(탁타) ①낙타의 딴 이름. ②정원사(庭園師)의 딴 이름. ③꼽추.

12 ⑯【樘】 기둥 탱 庚

㊥chēng ㊐トウ

초서 樘 동자 橕 동자 樘 자해 **❶기둥, 버팀목. ❷버티다, 괴다.**

12 ⑯【樺】桦 자작나무 화 禡

인명 2급 ㊥huà ㊐カ

초서 樺 자해 **자작나무.** 자작나뭇과의 낙엽 교목.

樺榴欌(화류장) 자단(紫檀)으로 만든 장롱.

木 12 획

樺燭(화촉) 자작나무 껍질로 만든 초.

12 ⑯【橫】 ①가로 횡 庚 ②방자할 횡 敬

고등 인명 3Ⅱ급 ㊥héng, hèng ㊐オウ

필순 十 木 朩 朩 栟 栟 栟 椯 椯 横 橫

소전 橫 초서 横 속자 横 자원 形聲. 木+黃→橫. '黃(황)'이 음을 나타낸다.

자해 ① ❶가로, 동서(東西). 남북(南北)을 종(縱)으로 하는 데 대한 상대 개념. ¶ 縱橫종횡. ❷가로놓다, 옆으로 누이다. 〔蘇軾·賦〕 橫槊賦詩횡삭부시. ❸가로지르다. 〔後漢書〕 東橫乎大河동횡호대하. ❹가로막다. 〔禮記〕 以橫於天下이횡어천하. ② ❶방자하다, 제멋대로. ¶ 橫恣횡자. ❷거칠다, 사납다.

橫柯(횡가) 옆으로 벋은 나뭇가지.

橫擊(횡격) ①옆에서 침. 측면 공격. ②제멋대로 공격함.

木 12획

橫過(횡과) ①가로질러 감. ②적의 진중을 종횡으로 달림.

橫斷(횡단) ①가로질러 지나감. ②동서 방향으로 가로 건넘. ③가로로 자름.

橫談(횡담) 제멋대로 이야기함.

橫帶(횡대) ①허리에 참. 가로로 띤 띠. ②國장례 때 하관(下棺)한 뒤에 광중(壙中)을 덮는 널조각.

橫隊(횡대) 가로로 줄을 지어 늘어선 대형(隊形).

橫道(횡도) ①길에 가로놓임. 橫路(횡로). ②國도리에 벗어난 옳지 못한 길. ③길을 막아섬.

橫歷(횡력) 두루 돌아다님. 橫行(횡행).

橫領(횡령) 남의 물건을 제멋대로 가로채거나 불법으로 가짐.

橫路(횡로) ①길에 가로놓임. 길에 가로누움. 橫道(횡도). ②國그릇된 방향.

橫流(횡류) ①물이 멋대로 흘러 넘침. ②國물품을 정당하지 못한 방법으로 전매(轉賣)함.

橫罹(횡리) 뜻밖의 재앙에 걸림. 의외의 횡액(橫厄)을 당함.

橫目(횡목) ①사람의 눈. 사람의 눈이 가로 트인 데서 온 말. ②성난 눈. 흘겨보는 눈.

橫聞(횡문) 똑바로 듣지 못하고 그릇 들음.

橫民(횡민) 횡포한 백성. 법령을 지키지 않는 백성. 暴民(폭민).

橫放(횡방) 방자함. 횡행(橫行)함.

橫步(횡보) 모로 걸음. 모로 걷는 걸음걸이.

橫肆(횡사) 제멋대로 굶. 방자함. 橫恣(횡자).

橫死(횡사) 뜻밖의 재화로 죽음. 횡액으로 죽음. 비명(非命)에 감.

橫塞(횡색) 가로막음. 가로막힘.

橫書(횡서) 가로쓰기.

橫說竪說(횡설수설) ①자유자재로 설명함. ②조리가 없는 말을 되는대로 지껄임.

橫數(횡수) 뜻밖의 운수. 생각지 않던 운수.

橫竪(횡수) ①가로와 세로. ②공간과 시간.

橫厄(횡액) 뜻밖에 닥친 재액(災厄).

橫逆(횡역) 방자하고 도리에 벗어남.

橫夭(횡요) 젊어서 죽음. 夭死(요사).

橫議(횡의) 제멋대로 논의함. 빗나가는 의논.

橫逸(횡일) 자유자재하여 구애됨이 없음. 멋대로 행동함.

橫溢(횡일) ①물이 가득 차서 넘침. ②넘칠 정도로 흥성(興盛)함. 橫濫(횡람).

橫財(횡재) 뜻밖에 재물을 얻음.

橫笛(횡적) 가로 대고 부는 관악기의 총칭.

橫集(횡집) 종횡으로 뒤섞여 모여듦.

橫徵(횡징) 멋대로 세금을 징수함.

橫草之功(횡초지공) 풀을 가로로 쓰러뜨리며 세운 공로. 싸움터에 나가 적을 무찌르고 세운 큰 공.

橫出(횡출) ①제멋대로 실시함. ②國도리에 어긋나거나 빗나간 행동을 함.

橫侵(횡침) 國함부로 침노함.

橫奪(횡탈) 무법하게 가로채어 빼앗음.

橫波(횡파) ①사면에 파도를 일으킴. 옆으로 밀어닥치는 물결. ②곁눈질함. 斜視(사시).

橫暴(횡포) 난폭함.

橫虐(횡학) 제멋대로 학대함.

橫行(횡행) ①제멋대로 걸음. 정도(正道)를 벗어난 행위. ②두루 돌아다님. 旁行(방행). ③멋대로 행하여짐. ④모로 걸음. 게걸음함. ⑤옆으로 늘어선 줄.

橫禍(횡화) 불의의 재화(災禍).

◨ 連橫연횡, 專橫전횡, 縱橫종횡.

12 ⑯【橲】 나무 이름 희 인명

참고 본래 일본에서 만든 글자이다.

자해 나무 이름.

13 ⑰【檟】 槚 개오동나무 가 馬

㊥jiǎ ㊐カ

소전 檟 초서 檟 동자 榎 자해 개오동나무. 능소화과의 낙엽 활엽 교목. 〔春秋左氏傳〕 樹吾墓檟수오묘가.

13 ⑰【橿】 나무 이름 강 陽

인명 ㊥jiāng ㊐キョウ

소전 橿 초서 橿 자해 ❶**나무 이름**. ㉮**감탕나무, 동청**(冬青). 감탕나뭇과의 상록 교목. ㉯**떡갈나무**. 너도밤나뭇과의 활엽 교목. ❷**굳센 모양, 성(盛)한 모양**.
橿橿(강강) 굳세고 왕성한 모양.

13 ⑰ 【檢】 检 봉함 검 琰

고등 인명 4Ⅱ급 ㊥jiǎn ㊐ケン

필순 十 木 杧 柃 柃 柃 枱 検 檢 檢

소전 檢 초서 検 동자 撿 속자 検 자원 形聲. 木+僉→檢. '僉(첨)'이 음을 나타낸다.

자해 ❶**봉함, 봉함하다, 문서를 봉인(封印)하다**. ❷**조사하다**. ¶ 檢査검사. ❸**법식, 본, 궤범**(軌範). ¶ 檢式검식. ❹**품행, 조행**(操行). 〔蜀志〕 不治素檢불치소검.
檢擧(검거) 수사 기관이 범죄의 수사를 위하여 용의자를 일시적으로 억류하는 일.
檢校(검교) ①조사하고 생각함. 檢考(검고). ②더듬어 찾음. 探討(탐토).
檢踏(검답) 현지에 가서 조사함. 踏査(답사).
檢問(검문) 검사하기 위하여 따져 물음.
檢覆(검복) 상세하게 조사함. 반복하여 조사함.
檢封(검봉) ①봉한 자리에 도장을 찍음. 봉한 자리에 찍는 도장. 돌로 된 상자에 넣고 봉인함. ②검사하여 봉함. 봉인(封印)을 검사함.
檢事(검사) 검찰권을 행사하는 사법관. 범죄를 수사하고, 공소를 제기하며 재판을 집행함.
檢査(검사) 실상을 검토하여 옳고 그름이나 좋고 나쁨을 조사함.
檢算(검산) 계산의 결과가 맞는지 다시 조사함.
檢索(검색) 검사하여 찾음.
檢束(검속) ①행동을 삼가고 성정을 다잡아 방종하지 않음. ②자유 행동을 못하도록 단속함. ③공중을 해롭게 하거나 불상사를 일으킬 염려가 있는 사람을 경찰에서 잠시 구류(拘留)함.
檢屍(검시) 변사체를 조사하는 일.
檢視(검시) ①사실을 조사하여 봄. ②시력(視力)을 검사함.
檢式(검식) 본. 법식. 의표(儀表).
檢疫(검역) 전염병을 막기 위하여 전염병의 유무를 조사하고 소독함.
檢閱(검열) 검사하고 열람함.
檢印(검인) 검사한 표시로 찍는 도장.
檢定(검정) 어떤 일에 대한 자격이나 조건을 검사하여 결정함.
檢證(검증) 검사하여 증명함.
檢診(검진) 병에 걸렸는지를 조사하기 위하여 하는 진찰.
檢察(검찰) ①검사하여 살핌. ②범죄를 수사하고 그 증거를 모으는 일.
檢討(검토) 내용을 검사하며 따져 봄.
◨ 拘檢구검, 臨檢임검, 點檢점검.

13 ⑰ 【檄】 격문 격 ㊍혁 錫

인명 1급 ㊥xí ㊐ゲキ

소전 檄 초서 檄 자해 ❶**격문**. 〔史記〕 傳檄而千里定전격이천리정. ❷**편지**. 〔史記〕 爲文檄告楚相위문격고초상.
檄文(격문) ①급히 군병(軍兵) 또는 동지를 모으기 위하여 보내는 글. ②널리 동의를 얻기 위하여 돌리는 글. ③적의 죄악을 들고 자기의 신의를 말하며 뭇사람의 동조를 구하는 글발. 檄書(격서).
檄召(격소) 격문을 돌려 동지를 불러 모음. 檄致(격치).

13 ⑰ 【檠】 도지개 경 庚 梗

인명 ㊥qíng ㊐ケイ

소전 檠 초서 檠 동자 橄 자해 ❶**도지개, 활을 바로잡는 틀**. 〔淮南子〕 弓待檠而後能調궁대경이후능조. ❷**바로잡다, 도지개로 바로잡다**. 〔漢書〕 檠弓弩경궁노. ❸**등잔걸이, 등경걸이, 등꽂이**.

13 ⑰ 【橄】 檠(661)과 동자 인명

13 ⑰ 【檎】 능금나무 금 侵

인명 ㊥qín ㊐キン

초서 檎 자해 **능금나무**. 과실나무의 한 가지.

13 ⑰ 【檀】 박달나무 단 寒

고등 인명 4Ⅱ급 ㊥tán ㊐ダン

필순 十 木 朩 朩 朩 枦 柦 檀 檀 檀

소전 檀 초서 檀 자원 形聲. 木+亶→檀. '亶(단)'이 음을 나타낸다.

자해 ❶**박달나무**. 자작나뭇과의 낙엽 교목. 〔詩經〕 坎坎伐檀兮감감벌단혜. ❷**단향목**. 자단·백단 등 향나무의 총칭. ¶ 栴檀전단.
檀家(단가) (佛)①절에 시주(施主)하는 사람의 집. ②신도의 집. ③보시하여 절을 유지하도록 힘쓰는 집안.

檀君(단군) 우리 겨레의 시조로 받드는 임금.
檀弓(단궁) 박달나무로 메운 활.
檀那(단나) (佛)①시주(施主). 布施(보시). ② 시주하는 신자를 승려가 부르는 말.
檀徒(단도) (佛)단가(檀家)의 사람들.
檀木(단목) 박달나무.
◨ 白檀백단, 紫檀자단, 旃檀전단, 黑檀흑단.

13 ⑰【檔】档 ①의자 당 陽 ②문서 당 漾
㊥dāng, dàng ㊐トウ
초서 자해 ① **의자, 나무 침대.** ② **문서(文書).**
檔案(당안) 관청에서 분류하여 보관하던 공문서.

13 ⑰【檗】 황벽나무 벽 陌
인명 ㊥bò ㊐ハク
소전 초서 동자 檘 자해 **황벽나무.** 운향과(芸香科)의 낙엽 교목. ≒蘗. 〔漢書〕檗離朱楊벽리주양.

13 ⑰【檘】 檗(662)과 동자

13 ⑰【橚】 ①나무 줄지어 설 숙 屋 ②우거질 소 蕭
인명 ㊥sù, xiāo ㊐シュク, ショウ
소전 초서 참고 인명용 음은 '숙'이다.
자해 ① **나무가 줄지어 서다, 나무가 나란히 서 있는 모양.** ② **우거지다, 초목이 무성한 모양.**
橚矗(숙촉) 밋밋한 나무가 나란히 무성하게 서 있는 모양.
橚爽(소상) 초목이 무성한 모양.

13 ⑰【檍】 감탕나무 억 職
인명 ㊥yì ㊐オク
소전 초서 자해 **감탕나무, 떡가지나무.** 감탕나뭇과의 상록 활엽 교목.

13 ⑰【檃】 도지개 은 吻
인명 ㊥yǐn ㊐イン
소전 초서 동자 隱 자해 ❶**도지개.** 굽은 나무나 뒤틀린 활을 바로잡는 틀. ❷**바로잡다.**
檃栝(은괄) ①도지개. ②바로잡음.

13 ⑰【檣】樯 돛대 장 陽
인명 1급 ㊥qiáng ㊐ショウ
초서 동자 檣 동자 艢 자해 **돛대, 돛을 달기 위한 기둥.**
檣竿(장간) 돛대. 帆柱(범주). 帆檣(범장).
檣樓(장루) 군함의 돛대 위에 설치한 망루.
◨ 帆檣범장, 船檣선장.

13 ⑰【檉】柽 위성류 정 庚
인명 ㊥chēng ㊐テイ
소전 檉 초서 자해 **위성류(渭城柳).** 위성류과의 작은 낙엽 교목.
檉柳(정류) 위성류(渭城柳).

13 ⑰【檝】 楫(646)과 동자

13 ⑰【檐】 ①처마 첨 ㊟염 鹽 ②질 담 勘
㊥yán, dān ㊐エン, タン
소전 초서 자해 ① ❶**처마, 추녀.** ≒簷. ❷**전.** 처마처럼 된 갓·모자·화로 등의 가장자리. ② **지다, 메다.** ≒擔. 〔管子〕檐竿而欲定其末담간이욕정기말.
檐階(첨계) 댓돌.
檐端(첨단) 처마 끝. 簷端(첨단).
檐鈴(첨령) 처마 끝에 다는 풍경(風磬). 檐鐸(첨탁).

13 ⑰【檜】桧 노송나무 회 ㊟괴 泰
인명 2급 ㊥guì ㊐カイ
소전 초서 자해 ❶**노송나무.** 소나뭇과의 상록 교목. 〔詩經〕檜楫松舟회집송주. ❷**나라 이름.** 춘추 시대에 있었던 나라. ≒鄶.
檜木(회목) 노송나무. 전나무.
檜皮(회피) 노송나무의 껍질.

14 ⑱【櫃】柜 함 궤 寘
인명 1급 ㊥guì ㊐キ
초서 동자 匱 자해 **함, 궤.** 커다란 함.
櫃櫝(궤독) 궤. 함.
櫃封(궤봉) 물건을 궤에 넣고 봉하여 둠.

14 ⑱【檸】柠 레몬 녕 梗

木 13획

㊥níng ㊐ネイ

초서 자해 레몬(lemon). 운향과(芸香科)의 상록 소교목.

檸檬(영몽) 'lemon'의 음역어(音譯語).

14 ⑱【檮】 등걸 도 豪

㊥táo ㊐トウ

소전 초서 자해 **❶등걸, 그루터기. ❷어리석다.**

檮昧(도매) 어리석음.

檮杌(도올) ①악목(惡木)의 이름. ②춘추 시대 초(楚)의 사서(史書). 악한 것을 기록하여 후세에 경계한다는 뜻임. ③악인(惡人). ④악수(惡獸)의 이름.

14 ⑱【櫂】 노 도 效

인명 ㊥zhào ㊐トウ

소전 초서 자해 **노, 상앗대.** =棹. 〔楚辭〕桂櫂兮蘭枻계도혜란예.

櫂歌(도가) 뱃노래. 뱃사공이 배를 저으며 부르는 노래. 櫂唱(도창).

櫂舟(도주) 노로 배를 저음.

14 ⑱【檬】 레몬 몽 東

㊥méng ㊐モウ

초서 자해 **레몬**(lemon). 운향과(芸香科)의 상록 소교목.

14 ⑱【櫁】 樒(653)과 동자

14 ⑱【檳】 梹 빈랑나무 빈 眞

인명 ㊥bīng ㊐ビン

초서 속자 梹 자해 **빈랑나무.** 종려나뭇과의 상록 교목.

檳榔(빈랑) ①빈랑나무. ②빈랑나무의 열매.

14 ⑱【檼】 대마루 은 問

인명 ㊥yìn ㊐イン

소전 자해 **❶대마루, 마룻대로 쓰는 목재. ❷도지개.** =㯳.

14 ⑱【檻】 槛 우리 함 豏

인명 1급 ㊥jiàn ㊐カン

소전 초서 동자 𣞀 자해 **❶우리, 짐승을 가두어 두는 곳.** 〔晉書〕獸兕出檻수시출함. **❷감옥, 죄인을 가두는 곳.** 〔晉書〕便破檻出之편파함출지. **❸난간(欄干).** 〔楚辭〕坐堂伏檻좌당복함. **❹막다, 폐쇄하다.** ¶ 檻塞함색.

檻車(함거) 죄인을 호송하는 데 사용하던, 사방을 통나무나 판자 등으로 난간을 두른 수레. 轞車(함거).

檻塞(함색) 닫아서 막음.

15 ⑲【櫜】 활집 고 豪

㊥gāo ㊐コウ

소전 초서 자해 **❶활집, 동개. ❷갑옷을 넣는 전대. ❸싸다, 포장하다.** 〔詩經〕載櫜弓矢재고궁시.

櫜鞬(고건) 활집과 전동(箭筒).

15 ⑲【櫝】 椟 함 독 屋

㊥dú ㊐トク

소전 초서 자해 **❶함. ㉮나무로 짠 궤.** 〔論語〕龜玉毁於櫝中귀옥훼어독중. **㉯신주를 넣어 두는 궤.** ¶ 主櫝주독. **❷관(棺), 널.** 〔春秋左氏傳〕公將爲之櫝공장위지독.

櫝中(독중) 궤 속.

櫝丸(독환) 화살을 넣는 통. 전동(箭筒).

◨ 匱櫝궤독, 主櫝주독.

15 ⑲【櫚】 榈 종려나무 려 魚

인명 ㊥lǘ ㊐リョ

초서 자해 **종려나무.** 열대 지방 원산의 상록 교목. ¶ 棕櫚종려.

15 ⑲【櫟】 栎 상수리나무 력 錫

㊥lì ㊐レキ

소전 초서 자해 **❶상수리나무.** 너도밤나뭇과의 낙엽 교목. **❷난간(欄干).**

櫟樗(역저) 상수리나무와 가죽나무. 쓸모없는 재목의 비유.

15 ⑲【櫓】 橹 방패 로 麌

인명 ㊥lǔ ㊐ロ

소전 초서 동자 樐 동자 艣 자해 **❶방패.** 〔禮

記〕禮義以爲干櫓례의이위간로. ❷망루(望樓). 〔司馬相如·賦〕泰山爲櫓태산위로. ❸노, 배 젓는 기구.
櫓歌(노가) 뱃노래. 櫂歌(도가).
櫓棹(노도) 노와 상앗대.
櫓聲(노성) 노를 젓는 소리.

15 ⑲【櫑】 ①술통 뢰 灰 ②칼자루 장식 뢰 賄
㊥léi, lěi ㊐ライ
소전 초서 자해 ①술통, 물통. 구름과 우레의 무늬를 새긴 술통. =罍. ②칼자루 장식.

15 ⑲【櫞】 구연 연 先
㊥yuán ㊐エン
자해 구연, 레몬(lemon). 운향과의 상록 교목.

15 ⑲【櫛】栉 빗 즐 質
인명 1급 ㊥zhì ㊐シツ
소전 자해 ❶빗. 머리빗. ❷빗다, 빗질하다. ¶ 櫛沐즐목. ❸긁다, 긁어 내다. ❹늘어서다, 빗살처럼 많이 늘어서다. ¶ 櫛比즐비.
櫛沐(즐목) 머리를 빗고 목욕을 함.
櫛比(즐비) 빗살처럼 촘촘하게 늘어섬.
櫛風沐雨(즐풍목우) 바람으로 머리를 빗고 비로 몸을 씻음. 긴 세월을 객지에서 떠돌며 갖은 고생을 함. 風餐露宿(풍찬노숙).
◨ 巾櫛건즐, 盥櫛관즐, 梳櫛소즐.

16 ⑳【櫷】 國느티나무 귀
자해 느티나무. 느릅나뭇과의 낙엽 활엽 교목.

16 ⑳【櫴】 欄(664)의 속자

16 ⑳【櫪】枥 말구유 력 錫
㊥lì ㊐レキ
소전 초서 자해 ❶말구유, 말의 먹이를 담는 그릇. ❷마판, 마구간에 까는 널빤지. ❸상수리나무. ≒櫟.
櫪馬(역마) ①마구간에 매여 있는 말. ②얽매여 있어 자유롭지 못한 신세.

16 ⑳【櫨】栌 두공 로 虞
㊥lú ㊐ロ
소전 초서 자해 ❶두공. 기둥 위에 짜 놓은 구조. ❷거망옻나무. 옻나뭇과의 낙엽 교목.

16 ⑳【櫳】栊 우리 롱 東
㊥lóng ㊐ロウ
소전 초서 동자 龒 자해 ❶우리, 짐승을 가두어 두는 우리. ❷창살 있는 창.
櫳檻(농함) 짐승을 가두어 두는 우리.

16 ⑳【龒】 櫳(664)과 동자

16 ⑳【櫱】 움 얼 屑
㊥niè ㊐ゲツ
소전 동자 欁 자해 움, 나무 그루터기에서 나는 싹. =蘖. 〔詩經〕苞有三櫱포유삼얼.

16 ⑳【櫬】榇 널 츤 震
㊥chèn ㊐シン
소전 초서 자해 ❶널, 내관(內棺). ❷무궁화나무.

16 ⑳【櫶】 나무 이름 헌
인명 ㊥xiǎn
자해 나무 이름. 자작나뭇과의 상록 교목.

17 ㉑【欄】栏 난간 란 寒
고등 인명 3Ⅱ급 ㊥lán ㊐ラン
필순 十 木 朩 朩 朩 朩 欄 欄 欄 欄
소전 초서 속자 欗 자원 形聲. 木+闌→欄. '闌(란)'이 음을 나타낸다.
자해 ❶난간. ❷우리, 짐승을 가두어 기르는 곳. ❸난. ㉮글·그림 등을 싣기 위하여 적당히 줄을 그어 지은 몇 개의 구획. ㉯무엇을 쓰기 위하여 따로 설정한 지면의 한 부분.
欄干(난간) 층계·마루·다리 따위의 가장자리를 일정한 높이로 막은 물건. 欄杆(난간). 欄檻(난함). 軒檻(현함).
欄衫(난삼) 國생원(生員)·진사(進士)에 합격했을 때 입던 예복.

欄外(난외) ①난간의 바깥. ②책·신문 따위에서, 인쇄된 곳 이외의 여백 부분.

17 ㉑【欖】 欖(666)의 속자

17 ㉑【櫺】 격자창 령 靑

㊥líng ㊐レイ

소전 櫺 초서 櫺 동자 欞 자해 격자창(格子窓)

17 ㉑【櫻】 桜 앵두나무 앵 庚

인명 1급 ㊥yīng ㊐オウ

소전 櫻 초서 櫻 속자 桜 자해 앵두나무. 장미과의 낙엽 관목.

櫻脣(앵순) 앵두같이 붉은 입술. 미인의 입술.
櫻花(앵화) ①앵두나무꽃. ②벚꽃.

18 ㉒【權】 权 저울추 권 先

중학 인명 4Ⅱ급 ㊥quán ㊐ケン

필순 木 朩 朩 朩 朩 桦 椎 權 權 權

소전 權 초서 權 속자 権 자원 形聲. 木+雚→權. '雚(관)'이 음을 나타낸다.

자해 ❶저울추. 〔禮記〕 正權概정권개. ❷저울. ¶ 權量권량. ❸꾀하다, 책략을 쓰다. ❹고르게 하다, 평평하다. ❺권세, 권력. ¶ 權柄권병. ❻권도(權道). ㉮수단은 상도(常道)에서 벗어나지만 결과는 상도에 맞는 일. ㉯임기응변의 방편(方便). ¶ 權謀術數권모술수.

權奸(권간) 권세가 있는 간신(奸臣).
權強(권강) 권위가 있고 강함.
權概(권개) 저울추와 평미래. 척도와 표준.
權官(권관) ①권력이 있는 관직. 권력이 있는 자리에 있는 벼슬아치. ②본관 이외에 겸무하는 관직. 兼官(겸관).
權奇(권기) ①보통과 달리 뛰어남. ②말이 잘 달리는 모양. ③지모가 매우 출중함.
權能(권능) 권세와 능력.
權度(❶권도 ❷권탁) ❶①저울과 자. ②의거하여 좇아야 할 규칙. ❷저울로 무게를 닮.
權道(권도) ①수단이 상도(常道)를 벗어나나, 결과가 상도에 부합하는 방법. ②임기응변(臨機應變)의 방편.
權略(권략) 임기(臨機)의 책략. 경우에 대응하여 변하는 계책. 權謀(권모).
權量(권량) ①저울과 말. ②비교함.
權力(권력) ①남을 복종시키거나 지배할 수 있는 공인된 힘. ②국가나 정부가 국민에 대하여 가지고 있는 강제력.
權利(권리) ①권세와 이익. ②합법적으로 보장된 자격.
權謀術數(권모술수) 수단·방법을 가리지 않고 교묘하게 남을 속이는 임기응변의 꾀와 술책.
權門勢家(권문세가) 벼슬이 높고 권세가 있는 집안.
權柄(권병) 권력이 따르는 정치상의 힘. 남을 강제하여 굴복시키는 정치적 권력. 權秉(권병).
權不十年(권불십년) 아무리 높은 권세라도 10년을 가지 못함.
權攝(권섭) 임시로 남을 대리하여 사무를 봄.
權勢(권세) 권력과 세력을 아울러 이르는 말.
權數(권수) ①권력의 방법. ②때와 경우에 대응한 계책. 임기(臨機)의 계략.
權要(권요) ①권세가 있는 요긴한 지위. 권세가 있고 지위가 높은 사람. ②가장 중요한 곳. 긴요한 곳. 사북.
權威(권위) ①남을 복종시키는 힘. ②남이 신뢰할 만한 뛰어난 지식이나 기술.
權宜(권의) 때와 경우에 따라 알맞게 처리함. 임시의 조치.
權益(권익) 권리와 그에 따르는 이익.
權制(권제) ①권위(權威)와 법제(法制). ②권력으로 억눌러 다스림. ③때와 경우에 합당한 법률.
權座(권좌) 통치권을 가진 자리.
權戚(권척) ①권세 있는 사람의 친척. ②권세 있는 왕실의 척분(戚分).
權寵(권총) 권세가 있고 임금의 총애(寵愛)를 받는 사람.
權判(권판) 품계(品階)가 높은 사람에게 그 지위에 맞지 않는 낮은 직책을 맡김.
權窆(권폄) 임시로 하는 매장(埋葬).
權限(권한) 권리를 행사할 수 있는 범위.
權幸(권행) 권세가 있고 임금의 괴을 독차지하는 신하.
權衡(권형) ①저울추와 저울대. 저울. 權稱(권칭). ②사물의 경중(輕重)을 재는 기준이나 척도. ③사물의 평형 또는 균형.
權橫(권횡) 권력을 믿고 제멋대로 행동함.

◨ 公權공권, 國權국권, 棄權기권, 大權대권, 物權물권, 民權민권, 兵權병권, 私權사권, 實權실권, 利權이권, 人權인권, 全權전권, 政權정권, 主權주권, 執權집권, 債權채권, 親權친권, 特權특권, 版權판권, 霸權패권.

18 ㉒【檅】 國장롱 장 인명

木 18획

초서 𣟒 자해 **장롱**. 옷가지·책 등의 물건을 넣어 두는 세간.

欌籠(장롱) 옷을 넣는 장.

欌廛(장전) 장롱 따위를 파는 가게.

◨ 衣欌의장, 饌欌찬장, 册欌책장.

19 ㉓【欒】栾 나무 이름 란 寒

인명 ㊥luán ㊐ラン

소전 초서 속자 栾 자해 ❶**나무 이름**. ㉮**박태기나무**. 관상용으로 심는 낙엽 교목. ㉯**멀구슬나무**. 멀구슬나뭇과의 낙엽 활엽 교목. ㉰**무환자나무**. 무환자과의 낙엽 교목. ㉱**석남(石南)의 딴 이름**. 관상용의 상록 관목. ❷**가름대, 지붕의 무게를 버티도록 기둥 위에 설치한 구조**. ❸**둥근 모양, 원만한 모양, 온화한 모양**. ¶ 團欒단란.

20 ㉔【欕】 國엄나무 엄

자해 **엄나무**. 두릅나뭇과의 낙엽 활엽 교목.

21 ㉕【欖】榄 감람나무 람 感

인명 ㊥lǎn ㊐ラン

초서 속자 欖 자해 **감람나무**. 감람과의 상록 교목. 열매는 식용하고, 나무의 진은 약용한다.

22 ㉖【欝】 鬱(1422)의 속자

24 ㉘【欞】 櫺(665)과 동자

欠部 하품 흠

0 ④【欠】 하품 흠 本검 豔

인명 1급 ㊥qiàn ㊐ケン

소전 초서 자원 象形. '⺈'은 입김이 나오는 모양, '⼉'은 사람을 나타낸다. 사람의 입에서 입김이 나오는 모양을 그려 '하품'이란 뜻을 나타낸다.

자해 ❶**하품**. ¶ 欠伸흠신. ❷**하품하다**. 〔儀禮〕 君子欠伸군자흠신. ❸**모자라다, 부족하다**. ❹**빚, 부채(負債)**.

欠缺(흠결) 일정한 수효에서 부족이 생김. 欠縮(흠축).

欠伸(흠신) 하품을 하거나 기지개를 켬. 하품과 기지개.

欠身(흠신) 경의를 표하기 위하여 몸을 굽힘.

欠典(흠전) 國①흠이 있는 곳. ②불충분한 법규(法規).

欠節(흠절) 잘못된 점. 모자라는 곳. 欠點(흠점). 欠處(흠처).

欠逋(흠포) 관물(官物)을 사사로이 소비함.

欠乏(흠핍) 이지러져서 모자람.

◨ 負欠부흠, 逋欠포흠, 虧欠휴흠.

2 ⑥【次】 ①버금 차 寘 ②나아가지 못할 차 支

중학 인명 4Ⅱ급 ㊥cì, zī ㊐ジ

필순 丶 冫 冫 冫 次 次

소전 초서 자원 會意·形聲. 二+欠→次. 사람이 너무 지쳐 하품〔欠〕을 하며 게으름을 피우면서 첫째로 나아가기를 단념하고, 둘째〔二〕로 뒤처져 있다는 데서 '버금, 둘째'란 뜻을 나타낸다. '二'가 음도 나타낸다.

자해 ① ❶**버금, 다음, 둘째**. ¶ 次席차석. ❷**잇다, 뒤를 잇다**. ❸**차례, 순서**. ¶ 次第차제. ❹**항렬(行列)**. ❺**자리, 위계(位階)**. 〔後漢書〕 修身行義수신행의, 皆應在朝次개응재조차. ❻**때, 기회**. ❼**매기다, 차례를 정하다**. ❽**진영(陣營), 병영(兵營)**. 〔春秋左氏傳〕 師陳焚次사진분차. ❾**성좌(星座), 성수(星宿)**. 〔禮記〕 日窮于次일궁우차. ❿**안, 속**. 〔莊子〕 喜怒哀樂희노애락, 不入於胷次불입어흉차. ② **나아가지 못하다, 머뭇거리다**. 〔易經〕 其行次且기행차차.

次骨(차골) ①뼈에 미침. 형벌이 가혹함. ②원한이 골수에 사무침.

次期(차기) 다음 시기.

次例(차례) 나아가는 순서.

次席(차석) 수석(首席)의 다음가는 자리.

次上(차상) 시문(詩文)을 꼲는 등급 가운데 넷째 등급 중의 첫째 급(級).

次善(차선) 최선(最善)에 버금가는 좋은 방도.

次韻(차운) 남이 지은 시의 운자(韻字)를 따서 시를 지음.

次點(차점) 최고점 다음가는 점수.

次第(차제) 차례. 순서. 次序(차서).

次中(차중) 시문(詩文)을 꼲는 등급 가운데 넷째 등급 중의 둘째 급(級).

次下(차하) 시문(詩文)을 꼲는 등급 가운데 넷째 등급 중의 셋째 급(級).

次回(차회) 다음번.

◨ 屢次누차, 目次목차, 席次석차, 數次수차, 順次순차, 年次연차, 越次월차, 漸次점차.

2 ⑥【欢】 歡(670)의 속자

4 ⑧【欧】 歐(669)의 속자

4 ⑧【欣】 기뻐할 흔 文

인명 1급 ㊥xīn ㊐キン

소전 초서 동자 㤕 자해 ❶기뻐하다. 〔陶潛·辭〕 載欣載奔재흔재분. ❷기쁨. 〔宋書〕 萬國含欣만국함흔.

欣感(흔감) 기뻐하며 감동함.
欣求淨土(흔구정토) (佛)극락정토에 왕생하기를 원하여 구함.
欣慕(흔모) 기쁜 마음으로 사모함.
欣賞(흔상) 기쁜 마음으로 칭찬함.
欣躍(흔약) 기뻐서 깡충깡충 뜀.
欣然(흔연) 기뻐하는 모양.
欣悅(흔열) 기뻐하고 즐거워함. 欣喜(흔희).
欣戚(흔척) 기쁨과 슬픔.
欣快(흔쾌) 기쁘고 유쾌함.
欣欣(흔흔) ①기뻐하는 모양. 欣然(흔연). ②스스로 만족하는 모양.

6 ⑩【欮】 쿨룩거릴 궐 月

㊥jué ㊐ケツ

자해 쿨룩거리다, 숨차다. 〔列子〕 憤欮之病분궐지병.

6 ⑩【欬】 기침 해 本개 隊

㊥kài ㊐ガイ

소전 초서 속자 瘶 자해 기침. =咳.

欬嗽(해수) 기침. 咳嗽(해수).
欬逆(해역) ①몹시 기침을 함. ②상기(上氣)하고 기침이 나는 병. 담해병(痰咳病).

7 ⑪【欵】 款(668)의 속자

7 ⑪【欶】 1 빨아들일 삭 覺 2 기침 수 宥

㊥shuò, sòu ㊐サク, ソウ

소전 자해 1 빨아들이다, 들이마시다. 2 기침. =嗽.

7 ⑪【欸】 한숨 쉴 애 灰

㊥āi, ǎi ㊐アイ

소전 초서 자해 ❶한숨 쉬다, 개탄하다. 〔楚辭〕 欸秋冬之緖風애추동지서풍. ❷그러하다. 긍정(肯定)하는 말. ❸아. 그러하지 않다고 부정(否定)하는 말.

欸乃(애내) ①배의 노를 젓는 데 따라 일어나는 소리. ②뱃노래. ③초동이나 목동들이 부르는 소리.

7 ⑪【欲】 하고자 할 욕 沃

중학 인명 3Ⅱ급 ㊥yù ㊐ヨク

필순 八 𠆢 㕣 谷 谷 谷 谷 欲 欲 欲

소전 초서 자원 形聲. 谷+欠→欲. '谷(곡)'이 음을 나타낸다.

자해 ❶하고자 하다, 하려 하다. 〔論語〕 欲速則不達욕속즉부달. ❷~할 것 같다. ❸바라다, 기대하거나 원하다. 〔論語〕 七十而從心所欲칠십이종심소욕, 不踰矩불유구. ❹욕심. ㉮탐내고 아끼는 마음. 칠정(七情)의 하나. 〔禮記〕 喜怒哀懼愛惡欲희노애구애오욕. ㉯바라고 원하는 마음. 〔禮記〕 欲不可從욕불가종. ㉰색정(色情), 욕정(欲情).

欲界(욕계) (佛)①욕심이 많은 세계. ②인간 세계. 색계(色界)·무색계(無色界)와 합하여 삼계(三界)라고 함.
欲界三欲(욕계삼욕) (佛)인간 세계의 세 가지 욕심. 곧, 식욕(食慾)·수면욕(睡眠慾)·음욕(淫慾).
欲巧反拙(욕교반졸) 國잘 만들려고 너무 기교를 부리다가 도리어 졸렬하게 만듦. 너무 잘 하려고 하면 도리어 안 됨.
欲求(욕구) 무엇을 얻거나 무슨 일을 하고자 바라고 원함.
欲望(욕망) 무엇을 하거나 가지고자 하는 바람.
欲死無地(욕사무지) 죽으려고 하여도 죽을 곳이 없음. 아주 분하고 원통함.
欲生(욕생) ①살기를 바람. 생존욕(生存欲). ②(佛)극락세계에 태어나기를 바라는 마음.
欲速不達(욕속부달) 너무 빨리 하려고 서두르면 도리어 일을 이루지 못함.
欲速之心(욕속지심) 빨리 이루어지기를 바라는 마음.
欲食其肉(욕식기육) 그 사람의 고기를 먹고 싶음. 원한이 깊음.
欲情(욕정) 이성(異姓)에 대한 육체적 욕망. 色情(색정).
欲海(욕해) (佛)정욕(情欲)의 넓고 깊음을 바다에 비유한 말.
欲火(욕화) (佛)욕정의 왕성함을 불에 비유하

여 이르는 말.

◨ 寡欲과욕, 私欲사욕, 食欲식욕, 愛欲애욕, 肉欲육욕, 財欲재욕, 貪欲탐욕.

7 ⑪【欷】 흐느낄 희 微

㊥xī ㊐キ

소전 초서 자해 ❶흐느끼다, 흑흑 느끼며 울다. ¶ 欷歔희허. ❷두려워하는 모양. ¶ 歔欷허희. ❸탄식하다, 한숨 쉬다. ¶ 欷吁희우.

8 ⑫【款】 정성 관 旱

인명 2급 ㊥kuǎn ㊐カン

소전 초서 동자 欵 동자 欵 속자 欵

자해 ❶정성, 성의. ¶ 款誠관성. ❷두드리다, 노크하다. ¶ 款門관문. ❸사랑하다. 〔宋孝武帝·詩〕愛聚雙情款애취쌍정관. ❹이르다, 도달하다. ❺머무르다, 묵다. 〔梅堯臣·詩〕疲馬行亦款피마행역관. ❻음자(陰字). 금석(金石)·종정(鐘鼎)에 음각(陰刻)한 글자. ¶ 款識관지.

款啓(관계) 작은 구멍을 엶. 보는 범위가 좁음.

款曲(관곡) ①허물없이 사귐. 매우 정답고 친밀하게 됨. ②㉠뒤얽힌 곡절. 복잡한 사연. ㉡일이 까다로움. 委曲(위곡).

款待(관대) 정성스럽게 대접함. 歡待(환대).

款服(관복) 진심으로 복종함. 心服(심복).

款誠(관성) 정성. 성의. 참된 마음.

款額(관액) 작정한 액수. 경비의 액수.

款接(관접) 매우 친절하게 대접함.

款識(관지) 종정(鐘鼎)의 명문(銘文). 금석(金石)에 새긴 글자. '款'은 음각한 글자, '識'은 양각한 글자.

款項(관항) ①조항(條項). 항목(項目). ②예산서·결산서 등의 내용 구분 단위인 관과 항. 관은 가장 큰 분류, 항은 관을 세분한 것임.

款話(관화) 허물없이 말함. 터놓고 이야기함. 款談(관담). 款語(관어).

款洽(관흡) 우정이 두터움. 매우 친함.

8 ⑫【欺】 속일 기 支

고등 인명 3급 ㊥qī ㊐キ

필순 一 卄 甘 甘 其 其 其 欺 欺 欺

소전 초서 자원 形聲. 其+欠→欺. '其(기)'가 음을 나타낸다.

자해 ❶속이다, 속여 넘기다. 〔論語〕吾誰欺오수기, 欺天乎기천호. ❷거짓, 허위. 〔新書〕反任爲欺반임위기.

欺誑(기광) 속임. 欺罔(기망).

欺君罔上(기군망상) 임금을 속임.

欺弄(기롱) 속여 희롱하거나 업신여겨 농락함.

欺瞞(기만) 남을 그럴듯하게 속임.

欺謾(기만) 속이고 업신여김. 欺慢(기만).

欺罔(기망) 속임. 속이고 모함함. 欺誣(기무).

欺詐(기사) 속이고 거짓말함. 詐欺(사기).

欺世盜名(기세도명) 세상 사람을 속이고 헛된 명예를 탐함.

欺心(기심) ①남을 속이려는 마음. ②자기의 양심을 속임.

欺情(기정) 겉으로만 꾸미고 속마음을 드러내지 않음.

欺惑(기혹) 속여 미혹하게 함.

◨ 姦欺간기, 誑欺광기, 詐欺사기.

8 ⑫【欹】 ①아 의 支 ②기울 기 支

㊥yī, qī ㊐イ, キ

초서 자해 ①아! 감탄하여 기리는 말. ≒猗. ¶ 欹歟의여. ②기울다, 한쪽을 높게 세우다. ≒攲.

8 ⑫【欽】 공경할 흠 ㊍금 侵

인명 2급 ㊥qīn ㊐キン

소전 초서 자해 ❶공경하다, 삼가다. 〔書經〕欽明文思흠명문사. ❷굽히다, 몸을 굽혀 어떤 자세를 취하다.

欽敬(흠경) 존경하고 사모함. 경모(敬慕)함.

欽念(흠념) 삼가 생각함. 敬思(경사).

欽命(흠명) ①천자의 칙사(勅使). ②천자의 명령. 勅命(칙명).

欽慕(흠모) 기쁜 마음으로 사모함. 欽愛(흠애).

欽服(흠복) 공경하고 복종함.

欽奉(흠봉) ①정중하게 받듦. ②천자의 명령을 받듦.

欽尙(흠상) 존경하고 숭배함. 欽崇(흠숭).

欽羨(흠선) 남을 흠모하여 부러워함.

欽仰(흠앙) 공경하고 우러러봄.

欽定(흠정) ①천자가 몸소 제정함. ②천자의 명에 의하여 제정함.

欽遵(흠준) 천자의 명을 받들어 시행함. 칙명(勅命)을 준수함.

欽差(흠차) ①칙명(勅命)을 띠고 사신으로 감. ②칙명을 전달하는 사신. 勅使(칙사).

欽勅(흠칙) 임금의 명령. 勅命(칙명).

欽歎(흠탄) 아름다운 점을 몹시 칭찬함. 상탄(賞歎)함.

欽恤之典(흠휼지전) 죄수에 대하여 신중히 심

의(審議)하라는 뜻의 은전(恩典).

9 ⑬【歃】 마실 삽

㊥shà ㊐ソウ

소전 초서 자해 **마시다, 맹세를 다짐하여 희생의 피를 마시다.**

歃血(삽혈) 굳게 맹세할 때에 희생(犧牲)의 피를 서로 나누어 마시거나 입술에 바르고 서약을 꼭 지킨다는 단심(丹心)을 신에게 보이는 일.

9 ⑬【歇】 ① 쉴 헐 ② 개 이름 갈

인명 1급 ㊥xiē ㊐ケツ, カツ

소전 초서 참고 인명용 음은 '헐'이다.

자해 ① **❶쉬다, 휴식하다.** ¶ 歇泊헐박. **❷없다, 비다. ❸다하다, 마르다, 없어지다.** 〔老子〕 神無以靈신무이령, 將恐歇장공헐. ② **개 이름.** 주둥이가 짧은 사냥개. ¶ 歇驕갈교.

歇價(헐가) 國그 물건의 원래 가격보다 훨씬 싼 값. 헐값.

歇脚(헐각) 現휴식함.

歇看(헐간) 國물건이나 일 따위를 탐탁지 않게 보아 넘김.

歇泊(헐박) 쉼. 묵음. 歇宿(헐숙).

歇息(헐식) 쉼. 휴식. 휴게.

歇杖(헐장) ①現휴전(休戰)함. ②國곤장을 아프지 않게 형식으로만 치던 일.

歇治(헐치) 國①가볍게 벌함. ②병을 가볍게 보아 치료를 소홀히 함.

歇齒(헐치) 國닳아서 맞지 않는 톱니바퀴의 이.

歇驕(갈교) 주둥이가 짧은 사냥개.

◨ 間歇간헐.

9 ⑬【歆】 받을 흠

인명 1급 ㊥xīn ㊐キン

소전 초서 자해 **❶받다, 신(神)이나 조상의 혼령이 제사 음식을 기쁘게 받다.** ¶ 歆饗흠향. **❷대접하다, 음식 대접을 하다.** 〔國語〕 王歆大牢왕흠대뢰.

歆饗(흠향) 신명(神明)이 제사의 예(禮)를 받음. 歆享(흠향).

10 ⑭【歌】 노래 가

중학 인명 7급 ㊥gē ㊐カ

필순 一 ㅁ 可 哥 歌

소전 초서 동자 謌 자원 形聲. 哥+欠→歌. '哥(가)'가 음을 나타낸다.

자해 **❶노래, 곡조를 붙여 부르도록 된 가사**(歌詞). 〔素問〕 在聲爲歌재성위가. **❷노래하다.** 〔詩經〕 我歌且謠아가차요. **❸노래를 짓다.** 〔漢書〕 論歌文武之德론가문무지덕.

歌客(가객) ①노래를 잘하는 사람. ②노래를 잘 짓는 사람. 歌人(가인).

歌曲(가곡) ①가사(歌詞)와 곡조(曲調). ②國시조(時調)에 곡을 붙여 부르는 노래의 가락. ③시가(詩歌)를 가사로 한 성악곡.

歌舞(가무) ①노래와 춤. ②노래하고 춤을 춤.

歌榜(가방) 뱃노래를 부르면서 노를 저음.

歌詞(가사) 노래의 내용이 되는 글. 노랫말.

歌辭(가사) 3·4조 또는 4·4조 연속체로 된, 운문과 산문의 중간 형태인 우리나라 고유의 문학 형식.

歌手(가수) 노래 부르는 것을 직업으로 하는 사람.

歌詩(가시) ①노래와 시. ②시를 읊음.

歌謠(가요) ①노래를 부름. '歌'는 악기에 맞추어 노래하는 것을, '謠'는 악기 없이 노래하는 것을 뜻함. ②악가(樂歌)와 속요(俗謠). ③민요·동요·속요·유행가 등의 총칭.

歌唱(가창) 노래를 부름.

◨ 凱歌개가, 校歌교가, 軍歌군가, 短歌단가, 挽歌만가, 牧歌목가, 頌歌송가, 詩歌시가, 樂歌악가, 詠歌영가, 唱歌창가.

10 ⑭【歉】 흉년 들 겸

㊥qiàn ㊐ケン

소전 초서 자해 **❶흉년 들다, 곡식이 잘 익지 아니하다.** ¶ 歉年겸년. **❷뜻에 차지 아니하다. 불만족스럽다.**

歉年(겸년) 흉년. 歉歲(겸세). 荒年(황년).

歉然(겸연) ①비어 모자라는 모양. ②마음에 차지 않은 모양. ③國미안하여 면목이 없음.

歉弊(겸폐) 흉년이 들어 백성들이 곤궁함.

歉荒(겸황) 흉년이 들어 곡식이 안 됨.

10 ⑭【歊】 김 오를 효

인명 ㊥xiāo ㊐キョウ

소전 초서 자해 **❶김이 오르다. ❷숨결, 숨을 쉬다.**

11 ⑮【歐】欧 토할 구 ㊍우

인명 2급 ㊥ǒu ㊐オウ

소전 초서 속자 歐 자해 ❶토하다, 뱉다. ≒嘔. ¶ 歐吐구토. ❷치다, 때리다. ≒毆. ❸現구라파. 유럽(Europe)의 약칭.
歐刀(구도) 죄인의 목을 베는 칼.
歐美(구미) 現①유럽 주와 아메리카 주. ②유럽과 미국.
歐吐(구토) 먹은 음식물을 게움. 嘔吐(구토).
◨ 南歐남구, 東歐동구, 北歐북구, 西歐서구.

11 ⑮【歙】 飮(1391)의 고자

11 ⑮【歎】叹 읊을 탄 翰
고등 인명 4급 ㊥tàn ㊐タン
필순 一 艹 艹 𦰩 𦰩 𦰩 𦰩 𦰩 歎 歎
소전 초서 자원 形聲. 𦰩+欠→歎. '𦰩(난)'이 음을 나타낸다.
자해 ❶읊다, 노래하다. 〔曹植·書〕風歎虎嘯풍탄호시. ❷탄식하다, 한숨쉬다. ≒嘆. 〔禮記〕戲而不歎희이불탄. ❸칭찬하다. 〔禮記〕孔子屢歎之공자루탄지. ❹화답(和答)하다. 〔禮記〕壹倡而三歎일창이삼탄.
歎哭(탄곡) 탄식하며 욺.
歎服(탄복) 감탄하여 마음으로 따름. 감복(感服)함. 歎伏(탄복).
歎傷(탄상) 탄식하며 서러워함. 歎悼(탄도).
歎賞(탄상) 탄복하여 몹시 칭찬함. 歎稱(탄칭).
歎惜(탄석) 탄식하며 애석히 여김. 진정으로 애석히 여김.
歎聲(탄성) ①감탄하는 소리. ②탄식하는 소리.
歎息(탄식) 한숨을 쉬며 한탄함.
歎惋(탄완) 놀라고 슬퍼함. 嗟惋(차완).
歎願(탄원) 사정을 말하고 도와주기를 간절히 바람.
◨ 感歎감탄, 慨歎개탄, 敬歎경탄, 驚歎경탄, 悲歎비탄, 永歎영탄, 長歎장탄, 嗟歎차탄, 讚歎찬탄, 痛歎통탄, 恨歎한탄.

11 ⑮【歓】 歡(670)의 속자

12 ⑯【歔】歔 흐느낄 허 魚
㊥xū ㊐キョ
소전 초서 동자 嘘 자해 ❶흐느끼다, 훌쩍훌쩍 울다. ¶ 歔泣허읍. ❷두려워하다. ¶ 歔欷허희.
歔欷(허희) ①흐느껴 욺. ②두려워하는 모양.

12 ⑯【歙】 줄일 흡 緝
㊥xī, shè ㊐キュウ
소전 초서 자해 ❶줄이다, 움츠리다. ¶ 歙張흡장. ❷맞다, 일치하다. ≒翕. ❸거두어들이다, 수렴하다.

13 ⑰【歛】 바랄 감 勘
㊥hān ㊐カン
초서 참고 斂(558)은 딴 자.
자해 ❶바라다, 원하다. ¶ 歛退감퇴. ❷무엇을 달라고 빌다. ❸줄감, 수여함.
歛退(감퇴) 물러가기를 원함.

14 ⑱【歟】欤 어조사 여 魚
인명 ㊥yú ㊐ヨ
소전 초서 속자 欤 통자 與 자해 어조사. ㉮구중(句中)에 놓여 어기(語氣)를 고르는 조자(助字). ㉯의문(疑問)·감탄(感歎)·추량(推量) 등의 뜻을 나타내는 종결사. 〔呂氏春秋〕可反歟가반여.

15 ⑲【歠】 마실 철 屑
㊥chuò ㊐セツ
소전 초서 동자 啜 자해 마시다, 핥아 먹다.

18 ㉒【歡】欢 기뻐할 환 寒
중학 인명 4급 ㊥huān ㊐カン
필순 艹 艹 艹 䒑 䒑 雚 雚 雚 歡 歡
소전 초서 속자 歓 속자 欢 통자 懽 통자 驩 자원 形聲. 雚+欠→歡. '雚(관)'이 음을 나타낸다.
자해 ❶기뻐하다, 즐거워하다. 〔南史〕相得甚歡상득심환. ❷기쁘게 하다. 〔湘山野錄〕歡感閭里환감려리. ❸기쁨, 즐거움. ¶ 歡喜환희.
歡談(환담) 기쁜 마음으로 정답게 이야기함. 歡語(환어).
歡待(환대) 기쁜 마음으로 정성껏 대접함.
歡樂(환락) ①기뻐하고 즐거워함. ②즐거운 마음으로 놂. 歡娛(환오).
歡送(환송) 떠나는 사람을 기쁜 마음으로 보냄.
歡然(환연) ①기뻐하는 모양. ②화목한 모양.
歡悅(환열) 즐겁고 기쁨. 歡喜(환희).

欠 11획

歡迎(환영) 호의를 표하여 기꺼이 맞이함.
歡遊(환유) 즐겁게 놂.
歡情(환정) 기쁜 마음. 즐거운 마음.
歡天喜地(환천희지) 펄펄 뛰며 매우 기뻐함.
歡呼(환호) 기뻐서 큰 소리로 고함을 지름.
歡洽(환흡) 즐겁고 흡족함.
歡喜(환희) ①크게 기뻐함. ②(佛)불법을 듣고 몸과 마음이 즐겁고 기쁨.

止部 그칠 지

0 ④【止】 발 지 紙

중학 인명 5급 ㊥zhǐ ㊐シ

필순 丨 卜 止 止

소전 초서 자원 象形. 발목 밑의 발의 모양을 본뜬 글자.

자해 ❶발. ≒趾. 〔儀禮〕 皆有枕北止개유침북지. ❷멎다, 멈추다. ㉮움직이던 행동을 그만두다. ¶ 中止중지. ㉯진행되던 일을 멎게 하다. ¶ 止血지혈. ㉰꼼짝하지 아니하다, 움직이지 아니하다. ❸머무르다. ㉮앞으로 나아가지 아니하다. ㉯멈추어 서다. ¶ 停止정지. ㉰살고 있다. 〔詩經〕 惟民所止유민소지. ❹만족하다, 자리잡다. 〔大學〕 在止於至善재지어지선. ❺그치다, 끝나다. 〔張衡·賦〕 神具醉止신구취지. ❻겨우, 오직. ❼어조사. 문말(文末)에 놓는 뜻없는 종결사. ≒之. 〔禮記〕 高山仰止고산억지.

止渴之計(지갈지계) ①목마름을 해소할 계책. ②임기응변의 계책. 故事 위(魏)의 조조(曹操)가 행군(行軍) 중 병졸들이 목마름을 호소하자, 앞길에 매실이 풍성한 매림(梅林)이 있다고 외쳐 병졸들의 목마름을 견디게 한 고사에서 온 말. 梅林止渴(매림지갈).
止戈(지과) 창을 멈춤. 곧, 전쟁을 그침.
止水(지수) ①흐르지 않는 물. 괸 물. 死水(사수). ②마음이 고요하고 깨끗함. 明鏡止水(명경지수).
止宿(지숙) 머물러 묵음. 歇宿(헐숙).
止息(지식) 멈춤. 머물러 쉼.
止痛(지통) 통증이 멎음.
止血(지혈) 나오는 피를 멎게 함.
◨ 禁止금지, 抑止억지, 停止정지, 中止중지, 廢止폐지.

1 ⑤【正】 1바를 정 敬 2정월 정 庚

중학 인명 7급 ㊥zhèng, zhēng ㊐セイ

필순 一 丁 下 正 正

소전 초서 자원 會意. 一＋止→正. 하나〔一〕를 지켜서 멈춘다〔止〕는 뜻. 곧, 정도(正道)를 지킨다는 데서 '바르다'란 뜻을 나타낸다.

자해 1❶바르다. ㉮비뚤어지거나 어그러지지 아니하다. 〔孟子〕 其冠不正기관부정, 望望然去之망망연거지. ㉯공평하다. 〔易經〕 剛健中正강건중정. ㉰도리나 진리에 맞아 그릇됨이 없다. ¶ 正道정도. ㉱곧다, 속이는 일이 없다. ¶ 正道정도. ❷바로잡다. ㉮잘못되거나 그릇된 것을 올바르게 고치다. 〔魏志〕 革正法度혁정법도. ㉯부정(不正)을 제대로 되게 하다. 〔論語〕 必也正名乎필야정명호. ❸정당하다, 바람직하다. 〔儀禮〕 決用正결용정. ❹네모, 방정(方正). ❺평평하다. 〔楚辭〕 名余白正則兮명여백정즉혜. ❻한가운데, 중앙. ❼순일(純一)하다, 섞인 것이 없다. ❽질정(質正)하다. 〔論語〕 就有道而正焉취유도이정언. ❾다스리다. 〔呂氏春秋〕 湯탕, 克夏而正天下극하이정천하. 2정월(正月). ¶ 正初정초.

正刻(정각) 틀림없는 그 시각.
正諫(정간) 바른말로 간함.
正格(정격) ①바른 격식. 바른 규칙. 正則(정칙). ②한시(漢詩)의 작법상 절구(絕句)·율시(律詩) 등에서, 첫 구의 둘째 자가 측성자(仄聲字)로 시작되는 것.
正見(정견) ①올바른 견해. ②(佛)팔정도(八正道)의 하나. 올바른 깨달음. 곧, 불교의 바른 도리를 시인하는 견해.
正卿(정경) ①상경(上卿). '正'은 우두머리의 뜻. ②조선 시대, 정이품(正二品) 이상의 벼슬아치.
正經(정경) ①마땅히 행하여야 할 바른 길. ②유교(儒敎)의 경전.
正系(정계) 바른 혈통. 바른 계통.
正鵠(정곡) ①과녁. 과녁의 중심점. ②사물의 요점·급소.
正攻(정공) ①정면으로 공격함. ②정정당당하게 공격함.
正課(정과) ①장정(壯丁)에게 과하는 한 사람 몫의 부역(賦役). ②관청에서 징수하는 정규(定規)의 수수료. ③정규의 과업(課業) 또는 과목.
正規(정규) 바른 규정. 정당한 법.
正襟(정금) 옷깃을 여미고 용의(容儀)를 단정히 함. 整襟(정금).
正念(정념) ①바른 생각. 바르고 어지럽지 않은 생각. ②(佛)㉠팔정도(八正道)의 하나. 제법(諸法)의 상성(相性)을 바르게 기억하여 잊지 않는 일. ㉡정법(正法)에 의하여 극락에 왕생함을 믿는 생각.
正當(정당) 이치에 맞아 올바르고 마땅함.
正對(정대) 바르게 대답함.
正大(정대) ①바르고 큼. ②의사·언행이 정정당당하고 훌륭함.
正道(정도) ①올바른 길. 正逕(정경). ②정당한 도리.
正輦(정련) 임금이 거둥 때 타던 가마.
正路(정로) ①바른 길. 사람이 떳떳이 걸어야 할 대도(大道). 正道(정도). ②정규의 도로.
正論(정론) ①정당한 언론. ②바르게 논의함.
正利(정리) 정당한 방법으로 얻은 이익.
正理(정리) ①올바른 도리. ②도리를 바룸.
正立(정립) 바르게 섬. 똑바로 섬.
正面(정면) ①똑바로 마주 보이는 면. ②사물의 앞쪽으로 향한 면. ③에두르지 않고 직접 마주 대함.
正名(정명) ①㉠명칭을 변정(辨定)함. ㉡대의 명분(大義名分)을 밝힘. ②올바른 이름.
正文(정문) 본문(本文).
正味(정미) ①참맛. ②물건의 겉껍질을 뺀 내용. 전체의 무게에서 포장이나 그릇 무게 등을 뺀 무게.
正方(정방) ①정사각(正四角). ②올바름. 方正(방정). ③방향을 바로잡음.
正法(정법) ①정당한 방법. 바른 법령. ②법을 바로잡음. 판결함. 법에 처함. ③(佛)바른 법문(法門). 바른 교의(敎義).
正兵(정병) 정정당당하게 싸우는 군대.
正服(정복) ①의복을 바룸. ②정삭(正朔)과 복색(服色). ③의식 때 갖추어 입는 옷.
正副(정부) 으뜸과 버금.
正史(정사) ①기전체(紀傳體)의 역사. ②정통적인 역사 체계에 의하여 기술된 역사.
正邪(정사) ①정도(正道)와 사도(邪道). ②사악한 마음을 바로잡음.
正辭(정사) ①올바른 말. ②말을 바로잡음.
正朔(정삭) ①정월과 삭일(朔日). 해의 처음과 달의 처음. ②역법(曆法). 옛날 제왕이 새로 나라를 세우면 세수(歲首)를 고쳐서 신력(新曆)을 천하에 발포하였음. ③정월 초하루.
正色(정색) ①안색을 엄정하게 함. 진지한 낯을 함. ②바른 빛. 청·황·적·백·흑의 오색. ③본체의 빛깔. ④미인(美人).
正善(정선) 마음이 바르고 착함.
正聲(정성) ①음률에 맞는 바른 성음(聲音). ②음탕하지 않은 바른 음률.
正始(정시) ①바른 시초. ②시초를 바르게 함. 인륜의 시초, 곧 부부 관계를 바르게 함.
正身(정신) ①몸을 바르게 함. ②확실한 본인(本人).
正實(정실) 진실. 올바른 사실.
正心(정심) ①바른 마음. ②마음을 가다듬어 바르게 함.
正雅(정아) ①바르고 아담함. 정대(正大)하고 풍아(風雅)함. ②시경(詩經)의 정대아(正大雅)와 정소아(正小雅).
正樂(❶정악 ❷정락) ❶①바른 음악. 속되지 않은 음악. ②음악을 바로잡음. ❷바른 즐거움.
正陽(정양) ①한낮의 기운. 한낮. ②양기만 가득하고 음기가 아직 싹트지 않은 달. 곧, 음력 4월.
正言(정언) ①도리에 맞는 바른말. ②기탄없이 직언(直言)함.
正業(정업) ①바른 사무. 정당한 직업. ②(佛) 살생(殺生)·투도(偸盜) 따위의 속된 짓을 하지 않는 일.
正誤(정오) ①바름과 그름. ②잘못을 바로잡음.
正容(정용) ①몸의 자세를 바로 함. ②정색을 함. 얼굴빛을 엄정하게 함.
正月(정월) 일 년 중 첫째 달. 1월.
正位(정위) ①바른 위치. 정당한 위치. ②예(禮). ③임금의 자리. ④國위치를 바로잡음.
正音(정음) ①바른 음악. ②바른 말소리. ③말을 바로잡음. ④훈민정음(訓民正音).
正義(정의) ①바른 도리. 정직 선량의 도의. 正道(정도). ②바른 의의(意義). 바른 뜻. ③바른 의론. ④㉠지혜·용기·절제가 완전한 조화를 유지하는 일. ㉡여러 가지 덕(德)이 중정(中正)을 이룬 상(相).
正誼(정의) ①도리를 바르게 함. ②행동을 바르게 함.
正人(정인) ①언행이 방정한 사람. 正士(정사). ②장관(長官). ③가장(家長).
正裝(정장) 정식의 복장을 함. 정식으로 차려입은 복장.
正嫡(정적) ①본처(本妻). ②본처 소생. 正嫡(정적).
正殿(정전) 임금이 조회(朝會)·의식을 행하던 궁전.
正田(정전) 國해마다 농사짓는 논밭.
正定(정정) ①틀린 곳을 바로잡음. 校定(교정). ②(佛)팔정도(八正道)의 하나. 바른 슬기로 무루청정(無漏淸淨)의 선정(禪定)에 드는 일.
正正堂堂(정정당당) ①공정하고 떳떳함. ②바르고 정연하며 기세가 당당한 모양.
正租(정조) ①벼. ②정규의 조세(租稅).
正條(정조) ①법에 규정되어 있는 예조(例條). ②바른 줄.
正朝(정조) ①임금이 여러 신하의 조현(朝見)

을 받는 곳. ②국정(國政)을 바로잡음. ③정월 초하루의 아침. 元旦(원단).
正宗(정종) 개조(開祖)의 정통을 이은 종파.
正直(정직) 마음이 바르고 곧음.
正眞(정진) 바르고 참됨. 거짓이 없음.
正體(정체) ①참된 본디의 형체. 바른 모습. 本體(본체). ②바른 혈통의 사람. 長子(장자). 嫡子(적자). ③태자(太子). ④바른 모양의 글씨. 바른 서체(書體).
正初(정초) 정월의 초승. 그해의 맨 처음.
正統(정통) ①바른 계통. ②적계(嫡系)의 혈통. ③사물의 중심이 되는 요긴한 부분.
正平(정평) ①바르고 공평함. 正直公平(정직공평). ②國저울질이나 되질을 똑바르게 함.
正學(정학) 올바른 학문.
正行(정행) ①올바른 행실. ②바르게 행함. ③(佛)극락세계에 갈 수 있도록 마음을 닦는 바른 행업(行業).
正刑(정형) ①올바른 법칙. 正法(정법). ②형벌의 법을 바르게 함.
正確(정확) 바르고 확실함.
正會(정회) 정월 초하룻날 신하들이 조정에 모여 신년 축하 의식을 행하던 조회(朝會). 원단(元旦)의 의식.
◨ 改正개정, 匡正광정, 矯正교정, 規正규정, 謹正근정, 端正단정, 方正방정, 是正시정, 嚴正엄정, 午正오정, 眞正진정, 判正판정.

2
⑥【此】 이 차 紙

중학 인명 3Ⅱ급 ㊥cǐ ㊐シ

필순 丨 ト 止 止 止' 此

소전 (篆) 초서 (草) 동자 𣥺 자원 會意·形聲. 止+匕→此. '止(지)'가 음도 나타낸다. 사람이 서로 나란히〔匕〕 멈춘다〔止〕는 데서 멈추는 곳, 곧 자기로부터 가장 가까운 곳이나 일을 가리키는 뜻을 나타낸다.

자해 **❶이. ㉮이곳.** 자기로부터 가장 가까운 장소. 〔史記〕 與我會此여아회차. **㉯이것.** 가장 가까운 사물을 가리킨다. 〔老子〕 去彼取此거피취차. **❷이에, 그래서.** 접속의 뜻을 나타낸다. 〔大學〕 有德此有人유덕차유인, 有人此有土유인차유토.

此岸(차안) (佛)생사(生死)의 고통이 있는 이 세상. 열반(涅槃)을 피안(彼岸)이라고 하는 데 대하여 이르는 말.
此一時彼一時(차일시피일시) 이것도 저것도 한때임. 이때 한 일과 저때 한 일이 서로 사정이 다름.
此日彼日(차일피일) 오늘 내일 하며 자꾸 기한을 미룸.
此際(차제) 이 즈음. 이 기회.
此頉彼頉(차탈피탈) 이 핑계 저 핑계함.
此後(차후) 지금부터 이후. 이 다음.
◨ 若此약차, 如此여차, 自此자차, 從此종차, 彼此피차.

2
⑥【𣥺】 此(673)와 동자

3
⑦【步】 걸을 보 遇

중학 인명 4Ⅱ급 ㊥bù ㊐ホ

필순 丨 ト 止 止 步 步 步

소전 (篆) 초서 (草) 동자 赱 속자 歩 자원 會意. 止+少→步. 오른쪽 발바닥〔止〕과 왼쪽 발바닥〔少〕이 잇닿아 있는 모양. 사람이 걸을 때 발을 번갈아 떼어 옮아 가는 형상으로 '걷다'란 뜻을 나타낸다.

자해 **❶걷다. ㉮천천히 걷다.** ¶ 步行보행. **㉯일정한 방향으로 나아가다.** ¶ 進步진보. **❷걸리다. ㉮걷게 하다, 걸어서 가게 하다.** 〔禮記〕 步路馬必中道보로마필중도. **㉯걸음을 익히게 하다.** ¶ 步馬보마. **❸걸음, 걸음걸이.** 〔春秋左氏傳〕 改步改玉개보개옥. **❹보병(步兵).** ¶ 步騎보기. **❺천자(天子)의 자리.** 〔國語〕 改玉改步개옥개보. **❻길이의 단위, 한 걸음.** ¶ 一步일보.

步騎(보기) 보병과 기병.
步道(보도) 보행자의 통행에 사용하도록 만든 도로. 人道(인도).
步輦(보련) ①임금이 타는 가마. ②손수레. ③큰 수레를 나아가게 함.
步武(보무) ①사소한 간격. 얼마 안 되는 거리. 1보는 6척, 1무는 반보(半步). ②위엄 있고 씩씩하게 걷는 걸음걸이. ③남을 뒤따라서 이를 배우는 일.
步撥(보발) 걸어서 공문(公文)을 전하는 일을 맡아 하던 사람.
步兵(보병) 도보로 전투하는 군대 또는 병사.
步步(보보) 한 걸음 한 걸음. 걸음마다.
步衫(보삼) 비가 올 때 쓰던 장옷 모양의 우장(雨裝).
步涉(보섭) 길을 걷고 물을 건넘.
步搖(보요) 부인들이 머리에 꽂는 장식품의 하나. 걸을 때 떨새가 흔들리는 데서 이르는 말.
步月(보월) 달빛을 밟아 걸음. 달밤에 걸음.
步調(보조) ①걸음걸이의 속도나 모양 따위의 상태. ②여럿이 함께 일을 할 때의 진행 속도나 조화.

步哨(보초) 부대의 경계선이나 각종 출입문에서 경계와 감시의 임무를 맡은 병사.

步趨(보추) ①걸음걸이. '步'는 보통 걸음, '趨'는 종종걸음. 步調(보조). ②어른의 걸음에 맞추어 뒤따름.

步驟(보취) 걸어감과 뛰어감. '驟'는 '빨리 달림'을 뜻함.

步測(보측) 걸음걸이로 거리를 잼. 걸음 짐작. 步量(보량).

步行(보행) 걸어다님. 걷기.

步虛子(보허자) ①도사(道士). ②정재(呈才) 때 부르던 창사(唱詞)의 하나.

◨ 徒步도보, 獨步독보, 緩步완보, 進步진보, 初步초보, 行步행보.

4 ⑧【歧】 ① 岐(361)와 동자 ② 跂(1217)와 동자

4 ⑧【武】 굳셀 무 麌

중학 인명 4Ⅱ급 ㊥wǔ ㊐ブ, ム

필순 一 二 千 千 千 正 武 武

소전 초서 자원 會意. 戈+止→武. 간과(干戈)의 힘으로 병란(兵亂)을 미연에 방지한다[止]는 뜻을 나타낸다.

자해 **❶굳세다. ㉮힘차고 튼튼하다.** ¶ 武強무강. **㉯싸움에 능하다, 군사(軍事)에 밝다.** 〔史記〕 以高帝賢武이고제현무, 然尙困於平城연상곤어평성. **❷자만하다, 남을 업신여기다.** 〔老子〕 善爲士者不武선위사자불무. **❸군인, 호반(虎班).** ¶ 武官무관. **❹군대의 위세. ❺자취. ㉮발자국. ㉯업적, 유업(遺業).** 〔詩經〕 繩其祖武승기조무. **❻잇다, 계승하다.** 〔詩經〕 下武惟周하무유주. **❼반보(半步), 석 자, 1보(步)의 반.** 〔國語〕 不過步武尺寸之間불과보무척촌지간.

武幹(무간) 무예(武藝)의 재간.

武強(무강) 굳세고 강함.

武庫(무고) ①무기를 간직하는 곳집. 軍器庫(군기고). 武器庫(무기고). ②박학다식(博學多識)한 사람을 칭찬하여 이르는 말.

武功(무공) 전쟁에서 세운 공적. 武勳(무훈).

武科(무과) 고려·조선 시대에 무관(武官)을 뽑던 과거(科擧).

武官(무관) ①군직(軍職)에 있으면서 군사 일을 맡아보는 관리. ②무과 출신의 벼슬아치.

武魁(무괴) 무과에서 첫째로 급제한 사람.

武克(무극) 무(武)로써 이김. 무력으로 남을 제압함.

武技(무기) 무예(武藝). 무술(武術).

武氣(무기) 무인의 용맹하고 굳센 기상.

武器(무기) 적을 공격하거나 막는 데 쓰는 모든 기구.

武斷(무단) 무력이나 억압을 써서 강제로 행함.

武德(무덕) 무인의 권위와 덕망.

武道(무도) ①무인이 마땅히 지켜야 할 도리. ②군사상의 모든 사항. ③무예와 무술의 총칭.

武略(무략) 군사상의 책략(策略).

武力(무력) ①무용의 힘. 군대의 위력. 兵力(병력). ②마구 욱대기는 힘. 腕力(완력). ③용맹하고 강한 병졸.

武陵桃源(무릉도원) 별천지(別天地). 故事 진(晉)의 무릉(武陵)에 사는 한 어부가 복숭아꽃이 계속 떠내려 오는 강물을 거슬러 배를 저어 갔더니 거기에 경치 좋고 평화로운 한 마을이 있었는데, 진(秦)의 난리를 피하여 온 그곳 사람들은 하도 살기 좋아 바깥세상 소식을 전연 모르더라는 이야기에서 나온 말.

武猛(무맹) 날래고 사나움. 勇猛(용맹).

武弁(무변) ①무사. 무인. ②무관이 쓰던 관의 하나.

武步(무보) 얼마 안 되는 길이. '武'는 3척(尺), '步'는 6척.

武士(무사) 무도(武道)를 닦아서 무사(武事)에 종사하던 사람.

武事(무사) 무예와 싸움에 관한 일.

武術(무술) 무도(武道)에 관한 기술.

武烈(무열) ①굳세고 용맹스러움. ②싸움터에서 세운 공. 戰功(전공). 武功(무공).

武藝(무예) 무술에 관한 재주.

武勇(무용) ①무예와 용맹. ②싸움에서 굳세고 용맹스러움.

武威(무위) 굳세고 위엄이 있음.

武裝(무장) ①전투에 필요한 장비를 갖춤. ②어떤 일에 필요한 마음이나 사상, 기술이나 장비 따위를 단단히 갖춤.

武學(무학) 병법에 관한 학문.

◨ 文武문무, 步武보무, 尙武상무, 威武위무, 湯武탕무.

4 ⑧【歩】 步(673)의 속자

5 ⑨【歪】 비뚤 외·왜 佳

인명 2급 ㊥wāi ㊐ワイ

초서 참고 인명용 음은 '왜'이다.

자해 **비뚤다, 기울다.**

歪曲(외곡→왜곡) 사실과 다르게 해석하거나 그릇되게 함.

8 ⑫ 【㱕】 歸(676)의 고자

8 ⑫ 【歯】 齒(1463)의 속자

9 ⑬ 【歲】 岁 해 세 霽

중학 인명 5급 ㊥suì ㊐セイ

필순

소전 초서 고자 [illegible] 속자 歳 자원 象形. 본래 도끼를 본뜬 글자였으나 뒤에 목성(木星)이라는 뜻으로 가차되었다.

자해 ❶해, 일 년. ¶ 歲暮세모. ❷새해, 신년(新年). ¶ 歲拜세배. ❸시일, 세월, 광음. 〔春秋左氏傳〕 翫歲而愒日완세이개일. ❹나이, 연령. ¶ 同歲동세.

歲功(세공) ①일 년의 시서(時序). 일 년의 행사(行事). ②만물의 화육(化育). 농사. ③한 해 농사의 수확.

歲旦(세단) 정월 초하루 아침. 元旦(원단).

歲暮(세모) 한 해가 끝날 무렵. 歲底(세저).

歲拜(세배) 國선달 그믐이나 정초에 웃어른께 인사로 하는 절. 歲謁(세알).

歲事(세사) ①연중 행사. ㉠일 년 동안의 관리의 치적(治績). ㉡춘하추동 사시(四時)의 제사. ㉢신하가 조정에 나아가 임금을 알현하는 일. ㉣농사. ②세시(歲時). 세월.

歲序(세서) 세월이 바뀌어 가는 차례. 사계(四季)의 차례.

歲時(세시) ①매년(每年)의 사시(四時). ②세(歲)와 시(時). '歲'는 일 년, '時'는 사시(四時). ③國새해. 설.

歲陽(세양) ①10간(干). ②음력 10월.

歲餘(세여) ①일 년 남짓한 동안. ②겨울 동안. 일 년 중의 농한기. ③역법(曆法)에서, 한 해의 기준 일수의 여분(餘分).

歲月(세월) 흘러가는 시간. 歲華(세화).

歲月如流(세월여류) 세월이 흐르는 물과 같음. 세월이 매우 빨리 지나감.

歲入(세입) 한 회계 연도 동안의 총수입.

歲次(세차) ①간지(干支)를 좇아 이르는 해의 차례. ②세성(歲星), 즉 목성(木星)이 머무르는 위치. 歲在(세재).

歲差(세차) 황도(黃道)와 적도(赤道)의 교점(交點)이 매년 황도를 따라 서쪽으로 퇴행함. 춘분점이 해마다 50초(秒) 26씩 서쪽으로 이동하는 현상.

歲饌(세찬) ①설에 세배하러 온 사람들을 대접하는 음식. ②연말에 선사하는 물건.

歲幣(세폐) ①해마다 보내는 금품. ②國매년 음력 10월에 중국에 가는 사신이 가지고 가던 공물(貢物).

歲寒(세한) ①추운 계절이 됨. 겨울. ②노년(老年). ③역경(逆境). 난세(亂世). ④어려움을 당해도 꺾이지 않음.

歲寒三友(세한삼우) ①겨울철 친구로서 기리고 완상할 만한 세 가지 것. 곧, 소나무·대나무·매화나무. ②퇴폐한 세상에서 벗으로 삼을 만한 세 가지 것. 곧, 산수(山水)·송죽(松竹)·금주(琴酒).

歲寒松柏(세한송백) ①겨울에도 푸름을 변하지 않는 소나무와 잣나무. ②군자가 곤궁과 환난(患難)에 처해서도 지조를 바꾸지 않음.

歲華(세화) ①세월. 광음(光陰). '華'는 일월의 빛. 年華(연화). ②봄 경치.

◨ 去歲거세, 萬歲만세, 年歲연세, 千歲천세.

9 ⑬ 【歳】 歲(675)의 속자

10 ⑭ 【歴】 歷(675)의 속자

12 ⑯ 【歷】 历 지낼 력 錫

중학 인명 5급 ㊥lì ㊐レキ

필순

소전 초서 동자 厤 속자 歴 자원 形聲. 厤+止→歷. '厤(력)'이 음을 나타낸다.

자해 ❶지내다. ㉮지나가다, 공간을 거쳐 가다. 〔戰國策〕 橫歷天下횡력천하. ㉯시간을 보내다. 〔後漢書〕 歷載三百력재삼백. ❷뛰어넘다, 건너뛰다. 〔孟子〕 不歷位而相與言불력위이상여언. ❸지내 온 일, 겪은 일. ¶ 經歷경력. ❹차례 차례로 보다. 〔漢書〕 歷周唐之所進爲法력주당지소진위법. ❺엇걸다, 교착(交錯)시키다. ❻어지럽다, 어지러워지다. 〔大戴禮〕 歷者력자, 獄之所生也옥지소생야.

歷擧(역거) 낱낱이 들어 말함.

歷劫(역겁) (佛)여러 겁을 지냄. '劫'은 하늘과 땅이 한 번 개벽한 때부터 다음 개벽할 때까지의 동안.

歷階(역계) ①층계를 한 계단씩 디디고 올라감. ②층계를 급히 올라감.

歷觀(역관) 두루 돌아봄. 차례차례 살펴봄. 歷覽(역람).

歷年(역년) 여러 해를 지냄. 지나온 여러 해.

歷歲(역세). 歷稔(역임).
歷代(역대) 여러 대를 거침. 이어 내려온 여러 대. 累代(누대).
歷亂(역란) ①물건이 헝클어진 모양. ②꽃이 흐드러지게 핀 모양. 爛漫(난만).
歷來(역래) 이전부터 지금까지. 從來(종래).
歷歷(역력) 분명한 모양.
歷路(역로) 거쳐가는 길. 겪어온 길.
歷訪(역방) ①사람을 차례로 방문함. ②명승 고적을 두루 구경함. 歷問(역문).
歷仕(역사) 여러 대의 임금을 계속하여 섬김. 歷事(역사).
歷世(역세) ①해를 지냄. 여러 해를 지냄. ②거듭되는 여러 대(代). 歷代(역대). 累代(누대).
歷數(역수) ①하나하나 셈. 일일이 셈. ②달력. 역수(曆數). ③정해진 운명.
歷巡(역순) 차례로 순회함.
歷遊(역유) 두루 돌아다니며 놂.
歷日(역일) ①날을 보냄. ②세월(歲月). ③달력. 역일(曆日).
歷任(역임) 여러 관직을 차례로 지냄.
歷戰(역전) 여러 차례 전투를 치름.
歷節風(역절풍) 뼈마디가 붓고 아프며 구부리고 펴기를 잘하지 못하는 병.
歷程(역정) 거쳐 온 길. 지나온 경로.
歷朝(역조) ①역대의 왕조. ②역대의 임금.
◪ 經歷경력, 來歷내력, 病歷병력, 學歷학력.

14 ⑱ 【歸】归 돌아갈 귀 微

중학 인명 4급 ㊥guī ㊐キ

필순 ' ㇒ 𠂆 𠂤 ... 歸

소전 초서 고자 동자 동자

속자 속자 자원 形聲. 追＋帚→歸. '帚(추)'가 음을 나타낸다.

자해 ❶돌아가다, 돌아오다. ㉮본디 있던 곳에 돌아오다. 〔漢書〕以危法中都이위법중도, 都免歸家도면귀가. ㉯온 곳으로 돌아가다. ❷돌려보내다. ㉮있던 곳으로 돌아가게 하다. 〔書經〕歸馬于華山之陽귀마우화산지양. ㉯돌려주다, 반환하다. 〔孟子〕久假而不歸구가이불귀. ❸시집가다. 〔詩經〕之子于歸지자우귀. ❹보내다, 음식·물건 등을 보내 주다. ≒饋. 〔論語〕歸孔子豚귀공자돈. ❺편들다. 〔論語〕天下歸仁焉천하귀인언. ❻마치다, 끝내다. ❼맞다, 적합하다. ❽맡기다, 위임하다. 〔後漢書〕歸任三司귀임삼사. ❾죽다.
歸家(귀가) 집으로 돌아가거나 돌아옴.
歸嫁(귀가) 시집감.
歸去來(귀거래) 돌아감. 관직을 버리고 고향으로 돌아감. '來'는 조자(助字).
歸耕(귀경) 벼슬을 내 놓고 고향으로 돌아가 농사를 지음. 귀경(歸畊). 귀전(歸田).
歸咎(귀구) 허물을 남에게 돌림.
歸期(귀기) 집으로 돌아가거나 돌아올 기약이나 기한.
歸寧(귀녕) ①시집간 딸이 친정에 돌아와서 부모의 안부를 물음. 歸安(귀안). 覲親(근친). ②남자가 고향에 돌아가서 부모의 안부를 물음. 歸省(귀성). ③제후(諸侯)가 서울에 이르러 천자(天子)를 뵙고, 자기 나라에 돌아가 백성을 어루만져 위로하는 일. ④집에 돌아와 장사를 치르는 일.
歸馬放牛(귀마방우) 전쟁에 쓴 말과 소를 놓아 보냄. 다시 전쟁을 하지 않음. 故事 주(周) 무왕(武王)이 은(殷)나라를 치고 돌아와 전쟁에 사용한 말과 소를 놓아 보낸 고사에서 온 말.
歸命(귀명) ①반항심을 버리고 순종함. 歸順(귀순). ②(佛)신명(身命)을 바쳐 삼보(三寶)에 귀의(歸依)함.
歸夢(귀몽) 고향에 돌아가는 꿈을 꿈.
歸帆(귀범) 돌아가는 배.
歸伏(귀복) ①귀순하여 항복함. 歸降(귀항). ②고향에 돌아와 숨음.
歸附(귀부) 스스로 와서 복종함. 귀순하여 복종함. 歸服(귀복).
歸性(귀성) (佛)미혹(迷惑)이 없는 본성으로 돌아가는 일.
歸屬(귀속) ①아래에 속함. 부하가 됨. 복종함. ②재산이나 영토, 권리 따위가 어느 곳이나 사람에게 붙거나 딸림.
歸宿(귀숙) ①귀착(歸着)함. 귀착하는 곳. ②돌아가서 묵음.
歸順(귀순) 반항하지 않고 스스로 돌아서서 복종함.
歸心(귀심) ①고향으로 돌아가려는 마음. 歸思(귀사). ②사모하여 진심으로 좇음.
歸雁(귀안) ①봄이 되어 북쪽으로 돌아가는 기러기. ②저녁때가 되어 보금자리로 돌아가는 기러기.
歸養(귀양) 고향에 돌아가 어버이를 봉양함.
歸臥(귀와) 돌아가 누움. 벼슬을 내놓고 고향에 돌아와 여생을 보냄.
歸依(귀의) ①돌아가 의지함. ②종교적 절대자에게 순종하고 의지하는 일.
歸一(귀일) 나누어졌던 것이 한 군데로 귀착됨.
歸任(귀임) ①어떤 일을 책임지워 맡김. 委任(위임). ②벼슬아치가 임지(任地)에 돌아가거나 돌아옴.

歸葬(귀장) 타향에서 죽은 사람의 시신을 고향으로 옮겨다 장사 지냄.
歸田(귀전) ①논밭을 되돌림. ②공전(公田)을 되돌림. ③벼슬을 그만두고 고향으로 돌아가 농사를 지음. 歸耕(귀경).
歸正(귀정) ①바른 길로 돌아옴. 事必歸正(사필귀정). ②나쁜 일을 고침.
歸朝(귀조) ①조정(朝廷)에 귀속(歸屬)함. ②사신이 본국으로 돌아옴. 歸國(귀국).
歸舟(귀주) 고향으로 돌아가는 배.
歸着(귀착) ①돌아와 닿음. ②생각이나 의론이 어떤 결론으로 귀결됨.
歸天(귀천) 사람이 죽음.
歸趨(귀추) ①돌아감. ②어떤 일의 결과로서 귀착하는 곳. 歸趣(귀취).
歸土(귀토) 흙으로 돌아감. 죽음.
歸降(귀항) 귀순하여 항복함.
歸鄕(귀향) 객지에서 고향으로 돌아감.
歸化(귀화) ①덕에 감화되어 붙좇음. ②임금의 덕화(德化)에 귀순함. ③자기 나라의 국적(國籍)을 벗고 다른 나라의 국적을 얻어 그 나라 국민이 되는 일.
歸還(귀환) 다른 곳으로 떠나 있던 사람이 본래 있던 곳으로 돌아가거나 돌아옴.
歸休(귀휴) ①집에 돌아와 쉼. ②선(善)을 남에게 돌림. ③죽음.
◨ 回歸회귀.

14 ⑱【歸】 歸(676)와 동자

歹部 죽을사변

0 ④【歹】 [1]부서진 뼈 알 曷 [2]나쁠 대 賄
㊥è, dǎi ㊐カツ, タイ
초서 歺 초서 歺 동자 歺 동자 歺 자원 指事. 본래 글자가 머리뼈에서 살을 발라낸 글자인 '冎' 자를 반으로 쪼갠 모양인 데서 '부서진 뼈'라는 뜻을 나타내다.
자해 [1] **❶부서진 뼈, 파쇄(破碎)되어 남은 뼈. ❷한자 부수의 하나, 죽을사변. [2] 나쁘다.**

0 ⑤【歺】 歹(677)과 동자

0 ⑤【歺】 歹(677)과 동자

2 ⑥【死】 죽을 사 紙
중학 인명 6급 ㊥sǐ ㊐シ
필순 一 ㄏ 歹 歹 歹 死
소전 𣦸 초서 死 동자 𣦵 동자 𣧁 자원 會意. 人+歺→死. 사람〔人〕의 목숨이 다하여 앙상한 뼈〔歺〕로 변한다는 데서 '죽다'라는 뜻을 나타낸다.
자해 **❶죽다. ㉮생명이 끊어지다.** 〔列子〕 死者사자, 人之終也인지종야. **㉯바둑의 알이나 장기의 말이 상대방에게 잡히다.** 〔南史〕 友人西南棊有死勢우인서남기유사세. **㉰불이 꺼지다.** ¶ 燈死등사. **㉱생기가 없어지다. ㉲말라 죽다.** 〔漢書〕 桑穀死상곡사. **㉳감각(感覺)이 마비되다. ❷죽음, 죽는 일.** 서인(庶人)·천민(賤民)·어린이 등의 죽음. 〔宋史〕 武臣不惜死무신불석사. **❸죽은 이, 사자(死者).** 〔中庸〕 事死如事生사사여사생. **❹죽이다, 사형에 처하다.** 〔史記〕 殺人者死살인자사. **❺주검, 시체.**
死諫(사간) 죽음으로써 간함. 죽음을 각오하고 간함.
死去(사거) 죽어서 세상을 떠남. 죽음.
死境(사경) 죽게 된 지경.
死交(사교) 생명을 버릴 정도의 굳은 사귐.
死句(사구) ①시문에서 깊은 뜻이 없는 평범한 구. ②(佛)지나치게 평범하고 속되어 선미(禪味)가 없는 구.
死期(사기) ①죽을 때. 臨終(임종). ②목숨을 버릴 시기.
死力(사력) 죽을힘. 필사의 노력. 全力(전력).
死滅(사멸) 죽어 없어짐.
死命(사명) ①생명. 목숨. ②죽을 목숨. ③죽을 힘을 다 씀.
死無餘恨(사무여한) 죽어도 한이 없음.
死文(사문) 실제로는 효력이 없어진 법령이나 규칙.
死法(사법) ①죽는 방법. 죽는 수단. ②실지로 행하여지지 않는 법령.
死別(사별) 죽어서 이별함. 한쪽은 죽고 한쪽은 살아서 영원히 이별함.
死不瞑目(사불명목) 죽어도 눈을 감지 못함. 곧, 한이 남음.
死狀(사상) ①거의 죽게 된 상태. 죽은 듯한 상태. ②죽어 버린 상태.
死傷(사상) 사망과 부상.
死生決斷(사생결단) 죽음을 각오하고 덤벼들어 끝장을 냄.
死生契闊(사생계활) 죽고 사는 것을 같이 하기로 하고 동고동락함.

歹 2획

死生關頭(사생관두) 죽고 사는 일이 달려 있는 위태한 고비. 生死關頭(생사관두).
死生有命(사생유명) 사람의 생사는 천명(天命)이 있어 인력으로 어쩔 수 없음.
死生之地(사생지지) 죽느냐 사느냐의 갈림길.
死線(사선) 죽을 고비.
死聲(사성) ①힘이 없는 소리. ②구슬픈 가락. 哀音(애음).
死水(사수) 흐르지 않고 괴어 있는 물.
死守(사수) 목숨을 걸고 지킴.
死屍(사시) 송장. 死體(사체). 死骸(사해).
死心(사심) 죽음을 각오한 마음.
死友(사우) ①죽음을 아끼지 않는 절친한 친구. ②죽은 벗.
死而後已(사이후이) 죽은 후에야 일을 그만 둠. 죽을 때까지 노력하여 그치지 아니함. 斃而後已(폐이후이).
死子(사자) ①죽은 아이. ②바둑에서 죽은 돌. 잡힌 돌.
死節(사절) 목숨을 바쳐 절개를 지킴.
死藏(사장) 활용하지 않고 썩혀 둠.
死中求活(사중구활) 죽을 고비에서 살길을 찾아 냄. 死中求生(사중구생).
死地(사지) ①죽을 곳. ②죽을 지경의 매우 위험한 곳.
死之五等(사지오등) 신분에 따라 사람의 죽음을 다섯 등급으로 나누어 부르는 것. 곧, 임금은 붕(崩), 제후는 훙(薨), 대부(大夫)는 졸(卒), 선비는 불록(不祿), 서민은 사(死).
死且不朽(사차불후) 몸은 죽어 썩지만 명성은 후세에 길이 남음.
死鬪(사투) 죽을힘을 다하여 싸움. 死戰(사전).
死刑(사형) 죄인을 죽이는 형벌.
死火(사화) ①꺼진 불. ②(佛)죽음의 비유. 불은 모든 것을 태워 없애는 데서 온 말.
死灰(사회) 사그라진 재. 불기가 없는 재. ㉠아무 의욕이나 생기가 없는 사람. ㉡마음의 무아정지(無我靜止). ㉢희읍스름한 빛깔.
死灰復然(사회부연) 사그라진 재에서 다시 불이 살아남. 세력을 잃었던 사람이 다시 득세(得勢)함. '然'은 '燃'으로 '불타다'의 뜻.
◨ 決死결사, 枯死고사, 急死급사, 凍死동사, 沒死몰사, 生死생사, 餓死아사, 壓死압사, 夭死요사, 溺死익사, 戰死전사, 慘死참사, 橫死횡사.

2
⑥【歺】 死(677)와 동자

2
⑦【歿】 死(677)와 동자

4
⑧【歿】 죽을 몰 月

인명 1급 ㊥mò ㊐ボツ
소전 𣦵 동자 歾 통자 沒 속자 殁 자해 죽다, 생명이 끝나다.

4
⑧【殁】 歿(678)의 속자

4
⑧【歾】 ①歿(678)과 동자
②刎(132)과 동자

4
⑧【殉】 殉(679)과 동자

4
⑧【殀】 일찍 죽을 요 篠

㊥yāo ㊐ヨウ
초서 자해 ❶일찍 죽다, 젊은 나이로 죽다. ≒夭. 〔孟子〕 殀壽不貳요수불이, 修身以俟之수신이사지. ❷죽이다, 베어 죽이다. 〔禮記〕 不殺胎불살태, 不殀夭불요요.
殀壽(요수) 단명(短命)과 장수(長壽).

4
⑧【殈】 凶(127)과 동자

5
⑨【殃】 재앙 앙 陽

고등 인명 3급 ㊥yāng ㊐オウ
필순 一 ア 万 歹 歹 歹口 歹央 殃 殃
소전 초서 자원 形聲. 歹+央→殃. '央(앙)'이 음을 나타낸다.
자해 ❶재앙, 신불(神佛)의 질책(叱責). 〔漢書〕 纂殺殃禍並作찬살앙화병작. ❷해치다, 재앙을 내리다. 〔國語〕 今爾以是殃之금이이시앙지.
殃慶(앙경) 재앙과 경사. 吉凶(길흉).
殃咎(앙구) 재난. 殃孼(앙얼). 殃禍(앙화).
殃及子孫(앙급자손) 죄악의 영향이 자손에게 미침.
殃及池魚(앙급지어) 재앙이 못의 고기에 미침. ㉠뜻하지 않은 재앙을 당함. ㉡재앙이 아무 관계없는 딴 사물에 미침. 故事 송(宋)나라의 성문에 불이 났을 때 못의 물을 퍼다가 불을 끄는 통에 못의 물고기가 다 죽었다는 고사에서 온 말. 池魚之殃(지어지앙).
殃戮(앙륙) 재앙을 받아 죽음.
殃災(앙재) 재앙.

歹
2획

◨ 餘殃여앙, 災殃재앙.

5 ⑨【殂】 죽을 조 ㊉虞

㊥cú ㊐ソ

㊉소전 ㊉초서 ㊉고자 䣃 ㊉통자 徂 자해 죽다, 생명이 끊어지다.

殂落(조락) ①죽음. 임금의 죽음. ②초목이 시들어 떨어짐. 凋落(조락).
殂沒(조몰) 죽음. 殂逝(조서).
殂殞(조운) 죽음. 목숨을 잃음.

5 ⑨【殄】 다할 진 ㊉銑

인명 ㊥tiǎn ㊐テン

㊉소전 ㊉초서 ㊉동자 殄 자해 ❶다하다, 모조리. 〔詩經〕邦國殄瘁방국진췌. ❷끊어지다, 끊다. 〔春秋左氏傳〕君祀無乃殄乎군사무내진호. ❸앓다, 앓게 하다. 〔周禮〕夏以水殄草하이수진초.

殄戮(진륙) 죽여 없앰. 죄다 죽임.
殄滅(진멸) 모조리 죽여 없앰.
殄沒(진몰) 죽어 없어짐. 멸망함.
殄殲(진섬) 남김없이 멸망시킴.
殄瘁(진췌) 모두 지쳐 괴로워함. 병들고 시듦. 瘁殄(췌진). 殄悴(진췌).
殄破(진파) 남김없이 격파되어 망함.

5 ⑨【殆】 위태할 태 ㊉賄

고등 인명 3Ⅱ급 ㊥dài ㊐タイ

필순 一 ア 歹 歹 歹ˊ 殆 殆 殆 殆

㊉소전 ㊉초서 자원 形聲. 歹+台→殆. '台(태)'가 음을 나타낸다.

자해 ❶위태하다, 위험하다. ❷위태롭게 하다. 〔春秋公羊傳〕殆諸侯也태제후야. ❸거의, ~에 가깝다. ¶ 殆半태반. ❹다가서다, 가까이하다. 〔詩經〕無小人殆무소인태.

殆半(태반) 거의 절반.
殆危(태위) 형세가 매우 어려움. 위태로움. 危殆(위태).

◨ 困殆곤태, 百戰不殆백전불태, 危殆위태, 知止不殆지지불태.

6 ⑩【殊】 죽일 수 ㊉虞

고등 인명 3Ⅱ급 ㊥shū ㊐シュ

필순 一 ア 歹 歹 歹ˊ 歹ˊ 歹ˊ 歹ˊ 殊 殊

㊉소전 ㊉초서 자원 形聲. 歹+朱→殊. '朱(주)'가 음을 나타낸다.

자해 ❶죽이다, 사형에 처하다. ¶ 殊死수사. ❷정하다, 결심하다. ❸죽을 지경에 이르다, 거의 죽어 가다. 〔史記〕使人刺蘇秦사인자소진, 不死殊而走불사수이주. ❹다르다, 같지 아니하다.

殊功(수공) 뛰어난 공훈. 발군(拔群)의 공적. 殊勳(수훈). 殊效(수효). 殊績(수적).
殊怪(수괴) 괴이하고 이상함.
殊眷(수권) 특별히 돌보아 줌. 각별한 은총. 殊恩(수은). 殊寵(수총).
殊技(수기) ①뛰어난 기술. ②기능이나 기예를 서로 달리함.
殊力(수력) ①뛰어난 힘. ②뛰어난 활약.
殊妙(수묘) 아주 묘함. 絕妙(절묘).
殊死(수사) ①죽음을 각오함. 決死(결사). ②사형에 해당하는 죄. 死罪(사죄). ③사형에 해당하는 죄인. 死刑囚(사형수).
殊死戰(수사전) 죽기를 각오하고 싸움.
殊狀(수상) ①모양이 다름. ②특별히 기이한 형상. 異形(이형).
殊常(수상) 보통과 다름. 이상함.
殊俗(수속) ①풍속을 달리함. 다른 풍속. ②풍속이 다른 외국. 他國(타국).
殊勝(수승) 유난히 뛰어남.
殊域(수역) 외국(外國). 이역(異域).
殊尤(수우) 특별히 뛰어남.
殊遇(수우) 각별한 대우. 특수한 대우.
殊音(수음) 진기(珍奇)한 음악.
殊異(수이) 특별히 다름. 특이함.
殊績(수적) 뛰어난 공적. 殊功(수공).
殊絕(수절) 특별히 뛰어남.
殊智(수지) ①뛰어난 슬기. ②슬기를 달리함.
殊鬪(수투) 결사적으로 싸움.
殊特(수특) 특별히 다름. 몹시 다름.
殊品(수품) 뛰어난 물품.
殊行(수행) 특별히 훌륭한 행위.
殊鄕(수향) 다른 곳. 異鄕(이향).
殊荒(수황) 미개한 먼 지방. '荒'은 구복(九服)의 하나인 황복(荒服)을 뜻함.

6 ⑩【殉】 따라 죽을 순 ㊉震

고등 인명 3급 ㊥xùn ㊐ジュン

필순 一 ア 歹 歹 歹ˊ 殉 殉 殉 殉 殉

㊉초서 ㊉동자 殉 자원 形聲. 歹+旬→殉. '旬(순)'이 음을 나타낸다.

자해 ❶따라 죽다, 죽은 이를 따라 죽다. 〔後漢書〕殺人殉葬살인순장, 多者以百數다자이백수. ❷목숨을 바치다. 〔漢書〕以殉國家之急이순국가지급.
殉教(순교) 자기가 믿는 종교를 위하여 목숨을 바침.
殉國(순국) 나라를 위하여 목숨을 바침. 殉難(순난).
殉道(순도) 도의(道義)를 위하여 목숨을 바침.
殉利(순리) 재물을 위하여 목숨을 헛되이 버림. 돈을 목숨보다 중히 여김.
殉名(순명) 명예를 위하여 목숨을 버림.
殉死(순사) ①나라를 위하여 목숨을 바침. ②죽은 사람을 따라 죽음.
殉葬(순장) 임금이나 귀족이 죽었을 때 그를 추종하던 사람·동물, 애용하던 기물 따위를 같이 묻던 일.
殉節(순절) ①충신이 충절을 지키어 죽음. ②열부(烈婦)가 정절을 지키어 죽음.
殉職(순직) 직무를 수행하다가 죽음.

6 ⑩【残】 殘(680)의 속자

歹 6획

7 ⑪【殍】 주려 죽을 표 篠

㊥piǎo ㊐ヒョウ

초서 속자 殕 자해 ❶주려 죽다, 굶주려 죽다. ≒莩. 〔孟子〕野有餓殍야유아표. ❷주려 죽은 주검.

殍殣(표근) 굶어 죽음. 殍餓(표아).

8 ⑫【殕】 1썩을 부 有 2쓰러질 복 職

㊥fǒu, bó ㊐フ, ボク

초서 자해 1썩다, 부패하다. 2쓰러지다, 쓰러뜨리다. ≒踣.

8 ⑫【殖】殖 번성할 식 職

인명 2급 ㊥zhí ㊐ショク

소전 초서 자원 形聲. 歹+直→殖. '直(직)'이 음을 나타낸다.

자해 ❶번성하다. ❷자라다, 생장(生長)하다. 〔春秋左氏傳〕其生不殖기생불식. ❸기르다, 키우다. 〔春秋左氏傳〕我有田疇아유전주, 子產殖之자산식지. ❹붇다, 불어나다. 〔中庸〕貨財殖焉화재식언. ❺불리다, 불어나게 하다. 〔書經〕不殖貨利불식화리.

殖利(식리) 이익을 늘림.
殖產(식산) ①생산물을 불림. ②재산을 불림.
殖財(식재) 재산을 불리어 늘림. 殖產(식산). 殖貨(식화).

◼ 繁殖번식, 生殖생식, 貨殖화식.

8 ⑫【殘】残 해칠 잔 寒

고등 인명 4급 ㊥cán ㊐ザン

필순 一 厂 歹 歹 歹 歹 歹 殘 殘 殘

소전 초서 동자 㱚 속자 残 자원 形聲. 歹+戔→殘. '戔(잔)'이 음을 나타낸다.

자해 ❶해치다. ㉮해롭게 하다, 손상하다. 〔孟子〕殘賊之人잔적지인, 謂之一夫위지일부. ㉯죽이다. 〔周禮〕放弑其君則殘之방시기군즉잔지. ❷멸하다, 멸망시키다. 〔戰國策〕智伯瑤殘范仲行지백요잔범중행. ❸잔인한 사람, 흉악한 사람. 〔書經〕取彼凶殘취피흉잔. ❹쇠하여 약해지다, 피폐하다. ¶ 殘民잔민. ❺남다.

殘簡(잔간) 일부가 떨어져 나간 불완전한 문서.
殘缺(잔결) 이지러져서 완전하지 못함. 빠짐. 모자람.
殘壞(잔괴) 무너짐. 무너뜨림.
殘年(잔년) ①남은 해. ②남은 생애.
殘盜(잔도) 잡히지 않고 남은 도둑.
殘毒(잔독) 잔인하고 악독함.
殘冬(잔동) 겨울이 끝날 무렵. 늦겨울.
殘燈(잔등) 꺼지려고 하는 등불. 깊은 밤의 깜박거리는 등불. 殘釭(잔강).
殘淚(잔루) 눈물 흘린 흔적.
殘留(잔류) 남아서 처져 있음.
殘溜(잔류) ①남은 낙숫물. ②남아 괸 물.
殘梅(잔매) 제철이 지난 뒤에 피는 매화. 제철이 지난 뒤에도 지지 않고 남아 있는 매화.
殘氓(잔맹) 살아 남은 백성. 遺民(유민).
殘滅(잔멸) 쇠잔하여 다 없어짐. 침해당하여 멸망함. 殘亡(잔망). 殘廢(잔폐).
殘命(잔명) 죽음이 얼마 남지 않은 쇠잔한 목숨. 餘命(여명).
殘夢(잔몽) ①남은 꿈. 잠이 깰 무렵에 어렴풋이 꾸는 꿈. ②잠이 깬 후에도 계속 꿈을 꾸는 듯한 기분.
殘民(잔민) 피폐한 백성.
殘碑(잔비) 비바람에 씻긴 비석.
殘山剩水(잔산잉수) 남아 있는 산과 강. 전란이나 망국(亡國)으로 피폐해진 산하(山河).
殘殺(잔살) 잔인하게 죽임. 殘害(잔해).
殘生(잔생) ①앞으로 남은 목숨. 殘喘(잔천). 殘年(잔년). ②목숨을 해침.
殘暑(잔서) 남은 더위. 입추 뒤의 더위. 殘炎(잔염).
殘曙(잔서) 날샐 무렵. 새벽녘.
殘蟬(잔선) 늦가을까지 남아서 우는 매미.
殘惡(잔악) 잔인하고 악독함.
殘額(잔액) 나머지 액수.

殘夜(잔야) 새벽녘. 未明(미명).
殘陽(잔양) ①석양(夕陽). 잔일(殘日). ②늦여름의 약해진 볕.
殘餘(잔여) 남아 있는 것.
殘雨(잔우) 거의 다 오고 곧 그칠 비.
殘月(잔월) 새벽녘까지 희미하게 남아 있는 달.
殘忍(잔인) 인정이 없고 몹시 모짊.
殘日(잔일) ①저녁 해. ②남은 일수(日數).
殘賊(잔적) ①잔인하고 포악함. ②남은 도둑. 잡다 남은 도둑.
殘滴(잔적) 아직 떨어지지 않고 남아 있는 물방울. 餘滴(여적).
殘政(잔정) 잔혹한 정치.
殘租(잔조) 연체되어 있는 세금
殘照(잔조) 저녁 햇빛. 殘暉(잔휘).
殘族(잔족) 살아 남은 겨레.
殘存(잔존) 없어지지 아니하고 남아 있음.
殘礎(잔초) 헐어 없어진 건물에 남아 있는 주춧돌.
殘燭(잔촉) 꺼져 가는 촛불.
殘秋(잔추) 남은 가을. 늦가을. 晚秋(만추).
殘破(잔파) 상함. 상하고 부서짐.
殘編斷簡(잔편단간) 떨어지거나 헐어서 온전하지 못한 책.
殘虐(잔학) 잔인하고 포학함.
殘恨(잔한) 남은 원한.
殘寒(잔한) 입춘 뒤의 추위. 늦추위.
殘香(잔향) 남아 있는 향기. 餘香(여향).
殘鄕(잔향) 발전을 못하여 점점 기울어져 가는 보잘것없는 향촌.
殘戶(잔호) 피폐한 민가(民家).
殘酷(잔혹) 잔인하고 혹독함.
殘花(잔화) 지고 남은 꽃. 빛과 향기가 없어진 꽃. 殘葩(잔파).
殘懷(잔회) 마음에 남아 있는 회포.
殘毁(잔훼) ①손상되고 부서짐. ②해치고 부숨.
◨ 衰殘쇠잔, 敗殘패잔.

9 ⑬ **【殛】** 죽일 극 職

㊥jí ㊐キョク

소전 초서 자해 **죽이다, 사형에 처하다.** 〔書經〕 殛鯀于羽山극곤우우산.

10 ⑭ **【殞】** 殒 죽을 운 軫

인명 1급 ㊥yǔn ㊐イン

초서 자해 **❶죽다, 목숨이 끊어지다.** 〔後漢書〕 孝子殞命以寧親怨효자운명이녕친원. **❷떨어지다, 떨어뜨리다.** ≒隕. 〔潘岳·賦〕 槁葉夕殞고엽석운.
殞感(운감) 제사 때에 차려 놓은 음식을 귀신이 맛봄. 歆饗(흠향).
殞命(운명) 목숨이 끊어짐. 죽음.
殞石(운석) 지구 위에 떨어진 별똥. 유성(流星)이 다 타지 아니하고 떨어진 것.
殞泣(운읍) 눈물을 흘림. 落淚(낙루).

11 ⑮ **【殣】** 굶어 죽을 근 震

㊥jìn ㊐キン

소전 초서 자해 **❶굶어 죽다, 나그네로 다니다가 외로이 죽다.** 〔春秋左氏傳〕 道殣相望도근상망. **❷묻다, 시체를 파묻다.** 〔詩經〕 行有死人행유사인, 尙或殣之상혹근지.

11 ⑮ **【殤】** 殇 일찍 죽을 상 陽

㊥shāng ㊐ショウ

소전 초서 자해 **일찍 죽다.** 20세를 넘기지 못하고 죽다. 〔莊子〕 莫壽乎殤子막수호상자, 而彭祖爲夭이팽조위요.
殤服(상복) 성년이 되기 전에 죽은 자녀에 관한 복제(服制). 16~19세는 장상(長殤)이라 하여 대공복(大功服)을, 12~15세는 중상(中殤)이라 하여 소공복(小功服)을, 8~11세는 하상(下殤)이라 하여 시마복(緦麻服)을 입혔으며 7세 이하는 입히지 않았음.
殤死(상사) 20세가 되기 전에 죽음.

12 ⑯ **【殪】** 쓰러질 에 霽

㊥yì ㊐エイ

소전 초서 자해 **❶쓰러지다, 죽다.** ¶ 殪沒에몰. **❷쓰러뜨리다.** ㉮**죽이다, 멸하다.** 〔書經〕 天乃大命文王천내대명문왕, 殪戎殷에융은. ㉯**화살 하나를 쏘아 쓰러뜨리다.** 〔詩經〕 殪此大兕에차대시.

12 ⑯ **【殫】** 殚 다할 탄 寒

㊥dān ㊐タン

소전 초서 자해 **❶다하다, 다 없어지다, 다 써 버리다.** 〔漢書〕 殫天下之財탄천하지재. **❷두루, 널리, 모두.** ¶ 殫見洽聞탄견흡문.
殫竭(탄갈) 남김없이 다 써 버림. 殫盡(탄진).
殫亡(탄망) 다하여 없어짐.
殫誠(탄성) 정성을 다함.
殫盡(탄진) ①탄갈(殫竭). ②죄다 병에 걸림.

13 ⑰【殭】 굳어질 강 陽

㊥jiāng ㊐キョウ

초서 자해 ❶**굳어지다, 주검이 썩지 아니하다.** ¶ 殭尸강시. ❷**허옇게 말라 죽은 누에.** 〔正字通〕 殭강, 蠶死而白잠사이백.

殭尸(강시) ①죽은 지 오래되어 비바람에 바랜 시체. ②여귀(厲鬼)로 변해 사람을 해치는 주검.

殭屍(강시) 얼어 죽은 시체.

13 ⑰【殮】殓 염할 렴 豔

인명 1급 ㊥liàn ㊐レン

초서 자해 **염하다, 염습하다.** ＝斂. 〔禮記〕 小殮於戶內소렴어호내, 大殮於阼대렴어조.

殮具(염구) 國염습(殮襲)에 쓰는 모든 기구.

殮襲(염습) 國죽은 사람의 몸을 씻긴 뒤에 옷을 입히고 염포(殮布)로 묶는 일. 襲殮(습렴).

殮布(염포) 國염습할 때 시체를 묶는 베.

◻ 大殮대렴, 小殮소렴, 殯殮빈렴, 襲殮습렴.

歹 13획

14 ⑱【殯】殡 염할 빈 震

인명 1급 ㊥bìn ㊐ヒン

소전 초서 자해 ❶**염하다, 대렴하다.** 〔淮南子〕 殯大斂也빈대렴야. ❷**초빈(草殯)하다.** 장사 지내기 전에 시신을 관에 넣어 일정한 곳에 안치하는 일. 〔論語〕 朋友死無所歸붕우사무소귀, 曰왈, 於我殯어아빈. ❸**묻다, 파묻다.**

殯宮(빈궁) ①천자(天子)의 관을 발인(發靷)할 때까지 안치하던 어전(御殿). ②國발인할 때까지 왕세자(王世子)·빈궁(嬪宮)의 관을 두는 곳.

殯所(빈소) 國상여가 나갈 때까지 관을 놓아 두는 곳.

殯殿(빈전) 國발인할 때까지 왕이나 왕비의 관을 두는 전각(殿閣).

17 ㉑【殲】歼 다 죽일 섬 鹽

인명 1급 ㊥jiān ㊐セン

소전 초서 속자 殱 자해 ❶**다 죽다.** 〔春秋〕 齊人殲于遂제인섬우수. ❷**죽이다, 멸하다.** 〔書經〕 殲厥渠魁섬궐거괴.

殲滅(섬멸) 남김없이 모두 무찔러 멸망시킴.

殲撲(섬박) 토멸(討滅)함. 전멸시킴.

殲敵(섬적) 적을 섬멸함.

殳部 갖은등글월문

0 ④【殳】 창 수 虞

㊥shū ㊐シュ

소전 초서 참고 부수의 명칭은 모양이 攵(등글월문)과 비슷하기 때문에 '갖은등글월문' 이라고 부른다.

자원 會意. 几+又→殳. 오른손〔又〕에 들고 있는 긴 막대기인 무기〔几〕를 나타내어 '창'의 뜻을 나타낸다.

자해 ❶**창, 몽둥이.** 대나무로 날은 없이 여덟 모 지게 묶어, 사람을 멀리 내쫓는 데 쓰던 병기. 〔詩經〕 伯也執殳백야집수. ❷**나무 지팡이.** 〔淮南子〕 搢笏杖殳진홀장수. ❸**서체의 이름.** ¶ 殳書수서. ❹**한자 부수의 하나, 갖은등글월문.**

殳書(수서) 진서(秦書) 팔체(八體)의 하나. 병기(兵器)에 쓰던 서체.

4 ⑧【殴】 毆(685)의 속자

5 ⑨【段】 구분 단 翰

고등 인명 4급 ㊥duàn ㊐ダン

필순 ㇒ 厂 𠂆 F 𠂤 𠂤 𨸏 段 段

소전 초서 자원 會意. 厂+二+殳→段. 막대기〔殳〕를 손에 쥐고 암석〔厂〕을 때려 부스러기〔二〕가 떨어지는 것을 나타낸다.

자해 ❶**구분, 갈림.** 〔南史〕 講說有區段次第강설유구단차제, 析理分明석리분명. ❷**부분, 문장의 단락(段落).** 〔譜系雜說〕 第一卷尾段제일권미단. ❸**조각, 단편(斷片).** ❹**반 필.** 포백(布帛)의 1필의 반의 길이. ❺**가지, 종류.** 〔唐書〕 因賜物百段인사물백단. ❻**층층대의 턱을 이룬 낱개.** ¶ 階段계단.

段階(단계) 일의 차례를 따라 나아가는 과정.

段丘(단구) 강·호수·바다의 기슭에 형성된 계단 모양의 지형.

段落(단락) 긴 글을 내용에 따라 나눌 때 끊어지는 구획.

段脩(단수) 얇게 저미어 말린 고기. 포(脯).

段數(단수) 바둑·유도 등의 단의 수.

◻ 階段계단, 分段분단, 手段수단.

6 ⑩【殺】 殺(683)의 속자

6 【殷】 ①성할 은 圓 ②검붉은 빛 안 刪
⑩
인명 2급 ㊥yīn, yān ㊐イン, アン
소전 초서 참고 인명용 음은 '은'이다.

자해 ① ❶성(盛)하다. ㉮성하게 음악을 연주하다. ㉯번성하다, 번창하다. 〔列子〕家充殷盛가충은성, 錢帛無量전백무량. ❷많다. 〔詩經〕殷其盈矣은기영의. ❸바로잡다, 바르게 하다. 〔書經〕以殷仲春이은중춘. ❹은나라. 삼대(三代)의 하나. 성탕(成湯)이 이윤(伊尹)을 등용하여 하(夏)나라의 걸왕(桀王)을 치고 세운 나라. 주왕(紂王)에 이르러 주(周) 무왕(武王)에게 멸망하였다. 처음에 국호를 상(商)이라 하였다가 반경(盤庚) 때에 은(殷)이라 고쳤다. ② 검붉은 빛, 적흑색. 〔春秋左氏傳〕左輪朱殷좌륜주은.

殷鑑(은감) 거울삼아 경계해야 할 전례(前例).
殷鑑不遠(은감불원) 은(殷)나라 사람이 거울로 삼아 경계하여야 할 일은 하(夏)나라 걸왕(桀王)이 포악한 정치를 하다가 멸망한 데에 있어 멀지 않음. ㉠거울삼아 경계하여야 할 전례(前例)는 멀리 있지 않음. ㉡남이 실패한 자취를 보고 자기의 경계로 삼음. 商鑑不遠(상감불원).
殷盤(은반) ①은나라 17대 임금인 반경(盤庚). ②서경(書經)의 반경편(盤庚篇).
殷富(은부) 풍성함. 부유함. 殷昌(은창). 殷熾(은치).
殷盛(은성) 번화하고 성함.
殷憂(은우) 몹시 근심함. 깊은 근심.
殷殷(은은) ①근심이 많은 모양. ②멀리서 들려오는 소리가 힘차고 큰 모양. ③사람이 많은 모양. ④물건이 넘어지려고 하는 모양.
殷奠(은전) 넉넉한 제물(祭物).
殷祭(은제) 상(喪)을 마친 후 지내는 성대한 제사. 大祭(대제).
殷豐(은풍) 넉넉하고 많음. 豐盛(풍성).
殷墟(은허) 은(殷)나라의 도읍이 있던 곳으로 지금의 하남성(河南省) 안양현(安陽縣). 1899년 이래 귀갑(龜甲)·청동기·토기·상아·수골(獸骨) 등 은나라의 유물이 많이 발굴되었음.

7 【殺】 杀 ①죽일 살 黠 ②덜 쇄 卦
⑪
중학 인명 4Ⅱ급 ㊥shā, shài ㊐サツ, サイ
필순 ノ メ 㐅 乄 杀 杀 杀 杀 杀 殺
소전 초서 동자 杀 동자 煞 속자 殺

참고 인명용 음은 '살·쇄'이다.
자원 形聲. 杀+殳→殺. '杀(찰)'이 음을 나타낸다.
자해 ① ❶죽이다. ㉮살해하다. 〔漢書〕殺人者死살인자사. ㉯죄인을 죽이다, 사형하다. 〔周禮〕殺罪五百살죄오백. ❷죽다. 〔魏志〕絕其哺乳절기포유, 立可餓殺립가아살. ❸베다. 〔禮記〕利以殺草리이살초. ❹없애다, 제거하다. 〔莊子〕殺生者不死살생자불사. ② ❶덜다, 저미다. ㉮줄이다. ㉯생략하다. 〔春秋公羊傳〕春秋詞繁而不殺者正也춘추사번이불쇄자정야. ❷쇠하다, 약해지다. 〔儀禮〕德之殺也덕지쇄야.

殺氣(살기) ①무시무시한 기운. ②추동(秋冬)의 차가운 기운.
殺年(살년) 크게 흉년이 든 해.
殺掠(살략) 사람을 죽이고 재물을 빼앗음.
殺戮(살륙) 사람을 마구 죽임.
殺伐(살벌) ①거칠고 무시무시한 기세. ②죽임. 살해(殺害)함.
殺傷(살상) 죽이거나 상처를 입힘.
殺生有擇(살생유택) 살생을 하는 데 가림이 있음. 함부로 살생을 하지 않음. 세속오계(世俗五戒)의 하나.
殺生之柄(살생지병) 생살(生殺)의 권리.
殺身(살신) 목숨을 버림. 捨身(사신).
殺身成仁(살신성인) 자기 몸을 희생하여 인(仁)을 이룸. 세상을 위하여 생명을 바침.
殺獄(살옥) 사람을 죽인 큰 사건.
殺越(살월) 사람을 죽여 쓰러뜨림.
殺之無惜(살지무석) 죽여도 아깝지 않을 만큼 죄가 중함.
殺風景(살풍경) 풍경을 망침. ㉠아주 보잘것없는 풍경. ㉡매몰하고 흥취가 없음. 無風流(무풍류). ㉢살기를 띤 광경.
殺活(살활) 죽임과 살림. 生殺(생살).
殺獲(살획) 죽임과 사로잡음.
殺到(쇄도) 한꺼번에 세차게 몰려듦.
殺入(쇄입) 맹렬한 기세로 돌입함.
殺下(쇄하) 아래 쪽이 점점 여위어 가늘어짐. 수척한 뺨 따위를 이르는 말.
◨ 減殺감쇄, 屠殺도살, 毒殺독살, 抹殺말살, 撲殺박살, 誅殺주살, 擲殺척살, 笞殺태살, 虐殺학살.

8 【殼】 売 껍질 각 覺
⑫
인명 1급 ㊥qiào ㊐カク
소전 초서 본자 㱿 자해 껍질. 속과 겉이 확연히 구분되는 단단한 껍데기나 껍질. ㉮과실의 껍질. ㉯겉겨, 곡식의 껍질. ¶ 穀殼곡각. ㉰알의 껍데

殳 8획

기. 〔唐書〕 如鳥殼之裹黃여조각지과황. ㉣조개의 껍데기. ¶ 貝殼패각. ㉤뱀·매미 등이 벗은 허물. ㉥거북·게 따위의 등껍데기.

殼果(각과) 야자·호두·밤 따위처럼 껍질이 매우 굳고 단단한 열매. 堅果(견과).

殼斗(각두) 도토리의 밑받침. 깍정이.

殼物(각물) 조개류. 殼族(각족).

◨ 介殼개각, 堅殼견각, 穀殼곡각, 卵殼난각, 蟬殼선각, 地殼지각, 被殼피각.

8 ⑫【殽】 ① 섞일 효 肴 ② 본받을 효 效

㊥xiáo, xiào ㊐コウ

소전 초서 자해 1 ❶섞이다, 뒤섞다. 〔漢書〕 鑄作錢布주작전포, 皆用銅殽以連錫개용동효이련석. ❷뼈를 발라내지 아니한 살. ❸안주. 2 본받다. ＝效.

殽亂(효란) 어지럽게 뒤섞임. 뒤죽박죽이 되어 질서가 없음. 混亂(혼란). 錯亂(착란).

殽膳(효선) 술안주. 酒肴(주효).

殽饌(효찬) ①술안주. ②향연(饗宴).

殽核(효핵) 술안주와 과일.

9 ⑬【殿】 큰 집 전 霰

고등 인명 3Ⅱ급 ㊥diàn ㊐テン

필순

소전 초서 자원 形聲. 展＋殳→殿. '展(전)'이 음을 나타낸다.

자해 ❶큰 집, 커다란 건물. 〔漢書〕 先上殿선상전. ❷궁궐, 천자(天子)의 거처. 〔史記〕 始作前殿시작전전. ❸고과(考課)에서 가장 아래 등급의 성적. ❹진압하여 안정시키다. 〔詩經〕 殿天子之邦전천자지방.

殿閣(전각) ①임금이 거처하는 궁전. ②궁전과 누각.

殿講(전강) 國성균관(成均館)의 유생(儒生) 가운데 학식이 뛰어난 사람을 대궐 안에 모아 임금이 직접 행하던 시험.

殿軍(전군) 대열의 맨 뒤에 따르는 군대.

殿堂(전당) ①크고 화려한 건물. ②신령이나 부처를 모셔 놓은 집. 殿宇(전우). ③어떤 분야에서 가장 권위 있는 기관.

殿闌(전란) 궁전의 난간. 殿欄(전란).

殿上虎(전상호) 궁전에서 임금에게 정중하고 위엄 있게 직간(直諫)함. 故事 송(宋)나라 유안세(劉安世)가 직간을 잘한 데서 온 말.

殿試(전시) 임금이 친히 보이던 과거 시험.

殿衙(전아) 관아(官衙). 관청.

殿宇(전우) ①대궐. 궁전. ②신령이나 부처를 모신 집. 전당(殿堂).

殿元(전원) 전시(殿試)에서 장원 급제한 사람.

殿庭(전정) 궁전의 뜰.

殿最(전최) 공로, 또는 성적을 매기던 말. 관리의 치적(治績)이나 군공(軍功)을 비교하여 상(上)을 '最', 하(下)를 '殿'이라 하였음.

殿陛(전폐) 전각(殿閣)의 섬돌. 殿階(전계).

殿下(전하) ①전각의 섬돌 아래. ②왕·왕비·세자에 대한 존칭. ③황태자·황자·황녀에 대한 존칭. ④가톨릭교에서 추기경에 대한 존칭.

殿檻(전함) 궁궐의 난간(欄干).

殿後(전후) ①궁전의 뒤. ②퇴각하는 군대의 맨 뒤에 남아서 적군을 가로막는 군대.

◨ 宮殿궁전, 內殿내전, 大殿대전, 別殿별전, 佛殿불전, 神殿신전, 御殿어전, 寢殿침전.

9 ⑬【毁】 헐 훼 紙

고등 인명 3급 ㊥huǐ ㊐キ

필순

소전 초서 속자 毀 자원 土＋毇→毁. '毇(훼)'가 음을 나타낸다.

자해 ❶헐다. ㉮짓거나 만든 것을 깨뜨리다. 〔論語〕 龜玉毁於櫝中귀옥훼어독중. ㉯남을 헐뜯어 말하다. 〔論語〕 誰毁誰譽수훼수예. ㉰치우다, 철거하다. 〔禮記〕 至於廟門不毁牆지어묘문불훼장. ❷상처를 입히다. 〔孝經〕 不敢毁傷불감훼상. ❸어린아이가 이를 갈다. ❹양재(禳災)하다, 귀신에게 빌어서 재앙을 물리치다. ¶ 毁事훼사. ❺야위다, 수척해지다.

毁壞(훼괴) 무너짐. 헐어서 깨뜨림.

毁棄(훼기) 헐거나 깨뜨려 버림.

毁短(훼단) 남을 꼬집고 헐뜯어 말함.

毁滅(훼멸) 상중에 너무 슬퍼하여 몸이 쇠약해져 목숨을 잃음.

毁慕(훼모) 몸이 상할 정도로 죽은 어버이를 사모함.

毁謗(훼방) ①남의 일을 방해함. ②남을 헐뜯어 비방함. 毁詆(훼저). 謗毁(방훼).

毁誹(훼비) 헐뜯음.

毁事(훼사) ①기도하여 재액을 없앰. ②國남의 일을 훼방하는 일.

毁削(훼삭) 헐고 깎음. 폐기(廢棄)함.

毁損(훼손) ①체면이나 명예를 손상함. ②헐거나 깨뜨려 못 쓰게 함.

毁碎(훼쇄) 깨뜨리어 부숨.

毁言(훼언) 남을 헐뜯는 말. 욕설.

毁譽褒貶(훼예포폄) 남을 헐뜯음과 칭찬함. 毁譽(훼예).

毀瓦畫墁(훼와획만) 기와를 헐고 흙손질 해 놓은 벽에 금을 그음. 남의 집에 해를 끼침.
毀辱(훼욕) 헐뜯고 욕함.
毀訾(훼자) 헐뜯어 말함. 毀詆(훼저).
毀折(훼절) 헐고 부러뜨림. 부딪혀서 꺾임.
毀節(훼절) 절조(節操)를 버림.
毀讒(훼참) 헐뜯어 참소(讒訴)함.
毀瘠(훼척) 너무 슬퍼하여 몸이 수척해짐.
毀撤(훼철) 부수어서 걷어 치움.
毀齒(훼치) ①어린아이가 젖니를 갊. ②배냇니를 갈 나이.
毀破(훼파) 부숨. 깨뜨림.
毀敗(훼패) ①헒. 깨뜨림. 敗毀(패훼). ②남의 실패를 헐어 말함.
◨ 背毀배훼, 誹毀비훼, 猜毀시훼, 讒毀참훼.

9 ⑬【毁】 毀(684)의 속자

11 ⑮【毆】 殴 ①때릴 구 ㊍우 宥 ②땅 이름 구 尤
인명 1급 ㊥ōu, kōu ㊐オウ, コウ
소전 초서 속자 殴 자해 1 때리다, 치다. ¶ 毆罵구매. 2 땅 이름.
毆擊(구격) 몹시 때림.
毆罵(구매) 때리고 욕함.
毆縛(구박) 구타하여 묶어 둠.
毆殺(구살) 때려죽임. 搏殺(박살).
毆傷(구상) 폭행으로 상처를 입힘. 구타하여 생긴 상처.
毆打(구타) 사람을 함부로 때림.

11 ⑮【毅】 굳셀 의 未
인명 1급 ㊥yì ㊐キ
소전 초서 자해 ❶굳세다. ㉮의지가 강하다. 〔論語〕士不可以不弘毅사불가이불홍의. ㉯힘차고 튼튼하다. ❷함부로 화를 내다.
毅然(의연) 의지가 굳고 엄한 모양.
毅勇(의용) 의지가 굳어 동요됨이 없음.
◨ 剛毅강의, 雄毅웅의, 忠毅충의, 弘毅홍의.

14 ⑱【毉】 1 醫(1284)와 동자 2 翳(1013)와 동자

毋部 말무

0 ④【毋】 1 말 무 虞 2 관 이름 모 尤
인명 1급 ㊥wú, móu ㊐ブ, ム
소전 초서 참고 인명용 음은 '무'이다.
자원 會意. 女+一→毋. '一'은 침범하지 못하게 막아 잠근다는 뜻. 여자에게는 남자가 함부로 범하지 못할 곳이 있는데, 이를 막아 지킨다는 뜻. 그래서 '말라'라는 뜻을 나타낸다.
자해 1 ❶말라. 금지사(禁止辭). 〔論語〕毋友不如己者무우불여기자. ❷없다. ≒無. 〔論語〕毋倦무권. ❸아니다. ≒不. 부정사(否定詞). 2 관(冠) 이름. ¶ 毋追모추.
毋慮(무려) 어떤 수효 앞에 붙어서 '여분 있는', '그 만큼은 넉넉하게', 또는 강조하는 뜻으로 쓰는 말. 無慮(무려).
毋論(무론) 말할 필요도 없음. 勿論(물론).
毋望之福(무망지복) 바라지 아니한 행복. 뜻밖에 얻은 행복.
毋害(무해) 견줄 만한 것이 없음. 無比(무비).
毋追(모추) 하나라 때의 관(冠).

0 ④【毌】 꿰뚫을 관 翰
㊥guàn ㊐カン
소전 초서 동자 貫 자해 꿰뚫다. 현대에는 '貫(관)' 자를 쓰고 이 자는 거의 쓰지 않는다.

1 ⑤【母】 어미 모 宥
중학 인명 8급 ㊥mǔ ㊐モ, ボ
필순 𠃋 𠃌 毋 毌 母
소전 초서 자원 象形. 여자가 어린아이를 가슴에 품고 있는 모양을 본뜬 글자.
자해 ❶어미. ㉮어머니. 〔詩經〕母兮鞠我모혜국아. ㉯어머니 뻘의 여자에 대한 높임말. 〔爾雅〕母之姊妹爲從母모지자매위종모. ㉰젖을 먹여 길러 준 여자. ❷할미, 나이 든 여자. 〔史記〕信釣城下신조성하, 諸母漂제모표. ❸암컷, 동물의 새끼를 낳거나 까거나 한 짐승. 〔孟子〕五母雞오모계. ❹땅. 만물을 생육(生育)하는 것. ❺근원, 근본. 〔老子〕可以爲天下母가이위천하모. ❻밑천, 자본.
母薑(모강) 생강의 뿌리. 씨로 쓰는 생강.
母系(모계) 어머니 쪽의 혈통.
母教(모교) 어머니의 가르침. 母訓(모훈).
母校(모교) 자기의 출신 학교.
母國(모국) 자기가 태어난 나라. 외국에 있는

사람이 자기의 나라를 일컫는 말.
母女(모녀) 어머니와 딸.
母堂(모당) 남의 어머니를 높여 이르는 말. 萱堂(훤당). 母夫人(모부인).
母黨(모당) 어머니 쪽의 일가.
母道(모도) 어머니로서 마땅히 지켜야 할 도리.
母妹(모매) 동복(同腹)의 누이동생.
母法(모법) 모체(母體)가 된 법.
母先亡(모선망) 어머니가 아버지보다 앞서 세상을 뜸.
母性(모성) 여성이 어머니로서 갖는 본능적인 성질.
母氏(모씨) 어머니.
母乳(모유) 어머니의 젖.
母音(모음) 날숨으로 목청을 울려 입을 통하여 내는 소리.
母子(모자) ①어머니와 아들. ②본원(本元). ③원금과 이자.
母字(모자) ①어머니가 자식을 기르듯이 사랑하는 일. ②한자(漢字)의 반절(反切)에서 그 아래 음자(音字)를 이름. '蹴'을 子六切(자륙절)이라 하면, '子'를 '父字', '六'을 '母字'라고 하는 따위.
母財(모재) 現원금(元金). 母錢(모전).
母情(모정) 자식에 대한 어머니의 정.
母弟(모제) 동복(同腹)의 아우.
母酒(모주) 國밑술. 술을 거르고 난 찌끼.
母體(모체) ①어머니의 몸. ②근본이 되는 사물의 비유.
母側(모측) ①어머니의 곁. ②어머니 쪽.
母胎(모태) ①어머니의 태 안. ②사물이 발생·발전하는 근거가 되는 토대.
母型(모형) 활자를 부어 만들어 내는 판.
◨ 家母가모, 嫁母가모, 繼母계모, 國母국모, 老母노모, 伯母백모, 保母보모, 父母부모, 聘母빙모, 生母생모, 庶母서모, 叔母숙모, 媤母시모, 食母식모, 養母양모, 乳母유모, 姨母이모, 慈母자모, 丈母장모, 祖母조모, 酒母주모, 親母친모, 賢母현모, 酵母효모.

2 ⑥【毎】 每(686)의 속자

3 ⑦【每】 매양 매 賄

중학 인명 7급 　㊥měi ㊐マイ

필순 ノ 𠂉 𠂉 𠃊 每 每 每

소전 초서 속자 毎 자원 象形. 비녀를 꽂은 여자의 모습을 본뜬 것이다. 뒤에 '매번'이라는 뜻으로 가차되었다.

자해 **❶매양, 늘, 언제나.** 〔出師表〕每與臣論此事매여신론차사. **❷마다, 그때마다. ❸아름답다, 밭이 아름다운 모양.** ¶ 每每매매.
每年(매년) 해마다.
每度(매도) 번번이. 每回(매회).
每每(매매) ①늘. 번번이. ②어두운 모양. ③밭에 곡식이 무성한 모양.
每名(매명) 각 사람. 한 사람 한 사람마다. 每人(매인).
每番(매번) 어떤 일이 있을 때마다.
每事(매사) 모든 일. 일마다.
每事可堪(매사가감) 매사를 감당할 만함.
每事不成(매사불성) 일마다 실패함.
每常(매상) 現늘. 항상.
每生(매생) 삶을 탐함. 목숨을 아껴 오래 살기를 바람.
每樣(매양) 항상 그 모양으로.
每月(매월) 다달이.

4 ⑧【毒】 1 독 독 沃 2 거북 대 隊

고등 인명 4Ⅱ급 　㊥dú, dài ㊐ドク, タイ

필순 一 十 丰 主 声 青 毒 毒

소전 초서 참고 인명용 음은 '독'이다.

자원 會意. 屮+毐→毒. 사람을 음란하게〔毐〕만드는 풀이 무성하게 우거진다〔屮〕는 뜻을 나타낸다.

자해 1 **❶독. ㉮건강이나 목숨을 해치는 것.** 〔易經〕噬腊肉遇毒서석육우독. **㉯해독, 해악.** 〔書經〕惟汝自生毒유여자생독. **❷작은 분량으로 병을 고치다. ❸죽이다. ❹부리다, 다스리다, 부려서 일을 처리하다.** 〔易經〕以此毒天下이차독천하. **❺기르다, 키우다.** 2 **거북.** =玳·瑇. 〔漢書〕犀象毒冒서상대모.
毒感(독감) 매우 독한 감기.
毒公(독공) 초오두(草烏頭)의 딴 이름.
毒劇物(독극물) 독물(毒物)과 극물(劇物)을 아울러 이르는 말.
毒氣(독기) 독이 있는 기운.
毒龍(독룡) ①독이 있는 용. ②번뇌.
毒婦(독부) 성품이나 행동이 악독한 여자.
毒殺(독살) 독약을 먹여 죽임.
毒舌(독설) 남을 해치는 독살스러운 말.
毒性(독성) 독기 있는 성분.
毒素(독소) ①독이 되는 성분이나 물질. ②해로운 요소.
毒手(독수) ①남을 해치는 사람. 흉악한 사람. ②악독한 수단. 毒牙(독아).

毒水(독수) 독기가 있는 물.
毒獸(독수) 사람을 해치는 나쁜 짐승.
毒矢(독시) 촉에 독을 바른 화살.
毒藥(독약) ①몹시 쓴 약. 강한 약. 효력이 센 약. ②독기가 있는 약.
毒言(독언) 남을 해치는 말. 욕.
毒熱(독열) 심한 더위. 毒暑(독서).
毒刃(독인) 독이 있는 칼날. 흉한(兇漢)의 악독한 칼.
毒刺(독자) ①벌, 전갈 따위의 꽁무니에 있는 독침. ②해를 입히는 모든 것.
毒瘴(독장) 병을 일으키는 산천(山川)의 나쁜 기운. 사람을 해치는 악기(惡氣).
毒種(독종) ①성질이 매우 독한 사람. ②성질이 매우 독한 짐승의 종자.
毒酒(독주) ①독약을 탄 술. ②매우 독한 술. 도수(度數)가 높은 술.
毒疾(독질) 지독한 병. 毒癘(독려).
毒質(독질) 독살스러운 성질.
毒針(독침) ①독을 묻힌 바늘이나 침. ②벌, 전갈 등의 독을 내쏘는 바늘 같은 기관.
毒筆(독필) 남을 해치려고 비방(誹謗)하거나 중상(中傷)하는 글.
毒害(독해) ①사람이나 물건을 잔인하게 해침. ②독을 먹여 죽임. 毒殺(독살).
毒血(독혈) 독이 있는 나쁜 피.
◨ 蠱毒고독, 梅毒매독, 無毒무독, 防毒방독, 病毒병독, 消毒소독, 惡毒악독, 旅毒여독, 制毒제독, 中毒중독, 胎毒태독, 害毒해독, 解毒해독, 酷毒혹독.

10 ⑭ 【毓】 기를 육 屋

인명 ㊥yù ㊐イク

초서 자해 기르다. =育.

毓物(육물) 사물(事物)을 기름.
毓祥宮(육상궁) 조선 때 역대 임금 중 정궁(正宮) 출신이 아닌 임금의 생모(生母) 신위를 모신 사당.

比部 견줄 비

0 ④ 【比】 ①견줄 비 紙 ②도울 비 寘 ③이웃 비 支

중학 인명 5급 ㊥bǐ ㊐ヒ

필순 ⺊ ⺊ ⺊⺊ 比

소전 초서 고자 𣬈 자원 會意·形聲. 匕+匕→比. '匕'는 '人' 자를 반대 방향으로 놓은 모양. 이를 두 개 나란히 세워 놓아 두 사람을 견주어 본다는 뜻을 나타낸다. '匕'가 음도 나타낸다.

자해 ①❶**견주다, 비교하다.** 〔顔氏家訓〕比較材能비교재능. ❷**본뜨다, 모방하다.** 〔蜀志〕每自比於管仲·樂毅매자비어관중·악의. ❸**따르다, 좇다.** ❹**무리, 패거리, 동아리.** 〔魏志〕擬其倫比의기륜비. ❺**비율(比率), 비례(比例).** ②❶**돕다.** ❷**편들다, 아첨하여 편들다.** 〔論語〕君子周而不比군자주이불비. ❸**미치다, 미치어 이르다.** 〔孟子〕比其反也비기반야. ③**이웃.** ¶ 比鄰비린.

比干(비간) 은(殷)나라의 충신. 주왕(紂王)의 제부(諸父). 주의 음란함을 간하다가 죽임을 당하였고, 기자(箕子)·미자(微子)와 더불어 은의 삼인(三仁)이라 일컬어짐.
比肩(비견) ①어깨를 나란히 함. ②우열(優劣)이 없이 서로 비슷함.
比肩隨踵(비견수종) 어깨를 나란히 하고 발뒤꿈치를 따름. 연달아 이어져 끊이지 않음.
比境(비경) 국경이 서로 닿음. 鄰境(인경).
比較(비교) 서로 견주어 봄.
比丘(비구) (佛)출가(出家)하여 불문(佛門)에 들어가 구족계(具足戒)를 받은 남승(男僧).
比丘尼(비구니) (佛)출가(出家)하여 불문(佛門)에 들어가 구족계(具足戒)를 받은 여승(女僧).
比年(비년) ①해마다. 매해. 比歲(비세). ②가까운 몇 해.
比黨(비당) 어울려서 도당(徒黨)을 만듦. 또는 그 당파. 比周(비주).
比來(비래) 요사이. 近來(근래).
比量(비량) 비교하여 헤아림.
比例(비례) ①모범이 될 만한 선례. 典例(전례). ②종래의 예를 따름. 선례를 좇음. ③두 수나 양의 비율이 다른 두 수나 양의 비율과 같은 일. ④비율(比率).
比類(비류) ①서로 비교함. 유별(類別)함. ②같은 무리. 비슷한 종류.
比倫(비륜) 비교하여 같은 종류가 될 만함. 또는 그런 무리. 比類(비류).
比鄰(비린) 이웃. 四鄰(사린).
比方(비방) ①견줌. 비교함. ②예컨대.
比附(비부) 가까이 따름. 친근함.
比比(비비) ①자주. ②모두. 무엇이든지.
比順(비순) 온순함. 온순하게 따름.
比率(비율) 일정한 양이나 수에 대한 다른 양이나 수의 비.
比意(비의) 뜻을 합함. 친하게 어울려 지냄.

比擬(비의) 비교함. 비김.
比翼(비익) 날개를 나란히 함.
比翼連理(비익연리) 비익조(比翼鳥)와 연리지(連理枝). 부부간의 애정이 썩 깊음.
比翼鳥(비익조) 암수가 다 눈과 날개가 하나씩 이어서 짝을 짓지 아니하면 날지 못하여 늘 날개를 나란히 하고 난다 하여 부부의 의가 좋음을 이르는 말.
比踵(비종) 발뒤꿈치를 잇댐. 계속 나옴. 接踵(접종).
比周(비주) ①편파적인 교제와 공정한 교제. ②비당(比黨).
比竹(비죽) 대나무로 만든 악기류. 생황(笙簧)·퉁소 따위.
比重(비중) 다른 사물과 비교할 때의 중요한 정도.
比興(비흥) 시경(詩經)의 육의(六儀) 중 '비(比)'와 '흥(興)'의 수사법. '比'는 비슷한 것을 예를 들어 비유하는 방법, '興'은 본뜻을 설명하기 전에 예를 들어 설명하는 방법.
◨ 對比대비, 鄰比인비, 周比주비, 櫛比즐비.

比 4획

4 ⑧【毞】比(687)의 고자

5 ⑨【毗】 도울 비 支

인명 ㊥pí ㊐ヒ

소전 초서 동자 毘 자해 돕다, 힘을 보태다. 〔後漢書〕多所毗補다소비보.
毗尼(비니) (佛)계율(戒律).
毗嵐(비람) (佛)천지가 개벽할 때나 멸망할 때 일어난다는 맹렬한 돌풍.
毗沙門天(비사문천) (佛)사천왕(四天王)의 하나. 북방을 지키고 재보(財寶)를 맡아보며 불법(佛法)을 수호하는 선신(善神).
毗首羯磨(비수갈마) (佛)천신(天神)의 이름. 조각과 건축을 맡았음.
毗益(비익) 도와서 이익이 되게 함.
◨ 茶毗다비.

5 ⑨【毘】 毗(688)와 동자 인명

5 ⑨【毖】 삼갈 비 寘

인명 2급 ㊥bì ㊐ヒ

소전 초서 자해 ❶삼가다, 근신하다. 〔詩經〕予其懲而毖後患여기징이비후환. ❷고달프다, 피로하다.

13 ⑰【毚】 토끼 참 咸

㊥chán ㊐ザン

소전 초서 자해 토끼. 걸음이 빠르고 교활한 토끼.

毛部 털모

0 ④【毛】 털 모 豪

중학 인명 4Ⅱ급 ㊥máo ㊐モウ

필순 ノ 二 三 毛

소전 초서 자원 象形. 짐승의 털 모양을 본뜬 글자.

자해 ❶털. ㉮사람이나 동물의 살갗에 난 털. 〔禮記〕不獲二毛불획이모. ㉯식물의 줄기·잎·열매 등에 난 털. 〔禮記〕桃多毛도다모. ㉰모(毛), 동물의 몸에서 털을 깎아내어 만든 섬유. ¶ 毛織物모직물. ❷짐승, 길짐승. ❸털빛이 순일(純一)한 희생(犧牲). ❹모피, 털이 붙어 있는 가죽. 〔後漢書〕衣毛而冒皮의모이모피. ❺식물(植物), 풀, 채소. 〔春秋左氏傳〕食土之毛식토지모. ❻상마(桑麻), 상마가 자라다.
毛擧(모거) ①털끝만 한 작은 죄도 일일이 들추어내어 벌함. ②자잘한 일까지 죄다 적음. ③무거운 것을 가볍게 다룸.
毛髮(모발) ①사람의 머리털. ②사람의 몸에 난 터럭의 총칭.
毛細管(모세관) 동맥과 정맥을 이으며 조직 속에 퍼져 있는 가는 혈관.
毛詩(모시) 시경(詩經)의 딴 이름.
毛穎(모영) 붓의 딴 이름.
毛羽(모우) ①짐승의 털과 새의 깃. 羽毛(우모). ②길짐승과 날짐승.
毛衣(모의) ①새털. ②모피로 만든 옷. 갖옷.
毛氈(모전) 짐승의 털을 가공하여 만든 요. 담요. 양탄자.
毛織物(모직물) 털실로 짠 물건.
毛蟲(모충) ①몸에 털이 있는 짐승. 獸類(수류). 毛類(모류). ②다모류(多毛類)·복모류(複毛類) 또는 송충이·쐐기벌레와 같이 털이 있는 벌레의 총칭.
毛布(모포) 담요.
毛皮(모피) 털가죽.
毛筆(모필) 짐승의 털로 맨 붓. 毛錐子(모추자).
◨ 髮毛발모, 不毛불모, 鬢毛빈모, 體毛체모, 純毛순모, 羊毛양모, 羽毛우모, 脫毛탈모, 毫毛호모, 鴻毛홍모, 黃毛황모.

5 ⑨ 【毡】 氈(689)의 속자

7 ⑪ 【毬】 공 구 尤

인명 ㊥qiú ㊐キュウ

소전 초서 자해 ❶공. 둥글게 만들어 그 속을 털로 채운 운동구. ❷둥근 물체, 공처럼 둥근 모양을 한 물건.

毬工(구공) ①축구(蹴毬)를 잘함. ②격구나 타구에 쓰는 공을 만드는 직공.

毬果(구과) 소나뭇과 식물의 열매.

毬燈(구등) 모양이 둥근 등. 球燈(구등).

◨ 擊毬격구, 蹴毬축구, 打毬타구.

7 ⑪ 【毫】 가는 털 호 豪

고등 인명 3급 ㊥háo ㊐ゴウ

필순 亠 亠 亠 亠 亠 高 高 亳 亳 毫

초서 자원 形聲. 高+毛→毫. '高(고)'가 음을 나타낸다.

자해 ❶가는 털, 길고 끝이 뾰족한 가는 털. 〔漢書〕有益毫毛유익호모. ❷조금, 작거나 잔 것의 비유. ❸붓, 붓의 촉.

毫端(호단) ①붓끝. 筆端(필단). ②털끝. 극히 미세함.

毫釐(호리) 극히 적은 양.

毫釐之差(호리지차) 극히 작은 차이.

毫末(호말) 털끝. 극히 적은 양이나 극히 작은 것의 비유. 毫分(호분).

毫末之利(호말지리) 근소한 이익.

毫無(호무) 전혀 없음. 조금도 없음.

毫髮(호발) 가는 털. 극히 적은 것을 이름.

毫分縷析(호분누석) 매우 자세히 분석함.

◨ 白毫백호, 一毫일호, 秋毫추호, 揮毫휘호.

8 ⑫ 【毱】 鞠(1370)과 동자

8 ⑫ 【毯】 담요 담 感

㊥tǎn ㊐タン

초서 자해 담요, 모포. 털로 짠 깔개.

8 ⑫ 【毳】 1솜털 취 霽 2썰매 취 ㊍절 屑

㊥cuì, qiāo ㊐セイ

소전 초서 자해 1❶솜털, 부드럽고 가는 털. 〔周禮〕共其毳毛爲氈공기취모위전. ❷새의 배에 난 털. ❸모직물, 털로 짠 피륙. 〔唐書〕聯毳帳以居련취장이거. ❹털가죽, 모피. ❺맛나다, 부드럽고 맛이 있다. 〔史記〕旦夕得甘毳以養親단석득감취이양친. 2썰매.

毳衣(취의) 털옷. ㉠대부(大夫)가 입던 제복. ㉡승려의 법복(法服).

11 ⑮ 【毵】 毿 털 길 삼 覃

㊥sān ㊐サン

초서 자해 털이 긴 모양, 긴 털이 드리워져 있는 모양.

12 ⑯ 【氄】 솜털 용 腫

㊥róng ㊐ジョウ

초서 자해 ❶솜털, 짐승의 부드럽고 가는 털. 〔書經〕鳥獸氄毛조수용모. ❷털이 많은 모양.

12 ⑯ 【氅】 새털 창 養

㊥chǎng ㊐ショウ

소전 초서 자해 ❶새털, 새의 우모(羽毛). ❷새의 우모(羽毛)로 지은 옷. ¶ 鶴氅학창.

氅服(창복) ①도사(道士)가 입는 옷. ②외투.

氅衣(창의) 國벼슬아치가 평상시에 입던, 소매가 넓고 뒤 솔기가 갈라진 웃옷.

◨ 鶴氅학창.

13 ⑰ 【氈】 毡 모전 전 先

인명 1급 ㊥zhān ㊐セン

소전 초서 속자 毡 동자 氊 자해 모전(毛氈), 털로 짠 모직물, 융단.

氈笠(전립) ①털실로 짠 갓. ②國벙거지.

氈帽(전모) 모직으로 만든 모자.

◨ 毛氈모전, 靑氈청전, 靑氈舊物청전구물, 花氈화전.

13 ⑰ 【氊】 氈(689)과 동자

22 ㉖ 【氎】 모직물 첩 葉

㊥dié ㊐ジョウ

자해 모직물(毛織物), 올이 가늘고 고운 모직물.

氏部 각시 씨

0 【氏】 ①각시 씨 本시 紙
④ ②나라 이름 지 支

중학 인명 4급 中shì, zhī 日シ

필순 ㇀ ㇐ 𠂉 氏

소전 초서 동자 䏬 참고 인명용 음은 '씨' 이다.

자원 象形. 땅속에 내린 뿌리와 땅 위에 내민 줄기의 모양을 본뜬 글자.

자해 1 ❶**각시**. 옛날에는 부인은 이름이 없고, 친정의 성(姓)에 이 자를 붙여 이름에 대신하였기 때문에 생긴 뜻이다. 〔儀禮〕某氏來歸모씨래귀. ❷**성(姓). 같은 성(姓) 중에서 혈통의 갈래를 나타내는 말**. 〔春秋左氏傳〕氏族一也씨족일야. ❸**씨(氏)**. ㉮**사람의 호칭**. ¶ 伯氏백씨. ㉯**작위(爵位)나 관직(官職)에 붙이는 칭호**. ㉰**나라 이름·왕조(王朝) 이름·제후(諸侯)에게 붙이는 칭호**. ㉱國**사람의 성이나 이름 밑에 붙여서 존칭의 뜻을 나타낸다**. 2 **나라 이름**. 한대(漢代)에 서역(西域) 지방에 있던 나라 이름.

氏譜(씨보) 씨족의 계보(系譜). 족보(族譜).
氏族(씨족) ①겨레. 족속(族屬). ②(社)공동의 조상을 가진 혈연 공동체.

◨ 伯氏백씨, 姓氏성씨, 叔氏숙씨, 仲氏중씨.

1 【民】 백성 민 眞
⑤

중학 인명 8급 中mín 日ミン

필순 ㇕ ㇆ 𠃍 𠄌 民

소전 초서 자원 象形. 초목의 싹이 많이 나 있는 모양을 그려, 토지에 의지하여 사는 많은 사람, 곧 '백성'이란 뜻을 나타낸다.

자해 **백성**. ㉮**사람, 뭇사람, 인류**. 〔詩經〕厥初生民궐초생민. ㉯**임금의 통치를 받는 국민**. ㉰**벼슬이 없는 서민(庶民)**. 〔詩經〕宜民宜人의민의인.

民家(민가) 일반 백성이 사는 집.
民間(민간) 관(官)이나 군대에 속하지 않은, 일반 서민의 사회.
民膏(민고) 백성의 피와 땀. 백성들에게서 과중하게 거두어 들인 세금이나 재물.
民困(민곤) 백성의 곤궁. 民窮(민궁).
民權(민권) ①국민의 권리. ②국민이 정치에 참여하는 권리. ③국민의 신체의 자유·재산의 영유 등에 대한 권리.
民譚(민담) 예로부터 민간(民間)에서 전해 오는 이야기.
民德(민덕) 백성의 도리.
民度(민도) 국민의 문화 생활 수준.
民亂(민란) 일반 백성들이 일으키는 반란.
民力(민력) 백성의 노력이나 재력.
民瘼(민막) 백성이 악정(惡政)에 고생하는 일. 백성의 어려움.
民望(민망) ①국민의 희망. 백성의 소망. 輿望(여망). ②백성의 본보기. 民表(민표).
民牧(민목) ①고을의 원. ②지방관. 牧民官(목민관).
民物(민물) 백성의 재물. 民財(민재).
民泊(민박) 민가에 숙박함.
民法(민법) 개인 간의 신분이나 재산의 상속·처분에 관하여 규정한 법률.
民本(민본) 국민을 위주로 함.
民事(민사) ①백성이 하는 일. 농사. ②백성에 관한 일. ③사권(私權)에 관한 재판. 소송 사건. ④부역(賦役).
民生(민생) ①백성의 생계. 국민의 생활. ②사람의 천성(天性). ③국민의 생명.
民生苦(민생고) 일반 국민의 생활고.
民庶(민서) 백성. 庶民(서민). 民衆(민중).
民性(민성) 백성의 성정(性情).
民聲(민성) 국민의 소리. 곧, 여론.
民俗(민속) 민간의 풍속.
民時(민시) 농사를 짓는 시기. 농사 짓기에 한창 바쁠 때. 農繁期(농번기).
民心(민심) 백성들의 마음.
民營(민영) 민간인이 경영함.
民謠(민요) 한 겨레의 인정·풍속·생활 감정 따위를 나타낸 것으로, 민간에 전하여 내려오는 순박한 노래. 俗謠(속요).
民辱(민욕) 국민의 치욕(恥辱). 민족의 수치.
民用(민용) ①백성이 이용하는 것. ②백성이 쓰는 재물. ③백성이 쓰는 농기구(農器具).
民願(민원) 국민의 소원이나 청원.
民有(민유) 국민 개인의 소유.
民隱(민은) 백성의 어려움. 민중의 괴로움.
民彝(민이) 사람이 지켜야 할 떳떳한 도리. 부자에게는 자효(慈孝), 형제에게는 우애(友愛) 따위.
民賊(민적) 백성을 해치는 도둑의 무리.
民政(민정) ①백성의 안녕과 행복을 꾀하는 정치. ②민간인에 의한 정치.
民情(민정) ①국민의 사정과 생활 형편. ②민심(民心).
民族(민족) 같은 지역에서 오랫동안 공동 생활을 함으로써 언어나 풍습 등을 함께하는 인간 집단.

民主(민주) 주권이 국민에게 있음.
民衆(민중) 다수의 일반 국민.
民志(민지) 백성의 뜻.
民村(민촌) 상민(常民)이 사는 마을.
民治(민치) 백성을 다스림.
民弊(민폐) 민간에 끼치는 폐해.
民畫(민화) 민속·서민 생활 등을 소재로 그린 그림.
民話(민화) 민간에 전해 오는 이야기.
◨ 公民공민, 國民국민, 窮民궁민, 飢民기민, 農民농민, 萬民만민, 牧民목민, 保民보민, 浮民부민, 士民사민, 四民사민, 生民생민, 庶民서민, 善民선민, 市民시민, 植民식민, 臣民신민, 新民신민, 安民안민, 愛民애민, 良民양민, 黎民여민, 愚民우민, 流民유민, 移民이민, 人民인민, 濟民제민, 衆民중민, 烝民증민, 賤民천민, 村民촌민, 平民평민, 下民하민, 鄕民향민, 訓民훈민.

1 ⑤【氏】 ①근본 저 霽 ②종족 이름 저 齊
㊥dǐ, dī ㊐テイ
소전 초서 자해 ①❶근본, 근원. 〔詩經〕 尹氏大師윤씨대사, 維周之氏유주지저. ❷대저, 대개. ≒抵. ②❶종족(種族) 이름. 서역(西域) 지방에 살던 종족으로, 한대(漢代) 이후로는 종종 중원에 쳐들어왔고, 남북조(南北朝) 시대에는 오호 십육국(五胡十六國)의 여러 나라를 강북(江北)에 세웠다. ¶ 氐羌저강. ❷숙이다. =低. 〔漢書〕 封君皆氐首仰給焉봉군개저수앙급언. ❸별자리 이름. 28수(宿)의 하나.
氐首(저수) 고개를 숙임.

4 ⑧【氓】 백성 맹 庚
인명 ㊥méng ㊐ボウ
소전 초서 자해 백성, 다른 나라나 지방에서 이주해 온 백성.
氓隷(맹례) 천한 백성. 萌隷(맹례).
◨ 殘氓잔맹, 蒼氓창맹.

气部 기운기엄

0 ④【气】 ①기운 기 未 ②빌 걸 物
㊥qì, qǐ ㊐キ, キツ
소전 초서 참고 부수의 명칭은 모양이 '氣(기운 기)'의 엄에 해당한다 하여 '기운기엄'이라고 부른다.
자원 象形. 구름이 피어오르는 모양을 본뜬 글자.
자해 ①❶기운. =氣. ❷한자 부수의 하나, 기운기엄. ②빌다. =乞.

2 ⑥【気】 氣(691)의 속자

4 ⑧【氛】 氣(691)의 고자

4 ⑧【氛】 기운 분 文
㊥fēn ㊐フン
소전 초서 자해 ❶기운. ㉮조짐, 좋거나 나쁜 일이 생길 징조. ㉯요기(妖氣), 좋지 않은 기운. 〔楚辭〕 吸精粹而吐氛濁兮흡정수이토분탁혜. ㉰하늘의 기운. ❷재앙. 〔漢書〕 氛邪歲增분사세증.
氛氣(분기) ①공중에 보이는 운하(雲霞) 같은 기운. ②악한 기(氣). 재앙의 전조.
氛埃(분애) 먼지. 티끌. 氛垢(분구).
氛祲(분침) ①바다 위에 낀 짙은 안개. 해미. ②요사스럽고 악독한 기운. 氣祲(기침).

6 ⑩【氣】气 기운 기 未
중학 인명 7급 ㊥qì ㊐キ, ケ
필순 丿 𠂉 𠂉 气 气 气 気 氣 氣 氣
소전 초서 고자 氛 동자 气 속자 気 속자 気
자원 形聲. 气+米→氣. '气(기)'가 음을 나타낸다.
자해 ❶기운. ㉮기상 변화에 따른 구름의 움직임. 〔春秋左氏傳〕 登臺以望雲氣등대이망운기. ㉯자연 현상. 〔春秋左氏傳〕 天有六氣천유륙기. ㉰원기, 만물 생성(生成)의 근원. 〔易經〕 精氣爲物정기위물. ㉱심신(心身)의 근원이 되는 활동력. 〔孟子〕 我善養吾浩然之氣아선양오호연지기. ㉲힘, 기세, 세력. 〔史記〕 力拔山兮氣蓋世력발산혜기개세. ㉳연기·안개 등이 끼어 있는 현상. ❷공기, 대기. ❸숨, 숨 쉴 때 나오는 기운. 〔論語〕 屛氣似不息者병기사불식자. ❹기상(氣象). ❺마음, 의사(意思). 〔史記〕 百姓無怨氣백성무원기. ❻성질, 기질.
氣槪(기개) 굽히지 않는 강한 의기. 씩씩한 기상과 꿋꿋한 절개.
氣蓋世(기개세) 기가 세상을 덮음. 곧, 의기가 왕성하여 세상을 압도함.

气 6획

氣格(기격) 품격(品格). 氣品(기품).
氣決(기결) 기상이 예리하고 결단력이 풍부함.
氣高(기고) 하늘이 맑게 개고 높음.
氣骨(기골) ①기혈(氣血)과 골격(骨格). ②씩씩한 의기. 정의를 지켜 굴하지 않는 기상. 俠骨(협골). 氣概(기개).
氣球(기구) 공기보다 가벼운 기체를 넣어 공중에 높이 올라가도록 만든 둥근 주머니.
氣根(기근) ①사물의 견뎌 내는 힘. 精力(정력). 根氣(근기). ②공기 중에 노출되어 수분을 섭취하는 뿌리. 공기뿌리.
氣囊(기낭) ①새의 흉복부(胸腹部)에 있어 몸이 뜨도록 돕는 공기 주머니. ②기구(氣球)에 딸린, 가스를 넣은 주머니.
氣短(기단) 기력이 약함.
氣力(기력) 사람의 몸으로 활동할 수 있는 힘.
氣類(기류) 마음이 맞는 친구. 의기가 투합(投合)하는 동지. 同類(동류).
氣脈(기맥) ①기혈(氣血)과 맥락(脈絡). 血脈(혈맥). ②낌새나 감정·의지 따위의 분위기.
氣味(기미) ①냄새와 맛. ②낌새. 기척.
氣魄(기백) 씩씩한 기상과 진취성이 있는 정신. 氣概(기개). 根氣(근기).
氣癖(기벽) 지거나 굽히지 않으려는 성질.
氣分(기분) 마음에 저절로 느껴지는 감정.
氣象(기상) ①기품(氣稟)이 겉으로 드러난 상태. 타고난 성정(性情). 氣質(기질). ②풍우(風雨)·한서(寒暑)·음청(陰晴) 따위와 같은 자연계의 현상.
氣色(기색) ①얼굴에 나타난 감정의 변화. ②모양. 상태. 상황.
氣塞(기색) ①숨이 막힘. ②과격한 정신적 충격으로 호흡이 막히는 병.
氣勢(기세) 기운차게 내뻗는 형세.
氣數(기수) 운수(運數).
氣息(기식) 호흡. 숨.
氣食牛(기식우) 호랑이나 표범의 새끼는 작아도 소를 잡아 먹는 의기가 있음. 나이는 적어도 남을 능가하는 왕성한 의기가 있음.
氣壓(기압) 대기의 압력.
氣弱(기약) ①원기가 약함. ②의지가 약함. 마음이 보드라움.
氣焰(기염) ①대단한 기세. 굉장한 호기(豪氣). ②타오르는 불꽃. 氣燄(기염). ③마음이 굳고 바름.
氣銳(기예) 의기가 날카롭고 성(盛)함.
氣勇(기용) 용기가 있음.
氣運(기운) ①시세(時勢)가 돌아가는 형편. 時運(시운). ②운수(運數).
氣韻(기운) 문장이나 서화에 드러난 생동감과 고상한 멋.
氣鬱(기울) 기분이 우울함.
氣絶(기절) ①숨이 끊어짐. ②한때 정신을 잃음. 卒倒(졸도).
氣節(기절) ①기개(氣槪)와 절개(節槪). 의기(意氣)와 절조(節操). ②기후.
氣志(기지) 기질과 의지.
氣盡脈盡(기진맥진) 기운과 의지력이 다하여 스스로 가누지 못할 지경이 됨.
氣質(기질) ①기품(氣稟). 기상(氣象). 氣性(기성). ②인간의 성격을 특징지을 수 있는 감정의 경향.
氣質之性(기질지성) 기질의 성. 본연의 성(性)은 이(理)에서 생겨나므로 순일무잡(純一無雜)하지만 기질의 성은 기(氣)에서 생겨나기 때문에, 기의 청탁(淸濁)·혼명(昏明)·후박(厚薄)에 따라 선악(善惡)·현우(賢愚)의 차별이 생긴다는 정주학파(程朱學派)의 학설.
氣體(기체) 공기처럼 일정한 형체나 부피가 없는 물체.
氣縮(기축) 의기가 움츠러듦. 기가 질림.
氣泡(기포) 거품. 泡沫(포말).
氣胞(기포) ①허파로 들어간 기관지의 끝에 있는 작은 주머니. 호흡할 때 가스를 교환하는 작용을 함. ②물고기의 부레.
氣品(기품) ①품격(品格). 기격(氣格). ②고상한 성품. ③풍취(風趣).
氣風(기풍) 기상과 풍도(風度). 氣質(기질).
氣乏(기핍) 기력이 아주 부족함.
氣合(기합) 호흡이 맞음. 의기가 서로 투합(投合)함.
氣血(기혈) ①생기와 혈액. ②피의 순환.
氣俠(기협) 호탕한 기상. 용감한 마음. 俠氣(협기). 義俠(의협).
氣候(기후) ①1년의 24절기와 72후(候). ②어느 지역의 평균적인 기상 상태.

◨ 感氣감기, 剛氣강기, 客氣객기, 驚氣경기, 空氣공기, 狂氣광기, 嵐氣남기, 怒氣노기, 毒氣독기, 同氣동기, 士氣사기, 瑞氣서기, 濕氣습기, 神氣신기, 心氣심기, 傲氣오기, 勇氣용기, 元氣원기, 義氣의기, 日氣일기, 才氣재기, 電氣전기, 節氣절기, 正氣정기, 精氣정기, 蒸氣증기, 天氣천기, 聽氣총기, 胎氣태기, 妬氣투기, 覇氣패기, 寒氣한기, 香氣향기, 血氣혈기, 浩氣호기, 豪氣호기, 和氣화기, 換氣환기, 活氣활기.

6 ⑩ 【氤】 기운 성할 인 眞

㊥yīn ㊐セイ

초서 [자해] **기운이 성(盛)하다.** 〔舊唐書〕 和氣氤氳화기인온.

气 6획

氤氳(인온) ①천지의 기운이 화하고 성한 모양. 氤縕(인온). ②기분이 화평한 모양.

7 ⑪【氰】 霠(1359)와 동자

10 ⑭【氳】 기운 성할 온 文

㊥yún ㊐ウン

초서 자해 기운이 성(盛)하다.

水部 물수

0 ④【水】 물 수 紙

중학 인명 8급 ㊥shuǐ ㊐スイ

필순 亅 刁 水 水

소전 초서 참고 ❶'水'가 한자의 구성에서 변에 쓰일 때는 글자 모양이 '氵'으로 바뀌고 '삼수변'이라고 부른다. ❷'水'가 '泰' 자에서와 같이 발에 쓰일 때는 글자 모양이 '氺'로 바뀐다.

자원 象形. 물이 끊임없이 흘러내리는 모양을 본뜬 글자.

자해 **❶물.** 〔老子〕上善若水상선약수. **❷물의 범람, 홍수.** 〔漢書〕堯禹有九年之水요우유구년지수. **❸오행(五行)의 하나.** 때로는 겨울, 방위로는 북쪽, 오성(五星)으로는 신성(辰星), 오음(五音)으로는 우(羽), 십간(十干)으로는 임·계(壬癸), 벼슬로는 사구(司寇), 오상(五常)으로는 지(智), 오감(五感)으로는 덕(德), 오장(五臟)으로는 신(腎)에 배당된다. **❹별자리 이름.** **❺평평하다.** ¶ 水平수평. **❻음기(陰氣).**

水鏡(수경) ①물이 물체를 반영하듯이, 공평한 처지에서 사물을 판단하여 남의 모범이 되는 일. ②달의 딴 이름. ③물속에서 물이 눈으로 들어오지 못하도록 쓰는 안경.

水攻(수공) ①강물을 막아 적의 성을 침수시키는 전법. ②용수(用水)의 길을 끊어 적군이 갈증에 못 견디어 항복하게 하는 전법.

水光(수광) 수면에 비치는 빛.

水國(수국) 호수·늪·내·섬 따위가 많은 땅. 水鄕(수향).

水氣(수기) ①물기. ②습기. 수증기. ③신경(腎經)의 음기.

水稻(수도) 논에 심는 벼.

水到魚行(수도어행) 물이 흐르면 고기가 그 속을 다님. 때가 오면 일이 이루어짐.

水剌(수라) 國임금이 먹는 밥. 水剌(수라).

水落(수락) 시냇물이 줄어듦.

水落石出(수락석출) ①물이 말라 밑바닥의 돌이 드러남. 겨울 강(江)의 경치. ②드디어 사건의 진상(眞相)이 밝혀짐. 정체가 드러남.

水路(수로) ①물이 흐르는 길. 물길. ②배가 다니는 길.

水龍(수룡) ①물속의 용. ②전투에 쓰는 배. 전선(戰船).

水樓(수루) 물가에 세운 높은 누각(樓閣). 水閣(수각).

水陸(수륙) ①물과 육지. ②수로(水路)와 육로(陸路).

水陸珍味(수륙진미) 육지와 바다에서 나는 온갖 맛있는 음식물. 山海珍味(산해진미).

水利(수리) 물을 이용하여 얻게 되는 편리. 관개 용수나 식수 따위로 물을 이용하는 일.

水魔(수마) 수해(水害)를 악마에 비유하여 이르는 말.

水明(수명) 물이 맑음. 물의 경치가 아름다움.

水沒(수몰) 물속에 잠김.

水墨畫(수묵화) 성당(盛唐) 때부터 시작된 동양화의 한 가지. 채색을 쓰지 않고 수묵의 농담(濃淡)의 조화로써 초자연적 표현을 주로 하는 그림. 墨畫(묵화) 水墨(수묵).

水面(수면) 물의 겉면.

水門(수문) 물의 흐름을 막거나 유량을 조절하기 위해 만드는 문.

水兵(수병) 해군의 병사.

水夫(수부) 뱃사공. 뱃사람. 船員(선원). 水手(수수).

水分(수분) 물기.

水師(수사) ①해군. 水軍(수군). ②선원. 뱃사공. 水手(수수).

水上(수상) 물가. 물위.

水石(수석) ①물과 돌. ②물과 바위로 이루어진 경치. ③산수의 경치.

水仙(수선) ①수중의 선인(仙人). ㉠춘추 시대 오(吳)나라의 오자서(伍子胥). ㉡전국 시대 초(楚)나라의 굴원(屈原). ②수선화과에 속하는 여러해살이풀. 水仙花(수선화).

水星(수성) 태양계의 9개 행성 중에서 가장 작으며 태양에 가장 가까운 별. 辰星(진성).

水性(수성) 물의 성질.

水勢(수세) ①물이 흐르는 기세. ②물이 흐르는 방향. ③물의 본성(本性). ④물의 양. 水量(수량).

水素(수소) 무색·무미·무취의 기체로 모든 물질 중에서 가장 가벼운 원소.

水丞(수승) 연적(硯滴)의 딴 이름. 벼룻물을

담아 두는 그릇이라는 데서 온 말.
水神(수신) 물을 맡아 다스리는 신.
水深(수심) 물의 깊이.
水液(수액) 물이나 액체.
水泳(수영) 헤엄침.
水營(수영) 수군절도사가 있던 군영.
水影(수영) ①물 위에 만들어지는 신기루(蜃氣樓). ②물그림자.
水溫(수온) 물의 온도.
水旺之節(수왕지절) 오행에서, 물의 기운이 왕성한 절기. 곧, 겨울.
水溶(수용) 물에 녹음.
水月鏡化(수월경화) 물에 비친 달과 거울에 비친 꽃. 볼 수는 있어도 잡을 수 없는 것.
水位(수위) 물의 높이.
水銀(수은) 수은.
水長(수장) ①강의 흐름이 깊. ②물의 양이 불어남. 增水(증수).
水葬(수장) ①죽은 사람을 물에 장사 지냄. ②물속에 가라앉히거나 물속에서 잃어버림.
水災(수재) 큰물로 입는 재해.
水積成川(수적성천) 물방울이 모여 시내를 이룸. 積小成大(적소성대).
水戰(수전) 물에서 싸움.
水正果(수정과) 國생강과 계핏가루를 넣어 달인 물에 설탕이나 꿀을 타고, 곶감·잣 등을 넣어 만든 음식.
水晶宮(수정궁) 전설에 나오는, 수정으로 지은 아름다운 궁전.
水槽(수조) 물을 담아 두는 큰 통.
水腫(수종) 신체의 조직 간격(間隔)이나 체강(體腔)에 림프액·장액(漿液)이 많이 고여서 몸이 붓는 병.
水準(수준) 사물의 가치나 등급 따위의 기준이 되는 일정한 표준이나 정도.
水質(수질) 물의 성질.
水車(수차) ①논에 물을 대는 물레. 龍骨車(용골차). ②물레방아. ③빠른 배.
水脹(수창) 배가 붓는 병. 脹滿(창만).
水彩(수채) 물의 광채.
水彩畫(수채화) 물감을 물에 풀어 그린 그림.
水尺(수척) ①율려(律呂)를 재는 척도(尺度)의 이름. ②수준기(水準器). ③國삼국 시대의 유민(流民)의 한 족속. 무자리.
水天一色(수천일색) 물과 하늘이 한 가지 색깔임. 바다와 하늘이 맞닿아 그 경계를 알 수 없을 만큼 한가지로 푸름.
水草(수초) 물속이나 물가에 자라는 풀.
水土(수토) ①그 지방의 기후·풍토. 그 지방의 자연 환경. ②물과 뭍. 水陸(수륙). ③토지.
水土不服(수토불복) 물이나 풍토가 몸에 맞지 않아 위장이 나빠짐.
水平(수평) ①평평한 상태. ②수직에 직각인 방향. ③수준기(水準器).
水泡(수포) ①물거품. 水沫(수말). ②허무한 인생. ③공들인 일이 헛되이 됨.
水害(수해) 홍수로 인한 피해.
水行(수행) ①물 위를 감. ②물의 흐름.
水鄕(수향) 물가의 마을. 물이 많은 고장.
水化(수화) ①물의 작용으로 암석·지질 등에 일어나는 변화. ②물에 빠져 죽음.
水火(수화) 물과 불. ①일상생활에 없어서는 안 될 중요한 것. ②상반(相反)됨. 사이가 나쁨. 氷炭(빙탄). ③물에 빠지고 불에 타는 듯한 대단한 괴로움. ④홍수나 화재처럼 기세가 대단한 모양. ⑤격노(激怒)함. ⑥몹시 위험함.

◨ 渴水갈수, 冷水냉수, 漏水누수, 潭水담수, 防水방수, 排水배수, 碧水벽수, 噴水분수, 山水산수, 上水상수, 生水생수, 軟水연수, 雨水우수, 流水유수, 肉水육수, 潛水잠수, 淨水정수, 潮水조수, 淸水청수, 治水치수, 濁水탁수, 風水풍수, 下水하수, 河水하수, 寒水한수, 海水해수, 香水향수, 湖水호수, 洪水홍수, 吃水흘수.

1
⑤【氷】 얼음 빙 蒸

중학 인명 5급 ㊥bīng ㊐ヒョウ

필순 丨 亅 𠄌 氵 氷

소전 [篆] 초서 [草] 본자 冰 고자 冫 자원 會意·形聲. 仌+水→冰→氷. '仌'은 '얼다'의 상형자. 얼음은 물이 언 것이므로 '水'를 더하여 '얼음'을 뜻한다. '仌'은 음도 나타낸다.

자해 ❶**얼음**. 〔漢書〕冰者빙자, 陰之盛而水滯者也음지성이수체자야. ❷**얼다**. ❸**기름**, **지방**(脂肪). 〔莊子〕肌膚若冰雪기부약빙설. ❹**전동**(箭筒) **뚜껑**. 〔春秋左氏傳〕公徒釋甲공도석갑, 執冰而踞집빙이거.

氷潔(빙결) 얼음처럼 청결함. 氷淸(빙청).
氷鏡(빙경) ①얼음처럼 차고 맑게 보이는 달. 氷輪(빙륜). ②얼음처럼 맑은 거울.
氷庫(빙고) 얼음을 넣어 두는 창고.
氷顧鼎鑊(빙고정확) 國얼음이 뜨거운 솥으로 들어감. 죽음을 각오하고 위태한 곳에 뛰어듦.
氷谷(빙곡) 얼음으로 덮인 골짜기.
氷肌玉骨(빙기옥골) 얼음 같은 살결과 옥같은 뼈대. ㉠매화(梅花)의 곱고 깨끗한 모습. ㉡살결이 맑고 깨끗한 미인.
氷囊(빙낭) 얼음 찜질에 쓰는 얼음주머니.

氷涼(빙량) 몹시 차가움.
氷泮(빙반) 얼음이 녹음. ㉠얼음이 녹는 시기. 곧, 2월경. ㉡고정(固定)되지 않음. 위험한 상태의 비유. ㉢흔적도 없이 사라져 버림.
氷壁(빙벽) 눈·얼음으로 덮인 암벽.
氷膚(빙부) 얼음처럼 희고 깨끗한 살결.
氷山(빙산) ①얼음산. 권세는 믿을 수 없음. 얼음산은 열을 만나면 곧 녹아 버리는 데서 온 말. ②극지(極地)의 빙하(氷河)에서 떨어져 나와 바다에 산처럼 떠다니는 얼음 덩어리.
氷霜(빙상) ①얼음과 서리. ②절조가 굳음.
氷上(빙상) 얼음판 위.
氷釋(빙석) 얼음이 녹음. 의혹(疑惑)이 깨끗이 풀리는 일. 氷解(빙해).
氷雪(빙설) ①얼음과 눈. ②맑고 깨끗함.
氷消霧散(빙소무산) 얼음이 녹고 안개가 흩어짐. 흔적도 없이 사라져 버림.
氷消瓦解(빙소와해) 얼음이 녹고 기와가 산산이 깨어짐. 자취도 없이 소멸함.
氷水(빙수) ①얼음과 물. ②차디찬 물. ③얼음을 녹인 물.
氷心(빙심) 얼음처럼 맑은 마음.
氷顔(빙안) ①얼음처럼 투명하고 아름다운 얼굴. ②차고 인정미가 없는 얼굴.
氷玉(빙옥) ①얼음과 옥. 맑고 깨끗하여 아무 티가 없음. ②빙청옥윤(氷淸玉潤).
氷翁(빙옹) ①아내의 아버지. 장인. 聘丈(빙장). ②중매인. 氷人(빙인).
氷原(빙원) 극 지방의 두꺼운 얼음으로 덮인 벌판.
氷夷(빙이) 하신(河神)의 이름. 河伯(하백).
氷人(빙인) 중매하는 사람. 月下氷人(월하빙인). 氷翁(빙옹).
氷刃(빙인) ①시퍼런 칼날. 白刃(백인). ②칼날 같은 얼음.
氷蠶(빙잠) 전설에 나오는 누에. 산속의 서리와 눈 속에서 나며, 이 누에에서 나오는 실은 젖지 않고 타지 않는다고 함.
氷點(빙점) 어는점. 물이 얼거나 얼음이 녹기 시작할 때의 온도. 0℃.
氷淸(빙청) ①얼음처럼 맑음. 비쳐 보일 정도로 맑음. 氷潔(빙결). ②장인.
氷淸玉潔(빙청옥결) 얼음같이 맑고 옥같이 깨끗함. 맑고 깨끗한 덕행(德行).
氷淸玉潤(빙청옥윤) 얼음같이 맑고 옥같이 매끄러움. ㉠훌륭한 장인과 훌륭한 사위. 故事 진(晉)나라의 위개(衛玠)가 장인인 악광(樂廣)과 더불어 명망이 높아 당시 사람들이 '婦翁氷淸, 女壻玉潤'이라 한 데서 나온 말. ㉡고결한 인품.
氷枕(빙침) 얼음을 넣어서 베는 베개.
氷炭(빙탄) 얼음과 숯불. 성질이 상반(相反)되어 서로 어울리지 않음.
氷板(빙판) 얼음판.
氷海(빙해) ①칼집. ②남북극 지방의 얼어붙은 바다.
氷壺秋月(빙호추월) 얼음을 담은 옥호(玉壺)와 가을의 밝은 달. 청렴결백(淸廉潔白)한 마음.
氷魂(빙혼) 얼음같이 맑고 깨끗한 넋. 매화의 비유.
氷紈(빙환) 얼음처럼 희고 빛나는 비단.
氷戲(빙희) 얼음지치기.
◨ 結氷결빙, 薄氷박빙, 製氷제빙, 採氷채빙.

1 ⑤ 【丞】 1들 승 迥 / 2나라 이름 증 徑

인명 ㊥zhěng, zhèng ㊐ショウ, ジョウ

참고 인명용 음은 '승'이다.

자해 1 ❶들다. ❷구하다. ❸고을 이름. 산동성(山東省)에 있던 고을. 2나라 이름. 한대(漢代)에 있던 제후국의 이름.

1 ⑤ 【永】 1길 영 梗 / 2읊을 영 敬

중학 인명 6급 ㊥yǒng ㊐エイ

필순 丶 亅 ⺀ 升 永

소전 [篆] 초서 [草] 동자 [同字] 자원 象形. 길게 뻗어 있는 물줄기의 모양. 그래서 '길다'라는 뜻을 나타낸다.

자해 1 ❶길다, 오래다. 〔詩經〕 永觀厥成영관궐성. ❷깊다. 〔漢書〕 永思所以奉至尊章洪業영사소이봉지존장홍업. 2읊다, 말을 길게 빼다. 〔書經〕 歌永言가영언.
永歌(영가) 가락을 길게 뽑아 노래함.
永感(영감) 부모가 다 돌아가시어 오랫동안 애통해함.
永劫(영겁) (佛)영원한 세월.
永訣(영결) 영원한 이별. 사별(死別).
永久(영구) ①길고 오램. ②언제까지나.
永年(영년) 오랜 세월.
永賣(영매) 토지나 가옥을 아주 팔아 버림.
永眠(영면) 영원히 잠을 잠. 죽음. 永逝(영서). 永蟄(영칩).
永命(영명) 목숨이 긺. 長生(장생).
永慕(영모) 길이 사모함. 한평생 조상을 깊이 사모하여 잊지 않음.
永福(영복) 죽은 뒤에 누리는 복락. 영원한 행복. 永祚(영조). 冥福(명복). 遠祚(원조).
永生(영생) ①장수(長壽). 長生(장생). ②영원히 생존함. ③종교에서 말하는 극락·천당에서 영원히 사는 일.

永逝(영서) 영원히 떠나감. 죽음. 長逝(장서).
永世(영세) 오랜 세월. 永代(영대).
永世無窮(영세무궁) 끝없는 영원한 세월.
永世不忘(영세불망) 영원히 잊지 않음.
永嘯(영소) 소리를 길게 빼어 읊음.
永壽(영수) 오래 삶. 長壽(장수).
永哀(영애) 길이 슬퍼함.
永言(영언) 말을 길게 끎. 말을 노래로 읊음. 永歌(영가).
永遠(영원) 언제까지고 계속하여 끝이 없음.
永字八法(영자팔법) 서예에서 '永' 자 한 글자로써 나타낸, 모든 글씨에 공통되는 여덟 가지 운필법(運筆法). 후한(後漢)의 채옹(蔡邕)이 고안하였다는 설과 진대(晉代)의 왕희지(王羲之)가 창안하였다는 설이 있음.
永終(영종) ①종국(終局)에 이르기까지 길이 계속함. 끝까지 완수함. ②영구히 끊어짐.
永住(영주) 일정한 곳에 오랫동안 거주함.
永歎(영탄) ①깊이 탄식함. 長歎(장탄). ②목소리를 길게 뽑아 정회(情懷)를 읊음.
永宅(영택) 영원히 있어야 할 집. 곧, 무덤.
永窆(영폄) 완전하게 장사함. 完葬(완장).
永號(영호) 소리를 길게 빼어 노래함.
永懷(영회) 오래도록 마음속에 품어 잊지 못함.

2
⑦【求】 구할 구 尤

중학 인명 4Ⅱ급 ⊕qiú ⊟キュウ

필순 一 十 才 才 求 求 求

초서 자원 象形. 털가죽으로 만든 옷의 모양. 뒤에 '구하다'라는 뜻으로 가차되었다.

자해 ❶구하다. 찾다. 〔易經〕同氣相求동기상구. ❷묻다. ❸탐하다. 〔論語〕不忮不求불기불구. ❹힘쓰다. 〔禮記〕君子行禮군자행례, 不求變俗불구변속. ❺취(取)하다. 〔孟子〕勿求於心물구어심. ❻부르다. 〔孟子〕是自求禍也시자구화야. ❼끝, 종말(終末). ≒究. ❽모으다. ≒逑. 〔詩經〕萬福來求만복래구.

求假(구가) ①구하여 빌려 옴. ②휴가를 청함. 請暇(청가).
求乞(구걸) 남에게 돈·물건 등을 빌어서 얻음.
求道(구도) ①길을 구함. ②바른 진리를 물어 찾음. ③(佛)불법의 정도(正道)를 구함.
求望(구망) 구하고 바람.
求福(구복) 복을 내려 달라고 신에게 빎.
求備(구비) 겸비(兼備)할 것을 구함. 완비(完備)할 것을 요구함.
求嗣(구사) 國대를 이을 자식을 얻으려고 첩을 구함.
求索(구색) 구하여 찾음.
求善不厭(구선불염) 선을 구하여 싫어하지 아니함. 한결같이 선을 행함.
求成(구성) 강화(講和)를 청함.
求詩(구시) ①시(詩)를 구함. 옛날에는 채시관(採詩官)이 있어서 민간의 시를 수집하였음. ②시를 생각함.
求心力(구심력) 원의 중심으로 나아가려는 힘.
求愛(구애) ①사랑을 구함. ②이성(異性)에게 사랑을 구함.
求言(구언) 임금이 신하의 직언(直言)을 구함.
求人(구인) 일할 사람을 구함.
求全(구전) ①완전하기를 구함. ②생명의 안전을 구함.
求田問舍(구전문사) 논밭이나 집을 사려고 물음. 이기적인 데만 마음을 쓰고 원대(遠大)한 뜻이 없음.
求全之毁(구전지훼) 일을 온전하게 하려다가 도리어 남에게서 비방을 당함.
求之不得(구지부득) 구해도 얻지 못함.
求職(구직) 직업을 구함.
求刑(구형) 피고인에게 어떤 형벌을 주기를 검사가 판사에게 요구함.
求婚(구혼) ①결혼할 것을 요구함. ②결혼할 상대를 구함.
求和(구화) ①화목(和睦)을 구함. ②창화(唱和)를 구함.

◨ 渴求갈구, 強求강구, 同氣相求동기상구, 不求聞達불구문달, 要求요구, 欲求욕구, 請求청구, 追求추구, 探求탐구.

2
⑤【氿】 샘 궤 紙

⊕guǐ ⊟キ

소전 초서 동자 瀬 자해 샘.

氿泉(궤천) 곁갈래에서 나는 샘.

2
⑤【氾】 넘칠 범 陷

인명 1급 ⊕fàn ⊟ハン

소전 초서 자해 《同》泛(707) ❶넘치다. 〔孟子〕氾濫於中國범람어중국. ❷물로 씻다. 〔漢書〕彗氾畫塗혜범화도. ❸떠다니다. 〔楚辭〕將氾氾若水中之鳧乎장범범약수중지부호. ❹넓다. ❺두루, 골고루. 〔莊子〕墨子氾愛兼利而非묵자범애겸리이비. ❻많다.

氾濫(범람) ①물이 넘쳐 흐름. ②시세(時勢)에 따라 변천함. 浮沈(부침). ③물결 따라 흔들리는 모양.

氾博(범박) 대단히 넓음. 광대함.
氾氾(범범) ①물에 뜬 모양. ②널리 대중을 사랑하는 모양.
氾船(범선) 배를 띄움. 汎船(범선).
氾愛兼利(범애겸리) 모든 사람을 골고루 사랑하고, 이익을 같이 하는 일.
氾然(범연) 구속되지 않는 모양.

2 ⑥【汞】 永(695)과 동자

2 ⑤【汀】 1물가 정 青 2뜻 이루지 못할 정 徑
인명 2급 ㊥tīng, tìng ㊐テイ
소전 초서 동자 汑 자해 1 ❶물가. 〔楚辭〕搴汀洲兮杜若건정주혜두약. ❷모래섬. 2❶뜻을 이루지 못하다. ¶ 汀濘정형. ❷작은 시내.
汀濼(정영) 물이 맑고 깨끗함. 汀濘(정형).
汀渚(정저) 물가의 편평한 땅.
汀洲(정주) 얕은 물 가운데 토사가 쌓여 섬처럼 드러난 곳.
汀濘(정형) ①정영(汀濼). ②작은 시내. 小川(소천). ③뜻을 이루지 못한 모양.

2 ⑤【汁】 1즙 즙 緝 2화협할 협 葉 3國그릇 집
인명 1급 ㊥zhī, xié ㊐ジュウ, キョウ
소전 초서 참고 인명용 음은 '즙'이다.
자해 1❶즙. ❷남의 덕으로 얻은 이익. 〔史記〕彼勸太子戰攻피권태자전공, 欲啜汁者衆욕철즙자중. ❸진눈깨비. 〔禮記〕天時雨汁천시우즙. 2화협(和協)하다. ≒協. 3그릇, 살림살이 도구.
汁物(❶즙물 ❷집물) ❶도자기에 쓰는 잿물. 汁釉(즙유). ❷國살림살이에 쓰는 온갖 그릇.
◼ 果汁과즙, 膽汁담즙, 液汁액즙, 乳汁유즙, 肉汁육즙.

3 ⑥【江】 강 강 江
중학 인명 7급 ㊥jiāng ㊐コウ
필순 丶 丶 氵 汀 江 江
소전 초서 자원 形聲. 水+工→江. '工(공)'이 음을 나타낸다.
자해 ❶강. 〔書經〕三江既入삼강기입. ❷양자강(揚子江). 〔書經〕岷山導江민산도강. ❸별 이름.

江南(강남) ①양자강(揚子江) 이남의 땅. 강소(江蘇)·안휘(安徽)·강서(江西) 삼성(三省)의 땅으로 옛날 초(楚)나라·월(越)나라의 땅. ②강의 남쪽.
江東(강동) 양자강(揚子江) 하류 남안(南岸)의 땅. 오(吳)나라 땅으로 초(楚)나라의 항우(項羽)가 군사를 일으킨 곳. 江左(강좌).
江頭(강두) ①강가. 江靡(강미). ②당대(唐代)에 장안(長安)에 있던 곡강(曲江)의 강변.
江邊(강변) 강가. 江靡(강미).
江北(강북) ①양자강 이북의 땅. ②강의 북쪽.
江山(강산) ①강과 산. 山川(산천). 山河(산하). ②국토(國土).
江山之助(강산지조) 산수의 아름다운 풍경이 시정(詩情)을 도와 좋은 시를 짓게 하는 일.
江上(강상) ①강가. ②강물의 위.
江西(강서) ①양자강 중류(中流) 남안의 땅. 江右(강우). ②중국의 성(省) 이름. 양자강 중류의 남쪽, 춘추 시대 오(吳)·월(越)·초(楚) 삼국의 경계지. ③강의 서쪽.
江心(강심) 강의 한가운데.
江心補漏(강심보루) 강 한가운데 가서 새는 곳을 고침. 이미 때가 늦음.
江渚(강저) ①강가. ②강 가운데 있는 작은 섬.
江村(강촌) 강가에 있는 마을. 江鄕(강향).
江風(강풍) 강바람.
江河(강하) ①양자강과 황하(黃河). ②큰 강.
江海(강해) ①강과 바다. ②넓음. ③풍부함. ④세상. 江湖(강호).
江湖(강호) ①강과 호수. ②세상. 江海(강해). ③조정(朝廷)에 대하여 시골을 이름. 은사(隱士)가 사는 곳.
江湖散人(강호산인) ①세상을 등지고 자연을 벗하며 사는 사람. ②마음 내키는 대로 돌아다니며 사는 사람.
◼ 九江구강, 大江대강, 渡江도강, 長江장강.

3 ⑥【汎】 뜰 범 陷
인명 1급 ㊥fàn ㊐ハン
소전 초서 자해 ❶뜨다. 〔國語〕汎舟於河범주어하. ❷떠돌다. ❸넓다, 널리. 〔論語〕汎愛衆범애중. ❹두루. 〔魏書〕普汎加一級보범가일급.
汎濫(범람) ①큰물이 넘침. ②널리 모든 일에 통함. 博涉(박섭). ③멋대로 지껄이는 말. 불확실한 말.
汎論(범론) 넓은 범위에 걸쳐 개괄한 이론.
汎汎(범범) ①물에 표류하는 모양. ②물이 넓게 넘쳐 흐르는 모양.
汎愛(범애) 널리 사랑함. 氾愛(범애).

汎溢(범일) 물이 넘치는 모양.
汎舟(범주) 배를 띄움.
汎稱(범칭) 넓은 범위로 일컫는 이름.
汎剽(범표) 가벼움. 경솔함.

3 ⑥【氾】 지류 사 紙

㊥sì ㊐シ

소전 초서 참고 氾(696)은 딴 자.

자해 ❶지류(支流). 〔詩經〕 江有氾강유사. ❷웅덩이. ❸물가.

3 ⑥【汕】 오구 산 諫

인명 ㊥shàn ㊐サン

소전 초서 자해 ❶오구, 오구로 물고기를 잡다. ❷물고기가 헤엄치는 모양. 〔詩經〕 烝然汕汕증연산산.

汕汕(산산) ①고기를 잡음. 오구로 물고기를 떠서 잡음. ②물고기가 헤엄치는 모양.

水 3획

3 ⑥【汐】 조수 석 陌

인명 ㊥xī ㊐セキ

초서 동자 汐 자해 조수(潮水).

汐水(석수) 저녁때에 밀려 들어왔다가 나가는 바닷물.

◨ 潮汐조석.

3 ⑥【汝】 너 여 語

중학 인명 3급 ㊥rǔ ㊐ジョ

필순 丶 冫 氵 氵 汝 汝

소전 초서 자원 形聲. 水＋女→汝. '女(녀)'가 음을 나타낸다.

자해 너. 〔書經〕 汝陟帝位여척제위.

汝南月旦(여남월단) 인물을 비평함. 故事 후한(後漢)의 여남 사람 허소(許劭)가 종형(從兄)인 정(靖)과 함께 향당(鄕黨)의 인물에 대한 평을 매월 초하루에 발표한 데서 온 말.

汝墻折角(여장절각) 國너의 집 담 아니면 내 쇠뿔 부러졌으랴. 제 잘못을 남에게 씌우려고 억지를 쓰는 말.

汝曹(여조) 너희들. 당신들. 若曹(약조).

3 ⑥【汚】 1 더러울 오 虞 2 씻을 오 遇 3 굽힐 우 虞 4 땅 팔 와 麻

고등 인명 3급 ㊥wū, yū, wā ㊐オ, ウ, ワ

필순 丶 冫 氵 汀 汅 汚

소전 초서 동자 汙 동자 汚 참고 인명용 음은 '오'이다.

자원 形聲. 水＋亐→汚. '亐(우)'가 음을 나타낸다.

자해 1 ❶더럽다. ❷추잡하다. ¶ 汚俗오속. ❸욕. 〔五代史〕 禁其家금기가, 不可以佛事汚吾先人불가이불사오오선인. ❹괴어 있는 물. 〔春秋左氏傳〕 潢汚行潦之水황오행료지수. ❺낮다. 〔孟子〕 壞宮室괴궁실, 以爲汚池이위오지. 2 씻다, 빨다. 〔詩經〕 薄汚我私박오아사. 3 굽히다. 〔春秋左氏傳〕 春秋之稱춘추지칭, 盡而不汚진이불우. 4 ❶파다. 〔禮記〕 汚尊而抔飮와준이배음. ❷뒤떨어지다. 〔孟子〕 汚不至阿其所好와부지아기소호.

汚垢(오구) 때.
汚君(오군) 더럽혀진 임금. 옳지 못한 일을 하는 군주.
汚瀆(오독) ①더러운 도랑. 汚渠(오거). ②작은 도랑. 洿瀆(오독). ③더럽힘.
汚蠹(오두) 더럽히고 해침.
汚隆(오륭) ①쇠(衰)하는 일과 성(盛)하는 일. 盛衰(성쇠). ②땅의 높음과 낮음.
汚吏(오리) 부정한 짓을 하는 관리.
汚衊(오멸) ①피를 흘려 더럽힘. ②남의 명예를 손상하는 일.
汚名(오명) 더럽혀진 이름. 나쁜 평판. 不名譽(불명예).
汚物(오물) 지저분하고 더러운 물건.
汚邪(오사) ①더럽고 부정한 일. ②움푹 팬 곳. 낮은 땅.
汚世(오세) 더러운 세상. 부정(不正)이 행하여지는 세상.
汚俗(오속) 나쁜 풍습. 惡習(악습).
汚損(오손) 더럽히고 손상함.
汚水(오수) 구정물. 더러워진 물.
汚染(오염) 더러움에 물듦.
汚穢(오예) ①더러움. 또는 그런 행위를 함. ②더럽힘.
汚辱(오욕) ①더럽히고 욕되게 함. ②부끄러움. 수치. ③더러움. 추악.
汚窳(오유) 비뚤어짐. 찌그러짐.
汚點(오점) ①더러운 점. ②명예를 더럽히는 결점.
汚池(오지) 웅덩이. 물이 괸 못.
汚濁(오탁) 더럽혀짐. 더럽고 탁함.
汚下(오하) 땅이 우묵하게 들어감.

汚行(오행) 더러운 행위.
汚尊(와준) 땅을 파서 술통으로 삼음.
◨ 貪官汚吏탐관오리.

3 ⑥【汙】 汚(698)와 동자

3 ⑥【汗】 汚(698)와 동자

3 ⑥【池】 못 지 支

고등 인명 3Ⅱ급 ㊥chí ㊐チ

필순 丶 氵 氵 汁 沖 池

소전 초서 자원 形聲. 水+也→池. '也(야)'가 음을 나타낸다.

자해 ❶못. 〔書經〕 陂池侈服피지치복. ❷해자. 〔禮記〕 城郭溝池성곽구지, 以爲固이위고. ❸물길, 도랑. ❹벼루 따위의 물을 붓는 곳. ❺물받이, 홈통. ❻성(姓).

池塘(지당) ①못. ②못의 둑. 池堤(지제).
池畔(지반) 못가. 池邊(지변).
池沼(지소) 못과 늪.
池魚(지어) 못 속의 물고기.
池魚籠鳥(지어농조) 못 안의 물고기와 새장의 새. 자유롭지 못한 신세.
池魚之殃(지어지앙) 못 속의 물고기에게 미친 재앙. 다른 곳의 재앙으로 인해 뜻밖에 당하는 재난. 故事 전국 시대 초(楚)나라의 성문이 불탈 때, 주변에 있던 못의 물로 불을 껐기 때문에 물이 없어져 물고기가 모두 죽었다는 데에서 온 말. 殃及池魚(앙급지어).
◨ 城池성지, 沼池소지, 蓮池연지, 汚池오지.

3 ⑥【汗】 ① 땀 한 翰 ② 고을 이름 한 寒

고등 인명 3Ⅱ급 ㊥hàn, hán ㊐カン

필순 丶 氵 氵 汀 汗 汗

소전 초서 자원 形聲. 水+干→汗. '干(간)'이 음을 나타낸다.

자해 ① ❶땀. 〔史記〕 揮汗成雨휘한성우. ❷호령(號令)하다, 명령을 내리다. 〔易經〕 渙汗其大號환한기대호. ❸물이 질펀한 모양. ❹윤택해지다. ❺성(姓). ② ❶고을 이름. ❷돌궐(突厥)의 추장(酋長). ¶ 可汗가한.

汗簡(한간) ①진을 뺀 댓조각. 종이가 없던 시대에 푸른 대를 불에 구워 진을 빼고, 푸른빛을 없앤 다음 종이 대신 썼음. ②문서. 서적. 汗青(한청).
汗流浹背(한류협배) 땀이 흘러 등에 흥건함. 두려워함.
汗馬之勞(한마지로) ①말을 달려 싸움터에서 힘을 다하여 싸운 공로. 전쟁에 이긴 공로. ②운반하는 데 겪는 수고.
汗漫(한만) ①아득히 넓은 모양. 물이 대단히 넓은 모양. ②산만(散漫)하여 매조지가 없음.
汗衫(한삼) ①속옷. 땀받이. 汗衣(한의). ②여름옷의 한 가지. ③國㉠손을 가리기 위해 두루마기, 소창옷 등의 소맷부리에 흰 헝겊으로 덧대는 소매. ㉡궁중에서 '속적삼'을 이르던 말.
汗蒸(한증) 높은 온도로 몸을 덥게 하여, 땀을 내어 병을 치료하는 일.
汗牛充棟(한우충동) 수레에 실어 마소에게 끌게 하면 땀을 흘리고, 쌓아 올리면 들보에 닿을 만함. 장서(藏書)가 많음.
汗袗(한진) 한삼(汗衫)의 오용(誤用).
汗喘(한천) 땀을 흘리면서 헐떡거림.
汗出沾背(한출첨배) 식은땀이 나서 등을 적심. 곧, 몹시 부끄러워함.
汗汗(한한) 물이 광대(廣大)한 모양.
汗血(한혈) ①땀과 피. ②피 같은 땀을 흘림. 몹시 노력함.
汗血馬(한혈마) ①명마(名馬). 지금의 아라비아 말. 汗馬(한마). ②뛰어난 재능이 있는 사람.
◨ 冷汗냉한, 發汗발한, 血汗혈한.

3 ⑦【汞】 수은 홍 董 送

인명 ㊥gǒng ㊐コウ

초서 자해 수은(水銀).

汞粉(홍분) 염화 제일수은을 한방에서 이르는 말.

3 ⑥【汔】 거의 흘 物

㊥qì ㊐キツ

초서 자해 거의, 거반. 〔詩經〕 汔可小康흘가소강.

4 ⑦【決】 터질 결 屑

중학 인명 5급 ㊥jué ㊐ケツ

필순 丶 氵 氵 汀 沪 沖 決

소전 초서 본자 浃 속자 决 자원 形聲. 水+夬→決. '夬(쾌)'가 음을 나타낸다.

자해 ❶터지다. 〔史記〕 河決不可復壅하결불가

水 4획

부옹. ❷**터놓다.** 〔孟子〕 決汝漢결여한. ❸**갈라 놓다.** ❹**이로 끊다.** ❺**상처를 입히다.** 〔淮南子〕 決指而身死결지이신사. ❻**도려내다.** 〔史記〕 皮面決眼피면결안. ❼**정(定)하다.** ❽**틈.** 〔史記〕 譬猶騁六驥過決隙也비유빙륙기과결극야. ❾**넘치다.** ❿**헤어지다.** ≒訣. 〔漢書〕 李陵與蘇武決去이릉여소무결거. ⓫**결코.** 〔戰國策〕 寡人決講矣과인결강의. ⓬**결연히, 분연히.** 〔莊子〕 決起而飛결기이비. ⓭**깍지.** 활을 쏠 때 손에 끼는 것.

決斷(결단) 딱 잘라 결정함. 결정적인 판정이나 단정.

決裂(결렬) ①찢어서 나눔. ②여러 갈래로 찢어짐. ③회의 따위에서 의견이 서로 맞지 않아 해결이 나지 않음.

決算(결산) 일정한 기간의 수입과 지출에 대하여 계산을 마감함.

決勝(결승) 최후의 승부를 정함.

決心(결심) 마음을 굳게 정함. 決意(결의).

決然(결연) ①단호히 하는 모양. 딱 잘라 정하는 모양. ②별안간. 갑자기.

決獄(결옥) 재판을 해서 죄를 결정함. 소송을 판결함. 斷罪(단죄).

決議(결의) ①평의(評議)하여 정함. 의견을 종합해서 정함. ②의논한 후 결정된 의안.

決裁(결재) 결정할 권한이 있는 상관이 부하가 제출한 안건을 검토하여 허가하거나 승인함.

決定(결정) ①틀림없이 작정함. ②(佛)부처의 가르침을 굳게 믿고 흔들리는 일이 없음.

決濟(결제) ①일을 처리하여 끝냄. ②매매 당사자 사이에 금전상의 거래 관계를 끝맺음.

決判(결판) 옳고 그름을 가려 판정함.

決河之勢(결하지세) 둑이 무너져 가득 찬 물이 쏟아져 흐르는 힘. 누르려야 누를 수 없는 거센 힘. 破竹之勢(파죽지세).

決行(결행) 결단하여 실행함.

◨ 可決가결, 旣決기결, 對決대결, 未決미결, 否決부결, 速決속결, 議決의결, 自決자결, 裁決재결, 專決전결, 卽決즉결, 採決채결, 處決처결, 判決판결, 表決표결, 解決해결.

4 ⑦ 【汨】 ①빠질 골 月 ②강 이름 멱 錫

인명 1급 ㊥gǔ, mì ㊐コツ, ベキ

소전 초서 참고 ❶'汨'과 '汩'은 글자 모양이 비슷하여 옛날부터 혼용되어 왔기 때문에 이들의 음훈(音訓)은 여러 가지 설이 있다. 일반적으로 두 자에서 각각 음이 '골'인 ①의 갈래는 '汨'의 ❶과 동자(同字)로 쓰고, ②의 갈래만은 구별하여 쓴다. ❷인명용 음은 '골'이다.

자해 ①**빠지다, 잠기다.** ＝汩. ②**강 이름.** 〔史記〕 懷石自投汨羅회석자투멱라.

汨羅之鬼(멱라지귀) 물에 빠져 죽음. 故事 초(楚)나라의 굴원(屈原)이 멱라에 투신한 고사에서 온 말.

4 ⑦ 【汩】 ①빠질 골 月 ②흐를 율 質

인명 ㊥gǔ, yù ㊐コツ, イツ

소전 초서 참고 인명용 음은 '율'이다.

자해 ①❶**빠지다, 잠기다.** ＝汨. ❷**어지러워지다.** ❸**빠르다.** ②❶**흐르다.** ¶ 汩汩율율. ❷**통하다.** 〔國語〕 決汩九州결율구주. ❸**떠나가는 모양.** 〔楚辭〕 汩余若將不及兮율여약장불급혜. ❹**깨끗하다, 높다.**

汩沒(골몰) ①물속에 가라앉음. 벽지(僻地)에 파묻혀 세상에 나오지 않음. ②國다른 생각을 할 여유가 없이 일에 파묻힘.

汩汩(❶골골 ❷율율) ❶가라앉음. 파묻힘. ❷①물이 거침없이 흐르는 모양. ②일이 지체 없이 진척되는 모양.

4 ⑦ 【汲】 길을 급 緝

인명 1급 ㊥jí ㊐キュウ

소전 초서 자해 ❶**긷다.** 〔莊子〕 綆短者경단자, 不可以汲深불가이급심. ❷**당기다.** ❸**분주하다.** 〔孔子家語〕 汲汲於仁급급어인. ❹**거짓.** 〔莊子〕 狂狂汲汲광광급급. ❺**취(取)하다.**

汲古(급고) 고서(古書)를 탐독함. 깊은 우물물을 긷는 것과 같다는 데서 이르는 말.

汲汲(급급) ①골똘하게 한정된 일에만 마음을 씀. 孜孜(자자). ②거짓. 사기(詐欺).

汲汲忙忙(급급망망) 몹시 바쁜 모양.

汲水(급수) 물을 길음. 물긷기.

汲深綆短(급심경단) 깊은 우물의 물을 긷는데, 두레박줄이 짧음. 임무는 무거운데 힘이 부침.

汲引(급인) ①물을 길어 올림. ②사람을 끌어올려 씀. 인재를 뽑아 씀. 引進(인진).

◨ 樵童汲婦초동급부.

4 ⑦ 【汽】 ①김 기 未 ②거의 흘 物

인명 5급 ㊥qì ㊐キ, キツ

소전 초서 참고 인명용 음은 '기'이다.

자해 ①**김, 증기.** ¶ 汽車기차. ②❶**거의.** ＝汔. ❷**물이 마르다.** ❸**그.**

汽罐(기관) 물을 증기(蒸氣)로 바꾸는 장치.

汽船(기선) 증기의 힘으로 물 위를 달리는 배.

水 4획

汽笛(기적) 기차·기선 따위에서 증기의 힘으로 울리는 고동.
汽車(기차) 증기의 힘으로 궤도를 달리는 차.

4 ⑦【沂】 ①내 이름 기 ㊍의 微 ②지경 은 眞

인명 2급 ㊥yí, yín ㊐ギ, ギン

소전 초서 참고 인명용 음은 '기' 이다.

자해 ① ❶내 이름. 〔書經〕 淮沂其乂회기기예. ❷산 이름. ❸땅 이름. ❹성(姓). ② 지경(地境). ≒垠.

沂水(기수) ①내 이름. 산동성(山東省)에서 발원하여 사수(泗水)로 흘러드는 내. ②고을 이름. 수대(隋代)에 산동성(山東省) 서북쪽에 있던 현.

4 ⑧【沓】 유창할 답 合

인명 ㊥tà ㊐トウ

소전 초서 자해 ❶유창하다. 〔說文〕 沓답, 語多沓沓也어다답답야. ❷끓다. ❸합하다. ❹겹치다. ≒疊. 〔詩經〕 噂沓背憎준답배증.

沓沓(답답) 말이 많은 모양. 말이 많고 유창한 모양.
沓潮(답조) 밀물과 썰물이 합쳐짐.
沓至(답지) 한꺼번에 몰려옴. 계속해서 옴.
◨ 紛沓분답, 雜沓잡답.

4 ⑦【沌】 ①어두울 돈 阮 ②빙 돌 돈 元

인명 1급 ㊥dùn, tún ㊐トン

초서 동자 汑 자해 ① ❶어둡다. ❷어리석다. 〔老子〕 我愚人之心也哉아우인지심야재, 沌沌兮돈돈혜. ② ❶빙 돌다. ❷물결치는 모양. ❸혼탁하고 어지럽다.

沌沌(돈돈) ①물결이 잇달아 치는 모양. ②어리석고 분별이 없는 모양. ③모든 사물이 확실히 구별되지 않는 모양. ④빙빙 도는 모양. 둥근 모양.
◨ 混沌혼돈, 渾沌혼돈.

4 ⑦【汖】 流(720)의 고자

4 ⑦【沔】 내 이름 면 銑

인명 2급 ㊥miǎn ㊐ベン, メン

소전 초서 자해 ❶내 이름. 〔書經〕 逾于沔유우면. ❷물이 그득히 흐르는 모양. 〔詩經〕 沔彼流水면피류수. ❸빠지다. ≒湎.

4 ⑦【沐】 머리 감을 목 屋

인명 2급 ㊥mù ㊐モク

소전 초서 자해 ❶머리를 감다. 〔楚辭〕 新沐者彈冠신목자탄관. ❷씻다. ❸혜택을 받다. 〔後漢書〕 冬無宿雪동무숙설, 春不燠沐춘불욱목. ❹다스리다. ❺뜨물.

沐浴齋戒(목욕재계) 목욕하여 몸을 깨끗이 하고 부정(不淨)을 피하는 일.
沐日(목일) 휴일(休日). 한대(漢代)에 관리에게 5일마다 한 번씩 귀가하게 하여 목욕을 하도록 한 데서 온 말.
沐猴而冠(목후이관) 원숭이가 관을 씀. ㉠의관은 훌륭하나 마음은 사람답지 못함. ㉡포학한 사람이 외모만 꾸밈.

4 ⑦【沒】 没 ①가라앉을 몰 月 ②빠질 매 隊

고등 인명 3Ⅱ급 ㊥mò ㊐ボツ, バイ

필순 丶 氵 氵 氵 沙 沒 沒

소전 초서 속자 没 속자 沒 참고 인명용 음은 '몰'이다.

자원 形聲. 水+殳→沒. '殳(몰)'이 음을 나타낸다.

자해 ① ❶가라앉다. 〔後漢書〕 沒溺死者太半몰닉사자태반. ❷숨다. 〔北史〕 乍沒乍出사몰사출. ❸다하다. 〔論語〕 舊穀既沒구곡기몰. ❹끝나다. 〔禮記〕 如未沒喪여미몰상. ❺죽다. ❻없다. ❼지나치다. 〔禮記〕 君子不以美沒禮군자불이미몰례. ❽탐하다. ❾들어가다. ❿빼앗다. 〔史記〕 坐盜者좌도자, 沒入其家몰입기가. ⓫강 이름. ⓬성(姓). ② ❶빠지다. ❷어둡다.

沒却(몰각) ①없애 버림. ②무시함. 잊어버림.
沒年(몰년) 죽은 해. 죽은 해의 나이. 行年(행년). 卒年(졸년).
沒頭(몰두) 일에 열중함.
沒落(몰락) ①쇠하여 보잘것없이 됨. ②멸망함.
沒沒(❶몰몰 ❷매매) ❶묻혀 보이지 않는 일. 나타나지 않는 모양. ❷①빠짐. 영락하여 망함. ②어두운 모양. 어리석은 모양.
沒死(몰사) ①죽음을 범함. 목숨을 겖. 상소문에서 아뢰는 바가 부당하다면 죽음으로 사죄하겠다는 뜻으로 쓰는 말. ②國모두 죽음.
沒殺(몰살) 모조리 다 죽임.
沒世(몰세) ①한평생을 마침. 죽음. ②끝없이 오램. 언제까지나. 永久(영구).

沒收(몰수) 부당하게 얻은 것을 강제로 거두어 들임.
沒食(몰식) 다 먹어 버림. 沒喫(몰끽).
沒廉恥(몰염치) 염치가 아주 없음.
沒有(몰유) ①관아에서 몰수함. ②없음. 가지지 않음. ③부정하는 말.
沒人(몰인) 무자맥질하며 고기와 조개를 잡는 사람. 어부 또는 해녀.
沒人情(몰인정) 인정이 아주 없음.
沒入(몰입) ①죄인의 재물을 강제로 압수하고, 그 가족을 노예로 삼던 일. 沒收(몰수). ②한 가지 일에 깊이 파고듦.
沒字碑(몰자비) ①글자가 새겨져 있지 않은 비석. ②글을 모르는 사람을 조롱하는 말.
沒知覺(몰지각) 지각이 없음.
沒齒(몰치) ①한평생. 생애(生涯). '齒'는 나이. 沒世(몰세). 終身(종신). ②이를 가는 해. 남자 8세, 여자 7세 때를 이르는 말.
■ 埋沒매몰, 出沒출몰, 沈沒침몰.

水 4획

4 ⑦【没】 沒(701)의 속자

4 ⑦【汶】 1내 이름 문 問 2수치 문 元
인명 2급 ㊥wèn, mén ㊐ブン, モン
소전 초서 자해 1내 이름. 2❶수치. 〔楚辭〕 受物之汶汶乎수물지문문호. ❷도리에 어두운 모양. ¶ 汶汶문문.
汶汶(문문) ①불명예. 치욕. ②도리에 어두운 모양.

4 ⑦【沕】 1아득할 물 物 2숨을 밀 質
인명 ㊥wù, mì ㊐ブツ, ミツ
초서 참고 인명용 음은 '물'이다.
자해 1아득하다. 2숨다. 〔史記〕 沕深潛以自珍밀심잠이자진.

4 ⑦【汴】 내 이름 변 霰
㊥biàn ㊐ベン
소전 초서 동자 汳 자해 ❶내 이름. ❷지명(地名). 하남성(河南省)의 딴 이름.

4 ⑦【汳】 汴(702)과 동자

4 ⑦【汾】 클 분 文
인명 ㊥fén ㊐フン
소전 초서 자해 ❶크다. 〔詩經〕 汾王之甥분왕지생. ❷많고 성(盛)한 모양. ❸내 이름.

4 ⑦【沙】 1모래 사 麻 2목쉴 사 禡
고등 인명 3Ⅱ급 ㊥shā ㊐サ
필순 丶 冫 氵 氵 汌 沙 沙
소전 초서 자원 形聲. 水+少→沙. '少(소)'가 음을 나타낸다.
자해 1❶모래. ❷사막. 〔漢書〕 少草木소초목, 多大沙다대사. ❸모래가 날다. 〔舊唐書〕 風沙晦暝풍사회명. ❹물가. 〔詩經〕 鳧鷖在沙부예재사. ❺일다, 일어서 나쁜 것은 버리고 좋은 것을 취하다. 〔吳志〕 疾貪汚在位질탐오재위, 欲沙汰之욕사태지. 2목이 쉬다.
沙工(사공) 國뱃사공.
沙丘(사구) 모래로 이루어진 언덕.
沙金(사금) 모래나 자갈에 섞여 있는 황금.
沙器(사기) 백토(白土)로 구워 만든 그릇.
沙礫(사력) ①모래와 자갈. ②흔하게 많은 것. 砂礫(사력).
沙漠(사막) 모래와 자갈로 된, 매우 건조하여 생물이 거의 자라지 못하는 땅.
沙彌(사미) (佛)불문에 들어가 수행 중인 미숙한 승려.
沙鉢(사발) 國사기로 만든 주발.
沙鉢農事(사발농사) 國사발로 짓는 농사. 일을 하지 않고 밥을 빌어먹는 짓.
沙鉢通文(사발통문) 國주모자가 드러나지 않도록 관계자의 이름을 빙 돌려적은 통문.
沙防(사방) 國산, 강가에서 흙이나 모래 등이 밀려 내리는 것을 막기 위하여 시설하는 일.
沙上樓閣(사상누각) 모래 위에 지은 집. 기초가 튼튼하지 못함.
沙石(사석) ①모래와 돌. ②보잘것없는 것.
沙船(사선) 밑이 펀펀하고 야트막한 배. 중국 북부의 비교적 물이 얕은 연안(沿岸)을 항행하기에 편리하게 만들었음.
沙場(사장) ①모래톱. 砂原(사원). 砂漠(사막). ②사원(沙原)의 싸움터. 砂場(사장).
沙渚(사저) 물가의 모래사장. 沙汀(사정).
沙田(사전) ①모래가 많이 섞인 밭. ②저수 시설에 의하여 경작이 가능한 모래땅.
沙洲(사주) 모래로 된 작은 섬.
沙地(사지) 모래땅.
沙塵(사진) 바람에 날려 오는 모래 먼지.
沙汰(사태) ①쌀을 물에 일어서 돌을 가려냄. 선과 악을 가림. 淘汰(도태). ②國㉠비나 충격으로 산의 토사(土沙)가 무너져 내리는 일. ㉡사람이나 물건이 한꺼번에 많이 몰려나옴.
沙土(사토) ①모래와 흙. ②사질(沙質)의 흙. 모래땅. 沙壤(사양).
◨ 金沙금사, 丹沙단사, 白沙백사, 土沙토사, 堆沙퇴사, 平沙평사, 風沙풍사, 黃沙황사.

4 ⑦【沁】 스며들 심 沁 寢

인명 ㊥qìn ㊐シン

소전 초서 자해 ❶스며들다. ❷더듬어 찾다. ❸강 이름.
沁都(심도) 國강화도(江華島)의 딴 이름.
沁入心脾(심입심비) 깊이 마음속에서 스며들어 잊을 수가 없음.
沁痕(심흔) 스며든 자국. 밴 흔적.

4 ⑦【沇】 ①강 이름 연 銑 ②물 흐르는 모양 유 紙

인명 ㊥yǎn, wěi ㊐エン, イ

소전 초서 고자 沿 참고 인명용 음은 '연'이다.
자해 ①❶강 이름. ❷주(州) 이름. ❸유행하는 모양. 〔漢書〕沇沇四塞연연사색. ②물 흐르는 모양.

4 ⑦【汭】 물굽이 예 霽

인명 ㊥ruì ㊐ゼイ

소전 초서 자해 ❶물굽이. ❷합수(合水). ❸어귀. 〔方言〕荊吳淮汭之間형오회예지간. ❹강의 북쪽. 〔書經〕徯于洛之汭혜우락지예. ❺물가.

4 ⑦【沃】 물 댈 옥 沃

인명 2급 ㊥wò ㊐ヨク

소전 초서 자해 ❶물을 대다. 〔漢書〕沃灌雪除옥관설제. ❷계발(啓發)하다. 〔書經〕啓乃心계내심, 沃朕心옥짐심. ❸기름지다. 〔史記〕關中爲沃野無凶年관중위옥야무흉년. ❹아름답다. ❺성(盛)한 모양. ❻부드럽다. ❼거품. ❽장마.
沃畓(옥답) 國기름진 논.
沃野(옥야) 기름져서 농사가 잘되는 넓은 들. 비옥한 들판. 기름진 들.
沃壤(옥양) 기름져 농사가 잘되는 땅.
沃饒(옥요) 땅이 기름져서 산물이 풍부함.
沃腴(옥유) 기름짐. 비옥함.
沃田(옥전) 기름진 밭. 농작물이 잘되는 논밭.
沃地(옥지) ①기름진 땅. ②땅에 물을 댐.
沃瘠(옥척) 기름진 땅과 메마른 땅.
沃濯(옥탁) ①물을 부어 씻음. ②비가 옴.
沃澤(옥택) 國비옥하고 윤택함.
沃土(옥토) 기름진 땅. 沃地(옥지).
◨ 肥沃비옥.

4 ⑦【汪】 넓을 왕 陽

인명 2급 ㊥wāng ㊐オウ

소전 초서 자해 ❶넓다. 〔後漢書〕叔度汪汪숙도왕왕. ❷못. 〔春秋左氏傳〕尸諸周氏之汪시저주씨지왕. ❸바다.
汪茫(왕망) 물이 넓고 큰 모양. 洋洋(양양).
汪洋(왕양) ①바다가 넓고 넓은 모양. 넓은 바다. ②도량이 큰 모양.
汪然(왕연) ①하염없이 우는 모양. 泫然(현연). ③넓고 깊숙한 모양.
汪汪(왕왕) ①물이 넓고 깊은 모양. ②'도량이 넓음'의 비유.

4 ⑦【沄】 소용돌이칠 운 文

인명 ㊥yún ㊐ウン

소전 초서 자해 ❶소용돌이치다. ❷넓다. ❸소리가 멀리 들리는 모양. 〔宋史〕聲容沄沄성용운운.
沄沄(운운) ①물이 소용돌이치거나 빙빙 돌아서 흐르는 모양. ②넓고 깊은 모양. ③목소리가 우렁차 멀리까지 들리는 모양.

4 ⑦【沅】 강 이름 원 元

인명 ㊥yuán ㊐ゲン

소전 초서 자해 강 이름. 호남성(湖南省)에 있는 큰 강.

4 ⑦【沚】 물가 지 紙

인명 ㊥zhǐ ㊐シ

소전 초서 자해 ❶물가. ❷강 가운데의 조그마한 섬. 〔詩經〕于沼于沚우소우지.

4 ⑦【沖】 빌 충 東

인명 2급 ㊥chōng ㊐チュウ

소전 초서 속자 冲 자해 ❶비다. 〔淮南子〕沖而徐盈충이서영. ❷가운데. 〔老子〕道沖而用之도충이용지. ❸깊다. ¶ 沖眘충권. ❹부드럽다. 〔宋史〕雅志沖澹아지충담. ❺날아오르다. 〔史記〕一飛

水 4획

沖天일비충천. ❻나이가 어리다.
沖曠(충광) 빔. 공허함.
沖眷(충권) 깊은 은혜. 임금의 은혜.
沖氣(충기) 하늘과 땅 사이의 잘 조화된 기운. 沖和之氣(충화지기).
沖年(충년) 어린 나이. 幼年(유년).
沖淡(충담) 성품이 부드럽고 담박함. 결백하고 욕심이 없음.
沖寞(충막) 그윽하고 고요함.
沖漠(충막) ①막연하여 일정함이 없음. ②막연하여 생각이 잡히지 않는 모양.
沖漠無朕(충막무짐) 공허하고 광막하여 아무 조짐도 없음.
沖想(충상) 공허한 생각. 空想(공상).
沖弱(충약) 어림. 어리고 약함.
沖融(충융) 가득 차서 넘쳐흐름.
沖積(충적) 토사가 물에 흘러내려 쌓임.
沖靜(충정) 마음이 편안하고 고요함.
沖天(충천) 하늘 높이 솟아오름.
沖沖(충충) ①늘어진 모양. 드리워진 모양. ②걱정이 있는 모양. ③얼음을 깨는 소리.
沖虛(충허) ①잡념을 버리고 마음을 비움. ②허공을 헤어 나감. 허공을 건너감.
沖和(충화) ①부드럽게 화함. ②천지 사이의 조화된 기운. 沖氣(충기).
沖和之氣(충화지기) 천지 사이의 조화된 기운.
◨ 相沖상충, 幼沖유충.

4 ⑦【沈】 1가라앉을 침 侵 2성 심 寢

고등 인명 3Ⅱ급 ㊥chén, shěn ㊐チン

필순 丶 冫 氵 氵 氵冖 沙 沈

소전 [篆] 초서 [草] 속자 沉 참고 인명용 음은 '침·심'이다.

자원 形聲. 水+冘→沈. '冘(임)'이 음을 나타낸다.

자해 1❶가라앉다. 〔詩經〕 載沈載浮재침재부. ❷빠지다. ❸막히다. ❹깊다. 〔莊子〕 慰暋沈屯위민침둔. ❺무겁다. ❻진흙, 진탕. 〔莊子〕 沈有履침유리. ❼호수, 늪. 2❶성(姓). ❷즙(汁). =瀋. 〔禮記〕 爲榆沈위유심.

沈降(침강) 밑으로 가라앉음. 沈下(침하).
沈溺(침닉) ①물에 빠져 가라앉음. ②어떤 일이나 사물에 몹시 빠짐. 耽溺(탐닉). ③오랜 관습에 사로잡혀 헤어나지 못함. ④곤란에 빠짐. ⑤습기로 인한 병.
沈斷(침단) 침착하게 결단함.
沈慮(침려) 깊이 생각함. 沈思(침사).
沈寥(침료) 쓸쓸함. 적적함.
沈淪(침륜) ①깊이 잠김. 깊이 숨음. ②영락(零落)함. 淪落(윤락).
沈綿(침면) 병이 오래 끎.
沈木(침목) 물에 잠긴 나무.
沈沒(침몰) ①물속에 가라앉음. ②세력이나 기운 따위가 쇠함.
沈默(침묵) 아무 말도 하지 않음.
沈浮(침부) ①물 위에 떠올랐다 물속에 잠겼다 함. ②세력 따위가 성하고 쇠함. 浮沈(부침).
沈船(침선) ①배가 가라앉음. 가라앉은 배. ②강을 건넌 뒤에 배를 가라 앉힘. 다시는 살아서 돌아가지 않겠다는 결의의 비유.
沈船破釜(침선파부) 배를 가라앉히고 솥을 깸. 필사의 각오로 결전함. 故事 항우(項羽)가 강물을 건넜을 때, 배를 가라앉히고 밥 지을 솥을 깨뜨려, 사졸에게 죽기를 각오하고 있는 힘을 다할 결의를 보인 고사에서 온 말. 破釜沈船(파부침선).
沈水(침수) 물속에 잠김.
沈邃(침수) 침착하고 깊이가 있음. 성질·식견 등이 매우 깊음.
沈心(침심) 마음을 가라앉힘. 깊이 생각함.
沈深(침심) ①침착하고 생각이 깊음. ②물이 깊음.
沈審(침심) 침착하고 사리에 밝음.
沈魚落雁(침어낙안) 미인을 보고 물고기가 숨고 기러기가 달아남. 미인의 형용.
沈勇(침용) 침착하고 용기가 있음.
沈憂(침우) 깊은 근심.
沈鬱(침울) 분위기가 어둡고 답답함.
沈遠(침원) 침착하고 생각이 깊음.
沈吟(침음) ①생각에 잠김. 생각에 골몰함. 沈思(침사). ②망설여 결정하지 못함. ③작은 소리로 읊조림.
沈陰(침음) 구름과 안개가 깊이 끼어, 곧 비가 올 듯한 모양.
沈毅(침의) 침착하고 굳셈. 침착하고 의연함.
沈佚(침일) 안일에 빠짐.
沈潛(침잠) ①깊이 가라앉아 잠김. ②침착하고 차분해서 감정이 겉으로 드러나지 않음. ③젖고 잠김. 덕화(德化)가 깊이 미침. ④마음을 가라앉혀 생각을 모음.
沈醬(침장) 國장을 담금.
沈澱(침전) 액체 속에 섞인 작은 고체가 밑바닥에 가라앉음.
沈靜(침정) 마음이 가라앉아 고요함.
沈竈產鼃(침조산와) 부엌이 물에 잠겨 개구리가 생김. 심한 홍수. 故事 춘추 시대 진(晉)나라의 지백(智伯)이 조양자(趙襄子)의 성을 수공(水攻)하여 성안의 집들이 오랫동안 물에 잠긴 고사에서 온 말.
沈着(침착) 행동이 들뜨지 않고 차분함.

沈菜(침채) 國김치. 沈菹(침저).
沈滯(침체) 나아가지 못하고 그 자리에 머묾.
沈沈(침침) ①밤이 깊어 가는 모양. ②그윽하고 고요한 모양. ③번성한 모양. 초목이 무성한 모양. ④물이 깊은 모양. ⑤침착하고 말이 없는 모양.
沈浸(침침) ①잠가 젖어들게 함. ②몰두함.
沈痛(침통) 마음에 뼈저리게 느낌. 곧, 몹시 비통함.
沈惑(침혹) 어떤 일이나 물건에 정신을 잃을 정도로 빠짐.
◨ 擊沈격침, 浮沈부침, 陰沈음침.

4 ⑦【沉】 沈(704)의 속자

4 ⑦【汰】 사치할 태 泰
인명 1급 ㊥tài ㊐タイ, タ
초서 자해 ❶사치하다. 〔荀子〕 般樂奢汰반락사태. ❷흐리다. ❸지나가다. ❹파도. 〔楚辭〕 齊吳榜以擊汰제오방이격태. ❺일다, 물에 일어서 걸러 내다. 〔晉書〕 沙之汰之사지태지, 瓦礫在後와력재후. ❻씻다.
汰金(태금) 물에 일어서 사금(沙金)을 채취함.
汰沙(태사) 물에 일어서, 좋고 나쁜 것을 가려 놓음.
汰淸(태청) 國더러운 것을 걸러 깨끗하게 함.
汰罷(태파) 國중요하지 않은 일을 가려내어서 없앰.
◨ 淘汰도태, 沙汰사태.

4 ⑦【沢】 澤(764)의 속자

4 ⑦【沛】 늪 패 泰
인명 1급 ㊥pèi ㊐ハイ
소전 초서 자해 ❶늪, 습지(濕地). 〔孟子〕 園囿汙池沛澤多원유오지패택다. ❷성대한 모양. 〔文天祥·歌〕 沛乎塞蒼溟패호색창명. ❸많은 모양. ❹큰 모양. 〔漢書〕 沛然自大패연자대. ❺비가 오는 모양. 〔孟子〕 沛然下雨패연하우. ❻빠른 모양. ❼넘어지다. 〔論語〕 顚沛必於是전패필어시. ❽가리어져 어둡다. 〔易經〕 豐其沛풍기패. ❾못. ❿고을 이름. ¶ 沛縣패현.
沛然(패연) ①성대한 모양. ②비가 줄기차게 내리는 모양. ③은혜가 두터운 모양. ④매우 감동하는 모양. ⑤제멋대로 하는 모양. ⑥너그러운 모양.
沛澤(패택) ①초목이 우거진 못. ②나라에서 죄수에게 대사(大赦)를 내림. ③비의 은택. 雨澤(우택).
沛縣(패현) 지금의 강소성(江蘇省)에 있는 고을 이름. 한(漢) 고조(高祖)의 고향임.

4 ⑦【沆】 1 넓을 항 養 2 흐를 항 陽
인명 2급 ㊥hàng, háng ㊐コウ
소전 초서 자해 1 ❶넓다. ❷지수(止水). 2 흐르다.
沆漑(항개) 물이 고요히 흐르는 모양.
沆茫(항망) 수면(水面)이 광대(廣大)한 모양.
沆瀣(항해) 북방(北方)의 깊은 밤중의 공기, 또는 이슬 기운. 선인(仙人)이 먹는 것.

5 ⑧【泔】 1 뜨물 감 覃 2 가득 찰 함 感
㊥gān, hàn ㊐カン
소전 초서 자해 1 ❶쌀뜨물. ¶ 泔水감수. ❷삶다. ❸달다. 〔管子〕 秦之水진지수, 泔最감최. 2 가득 차다.
泔水(감수) 쌀뜨물.
泔最(감최) 몹시 닮.

5 ⑧【浃】 決(699)의 본자

5 ⑧【沽】 1 팔 고 虞 2 술장수 고 虞
인명 ㊥gū, gǔ ㊐コ
소전 초서 자해 1 매매하다. ≒賈. 〔論語〕 求善賈而沽諸구선고이고저. 2 ❶술을 팔다. 〔後漢書〕 召公子소공자, 許偉康並出屠沽허위강병출도고. ❷조악(粗惡)하다. ❸조략(粗略)하다.
沽賣(고매) 팖. 沽售(고수).
沽名(고명) 이름을 구함. 명예를 탐냄.
沽酒(고주) ①돈을 주고 산 술. 파는 술. ②술을 팖.

5 ⑧【泥】 1 진흙 니 齊 2 흠뻑 젖을 니 霽 3 지체될 니 霽
고등 인명 3Ⅱ급 ㊥ní, nǐ, nì ㊐デイ
필순 丶 氵 氵 氵 沪 沪 泥 泥
소전 초서 동자 坭 동자 屔 자원 形聲. 水+尼→泥. '尼(니)'가 음을 나타낸다.
자해 1 ❶진흙. 〔易經〕 坤土得雨爲泥곤토득우

水 5획

위니. ❷진창. 〔周禮〕雖有深泥수유심니, 亦弗之溓也역불지렴야. ❸흐리다. 〔易經〕井泥不食정니불식. ❹약하다. ❺칠하다. 〔晉書〕用赤石脂泥壁용적석지니벽. ❻붙이다. ❼벌레 이름. ❽성(姓). 2 흠뻑 젖다. 3 ❶지체되다. 〔論語〕致遠恐泥치원공니. ❷잎이 야드르르한 모양.

泥工(이공) 미장이. 泥匠(이장).

泥丘(이구) 꼭대기에 빗물이 고여 수렁이 되어 있는 산이나 언덕. 대개 화산의 분화구로 이루어짐.

泥金(이금) 금가루를 아교에 갠 것. 서화(書畫)를 그리는 데 씀. 金泥(금니).

泥多佛大(이다불대) 많은 진흙을 써서 불상을 만들면 그만큼 큰 불상이 됨. 배경으로 삼는 인물의 지위가 높을수록 자기 위치도 높아짐.

泥塗(이도) ①진흙. 진흙탕. ②천한 지위. ③더럽혀진 것. 더럽혀진 곳. 糞土(분토).

泥龍(이룡) ①진흙으로 만든 용의 상(像). 기우제에 썼음. ②쓸모없는 물건.

泥淪(이륜) 진창에 빠짐.

泥鏝(이만) 흙손.

泥蟠(이반) 용이 진흙 속에 서려 있음. 때를 얻지 못하여 재야에 있음.

泥壁(이벽) ①진흙을 바른 벽. ②벽을 바름.

泥沙(이사) ①진흙과 모래. ②낮은 지위. ③아깝지 않은 물건. ④얼굴빛이 좋지 않음.

泥船渡河(이선도하) 진흙으로 만든 배를 타고 강을 건넘. 세상살이가 위험함.

泥塑人(이소인) 진흙으로 만든 인형.

泥水(이수) ①진흙이 많이 섞인 물. 흙탕물. ②미장이 일.

泥牛(이우) 진흙으로 만든 소. 입춘 전날에 만들어서 제사를 지냈음.

泥牛入海(이우입해) 이우가 바다에 들어감. 한번 가면 돌아오지 않음.

泥滓(이재) ①진흙과 찌꺼기. ②낮은 지위. 미천한 사람. ③더러움. 더럽고 탁함.

泥田鬪狗(이전투구) 國①진창에서 싸우는 개. 강인한 성격의 함경도 사람을 평한 말. ②이익을 위하여 서로 헐뜯거나 다툼.

泥滑(이활) 진창길이 미끄러움.

◨ 拘泥구니, 金泥금니, 汚泥오니, 雲泥운니, 銀泥은니.

5⑧【沴】 1 해칠 려 霽 2 흐트러질 전 銑

㊥lì, zhěn ㊐レイ, テン

소전 초서 자해 1 ❶해치다. ❷악기(惡氣), 요기(妖氣). 〔漢書〕六沴之作륙려지작. ❸물가. 2 흐트러지다. 〔莊子〕陰陽之氣有沴음양지기유전.

沴氣(여기) 나쁜 기운.

沴孼(여얼) 요악(妖惡)한 귀신의 재앙.

5⑧【泠】 깨우칠 령 靑

인명 ㊥líng ㊐レイ, レン

소전 참고 冷(123)은 딴 자.

자해 ❶깨우치다. 〔莊子〕舜之將死순지장사, 眞泠禹曰진령우왈, 汝戒之哉여계지재. ❷깨닫다. 〔淮南子〕精神曉泠정신효령. ❸떨어지다. ≒零. ❹강 이름. ❺악인(樂人), 음악사(音樂師). ≒伶.

泠洌(영렬) 차갑고 맑음.

泠泠(영령) ①음성이 맑고 시원한 모양. ②물이 흐르는 소리.

泠人(영인) 악공(樂工)과 광대.

5⑧【泐】 돌 갈라질 륵 職

㊥lè ㊐ロク

소전 초서 자해 ❶돌이 갈라지다. ❷글씨를 쓰다.

5⑧【沫】 거품 말 曷

인명 1급 ㊥mò ㊐マツ

소전 초서 자해 ❶거품. 〔禮記〕田中水熱而沫沸전중수열이말비. ❷물방울. ¶ 飛沫비말. ❸거품이 일다.

◨ 噴沫분말, 飛沫비말, 泡沫포말.

5⑧【沬】 1 땅 이름 매 隊 2 낯 씻을 회 隊

㊥mèi, huì ㊐バイ, カイ

소전 초서 자해 1 ❶땅 이름. 〔詩經〕沬之鄕矣매지향의. ❷어둑어둑하다. 2 낯을 씻다.

5⑧【泯】 망할 민 軫

인명 ㊥mǐn ㊐ビン

초서 자해 ❶망하다. 〔春秋左氏傳〕若泯棄之약민기지. ❷사물의 형용.

泯滅(민멸) 자취나 흔적이 아주 없어짐.

泯沒(민몰) 망함. 泯滅(민멸).

泯默(민묵) 입을 다물고 말을 하지 않음.

泯然(민연) 망한 모양.

泯絶(민절) 망하여 끊어짐. 泯滅(민멸).

5⑧【没】 沒(701)의 속자

水 5획

5 ⑧【泊】 배 댈 박 藥

고등 인명 3급 ㊥bó ㊐ハク

필순 丶 氵 氵 氵 氵 泊 泊 泊

초서 자원 形聲. 水+白→泊. '白(백)'이 음을 나타낸다.

자해 ❶배 대다. ❷머무르다. ❸머무르는 곳. ❹못, 호수. ❺조용한 모양. 〔老子〕我獨泊兮其未兆아독박혜기미조. ❻얇다. =薄. 〔論衡〕氣有厚泊기유후박.

泊船(박선) 배를 멈춤. 배를 육지에 댐.

泊如(박여) ①마음이 고요하고 욕심이 없는 모양. ②물이 넓은 모양.

◨ 澹泊담박, 宿泊숙박, 渟泊정박.

5 ⑧【泮】 학교 반 翰

인명 ㊥pàn ㊐ハン

소전 초서 자해 ❶학교, 주대(周代)의 제후(諸侯)의 국학(國學). 〔史記〕諸侯曰泮宮제후왈반궁. ❷녹다. ❸나누다. 〔史記〕自天地剖泮자천지부반. ❹밭두둑. ≒畔. 〔詩經〕隰則有泮습즉유반.

泮宮(반궁) ①주대(周代)에 제후(諸侯)의 나라에 두었던 학교. ②國성균관(成均館).

泮水(반수) 반궁(泮宮) 동서의 문 남쪽에 빙 둘러 파 놓은 못.

泮儒(반유) 國성균관에 유숙하며 학업을 닦던 유생.

泮村(반촌) 國성균관을 중심으로 그 근처에 있던 동네.

5 ⑧【泛】 1 뜰 범 陷 2 엎을 봉 腫

인명 1급 ㊥fàn, fěng ㊐ハン, ホウ

소전 초서 참고 인명용 음은 '범'이다.

자해 1 《同》氾(696) ❶뜨다. ❷물이 가득 찬 모양. ❸물을 붓다. ❹널리, 두루. 2 엎다. 〔漢書〕泛駕之馬봉가지마.

泛看(범간) 눈여겨보지 않고 데면데면하게 봄.

泛過(범과) 정신을 차리지 않고 데면데면하게 지나감.

泛觀(범관) 널리 마음껏 봄.

泛覽(범람) 널리 봄. 두루 봄.

泛泛(범범) ①표류하는 모양. ②꼼꼼하지 않고 데면데면 함.

泛然(범연) ①들떠 있는 모양. 침착하지 못한 모양. ②데면데면한 모양.

泛舟(범주) 배를 띄움.

泛聽(범청) 주의를 기울이지 않고 데면데면하게 들음.

泛稱(범칭) 넓은 범위로 일컬음.

泛忽(범홀) 데면데면하고 소홀함.

泛駕之馬(봉가지마) 수레를 뒤엎는 사나운 말. 상도(常道)를 좇지 않는 영웅.

5 ⑧【法】 법 법 洽

중학 인명 5급 ㊥fǎ ㊐ホウ

필순 丶 氵 氵 氵 汁 注 法 法

소전 초서 고자 灋 동자 㳒 자원 會意. 水+廌+去→灋→法. '廌'은 신수(神獸)로서, 이 짐승에 닿으면 금방 그 사람에게 죄가 있고 없음을 판별할 수 있다는 동물. 물〔氵〕과 같이 공평하게 죄를 조사하여〔廌〕 바르지 않은 자를 제거한다〔去〕 하여 '법'이라는 뜻을 나타낸다.

자해 ❶법. ㉮형벌. 〔書經〕惟作五虐之刑曰法유작오학지형왈법. ㉯제도, 법률. 〔禮記〕謹修其法근수기법, 而審行之이심행지. ㉰방법. ¶ 兵法병법. ㉱도리, 상경(常經), 사람이 지켜야 할 도리. ㉲모범, 본보기. 〔中庸〕行而世爲天下法행이세위천하법. ㉳정해진 틀이나 형상(形象). ㉴품등(品等), 등차(等差). 〔周禮〕皆有法以行之개유법이행지. ❷본받다. 〔易經〕崇效天숭효천, 卑法地비법지. ❸법을 지키다, 법대로 행하다. 〔漢書〕雖有百罪弗法유유백죄불법. ❹現프랑스.

法駕(법가) 임금이 수레의 한 가지.

法家(법가) ①법률에 정통한 사람. ②춘추 전국 시대에 일어난 학파의 이름. 법률을 숭상하고 형벌을 엄하게 하는 것이 치국(治國)의 기본이라고 주장한 관자(管子)·상앙(商鞅)·한비자(韓非子)·신불해(申不害)·신자(愼子) 등이 이 학파에 속함.

法綱(법강) 법률과 기율. 法紀(법기).

法古(법고) 옛날을 본받음. 옛것을 따름.

法科(법과) ①규율. 법률. ②법을 연구하는 학과. ③(佛)계율.

法官(법관) ①재판관(裁判官). 사법관(司法官). ②직위가 있는 도사(道士).

法冠(법관) 옛날에 사법관이 쓰던 관(冠). 원래 초(楚)나라 왕이 해태(獬豸)를 잡아 관으로 쓴 데서 해태관이라고도 함.

法久弊生(법구폐생) 좋은 법도 오래되면 폐해가 생김.

法堂(법당) 불상을 안치하고 설법도 하는 절의 정당.

法度(법도) ①법률과 제도. ②생활상의 예법과

제도.
法臘(법랍) 승려의 출가한 햇수.
法侶(법려) 승려.
法力(법력) ①법률의 힘. 법률의 효력. ②(佛) 불법(佛法)의 힘.
法令(법령) 법률과 명령.
法律(법률) 국민이 지켜야 할 나라의 규율.
法理(법리) ①법률의 원리. 규율의 근본. 법에 내재하는 사리(事理). 법적인 논리. ②(佛)불법의 진리.
法網(법망) 법의 그물. 죄를 지은 사람에게 제재를 할 수 있는 법률이나 그 집행 기관.
法名(법명) (佛)①승려가 되는 사람에게 종문(宗門)에서 내려 주는 이름. ②불가(佛家)에서 죽은 사람에게 지어 주는 이름. ③불교에 귀의한 재가자에게 주는 이름. 法號(법호).
法務(법무) ①법률에 관한 사무. ②(佛)법사(法事)의 업무. 또 불법상(佛法上)의 업무.
法文(법문) ①법률을 적은 글. ②(佛)불경(佛經)의 글.
法服(법복) ①정해진 정식의 의복. 制服(제복). ②법관이 입는 옷. ③(佛)승려가 입는 옷. 法衣(법의).
法師(법사) ①(佛)불도를 수행하여 스승이 된 승려. ②당대(唐代)에, 도사(道士)의 존칭.
法三章(법삼장) 한(漢) 고조(高祖)가 진(秦)을 멸망시킨 뒤, 가혹한 진의 법률을 없애고 정한 세 조목의 법. '三章'은 사람을 죽인 자는 사형에 처하고, 사람을 상하게 한 자, 도둑질한 자는 벌을 준다는 내용임.
法相(법상) ①한대(漢代)에 후궁을 간택하기 위하여 법으로 정해 둔 형상과 용모. ②(佛)천지 만유의 모양. 法性(법성).
法像(법상) 불상(佛像).
法術(법술) ①상앙(商鞅)의 법(法)과 신불해(申不害)의 술(術). ②법가(法家)의 학술. 법률로써 나라를 다스리는 수단.
法眼(법안) ①바른 안식(眼識). ②(佛)불타의 오안(五眼)의 하나. 모든 법을 관찰하는 눈.
法語(법어) ①본이 되는 올바른 말. ②(佛)불법을 설명한 말.
法語之言(법어지언) 바른 말. 정면의 충고.
法言(법언) 옳은 말. 법도가 되는 말.
法筵(법연) ①예식(禮式)을 갖추고 임금이 신하를 접견하는 자리. 法座(법좌). ②(佛)불법을 강설(講說)하는 자리.
法義(법의) ①법도. 법칙. ②법의 뜻. ③(佛)불법의 교의(敎義).
法意(법의) 법률의 정신. 법률의 근본 뜻.
法典(법전) 법률을 체계적으로 정리해 엮은 책.
法殿(법전) ①임금이 조하(朝賀)를 받던 정전(正殿). ②(佛)법당(法堂).
法廷(법정) 법원이 송사를 심리하고 판결하는 곳. 재판정.
法志(법지) ①법률 책. 法誌(법지). ②불법(佛法)의 뜻.
法帖(법첩) 습자(習字)의 본이 되는 서첩(書帖). 法書(법서).
法則(법칙) ①법률과 규칙. ②본. 모범. ③원인 결과의 규정.
法統(법통) ①(佛)불법의 전통. 法流(법류). ②참된 계통이나 전통.
法會(법회) (佛)①불법을 강설(講說)하기 위한 모임. ②죽은 사람을 위하여 재(齋)를 올리는 모임. 法要(법요).
◨ 劍法검법, 國法국법, 軍法군법, 技法기법, 妙法묘법, 無法무법, 文法문법, 民法민법, 方法방법, 變法변법, 兵法병법, 佛法불법, 祕法비법, 私法사법, 算法산법, 商法상법, 稅法세법, 惡法악법, 禮法예법, 療法요법, 用法용법, 違法위법, 立法입법, 適法적법, 便法편법, 筆法필법, 合法합법, 憲法헌법, 刑法형법.

5 ⑧【泫】 法(707)과 동자

5 ⑧【泌】 ①샘물 흐를 비 寘 ②물결 부딪칠 필 質
인명 2급 ㊥bì ㊐ヒ, ヒツ
소전 초서 참고 인명용 음은 '비·필'이다.
자해 ① ❶샘물이 흐르다. 〔詩經〕 泌之洋洋비지양양. ❷분비하다. ¶ 泌尿器비뇨기. ② 물결이 부딪치다.
泌尿器(비뇨기) 오줌의 분비와 배설을 맡고 있는 기관.
◨ 分泌분비.

5 ⑧【沸】 ①끓을 비 未 ②샘솟는 모양 불 物
인명 1급 ㊥fèi, fú ㊐ヒ, フツ
소전 초서 참고 인명용 음은 '비'이다.
자해 ① ❶끓다. 〔詩經〕 如沸如羹여비여갱. ❷샘솟다. 〔詩經〕 百川沸騰백천비등. ❸들끓다. 〔南史〕 市里喧沸시리훤비. ❹끓는 물. 〔荀子〕 以指撓沸이지요비. ② ❶샘솟는 모양. ❷거세게 이는 물결 소리.
沸騰(비등) ①물이 샘솟음. ②물 따위가 끓어오름. ③물이 끓듯이 세차게 일어남.
沸沫(비말) 자꾸 이는 거품.

水 5획

沸鼎(비정) 물이 끓는 가마솥. 沸鑊(비확).
沸海(비해) ①뒤끓는 바다. ②난세(亂世).
沸水(불수) 솟아나는 물.

5 ⑧【泗】 내 이름 사 ㊍시 寘

인명 2급 ㊥sì ㊐シ

소전 초서 자해 ❶내 이름. 산동성(山東省)에서 발원하여 강소성(江蘇省)을 거쳐 회수(淮水)로 흘러드는 강. ❷콧물. 〔詩經〕涕泗滂沱체사방타.

泗上弟子(사상제자) 공자의 제자.
泗洙(사수) ①노(魯)나라에 있는 사수(泗水)와 수수(洙水). 공자의 고향. ②공자의 학문. 공자가 여기에서 제자들을 가르친 데서 온 말.

5 ⑧【泄】 1 샐 설 屑 2 떠날 예 霽

인명 1급 ㊥xiè, yì ㊐セツ, エイ

소전 초서 참고 인명용 음은 '설'이다.

자해 1 ❶새다. ❷싸다, 누다. ❸일어나다, 발생하다. 〔禮記〕陽氣發泄양기발설. ❹고(告)하다. 〔戰國策〕勝已泄之矣승이설지의. ❺줄다, 없애다. ❻섞다. ❼버릇없이 굴다. 〔孟子〕武王不泄邇무왕불설이. 2 ❶떠나다. ❷사물의 모양. 〔孟子〕無然泄泄무연예예. ❸내 이름.

泄露(설로) ①새어 나옴. 드러남. ②들추어냄. 폭로함.
泄痢(설리) 배탈. 설사. 泄下(설하).
泄瀉(설사) ①물찌똥을 눔. ②물찌똥.
泄泄(예예) ①새가 날개를 퍼덕이는 모양. 천천히 움직이는 모양. ②사람이 많은 모양.
◨ 漏泄누설, 排泄배설.

5 ⑧【沼】 늪 소 ㊍조 篠

인명 2급 ㊥zhǎo ㊐ショウ

소전 초서 자해 늪. 〔詩經〕于沼于沚우소우지.

沼畔(소반) 늪 가. 못 가. 沼上(소상).
沼池(소지) 늪. 못. 원형(圓形)인 것을 '池', 곡형(曲形)인 것을 '沼'라고 함.

5 ⑧【泝】 거슬러 올라갈 소 遇

㊥sù ㊐ソ

소전 초서 자해 ❶거슬러 올라가다. ＝溯. 〔蜀志〕泝流而上소류이상. ❷향하다. ❸맞다. ❹흐르다.

泝流(소류) 흐름을 거슬러 올라감.
泝沿(소연) 흐름을 거슬러 올라감과 흐름을 따라 내려감.

5 ⑧【泅】 헤엄칠 수 尤

㊥qiú ㊐シュウ

초서 자해 헤엄치다.

泅泳(수영) 헤엄침.

5 ⑧【泱】 1 끝없을 앙 陽 2 흰 구름 일 영 庚

㊥yāng, yīng ㊐オウ, エイ

소전 초서 자해 1 ❶끝없다. ❷광대하다, 넓다. 2 흰 구름이 일다.

泱泱(❶앙앙 ❷영영) ❶①물이 깊고 넓은 모양. ②소리의 폭이 넓고 큰 모양. ❷흰 구름이 성하게 이는 모양.

5 ⑧【沿】 따를 연 先 銑

고등 인명 3Ⅱ급 ㊥yán, yǎn ㊐イン

필순 丶 冫 氵 氵 氿 氿 沿 沿

소전 초서 본자 沿 자원 形聲. 水+㕣→沿. '㕣(연)'이 음을 나타낸다.

자해 ❶따르다. 〔書經〕沿于江海연우강해. ❷가, 가장자리. ❸냇물이 굽이진 곳.

沿道(연도) 큰 도로 좌우에 인접해 있는 곳.
沿邊(연변) 국경·강·철도·큰길 등을 끼고 따라가는 일대의 지방.
沿襲(연습) 옛 습관을 따름. 관례(慣例)에 의함. 蹈襲(도습).
沿岸(연안) 바다나 강, 호수를 따라 잇닿아 있는 육지.
沿海(연해) ①바다에 잇닿은 육지. ②대륙 가까운 곳에 있는 얕은 바다.
沿革(연혁) 변천하여 온 내력.

5 ⑧【沿】 沿(709)의 본자

5 ⑧【泳】 헤엄칠 영 敬

고등 인명 3급 ㊥yǒng ㊐エイ

필순 丶 冫 氵 氵 汀 汸 泳 泳

소전 초서 자원 形聲. 水+永→泳. '永(영)'이 음을 나타낸다.

水 5획

자해 **헤엄치다**. 〔詩經〕泳之游之영지유지.
泳法(영법) 헤엄치는 방법.
◨ 水泳수영, 游泳유영, 潛泳잠영, 涵泳함영, 泅泳수영.

5 ⑧【油】 기름 유 尤宥

중학 인명 6급 ㊥yóu ㊐ユウ, ユ

필순 丶 冫 氵 汩 汩 油 油 油

소전 篆 초서 草 자원 形聲. 水+由→油. '由(유)'가 음을 나타낸다.

자해 ❶기름. ❷구름이 피어오르는 모양. 〔孟子〕天油然作雲천유연작운. ❸나아가지 아니하는 모양. 〔孔子家語〕油然若將可越而終不可及유연약장가월이종불가급. ❹윤, 광택.
油價(유가) 석유의 가격.
油類(유류) 기름 종류의 총칭.
油麻(유마) 참깨와 검은깨의 총칭.
油蜜菓(유밀과) 國쌀가루나 밀가루 반죽을 여러 가지 모양으로 빚어 기름에 튀긴 다음, 꿀이나 조청에 갠 과자. 油菓(유과).
油素(유소) 서화(書畫)에 쓰는, 발이 고운 흰 명주.
油然(유연) ①느릿느릿 나아가는 모양. ②개의치 않는 모양. ③구름이 뭉게뭉게 이는 모양. ④어떠한 느낌이 저절로 일어나는 모양.
油煙(유연) 기름을 태울 적에 나는 연기.
油油(유유) ①물이 조용히 흐르는 모양. ②태도가 부드럽고 삼가는 모양. ③침착한 모양. ④수수나 벼 따위가 윤이 나고 무성한 모양.
油衣(유의) 기름에 결어서 지은 비옷.
油田(유전) 석유가 나는 곳.
油槽(유조) 석유나 가솔린 따위를 저장하는 아주 큰 용기.
油脂(유지) 동식물에서 짜낸 기름.
油紙(유지) 기름 먹인 종이.
油榨(유착) 기름을 짜는 틀. 기름틀.
油布(유포) 기름에 결은 무명천.
油畫(유화) 기름기 있는 안료로 그린 그림.
◨ 鯨油경유, 燈油등유, 石油석유, 魚油어유, 原油원유, 製油제유, 重油중유, 香油향유.

5 ⑧【泣】 울 읍 緝

중학 인명 3급 ㊥qì ㊐キュウ

필순 丶 冫 氵 氵 氵 汁 泣 泣

소전 篆 초서 草 자원 形聲. 水+立→泣. '立(립)'이 음을 나타낸다.

자해 ❶울다. ❷눈물. 〔漢書〕泣數行下읍수항하. ❸근심.
泣諫(읍간) 울면서 간(諫)함.
泣岐(읍기) 갈림길에서 욺. 근본은 같으나 어떻게 하느냐에 따라 결과는 여러 가지로 달라짐. 故事 양자(楊子)가 갈림길에 서서 어느 쪽으로도 갈 수 있음을 보고, 사람의 근본은 같으나 결과는 행위에 따라 달라짐을 느끼고 울었다는 고사에서 온 말.
泣訴(읍소) 울면서 간곡히 하소연함.
泣杖(읍장) 효성이 지극함. 故事 한(漢)나라 한백유(韓伯兪)가 어머니에게 매를 맞으면서, 이전보다 아프지 않아서 어머니의 기력이 약해졌음을 알고 슬피 울었다는 고사에서 온 말.
泣斬馬謖(읍참마속) 울면서 마속을 참수(斬首)함. 큰 목적을 위하여 사랑하는 사람도 버림. 故事 삼국 시대 촉(蜀)나라의 제갈량(諸葛亮)이 마속을 사랑하였으나, 명령을 어겨 싸움에서 패한 마속에게 책임을 물어 울면서 그를 참형에 처하였다는 고사에서 온 말.
泣涕(읍체) 눈물. 또 눈물을 흘리면서 욺.
泣血(읍혈) ①부모상을 당한 효자가 피눈물을 흘리며 슬피 욺. ②피눈물.
◨ 感泣감읍, 哭泣곡읍, 悲泣비읍, 哀泣애읍.

5 ⑧【沮】 1막을 저 語 2적실 저 御

인명 2급 ㊥jǔ, jù ㊐ソ, ショ

소전 篆 초서 草 자해 1❶막다. ≒阻. 〔宋史〕排沮正論배저정론. ❷그치다, 그만두다. ❸방해하다. 〔孟子〕嬖人有臧倉者沮君폐인유장창자저군. ❹꺾이다, 기가 꺾이다. ❺새다. 〔禮記〕地氣沮泄지기저설. 2❶적시다. ❷낮고 습한 땅.
沮氣(저기) 무서워서 기가 죽음.
沮誹(저비) 저지하고 비방함. 沮訾(저자).
沮喪(저상) 기운이 없어짐. 기가 꺾여 약해짐.
沮色(저색) 찬성하지 않는 기색. 기분이 내키지 않는 모양.
沮泄(저설) 샘. 새어 흘러나옴.
沮遏(저알) 막아서 못하게 함. 沮止(저지).
沮澤(저택) ①낮고 습기가 많은 땅. ②수초가 무성한 곳.
沮害(저해) 막아서 못하게 하여 해를 끼침.
◨ 愧沮괴저, 謗沮방저.

5 ⑧【注】 1물 댈 주 遇 2별 이름 주 宥

중학 인명 6급 ㊥zhù, zhòu ㊐チュウ

필순 丶 冫 氵 氵 氵 汁 汴 注

소전 초서 자원 形聲. 水+主→注. '主(주)'가 음을 나타낸다.
자해 ① ❶물 대다. 〔漢書〕注填淤之水주전어지수. ❷붓다, 따르다. 〔後漢書〕雨下如注우하여주. ❸물이 흐르다. ❹비가 내리다. 〔晉書〕三日而雨注삼일이우주. ❺뜻을 두다. ❻모으다. ❼쓰다. 〔老子〕百姓皆注其耳目백성개주기이목. ❽적다, 기록하다. =註. ❾주, 주해, 주석. =註. ② ❶별 이름, 유성(柳星). ❷부리. 〔周禮〕以注鳴者이주명자.
注記(주기) 기록함. 기록한 것.
注力(주력) 어떤 일에 온 힘을 기울임.
注目(주목) 시선을 모아서 봄.
注文(주문) ①주석(注釋)의 글. ②살 물건을 보내 달라고 부탁함.
注射(주사) ①말이 유창하여 막힘이 없음. ②공기압으로 물이나 물건을 내쏨. ③약물을 주사기에 넣어 생물체의 피하(皮下)·근육·정맥 등에 주입함.
注疏(주소) 경서(經書) 등의 본문의 해석이나 설명. '注'는 사서오경(四書五經) 등의 경문을 해석한 것, '疏'는 주(注)를 다시 해석하거나 부연한 것.
注視(주시) 눈여겨봄.
注意(주의) 마음에 새겨 조심함.
注入(주입) ①쏟아 부음. ②기억과 암송을 주로 하여 가르침.
注子(주자) 술을 따르는, 목이 갸름하고 아가리가 좁은 병.
注解(주해) 본문의 뜻을 알게 쉽게 풀이함. 또는 그 글. 注釋(주석).
◨ 脚注각주, 頭注두주, 箋注전주, 集注집주.

5 ⑨【泉】 샘 천

중학 인명 4급 ㊥quán ㊐セン

필순 ノ 亻 宀 白 白 自 泉 泉 泉

소전 초서 자원 象形. 샘물이 솟는 모양을 본뜬 글자.
자해 ❶샘. 〔易經〕山下出泉산하출천. ❷돈. 〔周禮〕錢與泉전여천, 今古異名금고이명.
泉脈(천맥) 땅속에 있는 샘 줄기.
泉石(천석) ①샘과 돌. 산과 물. 水石(수석). 山水(산수). ②산수의 경치.
泉石膏肓(천석고황) 산수를 사랑하고 즐기는 것이 정도가 지나쳐 마치 불치의 병이 고황에 든 것과 같음.
泉壤(천양) 저승. 黃泉(황천). 九泉(구천).
泉布(천포) 돈. 화폐. '泉'은 천하에 두루 유행한다는 뜻, '布'는 선포(宣布)의 뜻.
◨ 甘泉감천, 溪泉계천, 鑛泉광천, 九泉구천, 冷泉냉천, 飛泉비천, 深泉심천, 巖泉암천, 藥泉약천, 淵泉연천, 靈泉영천, 醴泉예천, 玉泉옥천, 溫泉온천, 源泉원천, 淸泉청천, 寒泉한천, 黃泉황천.

5 ⑧【沾】 ① 더할 첨 ② 적실 첨

인명 ㊥tiān, zhān ㊐テン, セン

소전 초서 자해 ① ❶더하다. =添. ② ❶적시다, 젖다. 〔晉書〕沾濕無可代첨습무가대. ❷엿보다. ≒覘.
沾衿(첨금) 옷깃을 적심.
沾背(첨배) 땀이 등을 적심. 곧, 몹시 부끄러워함. 汗出沾背(한출첨배).
沾濕(첨습) 젖음. 젖게 함.
沾染(첨염) 젖어 뱀. 성질이 변함.

5 ⑧【治】 ① 다스릴 치 ② 성 치

중학 인명 4Ⅱ급 ㊥zhì, chí ㊐チ

필순 丶 氵 氵 汁 汁 治 治 治

소전 초서 자원 形聲. 水+台→治. '台(태)'가 음을 나타낸다.
자해 ① ❶다스리다. 〔大學〕欲治其國者욕치기국자, 先齊其家선제기가. ❷감독하다, 단속하다. ❸정사, 정치. 〔孟子〕擧舜而敷治焉거순이부치언. ❹공, 공적. ❺정청(政廳)이 있는 곳. ❻만들다, 성취하다. 〔淮南子〕能多者無不治也능다자무불치야. ❼익히다, 배워 익히다. 〔周禮〕治其大禮치기대례. ② ❶성(姓). ❷내 이름. 산동성(山東省)에서 발원하는 지금의 소고천(小沽川)과 탑수(漯水).
治家(치가) 집안일을 처리함.
治痼(치고) 國고질병을 치료함.
治國(치국) ①나라를 다스림. ②잘 다스려진 나라.
治道(치도) ①천하를 다스리는 길. 治法(치법). ②도로를 만듦. 도로를 수리함.
治亂(치란) ①잘 다스려진 세상과 어지러운 세상. ②혼란에 빠진 세상을 다스림.
治亂興亡(치란흥망) 잘 다스려짐과 어지러움과 흥함과 망함.
治療(치료) 병이나 상처를 다스려 낫게 함.
治法(치법) ①나라를 다스리는 방법. 治方(치방). ②나라를 다스리는 법률. ③치료 방법.
治本(치본) ①나라를 다스리는 근본. ②병의 근원을 없애 버림. 근본적인 치료.
治山(치산) ①산을 다스림. 나무를 심어 수해를 막는 일. ②산소를 매만져 다듬음.

治産(치산) 생업(生業)에 힘씀. 가업(家業)에 힘씀.
治生(치생) 살아갈 방도를 차림.
治石(치석) 돌을 다듬음.
治世(치세) ①잘 다스려진 세상. 태평한 세상. ②세상을 다스림. ③임금의 재위 연간.
治所(치소) 정무(政務)를 보는 관청이 있는 곳.
治水(치수) 물을 다스려 수해를 막음.
治術(치술) ①나라를 다스리는 방법. 治道(치도). ②병을 치료하는 방법.
治安(치안) ①나라를 편안하게 다스림. 나라가 잘 다스려져 편안한 상태. ②국가와 사회의 안녕 질서를 지키고 보전함.
治外(치외) ①나라 밖을 다스림. 오랑캐를 다스림. ②집 밖을 다스림. 한 나라의 정치를 맡아보는 일.
治癒(치유) 치료로 병이 나음.
治人(치인) ①백성을 다스림. ②백성을 다스리는 사람. 治者(치자). ③남을 교화함.
治迹(치적) ①다스린 형적(形迹). ②선정(善政)을 한 형적.
治定(치정) 나라가 잘 다스려져 안정됨.
治朝(치조) 임금이 정사(政事)에 관한 일을 처리하는 곳. 中朝(중조).
治天下(치천하) 천하를 다스림.
治平(치평) ①세상이 평온하게 잘 다스려 짐. 太平(태평). ②정치가 훌륭함.
治下(치하) ①지배하. 관하(管下). ②관할하거나 통치하는 범위의 안.
治行(치행) ①백성을 다스린 공훈. 지방관의 정치 성적. ②여행 갈 차비를 함.
治化(치화) 백성을 다스려 착한 길로 이끎.
◻■ 官治관치, 難治난치, 文治문치, 法治법치, 自治자치, 政治정치, 主治주치, 統治통치.

水 5획

5
⑧【沱】 물 이름 타 歌 箇

㊥tuó, duò ㊐ダ

소전 초서 자해 ❶물 이름. 양자강의 지류. 〔書經〕 沱潛旣道타잠기도. ❷눈물이 흐르는 모양. ❸큰비가 내리는 모양. ❹물이 흐르는 모양.

5
⑩【泰】 클 태 泰

중학 인명 3Ⅱ급 ㊥tài ㊐タイ

필순 一 二 三 夫 夫 夫 泰 泰 泰 泰

소전 초서 자원 會意·形聲. 廾+水+大→泰. 본래 물〔水〕이 두 손〔廾〕 사이로 새어 나간다는 뜻을 나타낸다. '大(대)'가 음도 나타낸다.

자해 ❶크다. =太. 〔漢書〕 橫泰河횡태하. ❷넉넉하다. ❸편안하다. 〔論語〕 君子泰而不驕군자태이불교. ❹너그럽다. 〔荀子〕 用財欲泰용재욕태. ❺통하다. ❻교만하다. 〔論語〕 今拜乎上금배호상, 泰也태야. ❼심히. ❽64괘의 하나. 괘형은 ☷. ❾산 이름, 대산(岱山). ¶ 泰山태산.

泰極否來(태극비래) 평안하고 태평함이 극도에 달하면, 이윽고 재난이 옴.
泰東(태동) ①동쪽 끝. 極東(극동). 大東(대동). ②동양(東洋).
泰山(태산) ①높고 큰 산. ②크고 많음. ③오악(五嶽)의 하나로, 산동성(山東省) 태안(泰安) 북쪽에 있는 산.
泰山北斗(태산북두) 태산과 북두칠성. 모든 사람이 존경하는 뛰어난 인물. 泰斗(태두).
泰山峻嶺(태산준령) 큰 산과 험한 고개.
泰山之安(태산지안) 태산이 움직이지 않는 것과 같은 편안함. 안전하고 튼튼함의 비유.
泰山鴻毛(태산홍모) 태산과 기러기의 털. 아주 무거운 것과 아주 가벼운 것.
泰西(태서) ①서쪽 끝. ②서양(西洋).
泰安(태안) 태평함.
泰然自若(태연자약) 침착하여 어떤 충동에도 마음이 동요되지 않는 모양.
泰運(태운) 태평한 운수.
泰元(태원) 하늘.
泰而不驕(태이불교) ①태연하나 교만하지 않음. 곧, 군자의 태도. ②권력 있는 지위에 있어도 교만하지 않음.
泰平(태평) ①세상이 평화로움. ②몸이나 마음 또는 집안이 평안함.
泰風(태풍) 서풍(西風). 서풍은 만물을 풍성하게 성숙시킨다는 데서 온 말.

5
⑧【波】 ①물결 파 歌 ②방죽 피 支

중학 인명 4Ⅱ급 ㊥bō, bēi ㊐ハ, ヒ

필순 丶 冫 氵 氵 汀 沪 波 波

소전 초서 참고 인명용 음은 '파'이다.

자원 形聲. 水+皮→波. '皮(피)'가 음을 나타낸다.

자해 ① ❶물결. ❷주름. ❸은총(恩寵). 〔梁書〕 天波旣洗천파기세, 雲油遽沐운유거목. ❹눈빛, 눈길. ❺달리다. ❻발로 땅을 긁거나 파다. ❼움직이다. 〔莊子〕 其孰能不波기숙능불파. ② 방죽, 둑. =陂.

波高(파고) 물결의 높이.
波及(파급) 점차 전하여 널리 퍼짐.

波濤(파도) 물결. '濤'는 큰물결.
波動(파동) ①물결의 움직임. ②전파되는 진동. ③사회적으로 변동을 가져올 만한 거센 움직임.
波瀾(파란) ①파도. ②문장의 기복이나 변화. ③일이 평온하지 못함. 소동. 갈등.
波瀾萬丈(파란만장) 물결이 만 길 높이로 읾. 일의 진행에서 일어 나는 심한 기복과 변화.
波浪(파랑) 물결. 파도.
波紋(파문) ①수면에 이는 물결의 무늬. ②주위를 동요할 만한 영향.
波狀(파상) 물결이 기복(起伏)하는 형상. 상하로 구부러진 형상.
波市(파시) 國고기가 한창 잡힐 때 바다 위에서 열리는 생선 시장.
波心(파심) 물결의 중심.
波涌雲亂(파용운란) 물결이 솟구치고 구름이 어지러움. 사물이 혼란함.
波長(파장) 파동에서 같은 위상을 가진 서로 이웃한 두 점 사이의 거리.
◪ 萬波만파, 世波세파, 煙波연파, 月波월파, 餘波여파, 人波인파, 電波전파, 周波주파, 滄波창파, 秋波추파, 風波풍파.

5
⑧【泙】 물소리 평 庚
인명 ㊥pēng ㊐ホウ
소전 초서 자해 물소리.

5
⑧【泡】 거품 포 肴
인명 1급 ㊥pāo ㊐ホウ
소전 초서 자해 ❶거품. ❷성(盛)하다. ❸강 이름. ❹國두부(豆腐).
泡沫(포말) ①거품. 물거품. ②허무함의 비유.
泡匠(포장) 國궁중에서 두부를 만들던 사람.
泡幻(포환) 물거품과 환상. 세상의 허무함.
◪ 氣泡기포, 水泡수포.

5
⑧【河】 강 이름 하 歌
중학 인명 5급 ㊥hé ㊐カ
필순 丶 冫 氵 汀 沪 沪 河 河
소전 초서 자원 水+可→河. '可(가)'가 음을 나타낸다.
자해 ❶강 이름, 황하(黃河). 〔書經〕導河積石至于龍門도하적석지우룡문. ❷내. 유수(流水)의 총칭. 〔漢書〕下屬江河하속강하. ❸운하(運河). ❹은한(銀漢), 은하수. ❺섬. 〔書經〕入宅于河입택우하. ❻하백(河伯). 물을 맡은 신. 〔史記〕初以君主妻河초이군주처하.
河干(하간) 강가. '干'은 '崖'로 '끝'을 뜻함.
河渠(하거) 강과 개천.
河口(하구) 바다로 들어가는 강물의 어귀.
河內(하내) 황하 이북의 땅. 河北(하북).
河圖(하도) 복희씨(伏羲氏) 때 황하에서 나왔다는 용마(龍馬)의 등에 나타난 그림. 역경(易經) 팔괘(八卦)의 원리가 되었음.
河圖洛書(하도낙서) 하도와 낙서. '洛書'는 하(夏)의 우왕(禹王)이 홍수를 다스릴 때 낙수(洛水)에서 나온 신귀(神龜)의 등에 쓰여 있었다는 글로서, 서경(書經)의 홍범구주(洪範九疇)가 만들어진 기원이 되었음.
河豚(하돈) 복어.
河東三鳳(하동삼봉) 형제가 나란히 어짊을 칭찬하는 말. 故事 당대(唐代)에 하동에 살던 설수(薛收)와 그의 조카인 원경(元敬), 조카의 족형(族兄)인 덕음(德音) 셋이 이름이 난 데서 온 말.
河畔(하반) 물가. 물 근처. 河邊(하변).
河伯(하백) ①물귀신. 水神(수신). 河宗(하종). ②國고구려의 시조인 동명왕(東明王)의 외조부.
河濱(하빈) ①황하의 근처. ②강가.
河山(하산) 강과 산. 山河(산하).
河水(하수) 강물. 강.
河身(하신) 강의 물이 흐르는 부분.
河岸(하안) 강 양쪽의 강물과 잇닿아 있는 땅.
河魚腹疾(하어복질) 배앓이. 물고기는 배부터 부패한다는 데서 온 말.
河源(하원) ①황하(黃河)의 근원. ②하천의 수원(水源).
河川(하천) 강과 내.
河淸(하청) 황하의 물이 맑아짐. ㉠기이(奇異)한 징조. ㉡어질고 현명한 임금이 나타나 세상이 태평하게 다스려짐. ㉢기대할 수 없는 것. 百年河淸(백년하청).
河淸海晏(하청해안) 황하의 물이 맑아지고 바다가 잔잔해짐. ㉠태평한 세상의 조짐. ㉡성군(聖君)이 나서 세상이 편안해짐.
河海(하해) ①강과 바다. ②광대(廣大)함의 비유. ③정이나 인덕 등이 깊고 두터움의 비유.
河海之澤(하해지택) 하해처럼 넓고 큰 은혜.
◪ 江河강하, 大河대하, 渡河도하, 氷河빙하, 山河산하, 運河운하, 銀河은하, 黃河황하.

5
⑧【泫】 1 빛날 현 銑 2 깊고 넓을 현 先
인명 ㊥xuàn, xuán ㊐ゲン

水 5획

소전 초서 자해 1 ❶빛나다, 이슬이 햇빛을 받아 빛나다. ❷듣다, 이슬이 내리는 모양. ❸눈물을 흘리는 모양. 〔禮記〕 孔子泫然流涕공자현연류체. 2 깊고 넓다.
泫露(현로) 맺혀서 떨어지는 이슬.
泫泫(현현) ①눈물이 흐르는 모양. ②이슬이 맺히는 모양.

5 ⑧ 【泂】 멀 형 迥
인명 ㊥jiǒng ㊐ケイ
소전 자해 ❶멀다. 〔詩經〕 泂酌彼行潦형작피행료. ❷깊고 넓은 모양. ❸차다, 차갑다.
泂泂(형형) 물이 맑고 깊은 모양.

5 ⑧ 【泓】 깊을 홍 庚
인명 2급 ㊥hóng ㊐オウ
소전 초서 자해 ❶깊다. ❷웅덩이. ❸연지(硯池).
泓量(홍량) 물이 깊고 수량(水量)이 많음.
泓澄(홍징) 물이 깊고 맑음.
泓泓(홍홍) ①물이 깊은 모양. ②물이 맑은 모양.

水 5획

5 ⑧ 【況】 하물며 황 漾
고등 인명 4급 ㊥kuàng ㊐キョウ
필순 丶 冫 氵 氵 沪 沪 沪 況
소전 초서 속자 况 자원 形聲. 水+兄→況. '兄(형)'이 음을 나타낸다.
자해 ❶하물며, 더구나. 〔孟子〕 天子不召師천자불소사, 而況諸侯乎이황제후호. ❷이에. ❸비유하다. 〔漢書〕 以往況今이왕황금. ❹견주다, 비기다. 〔荀子〕 成名況乎諸侯성명황호제후. ❺더하다. ❻더욱더. 〔國語〕 衆況厚之중황후지. ❼주다. ≒貺. ❽모양.
況且(황차) 하물며.
◨ 槪況개황, 近況근황, 狀況상황, 實況실황, 作況작황.

6 ⑨ 【洎】 물 부을 계 ㊟기 寘
㊥jì ㊐キ
소전 초서 자해 ❶물을 붓다. ❷축이다. 〔管子〕 越之水重濁而洎월지수중탁이계. ❸미치다〔及〕. ❹국물. 〔春秋左氏傳〕 以其洎饋이기계궤.
洎孫(계손) 어린 손자.

6 ⑨ 【洸】 1 물 용솟음할 광 陽 2 황홀할 황 養
인명 ㊥guāng, huàng ㊐コウ
소전 초서 참고 인명용 음은 '광'이다.
자해 1 ❶물이 용솟음하다. ❷성내다. 〔詩經〕 有洸有潰유광유궤. 2 ❶황홀하다. ≒恍. 〔史記〕 西望崐崙之軋沕洸忽兮서망곤륜지알물황홀혜. ❷물이 깊고 많은 모양. =滉.
洸洸(광광) ①굳센 모양. 용감한 모양. ②물이 용솟음치는 모양.
洸忽(황홀) ①사물에 마음이 팔려 멍하니 서 있는 모양. ②흐릿하여 분명하지 않음.

6 ⑨ 【洞】 1 골 동 送 2 통할 통 送
중학 인명 7급 ㊥dòng, tóng ㊐ドウ
필순 丶 冫 氵 氵 泂 泂 洞 洞 洞
소전 초서 참고 인명용 음은 '동·통'이다.
자원 形聲. 水+同→洞. '同(동)'이 음을 나타낸다.
자해 1 ❶골, 골짜기. ❷동굴. 〔宋史〕 傍爲土洞방위토동, 以木爲門이목위문. ❸비다. ❹깊다. ❺國동네. ¶ 洞里동리. 2 ❶통하다. ❷꿰뚫다, 관통하다. 〔史記〕 遠者括蔽洞胸원자괄폐통흉. ❸퉁소. 〔漢書〕 鼓琴瑟吹洞簫고금슬취통소.
洞口(동구) ①동굴의 어귀. ②國동네 어귀.
洞窟(동굴) 굴. 洞穴(동혈).
洞里(동리) 國동네. 마을.
洞門(동문) 굴의 입구. 굴의 입구에 세운 문.
洞房(동방) ①깊숙한 방. ②부인의 방.
洞房花燭(동방화촉) 동방에 비치는 환한 촛불. 결혼식의 밤. 혼인.
洞壑(동학) ①동굴. ②깊고 큰 골짜기.
洞穴(동혈) 동굴(洞窟).
洞鑒(통감) 환히 꿰뚫음.
洞貫(통관) 꿰뚫음. 뚫어서 통함.
洞觀(통관) ①환히 내다봄. 洞見(통견). ②추리나 사고 등에 의하지 않고 직각적으로 진리를 깨달음.
洞簫(통소) 관악기의 하나. 퉁소. 단소.
洞察(통찰) 환히 살핌.
洞徹(통철) 확실히 깨달음. 환히 통함.
洞燭(통촉) 윗사람이 아랫사람의 형편이나 사정 등을 헤아려 살핌.
洞曉(통효) 환히 깨달아서 앎.

6 ⑨【洛】 강 이름 락 藥

인명 2급 ㊥luò ㊐ラク

소전 초서 자해 ❶강 이름. 〔書經〕 導洛自態耳도락자태이. ❷지명(地名), 낙양(洛陽).

洛閩學(낙민학) 정주학(程朱學). 송(宋)의 정호(程顥)·정이(程頤) 두 사람은 낙양(洛陽) 사람이고, 주희(朱熹)는 민중(閩中) 사람인 데서 온 말.

洛書(낙서) 우(禹)임금 때 낙수(洛水)에서 나온 신귀(神龜)의 등에 있었다고 하는 아홉 개의 무늬.

洛誦(낙송) 문장을 반복하여 송독(誦讀)함. '洛'은 '배송(背誦)'의 뜻.

洛陽(낙양) 동주(東周)·후한(後漢)·위(魏)·서진(西晉)과 남북조의 북위(北魏), 당(唐) 등의 서울. 洛京(낙경). 洛邑(낙읍).

洛學(낙학) 송학(宋學)의 한 파(派). 낙양 사람인 정호(程顥)·정이(程頤) 두 학자의 학설로, 인간의 본성에 관한 성명(性命)·이기(理氣)를 주로 한 학파.

◪ 駕洛가락, 京洛경락.

6 ⑨【洌】 맑을 렬 屑

인명 ㊥liè ㊐レツ

소전 초서 자해 ❶맑다. 〔易經〕 井洌寒泉食정렬한천식. ❷차다. =冽. ❸강 이름.

洌水(열수) ①대동강(大同江). ②한강(漢江).

洌風(열풍) 차가운 바람.

6 ⑨【浵】 流(720)의 본자

6 ⑨【洺】 강 이름 명 庚

인명 ㊥míng ㊐メイ

자해 ❶강 이름. ❷고을 이름.

6 ⑨【洑】 1나루 복 屋 2國보 보

인명 1급 ㊥fú ㊐フク

초서 참고 인명용 음은 '보'이다.

자해 1❶나루, 나루터. ❷빙 돌아 흐르다. 〔杜甫·詩〕 洑流何處入복류하처입. ❸땅속에 스며 흐르다. 2보. 논밭에 물을 대기 위하여 둑을 쌓고 흘러가는 물을 가두어 두는 곳이다.

洑流(복류) ①물결이 빙 돌아 흐름. ②물이 땅속으로 스며 흐름.

洑水稅(보수세) 國봇물을 이용할 때 그 값으로 내는 돈이나 곡식. 洑稅(보세).

6 ⑨【洩】 1샐 설 屑 2나는 모양 예 霽

인명 1급 ㊥xiè, yì ㊐セツ, エイ

초서 동자 泄 참고 인명용 음은 '설'이다.

자해 1❶새다. 〔禮記〕 振河海而不洩진하해이불설. ❷폭포. 2❶나는 모양. ❷바람 부는 대로 따르는 모양.

洩洩(예예) ①마음이 자유롭고 한가한 모양. ②날아 돌아다니는 모양. ③바람 부는 대로 따르는 모양.

◪ 漏洩누설.

6 ⑨【洗】 1씻을 세 薺 2깨끗할 선 銑

중학 인명 5급 ㊥xǐ, xiǎn ㊐セイ, セン

필순 丶 氵 氵 氵 氵 氵 汁 浐 洗 洗

소전 소전 초서 참고 인명용 음은 '세'이다.

자원 形聲. 水+先→洗. '先(선)'이 음을 나타낸다.

자해 1❶씻다. 〔易經〕 聖人以此洗心성인이차세심. ❷대야. 〔儀禮〕 夙興設洗숙흥설세, 直于東榮직우동영. 2❶씻다, 닦다, 깨끗하게 하다. ❷새롭다.

洗腦(세뇌) 뇌를 씻음. 어떤 사상이나 주의를 주입시켜 거기에 물들게 함.

洗練(세련) 깨끗이 씻고 다듬음. ㉠서투르거나 어색한 것이 없이 미끈하게 잘 다듬음. ㉡수양을 쌓아 인격이 원만하고 취미가 고상하게 함. 洗煉(세련).

洗禮(세례) ①그리스도교에서 신자가 되는 사람에게 죄악을 씻는 표시로 베푸는 의식. ②한꺼번에 몰아치는 비난이나 공격.

洗面(세면) 얼굴을 씻음.

洗沐(세목) ①머리를 감음. 머리를 감고 몸을 깨끗이 함. ②관리가 휴가를 얻어 집으로 돌아가 쉬던 일.

洗兵(세병) 병기(兵器)를 씻어서 거둠. 전쟁을 그침. 洗甲(세갑).

洗雪(세설) 씻어 버림. 부끄러움을 씻어 버림. 명예를 회복함. 雪辱(설욕).

洗手(세수) ①손을 씻음. ②國얼굴을 씻음.

洗手奉職(세수봉직) 손을 씻고 공직에 봉사함. 공사(公事)에 청렴결백함.

洗眼(세안) ①눈을 씻음. ②경치 따위가 아름

水 6획

다워 눈을 즐겁게 하는 일.
洗耳(세이) 귀를 씻음. ㉠명리(名利)를 조금도 바라지 않음. 故事 요(堯)임금이 허유(許由)에게 천자(天子)의 자리를 물려주겠다고 말하자, 허유가 은자(隱者)인 자기는 자기 본분에 따르고 싶다고 거절한 후, 더러운 말을 들었다고 하여 귀를 씻었다는 고사에서 온 말. ㉡귀를 기울임. 경청함.
洗盞(세잔) 술잔을 씻음.
洗淨(세정) 씻어서 깨끗이 함.
洗劑(세제) 고체의 표면에 붙은 이물질을 씻어 내는 데 쓰이는 약제.
洗滌(세척) 깨끗이 빨거나 씻음.
洗濯(세탁) 빨래.

6 ⑨【洒】 ①물 뿌릴 쇄 蟹 ②씻을 세 薺 ③삼갈 선 銑 ④놀랄 선 阮

水 6획

㊥sǎ, xǐ, xiǎn, sěn ㊐サイ, シン, セイ

소전 초서 자해 ①❶물을 뿌리다. 〔詩經〕弗洒弗埽불쇄불소. ❷상쾌하다. 〔十八史略〕胸中洒落흉중쇄락. ②씻다. =洗. 〔春秋左氏傳〕洒濯其心세탁기심. ③삼가다, 삼가는 모양. ④❶놀라다. 〔莊子〕吾洒然異之오선연이지. ❷추위에 떠는 모양.
洒落(쇄락) 마음이 상쾌함. 깔끔하여 마음에 거리낌이 없음. 洒洒(쇄쇄).
洒埽應對(쇄소응대) 물을 뿌려 쓸고 응대함. 집 안팎을 거두고, 윗사람의 부름에 응하고 물음에 답함.
洒洒(선선) 추위에 떠는 모양.

6 ⑨【洙】 강 이름 수 虞

인명 2급 ㊥zhū ㊐シュ

소전 초서 자해 강 이름.
洙泗(수사) ①수수(洙水)와 사수(泗水). ②공자(孔子)의 문하(門下). 공자가 수사에서 제자를 가르친 데서 온 말.
洙泗學(수사학) 공자의 가르침과 그 학통(學統). 공맹(孔孟)의 학(學). 유학(儒學).

6 ⑨【洵】 참으로 순 眞

인명 2급 ㊥xún ㊐ジュン

소전 초서 자해 ❶참으로. 〔詩經〕洵美且都순미차도. ❷눈물을 흘리다. ❸고르다. =旬. ❹멀다. 〔詩經〕吁嗟洵兮우차순혜.

6 ⑨【洋】 바다 양 陽

중학 인명 6급 ㊥yáng ㊐ヨウ

필순 丶 丷 氵 氵 氵 氵 洋 洋 洋

소전 초서 자원 形聲. 水+羊→洋. '羊(양)'이 음을 나타낸다.
자해 ❶바다. ❷넘치다. 〔中庸〕洋溢乎中國양일호중국. ❸큰 물결. 〔莊子〕望洋向若而歎망양향약이탄. ❹사물의 모양. ¶ 洋洋양양. ❺외국. ❻강 이름.
洋琴(양금) ①청대(淸代)의 음악에 쓰이는 현악기의 한 가지. ②피아노.
洋緞(양단) 여러 가지 무늬를 놓고 겹으로 두껍게 짠 고급 비단의 한 가지.
洋服(양복) 서양식으로 만든 옷.
洋食(양식) 서양식 음식.
洋洋(양양) ①광대한 모양. ②성대한 모양. 물이 성한 모양. 滔滔(도도). ③많은 모양. ④충만한 모양. 빠진 데 없이 꽉 찬 모양. ⑤한없이 넓은 모양. ⑥훌륭하고 아름다운 모양. ⑦의지할 곳이 없는 모양. ⑧득의(得意)한 모양. 의기(意氣)가 드높은 모양.
洋屋(양옥) 서양식으로 만든 집.
洋擾(양요) 國서양 세력에 의하여 일어난 난리.
洋夷(양이) 國서양 사람을 얕잡아 이르던 말.
洋裝(양장) ①서양풍의 의복. ②책을 서양식으로 장정(裝幀)함.
洋行(양행) ①서양으로 감. ②서양식 상점.
洋靴(양화) 구두.
■ 大洋대양, 東洋동양, 茫洋망양, 望洋망양, 西洋서양, 遠洋원양, 海洋해양.

6 ⑨【洳】 ①강 이름 여 魚 ②잠길 여 御

㊥rú, rù ㊐ジョ

초서 자해 ①강 이름. ②잠기다. 〔詩經〕彼汾沮洳피분저여.

6 ⑨【涓】 涓(723)의 속자

6 ⑨【洿】 ①웅덩이 오 虞 ②물들일 호 遇

㊥wū, hù ㊐オ, コ

소전 초서 자해 ①❶웅덩이. 〔孟子〕數罟不入洿池촉고불입오지. ❷파다. 〔禮記〕洿其宮而豬焉오기궁이저언. ❸진흙. ❹더러움. ❺더러워지다. ②❶물들이다. 〔漢書〕以墨洿色其周垣이묵호색기주원. ❷만연하다. ❸깊다.

洿辱(오욕) 남의 명예(名譽)를 더럽히고 욕되게 함.
洿池(오지) 웅덩이. 물이 괸 못.

6 ⑨【洼】 웅덩이 와 麻

㊥wā ㊐ワ

소전 초서 자해 ❶웅덩이. =窪. 〔淮南子〕 澤無洼水택무와수. ❷깊다.
洼水(와수) 고여 있는 물.

6 ⑨【洹】 1 강 이름 원 元 2 세차게 흐를 환 寒

인명 ㊥yuán, huán ㊐エン, カン

소전 초서 참고 인명용 음은 '원'이다.

자해 1 강 이름. 〔戰國策〕 令天下將相盟於洹水之上령천하장상맹어원수지상. 2 ❶세차게 흐르다. ❷성(盛)한 모양.
洹洹(환환) ①물이 흐르는 모양. ②성한 모양. 渙渙(환환).

6 ⑨【洧】 강 이름 유 紙

인명 ㊥wěi ㊐イ

소전 초서 자해 강 이름. 〔詩經〕 溱與洧方渙渙兮진여유방환환혜.

6 ⑨【洟】 1 콧물 이 支 2 눈물 체 霽

㊥tì ㊐イ, テイ

소전 초서 자해 1 콧물. 〔禮記〕 待于廟垂涕洟대우묘수체이. 2 눈물. =涕.

6 ⑨【浄】 淨(732)의 속자

6 ⑨【洲】 섬 주 尤

고등 인명 3Ⅱ급 ㊥zhōu ㊐シュウ

필순 丶 冫 氵 氵 汌 泅 洲 洲 洲

초서 자원 形聲. 水+州→洲. '州(주)'가 음을 나타낸다.

자해 ❶섬. 〔詩經〕 在河之洲재하지주. ❷대륙(大陸).
洲渚(주저) 파도가 밀려 닿는 곳. 물가. 洲汀(주정).
◨ 滿洲만주, 溟洲명주, 沙洲사주, 瀛洲영주.

6 ⑨【洔】 섬 지 紙

인명 ㊥zhǐ ㊐シ

소전 자해 ❶섬, 조그마한 섬. =沚. ❷갑자기 불은 물.

6 ⑨【津】 나루 진 眞

인명 2급 ㊥jīn ㊐シン

소전 초서 자해 ❶나루. 〔論語〕 子路問津焉자로문진언. ❷언덕. 〔呂氏春秋〕 日出九津일출구진. ❸연줄, 인연. 〔晉書〕 欲之困於無津耳욕지곤어무진이. ❹진, 진액. ❺넉넉해지다.
津徑(진경) 나루터와 길. 나루터의 길.
津氣(진기) ①진액의 끈끈한 기운. ②우러나오는 속 기운.
津渡(진도) 나루. 津頭(진두). 津驛(진역).
津船(진선) 나룻배. 津航(진항).
津岸(진안) 나루터.
津涯(진애) 배를 대는 언덕.
津液(진액) ①인체에서 분비되는 액체. 곧, 피·땀·침·눈물·정액(精液) 등의 총칭. ②새어 나오는 즙(汁).
津人(진인) 나루터의 뱃사공.
津津(진진) ①넘칠 정도로 가득 차 있는 모양. ②악한 모양. ③맛이나 재미가 썩 좋은 모양.
津河(진하) 나루터. 渡船場(도선장).
◨ 江津강진, 問津문진, 河津하진.

6 ⑨【浅】 淺(733)의 속자

6 ⑨【派】 물갈래 파 卦

고등 인명 4급 ㊥pài ㊐ハイ, ハ

필순 丶 冫 氵 氵 氵 氵 沠 派 派

소전 초서 자원 會意·形聲. 水+𠂢→派. '𠂢(파)'가 음도 나타낸다. 물〔氵〕이 원줄기에서 옆으로 갈라져 흐름〔𠂢〕을 뜻한다.

자해 ❶물갈래. ❷갈라져 나온 계통. 〔宋書〕 具書支派구서지파. ❸갈라져 흐르다. ❹나누다. 〔北史〕 疏派天潢소파천황.
派遣(파견) 일정한 임무를 주어 사람을 어느 곳에 보냄.
派閥(파벌) ①출신·소속 등을 같이하는 사람끼리의 신분적인 연결. ②한 파에서 갈라져 나온 가벌(家閥)이나 지벌(地閥).
派別(파별) ①흩어져 헤어짐. ②갈래를 나누어

가름.
派兵(파병) 군대를 파견함.
派生(파생) 어떤 근원으로부터 다른 사물이 갈려 나와 생김.
◨ 黨派당파, 分派분파, 流派유파, 一派일파, 宗派종파, 支派지파, 學派학파.

6
⑨【海】 海(725)의 속자

6
⑨【洫】 봇도랑 혁 職

㊥xù ㊐キョク

소전 초서 자해 ❶봇도랑. 〔周禮〕百夫有洫백부유혁. ❷해자. ❸수문(水門). 〔後漢書〕作方梁石洫작방량석혁. ❹비다. 〔管子〕滿者洫之만자혁지. ❺외람하다. 〔莊子〕所行之備而不洫소행지비이불혁.

6
⑨【浹】 浹(726)의 속자

6
⑨【洪】 큰물 홍 東

고등 인명 3Ⅱ급 ㊥hóng ㊐コウ

필순 丶 冫 氵 氵 氵 汁 洪 洪 洪

소전 초서 자원 形聲. 水+共→洪. '共(공)'이 음을 나타낸다.

자해 ❶큰물. 〔書經〕湯湯洪水方割탕탕홍수방할. ❷크다. 〔書經〕洪惟我幼冲人홍유아유충인.
洪規(홍규) 큰 계략. 大計(대계).
洪鈞(홍균) 우주의 만물을 창조하는 신(神).
洪基(홍기) 큰 사업의 토대. 왕업(王業)의 기초. 鴻基(홍기)
洪大(홍대) 넓고 큼.
洪德(홍덕) 큰 덕. 大德(대덕).
洪陶(홍도) ①훌륭한 도공(陶工). ②조물주.
洪濤(홍도) 큰 파도. 洪波(홍파).
洪量(홍량) 마음이 넓음. 넓은 도량(度量).
洪流(홍류) 큰 흐름. 곧, 큰 내나 큰 강.
洪脈(홍맥) 맥박이 크게 뛰어 힘이 센 모양.
洪範(홍범) 천지의 대법(大法). 洪軌(홍궤).
洪範九疇(홍범구주) 우(禹)임금이 요순(堯舜) 이래의 사상을 집대성한, 정치·도덕에 관한 아홉 가지 기본 법칙.
洪福(홍복) 큰 복. 큰 행복. 鴻福(홍복).
洪聲(홍성) 커다란 명성 또는 명예.
洪水(홍수) 큰물.
洪業(홍업) 큰 사업. 건국의 대업(大業).
洪淵(홍연) ①넓고 깊음. 원대하고 심후함. 鴻淵(홍연). ②큰 늪.
洪元(홍원) 천지개벽의 최초.
洪原(홍원) 넓고 큰 들판.
洪源(홍원) 큰 근원. 大本(대본).
洪恩(홍은) 넓고 큰 은혜. 鴻恩(홍은).
洪才(홍재) 큰 기능. 뛰어난 재능.
洪鍾(홍종) ①큰 종. ②큰 소리를 지름.
洪志(홍지) 큰 뜻. 大望(대망). 大志(대지).
洪統(홍통) 훌륭한 계통. 위대한 혈통.
洪筆(홍필) ①문장을 능란하게 짓는 일. ②뛰어난 문장.
洪化(홍화) 큰 교화(敎化).
洪荒(홍황) ①끝없이 넓고 큰 모양. ②세계의 시초. 천지가 아직 열리지 않은 무질서한 상태. 太古(태고).
洪勳(홍훈) 큰 공. 훌륭한 공로.
◨ 恢洪회홍.

6
⑨【活】 ①살 활 曷 ②물 콸콸 흐를 괄 曷

중학 인명 7급 ㊥huó, guō ㊐カツ

필순 丶 冫 氵 氵 氵 汙 汗 活 活

소전 초서 참고 인명용 음은 '활'이다.

자원 形聲. 水+舌→活. '舌(설)'이 음을 나타낸다.

자해 ①❶살다. ㉮생존하다. 〔孟子〕民非水火不生活민비수화불생활. ㉯생기가 있다. ❷생계(生計), 생활. ❸목숨을 보전하다. 〔孟子〕自作孼不可活자작얼불가활. ❹살리다. 〔史記〕項伯殺人항백살인, 臣活之신활지. ②물이 콸콸 흐르다. 〔詩經〕北流活活북류괄괄.
活計(활계) 생활의 방도. 生計(생계).
活劇(활극) ①싸움, 도망, 모험 따위를 주로 하여 연출한 영화나 연극. ②격렬한 사건이나 장면.
活氣(활기) 활발한 기운이나 원기.
活動(활동) 활발하게 움직임.
活力(활력) 살아 움직이는 힘.
活路(활로) 곤란을 헤치고 살아 나갈 수 있는 길.
活剝生呑(활박생탄) 산 채로 껍질을 벗기고 산 채로 삼킴. 남의 시가나 문장을 도용(盜用)함.
活潑(활발) 활기가 있고 원기(元氣)가 좋음.
活潑潑地(활발발지) 물고기가 뛰는 것처럼 활기 있는 모양.
活殺自在(활살자재) 살리고 죽이는 일을 마음대로 함.
活水(활수) 흐르는 물.
活眼(활안) 사물을 옳게 관찰하는 안식.

水 6획

活躍(활약) 눈부시게 활동함.
活魚(활어) 살아 있는 물고기.
活用(활용) 지닌 기능을 잘 살려 씀.
活人(활인) ①살아 있는 사람. ②사람을 살림. 의술(醫術).
活字(활자) 인쇄에 쓰는 자형(字型).
活捉(활착) 國사로잡음. 生捕(생포).
活着(활착) 옮겨심거나 접목한 식물이 서로 붙거나 뿌리를 내려서 삶.
活況(활황) 활기를 띤 상황.
活活(괄괄) 물이 기운차게 흐르는 소리.
◨ 復活부활, 死活사활, 生活생활, 圓活원활, 自活자활, 快活쾌활.

6 ⑨ 【洄】 거슬러 올라갈 회 灰

㊥huí ㊐カイ

소전 洄 초서 洄 자해 ❶**거슬러 올라가다.** 〔詩經〕 遡洄從之소회종지. ❷**물이 빙 돌아서 흐르다.**

洄注(회주) 물이 빙 돌아 흘러듦.
洄洄(회회) 물이 흐르는 모양.

6 ⑨ 【洶】 물살 세찰 흉 腫

인명 1급 ㊥xiōng ㊐キョウ

소전 洶 초서 洶 동자 汹 자해 ❶**물살이 세차다.** 〔韓非子〕 塡其洶淵전기흉연. ❷**시끄러운 모양.**

洶動(흉동) 떠들썩하여 진정되지 않음.
洶涌(흉용) ①물살이 세차게 치솟음. ②파도가 소용돌이침.
洶溶(흉용) 물이 들끓어 오름. 비등(沸騰)함.
洶洶(흉흉) ①파도가 어지럽게 일어나 세찬 모양. ②떠들썩한 모양. ③인심이 몹시 어수선한 모양.

6 ⑨ 【洽】 1윤택하게 할 흡 本협 洽 2강 이름 합 合

인명 1급 ㊥qià, hé ㊐コウ

소전 洽 초서 洽 참고 인명용 음은 '흡'이다.

자해 1❶**윤택하게 하다.** 〔書經〕 好生之德洽于民心호생지덕흡우민심. ❷**화합하다.** ❸**두루, 널리.** 〔史記〕 講議洽聞강의흡문. 2**강 이름.**

洽聞(흡문) 견문이 넓음.
洽博(흡박) 학문이 넓고 사리에 통함.
洽足(흡족) 모자람이 없이 아주 넉넉함.
洽和(흡화) 서로 화목함. 마음이 풀려서 부드러워짐.
洽洽(흡흡) ①넉넉하고 부드러운 모양. ② 빽빽하게 찬 모양.
◨ 協洽협흡, 浹洽협흡.

7 ⑩ 【涇】 통할 경 靑

인명 ㊥jīng ㊐ケイ

소전 涇 초서 涇 자해 ❶**통하다, 흐르다.** 〔莊子〕 涇流之大경류지대. ❷**강 이름.**

涇渭(경위) 경수(涇水)와 위수(渭水). 사물의 구별이 확실함의 비유. '涇水'는 탁류(濁流), '渭水'는 청류(淸流)인 데서 온 말.

7 ⑩ 【浤】 용솟음할 굉 庚

㊥hóng ㊐コウ

초서 浤 자해 ❶**용솟음하다, 물이 용솟음치는 모양.** ❷**빨리 흐르는 물살.**

7 ⑩ 【涅】 개흙 날 本녈 屑

1급 ㊥niè ㊐デツ

소전 涅 초서 涅 속자 湼 자원 會意·形聲. 水+日+土→涅. 물〔氵〕 밑에 있는 흙〔土〕이라는 데서 '개흙'을 뜻하며, '日(일)'이 음도 나타낸다.

자해 ❶**개흙.** 〔荀子〕 白沙在涅백사재날. ❷**검게 물들이다.** 〔論語〕 涅而不緇날이불치. ❸(佛) **열반(涅槃).**

涅而不緇(날이불치) 검게 물들여도 검게 되지 아니함. 어진 사람은 쉽사리 악(惡)에 물들지 아니함.
涅槃(열반) (佛)①모든 번뇌와 고통에서 벗어나서 불생불멸(不生不滅)의 법을 깨달은 해탈의 경지. ②부처·승려의 죽음. 入寂(입적).

7 ⑩ 【湼】 涅(719)의 속자

7 ⑩ 【涂】 길 도 虞

㊥tú ㊐ト

소전 涂 초서 涂 자해 ❶**길.** ＝塗. 〔漢書〕 大朱涂廣대주도광. ❷**이슬이 많이 내리는 모양.** ❸**음력 12월의 딴 이름.** ❹**강 이름.**

涂涂(도도) 이슬이 많이 내리는 모양.

7 ⑩ 【浪】 1물결 랑 漾 2눈물 흘릴 랑 陽

중학 인명 3Ⅱ급 ㊥làng, láng ㊐ロウ

필순 丶 氵 氵 氵 氵 氵 氵 浪 浪 浪

소전 [소전체] 초서 [초서체] 자원 形聲. 水+良→浪. '良(량)'이 음을 나타낸다.

자해 1 ❶물결. 〔南史〕冒浪而進모랑이진. ❷방자하다, 삼가지 아니하다. 〔詩經〕謔浪笑敖학랑소오. ❸떠돌아다니다. ❹함부로, 마구. ❺성(姓). 2 눈물이 흘러내리는 모양.

浪浪(낭랑) 눈물이 흐르는 모양.
浪漫(낭만) 정서적·이상적으로 사물을 파악하려는 심리 상태.
浪費(낭비) 쓸데없는 일에 돈이나 물건을 헛되이 씀.
浪說(낭설) 터무니없는 헛소문.
浪遊(낭유) 하는 일 없이 빈둥빈둥 놀며 지냄.
浪人(낭인) 일정한 주소가 없이 방랑 생활을 하는 사람. 浪子(낭자).
浪子(낭자) ①일정한 거처 없이 떠돌아다니는 사람. 浪人(낭인). ②방탕한 자식. 도락(道樂)을 일삼는 자식.
浪跡(낭적) ①여기저기 떠돌아다님. ②흔적을 감춤. 浪迹(낭적).

◨ 激浪격랑, 孟浪맹랑, 放浪방랑, 浮浪부랑, 流浪유랑, 蒼浪창랑, 波浪파랑, 風浪풍랑.

7 ⑩ 【流】 흐를 류 尤

중학 인명 5급 ⊕liú ⓙリュウ

필순 丶 氵 氵 氵 氵 汁 汁 浐 流 流

소전 [소전체] 초서 [초서체] 고자 㳅 본자 流 속자 流

자원 會意. 水+㐬→流. 물〔氵〕이 갑자기 흘러나오는〔㐬〕 것을 뜻한다.

자해 ❶흐르다. ㉮물이 낮은 데로 흐르다. 〔書經〕流之爲鵰馬류지위조마. ㉯시간이 지나가다. ❷날아가다, 화살·총탄 등이 날아가다. 〔荀子〕目不見流矢목불견류시. ❸두루 돌아다니다. 〔禮記〕周流無不偏주류무불편. ❹옮겨 가다. 〔孟子〕德之流行덕지류행, 速於置郵而傳命속어치우이전명. ❺널리 알려지다. 〔漢書〕名流於世명류어세. ❻전하여져 남다. 〔史記〕功流萬世공류만세. ❼귀양 보내다. ❽방랑하다. ❾구하다. 〔詩經〕左右流之좌우류지. ❿곁눈질하다. ⓫갈래. ⓬품위, 계급.

流光(유광) ①물결 따라 흐르는 달빛. 물에 비치는 달빛. ②흘러나오는 빛. 빛이 흘러나옴. ③빨리 흐르는 세월. ④감화(感化)를 줌.
流寇(유구) 떼를 지어 여러 곳을 약탈하고 다니는 도둑. 流賊(유적).
流金鑠石(유금삭석) 쇠를 녹이고 돌을 녹임. 혹서(酷暑).
流年(유년) ①흘러가는 세월. ②1년의 신수(身數). 流年四柱(유년사주).
流動(유동) ①액체 따위가 흘러 움직임. ②이리저리 옮겨 다님.
流頭(유두) 國음력 6월 보름날.
流浪(유랑) 물에 떠 다님. 정처 없이 떠돌아다님. 流離(유리).
流麗(유려) 글이나 시가 유창하고 아름다움.
流連荒亡(유련황망) 수렵·음주 등 유락(遊樂)에 탐닉하여 집에 돌아올 줄 모름.
流利(유리) 필법(筆法)이나 문사(文詞) 등이 유려하고 조금도 막힘이 없음.
流離(유리) ①정처 없이 떠돌아다님. ②풀어놓아 흩어지게 함. 放散(방산). ③올빼미. ④보석 이름. 琉璃(유리).
流沫(유말) ①흐르는 거품. ②거품을 흘러 가게 함.
流亡(유망) 일정한 거처가 없이 떠돌아다님. 또는 그런 사람. 流逋(유포).
流麥(유맥) 보리가 떠내려 감. 독서에 열중함. 故事 후한(後漢)의 고봉(高鳳)이 뜰에 널어놓은 보리가 폭우에 떠내려가는 줄도 모르고 독서에 몰두했다는 고사에서 온 말.
流目(유목) 눈을 돌려 여기저기 봄.
流聞(유문) 널리 전해져 들림.
流民(유민) 일정한 거처 없이 떠도는 백성. 流浪民(유랑민).
流芳百世(유방백세) 꽃다운 이름을 후세에 오래 전함.
流杯(유배) ①술잔을 물에 띄워 보냄. ②곡수(曲水)의 잔치에서 물에 띄우는 잔.
流配(유배) 죄인을 귀양 보냄.
流輩(유배) 같은 무리. 동아리. 同類(동류).
流事(유사) 근거 없는 일.
流徙(유사) 백성이 전란(戰亂)에 휩쓸려 이리저리 피해 다니는 일.
流產(유산) 달이 차기 전에 태아(胎兒)가 죽어서 나옴. 落胎(낙태).
流散(유산) ①흘러서 흩어짐. ②떠돌아다님.
流觴曲水(유상곡수) 곡수에 술잔을 띄워 보냄. 음력 3월 3일에 곡수에 잔을 띄워 보내어 그 잔이 자기 앞에 돌아오는 동안에 시(詩)를 읊어 서로 시재(詩才)를 겨루던 일.
流逝(유서) 흘러감.
流說(유설) 뜬소문.
流星(유성) ①옛 보검(寶劍)의 이름. ②별똥별.
流俗(유속) ①일반의 풍습. 世俗(세속). ②세속적인 사람.
流速(유속) 흐름의 속도.
流水(유수) ①흐르는 물. ②흐르는 세월.

流水不腐(유수불부) 흐르는 물은 썩지 않음. 늘 움직이는 것은 썩지 않음.
流矢(유시) ①빗나간 화살. ②어디선지 모르게 날아오는 화살. 流箭(유전).
流心(유심) 방종한 마음.
流言(유언) ①근거 없는 소문. 터무니없는 소문. ②소문을 퍼뜨림. 流語(유어).
流言蜚語(유언비어) 근거가 없는 말. 流言飛語(유언비어).
流易(유역) ①변천(變遷)함. ②시간이 흘러 계절이 바뀜.
流域(유역) 하천이 흐르는 언저리의 땅.
流衍(유연) 널리 퍼짐. 만연(蔓延)함.
流悅(유열) 지나치게 기뻐하며 즐김. 탐닉함.
流冗(유용) 일정한 곳에 살지 않고 떠돌아다니는 사람.
流傭(유용) 떠돌아다니면서 날품팔이함.
流月(유월) 國유두(流頭)가 있는 달. 음력 6월.
流人(유인) ①다른 나라를 유랑하는 사람. ②귀양살이하는 사람.
流入(유입) 흘러 들어옴.
流賊(유적) 여러 곳을 떠돌아다니는 도둑.
流轉(유전) ①널리 전하여 퍼뜨림. 傳布(전포). ②시문(詩文)이 생동감이 있음. ③끊임없이 변하여 바뀜. ④사람의 생사(生死) 따위가 계속 이어져 그치지 않음. ⑤빙빙 돎. 輪流(윤류).
流竄(유찬) 귀양을 보냄. 流放(유방).
流暢(유창) 말이나 문장이 물 흐르듯이 거침이 없음.
流睇(유체) 곁눈질함. 流眄(유면).
流滯(유체) 흐름과 막힘.
流出(유출) 밖으로 흘러나오거나 흘러 나감.
流彈(유탄) 조준한 곳에 맞지 아니하고 빗나간 탄환.
流通(유통) 널리 통용됨.
流波(유파) ①추파(秋波)를 던짐. ②흐르는 물결. 流水(유수).
流派(유파) 원줄기에서 갈려 나온 지파(支派).
流播(유파) 널리 퍼짐. 널리 퍼뜨림.
流弊(유폐) 전부터 전해 내려오는 나쁜 습관. 인습적(因襲的)인 폐해(弊害).
流布(유포) 세상에 널리 퍼짐.
流風(유풍) ①선인(先人)이 남기고 간 좋은 풍습. ②음악 소리가 바람을 타고 들려옴.
流汗(유한) 땀을 흘림. 또는 흐르는 땀.
流行(유행) ①세상에 널리 퍼져 행하여짐. ②國전염병이 널리 퍼짐.
流血成川(유혈성천) 흐르는 피가 내를 이룸. 전장에 사상자가 많음.
流刑(유형) 죄인을 귀양 보내던 형벌. 流配(유배). 流罪(유죄).
流黃(유황) ①엷은 녹색 비단. 留黃(유황). ②구슬. ③유황(硫磺). ④대오리로 결은 자리.
◨ 交流교류, 急流급류, 氣流기류, 暖流난류, 同流동류, 本流본류, 分流분류, 上流상류, 俗流속류, 時流시류, 亞流아류, 女流여류, 原流원류, 異流이류, 電流전류, 潮流조류, 主流주류, 支流지류, 直流직류, 濁流탁류, 風流풍류, 下流하류, 合流합류.

7 ⑩【浬】 해리 리 支
인명 ㊥lǐ ㊐リ
초서 자해 해리(海里). 해상의 거리를 나타내는 단위. 1위도(緯度)의 60분의 1에 해당하는 거리. 약 1,852m.

7 ⑩【涖】 다다를 리 寘
인명 ㊥lì ㊐リ
초서 자해 다다르다. 〔春秋左氏傳〕 請涖于衞청리우위.
涖政(이정) 임금이 정사를 봄.

7 ⑩【浼】 1 더럽힐 매 賄 2 편히 흐를 면 銑
㊥měi ㊐バイ, ベン
소전 초서 자해 1 ❶더럽히다. 〔孟子〕 爾焉能浼我哉이언능매아재. ❷現의뢰하다. 2 질펀히 흐르다.
浼浼(면면) 물이 많이 흐르는 모양.

7 ⑩【浘】 물 흐르는 모양 미 尾
㊥wěi ㊐ビ, ミ
초서 자해 ❶물이 흐르는 모양. ❷전설에서 바닷물이 샌다고 하는 곳.
浘澗(미려) 전설에서 바닷물이 샌다고 하는 곳.
浘浘(미미) 물이 많이 흐르는 모양.

7 ⑩【浡】 일어날 발 月
㊥bó ㊐ボツ
초서 자해 ❶일어나다. ≒勃. 〔孟子〕 苗浡然興之矣묘발연흥지의. ❷성(盛)하다. ❸샘솟다. 〔淮南子〕 原流泉浡원류천발.
浡然(발연) 우쩍 일어나는 모양.

7 ⑩【浜】 1 선거 병 庚 2 물가 빈 眞
인명 ㊥bāng, bīn ㊐ホウ, ヒン

초서 [참고] 인명용 음은 '빈' 이다.
[자해] ①배를 대는 곳. ②물가. ※濱(765)의 속자(俗字).

7 ⑩【浮】 뜰 부 尤

중학 인명 3Ⅱ급 ㊥fú ㊐フ

필순

소전 초서 [자원] 形聲. 水+孚→浮. '孚(부)'가 음을 나타낸다.

[자해] ❶뜨다. 〔詩經〕載沈載浮재침재부. ❷둥실둥실 떠서 움직이다. 〔列子〕景風翔慶雲浮경풍상경운부. ❸덧없다. ❹진실성이 없다. 〔後漢書〕章奏頗多浮辭장주파다부사. ❺낚시찌, 부표. ❻넘치다. ❼지나다. 〔禮記〕恥名之浮於行也치명지부어행야. ❽가볍다. ❾벌(罰). 〔禮記〕若是者浮약시자부.

浮刻(부각) ①사물의 특징을 두드러지게 함. ②돋을새김.
浮客(부객) 정처 없이 떠돌아다니는 나그네.
浮輕(부경) ①하는 말이나 태도가 경솔함. ②부피는 크나 무게가 가벼움.
浮競(부경) 경솔하게 다투어 이익을 구함.
浮誇(부과) ①문장(文章)이 화려하고 과장됨. ②과장하여 허풍을 떪.
浮橋(부교) 배다리. 浮梁(부량). 浮航(부항).
浮氣(부기) ①하늘에 떠도는 기운. 아지랑이 따위. ②부종(浮腫)으로 부은 상태.
浮袋(부대) ①부레. 어표(魚鰾). ②헤엄칠 때 몸이 잘 뜨게 하는, 방수포(防水布)나 고무로 만든 공기주머니. 浮囊(부낭).
浮屠(부도) ①(佛)㉠부처. ㉡승려. ㉢사탑(寺塔). ㉣불교(佛敎). ②주사위. 浮圖(부도).
浮動(부동) ①떠서 움직임. ②침착성이 없이 마음이 들떠서 움직임.
浮浪(부랑) 일정한 거처나 직업이 없이 떠돌아다님.
浮麗(부려) 실속 없이 겉만 화려함.
浮力(부력) 기체나 액체 속에 있는 물체가 중력에 반하여 위로 뜨려는 힘.
浮流(부류) 물에 떠서 흐름.
浮沫(부말) 물거품.
浮名(부명) 헛된 명성. 浮譽(부예).
浮木(부목) 물 위에 떠 있는 목재(木材).
浮沒(부몰) ①떴다 잠겼다 함. ②헤엄을 잘 침.
浮文(부문) ①진실성이 없는 문장(文章). 空文(공문). ②경박한 장식.
浮靡(부미) 경박하고 화려함.
浮薄(부박) 천박하고 경솔함.
浮詞(부사) ①겉치레의 말. 진실성이 없는 말. 浮辭(부사). ②뜬소문. 浮言(부언).
浮上(부상) ①물 위로 떠오름. ②능력·실력 등이 드러남.
浮生(부생) 덧없는 인생.
浮生若夢(부생약몽) 인생은 꿈처럼 덧없음.
浮石(부석) 물 위로 드러나서, 떠 있는 것처럼 보이는 돌. 속돌.
浮說(부설) 근거가 없는 소문. 流言(유언).
浮世(부세) 덧없는 세상.
浮埃(부애) 공중에 떠도는 먼지.
浮揚(부양) 가라앉은 것을 떠오르게 함.
浮言游說(부언유설) 떠돌아다니는 근거 없는 말. 流言蜚語(유언비어).
浮榮(부영) 덧없는 영화(榮華). 세속적인 영화.
浮影(부영) 그림자를 띄움. 물 위에 뜬 그림자.
浮冗(부용) 쓸데없는 군더더기.
浮雲翳日(부운예일) 뜬구름이 햇빛을 가림. 간신이 임금의 총명을 가리어 세상을 어둡게 함의 비유.
浮雲朝露(부운조로) 뜬구름과 아침 이슬. 인생의 덧없음의 비유.
浮雲之志(부운지지) 하늘에 떠도는 구름처럼, 일시적인 부귀(富貴)를 바라는 마음.
浮月(부월) 물 위에 뜬 달그림자.
浮游(부유) ①하루살이. 蜉蝣(부유). ②일정한 거처나 직업 없이 떠돌아다님.
浮遊(부유) ①빈둥빈둥 놀러 다님. 周遊(주유). ②떠돎.
浮雜(부잡) 부박(浮薄)하고 잡스러움.
浮躁(부조) 침착하지 못함. 경솔함.
浮舟(부주) ①배를 띄움. ②떠 있는 배.
浮侈(부치) 겉만 꾸며 경박함.
浮沈(부침) ①물 위에 떠오름과 물 속에 잠김. ②세력 따위가 성하고 쇠함. 浮湛(부침). ③무거움과 가벼움.
浮萍(부평) ①개구리밥. ②정처 없이 떠돌아다니는 사람.
浮漂(부표) ①물 위에 떠서 흘러다님. ②근거가 없는 일.
浮標(부표) 물 위에 띄워 어떤 표적을 삼는 물건. 浮水(부수).
浮華(부화) 경박하고 화려함. 겉은 화려하나 실속이 없음.
浮黃(부황) 오래 굶주려서 살가죽이 들떠서 붓고 누렇게 되는 병.

7 ⑩【涘】 물가 사 紙

㊥sì ㊐シ

소전 [자해] 물가, 강가. 〔莊子〕兩涘渚崖之間양사저애지간.

水 7획

7 ⑩【涉】 건널 섭 葉

고등 인명 3급 ㊥shè ㊐ショウ, チョウ

필순 丶 冫 氵 氵 氵 氵 氵 涉 涉 涉

소전 초서 동자 涉 자원 會意. 水+步→涉. 물〔氵〕을 걸어서〔步〕 건넌다는 뜻이다.

자해 **❶건너다.** 〔漢書〕 涉河섭하. **❷거닐다. ❸미치다. ❹겪다.** 〔春秋穀梁傳〕 與之涉公事矣여지섭공사의. **❺관계하다. ❻성(姓).**

涉歷(섭력) 물을 건너고 산을 넘음. ㉠여러 경험을 쌓음. ㉡많은 책을 두루 읽음.

涉獵(섭렵) 물을 건너고 짐승을 잡음. ㉠책을 두루 많이 읽음. ㉡여기저기 찾아다님.

涉世(섭세) 세상 일을 겪으며 지내 옴.

涉外(섭외) 외부와 연락하여 교섭함.

涉河(섭하) 강을 건넘.

◨ 干涉간섭, 交涉교섭.

7 ⑩【消】 사라질 소 蕭

중학 인명 6급 ㊥xiāo ㊐ショウ

필순 丶 冫 氵 氵 氵 氵 氵 消 消 消

소전 초서 자원 形聲. 水+肖→消. '肖(초)'가 음을 나타낸다.

자해 **❶사라지다. ㉮없어지다.** 〔孟子〕 鳥獸之害人者消조수지해인자소. **㉯망하다.** 〔易經〕 小人道消也소인도소야. **㉰보이지 아니하게 되다. ㉱녹다.** 〔禮記〕 冰凍消釋빙동소석. **㉲줄다. ❷빠지다. ❸쇠하다. ❹남몰래 행하다.** 〔易經〕 消不富也소불부야. **❺쓰다. ❻병명(病名). 소갈(消渴).** 〔淮南子〕 嫁女於病消者가녀어병소자. **❼國불을 끄다.**

消却(소각) ①없애 버림. 제거함. ②써서 없앰. 소비함.

消渴(소갈) 목이 쉬 말라 물이 자주 먹히며 음식을 많이 먹는데도 여위는 병. 消渴症(소갈증).

消極(소극) ①세상 일에 깊은 관심이 없이 방관하는 태도. ②앞서 나가려는 박력이 부족하고 활동적이 아님.

消痰(소담) 가래를 삭임. 담을 없앰.

消毒(소독) 병균을 죽여 없앰.

消燈(소등) 등불을 끔.

消滅(소멸) 사라져 없어짐. 消亡(소망).

消耗(소모) 써서 없어짐.

消防(소방) 화재를 예방하고 진압함.

消費(소비) 돈이나 물건을 써서 없앰.

消散(소산) 흩어져 사라짐.

消息(소식) ①없어짐과 생김. ②때의 변천이나 세월의 오고 감. ③보이다가 안 보이다가 함. ④편지. 기별. 音信(음신). ⑤형편. 안부(安否). 事情(사정).

消失(소실) 사라져 없어짐.

消搖(소요) 이리저리 거닐어 돌아다님. 한가롭고 침착한 모양. 逍遙(소요).

消日(소일) 하는 일 없이 세월을 보냄.

消殄(소진) 망하여 없어짐.

消盡(소진) 모조리 써서 없앰.

消暢(소창) 國답답한 마음을 후련하게 풂.

消瘠(소척) 몸이 여위고 쇠약함. 消瘦(소수).

消沈(소침) 의기나 기세 따위가 사그러지고 까라짐.

消魂(소혼) 넋이 빠짐. ㉠슬픔에 놀라 의기(意氣)를 잃음. ㉡사물에 감동하여 자기를 잊음.

消化(소화) ①섭취한 음식물을 분해하여 영양분을 흡수하는 작용. ②배운 지식이나 기술 따위를 잘 익혀 자기 것으로 만듦.

消火(소화) 불을 끔.

◨ 抹消말소, 雲散霧消운산무소, 取消취소, 解消해소.

7 ⑩【涑】 헹굴 속 屋

인명 ㊥sù ㊐ソク

소전 초서 자해 **❶헹구다, 발로 밟아 빤 것을 다시 손으로 헹구다. ❷강 이름.** 산서성(山西省)에서 발원하여 황하(黃河)로 흘러드는 강.

7 ⑩【涓】 1 시내 연 ㊍견 先 2 물 흐르는 모양 연 霰

인명 ㊥juān, yuàn ㊐ケン, エン

소전 초서 속자 涓 자해 1 **❶시내. ❷물방울. ❸가리다. ❹버리다.** 〔漢書〕 涓選休成연선휴성. **❺맑고 깨끗하다.** 〔漢書〕 參以中涓從참이중연종. **❻성(姓).** 2 **물이 흐르는 모양.**

涓吉(연길) 좋은 날을 가림. 涓日(연일).

涓涓(연연) 물이 졸졸 흐르는 모양.

涓人(연인) ①궁중에서 청소나 심부름을 하는 사람. ②환관(宦官).

涓滴(연적) 물방울. 아주 적은 것의 비유.

涓塵(연진) 물방울과 먼지. 아주 작은 사물의 비유.

7 ⑩【涎】 1 침 연 ㊍선 先 2 물 흐르는 모양 연 霰

인명 ㊥xián, yàn ㊐エン

소전 초서 자해 1 **❶침.** 〔新書〕 垂涎相告수연상고. **❷점액.** 2 물

이 흐르는 모양.
涎篆(연전) 달팽이 따위가 기어간 자리에 흐른 점액이 전자(篆字)와 같은 모양을 만드는 일.

7 ⑩【浯】 물 이름 오 虞

인명 ㊥wú ㊐ゴ

자해 ❶**물 이름, 오수(浯水).** ❷**산 이름.**

7 ⑩【浣】 빨 완 ㊍환 旱

인명 ㊥huàn ㊐カン

소전 초서 자해 ❶**빨다, 씻다.** ＝澣. 〔後漢書〕成帝御浣衣성제어완의. ❷**열흘.**
浣雪(완설) 씻어 버림. 씻어서 깨끗이 함.
浣滌(완척) 빨아 깨끗이 함. 洗濯(세탁).
◨ 上浣상완, 中浣중완, 下浣하완.

7 ⑩【浴】 목욕할 욕 沃

중학 인명 5급 ㊥yù ㊐ヨク

필순 丶 冫 氵 氵 汁 汴 洑 浴 浴 浴

소전 초서 동자 𣲖 자원 形聲. 水+谷→浴. '谷(곡)'이 음을 나타낸다.

자해 ❶**목욕하다.** 〔楚辭〕新浴者必振衣신욕자필진의. ❷**입다, 받다.**
浴沂(욕기) 기수(沂水)에서 목욕함. 명리(名利)를 잊고 유유자적(悠悠自適)함의 비유. 故事 증석(曾晳)이 공자(孔子)의 물음에, 기수에서 목욕하고 무우(舞雩)에 올라가 시가(詩歌)를 읊조리고 돌아오겠다고 대답한 고사에서 온 말.
浴室(욕실) 목욕하는 방.
浴日(욕일) ①햇빛에 쬠. ②아침 햇빛이 파도 위에 반짝임. ③뛰어난 공훈.
浴槽(욕조) 목욕통. 浴器(욕기).
浴化(욕화) 덕화(德化)를 입음.
◨ 沐浴목욕, 溫浴온욕, 海水浴해수욕, 薰浴훈욕, 山林浴산림욕, 日光浴일광욕.

7 ⑪【𣲖】 浴(724)과 동자

7 ⑩【涌】 샘 솟을 용 腫

인명 1급 ㊥yǒng ㊐ヨウ

소전 속자 湧 자해 ❶**샘 솟다.** ❷**물이 끓어오르다.** 〔唐書〕是時盛夏濤務蒸涌시시성하도무증용. ❸**성하게 일어나다.** 〔吳志〕卻令人氣涌如出각령인기용여출. ❹**토하다.**
涌貴(용귀) 물가가 폭등함. 騰貴(등귀).
涌起(용기) 솟구쳐 오름.
涌沸(용비) 끓어오름.
涌泄(용설) 토하고 배설함.
涌泉(용천) 물이 솟는 샘.
涌出(용출) 물이 솟아 나옴.

7 ⑩【浥】 ①젖을 읍 緝 ②물 흐르는 모양 압 洽

㊥yì, yà ㊐ユウ, オウ

자해 ①❶**젖다.** 〔詩經〕厭浥行露엽읍행로, 豈不夙夜기불숙야. ❷**감돌다.** ❸**성(姓).** ②**물 흐르는 모양.**
浥塵(읍진) 먼지를 적실 정도로 적게 오는 비.

7 ⑩【涔】 괸 물 잠 侵

㊥cén ㊐セツ

소전 초서 자해 ❶**괸 물.** ❷**큰물.** ❸**떨어지다.** ❹**비가 많이 내리는 모양.** ❺**양어장(養魚場).**
涔淚(잠루) 하염없이 쏟아지는 눈물.
涔雲(잠운) 비구름. 매지구름.
涔涔(잠잠) ①비가 많이 오는 모양. ②땀과 눈물 등이 많이 흐르는 모양. 泫然(현연). ③괴롭고 피곤한 모양. ④날씨가 흐리고 어두운 모양.

7 ⑩【浙】 강 이름 절 屑

인명 ㊥zhè ㊐セツ

소전 초서 자해 ❶**강 이름, 절강(浙江).** 〔史記〕至錢塘臨浙江지전당림절강. ❷**절강성(浙江省)의 약칭.**

7 ⑩【涏】 ①곧을 정 迥 ②반질반질할 전 霰

인명 ㊥tǐng ㊐テイ, テン

참고 인명용 음은 '정'이다.

자해 ①**곧.** ②**반질반질하다.** 〔漢書〕燕燕尾涏涏연연미전전.

7 ⑩【浚】 깊을 준 ㊍순 震

인명 2급 ㊥jùn, cún ㊐シュン

소전 초서 자해 ❶**깊다, 물·골짜기 등이 깊다.** 〔詩經〕莫浚匪泉막준비천. ❷**치다, 우물·도랑을 치다.** 〔孟子〕使

水 7획

浚井사준정. ❸빼앗다. ❹다스리다.
浚明(준명) 밝게 다스림.
浚渫(준설) 샘·도랑 따위의 바닥을 쳐냄.
浚井(준정) 우물을 깨끗이 침.
浚則(준칙) ①깊이 본받음. ②깊이 본받아 열심히 따름.

7
⑩【涕】 눈물 체 霽

인명 1급 ㊥tì ㊐テイ

소전 초서 동자 洟 자해 ❶눈물. 〔列子〕 悲愁垂涕비수수체. ❷울다. 〔史記〕 人有疾病涕泣인유질병체읍.

涕涙(체루) 눈물.
涕泗(체사) 눈물과 콧물.
涕泣(체읍) 눈물을 흘리며 욺. 泣涕(읍체).
■ 流涕유체, 泣涕읍체.

7
⑩【浸】 담글 침 沁

고등 인명 3Ⅱ급 ㊥jìn, qīn ㊐シン

필순

소전 초서 본자 濅 자원 形聲. 水+㑴→浸. '㑴(침)'이 음을 나타낸다.

자해 ❶담그다. ❷스며들다. 〔論語〕 浸潤之譖침윤지참. ❸잠기다. 〔史記〕 城不浸者三版성불침자삼판. ❹물을 대어 윤택하게 하다. 〔詩經〕 浸彼稻田침피도전. ❺붇다, 차츰 증가하다. 〔易經〕 剛浸而長강침이장. ❻깊다. 〔呂氏春秋〕 浸淵之草침연지초. ❼접근하다.

浸灌(침관) 물을 댐. 물을 부음.
浸想(침상) 작은 것까지 자세하게 생각함.
浸水(침수) 물에 잠김.
浸蝕(침식) 빗물·냇물·바람·빙하 따위가 땅이나 암석을 깎음.
浸濕(침습) 물에 잠겨서 젖음.
浸染(침염) 차츰차츰 물듦. 점점 감화됨.
浸潤之譖(침윤지참) 물이 차츰 스며듦과 같이, 깊이 믿도록 서서히 참소(譖訴)하는 말.
浸淫(침음) 점점 스며듦. 점차로 나아감. 漸染(점염).
浸入(침입) ①물이 스며듦. ②침범하여 들어감.
浸漸(침점) 차츰차츰 나아감. 점차로 변화함.
浸沈(침침) 스며듦.
浸透(침투) ①액체가 스며듦. ②어떤 사상·현상 따위가 깊이 스며듦.

7
⑩【浿】 강 이름 패 泰

인명 ㊥pèi ㊐ハイ

소전 초서 자해 강 이름. ¶ 浿水패수.

浿水(패수) 강 이름. ㉠한(漢)·위(魏) 때에는 압록강(鴨綠江)의 이름. ㉡수(隋)·당(唐) 때에는 대동강(大同江)의 이름. ㉢우리나라에서는 예성강(禮成江)·임진강(臨津江)의 딴 이름.
浿營(패영) 國평안도의 감영(監營).

7
⑩【浦】 개 포 麌

고등 인명 3Ⅱ급 ㊥pǔ ㊐ホ

필순

소전 초서 자원 形聲. 水+甫→浦. '甫(보)'가 음을 나타낸다.

자해 개. 개펄.

浦口(포구) 배가 드나드는 개〔浦〕의 어귀.
浦村(포촌) 갯마을. 魚村(어촌).
浦港(포항) 포구와 항구.

7
⑩【海】 바다 해 賄

중학 인명 7급 ㊥hǎi ㊐カイ

필순

소전 초서 동자 [illegible] 속자 海 자원 形聲. 水+每→海. '每(매)'가 음을 나타낸다.

자해 ❶바다. 〔書經〕 江漢朝宗于海강한조종우해. ❷바닷물, 조수. 〔漢書〕 煮海爲鹽자해위염. ❸물산(物產)이 풍부한 땅.

海枯石爛(해고석란) 바닷물이 마르고 돌이 부서져 가루가 됨. 끝내 그 시기가 이르지 않음.
海關(해관) ①개항지(開港地)에 설치한 세관. ②항구에 마련하여 놓은 관문(關門).
海寇(해구) 해상에서 배를 습격하여 재물을 빼앗는 도적. 海盜(해도).
海氣(해기) 바다 위에 어린 기운.
海難(해난) 항해 중 당하는 재난.
海內(해내) 바다의안쪽. 나라 안.
海女(해녀) ①해신의 딸. ②바다 속에 들어가 고기·조개 따위를 잡는 일을 하는 여자.
海棠(해당) ①매찔레. 장미과의 낙엽 관목(灌木). 海棠花(해당화). ②가냘픈 미인.
海島(해도) 바다 가운데 있는 섬.
海東(해동) 우리나라의 옛 이름. 중국에서 '발해(渤海)의 동쪽에 있는 나라'라는 뜻으로 이른 말.
海東青(해동청) 매의 일종. 송골매. 보라매.

水 7획

海諒(해량) 바다와 같은 넓은 마음으로 잘 헤아림. 편지 따위에서 상대방에게 양해를 구할 때 씀.
海嶺(해령) 바다 밑에 산맥 모양으로 솟은 지형. 해저 산맥.
海流(해류) ①바닷물의 흐름. 潮流(조류). ②덕교(德敎)가 널리 퍼져 나감.
海灣(해만) 바다와 만. 또는 만.
海霧(해무) 바다 위에 끼는 안개.
海味(해미) 바다에서 나는 식품(食品). 생선·조개 따위.
海畔(해반) 바닷가. 해안. 海濱(해빈).
海拔(해발) 해면을 기준으로 잰 어느 지점의 높이.
海邊(해변) 바닷가.
海不揚波(해불양파) 바다에 파도가 일지 않음. 어진 임금이 있어 천하가 태평함.
海商(해상) 배로 물건을 싣고 돌아다니면서 하는 장사. 海賈(해고).
海恕(해서) 바다와 같은 넓은 마음으로 용서함.
海汐(해석) 저녁때에 밀려왔다 나가는 바닷물. 汐潮(석조).
海獸(해수) 바다에 사는 포유동물의 총칭.
海市蜃樓(해시신루) 신기루(蜃氣樓). 곧, 환상을 믿을 수 없음.
海心(해심) 바다의 한가운데.
海嶽(해악) ①바다와 큰 산. ②큰 은혜.
海岸(해안) 육지와 바다가 맞닿은 곳.
海洋(해양) 넓은 바다.
海域(해역) 바다 위의 일정한 구역.
海鹽(해염) 바닷물로 만든 소금.
海外(해외) 사해(四海)의 바깥. 나라의 바깥. 國外(국외).
海宇(해우) 해내(海內)의 땅. 국내.
海隅(해우) 바다의 한구석. 해안이 쑥 들어간 곳. 海曲(해곡). 海陬(해추).
海運(해운) ①바닷물이 움직임. 파도가 거칠어지는 일. ②해상에서 배로 사람과 화물을 운반함. ③조수(潮水)의 간만(干滿).
海月(해월) ①바다 위에 뜬 달. ②해파리.
海人(해인) ①바다 속에 들어가 고기·조개 따위를 잡는 일을 하는 사람. 보자기. ②바다 속에 사는 괴물(怪物). 배가 가는 길목에 나타난다는 허깨비. ③바다를 관장하던 벼슬.
海日(해일) 바다 위에 돋은 해.
海溢(해일) 폭풍우·지진 등으로 인하여 바닷물이 육지로 넘쳐 들어오는 현상.
海葬(해장) 바다에 장사 지냄. 水葬(수장).
海賊(해적) 해상에서 배를 습격하여 재물을 빼앗는 도적. 海盜(해도).
海程(해정) 바다의 뱃길.
海潮(해조) ①바닷물. ②조수의 흐름.
海天(해천) ①해상의 하늘. ②바다와 하늘.
海豹(해표) 바다표범.
海涵(해함) 바다가 강물을 받아들이듯이 널리 사람을 포용함. 도량이 큼. 海容(해용). 宏量(굉량).
海峽(해협) 육지와 육지 사이에 끼어 있는 좁고 긴 바다.
◨ 苦海고해, 近海근해, 南海남해, 大海대해, 渡海도해, 東海동해, 北海북해, 四海사해, 西海서해, 領海영해, 學海학해, 航海항해.

7
⑩【浹】 두루 미칠 협 葉

인명 ㊥jiā ㊐ショウ, キョウ

소전 초서 속자 浃 자해 ❶두루 미치다. 〔漢書〕於是教化浹洽어시교화협흡, 民用和睦민용화목. ❷통하다, 사무치다. 〔淮南子〕不浹於骨髓불협어골수. ❸젖다. ❹돌다, 일주하다. 10간(干)이 10일에 일주하는 것을 '浹日', 12지(支)가 12일에 일주하는 것을 '浹辰' 이라 이른다.
浹旬(협순) 10일간. 浹日(협일).
浹辰(협진) 12일간.
浹和(협화) 두루 화합함.
浹洽(협흡) ①두루 미쳐 젖음. 물이 물건을 적시듯이 어떤 영향이 두루 전하여짐. ②화목하고 친밀함. 和洽(화흡).

7
⑩【浩】 클 호 晧

고등 인명 3Ⅱ급 ㊥hào ㊐コウ

필순 丶 冫 氵 氵 汁 汼 浩 浩 浩 浩

소전 초서 동자 澔 자원 形聲. 水+告→浩. '告(고)'가 음을 나타낸다.
자해 ❶크다. 〔楚辭〕陳竽瑟兮浩倡진우슬혜호창. ❷물이 넓게 흐르는 모양. 〔書經〕浩浩滔天호호도천. ❸넉넉하다.
浩歌(호가) 큰 소리로 노래를 부름.
浩曠(호광) 넓고 큼. 광대함.
浩博(호박) 크고 넓음.
浩繁(호번) ①매우 번잡함. ②번성함.
浩洋(호양) 물이 광대한 모양. 浩茫(호망).
浩然之氣(호연지기) 하늘과 땅 사이에 가득 차 있는 매우 넓고 큰 원기. 곧, 도의에 뿌리를 박고 공명정대하여 조금도 부끄러울 것이 없는 도덕적 용기. 浩氣(호기).
浩蕩(호탕) ①넓고 큰 모양. ②뜻이 분방(奔放)한 모양. ③물이 넓은 모양. 浩汗(호한).

浩瀚(호한) ①물의 흐름이 광대한 모양. ②물건이 많고 풍부한 모양.
浩浩(호호) ①넓고 큰 모양. ②물이 엄청나게 많이 흐르는 모양.

7 ⑩【涍】 성 효 肴
인명 ㊥xiào ㊐コウ
자해 **❶성(姓). ❷강 이름. ❸샘 이름.**

8 ⑪【浛】 淈(737)의 속자

8 ⑪【淦】 배에 괸 물 감 勘
㊥gàn ㊐カン
소전 초서 자해 **❶배에 괸 물. ❷진흙. ❸강 이름.**

8 ⑪【渓】 溪(744)의 속자

8 ⑪【淃】 물 돌아 흐를 권 霰
인명 ㊥juàn ㊐ケン
자해 **물이 돌아 흐르는 모양.**

8 ⑪【淇】 강 이름 기 支
인명 2급 ㊥qí ㊐キ
소전 초서 자해 **강 이름.**
淇園長(기원장) 대나무의 딴 이름.

8 ⑪【淖】 1 진흙 뇨 效 2 얌전할 작 藥
㊥nào, chuò ㊐ドウ, ジャク
소전 초서 자해 1 **❶진흙.** 〔史記〕 濯淖汙泥之中탁뇨오니지중. **❷진창.** 〔春秋左氏傳〕 有淖於前유뇨어전. **❸젖다.** 〔管子〕 淖乎如在於海뇨호여재어해. **❹온화하다. ❺빠지다.** 2 **얌전하다.** ≒綽. 〔莊子〕 淖約若處子작약약처자.
淖濘(요녕) 진창.
淖約(작약) 정숙함. 부드럽고 예쁨.

8 ⑪【淡】 1 묽을 담 勘 2 질펀히 흐를 염 琰
고등 인명 3Ⅱ급 ㊥dàn, yàn ㊐タン, エン
필순 丶 氵 氵 氵 氵 氵 氵 氵 氵 淡
소전 초서 참고 인명용 음은 '담'이다.
자원 形聲. 水+炎→淡. '炎(염)'이 음을 나타낸다.
자해 1 **❶묽다.** 〔中庸〕 淡而不厭담이불염. **❷싱겁다. ❸담박하다.** 〔莊子〕 君子之交군자지교, 淡若水담약수. **❹거친 음식.** ≒啖. 〔史記〕 攻苦食淡공고식담. 2 **❶질펀히 흐르다. ❷물이 감도는 모양.**
淡淡(❶담담 ❷염염) ❶담백한 모양. 산뜻한 모양. ❷물이 질펀히 흐르는 모양.
淡墨(담묵) 묽은 먹물.
淡味(담미) ①담박한 맛. ②담박한 취미.
淡泊(담박) ①산뜻함. ②욕심이 적고 꾸밈이 없음.
淡水(담수) 민물.
淡食(담식) 싱겁게 먹음.
淡雅(담아) 맑고 고상함.
淡然(담연) 산뜻한 모양. 깨끗한 모양.
淡雲(담운) 엷은 구름.
淡月(담월) ①흐릿한 빛을 내는 달. 으스름달. ②수입(收入)이 적은 달.
淡粧濃抹(담장농말) 엷은 화장과 짙은 화장.
淡彩(담채) 엷은 채색.
淡黃(담황) 엷은 누런색. 담황색.
◨ 冷淡냉담, 濃淡농담, 雅淡아담, 淸淡청담.

8 ⑪【淘】 일 도 豪
인명 1급 ㊥táo ㊐トウ
초서 자해 **❶일다, 물에 흔들어서 쓸 것과 못 쓸 것을 가려내다. ❷씻다, 헹구다. ❸흐르다.** 〔宋史〕 開淘舊河개도구하. **❹치다, 앙금을 치다.**
淘金(도금) 사금을 일어서 금을 가려냄.
淘米(도미) 쌀을 읾.
淘汰(도태) ①일어서 가려냄. ②생존 경쟁에서 환경이나 조건에 적응하지 못한 생물이 멸망하는 일.

8 ⑪【涷】 소나기 동 東 送
㊥dōng ㊐トウ
소전 초서 자해 **❶소나기.** 〔楚辭〕 使涷雨兮灑塵사동우혜쇄진. **❷얼다.** ≒凍. **❸젖다, 물에 젖다.**
涷雨(동우) 소나기. 暴雨(폭우).

8 ⑪【涼】 1 서늘할 량 陽 2 도울 량 漾
중학 인명 3Ⅱ급 ㊥liáng ㊐リョウ

水 8획

필순 丶 冫 氵 氵 氵 汸 洁 洁 涼 涼

소전 초서 속자 凉 자원 形聲. 水+京→涼. '京(경)'이 음을 나타낸다.

자해 1 ❶서늘하다. 〔書經〕涼是冷之始량시랭지시. ❷엷다. 〔春秋左氏傳〕虢多涼德괵다량덕. ❸맑다. ❹슬퍼하다. ❺바람 쐬다. 〔新唐書〕暴涼之폭량지. ❻맑은 술. 2 ❶돕다. 〔詩經〕涼彼武王량피무왕. ❷진실로.

涼氣(양기) 서늘한 기운. 또는 가을 기운.

涼氛(양분) ①맑고 시원한 기운. ②가을.

涼扇(양선) 부채.

涼炎(양염) ①서늘함과 더움. ②쇠락(衰落)함과 번성(繁盛)함.

涼月(양월) ①서늘한 느낌의 달. 가을밤의 달. ②음력 7월의 딴 이름.

涼風(양풍) 서늘한 바람. ㉠가을 바람. ㉡북풍(北風). ㉢서남풍(西南風).

涼花(양화) 國목화. 면화(綿花).

◨ 納涼납량, 炎涼염량, 溫涼온량, 凄涼처량, 清涼청량, 荒涼황량.

8 ⑪【淥】渌 밭을 록 屋

㊥lù ㊐ロク

초서 자해 ❶밭다, 거르다. ❷물이 맑아지다. ❸강 이름. 〔北史〕至鴨淥水지압록수. ❹술 이름.

淥水(녹수) 맑은 물.

8 ⑪【淚】泪 눈물 루 本류 寘

고등 인명 3급 ㊥lèi ㊐ルイ

필순 丶 冫 氵 氵 氵 氵 沪 沪 泪 涙 淚

초서 동자 泪 속자 㴃 속자 涙 자원 形聲. 水+戾→淚. '戾(려)'가 음을 나타낸다.

자해 ❶눈물. ❷눈물을 흘리다. 〔後漢書〕泣淚想望읍루상망. ❸촛농이 떨어지다.

淚水(누수) 눈물.

淚竹(누죽) 마디가 붉은 대나무의 한 가지. 반죽(斑竹).

◨ 感淚감루, 落淚낙루, 別淚별루, 墮淚타루.

8 ⑲【㴃】 淚(728)의 속자

8 ⑪【淪】沦 물놀이 륜 眞

인명 1급 ㊥lún ㊐リン

소전 초서 자해 ❶물놀이, 잔물결. 〔詩經〕河水清且淪猗하수청차륜의. ❷잠기다. ❸망하다. 〔書經〕今殷其淪喪금은기륜상. ❹빠져들다. 〔淮南子〕淪于不測륜우불측. ❺거느리다. 〔詩經〕淪胥以舖륜서이포.

淪缺(윤결) 쇠하여 없어짐.

淪棄(윤기) 숨어서 세상에 알려지지 않음.

淪匿(윤닉) 숨어서 나타나지 않음.

淪溺(윤닉) 물속에 가라앉음. 침몰함.

淪落(윤락) ①몰락하여 다른 고장으로 떠돌아다님. ②여자가 타락하여 몸을 버림.

淪沒(윤몰) ①가라앉음. 침몰함. ②몰락함.

淪喪(윤상) 망하여 없어짐.

淪塞(윤색) ①가라앉고 막힘. ②낙오하여 불행하게 됨.

淪失(윤실) 망하여 없어짐.

淪替(윤체) 침체하여 쇠함.

淪敗(윤패) 영락(零落)함.

◨ 沈淪침륜.

8 ⑪【淩】 달릴 릉 蒸

㊥líng ㊐リョウ

소전 자해 ❶달리다. ≒凌. 〔楚辭〕冥淩浹行명릉협행. ❷타다. 〔楚辭〕淩陽侯之氾濫릉양후지범람. ❸두려워하다.

8 ⑪【淋】 물 뿌릴 림 侵

인명 1급 ㊥lín ㊐リン

소전 초서 자해 ❶물을 뿌리다. ❷방울져 떨어지다. 〔抱朴子〕甘露淋漉以霄墜감로림록이소추. ❸젖다. ❹장마. ≒霖. 〔莊子〕淋雨十日림우십일. ❺임질. ≒痳.

淋漓(임리) ①물·땀·피 따위가 뚝뚝 떨어지는 모양. ②원기(元氣) 또는 필세(筆勢)가 왕성한 모양.

淋淋(임림) 비 또는 물방울이 뚝뚝 떨어지는 모양.

淋雨(임우) ①비에 젖음. ②장마. 霖雨(임우).

淋疾(임질) 임균에 감염되어 일어나는 성병.

淋汗(임한) ①땀. ②(佛)선원(禪院)에서, 여름에 땀을 씻기 위하여 목욕하는 일.

8 ⑫【淼】 물 아득할 묘 篠

㊥miǎo ㊐ビョウ

소전 초서 자해 ❶물이 아득하다. ❷넓은 물.

淼茫(묘망) 강이나 바다가 한없이 넓어 아득한 모양.

8 ⑪【渺】 瀰(769)의 속자

8 ⑪【淝】 강 이름 비 微

㊥féi ㊐ヒ

초서 淝 자해 강 이름.

8 ⑪【渋】 澁(758)의 속자

8 ⑪【淅】 쌀 일 석 錫

인명 ㊥xi ㊐セキ

소전 淅 초서 淅 속자 淅 참고 浙(724)은 딴 자.

자해 ❶쌀을 일다. 〔儀禮〕 淅米于堂석미우당. ❷소리의 형용. ❸쓸쓸하다.

淅瀝(석력) ①비나 눈이 내리는 소리. ②바람이 나무를 스치어 울리는 소리.
淅米(석미) 쌀을 씻음.
淅淅(석석) ①바람 소리. ②방울 소리.
淅然(석연) 쓸쓸한 모양. 처량한 느낌을 자아내는 가을철의 기운.

8 ⑪【淞】 강 이름 송 冬

인명 ㊥sōng ㊐ショウ

초서 淞 자해 강 이름.

8 ⑪【淑】 맑을 숙 屋

중학 인명 3Ⅱ급 ㊥shū ㊐シュク

필순 氵 氵 氵 汁 汁 汁 汁 沫 淑 淑

소전 淑 초서 淑 동자 淑 자원 形聲. 水+叔→淑. '叔(숙)'이 음을 나타낸다.

자해 ❶맑다. 〔淮南子〕 原測淑清之道원측숙청지도. ❷착하다. 〔詩經〕 窈窕淑女요조숙녀. ❸사모하다. 〔孟子〕 予私淑諸人也여사숙제인야. ❹잘, 익숙하고 능란하게. 〔詩經〕 淑愼其身숙신기신. ❺아름답다. 〔荀子〕 湣湣淑淑혼혼숙숙. ❻처음. ≒俶.

淑氣(숙기) 좋은 기운. 봄날의 아늑하고 따뜻한 기운.
淑女(숙녀) 정숙하고 부덕(婦德)이 있는 여자. 교양 있는 부인. 淑媛(숙원).
淑德(숙덕) 착하고 올바른 덕. 주로 부인의 덕.
淑問(숙문) ①좋은 명예. 좋은 평판. 淑譽(숙예). ②공정한 재판을 함.
淑美(숙미) 정숙하고 아름다움.
淑祥(숙상) 좋은 조짐.
淑性(숙성) 얌전하고 착한 성질.
淑愼(숙신) ①삼감. ②착하고 신중함.
淑心(숙심) 선량한 마음.
淑譽(숙예) 선덕(善德)이 있다는 평판. 정숙하다는 소문. 淑問(숙문).
淑婉(숙완) 아름답고 상냥함. 婉淑(완숙).
淑媛(숙원) ①재덕(才德)이 뛰어난 여자. ②조선 때, 종4품 내명부(內命婦)의 품계.
淑胤(숙윤) 선량한 자손.
淑人(숙인) 선량하고 덕이 있는 사람.
淑姿(숙자) 얌전하고 착한 모습.
淑弟(숙제) 어진 아우. 남의 아우의 존칭.
淑眞(숙진) 선량하고 진실함.
淑淸(숙청) ①잘 다스려져서 맑음. ②명랑하고 맑음.
淑行(숙행) 선량한 행위.
◘ 私淑사숙, 貞淑정숙, 賢淑현숙.

8 ⑪【淳】 순박할 순 眞

인명 2급 ㊥chún ㊐ジュン

소전 淳 초서 淳 동자 湻 자해 ❶순박하다. 〔漢書〕 澆淳散樸요순산박. ❷인정이 두텁다. ❸물을 대다. 〔周禮〕 淳而漬之순이지지. ❹땅이 메마르다. 〔春秋左氏傳〕 表淳鹵표순로. ❺크다. ❻맑다.

淳良(순량) 순박하고 선량함.
淳朴(순박) 선량하고 꾸밈이 없음. 淳樸(순박).
淳白(순백) 순수하고 깨끗함. 결백함.
淳淳(순순) ①순박한 일. ②유동(流動)하는 모양. 조용히 흘러가는 모양.
淳實(순실) 순박하고 꾸밈이 없음.
淳耀(순요) ①크게 빛남. ②순박하고 아름답게 빛남.
淳質(순질) 선량하고 꾸밈이 없음.
淳化(순화) 순박하게 교화함. 순박해짐.
淳厚(순후) 순박하고 인정이 두터움.
◘ 溫淳온순, 至淳지순, 淸淳청순.

8 ⑪【淬】 ①담금질할 쉬 本채 隊 ②흐를 줄 質

㊥cuì, zú ㊐サイ, シュツ

소전 淬 초서 淬 동자 淬 자해 ① ❶담금질하다. ❷차다. ❸

물들이다. 〔史記〕 肸割輪淬편할륜쉬. ❹목욕하다. 〔淮南子〕 身淬霜露신쉬상로. ❺힘쓰다. ② 흐르다.

8
⑪【深】 깊을 심 侵

중학 인명 4Ⅱ급 ㊥shēn ㊐シン

필순 氵 氵 氵 氵 氵 汧 洴 泙 深 深

소전 [篆] 초서 [草] 고자 [古] 자원 形聲. 水+罙→深. '罙(삼)'이 음을 나타낸다.

자해 ❶깊다. ㉮얕지 아니하다. 〔詩經〕 深則厲심즉려, 淺則揭천즉게. ㉯정미(精微)하다. 〔易經〕 唯深也유심야, 故能通天下之志고능통천하지지. ㉰생각이 깊다. 〔孟子〕 其慮患也深기려환야심. ㉱심하다. ㉲무겁다. 〔魏志〕 位益高者위익고자, 責益深책익심. ㉳후하다. 〔禮記〕 情深而文明정심이문명. ㉴잔인하다. ㉵무성하다. ㉶짙다, 짙은 빛깔. ㉷친절하다, 자상하다. ❷깊게 하다. ㉮치다, 바닥을 치다. 〔漢書〕 治水有決河深川치수유결하심천. ㉯높이다. ❸깊이, 매우.

水 8획

深刻(심각) ①깊이 새김. ②인정이 없고 무자비함. 深酷(심혹). ③아주 깊고 절심함.
深間(심간) 적국의 내정(內政)을 몰래 살피는 사람. 발쇠꾼. 間諜(간첩).
深痼(심고) ①깊고 중한 병. 고치기 어려운 마음의 병. ②오래되어 고치기 힘든 습성.
深交(심교) 깊게 사귐.
深窟(심굴) 깊은 굴. 幽窟(유굴).
深閨(심규) 깊숙한 방. 부인의 방.
深根固柢(심근고저) 깊고 단단한 뿌리. 기초가 단단하고 근본이 뚜렷함.
深度(심도) 깊은 정도.
深厲淺揭(심려천게) 물이 깊으면 허리까지 옷을 걷어 올리고, 얕으면 무릎 밑까지 걷어 올림. 일의 형편에 따라 행동함.
深謀(심모) 깊은 꾀. 깊고 슬기로운 계략. 深計(심계).
深謀遠慮(심모원려) 깊은 꾀와 먼 장래를 내다보는 생각. 深計遠慮(심계원려).
深目(심목) 움푹 들어간 눈.
深妙(심묘) 오묘함. 심오함.
深墨(심묵) ①새까만 빛. ②복상(服喪)하고 있을 때의 슬픈 모습.
深文(심문) ①법률을 엄하게 적용함. 엄한 법률. 峻文(준문). ②깊은 의미가 있는 문장.
深微(심미) 심오(深奧)하여 알기가 어려움.
深密(심밀) ①생각이 깊고 빈틈이 없음. ②초목이 우거져 빽빽함.
深博(심박) 학문이 깊고 넓음.
深謝(심사) ①은혜에 깊이 사례함. ②깊이 사죄(謝罪)함. 깊이 사과함.
深思熟考(심사숙고) 깊이 생각하고 곰곰이 따져 봄.
深山大澤(심산대택) 깊은 산과 큰 못. 범상하지 않은 곳.
深山幽谷(심산유곡) 깊은 산과 으슥한 골짜기.
深邃(심수) 깊숙함. ㉠깊숙한 산골짜기나 집. ㉡학술·의론(議論) 따위가 심오함.
深識長慮(심식장려) 깊이 깨닫고 먼 장래를 생각함.
深室(심실) ①깊숙한 곳에 있는 방. ②죄인을 가두는 방. 囚室(수실).
深心(심심) ①깊은 마음. ②(佛)㉠바른 길과 묘한 진리를 구하는 마음. ㉡부처를 깊이 믿는 마음.
深甚(심심) 매우 깊음.
深深(심심) ①깊숙하고 어둠침침한 모양. ②깊고 깊음.
深夜(심야) 깊은 밤.
深語(심어) ①속마음을 털어놓고 이야기함. ②남몰래 비밀히 하는 이야기. 深言(심언).
深嚴(심엄) 매우 엄함.
深淵(심연) 깊은 못.
深淵薄氷(심연박빙) 깊은 못과 엷은 얼음. 몹시 위험한 상황. 深薄(심박).
深奧(심오) 사상·이론 따위가 깊고 오묘함.
深憂(심우) 깊이 근심함. 깊은 근심.
深怨(심원) 깊은 원한. 원한이 깊음.
深遠(심원) ①깊고 멂. ②헤아릴 수 없을 만큼 깊음.
深恩(심은) 깊은 은혜.
深議(심의) 충분하게 논의함. 熟議(숙의).
深入(심입) 깊이 들어감.
深慈(심자) 깊은 자애. 深愛(심애).
深長(심장) 깊고 멂. 뜻이 깊음.
深藏(심장) ①깊이 간직하여 둠. ②깊이 모습을 감춤.
深切(심절) ①그 일에 꼭 알맞음. 剴切(개절). ②매우 친절함.
深情(심정) 상대방을 깊이 생각하는 마음.
深造(심조) 깊은 조예. 높은 경지에 이름.
深造自得(심조자득) 학문의 깊은 뜻을 궁구하여 스스로 터득함.
深重(심중) ①생각이 깊고 침착함. ②여러 겹으로 포갬.
深中隱厚(심중은후) 자비심이 많고 인정이 두터움.
深察(심찰) 깊이 살핌.
深責(심책) 깊이 허물을 꾸짖음.
深淺(심천) 깊음과 얕음.

深衷(심충) 깊고 참된 속마음. 眞心(진심).
深醉(심취) 술에 몹시 취함.
深恥(심치) 몹시 부끄러워함. 深羞(심수).
深沈(심침) ①생각이 깊고 빠뜨림이 없음. ②침착하고 무게가 있음.
深耽(심탐) 일에 열중함. 몹시 빠짐.
深痛(심통) 몹시 마음 아파함.
深弊(심폐) 쉽게 뽑아 버리지 못할 폐해(弊害).
深恨(심한) 깊이 원망함. 깊은 원한.
深解(심해) 속속들이 깨달음.
深海(심해) 깊은 바다.
深玄(심현) 깊고 현묘(玄妙)함. 幽玄(유현).
深穴(심혈) 깊은 구멍.
深峽(심협) 깊은 골짜기.
深刑(심형) 엄한 형벌(刑罰).
深慧(심혜) 깊은 슬기.
深酷(심혹) 몹시 잔인함.
深化(심화) 정도가 점점 깊어짐.
深懷(심회) 깊이 생각함. 깊은 회포.
深厚(심후) ①마음씨가 깊고 자상함. ②뜻이 깊고 자상함.
深黑(심흑) ①깊고 어두움. ②진한 검은빛.
◨ 水深수심, 夜深야심, 幽深유심, 精深정심, 淺深천심, 沈深침심, 海深해심.

8 ⑪ 【涯】 물가 애 佳

고등 인명 3급 ㊥yá ㊐ガイ

필순 氵 氵 汇 沂 沂 涯 涯 涯 涯 涯

소전 [篆] 초서 [草] 자원 形聲. 水+厓→涯. '厓(애)'가 음을 나타낸다.

자해 ❶물가. 〔書經〕若涉大水其無津涯약섭대수기무진애. ❷가, 끝.

涯角(애각) 國궁벽하고 먼 땅.
涯岸(애안) ①물가. 水涯(수애). 涯涘(애사). 涯際(애제). ②끝, 경계. 涯限(애한).
◨ 無涯무애, 濱涯빈애, 生涯생애, 天涯천애.

8 ⑪ 【液】 1 진 액 陌 2 담글 석 陌

인명 4Ⅱ급 ㊥yè, shì ㊐エキ, セキ

소전 [篆] 초서 [草] 동자 洂 참고 인명용 음은 '액'이다.

자해 1 ❶진, 즙. ❷겨드랑이. ≒掖. ❸성(姓). 2 ❶담그다. 〔周禮〕春液角춘석각. ❷풀어지다, 녹다.

液晶(액정) 액체와 고체의 중간 상태에 있는 물질.
液汁(액즙) 물체에서 짜낸 액체. 汁液(즙액).
液體(액체) 일정한 부피는 있으나 일정한 모양이 없이 유동하는 물질.
液湯(액탕) 약을 달임.
液化(액화) 기체나 고체가 냉각이나 압력에 의하여 액체로 변하는 일.
◨ 溶液용액, 乳液유액, 粘液점액, 精液정액, 汁液즙액, 津液진액, 唾液타액, 血液혈액.

8 ⑪ 【淤】 진흙 어 御

㊥yū ㊐オ

소전 [篆] 초서 [草] 자해 ❶진흙, 앙금. 〔漢書〕貯淤而稍淺저어이초천. ❷삼각주(三角洲). ❸물리다, 싫증나다.

淤泥(어니) 진흙.

8 ⑪ 【淹】 담글 엄 鹽

인명 ㊥yān ㊐エン

소전 [篆] 초서 [草] 자해 ❶담그다. 〔禮記〕淹之以樂好엄지이락호. ❷오래되다. 〔春秋公羊傳〕王師淹病矣왕사엄병의. ❸머무르다. 〔春秋左氏傳〕二三子無淹久이삼자무엄구. ❹느리다, 더디다.

淹久(엄구) 오랫동안 머무름.
淹究(엄구) 깊이 연구함.
淹留(엄류) ①오래 머무름. ②막히어 나아가지 못함.
淹沒(엄몰) 물 속에 빠짐.
淹泊(엄박) ①오래 머무름. 체류함. ②관리가 오랫동안 낮은 직위에 있음.
淹博(엄박) 학식이 매우 넓음.
淹宿(엄숙) 하룻밤을 지냄. 한때를 지냄.
淹旬(엄순) 열흘을 지냄.
淹雅(엄아) 학문이 넓고 사람됨이 품위가 있음. 淵雅(연아).
淹蘊(엄온) 깊이 간직하여 밖에 드러내지 않음.
淹遲(엄지) 느림. 遲緩(지완).
淹滯(엄체) ①막힘. 정체함. ②현재(賢才)가 있으면서 낮은 직위에 머물러 있음.
淹斃(엄폐) 죄수를 오래 가두어 죽게 함.

8 ⑪ 【渊】 淵(740)의 속자

8 ⑪ 【淫】 음란할 음 侵

고등 인명 3Ⅱ급 ㊥yín ㊐イン

필순 氵 氵 氵 氵 氵 氵 淫 淫 淫 淫

소전 [篆] 초서 [草] 자원 形聲. 水+𡈼→淫. '𡈼(음)'이 음을 나타낸다.

水 8획

자해 ❶음란하다. 〔春秋左氏傳〕 貪色爲淫탐색위음. ❷간사하다. 〔禮記〕 志淫好辟지음호벽. ❸어지럽다, 미혹(迷惑)하다. ❹적시다. 〔周禮〕 善防者선방자, 水淫之수음지. ❺빠지다, 도를 넘다. 〔書經〕 罔淫於樂망음어락. ❻사치하다. 〔禮記〕 齊八政以防淫제팔정이방음. ❼방탕하다. ❽탐내다. 〔春秋左氏傳〕 驕奢淫泆교사음일.

淫巧(음교) 교활하고 교묘함.
淫驕(음교) 음란하고 교만함.
淫溺(음닉) 매우 방탕함. 유락(遊樂)에 빠짐.
淫談悖說(음담패설) 國음탕하고 사리에 어긋나는 상스러운 이야기.
淫亂(음란) 음탕하고 난잡함.
淫霖(음림) 장마. 淫雨(음우).
淫僻(음벽) 지나치게 괴벽함.
淫奔(음분) 음탕한 일. 정식으로 결혼하지 않고 남녀가 사통(私通)하는 일.
淫非(음비) 음란하고 바르지 못함.
淫費(음비) 낭비(浪費).
淫事(음사) 남녀 사이의 음란한 일.
淫思(음사) ①깊이 생각함. 골똘히 생각함. ②음란한 생각.
淫辭(음사) 음란한 말. 부정한 말.
淫媟(음설) 음란하고 더러움. 猥褻(외설). 淫褻(음설). 淫猥(음외).
淫聲(음성) 바르지 못한 음악. 음탕한 음악. 淫音(음음).
淫心(음심) 음탕한 마음.
淫樂(❶음악 ❷음락) ❶바르지 못한 음악. ❷음란한 놀이.
淫液(음액) ①소리가 끊이지 않고 길게 이어지는 모양. ②술에 취한 모양. ③성교할 때 나오는 분비액. 淫水(음수).
淫業(음업) ①부정(不正)한 직업. 상공업을 천하게 여겨 이르던 말. ②매음(賣淫)하는 직업.
淫穢(음예) 음란하고 더러움.
淫慾(음욕) 음탕한 욕심. 色慾(색욕).
淫遊(음유) 버릇없이 멋대로 놂. 놀음에 빠짐.
淫淫(음음) ①흐르는 모양. ②늘어나는 모양. ③멀리 사라져 가는 모양. ④비상(飛翔)하는 모양. ⑤왕래하는 모양.
淫意(음의) ①멋대로 함. 방종(放縱)함. ②음란한 마음.
淫佚(음일) ①난봉을 부림. 放蕩(방탕). ②남녀 사이의 음란한 교제.
淫縱(음종) 음란하고 방종함.
淫志(음지) 음란한 마음.
淫侈(음치) 지나치게 사치함. 지나치게 방종함.
淫蕩(음탕) 주색 따위의 향락에 빠져 음란하고 방탕함.
淫慝(음특) ①남 모르게 나쁜 짓을 함. 姪慝(음특). ②성질이 음란하고 간악함.
淫風(음풍) ①부정한 짓을 하는 풍습. ②남녀간의 음란한 풍습.
淫虐(음학) 음란하고 잔학함. 매우 잔학함.
淫行(음행) 음란한 행실.
淫刑(음형) 부당한 형벌. 형벌을 남용함.
淫荒(음황) 주색에 탐닉함.
淫戲(음희) ①매우 게으름을 피움. ②음탕한 연극.

◨ 誣淫무음, 浮淫부음, 浸淫침음, 荒淫황음.

8 ⑪【淀】 얕은 물 정 本전 霰

인명 中diàn 日テン

초서 자해 얕은 물.

8 ⑪【淨】净 깨끗할 정 敬

중학 인명 3Ⅱ급 中jìng 日ジョウ

필순

소전 초서 속자 净 자원 形聲. 水+爭→淨. '爭(쟁)'이 음을 나타낸다.

자해 ❶깨끗하다. ㉮때묻지 아니하다. 〔晉書〕 見棐几滑淨견비궤활정, 因書之인서지, 眞草相半진초상반. ㉯정결하다. ㉰맑다, 밝다. ㉱사념(邪念)이 없다. ❷깨끗이 하다. 〔南史〕 時陳郡殷沖亦好淨시진군은충역호정.

淨巾(정건) 깨끗한 두건. 승려의 두건.
淨潔(정결) 맑고 깨끗함.
淨空(정공) 맑은 하늘.
淨敎(정교) 깨끗한 가르침. 불교(佛敎).
淨利(정리) 순이익(純利益).
淨房(정방) 國뒷간. 변소.
淨色(정색) 맑은 빛. 깨끗한 빛깔.
淨書(정서) 글씨를 깨끗이 옮겨 씀.
淨沼(정소) 물이 맑은 못.
淨水(정수) ①맑은 물. ②물을 맑게 함.
淨神(정신) 마음을 청결하게 함.
淨眼(정안) ①눈을 씻어 맑게 함. ②(佛)청정(淸淨)한 법안(法眼).
淨壹(정일) 순수함. 불순물이 없음.
淨財(정재) 깨끗한 돈. ㉠사원(寺院)에 내는 기부금. ㉡자선금. 희사금(喜捨金).
淨饌(정찬) 육류를 쓰지 않은 음식.
淨榻(정탑) 깨끗한 의자(椅子).
淨土(정토) (佛)더럽혀지지 않은 나라. 번뇌(煩惱)에서 해탈(解脫)한 깨끗한 나라. 極樂

(극락). 淨界(정계). 淨地(정지).
淨化(정화) 깨끗하게 함.
◨ 不淨부정, 洗淨세정, 淸淨청정.

8 ⑪【淯】 濟(766)의 속자

8 ⑪【淙】 물소리 종 图

인명 ㊥cóng ㊐ソウ

소전 초서 자해 ❶물소리. ❷물을 대다.

淙琤(종쟁) 물이 흐르는 소리가 옥(玉)을 굴리는 것과 같음.
淙淙(종종) ①물이 흐르는 소리. ②금석(金石)의 소리.

8 ⑪【淌】 큰 물결 창 㵁

㊥chàng ㊐ショウ

초서 자해 물이 흐르는 모양.

8 ⑪【淒】 1 쓸쓸할 처 齊 2 빠른 모양 천 霰

㊥qī, qiàn ㊐セイ, セン

소전 초서 자해 1 쓸쓸하다. ＝凄. 2 빠른 모양. ＝倩.

8 ⑪【淺】浅 얕을 천 銑

중학 인명 3Ⅱ급 ㊥qiǎn ㊐セン

필순 氵氵氵汁浅浅浅浅淺淺

소전 초서 속자 浅 자원 形聲. 水＋戔→淺. '戔(전)'이 음을 나타낸다.

자해 ❶얕다. ㉮바닥이 얕다. 〔北史〕井淺地平정천지평. ㉯소견·지식·학문 등이 깊지 아니하다. 〔北史〕學淺行薄학천행박. ㉰오래지 아니하다. ❷㉮빛이 연하다. ㉯약하다. ❸가볍다, 경망스럽다. 〔漢書〕其事浮淺기사부천. ❹공손하지 아니하다, 친절하지 아니하다. 〔唐書〕何待我淺耶하대아천야.

淺見(천견) 얕은 생각. 자기 생각의 겸칭. 淺慮(천려).
淺近(천근) 천박함. 얕고 속됨.
淺略(천략) 천박하며 조략(粗略)함.
淺劣(천렬→천열) 지혜(智慧)·견식(見識)이 얕고 용렬함. 淺陋(천루). 淺薄(천박).
淺露(천로) ①얕아서 드러남. ②조금 드러남.
淺謀(천모) 얕은 꾀.
淺聞(천문) 듣고 본 바가 적음.
淺術(천술) 미숙한 재주. 낮은 재주.
淺識(천식) 얕은 지식이나 견식.
淺深(천심) ①얕음과 깊음. ②얕음과 깊음을 헤아림.
淺才(천재) 얕은 재주.
淺渚(천저) 얕은 물가.
淺斟低唱(천짐저창) 술을 조금 따르고 낮게 노래함. 술을 알맞게 마시면서 노래하고 즐김.
淺淺(천천) 물이 빠르게 흐르는 모양.
淺學(천학) 학식이 얕음. 자기 학식의 겸칭.
淺學菲才(천학비재) 학문이 얕고 재주가 없음. 자기 학문의 겸칭.
淺海(천해) 얕은 바다.
◨ 微淺미천, 卑淺비천, 深淺심천, 日淺일천.

8 ⑪【添】 1 더할 첨 鹽 2 맛을 더할 첨 豔

고등 인명 3급 ㊥tiān, tiàn ㊐テン

필순 氵氵氵汗汗沃添添添添

초서 자원 形聲. 水＋忝→添. '忝(첨)'이 음을 나타낸다.

자해 1 더하다, 보태다. 2 ❶맛을 더하다. ❷안주, 반찬.

添加(첨가) 더함. 덧붙임.
添附(첨부) 더하여 붙임.
添削(첨삭) 글·글자를 더하거나 지우거나 해서 시문(詩文)을 고침. 添刪(첨산). 添竄(첨찬).
添書落點(첨서낙점) 임금이 벼슬아치를 임명할 때, 삼망(三望)에 든 사람 이외의 사람을 써넣고 그 이름 위에 점을 찍어 결정하던 일.
添設(첨설) 첨가하여 설치함.
添言(첨언) 덧붙여 말함.
添入(첨입) 國더 보태어 넣음.
添盞(첨잔) 따라 놓은 술잔에 술을 더 따름.
添增(첨증) 더함. 불림. 增加(증가).
添齒(첨치) 國나이를 한 살 더 먹음.
◨ 別添별첨.

8 ⑪【淸】 맑을 청 庚

중학 인명 6급 ㊥qīng ㊐セイ

필순 氵氵氵汁汁洼洼淸淸淸

소전 초서 동자 清 자원 形聲. 水＋靑→淸. '靑(청)'이 음을 나타낸다.

자해 ❶맑다. ㉮물이 맑다. 〔詩經〕瀏其淸矣류기청의. ㉯날씨가 맑다. 〔淮南子〕偏土之氣

御乎淸天편토지기어호청천. ㉰**속되거나 탁한 맛이 없다.** 〔楚辭〕擧世皆濁거세개탁, 我獨淸아독청. ❷**사념(邪念)이 없다.** 〔楚辭〕朕幼淸以廉潔兮짐유청이렴결혜. ❸**맑게 하다.** 〔周禮〕淸其灰청기회. ❹**갚다.** ❺**서늘하다.** ❻**분명하다.** 〔易經〕刑罰淸而民服형벌청이민복. ❼**누그러지다.** 〔荀子〕養之以淸양지이청. ❽**눈매.** 〔詩經〕猗嗟名兮의차명혜, 美目淸兮미목청혜. ❾**왕조 이름.** 중국의 마지막 왕조.

淸歌(청가) ①맑은 소리로 노래를 부름. ②반주 없이 노래 부름.
淸澗(청간) 맑게 흐르는 산골의 시내.
淸鑒(청감) ①명확히 분간함. ②한번 읽어 보기 바란다는 뜻으로 편지에 쓰는 말.
淸江(청강) 맑게 흐르는 강.
淸介(청개) 청렴하고 고고(孤高)함.
淸客(청객) ①탈속(脫俗)한 사람. 문객(門客). ②매화의 딴 이름. 淸友(청우).
淸儉(청검) 청렴하고 검소함. 淸約(청약).
淸潔(청결) 맑고 깨끗함.
淸輕(청경) 맑고 가벼움.
淸鏡(청경) 맑은 거울.
淸苦(청고) 청렴결백하여 곤궁을 견딤.
淸高(청고) ①맑고 고결함. ②인격이 고상함. 기품이 높음.
淸官(청관) ①지위가 높고 고귀한 벼슬. 淸班(청반). ②청렴한 관리.
淸光(청광) ①맑은 달빛. ②귀인(貴人)의 맑은 풍채(風采).
淸狂(청광) 미치지 않았으면서 언행(言行)이 미친 사람을 닮았음.
淸曠(청광) ①깨끗하고 탁 트여 넓음. ②맑고 밝음.
淸巧(청교) 청아하고 교묘함.
淸穹(청궁) 맑은 하늘. 淸霄(청소).
淸規(청규) ①맑고 바름. ②맑은 법도(法度).
淸琴(청금) 맑은 소리가 나는 거문고.
淸恬(청념) 마음이 깨끗하고 조용함.
淸旦(청단) 맑은 아침. 淸朝(청조).
淸淡(청담) ①맑고 담박함. ②마음이 편안하고 욕심이 없음.
淸德(청덕) 청렴결백한 덕.
淸道(청도) ①깨끗한 도(道). ②임금이 행차할 때 미리 길을 치우치는 일. 辟除(벽제).
靑鑾(청란) 맑은 소리가 나는 방울. 임금이 타는 수레.
淸覽(청람) ①조촐한 조망(眺望). ②자기가 쓴 글이나 그림을 남에게 보일 때 그 보는 일을 높여 이르는 말. 高覽(고람).
淸亮(청량) 성질이나 소리가 맑고 깨끗함.
淸涼(청량) 맑고 서늘함.
淸麗(청려) 맑고 고움.
淸冽(청렬) 물이 맑고 차가움.
淸廉(청렴) ①마음이 깨끗하고 바름. ②욕심이 없고 성품과 행실이 높음.
淸泠(청령) 맑고 투명함. 맑고 시원함.
淸靈(청령) 맑은 정기(精氣).
淸流(청류) ①맑게 흐르는 물. ②청렴한 사람. 깨끗한 사람. ③고귀한 사람. 名士(명사). ④맑은 은택(恩澤).
淸望(청망) 청렴하고 명망이 있는 사람.
淸名(청명) 청렴하다는 평판.
淸明(청명) ①맑고 밝음. ㉠천하가 평화롭게 다스려짐. ㉡마음이 맑고 똑똑함. ②24절기(節氣)의 하나. 양력 4월 5·6일경.
淸明風(청명풍) 춘분 후에 부는 동남풍.
淸目(청목) 눈을 밝게 함.
淸門(청문) 훌륭한 가문.
淸味(청미) ①좋은 맛. 좋은 음식. ②산뜻한 정취(情趣).
淸班(청반) 지위가 귀하고 한가한 벼슬.
淸白(청백) 맑고 깨끗함.
淸白吏(청백리) ①청렴결백한 관리. ②國이품(二品) 이상 당상관(堂上官)과 사헌부(司憲府)·사간원(司諫院)의 우두머리가 천거하여 뽑은 청렴한 관리.
淸福(청복) 좋은 복.
淸馥(청복) 맑고 향기로움. 맑은 향기.
淸芬(청분) ①맑은 향기. ②맑고 향기로운 덕행. 淸香(청향).
淸貧(청빈) 청렴하고 가난함.
淸士(청사) 욕심이 없고 절의(節義)가 있는 사람. 청렴결백한 사람.
淸辭(청사) 고운 말. 아름다운 말.
淸算(청산) ①말끔하게 셈을 끝냄. ②결말을 지어서 깨끗하게 처리함.
淸商(청상) ①오음(五音) 중 상(商)의 소리. 특히 맑은 소리. ②맑고 시원한 바람.
淸爽(청상) 몸·마음이 상쾌함. 산뜻함.
淸賞(청상) ①맑고 빼어남. ②아름다운 경치.
淸蟾(청섬) 달의 딴 이름.
淸贍(청섬) 청아(淸雅)하고 넉넉함.
淸世(청세) 잘 다스려진 세상. 태평한 시대.
淸掃(청소) 깨끗이 쓸고 닦음.
淸嘯(청소) 맑은 소리로 시를 읊음.
淸水(청수) 맑고 깨끗한 물.
淸秀(청수) 용모가 맑고 빼어남.
淸瘦(청수) ①몸이 야위었음. 淸癯(청구). ②산이 말쑥하게 야위어 보임. 초목이 말라서 모가 나게 보이는 모양.
淸肅(청숙) ①맑고 엄숙함. ②맑고 고요하게 다스려짐.

淸淳(청순) 청렴하고 순박함.
淸純(청순) 맑고 순수함.
淸新(청신) ①깨끗하고 새로움. ②속됨이 없고 참신함.
淸愼勤(청신근) 벼슬아치가 지켜야 할 청렴·근신·근면의 세 가지 도(道).
淸室(청실) ①깨끗하고 신선한 방. ②방을 깨끗하게 함. ③몸을 깨끗하게 하고 죄(罪)를 기다리는 방.
淸實(청실) 청렴하고 신의가 있음.
淸心(청심) 결백한 마음. 마음을 깨끗하게 함.
淸深(청심) 맑고 깊음.
淸審(청심) 자세하게 살핌. 자세하게 조사함.
淸雅(청아) 맑고 아담함.
淸顔(청안) ①덕이 높은 사람의 용모. ②깨끗한 얼굴.
淸夜(청야) 맑게 갠 조용한 밤. 淸宵(청소).
淸嚴(청엄) 결백하고 엄격함.
淸宴(청연) 조촐하고 풍류스러운 주연(酒宴).
淸榮(청영) ①아름답게 번성함. ②깨끗한 꽃.
淸影(청영) ①맑은 그림자. 소나무·대나무 따위의 그림자를 운치 있게 이르는 말. ②맑은 달빛.
淸溫(청온) 맑고 따뜻함.
淸畏(청외) 세상이 잘 다스려져서 백성이 두려워하여 복종함.
淸友(청우) ①매화(梅花)의 딴 이름. 淸客(청객). ②차(茶)의 딴 이름.
淸愿(청원) 결백하고 신중함.
淸月(청월) 맑은 달. 청명한 달.
淸越(청월) 소리가 맑고 가락이 높음. '越'은 '揚'으로 '위로 오름'을 뜻함.
淸遊(청유) 속세를 떠난 깨끗한 놀이. 고상(高尙)한 놀이. 雅遊(아유).
淸陰(청음) 서늘한 그늘.
淸音幽韻(청음유운) 맑은 음성과 그윽한 운치. 문장이 격조(格調) 있음.
淸逸(청일) 맑고 속되지 아니함.
淸酌庶羞(청작서수) 제사에 쓰는 술과 그 밖의 여러 제물(祭物).
淸齋(청재) ①마음을 깨끗하게 하여 정진(精進)함. 潔齋(결재). ②청결한 방.
淸笛(청적) 소리가 맑은 피리.
淸切(청절) ①슬프고 애처러움. ②지극히 맑음. ③지위가 높고 중요한 일을 맡고 있음.
淸節(청절) 청렴결백한 절조. 淸操(청조).
淸正(청정) 맑고 바름. 청렴하고 정직함.
淸定(청정) 세상이 잘 다스려짐.
淸貞(청정) 마음이 깨끗하고 곧음.
淸淨(청정) ①맑고 깨끗함. ②마음이 깨끗하여 사념(邪念)·사심(私心)이 없음.
淸靜(청정) 조촐하고 고요함.
淸朝(청조) ①이른 아침. ②청명한 조정(朝廷). 당대(當代) 왕조(王朝)의 미칭.
淸族(청족) 國대대로 절의(節義)를 숭상하여 온 집안.
淸酒(청주) ①물과 술. ②술밑에 다시 지에밥과 물을 더하여 빚은 맑은 술.
淸眞(청진) 깨끗하고 순진함.
淸澄(청징) 깨끗하고 맑음. 淸澈(청철).
淸泉(청천) 맑고 깨끗한 샘.
淸徹(청철) 맑음. 투명함.
淸聽(청청) ①귀가 밝아 소리가 잘 들림. 맑게 들림. ②자기 말을 남에게 들어 달라고 할 때 쓰는 존칭.
淸楚(청초) 맑고 고움. 깨끗하고 산뜻함.
淸秋(청추) ①맑게 갠 가을. 맑게 갠 가을 하늘. ②음력 8월의 딴 이름.
淸濁(청탁) ①맑음과 흐림. ②청음(淸音)과 탁음(濁音). ③옳고 그름. ④청주(淸酒)와 탁주(濁酒).
淸派(청파) 맑은 지류(支流).
淸平(청평) ①고요하고 평화롭게 다스려짐. 淸夷(청이). ②청렴하고 공평함.
淸平調(청평조) 악부(樂府)의 하나. 3장(章). 당(唐) 현종(玄宗)이 양귀비(楊貴妃)와 침향정(枕香亭)에서 작약(芍藥)을 완상할 때 이백(李白)이 명을 받들어 지은 것.
淸泡(청포) 國녹두묵.
淸品(청품) 좋은 벼슬. 좋은 벼슬자리에 있는 사람.
淸風(청풍) ①맑은 바람. ②청아한 풍격.
淸風明月(청풍명월) 맑은 바람과 밝은 달. 결백하고 온건한 성격.
淸夏(청하) 공기가 맑은 여름.
淸閑之歡(청한지환) 조용하고 여유가 있는 즐거움.
淸虛(청허) 마음에 잡된 생각이 없이 아주 맑고 깨끗함. 담박하고 욕심이 없음.
淸玄(청현) 맑고 고요함.
淸絃(청현) 거문고의 맑은 소리. 맑은 소리를 내는 거문고.
淸顯(청현) ①높고 좋은 지위. ②國청환(淸宦)과 현직(顯職).
淸血(청혈) 맑은 피. 피를 깨끗하게 함.
淸魂(청혼) 혼을 맑게 함. 맑은 혼.
淸化(청화) 청명(淸明)한 교화(敎化).
淸和(청화) ①맑고 부드러움. ②세상이 잘 다스려져 화평함. ③음력 사월.
淸華(청화) ①문장이 조촐하고 화려함. ②깨끗한 꽃. ③대대로 지체가 높은 가문.
淸話(청화) ①세속을 떠난 이야기. 점잖은 이

야기. ②청조(淸朝)의 옛 만주어.

淸宦(청환) 國학식·문벌이 높은 사람에게 시키던, 규장각·홍문관 따위의 벼슬.

淸徽(청휘) ①조촐하고 기품이 있음. ②맑고 아름다운 음성.

淸興(청흥) 고상한 흥취(興趣).

8 ⑪ 【清】 淸(735)의 속자 인명

8 ⑪ 【淄】 검은빛 치 支

인명 ㊥zī ㊐シ

초서 자해 ❶검은빛. ❷검게 물들다. 〔史記〕不日白乎불왈백호, 涅而不淄날이불치. ❸강 이름.

8 ⑪ 【涸】 물 마를 학·호 藥遇

㊥hé ㊐カク, コ

소전 초서 자해 ❶물이 마르다. 〔禮記〕仲秋之月중추지월, 水始涸수시학. ❷물을 말리다. 〔淮南子〕不涸澤而漁불학택이어. ❸엄하다, 심하다.

涸渴(학갈) ①물이 말라서 없어짐. ②물건이 부족하게 됨. 물건이 바닥이 남.

涸流(학류) 물이 마른 시내.

涸陰(학음) 대단한 추위. 窮陰(궁음).

涸轍鮒魚(학철부어) 수레바퀴 자국에 괸 물에 있는 붕어. 몹시 어려운 처지에 있는 사람. 涸鮒(학부).

◨ 乾涸건학, 燥涸조학.

8 ⑪ 【涵】 젖을 함 覃

인명 1급 ㊥hán ㊐カン

소전 초서 본자 涵 자해 ❶젖다, 담그다. 〔宋史〕涵濡群生함유군생. ❷넣다, 받아들이다. 〔詩經〕僭始旣涵참시기함. ❸잠기다.

涵碧(함벽) 푸른빛으로 적심. 하늘이나 바다가 푸름.

涵養(함양) ①저절로 물드는 것같이 차차 길러 냄. ②학식을 넓혀서 심성(心性)을 닦음. 涵育(함육).

涵泳(함영) ①무자맥질함. ②은혜를 입음.

涵濡(함유) 젖음. 적심. 은택(恩澤)을 베풀거나 입음. 浸漬(침지).

涵咀(함저) 잘 씹어서 맛을 봄. 문의(文義) 따위를 자세히 추구(推究)함의 비유.

涵蓄(함축) 넣어 쌓아 둠.

涵浸(함침) 담금. 적심.

8 ⑪ 【淏】 맑을 호 晧

인명 ㊥hào ㊐ゴウ

자해 맑다, 물이 맑은 모양.

8 ⑪ 【混】 1섞을 혼 阮 2오랑캐 이름 곤 元

중학 인명 4급 ㊥hùn, kūn ㊐コン

필순 丶 氵 氵 氵 氵 沪 沪 浕 混 混 混

소전 초서 동자 掍 참고 인명용 음은 '혼'이다.

자원 形聲. 水+昆→混. '昆(곤)'이 음을 나타낸다.

자해 1❶섞다, 섞이다. ❷흐리다, 혼탁하다. ❸합하다, 맞추다. 〔老子〕故混而爲一고혼이위일. ❹흐르다, 많이 흐르다. 〔孟子〕原泉混混원천혼혼, 不舍晝夜불사주야. ❺크다. ❻나누어지지 않는 모양. 〔荀子〕天下混然천하혼연. 2오랑캐의 이름. ≒昆.

混沌(혼돈) ①태초에 하늘과 땅이 아직 나누어지지 않은 상태. 混倫(혼륜). ②사물의 구별이 확실하지 않은 모양.

混沌衣(혼돈의) 태아(胎兒)를 싸고 있는 막 및 그 태반(胎盤). 삼. 混元衣(혼원의).

混同(혼동) ①모아서 하나로 함. ②섞이어 구별이 되지 아니함.

混亂(혼란) 뒤섞이어 어지러움.

混流(혼류) 뒤섞이어 하나가 되어 흘러감.

混冥(혼명) ①어둡고 밝지 않은 일. ②고묘(高妙)하고 심원(深遠)한 곳.

混線(혼선) ①신호나 통화가 뒤섞여 엉클어짐. ②말이 뒤섞여 실마리를 찾지 못하게 됨.

混成(혼성) 섞여서 이루어짐.

混宿(혼숙) 남녀가 뒤섞여 잠.

混食(혼식) ①쌀에 잡곡을 섞어 먹음. ②음식을 여러 가지 섞어서 먹음.

混然(혼연) 뒤섞여 구별하기 어려운 모양.

混汚(혼오) 섞이어 더러움.

混用(혼용) 섞어서 씀.

混元(혼원) ①천지가 개벽할 때. 아주 먼 옛날. ②우주. 천지(天地).

混雜(혼잡) 뒤섞여 복잡함.

混在(혼재) 뒤섞여 있음.

混戰(혼전) 두 편이 서로 뒤섞여 싸움.

混濁(혼탁) ①잡것이 섞이어 흐림. ②세상이 어지러움.

混合(혼합) 뒤섞어서 한데 합침.

混血(혼혈) 서로 종족이 다른 혈통이 섞임.

混和(혼화) 한데 섞거나 합침.
混淆(혼효) 뒤섞여 분간할 수 없게 됨.

8 ⑪【淮】 강 이름 회 佳

인명 2급 ㊥huái ㊐ワイ

소전 초서 자해 ❶강 이름. ❷물이 빙 돌아 흐르다. ≒匯.

淮南(회남) ①회수(淮水) 이남의 땅. ②두부(豆腐)의 딴 이름. 회남왕(淮南王) 유안(劉安)이 처음 만든 데서 이르는 말.

8 ⑪【淆】 뒤섞일 효 肴

인명 ㊥xiáo ㊐コウ

초서 자해 ❶뒤섞이다. 〔漢書〕溷淆無別혼효무별. ❷흐리다. 〔後漢書〕時方淆亂시방효란, 死生未分사생미분.

淆亂(효란) 뒤섞여 어지러워짐.
淆紊(효문) 뒤섞여 어지러움. 紛淆(분효).
淆薄(효박) 풍속이 아주 경박함.
淆雜(효잡) 뒤섞임.
◨ 混淆혼효.

9 ⑫【渴】 목마를 갈 曷

중학 인명 3급 ㊥kě ㊐カツ

필순 丶 氵 汩 沪 浔 渇 渴 渴 渴 渴

소전 초서 속자 渇 자원 形聲. 水+曷→渴. '曷(갈)'이 음을 나타낸다.

자해 ❶목이 마르다. 〔孟子〕渴者易爲飮갈자이위음. ❷갈증. 〔詩經〕匪飢匪渴비기비갈. ❸서두르다.

渴求(갈구) 애타게 구함.
渴急(갈급) 몹시 급함.
渴驥奔泉(갈기분천) 목마른 준마(駿馬)가 샘을 보고 달려감. 기세가 몹시 급함.
渴望(갈망) 간절히 바람. 渴念(갈념).
渴聞(갈문) 목마른 사람이 물을 마시는 것처럼 열심히 들음.
渴想(갈상) 몹시 그리워함.
渴水(갈수) 가뭄으로 물이 마름.
渴心(갈심) 목말라하는 마음. 간절한 욕망.
渴愛(갈애) 매우 좋아하고 사랑함.
渴而穿井(갈이천정) 목이 마른 뒤에야 우물을 팜. 평소에 준비 없이 있다가 일이 급해져서야 서두름.
渴症(갈증) 목이 말라 물이 몹시 마시고 싶은 느낌.

◨ 枯渴고갈, 飢渴기갈, 酒渴주갈, 解渴해갈.

9 ⑫【減】 덜 감 豏

중학 인명 4Ⅱ급 ㊥jiǎn ㊐ゲン

필순 丶 氵 氵 汇 沂 派 洉 減 減 減

소전 초서 속자 减 자원 形聲. 水+咸→減. '咸(함)'이 음을 나타낸다.

자해 ❶덜다. ㉮수량을 적게 하다. 〔漢書〕太僕減穀食馬태복감곡사마. ㉯가볍게 하다. ㉰생략(省略)하다. 〔後漢書〕實減無事之物실감무사지물. ❷줄다. ❸빼다. 〔唐書〕百官俸錢백관봉전, 會昌後不復增減회창후불부증감.

減價(감가) ①값을 내림. ②명성을 손상시킴.
減卻(감각) 덞. 줄임. '卻'은 어조사.
減軍(감군) 군대의 수효를 줄임.
減給(감급) 품삯 따위를 줄여서 줌.
減等(감등) 등급을 낮춤.
減量(감량) 분량이나 체중을 줄임.
減免(감면) 경감(輕減)과 면제(免除). 형벌을 경감하거나 면제함.
減耗(감모) 줄어듦. 닳아서 축남.
減俸(감봉) 봉급을 줄임.
減死(감사) 죽일 죄인의 형을 감하여 줌.
減削(감삭) 덜고 깎음. 削減(삭감).
減產(감산) 생산량을 줄임.
減省(감생) 덜어서 줄임.
減稅(감세) 세금을 줄이거나 세율을 낮춤.
減少(감소) 줄여서 적어짐.
減速(감속) 속도를 줄임.
減殺(감쇄) 덜어서 없앰.
減水(감수) 물이 줆. 수량(水量)을 줄임.
減收(감수) 수입이나 수확이 줆.
減壽(감수) 고생을 많이 하거나 몹시 놀라서 수명이 줆.
減員(감원) 인원수를 줄임.
減資(감자) 회사가 자본의 총액을 줄임.
減折(감절) ①줄임. ②할인(割引)함.
減點(감점) 점수를 줄임.
減竈(감조) 아궁이의 수를 줄임. 적에게 일부러 자기 군사가 약세(弱勢)임을 보임. 故事 전국 시대 제(齊)나라의 손빈(孫臏)이 주둔지의 아궁이 수를 일부러 줄여 제나라 군사들이 도망간 것처럼 위장하여 위(魏)나라의 방연(龐涓)을 속인 데서 온 말.
減之又減(감지우감) 감한 위에 또 감함.
減縮(감축) 덜어서 줄임.
減退(감퇴) 줄어서 쇠퇴함.
減刑(감형) 형량을 줄임.

◨ 加減가감, 輕減경감, 半減반감, 削減삭감, 節減절감, 增減증감.

9 ⑫ 【渠】 1 도랑 거 魚 2 어찌 거 御

인명 1급 ㊥qú, jù ㊐キョ

소전 초서 자해 1 ❶도랑. ㉮개천. 〔禮記〕 門閭溝渠문려구거. ㉯해자(垓字). ❷크다. ≒鉅. 〔書經〕 殲厥渠魁섬궐거괴. ❸우두머리. 〔春秋公羊傳〕 明當先誅渠師명당선주거사. ❹그, 그 사람. 2 ❶어찌. 반어(反語)의 뜻을 나타낸다. 〔漢書〕 掾部渠有其人乎연부거유기인호. ❷갑자기. 〔史記〕 使我居中國사아거중국, 何渠不若漢하거불약한.

渠衝(거충) 성(城)을 공격하는 데 사용하는 큰 수레.

9 ⑫ 【湳】 강 이름 남 感

인명 ㊥nǎn ㊐ダン

소전 초서 자해 강 이름.

9 ⑫ 【湍】 1 여울 단 寒 2 강 이름 전 先

인명 2급 ㊥tuān, zhuān ㊐タン, セン

소전 초서 참고 인명용 음은 '단'이다.

자해 1 ❶여울, 급류(急流). 〔淮南子〕 稻生于水도생우수, 而不能生湍瀨之流이불능생단뢰지류. ❷빠르다. ❸소용돌이치다. 〔孟子〕 性猶湍水也성유단수야. 2 강 이름.

湍激(단격) 흐름이 급하고 사나움. 여울이 되어 세차게 흐름.

湍瀨(단뢰) 여울.

湍流(단류) 급하게 흐르는 물.

湍洑(단복) 소용돌이치며 흐르는 여울.

湍水(❶단수 ❷전수) ❶소용돌이치며 급하게 흐르는 물. 여울. 急湍(급단). ❷강 이름. 하남성(河南省) 내향현(內鄕縣) 서북쪽에서 발원하여 백하(白河)로 흘러듦.

湍深(단심) 물살이 빠르고 깊음.

◨ 急湍급단, 飛湍비단.

9 ⑫ 【湛】 1 즐길 담 覃 2 가득히 찰 잠 豏 3 잠길 침 侵

인명 ㊥dān, zhàn, chén ㊐タン, チン

소전 초서 참고 인명용 음은 '담'이다.

자해 1 ❶즐기다. 〔詩經〕 和樂且湛화락차담. ❷빠지다, 탐닉하다. 〔國語〕 虞于湛樂우우담락. 2 ❶가득히 차다. 〔淮南子〕 東風至而酒湛溢동풍지이주잠일. ❷편안하다. ❸두텁다. 〔楚辭〕 吸湛露之浮涼兮흡잠로지부량혜. ❹맑다. ❺강 이름. 3 ❶잠기다. =沈. 〔漢書〕 然則荊軻湛七族연즉형가침칠족. ❷깊다.

湛碧(잠벽) 물이 깊어 푸른 모양.

湛然(잠연) ①물이 가득 찬 모양. ②침착하고 고요한 모양.

湛湛(잠잠) ①중후(重厚)한 모양. ②물이 깊고 가득 찬 모양. ③물이 잠잠한 모양.

湛溺(침닉) ①잠김. ②주색(酒色)이나 노름에 빠짐.

湛湎(침면) 깊이 빠짐.

9 ⑫ 【渡】 건널 도 遇

고등 인명 3Ⅱ급 ㊥dù ㊐ト

필순 丶 氵 氵 氵 广 沪 沪 浐 浐 淁 渡 渡

소전 초서 자원 形聲. 水＋度→渡. '度(도)'가 음을 나타낸다.

자해 ❶건너다. 〔史記〕 項梁渡淮항량도회. ❷지나가다. ❸나루. 〔晉書〕 孟津渡險맹진도험, 有覆沒之患유복몰지환. ❹건너지르다, 가설(架設)하다. ❺現주다, 교부(交付)하다.

渡江楫(도강즙) 전쟁터에 나갈 때의 맹세. 故事 오호(五胡)의 난(亂) 때, 서진(西晉)의 조적(祖逖)이 병사를 이끌고 양자강을 건널 때 중류에서 노로 뱃전을 치며 북방 중원(中原)의 회복을 맹세한 데서 온 말.

渡頭(도두) 나루터.

渡船(도선) 나룻배. 津船(진선).

渡子(도자) 뱃사공. 船夫(선부).

渡河(도하) 강을 건넘. 渡江(도강).

◨ 賣渡매도, 不渡부도, 讓渡양도, 引渡인도.

9 ⑫ 【湾】 灣(770)의 속자

9 ⑫ 【湎】 빠질 면 銑

㊥miǎn ㊐メン

소전 초서 자해 ❶빠지다. 일이나 술에 빠지다. 〔書經〕 罔敢湎于酒망감면우주. ❷변천(變遷)하다. 〔漢書〕 湎湎紛紛면면분분.

9 ⑫ 【渺】 아득할 묘 篠

인명 1급 ㊥miǎo ㊐ビョウ

水 9획

초서 **자해** ❶아득하다. 〔管子〕 渺渺乎如窮無極묘묘호여궁무극. ❷작다. 〔蘇軾·賦〕 渺滄海之一粟묘창해지일속.

渺邈(묘막) 멀고 오램. 아득함.

渺渺(묘묘) 아득히 먼 모양. 멀고 아득한 모양. 渺茫(묘망).

渺然(묘연) 아득히 넓은 모양. 끝이 없는 모양.

9 ⑫【渼】 물놀이 미 紙

인명 ㊥měi ㊐ビ

초서 **자해** ❶물놀이, 파문(波紋). ❷내 이름.

9 ⑫【湄】 물가 미 支

인명 ㊥méi ㊐ビ

소전 초서 **자해** 물가. 〔詩經〕 在水之湄재수지미.

9 ⑫【渤】 바다 이름 발 月

인명 2급 ㊥bó ㊐ボツ

초서 **자해** ❶바다 이름. 〔史記〕 北有渤海之利북유발해지리. ❷안개가 자욱하다.

渤海(발해) ①산동(山東) 반도와 요동(遼東) 반도 사이에 있는 바다. ②고구려 유민 대조영(大祚榮)이 만주 일대에 세운 나라.

9 ⑫【湃】 물결 이는 모양 배 卦

인명 1급 ㊥pài ㊐ハイ

초서 **자해** 물결이 이는 모양, 물결이 치는 소리.

湃湃(배배) 물결이 이는 모양. 파도 소리.

■ 澎湃팽배.

7 ⑨【洑】 國사람 이름 보 인명

자해 사람 이름.

9 ⑫【湓】 용솟음할 분 願

㊥pén ㊐ホン

초서 **자해** ❶용솟음하다. 〔漢書〕 河水湓溢하수분일. ❷물소리. ❸강 이름.

9 ⑫【渣】 찌끼 사 麻

인명 ㊥zhā ㊐サ

초서 **자해** ❶찌끼. ❷강 이름. ＝溠.

9 ⑫【湘】 강 이름 상 陽

인명 ㊥xiāng ㊐ショウ

소전 초서 **자해** ❶강 이름. 〔史記〕 過湘水과상수, 投書以弔屈原투서이조굴원. ❷삶다. 〔詩經〕 于以湘之우이상지. ❸호남성(湖南省)의 옛 이름.

湘君(상군) 상수(湘水)의 신(神). 아황(娥皇)과 여영(女英). 故事 요(堯)임금의 두 딸 아황과 여영이 순(舜)임금에게 시집갔다가 순이 창오(蒼梧)의 들에서 죽자 뒤를 따라 상수에 몸을 던져 죽어 신이 되었다는 전설에서 온 말. 湘靈(상령). 湘妃(상비).

湘妃(상비) ①순(舜)임금의 비(妃)인 아황(娥皇)과 여영(女英). 참湘君(상군). ②반죽(斑竹)의 딴 이름. 참湘竹(상죽).

湘竹(상죽) 반죽(斑竹)의 딴 이름. 故事 순(舜)임금이 죽었을 때 아황(娥皇)과 여영(女英)이 흘린 눈물이 이 대나무에 배어 얼룩이 졌다는 데서 온 말.

9 ⑫【湑】 거를 서 語

㊥xǔ ㊐ショ

소전 초서 **자해** ❶거르다, 술을 거르다. 〔詩經〕 有酒湑我유주서아. ❷맑다. 〔儀禮〕 旨酒既湑지주기서. ❸이슬이 맺힌 모양. 〔詩經〕 零露湑兮령로서혜.

9 ⑫【渲】 바림 선 霰

인명 ㊥xuàn ㊐セン

초서 **자해** 바림. 색채를 차차 엷게 하여 흐리게 하는 화법(畫法).

渲染法(선염법) 화면에 물을 칠하고 채 마르기 전에 채색을 하여 몽롱한 묘미를 나타내는 화법(畫法). 渲染(선염).

9 ⑫【渫】 1 칠 설 屑 2 출렁거릴 접 葉

인명 1급 ㊥xiè, dié ㊐セツ, チョウ

소전 초서 참고 인명용 음은 '설'이다.

자해 1 ❶치다, 물 밑을 쳐내다. 〔易經〕 井渫不食정설불식. ❷흩다. 〔漢書〕 農民有錢粟농민유전속, 有所渫유소설. ❸그치다. ❹더럽히다. ❺친압(親狎)하다. ≒媟. ❻새다, 흘러나오다. 〔莊子〕 尾閭渫之而不虛미려설지이불허. 2 ❶출렁거리다. ❷통하다.
◨ 漏渫누설, 浚渫준설.

9 ⑫【湻】 淳(729)의 동자

9 ⑫【湿】 濕(765)의 속자

9 ⑫【湜】 물 맑을 식 職
인명 2급 ㊥shí ㊐ショク
소전 초서 자해 물이 맑다. 〔詩經〕 湜湜其沚식식기지.

9 ⑫【渥】 두터울 악 覺
인명 ㊥wò ㊐アク
소전 초서 자해 ❶두텁다. 〔後漢書〕 陪乘勞問甚渥배승로문심악. ❷젖다. 〔韓非子〕 周澤未渥也주택미악야. ❸윤. ❹짙다. 〔詩經〕 顏如渥丹안여악단. ❺아름답다.
渥恩(악은) 두터운 은혜.
渥惠(악혜) 두터운 은혜. 渥澤(악택).
渥厚(악후) 후함. 너그러움.

9 ⑫【淵】渊 못 연 先
인명 2급 ㊥yuān ㊐エン
소전 초서 속자 자해 ❶못, 소(沼). 〔論語〕 如臨深淵여림심연. ❷물건이 많이 모이는 곳. ❸깊다. 〔詩經〕 其心塞淵기심색연. ❹고요하다. 〔莊子〕 鯢桓之審爲淵예환지심위연.
淵谷(연곡) 깊은 못과 깊은 골짜기.
淵洞(연동) 깊은 곳. 깊은 동굴.
淵慮(연려) 깊은 생각. 深慮(심려).
淵流(연류) 깊은 흐름.
淵謀(연모) 깊은 계략. 淵圖(연도).
淵默(연묵) 침착하고 말이 적음. 묵중(默重)함.
淵博(연박) 학문·견문 따위가 깊고 넓음. 淵富(연부).
淵沼(연소) 깊은 늪.
淵水(연수) 깊이 괸 물.
淵藪(연수) ①못과 숲. 물고기와 짐승이 모여드는 곳. ②사람·사물이 많이 모이는 곳. 淵叢(연총).
淵識(연식) 오묘한 견식(見識).
淵深(연심) ①못이 깊음. 깊은 못. ②심오함.
淵雅(연아) 침착하고 우아함.
淵嶽(연악) ①깊은 못과 큰 산. ②침착하고 흔들림이 없음.
淵奧(연오) 심오함.
淵源(연원) 사물의 근원.
淵遠(연원) 깊고 멂.
淵儒(연유) 학문이 깊은 학자.
淵意(연의) 깊은 마음. 淵旨(연지).
淵潛(연잠) 깊숙이 잠김. 깊숙이 숨음.
淵靜(연정) ①못이 깊고 고요함. 고요하고 깊은 못. ②깊숙하고 고요함.
淵泉(연천) 못과 샘. 깊은 호수.
淵澤(연택) 깊은 못.
淵海(연해) ①깊은 못과 큰 바다. ②깊고 큼.
◨ 廣淵광연, 潭淵담연, 深淵심연.

9 ⑫【渶】 강 이름 영 庚
인명 ㊥yìng ㊐エイ
자해 강 이름.

9 ⑫【温】 溫(746)의 속자

9 ⑫【渦】涡 소용돌이 와 歌
인명 1급 ㊥wō ㊐カ
초서 자해 ❶소용돌이, 소용돌이치다. ❷보조개.
渦紋(와문) 소용돌이 무늬.
渦旋(와선) 소용돌이침. 旋渦(선와).
渦中(와중) ①소용돌이치며 흐르는 물의 가운데. ②복잡하고 시끄러운 사건의 중심.
渦形(와형) 소용돌이 모양으로 빙빙 도는 형상. 渦狀(와상).

9 ⑫【湧】 涌(724)의 속자 인명

9 ⑫【湲】 물 흐를 원 先
인명 ㊥yuán ㊐エン
소전 초서 자해 ❶물이 흐르는 모양. 〔楚辭〕 觀流水兮潺湲관류수혜잔원. ❷물고기가 뒤집어지는 모양이나 소리.
湲湲(원원) 물고기가 기운을 잃고 뒤집어지는 모양.

9 ⑫【渭】 강 이름 위 未
인명 2급 ㊥wèi ㊐イ
소전 초서 자해 강 이름.

渭濱器(위빈기) 대신과 장군이 될 재능이 있는 인물. 故事 태공망(太公望) 여상(呂尙)이 위수(渭水) 가에서 낚시질을 하다가 주(周) 문왕(文王)의 부름을 받고 재상(宰相)이 되었다는 고사에서 온 말.
渭濱漁父(위빈어부) 위수(渭水) 가의 어부. 태공망(太公望) 여상(呂尙).
渭樹江雲(위수강운) 한 사람은 위수(渭水) 가에 있고, 한 사람은 강수(江水) 가에 있음. 먼 곳에 있는 벗을 생각하는 정이 간절함. 暮雲春樹(모운춘수).
渭陽(위양) ①위수(渭水)의 북쪽. ②외삼촌. 진(秦) 강공(康公)이 외삼촌 진(晉) 문공(文公)을 위양에서 전송한 데서 온 말.
渭陽丈(위양장) 남의 외삼촌에 대한 경칭.
◨ 涇渭경위.

9 ⑫ 【游】 1 놀 유 尤 2 깃발 류 尤
인명 1급 ㊥yóu, liú ㊐ユウ, リュウ
소전 초서 속자 游 참고 인명용 음은 '유'이다.
자해 1 ❶놀다. =遊. ㉮걷다, 여행하다. 〔孟子〕 吾王不游오왕불유. ㉯타국에 가서 섬기다. 〔戰國策〕 聞吳人之游楚者문오인지유초자. ㉰사귀다. ㉱즐기다. 〔論語〕 游於藝유어예. ㉲게으름 피우다. 〔禮記〕 無游民무유민. ❷놀리다, 부리지 아니하다. 〔荀子〕 游食유식, 謂不勤於事위불근어사, 素飱游手也소손유수야. ❸뜨다. 〔詩經〕 遡游從之소유종지. ❹헤엄치다. ❺이궁(離宮), 별서(別墅). 〔周禮〕 閽人혼인, 囿游亦如之유유역여지. ❻성(姓). 2 ❶깃발. =旒. 〔春秋左氏傳〕 鞶厲游纓반려유영. ❷흐름. 〔漢書〕 古之王者고지왕자, 地方千里지방천리, 必居上游필거상류.
游街(유가) ①진사(進士) 급제자가 유흥가에서 놀며 명예를 뽐내는 일. ②죄인을 조리돌림. ③國과거에 급제한 사람이 광대를 데리고 풍악을 잡히면서 좌주(座主)·선배·친척 등을 찾아보는 일.
游居(유거) ①편안히 쉬고 있음. 느긋하게 쉼. ②외출했을 때나 집에 있을 때나. 언제나.
游居有常(유거유상) 외출할 때나 집에 있을 때나 일정한 규범을 좇음.
游擊(유격) 일정한 임무를 갖지 않고 기회를 보고 출동하여 적을 무찌름. 遊擊(유격).
游觀(유관) 돌아다니며 구경함. 游覽(유람).
游屐(유극) ①신. 나막신. ②돌아다님. 남을 방문함.
游談(유담) ①유세(游說). ②사실무근인 말을 함. 游言(유언).
游歷(유력) 여러 곳을 두루 유람함.
游民(유민) 일정한 직업이 없이 놀고먹는 사람.
游步(유보) ①이리저리 헤매 다님. 종작없이 거닒. ②즐기며 거기에 젖음. 游履(유리).
游士(유사) ①유세(遊說)하는 사람. ②선전·권유·정찰 등을 하기 위하여 국내나 국외를 순행하는 사신(使臣). ③신분이 높아서 농사에 종사하지 않는 사람. 놀고먹는 사람.
游仕(유사) 다른 나라에 가서 벼슬살이함.
游辭巧飾(유사교식) 말을 교묘하게 꾸며 거짓말하는 일.
游散(유산) ①빈들빈들 놀며 즐김. ②뿔뿔이 흩어져 여러 곳으로 감.
游說(유세) ①전국 시대에 모사(謀士)들이 각국을 돌아다니며 제후들에게 자신의 정책을 선전하여 채택하도록 설득하던 일. 游談(유담). ②자기의 의견 또는 자기가 속한 정당의 주의·주장 등을 연설하고 다님. 遊說(유세).
游手(유수) ①해야 할 일이 있는데도 하지 않음. ②직업을 갖지 않고 놀고 지내는 사람.
游狎(유압) 장난하며 놂.
游揚(유양) ①치켜세움. 널리 칭찬함. ②이름을 드날림. 유명해짐.
游魚出聽(유어출청) 헤엄치는 고기도 나와 들음. 재주가 뛰어남. 故事 옛날 거문고의 명수 호파(瓠巴)가 거문고를 타면 물고기도 물 위로 떠올라 들었다는 데서 온 말.
游言(유언) 헛말. 사실이 아닌 말.
游衍(유연) 마음 내키는 대로 놀고 즐김.
游泳(유영) 헤엄침. 헤엄.
游豫(유예) ①임금의 출유(出遊). 游幸(유행). ②놀고 즐김. 遊豫(유예).
游虞(유우) 놀며 즐김.
游雲驚龍(유운경룡) 흐르는 구름과 뛰어 오르는 용. 잘 쓴 글씨.
游子(유자) 나그네. 旅客(여객).
游塵(유진) ①떠 있는 먼지. 지극히 가벼운 것. ②음탕한 음악.
游蕩(유탕) 절제 없이 놂. 방탕하게 놂.
游必有方(유필유방) 먼 곳으로 놀러 갈 때는 반드시 자기의 행방을 부모에게 알려야 함.
游必就士(유필취사) 교제하는 상대는 반드시 훌륭한 사람을 택해야 함.
游學(유학) ①타향 또는 타국에서 공부함. ②찾아와서 배움.
游閑(유한) 한가롭게 놂.
游閑公子(유한공자) 걱정이 없이 한가롭게 노는 사람. 부귀한 집안의 자제.
游行(유행) 돌아다님. 이리저리 돌아다님. 行游(행유).
游俠(유협) 의협심이 있는 사람. 俠客(협객).

游魂(유혼) 넋이 육체를 벗어나 떠돎. 육체를 떠나 떠도는 넋.
游宦(유환) ①타향에서 벼슬살이를 함. ②지방의 관리가 됨.
◨ 浮游부유.

9 ⑫【湮】 잠길 인 眞

인명 1급 ㊥yīn ㊐イン

소전 초서 자해 ❶잠기다. ❷막히다. 〔春秋左氏傳〕 鬱湮不育울인불육. ❸망하다. 〔史記〕 湮滅不見인멸불견.
湮滅(인멸) 자취도 없이 완전히 없어짐. 湮淪(인륜). 湮沒(인몰).
湮散(인산) 뿔뿔이 흩어져 없어짐.
湮鬱(인울) 근심으로 마음이 답답함.
湮遠(인원) 아득한 옛일이라 알지 못함.

9 ⑫【滋】 滋(748)의 속자

水 9획

9 ⑫【渽】 강 이름 재 灰

인명 ㊥zāi ㊐サイ
자해 **강 이름.** 지금의 대도하(大渡河).

9 ⑫【渚】渚 물가 저 語

인명 ㊥zhǔ ㊐ショ

소전 초서 자해 ❶물가. 〔楚辭〕 夕弭節兮北渚석이절혜북저. ❷모래섬, 삼각주(三角洲). 〔詩經〕 江有渚강유저. ❸강 이름. 하북성(河北省)에서 발원하는 강.
渚鷗(저구) 물가의 갈매기.
渚畔(저반) 물가. 渚邊(저변).
渚岸(저안) 물가. 渚崖(저애).
◨ 汀渚정저.

9 ⑫【湔】 씻을 전 先

㊥jiān ㊐セン

소전 초서 자해 씻다. ㉮빨다. ㉯누명·치욕 따위를 깨끗이 벗다. 〔後漢書〕 湔雪百年之逋負以慰忠將之亡魂전설백년지포부이위충장지망혼.
湔拔(전발) 이전의 악습을 깨끗이 씻음. 湔祓(전불).

9 ⑫【渟】 물 괼 정 靑

인명 ㊥tíng ㊐テイ

초서 자해 ❶물이 괴다. 〔史記〕 決渟水결정수, 致之海치지해. ❷멈추다. ≒停. ❸물가. =汀.
渟膏湛碧(정고잠벽) 물이 깊어 짙푸르고 고요한 모양.
渟泊(정박) 배가 닻을 내리고 머묾.
渟水(정수) 괸 물. 止水(지수). 死水(사수).
渟渟(정정) 물이 가득 찬 모양.

9 ⑫【湞】浈 강 이름 정 庚

인명 ㊥zhēn ㊐トウ
자해 **강 이름.**

9 ⑫【湊】 모일 주 宥

인명 ㊥còu ㊐ソウ

소전 초서 자해 ❶모이다. ≒輳. 〔楚辭〕 順波湊而下降순파주이하강. ❷항구. ❸달리다. ≒走. 〔淮南子〕 衰世湊學쇠세주학. ❹살결. 〔文心雕龍〕 湊理無滯주리무체.
湊理(주리) 살가죽 겉에 생긴 자디잔 결.
湊泊(주박) 한데 모임.
湊集(주집) 모임. 모여듦.
湊合(주합) 모아 합침.
湊會(주회) 모임. 모여듦.
◨ 輻湊폭주.

9 ⑫【湫】 1다할 추 尤 2근심할 추 有 3모일 초 篠 4낮고 좁을 초 蕭

인명 ㊥qiū, jiū, jiǎo ㊐シュウ, ショウ

소전 초서 참고 인명용 음은 '추'이다.

자해 1 ❶다하다, 바닥나다. 〔淮南子〕 精有湫盡정유추진, 而行無窮極이행무궁극. ❷늪. 2근심하다, 우수(憂愁)에 찬 모양. 3 ❶모이다. 〔春秋左氏傳〕 勿使有所壅閉湫底물사유소옹폐추저. ❷서늘하다. 4낮고 좁다.
湫湫(추추) 근심하며 슬퍼하는 모양.
湫隘(초애) 땅이 낮고 좁음.
湫底(초저) 기운이 엉겨서 모임. 정체(停滯)하여 흩어지지 않음.

9 ⑫【測】测 잴 측 職

고등 인명 4Ⅱ급 ㊥cè ㊐ソク

필순 氵 氵 汌 沨 洄 浿 涀 浿 測 測

소전 測 초서 測 자원 形聲. 水+則→測. '則(칙)'이 음을 나타낸다.

자해 ❶재다. ❷헤아리다. 〔禮記〕 毋測未至무측미지. ❸맑다. 〔周禮〕 漆欲測칠욕측.

測究(측구) 헤아려 구명(究明)함. 측량하고 연구함.

測揆(측규) 잼. 헤아림. 측탁(測度)함.

測度(❶측도 ❷측탁) ❶도수(度數)를 잼. ❷잼. 조사함. 마음으로 추측함.

測量(측량) ①남의 마음을 미루어서 헤아림. ②물건의 깊이·높이·넓이 등을 잼.

測鉛(측연) 現바다의 깊이를 재는 도구. 줄 끝에 납덩이로 된 추가 달렸음.

測影(측영) 해그림자를 잼. 測景(측영).

測雨(측우) 강우량을 잼.

測定(측정) 어떤 양의 크기를 잼.

測地(측지) 토지를 측량함.

測候(측후) 천문(天文)·기상(氣象)을 관측함.

◨ 觀測관측, 難測난측, 不測불측, 憶測억측, 臆測억측, 豫測예측, 推測추측.

9 ⑫ 【湯】 汤 ①끓인 물 탕 陽 ②물 흐르는 모양 상 陽

고등 인명 3Ⅱ급 ㊥tāng, shāng ㊐トウ

필순 氵 氵 汀 汩 沪 浔 浔 湯 湯 湯

소전 湯 초서 湯 참고 인명용 음은 '탕'이다.

자원 形聲. 水+昜→湯. '昜(양)'이 음을 나타낸다.

자해 ①❶끓인 물. 〔論語〕 見不善如探湯견불선여탐탕. ❷목욕탕. ❸온천. 〔晉書〕 迴湯沸於重泉회탕불어중천. ❹목욕하다. ❺탕약. 〔魏志〕 其療疾合湯기료질합탕, 不過數種불과수종. ❻방탕하다. ≒蕩. 〔詩經〕 子之湯兮자지탕혜. ❼사람 이름. ❽성(姓). ❾現국, 끓인 국. ¶ 湯器탕기. ❿國제사에 쓰는 국. ②물이 흐르는 모양. 〔詩經〕 江漢湯湯강한상상.

湯器(탕기) 國국이나 찌개 등을 담는 자그마한 그릇.

湯網(탕망) 탕(湯)임금의 그물. 관대한 처사. 故事 은(殷)의 탕임금이 그물을 사면(四面)으로 치고 짐승들이 잡히기를 빌고 있는 사람을 보고, 그 중 삼면(三面)을 걷어치우게 하여 짐승들이 달아날 여지를 주게 한 데서 온 말.

湯飯(탕반) 國장국밥.

湯水(탕수) 끓는 물.

湯液(탕액) ①끓여 낸 국물. ②약재를 삶아 낸 약물.

湯藥(탕약) 달여서 먹는 한약. 湯劑(탕제).

湯池(탕지) ①성 둘레에 파 놓은 해자(垓字). 견고한 성(城)의 비유. ②온천(溫泉).

湯泉(탕천) 온천.

湯火(탕화) ①끓는 물과 뜨거운 불. ②도탄(塗炭)의 괴로움.

湯鑊(탕확) 가마솥에 삶아 죽이는 형(刑)에 쓰던, 다리 없는 큰 가마.

湯鑊之罪(탕확지죄) 가마솥에 삶아 죽일 만한 중한 죄.

湯湯(상상) ①물이 흐르는 모양. 파도가 치는 모양. ②물이 세찬 모양.

湯谷(양곡) 해가 돋는 곳. 暘谷(양곡).

◨ 冷湯냉탕, 藥湯약탕, 熱湯열탕, 溫湯온탕, 浴湯욕탕, 雜湯잡탕.

9 ⑫ 【渝】 달라질 투 本유 虞

㊥yú ㊐ユ

소전 渝 초서 渝 자해 ❶달라지다. 〔詩經〕 舍命不渝사명불투. ❷풀어지다. ❸넘치다. ❹땅 이름.

渝盟(투맹) 맹세를 바꿈. 약속을 어김.

渝色(투색) 빛이 바램. 退色(퇴색).

渝移(투이) 변하여 옮겨 감. 變遷(변천).

渝替(투체) 변하여 쇠퇴함.

9 ⑫ 【港】 ①항구 항 本강 講 ②통할 홍 送

고등 인명 4Ⅱ급 ㊥gǎng, hòng ㊐コウ

필순 氵 氵 汁 洪 洪 洪 洪 港 港 港

소전 港 참고 인명용 음은 '항'이다. 자원 形聲. 水+巷→港. '巷(항)'이 음을 나타낸다.

자해 ①❶항구. ❷도랑, 분류(分流). 〔宋史〕 經港極多경항극다. ❸뱃길. ❹강 어귀. ②통하다, 서로 통하는 모양.

港口(항구) 바닷가에 배가 드나들 수 있도록 시설을 갖춘 곳.

港都(항도) 항구 도시.

港灣(항만) 바닷가가 굽어 들어가서 항구를 설치하기에 적당한 곳.

◨ 開港개항, 軍港군항, 入港입항, 出港출항.

9 ⑫ 【湖】 호수 호 虞

중학 인명 5급 ㊥hú ㊐コ

필순 氵 氵 汁 汁 沽 沽 沽 湖 湖 湖

소전 湖 초서 湖 자원 形聲. 水+胡→湖. '胡(호)'가 음을 나타낸다.

자해 호수. 〔周禮〕 揚州其浸五湖양주기침오호.
湖畔(호반) 호숫가. 湖上(호상).
湖西(호서) 충청남도와 충청북도를 함께 이름.
湖水(호수) ①큰 못. ②호수의 물.
湖心(호심) 호수의 한가운데.
湖海(호해) ①호수와 바다. ②호수. ③세상. 세간(世間). 江湖(강호).
湖海之士(호해지사) 호탕한 기개를 가지고 초야(草野)에 있는 사람.
◨ 江湖강호, 五大湖오대호.

9 ⑫ 【渾】浑 1 흐릴 혼 阮 2 섞일 혼 願

인명 1급 ㊥hún, hùn ㊐コン

소전 초서 자해 1 **❶흐리다.** 〔新論〕 水之性清수지성청, 所以濁者소이탁자, 土渾之也토혼지야. **❷온, 모두. ❸가지런하다. ❹온전하다.** 〔元史〕 天體渾圓천체혼원. 2 **섞이다.** 〔漢書〕 賢不肖渾殽현불초혼효.
渾大(혼대) 순일하고 큼.
渾沌(혼돈) ①하늘과 땅이 나누어지기 전의 상태. 混沌(혼돈). 渾淪(혼륜). ②어리석고 몽매함. ③자연 그대로의 순박한 상태.
渾碧(혼벽) 바라다보이는 끝까지 푸른 모양. 一碧(일벽).
渾身(혼신) 온몸. 몸 전체.
渾然(혼연) ①모가 지거나 찌그러진 데가 없는 둥근 모양. ②차별이 없는 모양.
渾然一體(혼연일체) 조금의 어긋남도 없이 한 덩어리가 됨.
渾圓(혼원) ①아주 둥긂. ②원만함.
渾元(혼원) ①자연의 기운. 천지의 광대한 기운. ②하늘과 땅.
渾融(혼융) 사물이 완전히 융합함.
渾儀器(혼의기) 둥근 거죽에 해·달·별 등을 그려 천체의 운행을 관측하던 기계. 渾天儀(혼천의).
渾濁(혼탁) 흐림.
渾渾(혼혼) ①흐려짐. 어지러워짐. ②큰 모양. ③심오하여 알기 어려운 모양.
渾渾沌沌(혼혼돈돈) 천지가 아직 열리지 않고 음양(陰陽)이 아직 나누어지기 이전의 상태. 混沌(혼돈).
渾和(혼화) 원만하게 화합함.
渾殽(혼효) 뒤섞임. 錯雜(착잡).
渾厚(혼후) 크고 깊이가 있음. 크고 묵직함.
◨ 雄渾웅혼.

9 ⑫ 【渙】涣 흩어질 환 翰

인명 ㊥huàn ㊐カン

소전 초서 자해 **❶흩어지다, 풀리다.** 〔詩經〕 繼猶判渙계유판환. **❷괘 이름, 64괘의 하나.** 괘형은 ☴. 바람이 물 위로 감을 상징한다. **❸물이 성한 모양.** 〔詩經〕 方渙渙兮방환환혜. **❹밝다, 빛나다.** ≒煥.
渙散(환산) 단체가 해산함.
渙然(환연) ①흔적도 없이 흩어지는 모양. 깨끗이 녹는 모양. ②문채가 있는 모양.
渙然氷釋(환연빙석) 얼음이 녹는 것처럼 남김 없이 풀려 없어짐.
渙沍(환호) 얼음이 녹는 것과 어는 것.

9 ⑫ 【湟】 해자 황 陽

인명 ㊥huáng ㊐コウ

소전 초서 자해 **❶해자(垓字), 성지(城池). ❷빠지다, 물에 빠지다. ❸물이 세차게 흐르는 모양. ❹강 이름.**

10 ⑬ 【溪】 시내 계 齊

중학 인명 3Ⅱ급 ㊥xī ㊐ケイ

필순 氵 氵 氵 氵 氵 浮 浮 溪 溪 溪

초서 동자 谿 속자 渓 자원 形聲. 水+奚→溪. '奚(해)'가 음을 나타낸다.

자해 **❶시내. ❷텅 비다. ❸골, 살〔肉〕이 모이는 곳.**
溪澗(계간) 산골짜기에 흐르는 시내.
溪谷(계곡) 물이 흐르는 골짜기. 溪壑(계학).
溪流(계류) 산골짜기에 흐르는 시냇물.
溪邊(계변) 산골짜기의 근처. 溪頭(계두).
溪翁(계옹) 산골짜기에 사는 늙은이.
溪友(계우) 속세를 떠나 산골짜기에 숨어 사는 풍류(風流)의 벗.
溪亭(계정) 산골짜기에 지은 정자(亭子).
◨ 綠溪녹계, 碧溪벽계, 深溪심계.

10 ⑬ 【滚】 滾(750)의 본자

10 ⑬ 【溝】沟 봇도랑 구 尤

인명 1급 ㊥gōu ㊐コウ

소전 초서 자해 **❶봇도랑.** 〔周禮〕 井間廣四尺정간광사척, 深四尺심사척, 謂之溝위지구. **❷하수도.** 〔漢書〕 血流入溝中혈류입구중. **❸해자(垓字).** 〔史記〕 深溝高壘심구고루. **❹시내. ❺물받이. ❻도랑을 파다.** 〔周禮〕 制其畿疆제기기강, 而溝封之이구봉지.

溝渠(구거) 개골창. 도랑. 溝阬(구갱).
溝瀆(구독) 봇도랑. 논밭 사이에 있는 도랑. 溝洫(구혁).
溝封(구봉) 도랑을 파고 흙을 쌓아 경계로 함.
溝池(구지) ①적이 침범하지 못하도록 성 둘레에 파 놓은 못. 垓字(해자). ②도랑과 못.
溝壑(구학) ①도랑과 골짜기. ②죽어서 시체가 도랑이나 골짜기에 버림받는 일.

10 ⑬【溰】 흴 기 本의 微
㊥ái ㊐ギ
자해 희다, 흰 모양.

10 ⑬【溺】 1 빠질 닉 錫 2 오줌 뇨 嘯
인명 2급 ㊥nì, niào ㊐デキ, ジョウ
소전 초서 고자 休 참고 인명용 음은 '닉' 이다.
자해 1 ❶빠지다. 〔孟子〕 嫂溺수닉, 援之以手者원지이수자, 權也권야. ❷잠기다. 2 오줌. ≒尿. 〔史記〕 醉更溺雎취갱뇨저.
溺沒(익몰) 물속에 빠짐.
溺死(익사) 물에 빠져 죽음.
溺器(요기) 요강. 尿器(요기).
◨ 耽溺탐닉, 陷溺함닉.

10 ⑬【溏】 진수렁 당 陽
㊥táng ㊐トウ
초서 자해 ❶진수렁, 진흙. ❷못〔池〕, 소(沼).

10 ⑬【滔】 물 넘칠 도 豪
인명 1급 ㊥tāo ㊐トウ
소전 초서 속자 滔 자해 ❶물이 넘치다. 〔書經〕 浩浩滔天호호도천. ❷넓다, 크다. 〔淮南子〕 西南戎州曰滔土서남융주왈도토. ❸모으다. 〔莊子〕 滔乎前而不知所以然도호전이부지소이연. ❹게을리 하다. 〔春秋左氏傳〕 士不濫사불람, 官不滔관부도. ❺업신여기다. 〔漢書〕 咨爾賊臣자이적신, 篡漢滔天찬한도천.
滔滔(도도) ①광대(廣大)한 모양. ②물이 흘러가는 모양. ③두루 돌아다니는 모양. ④지나가는 모양.
滔天(도천) ①큰물이 하늘에까지 닿음. ②하늘을 업신여겨 두려워하지 않음.
滔天惡(도천악) 하늘을 업신여겨 두려워하지 않는 큰 죄악.

10 ⑮【滕】 물 솟을 등 蒸
㊥téng ㊐トウ
소전 초서 자해 ❶물이 솟다, 물이 끓어오르다. ≒騰. ❷나라 이름. ❸말하다. 〔易經〕 咸其輔頰舌함기보협설, 滕口說也등구설야.

10 ⑬【溓】 1 지적지적할 렴 鹽 2 담글 렴 琰 3 달라붙을 점 鹽
㊥lián, liǎn ㊐レン, デン
초서 자해 1 ❶지적지적하다. ❷물이 잔잔하다. 2 ❶담그다. ❷살얼음. 3 달라붙다. =黏. 〔周禮〕 雖有深泥수유심니, 亦弗之溓也역불지점야.

10 ⑬【滝】 瀧(768)의 고자

10 ⑬【溜】 방울져 듣을 류 宥
인명 1급 ㊥liù ㊐リュウ
소전 초서 본자 澑 자해 ❶방울져 듣다. ❷물이 흐르는 모양. ❸낙수받이. =霤. 〔春秋左氏傳〕 三進及溜삼진급류. ❹물방울.
溜水(유수) 괸 물.
溜滴(유적) 떨어지는 물방울. 낙수.
◨ 乾溜건류, 蒸溜증류.

10 ⑬【滅】 灭 멸망할 멸 屑
고등 인명 3Ⅱ급 ㊥miè ㊐メツ
필순 氵 氵 氵 沪 沪 洉 浉 滅 滅 滅
소전 초서 고자 烕 자원 形聲. 水+威→滅. '烕(멸)'이 음을 나타낸다.
자해 ❶멸망하다. 〔春秋公羊傳〕 滅不言入멸불언입. ❷멸하다. 〔詩經〕 滅我立王멸아립왕. ❸끄다. 〔史記〕 火三月不滅화삼월불멸. ❹잠기다.
滅口(멸구) ①증언을 막기 위하여 사정을 아는 사람을 죽임. ②입막음을 함.
滅菌(멸균) 세균 따위를 죽임.
滅裂(멸렬) 갈기갈기 찢어짐. 뿔뿔이 흩어짐.
滅倫敗常(멸륜패상) 오륜(五倫)과 오상(五常)을 함부로 유린함.
滅亡(멸망) 망하여 없어짐.
滅明(멸명) 불이 꺼졌다 켜졌다 함.
滅門(멸문) 한 집안이 망하여 없어짐. 한 집안

을 모두 죽여 없앰. 滅族(멸족).

滅私奉公(멸사봉공) 사욕을 버리고 공공(公共)을 위하여 일함.

滅性(멸성) 친상(親喪)을 당하여 지나치게 슬퍼한 나머지 자기의 생명을 잃음.

滅迹(멸적) 흔적을 없앰. 발자국을 없앰.

滅絕(멸절) 멸망하여 없어짐. 멸하여 없애 버림. 滅盡(멸진).

滅種(멸종) 씨가 없어짐. 씨를 없앰.

◨ 磨滅마멸, 明滅명멸, 撲滅박멸, 不滅불멸, 殲滅섬멸, 消滅소멸, 全滅전멸, 點滅점멸, 破滅파멸, 幻滅환멸.

10 ⑬【溟】 1어두울 명 靑 2아득할 명 迥

인명 1급 ㊥míng, mǐng ㊐メイ

소전 초서 자해 1 ❶어둡다. 〔太玄經〕 密雨溟沐밀우명목. ❷바다. ❸남북(南北)의 극(極). 2 ❶아득하다. 〔淮南子〕 四海溟涬사해명행.

溟溟(명명) ①어두운 모양. 冥冥(명명). ②심오하여 알기 어려운 모양.

溟洲(명주) 큰 바다 가운데 있는 섬.

溟海(명해) 망망(茫茫)한 바다.

◨ 南溟남명, 北溟북명, 滄溟창명.

10 ⑬【滂】 비 퍼부을 방 陽

인명 ㊥pāng ㊐ホウ

소전 초서 동자 雱 동자 㴁 자해 ❶비가 퍼붓다. 〔詩經〕 俾滂沱矣비방타의. ❷물이 질펀하게 흐르는 모양. ❸눈물이 흐르는 모양. 〔詩經〕 涕泗滂沱체사방타.

滂湃(방배) 물이 출렁이는 모양.

滂洋(방양) 풍성하고 넓은 모양.

滂澤(방택) ①장마. ②은혜가 두루 미침.

滂浩(방호) 넓고 큼. 광대(廣大)함.

10 ⑬【溥】 1넓을 보 麌 2펼 부 虞

인명 ㊥pǔ, fū ㊐ホ, フ

소전 초서 참고 인명용 음은 '부'이다.

자해 1 ❶넓다, 광대하다. 〔詩經〕 瞻彼溥原첨피보원. ❷두루 미치다. 〔詩經〕 溥天之下부천지하. 2 펴다. 〔禮記〕 溥之而橫乎四海부지이횡호사해.

10 ⑬【溯】 遡(1263)의 동자 인명

10 ⑬【溲】 1반죽할 수 有 2적실 수 尤

㊥sǒu, sōu ㊐シュウ

소전 초서 본자 叟 자해 1 반죽하다. 〔禮記〕 䊪溲之以爲酏수수지이위이. 2 ❶적시다. ❷쌀을 씻는 소리. ❸오줌. 〔後漢書〕 遺失溲便유실수변.

溲溺(수뇨) 오줌. 오줌을 눔.

溲便(수변) 오줌. 小便(소변).

10 ⑬【溼】 濕(765)과 동자

10 ⑬【㴱】 深(730)의 고자

10 ⑬【溫】 温 1따뜻할 온 元 2쌀 온 ㊍운 問

중학 인명 6급 ㊥wēn, yùn ㊐オン

필순 氵氵氵汀汨汨泪淵温温温

소전 초서 속자 温 자원 形聲. 水+昷→溫. '昷(온)'이 음을 나타낸다.

자해 1 ❶따뜻하다. 〔禮記〕 冬溫而夏淸동온이하정. ❷온화하다. 〔論語〕 子溫而厲자온이려. ❸순수하다, 원만하다. 〔詩經〕 溫其如玉온기여옥. ❹익히다. 〔論語〕 溫故而知新온고이지신, 可以爲師矣가이위사의. ❺보하다. ❻온천. ❼성(姓). 2 싸다. ≒蘊. 〔詩經〕 飮酒溫克음주온극.

溫故知新(온고지신) 옛것을 익히고 그것을 미루어서 새 도리를 발견함.

溫恭自虛(온공자허) 안색을 부드럽게 하고, 행실을 삼가고, 겸허하게 스승의 가르침을 받으며, 자기 의견을 고집하지 않는 일.

溫氣(온기) 따뜻한 기운. 暖氣(난기).

溫暖(온난) 날씨가 따뜻함.

溫帶(온대) 열대와 한대 사이의 지역.

溫度(온도) 덥고 찬 정도.

溫突(온돌) 방구들. 溫坑(온갱).

溫冷(온랭) 따뜻함과 참.

溫涼(온량) 따뜻함과 서늘함.

溫良(온량) 성질이 온화하고 착함.

溫麗(온려) 문장 따위가 부드럽고 아름다움.

溫床(온상) ①인공적으로 열을 가하여 식물을 가꾸는 설비. ②어떤 현상, 사상 등이 자라나는 토대나 환경.

溫水(온수) ①따뜻한 물. ②낙수(洛水)의 딴 이름.

溫粹(온수) 온화하고 순수함. 溫純(온순).

溫淳(온순) ①온화하고 순박함. ②음식물의 맛

이 진함
溫順(온순) 성질이 부드럽고 유순함.
溫濕(온습) 따뜻하고 습함.
溫習(온습) 복습(復習)함. 溫尋(온심).
溫室(온실) ①난방 장치를 한 방. ②온도·습도 등을 조절하여 자유롭게 식물을 재배할 수 있게 만들어 놓은 곳.
溫雅(온아) 온순하고 아담함.
溫言(온언) 온화한 말. 溫辭(온사).
溫溫(온온) ①온화한 모양. ②윤택한 모양. ③열기(熱氣)가 나는 모양.
溫燠(온욱) 따뜻함.
溫柔敦厚(온유돈후) 온화하고 부드러우며 인정이 두터움. 유화(柔和)하며 성실함.
溫潤(온윤) 온화하고 윤택이 있음.
溫仁(온인) 온화하고 인정이 있음.
溫慈(온자) 온화하고 자애로움.
溫情(온정) 따뜻한 인정.
溫凊(온정) 겨울에는 따습게 하고 여름에는 시원하게 함. 자식이 어버이를 섬기는 도리. 冬溫夏凊(동온하정).
溫泉(온천) 더운물이 솟아나는 샘. 溫井(온정).
溫湯(온탕) 따뜻한 물의 목욕탕.
溫飽(온포) 따습게 입고 배부르게 먹음. 의식(衣食)이 충분함.
溫風(온풍) ①따뜻한 바람. ②늦은 여름에 부는 바람.
溫惠(온혜) 온화하게 따름.
溫和(온화) ①날씨가 따뜻하고 화사함. ②마음이 온순하고 부드러움.
溫滑(온활) 따뜻하고 매끄러움.
溫厚(온후) ①성질이 온화하고 독실함. ②넉넉함. 부족함이 없음.
◨ 高溫고온, 氣溫기온, 微溫미온, 保溫보온, 水溫수온, 低溫저온, 體溫체온, 平溫평온.

10 ⑬【溽】 무더울 욕 沃

㊥rù ㊐ジク

소전 초서 자해 **❶무덥다.** 〔禮記〕 土潤溽暑토윤욕서. **❷젖다, 습하다.** **❸맛이 기름지다.** 〔禮記〕 其飮食不溽기음식불욕. **❹짙다, 많다.**
溽暑(욕서) 무더위. 음력 6월의 더위.
溽蒸(욕증) 무더움.

10 ⑬【溶】 질펀히 흐를 용 冬

인명 2급 ㊥róng ㊐ヨウ

소전 초서 자해 **❶질펀히 흐르다.** **❷한가한 모양.** 〔漢書〕 溶方皇於西清용방황어서청. **❸녹다, 용해하다.** ¶ 溶液용액.
溶媒(용매) 용액을 만들 때에 용질을 녹이는 액체.
溶液(용액) 한 물질이 다른 물질에 녹아서 고르게 퍼져 이루어진 물질.
溶溶(용용) 큰물이 흐르는 모양.
溶溢(용일) 물이 넘쳐흐름. 汎濫(범람).
溶質(용질) 용액에 녹아 있는 물질.
溶解(용해) ①녹거나 녹임. ②물질이 액체 속에서 녹아 용액이 되는 현상.

10 ⑬【源】 근원 원 元

고등 인명 4급 ㊥yuán ㊐ゲン

필순 氵 氵 汀 沥 沥 沥 源 源 源 源

소전 초서 자원 形聲. 水+原→源. '原(원)'이 음을 나타낸다.
자해 **❶근원.** ≒原. 〔禮記〕 爲民祈祀山川百源위민기사산천백원. **❷물이 끊이지 않고 흐르는 모양.** 〔孟子〕 故源源而來고원원이래.
源頭(원두) ①샘의 근원. ②샘의 곁.
源流(원류) ①강이나 내의 근원. ②사물이나 현상의 본바탕.
源源(원원) 물이 끊임없이 흐르는 모양.
源源而來(원원이래) 물이 끊임없이 흐르듯이, 부단히 찾아옴.
源清流清(원청유청) 윗물이 맑으면 아랫물이 맑음. 윗사람이 청렴하면 아랫사람도 청렴해짐.
◨ 根源근원, 起源기원, 基源기원, 發源발원, 本源본원, 水源수원, 淵源연원, 資源자원, 字源자원, 財源재원, 電源전원.

10 ⑬【溵】 강 이름 은 文

인명 ㊥yīn ㊐イン

자해 **강 이름.**

10 ⑬【溢】 넘칠 일 質

인명 1급 ㊥yì ㊐イツ

소전 초서 자해 **❶넘치다.** 〔史記〕 河溢通泗하일통사. **❷정도를 지나치다.** **❸교만하다, 사치하다.** 〔孝經〕 滿而不溢만이불일. **❹큰물, 홍수.** 〔禮記〕 凶旱水溢흉한수일. **❺성하다.** 〔中庸〕 是以聲名洋溢乎中國시이성명양일호중국. **❻한 줌의 부피.** 한 되〔升〕의 24분의 1. **❼금의 무게의 단위.** ≒鎰. 〔漢書〕 黃金以溢爲名황금이일위명.
溢味(일미) 더할 나위 없이 좋은 맛.

水 10획

溢美(일미) ①아주 아름다움. ②과하게 칭찬함.
溢美過實(일미과실) 실제 모양이나 상태보다 더 아름답게 꾸밈.
溢美溢惡(일미일악) 과도한 칭찬과 과도한 나무람.
溢譽(일예) 과분한 칭찬.
溢溢(일일) 물이 가득 차 넘치는 모양.
溢血(일혈) 신체의 조직 사이에서 일어나는 내출혈.
◨ 充溢충일, 海溢해일.

10 ⑬【滋】 불을 자 支

인명 2급 ㊥zī ㊐ジ

소전 초서 속자 滋 자원 形聲. 水+兹→滋. '兹(자)'가 음을 나타낸다.

자해 ❶붇다, 번식하다. 〔春秋左氏傳〕謂其畜之碩大蕃滋也위기축지석대번자야. ❷더욱. 〔春秋左氏傳〕其虐滋甚기학자심. ❸번성하다, 우거지다, 많아지다. ❹씨를 뿌리다. 〔楚辭〕余旣滋蘭之九畹兮여기자란지구원혜. ❺자라다. 〔呂氏春秋〕草木庳小不滋초목비소부자. ❻즙, 진액. 〔禮記〕必有草木之滋焉필유초목지자언. ❼맛, 맛있는 음식. 〔後漢書〕含甘吮滋함감연자.

滋味(자미) 좋은 맛. 맛이 좋은 음식.
滋生(자생) 점점 더 생겨남. 증가함.
滋殖(자식) 성(盛)하여 불어남.
滋息(자식) 불어남. 늚.
滋甚(자심) 더욱 심함. 더욱 심해짐.
滋養(자양) ①보호하여 기름. ②몸의 영양을 좋게 함. 자양분이 많은 음식물. 滋補(자보).
滋榮(자영) 우거짐. 무성해짐.
滋潤(자윤) ①축축이 젖음. 축축이 적심. ②윤택해짐.

10 ⑬【滓】 찌끼 재 ㊍자 紙

인명 1급 ㊥zǐ ㊐シ

소전 초서 자해 ❶찌끼. ❷앙금. ❸때, 더러운 것. 〔馬融·賦〕澡雪垢滓조설구재.

滓穢(재예) ①찌끼. 더러운 것. ②더럽힘.
◨ 渣滓사재, 殘滓잔재.

10 ⑬【滇】滇 성할 전 先

㊥diān ㊐テン, シン

소전 초서 자해 ❶성(盛)하다, 성한 모양. 〔漢書〕泛泛滇滇從高斿범범전전종고유. ❷큰물의 형용. ❸오랑캐 이름, 서남이(西南夷).

滇滇(전전) 왕성한 모양.

10 ⑬【湇】 濟(766)의 고자

10 ⑬【準】准 ①수준기 준 軫 ②콧마루 준 ㊍절 屑

고등 인명 4Ⅱ급 ㊥zhǔn ㊐ジュン

필순 丶 冫 氵 汁 汁 汁 淮 淮 淮 準

소전 초서 속자 準 자원 形聲. 水+隼→準. '隼(준)'이 음을 나타낸다.

자해 ① ❶수준기(水準器). 〔漢書〕準者所以揆平取正也준자소이규평취정야. ❷평평하다, 수평지다. ❸법, 법도. 〔漢書〕以仁義爲準이인의위준. ❹본받다. 〔易經〕易與天地準역여천지준. ❺바루다, 고르게 하다. 〔周禮〕權之권지, 然後準之연후준지. ❻같다, 고르다. ② 콧마루. 〔漢書〕隆準而龍顏륭준이룡안.

準據(준거) 일정한 기준이나 근거로 삼음.
準規(준규) 표준이 되는 규칙. 準則(준칙).
準納(준납) 國돈이나 물품을 일정한 기준에 따라 바침.
準備(준비) 미리 마련하여 갖춤.
準朔(준삭) 國일정한 달수가 다 참.
準繩(준승) ①수평도(水平度)를 헤아리는 수준기와 직선을 정하는 먹줄. ②일정한 법식.
準用(준용) 준거하여 적용함.
準的(준적) ①과녁. 목표. ②표준. 모범.
準程(준정) 법. 본보기.
準直(준직) ①수준기와 먹줄. ②바른 것을 본받아 따름.
準則(준칙) 표준을 삼아 따라야 할 규칙.
準行(준행) ①준하여 행함. ②허가함.
◨ 基準기준, 水準수준, 平準평준, 標準표준.

10 ⑬【溱】 많을 진 眞

인명 ㊥zhēn ㊐シン

소전 초서 자해 ❶많다, 많은 모양. 〔詩經〕室家溱溱실가진진. ❷성(盛)하다, 성한 모양. 〔後漢書〕百穀溱溱백곡진진. ❸이르다, 미치다. ≒臻. 〔漢書〕萬祥畢溱만상필진. ❹강 이름.

溱溱(진진) ①많은 모양. ②성한 모양.

10 ⑬【滄】沧 찰 창 陽

인명 2급 ㊥cāng ㊐ソウ

소전 滄 초서 滄 자해 ❶차다, 싸늘하다. 〔逸周書〕天地之間有滄熱천지지간유창열. ❷강 이름. 〔史記〕東爲滄浪之水동위창랑지수. ❸푸르다.

滄浪(창랑) ①새파란 물빛. 滄波(창파). ②한수(漢水) 하류에 있었다는 강 이름.

滄浪歌(창랑가) ①초사(楚辭)에 나오는 노래. 모든 일은 자연히 되어 가는 대로 맡겨야 함을 노래함. ②맹자(孟子)에 나오는 노래. 길흉화복은 모두 스스로 불러들이는 것임을 노래함.

滄茫(창망) 물이 푸르고 아득하게 넓은 모양.

滄桑之變(창상지변) 푸른 바다가 변하여 뽕나무 밭이 됨. 세상의 변천이 심함.

滄滄(창창) ①추운 모양. ②하늘이 넓고 푸른 모양.

滄海(창해) ①넓고 푸른 바다. 滄溟(창명). 滄瀛(창영). ②신선이 산다는 섬 이름.

滄海遺珠(창해유주) 넓은 바다 가운데에 버려진 구슬. 세상에 알려지지 않고 묻혀 있는 빼어난 인물.

滄海一粟(창해일속) 큰 바다에 던져진 한 알의 좁쌀. 광대(廣大)한 것 속에 있는 지극히 작은 존재.

10 ⑬【滌】 滌(755)의 속자

10 ⑬【滞】 滯(755)의 속자

10 ⑬【滀】 물 모일 축 屋

㊥chù ㊐チク

초서 滀 자해 ❶물이 모이다. ❷빠르다. 〔後漢書〕滀水陵高축수릉고. ❸발끈하다. 〔莊子〕滀乎進我色也축호진아색야.

滀水(축수) 괸 물.

滀潔(축탑) 물이 모이는 모양.

10 ⑬【漢】 漢(756)의 속자

10 ⑬【㴒】 涵(736)의 본자

10 ⑬【溘】 갑자기 합 ㊄갑 合

㊥kè ㊐コウ

소전 溘 초서 溘 자해 ❶갑자기. ❷이르다, 다다르다.

10 ⑭【滎】 荥 1실개천 형 靑 2물결 일 영 庚

인명 ㊥xíng, yíng ㊐ケイ, エイ

소전 滎 초서 滎 참고 인명용 음은 '형'이다.

자해 1❶실개천. ❷못 이름. 〔書經〕滎澤波水已成遏豬형택파수이성알저. 2물결이 일다, 물결이 이는 모양.

滎澤(형택) ①수량(水量)이 적은 물. ②못 이름. ③현(縣) 이름.

滎瀯(영영) 물결이 빙 돌며 세차게 이는 모양.

10 ⑬【溷】 어지러울 혼 願

㊥hùn ㊐コン

소전 溷 초서 溷 자해 ❶어지럽다. 〔楚辭〕世溷濁而不分兮세혼탁이불분혜. ❷섞이다. 〔易經〕動不溷乃明동불혼내명. ❸흐려지다. 〔漢書〕謂隨夷溷兮위수이혼혜. ❹더러워지다. 〔漢書〕天氣溷濁천기혼탁. ❺욕보이다. 〔漢書〕毋久溷女爲也무구혼녀위야. ❻뒷간. ❼우리, 돼지우리.

溷穢(혼예) 탁하고 더러움.

溷濁(혼탁) 어지럽고 흐림. 세상이 어지러워짐.

溷淆(혼효) 뒤섞여서 어지러움.

10 ⑬【滑】 滑 1미끄러울 활 黠 2어지러울 골 月

인명 2급 ㊥huá, gǔ ㊐カツ, コツ

소전 滑 초서 滑 참고 인명용 음은 '골·활'이다.

자원 形聲. 水+骨→滑. '骨(골)'이 음을 나타낸다.

자해 1❶미끄럽다. 〔魏志〕加之以霖雨가지이림우, 山坂峻滑산판준활. ❷반드럽다. 〔周禮〕調以滑甘조이활감. ❸부드럽게 하다. ❹교활하다. ≒猾. 〔史記〕滑賊任威활적임위. 2❶어지럽다, 어지럽게 하다. ❷다스리다. 〔莊子〕滑欲於俗思골욕어속사, 以求致其明이구치기명. ❸익살, 익살을 부리다. 〔楚辭〕將突梯滑稽장돌제골계, 如脂如韋여지여위. ❹흐리게 하다.

滑甘(활감) 부드럽고 맛이 좋음.

滑降(활강) 미끄러져 내려옴.

滑空(활공) ①새가 날갯짓을 하지 않고 낢. ②항공기가 발동기를 끄고 비행함.

滑吏(활리) 교활한 벼슬아치.

滑氷(활빙) 얼음지치기. 스케이팅.

滑走(활주) ①미끄러져 내달음. ②항공기가 뜨고 내리기 위하여 빨리 내달음.

滑車(활차) 도르래.

滑稽(골계) ①말이 유창하고 재치가 있음. ②

익살을 부리는 가운데 어떤 교훈을 주는 일.
滑滑(활활) 진흙이 미끄러운 모양.
◨ 狡滑교활, 圓滑원활, 柔滑유활, 潤滑윤활.

10 ⑬【滉】 물 깊고 넓을 황 養
인명 2급 ㊥huàng ㊐コウ
초서 자해 물이 깊고 넓다.
滉瀁(황양) 물이 깊고 넓은 모양. 滉漾(황양).

10 ⑬【滙】 匯(161)와 동자

11 ⑭【漑】 溉 ①물 댈 개 隊 ②이미 기 未
인명 1급 ㊥gài, jì ㊐ガイ, キ
소전 초서 참고 인명용 음은 '개'이다.
자해 ①❶물 대다. 〔漢書〕 此梁皆可行舟차량개가행주, 有餘則用漑유여즉용개. ❷씻다, 헹구다. 〔詩經〕 可以濯漑가이탁개. ❸강 이름. ②이미. =旣. 〔史記〕 帝嚳漑執中而徧天下제곡기집중이편천하.
漑灌(개관) 논밭에 물을 댐. 灌漑(관개).
漑汲(개급) 물을 길어서 댐.
漑糞(개분) 밭에 물을 대고 비료를 줌.
漑田(개전) 밭에 물을 댐.
漑浸(개침) 논밭에 물을 대어 적심.
◨ 灌漑관개.

11 ⑭【漧】 乾(35)의 고자

11 ⑭【滾】 滚 흐를 곤 阮
인명 ㊥gǔn ㊐コン
초서 본자 滾 자해 ❶흐르다. ❷물이 끓다.
滾滾(곤곤) ①물이 세차게 흐르는 모양. 混混(곤곤). ②구름이 여기저기 옮겨 가는 모양.

11 ⑭【漼】 灌(769)의 속자

11 ⑭【漚】 沤 ①담글 구 本우 宥 ②거품 구 本우 尤
㊥òu, ōu ㊐オウ
소전 초서 자해 ①담그다. 〔詩經〕 可以漚麻가이구마. ②❶거품. ❷갈매기. ≒鷗. 〔列子〕 海上之人해상지인, 有好漚鳥者유호구조자. ❸강 이름.

11 ⑭【漌】 맑을 근 吻
인명 ㊥jǐn ㊐キン
자해 ❶맑다, 깨끗하다. ❷담그다.

11 ⑭【漙】 이슬 많을 단 寒
㊥tuán ㊐タン
소전 초서 자해 ❶이슬이 많다, 이슬이 많이 내린 모양. 〔詩經〕 零露漙兮령로단혜. ❷둥글다. ≒團.

11 ⑭【漣】 물놀이 련 先
인명 2급 ㊥lián ㊐レン
초서 자해 ❶물놀이, 잔잔한 물결의 움직임. 〔詩經〕 河水淸且漣猗하수청차련의. ❷우는 모양, 눈물을 흘리는 모양. 〔詩經〕 泣涕漣漣읍체련련.
漣漣(연련) 눈물을 흘리는 모양.
漣猗(연의) ①잔물결이 읾. 잔물결이 이는 모양. ②잔물결. 漣漪(연의).

11 ⑭【滷】 卤 소금밭 로 麌
㊥lǔ ㊐ロ
초서 자해 ❶소금밭. ❷간수.
滷水(노수) 간수.
滷蝦(노하) 곤쟁이.

11 ⑭【漉】 거를 록 屋
㊥lù ㊐ロク
소전 초서 자해 ❶거르다, 밭다. 〔戰國策〕 漉汁灑地록즙쇄지. ❷치다, 앙금을 치다.
漉酒(녹주) 술을 거름.
漉酒巾(녹주건) 술을 거르는 헝겊. 故事 진(晉)의 도잠(陶潛)이 술을 좋아하여, 두건으로 술을 거른 데서 온 말.

11 ⑭【漏】 샐 루 宥
고등 인명 3Ⅱ급 ㊥lòu ㊐ロウ
필순 氵 氵 氵 沪 沪 沪 涓 漏 漏 漏
소전 초서 동자 扇 자원 形聲. 水+屚→漏. '屚(루)'

水 10획

가 음을 나타낸다.
자해 ❶새다. 〔淮南子〕千里之隄천리지제, 以螻螘之穴漏이루의지혈루. ❷구멍, 틈. ❸물시계. ❹방의 서북 구석. 〔詩經〕尙不愧于屋漏상불괴우옥루. ❺혜택을 주다. 〔漢書〕天下漏泉천하루천.
漏刻(누각) 물시계. 작은 구멍이 뚫린 누호(漏壺)에 물을 채우고 그 안에 눈금을 새긴 누전(漏箭)을 세워, 물이 구멍으로 새어 줄어 가는 양(量)을 보아 시간을 헤아림.
漏決(누결) 물이 새어 둑이 무너짐.
漏鼓(누고) 시각을 알리는 큰 북.
漏落(누락) 적혀 있어야 할 내용이 기록에서 빠짐.
漏露(누로) 일이 드러남.
漏聞(누문) 새어 나온 말을 얻어들음.
漏船(누선) 물이 새는 배. 漏舟(누주).
漏泄(누설) ①기체나 액체가 새어 나감. ②비밀이 새어 나감.
漏水(누수) ①새는 물. 물이 샘. ②누수기(漏水器)나 누각(漏刻)의 물.
漏水器(누수기) 물시계.
漏濕(누습) 습기가 스며 나옴. 눅눅함.
漏失(누실) 새어 없어짐. 잃어버림.
漏籍(누적) 기록에서 빠짐.
漏電(누전) 전기가 전선 밖으로 새어 흐름.
漏天(누천) 하늘이 샘. 비가 너무 잦음.
漏出(누출) 기체·액체 등이 새어 나옴.
漏脫(누탈) 샘. 빠짐.
漏脯充饑(누포충기) 썩은 고기로 주린 배를 채움. 눈앞의 일만 알고 후환을 생각하지 않음.
漏戶(누호) 호적부에 빠진 집.
◨ 刻漏각루, 洩漏설루, 痔漏치루, 脫漏탈루.

11 ⑭【漓】 스며들 리 支

㊥lí ㊐リ

초서 자해 ❶스며들다, 흐르는 모양. ❷엷다. ≒醨.

11 ⑭【漠】 사막 막 藥

고등 인명 3Ⅱ급 ㊥mò ㊐バク

필순 氵氵氵汁汁汁泔泔潧漠漠

소전 초서 자원 形聲. 水+莫→漠. '莫(막)'이 음을 나타낸다.
자해 ❶사막. 〔楚辭〕踰隴堆兮渡漠유롱퇴혜도막. ❷조용하다. 〔漢書〕眞人恬漠진인념막, 獨與道息독여도식. ❸자리잡다, 움직이지 아니하다. 〔淮南子〕時旣者其神漠시기자기신막. ❹쓸쓸하다. ≒寞. 〔楚辭〕野寂漠其無人야적막기무인. ❺넓다, 광막하다. ❻어둠침침하다.
漠漠(막막) ①넓고 아득한 모양. ②널리 깔려 있는 모양. ③어둠침침한 모양. ④고요한 모양. ⑤쓸쓸한 모양.
漠然(막연) ①고요한 모양. 형적(形跡)이 없는 모양. ②넓어서 종잡을 수 없는 모양. 똑똑하지 못하고 어렴풋한 모양.
◨ 沙漠사막, 索漠삭막, 寂漠적막, 荒漠황막.

11 ⑭【滿】满 찰 만 旱

중학 인명 4Ⅱ급 ㊥mǎn ㊐マン

필순 氵氵汁汼汼満湍湍滿滿

소전 초서 속자 满 자원 形聲. 水+㒼→滿. '㒼(만)'이 음을 나타낸다.
자해 ❶차다. ㉮가득하다. 〔管子〕地大而不爲지대이불위, 命曰土滿명왈토만. ㉯넉넉하다, 풍족하다. 〔書經〕不自滿假부자만가. ❷교만하다, 뽐내다. 〔國語〕其滿之甚也기만지심야. ❸속이다. ≒謾. 〔漢書〕滿讕誣天만란무천.
滿腔(만강) 가슴속에 가득 참.
滿開(만개) 많은 꽃이 한꺼번에 활짝 핌. 滿發(만발).
滿期(만기) 정해진 기한이 참.
滿喫(만끽) ①마음껏 먹고 마심. ②만족할 만큼 즐김.
滿堂(만당) ①방 안에 가득 참. ②방 안에 가득 찬 사람들.
滿了(만료) 기한이 다 차서 끝남.
滿壘(만루) 야구에서 1·2·3루에 주자가 꽉 찬 상태.
滿滿(만만) 꽉 찬 모양.
滿面(만면) 얼굴에 가득함.
滿目(만목) ①눈에 가득 참. 계속 눈앞에 어른거림. ②눈에 보이는 끝까지. 滿眸(만모).
滿目荒涼(만목황량) 눈에 띄는 것이 모두 거칠고 처량함.
滿盤珍羞(만반진수) 소반이나 상에 가득 차린 진귀하고 맛 좋은 음식.
滿腹(만복) 배가 가득 참. 배부름.
滿朔(만삭) 아이 낳을 달이 참. 달이 차서 배가 몹시 부름.
滿山(만산) ①온 산에 가득함. ②산 전체.
滿船(만선) 배에 가득히 실음.
滿數(만수) ①일정한 수효에 참. ②매우 큰 수.
滿身瘡痍(만신창이) 온몸이 상처투성이임.
滿筵(만연) 자리가 꽉 참.
滿悅(만열) 흡족한 기쁨.

滿盈(만영) 가득 차서 넘침.
滿員(만원) 정원이 다 참.
滿意(만의) ①뜻을 정함. 결심함. ②마음에 참. 만족함.
滿溢(만일) 가득 차서 넘침.
滿場(만장) 모인 사람들로 가득 찬 회장.
滿載(만재) 가득 실음.
滿點(만점) 규정된 점수의 최고 점수.
滿庭(만정) ①뜰에 가득함. ②온 뜰.
滿潮(만조) 밀물로 해면이 가장 높아진 상태.
滿朝(만조) ①온 조정. ②만조백관(滿朝百官).
滿朝百官(만조백관) 조정의 모든 벼슬아치.
滿足(만족) ①마음에 아주 흡족함. ②충분하고 넉넉함.
滿座(만좌) ①좌중에 있는 모든 사람. 滿坐(만좌). ②자리를 가득 채움.
滿則虧(만즉휴) 달이 차면 이지러짐. 성하면 반드시 쇠하여짐.
滿紙長書(만지장서) 사연(事緣)을 많이 적은 긴 편지.
滿車(만차) 차에 가득 참.
滿幅(만폭) 정한 너비에 꽉 참.
◨ 干滿간만, 不滿불만, 未滿미만, 彌滿미만, 圓滿원만, 充滿충만, 飽滿포만, 豐滿풍만.

水 11획

11 ⑭ 【漫】 질펀할 만 翰

고등 인명 3급 ㊥màn ㊐マン

필순 氵 氵 沪 沪 浔 浔 湡 渇 漫 漫

초서 속자 湡 자원 形聲. 水＋曼→漫. '曼(만)'이 음을 나타낸다.

자해 ❶질펀하다. 〔唐書〕襄鄧之西양등지서, 夷漫數百里이만수백리. ❷넘쳐흐르다. 〔吳志〕彌漫數百里미만수백리. ❸흩어지다. 〔晉書〕文體混漫문체혼만. ❹멋대로. ❺부질없다. ❻더러워지다. 〔荀子〕行不免於汙漫행불면어오만. ❼바르다, 칠하다. 〔莊子〕郢人堊漫其鼻端영인악만기비단. ❽물이 스며들다.

漫談(만담) ①두서없는 이야기. 종잡을 수 없는 이야기. ②재미있고 우습게 세상과 인정을 풍자하는 이야기.
漫漫(만만) ①멀고 아득한 모양. ②구름이 길게 낀 모양. ③넓고 아득한 모양. ④밤이 긴 모양. ⑤행동이 느린 모양. 일의 처리가 더딘 모양.
漫滅(만멸) 곰팡이가 피거나 때가 묻어 글자가 잘 보이지 않음.
漫文(만문) ①수필(隨筆). ②사물의 특징을 재미있고 경쾌하게 쓴 글.
漫言(만언) 깊이 생각하지 않고 함부로 하는 말. 漫語(만어).
漫衍(만연) ①끝이 없는 모양. ②일대에 넘쳐 퍼지는 모양.
漫遊(만유) 마음대로 떠돌아다니며 노닒.
漫吟(만음) 일정한 글제가 없이 생각나는 대로 시를 지어 읊음.
漫天(만천) ①하늘에 뻗쳐서 널리 퍼짐. ②물이 불어 하늘에 닿을 듯함.
漫淺(만천) 넓고 얕음.
漫評(만평) 일정한 체계 없이 생각나는 대로 하는 비평.
漫筆(만필) 붓 가는 대로 생각한 바를 쓴 글. 漫錄(만록). 隨筆(수필).
漫畫(만화) 풍자나 우스갯소리 등을 간결하고 익살스럽게 그린 그림.
漫興(만흥) 저절로 일어나는 흥취.
◨ 瀾漫난만, 浪漫낭만, 彌漫미만, 散漫산만.

11 ⑭ 【滲】 滲 스밀 삼 沁

인명 1급 ㊥shèn ㊐シン

소전 초서 속자 渗 자해 ❶스미다, 배다. 〔南史〕以生者血瀝死者骨이생자혈력사자골, 滲卽爲父子삼즉위부자. ❷밭다, 거르다. 〔漢書〕滋液滲漉자액삼록. ❸새다, 흘러나오다. 〔宋史〕財無滲漏재무삼루, 則不可勝用즉불가승용.

滲漏(삼루) ①액체가 스며 나옴. ②개먹어 들어감. 침식함.
滲出(삼출) 액체가 스며 나옴.
滲透(삼투) ①스며들어 감. 浸透(침투). ②농도가 다른 두 액체가 사이벽을 통하여 서로 섞이는 현상.

11 ⑭ 【漱】 양치질할 수 宥

인명 ㊥shù ㊐ソウ

소전 초서 속자 漱 자해 ❶양치질하다. 〔管子〕既拚盥漱기분관수. ❷씻다. 〔禮記〕冠帶垢관대구, 和灰請漱화회청수.

漱石枕流(수석침류) 돌로 양치질하고 흐르는 물을 베개 삼음. 오기(傲氣)가 셈. 故事 진대(晉代)에 손초(孫楚)가 침석수류(枕石漱流)라고 할 것을 수석침류(漱石枕流)라고 잘못 말한 뒤 '漱石'은 이를 닦기 위함이고, '枕流'는 귀를 씻기 위함이라고 억지로 합리화하려 했다는 데서 온 말.
漱滌(수척) 빪. 씻음. 漱濯(수탁).
漱澣(수한) 물에 씻음.
◨ 盥漱관수.

11 ⑭【漾】 ①출렁거릴 양 ②강 이름 양

인명 ㊥yàng ㊐ヨウ

소전 초서 동자 漾 자해 ①❶출렁거리다. ❷뜨다, 표류하다. ❸물이 광대(廣大)하다. ②강 이름.

漾漾(양양) ①물에 떠도는 모양. ②물결이 출렁거리는 모양.

11 ⑭【漁】渔 고기 잡을 어

중학 인명 5급 ㊥yú ㊐ギョ

필순 氵 氵 沪 洎 渔 渔 渔 渔 渔 漁

소전 초서 동자 魰 동자 䱷 자원 形聲. 水+魚→漁. '魚(어)'가 음을 나타낸다.

자해 ❶물고기를 잡다. 〔易經〕以佃以漁이전이어. ❷약탈하다. 〔禮記〕諸侯不下漁色제후불하어색. ❸물고기를 잡는 일. 〔孟子〕自耕稼陶漁자경가도어, 以至爲帝이지위제. ❹어부(漁夫).

漁家(어가) 어부(漁夫)의 집. 漁庵(어암).
漁罟(어고) 물고기를 잡는 그물.
漁具(어구) 고기잡이에 쓰는 여러 가지 도구.
漁區(어구) 수산물을 잡거나 채취하기 위해 정해 놓은 구역.
漁撈(어로) 고기잡이.
漁網(어망) 물고기를 잡는 그물.
漁民(어민) 고기잡이를 업으로 하는 사람.
漁父辭(어부사) 초사(楚辭)의 한 편명(篇名). 굴원(屈原)이 방랑 생활을 할 때, 자기의 처세관을 어부와의 문답 형식으로 지은 장편의 운문(韻文).
漁父之利(어부지리) 둘이 서로 싸움하는 사이에 제삼자가 애쓰지 않고 이익을 차지함. 漁人得利(어인득리). 鷸蚌之爭(휼방지쟁).
漁船(어선) 고기잡이를 하는 배.
漁業(어업) 영리를 목적으로 물고기, 조개, 김, 미역 따위를 잡거나 기르는 산업.
漁翁(어옹) 고기잡이를 하는 늙은이. 낚시질하는 늙은이. 漁叟(어수).
漁場(어장) 고기잡이를 하는 곳.
漁笛(어적) 어부가 부는 피리.
漁筌(어전) 통발.
漁征(어정) 수산물에 매기는 세금. 水產稅(수산세).
漁樵閒話(어초한화) 어부와 나무꾼의 한가로운 이야기. 명리(名利)를 떠난 이야기.
漁村(어촌) 어민들이 모여 사는 마을.
漁港(어항) 어선이 모여들어 어업 기지가 되는 항구.
漁戶(어호) 어부의 집.
漁火(어화) 고기를 잡기 위해 피우는 불.
漁獲(어획) 물고기를 잡거나 해초 등을 채취함. 잡거나 채취한 수산물.

■ 禁漁금어, 出漁출어, 豐漁풍어.

11 ⑭【演】 멀리 흐를 연

고등 인명 4Ⅱ급 ㊥yǎn ㊐エン

필순 氵 氵 氵 沪 涫 涫 演 演 演 演

소전 초서 본자 演 자원 形聲. 水+寅→演. '寅(인)'이 음을 나타낸다.

자해 ❶멀리 흐르다. ❷통하다, 윤택하다. 〔國語〕夫水土演而民用也부수토연이민용야. ❸스며들다. ❹당기다. ❺부연(敷衍)하다. 〔漢書〕文王演周易문왕연주역. ❻널리 펴다. 〔漢書〕推演聖德추연성덕. ❼행하다. 〔宋史〕別演一法별연일법. ❽가무 연극(歌舞演劇)을 하다.

演劇(연극) 배우가 무대에서 각본에 따라 대사와 동작으로 표현하는 예술.
演技(연기) 배우가 무대에서 연출에 따라 보이는 대사나 동작.
演壇(연단) 연설하는 사람이 올라서는 단.
演士(연사) 연설하는 사람.
演史(연사) 역사적 사실을 상세히 진술함.
演說(연설) 여러 사람 앞에서 자기의 주의·주장이나 의견을 진술함.
演習(연습) 배운 것을 반복하여 익힘.
演繹(연역) ①뜻을 풀어서 밝힘. ②일반적인 원리로부터 추론 규칙에 따라 개별적인 사실이나 특수한 여러 원리를 이끌어 내는 추리.
演藝(연예) 연극·음악·무용 등의 대중적 예능.
演義(연의) ①어떤 도리나 사실을 자세히 설명함. ②역사상의 사실을 부연하여 재미있고 알기 쉽게 쓴 책.
演題(연제) 연설이나 장면 따위의 제목.
演奏(연주) 대중 앞에서 음악을 들려줌.
演出(연출) 대본에 따라 배우의 연기와 기타 요소를 종합하여 무대나 영화에 표현함.

■ 講演강연, 公演공연, 口演구연, 上演상연, 試演시연, 實演실연, 熱演열연, 出演출연.

11 ⑮【潁】 강 이름 영

인명 ㊥yǐng ㊐エイ

소전 초서 자해 강 이름.

潁水隱士(영수은사) 영수(潁水) 가에 은거한 사람. 곧, 허유(許由). 故事 허유가 요(堯)임금으로부터 천하를 맡기겠다는 말을 듣고 귀가 더러워졌다 하여 영수에서 귀를 씻었다고 하며, 마침 소보(巢父)가 송아지에게 물을 먹이려다가 이 광경을 보고 더러운 물을 먹일 수 없다 하여 소를 끌고 상류(上流)에 가서 먹였다고 함.

11 ⑭【漥】 窪(934)와 동자

11 ⑭【滺】 물 흐르는 모양 유 尤

㊥yōu ㊐ユウ

초서 자해 물이 흐르는 모양. 〔詩經〕淇水滺滺기수유유.

滺滺(유유) 물이 흐르는 모양.

11 ⑭【漪】 물놀이 의 支

㊥yī ㊐イ

초서 자해 ❶물놀이, 잔물결. ❷물결이 일다. 〔文心雕龍〕激水不漪격수불의, 槁木無陰고목무음.

11 ⑭【漳】 강 이름 장 陽

인명 ㊥zhāng ㊐ショウ

소전 초서 자해 ❶강 이름. ❷막다, 둑. ≒障.

漳汸(장방) 둑. 제방(堤防). 障防(장방).

11 ⑮【漿】 浆 미음 장 陽

인명 1급 ㊥jiāng ㊐ショウ

소전 초서 자해 ❶미음. 〔韓非子〕子路以其私秩粟爲漿飯자로이기사질속위장반. ❷마실 것, 음료. 〔孟子〕簞食壺漿단사호장. ❸풀, 풀을 먹이다.

漿果(장과) 과육(果肉)과 액즙(液汁)이 많고 속에 씨가 들어 있는 과실. 감·귤·포도 따위. 多肉果(다육과).

◪ 簞食壺漿단사호장.

11 ⑭【滴】 물방울 적 錫

고등 인명 3급 ㊥dī ㊐テキ

필순 丶 冫 氵 氵 氵 浐 浐 滴 滴 滴 滴

소전 초서 자원 形聲. 水+啇→滴. '啇(적)'이 음을 나타낸다.

자해 ❶물방울. ❷방울져 떨어지다.

滴露(적로) ①방울져 떨어지는 이슬. ②꿀풀과에 속하는 여러해살이풀. 두루미냉이.

滴水(적수) 방울져 떨어지는 물방울.

滴滴(적적) ①물방울이 계속하여 떨어지는 모양. ②흘러 움직이는 모양.

◪ 水滴수적, 硯滴연적, 雨滴우적, 點滴점적.

11 ⑭【漸】 渐 ①점점 점 琰 ②험할 참 咸 ③적실 점 鹽

고등 인명 3Ⅱ급 ㊥jiàn, chán, jiān ㊐ゼン, サン

필순 氵 氵 汇 洹 洹 渖 渖 漸 漸 漸

소전 초서 참고 인명용 음은 '점'이다.

자원 形聲. 水+斬→漸. '斬(참)'이 음을 나타낸다.

자해 ①❶점점, 차차. 〔晉書〕漸入佳境점입가경. ❷차츰 나아가다. 〔易經〕鴻漸于干홍점우간. ❸천천히 움직이다. 〔史記〕諸侯太盛而錯爲之不以漸也제후태성이착위지불이점야. ❹괘 이름, 64괘의 하나. 괘형은 ䷴. ❺자라다, 성장하다. 〔書經〕草木漸包초목점포. ❻강 이름. ②험하다, 바위가 높고 험하다. ≒巉. 〔詩經〕漸漸之石참참지석, 維其高矣유기고의. ③❶적시다, 번지다, 물들다. 〔荀子〕其漸之滫기점지수. ❷흘러들다. 〔書經〕東漸於海동점어해.

漸降法(점강법) 크고 높고 강한것에서 점점 작고 낮고 약한 것으로 끌어 내려 표현함으로써 강조의 효과를 얻으려는 수사법.

漸高(점고) 점점 높아짐.

漸染(점염) 차차 번져 물듦. 점점 전염됨.

漸悟(점오) (佛)수행(修行)에 과정에 따라 점점 깊이 깨닫는 일.

漸入佳境(점입가경) 점점 아름다운 경지로 들어감. 점점 흥미를 느끼게 됨.

漸漸(❶점점 ❷참참) ❶점차. 차츰차츰. ②보리가 자라는 모양. ❷산이 높고 험한 모양.

漸增(점증) 점점 많아짐.

漸漬(점지) 점점 물이 스며듦. 점차로 감화됨.

漸進(점진) 조금씩 나아감.

漸次(점차) 점점. 차차.

漸層法(점층법) 문장의 뜻을 점점 강하고 크고 높게 하여 마침내 절정에 이르도록 하는 수사법.

漸墜(점추) 수사법(修辭法)의 한 가지. 점차로 어구를 빼어 문장의 포괄적인 내용과 의미를 좁혀 중심 주제로 이끌어 가는 기법.

漸退(점퇴) ①차차 뒤로 물러남. ②점점 쇠퇴하여 감.

◨ 東漸동점, 浸漸침점.

11 ⑭【漕】 배로 실어 나를 조 號

인명 1급 ㊥cáo ㊐ソウ

소전 자해 ❶배로 실어 나르다. 〔史記〕 轉漕給車전조급거. ❷수레, 배.

漕軍(조군) 조운선(漕運船)에 승선하여 조운 활동을 맡아 하던 선원. 漕卒(조졸).

漕船(조선) 물건을 운반하는 배.

漕運(조운) 배로 물건을 운반함.

漕艇(조정) ①보트를 저어 스피드를 겨루는 수상 운동 경기. ②보트를 저음.

漕倉(조창) 조운할 곡식을 쌓아 두던 창고.

11 ⑭【漬】渍 담글 지 寘

인명 ㊥zì ㊐シ

소전 초서 자해 ❶담그다. 〔詩經〕 淹漬以爲菹엄지이위저. ❷스미다, 배다. 〔史記〕 漸漬於失教점지어실교. ❸물들이다. ❹앓다. 〔呂氏春秋〕 以視孤寡老弱之漬病이시고과로약지지병.

11 ⑭【漲】涨 불을 창 養

인명 1급 ㊥zhǎng ㊐チョウ

초서 자해 ❶붇다. ❷넘쳐날 정도로 성하다. ❸밀물, 만조를 이루다.

漲濤(창도) 가득 차 넘쳐흐르는 물결.

漲溢(창일) 물이 넘침. 漲滿(창만).

11 ⑭【滌】涤 씻을 척 本적 錫

인명 1급 ㊥dí ㊐テキ

소전 초서 속자 滌 자해 ❶씻다, 빨다, 헹구다. 〔儀禮〕 射人宿視滌사인숙시척. ❷청소하다. 〔詩經〕 十月滌場십월척장. ❸우리.

滌漑(척개) 씻음. 씻어 헹굼.

滌滌(척척) ①가뭄으로 나무와 물이 말라서 씻어 버린 듯이 되는 모양. ②따뜻한 모양.

滌濯(척탁) 빨고 헹굼.

滌蕩(척탕) 더러움을 씻어 냄.

◨ 洗滌세척, 蕩滌탕척.

11 ⑭【滯】滞 막힐 체 霽

고등 인명 3Ⅱ급 ㊥zhì ㊐タイ

필순 氵 氵 汁 泄 泄 泄 滯 滯 滯 滯

소전 초서 속자 滞 자원 形聲. 水+帶→滯. '帶(대)'가 음을 나타낸다.

자해 ❶막히다. 〔淮南子〕 流而不滯류이불체. ❷오래되다, 묵어 쌓이다. 〔國語〕 放告滯積방고체적, 以紓執事이서집사. ❸빠지다, 남다. 〔詩經〕 此有滯穗차유체수. ❹머무르다, 체재하다. 〔史記〕 留滯周南류체주남. ❺벼슬에 등용되지 아니하다. 〔南史〕 訪賢擧滯방현거체. ❻엉기다.

滯氣(체기) 체증의 기미.

滯納(체납) 세금·회비 따위를 기한까지 내지 않음.

滯念(체념) 풀지 못한 채 오랫동안 쌓인 생각. 풀리지 않는 생각. 滯想(체상).

滯留(체류) ①막힘. 정체(停滯)함. ②일정한 곳에 머물러 있음. 滯在(체재).

滯拂(체불) 응당 지급해야 할 것을 지급하지 않고 미룸.

滯囚(체수) 죄가 결정되지 않아 오래 갇혀 있는 죄수.

滯獄(체옥) ①판결이 지체됨. ②오랫동안 옥에 갇혀 있음.

滯賃(체임) 품삯 따위를 지급하지 않고 뒤로 미룸.

滯積(❶체적 ❷체자) ❶①밀려 쌓여 있음. ②음식이 잘 삭지 않고 뭉쳐서 생기는 병. 食積(식적). ❷쌓아 묵혀 둔 저축.

滯症(체증) 먹은 음식이 잘 소화되지 아니하는 증상.

滯貨(체화) ①운송이 잘 되지 않아 밀려 쌓인 화물. ②팔리지 않아 남은 물건.

◨ 食滯식체, 延滯연체, 凝滯응체, 停滯정체, 遲滯지체, 沈滯침체.

11 ⑭【漼】 깊을 최 賄

㊥cuǐ ㊐サイ

소전 초서 자해 ❶깊다. 〔詩經〕 有漼者淵유최자연. ❷곱다, 선명하다. ❸눈물이 흐르는 모양.

漼漼(최최) 눈물이 흐르는 모양.

11 ⑭【漆】 1옻 칠 質 2전심할 철 屑

고등 인명 3Ⅱ급 ㊥qī, qiè ㊐シツ, セツ

필순 氵 氵 汁 汁 浃 浃 漆 漆 漆 漆

소전 초서 동자 柒 동자 桼 동자 榛

참고 인명용 음은 '칠'이다.

자원 形聲. 水+桼→漆. '桼(칠)'이 음을 나타

낸다.

자해 1 ❶옻. ㉮옻나무. 〔詩經〕 椅桐梓漆의동재칠. ㉯옻나무 진. 〔書經〕 厥貢漆絲궐공칠사. ❷옻칠하다. 〔戰國策〕 豫讓又漆身爲厲예양우칠신위려. ❸검은 칠, 검다. ❹일곱. '七'의 갖은자. ❺강 이름. 2 전심(專心)하다, 삼가다. 〔禮記〕 濟濟漆漆제제철철.

漆工(칠공) 칠하는 일을 업으로 하는 사람.

漆器(칠기) 옻칠을 한 나무 그릇.

漆笠(칠립) 國옻칠을 한 갓. 黑笠(흑립).

漆門(칠문) 國벼슬아치를 징계하는 방법의 하나로, 그 집 대문에 옻칠을 하던 일.

漆書(칠서) ①옻으로 글자를 씀. ②대쪽에 새겨 옻칠을 한 글자.

漆扇(칠선) 종이에 옻칠을 한 부채.

漆身爲厲(칠신위라) 몸에 옻칠을 하여 나병 환자로 가장함. 원수를 갚으려고 갖은 애를 씀. 故事 전국(戰國) 시대 지백(智伯)의 신하 예양(豫讓)이 지백의 원수인 조양자(趙襄子)를 죽이려고 몸에 옻칠을 하여 용모를 바꾸고, 숯을 삼켜 목소리를 변하게 하였다는 데서 온 말.

水 11획

漆夜(칠야) 아주 깜깜한 밤.

漆園吏(칠원리) 장자(莊子). 장자가 칠원(漆園)에서 벼슬살이를 한 데서 온 말.

漆者不畫(칠자불화) 옻칠을 하는 사람은 그림을 그리지 않음. 한 사람이 두 가지 일을 하지 않음.

漆欌(칠장) 國①옻칠을 한 옷장. ②옻칠을 굳히기 위하여 옻칠한 물건을 넣어 두는 장.

漆田(칠전) 國옻나무를 심은 밭.

漆紙(칠지) 國옻칠을 한 종이.

漆板(칠판) 분필로 글씨를 쓰게 만든, 검정이나 초록색의 판.

漆黑(칠흑) 옻칠과 같이 검음. 깜깜함.

◨ 膠漆교칠, 黑漆흑칠.

11 ⑭【漂】 1 떠돌 표 2 빨래할 표

고등 인명 3급 ㊥piāo, piǎo ㊐ヒョウ

필순 丶 氵 氵 汀 沔 沺 湮 漂 漂 漂

소전 초서 자원 形聲. 水+票→漂. '票(표)'가 음을 나타낸다.

자해 1 ❶떠돌다. 〔書經〕 血流漂杵혈류표저. ❷움직이다, 흔들다. ❸나부끼다. 〔詩經〕 風其漂女풍기표녀. 2 ❶빨래하다. 〔史記〕 諸母漂제모표. ❷헹구다, 바래다. ❸내 이름.

漂浪(표랑) ①물에 떠서 흘러감. ②떠돌아다님.

漂流(표류) ①물에 떠서 흘러감. ②정처 없이 돌아다님. ③방향이나 목적을 잃고 헤맴.

漂淪(표륜) 신세가 기박하여 이곳저곳 떠돌아다님. 漂零(표령).

漂母(표모) 빨래하는 노파.

漂沒(표몰) 떴다 가라앉았다 함.

漂泊(표박) ①물 위에 정처 없이 흘러 떠돎. ②여기저기 떠돌아다니며 지냄.

漂迫(표박) ①물에 둥둥 떠다님. ②정처 없이 여기저기 떠돌아다님.

漂白(표백) 바래거나 화학 약품으로 희게 함.

漂旋(표선) 떠돌아다님.

漂船(표선) 제 방향으로 가지 못하고 정처 없이 떠도는 배.

漂說(표설) 뜬소문.

漂然(표연) 높은 모양. 높고 먼 모양.

漂搖(표요) 떠서 움직임. 띄워 움직이게 함.

漂着(표착) 표류하여 어떤 곳에 닿음.

漂萍(표평) ①물에 뜬 수초(水草). ②정처 없이 떠돎.

漂漂(표표) 떠돌아다니는 모양. 떠 있는 모양.

漂風(표풍) 國바람결에 물 위를 떠돎.

◨ 浮漂부표, 流漂유표.

11 ⑭【漢】 汉 한수 한

중학 인명 7급 ㊥hàn ㊐カン

필순 丶 氵 氵 汁 洪 洪 漠 漢 漢 漢

소전 초서 속자 漢 자원 形聲. 水+嘆→漢. '嘆'은 '難(난)'의 생략형으로 음을 나타낸다.

자해 ❶한수(漢水). 〔書經〕 嶓冢導漾파총도양, 東流爲漢동류위한. ❷은하수. 〔詩經〕 維天有漢유천유한. ❸사나이. 〔北史〕 此漢不可親信차한불가친신. ❹왕조 이름. ❺종족 이름. 중국 전체 인구의 90%를 차지하는 종족.

漢江投石(한강투석) 國한강에 돌 던지기. 몹시 미미하여 전혀 효과가 없음.

漢文(한문) ①한대(漢代)의 문장(文章). ②중국의 문장. 한자(漢字)로 된 글.

漢詩(한시) ①한자로 된 시. ②한나라 때의 시.

漢語(한어) 중국 한족(漢族)이 쓰는 언어.

漢字(한자) 중국 고유의 문자.

漢籍(한적) ①한대(漢代)의 서적. ②중국 책. 한문으로 쓴 책.

漢族(한족) 중국에서 예로부터 살아온 종족.

漢土(한토) 중국 땅. 중국 본토.

漢學(한학) ①송명대(宋明代)의 성리학(性理學)에 대하여, 한당대(漢唐代)의 훈고학(訓詁學). ②國한문(漢文)에 관한 학문. 한자학 또는 한문학.

◨ 門外漢문외한, 惡漢악한, 銀漢은한, 天漢

천한, 癡漢치한, 好漢호한.

11 ⑭ 【滸】浒 물가 호 麌

인명 ㊥hǔ ㊐コ

초서 滸 자해 물가. 〔爾雅〕岸上滸안상호.

11 ⑭ 【滬】沪 강 이름 호 麌

㊥hù ㊐コ

초서 滬 자해 ❶강 이름. ❷상해(上海)의 딴 이름. ❸대나무로 만든 어살.

12 ⑮ 【澗】涧 산골 물 간 諫

인명 1급 ㊥jiàn ㊐カン

소전 澗 동자 澗 동자 磵 자해 ❶산골 물. 〔詩經〕于澗之中우간지중. ❷산골짜기. 〔南史〕每經澗谷매경간곡.

澗谿(간계) 산골에 흐르는 물. 澗溪(간계).
澗谷(간곡) 산골짜기.
澗籟(간뢰) 골짜기에서 흐르는 물소리. 澗聲(간성).
澗畔(간반) 시냇가. 澗沚(간지).
澗泉(간천) 산골짜기의 샘. 샘에서 흐르는 물.
澗壑(간학) 산골 물이 흐르는 골짜기.
澗峽(간협) 깊은 산골짜기.
◨ 溪澗계간, 山澗산간, 絕澗절간, 淸澗청간.

12 ⑮ 【㵎】 澗(757)과 동자

12 ⑮ 【潔】洁 깨끗할 결 屑

중학 인명 4Ⅱ급 ㊥jié ㊐ケツ

필순 氵 氵 汁 沣 泸 沏 潔 潔 潔 潔

소전 潔 초서 潔 속자 㓗 자원 形聲. 水+絜→潔. '絜(혈)'이 음을 나타낸다.

자해 깨끗하다. ＝絜.

潔白(결백) ①깨끗하고 흼. ②품행이 깨끗하고 허물이 없음.
潔癖(결벽) 불결한 것을 대단히 싫어하는 성벽(性癖). 潔病(결병).
潔服(결복) 깨끗한 옷.
潔婦(결부) 절개를 지키는 부인. 貞婦(정부).
潔士(결사) 청렴한 선비.
潔身(결신) 행동을 깨끗이 하여 몸을 더럽히지 않음.
潔愼(결신) 청렴하고 신중함.
潔齋(결재) 제사가 있거나 신에게 기도를 해야 할 때, 며칠 전부터 주색(酒色)을 금하고 잡념을 버려 심신을 깨끗이 하는 일.
潔淨(결정) 깨끗함. 깨끗이 함.
潔淸(결청) 깨끗하고 맑음. 淸潔(청결).
潔行(결행) ①결백한 행위. 깨끗한 몸가짐. ②행위를 깨끗이 함.
◨ 簡潔간결, 高潔고결, 不潔불결, 純潔순결, 雅潔아결, 貞潔정결, 淨潔정결, 精潔정결, 淸潔청결.

12 ⑮ 【潰】溃 무너질 궤 隊

인명 1급 ㊥kuì ㊐カイ

소전 潰 초서 潰 자해 ❶무너지다. ㉮방죽이 터지다. ㉯패산(敗散)하다. 〔荀子〕當之者潰당지자궤. ❷어지럽다. ≒憒. ❸문드러지다, 헐다. ❹이루다, 일을 마치다. 〔詩經〕是用不潰于成시용불궤우성.

潰決(궤결) 제방 등이 무너져 터짐.
潰亂(궤란) 싸움에 패하여 흩어져 도망침.
潰爛(궤란) ①썩어 문드러짐. ②썩어 문드러지게 함.
潰滅(궤멸) 무너져 없어짐. 패하여 멸망함.
潰奔(궤분) 달아나 흩어짐. 쫓아 흩뜨림.
潰崩(궤붕) 무너짐. 崩壞(붕괴).
潰散(궤산) 군대가 싸움에 져서 흩어져 도망함.
潰瘍(궤양) 피부나 점막이 헐고 짓무르는 증상.
潰裂(궤열) 무너지고 갈라짐.
潰出(궤출) ①둑 따위가 터져서 물이 넘쳐흐름. ②부서져 물건이 쏟아져 나옴.
◨ 奔潰분궤, 崩潰붕궤.

12 ⑮ 【潭】 1깊을 담 覃 2잠길 심 侵

인명 2급 ㊥tán, xún ㊐タン, シン

소전 潭 초서 潭 참고 인명용 음은 '담'이다.

자원 形聲. 水+覃→潭. '覃(담)'이 음을 나타낸다.

자해 1❶깊다. 〔管子〕潭根之毋伐담근지무벌. ❷소. ❸물가, 물녘. 〔漢書〕因江潭而淮記兮인강담이회기혜. 2잠기다, 차츰 배어들다.

潭水(담수) 깊은 못이나 늪의 물.
潭淵(담연) 깊은 못.
潭奧(담오) 학문 등이 아주 깊음.
潭渦(담와) 깊은 소용돌이.
潭壑(담학) 깊은 골짜기.
◨ 江潭강담, 綠潭녹담, 碧潭벽담, 深潭심담, 玉潭옥담, 澄潭징담, 淸潭청담.

水 12획

12 ⑮【潼】 강 이름 동 東
인명 ㊥tóng ㊐トウ
소전 초서 자해 ❶강 이름. ❷북극의 바다 이름. ❸높은 모양.
潼潼(동동) 높은 모양.

12 ⑮【潞】 강 이름 로 遇
인명 ㊥lù ㊐ロ
소전 초서 자해 ❶강 이름. ❷고을 이름. 〔春秋左氏傳〕子姑居於潞자고거어로.

12 ⑮【潦】 ① 큰비 료 ㊍로 皓 ② 적실 료 ㊍로 號
㊥lǎo, lào ㊐ロウ
소전 초서 자해 ① ❶큰비. 〔禮記〕水潦降수료강. ❷장마. 〔晉書〕霖潦大水림료대수. ❸길바닥에 괸 물. ② ❶적시다, 담그다. ❷떨쳐 일어나지 못하다.
潦倒(요도) ①행동거지가 단정하지 못한 모양. ②노쇠하여 아무것도 하지 못하는 모양.
潦水(요수) ①땅에 괸 빗물. ②큰물.
潦炎(요염) 장마철의 더위.
潦草(요초) 경솔하고 거칢.
潦浸(요침) 큰물이 져서 물에 잠김.

12 ⑮【潾】 맑을 린 眞 震
인명 ㊥lín ㊐リン
자해 ❶맑다, 물이 맑은 모양. ❷돌샘. 〔初學記〕出山石閒水曰潾출산석간수왈린.

12 ⑮【潣】 물 졸졸 흐를 민 軫
인명 ㊥mǐn ㊐ミン
자해 물이 졸졸 흐르다.

12 ⑮【潘】 ① 뜨물 반 寒 ② 넘칠 번 元
인명 2급 ㊥pān, fān ㊐ハン
소전 초서 참고 인명용 음은 '반'이다.
자해 ① ❶뜨물. ❷소용돌이. 〔列子〕鯢旋之潘爲淵예선지반위연. ❸성(姓). ② 넘치다, 넘쳐흐르다. 〔管子〕決潘渚결반저.
潘郎(반랑) ①서진(西晉)의 문인 반악(潘岳). ②샛서방. 정부(情夫).
潘楊之好(반양지호) 대대로 내려온 두 집안의 친숙한 교분. 故事 서진(西晉) 때, 반악(潘岳)의 아버지와 양중무(楊仲武)의 조부가 일찍이 친교가 있었고, 반악의 아내인 양경(楊經)이 양중무의 고모였기 때문에 반악과 양중무는 더욱 친밀했다는 고사에서 온 말. 潘楊(반양).

12 ⑮【潑】 泼 뿌릴 발 曷
인명 1급 ㊥pō ㊐ハツ
초서 자해 ❶뿌리다. ❷물이 솟다. ❸비가 한바탕 오다. ❹무뢰배, 불량배.
潑剌(발랄) ①물고기가 물에서 뛰는 모양. ②원기가 왕성함. 潑潑(발발).
潑墨(발묵) 먹물을 번지게 하여 산수(山水)를 그리는 기법.
潑散(발산) 물을 뿌림.
◨ 活潑활발.

12 ⑮【潽】 물 이름 보 麌
인명 2급 ㊥pǔ ㊐ホ
자해 물 이름.

12 ⑮【濆】 濆(762)의 속자

12 ⑮【潸】 눈물 흐를 산 刪
㊥shān ㊐サン
소전 초서 자해 ❶눈물이 흐르다. 〔詩經〕潸焉出涕산언출체. ❷비가 오는 모양.
潸潸(산산) ①비가 오는 모양. ②산연(潸然).
潸然(산연) 눈물을 하염없이 흘리는 모양. 潸潸(산산).

12 ⑮【澁】 涩 떫을 삽 緝
인명 1급 ㊥sè ㊐ジュウ
소전 동자 澀 속자 渋 자해 ❶떫다. ❷껄끄럽다. ❸말하기를 꺼리다. 〔南史〕舌澁于言論설삽우언론. ❹어렵다. ❺막히다.
澁苦(삽고) ①떫고 씀. ②음조(音調) 따위가 매끄럽지 못함.
澁味(삽미) 떫은맛.
澁語(삽어) 더듬거리는 말.
澁滯(삽체) 막힘. 부진함.
澁體(삽체) 문장 등의 자구(字句)가 몹시 난삽(難澁)한 문체.
◨ 乾澁건삽, 難澁난삽, 燥澁조삽.

水 12획

12 ⑮【潟】 개펄 석 陌

인명 1급 ㊥xì ㊐セキ

초서 자해 **개펄, 염밭.**

潟滷(석로) 조수가 드나들어 소금기가 많이 섞인 바닷가의 땅. 潟鹵(석로).
潟湖(석호) 사주나 사취의 발달로 바다와 분리되어 생긴 호수.
◨ 干潟간석, 干潟地간석지, 鹹潟함석.

12 ⑮【澌】 ①다할 시 支 ②목쉰 소리 서 齊

㊥sī ㊐シ, セイ

소전 초서 자해 ① **❶다하다, 없어지다, 망하다.** ② **목쉰 소리.**

澌澌(시시) ①비 오는 소리. ②바람 부는 소리.
澌盡(시진) 기운이 빠져 없어짐.

12 ⑮【潯】浔 물가 심 侵

㊥xún ㊐ジン

소전 초서 자해 **❶물가, 물녘.** 〔淮南子〕 游於江潯海裔유어강심해예. **❷소, 못. ❸강 이름.**

12 ⑮【澆】浇 물 댈 요 本교 蕭

㊥jiāo ㊐ギョウ

소전 초서 동자 澆 속자 浇 자해 **❶물을 대다. ❷경박하다.** 〔齊書〕 三季澆浮삼계요부, 舊章陵替구장릉체. **❸물결이 맴돌다, 맴도는 물결.**

澆灌(요관) 논밭에 물을 댐.
澆薄(요박) 인정이 박함. 야박하고 참됨이 없음. 澆浮(요부).
澆俗(요속) 인정이 경박한 풍속.
澆訛(요와) 경박하고 참됨이 없음.
澆僞(요위) 행동이 경솔하고 거짓이 많음.
澆風(요풍) 경박한 풍속.

12 ⑮【澐】 큰 물결 운 文

인명 ㊥yún ㊐ウン

자해 **큰 물결.**

12 ⑮【潤】润 젖을 윤 震

고등 인명 3Ⅱ급 ㊥rùn ㊐ジュン

필순 氵 氵 氵 氵 氵門 氵門 氵門 潤 潤 潤

소전 초서 자원 形聲. 水+閏→潤. '閏(윤)'이 음을 나타낸다.

자해 **❶젖다. ㉮젖다, 물에 젖다.** 〔淮南子〕 山雲蒸而柱楚潤산운증이주초윤. **㉯은혜를 입다. ❷물기. ❸은혜, 은택.** 〔北史〕 祿潤已優록윤이우. **❹이익, 이득.** 〔北史〕 皆求利潤개구리윤. **❺윤, 광택.** 〔荀子〕 玉在山而木潤옥재산이목윤. **❻붇다, 불리다. ❼꾸미다, 수식(修飾)하다, 훌륭하게 하다. ❽온화(溫和)하다.** 〔後漢書〕 乏溫潤之色핍온윤지색.

潤氣(윤기) 반지르르하고 매끄러운 기운.
潤膩(윤니) ①윤택하고 매끈함. ②땅이 비옥함.
潤文(윤문) 글을 윤색함.
潤美(윤미) 광택이 있어 아름다움.
潤色(윤색) ①광택을 내고 색칠을 함. ②글을 다듬어 문채(文彩)를 더함. 潤飾(윤식).
潤濕(윤습) 물에 적심. 물에 젖음.
潤身(윤신) 몸에 윤이 나게 함. 덕을 쌓아서 훌륭하게 됨.
潤屋(윤옥) ①집을 넉넉하게 함. 집안을 훌륭하게 함. ②집을 잘 꾸밈.
潤澤(윤택) ①적심. 젖음. ②인정을 베풂. 혜택을 줌. ③윤기 있는 광택. ④살림이 풍부함.
潤筆(윤필) ①붓을 적심. 글씨를 쓰거나 그림을 그림. ②시문(詩文)이나 서화에 대하여 주는 보수.
潤涸(윤학·윤호) 마른 것을 적심. 가난한 사람에게 은혜를 베풂.
潤滑(윤활) 윤이 나고 반드러움.
◨ 光潤광윤, 濕潤습윤, 利潤이윤, 浸潤침윤.

12 ⑮【潺】 물 흐르는 소리 잔 刪

인명 ㊥chán ㊐セン

소전 초서 자해 **❶물 흐르는 소리.** 〔楚辭〕 觀流水兮潺湲관류수혜잔원. **❷물 흐르는 모양. ❸눈물이 줄줄 흐르는 모양.** 〔楚辭〕 橫流涕兮潺湲횡류체혜잔원.

潺流(잔류) 졸졸 소리를 내며 흐르는 물.
潺潺(잔잔) 물이 졸졸 흐르는 모양.

12 ⑮【潛】潜 자맥질할 잠 鹽

고등 인명 3Ⅱ급 ㊥qián ㊐セン

필순 氵 氵 氵 氵 氵 氵 氵 潛 潛 潛

소전 초서 속자 潜 속자 潛 자원 形聲. 水+朁→潛. '朁(참)'이 음을 나타낸다.

자해 **❶자맥질하다.** 〔淮南子〕 水潛陸行수잠륙행. **❷땅속을 흐르다. ❸잠기다.** 〔易經〕 潛龍

水 12획

勿用잠룡물용. ❹몰래. ❺깊다. ❻달아나다. ❼고기깃. 〔詩經〕潛有多魚잠유다어. ❽강 이름. 〔書經〕沱潛旣道타잠기도.
潛匿(잠닉) 깊이 숨음. 깊이 숨김.
潛龍(잠룡) ①물속에 숨어 있어 아직 하늘에 오르지 않은 용. ②임금이 아직 왕위에 오르기 이전의 일컬음. ③아직 세상에 나타나지 않고 숨어 있는 성인(聖人)이나 활동할 기회를 얻지 못한 영웅.
潛沒(잠몰) 물속으로 잠겨 들어감.
潛伏(잠복) 몰래 숨어 있음.
潛思(잠사) 마음을 가라앉혀 생각에 잠김.
潛商(잠상) 國법령으로 금지된 물건을 몰래 팔고 사는 장사. 또는 그 장수.
潛水(잠수) 물속에 잠겨 들어감.
潛心(잠심) ①마음을 가라앉힘. 潛神(잠신). ②마음속으로 깊이 생각함.
潛潤(잠윤) 담뿍 젖음. 담뿍 적심.
潛入(잠입) 몰래 숨어듦.
潛在(잠재) 속에 숨어 겉으로 드러나지 않음.
潛邸(잠저) 나라를 세우거나 종실(宗室)에서 들어온 임금이 왕위에 오르기 전에 살던 집.
潛跡(잠적) 종적을 아주 감춤.
潛採(잠채) 몰래 들어가 채굴함.
潛行(잠행) 남몰래 다님. 숨어서 감.
潛形(잠형) 형적(形跡)을 감춤.
潛晦(잠회) ①종적을 감춤. ②재주나 학문 등을 숨기고 세상 사람들에게 알리지 않음.
◨ 沈潛침잠.

12 ⑮ 【潜】 潛(759)의 속자 인명

12 ⑮ 【潴】 瀦(769)와 동자

12 ⑮ 【潮】 조수 조 蕭

고등 인명 4급 ㊥cháo ㊐チョウ

필순 丶 氵 氵 氵 汁 浐 浐 淖 潮 潮 潮

소전 [篆] 초서 [草] 자원 形聲. 水+朝→潮. '朝(조)'가 음을 나타낸다.

자해 ❶조수. 밀려 들어왔다 나가는 바닷물. 〔初學記〕水朝夕而至曰潮수조석이지왈조. ❷흘러 들어가다. ❸조수가 밀려들기 시작하다. ❹드러나다. ❺젖다, 축축해지다. ❻강 이름. ❼國흐름, 일정한 시대나 부문의 사람들이 가지는 생각의 흐름.
潮流(조류) ①조수의 흐름. ②시세(時勢)의 형편. 세태의 경향.
潮汐(조석) 조수(潮水)와 석수(汐水).
潮水(조수) ①밀물과 썰물의 총칭. ②아침에 밀려들었다 나가는 바닷물.
◨ 干潮간조, 落潮낙조, 滿潮만조, 思潮사조, 風潮풍조, 海潮해조.

12 ⑮ 【澍】 단비 주 遇

인명 ㊥shù ㊐ジュ

소전 [篆] 초서 [草] 자해 ❶단비. 〔後漢書〕未及還宮而澍雨미급환궁이주우. ❷젖다, 붙다. 〔史記〕群生澍濡군생주유. ❸흘러 들어가다. =注.
澍雨(주우) 때에 맞게 오는 비. 단비.
澍濡(주유) 단비가 적심. 임금의 은덕이 골고루 미침.

12 ⑮ 【潗】 샘 솟을 집 緝

인명 ㊥jí ㊐シュウ

초서 [草] 동자 潗 자해 ❶샘이 솟다. ❷물이 끓는 소리.
潗潗(집집) 물이 끓어오르는 소리.

12 ⑮ 【潗】 潗(760)과 동자 인명

12 ⑮ 【澂】 맑을 징 蒸

㊥chéng ㊐チョウ

소전 [篆] 동자 澄 자해 맑다.

12 ⑮ 【澄】 맑을 징 蒸

인명 1급 ㊥chéng ㊐チョウ

초서 [草] 동자 澂 자해 ❶맑다, 물이 잔잔하고 맑다. 〔淮南子〕鑑於澄水감어징수. ❷맑게 하다.
澄高(징고) ①맑고 높음. ②기품이 깨끗하고 고상함.
澄潭(징담) 물이 맑은 소(沼).
澄澹(징담) 맑고 담박(淡泊)함. 淸澹(청담).
澄明(징명) 맑고 밝음.
澄碧(징벽) 물이 맑아 푸른빛을 띰. 또는 그 물.
澄水(징수) 맑고 깨끗한 물.
澄心(징심) ①마음을 맑게 함. ②고요하고 맑은 마음.
澄深(징심) 물이 맑고 깊음.
澄淵(징연) ①물이 맑고 깨끗한 소(沼). ②총명한 사람.

澄正(징정) 깨끗하고 바름.
澄渟(징정) 맑은 물이 괴어 있음.
澄澄(징징) 맑고 깨끗한 모양.
澄澈(징철) 속이 들여다보일 정도로 맑음.
澄淸(징청) ①맑음. ②세상의 어지러움을 다스려 맑게 함. ③안정(安靜)하게 함.
澄晴(징청) 하늘이 맑게 갬. 맑게 갠 하늘.
◨ 明澄명징, 淸澄청징.

12 ⑮【澈】 물 맑을 철 屑
인명 2급 ㊥chè ㊐テツ
초서 자해 **물이 맑다.**
澈底(철저) 속속들이 꿰뚫음. 徹底(철저).
◨ 澄澈징철.

12 ⑮【潨】 물 모여들 총 東
㊥cóng ㊐ソウ
소전 초서 자해 **❶물이 모여들다.** 〔詩經〕鳧鷖在潨부예재총. **❷합수(合水)하는 곳.**
潨潨(총총) 물이 모여 흐르는 모양.

12 ⑮【澎】 물결 부딪치는 기세 팽 庚
인명 1급 ㊥pēng ㊐ボウ
초서 자해 **❶물결이 부딪치는 기세. ❷물소리, 파도 소리.**
澎湃(팽배) ①큰 물결이 맞부딪쳐 솟구침. 彭湃(팽배). ②어떤 기세·사조(思潮) 등이 세차게 일.

12 ⑮【澖】 넓을 한 刪
인명 ㊥xián ㊐カン
자해 **넓다, 아득히 넓은 모양.**

12 ⑮【澕】 寒(336)과 동자

12 ⑮【澔】 浩(726)와 동자 인명 2급

12 ⑮【澒】 수은 홍 董
㊥hòng ㊐コウ
소전 초서 자해 **❶수은(水銀).** ≒汞. **❷잇닿은 모양. ❸흘러드는 모양.**

12 ⑮【潢】 1 웅덩이 황 陽 2 깊을 황 養 3 장황할 황 漾
인명 ㊥huáng, huàng ㊐コウ
소전 초서 자해 **1 웅덩이. 2 깊다.** ≒滉. 〔楚辭〕揚流波之潢潢兮양류파지황황혜. **3 장황(裝潢)하다, 표구(表具)하다.**
潢洋(황양) 물이 깊고 넓은 모양.
潢汚(황오) 웅덩이에 괴어 있는 물.
潢治(황치) 표면을 장식함. 裝潢(장황).
◨ 裝潢장황, 天潢천황.

13 ⑯【激】 부딪칠 격 錫
고등 인명 4급 ㊥jī ㊐ゲキ
필순 氵 氵 泊 泊 淖 滂 滂 激 激 激
소전 초서 자원 形聲. 水+敫→激. '敫(격)'이 음을 나타낸다.
자해 **❶부딪치다, 물결이 부딪쳐 흐르다.** 〔孟子〕激而行之격이행지, 可使在山가사재산. **❷심하다.** 〔晉書〕風力迅激풍력신격. **❸과격하다, 정도에 넘게 직언(直言)하다.** 〔後漢書〕言事者必多激切언사자필다격절. **❹떨치다, 힘쓰다.** 〔史記〕不困阨惡能激乎불곤액오능격호. **❺맑은 소리.**
激感(격감) 몹시 감동함.
激減(격감) 갑자기 많이 줆.
激怒(격노) 몹시 성냄. 激忿(격분).
激突(격돌) 심하게 부딪침.
激動(격동) ①정세 따위가 급격하게 움직임. ②몹시 흥분하여 충동을 느낌.
激浪(격랑) ①거센 파도. ②모진 세파.
激冷(격랭) 몹시 참. 酷寒(혹한).
激勵(격려) 용기나 의욕을 북돋워 부추김.
激烈(격렬) 세차고 맹렬함.
激論(격론) 격렬한 논의나 논쟁.
激流(격류) 빠르고 세차게 흐르는 물.
激勉(격면) 격려하여 힘쓰도록 함.
激務(격무) 몹시 바쁘고 고된 직무.
激發(격발) ①격동하여 일어남. 격동시켜 일어나게 함. ②이상한 행동으로 남을 놀라게 함.
激變(격변) 급격하게 변함. 급격한 변화.
激憤(격분) ①분발하도록 격려함. ②마음이 격하게 움직여 분개함.
激奮(격분) 몹시 흥분함.
激聲(격성) 격렬하게 소리를 지름. 거센 소리를 지름. 勵聲(여성).
激水(격수) 물을 막아 물의 흐름을 세차게 함. 세차게 흐르는 물.

激甚(격심) 아주 심함.
激昂(격앙) 감정이 고조(高調)됨.
激揚(격양) ①감정이나 기운이 세차게 일어나 들날림. ②사물이 맹렬히 일어남.
激颺(격양) 세차게 날림. 바람이 거세게 붊.
激戰(격전) 격렬하게 싸움.
激切(격절) 말·글 등이 격렬하고 절실함.
激情(격정) 격렬한 감정.
激增(격증) 갑자기 증가함.
激讚(격찬) 매우 칭찬함.
激濁揚淸(격탁양청) 탁류를 물리치고 청파(淸波)를 일게 함. 악(惡)을 제거하고 선(善)을 들날림.
激盪(격탕) 심하게 흔들려 움직임.
◨ 感激감격, 過激과격, 急激급격, 奮激분격, 憤激분격, 衝激충격.

13 ⑯【濃】浓 짙을 농 图

인명 2급 ㊥nóng ㊐ノウ

소전 초서 자해 **❶짙다. ㉮빛이 짙다. ㉯맛이 진하다. ❷이슬이 많다.** 〔詩經〕零露濃濃령로농농. **❸우거지다, 무성하다. ❹태도나 행동의 정도가 깊다.**

水 13획

濃淡(농담) 짙음과 옅음. 진함과 묽음.
濃度(농도) 진함과 묽음의 정도.
濃露(농로) 많이 내린 이슬.
濃抹(농말) ①색을 진하게 칠함. ②짙은 화장.
濃霧(농무) 짙은 안개.
濃墨(농묵) 진한 먹물.
濃密(농밀) 진하고 빽빽함.
濃色(농색) 짙은 빛깔.
濃暑(농서) 심한 더위. 酷暑(혹서).
濃愁(농수) 깊은 시름. 深憂(심우).
濃熟(농숙) 무르녹듯이 익음.
濃液(농액) 농도가 진한 액체.
濃煙(농연) 자욱한 연기.
濃艶(농염) 화사하고 아름다움. 妖艶(요염).
濃粧(농장) 짙은 화장.
濃縮(농축) 용액 따위의 농도를 높임.
濃翠(농취) 짙은 초록색. 深綠(심록).
濃濁(농탁) 매우 걸쭉하게 탁함.
濃厚(농후) ①정도가 매우 두터움. ②國㉠빛깔이 매우 짙음. ㉡액체가 묽지 않고 진함. ③가망성이 다분히 있음.

13 ⑯【澾】汏 미끄러울 달 曷

인명 ㊥tà ㊐タツ

초서 자해 **미끄럽다, 반드럽다.**

13 ⑯【澹】 1 담박할 담 勘 2 넉넉할 섬 豔

인명 1급 ㊥dàn, shàn ㊐タン, セン

소전 초서 동자 澹 참고 인명용 음은 '담'이다.

자해 1 **❶담박하다.** ≒淡. 〔晉書〕淸澹退靜청담퇴정. **❷움직이다. ❸조용하다.** 〔漢書〕澹容與獻壽觴담용여헌수상. **❹물이 출렁거리는 모양. ❺안정되다.** 〔後漢書〕意斟愖而不澹兮의짐심이부담혜. 2 **넉넉하다.** =贍.

澹淡(담담) ①물에 떠 있는 모양. ②바람에 출렁이는 파문(波紋).
澹澹(담담) ①산뜻한 모양. ②마음이 흔들리지 않는 모양. ③물이 출렁거리는 모양.
澹味(담미) 산뜻한 맛. 淡味(담미).
澹泊(담박) ①욕심이 없고 마음이 깨끗함. ②맛이나 빛이 산뜻함. 淡泊(담박).
澹然(담연) 조용하고 평안한 모양.
澹靜(담정) 평안하고 조용함.
澹宕(담탕) 國갖가지 꽃이 탐스럽게 핀 모양.
◨ 恬澹염담, 淸澹청담, 平澹평담.

13 ⑯【濂】 내 이름 렴 鹽

인명 2급 ㊥lián ㊐レン

초서 속자 濂 자해 **❶내 이름, 시내 이름. ❷큰 내가 잦아지고 다시 흐르는 도랑물. ❸엷다, 싱겁다.**

濂溪學派(염계학파) 송대(宋代)의 주돈이(周敦頤)의 학파.

13 ⑯【澪】 강 이름 령 青

㊥líng ㊐レイ

초서 자해 **❶강 이름. ❷맑다.**

13 ⑯【澧】 강 이름 례 薺

인명 ㊥lǐ ㊐レイ

소전 초서 자해 **❶강 이름. ❷단술.** ≒醴.

13 ⑯【澫】 漫(752)의 속자

13 ⑯【濆】渍 1 뿜을 분 元 2 물가 분 文

㊥pēn, fén ㊐ホン, フン

소전 초서 속자 濆 자해 1 **뿜다, 물을 뿜다.** ≒噴. 2 **물**

가, 물녘. 〔詩經〕 鋪敦淮濆포돈회분.
濆涌(분용) 물이 솟아오름.
濆泉(분천) 물이 솟아 나오는 샘.
濆瀑(분폭) 물결이 소용돌이치는 모양.

13 ⑯【澨】 물가 서 霽

㊥shì ㊐セイ

소전 초서 자해 물가, 물녘. 〔楚辭〕 夕濟兮西澨석제혜서서.

13 ⑯【潚】 ① 강 이름 소 蕭 ② 빠를 축·숙 屋

인명 ㊥sù, xiāo ㊐シュク

소전 참고 인명용 음은 '숙'이다.
자해 ① ❶강 이름. ❷비바람이 세찬 모양. ② 빠르다, 빠른 모양.

13 ⑯【澻】 강 이름 수 支

인명 ㊥suī ㊐キ

자해 강 이름.

13 ⑯【澠】 ① 강 이름 승 蒸 ② 고을 이름 민 軫

㊥shéng, miǎn ㊐ショウ, ビン

초서 자해 ① 강 이름. 산동성(山東省)에 있는 강. ② 고을 이름. ＝黽.

13 ⑯【演】 演(753)의 본자

13 ⑯【澳】 澳 ① 깊을 오 號 ② 후미 욱 屋

인명 ㊥ào, yù ㊐オウ, イク

소전 초서 참고 인명용 음은 '오'이다.

자해 ① ❶깊다. ❷내 이름. ❸㊊오대리아(澳大利亞)의 약칭. 오스트레일리아. ❹오문(澳門)의 약칭. 마카오. ② 후미. 〔大學〕 瞻彼淇澳첨피기욱.
澳溟(오명) 깊고 어두움.

13 ⑯【澱】 淀 앙금 전 霰

인명 1급 ㊥diàn ㊐デン

소전 초서 자해 ❶앙금, 찌끼. ❷물이 괴다. ❸얕은 물.
澱粉(전분) 식물의 영양 저장 물질로서 뿌리·줄기·씨 등에 함유되어 있는 탄수화물. 녹말.
◨ 沈澱침전.

13 ⑯【澶】 ① 물 고요히 흐를 전 先 ② 멋대로 할 단 翰

㊥chán, dàn ㊐セン, タン

소전 초서 자해 ① ❶물이 고요히 흐르다. ❷호수 이름. ② ❶멋대로 하다. ❷완만하게 벋은 모양.

13 ⑯【澡】 씻을 조 皓

㊥zǎo ㊐ソウ

소전 초서 자해 ❶씻다, 헹구다. ❷맑게 하다, 깨끗이 하다. 〔禮記〕 儒有澡身而浴德유유조신이욕덕.
澡練(조련) 닦고 단련함.
澡洗(조세) 씻음.
澡漱(조수) 손을 씻고 양치질함.
澡濯(조탁) 씻음. 세탁함. 澡漑(조개).

13 ⑯【濈】 ① 화목할 즙 緝 ② 여울 삽 洽

㊥jí, shà ㊐シュウ

소전 초서 자해 ① ❶화목하다, 온화한 모양. 〔詩經〕 其角濈濈기각즙즙. ❷빠른 모양. ② 여울, 흐름이 급한 곳.

13 ⑯【澯】 맑을 찬 翰

인명 ㊥càn ㊐サン

자해 맑다, 물이 맑다.

13 ⑯【濅】 浸(725)의 본자

13 ⑯【濁】 浊 흐릴 탁 覺

고등 인명 3급 ㊥zhuó ㊐ダク

필순 氵 氵罒 氵罒 氵罒 氵罒 渇 渇 濁 濁 濁

소전 초서 자원 形聲. 水＋蜀→濁. '蜀(촉)'이 음을 나타낸다.
자해 ❶흐리다. 〔詩經〕 涇以渭濁경이위탁. ❷어지럽다. 〔呂氏春秋〕 當今之世당금지세, 濁甚탁심. ❸선명하지 못하다. 〔老子〕 渾兮其若濁혼혜기약탁. ❹더럽히다, 욕보이다. 〔後漢書〕 濁乎大倫탁호대륜. ❺불결, 추악한 행동.
濁亂(탁란) 정치나 사회가 어지러움.
濁浪(탁랑) 흐린 물결.
濁醪(탁료) 막걸리. 濁酒(탁주).
濁流(탁류) 흘러가는 흐린 물.
濁甫(탁보) ㊊①성격이 흐리터분한 사람. ②분수를 전혀 모르는 사람. ③막걸리를 좋아하

水 13획

는 사람을 놀림조로 이르는 말.
濁聲(탁성) 흐리거나 쉰 목소리.
濁世(탁세) 도덕·풍속이 어지럽고 더러운 세상. 濁代(탁대).
濁水(탁수) 흐린 물.
濁穢(탁예) 속세의 더러움.
濁汚(탁오) 더러움. 더러운 것.
濁音(탁음) 목청이 떨려 울리는 소리.
濁意(탁의) 더러워진 마음.
◨ 鈍濁둔탁, 汚濁오탁, 淸濁청탁, 混濁혼탁.

13 ⑯ **【澤】** 泽 못 택 陌
고등 인명 3Ⅱ급 ㊥zé ㊐タク
필순
소전 초서 동자 澤 속자 沢 자원 形聲. 水+睪→澤. '睪(역)'이 음을 나타낸다.
자해 ❶못. 〔周禮〕山林川澤산림천택. ❷**진펄, 늪, 질퍽질퍽한 곳.** 〔春秋公羊傳〕大陷于沛澤之中대함우패택지중. ❸**윤.** 〔春秋左氏傳〕車甚澤거심택. ❹**적시다.** ❺**은혜.** 〔書經〕澤潤生民택윤생민. ❻**여덕(餘德).** 〔孟子〕君子之澤군자지택, 五世而斬오세이참. ❼**매끄럽다.** ❽**녹(祿).** 〔孟子〕則是干澤也즉시간택야.
澤及枯骨(택급고골) 은택이 해골에까지 미침. 은정(恩情)이 두터움.
澤梁(택량) 못에 쳐 놓은 어량(魚梁).
澤畔(택반) 못가.
澤色(택색) 윤. 광택.
澤被蒼生(택피창생) 은택이 만민에게 미침.
◨ 光澤광택, 德澤덕택, 山澤산택, 潤澤윤택, 恩澤은택, 惠澤혜택.

13 ⑯ **【澣】** 빨 한 旱
인명 1급 ㊥huàn ㊐カン
소전 초서 자해 ❶**빨다, 빨래하다.** 〔詩經〕薄澣我衣박한아의. ❷**발을 씻다.** ❸**열흘.**
澣沐(한목) 발을 씻고 머리를 감음.
澣衣(한의) 빨래함.
澣滌(한척) 옷은 빨고 그릇을 씻음.
澣濯縫紉(한탁봉인) 때묻은 옷을 빨고 옷의 터진 곳을 꿰맴.
◨ 上澣상한, 濯澣탁한.

13 ⑯ **【濊】** ① 깊고 넓을 회 ㊍외 泰 ② 흐릴 예 隊
인명 2급 ㊥huì, wèi ㊐カイ, ワイ
소전 초서 참고 인명용 음은 '예'이다.
자해 ① ❶**깊고 넓다.** 〔漢書〕湛恩汪濊담은왕회. ❷**더러움.** 〔漢書〕盪滌濁濊탕척탁회. ② ❶**흐리다.** ❷**종족 이름.**
濊貊(예맥) 한민족(韓民族)의 근간이 되는 예족(濊族)과 맥족(貊族).

13 ⑯ **【澮】** 浍 봇도랑 회 ㊍괴 泰
인명 ㊥kuài, huì ㊐カイ
소전 초서 자해 ❶**봇도랑.** ❷**강 이름.**

14 ⑰ **【濘】** 泞 진창 녕 徑
㊥nìng ㊐ネイ
소전 초서 자해 ❶**진창, 수렁.** ❷**흐름이 작은 모양.**

14 ⑰ **【濤】** 涛 큰 물결 도 豪
인명 1급 ㊥tāo ㊐トウ
소전 초서 자해 ❶**큰 물결.** ❷**물결치다, 물결이 일다.**
濤瀾(도란) 파도. 큰 물결.
濤雷(도뢰) 우레와 같은 파도 소리.
濤灣(도만) 파도가 치는 포구.
濤聲(도성) 파도가 치는 소리.
濤波(도파) 파도. 큰 물결.
◨ 驚濤경도, 狂濤광도, 怒濤노도, 波濤파도.

14 ⑰ **【濫】** 滥 ① 퍼질 람 勘 ② 목욕통 함 勘
고등 인명 3급 ㊥làn, jiàn ㊐ラン, カン
필순
소전 초서 참고 인명용 음은 '람'이다.
자원 形聲. 水+監→濫. '監(감)'이 음을 나타낸다.
자해 ① ❶**퍼지다.** 〔孟子〕水逆行氾濫於中國수역행범람어중국. ❷**넘치다.** 〔春秋左氏傳〕不潛不濫부잠불람. ❸**함부로 하다.** 〔論語〕小人窮斯濫矣소인궁사람의. ❹**담그다.** ❺**뜬소문.** ❻**훔치다.** 〔禮記〕君子以爲濫군자이위람. ❼**넘겨다보다.** 〔淮南子〕美者不能濫也미자불능람야. ❽**탐하다.** ❾**난잡한 음악.** 〔禮記〕鄭音好濫淫志정음호람음지. ② **목욕통, 욕기(浴器).** 〔莊子〕同濫而浴동함이욕.
濫擧(남거) 사람을 가리지 않고 함부로 씀.

濫騎(남기) 國법령을 어기고 역마(驛馬)를 함부로 탐.
濫讀(남독) 아무 책이나 닥치는 대로 읽음.
濫發(남발) 함부로 발행함.
濫伐(남벌) 산림의 나무를 함부로 벰.
濫罰(남벌) 함부로 형벌을 내림.
濫法(남법) 법을 남용함.
濫殺(남살) 함부로 죽임.
濫觴(남상) 잔을 띄움. 사물의 시초나 기원. 양자강(揚子江) 같은 큰 강도 그 근원은 겨우 잔을 띄울 만큼 가늘게 흐르는 물줄기라는 데서 온 말.
濫食(남식) 가리지 않고 함부로 먹음.
濫用(남용) 함부로 씀.
濫竽(남우) 함부로 붊. ㉠무능한 사람이 재능이 있는 체함. ㉡실력이 없는 사람이 어떤 지위에 붙어 있음. 故事 제(齊)나라 선왕(宣王)이 생황을 좋아하여 악사 300명을 불러 이를 불게 하였는데, 남곽(南郭)이 부는 방법을 모르면서도 여러 사람 틈에 끼여 불었기 때문에 탈없이 넘어갔지만, 민왕(湣王) 때 한 사람씩 불게 하자 더 속일 수 없었으므로 도망하였다는 데서 온 말. 濫吹(남취).
濫溢(남일) 지나쳐서 상도(常道)에서 벗어남.
濫作(남작) 글·시를 함부로 마구 지음.
濫錢(남전) 함부로 주조한 돈.
濫政(남정) 나쁜 정치.
濫製(남제) 마구 제작함.
濫造(남조) 함부로 만듦.
濫徵(남징) 國돈·곡식을 마구 징수함.
濫刑(남형) 함부로 형벌을 가함.
濫獲(남획) 짐승이나 물고기 따위를 아무렇게나 함부로 잡음.
◨ 氾濫범람, 橫濫횡람.

14 ⑰ 【濛】蒙 가랑비 올 몽 東

㊥méng ㊐モウ

소전 초서 자해 1 ❶가랑비가 오다. 〔詩經〕零雨其濛령우기몽. ❷흐릿하다.

濛濛(몽몽) 비·구름·안개 따위로 날씨가 침침한 모양.
濛雨(몽우) 보슬비.
濛鴻(몽홍) ①분명치 않은 모양. ②술에 취하여 정신이 몽롱한 상태.
◨ 鴻濛홍몽.

14 ⑰ 【瀰】沵 1 치렁치렁할 미 紙 2 넘칠 니 本녜 薺

㊥mǐ, nǐ ㊐ビ, デイ

소전 초서 자해 1 ❶치렁치렁하다. ≒彌. ❷평평하게 이어진 모양. 2 ❶넘치다. ❷많은 모양. 〔詩經〕四驪濟濟사려제제, 垂轡瀰瀰수비니니.

14 ⑰ 【濮】 강 이름 복 屋

㊥pú ㊐ボク

소전 자해 강 이름.

濮上之音(복상지음) ①복수(濮水) 주변의 뽕나무 숲에서 나온 음란한 음악. ②음란한 노래. 망국(亡國)의 음악.

14 ⑰ 【濱】浜 물가 빈 眞

인명 1급 ㊥bīn ㊐ヒン

초서 속자 濵 속자 浜 자해 ❶물가. =瀕. 〔書經〕海濱廣斥해빈광척. ❷끝. 〔詩經〕率土之濱솔토지빈, 莫非王臣막비왕신. ❸임박하다.

濱涯(빈애) 물가. 물가 근처.
濱海(빈해) 바다에 가까움. 바다에 가까운 땅.
◨ 沙濱사빈, 海濱해빈.

14 ⑰ 【濵】 濱(765)의 속자

14 ⑰ 【澀】 澁(758)과 동자

14 ⑰ 【濕】湿 축축할 습 緝

고등 인명 3Ⅱ급 ㊥shī ㊐シツ

필순

소전 초서 동자 溼 속자 湿 자원 形聲. 水+㬎→濕. '㬎(현)'이 음을 나타낸다.

자해 1 ❶축축하다. 〔孟子〕猶惡濕而居下也유오습이거하야. ❷우로(雨露). 〔呂氏春秋〕足以辟燥濕而已矣족이벽조습이이의.

濕氣(습기) 축축한 기운.
濕痰(습담) 습기로 인하여 생기는 담병(痰病).
濕度(습도) 공기 중에 수증기(水蒸氣)가 들어 있는 정도.
濕冷(습랭) 습기(濕氣)로 인하여 허리 아래가 차지는 병.
濕生(습생) 축축한 곳에서 자람.
濕濕(습습) ①소의 귀가 움직이는 모양. 소의 귀가 윤기가 있는 모양. ②물결이 몰려왔다

水 14획

흩어졌다 하는 모양.
濕潤(습윤) 축축함.
濕地(습지) 습기가 많은 땅.
濕疹(습진) 습기로 인하여 생기는 부스럼.
濕草(습초) 습한 곳에서 자라는 풀.
濕布(습포) 찜질. 찜질하는 데 쓰이는 헝겊.
◨ 乾濕건습, 冷濕냉습, 多濕다습.

14 ⑰【濚】 瀯(769)과 동자 인명

14 ⑰【濡】 젖을 유 虞

인명 ㊥rú ㊐ジュ

소전 濡 초서 濡 동자 渪 동자 渜 자해 ❶젖다. ❷은혜를 입다. ❸오줌. 〔史記〕今客腎濡금객신유. ❹참다, 견디다. 〔史記〕無濡忍之心不重暴骸之難무유인지심부중폭해지난. ❺멈추어 막히다. 〔孟子〕是何濡滯也시하유체야. ❻부드럽다. ❼강 이름.
濡染(유염) ①젖어서 물이 듦. ②적셔 물들임. 글씨를 씀. ③단련해서 저절로 능력이 생김.
濡潤(유윤) 적심. 젖음.
濡滯(유체) 머무름. 머물러 지체함.
濡筆(유필) 붓을 적심. 글을 씀.
濡滑(유활) 매끄럽고 윤이 남.

水 14획

14 ⑰【濦】 물 이름 은 文

인명 ㊥yǐn ㊐イン
자해 물 이름. 하남성(河南省)에 있는 영수(潁水)의 원류(源流).

14 ⑰【濟】 済 ①건널 제 霽 ②많고 성할 제 薺

고등 인명 4Ⅱ급 ㊥jì, jǐ ㊐サイ

필순 氵 氵 汶 汶 渀 淶 湇 濟 濟 濟

소전 濟 초서 濟 속자 済 고자 泲 고자 濟

자원 形聲. 水+齊→濟. '齊(제)'가 음을 나타낸다.

자해 ① ❶건너다. 〔禮記〕濟河而西제하이서. ❷나루, 도선장. 〔詩經〕濟有深涉제유심섭. ❸건지다, 빈곤(貧困)이나 위난(危難)에서 구제하다. 〔易經〕知周乎萬物지주호만물, 而道濟天下이도제천하. ❹더하다. ❺이루다. ❻그만두다. ❼이용하다. 〔易經〕臼杵之利萬民以濟구저지리만민이제. ❽통하다. ❾밀다. ≒擠. ② ❶많고 성하다. 〔書經〕濟濟有衆제제유중. ❷강 이름. 연수(沇水)의 하류.
濟救(제구) 건짐. 구제함.
濟度(제도) ①물을 건넘. ②(佛)일체 중생을 고해(苦海)에서 건져 극락으로 인도하여 줌.
濟民(제민) 모든 백성을 구제함.
濟生(제생) 國생명을 건져 냄.
濟世(제세) 세상을 구제함. 세상의 폐해를 없애고 사람을 고난에서 건져 줌.
濟世之才(제세지재) 세상을 구제할 만한 인재.
濟濟(제제) ①많고 성한 모양. ②엄숙하고 장한 모양. ③위의(威儀)가 성한 모양. ④아름다운 모양.
濟濟多士(제제다사) 훌륭한 여러 선비. 재주 있는 여러 사람.
濟衆(제중) 모든 사람을 구제함.
濟化(제화) 착한 방향을 가르쳐 인도함.
◨ 決濟결제, 經濟경제, 共濟공제, 救濟구제.

14 ⑰【濬】 浚 칠 준 震

인명 2급 ㊥jùn ㊐シュン

초서 濬 동자 容 자해 ❶치다, 파내어 물길을 통하다. ❷깊다, 심오하다. 〔書經〕濬哲文明준철문명.
濬潭(준담) 깊은 못. 深淵(심연).
濬水(준수) 깊은 물.
濬源(준원) 깊은 근원. 일의 기원(起源).
濬池(준지) ①깊은 못. ②바다.
濬川(준천) 내를 쳐서 깊게 함.
濬哲(준철) 깊은 지혜. 깊은 지식.
濬壑(준학) 깊은 골짜기. 深谿(심계).

14 ⑰【濯】 씻을 탁 覺

고등 인명 3급 ㊥zhuó ㊐タク

필순 氵 氵 氵 氵 氵 洌 淵 濯 濯 濯

소전 濯 초서 濯 자원 形聲. 水+翟→濯. '翟(적)'이 음을 나타낸다.

자해 ❶씻다. ㉮때를 씻다. 〔楚辭〕滄浪之水淸兮창랑지수청혜, 可以濯吾纓가이탁오영. ㉯결백하게 하다. 〔春秋左氏傳〕洒濯其心세탁기심. ❷크다. ❸빛나다. ❹민둥민둥하다. 〔孟子〕是以若彼濯濯也시이약피탁탁야. ❺목욕하는 데 써서 더러워진 물.
濯纓(탁영) 갓끈을 씻음. 세속을 초월함.
濯足(탁족) ①발을 씻음. 세속을 초월함. ②멀리 여행 갔다 온 사람을 초대함.
濯濯(탁탁) ①밝게 빛나는 모양. ②즐겁게 노는 모양. ③태도가 아름다운 모양. ④살찐 모양. ⑤산에 초목이 없어 민둥민둥한 모양.

濯澣(탁한) 씻음. 빪.
◨ 洗濯세탁, 澣濯한탁.

14 ⑰【濠】 해자 호 豪
인명 2급 ㊥háo ㊐ゴウ
초서 자해 ❶해자(垓字). ≒壕. ❷강 이름. ❸現호주(濠洲)의 약칭.
濠濮間想(호복간상) 속세를 떠나 선경(仙境)에 사는 심경. 故事 장자(莊子)가 호수(濠水) 가에서 물고기 노는 것을 보며 즐기고, 복수(濮水) 가에서 낚시질하면서 초(楚)나라 왕의 부름에 응하지 않았다는 데서 온 말.
濠上樂(호상락) 남다른 깨달음이 있어 느끼는 기쁨. 故事 장자(莊子)와 혜자(惠子)가 호수(濠水)의 다리 위에서 물고기가 즐거움을 아는지 모르는지에 대하여 토론하였다는 데서 온 말.
濠州(호주) 오스트레일리아.

14 ⑰【濩】 ①낙숫물 떨어질 확 藥 ②퍼질 호 遇
인명 ㊥huò, hù ㊐カク, コ
소전 초서 참고 인명용 음은 '호'이다.
자해 ①❶낙숫물이 떨어지다. ❷삶다. 〔詩經〕 是刈是濩시예시확. ②❶퍼지다. ❷은나라 탕왕의 풍류.

14 ⑰【濶】 闊(1327)의 속자 인명

15 ⑱【瀆】 渎 ①도랑 독 屋 ②구멍 두 宥
인명 1급 ㊥dú, dòu ㊐トク, トウ
소전 초서 참고 인명용 음은 '독'이다.
자해 ①❶도랑, 밭도랑. ❷큰 강. 〔爾雅〕 江河淮濟爲四瀆강하회제위사독. ❸더러워지다. 〔禮記〕 再三瀆재삼독, 瀆則不告독즉불고. ❹업신여기다. 〔易經〕 下交不瀆하교부독. ②구멍. ＝竇. 〔春秋左氏傳〕 伯有自墓門之瀆入백유자묘문지두입.
瀆告(독고) 여러 번 들어서 귀에 못이 박힌 말을 또 버릇없이 아룀. 귀인(貴人)에게 아뢸 때 쓰는 겸양어.
瀆汚(독오) 더러움. 더럽힘.
瀆職(독직) 어떤 직책에 있는 사람이 직권을 남용하거나 비행을 저질러 그 직책을 더럽힘. 汚職(오직).
◨ 溝瀆구독, 冒瀆모독, 四瀆사독, 汚瀆오독.

15 ⑱【濾】 滤 거를 려 御
인명 1급 ㊥lǜ ㊐ロ
초서 자해 ❶거르다. ❷맑게 하다. ❸씻다.
濾過(여과) 거름. 걸러 냄.
濾水(여수) 물을 거름.

15 ⑱【瀏】 浏 맑을 류 尤
인명 ㊥liú ㊐リュウ
소전 초서 자해 ❶맑다. 〔詩經〕 瀏其清矣류기청의. ❷바람이 빠른 모양. 〔楚辭〕 秋風瀏以蕭蕭추풍류이소소. ❸숲에 바람이 부는 소리. ❹아름답다.
瀏濫(유람) 물이 맑고 넘쳐흐르는 모양.
瀏覽(유람) 널리 봄. 훑어봄. 劉覽(유람).
瀏亮(유량) 맑고 밝음.
瀏瀏(유류) ①바람이 빨리 부는 모양. ②날쌘 모양. ③청명한 모양.
瀏風(유풍) 시원한 바람. 涼風(양풍).

15 ⑱【瀉】 泻 ①쏟을 사 馬 ②게울 사 禡
인명 1급 ㊥xiè ㊐シャ
초서 속자 자해 ①❶쏟다. 〔周禮〕 以澮瀉水이회사수. ❷물이 흐르다. ②❶게우다, 토하다. ❷짠 땅, 염분이 많은 땅. ❸설사하다.
瀉出(사출) 쏟아 냄. 쏟아져 나옴.
瀉土(사토) 염분(鹽分)이 있는 흙.
◨ 傾瀉경사, 泄瀉설사, 止瀉지사, 吐瀉토사.

15 ⑱【瀋】 沈 즙 심 寢
인명 2급 ㊥shěn ㊐シン
소전 초서 자해 ❶즙. ❷강 이름.

15 ⑱【瀁】 내 이름 양 漾
인명 ㊥yàng ㊐ヨウ
초서 자해 ❶내 이름. ＝漾. ❷물이 끝없이 넓은 모양.
瀁瀁(양양) 물이나 마음이 넓어 끝이 없음.

15 ⑱【濺】 溅 ①흩뿌릴 천 霰 ②빨리 흐를 천 本전 先
㊥jiàn, jiān ㊐セン
초서 동자 자해 ①흩뿌리다. 〔史記〕 以頸血濺大王矣이경혈천대

왕의. ②빨리 흐르다.
濺沫(천말) 튀어 흩어지는 물방울.

15 ⑱【瀑】 ①폭포 폭 屋 ②소나기 포 號
인명 1급 ㊥pù, bào ㊐バク
소전 초서 참고 인명용 음은 '폭'이다.
자해 ①폭포. ②❶소나기. ❷거품, 비말(飛沫).
瀑布(폭포) 절벽에서 곧장 쏟아져 내리는 물.
瀑沫(포말) 물거품.
◨ 飛瀑비폭, 懸瀑현폭.

15 ⑱【瀌】 눈 퍼부울 표 蕭
㊥biāo ㊐ヒョウ
소전 초서 자해 눈이 퍼붓다.

15 ⑱【瀅】 滢 맑을 형 ㊍영 徑
인명 2급 ㊥yìng ㊐エイ
초서 자해 ❶맑다. ❷개천, 시내.
瀅滎(형영) 시내. 졸졸 흐르는 개천.

16 ⑲【瀝】 沥 거를 력 錫
인명 1급 ㊥lì ㊐レキ
소전 초서 자해 ❶거르다, 밭다. ❷물이 방울져 떨어지다. ❸방울져 떨어지는 물. ❹술잔에 남은 술. 〔史記〕時賜餘瀝시사여력. ❺거른 술, 맑은 술. 〔楚辭〕和楚瀝只화초력지.
瀝滴(역적) 물방울이 뚝뚝 떨어짐. 방울져 떨어지는 물방울.
瀝青(역청) 콜타르에서 휘발 성분을 증류하고 남은 잔류물인 아스팔트.
瀝血(역혈) ①방울져서 떨어지는 피. ②피를 뿌림. ㉠반드시 원수를 갚겠다고 맹세함. ㉡진심을 나타내어 보임.

16 ⑲【瀘】 泸 강 이름 로 虞
인명 ㊥lú ㊐ロ
소전 초서 자해 강 이름.

16 ⑲【瀧】 泷 ①비올 롱 東 ②여울 랑 江
인명 ㊥lóng, shuāng ㊐ロウ, ソウ
소전 초서 고자 滝 참고 인명용 음은 '롱'이다.
자해 ①비가 오다, 비가 오는 모양. ②여울, 급류(急流).
瀧瀧(농롱) ①비가 오는 모양. ②물이 흐르는 소리.

16 ⑲【瀨】 濑 여울 뢰 泰
인명 ㊥lài ㊐ライ
소전 초서 속자 瀬 자해 ❶여울. ❷급류, 물살이 빠른 곳.
◨ 急瀨급뢰, 淺瀨천뢰.

16 ⑲【瀬】 瀨(768)의 속자

16 ⑲【瀕】 濒 물가 빈 眞
인명 1급 ㊥bīn ㊐ヒン
소전 초서 자해 ❶물가, 물녘. =濱. 〔漢書〕海瀕廣斥해빈광척. ❷가깝다, 잇닿다, 임박하다.
瀕死(빈사) 거의 죽을 지경에 이름.
瀕海(빈해) 바닷가. 바다에 잇닿은 지대.

16 ⑲【瀛】 바다 영 庚
인명 ㊥yíng ㊐エイ
소전 초서 본자 자해 ❶바다, 큰 바다. ❷못 속, 늪 속. ❸전설상의 산 이름. 〔史記〕言海中有三神山언해중유삼신산, 名蓬萊方丈瀛洲명봉래방장영주.
瀛壖(영연) 바닷가. 육지의 끝.
瀛洲(영주) 삼신산(三神山)의 하나.
瀛表(영표) 외국. 海外(해외).
瀛海(영해) 큰 바다. 大洋(대양).

16 ⑲【瀠】 돌아 흐를 영 迥庚
㊥yíng ㊐エイ
자해 돌아 흐르다, 물이 돌아 흐르는 모양.
瀠洄(영회) 물이 돌아 흐르는 모양.

16 ⑲【瀜】 깊은 융 東
인명 ㊥róng ㊐ユウ
자해 깊다, 물이 깊고 넓은 모양.

水 15획

16
⑲【潴】 瀦(759)의 속자

16
⑲【瀦】瀦 웅덩이 저 魚

㊥zhū ㊐チョ

소전 瀦 초서 瀦 동자 豬 동자 瀦 자해 ❶웅덩이. ❷물이 괴다, 물이 고이게 하다.

瀦水(저수) 방죽으로 막아 놓은 물.

16
⑲【瀞】 맑을 정 敬

인명 ㊥jìng ㊐セイ

소전 瀞 초서 瀞 자해 맑다, 깨끗하다, 물이 맑고 깨끗하다. ≒淨.

16
⑲【瀚】 넓고 클 한 翰

인명 ㊥hàn ㊐カン

초서 瀚 자해 ❶넓고 큰 모양. ❷사막 이름. 고비 사막을 이름.

瀚瀚(한한) 광대한 모양. 浩瀚(호한).

瀚海(한해) 몽고의 고비 사막. 大漠(대막).

16
⑲【瀣】 이슬 기운 해 卦

인명 ㊥xiè ㊐カイ

소전 瀣 초서 瀣 자해 이슬 기운, 찬 이슬이 내리는 밤 기운.

17
⑳【瀾】澜 물결 란 寒

인명 1급 ㊥lán ㊐ラン

소전 瀾 초서 瀾 자해 ❶물결. 〔孟子〕必觀其瀾필관기란. ❷물결이 일다. ❸뜨물, 쌀뜨물.

瀾濤(난도) 큰 물결. 瀾波(난파).

瀾漫(난만) ①물방울이 떨어지는 모양. ②이리저리 흩어지는 모양.

瀾文(난문) 잔물결의 무늬.

瀾翻(난번) ①물결이 치는 모양. ②기세등등한 모양.

■ 驚瀾경란, 狂瀾광란, 碧瀾벽란, 波瀾파란.

17
⑳【瀰】沵 ①물 넓을 미 支 ②세차게 흐를 미 紙

㊥mí, mǐ ㊐ビ

초서 瀰 속자 沵 자해 ①물이 넓다, 물이 아득히 넓은 모양. ②❶세차게 흐르다, 물이 성한 모양. 〔詩經〕河水瀰瀰하수미미. ❷물이 깊다, 물이 치런치런한 모양.

瀰漫(미만) 널리 퍼져 가득 참.

瀰茫(미망) 넓어서 끝이 없는 모양.

瀰瀰(미미) ①물이 세차게 흐르는 모양. ②물이 성한 모양.

17
⑳【瀟】潇 강 이름 소 蕭

인명 ㊥xiāo ㊐ショウ

소전 瀟 초서 瀟 속자 潚 자해 ❶강 이름. 호남성(湖南省) 영원현(寧遠縣)에서 발원하여 상수(湘水)로 흘러드는 강. ❷물이 맑고 깊다. ❸비바람이 사나운 모양. 〔詩經〕風雨瀟瀟풍우소소.

瀟湘八景(소상팔경) 소수(瀟水)와 상수(湘水) 부근에 있는 여덟 곳의 아름다운 경치.

瀟瀟(소소) ①비가 쓸쓸하게 오는 모양. ②비바람이 세찬 모양.

瀟灑(소쇄) ①산뜻하고 깨끗함. ②맑고 깨끗하여 세속에서 떠난 느낌이 있음.

17
⑳【瀹】 데칠 약 藥

㊥yuè ㊐ヤク

소전 瀹 초서 瀹 자해 ❶데치다. ❷삶다. ❸씻다. 〔莊子〕疏瀹而心소약이심, 澡雪而精神조설이정신. ❹물을 다스리다. 〔孟子〕禹疏九河우소구하, 瀹濟漯약제탑.

17
⑳【瀯】 물 졸졸 흐를 영 庚

인명 ㊥yíng ㊐エイ

초서 瀯 동자 濴 동자 瀅 자해 ❶물이 졸졸 흐르다. 〔後漢書〕且洛邑之渟瀯차락읍지정영. ❷물소리.

17
⑳【瀷】 강 이름 익 職

인명 ㊥yì ㊐ヨク

소전 瀷 자해 ❶강 이름. 하남성(河南省) 밀현(密縣)에서 발원하여 영수(潁水)로 흘러드는 강. ❷모여 흐르는 물. 소나기가 오고 나서 갑자기 불어난 물.

18
㉑【灌】 물 댈 관 翰

인명 1급 ㊥guàn ㊐カン

소전 灌 초서 灌 속자 潅 속자 灌 자해 ❶물을 대다. 〔莊子〕時雨降矣시우강의, 而猶浸灌이유침관. ❷따르다, 붓다. 〔禮記〕灌用玉瓚大圭관용

水 18획

옥찬대규. **❸흘러들다.** 〔莊子〕 百川灌河백천관하. **❹강신제(降神祭)를 지내다. ❺나무가 더부룩이 나다. ❻정성스러운 모양.**

灌漑(관개) 농사에 필요한 물을 논밭에 댐.
灌瀆(관독) 도랑. 작은 내.
灌莽(관망) 잡목이 우거진 숲.
灌木(관목) 키가 작고 원줄기가 분명하지 않으며, 밑동에 가지가 많이 나는 나무.
灌沃(관옥) 물을 댐. 좋은 교훈을 마음속에 넣어 줌.
灌園(관원) 밭에 물을 댐.
灌腸(관장) 주로 대변을 보게 하기 위해 항문으로 약물을 넣어 직장이나 대장에 들어가게 하는 일. 병 치료와 영양 공급을 위해서도 쓰임.
灌注(관주) ①물을 댐. ②물이 흘러 들어감.
灌叢(관총) 우거진 초목(草木).
◨ 漑灌개관, 浸灌침관.

水 18획

18 ㉑【灋】 法(707)의 고자

18 ㉑【瀅】 ㊖사람 이름 형 인명

자해 **사람 이름.**

19 ㉒【灑】 洒 뿌릴 쇄 蟹

인명 1급 ㊥sǎ ㊐サイ

소전 초서 속자 灑 자해 **❶뿌리다. ㉮물을 뿌리다, 물을 끼얹다.** 〔詩經〕 灑埽庭內쇄소정내. **㉯씻다, 청소하다. ❷맑고 깨끗하다, 상쾌하다.** 〔南史〕 神韻蕭灑신운소쇄. **❸던지다, 드리우다.**

灑落(쇄락) 인품이 깨끗하고 시원함.
灑淚(쇄루) 눈물을 흘림.
灑淚雨(쇄루우) 7월 7일 칠석날에 내리는 비.
灑埽(쇄소) 물을 뿌리고 비로 쓺. 灑掃(쇄소).
灑泣(쇄읍) 눈물을 흘림.
灑濯(쇄탁) 씻음. 세척함.
灑汗(쇄한) 땀을 흘림. 또는 흐르는 땀.
◨ 掃灑소쇄, 蕭灑소쇄, 揮灑휘쇄.

19 ㉒【灘】 滩 여울 탄 寒

인명 2급 ㊥tān ㊐タン

소전 초서 자해 **❶여울.** 얕고 돌이 많아 배가 다니기 위험한 곳. **❷물가, 사주(沙洲).**

灘聲(탄성) 여울물이 흐르는 소리.
灘響(탄향) 급류(急流)가 흐르는 소리.
◨ 渭灘군탄.

21 ㉔【灝】 灏 넓을 호 皓

인명 ㊥hào ㊐コウ

소전 초서 자해 **❶넓다, 물이 넓고 멀다. ❷하늘의 청명(淸明)한 기운.** ¶ 灝氣호기.

灝氣(호기) 천상(天上)의 맑은 기운.
灝溔(호요) 물이 끝없이 넓은 모양.

22 ㉕【灣】 湾 물굽이 만 ㊍완 刪

인명 2급 ㊥wān ㊐ワン

초서 속자 湾 자해 **❶물굽이, 육지로 쑥 들어온 바다의 부분. ❷굽은 모양.**

灣曲(만곡) 활처럼 휘어져 굽음. 彎曲(만곡).
灣府(만부) ㊖평안도 의주부(義州府)의 별칭.
灣商(만상) ㊖의주의 용만(龍灣)에서 중국과 교역하던 상인.
灣尹(만윤) ㊖의주 부윤(義州府尹)의 별칭.
灣入(만입) 해안선이 육지로 완만하게 휘어 들어감.
◨ 濤灣도만, 港灣항만.

火部 불화

0 ④【火】 불 화 哿

중학 인명 8급 ㊥huǒ ㊐カ

필순 丶 丷 少 火

소전 火 초서 참고 '火'가 한자의 구성에서 발에 쓰일 때는 글자 모양이 '灬'로 바뀌고, '연화발, 불화발'이라고 부른다.

자원 象形. 불길이 위로 솟으며 타오르는 모습을 본뜬 글자.

자해 **❶불. ㉮물체가 탈 때 나는 열과 빛.** 〔論語〕 鑽燧改火찬수개화. **㉯타는 것.** 횃불, 등불 따위. **㉰빛을 내는 것.** 〔晉書〕 夏月則練囊盛數十螢火以照書하월즉련낭성수십형화이조서. **㉱화재(火災).** 〔春秋左氏傳〕 陳不救火진불구화. **㉲화, 노여운 심기(心氣). ❷오행의 하나.** 방위로는 남(南), 시기로는 여름, 별로는 심성(心星), 천간(天干)으로는 병정(丙丁), 지지(地支)로는 인(寅), 오사(五事)로는 시(視), 오장(五臟)으로는 심(心)에 배당된다. **❸타다. ㉮태우다, 사르다.** 〔禮記〕 昆蟲未蟄不以火田곤충미칩불이화전. **㉯불에 익히다.** 〔禮記〕 有不火食者유불화식자. ❹급하다.
火炬(화거) 횃불. 관솔불. 松明(송명).
火耕(화경) 화전(火田)을 경작함.
火攻(화공) 불로 공격함.
火光衝天(화광충천) 화염이 하늘을 찌름. 불길이 맹렬함.
火口(화구) ①國아궁이. ②화산의 불길이 솟는 구멍. 噴火口(분화구).
火具(화구) ①불을 켜는 제구. ②화공(火攻)에 쓰는 제구. ③불을 막는 제구.
火克金(화극금) 오행 운행(五行運行)에서, 화(火)는 금(金)을 이긴다는 말.
火急(화급) 타는 불과 같이 매우 급함.
火氣(화기) ①불기운. ②가슴이 번거롭고 답답하여지는 기운.
火器(화기) ①화약을 사용하는 병기의 총칭. ②불을 담는 그릇.
火德(화덕) ①오행(五行)의 덕의 하나로, 왕이 될 운(運). 주(周) 왕조가 이에 해당된다고 함. ②태양의 열기.
火毒(화독) 불의 독기(毒氣).
火斗(화두) 다리미. 熨斗(울두).
火力(화력) ①불의 힘. ②총포의 우력.
火爐(화로) 숯불을 담아두는 그릇.
火輪(화륜) ①태양의 딴 이름. ②불덩이. ③기선(汽船).
火魔(화마) 화재.
火木(화목) 땔나무.
火門(화문) 대포 따위의 아가리.
火病(화병) 國울화병(鬱火病).
火夫(화부) ①기관(汽罐) 따위에 불을 때는 일을 맡은 사람. ②취사를 맡은 사람.
火山(화산) 땅속의 마그마가 지각의 얇은 곳을 뚫고 분출하여 퇴적된 산.
火傷(화상) 높은 열에 뎀. 높은 열에 입은 상처. 熱傷(열상)
火色(화색) ①불빛. 붉은빛. ②붉게 생기가 감도는 얼굴빛.
火生土(화생토) 오행(五行)의 운행(運行)에서 화(火)가 토(土)를 낳는다는 말.
火石(화석) ①병기의 한 가지. 돌을 튕기는 대포. ②부싯돌. 燧石(수석).
火星(화성) 태양계 행성의 하나. 금성(金星) 다음으로 지구에 가깝고 두 개의 위성이 있음.
火勢(화세) 불이 타는 기세.
火繩(화승) ①불을 붙여 시간을 재는 데 쓰는 노끈. ②화약 심지.
火食(화식) 불에 익힌 음식을 먹음.
火藥(화약) 충격이나 점화 등에 의하여 터지는 폭약의 총칭.
火焰(화염) 불꽃.
火旺之節(화왕지절) 오행(五行)에서 화기가 왕성한 절기. 곧, 여름.
火曜(화요) ①불빛. ②화성(火星). ③화요일.
火牛計(화우계) 병법(兵法)의 한 가지. 故事 전국 시대 제(齊)나라의 전단(田單)이 천여 마리의 소의 뿔에 칼을 달고, 꼬리에 기름을 뿌린 갈대 다발을 매달아 불을 붙여서 적군 쪽으로 달리게 한 다음, 그 뒤를 따라 연군(燕軍)을 쳐서 크게 이겼다는 데서 온 말.
火因(화인) 화재의 원인.
火葬(화장) 시체를 불에 태워 장사 지냄.
火災(화재) 불이 나는 재앙.
火箸(화저) 부저. 부젓가락.
火賊(화적) 國떼를 지어 돌아다니는 강도.
火箭(화전) 불을 달거나 화약을 장치하여 쏘는 화살.
火戰(화전) ①불을 질러 공격하는 전투. ②총포를 쏘며 벌이는 전투.
火田(화전) ①산림을 불태워 개간한 밭. ②들의 초목을 불사르고 사냥을 함. 田獵(전렵).
火酒(화주) 소주와 같은 독한 증류주.
火車(화차) ①화공(火攻)에 쓰는 수레. ②(佛) 지옥에서 죄인을 실어 나른다는, 불이 타고 있는 수레. ③기차(汽車).
火銃(화총) 화약을 사용하여 탄환을 쏘는 총.
火刑(화형) 불에 태워 죽이는 형벌.
火花(화화) ①등잔 심지의 불똥. ②불나방.
火堠(화후) 봉화대(烽火臺). 봉화둑.
◨ 炬火거화, 鬼火귀화, 爐火노화, 大火대화, 發火발화, 放火방화, 烽火봉화, 噴火분화, 心火심화, 煙火연화, 烈火열화, 炎火염화, 鎭火진화, 炭火탄화, 螢火형화.

2 ⑥ 【灯】 1 열화 정 靑 2 등불 등 蒸
㊥dīng, dēng ㊐チン, トウ
초서 자해 1 열화(烈火). 2 등불. ※燈(787)의 속자(俗字).

2 ⑥ 【灰】 재 회 灰
인명 4급 ㊥huī ㊐カイ
소전 초서 자해 ❶재, 불에 탄 뒤에 남는 가루 모양의 물질. 〔禮記〕 冠帶垢관대구, 和灰請漱화회청수. ❷재로 만들다, 죄다 태워 버리다. 〔後漢書〕 燔康居灰珍奇번강거회진기. ❸재가 되다, 망하다.
灰冷(회랭) ①불기가 없어져 재가 식음. 식은 재. ②마음이 냉정하며 조금도 욕심이 없음.
灰滅(회멸) ①사라져 없어짐. 멸망함. ②불타서 없어짐. ③죽음.

灰壁(회벽) 석회를 바른 벽.
灰色(회색) ①잿빛. ②소속이나 주의(主義)가 분명하지 않음.
灰燼(회신) ①불탄 끄트머리. ②송두리째 타 버림. ③멸망하여 형체가 없어짐.
灰身(회신) ①몸을 태워 재로 만듦. 죽음을 이름. ②뼈가 가루가 되도록 노력함.
灰心(회심) ①꺼진 재와 같이 욕심이 없고 고요하여 외부의 유혹을 받지 않는 마음. ②극도로 실의(失意)한 마음.
灰塵(회진) 재와 티끌. 허물어져 없어짐.
◨ 劫灰겁회, 冷灰냉회, 死灰사회, 石灰석회, 燼灰신회, 寒灰한회.

3 ⑦【灸】 뜸 구 宥

인명 1급 ㊥jiǔ ㊐キュウ

소전 灸 초서 灸 동자 灸 자해 ❶뜸, 약쑥으로 살을 떠서 병을 고치는 방법. 〔史記〕 形弊者不當關灸鑱石형폐자부당관구참석, 及飮毒藥也급음독약야. ❷뜸질하다. ❸버티다.
灸師(구사) 뜸으로 병을 고치는 의사.
灸瘡(구창) 뜸뜬 곳이 헐어 생긴 부스럼.
灸穴(구혈) 몸의 경락(經絡)에 따라 뜸을 뜰 수 있는 자리. 灸所(구소).

3 ⑦【灵】 靈(1363)의 속자

3 ⑦【灼】 사를 작 藥

인명 1급 ㊥zhuó ㊐シャク

소전 灼 초서 灼 속자 焫 자해 ❶사르다, 굽다. ❷밝다. 〔書經〕 我其克灼知厥若아기극작지궐약. ❸성(盛)한 모양.
灼見(작견) 환히 봄. 상세하게 죄다 앎.
灼骨(작골) 점을 치기 위하여 뼈를 구움.
灼龜(작귀) 거북의 등 껍데기를 불에 그을려 그 튼 금으로 길흉을 판단함.
灼爚(작약) 반짝반짝 빛남.
灼熱(작열) ①새빨갛게 불에 닮. ②찌는 듯이 몹시 더움.
灼灼(작작) ①빛나는 모양. 밝은 모양. ②꽃이 난만한 모양. ③재능이 뛰어난 모양.
◨ 燔灼번작, 焦灼초작, 薰灼훈작.

3 ⑦【災】灾 재앙 재 灰

고등 인명 5급 ㊥zāi ㊐サイ

필순 ⺀ ⺀⺀ 巛 巛 巛 巛 災

소전 𤆎 초서 灾 본자 烖 동자 灾 자원 會意. 巛+火→災→災. '巛'는 내〔巛〕를 막는〔一〕 모양으로, 냇물을 막아서 물이 넘치는 재앙을 뜻한다. 이에 '火(불 화)'를 더하여 불로 인한 재앙도 뜻한다.

자해 ❶재앙, 하늘이 내리는 홍수·한발·지진·충재(蟲災) 따위. 〔春秋左氏傳〕 天災流行천재류행, 國家代有국가대유, 救災恤鄰道也구재휼린도야. ❷화재.
災咎(재구) ①재난(災難). ②하늘의 문책.
災難(재난) 뜻밖에 당하는 불행한 일.
災年(재년) ①재앙이 심한 해. ②흉년.
災祥(재상) 재앙과 상서(祥瑞). 禍福(화복).
災傷(재상) ①재난과 상해(傷害). ②천재(天災)로 인하여 농작물이 입는 해.
災殃(재앙) 천재지변으로 인한 불행한 일.
災厄(재액) 재앙과 액운(厄運).
災妖(재요) 재앙과 요괴(妖怪)한 일.
災異(재이) 지진·태풍·홍수 등 자연현상으로 인한 재앙. 災變(재변).
災害(재해) 재앙으로 말미암은 피해.
災禍(재화) 재앙과 화난(禍難).
災患(재환) 재앙과 우환.
◨ 防災방재, 三災삼재, 水災수재, 人災인재, 天災천재, 風災풍재, 旱災한재, 火災화재.

4 ⑧【炅】 빛날 경 迥

인명 2급 ㊥jiǒng ㊐ケイ

자해 ❶빛나다, 빛이 나타나다. ❷열, 열기(熱氣).

4 ⑧【炚】 光(104)과 동자 인명

4 ⑧【炉】 爐(792)의 속자

4 ⑧【炆】 따뜻할 문 文

인명 ㊥wén ㊐ブン

자해 따뜻하다.

4 ⑧【炎】 ①불탈 염 鹽 ②불꽃 염 豔

중학 인명 3Ⅱ급 ㊥yán, yàn ㊐エン

필순 丶 丷 火 火 炎 炎 炎 炎

火 3획

소전 炎 초서 炎 자원 會意. 火+火→炎. '火(불 화)'를 포갬으로써 불이 타오름을 뜻한다.

자해 1 ❶불타다, 불이 타오르다. 〔書經〕 火炎崑岡화염곤강, 玉石俱焚옥석구분. ❷덥다, 뜨겁다. 2 불꽃. =焰. 〔後漢書〕 光炎燭天地광염촉천지.

炎官(염관) 불을 맡은 신. 火神(화신).
炎氣(염기) 더위. 暑熱(서열).
炎毒(염독) 여름철 무더위의 독한 기운. 더위를 먹음.
炎涼(염량) ①더위와 서늘함. ②세력의 성함과 쇠함. ③인정의 후함과 박함. ④세태의 변천.
炎涼世態(염량세태) 세력이 있을 때는 아부하여 좇고, 세력이 없어지면 푸대접하는 세상 인심의 비유.
炎方(염방) 뜨거운 곳. 남방.
炎序(염서) 여름철. 炎節(염절).
炎暑(염서) 여름의 모진 더위. 炎熱(염열).
炎燧(염수) 봉화(烽火).
炎陽(염양) 뜨겁게 내리쬐는 햇볕.
炎熱(염열) 심한 더위. 炎暑(염서).
炎威(염위) 극심한 여름의 더위.
炎灼(염작) ①불에 쬐어 구움. ②몹시 황공하여 마음이 괴로움.
炎帝(염제) ①중국 고대의 제왕인 신농씨(神農氏). 화덕(火德)으로써 왕이 된 데서 이르는 말. ②여름을 맡은 신.
炎症(염증) 세균·독소 등의 작용으로 몸이 붓고 아픈 증상.
炎天(염천) ①여름의 하늘. ②몹시 더운 여름 날씨. ③남쪽 하늘.
炎旱(염한) 한여름의 가뭄. 旱魃(한발).
炎火(염화) 세차게 타오르는 불.
炎暉(염휘) 뜨거운 햇빛.
◨ 光炎광염, 陽炎양염, 暴炎폭염, 火炎화염.

4 ⑧【炙】 고기 구울 적·자 陌 禡

인명 1급 ㊥zhì ㊐セキ, シャ

소전 炙 초서 炙 속자 熫 참고 인명용 음은 '적·자'이다.

자해 ❶고기를 굽다. ❷구운 고기. ❸가까이하다, 친히 가르침을 받다. 〔孟子〕 況於親炙之者乎황어친자지자호. ❹國적. 갖은 양념을 하여 대꼬챙이에 꿰어서 불에 구운 어육(魚肉).

炙臺(적대) 國①적틀. ②제향 때 희생(犧牲)을 담는 책상반(冊床盤) 모양의 그릇.
炙鐵(적철) 國석쇠.
炙膾(적회) 산적.
炙手(자수) ①손을 불에 쬠. ②자수가열(炙手可熱).
炙手可熱(자수가열) 손을 쬐면 델 만큼 뜨거움. 권세가 대단하여 접근하기 어려움.
◨ 散炙산적, 魚炙어적, 膾炙회적, 薰炙훈적.

4 ⑧【炒】 볶을 초 巧

인명 1급 ㊥chǎo ㊐ショウ

초서 炒 자해 ❶볶다. 〔南史〕 或炒米食之혹초미식지. ❷떠들다, 시끄럽다. ≒吵.

炒鬧(초뇨) 언쟁(言爭)함. 말다툼함.
炒麪(초면) 기름에 볶은 밀국수.
炒醬(초장) 國볶은 장.

4 ⑧【炊】 불땔 취 支

인명 2급 ㊥chuī ㊐スイ

소전 炊 초서 炊 자해 ❶불 때다, 밥을 짓다. 〔漢書〕 一人炊之일인취지. ❷불다. =吹.

炊金饌玉(취금찬옥) 황금으로 밥을 짓고 주옥으로 반찬을 함. 값비싼 음식. 사치스러운 음식.
炊累(취루) 먼지 같은 것이 바람에 날려 올라가는 모양.
炊事(취사) 밥 짓는 일. 부엌일. 炊爨(취찬).
炊沙成飯(취사성반) 모래로 밥을 지음. 아무리 애를 써도 보람이 없는 헛수고.
炊煮(취자) 밥을 지음.
◨ 自炊자취, 蒸炊증취.

4 ⑧【炕】 말릴 항 本강 漾

㊥kàng ㊐コウ

소전 炕 초서 炕 자해 ❶말리다, 불에 말리다. ❷마르다, 시들다. 〔漢書〕 炕陽而暴虐항양이포학. ❸끊다, 끊어지다. ❹방구들, 온돌. ≒亢. ¶ 炕牀항상.

炕牀(항상) 온돌. 난방 장치의 한 가지.
炕暴(항포) 교만하고 횡포함.
炕旱(항한) 가물이 계속되는 날씨.

4 ⑧【炘】 화끈거릴 흔 文

인명 ㊥xìn ㊐キン

초서 炘 자해 ❶화끈거리다, 이글이글하다. ❷불사르다. =焮.

炘炘(흔흔) 열기가 대단한 모양.

5 ⑨【炬】 횃불 거 語

인명 ㊥jù ㊐キョ

火 5획

초서 [草書] 자해 ❶횃불, 홰. ＝苣. 〔史記〕牛尾炬火우미거화, 光明炫燿광명현요. ❷사르다, 태우다. ❸등불.

炬蠟(거랍) 초. 불을 켜는 데 쓰는 초.
炬眼(거안) 횃불 같은 눈. 사물을 밝게 통찰하는 재능.
炬燭(거촉) 횃불. 炬火(거화). 松明(송명).
◨ 松炬송거, 燎炬요거.

5 ⑨【炳】 밝을 병 梗

인명 2급 ㊥bǐng ㊐ヘイ

소전 炳 초서 [草書] 동자 昞 자해 밝다, 빛나다.

炳然(병연) 분명한 모양. 炳焉(병언).
炳燿(병요) 빛나고 번쩍임.
炳煜(병욱) 환히 빛남.
炳燭(병촉) ①촛불을 밝힘. ②만학(晩學). 故事 진(晉)의 평공(平公)이 만년(晩年)에 학문하기에는 너무 늦었다고 탄식하자, 사광(師曠)이 '젊어서 하는 학문은 아침 햇살과 같고, 만년에 하는 학문은 촛불을 밝힌 것과 같다'고 한 고사에서 온 말.
炳煥(병환) 환히 빛남. 昭煥(소환).

5 ⑨【炤】 1밝을 소 ㊍조 蕭
2비출 조 嘯

인명 ㊥zhāo, zhào ㊐ショウ

초서 [草書] 참고 인명용 음은 '소'이다.
자해 1밝다, 환히 보이다. ＝昭. 2비추다, 비치다.

炤炤(소소) 환한 모양. 환히 보는 모양.
炤燿(조요) 빛이 남. 밝게 비침.

5 ⑨【為】 爲(793)의 속자

5 ⑨【炸】 터질 작 ㊍사 藥

인명 1급 ㊥zhà ㊐サク

초서 [草書] 자해 터지다, 폭발하다.

炸裂(작렬) 폭발하여 터짐.
炸發(작발) 화약이 폭발함.

5 ⑨【点】 點(1455)의 속자 인명

5 ⑨【炡】 빛날 정 庚

인명 ㊥zhēng ㊐セイ

자해 빛나다, 불이 번쩍거리다.

5 ⑨【炷】 심지 주 遇

인명 ㊥zhù ㊐シュ

초서 [草書] 자해 ❶심지, 등잔의 심지. ❷불사르다.

炷香(주향) 향을 피움.

5 ⑨【炭】 숯 탄 翰

고등 인명 5급 ㊥tàn ㊐タン

필순 ' 山 山 屵 屵 岸 炭 炭 炭

소전 [篆書] 초서 [草書] 자원 會意. 屵＋火→炭. '屵(알)'이 음을 나타낸다.

자해 ❶숯. ㉮숯, 목탄. 〔禮記〕草木黃落초목황락, 乃伐薪爲炭내벌신위탄. ㉯숯불. ❷재, 불타고 남은 것. ❸석탄. ❹화학 원소의 하나, 탄소.

炭坑(탄갱) 석탄을 파내는 굴.
炭鑛(탄광) 석탄이 나는 광산.
炭酸(탄산) 이산화탄소가 물에 녹아서 생긴 산.
炭素(탄소) 비금속 원소의 하나. 숯·석탄·금강석 등에 들어 있음.
炭田(탄전) 석탄이 묻혀 있는 땅.
炭層(탄층) 땅속의 석탄층.
炭化(탄화) 유기물이 화학적 변화로 말미암아 탄소가 되는 일.
炭火(탄화) 숯불.
◨ 褐炭갈탄, 塗炭도탄, 木炭목탄, 氷炭빙탄, 石炭석탄, 黑炭흑탄.

5 ⑨【炮】 통째로 구울 포 肴

㊥páo ㊐ホウ

소전 [篆書] 초서 [草書] 자해 ❶통째로 굽다. ＝炰. 〔詩經〕炮之燔之포지번지. ❷섶을 태워 하늘에 제사를 올리다.

炮烙之刑(포락지형) ①불에 달군 쇠로 단근질하는 형벌. 烙刑(낙형). ②은(殷)의 주왕(紂王)이 기름을 칠한 구리 기둥을 숯불 위에 걸쳐 달군 후, 그 위로 죄인을 맨발로 건너가게 한 참혹한 형벌.
炮暑(포서) 불로 지지는 듯한 더위.
炮煮(포자) 굽고 끓임.
炮煎(포전) 굽고 지짐. 구움과 볶음.
炮祭(포제) 섶을 태워 하늘에 제사 지내는 일.

5 ⑨【炰】 구울 포 肴

㊥páo ㊐ホウ

火 5획

초서 [초서] 자해 ❶굽다, 고기를 통째로 굽다. =炮. ❷거칠다, 사납고 용맹스럽다.
炰羔(포고) 구운 새끼양의 고기.
炰燔(포번) ①구움. ②불에 구운 고기.
炰烋(포효) 거만하고 기세가 당당한 모양.

5 ⑨ 【炫】 빛날 현 霰

인명 2급 ㊥xuàn ㊐ケン

소전 [소전] 초서 [초서] 자해 ❶빛나다, 빛이 오르다. ❷자랑하다, 자기 자랑을 하다.
炫目(현목) 눈이 부심. 눈을 어지럽힘.
炫耀(현요) 밝게 빛남.
炫惑(현혹) 정신이 혼미하여 어지러움. 미혹(迷惑)시켜 어지럽게 함.
炫煌(현황) 빛남. 빛이 환한 모양.

5 ⑨ 【炯】 빛날 형 迥

인명 2급 ㊥jiǒng ㊐ケイ

소전 [소전] 초서 [초서] 속자 烱 자해 ❶빛나다. ❷밝다, 불이 밝다.
炯鑒(형감) 밝은 모범. 상세한 모범.
炯戒(형계) 밝은 경계(警戒).
炯心(형심) 밝은 마음.
炯眼(형안) ①형형한 눈빛. 예리한 눈매. ②사물에 대한 관찰력이 뛰어난 눈.
炯然(형연) ①밝은 모양. 빛나는 모양. ②명백한 모양. ③눈빛이 예리한 모양.
炯炯(형형) ①빛나는 모양. ②눈빛이 날카로운 모양. ③밝게 살피는 모양. 耿耿(경경). ④마음에 걸려 잊지 못하는 모양. 걱정이 되어 불안한 모양.

6 ⑩ 【烓】 화덕 계 ㊍유 齊

인명 ㊥wēi ㊐エイ, ケイ

소전 [소전] 초서 [초서] 자해 화덕, 가지고 다닐 수 있는 작은 화덕.

6 ⑩ 【烔】 뜨거운 모양 동 東

인명 ㊥tóng ㊐トウ

자해 뜨거운 모양, 열기가 대단한 모양.

6 ⑩ 【烙】 지질 락 藥

인명 1급 ㊥luò, lào ㊐ラク

소전 [소전] 초서 [초서] 자해 ❶지지다, 단쇠로 몸을 지지다. 〔史記〕有炮烙之法유포락지법. ❷화침(火鍼), 쇠침을 달구어 환부(患部)를 찔러 병을 고치다.
烙印(낙인) ①불에 달구어 찍는 쇠도장. 火印(화인). ②불명예스럽고 욕된 판정이나 평판.
烙刑(낙형) 단근질하는 형벌.
◨ 鍼烙침락, 炮烙포락.

6 ⑩ 【烈】 세찰 렬 屑

중학 인명 4급 ㊥liè ㊐レツ

필순 一 ㄏ 歹 歹 列 列 列 烈 烈 烈

소전 [소전] 초서 [초서] 본자 [본자] 고자 [고자] 자원 形聲. 火+列→烈. '列(열)'이 음을 나타낸다.

자해 ❶세차다. ㉮불길이 세다. 〔孟子〕益烈山澤而焚之익렬산택이분지. ㉯사납다, 거칠다. 〔史記〕皆以酷烈爲聲개이혹렬위성. ㉰거세다. ❷맵다, 강하고 곧다. ❸굽다, 그을려 굽다. 〔詩經〕載燔載烈재번재렬. ❹밝다, 빛나다. ❺아름답다. ❻공, 공적. ❼나머지. 〔詩經〕宣王承厲王之烈선왕승려왕지렬.
烈光(열광) 밝은 빛. 강렬한 빛.
烈女(열녀) 절개가 굳은 여자. 烈婦(열부).
烈烈(열렬) ①세력이 강한 모양. ②높고 큰 모양. ③추위가 대단한 모양. ④불길이 맹렬한 모양. ⑤성질이 용감한 모양.
烈名(열명) 영예로운 이름. 평판이 높은 이름.
烈士(열사) 이해나 권력에 굽히지 않고 절의(節義)를 굳게 지키는 사람. 烈夫(열부).
烈業(열업) 뛰어난 공업(功業).
烈操(열조) 높은 절개와 지조.
烈祖(열조) 큰 공로와 업적이 있는 조상.
烈寒(열한) 매서운 추위. 혹독한 추위.
烈火(열화) 맹렬하게 타오르는 불. 猛火(맹화).
烈輝(열휘) 눈부시게 빛남.
◨ 猛烈맹렬, 先烈선렬, 嚴烈엄렬, 熱烈열렬, 威烈위렬, 義烈의열, 壯烈장렬, 忠烈충렬, 熾烈치열, 勳烈훈렬.

6 ⑩ 【爲】 焉(777)의 속자

6 ⑩ 【烟】 煙(782)과 동자 인명

6 ⑩ 【烏】 乌 까마귀 오 虞

중학 인명 3Ⅱ급 ㊥wū ㊐ウ

필순 ′ 亻 户 户 卢 烏 烏 烏 烏 烏

火 6획

소전 초서 자원 象形. 까마귀의 형상을 본뜬 글자. 까마귀는 검어서, 멀리서 눈이 잘 보이지 않으므로 '鳥'에서 한 획을 줄여 그 뜻을 나타냈다.

자해 **❶까마귀.** 〔詩經〕 莫黑匪烏막흑비오. **❷검다.** 〔史記〕 北方盡烏驪馬북방진오려마. **❸아아.** **㉮탄식하는 소리.** **㉯환호하는 소리.** **❹어찌.**

烏骨鷄(오골계) 털·살·뼈가 모두 검은빛인 닭.

烏銅(오동) 검붉은 빛이 나는 구리.

烏鷺(오로) 國①까마귀와 해오라기. ②흑과 백. ③바둑돌.

烏鷺爭(오로쟁) 國바둑을 두는 일.

烏輪(오륜) 태양의 딴 이름.

烏飛梨落(오비이락) 國까마귀 날자 배 떨어짐. 아무 관계 없이 한 일이 공교롭게 다른 일과 때가 같아 관련 있는 것처럼 혐의를 받게 됨.

烏飛兎走(오비토주) 해와 달이 빨리 지나감. 세월이 빨리 흘러감.

烏蟾(오섬) 해에 있다는 까마귀와 달에 있다는 두꺼비. 곧, 해와 달.

烏夜(오야) 캄캄한 밤. 黑夜(흑야).

烏焉成馬(오언성마) '烏'와 '焉'이 '馬'가 됨. 비슷한 글자로 잘못 쓰는 일.

烏烏(오오) 목청을 돋우어 부르짖는 소리.

烏雲(오운) ①검은 구름. 黑雲(흑운). ②검은 머리.

烏有(오유) '어찌 이런 일이 있을 것인가?'란 뜻으로, 아무것도 없음을 이르는 말.

烏有先生(오유 선생) 한(漢)나라의 문인 사마상여(司馬相如)가 그의 글 가운데서 망시공(亡是公)과 더불어 쓴 가상 인물.

烏銀(오은) ①숯. ②유황 연기에 그을린 은.

烏衣(오의) ①검은 옷. 변변치 않은 옷. 천한 사람이 입는 옷. ②제비의 딴 이름.

烏鵲(오작) ①까치. ②까마귀와 까치.

烏賊(오적) 오징어의 딴 이름.

烏鳥私情(오조사정) 길러 준 어미의 은혜를 갚는 까마귀의 정애(情愛). 자식이 부모에게 효성을 다하려는 마음씨.

烏竹(오죽) 껍질이 검은 대나무.

烏之雌雄(오지자웅) 까마귀의 암컷과 수컷은 구별하기 곤란함. 일의 시비선악(是非善惡)을 판단하기 어려움.

烏兎(오토) ①해와 달. 해 속에는 세 발 돋친 까마귀가 살고, 달 속에는 토끼가 산다는 전설에서 온 말. 金烏玉兎(금오옥토). ②세월.

烏合之卒(오합지졸) 까마귀가 모인 것처럼 질서가 없는 병졸. 어중이떠중이들이 모인 규율이 없는 병졸이나 군중.

烏呼(오호) 탄식하거나 찬탄할 때 내는 소리. 아아. 烏乎(오호).

◨ 金烏금오, 曙烏서오, 小烏소오, 慈烏자오.

6 ⑩【烖】 災(772)의 본자

6 ⑩【烝】 김 오를 증 蒸

인명 ㊥zhēng ㊐ジョウ

소전 초서 자해 **❶김이 오르다, 더운 김이 오르다.** 〔詩經〕 烝之浮浮증지부부. **❷찌다, 무덥다.** **❸적대(炙臺)에 희생을 올리다.** **❹뭇, 여러.** 〔書經〕 烝民乃粒증민내립. **❺임금, 군주.** 〔詩經〕 文王烝哉문왕증재. **❻치붙다, 손위 여자와 사통하다.** **❼이에.** 발어사(發語辭). **❽겨울 제사.**

烝徒(증도) 많은 무리. 많은 도당(徒黨).

烝黎(증려) 백성. 서민. 인민. 烝民(증민).

烝民(증민) 온 백성. 萬民(만민).

烝庶(증서) 많은 백성. 庶民(서민).

烝暑(증서) 무더위. 蒸暑(증서).

烝淫(증음) 자기보다 나이 또는 신분이 높은 여자와 사통(私通)하는 일.

烝禋(증인) 겨울에 조상에게 제사를 지냄.

烝祭(증제) 겨울에 지내는 제사. 臘祭(납제).

◨ 上烝상증, 炎烝염증, 薰烝훈증.

6 ⑩【烛】 燭(790)의 속자

6 ⑩【烕】 멸망할 혈 屑

㊥xuè ㊐ケツ

소전 초서 자해 **멸하다, 없애다.**

6 ⑩【烘】 화톳불 홍 東

인명 ㊥hōng ㊐コウ

소전 초서 자해 **❶화톳불.** **❷횃불을 켜다.** **❸불을 쬐다, 그을리다.**

烘爐(홍로) 난로(煖爐).

烘柹(홍시) 풋감을 그릇에 담아 볕에 쬐어 익게 한 홍시(紅柹).

6 ⑩【烋】 ①거들거릴 효 肴 ②경사로울 휴 尤

인명 2급 ㊥xiāo, xiū ㊐コウ, キュウ

초서 참고 인명용 음은 '휴'이다.

자해 ① **거들거리다, 뽐내며 기세가 당당하다.** ② **❶경사롭다.** ≒休. **❷아름답다.**

火 6획

6 ⑩【烜】 ①마를 훤 阮 ②불 훼 紙

㊥xuǎn, huǐ ㊐ケン, キ

초서 烜 자해 ① ❶마르다, 말리다. 〔易經〕日以烜之일이훤지. ❷밝다, 빛나다. ②불. 제사에 쓰는 불.

烜赫(훤혁) 명성과 위엄이 성대한 모양. 드날리는 위엄이 밝게 빛나는 모양.

7 ⑪【烽】 봉화 봉 冬

인명 1급 ㊥fēng ㊐ホウ

소전 초서 동자 㷭 동자 𤈪 자해 ❶봉화. 〔墨子〕晝則擧烽주즉거봉, 夜則擧火야즉거화. ❷경계(警戒), 적에 대한 경계.

烽警(봉경) 봉화를 올려서 알리는 경보.
烽鼓(봉고) ①봉화와 북. ②병란. 전쟁.
烽邏(봉라) 적을 경계하는 봉화와 정찰.
烽燧(봉수) 변방에서 발생한 변란(變亂)을 알리기 위하여 올리던 횃불과 연기.
烽柝(봉탁) 봉화와 딱따기. 곧, 변고를 경계함.
烽火(봉화) 변란이 있을 때 신호로 올리던 불.

7 ⑪【焉】 어찌 언 先

고등 인명 3급 ㊥yān ㊐エン

필순 一 丅 下 正 正 正 焉 焉 焉 焉

소전 초서 속자 爲 자원 象形. 본래 새를 본뜬 글자. 뒤에 어조사로 가차되었다.

자해 ❶어찌. 반어(反語)나 의문의 뜻을 나타낸다. 〔論語〕人焉廋哉인언수재. ❷이에, 이에 있어서, 그리하여. ❸이, 여기. 〔大學〕心不在焉심부재언, 視而不見시이불견. ❹보다. 비교를 나타내는 조사. 〔孟子〕人莫大焉無親戚君臣上下인막대언무친척군신상하. ❺구말(句末)에 놓이는 어조사. ㉮의문의 뜻을 나타낸다. '乎'와 같은 뜻으로 쓰인다. 〔禮記〕子何觀焉자하관언. ㉯반어(反語)의 뜻을 나타낸다. 〔孟子〕雖褐寬博수갈관박, 吾不惴焉오불췌언. ㉰구조(句調)를 고른다. '也'와 같은 뜻으로 쓰인다. ㉱단정(斷定)의 뜻을 나타낸다. ❻형용하는 말. '然'과 같은 뜻으로 쓰인다. ㉮일을 형용하는 말. 〔論語〕瞻之在前첨지재전, 忽焉在後홀언재후. ㉯서로 비슷한 일을 대비(對比)하는 말. 〔大學〕其如有容焉기여유용언.

焉敢生心(언감생심) 國어찌 감히 그런 생각을 할 수 있겠는가. 감히 그런 마음을 품을 수 없음.
焉烏(언오) '焉'과 '烏' 자와 같이 모양이 비슷하여 틀리기 쉬운 글자. 烏焉(오언).
焉哉乎也(언재호야) 천자문(千字文)의 맨 끝 구절. 넉 자가 모두 어조사로 쓰임.
◨ 勃焉발언, 終焉종언, 忽焉홀언.

7 ⑪【焌】 태울 준 震

인명 ㊥jùn ㊐シュン

소전 초서 자해 태우다, 점을 치기 위하여 귀갑(龜甲)을 굽다.

焌契(준계) 점을 치기 위하여 거북의 등딱지를 태움.

7 ⑪【烹】 삶을 팽 庚

인명 ㊥pēng ㊐ホウ

초서 자해 ❶삶다. ❷삶아 죽이다. 〔淮南子〕狡兔得而獵犬烹교토득이렵견팽. ❸익힌 음식.

烹茶(팽다) 차를 달임. 煎茶(전다).
烹滅(팽멸) 죽여 없앰. 誅除(주제).
烹鮮(팽선) ①작은 생선을 삶음. ②나라를 다스리는 일. 작은 생선을 요리할 때 지나치게 잔손질을 하면 부스러지는 것처럼, 정치가 번잡해서는 안 된다는 말.
烹飪(팽임) 삶음. 삶은 음식.
烹煎(팽전) 삶음과 볶음. 음식을 조리함.
烹醢(팽해) ①고기를 삶거나 소금에 절임. ②사람을 참혹하게 죽임.
烹刑(팽형) 죄인을 삶아서 죽이던 형벌.
◨ 蒸烹증팽, 珍烹진팽, 割烹할팽, 鑊烹확팽.

7 ⑪【焃】 赫(1212)의 속자 인명

7 ⑪【烱】 ①빛날 형 迥 ②무더울 경 梗

인명 ㊥jiǒng ㊐ケイ

참고 인명용 음은 '경'이다.

자해 ①빛나다. ※炯(775)의 속자(俗字). ②무덥다.

7 ⑪【焄】 연기에 그을릴 훈 文

인명 ㊥xūn ㊐クン

초서 자해 ❶연기에 그을리다. 〔史記〕以焄大豪이훈대호. ❷향기. ❸냄새나는 채소.

焄菜(훈채) 파·마늘 등과 같이 특이한 냄새가 나는 채소.

7 ⑪【烯】 불빛 희 微

인명 ㊥xī ㊐キ

동자 晞 자해 ❶불빛. ❷마르다. ❸날이 밝아 오다.

8 ⑫【烈】 烈(775)의 본자

8 ⑫【無】无 없을 무 虞

중학 인명 5급 ㊥wú ㊐ブ, ム

필순 ノ ト 느 두 乍 無 無 無 無 無

소전 초서 동자 无 자원 象形. 본래 양손에 장식을 들고 춤추는 모양을 본뜬 글자. 뒤에 '없다'는 뜻으로 가차되었고, '춤추다'의 뜻은 '舛'을 더하여 '舞' 자를 만들어 썼다.

자해 ❶없다. 〔書經〕 剛而無虐강이무학, 簡而無傲간이무오. ❷마라. '勿'과 같은 뜻으로 쓰인다. ❸아니다. '不'과 같은 뜻으로 쓰인다. 〔論語〕 食無求飽식무구포, 居無求安거무구안.

無價(무가) ①가치가 없음. 소용이 없음. ②값을 매길 수 없을 만큼 귀중함.

無可奈何(무가내하) 어찌할 수 없음.

無價寶(무가보) 값을 매길 수 없는 보배.

無疆(무강) 끝이 없음.

無缺(무결) ①결점이 없음. ②일정한 기간 한 번도 결석이 없음.

無經界(무경계) 國옳고 그름의 구별이 없음.

無稽(무계) 근거가 없음. 터무니없음.

無故(무고) ①연고가 없음. ②무사함. 탈이 없음. ③까닭이 없음.

無辜(무고) 아무 죄가 없음.

無骨(무골) ①뼈대가 없음. 줏대가 없음. ②줏대 없는 지리멸렬한 문장.

無骨蟲(무골충) ①뼈 없는 벌레. ②줏대나 기개(氣槪)가 없는 사람.

無骨好人(무골호인) 國뼈 없이 좋은 사람. 두루뭉술하고 순하여 남의 비위에 다 맞는 사람.

無冠(무관) 관이 없음. 지위가 없음.

無關(무관) 관계가 없음.

無垢(무구) 때가 묻지 않음.

無窮(무궁) 공간이나 시간이 끝이 없음.

無極(무극) ①끝이 없음. ②우주의 본체인 태극(太極)의 맨 처음 상태.

無根(무근) ①뿌리가 없음. ②근거가 없음.

無給(무급) 國급료가 없음.

無期(무기) 일정한 기한이 없음.

無難(무난) ①재난(災難)이 없음. ②어려움이 없음. ③두려워하고 주저할 바가 없음. ④수수하여 탈될 것이 없음.

無乃(무내) 차라리. 오히려. 無寧(무녕).

無念(무념) 마음속에 아무 생각이 없음.

無斷(무단) ①결단력이 없음. ②國승낙을 얻지 않음. 미리 사유를 이야기하지 않음.

無道(무도) ①세상에 도덕이 행해지지 않음. ②인도에 어긋남. 도리에 벗어남.

無量(무량) ①분량을 정하지 않음. 정한 양이 없음. ②한량이 없을 만큼 많음.

無慮(무려) ①아무 염려할 것이 없음. ②깊이 생각함이 없음. ③대개. 대략.

無禮(무례) 예의에 벗어남. 도리에 어긋난 짓을 함. 失禮(실례).

無祿(무록) ①하늘이 주는 복록(福祿)이 없음. ②봉록(俸祿)이 없음. ③선비〔士〕의 죽음.

無賴(무뢰) ①믿을 수 없음. 의뢰할 수 없음. ②일정한 직업이 없이 불량한 짓을 하며 돌아다니는 사람. 無賴漢(무뢰한). ③미워하며 욕하는 말. ④마음이 편하지 않음. 괴로움.

無聊(무료) ①근심이 있어 아무 즐거움이 없음. ②의지할 곳이 없음. ③심심하고 지루함.

無理(무리) ①이치에 맞지 않음. ②까닭이 없음. 이유가 없음. ③억지로 우김.

無望(무망) ①가망이나 희망이 없음. ②망제(望祭)가 없음. ③뜻하지 않음. 예기치 않음. ④경계(境界)가 없음.

無妄(무망) ①속이지 않음. ②뜻하지 않음. 無望(무망). ③주역(周易) 64괘(卦)의 이름. 진실하고 거짓이 없는 괘.

無妄之福(무망지복) 뜻밖에 얻은 복. 생각하지 않았던 복.

無名(무명) ①이름이 없음. ②이름이 알려져 있지 않음.

無聞(무문) ①이름이 세상에 알려져 있지 않음. ②들은 일이 없음.

無物(무물) ①물건이 없음. 아무것도 없음. ②공(空)의 경지.

無味(무미) ①맛이나 재미가 없음. ②아무 뜻이 없음. ③취미가 없음. 沒趣味(몰취미).

無妨(무방) 방해될 것이 없음. 괜찮음.

無法天地(무법천지) 법이 없는 세상. 폭력이 난무(亂舞)하고 무질서한 세상.

無邊(무변) 國①끝이 없음. ②이자가 없음.

無病(무병) 병이 없음. 無恙(무양).

無不通知(무불통지) 國두루 통하여 모르는 것이 없음.

無事(무사) 아무 탈이 없음.

無私無偏(무사무편) 사심이 없고 한쪽으로 치우치지 않음. 지극히 공정함.

無上(무상) ①이 위에 더 없음. 최고임. 最上

火 7획

(최상). ②윗사람이나 임금을 업신여김.
無常(무상) ①일정함이 없음. ②덧없음. ③(佛)상주(常住)하는 것이 없음.
無色(무색) ①아무 빛깔도 없음. ②國부끄러워 볼 낯이 없음. 無顔(무안).
無聲無臭(무성무취) ①천도(天道)는 알기 어려워서, 들어도 소리가 없고 맡아도 냄새가 없음. ②은거(隱居)하여 나타나지 않음.
無聲詩(무성시) 소리 없는 시. 훌륭한 그림.
無所不能(무소불능) 능하지 않은 것이 없음. 못하는 것이 없음.
無所不爲(무소불위) 하지 못할 일이 없음.
無視(무시) ①보지 않음. ②업신여김. 안중(眼中)에 두지 않음. 蔑視(멸시).
無始無終(무시무종) ①시작도 끝도 없음. ②(佛)불변의 진리. 윤회의 무한성(無限性).
無信(무신) ①신의가 없음. ②서신(書信)이 없음. 소식이 없음.
無心道人(무심도인) 도를 깊이 닦아 세속의 번뇌와 물욕에서 벗어난 사람.
無雙(무쌍) 견줄 만한 짝이 없음.
無我(무아) ①자기를 잊음. 자기의 존재를 깨닫지 못함. 沒我(몰아). ②마음이 공평무사함. 사욕이 없음. ③(佛)인간이나 만물에는 영원불변의 실체(實體)가 없는 일.
無顔(무안) 볼 낯이 없음.
無嚴(무엄) 國삼가거나 어려워 함이 없음.
無緣(무연) ①인연이 없음. ②죽은 뒤에 연고자가 없음.
無用之物(무용지물) 쓸모없는 사람이나 물건.
無爲(무위) ①아무 일도 하지 않음. ②조금도 간섭하지 않음. ③자연 그대로 인위(人爲)를 가하지 않음. ④(佛)생사의 변화가 없이 상주(常住)하는 일. 열반(涅槃)의 세계.
無爲徒食(무위도식) 하는 일 없이 놀고먹음.
無爲而化(무위이화) ①애써 공들이지 않아도 저절로 변하여 잘 이루어짐. 정치나 교육을 베풀지 않아도 저절로 나라가 다스려짐. ②성인의 덕이 크면 클수록 백성들이 스스로 따라와서 잘 감화됨.
無爲之治(무위지치) 성인의 덕이 지극히 커서 천하가 저절로 다스려짐.
無依無托(무의무탁) 몸을 의탁할 곳이 없음. 썩 빈곤하고 고독한 처지.
無二(무이) ①둘도 없음. 가장 뛰어남. ②두 마음이 없음. 배반할 마음이 없음.
無人之境(무인지경) ①사람이 살지 않는 곳. ②아무것도 거칠 것이 없는 판. 독판.
無日(무일) ①영구함. ②며칠 안되어. 불일내(不日內)로.
無字碑(무자비) ①글자를 새기지 않은 비. ②무식한 사람을 조롱하는 말.
無腸公子(무장공자) ①창자가 없는 동물. 게〔蟹〕. ②기력이 없는 사람.
無敵(무적) 겨룰 만한 맞수가 없음. 아주 강함.
無適無莫(무적무막) 옳지도 그르지도 않음. 시의(時宜)에 따른 군자의 도를 이르는 말.
無情(무정) 사랑이나 동정심이 없음.
無罪(무죄) 잘못이나 죄가 없음.
無主(무주) ①임자가 없음. ②임금이 없음. ③주장(主掌)하는 사람이 없음.
無知(무지) ①아는 것이 없음. ②어리석고 우악함.
無盡藏(무진장) ①아무리 써도 다함이 없이 많음. ②(佛)덕(德)이 광대하여 끝이 없음.
無慘(무참) 더없이 참혹함.
無親(무친) ①친하는 일이 없음. ②믿고 의지할 사람이 없음. ③골고루 친함.
無頉(무탈) 國탈이 없음.
無風(무풍) ①바람이 없음. ②다른 곳의 재난이 미치지 않는 평온하고 안정된 상태.
無何(무하) ①얼마 안 되어. 곧. ②아무 죄도 없음. 無罪(무죄). ③다른 일이 없음. ④무위(無爲)의 이상향.
無恒產(무항산) 일정한 생업이나 재산이 없음.
無恒心(무항심) 항심이 없음. 늘 지니고 있는 떳떳한 마음이 없음.
無形(무형) 형체가 없음.
無效(무효) 보람이나 효과가 없음.
◨ 皆無개무, 空無공무, 南無남무, 三無삼무, 有無유무, 絕無절무, 虛無허무.

8 ⑫ 【焙】 불에 쬘 배 隊

인명 ㊥bèi ㊐ホウ

초서 [illegible] 동자 [illegible] 자해 **❶불에 쬐다, 불에 쬐어 말리다. ❷배롱(焙籠).**
焙茶(배다) 찻잎을 따서 불에 말림.
焙籠(배롱) 화로에 씌워 놓고 거기에 젖은 기저귀나 옷 따위를 얹어 말리는 기구.

8 ⑫ 【焚】 1불사를 분 文 2넘어질 분 問

인명 1급 ㊥fén, fèn ㊐フン

소전 [illegible] 초서 [illegible] 동자 燓 속자 [illegible] 자해 1 **❶ 불사르다, 타다.** 〔書經〕 玉石俱焚옥석구분. **❷불을 놓아 사냥하다. ❸화형(火刑)에 처하다.** 〔周禮〕 凡殺其親者焚之범살기친자분지. 2 **넘어지다, 넘어뜨리다.** ＝僨.
焚棄(분기) 태워서 버림.
焚溺(분닉) 불에 타고 물에 빠짐. 백성이 학정

(虐政)으로 고통을 당함.
焚書坑儒(분서갱유) 학문이나 사상을 탄압함. 진시황(秦始皇)이 학자들의 정치 비판을 막기 위하여 시서 육경(詩書六經)을 불태우고, 유학자(儒學者) 460여 명을 생매장한 일.
焚身(분신) 자기 몸을 불사름.
焚草(분초) ①풀을 태움. ②원고를 태움.
焚香(분향) 향을 피움.
◨ 燒焚소분, 玉石俱焚옥석구분.

8 ⑫【焼】 燒(788)의 속자

8 ⑫〖焞〗 1밝을 순·돈 元眞 2성할 퇴 灰 3어스레할 돈 元

인명 ㊥tūn, tuì, jùn ㊐トン, タイ

소전 초서 본자 燉 참고 인명용 음은 '돈·순'이다.

자해 1밝다. 2성(盛)하다. 3어스레하다.
焞焞(❶돈돈 ❷퇴퇴) ❶빛이 없는 모양. 별이 해와 달에 가까워져 희미하게 보이는 모양. ❷기세가 대단한 모양.

8 ⑫【焠】 담금질 쉬 ㊍채 隊

㊥cuì ㊐サイ

소전 초서 자해 ❶담금질하다, 좋은 칼을 만들기 위하여 담금질하다. 〔漢書〕清水焠其鋒청수쉬기봉. ❷태우다, 불에 태우다.
焠掌(쉬장) 괴로움을 참아 가며 공부에 힘씀. 故事 공자의 제자 유약(有若)이 졸음을 쫓기 위하여 손바닥을 지졌다는 고사에서 온 말.

8 ⑫【然】 그러할 연 先

중학 인명 7급 ㊥rán ㊐ゼン

필순 ノ ク タ タ タ 豺 肰 肰 肰 然

소전 초서 자원 形聲. 肰+火→然. '肰(연)'이 음을 나타낸다.

자해 ❶그러하다, 맞다. 이치에 맞고 내 마음에 맞다는 뜻. 〔論語〕雍之言옹지언, 然연. ❷그렇다고 여기다. 〔後漢書〕心然元計심연원계. ❸그리하여. '而'와 같은 뜻으로 쓰인다. 〔孟子〕識其不可식기불가, 然且至연차지. ❹그러나. ❺그러하다면, 그러한즉. ❻형용하는 말. '如'와 같은 뜻으로, 형용하는 데 붙이는 말. ❼종결사(終結詞). 〔論語〕俱不得其死然구부득기사연. ❽타다, 태우다. =燃. 〔魏志〕夜然脂照城外야연지조성외.
然眉之急(연미지급) 눈썹을 태울 정도로 몹시 급함. 火急(화급). 燒眉之急(소미지급).
然否(연부) 그러함과 그러하지 아니함.
然而(연이) 그러나. 그런데.
然則(연즉) 그런즉. 그렇다면.
然後(연후) 그러한 뒤.
◨ 介然개연, 渺然묘연, 儼然엄연, 巍然외연, 隱然은연, 適然적연, 愀然추연, 浩然호연, 欣然흔연, 翕然흡연.

8 ⑫〖焱〗 1불꽃 염 豔 2화염 모양 혁 錫

인명 ㊥yàn ㊐エン

소전 초서 참고 인명용 음은 '혁'이다.

자해 1불꽃, 불똥. 2화염(火焰)의 모양, 불이 세게 타는 모양.
焱焱(염염) 불꽃이 오르는 모양.
焱橐(염탁) 불길을 일으키는 기구. 풀무.

8 ⑫【焰】 1불 당길 염 琰 2불꽃 염 豔

인명 1급 ㊥yàn ㊐エン

동자 燄 자해 1불이 댕기다, 불이 붙기 시작하는 모양. 2❶불꽃. ❷빛, 불빛.
焰焰(염염) 불이 막 붙어 화력이 아직 세차지 못한 모양.
焰火(염화) ①불꽃. ②불꽃처럼 붉은 꽃.

8 ⑫【焯】 밝을 작 藥

㊥zhuō ㊐シャク

소전 초서 자해 ❶밝다, 빛나다. ❷불사르다. =灼.
焯見(작견) 환하게 보임. 灼見(작견).

8 ⑫【焦】 그을릴 초 蕭

인명 2급 ㊥jiāo ㊐ショウ

소전 초서 자해 ❶그을리다, 그을다. 〔春秋左氏傳〕卜戰龜焦복전귀초. ❷애타다, 애태우다. ❸탄내 나다.
焦渴(초갈) ①목이 몹시 마름. ②호수·못 등의 물이 마름.
焦溺(초닉) 불에 타고 물에 빠짐. 곤란에 빠짐.
焦頭爛額(초두난액) 머리를 태우고 이마를 데어 가며 불을 끔. 어려운 일을 당하여 몹시 애를 씀.
焦尾琴(초미금) 거문고의 딴 이름. 故事 후한(後漢)의 채옹(蔡邕)이 이웃에서 오동나무를 태우는 소리를 듣고 질 좋은 재목임을 알고 반쯤 타다 남은 나무를 얻어 만들었다는 거문고.

焦眉之急(초미지급) 눈썹에 불이 붙은 것과 같이 썩 위급한 경우.

焦思(초사) 속을 태움. 애가 탐.

焦脣(초순) 입술을 태움. 매우 애태움.

焦心(초심) ①마음을 졸임. 속을 태움. ②초조한 마음.

焦點(초점) ①관심이나 주의가 집중되는 사물의 중심 부분. ②광선이 렌즈나 구면 거울 따위에 반사, 굴절하여 다시 모이는 점.

焦燥(초조) 애태우며 마음을 졸임.

焦土(초토) ①까맣게 탄 흙. ②불타 없어진 자리. 전란(戰亂)의 흔적.

◨ 三焦삼초.

8 ⑫【焜】 빛날 혼·곤 阮元

㊥kūn ㊐コン

소전 초서 자해 ❶빛나다. 〔歐陽脩·詩〕四壁金焜煌사벽금혼황. ❷밝다. 〔春秋左氏傳〕焜燿寡人之望혼요과인지망.

焜燿(혼요) 빛이 남. 빛을 냄.

焜煌(혼황) 빛남.

焜爐(곤로) 작은 화로.

9 ⑬【煢】茕 외로울 경 庚

㊥qióng ㊐ケイ

소전 초서 동자 동자 자해 ❶외롭다. 형제나 배우자가 없어 의지할 데가 없다. 〔孟子〕哀此煢獨애차경독. ❷근심하다.

煢煢(경경) ①외롭고 의지할 곳 없는 모양. ②근심하는 모양.

煢獨(경독) 형제가 없는 사람과 자식이 없는 사람. 의지할 곳이 없는 외로운 사람.

9 ⑬【煖】 ①따뜻할 난 旱 ②온난할 훤 元

인명 1급 ㊥nuǎn, xuān ㊐ダン

소전 초서 동자 暖 참고 인명용 음은 '난'이다.

자해 ①따뜻하다, 따뜻하게 하다. ＝暖. 〔禮記〕七十非帛不煖칠십비백불난. ②온난하다, 날씨가 따뜻하다. ＝暄.

煖坑(난갱) 온돌.

煖爐(난로) 불을 피워서 방 안을 따뜻하게 하는 장치.

煖房(난방) 방을 따뜻하게 함. 따뜻한 방.

煖衣飽食(난의포식) 따뜻한 옷에 배불리 먹음. 넉넉한 생활.

◨ 溫煖온난, 寒煖한란.

9 ⑬【煉】炼 불릴 련 霰

인명 2급 ㊥liàn ㊐レン

소전 초서 자해 불리다, 쇠붙이를 불에 달구어서 정련(精鍊)하다. ≒鍊.

煉丹(연단) ①도사가 진사(辰砂)로 불로장생하는 약이나 황금을 만들었다고 하는 일종의 연금술. ②단전(丹田)에 정신을 집중하여 심신을 수련하는 일.

煉獄(연옥) 영혼이 천국에 들어가기 전에 지은 죄를 씻기 위하여 불로써 단련받는 곳.

煉瓦(연와) 벽돌.

煉乳(연유) 달여서 진하게 만든 우유.

煉炭(연탄) 가루 석탄에 흙을 넣고 반죽하여 굳혀 만든 연료.

9 ⑬【㷖】 烈(775)의 고자

9 ⑬【煤】 그을음 매 灰

인명 1급 ㊥méi ㊐バイ

초서 자해 ❶그을음. ❷먹. ❸석탄(石炭). ¶ 煤炭매탄.

煤氣(매기) ①그을음이 섞인 연기. 油煙(유연). ②석탄 가스.

煤煙(매연) ①그을음. 煤烟(매연). ②석탄이 타는 연기.

煤炭(매탄) 석탄(石炭).

◨ 松煤송매.

9 ⑬【煩】烦 괴로워할 번 元

고등 인명 3급 ㊥fán ㊐ハン

필순 丶 丷 火 炉 炘 炘 煩 煩 煩 煩

소전 초서 자원 會意. 火＋頁→煩. 머리〔頁〕가 더워져서〔火〕아픔을 뜻한다.

자해 ❶괴로워하다, 괴로워서 가슴이 답답하다. 〔史記〕病使人煩懣병사인번만, 食不下식불하. ❷번거롭다, 번잡하고 까다롭다. 〔書經〕禮煩則亂례번즉란. ❸괴롭히다, 성가시게 굴다. ❹번민, 고민, 근심.

煩苛(번가) 번거롭고 가혹함.

煩簡(번간) 번잡함과 간이함. 바쁨과 한가로움.
煩襟(번금) 마음속의 번민. 번민하는 마음속.
煩急(번급) 몹시 번거롭고 급함.
煩惱(번뇌) ①마음이 시달려서 괴로움. ②(佛) 미혹(迷惑) 또는 욕정에 시달려 괴로움.
煩亂(번란) 심신이 괴롭고 어지러움.
煩慮(번려) 번거로운 생각. 귀찮은 생각.
煩懣(번만) ①가슴속이 답답함. ②번민.
煩文(번문) ①번거롭고 까다로운 문장. ②예문(禮文). 繁文(번문).
煩悶(번민) 번거롭고 답답하여 괴로워함.
煩法(번법) 번거로운 법률. 까다로운 법.
煩細(번세) 번거롭고 자질구레함.
煩瑣(번쇄) 번거롭고 자질구레함. 煩碎(번쇄).
煩愁(번수) 괴로워하며 걱정함.
煩言(번언) ①성내어 다투는 말. ②번거로운 말. 煩語(번어).
煩熱(번열) ①숨막힐 듯이 더움. 繁溽(번욕). ②몸에 열이 나서 가슴이 답답하고 몹시 괴로운 증세.
煩惋(번완) ①괴로워하며 한탄함. ②번민하며 원망함.
煩擾(번요) 번거롭고 요란스러움.
煩溽(번욕) 무더움. 무더위. 煩熱(번열)①.
煩憂(번우) 괴로워하고 걱정함.
煩雜(번잡) 번거롭고 복잡함.
煩蒸(번증) 찌는 듯한 더위. 무더위.
煩惑(번혹) 번민하고 당혹함. 번민과 미혹.
煩懷(번회) 번거로운 생각. 煩想(번상).

9
⑬ 【煞】 1 죽일 살 黠
2 빠를 쇄 卦

인명 1급 ㊥shā, shà ㊐サツ, サイ

초서 동자 殺 참고 인명용 음은 '살'이다.

자해 1 죽이다. 2 빠르다.

9
⑬ 【煁】 화덕 심 侵

㊥chén ㊐シン

소전 초서 자해 화덕. 이동식 화덕.

9
⑬ 【煬】 炀 1 쬘 양 漾
2 쇠 녹일 양 陽

인명 ㊥yàng, yáng ㊐ヨウ

소전 초서 자해 1 ❶쬐다, 불을 쬐다. ❷불을 때다, 밥을 짓다. 〔莊子〕 煬者避竈양자피조. 2 쇠를 녹이다.
煬者(양자) 밥 짓는 사람. 炊夫(취부).
煬竈(양조) 아궁이의 불을 쬠. 간신이 정사(政事)를 마음대로 행하여 임금의 밝은 지혜를 가림.
煬火(양화) 불을 땜. 불을 지핌.

9
⑬ 【煙】 연기 연 先

중학 인명 4Ⅱ급 ㊥yān ㊐エン

필순

소전 초서 동자 烟 참고 인명용 음은 '연'이다.

자원 形聲. 火+垔→煙. '垔(인)'이 음을 나타낸다.

자해 ❶연기. ㉮무엇이 탈 때 나오는 흐릿한 기운. 〔周禮〕 以其煙被之이기연피지. ㉯산수(山水)에 끼는 놀·운무(雲霧) 따위의 기운. ㉰먼지. ❷연기가 끼다. 〔後漢書〕 寒食한식, 莫敢煙爨막감연찬. ❸그을음. ❹담배. ¶ 吸煙흡연.
煙景(연경) ①연하(煙霞)가 끼어 있는 봄 경치. ②호수의 수면에 일어나는 연파(煙波). ③연기나 구름이 길게 낀 모양.
煙氣(연기) 무엇이 탈 때 생기는 흐릿한 기체나 기운.
煙嵐(연람) ①피어오른 흐릿한 이내. ②연기와 이내.
煙幕(연막) 적의 사격이나 관측으로부터 벗어나기 위해 피워 놓는 짙은 연기.
煙煤(연매) 철매. 그을음.
煙霧(연무) ①연기와 안개. ②아지랑이. 봄 안개. 煙霏(연비).
煙焰(연염) ①연기와 불꽃. ②연기 속을 치솟는 불꽃.
煙隝(연오) 안개나 아지랑이가 끼어 있는 마을. 흐릿하게 보이는 마을.
煙雨(연우) 안개비. 細雨(세우).
煙塵(연진) ①연기와 먼지. ②전장(戰場)에서 일어나는 풍진(風塵). 병란(兵亂).
煙草(연초) ①담배. ②안개 따위가 끼어 희미하게 보이는 풀.
煙硝(연초) 화약(火藥).
煙波(연파) 안개가 낀 수면. 먼 수면이 안개가 낀 것처럼 희미한 모양. 물안개. 煙水(연수).
煙霞(연하) ①연기와 노을. ②고요한 산수(山水)의 경치.
煙花(연화) ①노을과 꽃. 봄의 경치. ②화려하고 아름다움. ③기생. 妓女(기녀).
煙火(연화) ①밥 짓는 연기. 人煙(인연). 火煙(화연). ②봉화(烽火). ③불에 익힌 음식물. ④불꽃. 花火(화화).
◨ 禁煙금연, 喫煙끽연, 煤煙매연, 無煙무연, 松煙송연, 雲煙운연, 炊煙취연, 翠煙취연,

火 9획

香煙향연, 吸煙흡연.

9 ⑬【煐】 사람 이름 영 庚

인명 ㊥yīng ㊐エイ

자해 사람 이름.

9 ⑬【煜】 빛날 욱 屋

인명 2급 ㊥yù ㊐イク

소전 초서 자해 ❶빛나다, 빛나는 모양. ❷불꽃.

煜燿(욱요) 환하게 빛남.

煜煜(욱욱) ①아침 해, 꽃 등이 빛나는 모양. ②별·개똥벌레 등이 반짝이는 모양.

煜灼(욱작) 빛남. 빛을 발함.

◨ 炳煜병욱, 曄煜엽욱.

9 ⑬【煒】炜 ①빨갈 위 尾 ②빛날 휘 微

㊥wěi, huī ㊐イ, キ

소전 초서 자해 ①❶빨갛다, 붉은빛. 〔詩經〕 彤管有煒동관유위. ❷매우 밝은 모양. ②빛나다, 빛.

煒如(위여) ①안광(眼光)이 날카로운 모양. ②밝은 모양. 환한 모양.

煒然(위연) 아름답고 고운 모양.

煒曄(❶위엽 ❷휘엽) ❶왕성한 모양. ❷빛나는 모양.

煒燁(휘엽) 빛나는 모양.

煒煌(휘황) ①환하게 빛나는 모양. 輝煌(휘황). ②문장이 훌륭한 모양.

9 ⑬【煮】煮 삶을 자 ㊍저 語

인명 1급 ㊥zhǔ ㊐シャ

초서 동자 속자 자해 ❶삶다, 익히다. ❷삶기다, 익다. 〔晉書〕 豆至難煮두지난자. ❸소금을 굽다, 짠물을 달여 소금을 만들다, 소금. 〔管子〕 燕有遼東之煮연유료동지자.

煮豆燃萁(자두연기) 콩을 삶는 데 콩대를 땔감으로 함. 형제가 서로 다툼.

煮茗(자명) 차를 달임. 煎茶(전다).

◨ 炮煮포자, 熏煮훈자.

9 ⑬【煑】 煮(783)와 동자

9 ⑬【煎】 ①달일 전 先 ②전 전 霰

인명 1급 ㊥jiān, jiàn ㊐セン

소전 초서 자해 ①❶달이다. ¶ 煎藥전약. ❷졸이다. ❸마음을 졸이다, 애태우다. ②전. 기름에 지진 음식.

煎茶(전다) 차를 달임.

煎水作氷(전수작빙) 물을 끓여 얼음을 만듦. 불가능한 일.

煎熬(전오) ①국물이 없어질 때까지 졸임. ②몹시 근심함. 焦灼(초작).

煎藥(전약) 약을 달임.

煎油(전유) 지짐질함. 지짐질에 쓰이는 기름.

煎調(전조) 음식물을 끓여서 맛이 나게 요리함.

煎和(전화) 졸여서 간을 맞춤.

9 ⑬【照】 비출 조 嘯

고등 인명 3Ⅱ급 ㊥zhào ㊐ショウ

필순 丨 ⺆ 日 日 日ˊ 昭 昭 昭 照 照

소전 초서 동자 曌 자원 形聲. 昭＋火→照. '昭(소)'가 음을 나타낸다.

자해 ❶비추다. ㉮밝게 하다. ㉯빛을 보내다. 〔易經〕 大人以繼明대인이계명, 照于四方조우사방. ㉰대조하여 보다. ㉱깨우치다. 〔淮南子〕 照惑者조혹자, 以東爲西이동위서, 惑也혹야. ㉲비추어서 보다. ❷비치다. 〔易經〕 日月得天而能久照일월득천이능구조. ❸햇빛. ❹준거(準據)하다. ¶ 照例조례. ❺증명서, 증권(證券).

照鑑(조감) ①비추어 봄. 분명히 봄. ②신불(神佛)이 밝게 보살핌. 照覽(조람).

照光(조광) 휘황찬란하게 빛나는 빛.

照諒(조량) 國사정을 밝혀서 앎.

照例(조례) 규칙에 의거함. 전례를 참고함.

照臨(조림) ①해와 달이 사방을 비춤. ②임금이 백성을 굽어보고 다스림. 君臨(군림). ③귀인의 왕림(枉臨). 光臨(광림). ④신불(神佛)이 세상을 굽어 봄. 照覽(조람).

照明(조명) ①비추어 밝힘. ②무대 효과나 촬영 효과를 높이기 위하여 광선을 비춤.

照覆(조복) 조회(照會)에 대한 회답.

照映(조영) 밝게 비침. 비쳐서 반짝임.

照耀(조요) 아름답게 빛남. 照曜(조요).

照律(조율) 법률에 비추어 봄. 법률에 규정한 대로 구체적인 사건에 적용함.

照應(조응) ①앞뒤가 상응(相應)함. 서로 통함. ②어구(語句)의 앞뒤가 상응하여 조화를 이룸. ③요구에 따라 편의를 보아줌.

照準(조준) 총이나 포 따위로 발사하는 탄환이 목표물에 명중하도록 겨냥함.

照徹(조철) 두루 비침. 널리 통함.

照破(조파) 비추어 깨뜨림. 지혜의 빛으로 어리석은 마음을 비추어 깨닫게 함.
照會(조회) ①대조하여 생각함. ②문의함. 물어서 확인함.
◨ 對照대조, 參照참조.

9 ⑬【煥】 불꽃 환 翰
인명 2급 ㊥huàn ㊐カン
소전 [字] 초서 [字] 자해 ❶불꽃, 불빛. ❷밝다, 빛나다, 밝은 모양. 〔論語〕 煥乎其有文章환호기유문장.
煥爛(환란) 번쩍번쩍 빛나는 모양.
煥發(환발) 빛이 환하게 나타남.
煥蔚(환위) 빛나고 광채가 있는 모양.
煥彰(환창) 환히 나타남.
煥乎(환호) 환한 모양. 빛나는 모양.
煥煥(환환) ①빛나는 모양. ②옥(玉)이 광채나는 모양.

9 ⑬【煌】 빛날 황 陽
인명 1급 ㊥huáng ㊐コウ
소전 [字] 초서 [字] 자해 빛나다. 〔詩經〕 明星煌煌명성황황.
煌星(황성) 반짝반짝 빛나는 별. 샛별.
煌燿(황요) 환한 빛. 태양을 이름.
煌熒(황형) 번쩍번쩍 빛남. 熒煌(형황).
煌煌(황황) 번쩍번쩍 빛나는 모양.
◨ 敦煌돈황, 炫煌현황, 熒煌형황, 輝煌휘황.

9 ⑬【煦】 따뜻하게 할 후 遇
인명 ㊥xù ㊐ク
소전 [字] 초서 [字] 자해 ❶따뜻하게 하다, 햇빛이 만물을 따뜻하게 하다. 〔禮記〕 煦嫗覆育萬物후구복육만물. ❷찌다. ❸은혜를 베풀다.
煦嫗(후구) 입김을 불어 따뜻하게 하고, 품에 품어 따뜻하게 함. 정성을 들여 양육함.
煦育(후육) 따뜻하게 기름. 양육함.
煦噓(후허) 입김을 불어 따뜻하게 함.
煦煦(후후) ①따뜻한 모양. ②온정을 베푸는 모양.

9 ⑬【熏】 熏(785)의 속자

9 ⑬【煊】 따뜻할 훤 元
인명 ㊥xuān ㊐ケン
자해 따뜻하다.

9 ⑬【煇】 [辉] ①빛날 휘 微 ②구울 훈 文
인명 ㊥huī, xūn ㊐キ, クン
소전 [字] 초서 [字] 참고 인명용 음은 '휘'이다.
자해 ①빛나다, 빛. ≒輝. 〔詩經〕 庭燎有煇정료유휘. ②굽다, 지지다. 〔史記〕 去眼煇耳거안훈이.
煇光(휘광) 빛나는 광채. 光煇(광휘).
煇煌(휘황) 빛이 찬란한 모양.
煇煇(❶휘휘 ❷훈훈) ❶빛이 찬란한 모양. ❷붉은빛의 모양.

9 ⑬【煕】 빛날 희 支
인명 2급 ㊥xī ㊐キ
소전 [字] 초서 [字] 속자 [字] 고자 [字] 자해 ❶빛나다, 빛. 〔詩經〕 於緝熙敬止어집희경지. ❷넓다, 넓히다. 〔書經〕 庶績咸熙서적함희. ❸일다, 일으키다. 〔詩經〕 時純熙矣시순희의. ❹기뻐하다. ❺아아. 탄식하는 소리. ❻복, 행복. ≒禧. 〔漢書〕 熙事備成희사비성.
熙笑(희소) 기뻐하여 웃음.
熙雍(희옹) 화락(和樂)함. 누그러짐.
熙載(희재) 일을 넓혀 일으킴.
熙朝(희조) ①밝은 정치가 행해지는 시대. ②조정의 정사(政事)를 일으킴.
熙洽(희흡) ①화락함. ②명덕(明德)의 임금이 왕위를 계승함. 태평하게 잘 다스려진 세상.
熙熙(희희) ①화락한 모양. ②넓은 모양.

10 ⑭【煽】 부칠 선 霰
인명 1급 ㊥shān ㊐セン
소전 [字] 초서 [字] 자해 ❶부치다, 부채질하다. ❷부추기다, 꼬드기다. ❸성하다, 불길이 세다.
煽動(선동) 남을 꾀어서 부추김.
煽熾(선치) ①기세가 왕성함. ②선동하여 왕성하게 함.
煽惑(선혹) 선동하여 현혹하게 함. 扇惑(선혹).

10 ⑭【熄】 꺼질 식 職
인명 1급 ㊥xī ㊐ソク
소전 [字] 초서 [字] 자해 ❶꺼지다, 그치다. 〔孟子〕 不熄則謂之水不勝火불식즉위지수불승화. ❷없어지다, 망하다.

熄滅(식멸) 꺼져 없어짐. 消滅(소멸).
◨ 終熄종식.

10 ⑭ 【熅】 숯불 온 文

㊥yūn ㊐ウン, オン

소전 燼 초서 熅 동자 煴 자해 ❶숯불, 불꽃이 없는 불. ❷따뜻하다.

熅熅(온온) ①불기운이 뭉근한 모양. ②음양(陰陽)이 조화하여 서로 돕는 모양.
熅火(온화) 불꽃이 나지 않는 숯불. 재 속에 묻은 숯불.

10 ⑭ 【熔】 鎔(1309)의 속자 인명 2급

10 ⑭ 【熉】 노란 모양 운 文 吻

인명 ㊥yún ㊐ウン

초서 熉 자해 노란 모양.

10 ⑭ 【熊】 곰 웅 東

인명 2급 ㊥xióng ㊐ユウ

소전 熊 초서 熊 자해 ❶곰. 〔孟子〕熊掌亦我所欲也웅장역아소욕야. ❷빛나는 모양.

熊魚(웅어) ①곰의 발바닥과 물고기. ②맛있는 음식.
熊熊(웅웅) 선명하게 빛나는 모양.
熊掌(웅장) 곰의 발바닥. 팔진미(八珍味)의 하나. 熊蹯(웅번).
熊虎(웅호) ①곰과 범. ②용맹함.

10 ⑭ 【熒】 등불 형 靑

인명 ㊥yíng ㊐ケイ

소전 熒 초서 熒 자해 ❶등불, 등불의 불빛. ❷빛나다. 〔史記〕美人熒熒兮미인형형혜, 顏若苕之榮안약초지영. ❸밝다. ❹아찔하다, 당혹하다, 생각을 헷갈리게 하다. ❺개똥벌레. ≒螢. ¶ 熒火형화.

熒光(형광) 반딧불. 螢光(형광).
熒燭(형촉) 희미한 촛불.
熒熒(형형) ①작은 빛이 반짝이는 모양. ②얼굴에 윤기가 있는 모양.
熒惑(형혹) ①재화(災禍)·병란(兵亂)의 징조를 보여 준다는 별. 화성(火星). ②화신(火神). ③현혹하게 함.
熒火(형화) 반딧불.

10 ⑭ 【熇】 뜨거울 혹 沃

㊥hè ㊐コク

소전 熇 초서 熇 자해 ❶뜨겁다, 불이 뜨겁다. ❷불이 활활 타다. 〔詩經〕多將熇熇다장혹혹, 不可救藥불가구약.

熇蒸(혹증) 심한 더위. 酷暑(혹서).
熇熇(혹혹) ①불꽃이 일어나는 모양. 불기가 세찬 모양. ②몹시 참혹한 악행(惡行).

10 ⑭ 【熀】 불빛 이글거릴 황·엽 養

인명 ㊥huǎng, yè ㊐コウ

초서 熀 참고 인명용 음은 '황·엽'이다. 자해 ❶불빛이 이글거리다. ❷밝은 모양.

10 ⑭ 【熏】 연기 낄 훈 文

인명 2급 ㊥xūn ㊐クン

소전 熏 초서 熏 속자 燻 속자 熏 자해 ❶연기가 끼다. ❷그슬리다. ㉮연기에 그슬리다. 〔詩經〕穹窒熏鼠궁질훈서. ㉯향을 피우다. ❸타다, 태우다. 〔詩經〕憂心如熏우심여훈. ❹움직이다, 감동하다. 〔呂氏春秋〕衆口熏天중구훈천. ❺황혼, 땅거미. ❻취하다, 술 취하다.

熏燎(훈료) 태움. 구움.
熏鼠(훈서) 불로 쥐구멍을 그슬러 쥐를 잡음.
熏夕(훈석) 저녁때. 黃昏(황혼).
熏煮(훈자) 지지고 삶음. 날씨가 몹시 더움.
熏灼(훈작) ①그슬러 태움. ②기세나 세력이 대단함. 薰灼(훈작).
熏風(훈풍) 동남풍(東南風).
熏熏(훈훈) ①화락한 모양. 醺醺(훈훈). ②왕래가 잦은 모양. 사람이 많은 모양.

10 ⑭ 【熈】 熙(784)의 속자

11 ⑮ 【熲】 颎 빛날 경 迥

인명 ㊥jiǒng ㊐ケイ

소전 熲 초서 熲 자해 ❶빛나다. ❷불빛. 〔詩經〕不出于熲불출우경.

11 ⑮ 【熢】 1 연기 자욱할 봉 東 2 불기운 봉 董

인명 ㊥péng, bèng ㊐ホウ

火 11획

자해 ❶연기가 자욱하다. ❷불기운.

11 ⑮【㷭】 烽(777)과 동자

11 ⑮【熟】 익을 숙 屋

고등 인명 3Ⅱ급 ㊥shú ㊐ジュク

필순 亠 亨 亨 享 孰 孰 孰 熟

초서 자원 形聲. 孰+火→熟. '孰(숙)'이 음을 나타낸다.

자해 ❶익다. ㉮곡식·과실 등이 익다. 〔書經〕歲則大熟세즉대숙. ㉯이루다, 완전한 경지에 이르다. 〔孟子〕仁亦在乎熟之而已矣인역재호숙지이이의. ㉰익숙하다. ❷삶아서 익히다. 〔論語〕君賜腥군사성, 必熟而薦之필숙이천지. ❸무르다, 물러지다. ❹곰곰이, 자세히.

熟考(숙고) 곰곰이 생각함.
熟果(숙과) 잘 익은 과실(果實).
熟達(숙달) 익숙하여 통달함.
熟圖(숙도) 충분히 계획을 짬. 熟計(숙계).
熟讀(숙독) 익숙하도록 읽음.
熟爛(숙란) ①과실이 무르익어 문드러짐. ②풍습이 몹시 문란하여짐.
熟冷(숙랭) 國숭늉.
熟練(숙련) ①익숙함. ②누인 명주로 지은 옷.
熟鹿皮(숙록피→숙녹비) ①부드럽게 가공한 사슴의 가죽. ②유순한 사람.
熟眠(숙면) 잠이 깊이 듦. 또는 그 잠.
熟歲(숙세) 곡식이 잘된 해.
熟手(숙수) ①숙련된 솜씨. 숙련된 사람. ②國음식을 잘 만드는 사람. 잔치 때 음식을 만드는 사람.
熟視(숙시) 자세히 봄. 熟覽(숙람).
熟食(숙식) 익힌 음식. 火食(화식).
熟悉(숙실) 충분히 앎. 익히 앎.
熟語(숙어) 두 개 이상의 낱말이 결합하여 하나의 뜻을 나타내는 말. 익은말.
熟議(숙의) 충분히 의논함.
熟知(숙지) 익숙하게 또는 충분히 앎.
熟察(숙찰) 자세히 살핌. 충분히 생각함.
熟親(숙친) 정분이 두터움. 아주 가까운 친분.
熟套(숙투) 흔해 빠진 것.
熟烹(숙팽) 잘 삶음. 잘 익힘.
熟曉(숙효) 깊이 통달함. 정통함.
◨ 未熟미숙, 半熟반숙, 成熟성숙, 完熟완숙, 圓熟원숙, 精熟정숙, 早熟조숙, 豐熟풍숙.

11 ⑮【熠】 빛날 습 ㊟읍 緝

㊥yì ㊐ユウ, シュウ

소전 초서 자해 ❶빛나다, 선명하다. 〔詩經〕熠燿其羽습요기우. ❷밝은 빛. ❸개똥벌레. ¶ 熠燿습요.

熠熠(습습) 빛이 선명한 모양. 煜煜(욱욱).
熠爚(습약) 매우 빛남.
熠燿(습요) ①선명한 모양. ②반딧불.

11 ⑮【熯】 1공경할 연 銑 2말릴 한 旱

㊥rǎn, hàn ㊐セン, カン

소전 초서 자해 1❶공경하다, 공경하고 삼가다. ❷사르다, 태우다. 2말리다.

11 ⑮【熱】热 더울 열 屑

중학 인명 5급 ㊥rè ㊐ネツ

필순 一 十 土 夫 坴 埶 埶 埶 熱 熱

소전 초서 본자 자원 形聲. 埶+火→熱. '埶(예)'가 음을 나타낸다.

자해 ❶덥다, 따뜻하다. 〔孟子〕如火益熱여화익열. ❷열. ㉮덥게 하는 기운. ㉯체온. 〔老子〕靜勝熱정승열. ❸몸이 달다, 흥분하다. 〔孟子〕不得於君부득어군, 則熱中즉열중.

熱狂(열광) 흥분하여 미친듯이 날뜀.
熱氣(열기) ①뜨거운 기운. ②고조된 분위기.
熱帶(열대) 적도를 중심으로 남북 회귀선 사이에 있는 더운 지대.
熱量(열량) 열을 에너지의 양으로 표시한 것.
熱烈(열렬) ①관심·감정 등이 매우 강함. ②권세가 대단함.
熱望(열망) 열렬하게 바람.
熱辯(열변) 열렬한 웅변.
熱病(열병) 신열이 대단히 나는 병.
熱性(열성) ①걸핏하면 흥분하는 성질. ②높은 열을 내는 성질.
熱誠(열성) 열렬한 정성.
熱心(열심) 어떤 일에 골똘하게 마음을 쏟음.
熱愛(열애) 열렬히 사랑함.
熱演(열연) 연기를 열심히 함.
熱意(열의) 무엇을 이루려는 열성스러운 마음.
熱戰(열전) ①격렬한 전쟁이나 승리. ②열띤 경기.
熱情(열정) ①매우 격렬한 감정. 열렬한 애정. ②어떤 일에 열중하는 마음. 熱心(열심).
熱中(열중) ①정신을 한 곳으로 집중함. 한 가지 일에 골몰함. 熱心(열심). ②마음이 조급하여 어쩔 줄 몰라 함.

熱唱(열창) 노래를 열심히 부름.
熱風(열풍) 열기를 품은 뜨거운 바람.
熱血(열혈) ①뜨거운 피. ②피 끓는 정열.
熱火(열화) ①매우 격렬한 열정. ②매우 급한 화증(火症).
◨ 高熱고열, 微熱미열, 發熱발열, 身熱신열, 溫熱온열, 電熱전열, 解熱해열, 火熱화열.

11 ⑮【熬】 볶을 오 豪

인명 ㊥áo ㊐ゴウ

소전 초서 자해 ❶볶다, 눋다, 타다. 〔周禮〕共飯米熬穀공반미오곡. ❷근심하는 소리. 〔漢書〕熬熬苦之오오고지.
熬穀(오곡) 볶은 곡식.
熬熬(오오) 사람들이 근심하고 원망하는 소리.
熬煎(오전) ①볶음. 볶고 지짐. ②걱정. 근심.

11 ⑮【熨】 1눌러 덥게 할 위 未 2다릴 울 物

㊥wèi, yùn ㊐ウツ, イ

초서 동자 熨 자해 1눌러서 덥게 하다, 고약을 붙이다. 2❶다리다. ❷다리미.
熨斗(울두) 다리미. 火斗(화두).
熨衣(울의) 옷을 다림.

11 ⑮【熤】 사람 이름 익·역 職 陌

인명 ㊥yì ㊐エキ, ヨク

참고 인명용 음은 '익' 이다.
자해 사람 이름.

11 ⑮【熛】 불똥 표 蕭

㊥biāo ㊐ヒョウ

소전 초서 자해 ❶불똥, 불꽃. ❷불똥이 튀다. ¶ 熛起표기. ❸빛나다. 〔後漢書〕雷動電熛뇌동전표. ❹붉다, 붉은빛.
熛闕(표궐) 대궐의 붉은 문.
熛起(표기) 불똥이 튀듯이 빨리 일어남.
熛怒(표노) 불기가 세찬 모양.
熛風(표풍) ①몹시 빠른 바람. 疾風(질풍). ②회오리바람. 飄風(표풍). 旋風(선풍).

12 ⑯【燉】 이글거릴 돈 元

인명 2급 ㊥tūn, dùn ㊐トン

초서 자해 ❶이글거리다, 불이 센 모양. ❷불빛, 불의 빛깔.

12 ⑯【燈】 灯 등잔 등 蒸

중학 인명 4Ⅱ급 ㊥dēng ㊐トウ

필순 火 火' 火'' 火'' 火'' 火'' 火'' 燈 燈 燈

초서 속자 灯 자원 形聲. 火+登→燈. '登(등)' 이 음을 나타낸다.
자해 ❶등잔, 등. ¶ 燈檠등경. ❷등불. ❸부처의 가르침. 불법(佛法)이 중생의 길을 밝힘을 등불에 비유한 말.
燈檠(등경) 등잔을 걸어 놓는 기구. 등잔걸이. 燈架(등가).
燈臺(등대) 밤에 다니는 배에 항로나 위험한 곳을 알리기 위하여, 해안이나 섬에 세우고 등불을 켜 놓은 시설.
燈盞(등잔) 기름을 담아 등불을 켜는 기구.
燈炷(등주) 등불 심지. 燈心(등심).
燈燭(등촉) 등불과 촛불.
燈塔(등탑) 꼭대기에 조명등 따위를 단, 탑 모양의 시설물.
燈下不明(등하불명) 등잔 밑이 어두움. 가까운 데서 생긴 일을 먼 데 일보다 도리어 더 모름.
燈火可親(등화가친) 등불을 가까이할 만함. 가을 밤은 시원하므로 등불을 가까이하여 글을 읽기에 좋음.
◨ 街燈가등, 孤燈고등, 法燈법등, 石燈석등, 神燈신등, 電燈전등, 風燈풍등, 紅燈홍등.

12 ⑯【燎】 화톳불 료 嘯 篠

인명 1급 ㊥liǎo, liáo ㊐リョウ

소전 초서 자해 ❶화톳불. ❷밝다. 〔詩經〕佼人燎兮교인료혜. ❸비추다. ❹불을 놓다. 〔書經〕若火之燎于原약화지료우원. ❺들불, 들불을 놓아 사냥하다. ❻섶을 태워 하늘에 제사 지내다.
燎壇(요단) 하늘에 제사 지낼 때 섶나무를 때는 단.
燎獵(요렵) 숲을 태워 짐승을 사냥함.
燎野(요야) 벌판을 불태움.
燎原之火(요원지화) 맹렬한 기세로 번져 나가는 벌판의 불. 세력이 대단하여 막을 수 없음의 비유.
燎祭(요제) 화톳불을 피워 신에게 제사 지냄.
燎火(요화) 화톳불.

12 ⑯【燐】 도깨비불 린 震

인명 1급 ㊥lín ㊐リン

초서 자해 ❶도깨비불. =粦. 〔淮南子〕久血爲燐구혈위린. ❷반딧불. ❸現

인. 비금속 원소의 하나.

燐火(인화) ①인(燐)이 타는 파란 불. ②음습(陰濕)한 곳에서 인의 작용으로 저절로 생겨난 불빛. 도깨비불.

◨ 鬼燐귀린, 白燐백린, 赤燐적린, 黃燐황린.

12 ⑯【燔】 구울 번 元

인명 ㊥fán ㊐ハン

소전 燔 초서 [초서] 자해 ❶굽다, 사르다. 〔詩經〕炮之燔之포지번지. ❷제육(祭肉). =膰.

燔燎(번료) ①화톳불을 놓음. ②하늘에 제사를 지냄.

燔燧(번수) 봉화(烽火)를 올림.

燔艾(번애) 약쑥을 피움. 뜸질함.

燔肉(번육) ①구운 고기. ②제사에 쓰는 고기.

燔灼(번작) 불에 구움.

12 ⑯【燒】烧 ①사를 소 蕭 ②야화 소 嘯

고등 인명 3Ⅱ급 ㊥shāo, shào ㊐ショウ

필순 丶 火 火 灶 灶 炷 烓 燒 燒 燒

소전 燒 초서 [초서] 갖은 壹 속자 焼 자원 形聲. 火+堯→燒. '堯(요)'가 음을 나타낸다.

자해 ①❶사르다, 불태우다. 〔戰國策〕因燒其券인소기권. ❷타다. 〔漢書〕薰以香自燒훈이향자소. ❸익히다, 불에 쬐어 익히다. ❹안달하다, 애태우다. ②❶야화(野火), 들에 놓은 불.

燒却(소각) 불에 태워 없애 버림.

燒眉之急(소미지급) 불길이 눈썹을 태울 정도로 몹시 급함.

燒燔(소번) 불태움. 불탐.

燒失(소실) 불에 타 없어짐.

燒夷(소이) ①불태워 없앰. ②불태워 토평(討平)함.

燒盡(소진) 모조리 타 버림.

燒春(소춘) ①명주(名酒)의 이름. ②따뜻한 봄. 烘春(홍춘).

燒香(소향) ①향을 피움. ②향을 피워 신불에게 바치는 일.

燒痕(소흔) 불탄 흔적. 불탄 자리.

◨ 屠燒도소, 焚燒분소, 燃燒연소, 全燒전소.

12 ⑯【燃】 사를 연 先

고등 인명 4급 ㊥rán ㊐ネン

필순 丶 火 火 炒 炒 炒 炒 燃 燃 燃 燃

초서 [초서] 본자 然 자원 形聲. 火+然→燃. '然(연)'이 음을 나타낸다.

자해 ❶사르다, 타다. ❷불을 붙이다. 〔舊唐書〕燃薪讀書연신독서.

燃燈會(연등회) (佛)고려 시대부터 있었던 불교 법회. 온 나라가 등불을 켜고, 부처를 공양하고 나라의 태평을 빌었음.

燃料(연료) 열, 빛, 동력의 에너지를 얻기 위하여 태우는 재료.

燃眉(연미) 눈썹이 탐. 일이 아주 절박함.

燃眉之厄(연미지액) 썩 급박하게 닥치는 액화(厄禍). 절박한 재액.

燃燒(연소) 불탐. 물질이 산화(酸化)할 때 빛과 열을 내는 현상.

◨ 可燃가연, 不燃불연, 再燃재연.

12 ⑯【燕】 ①제비 연 霰 ②나라 이름 연 先

고등 인명 3Ⅱ급 ㊥yàn, yān ㊐エン

필순 一 廿 廿 苩 苩 苩 莌 燕 燕 燕

소전 [소전] 초서 [초서] 자원 象形. '廿'은 부리, '口'는 몸통, '北'은 날개, '灬'은 꼬리로 제비 모양을 본뜬 글자.

자해 ①❶제비. =鷰. 〔史記〕燕雀安知鴻鵠志哉연작안지홍곡지재. ❷잔치, 주연(酒宴). ≒醼. ❸편안하다. ㉮편히 즐기다. 〔易經〕有他不燕유타불연. ㉯편히 쉬다. 〔論語〕子之燕居자지연거. ②❶나라 이름. ㉮주(周)나라 때 황제(黃帝)의 후손이 하남성(河南省)에 세운 남연(南燕). ㉯춘추 전국 시대에 하북성(河北省)에 세운 칠웅(七雄) 가운데 하나였던 나라. 소공(召公)으로부터 혜후(惠侯)까지 43세(世) 643년 만에 진(秦)나라에 멸망되었다. ❷하북성(河北省)의 옛 이름. ❸성(姓).

燕居(연거) 한가히 집에 있는 동안.

燕禮(연례) 군신(君臣)·상하(上下)가 함께 즐기는 잔치. 宴禮(연례).

燕尾服(연미복) 검은색에 뒷부분 아래쪽이 제비 꼬리처럼 갈라진, 남자용 서양 예복.

燕石(연석) 연산(燕山)에서 나는, 옥과 비슷하면서도 옥이 아닌 돌. ㉠사이비(似而非). ㉡가치가 없는 것의 비유. 故事 송(宋)나라의 한 어리석은 사람이 연산의 돌을 진짜 옥으로 믿어 세상의 웃음거리가 되었다는 고사에서 온 말. 燕礫(연력).

燕樂(❶연악 ❷연락) ❶주연(酒宴)에서 연주하는 음악. ❷잔치를 베풀고 즐김.

燕燕(연연) 편안히 쉬는 모양. 안식(安息)하는 모양. 宴宴(연연).

燕娛(연오) 재미있게 편히 놂. 燕樂(연락).

燕婉(연완) 조용하고 얌전함.
燕飮(연음) 주연을 베풀고 즐겁게 술을 마심. 宴飮(연음).
燕雀(연작) ①제비와 참새. ②도량이 좁은 사람. 소인(小人).
燕雀處屋(연작처옥) 안거(安居)하여 화가 장차 자기에게 닥칠 것을 깨닫지 못함. 제비와 참새가 사람의 집에 의지하여 집을 짓고 살면서 그 집에 불이 나서 타는 줄도 모르고 있었다는 데서 나온 말.
燕賀(연하) 제비가 사람이 집을 짓는 것을 축하하며 기뻐함. 남이 집을 지은 것을 축하함.
燕頷虎頸(연함호경) 제비 같은 턱과 범 같은 목. 먼 나라에서 봉후(封侯)가 될 인상.
燕好(연호) 주연을 베풀고 선물을 주어 융숭하게 대접함.
■ 歸燕귀연, 越燕월연, 春燕춘연.

12 ⑯【燄】 焰(780)과 동자

12 ⑯【燁】烨 빛날 엽 葉
인명 2급 ㊥yè ㊐ヨウ
소전 燁 초서 𤏡 동자 爗 동자 爗 자해 빛나다, 번쩍번쩍하는 모양.
燁然(엽연) ①아름답게 빛나는 모양. ②성한 모양. 曄然(엽연).
燁燁(엽엽) 빛나는 모양. 曄曄(엽엽).

12 ⑯【燏】 빛나는 모양 율 質
인명 ㊥yù ㊐イツ
자해 ❶빛나는 모양. ❷불타는 모양.

12 ⑯【燀】 1 밥 지을 천 銑 2 따뜻할 단 旱
㊥chǎn, dǎn ㊐セン, タン
소전 燀 초서 𤌧 자해 1 ❶밥을 짓다, 밥 지을 불을 때다. 〔春秋左氏傳〕燀之以薪천지이신. ❷빛나는 모양. 2 따뜻하다, 두텁다. 〔呂氏春秋〕衣不燀熱의부단열.
燀燿(천요) 환하게 빛남.
燀熱(단열) 옷이 두꺼워 따뜻함.

12 ⑯【燋】 1 홰 초 蕭 2 불 붙지 않은 홰 착 覺
㊥jiāo, zhuó ㊐ショウ, サク
소전 燋 초서 𤍍 자해 1 ❶홰. 갈대 따위를 묶어서 불을 붙여 밝히는 물건. ❷그을다, 그을리다. ≒焦. 〔漢書〕燋頭爛額초두란액. 2 불을 붙이지 않은 홰.
燋槁(초고) 볕에 타서 마름.
燋頭爛額(초두난액) 머리를 태우고 이마를 그슬리며 불을 끔. 어려운 일을 당하여 몹시 애씀.
燋爛(초란) 불에 데어 살이 문드러짐.
燋心(초심) 애를 태움. 焦心(초심).

12 ⑯【熾】炽 성할 치 寘
인명 1급 ㊥chì ㊐シ
소전 熾 초서 𤊻 자해 ❶성(盛)하다. ㉮불길이 세다. ㉯기세가 세다. 〔詩經〕玁狁孔熾험윤공치. ❷불을 피우다. 〔春秋左氏傳〕柳熾炭于位류치탄우위.
熾肆(치사) 세력이 강하고 방자함.
熾盛(치성) 불길같이 성함.
熾熱(치열) ①세력이 불길같이 맹렬함. ②불길이나 햇볕이 매우 강하고 뜨거움.

12 ⑯【熹】 성할 희 支
인명 2급 ㊥xī ㊐キ
소전 熹 초서 𤋮 동자 熺 동자 暿 자해 ❶성하다, 불이 활활 타다. ❷희미하다, 희미한 빛.
熹微(희미) ①햇빛이 흐릿한 모양. ②해질녘의 햇빛.

12 ⑯【熺】 熹(789)와 동자 인명

13 ⑰【燮】 화할 섭 葉
인명 2급 ㊥xiè ㊐ショウ
소전 燮 초서 𤎅 속자 爕 자해 ❶화하다. 〔書經〕燮理陰陽섭리음양. ❷익히다. ❸國불꽃.
燮理(섭리) ①화합하여 다스림. 재상(宰相)이 나라를 다스림. ②재상.
燮曜(섭요) 온화하게 비춤.
燮和(섭화) ①조화시켜 알맞게 함. ②재상(宰相)의 벼슬.

13 ⑰【燧】 부싯돌 수 寘
인명 ㊥suì ㊐スイ
소전 燧 초서 𤏳 자해 ❶부싯돌. ❷횃불. 〔史記〕幽王爲烽燧유왕위봉수. ❸봉화.
燧改(수개) 계절에 따라 새로 부싯돌로 불을

붙이는 일.
燧石(수석) 부싯돌. 석영(石英)의 하나.
燧烟(수연) 봉화대(烽火臺)에서 낮에 신호로 올리던 봉화 연기. 燧煙(수연).
燧火(수화) ①부싯돌로 일으킨 불. ②횃불. 烽火(봉화).
◨ 烽燧봉수.

13 ⑰【營】营 ①경영할 영 庚 ②변해할 형 靑
고등 인명 4급 ㊥yíng ㊐エイ, ケイ
필순
소전 초서 속자 営 참고 인명용 음은 '영'이다.
자원 形聲. 火火+宮→營. '火火'은 '熒(형)'의 생략형으로 음을 나타낸다.
자해 1 ❶**경영하다, 짓다, 만들다.** 〔詩經〕經之營之경지영지. ❷**헤아리다.** 〔呂氏春秋〕營丘壟之小大영구롱지소대. ❸**다스리다.** 〔詩經〕召伯營之소백영지. ❹**진영(陣營).** 〔史記〕以師兵爲營衛이사병위영위. 2 **변해(辯解)하다, 변명하다.** 〔莊子〕口將營之구장형지.
營內(영내) 병영의 안.
營農(영농) 농업을 경영함.
營壘(영루) 보루(堡壘).
營利(영리) 재산상 이익을 얻으려고 활동함.
營門(영문) ①군영의 문. 軍門(군문). ②國감영(監營).
營生(영생) ①생활을 영위함. ②생계(生計).
營養(영양) 생물이 생명 유지와 성장을 위하여 필요한 성분을 섭취하는 작용.
營業(영업) 생활과 영리를 위해 사업을 함. 또는 그 사업.
營爲(영위) 일을 경영함.
營將(영장) 國진영(鎭營)의 으뜸 벼슬. 鎭營將(진영장).
營邸吏(영저리) 國감영에 딸려, 감영과 각 고을의 연락 임무를 맡아보던 벼슬아치.
營田(영전) ①농지(農地)를 경작함. ②둔전제(屯田制)에 의한 경작지.
營造(영조) 규모가 큰 토목 공사나 건축 공사.
營陣(영진) 군대가 진을 치고 있는 곳. 軍陣(군진). 陣營(진영).
◨ 監營감영, 經營경영, 公營공영, 共營공영, 官營관영, 軍營군영, 兵營병영, 本營본영, 野營야영, 運營운영, 陣營진영.

13 ⑰【燠】 ①따뜻할 욱 屋 ②입김 몰아 볼 오 本우 遇
㊥yù ㊐イク, ウ
소전 초서 동자 噢 자해 1 **따뜻하다, 덥다.** 〔禮記〕問衣燠寒문의욱한. 2 **입김을 몰아 불다, 아픈 데에 입김을 몰아 불어 따뜻하게 하다, 아픔을 달래기 위해 내는 '호' 소리.**
燠館(욱관) 몸을 녹이는 방. 욕실(浴室)의 딴 이름.
燠暑(욱서) 무더움.
燠寒(욱한) 따뜻함과 추움.
燠休(오휴) 고통을 가엾이 여겨 위로함.

13 ⑰【燥】 마를 조 本소 號 皓
고등 인명 3급 ㊥zào ㊐ソウ
필순
소전 초서 속자 자원 形聲. 火+喿→燥. '喿(소)'가 음을 나타낸다.
자해 ❶**마르다.** ❷**말리다.** ❸**마른 것.** 〔易經〕火就燥화취조.
燥渴(조갈) 목이 타는 듯이 마름.
燥急(조급) 초조하고 불안함.
燥吻(조문) 바싹 마른 입술. 시문(詩文)의 좋은 글귀가 쉽게 떠오르지 않음.
燥濕(조습) 마름과 젖음.
燥熱(조열) ①바싹 마르고 더움. ②마음이 답답하고 열이 남.
◨ 乾燥건조, 枯燥고조, 高燥고조, 焦燥초조.

13 ⑰【燦】灿 빛날 찬 翰
인명 2급 ㊥càn ㊐サン
소전 초서 자해 **빛나다.** ≒粲. 〔春秋〕文理燦然而厚문리찬연이후.
燦爛(찬란) 눈부시게 빛나는 모양. 영롱하고 현란함. 粲爛(찬란).
燦然(찬연) ①번쩍번쩍 빛나는 모양. ②선명한 모양.

13 ⑰【燭】烛 촛불 촉 沃
고등 인명 3급 ㊥zhú ㊐ショク
필순
소전 초서 속자 烛 자원 形聲. 火+蜀→燭. '蜀(촉)'이 음을 나타낸다.
자해 ❶**촛불.** ❷**등불.** ❸**횃불.** 〔禮記〕燭不見跋촉불견발. ❹**비치다, 비추다.**
燭光(촉광) ①촛불의 빛. ②빛의 세기를 나타

내는 단위.
燭膿(촉농) 國촛농. 燭淚(촉루).
燭臺(촉대) 촛대.
燭不見跋(촉불현발) 초의 밑동이 아직 나타나지 않음. ㉠초가 아직 다 타지 않음. ㉡밤이 아직 깊지 않음.
燭盡(촉진) 초가 다 탐. 밤이 깊음.
燭寸詩(촉촌시) 시재(詩才)를 시험하기 위하여 초가 한 치 탈 동안에 짓게 한 시.
燭花(촉화) ①촛불이나 등불의 불꽃. ②등불 심지의 타고 남은 불똥.
◨ 炬燭거촉, 孤燭고촉, 光燭광촉, 燈燭등촉, 夜燭야촉, 玉燭옥촉, 銀燭은촉, 洞燭통촉, 華燭화촉.

13 ⑰【燬】 불 훼 紙

㊥huǐ ㊐キ

소전 燬 초서 燬 자해 ❶불. ㉮불. ㉯활활 타는 불. ❷타다, 태우다. 〔詩經〕王室如燬왕실여훼.
燬炎(훼염) 세차게 타오르는 불꽃. 태양.
燬火(훼화) 이글이글 타는 불. 세차게 타는 불.

14 ⑱【燾】 焘 비출 도 號豪

인명 2급 ㊥dào ㊐トウ

소전 燾 초서 燾 자해 ❶비추다, 널리 비추다. ❷덮다, 가리다.
燾奡(도오) 높고 험준하면서 깊숙한 모양.
燾育(도육) 덮어 보호하여 기름.

14 ⑱【燹】 야화 선 銑

㊥xiǎn ㊐セン

소전 燹 초서 燹 동자 爔 자해 ❶야화(野火), 들을 태우는 불. ❷난리로 일어난 불.

14 ⑱【燼】 烬 깜부기불 신 震

인명 1급 ㊥jìn ㊐ジン

초서 燼 자해 ❶깜부기불, 타다가 남은 것, 탄 나머지. ¶ 燼灰신회. ❷살아남은 나머지, 재난을 겪고 살아남은 백성, 유민(遺民). 〔春秋左氏傳〕收二國之燼수이국지신.
燼滅(신멸) ①불타 없어짐. ②멸망하거나 끊겨서 없어짐.
燼餘(신여) ①타다 남은 것. ②살아남은 사람.
燼灰(신회) 불탄 끄트머리와 재.
◨ 餘燼여신, 火燼화신, 灰燼회신.

14 ⑱【燿】 1빛날 요 嘯 2녹일 삭 藥

인명 ㊥yào, shuò ㊐ヨウ, シャク

소전 燿 초서 燿 참고 인명용 음은 '요'이다.

자해 1 ❶빛나다, 빛남. ❷비치다, 비추다. 2 녹이다. =鑠. 〔漢書〕後世燿金爲刃후세삭금위인.
燿德(요덕) 덕(德)을 빛나게 함. 덕을 밝게 함.
燿蟬(요선) 불빛을 밝혀 매미들이 모여들게 함. 임금이 덕(德)을 밝혀 천하 사람들을 귀복시킴.
燿燿(요요) 환하게 빛나는 모양. 밝은 모양.
燿金(삭금) 금속을 녹임. 爍金(삭금).
◨ 炳燿병요, 煜燿욱요.

14 ⑱【燽】 드러날 주 尤

인명 ㊥chóu ㊐チウ

자해 드러나다, 현저하다.

14 ⑱【爀】 붉을 혁 陌

인명 2급 ㊥hè ㊐カク

초서 爀 동자 赫 자해 붉다, 불빛이 붉은 모양.

14 ⑱【燻】 연기 낄 훈 文

인명 ㊥xūn ㊐クン

초서 燻 자해 연기가 끼다.

15 ⑲【爍】 烁 빛날 삭 藥

㊥shuò ㊐シャク

소전 爍 초서 爍 자해 ❶빛나다. ❷덥다, 뜨겁다. ❸녹다, 녹이다. =鑠. 〔周禮〕爍金以爲刃삭금이위인.
爍金(삭금) ①쇠붙이를 녹임. ②여러 사람의 입이 쇠를 녹임. 여론의 무서움.
爍爚(삭약) 번쩍번쩍 빛남.

15 ⑲【爕】 燮(789)의 속자

15 ⑲【爆】 1터질 폭 ㊍포 效 2말릴 박 藥

고등 인명 4급 ㊥bào ㊐バク

필순 火 炉 炉 焊 焊 焊 爆 爆 爆 爆

火 15획

소전 爆 초서 爆 속자 炑 참고 인명용 음은 '폭' 이다.

자원 形聲. 火+暴→爆. '暴(폭)' 이 음을 나타낸다.

자해 1 **터지다, 폭발하다.** ¶ 爆藥폭약. 2 ❶**말리다, 불로 지지다.** ❷**벗겨져 떨어지다.**

爆擊(폭격) 비행기에서 폭탄을 떨어뜨려 적의 군대나 시설물 따위를 파괴하는 일.
爆發(폭발) 불이 일어나며 갑작스럽게 터짐.
爆死(폭사) 폭발물의 폭발로 인하여 죽음.
爆笑(폭소) 갑자기 터져 나오는 웃음. 많은 사람들이 일시에 웃음을 터뜨림.
爆藥(폭약) 폭발하는 화약류의 총칭.
爆音(폭음) 폭발할 때 나는 큰 소리.
爆竹(폭죽) 축제일에 대통에 화약을 다져 넣어 불을 붙여 태우면서 소리를 내는 딱총.
爆彈(폭탄) 폭약을 채워 터뜨리는 폭발물.
爆破(폭파) 폭발시켜 부숨.
爆風(폭풍) 폭발할 때 일어나는 강렬한 바람.
◨ 猛爆맹폭, 水爆수폭, 原爆원폭, 自爆자폭.

火 16획

16 ⑳【爐】炉 화로 로 虞

고등 인명 3Ⅱ급 ㊥lú ㊐ロ

필순 火 炉 炉 炉 爐 爐 爐 爐 爐 爐

초서 炉 동자 鑪 속자 炉 자원 形聲. 火+盧→爐. '盧(노)' 가 음을 나타낸다.

자해 ❶**화로.** ❷**향로(香爐).** ❸**화덕.** 방바닥이나 땅바닥을 파내어 취사용·난방용 등의 불을 피우게 만든 시설. ❹**풀무.**

爐邊(노변) 화롯가. 爐頭(노두).
爐冶(노야) 쇠붙이를 녹이는 일과 그 풀무.
爐煙(노연) 향로(香爐)에서 나는 연기.
爐盒(노합) 國향로와 향합(香盒).
爐香(노향) 향로 속에 있는 향.
爐灰(노회) 화로 속의 재.
◨ 煖爐난로, 風爐풍로, 香爐향로, 紅爐홍로, 火爐화로, 薰爐훈로.

16 ⑳【爔】불 희 支

인명 ㊥xī ㊐キ

자해 ❶**불.** ❷**햇빛, 일광(日光).** =曦.

17 ㉑【爛】烂 문드러질 란 翰

인명 2급 ㊥làn ㊐ラン

소전 爛 초서 爛 자해 ❶**문드러지다.** ㉮**불에 데다.** ㉯**썩다, 헐다.** 〔春秋公羊傳〕魚爛而亡어란이망. ㉰**너무 익다.** 〔呂氏春秋〕熟而不爛숙이불란. ㉱**다쳐서 헐다.** ㉲**고민하여 마음 아파하다.** ❷**문드러지게 하다.** 〔孟子〕靡爛其民而戰之미란기민이전지. ❸**화미(華美)하다, 선명(鮮明)하다.** ❹**빛나다, 번쩍번쩍하다.** 〔詩經〕明星有爛명성유란. ❺**많다.**

爛柯(난가) 도끼 자루가 썩음. 바둑이나 음악 등에 심취하여 시간 가는 줄을 모름. 故事 진대(晉代)의 왕질(王質)이 석실산(石室山)에 나무하러 갔다가 신선들이 바둑 두는 것을 구경하느라 도끼 자루가 썩는 줄도 몰랐다는 고사에서 온 말.
爛漫(난만) ①꽃이 만발하여 흐드러진 모양. ②물이 넉넉한 모양. ③빛나 번쩍이는 모양. 爛縵(난만). ④무너져 흩어지는 모양.
爛發(난발) 꽃이 흐드러지게 핌.
爛腐(난부) 썩어 문드러짐.
爛商(난상) 충분히 의논함. 爛議(난의).
爛熟(난숙) ①무르익음. ②충분히 그 일에 통달함.
爛飮(난음) 술을 한창 마심.
爛敗(난패) 썩어서 문드러짐.
◨ 潰爛궤란, 糜爛미란, 腐爛부란, 熟爛숙란, 魚爛어란, 灼爛작란, 燦爛찬란, 燋爛초란.

17 ㉑【爚】사를 약 藥

㊥yuè ㊐ヤク

소전 爚 초서 爚 자해 ❶**사르다.** ❷**빛, 빛의 모양.** ❸**빛나다.**

25 ㉙【爨】불땔 찬 翰

㊥cuàn ㊐サン

소전 爨 초서 爨 동자 爕 자해 ❶**불 때다, 밥을 짓다.** 〔孟子〕以釜甑爨이부증찬. ❷**부뚜막.**

爨琴(찬금) 거문고를 땜. 땔감도 없을 정도로 가난함.
爨炊(찬취) 밥을 지음.

爪部 손톱 조

0 ④【爪】손톱 조 巧

인명 1급 ㊥zhǎo ㊐ソウ

소전 爪 초서 爪 참고 '爪' 가 한자의 구성에서 머리에 쓰일 때는 글자 모양이 '爫' 로 바뀌고, '손톱머리' 라고 부른다.

[자원] 象形. 손으로 아래쪽에 있는 물건을 집으려는 형상을 본뜬 글자.

[자해] ❶**손톱.** ¶ 爪牙조아. ❷**깍지.** 손가락 끝에 끼우는 물건. ❸**긁다, 할퀴다.** ❹**돕고 지키다.** 〔詩經〕 予王之爪士여왕지조사.

爪角(조각) 짐승의 발톱과 뿔. 자기를 적으로부터 보호해 주는 물건.

爪甲(조갑) 손톱과 발톱.

爪士(조사) 왕실을 보위하는 무사.

爪牙(조아) ①손톱과 어금니. ②도와서 지키는 사람. 호위 무사. ③쓸모 있는 사람이나 물건. ④남의 부하 노릇을 하는 사람. 앞잡이.

爪痕(조흔) 손톱이나 발톱 따위에 긁힌 자국.

◨ 牙爪아조, 指爪지조.

4 ⑧【爫】 爲(793)의 고자

4 ⑧【爭】 다툴 쟁 庚

[중학] [인명] [5급] ㊥zhēng ㊐ソウ

[필순] 一 ㇒ ㇒ 爫 爫 乌 争 爭

[소전] [초서] [속자] 争 [자원] 會意. 爫+厂→爭. '爫'는 '爪+又'로 둘 다 손을 뜻한다. 두 손이 아래에서 잡아끌어〔厂〕 다툰다는 뜻을 나타낸다.

[자해] ❶**다투다.** ㉮**잡아끌다.** ㉯**겨루다.** 〔書經〕 天下莫與汝爭能천하막여여쟁능. ㉰**결판을 내다.** 〔呂氏春秋〕 以與吳王爭一旦之死이여오왕쟁일단지사. ㉱**소송(訴訟)하다.** ㉲**따져 말하다.** ❷**다툼, 싸움.** ❸**하소연, 소송(訴訟).** ❹**논의(論議), 의론, 말다툼.** 〔莊子〕 有競有爭유경유쟁. ❺**간하다.** ＝諍. 〔孝經〕 天子有爭臣七人천자유쟁신칠인.

爭論(쟁론) 서로 다투어 논박함.

爭先(쟁선) 서로 앞서기를 다툼.

爭訟(쟁송) 송사를 일으켜 서로 다툼.

爭臣(쟁신) 임금의 잘못을 직언으로 끝까지 간하는 신하. 諍臣(쟁신).

爭友(쟁우) 친구의 잘못을 충고하는 벗.

爭議(쟁의) 서로 자기의 의견을 주장하여 다툼.

爭點(쟁점) 서로 다투는 중심이 되는 점.

爭取(쟁취) 투쟁하여 얻음.

爭奪(쟁탈) 서로 싸워서 빼앗음.

爭鬪(쟁투) 서로 다투어 싸움.

爭覇(쟁패) 천하의 패권(覇權)을 다툼.

◨ 競爭경쟁, 論爭논쟁, 黨爭당쟁, 紛爭분쟁, 戰爭전쟁, 政爭정쟁, 鬪爭투쟁, 派爭파쟁, 抗爭항쟁.

4 ⑧【爬】 긁을 파 麻

[인명] [1급] ㊥pá ㊐ハ

[초서] [자해] ❶**긁다, 손톱으로 긁다.** ¶ 爬搔파소. ❷**잡다.** ＝把.

爬羅剔抉(파라척결) 긁어모으고 발라냄. ㉠남의 비밀·결점 따위를 파헤침. ㉡숨은 인재를 널리 찾아냄.

爬搔(파소) 긁음.

爬梳(파소) 긁고 빗질함. 정리(整理)함.

爬痒(파양) 가려운 데를 긁음.

◨ 搔爬소파, 搜爬수파.

5 ⑨【爰】 이에 원 元

[인명] ㊥yuán ㊐エン

[소전] [초서] [자해] ❶**이에.** 발어사(發語辭). ❷**여기에서, 이때에.** 위를 받아 아래를 일으키는 말. ❸**느즈러지다.** 〔詩經〕 有兔爰爰유토원원.

爰爰(원원) 한가한 모양. 느릿느릿한 모양.

8 ⑫【爲】 为 ① 할 위 支 ② 위할 위 寘

[중학] [인명] [4Ⅱ급] ㊥wéi, wèi ㊐イ

[필순] 一 ㇒ ㇒ ⺈ 尸 尸 爲 爲 爲 爲

[소전] [초서] [속자] 為 [고자] 爫 [자원] 會意. ⺤+爲→爲. 손〔⺤〕으로 코끼리〔爲〕를 부린다는 데서 '일하다'의 뜻을 나타낸다.

[자해] ① ❶**하다.** ㉮**만들다.** 〔周禮〕 以爲樂器이위악기. ㉯**행하다.** 〔論語〕 爲之難위지난. ㉰**베풀다.** 〔論語〕 爲政以德위정이덕. ㉱**간주하다, 인정하다.** ❷**되다.** ㉮**성취하다, 이루다.** ㉯**바뀌다, 이 상태에서 저 상태로 변하다.** ❸**다스리다.** ㉮**정치를 하다.** 〔論語〕 能以禮讓爲國乎능이례양위국호. ㉯**병을 고치다.** ㉰**해설(解說)하다.** 〔孟子〕 高叟之爲詩也고수지위시야. ㉱**배우다.** 〔論語〕 抑爲之不厭억위지불염. ❹**체하다, 흉내내다.** 〔史記〕 佯爲不知永巷而入其中양위부지영항이입기중. ❺**소위(所爲), 짓.** ❻**있다.** ＝有. 〔孟子〕 將爲君子焉장위군자언. ❼**조사(助詞).** ㉮**의문을 나타낸다.** ㉯**감탄의 뜻을 나타낸다.** ❽**가로되, 말하다.** ＝曰. ② ❶**위하다, 돕다, 지키다.** 〔論語〕 夫子爲衛君乎부자위위군호. ❷**때문에.** ❸**위하여 꾀하다.** 〔論語〕 古之學者爲己고지학자위기. ❹**되다, 당하다.** 피동을 나타낸다. 〔漢書〕 爲其將所殺위기장소살. ❺**더불어, 함께.** 〔論語〕 道不同도부동, 不相爲謀불상위모.

爲間(위간) 잠시 후. 이윽고.

爪 8획

爲國忠節(위국충절) 나라를 위한 충성스러운 절개.
爲己(위기) 자기를 위하여 함. 자신의 수양이나 안심입명(安心立命)을 위하여 행함.
爲富不仁(위부불인) 재물을 모으려면 남에게 어진 덕을 베풀지 못함.
爲先事(위선사) 조상을 받드는 일.
爲人(위인) 사람의 됨됨이.
爲政(위정) 정치를 행함.
爲主(위주) ①주인이 됨. ②주로 함.
爲虎傅翼(위호부익) 범에게 날개를 붙여 줌. 위세 있는 악인에게 힘을 보태어 더욱 맹위(猛威)를 떨치게 함.
◨ 敢爲감위, 當爲당위, 無爲무위, 所爲소위, 施爲시위, 營爲영위, 作爲작위, 行爲행위.

13 ⑰【爵】 爵(794)과 동자

爪 13획

14 ⑱【爵】爵 잔 작 藥

고등 인명 3급 ㊥jué ㊐シャク

필순 爫 爫 爫 爫 爫 爫 爵 爵 爵 爵

소전 초서 동자 㕯 동자 爵 자원 象形. 술잔을 본뜬 글자.

자해 ❶잔. ㉮참새 모양을 한, 울창주를 따르는 잔. ㉯잔, 술을 마시는 그릇의 총칭. ❷벼슬, 신분(身分)의 위계(位階). 제후가 조근(朝覲)했을 때 천자가 옥(玉), 각(角), 금, 은 등으로 만든 잔을 내린 데서 비롯하였다. 〔書經〕 列爵惟五렬작유오. ❸참새. ＝雀. 〔孟子〕 爲叢敺爵者鸇也위총구작자전야.
爵祿(작록) 작위(爵位)와 봉록(俸祿).
爵位(작위) ①관작의 계급. ②벼슬과 지위.
爵土(작토) 작위와 봉토.
爵號(작호) 작위의 이름. 공(公)·후(侯)·백(伯)·자(子)·남(男).
◨ 公爵공작, 男爵남작, 祿爵녹작, 伯爵백작, 封爵봉작, 世爵세작, 襲爵습작, 侯爵후작.

父部 아비 부

0 ④【父】 ①아비 부 麌 ②남자 미칭 보 麌

중학 인명 8급 ㊥fù, fǔ ㊐フ, ホ

필순 ノ ハ ク 父

소전 초서 참고 인명용 음은 '부'이다.

자원 會意. 又＋丨→父. '又'는 손, '丨'는 채찍. 채찍을 들고 가족을 거느려 가르친다는 뜻으로, 이는 가장(家長)인 아버지의 일이라는 데서 '아버지'를 뜻한다.

자해 ① ❶아비. 아버지. 〔論語〕 三年無改於父之道삼년무개어부지도. ❷친족(親族)인 부로(父老)의 일컬음. ¶ 曾祖父증조부. ❸연로한 사람의 경칭(敬稱). 〔史記〕 父老何自爲郞부로하자위랑. ② 남자의 미칭(美稱). ＝甫.
父敎(부교) ①아버지의 가르침. 아버지의 교훈 ②아버지의 명령.
父黨(부당) 아버지 쪽의 친족. 父族(부족).
父老(부로) ①한 동네에서 중심이 되는 노인. ②연로한 사람에 대한 존칭.
父父子子(부부자자) 아버지는 아버지답고, 자식은 자식다움.
父先亡(부선망) 아버지가 어머니보다 먼저 돌아가심.
父爲子隱(부위자은) 아비가 자식의 나쁜 일을 남에게 숨김.
父蔭(부음) 아비의 덕으로 벼슬을 하는 일.
父子(부자) 아버지와 아들.
父子有親(부자유친) 오륜(五倫)의 하나. 아버지와 아들의 도리는 친애함에 있음.
父慈子孝(부자자효) 부모는 자녀에게 자애롭고, 자녀는 부모에게 효행을 다함.
父傳子傳(부전자전) 대대로 아버지가 아들에게 전함. 父傳子承(부전자승).
父執(부집) 아버지의 친구. 아버지와 뜻을 같이하는 사람. 父執尊長(부집존장).
父兄(부형) ①아버지와 형. ②노인. 연장자. ③임금과 동성(同姓)의 신하.
◨ 家父가부, 季父계부, 繼父계부, 君父군부, 大父대부, 代父대부, 伯父백부, 師父사부, 叔父숙부, 亞父아부, 慈父자부, 田父전부, 祖父조부, 仲父중부, 親父친부.

6 ⑩【爹】 아비 다 哿

인명 ㊥diē ㊐タ

초서 자해 ❶아비, 아버지. ❷웃어른에 대한 존칭.
爹娘(다낭) 부모(父母).
爹爹(다다) ①아버지. ②젊은 남자를 친근하게 부르는 말. 아저씨.

9 ⑬【爺】爷 아비 야 麻

인명 1급 ㊥yé ㊐ヤ

초서 [草書] 자해 ❶아비, 아버지. 〔木蘭辭〕 軍書十二卷군서십이권, 卷卷有爺名권권유야명. ❷남자의 존칭.

爺爺(야야) ①아버지. ②남자 연장자에 대한 존칭. 大人(대인). ③現할아버지.

爺孃(야양) 부모(父母). 爺娘(야낭).

◨ 老爺노야, 好好爺호호야.

爻 部 점괘 효

0 ④【爻】 효 효 肴

인명 1급 ㊥yáo ㊐コウ

소전 [篆] 초서 [草] 참고 부수의 명칭은 '점괘 효'이다.

자원 象形. 육효(六爻)의 머리가 엇걸린 모양을 본뜬 글자.

자해 ❶효, 육효(六爻). 주역(周易)의 하나하나의 괘를 이루는, 6개의 가로 그은 획. '⚊'를 양(陽), '⚋'를 음(陰)으로 하여, 음양이 뒤섞여 사물이 변화함을 나타낸다. 〔易經〕 六爻之動륙효지동, 三極之道也삼극지도야. ❷엇걸리다. ❸본받다. 〔易經〕 爻也者효야자, 效此者也효차자야. ❹변하다.

爻象(효상) 주역(周易)의 효사(爻辭)와 상사(象辭)를 풀어 놓은 말. 卦象(괘상).

◨ 卦爻괘효, 六爻육효, 初爻초효.

7 ⑪【爽】 시원할 상 養陽

인명 1급 ㊥shuǎng ㊐ソウ

소전 [篆] 초서 [草] 자해 ❶시원하다, 마음이 맑고 즐겁다. ❷밝다. ㉮밝다, 명백하다. ㉯날이 새다. 〔書經〕 時甲子昧爽시갑자매상. ㉰높고 밝다. ㉱머리가 맑다. 〔趙抃·詩〕 啜多思爽都忘寐철다사상도망매. ❸어긋나다. ㉮잘못하다. 〔詩經〕 其德不爽기덕불상. ㉯망하다. 〔老子〕 五味令人口爽오미령인구상.

爽氣(상기) 상쾌한 기분.

爽旦(상단) 이른 아침.

爽達(상달) 생각이 시원하고 사리에 통달함.

爽德(상덕) ①밝은 덕. ②덕에 어긋남.

爽涼(상량) 상쾌하고 시원함.

爽然(상연) ①상쾌한 모양. ②멍한 모양.

爽快(상쾌) 마음이 시원하고 산뜻함.

◨ 颯爽삽상, 澄爽징상, 淸爽청상, 豪爽호상.

10 ⑭【爾】 尔 너 이 紙

인명 1급 ㊥ěr ㊐ジ

소전 [篆] 초서 [草] 속자 你 속자 您 자해 ❶너. ≒而. ❷이. ❸그. ❹이와 같이. 〔孟子〕 非天之降才爾殊也비천지강재이수야. ❺뿐. ＝耳. 〔史記〕 沛吾所生者패오소생자, 極不忘爾극불망이. ❻가깝다. ＝邇. 〔孟子〕 道在爾도재이. ❼어조사. 〔春秋公羊傳〕 然則何言爾연즉하언이.

爾時(이시) 그때. 그 당시.

爾汝(이여) 너. ㉠썩 친한 사이의 이인칭(二人稱). ㉡남을 낮추어 이르는 말.

爾餘(이여) 그 밖. 그 나머지. 自餘(자여).

爾曹(이조) 너희.

爿 部 장수장변

0 ④【爿】 나뭇조각 장 陽

㊥qiáng ㊐ショウ

소전 [篆] 초서 [草] 참고 부수의 명칭은 '將(장수 장)'의 변 부분인 '爿'과 모양이 같기 때문에 '장수장변'이라고 부른다.

자원 指事. 나무의 한가운데를 세로로 자른 그 왼쪽 반의 모양을 나타낸 글자.

자해 나뭇조각.

4 ⑧【牀】 평상 상 陽

인명 ㊥chuáng ㊐ショウ

소전 [篆] 초서 [草] 속자 床 자해 ❶평상, 침상. 〔易經〕 剝牀以足박상이족. ❷마루. ❸우물 귀틀. 우물 아가리에 나무를 써서 가로세로 어긋나게 '井' 자 모양으로 짜서 얹은 것.

牀頭(상두) 침대의 언저리. 침상의 근처.

牀上施牀(상상시상) 침상 위에 또 침상을 얹음. 새로움이 없이 먼저 사람의 일을 답습함.

牀褥(상욕) 침상(寢牀). 잠자리.

◨ 東牀동상, 繩牀승상, 平牀평상.

6 ⑩【牂】 암양 장 陽

㊥zāng ㊐ショウ

소전 [篆] 초서 [草] 자해 ❶암양, 양의 암컷. 〔詩經〕 牂羊墳首장양분수. ❷배를 매는 말뚝. ¶ 牂牁장가.

牂牁(장가) 배를 매는 말뚝.

牂羊(장양) 암양. 양의 암컷.

13 ⑰【牆】 墻(270)과 동자 [인명]

15 ⑲【牆】 墻(270)의 본자

片部 조각 편

0 ④【片】 조각 편 霰

[중학] [인명] [3Ⅱ급] ㊥piàn ㊐ヘン

[필순] ノ 丿 片 片

[소전] 片 [초서] 片 [자원] 指事. 나무의 한가운데를 세로로 자른 그 오른쪽 반의 모양을 나타낸 글자.

[자해] **❶조각. ㉮나뭇조각. ㉯토막. ❷한쪽, 둘이 합하여 하나를 이루는 것 중의 한쪽.** 〔論語〕 片言可以折獄者편언가이절옥자. **❸꽃잎, 화판. ❹쪼개다.**

片刻(편각) 짧은 시간. 잠시. 片晌(편상).

片甲(편갑) 갑옷의 조각. 전쟁에 패한 병정.

片薑(편강) 國얇게 저며서 설탕에 조려 말린 생강.

片道(편도) 오고 가는 길 가운데 어느 한쪽.

片鱗(편린) 한 조각의 비늘. 사물의 극히 작은 한 부분.

片辭(편사) 한마디 말. 토막말. 片言(편언).

片言折獄(편언절옥) 한마디 말로 송사의 시비를 가림.

片影(편영) ①조그마한 그림자. ②잠깐 보인 그림자.

片雨(편우) 어느 한 곳에만 오는 비.

片月(편월) 조각달. 眉月(미월).

片肉(편육) 얇게 저민 수육.

片楮(편저) ①종잇조각. 紙片(지편). ②現간단한 편지. 寸楮(촌저).

片箭(편전) 國아기살. 작고 짧은 화살.

片舟(편주) 작은 배.

片志(편지) 조그마한 정성. 자기의 정성을 겸손하게 이르는 말. 寸志(촌지).

片紙(편지) ①한 조각의 종이. ②서신(書信).

片片(편편) ①가볍게 나는 모양. ②여러 조각이 난 모양.

□■ 斷片단편, 木片목편, 一片일편, 鐵片철편, 破片파편, 花片화편.

4 ⑧【肵】 析(619)의 고자

4 ⑧【版】 널 판 潸

[고등] [인명] [3Ⅱ급] ㊥bǎn ㊐ハン

[필순] ノ 丿 片 片 片' 片' 版 版

[소전] 版 [초서] 版 [자원] 形聲. 片+反→版. '片(편)'이 음을 나타낸다.

[자해] **❶널. ㉮널빤지. ㉯담틀.** 담을 쌓을 때, 흙을 양쪽에서 끼는 널빤지. 〔詩經〕 縮版以載축판이재. **❷책, 편지.** 〔管子〕 修業不息版수업불식판. **❸이름표, 명부. ❹호적부.** 〔論語〕 式負版者식부판자. **❺길이의 이름.** 8척(尺)·6척·2척·1장(丈) 등의 길이. **❻홀(笏).** 〔後漢書〕 投版棄官而去투판기관이거. **❼판목(版木).**

版蓋(판개) 수레 덮개의 널빤지와 거개(車蓋).

版權(판권) 저작권법에 의하여 도서 출판에 관한 이익을 독점하는 권리.

版圖(판도) ①호적(戶籍)과 지도(地圖). ②한 나라의 영토. ③세력이 미치는 범위.

版牘(판독) 글씨를 쓰는 나뭇조각.

版木(판목) 인쇄하기 위하여 글자나 그림을 새긴 널조각. 板木(판목).

版位(판위) ①궁정의 의식(儀式) 때, 군신(群臣)이 설 자리를 나타낸 표지. ②위패(位牌). 신위(神位).

版尹(판윤) 호적을 맡은 벼슬.

版籍(판적) ①토지와 호적. 토지나 호적을 기록한 장부. ②토지와 백성. 영토(領土). ③서적. 板籍(판적).

版築(판축) ①담틀과 흙을 다지는 공이. ②담이나 성벽을 쌓아 올리는 공사.

版行(판행) 책을 출판하여 발행함.

□■ 刻版각판, 銅版동판, 木版목판, 石版석판, 新版신판, 原版원판, 重版중판, 初版초판, 出版출판, 活版활판.

5 ⑨【牉】 나눌 반 翰

㊥pàn ㊐ハン

[자해] **❶나누다. ❷절반.** =片. 〔儀禮〕 夫婦牉合也부부반합야.

牉合(반합) 반이 합하여 하나가 됨. 부부가 됨.

5 ⑨【牁】 널 화 歌

㊥hé ㊐カ

[자해] **널, 관(棺).**

6 ⑩【牊】 나눌 백 陌

㊥pò ㊐ハク

자해 **나누다, 쪼개다, 깨뜨리다.**

8 ⑫【牕】 평고대 엄 琰

中yǎn 日エン

자해 **평고대, 처마 끝에 가로놓이는 부재.**

8 ⑫【牋】 장계 전 先

中jiān 日セン

초서 고자 椾 자해 **❶장계(狀啓).** 한위(漢魏) 시대에는 천자(天子)·태자(太子)·제왕(諸王)·대신(大臣)에게 올리는 글을 총칭하였으나, 후대에 내려오면서 천자에게는 표(表), 제왕에게는 계(啓), 황후·태자에게는 전(牋)이라 하였다. ≒箋. 〔後漢書〕所著賦牋奏書소저부전주서, 凡五篇범오편. **❷편지, 문서. ❸종이.**

牋檄(전격) 여러 사람이 차례로 돌려 보는 글. 回章(회장). 回文(회문).
牋啓(전계) 상관에게 올리는 공문(公文).
牋疏(전소) 임금에게 올리는 글. 牋奏(전주).
牋翰(전한) 종이와 붓.

8 ⑫【牒】 牒(797)과 동자

8 ⑫【牎】 窗(933)의 속자

8 ⑫【牌】 패 패 佳

인명 1급 中pái 日ハイ

초서 자해 **❶패.** ¶ 門牌문패. **❷부신(符信), 부절(符節).** 당송(唐宋) 이후 역마를 타는 사람에게 주던 표. 〔宋史〕唐有銀牌당유은패. **❸포고문. ❹간판. ❺방패.**

牌刀(패도) 방패와 칼.
牌牓(패방) 내거는 표찰(標札). 간판(看板).
牌子(패자) ①표. 감찰(鑑札). ②간판. 상표. ③말을 모는 하인.
牌旨(패지) 國지위가 높은 사람이 낮은 사람에게 주는 공식 편지.
牌招(패초) 國왕명으로 승지(承旨)가 신하를 부르던 일.
◼ 骨牌골패, 銅牌동패, 馬牌마패, 木牌목패, 門牌문패, 象牌상패, 位牌위패, 竹牌죽패.

9 ⑬【牐】 빗장 삽 洽

中zhá 日ソウ

초서 자해 **❶빗장, 성문을 잠그는 빗장.** ¶ 牐版삽판. **❷수문(水門).**

牐版(삽판) ①적을 방어하는 문. ②수문(水門).

9 ⑬【牕】 窗(933)과 동자

9 ⑬【牒】 글씨 판 첩 葉

인명 1급 中dié 日チョウ

소전 초서 동자 牃 자해 **❶글씨 판.** 문서를 적는 엷은 널빤지. 〔春秋左氏傳〕受牒而退수첩이퇴. **❷계보(系譜).** 〔史記〕取之譜牒취지보첩. **❸공문서, 관청의 문서. ❹國편지.** ¶ 請牒狀청첩장. **❺송사(訟辭), 소장(訴狀).**

牒報(첩보) 서면(書面)으로 상관에게 하던 보고. 牒呈(첩정)
牒訴(첩소) 문서로 낸 소송(訴訟). 訴狀(소장).
牒案(첩안) 공문서(公文書).
牒狀(첩장) 여러 사람이 차례로 돌려 보도록 쓴 글(文書).
牒籍(첩적) 책. 전적(典籍).
◼ 譜牒보첩, 書牒서첩, 請牒청첩, 通牒통첩.

9 ⑬【牏】 담틀 투·유 尤 虞

中yú 日トウ

소전 자해 **❶담틀. ❷변기.** 대소변을 받아 내는 그릇.

10 ⑭【牔】 박공 박 藥

中bó 日ハク

초서 자해 **박공(牔栱).** 맞배지붕의 양쪽에 '八' 자 모양으로 붙인 두꺼운 널빤지.

10 ⑭【牓】 패 방 養

中bǎng 日ボウ

초서 자해 **패.** ≒榜. **게시판.**

牓示(방시) ①팻말 따위로 경계(境界)를 표시하는 일. ②게시(揭示)함.
牓子(방자) 알현(謁見)하기 위하여 사유를 말하고 이름을 적어 내는 서찰(書札).

11 ⑮【牖】 창 유 有

中yǒu 日ユウ

소전 牖 초서 𤖽 자해 ❶창, 바라지. 〔老子〕 不窺牖以見天道불규유이견천도. ❷남쪽으로 난 창. 〔論語〕 自牖執其手자유집기수. ❸인도하다.

牖迷(유미) 어리석은 사람을 가르쳐 일깨워 줌.

牖民(유민) 백성을 착하게 인도함. 국민의 지혜를 계발함.

牖戶(유호) 들창과 지게문. 출입문.

◨ 窗牖창유.

11 ⑮【牕】 窗(933)과 동자

13 ⑰【牖】 평고대 첨 鹽

㊥chàn ㊐セン

자해 **평고대**. 처마 끝에 가로놓이는 부재.

15 ⑲【牘】 㸬 편지 독 屋

인명 ㊥dú ㊐トク

소전 牘 초서 𤗚 자해 ❶편지. ❷나뭇조각, 글자를 쓴 나뭇조각. 〔漢書〕 持牘趨謁지독추알. ❸책, 문서. 〔後漢書〕 所見篇牘소견편독, 一覽多能誦記일람다능송기. ❹공문.

牘背(독배) 문서의 뒷면.

牘書(독서) ①문서(文書). ②편지.

牘箋(독전) 시문(詩文)을 쓰는 종이. 편지지.

◨ 簡牘간독, 書牘서독, 案牘안독, 尺牘척도.

牙部 어금니 아

0 ④【牙】 어금니 아 麻

고등 인명 3Ⅱ급 ㊥yá ㊐ガ

필순 一 二 于 牙

소전 𤘐 초서 𤘐 자원 象形. 입을 다물었을 때 아래위의 어금니가 맞닿은 모양을 본뜬 글자.

자해 ❶어금니, 이의 총칭. ¶ 齒牙치아. ❷깨물다. ❸천자나 대장이 세우는 기. ¶ 牙旗아기. ❹본진(本陣), 아기(牙旗)가 서 있는 곳. ❺거간꾼. ¶ 牙儈아쾌. ❻이처럼 생긴 물건. 〔詩經〕 崇牙樹羽숭아수우. ❼싹트다. ≒芽. 〔漢書〕 霍氏有事萌牙곽씨유사맹아.

牙距(아거) 어금니와 며느리발톱. ㉠글씨가 힘참. ㉡무력(武力)으로 도움.

牙關(아관) ①턱뼈. 악골(顎骨). ②어금니.

牙旗(아기) 임금 또는 대장군의 기. 깃대의 끝을 상아(象牙)로 장식하였음. 牙幢(아당). 牙纛(아도).

牙輪(아륜) 國톱니바퀴.

牙門(아문) ①아기(牙旗)를 세운 문. 본진(本陣)의 문. 대장군의 진영. 牙營(아영). ②관아(官衙). 衙門(아문).

牙兵(아병) 대장 휘하에 있는 군사.

牙船(아선) 대장군(大將軍)이 탄 배.

牙城(아성) ①아기를 세운 주장(主將)이 있는 성. ②조직·단체 등의 중심이 되는 곳.

牙牙(아아) ①여자 아이의 귀여운 소리. ②어린아이가 말을 배우는 소리.

牙營(아영) 아기(牙旗)를 세운 대장군의 진영.

牙帳(아장) 대장군의 진영에 친 장막.

牙檣錦纜(아장금람) 상아로 만든 돛대와 비단으로 만든 닻줄. 화려한 배.

牙錢(아전) 중매인(仲買人)이 받는 수수료. 구전(口錢). 구문(口文).

牙爪(아조) ①짐승의 엄니와 발톱. ②방위(防衛)의 도구.

牙籌(아주) 상아로 만든 주판.

牙籤(아첨) 상아로 만든, 표제(標題)를 적은 꼬리표.

牙儈(아쾌) 물건의 흥정을 붙이는 사람. 거간꾼. 중매인(仲買人). 牙郞(아랑).

牙婆(아파) 國방물장수.

牙牌(아패) 國상아로 만든 호패(號牌). 이품(二品) 이상의 문무관이 지님.

◨ 大牙대아, 毒牙독아, 象牙상아, 爪牙조아, 齒牙치아.

牛部 소 우

0 ④【牛】 소 우 尤

중학 인명 5급 ㊥niú ㊐ギュウ

필순 ノ 𠂉 𠂉 牛

소전 𠂠 초서 𠂠 자원 象形. 머리와 두 뿔이 솟고, 꼬리를 늘어뜨리고 있는 소의 모양을 본뜬 글자.

자해 ❶소. 〔論語〕 割鷄焉用牛刀할계언용우도. ❷별 이름, 견우성. 〔晉書〕 斗牛之間두우지간. ❸희생.

牛角(우각) 쇠뿔.

牛角掛書(우각괘서) 힘써 공부함. 故事 당(唐)나라의 이밀(李密)이 쇠뿔에 한서(漢書) 한

질(帙)을 걸고 소를 타고 가면서 독서하였다는 데서 온 말.

牛車(❶우거 ❷우차) ❶소가 끄는 수레. ❷소가 끄는 짐수레. 달구지.

牛耕(우경) 소를 부려 밭을 갊.

牛骨(우골) 소의 뼈.

牛鬼(우귀) 머리가 소 모양인 괴물. 얼굴이 흉한 사람.

牛禁(우금) 國소를 잡는 것을 금함.

牛驥同皁(우기동조) 느린 소와 하루에 천 리를 달리는 준마(駿馬)가 한 마굿간에 매어 있음. 불초(不肖)한 사람과 현인(賢人)이 같은 대우를 받음.

牛女(우녀) 견우성(牽牛星)과 직녀성(織女星).

牛膽(우담) 소의 쓸개.

牛桃(우도) 앵두나무의 딴 이름.

牛刀割鷄(우도할계) 소 잡는 칼로 닭을 잡음. 큰일을 할 재능을 작은 일에 씀.

牛眠地(우면지) 썩 좋은 묏자리. 故事 진(晉)나라 도간(陶侃)이 도인(道人)의 말대로 소가 잠자고 있는 집 앞 언덕에 아버지를 장사 지내고 높은 벼슬을 하였다는 고사에서 온 말.

牛毛(우모) ①소의 털. 쇠털. ②매우 많음.

牛步(우보) 소의 걸음. ㉠느린 걸음. ㉡일의 진도가 느림.

牛舍(우사) 외양간.

牛溲馬勃(우수마발) 소의 오줌과 말의 똥. 또는 소의 오줌과 말불버섯. 쓸모없는 물건.

牛往馬往(우왕마왕) 國소가 가고 말이 다닌 곳을 다 다님. 온갖 곳을 다 다님.

牛乳(우유) 암소의 젖.

牛肉(우육) 쇠고기.

牛飮(우음) 소가 물을 마심. 술을 많이 마심.

牛衣(우의) 말이나 소의 등에 씌우는 거적.

牛醫(우의) 소의 병을 고치는 의원.

牛耳(우이) ①소의 귀. 쇠귀. ②우두머리. 맹주(盟主). 故事 제후(諸侯)들이 모여서 맹세할 때 희생이 되는 소의 왼쪽 귀를 베어 그 피를 받아 마셨는데, 이때 맹주가 쇠귀를 잡았다는 데서 온 말.

牛耳讀經(우이독경) 國쇠귀에 경 읽기. 어리석은 사람에게는 아무리 가르쳐도 알아듣지 못하여 소용없음.

牛蹄魚(우제어) 소의 발자국에 괸 물에서 노는 물고기. 죽음이 임박함.

牛足(우족) 잡아서 각을 뜬 소의 발.

牛皮(우피) 쇠가죽.

牛黃(우황) 소의 쓸개에 생긴 담석(膽石). 약재로 쓰임.

牛後(우후) 소의 엉덩이. 권세 있는 사람에게 붙어 있는 처지.

◨ 牽牛견우, 耕牛경우, 農牛농우, 斗牛두우, 肥牛비우, 犀牛서우, 水牛수우, 野牛야우, 鬪牛투우, 汗牛한우, 犧牛희우.

2 ⑥ 【牟】 ①소 우는 소리 모 尤 ②어두울 무 宥

인명 2급 ㊥móu, mào ㊐ボウ

소전 초서 참고 인명용 음은 '모'이다.

자해 ① ❶**소가 우는 소리**. ❷**탐하다, 탐내다, 빼앗다**. 〔漢書〕如此富商大賈여차부상대고, 亡所牟大利망소모대리. ❸**크다**. ❹**투구**. ≒鍪. ❺**눈동자**. ≒眸. ② **어둡다**.

牟尼(모니) (佛)적묵(寂默)·성자(聖者)의 뜻. 주로 석가모니(釋迦牟尼)를 이름.

牟利(모리) 이익만을 꾀함. 謀利(모리).

牟子(모자) ①눈동자. ②眸子(모자).

2 ⑥ 【牝】 암컷 빈 軫

인명 ㊥pìn ㊐ヒン

소전 자해 ❶**암컷**. 보통 새는 '雌雄(자웅)', 짐승은 '牝牡(빈모)'라고 한다. 〔書經〕牝雞無晨빈계무신. ❷**자물쇠**. 열쇠는 '牡'에 해당한다.

牝鷄司晨(빈계사신) 새벽에 암탉이 욺. 아내가 남편을 젖혀 놓고 집안일을 맡아봄. 牝鷄之晨(빈계지신).

牝馬之貞(빈마지정) 암말의 유순한 덕. 유순한 덕으로 힘든 일을 잘 참아서 성공함.

牝牡(빈모) ①암컷과 수컷. ②별의 위치. 금성(金星)이 남쪽에 있고, 목성(木星)이 북쪽에 있는 위치.

牝牛(빈우) 암소.

3 ⑦ 【牢】 우리 뢰 ㊍로 豪

인명 1급 ㊥láo ㊐ロウ, ル

소전 초서 자해 ❶**우리, 마소나 돼지 등 가축을 기르는 곳**. 〔周禮〕繫于牢계우뢰. ❷**둘러싸다, 속에 넣다**. ❸**옥, 감옥**. 〔史記〕天牢爲之空천뢰위지공. ❹**녹(祿), 녹미(祿米)**. 〔史記〕官與牢盆관여뢰분. ❺**희생**. 소·양·돼지의 세 희생. ❻**굳다, 견고하다**.

牢却(뇌각) 부탁·선물 따위를 굳이 물리침.

牢拒(뇌거) 굳이 거절함.

牢堅(뇌견) 굳음. 단단함. 牢固(뇌고).

牢落(뇌락) ①성긴 모양. 드문드문한 모양. ②적적한 모양. 쓸쓸한 모양. ③널찍한 모양. 두서없는 모양.

牢籠(뇌롱) 남을 마음대로 부림. 수중에 넣어 마음대로 놀림. 籠絡(농락).
牢死(뇌사) 감옥에서 죽음. 獄死(옥사).
牢賞(뇌상) 관에서 상으로 주는 쌀.
牢牲(뇌생) 천지신명이나 묘사(廟社)에 제사 지낼 때 바치는 산 짐승. 犧牲(희생).
牢愁(뇌수) 근심함. 걱정함. 마음을 태움.
牢獄(뇌옥) 감옥(監獄). 牢檻(뇌함).
◨ 堅牢견뢰, 圈牢권뢰, 牲牢생뢰, 獄牢옥뢰.

3 ⑦【牡】 수컷 모 本무 有

인명 1급 中mǔ 日ボ

소전 초서 자해 ❶수컷. 길짐승의 수컷. 날짐승의 수컷은 '雄(웅)'이라고 한다. 〔詩經〕雉鳴求其牡치명구기모. ❷열쇠.

牡牝(모빈) 수컷과 암컷. 牝牡(빈모).
牡鑰(모약) ①빗장. 빗장과 자물쇠. ②자물쇠를 잠금.
牡瓦(모와) 수키와. 엎어 이는 기와. 童瓦(동와). 夫瓦(부와).
牡牛(모우) 수소.
◨ 牝牡빈모.

3 ⑦【牣】 찰 인 震

中rèn 日ジン

소전 초서 자해 차다. ㉮충만하다. 〔詩經〕於牣魚躍어인어약. ㉯살지다, 소가 살지다.

4 ⑧【牧】 칠 목 屋

고등 인명 4Ⅱ급 中mù 日ボク

필순 ノ 一 ㅏ 牛 牜 牧 牧 牧

소전 초서 자원 會意. 牛+攴→牧. 손에 막대기를 들고 소〔牛〕를 친다〔攵〕는 뜻을 나타낸다.

자해 ❶치다, 마소를 놓아기르다. 〔周禮〕牧六畜목륙축. ❷마소를 치는 사람. 〔春秋左氏傳〕馬有圉마유어, 牛有牧우유목. ❸목장. ❹기르다. 〔易經〕君子卑以自牧也군자비이자목야. ❺성 밖, 교외. 방목할 만한 곳을 뜻한다. ❻다스리다. ❼벼슬 이름. ㉮지방의 장관. ㉯전답을 맡아보는 관리. ㉰배를 맡아보는 관리. 〔禮記〕命舟牧覆舟명주목복주.

牧歌(목가) ①목동이 부르는 노래. ②전원시(田園詩)의 한 가지. 목인(牧人)이나 농부의 생활을 주제로 한 시가.
牧童(목동) 마소나 양을 치는 아이.
牧民(목민) 백성을 다스림.
牧民官(목민관) 백성을 다스려 기르는 벼슬아치. 지방 장관.
牧伯(목백) 주목(州牧)과 방백(方伯). 태수(太守)나 자사(刺史) 등의 지방 장관.
牧夫(목부) ①말·소·양 따위를 기르는 사람. ②목민(牧民)의 벼슬.
牧司(목사) ①지방 장관. 牧民官(목민관). 牧守(목수). ②단속함. 일을 맡아봄.
牧使(목사) 관찰사 아래에서 지방의 각 목(牧)을 다스리던 벼슬.
牧師(목사) 교회나 교구를 관리하고 신자를 지도하는 성직자.
牧野(목야) 목장(牧場).
牧牛(목우) 소를 기름.
牧者(목자) 목축을 업으로 하는 사람. 목사(牧師). 사제(司祭).
牧草(목초) 가축에게 먹이는 풀.
牧畜(목축) 가축을 기름.
◨ 放牧방목, 遊牧유목, 樵牧초목, 畜牧축목.

4 ⑧【物】 만물 물 物

중학 인명 7급 中wù 日ブツ

필순 ノ 一 ㅏ 牛 牜 牞 物 物

소전 초서 자원 形聲. 牛+勿→物. '勿(물)'이 음을 나타낸다.

자해 ❶만물. 천지 사이에 존재하는 온갖 물건. 〔易經〕品物流行품물류행. ❷일. 〔周禮〕以鄕三物이향삼물, 敎萬民교만민. ❸무리, 종류. 〔春秋左氏傳〕是其生也시기생야, 與吾同物여오동물. ❹재물.

物價(물가) 물건 값.
物各有主(물각유주) 물건에는 제각기 주인이 있음.
物件(물건) 일정한 형체를 갖춘 모든 물질.
物故(물고) ①사람이 죽는 일. 物化(물화). ②사고(事故).
物故狀(물고장) 國죄인을 처형하고 보고하는 서장(書狀).
物權(물권) 물건을 지배할 수 있는 권리.
物量(물량) 물건의 분량.
物力(물력) ①물건의 힘. ②물건을 생산하는 힘. ③사용 가능한 온갖 물자와 노력.
物累(물루) 세상에 얽매인 여러 가지 관계.
物望(물망) 여러 사람이 우러러보는 명망.
物物交換(물물교환) 물품과 물품을 직접 바꾸는 경제 행위.
物產(물산) 그 지방에서 생산되는 물건.

物象(물상) ①물체의 형상. 物像(물상). ②자연의 풍경.
物色(물색) ①물건의 모양이나 빛깔. ②어떤 기준에 맞는 사람이나 물건을 고름.
物心(물심) 물질과 정신.
物我(물아) ①물건과 나. ②외물(外物)과 자아. ③객관과 주관.
物我一體(물아일체) 자연물과 자아가 하나가 된 상태.
物役(물역) 외물에 부림을 당함.
物外(물외) 물질에 얽매이지 않는 세계. 속세를 벗어난 곳. 物表(물표).
物慾(물욕) 물질에 대한 욕심.
物議(물의) 여러 사람의 논의. 세상의 평판.
物資(물자) 경제나 생활의 바탕이 되는 온갖 자재나 물건.
物情(물정) ①어떤 사물의 실정. ②세상의 인심. 세상 돌아가는 형편.
物主(물주) ①물품의 주인. ②國㉠공사판 등에서 밑천을 대는 사람. ㉡노름판에서 아기패를 상대로 승부를 겨루는 사람.
物證(물증) 증거가 되는 물건의 존재나 상태.
物質(물질) ①물건의 본바탕. ②재물. ③공간을 차지하고 질량이 있는 물건.
物體(물체) 구체적인 형태를 가지고 있는 것.
物品(물품) 쓸모 있는 물건이나 제품.
物化(물화) ①사물이 변화하는 일. 만물이 변화하는 모습. ②사람의 죽음.
物華(물화) ①물건의 빛. 보물 따위의 정채(精彩). ②경치. 풍경.
物候(물후) 만물이 철에 따라 나타나고 찾아드는 일. 氣候風物(기후풍물).
◨ 格物격물, 古物고물, 鑛物광물, 怪物괴물, 賂物뇌물, 動物동물, 萬物만물, 賣物매물, 名物명물, 文物문물, 微物미물, 寶物보물, 產物산물, 生物생물, 俗物속물, 植物식물, 魚物어물, 英物영물, 靈物영물, 禮物예물, 外物외물, 遺物유물, 人物인물, 贓物장물, 財物재물, 鑄物주물, 廢物폐물, 風物풍물.

5 ⑨【牲】 희생 생 庚

인명 1급 ㊥shēng ㊐セイ

소전 초서 자해 ❶희생, 통째로 제사에 쓰는 소. 기를 때는 '畜(축)'이라 하고, 제사에 쓸 때는 '牲'이라 한다. 〔孝經〕日用三牲之養일용삼생지양. ❷제사에 쓰거나 먹는 가축의 통칭.
牲犢(생독) 희생으로 쓰는 송아지.
牲牢(생뢰) 제물(祭物)로 바치는 산 짐승. 犧牲(희생).
牲殺(생살) 제물로 쓰는 짐승.
牲幣(생폐) 희생과 폐백(幣帛).
◨ 犧牲희생.

5 ⑨【牴】 ①닿을 저 薺 ②숫양 저 齊

㊥dǐ, dī ㊐テイ

소전 초서 자해 ①닿다, 부딪치다. ≒觝. ②숫양. ≒羝.
牴牾(저오) 어긋남. 엇갈림. 서로 맞지 않음. 抵捂(저오). 抵梧(저오).

6 ⑩【牷】 희생 전 先

㊥quán ㊐セン

소전 자해 희생. ㉮소의 털이 단색(單色)인 것. ㉯몸이 온전한 것. ㉰털이 단색이며 몸이 온전한 것.
牷物(전물) 털빛이 단색이고 몸이 온전한 희생.
牷犧(전희) 희생(犧牲).

6 ⑩【特】 수컷 특 職

중학 인명 6급 ㊥tè ㊐トク

필순 ノ 𠂉 牛 牛 牛 牛 牛 特 特 特

소전 초서 자원 形聲. 牛+寺→特. '寺(사)'가 음을 나타낸다.
자해 ❶수컷. ㉮수소. 〔魏志〕以特牛祠中嶽이특우사중악. ㉯수말. ❷홀로, 하나. ❸하나하나. 〔周禮〕孤卿特揖고경특읍. ❹짝, 배필. 〔詩經〕求爾新特구이신특. ❺특히, 특별히. 〔莊子〕乃今以久特聞내금이구특문. ❻다만.
特價(특가) 특별히 싸게 매긴 값.
特講(특강) 특별히 베푸는 강의.
特磬(특경) 경쇠의 한 가지로, 풍류를 그칠 때 치는 아악기(雅樂器). 편경(編磬)보다 큼.
特權(특권) 특별한 권리.
特勤(특근) 國정상 근무 시간 외에 특별히 더 하는 근무.
特級(특급) 특별한 등급이나 계급.
特記(특기) 특별히 기록함, 또는 그 기록.
特技(특기) 특별한 기능이나 기술.
特達(특달) ①선물을 보낼 때 다른 물건을 끼우지 않고 그 선물만을 보냄. ②여럿 중에서 특별히 뛰어남. 特秀(특수).
特大(특대) 특별히 큼.
特等(특등) 특별히 뛰어난 등급.
特例(특례) ①특수한 예. ②특별한 전례(典例).
特立(특립) ①남에게 의지하지 않고 홀로 섬. 獨立(독립). ②특별히 뛰어남.

特立獨行(특립독행) 세속을 따르지 않고 오로지 믿는 바에 따라 행동함. 남에게 굴종하지 않고 소신을 수행함.
特免(특면) ①특별히 용서함. ②특별히 면제함.
特命(특명) ①특별한 명령. ②특별한 임명.
特廟(특묘) 본 사당 외에 따로 세운 사당. 첩(妾)의 신주를 모셔 놓은 사당.
特別(특별) ①보통과 다름. ②보통보다 훨씬 뛰어남.
特報(특보) 특별히 알림, 또는 그 보도.
特使(특사) 특별히 보내는 사자.
特赦(특사) ①특별히 용서함. 特宥(특유). ②특별히 사면함. 복역 중인 특정한 죄인에게 형의 집행을 면제하는 일.
特賜(특사) 임금이 신하에게 특별히 줌.
特產(특산) 어떤 지방의 특별한 산출.
特色(특색) 다른 것과 견주어 특히 다른 점.
特牲(특생) 제사에 쓰는 희생(犧牲). ㉠한 마리의 소. ㉡한 마리의 돼지.
特需(특수) ①특별한 수요. ②특별한 주문.
特殊(특수) 보통과 다름. 特異(특이).
特約(특약) 특별한 조건을 붙인 약속.
特有(특유) 그것만이 특별히 가지고 있음.
特典(특전) 특별히 베푸는 은전(恩典).
特定(특정) 특별히 지정함.
特種(특종) ①특별한 종류. ②특종 기사.
特旨(특지) ①특별한 취지. ②특별한 왕지(王旨). 特敎(특교).
特進(특진) 뛰어난 공로로 일반 규례를 벗어나 특별히 진급함.
特質(특질) 특별한 성질이나 기질.
特徵(특징) ①특별히 눈에 띄는 표적. 特長(특장). ②특별한 우대.
特次(특차) 맨먼저 시행하는 특별한 차례.
特出(특출) 특별히 뛰어남. 유달리 높음.
特許(특허) ①특별히 허락함. ②어떤 사람의 공업적 발명품에 대하여 그 사람 또는 승계자에게 독점권을 부여하는 행정 행위.
特惠(특혜) 특별한 혜택.
特效(특효) 특별한 효험.
◨ 奇特기특, 獨特독특, 殊特수특, 英特영특.

7 ⑪【牽】牵 끌 견 ㊤先

고등 인명 3급 ㊥qiān ㊐ケン

필순 丶 亠 𠂉 玄 玄 𤣥 ... 牽

소전 초서 고자 撁 자원 形聲. 玄+冖+牛→牽. '冖'가 고삐를 나타내고, '牛'가 뜻을, '玄(현)'이 음을 나타낸다.

자해 ❶끌다. ㉮끌고 가다. 〔易經〕牽羊悔亡견양회망. ㉯끌어당기다. ㉰강요하다. 〔禮記〕君子敎喩也군자교유야, 道而弗牽도이불견. ❷거리끼다, 구애되다. 〔史記〕學者牽於所聞학자견어소문. ❸줄, 물건을 매어 끄는 줄. ❹희생(犧牲), 끌려가는 동물. ❺별 이름.
牽強附會(견강부회) 이치에 맞지 않는 말을 억지로 끌어 붙여 자기에게 유리하게 함.
牽連(견련) 관련(關聯)함. 죽 이어짐.
牽攣(견련) 끎. 관계됨.
牽絲(견사) ①실을 끎. ②처음으로 벼슬함.
牽曳(견예) 끎. 끌어당김.
牽牛(견우) ①소를 끎. ②견우성(牽牛星).
牽引(견인) 끌어당김.
牽制(견제) ①붙들어 놓고 자유를 속박함. 牽掣(견철). ②적을 자기가 바라는 곳으로 끌어들이거나, 그곳에 붙들어 놓는 일.

7 ⑪【犁】 犂(802)와 동자 인명

참고 인명용 음은 '리'이다.

7 ⑪【牾】 거스를 오 ㊤麌

㊥wǔ ㊐ゴ

초서 자해 ❶거스르다. =忤. ❷짐승 이름.

8 ⑫【犂】 1쟁기 려 ㊤齊 2얼룩소 리 ㊤支

㊥lí ㊐レイ, リ

소전 동자 犁 자해 1❶쟁기, 농구(農具)의 이름. 〔管子〕丈夫二犂장부이려, 童五尺一犂동오척일려. ❷갈다, 쟁기질하다. ❸검다. 2얼룩소. 〔論語〕犂牛之子리우지자.
犂明(여명) 동틀 무렵. 犂旦(여단). 黎明(여명).
犂黑(여흑) 검음.
犂牛之子(이우지자) 얼룩소의 새끼. 아버지가 나쁘다 할지라도 자식이 현명하면 등용됨. 故事 중궁(仲弓)이 나쁜 아버지를 두었지만 똑똑하였기 때문에 공자(孔子)가 소에 비유하여, 잡종 소의 새끼일지라도 그 털 색이 붉고 뿔이 곧으면 희생으로써 하늘에 바칠 수 있다고 한 데서 온 말.

8 ⑫【犇】 달아날 분 ㊤元

㊥bēn ㊐ホン

초서 자해 ❶달아나다, 달리다. ※奔(290)의 고자(古字). ❷소가 놀라다.
犇走(분주) 바삐 돌아다님. 奔走(분주).

8 ⑫ 【犀】 무소 서 齊

인명 1급 ㊥xī ㊐サイ

소전 초서 자해 ❶무소, 코뿔소. ¶ 犀角서각. ❷무소뿔, 서각(犀角). ❸굳다. 〔漢書〕 器不犀利기불서리.
犀角(서각) ①무소의 뿔. 가루를 만들어 해독·해열제로 씀. ②이마의 윗부분이 튀어나온 귀인의 상(相).
犀甲(서갑) 무소 가죽으로 만든 갑옷.
犀利(서리) 견고하고 예리함.
◨ 木犀목서.

10 ⑭ 【犖】 荦 얼룩소 락 覺

㊥luò ㊐ラク

소전 초서 자해 ❶얼룩소. ❷밝다, 명백하다. 〔史記〕 此其犖犖大者차기락락대자. ❸뛰어나다, 훌륭하다.
犖犖(낙락) ①일이 분명한 모양. ②뛰어난 모양. 탁월함.

10 ⑭ 【犒】 호궤할 호 號

㊥kào ㊐コウ

초서 자해 호궤하다, 음식을 보내어 군사를 위로하다. 〔春秋左氏傳〕 使展喜犒師사전희호사.
犒饋(호궤) 군사(軍士)에게 음식을 내려 위로(慰勞)함. 犒軍(호군).
犒勞(호로) 군사를 위로함.
犒賞(호상) 위로하고 칭찬함.

13 ⑰ 【犠】 犧(803)의 속자

15 ⑲ 【犢】 犊 송아지 독 屋

인명 ㊥dú ㊐トク

소전 초서 자해 송아지. 〔禮記〕 諸侯膳以犢제후선이독.
犢車(독거) 송아지가 끄는 수레.
犢鼻褌(독비곤) 쇠코잠방이. 犢鼻裩(독비곤).
犢牛(독우) 송아지.
◨ 牲犢생독.

16 ⑳ 【犧】 牺 1 희생 희 支 2 술그릇 사 歌

인명 1급 ㊥xī, suō ㊐ギ, サ

소전 초서 속자 참고 인명용 음은 '희'이다.

자해 1 희생, 종묘(宗廟)의 제향에 쓰는 희생. 〔呂氏春秋〕 肉袒執犧육단집희. 2 술그릇, 비취로 꾸민, 제사에 쓰는 술 그릇.
犧牲(희생) ①천지신명, 종묘에 제사 지낼 때 바치는 짐승. ②남을 위하여 자기 목숨을 바침. 자기의 손해를 무릅쓰고 남을 위하여 일함.

犬部 개 견

0 ④ 【犬】 개 견 銑

중학 인명 4급 ㊥quǎn ㊐ケン

필순 一 ナ 大 犬

소전 초서 참고 부수로 왼쪽에 쓰일 때는 글자 모양이 '犭'으로 바뀌고, '개사슴록변'이라고 부른다.

자원 象形. 개가 옆으로 보고 있는 모양을 본뜬 글자.

자해 개. 〔禮記〕 效犬者左牽之효견자좌견지.
犬馬(견마) ①개와 말. ②짐승. 獸類(수류). ③견마와 같이 천한 사람. 신하가 임금에게 대하여 자기를 일컫는 겸사(謙辭).
犬馬之勞(견마지로) 남을 위하여 애쓰는 자기의 노력의 겸사.
犬馬之心(견마지심) 개와 말이 그 주인을 위하는 마음. 신하가 임금을 위하여 지성을 다하는 마음의 겸사.
犬馬之養(견마지양) 개나 말을 기르는 것과 같은 효양(孝養). 어버이에게 의식(衣食)을 공급할 뿐, 공경함이 없는 효양.
犬馬之齒(견마지치) 개나 말처럼 부질없이 나이만 먹음. 자기 나이에 대한 겸사.
犬牙(견아) ①개의 엄니. ②서로 어긋남. 서로 엇갈림.
犬猿(견원) 개와 원숭이. 사이가 나쁜 것.
犬戎(견융) 서융(西戎)의 한 종족.
犬彘(견체) 개와 돼지. 천한 사람.
犬兔之爭(견토지쟁) 무익한 싸움. 제삼자가 이익을 얻음. 故事 한자로(韓子盧)라는 사나운 개가 동곽준(東郭逡)이라는 교활한 토끼를 쫓아 달리다 지쳐서 둘 다 죽자, 농부가 아무 수고도 하지 않고 이들을 얻었다는 고사에서 온 말. 鷸蚌之爭(휼방지쟁).
犬吠(견폐) ①개가 짖음. 개 짖는 소리. ②여러 사람의 떠드는 소리.

◨ 狂犬광견, 軍犬군견, 猛犬맹견, 愛犬애견, 野犬야견, 良犬양견, 鬪犬투견, 黃犬황견.

1 ⑤【犮】 달릴 발 曷

㊥bā ㊐ハツ

소전 초서 자해 ❶달리다, 개가 달리는 모양. ❷뽑다, 빼다.

2 ⑤【犯】 범할 범 陳

고등 인명 4급 ㊥fàn ㊐ハン

필순 ノ 犭 犭 犯 犯

소전 초서 고자 犯 자원 形聲. 犬+㔾→犯. '㔾(범)'이 음을 나타낸다.

자해 ❶범하다. ㉮저촉하다. 〔春秋左氏傳〕衆怒難犯중노난범. ㉯이기다, 무시하다. 〔論語〕其爲人也孝弟기위인야효제, 而好犯上者鮮矣이호범상자선의. ㉰거스르다. ❷치다, 공격하다. ❸법을 어기다. ❹해치다. 〔國語〕水火之所犯수화지소범. ❺죄.

犯戒(범계) (佛)계율을 범함.
犯闕(범궐) 대궐을 침범함.
犯禁(범금) 금제(禁制)를 범함.
犯路(범로) 國①통행이 금지된 길을 왕래함. ②길을 범하여 집 같은 것을 지음.
犯法(범법) 법에 어긋나는 일을 함.
犯分(범분) 신분에 어긋나는 짓을 함.
犯上(범상) 윗사람을 업신여기고 대듦.
犯所(범소) 國죄를 범한 장소.
犯顏(범안) 임금이 싫어하는 안색을 보여도 관계하지 않고 간(諫)함.
犯越(범월) 國남의 국경을 침범함. 불법으로 타국에 들어감.
犯人(범인) 죄를 저지른 사람.
犯葬(범장) 國남의 산소의 영역을 범하여 장사 지냄.
犯罪(범죄) 법규를 어기고 저지른 잘못.
犯則(범칙) 규칙을 어김.
犯蹕(범필) 임금이 거둥할 때 가마가 지나갈 길을 침범함.
犯行(범행) 법령을 어김. 범죄 행위.
犯諱(범휘) 어른의 이름을 함부로 부름.

◨ 輕犯경범, 共犯공범, 累犯누범, 防犯방범, 再犯재범, 戰犯전범, 主犯주범, 眞犯진범, 初犯초범.

3 ⑦【状】 狀(805)의 속자

4 ⑦【狂】 미칠 광 陽

고등 인명 3Ⅱ급 ㊥kuáng ㊐キョウ

필순 ノ 犭 犭 犭 犴 狂 狂

소전 초서 고자 㞷 자원 形聲. 犬+王→狂. '王(왕)'이 음을 나타낸다.

자해 ❶미치다. ㉮정신 이상이 되다. 〔南史〕忽於衆中狂逸홀어중중광일. ㉯마음이 미혹하여 사리를 분별하지 못하다. 〔莊子〕吾以是狂而不信也오이시광이불신야. ㉰상규(常規)를 벗어나다. ❷경솔하다. 〔論語〕其蔽也狂기폐야광. ❸미친 병. 〔書經〕我其發出狂아기발출광. ❹오로지 한 가지 일에 골똘한 사람.

狂簡(광간) 뜻하는 바는 크나 행함은 이에 따르지 못하여 소홀하고 거침.
狂狷(광견) 공연히 이상만 높고 실행이 따르지 않으며, 사려가 부족하여 완고함.
狂氣(광기) ①미친 증세. ②미친 듯이 함부로 날뛰는 성질.
狂濤(광도) 용솟음치는 큰 파도.
狂亂(광란) 미친 듯이 날뜀.
狂妄(광망) 망령되어서 이치에 맞지 않음.
狂夫(광부) ①미친 사람. ②자기 남편의 겸칭.
狂奔(광분) ①미친 듯이 달림. ②어떤 목적을 위하여 열심히 뛰어다님.
狂雪(광설) 바람에 날려 내리는 눈.
狂信(광신) 미치다시피 덮어놓고 믿음.
狂言(광언) ①이치에 맞지 않는 말. 두서없는 말. 狂談(광담). ②남을 놀라게 하는 말.
狂易(광역) 미쳐 제정신을 잃음.
狂炎(광염) ①미친 듯이 타오르는 불꽃. ②대단한 정열.
狂人(광인) 미친 사람. 미치광이.
狂恣(광자) 유별나게 방자(放恣)함.
狂的(광적) 미친 듯한 것. 제정신이 아닌 모양.
狂疾(광질) 미친 병. 정신병.
狂草(광초) 아주 부드럽게 흘려 쓴 초서(草書).
狂癡(광치) 미쳐서 사리를 분별하지 못함.
狂暴(광포) 행동이 미친 듯이 거칠고 사나움.
狂風(광풍) 사납게 휘몰아 치는 바람.
狂虐(광학) 몹시 포악하고 잔학함.
狂惑(광혹) 미쳐서 혹함.
狂華(광화) 제철이 아닐 때 피는 꽃.
狂喜(광희) 미칠 듯이 기뻐함.

◨ 發狂발광, 熱狂열광, 酒狂주광, 醉狂취광.

4 ⑦【狃】 친압할 뉴 宥

㊥niǔ ㊐ジュウ

犬 1획

소전 狃 초서 狃 [자해] ❶친압하다. ㉮개가 길들다. ㉯익숙하여 자유롭다. 〔春秋左氏傳〕 莫敖狃於蒲騷之役막오뉴어포소지역. ㉰되풀이하여 익히다. 〔書經〕 狃于姦宄뉴우간구. ❷탐내다, 탐하다. 〔國語〕 不足狃也부족뉴야.

狃習(유습) 되풀이하여 익힘.

4 ⑧ 【狀】 状 ① 형상 상 ㊍장 漾 ② 문서 장 漾

고등 인명 4Ⅱ급 ㊥zhuàng ㊐ジョウ

필순 丨 丬 丬 爿 爿 爿 狀 狀

소전 狀 초서 狀 속자 状 [참고] 인명용 음은 '상·장'이다.

[자원] 形聲. 爿+犬→狀. '爿(장)'이 음을 나타낸다.

[자해] ① ❶형상, 모양. 〔周禮〕 鑄金之狀주금지상. ❷용모(容貌). 〔史記〕 孔子狀類陽虎공자상류양호. ② 문서, 소장(訴狀).

狀貌(상모) 얼굴의 생김새. 容貌(용모).

狀態(상태) 사물이나 현상이 처해 있는 모양이나 형편.

狀況(상황) 일이 되어 가는 모습이나 형편.

狀啓(장계) ㊀임금이나 감사(監司)의 명을 받고 지방에 파견된 관원이 민정(民情)을 살핀 결과를 글로써 올리던 보고.

狀頭(장두) 장원 급제한 사람.

狀元(장원) 과거에 첫째로 급제함. 壯元(장원).

狀請(장청) ㊀장계로 주청함.

◨ 賞狀상장, 書狀서장, 訴狀소장, 令狀영장, 寃狀원장, 形狀형상.

4 ⑦ 【狄】 오랑캐 적 錫

인명 1급 ㊥dí ㊐テキ

소전 狄 초서 狄 [자해] ❶오랑캐, 북방 오랑캐. 〔書經〕 南征남정, 北狄怨북적원. ❷낮은 관리, 악공(樂工). ❸빠르다, 왕래가 빠르다.

狄成(적성) 악곡(樂曲)의 속도가 빠른 모양. 急調(급조).

狄人(적인) 중국 북방에 살던 종족.

狄鞮(적제) ①서역(西域)의 말을 통역하던 사람. ②서융(西戎)의 음악 이름.

5 ⑧ 【狗】 개 구 有

고등 인명 3급 ㊥gǒu ㊐ク

필순 丿 犭 犭 犭 犳 犳 狗 狗

소전 狗 초서 狗 동자 豿 [자원] 形聲. 犬+句→狗. '句(구)'가 음을 나타낸다.

[자해] 개. 〔禮記〕 尊客之前존객지전, 不叱狗부질구.

狗屠(구도) ①개를 잡음. ②개백정.

狗馬(구마) ①개와 말. 진귀한 노리갯감. ②신하가 임금에게 자기를 일컫는 겸칭(謙稱). 犬馬(견마).

狗尾續貂(구미속초) 담비 꼬리가 모자라 개 꼬리로 이음. ㉠관작(官爵)을 함부로 줌. ㉡훌륭한 것에 보잘것없는 것이 뒤따름. [故事] 진대(晉代)에 사마륜(司馬倫)의 당(黨)이 모두 높은 벼슬에 올라 노졸(奴卒)까지도 작위를 받았으므로, 근신(近臣)들의 관(冠)을 장식하는 담비의 꼬리가 부족하여 개 꼬리를 사용하였다는 고사에서 온 말. 貂續(초속).

狗飯橡實(구반상실) ㊀개밥의 도토리. ㉠따돌림을 당함. ㉡외톨이가 됨.

狗鼠(구서) ①개와 쥐. ②인격이 천한 사람.

狗彘(구체) ①개와 돼지. ②비천(卑賤)함. 인품이 천한 사람.

狗偸(구투) 개 흉내를 내며 남의 집에 들어가 훔치는 도둑.

狗吠(구폐) 개가 짖음.

狗黃(구황) 개의 쓸개 속에 든 결석을 한방에서 이르는 말. 狗寶(구보). 狗沙(구사).

◨ 獵狗엽구, 走狗주구, 海狗해구, 黃狗황구.

5 ⑧ 【狛】 짐승 이름 박 藥

㊥bó ㊐ハク

소전 狛 [자해] 짐승 이름. 이리를 닮았다.

5 ⑧ 【狒】 비비 비 未

㊥fèi ㊐ヒ

초서 狒 [자해] 비비(狒狒). 아프리카에 사는 원숭이의 한 가지.

5 ⑧ 【狉】 삵의 새끼 비 支

㊥pī ㊐ヒ

[자해] ❶삵의 새끼, 너구리 새끼. ❷짐승이 떼 지어 달리는 모양.

狉狉(비비) 짐승이 무리 지어 달리는 모양.

5 ⑧ 【狎】 익숙할 압 洽

인명 ㊥xiá ㊐コウ

소전 초서 자해 ❶익숙하다, 익숙하여지다. 〔國語〕 未狎君政미압군정. ❷친압하다, 너무 지나칠 정도로 가깝다. 〔論語〕 雖狎必變수압필변. ❸업신여기다, 가벼이 보다. ❹갈마들다.

狎客(압객) ①대대로 친교가 있는 집안. 通家(통가). ②무람없이 구는 사람. ③남의 장난거리가 되는 사람.

狎近(압근) 무람없이 남에게 다가붙음. 가까이하여 귀여워함. 狎昵(압닐).

狎弄(압롱) 무람없이 희롱거림.

狎侮(압모) 업신여김. 깔봄. 輕侮(경모).

狎邪(압사) ①무람없이 가까이하며 간사하게 굶. 또는 그런 사람. ②유녀(遊女).

狎翫(압완) 친숙해짐. 아주 가까이 지냄.

狎而敬之(압이경지) 아주 친근한 사이일지라도 공경하는 마음을 잃지 않음.

◼ 親狎친압.

犬 5획

5 ⑧ 【狙】 원숭이 저 御魚

인명 1급 ㊥jū ㊐ソ

소전 초서 자해 ❶원숭이. 〔莊子〕 朝三而暮四조삼이모사, 衆狙皆怒중저개노. ❷교활하다, 속이다. ❸노리다, 엿보다. 〔史記〕 良與客狙擊秦始皇帝博浪沙中량여객저격진시황제박랑사중.

狙擊(저격) 몰래 엿보아 침. 노려서 쏨.

狙公(저공) 원숭이를 기르는 사람. 원숭이에게 재주를 부리게 하여 돈벌이하는 사람.

狙縛(저박) 노리고 있다가 포박함.

狙詐(저사) 속임. 틈을 타서 남을 속임.

狙喜(저희) 속이기를 좋아함.

5 ⑧ 【狐】 여우 호 虞

인명 1급 ㊥hú ㊐コ

소전 초서 자원 會意. 犬+瓜→狐. '犭'은 짐승, '瓜'는 '孤(고)'를 줄인 것으로 외로움을 뜻한다. 여우는 의심이 많은 짐승이어서 무리와 어울리지 못하는 데서 여우를 뜻한다.

자해 여우. ¶ 狐狸호리.

狐假虎威(호가호위) 여우가 범의 위세를 빌림. 남의 권위를 빌려 위세를 부림.

狐裘(호구) 여우의 겨드랑이 밑에 있는 흰 털가죽으로 만든 옷.

狐裘羔袖(호구고수) 여우 가죽으로 만든 옷에 새끼 양의 가죽으로 된 소매. 대체로 좋으나 나쁜 데가 조금 있음.

狐狼(호랑) ①여우와 이리. ②교활하여 남을 해치는 사람.

狐狸(호리) ①여우와 너구리. ②숨어서 나쁜 짓을 하는 사람.

狐媚(호미) 여우가 사람을 호리듯이, 교묘히 아양을 떨어 미혹(迷惑)시킴.

狐白裘(호백구) ①여우 겨드랑이의 흰 털가죽으로 만든 옷. 狐白(호백). ②부귀한 사람.

狐死首丘(호사수구) 여우는 죽을 때 제가 살던 언덕 쪽으로 머리를 둠. ㉠근본을 잊지 않음. ㉡고향을 그리워함. 首丘初心(수구초심).

狐鼠(호서) 여우와 쥐. ㉠소인. ㉡좀도둑.

狐濡尾(호유미) 여우가 물을 잘 건너다가 마지막에 꼬리가 물에 젖어 건너지 못함. 일은 시작하기는 쉬우나 마무리를 잘하기가 어려움.

狐疑(호의) 여우의 의심. 의심이 많아 결단을 내리지 못함.

狐臭(호취) 암내. 겨드랑이에서 나는 고약한 냄새. 胡臭(호취). 腋臭(액취).

狐惑(호혹) 의심하고 망설임.

◼ 九尾狐구미호, 白狐백호, 野狐야호.

6 ⑨ 【狡】 교활할 교 巧

인명 1급 ㊥jiǎo ㊐コウ

소전 초서 자해 ❶교활하다, 간교하다. 〔漢書〕 狡兔死교토사, 良狗烹량구팽. ❷빠르다. ❸미치다, 어지러워지다. 〔春秋左氏傳〕 亂氣狡憤란기교분. ❹시기하다, 의심하다. ❺해치다.

狡犬(교견) 흉노(匈奴)가 길렀다는, 입이 크고 털빛이 검은 개.

狡童(교동) 교활한 아이. 얼굴은 예쁘나 성실하지 못한 아이.

狡詐(교사) 간사한 꾀로 속임. 狡譎(교휼).

狡獪(교쾌) ①장난하고 놂. ②교활함.

狡猾(교활) ①간사한 꾀가 많음. ②행동이 광포(狂暴)함. 狡獪(교쾌). 狡黠(교힐).

6 ⑨ 【独】 獨(811)의 속자

6 ⑨ 【狩】 사냥 수 宥

인명 1급 ㊥shòu ㊐シュ

소전 초서 자해 ❶사냥. ㉮몰이꾼·사냥개를 써서 하는 사냥. ㉯겨울 사냥. ❷임소(任所), 임지(任地). 〔孟子〕 巡狩者순수자, 巡所守也순소수야.

狩獵(수렵) 사냥. 사냥함.

狩人(수인) 사냥꾼.

狩田(수전) 사냥. 겨울철의 사냥.

6 ⑨【狢】 오소리 학 藥

㊥hé ㊐カク

자해 **오소리**. ＝貉.

6 ⑨【狠】 1 개 싸우는 소리 한 刪
2 물 간 阮

㊥yán, kěn, hěn ㊐ガン, コン

소전 초서 자해 1 **❶개가 싸우는 소리**. 2 **❶물다**. **❷패려궂다**.

狠戾(한려) 성질이 비뚤어지고 사나움.

狠愎(한퍅) 성질이 매우 사납고 고약함.

6 ⑨【狭】 狹(807)의 속자

6 ⑨【狟】 오소리 훤 元

㊥xuān ㊐ケン

소전 초서 자해 **오소리**. ＝貆.

7 ⑩【狷】 성급할 견 霰

㊥juàn ㊐ケン

소전 초서 자해 **❶성급하다**. **❷뜻이 굳다, 절의를 지켜 뜻을 굽히지 아니하다**. 〔論語〕狷者有所不爲也견자유소불위야.

狷介(견개) 스스로 지키는 바가 굳어 남과 화합하지 않음.

狷狂(견광) 식견이 좁아서 고집을 지나치게 부리고 뜻만 커서 과장이 심함.

狷急(견급) 마음이 좁고 성질이 급함.

狷忿(견분) 마음이 좁아서 성을 잘 냄.

狷隘(견애) 마음이 좁고 성질이 급함.

狷狹(견협) 성급하고 마음이 좁음.

7 ⑩【狼】 1 이리 랑 陽
2 짐승 이름 랑 養

인명 1급 ㊥láng, lǎng ㊐ロウ

소전 초서 자해 1 **❶이리**. 개를 닮은 산짐승. 입이 크고 성질이 사납다. **❷어지러워지다, 어수선하다**. 〔孟子〕樂歲粒米狼戾락세립미랑려. 2 **짐승 이름**. 앞다리는 길고 뒷다리는 매우 짧아, 항상 패(狽)에게 업혀야만 다닐 수 있다. ¶ 狼狽낭패.

狼顧(낭고) 이리는 겁이 많아 뒤를 잘 돌아봄. 두려워서 뒤를 돌아봄.

狼戾(낭려) ①이리와 같이 마음이 비뚤어지고 도리에 어긋남. 한없이 욕심을 부림. ②어지럽게 흩어져 있음.

狼心(낭심) 이리 같은 탐욕스러운 마음.

狼藉(낭자) 흩어져 어지러운 모양. 산란(散亂)한 모양.

狼子野心(낭자야심) 이리 새끼는 길들이려고 해도 야성이 있어 길들여지지 않음. 흉포하여 교화(敎化)할 수 없는 사람의 비유.

狼疾(낭질) ①마음이 산란한 모양. ②성미가 고약하여 쉽게 뉘우치지 못함.

狼貪(낭탐) 이리와 같이 욕심이 많음.

狼狽(낭패) ①둘이 서로 떨어질 수 없는 일. ②일이 뜻대로 되지 않아 몹시 딱한 형편이 됨.

狼抗(낭항) 성질이 사납고 남에게 마구 대듦.

◨ 豺狼시랑, 餓狼아랑, 虎狼호랑.

7 ⑩【狸】 貍(1195)와 동자 인명

참고 인명용 음은 '리'이다.

7 ⑩【狠】 貌(1195)와 동자

7 ⑩【狻】 사자 산 寒

㊥suān ㊐サン

소전 초서 자해 **사자**(獅子).

狻猊(산예) ①사자(獅子)의 딴 이름. ②사자의 탈을 쓰고 춤을 추는 가면극.

7 ⑩【狽】狈 이리 패 泰

인명 ㊥bèi ㊐ハイ

초서 자해 **이리**. 앞다리가 짧고 뒷다리가 길어, 낭(狼)과 서로 의지해야만 다닐 수 있다. 〔後漢書〕狼狽而走랑패이주.

7 ⑩【狴】 짐승 이름 폐 齊

㊥bì ㊐ハイ

자해 **❶짐승 이름**. **❷감옥**.

7 ⑩【狹】狭 좁을 협 洽

인명 1급 ㊥xiá ㊐キョウ

초서 동자 陜 속자 狭 자해 **❶좁다**. 〔史記〕長安地狹장안지협.

狹徑(협경) 좁은 길. 狹路(협로).

狹軌(협궤) 궤도 사이의 너비가 표준보다 좁은 철도의 선로.

犬 7획

狹小(협소) 공간이 좁고 작음. 아주 좁음.
狹阨(협애) 땅이 좁고 험함.
狹隘(협애) ①자세 따위가 비좁음. 狹窄(협착). ②도량이나 소견이 좁음.
狹義(협의) 좁은 범위의 뜻.
◧ 廣狹광협, 偏狹편협.

8 ⑪【猟】 獵(813)의 속자

8 ⑪【猛】 날랠 맹 梗

고등 인명 3Ⅱ급 ㊥měng ㊐モウ

필순 ノ 犭 犭 犭 犭 犭 猛 猛 猛 猛

소전 [篆] 초서 [草] 자원 形聲. 犬+孟→猛. '孟(맹)'이 음을 나타낸다.

자해 ❶날래다, 용감하다. ❷엄하다. ❸사납다, 심하다, 잔혹하다. 〔禮記〕 苛政猛于虎가정맹우호.

猛犬(맹견) 사나운 개.
猛攻(맹공) 맹렬히 공격함.
猛禽(맹금) 육식을 하는 사나운 날짐승.
猛毒(맹독) 독성이 심한 독.
猛戾(맹려) 사납고 도리에 어긋남.
猛烈(맹렬) 기세가 몹시 사납고 세참.
猛士(맹사) 힘세고 용감한 병사.
猛省(맹성) ①갑자기 깨달음. ②깊이 반성함. 深省(심성).
猛勢(맹세) 맹렬한 기세.
猛獸(맹수) 사나운 짐승.
猛勇(맹용) 씩씩하고 용감함.
猛襲(맹습) 매섭게 침. 맹렬한 습격.
猛惡(맹악) ①몹시 사납고 악함. ②세력이 매우 강함.
猛雨(맹우) 억세게 퍼붓는 비.
猛威(맹위) 맹렬한 위세.
猛毅(맹의) 뜻이 굳음.
猛將(맹장) 용맹스러운 장수.
猛志(맹지) 굳센 의지. 장한 뜻.
猛進(맹진) 힘차게 나아감. 용맹스럽게 정진함.
猛打(맹타) 몹시 치거나 때림.
猛暴(맹포) 거칠고 사나움.
猛虎(맹호) ①사납고 힘센 범. ②맹렬하고 강한 것.
猛虎伏草(맹호복초) 사나운 범이 풀 속에 엎드려 있음. 영웅은 일시적으로 숨어 있어도 언젠가는 반드시 세상에 나타남.
猛虎深山(맹호심산) 사나운 범이 깊은 산에 있음. ㉠세력이 왕성함의 비유 ㉡호걸(豪傑)이 알맞은 자리를 얻음.
猛火(맹화) 세차게 타는 불. 烈火(열화).
◧ 強猛강맹, 勇猛용맹, 威而不猛위이불맹.

8 ⑪【猜】 시새울 시 灰

인명 1급 ㊥cāi ㊐サイ

소전 [篆] 초서 [草] 자해 ❶시새우다, 원망하다, 의심하며 원망하다. ❷의심하다, 두려워하다. 〔春秋左氏傳〕 寡君猜焉과군시언.

猜懼(시구) 의심하고 두려워함.
猜隙(시극) 시기하여 사이가 좋지 못함.
猜忌(시기) 샘하여 미워함.
猜謗(시방) 미워하여 비난함.
猜畏(시외) 미워하고 두려워함.
猜疑(시의) 시기하고 의심함. 猜嫌(시혐).
猜貳(시이) 샘내고 의심함.
猜忍(시인) 시기심이 많고 잔인함.
猜憚(시탄) 시기하여 꺼림.
猜妬(시투) 시기하고 질투함.
猜恨(시한) 질투하고 원망함.
猜毁(시훼) 시기하고 헐뜯음.
◧ 疑猜의시, 嫌猜혐시.

8 ⑫【猒】 ①물릴 염 鹽 ②막을 압 洽

㊥yàn, yā ㊐エン, ヨウ

소전 [篆] 초서 [草] 자해 ① 《同》 厭(178). ❶물리다, 싫증이 나다. 〔書經〕 萬年猒乃德만년염내덕. ❷족하다, 넉넉하다. ② ❶막다, 통하지 못하게 하다. ❷다그치다, 엎다, 합치다.

8 ⑪【猊】 사자 예 齊

인명 ㊥ní ㊐ゲイ

초서 [草] 자해 사자. ≒貌.

猊座(예좌) (佛)①부처가 앉는 자리. ②고승(高僧)이 앉는 자리. 사자좌(獅子座).
猊下(예하) 고승(高僧)에 대한 경칭.

8 ⑪【猗】 ①아름다울 의 支 ②더할 의 紙

㊥yī, yǐ ㊐イ

소전 [篆] 초서 [草] 자해 ① ❶아름답다. 〔漢書〕 猗與偉與의여위여. ❷아아. 감탄하는 소리. ¶ 猗嗟의차. ❸길다. 〔詩經〕 有實其猗유실기의. ❹온순한 모양. 〔列子〕 吾與之虛而猗移오여지허이의이. ❺조사(助詞). 어조(語調)를 고르는 구실을 한다. 〔莊子〕 而

犬 8획

我猶爲人猗이아유위인의. ② ❶더하다. ❷기대다, 의지하다. ＝倚. ❸나긋나긋하다, 우아(優雅)하다.
猗猗(의의) ①아름답고 성(盛)한 모양. ②많고 성한 모양.
猗移(의이) 정직하고 유순한 모양.
猗嗟(의차) '아아' 하고 탄식하는 소리.

8 ⑪【猙】狰 ①짐승 이름 쟁 庚 ②개 털 정 庚
㊥zhēng ㊐ソウ
초서 자해 ① 짐승 이름. 뿔 하나에 꼬리가 다섯 달린, 표범과 비슷한 상상의 짐승. 또는 여우와 비슷하며 날개가 있다고 한다. ② 개털.

8 ⑪【猪】 豬(810)의 속자

8 ⑪【猝】 갑자기 졸 月
인명 1급 ㊥cù ㊐ソツ
소전 초서 자해 갑자기, 창졸간에. 〔資治通鑑〕縣丁猝不可集현정졸불가집.
猝富(졸부) 벼락부자.
猝死(졸사) 별안간 죽음.
猝寒(졸한) 갑자기 닥치는 추위.
猝曉(졸효) 갑자기 깨달음.

8 ⑪【猖】 미쳐 날뛸 창 陽
인명 1급 ㊥chāng ㊐ショウ
초서 자해 미쳐 날뛰다. 〔莊子〕猖狂妄行창광망행.
猖狂(창광) 미쳐 날뜀.
猖獗(창궐) ①미쳐 날뜀. 나쁜 세력이 걷잡을 수 없이 강성해짐. ②國전염병이 만연함.
猖披(창피) ①옷을 입고 띠를 매지 않은 모양. 난동을 부림. 미쳐 날뜀. ②國체면이 사나워지거나 아니꼬운 일을 당하여 부끄러움.

8 ⑫【猋】 개 달리는 모양 표 蕭
㊥biāo ㊐ヒョウ
소전 초서 자원 會意. 犬＋犬＋犬→猋. '犬(개 견)' 자 셋을 합하여, 개가 달리는 모양을 나타낸다.
자해 ❶개가 달리는 모양. ❷회오리바람. ≒飇. 〔禮記〕猋風暴雨總至표풍폭우총지.
猋風(표풍) 세찬 회오리바람.
猋忽(표홀) 회오리바람.

9 ⑫【猱】 원숭이 노 豪
㊥náo ㊐ドウ
초서 자해 원숭이, 팔이 긴 원숭이. 〔詩經〕毋敎猱升木무교노승목.
猱升(노승) 원숭이가 나무에 오름.
猱狖(노유) 원숭이.
猱玃(노확) 몸집이 큰 원숭이.

9 ⑫【猫】 고양이 묘 蕭
인명 1급 ㊥māo ㊐ビョウ
초서 동자 貓 자해 고양이. 〔禮記〕迎猫爲其食田鼠也영묘위기식전서야.
猫頭懸鈴(묘두현령) 國고양이 목에 방울 달기. 불가능한 일을 의논함.
猫鼠同處(묘서동처) 고양이와 쥐가 한자리에서 지냄. ㉠도둑을 잡아야 할 자가 오히려 도둑과 한패가 됨. ㉡상하가 결탁하여 부정을 저지름.

9 ⑫【猩】 성성이 성 庚
인명 ㊥xīng ㊐ショウ
소전 초서 자해 성성이. 〔禮記〕猩猩能言성성능언, 不離禽獸불리금수.
猩猩(성성) ①상상의 짐승 이름. ②성성이. 오랑우탄.
猩猩氈(성성전) 진한 빨강으로 물들여 짠 모전(毛氈).
猩紅(성홍) 성성이의 털빛과 같이 약간 검고 짙은 다홍색.
猩紅熱(성홍열) 열이 높고 온몸에 빨간 반점이 생기는 급성 전염성.

9 ⑫【猥】 함부로 외 賄
인명 1급 ㊥wěi ㊐ワイ
소전 초서 자해 ❶함부로. ㉮뜻을 굽혀. ㉯함부로. 〔後漢書〕猥託賓客之上외탁빈객지상. ❷뒤섞이다, 어지럽게 섞이다. ❸성(盛)하다, 성하게 되다. ❹쌓다, 쌓은 것. 〔漢書〕兼受其猥겸수기외.
猥濫(외람) 하는 짓이 분수에 넘침.
猥褻(외설) 색정(色情)을 자극할 목적으로 하는 추잡한 행위.
猥人(외인) 천한 사람. 상스러운 사람.

犬 9획

猥雜(외잡) 음탕하고 어지러움.
◨ 淫猥음외.

9
⑫【猨】 猿(811)과 동자

9
⑫【猬】 蝟(1117)와 동자

9
⑫【猶】 犹 오히려 유 尤
중학 인명 3Ⅱ급 ㊥yóu ㊐ユウ
필순 ノ 犭 犭 犭' 犭' 犷 犷 犹 猶 猶
소전 초서 자원 形聲. 犬＋酋→猶. '酋(추)'가 음을 나타낸다.
자해 ❶오히려. ❷같다. ㉮조차, 마저, 까지도. 경중(輕重)의 비교에 쓴다. 〔孟子〕 管仲且猶不可召관중차유불가소. ㉯지금도 역시. ❸마땅히 ~해야 한다. 〔詩經〕 猶來無止유래무지. ❹써. ❺부터. ≒由. 〔孟子〕 然而文王猶方百里起연이문왕유방백리기.

犬 9획

猶父(유부) ①아버지처럼 섬김. 곧, 스승. ②아버지의 형제.
猶父猶子(유부유자) 아버지 같고 자식 같음. 삼촌과 조카 사이.
猶魚有水(유어유수) 물고기와 물과 같이, 친밀하여 떨어질 수 없는 사이. ㉠군신(君臣)의 사이가 친밀한 모양. ㉡부부가 화목한 모양.
猶豫(유예) ①망설임. 주저함. ②날짜를 미룸.
猶爲不足(유위부족) 오히려 모자람. 싫증이 나지 않음.
猶子(유자) 형제의 아들. 조카.

9
⑬【猷】 꾀할 유 尤
인명 ㊥yóu ㊐ユウ
초서 자해 ❶꾀하다. 〔書經〕 汝猷黜乃心여유출내심. ❷꾀, 계략. 〔書經〕 爾有嘉謀嘉猷이유가모가유. ❸길. ❹아아. 감탄할 때 쓰는 발어사.
猷念(유념) 곰곰이 생각함.

9
⑫【猪】 猪 돼지 저 魚
인명 1급 ㊥zhū ㊐チョ
초서 본자 豬 속자 猪 자해 ❶돼지. ❷돼지 새끼.
猪膽(저담) 돼지의 쓸개.
猪突豨勇(저돌희용) ①멧돼지가 돌진하듯 앞뒤를 생각지 않고 용맹스럽게 나아감. ②한대(漢代)에, 왕망(王莽)이 천하의 죄인·노예 등을 모아서 조직한 군대의 이름.
猪毛笠(저모립) 國당상관(堂上官)이 쓰던, 돼지의 털로 싸개를 한 갓.
猪勇(저용) 멧돼지처럼 앞뒤를 생각하지 않고 함부로 덤비는 용기.
猪肉(저육) 돼지고기.
◨ 伏猪복저, 山猪산저, 野猪야저, 豪猪호저.

9
⑬【猷】 獻(813)의 속자

9
⑬【猒】 獻(813)과 동자

9
⑫【猴】 원숭이 후 尤
㊥hóu ㊐コウ
소전 초서 본자 猴 자해 원숭이. 〔史記〕 人言楚人沐猴而冠耳인언초인목후이관이, 果然과연.

9
⑫【猴】 猴(810)의 본자

10
⑬【獅】 狮 사자 사 支
인명 1급 ㊥shī ㊐シ
초서 자해 사자.
獅子座(사자좌) (佛)설법하는 자리. 고승(高僧)의 좌석. 猊座(예좌).
獅子吼(사자후) ①사자가 울부짖음. ②(佛)부처의 설법(說法)에 온 세상이 엎드려 승복함. ③크게 부르짖어 열변을 토함.

10
⑭【獄】 狱 옥 옥 沃
고등 인명 3Ⅱ급 ㊥yù ㊐ゴク
필순 犭 犭 犭' 犭言 犭言 犭言 犭言 獄 獄 獄
소전 초서 자해 ❶옥, 감옥. 〔淮南子〕 執獄牢者無病집옥뢰자무병. ❷송사, 소송. 〔國語〕 君臣無獄군신무옥. ❸법, 형법(刑法).
獄牢(옥뢰) 죄인을 가두어 두는 곳. 감옥.
獄死(옥사) 감옥에서 죽음. 牢死(뇌사).
獄事(옥사) 살인 등 중죄(重罪)를 다스리는 일.
獄訟(옥송) 송사(訟事).
獄鎖匠(옥쇄장) 國옥에 갇힌 사람을 맡아 지키던 사람. 獄卒(옥졸).

獄案(옥안) 소송 사건의 조서(調書).
獄圄(옥어) 감옥. 獄舍(옥사).
◨ 監獄감옥, 牢獄뇌옥, 典獄전옥, 地獄지옥, 出獄출옥, 脫獄탈옥, 破獄파옥, 下獄하옥.

10 ⑬【猿】 원숭이 원 元
인명 1급 ㊥yuán ㊐エン
초서 동자 猨 자해 원숭이. 〔山海經〕 堂庭之山당정지산, 多白猿다백원.
猿臂(원비) 원숭이와 같은 긴 팔. 활을 쏘기에 안성맞춤인 팔.
猿臂之勢(원비지세) 군대의 진퇴와 공수(攻守)를 자유자재로 함.
猿嘯(원소) 원숭이가 욺. 또는 그 소리.
猿猴取月(원후취월) 분수를 지키지 않으면 화를 입음. 故事 원숭이가 물에 비친 달을 잡으려다가 매달린 나뭇가지가 꺾여 물에 빠져 죽었다는 우화에서 온 말.

10 ⑬【猾】 교활할 활 黠
인명 1급 ㊥huá ㊐カツ
초서 자해 ❶교활하다, 교활한 사람. ❷어지럽히다. 〔書經〕 蠻夷猾夏만이활하.
猾吏(활리) 교활한 관리. 猾胥(활서).
猾賊(활적) ①교활하여 사람을 해침. ②교활하고 잔인함.
◨ 姦猾간활, 狡猾교활, 老猾노활, 獪猾회활.

11 ⑭【獏】 1종족 이름 모 虞 2짐승 이름 맥 陌
㊥mú, mò ㊐ボ, バク
초서 자해 1종족 이름. 광동성(廣東省) 합포현(合浦縣)의 산속에 산다. 2짐승 이름. ＝貘.

11 ⑮【獒】 개 오 豪
인명 ㊥áo ㊐ゴウ
소전 초서 자해 개. 길이 잘 든 개.

11 ⑭【獐】 노루 장 陽
인명 2급 ㊥zhāng ㊐ショウ
초서 동자 麞 자해 노루.
獐頭鼠目(장두서목) 노루 대가리와 쥐의 눈. ㉠안절부절못하는 모양. ㉡인상학(人相學)에서 이르는 비천(卑賤)한 상(相).
獐茸(장용) 돋아 나와 아직 굳지 않은 노루의 어린 뿔. 보약으로 쓰임.

11 ⑮【獘】 獘(292)과 동자

12 ⑮【獗】 날뛸 궐 月
인명 ㊥jué ㊐ケツ
초서 자해 날뛰다, 사납게 날뛰다.

12 ⑮【獤】 國돈피 돈
자해 돈피, 담비의 가죽, 잘.

12 ⑮【獠】 밤사냥 료 蕭 嘯
㊥liáo ㊐リョウ
소전 초서 자해 ❶밤 사냥. ❷사냥, 사냥하다.

12 ⑯【獣】 獸(813)의 속자

13 ⑯【獺】 獺(813)과 동자

13 ⑯【獨】 独 홀로 독 屋
중학 인명 5급 ㊥dú ㊐ドク
필순 犭 犭' 犭" 犭罒 犭罒 犭罒 犭罒 獨 獨 獨
소전 초서 동자 獸 속자 独 자원 形聲. 犭+蜀→獨. '蜀(촉)'이 음을 나타낸다.
자해 ❶홀로. ㉮혼자. 〔禮記〕 君子愼其獨也군자신기독야. ㉯남과 다르다. 〔莊子〕 其行獨也기행독야. ㉰돕는 사람이 없다. ㉱다만, 오직. ❷홀몸. 〔孟子〕 老而無子曰獨로이무자왈독.
獨斷(독단) 혼자서 결정함.
獨得(독득) ①자신이 훌륭하다고 뽐냄. ②남이 감히 따르지 못할 만큼 뛰어남.
獨樂(독락) ①홀로 즐김. ②자기 혼자만 즐김.
獨梁(독량) 외나무다리.
獨力(독력) ①자기 혼자의 힘. 自力(자력). ②짧고 흉한 모양.
獨木橋(독목교) 외나무다리.
獨木舟(독목주) 통나무배. 마상이.

獨步(독보) ①혼자 걸어감. ②남이 따를 수 없을 만큼 뛰어남.
獨夫(독부) ①독신 남자. ②한 사람의 남자. 못난 사나이. 匹夫(필부).
獨不將軍(독불장군) 혼자서만 아니라고 하는 장군. ㉠따돌림을 받는 사람. ㉡남의 의견은 무시하고 모든 일을 혼자 처리하는 사람.
獨善其身(독선기신) 자기 한 몸의 선(善)만을 꾀함. 獨善(독선).
獨修(독수) ①남을 상관하지 아니하고 오로지 자기 몸을 닦음. ②스승 없이 혼자서 학업을 닦음. 獨習(독습).
獨守空房(독수공방) 홀로 빈 방을 지킴. 아내가 남편 없이 혼자 지냄. 獨宿空房(독숙공방).
獨食(독식) ①혼자서 먹음. ②어떤 이익을 혼자서 차지함.
獨吟(독음) 혼자서 시를 읊음.
獨自(독자) ①혼자. 單獨(단독). ②다른 것과 특별히 다름. 獨特(독특).
犬 獨裁(독재) 특정한 개인·단체·계급이 모든 권력을 쥐고 지배하는 일.
13획 獨占(독점) 어떤 기업이 생산과 시장을 지배하고 이익을 독차지함.
獨尊(독존) 자기만이 존귀하다고 생각함.
獨坐(독좌) ①교만하여 남을 상대하지 아니함. 혼자 떨어져 있음. ②홀로 앉아 있음. ③혼자 앉을 만한 작은 걸상.
獨擅(독천) 자기 마음대로 함.
獨行(독행) ①혼자서 길을 감. ②남의 힘을 빌리지 않고 혼자 힘으로 행함. ③지조(志操)를 굳게 지켜 세속(世俗)에 좌우되지 않는 일. ④고독(孤獨)함.
◨ 孤獨고독, 寡獨과독, 單獨단독, 愼獨신독, 惟獨유독, 唯我獨尊유아독존.

13 ⑰ 【斀】 獨(812)과 동자

13 ⑰ 【獸】 獸(813)의 속자

13 ⑯ 【獩】 민족 이름 예 隊
㊥huì ㊐ワイ
자해 **민족 이름, 종족 이름.** 만주와 우리나라 북부 지방에 살았다. ＝濊·穢.
獩貊(예맥) 고조선(古朝鮮) 때 있던 종족 이름.

13 ⑯ 【獬】 짐승 이름 해 蟹
㊥xiè ㊐カイ
초서 자해 **짐승 이름.**
獬豸(해치·해태) 소와 비슷하게 생긴, 옳고 그름을 판단하여 안다는 신수(神獸).
獬豸冠(해치관·해태관) 법관이 쓰는 관(冠)의 이름.

13 ⑯ 【獫】 猃 1 오랑캐 이름 험 琰 2 개 렴 琰
㊥xiǎn ㊐ケン, レン
소전 초서 자해 1 **오랑캐 이름.** ＝玁. ¶ 獫狁험윤. 2 **개, 주둥이가 기다란 개, 사냥개.**
獫狁(험윤) 주대(周代)에 중국 북방에 살던 종족. 한대(漢代)에는 흉노(匈奴)라 함.

13 ⑯ 【獪】 狯 교활할 회 本쾌 泰
인명 ㊥kuài, huá ㊐カイ
소전 초서 자해 **교활하다, 간교하다.**
獪猾(회활) 간악하고 교활함.
◨ 老獪노회.

14 ⑰ 【獰】 狞 모질 녕 庚
인명 ㊥níng ㊐ドウ
초서 자해 **모질다, 용모와 성질이 흉악하다.** ¶ 獰惡영악.
獰毒(영독) 모질고 사나움.
獰猛(영맹) 모질고 사나움.
獰惡(영악) 사납고 악독함.
獰慝(영특) 성질이 영악하고 간특함.

14 ⑰ 【獵】 獵(813)의 속자

14 ⑰ 【獮】 가을 사냥 선 銑
㊥xiǎn ㊐セン
소전 초서 자해 **가을 사냥.**
獮田(선전) ①사냥함. ②가을 사냥.

14 ⑰ 【獲】 获 얻을 획 陌
고등 인명 3Ⅱ급 ㊥huò ㊐カク
필순 犭 犭 犭 犭 犭 犭 犭 獲 獲 獲
소전 초서 자원 形聲. 犭+蒦→獲. '蒦(약)'이 음을 나타낸다.

자해 ❶얻다. ㉮사냥하여 짐승을 잡다. 〔周禮〕獲者取左耳획자취좌이. ㉯손에 넣다. 〔孟子〕耕者之所獲경자지소획. ㉰일이나 때의 마땅함을 얻다. 〔詩經〕其政不獲기정불획. ❷포로. ❸맞히다, 쏜 화살이 과녁에 맞다. ❹계집종, 계집종에게서 태어난 자식.

獲得(획득) ①얻어서 가짐. ②잡음.
獲麟(획린) 기린을 잡음. ㉠절필(絕筆)함. ㉡죽음. 故事 공자가 춘추(春秋)를 지으면서 '哀公十四年春, 西狩獲麟'이라고 하고 붓을 내려놓은 데서 온 말.
獲罪(획죄) 죄인이 됨.
◨ 禽獲금획, 拿獲나획, 漁獲어획, 捕獲포획.

14 ⑰【獯】 오랑캐 이름 훈 文
㊥xūn ㊐クン
초서 獯 동자 獯 자해 오랑캐 이름. 흉노(匈奴)의 딴 이름.

15 ⑱【獷】犷 사나울 광 梗
㊥guǎng ㊐コウ
소전 獷 초서 獷 자해 사납다, 난폭하다.
獷戾(광려) 거칠고 도리에 어긋남. 悍戾(한려).
獷悍(광한) 모질고 독살스러움.

15 ⑱【獵】猎 사냥 렵 葉
고등 인명 3급 ㊥liè ㊐リョウ
필순 犭 犭 犭 犭 犭 獵 獵 獵 獵 獵
소전 獵 초서 獵 속자 猟 속자 獵 자원 形聲. 犭+巤→獵. '巤(렵)'이 음을 나타낸다.
자해 ❶사냥, 사냥하다. 〔詩經〕不狩不獵불수불렵. ❷잡다, 사로잡다. ❸찾다. ❹쥐다, 손으로 잡다. 〔史記〕獵纓正襟危坐렵영정금위좌. ❺지나다, 거치다.
獵犬(엽견) 사냥개.
獵奇(엽기) 기이한 일이나 사물에 흥미를 느끼고 즐겨 좇아다님.
獵師(엽사) 사냥꾼. 獵人(엽인).
獵銃(엽총) 사냥총.
獵戶(엽호) ①사냥꾼의 집. ②사냥꾼.
◨ 禁獵금렵, 密獵밀렵, 涉獵섭렵, 狩獵수렵.

15 ⑲【獸】兽 짐승 수 宥
고등 인명 3Ⅱ급 ㊥shòu ㊐ジュウ
필순 ロ 口 罒 罒 罒 嘼 嘼 嘼 獸 獸
소전 獸 초서 獸 속자 獣 속자 獸 자원 會意. 嘼+犬→獸. 본래 사냥 도구를 의미하는 '嘼'과 사냥할 때 짐승을 모는 개〔犬〕를 합하여 '사냥하다'의 뜻을 나타낸다. 뒤에 '짐승'의 뜻으로 바뀌었다.
자해 ❶짐승, 들짐승. 〔書經〕百獸率舞백수솔무. ❷포, 말린 고기.
獸窮則齧(수궁즉설) 짐승은 궁지에 몰리면 묾. 사람도 곤궁하여지면 나쁜 짓을 함.
獸圈(수권) 짐승 우리.
獸心(수심) 짐승 같은 마음.
獸慾(수욕) 짐승과 같은 음란한 정욕(情慾).
獸醫(수의) 가축의 병을 치료하는 의사.
獸蹄鳥跡(수제조적) 짐승의 굽과 새의 발자국. 세상이 매우 어지럽고 혼란함.
獸聚鳥散(수취조산) 짐승처럼 모였다가 새처럼 흩어짐. 임시로 모였다 흩어졌다 함.
獸行(수행) 짐승과 같은 행실. 흉악한 행동. 인륜을 벗어난 행위.
獸患(수환) 짐승의 피해로 말미암은 근심.
◨ 禽獸금수, 猛獸맹수, 百獸백수, 瑞獸서수, 野獸야수, 鳥獸조수.

16 ⑲【獺】獭 수달 달 曷
인명 ㊥tǎ ㊐ダツ
소전 獺 초서 獺 동자 獭 자해 수달. 족제비과의 포유동물. =獱. 〔孟子〕故爲淵敺魚者獺也고위연구어자달야.
獺祭魚(달제어) ①수달이 자기가 잡은 물고기를 사방에 늘어놓는 일. ②시문(詩文)을 지을 때 좌우에 많은 참고 서적을 펴놓는 일. 많은 고사(故事)를 인용(引用)하는 일. 故事 당대(唐代)에 이상은(李商隱)이 글을 지을 때면 많은 서적을 펼쳐 놓고 참고하였는데, 이것이 마치 수달이 고기를 늘어놓는 것과 같다 하여 당시 사람들이 '달제어'란 호를 지어 준 데서 온 말.
◨ 山獺산달, 水獺수달, 海獺해달.

16 ⑳【獻】献 ①바칠 헌 願 ②술두루미 사 歌
고등 인명 3Ⅱ급 ㊥xiàn ㊐ケン
필순 ト 广 卢 虍 虍 鬳 鬳 鬳 獻 獻
소전 獻 초서 獻 동자 献 속자 献 참고 인명용 음은 '헌'이다.

자원 形聲. 鬳+犬→獻. '鬳(권)'이 음을 나타낸다.

자해 1 **❶바치다. ㉮종묘에 바치다. ㉯받들다, 임금에게 드리다.** 〔戰國策〕 獻商於之地方六百里헌상어지지방륙백리. **㉰물건을 선사하다.** 〔呂氏春秋〕 願獻之丈人원헌지장인. **❷권하다. ❸맞다, 맞이하다.** 2 **술두루미.** ¶ 獻尊사준.

獻芹(헌근) 미나리를 바침. 변변하지 못한 물건. 선물을 보낼 때에 쓰는 겸사.
獻金(헌금) 돈을 바침.
獻納(헌납) ①임금에게 충언(忠言)을 올림. ②돈이나 물품을 바침.
獻詞(헌사) 누구에게 바치는 내용을 적은 글.
獻上(헌상) 올림. 바침.
獻歲(헌세) 정월 초하루. 새해가 다가옴.
獻笑(헌소) ①웃음을 바침. 명랑하게 웃음을 던짐. ②웃음거리가 될 만한 것을 물음. 자기 의견의 겸칭(謙稱).
獻酬(헌수) ①서로 술잔을 주고받음. ②보답(報答)함.
獻壽(헌수) ①축하의 선물을 보냄. 금품을 선사함. ②환갑 잔치 등에 장수를 비는 뜻으로 술잔을 올리는 일.
獻詩(헌시) 축하의 뜻이나 업적을 기리는 시를 바침.
獻身(헌신) ①신명(身命)을 바쳐 진력(盡力)함. ②앞으로 나아감. 그 장소에 나아감.
獻議(헌의) 윗사람에게 의논을 드림.
獻酌(헌작) 제사 때에 술잔을 올림.
獻呈(헌정) 바침. 삼가 올림. 獻上(헌상).
獻策(헌책) 계책(計策)을 올림.
獻替(헌체) 옳은 일을 권하고 옳지 못한 일을 못하게 함. 군주(君主)를 보좌함.
獻春(헌춘) 첫봄. 이른 봄. 孟春(맹춘).
獻血(헌혈) 자기 피를 바침.
獻花(헌화) 꽃을 바침.
獻尊(사준) 비취(翡翠)로 장식한 술통.
■ **貢獻**공헌, **文獻**문헌.

20 ㉓【**玁**】𤞤 오랑캐 이름 험 琰

㊥xiǎn ㊐ケン

자해 **오랑캐 이름, 북적(北狄).** =獫.

玄部 검을 현

0 ⑤【**玄**】 검을 현 先

고등 인명 3Ⅱ급 ㊥xuán ㊐ゲン

필순 丶 亠 玄 玄 玄

소전 초서 자원 會意. 亠+幺→玄. '亠'는 덮다, '幺'는 멀고 깊다는 데서 '그윽하고, 멂'을 뜻한다.

자해 **❶검다, 검은빛.** 〔書經〕 厥篚玄纖縞궐광현섬호. **❷하늘, 하늘빛.** 〔楚辭〕 懸火延起兮玄顏烝현화연기혜현안증. **❸멀다, 그윽하다. ❹불가사의하다, 신묘(神妙)하다. ❺현손(玄孫). ❻빛나다.** =炫. ¶ 玄耀현요.

玄間(현간) 하늘.
玄關(현관) ①(佛)㉠현묘(玄妙)한 도(道)로 들어가는 문. 불도를 깨닫는 관문. ㉡선사(禪寺)에서 객전(客殿)으로 들어가는 문. ②가옥 정면의 입구.
玄教(현교) 심오한 노장(老莊)의 가르침.
玄宮(현궁) ①임금의 재궁(梓宮)을 묻은 광중(壙中). ②북쪽에 있는 궁전. ③임금이 고요히 도리(道理)를 생각하는 궁전.
玄琴(현금) 거문고.
玄談(현담) 노장(老莊)의 학설에 대한 현묘(玄妙)한 이야기.
玄德(현덕) ①심오한 덕(德). 숨은 덕. ②하늘의 덕. 天德(천덕). ③천지의 현묘(玄妙)한 도리. 공덕을 베풀고도 그것을 기억하지 않는 일.
玄冬(현동) 겨울.
玄同(현동) 재지(才智)를 숨기고 속인과 함께 지내는 일.
玄覽(현람) ①마음을 깊숙한 곳에 두어 모든 사물을 깊이 꿰뚫어 봄. ②마음. ③옛 시대의 문장을 읽음.
玄理(현리) 현묘(玄妙)한 이치나 학설.
玄冥(현명) ①깊숙하고 고요함. ②㉠비의 신(神). 물의 신. ㉡겨울의 신. 북방의 신. ㉢형륙(刑戮)의 일을 맡은 태음신(太陰神).
玄謨(현모) 심오한 계책. 深謀(심모).
玄木(현목) 國바래지 아니한 무명.
玄妙(현묘) 깊고 미묘함.
玄武(현무) ①북방의 신. 수신(水神). 동방의 청룡(青龍), 남방의 주작(朱雀), 서방의 백호(白虎)와 함께 사신(四神)의 하나. 형상은 거북과 뱀이 하나로 된 모양. ②북쪽. 북방.
玄默(현묵) 조용히 침묵함. 淵默(연묵).
玄門(현문) ①심원(深遠)한 도(道). ②도교(道教). ③(佛)현묘한 법문(法門). 불법(佛法).
玄石(현석) ①검은 돌. ②자석(磁石).
玄聖(현성) ①뛰어나고 덕이 있는 임금. ②공자(孔子). ③노자(老子).
玄孫(현손) 증손(曾孫)의 아들. 손자의 손자.
玄室(현실) ①무덤. 묘실(墓室). ②캄캄한 방.

玄英(현영) ①겨울의 딴 이름. ②새까만 색. 순흑(純黑).
玄奧(현오) 현묘하고 심오함.
玄耀(현요) 하늘이 빛남.
玄遠(현원) ①현묘하고 심원함. ②언론(言論) 등이 천박하지 아니함.
玄月(현월) ①음력 9월의 딴 이름. ②(佛)진리(眞理).
玄義(현의) 깊은 뜻. 유현(幽玄)한 뜻.
玄寂(현적) 심오하고 고요함.
玄宗(현종) 현묘한 종지(宗旨). 불교.
玄酒(현주) 물의 딴 이름.
玄旨(현지) ①심오한 뜻. ②노장(老莊)의 도리.
玄天(현천) ①북쪽 하늘. ②하늘. 玄穹(현궁).
玄圃積玉(현포적옥) 현포에 쌓인 옥. 시문의 아름다움의 비유.
玄風(현풍) ①노장(老莊)의 사상. ②임금의 덕교(德敎).
玄學(현학) ①현묘한 학문. 노장(老莊)의 학문. ②형이상학(形而上學).
玄海(현해) 북쪽 바다.
玄虛(현허) 심오하여 알 수가 없으며 허무하여 무위(無爲)한 일. 노장(老莊)의 학설.
玄玄(현현) 심오한 모양. 심원한 도(道).
玄黃(현황) ①하늘의 빛과 땅의 빛. ②천지. 우주. ③흑색 또는 황색의 폐백(幣帛). ④말이 병들어 쇠약함. ⑤아름다운 빛.
玄訓(현훈) 심오한 교훈.
◨ 深玄심현, 幽玄유현, 天玄천현, 淸玄청현.

4 ⑨ **【玅】** 妙(296)와 동자

5 ⑩ **【玆】** 이 자 支

고등 인명 3급 ㊥zī ㊐シ

필순 丶 亠 幺 幺 玄 玄 玄 玆 玆 玆

소전 초서 자해 ❶이, 이에. ❷검다. ❸흐리다.

6 ⑪ **【率】** 1거느릴 솔 質 2비율 률 質

고등 인명 3Ⅱ급 ㊥shuài ㊐ソツ

필순 亠 ... 率

소전 초서 참고 인명용 음은 '솔'이다.

자원 象形. 실로 만든 그물을 그린 것이다.

자해 1❶거느리다. ㉮거느리다. 〔荀子〕一相以兼率之일상이겸솔지. ㉯이끌다. 〔孟子〕率天下之人솔천하지인. ❷좇다. ㉮지키다. 준봉(遵奉)하다. ㉯따르다, 의거하다. 〔中庸〕率性之謂道솔성지위도. ㉰복종하다. 〔書經〕惟時有苗弗率유시유묘불솔. ㉱행하다, 실행하다. ❸거칠다, 거칠고 사납다. ❹가벼운 모양. ¶ 率爾솔이. 2비율. ¶ 比率비율.

率眷(솔권) 가족을 데려가거나 데려옴. 率家(솔가).
率兵(솔병) 병졸을 통솔함. 군사를 거느림.
率服(솔복) 아랫사람을 거느리고 와서 윗사람에게 복종함.
率善垂範(솔선수범) 남보다 앞장서서 행동하여 본보기가 됨.
率性(솔성) 타고난 본성 그대로 행함.
率然(솔연) ①갑작스러운 모양. ②경솔히 행동하는 모양.
率由(솔유) 따름. 좇음. 의거(依據)함.
率易(솔이) 솔직하여 까다롭지 아니함.
率爾(솔이) ①경솔한 모양. 어수선한 모양. ②갑작스러운 모양. 당황하는 모양.
率直(솔직) 거짓이나 꾸밈이 없이 바르고 곧음.
率土之民(솔토지민) 온 나라 안의 백성.
率土之濱(솔토지빈) 온 나라. 온 천하. 率濱(솔빈).
◨ 家率가솔, 輕率경솔, 督率독솔, 比率비율, 引率인솔, 眞率진솔, 統率통솔.

玉部 구슬 옥

0 ⑤ **【玉】** 옥 옥 沃

중학 인명 4Ⅱ급 ㊥yù ㊐ギョク

필순 一 丅 干 王 玉

소전 초서 참고 '王'은 한자의 구성에서 변으로 쓰일 때의 자형. 흔히 '임금왕변'이라고 부르기도 하나, '구슬옥변'이라고 부르는 것이 바른 호칭이다.

자원 象形. 가로 그은 세 획〔三〕은 세 개의 옥돌, 세로 그은 한 획〔丨〕은 옥줄을 꿴 끈으로, 합해서 패옥(佩玉)을 나타낸 것이다.

자해 ❶옥, 빛이 곱고 모양이 아름다워 귀히 여기는 돌의 총칭. 〔易經〕鼎玉鉉정옥현. ❷사물을 칭찬하거나 귀히 여김을 나타내기 위한 미칭(美稱). ¶ 玉食옥식.

玉玦(옥결) ①고리 모양. ②한쪽이 트인 고리 모양의 패옥(佩玉).
玉京(옥경) ①도교(道敎)에서, 천제(天帝)가 있다는 곳. ②서울. 황도(皇都).

玉鏡(옥경) ①옥으로 만든 거울. ②달〔月〕의 딴 이름.
玉階(옥계) ①대궐 안의 섬돌. ②섬돌의 미칭(美稱). 玉砌(옥체).
玉稿(옥고) ①훌륭한 원고(原稿). ②남의 원고의 존칭.
玉昆金友(옥곤금우) 옥 같은 형과 금 같은 아우. 남의 형제의 미칭.
玉骨(옥골) ①매화나무의 딴 이름. ②옥 같은 뼈. 고결한 풍채. ③뼈의 미칭.
玉關(옥관) ①하늘의 관문. ②코〔鼻〕.
玉關情(옥관정) 원정(遠征) 간 남편을 그리워하는 아내의 쓸쓸한 정회.
玉轎(옥교) 임금이 타던 가마.
玉肌(옥기) 희고 깨끗한 살결. 미인의 살결. 玉膚(옥부).
玉女(옥녀) ①미녀. ②남의 딸의 경칭. ③선녀(仙女). 신녀(神女).
玉堂(옥당) ①아름다운 전당(殿堂). ②한대(漢代)의 궁전의 이름. 여관(女官)의 방. ③한대의 관청 이름. 학자들이 있던 곳. ④송대(宋代) 이후의 한림원(翰林院)의 딴 이름. ⑤國 ㉠홍문관(弘文館)의 딴 이름. ㉡홍문관의 부제학(副提學) 이하 실무를 맡아보던 관리의 총칭.
玉臺(옥대) 옥으로 만든 망대(望臺). 옥황상제(玉皇上帝)가 있는 곳.
玉童(옥동) ①선동(仙童). ②귀여운 어린이.
玉斗(옥두) ①옥으로 만든 술구기. 玉杓(옥작). ②북두칠성(北斗七星).
玉燈(옥등) ①옥으로 만든 등잔. ②아름다운 등잔불.
玉露(옥로) 구슬같이 아름다운 이슬.
玉漏(옥루) 옥으로 장식한 물시계.
玉樓(옥루) ①아름다운 누각(樓閣). 화려한 궁전. 玉殿(옥전). ②도가(道家)에서, 어깨를 이름. ③눈이 쌓인 누각.
玉門(옥문) ①옥으로 장식한 문. ②궁궐(宮闕). ③여자의 음문(陰門).
玉盤(옥반) ①옥으로 장식한 쟁반. ②달의 딴 이름. 玉輪(옥륜).
玉房(옥방) ①옥으로 꾸민 방. 아름다운 방. ②아름다운 꽃송이. ③옥을 가공하거나 파는 가게.
玉帛(옥백) ①옥과 비단. ②옛날 제후(諸侯)가 조빙(朝聘)할 때나 회맹(會盟)할 때 예물로 쓰던 옥과 비단. 나라 간에 주고받는 예물.
玉寶(옥보) 임금의 존호(尊號)를 새긴 도장.
玉山(옥산) ①신선이 사는 곳. ②외모가 수려한 사람.
玉璽(옥새) 임금의 도장.
玉色(옥색) 옥의 빛깔과 같이 엷은 푸른색.
玉書(옥서) ①신선이 전한 책. ②남의 편지의 경칭.
玉石俱焚(옥석구분) 옥과 돌이 함께 불탐. 좋고 나쁨의 구분이 없이 해를 입음.
玉石同匱(옥석동궤) 옥과 돌이 같은 궤에 들어 있음. 좋은 것과 나쁜 것이 뒤섞여 있음.
玉屑(옥설) ①옥의 가루. 장생불사(長生不死)의 선약(仙藥)이라 함. ②시문의 썩 잘된 구절. ③펄펄 날리는 눈의 모양.
玉雪(옥설) ①눈의 미칭. ②물건이 깨끗함.
玉蟾(옥섬) 달의 딴 이름.
玉成(옥성) 갈고 닦아 광채가 나게 함. 학덕을 갖춘 훌륭한 인격으로 완성함.
玉聲(옥성) ①옥이 서로 부딪혀 나는 소리. ②아름다운 목소리. ③남의 말의 존칭.
玉碎(옥쇄) ①옥이 부서짐. ②옥처럼 아름답게 부서짐. 명예나 충절을 지키기 위하여 목숨을 버림.
玉水(옥수) 맑은 샘물.
玉手(옥수) 여성의 아름다운 손.
玉樹(옥수) ①아름다운 나무. ②선목(仙木). ③뛰어나고 고결한 풍채.
玉食(옥식) 맛있는 음식.
玉顔(옥안) ①임금의 얼굴. ②옥같이 아름다운 미인의 얼굴.
玉葉(옥엽) ①옥같이 아름다운 잎. ②임금의 일족(一族).
玉容(옥용) 아름다운 용모(容貌).
玉宇(옥우) ①옥으로 꾸민 집. 화려한 전우(殿宇). ②천제(天帝)가 있는 곳.
玉韻(옥운) 훌륭한 시(詩). 남의 시의 존칭. 玉詠(옥영).
玉潤(옥윤) ①윤기가 있고 아름다운 얼굴. ②사위. 女壻(여서).
玉珥(옥이) ①옥으로 만든 귀고리. ②옥으로 만든 칼의 날밑.
玉姿(옥자) 아름다운 모습.
玉帳(옥장) ①구슬로 장식한 아름다운 휘장. ②대장(大將)이 거처하는 장막.
玉折(옥절) 옥이 부서짐. ㉠훌륭한 것을 잃음. ㉡훌륭한 죽음.
玉帝(옥제) 천제(天帝). 옥황상제.
玉題(옥제) ①처마 끝의 옥 장식. 玉璫(옥당). ②아름다운 글씨로 쓴 책의 표제(標題).
玉條(옥조) 귀중한 조목이나 규칙.
玉座(옥좌) 옥으로 장식한 자리. ㉠훌륭한 좌석. ㉡천자(天子)의 자리.
玉池(옥지) ①아름다운 못. ②혀의 딴 이름. ③입〔口〕.
玉指(옥지) 옥같이 아름다운 손가락. 미인의

손가락.

玉塵(옥진) 눈〔雪〕의 딴 이름.

玉牒(옥첩) ①황실(皇室)의 계보(系譜). ②하늘에 제사 지낼 때 제문(祭文)을 적은 패(牌). ③진귀(珍貴)한 책.

玉體(옥체) ①옥같이 아름다운 몸. ②임금의 몸. ③남의 몸의 존칭.

玉蜀黍(옥촉서) 옥수수. 玉高粱(옥고량).

玉巵無當(옥치무당) 옥으로 만든 밑이 없는 잔. 쓸모없는 보배.

玉兔(옥토) 달의 딴 이름.

玉版(옥판) ①옥으로 만든 널빤지. 또는 거기에 글자를 새긴 것. 귀중한 책. ②고급 화선지(畫宣紙).

玉佩(옥패) 옥으로 만든 패물(佩物).

玉篇(옥편) 한자를 부수별 획수순으로 배열한 사전.

玉函(옥함) 옥으로 만든 함.

玉檻(옥함) 옥으로 꾸민 난간.

玉海金山(옥해금산) 옥을 품은 바다와 금이 나는 산. 인품이 고상함.

玉衡(옥형) ①옥으로 꾸민 천문 관측기(天文觀測器). ②북두칠성(北斗七星)의 다섯째 별. 또는 북두칠성.

玉壺(옥호) ①옥으로 만든 병. ②궁중에 설치하는 옥으로 꾸민 물시계. 玉漏(옥루).

玉虹(옥홍) ①무지개. ②교량(橋梁)의 미칭.

玉皇上帝(옥황상제) 도교(道敎)에서 하느님을 이르는 말. 玉皇(옥황).

◨ 瓊玉경옥, 攻玉공옥, 金玉금옥, 埋玉매옥, 璞玉박옥, 白玉백옥, 璧玉벽옥, 寶玉보옥, 如玉여옥, 珠玉주옥, 佩玉패옥, 紅玉홍옥.

0 ④ 【王】 1 임금 왕 陽 2 왕 될 왕 漾

중학 인명 8급 ㊥wáng ㊐オウ

필순 一 丅 干 王

소전 王 초서 王 자원 指事. 가로 세 획〔三〕은 '天·地·人'을 본뜨고, 세로 한 획〔丨〕은 이 셋을 꿰뚫음을 뜻하여, 천·지·인을 꿰뚫어 가진 사람인 '천자'를 나타낸다.

자해 1 ❶**임금, 나라의 원수.** ¶ 帝王제왕. ❷**제후**(諸侯). 〔史記〕 我自尊耳아자존이, 乃自立爲武王내자립위무왕. ❸**왕으로 섬기다.** ❹**성**(姓). 2 ❶**왕이 되다, 왕 노릇을 하다.** 〔孟子〕 然而不王者未之有也연이불왕자미지유야. ❷**왕성하다.** 〔莊子〕 神雖王不善也신수왕불선자.

王家(왕가) 임금의 집안. 王室(왕실).

王駕(왕가) 임금이 타는 수레.

王綱(왕강) 임금이 나라를 다스리는 대강령(大綱領).

王考(왕고) 돌아가신 할아버지.

王公(왕공) ①왕(王)과 공(公). 천자(天子)와 제후(諸侯). ②신분이 고귀한 사람.

王冠(왕관) 왕위(王位)를 상징하는 관.

王國(왕국) ①임금이 다스리는 나라. ②하나의 큰 세력을 이룬 곳.

王宮(왕궁) ①임금이 기거하는 궁전. ②조정.

王權(왕권) 왕의 권위, 또는 권력.

王氣(왕기) ①임금이 날 조짐. ②國잘될 조짐.

王畿(왕기) 천하를 구복(九服)으로 나눌 때, 왕성으로부터 사방으로 각각 500리(里). 곧 방천리(方千里)가 되는 땅. 國畿(국기). 邦畿(방기).

王大妃(왕대비) 선왕(先王)의 살아 있는 아내.

王大人(왕대인) 남을 높이어 그 할아버지를 일컫는 말.

王度(왕도) ①임금의 법도(法度). 임금이 지켜야 할 규범. ②나라의 법률.

王都(왕도) 왕궁(王宮)이 있는 도성(都城). 서울. 帝都(제도). 帝京(제경).

王道(왕도) ①임금으로서 마땅히 지켜야 할 도리. 하(夏)·은(殷)·주(周) 삼대의 공명정대(公明正大)하고 무사무편(無私無偏)한 치도(治道). ②인덕(仁德)에 바탕을 둔 정치를 행하는 일.

王旅(왕려) 천자의 군대. 왕사(王師).

王領(왕령) 임금의 영토.

王母(왕모) ①할머니의 존칭. ②곤륜산(崑崙山)에 살았다는 선인(仙人) 서왕모(西王母). ③새의 이름. 꾀꼬리.

王事(왕사) ①제왕(帝王)의 사업. ②왕실(王室)에 관한 일. ③왕명(王命)에 의한 노역(勞役).

王師(왕사) ①임금이 거느리는 군사. ②임금의 스승.

王城(왕성) ①천자(天子)의 도성(都城). 서울. ②(佛)불타(佛陀)가 있는 곳.

王楊盧駱(왕양노락) 당대(唐代) 초기에 시문에 뛰어났던 네 사람의 병칭. 곧, 왕발(王勃)·양형(楊炯)·노조린(盧照鄰)·낙빈왕(駱賓王).

王業(왕업) 임금이 나라를 다스리는 대립, 또는 그 업적. 王迹(왕적).

王月(왕월) 음력 정월(正月).

王維(왕유) 왕정(王政)의 대강(大綱).

王者(왕자) ①임금. 제왕 ②왕도(王道)로써 나라를 다스리는 사람. ③각 분야에서 특히 뛰어난 사람.

王政(왕정) ①왕도(王道)로써 다스리는 정치. ②임금이 다스리는 정치.

王庭(왕정) 왕궁(王宮)의 뜰.
王制(왕제) ①임금이 정한 제도. ②임금이 통치하는 정치 제도. 군주제(君主制).
王朝(왕조) ①임금이 정무(政務)를 봄. ②제왕이 친정(親政)하는 조정.
王族(왕족) 임금의 일가.
王座(왕좌) ①임금이 앉는 자리. ②으뜸가는 지위.
王佐才(왕좌재) 임금을 보좌(補佐)할 만한 재능. 王佐之才(왕좌지재).
王澤(왕택) 임금의 은택.
王土(왕토) 임금의 영토. 王地(왕지).
王統(왕통) ①제왕의 혈통. ②제왕의 자리를 이을 정통(正統).
王霸(왕패) ①왕자(王者)와 패자(霸者). 왕도(王道)와 패도(霸道). '王'은 '덕으로써 나라를 다스리는 것'을, '霸'는 '힘으로써 다스리는 것'을 뜻함. ②천하를 통일한 군주.
王化(왕화) 제왕(帝王)의 덕화(德化).
王后(왕후) ①임금. 군주(君主). ②임금의 아내. 皇后(황후). 王妃(왕비).
王侯將相(왕후장상) 제왕(帝王)·제후(諸侯)·장수(將帥)·재상(宰相)의 총칭.
王姬(왕희) ①주대(周代)의 임금의 딸. 주실(周室)의 성(姓)이 희(姬)인 데서 온 말. ②임금의 딸.

◪ 國王국왕, 君王군왕, 大王대왕, 梵王범왕, 先王선왕, 聖王성왕, 女王여왕, 帝王제왕, 天王천왕, 霸王패왕.

2 ⑥【玎】 옥 소리 정 [靑]
[인명] ㊥dīng ㊐テイ
[소전] [초서] [자해] **옥 소리, 옥이 부딪혀 울리는 소리.**

3 ⑦【玕】 옥돌 간 [寒]
[인명] ㊥gān ㊐カン
[소전] [초서] [자해] **옥돌, 옥 다음가는 돌.**

3 ⑦【玖】 옥돌 구 [有]
[인명] [2급] ㊥jiǔ ㊐ク
[소전] [초서] [자해] **❶옥돌. ❷아홉.** ※九의 갖은자.

3 ⑦【玘】 패옥 기 [紙]
[인명] ㊥qǐ ㊐キ
[초서] [자해] **패옥(佩玉), 노리개.**

3 ⑦【玗】 옥돌 우 [虞]
[인명] ㊥yú ㊐ウ
[소전] [초서] [자해] **옥돌, 옥 다음가는 돌.**
玗琪(우기) 적옥(赤玉).

3 ⑦【玔】 옥고리 천 [霰]
[인명] ㊥chuān ㊐セン
[자해] **❶옥고리. ❷옥팔찌.**

4 ⑧【玨】 珏(819)의 고자

4 ⑧【玠】 큰 홀 개 [卦]
[인명] ㊥jiè ㊐カイ
[소전] [초서] [자해] **큰 홀.** 제후(諸侯)를 봉한 신표로 쓰던 1자 2치의 대규(大圭). =介.

4 ⑧【玦】 패옥 결 [屑]
㊥jué ㊐ケツ
[소전] [초서] [자해] **❶패옥(佩玉).** 고리처럼 되어 있는데, 한 부분이 이지러진 것. 결단(決斷)·절연(絕緣) 등의 뜻을 보인다. **❷활깍지.** ≒決·抉. 활을 쏠 때 오른손의 엄지손가락에 끼우고 시위를 잡아당기는 기구.

4 ⑧【玟】 옥돌 민 [眞]
[인명] [2급] ㊥mín ㊐ビン
[소전] [초서] [자해] **❶옥돌, 옥 다음가는 돌.** =碈. **❷돌 이름, 불구슬.**

4 ⑧【玭】 구슬 이름 빈 [眞]
[인명] ㊥pín ㊐ヒン
[소전] [자해] **구슬 이름.** 회수(淮水)에서 나는, 아름다운 소리가 나는 돌.

4 ⑧【玩】 희롱할 완 [翰]
[인명] [1급] ㊥wán ㊐ガン

소전 玩 초서 玩 동자 翫 자해 ❶희롱하다, 가지고 놀다, 장난하다. 〔書經〕 玩人喪德완인상덕, 玩物喪志완물상지. ❷익다, 익숙해지다. ❸사랑하다, 아끼다.
玩具(완구) 장난감.
玩讀(완독) 글의 뜻을 깊이 생각하며 읽음. 완미(玩味)하며 읽음.
玩弄(완롱) ①가지고 놂. 弄玩(농완). ②장난감이나 놀림감처럼 희롱함.
玩物喪志(완물상지) 물건을 가지고 놀다가 뜻을 잃음. 쓸데없는 데에 마음이 팔려서 자기의 본심을 잃음.
玩味(완미) ①시문(詩文)의 뜻을 깊이 음미함. ②음식을 잘 씹어서 맛을 즐김.
玩賞(완상) 즐기며 감상함.
玩索(완색) 글의 깊은 뜻을 곰곰이 생각해 봄.
玩世(완세) 세상일을 경시(輕視)함.
玩愛(완애) 완상하며 사랑함.
玩詠(완영) 음미하며 읊음. 玩諷(완풍).
玩月(완월) 달을 구경하며 즐김.
玩好(완호) ①가지고 놀며 좋아함. ②진귀한 노리갯감.
◪ 弄玩농완, 賞玩상완, 愛玩애완.

4
⑧【玧】 ① 귀막이 옥 윤 軫
② 붉은 옥 문 元
인명 ㊥yǔn, mén ㊐イン, ボン
참고 인명용 음은 '윤'이다.
자해 ① 귀막이 옥. ② 붉은 옥.

5
⑨【珂】 옥 이름 가 歌
인명 ㊥kē ㊐カ
소전 珂 초서 珂 자해 ❶옥 이름. ❷백마노(白瑪瑙). ❸굴레.

5
⑨【珏】 쌍옥 각 覺
인명 2급 ㊥jué ㊐カク
소전 珏 초서 珏 고자 玨 자해 쌍옥.

5
⑨【北】 丘(20)의 고자

5
⑨【玳】 대모 대 隊
인명 ㊥dài ㊐タイ
초서 玳 자해 대모. =瑇.
玳瑁(대모) ①바다거북의 한 가지. ②대모의 등과 배를 싸고 있는 껍데기. 장식품·공예품을 만드는 데 씀. 玳瑁甲(대모갑).

5
⑨【玲】 옥 소리 령 靑
인명 2급 ㊥líng ㊐レイ
소전 玲 초서 玲 자해 옥 소리.
玲琅(영랑) 옥이 울리는 맑고 시원한 소리.
玲玲(영령) ①옥이 울리는 소리. ②맑고 산뜻한 모양. 밝고 환한 모양.
玲瓏(영롱) ①빛이 맑고 산뜻함. ②옥의 맑은 소리. ③옥이 조각된 모양.

5
⑨【珉】 옥돌 민 眞
인명 2급 ㊥mín ㊐ビン
소전 珉 초서 珉 동자 砇 동자 瑉 자해 옥돌.

5
⑨【珀】 호박 박 陌
인명 1급 ㊥pò ㊐ハク
초서 珀 자해 호박(琥珀). 땅속에 묻힌 소나무·잣나무 등의 진이 굳어서 만들어진 누런색 광물.

5
⑨【珐】 琺(824)의 속자

5
⑨【珊】 산호 산 寒
인명 1급 ㊥shān ㊐サン
초서 珊 속자 珊 자해 산호. 〔漢書〕 珊瑚叢生산호총생.
珊瑚(산호) 많은 산호충(珊瑚蟲)의 석회질이 바다 밑에 가라앉아서 나뭇가지 모양이 된 고운 돌. 칠보(七寶)의 하나로 장식물을 만드는 데 많이 쓰임.

5
⑨【珊】 珊(819)의 속자

5
⑨【玿】 아름다운 옥 소 蕭
인명 ㊥sháo ㊐ショウ
자해 아름다운 옥.

5
⑨【玴】 옥돌 예 霽
인명 ㊥yú ㊐エイ

玉 5획

자해 옥돌.

5 ⑨【玷】 이지러질 점 [鹽]

㊥diàn ㊐テン

자해 ❶이지러지다, 옥의 한쪽이 이지러지다. 〔詩經〕白圭之玷백규지점, 尙可磨也상가마야. ❷흠. ㉮옥의 티. ㉯잘못. 〔詩經〕曾不知其玷증부지기점.

玷辱(점욕) 옥의 티처럼 욕을 당함. 더럽혀짐.

5 ⑨【珍】 보배 진 [眞]

고등 인명 4급 ㊥zhēn ㊐チン

필순 一 丁 千 王 王' 王^ 王个 珍 珍

소전 초서 속자 珎 자원 形聲. 玉+㐱→珍. '㐱(진)'이 음을 나타낸다.

자해 ❶보배. 〔禮記〕儒有席上之珍以待聘유유석상지진이대빙. ❷진귀하다. ❸맛좋은 음식.

珍嘉(진가) 진기하고 아름다움.
珍甘(진감) 진귀하고 맛이 좋음.
珍怪(진괴) ①진기하고 괴이한 물건. ②드물게 보는 괴이한 사건.
珍貴(진귀) 보배롭고 귀중함.
珍奇(진기) 보배롭고 기이함.
珍談(진담) 진기한 이야기. 珍說(진설).
珍味(진미) 음식의 썩 좋은 맛.
珍寶(진보) 진귀한 보물. 珍幣(진폐).
珍本(진본) 아주 귀한 책.
珍事(진사) ①진기한 일. 이상스러운 일. ②뜻밖의 일.
珍獸(진수) 진기한 짐승. 奇獸(기수).
珍羞盛饌(진수성찬) 진귀한 음식과 푸짐한 반찬. 잘 차린 음식.
珍玩(진완) 진기하게 여겨 가지고 놂.
珍異(진이) ①진기하고 이상한 물건. 귀중한 물건. ②진귀한 음식물. 珍奇(진기).
珍藏(진장) 소중히 여겨 간직함. 비장(祕藏)함. 珍襲(진습).
珍籍(진적) 진귀한 서적. 珍書(진서).
珍重(진중) ①귀하게 여기어 소중히 함. ②남에게 몸을 소중히 하라는 의미로 편지에 쓰는 말.
珍饌(진찬) 맛있는 요리.
珍品(진품) 보배로운 물품.
珍風景(진풍경) 보기 드문 구경거리.
珍貨(진화) 진귀한 재화(財貨).
珍肴(진효) 진귀한 안주.
珍卉(진훼) 진귀한 화초(花草).

5 ⑨【珎】 珍(820)의 속자

5 ⑨【玼】 [1] 옥빛 깨끗할 체 [薺] [2] 흘룽할 차 [紙]

㊥cǐ ㊐セイ, シ

소전 초서 자해 [1] 옥빛이 깨끗하다. 〔詩經〕新臺有玼신대유체. [2] 훌륭하다, 훌륭하고 분명하다.

5 ⑨【玻】 유리 파 [歌]

㊥bō ㊐ハ

초서 자해 유리(琉璃), 파리(玻璃).

玻璃(파리) ①유리. ②(佛)칠보(七寶)의 한 가지. 수정(水晶).

5 ⑨【珌】 칼 장식 옥 필 [質]

인명 ㊥bì ㊐ヒツ

소전 초서 고자 琿 자해 칼 장식 옥, 칼집 두겁 장식. 칼집의 끝에 씌운 두겁에 있는 장식.

5 ⑨【玹】 옥돌 현 [先]

인명 ㊥xuán ㊐ケン

자해 ❶옥돌, 옥 비슷한 돌. ❷옥빛, 옥의 빛깔. ❸옥 이름.

6 ⑩【珙】 큰 옥 공 [腫][冬]

인명 ㊥gǒng ㊐キョウ

초서 자해 ❶큰 옥, 한 움큼 정도 크기의 옥. ❷옥 이름.

6 ⑩【珖】 옥피리 광 [陽]

인명 ㊥guāng ㊐コウ

초서 자해 ❶옥피리. ❷옥 이름.

6 ⑩【珪】 홀 규 [齊]

인명 2급 ㊥guī ㊐ケイ

자해 홀. ※圭(248)의 고자(古字)

珪璋(규장) ①예식 때 장식으로 쓰는 옥. ②인품이 높음. 圭璋(규장).
珪幣(규폐) 큰 제사 때 올리는 규(珪)와 비단 폐백(幣帛).

6
⑩【珞】 구슬 목걸이 락 藥

인명 ㊥luò ㊐ラク

초서 자해 구슬 목걸이.

6
⑩【琉】 유리 류 尤

인명 1급 ㊥liú ㊐リュウ

초서 속자 琉 자해 ❶유리. ＝瑠. ❷나라 이름.

6
⑩【班】 나눌 반 刪

고등 인명 6급 ㊥bān ㊐ハン

필순 一 丁 千 王 玎 玏 玔 班 班 班

소전 班 초서 자원 會意. 玨＋刀→班. 서옥(瑞玉)을 칼〔刀〕로 나누어 준다는 데서 '나누다'의 뜻을 나타낸다.

자해 ❶나누다, 나누어 주다. 〔國語〕 而班先王之大物이반선왕지대물. ❷차례, 순서. ❸지위, 위계(位階). 〔春秋左氏傳〕 班在九人반재구인. ❹줄, 행렬. ❺같다, 대등하다. 〔孟子〕 若是班乎약시반호.

班家(반가) 國양반의 집안.
班班(반반) ①선명하고 뚜렷한 모양. ②얼룩진 모양.
班白(반백) 희뜩희뜩 백발이 섞인 머리.
班史(반사) 한서(漢書)의 딴 이름.
班師(반사) 군대를 철수함.
班常(반상) 國양반과 상사람.
班示(반시) 널리 알림. 반포(頒布)함.
班列(반열) 품계·등급 등의 차례.
班員(반원) 반을 이루는 구성원.
班位(반위) ①지위(地位). 계급. ②같은 지위에 있음.
班資(반자) 지위(地位)와 녹봉(祿俸).
班爵(반작) 제후(諸侯)나 대부(大夫)의 서열(序列). 또는 그 서열을 세움.
班制(반제) 존비(尊卑)의 차(差). 존비의 차례.
班次(반차) 지위의 순서. 서열(序列).
◪ 同班동반, 武班무반, 文班문반, 兩班양반.

6
⑩【珤】 寶(342)의 고자 인명

6
⑩【珗】 옥돌 선 先

인명 ㊥xiān ㊐セン

자해 옥돌.

6
⑩【珣】 옥 이름 순 眞 震

인명 2급 ㊥xún ㊐シュン

소전 珣 초서 자해 ❶옥 이름. ❷옥 그릇.

6
⑩【珢】 옥돌 은 眞

인명 ㊥yín ㊐ギン

소전 珢 초서 자해 옥돌, 옥과 비슷한 돌.

6
⑩【珥】 귀고리 이 紙

인명 2급 ㊥ěr ㊐ジ

소전 珥 초서 자해 ❶귀고리, 귀걸이. 〔史記〕 夫人脫簪珥叩頭부인탈잠이고두. ❷날밑. 칼날과 칼자루 사이에 끼워서 손을 보호하는 테. ❸햇무리.

珥璫(이당) 귀고리.

6
⑩【珠】 구슬 주 虞

고등 인명 3Ⅱ급 ㊥zhū ㊐シュ

필순 一 丁 千 王 玗 玝 玣 玤 珠 珠

소전 珠 초서 자원 形聲. 玉＋朱→珠. '朱(주)'가 음을 나타낸다.

자해 ❶구슬. ㉮진주. ㉯아름다운 것의 비유. 〔文心雕龍〕 搖筆而散珠요필이산주. ❷붉다. ＝朱.

珠璣(주기) 구슬.
珠簾(주렴) 구슬을 꿰어 만든 발.
珠纓(주영) 구슬로 꾸민 갓끈.
珠玉(주옥) ①구슬과 옥. ②아름답고 값이 나가는 물건.
珠珥(주이) 진주 귀걸이.
珠子(주자) ①구슬. 珠玉(주옥). ②눈동자.
珠簪(주잠) 옥비녀.
珠汗(주한) 구슬 같은 땀.
珠輝(주휘) 구슬과 같이 빛남.
◪ 明珠명주, 美珠미주, 蚌珠방주, 寶珠보주, 念珠염주, 眞珠진주, 玄珠현주.

6
⑩【琉】 귀고리 옥 충 東

인명 ㊥chōng ㊐シュウ

자해 귀고리 옥. ≒充.

6
⑩【珮】 佩(73)과 동자

玉 6획

6 ⑩【珦】 옥 향 漾

인명 ㊥xiàng ㊐キョウ

자해 옥, 옥 이름.

6 ⑩【珩】 노리개 형 庚

인명 ㊥héng ㊐コウ

소전 초서 자해 ❶노리개, 패옥(佩玉). ≒衡. 〔詩經〕雜佩珩璜잡패형황. ❷갓끈, 관의 끈.

6 ⑩【珝】 옥 이름 후 麌

인명 ㊥xǔ ㊐ク

자해 옥 이름.

7 ⑪【球】 공 구 尤

고등 인명 6급 ㊥qiú ㊐キュウ

필순 球

소전 초서 자원 形聲. 玉+求→球. '求(구)'가 음을 나타낸다.

자해 ❶공. ≒毬. ❷아름다운 옥. 〔詩經〕受小球大球수소구대구. ❸경(磬), 옥으로 만든 경.

球根(구근) 둥근 덩어리처럼 되어 있는 뿌리. 백합·달리아·수선 따위의 뿌리.

球技(구기) 공을 사용하는 경기.

球團(구단) 야구·축구 등 구기를 사업으로 하는 단체.

球琳(구림) ①아름다운 구슬. ②재주가 뛰어난 사람. 준재(俊才).

球形(구형) 공같이 둥근 모양.

◨ 眼球안구, 野球야구, 地球지구, 蹴球축구.

7 ⑪【琅】 옥 이름 랑 陽

인명 ㊥láng ㊐ロウ

소전 초서 속자 瑯 자해 ❶옥 이름. ㉮구슬 비슷한 아름다운 돌. 〔書經〕厥貢惟球琳琅玕궐공유구림랑간. ㉯푸른 산호. ❷금석 소리. ¶ 琅琅낭랑.

琅玕(낭간) 옥 비슷한 아름다운 돌.

琅琅(낭랑) ①옥이나 금속이 부딪쳐 울리는 소리. ②아름다운 소리의 형용. ③새가 지저귀는 소리.

◨ 琺琅법랑, 玲琅영랑.

7 ⑪【琉】 琉(821)의 속자

7 ⑪【理】 다스릴 리 紙

중학 인명 6급 ㊥lǐ ㊐リ

필순 理

소전 초서 자원 形聲. 玉+里→理. '里(리)'가 음을 나타낸다.

자해 ❶다스리다. ㉮옥을 갈다. 〔戰國策〕謂玉未理者璞위옥미리자박. ㉯바루다. 〔春秋左氏傳〕先王疆理天下선왕강리천하. ㉰통하다. ㉱재판하다. ㉲처리하다. 〔南史〕幹理家事간리가사. ㉳손질하다, 수선하다. 〔後漢書〕修理長安高廟수리장안고묘. ❷다스려지다. ❸길, 사람이 순행(順行)하는 도리. 〔禮記〕禮也者례야자, 理也이야. ❹조리(條理). 〔易經〕俯以察於地理부이찰어지리.

理國(이국) 나라를 다스림. 治國(치국).

理氣(이기) ①호흡을 조절하는 일. ②이(理)와 기(氣). 본체계(本體界)와 현상계(現象界).

理亂(이란) ①잘 다스려짐과 어지러움. ②혼란한 세상을 다스림.

理論(이론) 사물·현상을 설명할 수 있는 보편적인 지식 체계.

理髮(이발) 머리털을 깎고 다듬음.

理法(이법) ①사물의 이치(理致)와 법칙(法則). ②도리(道理)와 예법(禮法).

理非(이비) 옳음과 그름. 是非(시비).

理事(이사) 법인(法人)의 사무를 처리하며 이를 대표하여 법률 행위를 행하는 집행 기관. 또는 그 직위에 있는 사람.

理想(이상) 생각할 수 있는 범위 안에서 가장 완전한 상태.

理性(이성) ①사물을 조리 있게 생각하여 바르게 판단하는 능력. ②양심(良心).

理勢(이세) 자연의 형세. 자연의 이치(理致).

理外(이외) 이치 밖. 도리 밖.

理義(이의) 도리(道理)와 정의(正義).

理財(이재) 재산을 잘 간직하고 유리하게 운용하는 일. 理產(이산).

理致(이치) 사물에 대한 정당한 조리. 도리에 맞는 취지.

理學(이학) ①성리학(性理學). ②자연을 연구 대상으로 하는 학문의 총칭. 자연 과학.

理解(이해) ①사리를 분별하여 잘 앎. ②깨달아 앎. 理會(이회). ③남의 사정을 잘 헤아려 너그러이 받아들임.

◨ 管理관리, 論理논리, 道理도리, 妙理묘리, 物理물리, 非理비리, 事理사리, 生理생리, 攝理섭리, 心理심리, 料理요리, 義理의리, 條理조리, 地理지리, 眞理진리, 天理천리, 哲理철리, 推理추리.

7
⑪【珷】 옥돌 무 麌

인명 ㊥wǔ ㊐ブ

자해 **옥돌, 옥 비슷한 돌.** ¶ 珷玞부부.

珷玞(무부) 옥과 비슷한 돌.

7
⑪【琁】 옥 선 先

인명 ㊥xuán ㊐セン

소전 자해 **❶옥, 아름다운 옥.** =璿. **❷구슬.**

7
⑪【珹】 옥 이름 성 庚

인명 ㊥chéng ㊐セイ

자해 **❶옥 이름. ❷아름다운 구슬.**

7
⑪【琇】 옥돌 수 宥

인명 ㊥xiù ㊐シュウ

초서 자해 **옥돌의 이름.**

7
⑪【珸】 옥돌 오 虞

인명 ㊥wú ㊐ゴ

자해 **옥돌, 아름다운 돌.**

7
⑪【琓】 國옥돌 완 인명

자해 **❶옥돌. ❷사람 이름.**

7
⑪【珵】 옥 이름 정 庚

인명 ㊥chéng ㊐テイ

자해 **❶옥 이름. ❷패옥.**

7
⑪【珽】 옥홀 정 迥

인명 2급 ㊥tǐng ㊐テイ

소전 초서 자해 **❶옥홀.** 옥으로 만든 홀(笏). **❷옥 이름.**

7
⑪【現】现 나타날 현 霰

중학 인명 6급 ㊥xiàn ㊐ゲン

필순 𠄌 𠄎 王 玑 玥 玥 珇 珇 現 現

초서 자원 形聲. 玉+見→現. '見(견)'이 음을 나타낸다.

자해 **❶나타나다, 나타내다. ❷이제.**

現官(현관) 현직에 있는 관리.
現金(현금) ①현재 가진 돈. ②물건을 사고팔 때, 즉시 치르는 물건 값. 맞돈. 現札(현찰).
現代(현대) ①오늘날의 시대. ②역사의 시대 구분의 하나로, 근대(近代) 이후의 시대.
現夢(현몽) 죽은 사람이나 신령이 꿈에 나타남.
現物(현물) ①현재 있는 물품. ②현금에 대하여 '물품'을 이르는 말.
現狀(현상) 현재의 상태나 형편.
現象(현상) 관찰할 수 있는 사물의 모양이나 상태.
現像(현상) 노출된 필름이나 인화지를 약품으로 처리하여 상이 나타나도록 함.
現世(현세) 이 세상.
現時(현시) 지금. 현재의 때.
現身(현신) ①현세(現世)에 있는 몸. ②國아랫사람이 윗사람에게 자기를 보임.
現實(현실) 실제로 존재하는 사실이나 상태.
現役(현역) ①현재 군에 복무하는 사람. ②실지로 어떤 직위에 있거나 직무를 수행하고 있음.
現場(현장) ①사물이 현재 있는 곳. ②일이 생긴 그 자리.
現在(현재) ①이제. 지금. ②(佛)삼세(三世)의 하나. 이 세상. 이승.
現存(현존) 현재에 있음. 지금 살아 있음.
現地(현지) 지금 어떤 일이 벌어지고 있는 곳.
現職(현직) 현재 종사하는 직업이나 직임.
現札(현찰) ①현금으로 통용되는 화폐. ②현재 가지고 있는 돈. ③맞돈. 現金(현금).
現形(현형) ①형상을 나타냄. ②현재의 형상.
現行(현행) 현재 행하고 있음.
現況(현황) 현재의 상황.
◨ 具現구현, 發現발현, 實現실현, 再現재현, 出現출현, 表現표현.

8
⑫【琨】 옥돌 곤 元

인명 ㊥kūn ㊐コン

소전 초서 자해 **옥돌, 아름다운 돌.**

8
⑫【琯】 옥피리 관 旱

인명 2급 ㊥guǎn ㊐カン

소전 초서 자해 **옥피리.** 6개의 구멍이 있다.

8
⑫【琴】 거문고 금 侵

고등 인명 3Ⅱ급 ㊥qín ㊐キン

玉 8획

필순 一 丅 千 王 玎 珏 珡 琴 琴 琴

소전 琴 초서 琴 속자 琹 자원 象形. 거문고의 모양을 본뜬 글자.

자해 거문고.

琴碁(금기) 거문고와 바둑. 琴棋(금기).
琴書(금서) ①거문고와 책. ②탄금(彈琴)과 독서(讀書). 풍류스러운 일.
琴線(금선) ①거문고의 줄. ②공명(共鳴)하기 쉬운 감정.
琴瑟(금슬) ①거문고와 큰 거문고. ②조화(調和)함. 부부가 화합함.
琴瑟不調(금슬부조) ①거문고나 큰 거문고의 가락이 맞지 아니함. ②부부가 화합하지 못함.
琴瑟之樂(금슬지락) 부부의 화락. 한집안이 화합하는 즐거움.
琴心(금심) 거문고 소리로 표현하는 마음. 마음을 거문고 소리에 부쳐 여자의 마음을 유인함.
琴韻(금운) 거문고의 소리. 琴音(금음).
■ 鳴琴명금, 心琴심금, 彈琴탄금, 風琴풍금.

8 ⑫【琹】 琴(823)의 속자

8 ⑫【琦】 옥 이름 기 支

인명 2급 ㊥qí ㊐キ

초서 琦 자해 옥 이름.

琦賂寶貨(기뢰보화) 훌륭하고 아름다운 보물.

8 ⑫【琪】 옥 기 支

인명 2급 ㊥qí ㊐キ

초서 琪 자해 옥.

琪樹(기수) ①옥같이 아름다운 나무. 玉樹(옥수). ②눈 쌓인 나무의 모습.
琪花瑤草(기화요초) 선경(仙境)에 있다고 하는 곱고 아름다운 꽃과 풀.

8 ⑫【琳】 아름다운 옥 림 侵

인명 ㊥lín ㊐リン

소전 琳 초서 琳 자해 아름다운 옥.

琳宮(임궁) 도교(道敎)의 사원(寺院).
琳宇(임우) ①아름다운 옥으로 장식한 집. ②절. 사찰.

8 ⑫【琲】 구슬꿰미 배 賄 隊

㊥bèi ㊐ハイ

소전 琲 초서 琲 자해 ❶구슬꿰미. 구슬을 꿰어 만든 장식. ❷꿰뚫다.

8 ⑫【琺】 법랑 법 洽

인명 ㊥fà ㊐ホウ

초서 琺 속자 珐 자해 법랑, 불투명 유리질 물질.

琺瑯(법랑) 사기그릇이나 쇠그릇 거죽에 올리는 반들반들한 유리질의 유약.
琺瑯質(법랑질) 사람이나 동물의 이를 싸고 있는 단단한 물질.

8 ⑫【琫】 칼집 장식 봉 董

인명 ㊥běng ㊐ホウ

소전 琫 초서 琫 자해 칼집 장식, 칼자루에 있는 장식. 천자는 옥(玉), 제후는 금(金), 대부는 은(銀), 사(士)는 신(蜃)으로 꾸민다.

8 ⑫【琵】 비파 비 支

인명 1급 ㊥pí ㊐ビ

소전 琵 초서 琵 자해 ❶비파. ❷음정이 낮아지게 활주(滑奏)하다.

琵琶(비파) 현악기의 한 가지. 긴 타원형을 세로 쪼개 놓은 듯한 넓은 면에 4줄을 걸고 4개의 기러기발로 받쳤음.
琵琶別抱(비파별포) 비파를 따로 품음. 여자가 재혼함.

8 ⑫【琡】 옥 이름 숙 屋

인명 ㊥chù ㊐シュウ

자해 ❶옥 이름. ❷반쪽 홀. 반쪽의 크기가 8촌(寸)인 홀(笏).

8 ⑫【琗】 1 옥 무늬 고운 모양 슬 質 2 옥빛 채 本채 隊

인명 ㊥sè, cuì ㊐シツ, サイ

참고 인명용 음은 '채'이다.

자해 1 옥 무늬 고운 모양, 옥 무늬 선명한 모양. ≒瑟. 2 ❶옥빛. ❷옥의 문채가 섞이다.

8 ⑫【琙】 사람 이름 역 職

㊥yù ㊐ヨク

玉 8획

자해 사람 이름.

8 ⑫【琰】 옥 갈 염 琰

인명 ㊥yǎn ㊐エン

소전 초서 자해 ❶옥을 갈다, 옥을 갈아 아름다운 빛을 내다. ❷홀, 절반 이상을 깎은 날카로운 홀. ¶ 琰圭염규. ❸아름다운 옥 이름.

琰圭(염규) 길이가 9촌인, 반 이상을 깎아 날카롭게 만든 홀(笏). 불의(不義)한 짓을 한 제후(諸侯)를 칠 때, 천자의 사신(使臣)이 가지고 가는 서절(瑞節).

8 ⑫【琬】 홀 완 阮

인명 ㊥wǎn ㊐エン

소전 초서 자해 ❶홀, 모나지 아니한 홀. 〔周禮〕琬圭以治德완규이치덕, 以結好이결호. ❷아름다운 옥.

琬圭(완규) 끝이 뾰족하지 않은 홀(笏). 천자가 덕이 있는 제후에게 상을 내릴 때 사자가 가지고 가는 것으로, 유덕(有德)을 상징함.

琬象(완상) 아름다운 옥과 상아.

琬炎(완염) 아름다운 옥.

琬琰(완염) ①완규(琬圭)와 염규(琰圭). ②아름다운 옥의 이름.

8 ⑫【琟】 1옥돌 유 支 2새 이름 옥 沃

인명 ㊥wéi, yù ㊐エ, ギョク

참고 인명용 음은 '유'이다.

자해 1옥돌. 2새 이름.

8 ⑫【琖】 옥잔 잔 潸

㊥zhǎn ㊐サン

소전 초서 자해 옥잔, 옥으로 만든 작은 술잔. =盞.

8 ⑫【琤】琤 옥 소리 쟁 庚

㊥chēng ㊐ソウ

소전 초서 속자 琤 자해 ❶옥 소리. ❷물건이 부딪는 소리.

琤琤(쟁쟁) ①시냇물이 흐르는 소리. ②옥이 서로 부딪치는 소리. ③거문고를 타는 소리.

8 ⑫【琠】 귀막이 전 銑

인명 ㊥tiǎn ㊐テン

초서 자해 귀막이, 옥 이름.

8 ⑫【琱】 옥 다듬을 조 蕭

㊥diāo ㊐チョウ

소전 초서 자해 ❶옥을 다듬다. ❷새기다, 아로새기다. =彫. ❸그리다, 그림을 그리다. 〔漢書〕牆塗而不琱장도이부조.

琱戈(조과) 아로새긴 창. 彫戈(조과).

琱鞍(조안) 옥으로 장식한 안장.

琱輿(조여) 옥으로 장식한 가마.

8 ⑫【琮】 옥홀 종 冬

인명 2급 ㊥cóng ㊐ソウ

소전 초서 자해 ❶옥홀, 서옥(瑞玉)의 이름. 외변(外邊)은 팔각(八角)으로 땅을 뜻하고, 가운데는 둥근 구멍이 뚫렸는데 무궁함을 뜻한다. ❷부신(符信). 〔春秋公羊傳〕琮以發兵종이발병.

琮琤(종쟁) ①옥이나 돌이 부딪쳐 나는 소리. ②맑은 샘물이 흐르는 소리.

8 ⑫【琛】 보배 침 侵

인명 ㊥chēn ㊐チン

소전 초서 자해 ❶보배. ❷옥(玉).

琛縭(침리) 옥으로 장식한 띠〔帶〕.

琛贐(침신) 공물(貢物)로 바치는 보배.

8 ⑫【琢】 쫄 탁 覺

인명 2급 ㊥zhuó ㊐タク

소전 초서 자해 ❶쪼다. ㉮옥을 다듬다. 〔詩經〕如琢如磨여탁여마. ㉯수양(修養)하다, 연마(硏磨)하다. ❷꾸미다.

琢句(탁구) 시문(詩文)을 퇴고(推敲)함.

琢磨(탁마) ①옥석(玉石)을 세공(細工)하는 일. ②학문이나 도덕을 갈고 닦는 일.

琢飾(탁식) 꾸밈. 수식함.

◼ 雕琢조탁, 追琢추탁.

8 ⑫【琸】 사람 이름 탁 覺

인명 ㊥zhuó ㊐タク

자해 사람 이름.

玉 8획

8 ⑫【琶】 비파 파 麻

인명 1급 ㊥pá ㊐ハ

소전 초서 자해 ❶비파. ❷음정이 높아지게 활주(滑奏)하다.

8 ⑫【琥】 호박 호 麌

인명 1급 ㊥hǔ ㊐コ

소전 초서 자해 ❶호박(琥珀). ❷서옥(瑞玉). 범 모양을 조각한 옥으로, 군대를 징발할 때 쓴다. ❸옥그릇. 옥으로 만든 범 모양의 그릇으로, 서방(西方)을 제사 지낼 때 쓰거나 제후가 서로 선물하는 예물로 쓴다.

琥珀(호박) 땅속에 묻힌 소나무·잣나무 등의 진이 변하여 생긴 화석. 대개 누렇고 광택이 있으며, 여러 가지 장식품으로 많이 쓰임.

9 ⑬【琾】 큰 홀 계 卦

㊥jiè ㊐カイ

자해 큰 홀.

9 ⑬【瑙】 마노 노 皓

인명 ㊥nǎo ㊐ノウ

초서 동자 碯 자해 마노(瑪瑙). 석영(石英)의 한 가지. 보석이나 장식품으로 쓰임.

9 ⑬【瑖】 옥돌 단 翰

㊥duàn ㊐タン

자해 옥돌, 옥 비슷한 돌.

9 ⑬【瑇】 대모 대 隊

㊥dài ㊐タイ

초서 자해 대모, 바다거북. ＝玳.

瑇瑁(대모) 바다거북의 한 가지.

9 ⑬【瑁】 ①서옥 모 號 ②대모 모 本매 隊

인명 ㊥mào ㊐バイ, ボウ

소전 고문 초서 자해 ① 서옥(瑞玉). 제후가 내조(來朝)하였을 때 그 홀(笏)에 천자가 맞추어 보는 사방 4치의 옥(玉). ≒冒. ② 대모, 바다거북.

9 ⑬【瑂】 옥돌 미 支

㊥méi ㊐ビ

소전 자해 옥돌, 옥 비슷한 돌.

9 ⑬【瑉】 옥돌 민 眞

㊥mín ㊐ビン

초서 동자 碈 동자 珉 자해 옥돌, 아름다운 돌.

9 ⑬【瑸】 문채 날 빈 眞

㊥bīn ㊐ヒン

초서 자해 문채가 나다, 옥의 문채가 어른어른하다.

9 ⑬【瑞】 상서 서 寘

인명 2급 ㊥ruì ㊐ズイ

소전 초서 자해 ❶상서, 길조. ❷경사스럽다. 〔史記〕萬民和喜만민화희, 瑞應辨至서응변지. ❸홀(笏). 천자가 제후를 봉할 때 주는 홀〔圭〕. ❹부절(符節). 〔春秋左氏傳〕司馬請瑞焉사마청서언.

瑞光(서광) ①상서로운 빛. ②길한 일의 조짐.
瑞氣(서기) 상서로운 기운.
瑞相(서상) ①길(吉)한 인상(人相). ②상서로운 조짐. 瑞兆(서조).
瑞雪(서설) 상서로운 눈. 풍년이 들 징조가 되는 눈.
瑞獸(서수) 상서로운 징조로 나타나는 짐승. 용(龍)·기린(麒麟) 따위.
瑞玉(서옥) 옥으로 만든 홀. 천자가 제후를 봉할 때 신표(信標)로 주던 환규(桓圭)·신규(信圭)·궁규(躬圭)·곡벽(穀璧)·포벽(蒲璧) 따위.
瑞運(서운) 길한 운수. 좋은 운수.
瑞應(서응) 임금의 어진 정치에 하늘이 감응하여 나타내는 상서로운 징조. 祥瑞(상서).
瑞日(서일) 상서로운 날. 경사스러운 날.
瑞鵲(서작) 상서로운 징조인 까치.
瑞節(서절) ①옥으로 만든 부절(符節). 천자가 제후를 봉할 때 신표로 줌. ②경사스러운 좋은 시절.
瑞徵(서징) 상서로운 징조.
瑞驗(서험) 상서로운 조짐.
瑞禾(서화) 상서로운 벼.
瑞花(서화) ①상서로운 꽃. ②눈의 딴 이름.
◨ 祥瑞상서.

玉 8획

9 ⑬【瑄】 도리옥 선 先

인명 2급 ㊥xuān ㊐セン

소전 초서 자해 **도리옥, 길이가 여섯 치 되는 큰 옥. ≒宣.**

9 ⑬【瑆】 옥빛 성 靑

인명 ㊥xīng ㊐セイ

자해 **옥빛.**

9 ⑬【瑟】 큰 거문고 슬 質

인명 2급 ㊥sè ㊐シツ

소전 초서 자해 **❶큰 거문고.** 〔書經〕 搏拊琴瑟박부금슬. **❷많은 모양. ❸엄숙하다, 엄격하다. ❹차고 바람이 사납다.** 〔楚辭〕 悲哉秋之爲氣也비재추지위기야, 蕭瑟兮소슬혜. **❺쓸쓸하다.** 〔楚辭〕 蕭瑟兮草木搖落而變衰소슬혜초목요락이변쇠.

瑟瑟(슬슬) ①바람 소리. ②악기의 줄을 팽팽히 매는 모양.
瑟韻(슬운) 큰 거문고의 소리.
瑟縮(슬축) ①오그라져서 펴지지 않음. 추워서 오그라짐. ②추운 모양.
◨ 膠瑟교슬, 琴瑟금슬, 蕭瑟소슬.

9 ⑬【瑌】 옥돌 연 先

인명 ㊥ruǎn ㊐ゼン

초서 자해 **❶옥돌, 옥 버금가는 아름다운 돌. ❷성 밑의 밭.**

9 ⑬【瑛】 옥빛 영 庚

인명 2급 ㊥yīng ㊐エイ

소전 초서 자해 **❶옥빛. ≒英. ❷투명한 옥, 수정(水晶).**

瑛琚(영거) 수정으로 만든 패옥(佩玉).
瑛瑤(영요) 아름다운 옥. 옥처럼 아름다운 덕(德)을 갖춘 사람.

9 ⑬【瑀】 패옥 우 麌

인명 ㊥yǔ ㊐ウ

소전 초서 자해 **❶패옥(佩玉). ❷옥 버금가는 돌.**

9 ⑬【瑗】 도리옥 원 霰

인명 2급 ㊥yuàn ㊐エン

소전 초서 자해 **❶도리옥, 구멍 큰 옥.** 구멍의 지름이 고리의 배가 되는 것. 사람을 초청할 때 썼다. **❷패옥(佩玉).**

9 ⑬【瑋】玮 옥 이름 위 尾

인명 ㊥wěi ㊐イ

초서 자해 **❶옥 이름. ❷아름답다, 아름다워하다. ❸진귀하다.**

瑋寶(위보) 기이하고 진귀한 보물.
瑋質(위질) 타고난 성품이 아주 훌륭함.

9 ⑬【瑜】 아름다운 옥 유 虞

인명 ㊥yú ㊐ユ

소전 초서 자해 **❶아름다운 옥, 근유(瑾瑜). ❷옥의 광채.**

瑜伽(유가) (佛)주관·객관이 일체의 사물과 상응하여 융합(融合)한 경지(境地).
瑜然(유연) 아름다운 모양.
瑜瑕(유하) 옥의 아름다운 빛과 흠. 좋은 점과 나쁜 점.

9 ⑬【瑑】 홀에 아로새길 전 霰

㊥zhuàn ㊐テン

소전 초서 자해 **홀에 아로새기다, 홀의 양각(陽刻).**

瑑刻(전각) 옥에 조각함.
瑑圭(전규) 문식(文飾)한 옥으로 만든 홀〔圭〕. 왕의 부름을 받을 때 사용함.
瑑璧(전벽) 문식한 옥의 이름. 왕자가 제후 등에게 존문(存問)할 때 사용함.
瑑璋(전장) 문식을 한 장옥(璋玉). 왕후(王后)의 부름을 받을 때 사용함.

9 ⑬【瑅】 제당 제 齊

인명 ㊥tí ㊐テイ

자해 **제당(瑅瑭), 옥 이름.**

9 ⑬【瑊】 옥돌 짐·감 侵咸

㊥jiān ㊐シン, カン

초서 자해 **옥돌, 옥 비슷한 돌.**

9 ⑬【瑒】 ①옥잔 창 漾 ②옥 이름 탕 養

㊥chàng, dàng ㊐チョウ, トウ

소전 瑒 초서 瑒 자해 ①옥잔. 종묘에서 울창주를 따라 땅에 부어 강신할 때 쓰는 제기. ②❶옥 이름. ❷황금(黃金), 패도(佩刀)에 장식으로 쓰는 황금.

9 ⑬【瑃】 옥 이름 춘 眞

인명 ㊥chūn ㊐チュン

초서 瑃 자해 옥 이름.

9 ⑬【瑕】 티 하 麻

인명 1급 ㊥xiá ㊐カ

소전 瑕 초서 瑕 자해 ❶티. ㉮옥의 티. 〔禮記〕 瑕不揜瑜하불엄유. ㉯옥의 흠. 〔淮南子〕 審乎無瑕심호무하. ❷허물, 잘못. ❸멀다, 거리·시간·정도가 많이 차이 나다. ❹어찌. 〔禮記〕 瑕不謂矣하불위의.

瑕缺(하결) 옥의 티. 옥의 흠절(欠節).
瑕隙(하극) 틈. 빈틈.
瑕病(하병) 흠이 있음.
瑕惡(하악) 흠. 결점(缺點).
瑕尤(하우) 결점과 과실. 흠절과 잘못.
瑕瑜(하유) 옥의 티와 광채. 나쁜 점과 좋은 점.
瑕疵(하자) ①옥의 티. ②흠. 결점.
瑕玷(하점) 흠절(欠節). 결점(缺點).
瑕殄(하진) 흠이 있다 하여 내버림.
瑕痕(하흔) 흉터. 상흔(傷痕).
瑕釁(하흔) ①허물. 과실(過失). ②틈이 생김. 미워하여 사이가 나쁨. 怨隙(원극).

9 ⑬【瑎】 검은 옥돌 해 佳

㊥xié ㊐カイ

소전 瑎 자해 검은 옥돌, 옥과 비슷한 검은 돌.

9 ⑬【瑚】 산호 호 虞

인명 1급 ㊥hú ㊐コ

소전 瑚 초서 瑚 자해 ❶산호. ❷호련(瑚璉).

瑚璉(호련) ①서직(黍稷)을 담아 종묘에 바치던 제기(祭器). ②㉠고귀한 인격을 가진 사람. ㉡뛰어난 인물. 故事 공자가 자공(子貢)의 사람됨을 평가하여 호련이라고 한 데서 온 말.

9 ⑬【琿】 珲 아름다운 옥 혼 元

인명 ㊥hún ㊐コン

자해 아름다운 옥.

9 ⑬【瑍】 환옥 환 翰

㊥huàn ㊐カン

자해 환옥, 아름다운 문양이 있는 옥.

9 ⑬【瑝】 옥 소리 황 陽

㊥huáng ㊐コウ

초서 瑝 자해 ❶옥 소리, 옥이 부딪쳐 나는 큰 소리. ❷종 소리.

10 ⑭【瑴】 쌍옥 각 覺

㊥jué ㊐カク

초서 瑴 자해 쌍옥. ＝珏.

10 ⑭【瑰】 구슬 이름 괴 灰

㊥guī ㊐カイ

소전 瑰 초서 瑰 자해 ❶구슬 이름. 〔漢書〕 其石則赤玉玫瑰기석즉적옥민괴. ❷둥글고 모양이 좋은 옥. ❸아름답다. ❹진귀하다. 〔後漢書〕 因瑰材而究奇인괴재이구기.

瑰怪(괴괴) 매우 진기함. 기이함. 瑰奇(괴기).
瑰詭(괴궤) 이상함. 특이(特異)함.
瑰琦(괴기) 뛰어나고 기이함. 奇偉(기위).
瑰麗(괴려) 매우 아름다움.
瑰辭(괴사) 뛰어난 말.
瑰岸(괴안) 용모가 빼어나고 체격이 늠름함. 魁岸(괴안).
瑰偉(괴위) 뛰어나고 큼.
瑰儒(괴유) 박학하고 고상한 학자. 대학자. 大儒(대유).
瑰姿(괴자) 뛰어난 용모. 빼어난 풍채.
瑰壯(괴장) 뛰어나고 훌륭함.
瑰材(괴재) ①희귀한 재료. ②훌륭한 인재.

10 ⑭【瑫】 아름다운 옥 도 豪

tāo ㊐トウ

자해 아름다운 옥.

10 ⑭【瑯】 琅(822)의 속자 인명

10 ⑭【瑠】 琉(821)와 동자 인명

玉 9획

10 ⑮【瑬】 면류관 드림 류 尤

㊥liú ㊐リュウ

소전 瑬 자해 ❶면류관 드림, 관의 앞뒤로 드리우는 옥 장식. ❷깃술. ❸아름다운 황금.

10 ⑭【瑮】 옥 무늬 률 質

㊥lì ㊐リツ

소전 瑮 자해 옥 무늬, 옥을 벌여 놓은 것같이 아름다운 모양.

10 ⑭【瑪】玛 마노 마 馬

인명 ㊥mǎ ㊐バ, メ

초서 瑪 동자 碼 자해 마노(瑪瑙). 석영(石英)의 한 가지. 빛이 고와 장식품을 만드는 데 쓰임.

10 ⑭【瑣】琐 자질구레할 쇄 哿

㊥suǒ ㊐サ

소전 瑣 초서 瑣 속자 瑣 자해 ❶자질구레하다, 잘다. ¶ 瑣屑쇄설. ❷세분하다, 잘게 구별하다. ❸부스러지다, 옥의 부스러기. 〔後漢書〕 庚桑瑣隸경상쇄례. ❹천하다, 비천하다. 〔南史〕 名地卑瑣명지비쇄. ❺쇠사슬. ＝鎖. ❻궁문(宮門). 옛날 궁문에는 쇠사슬의 모양을 새겨 두었다.

瑣近(쇄근) 잘고 비근(卑近)함.
瑣末(쇄말) 매우 작음. 瑣細(쇄세).
瑣尾(쇄미) ①미약한 모양. ②영락함. 落魄(낙탁). ③젊고 예쁜 모양.
瑣事(쇄사) 자질구레하고 하찮은 일.
瑣碎(쇄쇄) ①자질구레함. 번거로움. 瑣屑(쇄설). ②분규(紛糾).
瑣瑣(쇄쇄) ①잘고 곰상스러운 모양. ②지치고 쇠약한 모양. ③옥이 부딪치는 소리.

◨ 微瑣미쇄, 煩瑣번쇄, 小瑣소쇄, 連瑣연쇄.

10 ⑭【瑣】 瑣(829)의 속자

10 ⑮【瑩】莹 1밝을 영 庚 2의혹할 형 迥

인명 2급 ㊥yíng, yǐng ㊐エイ

소전 瑩 초서 瑩 참고 인명용 음은 '영·형'이다.

자해 1❶밝다, 옥의 빛, 옥빛이 밝은 모양. 〔法言〕 如玉之瑩여옥지영. ❷거울같이 맑다. ❸같다. ❹귀막이 옥, 옥 비슷한 아름다운 돌. 〔詩經〕 充耳琇瑩충이수영. 2 의혹하다. ＝熒.

瑩鏡(영경) 맑은 거울.
瑩徹(영철) 속까지 환히 트여 밝음. 투명함.
瑩澤(영택) 밝고 광택이 있음.

10 ⑭【瑥】 사람 이름 온 元

인명 ㊥wēn ㊐オン

자해 사람 이름.

10 ⑭【瑤】瑶 아름다운 옥 요 蕭

인명 ㊥yáo ㊐ヨウ

소전 瑤 초서 瑤 자해 ❶아름다운 옥. 〔詩經〕 報之以瓊瑤보지이경요. ❷북두칠성(北斗七星)의 자루. ¶ 瑤光요광.

瑤瓊(요경) 아름다운 보옥.
瑤階(요계) ①옥 계단. 섬돌의 미칭(美稱). ②눈이 쌓인 계단.
瑤光(요광) ①북두칠성의 일곱째 별. ②옥의 광채.
瑤臺(요대) ①옥으로 장식한 아름다운 누대(樓臺). 훌륭한 궁전. ②신선이 산다는 누대.
瑤林瓊樹(요림경수) 옥의 숲과 옥의 나무. 고상한 인품의 비유.
瑤英(요영) 몹시 아름다운 옥. 瑤瑛(요영).
瑤玉(요옥) 아름다운 구슬.
瑤鍾(요종) 옥으로 만든 술잔. 瑤觴(요상).
瑤池(요지) ①신선이 사는 곳. 곤륜산(崑崙山)에 있고, 옛날 목천자(穆天子)가 서왕모(西王母)를 만났다는 곳. ②아름다운 못. 궁중(宮中)에 있는 못.
瑤緘(요함) ①책을 넣는 옥 상자. ②훌륭한 편지. 남의 편지의 미칭. 瑤札(요찰).

10 ⑭【瑢】 패옥 소리 용 冬

인명 2급 ㊥róng ㊐ヨウ

초서 瑢 자해 패옥 소리.

10 ⑭【㻂】 國사람 이름 은 인명

자해 사람 이름.

10 ⑭【瑲】玱 옥 소리 장 陽

㊥qiāng ㊐ショウ

소전 瑲 초서 瑲 자해 ❶옥 소리. ❷악기 소리. 〔荀子〕 管磬瑲瑲관경장

玉 10획

장. ❸방울 소리.
瑲瑲(장장) ①옥이 부딪쳐서 나는 소리. ②악기가 울리는 소리. ③방울 소리.

10 ⑭【瑱】 귀막이 옥 진 霰

인명 ㊥tiàn ㊐テン

소전 초서 자해 ❶귀막이 옥. ❷옥 이름. ❸천자의 서옥(瑞玉).
瑱圭(진규) 천자가 가지는 서옥(瑞玉)의 이름.
瑱紞(진담) 귀막이 옥에 다는 끈.

10 ⑭【瑨】 아름다운 돌 진 震

인명 ㊥jìn ㊐シン

속자 瑨 자해 아름다운 돌. =璡.

10 ⑭【瑨】 瑨(830)의 속자 인명

10 ⑭【瑳】 깨끗할 차 歌

인명 ㊥cuō ㊐サ

소전 초서 자해 ❶깨끗하다, 옥빛이 희고 깨끗하다. 〔宋史〕 琱琨瑳瑳조민차차. ❷귀엽게 웃다. 〔詩經〕 巧笑之瑳교소지차. ❸갈다. =磋.
瑳瑳(차차) ①옥의 빛깔이 희고 고운 모양. ②웃을 때 흰 이가 곱게 드러나는 모양.

11 ⑮【璆】 아름다운 옥 구 尤

㊥qiú ㊐キュウ

초서 자해 ❶아름다운 옥. 경쇠를 만드는 데 쓴다. =球. 〔漢書〕 璆磬金鼓구경금고. ❷옥 경쇠. ❸옥 소리.
璆然(구연) 옥이 부딪쳐 나는 소리.
璆珌(구필) 패검(佩劍)을 장식한 옥.

11 ⑮【瑾】 1아름다운 옥 근 吻 2붉은 옥 근 問

인명 2급 ㊥jǐn, jìn ㊐キン

소전 초서 자해 1아름다운 옥. 2붉은 옥.
瑾瑜匿瑕(근유닉하) 아름다운 옥도 티를 감춤. 현인이나 군자에게도 허물이 없을 수 없으므로 허물을 덮어 줌.

11 ⑮【璂】 피변 꾸미개 옥 기 支

인명 ㊥qí ㊐キ

초서 자해 피변(皮弁) 꾸미개 옥. 가죽 고깔의 좌우 솔기에 12개의 오색 옥으로 한 장식.

11 ⑮【璉】 琏 호련 련 銑

인명 ㊥liǎn ㊐レン

초서 자해 호련(瑚璉). 종묘에 서직(黍稷)을 담아 바치던 제기.

11 ⑮【璃】 유리 리 支

인명 ㊥lí ㊐リ

초서 자해 ❶유리(琉璃). ❷파리(玻璃).

11 ⑮【璊】 붉은 옥 문 元

㊥mén ㊐モン

소전 초서 자해 붉은 옥, 옥의 붉은 빛깔.

11 ⑮【璇】 아름다운 옥 선 先

인명 2급 ㊥xuán ㊐セン

초서 동자 琁 동자 璿 자해 ❶아름다운 옥. 〔書經〕 有璇瑰瑤磬유선괴요경. ❷별 이름. 북두칠성의 둘째 별.
璇瑰(선괴) 아름다운 옥의 이름.
璇璣(선기) ①천체(天體)를 관측(觀測)하는 데 쓰는 기계. 渾天儀(혼천의). 璿璣(선기). ②북두칠성의 둘째 별과 셋째 별.
璇璣圖(선기도) 전진(前秦) 때 두도(竇滔)의 아내 소씨(蘇氏)가 먼 곳에 있는 남편에게 보내는 회문시(回文詩)를 비단에 짜 넣은 것.
璇臺(선대) ①옥으로 만든 누대(樓臺). ②선인(仙人)이 사는 곳.

11 ⑮【璅】 1옥돌 소 皓 2절 쇄 哿

㊥zǎo, suǒ ㊐ソウ, サ

소전 초서 자해 1옥돌, 옥 비슷한 돌. 2❶잘다. =瑣. ❷궁문(宮門)을 아로새긴 장식. 임금을 직접 지칭하기를 꺼려 '영쇄(靈璅)'라 이른다. 〔楚辭〕 欲少留此靈璅兮욕소류차령쇄혜.
璅璅(쇄쇄) 자질구레한 모양.
璅語(쇄어) ①쓸데없는 말. ②자질구레한 하찮은 말.

11
⑯【瑿】 검은 옥 예 齊

㊥yī ㊐エイ

자해 ❶검은 옥. ＝毉. ❷흑호박(黑琥珀). 천년이 지난 호박.

11
⑮【璈】 악기 이름 오 豪

㊥áo ㊐ゴウ

초서 자해 악기 이름.

11
⑮【璋】 반쪽 홀 장 陽

인명 2급 ㊥zhāng ㊐ショウ

소전 초서 자해 ❶반쪽 홀. 〔詩經〕載弄之璋재롱지장. ❷구기, 장(璋)으로 자루를 만든 구기. 〔詩經〕左右奉璋좌우봉장.

11
⑮【璁】 패옥 소리 종 ㊍총 冬

인명 ㊥cōng ㊐ショウ

자해 ❶패옥 소리. ❷패옥이 흔들리는 모양.

11
⑮【璀】 옥빛 찬란할 최 賄

㊥cuǐ ㊐サイ

소전 초서 자해 ❶옥빛이 찬란하다, 옥빛이 빛나다. ❷구슬이 주렁주렁 달린 모양. ¶ 璀璨최찬.

璀錯(최착) 많고 성한 모양.

璀璨(최찬) ①옥의 광채. ②옥이 드리워진 모양. ③아름다운 색채.

璀璀(최최) 선명(鮮明)한 모양.

11
⑮【璭】 珌(820)의 고자

12
⑯【璟】 옥 광채 날 경 梗

인명 2급 ㊥jǐng ㊐ケイ

자해 ❶옥이 광채가 나다. ❷옥빛.

12
⑯【璣】玑 구슬 기 微

인명 2급 ㊥jī ㊐キ

소전 초서 자해 ❶구슬, 둥글지 아니한 구슬, 모가 있는 구슬. 〔楚辭〕貫魚眼與珠璣관어안여주기. ❷천문 관측 기구 이름, 혼천의(渾天儀). ❸북두칠성의 셋째 별.

璣衡(기형) 고대에 천체(天體)의 운행과 위치를 관측하던 장치. 璿璣玉衡(선기옥형). 渾天儀(혼천의).

12
⑯【璒】 옥돌 등 蒸

㊥dēng ㊐トウ

초서 자해 옥돌, 옥과 같은 돌.

12
⑯【璐】 아름다운 옥 로 遇

㊥lù ㊐ロ

소전 초서 자해 아름다운 옥.

12
⑯【璘】 옥빛 린 眞

인명 ㊥lín ㊐リン

초서 자해 ❶옥의 빛, 옥의 광채. ❷옥의 모양. ❸무늬가 있는 모양.

璘瑞(인빈) ①문채(文彩)가 있는 모양. ②옥의 빛깔. 옥의 광채.

璘彬(인빈) 옥의 광채가 찬란하게 교차(交叉)하는 모양.

12
⑯【璑】 세 가지 빛깔 옥 무 虞

㊥wú ㊐ム

소전 자해 세 가지 빛깔의 옥, 옥 버금가는 돌. ≒珷.

12
⑯【璞】 옥돌 박 覺

인명 ㊥pú ㊐ハク

초서 자해 ❶옥돌, 아직 다듬지 않은 옥. 〔戰國策〕鄭人謂玉未理者璞정인위옥미리자박. ❷본바탕, 진실.

璞玉渾金(박옥혼금) 아직 갈지 않은 옥과 제련하지 않은 금. 질박(質朴)하여 꾸밈이 없음.

12
⑯【璠】 번여 옥 번 元

㊥fán ㊐ハン

소전 초서 자해 번여(璠璵) 옥. 노(魯)나라에서 나는 보옥 이름.

12
⑯【璡】琎 옥돌 진 震

인명 ㊥jīn ㊐シン

玉 12획

소전 [篆] 자해 옥돌, 옥과 같은 아름다운 돌. ＝瑨.

12 ⑯【璏】 옥 장식 체 霽

㊥zhì ㊐テイ

소전 초서 자해 옥 장식, 칼코등이를 옥으로 꾸미다. 〔漢書〕碎玉劍璏쇄옥검체.

12 ⑰【璗】 황금 탕 養

㊥dàng ㊐トウ

소전 자해 ❶황금(黃金). ❷아름다운 금(金). 금빛이 뛰어나게 아름다워 옥빛과 같다.

璗琫(탕봉) 제후(諸侯)가 차고 다니던 칼의 황금(黃金)으로 만든 칼집 장식.

12 ⑯【璜】 서옥 황 陽

인명 ㊥huáng ㊐コウ

소전 초서 자해 ❶서옥(瑞玉). 벽옥(璧玉)을 두 쪽 낸 모양의 것. 〔周禮〕以玄璜禮北方이현황례북방. ❷패옥(佩玉). ❸빛나다.

璜珩(황형) 패옥 이름.

璜璜(황황) 빛나는 모양. 번쩍거리는 모양.

13 ⑰【璩】 옥 고리 거 魚

㊥qú ㊐キョ

소전 자해 ❶옥 고리. ＝璖. ❷금은 그릇. ❸성(姓).

13 ⑰【璥】 경옥 경 敬

인명 ㊥jǐng ㊐ケイ

소전 자해 경옥, 옥의 이름.

13 ⑰【璫】 귀고리 옥 당 陽

㊥dāng ㊐トウ

소전 초서 자해 ❶귀고리 옥. ❷관(冠)의 꾸미개. 〔後漢書〕貂璫之飾초당지식. ❸서까래 끝의 꾸미개. ❹패옥(佩玉)이 울리는 소리.

璫璫(당당) 패옥이 부딪는 소리.

璫子(당자) ①환관(宦官)이나 그 양자의 비칭(卑稱). ②사람을 꾸짖는 말.

13 ⑱【璧】 둥근 옥 벽 陌

인명 1급 ㊥bì ㊐ヘキ

소전 초서 참고 璧(269)은 딴자.

자해 ❶둥근 옥. 중앙에 둥근 구멍이 있다. ❷아름다운 옥.

璧璫(벽당) 서까래 끝의 옥 장식.

璧聯(벽련) 옥으로 장식한 주련(柱聯).

璧沼(벽소) ①벽옹(璧廱)을 둘러싼 못. 璧池(벽지). ②벽옹(璧廱).

璧玉(벽옥) 옥.

璧廱(벽옹) 주대(周代)에 천자(天子)가 설치한 학교. 주위에 둥글게 못을 팠음. 辟雍(벽옹).

璧瑗(벽원) 아름다운 옥. 美玉(미옥).

璧月(벽월) 옥같이 아름다운 둥근 달.

璧日(벽일) 옥처럼 둥근 해.

璧趙(벽조) 물건을 주인에게 되돌려 줌. 故事 전국 시대에 진(秦)나라의 소왕(昭王)이 조(趙)나라의 혜문왕(惠文王)이 가지고 있는 벽옥(璧玉)과 15개 성(城)을 맞바꾸기를 청했을 때, 조(趙)나라의 인상여(藺相如)가 사신으로 가서 진왕의 속임수임을 알아내고, 그 벽옥을 무사히 가지고 돌아와 조왕에게 바친 고사에서 온 말.

◨ 雙璧쌍벽, 完璧완벽, 和氏之璧화씨지벽.

13 ⑰【璲】 패옥 수 寘

인명 ㊥suì ㊐スイ

초서 자해 패옥(佩玉), 허리띠에 차는 옥.

13 ⑰【瑟】 푸른 구슬 슬 質

인명 ㊥sè ㊐シツ

소전 자해 푸른 구슬, 옥이 산뜻하고 깨끗하다.

13 ⑱【璱】 귀막이 옥 전 霰

㊥tiàn ㊐デン

자해 ❶귀막이 옥. ＝瑱. ❷옥의 빛깔.

13 ⑰【璪】 면류관 드림 옥 조 皓

인명 ㊥zǎo ㊐ソウ

소전 초서 자해 ❶면류관 드림 옥. ❷옥에 새긴 무늬.

13 ⑰【璨】 빛날 찬 翰

玉 12획

인명 2급 ㊥càn ㊐サン

소전 璨 초서 璨 자해 ❶빛나다. ❷아름다운 옥. ❸구슬이 드리워진 모양.

璨瑳(찬차) 깨끗한 모양. 곱고 흰 모양.

璨璨(찬찬) 밝고 환한 모양.

13 ⑰【環】环 ①고리 환 刪 ②물러날 환 諫

고등 인명 4급 ㊥huán ㊐カン

필순 王 珃 珊 珊 環 環 環 環 環 環

초서 環 자원 形聲. 玉+睘→環. '睘(경)'이 음을 나타낸다.

자해 ① ❶환옥(環玉). 고리 모양의 옥. 〔爾雅〕 肉孔若一육공약일, 謂之環위지환. ❷고리. 〔南史〕 獻金剛指環헌금강지환. ❸돌다, 둘러싸다, 선회(旋回)하다. 〔春秋左氏傳〕 環而塹之환이참지. ② ❶물러나다. ❷두르다. 〔漢書〕 守濮陽環水수복양환수.

環境(환경) 생물체를 둘러싸고 있는 자연적 조건이나 사회적 상황.

環顧(환고) 두루 둘러봄.

環攻(환공) 사방을 포위하여 공격함.

環拱(환공) ①대궐을 지킴. ②궁궐을 지키는 병사(兵士). 環衛(환위).

環球(환구) 지구(地球). 온 세계.

環龜(환귀) 사방에 진을 치고 지킴.

環堵(환도) 사방(四方)이 각각 1도(堵)인 집. 가난한 집.

環繚(환료) 둘러쌈.

環狀(환상) 고리처럼 둥글게 생긴 모양.

環城(환성) ①성을 둘러쌈. ②천체(天體)가 운행하는 구역. 環域(환역).

環視(환시) ①많은 사람이 둘러서서 봄. ②주위를 둘러봄. 環矚(환촉).

環紆(환우) 빙 돌아 감김.

環翊(환익) 주위에서 도움. 둘러싸고 도움.

環坐(환좌) ①많은 사람이 원형(圓形)으로 앉음. 빙 둘러앉음. ②달무리. 月暈(월훈).

環周(환주) ①주위를 둘러쌈. ②돎.

環中(환중) ①고리 중앙의 빈 곳. 시비(是非)를 초월한 절대적인 경지의 비유. ②범위의 안.

環瑱(환진) ①옥으로 만든 귀막이. ②고리 모양으로 만든 옥 귀고리.

環礁(환초) 고리처럼 둥근 모양으로 형성된 산호초(珊瑚礁).

環村(환촌) 고리 모양으로 이루어진 마을.

環翠(환취) 주위에 푸른 나무나 대나무가 둘러 있는 일.

環抱(환포) 둘러앉음. 사면으로 에워쌈.

環幅(환폭) 천의 세로와 가로의 길이가 같음.

環合(환합) 에워쌈. 두름.

環形(환형) 고리처럼 둥근 모양.

環暈(환훈) 햇무리. 달무리.

◧ 金環금환, 旋環선환, 循環순환, 連環연환, 玉環옥환, 指環지환, 珮環패환, 花環화환.

14 ⑲【璺】 금갈 문 問

㊥wèn ㊐モン

자해 ❶금 가다, 갈라지다. ❷옥의 티. ❸귀갑(龜甲)을 구울 때 갈라져 나타난 무늬.

14 ⑱【璸】 ①구슬 이름 빈 先 ②옥 무늬 아롱아롱할 빈 眞

인명 ㊥pián, bīn ㊐ヒン

자해 ① 구슬 이름. ② 옥 무늬가 아롱아롱하다. 〔史記〕 璸㻞文鱗빈빈문린.

14 ⑲【璽】玺 도장 새 ㊍사 紙

인명 1급 ㊥xǐ ㊐ジ

초서 璽 동자 壐 속자 玺 자해 도장. ㉮천자(天子)의 도장, 옥새. 진(秦)나라 이래 옥으로 만들었는데, 당대(唐代)에는 '寶'라고 하였다. ㉯제후·경대부(卿大夫)의 도장.

璽符(새부) 인장(印章)과 부절(符節). 제왕의 도장. 玉璽(옥새).

璽書(새서) 제왕의 도장을 찍은 조서(詔書). 옥새를 찍은 문서.

璽綬(새수) 옥새와 그 인끈.

◧ 國璽국새, 玉璽옥새.

14 ⑱【璿】 아름다운 옥 선 先

인명 2급 ㊥xuán ㊐セン

소전 璿 초서 璿 자해 아름다운 옥. 〔書經〕 在璿璣玉衡재선기옥형, 以齊七政이제칠정.

璿宮(선궁) ①옥으로 장식한 궁전. ②왕후(王后)가 거처하는 궁전.

璿璣玉衡(선기옥형) ①천체를 관측하는 데 쓰던 옥으로 장식한 기계. 渾天儀(혼천의). 璇璣(선기). 璣衡(기형). ②북두칠성에서 첫째에서 넷째 별까지를 '璿璣', 다섯째에서 일곱째 별까지를 '玉衡'이라 함.

14 ⑱【璹】 옥 그릇 숙·도 屋 號

인명 ㊥shú ㊐シュク

소전 璹 참고 인명용 음은 '숙'이다.
자해 ❶옥 그릇. ❷옥 이름.

14 ⑱ 【璶】 옥돌 신 震
인명 ㊥jìn ㊐シン
자해 **옥돌, 옥과 비슷한 돌.**

14 ⑱ 【璵】 옥 여 魚
인명 ㊥yú ㊐ヨ
소전 초서 자해 **옥, 번여 옥.**
璵璠(여번) 번여 옥. 춘추 시대 노(魯)나라에서 나던 보옥.

14 ⑱ 【瑌】 옥돌 연 先
㊥ruǎn ㊐ゼン
자해 **옥돌.**

15 ⑲ 【瓊】 琼 옥 경 庚
인명 2급 ㊥qióng ㊐ケイ
소전 초서 자해 **❶옥, 아름다운 옥.** 〔詩經〕報之以瓊琚보지이경거. **❷옥의 고운 빛깔.** 〔漢書〕精瓊靡與秋菊兮정경미여추국혜.
瓊琚(경거) ①아름다운 패옥(佩玉). ②훌륭한 선물.
瓊樹(경수) ①옥처럼 아름다운 나무. ②인격이 고결함.
瓊筵(경연) 옥처럼 아름다운 자리. ㉠임금이 베푸는 연석(宴席). ㉡연석의 미칭.
瓊瑤(경요) ①아름다운 옥. ②훌륭한 선물. ③다른 사람이 보내온 시문·서신 따위.
瓊音(경음) ①옥이 울리는 소리. 맑고 가락 높은 음향. ②남의 편지의 미칭.
瓊姿(경자) 옥같이 아름다운 자태.
瓊簪(경잠) 옥비녀.
瓊章(경장) 옥같이 아름다운 문장. 남의 글의 미칭. 瓊韻(경운).
瓊枝玉葉(경지옥엽) 옥 같은 가지와 잎. ㉠왕가(王家)의 자손. ㉡귀한 집 자손. 金枝玉葉(금지옥엽).

15 ⑲ 【瓄】 옥그릇 독 屋
㊥dú ㊐トク
자해 **❶옥그릇. ❷홀〔圭〕 이름. ❸옥 이름, 곤산(崑山)에서 나는 옥 이름.**

15 ⑲ 【瓅】 옥빛 력 錫
㊥lì ㊐レキ
소전 자해 **❶옥빛. ❷비치다, 비추다.**

15 ⑲ 【璏】 사람 이름 질 質
인명 ㊥zhí ㊐シツ
자해 **사람 이름.**

15 ⑲ 【瓚】 瓚(835)의 속자

16 ⑳ 【瓏】 珑 옥 소리 롱 東
인명 1급 ㊥lóng ㊐ロウ
소전 초서 자해 **❶옥 소리, 금옥의 소리. ❷바람 소리. ❸환한 모양.**
瓏玲(농령) ①빛나고 밝은 모양. 玲瓏(영롱). ②금옥(金玉)이 부딪쳐 나는 소리.
瓏瓏(농롱) ①빛이 매우 찬란한 모양. ②수레의 소리. ③금옥이 부딪쳐 나는 소리가 매우 맑음.
◨ 玲瓏영롱.

17 ㉑ 【瓓】 옥 광채 란 翰
인명 ㊥làn ㊐ラン
자해 **옥의 광채, 옥의 무늬.**

17 ㉑ 【瓖】 뱃대끈 장식 양 陽
㊥xiāng ㊐ジョウ
초서 자해 **❶뱃대끈 장식, 말의 뱃대끈 장식. ❷옥 이름.**

17 ㉑ 【瓔】 璎 구슬 목걸이 영 庚
인명 ㊥yīng ㊐エイ
초서 자해 **❶구슬 목걸이.** ¶ 瓔珞영락. **❷옥돌, 옥 비슷한 돌.**
瓔珞(영락) ①구슬을 꿰어 만든 목걸이. ②불상의 신변에 드리워진 주옥 장식.

18 ㉒ 【瓘】 옥 이름 관 翰
인명 ㊥guàn ㊐カン
소전 초서 자해 **❶옥 이름. ❷서옥(瑞玉), 홀.**

玉 14획

19 ㉓【瓚】瓚 제기 찬 旱

인명 2급 ㊥zàn ㊐サン

소전 瓚 초서 瓚 속자 瓚 자해 **제기, 술그릇, 옥잔.** 자루를 옥으로 만든, 울창주(鬱鬯酒)를 담는 구기 모양의 술그릇. 〔詩經〕瑟彼玉瓚슬피옥찬.

瓜部 오이 과

0 ⑤【瓜】 오이 과 麻

인명 2급 ㊥guā ㊐カ

소전 瓜 초서 瓜 자원 象形. '八'은 오이의 덩굴을, 'ㅿ'은 오이의 열매를 본떴다.

자해 **오이.** 박과에 딸린 오이·참외·호박·수박 따위의 총칭. 〔詩經〕七月食瓜칠월식과.

瓜葛(과갈) ①오이와 칡. ②인척(姻戚).

瓜期(과기) ①오이가 익을 무렵. 음력 7월. ②관직(官職)을 바꾸거나 임기가 끝나는 시기. 故事 춘추 시대에 제(齊)나라의 양공(襄公)이 연칭(連稱)과 관지부(管至父)에게 규구(葵丘)의 수비를 맡겨 보내면서 다음 해 오이가 익을 무렵에는 돌아오게 하겠다고 말한 고사에서 온 말. 瓜時(과시). ③여자가 월경(月經)을 시작하는 15~16세 무렵. 破瓜期(파과기).

瓜年(과년) ①벼슬의 임기가 끝나는 해. ②여자가 혼기(婚期)에 이른 나이. 16세 무렵.

瓜代(과대) 임기가 만료되어 후임과 교대함.

瓜滿(과만) ①임기가 다 됨. 瓜熟(과숙). ②여자가 혼인할 나이가 다 참. 瓜期(과기).

瓜月(과월) 음력 7월.

瓜菹(과저) 오이김치.

瓜田李下(과전이하) 오이 밭과 자두나무 밑. 의심받기 쉬운 곳이나 경우.

瓜瓞緜緜(과질면면) ①자손이 번성함. 오이 덩굴의 밑줄기 가까이 나는 초생 오이는 작고, 덩굴 끝에 나는 오이는 큰 데서 온 말. ②오이 덩굴이 엇갈려 이어져 있듯이, 여러 나라가 서로 이어져 있음.

瓜遞(과체) 벼슬의 임기가 차서 갈림.

瓜瓣(과판) 오이의 씨. 瓜種(과종).

瓜限(과한) 벼슬의 임기가 끝나는 시기.

3 ⑧【瓝】 오이 박 覺

㊥bó ㊐ハク

자해 **오이, 작은 오이.** ＝瓟.

4 ⑨【瓪】 오이 주렁주렁 열릴 봉 董

㊥běng ㊐ホウ

자해 **오이가 주렁주렁 열린 모양.**

5 ⑩【瓟】 1오이 박 覺 2호리병박 포 肴

㊥bó, páo ㊐ハク, ホウ

초서 瓟 자해 1❶**오이, 작은 오이, 북치.** ＝瓝. ❷**오이지.** 2**호리병박, 조롱박.** 물을 뜨는 표주박. ＝匏.

5 ⑩【瓞】 북치 질 屑

㊥dié ㊐テツ

소전 瓞 초서 瓞 자해 **북치.** 그루갈이로 열린 작은 오이.

6 ⑪【瓠】 표주박 호 虞 遇

인명 ㊥hù, hú ㊐コ

소전 瓠 초서 瓠 자해 ❶**표주박, 바가지.** 〔詩經〕幡幡瓠葉번번호엽, 采之亨之채지형지. ❷**병, 단지.** ≒壺. 〔漢書〕寶康瓠兮보강호혜.

瓠犀(호서) ①박의 씨. ②미인의 아름다운 이.

瓠尊(호준) 박 모양으로 생긴 술통.

11 ⑯【瓢】 박 표 蕭

인명 ㊥piáo ㊐ヒョウ

소전 瓢 초서 瓢 자해 ❶**박.** ❷**박으로 만든 그릇, 바가지, 표주박.** 〔論語〕一簞食일단사, 一瓢飮일표음.

瓢囊(표낭) 그릇.

瓢簞(표단) 표주박과 대오리로 만든 도시락.

瓢飮(표음) ①바가지에 담은 음료(飮料). ②간소한 음식물. 소박한 생활.

瓢樽(표준) ①표주박과 술통. ②표주박.

瓢壺(표호) ①뒤웅박. 표주박. ②뒤웅박과 단지. 瓢瓠(표호).

■ **簞瓢**단표, **酒瓢**주표.

14 ⑲【瓣】 외씨 판 諫

인명 ㊥bàn ㊐ハン

소전 瓣 초서 瓣 참고 辨(1240)·辦(1240)·辯(1241)은 딴 자.

자해 ❶**외씨.** ❷**외씨의 핵(核).** ❸**꽃잎.**

瓣香(판향) ①꽃잎 모양으로 생긴 향. 선승(禪僧)이 남을 축복할 때 쓰던 것. ②사람을 흠앙(欽仰)함.

◨ 蓮瓣연판, 花瓣화판.

瓦部 기와 와

0 ⑤【瓦】 기와 와 馬

중학 인명 3Ⅱ급 ㊥wǎ ㊐ガ

필순 一 丆 丆 瓦 瓦

소전 초서 자원 象形. 집을 이은 기와가 나란히 놓여 있는 모양을 본떠서 '기와' 라는 뜻을 나타냈다.

자해 ❶기와. 〔史記〕 武安屋瓦盡振무안옥와진진. ❷질그릇. 진흙으로 구워 만든 그릇. ❸실패. 실을 감는 물건. 〔詩經〕 載弄之瓦재롱지와. ❹방패의 등〔脊〕.

瓦家(와가) 기와집.

瓦工(와공) 기와를 굽는 사람.

瓦棺(와관) 진흙을 구워 만든 널. 陶棺(도관).

瓦溝(와구) 기왓고랑. 기와지붕에서, 암키와를 잦혀 이어 빗물이 잘 흘러내리도록 한 곳.

瓦甌(와구) 항아리. 단지.

瓦器(와기) 질그릇.

瓦當(와당) 기와의 마구리. 기와의 한 쪽에 둥글게 모양을 낸 부분.

瓦鬲(와력) 진흙으로 구워 만든 솥. 질솥.

瓦礫(와력) ①기와와 자갈. ②쓸모없는 물건.

瓦缶(와부) 흙으로 빚어 만든 장군. 술·물 따위를 담을 때 씀.

瓦釜雷鳴(와부뇌명) 흙으로 만든 솥이 우레와 같은 소리를 내면서 끓음. 현사(賢士)가 때를 얻지 못하고 우매(愚昧)한 자가 높은 지위에 앉아 큰소리침.

瓦全(와전) 기와로 온전하게 남음. 아무 보람도 없이 목숨을 보전함.

瓦合(와합) ①깨어진 기와를 모아놓은 것처럼 무질서하게 모임. 烏合(오합). ②방정(方正)한 사람이 범속(凡俗)한 뭇사람과 영합함.

瓦解(와해) 기와가 깨지듯이 조직이나 계획 따위가 깨어져 흩어짐.

◨ 古瓦고와, 弄瓦농와, 陶瓦도와, 銅瓦동와, 碧瓦벽와, 屋瓦옥와, 靑瓦청와, 翠瓦취와.

3 ⑧【瓨】 항아리 강 江

㊥xiáng ㊐コウ

소전 초서 자해 항아리, 목이 긴 항아리.

4 ⑨【瓬】 오지그릇 방 養

㊥fǎng ㊐ホウ

소전 자해 ❶오지그릇, 도기. ❷항아리, 병.

4 ⑨【瓮】 독 옹 送

인명 ㊥wèng ㊐オウ

소전 초서 자해 독, 항아리. ≒甕.

瓮水(옹수) 독의 물. 얼마 되지 않는 것.

5 ⑩【瓴】 동이 령 靑

㊥líng ㊐レイ

소전 초서 자해 ❶동이. 질그릇의 한 가지로, 양옆에 손잡이가 달려 있다. ❷암키와.

瓴甓(영벽) 벽돌.

瓴甋(영적) 벽돌. 바닥에 까는 벽돌.

5 ⑩【瓵】 작은 독 이 支

㊥yí ㊐イ

소전 자해 작은 독.

6 ⑪【瓶】 甁(837)의 속자

6 ⑪【瓷】 오지그릇 자 支

인명 1급 ㊥cí ㊐シ

소전 초서 자해 오지그릇, 사기그릇. 속(俗)에 '磁'로 쓴다.

瓷器(자기) 오지그릇. 陶器(도기).

◨ 綠瓷녹자, 陶瓷도자, 紫瓷자자, 花瓷화자.

7 ⑫【瓻】 술단지 치 支

㊥chī ㊐チ

소전 초서 자해 술단지. 여기에 술을 담아 책을 빌려 보는 사례로 대접하였다 한다.

7 ⑫【甀】 귀 달린 병 함 覃

㊥hán ㊐カン
자해 ❶귀가 달린 병. ❷아가리가 좁은 도기(陶器).

8 ⑬【瓽】 큰 동이 당 漾
㊥dàng ㊐トウ
소전 자해 ❶큰 동이. ❷포석(鋪石). ❸'井' 자 모양으로 벽돌을 판판하게 깔다.

8 ⑬【甁】瓶 병 병 靑
인명 1급 ㊥píng ㊐ヘイ, ビン
초서 속자 瓶 자해 ❶병, 단지, 항아리. ❷두레박. ≒缾. 〔易經〕未繘井미율정, 羸其甁리기병. ❸시루.
甁梅(병매) 꽃병에 꽃꽂이를 한 매화.
甁錫(병석) 단지와 석장(錫杖). '탁발(托鉢)'을 이름.
甁筲(병소) 병과 대나무 상자. 기량(器量)이 작음.
甁沈簪折(병침잠절) 병이 물에 가라앉고 비녀가 부러짐. 부부가 이별하여 다시 만날 수 없음.
甁壺(병호) 병과 단지.
◨ 空甁공병, 金甁금병, 酒甁주병, 花甁화병.

8 ⑬【瓿】 단지 부 有
㊥bù ㊐ホウ
소전 초서 자해 단지, 작은 항아리. 식초·간장 등을 담는다.
瓿甊(부루) 작은 단지. 작은 항아리.

8 ⑬【瓸】 굄 벽돌 점 豔
㊥diàn ㊐テン
자해 ❶굄 벽돌. ❷버티는 나무, 지주(支柱).

8 ⑬【甀】 항아리 추 寘
㊥zhuì ㊐ツイ
초서 자해 항아리. 아가리가 큰 것, 작은 것 등 여러 가지가 있다.

9 ⑭【甄】 1 질그릇 견 先 2 질그릇 진 眞 3 살필 견 霰
인명 2급 ㊥zhēn ㊐ケン, シン
소전 초서 참고 인명용 음은 '견'이다.
자해 1 ❶질그릇. ❷녹로(轆轤). 오지그릇을 만드는 데 쓰는 물레. ❸가마, 질그릇을 굽는 가마. ❹질그릇 굽는 사람. 〔漢書〕惟甄者之所爲유견자지소위. ❺벽돌, 바닥에 까는 벽돌. ❻교화하다. ❼성(姓). 2 질그릇. 3 살피다.
甄工(견공) 질그릇 만드는 사람.
甄陶(견도) ①흙을 빚어서 도기(陶器)를 만듦. ②천지가 만물을 이루는 일. ③임금이 백성을 교화(敎化)하는 일. 陶甄(도견).
甄拔(견발) 인재를 뽑아서 씀. 選拔(선발).
甄別(견별) ①뚜렷이 분별함. ②관리를 성적에 따라 우열을 가림.
甄序(견서) 분별하여 차례를 정함.
甄綜(견종) 전부를 모아 자세히 살펴 감정(鑑定)함.
甄擢(견탁) 인재를 자세히 살피고 가려서 등용(登用)함.
甄表(견표) ①명백히 나타냄. ②선행(善行)을 표창함.
甄品(견품) 등급을 나눔. 품평(品評)함.

9 ⑭【甂】 자배기 변 先
㊥biān ㊐ヘン
소전 자해 자배기. 둥글넓적하고 소래기보다 운두가 좀 높으며, 아가리가 쩍 벌어진 질그릇.
甂甌(변구) 아가리가 작은 항아리.

9 ⑭【瓻】 양병 유 虞
㊥yú ㊐ユ
자해 ❶양병. 배가 부르고 아가리의 전이 바라지고 목이 좁고 긴, 물을 담는 오지병의 한 가지. ❷항아리.

9 ⑭【甃】 벽돌담 추 宥
㊥zhòu ㊐シュウ
소전 초서 자해 ❶벽돌담. 〔易經〕井甃無咎정추무구. ❷우물 벽돌. 우물 바닥이나 우물 벽을 쌓은 벽돌. ❸꾸미다.
甃砌(추체) 벽돌 따위를 쌓아 올림.

10 ⑮【甈】 항아리 계 霽
㊥qì ㊐ケイ
소전 초서 자해 ❶항아리. ❷마르다. ❸깨어지다, 금 가다. ❹금 간 항아리.

瓦 10획

10 ⑮【甇】 항아리 앵 庚

㊥yīng ㊐オウ

자해 ❶항아리, 양병. ＝罌. ❷목이 긴 병.

11 ⑯【甋】 질그릇 강 陽

㊥kāng ㊐コウ

자해 ❶질그릇, 항아리. ❷금 간 항아리.

11 ⑯【甌】瓯 사발 구 本우 尤

㊥ōu ㊐オウ

소전 초서 자해 ❶사발. ❷중발, 주발. ❸악기. 12개의 사기그릇에 물을 채워, 젓가락으로 두들겨 소리를 낸다. ❹땅 이름.

甌窶滿篝(구루만구) 고지(高地)의 논밭에서 생산된 곡식이 광주리에 가득함. 풍년이 듦.

甌越(구월) ①월족(越族)이 살던 곳. 절강성(浙江省) 영가현(永嘉縣) 일대임. ②광동성(廣東省) 해남도(海南島)의 일부.

11 ⑯【甗】 벽돌 록 屋

㊥lù ㊐ロク

자해 **벽돌, 지면(地面)에 까는 납작한 벽돌.**

甗甎(녹전) ①바닥에 까는 납작한 벽돌. ②좁고 긴 기와.

11 ⑯【甍】 용마루 맹 庚

㊥méng ㊐ボウ

소전 초서 자해 ❶용마루, 용마루 기와. ❷싹트다. ＝萌.

甍棟(맹동) 용마루 기와와 마룻대.

甍宇(맹우) 가옥(家屋)의 총칭.

11 ⑯【甋】 벽돌 적 錫

㊥dì ㊐テキ

초서 자해 **벽돌, 바닥에 까는 벽돌.**

11 ⑯【甎】 벽돌 전 先

㊥zhuān ㊐セン

초서 동자 塼 속자 磚 자해 ❶벽돌. 〔唐書〕 層甎起塔층전기탑. ❷바닥에 까는 벽돌.

甎全(전전) 벽돌이 되어 보전함. 아무 하는 일 없이 목숨만 이어 감. 瓦全(와전).

11 ⑯【甐】 기와 가루 창 養

㊥shuǎng ㊐ソウ

소전 자해 ❶기와 가루. 기왓장을 잘게 부순 가루. 병 안의 때를 제거하는 데 쓴다. ❷기와 조각.

12 ⑰【甐】 그릇 린 震

㊥lìn ㊐リン

초서 자해 ❶그릇. ❷움직이다. ❸해어지다.

12 ⑰【甒】 술단지 무 麌

㊥wǔ ㊐ブ

초서 자해 **술단지.**

12 ⑰【甑】 시루 증 徑

인명 ㊥zèng ㊐ソウ

소전 초서 자해 시루. 〔史記〕 破釜甑파부증.

甑餠(증병) 國시루떡.

甑塵釜魚(증진부어) 시루에 먼지가 쌓이고, 솥에 물고기가 생김. 매우 가난함.

甑布(증포) 시루 바닥에 까는 헝겊.

13 ⑱【甔】 항아리 담 覃

㊥dān ㊐タン

초서 자해 항아리. ㉮한 섬들이 독. ㉯작은 항아리.

13 ⑱【甇】 제기 등 蒸

㊥dēng ㊐トウ

자해 ❶제기(祭器), 음식물을 담아 올리는 예기(禮器). ❷갱지미. 놋쇠로 만든 반찬 그릇의 한 가지. ❸토제(土製)의 굽이 달린 제기.

13 ⑱【甓】 벽돌 벽 錫

㊥pì ㊐ヘキ

소전 초서 자해 ❶벽돌, 바닥에 까는 벽돌. 〔詩經〕 中唐有甓중당유벽. ❷기와.

甓甗(벽록) 벽돌.

甓瓦(벽와) 벽돌과 기와.

13
⑱【甕】 독 옹 送冬

인명 2급 ㊥wèng ㊐オウ

초서 자해 독, 단지. ＝甕. ㉮옹기 두레박. 〔易經〕 井谷射鮒정곡사부, 甕敝漏옹폐루. ㉯술이나 젓을 담는 독. ㉰쳐서 장단을 맞추는 악기.

甕家(옹가) 國장사(葬事) 때 비와 햇볕을 가리기 위하여 관이 들어갈 구덩이 위쪽에 임시로 세우는 뜸집이나 장막. 墓上閣(묘상각).

甕器(옹기) 國질그릇. 옹기그릇.

甕頭(옹두) 처음으로 익은 술.

甕裏醯雞(옹리혜계) 독 안에 있는 초파리. 식견이 좁고 세상 물정을 잘 모르는 사람.

甕算(옹산) 國독장수셈. ㉠실현 가능성이 없는 계산. ㉡헛수고로 애만 씀. 故事 옹기장수가 길에서 독을 쓰고 잠을 자다가 큰 부자가 되는 꿈을 꾸었는데 너무 좋아서 벌떡 일어나는 바람에 독이 깨졌다는 이야기에서 온 말.

甕城(옹성) ①쇠로 만든 독처럼 튼튼하게 둘러쌓은 산성. 鐵甕山城(철옹산성). ②성문(城門)을 보호하기 위하여 성문 밖에 원형(圓形)이나 방형(方形)으로 쌓은 작은 성.

甕中捉鼈(옹중착별) 독 안에서 자라 잡기. 틀림없이 파악(把握)할 수 있음.

甕天(옹천) 독 안에서 바라보는 하늘. 견문이 좁음. 井底蛙(정저와).

14
⑲【甖】 술단지 앵 庚

㊥yīng ㊐オウ

초서 자해 술단지, 항아리, 단지.

甖筏(앵벌) 단지를 뗏목처럼 엮어 늘어놓고 물을 건넘.

16
㉑【甗】 시루 언 銑

㊥yǎn ㊐ゲン

소전 초서 자해 시루, 밑이 없는 시루.

甘部 달감

0
⑤【甘】 달 감 覃

중학 인명 4급 ㊥gān ㊐カン

필순 一十廿甘甘

소전 초서 자원 指事. 口＋一→甘. '口'와 '一'을 합한 것으로, '一'은 입 안에 맛있는 것이 들어 있음을 나타낸다.

자해 ❶달다, 단맛이 있다. 〔詩經〕 其甘如薺기감여제. ❷맛이 좋다. ❸달게 여기다. ㉮즐기다. 〔詩經〕 甘與子同夢감여자동몽. ㉯만족하다. 〔詩經〕 甘心首疾감심수질. ❹맛좋은 것, 맛좋은 음식. 〔孟子〕 爲肥甘不足於口歟위비감부족어구여. ❺익다, 충분히 익다. ≒酣.

甘甘(감감) 감수함. 만족함.

甘結(감결) ①관청에 내는 서약서. 만일 서약에 허위가 있을 때는 벌을 달게 받는다는 뜻에서, '甘'이라 이름. ②國상급 관청에서 하급 관청으로 보내던 공문. 關飭(관칙).

甘苦(감고) ①닮과 씀. 단맛과 쓴맛. ②즐거움과 괴로움. 甘酸(감산). 苦樂(고락). ③고생을 달게 여김.

甘瓜(감과) 참외.

甘堝(감과) 쇠붙이를 녹이는 데 쓰는 그릇. 도가니. 坩堝(감과).

甘煖(감난) 맛 좋은 음식과 따뜻한 옷.

甘棠之愛(감당지애) 선정(善政)을 베푼 사람을 사모하는 마음이 간절함. 故事 백성들이 주(周) 소공(召公)의 선정에 감동하여, 그가 그 아래서 쉬었다는 팥배나무를 소중하게 받들었다는 고사에서 온 말.

甘露(감로) ①단 이슬. 천하가 태평하면 내린다고 함. 神漿(신장). ②감초(甘蕉)의 딴 이름. 바나나.

甘味(감미) 단맛.

甘美(감미) 맛이나 느낌 따위가 달콤하고 좋음.

甘分(감분) 자기 분수에 만족함.

甘肥(감비) 맛 좋고 살진 고기.

甘受(감수) 달게 받음.

甘食(감식) ①달게 먹음. 맛있게 먹음. ②맛있는 음식. 美食(미식). 美味(미미).

甘心(감심) ①마음으로 항상 생각하는 일. ②뜻대로 함. 원수를 죽이고 원한을 풂. ③그런대로 만족히 여김.

甘言利說(감언이설) 남의 비위를 맞추는 달콤한 말과 이로운 조건을 내세워 꾀는 말.

甘雨(감우) 단비. 때맞추어 내리는 비. 만물을 소생시키는 데 적절한 비. 時雨(시우).

甘井先竭(감정선갈) 물맛이 좋은 우물은 빨리 마름. 재능이 출중한 사람은 일찍 쇠함.

甘酒(감주) 단술.

甘旨(감지) 맛있는 음식. 효자(孝子)가 부모에게 드리는 음식.

甘草(감초) ①한약재로 쓰이는 콩과의 여러해살이풀. ②어떤 일에나 빠지지 않고 한몫 끼는 사람.
甘呑苦吐(감탄고토) 國달면 삼키고 쓰면 뱉음. ㉠자기 비위에 따라서 사리의 옳고 그름을 판단함. ㉡야박한 세정(世情).
◨ 口甘구감, 蜜甘밀감, 芳甘방감, 旨甘지감.

4 ⑨【甚】 1심할 심 寢 2무엇 심 沁
중학 인명 3Ⅱ급 ㊥shèn ㊐ジン
필순 一 卄 廿 廿 甘 甘 其 甚 甚
소전 䛹 초서 𢀜 고자 𠙐 자원 會意. 甘+匹→甚. 남녀가 짝〔匹〕을 이루어 즐겁다〔甘〕는 뜻을 나타낸다.
자해 1❶심하다, 정도에 지나치다. 〔論語〕甚矣심의, 吾衰也오쇠야. ❷매우. 〔易經〕其道甚大기도심대. 2무엇. 의문사로 쓰인다.
甚難(심난) 매우 어려움.
甚麼(심마) 무엇. 어느. 어떤.
甚深(심심) 매우 깊음.
◨ 劇甚극심, 滋甚자심, 太甚태심, 幸甚행심.

6 ⑪【甛】 달 첨 鹽
인명 ㊥tián ㊐テン
소전 䑜 초서 𤮤 자해 ❶달다, 맛있다. ❷잘 자다, 충분히 자다.
甛甘(첨감) 달고 맛이 있음.
甛言蜜語(첨언밀어) 꿀처럼 달콤한 말. 남을 꾀기 위하여 비위에 맞도록 꾸미어 하는 말. 甘言(감언).
甛酒(첨주) 맛이 단 술.

8 ⑬【甞】 嘗(227)의 속자

生部 날 생

0 ⑤【生】 날 생 庚
중학 인명 8급 ㊥shēng ㊐セイ
필순 丿 𠂉 㐄 牛 生
소전 𤯓 초서 𤯓 자원 象形. 초목이 나고, 차츰 자라서 땅 위로 나온 모양을 본뜬 글자. 아래의 '一'은 땅을, 위의 '屮'는 풀이 자람을 나타낸다.
자해 ❶나다. ㉮태어나다. 〔史記〕孔子生魯昌平鄕陬邑공자생로창평향추읍. ㉯초목이 나다. ❷낳다, 자식을 낳다. 〔詩經〕乃生男子내생남자, 載寢之牀재침지상. ❸살다. 살아 있다. ❹살리다. 〔呂氏春秋〕能生死一人능생사일인. ❺삶. 살아 있는 일. 〔孟子〕生亦我所欲也생역아소욕야. ❻산 것. 〔論語〕君賜生必畜之군사생필휵지. ❼날것, 익히지 아니한 것. 〔史記〕與一生彘肩여일생체견. ❽서투르다, 낯설다. ❾자라다, 기르다. 〔史記〕其母竊擧生之기모절거생지. ❿백성, 인민. ⓫생업, 생활. ⓬나오다, 내다. 〔呂氏春秋〕生於不學생어불학. ⓭학문이 있는 사람. ㉮학생. 〔管子〕而官諸生之職者也이관제생지직자야. ㉯선생.
生家(생가) ①태어난 집. ②양자로 간 사람의 생부모의 집.
生硬(생경) ①시문 따위가 세련되지 않아 딱딱함. ②세상 물정에 어둡고 완고함.
生計(생계) 생활을 해 나갈 방도.
生穀(생곡) ①익히지 않은 곡식. ②곡식이 남.
生光(생광) ①빛이 남. ②國㉠영광스러워 낯이 남. 生色(생색). ㉡아쉬운 때에 쓰게 되어 보람이 있음.
生剋(생극) 오행(五行)의 상생상극(相生相剋).
生擒(생금) 사로잡음. 生捕(생포).
生氣(생기) ①만물을 생장·발육시키는 힘. ②생생한 기운. 생동하는 기운.
生年(생년) 태어난 해.
生道(생도) ①백성을 살리는 길. ②살아갈 방도. 生計(생계).
生動(생동) 살아 움직임.
生路(생로) ①살아나갈 방도. ②살아서 빠져나갈 수 있는 길. ③現낯선 길. 생소한 길.
生老病死(생로병사) (佛)사람이 나고, 늙고, 병들고, 죽는 네 가지 큰 고통. 四苦(사고).
生類(생류) 산 것. 곧, 동식물을 통틀어 이르는 말. 生物(생물).
生理(생리) ①만물(萬物)의 생육(生育) 원리. ②하늘에서 인간으로 생(生)을 받은 까닭. ③생물이 죽고 사는 도리. ④살아가는 길. ⑤월경(月經). 달거리.
生面不知(생면부지) 國한 번도 만난 적이 없어 전혀 모르는 사람.
生滅(생멸) (佛)태어남과 죽음. 만물의 생김과 없어짐.
生命(생명) ①목숨. ②생물이 살 수 있게 하는 힘. ③사물이 유지되는 일정한 기간. ④사물이 존재할 수 있는 가장 중요한 요건.
生母(생모) 낳은 어머니.
生沒(생몰) 태어남과 죽음.
生物(생물) 자연물 가운데 생명을 가진 것의

총칭.
生民(생민) ①백성. 人民(인민). 蒼生(창생). ②백성을 가르치고 기름. ③백성을 낳음.
生魄(생백) ①음력 16일. ②혼(魂). 生靈(생령).
生別(생별) 생이별(生離別).
生病(생병) 무리한 일로 난 병.
生父(생부) 친아버지.
生佛(생불) (佛)살아 있는 부처. 자비심 많은 고승(高僧)을 기리어 이르는 말.
生不如死(생불여사) 삶이 죽음만 같지 못함. 몹시 곤궁하게 지냄.
生死肉骨(생사육골) 죽은 사람을 살리고 백골에 살을 붙임. 큰 은혜를 베풂.
生產(생산) ①아이를 낳음. 出產(출산). ②자연물에 인력을 가하여 재화를 만들어 냄.
生色(생색) 남에게 도움을 줌으로써 떳떳해지는 체면.
生鮮(생선) 國말리거나 절이지 아니한, 잡은 그대로의 물고기.
生成(생성) 사물이 생겨남.
生疏(생소) ①친하지 않고 낯이 설. ②익숙하지 못하고 서투름.
生水(생수) 끓이거나 소독하지 않은 맑은 물.
生手(생수) 경험이 없는 사람. 미숙한 사람.
生熟(생숙) ①날것과 익은 것. ②미숙(未熟)과 성숙(成熟). 충분함과 충분하지 못함.
生時(생시) ①태어난 시간. ②살아 있는 동안. ③잠자지 않는 동안.
生食(생식) 음식을 날로 먹음.
生殖(생식) 낳아서 번식함.
生辰(생신) '생일'의 높임말.
生心(생심) ①딴마음을 품음. ②타고난 그대로의 마음. ③國무엇을 하려는 마음을 냄.
生涯(생애) 살아 있는 한평생의 기간.
生業(생업) 생활비를 벌기 위해 가지는 직업.
生育(생육) ①낳아서 기름. ②성장 발육(成長發育)함.
生而知之(생이지지) 태어나면서 앎. 배우지 아니하고 스스로 깨달아 앎. 生知(생지).
生人(생인) ①백성. 生民(생민). ②살아 있는 사람. ③처음 대면하는 사람.
生日(생일) 태어난 날.
生者必滅(생자필멸) (佛)살아 있는 모든 것은 반드시 죽음.
生前(생전) 살아 있는 동안.
生存(생존) 살아 있음.
生知安行(생지안행) 나면서부터 배우지 아니하고도 도(道)를 알며, 억지로 하지 않고 편안하게 도를 행함. '성인(聖人)'을 이르는 말.
生菜(생채) 익히지 않은 나물.
生鐵(생철) 정련(精鍊)하지 아니한 쇠. 무쇠.
生體(생체) 생물의 몸. 살아 있는 몸.
生綃(생초) 생사(生絲)로 얇게 짠 깁의 한 가지. 생깁.
生齒(생치) ①이가 남. ②그 해에 난 아이. 當歲子(당세자). ③백성.
生呑活剝(생탄활박) 산 채로 삼키거나 껍질을 벗김. 남의 시문을 송두리째 도용(盜用)함.
生態(생태) 생물이 자연계에서 살고 있는 모습.
生布(생포) 누이지 아니한 베. 생베.
生捕(생포) 산 채로 잡음.
生孩(생해) 갓난아이.
生還(생환) 살아 돌아옴.
生活(생활) ①살아감. ②살림을 꾸려 나감.
◨ 更生갱생, 群生군생, 寄生기생, 同生동생, 民生민생, 發生발생, 放生방생, 死生사생, 殺生살생, 書生서생, 攝生섭생, 小生소생, 養生양생, 餘生여생, 衛生위생, 儒生유생, 自生자생, 再生재생, 前生전생, 衆生중생, 畜生축생, 出生출생, 誕生탄생, 胎生태생, 平生평생, 學生학생, 後生후생, 厚生후생.

5 ⑩【甡】 모이는 모양 신 眞

㊥shēn ㊐シン

소전 초서 자원 會意. 生+生→甡. '生'자 두 개를 나란히 하여 생물이 나란히 자라남을 나타낸다.

자해 **모이는 모양, 많은 모양, 많은 생물이 함께 자라는 모양.**

甡甡(신신) 수효가 많은 모양.

6 ⑪【產】产 낳을 산 潸

중학 인명 5급 ㊥chǎn ㊐サン

필순 亠 亠 立 立 产 产 产 彦 産 產

소전 초서 동자 産 자원 形聲. 产+生→產. '产'은 '彥(언)'의 생략형으로 음을 나타낸다.

자해 **❶낳다. ❷태어나다. ❸산물(產物). ❹출생지.** 〔孟子〕陳良楚產也진량초산야. **❺재산, 생업, 생활.** 〔孟子〕有恒產者有恒心유항산자유항심.

產苦(산고) 아이를 낳는 고통.
產期(산기) 아이를 낳을 시기.
產氣(산기) ①만물을 낳는 기운. ②國아이를 낳을 기미. 진통이 오는 기미.
產卵(산란) 알을 낳음.
產母(산모) 아이를 낳은 여자.
產物(산물) ①그 지방에서 생산되는 물건. ②어떤 일의 결과로 생겨난 것.

生 6획

產室(산실) ①아이를 낳는 방. ②어떤 일을 꾸미거나 이루어 내는 곳.
產業(산업) ①생산을 하는 일. 농업·수산업 따위. ②살아가기 위하여 하는 일. 生業(생업).
產災(산재) 노동 과정에서 일어나는 근로자의 신체적 장애.
產地(산지) ①물품이 생산되는 곳. ②사람이 출생한 곳.
產婆(산파) 해산 때 아이를 받고 산모를 돌보는 일을 하는 여자.
◨ 家產가산, 工產공산, 國產국산, 難產난산, 農產농산, 動產동산, 物產물산, 死產사산, 生產생산, 水產수산, 遺產유산, 資產자산, 財產재산, 助產조산, 出產출산, 治產치산, 破產파산, 恒產항산, 海產해산, 解產해산.

6 ⑪【産】 產(841)과 동자

7 ⑫【甥】 생질 생 庚
인명 1급 ㊥shēng ㊐セイ
소전 초서 자해 ❶생질. ❷사위. 〔孟子〕帝館甥于貳室제관생우이실. ❸외손자.
甥館(생관) 사위가 거처하는 방. 故事 요(堯) 임금이 자기 사위인 순(舜)임금을 부궁(副宮)에 거처하게 한 데서 나온말.
甥姪(생질) 누이의 아들.

7 ⑫【甦】 穌(928)의 속자 인명 1급

用部 쓸 용

0 ⑨【用】 쓸 용 宋
중학 인명 6급 ㊥yòng ㊐ヨウ
필순 丿 冂 月 月 用
소전 초서 자원 會意. 卜+中→用. '卜'은 점, '中'은 맞다. 옛날에는 점을 쳐서 맞으면 반드시 시행했으므로, '卜'과 '中'을 합하여 '쓰다'의 뜻을 나타냈다.
자해 ❶쓰다. ㉮베풀다, 시행하다. 〔易經〕潛龍勿用잠룡물용. ㉯부리다, 사역(使役)하다. 〔漢書〕彭越用梁팽월용량. ㉰행하다, 일하다. 〔論語〕焉用稼언용가. ㉱다스리다. ㉲들어주다. ❷작용, 능력. 〔易經〕顯諸仁현저인, 藏諸用장저용. ❸용도. ❹씀씀이, 비용. 〔大學〕有財此有用유재차유용. ❺재산, 밑천. 〔周禮〕乘其財用之出入승기재용지출입. ❻도구, 연장. 〔春秋左氏傳〕利器用也리기용야. ❼~로써.
用間(용간) 간첩을 씀. 첩자를 이용함.
用件(용건) 볼 일.
用管窺天(용관규천) 대롱 구멍으로 하늘을 엿봄. 견문이 좁음. 用筦窺天(용관규천). 以管窺天(이관궁천).
用具(용구) 무엇을 하거나 만드는 데 쓰이는 기구.
用器(용기) 기구를 사용함. 또는 그 기구.
用達(용달) 물건·짐 따위를 배달함.
用途(용도) 쓰이는 곳. 쓰는 방법.
用量(용량) 쓰는 분량.
用力(용력) 힘을 냄. 힘을 씀.
用例(용례) 전부터 써 온 사례.
用務(용무) 볼일. 用件(용건).
用武之地(용무지지) 용병(用兵)하여 공명(功名)을 나타내기에 알맞은 곳.
用法(용법) 무엇을 사용하는 방법.
用事(용사) ①필요한 일. 用件(용건). ②요로(要路)에 있으면서 권세를 부림.
用舍行藏(용사행장) 세상에 쓰일 때는 나아가서 자기의 도를 행하고, 쓰이지 아니할 때는 물러나 숨음. 用行舍藏(용행사장).
用水(용수) ①허드렛물. ②쓰기 위하여 끌어들이거나 저장한 물.
用心(용심) 정성스레 마음을 씀.
用語(용어) 사용하는 말.
用役(용역) 생산에 필요한 노무(勞務)를 제공하는 일.
用意(용의) 마음을 씀.
用意周到(용의주도) 마음의 준비가 두루 미쳐 빈틈이 없음.
用錢如水(용전여수) 돈을 물 쓰듯이 씀.
用地(용지) 어떤 일에 쓰기 위한 땅.
◨ 公用공용, 共用공용, 軍用군용, 登用등용, 無用무용, 費用비용, 私用사용, 使用사용, 選用선용, 食用식용, 信用신용, 實用실용, 惡用악용, 藥用약용, 運用운용, 利用이용, 引用인용, 作用작용, 財用재용, 適用적용, 徵用징용, 借用차용, 通用통용, 效用효용.

2 ⑦【甫】 클 보 麌
인명 2급 ㊥fǔ ㊐ホ
소전 초서 자해 ❶크다. 〔詩經〕無田甫田무전보전. ❷아무개, 남자의 미칭. ❸사나이. 관례(冠禮)를 하고 자

生 6획

(字)를 지을 때, 자에 붙이는 글자. ❹**비롯하다, 비로소, 처음으로.** ❺**많다.**
甫田(보전) 큰 밭.
◨ 尼甫이보, 章甫장보.

2 ⑦【甬】 길 용 腫

인명 ㊥yǒng ㊐ヨウ

소전 초서 자해 ❶**길, 양쪽에 담을 쌓은 길.** ❷**양기(量器)의 이름, 열 말들이.** ≒桶. 오늘날의 '곡(斛)'. ❸**종(鐘)의 꼭지.**
甬道(용도) ①양쪽에 담을 쌓은 길. ②누각의 복도(複道). ③정원의 중앙 통로.
甬路(용로) 중앙의 통로가 높고 양쪽이 낮은 凸자 모양으로 된 길.

田部 밭 전

0 ⑤【田】 밭 전 先

중학 인명 4Ⅱ급 ㊥tián ㊐デン

필순 丨 冂 冃 用 田

소전 초서 자원 象形. '囗'은 사방의 경계선을, '十'은 동서남북으로 통하는 길을 본뜬 글자.
자해 ❶**밭, 곡식을 심는 경지.** 〔詩經〕雨我公田우아공전. ❷**밭 갈다.** 〔詩經〕無田甫田무전보전. ❸**사냥, 사냥하다.**
田稼(전가) 논밭에 곡식을 심음.
田間(전간) ①밭과 밭 사이. ②시골. 촌.
田功(전공) ①농사. ②백성을 기르는 공. ③토지 개간의 공로.
田畓(전답) 國①논과 밭. ②농토(農土). 田地(전지).
田獵(전렵) 사냥. 사냥을 함. 田狩(전수).
田里(전리) ①100묘(畝)의 밭과 5묘의 집. ②마을. 촌락(村落). ③고향.
田畝(전묘) ①논밭. 田畓(전답). ②밭고랑. ③밭의 면적.
田夫(전부) 농부. 농민. 田父(전부).
田賦(전부) 토지에 부과하는 조세. 田租(전조).
田舍(전사) ①논밭과 집. ②시골집. 農家(농가). ③시골. 농촌.
田時(전시) 농사철.
田漁(전어) 사냥과 고기잡이.
田役(전역) 사냥과 부역.
田園(전원) ①논밭과 동산. ②도시에서 떨어진 시골. 郊外(교외).
田祖(전조) 농업의 신(神). 처음으로 농업을 가르쳤다는 신농씨(神農氏)를 이름.
田主(전주) ①논밭의 신(神). ②논밭의 임자.
田疇(전주) ①전지(田地). 경지(耕地). ②논두렁이나 밭두둑.
田畯(전준) 주대(周代)에 농업을 장려하는 일을 맡아보던 벼슬 이름.
田宅(전택) 논밭과 집.
◨ 墾田간전, 耕田경전, 公田공전, 均田균전, 鹵田노전, 丹田단전, 屯田둔전, 墓田묘전, 私田사전, 賜田사전, 桑田상전, 鹽田염전, 營田영전, 沃田옥전, 油田유전, 莊田장전, 井田정전, 職田직전, 閑田한전, 火田화전.

0 ⑤【甲】 첫째 천간 갑 洽

중학 인명 4급 ㊥jiǎ ㊐コウ

필순 丨 冂 日 日 甲

소전 초서 자원 象形. 본뜻은 '떡잎'으로, 초목의 싹이 씨의 껍질을 인 채 땅 밖으로 돋아 나온 모양을 본뜬 글자.
자해 ❶**첫째 천간(天干), 10간(干)의 첫째.** 방위로는 동쪽, 날짜로는 처음, 오행으로는 목(木), 오음(五音)으로는 각(角)에 배당된다. ❷**거북의 등딱지, 조가비.** ❸**껍질, 씨의 껍질.** 〔後漢書〕方春生養방춘생양, 萬物孚甲만물부갑. ❹**갑옷.** 〔易經〕離爲甲胄리위갑주. ❺**무장한 병사.** 〔戰國策〕秦下甲攻趙진하갑공조. ❻**손톱, 발톱.** 〔管子〕陰生金與甲음생금여갑. ❼**차례의 첫째.** ㉮**첫째가다.** ㉯**우두머리가 되다.** ❽**비롯하다.** 〔書經〕甲于內亂갑우내란. ❾**아무, 모(某).** 이름의 대용으로 쓴다.
甲殼(갑각) 게·새우 따위의 단단한 껍데기.
甲鎧(갑개) 갑옷.
甲骨文字(갑골문자) 고대 중국에서 거북의 등딱지나 짐승의 뼈에 새긴 상형 문자.
甲男乙女(갑남을녀) 평범한 보통 사람. 張三李四(장삼이사).
甲論乙駁(갑론을박) 한 사람이 말하면 다른 사람이 반박함. 서로 논란함.
甲兵(갑병) ①갑옷을 입은 군사. 무장한 병사. 甲士(갑사). ②무기. 갑주(甲胄)와 병기(兵器). ③전쟁.
甲富(갑부) 첫째가는 부자.
甲士(갑사) 갑옷을 입은 군사. 甲卒(갑졸).
甲夜(갑야) 하룻밤을 오경(五更)으로 나눈 첫째 부분. 오후 7시~9시. 初更(초경).

甲乙(갑을) ①10간(干) 중의 첫째와 둘째. ②나음과 못함. 우열(優劣). ③이름을 모르는 사람이나 가정(假定)의 사물을 들어 하는 말. 아무개. 무엇무엇. 某某(모모).

甲第(갑제) ①훌륭한 저택. 으뜸가는 저택. ②과거에 일등으로 급제(及第)하는 일.

甲族(갑족) 자체가 높은 집안.

甲種(갑종) 사물의 으뜸가는 종류.

甲胄(갑주) 갑옷과 투구.

甲板(갑판) 큰 배 위에 나무나 철판을 깐, 넓고 평평한 바닥.

◨ 介甲개갑, 鎧甲개갑, 堅甲견갑, 龜甲귀갑, 遁甲둔갑, 手甲수갑, 掌甲장갑, 鐵甲철갑, 貝甲패갑, 蟹甲해갑, 還甲환갑, 回甲회갑.

0 ⑤ 【申】 아홉째 지지 신 眞

중학 인명 4Ⅱ급 ㊥shēn ㊐シン

필순 丨 ㅁ 日 日 申

소전 초서 자원 象形. 음기(陰氣)가 펴졌다 오그라졌다하는 뜻으로, '丨'는 그 펴지는 것을 본뜨고, '臼'는 그 오그라짐을 본떴다.

자해 ❶아홉째 지지(地支). 방향으로는 서남서, 시각으로는 오후 4시, 띠로는 원숭이. ❷거듭하다, 되풀이하다. 〔書經〕 申命義叔신명희숙. ❸말하다. ㉮말씀드리다, 글을 올리다. ㉯경계하다, 주의하다. 〔春秋左氏傳〕 公叉申守而行공우신수이행. ❹펴다, 늘이다. ≒伸.

申告(신고) 관청에 알림.

申救(신구) 억울한 죄를 해명하여 구해 냄.

申聞鼓(신문고) 國조선 때, 백성이 원통한 일을 하소연할 때 치게 하던 북.

申時(신시) 12시(時)의 아홉째 시. 오후 3시에서 5시 사이.

申冤(신원) 원죄(冤罪)를 해명함.

申諭(신유) 거듭 타이름.

申奏(신주) 신하가 임금에게 말씀을 아룀. 주상(奏上)함.

申請(신청) 신고하여 청구함.

申飭(신칙) 단단히 타일러서 경계함.

◨ 具申구신, 內申내신, 上申상신, 追申추신.

0 ⑤ 【由】 말미암을 유 尤

중학 인명 6급 ㊥yóu ㊐ユウ

필순 丨 ㅁ 巾 由 由

고문 초서 자원 象形. 본디 목이 가는 술단지를 본뜬 글자. 액체가 단지의 목에서 나오므로 '말미암다'의 뜻을 나타낸다.

자해 ❶말미암다. ㉮인연하다. ㉯지내다, 경력하다. 〔論語〕 觀其所由관기소유. ㉰따르다. 〔論語〕 民可使由之민가사유지. ❷~에서, ~에서부터. ❸곡절, 사정, 원인, 까닭. ❹쓰다. 〔春秋左氏傳〕 不能由吾子불능유오자. ❺행하다. ❻오히려. ≒猶. 〔孟子〕 我由未免爲鄕人也아유미면위향인야. ❼같다. 〔孟子〕 民歸之민귀지, 由水就下유수취하.

由來(유래) 사물의 내력.

由緖(유서) 전하여 오는 내력.

由是觀之(유시관지) 이것을 말미암아 그것을 보건대의 뜻으로, 윗글을 이어받아 그 판단을 서술하는 말.

◨ 經由경유, 來由내유, 事由사유, 所由소유, 緣由연유, 理由이유, 自由자유, 解由해유.

2 ⑦ 【男】 사내 남 覃

중학 인명 7급 ㊥nán ㊐ダン

필순 丨 ㅁ 田 田 田 男 男

소전 초서 자원 會意. 田＋力→男. 남자는 들에 나가서 농사일에 힘써야 하므로, 田과 力을 합하여 '남자'란 뜻을 나타냈다.

자해 ❶사내, 장부. 〔易經〕 乾道成男건도성남. ❷아들, 사내 자식. ❸젊은이, 장정. 〔史記〕 民有二男以上민유이남이상. ❹남작. 오등작(五等爵)의 최하위. 〔禮記〕 公侯伯子男공후백자남.

男根(남근) 음경(陰莖)의 딴 이름.

男女有別(남녀유별) 남자와 여자 사이에는 분별이 있어야 함.

男妹(남매) 國오누이.

男服(남복) ①구복(九服)의 하나. 왕성(王城) 밖 사방 1,000리에서 1,500리까지의 땅. 男畿(남기). ②國남자의 옷. ③여자가 남자의 옷차림을 함.

男負女戴(남부여대) 남자는 지고 여자는 이고 감. 초라한 세간살이를 가지고 이리저리 떠돌아다니며 삶.

男性(남성) ①사내. 男子(남자). ②남자의 성질이나 체질.

男兒(남아) ①사내아이. 아들. ②장부(丈夫). 사나이.

男爵(남작) 오등작(五等爵)의 다섯째로, 자작(子爵)의 아래.

男裝(남장) 여자가 남자처럼 차림.

男丁(남정) 열다섯 살이 넘은 사내. 장정이 된 사내.

男尊女卑(남존여비) 사회의 관습상 남자는 높고 여자는 낮다고 생각하는 일.
男便(남편) 지아비.
◨ 得男득남, 美男미남, 庶男서남, 善男선남, 長男장남, 丁男정남, 次男차남, 快男쾌남.

2 ⑦【甸】 ①경기 전 ②사냥할 전
인명 2급 ㊥diàn, tián ㊐デン
소전 초서 참고 인명용 음은 '전'이다.
자해 ①❶경기, 왕성 주위 500리 이내의 지역. 〔書經〕五百里오백리, 甸服전복. ❷교외(郊外). ❸다스리다, 사방을 다스리다. 〔詩經〕維禹甸之유우전지. ❹농작물. ②사냥하다. ≒畋.
甸服(전복) ①오복(五服)의 하나. 주대(周代)에 왕성(王城)에서 사방 500리 이내의 땅. ②구복(九服)의 하나. 왕성에서 사방 500리에서 1,000리 사이의 땅. 甸畿(전기).
◨ 畿甸기전, 緬甸면전.

2 ⑦【町】 밭두둑 정
인명 1급 ㊥tīng, tǐng ㊐チョウ, テン
소전 초서 자해 ❶밭두둑, 밭이랑의 두둑한 부분. ❷경계(境界), 구역. 〔莊子〕彼且爲無町畦피차위무정휴. ❸지적(地積)의 단위(單位). 1정은 3,000평.
町畦(정휴) 밭이랑. 밭두둑. 경계.

3 ⑧【畀】 줄 비
㊥bì ㊐ヒ
소전 초서 자해 주다, 남에게 넘기다. 〔書經〕不畀洪範九疇불비홍범구주.

3 ⑧【画】 畫(849)와 동자

3 ⑧【画】 畫(849)의 속자

4 ⑨【畎】 밭도랑 견
㊥quǎn ㊐ケン
초서 자해 ❶밭도랑, 밭 가운데 낸 수로(水路). 〔書經〕濬畎澮준견회, 距川거천. ❷산골짜기, 물이 흐르는 산골짜기.
畎疆(견강) 밭두둑. 논두렁.
畎畝(견묘) ①밭의 고랑과 이랑. ②시골. 전원.
畎澮(견회) 밭도랑. 논도랑.

4 ⑨【畊】 耕(1017)의 고자

4 ⑨【界】 지경 계
중학 인명 6급 ㊥jiè ㊐カイ
필순 丶 冂 冊 田 田 甲 毘 界 界
소전 초서 동자 堺 자원 形聲. 田+介→界. '介(개)'가 음을 나타낸다.
자해 ❶지경. ㉮경계. 〔孟子〕域民不以封疆之界역민불이봉강지계. ㉯한계. 〔後漢書〕奢儉之中사검지중, 以禮爲界이례위계. ㉰부근, 밭의 주변. ❷경계를 접하다, 이웃하다. ❸사이하다, 이간하다. ❹경계 안, 세계(世界).
界說(계설) 정의(定義).
界約(계약) 양국의 국경을 정하는 조약.
界標(계표) 경계를 나타낸 표지.
界限(계한) 땅의 경계. 疆界(강계).
◨ 境界경계, 法界법계, 斯界사계, 世界세계, 視界시계, 業界업계, 外界외계, 財界재계, 政界정계, 學界학계, 限界한계.

4 ⑨【畇】 밭 일굴 균·윤
인명 ㊥yún ㊐キン, イン
초서 참고 인명용 음은 '균'이다.
자해 밭을 일구다, 밭을 개간하다. 〔詩經〕畇畇原隰균균원습.
畇畇(균균) 개간한 땅이 평평한 모양.

4 ⑨【畓】 國논 답 고등 인명 3급
필순 亅 기 水 水 水 沓 畓 畓 畓
자원 會意. 水+田→畓. 우리나라에서는 물이 있는 밭이 논이므로 밭〔田〕 위에 물〔水〕을 더하여 논을 뜻하게 만들었다.
자해 논, 수전(水田).
畓結(답결) 논에 부과되는 세금.
畓穀(답곡) 논에서 나는 곡식. 벼.
畓券(답권) 논문서. 논의 소재·면적·소유권자 따위를 적은 서류.
◨ 乾畓건답, 奉畓봉답, 水畓수답, 田畓전답.

4 ⑨【畏】 두려워할 외 ㊍위
고등 인명 3급 ㊥wèi ㊐イ

필순 丶 口 罒 ... 畏

소전 초서 자원 會意. 由+𠃋→畏. '由'은 도깨비의 머리, '𠃋'은 범의 상체(上體)를 뺀 아랫부분으로 사람의 발을 닮고 발톱이 있는 형상으로, 이 둘을 합하여 '두려워할 만하다'의 뜻을 나타낸다.

자해 **❶두려워하다. ㉮겁을 내다.** 〔書經〕永畏惟罰영외유벌. **㉯꺼리다. ㉰심복하다, 성심으로 따르다.** 〔禮記〕畏而愛之외이애지. **㉱경외하다.** 〔論語〕畏天命외천명. **㉲조심하다.** 〔論語〕子畏於匡자외어광. **❷으르다, 위협하다.**

畏怯(외겁) 두려워하고 겁냄.
畏敬(외경) 두려워하며 공경함.
畏懼(외구) 두려워함.
畏忌(외기) 두려워하고 꺼림. 畏憚(외탄).
畏服(외복) 두려워하고 복종함. 畏附(외부).
畏首畏尾(외수외미) 머리도 꼬리도 다 두려워함. 몹시 두려워하여 위축됨.
畏愼(외신) 삼가고 조심함.
畏友(외우) 경외(敬畏)하는 벗.
畏慄(외율) 두려워서 떪.
畏縮(외축) 두려워서 움츠림. 畏怖(외포).
◨ 可畏가외, 猜畏시외, 懾畏섭외, 怖畏포외, 嫌畏혐외.

4 ⑨ **【畋】** 밭 갈 전 先

㊥tián ㊐テン

소전 초서 자해 **❶밭 갈다, 흙을 깨뜨려 밭을 평평하게 만들다. ❷사냥하다.** 〔書經〕畋于有洛之表전우유락지표.

畋獵(전렵) 사냥. 田獵(전렵).
畋食(전식) 농사를 지어 생활함.

4 ⑨ **【畑】** 밭 전

인명 ㊐ハタ

자해 **밭.**

5 ⑩ **【留】** 머무를 류 尤

중학 인명 4Ⅱ급 ㊥liú ㊐リュウ

필순 ... 留

소전 초서 본자 자원 形聲. 丣+田→留. '丣(류)'가 음을 나타낸다.

자해 **❶머무르다, 일정한 곳에 머무르다.** 〔史記〕臣誠私利祿爵且留신성사리록작차류. **❷지체하다, 머뭇거리다.** 〔易經〕君子以明愼用刑而不留獄군자이명신용형이불류옥. **❸오래다.**

留繫(유계) 붙잡아 매어 놓음.
留級(유급) 진급을 하지 못하고 그대로 남음.
留念(유념) 마음에 기억하여 둠.
留連(유련) ①객지에 묵고 있음. ②차마 떠나지 못하여 머뭇거리는 모양. 盤桓(반환). ③직업을 잃고 방랑하는 모양.
留保(유보) ①뒷날로 미룸. ②법률에서, 권리나 의무에 관하여 제한을 붙임.
留守(유수) ①집을 지킴. ②國조선 때, 지방의 중요한 곳을 맡아 다스리던 정이품 벼슬.
留宿(유숙) 남의 집에 머물러 묵음.
留任(유임) 그 자리에 그대로 머물러 일을 맡아봄.
留意(유의) 마음에 새겨 두어 조심하며 관심을 가짐.
留陣(유진) 한곳에 머물러 진을 침.
留滯(유체) 한곳에 오래 머물러 있음.
留置(유치) ①두어 둠. 보존하여 둠. ②피의자(被疑者)를 가두어 둠.
留學(유학) 타향이나 외국에 머물며 공부함.
◨ 居留거류, 繫留계류, 久留구류, 拘留구류, 保留보류, 押留압류, 抑留억류, 停留정류, 滯留체류.

5 ⑩ **【畝】** 亩 이랑 묘 本무 有

인명 1급 ㊥mǔ ㊐ホ

소전 초서 자해 **❶이랑.** 이랑의 도랑은 '견(甽)', 이랑의 두둑은 '畝'. 〔莊子〕居於甽畝之中거어견묘지중. **❷전답의 면적 단위.** 사방 6척을 '보(步)', 100보를 '畝'라 하고, 진대(秦代) 이후에는 240보를 '畝'라 하였다. 현대는 약 100㎡가 1묘이다.

5 ⑩ **【畔】** 두둑 반 翰

인명 1급 ㊥pàn ㊐ハン

소전 초서 자해 **❶두둑, 논밭의 경계.** 〔史記〕耕者皆讓畔경자개양반. **❷경계(境界), 100묘(畝)의 경계.** 〔國語〕脩其疆畔수기강반. **❸물가.** 〔楚辭〕行吟澤畔행음택반. **❹떨어지다. ❺배반하다, 위반하다.** ≒叛. 〔論語〕亦可以不畔矣夫역가이불반의부.

畔界(반계) 두둑. 경계선.
畔岸(반안) ①논두렁과 강 언덕. ②가. 끝. ③격리(隔離)함. 사람을 가까이하지 않음. ④제멋대로 함.
畔疇(반주) 두둑. 토지의 경계.

■ 水畔수반, 岸畔안반, 崖畔애반, 池畔지반, 澤畔택반, 河畔하반, 海畔해반, 湖畔호반.

5 ⑩ **【畚】** 삼태기 분 阮

㊥běn ㊐ホン

소전 초서 자해 **삼태기, 둥구미.** 흙·거름 같은 것을 담아 나르는 기구. 새끼나 대오리 등으로 엮어 만든다.

畚挶(분국) 삼태기.

畚鍤(분삽) ①삼태기와 삽. ②토목 공사.

5 ⑩ **【畛】** 두렁길 진 軫眞

인명 ㊥zhěn ㊐シン

소전 초서 자해 **❶두렁길, 밭 사이의 길.** 〔楚辭〕田邑千畛전읍천진. **❷두렁, 논두렁, 경계(境界). ❸아뢰다.** 〔禮記〕畛於鬼神진어귀신. **❹뿌리, 근본.**

畛崖(진애) 경계(境界). 끝.

畛域(진역) ①두둑. 두렁. ②한계. 경계.

畛畷(진철) 두렁길. 논이나 밭 사이로 난 길.

5 ⑩ **【畜】** 1쌓을 축 屋 2가축 축 ㊅추 宥 3기를 휵 屋

고등 인명 3Ⅱ급 ㊥xù, chù ㊐チク

필순 丶 亠 ㄊ 玄 玄 斉 斉 斋 畜 畜

소전 초서 참고 인명용 음은 '축'이다.

자원 會意. 玄+田→畜. '玄'은 '玆'의 생략형으로 '붇다, 무성하다'의 뜻이다. '田'과 합하여 '농사에 힘써서 얻은 수확'을 뜻한다.

자해 1 **❶쌓다, 모으다, 비축하다.** 〔禮記〕趣民收斂취민수렴, 務畜菜무축채. **❷쌓이다, 모이다. ❸비축, 준비해 두는 일.** 2 **가축.** 3 **❶기르다.** 〔大學〕不畜聚斂之臣불휵취렴지신. **❷먹이다, 치다.** 〔論語〕君賜生군사생, 必畜之필휵지.

畜力(축력) 가축의 노동력.

畜牧(축목) 들에서 마소 따위를 기름.

畜舍(축사) 가축을 키우는 건물.

畜産(축산) 가축을 길러 생활에 유용한 물질을 생산하는 일.

畜生(축생) ①가축류. 짐승. 禽獸(금수). ②남을 꾸짖어 욕하는 말. 짐승 같은 놈.

畜養(❶축양 ❷휵양) ❶가축을 기름. 飼育(사육). ❷①양육(養育)함. ②봉록(俸祿)을 줌.

畜牛(축우) 집에서 기르는 소.

■ 家畜가축, 牧畜목축, 飼畜사축, 養畜양축, 六畜육축, 人畜인축.

6 ⑪ **【略】** 다스릴 략 藥

고등 인명 4급 ㊥lüè ㊐リャク

필순 ㅁ ㅁ 冂 田 田 田' 畋 畋 略 略 略

소전 초서 동자 畧 자원 形聲. 田+各→略. '各(각)'이 음을 나타낸다.

자해 **❶다스리다, 경륜하다.** 〔春秋左氏傳〕天子經略천자경략. **❷둘러보다.** 〔春秋左氏傳〕吾將略地焉오장략지언. **❸빼앗다. ❹범하다. ❺계략.** 〔漢書〕臣願馳至金城신원치지금성, 圖上方略도상방략. **❻길. ㉮도덕(道德). ㉯경로.** 〔書經〕以遏亂略이알란략. **❼경계(境界). ❽대강, 대략.** 〔孟子〕嘗聞其略也상문기략야. **❾줄이다. 간략하게 하다. ❿날카롭다.**

略圖(약도) 간단하게 줄여서 요점만 그린 그림.

略歷(약력) 간단하게 적은 이력.

略述(약술) 간략하게 요점만 기술함.

略言(약언) ①생략한 말. 준말. ②대략의 줄거리를 말함. 略語(약어).

略字(약자) 획을 간단히 줄인 한자.

略地(약지) ①적의 땅을 빼앗음. 掠地(약지). ②경계(境界)의 땅을 순찰(巡察)함.

略取(약취) 빼앗아 가짐. 약탈하여 가짐. 掠取(약취).

略稱(약칭) 간략하게 줄여 일컬음.

■ 簡略간략, 槪略개략, 計略계략, 攻略공략, 軍略군략, 大略대략, 謀略모략, 疏略소략, 才略재략, 戰略전략, 政略정략, 智略지략, 策略책략, 侵略침략.

6 ⑪ **【畧】** 略(847)과 동자

6 ⑪ **【異】** 异 다를 이 寘

중학 인명 4급 ㊥yì ㊐イ

필순 ㅁ 罒 罒 田 甲 ⊞ 罒 畀 畀 異 異

소전 초서 본자 자원 會意. 畀+廾→異. '畀'는 주다, '廾'는 두 손으로, 합하여 물건을 주려고 두 손에 나눔을 나타낸다.

자해 **❶다르다. ㉮같지 아니하다.** 〔孟子〕殺人以梃與刃살인이정여인, 有以異乎유이이호. **㉯딴 것, 딴 일. ㉰기이하다. ㉱뛰어나다, 훌륭하다.** 〔史記〕皆異能之士也개이능지사야. **❷달리하다. ㉮달리하다.** 〔詩經〕我雖異事아수이사. **㉯특별하게 다루다. ❸의심하다, 이상하게 여기다.** 〔孟子〕王無異於百姓之以王爲愛也왕무이어백성지이왕위애야. ❹재앙.

異客(이객) 타향에 나와 있는 사람. 여행 중에 있는 몸. 遊子(유자).

異見(이견) 남과 다른 의견이나 견해.

異境(이경) ①다른 나라. 외국. ②고향이 아닌 다른 땅. 他鄕(타향). 異鄕(이향).

異教(이교) ①정통(正統)의 가르침과는 다른 가르침. ②이단(異端)의 종교. 자기가 믿는 종교 이외의종교.

異口同聲(이구동성) 입은 다르나 목소리는 같음. 여러 사람이 하는 말이나 의견이 한결같음. 異口同音(이구동음).

異國(이국) 다른 나라. 他國(타국).

異端(이단) ①성인(聖人)의 도(道) 이외의 도. ②자기가 믿는 종교나 주장에 어긋나는 것.

異同(이동) ①서로 같지 아니함. ②다른 술잔. ③國다름과 같음.

異動(이동) 직위나 직책 따위의 변동.

異等(이등) 남달리 재능이 뛰어남.

異例(이례) 보통의 예(例)에서 벗어나는 일.

異路同歸(이로동귀) 각기 길은 다르나 돌아오는 곳은 같음. 방법은 다르지만 결과는 같음.

異論(이론) 다른 의견.

異類(이류) ①인종(人種)·정교(政教) 등을 달리하는 종족. ②귀신·금수 따위. ③종류를 달리함. 다른 종류.

異母(이모) ①계모(繼母). ②어머니가 다름. 배다른 형제. ③뿌리를 달리함.

異夢(이몽) 이상한 꿈. 奇夢(기몽).

異聞(이문) ①이상한 소문. 珍聞(진문). ②특별히 들은 남 모르는 이야기.

異物(이물) ①기이한 물건. ②음험하여 헤아리기 어려운 사람. ③죽은 사람. 유귀(幽鬼).

異邦(이방) 다른 나라.

異變(이변) ①괴이한 변고. ②문장 따위가 보통과 달리 뛰어난 것.

異腹(이복) 아버지는 같고 어머니가 다름.

異本(이본) ①희귀한 책. ②내용은 같으나 펴낸 때와 장소가 다른 책.

異狀(이상) ①평소와는 다른 상태. ②보통과 다른 상태나 모양.

異常(이상) 정상이 아닌 상태나 현상. 보통과 다름. 의심스러움.

異色(이색) ①빛깔을 달리함. ②색다른 빛깔. 아름다운 색깔.

異姓(이성) 다른 성. 자기와 조상을 달리하는 겨레. 他姓(타성).

異性(이성) ①성질이 다름. 성품을 달리함. ②남성이 여성을, 또는 여성이 남성을 가리켜 이르는 말.

異俗(이속) ①풍속을 달리함. 다른 풍속. ②타국(他國)의 풍속. ③나쁜 풍속.

異心(이심) 다른 마음. 딴 생각. ㉠특이한 생각. ㉡두 마음. 모반(謀叛)하려는 마음.

異域(이역) ①외국. ②타향. 외국에서 죽어 그 곳에 묻힌 사람.

異意(이의) ①의견을 달리함. ②모반하려는 마음. 異心(이심).

異義(이의) ①다른 뜻. 別義(별의). ②의미를 달리함. 도리가 다름.

異議(이의) 의견·주장 따위를 남과 달리함. 또는 그 의견이나 주장.

異人(이인) ①다른 사람. 別人(별인). 他人(타인). ②뛰어난 사람. 비범한 사람. ③보통과 다른 사람. 신인(神人)·선인(仙人) 따위. ④외국인.

異迹(이적) ①뛰어난 성과(成果). ②모반하려는 마음이 겉으로 드러난 것.

異蹟(이적) 기이한 행적. 사람으로는 할 수 없는 불가사의한 일. 奇蹟(기적).

異種(이종) ①다른 종족. ②다른 종류. ③색다른 종자. 變種(변종).

異質(이질) 성질이 서로 다름.

異采(이채) ①이상한 광채. ②남보다 월등한 특색. 색다른 모양. 異彩(이채).

異體同心(이체동심) 몸은 다르나 마음은 같음. 부부나 벗들의 마음이 일치함.

異趣(이취) ①가는 길을 달리함. ②정취(情趣)가 다름.

異風(이풍) ①보통과 다른 이상한 바람. ②괴상한 모습.

異香(이향) 특이한 냄새. 좋은 향기.

異花(이화) 희귀한 꽃.

異卉(이훼) 진귀한 화훼(花卉).

◨ 怪異괴이, 奇異기이, 變異변이, 別異별이, 相異상이, 神異신이, 絶異절이, 珍異진이, 特異특이, 判異판이.

6 ⑪【畤】 제터 치 紙

㊥zhì ㊐ジ

소전 초서 자해 ❶제터, 천지(天地) 신령에게 제사 지내는 곳. 〔史記〕 祠上帝西畤사상제서치. ❷경계, 갈피.

6 ⑪【畢】毕 마칠 필 質

고등 인명 3Ⅱ급 ㊥bì ㊐ヒツ

필순 畢

소전 畢 초서 자원 會意. 田+華→畢. '華'는 그물을 본뜬 것으로 가운데의 긴 세로 획은 자루, 위의 가로 세로 획은 그물의 눈을 나타낸다. '田'과 합하여, 본디는 '사냥에 쓰는 그물'을 뜻하였다.
자해 **❶마치다, 끝내다. ❷죄다, 모두.** 〔戰國策〕羣臣聞見者畢賀군신문견자필하. **❸그물, 사냥에 쓰는 자루가 달린 작은 그물. ❹그물질하다, 그물을 쳐서 잡다.** 〔詩經〕畢之羅之필지라지. **❺별 이름.** 28수의 하나.
畢竟(필경) 마침내. 결국.
畢納(필납) 國납세나 납품을 끝냄.
畢覽(필람) 죄다 봄. 끝까지 봄.
畢力(필력) 힘이 다하도록 노력함.
畢生(필생) 목숨이 끊어질 때까지.
畢役(필역) 역사(役事)를 마침. 竣工(준공).
◧ 簡畢간필, 佔畢점필, 終畢종필, 未畢미필.

6 ⑪【畦】 밭두둑 휴 齊
인명 ㊥qí ㊐ケイ
소전 초서 자해 **❶밭두둑, 밭의 경계를 이룬 두둑.** 〔史記〕千畦薑韭천휴강구. **❷밭 넓이의 이름, 쉰 이랑. ❸지경, 경계(境界).** 〔莊子〕彼且爲無町畦피차위무정휴. **❹밭, 채마밭.**
畦畎(휴견) 논밭 사이의 도랑.
畦徑(휴경) ①논밭 사이의 길. 畦道(휴도). ②일정한 법칙.
畦道(휴도) 논밭 사이의 길. 두둑길.
畦蔬(휴소) 밭에서 가꾼 채소. 남새.
畦堰(휴언) 논에 댈 물을 막아 두는 곳.
畦丁(휴정) ①밭갈이하는 사람. 농부(農夫). 농가의 머슴. ②정원사. 원정(園丁).
畦町(휴정) ①밭두둑. 논밭의 경계(境界). ②문장·서화 등의 일정한 법칙.

7 ⑫【畱】 留(846)의 본자

7 ⑫【番】 ①갈마들 번 元 ②날랠 파 歌 ③땅 이름 반 寒
중학 인명 6급 ㊥fān ㊐バン
필순 丿 ㇒ 㓁 平 采 釆 釆 番 番 番
소전 초서 참고 인명용 음은 '번'이다.
자원 象形. 짐승의 발을 본뜬 글자. '采'는 발톱, '田'은 발바닥을 나타낸다.
자해 ①**❶갈마들다, 차례로 임무를 맡는 일.** 〔漢書〕賢良直宿更番현량직숙갱번. **❷수. ㉮차례.** 〔舊唐書〕隨番讐校수번수교. **㉯횟수(回數).** 〔南史〕往復數番왕복수번. **㉰개(箇), 장(張).** ②**❶날래다, 날랜 모양.** ¶ 番番파파. **❷머리가 센 모양.** ③**땅 이름.**
番假(번가) 번갈아 쉼.
番代(번대) ①번갈아 교대함. ②대신하여 번듦.
番番(❶번번 ❷파파) ❶번번이. 여러 번. 매번. ❷①강한 모양. 용감한 모양. ②머리가 하얗게 센 모양. 皤皤(파파).
番兵(번병) ①번국(蕃國)의 병졸. ②번을 드는 군사. 番卒(번졸).
番戍(번수) 번이 되어 교대하여 수비(守備)함.
番地(번지) 國토지를 여러 조각으로 나누어 매겨 놓은 번호.
番次(번차) 번을 드는 차례.
番號(번호) 차례를 나타내는 호수.
◧ 當番당번, 順番순번, 輪番윤번, 地番지번.

7 ⑫【畬】 ①새밭 여 魚 ②따비밭 사 麻
㊥yú, shē ㊐ヨ, シュ
소전 초서 자해 ①**❶새밭.** 개간한 지 세 해 또는 이태 지난 밭. **❷밭을 일구다, 개간하다.** ②**❶따비밭, 잡초를 불살라 일군 밭. ❷종족 이름.** 광동성(廣東省)에 분포하는 요족(猺族)의 한 갈래.
畬田(여전·사전) ①새로 개간한 논밭. ②개간함. 잡초를 불사르고 전답을 일굼.
畬煙(사연) 논밭의 잡초를 사르는 연기.

7 ⑫【異】 異(847)의 본자

7 ⑫【畯】 농부 준 震
인명 ㊥jùn ㊐シュン
소전 초서 동자 畟 자해 **❶농부. ❷권농관(勸農官).** 〔詩經〕田畯至喜전준지희. **❸준걸.** ＝俊.

7 ⑫【畳】 疊(852)의 속자

7 ⑫【畫】 画 ①그림 화 卦 ②그을 획 陌
중학 인명 6급 ㊥huà ㊐ガ, カク
필순 ㇕ ⺕ ⺕ 聿 聿 書 書 畫 畫 畫
소전 초서 속자 画 속자 畵 동자 畫
참고 인명용 음은 '화'이다.

田 7획

자원 會意. 聿+画→畫. '聿'는 붓으로, 한계를 정함을, '画'는 밭의 사방의 한계를 정한다는 의미이다. 합하여 '일반 사물에 한계를 정함'을 뜻한다.

자해 1 ❶**그림, 회화.** 〔晉書〕 妙畫通靈묘화통령. ❷**그리다, 그림을 그리다.** ❸**채색, 색을 칠하다.** 〔書經〕 敷重豐席畫純부중풍석화순. 2 ❶**긋다.** ㉮**구분하다.** 〔春秋左氏傳〕 畫爲九州획위구주. ㉯**한계를 짓다.** 〔漢書〕 畫野分州획야분주. ❷**꾀하다.** 〔列子〕 畫其終획기종. ❸**꾀, 계책, 계략.** ❹**획, 글자의 획.**

畫家(화가) 그림 그리는 일을 전문으로 하는 사람.

畫角(화각) ①뿔에 그림을 그려 넣은 악기. ②목기(木器) 세공의 하나.

畫閣(화각) 단청(丹靑)을 한 아름다운 누각.

畫具(화구) 그림을 그리는 데 쓰는 여러 도구.

畫壇(화단) 화가들의 사회.

畫棟(화동) 단청(丹靑)을 올린 화려한 집.

畫廊(화랑) ①서양식 건축의 긴 복도. ②그림이 걸려 있는 방. 또는 미술 작품을 전시(展示)해 두는 공공 건축물.

畫論(화론) 회화에 관한 논평 또는 이론.

畫龍點睛(화룡점정) 용을 그리고 나서 눈동자를 그려 넣음. ㉠사물의 긴요한 곳을 완수(完遂)함. ㉡문장 가운데 주제(主題)를 살리는 요긴한 곳에 역점을 둠. 故事 양(梁)나라의 장승요(張僧繇)가 용을 다 그리고 마지막으로 눈동자를 그려 넣으니, 용이 생동하여 하늘로 날아가 버렸다는 고사에서 온 말.

畫面(화면) ①그림 따위를 그린 면. ②텔레비전, 컴퓨터 따위에서 그림이나 영상이 나타나는 면. ③필름, 인화지 따위에 촬영된 영상이나 사상(寫像).

畫眉(화미) ①눈썹을 그림. 그린 눈썹. ②미인. ③새 이름. 멧새.

畫餠(화병) 그려 놓은 떡. 아무리 마음에 들어도 실제로 쓸 수 없음. 畫中之餠(화중지병).

畫報(화보) 그림이나 사진을 위주로 편집한 인쇄물.

畫譜(화보) ①그림을 산수(山水)·화조(花鳥) 등 갈래를 따라 모은 책. 畫帖(화첩). ②화법(畫法)을 논한 책. ③그림본.

畫蛇添足(화사첨족) 뱀을 다 그리고 나서 발을 덧붙여 그려 넣음. ㉠군더더기. ㉡쓸데없는 일을 함. 蛇足(사족).

畫像(화상) ①그림으로 그린 초상. ②'얼굴'의 속칭. ③어떤 사람을 못마땅하게 이름. ④텔레비너 수상기 앞에 나타나는 상.

畫室(화실) 화가·조각가가 작품을 만드는 곳.

畫苑(화원) 화가의 사회. 畫壇(화단).

畫六法(화육법) 동양화(東洋畫)를 그릴 때의 여섯 가지 방법. 곧, 기운 생동(氣韻生動), 골법 용필(骨法用筆), 응물 상형(應物象形), 수류 부채(隨類賦彩), 경영 위치(經營位置), 전이 모사(傳移模寫).

畫題(화제) ①그림의 제명. ②그림의 위나 옆의 여백에 쓰는 제시(題詩).

畫中有詩(화중유시) 그림 속에 시적 정취(情趣)가 있음.

畫讚(화찬) 그림의 위나 옆 여백에 그 그림을 찬양하는 뜻으로 쓴 시문. 畫贊(화찬).

畫帖(화첩) ①그림을 모아 엮은 책. ②그림을 그릴 수 있도록 종이를 여러 장 모아 묶은 책.

畫燭(화촉) 채색한 밀초. 물들인 밀초.

畫幅(화폭) ①그림을 그리는 천이나 종이 따위. ②그림의 폭.

畫風(화풍) 그림의 경향, 또는 특징.

畫虎類狗(화호유구) 범을 그린다는 것이 개 모양이 됨. 소양이 없는 사람이 호걸인 체하다가 도리어 망신을 당함. 畫虎不成(화호불성).

畫力(획력) 글씨나 그림의 필력(筆力).

畫然(획연) 분명히 구별되는 모양. 劃然(획연).

畫一(획일) ①'一' 자를 그은 것처럼 가지런하고 바름. 사물이 똑같이 고름. ②한결같이 변함이 없음.

畫定(획정) 명확히 구별하여 정함.

畫地(획지) ①땅을 분할함. 경계를 세움. 劃界(획계). ②땅에 선(線)을 그음.

畫策(획책) 일을 꾸밈. 계책을 세움.

◨ 計畫계획, 古畫고화, 企畫기획, 奇畫기화, 圖畫도화, 名畫명화, 妙畫묘화, 墨畫묵화, 壁畫벽화, 祕畫비화, 插畫삽화, 書畫서화, 映畫영화, 油畫유화, 彩畫채화, 版畫판화, 繪畫회화.

8 ⑬ 【畺】 지경 강 陽

인명 ㊥jiāng ㊐キョウ

소전 畺 자원 指事. 畕+三→畺. '畕'는 나란한 두 밭, '三'은 밭 사이의 경계로, 합하여 '밭의 경계'를 뜻한다.

자해 **지경(地境).** =疆·壃.

8 ⑬ 【畸】 뙈기밭 기 支

인명 1급 ㊥jī ㊐キ

소전 畸 초서 畸 자해 ❶**뙈기밭, 정전(井田)으로 구획하고 남은 귀퉁이 땅.** ❷**우수리, 셈 나머지.** ❸**기이하다.** 〔莊子〕 敢問畸人감문기인. ❹**불구, 불구자.**

畸人(기인) ①성질이나 언행이 상궤(常軌)에

田 8획

서 벗어난 사람. 奇人(기인). ②불구자.
畸形(기형) 정상이 아닌 형태.

8 ⑬【當】当 ①당할 당 陽 ②주관할 당 漾

중학 인명 5급 ㊥dāng ㊐トウ

필순 丨 丨丨 丶丨丶 丬 尚 尚 尚 常 常 常 當

소전 當 초서 当 속자 当 자원 形聲. 尙+田→當. '尙(상)'이 음을 나타낸다.

자해 ① ❶당하다. ㉮균형되다, 어울리다. 〔呂氏春秋〕必當其位필당기위. ㉯대적하다. ㉰맡다, 임무·책임을 맡다. 〔論語〕當仁不讓於師당인불양어사. ㉱막다, 지키다, 방어하다. ❷주장하다, 주관하다. 〔春秋左氏傳〕慶封當國경봉당국. ❸때를 만나다, 당면하다. ❹마주 보다. ❺마땅히. 마땅히 하여야 한다. ② ❶주관하다. 〔禮記〕鼓無當於五聲고무당어오성. ❷밑, 바닥. ❸맞다. ㉮맞다. 〔禮記〕古者天地順고자천지순, 而四時當이사시당. ㉯바르다. ❹저당, 저당하다. ❺이, 그. 물건을 가리키는 말. 〔北史〕喪當家之寶상당가지보.

當家(당가) ①이 집. 그 집. 당사자(當事者)의 집. ②집안일을 주장하여 맡음. ③집안일을 맡아보는 노비(奴婢).
當車(당거) 수레에 맞섬. 분수를 모름. 故事 사마귀가 수레의 앞을 가로막았다는 이야기에서 온 말.
當故(당고) 國부모의 상(喪)을 당함. 遭故(조고). 當喪(당상).
當關(당관) ①문을 지키는 사람. 문지기. ②관문(關門)을 지킴. 守關(수관).
當局(당국) 어떤 일을 직접 맡아보고 있음. 또는 그 기관.
當國(당국) ①이 나라. 그 나라. 당사국(當事國). ②나랏일을 맡아봄. ③임금의 일을 섭행(攝行)함.
當代(당대) ①그 시대. ②지금의 이 시대.
當到(당도) 목적한 곳에 다다름.
當落(당락) 당선과 낙선.
當路(당로) ①권력을 잡고 중요한 지위에 있음. 當途(당도). ②길을 가로막음.
當面(당면) ①일이 눈앞에 닥침. ②대면(對面).
當務(당무) 그 직무를 맡고 있음, 또는 맡고 있는 직무.
當付(당부) 어찌하라고 말로 단단히 부탁함.
當分間(당분간) 앞으로 얼마 동안.
當事(당사) ①일을 담당함. 그 일에 직접 관계함. ②어떤 일에 부닥침. 곧, 이떤 일을 행하여야 할 때.
當選(당선) ①선거에서 뽑힘. ②작품 등이 심사에서 뽑힘.
當時(당시) 그때. 일이 생긴 그때.
當然(당연) 마땅히 그러함.
當午(당오) 해가 정남(正南)에 옴. 正午(정오).
當爲(당위) 마땅히 그렇게 해야 함.
當仁不讓(당인불양) 어진 일을 할 때는 사양하지 않음. 착한 일은 자기가 먼저 실천함.
當日(당일) 그날. 그 일이 있었던 날.
當籤(당첨) 제비에 뽑힘. 추첨에 뽑힘.
當初(당초) 일이 생긴 처음.
當該(당해) 바로 그 사물에 해당됨을 나타내는 말.
當刑(당형) ①형벌에 처함. ②現이미 결정된 형률.
◨ 堪當감당, 擔當담당, 配當배당, 不當부당, 相當상당, 穩當온당, 應當응당, 抵當저당, 適當적당, 典當전당, 正當정당, 至當지당, 充當충당, 妥當타당, 該當해당.

8 ⑬【畵】畫(849)의 속자 인명

10 ⑮【畿】경기 기 微

고등 인명 3Ⅱ급 ㊥jī ㊐キ

필순 ⺊ 幺 幺 幺幺 幺幺 幾 幾 畿 畿 畿

소전 畿 초서 畿 자원 形聲. 𢆶+田→畿. '𢆶'는 '幾(기)'의 생략형으로 음을 나타낸다.

자해 ❶경기, 기내(畿內). 서울을 중심으로 500리 이내의 땅. 〔詩經〕邦畿千里방기천리. ❷서울. ❸문지방. ❹뜰, 문 안의 마당. 〔詩經〕薄送我畿박송아기. ❺지경, 경계.

畿疆(기강) 구기(九畿)의 경계(境界).
畿輦(기련) 서울. 京都(경도).
畿輔(기보) 서울에 가까운 곳.
畿服(기복) ①천하(天下). ②왕기(王畿) 1,000리 안의 지역.
畿湖(기호) 國우리나라의 서쪽 중앙부를 차지하고 있는 지역의 총칭. 경기도·황해도 남부·충청도 북부를 이름.
◨ 京畿경기, 九畿구기, 近畿근기, 邦畿방기, 王畿왕기.

14 ⑲【疆】지경 강 陽

인명 2급 ㊥jiāng ㊐キョウ

초서 疆 동자 畺 동자 壃 참고 彊(413)은 딴 자.

자해 ❶지경, 경계. 〔周禮〕 制其畿疆제기기강. ❷끝, 한계. 〔詩經〕 萬壽無疆만수무강. ❸밭두둑. ❹경계 짓다, 경계 긋다. ❺변방.
疆理(강리) 국경을 바로잡고 그곳에 알맞은 작물을 심어 밭을 경작함.
疆埸(강역) ①경지의 경계. ②국경.
疆域(강역) ①나라의 지경. 국경. ②경내(境內)의 땅. 境域(경역).
疆土(강토) 그 나라 국경 안에 있는 땅. 領土(영토).
◨ 無疆무강, 邊疆변강, 封疆봉강.

14 ⑲【疇】 畴 밭두둑 주 尤
인명 2급 ㊥chóu ㊐チュウ
소전 초서 자해 ❶밭두둑. 〔春秋左氏傳〕 取我田疇而伍之취아전주이오지. ❷밭. 〔禮記〕 季夏之月계하지월, 可以糞田疇가이분전주. ❸경계, 지경. ❹무리. ㉮부류(部類). 〔書經〕 不畀洪範九疇불계홍범구주. ㉯제배(儕輩), 동배. ㉰짝. ❺짝하다. ❻같다, 같게 하다. 〔漢書〕 疇其爵邑주기작읍. ❼접때.
疇曩(주낭) 이전에. 지난번. 前日(전일).
疇壟(주롱) 밭두둑.
疇類(주류) 같은 무리. 疇輩(주배).
疇昔(주석) ①전날. 前日(전일). 疇日(주일). ②옛날.
疇人(주인) ①대대로 집안의 가업(家業)을 계승하는 사람. 疇官(주관). ②천문(天文)·역산(曆算)을 연구하는 학자.
疇匹(주필) 동류(同類). 동아리.
◨ 範疇범주, 田疇전주, 荒疇황주.

17 ㉒【疊】 겹쳐질 첩 葉
인명 1급 ㊥dié ㊐ジョウ
초서 동자 疉 속자 畳 자해 ❶겹쳐지다. ❷접다, 쌓다. 〔宋史〕 吐其舌토기설, 三疊之삼첩지. ❸포개다, 여러 겹이 되다. ❹무명, 베.
疊鼓(첩고) ①북을 빠르게 침. ②國입직(入直)하는 군사를 모으기 위하여 대궐 안에서 북을 치던 일.
疊觀(첩관) 높은 망루(望樓).
疊嶺(첩령) 중첩(重疊)한 산봉우리.
疊設(첩설) 겹쳐 베풂. 거듭 설치함.
疊語(첩어) 같은 소리나 비슷한 소리를 가진 단어가 겹쳐서 이루어진 합성어.
疊役(첩역) 부역(賦役)을 거듭 부담함.
疊雲(첩운) 첩첩이 쌓여 보이는 구름.
疊韻(첩운) 두 자가 같은 운(韻)의 글자로 된 숙어. 連綿(연면)·逍遙(소요) 따위.
疊疊(첩첩) 겹친 모양. 중첩한 모양.
◨ 積疊적첩, 重疊중첩, 震疊진첩, 層疊층첩.

疋部 필필

0 ⑤【疋】 1 발 소 魚 2 짝 필 質
인명 1급 ㊥shū, pǐ ㊐ショ, ヒツ
초서 동자 疋 참고 인명용 음은 '필'이다.
자원 사람의 종아리에서 발까지를 그린 것이다.
자해 1 발. 2 ❶짝. ❷홀. ❸8장(丈)의 길이.
疋練(필련) ①한 필의 누인 명주. ②흰 비단처럼 보이는 물건.
疋夫(필부) 한 사람의 남자. 혹은 평범한 사람.

0 ⑤【疋】 疋(852)과 동자

7 ⑫【疏】 1 트일 소 魚 2 거칠 소 處 3 적을 소 御
고등 인명 3Ⅱ급 ㊥shū ㊐ソ
필순 ㇖ ㇖ 了 𠃌 𤴓 疋 𤴔 疏 疏 疏
소전 초서 동자 疎 자원 會意·形聲. 疋+㐬→疏. '疋'는 발〔足〕, '㐬'은 '子'의 고자인 '𠫓'를 거꾸로 한 것이다. 아이〔子〕가 나오려고 문이 열리고 발이 움직인다는 뜻에서, '소통(疏通)'의 뜻을 나타낸다. '疋'는 음도 나타낸다.
자해 1 ❶트다, 통하다. 〔禮記〕 疏通知遠소통지원, 書敎也서교야. ❷트이다, 막힌 것이 트이다. 〔孟子〕 禹疏九河우소구하. ❸멀다. ㉮친하지 아니하다. 〔史記〕 公族疏遠者공족소원자. ㉯오활(迂闊)하다. ❹멀리하다, 멀어지다. 〔呂氏春秋〕 王已奪之왕이탈지, 而疏太子이소태자. ❺먼 친척. ❻성기다. ❼드물다. 〔呂氏春秋〕 不知其稼之疏부지기가지소. ❽새기다. ❾그리다. 〔管子〕 大夫疏器甲兵대부소기갑병. 2 거칠다, 험하다. 〔論語〕 飯疏食飮水반소사음수. 3 ❶적다. ㉮조목별로 써서 진술하다, 상소하다. ㉯쓰다, 기록하다. ❷주, 주석. ❸문체(文體) 이름. 상소, 주소(奏疏) 따위.
疏隔(소격) 친분이 멀어짐. 교제가 뜸해짐.
疏狂(소광) 덜렁대며 상규(常規)에 벗어나는 일. 疎狂(소광).
疏導(소도) 물길을 터서 통하게 함.

疏簾(소렴) 성긴 발.
疏漏(소루) 실수(失手). 부주의(不注意).
疏網(소망) ①코가 성긴 그물. ②법이 허술함.
疏密(소밀) ①엉성함과 촘촘함. 성김과 빽빽함. ②교분이 두터움과 엷음.
疏薄(소박) ①꺼려 함. 멀리함. 등한히 함. ②國아내나 첩을 박대함.
疏不間親(소불간친) 친분이 먼 사람이 친분이 가까운 사이를 이간하지 못함.
疏食(소사) ①채소와 곡식. ②변변하지 않은 음식. 육미붙이가 없는 음식.
疏疏(소소) ①성긴 모양. 드문드문한 모양. ②성장(盛裝)한 모양.
疏屬(소속) 촌수가 먼 일가. 疏宗(소종).
疏水(소수) 땅을 파거나 뚫어서 물을 통하게 함. 또는 그 수로(水路).
疏傲(소오) 거칠고 오만함.
疏緩(소완) 세상일에 소홀하고 느림.
疏雨(소우) 성기게 오는 비.
疏奏(소주) 조목별로 써서 상주(上奏)함.
疏註(소주) ①주석(註釋). ②이전 사람의 주석에 주석을 닮. 疏注(소주).
疏徹(소철) 환하게 통함.
疏脫(소탈) 수수하고 털털함.
疏通(소통) 막히지 않고 트임.
疏解(소해) ①조목조목 상세하게 해명함. ②문서나 서적의 상세한 주석(註釋).
疏豁(소활) 탁 트이어 넓음.
疏闊(소활) ①정밀하지 않음. ②길이 빙 돌아 멂. 우원(迂遠)함. 疏迂(소우). ③오랫동안 만나지 아니함.
◨ 諫疏간소, 空疏공소, 密疏밀소, 奉疏봉소, 扶疏부소, 上疏상소, 奏疏주소, 註疏주소, 親疏친소, 闊疏활소, 稀疏희소.

7
⑫【疎】 疏(852)와 동자 인명 1급
참고 疏의 1의 ❶ 및 2, 3은 관습상 이 자를 쓰지 아니한다.

9
⑭【疑】 1의심할 의 支 2정해질 응 蒸
고등 인명 4급 ㊥yí ㊐ギ
필순 ヒ ヒ 匕 㠯 𠤕 𠤕 𠤕 𠤕 𠤕 疑
소전 초서 참고 인명용 음은 '의'이다.
자원 會意. 갑골문을 보면 '𠤕'으로, 사람이 지팡이를 짚고 길을 가다가 고개를 옆으로 돌린 모습이다. 즉 갈까 말까 생각한다는 의미로, '의심하다'라는 뜻은 여기에서 나온 것이다.
자해 1 ❶의심하다. ㉮의혹(疑惑)하다. 〔戰國策〕三人疑之삼인의지. ㉯괴이하게 여기다. 〔淮南子〕有立武者見疑유립무자견의. ❷의심스럽다. ㉮의심스럽다. 〔書經〕罪疑惟輕죄의유경. ㉯닮다. ❸의심컨대. ❹의심, 혐의. 2 정해지다. 〔詩經〕靡所止疑미소지응.
疑懼(의구) 의심하고 두려워함.
疑兵(의병) 적을 현혹하기 위하여 군사가 있는 것처럼 보이게 하는 것. 가짜 병정.
疑事(의사) 의심스러운 일.
疑心(의심) 확실히 알 수 없어서 믿지 못하는 마음.
疑訝(의아) 의심스럽고 괴이함.
疑獄(의옥) ①범죄의 혐의가 있어 심리를 받는 일. ②죄의 유무(有無)가 매우 의심스러운 범죄 사건.
疑惑(의혹) 의심하여 수상히 여김.
◨ 可疑가의, 決疑결의, 難疑난의, 無疑무의, 容疑용의, 質疑질의, 嫌疑혐의, 懷疑회의.

9
⑭【疐】 1발끝 채일 치 寘 2꼭지 체 霽
㊥zhì, dì ㊐チ, テイ
소전 초서 본자 疐 자해 1발끝에 차이다, 발끝에 차여 넘어지다, 미끄러지다. 2꼭지. ≒蔕.

10
⑮【疐】 疐(853)의 본자

疒部 병질엄

0
⑤【疒】 병들어 기댈 녁 陌
㊥nè ㊐ダク
소전 초서 참고 부수의 명칭은 '병질(病疾)엄'이라고 부른다.
자원 象形 앓는 사람이 물건에 기대고 있는 모양을 본뜬 글자
자해 ❶병들어 기대다. ❷한자 부수의 하나, 병질엄.

3
⑧【疚】 오랜 병 구 宥
㊥jiù ㊐キュウ
초서 자해 ❶오랜 병, 병으로 오래 고생하다. ❷꺼림하다. 양심에 가책을 느끼다. 〔論語〕內省不疚내성불구, 夫何憂何懼부하우하구. ❸거상(居喪).

3 ⑧【疝】 산증 산 諫

인명 1급 ㊥shàn ㊐サン

소전 초서 자해 산증(疝症), 산증(疝氣).

疝症(산증) 생식기와 고환이 붓고 아픈 병. 疝氣(산기).

4 ⑨【疥】 옴 개 卦

인명 ㊥jiè ㊐カイ

소전 초서 자해 옴. 〔禮記〕 民多疥癘 민다개려.

疥癬(개선) ①옴. 개선충(疥癬蟲)이 기생하여 생기는 전염성 피부병. 疥瘡(개창). 蟲疥(충개). ②작은 근심거리.

4 ⑨【疫】 염병 역 陌

고등 인명 3Ⅱ급 ㊥yì ㊐エキ

필순 丶 亠 广 疒 疒 疒 疒 疫 疫

소전 초서 자원 形聲. 疒+殳→疫. '殳(수)'는 '役(역)'의 생략형으로 음을 나타낸다.

자해 ❶염병, 돌림병, 전염병. 〔禮記〕 民殃於疫 민앙어역. ❷역귀(疫鬼). 돌림병을 퍼뜨린다는 귀신.

疫病(역병) 유행성 급성 전염병.

疫疾(역질) 천연두를 한방에서 이르는 말. 痘疫(두역).

◨ 大疫대역, 防疫방역, 惡疫악역, 癘疫여역, 瘟疫온역, 瘴疫장역, 災疫재역, 疾疫질역.

4 ⑨【痄】 피풍 첨 鹽 豔

㊥chān ㊐セン

소전 자해 피풍(皮風). 피부에 볼록볼록한 것이 돋으며 가려운 병.

4 ⑨【疤】 흉 파 麻

㊥bā ㊐ハ

소전 자해 ❶흉, 흉터, 헌데 자국. ❷신경통.

5 ⑩【痂】 헌데 딱지 가 麻

인명 ㊥jiā ㊐カ

소전 초서 자해 헌데 딱지, 헌데가 아물었을 때 생기는 딱지.

5 ⑩【疳】 감질 감 覃

인명 1급 ㊥gān ㊐カン

초서 자해 ❶감질(疳疾), 감병(疳病). ❷창병(瘡病), 매독(梅毒).

疳疾(감질) ①얼굴이 누렇게 뜨고 몸이 여위며, 영양 장애·소화 불량 따위의 증상이 생기는 어린아이의 병. 疳病(감병). ②어떤 일을 몹시 하고 싶거나 무엇이 먹고 싶거나 하여 애타는 마음.

疳瘡(감창) ①매독으로 음부에 헌데가 생기는 병. 下疳(하감). ②國결핵이나 영양 장애로 피부에 헌데가 생기는 병.

◨ 脾疳비감, 五疳오감, 下疳하감.

5 ⑩【瓜】 헌데 과 歌

㊥guō ㊐カ

자해 ❶헌데, 종기, 부스럼. ❷대머리. ❸안창(雁瘡), 두부 백선(頭部白癬). 머리 밑에 생기는 피부 질환.

5 ⑩【痀】 곱사등이 구 虞 麌

㊥jū ㊐ク

소전 초서 자해 곱사등이, 꼽추. 〔列子〕 見痀僂者承蜩 견구루자승조.

痀僂(구루) 곱사등이. 꼽추. 佝僂(구루).

5 ⑩【疒】 1헌데 쑤실 날 黠 2가려울 닐 質

㊥niè, nì ㊐ノチ, ニチ

자해 1 헌데가 쑤시다, 상처가 아프다. 2 가렵다.

5 ⑩【疸】 황달 달 ㊍단 翰

인명 1급 ㊥dǎn ㊐タン

소전 초서 자해 황달(黃疸), 달병(疸病).

疸病(달병) 간장에 탈이 나 담즙(膽汁)이 창자로 들어가지 못하고 혈액으로 들어가서 피부가 누렇게 되는 병. 黃疸(황달).

◨ 酒疸주달, 黃疸황달, 黑疸흑달.

5 ⑩【疼】 아플 동 冬

인명 1급 ㊥téng ㊐トウ

초서 자해 아프다, 욱신거리다.

疼腫(동종) 붓고 아픔.
疼痛(동통) 몸이 쑤시고 아픔.

5 ⑩【病】 병 병 敬

중학 인명 6급 ㊥bìng ㊐ビョウ

필순 丶 亠 广 广 疒 疒 疒 病 病 病

소전 病 초서 病 자원 形聲. 疒+丙→病. '丙(병)'이 음을 나타낸다.

자해 ❶병. ㉮질병. 〔史記〕謝病屛居사병병거. ㉯흠, 결점, 하자(瑕疵). 〔宋史〕皆切於時病개절어시병. ❷근심. ❸굳어진 좋지 않은 버릇, 성벽(性癖). ❹앓다. 〔孟子〕今吾尙病금오상병. ❺괴로워하다. 〔春秋左氏傳〕鄭人病之정인병지. ❻원망하다. 〔春秋左氏傳〕與刖其父而弗能病者何如여월기부이불능병자하여. ❼피곤하다, 지치다. 〔孟子〕今日病矣금일병의. ❽괴롭히다, 헐뜯다, 비방하다. ❾욕보이다. 〔儀禮〕恐不能共事以病吾子공불능공사이병오자.

病暇(병가) 병으로 인한 휴가.
病監(병감) 병든 죄수를 수용하는 감방.
病故(병고) ①병으로 죽음. ②병에 걸린 사고. 疾故(질고).
病苦(병고) 병으로 말미암은 고통.
病骨(병골) 병든 몸. 病軀(병구).
病菌(병균) 병을 일으키는 세균.
病棟(병동) 병원 안에 있는 여러 병실로 된 한 채의 건물.
病歷(병력) ①걸렸던 병의 경력. ②병에 걸리고부터의 경과.
病羸(병리) 병들어 파리함.
病魔(병마) 병을 마귀에 비유하여 이르는 말. 二豎(이수). 病鬼(병귀).
病免(병면) 병으로 인하여 벼슬을 그만둠.
病名(병명) 병의 이름.
病癖(병벽) 병적인 버릇.
病夫(병부) ①병든 남편. ②병든 사람.
病狀(❶병상 ❷병장) ❶병의 증세. 病態(병태). ❷병으로 말미암아 맡아보던 일을 하지 못하고 쉰다는 뜻을 적어 윗사람에게 올리는 글.
病死(병사) 병에 걸려 죽음. 病斃(병폐).
病床(병상) 병자가 누워 있는 침대.
病勢(병세) 병의 상태나 경과.
病心(병심) ①가슴앓이.②병중의 마음. ③근심 걱정을 가진 마음.
病弱(병약) 병에 시달려 몸이 허약함.
病褥(병욕) 병든 사람이 누워 있는 침상.
病入膏肓(병입고황) 병이 고황에 듦. ㉠병이 위중하여 치료할 수 없음. ㉡사정이 악화되어 돌이킬 수 없음. 故事 춘추 시대 진(晉)나라 경공(景公)이 병마(病魔)가 명의(名醫)를 피하여 명치〔肓〕의 위, 염통〔膏〕의 밑에 들어가 숨는 것을 꿈에서 보았다는 고사에서 온 말. 膏肓(고황).
病卒(병졸) ①병든 군졸. ②병으로 죽음.
病蟲害(병충해) 식물·농작물 따위가 병균이나 해충으로 말미암아 입는 해.
病痛(병통) ①병과 아픔. ②결점. 허물.
病廢(병폐) 병으로 인하여 몸을 제대로 쓰지 못하게 됨.
病弊(병폐) 그 사물의 내부에 생긴 폐해. 폐단.
病患(병환) ①병. 질병. ②병의 존칭.
▣ 看病간병, 萬病만병, 身病신병, 佯病양병, 養病양병, 疫病역병, 熱病열병, 臥病와병, 重病중병, 疾病질병.

5 ⑩【疿】 땀띠 비 未

㊥fèi ㊐ヒ

초서 疿 자해 땀띠.

5 ⑩【疶】 이질 설 屑

㊥xuē ㊐セツ

자해 이질(痢疾), 설사(泄瀉).

5 ⑩【疴】 병 아 歌

㊥kē ㊐ア

소전 疴 초서 疴 자해 병.

疴嘔(아구) 現토사(吐瀉). 이질과 구토.
疴恙(아양) 병(病).
▣ 宿疴숙아, 養疴양아.

5 ⑩【疵】 1흠 자 支 2비방할 자 紙

인명 1급 ㊥cī ㊐シ

소전 疵 초서 疵 자해 1❶흠, 결점. 〔韓非子〕不吹毛而求小疵불취모이구소자. ❷병(病). 〔老子〕能無疵乎능무자호. 2비방하다.

疵國(자국) 결점(缺點)이 있는 나라. 정치가 문란하고 풍속이 퇴폐한 나라.
疵癘(자려) 병. 재앙. 재해. 탈. 疵厲(자려).
疵病(자병) ①상처. ②흠. 결점.
疵瑕(자하) ①결점. 흠. 과실. 瑕疵(하자). ②상처를 입힘. 해침.
疵釁(자흔) ①상처. ②허물.
▣ 細疵세자, 小疵소자, 隱疵은자, 瑕疵하자.

5
⑩【疽】 등창 저 魚

인명 ㊥jū ㊐ソ

소전 초서 자해 **등창, 묵은 종기.** 뿌리가 깊어 오래도록 치유되지 않는 악성 종기.

疽腫(저종) 악성(惡性)의 종기(腫氣).

5
⑩【痁】 학질 점 鹽 豔

㊥shān ㊐セン, テン

소전 초서 자해 ❶학질(瘧疾). 〔春秋左氏傳〕 齊侯疥遂痁제후개수점. ❷**근심, 걱정.**

痁患(점환) ①근심. 걱정. ②걱정으로 인하여 생긴 병.

5
⑩【症】 증세 증 敬

고등 인명 3Ⅱ급 ㊥zhèng ㊐ショウ

필순 ` 亠 广 广 疒 疒 疔 疔 疔 症

초서 자원 形聲. 疒+正→症. '正(정)'이 음을 나타낸다.

자해 **증세(症勢), 병증(病症).**

症勢(증세) 병으로 앓는 여러 가지 모양. 症狀(증상). 症候(증후).

◨ 渴症갈증, 病症병증, 炎症염증, 重症중증, 痛症통증, 虛症허증.

5
⑩【疻】 멍 지 紙

㊥zhǐ ㊐ショウ

소전 초서 자해 **멍, 멍들다, 맞아서 멍들다.**

疻痏(지유) ①멍. ②타박상.

5
⑩【疹】 홍역 진 軫

인명 1급 ㊥zhěn ㊐シン

초서 자해 ❶**홍역, 홍진.** ❷**두창**(痘瘡). ❸**앓다.**

疹瘼(진막) 홍역. 마진(痲疹).

疹粟(진속) 추위 때문에 피부가 오그라들며 생기는 좁쌀 같은 것. 소름.

疹恙(진양) 피부에 생기는 병.

疹疾(진질) 악질을 앓음. 병으로 괴로워함.

◨ 痲疹마진, 發疹발진, 濕疹습진.

5
⑩【疾】 병 질 質

고등 인명 3Ⅱ급 ㊥jí ㊐シツ

필순 ` 亠 广 广 疒 疒 疒 疒 疾 疾

소전 초서 자원 形聲. 疒+矢→疾. '矢(시)'가 음을 나타낸다.

자해 ❶**병.** ㉮**질병.** 〔素問〕 巔疾전질. ㉯**괴로움, 고통.** 〔管子〕 凡牧民者必知其疾범목민자필지기질. ㉰**버릇, 성벽**(性癖). ㉱**흠, 하자**(瑕疵). 〔史記〕 中諸侯之疾중제후지질. ❷**병이 나게 하는 해독.** ❸**앓다, 괴로워하다.** ㉮**병에 걸리다.** 〔孟子〕 昔者疾석자질, 今日愈금일유. ㉯**근심하다.** 〔論語〕 君子疾沒世而名不稱焉군자질몰세이명불칭언. ❹**미워하다.** 〔孟子〕 夫撫劍疾視부무검질시. ❺**빠르다.** ❻**빨리, 곧.** 〔春秋左氏傳〕 疾討陳질토진. ❼**힘쓰다.** ❽**시새우다.**

疾苦(질고) ①괴로워함. 괴롭힘. ②병고(病苦).

疾驅(질구) 수레나 말을 빨리 달림.

疾忌(질기) 샘하고 미워함.

疾癘(질려) 유행병. 전염병. 疾疫(질역).

疾雷(질뢰) ①격렬한 천둥. ②일이 신속함의 비유.

疾味(질미) 맛은 좋으나 해로운 음식.

疾病(질병) 몸의 온갖 병.

疾步(질보) 빨리 걸음. 疾行(질행).

疾速(질속) ①빠름. ②민첩함.

疾首(질수) 머리를 앓음. 골치를 앓음.

疾首蹙頞(질수축알) 머리가 몹시 아파서 콧잔등을 찡그림.

疾視(질시) 밉게 봄. 밉게 여김.

疾惡(❶질악 ❷질오) ❶악인(惡人)을 미워함. ❷미워함. 憎惡(증오).

疾殃(질앙) 질병(疾病)과 재앙(災殃).

疾言(질언) ①말을 빨리 함. 빠른 말투. ②경솔한 말.

疾雨(질우) 억세게 쏟아지는 비.

疾怨(질원) 미워하고 원망함.

疾日(질일) 꺼리는 날. 불길한 날.

疾戰(질전) 신속히 싸움. 빨리 결판을 내는 싸움. 急戰(급전). 速戰(속전).

疾霆(질정) 갑자기 울리는 천둥.

疾足(질족) 걸음이 빠름. 빠른 걸음.

疾走(질주) 빨리 달림.

疾痛(질통) 병으로 생기는 아픔.

疾痛苛癢(질통하양) 아픔과 가려움.

疾風迅雷(질풍신뢰) 빠른 바람과 사나운 우레. ㉠몹시 빠름. ㉡맹렬한 기세와 거대한 울림.

疾呼(질호) ①빠른 음조(音調). ②격렬하게 소리 지름.

疾患(질환) 병. 疾病(질병).

◨ 勁疾경질, 宿疾숙질, 惡疾악질, 癘疾여질, 癲疾전질, 重疾중질, 廢疾폐질, 風疾풍질.

疒 5획

5
⑩【疱】 천연두 포 效

인명 1급 ㊥pào ㊐ホウ

초서 자해 ❶천연두, 마마. =皰. ❷몸이 붓는 병.

疱瘡(포창) 천연두.

5
⑩【疲】 지칠 피 支

고등 인명 4급 ㊥pí ㊐ヒ

필순 丶 亠 广 广 疒 疒 疒 疔 疲 疲

소전 초서 자원 形聲. 疒+皮→疲. '皮(피)'가 음을 나타낸다.

자해 ❶지치다, 지치게 하다. 〔春秋左氏傳〕疲民以逞피민이영. ❷힘이 없다, 힘도 없고 재주도 없는 사람. ❸병들고 괴로워하다, 곤핍하다. ❹노쇠(老衰)하다. ❺여위다. 〔管子〕以疲馬犬羊爲弊이피마견양위폐.

疲竭(피갈) ①몹시 지침. ②지치게 함.
疲困(피곤) 지치고 피곤함.
疲倦(피권) 피로하여 싫증이 남.
疲餒(피뇌) 지치고 굶주림. 疲饉(피근).
疲鈍(피둔) 피로하여 몸이 둔해짐.
疲勞(피로) 지쳐서 느른함.
疲癃(피륭) 병들어 파리하고 노쇠한 모양. 또는 그 사람.
疲羸(피리) ①피로하여 쇠약해짐. ②고통스럽고 궁핍함. 또는 그러한 백성.
疲馬(피마) 지쳐 버린 말.
疲暮(피모) 연로(年老)하여 쇠약함.
疲民(피민) ①피폐한 백성. ②백성을 괴롭힘.
疲憊(피비) ①피로하여 쇠약함. ②몹시 지쳐서 고달픔.
疲散(피산) 지쳐서 뿔뿔이 도망침.
疲厭(피염) 지쳐서 싫증이 남.
疲殆(피태) 지쳐서 태만함. 疲怠(피태).
疲弊(피폐) 지치고 쇠약해짐.
疲斃(피폐) ①지쳐서 넘어짐. ②과로하여 죽음.
疲乏(피핍) 피로함. 쇠약함.

5
⑩【痃】 힘줄 당기는 병 현 先

㊥xuán ㊐ケン

자해 ❶힘줄이 당기는 병. ❷적취(積聚). 체증이 오래되어 배 속에 덩이가 지는 병. ❸가래톳.

痃癖(현벽) 근육이 당기는 병.

6
⑪【痢】 전염병 례 霽

㊥lì ㊐レイ

자해 전염병, 염병, 유행병.

6
⑪【痒】 1앓을 양 陽 2가려울 양 養

인명 ㊥yáng, yǎng ㊐ヨウ

소전 초서 자해 1❶앓다, 걱정하다, 근심으로 속을 끓이다. ❷종기, 헌데. ≒瘍. 〔周禮〕夏時有痒疥疾하시유양개질. ❸상처. 2가렵다. =癢.

痒疥(양개) 가려운 부스럼.
痒痾(양아) 가려운 병.

6
⑪【痏】 멍 유 紙

㊥wěi ㊐ウ

소전 초서 자해 ❶멍, 타박상, 상처가 나고 피가 흐르다. ❷흉터.

6
⑪【痍】 상처 이 支

인명 1급 ㊥yí ㊐イ

소전 초서 자해 ❶상처, 상처나다. 〔春秋公羊傳〕王痍者何왕이자하, 傷乎矢也상호시야. ❷깎다, 베다.

痍傷(이상) 상처. 상처남.
◼ 傷痍상이, 創痍창이, 瘡痍창이.

6
⑪【痊】 병 나을 전 先

㊥quán ㊐セン

초서 자해 병이 낫다.

痊愈(전유) 병이 나음.

6
⑪【痔】 치질 치 紙

인명 1급 ㊥zhì ㊐チ

소전 초서 자해 치질. 〔莊子〕子豈治其痔邪자기치기치야.

痔瘻(치루) 항문 주위나 내부, 또는 직장(直腸)에 구멍이 뚫리고 고름이 나오는 악성 치질(痔疾). 痔漏(치루).
痔疾(치질) 항문의 안팎에 나는 종기의 총칭.
◼ 內痔내치, 瘻痔누치, 外痔외치, 腸痔장치.

6
⑪【痌】 1마음 아파할 통 東 2종기 터질 동 東

㊥tōng, tóng ㊐トウ

초서 자해 1마음 아파하다, 상심하다. 2❶종기가 터지다. ❷앓다, 신음하다.

痌傷(통상) 마음 아파함. 슬퍼함.

6 ⑪【痎】 학질 해 本개 佳

中jiē 日カイ

소전 초서 자해 ❶학질(瘧疾), 이틀거리. ❷옴. 옴벌레가 일으키는 전염성 피부병.

痎瘧(해학) 학질(瘧疾)의 한 가지. 이틀거리.

6 ⑪【痕】 흉터 흔 元

인명 1급 中hén 日コン

소전 초서 자해 ❶흉터, 헌데 자국. ❷흔적, 자취.

痕垢(흔구) 더럽혀진 자국. 더러움.
痕迹(흔적) 남은 자취나 자국. 痕跡(흔적).
痕瑕(흔하) ①흉터. ②결점.
◨ 淚痕누흔, 刀痕도흔, 瘢痕반흔, 殘痕잔흔.

7 ⑫【痙】痉 힘줄 땅길 경 梗

인명 1급 中jìng 日ケイ

소전 초서 자해 힘줄이 땅기다, 근육이 경련을 일으키다.

痙攣(경련) 근육이 갑자기 수축하거나 떨리는 증세.

7 ⑫【痘】 천연두 두 宥

인명 1급 中dòu 日トウ

초서 자해 천연두(天然痘), 마마.

痘面(두면) 얽은 얼굴. 곰보 얼굴.
痘疹(두진) 마마의 꽃.
痘瘡(두창) 천연두(天然痘). 마마.
痘痕(두흔) 마맛자국.
◨ 水痘수두, 牛痘우두, 種痘종두, 天然痘천연두.

7 ⑫【痢】 설사 리 寘

인명 1급 中lì 日リ

초서 자해 설사(泄瀉), 이질(痢疾), 곱똥.

痢症(이증) 적리균(赤痢菌), 아메바에 의하여 피나 곱이 나오면서 뒤가 잦고 당기는 증세. 痢疾(이질). 赤痢(적리).
◨ 瀉痢사리, 泄痢설리, 疫痢역리, 下痢하리.

7 ⑫【痗】 앓을 매 隊

中mèi 日バイ

초서 자해 ❶앓다, 괴로워하다. ❷뉘우치다.

7 ⑫【痡】 앓을 부 虞

中pū 日フ

소전 초서 자해 ❶앓다, 느른하다. ❷병, 지쳐서 걷지 못하는 병.

7 ⑫【痞】 배 속 결릴 비 紙

中pǐ 日ヒ

소전 초서 자해 ❶배 속이 결리다, 체한 증세. ❷가슴이 답답하다, 가슴이 메다.

痞結(비결) 먹은 음식이 가슴에 걸려 내려가지 않음. 또는 그런 병. 滯症(체증).
痞脹(비창) 가슴이 더부룩하고 배가 팽팽하게 불러옴. 또는 그런 병.

7 ⑫【痟】 두통 소 蕭

中xiāo 日ショウ

소전 초서 자해 ❶두통. ❷소갈증.

痟癢(소양) 아프고 가려움. 痟痒(소양).

7 ⑫【痟】 뼛골 쑤실 연 先

中yuān 日エン

소전 자해 ❶뼛골이 쑤시다, 뼈마디가 쑤시듯 아프다. ❷울적하다, 우울해지다. 〔列子〕心痟體煩심연체번.

7 ⑫【痤】 뾰루지 좌 歌

中cuó 日ザ

소전 초서 자해 ❶뾰루지. 뾰족하게 생긴 작은 부스럼. ❷옴, 옴딱지. ❸등창, 발찌.

7 ⑫【痣】 사마귀 지 寘

中zhì 日シ

자해 사마귀, 검정사마귀, 흑자(黑子).

7 ⑫【痛】 아플 통 送

고등 인명 4급 中tòng 日ツウ

필순 亠 广 疒 疒 疒 疗 疜 病 痌 痛 痛

疒 6획

소전 癅 초서 𤺋 자원 形聲. 疒+甬→痛. '甬(용)'이 음을 나타낸다.
자해 ❶아프다, 아파하다. ㉮앓다. 〔後漢書〕非不痛비불통. ㉯마음 아파하다. 〔史記〕常痛於心상통어심. ❷괴롭히다. 〔春秋左氏傳〕斯是用痛心疾首사시용통심질수. ❸괴로움, 슬픔. ❹몹시. ❺힘껏, 할 수 있는 한. 〔管子〕姦臣痛言人情以驚主간신통언인정이경주. ❻원한, 증오.
痛感(통감) ①아픈 감각. ②마음에 사무치도록 심하게 느낌.
痛哭(통곡) 목놓아 슬피 욺.
痛烈(통렬) 몹시 매섭고 가차없음.
痛罵(통매) 몹시 꾸짖음.
痛駁(통박) 통렬하게 공박함.
痛傷(통상) 마음 아파하고 슬퍼함.
痛惜(통석) 몹시 애석하게 여김.
痛心疾首(통심질수) 마음을 앓고 골치를 앓음. 몹시 걱정함.
痛癢(통양) ①아픔과 가려움. 痛痒(통양). ②사물이 자기에게 미치는 영향.
痛隱(통은) 몹시 아프게 여김. 가엾게 여김.
痛飮(통음) 술을 매우 많이 마심.
痛詆(통저) 통렬하게 비난함. 준엄하게 꾸짖음.
痛切(통절) ①몹시 간절함. 뼈에 사무치게 절실함. ②참을 수 없는 고통.
痛症(통증) 아픈 증세.
痛疾(통질) 애통하여 괴로워함.
痛責(통책) 준엄하게 꾸짖음. 嚴責(엄책).
痛楚(통초) 아프고 괴로움. 몹시 고생함.
痛快(통쾌) 아주 기분이 좋음.
痛歎(통탄) 매우 한탄함. 몹시 슬퍼 탄식함.
痛抱西河(통포서하) 자식을 잃음. 故事 자하(子夏)가 서하(西河)에서 교수(敎授)하고 있을 때, 아들이 죽자 너무나 슬피 울어 실명(失明)한 고사에서 온 말.
痛風(통풍) 풍기(風氣)로 말미암아 신체의 일부가 몹시 쑤시고 아픈 병.
痛恨(통한) 몹시 원통함.
痛毁極詆(통훼극저) 몹시 헐뜯고 욕함.
◨ 苦痛고통, 疼痛동통, 頭痛두통, 腹痛복통, 憤痛분통, 酸痛산통, 哀痛애통, 冤痛원통, 切痛절통, 鎭痛진통, 疾痛질통, 沈痛침통.

8 ⑬【痼】 고질 고 遇
인명 1급 ㊥gù ㊐コ
소전 𤸇 초서 𤺋 자해 ❶고질(痼疾). 〔後漢書〕痼疾皆愈고질개유. ❷오래되다. ❸고질이 되다.
痼癖(고벽) 오래되어 고치기 어려운 버릇.
痼疾(고질) ①오래된 병. 고치기 어려운 병. 宿疾(숙질). ②고벽(痼癖).

8 ⑬【痯】 병에 지칠 관 旱
㊥guǎn ㊐カン
초서 𤸎 자해 병에 지치다, 앓아서 지친 모양. 〔詩經〕四牡痯痯사모관관.
痯痯(관관) 병으로 파리해진 모양.

8 ⑬【痰】 가래 담 覃
인명 1급 ㊥tán ㊐タン
초서 𤸎 자해 ❶가래, 담. ❷천식.
痰聲(담성) 가래가 목구멍에 끓어 오르는 소리. 痰饗(담향).
痰涎(담연) 가래와 침.
痰咳(담해) 가래와 기침.
痰火(담화) 가래로 인해 생기는 열.
◨ 喀痰객담, 氣痰기담, 濕痰습담, 食痰식담, 熱痰열담, 風痰풍담, 寒痰한담.

8 ⑬【痳】 임질 림 侵
㊥lìn ㊐リン
소전 𤸐 초서 𤸎 참고 痲(859)는 딴 자.
자해 ❶임질(痳疾). ❷산증(疝症). ❸대하증(帶下症).
痳疾(임질) 성병(性病)의 한 가지. 임균(痳菌)에 의하여 일어나는 요도 점막(尿道粘膜)의 염증. 痳病(임병). 淋疾(임질). 陰疾(음질).

8 ⑬【痲】 저릴 마 麻
인명 2급 ㊥má ㊐マ
초서 𤸎 참고 痳(859)은 딴 자.
자해 ❶저리다, 마비(痲痹)되다. ❷홍역. ¶ 痲疹마진.
痲痹(마비) 신경이나 근육이 뻣뻣해져 그 기능을 잃는 현상.
痲藥(마약) 마취나 환각 작용을 일으키는 약.
痲疹(마진) 홍역 바이러스가 비말(飛沫) 감염에 의하여 일으키는 급성 전염병.
痲醉(마취) 독물이나 약물로 말미암아 생물체의 일부 또는 전체가 감각을 잃고, 자극에 반응할 수 없게 된 상태.

8 ⑬【痻】 앓을 민 眞
㊥mín ㊐ミン
초서 𤸎 자해 ❶앓다, 병으로 앓다. ❷병 이름.

8 ⑬【痭】 ①부인병 이름 붕 庚 ②단복고창 팽 徑

㊥bēng, péng ㊐ホウ, ヒョウ

자해 ① **부인병 이름, 하혈(下血)이 멎지 아니하는 병.** ② **단복고창(單腹鼓脹).** 얼굴과 팔다리는 붓지 않고 배만 몹시 붓는 병.

8 ⑬【痺】 암메추라기 비 支

인명 1급 ㊥bì ㊐ヒ

초서 참고 痹(860)는 딴 자.

자해 **암메추라기.** 메추라기의 암컷.

8 ⑬【痹】 저릴 비 寘

㊥bì ㊐ヒ

소전 초서 참고 痺(860)는 딴 자.

자해 ❶**저리다.** ❷**류머티즘.**

痹疳(비감) 음식을 안 먹어도 늘 배가 부르고 소화가 안 되는 병.

◨ 痲痹마비, 頑痹완비, 風痹풍비.

8 ⑬【痱】 중풍 비 微

㊥féi ㊐ヒ

소전 초서 자해 ❶**중풍(中風), 풍병(風病).** 〔史記〕 病痱不食欲死병비불식욕사. ❷**뾰루지.**

8 ⑬【瘂】 벙어리 아 馬

㊥yǎ ㊐ア

초서 자해 **벙어리.** ＝啞.

8 ⑬【痾】 숙병 아 歌

㊥kē ㊐ア

초서 자해 ❶**숙병(宿病).** ❷**병이 더해지는 모양.**

痾癢(아양) 가려움병.

8 ⑬【瘀】 어혈 질 어 御

인명 1급 ㊥yū ㊐オ

소전 초서 자해 ❶**어혈(瘀血)이 지다.** ❷**어혈.** ❸**앓다, 병으로 앓다.**

瘀熱(어열) 몸의 열이 한 곳에 몰림.

瘀血(어혈) 타박상 따위로 살 속에 피가 맺힘. 또는 그 맺힌 피.

8 ⑬【痿】 저릴 위 支

㊥wěi ㊐イ

소전 초서 자해 **저리다, 마비(痲痹)되다.** 〔史記〕 如痿人不忘起여위인불망기.

痿痹(위비) 수족이 마비되는 병.

痿損(위손) 시들어 쇠약해지는 모양.

痿弱(위약) 몸이 위축되고 약함.

痿人(위인) 앉은뱅이.

8 ⑬【瘃】 동상 촉 沃

㊥zhú ㊐ショク

초서 자해 **동상(凍傷).**

瘃墮(촉타) 동상(凍傷)으로 손가락·발가락이 썩어 떨어져 나감.

8 ⑬【瘁】 병들 췌 寘

㊥cuì ㊐スイ

초서 자해 ❶**병들다.** 〔詩經〕 唯躬是瘁유궁시췌. ❷**여위다, 고달프다.** 〔詩經〕 生我勞瘁생아로췌. ❸**근심하다.** ❹**무너지다, 헐리다.**

瘁攝(췌섭) 병들고 피로함.

瘁瘁(췌췌) ①병든 모양. ②근심하는 모양.

8 ⑬【痴】 어리석을 치 支

인명 1급 ㊥chī ㊐チ

소전 본자 癡 자해 ❶**어리석다, 미련하다.** 〔論衡〕 痴愚之人치우지인. ❷**미치다.** ❸(佛)**집착에서 오는 번뇌.** 사람의 착한 마음을 해치는 삼독(三毒)의 한 가지.

痴骨(치골) 어리석은 사람. 미련한 사람.

痴鈍(치둔) 어리석고 둔함.

痴聾(치롱) 어리석은 사람과 귀먹은 사람.

痴呆(치매) ①멍청이. 천치. 바보. ②말과 동작이 느리고 정신 작용이 불완전함.

痴笑(치소) 바보 같은 웃음.

痴愛(치애) 맹목적인 애정.

痴騃(치애) 어리석음. 바보.

痴頑(치완) 어리석고 완고함.

痴人說夢(치인설몽) 어리석은 사람이 꿈 이야기를 함. 허황한 말을 늘어놓음.

痴情(치정) 옳지 못한 관계로 맺어진 남녀 간의 애정.

◨ 狂痴광치, 白痴백치, 愚痴우치, 音痴음치, 情痴정치, 天痴천치.

9 ⑭【瘈】 미칠 계 霽

㊥zhì ㊐ケイ

초서 자해 미치다.

瘈狗(계구) 미친개.

瘈瘲(계종) 경기(驚氣). 경풍(驚風).

9 ⑭【瘏】 앓을 도 虞

㊥tú ㊐ト

소전 초서 자해 앓다, 들피지다. 〔詩經〕我馬瘏矣아마도의.

瘏痡(도부) 병들고 지쳐서 가지 못함.

瘏悴(도췌) 병들어 초췌함.

9 ⑭【瘦】 瘦(862)와 동자

9 ⑭【瘍】疡 헐 양 陽

인명 1급 ㊥yáng ㊐ヨウ

소전 초서 자해 ❶헐다, 종기. ❷상처, 몸의 상처.

9 ⑭【瘉】 1 병 나을 유 麌 2 앓을 유 遇

㊥yù ㊐ユ

소전 자해 1 병이 낫다. ≒癒. 〔漢書〕漢王疾瘉한왕질유. 2 ❶앓다, 병들다. ❷낫다, 더 좋다. ≒愈.

9 ⑭【瘐】 앓을 유 麌

㊥yǔ ㊐ユ

초서 참고 瘦(862)는 딴 자.

자해 ❶근심하여 앓다. ❷기한(飢寒)으로 옥사(獄死)하다.

瘐死(유사) 옥중에서 죽음. 죄수가 고문·기한·질병 등에 시달려 죽음.

9 ⑭【瘖】 벙어리 음 侵

㊥yīn ㊐イン

소전 초서 자해 ❶벙어리. 〔禮記〕瘖聾跛躃음롱파벽. ❷어두움. ≒闇.

瘖聾(음롱) 벙어리와 귀머거리. 聾啞(농아).

瘖默(음묵) 벙어리처럼 말을 하지 않음. 緘默(함묵).

瘖啞(음아) 벙어리. 啞者(아자).

9 ⑭【瘇】 수중다리 종 腫

㊥zhǒng ㊐ショウ

초서 자해 ❶수중다리. 병 때문에 퉁퉁 부은 다리. ❷다리가 붓다.

9 ⑭【瘺】 중풍 편 先

㊥piān ㊐ヘン

소전 자해 중풍(中風), 반신불수(半身不隨)의 병.

9 ⑭【瘶】 廢(864)의 속자

9 ⑭【瘋】疯 두풍 풍 東

㊥fēng ㊐フウ

초서 자해 ❶두풍(頭風). 두통(頭痛)이 치유되지 않고 수시로 발작하거나 멎는 증상. ❷미치다.

9 ⑭【瘧】疟 학질 학 藥

1급 ㊥nüè ㊐ギャク

소전 초서 자해 학질(瘧疾). 〔禮記〕民多瘧疾민다학질.

瘧疾(학질) 모기에게 물려 감염되는 법정 전염병. 말라리아.

9 ⑭【瑚】 목 멜 호 虞

㊥hú ㊐コ

자해 목이 메다, 음식이 넘어가지 아니하다.

9 ⑭【瘊】 무사마귀 후 尤

㊥hóu ㊐コウ

초서 자해 무사마귀. 밥알만 하게 돋은 군살.

10 ⑮【瘛】 경풍 계 霽

㊥chì ㊐セイ

소전 초서 자해 경풍. 어린아이가 경련을 일으키는 병.

瘛瘲(계종) 경풍(驚風). 驚氣(경기).

10 ⑮【瘝】 앓을 관 刪

㊥guān ㊐カン

자해 ❶앓다, 병들다. ❷부질없게 하다, 헛되게 하다.

10 ⑮【瘚】 상기 궐 月

㊥jué ㊐ケツ

소전 초서 자해 상기(上氣). 피가 머리로 모이는 병.

10 ⑮【瘤】 혹 류 尤宥

인명 1급 ㊥liú ㊐リュウ

소전 초서 본자 癅 자해 혹.

瘤腫(유종) 혹.
瘤贅(유췌) ①혹. ②쓸데없는 군더더기.

10 ⑮【瘢】 흉터 반 寒

인명 ㊥bān ㊐ハン

소전 초서 자해 ❶흉터, 상처 자국. ❷자국, 흔적.

瘢疣(반우) 흉터와 혹.
瘢痍(반이) 흉터. 傷痕(상흔).
瘢痕(반흔) 흉터. 상처 자국. 瘢創(반창).

10 ⑮【瘙】 종기 소 號

인명 1급 ㊥sào ㊐ソウ

자해 종기, 부스럼.

10 ⑮【瘦】 파리할 수 宥

인명 1급 ㊥shòu ㊐シュウ

초서 동자 瘐 참고 痩(861)는 딴 자. 자해 ❶파리하다. 〔漢書〕久餓羸瘦구아리수. ❷여위다, 마르다.

瘦硬(수경) 자획(字畫)이 가늘고도 힘이 있음.
瘦羸(수리) 여위고 파리함.
瘦削(수삭) 몹시 여윔.
瘦損(수손) 여윔. 여위어 홀쭉함.
瘦瘠(수척) 여윔. 파리함.
瘦鶴(수학) ①여윈 학. ②사람의 여윈 모습.
◨ 消瘦소수, 羸瘦이수.

10 ⑮【瘜】 궂은살 식 職

㊥xī ㊐ソク

소전 초서 자해 궂은살.

瘜肉(식육) 사마귀·혹 따위의 궂은살.

10 ⑮【瘞】 瘗 묻을 예 霽

㊥yì ㊐エイ

소전 초서 자해 ❶묻다. 〔詩經〕上下奠瘞상하전예. ❷무덤.

瘞埋(예매) 지신(地神)에게 제사 지낸 제물을 땅에 묻는 의식. 瘞薶(예매).
瘞位(예위) 제사 뒤 축(祝)·백(帛)을 묻는 곳.

10 ⑮【瘟】 염병 온 元

인명 ㊥wēn ㊐オン

초서 자해 염병(染病), 유행병.

瘟疫(온역) 돌림병. 급성 전염병.

10 ⑮【瘣】 앓을 외 ㊍회 賄

㊥huì ㊐カイ

소전 자해 ❶앓다, 상처나다. 〔詩經〕譬彼瘣木비피외목. ❷옹두리.

10 ⑮【瘨】 앓을 전 先

㊥diān ㊐テン

소전 초서 자해 ❶앓다, 병들다, 괴로워하다. 〔詩經〕胡寧瘨我以旱호녕전아이한. ❷미치다, 지랄병.

10 ⑮【瘥】 1앓을 차 歌 2병 나을 채 卦

㊥cuó, chài ㊐サ, サイ

소전 초서 자해 1❶앓다, 병들다. 〔詩經〕天方薦瘥천방천차. ❷역질. 2병이 낫다.

10 ⑮【瘡】 疮 부스럼 창 陽

인명 1급 ㊥chuāng ㊐ソウ

초서 자해 ❶부스럼, 종기. 〔晉書〕石患面瘡석환면창. ❷상처내다. ❸상처.

瘡癘(창려) 부스럼.
瘡瘢(창반) 흉터. 瘡痕(창흔). 瘢痕(반흔).
瘡病(창병) 매독(梅毒). 瘡疾(창질).
瘡瘍(창양) 종기. 부스럼. 瘡腫(창종).
瘡痍(창이) 병기(兵器)에 다친 상처.
◨ 凍瘡동창, 頭瘡두창, 惡瘡악창, 蓐瘡욕창.

10 ⑮【瘠】 파리할 척 陌

인명 1급 ㊥jí ㊐セキ

초서 [초서] 동자 膌 자해 ❶파리하다, 여위다. 〔史記〕 羸瘠老弱리척로약. ❷버려진 송장. ❸메마르다. ❹박정하다. 〔荀子〕 若是則瘠약시즉척.
瘠馬(척마) 여윈 말.
瘠薄(척박) ①토지가 메마름. ②빈약하고 보잘것없음.
瘠瘦(척수) 여위고 파리함.

10 ⑮【瘯】 欬(667)의 속자

11 ⑯【瘽】 앓을 근 文
㊥qín ㊐キン
소전 초서 자해 ❶앓다, 병들다. ❷지치다, 피로하다.

11 ⑯【瘰】 연주창 라 哿 歌
㊥luǒ ㊐ルイ
초서 동자 𤺋 자해 연주창(連珠瘡). 갑상선종(甲狀腺腫)이 헐어서 터진 부스럼.
瘰癧(나력) 대개 목 부분에 생기는 임파선(淋巴腺) 만성(慢性) 종창.

11 ⑯【瘻】瘘 ①부스럼 루 宥 ②곱사등이 루 遇
인명 ㊥lòu, lǘ ㊐ロウ, ル
소전 초서 자해 ①부스럼, 연주창(連珠瘡). ② 곱사등이.
瘻痀(누구) 곱사등이. 꼽추.
瘻瘰(누라) 나력(瘰癧)과 나병(癩病).
瘻痔(누치) 치질. 痔瘻(치루).

11 ⑯【瘼】 병들 막 藥
㊥mò ㊐バク
소전 초서 자해 ❶병들다, 앓다. ❷흩어지다.

11 ⑯【瘥】 헌데 딱지 사 麻
㊥zhā ㊐サ
자해 헌데 딱지, 부스럼 딱지.

11 ⑯【瘶】 기침 수 宥
㊥sòu ㊐ソウ
자해 기침, 감기 기침. ≒嗽.

11 ⑯【瘷】 앓는 소리 애·의 卦 支
㊥yī ㊐アイ, イ
소전 자해 ❶앓는 소리, 병이 심하여 앓는 소리. ❷고달프다.

11 ⑯【瘱】 고요할 예 霽
㊥yì ㊐エイ
소전 자해 ❶고요하다, 편안하다. 〔漢書〕 婉瘱有節操완예유절조. ❷그윽하다.

11 ⑯【瘴】 장기 장 漾
㊥zhàng ㊐キョウ
초서 자해 ❶장기(瘴氣), 풍토병. 〔後漢書〕 軍吏經瘴疫군리경장역. ❷열병, 장기를 쐬어 생기는 열병.
瘴氣(장기) 습하고 더운 땅에서 생기는 독기.
瘴毒(장독) 습하고 더운 땅에서 일어나는 독기.
瘴癘(장려) 장기를 마셔서 일어나는 병.
瘴霧(장무) 독기를 품은 안개.
瘴疫(장역) 장독(瘴毒)으로 인해 생기는 열병.
瘴瘧(장학) 열대 지방에 유행하는 학질.

11 ⑯【瘯】 피부병 이름 족 屋
㊥cù ㊐ゾク
초서 자해 피부병 이름. 옴 따위.
瘯蠡(족라) 가축의 피부병. 버짐·옴 따위.

11 ⑯【瘲】 경풍 종 宋
㊥zòng ㊐ショウ
소전 자해 경풍(驚風), 경기(驚氣).

11 ⑯【瘵】 앓을 채 卦
㊥zhài ㊐サイ
소전 초서 자해 ❶앓다, 병들다. 〔詩經〕 士民其瘵사민기채. ❷지치다, 피로해지다.

11 ⑯【瘛】 ①두창 체 霽 ②대하증 대 泰
㊥zhì, dài ㊐テイ, タイ
초서 자해 ① ❶두창(頭瘡). ❷이질(痢疾), 적리(赤痢), 백리(白痢). ② 대하증(帶下症).

11 ⑯【瘳】 나을 추 尤

㊥chōu ㊐チュウ

소전 초서 자해 ❶낫다, 병이 나아지다. 〔書經〕 厥疾弗瘳궐질불추. ❷줄다, 줄이다. ❸낫다, 좋다. 〔春秋左氏傳〕 其何瘳於晉기하추어진.

瘳愈(추유) 병이 치유됨. 완쾌함.

11 ⑯【瘭】 생인손 표 蕭

㊥biāo ㊐ヒョウ

초서 자해 ❶생인손. 손가락 끝에 나는 종기. ❷근이 있는 종기.

瘭疽(표저) 손가락이나 발가락의 손톱 밑의 조직(組織)이 곪고 붓는 병.

12 ⑰【癎】痫 경풍 간 ㊍한 刪

인명 1급 ㊥xián ㊐カン

소전 초서 동자 癇 자해 ❶경풍(驚風), 경기(驚氣). 〔後漢書〕 哺乳多則生癎病포유다즉생간병. ❷간질(癎疾), 지랄병.

癎病(간병) 어린아이가 경련을 일으키는 병. 驚氣(경기). 驚風(경풍).

癎疾(간질) 갑자기 몸을 떨며 눈을 뒤집고 거품을 내뿜으면서 뻗는 병. 지랄병. 癲癎(전간).

12 ⑰【癉】瘅 1앓을 단 寒 2피로할 다 箇

㊥dàn, dǎn ㊐タン, タ

소전 초서 자해 1❶앓다, 고생하다. 〔詩經〕 下民卒癉하민졸단. ❷악성 부스럼. ¶ 癉疽단저. ❸황달(黃疸). 담즙이 원활하게 흐르지 못하여 온몸과 눈이 누렇게 되는 병. 2피로하다.

癉熱(단열) 황달(黃疸). 疸病(달병).

癉疽(단저) 악성의 부스럼.

12 ⑰【癆】痨 중독 로 號

㊥lào ㊐ロウ

소전 초서 자해 ❶중독, 중독되다. ❷노점(癆漸), 폐결핵.

癆漸(노점) 폐결핵.

癆瘵(노채) 폐병(肺病).

12 ⑰【療】疗 병 고칠 료 嘯

인명 2급 ㊥liáo ㊐リョウ

초서 자해 ❶병을 고치다. 〔周禮〕 凡療瘍범료양, 以五毒攻之이오독공지. ❷앓다.

療救(요구) 병을 치료하여 목숨을 구함.

療飢(요기) 시장기를 면할 만큼 조금 먹음.

療養(요양) 병을 치료하며 조섭함.

療疾(요질) 병을 치료(治療)함. 療治(요치).

療護(요호) 병을 간호(看護)함. 看病(간병).

◨ 施療시료, 醫療의료, 診療진료, 治療치료.

12 ⑰【瘤】 瘤(862)의 본자

12 ⑰【癃】 느른할 륭 東

㊥lóng ㊐リュウ

소전 초서 자해 ❶느른하다, 몸이 쇠하여 폐인이 되다. ❷늙다. ❸곱사등이. 〔史記〕 臣不幸有罷癃之病신불행유파륭지병.

癃老(융로) 뇌쇠하여 병약함.

癃疾(융질) 곱사등이. 꼽추.

12 ⑰【癌】 암 암 咸

인명 2급 ㊥ái ㊐ガン

초서 자해 암. 가장 악성으로 치료하기 어려운 종양. ¶ 胃癌위암.

癌腫(암종) 악성 종양(腫瘍)의 한 가지. 상피 조직에서 생기는 암(癌) 조직으로 된 종기.

◨ 肝癌간암, 胃癌위암, 肺癌폐암.

12 ⑰【癄】 아플 참 感

㊥cǎn ㊐サン

초서 자해 ❶아프다. ❷병을 앓다.

12 ⑰【癄】 여윌 초 蕭 嘯

㊥qiáo ㊐ショウ

초서 자해 여위다, 파리하다. ＝憔.

12 ⑰【癈】废 폐질 폐 隊

㊥fèi ㊐ハイ

소전 초서 속자 痜 자해 폐질(癈疾), 고질(痼疾).

癈痼(폐고) 파면하고 다시 임용하지 않음.

癈疾(폐질) 고치기 어려운 오래된 병.

13 ⑱【癐】 ①위독할 괴 ②함성 지를 위
㊥guì, wēi ㊐カイ, イ
자해 ① ❶위독하다. ❷앓다. ② 함성을 지르다.

13 ⑱【癑】 ①아플 농 ②고름 농
㊥nòng, nóng ㊐ドウ
소전 자해 ① ❶아프다, 쑤시다. ❷종기가 터지다. ② 고름.

13 ⑱【癉】 앓을 단
㊥dǎn ㊐タン
자해 ❶앓다, 괴로워하다. ❷중풍(中風).

13 ⑱【癘】疠 ①창질 려 ②문둥병 라 ㊍뢰
㊥lì, lài ㊐レイ, ライ
소전 초서 자해 ① ❶창질(瘡疾). 〔禮記〕仲冬行春令民多疥癘중동행춘령민다개려. ❷염병. ❸죽이다. ② 문둥병. =癩.
癘疫(여역) 전염병. 돌림병. 疫癘(역려).
癘病(나병) 문둥병. 癩病(나병).

13 ⑱【癖】 적취 벽
인명 1급 ㊥pǐ ㊐ヘキ
초서 자해 ❶적취(積聚). 오랜 체증으로 배 안에 덩어리가 생기는 병. ❷버릇, 습관. 〔晉書〕臣有左傳癖신유좌전벽.
癖痼(벽고) 오래 낫지 않는 병. 痼疾(고질).
癖病(벽병) 나쁜 버릇. 病癖(병벽).
癖積(벽적) 적취(積聚).
◪ 潔癖결벽, 盜癖도벽, 性癖성벽, 酒癖주벽.

13 ⑱【癙】 속 끓일 서
㊥shǔ ㊐ショ
초서 자해 ❶속을 끓이다, 근심하다. ❷나력(瘰癧). 목 부분의 결핵성 만성 종창(腫脹).
癙憂(서우) ①병들어 근심함. ②고뇌로 마음이 우울함.

13 ⑱【癕】 癰(866)과 동자

13 ⑱【癒】 병 나을 유
인명 1급 ㊥yù ㊐ユ
초서 동자 瘉 자해 병이 낫다.
癒合(유합) 醫피부, 근육 따위가 나아서 아물어 붙음.

13 ⑱【癜】 어루러기 전
㊥diàn ㊐テン
초서 자해 어루러기. 가슴·등 따위에 회백색 또는 갈색의 반점이 생기고 가려운 피부병.
癜風(전풍) 어루러기.

14 ⑲【癮】 두드러기 은
㊥yǐn ㊐イン
자해 두드러기. =癮.
癮疹(은진) 두드러기.

14 ⑲【癠】 앓을 제
㊥jì ㊐セイ
초서 자해 ❶앓다, 병들다. ❷작다, 자라지 아니하다.

14 ⑲【癡】 痴(860)의 본자 인명

15 ⑳【癧】 병 고칠 료
㊥liáo ㊐リョウ
소전 자해 병을 고치다. =療.

15 ⑳【癢】痒 가려울 양
1급 ㊥yǎng ㊐ヨウ
초서 동자 痒 자해 가렵다, 근지럽다, 근질거리다. 〔禮記〕疾痛苛癢질통가양.
癢痛(양통) 가렵고 아픔.

15 ⑳【癤】疖 부스럼 절
인명 ㊥jiē ㊐セツ
초서 자해 부스럼, 작은 종기.

15 ⑳【癥】症 적취 징

㊥zhēng ㊐チョウ

초서 자해 **적취**(積聚). 오랜 체증으로 인하여 배 안에 덩어리가 생기는 병. 〔史記〕 盡見五藏癥結진견오장징결.

癥結(징결) ①적취(積聚). ②해결하기 어려운 문제.

16 ㉑【癨】 곽란 곽 ㊍확 藥

㊥huò ㊐カク

자해 **곽란**(癨亂). ≒霍.

癨亂(곽란) 급성 위장병의 한 가지. 심한 토사를 하며 심한 복통을 일으킴.

16 ㉑【癩】癞 문둥병 라 ㊍뢰 泰

인명 1급 ㊥lài ㊐ライ

초서 자해 **문둥병**.

癩病(나병) 문둥병. 癩風(나풍).

癩子(나자) ①문둥이. ②두꺼비의 딴 이름.

16 ㉑【癧】疬 연주창 력 錫

㊥lì ㊐レキ

초서 자해 **연주창**(連珠瘡). 갑상선종(甲狀腺腫)이 헐어서 터진 부스럼.

17 ㉒【癬】癣 옴 선 銑

인명 ㊥xuǎn ㊐セン

소전 초서 자해 **옴, 버짐**.

癬疥(선개) ①버짐과 옴. ②옴. ③해결하기 쉬운 문제나 근심의 비유.

癬瘡(선창) 버짐.

◨ 疥癬蟲개선충.

17 ㉒【癭】瘿 혹 영 梗

㊥yǐng ㊐エイ

소전 초서 자해 **혹**. ㉮**목의 혹**. ㉯**옹두리, 나무의 혹**.

癭瘤(영류) 혹.

癭腫(영종) 혹. 목에 나는 혹.

17 ㉒【癮】瘾 두드러기 은 吻

㊥yǐn ㊐イン

초서 자해 ❶**두드러기**. ＝癮. ❷**술·담배의 중독**.

18 ㉓【癯】 여윌 구 虞

㊥qú ㊐ク

초서 자해 **여위다, 파리하다**. 〔唐書〕 皆癯劣不能彀개구렬불능구.

癯劣(구열) 수척하고 지침.

癯瘠(구척) 여윔. 파리해짐.

癯瘁(구췌) 여위고 지침.

18 ㉓【癰】痈 악창 옹 冬

인명 ㊥yōng ㊐ヨウ

소전 초서 동자 자해 ❶**악창**(惡瘡), **등창, 헌데**. ❷**재난, 화해**(禍害).

癰疽(옹저) 악성(惡性) 종기(腫氣).

癰腫(옹종) ①등창·발찌와 같은 악성 종기. ②옹이가 많은 쓸모없는 나무. 크기만 하고 쓸모없는 것.

19 ㉔【癲】癫 미칠 전 先

인명 1급 ㊥diān ㊐テン

초서 자해 ❶**미치다, 정신이 이상해지다**. ❷**지랄병, 전간**(癲癇).

癲癇(전간) 지랄병. 癎疾(간질).

癲狂(전광) 미친 병. 정신병.

癲疾(전질) 미친 병. 狂氣(광기).

19 ㉔【癱】瘫 사지 틀릴 탄 寒

㊥tān ㊐タン

초서 자해 **사지가 틀리다, 마비증**(癱瘓症), **중풍증**.

癱脚(탄각) 다리가 마비되는 병.

癱瘓(탄탄) 졸중(卒中)이나 중풍(中風)으로 반신불수가 되는 병증.

癶部 필발머리

0 ⑤【癶】 등질 발 曷

㊥bō ㊐ハツ

소전 초서 참고 부수의 명칭은 '發(필발)'의 머리 부분인 데서 '필발머리'라고 부른다.

자원 象形. 두 다리를 뻗친 모양을 본뜬 글자.

자해 ❶**등지다, 사이가 벌어지다**. ❷**걷다, 가다**. ❸**한자 부수의 한 가지, 필발머리**.

4 ⑨【癸】 열째 천간 계 ㊍규 紙

중학 인명 3급 ㊥guǐ ㊐キ

필순 ノ ㇇ ㇇ ㇇ 癶 癶 癶 癸 癸

소전 초서 자원 象形. 화살을 겹쳐 놓은 모습을 본뜬 글자. 천간(天干)의 뜻은 뒤에 가차된 것이다.

자해 **❶열째 천간, 10간(干)의 열째.** 고갑자(古甲子)로는 소양(昭陽), 철로는 겨울, 방위로는 북쪽, 오행으로는 수(水)에 배당된다. **❷헤아리다. ❸월경(月經).**

癸庚(계경) 군량(軍糧)의 은어.

癸方(계방) 24방위의 한 가지. 정북(正北)에서 동으로 15도 되는 방위를 중심으로 한 15도 각도의 안.

癸水(계수) 여자의 월경. 몸엣것.

■ 庚癸경계, 天癸천계.

4 ⑨【癹】 짓밟을 발 曷

㊥bá ㊐ハツ

소전 자해 **짓밟다, 풀을 짓밟다.**

4 ⑨【発】 發(868)의 속자

7 ⑫【登】 오를 등 蒸

중학 인명 7급 ㊥dēng ㊐トウ

필순 ノ ㇇ ㇇ ㇇ 癶 癶 癶 登 登 登

소전 초서 자원 會意. 癶+豆→登. 제기(祭器)인 '豆(두)'를 두 손으로 받들고 계단을 오르는 모습으로, 여기에서 '오르다'라는 뜻이 나왔다.

자해 ① **❶오르다. ㉮높은 곳에 오르다.** 〔中庸〕 登高必自卑등고필자비. **㉯높은 지위에 오르다.** 〔晉書〕 帝竟登大位제경등대위. **㉰수레 같은 것을 타다. ❷올리다. ㉮윗사람에게 드리다, 바치다. ㉯장부에 싣다.** 〔周禮〕 掌登萬民之數장등만민지수. **㉰사람을 끌어 올려 쓰다.** 〔書經〕 疇咨若時주자약시, 登庸등용. **❸익다.** 〔孟子〕 五穀不登오곡부등. **❹이루다, 성취하다. ❺정하다, 일정하게 되다.** 〔周禮〕 登其夫家之衆寡六畜車輦등기부가지중과륙축거련. **❻바로, 곧.** 〔晉書〕 登加罪戮등가죄륙.

登降(등강) 오르내림. 昇降(승강).

登高(등고) ①높은 곳에 오름. ②음력 9월 9일 중양절(重陽節)에 높은 곳에 올라 머리에 수유(茱萸)를 꽂고 국화주(菊花酒)를 마시어 재액(災厄)을 쫓는 행사.

登高而招(등고이초) 먼 데 있는 사람도 볼 수 있게 높은 곳에 올라 사람을 부름. 효과를 얻으려면 물건을 이용하여야 함.

登高自卑(등고자비) ①높은 곳에 오를 때는 반드시 낮은 곳에서부터 시작함. 일을 하는 데는 순서가 있으므로 그 순서를 밟아야 함. ②지위가 높아질수록 스스로를 낮춤.

登科(등과) 과거에 급제함. 登第(등제).

登槐(등괴) 재상(宰相)의 자리에 오름.

登極(등극) ①지붕의 용마루에 오름. ②천자의 자리에 오름. 登祚(등조). 卽位(즉위).

登記(등기) 민법상의 권리 또는 사실을 밝히기 위해 등기부에 적는 일. 또는 그 적은 기록.

登年(등년) ①풍년(豐年). ②여러 해를 보냄.

登壇(등단) ①대장을 임명하는 단에 오름. 대장이 됨. ②연단이나 교단에 오름. ③어떤 사회적 분야에 처음으로 등장함.

登覽(등람) 높은 곳에 올라가서 바라봄. 登眺(등조).

登錄(등록) ①장부에 올림. 장부에 기재함. ②일정한 사항을 공증(公證)하기 위하여 공부(公簿)에 기재하는 일.

登龍門(등용문) ①입신출세(立身出世)의 관문(關門). ②용문에 오름. 뜻을 이루어 크게 영달함. 故事 용문(龍門)은 황하(黃河)의 상류에 있는 급류로, 잉어가 이 곳을 오르면 용이 된다고 하는 데서 온 말.

登樓(등루) ①누각(樓閣)에 오름. ②기루(妓樓)에 올라 놂.

登臨(등림) ①높은 곳에 올라 아래를 내려다봄. ②제왕이 되어 백성을 다스림.

登聞鼓(등문고) ①백성이 임금에게 간(諫)하려 할 때나 하소연하려 할 때, 이를 쳐서 알리게 할 목적으로 조정에 비치해 둔 큰 북. ②신문고(申聞鼓)의 딴 이름.

登攀(등반) 높은 곳에 더위잡아 오름.

登山(등산) 산에 오름.

登仙(등선) ①신선이 되어 하늘로 올라감. 登眞(등진). ②존귀한 사람의 죽음의 높임말.

登禪(등선) 선양(禪讓)으로 제위(帝位)에 오름.

登涉(등섭) 산에 오르고 물을 건넘. 산야를 돌아다님.

登歲(등세) 풍년이 듦, 또는 그 해.

登時(등시) 지금 곧. 卽時(즉시). 卽刻(즉각).

登筵(등연) 중신(重臣)이나 대신(大臣)이 용무를 띠고 나아가 임금을 뵘.

登瀛州(등영주) 명예로운 지위에 오름. '瀛州'는 신선이 산다는 삼신산(三神山)의 하나.

登用(등용) 인재(人材)를 뽑아 씀.

登位(등위) 군주(君主)의 자리에 오름. 곧, 즉위(卽位).
登場(등장) ①무대나 연단 위에 나타남. ②어느 장소나 장면 또는 소설에 인물이 나타남.
登梓(등재) 원고의 글을 판에 새김. 인쇄에 부침. 上梓(상재).
登載(등재) 신문·장부 등에 사실을 기록하거나 실음.
登頂(등정) 정상에 오름.
登程(등정) 여정(旅程)에 오름. 登途(등도).
登朝(등조) 조정에 나아감. 벼슬길에 오름.
登進(등진) 끌어 올림. 관리 등을 승진시킴.
登陟(등척) ①높은 곳에 오름. ②높은 데에 오르게 함. 登高(등고).
登板(등판) 야구에서, 투수가 공을 던질 자리에 나섬.
登遐(등하) 제왕의 죽음. 昇遐(승하).
◨ 攀登반등, 先登선등, 擢登탁등, 豐登풍등.

7 ⑫ 【發】 发 쏠 발 月

중학 인명 6급 ㊥fā ㊐ハツ

필순 フ ヲ ヲ' 癶 癶 癶 癶 發 發 發

소전 發 초서 发 속자 発 자원 形聲. 弓+癹→發. 본래 '활을 쏘다' 라는 뜻으로, '癹(발)' 이 음을 나타낸다.

자해 ❶쏘다. ¶ 百發百中백발백중. ❷가다, 떠나다. ❸보내다, 파견하다. 〔戰國策〕 王何不發將而擊之왕하불발장이격지. ❹일어나다, 일으키다. 〔大學〕 仁者以財發身인자이재발신. ❺내다, 나다. ❻싹이 트다. ❼비롯하다. 〔禮記〕 諸德之發也제덕지발야. ❽나타나다, 나타내다. 〔禮記〕 故君子樂其發也고군자락기발야. ❾열다, 열리다. ❿피다, 꽃이 피다. ⓫밝히다, 발명하다. 〔論語〕 不悱不發불비불발.

發覺(발각) 숨겼던 일을 드러내거나 알아냄.
發刊(발간) 책이나 신문 등을 박아 펴냄.
發見(❶발견 ❷발현) ❶처음으로 새로운 사물이나 이치를 찾아 냄. ❷발현(發現).
發光(발광) 빛을 냄.
發狂(발광) ①병으로 미친 증세가 일어남. ②미친 듯이 날뜀.
發掘(발굴) ①땅속에 묻힌 유적 따위를 파냄. ②숨은 인재나 희귀한 물건을 찾아냄.
發給(발급) 발행하여 줌.
發起(발기) 새로운 일을 꾸미어 일으킴.
發難(발난) ①병란(兵亂)을 일으킴. ②질문하고 힐난(詰難)함.
發端(발단) ①일이 처음으로 일어남. ②일의 실마리.
發達(발달) ①성장함. ②진보·발전함.
發動(발동) ①움직이기 시작함. 활동을 개시함 ②시끄럽게 떠듦. ③동력을 일으킴.
發令(발령) 법령이나 경보 따위를 발표하거나 공포함.
發露(발로) 겉으로 드러남.
發論(발론) 의논할 문제를 꺼냄.
發賣(발매) 상품을 팖.
發明(발명) ①열어서 밝게 함. ②연구하여 새로운 물건이나 방법을 생각해 냄.
發蒙(발몽) ①몽매(蒙昧)를 깨우침. 어리석은 사람이 지혜가 열림. ②덮개를 벗김.
發配(발배) 죄인을 유배지로 보냄.
發兵(발병) 군사를 냄. 군사를 일으킴.
發病(발병) 병이 남.
發菩提心(발보리심) (佛)①큰 자비심(慈悲心)을 일으키는 일. ②불도(佛道)의 깨달음을 얻고 중생을 제도하려는 마음을 일으킴. 發心(발심). 發意(발의).
發福(발복) 운이 틔어 복이 닥침.
發付(발부) 증서·영장 따위를 발행함.
發憤(발분) ①마음과 힘을 돋우어 일으킴. 發奮(발분). ②화가 남. 화를 냄.
發憤忘食(발분망식) 분발하여 끼니마저 잊음.
發射(발사) 총포·로켓 등을 쏨.
發散(발산) 밖으로 퍼져 흩어짐.
發想(발상) ①새로운 생각을 궁리해 냄. ②사상·감정 등을 표현함.
發祥(발상) ①천명을 받아 임금이 될 길조(吉兆)가 나타남. ②제왕이나 그 조상의 출생. ③상서로운 일이 생김. 행복의 조짐이 나타남. ④사물이 처음으로 생겨남.
發喪(발상) 상제가 머리를 풀고 고하여 초상난 것을 알림.
發生(발생) ①어떤 현상이 일어남. ②사물이 새로 생겨남.
發說(발설) 비밀 등을 입 밖에 내어 말함.
發送(발송) 물건이나 우편물 따위를 부침.
發身(발신) 몸을 일으킴. 영예(榮譽)를 이룸.
發心(발심) ①무슨 일을 하겠다고 마음을 냄. ②(佛)발보리심(發菩提心). 發意(발의).
發芽(발아) 싹이 틈.
發癌(발암) 암이 생기게 함.
發揚(발양) ①명성(名聲)·국위(國威) 따위를 크게 떨쳐 일으킴. ②인재를 등용함.
發熱(발열) 물체가 열을 냄.
發越(발월) ①빠른 모양. ②밖으로 발산함. ③기상이 뛰어남. 준수(俊秀)함.
發育(발육) 생물이 차차 크게 자람.
發意(발의) ①의견이나 계획을 냄. ②(佛)발보리심(發菩提心).

發靷(발인) 장사 때 상여가 묘지를 향하여 집을 떠남.
發作(발작) 경련 등이 갑자기 일어남.
發情(발정) ①인정에 끌리어 일어남. ②정욕(情慾)을 일으킴.
發程(발정) 길을 떠남.
發足(발족) ①첫발을 내어 디딤. 출발함. ②조직(組織)·기관(機關) 등이 이루어져서 활동을 개시하는 일.
發縱指示(발종지시) 사냥개를 풀어 짐승 있는 곳을 가리켜 잡게 함. 어떻게 하라고 조종하고 지휘함.
發注(발주) 물건을 주문함.
發着(발착) 출발과 도착.
發暢(발창) 봄이 되어 새싹이 돋아 나옴.
發策(발책) 임금이 친히 시무책(時務策)에 관한 문제를 내어 시험 보이는 일. 또는 그 문제에 답안을 제출하는 일. 策問(책문).
發表(발표) ①임금께 서장(書狀)을 올리는 일. ②널리 세상에 알림. 公表(공표).
發汗(발한) 땀을 냄.
發行(발행) ①길을 떠남. 출발함. 發程(발정). ②도서·신문 등을 인쇄하여 세상에 내놓음. 發刊(발간). ③화폐·증권·증명서 등을 만들어 통용(通用)시킴.
發向(발향) 목적한 곳을 향하여 출발함.
發現(발현) ①묻혀 있던 것이 겉으로 드러남. 出現(출현). ②나타내 보임. 발휘함.
發號(발호) 호령(號令)을 내림.
發火(발화) 불이 남.
發效(발효) 법률이나 규칙 등이 효력을 나타내게 됨.
發揮(발휘) 떨쳐 나타냄. 지니고 있는 실력을 외부에 드러냄.

◨ 開發개발, 啓發계발, 告發고발, 亂發난발, 濫發남발, 突發돌발, 滿發만발, 憤發분발, 奮發불발, 不發불발, 散發산발, 先發선발, 始發시발, 連發연발, 自發자발, 再發재발, 摘發적발, 徵發징발, 出發출발, 爆發폭발.

白部 흰백

0 ⑤ 【白】 흰빛 백 陌

중학 인명 8급 ㊥bái ㊐ハク

필순 ノ 亻 冂 白 白

소전 초서 자원 指事. 入+二→白. 음지(陰地)를 뜻하는 '入'과 서쪽을 뜻하는 '二'를 합하여 서쪽으로 해가 지는 어스레한 저녁 풍경을 나타내었다. 어스레한 사물의 빛깔을 희다고 본 데서 '희다'는 뜻을 나타낸다.

자해 **❶흰빛, 오색의 하나.** 방향으로는 서(西), 사철로는 가을, 오행으로는 금(金), 주역(周易)에서는 진(震) 또는 손(巽), 오장으로는 폐(肺), 길흉으로는 상(喪)에 해당한다. 〔論語〕 不曰白乎불왈백호, 涅而不緇날이불치. **❷희다.** **㉮빛깔이 희다.** 〔孟子〕 生之謂性也생지위성야, 猶白之謂白與유백지위백여. **㉯채색하지 아니하다, 꾸미지 아니하다.** **㉰깨끗하다.** **❸날이 새다, 밝아지다.** **❹희다고 하다.** 〔孟子〕 白馬之白也백마지백야, 無以異於白人之白也무이이어백인지백야. **❺밝히다.** **❻좋은 편을 보이는 말.** '어질다, 맑다, 바르다, 낫다' 따위. 〔後漢書〕 詳衆士之白黑상중사지백흑. **❼여쭈다, 사뢰다.** **❽잔, 술잔.** 원래는 벌주의 잔.

白骨(백골) 흰 뼈. 송장의 살이 썩고 남은 뼈. 枯骨(고골).
白骨難忘(백골난망) 죽은 뒤에도 은혜를 잊을 수 없음.
白骨徵布(백골징포) 國죽은 사람의 이름을 군적(軍籍)에 올려 군포(軍布)를 거두어 들임.
白球(백구) 야구·골프·배구 따위의 흰 공.
白駒(백구) ①흰 망아지. ②햇빛. 광음(光陰). 세월(歲月).
白駒過隙(백구과극) 흰 말이 벽 틈 앞을 지나감. 세월이 빠름의 비유.
白圭(백규) ①희고 맑은 옥. ②말을 삼가야 함. 三復白圭(삼복백규).
白旗(백기) ①흰 기. ②항복의 표지로 쓰이는 흰 기.
白徒(백도) ①과거를 거치지 않고 벼슬아치가 됨. 또는 그런 사람. ②훈련되지 못한 병정.
白道(백도) ①흰 길. ②도리를 밝힘. ③달이 천구상(天球上)에 그리는 궤도(軌道).
白頭(백두) ①센머리. 白首(백수). ②國지체는 높으나 벼슬하지 않는 양반. 민머리.
白頭如新(백두여신) 백발이 되도록 사귀었어도, 서로 마음을 알지 못하면 새로 사귄 사람이나 다를 바가 없음.
白練(백련) 마전한 흰 비단(명주).
白露(백로) 24절기의 하나. 9월 8일경.
白龍魚服(백룡어복) 존귀한 사람이 미행(微行)하다가 위험(危險)을 당함. 故事 신령한 백룡이 물고기로 변하여, 예저(豫且)라는 어부에게 잡혔다는 고사에서 온 말.
白麻(백마) ①흰 삼베. ②당대(唐代)에 임금의 조서(詔書)를 기록하던 흰 마지(麻紙). ③조서(詔書).

白 0획

白面書生(백면서생) 얼굴이 해맑은 젊은이. 연소하여 경험이 부족한 서생.

白描(백묘) 동양화 묘법(描法)의 하나. 진하고 흐린 곳이 없이 선(線)만을 먹으로 진하게 그리는 일.

白文(백문) ①구두점(句讀點)·자구의 해석 등을 붙이지 않은 한문의 정문(正文). ②비문(碑文)·인문(印文) 따위의 음각(陰刻)한 것. ③관인(官印)이 찍히지 않는 문서.

白米(백미) 희게 쓿은 멥쌀.

白眉(백미) ①흰 눈썹. ②여럿 중에서 가장 뛰어남. 故事 삼국 때 촉한(蜀漢)의 마씨(馬氏) 집안 여러 형제 가운데 눈썹 속에 흰 털이 있는 마량(馬良)이 제일 뛰어났던 데서 온 말.

白民(백민) ①관작(官爵)이 없는 백성. ②나라 이름. 남만(南蠻)의 하나.

白髮(백발) 하얗게 센 머리털.

白白(백백) ①바른 것을 밝힘. ②새하얌. ③헛되이. 아무 보람도 없이.

白璧微瑕(백벽미하) 흰 구슬의 작은 티. 훌륭한 사람이나 물건에 조그마한 결점이 있음.

白兵(백병) ①칼집에서 뺀 칼. 서슬이 선 칼날. 白刃(백인). ②예리한 무기.

白兵戰(백병전) 칼·총·총검 등을 가지고 직접 맞붙어 싸우는 전투.

白賁(백비) 채색하지 않고 흰빛으로 꾸밈. 모든 화려함을 버리고 자연의 근본으로 돌아감.

白鬢(백빈) 허옇게 센 살쩍. 霜鬢(상빈).

白沙靑松(백사청송) 흰 모래톱에 푸른 소나무. 물가의 아름다운 경치.

白蔘(백삼) 잔털을 다듬고 껍질을 벗겨 햇빛에 말린 수삼(水蔘).

白狀(백상) 스스로 자기 죄상을 말함.

白商(백상) 가을.

白書(백서) ①나무를 깎은 흰 바닥에 쓴 글자. ②정부에서 발표하는 공식적인 실정(實情) 보고서.

白晳(백석) 살갗의 빛이 흼. 흰 피부.

白水(백수) ①흰 물. 맑은 물. ②청백(淸白)한 마음.

白首(백수) 센머리. 노인의 머리.

白叟(백수) 백발의 노인.

白首文(백수문) 천자문(千字文)의 딴 이름. 故事 후량(後梁)의 주흥사(周興嗣)가 천자문을 하룻밤 사이에 짓고 머리가 허옇게 세었다는 고사에서 온 말.

白水眞人(백수진인) 돈의 딴 이름.

白身(백신) ①백두(白頭). ②흰 몸뚱이.

白堊(백악) ①흰 빛깔의 흙. 白土(백토). ②석회(石灰)를 바른 흰 벽. ③백묵(白墨). 분필(粉筆).

白眼視(백안시) 눈의 흰자위를 드러내고 흘겨봄. ㉠시쁘게 여김. ㉡냉대(冷待)하는 눈으로 봄. 故事 진(晉)나라 때 죽림칠현(竹林七賢)의 한 사람인 완적(阮籍)은 세속적인 일에 젖은 사람을 만나면 흰 눈자위를 드러내며 대하고, 그렇지 않은 사람은 푸른 눈자위를 드러내고 맞이하였다는 고사에서 온 말.

白夜(백야) ①달 밝은 밤. ②극지방(極地方)에서 해가 진 후에도 어두워지지 않고 희뿌연 현상의 밤.

白魚(백어) ①흰 물고기. ②물고기 이름. 뱅어. ③좀〔蠹〕의 딴 이름.

白魚入舟(백어입주) 적이 항복하여 복종함. 故事 주(周) 무왕(武王)이 주(紂)임금을 치려고 강을 건널 때 흰 물고기가 배 안으로 뛰어들었는데, 이를 은(殷)이 항복할 조짐이라고 보았던 고사에서 온 말.

白蜺(백예) 흰 무지개.

白屋(백옥) ①흰 띠로 지붕을 이은 집. 모옥(茅屋). ②천한 사람이 사는 집. ③천한 사람. 서민(庶民).

白玉樓(백옥루) 문인(文人)이나 묵객(墨客)이 죽은 다음에 간다는 천상(天上)의 누각(樓閣). 문인의 죽음. 故事 당대(唐代)의 시인(詩人) 이하(李賀)가 죽을 때, 천사(天使)가 찾아와 "상제(上帝)의 백옥루가 완공되었으므로 너를 불러들여 그 기문(記文)을 짓도록 정하였다"고 말한 고사에서 온 말.

白玉無瑕(백옥무하) 백옥에 티가 없음. 조금도 결점이 없는 사람.

白玉盤(백옥반) ①봉선(封禪) 때 제수를 담는 그릇. ②달의 딴 이름.

白雨(백우) ①소나기. ②우박.

白羽(백우) ①흰 새깃. 흰 깃. ②새의 깃으로 만든 물건.

白雲鄕(백운향) 천상 세계. 仙鄕(선향).

白衣(백의) ①흰 옷. ②벼슬이 없는 사람. 평민. 布衣(포의). ③(佛)속인(俗人).

白衣冠(백의관) 흰 의관. 상복(喪服).

白衣使者(백의사자) 술을 들고 온 심부름꾼. 故事 진(晉)나라의 도연명(陶淵明)이 중양절(重陽節)에 마침 술이 떨어졌었는데 강주자사(江州刺史) 왕홍(王弘)이 흰 옷을 입은 사자를 보내 술을 선사한 고사에서 온 말. 白衣送酒(백의송주).

白衣宰相(백의재상) 야인(野人)으로 있으면서 재상의 대우를 받음.

白衣從軍(백의종군) 벼슬이 없는 사람으로 군대를 따라 전장에 나감.

白人(백인) ①백색 인종. 백인종. ②보통 사람. 평민(平民).

白刃(백인) 칼집에서 뺀 칼. 시퍼런 칼날.
白日(백일) ①한낮. 대낮. 白晝(백주). ②빛나는 태양.
白日夢(백일몽) 대낮의 꿈. 엉뚱한 공상(空想)의 비유.
白日場(백일장) ①國유생(儒生)들의 학업을 권장하는 의미에서 각 지방에서 베풀던 시문을 짓는 시험. ②글짓기 대회.
白瓷(백자) 흰 사기(沙器).
白牋(백전) 백지에 쓴, 임금에게 올리는 상소문(上疏文).
白戰(백전) ①맨손으로 싸움. ②문인(文人)이 글재주를 겨룸. ③금체시(禁體詩). 한시(漢詩)를 지을 때 시제(詩題)와 관계 있는 글자, 가령 눈〔雪〕의 시인 경우 玉·月·梨·梅·鷺·鶴·素·銀·鹽 등의 사용을 금하는 따위.
白丁(백정) ①벼슬이 없는 사람. ②임시로 징집된 장정. ③소·개·돼지 따위를 잡는 일을 하는 사람.
白帝(백제) 오방신(五方神)의 하나. 서방(西方)의 신.
白洲(백주) 흰 모래의 물가. 흰 모래로 이루어진 삼각주.
白晝(백주) 대낮.
白紙(백지) ①흰 빛깔의 종이. ②아무것도 쓰지 않은 종이.
白質(백질) 흰 바탕. 백색의 소지(素地).
白菜(백채) ①배추. ②배추를 잘게 썰어 양념하여 볶은 나물.
白癡(백치) 천치. 바보.
白濁(백탁) 뿌옇게 흐림.
白波(백파) ①흰 물결. ②도둑.
白牌(백패) 소과(小科)에 급제한 생원(生員)이나 진사(進士)에게 주던 흰 종이의 증서.
白布(백포) 흰 베.
白汗(백한) 구슬 같은 흰 땀.
白鴿(백합) 흰 집비둘기.
白血病(백혈병) 혈액 속의 백혈구가 정상보다 많아지는 병.
白狐(백호) ①짐승 이름. ②흰빛 여우.
白虎(백호) ①흰 호랑이. ②사방위신(四方位神)의 하나. 서방을 지키는 신. ③두부(豆腐)의 딴 이름. ④現음모(陰毛)가 없는 여자.
白毫(백호) ①흰 털. ②(佛)부처의 미간(眉間)에 있어서 빛을 발하여 무량(無量)의 국토에 비친다고 하는 흰 털.
白虹貫日(백홍관일) 흰 무지개가 해를 꿰뚫음. ㉠정성이 하늘에 감응되어 나타나는 현상. ㉡임금의 신상에 위해가 닥칠 조짐.
白黑(백흑) ①백과 흙. 黑白(흑백). ②선과 악, 정(正)과 사(邪)의 비유.

■ 潔白결백, 告白고백, 淡白담백, 明白명백, 半白반백, 斑白반백, 純白순백, 淳白순백, 淸白청백, 漂白표백, 皓白호백, 黃白황백, 黑白흑백.

1 ⑥【百】 일백 백 陌

중학 인명 7급 ㊥bǎi ㊐ヒャク

필순 一 丆 丆 百 百 百

소전 초서 자원 指事. '白(흰 백)' 자에 한 획을 그어 숫자 100을 표시하였다.

자해 ❶일백. 〔書經〕 朞三百有六旬有六日기삼백유륙순유륙일. ❷모든, 다수, 여러. 〔易經〕 百官以治백관이치.

百家(백가) ①많은 집. ②많은 학자. 또는 유가(儒家)의 정계(正系) 이외에 스스로 일가(一家)를 이룬 학자의 총칭(總稱).
百劫(백겁) 매우 오랜 세월.
百結(백결) ①누더기. ②마음속에 맺힌 근심. ③실을 걸어서 매듭을 만들어 가며 짠 직물.
百計(백계) 온갖 계책. 여러 가지의 꾀.
百谷王(백곡왕) 많은 골짜기의 물을 모으는 것. 곧, 하해(河海).
百孔千瘡(백공천창) 백 개의 구멍과 천 개의 상처. ㉠많은 단점의 비유. ㉡상처투성이.
百科(백과) 여러 가지 학과. 모든 분야.
百鬼夜行(백귀야행) 온갖 요괴(妖怪)가 밤에 마음놓고 돌아다님. 악인들이 제멋대로 날뜀.
百揆(백규) ①서정(庶政)을 통괄하는 벼슬. 백관(百官)의 장(長). 冢宰(총재). ②모든 관원. 百官(백관).
百鈞(백균) 3,000근의 무게. 무척 무거운 양.
百金之士(백금지사) 백금에 상당하는 선비. 어진 선비.
百年佳約(백년가약) 한평생을 부부로써 살자는 아름다운 약속.
百年河淸(백년하청) 백 년 동안 황하가 맑아지기를 기다림. 아무리 기다려도 일이 해결될 가망이 없음.
百年偕老(백년해로) 부부가 화락하게 함께 늙어 감.
百端(백단) 온갖 일의 실마리.
百代(백대) ①오래 계속 이어 오는 여러 세대. ②오랜 세월. 百世(백세).
百度(백도) ①온갖 일의 절도(節度). 갖가지 법도. ②일주야의 100각(刻). 1각은 14.4분. ③온도계·각도기 등의 100눈금.
百伶百俐(백령백리) 매우 총명함.
百祿(백록) 많은 복록(福祿). 온갖 행복.

百雷(백뢰) ①많은 우레. ②소리가 큼.
百里才(백리재) 한 현(縣)을 다스리기에 족한 재능(才能).
百畝之田(백묘지전) 하(夏)·은(殷)·주(周) 대의 정전제(井田制)에서, 한 가구가 받는 땅의 넓이. 1정(井)은 900묘인데, 중앙 100묘는 공전(公田)으로 공동 경작하고, 주위의 800묘는 8가구에 나누어 줌.
百無所成(백무소성) 하는 일마다 성취한 것이 없음.
百無一失(백무일실) 백에 하나도 잃은 것이 없음. 일마다 실수함이 없음.
百般(백반) 갖가지. 모두. 萬事(만사).
百發百中(백발백중) 백 번 쏘아 백 번 맞춤. ㉠쏘기만 하면 어김없이 맞음. ㉡모든 일이 계획대로 들어맞음.
百方(백방) ①온갖 방법. ②여러 방면.
百辟(백벽) ①많은 군주(君主). ②많은 제후(諸侯).
百朋(백붕) ①많은 친구. ②많은 녹(祿).
百事(백사) 여러 가지 일. 온갖 일.
百死一生(백사일생) 백 번 죽을 뻔하다가 한 번 살아남. 수없이 위험한 고비를 넘음. 九死一生(구사일생).
百祥(백상) 많은 상서로운 일. 갖은 행복.
百姓(백성) ①많은 관리. ②서민. 일반 국민.
百世之師(백세지사) 백대의 후세까지도 사표(師表)가 될 사람. 곧, 성인(聖人).
百歲(백세) ①100년. 오랜 세월. ②평생.
百獸(백수) 온갖 짐승.
百乘之家(백승지가) 봉읍(封邑)에서 병거(兵車) 100대를 낼 수 있는 집. 곧, 경대부(卿大夫)의 집.
百氏(백씨) 많은 학자. 諸子百家(제자백가).
百藥之長(백약지장) 온갖 약 가운데 으뜸인 것. 술의 딴 이름.
百王(백왕) ①많은 왕. 여러 임금. ②백대의 왕. 대대의 많은 군왕(君王).
百爾君子(백이군자) 관위(官位)에 있는 모든 사람.
百忍(백인) 온갖 어려움을 참고 견딤. 故事 당대(唐代)에 장공예(張公藝)의 집안은 구대(九代)가 한집에서 같이 화목하게 살았는데, 이 소문을 들은 고종(高宗)이 그 비결을 물으니 인(忍)자를 100개 써서 올렸다는 고사에서 온 말.
百子(백자) ①제자백가(諸子百家)가 저술한 책. ②많은 아들.
百戰老將(백전노장) 온갖 세상 풍파를 다 겪은 사람. 百戰老卒(백전노졸).
百戰百勝(백전백승) 백 번 싸워 백 번 이김. 번번이 이김.
百折不屈(백절불굴) 수없이 꺾여도 굽히지 않음. 온갖 어려움을 무릅쓰고 이겨 나감.
百中(백중) ①쏘면 꼭 맞힘. ②백의 가운데. ③(佛)음력 7월 보름날. 百種(백종).
百尺竿頭(백척간두) 100자 높이 장대의 끝. 매우 위태롭고 어려운 지경.
百出(백출) 여러 가지 현상으로 나타남.
百態(백태) 여러 가지 자태.
百八煩惱(백팔번뇌) (佛)중생(衆生)의 과거·현재·미래를 통한 일체의 번뇌(煩惱).
百弊(백폐) 온갖 폐단.
百廢俱興(백폐구흥) 폐지된 온갖 일이 다시 일어남.
百骸(백해) 많은 뼈. 몸 전부.
百害無益(백해무익) 해롭기만 할 뿐 조금도 이로울 것이 없음.
百花爛漫(백화난만) 온갖 꽃이 한물로 활짝 피어 흐드러짐.
百花王(백화왕) 모란(牡丹)의 딴 이름.
百花齊放(백화제방) 온갖 꽃이 일제히 핌. ㉠온갖 사물이 번성함. ㉡학문·예술·사상 등의 유파가 각기 자기 주장을 마음껏 폄.
百卉含英(백훼함영) 온갖 꽃이 아름답게 핌.
◨ 凡百범백, 一當百일당백.

2 ⑦【皃】 貌(1195)와 동자

2 ⑦【皁】 하인 조 皓

㊥zào ㊐ソウ

초서 속자 皂 자해 ❶하인, 천한 사람. 〔春秋左氏傳〕士臣皁사신조, 皁臣輿조신여. ❷마구간. ❸검다, 검은 빛. 〔漢書〕且帝之身自衣皁綈차제지신자의조제.
皁蓋(조개) 수레 위를 가리는 검은 일산(日傘).
皁巾(조건) 검은 두건.
皁櫪(조력) ①마구간. ②마판(馬板).
皁白(조백) ①흑(黑)과 백(白). 옳음과 그름. 黑白(흑백). ②승려와 속인(俗人).
皁棧(조잔) ①구유와 마판. ②마구간.

2 ⑦【皂】 皁(872)의 속자

3 ⑧【的】 과녁 적 錫

중학 인명 5급 ㊥dì, de ㊐テキ

필순 ′ 亻 白 白 白 的 的 的

白 2획

초서 [초서] 자원 形聲. 白+勺→的. '勺(작)' 이 음을 나타낸다.

자해 ❶과녁, 활을 쏘는 표적. 〔詩經〕 發彼有的발피유적. ❷표준, 사물을 행하는 기준. 〔後漢書〕 天下爲準的천하위준적. ❸확실하게, 적확(的確)히. ❹조사. '~의' 의 뜻으로, 송대(宋代)의 어록(語錄) 등에서 '底'·'地' 등과 같이 쓰인다.

的當(적당) ①명확하게 맞음. 꼭 들어맞음. ②확실(確實). 確當(확당).
的歷(적력) 또렷또렷하고 분명함. 선명(鮮明)한 모양. 的皪(적력).
的實(적실) 틀림없이 확실함.
的的(적적) 명확한 모양.
的中(적중) ①화살이 과녁에 맞음. 쏜 것이 목표물에 맞음. ②예측대로 들어맞음.
的證(적증) 명확한 증거.
的知(적지) 확실히 앎.
的確(적확) 틀림없음. 확실함.
◨ 公的공적, 內的내적, 端的단적, 目的목적, 物的물적, 史的사적, 私的사적, 外的외적, 標的표적, 確的확적.

4 ⑨【皆】 다 개 佳

중학 인명 3급 ㊥jiē ㊐カイ

필순 一 ㅑ ㅑ 比 比 比 皆 皆 皆

소전 [소전] 초서 [초서] 자원 會意. 比+白→皆. 여러 사람이 나란히 서서〔比〕 찬성의 말〔白〕을 한다는 데서, '다, 모두' 를 뜻한다.

자해 ❶다, 모두. 〔論語〕 天下之惡皆歸焉천하지악개귀언. ❷두루 미치다.

皆勤(개근) 일정한 기간 동안 하루도 빠짐없이 출석하거나 출근함.
◨ 擧皆거개, 悉皆실개.

4 ⑨【皈】 歸(676)와 동자

4 ⑨【皇】 임금 황 陽

중학 인명 3Ⅱ급 ㊥huáng ㊐オウ

필순 ′ ′ 白 白 白 皇 皇 皇 皇

소전 [소전] 초서 [초서] 자원 會意. 白+王→皇. '白' 은 본디 '自', 곧 '鼻' 로 '처음' 의 뜻이다. '王' 과 합하여 처음의 왕, 곧 중국 최고(最古)의 임금인 '삼황(三皇)' 을 가리킨다. 여기서 '천자', '상제(上帝)' 의 뜻이 나왔다.

자해 ❶임금. '왕(王)'·'패(霸)' 에 비하여 특히 공덕이 가장 높고 큰 임금을 이른다. 〔詩經〕 皇王維辟황왕유벽. ❷천자, 또는 상제(喪制)에 관한 사물 위에 붙이는 말. ❸천제(天帝), 만물의 주재자(主宰者). 〔楚辭〕 信上皇而質正신상황이질정. ❹죽은 부모, 남편에 붙이는 경칭. 〔禮記〕 父曰皇考부왈황고, 母曰皇妣모왈황비, 夫曰皇辟부왈황벽.

皇京(황경) 서울. 都城(도성).
皇考(황고) 돌아가신 아버지의 존칭.
皇姑(황고) ①돌아간 시어머니. 선고(先姑)의 존칭. ②황제의 자매나 고모.
皇衢(황구) 사통팔달의 큰 길. 한길.
皇穹(황궁) ①하늘. 蒼穹(창궁). ②천제(天帝).
皇極(황극) ①치세(治世)에 있어서, 한쪽에 치우치지 아니하는 중정(中正)의 도(道). ②황제의 자리. 帝位(제위).
皇基(황기) 황제가 국가를 통치하는 사업. 국가의 기초. 皇礎(황초).
皇都(황도) 도성(都城). 제도(帝都).
皇道(황도) 삼황오제(三皇五帝)의 정도(政道). 제왕이 나라를 다스리던 도(道).
皇圖(황도) ①하도(河圖). ②천자가 다스리는 영역. ③천자의 계획. 皇猷(황유).
皇陵(황릉) 황제의 능침.
皇嗣(황사) 황제의 후사(後嗣). 황태자(皇太子). 皇儲(황저).
皇上(황상) 현재의 황제. 今上(금상).
皇壽(황수) ①황제의 수명. ②황제의 나이.
皇裔(황예) 천자의 자손. 皇胤(황윤).
皇王(황왕) 천자.
皇運(황운) ①제왕이 될 운명. ②제왕의 운수.
皇威(황위) 제왕의 위광(威光).
皇猷(황유) 제왕의 길. 제왕이 나라를 다스리는 계책. 皇謨(황모). 皇圖(황도).
皇帝(황제) ①제왕(帝王). 덕과 공이 삼황오제(三皇五帝)에 필적한다는 뜻으로, 진(秦)의 시황제(始皇帝)에서 비롯된 호칭. ②황제(黃帝). ③삼황오제(三皇五帝)의 준말.
皇祖(황조) ①제왕의 선조(先祖)나 시조(始祖). ②죽은 조부의 존칭.
皇朝(황조) 당대(當代)의 조정(朝政).
皇天(황천) ①하늘의 존칭. ②하늘의 주재신(主宰神). 上帝(상제).
皇天后土(황천후토) 하늘의 신과 땅의 신.
皇勅(황칙) 황제의 조칙(詔勅).
皇太后(황태후) 선제(先帝)의 황후(皇后). 금상(今上)의 어머니.
皇風(황풍) 천자의 덕(德).
皇化(황화) 황제의 덕화(德化). 임금의 어진

덕으로 백성을 교화(敎化)함. 王化(왕화).
皇華(황화) ①황제의 위덕(威德). 皇威(황위). ②황제의 사신. 勅使(칙사).
皇皇(황황) ①화려한 모양. 눈부시게 아름다운 모양. ②몹시 급하여 허둥지둥하는 모양. 遑遑(황황). ③마음이 안정되지 않아 갈피를 잡지 못하는 모양. ④큰 모양. ⑤사방(四方)으로 탁 트인 모양.
皇后(황후) ①제왕의 정실(正室). ②천자.
◨ 覺皇각황, 敎皇교황, 三皇삼황, 上皇상황, 玉皇옥황, 倉皇창황, 天皇천황.

5 ⑩【皋】 皐(874)와 동자

6 ⑪【皐】 못 고 豪

인명 2급 ㊥gāo ㊐コウ

소전 皋 초서 皐 동자 皋 속자 皐 자해 ❶못, 늪. 〔詩經〕 鶴鳴于九皐학명우구고. ❷논. ❸명령하다. ❹높다. ≒高. 〔禮記〕 天子皐門천자고문. ❺고복(皐復)하는 소리.
皐復(고복) 초혼(招魂)하고 발상(發喪)하는 의식. 사람이 죽은 5~6시간 뒤 그가 입던 웃옷을 가지고 지붕에 올라가서 왼손으로 깃을 잡고 오른손으로 허리를 잡아 북면(北面)하며 '누구가 몇 월 며칠날 몇 시에 별세(別世)' 라고 세 번 외친 다음 그 옷을 시체 위에 덮음.
皐比(고비) ①호랑이 가죽. 虎皮(호피). ②장군(將軍), 또는 학자의 좌석(座席). ③강석(講席).
皐月(고월) 음력 5월의 딴 이름.

6 ⑪【皎】 달빛 교 篠

인명 1급 ㊥jiǎo ㊐コウ

소전 皎 초서 皎 동자 皦 자해 ❶달빛, 달의 밝은 빛. 〔詩經〕 月出皎兮월출교혜. ❷햇빛. ❸희다, 밝다.
皎潔(교결) 희고 깨끗함. 결백(潔白)함.
皎鏡(교경) ①밝은 거울. ㉠달〔月〕. ㉡못〔池〕. ②밝은 모양.
皎皎(교교) ①결백(潔白)한 모양. ②밝은 모양.
皎朗(교랑) 명백함. 분명함.
皎厲(교려) 스스로 거드름 피움. 자만함.
皎麗(교려) 희고 고움.
皎如(교여) 밝은 모양.
皎然(교연) ①밝은 모양. ②흰 모양.
皎月(교월) 희고 밝은 달. 皓月(호월).

7 ⑫【皕】 이백 벽·비 職 寘

㊥bì ㊐ヒョク, ヒ

소전 皕 초서 皕 자해 이백(二百).

7 ⑫【皓】 흴 호 皓

인명 2급 ㊥hào ㊐コウ

초서 皓 자해 ❶희다, 희게 빛나다. 〔列子〕 皓然疑乎雪호연의호설. ❷밝다. 〔詩經〕 月出皓兮월출호혜. ❸깨끗하다.
皓魄(호백) ①달. ②달빛.
皓然(호연) 희고 깨끗한 모양. 결백한 모양.
皓月(호월) 밝게 빛나는 달. 皎月(교월).
皓齒明眸(호치명모) 흰 이와 맑은 눈동자. 미인의 아름다운 모습.
皓皓(호호) ①밝은 모양. ②깨끗한 모양. ③한없이 넓은 모양.
皓皓白髮(호호백발) 온통 하얗게 센 머리. 皜皜白髮(호호백발).

7 ⑫【皖】 1 샛별 환 潸 2 현 이름 환 旱

㊥huàn, wǎn ㊐カン

자해 1 샛별, 금성(金星). 2 현 이름. 한대(漢代)에 지금의 안휘성(安徽省) 잠산현(潛山縣)에 두었음.

8 ⑬【晳】 살결 흴 석 錫

㊥xī ㊐セキ

소전 晳 초서 晳 참고 晳(588)은 딴 자.
자해 ❶살결이 희다, 사람의 피부가 희다. 백인(白人)을 이른다. ❷희다.

8 ⑬【皗】 밝을 주 尤

인명 ㊥chóu ㊐チウ

자해 ❶밝다. ❷비단이 희다.

10 ⑮【皚】 皑 흴 애 灰

㊥ái ㊐ガイ

소전 皚 초서 皚 자해 희다, 흰 모양.
皚皚(애애) 서리나 눈이 하얗게 내린 모양.

10 ⑮【皠】 흴 학 覺

㊥he ㊐カク

白 5획

초서 자해 희다, 희고 깨끗하다.

10 ⑮【皞】 밝을 호 皓

인명 ㊥hào ㊐コウ

초서 속자 皡 자해 ❶밝다. ❷희다. ❸진득하다, 마음이 너그럽고 느긋하다. 〔孟子〕 王者之民왕자지민, 皞皞如也호호여야.

10 ⑮【皛】 1 나타날 효 篠 2 칠 박 陌

인명 ㊥xiǎo, pò ㊐キョウ, ハク

소전 초서 참고 인명용 음은 '효'이다.

자해 1 ❶나타나다, 드러나다. ❷희다, 물빛이 몹시 희다. 2 치다, 두드리다.

12 ⑰【皤】 머리 센 모양 파 歌

㊥pó ㊐ハ

소전 초서 자해 ❶머리가 센 모양, 노인의 머리가 센 모양. 〔班固·詩〕 皤皤國老파파국로. ❷희다.

皤翁(파옹) 백발의 노인. 皤叟(파수).

皤皤(파파) 머리털이 하얗게 센 모양.

12 ⑰【皡】 皞(875)의 속자

13 ⑱【皦】 옥석 흰빛 교 篠

㊥jiǎo ㊐キョウ

소전 초서 자해 ❶옥석(玉石)의 흰빛. ❷희다. 〔詩經〕 有如皦日유여교일.

皦皦(교교) 희고 밝은 모양. 皎皎(교교).

皦日(교일) 밝게 빛나는 태양. 白日(백일).

18 ㉓【皭】 흴 작 藥

㊥jiào ㊐シャク

초서 자해 ❶희다, 흰빛. ❷맑고 깨끗하다, 결백하다. 〔左思·賦〕 皭若君平작약군평.

皭皭(작작) 깨끗한 모양. 결백한 모양.

皮部 가죽 피

0 ⑤【皮】 가죽 피 支

중학 인명 3Ⅱ급 ㊥pí ㊐ヒ

필순 丿 厂 广 庀 皮

소전 초서 자원 會意. 广＋又→皮. '广'는 '革(가죽 혁)' 자의 반쪽이고, 여기에 손〔又〕을 더하여, '가죽을 벗기다' 라는 뜻을 나타낸다.

자해 ❶가죽. 털이 붙은 채의 벗긴 가죽. 〔周禮〕 秋斂皮추렴피. ❷껍질. 〔漢書〕 以竹皮爲冠이죽피위관. ❸겉, 거죽, 사물의 표면. ❹갖옷, 털옷, 모피옷. 〔莊子〕 冬日衣皮毛동일의피모.

皮褐(피갈) 천한 사람이 입는 갖옷.

皮骨相接(피골상접) 살갗과 뼈가 맞닿을 정도로 몸이 몹시 여윔.

皮裘(피구) 가죽으로 만든 옷. 갖옷.

皮弁(피변) 사슴 가죽으로 만든 관(冠). 조정에 출사(出仕)할 때에 썼음.

皮封(피봉) 國편지를 봉투에 넣고 다시 싸서 봉한 종이. 겉봉.

皮膚(피부) 동물의 몸의 겉을 싼 외피(外皮).

皮相(피상) 겉으로 보이는 현상.

皮肉(피육) ①가죽과 살. ②겉. 표면.

皮匠(피장) 갖바치.

皮幣(피폐) ①가죽과 비단. 예물. ②흰 사슴 가죽으로 만든 화폐(貨幣).

皮革(피혁) ①날가죽과 다룬 가죽. ②가죽의 총칭(總稱).

◨ 桂皮계피, 毛皮모피, 外皮외피, 脫皮탈피, 表皮표피, 虎皮호피.

5 ⑩【皰】 여드름 포 效

㊥pào ㊐ホウ

소전 초서 자해 여드름.

7 ⑫【皴】 주름 준 眞

㊥cūn ㊐シュン

소전 초서 자해 ❶주름. ❷트다, 피부가 얼어서 터지다. 〔梁書〕 執筆觸寒집필촉한, 手爲皴裂수위준렬. ❸화법(畫法)의 한 가지.

皴法(준법) 동양화에서, 산악·암석·나무껍질 등의 입체감을 표현하기 위하여 쓰는 기법.

皴皺(준추) ①살갗의 주름. ②주름이 잡힘.

9 ⑭【皷】 鼓(1460)의 속자

皮 9획

9 ⑭【皸】 틀 군 文眞

㊥jūn ㊐クン

소전 초서 자해 트다, 얼어터지다.

皸裂(군열) 추위로 말미암아 살갗이 틈.

10 ⑮【皺】皱 1주름 추 宥 2오그라들 추 尤

인명 ㊥zhòu, zhōu ㊐シュウ

초서 자해 1 ❶주름. 〔韓愈·詩〕 爛漫堆衆皺란만퇴중추. ❷주름잡히다. 〔黃庭堅·詩〕 面皺髮欲疎면추발욕소. 2 ❶오그라들다. ❷밤송이.

皺面(추면) 주름이 잡힌 얼굴.
皺面還丹(추면환단) 인삼의 딴 이름.
皺紋(추문) 주름살 모양의 무늬.
皺眉(추미) 눈썹을 찌푸림. 근심스럽거나 언짢아 하는 모습.

皿部 그릇 명

0 ⑤【皿】 그릇 명 梗

인명 1급 ㊥mǐn ㊐ベイ

소전 초서 자원 象形. 옛날 식기(食器)를 본뜬 글자.

자해 그릇, 기명(器皿).

3 ⑧【盂】 바리 우 虞

인명 ㊥yú ㊐ウ

소전 초서 동자 盂 자해 ❶바리, 사발. 〔漢書〕 置守宮盂下치수궁우하. ❷진(陣)의 이름, 사냥할 때의 진형의 이름. 〔春秋左氏傳〕 宋公爲右盂송공위우우, 鄭伯爲左盂정백위좌우.

盂蘭盆(우란분) (佛)아귀도(餓鬼道)에 떨어진 망령을 구제하기 위하여 여는 불사(佛事). 음력 칠월 보름, 곧 백중날에 여러 가지 음식을 차려 조상이나 부처에게 공양한다.
盂只(우지) 國놋쇠로 만든 큰 합. 행자(行者)의 밥그릇.

4 ⑨【盃】 杯(619)의 속자 인명

4 ⑨【盆】 동이 분 元

인명 1급 ㊥pén ㊐ボン

소전 초서 자해 ❶동이, 물동이, 술동이. 〔史記〕 請奉盆缻秦王청봉분부진왕, 今相娛樂금상오락. ❷밥짓는 그릇. 〔禮記〕 盛於盆성어분.

盆景(분경) ①화분에 돌, 모래 따위로 산수의 풍경을 이루어 놓은 것. 盆山(분산). ②화분에 화초를 심어, 자연의 경치를 꾸며 놓은 것. ③주옥(珠玉)으로 조화(造花)를 만들어 심은 화분.
盆栽(분재) 관상(觀賞)을 위하여 화분에 심어서 가꾼 나무. 또는 그렇게 가꾸는 일.
盆地(분지) 산이나 대지(臺地)로 사방이 둘러싸인 평지.

◨ 金盆금분, 盎盆앙분, 瓦盆와분, 花盆화분.

4 ⑨【盈】 찰 영 庚

인명 2급 ㊥yíng ㊐エイ

소전 초서 자해 ❶차다, 그릇에 가득 차다. 〔詩經〕 采采卷耳채채권이, 不盈頃筐불영경광. ❷뜻대로 되다. 〔國語〕 盈而不偪영이불핍. ❸나머지, 잔여(殘餘). 〔後漢書〕 致有盈餘치유영여.

盈科(영과) 물의 흐름은 작게 패인 곳도 가득 채운 다음에야 앞으로 나아감. 학문을 이루기 위해서는 점진적으로 나아가야 함.
盈滿(영만) ①가득 참. ②부귀·권력 등이 극도에 달함. ③교만하고 자만함.
盈羨(영선) 가득 차고도 남음. 盈溢(영일).
盈盛(영성) 가득 차서 성함. 충분히 이루어짐.
盈月(영월) 보름달.
盈尺(영척) 사방 한 자 정도의 넓이. 협소함.
盈虛(영허) 가득 참과 텅 빔.
盈虧(영휴) ①가득 참과 이지러짐. 盈缺(영결). ②이익과 손해. ③번영과 쇠퇴.

4 ⑨【盇】 盍(877)의 본자

5 ⑩【盋】 사발 발 曷

㊥bō ㊐ハツ

소전 자해 사발.

5 ⑩【盎】 동이 앙 漾養

㊥àng ㊐オウ

소전 초서 자해 ❶동이. 배가 부르고 아가리가 작은 것. 아가리가 크고 바닥이 좁다. 〔後漢書〕 乃首戴瓦盎내수대와앙. ❷넘치다, 넘쳐 흐르다. 〔孟子〕 睟然見於面수연견어면, 盎於背앙어배.

盎盎(앙앙) ①철철 넘치는 모양. 盎然(앙연). ②화락한 모양.

5 ⑩【益】 1 더할 익 陌 2 넘칠 일 質

중학 인명 4Ⅱ급 ㊥yì ㊐エキ, イツ

필순 ⺈ 亼 亽 亣 兴 夳 益 益 益 益

소전 초서 속자 益 참고 인명용 음은 '익'이다.

자원 會意. 癶+皿→益. 소전의 '≈'는 물〔水〕. '皿'과 합하여 그릇에 물을 더한다는 데서 '넘치다'라는 뜻을 나타낸다.

자해 1 ❶더하다, 보태다. 〔國語〕 而益之以三怨이익지이삼원. ❷돕다. 〔戰國策〕 於是出私金어시출사금, 以益公賞이익공상. ❸풍부하다, 많아지다. 〔呂氏春秋〕 其家必日益기가필일익. ❹증가(增加), 느는 일. 〔禮記〕 請益則起청익즉기. ❺유익하다. 〔論語〕 終夜不寢以思종야불침이사, 無益무익. ❻괘 이름. 64괘(卦)의 하나. 괘형은 ䷩. 위를 덜고 아래를 더하는 상이다. ❼더욱. 〔春秋左氏傳〕 三命玆益恭삼명자익공. 2 넘치다. ≒溢.

益壽(익수) 오래 삶. 장수(長壽)함.

益甚(익심) 갈수록 심함.

益者三樂(익자삼요) 사람이 좋아하고 바라는 유익한 것 세 가지. 곧, 예악(禮樂)을 알맞게 지키며, 남의 착함을 말하며, 착한 벗이 많음을 좋아하는 것.

益者三友(익자삼우) 사귀어 자기에게 유익한 세 가지 유형의 벗. 곧, 정직한 사람, 신의가 있는 사람, 견문이 많은 사람.

益鳥(익조) 농작물의 해충을 잡아먹는등, 직접 간접으로 인류에게 이익이 되는 새. 제비·해오라기·황새 따위.

益蟲(익충) 사람에게 이익을 주는 곤충.

◨ 公益공익, 多多益善다다익선, 無益무익, 損益손익, 純益순익, 實益실익, 有益유익, 利益이익.

5 ⑩【盇】 덮을 합 合

㊥hé ㊐コウ

소전 초서 본자 盍 자해 ❶덮다. ❷합하다. 〔易經〕 朋盇簪붕합잠. ❸어찌 ~하지 아니하느냐. '何不'의 합음자(合音字)로, 의문의 반어(反語). 〔論語〕 盇各言爾志합각언이지.

5 ⑩【盉】 조미할 화 歌 圖

㊥hé ㊐カ

소전 초서 자해 ❶조미(調味)하다, 맛을 고르게 맞추다. ≒和. ❷조미하는 그릇.

6 ⑪【盖】 蓋(1085)의 속자 인명

6 ⑪【盛】 盛(878)의 속자

6 ⑪【盡】 盡(879)의 속자

6 ⑪【盒】 합 합 合

인명 1급 ㊥hé ㊐コウ

초서 자해 합. 음식을 담는 그릇의 한 가지로, 둥글넓적하며 뚜껑이 있다.

6 ⑪【盔】 바리 회 ㊍괴 灰

㊥kuī ㊐カイ

초서 자해 ❶바리. 음식물을 담는 그릇의 한 가지. ❷투구.

盔甲(회갑) 투구와 갑옷.

7 ⑫【盜】 훔칠 도 號

고등 인명 4급 ㊥dào ㊐トウ

필순 冫 冫 氵 汁 汸 次 盗 盗 盜 盜

소전 초서 자원 會意. 次+皿→盜. '次'은 '涎'의 본자로, 침을 흘리며 탐낸다는 뜻. '皿'과 합하여, '그릇에 담긴 음식을 보고 침을 흘리며 몰래 훔친다'는 뜻을 나타낸다.

자해 ❶훔치다. 〔後漢書〕 盜名字者도명자자, 不可勝數불가승수. ❷도둑, 비적(匪賊). 〔周禮〕 刑盜于市형도우시.

盜掘(도굴) 몰래 고분 따위를 파거나 광물을 캐냄.

盜難(도난) 도둑을 맞는 재난.

盜名(도명) 이름을 도둑질함. 실력도 없이 이름을 얻음.

盜伐(도벌) 허가 없이 산의 나무를 몰래 벰.

盜癖(도벽) 남의 것을 훔치는 나쁜 버릇.

盜視(도시) 몰래 봄. 훔쳐봄. 숨어서 봄.

盜臣(도신) ①도둑질하는 관리. ②임금을 속이

皿 7획

는 신하.
盜亦有道(도역유도) 도둑에게도 지켜야 할 나름의 도리가 있음. 故事 도척(盜跖)이 '도둑에게도 도리가 있느냐?' 는 부하들의 물음에 '그 집의 귀중품이 어디에 감추어져 있는가를 알아 맞춤은 성(聖)이요, 훔치는데 앞장서는 것은 용(勇)이요, 뒤늦게 나오는 것은 의(義)요, 훔쳐야 할 때의 가부(可否)를 아는 것은 지(知)요, 훔친 물건을 공평하게 분배하는 것은 인(仁)이니, 이 다섯 가지 도(道)를 갖추지 못하면 큰 도둑은 될 수 없다.' 고 답한 고사에서 온 말.
盜葬(도장) 남의 땅에 몰래 송장을 묻음.
盜賊(도적) 남의 물건을 빼앗거나 훔치는 짓. 또는 그런 짓을 하는 사람.
盜聽(도청) ①몰래 엿들음. ②금지하는 것을 몰래 들음.
盜汗(도한) 몸이 허약하여 잠자는 중에 나는 식은땀.
◨ 強盜강도, 大盜대도, 偸盜투도, 捕盜포도.

7 ⑫ 【盛】 **1**담을 성 庚 **2**성할 성 敬

중학 인명 4Ⅱ급 ㊥chéng ㊐セイ

필순 丿 厂 𠂆 𠂇 成 成 成 成 咸 盛 盛

소전 盛 초서 盛 속자 盛 자원 形聲. 成+皿→盛. '成(성)'이 음을 나타낸다.

자해 **1**❶**담다, 채우다.** 〔詩經〕 于以盛之우이성지. ❷**제상에 차려 놓은 음식, 제수**(祭需). **2**❶**성하다.** ㉮**넘치다.** 〔禮記〕 生氣方盛생기방성. ㉯**많다.** 〔後漢書〕 學者滋盛학자자성, 弟子萬數제자만수. ㉰**무성하다.** 〔呂氏春秋〕 樹木盛則飛鳥歸之수목성즉비조귀지. ㉱**번성하다.** 〔史記〕 物盛則衰물성즉쇠. ❷**칭찬하다, 가상히 여기다.**

盛彊(성강) 기세가 성하고 강함.
盛觀(성관) 훌륭하여 볼 만한 광경. 壯觀(장관).
盛氣(성기) ①기운을 왕성하게 함. ②대단한 기세. ③國성난 기운. 성냄.
盛年(성년) 한창때.
盛唐(성당) ①당요(唐堯)의 시대. ②당시(唐詩)를 논할 때, 초(初)·성(盛)·중(中)·만(晩)의 네 기(期)로 나눈, 둘째 시기. 곧, 현종(玄宗)에서 대종(代宗) 사이. 이백(李白)·두보(杜甫) 등이 나온, 시사상(詩史上) 가장 왕성한 시기를 이름.
盛德(성덕) ①높고 훌륭한 덕. ②천지(天地)의 왕성한 기운.
盛冬(성동) 추위가 한창 심할 때. 한겨울.
盛名(성명) 큰 명예. 훌륭한 명성.
盛服(성복) 훌륭히 차려 입은 옷. 위의(威儀)를 갖춘 정장(正裝).
盛事(성사) 매우 훌륭한 일. 성대한 사업.
盛色(성색) 아름다운 얼굴빛.
盛衰(성쇠) 성함과 쇠함.
盛水不漏(성수불루) 가득히 채운 물이 조금도 새지 않음. 사물이 빈틈없이 꽉 짜이어 있거나 지극히 정밀함.
盛時(성시) ①번영하여 세력이 왕성한 때. ②나이가 젊고 의기가 왕성할 때.
盛顔(성안) 장년 때의 원기가 왕성한 얼굴빛.
盛業(성업) ①성대한 사업. ②사업이 번창함.
盛榮(성영) 번영(繁榮)함.
盛運(성운) ①번영하는 기운(氣運). 昌運(창운). ②좋은 운수. 好運(호운).
盛位(성위) 존귀(尊貴)한 지위. 높은 자리.
盛壯(성장) 젊고 의기가 왕성함.
盛族(성족) 번성하는 집안. 세력이 있는 일족.
盛旨(성지) 고마운 뜻. 盛意(성의).
盛昌(성창) 세력이 왕성함.
盛寵(성총) 극진한 총애(寵愛).
盛稱(성칭) 크게 칭찬함.
盛況(성황) 성대하고 활기에 참.
盛會(성회) 성대한 모임이나 연회(宴會).
◨ 強盛강성, 茂盛무성, 繁盛번성, 旺盛왕성, 隆盛융성, 全盛전성, 昌盛창성, 豐盛풍성.

8 ⑬ 【盟】 맹세할 맹 ㊍명 庚

고등 인명 3Ⅱ급 ㊥méng ㊐メイ

필순 ⺆ 冂 日 明 明 明 盟 盟 盟 盟

소전 盟 초서 盟 자원 形聲. 明+皿→盟. '明(명)'이 음을 나타낸다.

자해 ❶**맹세하다, 맹세.** 〔詩經〕 君子屢盟군자루맹. ❷**약속.**

盟邦(맹방) 동맹을 맺은 나라.
盟府(맹부) 맹약의 문서를 넣어 두는 창고.
盟書(맹서) 맹약(盟約)을 적은 문서.
盟誓(맹서→맹세) ①신불(神佛) 앞에서 약속함. ②굳게 다짐함.
盟約(맹약) 맹세하여 약속함.
盟主(맹주) 맹약을 맺는 제후 가운데 우두머리. 동맹(同盟)의 주재자(主宰者). 盟首(맹수).
◨ 同盟동맹, 聯盟연맹, 會盟회맹.

8 ⑬ 【盞】 盏 잔 잔 潸

인명 1급 ㊥zhǎn ㊐サン

초서 盞 속자 盏 자해 ❶**잔, 옥으로 만든 술잔.** 〔蘇軾·詩〕 洗盞酌鵝

黃세잔작아황. ❷등잔.
盞臺(잔대) 술잔을 받치는데 쓰는 그릇.

9【監】监 ①볼 감 感
⑭ ②살필 감 陷
고등 인명 4Ⅱ급 ㊥jiàn, jiān ㊐カン
필순 一 丅 丆 丐 臣 臣' 臣ᐟ 臣ᐟ 監 監

소전 초서 자원 會意. 臣+人+一+皿→監. 물〔一〕이 담겨 있는 그릇〔皿〕을 사람〔人〕이 들여다보고〔臣(目의 변형)〕 있는 모습으로, 곧 '자신의 얼굴을 들여다보다'라는 뜻에서 '보다·감시하다·본보기' 등으로 의미가 발전되었다.
자해 ① ❶보다, 내려다보다. ❷거울삼다. 〔漢書〕周監於二代주감어이대. ② ❶살피다. ❷감찰하는 소임. ㉮한 나라를 감찰하는 소임. 〔周禮〕立其監립기감. ㉯어사(御史). 〔漢書〕監감, 御史어사, 秦官掌監郡진관장감군.
監觀(감관) 조사하여 봄.
監軍(감군) 군대를 감독하던 벼슬. 군의 감찰관(監察官).
監禁(감금) 가두어서 자유를 속박함.
監奴(감노) 종의 우두머리.
監農(감농) 농사일을 살피어 감독함.
監督(감독) ①감찰하고 독촉함. ②군사(軍事)를 감찰함.
監理(감리) 감독하고 관리함.
監寐(감매) ①자려 하여도 좀처럼 잠이 들지 아니함. 선잠. ②자나 깨나. 寤寐(오매).
監門(감문) ①문을 지킴. ②문지기. ③과장(科場)의 문을 지켜 그 출입을 엄중히 하던 일.
監房(감방) 감옥에서 죄수를 가두어 두는 방.
監本(감본) 국자감(國子監)에서 교정(校定)하여 출판한 책.
監司(감사) ㊫관찰사의 딴 이름.
監史(감사) ①사서(史書)를 감수함. ②자사(刺史)의 딴 이름.
監生(감생) 국자감(國子監)의 학생. 太學生(태학생).
監守(감수) ①사물을 단속함. 또는 그 벼슬. ②감옥을 지키는 사람. 看守(간수).
監修(감수) ①책의 저술 또는 편집을 감독함. 또는 그 일을 맡은 벼슬아치. ②수리(修理)를 감시함.
監視(감시) 감찰하여 지켜봄.
監試(감시) ①시험을 감독함. 또는 시험 감독관. ②조선 때, 생원(生員)·진사(進士)가 보던 과거(科擧).
監役(감역) ①문지기. 監門(감문). ②㊫역사(役事)를 감독함.
監獄(감옥) 죄수를 가두는 곳.
監察(감찰) 감독하여 살핌.
監護(감호) 감독하고 보호함.
監候(감후) ①감금하여 심문할 때를 기다림. ②천문(天文)을 맡은 관아의 관리.
◼ 校監교감, 大監대감, 舍監사감, 上監상감, 令監영감, 總監총감, 統監통감.

9【盡】尽 ①다될 진 軫
⑭ ②진력할 진 震
중학 인명 4급 ㊥jìn ㊐ジン
필순 ㇕ ⺕ ⺕ 聿 聿 聿 聿 書 盡 盡

소전 초서 본자 盡 속자 盡 속자 尽
자원 會意. 聿+灬+皿→盡. 밥을 다 먹은 다음 그릇〔皿〕에 물〔灬〕을 부어 가는 막대기〔聿〕로 저어 씻는 모습으로, '끝나다', '다하다'라는 뜻은 여기에서 나왔다.
자해 ① ❶다되다. ㉮비다, 그릇이 비다. ㉯다 없어지다. 〔禮記〕固民是盡고민시진. ㉰줄다, 적어지다. 〔呂氏春秋〕臨財物資盡림재물자진, 則爲己즉위기. ㉱끝나다, 끝내다. 〔韓非子〕舜有盡순유진, 壽有盡수유진. ㉲극진하다. 〔隋書〕心力備盡심력비진. ㉳자상하다. 〔史記〕明者禮之盡也명자례지진야. ㉴죽다. 〔後漢書〕速盡爲惠속진위혜. ❷다하다. ㉮비게 하다, 없애다. 〔春秋左氏傳〕去惡莫如盡거악막여진. ㉯끝까지 가다, 한도에 이르다. 〔禮記〕君子不盡人之歡군자부진인지환. ㉰죄다 보이다, 자세히 하다. 〔易經〕書不盡言서부진언, 言不盡意언부진의. ㉱몰살하다. 〔春秋左氏傳〕盡敵而反진적이반. ② 진력(盡力)하다. 〔國語〕齊國佐其語盡제국좌기어진.
盡力(진력) 있는 힘을 다함.
盡命(진명) 목숨을 다함. 목숨을 바침.
盡善盡美(진선진미) 착함과 아름다움을 다함. 더할 나위 없이 잘됨.
盡心(진심) ①심력(心力)을 다함. 온 정성을 다 기울임. ②마음의 본체(本體)를 궁구(窮究)함.
盡心竭力(진심갈력) 마음을 다하고 힘을 다 씀. 마음과 힘을 다함.
盡人事待天命(진인사대천명) 인간으로서 할 수 있는 최선을 다하고 그 후는 천명에 맡김.
盡日(진일) ①온종일. 하루 종일. ②그믐날. 또는 섣달 그믐날.
盡忠報國(진충보국) 충성을 다하여 국가에 보답함.
盡瘁(진췌) 몸이 여위도록 몸과 마음을 다하여 애씀.

盡醉(진취) 흠뻑 취함.
◨ 竭盡갈진, 自盡자진.

9 ⑭【𥁞】 盡(879)의 본자

10 ⑮【盤】盘 소반 반 寒

고등 인명 3Ⅱ급 ㊥pán ㊐バン

필순 丿 月 月 舟 舟 般 般 般 盤 盤 盤

초서 동자 槃 속자 柈 자원 會意·形聲. 般＋皿→盤. '般(반)'이 음도 나타내고, '쟁반을 만들다'라는 뜻도 나타낸다.

자해 ❶소반, 쟁반. 〔春秋左氏傳〕乃饋盤飧寘璧焉내궤반손치벽언. ❷대야, 세숫대야, 목욕통. 〔大學〕湯之盤銘탕지반명. ❸대(臺), 밑받침. 〔畫史〕能以篆筆畫基盤능이전필화기반. ❹굽다, 구불구불하다. ❺즐기다. 〔書經〕盤遊無度반유무도. ❻너럭바위. ≒磐. ❼서리다. ≒蟠.

盤踞(반거) 단단하게 뿌리를 뻗침. 의거(依據)하여 세력을 떨침.
盤據(반거) ①근거하여 지킴. ②근거지가 넓고 견고함.
盤結(반결) 서리서리 얽힘.
盤溪曲徑(반계곡경) 꾸불꾸불한 시냇물과 꼬불꼬불한 길. 일을 정당한 방법으로 하지 않음.
盤曲(반곡) 산길 따위가 꼬불꼬불함.
盤根(반근) ①뒤얽힌 나무 뿌리. ②일이 얽혀서 처리하기 몹시 곤란함.
盤根錯節(반근착절) 뒤얽힌 뿌리와 엉클어진 마디. 일이 얽혀 처리하기 힘듦.
盤舞(반무) 빙글빙글 돌면서 춤춤. 圓舞(원무).
盤石(반석) ①너럭바위. ②매우 안전하고 견고함의 비유.
盤旋(반선) ①빙 돎. 盤回(반회). ②여기저기 돌아다님. ③어른 곁에서 시중듦.
盤松(반송) ①키는 작으나 가지가 옆으로 퍼진 소나무. ②화분에 심어 인공으로 손질을 한 소나무.
盤巖(반암) ①큰 산. 大山(대산). ②너럭바위.
盤渦(반와) 소용돌이침. 소용돌이.
盤繞(반요) 둥글게 감음. 빙빙 돎.
盤紆(반우) 구불구불 구부러짐. 빙빙 돎.
盤遊(반유) 즐거이 놂.
盤逸(반일) 마음껏 놂. 즐겁게 놂. 盤佚(반일).
盤折(반절) 꼬불꼬불함. 盤曲(반곡).
盤坐(반좌) 책상다리를 하고 편안히 앉음.
盤錯(반착) ①얽히고 뒤섞임. ②일이 매우 곤란함.
盤覈(반핵) 곡절(曲折)을 자세히 캐물어 조사함. 盤問(반문). 盤詰(반힐).
盤桓(반환) ①나아가기 힘든 모양. ②망설이는 모양. ③즐기는 모양. ④광대(廣大)한 모양.
盤回(반회) 구부러져 빙 돎.
◨ 基盤기반, 旋盤선반, 小盤소반, 圓盤원반, 銀盤은반.

11 ⑯【盥】 씻을 관 翰 旱

㊥guàn ㊐カン

소전 초서 동자 𥁕 자해 ❶씻다, 손을 씻다. 〔春秋左氏傳〕奉匜沃盥봉이옥관, 旣而揮之기이휘지. ❷대야, 세숫대야.

盥盆(관분) 세숫대야.
盥洗(관세) 손을 닦고 잔을 씻음.
盥漱(관수) 세수를 하고 양치질을 함.
盥浴(관욕) 세수하고 목욕함.
盥耳(관이) 더러운 말을 들은 귀를 씻고 깨끗이 함. 故事 요(堯)임금에게 천자(天子)의 자리를 물려주겠다는 말을 들은 은자(隱者) 허유(許由)가 더러운 말을 들었다고 해서 귀를 씻었다는 고사에서 온 말.
盥櫛(관즐) 세수하고 빗질함.

11 ⑯【盧】卢 밥그릇 로 虞

인명 2급 ㊥lú ㊐ロ

소전 초서 자해 ❶밥그릇. ❷화로. ≒爐. 〔後漢書〕張博送鐵盧詣太官장박송철로예태관. ❸창 자루. 〔國語〕侏儒扶盧주유부로. ❹목로, 술청. 〔漢書〕令文君當盧령문군당로. ❺검다. 〔書經〕盧弓一로궁일.

盧弓盧矢(노궁노시) 검은 칠을 한 활과 화살. 천자가 큰 공이 있는 제후에게 정벌(征伐)의 권한을 상징하여 주었음.
盧生之夢(노생지몽) 노생의 꿈. 인생의 부귀영화가 꿈과 같이 헛되고 덧없음. 故事 노생이 한단(邯鄲)에서 도사 여옹(呂翁)의 베개를 빌려 잠이 들었는데, 온갖 부귀와 영화를 한평생 동안 누리는 꿈을 꾸고 깨어 보니 메조로 밥을 짓고 있는 동안이었다는 고사에서 온 말. 邯鄲之夢(한단지몽).

12 ⑰【盪】 1 씻을 탕 養 2 부딪힐 탕 陽

㊥dàng ㊐トウ

소전 초서 자해 1 ❶씻다. 〔漢書〕以盪腸正世이탕장정세. ❷흔들리는 모양. ≒蕩. ❸놓다, 방임하다. ≒蕩. 2

부딪히다. 〔宋書〕 單騎出盪단기출탕.
盪滌(탕척) 더러운 것을 씻어 깨끗하게 함.
盪盪(탕탕) ①광대한 모양. ②넓고 텅 빈 모양. ③법도(法度)가 무너지고 해이해진 모양.

13
⑱【鹽】 염지 고

㊥gǔ ㊐コ

소전 초서 자해 ❶염지(鹽池). 소금이 나는 못. 〔春秋左氏傳〕 沃饒而近鹽옥요이근고. ❷굵은 소금, 정제(精製)하지 않은 소금. 〔史記〕 倚頓用鹽鹽起의돈용고염기.
鹽鹽(고염) 정제하지 않은 소금. 粗鹽(조염).

目部 눈목

0
⑤【目】 눈 목

중학 인명 6급 ㊥mù ㊐モク

필순 丨 冂 月 月 目

소전 초서 자원 象形. 사람의 눈 모양을 본뜬 글자. 처음에는 가로로 썼으나 나중에는 세로로 고쳐 썼다.
자해 ❶눈. ㉮오관의 하나인 눈. 〔韓詩外傳〕 目者목자, 心之符也심지부야. ㉯눈알, 안구(眼球). ㉰그물의 구멍. ❷보다. ㉮눈여겨보다, 주의하여 보다. 〔史記〕 目之목지, 欲殺乎욕살평. ㉯응시하다. 〔春秋左氏傳〕 目逆而送之목역이송지. ㉰눈짓하다. 〔漢書〕 范增數目羽擊沛公범증삭목우격패공. ㉱성나 눈을 부릅뜨다, 흘겨보다. ❸말하다, 가리켜 부르다. ❹조목, 개조(箇條). 〔論語〕 請問其目청문기목. ❺세분(細分), 세별. 〔春秋公羊傳〕 一事而再見者일사이재견자, 前目而後凡也전목이후범야. ❻우두머리, 지배자.
目擊(목격) 직접 눈으로 봄.
目見(목견) 눈으로 봄. 目睹(목도).
目巧(목교) ①눈썰미. ②눈대중.
目斷(목단) 안력(眼力)이 미치지 아니함.
目禮(목례) 눈인사.
目錄(목록) 어떤 물품의 이름이나 책 제목 따위를 일정한 순서로 적은 것.
目不見睫(목불견첩) 눈은 잔털의 끝도 볼 수 있지만 자기의 속눈썹은 보지 못함. 타인의 선악은 눈에 잘 띄지만 자신의 선악은 알아차리지 못함.
目不識丁(목불식정) '丁' 자를 보고도 그것이 고무래임을 알지 못함. 글자를 모를 정도로 무식함. 一字無識(일자무식).
目不忍見(목불인견) 눈으로 차마 볼 수 없음.
目成(목성) 눈짓으로 의사(意思)를 통함.
目笑(목소) ①눈웃음. ②비웃음. 경멸하는 눈으로 봄.
目送(목송) 작별한 사람이 멀리 갈 때까지 바라보며 보냄.
目數(목수) ①눈으로 어림셈함. ②계획. 의도.
目容(목용) 눈매.
目眥盡裂(목자진열) 눈이 째질 만큼 눈을 부릅떠 흘겨봄.
目汁(목즙) 눈물.
目次(목차) 목록, 제목, 조항 따위의 차례.
目睫(목첩) 눈과 속눈썹. 둘 사이가 아주 가까움의 비유.
目測(목측) 눈으로 대강 헤아림. 눈대중.
目標(목표) ①성취하려고 대상으로 삼는 것. ②목적으로 삼는 부분.
目下(목하) 바로 지금.
◨ 綱目강목, 科目과목, 刮目괄목, 盲目맹목, 面目면목, 名目명목, 細目세목, 眼目안목, 要目요목, 耳目이목, 題目제목, 條目조목, 注目주목, 指目지목, 品目품목, 項目항목.

3
⑧【旰】 부릅뜰 간

㊥gàn ㊐カン
참고 旰(882)은 딴 자.
자해 부릅뜨다.

3
⑧【盲】 소경 맹

고등 인명 3Ⅱ급 ㊥máng ㊐モウ

필순 丶 亠 亡 亡 肓 肓 盲 盲

소전 초서 참고 肓(1026)은 딴 자.
자원 形聲. 亡+目→盲. '亡(망)'이 음을 나타낸다.
자해 ❶소경, 장님. ㉮눈이 멀다. 〔老子〕 五色令人目盲오색령인목맹. ㉯청맹과니. 〔淮南子〕 盲者맹자, 目形存而無能見也목형존이무능견야. ㉰색맹(色盲). 〔論衡〕 目不見靑黃목불견청황, 曰盲왈맹. ㉱도리를 분별하지 못하다. 〔韓愈·書〕 當今盲於心당금맹어심. ❷눈이 어둡다. 〔呂氏春秋〕 天大風晦盲천대풍회맹. ❸빠르다. 〔禮記〕 盲風至맹풍지.
盲龜浮木(맹귀부목) 國눈먼 거북이 뜬 나무를 만남. 어려운 형편에 뜻밖의 행운을 만남.
盲聾(맹롱) 소경과 귀머거리.
盲目(맹목) ①눈이 멀어서 보지 못하는 눈. ②

目 3획

이성을 잃어 분별이나 판단을 못하는 일.
盲信(맹신) 옳고 그름을 가리지도 않고 무작정 믿음.
盲啞(맹아) 소경과 벙어리.
盲人直門(맹인직문) 國소경이 문을 바로 찾음. 무능하고 우둔한 사람이 요행히 사리에 맞는 일을 함.
盲者丹靑(맹자단청) 國소경의 단청 구경. 보아도 이해하지 못할 사물을 봄. 盲玩丹靑(맹완단청).
盲點(맹점) 미처 생각이 미치지 못한 모순되는 점이나 틈.
盲從(맹종) 옳고 그름을 가리지 않고 무조건 남을 따름.
盲風(맹풍) 세차게 부는 바람. 疾風(질풍).

3
⑧【盱】 쳐다볼 우 虞

㊥xū ㊐ク

소전 盱 초서 盱 본자 盱 참고 盱(881)은 딴 자.

자해 ❶쳐다보다. 〔易經〕 盱豫우예. ❷부릅뜨다. 〔左思·賦〕 乃盱衡而誥내우형이고.

3
⑧【盱】 盱(882)의 본자

3
⑧【直】 1곧을 직 職
2값 치 寘

중학 인명 7급 ㊥zhí ㊐チョク, チ

필순 一 十 ㅜ 冇 冇 育 直 直

소전 直 초서 直 속자 直 참고 인명용 음은 '직'이다.

자원 會意. 十+目+乚→直. '乚'은 숨긴다는 뜻이다. 열〔十〕 눈〔目〕이 바라봄으로, 아무리 숨겨도 드러나지 아니함이 없다는 뜻에서 '바르게 봄'의 뜻을 나타낸다.

자해 1 ❶곧다. ㉮굽지 아니하다. 〔荀子〕 蓬生麻中봉생마중, 不扶而直불부이직. ㉯바르다, 옳다. 〔詩經〕 爰得我直원득아직. ㉰사(私)가 없다. 〔書經〕 王道正直왕도정직. ㉱부정(不正)함이 없다. 〔史記〕 回邪曲直회사곡직. ❷바루다. 고치다, 사곡(邪曲)을 바로잡다. 〔春秋左氏傳〕 正曲爲直정곡위직. ❸향하다, 대하다. 〔儀禮〕 直東序西面직동서서면. ❹숙직(宿直). 〔晉書〕 候其上直후기상직. ❺다만, 겨우. 〔孟子〕 直不百步耳직불백보이. ❻곧, 즉시. 〔戰國策〕 直使送之직사송지. ❼일부러. 〔史記〕 直墜其履圯下직추기리이하. 2 값. ㉮물가(物價). ㉯세, 품삯.

直角(직각) 서로 수직인 두 직선이 이루는 각.
直諫(직간) 직언(直言)으로 윗사람을 충고함. 맞대하여 잘못을 간함.
直感(직감) 사물의 진상을 곧바로 느껴 앎.
直結(직결) 직접 연결함.
直徑(직경) 지름.
直系(직계) 직접 이어지는 계통.
直告(직고) 바른 대로 고함.
直觀(직관) 대상을 직접적으로 파악하는 작용. 直覺(직각).
直躬之信(직궁지신) 직궁의 신의. 인정을 떠난 신의.
直道(직도) ①똑바른 길. ②올바른 길.
直諒(직량) 정직하고 성실함.
直立(직립) ①똑바로 섬. 꼿꼿이 섬. ②우뚝 솟음. ③몸가짐을 바르게 함.
直面(직면) 어떤 사태에 직접 부닥침.
直赴(직부) ①조선 때, 과거에서 곧바로 복시(復試)나 전시(殿試)에 응시할 수 있는 자격을 얻던 일. ②과거에 합격하고 아직 벼슬을 하지 못한 사람을 이르던 말.
直上(직상) ①바로 위. ②곧게 올라감. 곧장 올라감.
直線(직선) 곧은 줄.
直屬(직속) 직접적으로 속하여 있음.
直視(직시) 똑바로 봄.
直臣(직신) 정직한 신하. 아첨하지 아니하고 직언(直言)하는 신하.
直心(직심) ①마음을 바르게 함. ②바른 마음.
直言(직언) 곧은 말. 바른말.
直譯(직역) 자구(字句)나 어법(語法)에 따라 충실하게 번역함.
直營(직영) 직접 관리하고 경영함.
直往(직왕) ①서슴지 아니하고 곧장 감. 勇往(용왕). ②곧게 나아감. 直行(직행).
直錢(❶직전 ❷치전) ❶맞돈. 현금. ❷돈에 해당함. 또는 물건의 가치. 값.
直前(직전) 바로 앞.
直截(직절) ①직각적(直覺的)으로 판별함. ②꾸밈이 없음. 간명(簡明)함.
直接(직접) 중간에 아무것도 개재시키지 않고 바로.
直情(직정) 가식(假飾)이 없는 성정(性情).
直情徑行(직정경행) 꾸밈이 없이 감정이 내키는 대로 행동함.
直走(직주) 곧장 빨리 달림.
直指(직지) ①곧 가리킴. ②빠르게 감.
直進(직진) 똑바로 나아감.
直出(직출) 바르게 나감. 곧게 나감.
直通(직통) 막힘없이 바로 통함.
直筆(직필) 사실을 있는 그대로 적음.

直轄(직할) 직접 관할함.
直行(직행) ①바른 행위. 올바른 행실. ②곧장 감. 바로 감. 直往(직왕).
直後(직후) 어떤 일이 있고 난 바로 다음.
直千金(치천금) 천금(千金)의 가치가 있음. 매우 고귀함.
◨ 剛直강직, 曲直곡직, 當直당직, 率直솔직, 垂直수직, 宿直숙직, 愚直우직, 日直일직, 正直정직, 忠直충직.

3 ⑧【直】 直(882)의 속자

4 ⑨【看】 볼 간 寒翰

중학 인명 4급 ㊥kàn ㊐カン

필순 一 二 三 手 手 看 看 看 看

소전 초서 속자 자원 會意. 手+目→看. 손(手)을 눈(目) 위로 가리어 바라본다는 뜻을 나타낸다.
자해 **❶보다, 손을 이마에 얹고 바라보다.** 〔梁簡文帝·賦〕 脈脈兩相看맥맥량상간. **❷방문하다.** 〔韓非子〕 其姊往看之기자왕간지. **❸지키다, 번서다.**
看過(간과) ①훑어봄. 대충 보아 넘김. ②못 보고 빠뜨림. ③보고도 못 본 체함. 눈감아 줌. 默許(묵허).
看病(간병) 환자를 돌보고 시중듦.
看書(간서) 現책을 읽음.
看守(간수) ①보살피고 지킴. ②'교도관(矯導官)'의 이전 이름.
看雲步月(간운보월) 낮이면 고향 쪽 하늘의 구름을 바라보고, 밤이면 달을 바라보며 거닒. 객지에서 고향과 가족을 간절히 생각함.
看做(간주) 그러한 듯이 보아 둠.
看取(간취) ①봄. '取'는 조자. ②보아서 알아차림.
看破(간파) 꿰뚫어 보아 속을 확실히 알아냄.
看板(간판) 상점 따위에서 내거는 표지(標識).
看護(간호) 병약자를 보살펴 돌봄.

4 ⑨【眄】 애꾸눈 면 霰銑

인명 1급 ㊥miǎn ㊐ベン

소전 초서 자해 **❶애꾸눈. ❷곁눈질하다.** 〔陶潛·辭〕 眄庭柯以怡顔면정가이이안. **❸노려보다.** 〔戰國策〕 韓挾齊魏以眄楚한협제위이면초.
眄睞(면래) ①노려봄. ②돌보는 모양.
眄眄(면면) 눈동자에 슬기의 빛이 없는 모양. 어리석은 모양.
眄視(면시) 곁눈질을 함.
眄睨(면예) 곁눈질함. 흘겨봄.

4 ⑨【眊】 눈 흐릴 모 號

㊥mào ㊐ボウ

소전 초서 자해 **❶눈이 흐리다, 눈에 정기가 없다. ❷늙은이.** =耄. 〔漢書〕 哀夫老眊애부로모.

4 ⑨【眇】 애꾸눈 묘 篠

㊥miǎo ㊐ビョウ

소전 초서 자해 **❶애꾸눈.** 〔易經〕 眇能視묘능시. **❷한쪽이 움푹 들어가 작은 눈. ❸한쪽 눈을 지긋이 감고 자세히 보다.** 〔漢書〕 離婁眇目於毫分리루묘목어호분.
眇茫(묘망) 아득히 먼 모양.
眇目(묘목) ①애꾸눈. ②흘겨봄. 눈을 가늘게 뜨고 봄.
眇眇(묘묘) ①작은 모양. ②아득한 모양. ③바람이 부는 모양.
眇身(묘신) 작은 몸. 임금이 스스로를 겸손하게 일컫는 말. 眇末(묘말).
眇然(묘연) ①작은 모양. ②아득히 먼 모양.

4 ⑨【眉】 눈썹 미 支

고등 인명 3급 ㊥méi ㊐ビ

필순 ㇕ ㇕ ㇕ 尸 尸 屑 屑 眉 眉

소전 초서 본자 자원 象形. 눈썹의 모양을 본뜬 글자. 소전의 '𠃜'는 이마 위의 금을 보인 것이다.
자해 **❶눈썹.** 〔莊子〕 須眉交白수미교백. **❷노인, 장수하여 눈썹이 긴 사람.** 〔詩經〕 爲此春酒위차춘주, 以介眉壽이개미수.
眉間(미간) 두 눈썹 사이.
眉目(미목) ①눈썹과 눈. 매우 가까움의 비유. ②용모(容貌).
眉目秀麗(미목수려) 용모가 빼어나게 아름다움.
眉雪(미설) 흰 눈썹. 곧, 노인.
眉壽(미수) ①노인(老人). ②장수(長壽)하는 사람. 장수한 사람은 눈썹에 긴 털이 나는 데서 온 말.
眉宇(미우) 이마와 눈썹 언저리. 곧, 얼굴.
眉月(미월) ①초승달. 初月(초월). 新月(신월). ②초승달 같은 눈썹.
眉睫(미첩) ①눈썹과 속눈썹. ②용모. ③매우

目 4획

가까움. ④매우 작음. 目睫(목첩).
◨ 白眉백미, 蛾眉아미.

4 ⑨【盼】 눈 예쁠 반 諫
인명 ㊥pàn ㊐ハン
소전 초서 자해 ❶눈이 예쁘다, 눈자위가 또렷하다. 〔詩經〕美目盼兮미목반혜. ❷예쁜 눈.

4 ⑨【相】 1 서로 상 陽 2 볼 상 漾
중학 인명 5급 ㊥xiāng ㊐ソウ
필순 一 十 才 木 札 机 机 相 相
소전 초서 자원 會意. 木+目→相. 자세히 보기〔目〕 위해서는 높은 데가 좋고, 땅에서 높은 데는 나무〔木〕이므로 '木'과 '目'을 합하여 '보다'의 뜻을 나타낸다.
자해 1 ❶서로. 〔春秋公羊傳〕胥命者何서명자하, 相命也상명야. ❷바탕. 〔詩經〕金玉其相금옥기상. 2 ❶보다. ㉮끝까지 지켜보다. 〔春秋左氏傳〕相時而動상시이동. ㉯점치다. 〔周禮〕以相民宅이상민택, 而知其利害이지기리해. ㉰상을 보다. 〔周禮〕凡相犬범상견. ❷형상, 사람의 용모. 〔史記〕無如季相무여계상. ❸돕다. 〔論語〕固相師之道也고상사지도야. ❹도움, 보조자. 〔禮記〕猶瞽之無相與유고지무상여. ❺정승. 〔史記〕王候將相寧有種乎왕후장상녕유종호.
相距(상거) 서로 떨어진 거리.
相隔(상격) 서로 떨어져 있음.
相激(상격) 서로 부딪침.
相公(상공) 재상(宰相)의 존칭. 相君(상군).
相關(상관) ①서로 관련을 가짐. ②남의 일에 간섭함.
相國(상국) ①재상(宰相). ②조선 때, 의정(議政)의 총칭. 相臣(상신).
相剋(상극) ①오행(五行)의 운행에서 서로 이기는 관계. '木(목)'은 '土(토)'에, '火(화)'는 '金(금)'에, '土'는 '水(수)'에, '金'은 '木'에, '水'은 '火'에 이김. ②國서로 화합하지 못하여 만나기만 하면 충돌함.
相器(상기) 재상(宰相)이 될 기량. 재상이 될 만한 인물.
相談(상담) 서로 의논함.
相當(상당) ①서로 맞음. 적합함. ②힘이 서로 비슷함. 우열(優劣)이 없음. ③일정한 액수·수치 등에 해당함.
相對(상대) 서로 마주 대함. 서로 겨룸.
相待(상대) ①서로 기다림. ②서로 대접함.
相得(상득) ①사물이 모두 시의(時宜)에 맞음. ②서로 마음이 맞음.
相等(상등) ①서로 같음. ②같게 함.
相馬(상마) 말을 살펴 양부(良否)를 판별함.
相望(상망) ①서로 바라봄. ②재상(宰相)이 될 만한 명망(名望).
相望之地(상망지지) 서로 바라볼 수 있을 만큼 가까운 곳.
相門(상문) 재상의 집안. 相家(상가).
相撲(상박) ①씨름. ②서로 마주 때림.
相反(상반) 서로 반대되거나 어긋남.
相伴(상반) 서로 짝을 지음. 서로 함께함.
相法(상법) 인상(人相)이나 가상(家相)을 보는 법. 相術(상술).
相逢(상봉) 서로 만남.
相扶相助(상부상조) 서로서로 도움.
相殺(❶상살 ❷상쇄) ❶서로 죽임. ❷셈을 서로 비김. 맞비김. 엇셈.
相生(상생) 오행(五行)의 운행(運行)에서 서로 낳는 관계. '木(목)'은 '火(화)'를, '火'는 '土(토)'를, '土'는 '金(금)'을, '金'은 '水(수)'를, '水'는 '木'을 낳음.
相續(상속) ①다음 차례에 이어 주거나 이어 받음. ②연속함.
相勝相負(상승상부) 승부의 수가 서로 같음. 어금지금함.
相應(상응) 서로 응하거나 어울림.
相議(상의) 어떤 일을 서로 의논함.
相異(상이) 서로 다름.
相人(상인) ①인상(人相)을 보고 길흉을 점침. 또는 그런 일을 하는 사람. 관상쟁이. 相者(상자). ②흙이나 나무로 만든 사람의 형상. 偶人(우인).
相印(상인) 재상(宰相)의 인장(印章).
相殘(상잔) 서로 싸우고 해침.
相才(상재) 재상이 될 만한 인재.
相接(상접) ①서로 닿음. 서로 이웃함. ②서로 사귐.
相從(상종) 서로 따르며 친하게 지냄.
相地(상지) 지상(地相)을 보아 묏자리나 집터를 잡음. 또는 그런 일을 하는 사람.
相知(상지) 서로 아는 사이. 知人(지인).
相持(상지) ①세력이 비등비등함. ②서로 버팀. 서로 적대시(敵對視)함.
相衝(상충) 맞지 아니하고 서로 어긋남.
相馳(상치) 서로 어긋남.
相通(상통) 서로 막힘이 없이 길이 트임.
相避(상피) ①서로 피함. ②國㉠친족 등 관계있는 사람끼리 같은 관청에서 벼슬하거나 청송관(聽訟官)·시관(試官)이 되는 것을 피함. ㉡가까운 친척 사이의 남녀가 성적 관계를

目 4획

맺는 일.

相學(상학) 인상(人相)이나 지상(地相) 등을 연구하는 학문. 관상(觀相)을 연구하는 학문.

相形(상형) 남의 용모를 보고 길흉을 점치는 일. 觀相(관상).

相互(상호) 서로.

相好(상호) ①서로 좋음. 서로 친함. ②남녀가 서로 좋아함.

相換(상환) 맞바꿈.

相詰(상힐) 서로 힐난(詰難)함. 서로 나무람.

◨ **卿相**경상, **骨相**골상, **觀相**관상, **實相**실상, **樣相**양상, **人相**인상, **宰相**재상, **眞相**진상.

4 ⑨【省】 1살필 성 梗 2덜 생 梗

중학 인명 6급 ㊥xǐng ㊐セイ

필순

소전 초서 참고 인명용 음은 '성·생'이다.

자원 會意. 屮+目→省. '目'은 '眉'의 생략체로 '眉'임. 곧 '보다'의 뜻을 나타내고, '屮'는 풀이 막 돋아남을 뜻한다. 합하여 막 돋아나는 풀과 같이 '작은 것도 밝게 본다'는 뜻을 나타낸다.

자해 1❶**살피다**. ㉮**살펴보다, 분명하게 알다**. 〔論語〕吾日三省吾身오일삼성오신. ㉯**조사하다, 비교하다**. 〔中庸〕日省月試일성월시. ㉰**안부를 묻다**. 〔禮記〕昏定而晨省혼정이신성. ㉱**점치다**. 〔後漢書〕望雲省氣망운성기. ❷**깨닫다**. 〔宋史〕忽大省曰홀대성왈, 宇宙內事우주내사, 乃己分內事내기분내사. 2**덜다**. ㉮**없애다**. 〔漢書〕水衡省肉食獸수형생육식수. ㉯**줄이다**. 〔禮記〕命有司省囹圄명유사생령어.

省鑒(성감) 살펴 헤아림. 반성함.

省墓(성묘) 조상의 산소를 살피어 돌봄.

省問(성문) 집에 돌아와 부모의 안부를 물음. 省親(성친).

省悟(성오) 반성하여 깨달음.

省察(성찰) ①깊이 살핌. ②반성하여 살핌.

省略(생략) 줄여서 간략하게 함.

省禮(생례) 國예절을 생략함. 상중에 있는 사람에게 보내는 편지의 첫머리에 쓰는 말. 省式(생식).

省文(생문) ①자구(字句)를 생략한 문장. 略文(약문). ②한자의 점획(點畫)을 줄인 글자. 略字(약자)

◨ **歸省**귀성, **反省**반성, **自省**자성.

4 ⑨【盾】 1방패 순 軫 2벼슬 이름 윤 軫

인명 2급 ㊥dùn, yǔn ㊐ジュン, イン

소전 초서 참고 인명용 음은 '순'이다.

자해 1❶**방패**. 〔詩經〕龍盾之合룡순지합. ❷**피하다, 숨다**. 2**벼슬 이름**. 〔漢書〕數遣中盾삭견중윤, 請問近臣청문근신.

盾戈(순과) 방패와 쌍날창.

◨ **矛盾**모순, **圓盾**원순.

4 ⑨【眂】 볼 시 寘 紙 支

㊥shì ㊐シ

소전 자해 **보다, 보이다**. ※視(1146)의 고자(古字).

4 ⑨【眈】 노려볼 탐 覃

인명 1급 ㊥dān ㊐タン

소전 초서 참고 耽(1019)은 딴 자. 자해 **노려보다, 범이 내려다보는 모양**. 〔易經〕虎視眈眈호시탐탐.

眈眈(탐탐) ①범이 노려보는 모양. 야심을 가지고 기회를 노리고 있는 모양. ②속이 깊은 모양. 심오한 모양.

4 ⑨【県】 縣(993)의 속자

4 ⑨【盻】 흘겨볼 혜·예 霽 齊

㊥xì ㊐ケイ

소전 초서 참고 盼(884)는 딴 자. 자해 ❶**흘겨보다, 원한을 품고 보다**. 〔魏志〕太祖顧指褚태조고지저, 褚瞋目盻之저진목혜지, 超不敢動초불감동. ❷**돌아보다**.

盻盻(혜혜) 원망하여 보는 모양.

5 ⑩【看】 看(883)의 속자

5 ⑩【眛】 어두울 매 隊 泰

㊥mèi ㊐バイ

소전 초서 자해 **어둡다, 눈이 밝지 아니하다**. 〔春秋左氏傳〕目不別五色之章목불별오색지장, 爲眛위매.

5 ⑩【眠】 잠잘 면 先

중학 인명 3Ⅱ급 ㊥mián ㊐シン

目 5획

필순 丨 冂 冃 月 目 目' 目' 眀 眠 眠

초서 (草書) 자원 形聲. 目＋民→眠. '民(민)'이 음을 나타낸다.

자해 ❶잠자다. ㉮눈을 감고 자다. 〔後漢書〕 竟夕不眠경석불면. ㉯조수(鳥獸)가 쉬다. 〔宋史〕 眠羊臥鹿면양와록. ㉰시들다. ❷누에가 잠자다.

眠食(면식) ①잠자는 일과 먹는 일. 寢食(침식). ②사람의 행동거지. 기거동작.

◨ 冬眠동면, 不眠불면, 睡眠수면, 熟眠숙면, 安眠안면, 永眠영면.

5 ⑩【眚】 눈에 백태 낄 생 梗

㊥shěng ㊐セイ

소전 초서 자해 ❶눈에 백태가 끼다. 〔陸游·詩〕 眼眚燈生暈안생등생훈. ❷잘못, 허물. 〔春秋左氏傳〕 不以一眚掩大德불이일생엄대덕. ❸재앙. 〔後漢書〕 景雲降集경운강집, 眚沴息矣생려식의. ❹덜다, 줄이다. ≒省.

眚災(생재) 과실로 인한 해악(害惡).

5 ⑩【眎】 볼 시 寘

㊥shì ㊐シ

자해 ❶보다. ※視(1146)의 고자(古字). 〔三國志〕 袁紹虎眎四州원소호시사주. ❷보이다. 〔漢書〕 以眎羌虜이시강로.

5 ⑩【眘】 愼(467)의 고자

5 ⑩【眦】 1 눈초리 제 霽 2 눈초리 지 寘 3 흘길 자 佳

㊥zì ㊐セイ, シ, サイ

소전 초서 동자 眥 자해 1 ❶눈초리, 눈가, 눈언저리. 〔列子〕 拭眦揚眉而望之식제양미이망지. 2 눈초리. 3 흘기다. 〔史記〕 睚眦之怨必報애자지원필보.

眦裂(자열) 눈초리가 찢어짐. 몹시 성난 모습.

5 ⑩【眥】 眦(886)와 동자

5 ⑩【眞】 참 진 眞

중학 인명 4Ⅱ급 ㊥zhēn ㊐シン

필순 ⺈ 𠤎 𠤏 ... 眞 眞 眞

소전 초서 속자 真 속자 真 자원 會意. 匕＋目＋乚＋八→眞. '匕'는 '化'의 고자(古字), '乚'는 숨다, '八'는 탈것을 나타낸다. 본뜻은 '신선이 득도(得道)하여 사람의 눈에 뜨이지 아니하고 승천함'인 데서, '자연·묘리·천성·본질·신기(神氣)·정실(正實)' 등의 뜻으로 쓴다.

자해 ❶참, 진짜. 〔莊子〕 其爲人也眞기위인야진. ❷도(道), 자연의 도, 묘리(妙理). 〔漢書〕 吾欲羸葬以反吾眞오욕나장이반오진. ❸천성. ❹초상(肖像), 화상. 〔傳燈錄〕 有僧寫得師眞유승사득사진. ❺정말, 진실로. 〔韓愈·說〕 嗚呼오호, 其眞無馬乎기진무마호, 其眞不知馬也기진부지마야.

眞價(진가) 참된 값어치.

眞訣(진결) ①참된 도리를 깊이 연구함. ②비결(祕訣).

眞景(진경) ①실제의 경치. 實景(실경). ②실제의 경치를 그대로 그린 그림.

眞境(진경) 조금도 더럽혀지지 않은 깨끗한 곳. 신선(神仙)이 사는 땅.

眞空(진공) ①(佛)일체의 현상(現象)을 초월한 진여(眞如)의 상태. ②공기나 그 외의 물질이 전혀 존재하지 않는 공간.

眞瓜(진과) 참외. 甛瓜(첨과).

眞果(진과) ①불교나 도교의 진실한 도. ②씨방이 발육하여 된 과실. 매실·복숭아 따위.

眞君(진군) ①만물의 주재자(主宰者). ②신선(神仙)의 존칭.

眞談(진담) 진실한 이야기.

眞理(진리) ①참된 도리. 누구에게도 바르다고 인정되는 도리. ②참된 이치. 누구에게나 타당하다고 인정되는 지식.

眞味(진미) 참된 맛.

眞否(진부) 진실과 진실이 아님.

眞相(진상) 사물의 참된 모습. 實相(실상).

眞想(진상) ①참된 생각. ②진실한 마음. ③명리(名利)에 미혹되지 않는 본성(本性).

眞書(진서) ①國한문을 숭상하던 시대에 그것을 높이어 일컫던 말. ②해서(楷書)의 속칭. 正書(정서).

眞善美(진선미) 참됨과 착함과 아름다움. 이 세 가지를 인생의 최고의 이상으로 삼음.

眞成(진성) 진실로. 참으로. 眞正(진정).

眞性(진성) ①타고난 성질. 天性(천성). ②있는 그대로의 성질.

眞俗(진속) ①(佛)진제(眞諦)와 속제(俗諦). 출세간(出世間)과 세간(世間). ②승려와 속인. 僧俗(승속).

眞率(진솔) 진실하고 솔직함.
眞髓(진수) 어떤 사물의 가장 중요한 부분.
眞身(진신) ①부처의 진실한 몸. 부처의 법신(法身). ②보살(菩薩).
眞實(진실) 거짓 없이 바르고 참됨.
眞心(진심) 거짓이 없는 참된 마음.
眞言(진언) ①참말. 거짓이 아닌 말. ②(佛)불타(佛陀)의 말. ③주문(呪文).
眞如(진여) (佛)영구히 변치 않는 우주 만유(萬有)의 절대 진리.
眞影(진영) ①참모습. ②영정(影幀). 사진.
眞吾(진오) 꾸밈이 없는 참된 나. 참된 자기의 모습.
眞僞(진위) 참과 거짓. 眞贋(진안).
眞元(진원) 사람 몸의 원기.
眞意(진의) 거짓이 없는 마음. 참마음.
眞義(진의) 참뜻. 참된 의미. 本義(본의).
眞人(진인) ①도교에서 참된 오의(奧義)를 깨달은 사람을 이름. ②(佛)진리를 깨달은 사람. 흔히 아라한(阿羅漢)을 이르는 말이나 부처를 이르기도 함.
眞字(진자) 점획(點畫)이 바른 글자. 해서(楷書)로 쓴 글자.
眞蹟(진적) ①진짜 필적. 眞筆(진필). 眞迹(진적). ②실제의 유적.
眞詮(진전) ①진리를 표현한 문구(文句). ②참된 깨달음.
眞諦(진제·진체) (佛)진실한 도리. 평등 무차별의 이치.
眞智(진지) ①참된 지혜. 진리를 깨달은 지혜. ②(佛)진여(眞如)를 깨달은 지혜.
眞摯(진지) 마음 쓰는 태도와 행동 따위가 참되고 착실함.
眞品(진품) 진짜인 물품.
眞紅(진홍) 짙고 산뜻한 붉은색.
◨ **寫眞**사진, **純眞**순진, **天眞**천진, **逼眞**핍진.

5 ⑩ **【真】** 眞(886)의 속자

5 ⑩ **【真】** 眞(886)의 속자 [인명]

5 ⑩ **【眩】** [1]아찔할 현 [霰] [2]팔 견 [霰]
[인명][1급] ㊥xuàn ㊐ケン
[소전] [초서] [참고] 인명용 음은 '현'이다.
[자해] [1] ❶**아찔하다.** ㉮**현기증이 나다.** ㉯**미혹하다.** 〔中庸〕敬大臣則不眩경대신즉불현. ❷**현혹하다, 미혹(迷惑)시키다.** ❸**어둡다, 분명하지 아니하다.** 〔淮南子〕照物而不眩조물이불현. [2]**팔다, 행상하다.**
眩氣(현기) 아찔하고 어지러운 기운.
眩然(현연) 현기증이 나는 모양.
眩曜(현요) 현기증이 남.
眩惑(현혹) 정신이 혼미하여 어지러움. 홀림에 빠져 미혹함.

6 ⑪ **【眷】** 돌아볼 권 [霰]
[인명][1급] ㊥juàn ㊐ケン
[소전] [초서] [동자] 睠 [자해] ❶**돌아보다.** ㉮**뒤돌아보다, 돌이켜 보다.** 〔詩經〕乃眷西顧내권서고. ㉯**돌보다, 귀여워하다, 총애하다.** 〔書經〕皇天眷命황천권명. ❷**은혜, 은고(恩顧).** 〔晉書〕蒙眷累世몽권루세. ❸**친족, 일가.** 〔五代史〕居燕者號東眷거연자호동권.
眷顧(권고) ①뒤돌아봄. ②애정으로 돌보아 줌. 愛顧(애고).
眷眷(권권) ①알뜰히 돌보는 모양. 항상 마음에 두어 잊지 않는 모양. ②연모(戀慕)하는 모양.
眷戀(권련) 사모함. 늘 잊지 못하며 그리워함. 愛戀(애련).
眷屬(권속) ①친척. 친족. 眷黨(권당). ②한집안의 식구. ③아내의 비칭(卑稱).
眷率(권솔) 자기가 거느리는 집안 식구.
眷愛(권애) 보살펴 사랑함.
眷然(권연) 잊지 못하여 뒤돌아보는 모양.
眷佑(권우) 돌보아 줌. 보살펴 줌.
眷遇(권우) 임금이 신하를 정중하게 대우함.

6 ⑪ **【眸】** 눈동자 모 [尤]
[인명] ㊥móu ㊐ボウ
[소전] [초서] [자해] **눈동자.** 〔孟子〕存乎人者존호인자, 莫良於眸子막량어모자.
眸子(모자) 눈동자. 眼睛(안정).
◨ **明眸**명모, **兩眸**양모, **昏眸**혼모, **黑眸**흑모.

6 ⑪ **【眼】** 눈 안 [潸]
[중학][인명][4Ⅱ급] ㊥yǎn ㊐ガン
[필순] 丨 冂 月 目 目 目ㄱ 目ㄱ 目ㄱ 眼 眼 眼
[소전] [초서] [자원] 形聲. 目+艮→眼. '艮(간)'이 음을 나타낸다.
[자해] ❶**눈.** ㉮**눈알.** 〔史記〕抉吾眼결오안, 縣吳東門之上현오동문지상. ㉯**눈구멍, 안과(眼窠).**

㉰눈매. 〔史記〕眼如望羊안여망양. ❷보다, 보는 일. ❸고동, 사북. 가장 중요한 부분.
眼角(안각) 눈초리. 眼眥(안제).
眼瞼(안검) 눈꺼풀. 眼胞(안포).
眼鏡(안경) 시력이 나쁜 눈을 잘 보이도록 눈에 쓰는 물건.
眼孔(안공) ①눈구멍. 눈. ②사물을 분별하는 힘. 見識(견식).
眼眶(안광) 눈자위.
眼光徹紙背(안광철지배) 눈빛이 종이 뒷면까지 비침. 글을 읽고 이해하는 능력이 뛰어남. 眼透紙背(안투지배).
眼球(안구) 눈알. 눈망울. 眼珠(안주).
眼到(안도) 독서삼도(讀書三到)의 하나. 책을 읽음에 있어서 먼저 눈을 책에 집중해야 함.
眼同(안동) 같이. 함께.
眼目(안목) ①눈. 눈매. ②주안점(主眼點). 요점(要點). ③사물을 분별하는 견식.
眼識(안식) ①선악(善惡)·시비(是非)·가치 등을 판별할 수 있는 능력. ②(佛)물체의 모양이나 빛깔 따위를 분별하는 작용.
眼語(안어) 눈짓으로 의사를 통하는 일.
眼前(안전) ①눈앞. ②존귀한 사람이 앉아 있는 자리의 앞.
眼睛(안정) 눈동자. 眸子(모자).
眼中(안중) ①눈의 안. ②관심이나 의식의 범위 내.
眼中人(안중인) 늘 마음속에서 생각하는 사람.
眼中釘(안중정) 눈에 든 못. 방해자나 자기에게 해를 끼치는 사람.
眼疾(안질) 눈에 생긴 병.
眼彩(안채) 눈의 광채. 眼光(안광).
眼聽(안청) 눈의 총기. 眼力(안력).
眼波(안파) 여자가 아양을 떠는 눈.
眼下無人(안하무인) 눈 아래 보이는 사람이 없음. 교만하여 남을 업신여김.
眼花(안화) 눈이 침침하고 환각(幻覺)을 느끼는 일.
◨ 開眼개안, 老眼노안, 白眼백안, 碧眼벽안, 心眼심안, 兩眼양안, 龍眼용안, 天眼천안, 靑眼청안, 醉眼취안, 血眼혈안, 患眼환안.

6 ⑪ 【眺】 바라볼 조 嘯 篠

인명 1급 ㊥tiào ㊐チョウ

소전 초서 자해 바라보다. 〔禮記〕可以遠眺望가이원조망.
眺臨(조림) 내려다봄.
眺望(조망) 먼 곳을 바라봄. 또는 그러한 경치. 眺覽(조람). 眺矚(조촉).
◨ 顧眺고조, 登眺등조, 遠眺원조.

6 ⑪ 【眾】 衆(1125)의 본자

7 ⑫ 【着】 眉(883)의 본자

7 ⑫ 【睇】 흘끗 볼 제 霽

㊥dì ㊐テイ

소전 초서 자해 흘끗 보다, 훔쳐보다. 〔禮記〕在父母舅姑之所재부모구고지소, 不敢睇視불감제시.
睇眄(제면) 곁눈질함. 睇視(제시).
睇睨(제예) 곁눈질로 봄. 슬쩍 봄.

7 ⑫ 【着】 붙을 착 藥

중학 인명 5급 ㊥zhuó ㊐チャウ

필순 丷 䒑 䒑 兰 芏 差 着 着 着 着

초서 본자 著 동자 着 참고 본래는 '著 2'의 속자이나, 지금은 '著 2'의 뜻으로는 이 자가 쓰인다.
자해 ❶붙다. ❷입다, 옷을 입다. 〔李白·詩〕更着老萊衣갱착로래의. ❸신을 신다.
着劍(착검) ①큰 칼을 참. ②대검(帶劍)을 소총(小銃) 끝에 꽂음.
着工(착공) 공사를 시작함.
着根(착근) 옮겨 심은 식물이 뿌리를 내림.
着陸(착륙) 땅 위에 내림.
着帽(착모) 모자를 씀.
着服(착복) ①옷을 입음. ②남의 돈이나 물건을 부당하게 차지함.
着想(착상) 일의 실마리가 될 만한 생각.
着色(착색) 빛깔이 나게 함.
着席(착석) 자리에 앉음.
着手(착수) 일을 시작함.
着實(착실) 침착하고 진실함.
着眼(착안) 어느 점에 눈을 돌림.
着用(착용) ①옷을 입음. ②물건을 몸에 붙이거나 닮.
着衣(착의) 옷을 입음. 또는 입고 있는 옷.
着地(착지) 땅 위에 내림.
◨ 到着도착, 發着발착, 附着부착, 延着연착, 執着집착, 沈着침착.

7 ⑫ 【睍】 불거진 눈 현 銑

인명 ㊥xiàn ㊐ゲン

소전 초서 자해 ❶불거진 눈. ❷눈이 작다.

目 6획

7 ⑫【睆】 가득 찬 모양 환 潸

㊥huǎn ㊐カン

초서 睆 자해 ❶가득 찬 모양. 〔詩經〕有杕之杜유체지두, 有睆其實유환기실. ❷끝까지 보다, 주시하는 모양. ❸밝다, 별이 밝은 모양. 〔詩經〕睆彼牽牛환피견우. ❹아름다운 모양. 〔禮記〕華而睆화이환, 大夫之簀與대부지책여.

7 ⑫【睅】 큰 눈 환·한 潸旱

㊥hàn ㊐カン

소전 睅 초서 睅 자해 ❶큰 눈, 눈을 크게 뜨고 보다. ❷크게 불거진 눈, 퉁방울눈. 〔春秋左氏傳〕睅其目환기목.

8 ⑬【睘】 睘(890)과 동자

8 ⑬【睠】 眷(887)과 동자

8 ⑬【督】 살펴볼 독 沃

고등 인명 4Ⅱ급 ㊥dū ㊐トク

필순 ㅏ ㅗ ㅊ ㅊ ホ 叔 叔 督 督 督

소전 督 초서 督 자원 形聲. 叔+目→督. '叔(숙)'이 음을 나타낸다.

자해 ❶살펴보다. 〔漢書〕使離婁督繩사리루독승. ❷경계하다, 계칙하다. 〔漢書〕宜有以教督의유이교독. ❸꾸짖다, 책망하다. 〔史記〕大王有意督過之대왕유의독과지. ❹우두머리, 대장(大將). 〔後漢書〕軍征校尉군정교위, 一統于督일통우독. ❺통솔하다. 〔唐書〕唯度請身督戰유도청신독전.

督檢(독검) 바로잡음. 단속함.
督過(독과) 허물을 꾸짖음. 잘못을 책망함.
督課(독과) 시찰함. 맡긴 일을 감독함.
督勵(독려) 감독하여 격려함.
督迫(독박) 재촉함. 독촉함.
督率(독솔) 감독하여 통솔함.
督視(독시) 살펴봄. 감시함.
督御(독어) 도맡아 다스림. 통괄함.
督戰(독전) 싸움을 독려(督勵)함.
督察(독찰) 감독하고 시찰함.
督責(독책) ①몹시 재촉함. ②몹시 책망함.
督促(독촉) 서둘러 하도록 재촉함. 督催(독최).
督學(독학) 학사(學事)를 감독함. 또는 그 직책을 맡은 사람.

◨ 監督감독, 都督도독, 提督제독, 總督총독.

8 ⑬【睦】 화목할 목 屋

고등 인명 3Ⅱ급 ㊥mù ㊐ボク

필순 ㅣ 冂 月 目 目 目 目 眭 眭 睦 睦

소전 睦 초서 睦 자원 形聲. 目+坴→睦. '坴(륙)'이 음을 나타낸다.

자해 화목하다. 〔書經〕九族既睦구족기목.

睦友(목우) 형제간에 우애가 있고 화목함.
睦族(목족) ①동족끼리 서로 화목하게 지냄. ②화목한 집안.

◨ 敦睦돈목, 親睦친목, 和睦화목.

8 ⑬【睥】 흘겨볼 비 霽薺

㊥pì ㊐ヘイ

초서 睥 동자 睤 자해 ❶흘겨보다. ❷엿보다, 곁눈질하다. 〔史記〕睥睨故久立비예고구립. ❸성가퀴. 성 위에 낮게 쌓은 담.

睥睨(비예) ①엿봄. 곁눈질하여 봄. ②성가퀴.

8 ⑬【睤】 睥(889)와 동자

8 ⑬【睡】 잘 수 寘

고등 인명 3급 ㊥shuì ㊐スイ

필순 ㅣ 冂 月 目 目 眐 眐 睡 睡 睡 睡

소전 睡 초서 睡 자원 會意·形聲. 目+垂→睡. 눈꺼풀이 드리워졌다는 뜻으로, '졺, 잠을 잠'을 나타낸다. '垂(수)'가 음도 나타낸다.

자해 ❶자다. ㉮앉아서 졸다. 〔漢書〕將吏被介冑而睡장리피개주이수. ㉯잠자리에 들다. ❷잠. 〔白居易·詩〕破睡見茶功파수견다공.

睡魔(수마) 졸음이 오는 것을 마력(魔力)에 비겨 이르는 말.
睡眠(수면) ①잠. ②잠을 잚.
睡語(수어) 잠꼬대.
睡餘(수여) 잠이 깬 뒤.
睡鄕(수향) 잠을 자는 동안에 마음이 가 있는 곳. 꿈나라.

◨ 假睡가수, 午睡오수, 昏睡혼수.

8 ⑬【睚】 눈초리 애 佳卦

㊥yá ㊐ガイ

소전 睚 초서 睚 자해 ❶눈초리, 눈언저리. ❷쳐다보다. ❸노려보다, 흘겨보다. 〔漢書〕報睚眦怨보애자원.
睚眦(애자) 눈을 부라림. 흘겨봄.

8 ⑬【睪】 엿볼 역 陌
㊥yì ㊐エキ
소전 睪 초서 睪 자해 ❶엿보다, 몰래 보다. ❷기뻐하다.

8 ⑬【睨】 흘겨볼 예 霽薺
㊥nì ㊐ゲイ
소전 睨 초서 睨 자해 ❶흘겨보다, 노려보다. 〔史記〕持璧睨柱지벽예주. ❷기울다, 해가 기울어지다. 〔莊子〕日方中方睨일방중방예. ❸엿보다.

8 ⑬【睛】 눈동자 정 庚
인명 1급 ㊥jīng ㊐セイ
초서 睛 참고 晴(589)은 딴 자.
자해 눈동자. 〔淮南子〕猶不能見其睛유불능견기정.

目 8획

8 ⑬【睜】 싫어하는 눈빛 정 梗
㊥zhēng ㊐セイ
초서 睜 속자 睁 자해 ❶싫어하는 눈빛. ❷눈을 부릅뜨다.
睜睜(정정) 눈을 부릅뜨고 보는 모양.

8 ⑬【睫】 속눈썹 첩 葉
인명 ㊥jié ㊐ショウ
초서 睫 자해 ❶속눈썹. 〔漢書〕陛下不交睫解衣폐하불교첩해의. ❷깜작이다.

9 ⑭【睾】 못 고 豪
인명 ㊥gāo ㊐コウ
초서 睾 자해 ❶못, 늪. ❷불알.
睾女(고녀) 남녀의 생식기를 겸하여 가진 사람. 어지자지. 남녀추니.
睾丸(고환) 포유류 수컷 생식기의 일부. 불알.

9 ⑭【睽】 사팔눈 규 齊
㊥kuí ㊐ケイ
소전 睽 초서 睽 자해 ❶사팔눈. ❷노려보다. ❸괘 이름, 64괘의 하나. 괘형은 ☲. 작은 일에 유리한 것을 상징한다.
睽合(규합) 헤어짐과 모임. 離合(이합).

9 ⑭【睹】睹 볼 도 麌
인명 1급 ㊥dǔ ㊐ト
소전 睹 초서 睹 고자 覩 자해 보다. ㉮눈으로 보다. 〔中庸〕是故君子戒愼乎其所不睹시고군자계신호기소부도. ㉯가리다, 분별하다. 〔禮記〕以陰陽爲端이음양위단, 故情可睹也고정가도야.
睹聞(도문) 보고 들음. 견문(見聞)함.

9 ⑭【瞀】 어두울 무 宥
㊥mào ㊐ボウ
소전 瞀 초서 瞀 자해 ❶어둡다. ≒眊. ㉮눈이 흐리다. ㉯어리석다. 〔荀子〕愚陋溝瞀우루구무. ❷흐트러지다.
瞀瞀(무무) ①눈이 어두워 잘 보이지 않는 모양. ②눈을 내리깔고 공손하게 보는 모양.

9 ⑭【睿】 깊고 밝을 예 霽
인명 2급 ㊥ruì ㊐エイ
초서 睿 동자 叡 자해 ❶깊고 밝다. ❷임금과 관련된 것에 붙이는 경어. ¶ 睿覽예람. ❸총명하다, 슬기롭다. 〔書經〕聽曰聰청왈총, 思曰睿사왈예.
睿感(예감) 임금의 느낌. 임금이 감동하는 일.
睿斷(예단) 임금의 결단. 聖斷(성단).
睿達(예달) 현명하여 사리에 통달함.
睿德(예덕) ①매우 뛰어난 덕망(德望). ②임금의 덕망. ③國왕세자의 덕망.
睿覽(예람) ①임금이 열람함. ②國왕세자가 열람함.
睿聞(예문) 임금의 귀에 듦. 임금이 들음.
睿聖(예성) 뛰어나고 현명함. 임금의 어진 덕을 칭송함.
睿旨(예지) ①임금의 뜻. ②國왕세자가 왕의 대리로 통치할 때 내리는 명령.
睿智(예지) 뛰어나게 총명한 지혜.
睿哲(예철) 뛰어나게 총명함. 睿明(예명).

10 ⑮【瞏】 놀란 눈으로 볼 경 庚
㊥qióng ㊐ケイ
소전 瞏 초서 瞏 동자 睘 자해 ❶놀란 눈으로 보다. ❷외롭

다. 〔詩經〕 獨行睘睘독행경경. ❸근심하다. 〔詩經〕 睘睘在疚경경재구.

10 ⑮ **【瞑】** ① 눈 감을 명 靑 ② 잘 면 先 ③ 중독될 면 霰

인명 ㊥míng ㊐メイ

소전 초서 참고 인명용 음은 '명'이다.

자해 ① ❶눈을 감다. ¶瞑想명상. ❷눈이 어둡다. 〔晉書〕 耳目聾瞑이목롱명. ② 자다. ≒眠. ③ ❶중독되다, 약에 중독되다. ❷아찔하다, 현기증이 나다.

瞑瞑(명명) 눈이 흐릿하여 잘 보이지 않는 모양. 불분명한 모양.

瞑想(명상) 눈을 감고 고요히 깊은 생각에 잠김. 冥想(명상).

10 ⑮ **【瞍】** 소경 수·소 有 蕭

㊥sǒu ㊐ソウ, ショウ

소전 초서 본자 瞍 자해 ❶소경, 봉사. 〔詩經〕 矇瞍奏公몽수주공. ❷여위다, 오그라들어 무너지다.

瞍矇(수몽) 소경. 봉사.

10 ⑮ **【瞋】** 瞋 부릅뜰 진 眞 震

인명 ㊥chēn ㊐シン

소전 초서 자해 ❶눈을 부릅뜨다. 〔史記〕 項王瞋目而叱之항왕진목이질지. ❷성내다.

瞋怒(진노) 눈을 부릅뜨고 성냄.

瞋眸(진모) 눈을 부릅뜸.

瞋恚(진에) 성냄. 분노함.

10 ⑮ **【瞎】** 애꾸눈 할 黠

㊥xiā ㊐カツ

초서 자해 ❶애꾸눈. ❷소경. 〔晉書〕 盲人騎瞎馬맹인기할마.

瞎子摸象(할자모상) 소경이 코끼리를 더듬음. 일면만 보고 전체를 평가함.

瞎漢(할한) ①소경. 봉사. ②무식한 사람.

11 ⑯ **【瞠】** 볼 당 本청 庚 敬

㊥chēng ㊐ドウ

초서 동자 瞸 자해 보다, 똑바로 보다. 〔莊子〕 瞠若乎後당약호후.

瞠瞠(당당) 눈을 휘둥그렇게 뜨는 모양.

瞠目(당목) 놀라서 눈을 휘둥그렇게 하여 봄. 瞠視(당시).

瞠若(당약) 어이없어 눈을 휘둥그렇게 뜨고 바라보는 모양.

瞠然(당연) 눈을 휘둥그렇게 뜸.

11 ⑯ **【瞞】** 瞒 ① 속일 만 寒 ② 부끄러워할 문 元

인명 1급 ㊥mán ㊐マン

소전 초서 참고 인명용 음은 '만'이다.

자해 ① 속이다. ② 부끄러워하다, 부끄러워하는 모양. 〔莊子〕 子貢瞞然慙자공문연참.

瞞著(만착) 속임. '著'은 조자(助字).

瞞然(문연) 부끄러워하는 모양.

12 ⑰ **【瞰】** 볼 감 勘

인명 1급 ㊥kàn ㊐カン

초서 자해 ❶보다, 멀리 보다. 〔揚雄·賦〕 東瞰目盡동감목진. ❷내려다보다. 〔後漢書〕 雲車十餘丈운거십여장, 瞰臨城中감림성중.

瞰臨(감림) 높은 곳에서 내려다봄.

瞰望(감망) 먼 곳을 바라봄.

◨ 俯瞰부감, 鳥瞰조감, 遐瞰하감.

12 ⑰ **【瞳】** 눈동자 동 東 絳

인명 1급 ㊥tóng ㊐ドウ

초서 자해 ❶눈동자. 〔史記〕 舜目蓋重瞳子순목개중동자. ❷어리석은 모양.

瞳焉(동언) 어리석은 모양.

瞳人(동인) 눈동자에 비치어 나타난 사람의 형상. 눈부처.

瞳睛(동정) 눈동자. 瞳孔(동공).

12 ⑰ **【瞭】** 了 밝을 료 篠 蕭

인명 1급 ㊥liǎo ㊐リョウ

초서 자해 밝다. ㉮눈동자가 또렷하다. 〔孟子〕 胸中正흉중정, 則眸子瞭焉즉모자료언. ㉯사물이 분명하다.

◨ 一目瞭然일목요연.

12 ⑰ **【瞵】** 눈빛 린 眞

㊥lín ㊐リン

소전 초서 자해 ❶눈빛, 눈동자의 빛. ❷눈을 부라리며 보는 모양. 〔左思·賦〕 鷹瞵鶚視응린악시.

目 12획

12 ⑰【瞥】 언뜻 볼 별 屑

인명 1급 ㊥piē ㊐ベツ

소전 초서 자해 언뜻 보다, 잠깐 보다.

瞥見(별견) 흘끗 봄. 슬쩍 봄.
瞥觀(별관) 얼른 슬쩍 봄.
瞥眼間(별안간) 언뜻 보는 동안. 갑자기.

12 ⑰【瞬】 눈 깜작일 순 震

고등 인명 3Ⅱ급 ㊥shùn ㊐シュン

필순 ⺆ 月 目 目' 目⺈ 目⺍ 目⺍ 瞬 瞬 瞬

초서 자해 ❶눈을 깜작이다. 〔列子〕 爾先學不瞬이선학불순, 而後可言射矣이후가언사의. ❷잠깐 사이, 눈 깜작할 사이. 〔陸機·賦〕 撫四海於一瞬무사해어일순.

瞬間(순간) 눈 깜작할 사이.
瞬發力(순발력) 근육이 순간적으로 빨리 수축하면서 나는 힘.
瞬視(순시) 눈을 깜박이며 봄.
瞬息間(순식간) 눈을 한 번 깜작이거나 숨을 한 번 쉬는 시간. 매우 짧은 시간.

目 12획

12 ⑰【瞪】 바로 볼 징 庚 徑

㊥dèng ㊐トウ

초서 자해 바로 보다, 주시하다.

瞪視(징시) ①성난 눈으로 노려봄. ②눈을 똑바로 뜨고 자세히 봄.

12 ⑰【瞯】 1 지릅뜰 한 刪 2 엿볼 간 諫

㊥xián, jiàn ㊐カン

소전 초서 속자 瞷 자해 1 ❶지릅뜨다, 눈을 치뜨다. ❷곁눈질. 2 엿보다, 보다. 〔孟子〕 王使人瞯夫子왕사인간부자, 果有以異於人乎과유이이어인호.

12 ⑰【瞷】 瞯(892)의 속자

13 ⑱【瞼】 睑 눈꺼풀 검 琰

인명 ㊥jiǎn ㊐ケン

소전 초서 자해 ❶눈꺼풀. 〔北史〕 瞼垂覆目검수부목, 不得視부득시. ❷고을. 남만(南蠻)에서 주(州)를 일컫는 말. 〔新唐書〕 南蠻有十瞼남만유십검.

13 ⑱【瞽】 소경 고 麌

㊥gǔ ㊐コ

소전 초서 자해 ❶소경. 〔莊子〕 瞽者無以與乎文章之觀고자무이여호문장지관. ❷악인(樂人), 악관(樂官). 옛날에 소경을 악사(樂師)로 삼은 데서 온 말. 〔詩經〕 有瞽有瞽유고유고, 在周之庭재주지정.

瞽馬聞鈴(고마문령) 눈 먼 망아지가 방울소리 듣고 따라감. 맹목적으로 남 하는 대로 따름.
瞽言(고언) ①소경이 보지 못하고 하는 말. 쓸모 없는 말. 이치에 맞지 않는 말. ②자기 말의 겸칭(謙稱). 瞽辭(고사).
瞽議(고의) 망령된 의론.
瞽人(고인) ①소경. ②소경인 악사. 瞽師(고사).

13 ⑱【瞿】 볼 구 遇 虞

인명 ㊥jù ㊐ク

소전 초서 자해 ❶보다. ㉮매·소리개 따위가 노려보다. ㉯놀라서 보다, 휘둥그레져서 보다. 〔柳宗元·書〕 瞿然注視구연주시. ❷마음에 놀라운 모양. 〔禮記〕 聞名心瞿문명심구.

瞿瞿(구구) ①절제(節制)하지 못하는 모양. ②당황하여 자세히 보지 못하는 모양. ③두리번거리는 모양.
瞿然(구연) ①놀란 눈으로 보는 모양. ②두려워하는 모양. ③분주한 모양.

13 ⑱【瞻】 볼 첨 鹽 豔

인명 2급 ㊥zhān ㊐セン

소전 초서 참고 膽(1040)·贍(1210)은 딴 자.

자해 ❶보다. 〔楚辭〕 瞻前而顧後兮첨전이고후혜. ❷쳐다보다, 우러러보다. 〔詩經〕 瞻彼日月첨피일월.

瞻望(첨망) ①멀리서 우러러봄. ②존경하여 따름. 앙모(仰慕)함. 瞻仰(첨앙).
瞻視(첨시) ①봄. 관찰함. ②외관(外觀).
瞻仰(첨앙) ①우러러봄. 위를 쳐다봄. ②우러러 사모함. 瞻望(첨망).
瞻依(첨의) 앙모(仰慕)하여 의지함.
■ 顧瞻고첨, 觀瞻관첨, 仰瞻앙첨, 眺瞻조첨.

14 ⑲【矇】 청맹과니 몽 東

㊥méng ㊐ボウ

소전 초서 자해 청맹과니. 눈은 멀쩡해 보이나 앞을 보지 못하는 눈. 또는 그런 사람. 〔詩經〕 矇瞍奏公몽수주공.
矇瞽(몽고) 소경. 맹인.
矇瞍(몽수) ①소경. '矇'은 눈동자가 있는 소경, '瞍'는 눈동자가 없는 소경. ②악공(樂工). 옛날에는 소경을 악공(樂工)으로 삼은 데서 온 말.

15 ⑳ 【矍】 두리번거릴 확 ㊍곽 藥
㊥jué ㊐カク
소전 초서 자해 ❶두리번거리다, 놀라서 보다. 〔易經〕 視矍矍시확확. ❷기운이 솟는 모양. 〔後漢書〕 矍鑠哉확삭재, 是翁也시옹야.
矍鑠(확삭) ①건장(健壯)한 모양. ②부들부들 떠는 모양.
矍然(확연) 당황하여 보는 모양.

17 ㉒ 【矊】 물끄러미 볼 응 蒸
인명 ㊥yīng ㊐オウ
자해 물끄러미 보다.

19 ㉔ 【矗】 矗 우거질 촉 ㊍축 屋
인명 ㊥chù ㊐チク
초서 자해 ❶우거지다, 초목이 무성하다. ❷높이 솟은 모양.
矗立(촉립) 우뚝 솟음.
矗然(촉연) 똑바른 모양. 곧은 모양.
矗矗(촉촉) 높이 솟아 있는 모양.

20 ㉕ 【矙】 矙 엿볼 감 勘
㊥kàn ㊐カン
초서 자해 엿보다. 〔孟子〕 陽貨矙孔子之亡也양화감공자지망야.

21 ㉖ 【矚】 瞩 볼 촉 沃
㊥zhǔ ㊐ショク
초서 속자 瞩 자해 ❶보다. 〔魏書〕 凝神遠矚응신원촉. ❷자세하게 보다.
矚目(촉목) 자세히 봄. 주시(注視)함.
◨ 眷矚권촉, 俯矚부촉, 瞻矚첨촉, 聽矚청촉.

矛部 창 모

0 ⑤ 【矛】 창 모 ㊍무 尤
인명 2급 ㊥máo ㊐ボウ
소전 초서 자원 象形. 병거(兵車)에 세우는, 장식이 달리고 자루가 긴 창의 모양을 본뜬 글자.
자해 창, 자루가 긴 창. 〔書經〕 立爾矛립이모.
矛戈(모과) 창. '戈'는 가지가 달린 창.
矛戟(모극) 창. '戟'은 쌍지창(雙枝槍).
矛盾(모순) ①창과 방패. ②말의 앞뒤가 서로 맞지 않음. 故事 무기를 파는 장수가 자기의 창은 어떤 방패로도 막을 수 없고, 자기의 방패는 어떤 창으로도 뚫을 수 없다고 자랑하자, 그러면 당신의 창으로 당신의 방패를 뚫으면 어찌 되겠느냐고 물으니 말문이 막히더라는 고사에서 온 말. 矛楯(모순).
◨ 戈矛과모, 楯矛순모, 利矛이모.

4 ⑨ 【矜】 불쌍히 여길 긍 蒸
인명 1급 ㊥jīn ㊐キン
소전 초서 자해 ❶불쌍히 여기다, 가엾게 여기다. 〔春秋公羊傳〕 君子見人之厄則矜之군자견인지액즉긍지. ❷괴로워하다. ❸아끼다. 〔書經〕 不矜細行불긍세행, 終累大德종루대덕. ❹공경하다, 삼가다. 〔孟子〕 皆有所矜式개유소긍식. ❺자랑하다. 〔禮記〕 不矜而莊불긍이장. ❻위태하다, 위태로워하다. 〔詩經〕 居以凶矜거이흉긍.
矜競(긍경) 재능을 뽐내며 우열을 겨룸.
矜誇(긍과) 자랑하며 으스댐. 自慢(자만).
矜矜(긍긍) ①굳세고 강한 모양. ②전전긍긍 몸을 삼가는 모양.
矜大(긍대) 도도하게 굶. 거드름을 피움.
矜憐(긍련) 불쌍히 여김. 矜愍(긍민).
矜伐(긍벌) 자랑함. 뽐냄.
矜負(긍부) 재능을 자랑하고 자부함.
矜奮(긍분) 부지런히 노력함.
矜恕(긍서) 불쌍히 여겨 용서함.
矜式(긍식) 존경하여 모범으로 삼음.
矜飾(긍식) 뽐내어 꾸밈.
矜嚴(긍엄) 조심성이 많고 성실함.
矜勇(긍용) 자기의 용기를 자랑함.
矜人(긍인) 빈궁하여 불쌍한 사람.
矜莊(긍장) 근엄(謹嚴)하고 장중(莊重)함.
矜持(긍지) ①자신을 억제하여 삼감. ②스스로 자신하는 바가 있어 자랑하는 마음.
矜誕(긍탄) 으쓱거리며 거짓말을 함. 뽐내며 허풍을 떪.
矜泰(긍태) 교만함. 거드름을 부림.
矜恤(긍휼) 가엾게 여겨 도움.

◨ 可矜가긍, 誇矜과긍, 自矜자긍.

7
⑫【矟】 창 삭 覺

㊥shuò ㊐サク

초서 [자해] **창, 삼지창.** 주척(周尺)으로 1장(丈) 8척(尺)의 긴 창. 기병이 말을 타고 쓴다. =槊.

矢部 화살 시

0
⑤【矢】 화살 시 紙

[고등][인명][3급] ㊥shǐ ㊐シ

필순 ノ ㅗ 느 乍 矢

소전 초서 [자원] 象形. 화살의 모양을 본뜬 글자.

[자해] ❶**화살.** ❷**투호(投壺)에 쓰는 화살 모양의 대산가지.** 〔禮記〕侍投則擁矢시투즉옹시. ❸**벌여 놓다.** 〔書經〕皐陶矢厥謨고요시궐모. ❹**맹세하다.** 〔論語〕夫子矢之曰부자시지왈. ❺**바르다, 곧다.** 〔易經〕得黃矢貞吉득황시정길.

矢服(시복) 화살을 넣어서 짊어지던 도구. 矢箙(시복). 箭筒(전통).
矢誓(시서) 맹세함. 誓盟(서맹).
矢石(시석) ①화살과 쇠뇌로 쏘는 돌. ②전쟁.
矢石之間(시석지간) 싸움터. 전장(戰場).
矢言(시언) 맹세하는 말. 誓言(서언).
矢直(시직) 화살처럼 바르고 곧음. 치우치지 않고 바름.
矢鏃(시촉) 살촉. 화살촉.
◨ 弓矢궁시, 蓬矢봉시, 嚆矢효시.

2
⑦【矣】 어조사 의 紙

[중학][인명][3급] ㊥yǐ ㊐イ

필순 ㄥ ㅿ 厶 厶 厶 叁 矣

소전 초서 [자원] 形聲. ㅿ+矢→矣. 'ㅿ〔=以(이)〕'가 음을 나타낸다.

[자해] **어조사(語助辭).** ㉮**단정·결정의 뜻을 나타낸다.** ㉯**한정의 뜻을 나타낸다.** 〔論語〕祿在其中矣록재기중의. ㉰**의문 또는 반어의 뜻을 나타낸다.** 〔論語〕將焉用彼相矣장언용피상의. ㉱**영탄의 뜻을 나타낸다.** 〔論語〕甚矣吾衰也심의오쇠야. ㉲**구(句) 끝에서 다음 말을 일으키는 말.** 〔詩經〕漢之廣矣한지광의, 不可泳思불가영사, 江水永矣강수영의, 不可方思불가방사.

3
⑧【矦】 矧(895)과 동자

3
⑧【知】 1알 지 支 2슬기 지 寘

[중학][인명][5급] ㊥zhī ㊐チ

필순 ノ ㅗ 느 乍 矢 矢 知 知

소전 초서 동자 知 [자원] 會意. 矢+口→知. 마음속에 인식되면 말로써 입으로 표현됨이 화살과 같이 빠르므로, '矢'와 '口'를 합하여 '알다'란 뜻을 나타낸다.

[자해] 1❶**알다.** ㉮**인정하다, 인지(認知)하다.** 〔論語〕知我者其天乎지아자기천호. ㉯**느끼다, 깨닫다.** 〔呂氏春秋〕而終不自知이종부자지. ㉰**변별(辨別)하다, 분별하다.** 〔呂氏春秋〕以寒暑日月晝夜知之이한서일월주야지지. ㉱**기억하다.** 〔論語〕父母之年부모지년, 不可不知也불가부지야. ㉲**사귀다.** 〔春秋左氏傳〕公孫明知叔孫於齊공손명지숙손어제. ❷**알리다.** ❸**통지, 기별.** ❹**앎, 지식.** ❺**사귐, 교유(交游).** 〔司馬遷·書〕絕賓客之知절빈객지지, 亡室家之業망실가지업. 2**슬기.** =智. 〔中庸〕好學近乎知호학근호지.

知覺(지각) 앎. 깨달음.
知見(지견) 지식과 견식. 분별하는 힘.
知己(지기) 자기의 진심(眞心)과 진가(眞價)를 잘 알아주는 친구. 知己之友(지기지우).
知能(지능) 지혜와 재능.
知德(지덕) 지식과 덕행(德行).
知道(지도) ①도리를 깨달아 앎. ②國임금이 알았다는 뜻으로 글에서만 쓰던 말.
知得(지득) 얻을 것을 앎.
知慮(지려) 슬기로운 분별. 현명한 생각.
知了(지료) 깨달아 앎. 잘 앎.
知命(지명) ①천명(天命)을 앎. ②50세의 딴 이름. 공자(孔子)가 50세에 천명을 알았다고 말한 데서 온 말. 知天命(지천명).
知府(지부) 지식의 보고(寶庫). 지혜가 많음의 비유.
知斧斫足(지부작족) 國믿는 도끼에 발등 찍힘. 믿는 사람에게서 배신을 당함.
知分(지분) 제 분수를 앎.
知性(지성) ①명철(明哲)한 성질. ②사람의 본성을 앎. ③사물을 알고 생각하고 판단하는 능력.
知識(지식) ①알고 있는 내용. ②사물의 도리를 판별하는 앎. ③아는 사람. 知人(지인).
知悉(지실) 죄다 앎. 속속들이 앎.

知言(지언) ①도리에 밝은 말. 사리에 합당한 말. ②남의 말을 듣고 그 시비(是非)·정사(正邪)를 분별하여 앎.
知友(지우) 벗. 친구.
知遇(지우) 학문·인격·재능 따위를 인정받아 후한 대접을 받는 일.
知恩(지은) ①은혜를 앎. ②(佛)불(佛)·법(法)·승(僧) 삼보(三寶)의 은혜를 앎.
知音(지음) ①음악의 곡조를 잘 앎. ②자기의 마음을 잘 알아주는 친한 벗. 故事 백아(伯牙)가 타는 거문고 소리를 듣고 그 악상(樂想)을 종자기(鍾子期)만이 알아맞혔다는 고사에서 온 말. 知己之友(지기지우).
知人(지인) ①지혜가 있는 사람. ②사람을 앎. 인물의 사정(邪正)을 앎. ③國아는 사람.
知仁勇(지인용) 지혜와 어짊과 용기.
知人之鑑(지인지감) 사람을 알아보는 식견(識見). 知鑑(지감).
知子莫若父(지자막약부) 자식에 대하여 아는 것은 아비만한 사람이 없음. 자식에 대하여는 누구보다도 아비가 잘 앎.
知者樂水(지자요수) 지자는 사리에 밝아서 막힘이 없기 때문에 물을 좋아함.
知照(지조) 통지함. 조회함.
知足不辱(지족불욕) 만족할 줄 알면 욕을 당하지 않음. 분수를 지키는 사람은 욕되지 아니함. 知止不辱(지지불욕).
知行合一(지행합일) 아는 일과 행하는 일이 하나로 일치함.
知慧(지혜) 사물의 도리·선악 따위를 잘 분별하는 마음의 작용. 지혜(知彗).
知曉(지효) 알아서 환히 깨달음.
◨ 感知감지, 告知고지, 未知미지, 熟知숙지, 豫知예지, 認知인지, 探知탐지, 通知통지.

4 ⑨【矧】 하물며 신 軫

㊥shěn ㊐シン

소전 [seal] 초서 [cursive] 동자 弞 동자 敒 자해 ❶하물며. 〔書經〕至誠感神지성감신, 矧茲有苗신자유묘. ❷잇몸, 치은(齒齦). 〔禮記〕笑不至矧소부지신.

4 ⑨【矦】 侯(80)의 본자

5 ⑩【矩】 곱자 구 麌

인명 1급 ㊥jǔ ㊐ク

초서 [cursive] 동자 榘 자해 ❶곱자, 곡척(曲尺). 방형(方形)을 그리는 데 쓴다. 〔史記〕規矩誠錯규구성착. ❷네모, 사각형. ❸모, 모서리. ❹법, 법도. 〔論語〕從心所欲종심소욕, 不踰矩불유구.
矩度(구도) 법도. 법칙.
矩墨(구묵) ①곱자와 먹줄. ②법칙이나 규율. 矩繩(구승).
矩步(구보) ①바른 걸음걸이. ②행보가 법도에 맞음.
矩尺(구척) ㄱ자 모양으로 만든 자. 곱자. 曲尺(곡척).
矩形(구형) 직사각형.
矩矱(구확) 법칙. 법도.
◨ 規矩규구, 方矩방구, 繩矩승구.

5 ⑩【矨】 知(894)와 동자

7 ⑫【规】 規(1145)의 본자

7 ⑫【短】 짧을 단 旱

중학 인명 6급 ㊥duǎn ㊐タン

필순 丿 ㇐ 𠂉 矢 矢 矢 知 知 短 短 短

소전 [seal] 초서 [cursive] 자원 形聲. 矢+豆→短. '豆(두)'가 음을 나타낸다.
자해 ❶짧다. ㉮길이가 짧다. 〔春秋左氏傳〕彼其髮短而心甚長피기발단이심심장. ㉯키가 작다. 〔荀子〕帝堯長제요장, 帝舜短제순단. ㉰적다, 부족하다. ❷결점, 허물.
短歌(단가) 시조(時調).
短褐(단갈) 굵은 베로 기장을 짧게 지은 옷. 베잠방이. 천인(賤人)이 입었음.
短劍(단검) 짧은 양날 칼.
短見(단견) 짧은 생각이나 의견.
短計(단계) 얕은 계획. 졸렬한 계책.
短晷(단구) 짧은 해. 짧은 날. 短日(단일).
短軀(단구) 작은 키의 몸. 短身(단신).
短期(단기) 짧은 기간.
短氣(단기) ①갑자기 기력을 잃음. 낙심(落心)함. ②힘이나 담력이 모자람. ③現숨이 막힘.
短刀(단도) 날이 한쪽에만 있는 짧은 칼.
短慮(단려) 짧은 생각. 얕은 생각.
短命(단명) 목숨이 짧음. 短世(단세).
短兵(단병) 짧은 병기. 곧, 도검(刀劍).
短所(단소) 부족한 점. 缺點(결점).
短信(단신) ①짧은 서신. 간단한 편지. ②짤막한 보도.
短長(단장) ①짧음과 긺. ②단점과 장점. 優劣(우열). ③단명(短命)함과 장수(長壽)함. ④

손익(損益).
短章(단장) 짧은 문장이나 시가(詩歌).
短才(단재) 짧은 재주. 재지(才知)가 변변치 못함. 鈍才(둔재).
短牋(단전) ①간단한 편지. ②자기 편지의 겸칭(謙稱).
短折(단절) 일찍 죽음. 夭折(요절).
短點(단점) 모자라거나 흠이 되는 점.
短札(단찰) ①짧은 서찰(書札). 짧은 편지. ②자기 편지의 겸칭.
短尺(단척) 國피륙을 잴 때에, 일정한 척수(尺數)에 차지 못하는 피륙. 자투리.
短淺(단천) 생각이 얕음. 어리석음.
短促(단촉) 촉박(促迫)함.
短縮(단축) 짧게 줄임.
短篇(단편) 짤막하게 지은 글.
短筆(단필) 서투른 글씨 재주. 拙筆(졸필).
短靴(단화) 목이 짧거나 없는 구두.
◨ 長短장단, 淺短천단.

7 ⑫【躾】 射(344)의 본자

矢 7획

8 ⑬【矮】 키 작을 왜 蟹

인명 1급 ㊥ǎi ㊐ワイ

소전 초서 자해 ❶키가 작다. ❷짧게 하다, 움츠리다.

矮陋(왜루) ①키가 작고 못생김. ②집 같은 것이 낮고 누추함.
矮小(왜소) 작고 초라함.
矮屋(왜옥) 낮고 작은 집. 오두막집.
矮人(왜인) 난쟁이. 矮子(왜자).
矮子看戲(왜자간희) 난쟁이가 키 큰 사람의 뒤에서 구경을 함. 자기는 아무것도 모르면서 남의 말을 따라 덩달아서 그렇다고 함.

12 ⑰【矯】矫 바로잡을 교 篠

고등 인명 3급 ㊥jiǎo ㊐キョウ

필순

소전 초서 자원 形聲. 矢+喬→矯. '喬(교)'가 음을 나타낸다.

자해 ❶바로잡다. ㉮곧추다. 〔漢書〕矯箭控弦교전공현. ㉯바루다. 〔漢書〕將何以矯之장하이교지. ❷도지개. 뒤틀린 활을 바로잡는 기구. ❸속이다. ㉮이법(理法)을 굽히다. 〔書經〕矯誣上天교무상천. ㉯칭탁하다, 핑계를 대다. 〔漢書〕羽矯殺卿子冠軍우교살경자관군. ❹들다. 〔楚辭〕矯玆媚以私處兮교자미이사처혜. ❺날다.

矯角殺牛(교각살우) 뿔을 바로잡으려다가 소를 죽임. 작은 흠을 고치려다가 도리어 큰 손해를 입음.
矯激(교격) ①일부러 보통과 다르게 상식에서 벗어난 과격한 행동을 함. ②교정(矯正)하고 격려(激勵)함.
矯勵(교려) 나쁜 점을 고쳐서 부지런히 힘씀.
矯命(교명) 왕명(王命)이라고 거짓 꾸며 댐. 矯制(교제).
矯誣(교무) 속임. 矯僞(교위). 矯詐(교사).
矯殺(교살) 왕명이라고 속여 죽임.
矯俗(교속) ①풍속을 바로잡음. 矯風(교풍). ②일반 풍속과 다른 짓을 함.
矯首(교수) 머리를 쳐듦. 擧頭(거두).
矯飾(교식) ①외면을 거짓 꾸밈. ②바로잡고 꾸밈. 교정하고 수식함.
矯枉過正(교왕과정) 굽은 것을 바로잡으려다가, 도를 지나쳐 도리어 중정(中正)을 잃음. 중용을 얻지 못함. 矯枉過直(교왕과직).
矯揉(교유) ①잘못을 바로잡음. ②일부러 꾸밈.
矯正(교정) ①틀어지거나 잘못된 것을 바로잡음. ②재소자의 잘못된 행동이나 품성을 바로잡음.
矯詔(교조) 조칙(詔勅)이라고 거짓 꾸며댐.
矯託(교탁) 속여 핑계댐.
矯奪(교탈) 속여 빼앗음.
矯革(교혁) 고쳐서 바로잡음.
◨ 輕矯경교, 詭矯궤교, 誣矯무교.

12 ⑰【矰】 주살 증 蒸

㊥zēng ㊐ソウ

소전 초서 자해 ❶주살. 오늬에 줄을 매어 쏘는 화살. 〔史記〕飛者可以爲矰비자가이위증. ❷짧은 화살.

矰繳(증작) 주살. 矰弋(증익).
矰繳之說(증작지설) 주살로 나는 새를 쏘듯이, 자기의 이익을 목적으로 남을 설득하는 말.

石部 돌석

0 ⑤【石】 돌 석 陌

중학 인명 6급 ㊥shí ㊐セキ

필순

소전 초서 동자 石 자원 象形. 산에 있는 돌의 모양을 본뜬 글자. '厂'은 언덕, '口'는 그 아래에 있는 돌을 나타낸다.

자해 ❶**돌**. 〔詩經〕 他山之石타산지석, 可以攻玉가이공옥. ❷**돌로 만든 악기**. 경쇠 따위. 〔周禮〕 皆播之以八音개파지이팔음, 金石土革絲木匏竹금석토혁사목포죽. ❸**비석**. 〔呂氏春秋〕 故功績銘乎金石고공적명호금석. ❹**무게의 단위**. 1석(石)은 120근(斤). 〔書經〕 關石和鈞관석화균, 王府則有왕부즉유. ❺**섬. 부피의 단위**. 1석(石)은 180리터.

石澗(석간) 돌이 많은 산골짜기에 흐르는 시내.
石碣(석갈) 둥근 비석.
石矼(석강) 돌다리. 징검다리. 石梁(석량).
石渠(석거) 돌로 쌓은 도랑.
石距(석거) ①낙지. ②돌로 둘러쌓은 담.
石徑(석경) ①돌이 많은 좁은 길. ②산길.
石經(석경) ①유교의 경서(經書)를 돌에 새긴 비석. ②불교 경전을 오래 보존하기 위하여 돌에 새겨 놓은 것.
石磬(석경) 돌로 만든 경쇠.
石工(석공) 돌의 세공을 전문으로 하는 사람.
石塊(석괴) 돌덩이
石交(석교) 굳은 사귐. 石友(석우).
石金(석금) 돌에 박혀 있는 금.
石器(석기) 돌로 만든 여러 도구.
石磴(석등) ①돌 비탈길. ②석계(石階).
石礫(석력) 조약돌.
石馬(석마) 능묘(陵墓) 앞에 세우는, 돌로 조각한 말.
石磨(석마) 맷돌.
石墨(석묵) ①흑연(黑鉛). ②석탄.
石民(석민) 나라의 주춧돌인 백성.
石盤(석반) ①판판한 널빤지 모양의 돌. ②점판암(粘板岩)을 얇게 떼어내 석필(石筆)로 글씨를 쓸 수 있도록 만든 것. ③지붕을 이는 데 쓰는 얇은 돌.
石趺(석부) 돌로 만든 받침대. 비석 받침 따위.
石婦(석부) ①아이를 낳지 못하는 여자. 돌계집. 石女(석녀). ②망부석(望夫石).
石室(석실) ①돌로 만든 방. 돌방. ②서적을 보관하는 방. ③산중(山中)의 은거(隱居)하는 방. ④종묘(宗廟)의 신주를 모시던 방.
石獸(석수) ①돌로 만든 짐승. ②무덤 앞에 세우는, 돌로 조각한 짐승.
石油(석유) 땅속에서 천연으로 나는 기름.
石腸(석장) 돌처럼 단단한 간장. 의지가 굳음.
石田(석전) ①돌이 많은 밭. ②경작(耕作)할 수 없는 논밭. ③쓸데없는 물건의 비유.
石泉(석천) 바위 틈에서 흘러나오는 샘물. 石澗水(석간수).
石鏃(석촉) 돌로 만든 화살촉.
石炭(석탄) 땅속에 묻힌 식물이 오랜 세월동안 변질하여 생긴 가연성 퇴적암.
石塔(석탑) 돌로 쌓은 탑.
石榻(석탑) 돌로 만든 평상. 돌 침대.
石苔(석태) ①돌이끼. 石鮮(석선). ②바닷물 속의 돌에 붙어 자란 김. 돌김.
石罅(석하) 돌의 틈. 돌의 갈라진 틈.
石函(석함) 돌로 만든 함. 돌함.
石虎(석호) 왕릉 등의 곡장(曲墻) 안에 만들어 세운, 돌로 조각한 범.
石火(석화) ①돌과 돌, 또는 돌과 쇠붙이가 부딪쳐 튀는 불똥. ②몹시 빠르고 짧음의 비유.
石花(석화) ①종유석(鍾乳石)에서 물방울이 떨어져서 꽃 모양으로 굳은 것. ②지의류(地衣類)에 속하는 식물의 총칭. ③산호수(珊瑚樹)의 한 가지. ④우뭇가사리. 石花菜(석화채). ⑤國굴. 牡蠣(모려).

◨ 巨石거석, 鑛石광석, 怪石괴석, 金石금석, 木石목석, 盤石반석, 寶石보석, 碑石비석, 岩石암석, 玉石옥석, 隕石운석, 磁石자석, 礎石초석, 投石투석, 布石포석, 化石화석.

1 ⑥ 【石】 石(896)의 동자

2 ⑦ 【矴】 닻 정 徑

㊥dìng ㊐テイ

자해 **닻, 닻돌**. =碇.

矴石(정석) 닻으로 쓴 돌.

3 ⑧ 【矼】 1징검다리 강 江 2성실할 공 送

㊥gāng, kòng ㊐コウ

초서 자해 1**징검다리**. ≒杠. 2**성실하다, 온순하고 진실하다**. 〔莊子〕 且德厚信矼차덕후신공.

4 ⑨ 【砇】 옥돌 민 文

인명 ㊥mín ㊐ビン

자해 **옥돌, 옥 버금가는 돌**. =珉·玟.

4 ⑨ 【砒】 비상 비 齊

인명 1급 ㊥pī ㊐ヒ

초서 동자 磇 자해 ❶**비상**(砒霜). ❷現**비소**(砒素). 원소의 하나.

砒霜(비상) 비석(砒石)을 가열하여 승화(昇華)시켜 얻는 결정체의 독약.
砒石(비석) 독성이 강한 광물(鑛物)의 하나.
砒素(비소) 비석(砒石)을 태워 얻는 결정체.

4 ⑨【砂】 모래 사 麻

인명 ㊥shā ㊐サ

초서 자해 모래. ＝沙.〔宋書〕揚沙折木양사절목.

砂金(사금) 모래에 섞여 나오는 금(金).
砂器(사기) 흙을 구워서 만든 그릇. 사기 그릇.
砂礫(사력) 모래와 자갈.
砂防(사방) 國산·강가 등에 바위가 무너지거나 흙·모래 따위가 밀려 내리는 것을 막는 일.
砂糖(사당→사탕) ①설탕. ②설탕을 끓여서 만든 과자.
砂錫(사석) ①모래에 섞여 있는 주석. ②주석 성분이 있는 모래.
■ 丹砂단사, 練砂연사, 朱砂주사, 硃砂주사, 辰砂진사, 土砂토사.

4 ⑨【研】 硏(900)의 속자

4 ⑨【砌】 섬돌 체 霽

㊥qì ㊐セイ

소전 초서 동자 磜 자해 섬돌, 댓돌.

4 ⑨【砉】 뼈 바르는 소리 획·혁 錫陌

㊥xū ㊐ケキ, カク

초서 자해 ❶뼈를 바르는 소리, 뼈를 바를 때 나는 소리. ❷가죽을 벗기는 소리.〔莊子〕砉然嚮然획연향연.

5 ⑩【砬】 돌 소리 립 緝

인명 ㊥lì ㊐リュウ

자해 ❶돌 소리, 돌이 무너지는 소리. ❷해독약(解毒藥).

5 ⑩【砠】 돌산 저 魚

㊥jū ㊐ショ

초서 자해 돌산, 돌을 인 흙산. ＝岨.〔詩經〕陟彼砠矣척피저의.

5 ⑩【砥】 숫돌 지 紙齊

인명 ㊥dǐ ㊐シ

소전 초서 자해 ❶숫돌. 고운 것을 '砥', 거친 것을 '礪'라 한다.〔淮南子〕劍待砥而後能利검대지이후능리. ❷평평하다, 평균되게 하다.〔詩經〕周道如砥주도여지. ❸갈다, 날을 세우다.〔韓非子〕援礪砥刀원려지도. ❹닦다, 수양하다.〔韓非子〕文王砥德修政문왕지덕수정.

砥礪(지려) ①숫돌. 砥石(지석). ②숫돌로 갊. ③학예(學藝)·품성(品性) 등을 갈고 닦음.
砥鍊(지련) 갈고 닦음. 연마하고 단련함.
砥柱(지주) ①산 이름. ②난세에 있으면서도 절조를 굳게 지킴의 비유. '砥柱'는 황하(黃河) 가운데 있는 산으로, 격류 속에 있으면서도 조금도 움직이지 않는다는 데서 온 말.

5 ⑩【砦】 울타리 채 卦

인명 ㊥zhài ㊐サイ

초서 자해 ❶울타리, 바자울. ❷작은 울짱. ＝寨.〔宋史〕拔砦遁去발채둔거.

5 ⑩【砧】 다듬잇돌 침 侵

인명 1급 ㊥zhēn ㊐チン

소전 초서 자해 ❶다듬잇돌.〔杜甫·詩〕秋至拭淸砧추지식청침. ❷모탕. ≒椹.

砧斧(침부) 목을 자르는 대(臺)와 도끼. 둘 다 참형(斬刑)에 쓰는 형구(刑具).
砧聲(침성) 다듬이질하는 소리.
砧杵(침저) 다듬잇돌과 다듬잇방망이.

5 ⑩【破】 깰 파 箇

중학 인명 4Ⅱ급 ㊥pò ㊐ハ

필순 一 丆 不 石 石 矴 矿 砂 破 破

소전 초서 자원 形聲. 石＋皮→破. '皮(피)'가 음을 나타낸다.

자해 ❶깨다. ㉮부수다, 파괴하다.〔詩經〕旣破我斧기파아부. ㉯째다, 가르다.〔中庸〕語小어소, 天下莫能破焉천하막능파언. ㉰지우다, 패배시키다.〔史記〕敵國破적국파, 謀臣亡모신망. ❷깨짐, 깨는 일, 깨진 곳.〔黃庭堅·詩〕兒寒敎補破아한교보파. ❸다하다, 남김이 없다.〔杜甫·詩〕讀書破萬卷독서파만권.

破家潴澤(파가저택) 國중죄인의 집을 헐어 버리고 그 터를 파서 못을 만들던 형벌.
破却(파각) 완전히 부숨. 깨뜨림.
破格(파격) 관례나 격식에서 벗어난 일.
破鏡(파경) ①깨어진 거울. ②부부의 영원한 이별. ③이지러진 달. 조각달.
破戒(파계) 계율을 어기고 지키지 않음.
破瓜之年(파과지년) ①여자 나이 16세를 이름.

石 4획

②남자의 나이 64세를 이름. '瓜' 자를 파자(破字)하면 '八八'로 나누어지므로 '2×8=16, 8×8=64'가 되는 데서 온 말.
破塊(파괴) 흙덩이를 깨뜨림. 폭우(暴雨)가 농작물을 해침.
破壞(파괴) 때려 부수거나 깨뜨려서 허묾.
破局(파국) 일이 잘못되어 결판이 남.
破軍(파군) 패배한 군대.
破棄(파기) ①없애 버림. ②계약·조약 따위를 취소하여 무효로 함.
破落戶(파락호) 본래 재산이나 세력이 있는 집안의 자제(子弟)였으나 재산을 탕진한 사람.
破滅(파멸) 깨어져 망함.
破卯(파묘) 날샐녘. 이른 새벽. '卯'는 오전 5시부터 7시까지.
破門(파문) 사제(師弟)의 의리를 끊고 문하에서 내쫓음.
破本(파본) 제본이나 인쇄가 제대로 되지 않거나 파손된 책.
破釜沈船(파부침선) 싸움터로 나갈 때 군사들이 밥을 지을 솥을 깨뜨리고, 타고 돌아갈 배를 침몰시킴. 살아 돌아오기를 기약하지 않고 싸움에 임함. 沈船破釜(침선파부).
破邪顯正(파사현정) (佛)사도(邪道)를 깨뜨리고 정도(正道)를 드러냄.
破產(파산) 재산이 거덜남.
破散(파산) ①깨어 흩뜨림. ②제사 이름. 한식다례(寒食茶禮).
破損(파손) 깨어져 못 쓰게 됨.
破碎(파쇄) 조각조각 깨어져 부스러짐. 깨뜨리어 부수어 버림. 破摧(파최).
破顏大笑(파안대소) 매우 즐거운 표정으로 활짝 웃음.
破裂(파열) 깨어져 갈라짐.
破字(파자) 한자의 자획을 나누거나 합하여 다른 글자나 뜻을 나타내는 일. '姜'을 나누어 '八王女'라 하는 따위.
破錢(파전) ①찢어진 돈. ②돈을 씀.
破竹之勢(파죽지세) 대나무를 쪼갤 때의 기세. 대적할 수 없을 정도의 맹렬한 기세.
破紙(파지) 찢어진 종이, 또는 못 쓰게 된 종이.
破陣(파진) 적의 진지를 파괴함.
破天荒(파천황) 천지개벽 이전의 혼돈한 상태를 깨뜨려 엶. ㉠아직껏 남들이 하지 못했던 일을 해냄. ㉡진사(進士)에 급제한 사람.
破涕(파체) 울음을 그침.
破綻(파탄) ①찢어지고 터짐. ②일이 원만하게 이루어지지 못함.
破片(파편) 깨어져 부서진 조각.
破閑(파한) 심심풀이. 破寂(파적).
破婚(파혼) 혼인 약속을 깨뜨림.
破曉(파효) 먼동이 틀 무렵. 새벽.
破興(파흥) 흥이 깨어짐. 흥을 깨뜨림.
◨ 看破간파, 擊破격파, 難破난파, 踏破답파, 讀破독파, 突破돌파, 說破설파, 打破타파.

5 ⑩【砰】 ①물결 소리 팽 ㊍평 庚 ②돌 구르는 소리 팽 ㊍평 敬
㊥pēng, pèng ㊐ホウ
초서 자해 ① ❶물결 소리, 물결이 바위를 치는 소리. ❷성한 모양. ② 돌이 구르는 소리.
砰隱(팽은) 성한 모양.

5 ⑩【砭】 돌침 폄 鹽
㊥biān ㊐ヘン
소전 초서 동자 砚 자해 ❶돌침. ❷돌침을 놓다. 〔王安石·詩〕士病吾能砭사병오능폄.
砭灸(폄구) 돌침과 뜸. 치료법의 한 가지.

5 ⑩【砲】 돌 쇠뇌 포 效
인명 4Ⅱ급 ㊥pào ㊐ホウ
초서 자해 ❶돌 쇠뇌, 포거(抛車). =礮. ❷대포.
砲擊(포격) 대포를 쏨.
砲臺(포대) 포를 설치하여 쏠 수 있도록 만든 군사 시설물.
砲門(포문) 대포의 포탄이 나가는 구멍. 砲口(포구).
砲聲(포성) 대포를 쏠 때 나는 소리.
砲手(포수) ①대포를 쏘는 군인. ②國총으로 짐승을 잡는 사냥꾼.
砲眼(포안) 성벽, 군함, 보루(堡壘) 따위에 총을 쏘기 위하여 낸 구멍.
砲煙彈雨(포연탄우) 대포의 연기와 빗발처럼 쏟아지는 탄알. 격렬한 전투.
砲彈(포탄) 대포의 탄알.
砲火(포화) ①총포를 쏠 때 일어나는 불. 발사된 탄알. ②전화(戰火). 전쟁.
◨ 空砲공포, 大砲대포, 發砲발포, 銃砲총포, 艦砲함포, 火砲화포.

6 ⑪【硅】 규소 규
인명 1급 ㊥guī ㊐ケイ
초서 자해 규소(硅素). 비금속 원소의 하나.
硅酸(규산) 규소·산소·물 따위의 화합물. 유리와 자기의 원료로 쓰임.

6 ⑪【研】研 ①갈 연 先 ②벼루 연 霰

중학 인명 4Ⅱ급 ㊥yán ㊐ケン

필순 一 丆 不 石 石 石' 石⁼ 研 研 研

소전 研 초서 研 속자 研 자원 形聲. 石＋幵→硏. '幵(견)'이 음을 나타낸다.

자해 ① ❶갈다, 문지르다. ❷궁구하다, 깊이 캐다. 〔易經〕能硏諸侯之慮능연제후지려. ② 벼루. ＝硯.

硏攻(연공) 갈고닦음.

硏究(연구) 사물을 깊이 있게 조사하고 생각하여 어떤 이치나 사실을 밝혀냄.

硏磨(연마) ①갈고 닦아서 반질반질하게 함. ②학문·기술 따위를 힘써 배우고 닦음.

硏席(연석) 연구하는 자리. 공부하는 곳.

硏修(연수) 연구하고 닦음.

硏子磨(연자마) 國연자매. 마소의 힘으로 돌려 곡식을 찧는 큰 매.

硏精(연정) 정밀(精密)하게 연구함.

硏鑽(연찬) 학문을 깊이 연구함.

硏覈(연핵) 연구하여 밝힘.

6 ⑪【硃】朱 주사 주 虞

㊥zhū ㊐シュ

초서 硃 자해 주사(朱砂). 붉은 물감, 주묵(朱墨)의 원료로 쓰이는 광물.

硃批(주비) ①상주문(上奏文)을 임금이 직접 주묵(朱墨)으로 평하여 비답(批答)하던 일.

6 ⑪【硎】 硎(902)의 속자

7 ⑫【硜】 ①돌 소리 갱 本경 庚 ②경쇠 경 徑

㊥kēng, qìng ㊐コウ

초서 硜 동자 硜 자해 ① ❶돌 소리. 〔史記〕石聲硜硜以立別석성갱갱이립별. ❷소인(小人)의 모양. 〔論語〕硜硜然小人哉갱갱연소인재. ② 경쇠. ＝磬.

硜硜(갱갱) ①소인(小人)의 모양. 알랑거리는 모양. ②경석(磬石)이 울리는 소리. ③비천(鄙賤)한 모양.

7 ⑫【硬】 ①굳을 경 本영 敬 ②가로막을 경 梗

고등 인명 3Ⅱ급 ㊥yìng, gěng ㊐コウ

필순 一 丆 不 石 石 石 石 石 硬 硬

초서 硬 자원 形聲. 石＋更→硬. '更(경)'이 음을 나타낸다.

자해 ① ❶단단하다. ❷굳세다. 〔杜甫·歌〕書貴瘦硬方通神서귀수경방통신. ② 가로막다, 방해하다.

硬骨(경골) ①단단한 뼈. ②강직하여 남에게 굽히지 않는 일. ③척추동물의 골격을 이루는 굳은 뼈.

硬澁(경삽) 문장 따위가 딱딱하고 난삽(難澁)하여 부드럽지 못함.

硬直(경직) 굳어서 꼿꼿하여짐.

硬化(경화) ①물건이 단단하여짐. ②의견·태도 따위가 강경하여짐.

硬貨(경화) 금속으로 만든 화폐.

◼ 強硬강경, 生硬생경, 瘦硬수경.

7 ⑫【硫】 유황 류 尤

인명 2급 ㊥liú ㊐リュウ

초서 硫 자해 유황(硫黃).

硫黃(유황) 화약·성냥 따위의 원료로 쓰는 비금속 원소의 하나.

7 ⑫【硯】砚 벼루 연 霰

인명 2급 ㊥yàn ㊐ケン

소전 硯 초서 硯 동자 硱 자해 벼루. ≒硏.

硯臺(연대) 벼루.

硯屛(연병) 바람과 먼지와 먹이 튀는 것을 막기 위하여 벼루 머리에 둘러 두는 작은 병풍.

硯席(연석) 공부하는 자리.

硯水(연수) 벼룻물.

硯滴(연적) 벼룻물을 담는 그릇.

硯田(연전) 시인·문인들이 문필(文筆)로 생활함. 벼루를 밭에 견주어 이른 말.

硯池(연지) 벼루에 먹물이 담기는 우묵한 부분.

7 ⑫【硳】 國땅 이름 적

자해 땅 이름. 〔李穡·詩〕長湍南畔硳城西장단남반적성서.

7 ⑫【硨】砗 조개 이름 차·거 麻

인명 ㊥chē ㊐シャ

초서 硨 참고 인명용 음은 '차'이다.

자해 조개 이름, 거거(硨磲).

硨磲(거거) 거거과의 조개. 껍데기는 잿빛 흰색이며, 장식에 씀.

7 ⑫【硝】 초석 초 ㊍소 蕭

인명 1급 ㊥xiāo ㊐ショウ

초서 硝 자해 초석(硝石).

硝石(초석) 질산칼륨. 산화제(酸化劑)·화약·비료 등을 만드는 데 씀.
硝藥(초약) 화약(火藥).
硝煙(초연) 총포를 쏠 때 나는 화약 연기.

7 ⑫【确】 자갈땅 학 覺

㊥què ㊐カク

소전 确 초서 确 동자 㱿 자해 ❶자갈땅. ❷확실하다, 바르다.
〔後漢書〕言辯而确언변이학.

8 ⑬【碕】 ①굽은 물가 기 支 ②돌 모양 기 紙

㊥qí, qǐ ㊐キ

초서 碕 자해 ①굽은 물가. 〔漢書〕探巖排碕탐암배기. ②돌의 모양.
碕岸(기안) 강가. 냇가.

8 ⑬【碁】 棋(638)와 동자 인명

8 ⑬【碓】 방아 대 隊

㊥duì ㊐タイ

소전 碓 초서 碓 자해 방아, 디딜방아, 확.
碓聲(대성) 방아 찧는 소리.
碓樂(대악) 신라(新羅) 자비왕(慈悲王) 때 백결 선생(百結先生)이 지었다는 노래.
碓舂(대용) ①방아를 찧음. ②절구.

8 ⑬【碡】 농기구 이름 독 屋

㊥zhóu ㊐トク

자해 농기구(農機具) 이름, 녹독(碌碡). 논밭을 고르는 데 쓰는 농기구.

8 ⑬【碌】 ①돌 모양 록 屋 ②돌 푸를 록 沃

인명 1급 ㊥lù ㊐ロク

소전 碌 초서 碌 자해 ①돌 모양, 돌이 많은 모양. ②돌이 푸르다, 돌의 푸른빛.
碌碌(녹록) ①평범하고 보잘것없는 모양. ②돌의 빛깔이 아름다운 모양.

8 ⑬【碑】 돌기둥 비 支

고등 인명 4급 ㊥bēi ㊐ヒ

필순 丆 不 石 石' 矿 砷 砷 碑 碑 碑

소전 碑 초서 碑 동자 碑 속자 碑 자원 形聲. 石+卑→碑. '卑(비)'가 음을 나타낸다.
자해 ❶돌기둥, 네모난 돌기둥. ❷비석(碑石).
碑刻(비각) 비석에 새긴 글. 碑文(비문).
碑閣(비각) 비석을 보호하기 위하여 지은 집.
碑碣(비갈) 비(碑)와 갈(碣). '碑'는 네모진 빗돌, '碣'은 둥근 빗돌.
碑銘(비명) 비석에 새기는 글. 성명·본관·성행(性行)·경력 등을 내용으로 함.
碑文(비문) 비석에 새긴 글. 碑誌(비지).
碑石(비석) 인물·사적을 기념하기 위하여 글을 새겨 세운 돌.
碑陰(비음) 비석의 뒷면.
碑帖(비첩) 비석에 새긴 글자를 그대로 종이에 박아 낸 것. 또는 그것을 첩(帖)으로 만든 것.
碑表(비표) ①비문(碑文). ②경계의 표지.
◨ 口碑구비, 墓碑묘비, 石碑석비.

8 ⑬【碑】 碑(901)의 속자

8 ⑬【碎】 부술 쇄 隊

인명 1급 ㊥suì ㊐サイ

소전 碎 초서 碎 속자 砕 자해 ❶부수다. ❷잘다, 번거롭다.
碎骨粉身(쇄골분신) 뼈를 부수고 몸을 가루로 만듦. 죽을 힘을 다하여 노력함. 粉身碎骨(분신쇄골). 粉骨碎身(분골쇄신).
碎劇(쇄극) 사물이 번거롭고 바쁨.
碎金(쇄금) ①금싸라기. ②아름다운 글귀.
碎氷(쇄빙) 얼음을 깨뜨림.
碎瑣(쇄쇄) ①부스러져 잚. ②번거롭고 자질구레함.
碎身(쇄신) 몸이 가루가 될 정도로 심혈을 다하여 노력함.
◨ 粉碎분쇄, 破碎파쇄.

8 ⑬【碍】 礙(906)의 속자 인명

8 ⑬【碗】 주발 완 旱

인명 ㊥wǎn ㊐ワン
자해 주발, 바리.

8 ⑬ 【碇】 닻 정 徑

인명 1급 ㊥dìng ㊐テイ

초서 자해 ❶닻. =矴. ❷닻을 내리다, 배를 멈추다.

碇泊(정박) 배가 닻을 내리고 머무름.

8 ⑬ 【碆】 돌살촉 파 歌

㊥bō ㊐ハ

초서 자해 **돌살촉.** 돌로 만든 화살촉.

8 ⑬ 【硼】 1 돌 이름 평 庚
2 붕사 붕

인명 1급 ㊥pēng, péng ㊐ホウ

초서 참고 인명용 음은 '붕'이다.

자해 1 ❶**돌 이름.** ❷**소리가 큰 모양, 북 치는 소리.** 2 **붕사(硼砂).**

硼隱(평은) ①북을 치는 소리. ②소리가 우렁차고 큰 모양.

硼砂(붕사) 붕산나트륨의 결정체. 유리·법랑·유약의 원료, 방부제, 약제 등으로 씀.

硼酸(붕산) 무색무취에 광택이 나는 비늘 모양의 결정. 소독약, 방부제 등을 만드는 데 씀.

硼素(붕소) 비금속 원소의 한 가지. 붕사와 붕산의 주성분임.

8 ⑬ 【硎】 1 숫돌 형 青
2 구덩이 갱 庚

㊥xíng, kēng ㊐ケイ, コウ

속자 硎 자해 1 **숫돌.** 〔莊子〕 刀刃若新發於硎도인약신발어형. 2 **구덩이.** =阬.

9 ⑭ 【碣】 1 선 돌 게 霽
2 비 갈 月
3 우뚝 선 돌 갈 ㊟걸 屑

인명 ㊥jié, kě ㊐ケツ

소전 초서 참고 인명용 음은 '갈'이다.

자해 1 ❶**선 돌, 우뚝 선 돌.** ❷**산이 우뚝 솟은 모양.** 〔漢書〕 碣以崇山갈이숭산. 2 **비, 둥근 비석.** 3 **우뚝 선 돌.** 〔史記〕 東巡至碣石동순지갈석.

◨ 墓碣묘갈, 碑碣비갈, 苔碣태갈.

9 ⑭ 【碯】 瑙(826)와 동자

9 ⑭ 【碈】 瑉(826)과 동자 인명

9 ⑭ 【碧】 푸를 벽 陌

고등 인명 3Ⅱ급 ㊥bì ㊐ヘキ

필순

소전 초서 자원 形聲. 玉+白+石→碧. '白(백)'이 음을 나타낸다.

자해 ❶**푸르다, 짙은 푸른빛.** ❷**푸른 옥돌.**

碧溪(벽계) 푸른빛이 감도는 시내.

碧空(벽공) 푸른 하늘. 蒼空(창공).

碧潭(벽담) 짙푸른 소(沼).

碧落(벽락) 푸른 하늘.

碧綠(벽록) 짙은 녹색.

碧流(벽류) 푸른 흐름. 시내의 흐름.

碧山(벽산) 풀과 나무가 푸르게 우거진 산. 青山(청산).

碧霄(벽소) 푸른 하늘. 碧空(벽공).

碧樹(벽수) 푸른 나무.

碧眼(벽안) 푸른 눈동자. 서양 사람의 눈.

碧巖(벽암) 푸른 이끼가 낀 바위.

碧玉(벽옥) 푸르고 아름다운 옥.

碧宇(벽우) 푸른 하늘. 碧空(벽공).

碧天(벽천) 푸른 하늘. 碧空(벽공).

碧青(벽청) 구리에 슨 녹을 원료로 해서 만든 물감.

碧波(벽파) 푸른 물결. 碧瀾(벽란).

碧海(벽해) 푸른 바다.

碧血(벽혈) 지극한 정성. 故事 주대(周代)에 장홍(萇弘)이 자기의 충간(忠諫)이 받아들여지지 않음을 한탄하여 자살하였는데, 3년 후에 그 피가 벽옥(碧玉)으로 변했다는 고사에서 온 말.

◨ 空碧공벽, 藍碧남벽, 青碧청벽, 翠碧취벽.

9 ⑭ 【碑】 碑(901)와 동자

9 ⑭ 【碩】 硕 클 석 陌

인명 2급 ㊥shuò ㊐セキ

소전 초서 자해 **크다.** 〔大學〕 莫知其苗之碩막지기묘지석.

碩果不食(석과불식) 큰 과실은 다 먹지 않고 남김. 자기의 욕심을 억제하고 자손에게 복을 끼쳐 줌.

碩交(석교) 돌처럼 굳은 사귐. 石交(석교).

碩大(석대) ①용모가 훤칠하고 덕이 있음. ②몸피가 굵고 큰 모양.

碩德(석덕) ①높은 덕. ②덕이 높은 사람. ③(佛)덕이 높은 중.

碩老(석로) 학문과 덕행이 높은 노인.
碩望(석망) 높은 명망.
碩茂(석무) ①아주 무성함. ②자손이 번창함. ③재덕(才德)이 뛰어난 큰 인물.
碩士(석사) ①예전에, 벼슬이 없던 선비를 높여 이르던 말. ②대학원 과정을 마치고 학위 논문이 통과된 사람에게 주는 학위.
碩師(석사) 대학자. 碩學(석학).
碩儒(석유) 큰 유학자. 巨儒(거유).
碩人(석인) ①훌륭한 인격을 갖춘 사람. 큰 덕이 있는 사람. ②미인(美人).
碩學(석학) 학식이 많은 큰 학자.
碩劃(석획) 큰 계획. 큰 모책(謀策).

9 ⑭【嵒】 험할 암 咸侵

㊥yán ㊐ガン

소전 자해 ❶**험하다.** ㉮**바위가 험하다.** ㉯**인심이 사납다.** 〔書經〕用顧畏于民嵒용고외우민암. ❷**바위.** ＝巖.

9 ⑭【磁】 자석 자 支

인명 2급 ㊥cí ㊐ジ

초서 자해 ❶**자석.** ❷**사기그릇.** ※瓷(836)의 속자(俗字).

磁極(자극) 자석의 양쪽 끝 부분.
磁氣(자기) 자석이 철을 끌어당기는 작용.
磁器(자기) 사기그릇.
磁力(자력) 밀치고 당기는 자석의 힘.
磁石(자석) 쇠를 끌어당기는 성질을 가진 물체.
磁針(자침) 나침반의 바늘. 指南針(지남침).

9 ⑭【碪】 1 다듬잇돌 침 侵
2 산 모양 암 感

㊥zhēn, ǎn ㊐チン, ガン

초서 자해 1 **다듬잇돌.** ＝砧. 2 **산의 모양, 산이 우뚝한 모양.**

9 ⑭【碬】 숫돌 하 麻

인명 ㊥xiá ㊐カ

소전 초서 자해 **숫돌.**

10 ⑮【磎】 谿(1189)와 동자 인명

10 ⑮【碾】 맷돌 년 霰銑

㊥niǎn ㊐デン

초서 자해 **맷돌.**

碾車(연거) 목화의 씨를 빼는 기구. 씨아.
碾磑(연애) 맷돌.
碾子(연자) 연자매.

10 ⑮【磊】 돌무더기 뢰 賄

인명 1급 ㊥lěi ㊐ライ

소전 초서 동자 礨 자해 ❶**돌무더기, 돌이 쌓인 모양.** 〔楚辭〕石磊磊兮葛蔓蔓석뢰뢰혜갈만만. ❷**큰 돌의 모양.**

磊塊(뇌괴) ①돌덩이. ②마음이 편하지 않음.
磊落(뇌락) 도량이 넓어 작은 일에 구애하지 않는 모양.
磊磊(뇌뢰) ①많은 돌이 쌓여 있는 모양. ②도량이 넓어 작은 일에 구애하지 않는 모양.
磊嵬(뇌외) 높고 큰 모양.

10 ⑮【碼】 码 마노 마 馬

인명 ㊥mǎ ㊐バ, メ

초서 자해 ❶**마노(碼碯).** ＝瑪. ❷**나루터, 부두(埠頭).** ❸**야드(yard).** 야드파운드법에 의한 영국의 길이의 단위. 1야드는 약 91.44cm.

碼碯(마노) 석영(石英)·단백석(蛋白石)·옥수(玉髓)의 혼합물. 세공·조각 재료 등으로 씀. 瑪瑙(마노).

10 ⑮【磐】 너럭바위 반 寒

인명 ㊥pán ㊐バン

초서 자해 ❶**너럭바위.** ≒盤. 〔易經〕鴻漸于磐홍점우반. ❷**뒤얽히다.** 〔易經〕山中石磐紆산중석반우, 故稱磐也고칭반야. ❸**광대한 모양.**

磐石(반석) ①넓고 평평한 큰 돌. ②사물·사상·기틀 따위가 아주 견고함의 비유.
磐桓(반환) ①앞으로 나아가지 않는 모양. ②머뭇거려 맴도는 모양. 盤桓(반환).

10 ⑮【磅】 돌 떨어지는 소리 방·팽 陽庚

인명 ㊥pāng ㊐ホウ

초서 참고 인명용 음은 '방'이다.
자해 ❶**돌이 떨어지는 소리.** ❷**파운드.** ㉮**무게의 단위.** 1파운드는 약 0.4536kg. ㉯**영국의 화폐 단위.**

磅礴(방박) ①뒤섞어서 하나로 함. 혼합(混合)

함. ②가득 참. 旁礴(방박).

10 ⑮【磓】 砒(897)와 동자

10 ⑮【磑】硙 ①맷돌 애 隊 ②단단할 애 灰

㊥wèi, ái ㊐ガイ

소전 초서 자해 ①맷돌. ②❶단단하다, 돌이 단단하다. ❷맷돌.

10 ⑮【磋】磋 갈 차 歌 箇

인명 ㊥cuō ㊐サ

초서 자해 갈다, 상아(象牙)를 갈다. ≒瑳. 〔詩經〕 如切如磋여절여차.

磋礱(차롱) 갊.

◨ 切磋琢磨절차탁마.

10 ⑮【磔】 책형 책 陌

㊥zhé ㊐タク

소전 초서 자해 ❶책형(磔刑). ❷서법(書法)의 하나, 파임.

磔刑(책형) ①기둥에 묶어 놓고 창으로 찔러 죽이던 형벌. ②사지를 수레에 매어 찢어 죽이던 형벌.

10 ⑮【確】确 굳을 확 ㊍각 覺

고등 인명 4Ⅱ급 ㊥què ㊐カク

필순 丆 石 石 矿 矿 砕 碎 確 確 確

초서 자원 形聲. 石+隺→確. '隺(각)'이 음을 나타낸다.

자해 ❶굳다. =碻. 〔莊子〕 確乎能其事확호능기사. ❷강하다, 굳세다. 〔易經〕 夫乾確然부건확연, 示人易矣시인역의. ❸확실하다. 〔新唐書〕 數充校考使수충교고사, 升退詳確승퇴상확.

確據(확거) 확실한 증거. 確證(확증).

確固(확고) 확실하고 단단함.

確答(확답) 확실한 대답.

確論(확론) 확실한 의론. 명확한 언론.

確率(확률) 일정한 조건 아래에서 어떤 사건이나 사상(事象)이 일어날 가능성이 정도.

確立(확립) 굳게 섬. 굳게 세움.

確聞(확문) 틀림없이 들음. 확실한 소문.

確保(확보) ①확실히 보증함. ②확실히 갖춤.

確信(확신) ①굳게 믿음. ②굳은 신념.

確實(확실) 틀림없이 그러함.

確約(확약) 확실하게 약속함.

確言(확언) 확실히 말함. 틀림없는 말.

確認(확인) 틀림없이 그러한가를 알아보거나 인정함.

確定(확정) 확실하게 정함.

確證(확증) 확실히 증명함. 확실한 증거.

確志(확지) 확고한 의지.

確乎(확호) 확실한 모양. 確然(확연).

確乎不動(확호부동) 튼튼하여 흔들리지 않음. 確固不動(확고부동).

◨ 明確명확, 詳確상확, 的確적확, 正確정확.

10 ⑮【碻】 ①굳을 확 ㊍각 覺 ②땅 이름 교 肴

인명 ㊥què, qiāo ㊐カク, コウ

참고 인명용 음은 '확'이다.

자해 ①굳다, 굳세다. =確. ②땅 이름.

10 ⑮【磆】 활석 활 黠

㊥huá ㊐カツ

자해 활석(磆石). ≒滑.

磆石(활석) 마그네슘으로 이루어진 규산염(硅酸鹽) 광물.

11 ⑯【磬】 ①경쇠 경 徑 ②경돌 치는 소리 경 迥

인명 1급 ㊥qìng, qǐng ㊐ケイ

소전 초서 자해 ①❶경쇠. 옥이나 돌로 만든 악기. 〔論語〕 子擊磬於衞자격경어위. ❷비다, 다하다. ≒罄. 〔淮南子〕 磬龜無腹경귀무복. ❸말을 달리다. 〔詩經〕 抑磬控忌억경공기. ②경돌을 치는 소리.

磬石(경석) 경쇠를 만드는 돌. 경돌.

磬折(경절) ①경쇠 모양으로 구부러짐. ②경쇠 모양으로 허리를 굽혀 절함. 공경하는 모양.

磬鐘(경종) ①편경(編磬)과 편종(編鐘). ②편경과 편종의 소리.

◨ 石磬석경, 特磬특경, 編磬편경.

11 ⑯【磨】 ①갈 마 歌 ②연자방아 마 箇

고등 인명 3Ⅱ급 ㊥mó, mò ㊐マ

필순 亠 广 广 戶 庐 庐 麻 麽 麿 磨

소전 초서 본자 礳 동자 磨 자원 形聲. 麻+石→磨. '麻(마)'가 음을 나타낸다.

자해 ①❶갈다, 돌을 갈아 광을 내다. =摩. 〔詩經〕 如琢如磨여탁여마. ❷닳다, 닳아 없어지다. 〔後漢書〕 百世不磨矣백세불마의. ❸연구하다. ②연자방아.

石 10획

磨勘(마감) ①송대(宋代)에 관리의 성적을 고사하던 제도. ②연구함. 탐구(探究)함.
磨礪(마려) 쇠나 돌 따위를 갊. 연마함.
磨滅(마멸) 갈려서 닳아 없어짐.
磨耗(마모) 마찰 부분이 닳아서 없어짐.
磨石(마석) ①맷돌. ②돌로 된 물건을 갊.
磨崖(마애) 석벽(石壁)에 글자나 그림을 새김.
磨研(마연) 갊. 研磨(연마).
磨琢(마탁) 갊. 琢磨(탁마).
◨ 臼磨구마, 鍊磨연마, 砥磨지마, 琢磨탁마.

11 ⑯【磨】 磨(904)와 동자

11 ⑯【磧】碛 서덜 적 陌
㊥qì ㊐セキ
소전 초서 자해 ❶서덜. 냇가나 강가의 돌이 많은 곳. ❷사막. 〔杜甫·詩〕今君渡沙磧금군도사적.
磧歷(적력) ①얕은 물속에 있는 모래와 자갈. ②길이 평탄하지 않은 모양.
磧礫(적력) 물가에 있는 자갈.

11 ⑯【磗】 甎(838)의 속자

12 ⑰【磵】 澗(757)과 동자 인명

12 ⑰【磽】硗 메마른 땅 교 肴 篠
㊥qiāo ㊐コウ
소전 초서 자해 메마른 땅, 돌이 많은 땅. 〔孟子〕地有肥磽지유비교.
磽薄(교박) 메마른 땅. 척박한 땅.
磽确(교학) 돌이 많고 메마른 땅.

12 ⑰【磯】矶 물가 기 微
인명 ㊥jī ㊐キ
소전 초서 자해 ❶물가, 강가의 자갈밭. ❷물결이 바위에 부딪치다, 격(激)하게 하다. 〔孟子〕親之過小而怨친지과소이원, 是不可磯也시불가기야.

12 ⑰【磴】 돌 비탈길 등 徑
㊥dèng ㊐トウ
초서 자해 ❶돌 비탈길. ❷돌다리, 돌 무지개다리. ❸개울물이 붇다.
磴道(등도) 돌로 계단을 쌓아 만든 길.
磴棧(등잔) 돌다리. 돌로 된 잔교(棧橋).

12 ⑰【磷】 ①돌 틈으로 물 흐를 린 眞 ②험할 령 庚 ③엷은 돌 린 震
㊥lín, líng, lìn ㊐リン, リョウ
초서 자해 ①돌 틈으로 물이 흐르다. ②험하다, 험한 모양. ③❶엷은 돌. ❷돌이 닳아 엷어지다. 〔論語〕磨而不磷마이불린.

12 ⑰【磻】 ①강 이름 반 寒 ②주살 돌 추 파 歌
인명 2급 ㊥pán, bō ㊐ハン, ハ
소전 초서 참고 인명용 음은 '반·번'인데, '번' 음은 속음화된 것이다.
자해 ①강 이름. ②주살의 돌 추, 주살에 매다는 돌. ＝碆.
磻溪(반계) 섬서성(陝西省)의 동남쪽으로 흘러 위수(渭水)로 흘러드는 강. 강태공(姜太公)이 여기서 낚시질을 하였다고 함.

12 ⑰【礁】 물에 잠긴 바위 초 蕭
인명 1급 ㊥jiāo ㊐ショウ
초서 자해 물에 잠긴 바위, 암초(暗礁). ＝嶕.

12 ⑰【磺】 ①유황 황 陽 ②쇳돌 광 梗
㊥huáng, kuàng ㊐コウ
소전 초서 자해 ①유황(硫黃). 비금속 원소의 한 가지. ②쇳돌, 광석. ＝鑛·礦.

13 ⑱【礑】 밑바닥 당 漾
㊥dàng ㊐トウ
자해 밑바닥.

13 ⑱【礌】 ①돌 굴려 내릴 뢰 隊 ②돌무더기 뢰 賄
㊥lèi, lěi ㊐ライ
자해 ①돌을 굴려 내리다. ＝礧. ②돌무더기. ＝磊.
礌礌落落(뇌뢰락락) 마음이 고명(高明) 정대(正大)한 모양.

13 ⑱【礒】 돌 모양 의 紙

石 13획

㊥yǐ ㊐ギ

초서 [자해] 돌 모양.

13 ⑱【礎】础 주춧돌 초 語

[고등][인명][3Ⅱ급] ㊥chǔ ㊐ソ

필순 丆 石 石ᐩ 石木 石林 石林 石楚 石楚 礎 礎

소전 초서 [자원] 形聲. 石+楚→礎. '楚(초)'가 음을 나타낸다.

[자해] 주춧돌. 〔淮南子〕 山雲蒸柱礎潤산운증주초윤.

礎石(초석) ①주춧돌. ②어떤 사물의 기초.

礎業(초업) 근본이 되는 사업.

礎潤而雨(초윤이우) 주춧돌이 축축해진 것을 보고 비가 올 것을 예측함. 조짐을 보고 뒷일을 예측함.

◨ 階礎계초, 基礎기초, 斷礎단초, 柱礎주초.

14 ⑲【礙】碍 거리낄 애 隊

[인명][1급] ㊥ài ㊐ガイ

소전 초서 동자 㝵 속자 碍 [자해] ❶거리끼다, 방해하다. 〔列子〕 孰能礙之숙능애지. ❷가로막다, 저지하다. ❸한정하다.

礙眼(애안) ①눈에 거슬림. ②눈에 거슬리는 물건.

礙人耳目(애인이목) 남의 이목을 꺼림.

礙子(애자) 전선을 지지하기 위하여 사용하는 절연물.

礙滯(애체) 걸리어 막힘.

◨ 拘礙구애, 障礙장애, 阻礙저애, 滯礙체애.

14 ⑲【䃙】 國사람 이름 여 [인명]

[자해] 사람 이름.

15 ⑳【礦】矿 쇳돌 광 梗

㊥kuàng ㊐コウ

동자 鑛 동자 磺 동자 丱 [자해] 쇳돌.

15 ⑳【礪】砺 거친 숫돌 려 霽

[인명][2급] ㊥lì ㊐レイ

소전 초서 [자해] ❶거친 숫돌. 〔荀子〕 金就礪則利금취려즉리. ❷숫돌에 갈다. 〔書經〕 礪乃鋒刃려내봉인.

礪石(여석) 숫돌.

礪砥(여지) ①숫돌. ②갈고닦음.

15 ⑳【礫】砾 ①조약돌 력 錫 ②뛰어날 락 覺

[인명][1급] ㊥lì, luò ㊐レキ, ラク

소전 초서 [참고] 인명용 음은 '력'이다.

[자해] ① ❶조약돌. ❷단사(丹砂). ② 뛰어나다. 〔論衡〕 卓礫時見탁락시견.

礫石(역석) 자갈. 조약돌.

礫巖(역암) 자갈이 진흙이나 모래 등과 함께 굳어져서 된 바위.

◨ 沙礫사력, 石礫석력, 磧礫적력.

15 ⑳【礬】矾 명반 반 本번 元

[인명][1급] ㊥fán ㊐バン

초서 [자해] 명반(明礬). 유황을 함유한 광물의 한 가지.

礬紅(반홍) 國도자기에 쓰는 붉은 채색.

◨ 綠礬녹반, 明礬명반, 白礬백반, 石礬석반.

16 ㉑【礱】砻 갈 롱 東 送

㊥lóng ㊐ロウ

소전 초서 동자 礲 [자해] 갈다, 숫돌에 갈다. 〔春秋穀梁傳〕 斲之礱之착지롱지.

礱厲(농려) ①숫돌. ②갈고닦음.

16 ㉑【礮】 돌 쇠뇌 포 效

㊥pào ㊐ホウ

동자 礟 [자해] 돌 쇠뇌. 돌을 쏘는 기구. = 砲.

19 ㉔【礳】 磨(904)의 본자

示部 보일 시

0 ⑤【示】 ①보일 시 寘 ②지신 기 支

[중학][인명][5급] ㊥shì, qí ㊐シ, キ

필순 一 二 亍 亓 示

초서 [참고] ❶'礻'는 변(邊)에 쓰일 때 속(俗)으로 쓰는 자체(字體)이다. ❷

石 13획

인명용 음은 '시'이다.
자원 指事. 二＋小→示. 고문에서 '二'는 '上'으로 하늘을 가리키고, '小'는 '日·月·星'의 셋을 가리킨다. 곧, 하늘에서 日·月·星이 온갖 현상을 보이어 인간에게 길흉을 보여 알리는 것을 뜻한다.
자해 1 ❶**보이다**. 〔禮記〕 國奢則示之以儉국사즉시지이검. ❷**보다**. ≒視. 2 **지신**(地神). ＝祇. 〔周禮〕 掌天神人鬼地示之禮장천신인귀지기지례.
示教(시교) 본을 보여 가르침. 示訓(시훈).
示達(시달) 상부에서 하부로 명령이나 통지 등을 문서로 전달함.
示滅(시멸) (佛)불보살이나 고승이 죽음. 入寂(입적).
示範(시범) 모범을 보임.
示唆(시사) 미리 암시하여 알려 줌.
示威(시위) 위력이나 기세를 드러내어 보임.
示現(시현) ①나타내 보임. ②(佛)㉠신불(神佛)이 영험(靈驗)을 나타내 보이는 일. ㉡불보살이 중생을 제도하기 위하여 속세에 태어나는 일.
◨ 揭示게시, 戒示계시, 告示고시, 公示공시, 誇示과시, 教示교시, 明示명시, 默示묵시, 暗示암시, 展示전시, 提示제시, 指示지시, 表示표시, 訓示훈시.

1 ⑤ 【礼】 禮(916)의 속자 인명

1 ⑥ 【祀】 禮(916)의 고자

1 ⑥ 【礼】 禮(916)의 고자

3 ⑧ 【祁】 祁 성할 기 支
인명 ㊥qí ㊐キ
소전 초서 자해 ❶**성하다, 크다**. 〔書經〕 冬祁寒동기한. ❷**많다**.
祁寒(기한) 혹독한 추위. 酷寒(혹한).

3 ⑧ 【祀】 祀 제사 사 紙
고등 인명 3Ⅱ급 ㊥sì ㊐シ
필순 一 二 亍 示 示 示 祀 祀
소전 초서 동자 祀 동자 禩 고자 禩
자원 會意·形聲. 示＋巳→祀. 신주〔示〕 앞에 어린아이〔巳〕를 놓고 제사를 지내는 모습이다. '巳'가 음도 나타낸다.
자해 ❶**제사**. 〔春秋左氏傳〕 國之大事국지대사, 在祀與戎재사여융. ❷**해**〔年〕. 은대(殷代)의 연기(年紀)를 이르는 말.
祀典(사전) 제사의 의식. 祭典(제전).
祀天(사천) 하늘에 제사 지냄.
◨ 郊祀교사, 時祀시사, 祭祀제사, 合祀합사, 享祀향사.

3 ⑧ 【社】 社 토지신 사 馬
고등 인명 6급 ㊥shè ㊐シャ
필순 一 二 亍 示 示 示一 示十 社
소전 초서 고자 자원 會意. 示＋土→社. '示'와 '土'를 합하여 토지의 주신(主神)을 뜻하며, 나아가서 그 신을 모시는 사당을 이른다.
자해 ❶**토지신**. 〔禮記〕 社所以神地之道也사소이신지지도야. ❷**행정구역, 25호(戶)의 자치 단체**. 〔春秋左氏傳〕 請致千社청치천사. ❸**사일**(社日). 입춘·입추 후 다섯 번째 무일(戊日). ❹**모임, 단체**. ¶ 結社결사.
社家(사가) 여러 가구가 모여 사는 집.
社交(사교) 사회생활에서의 교제.
社廟(사묘) 사당(祠堂).
社報(사보) 기업에서 펴내는 정기 간행물.
社祠(사사) ①토지의 주신(主神). ②토지의 주신을 모신 사당.
社鼠(사서) 사람이 함부로 손댈 수 없는 사당에 숨어 사는 쥐. 임금 측근에 있는 간신.
社說(사설) 신문 등에서 그 사의 주장으로 싣는 논설.
社屋(사옥) 회사의 건물.
社友(사우) 같은 회사나 단체에서 함께 일하는 동료.
社員(사원) 회사에 근무하는 사람.
社日(사일) 사직신(社稷神)에게 제사 지내는 날. 춘사일과 추사일.
社長(사장) ①회사 업무의 최고 책임자. ②조선 때, 사창(社倉)을 맡아 관리하던 우두머리. ③지방 행정 구역인 사(社)의 우두머리.
社主(사주) 회사의 주인.
社稷(사직) ①토지신(土地神)과 곡신(穀神). ②국가.
社稷壇(사직단) 사직에 제사 지내는 단. 사직단은 왕궁의 오른편에 세우고 종묘(宗廟)는 왼편에 세웠음.
社稷之臣(사직지신) 국가의 안위를 한 몸에 맡은 중신(重臣).

社倉(사창) 조선 때, 각 고을의 환곡(還穀)을 저장하여 두던 곳집.
社會(사회) ①촌민(村民)이 사일(社日)에 모이던 모임. ②공동생활을 하는 인류의 집단. ③같은 무리끼리 이루는 집단.
◨ 結社결사, 公社공사, 本社본사, 商社상사, 退社퇴사, 會社회사.

4 ⑨【祈】祈 빌 기 微

고등 인명 3Ⅱ급 ㊥qí ㊐キ

필순 一 二 亍 亍 示 示' 祈 祈 祈

소전 祈 초서 祈 자원 會意·形聲. 示+斤→祈. 본래 單(단)과 旂(깃발기)로 이루어진 글자로, 전시(戰時)에는 군기(軍旗) 아래에서 기도를 한다는 뜻의 회의자였다. 소전에서는 單 자 대신 示(시) 자를 써서 구복(求福)의 의미를 더 분명히 하였다. 斤은 旂의 생략형으로 음도 나타낸다.

자해 ❶**빌다, 신에게 빌다.**〔詩經〕春夏祈穀于上帝也춘하기곡우상제야. ❷**구(求)하다.**〔詩經〕以祈爾爵이기이작. ❸**고하다.** ㉮**신에게 고하다.**〔周禮〕掌六祈장륙기. ㉯**사람에게 고하다.**〔詩經〕以祈黃耇이기황구.

祈穀(기곡) 농사가 잘되기를 빎.
祈求(기구) 빌어 구함.
祈年(기년) 풍년이 되기를 빎.
祈念(기념) 열심히 빎.
祈禱(기도) 신불(神佛)에게 빎.
祈報(기보) 풍년을 비는 봄 제사와 풍년에 보답하는 가을 제사.
祈福(기복) 복을 빎.
祈禳(기양) 신(神)에게 빌어 재앙·질병 따위를 물리침.
祈雨(기우) 가물 때 비가 오기를 빎.
祈願(기원) 소원이 이루어지기를 빎.
祈祝(기축) 기도하고 축원함.

4 ⑨【祇】祇 ①토지의 신 기 支 ②다만 지 支

인명 ㊥qí, zhī ㊐ギ, シ

소전 祇 초서 祇 참고 ❶祗(911)는 딴 자. ❷인명용 음은 '기'이다.

자해 ① ❶**토지의 신.** ❷**크다.**〔易經〕无祇悔무기회. ② ❶**다만.**〔論語〕亦祇以異역지이이. ❷**정말로, 틀림없이.**〔詩經〕祇攪我心지교아심.

祇園精舍(기원정사) ①옛날 인도 마가다국(Magadha國)의 수달 장자(須達長者)가 석가모니를 위하여 세운 설법 도량(道場). ②절. 사찰.

4 ⑨【祅】 재앙 요 蕭

㊥yāo ㊐ヨウ

소전 祅 초서 祅 동자 祆 참고 祆(908)은 딴 자.

자해 **재앙.** 하늘의 재앙을 '災', 땅의 재앙을 '祅'라고 한다.〔漢書〕姦僞不萌간위불맹, 祅孽伏息요얼복식.

祅變(요변) ①요망하고 간사스럽게 행동함. ②괴이쩍은 변화나 사건이 일어남. 妖變(요변).
祅孽(요얼) ①요악한 귀신의 재앙. 재앙의 징조. ②요망스러운 사람.

4 ⑨【祉】祉 복 지 紙

인명 1급 ㊥zhǐ ㊐シ

소전 祉 초서 祉 자해 **복, 하늘이 내리는 복.**〔詩經〕既受帝祉기수제지.

祉祿(지록) 행운(幸運). 행복.
◨ 福祉복지.

4 ⑨【祆】 하늘 천·현 先

㊥xiān ㊐ケン

소전 祆 초서 祆 참고 祅(908)는 딴 자.

자해 ❶**하늘.** 관중(關中) 지방의 방언. ❷**호인의 신(神)의 이름.**

祆教(현교) 배화교(拜火教)의 중국 명칭.

4 ⑨【祊】祊 제사 이름 팽 庚

㊥bēng ㊐ホウ

소전 祊 초서 祊 동자 禥 동자 鬃 자해 **제사 이름.** ㉮**사당 안에서 지내는 제사.**〔詩經〕祝祭于祊축제우팽. ㉯**사당 안에서 제사 지낸 다음날 그 제물로 사당 밖에서 지내는 제사.**〔禮記〕設祭于堂설제우당, 爲祊乎外위팽호외.

5 ⑩【祛】 떨어 없앨 거 魚

인명 ㊥qū ㊐キョ

초서 祛 자해 **떨어 없애다, 재앙을 떨어 없애다.**〔漢書〕封禪告成봉선고성, 合祛於天地합거어천지.

5 ⑩【祢】 禰(916)와 동자

5 ⑩【祢】 禰(916)와 동자

示 4획

5 ⑩【祔】 부제 부 遇

㊥fù ㊐フ

소전 초서 자해 ❶부제(祔祭). ❷합장(合葬)하다. 〔禮記〕周公蓋祔주공개부.

祔右(부우) 부부를 합장(合葬)할 때 아내를 남편의 오른쪽에 묻는 일.

祔祭(부제) 國3년상을 마치고 신주를 그 조상의 신주 곁에 모실 때 지내는 제사.

祔左(부좌) 부부를 합장(合葬)할 때 아내를 남편의 왼쪽에 묻는 일.

祔窆(부폄) 합장(合葬)함.

5 ⑩【祓】祓 푸닥거리할 불 物

㊥fú ㊐フツ

소전 초서 자해 ❶푸닥거리하다, 푸닥거리. 〔漢書〕帝祓霸上제불패상. ❷부정(不淨)을 없애다. 〔漢書〕祓飾厥文불식궐문.

祓禊(불계) 음력 3월 상사절(上巳節)에 강가에서 제사를 지내며 비는 푸닥거리.

祓禳(불양) 재액을 막기 위해 푸닥거리를 함.

祓除(불제) ①재앙을 없애고 복을 구함. ②부정(不淨)을 제거하여 깨끗하게 함.

5 ⑩【祕】 숨길 비 寘

고등 인명 4급 ㊥mì ㊐ヒ

필순 一 二 亍 亓 示 示 示 礼 秘 祕

소전 초서 속자 秘 자해 숨기다, 감추다, 비밀로 하다. 〔十八史略〕祕不發喪비불발상.

祕閣(비각) 비서(祕書)를 보관하던 궁정의 창고. 祕館(비관). 祕府(비부).

祕訣(비결) 숨겨 두고서 혼자만 쓰는 아주 뛰어난 방법.

祕境(비경) 신비로운 지경.

祕記(비기) ①비밀의 기록. ②길흉화복 따위의 예언을 적은 기록.

祕密(비밀) 숨겨 남에게 공개하지 않는 일.

祕方(비방) ①비밀리에 하는 방법. ②세상에 알려지지 않은 약방문.

祕法(비법) 비밀한 방법. 祕術(비술).

祕史(비사) 알려지지 않은 역사적 사실.

祕色(비색) 청자(青瓷)의 빛깔. 오월(吳越) 때에 내정(內廷)에서만 쓰고, 일반에게는 사용을 금한 데서 온 말.

祕書(비서) ①임금의 장서(藏書). ②비밀히 간직해 둔 서적. 祕本(비본). ③비밀 문서. 또는 그 사무를 맡아보는 사람.

祕藥(비약) 비방으로 지은 약. 祕劑(비제).

祕鑰(비약) ①비밀 창고를 여는 열쇠. ②비결(祕訣).

祕奧(비오) ①비밀. ②비밀하고 심오함.

祕話(비화) 세상에 알려지지 않은 이야기.

◨ 極祕극비, 便祕변비, 神祕신비.

5 ⑩【祠】祠 제사 사 支

인명 1급 ㊥cí ㊐シ

소전 초서 자해 ❶제사, 봄 제사. 〔詩經〕禴祠烝嘗약사증상. ❷제사 지내다. 〔書經〕伊尹祠于先王이윤사우선왕. ❸신사(神祠), 사당(祠堂).

祠器(사기) 제기(祭器).

祠壇(사단) 제단(祭壇).

祠堂(사당) 신주(神主)를 모셔 두는 집.

祠祀(사사) ①신에게 제사 지냄. ②제사 일을 맡아보는 사람.

祠屋(사옥) 사당집. 祠宇(사우).

祠版(사판) 죽은 이의 위패. 神主(신주).

5 ⑩【祀】 祀(907)와 동자

5 ⑩【祠】 祀(907)와 동자

5 ⑩【祟】 빌미 수 寘

㊥shì ㊐スイ

소전 초서 동자 동자 참고 祟(366)은 딴 자.

자해 ❶빌미, 재앙이나 병의 원인. ❷앙화(殃禍). 〔漢書〕祟在巫蠱수재무고.

5 ⑩【神】神 귀신 신 眞

중학 인명 6급 ㊥shén ㊐シン

필순 一 二 亍 亓 示 示 礻 和 和 神

소전 초서 자원 形聲. 示+申→神. '申(신)'이 음을 나타낸다.

자해 ❶귀신, 하늘의 신, 상제(上帝). 〔論語〕祭神如神在제신여신재. ❷불가사의한 것. 〔易經〕陰陽不測음양불측, 之謂神지위신. ❸정신, 혼. 〔呂氏春秋〕費神傷魂비신상혼.

神劍(신검) 신령스러운 검. 靈劍(영검).

神境(신경) ①신선이 사는 곳. ②세속을 떠난 깨끗한 곳. 仙境(선경).
神工(신공) ①영묘하게 만듦. ②영묘한 작품.
神功(신공) ①신의 공덕(功德). 영묘한 공덕. ②영묘한 공적. 불가사의한 공력(功力).
神怪(신괴) 신비스럽고 괴이함.
神交(신교) 정신적인 사귐.
神君(신군) ①신령(神靈)에 대한 경칭. ②현명한 지방 장관의 경칭. ③國단군(檀君).
神龜(신귀) 신령스러운 거북.
神技(신기) 매우 뛰어난 기량.
神奇(신기) 신묘하고 기이함.
神祇(신기) 하늘의 신과 땅의 신.
神氣(신기) ①신묘한 운기(雲氣). ②만물을 만들어 내는 원기. ③정신과 기력.
神器(신기) ①신령에게 제사 지낼 때 쓰는 그릇. ②왕위 계승에 따르는 보물. 옥새(玉璽)·보정(寶鼎) 따위. ③임금의 자리.
神機(신기) ①신묘한 기능. 영묘한 작용. ②신묘한 기략(機略). 신령스러운 계략.
神怒(신노) 신명(神明)의 노여움.
神堂(신당) 신령을 모신 집.
神道(신도) ①무덤으로 가는 큰 길. ②사람의 지혜로는 알 수 없는 신묘한 도리.
神道碑(신도비) 묘소로 가는 길가에 세운 비. 우리나라에서는 종이품 이상의 고관의 묘소에 한하여 세울 수 있었음.
神燈(신등) 신명(神明) 앞에 올리는 등불.
神慮(신려) ①신의 뜻. 神思(신사). 神意(신의). ②임금의 마음. 天意(천의).
神力(신력) ①신통력(神通力). 영묘한 힘. ②신의 위력.
神靈(신령) ①죽은 사람의 혼. 靈魂(영혼). ②사람이 섬기는 모든 신. 신명(神明). ③신기하고 영묘함.
神籟(신뢰) 신의 소리. 절묘한 음악이나 시.
神明(신명) ①하늘과 땅의 신령. ②사람의 마음. 정신. ③신처럼 사리에 밝음.
神妙(신묘) 신통하고 오묘함.
神廟(신묘) 조상의 신주(神主)를 모신 사당.
神武(신무) 뛰어난 무덕(武德).
神物(신물) 신령스럽고 기묘한 물건.
神變(신변) 사람의 지혜로는 헤아릴 수 없는, 우주의 무궁무진한 변화.
神兵(신병) 신출귀몰한 전법으로 감히 대적할 수 없는 강한 군사.
神寶(신보) ①훌륭한 보물. ②임금의 자리.
神符(신부) 영묘한 부적(符籍).
神佛(신불) 신령과 부처.
神祕(신비) ①신령스럽고 기묘함. ②불가사의하고 영묘한 비밀.
神算(신산) 신묘한 계책.
神璽(신새) 옥새(玉璽).
神色(신색) 심기(心氣)와 안색(顏色).
神仙(신선) 인간 세상을 떠나 깊은 선경(仙境)에 살며, 불로장생한다는 상상의 사람.
神聖(신성) ①신령스럽고 거룩함. 영묘하고 존엄함. ②천자(天子)
神術(신술) 매우 뛰어난 재주. 神技(신기).
神眼(신안) ①지술(地術)이나 관상술에 정통한 사람의 눈. ②귀신을 능히 보는 눈.
神勇(신용) 매우 뛰어난 용기.
神佑(신우) 신의 도움. 神助(신조).
神韻(신운) 신비하고 고상한 운치.
神意(신의) ①신의 뜻. ②정신.
神人(신인) ①신통력을 가진 사람. ②신과 사람. ③신과 같이 신령하고 숭고한 사람.
神將(신장) ①신병(神兵)을 거느린 장수. ②전략과 전술이 뛰어난 장수.
神殿(신전) 신령을 모신 전각.
神主(신주) 죽은 사람의 위패(位牌).
神呪(신주) ①주문(呪文). ②주문을 욈.
神采(신채) 고상한 풍채.
神出鬼沒(신출귀몰) 귀신이 출몰하듯 헤아릴 수 없음. 神出鬼行(신출귀행).
神託(신탁) ①신이 사람을 매개로 하여 그의 뜻을 나타내는 일. ②신의 분부. 神敕(신칙).
神通(신통) ①신기할 정도로 묘함. ②신묘하게 아는 것이 깊고 통달함.
神品(신품) ①인공으로는 만들 수 없는, 썩 훌륭한 물품. ②고상한 품격.
神風(신풍) 훌륭한 군대.
神魂(신혼) 정신과 혼백. 心魂(심혼).
神化(신화) ①신기한 변화. 신의 조화. ②신의 화육(化育). 신의 덕화(德化).
神效(신효) 신기한 효험.
◨ 降神강신, 鬼神귀신, 山神산신, 失神실신, 心神심신, 入神입신, 精神정신, 地神지신, 天神천신.

5 ⑩ 【祐】祐 도울 우 [宥]

[인명] [2급] ㊥yòu ㊐ユウ

[소전] 祐 [초서] 祐 [동자] 佑 [자해] ❶돕다. 〔易經〕 自天祐之자천우지. ❷천지신명의 도움.
祐助(우조) 하늘의 도움과 신의 도움. 천우신조(天佑神助).

5 ⑩ 【祖】祖 조상 조 [麌]

[중학] [인명] [7급] ㊥zǔ ㊐ソ

示 5획

필순 一 二 亍 亓 示 礻 礼 祁 祖 祖

소전 祖 초서 祖 고자 祖 자원 會意·形聲. 示+且→祖. '且(차)'가 음도 나타낸다. 且는 본래 '제사'와 관계 있는 글자이다.

자해 ❶조상. ㉮시조, 시조와 대대의 조상. 〔詩經〕 似續妣祖사적비조. ㉯처음으로 봉해진 사람, 국조(國祖). 〔春秋穀梁傳〕 始封必爲祖시봉필위조. ㉰집이나 나라를 처음으로 세워 공이 있는 사람. 〔孔子家語〕 古者祖有功고자조유공, 而宗有德이종유덕. ❷사당. 〔周禮〕 左祖右社좌조우사. ❸할아버지. ❹처음, 근본. 〔淮南子〕 物之大祖也물지대조야. ❺송별연을 열다. 〔漢書〕 祖於江陵北門조어강릉북문.

祖考(조고) 돌아가신 할아버지.
祖功宗德(조공종덕) 공(功) 있는 임금을 '祖'라 하고, 덕(德) 있는 임금을 '宗'이라고 함.
祖國(조국) 조상때부터 살아온 나라.
祖道(조도) ①먼 여행길에 무사하기를 도신(道神)에게 비는 제사. ②먼 길을 떠나는 사람을 송별하는 일.
祖靈(조령) 조상의 영혼.
祖母(조모) 할머니.
祖武(조무) 조상이 남겨 놓은 공적.
祖父(조부) 할아버지
祖妣(조비) 돌아가신 할머니.
祖師(조사) ①한 학파를 창시한 사람. ②한 종파를 세우고 종지(宗旨)를 주창한 사람.
祖上(조상) 돌아간 어버이 위로 대대의 어른.
祖送(조송) 길 떠나는 사람을 전송함.
祖述(조술) 스승이나 조상의 도(道)를 이어받아서 그 뜻을 서술함.
祖奠(조전) ①발인 전에 영결을 고하는 제사. 日晡祭(일포제). ②선조의 사당에 제수를 차려 놓고 제사 지냄.
祖餞(조전) 먼 길 떠나는 사람을 전별함.
祖宗(조종) ①시조(始祖)가 되는 조상. ②임금의 조상. ③시조나 조상 중에 공덕이 있는 이에 대한 존칭.
祖行(조항) 國할아버지뻘의 항렬.
祖訓(조훈) 조상의 훈계(訓戒).
■ 開祖개조, 父祖부조, 鼻祖비조, 先祖선조, 始祖시조, 外祖외조, 元祖원조, 曾祖증조.

5 ⑨【𥘵】 祖(910)의 고자

5 ⑩【祚】 祚 복 조 遇

인명 2급 ㊥zuò ㊐ソ

소전 祚 초서 祚 자해 ❶복, 하늘이 내리는 행복. 〔國語〕 必有章譽蕃育之祚필유장예번육지조. ❷복을 내리다. 〔春秋左氏傳〕 天祚明德천조명덕. ❸해〔年〕. 〔曹植·詩〕 初歲元祚초세원조. ❹임금의 자리.

祚命(조명) 신(神)의 도움. 神助(신조).
祚胤(조윤) ①복을 자손에게 길이 전함. 행복한 자손이 영속함. ②훌륭한 자손.
■ 福祚복조, 天祚천조, 皇祚황조.

5 ⑩【祗】 祗 공경할 지 支

인명 ㊥zhī ㊐シ

소전 祗 초서 祗 고자 祗 참고 祇(908)는 딴 자.

자해 공경하다, 존경하다. 〔詩經〕 上帝是祗상제시지.

祗敬(지경) 공경함.
祗送(지송) 백관(百官)이 임금의 행행(行幸)을 공손히 배웅함.
祗迎(지영) 백관(百官)이 임금의 환행(還幸)을 공손히 맞이함.
祗候(지후) ①공손히 문안드림. ②어른의 시중을 듦.

5 ⑩【祝】 祝 1빌 축 屋 2저주할 주 宥

중학 인명 5급 ㊥zhù, zhòu ㊐シュク, シュウ

필순 一 二 亍 亓 示 礻 祀 祀 祝 祝

소전 祝 초서 祝 고자 祝 참고 인명용 음은 '축'이다.

자원 會意. 示+兄→祝. 신주〔示〕 앞에 사람이 꿇어앉아 있는〔兄〕 모습이다. 즉 신주 앞에 꿇어앉아 기도를 한다는 뜻이다.

자해 1 ❶빌다, 기원하다. 〔史記〕 操一豚蹄酒一盂而祝조일돈제주일우이축. ❷신(神)을 섬기는 일을 업(業)으로 하는 사람, 신직(神職). 〔禮記〕 祝迎四廟之主축영사묘지주. ❸축문. 〔淮南子〕 尸祝齋戒시축재계. ❹축하하다, 하례하다. 〔莊子〕 請祝聖人청축성인. ❺끊다, 자르다. 〔列子〕 祝髮而裸축발이라. 2 저주하다. ＝呪. 〔詩經〕 侯作侯祝후작후주.

祝歌(축가) 축하의 뜻을 담은 노래.
祝官(축관) ①國제사 때 축문을 읽는 사람. ②종묘, 사직, 문묘 등의 제사 때 축문을 읽던 임시 관직. 祝師(축사).
祝文(축문) 제사 때 신명에게 고하는 글.
祝髮(축발) 머리를 자름. 斷髮(단발).
祝杯(축배) 축하하는 뜻이 담긴 술잔.

示 5획

祝福(축복) 행복을 빎.
祝辭(축사) 축하의 뜻을 나타내는 말이나 글.
祝手(축수) 國두 손바닥을 마주 대고 빎.
祝宴(축연) 축하하는 잔치.
祝筵(축연) 장수(長壽)를 축하함.
祝願(축원) ①희망하는 대로 이루어지기를 원함. ②신에게 자기 소원을 이루어 달라고 빎.
祝融(축융) ①여름의 신. ②㉠불을 맡은 신. ㉡불. 화재(火災). ③남해(南海)의 신.
祝典(축전) 축하하는 의식.
祝祭(축제) 축하하여 벌이는 큰 규모의 행사.
祝天(축천) 하늘에 빎.
祝砲(축포) 축하의 뜻으로 쏘는 총이나 대포.
祝賀(축하) 남의 좋은 일을 기뻐하고 즐거워한다는 뜻으로 인사함.
◨ 慶祝경축, 奉祝봉축, 自祝자축.

5 ⑨【祝】 祝(911)의 고자

5 ⑩【祜】祜 복 호 麌

인명 2급 ㊥hù ㊐コ

소전 祜 초서 祜 참고 祐(910)는 딴 자.
자해 복, 신이 주는 행복. 〔詩經〕受天之祜수천지호.
祜休(호휴) 하늘이 내리는 복. 吉慶(길경).

6 ⑪【祥】祥 상서로울 상 陽

고등 인명 3급 ㊥xiáng ㊐ショウ

필순 二 亍 亓 示 示' 示' 示" 示" 祥 祥

소전 祥 초서 祥 자해 ❶상서롭다, 길하다. 〔老子〕夫佳兵부가병, 不祥之器불상지기. ❷복(福). 〔書經〕降之百祥강지백상. ❸재앙. 〔禮記〕孔子旣祥공자기상. ❹제사 이름. 〔儀禮〕朞而小祥기이소상, 又朞而大祥우기이대상.
祥光(상광) 상서로운 빛. 瑞光(서광).
祥氣(상기) 상서로운 기운. 瑞氣(서기).
祥夢(상몽) 상서로운 꿈.
祥符(상부) 좋은 징조. 吉兆(길조).
祥瑞(상서) 길한 일이 일어날 조짐.
祥妖(상요) ①상서와 재앙. ②행복과 불행.
祥雲(상운) ①상서로운 구름. ②꽃구름.
祥月(상월) 대상(大祥)을 치르는 달.
◨ 嘉祥가상, 吉祥길상, 大祥대상, 發祥발상.

6 ⑪【祭】 제사 제 霽

중학 인명 4Ⅱ급 ㊥jì ㊐サイ

필순 ク タ タ タ' 夕ヌ 夕又 夕又 祭 祭 祭

소전 祭 초서 祭 자원 會意. 肉+又+示→祭. 손〔又〕으로 고기〔月〕를 잡고 제사〔示〕를 지낸다는 데서 '제사'의 뜻을 나타낸다.
자해 제사, 제사 지내다. 〔禮記〕祭百神제백신.
祭官(제관) ①제사를 맡은 관리. 享官(향관). ②제사에 참여하는 사람.
祭冠(제관) 제사 때 제관(祭官)이 쓰는 관.
祭器(제기) 제사 때 쓰는 그릇.
祭禮(제례) 제사를 지내는 예법이나 예절.
祭物(제물) ①제사에 쓰는 음식물. ②희생물의 비유.
祭祀(제사) 신령이나 죽은 이의 넋에게 음식을 바쳐 정성을 나타냄. 또는 그런 의식.
祭詩(제시) 자기가 지은 시(詩)를 제사 지내어 그 애씀을 위로하는 일. 故事 당대(唐代) 시인 가도(賈島)가 해마다 연말에 한 해 동안 지은 시를 모아 놓고 제사 지냈다는 고사에서 온 말.
祭樂(제악) 제향(祭享) 때 연주하는 음악.
祭粢(제자) 제사 때 신에게 바치는 서직(黍稷).
祭典(제전) ①제사의 의식. ②성대히 열리는 문화·체육 등의 행사.
祭奠(제전) 의식을 갖춘 제사와 의식을 생략한 제사의 총칭.
祭政(제정) 제사와 정치.
祭主(제주) 제사를 주재하는 사람.
祭酒(❶제주 ❷좨주) ❶①제사에 쓰는 술. ②㉠회합이나 잔치 때 연장자가 먼저 술로써 지신(地神)에게 제사 지내던 일. ㉡나이가 많고 덕망이 높은 사람. 尊老(존로). ❷①고려 때 국자감(國子監)의 종삼품 벼슬. ②조선 때 제향의 술을 맡아보던 성균관(成均館)의 벼슬.
祭天(제천) 제왕이 하늘에 제사 지내는 일.
祭享(제향) ①國나라에서 지내는 제사. ②제사의 높임말. 祭饗(제향).
◨ 忌祭기제, 司祭사제, 時祭시제, 雩祭우제, 祝祭축제.

6 ⑪【祧】祧 조묘 조 蕭

㊥tiāo ㊐チョウ

소전 祧 초서 祧 자해 조묘(祧廟). 〔春秋左氏傳〕以先君之祧處之이선군지조처지.
祧廟(조묘) 고조(高祖) 이전의 먼 조상을 모시는 사당. 遷廟(천묘).

示 5획

6 ⑪ 【票】 ① 불똥 튈 표 ㊥ ② 빠를 표 ㊥

고등 인명 4Ⅱ급 ㊥piāo, piào ㊐ヒョウ

필순 一 丆 襾 覀 覀 覀 票 票 票

소전 𡎹 초서 票 자원 會意. 소전에는 𡎹로 본래 '불길이 솟구치다' 를 뜻한다. 𡋬은 䙴(천)과 같으며 '높이 올라서다' 의 뜻을 나타낸다. 票가 언제부터 '차표' 등의 뜻으로 쓰이게 되었는지는 알 수 없다.

자해 ① **불똥이 튀다.** =熛. ② ❶**빠르다, 날랜 모양.** 〔漢書〕 遣票輕吏견표경리. ❷**가볍게 오르는 모양.** ❸**쪽지.** 어음, 수표 따위.

票決(표결) 투표로 가부를 결정함.

票然(표연) ①가볍게 날리는 모양. ②가볍게 높이 오르는 모양. 飄然(표연).

票子(표자) 어음. 수표.

◨ 開票개표, 記票기표, 得票득표, 投票투표.

7 ⑫ 【禄】 祿(914)의 속자

7 ⑫ 【社】 社(907)의 고자

7 ⑫ 【祲】 祲 요기 침 ㊥

㊥jìn ㊐シン

소전 祲 초서 祲 본자 祲 동자 祲 자해 ❶ **요기(妖氣), 재앙을 일으키는 기운.** 〔春秋左氏傳〕 吾見赤黑之祲오견적흑지침. ❷**햇무리.**

祲兆(침조) 요기(妖氣)의 조짐.

8 ⑬ 【禁】 금할 금 ㊥

중학 인명 4Ⅱ급 ㊥jìn ㊐キン

필순 一 十 才 木 林 林 埜 埜 禁 禁

소전 禁 초서 禁 자원 形聲. 林+示→禁. '林(림)' 이 음을 나타낸다.

자해 ❶**금하다.** 〔戰國策〕 王不能禁왕불능금. ❷**기(忌)하다, 꺼리다.** ❸**비밀.** 〔史記〕 我有禁方아유금방. ❹**대궐.** ❺**우리.** 〔周禮〕 掌囿游之獸禁장유유지수금. ❻**감옥.** 〔晉書〕 開械脫於重禁之中개계탈어중금지중.

禁戒(금계) 금지하고 경계함.

禁錮(금고) ①감옥에 가두고 노역(勞役)은 시키지 않는 형벌. ②벼슬길을 막아 등용하지 않던 일.

禁軍(금군) 國궁중(宮中)을 지키고 임금을 호위·경비하던 군사.

禁闕(금궐) 궁궐. 宮禁(궁금).

禁忌(금기) 꺼려서 금하거나 피함.

禁內(금내) 궁중(宮中).

禁闥(금달) ①임금이 평소에 거처하는 궁전의 앞문. ②대궐.

禁亂官(금란관) 國과거 시험장의 혼란을 막기 위하여 임시로 둔 벼슬. 또는 그 벼슬아치.

禁網(금망) 그물처럼 둘러친 금령(禁令). 法網(법망).

禁門(금문) ①대궐의 문. 闕門(궐문). ②출입을 금지하는 문.

禁物(금물) 해서는 안 되는 일.

禁方(금방) 비밀히 전해 오는 약방문.

禁書(금서) 출판·판매·독서를 금지한 책.

禁署(금서) 대궐 안의 관아(官衙).

禁城(금성) 궁성(宮城).

禁輸(금수) 수입이나 수출을 금함.

禁食(금식) 일정 기간 동안 음식을 먹지 않거나 먹지 못하게 함.

禁遏(금알) 억제하여 못하게 함.

禁壓(금압) 억눌러서 못하게 함.

禁掖(금액) 대궐. '掖' 은 대궐 좌우에 있는 협문(夾門)을 뜻함. 禁裏(금리).

禁煙(금연) 담배를 피우는 것을 금함.

禁慾(금욕) 욕구나 욕망을 억제하고 금함.

禁垣(금원) 대궐의 담 안. 궁성 안.

禁苑(금원) 대궐 안에 있는 동산이나 후원.

禁制(금제) 어떤 행위를 하지 못하게 말림. 또는 그 법규.

禁足(금족) 외출을 금함.

禁酒(금주) 술을 마시지 못하게 함.

禁中(금중) 궁중. 禁內(금내).

禁止(금지) 하지 못하도록 함.

禁地(금지) 일반의 출입을 금하는 곳.

禁火(금화) ①불 피우는 것을 금함. ②한식(寒食)에 불 피우기를 금하던 일.

禁婚(금혼) 혼인을 금함.

◨ 拘禁구금, 法禁법금, 嚴禁엄금, 軟禁연금, 通禁통금, 解禁해금.

8 ⑬ 【祺】 祺 복 기 ㊥

인명 ㊥qí ㊐キ

소전 祺 초서 祺 자해 ❶**복, 즐거움.** 〔詩經〕 壽考維祺수고유기. ❷**마음이 편안한 모양.**

8 ⑬ 【祿】 禄 복 록 ㊥

고등 인명 3Ⅱ급 ㊥lù ㊐ロク

示 8획

필순 ⼆ 亍 示 礻 祄 祅 祊 祿 祿 祿

소전 祿 초서 祿 속자 禄 자원 會意·形聲. 示＋彔→祿. '彔(록)'이 음도 나타내고, 두레박으로 물을 길어 올리는 모습을 그린 상형자이다. 물을 길어 논밭에 뿌리면 풍성한 수확이 있으므로 彔은 '복록, 은택'의 뜻으로 쓰인다.

자해 ❶복, 행복. 〔詩經〕天被爾祿천피이록. ❷녹, 녹봉. 〔論語〕子張學干祿자장학간록. ❸녹을 주다. 〔禮記〕位定而然後祿之위정이연후록지.

祿命(녹명) ①인생의 관록(官祿)과 운명. ②사람의 운명.
祿米(녹미) 녹봉으로 주던 쌀.
祿俸(녹봉) 벼슬아치에게 주던 곡식·돈 등의 총칭.
祿仕(녹사) 녹봉을 받기 위하여 벼슬함.
祿邑(녹읍) ①영지(領地). 采邑(채읍). ②신라 때 백관(百官)에게 주던 직전(職田).
祿秩(녹질) 녹봉(祿俸). 신분에 따라 차등이 있으므로, '秩'이라 함. 秩祿(질록).
◨ 官祿관록, 國祿국록, 福祿복록, 爵祿작록.

8 ⑫【禅】 禪(915)의 속자

8 ⑬【禀】 稟(925)의 속자

9 ⑭【禊】禊 계제 계 霽

㊥xì ㊐フク, フウ

초서 禊 자해 계제(禊祭). 〔晉書〕皆禊於東流水上개계어동류수상.

禊祭(계제) 부정(不淨)을 씻어 내고 상서롭지 못한 것을 없애기 위하여 물가에서 목욕재계하고 올리던 제사. 음력 3월 3일에 행하는 것을 춘계(春禊), 7월 14일에 행하는 것을 추계(秋禊)라고 함.

9 ⑭【福】福 1복 복 屋 2간직할 부 宥

중학 인명 5급 ㊥fú ㊐フク

필순 ⼆ 亍 示 礻 祀 祁 祠 福 福 福

소전 福 초서 福 속자 福 참고 인명용 음은 '복'이다.

자원 會意·形聲. 示＋畐→福. '畐(복)'이 음도 나타내고 술동이를 그린 상형자이다. 고대에 술은 풍부함을 상징하였고, 또 신에게 술을 따름으로써 복을 기원하였다.

자해 1 ❶복, 행복. 〔韓非子〕全壽富貴之謂福전수부귀지위복. ❷복을 내리다, 돕다. 〔易經〕鬼神害盈而福謙귀신해영이복겸. 2 간직하다, 모으다. 〔史記〕邦福重寶방부중보.

福慶(복경) 행복과 경사.
福過災生(복과재생) 복이 지나치면 재앙이 생김. 福過禍生(복과화생).
福券(복권) 번호나 그림 따위의 특정 표시를 기입한 표.
福堂(복당) ①행복이 모이는 곳. ②감옥.
福德(복덕) ①타고난 복과 후한 마음. ②(佛) 선행의 과보(果報)로 받는 복스러운 공덕.
福力(복력) 복을 누리는 힘. 행복한 운수.
福祿(복록) ①타고난 복과 녹봉(祿俸). ②복되고 영화로운 삶.
福利(복리) 행복과 이익.
福報(복보) 복의 보답.
福相(복상) 복스럽게 생긴 얼굴.
福祥(복상) 행복과 길상.
福田(복전) (佛)복을 거두는 밭. 삼보(三寶)를 공양하고 부모의 은혜에 보답하며 가난한 사람에게 베풀면, 밭을 경작하여 곡식을 얻는 것처럼 복이 생긴다는 뜻.
福祚(복조) 복. 행복. 福祉(복지).
福地(복지) ①복을 누리며 잘 살 수 있는 땅. ②신선이 살고 있는 곳.
福祉(복지) 행복한 삶.
福澤(복택) 행복과 은택.
◨ 景福경복, 多福다복, 萬福만복, 冥福명복, 薄福박복, 壽福수복, 五福오복, 祝福축복, 幸福행복, 禍福화복.

9 ⑬【禅】 禪(915)의 속자

9 ⑭【禑】 복 우 虞

인명 ㊥wú ㊐グ

자해 복(福).

9 ⑭【禎】祯 상서 정 庚

인명 2급 ㊥zhēn ㊐テイ

소전 禎 초서 禎 자해 ❶상서(祥瑞). 〔中庸〕必有禎祥필유정상. ❷복, 행복.

禎祺(정기) 행복(幸福).
禎祥(정상) 좋은 징조.

9 ⑭【禘】禘 종묘 제사 이름 체 霽

㊥dì ㊐テイ

소전 禘 초서 禘 자해 **종묘의 제사 이름.** ㉮ **천자가 천제(天帝)·조신(祖神)에 지내던 큰 제사.** 〔論語〕 惑問禘之說혹문체지설. ㉯**매년 여름에 조신(祖神)에게 지내던 시제(時祭).** 〔禮記〕 春曰礿춘왈약, 夏曰禘하왈체, 秋曰嘗추왈상, 冬曰烝동왈증.

9 ⑭ 【禍】 祸 재화 화 箇

고등 인명 3Ⅱ급 ㊥huò ㊐カ

필순 二 亍 示 礻 祀 祁 祸 禍 禍 禍 禍

소전 禍 초서 禍 고자 旤 동자 禍 자원 會意·形聲. 示+咼→禍. '咼(괘)'는 소의 어깨뼈를 그린 '冎'의 변형이다. 옛날에는 소의 어깨뼈를 이용해 길흉(吉凶)을 점쳤던 풍습이 있었다. 咼가 음도 나타낸다.

자해 ❶**재화(災禍).** ㉮**불행.** 〔孝經〕 禍亂不作화란부작. ㉯**재난.** 〔禮記〕 君子愼以辟禍군자신이벽화. ㉰**근심.** 〔荀子〕 私行而無禍사행이무화. ❷**재화를 내리다.**

禍家餘生(화가여생) 죄화(罪禍)를 입은 집안의 자손.
禍根(화근) 재앙의 근원.
禍機(화기) 화를 부르는 계기(契機).
禍難(화난) 재앙과 환난.
禍變(화변) 재화와 변고(變故).
禍福(화복) 재화와 복록(福祿).
禍福無門(화복무문) 화복은 운명적인 것이 아니라, 선한 일을 하거나 악한 일을 함에 따라서 각기 받는다는 말.
禍不單行(화불단행) 화는 매양 하나로 그치지 않고 겹쳐서 옴.
禍災(화재) 화난(禍難)과 재액(災厄).
禍從口生(화종구생) 화는 말을 삼가지 않는 데서 일어남. 禍從口出(화종구출).
禍泉(화천) ①재화의 근원. ②술.
禍胎(화태) 재앙의 근본이 되는 빌미.
禍害(화해) 재앙. 재난. 禍殃(화앙).
禍患(화환) 재화(災禍)와 환난(患難).
◨ 災禍재화, 戰禍전화.

10 ⑮ 【禡】 祃 마제 마 禡

㊥mà ㊐バ

소전 禡 초서 禡 자해 **마제(禡祭).** 〔詩經〕 是類是禡시류시마.

禡祭(마제) 군대가 머무는 곳에서 군신(軍神)에게 지내던 제사.

10 ⑮ 【福】 福(914)의 속자

10 ⑮ 【禝】 사람 이름 직 職

㊥jì ㊐ショク

자해 **사람 이름.** ≒稷. 요(堯)임금의 신하이며, 주(周)나라의 조상.

10 ⑮ 【禛】 禛 복 받을 진 眞

인명 ㊥zhēn ㊐シン

소전 禛 자해 **복을 받다, 정성을 다하여 복을 받다.**

11 ⑯ 【禦】 御 막을 어 御語

인명 1급 ㊥yù ㊐ギョ

소전 禦 초서 禦 자해 ❶**막다.** ㉮**당하다, 감당하다.** 〔國語〕 莫之能禦也막지능어야. ㉯**맞서다, 대적하다.** 〔莊子〕 毛可以禦風寒모가이어풍한. ㉰**갖추다, 대비하다.** 〔國語〕 所以禦災也소이어재야. ㉱**거역하다, 물리치다.** 〔莊子〕 是禦福也시어복야. ❷**방비, 방어.** 〔國語〕 小國諸侯有守禦之備소국제후유수어지비.

禦寇(어구) 공격하여 오는 적을 막음.
禦侮(어모) 외부로부터 받는 모욕을 막음.
禦戰(어전) 방어하여 싸움. 防戰(방전).
禦寒(어한) 추위를 막음. 防寒(방한).
◨ 防禦방어, 備禦비어, 守禦수어, 鎭禦진어.

12 ⑰ 【禩】 祀(907)의 고자

12 ⑰ 【禪】 禅 ① 봉선 선 霰 ② 고요할 선 先

고등 인명 3Ⅱ급 ㊥shàn, chán ㊐ゼン

필순 二 亍 示 礻 祀 祀 祀 禪 禪 禪 禪

소전 禪 초서 禪 동자 禮 속자 禅 속자 禅

자원 形聲. 示+單→禪. '單(단)'이 음을 나타낸다.

자해 ① ❶**봉선(封禪), 하늘·산천에 제사 지내다.** 〔大戴禮〕 封泰山而禪梁甫봉태산이선량보. ❷**사양하다.** ㉮**선위(禪位)하다.** 〔孟子〕 唐虞禪당우선. ㉯**전하다.** 〔史記〕 禪五世선오세. ② ❶**고요하다.** ❷**좌선(坐禪), 참선(參禪).** ❸**불교의 한 파, 선종(禪宗).**

禪家(선가) (佛)①선종(禪宗). 선종의 절. ②참선하는 승려. 禪客(선객).

禪閣(선각) 절. 불당. 禪堂(선당).
禪那(선나) (佛)참선하여 무념무상의 삼매경(三昧境)에 드는 일. 선(禪). 禪定(선정).
禪尼(선니) (佛)불문에 들어간 여자.
禪代(선대) 대(代)가 바뀜.
禪道(선도) (佛)①참선하는 도. ②선종(禪宗).
禪林(선림) (佛)선종의 절.
禪味(선미) 참선의 오묘한 맛.
禪師(선사) (佛)①선종의 고승(高僧)에 대한 칭호. ②國지덕(智德)이 높은 선승(禪僧)에게 조정에서 내리던 칭호.
禪庵(선암) (佛)선원(禪院)에 딸린 암자.
禪讓(선양) 임금의 자리를 유덕한 사람에게 물려줌. 禪位(선위).
禪院(선원) ①선종의 절. ②선정(禪定)을 닦는 도량.
禪杖(선장) (佛)①선승이 짚는 지팡이. ②참선할 때 조는 승려를 깨우는 데 쓰는 대막대기.
禪宗(선종) (佛)설법과 경문에 의지하지 않고 참선에 의하여 진리를 직관하려는 불교의 한 종파. 달마 대사(達磨大師)가 양(梁) 무제(武帝) 때 중국에 전하였음. 佛心宗(불심종).
禪榻(선탑) (佛)승려가 좌선할 때 올라앉는 자리. 禪牀(선상).
禪學(선학) (佛)선종의 교리를 구명하는 학문.
禪會(선회) (佛)참선을 하기 위한 모임.
◨ 登禪등선, 封禪봉선, 坐禪좌선, 參禪참선.

12 ⑰ 【禧】 禧 복 희 支

인명 2급 ㊥xǐ ㊐キ

소전 [glyph] 초서 [glyph] 자해 ❶복. ❷경사스럽다, 길하다.

13 ⑱ 【禮】 礼 예도 례 薺

중학 인명 6급 ㊥lǐ ㊐レイ

필순 二 亍 示 … 禮

소전 [glyph] 초서 [glyph] 속자 礼 고자 礼 고자 礼 고자 豊

자원 會意·形聲. 示＋豊→禮. '豊(예)'가 음도 나타내고, 신전에 바친 제물을 본떴다. 예는 사람이 행해야 할 중요한 도리이고, 특히 신을 섬기고 신에게 제사 지낼 때 더욱 중요하므로 '示(시)'와 '豊(예)'를 합하였다.

자해 ❶**예도, 예절.** 〔論語〕約我以禮약아이례. ❷**경의(敬意)를 표하다.** 〔禮記〕禮賢者례현자. ❸**폐백.** 〔禮記〕無禮不相見也무례불상견야.

禮教(예교) 예의에 관한 가르침.
禮度(예도) 예의와 법도. 예절.
禮貌(예모) 예의 바른 태도. 禮容(예용).
禮文(예문) ①예법에 관하여 써 놓은 글. ②한 나라의 예법과 문물 제도.
禮物(예물) ①사례의 뜻으로 주는 물품. ②혼인할 때 신랑과 신부가 주고받는 기념품.
禮訪(예방) 인사차 방문함.
禮拜(예배) 신이나 부처 앞에 경배하는 의식.
禮煩則亂(예번즉란) 예의가 너무 까다로우면 도리어 문란해짐.
禮服(예복) 예식 때 입는 옷.
禮佛(예불) 부처에게 경배함.
禮尙往來(예상왕래) 예절은 서로 왕래하고 교제함을 귀히 여김.
禮書(예서) ①혼서(婚書). ②사례 편지.
禮俗(예속) 예의범절에 관한 풍속.
禮數(예수) ①주인과 손님이 서로 만나 보는 예절. ②신분과 지위에 상응하는 예의.
禮式(예식) 예법에 따른 의식.
禮樂(예악) 예법과 음악.
禮讓(예양) 예의 바르게 사양함.
禮意(예의) ①경의를 표하는 마음. ②예(禮)의 정신.
禮義(예의) ①예의와 의리(義理). ②사람이 행하고 지켜야 할 예도(禮道).
禮儀(예의) 서로 상대에게 예로써 나타내는 말투나 몸가짐.
禮誼(예의) 사람이 마땅히 지켜야 할 도리.
禮狀(예장) 國①사례하는 편지. 禮書(예서). ②혼서(婚書).
禮葬(예장) 예의를 갖추어 치르는 장례.
禮裝(예장) ①예복을 입고 위엄 있는 태도나 차림새를 갖춤. ②國납폐(納幣).
禮節(예절) 예의와 법도에 맞는 절차.
禮制(예제) 國상례(喪禮)에 관한 제도.
禮讚(예찬) 존경하고 찬탄함.
禮幣(예폐) 고마움과 공경의 뜻으로 보내는 물품. 禮物(예물).
禮砲(예포) 예식 행사에서 환영이나 경의, 조의 등을 나타내기 위하여 쏘는 포.
◨ 家禮가례, 敬禮경례, 冠禮관례, 吉禮길례, 答禮답례, 目禮목례, 無禮무례, 拜禮배례, 喪禮상례, 失禮실례, 儀禮의례, 祭禮제례, 終禮종례, 主禮주례, 賀禮하례, 婚禮혼례.

13 ⑱ 【禶】 禪(915)과 동자

14 ⑲ 【禰】 祢 아비 사당 녜 薺

㊥nǐ ㊐デイ

示 12획

소전 禰 초서 禰 동자 祢 동자 祢 자해 ❶ 아비 사당. 〔春秋穀梁傳〕新宮者신궁자, 禰宮也녜궁야. ❷신주(神主). 먼 곳으로 모셔 갈 때의 신주. 〔禮記〕其在軍기재군, 則守於公禰즉수어공녜.

禰廟(예묘) 아버지를 모신 사당. 禰宮(예궁).

禰祖(예조) 아버지와 조상을 모신 사당.

14 ⑲【禱】 빌 도 皓 號

인명 1급 ㊥dǎo ㊐トウ

소전 禱 초서 禱 고자 禂 자해 빌다, 기원하다. 〔詩經〕既伯既禱기백기도.

禱祀(도사) 기도하고 제사함. 禱祠(도사).

禱請(도청) 신불(神佛)에게 소원이 이루어지기를 빎.

禱祝(도축) 빎. 기도함.

◨ 祈禱기도, 默禱묵도, 祝禱축도.

17 ㉒【禴】 종묘 제사 이름 약 藥

㊥yuè ㊐ヤク

초서 禴 자해 ❶종묘의 제사 이름. ㉮여름 제사. 〔詩經〕禴祠烝嘗약사증상. ㉯봄 제사. 〔易經〕利用禴리용약.

17 ㉒【禳】禳 1제사 이름 양 養 2푸닥거리할 양 陽

인명 ㊥ráng ㊐ジョウ

소전 禳 초서 禳 자해 1제사 이름. 희생을 잡아 사방의 신에게 바치고 돌림병이나 악귀를 물리쳐 주기를 기원하는 제사. 2푸닥거리하다. 〔後漢書〕此何祥차하상, 其可禳乎기가양호.

禳禱(양도) 신에게 제사 지내어 재앙을 없애고 행복을 비는 일.

禸部 짐승 발자국 유

0 ⑤【禸】 짐승 발자국 유 宥

㊥róu ㊐ジュウ

소전 禸 초서 禸 자원 象形. 짐승의 몸통과 다리, 꼬리를 본뜬 글자.

자해 짐승의 발자국, 발자국.

4 ⑨【禹】 하우씨 우 麌

인명 2급 ㊥yǔ ㊐ウ

소전 禹 초서 禹 자해 하우씨. 하(夏)나라의 시조. 우(禹)임금.

禹跡(우적) ①우(禹)임금이 홍수를 다스린 지역. ②중국의 영토. 禹域(우역).

禹行舜趨(우행순추) 우(禹)임금이나 순(舜)임금의 걸음걸이를 흉내 냄. 성인의 겉모습만 본받을 뿐 실행이 없음.

4 ⑨【禺】 1긴꼬리원숭이 우 遇 2구역 우 虞

㊥yù, yú ㊐グ

소전 禺 초서 禺 자해 1긴꼬리원숭이. 2구역, 구별.

6 ⑪【离】 1산신 리 支 2흩어질 리 支

인명 ㊥lí ㊐リ

소전 离 초서 离 자해 1❶산신(山神), 짐승 형상을 한 산신. ❷맹수(猛獸). 2흩어지다, 떠나다.

7 ⑫【离】卨 사람 이름 설 屑

인명 ㊥xiè ㊐セツ

소전 离 초서 离 동자 卨 속자 卨 자해 ❶ 사람 이름. 은(殷)의 시조. =契·偰. ❷벌레.

8 ⑬【禽】 날짐승 금 侵

고등 인명 3Ⅱ급 ㊥qín ㊐キン

필순 ノ 人 今 今 今 今 含 禽 禽 禽

소전 禽 초서 禽 자원 象形·形聲. 禸+凶+今→禽. 짐승의 형상을 본뜬 글자. '禸'는 네 발, '凶'은 머리를 나타낸다. '今(금)'은 음을 나타내기 위하여 후세에 추가되었다. 처음에는 모든 짐승을 이르다가 나중에는 날짐승만을 뜻하게 되었다.

자해 ❶날짐승. 〔莊子〕禽獸成群금수성군. ❷짐승. ❸사로잡다. ≒擒. 〔史記〕何爲爲我禽하위위아금.

禽困覆車(금곤복거) 사로잡힌 짐승도 곤경에 빠지면 수레를 엎어 버림. 약자(弱者)도 궁지에 몰리면 큰 힘을 낼 수 있음.

禽囚(금수) 포로(捕虜).

禽獸(금수) 날짐승과 길짐승. 모든 짐승.

禽獸行(금수행) 짐승 같은 행위. 인도(人道)를 거역한 불륜한 행위.

禽殄(금진) 사로잡아 죽임. 擒殄(금진).

禽獲(금획) 사로잡음. 금획(擒獲)

◨ 家禽가금, 猛禽맹금, 野禽야금, 幽禽유금.

禾部 벼 화

0
⑤【禾】 벼 화 歌

고등 인명 3급 ㊥hé ㊐カ

필순 ノ 二 千 禾 禾

소전 초서 자원 象形. 벼가 익어 고개를 숙인 모양으로, 벼의 줄기와 뿌리를 본뜬 글자. '木'은 줄기 모양이고, 'ノ'는 이삭이 드리워진 모양으로 '벼'를 나타낸다.

자해 **❶벼.** 〔儀禮〕米禾皆二十車미화개이십거. **❷곡물. ❸곡식의 모, 곡식의 줄기. ❹이삭이 팬 벼. ❺벼농사를 짓다.**

禾稼(화가) 곡식. 곡류(穀類).

禾穀(화곡) ①벼. ②곡식.

禾利(화리) 國①수확이 예상되는 벼. ②논의 경작권.

禾苗(화묘) 볏모.

禾粟(화속) ①벼. ②곡물.

禾穎(화영) 벼 이삭.

2
⑦【禿】 대머리 독 屋

인명 1급 ㊥tū ㊐トク

소전 초서 자해 **대머리.** 〔禮記〕禿者不免독자불면.

禿巾(독건) 두건을 쓰지 않음.

禿頭(독두) 대머리.

禿山(독산) 민둥산. 벌거숭이산.

禿翁(독옹) 대머리 진 늙은이.

禿丁(독정) '승려'를 낮잡아 이르는 말.

禿筆(독필) ①끝이 무지러진 붓. 몽당붓. 禿毫(독호). ②자신이 쓴 시문의 겸칭.

2
⑦【私】 사사 사 支

중학 인명 4급 ㊥sī ㊐シ

필순 ノ 二 千 禾 禾 私 私

소전 초서 고자 厶 자원 形聲. 禾+厶→私. '厶(사)'가 음을 나타낸다. 私는 본래 벼의 한 가지를 뜻하였다.

자해 **❶사사. ㉮자기.** 〔呂氏春秋〕身者非其私有也신자비기사유야. **㉯개인.** 〔新書〕反公爲私반공위사. **㉰사곡(邪曲).** 〔淮南子〕私道塞矣사도색의. **㉱비밀.** 〔禮記〕嫌探人之私也혐탐인지사야. **❷사사로이 하다. ㉮자기 소유로 삼다.** 〔孟子〕八家皆私百畝팔가개사백묘. **㉯사곡하게 하다.** 〔戰國策〕賞不私親近상불사친근. **❸홀로. ㉮마음속으로.** 〔孟子〕有私淑艾者유사숙애자. **㉯몰래, 비밀히.** 〔後漢書〕弟子私嘲之제자사조지. **❹사랑하다, 은혜를 베풀다.** 〔呂氏春秋〕子人之所私也자인지소사야. **❺총애하는 것, 마음에 드는 것.** 〔國語〕君多私군다사.

私家(사가) ①한 개인의 집. 사삿집. ②자기 집의 이(利)를 꾀함. ③대부(大夫) 이하의 집.

私感(사감) 사사로운 감정.

私見(사견) 자기 개인의 의견이나 생각.

私徑(사경) 國사사로운 이익을 위하여 취하는 떳떳하지 못한 길.

私穀(사곡) 개인 소유의 양식.

私談(사담) 사사로운 이야기.

私徒(사도) 사사로이 거느리는 부하나 종.

私論(사론) ①남이 모르게 하는 논의. ②사적(私的)인 의견.

私利(사리) 개인의 이익.

私立(사립) 개인의 자금으로 공익의 사업 기관을 설립하여 유지함.

私門(사문) 자기의 집이나 가문의 낮춤말.

私物(사물) 개인의 물건.

私兵(사병) 개인이 사사로이 양성한 군사.

私報(사보) 사사로이 알림.

私服(사복) 보통옷.

私夫(사부) ①샛서방. 間夫(간부). ②관기(官妓)가 남몰래 두던 남편.

私費(사비) 개인이 부담하는 비용.

私書(사서) ①개인의 문서나 편지. 私信(사신). ②비밀 편지.

私席(사석) 사사로운 자리.

私淑(사숙) 직접 가르침을 받지는 않으나, 마음속으로 그 사람의 덕을 사모하고 본받아서 학문이나 도를 닦음.

私塾(사숙) 개인이 경영하는 글방.

私心(사심) ①제 욕심만을 채우려는 마음. ②자기 혼자만의 생각. 私意(사의).

私謁(사알) 사사로운 일로 만나서 청탁을 함.

私愛(사애) ①치우친 사랑. 偏愛(편애). ②남 모르게 사랑하는 여자.

私慾(사욕) 자기의 이익만을 꾀하는 욕심.

私有(사유) 개인이 소유함, 또는 그 재물.

私恩(사은) 사사로이 입은 은혜.

私誼(사의) 개인 사이의 정의(情誼).

私議(사의) ①사사로이 논의함. ②자기 개인의 의견.

私人(사인) 개인 자격으로서의 사람.
私印(사인) 사사로이 쓰는 도장.
私財(사재) 개인의 재산.
私邸(사저) 개인의 저택.
私錢(사전) ①개인 소유의 돈. ②민간에서 몰래 만든 돈. 위조한 돈.
私占(사점) 國개인이 독차지함.
私鑄(사주) 돈 따위를 개인이 사사로이 주조함. 돈을 위조함. 私錢(사전).
私智(사지) 자기 한 사람의 좁은 생각.
私債(사채) 개인 사이에 지는 빚.
私賤(사천) 國개인이 부리는 종.
私蓄(사축) ①비밀히 재물을 저축함. ②개인의 저축. 私貯(사저). 私積(사적).
私帑(사탕) 천자(天子)의 사유 재산.
私通(사통) ①사사로이 연락함. ②부부 아닌 남녀가 몰래 정을 통함.
私行(사행) ①개인의 사사로운 행위. ②남몰래 가만히 함. 비밀 행위. ③관리가 개인적인 일로 외출함.
私嫌(사혐) 개인적인 혐의.
私惠(사혜) 사사로이 입은 은혜.
私和(사화) ①서로 원한을 풀고 화해함. ②송사(訟事)를 풀고 화해함.
私回(사회) 사사롭고 마음이 바르지 않음.
◨ 公私공사, 陰私음사, 便私편사.

2
⑦【秀】 빼어날 수 宥

중학 인명 4급 ㊥xiù ㊐シュウ

필순 ノ 二 千 禾 禾 秀 秀

소전 초서 자원 會意. 禾+乃→秀. 벼〔禾〕의 열매가 맺혀 아래로 늘어진 모양〔乃〕에서 '빼어나다'의 뜻을 나타낸다.

자해 **❶빼어나다, 뛰어나다, 훌륭하다.** 〔禮記〕五行之秀氣也오행지수기야. **❷성장하다, 자라다.** 〔後漢書〕或秀或苗혹수혹묘. **❸꽃이 피다.** 〔論語〕苗而不秀者有矣夫묘이불수자유의부.
秀傑(수걸) ①여럿 중에서 뛰어남. ②재주가 빼어나고 기상이 걸출함.
秀句(수구) 훌륭한 글귀나 시가(詩歌).
秀氣(수기) ①빼어난 기운. ②수려한 경치.
秀麗(수려) 산수의 경치가 뛰어나고 아름다움.
秀眉(수미) 썩 아름다운 눈썹.
秀拔(수발) 뛰어나게 훌륭함. 秀挺(수정).
秀士(수사) 덕행과 학문이 뛰어난 선비.
秀穎(수영) ①잘 자란 벼·보리 따위의 이삭. ②재능이 뛰어나고 훌륭함.
秀偉(수위) 빼어나고 위대함.
秀潤(수윤) 서화(書畫) 따위가 훌륭하며 생동감이 있음.
秀逸(수일) 빼어나고 뛰어남.
秀才(수재) ①학문과 재능이 뛰어난 사람. ②미혼 남자의 존칭.
秀絕(수절) 썩 뛰어나고 훌륭함.
秀出(수출) 뭇사람 가운데 유난히 뛰어남.
◨ 閨秀규수, 優秀우수, 俊秀준수.

3
⑧【秆】 稈(923)과 동자

3
⑧【秊】 年(388)의 본자 인명

3
⑧【秉】 1잡을 병 梗 2자루 병 敬

인명 2급 ㊥bǐng ㊐ヘイ

소전 초서 자해 1 **❶잡다.** ㉮손으로 잡다. 〔李白·序〕古人秉燭夜遊고인병촉야유. ㉯**마음으로 지키다.** 〔詩經〕民之秉彝민지병이. **❷볏단.** 벼 한 줌의 단. 〔儀禮〕四秉曰筥사병왈거. 2 **자루, 권병(權柄).** ≒柄. 〔管子〕治國不失秉치국부실병.
秉權(병권) 권력을 잡음.
秉彝(병이) 인간의 떳떳한 도리를 굳게 지킴.
秉燭夜遊(병촉야유) 촛불을 밝히고 밤이 깊도록 놂.
秉軸(병축) 정권을 잡음.

4
⑨【秔】 메벼 갱 本경 庚

㊥jīng ㊐コウ

소전 초서 동자 稉 동자 粳 자해 **메벼.** 〔漢書〕馳騖禾稼稻秔之地치무화가도갱지지.
秔稻(갱도) 메벼.

4
⑨【科】 과정 과 歌

중학 인명 6급 ㊥kē ㊐カ

필순 ノ 二 千 禾 禾 禾 禾 科 科

소전 초서 자원 會意. 禾+斗→科. 벼〔禾〕의 등급을 매긴다〔斗〕는 데서 정도·품등(品等)·조목·법률 등을 나타낸다. 斗(두)는 본래 곡식의 양을 잴 때 쓰던 용기를 그린 상형자이다.

자해 **❶과정, 조목.** 〔孟子〕夫子之設科也부자지설과야. **❷품등.** 〔論語〕爲力不同科위력부동과. **❸과거(科擧).** 〔漢書〕以此科第郞從官이차과

제랑종관. ❹법, 법률. 〔戰國〕 科條旣備과조기비. ❺매기다. ❻민머리.

科客(과객) 國과거를 보러 온 선비.
科擧(과거) 나라에서 벼슬아치를 뽑기 위하여 실시하던 시험.
科格(과격) ①정해진 규격. ②國과거에 급제할 만한 골격.
科慶(과경) 國과거에 급제한 경사.
科禁(과금) 규칙. 규범. 법도.
科斷(과단) 법에 비추어 죄를 단정함.
科斗(과두) ①올챙이. 蝌蚪(과두). ②과두 문자(科斗文字).
科頭(과두) 관이나 두건을 쓰지 않은 머리. 민머리.
科斗文字(과두문자) 황제(黃帝) 때 창힐(蒼頡)이 만들었다는, 고대 자체(字體)의 한 가지. 글자의 모양이 머리는 굵고 끝이 가늘어 올챙이 같은 데서 온 말.
科目(과목) 배워야 할 지식 체계를 세분하여 계통을 세운 영역.
科目出身(과목출신) 國과거에 급제하여 벼슬아치가 된 사람.
科文六體(과문육체) 문과(文科) 과거에서 시험을 보이던 여섯 가지 문체. 곧, 시(詩)·부(賦)·표(表)·책(策)·의(義)·의(疑).
科榜(과방) 과거에 급제한 사람의 성명을 써 붙이던 방목(榜目).
科場(과장) 과거(科擧)를 보이던 장소.
科第(과제) ①과거(科擧). ②과거에 급제(及第)함.
科條(과조) ①법률·법령·규칙 등을 조목조목 쓴 것. ②분류하여 정돈함.
科罪(과죄) 죄를 과함. 죄인을 처단함.
科次(과차) 조선 때, 과거에 급제한 사람들의 성적 등급.
科學(과학) 보편적인 진리나 법칙의 발견을 목적으로 한 체계적인 지식.
◨ 教科교과, 內科내과, 登科등과, 文科문과, 百科백과, 分科분과, 眼科안과, 外科외과, 醫科의과, 理科이과, 專科전과, 罪科죄과, 齒科치과, 學科학과.

4 ⑨【秎】 利(133)의 고자

4 ⑨【秏】 ① 벼 모 ② 덜 호

㊥hào, mào ㊐コウ, ボウ

소전 초서 자해 ①❶벼, 벼의 한 가지. ②덜다, 덜리다, 감소하다. ＝耗. 〔漢書〕 秏矣悲哉호의비재.

4 ⑨【秒】 ① 까끄라기 묘 ② 시간 단위 초 ㊍묘

고등 인명 3급 ㊥miǎo ㊐ビョウ

필순 ノ 二 千 千 禾 利 利 利 秒

소전 초서 참고 인명용 음은 '초'이다.

자해 ① ❶까끄라기. ❷미묘하다, 미소하다. ② 시간의 단위. 분(分)의 60분의 1.

秒速(초속) 일 초를 단위로 잰 속도.
秒針(초침) 시계의 초를 가리키는 바늘.

4 ⑨【秕】 쭉정이 비

인명 1급 ㊥bǐ ㊐ヒ

소전 초서 자해 ❶쭉정이. 〔春秋左氏傳〕 若其不具약기불구, 是用秕稗也시용비패야. ❷더럽히다. 〔後漢書〕 秕我王度비아왕도.

秕政(비정) 나쁜 정치. 국민을 괴롭히는 정치. 惡政(악정).

4 ⑨【秋】 가을 추

중학 인명 7급 ㊥qiū ㊐シュウ

필순 ノ 二 千 千 禾 禾 禾' 秋 秋

소전 초서 동자 烋 고자 龝 자원 形聲. 禾+火→秋. '火'는 '𪛉(초)'의 생략체로 음을 나타낸다.

자해 ❶가을. 오행(五行)으로는 금(金), 방위로는 서쪽, 오음(五音)으로는 상(商), 색으로는 백색에 배당된다. ❷때, 시기. 〔諸葛亮·表〕 此誠危急存亡之秋차성위급존망지추. ❸연세(年歲), 세월. 〔史記〕 千秋萬歲後천추만세후.

秋季(추계) 가을. 가을철.
秋高馬肥(추고마비) 가을 하늘이 맑고 높으며, 말이 살찜.
秋穀(추곡) 가을에 거두는 곡식.
秋光(추광) ①가을 경치. 秋景(추경). 추색(秋色). ②가을 햇빛.
秋錦(추금) 과꽃.
秋氣(추기) ①가을 기운. ②엄한 기질.
秋涼(추량) ①가을의 서늘하고 맑은 기운. ②음력 팔월의 딴 이름.
秋麥(추맥) 가을보리.
秋芳(추방) 가을에 피는 꽃. 특히 국화를 이름. 秋華(추화).
秋分(추분) 24절기의 하나. 양력 9월 23일경으로, 밤낮의 길이가 같음.

秋社(추사) 입추(立秋) 후 다섯 번째 무일(戊日). 입춘 뒤 다섯번째 무일은 춘사(春社)라고 하는데, 춘사에는 곡식이 잘 자라기를 빌고 추사에는 곡식의 수확에 감사함.
秋嘗(추상) 가을에 햇곡식으로 신에게 제사를 지냄.
秋霜(추상) ①가을의 찬 서리. ②서슬 퍼런 위엄. 엄한 형벌. ③백발(白髮).
秋霜烈日(추상열일) 가을의 찬 서리와 여름의 강렬한 햇빛. 형벌이나 권위가 몹시 엄함.
秋夕(추석) 國음력 팔월 보름날. 한가위.
秋扇(추선) 가을철의 부채. ㉠國철이 지나서 쓸모없이 된 물건. ㉡사랑을 잃은 여자.
秋獮(추선) 가을에 하는 사냥. ②농한기에 농작물에 해를 주는 짐승을 잡아 없애는 일.
秋成(추성) 가을에 온갖 곡식이 익음.
秋聲(추성) 가을철의 바람 소리.
秋宵(추소) 가을밤. 秋夜(추야).
秋水(추수) ①가을 무렵의 큰물. ②가을의 맑은 물. ③시퍼렇게 날이 선 칼. ④거울. ⑤맑은 눈매.
秋收(추수) 가을에 곡식을 거두어들임.
秋意(추의) 가을 기분. 가을다운 멋.
秋蠶(추잠) 가을누에.
秋節(추절) ①가을. ②중추절(仲秋節).
秋情(추정) 가을의 정취(情趣).
秋曹(추조) 형조(刑曹)의 딴 이름.
秋晴(추청) 가을의 맑게 갠 날씨.
秋波(추파) ①가을철의 잔잔하고 아름다운 물결. ②이성의 관심을 끌기 위하여 은근히 보내는 눈길.
秋風過耳(추풍과이) 가을바람이 귀를 스쳐 감. 어떤 말도 마음에 두지 않음.
秋風落葉(추풍낙엽) 가을바람에 떨어지는 나뭇잎. 형세나 세력이 갑자기 기울거나 시듦.
秋毫(추호) 가을철에 털갈이를 하여 새로 돋아나는 짐승의 가는 털. 썩 미세한 것.
秋懷(추회) 가을철에 느껴 일어나는 갖가지 생각. 秋思(추사).
秋興(추흥) 가을에 일어나는 흥취.
◨ 晩秋만추, 麥秋맥추, 孟秋맹추, 春秋춘추.

4 ⑨ 【烁】 秋(920)와 동자

5 ⑩ 【秬】 검은 기장 거 語 魚

㊥jù ㊐キョ

초서 [초서] 자해 검은 기장, 알이 검은 기장.

秬鬯(거창) 제사에 사용하는 울창주(鬱鬯酒).

5 ⑩ 【秣】 꼴 말 曷

㊥mò ㊐バツ

초서 [초서] 자해 ❶꼴, 말먹이. 〔周禮〕 芻秣之式추말지식. ❷말을 먹이다. 〔春秋左氏傳〕 秣馬利兵말마리병.

秣藁(말고) 말먹이로 쓰는 짚. 여물. 꼴.

5 ⑩ 【秘】 祕(909)의 속자 인명

5 ⑩ 【祏】 무게 이름 석 陌

인명 ㊥shí ㊐セキ

자해 ❶무게 이름. 1석은 120근(斤). ❷돌.

5 ⑩ 【秧】 모 앙 陽

인명 1급 ㊥yāng ㊐オウ

소전 [소전] 초서 [초서] 자해 모. ㉮볏모. 〔歐陽脩·詩〕 新禾未抽秧신화미추앙. ㉯초목의 모종.

秧歌(앙가) 모내기 노래. 移秧歌(이앙가).
秧苗(앙묘) 볏모. 秧稻(앙도).
秧田(앙전) 못자리.
秧針(앙침) 어린 볏모.
◨ 桑秧상앙, 松秧송앙, 移秧이앙, 抽秧추앙.

5 ⑩ 【柚】 무성할 유 尤

인명 ㊥yóu ㊐ユウ

자해 ❶무성하다. ❷나오다, 생겨나다.

5 ⑩ 【秭】 용량 단위 자 紙

㊥zǐ ㊐シ

소전 [소전] 초서 [초서] 자해 ❶용량의 단위. 벼 200뭇. 1뭇은 16곡(斛). ❷수의 단위. 억(億)의 만 배.

5 ⑩ 【租】 구실 조 虞

고등 인명 3Ⅱ급 ㊥zū ㊐ソ

필순 ノ 二 千 牙 禾 利 和 和 租 租

소전 [소전] 초서 [초서] 자원 形聲. 禾+且→租. '且(차)'가 음을 나타낸다.

자해 ❶구실, 세금. 〔漢書〕 罷榷酤官파각호관, 令民得以律占租령민득이률점조. ❷國벼, 겉곡.

租賦(조부) 논밭에 대한 조세.
租稅(조세) 세금. 구실.

禾 5획

租庸調(조용조) 당대(唐代)에 정비된 조세 제도. 조(租)는 토지에 부과하는 세, 용(庸)은 성인 남자에게 부과하는 노역, 조(調)는 호별(戶別)로 토산물을 부과하는 것임.
租借(조차) ①가옥이나 토지 등을 돈을 내고 빌림. ②한 나라가 다른 나라 땅의 일부분에 대한 통치권을 얻어 일정 기간 지배하는 일.
◨ 賭租도조, 賦租부조, 地租지조.

5 ⑩【秦】 나라 이름 진 眞

인명 2급 ㊥qín ㊐シン

소전 초서 자해 **나라 이름**. ㉮**주대(周代)의 나라**. 주의 효왕(孝王)이 비자(非子)를 봉하여 세운 나라. 함양(咸陽)에 도읍하였고 전국칠웅(戰國七雄)의 하나가 되었으며, 시황(始皇)에 이르러 중국을 통일하였다. ㉯**전진**(前秦). 동진(東晉) 때 부견(苻堅)이 세운, 오호십육국의 하나. ㉰**후진**(後秦). 요장(姚萇)이 부견을 시해하고 세운, 오호십육국의 하나. ㉱**서진**(西秦). 동진(東晉) 때 걸복건귀(乞伏乾歸)가 세운, 오호십육국의 하나. ❸**왕조 이름**. 진왕(秦王) 정(政)이 전국(戰國)을 평정하고 세운 중국 최초의 통일 왕조. ❹**중국의 통칭**(通稱).
秦鏡(진경) 진시황(秦始皇)이 궁중에 비치하였다는 거울. 사람의 선악(善惡), 사정(邪正)까지 비추었다고 함.
秦越(진월) 춘추 때의 진(秦)나라와 월(越)나라. 사물이 현격히 다름. '秦'은 북쪽에 있고 '越'은 남쪽에 있어서 두 나라가 멀리 떨어져 있던 데서 온 말.
秦庭之哭(진정지곡) 진(秦)나라 조정에서 욺. 남에게 원조를 구함. 故事 춘추 때 초(楚)나라의 신포서(申包胥)가 진(秦)나라에 가서 원군(援軍)을 청하였는데, 이레 동안 울타리에 기댄 채 곡을 하여 마침내 원군을 얻었다는 고사에서 온 말.
秦晉(진진) ①춘추 때 진(秦)나라와 진(晉)나라. ②우의가 두터운 관계. 두 나라가 대대로 혼인을 한 데서 온 말. 秦晉之誼(진진지의).
秦火(진화) 진시황이 전적(典籍)을 불사른 일.
◨ 西秦서진, 先秦선진, 前秦전진, 後秦후진.

5 ⑩【秩】 차례 질 質

고등 인명 3Ⅱ급 ㊥zhì ㊐チツ

필순 ノ 二 千 千 禾 禾 秆 秩 秩 秩

소전 초서 자원 形聲. 禾+失→秩. '失(실)'이 음을 나타낸다.

자해 ❶**차례**. 〔管子〕提衡爭秩제형쟁질. ❷**쌓다, 쌓아 올리다**. ❸**녹, 녹봉**. 〔荀子〕官人益秩관인익질, 庶人益祿서인익록. ❹**벼슬, 관직**. 〔春秋左氏傳〕委之常秩위지상질. ❺**십 년**.
秩高(질고) 관직이나 녹봉(祿俸)이 높음.
秩祿(질록) 녹봉(祿俸).
秩滿(질만) 관직의 임기가 참.
秩米(질미) 봉급으로 받는 쌀. 祿米(녹미).
秩卑(질비) 관직이나 녹봉이 낮음.
秩序(질서) 사물의 순서나 차례.
秩敍(질서) 반열(班列)에 따라 녹(祿)을 받음.
秩次(질차) 차례. 순서.

5 ⑩【秤】 저울 칭 徑

인명 1급 ㊥chèng ㊐ショウ

초서 참고 枰(627)은 딴 자.
자해 **저울**. 물건의 무게를 다는 기구. ※稱(926)의 속자(俗字).
秤量(칭량) 저울로 무게를 닮.
秤錘(칭추) 저울추.
◨ 官秤관칭, 天秤천칭.

5 ⑩【称】 稱(926)의 속자

5 ⑩【秮】 稱(926)의 속자

6 ⑪【移】 옮을 이 支

중학 인명 4Ⅱ급 ㊥yí ㊐イ

필순 ノ 二 千 千 禾 禾 秒 秒 移 移

소전 초서 동자 𥝩 고자 秜 자원 形聲. 禾+多→移. '多(다)'가 음을 나타낸다.

자해 ❶**옮다**. ㉮**딴 데로 가다**. 〔國語〕則民不移즉민불이. ㉯**변하다**. ㉰**떠나다**. 〔楚辭〕思怨移只사원이지. ❷**옮기다**. ㉮**모내기하다**. ㉯**바꾸다**. 〔孟子〕貧賤不能移빈천불능이. ❸**양보하다, 전(傳)하다**. 〔漢書〕以田相移이전상이, 終死不敢復爭종사불감부쟁. ❹**알리다, 글을 보내 알리다**. ❺**회장**(回狀). 〔後漢書〕致僚屬作文移치료속작문이.
移檄(이격) 격문(檄文)을 급히 돌림. 급히 돌리는 격문. 飛檄(비격).
移過(이과) 잘못의 책임을 남에게 씌움.
移管(이관) 관할(管轄)을 옮김.
移動(이동) 움직여 옮김.
移文(이문) 여러 사람이 돌려 가며 보도록 쓴

글. 回狀(회장). 移書(이서).

移民(이민) ①한 지방에 흉년이 들면, 그 주민을 다른 지방으로 옮기고, 그곳의 곡식으로써 구휼(救恤)하던 일. ②자기 나라를 떠나 외국으로 이주함.

移病(이병) 관리가 병을 핑계하여 사직함.

移徙(이사) 사는 곳을 다른 데로 옮김.

移送(이송) ①다른 곳으로 옮기어 보냄. ②사건의 처리를 다른 관청으로 옮기는 일.

移植(이식) 옮겨 심음.

移安(이안) 신주 등을 딴 곳으로 옮겨 모심.

移秧(이앙) 모내기.

移御(이어) 임금이 거처를 옮김.

移易(이역) ①바꿈. 바뀜. ②창고를 맡아보는 관리가 관물(官物)과 사물(私物)을 바꿈질하여 사사로이 이익을 취함.

移景(이영) ①해·달의 그림자가 점차 옮아감. '景'은 '影'으로 '그림자'를 뜻함. ②오랜 시간이 걸림.

移寓(이우) 옮아가서 삶.

移葬(이장) 무덤을 옮김.

移籍(이적) 호적이나 소속 등을 옮김.

移轉(이전) 주소 따위를 다른 데로 옮김.

移接(이접) 國①거처를 잠시 옮겨 자리를 잡음. ②글을 배울 때 동접(同接)을 옮김. ③활량이 다른 활터로 옮아감.

移種(이종) 모종을 옮겨 심음.

移住(이주) 딴 곳으로 옮겨 가서 삶.

移天易日(이천역일) 하늘을 옮기고 해를 바꿈. 간신(奸臣)이 정권을 농락함. '天'과 '日'은 군주(君主)를 이름.

移牒(이첩) 國받은 공문이나 통첩(通牒)을 다음 기관으로 다시 보내어 알림.

移風易俗(이풍역속) 풍속을 좋게 고쳐 바꿈.

◨ 轉移전이, 推移추이.

6 ⑪【稊】 1 稊(924)와 동자 2 稺(928)와 동자

7 ⑫【稈】 짚 간 旱

인명 ㊥gǎn ㊐カン

소전 稈 초서 稈 동자 秆 자해 **짚, 볏짚.**

7 ⑫【稉】 杭(919)과 동자

7 ⑫【秙】 익을 곡 沃

㊥kù ㊐コク

자해 **익다, 벼가 익다.**

7 ⑫【稌】 찰벼 도 虞

㊥tú ㊐ト

소전 稌 초서 稌 자해 ❶찰벼. ❷메벼.

7 ⑫【稂】 강아지풀 랑 陽

㊥láng ㊐ロウ

초서 稂 자해 **강아지풀.** 곡식을 해치는 가라지. 〔詩經〕 不稂不莠불랑불유.

稂莠(낭유) 곡식을 해치는 잡초. 가라지.

7 ⑫【稅】 1 구실 세 霽 2 벗을 탈 曷

중학 인명 4Ⅱ급 ㊥shuì, tuō ㊐ゼイ, タツ

필순 ⼆ 千 千 禾 禾` 禾`' 秒 秒 稅 稅

소전 稅 초서 稅 참고 인명용 음은 '세'이다.

자원 形聲. 禾+兌→稅. '兌(태)'가 음을 나타낸다.

자해 1 ❶**구실.** ❷**징수하다.** 〔春秋穀梁傳〕 初稅畝초세묘. ❸**풀다, 휴식하다.** 〔呂氏春秋〕 稅牛於桃林세우어도림. 2 **벗다.** ≒脫. 〔禮記〕 不脫冠帶불탈관대.

稅穀(세곡) 國나라에 조세로 바치던 곡식.

稅關(세관) 관세 징수 및 검역에 관한 일을 맡아보는 기관.

稅斂(세렴) 세금·공물(貢物)을 거두어들임.

稅目(세목) 조세의 항목.

稅務(세무) 세금의 부과와 징수에 관한 사무.

稅源(세원) 세금을 매기는 원천이 되는 소득이나 재산.

稅率(세율) 세액을 산정하는 비율.

稅制(세제) 세금의 부과와 징수에 관한 제도.

◨ 減稅감세, 課稅과세, 關稅관세, 國稅국세, 納稅납세, 免稅면세, 保稅보세, 印稅인세, 租稅조세, 酒稅주세, 增稅증세, 徵稅징세, 脫稅탈세.

7 ⑫【程】 길이 단위 정 庚

고등 인명 4Ⅱ급 ㊥chéng ㊐テイ

필순 ⼆ 千 千 禾 禾' 和 和 秤 程 程

소전 程 초서 程 자원 形聲. 禾+呈→程. '呈(정)'이 음을 나타낸다.

禾 7획

자해 ❶**길이의 단위**. 1촌(寸)의 10분의 1. ❷**도량형(度量衡)의 계량기**. 〔荀子〕程者物之準也정자물지준야. ❸**법, 법도**. 〔呂氏春秋〕後世以爲法程후세이위법정. ❹**길, 도로**. 〔杜甫·詩〕野程江樹遠야정강수원.

程度(정도) ①얼마가량의 분량. ②알맞은 한도. ③분량이나 수준.

程文(정문) ①과거를 보일 때 감독관이 채점을 위하여 만들던 모범 답안. ②과거 시험장에서 채점의 본보기로 삼기 위하여 고르던, 가장 우수한 시권(試券). 墨券(묵권).

程朱學(정주학) 송대(宋代)의 정호(程顥)·정이(程頤) 형제와 주희(朱熹) 계통의 성리학(性理學).

程品(정품) 법. 규정.

程限(정한) ①사람들이 지켜야 할 표준과 한계. ②기한(期限).

◨ 工程공정, 過程과정, 課程과정, 規程규정, 路程노정, 法程법정, 鵬程붕정, 射程사정, 旅程여정, 里程이정, 日程일정.

7 ⑫【稊】 돌피 제 齊

㊥tí ㊐テイ

초서 동자 秭 자해 ❶**돌피**. 볏과의 한해살이풀. 〔莊子〕不似稊米之在太倉乎불사제미지재태창호. ❷**싹, 움**. ＝荑.

稊秕(제비) ①돌피와 쭉정이. ②쓸모없는 것.

7 ⑫【稍】 벼 줄기 끝 초 效

인명 1급 ㊥shāo ㊐ショウ

소전 초서 참고 梢(637)는 딴 자.

자해 ❶**벼의 줄기 끝**. ❷**점점**. 조금씩 조금씩 더하거나 덜하여지는 모양. 〔史記〕諸侯稍微제후초미. ❸**작다, 적다**. 〔周禮〕凡王之稍事범왕지초사.

稍事(초사) 작은 일. 사소한 일.

稍食(초식) 벼슬아치가 녹봉으로 받는 쌀.

稍遠(초원) 약간 멂.

稍稍(초초) ①조금. 약간. 얼마. ②점점.

稍解(초해) 글을 조금 해독함.

7 ⑫【稀】 드물 희 微

고등 인명 3Ⅱ급 ㊥xī ㊐キ

필순 ⺈ 千 禾 禾 禾' 禾˟ 秒 秒 稀 稀

소전 초서 자원 形聲. 禾＋希→稀. '希(희)'가 음을 나타낸다.

자해 ❶**드물다, 성기다**. 〔後漢書〕土廣民稀토광민희, 中地未墾중지미간. ❷**적다**. ❸**묽다**.

稀年(희년) 드문 나이. 70세. 고희(古稀).

稀代(희대) 세상에 드묾.

稀微(희미) 분명하지 못하고 어렴풋함.

稀薄(희박) ①기체나 액체의 밀도나 농도가 낮음. ②일이 이루어질 가망이 적음.

稀世(희세) 세상에 드묾. 稀代(희대).

稀少(희소) 드물고 적음.

稀疎(희소) 드물고 성김.

稀種(희종) 드물어서 구하기 어려운 종류.

稀罕(희한) 매우 드물어서 좀처럼 볼 수 없음. 매우 드물거나 신기함.

◨ 古稀고희, 信稀신희.

8 ⑬【稘】 일주년 기 支

인명 ㊥jī ㊐キ

소전 초서 자해 ❶**일주년, 돌**. 〔新唐書〕我見其不逮再稘矣아견기불체재기의. ❷**짚, 볏짚**. ❸**콩대, 콩 줄기**.

8 ⑬【稜】 ①모 릉 蒸 ②논두렁 릉 徑

인명 1급 ㊥léng ㊐リョウ

초서 자해 ① ❶**모, 모서리**. 〔韓愈·詩〕晴明出稜角청명출릉각. ❷**서슬, 위광(威光)**. 〔漢書〕稜威憺於鄰國릉위담어린국. ② **논두렁, 밭이랑**.

稜角(능각) ①물체의 뾰족한 모서리. ②사람의 성격이 꼿꼿하고 모가 남.

稜稜(능릉) ①몹시 추운 모양. ②모가 나고 곧은 모양. ③유달리 거칠고 세력이 있는 모양.

稜威(능위) 존엄스러운 위엄. 威光(위광).

稜疊(능첩) 낭떠러지 같은 것이 모가 나고 중첩된 모양.

8 ⑬【稤】 國궁중 소임 숙

자해 **궁중(宮中)의 소임**.

稤宮(숙궁) 각 궁방(宮房)에서 사무를 맡아보던 관원.

8 ⑬【稔】 곡식 익을 임 寢

인명 ㊥rěn ㊐ジン

소전 초서 자해 ❶**곡식이 익다**. ❷**쌓다, 쌓이다**. ❸**해, 벼가 한 번 익는 기간, 일 년 동안**.

稔熟(임숙) 곡식이 충분히 여묾.

稔惡(임악) 나쁜 일을 쌓음.

稔知(임지) 자세히 앎. 숙지(熟知)함.

8 ⑬【稠】 ①빽빽할 조 ㊍주 尤 ②고를 조 蕭 ③움직일 조 嘯

인명 1급 ㊥chóu ㊐チュウ

소전 稠 초서 稠 자해 ①빽빽하다, 많다. ②고르다, 화하다. 〔莊子〕 可謂稠適而上遂矣가위조적이상수의. ③움직이다, 흔들리다. 〔漢書〕 天地稠嶽천지조오.

稠密(조밀) 촘촘하고 빽빽함.
稠嶽(조오) 동요하는 모양.
稠人廣衆(조인광중) 빽빽하게 많이 모인 사람.
稠雜(조잡) 빽빽하고 복잡함.
稠疊(조첩) 빽빽하게 거듭 겹침.

8 ⑬【稙】 稙 일찍 심은 벼 직 職

인명 2급 ㊥zhì ㊐チョク

소전 稙 초서 稙 참고 植(640)은 딴 자.
자해 일찍 심은 벼, 올벼. 〔詩經〕 稙穉菽麥직치숙맥.

稙穉(직치) 일찍 심은 곡식과 나중 심은 곡식.
稙禾(직화) 일찍 심은 벼.

8 ⑬【稚】 어릴 치 寘

인명 3Ⅱ급 ㊥zhì ㊐チ

초서 稚 동자 穉 자해 어리다. 〔春秋穀梁傳〕 驪姬有二子려희유이자, 長曰奚齊장왈해제, 稚曰卓子치왈탁자.

稚氣(치기) 유치하고 철없는 기분이나 감정.
稚筍(치순) 어린 죽순.
稚弱(치약) 어리고 약함.
稚魚(치어) 알에서 깬 지 얼마 안 되는 물고기.
稚子(치자) 어린 자식. 어린아이.
稚拙(치졸) 유치하고 졸렬함.
◨ 嬰稚영치, 幼稚유치, 孩稚해치.

8 ⑬【稗】 피 패 卦

인명 1급 ㊥bài ㊐ハイ

소전 稗 초서 稗 자해 ❶피. 볏과의 일년초. 〔春秋左氏傳〕 用秕稗용비패. ❷잘다. 〔唐書〕 算稗販之緡산패판지민.

稗官(패관) ①민간에 떠도는 전설·설화 따위를 수집하는 일을 맡아보던 임시 벼슬. ②소설가.
稗官小說(패관소설) 민간에서 떠도는 이야기를 주제로 한 소설.
稗飯(패반) 피로 지은 밥.
稗史(패사) ①사관 이외의 사람이 쓴 역사 기록. 野史(야사). ②민간의 자질구레한 일을 기록한 것.
稗說(패설) ①항간에 떠도는, 이야깃거리가 될 수 있는 모든 이야기. ②패관소설.
稗販(패판) ①구멍가게. ②소매상.

8 ⑬【稟】 ①줄 품 沁 ②곳집 름 寢

인명 1급 ㊥bǐng, lǐn ㊐ヒン, リン

소전 稟 초서 稟 속자 禀 참고 인명용 음은 '품'이다.

자해 ①❶주다, 내려 주다. 〔漢書〕 天稟其性천품기성. ❷녹, 녹미. 〔中庸〕 旣稟稱事기품칭사, 所以勸百工也소이권백공야. ❸받다. 〔書經〕 臣下罔攸稟令신하망유품령. ❹천품(天稟), 타고난 성품. ②곳집.

稟告(품고) 웃어른이나 상사에게 알림. 稟申(품신). 稟達(품달).
稟給(품급) 벼슬아치가 받던 봉급.
稟命(품명) ①상관의 명령을 받음. 稟令(품령). ②타고난 성질. 天性(천성). ③운명(運命). 天命(천명).
稟賦(품부) 선천적으로 타고남. 稟受(품수).
稟性(품성) 타고난 성품.
稟申(품신) 웃어른이나 상사에게 여쭈는 일.
稟議(품의) 웃어른이나 상관에게 글이나 말로 여쭈어 의논함.
稟奏(품주) 윗사람에게 아룀. 임금에게 아룀.
稟處(품처) 품의(稟議)하여 처리함.
◨ 性稟성품, 天稟천품.

9 ⑭【穀】 穀(927)의 속자

9 ⑭【稬】 찰벼 나 箇

㊥nuò ㊐ダ

소전 稬 초서 稬 속자 糯 자해 ❶찰벼. ＝糯. ❷벼.

9 ⑭【稲】 稻(927)의 속자

9 ⑭【種】 种 ①씨 종 腫 ②심을 종 宋

중학 인명 5급 ㊥zhǒng, zhòng ㊐シュ

필순 ⼆ 千 禾 禾 秆 秙 稍 稙 種 種

소전 種 초서 種 자원 形聲. 禾＋重→種. '重(중)'이 음을 나타낸다.
자해 ①❶씨. ㉮곡식의 씨. 〔詩經〕 誕降嘉種탄강가종. ㉯식물의 씨. 〔唐書〕 盛百穀瓜果種성

禾 9획

백곡과과종. ㉰**동물의 씨.** 〔禮記〕 入蠶于蠶室입잠우잠실, 奉種浴于川봉종욕우천. ㉱**근본, 원인.** 〔白居易·詩〕 百千萬劫菩提種백천만겁보제종. ㉲**핏줄, 혈통.** 〔史記〕 女不必貴種녀불필귀종, 要之貞好요지정호. ❷**품류, 종류.** ❸**부족.** 〔後漢書〕 鮮卑異種滿離高句驪之屬선비이종만리고구려지속. ②❶**심다.** 〔古詩〕 南北種梧桐남북종오동. ❷**펴다.** 〔書經〕 皐陶邁種德고요매종덕.

種鷄(종계) 國씨닭.

種瓜得瓜(종과득과) 오이를 심으면 오이를 얻게 됨. 원인에 따라 그 결과가 정해짐.

種豚(종돈) 씨돼지.

種痘(종두) 천연두를 예방하기 위하여 소에서 뽑은 물질. 牛痘(우두).

種落(종락) 같은 종족이 모여 무리를 이룬 마을. 部落(부락).

種類(종류) 사물의 성질이나 특징에 따라 부문을 나누는 갈래.

種別(종별) 종류에 의한 구별.

種樹(종수) 나무를 심음. 植木(식목).

種玉(종옥) 옥(玉)을 심음. 미인을 아내로 삼음. 故事 한대(漢代)에 무종산(無終山)에 사는 양공(楊公)이 신선에게서 돌 한 말을 얻었는데, 이 돌을 심어서 아름다운 옥과 훌륭한 아내를 얻었다는 고사에서 온 말.

種子(종자) ①초목의 씨. 씨앗. ②동물의 혈통이나 품종.

種族(종족) ①같은 종류의 생물 전체. ②조상이 같고 같은 계통의 언어·풍습·문화 등을 가지는 사회 집단.

種種(종종) ①가지가지. ②國가끔.

◨ 各種각종, 同種동종, 芒種망종, 變種변종, 別種별종, 純種순종, 業種업종, 異種이종, 人種인종, 雜種잡종, 接種접종, 播種파종, 品種품종.

9 ⑭ 【稱】 称 ①일컬을 칭 ②저울 칭

고등 인명 4급 ㊥chēng ㊐ショウ

필순 ニ 千 禾 禾 禾 秤 稍 稱 稱 稱

소전 초서 속자 称 속자 稱 속자 称 속자 秤

자원 形聲. 禾+爯→稱. '爯(칭)'이 음을 나타낸다.

자해 ①❶**일컫다.** ㉮**이르다.** 〔國語〕 其知不足稱也기지부족칭야. ㉯**부르다.** 〔國語〕 王稱左畸왕칭좌기. ㉰**설명하다.** 〔呂氏春秋〕 必稱此二士也필칭차이사야. ❷**칭찬하다, 기리다.** 〔禮記〕 君子稱人之善則爵之군자칭인지선즉작지. ❸**명칭, 이름.** ②❶**저울, 저울질하다.** ❷**맞다, 알맞다.** 〔漢書〕 廟樂不稱묘악불칭.

稱擧(칭거) 칭찬하여 천거함.

稱貸(칭대) 돈이나 물건을 빌려 주고 이익을 취함.

稱德(칭덕) 덕을 칭송함. 덕을 기림.

稱道(칭도) 칭찬하여 말함.

稱量(칭량) ①저울로 무게를 닮. ②사정이나 형편을 헤아림.

稱慕(칭모) 칭송하고 경모(敬慕)함.

稱善(칭선) 國착한 것을 칭찬함.

稱頌(칭송) 공덕을 칭찬하여 기림.

稱首(칭수) ①첫째를 일컬음. ②그 동아리 중에서 으뜸가는 사람. 우두머리.

稱述(칭술) ①의견을 진술함. 稱謂(칭위). ②칭찬하여 말함. 稱道(칭도).

稱譽(칭예) 칭찬함. 稱美(칭미).

稱冤(칭원) 원통함을 들어서 말함.

稱謂(칭위) 칭호. 명칭.

稱情(칭정) 인정에 맞음.

稱帝(칭제) 스스로 황제라고 선포함.

稱職(칭직) 재능이 직무에 알맞음.

稱讚(칭찬) 좋은 점이나 착하고 훌륭한 일을 높이 평가함. 또는 그런 말.

稱嘆(칭탄) 칭찬하고 감탄함. 嘆稱(탄칭).

稱頉(칭탈) 國무엇 때문이라고 핑계를 댐.

稱號(칭호) 어떠한 뜻으로 일컫는 이름.

◨ 假稱가칭, 謙稱겸칭, 敬稱경칭, 對稱대칭, 名稱명칭, 美稱미칭, 別稱별칭, 卑稱비칭, 詐稱사칭, 俗稱속칭, 愛稱애칭, 人稱인칭, 自稱자칭, 尊稱존칭, 他稱타칭, 通稱통칭, 呼稱호칭.

10 ⑮ 【稼】 심을 가

인명 1급 ㊥jià ㊐カ

소전 초서

자해 **심다, 농사.** 〔論語〕 樊遲請學稼번지청학가.

稼器(가기) 농기구.

稼動(가동) ①일을 함. ②기계 따위를 움직여 일함.

稼穡(가색) 곡식을 심고 거두는 일. 농사.

10 ⑮ 【稽】 ①머무를 계 ②조아릴 계

인명 ㊥jī, qǐ ㊐ケイ

소전 초서

자해 ①❶**머무르다.** 〔管子〕 是以令出而不稽시이령출이불계. ❷**머무르게 하다.** 〔後漢書〕 何足久稽天下士하족구계천하사. ❸**쌓다, 저축하다.** 〔漢書〕 以稽市物이계시물. ❹**헤아리다, 셈하다.** ≒計. 〔周禮〕 簡稽鄕民간계향민. ❺**이르다.** 〔莊

禾 9획

子〕大浸稽天而不溺대침계천이불닉. ❷ 조아리다. 〔書經〕禹拜稽首우배계수.
稽古(계고) 옛 도(道)를 상고함.
稽考(계고) 생각함. 상고함.
稽留(계류) 머무름. 滯留(체류).
稽査(계사) 고찰하여 자세히 조사함.
稽顙(계상) 이마가 땅에 닿도록 절을 함. 稽首(계수).
稽顙再拜(계상재배) 머리를 조아려 두 번 절함. 상제(喪制)가 편지의 첫머리나 자기 이름 다음에 쓰는 말.
稽緩(계완) 정체되어 늦어짐. 지체(遲滯)함.
稽疑(계의) 의심나는 곳을 점쳐서 생각함.
稽程(계정) ①생각하여 헤아림. ②길이 지체됨. ③지체되어 기일이 지남.
稽遲(계지) 멈춤. 지체하여 가지 않음.
稽滯(계체) 일이 밀려 늦어짐.
◨ 簡稽간계, 考稽고계, 滑稽골계, 會稽회계.

10 ⑮ 【稿】 볏짚 고 皓
고등 인명 3Ⅱ급 ㊥gǎo ㊐コウ
필순 ニ 千 禾 禾 禾 禾 禾 稿 稿 稿
초서 稿 동자 稾 동자 稾 동자 藁 자원 形聲. 禾+高→稿. '高(고)'가 음을 나타낸다.
자해 ❶볏짚. 〔漢書〕已奉穀租이봉곡조, 又出稾稅우출고세. ❷초고, 초안(草案), 원고. 〔北史〕頗好屬文파호속문, 成輒棄稾성첩기고.
稿料(고료) 원고를 쓴 데 대한 보수. 原稿料(원고료).
稿草(고초) 볏짚.
稿砧(고침) ①짚을 두드리는 바탕돌. ②아내가 남편을 일컫는 은어.
◨ 寄稿기고, 玉稿옥고, 原稿원고, 遺稿유고, 草稿초고, 脫稿탈고, 投稿투고.

10 ⑮ 【稾】 稿(927)와 동자

10 ⑮ 【穀】 谷 곡식 곡 屋
중학 인명 4급 ㊥gǔ ㊐コク
필순 十 士 声 声 壴 幸 幸 㲚 穀 穀
소전 穀 초서 穀 속자 穀 속자 穀 자원 形聲. 㱿+禾→穀. '㱿(곡)'이 음을 나타낸다.
자해 ❶곡식, 곡물. 〔周禮〕子執穀璧자집곡벽. ❷양식. ❸기르다. 〔詩經〕以穀我士女이곡아사녀. ❹살다. 〔詩經〕穀則異室곡즉이실.
穀旦(곡단) 경사스러운 날. 좋은 날.
穀道(곡도) 대장과 항문(肛門).
穀廩(곡름) 곡물 창고. 穀倉(곡창).
穀物(곡물) 식량이 되는 쌀·보리·조·콩·수수 따위를 통틀어 이르는 말. 穀食(곡식).
穀帛(곡백) 곡식과 비단.
穀雨(곡우) 24절기의 여섯째. 청명(淸明)과 입하(立夏) 사이에 들며, 양력 4월 20일경임.
穀人(곡인) 농사짓는 사람. 농부(農夫).
穀日(곡일) 좋은 날. 경사스러운 날.
穀賊(곡적) 國곡식의 까끄라기가 목구멍에 걸려 목이 붓고 열이 나며 아픈 병증.
穀倉(곡창) ①곡물 창고. ②곡식이 많이 생산되는 지방.
穀出(곡출) 수확한 곡식의 수량.
穀鄕(곡향) 곡식이 많이 생산되는 고장.
◨ 米穀미곡, 糧穀양곡, 五穀오곡, 脫穀탈곡.

10 ⑮ 【稻】 벼 도 皓
고등 인명 3급 ㊥dào ㊐トウ
필순 ニ 禾 禾 禾 稻 稻 稻 稻 稻 稻
소전 稻 초서 稻 속자 稲 자원 形聲. 禾+舀→稻. '舀(요)'가 음을 나타낸다.
자해 벼. 〔詩經〕十月穫稻시월확도.
稻粱(도량) ①벼와 메조. ②곡식.
稻芒(도망) 벼의 까끄라기.
稻作(도작) 벼농사.
◨ 粳稻갱도, 晩稻만도, 水稻수도, 秧稻앙도.

10 ⑮ 【穂】 穗(929)의 속자 인명

10 ⑮ 【稶】 서직 무성할 욱 沃
인명 ㊥yù ㊐イク
자해 서직이 무성하다.

10 ⑮ 【稷】 기장 직 職
인명 2급 ㊥jì ㊐ショク
소전 稷 초서 稷 동자 稯 자해 ❶기장. 〔詩經〕彼稷之苗피직지묘. ❷오곡의 신, 오곡의 신을 모신 사당. 〔周禮〕祭社稷五祀五嶽제사직오사오악. ❸농관(農官). 농사에 관한 일을 맡은 벼슬.
稷雪(직설) 싸라눈의 딴 이름. 粒雪(입설).
稷神(직신) 곡식을 맡아본다는 신.

禾 10획

稷狐(직호) 직신(稷神)을 모신 사당에 사는 여우. 임금 측근에 있는 간신의 비유.
◨ 稻稷도직, 社稷사직, 黍稷서직, 后稷후직.

10 ⑮【稺】 어릴 치 寘支
㊥zhì ㊐チ
소전 稺 동자 稚 동자 穉 동자 稊 자해 ❶어리다. ❷어린 벼. 〔詩經〕 稙稺菽麥직치숙맥. ❸늦벼.
稺子(치자) 어린아이. 稚子(치자).

11 ⑯【穅】 겨 강 陽
㊥kāng ㊐コウ
소전 穅 초서 穅 자해 겨. ＝糠.
穅秕(강비) ①겨와 쭉정이. ②쓸모없는 것.
◨ 秕穅비강, 糟穅조강.

11 ⑯【穆】 화목할 목 屋
인명 2급 ㊥mù ㊐ボク
소전 穆 초서 穆 속자 穆 자해 ❶화목하다, 온화하다. 〔詩經〕 穆如淸風목여청풍. ❷기뻐하다, 기쁘게 하다. 〔管子〕 穆君之色목군지색. ❸아름답다. 〔詩經〕 於穆淸廟어목청묘.
穆穆(목목) ①아름답고 훌륭한 모양. ②온화한 모양. ③위의(威儀)가 바르고 성대한 모양.
◨ 敦穆돈목, 昭穆소목, 怡穆이목.

11 ⑯【穌】 穌 긁어모을 소 虞
인명 ㊥sū ㊐ソ
소전 穌 초서 穌 속자 甦 자해 ❶긁어모으다, 갈퀴로 짚을 긁어모으다. ❷다시 살아나다. ≒蘇.

11 ⑯【穎】 颖 이삭 영 梗
인명 ㊥yǐng ㊐エイ
소전 穎 초서 穎 속자 頴 자해 ❶이삭, 벼 이삭. 〔書經〕 異畝同穎이묘동영. ❷뾰족한 끝. 물건의 뾰족한 끝. 송곳 끝, 칼끝, 붓끝 따위. 〔史記〕 錐之處囊中추지처낭중, 乃穎脫而出내영탈이출. ❸빼어나다, 훌륭하다. 〔吳志〕 皆當世秀穎개당세수영, 一時顯器일시현기.
穎悟(영오) 뛰어나게 총명함.
穎異(영이) 총명하고 뛰어남.
穎哲(영철) 뛰어나게 현명함.
穎脫(영탈) 주머니 속의 송곳 끝이 밖으로 나옴. 재기(才氣)가 겉으로 나타남.
◨ 鋒穎봉영, 秀穎수영, 聰穎총영, 禾穎화영.

11 ⑯【穏】 穩(929)의 속자

11 ⑯【積】 积 쌓을 적 陌
고등 인명 4급 ㊥jī ㊐セキ
필순 ＝ 千 禾 禾 秆 秸 積 積 積 積
소전 積 초서 積 동자 蹟 자원 形聲. 禾＋責→積. '責(책)'이 음을 나타낸다.
자해 ❶쌓다, 모으다. 〔易經〕 積小而高大적소이고대. ❷쌓이다, 모이다. 〔禮記〕 和順積中而英華發外화순적중이영화발외. ❸곱하여 얻은 수. ¶ 面積면적.
積慶(적경) 기쁨을 거듭함. 거듭 생기는 경사.
積久(적구) 오랜 세월이 걸림.
積極(적극) 대상에 대하여 긍정적이고 능동적으로 활동함.
積金(적금) 돈을 모아 둠.
積潦(적료) 장마로 인한 홍수.
積累(적루) 더금더금 쌓음. 累積(누적).
積立(적립) 모아서 쌓아 둠.
積善(적선) 착한 일을 많이 함. 積德(적덕).
積善餘慶(적선여경) 착한 일을 많이 한 사람은 경사스럽고 복된 일이 자손에게까지 미침.
積雪(적설) 쌓인 눈.
積誠(적성) 오랫동안 정성을 들임.
積水成淵(적수성연) 적은 양의 물도 쌓이면 큰 못을 이룸. 작은 것도 모이면 크게 됨.
積習(적습) 묵은 습관. 오래된 버릇.
積襲(적습) 겹겹이 쌓임. 積累(적루).
積薪之嘆(적신지탄) 섶나무를 쌓을 때, 나중의 것은 늘 위에 있고 먼저 쌓은 것은 늘 아래쪽에 눌려 있게 됨. 고참자로서 승진하지 못하고 항상 남의 아랫자리에만 머물러 있게 된 처지를 한탄함.
積痾(적아) 오래된 병. 宿患(숙환).
積雨(적우) 오랫동안 계속하여 오는 비.
積羽沈舟(적우침주) 깃처럼 가벼운 것도 많이 쌓이면 무거워져 배를 가라앉힘. 작은 것도 쌓이면 큰 것이 됨.
積雲(적운) ①쌓인 구름. ②뭉게구름.
積鬱(적울) ①쌓인 근심. ②오랫동안 쌓인 불만. ③쌓이고 쌓인 울적한 마음.
積怨(적원) 쌓이고 쌓인 원한.

積陰(적음) ①쌓인 음기(陰氣). ㉠한기(寒氣). ㉡겨울. ②계속되는 흐린 날씨.
積日(적일) 여러 날. 많은 날짜.
積載(적재) 운송 수단에 물건을 쌓아 실음.
積貯(적저) 쌓아 모음. 저축함. 積儲(적저).
積阻(적조) 오랫동안 서로 소식이 막힘.
積重(적중) ①거듭 쌓음. ②물건을 저축함.
積滯(적체) 쌓여서 통하지 못하고 막힘.
積翠(적취) ①쌓인 푸른빛. ②청산(青山).
積聚(적취) ①쌓아 저축함. 저축한 물건. ②체증이 오래되어 배 속에 덩어리가 생기는 병.
積土成山(적토성산) 흙을 모아 산을 이룸. 작은 것도 쌓이면 큰 것이 됨.
積荷(적하) 실어 보내는 화물.
積血(적혈) 살 속에 엉긴 피. 瘀血(어혈).
積毀銷骨(적훼소골) 험담이나 비방이 쌓이면 뼈도 녹임. 남들이 비방하는 말의 무서움.
◨ 露積노적, 累積누적, 面積면적, 山積산적, 容積용적, 鬱積울적, 體積체적, 蓄積축적, 堆積퇴적.

11 ⑯【䅧】 積(928)과 동자

11 ⑯【穐】 龝(930)의 속자

11 ⑯【穮】 ①길게 자란 모 표 蕭 ②까끄라기 묘 篠
㊥biāo, miǎo ㊐ヒョウ, ビョウ
자해 ① 길게 자란 모. ② 까끄라기, 벼의 까끄라기.

12 ⑰【穗】 이삭 수 寘
인명 1급 ㊥suì ㊐スイ
초서 속자 穂 자해 **이삭, 벼 이삭.** 〔詩經〕 彼稷之穗피직지수.
穗狀(수상) 곡식의 이삭과 같은 형상.
穗穗(수수) 벼가 잘 익은 모양.
◨ 落穗낙수, 麥穗맥수, 實穗실수, 禾穗화수.

12 ⑰【穉】 稚(925)와 동자 인명

13 ⑱【穠】 무성할 농 冬
㊥nóng ㊐ジョウ
초서 자해 **무성하다.** 〔詩經〕 何彼穠矣하피농의, 華如桃李화여도리.
穠纖(농섬) ①살찜과 여윔. ②굵음과 가늚.

13 ⑱【穡】 거둘 색 職
인명 ㊥sè ㊐ショク
소전 초서 자해 ❶**거두다, 수확하다.** 〔詩經〕 不稼不穡불가불색. ❷**거둘 곡식, 다 익은 곡식.** ❸**농사.** 〔春秋左氏傳〕 力於農穡력어농색.
穡夫(색부) 농사를 짓는 사람. 농부.
穡事(색사) 농사.
◨ 稼穡가색, 農穡농색, 蠶穡잠색.

13 ⑱【穟】 이삭 수 寘
㊥suì ㊐スイ
소전 초서 자해 ❶**이삭.** ≒穗. 〔元好問·詩〕 七月黍穟吐칠월서수토. ❷**벼가 익어 이삭을 드리운 모양.** 〔詩經〕 禾穎穟穟화영수수.

13 ⑱【穣】 穰(930)의 속자

13 ⑱【穢】秽 더러울 예 隊
인명 1급 ㊥huì ㊐ワイ
초서 자해 ❶**더럽다, 더럽히다.** 〔班固·賦〕 滌瑕盪穢척하탕예. ❷**거칠다, 거친 땅.** ❸**잡초.**
穢氣(예기) 더러운 냄새.
穢德(예덕) ①좋지 않은 행실. 惡德(악덕). ②임금의 좋지 않은 행동거지.
穢物(예물) 더러운 물건.
穢慾(예욕) 더러운 욕심.
穢濁(예탁) 더럽고 흐림.
穢土(예토) (佛)더러운 땅. 곧, 이 세상.
穢慝(예특) 더러움.

14 ⑲【穤】 稬(925)의 속자

14 ⑲【穦】 향기 빈 眞
인명 ㊥pin ㊐ヒン
자해 **향기, 좋은 냄새.**

14 ⑲【穩】稳 평온할 온 阮
인명 2급 ㊥wěn ㊐オン
소전 초서 속자 穏 자해 **평온하다, 안온하다.** 〔晉書〕 行人安穩행인안온, 布帆無恙포범무양.

禾 14획

穩健(온건) 온당하고 건전함.
穩當(온당) 사리에 어긋나지 않고 알맞음.
穩全(온전) 본바탕 그대로 고스란함.
穩寢(온침) 편안하게 잠을 잠. 穩宿(온숙).
穩婆(온파) ①조산원(助産員). 産婆(산파). ②여자 시체를 검사하던 여자.
◨ 不穩불온, 安穩안온, 平穩평온.

14 ⑲【穧】 볏단 제 霽

㊥jì ㊐セイ

소전 초서 자해 볏단. 〔詩經〕 此有不斂穧차유불렴제.

14 ⑲【穫】 获 벼 벨 확 藥

고등 인명 3급 ㊥huò ㊐カク

필순 ㇐ 千 禾 禾 禾 秆 稚 稚 穫 穫

소전 초서 참고 獲(812)은 딴 자.
자원 形聲. 禾+蒦→穫. '蒦(약)'이 음을 나타낸다.

자해 ❶벼를 베다. 〔詩經〕 八月其穫팔월기확. ❷거두다. 〔國語〕 以歲之不穫也이세지불확야.
穫斂(확렴) 곡식을 거두어들임.
◨ 耕穫경확, 收穫수확, 刈穫예확, 秋穫추확.

禾 14획

16 ㉑【龝】 秋(920)의 고자

17 ㉒【穰】 볏대 양 陽 養

인명 ㊥ráng ㊐ジョウ

소전 초서 속자 穣 자해 ❶볏대, 수숫대. ❷풀. 〔禮記〕 塗有穰草도유양초. ❸풍족하다, 풍년. 〔史記〕 所居野大穰소거야대양.
穰年(양년) 풍년.
穰歲(양세) 곡식이 잘 익은 해. 풍년.
穰穰(양양) ①많은 모양. ②곡식이 풍성한 모양. ③복(福)이 많은 모양.

穴部 구멍 혈

0 ⑤【穴】 구멍 혈 屑

고등 인명 3Ⅱ급 ㊥xué ㊐ケツ

필순 ㇔ ㇒ 宀 宀 穴

소전 초서 자원 會意. 宀+八→穴. '宀'는 집, '八'은 좌우로 가르다의 뜻이다. 움을 파서 살 주거를 나타낸 데서, '구멍'을 뜻한다.

자해 ❶구멍. ㉮움, 토실(土室). 〔易經〕 上古穴居而野處상고혈거이야처. ㉯구덩이, 광중(壙中). 〔漢書〕 死則同穴사즉동혈. ㉰맞뚫린 구멍. 〔孟子〕 鑽穴隙相窺찬혈극상규. ㉱소굴. 〔晉書〕 二都盡爲戎穴이도진위융혈. ㉲동굴. 〔後漢書〕 其國東有大穴기국동유대혈. ❷옆, 곁. ❸침을 놓거나 뜸을 뜬 신체의 부위.
穴居野處(혈거야처) 집을 짓지 않고 동굴이나 들에서 삶.
穴見(혈견) 구멍으로 봄. 견식(見識)이 좁음.
穴竅(혈규) 움. 동굴.
穴隙(혈극) 구멍이나 틈.
穴農(혈농) 國구메농사. 농사를 짓는 형편이 고르지 않아 고장에 따라 풍흉(豐凶)이 같지 않은 농사.
◨ 孔穴공혈, 洞穴동혈, 墓穴묘혈.

2 ⑦【究】 궁구할 구 宥

중학 인명 4Ⅱ급 ㊥jiū ㊐キュウ

필순 ㇔ ㇒ 宀 宀 穴 穵 究

소전 초서 속자 究 자원 形聲. 穴+九→究. '九(구)'가 음을 나타낸다.

자해 ❶궁구하다. 〔漢書〕 聖德不及究於天下성덕불급구어천하. ❷끝. 〔易經〕 其究爲健기구위건. ❸다하다. 〔漢書〕 害氣將究矣해기장구의.
究竟(구경) ①마침내. 畢竟(필경). ②궁구(窮究)함. 샅샅이 연구함. ③(佛)이법(理法)의 지극한 경지.
究極(구극) ①궁구(窮究)함. ②극에 달함.
究覽(구람) 궁구하여 봄.
究理(구리) 사물의 이치를 궁구함.
究明(구명) 사물의 본질을 연구하여 밝힘.
究問(구문) ①샅샅이 조사함. ②충분히 알 때까지 캐어물음.
究思(구사) 깊이 생각함. 熟考(숙고).
究察(구찰) 샅샅이 살펴 궁구함.
究覈(구핵) 깊이 살핌. 샅샅이 캠.
究詰(구힐) 추궁하여 힐책(詰責)함.
◨ 講究강구, 窮究궁구, 研究연구, 推究추구, 探究탐구, 學究학구.

3 ⑧【空】 1 빌 공 東 2 구멍 공 董

중학 인명 7급 ㊥kōng, kǒng ㊐クウ

필순 丶 丷 宀 穴 空 空 空 空

소전 초서 자원 形聲. 穴+工→空. '工(공)'이 음을 나타낸다.

자해 1 ❶비다. ㉮다하다. 〔詩經〕杼柚其空저축기공. ㉯없다, 속에 든 것이 없다. 〔後漢書〕尊中酒不空준중주불공. ㉰적다, 모자라다. 〔論語〕回也其庶乎회야기서호, 屢空루공. ❷부질없이, 헛되이. 〔漢書〕兵不空出병불공출. ❸비게 하다. ❹하늘. 2 구멍. ≒孔. 〔史記〕舜穿井순천정, 爲匿空旁出위닉공방출.

空殼(공각) 빈 껍데기.
空間(공간) 아무것도 없는 빈 곳.
空谷(공곡) 인기척이 없는 쓸쓸한 골짜기.
空谷足音(공곡족음) 사람이 없는 빈 골짜기에 울리는 발자국 소리. 몹시 신기한 일이나 예기하지 않은 기쁜 일. 空谷跫音(공곡공음).
空空(공공) ①텅 비어 있는 모양. ②(佛)우주 만물은 실체가 없다는 이치.
空軍(공군) 공중에서의 공격과 방어의 임무를 수행하는 군대.
空闕(공궐) 國임금이 없는 빈 궁궐.
空閨(공규) 남편이 없이 아내 혼자 쓸쓸하게 지내는 방. 空房(공방).
空竅(공규) ①틈. 구멍. ②귀·눈·입·코.
空隙(공극) 틈. 빈틈. 間隙(간극).
空氣(공기) 대기의 하층부를 구성하는 투명한 기체.
空器(공기) 빈 그릇.
空垈(공대) 國집을 지을 빈 터.
空得(공득) 공으로 얻음. 힘을 들이지 않고 얻음. 不勞而得(불로이득).
空欄(공란) 지면에 글자 없이 비워 둔 난.
空理空論(공리공론) 헛된 이론이나 논의.
空明(공명) ①맑은 물에 비친 달 그림자. ②공중(空中).
空名帖(공명첩) 國성명을 적지 않은 임명장.
空耗(공모) 비어 모자람. 결핍(缺乏)함.
空白(공백) 아무것도 없이 비어 있음.
空腹(공복) 빈 배 속.
空費(공비) 헛 비용. 쓸데없는 비용.
空山(공산) ①인기척이 없는 쓸쓸한 산. ②나뭇잎이 다 떨어진 산.
空想(공상) 헛된 생각. 부질없는 생각.
空席(공석) 비어 있는 자리.
空輸(공수) 공중으로 실어 나름.
空手來空手去(공수래공수거) 빈손으로 왔다가 빈손으로 감. 재물(財物)에 욕심을 부릴 필요가 없음.
空襲(공습) 군용 비행기로 공중에서 습격하는 일. 공중 습격.
空食(공식) ①부질없이 녹(祿)만 먹음. ②힘들이지 않고 돈을 얻거나 음식을 먹음.
空念佛(공염불) 國입으로만 외는 헛된 염불. 실천이나 행동이 따르지 않는 주장이나 말.
空王(공왕) (佛)부처의 존칭.
空位(공위) 國①비어 있는 직위. ②실권이 없이 이름뿐인 지위.
空日(공일) 國일을 하지 않고 쉬는 날.
空轉(공전) ①기계나 바퀴 따위가 헛돎. ②일이나 행동이 헛되이 진행됨.
空前絶後(공전절후) 이전에도 없었고 이후에도 없음. 前無後無(전무후무).
空中樓閣(공중누각) 공중에 떠 있는 누각. 근거 없는 가공적인 사물.
空卽是色(공즉시색) (佛)우주 만물은 다 실체가 없는 공허한 것이나 인연의 상관관계에 의하여 그대로 별개의 존재로서 존재한다는 반야심경(般若心經)의 말. 色卽是空(색즉시공).
空地(공지) ①빈 땅. 빈터. ②하늘과 땅.
空翠(공취) ①나무들의 푸른빛. ②초목이 울창한 산속의 기운. 山氣(산기).
空砲(공포) ①실탄을 넣지 않고 소리만 나게 하는 총질. ②위협하려고 공중에 대고 쏘는 총질.
空乏(공핍) 결핍함. 궁핍함.
空港(공항) 항공기가 이착륙할 수 있는 시설을 갖춘 비행장.
空虛(공허) ①속이 텅 빔. ②실속이 없이 헛됨.
空濠(공호) 물이 마른 해자.
空華(공화) 눈앞에 불꽃 같은 것이 어른어른하게 보이는 눈병의 증세. 眼花(안화).
空還(공환) 목적을 이루지 못하고 헛되이 되돌아옴.
空豁(공활) 매우 넓음. 空闊(공활).
◨ 架空가공, 高空고공, 上空상공, 眞空진공, 蒼空창공, 航空항공, 虛空허공.

3 ⑧【穵】 究(930)의 속자

3 ⑧【穹】 하늘 궁 東

인명 1급 ㊥qióng ㊐キュウ

소전 초서 자해 ❶하늘. 〔潘岳·賦〕仰皇穹兮歎息앙황궁혜탄식. ❷활꼴, 궁형(弓形). 중앙이 높고 주위가 처진 형상. 〔周禮〕穹者三之一궁자삼지일.

穹窖(궁교) 구덩이를 파고 위를 활 모양으로 두두룩하게 덮은 움.
穹窿(궁륭) 활 모양으로 되어 가운데가 가장 높고 사방 주위는 차차 낮아진 형상

穹壤(궁양) 하늘과 땅. 천지. 天壤(천양).
穹蒼(궁창) 높고 푸른 하늘. 穹天(궁천).
◨ 蒼穹창궁, 天穹천궁, 青穹청궁.

4 ⑨【突】 갑자기 돌 月

고등 인명 3Ⅱ급 ㊥tū ㊐トツ

필순 丶 丷 宀 穴 空 空 突 突

소전 초서 동자 突 자원 會意. 穴+犬→突. 개〔犬〕가 구멍〔穴〕에서 나온다는 뜻으로, '갑자기'의 뜻을 나타낸다.

자해 ❶갑자기. 〔易經〕 突如其來如돌여기래여. ❷부딪치다. 〔南史〕 排突陛衞배돌폐위. ❸뚫다, 파다. 〔春秋左氏傳〕 宵突陳城소돌진성.

突擊(돌격) 돌진하여 쳐들어감.
突過(돌과) 돌진하여 지나감.
突起(돌기) ①오뚝하게 나오거나 도드라짐. ②어떤 일이 갑자기 일어남.
突禿(돌독) 머리가 벗어짐.
突發(돌발) 뜻밖의 일이 갑자기 일어남.
突變(돌변) 뜻밖에 갑자기 달라짐.
突然(돌연) 예기치 못한 사이에 급히.
突兀(돌올) 우뚝 높이 솟은 모양.
突入(돌입) 갑자기 뛰어듦.
突戰(돌전) 돌진하여 싸움.
突梯(돌제) 모나지 않고 세속에 따라 순종함.
突堤(돌제) 國육지에서 강이나 바다 쪽으로 길게 내밀어 둑처럼 쌓은 구조물.
突進(돌진) 거침없이 나아감.
突出(돌출) ①쑥 내밀어 있음. ②갑자기 쑥 나옴. 툭 튀어나옴.
突破(돌파) ①쳐서 깨뜨림. ②곤란·장애 따위를 헤치고 나아감.
突風(돌풍) 갑자기 세게 부는 바람.
◨ 唐突당돌, 豬突저돌, 衝突충돌.

4 ⑨【窀】 광중 둔 眞

㊥zhūn ㊐チュン

소전 초서 자해 ❶광중(壙中), 무덤 구덩이. ❷장사 지내다.

窀穸(둔석) ①매장(埋葬)함. ②광중.

4 ⑨【窃】 竊(936)의 속자

4 ⑨【穽】 허방다리 정 敬 梗

인명 1급 ㊥jǐng ㊐セイ

초서 자해 허방다리, 함정. =阱. 〔書經〕 敜乃穽엽내정.

穽陷(정함) 허방다리. 陷穽(함정).
◨ 坎穽갱정, 陷穽함정, 檻穽함정.

4 ⑨【穿】 뚫을 천 先 霰

인명 1급 ㊥chuān ㊐セン

소전 초서 자해 ❶뚫다. ㉮뚫어서 통하게 하다. 〔漢書〕 引渭穿渠인위천거. ㉯구멍을 뚫다. 〔詩經〕 何以穿我墉하이천아용. ❷구멍. 〔宋書〕 柱有一穿주유일천.

穿結(천결) 해어진 옷을 꿰맴.
穿孔(천공) ①구멍을 뚫음. ②구멍.
穿窬(천유) 구멍을 뚫거나 담을 넘어 들어가는 좀도둑. 穿踰(천유).
穿鑿(천착) ①구멍을 뚫음. ②학문을 깊이 파고듦. ③억지로 이치에 닿지 않는 말을 함.

5 ⑩【窈】 그윽할 요 篠

인명 1급 ㊥yǎo ㊐ヨウ

소전 초서 자해 ❶그윽하다, 심원(深遠)하다. 〔後漢書〕 履孔德之窈冥리공덕지요명. ❷고상(高尙)하다, 고운 마음씨. 〔詩經〕 哀窈窕애요조.

窈冥(요명) 그윽하고 오묘함.
窈靄(요애) 깊숙하고 그윽함.
窈然(요연) 깊숙하고 그윽한 모양.
窈窕(요조) ①여자의 행동이 그윽하고 정숙함. ②요염(妖艶)함. ③깊숙한 모양.
窈窕淑女(요조숙녀) 품위 있고 얌전한 여자.

5 ⑩【窄】 좁을 착 本책 陌

인명 1급 ㊥zhǎi ㊐サク

초서 자해 ❶좁다. ❷닥치다. 〔陶潛·詩〕 前途漸就窄전도점취착.

窄小(착소) 좁고 작음. 狹小(협소).
窄狹(착협) 몹시 좁음.

5 ⑩【窆】 하관할 폄 豔 琰

㊥biǎn ㊐ヘン

소전 초서 자해 ❶하관(下棺)하다. 〔後漢書〕 將窆而柩不肯進장폄이구불긍진. ❷광중(壙中), 무덤 구덩이.

6 ⑪【窔】 그윽할 요 嘯 篠

㊥yào ㊐ヨウ

소전 초서 자해 ❶그윽하다, 깊숙하다. ❷방의 동남 구석.
窔奧(요오) ①방의 동남(東南) 구석과 서남(西南) 구석. ②어둡고 깊숙한 곳.

6 ⑪【窑】 窯(935)의 속자

6 ⑪【窕】 ①정숙할 조 篠 ②가벼울 조 蕭
인명 ㊥tiǎo ㊐チョウ
소전 초서 자해 ①❶정숙하다, 한가하고 고요하다. 〔詩經〕窈窕淑女요조숙녀. ❷그윽하다, 깊고 넓다. ②가볍다. 〔春秋左氏傳〕楚師輕窕초사경조.
窕言(조언) ①구차(苟且)한 말. ②겉만 번지르르하게 꾸민 말.

6 ⑪【窒】 막을 질 質
인명 2급 ㊥zhì ㊐チツ
소전 초서 자해 ❶막다, 막히다. 〔易經〕君子以懲忿窒欲군자이징분질욕. ❷차다, 가득 차다.
窒塞(질색) ①막힘. 폐색(閉塞)함. ②몹시 싫어하거나 꺼림.
窒息(질식) 숨이 막힘.
窒欲(질욕) 욕망을 억제함.

6 ⑪【窓】 창 창 江
중학 인명 6급 ㊥chuāng ㊐ソウ
필순 丶 宀 宀 穴 空 空 空 窓 窓 窓
소전 ⊠ 본자 囱 본자 窗 속자 窻 속자 牕
자원 形聲. 穴+囪→窗→窓. '囪(창)'이 음을 나타낸다.
자해 창, 창문. 〔周禮〕四旁兩夾窓사방량협창.
窓頭(창두) 창 옆. 창가.
窓門(창문) 벽이나 지붕에 낸 작은 문.
窓牖(창유) 창. 들창.
窓隻(창척) 現창문짝.
窓戶(창호) 창과 지게문의 총칭.
◨ 客窓객창, 同窓동창, 映窓영창, 學窓학창.

7 ⑫【窖】 움 교 效
㊥jiào ㊐コウ
소전 초서 자해 ❶움, 움집. 〔禮記〕穿竇窖천두교. ❷깊다.
窖藏(교장) ①움. ②움 속에 저장함.
窖中(교중) 움 속. 곡식을 저장했던 움의 내부.

7 ⑫【窘】 막힐 군 軫
인명 1급 ㊥jiǒng ㊐キン
소전 초서 자해 ❶막히다, 궁해지다. 〔後漢書〕以事詰林이사힐림, 林辭窘림사군. ❷닥쳐오다. 〔後漢書〕窘路狹且促군로협차촉. ❸고생하다. 〔詩經〕又窘陰雨우군음우.
窘急(군급) 막다른 지경에 다다라 급함.
窘迫(군박) ①몹시 군색함. 窘急(군급). ②난관에 부닥쳐 일의 형세가 급하게 됨.
窘塞(군색) 國①살기가 구차함. ②자연스럽거나 떳떳하지 못하고 거북함.
窘束(군속) 오그라듦. 자유롭지 않음.
窘辱(군욕) 괴롭히고 모욕함.
窘乏(군핍) 곤궁함. 가난함.

7 ⑫【窗】 窓(933)의 본자

8 ⑬【窠】 보금자리 과 歌
㊥kē ㊐カ
소전 초서 자해 ❶보금자리. ㉮구멍에 있는 새 보금자리. 〔左思·賦〕窠宿異禽과숙이금. ㉯짐승의 집. ㉰벌레의 집. ❷방.
窠闕(과궐) 벼슬자리에 결원(缺員)이 생김.
窠窄(과착) 國벼슬아치의 정원이 적음.
窠乏(과핍) 벼슬자리가 차서 빈 자리가 없음.

8 ⑬【窟】 굴 굴 月
인명 2급 ㊥kū ㊐クツ
초서 자해 ❶굴. 〔孟子〕上者爲營窟상자위영굴. ❷움. 〔晉書〕爲土窟居之위토굴거지. ❸사람이 모이는 곳.
窟穴(굴혈) ①짐승의 굴. ②도적·악인 등의 근거지. 巢窟(소굴).
◨ 洞窟동굴, 石窟석굴, 巢窟소굴, 巖窟암굴, 營窟영굴, 土窟토굴.

8 ⑬【窣】 구멍에서 갑자기 나올 솔 月
㊥sū ㊐ソツ
소전 초서 자해 ❶구멍에서 갑자기 나오다. ❷갑자기.
窣堵波(솔도파) (佛)탑(塔). 사리(舍利)·경전

穴 8획

(經典) 등을 봉안하거나 절을 장엄(莊嚴)하게 하기 위하여 세움.
窣地(솔지) 갑자기. 돌연(突然)히.

9
⑭【窪】洼 웅덩이 와 麻

인명 ㊥wā ㊐ワ

소전 초서 동자 窪 자해 ❶웅덩이. = 洼. ❷우묵하다. 〔老子〕窪則盈와즉영.
窪隆(와륭) ①우묵한 곳과 두둑한 곳. ②쇠함과 성함.

9
⑭【窩】窝 움집 와 歌

인명 ㊥wō ㊐カ

초서 자해 ❶움집, 굴. ❷별장. ❸간직해 두는 곳.
窩主(와주) ①장물아비. ②도둑의 소굴. 또는 그 소굴의 주인.
◨ 蜂窩봉와, 燕窩연와.

9
⑭【窬】 협문 유·두 虞 宥

㊥yú, dōu ㊐ユ, トウ

소전 초서 자해 ❶협문, 작은 문. 〔禮記〕篳門圭窬필문규유. ❷뚫다.
窬牆穿穴(유장천혈) 담을 넘고 벽에 구멍을 뚫음. 재물이나 여자를 탐내어 남의 집에 몰래 들어감.

9
⑭【窻】 窓(933)의 속자

10
⑮【窮】穷 다할 궁 東

고등 인명 4급 ㊥qióng ㊐キュウ

필순 宀 穴 穴 穸 穹 穿 窮 窮 窮 窮

소전 초서 본자 竆 자원 形聲. 穴+躬→窮. '躬(궁)'이 음을 나타낸다.
자해 ❶다하다. ㉮끝나다. 〔呂氏春秋〕無所終窮무소종궁. ㉯그치다. 〔禮記〕儒有博學而不窮유유박학이불궁. ㉰어려움을 겪다, 고생하다. 〔論語〕君子亦有窮乎군자역유궁호. ㉱가난하다. ❷궁구하다. 〔易經〕窮理盡性궁리진성.
窮計(궁계) 구차한 계책.
窮苦(궁고) ①곤궁하여 괴로움. ②고생함.
窮谷(궁곡) 깊은 골짜기. 幽谷(유곡).
窮困(궁곤) 어렵고 궁함. 困窮(곤궁).
窮交(궁교) 가난할 때 맺은 사귐.
窮究(궁구) 속속들이 파고들어 깊이 연구함.
窮寇勿追(궁구물추) 궁지에 빠진 도적을 끝까지 쫓지 말라. 궁지에 몰린 사람을 모질게 다루면 도리어 해를 입기 쉬움을 경계하는 말. 窮寇勿迫(궁구물박).
窮屈(궁굴) 막다른 곳에 다다름.
窮鬼(궁귀) ①궁한 귀신. ②곤궁한 사람.
窮極(궁극) 어떤 과정의 끝이나 마지막.
窮年累世(궁년누세) 본인의 일생과 자손 대대.
窮達(궁달) 빈궁함과 영달함. 窮通(궁통).
窮當益堅(궁당익견) 대장부는 곤궁할수록 마땅히 뜻을 더욱 굳게 가져야 함.
窮途(궁도) ①막다른 길. ②곤궁한 처지.
窮廬(궁려) ①가난한 집. ②허술하게 지은 집.
窮理(궁리) ①사물의 이치를 깊이 연구함. ②마음속으로 이리저리 따져 깊이 생각함.
窮迫(궁박) 몹시 곤궁함.
窮班(궁반) 國가난한 양반.
窮髮(궁발) ①멀고 먼 변경(邊境). ②초목이 자라지 못하는 지대. 불모(不毛)의 땅.
窮僻(궁벽) 매우 후미지고 으슥함.
窮狀(궁상) 어렵고 궁한 상태.
窮塞(궁색) 아주 가난함.
窮愁(궁수) 곤궁으로 인한 슬픔.
窮厄(궁액) 가난하여 살기 어려움.
窮餘之策(궁여지책) 궁한 나머지 짜낸 계책.
窮陰(궁음) 겨울의 마지막. 음력 섣달을 이름. 季冬(계동). 窮冬(궁동).
窮人謀事(궁인모사) 운수가 궁한 사람이 꾸미는 일. 일이 뜻대로 되지 않음.
窮日之力(궁일지력) 아침부터 저녁까지 정성을 다하여 일함.
窮節(궁절) ①겨울. ②國춘궁기(春窮期).
窮措大(궁조대) 곤궁한 선비.
窮鳥入懷(궁조입회) 쫓겨 몰린 새가 품으로 날아듦. 곤궁하여 의탁해 옴.
窮地(궁지) 國매우 곤란하고 어려운 처지.
窮村(궁촌) ①외따로 떨어진 구석진 마을. ②國곤궁한 마을.
窮追(궁추) ①늦추지 않고 끝까지 쫓음. ②끝까지 구명(究明)함. 追窮(추궁).
窮乏(궁핍) 가난하고 구차함.
窮巷(궁항) ①으슥하고 쓸쓸한 골목. ②궁벽한 촌구석.
窮覈(궁핵) 깊이 캐어 찾음.
◨ 困窮곤궁, 無窮무궁, 貧窮빈궁, 推窮추궁.

10
⑮【窯】 기와 굽는 가마 요 蕭

穴 9획

인명 1급 ㊥yáo ㊐ヨウ

소전 초서 동자 窯 속자 窑 자해 ❶ 기와를 굽는 가마. ❷오지그릇, 도기(陶器).

窯業(요업) 흙을 구워 도자기·벽돌·기와 등을 만드는 공업.

窯戶(요호) 요업(窯業)에 종사하는 사람.

◨ 陶窯도요, 瓦窯와요, 蒸窯증요, 青窯청요.

10 ⑮【窰】 窯(934)와 동자

10 ⑮【窳】 비뚤 유 麌

㊥yǔ ㊐ユ

소전 자해 ❶비뚤다, 그릇이 비뚤어지다. 〔史記〕河濱器皆不苦窳하빈기개불고유. ❷게을리 하다. 〔史記〕以故呰窳이고자유.

窳惰(유타) 게으름. 惰窳(타유).

11 ⑯【窺】窥 엿볼 규 支

인명 1급 ㊥kuī ㊐キ

소전 초서 자해 엿보다. 〔禮記〕不窺密불규밀.

窺伺(규사) 기회를 엿봄. 눈치를 봄.

窺窬(규유) 틈을 엿봄.

窺知(규지) 엿보아 앎.

窺測(규측) 엿보아 헤아림. 추측함.

◨ 管窺관규, 俯窺부규, 伺窺사규, 闇窺암규.

11 ⑯【窶】窭 ①높고 좁은 곳 루 尤 ②가난할 구 麌

㊥lóu, jù ㊐ロウ, ク

초서 자해 ①높고 좁은 곳, 언덕. 〔史記〕甌窶滿篝구루만구. ②가난하다, 가난하여 예의를 차리지 못하다. 〔禮記〕主人辭以窶주인사이구.

窶困(구곤) 가난하여 고생함.

11 ⑯【窻】 窓(933)의 속자

12 ⑰【窾】 빌 관 旱 東

㊥kuǎn ㊐カン

초서 자해 ❶비다, 공허하다. 〔史記〕實不中其聲者실부중기성자, 謂之窾위지관. ❷움푹 들어간 곳, 구멍. 〔淮南子〕見窾木浮而知爲舟견관목부이지위주.

窾木(관목) 속이 빈 나무.

窾言(관언) 빈말. 헛된 말. 空言(공언).

12 ⑰【窿】 활꼴 륭 東

㊥lóng ㊐リュウ

초서 자해 활꼴, 궁형(穹形). 〔庾信·詩〕穹窿石臥階궁룡석와계.

13 ⑱【竅】窍 구멍 규 ㊍교 嘯

인명 ㊥qiào ㊐キョウ

소전 초서 자해 구멍. 〔莊子〕人皆有七竅인개유칠규.

◨ 孔竅공규, 穴竅혈규.

13 ⑱【竄】窜 숨을 찬 翰

인명 ㊥cuàn ㊐ザン

소전 초서 자해 ❶숨다. 〔國語〕求廣土而竄伏焉구광토이찬복언. ❷달아나다. 〔易經〕歸逋竄也귀포찬야. ❸내치다, 버리다. 〔書經〕竄三苗于三危찬삼묘우삼위. ❹고치다. 〔荀子〕百家無所竄백가무소찬.

竄改(찬개) 고침. 바로잡음. 改竄(개찬).

竄匿(찬닉) 도망하여 숨음. 竄伏(찬복).

竄配(찬배) ㊇배소(配所)를 정하여 귀양 보냄.

竄奔(찬분) 도망침. 달아남.

竄入(찬입) ①숨어듦. 도망쳐 옴. ②잘못하여 섞여 듦.

竄定(찬정) 시문(詩文) 등에서 잘못된 곳을 고침. 刪定(산정).

竄斥(찬척) 내쫓음. 물리침.

竄黜(찬출) 벼슬을 빼앗고 멀리 내쫓음.

◨ 改竄개찬, 逃竄도찬, 遯竄둔찬, 奔竄분찬.

14 ⑲【竆】 窮(934)의 본자

15 ⑳【竇】 ①구멍 두 宥 ②도랑 독 屋

인명 ㊥dòu, dú ㊐トウ, トク

소전 초서 참고 인명용 음은 '두'이다.

자해 ①구멍, 둥근 구멍. 〔春秋左氏傳〕逃出自竇도출자두. ②도랑, 개천. ≒瀆.

16 ㉑【竈】灶 부엌 조 號

㊥zào ㊐ソウ

소전 초서 자해 ❶부엌. 〔論語〕寧媚於竈녕미어조. ❷조왕(竈

王). 〔史記〕 於是天子始親祀竈어시천자시친사조.
竈突(조돌) 굴뚝.
竈馬(조마) ①꼽등이. 왕뚱이. ②조신(竈神)에게 제사 지낼 때 부엌문에 붙이던, 종이에 인쇄한 조신의 상(像).
竈王(조왕) 부뚜막의 신. 竈神(조신).

17 ㉒ 【竊】 窃 훔칠 절 屑

고등 인명 3급 ㊥qiè ㊐セツ

필순 宀 宀 穴 穿 穿 穿 竊 竊 竊 竊

소전 초서 속자 窃 자해 ❶훔치다. 〔春秋左氏傳〕 竊人之財절인지재. ❷도둑. 〔史記〕 鼠竊狗盜耳서절구도이. ❸몰래. 〔論語〕 竊比於我老彭절비어아로팽.

竊念(절념) 남모르게 자기 혼자서 여러모로 생각함. 竊思(절사). 竊惟(절유).
竊盜(절도) 남의 물건을 몰래 훔침. 또는 그 사람. 盜竊(도절).
竊鈇疑(절부의) 의심을 가지고 보면 무슨 일이든지 의심스럽게 보임. 故事 도끼를 잃은 사람이 이웃 사람을 의심하여 그의 모든 동작을 유심히 살펴보니 볼수록 틀림없이 그 사람이 훔친 것으로 보였다는 고사에서 온 말.
竊笑(절소) 혼자 속으로 웃음.
竊位(절위) 지위를 훔침. 자격이 없으면서 벼슬자리에 머물러 있음.
竊取(절취) 몰래 훔쳐 가짐.
◨ 盜竊도절, 鼠竊서절, 竄竊찬절, 剽竊표절.

立部 설립

0 ⑤ 【立】 설 립 緝

중학 인명 7급 ㊥lì ㊐リツ

필순 丶 亠 亠 立 立

소전 초서 자원 會意. 大+一→立. 사람〔大〕이 땅〔一〕을 딛고 서 있는 모습으로, '서다'라는 뜻을 나타낸다.

자해 ❶서다. ㉮멈추어 서다. 〔禮記〕 山立時行산립시행. ㉯똑바로 서다. 〔禮記〕 立必正方립필정방. ㉰일어서다. 〔春秋左氏傳〕 豕人立而啼시인립이제. ㉱즉위(卽位)하다. 〔春秋左氏傳〕 桓公立환공립, 乃老내로. ㉲출사(出仕)하다. ❷세우다. 〔書經〕 立爾矛립이모. ❸곧, 즉시. 〔史記〕 譬若錐之處囊中비약추지처낭중, 其末立見기말립견.

立脚(입각) ①장소를 차지함. 발판을 정함. ②근거를 두어 그 입장에 섬.
立件(입건) 피의자의 범죄 혐의 사실을 인정하여 사건을 성립하는 일.
立國(입국) 나라를 세움. 建國(건국).
立冬(입동) 24절기의 하나. 양력 11월 7일경.
立禮(입례) ①예법을 제정함. ②서서 하는 경례나 인사.
立命(입명) 천명(天命)을 좇아 마음의 평안을 얻음.
立法(입법) 법률을 제정함.
立本(입본) 國①장사나 돈놀이할 밑천을 세움. ②고을 원이 봄에 쌀값을 싸게 쳐서 백성에게 돈을 빌려 주고, 가을에 쌀을 환납시켜 사사로이 이익을 보던 일.
立嗣(입사) ①대를 이을 아들을 들여세움. ②아들을 길러서 대를 잇게 함.
立席(입석) 서서 타거나 서서 구경하는 자리.
立雪(입설) ①정성을 다하여 불법(佛法)을 구함. ②스승을 공경하며 독실하게 공부함. 故事 선종(禪宗)의 2대조 혜가(慧可)가 달마(達磨)를 찾아가, 눈을 맞고 새벽까지 서서 기다리며 가르침을 청하였다는 데서 온 말. 程門立雪(정문입설).
立身(입신) ①사회에서 자기의 기반을 확립함. ②출세함. 영달(榮達)함.
立身揚名(입신양명) 출세하여 이름을 세상에 들날림.
立案(입안) 안(案)을 세움. 초안을 잡음.
立言(입언) ①의견을 세상에 발표함. ②國후세에 경계가 될 만한 훌륭한 말을 남김.
立願(입원) 신불(神佛)에게 소원을 빎.
立場(입장) 당하고 있는 상황.
立朝(입조) 조정(朝廷)에 섬. 벼슬을 함.
立證(입증) 증거를 내세워 증명함.
立地(입지) ①식물이 생육하는 일정한 장소의 환경. ②산업을 경영하기 위하여 선택하는 장소.
立志(입지) 뜻을 세움.
立體(입체) 삼차원 공간에서 여러 개의 평면이나 곡면으로 둘러싸인 부분.
立秋(입추) 24절기의 하나. 대서(大暑)의 다음 절기. 양력 8월 8일경.
立錐之地(입추지지) 송곳의 끝을 세울 만한 땅. 극히 좁은 땅. 置錐之地(치추지지).
立春(입춘) 24절기의 하나. 대한(大寒)의 다음 절기. 양력 2월 4일경.
立春榜(입춘방) 國입춘에 벽이나 기둥, 대문 등에 써 붙이는 글.
立夏(입하) 24절기의 하나, 곡우(穀雨)의 다음

절기. 양력 5월 6일경.
立憲(입헌) 헌법을 제정함.
立會(입회) 현장에 참석하여 지켜봄. 참관함..
◨ 建立건립, 孤立고립, 公立공립, 國立국립, 起立기립, 對立대립, 獨立독립, 私立사립, 成立성립, 兩立양립, 擁立옹립, 自立자립, 積立적립, 鼎立정립, 造立조립, 存立존립, 中立중립, 直立직립, 創立창립, 確立확립.

4 ⑨【竒】 奇(288)의 속자

4 ⑨【竗】 妙(296)와 동자 인명

4 ⑨【竑】 넓을 횡 庚

㊥hóng ㊐コウ

초서 자해 ❶넓다. ❷재다, 헤아리다. 〔周禮〕故竑其輻廣以爲之弱고횡기폭광이위지약.

5 ⑩【竜】 龍(1466)의 고자

5 ⑩【竝】 아우를 병 迥

고등 인명 3급 ㊥bìng ㊐ヘイ

필순

소전 초서 동자 並 동자 並 자원 會意. 두 개의 '立(설 립)'을 합하여 '나란하다, 견주다'의 뜻을 나타낸다.

자해 ❶아우르다, 나란히 하다. 〔楚辭〕冰炭不可以相竝兮빙탄불가이상병혜. ❷견주다. 〔荀子〕俄而竝乎堯禹아이병호요우. ❸겸하다. 〔後漢書〕竝封列侯병봉렬후.
竝肩(병견) 어깨를 나란히 함. 서로 비슷함.
竝驅(병구) 나란히 달림.
竝記(병기) 함께 나란히 적음.
竝力(병력) 힘을 한데 합함. 서로 협력함.
竝列(병렬) 여럿이 나란히 벌여 섬. 또는 나란히 늘어놓음.
竝立(병립) 나란히 섬.
竝發(병발) 한꺼번에 두 가지 이상의 일이 일어남. 동시에 발생함.
竝書(병서) 훈민정음에서 초성자 두 글자 또는 세 글자를 나란히 붙여 쓰는 일.
竝設(병설) 한곳에 나란히 설치함.
竝作(병작) 國배메기. 지주와 소작인이 수확량을 절반씩 나누어 가지는 일.
竝進(병진) 둘 이상이 함께 나란히 나아감.
竝稱(병칭) 아울러서 일컬음.
竝呑(병탄) 남의 나라를 병합하여 제 나라의 영토로 삼음. 倂呑(병탄).
竝行(병행) ①나란히 감. ②아울러 행함.

5 ⑩【竚】 佇(66)와 동자

5 ⑩【站】 우두커니 설 참 陷 咸

인명 1급 ㊥zhàn ㊐タン

초서 자해 ❶우두커니 서다. ❷역마을. ❸國참. 일정하게 잠시 쉬는 동안.
站路(참로) 역참(驛站)을 지나가던 길.
站夫(참부) 역(驛)에서 화물의 운반 등에 종사하는 인부. 驛夫(역부).
站船(참선) 관부(官府)에서 쓰는 배.
站役(참역) 國도자기를 만들 때, 빚어낸 것을 마르기 전에 잘 가다듬는 사람.
◨ 軍站군참, 兵站병참, 驛站역참.

6 ⑪【竟】 1다할 경 敬 2지경 경 梗

고등 인명 3급 ㊥jìng ㊐キョウ

필순

소전 초서 자원 會意. 音+儿→竟. 사람〔儿〕곧 악공(樂工)이 연주하던 음악〔音〕이 끝났음을 뜻한다.

자해 1❶다하다. 〔史記〕不肯竟學불긍경학. ❷끝나다, 끝내다, 끝. 〔漢書〕小人爲德不竟소인위덕불경. ❸마침내, 드디어. 〔史記〕竟廢申公及太子경폐신공급태자. 2지경. ≒境. 〔荀子〕其竟關之政盡察기경관지정진찰.
竟夕(경석) 밤새도록. 竟夜(경야).
竟夜(경야) 國밤을 새움. 밤새도록.
◨ 究竟구경, 窮竟궁경, 終竟종경, 畢竟필경.

6 ⑪【章】 글 장 陽

중학 인명 6급 ㊥zhāng ㊐ショウ

필순

소전 초서 자원 形聲. 辛+日→章. '辛(신)'이 음을 나타낸다.

자해 ❶글, 문장. 〔魏志〕下筆成章하필성장. ❷악곡의 절(節), 악곡의 단락. ❸시문의 절(節), 시문의 단락. ❹조목, 규정의 갈래. 〔史記〕法三章耳법삼장이. ❺모범, 본보기. 〔詩經〕維民

之章유민지장. ❻무늬, 문채. 〔禮記〕 出言有章출언유장.
章句之學(장구지학) 문장의 장과 구의 해석에만 몰두하여 전체의 도리를 깨닫지 못하는 학문. 한대(漢代)의 훈고학(訓詁學).
章牘(장독) 문서·책·편지 따위의 총칭.
章理(장리) 밝은 도리. 밝은 이치.
章甫(장보) 유생(儒生).
章甫冠(장보관) 은대(殷代) 이래로 써 온 관의 이름. 공자가 이것을 썼으므로 후세에 와서 유자(儒者)들이 쓰는 관이 되었음.
章服(장복) ①문장(紋章)이나 기호 따위의 무늬를 넣은 옷. ②죄인에게 입히는 특수한 옷.
章魚(장어) 낙지.
章章(장장) 밝은 모양. 밝고 아름다운 모양.
章程(장정) 법률. 규칙.
章左(장좌) 임금에게 내는 문건(文件)에서 문장이 끝나고 남은 여백(餘白).
章奏(장주) 임금께 상주(上奏)하는 글.
章草(장초) 초서의 한 가지. 초서에 예서가 가미된 서체로, 한(漢) 원제(元帝) 때 사유(史游)가 시작함.
◨ 肩章견장, 紀章기장, 圖章도장, 文章문장, 辭章사장, 樂章악장, 印章인장, 典章전장, 標章표장, 憲章헌장, 勳章훈장, 徽章휘장.

立 7획

7 ⑫【童】 아이 동 東

중학 인명 6급 ㊥tóng ㊐ドウ

필순 丶 亠 ㅗ 立 产 音 音 音 音 章 童

소전 초서 자원 形聲. 立+里→童. '里'는 '重(중)'의 생략형으로 음을 나타낸다.

자해 ❶아이. 열대여섯 살 이하의 아이. 〔禮記〕 成童舞象성동무상. ❷어리석다. 〔國語〕 近頑童窮固근완동궁고. ❸아직 뿔이 나지 아니한 양이나 소. 〔易經〕 童牛之牿동우지곡. ❹벗겨지다. ㉮산에 초목이 없다. 〔荀子〕 山林不童산림부동, 而百姓有餘材이백성유여재. ㉯머리털이 없다, 대머리. 〔韓愈·解〕 頭童齒豁두동치활.
童丱(동관) 어린아이. '丱'은 뿔 모양으로 머리 양쪽에 땋아 묶은 어린아이의 머리.
童妓(동기) 머리를 얹지 않은 어린 기생.
童蒙(동몽) ①어린이. ②아는 것이 없음.
童蔘(동삼) 國어린아이 모양처럼 생긴 산삼. 童子蔘(동자삼).
童豎(동수) ①어린아이. ②남의 집에서 심부름하던 사내아이.
童心(동심) 어린이의 마음. 어린이와 같은 순진한 마음.
童顔(동안) ①어린아이의 얼굴. ②늙어서도 어린아이의 얼굴처럼 혈색이 좋고 주름살이 없는 얼굴.
童然(동연) ①대머리진 모양. ②산에 수목이 없는 모양.
童謠(동요) ①아이들 사이에 자연히 생겨나 유행하는 노래. ②아이들을 위하여 동심(童心)을 그에 어울리는 말로 표현한 노래.
童牛角馬(동우각마) 뿔 없는 송아지와 뿔 달린 말. 도리에 어긋남.
童子(동자) ①어린 사내아이. 童兒(동아). ②어린 계집아이. 童女(동녀).
童貞(동정) 이성(異性)과 아직 성적 관계를 가진 일이 없는 상태. 또는 그 사람.
童濯(동탁) ①씻은 듯이 깨끗함. ②산에 초목이 없는 모양.
童土(동토) 초목이 자라지 못하는 땅.
童昏(동혼) ①어리석고 어두움. ②어려서 사리를 분간하지 못함. 童昧(동매).
童話(동화) 어린이를 위하여 동심(童心)을 바탕으로 지은 이야기.
◨ 牧童목동, 使童사동, 神童신동, 兒童아동, 樵童초동, 學童학동.

7 ⑫【竚】 望(606)과 동자

7 ⑫【竢】 기다릴 사 紙

㊥sì ㊐シ

소전 초서 자해 기다리다. ≒俟.

7 ⑫【竦】 삼갈 송 腫

㊥sǒng ㊐ショウ

자해 ❶삼가다, 자숙하다. 〔漢書〕 寡人將竦意而覽焉과인장송의이람언. ❷놀라다. 〔漢書〕 故怒形則千里竦고노형즉천리송. ❸두려워하다. 〔詩經〕 不戁不竦불난불송. ❹발돋음하다. 〔漢書〕 竦而望歸송이망귀.
竦動(송동) 감동하여 공경하는 마음이 됨.
竦然(송연) 두려워서 웅그리는 모양.

7 ⑫〖竣〗 마칠 준 眞先

인명 1급 ㊥jùn ㊐シュン

소전 초서 자해 ❶마치다, 끝나다. ❷물러나다. 〔國語〕 有司已於事而竣유사이어사이준.
竣工(준공) 공사를 마침.

竣事(준사) 하던 일을 마침.
竣役(준역) 소임을 다함.

8 ⑬【竪】 더벅머리 수 麌

인명 1급 ㊥shù ㊐ジュ

본자 豎 자해 ❶더벅머리. 〔春秋左氏傳〕 公夢疾爲二竪子공몽질위이수자. ❷내시(內侍). 〔後漢書〕 竪宦充朝수환충조. ❸천하다. 〔史記〕 竪儒수유, 幾敗乃公事기패내공사. ❹짧다, 작다. 〔荀子〕 衣則竪褐不完의즉수갈불완. ❺서다, 세우다. 〔唐書〕 毛髮爲森竪모발위삼수. ❻곧다, 바르다. 〔晉書〕 直竪不斜직수불사.

竪童(수동) 심부름하는 더벅머리 아이.
竪立(수립) 똑바로 섬, 또는 세움.
竪毛(수모) 머리털이 곤두섬. 몹시 놀라고 두려워하는 모양.
竪臣(수신) 하급 관리. 竪吏(수리).
竪儒(수유) ①못난 학자. 유학자(儒學者)를 욕하는 말. ②유학자의 겸칭.
竪子(수자) ①더벅머리 아이. 童子(동자). ②'애송이'라고 남을 얕잡아 일컫는 말.

8 ⑬【竫】 浄 편안할 정 梗

㊥jìng ㊐セイ

소전 [篆] 초서 [草] 자해 ❶편안하다. ≒靖. ❷고요하다. =靜. 〔後漢書〕 竫潛思於至賾兮정잠사어지이혜.

9 ⑭【竭】 다할 갈 本걸 屑

인명 1급 ㊥jié ㊐ケツ

소전 [篆] 초서 [草] 자해 ❶다하다. ㉮있는 힘을 다 들이다. 〔國語〕 竭力以從役갈력이종역. ㉯없어지다. ❷물이 마르다. ≒渴. 〔國語〕 伊洛竭而夏亡이락갈이하망.

竭力(갈력) 있는 힘을 다함.
竭盡(갈진) 다하여 죄다 없어짐.
竭忠(갈충) 충성을 다함.

9 ⑭【端】 바를 단 寒

중학 인명 4Ⅱ급 ㊥duān ㊐タン

필순 [stroke order]

소전 [篆] 초서 [草] 자원 形聲. 立+耑→端. '耑(단)'이 음을 나타낸다.

자해 ❶바르다. ㉮곧다, 비뚤어지지 아니하다. 〔淮南子〕 其民樸重端愨기민박중단각. ㉯옳다. 〔禮記〕 決訟獄결송옥, 必端平필단평. ❷끝. ㉮가, 가장자리. 〔中庸〕 執其兩端집기량단. ㉯경계(境界). 〔淮南子〕 運轉而無端운전이무단. ❸실마리. 〔孟子〕 惻隱之心측은지심, 仁之端也인지단야.

端揆(단규) ①여러 방면에 걸친 정사(政事)를 바르게 헤아림. ②재상(宰相).
端良(단량) 단정하고 선량함.
端麗(단려) 품행이 단정하고 자태가 아름다움.
端末(단말) 끝. 末端(말단).
端門(단문) 정전(正殿) 앞에 있는 정문.
端士(단사) 품행이 단정한 선비.
端緖(단서) ①어떤 문제를 해결하는 방향으로 이끄는 첫 부분. ②어떤 일의 시초.
端身(단신) ①몸을 단정히 함. ②단정한 몸.
端信(단신) 정직하고 신의가 있음.
端雅(단아) 단정하고 아담함.
端言(단언) ①올바른 말을 함. ②올바른 말.
端嚴(단엄) 단정하고 엄숙함.
端然(단연) 예의 바른 모양. 단정한 모양.
端倪(단예) ①일의 처음과 끝. ②끝. 가.
端午(단오) 음력 5월 5일의 명절. 수릿날.
端人(단인) ①품행이 단정한 사람. ②國8품 문무관의 아내에게 주던 외명부의 품계(品階).
端莊(단장) 단정하고 장중(莊重)함.
端的(단적) 곧바르고 명백한. 또는 그런 것.
端正(단정) 얌전하고 바름.
端整(단정) 마음이 바르고 자세가 엄정함.
端重(단중) 단정하고 진중함.
端志(단지) 바른 뜻. 바른 마음.
端直(단직) 단정하고 정직함.
端行(단행) ①바른 행동. ②바르게 걸음.
端華(단화) 단정하고 아름다움.
端厚(단후) 단정하고 온후함.
◨ 極端극단, 大端대단, 末端말단, 發端발단, 事端사단, 舌端설단, 異端이단, 尖端첨단.

11 ⑯【竟】 競(939)과 동자

12 ⑰【竴】 기쁠 준 眞

인명 ㊥cūn ㊐シュン

자해 기쁘다.

15 ⑳【競】 竞 겨룰 경 敬

중학 인명 5급 ㊥jìng ㊐キョウ

필순 [stroke order]

소전 [篆] 초서 [草] 동자 競 동자 竸 자원 會意. 誩+

立 15획

从. '咅'는 '言'. '誩'는 말다툼. 두 사람이 심하게 말다툼한다는 데서, '겨루다'라는 뜻을 나타낸다.

자해 ❶**겨루다, 다투다.** 〔春秋左氏傳〕師競已甚사경이심. ❷**나아가다, 앞 다투어 나아가다.** 〔呂氏春秋〕天下皆競천하개경. ❸**좇다, 따르다.** 〔莊子〕有競有爭유경유쟁.

競驅(경구) 앞서기를 겨루어 말을 몲.
競技(경기) 일정한 규칙 아래 기량과 기술을 겨룸.
競渡(경도) 배를 타고 먼저 건너가기를 겨루는 놀이. 競漕(경조).
競馬(경마) 일정한 거리를 말을 타고 달려 빠르기를 겨루는 경기.
競賣(경매) 물건을 사려는 사람이 여럿일 때, 값을 가장 높이 부르는 사람에게 팖.
競步(경보) 일정한 거리를 규정에 따라 걸어 빠르기를 겨루는 경기.
競奔(경분) 앞을 다투어 달림.
競爽(경상) 다투어 세상에 나타남. '爽'은 '明'으로 '나타남'을 뜻함.
競選(경선) 둘 이상의 후보가 경쟁하는 선거.
競演(경연) 개인이나 단체가 모여 예술, 기능 따위의 실력을 겨룸.
競爭(경쟁) 같은 목적에 대하여 이기거나 앞서려고 서로 겨룸.
競走(경주) 빨리 달리기를 겨루는 시합.
競逐(경축) ①다투어 좇음. ②다투어 겨룸.
競合(경합) 서로 맞서 겨룸.

17
㉒【竸】 競(939)과 동자

竹部 대죽

0
⑥【竹】 대 죽 屋

중학 인명 4Ⅱ급 ㊥zhú ㊐チク

필순 ノ ㅅ ㅅ ㅆ ㅆ 竹

소전 초서 자원 象形. ||+卌→竹. '||'은 대나무의 줄기를, '卌'은 대나무의 잎이 아래로 드리워진 모양을 본뜬 글자.

자해 ❶**대, 대나무.** 〔禮記〕伐木取竹箭벌목취죽전. ❷**피리.** 〔周禮〕金石土革絲木匏竹금석토혁사목포죽. ❸**죽간(竹簡).** 〔史記〕請著之竹帛청저지죽백, 宣布天下선포천하. ❹**부챗살, 부챗살을 세는 말.**

竹竿(죽간) 대나무 장대.
竹簡(죽간) ①종이가 발명되기 전에 글을 쓰던 대쪽. ②대나무 조각을 엮어 만든 책.
竹箍(죽고) 대나무를 쪼개어 결어 만든 테. 나무통이나 오지그릇을 메우는 데 씀.
竹篙(죽고) 대나무 상앗대.
竹器(죽기) 대로 만든 그릇. 대그릇.
竹刀(죽도) 대로 만든 칼.
竹頭木屑(죽두목설) 댓조각과 나무 부스러기. 신중하여 조그마한 것도 소홀히 하지 않음. 故事 진(晉)나라의 도간(陶侃)이 댓조각과 나무 부스러기를 보관하였다가 훗날 긴요하게 썼다는 고사에서 온 말.
竹籃(죽람) 대로 만든 바구니. 대바구니.
竹聯(죽련) 대로 만든 주련(柱聯).
竹簾(죽렴) 대로 만든 발. 대발.
竹林(죽림) 대숲.
竹林七賢(죽림칠현) 진(晉)나라 초기에 노자와 장자의 허무주의를 숭상하여 죽림에 묻혀 청담(淸談)을 일삼던 일곱 선비. 곧, 완적(阮籍)·완함(阮咸)·혜강(嵇康)·산도(山濤)·상수(向秀)·유령(劉伶)·왕융(王戎).
竹馬(죽마) 아이들이 장난으로 말이라 하여 가랑이에 끼고 끌고 다니는 대막대기.
竹馬故友(죽마고우) 죽마를 타고 놀던, 어릴 때의 벗. 竹馬舊友(죽마구우).
竹帛(죽백) ①책. 서적. ②역사(歷史). '竹'은 죽간(竹簡), '帛'은 견포(絹布). 종이가 없던 한대(漢代) 이전에는 죽백에 글을 쓴 데서 온 말.
竹夫人(죽부인) 대오리로 길고 둥글게 얼기설기 엮어 만든 기구. 여름 밤에 서늘한 기운이 돌게 하기 위하여 끼고 잠. 竹几(죽궤).
竹扉(죽비) 대를 엮어서 만든 사립문.
竹篦(죽비) ①(佛)좌선(坐禪)할 때 쓰는, 대나무로 만든 채찍. ②대빗.
竹散馬(죽산마) 國임금이나 왕비의 장례에 쓰던, 대나무로 만든 말. 竹駟馬(죽사마).
竹書(죽서) 대쪽에 쓴 글.
竹小春(죽소춘) 음력 8월의 딴 이름.
竹筍(죽순) 대나무의 어린 싹. 竹芽(죽아).
竹實(죽실) 대나무 열매의 씨. 약으로 씀.
竹鞍馬(죽안마) 國임금이나 왕비의 장례에 쓰던, 싸리로 만든 말.
竹輿(죽여) 대로 만든 가마.
竹院(죽원) 뜰에 대를 심은 서원(書院).
竹園(죽원) ①대나무 숲. ②황족(皇族). 故事 한(漢) 효문제(孝文帝)의 아들 효왕(孝王)이 토원(兔園)을 만들어 많은 대를 심었다는 고사에서 온 말.
竹陰(죽음) 대나무그늘.

竹杖芒鞋(죽장망혜) 대지팡이와 짚신.
竹節(죽절) 대나무의 마디.
竹枝(죽지) ①대나무의 가지. ②악부(樂府)의 한 체(體). 당대(唐代) 유우석(劉禹錫)이 시작한 것으로, 남녀의 사랑이나 풍속 따위를 노래함.
竹紙(죽지) ①대나무를 원료로 하여 만든 종이. ②얇은 종이 모양의 대의 속껍질.
竹冊(죽책) ①대쪽을 엮어 만든 서책(書冊). 竹簡(죽간). ②國세자빈(世子嬪)의 책봉문(冊封文)을 대쪽에 새겨 엮은 문서.
竹叢(죽총) 대밭. 竹田(죽전).
竹醉日(죽취일) 음력 5월 13일. 이날 대나무를 심으면 잘 자란다고 함.
竹牌(죽패) 대로 만든 방패.
竹苞松茂(죽포송무) 새로 지은 가옥의 하부가 더부룩이 난 대나무와 같이 견고하고, 상부는 무성한 소나무와 같이 치밀함. 신축 건물의 낙성(落成)을 축하하는 말.
◨ 孤竹고죽, 烏竹오죽, 破竹파죽, 爆竹폭죽.

2 ⑧ 〖竺〗 대나무 축 ㊄죽 屋

인명 ㊥zhú ㊐ジク

소전 초서 자해 ❶대나무. ❷나라 이름. 천축(天竺). 지금의 인도(印度). 〔蘇軾·詩〕 隻履還西竺척리환서축.
竺乾公(축건공) 부처. 竺乾(축건).
竺經(축경) 불경(佛經). 불서(佛書).
竺學(축학) 불교에 관한 학문.

3 ⑨ 〖竿〗 ①장대 간 寒 ②화살대 간 旱

인명 1급 ㊥gān ㊐カン

소전 초서 참고 竽(941)는 딴 자.
자해 ①❶장대, 곧은 대나무나 나무. 〔詩經〕 藋藋竹竿적적죽간. ❷대쪽. ≒簡. ②화살대.
竿牘(간독) 편지. 서한(書翰). 簡牘(간독).
竿頭(간두) 장대의 끝. 竿杪(간초).
◨ 旗竿기간, 幢竿당간, 釣竿조간, 竹竿죽간.

3 ⑨ 【竽】 피리 우 虞

㊥yú ㊐ウ

소전 초서 참고 竿(941)은 딴 자.
자해 피리의 한 가지. 생황(笙簧) 비슷한 악기. 〔呂氏春秋〕 調竽笙壎篪조우생훈지.
竽籟(우뢰) 피리와 퉁소.
竽笙(우생) 아악에 쓰는 관악기. '竽'와 '笙'은 다 같이 피리 종류.
竽瑟(우슬) 피리와 거문고.

4 ⑩ 【笄】 筓(944)의 속자

4 ⑩ 【笈】 책 상자 급 緝

㊥jí ㊐キュウ

초서 자해 ❶책 상자, 짊어지고 다니는 책 상자. ❷길마. 짐을 싣기 위해 당나귀나 말의 등에 얹는 안장.

4 ⑩ 【笹】 둥구미 둔 阮

㊥dún ㊐トン

자해 ❶둥구미, 곡식을 담는 대그릇. 〔淮南子〕 守其篅笹수기천둔. ❷피리, 악기 이름.

4 ⑩ 【笇】 셀 산 翰

㊥suàn ㊐サン

초서 자해 ❶세다, 수를 세다. ＝算. 〔史記〕 上方與鼂錯調兵笇軍食상방여조착조병산군식. ❷대나무 그릇.

4 ⑩ 【笑】 웃을 소 嘯

중학 인명 4Ⅱ급 ㊥xiào ㊐ショウ

필순 ノ ㅏ ㅅ 𥫗 竹 竹 笁 竺 竽 笑

소전 초서 고자 咲 자원 形聲. 竹+夭→笑. '夭(요)'가 음을 나타낸다.
자해 ❶웃다. ㉮기뻐서 웃다. 〔論語〕 樂然後笑락연후소. ㉯비웃다. 〔孟子〕 以五十步笑百步이오십보소백보. ㉰빙그레 웃다. 〔論語〕 夫子莞爾而笑부자완이이소. ❷꽃이 피다.
笑納(소납) 자기가 보내는 물건이 보잘것없으나 받아 달라는 겸사(謙辭).
笑談(소담) ①웃으며 이야기함. ②농담.
笑裏藏刀(소리장도) 웃음 속에 칼을 품음. 겉으로는 웃고 있으나 속으로는 해칠 마음을 품고 있음. 笑中刀(소중도).
笑罵(소매) 비웃으며 욕함.
笑柄(소병) 웃음거리.
笑殺(소살) ①몹시 웃음. 대소(大笑). '殺'은 조자. ②웃어넘김. 문제 삼지 않음.
笑資(소자) 웃음거리.
笑啼兩難(소제양난) 웃어야 할지 울어야 할지 모름. 기쁜 일과 슬픈 일이 함께 닥치는 일.

笑疾(소질) 한번 웃기 시작하면 멈추지 못하고 계속 웃는 병.

笑謔(소학) 웃으면서 농지거리함.

◨ 苦笑고소, 冷笑냉소, 談笑담소, 微笑미소, 失笑실소, 嘲笑조소, 爆笑폭소.

4 ⑩【笋】 筍(946)과 동자

4 ⑩【笊】 조리 조 巧效

㊥zhào ㊐ソウ

초서 자해 **조리, 조리로 일다.**

笊籬(조리) 쌀을 이는 데 쓰는 기구. 대오리·싸리 따위를 결어서 만듦.

4 ⑩【笆】 1 가시대 파 馬 2 대바자 파 麻

㊥bā ㊐ハ

초서 자해 1 **가시대, 가시가 있는 대나무.** 2 **대바자.** 가시대로 결은 바자.

笆籬(파리) 대나무로 만든 산울타리.

笆籬邊物(파리변물) 울타리 가에 있는 물건. 쓸모없는 물건.

4 ⑩【笔】 筆(947)과 동자

4 ⑩【笠】 노 감는 기구 호 遇

㊥hù ㊐コ

자해 ❶**노 감는 기구.** ❷**참대, 고죽(苦竹).**

笠筍(호순) 왕대. 참대.

4 ⑩【笏】 홀 홀 月

인명 1급 ㊥hù ㊐コツ

소전 초서 자해 **홀.** 신하가 임금을 뵐 때 조복(朝服)에 갖추어 손에 쥐는 물건.

笏記(홀기) 國혼례나 제례 때에 의식(儀式)의 진행 순서를 적은 글.

◨ 紳笏신홀, 簪笏잠홀, 投笏투홀.

5 ⑪【笳】 갈잎 피리 가 麻

㊥jiā ㊐カ

초서 자해 **갈잎 피리,** 호가(胡笳), 날라리. 호인(胡人)의 악기.

笳吹(가취) 갈댓잎을 말아 만든 피리.

◨ 悲笳비가, 吹笳취가, 胡笳호가.

5 ⑪【笴】 화살대 가 哿

㊥gǎn ㊐カ

초서 자해 **화살대.** 화살의 몸을 이루는 대. 〔儀禮〕 物長如笴물장여가.

5 ⑪【笻】 筇(944)의 속자

5 ⑪【笱】 통발 구 有

㊥gǒu ㊐コウ

소전 초서 자해 **통발.** 〔詩經〕 毋發我笱무발아구.

5 ⑪【笯】 새장 노·나 虞麻

㊥nú ㊐ド

소전 초서 자해 **새장.** 〔楚辭〕 鳳皇在笯兮봉황재노혜.

5 ⑪【笪】 1 칠 단 旱 2 뜸 달 曷

㊥dá ㊐タツ, タン

소전 자해 1 **치다, 매질하다.** 2 ❶**뜸, 배를 덮는 대자리.** ❷**매, 채찍.** ❸**배를 끄는 밧줄.**

笪笞(단태) 채찍질.

5 ⑪【笭】 종다래끼 령 靑

인명 ㊥líng ㊐レイ

소전 초서 자해 ❶**종다래끼, 작은 대바구니.** ❷**수레에 먼지를 막는 대발.** ❸**배 안에 까는 마루.**

笭箵 영성) ①잡은 물고기를 담는 바구니. 종다래끼. 魚籃(어람). ②바람이나 먼지를 막기 위해 수레에 치는 대발.

5 ⑪【笠】 삿갓 립 緝

인명 1급 ㊥lì ㊐リュウ

소전 초서 자해 **삿갓.** 〔詩經〕 其笠伊糾기립이규.

笠帽(입모) 國비가 올 때 갓 위에 덮어쓰는 우비(雨備)의 한 가지. 갈모.

笠上頂笠(입상정립) 國삿갓 위에 또 삿갓을 씀. 소용없는 사물.

笠纓(입영) 갓끈.

竹 4획

笠簷(입첨) 갓의 밑 둘레 밖으로 둥글넓적하게 된 부분. 갓양태.

◨ 蓬笠봉립, 蓑笠사립, 氈笠전립, 釣笠조립.

5 ⑪【笵】 법 범 豏

㊥fàn ㊐ハン

소전 초서 자해 ❶법, 법률. ❷골, 틀. 흙으로 만든 것을 '型', 쇠로 만든 것을 '鎔', 대나무로 만든 것을 '笵'이라고 한다.

5 ⑪【符】 부신 부 虞

고등 인명 3Ⅱ급 ㊥fú ㊐フ

필순 丿 𠂉 𥫗 竹 竹 竹 符 符 符 符

소전 초서 자원 形聲. 竹+付→符. '付(부)'가 음을 나타낸다.

자해 ❶부신(符信), 부절(符節). 〔周禮〕門關用符節문관용부절. ❷수결(手決), 인장(印章). 〔史記〕奉其符璽봉기부새. ❸상서(祥瑞), 길조. 〔史記〕賜諸侯白金사제후백금, 以風符이풍부, 應合于天地응합우천지. ❹미래기(未來記). 미래의 일을 예언한 책. ❺부적, 호부(護符). ❻맞다, 꼭 들어맞다. 〔漢書〕同符三皇동부삼황.

符甲(부갑) 씨의 겉껍질.

符同(부동) ①옳지 못한 일을 하기 위해 몇 사람이 결탁함. ②부합(符合)함. 서로 일치함.

符命(부명) 하늘이 임금이 될 만한 사람에게 내리는 상서로운 징조.

符璽(부새) ①임금의 도장. 玉璽(옥새). 璽符(새부). ②옥새(玉璽)를 맡은 관명(官名).

符書(부서) 뒷날에 일어날 일을 미리 알아 적어 놓은 글. 符讖(부참).

符瑞(부서) 상서로운 조짐. 吉兆(길조).

符信(부신) 두 조각으로 쪼개어 나누어 가졌다가 나중에 서로 맞추어서 증거로 삼던 물건.

符應(부응) 천명(天命)과 인사(人事)가 서로 호응함. 感應(감응). 符效(부효).

符籍(부적) 國잡귀나 재앙을 물리치기 위해 붉은색으로 글씨를 쓰거나 그림을 그려 몸에 지니거나 집에 붙이는 종이. 符作(부작).

符節(부절) 돌·옥·대나무 따위로 만든 신표(信標). 사신이 지니던 것으로, 둘로 갈라서 하나는 조정에 보관하고 다른 하나는 본인이 신표로 가졌음. 符契(부계).

符讖(부참) 미래에 나타날 일을 미리 짐작하여 적어 놓은 글. 符籙(부록).

符合(부합) 부신(符信)을 맞추듯이 양쪽이 서로 꼭 들어맞음.

符驗(부험) ①드러난 징조가 맞음. 符徵(부징). ②國㉠조선 때 금군들이 밤에 성문을 드나들 때 쓰던 출입증. ㉡중국에 가는 사신들이 지니고 다니던 증표.

符號(부호) 일정한 뜻을 나타내기 위하여 따로 정하여 쓰는 기호.

◨ 同符동부, 陰符음부, 天符천부, 護符호부.

5 ⑪【笨】 거칠 분 阮

㊥bèn ㊐ホン

소전 초서 자해 ❶거칠다, 조잡하다. ❷대나무 속껍질.

笨車(분거) 허름한 수레.

笨拙(분졸) 거칠고 졸렬함.

5 ⑪【笥】 상자 사 寘 支 紙

㊥sì ㊐シ

소전 초서 자해 상자. 밥이나 옷을 담는 네모진 상자. 〔書經〕惟衣裳在笥유의상재사.

笥篋(사협) 상자.

5 ⑪【笙】 생황 생 庚

인명 ㊥shēng ㊐ショウ

소전 초서 자해 ❶생황(笙簧). 〔漢書〕八音, 匏曰笙. ❷당(堂)의 동쪽에 설치하는 악기. ❸대자리.

笙磬同音(생경동음) 생황과 경쇠의 소리가 잘 어울림. 사람이 서로 협력하여 화합함.

笙鏞(생용) 생황과 큰 종. '笙'은 동쪽에, '鏞'은 서쪽에 설치한 악기. 笙庸(생용).

笙簧(생황) 아악에 쓰는 관악기의 한 가지.

5 ⑪【笹】 가는 대 세 인명

참고 일본에서 만든 한자이다.

자해 가는 대, 세죽(細竹).

5 ⑪【笫】 평상 자 紙

㊥zǐ ㊐シ

소전 초서 자해 ❶평상. ❷대자리. 〔周禮〕玉府掌王之衽席牀笫옥부장왕지임석상자.

5 ⑪【笛】 피리 적 錫

인명 3Ⅱ급 ㊥dí ㊐テキ

竹 5획

소전 초서 자해 **피리**. 대나무에 구멍을 뚫어서 부는 악기.

笛工(적공) ①피리를 만드는 사람. ②피리를 잘 부는 사람.

笛伶(적령) 現피리를 부는 악사(樂士).

◨ 警笛경적, 樵笛초적, 吹笛취적, 胡笛호적.

5 ⑪【笘】 1회초리 점 鹽 2대쪽 첩 葉

㊥shān ㊐セン, チョウ

소전 초서 자해 1 **회초리, 대나무 회초리.** 2 **대쪽.**

5 ⑪【第】 차례 제 霽

중학 인명 6급 ㊥dì ㊐ダイ

필순 ノ ㅅ ㅆ 竹 竺 笃 笃 笃 第 第

소전 초서 자원 形聲. 竹+弟→第. '弟(제)'가 음을 나타낸다.

자해 ❶**차례.** 〔呂氏春秋〕亂必有第란필유제. ❷**숫자 위에 붙여 써서 차례를 나타내는 말.** 〔漢書〕治平爲天下第一치평위천하제일. ❸**차례를 정하다, 등급을 매기다.** 〔晉書〕品而第之품이제지. ❹**등급.** 〔晉書〕爲三等之第위삼등지제. ❺**집, 저택.** 〔漢書〕賜大第室사대제실. ❻**과거, 과거에 급제하다.** 〔唐書〕劉蕡下第유분하제, 我輩登科아배등과.

第家(제가) 대대로 녹(祿)을 받는 집안.

第觀(제관) 저택과 누각(樓閣).

第內(제내) 제택(第宅)의 안.

第序(제서) 차례. 순서. 次序(차서).

第一嬌(제일교) 작약(芍藥).

第一香(제일향) ①모란. ②난초.

第宅(제택) 집. 살림집. 第室(제실).

◨ 甲第갑제, 及第급제, 落第낙제, 登第등제, 私第사제, 次第차제, 下第하제.

5 ⑪【笮】 1좁을 책 陌 2밧줄 작 藥

㊥zé, zuó ㊐サク, サ

소전 초서 자해 1 ❶**좁다.** ❷**전동, 대로 만든 화살통.** 〔儀禮〕甲胄干笮갑주간착. 2 **밧줄, 대를 꼬아 만든 밧줄.**

5 ⑪【笧】 1冊(119)과 동자 2策(946)과 동자

5 ⑪【笞】 볼기 칠 태 ㊍치 支

인명 1급 ㊥chī ㊐チ

소전 초서 동자 抬 자해 ❶**볼기를 치다.** 〔荀子〕捶笞臏腳추태빈각. ❷**태형(笞刑).**

笞掠(태략) 매질하여 엄하게 심문함.

笞贖(태속) 태벌(笞罰) 대신 바치던 돈.

笞辱(태욕) 매질하여 욕보임.

笞杖(태장) ①태형과 장형. ②볼기를 치는 데 쓰던 형구.

笞刑(태형) 오형(五刑)의 하나. 매로 볼기를 치던 형벌. 笞罰(태벌).

◨ 捶笞추태, 箠笞추태, 鞭笞편태.

6 ⑫【笄】 비녀 계 齊

㊥jī ㊐ケイ

소전 초서 속자 笄 자해 ❶**비녀.** 〔春秋公羊傳〕字而笄之자이계지. ❷**비녀를 꽂다.**

笄丱(계관) 갓 성년(成年)이 된 나이.

笄冠(계관) ①비녀와 갓. ②남녀가 성인례(成人禮)를 올림.

笄年(계년) 여자가 처음 비녀를 꽂는 나이. 곧, 15세.

笄字(계자) ①여자가 혼약(婚約)이 이루어져 비녀를 꽂고 자(字)를 지어 부름. ②혼약함.

笄總(계총) ①비녀를 꽂고 쪽을 찜. 상투를 틀고 동곳을 꽂음. ②성년이 됨.

6 ⑫【笛】 잠박 곡 沃

㊥qū ㊐キョク

자해 **잠박(蠶箔).** 누에를 치는 데 쓰는 채반.

6 ⑫【筇】 대 이름 공 冬

㊥qióng ㊐キョウ

속자 筇 자해 ❶**대 이름, 공죽(筇竹).** ❷**지팡이.**

筇杖(공장) 공죽(筇竹)으로 만든 지팡이.

筇竹(공죽) 지팡이를 만들기에 알맞은 대나무의 이름.

6 ⑫【筈】 오늬 괄 曷

㊥kuò ㊐カツ

초서 자해 **오늬.** 화살의 머리를 시위에 끼도록 에어 낸 부분.

6 ⑫【筐】 광주리 광 陽

竹 5획

인명 ㊥kuāng ㊐キョウ

초서 자해 ❶광주리. 대오리를 결어서 만든 네모진 그릇. 〔詩經〕不盈傾筐불영경광. ❷침상(寢牀). 〔莊子〕與王同筐牀여왕동광상. ❸작은 비녀. 〔淮南子〕筐不可以持屋광불가이지옥.

筐筥(광거) 대로 만든 네모진 광주리와 둥근 둥구미.

筐籠(광롱) 대바구니. 筐籃(광람).

筐篚(광비) ①네모진 광주리 ②선물로 서로 주고받는 물건. ③진상물(進上物).

筐篋(광협) 대오리를 결어 만든 직사각형의 책 상자. 책 궤.

6
⑫【筋】 힘줄 근 文

인명 4급 ㊥jīn ㊐キン

소전 초서 자해 ❶힘줄. 〔周禮〕凡藥以辛養筋범약이신양근. ❷힘, 체력. 〔禮記〕老者不以筋力爲禮노자불이근력위례.

筋骨(근골) ①힘줄과 뼈. 근육과 골격. 筋骼(근격). ②체력(體力).

筋膂(근려) 힘줄과 등뼈. 근육과 힘. 體力(체력). 筋力(근력).

筋力(근력) 근육의 힘. 체력.

筋脈(근맥) 힘줄과 핏줄. 근육과 혈맥.

筋肉(근육) 힘줄과 살.

◨ 骨筋골근, 鐵筋철근.

6
⑫【答】 대답할 답 合

중학 인명 7급 ㊥dá, dā ㊐トウ

필순 丿 ⺊ ⺮ ⺮ 䇂 䇂 笒 笒 答 答

초서 자원 形聲. 竹+合→答. '合(합)'이 음을 나타낸다.

자해 ❶대답하다. ㉮따르다, 응하다. 〔漢書〕以答嘉瑞이답가서. ㉯물음이나 부름에 답하다. 〔論語〕夫子不答부자부답. ㉰갚다. 〔孟子〕禮人不答예인부답, 反其敬반기경. ㉱향하다, 대하다. 〔禮記〕答陽之義也답양지의야. ㉲당하다, 해당하다. 〔書經〕昏棄厥肆祀혼기궐사사, 弗答불답. ❷답, 응답. 〔南史〕時以爲名答시이위명답.

答禮(답례) 남의 인사에 답하여 인사를 함.

答訪(답방) 다른 사람의 방문에 대한 답례로 방문함. 또는 그런 방문.

答辯(답변) 물음에 대답하는 말.

答報(답보) 대답으로 하는 보고.

答謝(답사) 답례로 하는 사례.

答辭(답사) ①말로 대답함. 대답하는 말. ②식사나 축사 등에 대하여 답례로 하는 말.

答賽(답새) 신불의 은혜에 보답하기 위한 제사를 지냄. 또는 그때 드리는 새전(賽錢).

答酬(답수) 물음에 대한 대답. 酬答(수답).

答信(답신) 회답으로 통신이나 서신을 보냄. 또는 그 통신이나 서신.

答應(답응) 물음에 대답함. 應答(응답).

答狀(답장) 회답하여 보내는 편지.

答通(답통) 통문(通文)에 대한 회답.

◨ 對答대답, 問答문답, 報答보답, 應答응답, 卽答즉답, 筆答필답, 解答해답, 確答확답.

6
⑫【等】 가지런할 등 迥

중학 인명 6급 ㊥děng ㊐トウ

필순 丿 ⺊ ⺮ ⺮ 䇂 笁 笁 竺 等 等

소전 초서 자원 會意. 竹+寺→等. '竹'은 죽간(竹簡), 곧 서책. '寺'는 '廷', 곧 정치하는 곳. 벼슬아치가 조정에서 법도를 등평(等平)하게 한다는 데서 '물건을 정돈하여 가지런히 하다'라는 뜻을 나타낸다.

자해 ❶가지런하다, 가지런히 하다, 같다. 〔春秋左氏傳〕春秋分而晝夜等춘추분이주야등. ❷등급, 계급. 〔論語〕出降一等출강일등. ❸무리, 부류. 〔易經〕爻有等효유등. ❹견주다, 비교하다. 〔孟子〕等百世之王등백세지왕. ❺들. '여럿'을 나타냄. 〔史記〕公等錄錄공등록록.

等級(등급) 높고 낮음이나 좋고 나쁨의 차를 여러 층으로 나눈 급수.

等對(등대) 같은 자격으로 마주 대함.

等頭(등두) 같음. 동등함.

等等(등등) 國여럿을 열거할 때 그 밖의 것을 줄임을 나타내는 말.

等量(등량) ①같은 분량. ②견주어서 헤아림.

等列(등렬) 같은 자리. 같은 지위.

等分(등분) ①똑같이 나눔. ②등급의 구분.

等數(등수) 등급에 따라 정한 차례.

等神(등신) 國①쇠나 돌, 흙으로 만든 사람의 형상. ②어리석은 사람.

等身佛(등신불) 사람의 크기와 같게 만든 불상.

等位(등위) ①등급(等級). ②같은 위치.

等夷(등이) 동배(同輩). 等倫(등륜).

等子(등자) 극히 적은 양을 다는 저울의 한 가지. 천칭(天秤) 따위.

等狀(등장) 國여러 사람이 연명(連名)으로 관아에 무엇을 하소연함. 等訴(등소).

等差(등차) 등급에 따라 생기는 차이.

等閑視(등한시) 소홀하게 보아 넘김.

等活(등활) (佛)팔열 지옥(八熱地獄)의 한 가지. 살생죄(殺生罪)를 범한 자가 가게 된다는 지옥.

等候(등후) 기다림. 等待(등대).

◨ 高等고등, 均等균등, 對等대등, 同等동등, 劣等열등, 優等우등, 中等중등, 差等차등, 平等평등, 下等하등.

6 ⑫【筏】 떼 벌 月

인명 2급 ㊥fá ㊐バツ

초서 자해 떼, 뗏목. 〔南史〕縛筏以濟박벌이제.

筏舫(벌방) 뗏목.

筏夫(벌부) 뗏목을 타고 가는 사공.

6 ⑫【筅】 솔 선 銑

㊥xiǎn ㊐セン

초서 동자 筅 자해 솔. 대를 잘게 쪼개어 만든 부엌 솔.

筅帚(선추) 대를 잘게 쪼개어 만든 솔. 솥·냄비 따위를 닦는 데 씀.

6 ⑫【筍】笋 ①죽순 순 軫 ②가마 순 震

인명 1급 ㊥sǔn ㊐ジュン

소전 초서 동자 笋 동자 箰 자해 ① ❶죽순. 〔詩經〕維筍及蒲유순급포. ❷악기를 다는 틀. 종이나 경쇠를 다는 가름대. ② 가마〔輿〕. 대나무를 엮어 만든 가마. 〔春秋公羊傳〕筍將而來也순장이래야.

筍蕨(순궐) 죽순과 고사리.

筍席(순석) 죽순 껍질로 만든 자리.

筍鞋(순혜) 죽순 껍질로 만든 신.

◨ 石筍석순, 竹筍죽순.

6 ⑫【筎】 뱃밥 여 魚

㊥rú ㊐ジョ

자해 뱃밥, 대의 껍질. 배에 물이 새어 들지 못하도록 틈을 막는 데 쓰고, 약재로도 쓴다.

6 ⑫【筌】 통발 전 先

인명 ㊥quán ㊐セン

초서 자해 통발. 대오리를 결어 만든, 물고기 잡는 기구. 〔莊子〕得魚而忘筌득어이망전.

筌蹄(전제) ①물고기를 잡는 통발과 토끼를 잡는 올가미. 목적을 이루기 위한 방편(方便). ②사대부가 경(經)을 강의할 때 손에 쥐던 것. 불자(拂子) 따위.

6 ⑫【策】 채찍 책 陌

고등 인명 3Ⅱ급 ㊥cè ㊐サク

필순 丿 ㅏ ⺮ 竹 笁 笇 笞 笧 筞 策

소전 초서 동자 筴 동자 箣 동자 筞

자원 形聲. 竹+朿→策. '朿(자)'가 음을 나타낸다.

자해 ❶채찍, 말의 채찍. 〔禮記〕僕執策복집책. ❷채찍질하다. 〔論語〕策其馬曰책기마왈, 非敢後也비감후야. ❸지팡이. 〔莊子〕師曠之枝策也사광지지책야. ❹지팡이를 짚다. 〔杜甫·詩〕策杖時能出책장시능출. ❺대쪽. 〔儀禮〕百名以上書於策백명이상서어책. ❻책, 문서. ❼명령서, 왕명을 전하는 것. 〔周禮〕策命之책명지. ❽적다, 쓰다. 〔春秋左氏傳〕策名委質책명위질. ❾점대. 점을 치는 데 쓰는 대오리. 〔史記〕迎日推策영일추책. ❿꾀, 꾀하다. 〔呂氏春秋〕此勝之一策也차승지일책야. ⓫문체(文體)의 하나. 임금이 정치상 문제를 간책(簡策)에 써서 의견을 묻는 것을 책문(策問)이라 하고, 이에 대하는 것을 대책(對策)이라 한다.

策動(책동) ①꾀를 부려 남몰래 행동함. ②남을 움직이게 부추김.

策略(책략) 꾀와 방법. 計略(계략).

策慮(책려) ①계책. ②계책을 강구함.

策勵(책려) 채찍질하여 격려함. 策勉(책면).

策免(책면) 임금의 사령에 의하여 파면됨.

策命(책명) 임금이 신하에게 주는 임명장.

策謀(책모) 어떤 일을 처리하는 꾀와 방법. 策略(책략). 計略(계략).

策問(책문) ①관리 등용 시험에서, 시무(時務)에 관하여 묻던 일. 또는 그 문제. 策試(책시). ②점을 쳐서 길흉을 물음.

策士(책사) 책략을 써서 일이 이루어지게 하는 사람. 謀士(모사).

策應(책응) 계책에 따라 호응함.

策定(책정) 계획이나 방책을 세워 결정함.

策勳(책훈) ①공훈이 있는 사람의 이름을 책(冊)에 기록함. ②공훈을 찬양하고 상을 줌.

◨ 對策대책, 妙策묘책, 方策방책, 祕策비책, 施策시책, 失策실책, 政策정책, 畫策획책.

6 ⑫【筑】 악기 이름 축 屋

인명 ㊥zhú ㊐チク

소전 초서 자해 악기 이름. 거문고 비슷한, 대로 만든 악기. 〔漢

竹 6획

書〕上擊筑상격축.

6 【筒】 1 대통 통 東
⑫ 2 퉁소 통 送

인명 1급 ㊥tǒng ㊐トウ

소전 초서 자해 1 **대통, 대롱, 대통같이 생긴 물건.** 2 **퉁소〔洞簫〕, 밑이 없는 퉁소.**

筒車(통차) 무자위의 한 가지. 통을 설치하여 논밭에 물을 대는 데 사용함.
筒行纏(통행전) 아래에 귀가 달리지 않은 보통 행전.
◨ 算筒산통, 水筒수통, 煙筒연통, 箸筒저통, 竹筒죽통, 筆筒필통.

6 【筆】笔 붓 필 質
⑫

중학 인명 5급 ㊥bǐ ㊐ヒツ

필순

소전 초서 동자 笔 자원 會意·形聲. 竹 + 聿 → 筆. '聿'은 원래 '붓'을 뜻한다. 후세에 대나무 대롱으로 붓대를 만든 데서부터 '竹'을 더하게 되었다. '聿(율)'은 음도 나타낸다.

자해 ❶**붓**. 〔禮記〕史載筆사재필. ❷**쓰다, 적다.** ❸**산문, 시가 아닌 보통 글.** ❹**필적(筆迹), 글씨.** 〔唐書〕天下之奇筆천하지기필.

筆諫(필간) 글로 써서 간함.
筆耕(필경) 직업으로 글이나 글씨를 씀.
筆工(필공) 붓을 만드는 일을 업으로 삼는 사람. 筆師(필사). 筆匠(필장).
筆管(필관) ①붓대. 붓대롱. ②붓.
筆記(필기) ①글씨를 씀. ②강의·연설 등의 내용을 받아 적음.
筆端(필단) 붓끝.
筆答(필답) 글로 써서 대답함.
筆頭(필두) ①붓끝. 筆端(필단). ②어떤 단체나 동아리의 주장되는 사람. ③國여럿이 연명(連名)할 때, 맨 처음 차례.
筆頭生花(필두생화) 붓끝에 꽃이 핌. 문필에 재주가 있음. 故事 당(唐)의 이백(李白)이 어렸을 때 붓끝에 꽃이 핀 꿈을 꾸었는데, 그 뒤로 글재주가 크게 진보했다는 고사에서 온 말. 筆花(필화). 筆華(필화).
筆力(필력) ①글씨의 획에 드러난 힘. ②문장의 힘. 筆勢(필세).
筆力扛鼎(필력강정) 문장의 기운참이 마치 무거운 솥을 들어 올릴 만함.
筆路(필로) ①붓의 놀림새. 運筆(운필). ②문장의 줄거리. 文脈(문맥).
筆名(필명) ①글이나 글씨로 떨치는 명성. ②작가가 작품을 발표할 때 쓰는, 본명(本名) 이외의 이름.
筆帽(필모) 붓뚜껑.
筆墨(필묵) ①붓과 먹. ②문장.
筆法(필법) ①붓을 만드는 법. ②글씨나 시문을 쓰는 법.
筆鋒(필봉) ①붓끝. ②붓의 위력. 문장의 위세.
筆寫(필사) 붓으로 베껴 씀.
筆削(필삭) 가필(加筆)과 삭제. 써놓은 글에 더 써 넣거나 지움.
筆算(필산) 숫자를 써서 하는 계산.
筆舌(필설) ①붓과 혀. ②글과 말.
筆述(필술) 글로 써서 진술함. 記述(기술).
筆者(필자) ①글씨를 쓰거나 그림을 그리는 사람. ②문장을 지은 사람.
筆跡(필적) 손수 쓴 글씨나 그림의 행적.
筆戰(필전) 글로써 논전(論戰)함.
筆誅(필주) 남의 죄를 글로 써서 견책함.
筆地(필지) 國논·밭·임야 등의 구획된 전부를 하나치로 셀 때 쓰는 단위.
筆陣(필진) 國필자의 진용.
筆札(필찰) ①붓과 종이. ②편지. 筆翰(필한).
筆帖(필첩) 國옛 사람의 필적을 모아 엮은 서첩(書帖).
筆致(필치) ①글씨를 쓰는 솜씨. ②문장의 운치(韻致).
筆翰(필한) ①붓. ②글씨를 쓰거나 글을 지음. ③서한(書翰). 筆札(필찰).
筆毫(필호) 붓털. 붓끝.
筆禍(필화) 지은 시문이 말썽이 되어 화를 당하는 일.
筆興(필흥) 글씨를 쓰거나 그림을 그릴 때 일어나는 흥취.
◨ 加筆가필, 達筆달필, 禿筆독필, 名筆명필, 毛筆모필, 墨筆묵필, 文筆문필, 惡筆악필, 運筆운필, 自筆자필, 絕筆절필, 拙筆졸필, 執筆집필, 親筆친필.

7 【筥】筥 광주리 거 語
⑬

㊥jǔ ㊐キョ

소전 초서 자해 ❶**광주리**. 대오리로 만든 그릇. 〔詩經〕維筐及筥유광급거. ❷**볏단**. 한 줌의 단을 '秉(병)', 네 병을 '筥'라고 한다.

筥米(거미) 멱둥구미에 수북이 담은 쌀.

7 【筧】 대 홈통 견 銑
⑬

㊥jiǎn ㊐ケン

竹 7획

초서 자해 대 홈통, 대나무 홈. 〔白居易·記〕 南有筧남유견, 放水漑田방수개전.
筧水(견수) 대 홈통으로 끌어 오는 물.

7 ⑬【筦】 피리 관 旱
㊥guǎn ㊐カン
소전 초서 자해 ❶피리. ＝管. 〔詩經〕 磬筦將將경관장장. ❷말아 다스리다. 〔漢書〕 筦朝事관조사. ❸열쇠.
筦鍵(관건) 열쇠. 管鍵(관건).
筦籥(관약) ①피리. ②열쇠.

7 ⑬【筠】 대나무 균 ㊍운 眞
인명 ㊥yún ㊐イン
소전 초서 자해 ❶대나무. 〔韋應物·詩〕 偏愛新筠十數竿편애신균십수간. ❷대의 푸른 껍질. 대나무의 가장 여문 부분. 〔禮記〕 其在人也기재인야, 如竹箭之有筠여죽전지유균.
筠籠(균롱) ①대바구니. 筠籃(균람). ②새장.
筠席(균석) 대오리로 엮은 자리.
筠筒(균통) 대로 만든 통. 대통. 竹筒(죽통).

7 ⑬【筤】 1 바구니 랑 陽
2 일산 랑 養 漾
㊥láng, làng ㊐ロウ
소전 초서 자해 1 ❶바구니. ❷어린 대. 〔易經〕 震爲蒼筤竹진위창랑죽. 2 일산(日傘). 자루가 굽은 의장(儀仗)용 일산.

7 ⑬【筭】 1 산가지 산 翰
2 셀 산 旱
㊥suàn ㊐サン
소전 자해 1 ❶산가지. ❷꾀, 계책. 2 세다, 수효를 세다. ＝算.
筭錢(산전) 한대(漢代)에 시행했던 인구세(人口稅).

7 ⑬【筮】 점대 서 霽
인명 ㊥shì ㊐ゼイ
소전 초서 자해 ❶점대. 점을 칠 때 쓰는 가늘게 쪼갠 댓가지. 〔禮記〕 筴爲筮책위서. ❷점을 치다, 점대로 점을 치다. 〔儀禮〕 筮于廟門서우려문.
筮龜(서귀) ①시초(蓍草;톱풀) 속에 사는 거북. ②점치는 데 쓰는 거북.
筮短龜長(서단귀장) 점대로 치는 점보다 귀갑으로 치는 점이 나음.
筮卜(서복) ①점대로 점치는 일과 귀갑(龜甲)을 불태워서 점치는 일. ②점.
筮仕(서사) ①길흉을 점쳐서 벼슬함. ②처음으로 벼슬함.
筮占(서점) 점을 치는 일. 점.
筮驗(서험) 점의 징험(徵驗).
◨ 龜筮귀서, 卜筮복서, 蓍筮시서, 占筮점서.

7 ⑬【筬】 바디 성 庚
인명 ㊥chéng ㊐セイ
초서 자해 ❶바디. 베틀, 가마니틀 등에 딸린 기구. ❷대나무 이름.

7 ⑬【筲】 대그릇 소·삭 肴 覺
㊥shāo ㊐ショウ
초서 자해 대그릇, 둥구미. 닷 되, 한 말, 또는 한 말 두 되들이. 〔論語〕 斗筲之人두소지인.
筲斗(소두) ①적은 분량. ②도량이 좁음.

7 ⑬【筵】 대자리 연 先
인명 1급 ㊥yán ㊐エン
소전 초서 자해 ❶대자리. 〔周禮〕 司几筵사궤연. ❷좌석. 〔詩經〕 賓之初筵빈지초연.
筵席(연석) ①대자리. ②술자리. 연회의 자리.
◨ 講筵강연, 經筵경연, 詩筵시연.

7 ⑬【筽】 ㊋버들고리 오 인명
자해 버들고리. 고리버들의 가지로 결어 만든 상자.

7 ⑬【筰】 대 밧줄 작·착 藥 陌
㊥zuó ㊐サク
소전 초서 자해 ❶대 밧줄. 대오리로 꼰 동아줄. 배를 끄는 데 쓴다. ❷촉박하다. 〔周禮〕 侈聲筰치성작. ❸나라 이름. 한대(漢代)에 중국 서남쪽 지방에 있던 나라. 〔漢書〕 南距羌筰之塞남거강작지새.

7 ⑬【筯】 젓가락 저 御
㊥zhù ㊐チョ
초서 자해 젓가락. ＝箸.

竹 7획

7 ⑬ 【節】 節(953)의 속자

7 ⑬ 【筳】 꾸릿대 정 [靑]

㊥tíng ㊐テイ

[소전] [초서] [자해] ❶꾸릿대. 꾸리를 감는 데 쓰는 대. ❷대오리, 점대.

7 ⑬ 【筴】 [1]점대 책 [陌] [2]집을 협 [葉]

㊥jiā, cè ㊐サク, キョウ

[초서] [자해] [1]❶점대, 점을 치는 데 쓰는 댓가지. 〔禮記〕 龜爲卜귀위복, 筴爲筮책위서. ❷꾀, 계책. ＝策. 〔史記〕 怨陳王不用其筴원진왕불용기책. [2]❶집다, 끼다. ❷젓가락. ❸작은 키. 물건을 까부르는 기구.

7 ⑬ 【筞】 策(946)의 속자

8 ⑭ 【箇】 낱 개 [箇]

[인명] [1급] ㊥gè ㊐カ

[소전] [초서] [자해] ❶낱. 물건을 세는 단위. ≒個·个. 〔荀子〕 負矢五十箇부시오십개. ❷어조를 고르는 말. 〔韓愈·詩〕 老翁眞箇似童兒노옹진개사동아.

箇箇(개개) 하나하나. 낱낱.

箇數(개수) 낱으로 셀 수 있는 물건의 수효.

8 ⑭ 【箝】 재갈 먹일 겸 [鹽]

[인명] ㊥qián ㊐カン

[소전] [초서] [동자] 箝 [자해] ❶재갈을 먹이다. 〔漢書〕 箝語燒書겸어소서. ❷끼우다. ＝鉗. 〔戰國策〕 蚌合而箝其喙방합이겸기훼. ❸항쇄(項鎖), 칼.

箝口(겸구) ①입을 다물고 말하지 않음. ②언론의 자유를 빼앗음. 鉗口(겸구).

箝制(겸제) 속박하여 자유를 주지 않음.

8 ⑭ 【箬】 箝(949)과 동자

8 ⑭ 【箛】 피리 고 [虞]

㊥gū ㊐コ

[소전] [자해] ❶피리, 호가(胡笳). ❷대나무 이름.

8 ⑭ 【箍】 테 고 [虞]

㊥gū ㊐コ

[초서] [자해] ❶테. 그릇이나 물건 따위의 둘레를 두르는 줄. ❷테를 메우다.

箍桶(고통) 통에 테를 메움.

8 ⑭ 【箜】 공후 공 [東]

㊥kōng ㊐コウ

[초서] [자해] ❶공후(箜篌). ❷바구니.

箜篌(공후) 현악기의 한 가지. 현이 23개인 수공후(竪箜篌), 4~6개인 와공후(臥箜篌), 10여 개인 봉수공후(鳳首箜篌)가 있음.

箜篌引(공후인) 고조선 때 뱃사공 곽리자고(霍里子高)의 아내 여옥(麗玉)이 지었다고 전해 오는 시가(詩歌).

8 ⑭ 【管】 피리 관 [旱]

[고등] [인명] [4급] ㊥guǎn ㊐カン

[필순] 丿 𠂉 竹 竺 竺 笁 笞 笮 管 管

[소전] [초서] [자원] 形聲. 竹＋官→管. '官(관)'이 음을 나타낸다.

[자해] ❶피리. ❷대나무로 만든 악기의 총칭. 〔孟子〕 管籥之音관약지음. ❸대롱. 〔莊子〕 用管窺天용관규천. ❹붓대. ❺열쇠. 〔春秋左氏傳〕 掌其北門之管장기북문지관. ❻불다, 취주(吹奏)하다. ❼맡아 다스리다. 〔漢書〕 管在縣官관재현관. ❽법. 〔呂氏春秋〕 以信爲管이신위관. ❾고동, 사북. 〔荀子〕 聖人也者성인야자, 道之管也도지관야.

管鍵(관건) 열쇠. 管籥(관약).

管見(관견) ①대롱 구멍을 통하여 봄. ②㉠좁은 견식. ㉡자기의 견식에 대한 겸칭(謙稱). 管窺(관규).

管領(관령) 도맡아 다스림.

管理(관리) ①어떤 일의 사무를 맡아 처리함. ②시설이나 물건의 유지·개량 따위 일을 맡아 함. ③사람을 통제하고 지휘·감독함.

管說(관설) 소견이 좁은 언설(言說).

管攝(관섭) 지배함. 다스림. 감독함.

管城子(관성자) 붓의 딴 이름. 당(唐)나라 한유(韓愈)의 모영전(毛穎傳)에서 붓을 의인화한 데서 온 말. 管翰(관한).

管籥(관약) ①피리. ②열쇠. 管鑰(관약).

管鑰(관약) ①열쇠. ②자물쇠를 채움.

管音(관음) 피리 소리. 管響(관향).

管掌(관장) 맡아서 주관함.

竹 8획

管中窺天(관중규천) ①대롱 구멍으로 하늘을 봄. ②소견이 몹시 좁음.
管統(관통) 맡아 통솔함.
管鮑之交(관포지교) 관중(管仲)과 포숙아(鮑叔牙)의 사귐. 아주 돈독한 우정. 故事 춘추 시대 제(齊)나라의 관중과 포숙아가 가난한 어린 시절부터 재상이 된 뒤까지도 지극한 우정을 나누었다는 고사에서 온 말.
管轄(관할) ①맡아 관리함. ②가장 중요한 지위. '管'은 열쇠, '轄'은 수레 굴대에 끼우는 비녀장. ③수레 굴대의 비녀장.
◨ 氣管기관, 保管보관, 所管소관, 移管이관, 主管주관, 參管참관, 血管혈관.

8
⑭【箘】 이대 균 軫 眞

㊥jùn ㊐キン

소전 초서 고자 簵 자해 ❶이대. 화살 만들기에 알맞은 대나무. ❷화살. ❸대의 순, 죽순(竹筍).
箘簬(균로) 이대. 箭竹(전죽).

8
⑭【簵】 箘(950)의 고자

8
⑭【箕】 키 기 支

인명 2급 ㊥jī ㊐キ

소전 초서 자해 ❶키. 곡식을 까부르는 데 쓰는 기구. ❷28수(宿)의 하나. ❸쓰레받기. ❹두 다리를 뻗고 앉다. 〔禮記〕 立毋跛립무피, 坐毋箕좌무기.
箕踞(기거) 두 다리를 쭉 뻗고 앉음. 예의에 벗어난 앉음새. 箕坐(기좌).
箕裘(기구) 부조(父祖)의 가업(家業)을 이어받음. 활을 만드는 사람의 아들은 먼저 연한 버드나무 가지로 키를 만드는 것을 배우고, 대장장이의 아들은 먼저 보드라운 짐승 가죽으로 갖옷 만드는 일을 배워, 차츰 어려운 본업에 숙달한다는 데서 온 말.
箕斂(기렴) 조세(租稅)를 가혹하게 거둠. 箕賦(기부). 箕會(기회).
箕伯(기백) ①바람을 맡은 신. 風伯(풍백). ②國기찰(箕察).
箕山之志(기산지지) 은퇴하여 지조를 지키고자 하는 뜻. 故事 요(堯)임금 때 소보(巢父)와 허유(許由)가 기산에 은거한 고사에서 온 말.
箕潁(기영) 기산과 영수. 높은 절개를 지켜 은둔함. 故事 기산(箕山)에 은거한 허유(許由)가, 요임금이 정사를 맡아 달라고 하자 영수(潁水)에 귀를 씻었다는 고사에서 온 말.
箕察(기찰) 國평안도 관찰사의 딴 이름.
箕帚妾(기추첩) 쓰레받기와 비를 잡는 여자. 자기 아내의 겸칭(謙稱).

8
⑭【箔】 발 박 藥

인명 1급 ㊥bó ㊐ハク

초서 자해 ❶발〔簾〕. 〔唐書〕 門下施箔문하시박. ❷잠박(蠶箔). ❸금속의 얇은 조각. 〔宋史〕 禁以金箔飾佛像금이금박식불상.

8
⑭【箙】 전동 복 屋

㊥fú ㊐フク

소전 초서 자해 전동. 화살을 넣는 통. 〔周禮〕 中秋獻矢箙중추헌시복.

8
⑭【箆】 篦(955)의 속자

8
⑭【算】 1셀 산 旱
2산가지 산 翰

중학 인명 7급 ㊥suàn ㊐サン

필순 ノ ト ㅊ ⺮ 竹 笞 笞 笪 笪 算

소전 초서 동자 筭 자원 會意. 竹+具→算. 대나무로 만든 산가지〔竹〕로, 수를 갖춘다〔具〕는 뜻을 나타낸다.
자해 1 ❶세다. 〔論語〕 噫斗筲之人희두소지인, 何足算也하족산야. ❷수, 수효. 〔魏書〕 國家居廣漠之地국가거광막지지, 民畜無算민축무산. ❸바구니, 대그릇. 〔史記〕 不過算器食불과산기식. 2 ❶산가지. 〔儀禮〕 一人執算以從之일인집산이종지. ❷세는 법, 산술(算術). 〔漢書〕 善爲算선위산. ❸꾀하다, 계략. ❹슬기, 지혜.
算曆(산력) 산법(算法)과 역상(曆象).
算無遺策(산무유책) 계책에 빈틈이 없음. 계략이 반드시 적중함.
算盤(산반) 주판(籌板).
算賦(산부) 한대(漢代)에 15세부터 56세까지의 장정(壯丁)에게 부과하던 세금.
算數(산수) 수의 성질, 셈의 기초 따위를 가르치는 학과목.
算術(산술) 계산하는 방법.
算入(산입) 셈에 넣음. 세어 넣음.
算子(산자) ①산가지. ②주판(籌板).
算筒(산통) 장님이 점칠 때 쓰는, 산가지를 넣은 통.
◨ 加算가산, 檢算검산, 決算결산, 計算계산, 公算공산, 勝算승산, 心算심산, 暗算암산,

豫算예산, 精算정산, 珠算주산, 籌算주산, 淸算청산, 推算추산, 打算타산, 通算통산, 合算합산, 換算환산.

8 ⑭【箑】 부채 삽 洽

㊥shà ㊐ソウ

소전 초서 자해 부채〔扇〕. 〔淮南子〕 知冬日之箑지동일지삽.

箑脯(삽포) 요(堯)임금 때 부엌에서 생겨났다고 하는 상서로운 포(脯). 부채와 같이 얇고, 움직이면 바람이 일어 음식물이 쉬는 것을 막아 주었다고 함.

8 ⑭【箏】筝 쟁 쟁 庚

인명 ㊥zhēng ㊐ソウ

소전 초서 자해 ❶쟁. 거문고와 비슷한 악기. 〔楚辭〕 挾人箏而彈緯협인쟁이탄위. ❷풍경(風磬). 〔杜甫·詩〕 風箏吹玉柱풍쟁취옥주.

箏曲(쟁곡) 쟁의 가락.
箏雁(쟁안) 기러기발.

8 ⑭【箋】笺 찌지 전 先

인명 1급 ㊥jiān ㊐セン

소전 초서 자해 ❶찌지, 부전(附箋). 간단한 쪽지. ❷주해(註解), 주석(註釋). 〔後漢書〕 鄭玄作毛詩箋정현작모시전. ❸편지, 서한(書翰). ❹종이. 시문·편지에 쓰는 폭이 좁은 고운 종이. ❺명함.

箋注(전주) 본문의 뜻을 풀이한 주석. 箋釋(전석). 箋註(전주).
箋惠(전혜) 남이 보낸 편지의 경칭(敬稱). 惠書(혜서).

8 ⑭【箐】 ①작은 바구니 정 庚 ②대 활 청 霰

㊥jīng, qìng ㊐セイ, セン

자해 ①작은 바구니. ②대 활. 대나무로 만든 활. ③대 이름.

8 ⑭【箄】 罩(1004)와 동자

8 ⑭【箚】 차자 차 本잡 洽

인명 ㊥zhā ㊐トウ

초서 자해 ❶차자(箚子). ❷상소문. ❸위에서 내리는 공문서.

箚記(차기) 독서하여 얻은 느낌을 수시로 기록하여 놓은 것. 隨錄(수록).
箚子(차자) ①간단한 서식으로 하는 상소문의 한 체(體). ②상관이 하급 관리에게 내려 보내는 공문서.
箚刺(차자) 바늘로 살갗을 찌르고 그곳에 먹물을 넣음.
■ 駐箚주차, 抄箚초차, 敕箚칙차.

8 ⑭【箣】 策(946)과 동자

8 ⑭【箠】 채찍 추 紙

㊥chuí ㊐スイ

소전 초서 자해 ❶채찍, 말채찍. 〔漢書〕 士以馬箠擊亭長사이마추격정장. ❷채찍질하다. 〔後漢書〕 召宣欲箠殺之소선욕추살지. ❸태형(笞刑). 〔漢書〕 景帝中六年경제중륙년, 定箠令정추령.

箠令(추령) 태형(笞刑)을 규정한 법령.
箠罵(추매) 매질하며 욕을 함.
箠轡(추비) 채찍과 고삐.
箠梃(추정) 채찍과 몽둥이.
箠策(추책) 채찍.
箠楚(추초) 볼기를 치는 데 쓰던 형구(刑具).
■ 馬箠마추, 杖箠장추, 鞭箠편추.

8 ⑭【箒】 帚(379)의 속자

9 ⑮【範】范 법 범 豏

고등 인명 4급 ㊥fàn ㊐ハン

필순 ⺮ 竹 笪 範

소전 초서 자원 形聲. 車+笵→範. '笵(범)'이 음을 나타낸다.

자해 ❶법. ❷모범, 본보기. 〔三國志〕 文爲世範문위세범, 行爲士則행위사칙. ❸본, 골, 틀. 〔揚雄·序〕 經諸範경제범.

範軌(범궤) 규칙. 規範(규범).
範世(범세) ①세상에 모범을 보임. ②세상의 모범이 됨.
範民(범민) 예교(禮敎)로써 백성을 바르게 함.
範式(범식) 본보기.
範圍(범위) ①테두리가 정하여진 구역. ②어떤 것이 미치는 한계.
範疇(범주) 같은 성질을 가진 부류나 범위.
■ 敎範교범, 軌範궤범, 規範규범, 模範모범, 師範사범, 示範시범, 典範전범, 洪範홍범.

9 ⑮【箱】 상자 상 陽

인명 2급 ㊥xiāng ㊐ソウ

소전 초서 자해 ❶상자(箱子). ㉮수레에서 짐을 싣거나 사람이 타는 곳. 〔詩經〕乃求萬斯箱내구만사상. ㉯물건을 담는 그릇. 〔晉書〕出一箱書付門生출일상서부문생. ❷곳집, 쌀을 간수하는 곳간. ❸곁채. ≒廂. 〔漢書〕側耳於東箱聽측이어동상청.

箱筥(상거) 대오리로 결어 만든 상자. '筥'는 둥근 모양의 상자.

箱房(상방) 國궁궐·절 따위의 정당(正堂) 앞이나 좌우에 지은 행랑. 行閣(행각).

箱子(상자) 물건을 넣어 두기 위하여 나무·대나무·종이 따위로 만든 네모난 그릇.

箱篋(상협) 대오리로 결어 만든, 네모난 상자.

◨ 巾箱건상, 筐箱광상, 方箱방상, 書箱서상.

9 ⑮【箲】 筅(946)과 동자

9 ⑮【箵】 종다래끼 성 梗 靑

㊥xǐng ㊐セイ

자해 종다래끼. 물고기를 담는 대바구니. 〔唐書〕帶笭箵而盡船대령성이진선.

9 ⑮【箾】 ①음악 소 蕭 ②칠 삭 覺

㊥xiāo, shuò ㊐ショウ, サク

소전 초서 자해 ①음악, 순(舜)임금의 음악. 〔春秋左氏傳〕見舞韶箾者曰견무소소자왈, 德至矣哉덕지의재. ②치다, 장대로 두드리다.

9 ⑮【篔】 篔(958)과 동자

9 ⑮【箰】 筍(946)과 동자

9 ⑮【篒】 사람 이름 식 인명

자해 사람 이름.

9 ⑮【箬】 대껍질 약 藥

㊥ruò ㊐ジャク

소전 초서 동자 篛 자해 껍질, 대나무의 겉껍질.

箬笠(약립) 대껍질로 결어 만든 삿갓. 대삿갓.

9 ⑮【篕】 籯(963)과 동자

9 ⑮【箴】 바늘 잠 本침 侵

인명 1급 ㊥zhēn ㊐シン

소전 초서 자해 ❶바늘. ㉮옷을 꿰매는 바늘. ㉯침, 병을 고치는 침. 〔漢書〕箴石湯火잠석탕화. ❷경계, 경계하다. 〔書經〕無或敢伏小人之攸箴무혹감복소인지유잠. ❸문체(文體) 이름. 경계의 뜻을 펴는 글.

箴諫(잠간) 훈계(訓戒)하여 간함.

箴誡(잠계) 남을 훈계함. 또는 그 훈계.

箴規(잠규) ①경계. ②경계하여 바로잡음.

箴言(잠언) 가르쳐서 훈계하는 말.

箴砭(잠폄) ①돌침. 箴石(잠석). ②남을 훈계하여 과실을 바로잡음.

◨ 規箴규잠, 酒箴주잠.

9 ⑮【箸】 젓가락 저 御

인명 1급 ㊥zhù ㊐チョ

자해 ❶젓가락. 〔史記〕紂爲象箸而箕子唏주위상저이기자희. ❷대통(竹筒). 〔史記〕象箸而羹상저이갱.

◨ 象箸상저, 匙箸시저, 竹箸죽저, 火箸화저.

9 ⑮【篆】 전자 전 銑

인명 1급 ㊥zhuàn ㊐テン

소전 초서 자해 ❶전자(篆字). ❷도장. 도장에 쓰는 서체는 전자체인 데서 이른다. ❸사람의 이름자. 도장에 이름을 새길 때는 전자체를 쓴 데서 이른다.

篆刻(전각) ①전자(篆字)를 새김. ②어구(語句)만 다듬어 꾸밈이 많고 실속이 없는 문장. ③國나무나 돌 등에 도장을 새김.

篆額(전액) 전자(篆字)로 쓴 비문(碑文)의 제자(題字).

篆字(전자) 주문(籒文)이 변형된 서체로, 예서(隸書)의 전신임. 주문을 대전(大篆)이라 하는 데 대해 소전(小篆)이라고 함.

篆籒(전주) 주문(籒文)의 딴 이름.

◨ 大篆대전, 小篆소전, 鳥篆조전, 秦篆진전.

9 ⑮【箭】 화살 전 霰

인명 1급 ㊥jiàn ㊐セン

소전 초서 자해 ❶화살. ❷이대, 화살대를 만들기에 알맞은 대. 〔周禮〕其利金錫竹箭기리금석죽전. ❸도박 기구. 〔韓非子〕 箭長八尺전장팔척. ❹**물시계의 눈금 바늘.** ❺國**어살.** 물고기를 잡는 장치.
箭幹(전간) 화살대. 살대.
箭瘢(전반) 화살에 맞은 흉터.
箭書(전서) 화살대에 매어 쏘아 전하는 글.
箭羽(전우) 화살의 깃.
箭窓(전창) ①활을 쏘기 위하여 성루(城壘) 따위에 만들어 놓은 창문. ②國살창.
箭鏃(전촉) 화살촉.
箭馳(전치) 쏜살같이 달림.
◨ 弓箭궁전, 鳴箭명전, 竹箭죽전, 火箭화전.

9 ⑮【節】节 마디 절 屑

중학 인명 5급 ㊥jié ㊐セツ

필순 ⺈ ⺮ 竺 笁 笻 節 節 節 節 節

소전 초서 속자 節 자원 形聲. 竹+卽→節. '卽(즉)'이 음을 나타낸다.

자해 ❶**마디, 단락.** 〔史記〕 竹外有節理죽외유절리. ❷**절개.** 〔荀子〕 士大夫莫不敬節死制사대부막불경절사제. ❸**규칙, 제도.** 〔國語〕 夫祀國之大節也부사국지대절야. ❹**법, 법도.** 〔荀子〕 必有節於內필유절어내. ❺**예절.** 〔禮記〕 興秩節흥질절. ❻**등급, 등차**(等差). 〔史記〕 大禮與天地同節대례여천지동절. ❼**때, 시기.** 〔國語〕 天節不遠천절불원. ❽**알맞다, 알맞게 하다.** 〔禮記〕 風雨節풍우절, 寒暑時한서시. ❾**맞다, 들어맞다.** 〔呂氏春秋〕 節乎性也절호성야. ❿**줄이다, 없애다.** 〔論語〕 節用而愛人절용이애인. ⓫**부신, 병부.** 〔孟子〕 若合符節약합부절. ⓬**괘 이름, 64괘의 하나.** 괘형은 ☵☱. 막혀서 그침을 상징한다.
節減(절감) 아끼어 줄임.
節槪(절개) 지조(志操)와 기개(氣槪). 기개 있는 지조.
節季(절계) ①계절. 계절의 끝. ②음력 섣달의 딴 이름.
節氣(절기) ①한 해를 스물넷으로 나눈 계절의 구분. ②24절기 중에서 양력으로 매달 상순에 드는 것. 입춘·경칩·청명 따위.
節度(절도) 말·행동 따위의 적당한 정도.
節錄(절록) 알맞게 줄여 기록함.
節理(절리) ①절의와 도리. ②암석의 결.
節旄(절모) 천자(天子)가 사자(使者)에게 부신(符信)으로 주던 기. '旄'는 깃대 끝에 다는 모우(旄牛)의 꼬리털.
節目(절목) ①초목의 마디와 눈. ②규칙이나 법률의 항목. 條目(조목).
節物(절물) 철따라 나오는 산물.
節夫(절부) 지조가 굳은 남자.
節婦(절부) 절개가 굳은 여자.
節分(절분) ①철이 바뀌는 날. 입춘·입하·입추·입동의 전날. ②입춘의 전날.
節士(절사) 지조가 굳은 선비.
節嗇(절색) 아까워 남에게 주기를 싫어함.
節省(절생) 절약하여 줄임.
節扇(절선) 國단오절에 선사하는 부채.
節水(절수) 물을 아껴 씀.
節約(절약) 아껴 씀. 아낌.
節欲(절욕) ①사욕(私慾)을 억제함. ②색욕(色慾)을 억누름.
節鉞(절월) 부절(符節)과 부월(斧鉞). ㉠천자(天子)가 부임하는 절도사(節度使)나 출정하는 장수에게 통솔권의 상징으로 주던 것. ㉡조선 때 관찰사(觀察使)·유수(留守)·병사(兵使)·수사(水使)·통제사(統制使)·대장(大將) 등이 부임할 때 임금이 주던 것.
節義(절의) ①절개와 의리. ②굳은 지조.
節日(절일) ①명절날. ②천자의 생일.
節電(절전) 전기를 아껴 씀.
節節(절절) ①말이나 글의 한 마디 한 마디. ②대의 마디처럼 차례차례로 된 모양.
節制(절제) 잡도리하여 도를 넘지 않도록 함.
節操(절조) ①절개와 지조. ②음악의 선율.
節族(절족) 뼈와 살이 이어짐. 골육 관계가 있는 집안 식구.
節奏(절주) 음의 강약·장단이 주기적으로 반복되는 것. 박자.
節中(절중) 사리나 형편에 꼭 알맞음.
節鎭(절진) ①절도사(節度使)가 있는 관아(官衙). ②절도사를 둔, 요충이 되는 큰 고을.
節次(절차) 일을 치르는 차례와 방법.
節下(절하) 장수에 대한 경칭. 麾下(휘하).
節限(절한) 알맞게 제한함.
節解(절해) 관절의 마디마디를 끊는 형벌.
節會(절회) 조정에서 절일(節日)에 베풀던 연회(宴會).
節孝(절효) ①절조와 효심(孝心). ②청상과부가 수절하며 시부모를 잘 섬김.
節麾(절휘) 대장군의 기(旗).
◨ 佳節가절, 季節계절, 關節관절, 氣節기절, 名節명절, 變節변절, 符節부절, 時節시절, 禮節예절, 音節음절, 貞節정절, 忠節충절.

9 ⑮【篅】 둥구미 천 先

㊥chuán ㊐セン

소전 자해 **둥구미, 대로 만든 둥구미.** 〔淮南子〕 與守其篅笆有其井一實也여수기천둔유기정일실야.
篅笆(천둔) 곡식을 담아 두는 대그릇.

竹 9획

9 ⑮【篇】 가마 편 先

㊥biān ㊐ヘン

소전 초서 자해 가마, 대로 만든 가마.

篇輿(편여) 널빤지를 바탕으로 하고 사방을 댓가지로 결어 만든 가마. 竹輿(죽여).

9 ⑮【篇】 책 편 先

중학 인명 4급 ㊥piān ㊐ヘン

필순

소전 초서 자원 形聲. 竹＋扁→篇. '扁(편)'이 음을 나타낸다.

자해 ❶책, 서책. 〔漢書〕 著之于篇저지우편. ❷시문(詩文), 사장(詞章). 〔韓愈·詩〕 早能綴文篇조능철문편. ❸시문을 세는 단위. 〔漢書〕 詩三百篇시삼백편.

篇法(편법) 시문을 짓는 방법.

篇章(편장) ①시문의 편(篇)과 장(章). ②문장.

篇帙(편질) ①책의 편과 질. ②책가위.

篇翰(편한) ①서책(書冊). ②문장(文章). 시문(詩文). 篇簡(편간).

◨ 短篇단편, 詩篇시편, 長篇장편, 全篇전편, 前篇전편, 中篇중편, 後篇후편.

竹 9획

9 ⑮【篋】篋 상자 협 葉

㊥qiè ㊐キョウ

혹체 초서 자해 상자, 좁고 긴 네모난 상자. ＝匧.

篋簏(협록) 대로 만든 상자.

篋笥(협사) 문서나 의복 등을 넣는 상자. 行擔(행담).

9 ⑮【箶】 전동 호 虞

㊥hú ㊐コ

초서 자해 ❶전동〔箶箽〕. ❷대나무 이름.

箶簏(호록) 화살을 담아 두는 통. 전동.

9 ⑮【篊】 1홈통 홍 東 2통발 홍 送

㊥hóng ㊐コウ

초서 자해 1 ❶홈통, 물받이. ❷다발, 다발로 묶다. 2 통발.

9 ⑮【篁】 대숲 황 陽

인명 ㊥huáng ㊐コウ

소전 초서 자해 ❶대숲. ❷대의 통칭(通稱). ❸피리.

篁竹(황죽) ①대숲. 竹林(죽림). ②대나무의 일종.

9 ⑮【篌】 공후 후 尤

㊥hóu ㊐コウ

초서 자해 공후(箜篌). 하프와 비슷한 동양의 옛 현악기.

10 ⑯【篙】 상앗대 고 豪

㊥gāo ㊐コウ

소전 초서 자해 상앗대. 배를 젓는 긴 막대.

篙工(고공) 뱃사공.

篙師(고사) 숙련된 뱃사공.

10 ⑯【篝】 1배롱 구 尤 2대그릇 구 宥

㊥gōu ㊐コウ

소전 초서 동자 자해 1 ❶배롱(焙籠). 화로에 씌워 놓고 젖은 옷을 그 위에 얹어 말리는 기구. 〔楚辭〕 秦篝齊縷진구제루. ❷부담농. 물건을 넣어 지고 다니는 농. ❸모닥불. 2 대그릇.

篝燈(구등) ①배롱(焙籠)으로 등불을 덮어 가림. ②모닥불을 피움. 등불을 켬.

篝火狐鳴(구화호명) 배롱으로 가린 등불과 여우의 울음소리. 은밀히 계획을 세워 의거(義擧)함. 故事 진(秦)나라 말기에 진승(陳勝)이 의거할 때, 등불을 배롱으로 가려 도깨비불처럼 보이게 하고, 여우의 울음소리를 내어 귀신이 나타난 것처럼 꾸몄던 고사에서 온 말.

10 ⑯【篖】 대자리 당 陽

㊥táng ㊐トウ

자해 대자리. 대오리로 결어 만든 자리.

10 ⑯【篤】笃 도타울 독 沃

고등 인명 3급 ㊥dǔ ㊐トク

필순

소전 초서 자원 形聲. 竹＋馬→篤. '竹(죽)'이 음을 나타낸다.

자해 ❶도탑다. ㉮굳다, 흔들리지 아니하다.

〔論語〕信道不篤신도부독. ㉯**인정이 많다**. 〔論語〕君子篤於親군자독어친. ㉰**신실하다**. 〔呂氏春秋〕朋友不篤붕우부독. ㉱**전일(專壹)하다, 오로지**. 〔禮記〕篤行而不倦독행이불권. ❷**도타이 하다**. 〔中庸〕天之生物천지생물, 必因其材而篤焉필인기재이독언. ❸**병이 위중하다**. 〔史記〕病遂稱篤병수칭독.
篤敬(독경) 행동이 독실하고 공손함.
篤恭(독공) 인정이 두텁고 공손함.
篤老(독로) 몹시 연로(年老)함.
篤實(독실) 인정이 두텁고 일에 충실함.
篤友(독우) 매우 두터운 우애.
篤志(독지) 친절한 마음씨. 후한 뜻.
篤摯(독지) 친절하고 진지함.
篤疾(독질) 위독한 병. 篤劇(독극).
篤學(독학) 학문에 충실함.
篤行(독행) ①돈후한 행위. ②성실히 실행함.
篤厚(독후) 친절하고 극진함.
◨ 敦篤돈독, 危篤위독.

10 ⑯【篭】 籠(962)과 동자

10 ⑯【篥】 대 이름 률 質
㊥lì ㊐リツ
초서 자해 ❶**대 이름**. 피리처럼 생긴 관악기.

10 ⑯【篣】 ① 키 방 陽 ② 바구니 방 庚
㊥páng, péng ㊐ホウ
자해 ① ❶**키(箕)**. ❷**대 이름, 방죽**(篣竹). 맹렬한 독이 있는 대나무. ② ❶**바구니**. ❷**매, 매질하다**.
篣筤(방랑) 차(茶)를 담아 두는 대그릇.
篣楚(방초) 매. 회초리.

10 ⑯【篚】 대광주리 비 尾
㊥fěi ㊐ヒ
소전 자해 ❶**대광주리, 네모난 대광주리**. 〔書經〕厥篚織文궐비직문. ❷**수레의 먼지를 막는 가리개**.

10 ⑯【篦】 ① 빗치개 비 齊 ② 참빗 비 寘
㊥pí, bì ㊐ヘイ
소전 초서 속자 篦 자해 ① ❶**빗치개**. ❷**통발**. ② **참빗**.
篦子(비자) 참빗.

10 ⑯【篩】 체 사 佳
인명 ㊥shāi ㊐サイ
초서 자해 ❶**체**. 치거나 거르거나 하는 데 쓰는 기구. ❷**치다, 체로 치다**. 〔漢書〕篩土築阿房之宮사토축아방지궁.
篩管(사관) 식물체에서 양분의 통로가 되는, 체 모양의 조직. 체관.
篩土(사토) 흙을 체로 침.

10 ⑯【簑】 蓑(1086)와 동자

10 ⑯【篠】 조릿대 소·조 篠
인명 ㊥xiǎo ㊐ショウ
초서 참고 인명용 음은 '소'이다.
자해 ❶**조릿대**. 화살대를 만들기에 알맞은 대. 〔書經〕篠簜旣敷소탕기부. ❷**삼태기**. 〔論語〕遇丈人以杖荷篠우장인이장하소.
篠屋(소옥) 조릿대로 지붕을 인 작은 집.
篠簜(소탕) 조릿대와 왕대.

10 ⑯【篛】 箬(952)과 동자

10 ⑯【篔】 왕대 운 文
㊥yún ㊐ウン
자해 **왕대**. 대나무의 이름.
篔簹(운당) 왕대.

10 ⑯【篨】 대자리 저 魚
㊥chú ㊐チョ
소전 篨 초서 자해 ❶**대자리, 죽석**(竹席). ❷**새가슴, 구흉**(鳩胸). 〔詩經〕籧篨不鮮거저불선.

10 ⑯【篪】 저 이름 지 支
㊥chí ㊐チ
초서 속자 箎 자해 ❶**저(笛) 이름**. 가로 부는 관악기의 한 가지. 〔呂氏春秋〕調竽笙壎篪조우생훈지. ❷**대 이름**.

10 ⑯【簒】 빼앗을 찬 諫
인명 1급 ㊥cuàn ㊐サン
소전 초서 속자 簒 참고 簒(999)은 딴 자.

자해 ❶빼앗다. 〔後漢書〕 簒奪其位찬탈기위. ❷주살로 잡다. 〔後漢書〕 弋者何簒焉익자하찬언.
簒立(찬립) 신하가 왕위를 빼앗아 그 자리에 오름.
簒逆(찬역) 신하가 반역(反逆)하여 왕위를 빼앗음.
簒位(찬위) 제왕의 자리를 빼앗음.
簒奪(찬탈) 제왕의 자리를 억지로 빼앗음.

10 ⑯【築】筑 쌓을 축 屋

고등 인명 4Ⅱ급 ㊥zhù ㊐チク

필순 ⺮ 竹 竺 竻 筑 筑 筑 築 築 築

소전 초서 자원 形聲. 木+筑→築. '筑(축)'이 음을 나타낸다.
자해 ❶쌓다. ㉮성을 쌓다. 〔孟子〕 齊人將築薛제인장축설. ㉯집을 짓다. 〔史記〕 改築宮개축궁. ❷절굿공이, 용저(舂杵). ❸다지다.
築構(축구) 쌓고 얽음.
築臺(축대) ①높이 쌓아 올린 대. ②누대(樓臺)를 건축함.
築城(축성) 성을 쌓음.
築堤(축제) 제방을 쌓음.
築造(축조) 다지고 쌓아서 만듦.
築礎(축초) 기초를 다지고 쌓음.
◨ 改築개축, 建築건축, 構築구축, 修築수축, 新築신축, 增築증축.

竹 10획

11 ⑰【簋】 제기 이름 궤 紙

㊥guǐ ㊐キ

소전 초서 자해 제기(祭器) 이름. 바깥 쪽은 둥글고 안쪽은 네모진, 서직(黍稷)을 담는 제기.
簋簠(궤보) ①제사 때 서직(黍稷)을 담는 그릇. 대로 만듦. ②예의(禮儀). 예법(禮法).

11 ⑰【簏】 대 상자 록 屋

㊥lù ㊐ロク

소전 초서 자해 대 상자, 운두가 높은 대나무 상자.

11 ⑰【簍】篓 대 채롱 루 尤 麌

㊥lǒu, lǔ ㊐ロウ

소전 초서 자해 ❶대 채롱, 대 상자. 성기게 결은 채롱. ❷수레 덮개. ❸수레바퀴의 테.
簍筐(누광) 대 채롱. 대바구니.

11 ⑰【篾】 대껍질 멸 屑

㊥miè ㊐ベツ

초서 동자 篾 자해 ❶대껍질. 대나무의 속과 겉을 벗겨낸 가장 단단한 부분. 〔書經〕 敷重篾席부중멸석. ❷대 이름, 도지죽(桃枝竹).
篾席(멸석) 도지죽(桃枝竹)으로 만든 자리.
篾輿(멸여) 대를 엮어 만든 가마.

11 ⑰【篾】 篾(956)과 동자

11 ⑰【篷】篷 뜸 봉 東

㊥péng ㊐ホウ

초서 자해 ❶뜸. 대를 엮어 배·수레 따위를 덮는 물건. ❷거룻배, 작은 배.
篷舟(봉주) 뜸으로 위를 가린 배.
篷窓(봉창) 뜸을 단 배의 창문.

11 ⑰【簁】 체 사·시 支 紙

㊥shāi ㊐シ

소전 자해 ❶체. 가루를 치거나 액체를 거르는 데 쓰는 기구. =篩. ❷종다래끼. 양쪽에 끈을 달아 허리에 차거나 어깨에 매는 작은 바구니.
簁籮(사라) 체.
簁箄(사비) 물건을 담는, 대로 만든 그릇.

11 ⑰【簒】 1 대 제기 산 旱 2 반찬 찬·전 潸 霰

㊥suǎn, zhuàn ㊐サン, セン

자해 1 대 제기. 대로 만든 굽이 높은 제기. 2 ❶반찬. ≒饌. ❷서술하다, 짓다. ≒撰. 〔漢書〕 門人相與輯而論簒문인상여집이론찬.

11 ⑰【篲】 1 비 수 霽 2 살별 세 寘

㊥huì ㊐セイ, スイ

초서 자해 1 ❶비. 쓰레기를 쓰는 비. 〔莊子〕 操拔篲조발수, 以待門庭이대문정. ❷대 이름, 이대. 2 살별, 혜성(彗星).
篲星(세성) 살별. 꼬리별. 彗星(혜성).

11 ⑰【簃】 누각 곁채 이 支 紙

㊥yí ㊐イ

소전 초서 자해 ❶누각(樓閣)의 곁채. ❷이어진 궁실(宮室).

11
⑰【簇】 ①조릿대 족 屋
②모일 족 ㊍주 宥

인명 1급 ㊥cù ㊐ソク

초서 자해 ①조릿대. 볏과의 다년초. ②모이다, 떨기로 나다. 〔史記〕泰簇者태족자, 萬物簇生也만물족생야.

簇生(족생) 초목이 떨기로 남. 叢生(총생).
簇擁(족옹) 떼 지어 둘러싸고 보호함.
簇子(족자) ㊖글씨나 그림을 표구하여 벽에 걸게 만든 축(軸).
簇簇(족족) 빽빽하게 많이 모인 모양.
簇酒(족주) 여러 집에서 모은 술.
簇出(족출) 떼 지어 나옴.

11
⑰【簎】 작살 착 覺

㊥cè ㊐サク

소전 초서 자해 ①작살, 작살로 찌르다. 〔周禮〕鼈人以時簎魚鼈龜蜃凡貍物별인이시착어별귀신범리물. ②우리, 가축을 기르는 우리.

11
⑰【簒】 簒(955)의 속자

11
⑰【篸】 ①퉁소 참 侵
②비녀 잠 覃

㊥cēn, zān ㊐シン, サン

소전 초서 자해 ①①퉁소. ②참치(參差)한 모양. ②①비녀. ＝簪. 〔韓愈·詩〕山如碧玉篸산여벽옥잠. ②바늘.

篸箠(참차) 퉁소.
篸差(참치) ①대가 긴 모양. ②들쭉날쭉하여 가지런하지 않은 모양.

11
⑰【簀】 살평상 책 陌

㊥zé ㊐サク

소전 초서 자해 ①살평상. ②대자리. 〔史記〕卽卷以簀置廁中즉권이책치측중. ③쌓다. 〔詩經〕綠竹如簀록죽여책.

簀牀(책상) 살평상. 簀床(책상).
簀子(책자) ①대오리로 결은 자리. ②삿자리.

11
⑰【簉】 箃 버금 자리 추 宥

㊥zào ㊐シュウ

초서 자해 ①버금 자리, 부관(副官). ②부거(副車). ③가지런하다. 〔唐書〕簉羽鵷鷺추우원로.

簉羽(추우) 가지런한 깃털. 백관(百官)의 조현(朝見) 행렬이 가지런함.

11
⑰【篳】 筚 울타리 필 質

㊥bì ㊐ヒツ

소전 초서 자해 ①울타리, 바자울. ②사립문. 〔春秋左氏傳〕篳門閨竇之人필문규두지인. ③필률(篳篥).

篳路藍縷(필로남루) 섶나무로 거칠게 만든 허술한 수레와 누더기 옷. ㉠온갖 어려움을 견디며 노력함. ㉡일을 처음으로 시작함.
篳篥(필률) 피리처럼 생긴 아악용(雅樂用) 악기의 한 가지.
篳門(필문) ①사립문. 柴門(시문). 柴扉(시비). ②가난한 집.

12
⑱【簡】 简 대쪽 간 潸

고등 인명 4급 ㊥jiǎn ㊐カン

필순 ⺮ 𥫗 𥫗 𥫗 𥫗 𥫗 简 簡 簡 簡

소전 초서 동자 자원 形聲. 竹＋間→簡. '間(간)'이 음을 나타낸다.

자해 ①대쪽. 종이가 없던 옛날에 글을 쓰던 대나무 조각. ②글, 책. 〔詩經〕畏此簡書외차간서. ③편지. ④홀(笏). 임금을 뵐 때, 조복(朝服)에 갖추어 손에 쥐던 물건. ⑤단출하다. 〔易經〕簡則易從간즉이종. ⑥업신여기다, 무례하다. 〔孟子〕是簡驩也시간환야. ⑦가리다, 선발하다. ≒柬. 〔春秋左氏傳〕簡兵蒐乘간병수승. ⑧검열하다, 조사하다. 〔周禮〕正歲簡稼器정세간가기. ⑨게을리 하다, 태만하다. 〔呂氏春秋〕長不簡慢矣장불간만의.

簡潔(간결) 간단하고 깔끔함.
簡古(간고) 시문(詩文)이 간결하고 예스러움.
簡記(간기) ①죽간에 쓴 글. ②임명장.
簡單(간단) 간략하고 단순함.
簡牘(간독) ①종이가 없었 때 글씨를 쓰던 대쪽과 나무쪽. ②편지.
簡練(간련) 선발하여 조련(調練)함.
簡慢(간만) 소홀히 하고 업신여김.
簡明(간명) 간단하고 명료함.
簡默(간묵) 말이 적음. 寡默(과묵).
簡朴(간박) 간소하고 질박함. 簡樸(간박).
簡拔(간발) 가려 뽑음. 簡擢(간탁).
簡師(간사) ①정병(精兵)을 골라 뽑음. ②가려 뽑은 군사.
簡省(간생) 줄여서 간편하게 함. 簡約(간약).
簡書(간서) ①편지. ②계명(戒名)의 글.
簡素(간소) 간략하고 수수함.

竹 12획

簡率(간솔) 단순하고 솔직함.
簡授(간수) 뽑아서 벼슬을 줌.
簡閱(간열) 살펴봄. 가려서 조사함.
簡傲(간오) 뜻이 크고 오만함. 교만을 부림.
簡要(간요) 간략하고 요령이 있음.
簡儀(간의) 國천체의 운행과 현상을 관측하던 기구.
簡易(간이) ①간단하고 쉬움. ②성품이 온후하고 담백함.
簡章(간장) 요약한 규칙. 略則(약칙).
簡切(간절) 간편하고 잘 맞음.
簡定(간정) 가려 정함.
簡紙(간지) 國두껍고 품질이 좋은 편지지.
簡直(간직) 꾸밈이 없고 정직함.
簡札(간찰) 편지. 簡牒(간첩).
簡策(간책) ①종이 대신 글을 쓰던 대쪽. 竹簡(죽간). ②책. 서적.
簡捷(간첩) 간략하고 빠름.
簡出(간출) 가려냄. 選出(선출).
簡擇(간택) 여럿 중에서 골라 냄. 簡選(간선).
簡便(간편) 간단하고 편리함.
簡筆(간필) 편지 쓰기에 알맞은 붓. 대필(大筆)과 초필(抄筆)의 중간쯤 되는 붓.
簡核(간핵) 간단하고 확실함.
簡忽(간홀) 대수롭지 않게 여겨 소홀히 함.
◨ 書簡서간, 竹簡죽간.

竹 12획

12 ⑱【簡】 簡(957)과 동자

12 ⑱【簣】簀 삼태기 궤 寘

㊥kuì ㊐キ

초서 동자 壝 자해 **삼태기**. 〔書經〕 功虧一簣공휴일궤.

12 ⑱【簞】箪 대광주리 단 寒

인명 1급 ㊥dān ㊐タン

소전 자해 ❶**대광주리**. 〔春秋左氏傳〕 與之一簞珠여지일단주. ❷**도시락, 대오리로 둥글게 결은 그릇**. 〔孟子〕 簞食壺漿단사호장, 以迎王師이영왕사. ❸**호로병박**. ❹**대 이름**.

簞笥(단사) 대오리로 결어 만든 도시락 그릇. '簞'은 둥근 것. '笥'는 네모난 것.
簞食豆羹(단사두갱) 도시락에 담은 밥과 그릇에 담은 국. 변변치 못한 소량의 음식.
簞食瓢飮(단사표음) 도시락에 담은 밥과 표주박에 담은 물. 청빈한 생활. 簞瓢(단표).
簞食壺漿(단사호장) 도시락에 담은 밥과 병에 담은 음료. ㉠넉넉하지 못한 사람의 거친 음식. ㉡군대를 환영하기 위하여 마련한 음식.

12 ⑱【簦】 우산 등 蒸

㊥dēng ㊐トウ

소전 초서 자해 ❶**우산**. 〔史記〕 躡蹻擔簦섭각담등. ❷**대나무**.

簦笠(등립) 우산.

12 ⑱【簙】 쌍륙 박 藥

㊥bó ㊐ハク

소전 초서 자해 ❶**쌍륙, 주사위 놀이**. ❷**도박, 노름**. ≒博.

12 ⑱【簠】 제기 이름 보 麌

㊥fǔ ㊐ホ

소전 초서 자해 **제기 이름**. 바깥쪽은 네모지고 안쪽은 둥근, 벼·기장을 담는 제기. 〔周禮〕 凡祭祀共簠簋범제사공보궤.

簠簋(보궤) 보와 궤. 제향(祭享)할 때 도량(稻粱)과 서직(黍稷)을 담는 그릇.

12 ⑱【簨】 악기 다는 틀 순 軫

㊥sǔn ㊐シュン

초서 동자 筍 자해 **악기를 다는 틀**. 편종·편경 따위를 다는 가로대 〔周禮〕 有鐘磬而無簨虡유종경이무순거.

簨虡(순거) 편종·편경 따위를 다는 나무틀. '簨'은 횡목(橫木), '虡'는 종목(縱木).

12 ⑱【簪】 비녀 잠 覃 侵

인명 2급 ㊥zān ㊐シン

소전 초서 자해 ❶**비녀**. 머리털을 끌어 올리거나, 관(冠)이 벗어지지 않게 머리에 꽂는 물건. 〔左思·詩〕 聊欲投吾簪료욕투오잠. ❷**꽂다, 찌르다**. ❸**빠르다, 신속하다**.

簪裾(잠거) ①관에 꽂는 비녀와 옷자락. ②귀인(貴人) 또는 관리의 복장(服裝).
簪珪(잠규) 관에 꽂는 비녀와 서옥(瑞玉).
簪纓世族(잠영세족) 대대로 높은 벼슬을 해 온 겨레붙이.
簪筆(잠필) ①털로 꾸민 관 앞쪽에 꽂는 비녀. ②붓을 머리에 꽂음. 미관(微官)이 됨.
簪笏(잠홀) 관에 꽂는 비녀와 홀. 예복(禮服). 예복을 입는 벼슬아치.

■ 金簪금잠, 玉簪옥잠, 花簪화잠.

12 ⑱【簟】 삿자리 점 琰

㊥diàn ㊐テン

소전 초서 자해 ❶삿자리, 대자리. 〔詩經〕上莞下簟상관하점. ❷멍석, 거적. 〔禮記〕君以簟席군이점석. ❸대 이름. 마디가 길고 키가 큰 대나무.

簟牀(점상) 대로 만든 살평상. 簟床(점상).
簟席(점석) 대오리로 결어 만든 자리.
■ 莞簟관점, 瑤簟요점, 枕簟침점.

12 ⑱【簜】 왕대 탕 養

㊥dàng ㊐トウ

소전 초서 자해 ❶왕대. 마디와 마디 사이가 길고 큰 대. 〔書經〕篠簜既敷소탕기부. ❷관악기의 총칭. 생황, 퉁소 따위.

12 ⑱【簧】 簧 혀 황 陽

인명 ㊥huáng ㊐コウ

소전 초서 자해 ❶혀. 관악기의 부리에 장치하여 그 진동으로 소리를 내는 엷은 조각. ❷피리. 우(竽)·생(笙) 따위. 〔詩經〕左執簧좌집황. ❸비녀의 장식.

簧鼓(황고) 피리의 혀를 진동시켜 소리를 냄. 망언(妄言)으로 뭇사람을 현혹시킴.

13 ⑲【簳】 1조릿대 간 旱 2화살깃 간 翰

㊥gǎn, gàn ㊐カン

초서 자해 1❶조릿대. 화살을 만들기에 알맞은 대. ❷화살대. 〔列子〕乃以燕角之弧내이연각지호, 朔蓬之簳射之삭봉지간사지. 2화살깃.

13 ⑲【簵】 篝(954)와 동자

13 ⑲【簾】 帘 발 렴 鹽

인명 1급 ㊥lián ㊐レン

소전 초서 자해 ❶발, 주렴. 〔漢書〕置飾室中簾南치식실중렴남. ❷國염. 한시(漢詩)에서 평측(平仄)을 맞추는 방법.

簾鉤(염구) 문발을 걷어 거는 갈고리.
簾外(염외) ①발을 친 밖. ②과거 때 시험을 감독하는 벼슬아치.
簾政(염정) 수렴청정(垂簾聽政).
簾中(염중) ①발을 친 안. ②후비(后妃)가 거처하는 방.
簾波(염파) 발 그림자가 흔들려 파문(波紋)같이 보임.
■ 玉簾옥렴, 珠簾주렴, 竹簾죽렴.

13 ⑲【簶】 전동 록 屋

㊥lù ㊐ロク

초서 자해 전동〔箭筒〕. 화살을 담는 통. 〔舊五代史〕金裝胡簶금장호록.

13 ⑲【簿】 1장부 부 麌 2섶 박 藥

고등 인명 3Ⅱ급 ㊥bù, bó ㊐ボ, ハク

필순

초서 참고 ❶薄(1095)은 딴 자. ❷인명용 음은 '부'이다.

자원 形聲. 竹+溥→簿. '溥(부)'가 음을 나타낸다.

자해 1❶장부(帳簿). 〔漢書〕上問上林尉諸禽獸簿상문상림위제금수부. ❷회계부. 〔漢書〕與郡縣通姦여군현통간, 多張空簿다장공부. ❸홀(笏). 〔蜀志〕宓以簿擊頰복이부격협. ❹다스리다, 통괄하다. 〔荀子〕五官簿之而不知오관부지이부지. ❺조사하다. 〔新唐書〕然已命簿錄其家연이명부록기가. ❻벌열(閥閱), 벌족(閥族). 〔漢書〕官簿皆在方進之右관부개재방진지우. 2❶섶. 누에가 고치를 짓게 하도록 차려 주는 물건. ❷다닥치다, 다그다.

簿記(부기) 돈의 출납이나 재산의 증감 등을 정리하여 장부에 적는 방법.
簿歷(부력) ①날마다 기록하는 문서. ②이력과 근무 성적을 평정한 기록.
簿領(부령) 장부에 기록한 문서(文書).
簿錄(부록) ①물품의 목록. ②죄인의 가재(家財)를 조사하여 관(官)에서 몰수함. ③전적(典籍)의 목록.
簿閥(부벌) 선대의 관적(官籍)이나 문벌.
簿書(부서) ①전곡(錢穀)의 출납을 기록하는 장부. ②관청의 문서.
簿責(부책) 문서에 기재된 것을 증거로 보이며 문책함.
■ 名簿명부, 帳簿장부, 主簿주부.

13 ⑲【簙】 섶 박 藥

㊥bó ㊐ハク

자해 ❶섶. 누에가 고치를 짓게 하도록 차려 주는 물건. ≒簿. ❷쌍륙, 노름, 도박. ≒博.

13 ⑲【簺】 주사위 새 隊

㊥sài ㊐サイ

소전 초서 자해 ❶주사위, 쌍륙을 놀다. ❷어량(魚梁).

13 ⑲【簫】簫 퉁소 소 蕭

인명 1급 ㊥xiāo ㊐ショウ

소전 초서 자해 ❶퉁소. 〔詩經〕 簫管備擧소관비거. ❷활의 두 머리, 활고자. 〔禮記〕 右手執簫우수집소, 左手承弣좌수승부.

簫管(소관) 퉁소와 피리. 관악기의 총칭.
簫韶(소소) 순(舜)임금이 만든 음악 이름. 소소(簫韶).
簫笛(소적) 퉁소.
◨ 短簫단소, 洞簫퉁소.

13 ⑲【籀】 籒(961)의 속자

13 ⑲【簷】 처마 첨 本염 鹽

㊥yán ㊐エン

초서 동자 檐 자해 ❶처마. ❷갓모자, 모자의 갓 둘레.

簷端(첨단) 처마 끝. 簷頭(첨두).
簷燈(첨등) 처마 끝에 다는 등.
簷溜(첨류) 처마 끝에서 떨어지는 물방울. 낙숫물. 簷滴(첨적).
簷馬(첨마) 풍경(風磬)의 한 가지. 용(龍)의 모양을 한 많은 구슬을 실에 달아, 바람이 불면 서로 부딪쳐 소리가 나게 한 것.
簷牙(첨아) ①추녀. ②國처마.
簷椽(첨연) 처마의 서까래.

13 ⑲【簽】签 농 첨 鹽

인명 ㊥qiān ㊐セン

초서 자해 ❶농, 죽롱(竹籠). ❷찌, 쪽지. ≒籤. 〔宋史〕 付臣等看詳簽揭以上부신등간상첨게이상. ❸서명하다.

簽揭(첨게) 찌를 붙여 표로 삼음.
簽記(첨기) 적어 둠. 기록함.
簽名(첨명) 문서에 서명(署名)함.
簽題(첨제) 제목을 씀.
◨ 附簽부첨, 題簽제첨.

13 ⑲【簸】 까부를 파 哿 箇

㊥bǒ ㊐ハ

소전 초서 자해 ❶까부르다. 〔詩經〕 或簸或蹂혹파혹유. ❷흔들다. 〔杜甫·詩〕 浪簸船應坼랑파선응탁.

簸弄(파롱) ①희롱하여 놀림. 調戲(조희). 翻弄(번롱). ②말을 꾸며 시비(是非)를 뒤바꿈.
簸揚(파양) 키질을 하여 겨를 날림.

14 ⑳【籉】 삿갓 대 庚

㊥tái ㊐タイ

초서 자해 ❶삿갓. ❷대. ≒臺.

14 ⑳【籃】篮 바구니 람 覃

인명 1급 ㊥lán ㊐ラン

소전 초서 참고 藍(1098)은 딴 자.
자해 ❶바구니, 큰 바구니. ❷대광주리. ❸배롱(焙籠).

籃球(남구) 농구(籠球).
籃輿(남여) 대로 만든, 뚜껑이 없는 작은 가마.

14 ⑳【籍】 1서적 적 陌 2온화할 자 禡

고등 인명 4급 ㊥jí, jiè ㊐セキ, シャ

필순 ⺮ 笁 筸 笨 箝 箝 箝 籍 籍

소전 초서 참고 인명용 음은 '적'이다.

자원 形聲. 竹+耤→籍. '耤(적)'이 음을 나타낸다.

자해 1❶서적, 책. 〔班固·賦〕 蓋六籍所不能談개륙적소불능담. ❷문서, 적바림. 〔漢書〕 安知尺籍伍符안지척적오부. ❸장부. 〔史記〕 明習天下圖書計籍명습천하도서계적. ❹명부, 대쪽. 〔史記〕 當高罪死당고죄사, 除其官籍제기관적. ❺호적. 〔漢書〕 以昭元功之侯籍云이소원공지후적운. ❻적다, 기록하다. 〔春秋左氏傳〕 非禮也비례야, 勿籍물적. ❼등록하다. 〔漢書〕 籍吏民적리민. 2온화하다, 너그럽다. ≒藉. 〔漢書〕 治敢往치감왕, 少溫籍소온자.

籍貫(적관) ①호적(戶籍). ②조상이 살았거나 자신이 태어난 곳.
籍記(적기) 장부에 기입함.
籍甚(적심) 명성이 세상에 널리 퍼짐.
籍籍(적적) ①난잡한 모양. ②여러 사람의 입에 오르내리는 모양. 藉藉(자자). ③종횡(縱橫)으로 흩어지는 모양.

籍田(적전) 임금이 몸소 농민을 두고 농사를 지어 거둔 곡식으로 종묘(宗廟)·사직(社稷)에 제사를 지내던 제전(祭田).

◪ 經籍경적, 貫籍관적, 國籍국적, 軍籍군적, 妓籍기적, 無籍무적, 兵籍병적, 本籍본적, 原籍원적, 書籍서적, 船籍선적, 入籍입적, 在籍재적, 典籍전적, 除籍제적, 地籍지적, 學籍학적, 戶籍호적.

14 ⑳【籊】 길고 끝이 빨 적 錫

㊥tì ㊐テキ

초서 자해 **길고 끝이 빨다, 대가 길고 끝이 빤 모양.** 〔詩經〕 籊籊竹竿적적죽간, 以釣于淇이조우기.

籊籊(적적) 대나무가 가지 없이 가늘고 길며 끝이 뾰족한 모양.

14 ⑳【籌】筹 투호살 주 尤

인명 ㊥chóu ㊐チュウ

소전 초서 자해 **❶투호(投壺)살.** 〔禮記〕 籌室中五扶주실중오부. **❷산가지.** 〔儀禮〕 箭籌八十전주팔십. **❸세다, 헤아리다.** 〔後漢書〕 豫籌其事예주기사. **❹꾀, 계책.** 〔史記〕 運籌策帷帳之中운주책유장지중. **❺제비.** 승부나 차례를 결정하는 한 방법으로 쓰는 물건. 〔北史〕 文令探籌取之문령탐주취지.

籌決(주결) 헤아려 결정함.

籌略(주략) 계획과 모략. 籌策(주책).

籌備(주비) 어떤 일을 하기 위해 미리 계획하고 준비함.

籌商(주상) ①헤아림. 상량(商量)함. ②의논함. 籌議(주의).

籌議(주의) 헤아려 의논함. 籌商(주상).

籌策(주책) 손익을 헤아려 생각해 낸 꾀. 籌劃(주획).

籌板(주판) 셈을 놓는 데 쓰는 기구의 하나. 數板(수판).

籌學(주학) 산학(算學)의 딴 이름.

◪ 邊籌변주, 運籌운주, 探籌탐주.

15 ㉑【籐】 대 기구 등 蒸

㊥téng ㊐トウ

초서 자해 **❶대 기구. ❷등나무.** =藤.

15 ㉑【籓】 가릴 번 元

㊥fān ㊐ハン

소전 동자 䉒 자해 **❶가리다, 덮다. ❷큰 키, 곡식을 까부르는 키.**

籓落(번락) 바자울. 잡목·대나무 따위로 엉성하게 결어서 만든 울타리.

15 ㉑【䉒】 籓(961)과 동자

15 ㉑【籔】 ① 휘 수 麌 ② 조리 수 宥

㊥shǔ, sǒu ㊐ス

소전 자해 ① **❶휘.** 16말〔斗〕들이 용량. 〔儀禮〕 車乘有五籔거승유오수. **❷똬리, 대나무로 만든 똬리.** ② **조리(笊籬).**

籔箕(수기) 대오리로 만든, 쌀을 이는 기구. 笊籬(조리).

15 ㉑【籒】 주문 주 宥

㊥zhòu ㊐チュウ

소전 초서 속자 䈙 자해 **❶주문(籒文). ❷읽다, 글을 읽다.**

籒文(주문) 주(周) 선왕(宣王) 때 태사(太史) 주(籒)가 만든, 한자 자체(字體)의 한 가지. 소전(小篆)의 전신으로 대전(大篆)이라고도 함. 史籒(사주). 篆籒(전주).

15 ㉑【籑】 ① 撰(536)과 동자 ② 饌(1398)과 동자

15 ㉑【籖】 籤(962)의 속자

16 ㉒【籚】 창 자루 로 虞

㊥lú ㊐ロ

소전 자해 **❶창의 자루. ❷큰 상자. ❸대 이름. ❹동자기둥.** 들보 위에 세우는 짧은 기둥.

16 ㉒【籙】 책 상자 록 沃

㊥lù ㊐ロク

초서 자해 **❶책 상자. ❷책. ❸대쪽. ❹미래기, 예언서.** 〔張衡·賦〕 高祖膺籙고조응록.

籙圖(녹도) ①역사에 관한 책. 史籍(사적). ②미래의 길흉을 예언한 글.

◪ 圖籙도록, 符籙부록, 祕籙비록, 帝籙제록.

16 ㉒【籠】笼 ①대그릇 롱 東 ②대 이름 롱 冬

인명 2급 ㊥lóng ㊐ロウ

소전 초서 동자 篭 자해 ① ❶대그릇. ㉮삼태기. 흙을 옮기는 데 쓰는 대그릇. 〔漢書〕荷籠負鍤하롱부삽. ㉯새장. 〔莊子〕以天下爲之籠이천하위지롱, 則雀无所逃즉작무소도. ㉰물건을 담는 대그릇. 〔新五代史〕匿於茶籠中닉어다롱중. ❷전동〔箭筒〕. 〔周禮〕充籠箙矢충롱복시. ❸포괄(包括)하다. 〔史記〕盡籠天下之貨物진롱천하지화물. ② ❶대 이름. ❷풀 이름.

籠括(농괄) 포괄(包括)함.
籠羅(농라) ①새장과 그물. ②법률(法律).
籠絡(농락) ①새장과 고삐. ②교묘한 꾀로 남을 손아귀에 넣어 마음대로 놀림.
籠絆(농반) 얽매어 자유를 주지 않음.
籠城(농성) ①성문을 굳게 닫고 성을 지킴. ②어떤 목적을 이루기 위하여 한자리를 떠나지 않고 시위함.
籠鶯(농앵) 새장 안의 꾀꼬리. 속박되어 자유롭지 못함의 비유.
籠鳥(농조) 새장에 갇힌 새. 속박된 신세의 비유. 籠禽(농금).
籠鳥戀雲(농조연운) 새장에 갇힌 새가 구름을 그리워함. 속박된 몸이 자유를 갈망함.
籠檻(농함) 대로 엮어 만든 우리.
◨ 燈籠등롱, 樊籠번롱, 竹籠죽롱, 綵籠채롱.

16 ㉒【籟】籁 세 구멍 퉁소 뢰 泰

㊥lài ㊐ライ

소전 초서 자해 ❶세 구멍 퉁소. 〔史記〕吹鳴籟취명뢰. ❷소리, 울림. 〔莊子〕敢問天籟감문천뢰.

16 ㉒【籞】 금원 어 語

㊥yù ㊐ギョ

초서 동자 御 자해 ❶금원(禁苑). 〔漢書〕池籞未御幸者지어미어행자, 假與貧民가여빈민. ❷물고기를 놓아기르는 곳. ❸어리. 새를 가두어 기르는 것. ❹가리개, 볕을 가리는 가리개.

16 ㉒【籯】 籯(963)과 동자

16 ㉒【籜】箨 대껍질 탁 藥

㊥tuo ㊐タク

초서 자해 ❶대껍질. 〔謝靈運·詩〕初篁苞綠籜초황포록탁. ❷풀 이름.

籜龍(탁룡) 죽순(竹筍)의 딴 이름.

17 ㉓【籧】籧 ①대자리 거 魚 ②대광주리 거 語

㊥qú, jǔ ㊐キョ

소전 초서 자해 ① ❶대자리, 발이 거친 대자리. ❷새가슴. 〔國語〕籧篨不可使俯거저불가사부. ② 대광주리. 뽕잎을 담는 그릇. 〔禮記〕具曲植籧筐구곡식거광.

籧筐(거광) 뽕잎을 따서 담는 대바구니.
籧篨(거저) ①대자리. ②새의 가슴처럼 불룩한 사람의 가슴. 새가슴.

17 ㉓【籟】 심문할 국 屋

㊥jū ㊐キク

소전 초서 자해 심문하다, 국문하다. =鞫.

17 ㉓【籣】 동개 란 寒

㊥lán ㊐ラン

소전 초서 자해 동개. 활과 화살을 넣어 등에 지는 기구. 〔漢書〕抱弩負籣포노부란.

17 ㉓【籥】 피리 약 藥

㊥yuè ㊐ヤク

소전 초서 자해 ❶피리. 구멍이 셋 또는 여섯. 〔詩經〕左手執籥좌수집약. ❷자물쇠, 열쇠. ≒鑰. 〔禮記〕脩鍵閉愼管籥수건폐신관약. ❸잠그다, 채우다.

籥口(약구) 입을 다물고 말하지 않음.

17 ㉓【籤】签 제비 첨 鹽

인명 1급 ㊥qiān ㊐セン

소전 초서 속자 籖 자해 ❶제비, 심지. ❷꼬챙이, 꼬치. 〔宋史〕每盾削竹籤十六穿于革매순삭죽첨십륙천우혁. ❸찌, 찌지. ❹점대.

籤辭(첨사) 점대에 적힌 길흉에 대한 문구.
籤子(첨자) ①꼬챙이. ②國㉠점대. ㉡장도(粧刀)가 칼집에서 빠지지 않도록 칼집 옆에 덧대어 붙인 두 개의 쇠.
籤紙(첨지) 책 따위에 무엇을 표시하려고 붙이는 쪽지. 찌지.
◨ 當籤당첨, 書籤서첨, 抽籤추첨.

19 ㉕【籬】篱 울타리 리 支

인명 1급 ㊥lí ㊐リ

초서 자해 울타리. 〔潘岳·賦〕長楊映沼장양영소, 芳枳樹籬방지수리.

籬菊(이국) 울 밑의 국화.

籬鷃(이안) ①울타리 사이를 나는 굴뚝새. ②좁은 견식. 井蛙(정와).

籬垣(이원) 울타리. 籬落(이락).

◨ 藩籬번리, 牆籬장리, 竹籬죽리.

19 ㉕【籩】笾 제기 이름 변 先

㊥biān ㊐ヘン

소전 초서 자해 제기 이름, 변. 제사 때 과일이나 건육(乾肉)을 담는 대그릇. 〔周禮〕掌四籩之實장사변지실.

籩豆(변두) 제사 때 쓰는 그릇인 변과 두. '豆'는 김치·식혜 등을 담는 나무 그릇.

◨ 豆籩두변, 肆籩사변, 羞籩수변, 薦籩천변.

20 ㉖【籯】 바구니 영 庚

㊥yíng ㊐エイ

소전 초서 동자 籝 동자 篕 자해 ❶바구니. 〔漢書〕遺子黃金滿籯유자황금만영.

26 ㉜【籲】吁 부를 유·약 遇 藥

㊥yù ㊐ユ

소전 초서 자해 부르다, 부르짖다. 〔書經〕無辜籲天무고유천.

籲俊(유준) 슬기롭고 뛰어난 사람을 초빙함.

米部 쌀미

0 ⑥【米】 쌀 미 薺

중학 인명 6급 ㊥mǐ ㊐ベイ

필순 丶 丷 丷 半 米 米

소전 초서 자원 象形. 곡식의 알, 곧 낟알을 본뜬 글자. 네 개의 점은 낟알을 본뜬 것이고, '十'은 낟알이 따로따로 떨어져 있음을 나타낸다.

자해 ❶쌀. 〔周禮〕掌米粟之出入장미속지출입. ❷㊊길이의 단위. '미터(meter)'의 음역어.

米泔(미감) 쌀뜨물.

米監(미감) (佛)절에서 쌀뒤주를 맡아보는 일. 또는 그런 일을 맡은 사람.

米糠(미강) 쌀겨.

米穀(미곡) ①쌀. ②쌀을 비롯한 모든 곡식.

米囊化(미낭화) 양귀비. 罌粟(앵속).

米廩(미름) ①미곡 창고. ②하(夏)나라의 학교 이름.

米粉(미분) 쌀가루. 米麪(미면).

米粟(미속) ①쌀. 쌀과 조. ②곡물(穀物).

米壽(미수) 88세의 딴 이름. '米' 자를 풀면 '八十八'이 되는 데서 온 말.

米食(미식) 쌀밥을 먹음.

米鹽(미염) ①쌀과 소금. ②생활의 밑천. ③자질구레하고 번거로운 일.

米廛(미전) 國싸전. 쌀을 파는 가게.

米泉(미천) 술의 딴 이름.

米包(미포) 쌀부대. 쌀가마니.

◨ 穀米곡미, 祿米녹미, 白米백미, 精米정미, 玄米현미.

2 ⑧【籴】 ①쌀 사들일 적 錫 ②섞일 잡 合

㊥dí, zá ㊐テキ, ショウ

자해 ①쌀을 사들이다. =糴. ②섞이다, 섞다. ≒雜.

4 ⑩【粉】 ①가루 분 吻 ②단장할 분 問

고등 인명 4급 ㊥fěn ㊐フン

필순 丶 丷 丷 半 米 米 米 米 粉 粉

소전 초서 자원 形聲. 米+分→粉. '分(분)'이 음을 나타낸다.

자해 ① ❶가루. ㉮쌀가루. ㉯분. 화장품의 한 가지. ㉰고물. ❷가루를 빻다, 가루를 내다. ② ❶단장하다, 분을 바르다. ❷희다. 〔書經〕藻火粉米조화분미.

粉匣(분갑) 國분을 담는 조그만 갑.

粉骨碎身(분골쇄신) 뼈를 가루로 만들고 몸을 부숨. 온 힘을 다함.

粉筐(분광) 분을 담는 갑(匣). 粉奩(분렴).

粉黛(분대) ①분과 눈썹먹. 화장함. 粉墨(분묵). ②미인.

粉面(분면) 분으로 화장한 얼굴.

粉墨(분묵) ①분과 먹. 서로 거리가 먼 사물. ②아름다운 채색(彩色).

粉白(분백) ①화장하는 데 쓰는 흰색 분. 白粉(백분). ②흰 분으로 화장함.

粉白黛綠(분백대록) 분을 하얗게 바르고 눈썹먹을 칠함. 곱게 화장함.

粉壁紗窓(분벽사창) 흰 벽과 깁으로 바른 창.

미인이 거처하는 곳.
粉本(분본) 초벌 그림. 素描(소묘).
粉碎(분쇄) ①가루처럼 잘게 부스러뜨림. ②적을 철저히 쳐부숨.
粉飾(분식) ①분을 발라 화장함. ②내용이 없이 거죽만을 좋게 꾸밈.
粉蝶(분접) 흰 나비. 아름다운 나비.
粉脂(분지) 분과 연지(臙脂).
粉塵(분진) ①티끌. ②아주 작은 것의 비유.
粉堞(분첩) 하얗게 칠한 성가퀴.
粉筆(분필) ①그림 그리는 붓. 畫筆(화필). ②칠판에 글씨를 쓰는 물건. 白墨(백묵).
◨ 麥粉맥분, 白粉백분, 製粉제분, 脂粉지분.

4
⑩【粃】 쭉정이 비 紙

인명 ㊥bǐ, pī ㊐ヒ

초서 자해 쭉정이. ＝秕. 〔莊子〕塵垢粃糠진구비강.
粃糠(비강) 쭉정이와 겨. ㉠하찮은 물건. ㉡國변변치 못한 음식.

4
⑩【粋】 粹(965)와 동자

5
⑪【粒】 알 립 緝

인명 1급 ㊥lì ㊐リュウ

소전 초서 자해 ❶알. ㉮쌀알. ㉯알갱이. 구슬, 환약 따위와 같이 둥글고 잔 물건. ❷쌀밥을 먹다. 〔書經〕烝民乃粒증민내립. ❸낟알. 〔禮記〕有不粒食者矣유불립식자의.
粒米(입미) ①낟알. 쌀알. ②매우 적은 양.
粒食(입식) 쌀밥을 먹음.
◨ 米粒미립, 飯粒반립, 粟粒속립, 絕粒절립.

5
⑪【粕】 지게미 박 藥

인명 1급 ㊥pò ㊐ハク

소전 초서 자해 지게미. 술을 짠 찌꺼기. 〔淮南子〕是直聖人之糟粕耳시직성인지조박이.

5
⑪【粘】 끈끈할 점 ㊍념 鹽

인명 1급 ㊥zhān, nián ㊐ネン

초서 동자 黏 자해 끈끈하다, 끈기가 많다, 차져서 잘 붙다.
粘啓(점계) 國증거나 참고가 될 만한 문서를 첨부하여 임금에게 글을 올리던 일.
粘塊(점괴) 끈끈하게 엉긴 덩이.
粘膜(점막) 소화관, 기도 따위의 안쪽을 덮고 있는 부드럽고 끈끈한 막.
粘米(점미) 찹쌀.
粘液(점액) 끈끈한 성질이 있는 액체.
粘着(점착) 착 달라붙음.
粘土(점토) 진흙. 빛깔이 붉은 차진 흙.

5
⑪【粜】 糶(968)와 동자

5
⑪【粗】 거칠 조 ㊍추 虞

인명 1급 ㊥cū ㊐ソ

소전 초서 자해 ❶거칠다, 정세(精細)하지 못하다. 〔荀子〕愚者之言우자지언, 芴然而粗홀연이조. ❷크다. 〔禮記〕其器高以粗기기고이조. ❸대강, 대략. 〔司馬相如·文〕請爲大夫粗陳其略청위대부조진기략.
粗略(조략) 정성을 들이지 않아 거칢. 간략하여 보잘것없음.
粗糲(조려) ①거칠고 궂은 쌀. 玄米(현미). ②변변하지 않은 음식.
粗漏(조루) 일이 거칠고 실수가 많음.
粗米(조미) 거친 쌀.
粗率(조솔) 거칠고 경솔함.
粗安(조안) 별고 없이 편안함. 粗寧(조녕).
粗野(조야) ①거칠고 촌스러움. ②조심성이 없고 거친 모양.
粗惡(조악) 거칠고 나쁨.
粗言(조언) 거친 말. 난폭한 말.
粗衣粗食(조의조식) 거친 옷과 변변하지 않은 음식. 惡衣惡食(악의악식).
粗雜(조잡) 말이나 행동이 거칠고 잡스러워 품위가 없음.
粗製濫造(조제남조) 품질이 거친 물건을 함부로 많이 만듦.
粗暴(조포) 거칠고 포악함.
粗忽(조홀) 언행이 가볍고 탐탁하지 않음.

6
⑫【粦】 燐(787)과 동자

6
⑫【粟】 조 속 沃

고등 인명 3급 ㊥sù ㊐ゾク

필순 一 ㄧ 覀 覀 覀 覀 覀 栗 粟 粟

소전 초서 참고 栗(630)은 딴 자.
자원 會意. 米＋卤→㮚→粟. '卤'은 초목에 열매가 달린 모양. '米'와

米 4획

합하여 찧지 않은 곡식 낟알, 특히 조를 나타낸다.

자해 ❶조. ❷오곡의 총칭. 〔禮記〕 獻粟者執右契헌속자집우계. ❸벼, 찧지 아니한 곡식. 〔論衡〕 穀之始熟曰粟곡지시숙왈속. ❹녹미(祿米). 〔史記〕 義不食周粟의불식주속.

粟奴(속노) 조의 깜부기.

粟米(속미) ①조와 쌀. ②벼. ③좁쌀.

粟散國(속산국) 좁쌀을 흩뜨려 놓은 것과 같이 작은 나라들.

◨ 滄海一粟창해일속.

6 ⑫【粤】 어조사 월 月

㊥yuè ㊐エツ

소전 粤 초서 粤 자해 ❶어조사. 이에. 발어사. 〔漢書〕 粤其聞曰월기문왈. ❷두텁다. ❸나라 이름. 주대(周代)의 제후국. ＝越. ❹땅 이름. 광동(廣東)·광서(廣西) 등의 지역.

粵犬吠雪(월견폐설) 월(粵)의 개가 눈을 보고 짖음. ㉠낯선 것을 보면 의심하기 쉬움. ㉡식견이 좁은 자가 탁월한 언행(言行)을 의심하여 비난함. 월 지방은 눈이 적게 오므로, 눈이 오면 개가 이상히 여겨 짖는다는 데서 온 말. 蜀犬吠日(촉견폐일).

6 ⑫【粢】 1 기장 자 支 2 술 제 霽

㊥zī, jì ㊐シ, セイ

초서 粢 자해 1 ❶기장. 〔孟子〕 以供粢盛이공자성. ❷곡식의 총칭. 〔春秋左氏傳〕 粢食不鑿자식불착. ❸쌀떡. 2 술〔酒〕. 〔禮記〕 粢醍在堂제제재당.

粢盛(자성) 나라의 큰 제사에 쓰는 곡물.

粢醍(제제) 기장으로 빚은 술.

6 ⑫【粧】 단장할 장 陽

고등 인명 3Ⅱ급 ㊥zhuāng ㊐ショウ

필순 丶 丷 半 米 米 米' 粁 粁 粧 粧

초서 粧 자원 形聲. 米→庄→粧. '庄(장)'이 음을 나타낸다.

자해 ❶단장하다. 〔南史〕 必爲半面粧以俟필위반면장이후. ❷분장하다.

粧鏡(장경) 화장용 거울.

粧刀(장도) 國주머니에 넣거나 옷고름에 차고 다니는, 칼집이 있는 작은 칼. 장도칼.

粧奩(장렴) ①화장품 상자. ②혼수(婚需).

粧點(장점) ①단장함. ②國좋은 땅을 가려 집을 지음.

粧痕(장흔) 단장한 흔적.

◨ 假粧가장, 美粧미장, 盛粧성장, 新粧신장, 化粧화장.

6 ⑫【粥】 1 죽 죽 屋 2 팔 육 屋

인명 ㊥zhōu, yù ㊐シュク, イク

초서 粥 동자 精 동자 鬻 참고 인명용 음은 '죽'이다.

자해 1 죽. 〔禮記〕 饘粥之食전죽지식. 2 팔다. 〔禮記〕 宗廟之器종묘지기, 不粥於市불육어시.

粥飯僧(죽반승) 죽과 밥만 많이 먹는 중. 무능한 사람을 욕하는 말.

7 ⑬【粳】 메벼 갱 庚

인명 ㊥jīng ㊐コウ

동자 秔 자해 메벼. 낟알에 찰기가 없는 벼. 〔史記〕 祭以粳稻제이갱도.

粳稻(갱도) 메벼.

粳米(갱미) 멥쌀.

7 ⑬【粱】 기장 량 陽

인명 1급 ㊥liáng ㊐リョウ

소전 粱 초서 粱 속자 粱 참고 梁(634)은 딴 자.

자해 ❶기장. 조보다 낟알이 굵은 곡식의 한 가지. 〔漢書〕 重車餘棄粱肉중거여기량육. ❷기장밥. 〔禮記〕 大夫不食粱대부불식량.

7 ⑬【粮】 糧(968)과 동자

7 ⑬【粲】 정미 찬 翰

인명 ㊥càn ㊐サン

소전 粲 초서 粲 자해 ❶정미, 잘 쓿은 쌀. ❷밝다, 선명하다. ≒燦. 〔詩經〕 於粲洒埽어찬쇄소. ❸웃는 모양. 〔春秋穀梁傳〕 軍人粲然皆笑군인찬연개소.

粲然(찬연) ①선명한 모양. 분명한 보양. ②웃는 모양. ③깨끗한 모양.

8 ⑭【粹】 1 순수할 수 寘 2 부서질 쇄 隊

인명 1급 ㊥cuì, suì ㊐スイ

소전 粹 초서 粹 동자 粋 참고 인명용 음은 '수'이다.

자해 1 ❶순수하다. 〔呂氏春秋〕 天下無粹白

之狐천하무수백지호. ❷**정밀하다, 자세하다.** ❸**아름답다.** ②**부서지다.** ≒碎. 〔荀子〕舍粹折無適也사쇄절무적야.
粹靈(수령) ①뛰어나고 기이함. ②몹시 영묘(靈妙)함.
粹美(수미) 순수하고 아름다움.
粹然(수연) 꾸밈없이 순수한 모양.
粹學(수학) 뛰어난 학문. 순수한 학문.
◨ 純粹순수, 精粹정수, 眞粹진수.

8 ⑭ 【精】 쓿은 쌀 정 庚

중학 인명 4Ⅱ급 ㊥jīng ㊐セイ

필순 丶 丷 䒑 半 米 米 料 粎 精 精 精

소전 精 초서 精 동자 精 자원 形聲. 米+青→精. '青(청)'이 음을 나타낸다.

자해 ❶**쓿은 쌀, 정미.** 〔論語〕食不厭精식불염정. ❷**쓿다, 찧다.** ❸**자세하다, 면밀하다.** 〔呂氏春秋〕用志如此其精也용지여차기정야. ❹**깊다, 그윽하다.** 〔呂氏春秋〕其知彌精기지미정. ❺**순일(純一)하다, 전일(專一)하다.** 〔淮南子〕心竟不精심경부정. ❻**아름답다.** 〔後漢書〕朋精粹而爲徒붕정수이위도. ❼**맑다.** 〔國語〕祓除其心精也불제기심정야. ❽**해. 달. 별.** ❾**근본.** ㉮**생명의 근원, 남자의 정액(精液).** 〔易經〕男女構精남녀구정, 萬物化生만물화생. ㉯**만물을 생성하는 음양의 기(氣).** 〔淮南子〕天地之襲精천지지습정, 爲陰陽정위음양. ❿**혼, 혼백, 정령(精靈).**
精懇(정간) 정성스럽고 간절함.
精簡(정간) 정밀하게 고름.
精鑑(정감) 정밀하게 관찰함.
精甲(정갑) ①견고하고 훌륭한 갑옷. ②날래고 용맹스러운 군사. 정병(精兵).
精強(정강) 날래고 강함. 精勁(정경).
精巧(정교) 정밀하고 교묘함.
精勤(정근) ①정성스럽고 부지런함. ②부지런히 힘씀. 쉬지 않고 근무함.
精金良玉(정금양옥) 정련(精鍊)된 금속과 훌륭한 옥. 인품이 깨끗하고 온화함.
精氣(정기) ①만물을 생성하는 원기(元氣). ②정신과 기력(氣力). 정력과 근기(根氣).
精記(정기) ①잘 기억함. ②자세히 기록함.
精騎(정기) 정예한 기병(騎兵).
精緊(정긴) 정묘하고 긴요함. 精要(정요).
精到(정도) 아주 정묘한 경지에 이름.
精讀(정독) 자세히 읽음.
精良(정량) 매우 정묘하고 훌륭함.
精慮(정려) 곰곰이 생각함. 精思(정사).
精勵(정려) 힘써 부지런히 일함.
精力(정력) 심신의 활동력.
精鍊(정련) 잘 단련함.
精靈(정령) ①빼어나고 영묘한 기운. 우주 만물의 근원. ②(佛)죽은 사람의 혼.
精妙(정묘) 정밀하고 오묘함.
精微(정미) 정밀하고 자세함.
精米(정미) 벼를 찧어 쌀을 만듦.
精敏(정민) 사리에 정통하고 민첩함.
精密(정밀) 아주 정교하고 세밀함.
精白(정백) ①아주 흼. 純白(순백). ②國쌀이나 보리를 찧어 희게 만듦.
精兵(정병) 가려 뽑은 날쌔고 용맹한 군사.
精算(정산) 자세하게 계산함.
精詳(정상) 정밀하고 자세함.
精選(정선) 세밀하게 골라 뽑음.
精鮮(정선) 매우 고움.
精細(정세) 아주 자세함. 아주 세밀함.
精灑(정쇄) 아주 깨끗하고 맑음.
精修(정수) 정미(精微)하게 학문을 닦음.
精髓(정수) ①뼈 속에 있는 골. ②사물의 핵심(核心). 고갱이. 眞髓(진수).
精熟(정숙) 정통하고 능숙함. 아주 익숙함.
精神(정신) 사고나 감정의 작용을 일으키는 인간의 마음.
精深(정심) 자세하고 깊이가 있음.
精姸(정연) 정묘하고 고움. 精美(정미).
精硏(정연) 깊이 연구함. 精究(정구).
精詣(정예) 정도(精到)한 학술의 조예.
精銳(정예) 썩 날래고 용맹함. 또는 그런 군사.
精油(정유) 석유를 정제함, 또는 그 석유.
精義(정의) 자세한 의의(意義).
精一(정일) 마음이 정세(精細)하고 한결같음.
精切(정절) 자세하고 적절함.
精粗(정조) 정밀함과 조잡함. 精麤(정추).
精進(정진) ①힘써 나아감. ②사물에 정통하고 직무에 힘씀. ③(佛)일심으로 불도를 닦음.
精彩(정채) ①윤. 광채(光彩). ②발랄한 기상.
精鐵(정철) 정련(精鍊)한 쇠. 熟鐵(숙철).
精忠(정충) 한결같은 충성(忠誠). 조금도 사심(私心)이 없는 순수한 충성.
精緻(정치) 정교하고 치밀함.
精討(정토) 정밀하게 탐구함.
精通(정통) 정확하고 자세히 앎.
精悍(정한) 날래고 사나움. 성질이 날카롭고 용감함.
精解(정해) ①정밀한 해석. ②정밀하게 해득(解得)함. 환하게 깨달음.
精核(정핵) ①정세(精細)하고 확실함. ②자세히 연구하여 핵심을 밝힘. 精覈(정핵).
精魂(정혼) 넋. 영혼. 精魄(정백).
精華(정화) ①뛰어나고 화려함. 가장 순수하고

빛남. ②정수가 될 만한 뛰어난 부분.
精確(정확) 자세하고 확실함.
◨ 受精수정, 妖精요정, 酒精주정, 地精지정.

8 ⑭【精】 精(966)과 동자

9 ⑮【糂】 나물죽 삼 感
㊥sǎn ㊐サン
소전 초서 동자 糝 자해 ❶나물죽. 나물국에 쌀을 넣어 쑨 죽. ❷낟알. ❸섞다, 섞이다.

9 ⑮【糈】 양식 서 魚語
㊥xǔ ㊐ショ
소전 자해 ❶양식. ❷정미(精米), 젯메쌀. 〔楚辭〕 懷椒糈而要之회초서이요지.

9 ⑮【糅】 섞을 유 宥
㊥róu ㊐ジュウ
초서 자해 ❶섞다, 섞이다. 〔儀禮〕 白羽與朱羽糅백우여주우유.
糅錯(유착) 서로 뒤섞임.

9 ⑮【糊】 풀 호 虞
인명 1급 ㊥hú ㊐コ
초서 자해 ❶풀, 붙이는 풀. ❷흐리다, 모호하다. 〔杜甫·詩〕 馳背錦模糊치배금모호.
糊口(호구) 입에 풀칠함. ㉠겨우 먹고삶. ㉡가난한 살림. 餬口(호구).
糊名(호명) 과거 볼 때 시험관의 정실(情實) 행위를 막기 위하여, 시험지의 응시자 이름을 풀칠하여 봉하던 일.

10 ⑯【糓】 穀(927)의 속자

10 ⑯【糗】 볶은 쌀 구 篠
㊥qiǔ ㊐キュウ
소전 초서 자해 ❶볶은 쌀, 곡물을 볶은 것. 〔周禮〕 糗餌粉餈구이분자. ❷건량(乾糧). 〔孟子〕 舜之飯糗茹草也순지반구여초야.
糗糒(구비) 말린 밥. 옛날에 군량(軍糧)으로 썼음. 乾飯(건반). 糗糧(구량).

10 ⑯【糖】 사탕 당 陽
고등 인명 3Ⅱ급 ㊥táng ㊐トウ
필순 丶 丷 半 米 米' 米广 粐 粐 糖 糖
소전 초서 참고 인명용 음은 '당·탕'이다.
자원 形聲. 米+唐→糖. '唐(당)'이 음을 나타낸다.
자해 ❶사탕. 〔易林〕 南箕無舌남기무설, 飯多沙糖반다사당. ❷엿. =餹.
糖度(당도) 당분(糖分)의 농도.
糖分(당분) 사탕질의 성분.
糖霜(당상) 흰 설탕. 백설탕.
糖乳(당유) 진하게 달인 우유. 煉乳(연유).
◨ 果糖과당, 白糖백당, 沙糖사탕, 雪糖설탕, 製糖제당, 黑糖흑당.

10 ⑯【糒】 건량 비 寘
㊥bèi ㊐ヒ
소전 초서 동자 粭 자해 건량, 말린 밥. 행군할 때의 양식. 〔漢書〕 大將軍使長史持糒醪遺廣대장군사장사지비료유광.

11 ⑰【糠】 겨 강 陽
인명 1급 ㊥kāng ㊐コウ
초서 동자 穅 동자 粇 자해 겨, 쌀겨. 〔莊子〕 不如食以糠糟불여식이강조.
糠秕(강비) ①겨와 쭉정이. ②소용없는 물건.
糠鰕(강하) 보리새우. 새우의 일종.
◨ 粃糠비강, 糟糠조강.

11 ⑰【糢】 모호할 모
1급 ㊥mó ㊐モ
자해 모호하다.
糢糊(모호) 뚜렷하지 아니하고 흐리터분함.

11 ⑰【糜】 죽 미 支
㊥mí ㊐ビ
소전 초서 자해 ❶죽, 된죽. 〔禮記〕 行糜粥飮食행미죽음식. ❷싸라기, 부서진 쌀알. ❸문드러지다. 〔孟子〕 糜爛其民미란기민. ❹써서 없애다, 흩다. ≒靡. 〔荀子〕 以糜敝之이미폐지.
糜爛(미란) ①잘게 부서짐. ②썩어 문드러짐.

米 11획

糜粥(미죽) 죽. 미음.

11 ⑰【糞】粪 똥 분 問

인명 1급 ㊥fèn ㊐フン

소전 초서 자해 ❶똥. 〔吳越春秋〕今者臣竊嘗大王之糞금자신절상대왕지분. ❷더러운 것을 제거하다. ❸거름을 주다. 〔禮記〕可以糞田疇가이분전주.

糞尿(분뇨) 똥과 오줌.
糞壤(분양) ①더러운 땅. 썩은 흙. 糞土(분토). ②땅에 거름을 줌.
糞土(분토) ①더러운 흙. 썩은 흙. 糞壤(분양). ②몹시 비하(卑下)하거나 혐오함.
糞土言(분토언) 도리에 닿지 않는 비천한 말.
◨ 馬糞마분, 放糞방분, 人糞인분.

11 ⑰【糟】 전국 조 豪號

인명 1급 ㊥zāo ㊐ソウ

소전 초서 자해 ❶전국, 거르지 아니한 술. 〔周禮〕共后之致飮于賓客之禮醫酏糟공후지치음우빈객지례의이조. ❷지게미. 술을 거르고 남은 찌꺼기. 〔楚辭〕何不餔其糟而歠其醨하불포기조이철기리.

糟糠(조강) ①지게미와 쌀겨. ②변변하지 않은 음식.
糟糠之妻(조강지처) 가난하여 지게미와 겨 같은 거친 음식을 먹으면서 고생을 같이한 아내. 糟糠之婦(조강지부).
糟粕(조박) ①지게미. ②보잘것없는 것.
糟甕(조옹) 지게미를 담은 독.

12 ⑱【糧】粮 양식 량 陽

고등 인명 4급 ㊥liáng ㊐リョウ

필순 丶 丷 半 米 米' 籵 粐 粮 糧 糧

소전 초서 동자 粮 자원 形聲. 米+量→糧. '量(량)'이 음을 나타낸다.

자해 ❶양식. ㉮식량의 총칭. 〔晉書〕每月初得祿매월초득록, 裁留身糧재류신량, 其餘悉分振親族기여실분진친족. ㉯여행이나 행군에 쓰는 식량, 건량(乾糧). 〔周禮〕治其糧與其食치기량여기식. ❷구실, 조세. ❸급여(給與), 녹(祿). 〔新唐書〕新至官者신지관자, 計日給糧계일급량.

糧道(양도) ①군량을 운반하는 길. ②㊰양식의 씀씀이.
糧米(양미) 양식으로 쓰는 쌀.
糧食(양식) 살아가는 데 필요한 먹을거리.
糧資(양자) 생활에 필요한 양식과 비용.
糧草(양초) 군량과 말먹이. 糧秣(양말).
糧仗(양장) 군량과 병장기.
◨ 穀糧곡량, 軍糧군량, 米糧미량, 食糧식량.

13 ⑲【糲】 糲(968)와 동자

14 ⑳【糯】 찰벼 나·난 箇翰

㊥nuò ㊐ダ

초서 자해 찰벼. ＝稬.

糯稻(나도) 찰벼.
糯黍(나서) 찰기장.
糯粟(나속) ①차조. ②쌀·조 등의 곡물.

15 ㉑【糲】粝 현미 려·랄 霽

㊥lì ㊐レイ

초서 동자 糲 속자 粝 자해 현미, 매조미쌀. 〔史記〕糲粱之食려량지식.

糲飯(여반) 현미밥. 거친 밥.
◨ 粗糲조려.

16 ㉒【糴】籴 쌀 사들일 적 錫

㊥dí ㊐テキ

소전 초서 자해 쌀을 사들이다. 〔春秋〕臧孫辰告糴于齊장손진고적우제.

糴米(적미) 쌀을 사들임. 사들인 쌀.

19 ㉕【糜】 부술 미 支

㊥mí ㊐ビ

소전 자해 ❶부수다, 깨뜨리다. ❷곡물(穀物)의 왕겨를 잘게 부스러뜨리다. ❸부스러기, 가루. ＝靡.

19 ㉕【糶】粜 쌀 내어 팔 조 嘯

㊥tiào ㊐チョウ

소전 초서 동자 粜 동자 粜 자해 ❶쌀을 내어 팔다. 〔漢書〕嫗歸糶買未具온귀조매말구. ❷㊰환곡(還穀). 백성에게 봄에 꾸어 주고 가을에 이자를 붙여 거두던 곡식.

糶糴(조적) ①곡식을 매매하는 일. ②㊰환곡을 꾸어 주거나 거두어들이던 일.

米 11획

糸部 실사

0 ⑥【糸】 ①가는 실 멱 錫 ②실 사 支

인명 ㊥mì, sī ㊐ベキ, シ

소전 초서 참고 인명용 음은 '사'이다.

자원 象形. 실타래의 모양을 본뜬 글자.

자해 ① ❶가는 실. ❷매우 적은 수. 絲(사)의 절반. ②실. ※絲(980)의 속자(俗字).

1 ⑦【系】 이을 계 霽

고등 인명 4급 ㊥xì ㊐ケイ

필순 一 𠂉 幺 糸 系 系 系

소전 초서 자원 會意. 爪+糸→系. 손〔爪〕으로 실〔糸〕을 잡고 있다는 데서 본래 '매달리다' 라는 뜻을 나타내었다. 실을 매달고 있으므로 '잇다' 의 뜻이 나왔다.

자해 ❶잇다. 〔班固·賦〕 系唐統계당통, 接漢緒접한서. ❷실마리. ❸실, 실낱.

系譜(계보) ①가문의 혈통이나 역사를 적은 책. ②혈연·학문·사상 따위의 계통을 나타낸 기록.

系孫(계손) 혈통이 먼 자손.

系族(계족) 혈통이 같은 겨레붙이.

◨ 家系가계, 傍系방계, 世系세계, 直系직계.

1 ⑦【糺】 糾(969)와 동자 인명

2 ⑧【糾】纠 꼴 규 有

고등 인명 3급 ㊥jiū ㊐キュウ

필순 𠃋 𠃋 幺 幺 糸 糸 糺 糾

소전 초서 동자 糺 자원 形聲. 糸+丩→糾. '丩(구)' 가 음을 나타낸다.

자해 ❶꼬다, 드리다. 〔史記〕 何異糾纆하이규묵. ❷끌어 모으다. 〔後漢書〕 收離糾散수리규산. ❸얽히다, 맺히다. 〔詩經〕 糾糾葛屨규규갈구. ❹들추어내다. 〔書經〕 繩愆糾謬승건규류.

糾擧(규거) 죄를 따져 열거함. 糾持(규지).

糾結(규결) 서로 엉클어져 얽힘.

糾戒(규계) 조사하여 경계함. 糾禁(규금).

糾糾(규규) ①서로 얽힌 모양. ②성긴 모양.

糾繆(규류) 잘못을 조사하여 바로잡음.

糾明(규명) 죄상이나 사실을 따져서 밝힘.

糾問(규문) 죄를 따져 물음.

糾紛(규분) 어지럽게 얽힘. 糾錯(규착).

糾繩(규승) 잘못을 바로잡음.

糾纏(규전) 서로 뒤얽힘.

糾正(규정) 그릇된 일을 밝혀 바로잡음.

糾飭(규칙) 경계하여 타이름. 戒飭(계칙).

糾彈(규탄) 책임이나 죄상 등을 엄하게 따지고 나무람.

糾合(규합) 많은 사람을 한데 끌어 모음.

◨ 紛糾분규.

3 ⑨【紀】纪 벼리 기 紙

고등 인명 4급 ㊥jì ㊐キ

필순 𠃋 𠃋 幺 幺 糸 糸 糹 紀 紀

소전 초서 동자 絽 자원 形聲. 糸+己→紀. '己(기)' 가 음을 나타낸다.

자해 ❶벼리, 작은 벼릿줄. 큰 벼릿줄은 綱(강)이라 한다. 〔書經〕 亂其紀綱란기기강. ❷실마리. 〔說苑〕 袁氏之婦원씨지부, 絡而失其紀락이실기기. ❸법, 규칙. 〔國語〕 四時以爲紀사시이위기. ❹해, 세월. '歲·月·日·時' 등을 이른다. 〔晉書〕 以爲年紀이위년기. ❺적다, 기록하다. ≒記. 〔張衡·賦〕 咸用紀宗함용기종.

紀綱(기강) ①기율과 법강. 나라를 다스리는 법도(法度). 綱紀(강기). ②단속함. 다스림.

紀綱之僕(기강지복) 나라의 일을 처리할 만한 사람.

紀極(기극) 끝. 마지막.

紀年(기년) 기원(紀元)에서부터 헤아린 햇수.

紀事(기사) 사실을 기록함. 또는 그 문체.

紀事本末體(기사본말체) 연대의 순서에 의하지 않고, 사건마다 그 본말을 종합하여 적는 역사 기술의 한 체(體).

紀元(기원) ①연대를 계산하는 데 기준이 되는 해. ②새로 출발하는 시대나 시기.

紀傳體(기전체) 역사 기술의 한 체. 임금의 사적을 적은 본기(本紀), 신하의 전기를 모은 열전(列傳), 각종 연대표를 서술한 표(表), 각종 제도의 연혁(沿革)을 적은 지(志) 등으로 나누어 엮음.

◨ 綱紀강기, 軍紀군기, 檀紀단기, 邦紀방기, 譜紀보기, 本紀본기, 世紀세기, 年紀연기.

3 ⑨【約】约 묶을 약 藥

중학 인명 5급 ㊥yuē ㊐ヤク

필순 ㄥ ㄠ ㄠ 糸 糸 糸 糹 約 約

소전 초서 자원 形聲. 糸＋勺→約. '勺(작)' 이 음을 나타낸다.

자해 ❶**묶다, 결합하다**. 〔戰國策〕使蘇秦以幣帛約乎諸侯사소진이폐백약호제후. ❷**약속, 조약**. 〔周禮〕司約사약. ❸**검약, 검소**. 〔論語〕以約失之者이약실지자, 鮮矣선의. ❹**요점(要點)을 얻다**. 〔孟子〕孟施舍守約也맹시사수약야. ❺**고생, 빈곤**. 〔論語〕不可以久處約불가이구처약. ❻**노끈, 새끼**. 〔春秋左氏傳〕人尋約인심약, 吳髮短오발단. ❼**대략, 대강**. 〔元稹·詩〕約略環區宇약략환구우.

約結(약결) ①서로 약속하여 결탁함. ②속이 답답하여 풀리지 않음.
約款(약관) 계약이나 조약 등에서 정해진 조항.
約略(약략) 대개. 大凡(대범).
約禮(약례) 몸가짐을 예법에 맞도록 단속함.
約盟(약맹) 맹약을 맺음.
約法三章(약법삼장) 세 가지 법 조항을 제정하여 시행할 것을 약속함. 故事 한(漢) 고조(高祖)가 관중(關中)에 들어가 사람을 죽인 자는 사형, 남을 해친 자와 도둑질한 자는 그에 상응하여 처벌한다는 세 가지 법 조항을 약속하여 제정한 데서 온 말.
約束(약속) ①다발로 묶음. ②상대자와 서로 의견을 맞추어 정함. 또는 그 맞춘 내용.
約言(약언) ①간략하게 말함. ②간단한 말. ③약속의 말.
約長(약장) 國향약(鄕約)의 우두머리.
約定(약정) 약속하여 정함.
約條(약조) 조건을 정하여 약속함.
◘ 儉約검약, 規約규약, 盟約맹약, 誓約서약, 言約언약, 協約협약, 確約확약.

3
⑨【紆】纡 굽을 우 虞

인명 ㊥yū ㊐ウ

소전 초서 본자 紆 자해 ❶**굽다, 구부러지다**. 〔周禮〕中弱則紆중약즉우. ❷**얽히다**. 〔晉書〕紆靑拖紫우청타자. ❸**우울하다, 답답하다**. 〔楚辭〕心鬱結而紆軫심울결이우진.

紆曲(우곡) 꼬불꼬불함. 紆折(우절).
紆餘(우여) ①물이 구불구불 흐르는 모양. ②숲이나 언덕이 길게 구불구불 이어진 모양. ③재능이 뛰어난 모양. ④문장이 활달하고 여유 있는 모양.
紆餘曲折(우여곡절) ①이리저리 굽음. ②뒤얽혀 복잡해진 사정.
紆靑拖紫(우청타자) 인끈〔印綬〕을 차고 높은 벼슬자리에 오름.

3
⑨【紂】纣 껑거리끈 주 有

인명 1급 ㊥zhòu ㊐チュウ

소전 초서 자해 ❶**껑거리끈, 밀치끈**. 껑거리막대의 양 끝에 매어 길마 뒷가지와 연결하는 줄. ❷**주(紂)임금**. 은대(殷代)의 마지막 임금. 〔史記〕是爲帝辛시위제신, 天下謂之紂천하위지주.

3
⑨【紅】红 붉을 홍 東

중학 인명 4급 ㊥hóng ㊐コウ

필순 ㄥ ㄠ ㄠ 糸 糸 糸 糹 紅 紅

소전 초서 자원 形聲. 糸＋工→紅. '工(공)' 이 음을 나타낸다.

자해 ❶**붉다, 붉은빛**. 〔論語〕紅紫不以爲褻服홍자불이위설복. ❷**연지**. 〔徐陵·序〕高樓紅粉고루홍분, 仍定魯魚之文잉정로어지문. ❸**붉은 꽃**.

紅絹(홍견) 붉은색 명주.
紅鏡(홍경) ①붉은 거울. ②아침 해.
紅裙(홍군) ①붉은 치마. ②미인. 기생.
紅閨(홍규) 붉은색으로 장식한 부녀자의 처소. 미인의 침실.
紅黛(홍대) ①연지와 눈썹먹. ②화장(化粧).
紅銅(홍동) 구리. 赤銅(적동).
紅豆(홍두) 붉은 팥. 赤豆(적두).
紅燈街(홍등가) 國붉은 등이 켜져 있는 거리. 유곽(遊廓)이나 화류계(花柳界).
紅燈綠酒(홍등녹주) 붉은 등과 푸른 술. 화류계(花柳界)의 방탕한 분위기.
紅爐點雪(홍로점설) 불이 빨갛게 타고 있는 화로 위에 떨어지는 한 점의 눈. ㉠도를 깨달아 마음속이 탁트여 맑음. ㉡큰 일에 작은 힘이 아무 보람도 되지 못함.
紅淚(홍루) 붉은 눈물. ㉠여자의 눈물. 미인의 눈물. ㉡피눈물. 血淚(혈루).
紅樓(홍루) ①붉은 칠을 한 누각. ②부잣집 여자가 거처하는 집. 여자가 거처하는 곳. ③기생집. 청루(靑樓).
紅梅(홍매) 붉은 매화.
紅門(홍문) 國①능(陵)·원(園)·묘(廟)·궁전·관아 등의 정면 입구에 세우던 붉은 문. 홍살문. 紅箭門(홍전문). ②충신·효자·열녀 등을 표창하기 위하여 그의 집 앞에 세우던 붉은 문. 旌門(정문).
紅粉(홍분) ①연지와 분. ②화장(化粧).
紅絲(홍사) ①홍실. ②혼인(婚姻)의 인연. ③國㉠오라. ㉡붉은 밭.

紅衫(홍삼) 國조복(朝服)에 딸린 웃옷의 한 가지. 붉은 바탕에 검은 선을 두름.

紅裳(홍상) ①다홍치마. ②國조복(朝服)에 딸린 아래옷의 한 가지. 붉은 바탕에 검은 선을 두름.

紅袖(홍수) ①붉은 소매. 미인의 옷소매. ②國㉠옛 군복의 붉은 소매. ㉡궁녀(宮女).

紅脣(홍순) ①붉은 입술. 미인의 입술. ②막 피어나는 꽃송이. 반쯤 핀 꽃송이.

紅柹(홍시) 물렁물렁하게 잘 익은 감.

紅顔(홍안) 붉고 윤이 나는 얼굴. ㉠소년의 얼굴. ㉡미인의 얼굴. 아름다운 얼굴.

紅焰(홍염) 붉게 타오르는 불꽃.

紅艶(홍염) 화색이 붉게 돌고 탐스러움.

紅葉(홍엽) ①붉은 잎. ②단풍잎.

紅霓(홍예) 붉은 무지개.

紅雨(홍우) ①꽃을 적시는 비. ②비처럼 떨어져 내리는 붉은 꽃.

紅日(홍일) 붉은 해. 아침 해. 紅旭(홍욱).

紅一點(홍일점) 國①푸른 풀 속에 핀 한 떨기의 붉은 꽃. ②여러 남자들 중에 홀로 끼여 있는 여자.

紅紫(홍자) ①붉은빛과 보랏빛. ②여러 가지 꽃의 아름다운 색깔.

紅箭(홍전) 투호(投壺)에 쓰던 붉은 화살.

紅潮(홍조) ①취하거나 부끄러워 얼굴이 붉어짐. 또는 그러한 빛. ②월경(月經). ③國아침 해가 바다에 비쳐 붉게 보이는 경치.

紅脂(홍지) ①연지 ②여자의 화장.

紅塵(홍진) ①햇빛에 비쳐 벌겋게 일어나는 티끌. ②번거롭고 속된 세상. 속세(俗世).

紅頰(홍협) 붉은 뺨.

◨ 鮮紅선홍, 眞紅진홍.

3
⑨【紈】纨 흰 비단 환 寒

인명 ㊥wán ㊐カン

소전 초서 자해 **흰 비단.** 〔戰國策〕 下宮糅羅紈曳綺縠하궁유라환예기곡.

紈袴(환고) ①흰 비단으로 지은 바지. 귀족 자제(子弟)의 옷. ②귀족의 자제.

紈袴子弟(환고자제) 부귀한 집안의 자제.

紈扇(환선) 흰 비단으로 바른 부채.

3
⑨【紇】纥 질 낮은 명주실 흘 月

인명 ㊥hé ㊐コツ

소전 초서 본자 紇 자해 ❶**질이 낮은 명주실.** ❷**묶다, 다발 짓다.** ❸**사람 이름.** 공자의 아버지. 숙량흘(叔梁紇). 〔春秋左氏傳〕 郰人紇抉之以出門者추인흘결지이출문자. ❹**종족 이름.**

4
⑩【紘】纮 갓끈 굉 ㊍횡 庚

인명 ㊥hóng ㊐コウ

소전 초서 자해 ❶**갓끈.** 〔春秋左氏傳〕 衡紞紘綖형담굉연. ❷**경쇠를 매다는 끈.** ❸**밧줄, 굵은 밧줄.** 〔淮南子〕 紘宇宙而章三光굉우주이장삼광. ❹**넓다, 크다.** 〔淮南子〕 夫天地之道부천지지도, 至紘以大지굉이대. ❺**묶다.**

4
⑩【級】级 등급 급 緝

고등 인명 6급 ㊥jí ㊐キュウ

필순 ㇀ ㄥ 幺 乡 糸 糸 糹 紉 級 級

소전 초서 동자 汲 속자 𠀋 자원 形聲. 糸+及→級. '及(급)'이 음을 나타낸다.

자해 ❶**등급, 순서.** 〔禮記〕 貴賤之等級귀천지등급. ❷**층계, 계단(階段).** 〔呂氏春秋〕 分級而立분급이립. ❸**수급(首級), 전장에서 벤 적의 머리.** 〔後漢書〕 斬首數十級참수수십급.

級數(급수) 우열에 따라 매긴 등급.

◨ 階級계급, 高級고급, 等級등급, 首級수급, 昇級승급, 進級진급, 特級특급, 學級학급.

4
⑩【納】纳 바칠 납 合

고등 인명 4급 ㊥nà ㊐ノウ

필순 ㇀ ㄥ 幺 乡 糸 糸 糹 紈 紉 納

소전 초서 자원 形聲. 糸+內→納. '內(내)'가 음을 나타낸다.

자해 ❶**바치다.** 〔書經〕 百里賦納總백리부납총. ❷**넣어 두다.** 〔書經〕 納冊于金縢之匱中납책우금등지궤중. ❸**들이다.** ㉮**받아들이다.** 〔書經〕 九江納錫大龜구강납석대귀. ㉯**끌어들이다, 인도하다.** 〔儀禮〕 小臣納卿大夫소신납경대부.

納骨(납골) 화장(火葬)한 유골을 일정한 장소에 모심.

納期(납기) 세금 따위를 바치는 기한.

納吉(납길) 國신랑 집에서 신부 집으로 혼인날을 받아 알리는 일.

納頭(납두) 남에게 머리를 숙여 복종함.

納得(납득) 남의 말이나 행동을 잘 알아차려 이해함.

納涼(납량) 여름에 더위를 피하여 서늘한 기운을 맛봄.

納履(납리) ①신을 신음. ②발을 들여놓음.
納拜(납배) 절하고 뵘.
納付(납부) 공과금·등록금 따위를 냄.
納稅(납세) 세금을 냄.
納受(납수) 받아들임. 受納(수납).
衲衣(납의) ①무명으로 지은 옷. 질소(質素)한 의복. ②승려가 입는 검정색 옷.
納日(납일) 지는 해. 夕日(석일).
納徵(납징) 납길(納吉)한 후 정혼(定婚)한 표적으로 신랑 집에서 신부 집으로 보내는 예물. 納幣(납폐).
納采(납채) ①혼인을 청하는 일. 또는 그때 보내는 예물. ②國약혼하였을 때, 신랑 집에서 신부 집으로 보내는 물건. 푸른 저고릿감과 붉은 치맛감의 비단을 보냄.
納陛(납폐) 대궐의 축대를 파서 남의 눈에 띄지 않게 오르내릴 수 있도록 만든 계단. 일종의 비밀 출입 계단.
納品(납품) 주문받은 물품을 가져다 줌.
納降(납항) 항복하겠다는 청을 받아들임.
納獻(납헌) 금품을 바침. 獻納(헌납).
納會(납회) 그 해에 마지막으로 여는 모임.
◨ 未納미납, 上納상납, 受納수납, 完納완납, 滯納체납, 出納출납, 獻納헌납.

4
⑩【紐】纽 끈 뉴 囿

인명 1급 ㊥niǔ ㊐チュウ

소전 초서 자해 ❶끈. 아이들 옷의 중동에 꿰매어 단 띠. 〔周禮〕朱裏延紐주리연뉴. ❷매다, 묶다. 〔荀子〕交喩異物교유이물, 名實玄紐명실현뉴. ❸매듭, 맺은 자리. 〔禮記〕弟子縞帶并紐約用組제자호대병뉴약용조.

紐帶(유대) 끈과 띠. 둘 이상을 연결하거나 결합시키는 관계.

4
⑩【紞】 귀막이 끈 담 感

㊥dǎn ㊐タン

소전 초서 자해 ❶귀막이 끈, 귀막이를 매다는 끈. 〔春秋左氏傳〕衡紞紘綖형담굉연. ❷북 치는 소리. 〔晉書〕紞如打五鼓담여타오고.

4
⑩【紋】纹 무늬 문 文

인명 3Ⅱ급 ㊥wén ㊐モン

초서 자해 무늬, 직물의 문채. ＝文.

紋銀(문은) 은(銀)의 함유량이 가장 많은 은괴(銀塊). 馬蹄銀(마제은).
◨ 錦紋금문, 指紋지문, 波紋파문.

4
⑩【紊】 어지러울 문 問

인명 2급 ㊥wěn ㊐ブン

소전 초서 자해 어지럽다, 어지럽히다. 〔書經〕有條而不紊유조이불문.

紊亂(문란) 도덕·질서 등이 어지러움.

4
⑩【紡】纺 자을 방 養

인명 2급 ㊥fǎng, bǎng ㊐ボウ

소전 초서 자해 ❶잣다, 실을 뽑다. 〔春秋左氏傳〕託於紀鄣탁어기장, 紡焉방언. ❷실, 자은 실. 〔儀禮〕賄用束紡회용속방.

紡車(방거·방차) 실을 잣는 기구. 물레.
紡纑(방로) ①삼실을 자음. ②자은 삼실.
紡毛(방모) ①털실을 자음. ②자은 털실.
紡織(방직) ①실을 뽑아서 피륙을 짜는 일. ②여자의 손재주.
◨ 綿紡면방, 織紡직방, 混紡혼방.

4
⑩【紛】纷 어지러워질 분 文

고등 인명 3Ⅱ급 ㊥fēn ㊐フン

필순 ㄥ ㄠ ㄠ 幺 糸 糸 糹 紒 紛 紛

소전 초서 자원 形聲. 糸＋分→紛. '分(분)'이 음을 나타낸다.

자해 ❶어지러워지다. 〔春秋左氏傳〕獄之放紛옥지방분. ❷어지러워진 모양. 〔莊子〕紛而封哉분이봉재. ❸많다. 〔易經〕用史巫紛若용사무분약, 吉无咎길무구. ❹깃발.

紛結(분결) 마음이 산란하고 울적함.
紛競(분경) 뒤섞여 겨룸. 紛爭(분쟁).
紛糾(분규) 복잡하게 뒤얽혀 말썽이 많고 시끄러움.
紛鬧(분뇨) 사람들이 북적대어 시끄러움.
紛亂(분란) 어수선하고 소란스러움.
紛紛(분분) ①뒤섞여 어수선한 모양. ②갈피를 잡을 수 없이 어수선하게 많은 모양.
紛霏(분비) 꽃이나 잎 따위가 어지럽게 날림.
紛奢(분사) 화려한 사치. 華奢(화사).
紛失(분실) 자기도 모르는 사이에 물건 따위를 잃어버림.
紛如(분여) ①문채가 있는 모양. ②어지러운 모양. 紛然(분연).
紛衍(분연) 어지럽게 초목이 자라남.

糸 4획

紛繞(분요) 어지럽게 뒤얽힘.
紛爭(분쟁) 시끄럽고 복잡하게 다툼.
紛華(분화) ①빛나고 화려함. ②혼잡(混雜)함.
紛囂(분효) 어지럽고 시끄러움.
紛喧(분훤) 소란함. 시끄러움. 紛呶(분노).

4 ⑩【紕】纰 1가선 비 支 2모직물 비 紙

㊥pī, bǐ ㊐ヒ

소전 초서 자해 1❶가선. 의복·관(冠) 따위의 가장자리 끝을 딴 헝겊으로 가늘게 싸서 돌린 것. 〔禮記〕縞冠素紕호관소비. ❷잘못, 착오(錯誤). 〔六書故〕紕비, 經緯不相持之謂경위불상지지위. 2모직물.

4 ⑩【紗】纱 깁 사 麻

인명 1급 ㊥shā ㊐サ

초서 자해 깁. 엷고 가는 견직물. 〔漢書〕充衣紗縠禪衣충의사곡단의.
紗燈籠(사등롱) 깁으로 둘러 바른 등롱.
紗羅(사라) 깁. 얇은 비단.
紗帽(사모) 國벼슬아치들이 관복을 입을 때 쓰던, 검은 깁으로 만든 모자.
紗窓(사창) 깁을 바른 창.
◨ 羅紗나사, 素紗소사.

4 ⑩【索】 1동아줄 삭 藥 2찾을 색 陌

고등 인명 3Ⅱ급 ㊥suǒ ㊐サク

필순 一 十 ナ 㐬 㐬 壶 壶 索 索 索

소전 초서 참고 인명용 음은 '삭·색'이다.
자원 會意. 市+糸→索. '𠂹'은 '市'의 생략형으로 초목이 무성함을 뜻한다. 곧, 초목의 줄기를 실〔糸〕처럼 꼬아 새끼를 만든다는 뜻을 나타낸다.
자해 1❶동아줄. 〔書經〕若朽索之馭六馬약후삭지어륙마. ❷꼬다, 새끼를 꼬다. 〔淮南子〕索鐵歙金삭철흡금. ❸가리다, 선택하다. 〔春秋左氏傳〕以索牛馬이삭우마. ❹다하다. 〔書經〕惟家之索유가지삭. ❺흩어지다. 〔禮記〕吾離群而索居오리군이삭거. 2찾다. 〔禮記〕大夫以索牛대부이색우.
索居(삭거) 쓸쓸하게 홀로 있음.
索綯(삭도) 새끼를 꼼.
索虜(삭로) 변발한 오랑캐. 남북조(南北朝) 때 남조 사람이 북조 사람을 낮잡아 부르던 말.
索莫(삭막) ①황폐하여 쓸쓸한 모양. 寂寞(적막). ②기운을 잃은 모양. 의기소침한 모양.
索求(색구) 찾아 구함.
索隱(색은) 사물의 숨은 이치를 찾아냄.
索引(색인) 책 속의 낱말이나 사항 등을 찾기 쉽도록 일정한 순서로 배열해 놓은 목록.
索出(색출) 뒤져서 찾아냄.
◨ 摸索모색, 搜索수색, 探索탐색.

4 ⑩【紓】纾 느슨할 서 魚 語

㊥shū ㊐ジョ

소전 초서 자해 ❶느슨하다. 〔詩經〕彼交匪紓피교비서. ❷풀다, 화해(和解)하다. 〔春秋左氏傳〕紓禍也서화야.

4 ⑩【素】 흴 소 遇

중학 인명 4Ⅱ급 ㊥sù ㊐ソ

필순 一 十 ≠ 主 丰 妻 妻 麦 素 素

소전 초서 자원 會意. 垂+糸→素. '主'는 '垂'의 생략형으로 초목의 잎이 아래로 드리워진 것을 뜻한다. '糸'와 합하여 실로 짠 '흰빛의 비단'이라는 뜻을 나타낸다.
자해 ❶희다. 〔詩經〕素絲五紽소사오타. ❷생명주. 〔禮記〕純以素순이소. ❸무늬가 없는 피륙. 〔儀禮〕以素爲裳이소위상. ❹꾸밈이 없다. 〔淮南子〕素而不飾소이불식. ❺근본. ㉮처음, 본시(本始). 〔尙書大傳〕著其素저기소. ㉯원료. 〔周禮〕春獻素춘헌소. ㉰본바탕. 〔管子〕素也者소야자, 五色之質也오색지질야.
素車(소거) 백악(白堊)을 칠한 수레. 장식을 하지 않은 수레. 흉사(凶事)에 씀.
素車白馬(소거백마) 흰 수레와 흰 말. 장례 때나 적에게 항복할 때에 씀.
素絹(소견) ①흰 생명주. ②(佛)흰 생명주로 만든 법복(法服).
素官(소관) 낮은 벼슬. 청빈한 벼슬아치.
素光(소광) 흰빛. 달·이슬·서리·눈 따위의 빛.
素轎(소교) 國상제(喪制)가 타는 흰 가마.
素肌(소기) 흰 살결. 素膚(소부).
素氣(소기) 가을 기운.
素望(소망) 평소의 희망.
素描(소묘) 연필·목탄·철필 따위로 사물의 형태와 명암을 위주로 그린 그림. 데생.
素門(소문) 빈천한 가문. 상사람의 집안.
素朴(소박) 꾸밈이나 거짓이 없이 수수함.
素飯(소반) 고기 반찬이 없는 밥상.
素髮(소발) 흰 머리. 白髮(백발).
素服(소복) ①흰옷. ②상복(喪服).
素尙(소상) 검소하고 고상함.

素膳(소선) 변변하지 못한 음식.
素雪(소설) 흰 눈. 白雪(백설).
素性(소성) 본디 타고난 성품.
素心(소심) ①평소의 마음. 本心(본심). ②소박한 마음. 결백한 마음.
素娥(소아) ①월궁(月宮)의 선녀. 姮娥(항아). ②달의 딴 이름. ③소복(素服)한 미녀.
素堊(소악) 흰 흙.
素養(소양) 평소에 닦은 교양이나 지식.
素王(소왕) 제왕의 자리에 오르지는 않았으나 임금의 덕망을 갖춘 사람.
素月(소월) 밝은 달빛. 밝은 달. 皓月(호월).
素因(소인) 근본 원인.
素一(소일) 순일(純一)함. 순박함.
素材(소재) 어떤 것을 만드는 데 바탕이 되는 재료.
素節(소절) ①가을의 딴 이름. ②밝은 마음. 결백한 지조. ③평소의 행실.
素族(소족) 관직이 없는 집안. 平民(평민).
素志(소지) 평소에 품은 뜻. 素意(소의).
素質(소질) ①흰 바탕 ②타고난 성질. ③어떤 일에 적합한 성질.
素餐(소찬) 그 지위에 있으면서 하는 일 없이 녹만 먹음. 素飧(소손).
素秋(소추) 가을의 딴 이름. 素商(소상).
素行(소행) ①평소의 품행. ②자기 분수에 맞는 올바른 행동.
素懷(소회) 평소에 품은 회포.
◨ 簡素간소, 儉素검소, 約素약소, 要素요소, 平素평소.

糸 4획

4 ⑩【純】纯 ①생사 순 眞 ②가선 준 震

중학 인명 4Ⅱ급 ㊥chún, zhǔn ㊐ジュン

필순 ⺊ 𠃋 幺 𰀁 糸 糸 糹 紅 純 純

소전 純 초서 純 참고 인명용 음은 '순·준'이다.

자원 形聲. 糸+屯→純. '屯(둔)'이 음을 나타낸다.

자해 ①❶**생사(生絲), 실.** 〔論語〕今也純금야순, 儉검. ❷**순색(純色)의 비단.** 〔漢書〕一色成體일색성체, 謂之純위지순. ❸**순수하다, 섞임이 없다.** 〔詩經〕文王之德之純문왕지덕지순. ❹**온화하다.** 〔論語〕從之純如也종지순여야. ②**가선, 가장자리.**

純潔無垢(순결무구) 심신이 아주 깨끗하여 조금도 때 묻지 않음.
純固(순고) 순수하고 견고함.
純金(순금) 다른 물질이 섞이지 않은 금.
純德(순덕) ①순수한 덕. ②흠 없는 온전한 도덕을 행하는 일.
純麗(순려) 정교하고 화려함.
純理(순리) ①순수한 이성. ②순수한 이론.
純明(순명) 성실하고 현명함.
純味(순미) 순수한 맛.
純美(순미) 순수하고 아름다움. 醇美(순미).
純白(순백) ①순수한 흰빛. ②순수하고 깨끗함. 섞임이 없이 맑음.
純誠(순성) 지극히 성실함. 순수한 정성.
純粹(순수) ①다른 것이 조금도 섞임이 없음. ②사사로운 욕심이나 딴 생각이 없음.
純淑(순숙) 순진하고 정숙함. 순수하고 착함.
純益(순익) 모든 경비를 빼고 남은 순전한 이익.
純一(순일) 섞임이 없이 순수함.
純正(순정) 잡것이 없이 깨끗하고 바름.
純情(순정) 순수한 애정이나 감정.
純種(순종) 딴 계통과 섞이지 않은 순수한 종.
純直(순직) 순진하고 정직함.
純眞(순진) 순수하고 참다움.
純化(순화) ①섞인 것을 제거하여 깨끗하게 함. ②복잡한 것을 단순하게 함.
◨ 單純단순, 溫純온순, 淸純청순.

4 ⑩【紜】纭 어지러울 운 文

㊥yún ㊐ウン

초서 紜 자해 **어지럽다, 사물이 많아서 어지러운 모양.**

4 ⑩【紝】 짤 임 沁 侵

㊥rèn ㊐ジン

소전 紝 초서 紝 동자 紝 자해 ❶**짜다, 베를 짜다.** ❷**명주.** 〔禮記〕織紝組紃직임조순.

4 ⑩【紙】纸 종이 지 紙

중학 인명 7급 ㊥zhǐ ㊐シ

필순 ⺊ 𠃋 幺 𰀁 糸 糸 糹 紅 紅 紙

소전 紙 초서 紙 자원 形聲. 糸+氏→紙. '氏(씨)'가 음을 나타낸다.

자해 ❶**종이.** 〔後漢書〕與簡紙經傳各一通여간지경전각일통. ❷**장.** 종이의 장수를 세는 단위. 〔元史〕雖摹千萬紙皆不差수모천만지개불차.

紙匣(지갑) 國①종이로 만든 작은 상자. ②돈 따위를 넣을 수 있도록 가죽이나 헝겊으로 만든 작은 물건.
紙貴(지귀) 종이 값이 비싸짐. 책이나 종이가 잘 팔림. 故事 진대(晉代)에 좌사(左思)가삼도부(三都賦)를 짓자 사람들이 서로 다투어 이를 베꼈으므로 낙양(洛陽)의 종이 값이 등귀했다는 고사에서 온 말. 紙貴洛陽(지귀낙양).
紙齡(지령) 신문의 나이.
紙面(지면) ①종이의 겉면. ②기사나 글이 실리는 인쇄물의 면.
紙榜(지방) 國종잇조각에 글을 써서 만든 신주(神主).
紙本(지본) ①종이에 쓴 서화(書畫). ②서화의 바탕이 된 종이.
紙魚(지어) 반대좀. 옷·종이 등의 풀기 있는 물건을 좀먹음. 蠹魚(두어).
紙衣(지의) ①염습할 때 입히는 종이로 만든 옷. 冥衣(명의). 明衣(명의). ②솜 대신 종이를 두어 만든 겨울옷.
紙田(지전) 필경(筆耕)으로 하는 생활.
紙燭(지촉) 國부의(賻儀)로 보내는 종이와 초.
紙幣(지폐) 종이돈.
紙砲(지포) 딱총.
紙筆(지필) 종이와 붓.
◨ 便紙편지, 休紙휴지.

5
⑪【紺】绀 감색 감 勘

인명 1급 ㊥gàn ㊐コン

소전 초서 자해 감색, 반물, 야청빛. 검은빛을 띤 푸른빛. 〔論語〕君子不以紺緅飾군자불이감추식.
紺瞳(감동) 검푸른 눈동자.
紺碧(감벽) 짙은 검푸른 빛.
紺宇(감우) ①귀인의 저택. ②절.
紺園(감원) 절〔寺〕의 딴 이름. 紺宇(감우).
紺緅(감추) 감색(紺色)과 홍색(紅色).

5
⑪【絅】䌹 1끌어 죌 경 靑 2홑옷 경 徑

인명 ㊥jiōng, jiǒng ㊐ケイ

소전 초서 자해 1끌어 죄다, 잡아당기다. 2홑옷. 〔中庸〕衣錦尙絅의금상경.

5
⑪【経】 經(983)의 속자

5
⑪【累】 1묶을 루 支 2늘 루 紙 3번거롭게 할 루 寘

고등 인명 3Ⅱ급 ㊥léi, lěi, lèi ㊐ルイ

필순 口 罒 田 甲 甲 罗 罗 累 累 累

초서 자원 形聲. 厽+糸→累. '厽(루)'가 음을 나타낸다.
자해 1묶다, 동여매다. 〔孟子〕係累其子弟계루기자제. 2❶늘다, 늘리다. ❷쌓이다. 〔春秋穀梁傳〕善累而後進之선루이후진지. 3❶번거롭게 하다. ㉮수고를 끼치다. 〔書經〕不矜細行불긍세행, 終累大德종루대덕. ㉯부탁하다. 〔戰國策〕皆以國事累君개이국사루군. ❷번거로움. ㉮근심. 〔戰國策〕此國累也차국루야. ㉯부담, 짐. 〔呂氏春秋〕主無所避其累矣주무소피기루의.
累家(누가) 대대로 이어 온 집안.
累減(누감) ①國차례로 줄임. ②어떤 죄인이 감형(減刑)이 되었을 때 그 관련 범죄인도 감형이 되는 일.
累巨萬(누거만) 썩 많음.
累計(누계) 소계(小計)를 계속하여 덧붙여 합산함. 또는 그런 합계.
累德(누덕) ①덕(德)을 욕되게 함. 덕에 누가 되는 악행. ②덕을 쌓음. 쌓은 덕.
累卵之危(누란지위) 알을 쌓아 둔 것처럼 위태로움. 危如累卵(위여누란).
累萬(누만) 여러 만(萬). 굉장히 많은 수.
累犯(누범) 거듭 죄를 범함. 또는 그런 사람.
累辱(누욕) 거듭 창피를 줌.
累積(누적) 포개어 여러 번 쌓음.
累祖(누조) 대대의 조상.
累增(누증) 거듭하여 더함.
累次(누차) 여러 차례.
累土(누토) 흙을 쌓음. 쌓아 올린 흙.
◨ 係累계루, 連累연루, 積累적루, 患累환루.

5
⑪【絆】绊 줄 반 翰

인명 1급 ㊥bàn ㊐ハン

소전 초서 자해 ❶줄. ㉮말의 발을 잡아매는 줄. ㉯사물을 얽매는 줄. 〔漢書〕今吾子已貫仁誼之羈絆금오자이관인의지기반. ❷얽어매다, 비끄러매다. 〔隋書〕籠絆朝市농반조시.

5
⑪【紼】绋 얽힌 삼 불 物

㊥fú ㊐フツ

소전 초서 자해 ❶얽힌 삼, 얽힌 삼의 가닥. ❷동아줄. 〔詩經〕紼纚維之불리유지. ❸수레를 끄는 줄. 〔禮記〕助葬必執紼조장필집불.

5
⑪【紱】绂 인끈 불 物

㊥fú ㊐フツ

초서 동자 紼 속자 紱 자해 인끈. 〔漢書〕授單于印紱수선우인불.

5 ⑪ 【紲】绁 고삐 설 屑

中xiè, yì 日セツ

소전 초서 동자 絏 속자 紺 자해 ❶고삐, 마소나 개를 매는 줄. 〔春秋左氏傳〕臣負羈紲신부기설. ❷오라. 〔論語〕雖在縲紲之中수재루설지중. ❸매다, 묶다. ❹도지개. 〔周禮〕譬如終紲비여종설, 非弓之利也비궁지리야.

紲袢(설반) 더울 때 입는 속옷. 땀받이.

5 ⑪ 【細】细 가늘 세 霽

중학 인명 4Ⅱ급 中xì 日サイ

필순 細

소전 초서 자원 形聲. 糸+囟→細. '囟(신)'이 음을 나타낸다.

자해 ❶가늘다. 〔梁元帝·賦〕坐視帶長좌시대장, 轉看腰細전간요세. ❷미미(微微)하다. 〔梁元帝·詩〕風細雨聲遲풍세우성지. ❸작다. 〔淮南子〕沙土人細사토인세. ❹잘다, 자세하다. 〔北史〕自麤入細자추입세.

細鉅(세거) 잔일과 큰일. 細大(세대).

細檢(세검) ①잘고 시시한 행위. ②자세하게 조사함. 細查(세사).

細徑(세경) 좁은 길. 細路(세로).

細故(세고) 대수롭지 않은 일. 작은 일.

細工(세공) 섬세한 잔손질이 많이 가는 수공.

細管(세관) ①가는 관(管). ②가는 피리.

細君(세군) ①제후(諸侯)의 부인. 小君(소군). ②한문 편지글 따위에서, 자기 아내를 이르는 말. ③남의 아내를 이르는 말.

細菌(세균) 단세포의 미생물.

細讀(세독) 자세하게 읽음.

細漣(세련) 잔물결. 물놀이.

細柳(세류) ①실버들. 수양버들. ②가지가 가는 버드나무. 세버들.

細鱗(세린) ①잔 비늘. ②물고기.

細馬(세마) 잘 길들인 말. 良馬(양마).

細目(세목) 자세하게 규정한 조목.

細微(세미) ①가늘고 작음. 微細(미세). ②신분이 낮음.

細民(세민) 가난한 사람. 貧民(빈민).

細密(세밀) 자세하고 빈틈없음.

細部(세부) 자세한 부분.

細分(세분) 자세하게 분류함.

細事(세사) 자질구레한 일.

細思(세사) 곰곰이 생각함.

細說(세설) ①자세한 설명. 詳說(상설). ②소인의 말. ③國잔말. 쓸데없는 말.

細細(세세) ①자세한 모양. ②가느다란 모양.

細瑣(세쇄) 가늘고 작음. 자질구레한 일.

細心(세심) 작은 일에도 꼼꼼히 주의하는 마음.

細弱(세약) ①가늘고 약함. ②처자(妻子).

細腰(세요) ①가는허리. 미인의 비유. 柳腰(유요). 纖腰(섬요). ②절굿공이.

細雨(세우) 가랑비. 이슬비.

細月(세월) 가는 달. 초승달.

細人(세인) ①마음씨가 나쁜 사람. 쓸모없는 사람. 小人(소인). ②벼슬이 낮은 사람.

細註(세주) ①자세히 풀이한 주해. ②잔글자로 써 넣은 주해.

細聽(세청) 자세히 들음. 상세하게 들음.

細緻(세치) ①바닥이 아주 고운 명주. ②치밀(緻密)함.

細評(세평) 자세하게 비평함. 자세한 비평.

細布(세포) 올이 고운 삼베와 무명.

細風(세풍) 솔솔 부는 바람. 微風(미풍).

細筆(세필) ①잔글씨를 씀. ②가는 붓.

細瑕(세하) 작은 결점. 細疵(세자).

細行(세행) 조그마한 행실. 사소한 예법.

◨ 微細미세, 詳細상세, 仔細자세, 精細정세.

5 ⑪ 【紹】绍 이을 소 篠

인명 2급 中shào 日ショウ

소전 초서 자해 ❶잇다. 〔呂氏春秋〕以此紹殷이차소은. ❷받다. 〔漢書〕迺紹天明意내소천명의. ❸소개하다, 알선하다. 〔史記〕請爲紹介청위소개, 而見之於先生이견지어선생.

紹介(소개) 모르는 사이를 서로 알도록 관계를 맺어 줌. 仲介(중개). 周旋(주선).

紹復(소복) 선조의 사업을 이어 다시 흥왕(興旺)하게 함.

紹承(소승) 이어받음. 계승함.

紹絶(소절) 끊어진 것을 이어 일으킴.

紹恢(소회) 앞사람이 사업을 이어받아 이를 더 크게 함.

5 ⑪ 【紳】绅 큰 띠 신 眞

인명 2급 中shēn 日シン

소전 紳 초서 자해 ❶큰 띠. 신분이 높은 사람의, 예복에 갖추어 매던 큰 띠. 〔論語〕加朝服拖紳가조복타신. ❷묶다, 다발 짓다.

紳士(신사) ①벼슬에서 물러난 사람. ②교양이 있고 덕망이 높은 남자.

5 ⑪【紫】 자줏빛 자 紙

고등 인명 3Ⅱ급 ㊥zǐ ㊐シ

필순 丨 卜 止 止 此 些 些 紫 紫 紫

소전 초서 자원 形聲. 糸＋此→紫. '此(차)'가 음을 나타낸다.

자해 ❶자줏빛. ❷자줏빛의 의관(衣冠)과 인수(印綬). 〔晉書〕紆青拖紫우청타자.

紫宮(자궁) ①별 이름. 자미궁(紫微宮). ②대궐. ③신선이 있는 곳.

紫極(자극) ①대궐. ②제위(帝位).

紫禁(자금) 임금이 거처하는 곳.

紫氣(자기) ①자줏빛의 서기(瑞氣). ②칼의 빛. ③손이나 벗이 올 예감.

紫笠(자립) 國융복(戎服)을 입을 때 쓰던 붉은 칠을 한 갓.

紫微(자미) ①북두성의 북쪽에 있는 별 이름. 천제(天帝)가 있는 곳이라 함. ②궁궐(宮闕). 왕궁(王宮).

紫石(자석) ①자석영(紫石英). 紫水晶(자수정). ②눈동자. ③벼루의 딴 이름.

紫綬(자수) 國정삼품 당상관(堂上官) 이상의 관원이 차던 인수(印綬).

紫煙(자연) ①자색의 연기. ②담배 연기.

紫髥綠眼(자염녹안) 자줏빛 수염과 푸른 눈. 백인종의 용모.

紫雲(자운) 자줏빛 구름. 상서로운 구름.

紫衣(자의) ①자줏빛 옷. ②임금의 옷. ③(佛) 자줏빛 가사(袈裟).

紫電(자전) ①번개. ②상서로운 빛. 瑞光(서광). ③빠른 모양. ④날카로운 눈빛.

紫朱(자주) 짙은 남색을 띤 붉은색.

紫袍(자포) ①자줏빛 도포. 자줏빛 곤룡포. ②아주 훌륭한 옷이나 예복.

紫霞(자하) ①보랏빛 안개. ②㉠신선이 사는 곳에 낀 안개. ㉡선궁(仙宮).

◨ 朱紫주자, 青紫청자, 紅紫홍자.

5 ⑪【紵】 모시 저 語

인명 ㊥zhù ㊐チョ

소전 초서 자해 ❶모시풀. 〔詩經〕可以漚紵가이구저. ❷모시베. ≒苧. 〔禮記〕絺綌紵不入치격저불입.

紵麻(저마) 모시.

紵衣(저의) 모시옷.

紵布(저포) 모시.

5 ⑪【組】 끈 조 麌

고등 인명 4급 ㊥zǔ ㊐ソ

필순 ⺊ ⺓ ⺓ 糹 糹 糸 糹 組 組 組

소전 초서 자원 形聲. 糸＋且→組. '且(차)'가 음을 나타낸다.

자해 ❶끈, 끈목. 〔禮記〕織紝組紃직임조순. ❷짜다. ㉮베를 짜다. 〔詩經〕執轡如組집련여조. ㉯꿰매다. 〔詩經〕素絲組之소사조지.

組閣(조각) 내각(內閣)을 조직함.

組立(조립) 짜 맞춤.

組織(조직) ①끈을 꼬고 베를 짬. ②같은 형태와 기능을 가진 세포의 집단. ③단체나 사회를 구성하는 각 요소가 결합하여 유기적 작용을 하는 통일체를 이룸.

組版(조판) 활자로 인쇄판을 짬.

組合(조합) 여럿을 한데 모아 한 덩어리로 짬.

5 ⑪【終】 끝날 종 東

중학 인명 5급 ㊥zhōng ㊐シュウ

필순 ⺓ ⺓ 糹 糹 糸 糸 糹 終 終 終

소전 초서 자원 形聲. 糸＋冬→終. '冬(동)'이 음을 나타낸다.

자해 ❶끝나다. ㉮극(極)에 이르다. ㉯다되다. 〔呂氏春秋〕數將幾終수장기종. ㉰그치다. 〔春秋左氏傳〕婦怨無終부원무종. ❷끝, 종말(終末). 〔禮記〕愼始而敬終신시이경종. ❸마침내. ㉮종국에는, 결국은. 〔書經〕終累大德종루대덕. ㉯끝까지. 〔大學〕有斐君子유비군자, 終不可諠兮종불가훤혜.

終決(종결) 결말이 남.

終結(종결) 끝을 냄. 끝마침. 終局(종국).

終乃(종내) ①끝끝내. ②마침내.

終年(종년) ①일 년 내내. ②한평생. ③한 해를 마침.

終禮(종례) 일과를 마치고 나누는 인사.

終了(종료) 일을 마침. 끝냄.

終末(종말) 끝. 끝판. 結末(결말).

終命(종명) ①목숨을 마침. ②천수(天壽). 타고난 수명.

終盤(종반) 끝판에 가까운 단계.

終生(종생) ①한평생. ②일생을 마침.

終歲(종세) 한 해를 마침.

終始如一(종시여일) 처음부터 끝까지 한결같음. 始終如一(시종여일).

終熄(종식) 끝남.

終食之間(종식지간) 식사를 끝내는 동안. 곧, 짧은 동안.

終身(종신) ①목숨을 다하기까지의 동안. ②일생을 마침. ③임종(臨終).
終夜(종야) 밤새도록. 하룻밤 동안.
終養(종양) 어버이의 임종을 지킴.
終焉(종언) ①마지막. ②죽음.
終映(종영) 상영을 끝냄.
終譽(종예) 끝까지 명예를 잃지 않음.
終日(종일) 아침부터 저녁까지.
終戰(종전) 전쟁을 끝냄.
終點(종점) 맨 끝이 되는 지점.
終制(종제) 부모의 삼년상(三年喪)을 마침.
終朝(종조) 아침 내내. 새벽부터 조반 때까지.
終止(종지) 끝냄. 또는 끝.
終着(종착) 마지막으로 도착함.
終天(종천) 이 세상이 끝날 때까지. 영원토록.
終風(종풍) ①종일 부는 바람. ②서풍(西風).
終獻(종헌) 제사 때 삼헌(三獻)의 세 번째 잔을 올림.
◨ 無始無終무시무종, 始終시종, 臨終임종, 最終최종.

5 ⑪【紬】䌷 명주 주 尤
인명 1급 ㊥chóu ㊐チュウ
소전 초서 자해 ❶명주, 굵은 명주. ❷잣다, 실을 뽑다. 〔史記〕紬績日分주적일분. ❸철(綴)하다, 모으다. 〔史記〕紬史記石室金匱之書주사기석실금궤지서.
紬緞(주단) 명주와 비단.
紬繹(주역) 실마리를 뽑아내어 찾음.
紬績(주적) 실을 뽑음. 자음.

5 ⑪【紾】䌸 ①비틀 진 軫 ②결 거칠 진 銑
㊥zhěn, tiǎn ㊐シン, テン
소전 초서 자해 ①비틀다, 비뚤어지다. 〔孟子〕紾兄之臂진형지비. ②결이 거칠다.
紾臂(진비) 팔을 비틂.

5 ⑪【紮】 감을 찰 黠
인명 ㊥zā, zhā ㊐サツ
초서 자해 ❶감다, 매다, 묶다. ❷머무르다, 주둔(駐屯)하다.
紮縛(찰박) 묶음.
紮營(찰영) 군대를 주둔시킴.

5 ⑪【絀】绌 물리칠 출 質
㊥chù ㊐チュツ
소전 초서 자해 ❶물리치다. ≒黜. 〔禮記〕君絀以爵군출이작. ❷꿰매다. 〔史記〕卻冠秫絀각관출출.

5 ⑪【紿】绐 속일 태 賄
㊥dài ㊐タイ
소전 초서 동자 紿 자해 ❶속이다. ≒詒. 〔漢書〕東越卽紿吳王동월즉태오왕. ❷의심하다. ❸이르다〔至〕. 〔淮南子〕出百死而紿一生출백사이태일생.

5 ⑪【絃】 ①악기 줄 현 先 ②새끼 현 霰
고등 인명 3급 ㊥xián, xuàn ㊐ゲン, ケン
필순 ㄥ ㄠ ㄠ 幺 糸 糸 糸' 糸ナ 絃 絃
초서 자원 形聲. 糸+玄→絃. '玄(현)'이 음을 나타낸다.
자해 ①악기의 줄. 거문고·비파 등의 줄. ≒弦. 〔禮記〕舜作五絃之琴순작오현지금. ②새끼, 줄, 끈. 〔李賀·歌〕水聲繁수성번, 絃聲淺현성천.
絃歌(현가) 현악기에 맞추어 부르는 노래.
絃索(현삭) ①현악기의 줄. ②현악기.
絃誦(현송) 현악기를 타며 시가를 노래함.
◨ 管絃관현, 絕絃절현.

6 ⑫【絳】绛 진홍 강 絳
인명 ㊥jiàng ㊐コウ
소전 초서 동자 絳 자해 진홍, 진홍색. 〔淮南子〕絳樹在其南강수재기남.
絳裙(강군) 붉은 치마.
絳闕(강궐) 붉은 칠을 한 대궐의 문.
絳樹(강수) 산호(珊瑚)의 딴 이름.
絳脣(강순) 붉은 입술. 丹脣(단순).
絳葉(강엽) 붉은 잎. 紅葉(홍엽).
絳衣大冠(강의대관) 붉은 옷과 큰 관(冠). 장군(將軍)의 몸차림.
絳帳(강장) 붉은 휘장. ㉠스승의 자리. ㉡학자의 서재(書齋). 故事 후한(後漢)의 대유(大儒)인 마융(馬融)이 고당(高堂)에 앉아 붉은 휘장을 드리우고, 그 앞에 학도(學徒)를 앉혀 놓고 가르쳤다는 고사에서 온 말.

6 ⑫【結】结 맺을 결 屑
중학 인명 5급 ㊥jié ㊐ケツ
필순 ㄠ ㄠ 幺 糸 糸 糸一 糸+ 紅 結 結

糸 5획

소전 結 초서 [초서체] 자원 形聲. 糸+吉→結. '吉(길)'이 음을 나타낸다.

자해 ❶맺다. ㉮매듭짓다. 〔易經〕上古結繩而治상고결승이치. ㉯맺히다. 〔古詩〕嚴霜結庭蘭엄상결정란. ㉰열매를 맺다. 〔杜甫·詩〕卑枝低結子비지저결자. ❷묶다, 매다. 〔張衡·賦〕罝羅之所羂結저라지소견결.

結跏趺坐(결가부좌) (佛)좌선(坐禪)할 때 앉는 방법의 한 가지. 좌우의 다리를 서로 반대의 넓적다리 위에 올려놓는 자세를 취함.

結果(결과) ①어떤 원인에 의하여 이루어진 결말. ②國열매를 맺음. 結實(결실).

結局(결국) 일의 마무리 단계.

結紐(결뉴) ①끈을 맴. ②서약함.

結代錢(결대전) 國토지의 조세로 곡식 대신 내던 돈.

結論(결론) 맺음말.

結膜(결막) 눈알의 겉과 눈꺼풀의 안을 싼 얇은 막.

結末(결말) 일의 마무리. 막판.

結氷(결빙) 물이 얼어서 얼음이 됨.

結社(결사) 주의·사상·의견이 같은 사람끼리 단체를 조직함. 또는 그 단체.

結成(결성) 맺어 이룸. 짜서 만듦.

結稅(결세) 國토지의 면적 단위인 결(結)을 기준으로 매기던 조세.

結束(결속) ①한 덩이로 묶음. ②여행이나 출정(出征) 등의 몸차림. 結裝(결장). ③끝남. 마무리함.

結繩(결승) 새끼를 매듭지음. 문자가 없던 고대에 계약의 보장으로 삼았음.

結緣(결연) 인연을 맺음.

結怨(결원) 원한을 품음. 원한을 삼.

結者解之(결자해지) 國맺은 사람이 풂. 일을 벌여 놓은 사람이 마무리를 지어야 함.

結晶(결정) ①광물이 일정한 법칙에 따라 특유의 형체를 이룸. ②뭉쳐져 단단해짐. ③애써 노력하여 이루어진 일의 결과.

結集(결집) 한데 모여 뭉침.

結着(결착) ①맺어짐. 결부됨. ②결말이 남. 일이 낙착됨.

結草報恩(결초보은) 죽은 뒤에라도 은혜를 갚음. 故事 춘추 시대 진(晉)나라의 위무자(魏武子)의 아들 과(顆)가 아버지의 유언을 어기고 서모(庶母)를 개가시켜 순사(殉死)를 면하게 하였더니, 후에 그가 전쟁에 나가 진(秦)의 두회(杜回)와 싸워 위태하게 되었을 때 서모 아버지의 망혼(亡魂)이, 적군의 앞길에 풀을 묶어 두회를 사로잡게 하였다는 고사에서 온 말.

結託(결탁) ①마음을 결합하여 서로 의탁함. ②서로 짜고 한통속이 됨.

結合(결합) 서로 관계를 맺어 하나가 됨.

結婚(결혼) 정식으로 부부 관계를 맺음.

◨ 凍結동결, 完結완결, 凝結응결, 終結종결, 集結집결, 締結체결.

6 ⑫ 【袴】绔 바지 고 遇

㊥kù ㊐コ

소전 [소전체] 초서 [초서체] 자해 바지. ＝袴. 〔漢書〕短衣大袴長劍단의대고장검.

6 ⑫ 【絖】 솜 광 漾

㊥kuàng ㊐コウ

초서 [초서체] 자해 솜, 고운 솜. ＝纊. 〔莊子〕世世以洴澼絖爲事세세이병벽광위사.

6 ⑫ 【絓】绊 ①걸릴 괘·과 卦 ②괘사 괘 佳

㊥guà, kuā ㊐カイ

소전 絓 초서 [초서체] 자해 ①❶걸리다. ≒挂. 〔楚辭〕心絓結而不解심괘결이불해. ❷홀로, 단독(單獨). ②괘사(絓絲).

絓絲(괘사) 누에고치의 외피(外皮)에서 뽑은 질이 낮은 견사(絹絲).

6 ⑫ 【絞】绞 ①목맬 교 巧 ②염습 효 肴

인명 2급 ㊥jiǎo, xiáo ㊐コウ

소전 絞 초서 [초서체] 참고 인명용 음은 '교'이다.

자해 ①❶목매다. 〔呂氏春秋〕因而自絞也인이자교야. ❷꼬다, 새끼를 꼬다. ❸묶다. ❹엄하다, 조금의 여유도 없다. 〔論語〕直而無禮則絞직이무례즉교. ②염습(斂襲), 염포(斂布).

絞戮(교륙) 목을 졸라 죽임. 絞殺(교살).

絞死(교사) 목을 매어 죽음.

6 ⑫ 【給】给 넉넉할 급 緝

중학 인명 5급 ㊥jǐ, gěi ㊐キュウ

필순 [필순]

소전 給 초서 [초서체] 자원 形聲. 糸+合→給. '合(합)'이 음을 나타낸다.

자해 ❶넉넉하다. 〔淮南子〕民用給민용급. ❷대다, 공급하다. 〔戰國策〕恐不能給也공불능급야. ❸급여. 〔史記〕仰給縣官억급현관. ❹말을 잘하다, 구변이 좋다.

給假(급가) 벼슬아치들에게 휴가를 줌.

給料(급료) ①노력에 대한 보수로 지급하는 돈. ②國벼슬아치에게 녹미(祿米)를 줌. 또는 그 녹미. 料給(요급).
給仕(급사) 관청이나 가게 따위에서 잔심부름을 시키기 위해 부리는 사람. 使喚(사환).
給事(급사) 귀한 사람의 옆에서 시중을 드는 사람.
給賜(급사) 물품을 하사(下賜)함.
給水(급수) 물을 공급함.
給食(급식) 음식을 줌.
給養(급양) ①의식을 대어 주어 먹여 살림. ②군대에서 의복·양식·연료 따위의 필수품을 공급하는 일.
給與(급여) 돈이나 물품 따위를 줌. 또는 그 돈이나 물품.
給助(급조) 금품을 주어 도움.
給足(급족) 생계가 넉넉함. 자급자족함.
給犒(급호) 물품을 주어 위로함.
◨ 供給공급, 配給배급, 支給지급.

6 ⑫【絡】络 헌솜 락 藥
고등 인명 3Ⅱ급 ㊥luò ㊐ラク
필순 ㄠ 幺 糸 糸 糸 糸 紗 絡 絡 絡
소전 초서 자원 形聲. 糸+各→絡. '各(각)'이 음을 나타낸다.
자해 ❶헌솜. ❷누이지 아니한 삼[麻]. ❸명주, 깁. ❹고삐. 〔梁簡文帝·詩〕晨風白金絡신풍백금락. ❺얽다, 얽히다. 〔漢書〕緜絡天地면락천지. ❻이어지다, 계속되다.
絡車(낙거) 실을 감는 데 쓰는 얼레.
絡脈(낙맥) 사물이 잇닿아 있는 관계. 인체의 신경·혈관 따위. 脈絡(맥락).
絡繹(낙역) 인마(人馬)의 왕래가 끊이지 않는 모양.
◨ 籠絡농락, 脈絡맥락, 連絡연락.

6 ⑫【絫】 포갤 루 紙 支
㊥lěi ㊐ルイ
소전 초서 자해 ❶포개다. =累. ❷무게의 단위. 銖(수)의 10분의 1.

6 ⑫【絣】 명주 붕 庚
㊥bēng ㊐ヒョウ
소전 초서 본자 絣 자해 ❶명주, 무늬 없는 명주. ❷줄무늬 베. ❸솜. 〔戰國策〕妻自組甲絣처자조갑붕. ❹잇다. 〔後漢書〕將絣萬嗣장붕만사.

6 ⑫【絲】丝 실 사 支
중학 인명 4급 ㊥sī ㊐シ
필순 ㄥ 幺 幺 糸 糸 糸 絲 絲 絲 絲
소전 초서 속자 糸 자원 會意. 糸+糸→絲. '糸(실 사)'자 두 개를 합하여 '실'이란 뜻을 나타낸다.
자해 ❶실. ❷명주실. 〔書經〕厥貢漆絲궐공칠사. ❸실을 잣다. 〔郭璞·贊〕不蠶不絲부잠불사. ❹악기 이름. 거문고 따위의 현악기. 〔太玄經〕擊石彈絲격석탄사.
絲來線去(사래선거) 일이 얽히고설켜 복잡함.
絲路(사로) ①좁은 길. 細路(세로). ②근본은 같은데 환경에 따라 선악이 갈라짐. 故事 묵적(墨翟)은 흰색의 연사(練絲)를 보고 울었고, 양주(楊朱)는 기로(岐路)에 서서 울었다는 고사에서 온 말. 哭岐泣練(곡기읍련).
絲縷(사루) 실 가닥. 絲線(사선).
絲麻(사마) 명주실과 삼실.
絲髮(사발) 실과 머리카락. ㉠썩 가는 것. ㉡근소(僅少)한 것.
絲雨(사우) 실같이 가는 가랑비.
絲竹(사죽) ①현악기와 관악기. ②음악. 絲管(사관).
絲毫(사호) 실오리나 털끝. 극히 적은 수량의 비유. 秋毫(추호).
◨ 絹絲견사, 麻絲마사.

6 ⑫【絮】 솜 서 御
인명 ㊥xù ㊐ジョ
소전 초서 자해 ❶솜. ㉮헌 풀솜. ㉯거친 풀솜. ㉰버들개지·눈송이 따위. ❷솜옷, 핫옷. 〔孝子傳〕冬不衣絮동불의서.
絮雪(서설) 버들개지.
絮說(서설) 지루하게 이야기함. 지루한 이야기.

6 ⑫【絬】 옷 솔기 단단할 설 屑
㊥xiè ㊐セツ
소전 자해 ❶옷의 솔기가 단단하다. ❷실이 나긋나긋하다.

6 ⑫【絨】绒 융 융 東
인명 1급 ㊥róng ㊐ジュウ

糸 6획

초서 [자해] 융. 표면이 부드럽고 감이 두툼한 모직물.
絨緞(융단) 무늬를 넣어 짠 두꺼운 모직물. 絨氈(융전).

6 ⑫【絪】 细 기운 인 眞

[인명] ㊥yīn ㊐イン

초서 [자해] ❶기운, 천지의 기운이 성한 모양. 〔易經〕 天地絪縕천지인온. ❷요, 깔개. 〔漢書〕 加畫繡絪馮가화수인빙.
絪馮(인빙) 요. 자리.

6 ⑫【絍】 紝(974)과 동자

6 ⑫【絕】 绝 끊을 절 屑

[중학] [인명] [4Ⅱ급] ㊥jué ㊐ゼツ

필순 幺 幺 糸 糸 糸 紒 絈 絕 絕 絕

소전 초서 [자원] 形聲. 糸+刀+卩→絕. '巴'는 '卩(절)'과 같은 자로 음을 나타낸다.

[자해] ❶끊다. ㉮실을 자르다. ㉯분리하다. 〔戰國策〕 必絕其謀필절기모. ㉰막다, 차단하다. 〔後漢書〕 遏絕狂狡窺欲之源알절광교규욕지원. ❷끊어지다, 실이 잘리다. 〔史記〕 冠纓索絕관영삭절. ❸건너다, 곧바로 가다. 〔漢書〕 不敢絕馳道불감절치도. ❹뛰어나다. 〔漢書〕 過絕于人과절우인.

絕佳(절가) 썩 아름다움. 아주 훌륭함.
絕澗(절간) 깊고 험한 골짜기. 絕谷(절곡).
絕景(절경) 더할 나위 없이 훌륭한 경치.
絕穀(절곡) 먹는 일을 끊음.
絕交(절교) 서로 교제를 끊음.
絕句(절구) 한시(漢詩)의 한 체. 4구(句)를 한 수로 하며, 한 구의 글자 수에 따라 오언 절구와 칠언 절구로 나뉨.
絕群(절군) 무리 가운데서 가장 빼어남. 絕倫(절륜).
絕叫(절규) 힘을 다해 부르짖음.
絕奇(절기) 썩 기이함. 奇絕(기절).
絕斷(절단) 교제나 인연을 끊음.
絕代佳人(절대가인) 당대에 비할 데 없이 아름다운 여자. 絕世佳人(절세가인).
絕島(절도) 육지에서 멀리 떨어진 외딴 섬.
絕倒(절도) ①허리가 끊어지도록 크게 웃음. 抱腹絕倒(포복절도). ②크게 감격하여 넋을 잃음. ③매우 슬퍼하여 정신을 잃음.
絕糧(절량) 양식이 떨어짐.
絕望(절망) 희망이 다 끊어짐.
絕命(절명) 목숨이 끊어짐. 죽음.
絕妙(절묘) 썩 교묘함.
絕壁(절벽) 가파른 낭떠러지.
絕塞(절새) 멀리 떨어진 국경의 요새.
絕色(절색) 빼어난 미색(美色).
絕世(절세) ①대를 이을 자손이 끊어짐. ②세상을 버림. 죽음. ③비교할 데가 없을 만큼 뛰어남. 絕代(절대).
絕笑(절소) 몹시 자지러지게 웃음.
絕俗(절속) ①세상의 번거로운 일에 관계하지 않음. ②세속 사람보다 월등하게 뛰어남.
絕孫(절손) 대를 이을 자손이 끊어짐.
絕息(절식) 숨이 끊어짐. 絕命(절명).
絕崖(절애) 매우 험한 벼랑.
絕豔(절염) 몹시 요염함. 요염한 미인.
絕影(절영) 그림자마저 끊어짐.
絕遠(절원) ①멀리함. ②몹시 멂.
絕異(절이) ①뛰어나게 다름. 월등하게 뛰어남. ②다른 것과 몹시 다름. 전혀 같지 않음.
絕人(절인) 남보다 뛰어난 사람.
絕長補短(절장보단) 긴 것을 끊어서 짧은 것을 기움. 남는 것으로써 부족한 것을 메움. 截長補短(절장보단).
絕頂(절정) ①산의 맨 꼭대기. ②최고에 이른 상태나 단계.
絕調(절조) 뛰어나게 훌륭한 곡조.
絕地(절지) ①빠져나올 수 없는 험난한 곳. ②멀리 떨어져 있는 곳.
絕盡(절진) 다하여 없어짐.
絕塵(절진) ①걸음이 매우 빨라 먼지가 나지 않음. ②세속을 멀리 벗어남. 脫俗(탈속).
絕唱(절창) ①더할 나위 없이 뛰어난 시문(詩文). ②뛰어나게 잘 부르는 노래.
絕處逢生(절처봉생) 아주 막다른 판에 이르면 살길이 생김.
絕特(절특) 몹시 뛰어남.
絕筆(절필) ①붓을 놓고 쓰기를 그만둠. ②비할 바 없이 뛰어난 필적(筆跡).
絕乏(절핍) 물건이 떨어져 옹색함.
絕學(절학) ①학문을 중도에서 그침. ②학문이 중도에 끊어져 후세에 전하지 않음.
絕壑(절학) 깊고 험한 계곡.
絕海(절해) 육지에서 멀리 떨어진 바다.
絕絃(절현) 지기지우(知己之友)의 죽음. [故事] 춘추 시대 거문고의 명수인 백아(伯牙)가 자기의 거문고 소리를 알아 주던 친구 종자기(鍾子期)가 죽자, 거문고의 줄을 끊고 다시는 타지 않았다는 고사에서 온 말.
絕峽(절협) 깊고 험한 두메.
絕好(절호) 더없이 좋음.

糸 6획

絕火(절화) 國가난하여 밥을 짓지 못함.
絕後(절후) ①이후로 그런 일이 다시는 없음. ②대를 이을 사람이 없음. 無後(무후).
◨ 拒絕거절, 氣絕기절, 斷絕단절, 淒絕처절.

6 ⑫【絰】绖 질 질 屑

㊥dié ㊐テツ

소전 초서 자해 **질**. 상복을 입을 때, 머리에 쓰는 수질(首絰)과 허리에 두르는 요질(腰絰). 〔周禮〕凡弔事弁絰服범조사변질복.

6 ⑫【統】统 큰 줄기 통 宋

중학 인명 4Ⅱ급 ㊥tǒng ㊐トウ

필순 幺 幺 糸 糸 糸 紅 紶 紶 統 統

소전 초서 속자 자원 形聲. 糸+充→統. '充(충)'이 음을 나타낸다.

자해 ❶**큰 줄기, 본가닥의 실.** 〔淮南子〕抽其統紀추기통기. ❷**거느리다.** ㉮**통괄하다, 통솔하다.** 〔後漢書〕仍統軍實잉통군실. ㉯**다스리다.** 〔書經〕統百官통백관.

統計(통계) 한데 몰아서 셈함.
統括(통괄) 낱낱의 것을 하나로 뭉뚱그림.
統紀(통기) 통합된 법칙. 근본 법칙.
統督(통독) 통할하여 감독함.
統領(통령) 전체를 거느림. 또는 그 사람.
統攝(통섭) 도맡아 다스림. 통치함.
統率(통솔) 온통 몰아서 거느림.
統帥(통수) 온통 몰아 거느림.
統御(통어) 거느려 제어(制御)함.
統業(통업) 나라를 통치하는 사업.
統營(통영) ①통제하고 경영함. ②國통제사(統制使)의 군영.
統一(통일) 여럿을 모아 계통이 선 하나로 만듦.
統制(통제) 일정한 방침에 따라 제한하거나 제약함.
統治(통치) 맡아 다스림.
統稱(통칭) 통틀어 일컫는 명칭.
統轄(통할) 모두 거느려서 다스림.
統合(통합) 여러 조직이나 기구를 하나로 합침.
◨ 傳統전통, 正統정통, 血統혈통.

6 ⑫〖絢〗绚 1 무늬 현 霰 2 노 순 眞

인명 1급 ㊥xuàn, xún ㊐ケン, シュン

소전 초서 참고 인명용 음은 '현'이다.

자해 1 **무늬, 문채.** 〔論語〕素以爲絢兮소이위현혜. 2 **노, 노끈.** =紃.

絢爛(현란) ①눈부시게 빛남. ②시문(詩文)이 화려함.

6 ⑫【絜】 1 헤아릴 혈 屑 2 깨끗할 결 屑

㊥xié, jié ㊐ケツ

소전 초서 자해 1 **헤아리다, 재다.** 〔大學〕君子有絜矩之道군자유혈구지도. 2 **깨끗하다, 결백하다.** =潔. 〔禮記〕主人之所以自絜而以事賓也주인지소이자결이이사빈야.

絜矩(혈구) ①곱자를 가지고 잼. ②絜矩之道(혈구지도).
絜矩之道(혈구지도) 자기 마음을 미루어 남의 마음을 헤아리는 도덕상의 법도. 絜矩(혈구).
絜齋(결재) 육식을 삼가고 몸가짐을 깨끗이 함. 潔齋(결재). 齋戒(재계).

6 ⑫〖絵〗 繪(998)의 속자 인명

7 ⑬【綌】绤 칡베 격 陌

㊥xì ㊐ゲキ

소전 초서 자해 **칡베, 거친 갈포, 거친 갈포로 만든 옷.** 〔詩經〕爲絺爲綌위치위격.

7 ⑬【絹】绢 명주 견 霰

고등 인명 3급 ㊥juàn ㊐ケン

필순 幺 幺 糸 糸 糸 糸 紀 絹 絹 絹

소전 초서 자원 形聲. 糸+肙→絹. '肙(연)'이 음을 나타낸다.

자해 **명주(明紬).** 명주실로 무늬 없이 짠 피륙. 〔後漢書〕遺絹二疋유견이필.

絹本(견본) ①비단에 그린 서화(書畫). ②서화를 그리는 데 쓰는 비단.
絹絲(견사) 누에고치에서 뽑은 실. 명주실.
絹織物(견직물) 명주실로 짠 피륙.
絹布(견포) 명주.

7 ⑬【綑】 繭(997)의 고자

7 ⑬【綆】绠 두레박줄 경 梗

㊥gěng ㊐コウ

糸 6획

소전 초서 동자 絖 자해 **두레박줄.** 〔莊子〕 綆短者不可以汲深경단자불가이급심.

綆短汲深(경단급심) 짧은 두레박줄로는 깊은 우물물을 길을 수 없음. 소임은 무거운데 재능이 부족함.

綆縻(경미) 두레박줄. 汲綆(급경).

7 ⑬【經】経 날 경 靑

중학 인명 4Ⅱ급 ㊥jing ㊐ケイ

필순 幺 幺 糸 糸 糸 糸 紅 經 經 經

소전 초서 속자 経 자원 形聲. 糸+巠→經. '巠(경)'이 음을 나타낸다.

자해 ❶**날, 날실.** 〔禮記〕 黑經白緯曰織흑경백위왈섬. ❷**세로.** ❸**길.** ㉮**조리**(條理). 〔春秋左氏傳〕 王之大經也왕지대경야. ㉯**도로**(道路). 〔張衡·賦〕 經途九軌경도구궤. ❹**법.** 〔中庸〕 凡爲天下國家有九經범위천하국가유구경. ❺**다스리다.** 〔春秋左氏傳〕 經國家경국가. ❻**성인이 지은 책, 경서.**

經過(경과) ①거쳐 지나감. 통과함. ②일의 과정. ③시일이 지나감.

經國(경국) 나라를 다스림.

經國之才(경국지재) 나라를 다스릴 만한 재주. 또는 그런 재주를 가진 사람.

經紀(경기) ①나라의 법과 풍속 등에 대한 기율(紀律). 綱紀(강기). ②한 집안을 잘 다스림. ③순리를 좇아 다스림. ④천체가 운행하는 도수(度數).

經年(경년) 몇 해를 지남.

經絡(경락) 침을 놓거나 뜸을 뜨는 자리.

經略(경략) ①천하를 경영하며 사방을 공략함. ②나라를 다스림.

經歷(경력) 겪어 지내 온 일들. 履歷(이력).

經路(경로) 거쳐 오거나 거쳐 간 길.

經綸(경륜) ①천하를 경영하여 다스림. ②천하를 다스리는 포부와 방책.

經律(경률) ①변하지 않는 법. ②불도의 법.

經理(경리) ①경영하여 다스림. ②물자의 관리나 금전의 출납 따위를 맡아보는 사무. 또는 그 부서의 사람.

經部(경부) 서적을 경(經)·사(史)·자(子)·집(集)의 4부로 분류한 것 중에서 경에 딸린 부류. 사서삼경(四書三經) 따위.

經費(경비) 일에 쓰이는 비용.

經常(경상) 항상 일정하여 변하지 않음.

經書(경서) 유교의 가르침을 적은 서적.

經說(경설) ①경서(經書)에 쓰인 성인의 말. ②경서의 뜻을 풀이한 책.

經涉(경섭) 거쳐 지나감.

經世(경세) 세상을 다스림.

經世家(경세가) 정치가.

經世濟民(경세제민) 세상을 다스리고 백성을 건짐.

經術(경술) 경서(經書)를 연구하는 학문.

經始(경시) ①집을 짓기 시작함. ②일을 시작함. 개시함.

經筵(경연) 임금 앞에서 경서를 강론(講論)하는 자리. 經幄(경악).

經營(경영) ①집을 짓기 위해 터를 측량하고 기초를 다짐. ②계획을 세워 사업을 해 나감.

經緯(경위) ①날과 씨. ②경선과 위선. ③세로와 가로. ④사건의 전말.

經由(경유) 거쳐 지나감.

經濟(경제) ①나라를 다스려 백성을 구제함. 經世濟民(경세제민). ②욕망을 충족하기 위하여 재화(財貨)를 획득하고 사용하는 일체의 행위.

經天緯地(경천위지) 천지를 경위(經緯)함. 천하를 경영함.

經行(경행) ①일정한 행동. 절조(節操)가 있는 일. ②월경(月經). ③통과함. ④(佛)승려가 좌선할 때 졸음을 쫓거나 번민을 없애기 위하여 일정한 곳을 천천히 거니는 일.

經驗(경험) 자신이 실제로 해 보거나 겪어 봄.

經穴(경혈) 경락(經絡) 중의 요처(要處). 침을 놓거나 뜸을 뜨는 자리. 鍼灸穴(침구혈).

經訓(경훈) 경적(經籍)의 뜻풀이.

◘ 九經구경, 佛經불경, 聖經성경, 月經월경.

7 ⑬【継】 繼(999)의 속자

7 ⑬【絿】 급박할 구 尤

인명 ㊥qiú ㊐キュウ

소전 초서 자해 ❶**급박하다.** 〔詩經〕 不競不絿불경불구. ❷**구하다.** ❸**작다, 어리다.**

7 ⑬【綍】 ①상엿줄 발 ㊍불 物 ②바 발 ㊍비 未

㊥fú ㊐フツ

초서 자해 ①**상엿줄.** 〔禮記〕 諸侯執綍五百人제후집발오백인. ②**바, 밧줄.** 〔禮記〕 王言如綸왕언여륜, 其出如綍기출여발.

7 ⑬【緐】 繁(994)과 동자

7 ⑬【続】 續(1000)의 속자

7 ⑬【綏】绥 ①편안할 수 ②기드림 유
인명 ㊥suī, ruí ㊐スイ, ズイ
소전 초서 참고 인명용 음은 '수'이다.
자해 ① ❶편안하다. ❷수레 손잡이 줄. 수레를 탈 때나 수레에 설 때 이것을 잡는다. 〔論語〕升車승거, 必正立執綏필정립집수. ❸물러서다. 〔春秋左氏傳〕乃皆出戰내개출전, 交綏교수. ② 기드림, 기 장식. 〔詩經〕淑旂綏章숙기유장.
綏撫(수무) 어루만져 편안하게 함.
綏邊(수변) 변경의 백성을 편안히 함.
綏定(수정) 나라를 안정시킴.
綏靖(수정) 편안하게 함. 안정시킴.
綏懷(수회) 편안히 하여 따르게 함.

7 ⑬【綉】绣 ①수놓을 수 ②솜 한 조각 투
㊥xiù, tòu ㊐シュウ
자해 ① 수놓다. ≒繡. ② 솜 한 조각.
綉帶(수대) 수를 놓은 띠.
綉帳(수장) 수놓은 장막.

7 ⑬【綎】 띳술 정
인명 ㊥tíng ㊐テイ
소전 초서 자해 띳술. 패옥 따위를 띠에 차는 끈. 〔後漢書〕端委縉綎단위진정.

7 ⑬【綈】绨 깁 제
㊥tí ㊐テイ
소전 초서 자해 깁, 두껍게 짠 비단. 〔管子〕魯梁之民노양지민, 俗爲綈속위제.
綈袍(제포) 두꺼운 비단으로 만든 솜옷.

7 ⑬【條】 끈 조 ㊍도
㊥tāo ㊐トウ
소전 초서 동자 絛 자해 끈, 실을 땋은 납작한 끈.
條絲(조사) 여러 가닥으로 땋은 실.
條蟲(조충) 촌충(寸蟲).

7 ⑬【絺】 織(997)과 동자

7 ⑬【綃】绡 ①생사 초 ㊍소 ②끌어 올릴 소
㊥xiāo, shāo ㊐ショウ
소전 초서 자해 ① ❶생사(生絲), 생명주실. ❷생명주, 생초(生綃). ② ❶끌어 올리다, 머리카락을 끌어 올리다. ❷돛 줄.
綃紈(초환) 얇은 흰 비단. 綃素(초소).

7 ⑬【絺】绨 ①칡베 치 ②수놓을 치
㊥chī, zhǐ ㊐チ
소전 초서 자해 ① 칡베, 고운 갈포(葛布). 〔詩經〕爲絺爲綌위치위격. ② 수놓다. 〔書經〕黼黻絺繡보불치수.
絺綌(치격) 고운 갈포와 거친 갈포.

7 ⑬【綂】 統(982)의 속자

8 ⑭【綱】纲 벼리 강
고등 인명 3Ⅱ급 ㊥gāng ㊐コウ
필순 纟 纟 纟 糸 糹 絅 絅 綱 綱 綱
소전 초서 참고 網(986)은 딴 자.
자원 形聲. 糸+岡→綱. '岡(강)'이 음을 나타낸다.
자해 벼리. ㉮그물을 버티는 줄. 〔書經〕若網在綱약망재강, 有條而不紊유조이불문. ㉯과녁을 펴서 치는 줄. 〔周禮〕上綱與下綱상강여하강, 出舌尋출설심. ㉰근본(根本), 추요(樞要). 〔北史〕爲政當貴擧綱위정당귀거강.
綱紀(강기) 벼릿줄과 가는 줄. 곧, 국가를 다스리는 대법(大法)과 세칙(細則). 법강(法綱)과 풍기(風紀). 紀綱(기강).
綱領(강령) ①일의 으뜸 되는 큰 줄거리. '綱'은 벼리, '領'은 옷깃. ②정당이나 단체의 취지·목적·행동 규범 따위의 원칙.
綱目(강목) 사물을 분류, 정리하는 대단위와 소단위.
綱常(강상) 삼강(三綱)과 오상(五常). 사람이 마땅히 지켜야 할 도덕.
綱要(강요) 가장 중요한 점.
綱維(강유) ①큰 밧줄로 동여맴. ②삼강(三綱)과 사유(四維). 나라의 법도. ③통치함.
◨ 紀綱기강, 大綱대강, 三綱삼강, 要綱요강.

8 ⑭【綮】 ①발 고운 비단 계 ②힘줄 얽힌 곳 경
㊥qǐ, qìng ㊐ケイ

소전 [seal] 초서 [cursive] 동자 綮 자해 1❶발 고운 비단. ❷기치(旗幟). ❸창집, 창을 넣어 두는 자루. ≒棨. 2힘줄이 얽힌 곳, 가장 중요한 곳. 〔莊子〕技經肯綮之未嘗기경긍경지미상.

8 ⑭【緄】绲 1띠 곤 阮 2오랑캐 이름 혼 阮

㊥gŭn ㊐コン

소전 초서 자해 1❶띠, 허리띠. 〔後漢書〕童子佩刀緄帶各一동자패도곤대각일. ❷새끼, 줄. 〔詩經〕竹閉緄縢죽폐곤등. 2오랑캐 이름.

緄帶(곤대) 짜서 만든 띠.

8 ⑭【綰】绾 얽을 관 ㊟완 潸

㊥wǎn ㊐ワン

소전 초서 자해 ❶얽다, 비끄러매다. ❷꿰뚫다, 관통하다.

8 ⑭【綣】绻 정다울 권 阮

㊥quǎn ㊐ケン

소전 초서 자해 정답다, 곡진하다. 〔春秋左氏傳〕繾綣從公견권종공.

8 ⑭【綺】绮 비단 기 紙

인명 1급 ㊥qǐ ㊐キ

소전 초서 자해 ❶비단, 무늬가 놓인 비단. ❷무늬, 광택. 〔長協·七命〕流綺星連유기성연. ❸아름답다. 〔後漢書〕充備綺室충비기실.

綺閣(기각) 화려한 누각. 綺樓(기루).

綺縠(기곡) 무늬가 있는 얇은 비단.

綺羅(기라) ①무늬 있는 비단과 얇은 비단. ②아름다운 의복. 美服(미복).

綺麗(기려) 아름다움. 고움. 화려함.

綺靡(기미) 아름답고 화려함.

綺語(기어) ①아름다운 말. ②(佛)십악(十惡)의 한 가지. 교묘하게 꾸민 말.

綺紈(기환) 무늬 놓은 비단과 누인 명주. 아름다운 옷감이나 의복.

8 ⑭【綦】 연둣빛 비단 기 支 寘

㊥qí ㊐キ

초서 자해 ❶연둣빛 비단. 〔詩經〕縞衣綦巾호의기건. ❷빛깔. ㉮연둣빛, 쑥빛. ㉯검푸른 빛. 〔書經〕四人綦弁사인기변. ㉰검붉은 빛. ❸끝가다, 궁극에 이르다. 〔荀子〕目欲綦色목욕기색, 耳欲綦聲이욕기성.

綦巾(기건) 처녀가 입던 쑥색의 옷.

8 ⑭【緊】紧 굳게 얽을 긴 軫

고등 인명 3Ⅱ급 ㊥jǐn ㊐キン

필순 一 丅 丂 𠀉 臣 臤 堅 緊 緊 緊

소전 초서 동자 緊 자원 形聲. 臤+糸→緊. '臤(현)'이 음을 나타낸다.

자해 ❶굳게 얽다, 굳게 감다. ❷긴축하다.

緊急(긴급) ①실·줄 따위를 극도로 켕기게 침. ②매우 긴하고 급함.

緊密(긴밀) ①빈틈이 없음. ②매우 밀접함.

緊紗(긴사) 곱게 짠 얇은 깁.

緊束(긴속) 꼭 졸라 묶음. 단단히 구속함.

緊要(긴요) 꼭 필요함. 매우 소중함.

緊張(긴장) 마음을 조이고 정신을 바짝 차림.

緊切(긴절) 긴요하고 절실함.

緊縮(긴축) ①바싹 줄임. ②재정의 기초를 든든히 하기 위하여 지출을 줄임.

◨ 要緊요긴.

8 ⑭【綯】绹 꼴 도 豪

㊥táo ㊐トウ

초서 자해 ❶꼬다, 새끼·노 따위를 꼬다. 〔詩經〕宵爾索綯소이삭도. ❷새끼, 노끈.

8 ⑭【綢】绸 1쌀 도 豪 2얽을 주 尤

인명 ㊥tāo, chóu ㊐トウ, チュウ

소전 초서 참고 인명용 음은 '주'이다.

자해 1싸다, 숨기다. =韜. 〔漢書〕靡屈虹而爲綢미굴홍이위도. 2❶얽다, 얽히다. 〔詩經〕綢繆束薪주무속신. ❷묶다. 〔楚辭〕薜荔拍兮蕙綢벽려박혜혜주. ❸빽빽하다, 배다. 〔詩經〕綢直如髮주직여발.

綢緞(주단) 품질이 좋은 비단.

綢繆(주무) ①뒤얽힘. 纏綿(전면). ②심오(深奧)함. ③번잡하고 잚. ④미리 준비함.

綢密(주밀) 빽빽함. 촘촘함.

綢直(주직) 성정이 치밀하고 정직함.

8 ⑭【綟】线 연둣빛 려 霽

㊥lì ㊐レイ

소전 綟 초서 [초서] 자해 **연둣빛, 조개풀로 들인 연둣빛, 연둣빛 비단.**

綟綬(여수) 연둣빛의 비단으로 지은 승상(丞相)의 복식(服飾).

8 ⑭【練】 練(988)의 속자

8 ⑭【綠】绿 초록빛 록 沃

중학 인명 6급 ㊥lǜ ㊐リョク

필순 ㄥ ㄠ 幺 糸 糸' 糹 絆 綠 綠 綠

소전 [소전] 초서 [초서] 동자 緑 참고 綠(990)은 딴 자.

자원 形聲. 糸+彔→綠. '彔(록)'이 음을 나타낸다.

자해 ❶**초록빛, 초록빛 비단.** 〔詩經〕 綠兮衣兮록혜의혜. ❷**조개풀, 왕추(王芻).** ≒菉. 〔詩經〕 綠竹猗猗록죽의의.

綠車(녹거) 왕손이 타는 수레 이름.
綠堂(녹당) 여자가 기거하는 푸른 칠을 한 집.
綠黛(녹대) 푸른 눈썹먹.
綠瞳(녹동) 푸른 눈동자. 서양 사람의 눈.
綠林(녹림) ①푸른 숲. ②도적의 소굴. 故事 후한(後漢) 말 왕망(王莽) 때 왕광(王匡)·왕봉(王鳳) 등 도적의 무리가 호북성(湖北省) 녹림산(綠林山)에 웅거한 데서 온 말.
綠末(녹말) ①전분(澱粉). ②國감자·녹두 따위를 갈아서 가라앉힌 앙금을 말린 가루.
綠蕪(녹무) 푸른 잡초. 푸르게 우거진 풀.
綠髮(녹발) 윤이 나고 아름다운 검은 머리.
綠鬢(녹빈) 윤이 나는 고운 귀밑머리.
綠簑衣(녹사의) 도롱이.
綠嶼(녹서) 초목이 우거진 작은 섬.
綠水(녹수) ①푸른 물. ②푸른 나무 그림자가 비친 물.
綠楊(녹양) 푸른 잎이 우거진 버드나무.
綠玉(녹옥) ①푸른 옥(玉). ②대나무. ③녹색 주상(柱狀)의 옥돌. 綠柱石(녹주석).
綠雨(녹우) 녹음이 짙은 계절에 내리는 비.
綠雲(녹운) ①푸른 구름. ②여자의 숱이 많고 아름다운 머리. ③푸른 잎이 무성한 모양.
綠陰芳草(녹음방초) 푸른 나무의 그늘과 향기로운 풀. 여름철의 경치.
綠衣紅裳(녹의홍상) 연두 저고리와 다홍치마. 젊은 여자의 고운 차림.
綠耳(녹이) 주(周) 목왕(穆王)이 타던 팔준마(八駿馬)의 하나. 좋은 말의 비유.
綠地(녹지) 천연으로 풀이나 나무가 우거진 곳.
綠茶(녹차) 푸른빛이 그대로 나도록 말린 찻잎.
綠窓(녹창) ①초록색의 창문. ②가난한 여자가 사는 곳. ③부녀자가 거처하는 방.
綠翠(녹취) 녹색과 비취색. 푸른 빛깔.
綠波(녹파) 푸른 물결.
綠化(녹화) 산이나 들에 수목을 심어 푸르게 함.
◨ 新綠신록, 草綠초록, 翠綠취록.

8 ⑭【緑】 綠(986)과 동자

8 ⑭【綸】纶 1 낚싯줄 륜 眞 2 푸른 실 허리끈 관 刪

인명 1급 ㊥lún, guān ㊐リン, カン

소전 [소전] 초서 [초서] 참고 인명용 음은 '륜'이다.

자해 1 ❶**낚싯줄.** 〔詩經〕 言綸之繩언륜지승. ❷**현악기의 줄.** ❸**실, 굵은 실.** 〔禮記〕 王言如絲왕언여사, 其出如綸기출여륜. ❹**솜.** 〔淮南子〕 綸組節束륜조절속. 2 **푸른 실로 드린 허리끈.**

綸命(윤명) 조칙(詔勅).
綸言(윤언) 임금의 조칙. 綸音(윤음).
綸言如汗(윤언여한) 땀이 한번 나면 도로 들어가지 않는 것처럼, 임금의 명령도 한번 내리면 고칠 수 없음.
綸旨(윤지) 임금의 교지.
綸巾(관건) 비단으로 만든 두건.

8 ⑭【綾】绫 비단 릉 蒸

인명 1급 ㊥líng ㊐リョウ

소전 [소전] 초서 [초서] 자해 **비단, 무늬가 있는 비단.**

綾綺(능기) 무늬 있는 비단. 무늬 있는 비단으로 만든 옷.
綾羅(능라) 무늬 있는 비단과 엷은 비단.
綾羅錦繡(능라금수) 명주실로 짠 비단의 총칭.
綾扇(능선) 무늬 있는 비단을 발라 만든 부채.
綾紈(능환) 무늬 있는 비단과 흰 비단.

8 ⑭【網】网 그물 망 養

인명 2급 ㊥wǎng ㊐モウ

초서 [초서] 동자 网 참고 綱(984)은 딴 자.

자원 形聲. 糸+罔→網. '罔(망)'이 음을 나타낸다.

자해 ❶**그물.** 〔詩經〕 魚網之設어망지설. ❷**그물질하다.** ㉮**그물로 잡다.** ㉯**법망(法網)을 씌우다.** 〔孟子〕 是網民也시망민야.

網巾(망건) 國상투를 튼 사람이 머리가 흘어지지 않도록 이마 위에 둘러쓰는 두건.

網羅(망라) ①그물. '網'은 물고기를 잡는 그물, '羅'는 새를 잡는 그물. ②빠짐없이 거두어들임. 죄다 포용함.
網紗(망사) 그물처럼 성기게 짠 깁.
網疏(망소) 그물의 눈이 성김. 법망(法網)이 꼼꼼하지 않고 허술함.
網周(망주) 법망이 주밀(周密)하여 죄인을 놓치지 않음.
網蟲(망충) 그물처럼 줄을 친 거미. 거미.
網捕(망포) 그물을 쳐서 고기를 잡음.
❏ 魚網어망, 投網투망, 刑網형망.

8 ⑭【綿】绵 이어질 면 先
고등 인명 3Ⅱ급 ㊥mián ㊐メン
필순 纟 幺 糸 糸 糸' 紵 紵 紵 綿 綿
소전 緜 초서 [초서] 동자 緜 동자 柄 속자 櫋
자원 會意. 실이 길게 이어짐을 뜻하는 데서 '系'를 쓰고 실은 피륙을 짜는 데 쓰므로 '帛'을 썼다. 실의 원료라는 데서 '솜'을 뜻한다.
자해 **❶이어지다. ❷잇다, 연속하다.** 〔張衡·賦〕緜日月而不衰면일월이불쇠. **❸퍼지다, 만연하다.** 〔春秋穀梁傳〕緜地千里면지천리. **❹멀다.** 〔陸機·行〕去家邈以緜거가막이면. **❺솜.**
綿亘(면긍) 길게 이어 뻗쳐짐.
綿代(면대) 대대(代代). 누대(屢代).
綿篤(면독) 병이 매우 중함. 위독함.
綿力(면력) 힘이 약함. 微力(미력).
綿歷(면력) ①길게 이어짐. ②오랜 세월을 경과함. ③여러 곳을 거쳐 멀리 감.
綿連(면련) 계속됨. 잇달아 끊어지지 않음. 連綿(연면).
綿邈(면막) 매우 멂.
綿襪(면말) 솜을 넣은 버선. 솜버선.
綿綿(면면) ①오래 계속하여 끊어지지 않는 모양. 連綿(연면). ②세밀한 모양. 詳密(상밀). ③아득한 모양.
綿毛(면모) 솜처럼 보드라운 털. 솜털.
綿薄(면박) 재력(才力)이 약함.
綿弱(면약) 가냘픔.
綿延(면연) 연하여 길게 뻗음. 영속(永續)함.
綿地(면지) 길게 이어진 땅.
綿歎(면탄) 긴 한숨. 오래 계속되는 탄식.

8 ⑭【緍】 緡(989)과 동자

8 ⑭【緋】 絣(980)의 본자

8 ⑭【緋】绯 붉은빛 비 微
인명 1급 ㊥fēi ㊐ヒ
소전 緋 초서 [초서] 자해 **❶붉은빛. ❷붉은빛의 누인 명주.** 〔唐書〕袴褶之制고습지제, 五品以上緋오품이상비.
緋甲(비갑) 붉은 갑옷.
緋衲(비납) 붉은 가사(袈裟).
緋緞(비단) 國명주실로 짠 피륙의 총칭.
緋玉(비옥) 國비단옷과 옥관자(玉冠子). 곧, 당상관의 관복.

8 ⑭【緒】 緖(989)의 속자

8 ⑭【綫】线 실 선 霰
㊥xiàn ㊐セン
소전 綫 동자 線 자해 **실, 줄.** 〔漢書〕不絕如綫부절여선.

8 ⑭【綬】绶 인끈 수 宥 有
인명 ㊥shòu ㊐ジュ
소전 綬 초서 [초서] 자해 **인끈.** 〔顏延之·詩〕結綬登王畿결수등왕기.
綬帶(수대) 인끈을 매다는 띠.

8 ⑭【維】维 바 유 支
고등 인명 3Ⅱ급 ㊥wéi ㊐イ
필순 纟 幺 糸 糸 糸' 紵 紵 絆 維 維
소전 維 초서 [초서] 자원 形聲. 糸+隹→維. '隹(추)'가 음을 나타낸다.
자해 **❶바, 밧줄.** 〔儀禮〕中離維綱중리유강. **❷이.** 발어사. 〔詩經〕維鵲有巢유작유소. **❸다만.** =唯. 〔荀子〕非維下流水多邪비유하류수다야.
維星(유성) 북두칠성에서 자루 쪽에 있는 세 개의 별 이름.
維新(유신) 모든 일을 새롭게 고침. 구폐(舊弊)를 일소하여 혁신함.
維持(유지) 어떤 상태대로 지탱하여 나감.

8 ⑭【緌】绥 갓끈 유 支
㊥ruí ㊐ズイ
소전 緌 초서 [초서] 자해 **❶갓끈.** 〔詩經〕冠緌雙止관유쌍지. **❷기, 깃대의 꼭대기에 쇠털을 단 기. ❸앞치마 끈. ❹잇다.**
緌纓(유영) 갓의 늘어진 끈. 갓끈을 드리움.

8 ⑭【綽】绰 너그러울 작 藥

인명 1급 ㊥chuò ㊐シャク

소전 초서 자해 ❶너그럽다, 여유가 있다. 〔孟子〕豈不綽綽然有餘裕哉기부작작연유여유재. ❷몸이 가냘프고 맵시가 있다. 〔傅毅·賦〕綽約閑靡작약한미. ❸많다. 〔楚辭〕滂心綽態방심작태.

綽名(작명) 별명(別名). 綽號(작호).

綽楔(작설) 선행(善行)을 표창하기 위하여 세우던 나무 기둥.

綽約(작약) ①유약한 모양. 가냘프고 맵시 있는 모양. ②상냥하고 예쁜 모양.

綽然(작연) 침착하고 여유 있는 모양.

綽綽(작작) ①너그러운 모양. ②여유 있는 모양. 서두르지 않는 모양.

綽態(작태) ①여유 있고 날씬한 모양. ②교태(嬌態)가 많은 모양.

8 ⑭【綜】综 잉아 종 宋

인명 2급 ㊥zōng ㊐ソウ

소전 초서 자해 ❶잉아. 베틀의 날실을 끌어 올리도록 맨 굵은 실. 〔列女傳〕推而往추이왕, 引而來者綜也인이래자종야. ❷모으다, 통할(統轄)하다. 〔易經〕錯綜其數착종기수.

綜理(종리) 종합하여 다스림.

綜合(종합) 여러 가지를 한데 모아서 합함.

綜核(종핵) 종합하여 밝힘. 綜覈(종핵).

8 ⑭【綵】 비단 채 賄

인명 ㊥cǎi ㊐サイ

초서 자해 ❶비단. ＝采. 〔宋書〕爲妻買繒綵위처매증채. ❷무늬, 채색. ＝彩. 〔梁昭明太子·賦〕色兼列綵색겸렬채.

綵毬(채구) 색실로 꾸민 공.

綵毫(채호) 아름다운 붓.

◨ 文綵문채, 繡綵수채, 五綵오채.

8 ⑭【綴】缀 ①꿰맬 철 本체 霽 ②막을 철 屑

인명 1급 ㊥zhuì, chuò ㊐テイ, テツ

소전 초서 자해 ①❶꿰매다, 이어 맞추다. 〔戰國策〕綴甲厲兵철갑려병. ❷비끄러매다, 매어 두다. 〔楚辭〕綴鬼谷於北辰철귀곡어북신. ❸맺다. 〔詩經〕爲下國綴旒위하국철류. ❹깃발. 〔揚雄·賦〕熊耳爲綴웅이위철. ②막다, 그치다. ≒輟. 〔禮記〕禮者所以綴淫也례자소이철음야.

綴文(철문) 글을 지음. 지은 글.

綴衣(철의) 휘장. 장막.

綴字(철자) 자음자와 모음자를 맞추어 한 음절 자를 만듦.

綴輯(철집) 여러 가지 재료를 모아 책을 만듦.

◨ 補綴보철, 點綴점철, 編綴편철, 筆綴필철.

8 ⑭【総】 總(995)과 동자 인명

8 ⑭【緇】缁 검은 비단 치 支 寘

인명 ㊥zī ㊐シ

소전 초서 본자 자해 ❶검은 비단, 검은빛. 〔論語〕緇衣羔裘치의고구. ❷승려, 중. 〔盧綸·詩〕泯跡在緇流민적재치류. ❸검게 물들다. 〔論語〕不曰白乎불왈백호, 涅而不緇날이불치.

緇徒(치도) 승려. 緇流(치류).

緇墨(치묵) 검은색. 黑色(흑색).

緇素(치소) ①검은 옷과 흰 옷. ②승려와 속인.

緇衣(치의) ①검은색의 옷. ②승복(僧服).

緇塵(치진) 검은 티끌. 속세의 더러운 때.

緇布(치포) 검은 천. 검은 베.

緇布冠(치포관) ①검은 베로 만든, 관례(冠禮)할 때 쓰던 관. ②유생(儒生)이 평상시에 쓰던, 검은 베로 만든 관.

8 ⑭【綻】绽 옷 터질 탄 諫

인명 1급 ㊥zhàn ㊐タン

초서 동자 組 자해 ❶옷이 터지다. 〔禮記〕衣裳綻裂의상탄렬. ❷봉오리가 벌다. ❸터지다. ❹깁다, 꿰매다.

綻露(탄로) 비밀이 드러남.

綻破(탄파) 터지고 해어짐.

◨ 破綻파탄.

9 ⑮【緊】 緊(985)과 동자

9 ⑮【緞】缎 비단 단 翰

인명 1급 ㊥duàn ㊐ダン

초서 자해 비단.

◨ 緋緞비단, 紬緞주단, 綵緞채단.

9 ⑮【練】练 익힐 련 霰

중학 인명 5급 ㊥liàn ㊐レン

필순 ㄠ 乡 糸 糹 紅 絧 綆 綀 練 練

소전 [篆] 초서 [草] 속자 練 자원 形聲. 糸+柬→練. '柬(간)'이 음을 나타낸다.

자해 ❶익히다, 누이다. ❷익다, 익숙하다. 〔後漢書〕閑練故事한련고사. ❸누인 명주. ❹가리다, 고르다. 〔漢書〕練時日련시일. ❺희다. 〔淮南子〕墨子見練絲而泣之묵자견련사이읍지. ❻상복(喪服) 이름, 소상(小祥)에 입는 상복, 소상.

練達(연달) 익숙하게 통달함. 숙달(熟達)함.
練磨(연마) 갈고 닦음. 硏磨(연마).
練武(연무) 무예(武藝)를 익힘.
練兵(연병) ①군사를 훈련함. ②잘 단련된 병기(兵器).
練絲(연사) 누인 명주실. 표백한 실.
練熟(연숙) 경험을 쌓아 익숙함.
練習(연습) 학문·기예 따위를 되풀이하여 익힘. 鍊習(연습).
練銳(연예) 훈련이 잘 되어 날램. 훈련이 잘된 군사.
練日(연일) 날을 가림. 擇日(택일).
◨ 鍛練단련, 達練달련, 洗練세련, 修練수련, 精練정련, 操練조련, 訓練훈련.

9 ⑮【緬】缅 가는 실 면 銑

인명 1급 ㊥miǎn ㊐ベン

소전 [篆] 초서 [草] 자해 ❶가는 실. ❷멀다, 아득하다. ≒緜. 〔國語〕緬然引領南望면연인령남망. ❸나라 이름.

緬禮(면례) 國무덤을 옮겨 장례를 다시 지냄.
緬服(면복) 國면례 때 입는 시마복(緦麻服).
緬奉(면봉) 國면례(緬禮)의 높임말.
緬甸(면전) 미얀마(Myanmar)의 음역어.

9 ⑮【緜】 綿(987)과 동자

9 ⑮【緲】缈 아득할 묘 篠

㊥miǎo ㊐ミョウ

초서 [草] 자해 아득하다.

9 ⑮【緡】缗 1낚싯줄 민 眞 2성할 민 軫 3새 우는 소리 면 先

인명 ㊥mín, mián ㊐ビン, メン

소전 [篆] 초서 [草] 동자 緍 참고 인명용 음은 '민'이다.

자해 1 ❶낚싯줄. 〔左思·賦〕迎潮水而振緡영조수이진민. ❷돈꿰미. 〔漢書〕初算緡錢초산민전. ❸입다. 〔詩經〕言緡之絲언민지사. 2 성하다. 〔莊子〕雖使丘陵草木之緡수사구릉초목지민. 3 새 우는 소리. 〔禮記〕緡蠻黃鳥면만황조.

緡綸(민륜) 낚싯줄.
緡錢(민전) 꿰미에 꿴 돈.

9 ⑮【緥】 포대기 보 晧

㊥bǎo ㊐ホウ

소전 [篆] 초서 [草] 자해 포대기. 〔後漢書〕始免繈緥시면강보.

9 ⑮【緖】绪 실마리 서 語

고등 인명 3Ⅱ급 ㊥xù ㊐ショ

필순 ㄠ 乡 糸 糹 糺 紶 紩 紩 緒 緖

소전 [篆] 초서 [草] 속자 緒 자원 形聲. 糸+者→緖. '者(자)'가 음을 나타낸다.

자해 ❶실마리. 〔張衡·賦〕白鶴飛兮繭曳緖백학비혜견예서. ❷차례, 순서. 〔莊子〕食不敢先嘗식불감선상, 必取其緖필취기서. ❸나머지. 〔莊子〕其緖餘以爲國家기서여이위국가. ❹찾다. 〔史記〕緖正律曆서정률력.

緖論(서론) 머리말.
緖業(서업) 시작한 사업.
緖餘(서여) 쓰고 난 나머지. 殘餘(잔여).
緖戰(서전) 첫 번째 시합이나 싸움.
緖正(서정) 근본을 찾아 바로잡음.
緖風(서풍) 남은 바람. 餘風(여풍).

9 ⑮【線】 줄 선 霰

중학 인명 6급 ㊥xiàn ㊐セン

필순 ㄠ 乡 糸 糹 糿 紵 綿 綿 線 線

초서 [草] 동자 綫 자원 形聲. 糸+泉→線. '泉(천)'이 음을 나타낸다.

자해 줄, 실. 〔周禮〕縫人掌王宮之縫線之事봉인장왕궁지봉선지사.

線纊(선광) 실과 솜.
線路(선로) ①좁은 길. 細路(세로). ②기차나 전차의 궤도.
線縷(선루) 실의 가닥. 絲縷(사루).
線分(선분) 직선 위에서 그 위의 두 점에 한정된 부분.
◨ 光線광선, 伏線복선, 複線복선, 視線시선, 點線점선, 直線직선, 脫線탈선, 混線혼선.

9 ⑮【縇】 國선 두를 선

자해 선을 두르다, 가선을 두르다.

9 ⑮【緤】 고삐 설 屑

㊥xiè ㊐セツ

초서 자해 ❶고삐. 개나 마소를 붙들어 매는 줄. =紲. 〔禮記〕 大則執緤견즉집설. ❷잡아매다. 〔楚辭〕 登閬風而緤馬등랑풍이설마. ❸끈.

9 ⑮【繩】 繩(998)의 속자

9 ⑮【緦】 缌 시마복 시 支

㊥sī ㊐シ

소전 초서 자해 시마복(緦麻服).

緦麻服(시마복) 오복(五服)의 하나. 종증조(從曾祖), 삼종형제(三從兄弟), 현손(玄孫), 외손(外孫) 등의 상사(喪事)에 석 달 동안 입는 상복. 緦麻(시마).

9 ⑮【緣】 缘 1가선 연 霰 2연줄 연 先

고등 인명 4급 ㊥yuàn, yuán ㊐エン

필순 幺 乡 糸 糹 紵 紣 緣 緣 緣 緣

소전 초서 속자 緣 참고 椽(986)은 딴 자.

자원 形聲. 糸+彖→緣. '彖(단)'이 음을 나타낸다.

자해 1가선, 가장자리. ㉮옷의 가선. 〔禮記〕 緣廣寸半연광촌반. ㉯물건의 가장자리. 〔周書〕 裂其薄餠緣렬기박병연. 2❶연줄. ㉮연유하다, 말미암다. 〔荀子〕 緣耳而知聲可也연이이지성가야. ㉯따르다. 〔管子〕 緣地之利연지지리. ㉰더위잡아 오르다. 〔孟子〕 猶緣木而求魚也유연목이구어야. ❷인연, 연분. 〔謝靈運·詩〕 永絕平生緣영절평생연.

緣故(연고) ①까닭. 이유. ②혈연·정분·법률 따위로 맺어진 관계.

緣起(연기) (佛)①인(因)과 연(緣)이 서로 응하여 만물이 생기는 일. ②사원(寺院) 등이 창건된 유래나 그것을 적은 문서.

緣木求魚(연목구어) 나무에 올라가 물고기를 잡으려 함. 불가능한 일을 굳이 하려 함.

緣飾(연식) 외면을 장식함. 부연하여 꾸밈.

緣由(연유) 일의 까닭. 事由(사유).

緣坐(연좌) 다른 사람의 죄에 관련되어서 벌을 받음.

◨ 奇緣기연, 俗緣속연, 因緣인연, 血緣혈연.

9 ⑮【緑】 緣(990)의 속자

9 ⑮【緼】 縕(992)과 동자

9 ⑮【緩】 缓 느릴 완 旱 阮

고등 인명 3Ⅱ급 ㊥huǎn ㊐カン

필순 幺 乡 糸 糹 糽 紵 綒 緩 緩 緩

소전 초서 자원 形聲. 糸+爰→緩. '爰(원)'이 음을 나타낸다.

자해 ❶느리다, 느슨하다. 〔春秋穀梁傳〕 三人緩帶삼인완대. ❷늦추다, 느슨하게 하다. 〔易經〕 君子以議獄緩死군자이의옥완사.

緩急(완급) 느림과 빠름. 느직함과 급함.

緩帶(완대) 허리띠를 느슨하게 함. 여유 있고 마음 편히 쉼.

緩慢(완만) ①행동이 느릿느릿함. ②경사가 급하지 않음.

緩緩(완완) 느릿느릿한 모양.

緩衝(완충) 충돌을 누그러지게 함.

緩行(완행) 느리게 감.

緩頰(완협) 안색을 부드럽게 함. 안색을 부드럽게 하여 완곡하게 말함.

緩和(완화) 긴장된 상태나 급박한 것을 느슨하게 함.

◨ 徐緩서완, 舒緩서완, 遲緩지완.

9 ⑮【緺】 锅 자청색 인끈 왜 ㊍과 佳

㊥guā ㊐カ

소전 초서 자해 자청색(紫青色) 인끈. 〔史記〕 佩青緺패청왜.

9 ⑮【緯】 纬 1씨 위 未 2묶을 위 尾

고등 인명 3급 ㊥wěi ㊐イ

필순 幺 乡 糸 糹 紸 紶 綽 緯 緯 緯

소전 초서 자원 形聲. 糸+韋→緯. '韋(위)'가 음을 나타낸다.

자해 1❶씨, 가로. ㉮피륙의 가로 실, 씨실. 〔春秋左氏傳〕 嫠不恤其緯리불휼기위. ㉯좌우 방향, 동서 방향. ❷짜다. 〔莊子〕 恃緯蕭而食者시위소이식자. 2묶다, 단으로 묶다. 〔大戴禮〕

農緯厥耒농위궐뢰.

緯車(위거·위차) 물레. 紡車(방거·방차).

緯經(위경) 씨와 날. 물건이 종횡으로 엇걸림.

緯武經文(위무경문) 무를 씨실로 삼고, 문을 날실로 삼아 나라를 다스림. 문과 무를 종횡(縱橫)으로 하여 국가를 경륜함.

緯書(위서) 미래의 일이나 길흉화복(吉凶禍福)을 예언한 서책.

緯線(위선) 적도와 평행하게 지구의 표면을 남북으로 자른 가상의 선.

◨ 經緯경위.

9 ⑮【緹】缇 붉은 비단 제 齊 薺

㊥tí ㊐テイ

소전 초서 자해 ❶붉은 비단. ❷붉다, 붉은빛. 〔史記〕 張緹絳帷장제강유.

9 ⑮【縱】 縱(995)의 속자

9 ⑮【緝】缉 낳을 집 ㊍즙 緝

인명 ㊥jī ㊐シュウ

소전 초서 자해 ❶낳다, 길쌈하다. ❷잇다. 〔詩經〕 授几有緝御수궤유집어. ❸모으다. 〔顏延之·誄〕 以緝華裔之衆이집화예지중. ❹부드럽다, 온화하다.

緝穆(집목) 화목(和睦)하게 함.

緝綴(집철) 글을 모아 엮음. 글을 지음.

緝捕(집포) 죄인을 체포함.

9 ⑮【締】缔 맺을 체 霽

인명 2급 ㊥dì ㊐テイ

소전 초서 자해 맺다, 끈으로 묶다. 〔史記〕 合從締交합종체교.

締結(체결) ①얽어서 맺음. ②계약이나 조약을 맺음.

締交(체교) 친교를 맺음. 結交(결교).

締盟(체맹) 동맹을 맺음.

9 ⑮【緫】 總(995)의 속자

9 ⑮【緻】 緻(993)의 본자

9 ⑮【緇】 緇(988)의 본자

9 ⑮【編】编 1엮을 편 先 2땋을 변 銑

고등 인명 3Ⅱ급 ㊥biān, biǎn ㊐ヘン

필순 纟 纟 糸 糹 糹 紵 紵 絹 緺 編

소전 초서 참고 인명용 음은 '편'이다.

자원 形聲. 糸＋扁→編. '扁(편)'이 음을 나타낸다.

자해 1❶엮다. ㉮대쪽을 엮다. 〔漢書〕 出一編書출일편서. ㉯문서를 모아 엮다. 〔漢書〕 幷編敞敎병편창교. ㉰기록하다. 〔春秋穀梁傳〕 春秋編年춘추편년. ❷책. 〔舊唐書〕 往聖遺編왕성유편. 2❶땋다. ≒辮. 〔漢書〕 解編髮해변발, 削左衽삭좌임. ❷꼬다, 새끼를 꼬다.

編隊(편대) 비행기 따위가 짝을 지어 대형을 갖춤. 또는 그 대형.

編配(편배) 귀양 보낼 사람의 명부에 이름을 적어 넣음.

編成(편성) 엮어 만듦. 짜서 이룸.

編修(편수) ①정돈되어 바름. ②여러 가지 재료를 모아 책을 만들어 냄. 編纂(편찬).

編入(편입) 다른 부류나 단체에 끼어듦.

編著(편저) 책 따위를 엮어 지음. 또는 그 책.

編鐘(편종) 아악기(雅樂器)의 한 가지. 음계를 따라 조율된 순서로 크기가 다른 16개의 종을 두 층으로 된 종가(鐘架)에 달아 놓음.

編輯(편집) 책이나 잡지 따위를 엮어 만듦.

編次(편차) 순서를 좇아 편찬함. 또는 그 차례.

編戶(편호) ①호적을 편성함. ②호적에 편입함. 호적에 편입된 사람.

編髮(변발) 머리를 땋아 늘임. 땋아 늘인 머리. 辮髮(변발).

◨ 續編속편, 完編완편, 韋編위편, 後編후편.

9 ⑮【緘】缄 1봉할 함 ㊍감 咸 2관 묶는 줄 함 陷

인명 1급 ㊥jiān ㊐カン

소전 초서 자해 1❶봉하다. 〔孔子家語〕 參緘其口참함기구. ❷새끼, 줄. 〔莊子〕 必攝緘縢필섭함등. ❸편지. 2관(棺)을 묶는 줄.

緘口(함구) 입을 다물고 말하지 않음. 緘默(함묵). 緘脣(함순).

緘封(함봉) 편지·문서 따위의 겉봉을 봉함.

緘繩(함승) 관(棺)을 묶는 밧줄.

◨ 開緘개함, 封緘봉함.

10 ⑯【縑】缣 합사 비단 겸 鹽

㊥jiān ㊐ケン

소전 초서 자해 합사(合絲) 비단. 〔漢書〕 媼爲翁須作單縑衣온위옹수작단겸의.
縑楮(겸저) 합사로 짠 흰 비단과 종이. 서화의 바탕으로 씀.

10 ⑯【縘】 繫(997)와 동자

10 ⑯【縠】 주름 비단 곡 屋
㊥hú ㊐コク
소전 초서 자해 ❶주름 비단, 추사(縐紗). 잔주름이 잡혀 있는 비단. 〔漢書〕 充衣紗縠襌衣충의사곡단의. ❷명주(明紬), 생견(生絹).

10 ⑯【縢】 봉할 등 蒸
㊥téng ㊐トウ
초서 자해 ❶봉하다, 묶다. 〔書經〕 周公作金縢주공작금등. ❷노, 노끈. 〔詩經〕 朱英綠縢주영록등. ❸주머니. 〔莊子〕 必攝緘縢필섭함등.
縢囊(등낭) 전대.

10 ⑯【縛】缚 ①묶을 박 藥 ②줄 부 遇
인명 1급 ㊥fù ㊐バク
소전 초서 참고 인명용 음은 '박'이다.
자해 ①❶묶다. ㉮동여매다. ㉯감다. 〔春秋左氏傳〕 縛一如瑱박일여진. ㉰매다, 매어 자유를 속박하다. 〔春秋左氏傳〕 晉襄公縛楚囚진양공박초수. ❷포승(捕繩). 〔史記〕 乃解其縛내해기박. ②줄〔繩〕.
縛擒(박금) 사로잡아 묶음.
縛苫(박섬) 國복쌈. 음력 정월 보름날에 먹는 김쌈.
縛鐵(박철) 國못 박기가 어려울 때 못 대신에 걸쳐 대는 쇳조각.
◨ 結縛결박, 束縛속박, 繩縛승박, 捕縛포박.

10 ⑯【縊】缢 목맬 액 本의 霽
인명 1급 ㊥yì ㊐イ
소전 초서 자해 목매다. 〔春秋左氏傳〕 莫敖縊於荒谷막오액어황곡.
縊死(액사) 목을 매어 죽음.
縊殺(액살) 목을 매어 죽임.

10 ⑯【縈】萦 얽힐 영 庚
㊥yíng ㊐エイ
소전 초서 자해 ❶얽히다, 감기다. 〔詩經〕 葛藟縈之갈루영지. ❷굽다. 〔張衡·賦〕 臨縈河之洋洋임영하지양양.
縈紆(영우) ①얽힘. 휘감아 돎. ②구불구불 구부러짐.
縈廻(영회) 얽혀 돌아감. 둘러쌈.

10 ⑯【縕】缊 ①헌솜 온 文 ②주홍빛 온 阮
인명 ㊥yùn, wēn ㊐ウン, オン
소전 초서 동자 緼 자해 ①헌솜, 헌 풀솜. 〔論語〕 衣敝縕袍의폐온포. ②❶주홍빛. 〔禮記〕 士佩瓀玟而縕組綬사패연민이온조수. ❷어지럽다.
縕袍(온포) 빈천한 사람들이 입는 거친 옷.

10 ⑯【縟】缛 화문 놓을 욕 沃
인명 ㊥rù ㊐ジョク
소전 초서 자해 ❶화문을 놓다, 화려한 채식(采飾). 〔郭璞·賦〕 縟組爭映욕조쟁영. ❷번다(煩多)하다. 〔儀禮〕 喪成人者상성인자, 其文縟기문욕.
縟禮(욕례) 번거롭고 까다로운 예절.

10 ⑯【縡】 일 재 賄 隊
인명 ㊥zài ㊐サイ
소전 초서 자해 일〔事〕. 〔漢書〕 上天之縡상천지재, 杳旭卉兮묘욱훼혜.

10 ⑯【縝】缜 ①삼실 진 眞 ②촘촘할 진 軫
인명 ㊥zhěn ㊐シン
초서 자해 ①❶삼실〔麻絲〕. ❷많고 성한 모양. ②❶촘촘하다, 곱다. 〔禮記〕 縝密以栗진밀이률. ❷머리숱이 많고 검다. ＝鬒. 〔謝朓·詩〕 誰能縝不變수능진불변.
縝密(진밀) 마음씀이 자세하고 주의 깊음.

10 ⑯【縉】缙 꽂을 진 震
인명 ㊥jìn ㊐シン
소전 초서 속자 縉 자해 ❶꽂다. ≒搢. 〔荀子〕 縉紳而無鉤帶진신이무구대. ❷분홍빛. 〔漢書〕 縉紳者弗道진신자불도.

糸 10획

縉紳(진신) 속대(束帶)할 때에 홀(笏)을 큰 띠〔紳帶〕에 꽂음. ㉠공경(公卿). ㉡고관(高官). ㉢사대부.

10 ⑯【縗】缞 ① 상복 이름 최 灰 ② 깃옷 사 歌

㊥cuī ㊐サイ

소전 초서 자해 ① 상복 이름. 삼년상을 입을 때, 가슴에 대는 길이 여섯 치, 폭 네 치의 헝겊. 〔春秋左氏傳〕晏嬰麤縗斬안영추최참. ② 깃옷, 해오라기의 깃털을 엮어 만든 옷.

縗絰(최질) 상복(喪服).

10 ⑯【縋】缒 매달 추 寘

㊥zhuì ㊐ツイ

소전 초서 자해 ❶매달다, 줄로 매달다. 〔春秋左氏傳〕夜縋而出야추이출. ❷줄, 걸어 놓은 줄. 〔晉書〕乘縋而入秦園승추이입진원.

10 ⑯【縐】绉 주름 질 추 宥

㊥zhòu ㊐シュウ

소전 초서 자해 ❶주름이 지다. ❷주름 진 피륙. 〔詩經〕蒙彼縐絺몽피추치.

10 ⑯【緻】致 세밀할 치 寘

인명 1급 ㊥zhì ㊐チ

초서 본자 緻 자해 세밀하다. 〔後漢書〕碝磩采緻연척채치.

緻密(치밀) ①자세하고 꼼꼼함. ②아주 곱고 촘촘함.

10 ⑯【縒】 가지런하지 않을 치 支

㊥cī ㊐シ

소전 초서 자해 가지런하지 않다, 실이 얼크러진 모양.

10 ⑯【縣】县 고을 현 先

고등 인명 3급 ㊥xiàn ㊐ケン

필순 𠃌 月 目 県 県 県 県 縣 縣 縣

소전 초서 속자 県 자원 會意. 県+系→縣. '県'은 목을 거꾸로 한 것. '系'와 합하여 목을 거꾸로 달아맨다는 뜻을 나타낸다. 뒤에 군(郡)에 매인 행정 단위로 쓰이면서 '달다'의 뜻으로는 '懸'이 쓰이게 되었다.

자해 고을, 지방 행정 구역 이름.

縣監(현감) 조선 때 작은 현의 으뜸 벼슬.

縣令(현령) ①현의 장관. ②조선 때 큰 현의 으뜸 벼슬.

縣吏(현리) 현의 벼슬아치. 衙前(아전).

◼ 郡縣군현, 州縣주현.

10 ⑯【縞】缟 명주 호 皓 號

인명 ㊥gǎo ㊐コウ

소전 초서 자해 ❶명주. 〔詩經〕縞衣綦巾호의기건. ❷희다, 흰빛.

縞素(호소) ①흰 명주. ②서화(書畫)의 바탕이 되는 흰 비단. ③흰 상복(喪服).

11 ⑰【繈】 포대기 강 養

㊥qiǎng ㊐キョウ

소전 초서 자해 ❶포대기, 띠. ＝襁. 〔呂氏春秋〕不穀免衣繈褓불곡면의강보. ❷돈꿰미. 〔漢書〕臧繈千萬장강천만.

繈褓(강보) ①아기를 업는 띠와 포대기. ②어린아이.

11 ⑰【縺】 실 얽힐 련 先

㊥lián ㊐レン

초서 자해 실이 얽히다, 실이 얽혀 풀리지 아니하다.

11 ⑰【縷】缕 실 루 麌

인명 ㊥lǚ ㊐ル

소전 초서 속자 縷 자해 ❶실, 실의 가닥. 〔孟子〕有布縷之征유포루지정. ❷자세히 말하다.

縷縷(누루) ①자세히 말하는 모양. ②가늘게 이어 가며 끊어지지 않는 모양.

縷析(누석) 세밀하게 분석하여 설명함.

縷述(누술) 자세히 진술함. 縷陳(누진).

縷言(누언) 자세히 말함. 자세히 하는 말.

11 ⑰【縲】缧 ① 포승 루 支 ② 밧줄 라 歌

㊥léi ㊐ルイ

초서 자해 ① 포승, 죄인을 묶는 검은 줄. 〔論語〕雖在縲絏之中수재루설지중.

糸 11획

②밧줄, 큰 줄.
縲紲(누설) ①검은 포승(捕繩). ②감옥. 감옥에 갇힘. 縲絏(누설).

11 ⑰【縵】缦 무늬 없는 비단 만
㊥màn ㊐マン
소전 초서 자해 ❶무늬 없는 비단. ❷늘어지다, 완만하다. ≒慢.
縵立(만립) 오래 멈추어 서 있음. 延佇(연저).

11 ⑰【繆】缪 1삼 열 단 무 2졸라맬 규 3잘못할 류 4사당 차례 목
인명 ㊥móu, jiū ㊐ボウ, キュウ
소전 초서 참고 인명용 음은 '무'이다.
자해 1❶삼〔麻〕열 단. ❷묶다, 얽다. 〔詩經〕綢繆束薪주무속신. 2졸라매다. 〔漢書〕卽自繆死즉자규사. 3❶잘못하다. ＝謬. 〔禮記〕不能詩於禮繆불능시어례류. ❷어긋나다. 〔漢書〕何以錯繆至是하이착류지시. 4❶사당 차례. 〔禮記〕序以昭繆서이소목. ❷깊이 생각하는 모양. 〔孔子家語〕孔子有所繆然思焉공자유소목연사언.
繆傳(유전) 사실과 다르게 전함. 誤傳(오전).

11 ⑰【縻】 고삐 미
㊥mí ㊐ビ
소전 초서 자해 ❶고삐. 〔史記〕其義羈縻勿絶而已기의기미물절이이. ❷얽어매다. ❸줄, 잡아매는 줄.

11 ⑰【繁】 1많을 번 2뱃대끈 반
고등 인명 3Ⅱ급 ㊥fán, pán ㊐ハン
필순 ノ 𠂉 𠂉 每 每 每 敏 繁 繁 繁
초서 동자 緐 참고 인명용 음은 '번'이다.
자원 形聲. 敏＋糸→繁. '敏(민)'이 음을 나타낸다.
자해 1❶많다. ㉮많다. 〔詩經〕正月繁霜정월번상. ㉯성하다. 〔禮記〕獻酬辭讓之節繁헌수사양지절번. ㉰번거롭다. 〔南史〕繁碎職事번쇄직사, 各有司存각유사존. ❷무성하다. 〔陶潛·詩〕卉木繁榮훼목번영. 2뱃대끈. 마소의 배에 매는 끈. ≒鞶. 〔禮記〕大路繁纓一就대로반영일취.
繁忙(번망) 매우 바쁨. 繁劇(번극).
繁茂(번무) 초목이 무성함. 우거짐.
繁蕪(번무) ①번잡스럽고 어수선함. ②초목이 무성함.
繁文縟禮(번문욕례) 쓸데없는 허례. 번잡한 규칙 따위.
繁盛(번성) 번영하고 창성(昌盛)함.
繁細(번세) 번거롭고 자질구레함.
繁殖(번식) 불고 늘어서 많이 퍼짐.
繁英(번영) 많이 핀 꽃. 繁花(번화).
繁榮(번영) 번성하고 영화로움.
繁陰(번음) 무성한 녹음(綠陰). 繁蔭(번음).
繁昌(번창) 번영하고 창성함.
繁閑(번한) 바쁨과 한가함.
繁華(번화) 번성하고 화려함.
繁纓(반영) 말의 뱃대끈과 가슴걸이. 제후의 말 장식.
◨ 劇繁극번, 頻繁빈번.

11 ⑰【縫】缝 1꿰맬 봉 2솔기 봉
인명 2급 ㊥féng, fèng ㊐ホウ
소전 초서 자해 1꿰매다. 2솔기, 꿰맨 줄. 〔禮記〕古者冠縮縫고자관축봉, 今也衡縫금야형봉.
縫刺(봉자) 재봉과 자수.
縫製(봉제) 재봉틀 따위로 바느질하여 제품을 만듦.
縫合(봉합) 실로 꿰맴.
◨ 彌縫미봉, 裁縫재봉.

11 ⑰【繃】 묶을 붕
인명 1급 ㊥bēng ㊐ホウ
소전 초서 동자 綳 자해 ❶묶다, 감다. 〔墨子〕葛以繃之갈이붕지. ❷포대기.
繃帶(붕대) 상처나 헌데에 소독한 헝겊.

11 ⑰【繅】缫 1고치 켤 소 2문채 조
㊥sāo, zǎo ㊐ソウ
소전 초서 자해 1고치를 켜다, 고치에서 실을 뽑다. ＝繰. 〔禮記〕夫人繅三盆手부인소삼분수. 2❶문채. 〔周禮〕五采繅十有二就오채조십유이취. ❷옥 받침. 〔周禮〕加繅席畫純가조석화순.
繅車(소거) 고치를 켜서 실을 뽑는 물레. 繅絲車(소사거).
繅絲湯(소사탕) 고치를 삶은 물. 약으로 씀.

11 ⑰【縯】缜 1길 연 2당길 인

인명 ㊥yǎn, yǐn ㊐エン, イン

초서 참고 인명용 음은 '연' 이다.

자해 1 **길다**〔長〕. 2 **당기다, 잡아당기다.**

11 ⑰ 【緊】 창 전대 예 㗊

㊥yī ㊐エイ

소전 초서 자해 ❶**창 전대.** ❷**어조사.** ㉮**아아.** 〔春秋左氏傳〕爾有母遺이유모유, 緊我獨無예아독무. ㉯**다만.** 〔春秋左氏傳〕緊伯舅是賴예백구시뢰.

11 ⑰ 【繇】 1 역사 요 㗊 2 말미암을 유 㐬

인명 ㊥yáo, yóu ㊐ヨウ, ユウ

소전 초서 참고 인명용 음은 '요' 이다.

자해 1 ❶**역사**(役事), **부역.** 〔漢書〕高祖常繇咸陽고조상요함양. ❷**무성하다.** 〔書經〕厥草惟繇궐초유요. 2 **말미암다.** =由. 〔漢書〕政繇冢宰정유총재.

繇賦(요부) 부역(賦役)과 조세(租稅).
繇戍(요수) 백성을 징발하여 국경을 수비함. 국경 수비에 동원된 병사. 徭戍(요수).
繇役(요역) 부역. 부역에 나감.

11 ⑰ 【績】 绩 실 낳을 적 錫

고등 인명 4급 ㊥jī ㊐セキ

필순 ㄠ 乡 糸 糸⁺ 糹 絣 結 績 績 績

소전 초서 자원 形聲. 糸+責→績. '責(책)' 이 음을 나타낸다.

자해 ❶**실을 낳다.** 〔詩經〕不績其麻부적기마. ❷**업**(業), **사업.** 〔詩經〕維禹之績유우지적. ❸**공, 공적.** 〔書經〕庶績咸熙서적함희.

績女(적녀) 실을 잣는 여자.
績學(적학) 학문을 쌓음.
◪ 紡績방적, 成績성적, 實績실적, 業績업적, 治績치적.

11 ⑰ 【縱】 纵 늘어질 종 宋

고등 인명 3Ⅱ급 ㊥zòng, zǒng ㊐ショウ

필순 ㄠ 乡 糸 紒 紒 紒 紒 紒 紒 縱

소전 초서 속자 縦 자원 形聲. 糸+從→縱. '從(종)' 이 음을 나타낸다.

자해 ❶**늘어지다, 느슨해지다.** 〔南齊書〕蓬髮弛縱봉발이종. ❷**놓다, 풀다.** 〔詩經〕抑縱送忌억종송기. ❸**방종하다, 규칙에서 벗어나다.** 〔書經〕欲敗度욕패도, 縱敗禮종패례. ❹**가령, 설령.**

縱擊(종격) ①마음대로 공격함. 자유자재로 공격함. ②북 따위를 기분 내키는 대로 침.
縱谷(종곡) 산맥 사이에 있어 산맥과 나란한 골짜기.
縱斷(종단) 남북 방향으로 건너가거나 건너옴.
縱談(종담) 거리낌 없이 이야기함. 放談(방담).
縱隊(종대) 세로로 줄을 지어 늘어선 대형.
縱覽(종람) 마음대로 봄. 자유롭게 열람함.
縱奢(종사) 방종하고 사치함.
縱囚(종수) 죄인을 임시로 석방하여 집으로 돌려 보냄. 또는 그렇게 한 죄수.
縱言(종언) 멋대로 말함.
縱飮(종음) 술을 마시고 싶은 대로 마구 마심.
縱逸(종일) 함부로 함. 멋대로 굶.
縱任(종임) 멋대로 하게 함. 제멋대로 행동함.
縱誕(종탄) ①생각 없이 되는대로 큰소리를 침. ②제멋대로 굶. 縱恣(종자).
縱脫(종탈) 예의범절을 무시하고 함부로 행동함. 방종함.
縱探(종탐) 마음 내키는 대로 탐승(探勝)함.
縱橫(종횡) ①세로와 가로. ②방종함. ③자유자재로 행동함.
縱橫家(종횡가) 전국(戰國) 시대에 강국인 진(秦)에 대한 시세(時勢)를 살펴 전략적인 외교책을 가지고 여러 제후들을 설득하러 다니던 책사(策士). 합종책(合縱策)을 주장한 소진(蘇秦), 연횡책(連橫策)을 주장한 장의(張儀) 등이 대표적 인물임.
◪ 放縱방종, 操縱조종, 橫縱횡종.

11 ⑰ 【總】 总 거느릴 총 董

고등 인명 4Ⅱ급 ㊥zǒng ㊐ソウ

필순 ㄠ 乡 糸 糸' 約 約 絢 總 總 總

소전 초서 동자 捴 동자 摠 동자 総

속자 緫 자원 形聲. 糸+悤→總. '悤(총)' 이 음을 나타낸다.

자해 ❶**거느리다.** ㉮**모아서 묶다.** ㉯**통괄하다.** 〔淮南子〕德之所總要덕지소총요. ㉰**합치다.** 〔張衡·賦〕總集瑞命총집서명. ㉱**다스리다.** 〔書經〕百官總己백관총기, 以聽冢宰이청총재. ❷**모이다, 합치다.** 〔淮南子〕萬物總而爲一만물총이위일. ❸**총괄**(總括), **뭉뚱그림.** 〔周禮〕執其總집기총. ❹**잡아매다, 비끄러매다.** 〔史記〕總光耀之釆旄총광요지채모. ❺**머리카락을 묶다.** 〔詩經〕總角丱兮총각관혜.

糸 11획

總角(총각) ①㉠머리를 양쪽으로 갈라 빗어 올려 귀 뒤에서 두 개의 뿔같이 묶어 맨 아이들의 머리 모양. ㉡어린아이. 總丱(총관). ②國 혼인하지 않은 성년 남자.
總計(총계) 전체의 합계.
總括(총괄) 통틀어 모아 묶음.
總力(총력) 모든 힘.
總領(총령) 전체를 모두 거느림.
總務(총무) 전체적이며 일반적인 사무. 또는 그 일을 맡은 사람.
總攝(총섭) 전체를 총괄하여 다스림.
總帥(총수) ①모두를 거느림. ②군대 전체를 지휘하는 사람. 總大將(총대장).
總額(총액) 모두를 합한 액수.
總員(총원) 전체의 인원.
總一(총일) 합하여 하나로 함. 총합(總合)하여 통일함.
總裁(총재) 당파나 단체 따위의 최고 직위에 있는 사람.
總點(총점) 전체의 점수.
總集(총집) ①전체를 합침. ②여러 사람의 시문(詩文)을 한데 모은 서적.
總體(총체) 전체. 전부.
總則(총칙) 전체를 통괄하는 규칙.
總稱(총칭) 통틀어 일컬음.
總辦(총판) 일을 도맡아 다스림.
總評(총평) 전체적인 평가.
總合(총합) 전부를 합함. 합친 전부.
總和(총화) 전체의 화합.
總會(총회) 회원·주주(株主) 등 그 단체 전원이 모여서 의논하는 회의.

11 ⑰【縮】缩 다스릴 축 ㊍숙 屋

고등 인명 4급 ㊥suō ㊐シュク

필순 幺 乡 糸 糸 紵 紵 綜 縮 縮 縮

소전 초서 자원 形聲. 糸+宿→縮. '宿(숙)'이 음을 나타낸다.

자해 ❶다스리다. ❷곧게 하다. ❸바르다, 옳다. 〔孟子〕自反而不縮자반이불축. ❹세로. 〔儀禮〕絞橫三縮一교횡삼축일. ❺오그라들다. ㉮물러서다. 〔漢書〕退舍爲縮퇴사위축. ㉯모자라다, 줄다. 〔班固·賦〕故遭罹而贏縮고조리이영축. ㉰기가 꺾이다. 〔唐書〕賊氣沮縮적기저축.

縮氣(축기) 기운이 움츠러짐.
縮圖(축도) 원형을 축소해 그린 그림.
縮頭(축두) ①뿌리 쪽의 마디를 끝으로 한 채찍. ②목을 움츠림.
縮慄(축률) 두려워서 몸을 움츠리고 떪.
縮米(축미) 國축난 쌀.
縮小(축소) 줄여서 작게 함.
縮刷(축쇄) 원형을 줄여서 인쇄함.
縮手(축수) 손을 뗌. 일을 그만둠.
縮約(축약) 줄여서 간략하게 함.
縮地法(축지법) 도술에 의하여 땅을 주름잡듯이 축소해 먼 거리를 가깝게 한다는 술법.
縮地補天(축지보천) 땅을 줄여 하늘을 기움. 천자가 천하를 개조함.
縮退(축퇴) 움츠리고 물러남.
◨ 減縮감축, 緊縮긴축, 濃縮농축, 短縮단축, 收縮수축, 壓縮압축.

11 ⑰【縶】絷 맬 칩 緝

㊥zhí ㊐チュウ

초서 자해 ❶매다, 마소를 잡아매다. 〔詩經〕縶之維之칩지유지. ❷고삐, 굴레. ❸연잇다. ❹실.

11 ⑰【縹】缥 옥색 표 嘯 篠

㊥piǎo ㊐ヒョウ

소전 초서 자해 ❶옥색, 옥색 비단. ❷나부끼다, 훌쩍 날다.

縹緲(표묘) ①멀리 희미하게 보이는 모양. ②아득히 넓은 모양. 縹渺(표묘).
縹縹(표표) 가볍게 올라가는 모양. 펄럭이는 모양. 飄飄(표표).
◨ 緗縹상표, 靑縹청표, 翠縹취표.

12 ⑱【繝】 비단 무늬 간 諫

㊥jiàn ㊐カン

자해 비단의 무늬. 〔唐書〕禁大繝竭鑿六破錦금대간갈착륙파금.

12 ⑱【繚】缭 1 감길 료 蕭 2 다스릴 료 篠

㊥liáo ㊐リョウ

소전 초서 자해 1 ❶감기다, 얽히다. ❷두르다. 〔楚辭〕腸紛紜以繚轉兮장분운이료전혜. 2 다스리다. 〔莊子〕繚意絕體而爭此료의절체이쟁차.

12 ⑱【繙】缁 되풀 번 元

㊥fān ㊐ハン

소전 초서 자해 ❶되풀다, 번역하다. 〔莊子〕於是繙十二經어시번십이경. ❷바람에 펄럭이는 모양.

繙譯(번역) 한 나라의 말로 표현된 문장을 다

른 나라 말로 옮김. 繙譯(번역).

12 ⑱【繖】 일산 산 旱繖

㊥sǎn ㊐サン

소전 초서 자해 일산, 우산. ＝傘. 〔晉書〕 遇雨請以繖入우우청이산입.

繖蓋(산개) 비단으로 만든 일산.

繖房花序(산방화서) 무한(無限) 꽃차례의 한 가지. 총상 화서와 비슷하나 아래쪽의 꽃일수록 꽃꼭지가 길어서 거의 평평하고 가지런하게 핌. 산방 꽃차례.

12 ⑱【繕】缮 기울 선 霰

인명 2급 ㊥shàn ㊐ゼン

소전 초서 자해 ❶깁다, 손보아 고치다. 〔春秋左氏傳〕 繕城郭선성곽. ❷다스리다. 〔春秋左氏傳〕 繕甲兵선갑병. ❸갖추어지다, 음식이 갖추어지다. 〔史記〕 繕兵不傷衆선병불상중. ❹세다, 세게 하다. 〔禮記〕 急繕其怒급선기노.

繕補(선보) 보충하여 수리함.

繕寫(선사) ①정서(淨書)함. ②문서를 모아서 기록함.

繕寫本(선사본) 잘못을 바로잡아 다시 쓴 책.

繕築(선축) 고쳐 쌓음. 수리하여 구축함.

◨ 修繕수선, 營繕영선.

12 ⑱【繞】绕 ①두를 요 篠 ②감길 요 嘯

인명 ㊥rào, rǎo ㊐ジョウ

소전 초서 자해 ① ❶두르다. 〔魏武帝·行〕 繞樹三匝요수삼잡. ❷둘러싸다. 〔吳志〕 圍繞數重위요수중. ② 감기다.

繞帶(요대) 에두름. 에둘림.

12 ⑱【繒】缯 비단 증 蒸徑

인명 ㊥zēng ㊐ゾウ

소전 초서 참고 繪(998)는 딴 자.

자해 비단, 명주. 견직물의 총칭. 〔謝惠連·賦〕 裸壤垂繒라양수증.

繒綾(증릉) 평평하지 않은 모양. 가지런하지 못한 모양. 參差(참치).

繒繳(증작) 주살의 줄. 矰繳(증작).

12 ⑱【織】织 ①짤 직 職 ②무늬 비단 치 寘

고등 인명 4급 ㊥zhī, zhì ㊐ショク, シ

필순 幺 糸 糸 紅 紅 綷 綷 織 織 織

소전 초서 동자 絍 참고 인명용 음은 '직'이다.

자원 形聲. 糸＋戠→織. '戠(시)'가 음을 나타낸다.

자해 ① ❶짜다, 베를 짜다. ❷조직(組織)하다. ② 무늬 비단. 〔書經〕 厥篚織文궐비치문.

織耕(직경) ①베 짜기와 밭 갈기. ②스스로 노력하여 의식을 충당함.

織女(직녀) ①베를 짜는 여자. ②거문고자리에서 가장 밝은 별. 織女星(직녀성).

織物(직물) 온갖 피륙의 총칭.

織縫(직봉) 베 짜기와 바느질.

織烏(직오) 태양(太陽)의 딴 이름.

織紝(직임) 베를 짬. 베를 짜는 사람.

織造(직조) 베를 짬. 피륙 따위를 기계로 짬.

◨ 耕織경직, 紡織방직, 組織조직.

12 ⑱【繪】 繪(998)의 속자

13 ⑲【繭】茧 고치 견 銑

인명 1급 ㊥jiǎn ㊐ケン

소전 초서 고자 絸 속자 蠒 자해 ❶고치, 누에고치. 〔禮記〕 世婦卒蠶奉繭세부졸잠봉견. ❷솜옷. 〔春秋左氏傳〕 重繭衣裘중견의구.

繭館(견관) 양잠(養蠶)하는 방. 잠실.

繭綿(견면) ㊂고치의 겉면을 둘러싼 솜.

繭絲(견사) 고치에서 뽑은 실.

繭紬(견주) 멧누에고치에서 뽑은 실로 짠 명주.

◨ 絲繭사견, 蠶繭잠견.

13 ⑲【繫】系 맬 계 霽齊

고등 인명 3급 ㊥jì, xì ㊐ケイ

필순 𠆢 亘 車 車 車 軎 毄 毄 繫 繫

소전 초서 동자 緓 참고 擊(538)은 딴 자.

자원 形聲. 毄＋糸→繫. '毄(계)'가 음을 나타낸다.

자해 ❶매다, 동여매다. 〔北史〕 提一河東酒缾제일하동주병, 以繩繫之이승계지. ❷매달다. 〔晉書〕 取金印如斗大繫肘취금인여두대계주. ❸죄수. 〔宋史〕 宿繫皆決遣之숙계개결견지. ❹줄, 끈. 〔儀禮〕 著組繫저조계.

繫羈(계기) 붙들어 맴. 자유를 구속함.

繫纜(계람) 닻줄을 맴. 배를 맴.

繫累(계루) ①부모·처자 등의 서로 헤어지기 어려운 얽매임. ②이어 묶음. 마음이 이어짐.
繫留(계류) ①붙잡아 매어 놓음. ②어떤 사건이 해결되지 않고 걸려 있음.
繫縻(계미) 붙들어 맴. 자유를 구속함.
繫臂之寵(계비지총) 궁녀가 군주에게서 받는 특별한 총애. 故事 진(晉)나라 무제(武帝)가 예쁜 궁녀를 골라서 그 팔뚝에 붉은 깁을 매었다는 고사에서 온 말.
繫屬(계속) 맴. 남에게 매여 있음.
繫蟄(계칩) 자유를 잃고 집 안에 칩거(蟄居)하고 있음.
繫匏(계포) 걸려 있는 바가지. 세월만 헛되이 보냄의 비유.

13 ⑲【繰】缲 ①고치 켤 소 豪 ②비단 조 皓
인명 1급 ㊥sāo, zǎo ㊐ソウ
소전 초서 참고 인명용 음은 '조'이다.
자해 ①고치를 켜다, 실을 잣다. =繅. ②비단. 검푸른 얇은 비단.
繰車(소거) 고치를 켜는 물레.
繰繭(소견) 고치를 켬.

13 ⑲【繡】绣 수 수 宥
인명 1급 ㊥xiù ㊐シュウ
소전 초서 자해 수, 수놓다. 〔詩經〕黻衣繡裳불의수상.
繡衾(수금) 비단 이불. 수놓은 비단 이불.
繡囊(수낭) 수놓은 주머니. 지식이 많은 사람.
繡文(수문) 자수(刺繡). 자수의 무늬.
繡衣(수의) ①오색(五色)의 수를 놓은 옷. ②國암행어사의 미칭(美稱).
繡衣夜行(수의야행) 國비단옷 입고 밤길 걷기. ㉠생색이 나지 않는 공연한 짓. ㉡자랑스러운 일이 남에게 알려지지 않음. 錦衣夜行(금의야행).
◨ 錦繡금수, 綺繡기수, 刺繡자수, 綵繡채수.

13 ⑲【繩】绳 줄 승 蒸
인명 2급 ㊥shéng ㊐ジョウ
소전 초서 속자 縄 자해 ❶줄, 새끼. 〔易經〕上古結繩而治상고결승이치. ❷먹줄. 〔楚辭〕背繩墨而追曲兮배승묵이추곡혜. ❸법도. 〔淮南子〕中程者賞중정자상, 缺繩者誅결승자주. ❹바루다, 바로잡다. 〔書經〕繩愆糾謬승건규류.
繩矩(승구) ①먹줄과 곡척(曲尺). ②법. 법도(法度). 규범(規範).
繩伎(승기) 줄타기. 繩戲(승희).
繩度(승도) ①규칙. 법도(法度). ②험한 길을 밧줄에 의지하여 건너감.
繩墨(승묵) ①먹줄. ②규칙. 법도(法度).
繩牀(승상) 노끈을 얽어매어 만든 의자.
繩繩(승승) ①경계하고 삼가는 모양. ②잇달아 끊이지 않는 모양.
繩直(승직) 먹줄처럼 똑바름.
繩尺(승척) ①먹줄과 곡척(曲尺). ②규칙이나 규율.
◨ 結繩결승, 糾繩규승, 法繩법승, 捕繩포승.

13 ⑲【繹】绎 ①풀어낼 역 陌 ②풀 석 陌
인명 1급 ㊥yì, shì ㊐エキ, セキ
소전 초서 본자 참고 인명용 음은 '역'이다.
자해 ①❶풀어내다, 실마리를 뽑아내다. ❷늘어놓다. 〔詩經〕會同有繹회동유역. ❸잇달다, 끊이지 아니하다. 〔論語〕繹如也역여야. ❹실마리. ②풀다. ≒釋.
繹騷(역소) 끊임없이 떠들썩함.
繹繹(역역) ①잘 달리는 모양. ②잘 조화된 모양. ③끊어지지 않는 모양. 絡繹(낙역).

13 ⑲【繳】缴 ①주살의 줄 작 藥 ②얽힐 교 篠
㊥zhuó, jiǎo ㊐シャク, キョク
소전 초서 자해 ①❶주살의 줄. 〔淮南子〕好弋者先具繳與矰호익자선구작여증. ❷생사(生絲). ②얽히다. 〔漢書〕名家苛察繳繞명가가찰교요.
繳網(작망) 주살과 그물. 곧, 수렵(狩獵).
繳矰(작증) 주살. '繳'은 주살의 줄, '矰'은 주살. 矰繳(증작).
◨ 弓繳궁작, 弋繳익작, 矰繳증작.

13 ⑲【繪】绘 그림 회 隊
인명 1급 ㊥huì ㊐カイ
소전 초서 속자 繪 속자 絵 참고 繪(997)은 딴 자.
자해 ❶그림. 〔唐書〕天下皆施之圖繪천하개시지도회. ❷그리다. 〔論語〕繪事後素회사후소.
繪事後素(회사후소) ①㉠그림을 그릴 때 먼저 바탕을 손질한 뒤에 채색함. ㉡그림을 그릴 때 흰색을 제일 나중에 칠하여 딴 색을 한층 더 선명하게 함. ②사람은 좋은 바탕이 있은 뒤에 문식(文飾)을 더해야 함.

糸 13획

繪像(회상) 사람의 얼굴을 그린 형상. 畫像(화상). 肖像(초상).
繪素(회소) 그림. 圖畫(도화).
繪畫(회화) 여러 가지 선이나 색채로 평면 상에 형상을 그려 내는 조형 미술.

14 ⑳【繼】继 이을 계 霽

고등 인명 4급 ㊥jì ㊐ケイ

필순 ㄥ ㄠ 幺 糸 糸' 糸⺀ 糸⺀⺀ 糸⺀⺀ 繼 繼

소전 繼 초서 继 동자 㡭 속자 継 자원 會意. 糸+㡭→繼. 끊어진 곳(㡭)을 잇는다(糸)는 뜻을 나타낸다.

자해 잇다. ㉮계통을 잇다. 〔論語〕 繼絶世계절세. ㉯이어 나가다. 〔晉書〕 紘入繼本宗굉입계본종. ㉰불려 나가다. 〔論語〕 不繼富불계부. ㉱이어 붙이다, 덧붙이다.

繼繼承承(계계승승) 자손 대대로 이어 감.
繼望(계망) 희망을 이음. 희망을 걺.
繼父(계부) 의붓아버지.
繼嗣(계사) 대를 잇는 아들. 繼貳(계이).
繼紹(계소) 선대(先代)의 사업을 이어받음.
繼續(계속) ①끊이지 않고 이어 나감. ②중단했던 일을 다시 시작해 나감.
繼受(계수) 이어받음. 물려받음.
繼述(계술) 선인(先人)이 남긴 일이나 뜻을 이어 명백히 서술함. 紹述(소술).
繼襲(계습) 계승하여 답습(踏襲)함.
繼承(계승) 뒤를 이어받음.
繼子(계자) ①의붓아들. ②양자(養子).
繼踵(계종) 뒤를 이음. 繼蹤(계종).
繼走(계주) 이어달리기.
繼妻(계처) 다시 장가들어 맞이한 아내.
繼體(계체) 제왕(帝王)의 자리를 계승함.
繼體之君(계체지군) 왕세자(王世子).
繼後(계후) 계통을 이음. 계통을 잇는 양자.
◨ 承繼승계, 引繼인계, 中繼중계, 後繼후계.

14 ⑳【繿】 襤(1141)과 동자

14 ⑳【辮】辫 땋을 변 銑

㊥biàn ㊐ベン

소전 辮 초서 辮 자해 ❶땋다. 〔張衡·賦〕 辮貞亮以爲鞶兮변정량이위반혜. ❷땋은 머리. 〔唐書〕 貴者以兩股辮爲鬢髻귀자이량고변위환계.

辮髮(변발) 뒤로 길게 땋아 늘인 머리. 몽골 인이나 만주인의 풍습.

14 ⑳【繽】缤 어지러울 빈 眞

인명 ㊥bīn ㊐ヒン

초서 繽 자해 ❶어지럽다. ❷성(盛)한 모양. 〔楚辭〕 九疑繽其竝迎구의빈기병영.

14 ⑳【繻】𦈡 고운 명주 수·유 虞

㊥xū, rū ㊐シュ, ジュ

소전 繻 초서 繻 자해 ❶고운 명주, 올이 곱고 톡톡한 명주. ❷코가 촘촘한 그물.

14 ⑳【纂】 모을 찬 旱

인명 1급 ㊥zuǎn ㊐サン

소전 纂 초서 纂 참고 簒(955)은 딴 자.
자해 ❶모으다. 〔漢書〕 揚雄取其有用者양웅취기유용자, 以作訓纂篇이작훈찬편. ❷붉은 끈. 〔漢書〕 錦繡纂組금수찬조, 害女紅者也해녀홍자야.

纂修(찬수) 문서의 자료를 수집, 정리하여 책으로 만듦.
纂輯(찬집) 자료를 모아 분류하고 순서를 세워 편집함. 纂集(찬집).
纂次(찬차) 모아서 순서를 정함. 편집함.
◨ 論纂논찬, 編纂편찬.

15 ㉑【纊】纩 솜 광 漾

㊥kuàng ㊐コウ

소전 纊 초서 纊 자해 ❶솜, 새 솜. 〔書經〕 厥篚纖纊궐비섬광. ❷솜옷, 핫옷. 〔南史〕 冬日不衣綿纊동일불의면광.

纊縑(광겸) 솜과 합사로 짠 비단.

15 ㉑【纍】累 맬 루 支

㊥léi ㊐ルイ

소전 纍 초서 纍 자해 ❶매다, 철(綴)하다. 〔禮記〕 纍纍乎端如貫珠루루호단여관주. ❷얽히다, 감기다. 〔詩經〕 甘瓠纍之감호루지. ❸잡아매다, 묶다. 〔春秋左氏傳〕 兩釋纍囚양석루수. ❹연루(連累)시키다. 〔尙書大傳〕 有過必赦유과필사, 小罪勿增소죄물증, 大罪勿纍대죄물루. ❺밧줄. 〔漢書〕 以劍斫絶纍이검작절루.

纍紲(누설) 죄인을 묶는 끈. ㉠체포됨. ㉡감옥.
纍囚(누수) 옥에 갇힘. 옥에 갇힌 사람.

15 ㉑【纆】 纆 노 묵 職

㊥mò ㊐ボク

초서 자해 노, 두 가닥이나 세 가닥으로 꼰 노. 〔史記〕 夫禍之與福兮부화지여복혜, 何異糾纆하이규묵.

15 ㉑【繊】 纖(1000)의 속자

15 ㉑【續】 续 이을 속 沃

중학 인명 4Ⅱ급 ㊥xù ㊐ゾク

필순

소전 초서 속자 続 자원 形聲. 糸+賣→續. '賣(매)'가 음을 나타낸다.

자해 ❶잇다. 〔晉書〕 貂不足초부족, 狗尾續구미속. ❷계속. 〔史記〕 此亡秦之續耳차망진지속이. ❸공, 공적.

續刊(속간) 정간되었던 정기 간행물을 다시 간행함.

續開(속개) 일단 멈추었던 회의 등을 다시 계속하여 엶.

續稿(속고) 전에 쓰던 원고에 계속하여 씀. 또는 그 원고.

續斷(속단) 이어졌다 끊어졌다 함.

續報(속보) 앞의 보도에 잇대어 알림.

續續(속속) 계속되는 모양. 잇따르는 모양.

續田(속전) 國땅이 나빠서 해마다 계속하여 경작하기 어려운 논밭.

續貂(속초) ①봉작(封爵)을 함부로 줌. 故事 진대(晉代)에 조왕(趙王) 사마륜(司馬倫)의 일파가 권력을 잡자 그들의 종까지도 관위에 올라 관(冠)을 장식하는 담비 꼬리가 모자라 개 꼬리로 대신했다는 고사에서 온 말. ②훌륭하고 아름다운 것에 변변찮은 것이 뒤이어 짐. 狗尾續貂(구미속초).

續出(속출) 잇따라 나옴.

續編(속편) 이미 만든 책·영화 따위의 뒷이야기로 만들어진 것.

續行(속행) 계속하여 행함.

◨ 繼續계속, 斷續단속, 手續수속, 連續연속.

15 ㉑【纏】 缠 얽힐 전 先 霰

인명 1급 ㊥chán ㊐テン

소전 속자 纒 속자 纏 자해 ❶얽히다. 〔太玄經〕 萬物乃纏만물내전. ❷묶다.

纏結(전결) 동여맴.

纏帶(전대) 돈이나 물건을 넣어 허리에 두르거나 어깨에 걸고 다니게 된, 양쪽 끝이 터진 자루.

纏頭(전두) 가무(歌舞)를 한 사람에게 칭찬의 뜻으로 주는 금품. 行下(행하).

纏綿(전면) 착 달라붙음. 단단히 매여 풀리지 않음.

纏縛(전박) ①동여맴. ②행동에 제약을 주는 것. 거치적거리는 일.

纏繞(전요) 휘감김. 일신의 자유를 방해함.

纏足(전족) 여자의 발을 피륙으로 꼭 감아서 자라지 못하게 하던 중국의 옛 풍속.

15 ㉑【纉】 纘(1001)의 속자

15 ㉑【纈】 缬 홀치기 염색 힐 本혈 屑

㊥xié ㊐ケツ

초서 자해 ❶홀치기 염색. 옷감의 군데군데를 홀쳐서 하는 염색. 또는 그렇게 해서 된 무늬. 〔魏書〕 奴婢悉不得衣綾綺纈노비실부득의릉기힐. ❷무늬 있는 비단.

纈文(힐문) 바탕에 흰 반점을 드문드문 넣은 홀치기 염색.

16 ㉒【纜】 纜(1001)의 속자

17 ㉓【纖】 纤 가늘 섬 鹽

인명 2급 ㊥xiān ㊐セン

소전 속자 繊 자해 ❶가늘다. 〔司馬相如·賦〕 雜纖羅잡섬라. ❷고운 비단, 엷은 비단. 〔楚辭〕 被文服纖피문복섬. ❸가는 실, 가는 줄.

纖刀(섬도) 가느다란 칼. 가는 칼.

纖麗(섬려) 날씬하고 아름다움.

纖妙(섬묘) 가늘고 정교함.

纖眉(섬미) 가느다란 눈썹. 미인의 비유.

纖纖(섬섬) ①미세한 모양. ②연약하고 가냘픈 모양.

纖纖玉手(섬섬옥수) 가냘프고 고운 여자의 손. 미인(美人)의 손.

纖細(섬세) ①곱고 가늚. ②매우 찬찬하고 세밀함.

纖手(섬수) 여자의 가냘프고 아름다운 손.

纖姸(섬연) 섬세하고 아름다움.

纖艶(섬염) 호리호리하고 요염함.

纖婉(섬완) 호리호리하고 아름다움.

纖腰(섬요) 가냘프고 연약한 여자의 허리. 미인의 허리. 楚腰(초요).
纖維(섬유) 실이나 털과 같이 질기고 탄력이 있는 물체.
纖人(섬인) ①약골(弱骨). ②소인(小人).
纖塵(섬진) 가는 티끌. 잔 먼지.
纖毫(섬호) 조금. 약간.

17 ㉓【纓】缨 갓끈 영 庚 敬

인명 ㊥yīng ㊐エイ

자해 ❶갓끈. 〔孟子〕滄浪之水淸兮창랑지수청혜, 可以濯我纓가이탁아영. ❷끈, 새끼. ❸가슴걸이. 말의 가슴에 걸어, 안장을 매는 가죽 끈. 〔周禮〕樊纓十有再就번영십유재취.

纓紳(영신) 갓끈과 큰 띠. 존귀하고 현달(顯達)한 사람.
◨ 冠纓관영, 馬纓마영, 珠纓주영.

17 ㉓【纔】才 겨우 재 灰

㊥cái ㊐サイ

소전 초서 자해 ❶겨우. 〔漢書〕身死纔數月耳신사재수월이. ❷한 번 물들인 명주. ❸방금. ❹그야말로.

19 ㉕【纛】 둑 독·도 沃 號

인명 ㊥dú, dào ㊐トク, トウ

초서 참고 인명용 음은 '독'이다.
자해 둑. 쇠꼬리나 꿩의 꽁지로 장식한 큰 기. 진한(秦漢) 이후에 천자의 수레 장식으로 썼다.

19 ㉕【纚】缅 1머리싸개 사 紙 2맬 리 支

㊥xǐ, lí ㊐シ, リ

소전 초서 자해 1 ❶머리싸개. 〔漢書〕冠褌纚步搖冠관선사보요관. ❷이어지다, 잇달다. 〔漢書〕輦道纚屬련도사속. ❸가다. 〔漢書〕纚乎淫淫사호음음. 2❶매다. 〔後漢書〕纚朱鳥以承旗리주조이승기. ❷갓끈. 〔詩經〕紼纚維之불리유지.

19 ㉕【纘】缵 이을 찬 旱

인명 ㊥zuǎn ㊐サン

소전 초서 속자 纉 자해 잇다. 〔中庸〕武王纘太王王季文王之緖무왕찬태왕왕계문왕지서.

纘述(찬술) 잇달아 서술함.

21 ㉗【纜】缆 닻줄 람 勘

인명 ㊥lǎn ㊐ラン

초서 속자 纜 자해 닻줄. 〔謝靈運·詩〕解纜及流潮해람급류조.

纜舸(남가) 배를 맴.

缶部 장군 부

0 ⑥【缶】 장군 부 有

인명 ㊥fǒu ㊐フ

소전 초서 동자 缻 속자 缶 자원 象形. 장군의 모양을 본뜬 글자.

자해 ❶장군. 액체를 담는 그릇의 한 가지. ❷용량(容量)의 단위. ㉮4곡(斛). ㉯16말〔斗〕.

缶米(부미) 한 장군의 쌀. 16말의 쌀.

0 ⑥【缶】 缶(1001)의 속자

3 ⑨【缸】 항아리 항 江

인명 1급 ㊥gāng ㊐コウ

소전 초서 자해 항아리. 한 말들이의 질그릇.

4 ⑩【缺】 이지러질 결 屑

고등 인명 4Ⅱ급 ㊥quē ㊐ケツ

필순 ノ ㅗ 亠 午 缶 缶 缶 缸 缺 缺

소전 초서 자원 形聲. 缶+夬→缺. '夬(쾌)'가 음을 나타낸다.

자해 ❶이지러지다. ㉮그릇이 깨지다. 〔易林〕甕破缶缺옹파부결. ㉯이지러지다. 〔孟子〕咸以正無缺함이정무결. ㉰모자라다. 〔史記〕禮樂廢례악폐, 詩書缺시서결. ❷관직(官職)의 빈 자리. 〔史記〕齊尙修列大夫之缺제상수렬대부지결.

缺格(결격) 자격이 모자라거나 빠져 있음.
缺缺(결결) ①모자라는 모양. ②슬기가 모자라는 모양.
缺口(결구) 언청이. 兎脣(토순). 缺脣(결순).
缺勤(결근) 근무해야 할 날에 빠짐.
缺禮(결례) 예의범절에 벗어남.
缺略(결략) 결여(缺如)되어 갖추어지지 않음.
缺漏(결루) 틈이 벌어져 샘.
缺席(결석) 나가야 할 자리에 나가지 않음.

缺損(결손) 축나거나 손해가 남.
缺試(결시) 시험에 빠짐.
缺食(결식) 끼니를 거름.
缺如(결여) 빠져서 없거나 모자람.
缺員(결원) 정한 인원에서 모자람. 또는 그런 인원.
缺點(결점) 잘못되거나 모자라는 점.
缺乏(결핍) 모자람. 부족함.
缺陷(결함) 흠이 있어 완전치 못함.
缺航(결항) 비행기나 선박이 정기적인 운행을 거름.
缺畫(결획) 한자(漢字)의 필획(筆畫)을 생략하여 높은 이의 이름 쓰기를 피하던 한 방법. '玄'을 '𤣥'으로 쓰는 따위.

4 ⑩【䍃】 항아리 유·요 尤 蕭
㊥yóu ㊐ユウ, ヨウ
초서 자해 ❶**항아리**. 아가리가 작고 배가 부른 질그릇. ❷**질그릇을 굽는 가마.**

5 ⑪【鉢】 鉢(1296)의 속자

5 ⑪【缻】 缶(1001)와 동자

11 ⑰【罄】 빌 경 徑
㊥qìng ㊐ケイ
소전 초서 자해 ❶**비다, 공허하다.** ❷**다하다, 다되다.**
罄竭(경갈) ①다함. 끝남. ②최선을 다함.
罄盡(경진) 다 없어짐. 죄다 없어짐.

11 ⑰【罅】 틈 하 禡
㊥xià ㊐カ
소전 초서 자해 ❶**틈, 빈틈.** 〔史記〕不能傅合疏罅불능부합소하. ❷**갈라져 터지다, 옹기가 갈라져 터지다.**
罅隙(하극) 이지러진 틈.

13 ⑲【罋】 독 옹 送 图
㊥wèng ㊐オウ, ヨウ
초서 자해 **독**. ＝甕.

14 ⑳【罌】罂 양병 앵 ㊍영 庚 敬
인명 ㊥yīng ㊐ヨウ
소전 초서 자해 ❶**양병.** ❷**병의 총칭.**
罌粟(앵속) 양귀비.

15 ㉑【罍】 술독 뢰·루 灰 支
㊥léi ㊐ライ
초서 자해 ❶**술독**. 표면에 구름·우레 따위의 무늬를 그린 열 말들이. ❷**대야, 세숫대야.**
罍尊(뇌준) 표면에 구름무늬를 그린 술단지.

16 ㉒【罎】 술병 담 覃
㊥tán ㊐タン, ドン
자해 **술병, 술단지,**

18 ㉔【罐】 두레박 관 翰
인명 ㊥guàn ㊐カン
소전 초서 자해 **두레박.**

网部 그물 망

0 ⑥【网】 그물 망 養
㊥wǎng ㊐モウ
참고 '网'이 한자의 구성에서 머리로 쓰일 때는 글자 모양이 '罒·四·㓁'로 되기도 한다. '目'이 부수로 쓰일 때의 글자 모양과 같으므로 유의해야 한다.
자원 象形. 冂+㐅㐅→网. '㐅㐅'은 그물의 코, '冂'는 덮어 씌운다는 뜻이다. 합하여 '網'과 같이 '그물'을 뜻한다.
자해 **그물**. ＝網.

3 ⑧【罔】 그물 망 養
고등 인명 3급 ㊥wǎng ㊐モウ
필순 丨 冂 冂 冂 冂 罔 罔 罔
초서 참고 岡(362)은 딴 자.
자원 形聲. 网+亡→罔. '亡(망)'이 음을 나타낸다.
자해 ❶**그물**. ＝网. 〔詩經〕天之降罔천지강망. ❷**그물질하다.** 〔孟子〕是罔民也시망민야. ❸**없다.** ❹**아니다.** 부정하는 말. 〔書經〕乃罔畏畏

내망외외. ❺어둡다, 어리석다. 〔論語〕學而不思則罔학이불사즉망.
罔極(망극) 끝이 없음. 한이 없음.
罔極之恩(망극지은) 한없는 은혜. 끝없는 은혜. 부모의 높은 은혜.
罔極之痛(망극지통) 한없는 슬픔. 임금과 부모의 상사(喪事)에 쓰는 말.
罔民(망민) 무지(無知)한 백성을 속여서 법망(法網)에 걸려들게 함.
罔知所措(망지소조) 창황하여 어찌할 바를 모름. 허둥지둥함. 罔措(망조)
罔測(망측) 헤아릴 수 없음. 정상적인 상태를 벗어나 차마 볼 수 없음.

3 ⑦【罕】 그물 한 旱

인명 1급 ㊥hǎn ㊐カン

소전 초서 본자 罓 자해 ❶그물, 새그물. 〔揚雄·賦〕罕車飛揚한거비양. ❷드물다. 〔論語〕子罕言利자한언리.
罕見(한견) 드물게 봄.
罕古(한고) 옛날부터 드묾.
罕罔(한망) 그물.
罕言(한언) 가끔 말함. 거의 말하지 않음.
◨ 稀罕희한.

4 ⑨【罘】 그물 부 尤

㊥fú ㊐フウ

초서 자해 그물. ㉮토끼 그물. 〔史記〕罘罔彌山부망미산. ㉯사슴 그물. 〔呂氏春秋〕罝罘羅網저부라망.
罘罳(부시) ①궁문 밖에 있는 담장. ②대나 널조각을 이리저리 엇걸어 만든, 정원(庭園)의 울타리. ③그물. ④휘장. 장막.

5 ⑩【罟】 그물 고 麌

㊥gǔ ㊐コ

소전 초서 자해 그물. 〔中庸〕驅而納諸罟擭陷阱之中구이납저고확함정지중.
罟罔(고망) 그물. 罟網(고망).

5 ⑩【罠】 낚싯줄 민 眞

㊥mín ㊐ミン

소전 초서 자해 ❶낚싯줄. ❷토끼 그물.
罠蹏(민제) 노루나 사슴을 잡는 그물.

5 ⑩【罝】 짐승 그물 저·차 魚麻

㊥jū ㊐シャ

소전 초서 동자 罝 동자 䍦 자해 ❶짐승 그물. 〔呂氏春秋〕繯網罝罦不敢出於門환망저부불감출어문. ❷토끼 그물. 〔詩經〕肅肅兎罝숙숙토저.
罝網(저망) 금수를 잡는 그물.

6 ⑪【罣】 걸 괘 卦霽

㊥guà ㊐カイ

초서 자해 ❶걸다, 걸리다. ❷거리끼다. 〔般若心經〕心無罣礙심무괘애.

7 ⑫【罥】 ① 얽을 견 銑 ② 그물 견 霰

㊥juàn ㊐ケン

초서 자해 ① 얽다, 옭다. ② 그물.

7 ⑫【罦】 그물 부 虞

㊥fú ㊐フ

초서 동자 罛 자해 그물, 덮치기. 두 나룻 사이에 베푼 새그물. 〔詩經〕雉離于罦치리우부.

8 ⑬【罫】 줄 괘 蟹

인명 1급 ㊥guǎi ㊐カイ

초서 자해 줄. 바둑판처럼 가로세로 엇걸리게 친 줄.
罫線(괘선) 인쇄물에서 윤곽이나 경계를 나타낸 선.
罫紙(괘지) 괘선을 친 용지.
◨ 方罫방괘.

8 ⑬【罧】 고깃깃 삼 鹽沁

㊥shèn ㊐シン

소전 자해 고깃깃. 섶나무를 물속에 쌓아, 물고기가 모이게 하여 잡는 장치. 〔淮南子〕罧者扣舟삼자구주.

8 ⑬【罨】 그물 엄·압 琰合

㊥yǎn ㊐エン

소전 초서 자해 ❶그물. ㉮새그물. ㉯물고기 그물. ❷그물을 덮어씌우다. 〔左思·賦〕 罨翡翠엄비취.
罨法(엄법) 國찜질. 냉수나 온수에 적신 수건을 환부(患部)에 덮어서 염증이나 충혈을 없애는 치료법.

8
⑬【罭】 어망 역 職
㊥yù ㊐ヨク
소전 초서 자해 어망(漁網), 물고기 그물. 작은 물고기를 잡는, 눈이 촘촘한 작은 그물. 〔詩經〕 九罭之魚鱒魴구역지어준방.

8
⑬【罩】 보쌈 조·탁 效 覺
㊥zhào ㊐チョウ
소전 초서 동자 篧 자해 ❶보쌈. 대나무나 가시나무로 결어서 만든, 고기를 잡는 그릇. ❷끼다, 연기 따위가 끼다. ❸가리, 가리로 물고기를 잡다. 〔詩經〕 烝然罩罩증연조조.
罩罩(조조) ①물고기를 잡는 가리. ②물고기가 떼를 지어 노는 모양.

8
⑬【罪】 허물 죄 賄
중학 인명 5급 ㊥zuì ㊐ザイ
필순 丶 冂 罒 罒 罒 罪 罪 罪 罪 罪
소전 초서 자원 形聲. 网+非→罪. '非(비)'가 음을 나타낸다.
자해 ❶허물, 죄. ㉮법을 어긴 죄. 〔晉書〕 宜聲其罪而戮之의성기죄이륙지. ㉯형벌. 〔呂氏春秋〕 行罪無疑행죄무의. ❷죄 주다, 형벌을 내리다. 〔書經〕 四罪而天下咸服사죄이천하함복.
罪科(죄과) ①죄악. ②죄에 대하여 과해지는 형벌.
罪過(죄과) 죄와 과실.
罪魁(죄괴) 범죄자 일당의 두목. 범죄의 장본인. 魁首(괴수).
罪咎(죄구) 죄. 허물.
罪累(죄루) 죄에 연루(連累)되는 일.
罪不容誅(죄불용주) 죄가 죽어도 용납될 수 없을 정도로 큼.
罪狀(죄상) 죄를 저지른 실제 사정.
罪悚(죄송) 죄스럽고 황송함.
罪囚(죄수) 죄를 짓고 옥에 갇힌 사람.
罪惡(죄악) 죄가 될 만한 나쁜 행위.
罪案(죄안) 죄과(罪科)에 대한 재판의 기록.
罪人(죄인) 죄를 지은 사람.
罪責(죄책) ①죄를 저지른 책임. ②죄에 대한 형벌. 罪罰(죄벌).
◨ 斷罪단죄, 免罪면죄, 無罪무죄, 犯罪범죄, 赦罪사죄, 贖罪속죄, 原罪원죄, 重罪중죄.

8
⑬【置】置 둘 치 寘
고등 인명 4Ⅱ급 ㊥zhì ㊐チ
필순 丶 冖 罒 罒 罒 罒 罝 罝 置 置
소전 초서 자원 會意. 网+直→置. 정직한〔直〕 사람은 잡아도〔罒〕 용서한다는 데서, '두다'의 뜻을 나타낸다.
자해 ❶두다. ㉮용서하다, 풀어 주다. 〔史記〕 無有所置무유소치. ㉯버리다. 〔國語〕 是以小怨置大德也시이소원치대덕야. ㉰남기다. 〔漢書〕 招樊噲出초번쾌출, 置車官屬치거관속. ㉱세우다. 〔周禮〕 置而搖之치이요지. ❷역말. 〔孟子〕 速於置郵而傳命속어치우이전명.
置毒(치독) 독약을 음식에 넣어 둠.
置簿(치부) 國금전·물품 등의 출납(出納)을 기록함.
置重(치중) 어떤 일에 중점을 둠.
置之度外(치지도외) 생각 밖에 버려둠. 내버려 두고 문제 삼지 않음.
置錐之地(치추지지) 송곳을 세울 만한 아주 좁은 땅. 立錐之地(입추지지).
置標(치표) ①표하여 둠. ②國묏자리를 미리 잡아 표적을 묻어서 무덤 모양으로 만들어 둠. 또는 그 표적.
置換(치환) 바꾸어 놓음.
◨ 對置대치, 倒置도치, 放置방치, 配置배치, 備置비치, 設置설치, 安置안치, 位置위치, 留置유치, 裝置장치, 處置처치.

9
⑭【罰】罚 죄 벌 月
고등 인명 4Ⅱ급 ㊥fá ㊐バツ
필순 冂 罒 罒 罒 罒 罒 詈 詈 詈 罰
소전 초서 동자 罸 자원 會意. 詈+刀→罰. 죄가 가벼운 사람에게는 칼〔刂〕로써 으르며 말로써 꾸짖는다〔詈〕는 데서 '가벼운 죄'를 뜻한다. 바뀌어 '두루 벌을 준다'는 뜻을 나타낸다.
자해 ❶죄, 가벼운 죄. 〔列女傳〕 注爲大罰음위대벌. ❷벌, 형벌. 〔易經〕 刑罰淸而民服형벌청이민복. ❸벌하다. 〔周禮〕 凡民之有衺惡者범민지유사악자, 三讓而罰삼양이벌.
罰金(벌금) 벌로 물리는 돈.
罰杯(벌배) 벌로 먹이는 술. 罰酒(벌주).
罰俸(벌봉) 봉급을 몰수하는 형벌.

罰爵(벌작) ①군신(君臣)이 함께 술을 마실 때, 결례(缺禮)한 사람에게 벌주(罰酒)를 먹이던 일. ②벌로 먹이는 술.
罰錢(벌전) 國약속·규칙 따위를 어겨 벌로 내는 돈.
罰則(벌칙) 법규를 어겼을 때의 처벌을 정해 놓은 규칙.
◨ 賞罰상벌, 嚴罰엄벌, 懲罰징벌, 處罰처벌, 天罰천벌, 刑罰형벌.

9 ⑭【署】署 관청 서 御

고등 인명 3Ⅱ급 ⊕shǔ ⊟ショ

필순 ㄇ ㎜ 罒 罒 罘 罜 罟 罯 署 署

소전 초서 참고 暑(590)는 딴 자. 자원 形聲. 网+者→署. '者(자)'가 음을 나타낸다.

자해 ❶관청, 관아(官衙) 〔唐書〕 學士入署학사입서, 常視日影爲候상시일영위후. ❷부(部)·국(局) 등으로 나누어 베풀다. 〔漢書〕 我署文章아서문장. ❸적다, 쓰다. 〔漢書〕 署其官爵姓名서기관작성명.

署理(서리) 조직에서 결원(缺員)이 있을 때 그 직무를 대리함. 또는 그런 사람.
署名(서명) 이름을 적어 넣음.
署押(서압) ①서명 날인함. ②화압(花押)을 둚. '花押'은 수결(手決)과 함자(銜字).
◨ 官署관서, 部署부서, 支署지서.

9 ⑭【罳】 면장 시 本사 · 새 支

⊕sī ⊟シ

소전 초서 자해 면장(面牆). 집의 정면에 쌓은 담.

10 ⑮【罵】骂 욕할 매 本마 禡

인명 1급 ⊕mà ⊟バ

소전 초서 자해 욕하다, 꾸짖다. 〔史記〕 輕士善罵경사선매.

罵倒(매도) 몹시 욕하며 몰아세움.
罵詈(매리) 욕. 욕함.
罵辱(매욕) 욕설을 퍼부어 창피를 줌.

10 ⑮【罸】 罰(1004)과 동자

10 ⑮【罷】罢 1 방면할 파 蟹 2 고달플 피 支

고등 인명 3급 ⊕bà, pí ⊟ハイ, ヒ

필순 ㄇ ㎜ 罒 罒 罗 罗 罢 罷 罷 罷

소전 초서 참고 인명용 음은 '파'이다.

자원 會意. 网+能→罷. 현자〔能〕는 잡혀도〔罒〕 곧 풀려나므로 '방면하다'라는 뜻을 나타낸다. 바뀌어 '그만두다·쉬다' 등의 뜻을 나타낸다.

자해 1 ❶방면(放免)하다, 놓아주다. 〔史記〕 乃罷魏勃내파위발. ❷그치다, 쉬다. ❸내치다, 물리치다. 2 ❶고달프다, 느른하다. ≒疲. 〔國語〕 今吳民旣罷금오민기피. ❷둔하다, 어리석다. 〔楚辭〕 誅譏罷只주기피지.

罷家(파가) 살림살이를 작파함.
罷漏(파루) 國통행금지를 해제하기 위하여 종각의 종을 서른세 번 치던 일.
罷免(파면) 직무를 박탈함.
罷市(파시) 시장이 서지 않고 쉼.
罷養(파양) 國양자 관계의 인연을 끊음.
罷業(파업) 하던 일을 중지함.
罷議(파의) 의논하던 것을 그만둠.
罷場(파장) ①시장(市場)이 파함. ②과거 시험장이 파함. ③일이 거의 끝날 무렵.
罷職(파직) 관직을 파면(罷免)함.
罷陣(파진) 군대의 진을 풀어 헤침.
罷黜(파출) 파면하여 쫓아냄. 斥罷(척파).

11 ⑯【罹】 근심 리 支

인명 1급 ⊕lí ⊟リ

소전 초서 자해 ❶근심, 근심하다. 〔詩經〕 逢此百罹봉차백리. ❷걸리다, 병·재앙 따위에 걸리다. 〔書經〕 罹其凶害리기흉해.

罹病(이병) 병에 걸림.
罹災(이재) 재해를 입음. 재난을 만남.

12 ⑰【罽】 물고기 그물 계 霽

⊕jì ⊟ケイ

소전 초서 자해 ❶물고기 그물. ❷융단(絨緞), 양탄자.

12 ⑰【罿】 새그물 동 · 총 東 冬

⊕chōng ⊟ショウ

소전 초서 자해 ❶새그물. ❷그물.

12 ⑰【罾】 어망 증 蒸

网 12획

㊥zēng ㊐ソウ

소전 초서 자해 어망. 네 귀를 잡고 들어 올리는 어망(漁網)과 통발. 〔楚辭〕 罾何爲兮木上증하위혜목상.

罾繳(증격) 그물과 주살.

13 ⑱【羂】 올무 견 㢷

㊥juàn ㊐ケン

초서 자해 올무, 그물.

羂結(견결) 잡아맴.

14 ⑲【羅】罗 새그물 라 歌

고등 인명 4Ⅱ급 ㊥luó ㊐ラ

필순 冖 罒 罒 罗 罗 罗 羅 羅 羅 羅

소전 초서 자원 會意. 网+維→羅. 그물〔皿〕에 벼릿줄〔維〕을 꿴다는 데서 '새를 잡는 그물'을 나타낸다.

자해 ❶새그물. 〔詩經〕 雉離于羅치리우라. ❷그물질하다. 〔周禮〕 羅氏掌羅烏鳥라씨장라오조. ❸비단. ❹벌이다, 늘어서다. 〔楚辭〕 步騎羅些보기라사. ❺성(姓).

羅綺(나기) ①얇은 비단과 무늬 있는 비단. 얇은 무늬 있는 비단. ②성장(盛裝)한 미녀.

羅綾(나릉) 얇은 비단과 두꺼운 비단.

羅馬(나마) '로마(Roma)'의 음역어.

羅網(나망) ①새를 잡는 그물. 새그물. ②법률(法律). 법망(法網). ③그물을 씌워 잡음.

羅拜(나배) 죽 늘어서서 함께 절함.

羅紗(나사) '라샤(raxa)'의 음역어.

羅城(나성) ①큰 성(城)의 외곽. 작은 성의 외곽은 자성(子城)이라 함. 羅郭(나곽). ②'로스앤젤레스(Los Angeles)'의 음역어.

羅星(나성) 죽 늘어선 별.

羅袖(나수) 엷은 비단옷의 소매.

羅列(나열) 죽 벌여 놓음.

羅幃(나위) 엷은 비단으로 만든 장막(帳幕).

羅甸(나전) '라틴(Latin)'의 음역어.

羅卒(나졸) 國지방 관아에 딸린 사령(使令)과 군뢰(軍牢)의 총칭.

羅織(나직) ①엷은 견직물. ②죄를 꾸며 법망(法網)에 끌어넣음.

羅針盤(나침반) 방위를 알 수 있도록 만든 기구.

羅布(나포) 죽 연달아 벌여 놓음.

羅漢(나한) (佛)소승 불교의 최상급 수행자로 공덕을 구비한 성자(聖者). 阿羅漢(아라한).

◨ 綺羅기라, 綾羅능라, 網羅망라, 森羅삼라, 新羅신라, 耽羅탐라.

14 ⑲【冪】 덮을 멱 錫

㊥mì ㊐ベキ

자해 ❶덮다, 덮개. ＝冪. ❷밥보자기.

14 ⑲【羆】罴 큰곰 비 支

㊥pí ㊐ヒ

고문 초서 자해 큰곰. 곰의 한 가지. 〔詩經〕 維熊維羆유웅유비.

17 ㉒【羇】 나그네 기 支

㊥jī ㊐キ

초서 자해 ❶나그네, 나그네살이. 〔春秋左氏傳〕 爲羇終世위기종세, 可謂無民가위무민. ❷굴레. ≒羈.

羇旅(기려) ①타향에 머묾. ②나그네.

羇旅之臣(기려지신) 다른 나라에서 와서 정식 신하가 되지 않고 한때 몸을 의탁한 나그네로서의 신하. 羈旅之臣(기려지신).

羇寓(기우) 타향에서 우거(寓居)함. 객지살이.

19 ㉔【羈】羁 굴레 기 支

인명 1급 ㊥jī ㊐キ

초서 속자 覊 속자 羇 자해 ❶굴레. 〔春秋左氏傳〕 臣負羈紲신부기설. ❷잡아매다. 〔司馬遷·書〕 僕少負不羈之行복소부불기지행. ❸나그네, 나그네살이. ≒羇.

羈旅(기려) 나그네. 羇旅(기려).

羈縻(기미) 잡아맴. 자유를 구속하고 억압함. '羈'는 굴레, '縻'는 고삐.

羈絆(기반) 굴레. 속박의 비유.

羈束(기속) 얽어맴. 묶음. 구속함.

羊部 양 양

0 ⑥【羊】 양 양 陽

중학 인명 4Ⅱ급 ㊥yáng ㊐ヨウ

필순 丶 丷 䒑 䒑 兰 羊

소전 초서 참고 '羊'이 한자의 구성에서 머리에 쓰일 때는 글자 모양이 '⺷'으로 바뀐다.

자원 象形. 본자는 '芉'으로, '丫'는 뿔, '干'는 네 발과 꼬리를 본뜬 것이다.
자해 양. 〔詩經〕 羔羊之皮고양지피.
羊角風(양각풍) 회오리바람.
羊羹(양갱) 양고기를 넣고 끓인 국.
羊裘(양구) 양의 가죽으로 만든 옷.
羊頭狗肉(양두구육) 양의 머리를 간판으로 세워 놓고 개고기를 팖. 선전과 내용이 일치하지 않음. 羊頭馬脯(양두마포).
羊腸(양장) 양의 창자. 구불구불하고 험한 길의 비유.
羊質虎皮(양질호피) 속은 양인데 거죽은 호랑이. 외관은 훌륭하나 실속이 없음.
羊皮紙(양피지) 양의 가죽으로 만든 서사(書寫) 재료.
◨ 羔羊고양, 羚羊영양, 牛羊우양.

2 ⑧ 【羌】 종족 이름 강 陽
인명 ㊥qiāng ㊐キョウ
소전 초서 동자 자해 ❶종족 이름. 중국 서쪽의 오랑캐 이름. 현재의 티베트 족. 〔後漢書〕 西羌之本서강지본, 出自三苗출자삼묘. ❷발어사(發語辭). 〔楚辭〕 羌衆人之所仇강중인지소구.
羌桃(강도) 호두의 딴 이름.

3 ⑨ 【美】 아름다울 미 紙
중학 인명 6급 ㊥měi ㊐ビ
필순 丶 ⺌ ⺍ 䒑 䒑 羊 羊 羊 美
소전 초서 자원 會意. 羊+大→美. 사람〔大〕이 머리에 양과 비슷한 장식〔羊〕을 쓰고 있다는 데서 '아름답다'의 뜻을 나타낸다.
자해 ❶아름답다. 〔國語〕 知襄子爲室美지양자위실미. ❷맛이 좋다, 맛있다. 〔孟子〕 膾炙與羊棗孰美회자여양조숙미. ❸기리다. 〔荀子〕 或美或惡혹미혹악.
美感(미감) 아름다움에 대한 감각. 또는 아름답다는 느낌.
美擧(미거) 칭찬할 만한 갸륵한 행위.
美觀(미관) 아름다운 경치.
美談(미담) 사람을 감동시킬 만한 아름다운 이야기. 칭찬할 만한 이야기.
美德(미덕) 아름다운 덕. 훌륭한 행위.
美麗(미려) 아름답고 고움.
美祿(미록) ①넉넉하고 후한 봉록(俸祿). 많은 봉급. ②술〔酒〕의 딴 이름.
美名(미명) ①좋은 이름. 좋은 평판. ②그럴듯한 명목.
美貌(미모) 아름다운 얼굴 모습.
美辭麗句(미사여구) 아름답게 꾸민 말과 글.
美秀(미수) 아름답고 빼어남.
美食(미식) ①맛난 음식. ②사치한 음식.
美惡(미악) ①아름다움과 추함. 美醜(미추). ②좋은 일과 나쁜 일. 옳음과 그름.
美言(미언) ①아름답고 훌륭한 말. ②유익한 말. ③아름답게 꾸민 말.
美容(미용) ①아름다운 얼굴. ②얼굴이나 머리 따위를 아름답게 매만짐.
美人(미인) ①용모가 예쁜 여자. 美女(미녀). 美姬(미희). ②용모가 아름다운 남자. 美男(미남). ③임금. ④재덕(才德)이 뛰어난 사람. 賢人(현인). ⑤미국 사람.
美人計(미인계) 미인을 이용하여 사람을 꾀는 계략.
美粧(미장) 머리나 얼굴을 아름답게 다듬음.
美績(미적) 아름다운 공적. 뛰어난 업적.
美田(미전) 비옥한 전답.
美爪(미조) ①손톱을 예쁘게 다듬음. ②예쁜 손톱.
美質(미질) 아름다운 성질이나 바탕.
美醜(미추) 아름다움과 추함.
美稱(미칭) 아름답게 일컫는 말.
美風良俗(미풍양속) 아름답고 좋은 풍속.
美好(미호) 아름답고 어여쁨.
美行(미행) 아름다운 행실. 착한 행동.
美化(미화) ①아름다운 감화(感化). 훌륭한 교화(敎化). ②아름답게 꾸밈.
美肴(미효) 맛 좋은 안주.

4 ⑩ 【羗】 羌(1007)과 동자

4 ⑩ 【羔】 새끼 양 고 豪
인명 ㊥gāo ㊐コウ
초서 동자 羙 속자 美 자해 ❶새끼 양. 〔詩經〕 羔羊之皮고양지피. ❷검은 양. 〔論語〕 緇衣羔裘치의고구.
羔裘(고구) 검은 양의 가죽으로 지은 갖옷. 대부(大夫)의 예복(禮服).
羔雁(고안) 어린 양과 기러기. 경대부(卿大夫)끼리 주고받는 폐백. 경끼리는 어린 양을, 대부끼리는 기러기를 폐백으로 썼음.
羔羊(고양) 어린 양과 큰 양.

5 ⑪ 【羚】 영양 령 靑
인명 ㊥líng ㊐レイ

초서 [자해] **영양**(羚羊). 〔傳燈錄〕我若羚羊挂角아약령양괘각.

羚羊(영양) 솟과의 포유동물. 염소와 비슷하며 뿔은 약재로, 모피는 의복의 재료로 씀.

5 ⑪ 【羞】 羞 바칠 수 尤

인명 1급 ㊥xiū ㊐シュウ

소전 초서 [자해] **❶바치다, 드리다.** 〔呂氏春秋〕羞以含桃수이함도. **❷맛있는 음식.** 〔周禮〕嘗王之食飮膳羞상왕지식음선수. **❸부끄러움, 수치.** 〔春秋左氏傳〕無作神羞무작신수.

羞愧(수괴) 부끄러움. 羞恥(수치).
羞赧(수난) 부끄러워 얼굴이 붉어짐.
羞澀(수삽) 부끄러워서 머뭇거림.
羞惡之心(수오지심) 자기의 나쁜 짓을 부끄러워하며, 남의 나쁜 짓을 미워하는 마음.
羞辱(수욕) 부끄럽고 욕됨.
羞花閉月(수화폐월) 꽃도 부끄러워하고 달도 숨음. 여인의 얼굴과 맵시가 매우 아름다움.
◨ 膳羞선수, 珍羞진수, 慙羞참수.

5 ⑪ 【羝】 숫양 저 齊

㊥dī ㊐テイ

소전 초서 [자해] **숫양, 양의 수컷.** 〔詩經〕取羝以軷취저이발.

羝羊觸藩(저양촉번) 숫양이 울타리를 떠받다가 뿔이 걸려 꼼짝하지 못함. 저돌적(豬突的)인 행동을 하는 사람은 이러지도 저러지도 못하는 궁지에 빠지기 쉬움.

5 ⑪ 【羜】 새끼 양 저·서 語

㊥zhù ㊐チョ

소전 초서 [자해] **새끼 양, 태어난 지 다섯 달 된 양.** 〔詩經〕既有肥羜기유비저.

7 ⑬ 【群】 무리 군 文

고등 인명 4급 ㊥qún ㊐グン

필순 ㄱ ㅋ ㅋ 尹 君 君 君' 君' 君羊 群

소전 본자 羣 [자원] 形聲. 君+羊→群. '君(군)'이 음을 나타낸다.

[자해] **❶무리, 떼.** 〔詩經〕或群或友혹군혹우. **❷떼 지어 모이다.** 〔論語〕群而不黨군이부당. **❸합치다, 모으다.** 〔荀子〕壹統類而群天下之英傑일통류이군천하지영걸.

群居(군거) 떼 지어 있음. 떼 지어 삶.
群鷄一鶴(군계일학) 많은 닭 가운데 한 마리의 학. 많은 사람 가운데 홀로 빼어남.
群起(군기) 떼를 지어 일어남. 한꺼번에 일어남. 蜂起(봉기).
群島(군도) 무리를 이룬 많은 섬.
群盜(군도) 무리 지은 도둑. 도둑의 집단.
群落(군락) ①많은 부락. 聚落(취락) ②같은 자연환경에서 자라는 식물군(植物群).
群黎(군려) 많은 백성. 黔首(검수).
群盲撫象(군맹무상) 많은 장님이 코끼리를 만짐. 좁은 소견이나 주관으로 사물을 잘못 판단함. 群盲評象(군맹평상).
群舞(군무) 여럿이 어우러져 추는 춤.
群邦(군방) 많은 나라.
群芳(군방) ①많은 꽃. 群花(군화). 群英(군영). ②많은 미인. ③많은 현인(賢人).
群像(군상) 떼를 지어 많은 사람이 모여 있는 모습.
群小(군소) ①많은 작은 것들. ②많은 첩(妾). ③많은 소인(小人).
群英(군영) ①많은 뛰어난 사람. 群雄(군웅). ②國여러 가지 꽃.
群雄割據(군웅할거) 많은 영웅이 각지에 자리 잡고 서로 세력을 다툼.
群議(군의) 많은 사람들의 의론. 衆論(중론).
群籍(군적) 많은 책.
群衆(군중) 무리 지어 모여 있는 많은 사람.
群集(군집) 한곳에 떼를 지어 모임.
群策群力(군책군력) 군신(群臣)의 책략과 군사(群士)의 힘.
群兇(군흉) 흉악한 무리.
◨ 鷄群계군, 拔群발군, 絶群절군, 超群초군.

7 ⑬ 【羣】 群(1008)의 본자

7 ⑬ 【羨】 부러워할 선 霰

인명 1급 ㊥xiàn ㊐セン

소전 초서 [자해] **❶부러워하다.** ㉮**탐내다.** 〔淮南子〕臨河而羨魚림하이선어. ㉯**그리워하다.** **❷나머지.** 〔孟子〕以羨補不足이선보부족.

羨望(선망) 부러워하며 바람.
羨慕(선모) 부러워하고 사모함. 欽羨(흠선).
◨ 仰羨앙선, 欽羨흠선.

7 ⑬ 【義】 义 옳을 의 寘 支

중학 인명 4Ⅱ급 ㊥yì ㊐ギ

羊 5획

필순 丶 丷 䒑 羊 羊 羊 義 義 義 義

소전 초서 동자 羛 자원 會意. 羊+我→義. '羊'은 착하고 아름답다는 뜻. 합하여 나〔我〕의 행동이 예의에 맞다는 뜻을 나타낸다.

자해 ❶옳다, 의롭다. 〔荀子〕分義則明분의즉명. ❷바르다, 정도(正道)를 따르다. 〔孟子〕春秋無義戰춘추무의전. ❸의미, 뜻. 〔詩經〕詩有六義焉시유륙의언.

義擧(의거) 정의를 위하여 떨쳐 일어남.
義氣(의기) 의로운 기개(氣槪).
義旗(의기) 國의병(義兵)의 군기(軍旗).
義女(의녀) ①의붓딸. ②의로 맺은 딸.
義徒(의도) 의를 주장하는 무리.
義理(의리) ①사람으로서 지켜야 할 올바른 도리(道理). ②지켜야 할 교제상의 도리.
義務(의무) 마땅히 해야 할 직분.
義兵(의병) 정의를 위하여 싸우는 군사. 義軍(의군). 義師(의사).
義服(의복) 상복(喪服)을 입을 관계에 있지 않은 친척이나 아는 사람이 의리로 입는 복.
義父(의부) ①의붓아버지. ②수양아버지. ③의리로 맺은 아버지.
義婦(의부) 의협심이 강한 여자. 절조(節操)를 지키는 여자.
義憤(의분) 정의감에서 우러나는 분노.
義奮(의분) 정의를 위하여 분발(奮發)함.
義士(의사) 의리와 지조를 굳게 지키는 사람.
義死(의사) 정의를 위하여 죽음.
義疏(의소) ①문장이나 문자를 풀이한 것. ②경서(經書)를 해석한 책.
義塾(의숙) 사회의 여러 사람을 위하여 개인이 세운 학교.
義捐(의연) 자선이나 공익을 위하여 금품 또는 물품을 냄.
義烈(의열) 뛰어난 충의(忠義).
義勇(의용) ①정의심에서 우러나는 용기. ②충의와 용기.
義人(의인) 의로운 사람.
義賊(의적) 부정한 재물을 빼앗거나 훔쳐서 가난한 사람을 도와주는 의로운 도둑.
義絶(의절) ①맺었던 의를 끊음. ②친척이나 친구 사이에 감정이 상하여 정을 끊음.
義足(의족) 발이 없는 사람이 붙여 쓸 수 있도록 고무나 나무로 만든 발.
義倉(의창) 흉년에 대비하여 해마다 수확한 곡식의 일부를 비축해 두던 각 지방의 창고.
義塚(의총) ①연고자 없는 사람의 무덤. ②공동묘지(共同墓地). ③國의사(義士)의 무덤.
義齒(의치) 만들어 박은 이.
義兄弟(의형제) ①의붓형제. ②의(義)로 맺은 형제.
義行(의행) 의로운 행동. 의를 위한 행위.
義俠(의협) 정의를 위하여 약자를 돕는 일. 또는 그 사람.
◨ 講義강의, 大義대의, 道義도의, 信義신의, 禮義예의, 意義의의, 節義절의, 狹義협의.

9 ⑮【羯】 불깐 흑양 갈 月

中jié 日カツ

소전 초서 자해 ❶불깐 흑양. ❷종족 이름. 흉노(匈奴)의 한 갈래. 〔晉書〕石勒석륵, 上黨武鄕羯人也상당무향갈인야.

羯磨(갈마) (佛)①미래에 선악의 결과를 가져오는 원인이 된다고 하는, 몸과 입과 마음으로 짓는 선악(善惡)의 소행. 業(업). ②비구(比丘)가 계(戒)를 받거나 참회할 때의 의식법(儀式法).

9 ⑮【羮】 羹(1009)의 속자

10 ⑯【羲】 숨 희 支

인명 2급 中xī 日ギ

소전 초서 속자 羲 자해 ❶숨, 내쉬는 숨. ❷복희(伏羲)의 약칭.

羲和(희화) ①요임금 때 역법(曆法)을 맡아보던 희씨(羲氏)와 화씨(和氏). ②태양을 실은 마차를 부린다는 사람.
羲皇上人(희황상인) ①복희씨 이전, 곧 태고 때의 사람. ②속세를 떠나 한가로이 세월을 보내는 사람.

13 ⑲【羹】 1국 갱 庚 2땅 이름 랑 陽

인명 1급 中gēng, láng 日コウ, ロウ

소전 초서 속자 羮 참고 인명용 음은 '갱'이다.

자해 1국. 〔詩經〕亦有和羹역유화갱. 2땅 이름. 불랑(不羹)은 춘추 시대의 땅 이름. 지금의 하남성(河南省) 양성현(襄成縣) 동남쪽.

羹粥(갱죽) 국과 죽.
羹獻(갱헌) 제수로 신에게 올리는 개고기.
◨ 豆羹두갱, 菜羹채갱.

13 ⑲【羸】 여윌 리 支

인명 ㊥léi ㊐ルイ

소전 초서 자해 ❶여위다. 〔國語〕 民之羸餒日已甚矣민지리뇌일이심의. ❷약하다, 약하게 하다. 〔春秋左氏傳〕 請羸師以張之청리사이장지. ❸괴로워하다. ❹엎지르다, 뒤집어엎다. 〔易經〕 羸其甁리기병.

羸老(이로) ①늙어 쇠약함. ②나이 먹어 쇠약한 노인.

羸兵(이병) 지친 군사. 羸師(이사).

13 ⑲【羶】 누린내 전 ㊍선 先

㊥shān ㊐セン

초서 자해 1 ❶누린내, 양(羊)의 냄새. ❷비린내.

羶食(전식) 누린내가 나는 음식.

羽部 깃우

0 ⑥【羽】 깃 우 麌

고등 인명 3Ⅱ급 ㊥yǔ ㊐ウ

필순 丁 丁 习 羽 羽 羽

소전 초서 자원 象形. 새의 깃의 모양을 본뜬 글자.

자해 ❶깃, 날개. ㉮새의 날개. 〔書經〕 齒革羽毛치혁우모. ㉯날벌레의 날개. 〔詩經〕 螽斯羽종사우, 詵詵兮선선혜. ❷새, 조류. ❸오음(五音)의 하나. 동양 오음계의 다섯 번째 음.

羽客(우객) ①날개가 달린 사람. 선인(仙人). ②도사(道士). ③봉선화의 딴 이름.

羽檄(우격) 국가 유사시나 급히 군사를 동원해야 할 때 쓰는 격문. 목간(木簡)에 글을 적고 이것에 깃털을 끼워 매우 급함을 나타냄.

羽鱗(우린) 날개와 비늘. 곧, 조류와 어류.

羽士(우사) 도사(道士).

羽書(우서) 새의 깃을 꽂아 표시한 격문(檄文). 羽檄(우격).

羽衣(우의) ①새의 깃으로 만든 옷. ②도사(道士)나 신선.

羽儀(우의) ①모범(模範). 귀감(龜鑑). 날아가는 큰기러기의 모양이 우아하고 당당하여 그 모습을 본받으려 한 데서 온 말. ②의용(儀容)을 갖추고 당당한 풍채로 조정(朝廷)에 출사(出仕)함.

羽翼(우익) ①새의 날개. ②좌우에서 보좌하는 사람이나 사물.

羽翮飛肉(우핵비육) 가벼운 깃이 새의 육체를 날림. 경미한 것도 많이 모이면 강해짐.

羽化(우화) ①번데기에 날개가 돋아 성충(成蟲)이 됨. ②우화등선(羽化登仙). ③도사(道士)의 죽음.

羽化登仙(우화등선) 몸에 날개가 돋아 신선이 되어 하늘로 날아감. 羽化(우화).

3 ⑨【羿】 사람 이름 예 霽

㊥yì ㊐ゲイ

소전 초서 본자 自 자해 사람 이름. 요(堯)임금의 신하로, 10개의 태양이 함께 떠올랐을 때 그 중 9개를 쏘아 떨어뜨렸다고 한다. 〔論語〕 羿善射예선사.

4 ⑩【翅】 날개 시 寘

인명 ㊥chì ㊐シ

소전 초서 본자 狨 자해 날개. 〔史記〕 折翅傷翼절시상익.

4 ⑩【翁】 늙은이 옹 東

고등 인명 3급 ㊥wēng ㊐オウ

필순 ノ 八 公 公 주 翁 翁 翁 翁 翁

소전 초서 자원 形聲. 公＋羽→翁. '公(공)'이 음을 나타낸다.

자해 ❶늙은이. 노인의 존칭(尊稱). 〔史記〕 與長孺共一老禿翁여장유공일로독옹. ❷아버지. 〔漢書〕 吾翁卽汝翁오옹즉여옹.

翁姑(옹고) 시아버지와 시어머니.

翁嫗(옹구) 노옹(老翁)과 노구(老嫗). 늙은 남자와 늙은 여자. 翁媼(옹온).

翁壻(옹서) 장인과 사위.

翁主(옹주) ①제왕(諸王)이나 제후(諸侯)의 딸로서 국인(國人)에게 시집간 사람. ②國㉠임금의 후궁에게서 난 딸. ㉡조선 중기 이전에 세자빈(世子嬪) 이외의 임금의 며느리.

◨ 老翁노옹, 塞翁새옹.

4 ⑩【翆】 翠(1012)와 동자

5 ⑪【翎】 깃 령 靑

인명 ㊥líng ㊐レイ

소전 초서 자해 깃.

翎毛(영모) ①새의 깃털과 짐승의 털. 날짐승

과 길짐승. ②영모화. 새나 짐승을 그린 그림. ③깃털.

5 ⑪【翏】 높이 날 류·륙 宥屋

㊥liù, lù ㊐リク

소전 초서 자해 ❶높이 날다. ❷나는 모양. ❸바람 소리, 멀리서 불어오는 바람 소리. 〔莊子〕獨不聞之翏翏乎독불문지류류호.

5 ⑪【習】习 익힐 습 緝

중학 인명 6급 ㊥xí ㊐シュウ

필순 ㇆ ㇆ ㅋ ㅋㄱ 羽 羽 羽 習 習 習 習

소전 초서 자원 會意. 羽+白→習. '白'은 '鼻(코 비)'. 새끼 새가 어미 새를 본받아 날아 보려고 날갯짓을 되풀이하느라 숨찬 숨결이 입과 코로 나온다는 데서, 새끼 새가 나는 법을 익힌다는 뜻을 나타낸다.

자해 ❶익히다. ㉮새 새끼가 나는 법을 익히다. 〔禮記〕鷹乃學習응내학습. ㉯되풀이하여 행하다, 연습하다. 〔論語〕學而時習之학이시습지. ㉰배우다. 〔呂氏春秋〕退而習之퇴이습지. ㉱닦다. 〔易經〕不習无不利불습무불리. ❷숙달하다, 통효(通曉)하다. 〔戰國策〕不習於誦불습어송.

習慣(습관) 버릇.
習氣(습기) 무의식중에 몸에 밴 기운.
習讀(습독) 글을 읽어 익힘.
習得(습득) 배워 터득함.
習射(습사) 활쏘기를 익힘.
習性(습성) 버릇.
習俗(습속) 습관이 된 풍속.
習習(습습) ①바람이 솔솔 부는 모양. ②훨훨 나는 모양.
習與性成(습여성성) 습관은 오래되어 마침내 천성(天性)이 됨.
習字(습자) 글씨 쓰는 법을 익힘.
習作(습작) 연습으로 작품을 만듦. 또는 그런 작품.
習陣(습진) 진을 치는 법을 배워 익힘.
習學(습학) 되풀이하여 익힘. 復習(복습).
◨ 講習강습, 慣習관습, 敎習교습, 舊習구습, 復習복습, 惡習악습, 練習연습, 演習연습, 豫習예습, 風習풍습.

5 ⑪【翌】 다음 날 익 職

인명 1급 ㊥yì ㊐ヨク

초서 자해 다음 날. 〔漢書〕翌日親登嵩高익일친등숭고.

翌年(익년) 다음 해. 이듬해.
翌夜(익야) 이튿날 밤.
翌日(익일) 다음 날. 이튿날.

5 ⑪【翊】 도울 익 職

인명 2급 ㊥yì ㊐ヨク

소전 초서 자해 돕다. ≒翼.

翊戴(익대) 군주(君主)로 받들어 도움. 임금으로 추대함. 翼戴(익대).
翊成(익성) 도와 이루게 함.
翊翊(익익) 조심하는 모양. 삼가는 모양. 翼翼(익익).
翊贊(익찬) 군주의 정치를 도움.

6 ⑫【翔】 빙빙 돌아 날 상 陽

인명 1급 ㊥xiáng ㊐ショウ

소전 초서 자해 ❶빙빙 돌아 날다. 〔論語〕翔而後集상이후집. ❷날다, 높이 날다. 〔淮南子〕雖欲翱翔수욕고상, 其勢焉得기세언득. ❸삼가다. 〔禮記〕朝廷濟濟翔翔조정제제상상. ❹자세하다. ≒詳.

翔空(상공) 하늘을 날아다님.
翔貴(상귀) 새가 하늘 높이 날아오르듯 물가가 오름. 昂貴(앙귀).
翔集(상집) ①날아와서 모임. ②널리 수집함.
◨ 翱翔고상, 飛翔비상, 雲翔운상.

6 ⑫【翕】 합할 흡 緝

인명 ㊥xī ㊐キュウ

소전 초서 동자 㓉 동자 翖 자해 ❶합하다, 화합하다. 〔詩經〕兄弟旣翕형제기흡. ❷거두다. 〔荀子〕代翕代張대흡대장. ❸모으다. 〔史記〕天下翕然천하흡연. ❹당기다, 잡아 끌다. 〔詩經〕載翕其舌재흡기설.

翕如(흡여) 여러 악기의 소리가 일제히 울려 나는 모양.
翕然(흡연) ①인심이 화합하여 일치하는 모양. 합동(合同)하는 모양. ②봉황이 나는 모양.

7 ⑬【翛】 1 날개 찢어질 소 蕭 2 빠른 모양 유 尤

㊥xiāo, yú ㊐ショウ

초서 자해 1 날개가 찢어지는 모양. ¶ 翛翛소소. 2 빠른 모양. 〔莊子〕翛然

而往유연이왕.
翛翛(소소) 새의 꼬리가 찢어져 상한 모양.

8 ⑭【翡】 물총새 비 未

인명 1급 ㊥fěi ㊐ヒ

소전 초서 자해 ❶물총새, 물총새의 수컷. 암컷은 '翠(취)' 라고 한다. 〔班固·賦〕翡翠火齊비취화제. ❷비취, 비취옥.

翡色(비색) ①비취색. ②고려청자의 빛깔.
翡玉(비옥) 붉은 점이 박힌 비취옥.
翡翠(비취) ①물총새. ②푸른 날개. ③푸르고 윤이 나는 아름다운 옥. 비취옥(翡翠玉).

8 ⑭【翟】 1 꿩 적 錫 2 땅 이름 책 陌

인명 ㊥dí, zhái ㊐テキ, タク

소전 초서 참고 인명용 음은 '적' 이다.

자해 1 ❶꿩, 꽁지가 긴 꿩. 〔書經〕羽畎夏翟우견하적. ❷꿩의 깃. 〔詩經〕右手秉翟우수병적. 2 ❶땅 이름. 양책(陽翟)은 현(縣) 이름. ❷성(姓).

翟車(적거) 꿩의 깃으로 꾸민, 황후(皇后)가 타던 수레.
翟羽(적우) 꿩의 깃. 춤출 때 씀.

羽 8획

8 ⑭【翠】 물총새 취 寘

인명 1급 ㊥cuì ㊐スイ

소전 초서 동자 翆 자해 ❶물총새, 물총새의 암컷. 수컷은 '翡(비)' 라고 한다. 〔楚辭〕翡翠珠被비취주피. ❷비취색.

翠黛(취대) ①눈썹을 그리는 데 쓰는 푸른빛의 먹. ㉠미인의 눈썹. ㉡미인. ②멀리 보이는 푸른 산의 모습.
翠嵐(취람) ①먼 산에 끼어 푸르스름하게 보이는 흐릿한 기운. ②나무가 울창한 모양.
翠簾(취렴) 푸른 발.
翠樓(취루) ①푸른 칠을 한 누각. ②기생집.
翠眉(취미) ①검푸른 눈썹. 아름다운 여자. ②버들잎이 푸른 모양.
翠微(취미) ①산의 중턱. ②먼 산에 엷게 낀 푸른 기운. ③엷은 남색(藍色).
翠屛(취병) 國꽃나무의 가지로 엮어서 문이나 병풍 모양으로 만든 것.
翠色(취색) 비췻빛. 蒼色(창색).
翠煙(취연) ①푸른 연기. ②멀리 푸른 숲에 낀 연무(煙霧).
翠影(취영) 푸른 초목의 그림자.
翠雨(취우) 푸른 잎에 내리는 비. 綠雨(녹우).
翠陰(취음) 우거진 수목의 그늘.
翠華(취화) 물총새의 깃으로 장식한 천자(天子)의 기(旗). 翠花(취화).

◨ 綠翠녹취, 翡翠비취, 蒼翠창취.

9 ⑮【翫】 가지고 놀 완 翰

인명 ㊥wàn ㊐ガン

소전 초서 자해 ❶가지고 놀다, 한껏 즐기다. ≒玩. ❷탐하다. 〔春秋左氏傳〕翫歲而愒日완세이개일.

翫愒(완개) 탐냄. 욕심을 냄. 玩愒(완개).
翫弄(완롱) 가지고 놂. 玩弄(완롱).
翫味(완미) ①음식을 잘 씹어서 맛봄. ②시문(詩文)의 뜻을 잘 감상하여 음미(吟味)함. 玩味(완미).

9 ⑮【翥】 날아오를 저 御

㊥zhù ㊐ショ

소전 초서 자해 날아오르다. 〔楚辭〕鸞鳥軒翥而翔飛란조헌저이상비.

9 ⑮【翦】 자를 전 銑

㊥jiǎn ㊐セン

소전 동자 속자 剪 자해 ❶자르다, 끊다, 베다. 〔禮記〕不翦其類也부전기류야. ❷깎다. 〔春秋左氏傳〕其翦以賜諸侯기전이사제후. ❸가위. ❹깃을 붙인 화살.

翦刀(전도) 가위. 剪刀(전도).
翦伐(전벌) ①정벌함. 멸망시킴. ②나무를 벰.
翦夷(전이) 정벌함. 평정함.

9 ⑮【翩】 빨리 날 편 先

인명 ㊥piān ㊐ヘン

소전 초서 자해 ❶빨리 날다. 〔詩經〕翩翩者鵻편편자추. ❷나부끼다, 펄럭이다. 〔詩經〕翩其反矣편기반의.

翩翻(편번) ①새가 훨훨 나는 모양. ②깃발 따위가 펄럭이는 모양.
翩翩(편편) ①새가 가볍게 나는 모양. ②풍채나 글이 아름다운 모양.

9 ⑮【翬】 翚 훨훨 날 휘 微

㊥huī ㊐キ

소전 초서 자해 ❶훨훨 날다, 훨훨 날 때의 날개 치는 소리. ❷펑. 〔詩經〕如翬斯飛여휘사비.

翬翬(휘휘) 새가 빨리 날 때의 날개 치는 소리.

10 ⑯【翶】 翺(1013)와 동자

10 ⑯【翯】 함치르르할 학 覺

㊥hè ㊐カク

소전 초서 자해 ❶함치르르하다. 〔詩經〕白鳥翯翯백조학학. ❷물이 맑고 빛나는 모양. 〔史記〕翯乎滈滈학호호호.

翯翯(학학) ①새가 살져서 토실토실한 모양. ②결백(潔白)한 모양.

10 ⑯【翰】 날개 한 翰 寒

인명 2급 ㊥hàn ㊐カン

소전 초서 자해 ❶날개. ❷빠르게 날다. 〔詩經〕如飛如翰여비여한. ❸줄기. ≒幹. 〔詩經〕王后維翰왕후유한. ❹붓. ❺문서, 편지.

翰林(한림) ①학자·문인의 모임. ②당대(唐代) 이래의 벼슬 이름. 주로 학문·문필(文筆)에 관한 일을 맡아봄. ③조선 때, 예문관(藝文館) 검열(檢閱)의 딴 이름.

翰毛(한모) ①긴 털. 길고 큰 털. ②國붓의 털.

翰墨(한묵) ①붓과 먹. 筆墨(필묵). ②문학.

翰飛(한비) 높이 날아오름.

翰藻(한조) 문사(文辭). 시가(詩歌).

◨ 書翰서한, 筆翰필한.

10 ⑯【翮】 깃촉 핵 陌

㊥hé ㊐カク

소전 자해 깃촉. 깃의 아래쪽에 있는 강경(強硬)한 축(軸). 〔周禮〕掌以時徵羽翮之政장이시징우핵지정.

11 ⑰【翳】 일산 예 霽 齊

㊥yì ㊐エイ

소전 초서 동자 자해 ❶일산(日傘), 깃으로 꾸민 일산. 임금의 수레에 쓴다. ❷몸 가리개. ❸물리치다, 가두다. 〔國語〕是去其藏而翳其人也시거기장이예기인야. ❹숨다. ❺그늘. 〔蜀志〕有聲有寂유성유적, 有光有翳유광유예.

翳翳(예예) ①그늘이 져 어둑어둑한 모양. ②숨어 있어 알기 어려운 모양.

11 ⑰【翼】 날개 익 職

고등 인명 3Ⅱ급 ㊥yì ㊐ヨク

필순 ㇕ ㇆ ㇆ 羽 ... 翼

소전 초서 본자 동자 자원 形聲. 羽+異→翼. '異(이)'가 음을 나타낸다.

자해 ❶날개. ㉮새의 날개. 〔易經〕垂其翼수기익. ㉯곤충의 날개. 〔戰國策〕六足四翼륙족사익. ❷돕다, 도움. 〔春秋左氏傳〕翼戴天子익재천자. ❸천거하다. 〔漢書〕翼姦以獲封侯익간이획봉후. ❹삼가다. 〔詩經〕有嚴有翼유엄유익.

翼戴(익대) 보좌하여 받듦.

翼輔(익보) 도움. 보좌(輔佐)함. 輔翼(보익).

翼星(익성) 28수(宿)의 하나.

翼然(익연) 새가 양 날개를 쭉 편 모양.

翼贊(익찬) ①도움. 보좌함. ②조선 때, 왕세자를 호위하던 정육품 무관 벼슬.

翼蔽(익폐) 가리고 감쌈. 감싸고 도움.

◨ 比翼비익, 右翼우익, 鳥翼조익, 左翼좌익.

12 ⑱【翺】 날 고 本요 豪

㊥áo ㊐ゴウ

소전 초서 동자 속자 자해 날다, 날개를 치며 날다. 〔淮南子〕雖欲翺翔수욕고상, 其勢焉得기세언득.

翺翔(고상) ①새가 높이 나는 모양. '翺'는 새가 날개를 위아래로 움직이는 것, '翔'은 날개를 움직이지 않는 것. ②떠도는 모양.

12 ⑱【翹】 翘 꼬리 긴 깃털 교 蕭

인명 ㊥qiáo ㊐ギョウ

소전 초서 자해 ❶꼬리의 긴 깃털. ❷꼬리. 〔郭璞·賦〕蜛蝫森衰以垂翹거저삼쇠이수교. ❸발돋움하다. 〔史記〕亡可翹足而待也망가교족이대야. ❹뛰어나다, 특출하다.

翹企(교기) 발돋움하여 기다림. 몹시 기다림. 翹足(교족).

翹思(교사) 마음에 두고 생각함.

翹首(교수) ①고개를 듦. ②간절히 기다림. 翹企(교기).

翹楚(교초) ①잡목 가운데서 특출한 나무. ②뛰어난 인재.

羽 12획

12 ⑱【翻】 날 번 元

인명 ㊥fān ㊐ハン

소전 초서 동자 飜 자해 ❶날다. ❷번드치다. 〔鮑照·賦〕星翻漢廻성번한회, 曉月將落효월장락. ❸뒤집다. 〔李嶠·詩〕風翻鳥隼文풍번조준문. ❹번역하다.

翻刻(번각) 한 번 새긴 책판을 본보기로 삼아 똑같이 다시 새김.

翻弄(번롱) 마음대로 희롱함. 놀림.

翻翻(번번) ①번드치는 모양. 한 번에 뒤집는 모양. ②펄펄 나는 모양.

翻覆(번복) 뒤집음. 뒤엎음.

翻案(번안) ①앞의 안건을 뒤짚어 놓음. ②원작의 줄거리는 그대로 두고 다른 표현 양식을 써서 새롭게 고쳐 지음.

翻譯(번역) 한 나라의 말로 표현된 문장을 다른 나라 말로 옮김.

翻然(번연) ①펄럭이는 모양. ②마음을 갑자기 번드치는 모양.

翻意(번의) 전에 가지고 있던 마음을 뒤집음.

14 ⑳【翿】 우보당 도 號豪

㊥dào ㊐トウ

소전 초서 자해 ❶우보당(羽葆幢). 춤출 때 쓰는 물건. 〔詩經〕左執翿좌집도. ❷둑. ＝纛.

14 ⑳【耀】 빛날 요 嘯

인명 2급 ㊥yào ㊐ヨウ

초서 동자 燿 자해 ❶빛나다. 〔潘岳·詩〕素甲日耀소갑일요. ❷빛내다. 〔國語〕以耀德於廣遠也이요덕어광원야. ❸빛. 〔後漢書〕建天地之功건천지지공, 增日月之耀증일월지요.

耀德(요덕) 덕을 빛나게 함.

耀耀(요요) 빛나는 모양. 曜曜(요요).

耀電(요전) 번쩍이는 번개.

老部 늙을 로

0 ⑥【老】 늙은이 로 皓

중학 인명 7급 ㊥lǎo ㊐ロウ

필순 一 + 土 耂 耂 老

소전 초서 참고 '老'가 한자의 구성에서 머리에 쓰일 때는 글자 모양이 '耂'로 바뀌고, '늙을로엄'이라고 부른다.

자원 會意. 毛+人+匕→老. '匕'는 '人'을 뒤집은 것으로, 늙어서 허리가 굽고 머리가 세어 모양이 변함을 뜻한다. 모두 합하여 늙어서 머리털〔毛〕이 변한 사람〔人〕이라는 뜻으로, 일흔 이상의 늙은이라는 뜻을 나타낸다.

자해 ❶늙은이. 〔孟子〕老吾老노오로, 以及人之老이급인지로. ❷늙다. ㉮나이를 많이 먹다. 〔詩經〕君子偕老군자해로. ㉯늙어서 약해지다. 〔漢書〕學者罷老학자피로. ㉰지치다. 〔春秋左氏傳〕老師費財노사비재. ㉱쇠하다, 약해지다. 〔春秋左氏傳〕師直爲壯사직위장, 曲爲老곡위로. ❸익숙하다, 노련하다. 〔杜甫·詩〕枚乘文章老애승문장로. ❹노자(老子)의 약칭. 〔韓愈·解〕攘斥佛老양척불로.

老健(노건) ①늙어서도 몸이 건강함. ②문장 따위가 노련하고 힘참.

老姑(노고) ①고모(姑母). ②國할미.

老苦(노고) (佛)사고(四苦)의 하나. 늙어서 겪는 괴로움.

老公(노공) ①늙은이. ②나이 지긋한 귀인(貴人). ③거세(去勢)한 남자.

老軀(노구) 늙은 몸.

老君(노군) ①노인의 존칭. ②노자(老子)의 존칭. 太上老君(태상노군).

老氣(노기) 노련한 기운.

老驥伏櫪(노기복력) 늙은 준마가 마구간에 엎드려 있음. 능력 있는 인물이 늙도록 뜻을 펴지 못함.

老年(노년) 늙은 나이.

老當益壯(노당익장) 늙어서도 더욱더 의기(意氣)가 좋아짐.

老杜(노두) 성당(盛唐)의 시인 두보(杜甫). 만당(晩唐)의 시인 두목(杜牧)을 소두(少杜)라 일컫는 데 대한 별칭(別稱).

老鍊(노련) 오랫동안 경험을 쌓아 익숙하고 능란함. 老練(노련).

老馬之智(노마지지) 늙은 말의 지혜. 풍부한 경험에서 나오는 지혜. 故事 제(齊)나라의 관중(管仲)이 산속에서 길을 잃었을 때, 늙은 말을 풀어 주어 그 뒤를 따라가 마침내 길을 찾았다는 고사에서 온 말.

老妄(노망) 늙어서 망령을 부림.

老謀(노모) 잘 짜여진 계책.

老物(노물) ①노인이 자기를 일컫는 겸칭. ②늙다리. 늙은 사람을 욕하는 말. ③낡은 물건. 舊物(구물).

老兵(노병) 나이 많은 병사.

老佛(노불) ①노자(老子)와 석가. 도교와 불교. 道釋(도석). ②노승(老僧)의 존칭(尊稱).
老師(노사) ①승려에 대한 존칭(尊稱). ②나이 많은 스승. 또는 단순히 스승에 대한 호칭.
老生(노생) ①늙은이. 노인. ②늙은이의 자칭(自稱).
老成(노성) ①경험을 쌓아 일에 익숙함. 老功(노공). ②어리면서 어른 티가 남.
老少同樂(노소동락) 늙은이와 젊은이가 함께 즐김.
老衰(노쇠) 늙어서 심신이 쇠약함.
老手(노수) 노련한 솜씨. 익숙한 기량.
老壽(노수) 오래 삶. 명이 긺.
老宿(노숙) ①나이가 많고 경험이 풍부한 사람. 宿老(숙로). ②(佛)불도(佛道)를 많이 닦아 덕이 높은 승려.
老熟(노숙) 오랜 경험으로 익숙함.
老臣(노신) ①늙은 신하. ②신분이 높은 신하.
老爺(노야) ①존귀한 사람을 공경하여 이르는 말. ②손자가 외조부를 부르는 말.
老弱(노약) ①늙은이와 어린이. ②늙은이와 젊은이. 老少(노소). ③늙고 쇠약함.
老儒(노유) ①나이 많고 학덕이 높은 학자. ②늙어서 쓸모없는 학자.
老人(노인) 늙은이.
老將(노장) 늙은 장수.
老莊(노장) 노자(老子)와 장자(莊子).
老莊之學(노장지학) 노자(老子)와 장자(莊子)가 내세운 학설. 무위(無爲)로 도덕의 표준을 삼고, 허무(虛無)로 우주의 근원을 삼음.
老拙(노졸) 늙고 못남. 노인의 겸칭(謙稱).
老蒼(노창) ①머리카락이 희끗희끗한 늙은 사람. ②나무가 푸르고 무성함.
老妻(노처) 늙은 아내.
老退(노퇴) 늙어서 퇴임함.
老婆心(노파심) 필요 이상으로 남의 일을 걱정하는 마음.
老筆(노필) 國①능숙한 글씨. ②늙어 힘없는 글씨.
老昏(노혼) 늙어서 정신이 흐림.
老患(노환) 늙어서 오는 병.
老猾(노회) 경험이 많고 교활함.
老朽(노후) ①낡아서 못 쓰게 됨. ②늙어서 쓸모가 없음.
◨ 耆老기로, 養老양로, 元老원로, 長老장로.

2 ⑥【考】 상고할 고 皓

중학 인명 5급 ㊥kǎo ㊐コウ

필순 一 十 土 耂 耂 考

소전 초서 고자 攷 자원 象形. 머리가 길고 허리가 굽은 사람〔老〕이 지팡이를 짚고 있는 모습을 본뜬 글자.

자해 ❶상고하다. ㉮곰곰 생각하다. 〔易經〕 視履考祥시리고상. ㉯밝히다, 자세히 하다. 〔易經〕 中以自考也중이자고야. ㉰살펴보다. 〔淮南子〕 考世俗之行고세속지행. ㉱견주어 보다. 〔國語〕 考省不倦고성불권. ㉲궁구하다. 〔漢書〕 考其文理고기문리. ㉳조사하다. 〔後漢書〕 詔遣覆考조견복고. ❷치다, 두드리다. 〔詩經〕 弗鼓弗考불고불고. ❸이루다. 〔書經〕 五日오왈, 考終命고종명. ❹죽은 아버지. 〔禮記〕 死曰考曰妣曰嬪사왈고왈비왈빈. ❺시험, 고시(考試).

考據(고거) 상고(詳考)하여 증거로 삼음.
考檢(고검) 상고하여 조사함. 考驗(고험).
考古(고고) 유물·유적 등으로 옛일을 연구함.
考課(고과) 근무 성적을 평가하여 우열을 정함. 考績(고적).
考校(고교) ①상고하여 조사함. ②시험. 고시.
考究(고구) 깊이 연구함. 깊이 생각함.
考量(고량) 생각하고 헤아림.
考慮(고려) 생각하여 헤아림.
考妣(고비) 돌아가신 부모. '考'는 돌아가신 아버지, '妣'는 돌아가신 어머니.
考查(고사) ①자세히 생각하고 조사함. 考檢(고검). ②성적·실력 따위를 시험함.
考案(고안) ①상고하여 조사함. 考檢(고검). ②연구하여 새로운 안을 생각하여 냄.
考閱(고열) 상고하여 열람함. 검열함.
考績幽明(고적유명) 관리의 공적을 조사하여 승진과 강등을 결정함.
考正(고정) 심사하여 오류를 바로잡음.
考訂(고정) 고적(古籍)의 진위(眞僞)와 이동(異同)을 밝혀 정정(訂正)함. 校訂(교정).
考終命(고종명) 오복(五福)의 하나. 늙도록 제 명대로 살다가 편안하게 죽음.
考證(고증) ①조사하고 검증함. ②옛 문헌이나 유물 등을 상고하여 증거를 대어 설명함.
考察(고찰) 어떤 것을 깊이 생각하고 연구함.
考評(고평) 시문의 우열을 평가하여 결정함.
考驗(고험) 상고하여 조사함.
◨ 詳考상고, 祖考조고, 參考참고, 皇考황고.

4 ⑩【耆】 늙은이 기 支

인명 2급 ㊥qí, zhǐ ㊐キ, シ

소전 초서 자해 ❶늙은이. 60세나 70세 이상의 늙은이. ❷어른, 스승. 〔國語〕 耆艾修之기애수지. ❸강하다, 세다. 〔春秋左氏傳〕 不懦不耆불유불기.

耆舊(기구) 노인과 옛 친구.
耆老所(기로소) 조선 때, 70세가 넘은 정2품 이상의 문관들이 모여 놀 수 있게 마련한 곳.
耆蒙(기몽) 노인과 아이.
耆宿(기숙) 연로하고 학덕이 있는 사람.
耆儒(기유) 학덕이 있는 노학자.

4 ⑩【耄】 늙은이 모 號
㊥mào ㊐ボウ
소전 초서 동자 老 자해 늙은이. 70세~90세의 노인.
耄期(모기) 노인. '耄'는 80세나 90세, '期'는 100세.
耄齡(모령) ①칠팔십 세. ②팔구십 세.

5 ⑨【耇】 늙을 구 有
인명 ㊥gǒu ㊐コウ
소전 초서 자해 ❶늙다. ❷늙은이의 검은 얼굴.

5 ⑨【者】 놈 자 馬
중학 인명 6급 ㊥zhě ㊐シャ
필순 一 十 土 耂 耂 者 者 者 者
소전 초서 속자 者 자원 象形. 본래 풍로(風爐) 위에 장작을 잔뜩 쌓고 태우는 모양을 본뜬 글자. 뒤에 '그것·그 사람' 등의 뜻으로 가차되었다.
자해 ❶놈, 사람. 〔孟子〕爲此詩者위차시자, 其知道乎기지도호. ❷것. ❸곳. ❹어세(語勢)를 세게 하는 조사. 〔論語〕三子者出삼자자출.
◨ 記者기자, 使者사자, 聖者성자, 信者신자, 譯者역자, 仁者인자, 作者작자, 著者저자, 諜者첩자, 筆者필자, 學者학자, 患者환자.

6 ⑫【耋】 늙은이 질 屑
㊥dié ㊐テツ
소전 초서 동자 耊 자해 늙은이. 60세~90세의 노인.

而部 말 이을 이

0 ⑥【而】 말 이을 이 支
중학 인명 3급 ㊥ér ㊐ジ
필순 一 丆 丅 丙 而 而
소전 초서 자원 象形. 본래 코밑수염을 본뜬 글자. 뒤에 '너'의 뜻으로 가차되었다.
자해 ❶말을 잇다. ㉮그리하여. 〔孟子〕予既烹而食之여기팽이식지. ㉯그러나. 〔春秋左氏傳〕有威而不昭유위이불소. ❷너. 〔春秋左氏傳〕夫差而忘越王之殺而父乎부차이망월왕지살이부호. ❸뿐. 而已, 而已矣로 연용하여 '~일 따름'을 뜻한다.
而今而後(이금이후) 현재 이후에. 今後(금후).
而立(이립) 30세. 공자가 30세에 뜻이 확고하게 섰다고 한 데서 온 말.

3 ⑨【耐】 ①견딜 내 隊 ②능할 능 蒸
고등 인명 3Ⅱ급 ㊥nài, néng ㊐タイ, ノウ
필순 一 丆 丅 丙 而 而 而 耐 耐
초서 참고 인명용 음은 '내'이다.
자원 會意·形聲. 而+寸→耐. 법도〔寸〕에 따라 구레나룻〔而〕을 깎는 형벌을 뜻한다. '而(이)'가 음도 나타낸다.
자해 ①❶견디다, 참다. 〔荀子〕能耐任之능내임지. ❷구레나룻을 깎는 형벌. ②능하다. ※能(1031)의 고자(古字). 〔禮記〕聖人耐以天下爲一家성인능이천하위일가.
耐久(내구) 오래 견딤. 오래 지속함.
耐性(내성) ①어려움을 견딜 수 있는 성질. ②병원균이 약품에 대하여 나타내는 저항성.
耐震(내진) 지진의 진동에 견딤.
耐乏(내핍) 가난함을 참고 견딤.
耐寒(내한) 추위를 견딤.
耐火(내화) 불에 잘 견딤.
◨ 堪耐감내, 忍耐인내.

3 ⑨【耑】 ①시초 단 寒 ②구멍 천 先
㊥duān, zhuān ㊐タン, セン
소전 초서 자해 ①시초, 실마리. ≒端. 〔漢書〕感物造耑감물조단. ②❶구멍, 구멍을 뚫다. 〔周禮〕已下則摩其耑이하즉마기천. ❷오로지, 한결같이.

3 ⑨【耎】 가냘플 연 銑
㊥ruǎn ㊐ゼン
소전 초서 자해 ❶가냘프다. 〔戰國策〕鄭魏者楚之耎國정위자

老 4획

초지연국. ❷부드럽다.
耎弱(연약) 연하고 약함. 연약(軟弱)함.

耒 部 쟁기 뢰

0 ⑥【耒】 쟁기 뢰 隊
㊥lěi ㊐ライ
소전 초서 자원 會意. 木＋丰→耒. '丰'은 풀이 어수선하게 우거진 모양. '木'과 합하여 우거진 풀을 나무로 만든 연장으로 갈아 넘긴다는 의미로, '쟁기'라는 뜻을 나타낸다.
자해 **쟁기, 굽정이.** 마소에 끌려 논밭을 가는 농기구. 〔後漢書〕 致耒耜之勤치뢰사지근.
耒耨(뇌누) ①쟁기와 괭이. 농구(農具). ②밭을 갈고 김맴. 耕耘(경운).
耒耜(뇌사) 쟁기. '耒'는 쟁기 자루, '耜'는 쟁기 날. 耒鍤(뇌삽).

0 ⑥【耒】 來(70)의 속자

3 ⑨【耔】 북돋울 자 紙支
㊥zǐ ㊐シ
초서 자해 **북돋우다. 북돋우어 가꾸다.** 〔詩經〕 或耘或耔혹운혹자.

4 ⑩【耕】 밭 갈 경 庚
중학 인명 3Ⅱ급 ㊥gēng ㊐コウ
필순 一 二 三 丰 丰 耒 耒 耒 耕 耕
소전 초서 고자 畊 자원 形聲. 耒＋井→耕. '井(정)'이 음을 나타낸다.
자해 ❶**밭을 갈다, 논밭을 갈다.** 〔論語〕 長沮桀溺耦而耕장저걸닉우이경. ❷**부지런히 힘쓰다.**
耕稼(경가) 논밭을 갈아 곡식을 심음.
耕墾(경간) 황무지를 개간하여 경작함.
耕農(경농) 농사를 지음. 농사를 짓는 백성.
耕耨(경누) 갈고 김맴.
耕讀(경독) ①농사짓기와 글 읽기. 농사일을 하면서 학문을 닦음. ②주경야독(晝耕夜讀).
耕耘(경운) 논밭을 갈고 김을 맴. 농사를 지음.
耕作(경작) 논밭을 갈아 농사를 지음.
耕田(경전) 논밭을 갊. 또는 그 경지(耕地).
耕種(경종) 논밭을 갈아 씨를 뿌림.
耕織(경직) 농사짓는 일과 베 짜는 일.
◨ 農耕농경, 舌耕설경, 耦耕우경, 輟耕철경.

4 ⑩【耗】 줄 모 ㊍호 號
인명 1급 ㊥hào ㊐コウ
초서 자해 ❶**줄다, 줄이다.** 〔周禮〕 改煎金錫則不耗개전금석즉불모. ❷**쓰다, 소비하다.** 〔素問〕 革金且耗혁금차모. ❸**비다, 없다.** 〔史記〕 其虛則耗기허즉모.
耗穀(모곡) 조선 때, 환자(還子)를 받으면서, 쌓아 두는 동안 축날 것을 감안하여 미리 얼마씩 덧붙여 받던 곡식.
耗損(모손) 닳아 없어짐. 耗減(모감).
耗盡(모진) 해지거나 닳아서 다 없어짐.
◨ 消耗소모, 息耗식모.

4 ⑩【耘】 김맬 운 文
인명 1급 ㊥yún ㊐ウン
초서 속자 秐 자해 ❶**김매다.** ≒芸. 〔詩經〕 或耘或耔혹운혹자. ❷**없애다.** 〔史記〕 不戰而耘부전이운.
耘耔(운자) 김매고 북을 돋움.

4 ⑩【耙】 써레 파 禡
㊥bà ㊐ハ
초서 자해 **써레.** 쟁기로 갈아 놓은 논밭을 고르는 데 쓰는 농기구.

5 ⑪【耜】 보습 사 紙
㊥sì ㊐シ
초서 동자 梠 자해 **보습, 쟁기 날.** 〔易經〕 斲木爲耜착목위사.

7 ⑬【耡】 ①구실 이름 서 ㊍조 御 ②호미 서 魚
㊥chú ㊐ジョ
소전 초서 자해 ①**구실 이름, 세법 이름.** 정전법(井田法)에서 공전(公田)의 수확을 세금으로 내던 세법. 〔周禮〕 掌聚野之耡粟장취야지서속. ②**호미.** ≒鉏.

8 ⑭【耤】 ①적전 적 陌 ②깔개 자 禡
㊥jí, jiè ㊐セキ, シャ
소전 초서 자해 ①**적전(耤田), 친경(親耕)하다.** ≒籍. ②**깔개.** ＝藉.

耤田(적전) 임금이 친히 농사를 짓던 논. 籍田(적전).

9 ⑮【耦】 짝 우 宥

㊥ǒu ㊐グウ

소전 초서 자해 ❶짝. ＝偶. ㉮둘이 한 짝. 〔周禮〕射則張耦次사즉장우차. ㉯상대자. ㉰동류(同類). ㉱배우자, 부부. 〔春秋左氏傳〕人各有耦인각유우. ❷합하다. ㉮하나가 되다. 〔漢書〕何百離而曾不壹耦하백리이증불일우. ㉯마주 향하다. 〔漢書〕耦語者棄市우어자기시. ㉰짝짓다.

耦耕(우경) 둘이서 나란히 논밭을 갊.

10 ⑯【耨】 김맬 누 宥

㊥nòu ㊐ドウ

초서 자해 ❶김매다. 〔史記〕鉏之耨서지누. ❷호미. 〔易經〕耒耨之利뢰누지리.

耨耕(누경) 김을 매고 논밭을 갊.

12 ⑱【機】 밭 갈 기 微

인명 ㊥jī ㊐キ

자해 밭을 갈다, 논밭을 갈다.

15 ㉑【耰】 씨 덮을 우 尤

㊥yōu ㊐ユウ

초서 자해 ❶씨를 덮다, 씨를 뿌려 흙으로 덮다. 〔論語〕耰而不輟우이불철. ❷곰방메. 흙덩이를 부수거나 씨를 덮는 데 쓰는 농기구.

15 ㉑【耚】耙 쟁기 파 支

㊥bēi ㊐ヒ

자해 쟁기. 논밭을 가는 데 쓰는 농기구. ＝鑼.

耳部 귀 이

0 ⑥【耳】 귀 이 紙

중학 인명 5급 ㊥ěr ㊐ジ

필순 一 丅 丆 F 王 耳

소전 초서 자원 象形. 귀의 모양을 본뜬 글자.

자해 ❶귀. ㉮청각 기관, 오관(五官)의 하나. 〔管子〕耳目者이목자, 視聽之官也시청지관야. ㉯젖손. 어떤 물건을 쥘 때, 손으로 쥐는 데 편리하게 된 부분. 〔周禮〕其耳三寸기이삼촌. ❷조사. ㉮뿐. 한정하거나 단정하는 뜻을 나타낸다. 〔論語〕前言戲之耳전언희지이. ㉯어세를 돕는 말. 〔大戴禮〕吾無望焉耳오무망언이.

耳殼(이각) 귓바퀴. 耳輪(이륜).

耳垢(이구) 귀지.

耳力(이력) 귀로 소리를 듣는 힘. 聽力(청력).

耳聾(이롱) ①귀먹음. ②귀머거리.

耳鳴(이명) 귀울음.

耳目(이목) ①귀와 눈. ②듣는 일과 보는 일. ③사람들의 주목이나 관심.

耳目口鼻(이목구비) ①귀·눈·입·코의 총칭. ②얼굴의 생김새.

耳順(이순) 60세. 공자가 60세에 천지 만물의 이치에 통달하고, 듣는 대로 모두 이해할 수 있게 되었다는 데서 온 말.

耳食(이식) 듣기만 하고 그 맛을 판단함. 남의 말만 듣고 그대로 믿어 버림.

耳語(이어) 귓속말. 귀엣말. 耳言(이언).

耳提面命(이제면명) 귀를 끌어당겨 타이르고, 눈앞에서 가르침. 자상하게 가르침.

耳懸鈴鼻懸鈴(이현령비현령) 國귀에 걸면 귀걸이, 코에 걸면 코걸이. ㉠일정함이 없이 둘러댈 탓. ㉡하나의 사물이 관점에 따라 이리 될 수도 있고 저리 될 수도 있음.

3 ⑨【耶】 어조사 야 麻

고등 인명 3급 ㊥yé, xié ㊐ヤ, シャ

필순 一 丅 F F E 耳 耳' 耶 耶

초서 자원 形聲. 牙＋邑→耶. '牙(아)'가 음을 나타낸다.

자해 ❶어조사. 의문·감탄 등의 뜻을 나타낸다. ＝邪. 〔史記〕歌之日가지왈, 松耶송야, 柏耶백야, 住建供者客耶주건공자객야. ❷아버지를 부르는 말. 〔杜甫·詩〕見耶背面啼견야개면제.

耶華和(야화화) 여호와. 히브리 어 'Jehovah'의 음역어(音譯語).

4 ⑩【耿】 빛날 경 梗

인명 ㊥gěng ㊐コウ

소전 초서 자해 ❶빛나다, 비추다. 〔國語〕其光耿於民矣기광경어민의. ❷환하다, 명백하다. 〔楚辭〕耿吾旣得此中正兮경오기득차중정혜. ❸빛. ❹맑다.

耿介(경개) ①덕이 널리 빛나고 큰 모양. ②한

未 9획

결같은 모양.
耿潔(경결) 밝고 깨끗함. 耿絜(경결).
耿光(경광) ①밝은 빛. ②성덕(盛德).

4 ⑩【耼】 귓바퀴 없을 담 覃

㊥dān ㊐タン

소전 초서 속자 聃 자해 ❶귓바퀴가 없다. ❷주대(周代)의 나라 이름. 지금의 호북성(湖北省) 형문현(荊門縣)의 나구성(那口城).
耼周(담주) 노자(老子)와 장자(莊子). '耼'은 노자의 이름, '周'는 장자의 이름.

4 ⑩【耻】 恥(447)의 속자

4 ⑩【耽】 즐길 탐 本담 覃

인명 2급 ㊥dān ㊐タン

소전 초서 속자 躭 참고 眈(885)은 딴 자.
자해 ❶즐기다, 기쁨을 누리다. 〔詩經〕士之耽兮사지탐혜. ❷탐닉하다, 열중하여 빠지다. 〔書經〕惟耽樂之從유탐락지종.
耽溺(탐닉) 어떤 일을 몹시 즐겨 거기에 빠짐.
耽讀(탐독) 책을 즐겨 읽음. 어떤 책을 유달리 열중하여 읽음.
耽樂(탐락) 향락(享樂)에 빠짐. 주색(酒色) 따위에 빠져 마음껏 즐김.
耽味(탐미) 깊이 맛봄. 음미함.
耽美(탐미) 미(美)를 추구하여 거기에 빠짐.
耽耽(탐탐) 매우 즐겨 좋아하는 모양.
耽惑(탐혹) 어떤 사물에 마음이 빠져 미혹됨.

5 ⑪【聃】 耼(1019)의 속자 인명

5 ⑪【聆】 들을 령 靑

인명 ㊥líng ㊐レイ

소전 초서 자해 ❶듣다. 〔馬融·賦〕獨聆風於極危독령풍어극위. ❷깨닫다. 〔淮南子〕告之以東西南北고지이동서남북, 所居聆聆소거령령.

5 ⑪【聊】 귀 울 료 蕭

인명 1급 ㊥liáo ㊐リョウ

소전 초서 본자 聊 자해 ❶귀가 울다. 〔楚辭〕耳聊啾而慌慌이료추이당황. ❷의지하다, 힘입다. 〔戰國策〕民無所聊민무소료. ❸즐기다. 〔楚辭〕心煩憒兮意無聊심번궤혜의무료. ❹애오라지. 좀 부족하나마 겨우. 〔詩經〕聊與子同歸兮료여자동귀혜.
聊賴(요뢰) 의뢰함. 힘입음.
聊爾(요이) 잠시. 한때. 임시.

6 ⑫【聒】 떠들썩할 괄 曷

㊥guō ㊐カツ

소전 초서 자해 ❶떠들썩하다. 〔春秋左氏傳〕聒而與之語괄이여지어. ❷어리석은 모양, 무지한 모양. 〔書經〕今汝聒聒금여괄괄, 起信險膚기신검부.
聒聒(괄괄) ①무지한 모양. ②새가 시끄럽게 우는 모양.
聒耳(괄이) 귀가 따갑도록 시끄러움.

7 ⑬【聘】 찾아갈 빙 敬

고등 인명 3급 ㊥pìn ㊐ヘイ

필순 丆 F 王 耳 耶 聃 聃 聃 聘 聘

소전 초서 자원 形聲. 耳+甹→聘. '甹(병)'이 음을 나타낸다.
자해 ❶찾아가다, 방문하여 안부를 묻다. 〔詩經〕靡使歸聘미사귀빙. ❷부르다, 예를 갖추어 부르다. 〔孟子〕湯使人以幣聘之탕사인이폐빙지. ❸장가들다. ≒娉. 〔禮記〕聘則爲妻빙즉위처, 奔則爲妾분즉위첩.
聘君(빙군) 숨은 현자(賢者)로 초빙되어 관원이 된 사람.
聘禮(빙례) ①제후가 대부(大夫)를 다른 나라에 사신으로 보내는 예(禮). ②납폐(納幣)의 예물. 혼인의 의례.
聘母(빙모) 國아내의 어머니. 丈母(장모).
聘物(빙물) 예를 갖추어 방문할 때 가지고 가는 예물.
聘父(빙부) 아내의 아버지. 丈人(장인).
聘丈(빙장) 빙부(聘父)의 존칭.
◼ 禮聘예빙, 朝聘조빙, 徵聘징빙, 招聘초빙.

7 ⑬【聖】 圣 성스러울 성 敬

중학 인명 4Ⅱ급 ㊥shèng ㊐セイ

필순 丆 F 王 耳 耵 耶 聖 聖 聖 聖

소전 초서 동자 聖 자원 會意. 耳+口+壬〔人의 변형체〕→聖. 사람〔壬〕의 귀〔耳〕 옆에 입〔口〕이

耳 7획

있는 모습으로, 다른 사람이 말하는 것을 귀담아 듣는다는 뜻이다.

자해 ❶성스럽다. 〔書經〕 乃聖乃神내성내신. ❷성인(聖人). 〔荀子〕 聖人者道之極也성인자도지극야. ❸천자의 존칭. 〔晉書〕 聖上神聽성상신총.

聖駕(성가) 천자의 탈것. 寶駕(보가).
聖潔(성결) 거룩하고 깨끗함.
聖經賢傳(성경현전) 성현의 글. 성인의 글을 '經', 현인의 글을 '傳'이라 함.
聖君(성군) 덕이 높은 임금. 聖王(성왕).
聖斷(성단) 임금의 판단. 勅裁(칙재).
聖堂(성당) ①공자를 모신 사당(祠堂). 文廟(문묘). ②천주교의 교회당.
聖德(성덕) ①더할 나위 없이 높은 덕. ②천자나 성인의 덕.
聖道(성도) 성인이 가르친 도덕.
聖覽(성람) 임금이 관람(觀覽)함. 上覽(상람).
聖靈(성령) ①선성(先聖)의 신령. ②임금의 존엄한 위세.
聖明(성명) ①거룩하고 밝음. 성인이나 임금의 덕. ②임금이나 성군(聖君)의 치세(治世).
聖門(성문) ①성인의 도(道)로 나아가는 길. ②공자(孔子)의 문인(門人).
聖凡(성범) ①성인과 범인. ②성스러움과 범상(凡常)함.
聖法(성법) ①성인이 만든 법칙. 聖範(성범). ②임금이 제정한 법령.
聖上(성상) 임금의 높임말.
聖像(성상) ①성인의 상. ②임금의 상. ③불상(佛像). ④예수의 상.
聖善(성선) ①뛰어나게 착함. 어머니의 덕을 칭송하여 이르는 말. ②어머니.
聖世(성세) 어진 임금이 다스리는 세상.
聖心(성심) ①성인의 마음. ②임금의 마음.
聖業(성업) ①거룩한 사업. ②임금이 나라를 다스리는 대업(大業).
聖域(성역) ①성인의 지위. 성인의 경지. 聖境(성경). ②신성한 지역. 특히 종교에서의 신성한 지역. ③문제 삼지 않기로 한 사항.
聖雄(성웅) 거룩한 영웅.
聖恩(성은) 임금의 은혜.
聖儀(성의) ①임금의 위의(威儀). ②임금.
聖人(성인) ①지덕(智德)이 뛰어나 세인의 모범으로 숭앙받는 사람. ②당대(唐代) 이래 임금의 존칭.
聖子神孫(성자신손) 성인의 아들이나 신의 손자. 역대(歷代)의 임금이나 임금의 혈통.
聖籍(성적) 성인이 지은 책. 經籍(경적).
聖典(성전) ①성인이 만든 법식. ②만세(萬世)에 전거(典據)가 될 책. 聖經(성경).
聖殿(성전) 신성한 전당(殿堂). 신전(神殿).
聖帝(성제) ①뛰어난 임금. 덕이 높은 임금. ②임금을 부르는 존칭. 聖皇(성황).
聖製(성제) 임금이 지은 시문(詩文).
聖祖(성조) 뛰어난 임금의 조상.
聖朝(성조) ①성군이 다스리는 조정. ②당대(當代) 조정의 존칭.
聖地(성지) 신성시되는 땅.
聖旨(성지) ①임금의 뜻. 聖慮(성려). ②임금의 명령. ③부처의 가르침.
聖哲(성철) ①성인과 철인. '聖'은 지덕이 뛰어나고 통하지 않는 것이 없는 사람, '哲'은 지혜로워 사리에 잘 통한 사람. ②출중한 재덕. 또는 그런 재덕이 있는 사람. ③제왕.
聖聽(성청) 임금이 들음. 天聽(천청).
聖寵(성총) 임금의 은총.
聖勅(성칙) 제왕의 명령. 聖詔(성조).
聖誕(성탄) ①임금의 생일. 聖節(성절). ②그리스도의 탄일.
聖賢(성현) 성인과 현인.
聖火(성화) ①신에게 제사 지낼 때에 밝히는 성스러운 불. ②큰 운동 경기에서 경기장에 켜 놓는 횃불.
聖化(성화) ①성인의 교화(敎化). ②임금의 덕화(德化).
聖候(성후) 임금의 안후(安候).
聖訓(성훈) ①성인의 가르침. ②임금의 가르침. 聖諭(성유).

◨ 大聖대성, 詩聖시성, 神聖신성, 亞聖아성, 賢聖현성.

7 ⑬ 【聖】 聖(1019)과 동자 인명

8 ⑭ 【聝】 귀 벨 괵 陌

㊥guó ㊐カク

소전 자해 귀를 베다. 싸움터에서 적의 귀를 베어, 수급(首級)을 대신하였다. 〔春秋左氏傳〕 以爲俘聝이위부괵.

8 ⑭ 【聞】 闻 ①들을 문 文 ②들릴 문 問

중학 인명 6급 ㊥wén, wèn ㊐ブン

필순 𠃌 𠃌 𠃌 門 門 門 門 閂 聞 聞

소전 초서 자원 形聲. 門+耳→聞. '門(문)'이 음을 나타낸다.

자해 ①❶듣다. ㉮귀로 소리를 알아듣다. 〔大學〕 聽而不聞청이불문. ㉯받다, 삼가 받다. 〔戰國策〕 謹聞令근문령. ㉰가르침을 받다. 〔禮記〕 願聞所以行三言之道원문소이행삼언지도. ❷소문,

耳 7획

전해 들음. 〔漢書〕百聞不如一見백문불여일견. ②❶들리다, 알려지다. 〔呂氏春秋〕謀未發而聞於國모미발이문어국. ❷평판. 〔漢書〕以休令聞이휴령문.

聞見(문견) 듣는 일과 보는 일. 견식(見識).

聞達(문달) 이름이 나고 지위가 오름. 입신출세(立身出世)함.

聞道(문도) ①도리를 들어서 앎. ②들으니. 듣는 바에 의하면. 주로 시(詩)에 쓰임.

聞識(문식) 들어서 앎. 견문과 지식.

聞人(문인) 이름이 세상에 알려진 사람.

聞一知十(문일지십) 하나를 들으면 열을 미루어 앎. 두뇌가 매우 명석함.

聞知(문지) 들어서 앎. 귀로 듣고 마음으로 앎.

聞香(문향) ①냄새를 맡음. ②향기를 맡아 구별하는 유희(遊戲).

◨ 見聞견문, 記聞기문, 奇聞기문, 聲聞성문, 所聞소문, 新聞신문, 聽聞청문, 風聞풍문.

8 ⑭【聟】 壻(273)의 속자

8 ⑭【聡】 聰(1022)과 동자 인명

8 ⑭【聚】 모일 취 本추 遇

인명 2급 中jù 日シュウ, ジュ

소전 초서

자해 ❶모이다, 모여들다. 〔史記〕五星皆從而聚於一舍오성개종이취어일사. ❷모으다. 〔易經〕君子學以聚之군자학이취지. ❸무리. 〔春秋左氏傳〕我是以有輔氏之聚아시이유보씨지취. ❹마을, 촌락. 〔後漢書〕所止聚落化其德소지취락화기덕.

聚落(취락) 사람들이 모여 사는 곳. 마을.

聚斂(취렴) ①거두어들임. ②세금을 심하게 거두어들이는 일.

聚散(취산) 모임과 흩어짐. 集散(집산).

聚訟(취송) ①서로 시비(是非)를 다투어 결말이 나지 않음. ②여러 사람이 연명(連名)으로 소송하는 일.

聚首(취수) 머리를 맞대고 앉음. 곧, 가까이 대면함.

聚議(취의) 여러 사람이 모여서 의논함.

聚合(취합) 모여서 합침.

9 ⑮【聠】 聯(1021)의 속자

9 ⑮【聦】 聰(1022)의 속자

11 ⑰【聯】联 잇달 련 先

고등 인명 3Ⅱ급 中lián 日レン

필순 𠂆 𦔮 耳 聅 聮 聯 聯 聯 聯 聯

소전 초서 속자 聫 속자 聨 속자 联

자원 會意. 耳+絲→聯. '絲'는 이어져 끊이지 아니함, '耳'는 뺨에 이어진 데서, 합하여 이어진다는 뜻을 나타낸다.

자해 ❶잇달다, 잇닿다. 〔張衡·賦〕繚垣緜聯료원면련, 西百餘里서백여리. ❷잇다, 연결하다. 〔漢書〕結聯他種결련타종. ❸연(聯).

聯句(연구) 여러 사람이 한 구씩 지어 한 편의 시를 이루는 일. 또는 그렇게 이룬 율시(律詩). 連句(연구). 聯詩(연시).

聯立(연립) 잇닿아 섬. 연합(聯合)하여 섬.

聯盟(연맹) 둘 이상의 단체나 국가 등이 서로 돕고 행동을 함께할 것을 약속하는 일. 또는 그 조직체.

聯邦(연방) 몇 나라가 연합하여 하나의 주권 국가를 이루고 있는 나라.

聯璧(연벽) ①한 쌍의 구슬. 둘이 나란히 아름다운 것의 비유. ②친한 사이의 뛰어난 두 인물(人物). 雙璧(쌍벽).

聯想(연상) 한 관념에 의해 관계되는 다른 관념을 생각하게 되는 현상.

聯政(연정) 둘 이상의 정당에 의해 구성되는 정부.

聯珠(연주) 구슬을 꿺. 아름다운 시문(詩文).

聯合(연합) 두 가지 이상의 사물이 서로 합함.

◨ 關聯관련, 對聯대련, 詩聯시련, 頷聯함련.

11 ⑰【聲】声 소리 성 庚

중학 인명 4Ⅱ급 中shēng 日セイ

필순 士 吉 声 声 声 殸 殸 殸 聲 聲

소전 초서 속자 声

자원 形聲. 殸+耳→聲. '殸'은 '磬(경)'의 생략형으로 음을 나타낸다.

자해 ❶소리. ㉮음향. 〔晉書〕卿試擲地경시척지, 當作金石聲也당작금석성야. ㉯음성. 〔詩經〕聲聞于野성문우야. ❷소리를 내다, 단음(單音)을 지르다. 탄식하는 따위의 소리. ❸소식, 음신(音信). 〔漢書〕界上亭長계상정장, 寄聲謝我기성사아.

聲價(성가) 좋은 평판.

聲教(성교) 임금이 백성을 감화(感化)하는 덕택(德澤). 임금의 덕화(德化).

聲妓(성기) 노래하는 기생. 歌妓(가기).

耳 11획

聲氣(성기) ①의기(意氣). 氣脈(기맥). ②음성(音聲)과 기상(氣象).
聲帶(성대) 후두부의 중앙에 있는 목소리를 내는 기관.
聲東擊西(성동격서) 동쪽을 친다고 소문을 퍼뜨리고 실제로는 서쪽을 침. 기묘한 용병(用兵)으로 승리를 거둠.
聲量(성량) 목소리의 크거나 작은 정도.
聲淚(성루) 말하는 소리와 흘리는 눈물. 울먹이는 목소리.
聲律(성률) ①한자의 사성(四聲)의 규율(規律). ②음악의 가락. 音律(음률).
聲名(성명) 세상에 널리 떨친 이름. 좋은 평판.
聲明(성명) ①공공연히 말함. 널리 알림. ②명백히 설명함. 언명(言明)함.
聲貌(성모) 음성과 용모. 聲色(성색).
聲問(성문) 소식. 음신(音信).
聲聞(성문) ①명성. 좋은 평판. 聲譽(성예). ②소리가 들림.
聲色(성색) ①말소리와 얼굴빛. 언어와 태도. ②노래와 여색.
聲勢(성세) 명성(名聲)과 위세(威勢).
聲優(성우) 라디오 방송국 등에서 목소리만 출연하는 배우.
聲援(성원) ①말로 격려하고 고무함. ②소리쳐서 사기를 북돋워 주는 응원이나 원조.
聲音(성음) ①음악(音樂). ②목소리.
聲調(성조) ①목소리의 가락. ②소리의 높낮이. 사성(四聲)의 고저장단(高低長短).
聲討(성토) 여럿이 모여 잘못을 규탄함.
聲華(성화) 세상에 널리 알려진 명성.
◨ 去聲거성, 名聲명성, 發聲발성, 四聲사성, 上聲상성, 肉聲육성, 音聲음성, 初聲초성, 仄聲측성, 歎聲탄성, 平聲평성.

11 ⑰【聱】 1듣지 아니할 오 肴 2뭇소리 오 號

㊥áo ㊐ゴウ

소전 초서 자해 1 듣지 않다, 남의 말을 받아들이지 않다. 〔唐書〕 更曰聱叟갱왈오수, 彼誚以聱者피초이오자, 爲其不相從聽위기불상종청. 2 뭇소리.

11 ⑰【聳】耸 솟을 용 ㊍송 腫

인명 1급 ㊥sǒng ㊐ショウ

소전 초서 자해 ❶솟다, 높이 솟다. 〔沈約·詩〕 梢聳振寒聲초용진한성. ❷두려워하다. 〔春秋左氏傳〕 駟氏聳사씨용. ❸배냇귀머거리.
聳懼(용구) 떨며 두려워함.
聳動(용동) ①놀람. 놀라게 함. ②부추김. 선동함. ③놀라 몸을 솟구쳐 뛰듯 움직임.
聳立(용립) 산 따위가 우뚝 솟음.
聳然(용연) ①높이 솟은 모양. ②삼가고 두려워하는 모양. 竦然(송연).
聳出(용출) 우뚝 솟아남.

11 ⑰【聰】聪 귀 밝을 총 東

고등 인명 3급 ㊥cōng ㊐ソウ

필순 耳 耳' 耶 聆 聆 聰 聰 聰 聰 聰

소전 초서 동자 聦 동자 聡 속자 聦

자원 形聲. 門+悤→聰. '悤(총)'이 음을 나타낸다.
자해 귀가 밝다, 총명하다. 〔楚辭〕 遭値君之不聰조치군지불총.
聰警(총경) 영리하고 민첩함.
聰氣(총기) ①총명한 기운. ②지닐재주.
聰達(총달) 총명하여 사물의 이치에 통달함.
聰明(총명) ①귀와 눈이 밝음. ②무슨 일에도 잘 통하여 앎. 총기가 좋고 명민(明敏)함.
聰明睿智(총명예지) ①총명하고 슬기로움. ②성인의 네 가지 덕. '聰'은 듣지 않는 것이 없으며, '明'은 보이지 않는 것이 없으며, '睿'는 통하지 않는 것이 없으며, '智'는 알지 못하는 것이 없음.
聰耳酒(총이주) 國음력 정월 보름날 아침에 마시는 술. 귀밝이술.
聰慧(총혜) 영리하고 현명함.

12 ⑱【聶】聂 1소곤거릴 섭 ㊍녑 葉 2합할 섭 葉 3저밀 접 葉

㊥niè, zhé ㊐ショウ, チョウ

소전 자해 1 ❶소곤거리다. 〔史記〕 乃效兒女子呫聶耳語내효아녀자첩섭이어. ❷잡다, 쥐다. 2 합하다. 3 저미다, 저민 엷은 고기 조각. 〔禮記〕 牛與羊魚之腥우여양어지성, 聶而切之爲膾접이절지위회.

12 ⑱【聵】聩 배냇귀머거리 외 卦

㊥kuì ㊐カイ

소전 초서 자해 배냇귀머거리. 선천적인 귀머거리. 〔國語〕 聾聵不可使聽농외불가사청.

12 ⑱【職】职 벼슬 직 職

고등 인명 4Ⅱ급 ㊥zhí ㊐ショク

필순 耳 耳 耳 耳 耳 聕 聕 職 職 職

소전 초서 속자 耺 속자 軄 자원 形聲. 耳＋戠→職. '戠(시)'가 음을 나타낸다.

자해 ❶**벼슬**. 〔書經〕 六卿分職륙경분직, 各率其屬각솔기속. ❷**맡아 다스리다**. 〔春秋左氏傳〕 太師職之태사직지. ❸**임무, 직분**. 〔孟子〕 共爲子職而已矣공위자직이이의. ❹**일, 직업**. 〔淮南子〕 大夫安其職대부안기직.

職官(직관) ①관직(官職). ②일정한 실직(實職)을 가지는 관리.
職權(직권) 직무상의 권한.
職級(직급) 관직의 직무와 책임에 따라 분류한 최소 단위.
職能(직능) ①직무를 수행하는 능력. ②직업에 따라 다른 고유한 기능.
職務(직무) 맡아서 하는 일.
職分(직분) 마땅히 해야 할 본분(本分).
職司(직사) ①직무로서 맡아보는 일. 직책으로 맡은 일. 職掌(직장). ②관서(官署).
職事(직사) ①관직상의 사무. 관직에 봉사함. ②생계(生計). 직업.
職業(직업) ①관직상의 일. ②생계를 꾸리기 위하여 일상 종사하는 일.
職員(직원) 직장에서 일정한 직무를 맡아보는 사람.
職位(직위) 직무상의 지위.
職場(직장) 근무하는 일터.
職掌(직장) 직무(職務)를 관장함.
職種(직종) 직업이나 직무의 종류.
職責(직책) 직무상의 책임.
職銜(직함) 벼슬의 이름.
◨ 兼職겸직, 官職관직, 末職말직, 免職면직, 無職무직, 殉職순직, 移職이직, 在職재직, 天職천직, 賤職천직, 就職취직, 退職퇴직, 休職휴직.

14 ⑳【聹】聍 귀지 녕 庚 迥

㊥níng ㊐ネイ

초서 자해 ❶**귀지**. ❷**시끄럽다**.

14 ⑳【聴】 聽(1023)의 속자

16 ㉒【聾】聋 귀머거리 롱 東

인명 1급 ㊥lóng ㊐ロウ

소전 초서 동자 朧 자해 ❶**귀머거리**. 〔莊子〕 聾者無以與乎鐘鼓之聲롱자무이여호종고지성. ❷**어리석다**. 〔淮南子〕 雖聾蟲而不自陷수롱충이부자함. ❸**어둡다**. 〔春秋左氏傳〕 鄭昭宋聾정소송롱.

聾盲(농맹) 귀머거리와 소경. 聾瞽(농고).
聾啞(농아) 귀머거리와 벙어리.
聾聵(농외) ①귀머거리. '聵'는 선천적인 귀머거리. ②무지(無知)함.

16 ㉒【聽】听 ①들을 청 徑 ②용서할 청 青

중학 인명 4급 ㊥tīng ㊐チョウ

필순 耳 耳 耳 耳 聍 聍 聽 聽 聽 聽

소전 초서 속자 聴 속자 聴 자원 形聲. 耳＋悳＋壬→聽. '壬(정)'이 음을 나타낸다.

자해 ① ❶**듣다, 자세히 듣다**. 〔書經〕 聽德惟聰청덕유총. ❷**기다리다**. 〔儀禮〕 進聽嘏진청하. ❸**받다, 허락하다**. 〔春秋左氏傳〕 鄭伯如晉聽成정백여진청성. ❹**다스리다**. 〔戰國策〕 不可以不聽也불가이불청야. ② **용서하다**. 〔呂氏春秋〕 三月而聽삼월이청.

聽決(청결) 호소를 들어 결정을 내림.
聽經(청경) 경서(經書)의 강의를 들음.
聽納(청납) 남의 말을 받아들임.
聽令(청령) 명령을 들음. 聽命(청명).
聽聞(청문) ①이야기를 들음. ②(佛)설법을 들음. ③國들리는 소문.
聽訟(청송) 송사(訟事)를 심리함. 재판함.
聽而不聞(청이불문) 아무리 귀를 기울여 들으려고 해도 들리지 않음. 중요하게 여기지 않거나 관심이 없는 모양.
聽箴(청잠) 사물(四勿)의 하나. 예가 아니면 듣지 말라는 규계(規戒).
聽政(청정) 정사(政事)를 듣고 처리함.
聽從(청종) 들은 대로 좇음. 명령을 따름.
聽衆(청중) 강연이나 설교 등을 들으려고 모인 사람들.
聽取(청취) 방송이나 진술 등을 들음.
聽許(청허) 듣고 허락함. 듣고 용서함.
◨ 敬聽경청, 盜聽도청, 視聽시청.

聿 部 붓 율

0 ⑥【聿】 붓 율 質

인명 ㊥yù ㊐イツ

소전 초서 자원 指事. 聿+一→聿. '一'은 대쪽·나무쪽을 본뜨고, '聿'은 재빠르고 솜씨가 있음을 뜻한다. 합하여 대쪽에 재빠르게 쓰는 물건, 곧 '붓'을 나타낸다.

자해 ❶붓. 진대(秦代) 이후에는 '筆(필)'을 썼다. ❷드디어, 마침내. 〔詩經〕蟋蟀在堂실솔재당, 歲聿其莫세율기막. ❸스스로, 친히. 〔詩經〕聿來胥宇율래서우.

聿修(율수) 선인의 덕을 이어받아 닦음.

2 ⑧ 【肃】 肅(1024)의 속자

6 ⑪ 【粛】 肅(1024)의 속자

7 ⑬ 【肆】 방자할 사 寘

인명 ㊥sì ㊐シ

소전 초서 자해 ❶방자하다, 멋대로 하다. 〔史記〕寧貧賤而輕世肆志焉녕빈천이경세사지언. ❷극(極)까지 다하다. 〔春秋左氏傳〕穆王欲肆其心목왕욕사기심. ❸거리낌 없이 마음대로 말하다. 〔論語〕古之狂也肆고지광야사. ❹도를 넘다. 〔春秋公羊傳〕肆者何사자하, 跌也질야. ❺펴다. 〔春秋左氏傳〕旣東封鄭기동봉정, 又欲肆其西封우욕사기서봉. ❻죄인을 죽여 효시(梟示)하다. 〔論語〕吾力猶能肆諸市朝오력유능사저시조. ❼길다. 〔詩經〕其風肆好기풍사호. ❽가게, 저자. 〔左思·賦〕樓船擧颿而過肆루선거풍이과사. ❾관영(官營) 공장. 〔論語〕百工居肆백공거사.

肆力(사력) 있는 힘을 다함. 盡力(진력).

肆目(사목) ①안력(眼力)을 다함. ②자유스럽게 바라봄. 마음대로 바라봄.

肆放(사방) 거리낌 없이 제멋대로 행동함.

肆虐(사학) 함부로 잔학(殘虐)한 짓을 함.

7 ⑬ 【肄】 1 익힐 이 寘 2 죽여 효시할 시 寘

인명 ㊥yì, sì ㊐イ

소전 초서 참고 인명용 음은 '이'이다.

자해 1 ❶익히다. 〔魏志〕敎習講肄교습강이. ❷노력하다, 수고하다. 〔春秋左氏傳〕莫知我肄막지아이. ❸살펴보다. 〔漢書〕稅肄郡國出入關者세이군국출입관자. 2 죽여 효시(梟示)하다.

肄習(이습) 실습함.

肄業(이업) 기술을 배움. 강습(講習)함.

肄儀(이의) 예의범절을 미리 익힘.

8 ⑬ 【肅】 粛 엄숙할 숙 屋

고등 인명 4급 ㊥sù, xiào ㊐シュク

필순

소전 초서 속자 肃 속자 粛 자원 會意. 聿+𣶒→肅. '聿'은 '又(手)+巾'으로, 손에 수건을 쥐다, 곧 일을 행한다는 뜻, '𣶒'은 못〔淵〕의 뜻. 합하여 깊은 못에 다다라 일을 행할 때처럼 전전긍긍(戰戰兢兢)하여 두려워하며 삼가는 뜻을 나타낸다.

자해 ❶엄숙하다. 〔書經〕罔不祗肅망불지숙. ❷공경하다. 〔春秋左氏傳〕肅而寬숙이관. ❸정중하다. 〔禮記〕氣容肅기용숙. ❹경계(警戒)하다. ❺맑다. 〔素問〕其政肅기정숙. ❻차다, 춥다. 〔管子〕春行冬政肅춘행동정숙. ❼오그라지다, 추위로 오그라지다. 〔詩經〕九月肅霜구월숙상.

肅敬(숙경) 삼가 존경함. 공손히 섬김.

肅啓(숙계) 삼가 아룀. 편지 글에서 첫머리에 쓰는 말.

肅穆(숙목) 온화하고 조용한 모양.

肅拜(숙배) ①고개를 숙이고 손을 내려 절함. ②윗사람에게 올리는 편지 끝에 쓰는 말. ③서울을 떠나 임지로 향하는 관원이 임금께 작별을 아뢰던 일.

肅殺之氣(숙살지기) 쌀쌀하고 매서운 가을의 기운.

肅霜(숙상) 된서리. 찬 서리.

肅肅(숙숙) ①엄정(嚴正)한 모양. ②삼가는 모양. ③고요한 모양.

肅愼(숙신) ①예의 바르게 삼감. ②춘추 전국 시대에 중국 북쪽에 있던 나라 이름. 한대(漢代) 이후에는 읍루(挹婁), 남북조(南北朝) 시대에는 물길(勿吉), 수당대(隋唐代)에는 말갈(靺鞨), 오대(五代) 때에는 여진(女眞)이라 하였음. 지금의 송화강(松花江)과 흑룡강(黑龍江) 유역.

肅然(숙연) ①삼가는 모양. 근신하는 모양. ②두려워하는 모양. ③엄숙하고 조용한 모양.

肅正(숙정) 엄격히 다스려 바로잡음.

肅靜(숙정) 죽은 듯이 조용함.

肅淸(숙청) ①난을 평정하여 어지러운 세상을 깨끗하게 함. ②차고 맑은 모양.

肅聽(숙청) 삼가 들음. 공손히 들음.

◨ 敬肅경숙, 恭肅공숙, 嚴肅엄숙, 靜肅정숙, 忠肅충숙.

8 ⑭ 【肇】 비롯할 조 篠

인명 1급 ㊥zhào ㊐チョウ

소전 [篆] 초서 [草] 본자 肈 자해 ❶비롯하다, 시작하다. 〔書經〕 肇我邦于有夏조아방우유하. ❷꾀하다. 〔詩經〕 召公是似소공시사, 肇敏戎公조민융공.

肇國(조국) 처음으로 나라를 세움.
肇基(조기) 토대를 닦음. 기초를 확립함.
肇冬(조동) 초겨울. 初冬(초동).
肇歲(조세) 연초(年初). 歲首(세수).
肇業(조업) 처음 사업을 시작함.
肇域(조역) 경계를 엶. 국가의 영역을 정함.

8 ⑭【肈】 肇(1024)의 본자

肉 部 고기 육

0 ⑥【肉】 고기 육 屋

중학 인명 4Ⅱ급 ㊥ròu ㊐ニク

필순 丨 冂 内 内 肉 肉

소전 [篆] 초서 [草] 참고 '肉'이 한자의 구성에서 변에 쓰일 때는 글자 모양이 '月'로 바뀌고, '육달월'이라 부른다.

자원 象形. 잘라 낸 고깃덩어리를 본뜬 글자.

자해 ❶고기. ㉮고깃덩이. 〔禮記〕 觴酒豆肉상주두육. ㉯동물의 살. 〔管子〕 五藏已具오장이구, 而後生肉이후생육. ㉰몸, 육체. 〔荀子〕 治古無肉刑치고무육형. ❷새의 딴 이름. 〔吳越春秋〕 飛土逐肉비토축육.

肉感(육감) 육체에서 풍기는 성적인 느낌.
肉桂(육계) 계수나무의 두꺼운 껍질. 약용하거나 향료(香料)로 씀.
肉骨(육골) ①살과 뼈. ②뼈에 살을 붙임. 다시 살아나게 함. ③사람의 몸.
肉冠(육관) 닭의 볏. 鷄冠(계관).
肉交(육교) 남녀 간의 성교(性交).
肉袒(육단) 윗옷을 벗어 상체를 드러냄. 복종·항복·사죄 등의 뜻을 나타냄.
肉頭文字(육두문자) 國육담으로 하는 욕설.
肉類(육류) 육미붙이.
肉林(육림) 걸어 놓은 고기가 숲처럼 많음.
肉味(육미) ①고기의 맛. ②짐승의 고기로 만든 음식.
肉薄(육박) ①몸으로 적진(敵陣) 가까이 쳐들어가는 일. ②많은 사람이 서로 몸이 닿을 정도로 밀집(密集)하는 일. ③엄격하게 따짐.
肉聲(육성) 직접 들리는 사람의 목소리.
肉食(육식) ①고기를 먹음. ②좋은 음식을 먹음. 미식(美食)함.
肉身(육신) 사람의 몸뚱이.
肉眼(육안) 안경 따위의 힘을 빌리지 않은 그대로의 눈. 또는 그 시력(視力).
肉質(육질) ①고기의 질(質). ②살이 많은 체질. ③살로 된 부분.
肉體(육체) 사람의 몸.
肉親(육친) 부자(父子)·형제(兄弟)와 같이 혈족(血族) 관계에 있는 사람.
肉彈(육탄) 육체를 탄환 삼아 적진에 돌입하는 일. 또는 그 몸.
肉脫(육탈) ①몸이 몹시 여위어 살이 빠짐. ②시체의 살이 썩어 뼈만 남은 상태.
肉筆(육필) 본인이 직접 쓴 글씨.
肉刑(육형) 신체에 상처를 입혀 고통을 주던 형벌.
◨ 乾肉건육, 骨肉골육, 髀肉비육, 魚肉어육, 酒肉주육, 皮肉피육, 血肉혈육.

1 ⑤【肊】 臆(1041)과 동자

2 ⑥【肎】 肯(1027)과 동자

2 ⑥【肌】 ①살 기 支 ②몸 기 未

인명 1급 ㊥jī ㊐キ

소전 [篆] 초서 [草] 동자 朋 자해 ①❶살, 근육. 〔史記〕 割皮解肌할피해기. ❷피부. 〔蘇軾·詩〕 洗盡鉛華見雪肌세진연화견설기. ②몸, 신체.

肌骨(기골) 살과 뼈. 피부와 뼈.
肌理(기리) 살결. 膚理(부리).
肌膚(기부) ①살과 피부. ②살갗.

2 ⑥【肋】 갈비 륵 職

인명 1급 ㊥lèi ㊐ロク

소전 [篆] 초서 [草] 자해 갈비, 갈빗대.

肋骨(늑골) 갈빗대.
肋膜(늑막) 늑골의 안쪽에 있는, 폐의 표면과 흉곽의 내면을 둘러싸고 있는 막.
◨ 鷄肋계륵.

3 ⑦【肝】 간 간 寒

고등 인명 3Ⅱ급 ㊥gān ㊐カン

필순 丿 几 月 月 月 肝 肝

소전 초서 [자원] 形聲. 肉＋干→肝. '干(간)'이 음을 나타낸다.

[자해] **간, 간장(肝臟)**. 〔呂氏春秋〕 祭先肝제선간.

肝腦塗地(간뇌도지) 간과 뇌가 땅에 어지러이 흩어져 뒤범벅이 됨. ㉠전란 때 참혹하게 죽은 모양. ㉡목숨을 아까워하지 않고 충성을 다함.

肝膽(간담) ①간장(肝臟)과 담낭(膽囊). 간과 쓸개. ②참마음. 眞心(진심).

肝膽相照(간담상조) ①속마음을 서로 비추어 봄. ②숨김이 없을 정도로 친한 사이.

肝銘(간명) 마음에 깊이 새겨 잊지 않음.

肝要(간요) 매우 중요함. 또는 그러한 곳.

肝腸(간장) ①간과 창자. ②마음.

肝臟(간장) 오장(五臟)의 하나. 가로막 바로 밑에 있는 장기로 해독 작용을 함. 간.

肝肺(간폐) ①간과 허파. ②진심(眞心).

3 ⑦【肚】 배 두 麌

㊥dù, dǔ ㊐ト

초서 [자해] ❶**배〔腹〕**. 〔五燈會元〕 腳在肚下각재두하. ❷**위(胃), 밥통**.

肚裏(두리) 뱃속. 마음속. 心中(심중).

肚裏淚落(두리누락) 마음속으로 욺.

3 ⑦【育】 育(1027)의 본자

3 ⑦【肘】 팔꿈치 주 有

㊥zhǒu ㊐チュウ

소전 초서 [자해] **팔꿈치, 팔의 관절, 팔**. 〔晉書〕 取金印如斗大 취금인여두대, 繫肘계주.

肘腋(주액) ①팔꿈치와 겨드랑이. ②매우 가까운 곳.

3 ⑦【肖】肖 1 닮을 초 嘯 2 꺼질 소 蕭

고등 인명 3Ⅱ급 ㊥xiào, xiāo ㊐ショウ

필순 丨 ⺌ 小 小 肖 肖 肖

소전 초서 속자 肖 [참고] 인명용 음은 '초'이다.

[자원] 形聲. 小＋肉→肖. '小(소)'가 음을 나타낸다.

[자해] 1 **닮다**. 〔法言〕 速哉속재, 七十子之肖仲尼也칠십자지초중니야. 2 ❶**꺼지다, 녹다, 없어지다**. ≒消. ❷**작다**. 〔莊子〕 惴耎之蟲나연지충, 肖翹之屬소교지속.

肖像(초상) 그림이나 사진에 나타난 사람의 얼굴이나 모습.

3 ⑦【肛】 똥구멍 항·홍 江 東

인명 1급 ㊥gāng ㊐コウ

초서 [참고] 인명용 음은 '항'이다.

[자해] **똥구멍**.

肛門(항문) 똥구멍. 糞門(분문).

◨ 脫肛탈항.

3 ⑦【肓】 명치끝 황 陽

㊥huāng ㊐コウ

소전 초서 [참고] 盲(881)은 딴 자.

[자해] **명치끝**. 횡격막(橫膈膜)의 윗부분. 심장의 아랫부분인 고(膏)와 이곳 사이에 병이 생기면 낫기 어렵다고 한다.

◨ 膏肓고황.

4 ⑧【肩】 어깨 견 先

고등 인명 3급 ㊥jiān ㊐ケン

필순 丶 ㇒ 户 户 户 肩 肩 肩

소전 초서 [자원] 象形. 사람의 어깨를 본뜬 글자.

[자해] ❶**어깨**. 〔孟子〕 脅肩협견, 諂笑첨소. ❷**견디다, 무거운 짐에 견디다**.

肩胛(견갑) 어깨뼈가 있는 곳.

肩摩轂擊(견마곡격) 어깨와 어깨가 서로 스치고, 수레의 바퀴통이 서로 부딪침. 왕래가 번잡한 모양.

肩隨(견수) 연장자(年長者)와 동행할 때 어깨를 나란히 하면서 조금 뒤처져 걷는 일.

肩輿(견여) 두 사람이 앞뒤에서 메는 가마.

肩章(견장) 제복의 어깨에 붙여 계급 따위를 나타내는 표지.

◨ 袒肩단견, 比肩비견, 雙肩쌍견, 齊肩제견.

4 ⑧【股】 넓적다리 고 麌

인명 1급 ㊥gǔ ㊐コ

소전 초서 [자해] ❶**넓적다리**. 〔詩經〕 赤芾左股적비좌고. ❷**두 가닥 난 물건**. ❸**정강이**. 〔淮南子〕 有脩股民유수고민.

股間(고간) 사타구니. 샅.

股肱(고굉) ①넓적다리와 팔. ②고굉지신(股肱之臣).

股肱之臣(고굉지신) 손발이 되어 보필하는 가

장 신뢰하는 신하. 股肱(고굉).
股慄(고율) 다리가 떨림. 몹시 겁먹은 모습.

4 ⑧【肱】 팔뚝 굉 蒸

인명 1급 ㊥gōng ㊐コウ

초서 자해 팔뚝. 〔論語〕 曲肱而枕之곡굉이침지.
肱膂(굉려) 팔뚝과 등뼈. 믿을 만한 것이나 가장 중요한 것. 心膂(심려).
◨ 股肱고굉, 曲肱곡굉.

4 ⑧【肯】 옳게 여길 긍 迥

고등 인명 3급 ㊥kěn ㊐コウ

필순 丨 ⺊ 止 ⺊ 肯 肯 肯 肯

소전 초서 동자 肎 동자 肻 동자 肻

자원 會意. 止+肉→肯. 본래 뼈〔止〕 사이에 있는 살〔肉→月〕을 뜻하였다.
자해 ❶옳게 여기다, 옳다고 하다. ❷즐기다, 수긍하다. 〔詩經〕 惠然肯來혜연긍래.
肯可(긍가) 허락함.
肯綮(긍경) ①뼈와 살이 접한 곳. '肯'은 뼈에 붙은 살, '綮'은 뼈와 살이 붙은 곳. ②사물의 가장 요긴한 부분. 故事 옛날, 요리의 명수가 소를 각 뜰 때, '肯綮'을 잘 가려 칼질했다는 고사에서 온 말.
肯諾(긍낙) 수긍하여 허락함.
肯首(긍수) 고개를 끄덕임. 옳다고 인정함.
肯定(긍정) 어떤 사물·현상에 대하여 그것이 옳다고 인정함. 동의(同意)함.
肯從(긍종) 즐겨 따름. 수긍하여 좇음.
◨ 不肯불긍, 首肯수긍.

4 ⑧【肎】 肯(1027)과 동자

4 ⑩【肻】 肯(1027)과 동자

4 ⑧【肭】 살찔 눌 月

㊥nù ㊐ドツ

초서 자해 살찌다. 〔皮日休·詩〕 猿眼但臑肭원안단올눌.

4 ⑧【肪】 기름 방 陽

인명 1급 ㊥fáng ㊐ボウ

소전 초서 자해 ❶기름, 비계. ❷살찌다.
◨ 脂肪지방.

4 ⑧【肧】 胚(1029)와 동자

4 ⑧【肥】 살찔 비 微

고등 인명 3Ⅱ급 ㊥féi ㊐ヒ

필순 丿 刀 月 月 月⁻ 月⁷ 月⁷ 肥

소전 초서 자원 會意. 肉+巴→肥. 본래 '巴'는 '卩'로 알맞다는 뜻. 살〔肉→月〕이 알맞게〔卩〕 쪘다는 뜻을 나타낸다.
자해 ❶살찌다. 〔春秋左氏傳〕 吾牲牷肥腯오생전비돌. ❷땅을 걸게 하다. 〔史記〕 恩肥土域은비토역. ❸거름. ❹살진 말. 〔漢書〕 乘堅策肥승견책비. ❺살진 고기. 〔後漢書〕 甘肥飮美감비음미.
肥甘(비감) ①맛이 좋음. ②맛있는 음식.
肥強(비강) 살지고 힘셈. 강력하고 왕성함.
肥大(비대) 살이 쪄서 몸집이 크고 뚱뚱함.
肥料(비료) 식물의 성장을 촉진하려고 땅에 주는 영양 물질.
肥馬輕裘(비마경구) 살진 말과 가벼운 갖옷. 생활이 호사스러움.
肥滿(비만) 살이 쪄서 몸집이 뚱뚱함.
肥胖(비반) 살쪄서 뚱뚱함.
肥鮮(비선) 살지고 신선함. 또는 그러한 고기나 생선.
肥沃(비옥) 땅이 기름짐. 肥饒(비요).
肥瘠(비척) ①살짐과 여윔. ②땅의 기름짐과 메마름.
肥厚(비후) 맛이 좋음.
◨ 堆肥퇴비.

4 ⑧【肬】 사마귀 우 尤

㊥yóu ㊐ユウ

소전 초서 자해 사마귀. ≒疣.
肬贅(우췌) ①사마귀, 또는 혹. ②쓸데없는 것.

4 ⑧【育】 1 기를 육 屋 2 맏아들 주 宥

중학 인명 7급 ㊥yù, zhòu ㊐イク, チュウ

필순 丶 亠 ㄊ 𠫓 产 育 育 育

소전 초서 본자 毓 참고 인명용 음은 '육'이다.

자원 會意·形聲. 𠫓+肉→育. '𠫓'는 '子'를 거꾸로 한 것으로, 아기가 어머니의 태내(胎內)에서 나오는 모양, 곧 태어난다는 뜻. 여기에서 나아가 '자라다, 기르다'의 뜻으로 되었으며, '肉(육)'은 음도 나타낸다.

자해 ① 기르다. 〔詩經〕 長我育我장아육아. ② 맏아들, 상속자. =胄.

育鞠(육국) ①곤궁한 가운데서 생장함. ②늙그막에 곤궁함.

育林(육림) 나무를 심어서 숲을 가꾸는 일.

育成(육성) 길러서 키움. 길러서 이루어지도록 함. 養成(양성).

育兒(육아) 어린아이를 기름.

育養(육양) 길러 자라게 함.

育英(육영) ①영재·인재를 기름. ②교육.

◨ 教育교육, 德育덕육, 發育발육, 生育생육, 養育양육, 知育지육, 體育체육.

4 ⑧ 【肢】 사지 지 支

인명 1급 ㊥zhī ㊐シ

초서 동자 肞 자원 形聲. 肉+支→肢. '支(지)'가 음을 나타낸다.

자해 사지(四肢), 팔다리. 〔孟子〕 四肢之於安佚也사지지어안일야.

肢幹(지간) 사지와 몸통.

肢體(지체) ①사지와 몸통. ②몸. 신체(身體). ③손발.

肢解(지해) 사지를 잘라 내던 혹형(酷刑).

◨ 四肢사지, 上肢상지, 腰肢요지, 折肢절지, 下肢하지.

4 ⑧ 【肺】 허파 폐 隊

고등 인명 3Ⅱ급 ㊥fèi ㊐ハイ

필순 丿 刀 月 月 月一 肝 肺 肺

소전 초서 동자 肺 자원 形聲. 肉+市→肺. '市(불)'이 음을 나타낸다.

자해 ❶허파, 부아. 오장(五臟)의 하나. 〔禮記〕 年穀不登년곡부등, 君饍不祭肺군선부제폐. ❷마음, 충심(衷心). 〔新唐書〕 人莫能探其膺肺인막능탐기응폐.

肺肝(폐간) ①허파와 간. ②마음속. 진심.

肺腑(폐부) ①부아. 허파. 또는 모든 장부(臟腑). ②마음속. ③긴요한 곳. 핵심. 요점.

肺炎(폐염→폐렴) 폐에 생기는 염증.

肺活量(폐활량) 숨을 깊이 들이쉬었다가 힘껏 내쉴 때의 공기의 양.

◨ 肝肺간폐, 心肺심폐, 膺肺응폐.

4 ⑧ 【肴】 안주 효 肴

인명 ㊥yáo ㊐コウ

소전 초서 자해 ❶안주. 새·짐승·물고기 따위를 뼈째 구워 익힌 고기. ≒殽. 〔漢書〕 載酒肴於田間재주효어전간. ❷채소 절임. 채소를 소금이나 등겨 따위에 절인 것.

肴蔬(효소) ①각종 고기와 채소 요리. ②안주.

肴核(효핵) 안주와 과실. 맛 좋은 음식. '肴'는 어육(魚肉), '核'은 과실.

5 ⑨ 【胛】 어깨뼈 갑 洽

인명 ㊥jiǎ ㊐コウ

초서 자해 어깨뼈. 〔後漢書〕 中矛貫胛중모관갑.

5 ⑨ 【胠】 1 열 거 語 2 우익 겁 葉

㊥qū ㊐キョ

소전 초서 자해 1 ❶열다, 옆으로 열다. 〔莊子〕 胠篋探囊거협탐낭. 2 우익(右翼), 오른편 군대. 〔春秋左氏傳〕 胠겁, 商子車御侯朝상자거어후조.

5 ⑨ 【胆】 1 어깨 드러낼 단 旱 2 살진 모양 달 曷

㊥tǎn, dá ㊐タン

초서 자해 1 ❶어깨를 드러내다, 웃통을 벗다. =膻. ❷쓸개. ※膽(1040)의 속자. 2 살진 모양.

5 ⑨ 【脉】 脈(1032)의 속자

5 ⑨ 【胖】 1 희생 반쪽 반 翰 2 편안할 반 寒

㊥pàn, pán ㊐ハン

소전 초서 자해 1 희생의 반쪽. 〔周禮〕 凡祭祀共豆脯薦脯膴胖凡腊物범제사공두포천포무반범석물. 2 편안하다, 너그럽다. 〔大學〕 心廣體胖심광체반.

胖大(반대) 살이 쪄서 몸집이 크고 뚱뚱함.

5 ⑨ 【胈】 정강이 털 발 曷

㊥bá ㊐ハツ

초서 자해 ❶정강이 털. 〔莊子〕 堯舜於是乎股無胈요순어시호고무발, 脛無毛경무모. ❷솜털. 몸에 난 잔털.

5 ⑨ **【背】** ①등 배 隊 ②배반할 배 隊

고등 인명 4Ⅱ급 ㊥bèi ㊐ハイ

필순 丨 ㅓ ㅕ 丬 北 北 背 背 背

소전 초서 자원 形聲. 北+肉→背. '北(북)'이 음을 나타낸다.

자해 ① ❶등. 〔孟子〕見於面견어면, 盎於背앙어배. ❷뒤, 등쪽. 〔晉書〕腹背擊之복배격지. ❸뒤채, 북쪽에 있는 집. 〔詩經〕言樹之背언수지배. ② ❶배반하다. 〔詩經〕噂沓背憎준답배증. ❷등지다, 등 뒤에 두다.

背講(배강) 책을 보지 않고 돌아앉아서 외는 일. 背誦(배송).
背景(배경) 뒤쪽의 경치.
背光(배광) 부처의 몸 뒤에서 내비치는 빛.
背敎(배교) ①가르침을 배반함. ②종교의 교의(敎義)를 배반함.
背囊(배낭) 등에 질 수 있도록 만든 주머니.
背道(배도) 도리에 어긋남. 또는 그 행위.
背戾(배려) 거역함. 배반함.
背盟(배맹) 맹세를 어김. 동맹을 배반함.
背叛(배반) 신의를 저버리고 돌아섬.
背書(배서) 문서의 뒷면에 글씨를 씀.
背水陣(배수진) 강이나 바다를 등지고 진을 침. 결사의 각오로써 적군에 대진하는 일.
背信(배신) 신의를 저버림.
背逆(배역) 배반하고 거스름.
背泳(배영) 반듯이 누워서 하는 수영.
背恩忘德(배은망덕) 입은 은덕을 저버리고 배반함.
背任(배임) 임무를 저버림. 임무에서 벗어난 짓을 함.
背馳(배치) 서로 등지고 달림. 목적이나 행동이 상반됨.
背向(배향) ①배반함과 복종함. 向背(향배). ②앞과 뒤. 前後(전후).
背後(배후) ①등 뒤. 뒤쪽. ②겉으로 드러나지 않는 부분. 幕後(막후).
◨ 腹背복배, 違背위배, 向背향배, 後背후배.

5 ⑨ **【胚】** 아이 밸 배 灰

인명 1급 ㊥pēi ㊐ハイ

소전 초서 동자 肧 자해 ❶아이를 배다. ❷시초(始初), 비롯하다.

胚芽(배아) 식물의 씨 속에서 자라 싹눈이 되는 부분.
胚乳(배유) 씨 속에 있어 싹이 틀 때에 양분이 되는 물질.
胚子(배자) 동물의 태(胎)나 알 속에서 자라나 새끼가 되는 부분.
胚胎(배태) ①아이나 새끼를 뱀. ②사물의 시초나 원인이 될 빌미.

5 ⑨ **【胥】** 서로 서 魚

인명 1급 ㊥xū ㊐ショ

소전 초서 자해 ❶서로, 함께. 〔詩經〕載胥及溺재서급닉. ❷다, 모두. 〔詩經〕民胥然矣민서연의. ❸게장, 게젓. 〔周禮〕青州之蟹胥청주지해서. ❹아전, 하급 관리. 〔周禮〕胥十有二人서십유이인.

胥匡(서광) 서로 바로잡음.
胥動浮言(서동부언) 아무 근거 없는 말로 인심을 선동함.
胥吏(서리) 문서를 담당하는 하급 관리. 衙前(아전).
胥失(서실) 서로 잘못함.

5 ⑨ **【胜】** 비릴 성 靑

㊥xīng ㊐セイ

소전 자해 ❶비리다, 누리다, 개고기 냄새. ≒腥. ❷날고기.

5 ⑨ **【胃】** 밥통 위 未

고등 인명 3Ⅱ급 ㊥wèi ㊐イ

필순 丶 口 田 田 田 門 胃 胃 胃

소전 초서 동자 腭 자원 會意. 囨+肉→胃→胃. '囨'는 위의 모양을 본뜬 것, '肉'은 몸뚱이의 뜻. 합하여 오장의 하나인 밥통을 나타낸다.

자해 ❶밥통, 위. 〔素問〕水穀入口수곡입구, 則胃實而腸虛즉위실이장허. ❷별 이름. 28수(宿)의 하나.

胃經(위경) ①위에 붙은 인대(靭帶)의 총칭(總稱). ②위에 딸린 경락(經絡).
胃腑(위부) 육부(六腑)의 하나. 위. 밥통.
胃酸(위산) 위에서 분비되는, 소화 작용을 하는 산(酸).
胃癌(위암) 위 속에 생기는 악성 종양.
胃腸(위장) 위와 창자.
胃痛(위통) 위가 아픈 증세.
◨ 肝胃간위, 脾胃비위, 腸胃장위, 治胃치위.

5 ⑨ **【胤】** 이을 윤 震

인명 2급 ㊥yìn ㊐イン

소전 초서 자해 ❶잇다, 자손이 조상의 뒤를 잇다. 〔書經〕予乃胤保여내윤보, 大相東土대상동토. ❷맏아들, 후사(後嗣). 〔書經〕胤子朱윤자주, 啓明계명.
胤文(윤문) 혈통을 적은 문서.
胤嗣(윤사) 자손(子孫). 후손.
胤裔(윤예) ①자손. 말손(末孫). ②혈통.
胤玉(윤옥) 남의 아들의 높임말.
胤子(윤자) ①맏아들. 사자(嗣子). ②자손. 胤胄(윤주).
◨ 帝胤제윤, 祖胤조윤, 賢胤현윤, 皇胤황윤.

5 ⑪【胔】 ①썩은 고기 자 寘 ②바다거북 자 支
㊥zì ㊐シ
초서 자해 ①❶썩은 고기. 〔禮記〕掩骼埋胔엄격매자. ❷살이 붙은 조수(鳥獸)의 남은 뼈. ②바다거북.

5 ⑨【胙】 제사 지낸 고기 조·작 遇藥
㊥zuò ㊐ソ, サク
소전 초서 자해 ❶제사 지낸 고기, 음복 고기. 〔史記〕致文武胙於秦孝公치문무조어진효공. ❷복(福), 복되게 하다. 〔國語〕天地所胙천지소조, 小而後國소이후국. ❸갚다. 〔春秋左氏傳〕世胙太師세조태사.
胙俎(조조) 주인(主人)이 쓰는 적대(炙臺). '俎'는 어육(魚肉)을 올려놓는 적틀, '胙'는 동쪽 계단으로 주인의 자리를 이름.

5 ⑨【胄】 맏아들 주 宥
인명 1급 ㊥zhòu ㊐チュウ
소전 초서 자해 ❶맏아들, 후사(後嗣). 〔書經〕教胄子교주자. ❷핏줄, 혈통. 〔國語〕等胄之親疎也등주지친소야.
胄孫(주손) 맏손자.
胄筵(주연) 왕세자가 강론하던 곳.
胄裔(주예) ①핏줄. 혈통. ②자손.
胄胤(주윤) ①직계의 자손. ②먼 혈통.
胄子(주자) 천자(天子)에서 경대부(卿大夫)까지의 맏아들.
◨ 門胄문주, 世胄세주, 胤胄윤주.

5 ⑨【胝】 굳은살 지 支
㊥zhī ㊐チ
소전 초서 자해 굳은살, 변지, 못. 〔任昉·牋〕累跡救宋누적구송, 重胝存楚중지존초.

5 ⑨【胎】 아이 밸 태 灰
인명 2급 ㊥tāi ㊐タイ
소전 초서 자해 ❶아이를 배다. 〔淮南子〕三月而胎삼월이태. ❷태아(胎兒). 〔禮記〕不殺胎불살태. ❸사물의 기원(起源). 〔漢書〕福生有基복생유기, 禍生有胎화생유태. ❹기르다.
胎甲(태갑) 배 속. 胎中(태중). 胎內(태내).
胎教(태교) 태아에게 좋은 감화(感化)를 주기 위해 임부(妊婦)가 마음을 바르게 하고 언행을 삼가는 일. 胎誨(태회).
胎動(태동) ①모태 안에서 태아가 움직임. ②어떤 일이 일어날 기운(氣運)이 싹틈.
胎卵(태란) 태생(胎生)과 난생(卵生).
胎膜(태막) 태아를 싸서 보호하는 막.
胎脈(태맥) 임신한 부인의 맥박.
胎夢(태몽) 잉태할 조짐을 보인 꿈.
胎盤(태반) 임신 중에 태아와 모체의 자궁을 연결시키는 기관.
胎生(태생) ①모태(母胎) 안에서 일정한 기간 발육한 뒤에 출생하는 일. ②사람이 어떤 곳에서 태어남.
胎屎(태시) 갓난아이의 똥. 배내똥.
胎兒(태아) 포유류의 모체(母體) 안에서 자라고 있는 유체(幼體).
胎葉(태엽) 얇고 긴 강철 띠를 돌돌 말아 그 풀리는 힘으로 시계 따위를 움직이게 하는 장치.
胎衣(태의) 태반과 태아를 싸고 있는 막. 胞衣(포의).
胎化(태화) 어머니의 태내에서 발육하여 태어남. 胎生(태생).
◨ 落胎낙태, 母胎모태, 受胎수태, 孕胎잉태.

5 ⑨【胏】 肺(1028)와 동자

5 ⑨【胞】 ①태보 포 肴 ②숙수 포 肴
고등 인명 4급 ㊥bāo ㊐ホウ
필순 丿 刀 月 月 月' 肑 肑 肑 胞
소전 초서 자원 形聲. 肉+包→胞. '包(포)'가 음을 나타낸다.
자해 ①❶태보(胎褓), 삼. 배 속의 아이를 싸고 있는 막과 태반. 〔漢書〕善臧我兒胞선장아아포. ②숙수(熟手), 조리사. 〔莊子〕湯以胞人籠伊尹탕이포인롱이윤.
胞宮(포궁) 아기집. 子宮(자궁).
胞衣(포의) 태보(胎褓).
胞子(포자) 포자식물의 생식 세포. 홀씨.

胞胎(포태) ①태보(胎褓). ②자궁. 아기집. ③ 國임신함.

◧ 僑胞교포, 同胞동포, 細胞세포.

5 ⑨【胡】 ①턱살 호 虞 ②목 호 遇

고등 인명 3Ⅱ급 ㊥hú ㊐コ

필순 一 十 古 古 古 古 胡 胡 胡

소전 초서 자원 形聲. 古+肉→胡. '古(고)'가 음을 나타낸다.

자해 ① **❶턱살, 아래턱에 붙은 살.** 〔漢書〕 有龍垂胡顧유룡수호염. **❷드리워지다.** **❸장수하다.** 〔詩經〕 胡考之寧호고지녕. **❹오랑캐 이름.** 진대(秦代) 이전에는 흉노(匈奴)만을 일컬었으나, 뒤에는 새외(塞外) 민족의 범칭(汎稱)이 되었다. 〔周禮〕 胡無弓車호무궁거. ② 목〔頸〕.

胡角(호각) 호인이 불던 뿔피리.

胡弓(호궁) 현악기의 한 가지. 석 줄로 이루어져 있고, 말총으로 맨 활로 켜서 연주함.

胡琴(호금) 당악(唐樂)을 연주하는 현악기의 한 가지. 대로 만들고 두 줄임.

胡亂(호란) ①확실하지 않음. 대충대충. 적당히. ②괴이하고 의심스러움. 수긍이 가지 않음. ③호인(胡人)들이 일으킨 난리. 특히 병자호란(丙子胡亂).

胡盧(호로) ①입을 가리고 웃음. 또는 깔깔거리며 웃음. 盧胡(노호). ②호리병박. 조롱박.

胡馬(호마) ①호지(胡地)에서 나는 말. ②호지의 병마.

胡麻(호마) 참깨와 검은깨의 통칭.

胡福(호복) 큰 행복.

胡思亂想(호사난상) 이것저것 쓸데없는 생각을 함. 胡思亂量(호사난량).

胡說(호설) ①이치에 맞지 않는 말. ②남의 의론을 욕하는 말.

胡壽(호수) 목숨이 긺. 오래 삶. 長壽(장수).

胡越(호월) 호국(胡國)과 월국(越國). 서로 멀리 떨어져 있거나 소원함. '胡'는 북쪽에, '越'은 남쪽에 있는 데서 온 말.

胡越一家(호월일가) 멀리 떨어져 있는 사람들이 한집에 모임. 세상이 하나로 통일됨.

胡人(호인) ①㉠중국 북방의 만주족. ㉡서역(西域)의 이민족. ②야만스러운 사람.

胡笛(호적) 관악기의 한 가지. 태평소.

胡蝶(호접) ①나비. 蝴蝶(호접). ②잠자리의 딴 이름.

胡種(호종) ①만주족(滿洲族). ②만주에서 나는 물종(物種).

胡坐(호좌) 책상다리를 하고 앉음.

胡地(호지) 북쪽 이민족이 사는 땅.

胡塵(호진) ①북쪽 사막에서 일어나는 먼지. ②호인(胡人)의 병마가 일으키는 흙먼지.

胡椒(호초) ①후추. ②후추나무 열매의 껍질.

胡風(호풍) ①북쪽에서 불어오는 바람. 朔風(삭풍). ②호인(胡人)의 풍속.

6 ⑩【胯】 ①사타구니 과 禡 ②부드럽게 살찔 과 蟹

㊥kuà, kuǎ ㊐カ

소전 초서 자해 ① **사타구니.** =跨. ② **부드럽게 살찐 모양.**

6 ⑩【胱】 오줌통 광 陽

인명 1급 ㊥guāng ㊐コウ

초서 자해 **오줌통, 방광(膀胱).**

6 ⑩【胗】 ①성길 나 麻 ②살찔 나 禡

인명 ㊥ná, nà ㊐ダ

자해 ① **성기다, 배지 않다.** ② **살찌다.**

6 ⑩【能】 능할 능 蒸

중학 인명 5급 ㊥néng ㊐ノウ

필순 𠃋 厶 ⺈ 育 育 育 育 能 能 能

소전 초서 자원 象形. 곰〔熊〕의 모양을 본뜬 글자.

자해 **❶능하다.** 〔史記〕 寡人弗能拔과인불능발. **❷잘하다.** 〔中庸〕 唯聖者能之유성자능지. **❸곰의 한 가지.** 전설에 나오는 신령스러운 짐승.

能幹(능간) 일을 감당하는 재주와 능력. 才幹(재간).

能官(능관) 재간 있는 관리. 能吏(능리).

能動(능동) 스스로 움직이거나 작용하는 것.

能爛(능란) 솜씨가 익숙함.

能力(능력) 어떤 일을 해낼 수 있는 힘.

能率(능률) 일정한 시간 내에 이룰 수 있는 일의 분량.

能名(능명) 재능이 있다는 평판.

能文(능문) 글을 잘 지음. 문필(文筆)의 재주가 있음.

能辯(능변) 말솜씨가 능란함. 또는 그 말.

能士(능사) 재능이 있는 사람. 유능한 사람.

能事(능사) ①잘 해낼 수 있는 일. ②특별히 잘하는 일. ③일을 할 수 있음.

能小能大(능소능대) 크고 작은 모든 일에 두루 능함.

能熟(능숙) 능란하고 익숙함.

能臣(능신) 재능이 있는 신하. 일을 훌륭하게 처리하는 신하.
能人(능인) 재능이 있는 사람. 특히 수완(手腕)이 좋은 사람.
能通(능통) 사물에 잘 통함. 어떤 일에 통달(通達)함.
能化(능화) ①잘 변화함. 잘 감화함. ②(佛)남을 교화하는 사람.
◨ 可能가능, 技能기능, 萬能만능, 無能무능, 本能본능, 不能불능, 才能재능, 全能전능, 效能효능.

6 ⑩【胴】 ①큰창자 동 ㉚ ②곧은 모양 동 董
인명 1급 ㊥dòng ㊐ドウ
초서 자해 ①큰창자, 대장(大腸). ②❶곧은 모양. ❷창자. ❸㊫몸통.

6 ⑩【脈】 맥 맥 陌
고등 인명 4Ⅱ급 ㊥mài ㊐ミャク
필순 丿 刀 月 月 月' 肝 肝 脈 脈 脈
초서 동자 衇 속자 脉 자원 會意. 肉+𠂢→脈. 몸〔肉〕에 물줄기〔𠂢〕처럼 여러 갈래로 갈라져 흐른다는 데서 '맥, 혈맥'의 뜻을 나타낸다.
자해 ❶맥, 혈맥. ❷줄기. 사물이 연락하여 계통을 이루는 것. 〔珊瑚鉤詩話〕語脈新奇어맥신기.
脈管(맥관) 피가 도는 관. 血管(혈관).
脈動(맥동) ①맥박이 뜀. ②표면에 나타나지 않고 밑바닥에서 끊임없이 행해지는 움직임.
脈絡(맥락) ①혈관. 脈管(맥관). ②일관(一貫)된 계통. 條理(조리). ③사물의 줄거리.
脈搏(맥박) 심장의 움직임에 따라 동맥벽에 일어나는 주기적인 움직임.
脈所(맥소) ①신체 표면을 짚어서 맥을 알 수 있는 곳. ②사물의 중요한 곳.
◨ 山脈산맥, 水脈수맥, 人脈인맥, 地脈지맥, 診脈진맥, 血脈혈맥.

6 ⑩【脉】 脈(1032)과 동자

6 ⑩【胼】 胼(1035)의 속자

6 ⑩【胹】 삶을 이 支
㊥ér ㊐ジ
소전 초서 자해 삶다, 문드러지게 삶다. 〔春秋左氏傳〕宰夫胹熊蹯不熟재부이웅번불숙.

6 ⑩【胭】 목구멍 인 ㊍연 先
㊥yān ㊐イン
초서 동자 咽 자해 목구멍.

6 ⑫【胾】 고깃점 자 寘
㊥zì ㊐シ
소전 초서 자해 고깃점, 크게 썬 고기 조각. 〔漢書〕獨置大胾독치대자.

6 ⑩【脂】 기름 지 支
인명 2급 ㊥zhī ㊐シ
소전 초서 자해 ❶기름, 비계. 〔詩經〕膚如凝脂부여응지. ❷기름기가 돌다. 〔列子〕膚色脂澤부색지택. ❸기름을 치다. 〔詩經〕載脂載舝재지재할.
脂膏(지고) ①동식물에서 짜낸 기름. 脂肪(지방). ②백성들이 피땀 흘려 얻은 수익(收益).
脂肪(지방) 동식물에 들어 있으며, 물에 풀어지지 않고 불에 타는 성질을 가진 물질.
脂粉(지분) 연지(燕脂)와 백분(白粉). 화장품.
脂肉(지육) ①기름진 고기. ②고기.
脂澤(지택) ①기름지고 윤이 남. ②기름때. 脂膩(지니). ③지성(脂性) 화장품.
◨ 油脂유지.

6 ⑩【脊】 등성마루 척 陌
인명 1급 ㊥jǐ ㊐セキ
소전 초서 자해 ❶등성마루. 〔史記〕必折天下之脊필절천하지척. ❷등뼈, 등골뼈. ❸조리(條理). 〔詩經〕有倫有脊유륜유척.
脊骨(척골) 등뼈.
脊梁(척량) ①등골뼈로 이어진 등마루. ②길게 연이어 있는 고지나 산맥. 산등성마루. 산마루. ③주판(珠板)의 궤대.
脊髓(척수) 척추의 관 속에 있는 신경 중추.
脊椎(척추) 등마루를 이루는 뼈. 脊柱(척주).

6 ⑩【脆】 무를 취 霽
인명 1급 ㊥cuì ㊐ゼイ

肉 6획

소전 초서 본자 肥 자해 무르다. 〔管子〕 無委致圍무위치위, 城脃致衝성취치충.
脃弱(취약) 무르고 약함. 여림.
脃軟(취연) 연약함.

6 ⑩ 【脃】 脆(1032)의 본자

6 ⑩ 【脅】 胁 ① 옆구리 협 葉 ② 으쓱거릴 흡 緝

고등 인명 3Ⅱ급 ㊥xié, xī ㊐キョウ, キュウ

필순

소전 초서 동자 胎 동자 脇 참고 인명용 음은 '협'이다.

자원 形聲. 劦+肉→脅. '劦(협)'이 음을 나타낸다.

자해 ① ❶옆구리, 갈빗대. 〔春秋左氏傳〕 聞其駢脅문기병협, 欲觀其裸욕관기라. ❷곁. 〔顧況·碑〕 滄島之脅창도지협, 有白沙之墟焉유백사지허언. ❸으르다. 〔禮記〕 是謂脅君시위협군. ② 으쓱거리다. 〔孟子〕 脅肩諂笑흡견첨소.

脅喝(협갈) 으르고 겁먹게 함. 협박하고 공갈함. 脅嚇(협하).
脅勒(협륵) 협박하여 우겨 댐.
脅迫(협박) ①남에게 어떤 일을 하도록 위협함. ②사람을 공포에 빠지게 할 목적으로 해악을 끼칠 뜻을 통고함.
脅息(협식) ①몹시 두려워서 숨을 죽임. ②몸이 허약해서 숨을 헐떡거림.
脅威(협위) 힘으로 으르고 협박함.
脅制(협제) 위협하여 억누름.
脅從(협종) 위협에 못 이겨 복종함. 두려워서 추종함.
脅奪(협탈) 협박하여 빼앗음.
脅痛(협통) 갈빗대 언저리가 아픈 증세.
脅肩(흡견→협견) 양 어깨를 치키고 목을 움츠림. ㉠아첨하는 모양. ㉡두려워하는 모양.

◨ 恐脅공협, 威脅위협.

6 ⑩ 【胎】 脅(1033)과 동자

6 ⑩ 【脇】 脅(1033)과 동자 인명

6 ⑩ 【胷】 胸(1033)과 동자

6 ⑩ 【胸】 가슴 흉 冬

중학 인명 3Ⅱ급 ㊥xiōng ㊐キョウ

필순 丿 刀 月 月 月' 肑 肑 肑 胸 胸

소전 초서 동자 胷 자원 形聲. 肉+匈→胸. '匈(흉)'이 음을 나타낸다.

자해 ❶가슴. 〔素問〕 胸滿腹脹흉만복창. ❷가슴속, 마음. 〔南史〕 披見聞피견문, 掃心胸소심흉.

胸甲(흉갑) 가슴을 막기 위해 가슴에 대는 갑옷의 한 가지.
胸膈(흉격) ①심장(心臟)과 비장(脾臟) 사이의 가슴 부분. ②마음속.
胸襟(흉금) ①앞가슴의 옷깃. ②마음속에 품은 생각.
胸裏(흉리) 가슴속. 마음속.
胸背(흉배) ①가슴과 등. ②학이나 호랑이 문양을 수놓아 관복의 가슴과 등에 붙이던 헝겊 조각.
胸壁(흉벽) ①흉부의 외벽(外壁). ②화살·탄환을 막기 위하여 가슴 높이로 쌓은 벽.
胸腹(흉복) ①가슴과 배. ②마음. ③사물의 요해처(要害處).
胸部(흉부) 가슴 부분.
胸算(흉산) 속셈.
胸像(흉상) 인체의 머리에서 가슴까지를 나타낸 조각상이나 초상화.
胸中(흉중) ①가슴속. ②마음. 생각.
胸懷(흉회) 가슴속에 품은 생각. 품은 회포.

7 ⑪ 【脚】 다리 각 藥

중학 인명 3Ⅱ급 ㊥jiǎo ㊐キャク

필순 刀 月 月 月- 月+ 肚 肚 胠 胠 脚

소전 초서 본자 腳 자원 形聲. 肉+却→脚. '却(각)'이 음을 나타낸다.

자해 ❶다리. ㉮정강이. 〔荀子〕 捶笞臏脚추태빈각. ㉯다리의 범칭(汎稱). 〔晉書〕 素有脚疾소유각질. ❷밟다. ❸발을 잡다. 〔史記〕 射麋脚麟사미각린.

脚光(각광) ①무대 전면의 아래에서 배우를 비추는 광선. ②사회적 관심이나 흥미.
脚氣(각기) 영양 실조증의 한 가지. 다리가 붓고 마비되어 보행이 어렵게 되는 병.
脚踏(각답) ①발로 밟음. ②발판.
脚力(각력) ①다리의 힘. 걷는 힘. ②편지 따위를 배달하는 사람.
脚本(각본) 연극·영화 따위의 줄거리, 무대 장

치, 배우의 동작과 대사 등을 적은 대본.
脚色(각색) ①신분 증명서. 출사(出仕)할 때의 이력서. ②소설·설화 따위를 각본으로 고쳐 쓰는 일.
脚線美(각선미) 주로 여자의 다리에서 느끼는 아름다움.
脚註(각주) 책 따위의 본문 아래쪽에 따로 풀이를 닮. 또는 그 주석. 脚注(각주).
脚下(각하) ①발밑. 발. ②지금.
脚戲(각희) 씨름.
◨ 蹇脚건각, 三脚삼각, 跛脚파각, 行脚행각.

7 ⑪【脛】胫 정강이 경 本형 徑 迥
인명 1급 中jìng 日ケイ
소전 초서 자해 **정강이.** 〔論語〕以杖叩其脛이장고기경.
脛骨(경골) 정강이뼈.

7 ⑪【脳】 腦(1037)의 속자

7 ⑪【脰】 목 두 宥
中dòu 日トウ
소전 초서 자해 **목, 목줄기.** 〔春秋左氏傳〕兩矢夾脰량시협두.

7 ⑪【脗】 꼭 맞을 문 吻
中wěn 日フン
초서 자해 **꼭 맞다, 입술이 맞듯이 꼭 맞다.** 〔莊子〕爲其脗合위기문합.

7 ⑪【脩】 포 수 尤
인명 中xiū 日シュウ
소전 초서 자해 ❶**포.** 고기를 얇게 저며 양념해 말린 것. 〔周禮〕凡肉脩之頒賜범육수지반사, 皆掌之개장지. ❷**마르다.** 〔詩經〕嘆其脩矣한기수의. ❸**닦다.** ≒修. 〔禮記〕脩鞀鞞鼓수도비고. ❹**익히다.** 〔禮記〕藏焉脩焉장언수언. ❺**길다.** 〔詩經〕四牡脩廣사모수광.
脩路(수로) 먼 길.
脩竹(수죽) ①키가 큰 대. 밋밋하게 자란 대. 修竹(수죽). ②대숲.
◨ 束脩속수, 脯脩포수.

7 ⑪【脣】 입술 순 眞
고등 인명 3급 中chún 日シ
필순 一 厂 厂 尸 尼 后 辰 脣 脣 脣
소전 초서 자원 形聲. 辰+肉→脣. '辰(신)'이 음을 나타낸다.
자해 ❶**입술.** 〔春秋左氏傳〕脣亡齒寒순망치한. ❷**가, 언저리.**
脣亡齒寒(순망치한) 입술이 없어지면 이가 시림. 서로 의지하고 돕는 사이에서, 한쪽이 망하면 다른 한쪽도 따라 망하게 됨.
脣舌(순설) ①입술과 혀. ②말을 잘함.
脣脂(순지) 입술연지.
脣齒(순치) ①입술과 이. ②이해관계가 긴밀한 사이.
脣齒之國(순치지국) 서로 이해관계가 아주 깊은 나라.
◨ 丹脣단순.

7 ⑪【脤】 제육 신 軫
中shèn 日シン
초서 자해 **제육(祭肉), 제사에 쓰는 날고기.** 익힌 것은 '膰(번)'이라 한다. 〔國語〕受脤於社수신어사.

7 ⑪【脘】 1 밥통 완 本관 旱 2 살 한 潸
인명 中wǎn, huàn 日カン
소전 초서 동자 脂 참고 인명용 음은 '완'이다.
자해 1 **밥통, 위(胃).** 〔素問〕胃脘痛위완통. 2 **살, 고기.**

7 ⑪【脧】 1 갓난아이 음부 최 灰 2 줄 선 先
中zuī, juān 日サイ, セン
소전 자해 1 **갓난아이의 음부(陰部).** 2 **줄다, 오그라지다.** 〔漢書〕日削月脧일삭월선.

7 ⑪【脫】 1 벗을 탈 曷 2 허물 벗을 열 屑
중학 인명 4급 中tuō, tuì 日ダツ, タイ
필순 丿 刀 月 月' 月' 肸 肸 胪 胪 脫
소전 초서 속자 脱 참고 인명용 음은 '탈'이다.
자원 形聲. 肉+兌→脫. '兌(태)'가 음을 나타낸다.
자해 1 ❶**벗다, 옷을 벗다.** 〔國語〕脫衣就功탈의취공. ❷**벗기다, 껍질을 벗기다.** 〔禮記〕肉曰

肉 7획

脫之육왈탈지. ❸면하다. 〔漢書〕百擧必脫백거필탈. ❹나오다. 〔管子〕言脫于口언탈우구. 2 허물을 벗다. 〔莊子〕胡蝶호접, 胥也서야, 化而爲蟲화이위충, 生於竈下생어조하, 其狀若脫기상약열.

脫却(탈각) ①벗어남. ②벗어서 버림.
脫殼(탈각) 껍질을 벗음.
脫稿(탈고) 원고가 다 됨. 초고가 완성됨.
脫穀(탈곡) 이삭에서 낟알을 떨어냄.
脫臼(탈구) 뼈마디가 접질리어 어긋남.
脫落(탈락) ①빠짐. 떨어져 나감. ②벗어 버림.
脫漏(탈루) 밖으로 샘. 遺漏(유루).
脫毛(탈모) 털이 빠짐.
脫帽(탈모) 모자를 벗음.
脫喪(탈상) 國부모의 삼년상을 마침.
脫色(탈색) 섬유 따위에 들어 있는 물색을 뺌.
脫線(탈선) ①차량의 바퀴가 궤도에서 벗어남. ②언행이 정상적인 것에서 벗어나거나 나쁜 방향으로 빗나감.
脫稅(탈세) 부정한 방법으로 세금을 포탈함.
脫灑(탈쇄) 속된 번거로움에서 벗어나 깨끗함.
脫水(탈수) 수분을 제거함.
脫身(탈신) ①위험을 벗어남. ②모든 것을 포기하고 자유로운 몸이 됨. 관계하던 일에서 몸을 뺌.
脫營(탈영) 군인이 병영을 빠져나와 도망감.
脫獄(탈옥) 죄수가 교도소를 빠져나와 달아남.
脫衣(탈의) 옷을 벗음.
脫字(탈자) 글이나 인쇄물 따위에서 빠진 글자.
脫走(탈주) 몸을 빼어 달아남.
脫脂(탈지) 기름기를 뺌.
脫盡(탈진) 기운이 다 빠져 없어짐.
脫出(탈출) 몸을 빼어 도망함.
脫臭(탈취) 냄새를 뺌.
脫態(탈태) 구태(舊態)를 벗어남.
脫兎(탈토) 달아나는 토끼. 동작이 매우 빠름.
脫退(탈퇴) 관계를 끊고 물러남.
脫皮(탈피) ①파충류나 곤충류 따위가 겉껍질을 벗는 일. ②낡은 생각에서 벗어나 한층 더 진보하는 일.
脫會(탈회) 어떤 조직이나 모임에서 관계를 끊고 빠져 나옴.

◨ 免脫면탈, 離脫이탈, 逸脫일탈, 超脫초탈, 解脫해탈, 虛脫허탈.

7 ⑪ 【脯】 1포 포 ㊍보 麌 2회식할 보 遇

인명 1급 ㊥fǔ, pú ㊐ホ

소전 초서 참고 인명용 음은 '포'이다.

자해 1포. 저미어 말린 고기. 〔周禮〕田獸之脯腊전수지포석. 2회식(會食)하다.

脯脩(포수) 포육(脯肉).
脯肉(포육) 얇게 저며서 양념하여 말린 고기.

8 ⑫ 【腔】 1빈 속 강 江 2양 포 공 送

인명 1급 ㊥qiāng, kòng ㊐コウ

소전 초서 참고 인명용 음은 '강'이다.

자해 1❶속이 비다. 몸 안의 빈 곳. 〔近思錄〕滿腔子是惻隱之心만강자시측은지심. ❷가락, 곡조. 2❶양의 포. ❷양의 갈빗대.

腔子(강자) 몸통이나 신체, 또는 배.
腔腸(강장) 종이나 원통 모양으로 생겨, 내부가 전부 소화 기관의 작용을 하는 몸통. 해파리의 몸통 따위.

◨ 口腔구강, 腹腔복강, 鼻腔비강, 胸腔흉강.

8 ⑫ 【胼】 살갗 틀 변 先

㊥pián ㊐ヘン

초서 속자 胼 자해 ❶살갗이 트다, 굳은 살. 〔荀子〕手足胼胝수족변지, 以養其親이양기친. ❷굳다. 〔太玄經〕陰形胼冒음형변모.

胼胝(변지) ①추위 따위로 튼 살갗. '胼'은 손이 튼 것을, '胝'는 발이 튼 것을 뜻함. ②손발에 생긴 못.

8 ⑭ 【腐】 썩을 부 麌

고등 인명 3Ⅱ급 ㊥fǔ ㊐フ

필순 亠 广 广 产 庐 府 府 腐 腐 腐

소전 초서 자원 形聲. 府+肉→腐. '府(부)'가 음을 나타낸다.

자해 ❶썩다. ㉮살이 썩다. ㉯나무가 썩다. 〔詩經〕濕腐不中用也습부부중용야. ㉰물이 썩다. 〔呂氏春秋〕流水不腐류수불부. ❷불을 까는 형벌. 〔漢書〕死罪欲腐者許之사죄욕부자허지.

腐爛(부란) ①썩어 문드러짐. ②생활이 문란함. ③학문·문장 따위가 진부함.
腐索(부삭) 썩은 새끼나 밧줄.
腐生(부생) 쓸모없는 학자.
腐蝕(부식) 썩고 좀먹음.
腐心(부심) 속을 썩임.
腐儒(부유) 썩어 빠진 유생. 쓸모없는 학자.
腐腸(부장) ①창자를 썩임. 腐腹(부복). ②맛이 좋은 음식.
腐腸之藥(부장지약) ①창자를 썩이는 약. ②맛있는 음식이나 술.
腐井(부정) 물이 썩은 우물.

腐敗(부패) 썩음. 정신이 타락하거나 기강이 문란함.
腐刑(부형) 남자의 생식기를 제거하던 형벌. 宮刑(궁형).
腐朽(부후) 썩음. 朽腐(후부).
◨ 防腐방부, 陳腐진부, 敗腐패부, 朽腐후부.

8 ⑫【腑】 장부 부 麌
인명 1급 ㊥fǔ ㊐フ
초서 자해 ❶장부(臟腑), 오장 육부. ❷마음, 충심(衷心).
腑臟(부장) 내장의 총칭. 오장 육부(五臟六腑). 臟腑(장부).
◨ 六腑육부, 臟腑장부, 肺腑폐부.

8 ⑫【腓】 장딴지 비 微 未
㊥féi ㊐ヒ
소전 초서 자해 ❶장딴지. 〔易經〕咸其腓함기비. ❷다리를 베는 형벌. ❸피하다. 〔詩經〕君子所依군자소의, 小人所腓소인소비.

8 ⑫【脾】 ① 지라 비 支 ② 허벅다리 비 紙
인명 1급 ㊥pí, bì ㊐ヒ
소전 초서 속자 脾 자해 ① 지라. 오장(五臟)의 하나로, 위(胃)의 왼쪽이나 뒤쪽에 있는 림프계 기관. 〔呂氏春秋〕祭先脾제선비. ② 허벅다리. ＝髀.
脾胃(비위) ①비장과 위. ②國㉠사물에 대하여 좋고 언짢음을 느끼는 기분. ㉡아니꼽고 싫은 것을 잘 참는 힘.
脾臟(비장) 지라.

8 ⑫【腊】 ① 포 석 陌 ② 납향 랍 合
㊥xī, là ㊐セキ, ロウ
초서 자해 ① ❶포. 〔易經〕噬腊肉서석육. ❷심하다, 혹독하다. 〔國語〕味厚寔腊毒미후식석독. ② 납향. ≒臘.

8 ⑫【脣】 ① 입술 순 眞 ② 꼭 맞을 문 吻
㊥chún, wěn ㊐シュン, ブン
자해 ① 입술. ＝脣. ② 꼭 맞다. ＝脗.

8 ⑫【腎】肾 콩팥 신 軫
인명 2급 ㊥shèn ㊐ジン
소전 초서 자해 ❶콩팥. ❷단단하다.
腎氣(신기) ①신장의 기능. ②남성의 정력(精力). 勢氣(세기).
腎囊(신낭) 불알.
腎腸(신장) ①콩팥과 창자. ②진심(眞心).
腎臟(신장) 오장의 하나. 몸 안의 노폐물을 오줌으로 내보내는 기관. 콩팥.
腎虛(신허) 신기(腎氣)가 허약한 병.
◨ 肝腎간신, 海狗腎해구신.

8 ⑫【腋】 겨드랑이 액 陌
인명 1급 ㊥yè ㊐エキ
소전 자해 겨드랑이. 〔莊子〕赴水則接腋持頤부수즉접액지이.
腋氣(액기) 암내. 겨드랑이에서 나는 노린 냄새. 腋臭(액취).
腋汗(액한) 겨드랑이에서 나는 땀. 곁땀.

8 ⑫【腕】 팔 완 翰
인명 1급 ㊥wàn ㊐ワン
초서 자해 팔. ㉮팔뚝. ㉯손목.
腕骨(완골) 손목의 뼈. 손목의 관절을 구성하는 여덟 개의 작은 뼈.
腕力(완력) ①팔의 힘. ②육체적으로 억누르는 힘. ③운필(運筆)하는 힘.
腕章(완장) 팔에 두르는 표장.
◨ 手腕수완, 扼腕액완, 玉腕옥완.

8 ⑫【腆】 두터울 전 銑
㊥tiǎn ㊐テン
소전 초서 자해 ❶두텁다. 〔春秋左氏傳〕不腆敝邑부전폐읍. ❷좋다, 선(善)하다. 〔儀禮〕辭無不腆사무부전. ❸이르다. 〔書經〕殷小腆은소전.

8 ⑫【脹】胀 ① 배부를 창 本장 漾 ② 창자 장 陽
인명 1급 ㊥zhàng, cháng ㊐チョウ
참고 인명용 음은 '창'이다.
초서 자해 ① 배부르다, 부풀다. ② 창자.
脹滿(창만) ①배가 부름. 배가 불룩해짐. ②배가 몹시 팽창하는 병.
◨ 膨脹팽창.

9 ⑬【腳】 脚(1033)의 본자

9 ⑬【腱】 힘줄 밑동 건 願

인명 1급 ㊥jiàn ㊐ケン

초서 動자 䐙 자해 ❶힘줄 밑동. ❷큰 힘줄. 〔楚辭〕肥牛之腱비우지건, 臑若芳些이약방사.

9 ⑬【腦】脳 뇌 뇌 ㊍노 晧

고등 인명 3Ⅱ급 ㊥nǎo ㊐ノウ

필순 ⺼ 月 月' 月⺕ 月⺕ 月⺕ 腦 腦 腦 腦

소전 초서 동자 䐉 속자 脑 자원 會義. 肉＋巛＋囟→腦. 머리카락〔巛〕 아래에 있는 머리〔囟〕, 곧 '뇌'라는 뜻을 나타낸다.

자해 ❶뇌. 〔戰國策〕王腦塗地왕뇌도지. ❷머리, 머리통. 〔五代史〕市人爭破其腦시인쟁파기뇌. ❸마음, 정신. 〔陸機·書〕痛心拔腦통심발뇌.

腦蓋(뇌개) 뇌를 둘러싼 골격. 頭蓋骨(두개골).
腦力(뇌력) 생각하는 힘.
腦裏(뇌리) 머릿속.
腦死(뇌사) 뇌의 기능이 완전히 정지되어 있는 상태.
腦髓(뇌수) 대뇌·소뇌·연수(延髓)의 총칭. 머릿골. 뇌.
腦炎(뇌염) 뇌의 염증.
腦漿(뇌장) 뇌수(腦髓) 속의 점액(粘液). 뇌척수액.
◨ 肝腦간뇌, 大腦대뇌, 頭腦두뇌.

9 ⑬【腯】 살찔 돌 月

㊥tú ㊐トツ

소전 초서 자해 ❶살찌다, 짐승 따위가 살찌다. 〔春秋左氏傳〕牲牷肥腯생전비돌. ❷달아나다. 〔禮記〕微子舍其孫腯미자사기손돌.

9 ⑬【腹】 배 복 屋

고등 인명 3Ⅱ급 ㊥fù ㊐フク

필순 ⺼ 月 月' 月⺈ 肑 脜 脜 腹 腹 腹

소전 초서 자원 形聲. 肉＋复→腹. '复(복)'이 음을 나타낸다.

자해 ❶배. ㉮배. ㉯창자. 〔莊子〕偃鼠飮河언서음하, 不過滿腹불과만복. ㉰마음, 충심(衷心). ㉱아이를 배다. 〔漢書〕有遺腹子煖유유복자난. ❷두텁다. 〔禮記〕水澤腹堅수택복견. ❸안다. 〔詩經〕出入腹我출입복아.

腹腔(복강) 척추동물의 배 안.
腹稿(복고) 시문(詩文)을 짓거나 연설을 할 때 미리 마음속으로 그 초(草)를 잡는 일.
腹背(복배) ①배와 등. ②앞과 뒤. 근접(近接)함의 비유. ③가까운 친척.
腹部(복부) 배 부분.
腹誹(복비) 입 밖에 내지는 않으나 마음속으로 비방함.
腹心(복심) ①배와 가슴. 心腹(심복). ②뜻이 같고 서로 의지할 수 있는 사람. 매우 친한 사람. ③진심(眞心). 참마음.
腹心之疾(복심지질) 배 속의 무거운 병. 구제할 수 없는 우환(憂患).
腹案(복안) 마음속에 품고 있는 생각.
腹痛(복통) ①배의 통증. ②원통하고 답답함.
◨ 鼓腹고복, 空腹공복, 口腹구복, 胸腹흉복.

9 ⑬【腺】 샘 선 霰

인명 1급 ㊥xiàn ㊐セン

초서 자해 샘. 생물체 안에서 분비 작용을 하는 기관.

腺病(선병) 임파선·편도선 등에 생기는 병.

9 ⑬【腥】 비릴 성 靑

인명 ㊥xīng ㊐セイ

소전 초서 자해 ❶비리다. ❷돼지 살에 생긴 사마귀 따위의 군살. 〔周禮〕豕盲眡而交睫시맹지이교첩, 腥성. ❸기름. 〔周禮〕膳膏腥선고성. ❹날고기. 〔論語〕君賜腥군사성, 必熟而薦之필숙이천지.

腥羶(성전) ①비린내와 누린내. ②외국인을 욕하여 이르는 말. 羶腥(전성).
腥臊(성조) ①비림. 비린내가 남. ②더러움.
腥臭(성취) 비린내.
腥風(성풍) ①피비린내가 풍기는 바람. ②살벌한 기운이나 분위기.

9 ⑬【腰】 허리 요 蕭

고등 인명 3급 ㊥yāo ㊐ヨウ

필순 ⺼ 月 月' 月⺈ 肟 肟 腰 腰 腰 腰

초서 자원 會意·形聲. 肉＋要→腰. 사람이 허리를 두 손으로 받치고 있는 모습을 본뜬 '要'가 '허리'를 뜻하였으나, 뒤에 '요구하다'의 뜻으로 가차되자, 허리의 뜻으로는 '肉' 자를 더한 '腰' 자를 새로 만들어 썼다. '要(요)'가 음을 나타낸다.

자해 ❶허리. 〔後漢書〕楚王好細腰초왕호세요,

肉 9획

宮中多餓死궁중다아사. ❷허리에 띠다. 〔梁簡文帝·七勵〕緣腰白玉연요백옥.
腰間(요간) 허리춤.
腰劍(요검) 칼을 허리에 참.
腰鼓(요고) 장구.
腰帶(요대) 허리띠.
腰輿(요여) 國장례 후에 혼백과 신주를 모시고 돌아오는 작은 가마. 靈輿(영여).
腰折(요절) ①허리가 꺾어짐. ②몹시 우스워서 허리가 꺾어질 듯함. 腰絕(요절).
腰斬(요참) 허리를 자르던 형벌.
腰痛(요통) 허리가 아픈 병.
腰下(요하) 허리의 언저리.
◨ 細腰세요, 折腰절요.

9 ⑬【腴】 아랫배 살찔 유 虞 㬂

㊥yú ㊐ユ

소전 초서 속자 腴 자해 ❶아랫배에 살이 찌다. 〔論衡〕桀紂之君걸주지군, 垂腴尺餘수유척여. ❷살쪄서 기름진 고기. 〔南史〕膳無鮮腴선무선유. ❸땅이 걸다, 땅이 기름지다. 〔南齊書〕田甚肥腴전심비유.

9 ⑬【腸】肠 창자 장 陽

고등 인명 4급 ㊥cháng ㊐チョウ

필순 丿 月 月' 月'' 月'' 胆 胆 腸 腸 腸

소전 초서 속자 膓 자원 形聲. 肉+昜→腸. '昜(양)'이 음을 나타낸다.
자해 ❶창자. 〔素問〕大腸者대장자, 傳道之官전도지관, 變化出焉변화출언, 小腸者소장자, 受盛之官수성지관, 化物出焉화물출언. ❷마음, 충심(衷心). 〔南史〕剛腸似直강장사직.
腸骨(장골) ①허리 부분을 이루고 있는 뼈. ②배. ③마음.
腸肚相連(장두상련) 창자와 배가 서로 잇닿음. 협력하여 일을 함.
腸胃(장위) ①창자와 위. ②아주 요긴한 곳.
◨ 灌腸관장, 斷腸단장, 大腸대장, 小腸소장, 心腸심장, 胃腸위장, 脫腸탈장, 肺腸폐장.

9 ⑬【腫】肿 부스럼 종 腫

인명 1급 ㊥zhǒng ㊐ショウ

소전 초서 자해 ❶부스럼, 종기. ❷부증(浮症).
腫氣(종기) 큰 부스럼.
腫瘍(종양) 세포가 병적으로 불어나 쓸모없는 덩어리를 이루는 병증.
腫脹(종창) 종기 같은 것이 생겨서 살갗이 부어 오름.
◨ 浮腫부종.

9 ⑬【腠】 살결 주 宥

㊥còu ㊐ソウ

초서 자해 살결. 〔素問〕病有在毫毛腠理者병유재호모주리자.
腠理(주리) ①살갗의 결. 살결. ②진액(津液)이 스며 나오는 곳.

9 ⑬【腷】 답답할 픽 本벽 職

㊥bì ㊐ヒョク

초서 자해 답답하다, 울적하다. 〔李華·文〕腷臆誰訴픽억수소.

10 ⑭【膈】 흉격 격 陌

인명 1급 ㊥gé ㊐カク

초서 자해 ❶흉격(胸膈). 심장과 지라의 사이. ❷종틀. 종을 거는 틀. 〔史記〕懸一鐘현일종, 尙拊膈상부격.

10 ⑭【膏】 1살찔 고 豪 2기름 칠 고 號

인명 1급 ㊥gāo, gào ㊐コウ

소전 초서 자해 1❶살찌다. 〔國語〕不能爲膏불능위고. ❷살진 고기, 비육(肥肉). 〔國語〕夫膏粱之性부고량지성, 難正也난정야. ❸기름진 땅. ❹기름. 2기름을 치다. 〔韓愈·序〕膏吾車兮고오거혜.
膏粱(고량) ①살진 고기와 좋은 곡식. 美食(미식). ②삼대(三代)에 걸쳐 삼공(三公)을 지낸 집안. 부귀한 집안.
膏粱珍味(고량진미) 기름진 고기와 좋은 곡식으로 만든 맛있는 음식.
膏壤(고양) 기름진 땅.
膏雨(고우) 곡식을 잘 자라게 하는, 제때에 내리는 비. 滋雨(자우).
膏澤(고택) 은택(恩澤). 은혜(恩惠).
膏土(고토) ①아편(鴉片). '膏'는 불에 구운 아편, '土'는 정제(精製)하지 않은 아편. ②기름진 땅.
膏汗(고한) 비지땀.
膏血(고혈) ①기름과 피. ②백성들이 애써 얻은 이익(利益)이나 재산.
膏肓(고황) ①심장과 횡격막의 사이. '膏'는

심장의 아랫부분, '肓'은 횡격막의 윗부분. 이 사이에 병이 들면 고치기 어렵다고 함. 명치. ②고치기 어려운 병폐. 굳어진 습벽(習癖).

◨ 硬膏경고, 軟膏연고, 脂膏지고.

10 ⑭【膂】 등골뼈 려 語

㊥lǔ ㊐リョ

초서 동자 膐 자해 ❶등골뼈. 〔書經〕 作股肱心膂작고굉심려. ❷근육의 힘.

膂力(여력) 등뼈의 힘. 체력(體力).

10 ⑭【膋】 발기름 료 蕭

㊥liáo ㊐リョウ

초서 동자 膫 자해 발기름. 짐승의 뱃가죽 안쪽에 낀 기름.

10 ⑭【膊】 포 박 藥

인명 1급 ㊥bó, liè ㊐ハク

소전 초서 자해 ❶포. 고기를 말린 것. ❷책형(磔刑)하다. 〔春秋左氏傳〕 殺而膊諸城上살이박저성상. ❸어깨뼈. ≒髆.

10 ⑭【膀】 오줌통 방 陽

인명 1급 ㊥páng ㊐ボウ

소전 초서 자해 오줌통. ¶ 膀胱방광.

膀胱(방광) 콩팥에서 흘러나온 오줌을 저장하였다가 요도를 통하여 배출시키는 배설 기관. 오줌통.

10 ⑭【膃】膃 살질 올 月

㊥wà ㊐オツ

초서 속자 膃 자해 ❶살지다, 살지고 부드럽다. ❷물개.

膃肭臍(올눌제) ①물개. 海狗(해구). ②물개의 음경과 고환을 한방에서 이르는 말. 해구신(海狗腎).

10 ⑭【腿】腿 넓적다리 퇴 賄

인명 1급 ㊥tuǐ ㊐タイ

초서 자해 ❶넓적다리. ❷다리 살. 넓적다리의 뒤쪽 살과 장딴지의 살.

腿骨(퇴골) 넓적다리의 뼈.

◨ 大腿대퇴, 小腿소퇴, 下腿하퇴.

11 ⑮【膠】胶 아교 교 肴

인명 2급 ㊥jiāo, jiǎo ㊐コウ

소전 초서 자해 ❶아교, 갖풀. 〔周禮〕 膠也者교야자, 以爲和也이위화야. ❷아교로 붙이다. 〔史記〕 膠柱鼓瑟교주고슬. ❸끈끈하다. 〔莊子〕 置杯焉則膠치배언즉교.

膠匣(교갑) 먹기 어려운 가루약을 넣어 쉽게 삼키게 하는, 아교로 만든 작은 갑.

膠固(교고) ①아교로 붙인 것처럼 단단함. ②고루하고 변통성이 없음.

膠柱鼓瑟(교주고슬) 거문고의 줄을 괴는 기러기발을 갖풀로 붙이고 거문고를 탐. 규칙에 구애되어 변통을 알지 못함.

膠着(교착) ①아주 단단히 달라붙음. ②어떤 상태가 고정되어 조금도 변동이 없음.

膠漆(교칠) ①아교와 옻. ②교분이 돈독함.

◨ 阿膠아교, 漆膠칠교.

11 ⑮【膢】 제사 이름 루 虞

㊥lǘ ㊐ル

소전 초서 자해 제사 이름. ㉮설달에 음식신(飮食神)에게 지내는 제사. ㉯사냥 제사. 입추날에 천자가 지낸다. ㉰곡신(穀神)에게 햇곡식을 바쳐 지내는 제사.

11 ⑮【膜】 1 막 막 藥 2 오랑캐 절 모 虞

인명 2급 ㊥mó ㊐マク

소전 초서 참고 인명용 음은 '막'이다.

자해 1 막(膜), 얇은 꺼풀. 〔素問〕 膜原之下막원지하. 2 오랑캐의 절.

膜拜(모배) 두 손을 들고 땅에 꿇어앉아 절함.

11 ⑮【膚】肤 살갗 부 虞

인명 2급 ㊥fū ㊐フ

소전 초서 동자 臚 자해 ❶살갗. ㉮피부. 〔論語〕 膚受之愬부수지소. ㉯나무의 겉껍질. 〔後漢書〕 用樹膚麻頭及敝布魚網용수부마두급폐포어망, 以爲紙이위지. ❷고기. ❸크다, 넓다. 〔孟子〕 殷士膚敏은사부민. ❹아름답다. 〔詩經〕 公孫碩膚공손석부.

膚見(부견) 피상적인 관찰. 천박한 견해.

肉 11획

膚理(부리) 살결.
膚受(부수) ①피상적으로만 전수(傳受)하여 충분히 이해하지 못하는 일. ②살을 찌르는 것같이 통절(痛切)함.
膚受之愬(부수지소) ①살을 찌르는 것 같은 통절한 하소연. ②몸에 때가 끼는 것처럼, 알지 못하는 사이에 남을 참언(讒言)하는 일.
膚淺(부천) 생각이 얕음.
膚學(부학) 얕은 학문. 천박한 학문.
◨ 肌膚기부, 玉膚옥부, 雪膚설부, 皮膚피부.

11 ⑮ 【膝】 무릎 슬 質
인명 1급 ㊥xī ㊐シツ
초서 동자 [illegible] 속자 膝 속자 厀 자해 무릎. 〔莊子〕左手據膝좌수거슬.
膝甲(슬갑) 國겨울에 추위를 막기 위하여 무릎까지 내려오게 입는 옷.
膝甲盜賊(슬갑도적) 國남의 글귀를 조금 손질하여 제 것으로 하는 사람.
膝癢搔背(슬양소배) 무릎이 가려운데 등을 긁음. 의론 따위가 이치에 맞지 않음.
膝退(슬퇴) 무릎을 꿇은 채 뒤로 물러감.
膝下(슬하) ①무릎 아래. ②어버이의 곁. ③자식을 두어 대를 이어야 할 처지.
膝行(슬행) ①무릎을 꿇고 걸음. ②매우 두려워함. 膝步(슬보).

11 ⑮ 【膓】 腸(1038)의 속자

11 ⑮ 【膣】 새살 돋을 질 質
인명 1급 ㊥zhì ㊐チツ
초서 자해 ❶새살이 돋다. ❷여자의 생식기, 음문(陰門).

12 ⑯ 【膩】 腻 기름질 니 寘
㊥nì ㊐ジ
소전 초서 동자 [illegible] 자해 ❶기름지다. ❷기름, 스며 나온 기름.
膩粉(이분) 매끄럽고 윤이 나는 분.

12 ⑯ 【膰】 ①제사 고기 번 元 ②큰 배 반 寒
㊥fán, pán ㊐ヘン
초서 자해 ①제사 고기. 종묘·사직의 제사에 쓰는 익힌 고기. 〔春秋穀梁傳〕生曰脤생왈신, 熟曰膰숙왈번. ②큰 배〔腹〕.
膰肉(번육) 종묘(宗廟)의 제사에 쓰는 익힌 고기. 燔肉(번육).

12 ⑯ 【膳】 반찬 선 銑
인명 1급 ㊥shàn ㊐ゼン
소전 초서 동자 饍 자해 ❶반찬. ❷드리다, 찬을 차리어 권하다. 〔禮記〕膳於君선어군.
膳物(선물) 선사로 물건을 줌. 또는 그 물건.
◨ 供膳공선, 素膳소선, 珍膳진선, 饗膳향선.

12 ⑯ 【膵】 췌장 췌 紙
인명 1급 ㊥cuì ㊐スイ
초서 자해 췌장(膵臟).
膵臟(췌장) 위 뒤쪽에 있는 가늘고 긴 모양의 장기. 이자.

12 ⑯ 【膨】 부풀 팽 庚 敬
인명 1급 ㊥péng ㊐ボウ
초서 자해 부풀다.
膨大(팽대) 부풀어 점점 커짐.
膨脹(팽창) ①부풀어 탱탱함. ②물체가 온도의 상승에 따라, 그 체적이 늘어나는 현상. ③발전하여 늘어남.
膨膨(팽팽) 한껏 부푼 모양.

13 ⑰ 【臉】 脸 ①뺨 검 琰 ②국 첨 鹽
㊥liǎn ㊐ケン
초서 자해 ①뺨. 눈의 아래, 턱의 위. ②국, 국물.

13 ⑰ 【膿】 脓 고름 농 冬
인명 1급 ㊥nóng ㊐ノウ
초서 자해 ❶고름. 〔史記〕後八日嘔膿死후팔일구농사. ❷짓무르다. 〔齊民要術〕草悉膿死초실농사.
膿瘍(농양) 고름이 생긴 종양.
膿汁(농즙) 고름. 膿液(농액).
膿血(농혈) 피고름.

13 ⑰ 【膽】 胆 쓸개 담 感
인명 2급 ㊥dǎn ㊐タン

소전 [seal] 초서 [cursive] 속자 胆 자해 ❶쓸개. 〔史記〕 置膽於坐치담어좌, 坐臥卽仰膽좌와즉앙담. ❷담력. 〔蜀志〕 子龍一身자룡일신, 都是膽也도시담야. ❸닦다, 문지르다. 〔禮記〕 桃曰膽之도왈담지.

膽囊(담낭) 간장(肝臟)에서 분비하는 담즙(膽汁)을 일시 저장·농축하는 주머니. 쓸개.

膽大心小(담대심소) 대담하면서도 세심하게 주의함. 담력은 크고, 주의는 섬세함.

膽略(담략) ①담력(膽力)과 지략. ②대담한 책략(策略).

膽力(담력) 사물을 두려워하지 않는 기력. 膽氣(담기).

膽石(담석) 담낭(膽囊)이나 수담관(輸膽管) 안에 생기는 결석(結石). 황달(黃疸)의 원인이 되며 심한 통증을 느낌.

膽勇(담용) 대담하고 용감함.

膽汁(담즙) 간장(肝臟)에서 분비되는 쓴 맛의 소화액.

膽汁質(담즙질) 사람의 기질(氣質)의 하나. 의지가 굳고 결단력이 있는 반면에 고집이 세고 거만함.

膽智(담지) ①담력과 지혜. ②충분한 재주. 넘치는 재지(才智).

◨ 肝膽간담, 落膽낙담, 大膽대담, 勇膽용담, 熊膽웅담, 壯膽장담.

13 ⑰ 【臀】 볼기 둔 阮

인명 1급 ㊥tún ㊐テン

초서 [cursive] 동자 臋 자해 ❶볼기. 〔易經〕 臀無膚둔무부. ❷밑, 바닥. 〔周禮〕 其臀一寸기둔일촌.

臀部(둔부) 엉덩이. 볼기 언저리.

臀肉(둔육) 볼기의 살. 볼깃살.

13 ⑰ 【臘】 제사 이름 랍 㕎

㊥là ㊐ロウ

자해 제사 이름, 납향. ＝臘.

臘月(납월) 음력 섣달. 臘月(납월).

13 ⑰ 【臂】 팔 비 寘

인명 1급 ㊥bì ㊐ヒ

소전 [seal] 초서 [cursive] 자해 ❶팔. 〔呂氏春秋〕 交臂而債교비이분. ❷쇠뇌 자루.

臂力(비력) 팔의 힘. 팔심. 腕力(완력).

臂膊(비박) 양쪽 팔뚝. 팔의 어깨 가까운 쪽을 '上膊', 손 가까운 쪽을 '下膊' 이라 함.

臂不外曲(비불외곡) 國팔이 들이굽지 내굽지는 않음. 자기와 가까운 사람에게 인정이 더 쏠리거나, 자기에게 이익이 되게 하는 것이 사람의 상정임.

臂使(비사) 팔이 손가락을 부리듯이 사람을 마음대로 부림.

13 ⑰ 【膸】 골수 수 紙

㊥suǐ ㊐ズイ

자해 ❶골수, 뼛속 기름. ＝髓. ❷뼛속 구멍.

13 ⑰ 【臆】 1 가슴 억 職 2 마실 것 의 紙

인명 1급 ㊥yì ㊐オク

초서 [cursive] 동자 肊 참고 인명용 음은 '억'이다.

자해 1 가슴. 〔潘岳·賦〕 丹臆蘭粹단억란쵀. 2 마실 것, 단술. 〔周禮〕 漿水臆장수의.

臆見(억견) 자기 혼자만의 생각.

臆決(억결) 억측하여 결정함. 臆斷(억단).

臆塞(억색) 가슴이 막힘. 몹시 원통하거나 억울하여 가슴이 답답함.

臆說(억설) 근거 없이 제멋대로 추측하거나 억지를 부려 하는 말.

臆測(억측) 제멋대로 짐작함.

臆度(억탁) 제멋대로 추측함.

◨ 胸臆흉억.

13 ⑰ 【臃】 부스럼 옹 冬 腫

㊥yōng ㊐ヨウ

초서 [cursive] 동자 [variant] 동자 癰 자해 부스럼. 〔史記〕 色將發臃색장발옹.

13 ⑰ 【膺】 가슴 응 蒸 徑

인명 1급 ㊥yīng ㊐ヨウ

소전 [seal] 초서 [cursive] 자해 ❶가슴. 〔史記〕 大膺大胷대응대흉, 修下而馮수하이빙. ❷안다. 〔國語〕 膺保明德응보명덕. ❸받다. ❹가깝다, 가까이하다. 〔禮記〕 執箕膺揭집기응갈. ❺뱃대끈. 〔詩經〕 虎韔鏤膺호창루응.

膺受(응수) 받음. 받아들임.

膺懲(응징) ①외적(外敵)을 토벌함. '膺'은 '當'으로 '당하다'를, '懲'은 '艾'로 '징계'를 뜻함. ②잘못을 뉘우치도록 징계함.

13 ⑰ 【臊】 누릴 조 豪

㊥sāo ㊐ソウ

소전 [篆] 초서 [草] 동자 𦢊 동자 䏟 자해 ❶누리다, 누린내 나다. ❷돼지·개의 기름. 〔周禮〕夏行腒鱐하행거숙, 膳膏臊선고조.

臊聲(조성) 나쁜 평판.

◨ 腥臊성조.

13 ⑰【膾】脍 회 회 泰

인명 1급 ㊥kuài ㊐カイ

소전 [篆] 초서 [草] 자해 ❶회, 잘게 저민 날고기. 〔論語〕膾不厭細회불염세. ❷회를 치다. 〔詩經〕炰鼈膾鯉포별회리.

膾炙(회자) ①날고기의 회와 구운 고기. ②널리 사람들에게 칭찬을 받는 일.

膾殘魚(회잔어) 뱅어〔白魚〕의 딴 이름. 故事 월(越)나라 왕 구천(句踐)이 회계(會稽)에서 물고기 회를 먹고 있을 때, 오(吳)나라 병사가 이르렀음을 듣고 남은 회를 강에 버린 것이 화하여 뱅어가 되었다는 고사에서 온 말.

◨ 魚膾어회, 肉膾육회.

14 ⑱【臑】 1팔꿈치 노 號 2삶을 이 支

㊥nào, ér ㊐ドウ

소전 [篆] 초서 [草] 자해 1 ❶팔꿈치. ❷팔뚝. 2 삶다. =胹.

臑骨(노골) 희생의 앞다리 상부의 뼈.

14 ⑱【臓】 膩(1040)와 동자

14 ⑱【臏】膑 종지뼈 빈 軫 眞

㊥bìn ㊐ヒン

초서 [草] 자해 ❶종지뼈. =髕. ❷정강이뼈.

14 ⑱【臓】 臟(1042)의 속자

14 ⑱【臍】脐 배꼽 제 齊

인명 ㊥qí ㊐セイ

소전 [篆] 초서 [草] 동자 䐡 동자 齋 자해 ❶배꼽. 〔後漢書〕然火置卓臍中연화치탁제중. ❷과실 꼭지의 반대쪽 오목한 곳, 또는 볼록한 곳.

臍帶(제대) 탯줄.

臍下丹田(제하단전) 배꼽 밑 한 치 반쯤 되는 곳. 정신과 호흡을 항상 이곳에 응집(凝集)시키면, 건강을 유지하며 용기를 가지게 된다고 함. 丹田(단전). 下丹田(하단전).

◨ 噬臍서제, 臘肭臍올눌제.

15 ⑲【臘】腊 납향 랍 合

인명 1급 ㊥là ㊐ロウ

소전 [篆] 초서 [草] 속자 臈 자해 ❶납향. 동지 뒤 셋째 술일(戌日)에 선조·백신(百神)에게 고하는 제사. =臈. 〔春秋左氏傳〕虞不臘矣우불랍의. ❷섣달. 〔梅堯臣·詩〕正月東都雪정월동도설, 多于舊臘時다우구랍시.

臘鼓(납고) 납제(臘祭) 때에 치던 북. 마을 사람들이 북을 치고, 금강역사(金剛力士)의 옷차림을 하여 역병(疫病)을 쫓아내는 행사.

臘月(납월) 음력 섣달.

臘肉(납육) ①소금에 절인 고기. ②㉠납향에 쓰는 산짐승의 고기. ㉡납일에 잡은 산짐승의 고기.

臘日(납일) ①동지(冬至) 뒤 셋째 술일(戌日). 납향(臘享)하는 날. ②國동지 뒤 셋째 미일(未日). 臘平(납평).

臘祭(납제) 납일(臘日)에 백신(百神)에게 지내는 제사.

臘享(납향) 國납일에 1년간의 농사 형편과 그 밖의 일들을 여러 신에게 고하는 제사.

◨ 舊臘구랍, 初臘초랍.

16 ⑳【臚】 살갗 려 魚

㊥lú ㊐リョ

소전 [篆] 초서 [草] 자해 ❶살갗. 〔抱朴子〕淳于能解臚以理腦순우능해려이리뇌. ❷펴다, 순서대로 늘어놓다. ❸전하다. 〔國語〕風聽臚言於市풍청려언어시.

臚列(여열) 진열하거나 나열함.

臚唱(여창) 전상(殿上)에서 진사(進士) 합격자를 호명하여 들어오게 하던 일.

16 ⑳【臙】胭 연지 연 先

㊥yān ㊐エン

초서 [草] 자해 ❶연지. ❷목, 목구멍.

臙脂(연지) 여자가 화장할 때 양쪽 뺨에 찍는 붉은 안료(顔料).

18 ㉒【臟】脏 오장 장 漾

고등 인명 3Ⅱ급 ㊥zàng ㊐ゾウ

肉 13획

필순 月 月艹 月芹 月荘 月荘 月藏 月藏 臟 臟

초서 속자 臓 고자 脏 자원 形聲. 肉+藏→臟. '藏(장)'이 음을 나타낸다.

자해 **오장, 내장.**

臟器(장기) 내장의 여러 기관.

臟腑(장부) ①오장(五臟)과 육부(六腑). 곧, 내장의 총칭. '五臟'은 폐(肺)·심(心)·간(肝)·신(腎)·비(脾)이며, '六腑'는 대장(大腸)·소장(小腸)·위(胃)·담(膽)·방광(膀胱)·삼초(三焦)임. ②마음속. 胸中(흉중).

■ 肝臟간장, 內臟내장, 脾臟비장, 腎臟신장, 心臟심장, 五臟오장, 膵臟췌장.

19 **【臠】** ①저민 고기 련 銑 ②여윈 모양 란 寒
㉕

㊥luán ㊐レン

소전 초서 자해 **①저민 고기.** 〔晉書〕 卿莫近禁臠경막근금련. **②여윈 모양.** 〔詩經〕 棘人臠臠兮극인란란혜.

臠肉(연육) ①저민 고기. ②적은 분량.

臣部 신하 신

0 **【臣】** 신하 신 眞
⑥

중학 인명 5급 ㊥chén ㊐シン

필순 一 丅 丂 丂 丂 臣

소전 초서 자원 象形. 임금 앞에서 머리를 숙이고 있는 모양을 본뜬 글자. 임금을 섬기는 사람, 곧 '신하'라는 뜻을 나타낸다.

자해 **❶신하.** 〔國語〕 事君不貳사군불이, 是謂臣시위신. **❷신하가 되어 섬기다.** 〔管子〕 諸侯臣伏제후신복. **❸하인.** 〔書經〕 臣妾逋逃신첩포도. **❹백성.** 〔詩經〕 率土之濱솔토지빈, 莫非王臣막비왕신.

臣道(신도) 신하로서 지켜야 할 도리.

臣僚(신료) 많은 벼슬아치.

臣民(신민) ①신하와 백성. ②모든 인민(人民). 臣庶(신서).

臣服(신복) 신하가 되어 복종함.

臣僕(신복) ①신하(臣下). ②부림을 당하는 사람. '臣'은 옛날 육형(肉刑)에 해당하는 죄인으로 노예로 부림을 받은 자, 또는 제후(諸侯)를 섬기는 자를, '僕'은 경대부(卿大夫)를 섬기는 자를 뜻함.

臣事(신사) 신하로서 섬김. 臣仕(신사).

臣子(신자) ①신하. ②가신(家臣)과 자식.

臣節(신절) 신하로서 지켜야 할 절개.

臣從(신종) ①신하가 뒤따름. ②신하로서 복종함. 臣服(신복). 臣屬(신속).

臣妾(신첩) ①신하와 소실. ②國여자가 임금에 대하여 자기를 낮추어 일컫는 말.

臣忠(신충) 신하가 충성을 다함.

臣下(신하) 임금을 섬기어 벼슬하는 사람.

■ 家臣가신, 孤臣고신, 功臣공신, 君臣군신, 近臣근신, 亂臣난신, 名臣명신, 使臣사신, 逆臣역신, 忠臣충신, 賢臣현신, 勳臣훈신.

2 **【臥】** 엎드릴 와 箇
⑧

중학 인명 3급 ㊥wò ㊐ガ

필순 一 丅 丂 丂 丂 臣 臣 臥

소전 초서 속자 卧 자원 會意. 臣+人→臥. 사람〔人〕이 엎드려〔臣〕 쉰다는 뜻을 나타낸다.

자해 **❶엎드리다. ㉮엎드려 자다, 안석에 기대어 자다.** 〔孟子〕 隱几而臥은궤이와. **㉯누워 자다.** 〔禮記〕 則唯恐臥즉유공와. **❷잠자리.** 〔後漢書〕 出入臥內출입와내.

臥具(와구) 이부자리.

臥內(와내) 침실 안. 잠자리.

臥龍(와룡) ①누워 있는 용. ②영웅이 아직 때를 만나지 못하고 숨어 있음. ③간웅(姦雄)이 잠복함.

臥房(와방) 잠자는 방. 寢室(침실).

臥病(와병) 병으로 누워 있음.

臥牀(와상) ①잠자리. 침대. 臥床(와상). 臥榻(와탑). ②잠자리에 들어 잠. ③병으로 누워 있음. 臥褥(와욕).

臥席(와석) 병석에 누움.

臥食(와식) 일하지 않고 놀고 먹음.

臥薪嘗膽(와신상담) 섶에 누워 자고 쓸개를 맛봄. 원수를 갚으려고 온갖 괴로움을 참고 견딤. 故事 춘추 때 오(吳)나라 왕 부차(夫差)는 따가운 섶나무 위에 누워 자며 월(越)나라에 복수할 것을 잊지 않으려고 애썼고, 월나라 왕 구천(句踐)은 쓰디쓴 쓸개를 맛보며 오나라에 복수할 일을 잊지 않으려 했다는 고사에서 온 말.

臥遊(와유) 누워서 유람(遊覽)함. 집에서 명승이나 고적의 그림을 보며 즐김.

臥治(와치) 누워서 다스림. 정치를 간략(簡略)하게 하여 덕화(德化)로써 백성을 잘 다스림.

■ 高臥고와, 起臥기와, 病臥병와, 安臥안와, 仰臥앙와, 醉臥취와, 橫臥횡와.

5 ⑪【䑗】 藏(1099)의 고자

5 ⑪【臤】 밝을 진 軫

인명 ㊥zhěn ㊐シン

자해 밝다.

8 ⑭【臧】 ① 착할 장 陽 ② 곳간 장 漾

인명 ㊥zāng, cáng ㊐ゾウ

소전 초서 자해 ① ❶착하다. 〔詩經〕 何用不臧하용부장. ❷거두다. 〔管子〕 天子臧珠玉천자장주옥. ❸숨기다. 〔賈誼·文〕 遠濁世而臧원탁세이장. ❹종, 노복. ② ❶곳간, 저축(貯蓄). ≒藏. 〔漢書〕 出御府之臧출어부지장. ❷오장(五臟). ＝臟.

臧否(장부) ①좋음과 좋지 않음. 선악(善惡), 또는 선인과 악인. ②선악과 양부(良否)를 검토하여 그 가치와 타당성을 판정함.

臧獲(장획) 종. 노비(奴婢). '臧'은 남자 종, '獲'은 여자 종. 臧穀(장곡).

11 ⑰【臨】 临 ① 임할 림 侵 ② 곡할 림 沁

고등 인명 3Ⅱ급 ㊥lín ㊐リン

필순 一 ㄱ 彐 ♯ 臣 臣' 臣ᅳ 臨 臨 臨 臨

소전 초서 자원 會意. 臣＋品→臨. 사람(𠂉)이 여러 가지 물체(品)를 내려다보고(臣) 있다는 데서 '자세히 살피다'라는 뜻을 나타낸다.

자해 ① ❶임하다. ㉮내려다보다. 〔詩經〕 上帝臨女상제림녀. ㉯낮은 데로 향하여 대하다. 〔論語〕 臨之以莊則敬림지이장즉경. ❷전거(戰車). 적을 내려다볼 수 있도록 만든 수레. 〔詩經〕 與爾臨衝여이림충. ② 곡하다, 관(棺)에 곡하는 의례(儀禮). 〔春秋左氏傳〕 卜臨于大宮복림우대궁.

臨界(임계) 경계(境界).

臨哭(임곡) 영결식에 참례하여 곡(哭)함. 또는 그 곡.

臨機應變(임기응변) 그때그때의 사정과 형편을 보아 알맞게 그 자리에서 처리함.

臨迫(임박) 시기·사건 등이 가까이 닥쳐옴.

臨事(임사) 어떤 일을 하기에 이름.

臨床(임상) 병상에 임함. 실지로 환자를 접하여 병의 치료를 연구하는 일.

臨席(임석) 자리에 참석함.

臨時(임시) ①시기에 임함. ②정해진 때가 아닌 일시적인 기간.

臨戰(임전) 전쟁에 임함.

臨戰無退(임전무퇴) 세속오계(世俗五戒)의 하나. 전쟁에 나아가서는 물러서지 말아야 함.

臨眺(임조) 높은 곳에서 조망(眺望)함.

臨終(임종) ①죽음에 다다름. ②부모가 세상을 떠날 때 그 옆에서 모시고 있음.

臨池(임지) ①못에 이름. ②글씨 연습. 故事 후한(後漢)의 장지(張芝)가 못가에서 글씨 익히기에 몰두하여 못물이 새까맣게 되었다는 고사에서 온 말.

臨陣易將(임진역장) 개전(開戰)할 때 장수를 바꿈. 요긴한 시기에 임하여 익숙한 사람을 버리고 서투른 사람을 써서 일을 헛되이 함.

臨帖(임첩) 서첩(書帖)이나 화첩(畫帖)을 일일이 본떠서 쓰거나 그리는 일.

臨海(임해) 바다에 가까이 있음.

臨幸(임행) 임금이 지정된 곳으로 거둥하는 일. 臨御(임어).

臨況(임황) 귀인(貴人)이 자기 집을 찾아옴.

◼ 光臨광림, 登臨등림, 侍臨시림, 親臨친림.

自 部 스스로 자

0 ⑥【自】 스스로 자 寘

중학 인명 7급 ㊥zì ㊐ジ

필순 ′ 亻 ⺆ 白 自 自

소전 초서 고자 고자 자원 象形. 사람의 코를 본뜬 글자. 본래 코를 뜻하였으나 뒤에 '자기'의 뜻으로 가차되자, 코의 뜻으로는 畀를 더한 '鼻(비)' 자를 새로 만들어 썼다.

자해 ❶스스로, 몸소, 자기. 〔後漢書〕 織席自給직석자급. ❷~부터 하다, 말미암다. 〔詩經〕 自天子所자천자소. ❸좇다, 따르다. 〔孟子〕 天視自我民視천시자아민시.

自家(자가) ①자기의 집. ②자기.

自家撞着(자가당착) 같은 사람의 언행이 앞뒤가 맞지 않음.

自覺(자각) ①스스로 자기를 반성하여 깨달음. ②자기가 자신을 의식하는 작용. ③(佛)스스로 미망을 끊고 정법을 깨닫는 일.

自彊不息(자강불식) 스스로 노력하여 쉬지 아니함.

自激之心(자격지심) 제가 한 일에 대하여 스스로 미흡하게 여기는 마음.

自決(자결) ①스스로 자기의 진퇴를 결정함. ②자살(自殺).

自經(자경) 스스로 목매어 죽음.
自警(자경) 스스로 자기의 마음이나 언동(言動)을 경계하여 조심함.
自古(자고) 예로부터.
自顧(자고) 스스로 돌아봄. 반성함.
自愧(자괴) 스스로 부끄러워함.
自救(자구) 스스로 자신을 구제함.
自國(자국) 자기의 나라.
自潰(자궤) 저절로 무너짐.
自給(자급) 스스로 필요한 것을 마련해서 씀.
自矜(자긍) 스스로 자랑함.
自己(자기) 그 사람 자신.
自記(자기) ①자기가 겪은 일을 스스로 기록함. 手記(수기). ②자동 장치로 문자나 기호(記號)를 적음.
自多(자다) 스스로 영리하다고 여김.
自大(자대) 스스로 잘난 체함. 거만함.
自動(자동) 제 힘으로 움직임.
自得(자득) ①스스로 터득함. ②스스로 즐김. ③스스로 만족하게 여겨 뽐내며 우쭐거림. ④(佛)자기가 저지른 일의 과보(果報)를 자신이 받는 일. 自業自得(자업자득).
自量(자량) 스스로 헤아려 앎.
自勵(자려) 스스로 힘씀.
自力(자력) 자기 혼자의 힘.
自憐(자련) 스스로 자기를 가엾게 생각함.
自了(자료) 혼자 힘으로 일을 마침.
自立(자립) 자기의 힘으로 섬.
自慢(자만) 스스로 자랑하며 뽐냄.
自滅(자멸) 제 탓으로 자기가 멸망함.
自明(자명) 증명하지 않아도 저절로 명백함.
自鳴(자명) ①저절로 소리가 남. ②제풀에 울거나 울림.
自鳴鼓(자명고) 國외적이 침입하면 저절로 울리어 경보를 알린, 낙랑(樂浪)에 있었다는 전설의 북.
自明疏(자명소) 國죄과(罪過)가 없음을 스스로 변명하는 상소(上疏).
自刎(자문) 스스로 목을 찔러 죽음.
自反(자반) ①스스로 반성함. ②반절법(反切法)의 하나. '足亦'의 '跡', '矢引'의 '矧' 따위.
自白(자백) 스스로 비밀이나 범죄 사실을 털어놓음.
自伐(자벌) 자기의 공(功)을 드러내어 스스로 자랑함.
自服(자복) 범죄 사실을 자백하고 복종함.
自負(자부) 자기의 가치나 능력에 대하여 자신을 가지고 스스로 자랑으로 생각함.
自費(자비) 스스로 부담하는 비용.
自卑(자비) ①스스로 자기를 낮춤. ②낮은 곳에서부터 시작함.
自殺(자살) 스스로 목숨을 끊음.
自生(자생) 저절로 생겨나거나 자람.
自說(자설) 자기의 설을 주장함.
自省(자성) 스스로 반성함.
自疏(자소) 자기 변명을 함. 自解(자해).
自訴(자소) 자수하여 죄상을 밝힘.
自首(자수) 죄를 지은 사람이 스스로 수사 기관에 신고함.
自修(자수) 제 스스로 배워 익힘.
自手成家(자수성가) 國유산이 없는 사람이 자기의 힘으로 한 살림을 이룩함.
自肅(자숙) 스스로 행동을 삼감.
自習(자습) 스스로 익힘.
自勝(자승) 스스로 사욕(私慾)을 억제하여 이김. 克己(극기).
自繩自縛(자승자박) 자기 끈으로 자기 몸을 옭아 묶음. ㉠자기가 잘못하여 불행을 자초함. ㉡(佛)스스로 번뇌를 일으켜 괴로워함.
自身(자신) 제 몸. 자기.
自信(자신) 어떤 일을 해낼 수 있다고 믿음. 또는 그런 마음.
自新(자신) 스스로 마음을 고쳐 새롭게 함.
自失(자실) 자신을 의식하지 못하고 멍하게 정신이 나간 상태.
自我(자아) 자기 자신.
自愛(자애) 스스로 제 몸을 소중히 여김.
自業自得(자업자득) (佛)자기가 저지른 일의 과보를 자신이 받게 됨.
自如(자여) 마음이 흔들리지 않고 태연한 모양. 自若(자약).
自餘(자여) 넉넉하여 저절로 남음.
自然(자연) 인공을 가하지 않은 본디 그대로의 상태.
自營(자영) 자기 힘으로 경영함.
自慰(자위) 스스로 자신을 위로함.
自衛(자위) 자기 힘으로 스스로를 지킴.
自由(자유) 구속 받지 않고 자기 마음대로 하는 일.
自律(자율) 자기가 자신의 행동을 제어함.
自意(자의) 國자기 의사. 제 뜻.
自引(자인) ①스스로 물러남. ②스스로 겸양(謙讓)함. ③자살함. 自決(자결). ④國자기 허물을 자기가 들어 말함.
自認(자인) 스스로 인정함.
自任(자임) 자기의 임무(任務)로 떠맡음.
自恣(자자) ①제멋대로 굶. 방자함. ②(佛)하안거(夏安居)를 마칠 때까지, 온 승려들이 자기의 죄과를 참회하고 고백하여 다른 승려들과 함께 기쁨에 젖는 일.
自作(자작) 손수 만듦. 또는 그 물건.

自酌(자작) 손수 술을 따라 마심.
自作自受(자작자수) 스스로 저지른 악은 스스로 그 악과(惡果)를 받음.
自在(자재) ①속박이나 장애가 없는 일. ②(佛)마음이 번뇌의 속박에서 벗어나는 일.
自適(자적) 마음 내키는 대로 생활함.
自轉(자전) 스스로 돎.
自全之計(자전지계) 자신의 안전을 도모하는 계책.
自淨(자정) 저절로 깨끗하게 함.
自制(자제) 욕망·감정 등을 스스로 억제함.
自助(자조) ①남의 힘에 의존하지 않고 자력으로 일을 함. ②스스로 자기를 도움.
自尊(자존) ①스스로 자기 몸을 높임. 스스로 높은 사람인 체함. ②스스로 제 품위를 지킴.
自主(자주) 자신의 일을 스스로 처리함.
自重(자중) ①제 몸을 소중하게 여겨 매사에 신중함. ②언행을 조심하여 스스로의 인격을 훌륭하게 함.
自中之亂(자중지란) 같은 패 속에서 일어나는 싸움.
自持(자지) ①자기의 절조를 지킴. ②스스로 지님. ③자기를 높이 여김. ④제 몸을 지킴.
自進(자진) 스스로 나섬.
自盡(자진) ①스스로 제 목숨을 끊음. ②스스로 힘을 다함.
自責(자책) 스스로 자기를 책망함.
自處(자처) 스스로 그렇게 처신함.
自薦(자천) 자기가 자기를 천거함.
自請(자청) 자진해서 청함.
自體(자체) 사람·사물의 본체.
自招(자초) 스스로 불러들임.
自初至終(자초지종) 처음부터 끝까지.
自祝(자축) 스스로 축하함.
自炊(자취) 손수 밥을 지어 먹음.
自取之禍(자취지화) 자기가 저질러 얻은 재화(災禍). 자진
自治(자치) ①자기의 일을 자기 스스로 처리함. ②자연히 다스려짐. ③국가의 공공 단체가 자체의 권능(權能)으로 그 단체의 일을 처리함.
自他(자타) 자기와 남.
自宅(자택) 자기의 집
自退(자퇴) 스스로 물러남.
自判(자판) 저절로 판명됨.
自辦(자판) ①자기의 일을 손수 처리함. ②비용을 자기가 담당함.
自暴自棄(자포자기) 자기의 몸을 스스로 해치고 버림. 마음에 불만이 있어 몸가짐이나 행동을 함부로 함.
自爆(자폭) 자기가 지닌 폭발물을 폭발시켜 스스로 목숨을 끊음.
自筆(자필) 자기 손으로 직접 쓴 글씨.
自下擧行(자하거행) 전례(前例)를 따라 윗사람의 결재나 승낙 없이 스스로 일을 처리함.
自虐(자학) 스스로 자기를 학대함.
自害(자해) 스스로 자기 몸을 해침.
自解(자해) ①스스로 변명함. 自疏(자소). ②스스로 해탈(解脫)을 구함.
自劾(자핵) 스스로 자기의 죄를 탄핵함.
自行自止(자행자지) 가고 싶으면 가고 말고 싶으면 맒. 마음 내키는 대로 행동함.
自許(자허) ①제 힘으로 할 만한 일이라고 여김. 자부(自負)함. ②자연에 맡김.
自號(자호) 자기가 스스로 지어 부르는 호.
自畫自讚(자화자찬) 자기가 그린 그림을 스스로 칭찬함. 자기가 한 일을 스스로 칭찬함.
自晦(자회) 자기의 재능(才能)을 감추어 드러내지 않음.

◨ 各自각자, 獨自독자.

0 ⑥【𦣻】 自(1044)의 고자

1 ⑦【𦣼】 自(1044)의 고자

3 ⑨【臭】 臭(1046)의 속자

4 ⑩【臬】 말뚝 얼 屑

㊥niè ㊐ゲツ

소전 臬 초서 臬 자해 ❶말뚝, 문간에 세운 말뚝. ＝闑. ❷과녁, 사적(射的). ❸해시계 말뚝. 말뚝의 그림자로 시각을 잰다.

4 ⑩【臭】 1 냄새 취 ㊍추 宥 2 냄새 맡을 후 宥

고등 인명 3급 ㊥chòu ㊐シュウ

필순 ′ 亻 白 白 自 自 皀 臭 臭 臭

소전 臭 초서 臭 속자 臰 속자 臭 참고 인명용 음은 '취'이다.

자원 會意. 自＋犬→臭. 개〔犬〕는 코〔自〕로 냄새를 잘 맡는 데서 '냄새'를 나타낸다.

자해 1 ❶냄새. 〔荀子〕鼻欲綦臭비욕기취. ❷냄새나다. ㉮향기롭다. 〔郭璞·讚〕蘪蕪其臭미무기취. ㉯구리다, 나쁜 냄새가 나다. 〔後漢書〕工匠餓死공장아사, 長安皆臭장안개취. 2 냄새 맡

다. ≒嗅. 〔荀子〕三臭之不食也삼후지불식야.
臭氣(취기) 좋지 않은 냄새.
臭味(취미) ①나쁜 맛. 싫은 맛. ②냄새와 맛. ③같은 종류의 사람이나 사물. 동류(同類).
臭穢(취예) 구리고 더러움.
臭敗(취패) 썩어서 못쓰게 됨.
◨ 惡臭악취, 腋臭액취, 遺臭유취, 香臭향취.

6 ⑫【皐】 皐(874)의 속자

6 ⑫【臰】 臭(1046)의 속자

至部 이를 지

0 ⑥【至】 이를 지 寘

중학 인명 4Ⅱ급 ㊥zhì ㊐シ

필순 一 エ ㄊ 즈 乑 至

소전 초서 자원 指事. '一'은 땅, '𡿨'는 새가 날아 내리는 모양을 본떴다. 새가 날아 내려와 땅에 닿는다는 데서 '이르다'의 뜻을 나타낸다.

자해 ❶이르다. ㉮새가 땅에 내려앉다. ㉯오다, 도래하다. 〔論語〕鳳鳥不至봉조부지. ㉰미치다. 〔論語〕至於犬馬지어견마, 皆能有養개능유양. ㉱닿다, 두루 미치다. 〔禮記〕樂至則無怨악지즉무원, 禮至則不爭례지즉부쟁. ❷지극히. 〔戰國策〕法令至行법령지행. ❸지극하다. 〔儀禮〕義之至也의지지야. ❹동지, 하지. 한 해 가운데 해가 가장 짧은 날과 가장 긴 날.
至公無私(지공무사) 지극히 공평하여 조금도 사사로움이 없음. 더할 나위 없이 공변함.
至教(지교) 더할 나위 없이 훌륭한 가르침.
至極(지극) 더할 수 없이 극진함.
至近(지근) 매우 가까움.
至急(지급) 매우 급함.
至當(지당) 이치에 꼭 맞음. 아주 적당함.
至大(지대) 더없이 큼.
至大至剛(지대지강) 지극히 광대하여 한계가 없고, 지극히 강건(剛健)하여 굽힐 수 없음.
至道(지도) 지극한 도리. 최선의 길.
至毒(지독) 몹시 독하거나 모짊.
至樂(❶지락 ❷지악) ❶지극한 즐거움. ❷선미(善美)를 다한 음악.
至理(지리) ①지당한 이치. 지극한 도리. ②썩 잘 다스려짐.
至密(지밀) 國①임금·왕비가 평소에 거처하던 곳. ②각 궁방(宮房)의 침실.
至死不屈(지사불굴) 죽음을 당하는 처지에 이르러도 끝내 굽히지 않음.
至上(지상) 더없이 높은 위.
至想(지상) 가장 뛰어난 생각.
至善(지선) 최상의 선(善). 최고선(最高善).
至性(지성) 가장 착한 성질.
至聖(지성) ①지덕(智德)이 가장 뛰어남. ②최상의 성인.
至誠感天(지성감천) 지극한 정성에는 하늘도 감동함.
至惡(지악) ①지극히 악독함. ②악착스럽게 일에 덤벼들어 끈질김.
至嚴(지엄) 매우 엄함.
至願(지원) 간절한 소원.
至恩(지은) 지극한 은혜.
至人(지인) 덕을 닦아 지극한 경지에 이른 사람. 聖人(성인).
至仁(지인) 지극히 어짊. 매우 인자함.
至仁至慈(지인지자) 매우 인자함.
至日(지일) 동지와 하지의 날.
至材(지재) 뛰어난 재능을 가진 사람.
至情(지정) ①매우 가까운 정분. ②지극한 충정(衷情). ③아주 가까운 친척.
至尊(지존) ①지극히 존귀(尊貴)함. ②제왕(帝王). 또는 제왕의 자리.
至賤(지천) ①매우 천함. ②너무 많아서 귀할 것이 없음. 또는 그 상태.
至親(지친) ①더없이 친함. ②가장 가까운 친족. 부자, 형제, 숙질 등의 사이.
至行(지행) 매우 훌륭한 행실.
至孝(지효) 지극한 효성. 大孝(대효).
至厚(지후) ①인정이 지극히 두터움. ②극히 사이가 좋음.
◨ 乃至내지, 冬至동지, 夏至하지.

3 ⑨【致】 致(1047)의 본자

4 ⑩【致】 이를 치 寘

중학 인명 5급 ㊥zhì ㊐チ

필순 一 エ ㄊ 즈 乑 至 到 到 致 致

소전 초서 본자 致 자원 會意. 至+夊→致. '至'는 이르다, '夊'는 가다. 합하여 '전송하여 보낸다'는 뜻을 나타낸다.

자해 ❶이르다. 〔周禮〕一日일왈, 致夢치몽. ❷보내다. ㉮전송해 보내다. 〔春秋左氏傳〕如宋

致女여송치녀. ㉯주다. 〔春秋公羊傳〕吾將焉致乎魯國오장언치호로국. ㉰바치다, 내던지다. 〔論語〕士見危致命사견위치명. ㉱맡기다. 〔論語〕事君能致其身사군능치기신. ㉲전하다. 〔詩經〕工祝致告공축치고. ㉳끝까지 다하다. 〔國語〕飮食不致味음식불치미. ㉴궁구하다. 〔大學〕致知在格物치지재격물. ㉵힘쓰다. 〔論語〕人未有自致者也인미유자치자야, 必也親喪乎필야친상호. ❸극치(極致). 〔禮記〕禮也者物之致也례야자물지치야.

致家(치가) 國가업(家業)을 이룸.
致敬(치경) 경의(敬意)를 다함.
致命(치명) ①신명(身命)을 바침. ②명령을 전함. ③목숨이 끊어질 지경에 이름.
致富(치부) 재물을 모아 부자가 됨.
致仕(치사) 관직을 내놓고 물러남.
致死(치사) 죽음에 이르게 함.
致謝(치사) 사례의 뜻을 나타냄.
致誠(치성) ①정성을 다함. ②國신불(神佛)에게 정성을 드림.
致身(치신) 임금에게 신명을 바침.
致意(치의) ①자기의 뜻을 남에게 알림. ②자기의 뜻을 충분히 밝힘.
致疑(치의) 의심을 둠.
致齋(치재) 제관(祭官)이 3일 동안 재계(齋戒)하는 일.
致知(치지) ①지식을 궁구하여 사물의 이치에 통달함. ②인간 본연(本然)의 양지(良知)를 완전하게 함.
致贄(치지) 예물을 보냄. 신하가 됨.
致敗(치패) 살림이 결딴남.
致賀(치하) 남의 경사를 하례함. 축하함.
◨ 格致격치, 景致경치, 極致극치, 韻致운치, 一致일치, 興致흥치.

至 7획

7 ⑬【臺】 臺(1048)의 속자

8 ⑭【臺】台 돈대 대 灰

고등 인명 3Ⅱ급 ㊥tái ㊐タイ

필순 ᅩ ᅭ 吉 ᅾ 声 喜 亭 亭 喜 臺

소전 臺 초서 臺 동자 坮 속자 臺 자원 會意. 士+冂+至→臺. '士'는 㞢 곧 '之(갈 지)'의 변형, '冂'는 '高(높을 고)'의 생략형. 사방을 바라보기 위하여 흙을 높이 쌓은 곳을 나타낸다.

자해 ❶돈대. 〔國語〕夫爲臺榭부위대사, 將以敎民利也장이교민리야. ❷대. ㉮물건을 얹는 대. ㉯높고 평평한 곳. ❸조정. 〔容齋續筆〕晉宋間진송간, 謂朝廷禁省爲臺위조정금성위대. ❹남을 높이어 이르는 말.

臺閣(대각) ①누각과 정자. ②한대(漢代)의 상서성(尙書省). ③國사헌부(司憲府)·사간원(司諫院)의 총칭.
臺諫(대간) 國조선 때, 사헌부(司憲府)·사간원(司諫院)의 벼슬.
臺啓(대계) 조선 때, 사헌부(司憲府)·사간원(司諫院)에서 관리의 잘못을 임금에게 올리던 계사(啓辭).
臺木(대목) 접목할 때 바탕이 되는 나무.
臺榭(대사) 높고 큰 누각이나 정자.
臺詞(대사) 각본(脚本)에 따라 배우가 무대에서 하는 말.
臺上(대상) ①높은 대의 위. ②하인이 주인을 존대하여 부르는 말.
臺侍(대시) 國대간(臺諫)이 되어 시종하는 일.
臺臣(대신) ①간관(諫官). ②대각(臺閣)의 신하. 大臣(대신).
臺帳(대장) 어떤 근거가 되도록 일정한 양식으로 기록한 장부나 원부(原簿).
臺座(대좌) 상(像)을 안치하는 대(臺).
臺紙(대지) 그림·사진 등을 붙일 때 밑바탕이 되는 두꺼운 종이.
◨ 鏡臺경대, 燈臺등대, 樓臺누대, 望臺망대, 舞臺무대, 靈臺영대.

10 ⑯【臻】 이를 진·전 眞先

인명 ㊥zhēn ㊐シン

초서 臻 참고 인명용 음은 '진'이다.

자해 ❶이르다. 〔詩經〕饑饉薦臻아근천진. ❷미치다. 〔後漢書〕澤臻四表택진사표. ❸모이다. 〔鹽鐵論〕商賈之所臻상고지소진. ❹곧, 이에.

臼部 절구 구

0 ⑥【臼】 절구 구 宥

인명 1급 ㊥jiù ㊐キュウ

소전 臼 초서 臼 참고 臼(1049)는 본래 딴 자이나 한자의 구성에서 부수로 쓰일 때 '臼' 자가 이 글자 모양으로 바뀌기도 한다.

자원 象形. 확을 본뜬 글자. '凵'는 확을, 그 안의 점은 확에 든 쌀을 본떴다.

자해 절구, 확. 〔易經〕斷木爲杵단목위저, 掘地爲臼굴지위구, 臼杵之利구저지리, 萬民以濟만민이제.
臼頭深目(구두심목) 절구처럼 생긴 머리와 움퍽 파인 눈. 여자의 몹시 추한 얼굴.
臼磨(구마) 절구와 맷돌.
臼狀(구상) 절구처럼 가운데가 우묵한 형상.
臼杵(구저) 절구와 공이.
臼齒(구치) 어금니.
臼砲(구포) 구경(口徑)에 비하여 포신(砲身)이 짧고 사각(射角)이 큰 대포의 한 가지.
◨ 杵臼저구, 井臼정구.

0
⑦【臼】 깍지 낄 국 沃

㊥jú ㊐キョク

초서

참고 臼(1048)는 딴 자.

자해 ❶깍지를 끼다. ❷두 손으로 물건을 받들다.

2
⑨【臾】 잠깐 유 虞

인명 ㊥yú ㊐ユ

소전 초서 속자 臾

자해 잠깐. 〔中庸〕道也者도야자, 不可須臾離也불가수유리야.
◨ 須臾수유.

2
⑧【臽】 허방다리 함 陷感

㊥xiàn ㊐カン

소전 본자 臽

자해 허방다리, 작은 함정.

3
⑨【臿】 가래 삽 洽

㊥chā ㊐ソウ

소전 초서

자해 ❶가래. 흙을 파는 농기구. 〔史記〕身自持築臿신자지축삽. ❷꽂다, 끼우다. 〔史記〕雜臿其間잡삽기간.

4
⑩【舁】 마주 들 여 魚

㊥yú ㊐ヨ

소전 초서

자해 마주 들다, 들어 올리어 메다.

5
⑪【舂】 ①찧을 용 ㊍송 冬 ②방창 창 江

㊥chōng, chuāng ㊐ショウ

소전 초서

자해 ①❶찧다, 절구질하다. ❷해가 지다. 〔淮南子〕日至于虞淵일지우우연, 是謂高舂시위고용, 至于連石지우련석, 是謂下舂시위하용. ❸치다. ②방창(旁舂). 팔만(八蠻)의 하나.

6
⑫【舄】 ①까치 작 藥 ②신 석 陌

㊥què, xì ㊐セキ

소전 초서 동자 舃

자해 ①까치. ＝鵲. ②❶신. 바닥을 여러 겹으로 붙인 신. 바닥을 홑 것으로 붙인 신을 '履(리)'라 한다. 〔春秋左氏傳〕帶裳幅舄대상폭석. ❷개펄, 간석지(干潟地).

6
⑫【舃】 舄(1049)과 동자

7
⑬【舅】 시아비 구 有

인명 1급 ㊥jiù ㊐キュウ

소전 초서 동자 甥

자해 ❶시아비. 〔稱謂錄〕尊如父而非父者舅也존여부이비부자구야. ❷외삼촌, 외숙(外叔). ❸장인. 〔禮記〕壻親迎見於舅姑서친영견어구고.
舅姑(구고) ①시아버지와 시어머니. ②장인(丈人)과 장모(丈母).
舅父(구부) 외삼촌.
舅氏(구씨) ①외삼촌. 外叔(외숙). ②장인.
舅弟(구제) 외사촌 동생.
◨ 姑舅고구, 叔舅숙구, 外舅외구, 從舅종구.

7
⑭【與】 与 ①줄 여 語 ②조사 여 魚 ③참여할 여 御

중학 인명 4급 ㊥yǔ, yú ㊐ヨ

필순

소전 초서 속자 与

자원 會意·形聲. 舁＋与→舁→與. 함께 마주 들어〔舁〕준다〔与〕는 데서 '한 동아리'라는 뜻을 나타낸다.

자해 ①❶주다. 〔孟子〕可以與가이여, 可以無與가이무여. ❷동아리, 무리. 〔漢書〕群臣連與成朋군신련여성붕. ❸~와, ~과, 및. 〔易經〕是以立天之道曰陰與陽시이립천지도왈음여양. ❹함께. 〔孟子〕諸君子皆與驩言제군자개여환언. ❺모두, 다. 〔楚辭〕與世皆然兮여세개연혜. ②조사(助辭). ㉮의문을 나타낸다. ㉯반어(反語)를 나타낸다. ㉰감탄을 나타낸다. 〔中庸〕舜其大孝也與순기대효야여. ③참여하다. 〔禮記〕六十不與服戎륙십불여복융.

臼 7획

與件(여건) 國주어진 조건.
與國(여국) 우리 편의 나라. 同盟國(동맹국).
與黨(여당) ①한패. 동아리. ②정부 편을 들어 그 정책을 지지하는 정당.
與民同樂(여민동락) 임금이 백성과 더불어 함께 즐김.
與否(여부) 그러함과 그렇지 않음.
與世推移(여세추이) 세상의 추이에 따라 행동함. 세속(世俗)을 좇음.
與信(여신) 금융 기관에서, 고객에게 돈을 빌려 주는 일.
與議(여의) ①함께 의논함. ②논의(論議)에 참여함.
與人相約(여인상약) 남과 더불어 약속함.
與奪(여탈) 줌과 빼앗음.
◨ 關與관여, 給與급여, 貸與대여, 授與수여, 贈與증여, 參與참여.

9 ⑯【興】 兴 ①일 흥 蒸 ②본뜰 흥 徑
중학 인명 4Ⅱ급 ㊥xīng, xìng ㊐コウ
필순 ㇀ ⺊ 𠂎 ... 興
소전 초서 속자 兴 자원 會意. 同+舁→舁→興. 힘을 합하여〔同〕 들어 올린다〔舁〕는 데서 '일으켜 성하게 하다' 라는 뜻을 나타낸다.
자해 ①❶일다, 일어나다. 〔詩經〕 夙興夜寐숙흥야매. ❷일으키다. ㉮발(發)하다, 내다. 〔春秋左氏傳〕 使興國人以攻白公사흥국인이공백공. ㉯왕성하게 하다. 〔國語〕 誰能興之수능흥지. ②❶본뜨다. ❷비유하다. 〔論語〕 詩可以興시가이흥. ❸시경(詩經) 육의(六義)의 한 가지.
興感(흥감) ①흥겹게 느낌. ②느낀 바가 커서 흥기(興起)함.
興起(흥기) ①떨치고 일어남. ②세력이 한창 일어남. ③흥취가 솟아남.
興隆(흥륭) 일어나 융성하여짐. 흥왕함.
興利(흥리) ①이익을 늘림. 要利(요리). ②이익이 되는 사업을 일으킴.
興亡盛衰(흥망성쇠) 흥망과 성쇠. 흥하여 일어남과 쇠하여 멸망함.
興味(흥미) ①흥을 느끼는 재미. ②대상에 이끌려 관심을 가지는 감정.
興復(흥복) 다시 성(盛)하게 함. 회복함.
興奮(흥분) ①심적(心的)으로 충격을 받아 일시적으로 신경이 곤두서는 일. ②자극에 의하여 생물체의 기능이 상승하는 현상.
興師(흥사) 군사를 일으킴.
興盛(흥성) 왕성하게 일어남.
興戎(흥융) 전쟁을 일으킴.
興作(흥작) ①일으켜 만듦. ②한창 일어남. ③흥분하여 신경이 날카로운 모양.
興盡悲來(흥진비래) 즐거운 일이 다하면 슬픈 일이 옴. 곧, 인생행로에는 반드시 기복(起伏)이 있게 마련임.
興致(흥치) 흥겨운 운치(韻致).
興廢(흥폐) 흥함과 쇠함. 興替(흥체).
興行(흥행) 영리를 목적으로 연극·영화 따위를 요금을 받고 대중에게 보여 줌.
興況(흥황) 흥미 있는 정황(情況).
◨ 感興감흥, 勃興발흥, 發興발흥, 蕃興번흥, 復興부흥, 新興신흥, 振興진흥.

10 ⑰【擧】 擧(540)와 동자

11 ⑱【擧】 擧(540)와 동자

12 ⑱【舊】 旧 예 구 宥
중학 인명 5급 ㊥jiù ㊐キュウ
필순 艹 𦬇 ... 舊
소전 초서 속자 旧 자원 形聲. 萑+臼→舊. '臼(구)'가 음을 나타낸다.
자해 ❶예. 〔書經〕 台小子태소자, 舊學于甘盤구학우감반. ❷오래다. ≒久. 〔詩經〕 告爾舊止고이구지. ❸친구. 〔論語〕 故舊不遺則民不偸고구불유즉민불투.
舊家(구가) ①오래된 집. 옛날에 살던 집. ②여러 대를 이어 살아오는 집.
舊故(구고) 옛 친구. 舊友(구우).
舊官(구관) 앞서 부임해 있던 벼슬아치.
舊慣(구관) 옛 관습(慣習).
舊觀(구관) 옛 모습. 옛 경관(景觀).
舊敎(구교) 천주교(天主敎). 가톨릭교.
舊國(구국) 오래된 나라. 舊邦(구방).
舊君(구군) 전에 섬기던 임금.
舊基(구기) 옛터. 故址(고지).
舊年(구년) 지난해. 작년. 舊歲(구세).
舊德(구덕) ①옛 정의(情誼). 舊誼(구의). ②본디 행한 착한 일. ③예전에 베푼 은덕(恩德). ④덕이 높은 사람.
舊道(구도) 예로부터 있던 길.
舊都(구도) 옛날의 도읍.
舊冬(구동) 작년 겨울. 客冬(객동).
舊臘(구랍) 지난해의 섣달. 客臘(객랍).
舊曆(구력) ①전에 사용하던 역법(曆法). ②음력(陰曆).

舊里(구리) 고향. 故里(고리).
舊面(구면) 전부터 아는 사람.
舊聞(구문) ①예전부터 전해 내려오는 이야기. ②이전에 이미 들어 알고 있는 소문.
舊物(구물) 오래된 것. ㉠구래(舊來)의 문물제도. ㉡조상이 남겨 놓은 물건.
舊譜(구보) ①예전의 족보(族譜). ②옛날의 악보(樂譜).
舊習(구습) 예로부터 내려오는 낡은 관습.
舊式(구식) 옛 격식.
舊惡(구악) 이전에 저지른 죄악.
舊業(구업) ①오래전부터 모아 온 재산. ②옛사람이 한 사업. 예로부터 해 온 사업.
舊怨(구원) 오래 전부터 품고 있는 원한.
舊遊(구유) ①지난날에 놀던 일. ②옛날에 사귄 친구. 옛날의 교우(交友).
舊恩(구은) 옛날에 입은 은혜.
舊人(구인) ①옛날부터 아는 사람. ②옛날부터의 신하. 舊臣(구신). ③많은 경력을 쌓아 익숙해진 사람.
舊因(구인) 오래된 인연.
舊章(구장) ①옛 제도와 문물. ②예로부터의 법령·규칙·규범.
舊典(구전) ①오래된 책. ②옛날의 법전.
舊正(구정) 음력 설.
舊情(구정) 오래된 정분. 옛 정의(情誼). 舊誼(구의).
舊製(구제) ①옛날에 만들어진 모든 것. ②구식(舊式)의 제법(製法).
舊知(구지) 예로부터 친한 사이. 예로부터 사귄 사람. 舊識(구식)
舊態依然(구태의연) 옛 모습 그대로임.
舊宅(구택) ①여러 대에 걸쳐 살아오는 집. ②전에 살던 집.
舊學(구학) ①옛적에 배운 일. ②國재래의 국학(國學)·한학(漢學).
舊恨(구한) 오래전부터 품어 온 원한.
舊嫌(구혐) 묵은 혐의(嫌疑).
舊型(구형) 옛날 형태. 옛날식.
舊好(구호) 옛날의 정분. 오래된 정의(情誼).
舊懷(구회) ①그리운 생각. ②전부터 품고 있는 생각.
◨ 故舊고구, 新舊신구, 親舊친구, 勳舊훈구.

舌部 혀 설

0 ⑥【舌】 혀 설 屑

중학 인명 4급 ㊥shé ㊐ゼツ

필순 一 二 千 千 舌 舌

소전 초서 자원 象形. 입에서 혀가 나온 모양을 본뜬 글자.

자해 혀. 〔素問〕 在竅爲舌재규위설.

舌耕(설경) 학문을 호구(糊口)의 밑천으로 삼음. 글을 가르쳐 생계(生計)를 세움.
舌端(설단) 혀끝. 舌尖(설첨).
舌鋒(설봉) 날카로운 말. 격렬한 말씨.
舌院(설원) 國사역원(司譯院).
舌瘖(설음) 말을 하지 못하는 병.
舌人(설인) 통역(通譯)을 맡아보던 관리.
舌戰(설전) 말다툼. 입씨름.
舌禍(설화) ①말을 잘못한 데서 받는 재앙. ②남의 험담·중상으로 인한 재앙.
◨ 口舌구설, 卷舌권설, 毒舌독설, 辯舌변설, 惡舌악설, 讒舌참설, 吐舌토설, 筆舌필설.

2 ⑧【舍】 1집 사 禡 2둘 사 馬

중학 인명 4Ⅱ급 ㊥shè, shě ㊐シャ

필순 ノ 人 𠆢 亼 仒 仐 全 舍

소전 초서 동자 舎 자원 形聲. 亼＋口→舍. '亼(사)'가 음을 나타낸다.

자해 1 ❶**집**. 〔呂氏春秋〕 舍之上舍사지상사. ❷**머무는 곳, 거처**. 〔鬼谷子〕 神歸其舍신귀기사. 2 ❶**두다**. ㉮**놓아두다**. 〔春秋穀梁傳〕 以薦舍於前이천사어전. ㉯**버려두다**. 〔論語〕 山川其舍諸산천기사저. ❷**버리다**. ≒捨. 〔國語〕 女無亦謂我老耄而舍我녀무역위아로모이사아.

舍監(사감) 기숙사에서 기숙생들의 생활을 지도하고 감독하는 사람.
舍廊(사랑) 國바깥주인이 거처하며 손을 응접하는 방.
舍利(사리) (佛)①석가모니 또는 고승(高僧)의 유골(遺骨). ②고승의 시체를 화장하여 맨 나중에 남는 구슬 같은 뼈. 佛骨(불골).
舍伯(사백) 남에게 자기의 맏형을 이르는 겸칭(謙稱). 舍兄(사형).
舍生取義(사생취의) 목숨을 버리고 의를 취함.
舍營(사영) 군대가 민가에서 숙박하는 일.
舍音(사음) 國마름. 지주를 대리하여 소작권을 관리하는 사람.
舍弟(사제) 남에게 자기의 아우를 이르는 겸칭(謙稱). 家弟(가제).
舍宅(사택) 기업체나 기관이 직원을 위하여 지은 살림집.
◨ 客舍객사, 官舍관사, 館舍관사, 校舍교사, 茅舍모사, 宿舍숙사, 屋舍옥사, 學舍학사.

2 ⑧【舎】 舍(1051)와 동자

4 ⑩【舐】 핥을 지 本시 紙

中shì 日シ

초서 舐 본자 舓 동자 䑛 동자 舓 자해 핥다, 빨다. 〔莊子〕 秦王有病召醫진왕유병소의, 破癰潰痤者得車一乘파옹궤좌자득거일승, 舐痔者得車五乘지치자득거오승.

舐糠及米(지강급미) 겨를 다 핥고 나면 쌀까지 먹어 치움. ㉠점차로 해가 미침. ㉡국토를 떼어 주기 시작하면 마침내 나라가 망함.

舐犢之愛(지독지애) 어미 소가 송아지를 핥아 주는 사랑. 제 자식을 깊이 사랑함.

6 ⑫【舒】 펼 서 魚

인명 2급 中shū 日ジョ

소전 舒 초서 舒 자해 ❶펴다, 펴지다. 〔素問〕 其政舒啓기정서계. ❷느긋하다. ㉮급하지 않다. ㉯천천하다, 조용하다. 〔詩經〕 舒而脫脫서이태태.

舒緩(서완) ①조용하고 느긋함. ②소리가 느긋이 울리는 모양. ③헐거워짐. 긴장이 풀림.

舒遲(서지) 여유 있고 느긋한 모양.

舒暢(서창) 마음이 상쾌해짐. 즐거워짐.

舒懷(서회) 회포를 풀어 말함.

7 ⑬【辞】 辭(1240)의 속자

8 ⑭【舓】 舐(1052)의 본자

9 ⑮【舖】 鋪(1301)와 동자

10 ⑯【舘】 館(1395)의 속자 인명

舛部 어그러질 천

0 ⑥【舛】 1어그러질 천 銑 2잡될 준 軫

인명 中chuǎn 日セン

소전 舛 초서 舛 참고 인명용 음은 '천'이다.

자원 會意. 夕+㐄→舛. 두 발〔夂와 㐄〕이 서로 어긋나 있는 모습에서 '배반하다·어긋나다'의 뜻을 나타낸다.

자해 1어그러지다, 상치되다. 〔漢書〕 各以其知舛馳각이기지천치. 2잡되다, 섞이다.

舛駁(천박) 뒤섞여 바르지 못함. 뒤섞여 순수하지 못함.

舛逆(천역) 선후가 뒤바뀜. 어긋나고 거슬림.

舛誤(천오) 잘못함. 잘못.

舛訛(천와) 잘못. 실수. 오류(誤謬).

舛雜(천잡) 서로 뒤섞임.

舛錯(천착) ①어그러짐. 어긋남. ②뒤섞임.

6 ⑫【舜】 순임금 순 震

인명 2급 中shùn 日シュン

소전 舜 초서 舜 자해 ❶순임금. 요(堯)임금의 뒤를 이어 천하를 다스렸다는 전설상의 임금. 〔史記〕 虞舜者우순자, 名曰重華명왈중화. ❷무궁화. =蕣. 〔詩經〕 顏如舜華안여순화.

7 ⑬【舝】 비녀장 할 黠

中xiá 日カツ

소전 舝 초서 舝 자해 ❶비녀장. =鎋·轄. 〔詩經〕 載脂載舝재지재할. ❷별 이름.

8 ⑭【舞】 춤출 무 麌

중학 인명 4급 中wǔ 日ブ

필순 ノ 二 二 無 無 無 舞 舞 舞 舞

소전 舞 초서 舞 자원 形聲·會意. 無+舛→舞. '無(무)'가 음도 나타낸다. '無'가 본래 사람이 춤을 추는 모습을 그린 상형자였으나, 뒤에 '없다'라는 뜻으로 가차되자 '춤추다'라는 뜻으로는 '舛'을 더한 '舞(무)' 자를 새로 만들어 썼다.

자해 ❶춤추다. ㉮율동적으로 팔다리를 움직이다. 〔史記〕 項莊拔劍起舞항장발검기무. ㉯하늘을 훨훨 날다. 〔列子〕 鳥舞魚躍조무어약. ㉰깡충깡충 뛰다. 〔書經〕 百獸率舞백수솔무. ❷희롱하다. 〔史記〕 舞文弄法무문롱법.

舞鼓(무고) 國①정재(呈才) 때 기생들이 치며 춤추던 큰 북. ②고전 무용의 북춤에서 쓰는 북. ③북춤.

舞曲(무곡) ①춤출 때 부르는 노래. ②무악(舞樂)에 쓰는 악곡(樂曲)의 총칭. ③춤과 음악.

舞妓(무기) ①춤추는 여자. 舞姬(무희). ②國

정재(呈才) 때 춤추던 기생.
舞臺(무대) 연극·춤·노래 등을 할 수 있게 마련한 곳.
舞蹈(무도) ①춤을 춤. ②발을 구르며 기뻐 날뜀. ③무용(舞踊).
舞童(무동) 國궁중의 잔치 때 춤을 추고 노래 부르던 사내아이.
舞弄(무롱) ①멋대로 법률 따위를 농락함. ②남을 깔보고 농락함.
舞文(무문) ①문서나 장부를 뜯어고침. ②붓을 함부로 놀려 왜곡된 글을 씀.
舞法(무법) 법을 멋대로 가지고 놂. 법을 남용(濫用)함.
舞樂(무악) ①춤출 때 장단을 맞추는 음악. ②춤에 맞추어 하는 아악(雅樂).
舞筵(무연) 춤추는 자리.
舞踊(무용) 음악에 맞추어 율동적인 동작으로 감정을 표현하는 예술.
舞雩(무우) 기우제를 지내는 제단(祭壇).
舞雩歸詠(무우귀영) 무우에서 놀다가 시를 읊으며 돌아옴. 자연을 즐기는 즐거움.
舞天(무천) 國예(濊)에서 농사를 마치고 음력 10월에 행하던 제천 의식(祭天儀式).
舞筆(무필) 사실을 바른 대로 쓰지 않고 일부러 왜곡하여 씀.
◨ 歌舞가무, 劍舞검무, 鼓舞고무, 亂舞난무, 僧舞승무.

舟部 배주

0 ⑥【舟】 배 주 尤

고등 인명 3급 ㊥zhōu ㊐シュウ

필순 ′ ㇓ 力 月 月 舟

소전 초서 자원 象形. 배의 모양을 본뜬 글자.

자해 ❶배. 〔詩經〕 方之舟之방지주지. ❷술통을 받치는 쟁반, 술을 치는 데 쓰는 예기(禮器).

舟車(주거) 배와 수레.
舟梁(주량) ①배와 다리. ②배다리. 작은 배를 한 줄로 이어서 만든 다리.
舟筏(주벌) ①배와 뗏목. ②배.
舟師(주사) 수군(水軍). 舟軍(주군).
舟人(주인) 뱃사공. 舟子(주자).
舟戰(주전) 수전(水戰). 海戰(해전).
舟中敵國(주중적국) 한 배 안에 적의 편이 있음. 덕의(德義)를 닦지 않으면 같은 배를 탄 사람도 배반하고자 함.
舟楫(주즙) ①배와 노. 배. ②임금을 보필하는 신하.
舟艦(주함) 전투용의 배. 戰艦(전함).
舟行(주행) ①배를 타고 감. ②뱃놀이.
◨ 刻舟각주, 孤舟고주, 方舟방주, 漁舟어주, 扁舟편주.

2 ⑧【舠】 거룻배 도 豪

㊥dāo ㊐トウ

초서 자해 거룻배, 작은 배. 〔吳均·詩〕 征舠犯夜湍정도범야단.

3 ⑨【舡】 1오나라 배 강 江 2배 선 先

인명 ㊥xiāng, chuán ㊐コウ

초서 참고 인명용 음은 '강'이다.

자해 1오(吳)나라 배. 2배. ※船(1054)의 속자(俗字).

4 ⑩【般】 돌 반 寒

고등 인명 3Ⅱ급 ㊥pán ㊐ハン

필순 ′ ㇓ 力 月 舟 舟 舟 舟 般 般

소전 초서 자해 ❶돌다. ❷옮다, 나르다. 〔舊唐書〕 自冬歷夏자동력하, 般載不了반재불료. ❸즐기다. 〔荀子〕 忠臣危殆충신위태, 讒人般矣참인반의.

般樂(반락) 크게 즐기며 놂.
般若(반야) (佛)미망(迷妄)을 버리고 불법을 깨닫는 지혜.
般桓(반환) 나아가지 않는 모양.
◨ 多般다반, 一般일반, 全般전반, 諸般제반.

4 ⑩【舫】 배 방 漾

인명 ㊥fǎng ㊐ホウ

소전 초서 자해 ❶배. ❷뗏목. ❸쌍배. =舫. 〔史記〕 舫船載卒방선재졸. ❹사공.

舫舟(방주) ①두 척의 배를 나란히 함. 서로 매어 놓은 배. 方舟(방주). 並舟(병주). ②배. ③뱃사공.

4 ⑩【舩】 船(1054)의 속자

4 ⑩【航】 배 항 陽

고등 인명 4Ⅱ급 ㊥háng ㊐コウ

舟 4획

필순 ′ ⺁ 介 户 舟 舟 舟` 舟亠 舟亢 航

초서 **자원** 形聲. 舟+亢→航. '亢(항)'이 음을 나타낸다.

자해 ❶배. 〔張衡·賦〕譬臨河而無航비림하이무항. ❷배다리. 〔淮南子〕賢主之用人也현주지용인야, 猶巧工之制木也유교공지제목야, 大者以爲舟航柱樑대자이위주항주량.

航空(항공) 공중을 비행함.
航路(항로) 항행하는 길.
航船(항선) 여객을 태우고 항해하는 배.
航海(항해) 배를 타고 바다 위를 다님.
航海曆(항해력) 항해에 필요한 천문(天文) 사항을 적은 책력.
航行(항행) 비행기나 배를 타고 감.
◨ 歸航귀항, 難航난항, 密航밀항, 巡航순항, 直航직항, 回航회항.

5 ⑪ **【舸】** 큰 배 가 哿

㊥gě ㊐カ

소전 초서 **자해** 큰 배, 배. 〔吳志〕乘大舸船승대가선.

5 ⑪ **【舲】** 작은 배 령 靑

㊥líng ㊐レイ

초서 **자해** ❶작은 배. 〔楚辭〕乘舲船余上沅兮승령선여상원혜.

5 ⑪ **【舶】** 큰 배 박 陌

인명 2급 ㊥bó ㊐ハク

초서 **자해** 큰 배, 당도리. 〔歐陽脩·詩〕此鳥何年隨海舶차조하년수해박.

舶賈(박고) 외국에서 들어온 상인(商人).
舶來品(박래품) 외국에서 수입해 온 물품. 舶物(박물).
舶載(박재) 배에 실음. 배에 실어 운반함. 船載(선재).
◨ 船舶선박, 碇舶정박.

5 ⑪ **【船】** 배 선 先

중학 인명 5급 ㊥chuán ㊐セン

필순 ′ 介 户 舟 舟 舟 舟几 舟凢 船 船

소전 초서 속자 舩 속자 舡 **자원** 形聲. 舟+㕣→船. '㕣(연)'이 음을 나타낸다.

자해 배. 〔史記〕信乃益疑兵陳船신내익의병진선, 欲渡臨晉욕도림진.

船歌(선가) 뱃노래.
船車(선거) 배와 수레. 舟車(주거).
船工(선공) ①배를 만드는 목공. ②뱃사공.
船橋(선교) 배다리. 舟橋(주교).
船頭(선두) 뱃머리. 이물.
船路(선로) 뱃길. 航路(항로).
船艫(선로) ①배의 이물, 또는 고물. ②배.
船舶(선박) 배의 총칭.
船緣(선연) 뱃전. 船舷(선현).
船運(선운) ①배가 이동함. ②배로 운반함.
船員(선원) 배의 승무원.
船遊(선유) 뱃놀이. 舟遊(주유).
船長(선장) 선원들을 통솔하는 최고 책임자.
船裝(선장) ①배를 꾸밈. ②배의 장식.
船積(선적) 배에 짐을 실음.
船倉(선창) 짐을 싣는 배의 곳간.
船艙(선창) 國물가에 다리처럼 만들어 배가 닿을 수 있게 한 시설.
船隻(선척) 배.
船艦(선함) ①전함(戰艦). ②군함(軍艦)과 상선(商船)의 총칭.
船暈(선훈) 國뱃멀미.
◨ 商船상선, 乘船승선, 漁船어선, 戰船전선, 造船조선.

5 ⑪ **【舳】** ①고물 축 屋 ②이물 주 宥

㊥zhú, zhòu ㊐ジク

소전 초서 **자해** ①고물. 배의 뒷부분. 〔漢書〕舳艫千里축로천리. ②이물. 배의 앞부분. 〔左思·賦〕弘舸連舳홍가련주.

舳艫(축로) ①선미(船尾)와 선수(船首). 배의 고물과 이물. ②방형(方形)인 긴 배.
舳艫千里(축로천리) 많은 배가 전후로 죽 이어져 있는 모양.
◨ 艫舳노축, 連舳연축.

5 ⑪ **【舵】** 키 타 哿

인명 1급 ㊥duò ㊐ダ

동자 舵 **자해** 키. =柁.

5 ⑪ **【舵】** 舵(1054)와 동자

5 ⑪ **【舷】** 뱃전 현 先

인명 ㊥xián ㊐ケン

초서 [자해] **뱃전.** 〔蘇軾·賦〕 扣舷而歌之 고현이가지.
舷燈(현등) 뱃전을 밝히는 등.
舷窓(현창) 뱃전으로 난 선창(船窓).
◨ 船舷선현, 右舷우현, 左舷좌현.

7 ⑬【艀】 작은 배 부 (尤)
[인명] ㊥fú ㊐フ
초서 [자해] **작은 배, 세로 길이가 짧은 배.**
艀艇(부정) 거룻배.

7 ⑬【艅】 배 이름 여 (魚)
[인명] ㊥yú ㊐ヨ
소전 초서 [자해] **배 이름.** 〔郭璞·賦〕 漂飛雲運艅艎표비운운여황.

7 ⑬【艇】 거룻배 정 (迥)
[인명] [2급] ㊥tǐng ㊐テイ
소전 초서 [자해] **거룻배, 작은 배.** 〔淮南子〕 越舲蜀艇월령촉정.
艇子(정자) 뱃사람. 뱃사공. 船夫(선부).

8 ⑭【艍】 ㊀거룻배 거
[자해] **거룻배.**
艍舠船(거도선) ①거룻배. ②거룻배 모양의 작고 빠른 병선(兵船).

10 ⑯【艘】 배 소 (蕭)
㊥sōu ㊐ソウ
초서 [자해] **❶배, 배의 총칭(總稱). ❷배를 세는 말.** 〔吳志〕 乃取蒙衝鬪艦數十艘내취몽충투함수십소.

10 ⑯【艙】舱 선창 창 (陽)
[인명] [1급] ㊥cāng ㊐ソウ
초서 [자해] **선창(船倉).** 배의 갑판 밑에 있는 짐칸.

11 ⑰【艚】 거룻배 조 (豪)
㊥cáo ㊐ソウ
[자해] **거룻배, 배.** 〔南史〕 虜悉牽彥德水軍大艚로실견언덕수군대조, 連以鐵鎖三重斷河련이철쇄삼중단하.

12 ⑱【艟】 ①배 동 (東) ②싸움배 충 (冬)
㊥tóng, chōng ㊐ショウ
초서 [자해] **①배. ②싸움배.** 〔資治通鑑〕 艨艟十餘艘몽충십여소.

13 ⑲【艣】 노 로 (麌)
㊥lǔ ㊐ロ
동자 艪 [자해] **노(櫓), 상앗대.**

13 ⑲【艤】舣 배 댈 의 (紙)
[인명] ㊥yǐ ㊐ギ
초서 [자해] **배를 대다, 출항(出航) 채비를 하여 배를 대다.** 〔左思·賦〕 試水客艤輕舟시수객의경주.
艤裝(의장) 출항(出航) 준비를 위하여 모든 필요한 것을 챙겨 갖춤.
艤舟(의주) 배가 떠날 준비를 함.

13 ⑲【艢】 檣(662)과 동자

14 ⑳【艨】 싸움배 몽 (東)(送)
㊥méng ㊐ボウ
초서 [자해] **싸움배.** ¶ 艨艟몽충.
艨艟(몽충) 싸움배.

14 ⑳【艦】舰 싸움배 함 (豏)
[인명] [2급] ㊥jiàn ㊐カン
초서 [자해] **싸움배, 군함.** 〔陸機·辨亡論下〕 前驅不過百艦전구불과백함.
艦橋(함교) 사령관이나 함장(艦長)이 항해 중에 함대를 지휘하는 선교(船橋).
艦隊(함대) 여러 척의 군함으로 조직된 해군 부대.
艦船(함선) 군함·선박 따위의 총칭.
艦籍(함적) 함선의 국적이나 군관구(軍管區)의 소속 따위를 기록하여 모아 둔 문서.
艦艇(함정) 크거나 작은 군사용 배의 총칭. 전함·구축함·어뢰정·구명정 따위. '艦'은 '큰 배'를, '艇'은 '작은 배'를 뜻함.
◨ 巨艦거함, 軍艦군함, 戰艦전함, 砲艦포함.

15 ㉑【艪】 艣(1055)와 동자

16 ㉒【艫】舻 뱃머리 로 虞

㊥lú ㊐ロ

소전 초서 자해 뱃머리, 이물.

艮部 괘 이름 간

0 ⑥【艮】 어긋날 간 願

인명 2급 ㊥gèn ㊐コン

소전 초서 자원 會意. 目＋匕→𥃩→艮. 눈〔目〕이 나란하여〔匕〕 서로 물러섬이 없다는 데서 '어긋나다·거스르다'라는 뜻을 나타낸다.

자해 ❶어긋나다, 거스르다. ❷어려워하다. ＝艱. 〔太玄經〕 象艮有守상간유수. ❸괘(卦) 이름. ㉮8괘의 하나. 괘형은 ☶. 머물러 나아가지 않는 것을 상징한다. ㉯64괘의 하나. 괘형은 ䷳. 머물러 나아가지 않는 것을 상징한다.

1 ⑦【良】 좋을 량 陽

중학 인명 5급 ㊥liáng ㊐リョウ

필순 丶 ㇇ ㇇ ㇇ 良 良 良

소전 초서 자원 象形. 본래 곡식의 낟알을 체로 치는 모양을 본뜬 글자. 곡식을 체질하여 좋은 것만 가려낸다는 데서 '좋다'라는 뜻을 나타낸다.

자해 ❶좋다. ㉮가멸다, 부유하다. 〔管子〕 問鄕之良家문향지량가. ㉯어질다. 〔春秋左氏傳〕 良敬仲也량경중야. ㉰뛰어나다. 〔蜀志〕 馬氏五常마씨오상, 白眉最良백미최량. ❷잘, 능히. 〔春秋左氏傳〕 弗良及也불량급야. ❸진실로, 정말. 〔古詩〕 良無盤石固량무반석고. ❹깊다. 〔後漢書〕 良夜乃罷량야내파.

良家(양가) ①좋은 집안. 지체가 있는 집안. ②부호(富豪)의 집.
良計(양계) 좋은 꾀.
良久(양구) 매우 오램. 한참 지나서.
良弓(양궁) ①좋은 활. ②좋은 활을 만드는 궁사(弓師).
良金美玉(양금미옥) 좋은 금과 아름다운 옥. ㉠뛰어난 문장. ㉡뛰어난 덕성.
良能(양능) ①타고난 재능. ②뛰어난 능력이 있는 사람.
良吏(양리) 선량한 관리.
良民(양민) ①선량한 백성. ②國양반과 천민의 중간 신분의 백성.
良方(양방) ①좋은 방법. ②효험 있는 약방문(藥方文).
良兵(양병) ①훌륭한 병사. ②좋은 무기.
良否(양부) 좋음과 좋지 않음.
良朋(양붕) 좋은 벗. 良友(양우).
良士(양사) ①좋은 사내. 선량한 남자. ②선량한 선비. 훌륭한 무사(武士).
良史(양사) ①훌륭한 사관(史官). 훌륭한 역사가. ②좋은 역사책.
良死(양사) 수명대로 살고 죽음.
良師(양사) 좋은 스승.
良相(양상) 훌륭한 재상(宰相).
良書(양서) 내용이 좋은 책.
良俗(양속) 아름다운 풍속.
良識(양식) 건전한 사고 방식.
良臣(양신) 어진 신하.
良辰(양신) 좋은 때. 좋은 날.
良心(양심) ①인간 고유의 선심(善心). ②인의(仁義)의 마음.
良夜(양야) ①달이 밝은 밤. 경치가 좋은 달밤. ②깊은 밤.
良藥苦口(양약고구) 좋은 약은 입에 씀. 충고하는 말은 듣기에 거북함.
良月(양월) ①좋은 달. ②음력 10월.
良醫(양의) 뛰어난 의사.
良二千石(양이천석) 선량한 지방 장관. 한대(漢代)에 태수(太守)의 연봉이 2,000석이었던 데서 온 말.
良人(양인) ①선량한 사람. ②아내가 남편을 이르는 말. ③아름답고 착한 아내. ④양반과 천민의 중간 신분의 백성.
良才(양재) ①좋은 재주. ②좋은 재주를 가진 사람. 良材(양재).
良知(양지) ①생각하지 않고 사물을 알 수 있는 천부적인 지능. ②좋은 벗.
良知良能(양지양능) 생각하지 않고도 알며, 배우지 않고도 능히 할 수 있는 것.
良妻(양처) 착한 아내.
良匹(양필) 좋은 배필(配匹). 佳偶(가우).
良好(양호) 매우 좋음.
良貨(양화) ①좋은 보물. ②좋은 화물(貨物). ③질이 좋은 화폐(貨幣).

◨ 改良개량, 不良불량, 善良선량, 優良우량, 賢良현량.

11 ⑰【艱】艰 어려울 간 刪

인명 1급 ㊥jiān ㊐カン

소전 초서 자해 ❶어렵다. 〔書經〕 稼穡之艱難가색지간난. ❷어려

舟 16획

워하다. 〔書經〕 后克艱厥后후극간궐후, 臣克艱厥臣신극간궐신. ❸어버이 상(喪).
艱苦(간고) 고생.
艱困(간곤) 구차하고 곤궁함.
艱苟(간구) 구차함. 빈곤(貧困)함.
艱窘(간군) 어렵고 군색(窘塞)함.
艱急(간급) 괴롭고 앞길이 막힘.
艱難辛苦(간난신고) 몹시 어려운 고생.
艱辛(간신) 고생. 괴로움.
艱深(간심) 시문(詩文)의 의미가 깊어 이해하기 어려움.
艱險(간험) ①험난한 곳. ②고민과 고생.

色部 빛 색

0
⑥【色】 빛 색 職

중학 인명 7급 ㊥sè ㊐ショク

필순 ノ ㄅ 𠂊 㐃 𠚤 色

소전 초서 자원 會意. 人＋卪→色. '卪'은 '節(병부 절)'과 같다. 사람〔人〕의 심정이 얼굴빛에 나타남이 부절(符節)을 맞춤과 같이 맞다는 데서 '안색(顔色)'이라는 뜻을 나타낸다.

자해 ❶빛, 빛깔. ㉮얼굴빛. 〔周禮〕 以五氣五聲五色이오기오성오색, 眡其死生시기사생. ㉯색채. 〔書經〕 以五采彰施于五色이오채창시우오색. ㉰윤, 광택(光澤). 〔北史〕 體色不變체색불변. ㉱모양, 상태. 〔莊子〕 車馬有行色거마유행색. ㉲기색(氣色). ㉳형상(形相). 〔般若心經〕 色則是空색즉시공, 空則是色공즉시색. ❷갈래, 종류. 〔唐書〕 敦厚浮薄돈후부박, 色色有之색색유지. ❸여색(女色), 정욕(情慾). 〔論語〕 少之時소지시, 血氣未定혈기미정, 戒之在色계지재색.
色感(색감) ①색에 대한 감각. ②색에서 받는 느낌.
色骨(색골) 國여색을 지나치게 즐기는 사람. 好色漢(호색한).
色官(색관) 國관아에서 일정한 일을 맡아보던 벼슬아치.
色狂(색광) 國색에 미친 사람.
色難(색난) ①자식이 안색을 항상 부드럽게 하여 부모를 섬기기는 어려움. ②부모의 얼굴빛을 살펴 그 마음에 맞도록 봉양(奉養)하기란 어려운 일임.
色德(색덕) 여자가 갖춘 고운 얼굴과 갸륵한 덕행.
色讀(색독) 문장의 뜻을 글자 그대로만 해석하고 그 참뜻을 생각하지 않는 일.
色盲(색맹) 특정한 색을 구별하지 못하는 시각. 또는 그런 사람. 색소경.
色目(색목) ①종류와 명목. ②희귀한 성. 稀姓(희성). ③당대(唐代)의 가문과 신분. ④조선 때 사색당파(四色黨派)의 파별(派別).
色相(색상) ①색 자체가 갖는 고유의 특성. ②(佛)눈으로 볼 수 있는 모든 물질의 형상.
色傷(색상) 방사(房事)의 과다로 생긴 병.
色素(색소) 빛깔의 바탕이 되는 물질.
色心(색심) ①색욕이 일어나는 마음. ②(佛)색법(色法)과 심법(心法). 무형의 정신과 유형의 물질.
色人(색인) ①관리(官吏). ②(佛)몸을 파는 여자. 賣淫女(매음녀).
色調(색조) 빛깔의 농담·강약·명암 따위의 정도나 상태.
色卽是空(색즉시공) (佛)무릇 형상을 갖춘 만물은 인연(因緣)으로 말미암아 생긴 것이며, 원래 실재하는 것이 아니므로 그대로 공무(空無)한 것임.
色彩(색채) ①빛깔. ②어떤 사물이 지닌 경향이나 성질.
色漆(색칠) 색을 칠함.
色態(색태) ①여자의 아리따운 자태. ②빛깔의 맵시.
色澤(색택) 윤. 윤기(潤氣).
色鄕(색향) 國①미인이 많이 나는 고장. ②기생이 많이 나는 지방.
色荒(색황) 여색에 빠지는 일. 색정을 함부로 쓰는 일.
◨ 藍色남색, 死色사색, 生色생색, 顔色안색, 女色여색, 染色염색, 才色재색, 赤色적색, 采色채색, 青色청색, 脫色탈색, 血色혈색, 好色호색, 灰色회색, 黑色흑색, 喜色희색.

5
⑪【艴】 발끈할 불 物

㊥bó ㊐ボツ

소전 초서 자해 발끈하다, 성난 얼굴. 〔孟子〕 曾西艴然不悅증서불연불열.

13
⑲【艶】 豔(1057)의 속자 인명

18
㉔【豔】艳 고울 염 豔

인명 1급 ㊥yàn ㊐エン

동자 豓 속자 艶 자해 ❶곱다, 아름답다, 요염하다. ❷광택, 광채(光

色 18획

彩).〔廬山記〕海濱漁人常見夜有光艷해빈어인상견야유광염. ❸탐내다, 부러워하다.〔唐書〕虜指目歆艷로지목흠염.
艷歌(염가) 염정(艷情)을 내용으로 한 노래. 요염한 노래. 艷曲(염곡).
艷麗(염려) 아리땁고 고움.
艷聞(염문) 연애에 관한 소문.
艷羨(염선) 부러워함. 羨慕(선모).
艷冶(염야) 요염하고 아름다움. 매우 곱고 아리따움. 妖冶(요야).
艷陽(염양) 화창하고 따스한 늦봄의 날씨.
艷語(염어) 요염(妖艷)한 말.
艷妝(염장) 아리따운 단장. 요염한 차림.
艷粧(염장) 짙은 화장. 아리따운 단장.
艷絕(염절) 더할 수 없이 아리따움.
艷情(염정) 이성을 그리워하고 사모하는 마음. 戀情(연정).
艷體(염체) 사조(詞藻)가 아름답고 섬세한 문체. 여성적인 시의 문체.
◨ 鮮艷선염, 妖艷요염, 華艷화염, 紅艷홍염.

艸部 풀초

0 ⑥【艸】 풀 초 晧
인명 ㊥cǎo ㊐ソウ
소전 동자 草 고자 屮 참고 '艸'가 한자의 구성에서 머리에 쓰일 때는 글자 모양이 '艹'로 바뀌고, '초두머리'라고 부른다.
자원 會意. 屮+屮→艸. 초목이 처음 돋아 나오는 모양을 본뜬 글자〔屮〕 둘을 합하여 '풀'이라는 뜻을 나타낸다.
자해 풀.

2 ⑥【艽】 나라 끝 구 尤
㊥qiú ㊐キュウ
소전 초서 자해 나라의 끝, 궁벽한 땅.〔詩經〕我征徂西아정조서, 至于艽野지우구야.

2 ⑥【艾】 ①쑥 애 泰 ②거둘 예 隊
인명 2급 ㊥ài, yì ㊐ガイ, ゲイ
소전 참고 인명용 음은 '애'이다.
자해 ① ❶쑥.〔詩經〕彼采艾兮피채애혜. ❷뜸쑥. 뜸을 뜨는 데 쓰도록 만든 쑥. ❸늙은이. ❹아름답다.〔孟子〕知好色則慕少艾지호색즉모소애. ② ❶거두다, 수확하다. ≒刈.〔春秋穀梁傳〕一年不艾而百姓饑일년불예이백성기. ❷낫. ❸다스리다.〔詩經〕或肅或艾혹숙혹예.
艾年(애년) 50세. 쉰 살.
艾老(애로) 50세를 지난 노인.
艾葉(애엽) 약쑥의 잎. 약재로 씀.
艾人(애인) ①쑥으로 만든 인형. 단오절에 문위에 걸어 두면 사기(邪氣)를 물리친다고 함. ②노인(老人).

3 ⑦【芎】 궁궁이 궁 東
인명 ㊥xiōng ㊐キュウ
소전 초서 자해 궁궁이, 천궁(川芎). 산형과의 여러해살이풀.〔淮南子〕夫亂人者부란인자, 芎藭之與藁本也궁궁지여고본야.

3 ⑦【芑】 흰 차조 기 紙
㊥qǐ ㊐キ
소전 초서 자해 ❶흰 차조. ❷상추. ❸풀 이름.〔詩經〕豐水有芑풍수유기.

3 ⑦【芒】 까끄라기 망 陽
인명 1급 ㊥máng ㊐ボウ
소전 초서 본자 莣 자해 ❶까끄라기, 벼·보리 따위의 수염.〔周禮〕種之芒種종지망종. ❷털, 털끝.〔班固·答賓戲〕銳思於毫芒之內예사어호망지내. ❸바늘, 바늘 끝.〔後漢書〕隄潰蟻孔제궤의공, 氣洩鍼芒기설침망. ❹부산하다, 경황없다.〔孟子〕芒芒然歸망망연귀.
芒角(망각) ①별의 빛살 끝. ②모. 모서리.
芒履(망리) 짚신. 芒鞋(망혜).
芒刺(망자) ①까끄라기. ②가시.
芒刺在背(망자재배) 까끄라기를 등에 지고 있음. 두려워서 마음이 편안하지 않음.
芒種(망종) ①24절기의 하나. 소만(小滿)과 하지(夏至) 사이. 양력 6월 5일경. ②벼·보리 따위처럼 까끄라기가 있는 곡식.

3 ⑦【莣】 芒(1058)의 본자

3 ⑦【芃】 풀 무성할 봉 東
㊥péng ㊐ホウ

艸 0획

소전 초서 자해 ❶풀이 무성하다, 풀이 더북더북하다.〔詩經〕芃芃其麥봉봉기맥. ❷작은 짐승의 모양, 꼬리가 긴 모양.〔詩經〕有芃者狐유봉자호, 率彼幽草솔피유초.

3 ⑦【芋】 ①토란 우 ②풀 성한 모양 우 ③덮을 우

인명 ㊥yù, yú ㊐ウ

소전 초서 자해 ① 토란. ② 풀이 성(盛)한 모양. ③ 덮다, 가리다.〔詩經〕君子攸芋군자유우.

3 ⑦【芍】 ①함박꽃 작 ②검은 쇠귀나물 효

인명 1급 ㊥sháo, xiào ㊐シャク

소전 초서 동자 葯 참고 인명용 음은 '작'이다.

자해 ① 함박꽃, 작약꽃. ② 검은 쇠귀나물, 자고(慈姑).

芍藥(작약) 함박꽃.

3 ⑦【芊】 풀 무성할 천

㊥qiān ㊐セン

소전 초서 자해 ❶풀이 무성하다. ❷산골이 푸른 모양.〔宋玉·賦〕仰觀山巔앙관산전, 肅何芊芊숙하천천.

3 ⑨【芔】 ①풀 훼 ②성할 휘

㊥huì, hū ㊐キ

소전 자해 ① 풀. =卉. ② 성(盛)하다, 움직이다, 일다.

4 ⑧【芡】 가시연 감 ㊍검

㊥qiàn ㊐ケン

소전 초서 자해 가시연. 못이나 늪에서 나는 연꽃.

芡實(감실) 한방에서 가시연밥을 약재로 이르는 말. 雞頭實(계두실).

4 ⑧【芥】 겨자 개

인명 1급 ㊥jiè ㊐カイ

소전 초서 자해 ❶겨자.〔禮記〕秋用芥추용개. ❷티끌, 먼지.〔淮南子〕視天下之間시천하지간, 猶飛羽浮芥也유비우부개야.

芥子(개자) ①겨자씨와 갓씨. ②극히 작은 것.

芥子紅葅(개자홍저) 國겨자깍두기.

芥舟(개주) ①배처럼 떠 있는 작은 풀잎. ②작은 배.

芥菜(개채) 겨자와 갓을 아울러 이르는 말.

4 ⑧【芹】 미나리 근

인명 ㊥qín ㊐キン

소전 초서 자해 미나리.〔詩經〕言采其芹언채기근.

芹誠(근성) 미나리를 바치는 정성. 정성스러운 마음. 충성스러운 농부가 미나리를 캐어 임금에게 바쳤다는 데서 온 말. 芹忱(근침).

芹菜(근채) 미나리.

4 ⑧【芩】 풀 이름 금

인명 ㊥qín ㊐キン

소전 초서 자해 풀 이름. 만초(蔓草)의 하나.〔詩經〕食野之芩식야지금.

4 ⑧【芰】 마름 기

㊥jì ㊐キ

소전 초서 자해 마름. 수초(水草)의 한 가지.

芰荷(기하) 마름과 연(蓮). 芰蓮(기련).

4 ⑧【芚】 ①채소 이름 둔 ②어리석을 춘

인명 ㊥tún, chūn ㊐トン

초서 참고 인명용 음은 '둔'이다.

자해 ① ❶채소 이름. ❷초목이 싹트는 모양.〔法言〕春木之芚兮춘목지둔혜. ② 어리석은 모양.〔莊子〕聖人愚芚성인우춘.

4 ⑧【芼】 풀 우거질 모

인명 ㊥mào ㊐ボウ

소전 초서 자해 ❶풀이 우거지다, 풀이 우거져 땅을 덮다. ❷고르다, 가리다.〔詩經〕參差荇菜참치행채, 左右芼之좌우모지.

4 ⑧【芳】 꽃다울 방

고등 인명 3Ⅱ급 ㊥fāng ㊐ホウ

필순 丶 十 卄 廾 艹 芏 芳 芳

소전 초서 자원 形聲. 艸+方→芳. '方(방)'이 음을 나타낸다.
자해 ❶꽃답다. ㉮향기가 나다, 향기롭다. 〔晉書〕經歲寒而彌芳경세한이미방. ㉯명성(名聲)이 높다. 〔蔡邕·碑銘〕雖沒不朽수몰불후, 名字芳兮명자방혜. ❷향기풀. ❸향기.
芳郊(방교) 향기로운 꽃이 핀 들판. 봄의 교외.
芳氣(방기) 향기로운 냄새.
芳年(방년) 꽃다운 나이. 젊은 여자의 나이. 妙齡(묘령).
芳烈(방렬) ①향기가 강렬함. ②훌륭한 공훈.
芳林(방림) ①봄철의 나무. ②향기로운 숲.
芳名(방명) 꽃다운 이름. 남의 이름의 존칭.
芳墨(방묵) ①향긋한 좋은 먹. ②남의 글이나 편지의 존칭.
芳芬(방분) 향기로운 냄새. 꽃의 향기.
芳菲(방비) ①향기로운 꽃과 풀. ②풀이 새파랗게 나고 꽃이 피어 향기로움.
芳歲(방세) ①봄철. ②정월(正月). ③젊은 나이. 青春(청춘).
芳樹(방수) 꽃 피는 나무. 花木(화목).
芳信(방신) ①꽃이 피었다는 소식. 꽃소식. 花信(화신). ②남의 편지의 존칭. 芳翰(방한).
芳心(방심) ①아름다운 마음. 미인의 마음. ②남의 친절한 마음.
芳艷(방염) 향기롭고 아름다움.
芳園(방원) 꽃을 심은 동산. 花園(화원).
芳姿(방자) 꽃다운 자태.
芳節(방절) 봄철. 春節(춘절).
芳樽(방준) ①맛 좋은 술이 담긴 술단지. ②좋은 술.
芳草(방초) 향기로운 풀.
芳叢(방총) 꽃이 피어 있는 풀숲.
芳春(방춘) ①꽃이 한창인 봄. ②청춘.
芳香(방향) 꽃다운 향기. 좋은 향기.
芳魂(방혼) ①미인의 혼. ②꽃의 정기(精氣).
芳華(방화) 향기 있는 꽃. 향기로운 꽃.
◨ 芬芳분방, 香芳향방.

4 ⑧【芣】 질경이 부 尤

㊥fú ㊐フウ
소전 초서 자해 질경이. 〔詩經〕采采芣苢채채부이.
芣苡(부이) 질경이. 잎은 어릴 때 나물로 먹으며, 씨는 차전자(車前子)라 하여 이뇨제(利尿劑)로 씀. 芣苢(부이).

4 ⑧【芙】 부용 부 虞

인명 1급 ㊥fú ㊐フ
소전 초서 자해 부용, 연꽃. 〔史記〕外發芙蓉蔆華외발부용릉화.
芙蓉(부용) ①연꽃. ②미인(美人).
芙蓉劍(부용검) ①빼어난 검. 훌륭한 검. ②의장(儀仗)에 쓰는, 은빛·금빛의 보검.
芙蓉姿(부용자) ①부용처럼 아름다운 모습. ②미인의 아름다운 자태.
芙蓉帳(부용장) ①연꽃을 수놓은 휘장. ②연꽃을 수놓은 휘장 안. 규방(閨房).

4 ⑧【芬】 향기로울 분 文

인명 2급 ㊥fēn ㊐フン
초서 자해 ❶향기롭다. 〔荀子〕香臭芬鬱향취분울. ❷향기. ㉮좋은 냄새. 〔傅咸·賦〕蘭蕙含芬란혜함분. ㉯좋은 명성(名聲). 〔晉書〕揚芬千載之上양분천재지상.
芬芳(분방) ①좋은 향기. ②훌륭한 공적이나 명예.
芬馥(분복) 향기가 진한 모양. 芬芬(분분).
芬芬(분분) ①향기가 진한 모양. 芬馥(분복). 芬郁(분욱). ②왕성하고 아름다운 모양.

4 ⑧【芾】 1작은 모양 비 未 2초목 우거질 불 物

㊥fèi, fú ㊐ヒ, フツ
초서 자해 1작은 모양. 〔詩經〕蔽芾甘棠폐비감당. 2초목이 우거지다. =茀.

4 ⑧【芟】 벨 삼 咸

인명 ㊥shān ㊐サン
소전 초서 자해 ❶베다, 풀을 베다. 〔詩經〕載芟載柞재삼재작. ❷큰 낫. 〔國語〕耒耜枷芟뢰사가삼.
芟除(삼제) ①풀을 베어 없애 버림. ②난적을 쳐서 나라를 평정함. 芟鋤(삼서).

4 ⑧【芯】 등심초 심 侵

인명 ㊥xīn, xìn ㊐シン
자해 ❶등심초, 골풀. ❷물건의 중심. =心.

4 ⑧【芽】 싹 아 麻

고등 인명 3Ⅱ급 ㊥yá ㊐ガ
필순 丶 十 艹 艹 芒 芓 芽 芽
소전 초서 자원 形聲. 艸+牙→芽. '牙(아)'가 음을 나타낸다.
자해 ❶싹. ❷싹트다. 〔歐陽脩·詩〕念昔草木

艸 4획

冰未芽념석초목빙미아.
芽甲(아갑) 초목에서 처음 돋아난 떡잎. 새싹.
◨ 麥芽맥아, 萌芽맹아, 發芽발아.

4 ⑧【芮】 풀 뾰족뾰족 날 예 霽
인명 2급 ㊥ruì ㊐ゼイ
소전 초서 자해 ❶풀이 뾰족뾰족 나다. ❷작은 모양. 〔潘岳·賦〕 蕞芮於城隅者최예어성우자, 百不處一백불처일. ❸물가. ≒汭. 〔詩經〕 芮鞫之即예국지즉.
芮芮(예예) 싹이 나긋나긋하게 돋아나는 모양.

4 ⑧【茢】 刈(131)의 속자

4 ⑧【芸】 1 향초 이름 운 文 2 재주 예 霽
인명 2급 ㊥yún ㊐ウン
소전 초서 참고 인명용 음은 '운'이다.
자해 1 ❶향초(香草)의 이름. 〔禮記〕 芸始生운시생. ❷궁궁이. 〔呂氏春秋〕 菜之美者채지미자, 陽華之芸양화지운. ❸성한 모양, 많은 모양. 〔老子〕 夫物芸芸부물운운, 各復歸其根각복귀기근. 2 재주. ※藝(1101)의 속자(俗字).
芸閣(운각) ①서적을 간직하는 곳집. ②조선 때 교서관(校書館)의 딴 이름.
芸夫(운부) 김매는 남자. 농부.
芸芸(운운) 성한 모양. 많은 모양.
芸帙(운질) 좀먹지 않게 하기 위하여 운향(芸香) 잎을 넣은 서질(書帙).
芸編(운편) 서적.
芸香(운향) 궁궁이. 어린잎은 식용하고, 뿌리는 한약재로 씀. 川芎(천궁).

4 ⑧【芫】 팥꽃나무 원 元
㊥yuán ㊐ガン
소전 초서 자해 팥꽃나무.
芫花(원화) 말린 팥꽃나무의 꽃봉오리를 한방에서 이르는 말. 莞花(완화).

4 ⑧【芢】 풀 이름 인 眞
인명 ㊥rén ㊐ジン
자해 풀 이름.

4 ⑧【芿】 새 풀싹 잉 徑
인명 ㊥rèng ㊐ジョウ
초서 자해 ❶새 풀싹. 묵은 풀을 벤 뒤에 난 싹. ❷묵은 풀, 잡초. 〔列子〕 藉芿燔林자잉번림.

4 ⑧【芝】 지초 지 支
인명 2급 ㊥zhī ㊐シ
소전 초서 자해 ❶지초(芝草). 〔孔子家語〕 芝蘭生於深林지란생어심림. ❷일산(日傘). 〔揚雄·賦〕 夫鳳凰兮而翳華芝부봉황혜이예화지.
芝蘭(지란) ①지초(芝草)와 난초(蘭草). ②선인(善人)·군자(君子)의 비유.
芝蘭之交(지란지교) 친구 사이의 고상하고 청아한 교제.
芝蘭之室(지란지실) 좋은 향기가 나는 방. 선인(善人)·군자(君子)의 비유.
芝草(지초) ①지칫과에 딸린 여러해살이풀. ②활엽수의 그루터기에 나는 버섯. 靈芝(영지).

4 ⑧【芷】 구릿대 지 紙
인명 ㊥zhǐ ㊐シ
초서 자해 구릿대. 뿌리는 백지(白芷)라 하여 약재로 쓴다.

4 ⑩【芻】 刍 꼴 추 虞
인명 1급 ㊥chú ㊐ス
소전 초서 동자 蒭 자해 ❶꼴, 말린 풀. 〔莊子〕 食以芻叔식이추숙. ❷초식하는 가축. 소·양 따위. 〔孟子〕 猶芻豢之悅我口유추환지열아구.
芻狗(추구) ①여물과 개. ②짚으로 만든 개. 필요할 때는 이용하고 그 일이 끝나면 내버리는 물건. 옛날에 짚으로 개를 만들어 제사 때 쓰고 제사가 끝나면 곧바로 없앤 데서 온 말.
芻靈(추령) 풀을 묶어 만든 인형. 순사자(殉死者)를 대신하여 쓰던 물건.
芻米(추미) 꼴과 쌀. 곧, 가축의 사료와 사람의 양식.
芻言(추언) 비천한 사람의 무식한 말.
芻蕘之說(추요지설) 꼴꾼과 나무꾼의 말. ㉠순박한 말. ㉡고루하고 야비한 언사(言辭).
芻議(추의) ①초야(草野)에서 나오는 언론. 비천한 사람의 말. ②자기 의견의 겸사(謙辭).
芻豢(추환) 집에서 기르는 짐승의 총칭. '芻'는 풀을 먹는 소·양 따위, '豢'은 곡식을 먹는 개·돼지 따위.
◨ 反芻반추.

4
⑧【芭】 파초 파 麻

인명 1급 ㊥bā ㊐ハ

초서 芭 자해 ❶파초. ❷향풀 이름.

芭蕉(파초) 파초과에 속하는 중국 원산의 열대성 다년초.

4
⑧【芐】 지황 호·하 麌禡

인명 ㊥hù, xià ㊐コ, カ

참고 인명용 음은 '호'이다.

자해 **지황(地黃). 약초의 한 가지.**

4
⑧【花】 꽃 화 麻

중학 인명 7급 ㊥huā ㊐カ

필순 丶 十 艹 艹 艹 花 花 花

소전 초서 자원 形聲. 艸+化→花. '化(화)'가 음을 나타낸다.

자해 **❶꽃.** =華. **㉮초목의 꽃. ㉯특히 '모란'을 이르는 말.** 〔歐陽脩·記〕 洛陽人낙양인, 花曰화왈, 某花某花모화모화, 至牧丹則不名지모단즉불명, 直曰花직왈화. **㉰특히 '해당'을 이르는 말. ㉱꽃 모양의 물건.** 〔司空圖·詩〕 剪得燈花自掃眉전득등화자소미. **㉲꽃이 피는 초목. ❷꽃이 피다.** 〔戴昺·詩〕 春至梅梢次第花춘지매초차제화. **❸소비(消費)하다, 비용.**

花甲子(화갑자) 60갑자의 딴 이름.

花蓋(화개) ①꽃무늬가 있는 덮개. ②꽃받침과 꽃부리의 빛깔·형태가 같아서 구분하기 어려울 때, 이를 통틀어 이르는 말.

花梗(화경) 꽃이 달린 꼭지. 꽃꼭지. 꽃자루.

花冠(화관) ①아름답게 장식한 관. ②國칠보(七寶)로 꾸민 여자의 관. ③꽃부리.

花魁(화괴) 매화의 딴 이름.

花奴(화노) 무궁화(無窮花)의 딴 이름.

花壇(화단) 꽃밭. 흙을 한층 높게 쌓아 화초를 심는 곳.

花代(화대) ①잔치 때, 기생이나 악공(樂工)에게 주는 돈이나 물건. 놀음차. ②노는 계집을 상관하고 주는 돈. 해웃값.

花郞(화랑) 신라 때, 귀족 출신의 청소년들을 뽑아 군사 훈련과 도의(道義)를 연마하던 집단. 또는 그 중심 인물.

花柳(화류) ①붉은 꽃과 푸른 버들. ②사내들을 상대로 노는 계집. ③유곽(遊廓).

花面(화면) 꽃같이 아름다운 얼굴.

花無十日紅(화무십일홍) 열흘 붉은 꽃이 없음. 한 번 번성하면 반드시 뒤에 쇠퇴함.

花紋席(화문석) 꽃돗자리.

花瓶(화병) 꽃병.

花盆(화분) 꽃을 심어 가꾸는 분.

花分(화분) 꽃가루.

花仙(화선) 해당화(海棠花)의 딴 이름.

花樹(화수) ①꽃이 피는 나무. ②國성(姓)과 본관이 모두 같은 일가.

花脣(화순) ①꽃잎. ②미인의 입술.

花信(화신) 꽃이 피었다는 소식. 꽃소식.

花神(화신) ①꽃을 맡은 신. ②꽃의 정령(精靈). ③꽃을 재배하는 데 능한 사람.

花晨(화신) 꽃 피는 아침. 花朝(화조).

花心(화심) ①꽃술. 花蕊(화예). ②촛불의 심지. ③미인의 마음.

花押(화압) 수결(手決)과 함자(銜字).

花宴(화연) ①성대하고 화려한 잔치. ②國환갑잔치. 華宴(화연).

花影(화영) 꽃 그림자.

花蕊(화예) 꽃술. 꽃의 생식 기관. 花心(화심).

花王(화왕) 모란(牡丹)의 딴 이름.

花容月態(화용월태) 꽃 같은 모습과 달 같은 자태. 아름다운 여자의 고운 용모.

花園(화원) 꽃을 심은 동산. 꽃밭.

花月(화월) ①꽃과 달. ②꽃에 비치는 달.

花簪(화잠) 금·은·주옥 따위를 박고 떨새를 앉혀 꾸민 비녀. 花鈿(화전).

花煎(화전) 國찹쌀가루를 반죽하여 개나리·진달래·국화 따위의 꽃잎이나 대추를 붙여 기름에 지진 떡.

花田衝火(화전충화) 國꽃밭에 불을 지름. 젊은이의 앞길을 막거나 그르치게 함.

花鳥(화조) ①꽃과 새. ②꽃을 찾아다니는 새. ③꽃과 새를 그린 그림.

花鳥使(화조사) 남녀 사이의 애정에 관계되는 일을 심부름하여 주는 사람. 사랑의 사자. 당(唐) 현종 때 후궁(後宮)으로 들어올 천하의 미인을 가려 뽑기 위하여 조정에서 파견한 사자(使者)의 이름에서 온 말.

花朝月夕(화조월석) 꽃 피는 아침과 달 밝은 저녁. 경치가 좋은 시절.

花中君子(화중군자) 연꽃의 딴 이름.

花中神仙(화중신선) 해당화(海棠花)의 딴 이름. 花仙(화선).

花中王(화중왕) 모란의 딴 이름.

花枝(화지) 꽃가지. 꽃이 피어 있는 가지.

花草(화초) ①꽃이 피는 풀과 나무. 꽃이 없더라도 관상용이 되는 식물의 총칭. 花卉(화훼). ②國그 물건이 실용적이지 않고 노리개나 장식품에 지나지 않음.

花燭洞房(화촉동방) 등촉(燈燭)이 빛나는 부인의 방. 첫날밤에 신랑 신부가 자는 방.

花香(화향) ①꽃향기. 花氣(화기). ②(佛)불전(佛前)에 올리는 꽃과 향.
花候(화후) 꽃이 피어 있는 시기. 花期(화기).
花卉(화훼) 꽃이 피는 풀과 나무. 관상용으로 재배하는 식물. 花草(화초).
◨ 開花개화, 生花생화, 造花조화.

5 ⑨【苛】 매울 가 ㊍하 歌

인명 1급 ㊥kē, hē ㊐カ

소전 초서 자해 ❶맵다, 사납다. 〔荀子〕苛關市之征가관시지정. ❷잘다, 자세하다. 〔漢書〕父老苦秦苛法久矣부로고진가법구의. ❸어지러워지다, 어지럽히다. 〔國語〕朝夕苛我邊鄙조석가아변비. ❹학대하다.
苛刻(가각) 인정이 없고 모짊.
苛急(가급) 가혹하고 까다로움.
苛厲(가려) 가혹하고 사나움.
苛斂誅求(가렴주구) 가혹하게 세금을 거두어들이고 무리하게 재물을 빼앗음.
苛令(가령) 가혹한 법령. 苛法(가법).
苛吏(가리) 가혹한 관리. 酷吏(혹리).
苛法(가법) 가혹한 법령. 번거로운 법률.
苛細(가세) 까다롭고 잚.
苛稅(가세) 가혹한 세금. 苛征(가정).
苛嚴(가엄) 몹시 까다롭고 엄함.
苛政猛於虎(가정맹어호) 가혹한 정치는 범보다 무서움. 혹독한 정치의 폐해가 큼.
苛重(가중) 가혹하고 부담이 무거움.
苛疾(가질) 위중한 병. 重病(중병).
苛察(가찰) 엄한 사찰(査察). 가혹한 경계.
苛責(가책) 혹독한 꾸지람.
苛評(가평) 가혹한 비평. 酷評(혹평).
苛虐(가학) 몹시 괴롭히고 학대함.
苛酷(가혹) 몹시 모질고 혹독함.

5 ⑨【茄】 연 줄기 가 麻

인명 ㊥jiā ㊐カ

소전 초서 자해 ❶연 줄기. 〔張衡·賦〕蔕倒茄於藻井체도가어조정. ❷연(蓮).
茄子(가자) 가지.
茄荷(가하) 연(蓮) 줄기.

5 ⑨【苣】 상추 거 語

㊥jù ㊐キョ

소전 초서 자해 ❶상추. 〔杜甫·詩〕隔種一兩席許萵苣격종일량석허와거. ❷횃불 =炬. 〔墨子〕人擅苣長五節인천거장오절. ❸참깨.
苣勝(거승) 호마(胡麻)의 딴 이름. 참깨.

5 ⑨【茎】 莖(1071)의 속자

5 ⑨【苽】 줄 고 虞

인명 ㊥gū ㊐コ

자해 줄, 진고(眞菰). 볏과의 여러해살이풀. 다 자란 줄기는 돗자리를 만드는 데 쓴다.
苽米(고미) 진고(眞菰)의 열매.
苽瓠(고호) 표주박.

5 ⑨【苦】 ①쓸 고 麌 ②멀미 고 遇

중학 인명 6급 ㊥kǔ, hù ㊐コ

필순 丶 亠 艹 艹 芇 芐 苦 苦 苦

소전 초서 자원 形聲. 艸+古→苦. '古(고)'가 음을 나타낸다.

자해 ①❶쓰다, 쓴 맛. 〔素問〕苦勝辛고승신. ❷씀바귀, 쓴 나물. 〔詩經〕采苦采苦채고채고. ❸거칠다. 〔史記〕苦惡고악. ❹간절하다, 정성스럽다. 〔晉書〕坦之非而苦諫之탄지비이고간지. ②멀미, 뱃멀미, 차멀미.
苦諫(고간) 고언(苦言)으로 정중히 간함.
苦客(고객) 國귀찮은 손〔客〕. 싫은 손.
苦界(고계) (佛)괴로움이 많은 인간 세계.
苦難(고난) 괴로움과 어려움.
苦惱(고뇌) 괴로움과 번뇌.
苦待(고대) ①가혹하게 대우함. 학대함. ②애타게 기다림.
苦毒(고독) 고통스러움. 괴로움.
苦樂(고락) 괴로움과 즐거움.
苦悶(고민) 속을 태우며 안타까워 함.
苦杯(고배) ①쓴 술잔. ②실패나 패배.
苦使(고사) 몹시 혹독하게 부림.
苦生(고생) 괴롭고 힘든 생활.
苦笑(고소) 쓴웃음.
苦辛(고신) 괴롭고 쓰라림.
苦心(고심) 애씀. 마음을 태움. 苦慮(고려).
苦讓(고양) 정중히 사양함.
苦言(고언) 듣기에는 거슬리나 유익한 말. 苦語(고어).
苦業(고업) ①고생스러운 사업. ②(佛)번거롭고 성가신 인연.
苦役(고역) 고된 작업. 힘드는 노동.
苦雨(고우) 장마. 사람을 오랫동안 괴롭히는 데서 온 말.
苦肉之計(고육지계) 제 몸을 괴롭히기까지 하

여 적을 속이는 계교. 苦肉策(고육책).
苦戰(고전) 몹시 고생스럽고 힘든 싸움. 苦鬪(고투).
苦節(고절) 어떤 고난을 당해도 굳게 지켜 나가는 절개나 지조.
苦情(고정) ①괴로운 일. ②괴로운 마음.
苦酒(고주) ①식초의 딴 이름. ②國㉠독한 술. ㉡쓴 술. 술을 남에게 권할 때의 겸칭. 薄酒(박주). ③맥주(麥酒).
苦盡甘來(고진감래) 쓴 것이 다하면 단 것이 옴. 고생이 끝나면 즐거움이 옴.
苦楚(고초) 견디기 어려운 괴로움.
苦衷(고충) 괴로운 심정이나 사정.
苦痛(고통) 괴로움과 아픔.
苦學(고학) 스스로 학비(學費)를 벌어서 고생하며 배움.
苦寒(고한) ①지독한 추위. ②추위로 고생함.
苦海(고해) (佛)고통의 세계. 괴로움이 많은 인간 세계.
苦行(고행) (佛)①불법을 닦기 위하여 육신을 괴롭히고 고뇌(苦惱)를 견뎌 냄. ②절에서 고역(苦役)에 종사함.
◨ 刻苦각고, 甘苦감고, 困苦곤고, 窮苦궁고, 勞苦노고, 病苦병고, 辛苦신고, 疾苦질고.

5 ⑨【苟】 진실로 구 有

고등 인명 3급 ㊥gǒu ㊐コウ

필순 丶 丷 艹 芍 芍 苟 苟 苟

소전 초서 자원 形聲. 艸+句→苟. '句(구)'가 음을 나타낸다.

자해 ❶진실로. 〔大學〕 苟日新구일신, 日日新일일신, 又日新우일신. ❷구차(苟且)히 하다. 〔管子〕 則民不苟즉민불구. ❸가령, 만일. 〔論語〕 苟志於仁矣구지어인의, 無惡也무오야. ❹원컨대, 바라건대. 〔春秋左氏傳〕 苟捷有功구첩유공, 無作神羞무작신수.
苟免(구면) ①간신히 모면함. ②당장을 모면함. 일시적으로 죄를 면했다 하여 기뻐하고 부끄럽게 생각하지 않는 일.
苟命(구명) 구차한 목숨.
苟生(구생) 구차히 삶. 구차한 생활.
苟安(구안) 일시적인 편안. 한때의 안락(安樂)을 탐함. 偸安(투안).
苟容(구용) 구차하게 남의 비위를 맞춤.
苟存(구존) 일시적인 안일을 위하여 살아감. 구차하게 살아감. 苟活(구활).
苟且(구차) ①눈앞의 편함만 탐내어 그럭저럭 살아감. ②國㉠살림이 매우 가난함. ㉡언행이 떳떳하지 못함.
苟偸(구투) 일시적인 안일만을 취함.

5 ⑨【苓】 도꼬마리 령 靑

㊥líng ㊐レン

소전 초서 자해 ❶도꼬마리, 권이(卷耳). 국화과의 한해살이풀. 열매는 창이자(蒼耳子)라 하여 약재로 쓴다. ❷향풀 이름. ❸저령(豬苓). 단풍나무에서 생기는 버섯을 한방에서 약재로 이르는 말.

5 ⑨【苙】 ①우리 립 緝 ②구릿대 급 緝

㊥lì, jī ㊐リュウ

초서 자해 ①우리. 〔孟子〕 如追放豚여추방돈, 旣入其苙기입기립. ②구릿대. 뿌리는 백지(白芷)라고 하여 약재로 쓴다.

5 ⑨【茉】 말리 말 曷

인명 ㊥mò ㊐マツ

초서 자해 말리(茉莉). 물푸레나뭇과의 상록 관목. 〔陸賈·記〕 南越五穀無味남월오곡무미, 百花不香백화불향, 獨茉莉不隨水土而變독말리불수수토이변.

5 ⑨【苺】 딸기 매·모 賄 晧

㊥méi ㊐マイ

소전 초서 자해 딸기. =莓.

5 ⑨【茅】 띠 모 肴

인명 2급 ㊥máo ㊐ボウ

소전 초서 자해 ❶띠. 볏과의 여러해살이풀. 〔春秋穀梁傳〕 茅茨盡矣모자진의. ❷띠를 베다, 새를 베다. 〔詩經〕 晝爾于茅주이우모. ❸띳집. 띠로 지붕을 인 집.
茅堂(모당) 띠로 지붕을 인 집. 茅屋(모옥).
茅門(모문) 띠로 지붕을 인 문. ㉠오막살이. ㉡자기 집의 겸사.
茅塞(모색) 띠가 나서 막힘. 마음이 욕심으로 말미암아 막힘.
茅屋(모옥) ①띠로 지붕을 인 집. 검소한 집. ②자기 집의 겸칭(謙稱). 茅舍(모사).
茅茨(모자) ①띠와 남가새. ②띠로 지붕을 인 집. 茅屋(모옥).
茅簷(모첨) 초가지붕의 처마.
茅草(모초) 띠.

艸 5획

5 【苜】 거여목 목 屋
⑨
㊥mù ㊐モク
초서 동자 蓿 자해 거여목. 콩과의 두해살이풀.
苜蓿(목숙) 거여목. 마소의 사료나 비료로 쓰며, 어린잎은 먹기도 함.

5 【苗】 모 묘 蕭
⑨
고등 인명 3급 ㊥miáo ㊐ビョウ
필순 丶 十 十 艹 艹 苗 苗 苗 苗
소전 초서 자원 會意. 艸+田→苗. 밭〔田〕에 나는 풀〔艸〕, 곧 곡식의 모라는 뜻을 나타낸다.
자해 ❶모. 옮겨 심기 위하여 가꾼 어린 벼. 〔詩經〕 彼稷之苗피직지묘. ❷곡식. 〔詩經〕 無食我苗무식아묘. ❸여름 사냥. 〔詩經〕 之子于苗지자우묘. ❹종족 이름. 중국 남방에 사는 종족. 〔宋之問·詩〕 征苗夏禹徂정묘하우조.
苗脈(묘맥) ①땅속의 광맥(鑛脈). ②사물이 바뀌어 계속되는 일. ③일의 실마리. 곧, 일이 나타날 싹수.
苗木(묘목) 모종할 어린 나무.
苗床(묘상) ①모종을 키우는 자리. ②못자리. 苗板(묘판).
苗緖(묘서) 먼 혈통(血統).
苗裔(묘예) 먼 후손. 苗胤(묘윤).
苗族(묘족) 중국 귀주성(貴州省)·운남성(雲南省) 등에 거주하는 소수 민족.
苗圃(묘포) ①모종. ②묘목을 기르는 밭.
◨ 秧苗앙묘, 種苗종묘, 禾苗화묘.

5 【茆】 순채 묘 巧
⑨
㊥mǎo ㊐ボウ
소전 초서 본자 茒 자해 ❶순채, 부규(鳧葵). 〔詩經〕 薄采其茆박채기묘. ❷우거진 모양. ❸띠. ≒茅. 〔周禮〕 茆菹묘저.

5 【茂】 우거질 무 宥
⑨
중학 인명 3Ⅱ급 ㊥mào ㊐ボウ
필순 丶 十 十 艹 艹 芦 茂 茂 茂
소전 초서 자원 形聲. 艸+戊→茂. '戊(무)'가 음을 나타낸다.
자해 ❶우거지다, 무성하다. 〔詩經〕 種之黃茂종지황무. ❷왕성하다. 〔詩經〕 德音是茂덕음시무. ❸훌륭하다.
茂林(무림) 나무가 무성한 숲.
茂士(무사) 재덕(才德)이 뛰어난 선비.
茂盛(무성) 풀이나 나무가 우거짐.
茂才(무재) 재능이 뛰어난 사람. 茂材(무재).

5 【茇】 ①풀뿌리 발 曷
⑨ ②능소화나무 패 泰
㊥bá, pèi ㊐ハツ
소전 초서 자해 ①❶풀뿌리. ❷한둔하다, 노숙(露宿)하다. 〔詩經〕 召伯所茇소백소발. ②능소화(凌霄花)나무. 능소화과의 낙엽 활엽 덩굴나무.

5 【范】 풀 이름 범 豏
⑨
인명 2급 ㊥fàn ㊐ハン
소전 초서 자해 ❶풀 이름. ❷벌〔蜂〕.

5 【苻】 귀목풀 부 虞
⑨
㊥fú ㊐フ
초서 자해 ❶귀목풀. 백영(白英)의 딴 이름. ❷깍지. 꼬투리에서 알맹이를 까낸 껍질. ≒莩. ❸갈대의 얇은 속껍질. 〔淮南子〕 蘆苻之厚려부지후.
苻甲(부갑) 풀씨의 껍질. 콩깍지 따위.

5 【茀】 우거질 불 物
⑨
㊥fú ㊐フツ
소전 초서 자해 ❶우거지다. ❷풀이 길을 덮어서 가지 못하다. 〔國語〕 道茀不可行也도불불가행야. ❸덮다, 덮개. 〔詩經〕 翟茀以朝적불이조. ❹머리 치장. ≒髴. 〔易經〕 婦喪其茀부상기불.

5 【若】 ①같을 약 藥
⑨ ②땅 이름 야 麻
중학 인명 3Ⅱ급 ㊥ruò, ré ㊐ジャク
필순 丶 十 十 艹 艹 芐 若 若 若
소전 초서 참고 인명용 음은 '약·야'이다.
자원 會意. 艸+右→若. 손〔右〕으로 나물〔++〕을 골라서 가진다는 데서 '따다'라는 뜻을 나타낸다.
자해 ①❶같다. 〔禮記〕 若此則周道四達약차즉주도사달. ❷너. 〔史記〕 始我從若飮시아종약음. ❸만일, 가령. 〔春秋左氏傳〕 若掘地及泉약굴

지급천, 隧而相見수이상견. ❹**그렇지 않으면, 또는.** 〔春秋左氏傳〕 若從踐土약종천토, 若從宋약종송, 亦唯命역유명. ❺**혹은.** 〔春秋左氏傳〕 若入於大都而乞師於諸侯약입어대도이걸사어제후. ❻**고르다, 가리다.** ②**땅 이름, 촉(蜀)나라 땅 이름.**

若干(약간) 얼마쯤.

若輩(약배) 너희. 너희들. 若曹(약조).

若是(약시) 이와 같이. 若此(약차).

若是若是(약시약시) 이러이러함.

若此若此(약차약차) 이러이러함.

若何(약하) ①어떠함. 어떻게. 如何(여하). ②어찌하여.

若合符節(약합부절) 부절을 맞추듯 사물이 꼭 맞음. 如合符節(여합부절).

若或(약혹) 혹시. 만일.

◨ 萬若만약, 般若반야.

5 ⑨【苒】 풀 우거질 염 琰

인명 ㊥rǎn ㊐ゼン

초서 苒 자해 ❶**풀이 우거지다.** 〔唐彥謙·詩〕 苒苒齊芳草염염제방초. ❷**세월이 덧없이 흐르다.** 〔陸雲·書〕 時去苒荏시거염임.

苒若(염약) 풀이 무성한 모양.

5 ⑨【英】 꽃부리 영 庚

중학 인명 6급 ㊥yīng ㊐エイ

필순 丶 十 艹 艹 艹 芇 苎 英 英

소전 초서 자원 形聲. 艸+央→英. '央(앙)'이 음을 나타낸다.

자해 ❶**꽃부리.** 꽃잎 전체를 이르는 말. 〔楚辭〕 夕餐秋菊之落英석찬추국지락영. ❷**열매가 열지 않는 꽃.** ❸**꽃 장식.** 〔詩經〕 二矛重英이모중영. ❹**아름답다.** ❺**뛰어나다, 걸출하다.** 〔孟子〕 得天下英才득천하영재, 而教育之이교육지.

英傑(영걸) 뛰어난 인물. 英雄(영웅).

英氣(영기) ①뛰어난 기상. ②뛰어난 용기.

英斷(영단) 지혜롭고 과단성 있게 결단함.

英達(영달) 재능이 뛰어남. 英明(영명).

英圖(영도) 뛰어난 계획. 英略(영략).

英靈(영령) ①뛰어난 사람. ②훌륭한 영기(靈氣). ③뛰어난 사람의 영혼.

英名(영명) 훌륭한 명예. 뛰어난 명성.

英髦(영모) 뛰어난 젊은이. 훌륭한 사람.

英武(영무) 영걸하고 용맹함.

英物(영물) 재능이 뛰어나고 걸출한 사람.

英敏(영민) 영특하고 민첩함.

英發(영발) 재기(才氣)가 겉으로 드러남.

英輔(영보) ①뛰어난 보좌(輔佐). ②훌륭한 재상(宰相).

英士(영사) 영특한 사람. 뛰어난 선비.

英聖(영성) 천성이 뛰어나서 사리에 밝음.

英聲(영성) 훌륭한 명예. 英名(영명).

英銳(영예) 영민(英敏)한 예기(銳氣).

英雄(영웅) 재능과 지혜가 비범하여 대중을 영도하고 세상을 경륜할 만한 사람.

英偉(영위) 영명하고 위대함.

英資(영자) 뛰어난 자질(資質).

英才(영재) ①영민(英敏)한 재주. ②뛰어난 재능을 가진 사람. 英士(영사).

英主(영주) 뛰어나게 훌륭한 임금.

英哲(영철) 영민하고 현철(賢哲)함.

英特(영특) 남달리 뛰어나고 훌륭함.

英風(영풍) ①영걸스러운 풍채. 영웅의 풍모. 英姿(영자). ②뛰어난 덕풍(德風). 훌륭한 교화(敎化).

英賢(영현) 영특하고 현명함. 英彥(영언).

英豪(영호) 뛰어난 인물.

英華(영화) ①화려한 꽃. ②화려한 빛. 英耀(영요). ③시문(詩文) 등이 뛰어나고 아취(雅趣)가 있음. ④명예. 영광.

◨ 繁英번영, 華英화영.

5 ⑨【苑】 나라 동산 원 願

인명 2급 ㊥yuàn ㊐エン

소전 초서 자해 ❶**나라 동산.** 〔漢書〕 北有胡苑之利북유호원지리. ❷**동산.** 〔晉書〕 讌其群臣于內苑新堂연기군신우내원신당. ❸**마르다, 말라 병들다.** 〔淮南子〕 形苑而神壯형원이신장. ❹**무늬가 있는 모양.** 〔詩經〕 蒙伐有苑몽벌유원.

苑囿(원유) ①울을 치고 금수(禽獸)를 기르는 곳. ②초목을 심는 동산〔苑〕과 금수를 기르는 동산〔囿〕.

苑花(원화) 정원에 핀 꽃.

5 ⑨【苡】 질경이 이 紙

인명 ㊥yǐ ㊐イ

소전 초서 본자 苢 자해 ❶**질경이, 차전자(車前子).** ❷**율무, 의이(薏苡).**

5 ⑨【茈】 ①지치 자 紙 ②돌미나리 시 佳

㊥zǐ, chái ㊐シ

소전 초서 자해 ① ❶**지치.** 〔山海經〕 多茈草다자초. ❷**패랭이꽃.**

❸고비. ② 돌미나리.

茈萁(자기) 고비. 고빗과의 여러해살이풀. 어린잎과 줄기는 식용하고 뿌리는 약용함.

5 ⑨【苧】 모시 저 語

인명 ㊥zhù ㊐チョ

초서 자해 모시. ≒紵. 〔王褒·僮約〕多取蒲苧다취포저, 益作繩索익작승삭.

苧麻(저마) 모시풀.

苧布(저포) 모시.

5 ⑨【苴】 ① 신 바닥 창 저 魚 ② 거친 거적 조 虞 ③ 개구리밥 차 麻

㊥jū, jiē, chá ㊐ショ, ソ, シャ

소전 초서 자해 ① ❶ 신 바닥 창. 〔漢書〕冠雖敝不以苴履관수폐불이저리. ❷ 풀숲. 〔管子〕苴多騰蔓저다등마. ❸ 삼, 열매가 여는 삼. 〔莊子〕苴布之衣저포지의, 而自飯牛이자반우. ❹ 마름. 〔詩經〕草不潰茂초불궤무, 如彼棲苴여피서저. ❺ 마른 풀. ② 거친 거적. 제사 때에 쓴다. ③ 개구리밥.

苴杖(저장) 상제가 상중(喪中)에 짚는 검은빛의 대지팡이. 喪杖(상장).

苴絰(저질) 상제가 상중에 띠는 수질(首絰)과 요질(腰絰).

苴布(저포) 거친 삼베. 상복(喪服)을 짓는 데 쓰는 삼베.

◨ 苞苴포저.

5 ⑨【苫】 ① 이엉 점 鹽 ② 國 섬 섬

㊥shàn ㊐セン

소전 초서 자해 ① ❶ 이엉. 〔晉書〕苫覆其上而居焉점복기상이거언. ❷ 거적. ❸ 덮다. ② ❶ 섬. 곡식을 담기 위하여 짚으로 엮어서 만든 물건. ❷ 섬〔島〕.

苫塊(점괴) 상중(喪中)에 쓰는 거적자리와 흙덩이 베개. 상제(喪制)가 거처하는 곳.

苫前(점전) 거적자리의 앞. 부모 상중에 있는 사람에게 장사 지내기 전에 편지를 낼 때 상제의 이름 아래에 쓰는 말.

苫次(점차) 거적을 깔고 기거함. 친상 중(親喪中). 苫席(점석).

5 ⑨【茁】 ① 풀 처음 나는 모양 줄 質 ② 싹틀 찰 黠

인명 ㊥zhuó, zhú ㊐チュツ

소전 초서 참고 인명용 음은 '줄'이다.

자해 ① 풀이 처음 나는 모양. ② 싹트다, 풀이 싹트는 모양.

5 ⑨【苕】 ① 능소화 초 蕭 ② 풀 이름 소 蕭

인명 ㊥tiáo, sháo ㊐チョウ

소전 초서 참고 인명용 음은 '초'이다.

자해 ① ❶ 능소화(凌霄花). 능소화과의 낙엽 관목. 〔詩經〕苕之華초지화, 芸其黃矣운기황의. ❷ 완두(豌豆). 콩과의 식물. 〔詩經〕防有鵲巢방유작소, 邛有旨苕공유지초. ② 풀 이름.

5 ⑨【苔】 이끼 태 灰

인명 1급 ㊥tái ㊐タイ

초서 자해 이끼. 〔淮南子〕窮谷之汙궁곡지우, 生以青苔생이청태.

苔碣(태갈) 이끼가 낀 비석. 苔碑(태비).

苔徑(태경) 이끼가 낀 좁은 길.

苔蘚(태선) 이끼. 蘚苔(선태).

苔田(태전) 바닷가에 김을 양식하기 위해 마련한 곳.

苔紙(태지) 가는 털과 같은 이끼를 섞어서 뜬 종이. 아주 길김.

苔泉(태천) 이끼 낀 샘. 옛샘.

◨ 蘚苔선태, 蒼苔창태, 青苔청태, 海苔해태.

5 ⑨【苹】 ① 개구리밥 평 庚 ② 부릴 병 庚

㊥píng, pēng ㊐ヘイ

소전 초서 자해 ① ❶ 개구리밥, 부평초. ＝萍. 〔大戴禮〕湟潦生苹황료생평. ❷ 쑥, 맑은대쑥. 〔詩經〕食野之苹식야지평. ② 부리다, 사역(使役)하다.

苹果(평과) 사과. 능금.

5 ⑨【苞】 그령 포 肴

인명 ㊥bāo ㊐ホウ

소전 초서 자해 ❶ 그령. 볏과의 여러해살이풀. 잎이 질겨 노끈을 만드는 데 쓴다. 〔禮記〕苞屨포리. ❷ 밑동, 뿌리 짬. 〔詩經〕苞有三蘖포유삼얼. ❸ 떨기로 나다. 〔書經〕草木漸苞초목점포.

苞藏(포장) 물건을 싸서 간직함. 包藏(포장).

苞苴(포저) ①싼 것과 깐 것. 선사품. ②뇌물.

5 ⑨【苾】 ① 향기로울 필 質 ② 채소 이름 별 屑

인명 ㊥bì, bié ㊐ヒツ, ヘツ

艸 5획

소전 초서 참고 인명용 음은 '필'이다.

자해 1 **향기롭다, 향기.** 〔大戴禮〕苾乎如入蘭芷之室필호여입란지지실. 2 **채소 이름.**

苾芻(필추) ①풀 이름. ②승려. 이 풀은 부드러워서 바람이 부는 대로 쓰러지기 때문에, 속사(俗事)에 얽매이지 않는 승려를 비유한 데서 온 말. 苾蒭(필추).

6 ⑩【茖】 달래 각 藥

㊥gé ㊐カク

소전 자해 달래, 산파〔山葱〕.

6 ⑩【荍】 당아욱 교·수 蕭

㊥qiáo ㊐キョウ

소전 초서 자해 ❶당아욱, 금규(錦葵). 〔詩經〕視爾如荍시이여교, 貽我握椒이아악초. ❷메밀. 〔蘇軾·詩〕但見古河東단견고하동, 荍麥如鋪雪교맥여포설.

6 ⑩【茶】 차 다·차 麻

고등 인명 3Ⅱ급 ㊥chá ㊐チャ, タ

필순 丶 丶 丷 艹 艹 艾 苂 苓 茶 茶

초서 참고 인명용 음은 '다·차'이다.

자원 形聲. 艸+余→荼→茶. '余(여)'가 음을 나타낸다.

자해 **차.** ㉮**차나무.** 차나뭇과의 상록 활엽 관목. 〔宋名臣言行錄〕拔茶而植桑발다이식상. ㉯**음료로 하는 차의 싹.** 〔王褒·賦〕武陽買茶무양매다. ㉰**찻잎을 달인 음료, 전다(煎茶).** 〔唐書〕羽嗜茶우기다.

茶菓(다과) ①차와 과자. ②차와 과일.

茶器(다기·차기) ①차를 마시는 데 쓰이는 도구. 茶具(다구). ②(佛)부처 앞에 맑은 물을 떠 바치는 그릇.

茶道(다도) ①차를 끓이는 방법. ②차를 끓여 마실 때 지켜야 할 격식이나 예절.

茶禮(다례·차례) 國음력 매달 초하루와 보름, 명절, 조상의 생일 등에 지내는 아침 제사.

茶飯事(다반사) 차를 마시고 밥 먹는 일. 늘 있는 일.

茶房(다방) 차를 파는 집. 찻집.

茶毗(다비) (佛)화장(火葬). 茶毘(다비).

茶湯(다탕) ①차와 끓인 물. ②끓인 차.

茶會(다회) ①차를 마시는 모임. ②차 장수들이 차 가게에 모여 매매에 관해 의논하는 일.

茶欌(차장→찻장) 찻그릇이나 과실 따위를 넣어 두는 자그마한 장.

◨ 綠茶녹차, 茗茶명차, 煎茶전차, 紅茶홍차.

6 ⑩【荅】 팥 답 合

㊥dá ㊐トウ

소전 자해 ❶팥, 소두(小豆). ❷대답하다. ≒答. 〔漢書〕不荅不饗부답불향. ❸1말〔斗〕6되〔升〕들이.

6 ⑩【荔】 타래붓꽃 려 霽

㊥lì ㊐レイ

소전 초서 속자 茘 자해 타래붓꽃, 마린(馬藺), 꽃창포. 붓꽃과의 여러해살이 풀.

6 ⑩【茘】 荔(1068)의 속자

6 ⑩【茫】 아득할 망 陽

고등 인명 3급 ㊥máng ㊐ボウ

필순 丶 十 卄 艹 艹 艹 茳 茳 茫 茫

초서 자해 ❶아득하다, 한없이 넓다. 〔漢書〕鴻濛沆茫홍몽항망. ❷빠르다. ❸갑자기. 〔聊齋志異〕劉茫然改容류망연개용.

茫漠(망막) 그지없이 아득한 모양.

茫茫(망망) ①넓직한 모양. 광대한 모양. ②먼 모양. 끝없는 모양.

茫茫大海(망망대해) 한없이 크고 넓은 바다.

茫昧(망매) 분명하지 않음. 정신이 흐리멍덩함. 멍청함.

茫無頭緖(망무두서) 정신이 흐려 하는 일에 두서가 없음. 茫無端緖(망무단서).

茫洋(망양) 한없이 넓고 아득한 모양.

茫然(망연) ①멀고 끝이 없는 모양. ②두서 없는 모양. ③어이없어 하는 모양. 정신을 잃은 모양. ④갑작스러운 모양.

茫然自失(망연자실) 멍하니 제 정신을 잃고 있는 모양.

◨ 杳茫묘망, 汪茫왕망, 滄茫창망, 沆茫항망.

6 ⑩【茗】 차 싹 명 迥

인명 ㊥míng ㊐メイ

소전 초서 자해 ❶차의 싹, 다아(茶芽). 〔述異記〕巴東有眞香茗파동유진향명.

艸 6획

6 ⑩【茯】 복령 복 屋

인명 ㊥fú ㊐フク

초서 자해 복령(茯苓).

茯苓(복령) 소나무를 벤 뒤 그 뿌리에 기생하는 버섯의 한 가지. 수종(水腫)·임질 등에 이뇨제(利尿劑)로 씀.

茯神(복신) 소나무 뿌리를 둘러싸고 생긴 복령. 이뇨제, 신경 안정제 등으로 씀.

6 ⑩【茱】 수유 수 虞

인명 ㊥zhū ㊐シュ

소전 초서 자해 수유(茱萸). 〔王維·詩〕 遙知兄弟登高處요지형제등고처, 遍插茱萸少一人편삽수유소일인.

茱萸(수유) 수유나무의 열매.

6 ⑩【荀】 풀 이름 순 眞

인명 2급 ㊥xún ㊐ジュン

소전 초서 자해 풀 이름.

6 ⑩【茹】 먹을 여 御 魚

인명 ㊥rú ㊐ジョ

소전 초서 자해 ❶먹다. 〔莊子〕 不飮酒불음주, 不茹葷불여훈. ❷기르다, 말·소를 기르다. ❸탐내다, 게걸스럽다. 〔春秋左氏傳〕 柔亦不茹유역불여.

6 ⑩【茸】 1무성할 용 冬 2어리석을 용 腫

인명 1급 ㊥róng, rǒng ㊐ジョウ

소전 초서 자해 1❶무성하다. 〔盧同·詩〕 相逢之處草茸茸상봉지처초용용. ❷흐트러지다. ❸녹용(鹿茸). 2어리석다, 천하다. 〔漢書〕 在闒茸之中재탑용지중.

茸闒(용탑) 둔하고 어리석음.

■ 鹿茸녹용, 蒙茸몽용.

6 ⑩【茵】 자리 인 眞

인명 ㊥yīn ㊐イン

소전 초서 자해 ❶자리, 수레 안에 까는 자리. 〔漢書〕 此不過汙丞相車茵耳차불과우승상거인이. ❷사철쑥, 인진(茵蔯).

茵席(인석) 자리. 깔개. 茵褥(인욕).

茵蔯(인진) 사철쑥. 한방에서 습열로 인한 황달과 소변이 적으면서 잘 나오지 않는 증상에 한약재로 씀.

6 ⑩【荏】 들깨 임 寢

인명 ㊥rěn ㊐ニン

소전 초서 자해 ❶들깨, 임자(荏子). ❷누에콩, 잠두콩. 〔詩經〕 荏菽旆旆임숙패패. ❸부드러운 모양. 〔論語〕 色厲而內荏색려이내임.

荏弱(임약) 부드럽고 약함.

荏染(임염) ①부드러운 모양. 푸른 모양. ②점점. 점차로.

荏子(임자) 들깨.

6 ⑩【茲】 무성할 자 支

㊥zī ㊐ジ

소전 초서 자해 ❶무성하다. 〔素問〕 色見青如草茲者死색견청여초자자사. ❷더욱, 점점 더. 〔漢書〕 賦斂茲重부렴자중. ❸돗자리, 멍석. 〔史記〕 衞康叔封布茲위강숙봉포자. ❹여기, 이것, 이. 〔詩經〕 築室于茲축실우자.

6 ⑩【茨】 가시나무 자 支

인명 ㊥cí ㊐シ

소전 초서 자해 ❶가시나무, 형극(荊棘). ❷지붕을 이는 풀, 띠. 〔荀子〕 屬茨倚廬속자의려.

6 ⑩【荘】 莊(1073)의 속자

6 ⑩【荃】 1겨자 무침 전 先 2붓꽃 손 元

인명 ㊥quán ㊐セン

소전 초서 참고 인명용 음은 '전'이다.

자해 1❶겨자 무침. ❷향초 이름. 임금을 비유한다. 〔楚辭〕 荃不察余之中情兮전불찰여지중정혜. 2붓꽃. ＝蓀.

6 ⑩【荑】 1삘기 제 齊 2흰비름 이 支

인명 ㊥tí, yí ㊐テイ, イ

소전 동자 苐 참고 인명용 음은 '이'이다.

자해 1❶삘기. 띠의 어린 싹. 〔詩經〕 自牧歸

艸 6획

荑자목귀제, 洵美且異순미차이. ❷싹트다, 움트다. ❸싹, 어린 싹, 새싹. ②❶흰비름. ❷베다. 〔周禮〕 稻人도인, 以水殄草而芟荑之이수진초이삼이지.

荑稗(제패) 돌피와 피.

6 ⑩ 【荐】 거듭할 천 霰

㊥jiàn ㊐セン

소전 초서 자해 ❶거듭하다. 〔春秋左氏傳〕 晉荐饑진천기. ❷풀, 목초(牧草). 〔春秋左氏傳〕 戎狄荐居융적천거.

6 ⑩ 【茜】 꼭두서니 천 霰

㊥qiàn ㊐セン

소전 초서 자해 꼭두서니, 모수(茅蒐). 꼭두서닛과의 여러해살이풀. 〔史記〕 千畝卮茜천묘치천.

6 ⑩ 【草】 풀 초 皓

중학 인명 7급 ㊥cǎo ㊐ソウ

필순 丶 十 艹 艹 艹 苎 苎 苜 苴 草

소전 초서 자원 形聲. 艸+早→草. '早(조)'가 음을 나타낸다.

자해 ❶풀. ≒艸. 〔詩經〕 在彼豐草재피풍초. ❷초원, 풀숲. 〔後漢書〕 今賊依草結營금적의초결영, 易爲風火역위풍화. ❸거친 풀, 잡초. ❹풀을 베다. 〔禮記〕 民弗敢草也민불감초야. ❺천하다, 비루하다. 〔史記〕 草野而倨侮초야이거모. ❻원고, 초안. 〔漢書〕 視草시초.

草家(초가) 國이엉으로 지붕을 인 집. 초가집. 草廬(초려). 草屋(초옥).

草間(초간) ①풀이 무성한 들판 사이. ②민간. 재야.

草芥(초개) 풀과 티끌. 아무 소용이 없거나 하찮은 것.

草稿(초고) 문장이나 시 등의 맨 처음 쓴 원고.

草屨(초구) 짚신. 草鞋(초혜).

草根木皮(초근목피) 풀 뿌리와 나무 껍질. ㉠맛이나 영양 가치가 없는 거친 음식. ㉡한약재의 재료.

草堂(초당) ①초가집. ②집의 원채 밖에 억새나 짚 같은 것으로 지붕을 인 자그마한 집. ③자기 집의 겸칭(謙稱).

草略(초략) 몹시 거칠고 간략함.

草廬(초려) ①초가집. ②자기 집의 겸칭.

草露(초로) 풀에 맺힌 이슬. 사물의 덧없음의 비유.

草綠同色(초록동색) 풀색과 녹색은 같은 색임. 같은 처지의 사람끼리 서로 어울림.

草笠(초립) ①풀로 만든 삿갓이나 갓. ②國관례(冠禮)한 나이 어린 사내가 쓰던, 가는 풀로 결어 만든 누른 빛깔의 갓.

草莽(초망) ①풀숲. ②민간. 재야.

草莽之臣(초망지신) 벼슬하지 않고 민간에 있는 사람. 草茅之臣(초모지신).

草茅危言(초모위언) 민간에 있으면서 국정(國政)을 통박(痛駁)함.

草木皆兵(초목개병) 온 산의 초목까지도 모두 적군으로 보임. ㉠적을 매우 두려워함. ㉡군사의 수효가 너무 많아 산과 들에 가득 찬 상태. ㉢어떤 일에 크게 놀라 신경이 날카로워진 것의 비유. 故事 전진(前秦)의 왕 부견(苻堅)이 동진(東晉)의 군대에게 비수(淝水)에서 크게 패한 뒤에 산에 서 있는 수풀이 다 적의 군사로 보였다는 고사에서 온 말.

草木俱朽(초목구후) 초목과 함께 썩음. 세상에 알려지지 못하고 허무하게 죽음. 草木同腐(초목동부).

草木怒生(초목노생) 초목이 봄을 맞아 갑자기 싹틈.

草靡(초미) 풀이 바람에 한쪽으로 쓸리듯 추종(追從)함.

草服(초복) 풀로 짠 옷. 곧, 허술한 의복.

草索(초삭) 새끼.

草書(초서) 서체의 한 가지. 필획을 가장 흘려 쓴 서체로, 획의 생략과 연결이 심함.

草席(초석) 왕골 따위로 짠 자리.

草食(초식) 푸성귀로만 만든 음식. 또는 그런 음식만을 먹음.

草案(초안) ①안건을 기초함. ②문장이나 시 따위를 초 잡음.

草野(초야) 풀이 난 들. 궁벽한 시골.

草原(초원) 풀이 나 있는 벌판.

草衣(초의) 풀로 만든 옷. ㉠검소하거나 몹시 가난함. ㉡은자(隱者)의 옷. 은자.

草紙(초지) ①뒷간에서 쓰는 종이. 허드렛종이. ②國글을 초 잡는 데 쓰는 종이.

草創(초창) 일을 처음으로 시작함.

草行(초행) ①서체(書體)의 한 가지. 초서체가 가미된 행서체. ②풀을 밟으며 감. 길이 아닌 곳으로 감.

草華(초화) ①풀에서 피는 꽃. 초본 식물의 꽃. ②대나무의 꽃. 草花(초화).

◨ 起草기초, 芳草방초, 伐草벌초, 藥草약초.

6 ⑩ 【茷】 무성할 패 隊

㊥fá ㊐ハイ

艸 6획

소전 (seal) 자해 ❶무성하다, 우거지다. ❷깃발. ≒旆. 〔詩經〕白茷央央백패앙앙.

茷茷(패패) 법도(法度)가 있는 모양. 순서 있고 정돈된 모양.

6 ⑩【荇】 마름 행 梗

인명 ㊥xìng ㊐コウ

소전 초서 동자 莕 자해 마름. 마름과의 한해살이 수초(水草). 〔詩經〕參差荇菜참치행채, 左右流之좌우류지.

6 ⑩【荊】 모형나무 형 庚

인명 1급 ㊥jīng ㊐ケイ

소전 초서 자해 ❶모형(牡荊)나무, 인삼목(人參木). 마편초과의 낙엽 관목. 〔春秋左氏傳〕班荊相與食반형상여식. ❷가시나무, 가시가 있는 관목의 총칭. 〔後漢書〕入深山입심산, 踐荊棘於群虎之中천형극어군호지중. ❸매, 곤장. 〔史記〕肉袒負荊육단부형. ❹자기 아내의 겸칭. ¶ 荊妻형처.

荊棘(형극) ①가시. 가시 있는 나무의 총칭. ②고난.

荊扉(형비) 가시나무로 만든 사립문. 매우 구차한 살림살이. 荊門(형문).

荊榛(형진) 가시나무와 개암나무. 잡목의 숲.

荊妻(형처) 자기 아내의 겸칭. 荊婦(형부).

6 ⑩【荒】 거칠 황 陽

고등 인명 3Ⅱ급 ㊥huāng ㊐コウ

필순 丶 丄 艹 艹 艹 芒 芒 芹 芹 荒

소전 초서 자원 形聲. 艸+巟→荒. '巟(황)'이 음을 나타낸다.

자해 ❶거칠다. 〔周禮〕野荒民散야황민산. ❷거칠어지다, 황폐하다. 〔陶潛·辭〕三徑就荒삼경취황. ❸황무지. 〔晉書〕開荒五千餘頃개황오천여경. ❹패하다, 싸움에 지다. 〔逸周書〕靡敵不荒미적불황. ❺상(傷)하다. 〔周禮〕以荒禮哀凶札이황례애흉찰.

荒郊(황교) 황폐한 교외. 쓸쓸한 들판.

荒饑(황기) 흉년이 들어 굶주림.

荒年(황년) 농작물이 예년에 비하여 잘되지 않은 해. 凶年(흉년).

荒唐客(황당객) 말이나 행동 따위가 터무니없는 사람. 荒客(황객).

荒唐無稽(황당무계) 말이나 행동 따위가 허황되고 터무니없음. 荒誕無稽(황탄무계).

荒涼(황량) 황폐하여 쓸쓸함.

荒漠(황막) ①거칠고 아득하게 넓음. ②거칠고 을씨년스러움.

荒亡(황망) 사냥이나 주색잡기 등의 즐거움에 빠짐.

荒蕪地(황무지) 손을 대어 거두지 않고 내버려 두어 거친 땅.

荒民(황민) 흉년으로 고통받는 백성.

荒說(황설) 허황한 말. 엉터리없는 말.

荒歲(황세) 흉년. 荒年(황년).

荒裔(황예) 멀리 떨어진 국토의 끝.

荒原(황원) 돌보지 않아 거칠어진 들판. 荒野(황야).

荒淫無道(황음무도) 주색에 빠져 도리를 잃어버림.

荒政(황정) ①임금이 정사를 태만히 함. ②흉년에 백성을 구휼하는 정치. 기근 구제 정책.

荒酒(황주) 술을 과음함. 술에 빠짐.

荒疇(황주) 황폐한 밭. 荒畦(황휴).

荒瘠(황척) 땅이 거칠고 메마름.

荒村(황촌) 황폐하여 쓸쓸한 마을.

荒誕(황탄) 말이나 하는 짓이 터무니없음. 荒唐(황당).

荒怠(황태) 크게 게으름을 피움.

荒波(황파) 거친 물결. 거센 파도.

荒廢(황폐) ①집·토지·삼림 따위를 버려 두어 못 쓰게 됨. ②정신이나 생활 따위가 거칠어지고 메마름.

荒暴(황포) 거칠고 사나움.

6 ⑩【茴】 회향 회 灰

인명 ㊥huí ㊐カイ

초서 자해 회향(茴香).

茴香(회향) 산형과의 여러해살이풀. 열매로 기름을 짜며, 향신료·한약재로 씀.

7 ⑪【莒】 감자 거 語

㊥jǔ ㊐キョ

소전 초서 자해 ❶감자. ❷나라 이름. 산동성(山東省)에 있던, 주대(周代)의 제후국.

7 ⑪【莖】 茎 ①줄기 경 ㊍형 庚 ②지황 영 庚

인명 1급 ㊥jīng ㊐ケイ

소전 초서 속자 茎 참고 인명용 음은 '경'이다.

자해 ①❶줄기, 풀의 줄기. 〔楚辭〕綠葉兮紫

莖록엽혜자경. ❷장대, 깃대. 〔左思·賦〕介胄重襲개주중습, 旌旗躍莖정기약경. ❸자루, 칼자루, 손잡이. 〔周禮〕以其臘廣爲之莖圍이기랍광위지경위, 長倍之장배지. ② 지황(地黃). 현삼과의 여러해살이풀.

莖葉(경엽) 줄기와 잎.

◨ 地下莖지하경.

7 11 【荼】 ① 씀바귀 도 虞 ② 차 다 麻

㊥tú, chá ㊐ト

소전 초서 참고 茶(1068)는 딴 자.

자해 ① ❶씀바귀. 국화과의 여러해살이풀. ❷방가지똥. 국화과의 한해살이풀 또는 두해살이풀. 〔詩經〕誰謂荼苦수위도고. ❸물억새의 이삭, 물억새 꽃. 〔詩經〕予所捋荼여소랄도. ② 차(茶). =茶.

荼毒(도독) ①고통. 해악(害惡). ②고통을 줌. 학대함. '荼'는 씀바귀, '毒'은 해독을 주는 것. 荼蓼(도료).

7 11 【荳】 콩 두 宥

인명 ㊥dòu ㊐トウ

초서 자해 콩. =豆. 〔物理論〕菽子衆荳之名숙자중두지명.

7 11 【莨】 ① 수크령 랑 陽 ② 미치광이 랑 漾

㊥láng ㊐ロウ

소전 초서 자해 ① 수크령. 볏과의 여러해살이풀. ② 미치광이.

莨菪(낭탕) 미치광이. 가짓과의 여러해살이풀. 잎과 씨에는 맹독(猛毒)이 있어 잘못 먹으면 미치광이가 된다 하며, 한방에서 마취제로 씀.

7 11 【莅】 다다를 리 寘

㊥lì ㊐リ

초서 속자 涖 자해 다다르다, 이르다. ㉮ 그 자리로 가다. 〔易經〕君子以莅衆군자이리중. ㉯ 왕으로서 임하다, 군림하다. 〔孟子〕莅中國而撫四夷也리중국이무사이야. ㉰ 감시하다. 〔漢書〕莅之以彊리지이강. ㉱ 맡아보다. 〔書經〕莅事惟煩리사유번.

7 11 【莉】 말리 리 支

인명 ㊥lì ㊐リ

초서 자해 말리(茉莉). 물푸레나뭇과의 상록 관목.

7 11 【莽】 莽(1075)의 속자

7 11 【莓】 나무딸기 매 灰

㊥méi ㊐マイ

초서 자해 ❶나무딸기. 장미과의 낙엽 활엽 관목. =苺. ❷이끼, 선태(蘚苔). 〔孫綽·賦〕踐莓苔之滑石천매태지활석.

莓苔(매태) 이끼. 蘚苔(선태).

7 11 【莔】 ① 패모 맹 庚 ② 어저귀 경 迥

㊥méng, qǐng ㊐モウ

소전 자해 ① ❶패모(貝母), 맹근(莔根). ❷어저귀. 아욱과의 한해살이풀. ② 어저귀.

莔根(맹근) 백합과의 여러해살이풀. 비늘줄기는 약재로 씀.

莔實(맹실) 어저귀의 씨. 한약재로 씀.

7 11 【莫】 ① 저물 모 遇 ② 없을 막 藥

중학 인명 3Ⅱ급 ㊥mù, mò ㊐ボ

필순 丶 十 廾 艹 苩 苩 苜 茣 莫 莫

소전 초서 참고 인명용 음은 '막'이다.

자원 會意. 艸+日→莫. 해〔日〕가 풀숲〔艸〕 사이에 있다는 데서, '해가 지다·어둡다' 라는 뜻을 나타낸다. 뒤에 '아무도 ~않다' 라는 뜻으로 가차되자, '저물다' 의 뜻으로는 日 자를 더한 暮(모) 자를 새로 만들어 썼다.

자해 ① ❶저물다, 해질 무렵. =暮. 〔詩經〕不夙則莫불숙즉모. ❷저녁, 밤. 〔尙書大傳〕星辰莫同성신모동. ② 없다. ㉮ 부정(否定)의 조사(助詞). 〔書經〕亦莫不寧역막불녕. ㉯ 금지의 조사. ㉰ 의문의 조사. 〔論語〕文莫吾猶人也문막오유인야.

莫夜(모야) 늦은 밤. 暮夜(모야).

莫春(모춘) 늦봄. 만춘(晩春). 暮春(모춘).

莫可奈何(막가내하) 어찌할 수 없음.

莫強(막강) 더할 나위 없이 강함.

莫大(막대) 더할 수 없이 큼.

莫論(막론) 말할 나위도 없음.

莫非(막비) 아닌게 아니라.

莫斯科(막사과) 現 '모스크바(Moskva)' 의 음역어(音譯語).

莫上莫下(막상막하) 낫지도 않고 못하지도 않음. 서로 우열을 가리기 어려움. 難兄難弟(난형난제).

莫甚(막심) 더없이 심함. 매우 심함.
莫逆(막역) 서로 허물없이 썩 친함.
莫逆之交(막역지교) 서로 뜻이 맞는 교제. 莫逆之友(막역지우).
莫往莫來(막왕막래) 서로 왕래가 없음.
莫重(막중) 아주 귀중함. 중요함.

7 ⑪【莩】 ①풀 이름 부 虞 ②개피 부 尤 ③굶어 죽을 표 篠

인명 ㊥fú, piǎo ㊐フ, ヒョウ

소전 초서 참고 인명용 음은 '부'이다.

자해 ① ❶풀 이름, 독말풀, 귀목(鬼目). 가짓과의 한해살이풀로, 씨·잎에는 독이 있어 한약재로 쓴다. ＝苻. ②개피. 볏과 두해살이풀. 열매는 식용한다. ③굶어 죽다. ＝殍. 〔孟子〕 野有餓莩야유아표.

7 ⑪【莎】 향부자 사 歌

인명 ㊥suō ㊐サ

소전 초서 자해 향부자(香附子), 작두향(雀頭香), 사초(莎草).

莎城(사성) ①풍수지리에서, 묏자리 뒤에 작은 맥이 혈(穴)의 가를 에워싼 두둑. ②무덤 뒤에 반달 모양으로 두둑하게 둘러쌓은 토성(土城).
莎草(사초) ①사초과에 딸린 골사초·산사초·선사초 따위를 통틀어 이르는 말. 향부자. ②國㉠잔디. ㉡오래되거나 허물어진 무덤에 떼를 입혀 잘 다듬는 일.

7 ⑪【莘】 긴 모양 신 眞

인명 ㊥shēn ㊐シン

초서 자해 ❶긴 모양. 〔詩經〕 魚在在藻어재재조, 有莘其尾유신기미. ❷많다. 〔莊子〕 禍之長也茲莘화지장야자신. ❸족두리풀, 세신(細莘). 쥐방울덩굴과의 여러해살이풀.

7 ⑪【莪】 지칭개 아 歌

인명 ㊥é ㊐ガ

소전 초서 자해 지칭개. 엉거싯과의 두해살이풀. 어린 줄기·잎은 먹기도 한다. 〔詩經〕 菁菁者莪청청자아, 在彼中阿재피중아.

7 ⑪【莚】 풀 이름 연 先 霰

㊥yán ㊐エン

초서 자해 ❶풀 이름. ❷자라다, 뻗다. 〔左思·賦〕 風連莚蔓於蘭皐풍련연만어란고.

7 ⑪【莞】 ①왕골 완 本관 寒 ②웃을 완 本환 諫

인명 2급 ㊥guān, wǎn ㊐カン

소전 초서 자해 ① ❶왕골, 골풀. 〔漢書〕 莞蒲爲席완포위석. ❷자리, 골풀로 짠 자리. 〔詩經〕 下莞上簟하완상점. ②웃다, 방긋 웃다.

莞爾(완이) 빙그레 웃는 모양. 莞然(완연).

7 ⑪【莠】 ①강아지풀 유 有 ②고들빼기 수 宥

㊥yǒu, xiù ㊐ユウ

소전 초서 자해 ①강아지풀, 구미초(狗尾草), 낭미초(狼尾草). 포아풀과의 한해살이풀. ②고들빼기, 고채(苦菜). 국화과의 한해살이풀.

莠言(유언) 추악한 말.

7 ⑪【荵】 풀 이름 인 震 軫

㊥rěn ㊐ジン

소전 자해 ❶풀 이름. ❷우엉. 국화과의 두해살이풀. 뿌리와 어린잎은 식용한다.

荵冬(인동) 겨우살이덩굴. 인동초. 忍冬(인동).

7 ⑪【莊】庄 풀 성할 장 陽

고등 인명 3Ⅱ급 ㊥zhuāng ㊐ソウ

필순 丶 ⺈ 艹 艹 艹 芇 芇 茾 莊 莊

소전 초서 속자 莊 속자 庄 자원 形聲. 艸＋壯→莊. '壯(장)'이 음을 나타낸다.

자해 ❶풀이 성한 모양. ❷풀이 고루 가지런한 모양. ❸엄숙하다. 〔論語〕 臨之以莊則敬림지이장즉경. ❹삼가다, 정중하다. 〔禮記〕 非禮不誠不莊비례불성부장. ❺꾸미다, 치장하다. 〔宋玉·賦〕 貌豐盈以莊姝모풍영이장매. ❻시골 마을, 촌락이나 산촌(山村)의 원포(園圃).

莊敬(장경) 엄숙하고 삼감. 엄숙하고 공손함.
莊嚴(장엄) 웅장하고 엄숙함.
莊園(장원) 왕실·귀족·고관·부호·사원(寺院) 등이 점유한 광대한 토지.
莊田(장전) 왕실의 사유지(私有地).
莊周之夢(장주지몽) ①나와 외물(外物)은 본디

하나로서 그 근본은 같음. 故事 장자(莊子)가 꿈에 나비가 되었다가 깬 뒤에, 자기가 꿈에 나비로 됐는지, 원래 나비인 자기가 꿈에 인간으로 됐는지 모르겠다고 한 고사에서 온 말. ②헛되고 덧없는 일.

◨ 老莊노장, 端莊단장, 別莊별장, 肅莊숙장.

7 ⑪【莇】 ①구기자 저 御 ②호미 서 御

㊥zhù ㊐ジョ

자해 ①**구기자(枸杞子), 구기자나무.** ②**호미.** =耡·鉏.

7 ⑪【荻】 물억새 적 錫

인명 ㊥dí ㊐テキ

초서 자해 **물억새.** 포아풀과의 여러해살이풀.

7 ⑪【莝】 여물 좌 箇

㊥cuò ㊐ザ

소전 초서 자해 ❶**여물.** 〔史記〕置莝豆其前치좌두기전. ❷**꼴을 베다.** =摧.

莝豆(좌두) 여물에 콩을 섞은 말의 사료.

7 ⑪【荷】 ①연 하 歌 ②짊어질 하 哿

고등 인명 3Ⅱ급 ㊥hé, hè ㊐カ

필순 丶 十 卄 艹 艹 芢 芢 荷 荷 荷

소전 초서 자원 形聲. 艸+何→荷. '何(하)'가 음을 나타낸다.

자해 ①**연(蓮).** 〔詩經〕山有扶蘇산유부소, 隰有荷華습유하화. ②**짊어지다.** ㉮**물건을 어깨에 걸메다.** 〔論語〕有荷蕢而過孔氏之門者유하궤이과공씨지문자. ㉯**떠맡다, 자임(自任)하다.** 〔春秋左氏傳〕猶荷其祿유하기록.

荷擔(하담) 짐을 짐. '荷'는 어깨에 메는 일, '擔'은 등에 지는 일.

荷物(하물) 운송하는 물품.

荷役(하역) 짐을 싣고 내리는 일.

荷葉(하엽) 연의 잎. 연잎.

荷重(하중) ①어떤 물체 따위의 무게. ②물체에 작용하는 외부의 힘.

荷花(하화) 연꽃.

◨ 負荷부하.

7 ⑪【莟】 ①꽃봉오리 함 勘 ②핀 꽃 함 感

㊥hàn ㊐カン

초서 자해 ①**꽃봉오리.** ❷**꽃술.** ②**핀 꽃.**

7 ⑪【莢】 英 풀 열매 협 本겹 葉

인명 ㊥jiá ㊐キョウ

소전 초서 자해 ❶**풀 열매.** ❷**콩깍지.** ❸**풀이 처음 돋아나다.**

莢果(협과) 꼬투리로 맺히는 열매. 녹두·콩·팥 따위.

8 ⑫【菰】 줄 고 虞

인명 ㊥gū ㊐コ·

초서 자해 **줄, 줄풀, 진고(眞菰).** =苽.

菰根(고근) 줄풀의 뿌리. 위장병이나 불에 덴 데 약으로 씀.

菰菜(고채) 줄의 싹. 줄나물.

8 ⑫【菎】 ①향초 곤 元 ②풀 이름 곤 阮

㊥kūn ㊐コン

소전 초서 자해 ①❶**향초.** ❷**옥의 이름.** 〔楚辭〕菎蔽象棊곤폐상기. ②**풀 이름, 부추.**

8 ⑫【菓】 과일 과 哿

인명 2급 ㊥guǒ ㊐カ

초서 자해 ❶**과일, 나무 열매.** =果. 〔漢書〕古者有春嘗菓고자유춘상과. ❷國**과자(菓子).**

菓子(과자) 밀가루·설탕 따위로 만든 음식.

菓品(과품) 과일의 총칭.

8 ⑫【菅】 골풀 관 寒

인명 ㊥guàn, jiàn ㊐カン

소전 초서 자해 ❶**골풀, 왕골, 띠.** 〔春秋左氏傳〕無棄菅蒯무기관괴. ❷**등골나물, 산란(山蘭).** 엉거싯과의 여러해살이풀. ❸**난초.** 〔漢書〕方秉菅兮방병관혜. ❹**사(私), 부정, 옳지 않다.** 〔管子〕野蕪曠야무광, 則民乃菅즉민내관.

菅屨(관구) 왕골로 삼은 신. 菅菲(관비).

8 ⑫【菊】 국화 국 屋

고등 인명 3Ⅱ급 ㊥jú ㊐キク

필순 丶 丷 艹 艹 芍 芍 芍 菊 菊 菊

소전 초서 자원 形聲. 艸＋匊→菊. '匊(국)'이 음을 나타낸다.

자해 **국화.**

菊月(국월) 음력 9월의 딴 이름.

菊版(국판) 종이 규격판의 한 가지. 국판 전지(全紙)를 16겹으로 접은 크기.

菊花(국화) 국화과의 여러해살이풀. 관상용으로 재배함.

菊花酒(국화주) 국화를 넣어 빚은 술. 중양절에 마시면 액운을 벗는다는 민속이 있음.

◨ 寒菊한국, 黃菊황국.

8 ⑫【菌】 ① 버섯 균 ㊍군 軫 ② 육계 균 眞

고등 인명 3Ⅱ급 ㊥jūn, jùn ㊐キン

필순 丶 丷 艹 艹 芇 芮 芮 菌 菌 菌

소전 초서 동자 藺 자해 ① ❶**버섯.** ❷**죽순.** 〔呂氏春秋〕越駱之菌월락지균. ② **육계**(肉桂), **균계**(菌桂). 대〔竹〕와 비슷한 식물.

菌毒(균독) 균류(菌類)가 가지고 있는 독.

菌類(균류) 다른 유기체에 기생하여 포자로 번식하는 식물의 총칭. 곰팡이·버섯 따위.

菌絲(균사) 균류(菌類)의 본체를 이루는 실올 모양의 부분.

菌傘(균산) 버섯의 갓. 우산 모양으로 생겼으므로 이르는 말. 菌蓋(균개).

菌蕈(균심) 버섯.

◨ 病菌병균, 殺菌살균, 細菌세균.

8 ⑫【菫】 ① 제비꽃 근 吻 ② 바꽃 긴 震

인명 ㊥jǐn ㊐キン

소전 초서 고자 菜 참고 ❶菫(258)은 딴 자. ❷인명용 음은 '근'이다.

자해 ① **제비꽃, 오랑캐꽃.** 제비꽃과의 여러해살이풀. 〔詩經〕菫荼如飴근도여이. ② **바꽃, 투구꽃.** 덩이뿌리 말린 것을 오두(烏頭), 초오(草烏), 부자(附子)라 하여 약재로 쓴다.

8 ⑫【萁】 콩깍지 기 支

㊥qí ㊐キ

소전 자해 ❶**콩깍지, 콩대.** 〔漢書〕種一頃豆종일경두, 落而爲萁락이위기. ❷**풀 이름, 물억새의 하나.** 화살통을 만드는 데 썼다.

8 ⑫【菼】 물억새 담 感

㊥tǎn ㊐タン

소전 초서 자해 **물억새.** 포아풀과의 여러해살이풀.

8 ⑫【萄】 포도 도 豪

인명 1급 ㊥táo ㊐トウ

소전 초서 자해 **포도**(葡萄).

8 ⑫【萊】 莱 ① 명아주 래 灰 ② 향부자 리 支

인명 2급 ㊥lái ㊐ライ

소전 초서 참고 인명용 음은 '래'이다.

자해 ① **명아주.** 〔詩經〕北山有萊북산유래. ② **향부자.** 사초과의 여러해살이풀.

萊蕪(내무) 잡초가 무성한 황무지.

萊菔(내복) 무.

◨ 蓬萊봉래.

8 ⑫【菉】 조개풀 록 沃

인명 ㊥lù ㊐リョク

소전 초서 자해 **조개풀.** 포아풀과의 한해살이풀. 줄기와 잎은 염료로 쓴다.

菉竹(녹죽) 푸른 대나무. 綠竹(녹죽).

8 ⑫【菱】 마름 릉 蒸

인명 1급 ㊥líng ㊐リョウ

소전 초서 동자 淩 자해 **마름.** 마름과의 한해살이풀.

菱荷(능하) 마름과 연(蓮).

菱形(능형) 마름모.

菱花(능화) ①마름꽃. ②거울의 딴 이름.

菱花板(능화판) 책 겉장에 마름꽃의 무늬를 박아 내는 목판.

8 ⑫【莽】 우거질 망 養

인명 ㊥mǎng ㊐ボウ

소전 초서 속자 莾 속자 莽 자해 ❶**우거지다, 풀이 우거진 모양.** 〔漢書〕或地饒廣혹지요광, 薦草莽천초망, 水泉利수천리. ❷**풀숲, 덤불.** 〔易經〕伏戎于莽복융우망. ❸**거칠다.** 〔莊子〕君爲政焉勿鹵莽군위정언물로망. ❹**멀다, 아득하다.**

8 ⑫【萌】 싹 맹 庚

인명 1급 ㊥méng ㊐ホウ

소전 초서 자해 ❶싹, 움. ❷조짐, 시초, 발단. 〔韓非子〕聖人見微以知萌성인견미이지맹. ❸풀 베다, 김매다. 〔周禮〕春始生而萌之춘시생이맹지. ❹백성, 서민. ≒氓. 〔呂氏春秋〕比於賓萌비어빈맹.

萌動(맹동) ①초목이 싹틈. ②사물이 처음으로 움직이기 시작함.

萌芽(맹아) ①싹이 남. 싹이 틈. ②징후(徵候). 사물의 시초.

8 ⑫【菩】 1 모사풀 배 賄 2 보살 보 遇

인명 1급 ㊥bèi, pú ㊐ハイ, ボ

소전 초서 참고 인명용 음은 '보'이다.

자해 1 모사(茅沙)풀. 제사 지낼 때 그릇에 모래를 담고 거기에 꽂는 풀 묶음을 만드는 데 쓰는 풀. 〔周禮〕以菩芻棘柏爲神主이배추극백위신주. 2 (佛)보살(菩薩).

菩薩(보살) ①(佛)부처에 버금가는 성인(聖人). ②國㉠나이 많은 여신도를 대접하여 부르는 말. ㉡고승(高僧)의 존칭.

菩薩乘(보살승) (佛)보살이 되는 길. 육바라밀(六波羅蜜)을 닦고 중생을 교화하여, 생사를 초탈(超脫)하는 일.

菩提(보리) (佛)①제법(諸法)을 다 깨쳐 정각(正覺)을 얻는 일. ②불과(佛果)를 얻어 정토(淨土)에 왕생(往生)하는 일.

菩提樹(보리수) (佛)석가모니가 그 아래에서 진리를 깨달아 정각(正覺)을 얻었다는 나무.

菩提心(보리심) (佛)①불도(佛道)를 구하는 마음. ②성불득도(成佛得道)의 마음.

8 ⑫【菲】 1 엷을 비 尾 2 채소 이름 비 未

인명 ㊥fěi, fèi ㊐ヒ

소전 초서 자해 1 ❶엷다, 보잘것없다. 〔論語〕菲飮食비음식. ❷순무, 쥐참외. 〔詩經〕采葑采菲채봉채비, 無以下體무이하체. 2 ❶채소 이름. ❷상복(喪服)에 따른 짚신. 〔儀禮〕繩屨者승구자, 繩菲也승비야.

菲德(비덕) 부족한 덕. 자기 덕의 겸칭. 寡德(과덕). 薄德(박덕).

菲薄(비박) ①물건이 적음. ②재주나 덕망이 뒤짐. ③검약한 생활을 함. ④자기를 낮춤. 겸손함. ⑤어리석고 못난 사람으로 자처함.

菲食(비식) 변변하지 못한 음식.

菲才(비재) ①변변하지 못한 재능. 둔한 재주. 鈍才(둔재). ②자기 재능의 겸칭.

◨ 芳菲방비, 葑菲봉비, 芬菲분비, 采菲채비.

8 ⑫【菽】 콩 숙 屋

인명 1급 ㊥shū ㊐シュク

자해 ❶콩, 콩류의 총칭. ＝尗. 〔詩經〕七月烹葵及菽칠월팽규급숙. ❷대두(大豆). 〔詩經〕采菽采菽채숙채숙.

菽麥(숙맥) ①콩과 보리. ②콩인지 보리인지를 구별하지 못함. 어리석은 사람. 菽麥不辨(숙맥불변).

菽粟(숙속) 콩과 조. 곡류(穀類).

菽水(숙수) 콩과 물. 변변하지 못한 음식.

菽水之歡(숙수지환) 콩을 먹고 물을 마시는 가난한 처지에서도 어버이에게 효도를 다하여 그 마음을 즐겁게 함.

菽芽菜(숙아채) 콩나물.

8 ⑫【菘】 배추 숭 東

㊥sōng ㊐シュウ

초서 자해 배추.

菘尾湯(숭미탕) 國배추꼬랑잇국.

菘菜(숭채) 배추.

8 ⑫【菴】 풀 이름 암 覃

인명 ㊥ān ㊐アン

초서 고자 자해 ❶풀 이름, 맑은대쑥. 〔史記〕菴蔄軒芋암려헌우. ❷암자. ＝庵.

菴蔄(암려) 맑은대쑥. 국화과의 여러해살이풀.

菴子(암자) ①큰 절에 딸린 작은 절. ②승려가 임시로 거처하며 도(道)를 닦는 집.

8 ⑫【菀】 1 자완 완 阮 2 무성할 울 物

㊥wǎn, yù ㊐エン, ウツ

소전 초서 자해 1 ❶자완(紫菀), 탱알, 개미취. 엉거싯과의 여러해살이풀. ❷원유(園囿), 동산. ≒苑. 〔管子〕地者지자, 萬物之本原만물지본원, 諸生之根菀也제생지근완야. 2 무성하다, 울창하다. ≒鬱. 〔詩經〕菀彼桑柔울피상유.

8 ⑫【萎】 1 마를 위 支 2 약초 이름 위 紙

인명 1급 ㊥wēi, wěi ㊐イ

艸 8획

소전 초서 자해 1 ❶마르다, 시들어 마르다. 〔詩經〕無木不萎무목불위. ❷병들다, 고민하다. 〔禮記〕哲人其萎乎철인기위호. 2 약초 이름, 둥굴레. ¶ 萎蕤위유.
萎落(위락) 시들어 떨어짐. 萎絕(위절).
萎靡(위미) 시듦. 기력(氣力)이 떨어짐.
萎蕤(위유) 둥굴레. 백합과의 여러해살이풀.
萎縮(위축) ①시들어서 오그라듦. ②기를 펴지 못함.

8 ⑫【萇】苌 나무 이름 장 陽
㊥cháng ㊐チョウ
소전 자해 나무 이름, 장초나무, 양도(羊桃), 조익(銚弋). 〔詩經〕隰有萇楚습유장초.
萇楚(장초) 양도(羊桃)의 딴 이름.

8 ⑫【菹】 1 채소 절임 저 魚 2 풀이 돋은 늪 제 御
인명 ㊥zū, jù ㊐ショ
소전 초서 동자 葅 참고 인명용 음은 '저'이다.
자해 1 ❶채소 절임. 식초 따위로 겉절이한 채소. 〔詩經〕疆場有瓜강장유과, 是剝是菹시박시저. ❷젓갈, 고기젓. 고기를 저며 다져서 소금·술·누룩 따위에 절인 것. 육장(肉醬). 〔禮記〕麋鹿魚爲菹미록어위저. 2 풀이 돋은 늪. 〔孟子〕驅蛇龍而放之菹구사룡이방지제.
菹醢(저해) ①소금에 절인 야채와 고기. ②옛날의 혹독한 형벌의 하나. 사람을 죽여 그 뼈나 살을 소금에 절이던 형벌.

8 ⑫【菁】 1 부추꽃 정 庚 2 꽃 성한 모양 청 青
인명 ㊥jīng ㊐セイ
소전 초서 참고 인명용 음은 '청'이다.
자해 1 ❶부추꽃. 〔張衡·賦〕秋韭冬菁추구동정. ❷꽃, 화려하다. 〔張衡·賦〕麗服颺菁려복양정. ❸순무, 무. 〔周禮〕菁菹정저. 2 ❶꽃이 성한 모양. ❷우거진 모양. 〔詩經〕菁菁者莪청청자아, 在彼中阿재피중아.
菁莪(청아) 인재를 교육함. 시경(詩經) 소아(小雅)의 한 편인 청청자아(菁菁者莪)의 약칭으로, 내용이 인재 기르는 것을 즐거워한 시인 데서 온 말.
◨ 蔓菁만청, 蕪菁무청.

8 ⑫【菖】 창포 창 陽
인명 1급 ㊥chāng ㊐ショウ
초서 자해 창포. 〔呂氏春秋〕冬至後五旬七日菖始生동지후오순칠일창시생.
菖蒲(창포) 천남성과의 여러해살이풀. 뿌리는 약용하고, 술을 빚는 데도 쓰임.

8 ⑫【菜】 나물 채 隊
중학 인명 3Ⅱ급 ㊥cài ㊐サイ
필순 丶 ㅗ 廾 艹 艹 芢 芢 苎 苹 菜 菜
소전 초서 자원 形聲. 艸+采→菜. '采(채)'가 음을 나타낸다.
자해 ❶나물, 푸성귀. 〔禮記〕皮弁祭菜피변제채. ❷반찬. 〔北史〕飯菜精潔반채정결. ❸얼굴빛이 푸른 모양. 〔禮記〕民無菜色민무채색.
菜羹(채갱) 나물국. 蔬羹(소갱).
菜根(채근) ①채소의 뿌리. 당근이나 무 따위. ②변변하지 못한 음식.
菜毒(채독) 채소 따위에 섞여 있는 독기.
菜麻(채마) 심어서 가꾸는 나물. 무·배추·미나리 따위. 남새.
菜飯(채반) ①나물과 밥. ②나물·무청 등을 넣어 지은 밥. ③거친 음식. 蔬飯(소반).
菜色(채색) ①푸성귀의 빛깔. ②병들거나 굶주린 사람의 누르스름한 얼굴빛.
菜蔬(채소) 밭에서 기르는 농작물. 잎·줄기·열매 따위를 식용함. 남새. 푸성귀.
菜食(채식) ①주로 채소로 만든 반찬을 먹음. ②거친 음식.
菜菹(채저) 푸성귀로 담근 김치.
菜圃(채포) 채소밭. 菜園(채원). 菜畦(채휴).
◨ 蔬菜소채, 野菜야채, 鹽菜염채, 葷菜훈채.

8 ⑫【萋】 풀 성하게 우거질 처 齊
㊥qī ㊐サイ
소전 초서 자해 ❶풀이 성하게 우거진 모양. 〔漢書〕中庭萋兮綠草生중정처혜록초생. ❷공손한 모양. 〔詩經〕有萋有苴유처유저.
萋萋(처처) ①초목이 무성한 모양. ②구름이 흘러가는 모양. ③힘을 다하는 모양.

8 ⑫【萑】 1 풀 많을 추 支 2 물억새 환 寒
㊥zhuī, huán ㊐スイ, カン
소전 자해 1 ❶풀이 많은 모양. ❷익모초, 암눈비앗, 충울(茺蔚). 2 물억새. 처음 난 것은 담(菼), 성숙한 것은 환(萑)이라고 한다. 〔詩經〕八月萑葦팔월환위.

艸 8획

8 ⑫ 【菆】 ① 겨릅대 추 尤 ② 초빈할 찬 寒

㊥zōu, cuán ㊐シュウ, サン

소전 초서 자해 ① ❶겨릅대, 마골(麻骨). 껍질을 벗겨 낸 삼대. ❷깔개. ❸풀이 떨기로 돋다. ② 초빈(草殯)하다. ≒欑. 〔禮記〕 菆塗龍輴以椁찬도룡순이곽.

8 ⑫ 【菷】 帚(379)의 속자

8 ⑫ 【萅】 春(582)의 본자

8 ⑫ 【萃】 모일 췌 本취 寘

인명 1급 ㊥cuì ㊐スイ

소전 초서 자해 ❶모이다, 모으다, 모임. 〔詩經〕 有鴞萃止유효췌지. ❷괘 이름, 64괘의 하나. 괘형은 ䷬. 만물이 모임을 상징한다. 〔易經〕 萃췌, 亨형, 王假有廟왕가유묘, 利見大人리견대인.

◨ 拔萃발췌, 出萃출췌.

8 ⑫ 【菑】 ① 묵정밭 치 支 ② 재앙 재 灰 ③ 나무 말라 죽을 치 寘

㊥zī, zāi, zì ㊐シ, サイ

소전 초서 본자 甾 자해 ① ❶묵정밭, 묵힌 밭. ❷개간 첫해의 밭. ② 재앙. ＝災. 〔大學〕 小人之使爲國家소인지사위국가, 菑害並至재해병지. ③ 나무가 말라 죽다, 고목(枯木). 〔詩經〕 其菑其翳기치기예.

菑害(재해) 화(禍). 재난. 災害(재해).

菑患(재환) 재난과 근심. 災患(재환).

菑畝(치묘) 처음으로 경작하는 밭.

8 ⑫ 【菭】 물이끼 태 灰

㊥tái ㊐タイ

소전 초서 자해 물이끼. 〔漢書〕 華殿塵兮玉階菭화전진혜옥계태.

8 ⑫ 【菟】 새삼 토 遇

㊥tù ㊐ト

초서 자해 ❶새삼, 토사(菟絲). ❷토끼. ≒兔. 〔戰國策〕 見菟而顧犬견토이고견.

菟絲(토사) 메꽃과의 한해살이 기생 식물. 새삼.

8 ⑫ 【菠】 시금치 파 歌

㊥bō ㊐ハ

초서 자해 시금치.

8 ⑫ 【萍】 부평초 평 本병 靑

인명 1급 ㊥píng ㊐ヘイ

소전 초서 자해 부평초(浮萍草), 개구리밥. 개구리밥과의 여러해살이풀.

萍水相逢(평수상봉) ①부평초가 물에서 서로 만남. ②우연히 서로 만나게 됨.

萍蹤(평종) ①부평초의 자취. ②이곳저곳 헤매며 일정한 주거가 없음. 萍跡(평적).

8 ⑫ 【菡】 연봉오리 함 感

㊥hàn ㊐カン

초서 본자 莟 동자 䓿 자해 연봉오리. ¶ 菡萏함담.

菡萏(함담) ①연꽃 봉오리. 미인(美人)의 용모의 비유. ②풍성한 모양.

8 ⑫ 【華】 华 ① 꽃 화 麻 ② 땅 이름 화 禡

중학 인명 4급 ㊥huā, huà ㊐カ

필순 丶 十 卄 卄 艹 芈 苹 莁 莁 華

소전 초서 본자 蕐 자원 象形. 꽃이 활짝 핀 모양을 본뜬 글자.

자해 ① ❶꽃. ❷꽃이 피다. 〔禮記〕 桃始華도시화. ❸희다, 머리가 희다. 〔資治通鑑〕 有華髮者유화발자. ❹분(粉). ❺빛. 〔尙書大傳〕 日月光華일월광화, 旦復旦兮단부단혜. ❻광택, 윤기. 〔詩經〕 尙之以瓊華乎而상지이경화호이. ❼번영하다. 〔史記〕 不以繁華時樹本불이번화시수본. ② ❶땅 이름. ❷산 이름.

華甲(화갑) 61세. '華' 자를 파자(破字)하면 '十' 자 여섯과 '一' 자로 되며, '甲'은 세(歲)의 뜻인 데서 온 말. 還甲(환갑).

華蓋(화개) ①천자(天子)의 일산(日傘). ②북극성(北極星)을 둘러싼 아홉 별.

華僑(화교) 외국에 나가 사는 중국 사람.

華年(화년) ①꽃다운 나이. 소년(少年). ②61세. 華甲(화갑).

華麗(화려) 빛나고 아름다움.

華美(화미) 곱고 아름다움.

華髮(화발) 흰머리. 노년(老年).

華閥(화벌) 현달(顯達)한 문벌(門閥).
華奢(화사) 화려하고 사치스러움.
華胥之夢(화서지몽) ①좋은 꿈. 故事 황제(黃帝)가 낮잠을 자다가 꿈속에 화서 나라에서 놀며 태평한 광경을 보았다는 고사에서 온 말. 吉夢(길몽). ②낮잠.
華盛頓(화성돈) 現 워싱턴(Washington)의 음역어(音譯語).
華首(화수) 흰머리. 백발(白髮). 노인.
華飾(화식) 아름답게 꾸밈. 아름다운 치장.
華陽巾(화양건) 도사(道士)가 쓰던 두건(頭巾). 위(魏) 무제(武帝) 때 위절(韋節)이 화산(華山)에 은거하면서 이 두건을 쓴 데서 온 이름.
華語(화어) ①남을 칭찬하는 말. ②중국어.
華嚴宗(화엄종) (佛)불교의 한 종파. 화엄경(華嚴經)을 종지(宗旨)로 삼는다. 우리나라에서는 신라 때 의상 대사(義湘大師)가 개종(開宗)하여 후에 교종(敎宗)이 되었음.
華夷(화이) 중화(中華)와 이적(夷狄).
華顚(화전) ①흰머리. 白髮(백발). ②꽃.
華族(화족) 귀한 집안. 귀족(貴族).
華胄(화주) 왕족이나 지체가 높은 귀족의 자손. 顯裔(현예).
華燭(화촉) ①화려한 등촉. 화려한 불빛. ②결혼. 花燭(화촉).
華蟲(화충) 꿩의 딴 이름. 옛날에 예복(禮服)에 베풀던 꿩 그림의 자수(刺繡).
華佗(화타) 후한(後漢)의 명의(名醫). 위(魏)나라 조조(曹操)의 시의(侍醫)가 되었다가 후에 노여움을 사 죽음을 당하였음. 華陀(화타).
華表(화표) ①교량(橋梁)·궁성(宮城)·성곽(城郭)·능묘(陵墓) 등의 앞에 장식을 겸하여 세운 거대한 기둥. ②위정자(爲政者)에 대한 불평 등을 백성이 적도록 하기 위하여 길가에 세워 두던 나무. 요(堯)임금 때의 비방의 나무[誹謗之木]에서 온 제도.
華夏(화하) 중국 사람이 자기 나라를 높여 일컫는 말.
華婚(화혼) 혼인의 미칭(美稱).
◨ 繁華번화, 榮華영화, 中華중화, 豪華호화.

9 ⑬【葭】 1 갈대 가 歌 2 멀 하 麻

㊥jiā, xiá ㊐カ

초서 자해 1 **갈대, 어린 갈대.** 〔詩經〕 彼茁者葭피줄자하. 2 **멀다.** ≒遐.

葭莩(가부) ①갈대청. 갈대의 줄기 속에 있는 얇은 막. 가볍고 엷음의 비유. ②갈대청같이 지극히 엷은 관계. 먼 친척의 비유.
葭莩之親(가부지친) 먼 친척(親戚).
葭葦(가위) 갈대.
葭灰(가회) ①갈대 재. 갈대 줄기 속의 엷은 막(膜)을 태운 재. 이 재를 악기(樂器)의 율관(律管) 안에 두어 기후(氣候)를 점친다고 함. ②기후(氣候). 時節(시절).
◨ 蒹葭겸가.

9 ⑬【葛】 칡 갈 曷

인명 2급 ㊥gé ㊐カツ

소전 초서 자해 ❶**칡.** 〔詩經〕 葛之覃兮갈지심혜. ❷**갈포(葛布), 거친 베.** ≒褐. 〔春秋穀梁傳〕 以葛覆質이갈복질.

葛巾(갈건) 갈포(葛布)로 만든 두건(頭巾). 야인(野人) 또는 은자(隱者)의 두건.
葛巾野服(갈건야복) 갈포로 만든 두건과 평민의 옷. 은사(隱士)의 의복.
葛根(갈근) 칡뿌리.
葛藤(갈등) ①칡덩굴과 등나무 덩굴. ②사물이 복잡하게 뒤얽힘. 불화함. ③정신 내부의 두 가지 욕구가 충돌하는 상태.
葛藟(갈류) ①칡이나 등나무 같은 덩굴풀. 蔓草(만초). ②근심이 되는 곤란함의 비유.
葛粉(갈분) 칡뿌리를 짓찧어 물에 담근 뒤 가라앉은 앙금을 말린 가루.
葛衣(갈의) 갈포로 만든 옷.
葛絰(갈질) 칡을 꼬아서 만든, 상복(喪服)을 입을 때 두르는 수질(首絰) 또는 요질(腰絰).
葛布(갈포) 칡의 섬유로 짠 베.
◨ 膠葛교갈, 裘葛구갈.

9 ⑬【葵】 해바라기 규 支

인명 1급 ㊥kuí ㊐キ

소전 초서 자해 **해바라기.** 〔春秋左氏傳〕 鮑莊子之知포장자지지, 不如葵불여규, 葵猶能衛其足규유능위기족.

葵藿(규곽) ①해바라기와 콩. ②해바라기. 해바라기꽃이 해를 향하여 기울듯이 임금 또는 웃어른에게 충성하고 공경함.

9 ⑬【董】 동독할 동 董

인명 2급 ㊥dǒng ㊐トウ

초서 자해 ❶**동독하다, 감독하다.** 〔書經〕 董之用威동지용위. ❷**거두다, 깊숙이 간직하다.** 〔史記〕 年六十已上년륙십이상, 氣當大董기당대동.

董督(동독) 감독하고 독려함.
董率(동솔) 감독하여 거느림.
董役(동역) 공사를 감독함.

董狐之筆(동호지필) 동호의 직필(直筆). 권세를 두려워하지 않고, 있는 그대로를 써서 역사에 남기는 일. 故事 동호는 춘추 시대 진(晉)나라의 사관(史官)으로서, 정경(正卿) 조돈(趙盾)이 그의 임금 영공(靈公)을 시살(弑殺)한 조천(趙穿)의 행위를 묵과하고 토벌하지 않자 조돈을 시해자로 기록한 고사에서 온 말.

9
⑬ **【落】** 떨어질 락 藥

중학 인명 5급 ㊥luò ㊐ラク

필순 丶 十 艹 艹 艹 茫 茫 茨 落 落

소전 초서 자원 形聲. 艸＋洛→落. '洛(락)' 이 음을 나타낸다.

자해 **❶떨어지다. ㉮나뭇잎이 말라 떨어지다.** 〔禮記〕 草木零落초목령락, 然後入山林연후입산림. **㉯먼지 따위가 떨어지다.** 〔論衡〕 顔淵炊飯안연취반, 塵落甑中진락증중. **㉰흩어지다.** 〔史記〕 賓客益落빈객익락. **㉱빠지다, 탈락하다.** 〔漢書〕 髮齒墮落발치타락. **㉲몰락하다, 영락하다, 방랑하다.** 〔管子〕 五穀以削오곡이삭, 土民零落토민령락. **❷버리다, 쓸모 없게 되다.** 〔莊子〕 無落吾事무락오사. **❸낙엽(落葉), 떨어져 있는 먼지.** 〔史記〕 如發蒙振落耳여발몽진락이. **❹사람이 사는 곳. ㉮촌락.** 〔綱目集覽〕 人所聚居인소취거, 故謂之村落고위지촌락·屯落둔락·聚落취락. **㉯저택, 사원, 관청.** 〔後漢書〕 廬落整頓려락정돈.

落款(낙관) 서화(書畫) 작품에 작가가 아호(雅號)나 이름을 쓰고 도장을 찍는 일.

落膽(낙담) ①바라던 일이 뜻대로 되지 않아 마음이 몹시 상함. ②너무 놀라서 간이 떨어지는 듯함.

落島(낙도) 외따로 멀리 떨어져 있는 섬.

落落(낙락) ①쓸쓸한 모양. ②㉠남과 어울리지 못하는 모양. ㉡뜻이 높고 커서 세속(世俗)과 맞지 않는 모양. ③뜻을 얻지 못하는 모양.

落落難合(낙락난합) ①뜻이 높고 커서 사회와 서로 맞지 않음. ②國여기저기 흩어져 모이기가 어려움.

落落長松(낙락장송) 가지가 길게 축축 늘어진 키가 큰 소나무.

落雷(낙뢰) 벼락이 떨어짐.

落淚(낙루) 눈물을 흘림.

落馬(낙마) 말에서 떨어짐.

落莫(낙막) 쓸쓸한 모양. 落寞(낙막). 索寞(삭막).

落望(낙망) 희망을 잃음. 실망함.

落木(낙목) 잎이 떨어진 나무.

落眉之厄(낙미지액) 눈앞에 닥친 재앙.

落髮(낙발) ①머리를 깎고 승려가 됨. 落飾(낙식). ②國머리털이 빠짐.

落榜(낙방) ①과거(科擧)에 떨어짐. ②모집·선거·시험 등에 떨어짐.

落傷(낙상) 떨어지거나 넘어져서 다침.

落書(낙서) 장난으로 글자를 쓰거나 그림을 그림.

落選(낙선) 선거에서 떨어짐.

落成(낙성) 건축물의 공사를 다 이룸.

落水(낙수) 처마에서 떨어지는 물.

落穗(낙수) ①추수 뒤에 논밭에 떨어져 있는 이삭. ②어떤 일의 뒷이야기.

落心(낙심) 바라던 일을 이루지 못하여 맥이 빠지고 마음이 상함.

落雁(낙안) 땅에 내려앉는 기러기.

落葉(낙엽) 나뭇잎이 떨어짐. 또는 떨어진 그 나뭇잎.

落伍(낙오) ①대오(隊伍)에서 떨어짐. ②시대의 진보에 뒤떨어짐.

落月屋梁(낙월옥량) ①지는 달이 지붕 위를 비춤. ②고인을 그리워하는 마음이 간절함.

落日(낙일) 지는 해. 저무는 해. 저녁 햇빛. 落影(낙영). 落暉(낙휘).

落張(낙장) 책에서 책장이 빠짐. 또는 그 책장.

落穽下石(낙정하석) 함정에 떨어진 것을 보고 돌을 떨어뜨림. 재난을 당한 사람을 구제하기는커녕 도리어 해를 입힘.

落第(낙제) 성적이 수준에 미치지 못해 진학·진급을 못함.

落照(낙조) ①저녁에 지는 햇빛. ②지는 해 주위로 퍼지는 붉은빛.

落潮(낙조) ①썰물. 退潮(퇴조). ②점점 쇠퇴해지는 기미.

落種(낙종) 곡식의 씨를 뿌림.

落地(낙지) ①땅에 떨어짐. ②세상에 태어남.

落帙(낙질) 한 질을 이루는 여러 권의 책 중에서 빠진 권이 있음. 缺帙(결질). 散帙(산질).

落着(낙착) 일이 결말이 남.

落札(낙찰) 입찰한 물건이나 권리 따위가 어떤 사람에게 돌아가도록 결정됨.

落筆(낙필) ①붓을 들어 쓰기 시작함. 落墨(낙묵). ②장난삼아 아무렇게나 쓰는 글씨나 그림. 落書(낙서).

落下(낙하) 아래로 떨어짐.

落霞(낙하) 저녁놀. 낮게 드리운 저녁놀.

落鄕(낙향) 시골로 거처를 옮기거나 이사함.

落花難上枝(낙화난상지) 떨어진 꽃은 다시 가지로 돌아갈 수 없음. ㉠한번 헤어진 부부는 다시 결합하기 어려움. ㉡대오(大悟)한 사람은 다시 미혹되지 않음.

落花流水(낙화유수) ①떨어지는 꽃과 흘러가는 물. 꽃은 지고 물은 흐름. ②쇠잔영락(衰殘零落)의 비유. ③낙화를 남자에게, 유수를 여자에게 비유하여, 남자가 여자를 그리워하는 마음이 있으면, 여자도 사모하는 정을 일으켜 받아들이게 됨.
落花風(낙화풍) 꽃을 흩날리는 바람. 곧, 꽃샘바람.
落後(낙후) 기술이나 문화·생활 따위의 수준이 일정한 기준에 미치지 못하고 뒤떨어짐.
◨ 段落단락, 部落부락, 墜落추락, 聚落취락, 墮落타락, 脫落탈락, 暴落폭락, 陷落함락.

9
⑬【葎】 한삼덩굴 률 質

㊥lǜ ㊐リツ

소전 초서 자해 **한삼덩굴**. 뽕나뭇과의 한해살이 덩굴풀. 열매는 약재로 쓴다.
葎草(율초) 한삼덩굴.

9
⑬【萬】万 일만 만 願

중학 인명 8급 ㊥wàn ㊐マン

필순 萬萬萬

소전 초서 속자 万 자원 象形. 열대 지방의 응달에 사는 '전갈'의 모양을 본뜬 글자. 수효로서 '10,000'을 뜻하는 것은 가차(假借)이다.
자해 ❶**일만**. 1,000의 10배. 〔書經〕公其以予萬億年공기이여만억년, 敬天之休경천지휴. ❷**수의 많음을 나타내는 말, 다수(多數)**. 〔易經〕首出庶物수출서물, 萬國咸寧만국함녕. ❸**춤의 이름**. 〔詩經〕方將萬舞방장만무.
萬感(만감) 여러 가지 복잡한 감정.
萬劫(만겁) (佛)영원한 세월. 무한한 시간.
萬頃(만경) 지면(地面)이나 수면(水面)이 매우 넓음. '頃'은 면적의 단위로 밭 100묘(畝), 약 5,000평(坪)에 해당함.
萬頃滄波(만경창파) 한없이 넓은 바다.
萬古(만고) ①아주 오랜 옛적. ②한없이 오랜 세월.
萬古千秋(만고천추) 언제까지나. 과거 미래에 걸친 오랜 세월.
萬古風霜(만고풍상) 오랜 동안 겪어 온 많은 쓰라림.
萬口成碑(만구성비) 여러 사람이 기리는 것은 송덕비(頌德碑)를 세움과 같음.
萬口一談(만구일담) 많은 사람의 의견이 일치함. 異口同聲(이구동성).
萬金(만금) 많은 돈.
萬難(만난) 온갖 어려움.
萬能(만능) 모든 일에 다 능통하거나 모든 일을 다 할 수 있음.
萬端(만단) ①모두. 죄다. 모조리. 萬事(만사). 萬故(만고). ②가지가지. 형형색색. ③온갖 일의 실마리. ④온갖 방법.
萬代(만대) 여러 대에 걸친 오랜 세월. 萬歲(만세).
萬里同風(만리동풍) 천하가 통일되어 만리나 떨어진 먼 곳까지 풍속을 같이함.
萬里之任(만리지임) 왕도(王都)에서 멀리 떨어진 땅을 지키는 임무. 지방 장관의 소임.
萬里侯(만리후) 이역(異域)에서 공(功)을 세워서 제후로 봉해지는 일.
萬萬(만만) ①만의 만 배. 1억. ②많은 수. ③썩 뛰어남. ④절대로. 결코.
萬萬不可(만만불가) 전혀 옳지 아니함.
萬無(만무) 절대로 없음.
萬物(만물) ①우주의 모든 사물. ②뭇사람.
萬物之靈(만물지령) 만물 중에서 가장 훌륭한 존재. 곧, 사람.
萬民(만민) 모든 백성.
萬般(만반) 마련할 수 있는 모든 것.
萬邦(만방) 세계의 모든 나라.
萬病(만병) 온갖 병.
萬不當(만부당) 도무지 사리에 맞지 아니함.
萬夫之望(만부지망) 만인이 우러러 사모함, 또는 그 사람.
萬死(만사) ①만 번 죽음. ②살아나기 어려운 위험한 상태.
萬事(만사) 모든 일.
萬事休矣(만사휴의) 모든 일이 헛수고로 됨. 이미 어떻게도 할 수 없게 됨.
萬姓(만성) ①모든 백성. ②백관(百官).
萬歲(만세) ①영구한 세월. ②경축 때 축의(祝意)를 표하여 외치는 말. ③언제까지나 장수하라는 뜻.
萬世不忘(만세불망) 은덕을 영원히 잊지 않음.
萬世不朽(만세불후) 영원히 썩지 않음. 언제까지나 존재함.
萬壽無疆(만수무강) 한이 없이 오래오래 삶. 다른 사람에게 장수를 축원하는 말.
萬壽節(만수절) 임금의 생신(生辰).
萬乘之國(만승지국) 1만 대의 병거(兵車)를 갖출 만한 힘을 가진 나라. 곧, 천자의 나라.
萬乘之尊(만승지존) 천자(天子)의 지위.
萬安(만안) 아주 편안함. 萬康(만강).
萬緣(만연) 온갖 인연(因緣).
萬葉(만엽) ①영구(永久). 만세(萬世). ②많은 나뭇잎.

萬有引力(만유인력) 질량을 가지고 있는 모든 물체가 서로 잡아당기는 힘.
萬仞(만인) 만 길. 아주 높거나 깊음.
萬人疏(만인소) 조선 때 만여 명의 선비들이 연명(連名)하여 올리던 상소.
萬人之上(만인지상) 國신하로서 최고의 지위. 곧, 영의정(領議政)의 지위.
萬紫千紅(만자천홍) 온갖 빛깔의 아름다운 꽃. 千紫萬紅(천자만홍).
萬丈(만장) 만 길. ㉠매우 높음. ㉡매우 깊음.
萬障(만장) 온갖 장애(障礙). 많은 고장.
萬全之計(만전지계) 실패의 위험이 없는 아주 안전하고 완전한 계책.
萬重(만중) ①여러 겹. 萬疊(만첩). ②아주 편안함. '편안'의 높임말. 萬旺(만왕).
萬疊青山(만첩청산) 겹겹이 둘러싸인 푸른 산.
萬壑千峰(만학천봉) 수많은 골짜기와 수많은 봉우리.
萬幸(만행) ①아주 다행함. ②만일의 요행.
萬或(만혹) 만일(萬一).
萬化方暢(만화방창) 봄이 되어 만물이 바야흐로 창성(暢盛)함.
萬彙群象(만휘군상) 온갖 사물.
◨ 億萬억만, 千萬천만.

9 【葆】 1풀 더부룩할 보 皓
⑬ 2넓을 보 豪
㊥bǎo, bāo ㊐ホウ, ホ
소전 초서 자해 1 ❶풀이 더부룩하다, 풀이 무더기로 돋는 모양. 〔漢書〕 頭如蓬葆두여봉보. ❷움돋이, 나무 그루터기의 새 움. 2넓다.
葆光(보광) ①빛을 감춤. 지덕(知德)을 숨겨서 나타내지 않음. ②희미한 빛. ③큰 빛.
葆大(보대) 숭고(崇高)하고 큼.

9 【葍】 메꽃 복 屋
⑬
㊥fú ㊐フク
소전 초서 자해 메꽃, 메. 메꽃과의 여러해살이풀. ＝蕌.

9 【葑】 1순무 봉 冬
⑬ 2줄뿌리 봉 宋
㊥fēng, fèng ㊐ホウ
소전 초서 자해 1순무. 〔詩經〕 采葑采菲채봉채비. 2 줄뿌리. 〔晉書〕 菰草叢生고초총생, 其根盤結기근반결, 名曰葑명왈봉.
葑田(봉전) ①물 위에 줄뿌리가 모이고 쌓여서 진흙이 되어 그곳에 농작물을 가꿀 수 있게 된 논밭. ②줄뿌리에 진흙을 고루 붙이고 나무 시렁에 매어 물 위에 띄운 논밭.

9 【萯】 1하늘타리 부 宥
⑬ 2풀 이름 배 賄
㊥fù, bèi ㊐フウ, ハイ
소전 자해 1하늘타리. 박과의 여러해살이 덩굴풀. 2풀 이름. ≒菩.

9 【葸】 1순박할 새 賄
⑬ 2삼갈 시 紙
㊥xǐ ㊐シ
초서 자해 1순박하다, 정직하다, 좋다. 2 ❶삼가다. ❷두려워하는 모양. 〔論語〕 愼而無禮則葸신이무례즉시.

9 【葹】 도꼬마리 시 支
⑬
㊥shī ㊐シ
초서 자해 도꼬마리. 〔楚辭〕 薋菉葹以盈室兮자록시이영실혜.

9 【萼】 꽃받침 악 藥
⑬
㊥è ㊐ガク
초서 속자 蕚 자해 꽃받침.
萼片(악편) 꽃받침의 조각.
◨ 花萼화악.

9 【葊】 菴(1076)의 고자
⑬

9 【葯】药 구릿대 잎 약 藥
⑬
인명 1급 ㊥yào ㊐ヤク
초서 자해 ❶구릿대 잎, 백지(白芷)의 잎. ❷구릿대, 백지. 〔山海經〕 號山호산, 其草多葯虈芎藭기초다약효궁궁.
葯胞(약포) 꽃밥. 수술 꽃 끝에 붙어서 꽃가루를 가지고 있는 주머니.

9 【葉】叶 1잎 엽 葉
⑬ 2땅 이름 섭 葉
중학 인명 5급 ㊥yè, shè ㊐ヨウ
필순 ㅗ ㅛ ㅛ 쓔 苹 苹 華 華 華 葉 葉
소전 초서 참고 인명용 음은 '엽·섭'이다.
자원 形聲. 艸＋枼→葉. '枼(엽)'이 음을 나타낸다.

자해 1 ❶**잎, 초목의 잎.** ❷**끝, 갈래, 가지.** 〔詩經〕 芄蘭之葉환란지엽. ❸**시대, 세대.** 〔詩經〕 昔在中葉석재중엽. ❹**장.** 종이 따위를 세는 단위. 2 ❶**땅 이름.** 춘추 시대 초(楚)나라의 지금의 하남성(河南省) 섭현(葉縣). ❷**성(姓).**

葉綠素(엽록소) 식물의 세포인 엽록체 속에 들어 있는 녹색 색소. 광합성에 필요한 에너지를 태양으로부터 얻는 구실을 함.

葉脈(엽맥) 잎몸에 가로세로 있는 가는 줄. 잎몸을 버티며 수분과 영양분의 통로가 됨.

葉柄(엽병) 잎이 줄기에 붙어 있는 부분. 잎꼭지. 잎자루.

葉腋(엽액) 잎이 식물의 가지나 줄기에 붙은 자리.

葉子(엽자) 족자(簇子)나 두루마리와는 달리, 한 장 한 장씩 맨 책의 체재를 이름.

葉錢(엽전) 놋쇠로 만든, 둥글고 납작하며 가운데 네모진 구멍이 있는 옛날 돈.

葉菜(엽채) 잎을 식용하는 채소.

葉草(엽초) 잎담배.

葉片(엽편) 잎. 葉身(엽신).

◨ 落葉낙엽, 霜葉상엽, 一葉일엽, 枝葉지엽, 青葉청엽, 翠葉취엽, 黃葉황엽.

9 ⑬ 【萵】 莴 상추 와 歌

㊥wō ㊐カ

초서 자해 **상추.** 엉거싯과의 한해살이풀 또는 두해살이풀.

萵苣(와거) 상추. 苣萵(거와).

9 ⑬ 【葳】 초목 무성한 모양 위 微

㊥wēi ㊐イ

초서 자해 ❶**초목이 무성한 모양.** 〔張九齡·詩〕 蘭葉春葳蕤란엽춘위유. ❷**둥굴레.** 백합과의 여러해살이풀.

9 ⑬ 【葦】 갈대 위 尾

인명 ㊥wěi ㊐イ

소전 초서 자해 ❶**갈대.** 포아풀과의 여러해살이풀. 〔詩經〕 八月萑葦팔월환위. ❷**작은 배, 편주(片舟).** 〔蘇軾·賦〕 縱一葦之所如종일위지소여.

9 ⑬ 【萸】 수유 유 虞

인명 ㊥yú ㊐ユ

소전 자해 ❶**수유(茱萸).** ❷**풀 이름.**

9 ⑬ 【葬】 장사 지낼 장 漾 陽

고등 인명 3Ⅱ급 ㊥zàng ㊐ソウ

필순 艹 艹 苎 苎 芗 芗 莚 葬 葬 葬

소전 초서 자원 會意. 艸+死+一→葬. 죽은 사람〔死〕을 받침〔一〕에 얹어 풀숲〔艸〕 속에 둔다는 데서 '주검을 묻는다' 는 뜻을 나타낸다.

자해 **장사 지내다, 매장하다.** 〔禮記〕 葬也者장야자, 藏也장야, 藏也者장야자, 欲人之弗得見也욕인지불득견야.

葬具(장구) 장례에 쓰는 여러 가지 기구. 葬器(장기).

葬列(장렬) 장송(葬送)의 행렬.

葬事(장사) 장례(葬禮)에 관한 일. 시신을 매장하거나 화장하는 일.

葬送(장송) 죽은 사람을 장사 지내어 보냄.

葬玉埋香(장옥매향) 미인을 매장하는 일.

葬儀(장의) 사자(死者)를 장사 지내는 의식. 葬禮(장례).

葬祭(장제) 장례(葬禮)와 제사(祭祀).

葬地(장지) 매장할 땅. 장사 지내는 곳.

葬擇(장택) 장사 날짜를 가림.

葬穴(장혈) 시체를 묻는 구덩이. 壙穴(광혈).

◨ 埋葬매장, 燒葬소장, 水葬수장, 暗葬암장, 合葬합장, 火葬화장.

9 ⑬ 【葅】 菹(1077)와 동자

9 ⑬ 【著】 1 분명할 저 御 2 둘 저 語 3 붙일 착 藥

중학 인명 3Ⅱ급 ㊥zhù, zhuó ㊐チョ

필순 艹 艹 艹 芏 芏 茔 茔 茅 著 著

초서 참고 ❶箸(952)는 딴 자. ❷인명용 음은 '저' 이다.

자원 形聲. 艸+者→著. '者(자)' 가 음을 나타낸다.

자해 1 ❶**분명(分明)하다.** 〔禮記〕 名著而男女有別명저이남녀유별. ❷**드러나다.** 〔禮記〕 著不息者天也저불식자천야. ❸**나타내다.** ㉮**분명하게 하다.** 〔大學〕 揜其不善엄기불선, 而著其善이저기선. ㉯**짓다, 저술하다.** 〔史記〕 著書上不篇저서상불편. ㉰**기록하다.** 〔司馬光·記〕 刻著于石각저우석. ❹**두드러지다.** 〔中庸〕 形則著형즉저. ❺**알다, 알리다.** 2 ❶**두다, 비축하다.** =貯. ❷**뜰.** 〔詩經〕 俟我於著乎而사아어저호이. 3 《俗》 着(888). **붙다, 붙이다.** ㉮**달라붙다.** ㉯**입다.**

艸 9획

〔韓愈·銘〕著道士衣冠착도사의관. ⓓ신다.
著錄(저록) ①기록함. 장부에 기재함. ②이름이 제자(弟子)의 명부에 실림.
著名(저명) 이름이 세상에 널리 드러나 있음.
著明(저명) 뚜렷함. 드러남.
著聞(저문) 널리 소문남. 또는 유명한 소문.
著書(저서) 책을 지음. 또는 그 책.
著姓(저성) 이름 있는 집안. 名族(명족).
著述(저술) 글이나 책 따위를 씀.
著者(저자) 지은이.
◨ 共著공저, 論著논저, 名著명저.

9 ⑬【葰】 [1]꽃술 준 震 [2]고을 이름 사 哿

인명 ㊥jùn, suǒ ㊐シュン, サ
소전 초서 참고 인명용 음은 '준'이다.
자해 [1] ❶꽃술. ❷크다, 왕성하다. 〔司馬相如·賦〕實葉葰楙실엽준무. [2] 고을 이름.

9 ⑬【葺】 지붕 일 즙·집 緝

인명 1급 ㊥qì, jí ㊐シュウ
소전 참고 인명용 음은 '즙'이다.
자해 ❶지붕을 이다, 띠나 짚으로 지붕을 이다. 〔王禹偁·記〕嗣而葺之사이집지, 庶斯樓之不朽也서사루지불후야. ❷수리하다, 깁다. 〔春秋左氏傳〕必葺其牆屋필집기장옥.
葺茅(집모) 띠풀로 지붕을 임.

9 ⑬【蒂】 蔕(1092)와 동자

9 ⑬【葱】 蔥(1092)의 속자

9 ⑬【萩】 사철쑥 추 尤

인명 ㊥qiū ㊐シュウ
소전 초서 자해 ❶사철쑥. 국화과의 여러해살이풀. 말린 것을 인진호(茵蔯蒿)라 하며 약재로 쓴다. ❷가래나무, 추목(萩木). 〔春秋左氏傳〕伐雍門之萩벌옹문지추.

9 ⑬【葘】 菑(1078)의 본자

9 ⑬【葩】 꽃 파 麻

㊥pā ㊐ハ
소전 초서 자해 꽃. 〔嵇康·賦〕若衆葩敷榮曜春風약중파부영요춘풍.
葩經(파경) 시경(詩經)의 딴 이름. 한유(韓愈)의 진학해(進學解)에 '시는 바르고 아름다우며〔詩正而葩〕'라고 한 데서 온 말.

9 ⑬【葡】 포도 포 虞

인명 2급 ㊥pú ㊐ブ
초서 자해 ❶포도. ❷現포르투갈의 약칭.
葡萄(포도) 포도나무의 열매.
葡萄糖(포도당) 포도나 꿀처럼 단맛이 나는 즙 속에 포함되어 있는 당분의 한 가지.
葡萄牙(포도아) 現포르투갈(Portugal)의 음역어(音譯語).

9 ⑬【葫】 마늘 호 虞

인명 ㊥hú ㊐コ
초서 자해 ❶마늘, 대산(大蒜), 호산(葫蒜). ❷호리병박, 조롱박, 포로(匏蘆). 박과의 한해살이 덩굴풀.
葫蘆甁(호로병) 호리병박같이 만든 술병.
葫蒜(호산) 마늘.

9 ⑬【葷】荤 매운 채소 훈 文

㊥hūn ㊐クン
소전 초서 동자 焄 동자 焄 자해 매운 채소, 냄새 나는 채소, 훈채(葷菜). 〔儀禮〕夜侍坐야시좌, 問夜문야, 膳葷선훈, 請退可也청퇴가야.
葷肉(훈육) 훈채(葷菜)와 날고기.
葷粥(훈육) 흉노(匈奴)의 딴 이름. 熏鬻(훈육). 葷允(훈윤).
葷酒(훈주) 훈채(葷菜)와 술.
葷菜(훈채) 파·마늘처럼 냄새가 특이한 채소.
◨ 膳葷선훈.

9 ⑬【萱】 원추리 훤 元

인명 ㊥xuān ㊐ケン
소전 초서 본자 藼 자해 원추리, 망우초(忘憂草). 백합과의 여러해살이풀.
萱堂(훤당) 남의 어머니의 존칭. 고대에 어머니는 북당(北堂)에 거처하였는데, 그 뜰에 원추리를 심은 데서 온 말. 萱室(훤실).
萱菜(훤채) 원추리 나물. 忘憂菜(망우채).

10 ⑭【蓋】盖 ①덮을 개 泰 ②어찌 아니할 합 合

고등 인명 3Ⅱ급 ㊥gài ㊐ガイ

필순 ⼀ ⺿ ⺿ ⺿ 芏 芏 荃 荃 蓋 蓋

소전 蓋 초서 蓋 본자 葢 속자 盖 참고 인명용 음은 '개'이다.

자원 形聲. 艸+盍→蓋. '盍(개·합)'이 음을 나타낸다.

자해 ① ❶덮다. 〔孟子〕謨蓋都君모개도군. ❷덮개, 이엉 덮개. 〔春秋左氏傳〕乃祖吾離被苫蓋내조오리피점개. ❸뚜껑. 〔禮記〕器則執蓋기즉집개. ❹어찌. 〔戰國策〕蓋可忽乎哉개가홀호재. ❺아마. ㉮오히려. 비교 조사. 〔詩經〕謂山蓋卑위산개비. ㉯이〔是〕. 발어사(發語辭). 〔春秋公羊傳〕孔子蓋善之也공자개선지야. ㉰대개, 대략. 〔孝經〕蓋天子之孝也개천자지효야. ② 어찌 아니하리오? '何不(하불)'의 뜻. ≒盍. 〔禮記〕子蓋言子之志於公乎자합언자지지어공호.

蓋棺(개관) 관(棺)의 뚜껑을 덮음. 곧, 죽음.

蓋棺事定(개관사정) 관(棺)의 뚜껑을 덮고 난 뒤에야 일이 정해짐. 사람의 진정한 가치는 그 사람이 죽은 뒤에야 비로소 알 수 있음. 蓋棺定論(개관정론).

蓋頭換面(개두환면) 머리와 얼굴을 바꿈. 어떤 일의 근본은 고치지 아니하고 사람만 바꾸어 그 일을 그대로 시킴.

蓋甓(개벽) 전각(殿閣)의 바닥에 까는 벽돌.

蓋石(개석) 무덤의 석실(石室)을 덮는, 돌로 만든 뚜껑.

蓋世(개세) 재능이나 공적 등이 세상에 견줄 만한 사람이 없을 정도로 뛰어남.

蓋然(개연) 확실하지는 않으나 그럴 것으로 추측됨.

蓋瓦(개와) ①기와로 지붕을 임. ②기와.

蓋印(개인) 관인(官印)을 찍음. 踏印(답인).

蓋草(개초) ①이엉. ②지붕에 이엉을 임.

10 ⑭【蒹】 갈대 겸 鹽

㊥jiān ㊐ケン

소전 蒹 초서 蒹 자해 갈대. 〔詩經〕蒹葭蒼蒼겸가창창.

蒹葭(겸가) 갈대. 미천한 신분의 비유.

蒹葭玉樹(겸가옥수) 갈대가 아름다운 나무에 기댐. 신분이 낮은 사람이 신분이 높은 사람에게 의지함.

10 ⑭【蒯】 황모 괴 卦

㊥kuǎi ㊐カイ

초서 蒯 자해 황모(黃茅). 줄기의 섬유로 자리 따위를 만들고 새끼도 꼰다. 〔春秋左氏傳〕雖有絲麻수유사마, 無棄菅蒯무기관괴.

10 ⑭【蒟】 구장 구 麌 虞 遇

㊥jǔ ㊐ク

소전 蒟 초서 蒟 자해 ❶구장(蒟醬), 필발(蓽茇). ❷구약(蒟蒻).

蒟蒻(구약) 천남성과의 다년초.

蒟醬(구장) 후춧과의 풀. 蓽茇(필발).

10 ⑭【蓏】 열매 라 哿

㊥luǒ ㊐ラ

소전 蓏 초서 蓏 자해 열매. 나무에 있는 것을 '果(과)', 땅 또는 덩굴에 있는 것을 '蓏(라)', 껍데기와 씨가 있는 것을 '果', 껍데기와 씨가 없는 것을 '蓏', 나무의 열매를 '果', 풀의 열매를 '蓏'라 한다.

10 ⑭【蒞】 莅(1072)의 속자

10 ⑭【蓂】 ①명협 명 靑 ②굵은 냉이 멱 錫

인명 ㊥míng, mì ㊐メイ, ベキ

소전 蓂 초서 蓂 참고 인명용 음은 '명'이다.

자해 ① ❶명협(蓂莢), 달력풀, 책력풀. 〔抱朴子〕唐堯觀蓂莢以知月당요관명협이지월. ❷약초의 이름, 사명자(思蓂子). ② 굵은 냉이.

蓂曆(명력) 음력. 태음력(太陰曆).

蓂莢(명협) 서초(瑞草)의 이름. 요(堯)임금 때 났다는 전설상의 풀. 초하루부터 보름까지 하루에 잎이 하나씩 났다가 열엿새부터 그믐까지 한 잎씩 떨어졌다 하여 '달력풀'이라고 일컬었음.

10 ⑭【蒙】 입을 몽 東

고등 인명 3Ⅱ급 ㊥méng ㊐ボウ

필순 ⼀ ⺿ 艹 芦 芦 苎 苎 莹 蒙 蒙 蒙

소전 蒙 초서 蒙 자원 形聲. 艸+冡→蒙. '冡(몽)'이 음을 나타낸다.

자해 ❶입다, 입히다. ㉮덮다, 덮어씌우다. 〔詩經〕蒙彼縐絺몽피추치. ㉯싸다. 〔春秋左氏傳〕以幕蒙之이막몽지. ㉰받다. 〔後漢書〕今日所蒙금일소몽, 稽古之力也계고지력야. ❷숨기다, 덮어

가리다. 〔漢書〕 常蒙其罪상몽기죄. ❸덮개. 〔漢書〕 至說公孫弘等지설공손홍등, 如發蒙耳여발몽이. ❹무릅쓰다. 〔漢書〕 雖有患禍수유환화, 猶蒙死而存之유몽사이존지. ❺속이다, 기만하다. 〔春秋左氏傳〕 上下相蒙상하상몽. ❻어리석다, 어둡다. 〔春秋左氏傳〕 小童者소동자, 童蒙幼末之稱동몽유말지칭. ❼어린 사람, 어리석은 사람. 〔易經〕 童蒙求我동몽구아. ❽괘 이름, 64괘(卦)의 하나. 괘형은 ☶☵. 사물이 희미하여 밝지 않음을 상징한다.

蒙固(몽고) 어리석고 고집이 셈.
蒙頭(몽두) 조선 때, 죄인을 잡아 올 때에 죄인의 얼굴을 싸서 가리던 물건.
蒙利(몽리) 이익을 입음.
蒙網捉魚(몽망착어) 國그물 쓰고 고기 잡기. 고기를 잡으려면 그물을 물에 던져야 하는데, 그물을 머리에 쓰고서도 고기가 잡힌 것은 우연히 운이 좋았다는 뜻.
蒙昧(몽매) 사리(事理)에 어둡고 어리석음.
蒙密(몽밀) 나무 따위가 우거지고 빽빽이 들어서 무성함.
蒙放(몽방) 죄인이 석방됨. 蒙宥(몽유).
蒙士(몽사) 무지한 사람. 몽매한 선비.
蒙死(몽사) 죽음을 무릅쓰고 일을 행함.
蒙汜(몽사) ①고대 중국 신화에 나오는, 해가 지는 곳. ②해가 뜨는 곳.
蒙喪(몽상) 상복(喪服)을 입음.
蒙養(몽양) 어린이를 교육함.
蒙然(몽연) 어두운 모양. 어리석은 모양.
蒙茸(몽용) ①풀이 어지럽게 자라는 모양. ②사물이 어지러운 모양. ③몽롱한 모양.
蒙幼(몽유) ①사리에 어두운 어린아이. ②어리고 어리석음. 蒙稚(몽치).
蒙戎(몽융) 혼란한 모양. 난잡한 모양.
蒙恩(몽은) 은혜를 입음. 蒙惠(몽혜).
蒙耳(몽이) 귀를 막고 듣지 않음.
蒙塵(몽진) ①머리에 먼지를 덮어씀. ②임금이 난리를 만나 궁궐 외의 다른 곳으로 피신함.
蒙蔽(몽폐) ①사리에 어둡고 어리석어 지혜롭지 못함. ②진상을 감추고 속임.
◨ 啓蒙계몽, 童蒙동몽, 愚蒙우몽, 昏蒙혼몽.

10 ⑭ 【蒡】 1인동덩굴 방 陽 2우방 방 養

인명 ㊥pàng, bàng ㊐ホウ

초서 자해 1 인동(忍冬)덩굴, 은인(隱葱). 2우방(牛蒡), 우엉.

10 ⑭ 【蓑】 1도롱이 사 歌 2잎 우거질 최 佳

인명 1급 ㊥suō, suī ㊐サ

초서 동자 簑 참고 인명용 음은 '사'이다.

자해 1❶도롱이. 띠풀을 엮어 만든 우장. 〔詩經〕 何蓑何笠하사하립. ❷덮다. 〔春秋公羊傳〕 不蓑城也불사성야. 2초목의 잎이 우거진 모양.

蓑笠(사립) 도롱이와 삿갓. 우장.
蓑翁(사옹) 도롱이를 두른 노인.
蓑衣(사의) 도롱이.

10 ⑭ 【蒜】 달래 산 翰

인명 ㊥suàn ㊐サン

소전 초서 자해 달래, 작은 마늘. 마늘을 '大蒜(대산)'이라 하는 데서 '마늘'을 뜻하기도 한다. 〔爾雅翼〕 大蒜爲葫대산위호, 小蒜爲蒜소산위산.

10 ⑭ 【蓆】 자리 석 陌

인명 ㊥xí ㊐セキ

소전 초서 자해 ❶자리. =席. 〔韓非子〕 出則爲扞蔽출즉위한폐, 入則爲蓆薦입즉위석천. ❷넓고 많다, 풀이 많다.

10 ⑭ 【蓀】 荪 향풀 이름 손 元 願

인명 ㊥sūn ㊐ソン

소전 초서 자해 ❶향풀의 이름. 〔楚辭〕 數惟蓀之多怒兮수유손지다노혜. ❷꽃창포.

10 ⑭ 【蒐】 1꼭두서니 수 尤 2모을 수 宥

인명 1급 ㊥sōu ㊐シュウ

소전 초서 자해 1꼭두서니. 꼭두서닛과의 다년생 만초(蔓草). 〔山海經〕 釐山리산, 其陰多蒐기음다수. 2모으다, 수집하다.

蒐集(수집) 여러 가지 재료를 찾아서 모음. 收集(수집).

10 ⑭ 【蓚】 수산 수 尤

인명 ㊥sǒu ㊐シュウ

자해 수산.

蓚酸(수산) 가장 간단한 화학 구조의 이염기성 유기산의 한 가지.

10 ⑭ 【蓍】 시초 시 支

인명 ㊥shī ㊐シ

소전 초서 자해 ❶시초(蓍草), 비수리, 톱풀. 〔易經〕 蓍之德시지덕, 圓而神원이신. ❷점대, 서죽(筮竹). 〔楚辭〕 蓍蔡兮踴躍시채혜용약.

蓍龜(시귀) ①복서(卜筮). 점칠 때 쓰는 비수리와 귀갑(龜甲). 蓍蔡(시채). ②거울삼음. 본보기로 삼아 경계함.

蓍草(시초) 엉거싯과의 다년초. 비수리. 점치는 데 썼으나, 후세에 와서 대 조각으로 만들어 썼기 때문에 서죽(筮竹)이라고 이름.

10 ⑭ 【蒔】 蒔 ①모종 낼 시 寘 ②소회향 시 支

인명 ㊥shì, shí ㊐ジ

소전 초서 자해 ①❶모종을 내다, 옮겨 심다. ❷심다. 〔晉書〕 蒔樹一根시수일근, 以旌戰功이정전공. ②소회향(小茴香).

蒔蘿(시라) 소회향(小茴香). 한약재로 씀.

10 ⑭ 【蒻】 부들 약 藥

인명 ㊥ruò ㊐ジャク

소전 초서 자해 부들의 싹, 어린 부들, 뿌리에서 돋아난 부들.

蒻席(약석) 부들로 만든 자리. 부들자리.

10 ⑭ 【蓊】 ①동 옹 東 ②우거질 옹 董

㊥wěng ㊐オウ

초서 자해 ①동, 장다리. 초화(草花)에서 나오는 꽃줄기. ②우거지다.

蓊然(옹연) ①초목이 무성한 모양. ②사물이 흥성한 모양. 蓊勃(옹발). 蓊鬱(옹울).

蓊鬱(옹울) ①초목이 무성한 모양. ②구름 따위가 성하게 일어나는 모양.

10 ⑭ 【蓐】 요 욕 沃

㊥rù ㊐ジョク

소전 초서 자해 ❶요, 깔개. 〔李密·表〕 劉夙嬰疾病류숙영질병, 常在牀蓐상재상욕. ❷거적, 거적자리. ❸깃, 외양간 깃. 외양간·마구간 등에 깔아 주는 짚이나 풀. 〔周禮〕 春除蓐춘제욕. ❹풀자리, 풀요.

蓐婦(욕부) 산모(産母).

蓐食(욕식) 아침 일찍 잠자리 위에서 식사를 하는 일.

蓐瘡(욕창) 병으로 오랫동안 누워서 지내어, 자리에 닿은 부위가 배겨서 생기는 종기.

◨ 產蓐산욕, 臥蓐와욕.

10 ⑭ 【蓉】 연꽃 용 冬

인명 1급 ㊥róng ㊐ヨウ

소전 초서 자해 ❶연꽃, 부용(芙蓉). 〔楚辭〕 集芙蓉以爲裳집부용이위상. ❷목련(木蓮).

10 ⑭ 【蒸】 찔 증 蒸

고등 인명 3Ⅱ급 ㊥zhēng ㊐ジョウ

필순 一 艹 芓 芓 芧 茅 茏 茏 蒸 蒸 蒸

소전 초서 자원 形聲. 艸+烝→蒸. '烝(증)'이 음을 나타낸다.

자해 ❶찌다. ≒烝. ㉮수증기 따위의 김이 올라가다. 〔嵇康·賦〕 蒸靈液以播雲증령액이파운. ㉯김을 올려 익히다. 〔論衡〕 穀未舂蒸曰粟곡미용증왈속. ❷겨울 제사 이름. 〔春秋繁露〕 冬曰蒸동왈증.

蒸氣(증기) 액체나 고체가 증발 또는 승화하여 생긴 기체.

蒸溜(증류) 액체를 끓여 생긴 증기를 식힌 후 다시 액화(液化)하여 분리 또는 정제함.

蒸民(증민) 모든 백성. 蒸庶(증서).

蒸發(증발) 액체나 고체가 그 표면에서 기화(氣化)함.

蒸暑(증서) 찌는 듯이 무더움.

蒸鬱(증울) 찌는 듯이 덥고 답답함.

蒸蒸(증증) ①순일(純一)한 모양. ②효도(孝道)를 극진히 하는 모양. ③사물이 성하게 일어나는 모양.

蒸炊(증취) 불을 때어 찌는 일.

10 ⑭ 【蓁】 우거질 진 眞

인명 ㊥zhēn ㊐シン

소전 초서 자해 ❶우거지다, 무성한 모양. 〔詩經〕 桃之夭夭도지요요, 其葉蓁蓁기엽진진. ❷많다. ❸나무가 더부룩이 나다. =榛. 〔莊子〕 逃於深蓁도어심진.

蓁莽(진망) 초목이 무성한 모양.

蓁蕪(진무) 잡초가 무성함.

10 ⑭ 【蒺】 남가새 질 質

㊥jí ㊐シツ

초서 자해 ❶남가새. 〔易經〕 困于石據于蒺蔾곤우석거우질려. ❷벌레 이름.

蒺蔾(질려) ①남가샛과에 속하는 일년초. 남가새. 뿌리와 열매는 약재로 씀. ②마름쇠. 무기의 한 가지. 남가새 열매 모양으로 만들어

적의 진로를 막는 데 씀. ③벌레 이름. 누리 비슷하며 몸집이 더 큼.

10 ⑭【蒼】苍 푸를 창 陽

고등 인명 3Ⅱ급 ㊥cāng ㊐ソウ

필순 艹 艹 艾 芡 苓 苓 苓 蒼 蒼 蒼

소전 초서 자원 形聲. 艸+倉→蒼. '倉(창)'이 음을 나타낸다.

자해 ❶푸르다. ㉮풀의 푸른 빛깔. 〔易經〕 震爲蒼筤竹진위창랑죽. ㉯푸른빛, 짙은 푸른 빛깔. 〔漢書〕 爲蒼頭軍위창두군. ❷우거지다, 무성해지다. 〔書經〕 至于海隅蒼生지우해우창생.

蒼庚(창경) 꾀꼬리. 倉庚(창경).

蒼空(창공) 푸른 하늘.

蒼頭(창두) ①푸른 수건으로 머리를 싸맨 병졸(兵卒). ②하인(下人). ③늙은이.

蒼老(창로) ①나무가 늙어서 아취(雅趣)를 지니게 된 모양. ②반백(斑白)의 노인.

蒼龍(창룡) ①늙은 소나무의 형용. ②털이 푸른 큰 말. 8척 이상의 말을 '龍'이라고 함. 靑龍(청룡).

蒼茫(창망) ①푸르고 넓은 모양. ②넓고 멀어서 아득한 모양.

蒼氓(창맹) 모든 백성.

蒼旻(창민) 푸른 하늘. 봄의 창천(蒼天)과 가을의 민천(旻天).

10 획 蒼白(창백) ①푸른 기를 띤 흰빛. ②얼굴빛이 해쓱함.

蒼生(창생) ①초목이 무성하게 우거짐. ②모든 백성. 蒼民(창민).

蒼顔(창안) 검푸른 안색. 늙어서 여윈 얼굴.

蒼靄(창애) 푸른 아지랑이.

蒼然(창연) ①푸른 모양. 초목의 푸른 모양. ②해질 무렵의 어두컴컴한 모양. ③물건이 오래되어 고색(古色)이 짙은 모양.

蒼髥(창염) 늙어서 반백이 된 구레나룻.

蒼遠(창원) 아주 아득하고 오램.

蒼蒼(창창) ①성(盛)한 모양. ②머리털이 센 모양. ③초목이 무성한 모양. ④봄 하늘의 푸른빛. ⑤맑게 갠 하늘의 모양. ⑥푸른 달빛의 형용. ⑦늙은 모양. ⑧앞길이 멀어서 아득함.

蒼天(창천) ①푸른 하늘. 蒼空(창공). 靑空(청공). ②봄 하늘. ③동쪽.

蒼海(창해) 크고 넓은 바다.

蒼惶(창황) 당황해 하는 모양. 허둥지둥하는 모양. 蒼卒(창졸). 蒼黃(창황).

蒼頡(창힐) 황제(黃帝)의 신하. 새와 동물의 발자국을 본떠 처음으로 문자를 만들었다고 함. 倉頡(창힐).

■ 穹蒼궁창, 鬱蒼울창.

10 ⑭【蒭】芻(1061)와 동자

10 ⑭【蓄】 1쌓을 축 屋 2겨울 푸성귀 휵 屋

고등 인명 4Ⅱ급 ㊥xù ㊐チク

필순 艹 艹 艹 苎 苎 苎 蓄 蓄 蓄 蓄

소전 초서 참고 인명용 음은 '축'이다.

자원 形聲. 艸+畜→蓄. '畜(축)'이 음을 나타낸다.

자해 1 ❶쌓다, 포개다. 〔張衡·賦〕 洪恩素蓄홍은소축. ❷모으다. 〔詩經〕 我有旨蓄아유지축. ❸기르다, 양성하다. 〔國語〕 蓄力一紀축력일기. 2 겨울의 푸성귀, 겨울에 쓰려고 저장한 채소.

蓄力(축력) 힘을 차차로 쌓아서 기름.

蓄髮(축발) ①머리털을 깎지 않고 기름. ②삭발(削髮)했던 머리털을 다시 기름. 곧, 승려가 환속(還俗)하는 일.

蓄藏(축장) 모아서 간직하여 둠.

蓄財(축재) 재물을 모아 쌓음.

蓄積(축적) 많이 모아서 쌓음.

蓄妾(축첩) 첩을 둠.

■ 備蓄비축, 蘊蓄온축, 貯蓄저축.

10 ⑭【蒲】 1부들 포 虞 2땅 이름 박 藥

인명 1급 ㊥pú, bó ㊐ホ, ハク

소전 초서 참고 인명용 음은 '포'이다.

자해 1 ❶부들, 향포(香蒲). 부들과의 여러해살이풀. 〔詩經〕 其蔌維何기속유하, 維筍及蒲유순급포. ❷냇버들, 포류(蒲柳). 〔詩經〕 揚之水양지수, 不流束蒲불류속포. ❸자리, 부들로 짠 자리. 〔孔子家語〕 妾織蒲첩직포. 2 땅 이름.

蒲團(포단) 부들로 만든 둥근 방석.

蒲盧(포로) ①부들과 갈대. ②나나니벌. ③백성(百姓)에 대한 교화(敎化)의 비유. ④허리가 잘록한 조롱박. 호리병박.

蒲柳(포류) ①갯버들. 수양(水楊). ②㉠늙기도 전에 쇠함. ㉡신체가 본래 허약함. 갯버들의 잎은 빨리 시들어 떨어지는 데서 온 말.

蒲色(포색) 붉은 바탕에 누런빛을 띠는, 부들의 이삭과 같은 빛깔.

蒲席(포석) 부들로 짠 자리.

蒲節(포절) 단오절(端午節)의 딴 이름.

蒲鞭之罰(포편지벌) 부들 채찍으로 매질하는 벌. ㉠상징적으로 형벌을 가할 뿐, 고통을 주지 않는 형벌. ㉡관후(寬厚)한 정치.

◨ 菖蒲창포.

10
⑭【蒿】 ①쑥 호 豪 ②짚 고 皓

인명 ㊥hāo, gǎo ㊐コウ

소전 초서 참고 인명용 음은 '호'이다.

자해 ①쑥, 사철쑥, 개사철쑥. 〔詩經〕食野之蒿식야지호. ②짚, 볏짚. ≒稾.

11
⑮【蓮】 연밥 련 先

고등 인명 3Ⅱ급 ㊥lián ㊐レン

필순 艹 艹 苩 菅 萓 蓒 蓮 蓮 蓮 蓮

소전 초서 자원 形聲. 艸＋連→蓮. '連(련)'이 음을 나타낸다.

자해 ❶연밥, 연실(蓮實), 연방(蓮房). ❷연, 연꽃. 〔周敦頤·說〕蓮花之君子者也련화지군자자야.

蓮房(연방) 연밥이 든 송이.
蓮步(연보) 여자의 아름다운 걸음걸이. 미인의 걸음걸이. 故事 남제(南齊) 때 동혼후(東昏侯)가 금으로 연꽃 모양을 새겨 땅에 박아 놓고 반비(潘妃)에게 그 위를 걷게 한 고사에서 온 말.
蓮實(연실) 연꽃의 열매.
蓮葉(연엽) 연의 잎.
蓮藕(연우) 연뿌리. 蓮根(연근).
蓮肉(연육) 연밥의 살. 보중(補重)·익기(益氣)의 한약재로 씀.
蓮座(연좌) ①연꽃 모양으로 만든 불좌(佛座). 연화좌(蓮華座). ②연꽃 새김을 한 대좌(臺座).
蓮池(연지) 연을 심은 못. 蓮塘(연당).
蓮瓣(연판) 연꽃의 잎.
蓮花(연화) ①연꽃. ②여자의 예쁜 발.
蓮華世界(연화세계) (佛)극락세계(極樂世界).
蓮華座(연화좌) (佛)연꽃 모양으로 만든 불상의 자리.

◨ 池蓮지련, 青蓮청련, 紅蓮홍련.

11
⑮【蓼】 ①여뀌 료 篠 ②찾을 로 皓 ③장성할 륙 屋

인명 ㊥liǎo, lǎo, lù ㊐リョウ, ロウ

소전 초서 참고 인명용 음은 '료'이다.

자해 ①❶여뀌. 마디풀과의 일년초. ❷신고(辛苦)하다. 〔詩經〕予又集于蓼여우집우료. ②찾다, 수색하다. ③장성한 모양.

蓼蟲(요충) 여뀌 잎을 갉아 먹는 벌레.
蓼花(요화) 여뀌의 꽃.

11
⑮【蔞】 ①쑥 루 尤 ②상여 장식 류 宥

인명 ㊥lóu, liǔ ㊐ロウ, リュウ

소전 초서 참고 인명용 음은 '루'이다.

자해 ①쑥, 물쑥. 〔楚辭〕吳酸蒿蔞오산호루. ②상여(喪輿)의 장식. 상여에 다는 새 깃 장식.

蔞蒿(누호) 물쑥.

11
⑮【蔆】 菱(1075)과 동자

11
⑮【蔓】 ①덩굴 만 願 ②순무 만 寒

인명 1급 ㊥màn, mán ㊐マン

소전 초서 자해 ①❶덩굴, 덩굴풀의 총칭. ❷덩굴지다. ❸자라다, 뻗어 나가다. 〔詩經〕野有蔓草야유만초. ②순무, 만청(蔓菁). 채소의 이름. 〔晉書〕地宜大麥지의대맥, 而多蔓菁이다만청.

蔓蔓(만만) ①장구(長久)한 모양. 또는 장구하고 날로 무성(茂盛)해지는 모양. ②만연(蔓延)하는 모양. 널리 퍼지는 모양. ③뒤얽혀 이해하기 어려운 일.
蔓生(만생) 덩굴이 뻗으며 자람.
蔓延(만연) 널리 번지어 퍼짐.
蔓菁(만청) 순무. 蕪菁(무청).
蔓草(만초) 덩굴져 뻗는 풀.

◨ 蘿蔓나만, 野蔓야만.

11
⑮【蔑】 업신여길 멸 屑

인명 2급 ㊥miè ㊐ベツ

소전 초서 자해 ❶업신여기다, 깔보다. 〔沈約·文〕蔑祖辱親멸조욕친. ❷버리다. 〔國語〕不蔑民功불멸민공. ❸없다. 〔詩經〕喪亂蔑資상란멸자. ❹깎다. 〔易經〕蔑貞凶멸정흉. ❺멸망하다. ≒滅. 〔國語〕蔑殺其民人멸살기민인.

蔑法(멸법) 나라의 법률이나 법규를 업신여김.
蔑視(멸시) 업신여김. 깔봄.
蔑如(멸여) ①업신여기는 모양. 깔보는 모양. ②멸망함. 없어짐.

11
⑮【蔔】卜 무 복 職

인명 ㊥bo ㊐フク

초서 자해 ❶무, 나복(蘿蔔). =菔. ❷치자(梔子)꽃. ¶ 薝蔔담복.

11 ⑮【蓬】 쑥 봉 東

인명 2급 ㊥péng ㊐ホウ

소전 초서 자해 ❶쑥. ❷흐트러지다, 머리카락이 흐트러지다. ≒鬔. ❸무성한 모양.

蓬島(봉도) 신선(神仙)이 산다는 해도(海島). 봉래산(蓬萊山). 蓬丘(봉구).

蓬頭垢面(봉두구면) 흐트러진 머리털과 때가 낀 얼굴. 외모에 무관심한 상태.

蓬頭亂髮(봉두난발) 머리를 빗지 않아 다북쑥처럼 흐트러진 머리털.

蓬萊山(봉래산) ①중국 전설에 나오는 삼신산(三神山)의 하나. ②여름철의 금강산을 이르는 말.

蓬廬(봉려) 쑥대로 지붕을 인 집. ㉠가난한 집. ㉡은자(隱者)의 집.

蓬累(봉루) ①머리에 물건을 이고 두 손으로 붙들고 감. ②쑥이 바람 부는 대로 나부끼는 것과 같이 방랑하는 모양.

蓬門(봉문) 쑥대로 엮어 만든 문. ㉠가난한 집. ㉡은자(隱者)의 집. 蓬戶(봉호).

蓬勃(봉발) ①구름이 이는 모양. ②바람이 이는 모양. ③기운이 나오는 모양. ④빛나는 모양. ⑤향기가 풍기는 모양.

蓬髮(봉발) 흐트러진 머리. 쑥대강이. 蓬頭亂髮(봉두난발).

蓬葆(봉보) ①쑥이 더부룩하게 무성한 모양. ②머리털이 어지러이 흐트러진 모양.

蓬心(봉심) ①지식이 얕아 사리를 통달하지 못함. ②자신의 지식이 보잘것없다는 뜻의 겸사(謙辭). ③소심한 마음. 흐트러져 안정되지 않는 마음.

蓬轉(봉전) 쑥이 뿌리째 뽑혀 바람에 굴러다님. 정처 없이 떠돌아다님.

蓬壺(봉호) 봉래산(蓬萊山). 그 모양이 병과 비슷한 데서 이르는 말.

蓬蒿(봉호) ①쑥. 쑥이 우거진 풀숲. ②궁벽한 두멧사람. ③채소 이름. 쑥갓.

11 ⑮【蔀】 빈지문 부 有

㊥bù ㊐ブ

자해 ❶빈지문, 덧문. 햇볕을 가리고 비바람을 막기 위해 뒤에 널을 댄 격자창의 덧문. 〔易經〕豐其蔀풍기부. ❷덮개, 덮이다. 〔後漢書〕欲豐其屋욕풍기옥, 乃蔀其家내부기가.

蔀屋(부옥) 거적자리로 지붕을 덮은 집. 가난하게 사는 누추하고 어둠침침한 집. 蔀室(부실).

11 ⑮【蓰】 1 다섯 곱 사 支 2 풀 이름 시 紙

㊥xǐ ㊐シ

초서 자해 1 다섯 곱, 오배(五倍). 〔孟子〕或相倍蓰혹상배사. 2 풀 이름.

11 ⑮【蔘】 参 1 인삼 삼 侵 2 넓고 클 삼 覃

인명 2급 ㊥shēn, sān ㊐シン

자해 1 인삼(人蔘). 2 넓고 크다, 늘어진 모양.

蔘毒(삼독) 인삼이 체질에 맞지 않거나, 지나치게 많이 먹어서 나는 신열(身熱). 蔘熱(삼열).

蔘商(삼상) 인삼을 사거나 파는 장사.

蔘茸(삼용) 인삼과 녹용(鹿茸).

蔘圃(삼포) 삼밭. 인삼을 재배하는 밭.

◨ 山蔘산삼, 人蔘인삼, 海蔘해삼, 紅蔘홍삼.

11 ⑮【蔎】 향풀 설 屑

인명 ㊥shè ㊐セツ

소전 초서 자해 ❶향풀, 향초(香草) 이름. ❷향기롭다. 〔楚辭〕懷椒聊之蔎蔎兮회초료지설설혜.

11 ⑮【蔬】 1 푸성귀 소 魚 御 2 버섯 소 虞

고등 인명 3급 ㊥shū, shǔ ㊐ソ

필순 艹 艹 艹 艹 芷 蔬 蔬 蔬 蔬 蔬

소전 초서 자원 形聲. 艸+疏→蔬. '疏(소)'가 음을 나타낸다.

자해 1 ❶푸성귀, 채소, 남새. 〔潘岳·賦〕灌園粥蔬관원죽소. ❷풀의 열매, 풀씨. 〔楚辭〕能殖百穀百蔬능식백곡백소. 2 싸라기, 쌀알. 〔莊子〕鼠壤有餘蔬서양유여소.

蔬飯(소반) 나물과 밥. 변변치 못한 음식. 素食(소식).

蔬食(소사·소식) 고기나 생선 따위의 반찬이 없는 거친 음식. 변변치 못한 음식.

蔬蔌(소속) 채소. 푸성귀.

蔬菜(소채) 남새. 푸성귀.

◨ 菜蔬채소.

11 ⑮【蕭】 蕭(1096)의 속자

11 ⑮【蔌】 푸성귀 속 屋

㊥sù ㊐ソク

초서 [草] 자해 **푸성귀.** 채소의 총칭. 〔詩經〕 其蔌維何기속유하.

11 ⑮【蓿】 거여목 숙 屋

㊥xu ㊐シュク

초서 [草] 자해 **거여목, 목숙**(苜蓿). 콩과의 두해살이풀.

11 ⑮【蒓】 순채 순 眞

인명 ㊥chún ㊐シュン

소전 [篆] 초서 [草] 자해 **순채**(蒓菜).

蒓羹鱸膾(순갱노회) 순나물국과 농어회. 고향을 그리워하는 마음. 故事 진(晉)의 장한(張翰)이 고향의 이름난 산물인 순나물국과 농어회가 먹고 싶어 벼슬을 그만두고 고향으로 돌아갔다는 고사에서 온 말.

蒓菜(순채) 수련과의 여러해살이풀.

11 ⑮【蔚】 ① 풀 이름 울 物 ② 제비쑥 위 未

인명 2급 ㊥wèi, yù ㊐ウツ, イ

소전 [篆] 초서 [草] 참고 인명용 음은 '울'이다.

자해 ① **풀 이름.** ② ❶**제비쑥.** 국화과의 여러해살이풀. 〔詩經〕 匪莪伊蔚비아이울. ❷**초목이 우거진 모양.** ❸**무늬가 아름다운 모양.** 〔易經〕 君子豹變군자표변, 其文蔚也기문위야.

蔚然(울연) ①초목이 무성하게 우거진 모양. ②별이 나란히 있는 모양.

蔚興(울흥·위흥) 성하게 일어남.

11 ⑮【蔭】 荫 그늘 음 沁

인명 1급 ㊥yìn ㊐イン

소전 [篆] 초서 [草] 자해 ❶**그늘.** ≒陰. ㉮**풀 그늘.** ㉯**나무 그늘.** 〔荀子〕 樹成蔭而衆鳥息焉수성음이중조식언. ㉰**응달, 일영**(日景). 〔春秋左氏傳〕 趙孟視蔭曰조맹시음왈, 朝夕不相及조석불상급. ❷**덕택.** ㉮**도움, 비호**(庇護). 〔魏書〕 臣不自揆신부자규, 遠託大蔭원탁대음. ㉯**부조**(父祖)**의 공덕, 조상의 덕택으로 특별히 대우를 받아 얻은 벼슬.** 〔隋書〕 少以父蔭소이부음, 爲太子親衛위태자친위.

蔭官(음관) 과거(科擧)에 의하지 않고 부조(父祖)의 공덕으로 얻은 벼슬. 蔭仕(음사). 蔭職(음직).

蔭德(음덕) ①조상의 덕. ②남몰래 하는 선행(善行). 陰德(음덕).

蔭補(음보) 조상의 덕으로 벼슬자리를 얻음.

蔭子(음자) 조상의 공덕으로 벼슬을 얻은 사람. 蔭生(음생).

11 ⑮【蔗】 사탕수수 자 禡

인명 1급 ㊥zhè ㊐シャ

소전 [篆] 초서 [草] 자해 **사탕수수, 감자**(甘蔗).

蔗境(자경) 이야기나 사건 따위의 재미있는 곳.

蔗糖(자당) 사탕수수를 고아서 만든 설탕.

11 ⑮【蔣】 蒋 줄 장 陽 養

인명 2급 ㊥jiāng ㊐ショウ

소전 [篆] 초서 [草] 자해 ❶**줄, 진고**(眞菰). 벼과의 여러해살이풀. ❷**격려하다.** ≒奬. ❸**깔개, 자리.** ❹**나라 이름.** 주대(周代)의 제후국. ❺**성**(姓).

11 ⑮【蓧】 ① 삼태기 조 嘯 ② 참소리쟁이 조 蕭

㊥diào, tiáo ㊐チョウ

초서 [草] 자해 ① **삼태기.** 곡식이나 풀을 담아 나르는 데 쓰는 그릇. 〔論語〕 遇丈人以杖荷蓧우장인이장하조. ② **참소리쟁이.** 마디풀과의 여러해살이풀.

11 ⑮【蔦】 茑 담쟁이 조 篠 嘯

㊥niǎo ㊐チョウ

소전 [篆] 초서 [草] 자해 **담쟁이덩굴.** 〔詩經〕 蔦與女蘿조여녀라, 施于松柏시우송백.

蔦蘿(조라) ①담쟁이덩굴. ②담쟁이덩굴과 여라(女蘿). 형제·친척이 서로 의지하여 삶.

11 ⑮【蔟】 ① 누에섶 족 屋 ② 모일 주 宥

㊥cù, còu ㊐ソク, ソウ

소전 [篆] 초서 [草] 자해 ① ❶**누에섶, 잠족**(蠶蔟). 〔揚雄·誄〕 帥導群妾솔도군첩, 咸循蠶蔟함순잠족. ❷**보금자리, 새의 둥지.** ② ❶**모이다.** ❷**12율**(律)**의 하나.** 정월(正月)에 해당한다. 〔禮記〕 孟春之月맹춘지월, 其音角기음각, 律中大蔟율중대주.

11 ⑮【蔯】 더위지기 진 眞

인명 ㊥chén ㊐チン

자해 **더위지기, 사철쑥, 인진**(茵蔯).

艸 11획

11 ⑮【蔡】 ①거북 채 泰 ②내칠 살 曷

인명 2급 ㊥cài, sà ㊐サイ

소전 초서 참고 인명용 음은 '채'이다.

자해 ① ❶거북, 점을 칠 때 쓰는 큰 거북. 〔論語〕 臧文仲居蔡장문중거채. ❷나라 이름. 주대(周代)의 제후국. ❸성(姓). ② 내치다, 추방하다.

11 ⑮【蔕】 ①가시 체 霽 ②꼭지 체 ㊍제 霽

㊥chài, dì ㊐テイ

소전 초서 동자 蒂 자해 ① 가시, 사소한 장애물. 〔漢書〕 細故蔕芥세고체개, 何足以疑하족이의. ② 꼭지, 배꼽, 꽃받침.

11 ⑮【蔥】 ①파 총 東 ②창문 창 江

인명 ㊥cōng, chuāng ㊐ソウ

소전 참고 인명용 음은 '총'이다.

자해 ① ❶파. 백합과의 여러해살이풀. ＝葱. ❷푸르다, 파랗다. 〔詩經〕 有瑲蔥珩유창총행. ② 창문. ≒窗.

蔥根(총근) ①파의 흰 뿌리. ②흰 손가락.

蔥白(총백) ①파의 밑동. 감기로 인한 오한·발열에 약으로 씀. ②아주 엷은 남색.

蔥笛(총적) 파피리. 파 잎으로 만들어 부는 아이들의 장난감 피리.

蔥蒜(총산) 파와 마늘.

蔥竹之交(총죽지교) 파피리를 불며 죽마(竹馬)를 타고 함께 놀던 옛 친구.

蔥靑(총청) ①초목의 푸른 새싹. 보드랍고 여림의 형용. ②초목이 짙푸르게 무성한 모양. ③파의 잎.

蔥蔥(총총) ①초목이 무성한 모양. ②곱고 맑은 기운의 형용.

11 ⑮【蓫】 참소리쟁이 축 屋

㊥chù ㊐チク

자해 참소리쟁이. 〔詩經〕 言采其蓫언채기축.

11 ⑮【蓷】 익모초 퇴 灰

㊥tuī ㊐タイ

소전 초서 자해 익모초(益母草), 충울(茺蔚), 암눈비앗. 꿀풀과의 두해살이풀. 열매는 약재로 쓴다. 〔詩經〕 中谷有蓷중곡유퇴.

12 ⑯【蕑】 등골나물 간 刪

㊥jiān ㊐カン

초서 자해 ❶등골나물, 산란(山蘭). 엉거싯과의 여러해살이풀. 〔詩經〕 士與女사여녀, 方秉蕑兮방병간혜. ❷연(蓮).

12 ⑯【蕢】 蒉 ①상할 괴 卦 ②삼태기 궤 寘

㊥kuài, kuì ㊐キ, カイ

소전 초서 자해 ① ❶상하다, 썩다. 〔呂氏春秋〕 草鬱則爲蕢초울즉위괴. ❷흙덩이, 토괴(土塊). ≒塊. 〔禮記〕 蕢桴而土鼓괴부이토고. ② 삼태기. ＝簣. 〔漢書〕 以一蕢障江河이일궤장강하.

蕢桴(괴부) 풀과 흙으로 만든 북채.

12 ⑯【蕎】 메밀 교 蕭

인명 ㊥qiáo, jiáo ㊐キョウ

초서 자해 메밀, 교맥(蕎麥).

蕎麥(교맥) 메밀. 여뀟과의 한해살이풀.

12 ⑯【蕨】 고사리 궐 月

인명 ㊥jué ㊐ケツ

소전 초서 자해 ❶고사리. 〔詩經〕 言采其蕨언채기궐. ❷고비. 고사릿과의 여러해살이 양치식물.

蕨菜(궐채) 고사리나물.

12 ⑯【蕁】 荨 ①지모 담 覃 ②쐐기풀 심 侵

인명 ㊥tán, qián ㊐タン

소전 초서 참고 인명용 음은 '담'이다.

자해 ① 지모(知母). 지모과의 여러해살이풀. ② 쐐기풀, 심마(蕁麻).

蕁麻(심마) 쐐기풀.

蕁麻疹(심마진) 두드러기.

12 ⑯【蕪】 芜 ①거칠어질 무 虞 ②우거질 무 麌

인명 1급 ㊥wú, wǔ ㊐ブ

소전 초서 자해 ① ❶거칠어지다, 잡초가 우거지다. 〔呂氏春秋〕 不除則蕪부제즉무. ❷거친 풀, 풀밭. 〔顔延之·詩〕 白露生庭蕪백로생정무. ② ❶우거지다, 풍성하다. ❷어지러워지다, 다스려지지 않다.

蕪沒(무몰) 잡초가 우거져 덮임. 우거진 잡초

에 덮여 보이지 않게 됨.
蕪辭(무사) 두서없는 말. 자기 언사(言辭)의 겸칭. 蕪詞(무사).
蕪穢(무예) ①땅이 거칠고 잡초가 무성함. ②천하고 용렬함. 荒蕪(황무).
蕪雜(무잡) ①잡초가 어지럽게 우거짐. ②사물이 어수선하고 순서가 없음.
蕪舛(무천) 거칠고 도리에 어긋남. 문장 따위가 조리가 닿지 않음.
蕪淺(무천) 학문·견식이 난잡하고 천박함.
蕪菁(무청) 순무. 蔓菁(만청).
■ 繁蕪번무, 野蕪야무, 荒蕪황무.

12 ⑯【蕃】 우거질 번 元
인명 1급 ㊥fán ㊐バン
소전 초서 동자 藩 자해 ❶우거지다, 풀이 무성하다. 〔易經〕草木蕃초목번. ❷많다. 〔周敦頤·說〕水陸草木之花수륙초목지화, 可愛者甚蕃가애자심번. ❸번성하다. 〔漢書〕此盜賊所以蕃也차도적소이번야.
蕃國(번국) ①왕실(王室)의 울타리가 되는 나라. 제후국(諸侯國). ②구주(九州) 밖의 나라. 오랑캐 나라. 蠻國(만국).
蕃民(번민) 미개한 민족. 야만인. 오랑캐.
蕃邦(번방) 미개한 나라. 야만의 나라.
蕃屛(번병) ①울타리와 대문의 앞가림. ②변방에서 울타리와 같이 왕실을 수호하는 감영(監營)이나 병영(兵營). ③제후국.
蕃盛(번성) ①초목이 무성함. ②자손이 늘어서 퍼짐.
蕃熟(번숙) 곡식 따위가 무성하고 잘 여묾.
蕃息(번식) 붇고 늘어서 많이 퍼짐. 蕃殖(번식). 繁殖(번식).
蕃臣(번신) 임금을 지키는 중요한 신하.
蕃衍(번연) ①초목이 무성하여 잘 퍼짐. ②자손이 많이 퍼짐. 蕃盛(번성).
蕃育(번육) ①길러 자라게 함. 양육(養育)함. ②붇고 늚. 많이 퍼짐. 蕃息(번식).
蕃族(번족) ①대만(臺灣)의 토족(土族). ②야만족(野蠻族). ③國번성하는 집안.
蕃地(번지) 미개한 땅. 蕃土(번토).
蕃昌(번창) 힘차게 융성하여 감. 번성함. 繁昌(번창).
蕃華(번화) 한창 피는 꽃. 곧, 젊고 한창일 때. 繁華(번화).

12 ⑯【蕣】 무궁화 순 震
인명 ㊥shùn ㊐シュン
소전 초서 동자 橓 자해 무궁화, 무궁화나무, 목근(木槿). 〔詩經〕顏如蕣華안여순화.
蕣華(순화) 무궁화. 蕣英(순영).

12 ⑯【蕈】 1 버섯 심 寢
2 풀 이름 담 覃
㊥xùn, tán ㊐シン, タン
소전 초서 속자 蕁 참고 簟(959)은 딴 자.
자해 1 버섯. ≒椹. 2 풀 이름.

12 ⑯【蕚】 萼(1082)의 속자

12 ⑯【蕊】 1 꽃술 예 紙
2 꽃 더부룩할 전 銑
㊥ruǐ, juǎn ㊐ズイ
초서 동자 惢 속자 蘂 속자 蘂 자해 1 꽃술, 꽃수염. 2 꽃이 더부룩한 모양.
蕊宮(예궁) 향초가 우거진 궁전. 天宮(천궁).
蕊珠經(예주경) 도교(道敎)의 경문(經文).

12 ⑯【蘂】 蕊(1093)의 속자

12 ⑯【蕘】荛 풋나무 요 蕭嘯
㊥ráo ㊐ジョウ
소전 초서 자해 ❶풋나무. 땔감으로서의 풀. 〔春秋左氏傳〕汪芻蕘者음추요자. ❷땔나무. 〔管子〕賣其薪蕘매기신요. ❸풋나무를 하는 나무꾼, 나무꾼. 〔詩經〕詢于芻蕘순우추요.

12 ⑯【蕓】芸 평지 운 文
인명 ㊥yún ㊐ウン
초서 자해 평지, 유채(油菜). 겨잣과의 두해살이풀.
蕓薹(운대) 평지. 유채.

12 ⑯【蔿】芳 1 애기풀 위 紙
2 떠들 화 麻
인명 ㊥wěi, huā ㊐イ
소전 초서 참고 인명용 음은 '위'이다.
자해 1 애기풀. 원지과의 여러해살이풀. 2 ❶떠들다, 시끄럽게 지껄이다. ❷변화하다.
蔿子(위자) 가시연밥의 딴 이름.

艸 12획

12 ⑯【蕤】 드리워질 유 支

㊥ruí ㊐スイ

소전 초서 자해 ❶드리워지다, 늘어지다. ❷초목(草木)의 꽃이 드리워진 모양. ❸초목의 꽃. 〔陸機·賦〕 播芳蕤之馥파방유지복.

蕤賓(유빈) ①12율(律)의 일곱 번째 소리. ②음력 5월의 딴 이름.

12 ⑯【蕕】莸 누린내풀 유 尤宥

㊥yóu ㊐ユウ

소전 초서 동자 𦿉 자해 누린내풀, 마당(馬唐). 마편초과의 여러해살이풀. 〔春秋左氏傳〕 一薰一蕕일훈일유, 十年尙猶有臭십년상유유취.

蕕薰(유훈) ①악취 나는 풀과 향내 나는 풀. ②선악(善惡). 호오(好惡).

12 ⑯【蕆】蒇 경계할 천 ㊍전 銑

㊥chǎn ㊐テン

소전 초서 자해 ❶경계하다, 바로잡다, 신칙하다. 〔春秋左氏傳〕 以蕆陳事이천진사. ❷갖추다, 준비가 되다.

12 ⑯【蕉】 파초 초 蕭

인명 1급 ㊥jiāo ㊐ショウ

소전 초서 자해 ❶파초(芭蕉), 감초(甘蕉). 〔三國志〕 奇物異果기물이과, 蕉초, 邪사, 龍眼之屬룡안지속. ❷땔나무, 섶. ≒樵. ❸야위다.

蕉葛(초갈) 파초의 섬유(纖維)로 짠 베. 蕉布(초포).

蕉鹿夢(초록몽) 인생의 득실(得失)이 허무하고 덧없음. 故事 정(鄭)나라 사람이 사슴을 잡아 파초 잎으로 덮어 두었으나 그 장소를 잊어버려 찾지 못하고, 그것을 한바탕의 꿈으로 체념했다는 고사에서 온 말.

蕉葉(초엽) ①파초의 잎. ②춤이 얕고 작은 술잔의 이름.

蕉布(초포) 파초의 하나인 초마(蕉麻)의 섬유로 짠 베. 芭蕉布(파초포).

12 ⑯【蕞】 1작은 모양 최 泰 2풀 더부룩할 절 屑

㊥zuì, jué ㊐サイ, セツ

초서 자해 1 ❶작은 모양. 〔春秋左氏傳〕 蕞爾國최이국. ❷모이는 모양. 〔潘岳·賦〕 蕞芮於城隅者최예어성우자, 百不處一백불처일. 2풀이 더부룩하다.

12 ⑯【蕩】荡 쓸어버릴 탕 養

인명 1급 ㊥dàng ㊐トウ

소전 초서 자해 ❶쓸어버리다, 씻어버리다. 〔禮記〕 蕩天下之陰事탕천하지음사. ❷흐르게 하다, 물을 대다. 〔周禮〕 以溝蕩水이구탕수. ❸제멋대로 하다, 음란하다, 단정하지 않다, 방탕하다. 〔論語〕 今之狂也蕩금지광야탕.

蕩渴(탕갈) 재물이 남김없이 다 없어짐. 재물을 다 없앰.

蕩減(탕감) 國빚·세금 따위를 모조리 감해 줌.

蕩覆(탕복) ①깨뜨려 뒤엎음. ②깨져 뒤집힘.

蕩婦(탕부) ①노는계집. 娼婦(창부). ②방탕한 여자.

蕩心(탕심) ①마음을 혼란시킴. ②방탕한 마음. 蕩情(탕정).

蕩兒(탕아) 방탕한 사내. 난봉꾼. 蕩子(탕자).

蕩然(탕연) ①흔적도 없는 모양. ②방자한 모양. 제멋대로 하는 모양.

蕩搖(탕요) 흔들림. 움직임.

蕩佚(탕일) ①자유롭고 한가함. ②맺힌 데가 없고 제멋대로임. 蕩逸(탕일).

蕩定(탕정) 난(亂)을 평정(平定)함.

蕩情(탕정) 방탕한 마음. 蕩心(탕심).

蕩志(탕지) 마음을 씻음. 기분을 풂.

蕩盡(탕진) 재물 따위를 다 써서 없앰.

蕩滌(탕척) 깨끗이 씻음.

蕩蕩(탕탕) ①썩 큰 모양. 지대한 모양. ②넓고 먼 모양. ③평탄한 모양. ④마음이 누긋한 모양. ⑤수세(水勢)가 강대한 모양.

蕩蕩平平(탕탕평평) 어느 쪽에도 치우치지 않음. 蕩平(탕평).

蕩平(탕평) ①소탕하여 완전히 평정(平定)함. 蕩定(탕정). ②탕탕평평(蕩蕩平平).

蕩平策(탕평책) 조선 영조(英祖) 때 당쟁을 뿌리뽑기 위하여 각 당파의 인재를 고르게 등용하던 정책.

◪ 放蕩방탕, 掃蕩소탕, 淫蕩음탕, 虛蕩허탕, 浩蕩호탕.

12 ⑯【蔽】 1덮을 폐 霽 2나눌 별 屑

고등 인명 3급 ㊥bì, piē ㊐ヘイ

필순 丶 亠 艹 艹 艹 艹 芇 萷 蔽 蔽

초서 참고 인명용 음은 '폐'이다.

자원 形聲. 艸+敝→蔽. '敝(폐)'

가 음을 나타낸다.

자해 1 ❶덮다. ㉮싸다. 〔禮記〕 女子出門녀자출문, 必擁蔽其面필옹폐기면. ㉯숨기다, 비밀로 하다. 〔禮記〕 罪無有掩蔽죄무유엄폐. ❷가림. ㉮가려 막는 것. 〔論語〕 女聞六言六蔽矣乎녀문륙언륙폐의호. ㉯바자, 울타리. 〔儀禮〕 蒲蔽포폐. ❸어둡다, 사리에 통하지 못하다. 〔淮南子〕 聰明先而不蔽총명선이불폐. 2 나누다.

蔽塞(폐색) 가려 막음.

蔽膝(폐슬) 예복의 무릎 가리개. 궤배(跪拜)할 때에 쓰던 것.

蔽陽子(폐양자) 國패랭이. 천인(賤人)이나 상제(喪制)가 쓰던, 대오리로 결어 만든 갓의 한 가지.

蔽獄(폐옥) 재판에서 원고와 피고의 진술을 충분히 듣지 않거나 들어도 그것을 존중하지 않고 부당한 판결을 내리는 일.

蔽一言(폐일언) 한마디 말로 휩싸서 말함. 한마디로 말하면.

蔽志(폐지) 뜻을 정함.

蔽遮(폐차) 가로막음. 저지함. 遮蔽(차폐).

◨ 蒙蔽몽폐, 擁蔽옹폐, 壅蔽옹폐, 隱蔽은폐, 障蔽장폐, 遮蔽차폐.

12 ⑯ 【蕙】 혜초 혜 霽

인명 ㊥huì ㊐ケイ

초서 자해 혜초(蕙草), 영릉향(零陵香). 〔楚辭〕 又樹蕙之百畝우수혜지백묘.

蕙蘭(혜란) ①난초의 한 가지. ②여자가 순결하고 아름다움.

蕙心(혜심) 미인의 아름다운 마음.

蕙質(혜질) ①미인의 체질(體質). ②아름다운 본바탕. 美質(미질).

蕙草(혜초) 콩과의 두해살이풀. 영릉향.

12 ⑯ 【蕐】 華(1078)의 본자

13 ⑰ 【薑】 姜 생강 강 陽

인명 1급 ㊥jiāng ㊐コウ

소전 초서 동자 薑 자해 생강, 새앙.

13 ⑰ 【薊】 蓟 삽주 계 霽

㊥jì ㊐ケイ

소전 초서 자해 삽주, 마계(馬薊). 국화과의 여러해살이풀. 어린 잎과 줄기는 먹을 수 있으며, 뿌리는 백출(白朮)이라 하여 약재로 쓴다.

13 ⑰ 【薖】 관대할 과 歌

㊥kē ㊐カ

소전 초서 자해 ❶관대하다, 관대한 모양. 〔詩經〕 考槃在阿고반재아, 碩人之薖석인지과. ❷굶주리다.

13 ⑰ 【蕾】 꽃봉오리 뢰 賄

㊥lěi ㊐ライ

초서 자해 꽃봉오리. 〔王安石·詩〕 丹白未分齊破蕾단백미분제파뢰.

13 ⑰ 【薐】 시금치 릉 蒸

㊥léng ㊐ロウ

초서 자해 시금치, 적근채(赤根菜). 〔玉篇〕 菠薐파릉.

13 ⑰ 【薇】 고비 미 微

인명 1급 ㊥wēi ㊐ビ

소전 초서 자해 ❶고비. 고빗과의 여러해살이 풀. ❷백미꽃. 박주가릿과의 여러해살이풀.

薇藿(미곽) ①고비와 콩잎. 들완두와 콩잎. ②거친 음식.

薇蕨(미궐) 고비와 고사리. 가난한 사람이 먹는 음식.

薇蕪(미무) 향초(香草)의 한 가지. 궁궁이.

13 ⑰ 【薄】 엷을 박 藥

고등 인명 3Ⅱ급 ㊥bó ㊐ハク

필순 艹 芢 芦 蒲 蒲 蓮 薄 薄 薄 薄

소전 초서 자원 形聲. 艸+溥→薄. '溥(부)'가 음을 나타낸다.

자해 ❶엷다. ㉮두껍지 않다. 〔詩經〕 如履薄冰여리박빙. ㉯적다. 〔易經〕 德薄而位尊덕박이위존. ㉰천하다, 지위가 낮다. 〔史記〕 年少官薄년소관박. ㉱담박하다, 산뜻하다. 〔莊子〕 魯酒薄而邯鄲圍로주박이한단위. ❷등한히 하다, 깔보다, 천하게 보다. 〔史記〕 其母死기모사, 起終不歸기종불귀, 曾子薄之증자박지. ❸얇게 하다, 상하게 하다. 〔禮記〕 薄滋味박자미. ❹어조사(語助辭), 발어사(發語辭). ㉮적이, 잠깐. 〔詩經〕 薄澣我衣박한아의. ㉯비로소. 〔詩經〕 薄言震之박언진지.

艸 13획

薄遽(박거) 매우 급함. 急遽(급거).
薄技(박기) 얕은 재능. 하찮은 기예(技藝). 薄伎(박기).
薄器(박기) 대나 갈대로 만든 기물(器物).
薄待(박대) 불친절한 대우. 냉담한 대접. 薄遇(박우).
薄德(박덕) ①엷은 덕행(德行). ②덕이 없음. 菲德(비덕).
薄略(박략) 國후하지 못하고 약소함.
薄祿(박록) 얼마 안 되는 봉급. 적은 봉록.
薄利多賣(박리다매) 이익을 적게 보고 많이 파는 것.
薄命(박명) ①기구한 운명. 薄運(박운). ②목숨이 짧음. 短命(단명).
薄明(박명) 해가 뜨기 전이나 해가 진 후 얼마 동안 주위가 희미하게 밝은 상태.
薄暮(박모) ①땅거미. 薄夜(박야). ②저녁때.
薄物細故(박물세고) 자질구레한 사물.
薄薄(박박) ①광대한 모양. ②수레가 빨리 달리는 소리. ③맛없는 모양.
薄福(박복) 복이 적거나 없음. 팔자가 사나움.
薄俸(박봉) 적은 봉급.
薄夫(박부) ①인정이 없는 사람. ②말과 행동이 경박한 사내.
薄氷(박빙) 얇게 언 얼음. 위험함의 비유.
薄色(박색) ①아주 못생긴 얼굴. ②얼굴이 아주 못생긴 사람.
薄俗(박속) 경박한 풍속.
薄蝕(박식) 일식이나 월식.
薄弱(박약) ①의지나 체력 따위가 굳세지 못하고 여림. ②불충분하거나 모자람.
薄祐(박우) 하늘의 도움이 적음.
薄運(박운) 운이 나쁨. 不運(불운).
薄衣(박의) ①엷은 옷. ②허술한 옷.
薄葬(박장) 장사(葬事)를 검소하게 지냄.
薄材(박재) 하찮은 재능. 薄才(박재).
薄情(박정) 인정이 없음.
薄罪(박죄) 가벼운 죄.
薄酒(박주) ①싱거운 술. 맛없는 술. ②자기가 대접하는 술의 겸칭.
薄志(박지) ①박약한 의지. ②마음만의 사례. 薄意(박의). 寸志(촌지).
薄妻(박처) ①아내를 구박함. ②아내를 소박(疏薄)함.
薄土(박토) 메마른 땅.
薄荷(박하) 꿀풀과의 다년초.
薄學(박학) 학식이 얕음. 淺學(천학).
薄行(박행) 경박하고 냉담한 행위.
薄幸(박행) 복(福)이 적음. 不幸(불행).
◻ 刻薄각박, 儉薄검박, 輕薄경박, 鄙薄비박, 拙薄졸박, 瘠薄척박, 淺薄천박, 厚薄후박.

13 ⑰【薜】 1승검초 벽 陌 2줄사철나무 폐 霽
㊥pì, bì ㊐ヘキ
소전 초서 참고 薛(1096)은 딴 자.
자해 1 **승검초, 당귀**(當歸). 2 **줄사철나무, 담쟁이**. 노박덩굴과의 늘푸른덩굴나무. 〔楚辭〕貫薜荔之落蕊관폐려지락예.
薜荔(패려) 마삭줄. 협죽도과의 상록 활엽 덩굴나무.

13 ⑰【蔘】 인삼 삼 侵
㊥shēn ㊐シン
소전 초서 자해 **인삼**. ≒蔘. 〔唐書〕太原府土貢태원부토공, 人蔘인삼.

13 ⑰【薔】薔 1물여뀌 색 職 2장미 장 陽
인명 1급 ㊥sè, qiáng ㊐ショク
초서 참고 인명용 음은 '장'이다.
자해 1 **물여뀌**. 2 **장미**.

13 ⑰【薛】 맑은대쑥 설 屑
인명 2급 ㊥xuē ㊐セツ
소전 초서 동자 薛 동자 薛 자해 ❶**맑은 대쑥**. 〔司馬相如·賦〕薛莎青薠설사청번. ❷**나라 이름**. 주대(周代)의 제후국. 황제(黃帝)의 후예 해중(奚仲)이 봉해진 나라. 〔孟子〕齊人將築薛제인장축설.
薛羅(설라) 신라(新羅)를 중국에서 일컫던 이름.

13 ⑰【蕭】萧 맑은대쑥 소 蕭
인명 1급 ㊥xiāo ㊐ショウ
소전 초서 속자 蕭 자해 ❶**맑은대쑥**. 〔詩經〕彼采蕭兮피채소혜, 一日不見일일불견, 如三秋兮여삼추혜. ❷**쓸쓸하다, 고요한 모양**. 〔劉伶·詩〕枯葉散蕭林고엽산소림.
蕭冷(소랭) 쓸쓸하고 싸늘함.
蕭森(소삼) ①조용하고 쓸쓸한 모양. ②㉠수목이 많은 모양. ㉡수목의 가지가 긴 모양.
蕭颯(소삽) 쓸쓸한 모양.
蕭蕭(소소) ①한가한 모양. ②쓸쓸한 소리. ③쓸쓸한 모양. ④나무가 흔들리는 모양.
蕭瑟(소슬) ①가을바람 소리. ②쓸쓸한 모양.

蕭然(소연) 쓸쓸한 모양. 텅 비어 허전한 모양.
蕭牆之憂(소장지우) 내부에 존재하는 우환. 내란(內亂).
蕭寂(소적) 고요하고 적막함.
蕭條(소조) ①쓸쓸한 모양. 한적한 모양. 蕭索(소삭). ②초목이 말라 시드는 모양.

13 ⑰【薪】 섶나무 신 眞

인명 1급 ㊥xīn ㊐シ

소전 초서 자해 ❶섶나무, 땔나무, 장작. 〔禮記〕季秋之月계추지월, 草木黃落초목황락, 乃伐薪爲炭내벌신위탄. ❷풀, 잡초. 〔孟子〕毁傷其薪木훼상기신목.
薪木(신목) 섶나무. 땔나무.
薪水之勞(신수지로) ①땔나무를 채취하고 물을 긷는 수고. 곧, 취사(炊事). ②천한 노동. 賤役(천역).
薪柴(신시) 땔나무. 섶나무.
薪盡火滅(신진화멸) 땔감이 다하여 불이 꺼짐. 사람의 죽음이나 사물의 멸망.
薪採(신채) ①땔감. ②나무꾼.
薪樵(신초) 땔나무.
薪炭(신탄) 땔나무와 숯. 연료. 柴炭(시탄).

13 ⑰【薆】 1숨길 애 隊 2어두울 희 未

㊥ài ㊐アイ

자해 1❶숨기다. 〔史記〕觀衆樹之塕薆兮관중수지옹애혜. ❷덮다. 〔漢書〕昧薆於未매애어미. 2어둡다.

13 ⑯【薬】 藥(1101)의 속자

13 ⑰【藥】 藥(1101)의 속자

13 ⑰【蕷】 참마 여 御

㊥yù ㊐ヨ

초서 자해 참마. 맛과의 덩굴풀. 〔杜甫·詩〕充腸多薯蕷충장다서여.

13 ⑰【薀】 1붕어마름 온 元 2쌓을 온 ㊍운 吻

㊥wēn, yùn ㊐オン

소전 초서 자해 1붕어마름. 2❶쌓다. 〔春秋左氏傳〕芟夷薀崇之삼이온숭지. ❷모이다.
薀藏(온장) 쌓아 둠. 쌓아 간직함.
薀蓄(온축) 쌓아 둠. 축적함.

13 ⑰【薁】 까마귀머루 욱·오 屋 號

㊥yù ㊐イク

소전 초서 자해 ❶까마귀머루. 포도과의 덩굴나무. ❷산앵두나무. 〔司馬相如·賦〕隱夫薁棣은부욱체.

13 ⑰【薗】 園(246)과 동자

13 ⑰【薏】 율무 의·억 寘 職

인명 ㊥yì ㊐イ, ヨク

소전 초서 참고 인명용 음은 '의'이다.

자해 ❶율무, 의이(薏苡). ❷연밥, 연실(蓮實), 연심(蓮心).
薏苡(의이) 율무. 薏苡(의자).
薏苡仁(의이인) 율무 열매의 껍질을 벗긴 알맹이. 율무쌀.

13 ⑰【薦】荐 1천거할 천 霰 2꽂을 진 震

고등 인명 3급 ㊥jiàn ㊐セン

필순 艹 艹 芦 芦 荐 荐 蔍 薦 薦 薦

소전 초서 동자 虈 동자 薦 참고 인명용 음은 '천'이다.

자원 會意. 艸+鷹→薦. 짐승〔廌〕이 먹는 풀〔艹〕을 뜻한다.

자해 1❶천거하다. ㉮바치다. 〔易經〕殷薦之上帝은천지상제. ㉯추천하다. 〔孟子〕諸侯能薦人於天子제후능천인어천자. ❷풀, 무성한 풀, 깔것으로 쓰는 풀. 〔管子〕薦草多衍천초다연. ❸깔다. 2꽂다, 끼우다. ≒搢. 〔史記〕薦紳之屬진신지속.
薦擧(천거) 어떤 일을 맡아 할 수 있는 사람을 그 자리에 쓰도록 소개하거나 추천함.
薦達(천달) 남을 추천하여 영달(榮達)하게 함.
薦望(천망) 벼슬아치를 윗자리에 천거함.
薦聞(천문) ①들은 바를 말함. 아는 바를 진술함. ②추천하여 아룀. 인재를 추천하여 임금에게 아룀.
薦拔(천발) 인재를 추천하여 등용토록 함.
薦譽(천예) 천거하여 칭찬함.
薦引(천인) 끌어올림. 천거함.
薦主(천주) 남을 추천하여 준 사람.
薦枕(천침) 첩·시녀 등이 잠자리에서 시중듦.

侍寢(시침).
◨ 公薦공천, 登薦등천, 追薦추천.

13 ⑰【薙】 풀 벨 체·치 霽紙

㊥tì, zhì ㊐テイ

소전 초서 자해 ❶풀을 베다, 풀을 옆으로 후려쳐 베다. 〔禮記〕 季夏之月계하지월, 燒薙行水소체행수. ❷깎다, 머리털이나 수염을 깎다. ≒剃.

13 ⑰【薤】 염교 해 卦

㊥xiè ㊐カイ

자해 염교. 백합과의 여러해살이풀.
薤露聲(해로성) 상여가 나갈 때 부르는 노래.

13 ⑰【薈】荟 무성할 회 ㊍외 泰

㊥huì ㊐ワイ

소전 초서 자해 ❶무성하다, 초목이 우거진 모양. 〔潘岳·賦〕 翳薈菶茸예회봉용. ❷운무(雲霧)가 이는 모양.
薈翳(회예) 초목이 우거져 가림.
薈蔚(회울) ①초목이 무성한 모양. ②구름이 뭉게뭉게 피어오르는 모양.
薈鬱(회울) 초목이 무성한 모양.
薈蕞(회최) 난잡하여 보잘것없음. 자기 저서(著書)에 대한 겸칭.

艸 13획

13 ⑰【薫】 薰(1099)의 속자

13 ⑰【薨】 죽을 훙 ㊍홍 庚

인명 ㊥hōng ㊐コウ

소전 초서 자해 죽다, 제후(諸侯)가 죽다. 〔禮記〕 天子死曰崩천자사왈붕, 諸侯曰薨제후왈훙.
薨逝(훙서) 왕이나 왕족·귀족 등의 죽음에 대한 높임말.

14 ⑱【藁】 나무 마를 고 皓

인명 ㊥gǎo ㊐コウ

초서 자해 나무가 마르다, 마른 나무. =槀.

14 ⑱【薹】 유채 대 灰

㊥tái ㊐タイ

초서 자해 ❶유채(油菜), 평지. ❷삿갓사초. 방동사닛과의 여러해살이풀.
薹芥(대개) 평지. 유채(油菜).

14 ⑱【藍】蓝 ①쪽 람 覃 ②초무침 람 勘

인명 2급 ㊥lán ㊐ラン

소전 초서 자해 1 ❶쪽. 마디풀과의 한해살이풀. 〔詩經〕 終朝采藍종조채람. ❷남색, 진한 푸른빛. 〔賀鑄·詞〕 玉津春水如藍옥진춘수여람. 2 초무침, 채소의 초무침.
藍碧(남벽) 짙은 푸른빛. 葱碧(총벽).
藍本(남본) ①회화의 애벌 그림. ②근거가 되는 책(冊). 紅本(홍본).
藍色(남색) 푸른색과 자주색의 중간색.
藍青(남청) 짙고 검푸른 색.

14 ⑱【藐】 ①아득할 막 覺 ②멀 묘 篠

㊥mò, miǎo ㊐バク

소전 초서 자해 1 아득하다, 넓다, 멀다. ≒邈. 〔楚辭〕 藐曼曼之不可量兮막만만지불가량혜. 2 ❶멀다. ❷작다, 작은 모양. 〔春秋左氏傳〕 以是藐諸孤이시묘제고, 辱在大夫욕재대부. ❸가벼이 보다. 〔孟子〕 說大人則藐之세대인즉묘지.
藐視(묘시) 업신여김. 깔봄.

14 ⑱【薶】 ①메울 매 佳 ②묻을 매 卦

㊥mái ㊐バイ

소전 초서 자해 1 ❶메우다, 감추다, 묻다, 덮다. ≒埋. 〔荀子〕 雖此倮而薶之수차라이매지. 2 묻다, 희생을 묻어서 산림(山林)에 제사 지내다.

14 ⑱【薩】萨 보살 살 曷

인명 1급 ㊥sà ㊐サツ

초서 자해 보살(菩薩). 범어(梵語) 'Sat'의 음역자(音譯字).
薩埵(살타) (佛)부처의 다음가는 위치에 있어, 대용맹심으로 불도를 구하고 대자비심으로 중생을 제도하는 사람. 菩薩(보살). 菩提薩埵(보리살타).
◨ 菩提薩埵보리살타, 菩薩보살.

14 ⑱【薯】 참마 서 御

인명 1급 ㊥shǔ ㊐ショ

초서 자해 **참마, 산약**(山藥). ≒藷. ¶ 薯蕷서여.

薯童謠(서동요) 백제의 서동(薯童)이 지은 4구체의 향가(鄕歌). 서동이 신라의 선화 공주(善花公主)를 사모하던 끝에 아내로 맞기 위해 경주의 아이들에게 부르게 하였다고 함.

薯蕷(서여) 마. 참마. 맛과에 속하는 덩굴풀의 총칭. 山芋(산우).

14 ⑱ 【藇】 ①아름다울 서 語 ②향초 이름 여 魚

인명 ㊥xù, yú ㊐ショ

초서 참고 인명용 음은 '서'이다.

자해 ①**아름답다**. 〔詩經〕 釃酒有藇시주유서. ②**향초**(香草) **이름**.

14 ⑱ 【藎】 荩 ①조개풀 신 震 ②풀 이름 진 軫

인명 ㊥jìn ㊐シン

소전 초서 동자 蕽 동자 蓋 참고 인명용 음은 '신'이다.

자해 ①**조개풀**. 포아풀과의 한해살이풀. ②**풀 이름**.

藎臣(신신) 충신(忠臣). 충후한 신하.

14 ⑱ 【藉】 借 ①깔개 자 禡 ②깔개 적 陌

인명 1급 ㊥jiè, jí ㊐シャ

소전 고자 耤 고자 藉 참고 ❶籍(960)은 딴 자. ❷인명용 음은 '자'이다.

자해 ①❶**깔개**. ㉮**제사 지낼 때의 깔개**. ㉯**옥**(玉) **받침**. 〔禮記〕 執玉其有藉者則裼집옥기유자자즉석. ❷**깔다**. 〔易經〕 藉用白茅자용백모. ❸**빌리다**. 〔春秋左氏傳〕 藉之告楚자지고초. ❹**의존하다**. 〔管子〕 彼道自來피도자래, 可藉與謀가자여모. ②❶**깔개**. ❷**노끈, 매다**.

藉口(자구) 구실을 붙여 변명함. 핑계함.

藉名(자명) 이름을 빙자함.

藉勢(자세) 권력이나 세력 따위를 믿고 세도를 부림.

藉手(자수) 남의 손을 빌림. 남의 힘을 빌림. 남에게 의지함.

藉藉(자자) 여러 사람의 입에 오르내리는 모양.

藉託(자탁) 다른 일을 구실 삼음. 핑계함.

◨ 狼藉낭자, 憑藉빙자, 慰藉위자.

14 ⑱ 【藏】 ①감출 장 陽 ②곳집 장 漾

고등 인명 3Ⅱ급 ㊥cáng, zàng ㊐ソウ

필순 艹 芹 芹 芹 菲 菲 蔵 藏 藏 藏

소전 초서 고자 匨 고자 𢩰 자원 形聲. 艸+臧→藏. '臧(장)'이 음을 나타낸다.

자해 ①❶**감추다**. 〔山海經〕 槐江之山괴강지산, 多藏琅玕黃金玉다장랑간황금옥. ❷**품다**. 〔呂氏春秋〕 藏怒而待之장노이대지. ❸**저장하다**. 〔易經〕 君子藏器於身군자장기어신. ❹**잠재하다, 숨다**. 〔呂氏春秋〕 衰乃殺쇠내살, 殺乃藏살내장. ❺**저축**. 〔史記〕 厚積餘藏후적여장. ❻**매장하다**. ≒葬. ②❶**곳집, 물건을 저장하는 곳**. 〔禮記〕 孟冬之月맹동지월, 命百官명백관, 謹蓋藏근개장. ❷**서장**(西藏)**의 약칭**(略稱). 티베트의 한자어 이름.

藏經(장경) ①불교 경전의 총칭. 대장경(大藏經). ②경서(經書)를 간직해 둠.

藏鋒(장봉) ①재능을 감추고 드러내지 않음. ②서법(書法)의 하나. 글씨를 쓸 때에 붓끝이 드러나지 않게 하는 일.

藏府(장부) ①창고. ②내장. 臟腑(장부).

藏書(장서) 책을 간직하여 둠. 간직하여 둔 책.

藏修(장수) 책을 읽고 학문에 힘씀.

藏跡(장적) 흔적을 감춤.

藏籍(장적) 호구(戶口)·토지·면적·노비(奴婢) 따위를 등록하여 둔 대장.

藏拙(장졸) 졸렬함을 감추어 남에게 보이지 않음. 자기의 단점을 숨김.

藏置(장치) 간직하여 둠. 간수함.

藏版(장판) 책의 판목(板木)이나 지형(紙型)을 간직하여 둠.

◨ 內藏내장, 埋藏매장, 寶藏보장, 祕藏비장, 所藏소장, 貯藏저장, 包藏포장, 行藏행장.

14 ⑱ 【薺】 荠 ①냉이 제 霽 ②남가새 자 支

인명 ㊥jì, cí ㊐セイ, シ

소전 초서 참고 인명용 음은 '제'이다.

자해 ①**냉이, 제채**(薺菜). 〔詩經〕 其甘如薺기감여제. ②**남가새**.

薺菜(제채) 냉이. 십자화과의 두해살이풀.

14 ⑱ 【藂】 ①잔풀 총 送 ②떨기 총 東

㊥còng, cóng ㊐ソウ

자해 ①**잔풀, 어린 풀**. ②**떨기, 모이다**.

14 ⑱ 【薰】 향풀 훈 文 問

인명 2급 ㊥xūn ㊐クン

소전 초서 동자 勳 속자 薫 자해 ❶향풀〔香草〕, 영릉향(零陵香). 뿌리는 '薰(훈)'이라 하여 향불을 피우고, 잎은 '蕙(혜)'라 하여 몸에 지녔다. 〔春秋左氏傳〕一薰一蕕일훈일유. ❷향내 내다. 〔江淹·賦〕陌上草薰맥상초훈. ❸향기, 좋은 향기. 〔孔子家語〕薰蕕不同器而藏훈유부동기이장. ❹그슬다, 태우다. ≒熏. 〔漢書〕薰胥以刑훈서이형.

薰氣(훈기) ①훈훈한 기운. 훈김. ②권세 있는 사람의 세력.
薰陶(훈도) 교화하고 훈육(訓育)함. 불로 물건을 태워 향기를 피우고, 흙을 다져 질그릇을 만들 듯이 인재를 교육함.
薰沐(훈목) 향을 옷에 배게 하고, 머리를 감아 몸을 깨끗이 함.
薰門(훈문) 권세 있는 집안.
薰藥(훈약) 열을 가하거나 불에 태워서 그 기운을 쐬어 병을 치료하는 약.
薰染(훈염) ①향기가 스며듦. ②선(善)에 물듦. 좋은 감화를 받음.
薰蕕(훈유) 군자와 소인. 선인과 악인. '薰'은 향기가 나는 풀, '蕕'는 구린내 나는 풀.
薰育(훈육) ①덕의(德義)로써 교육함. ②흉노(匈奴)의 옛 이름. 獯粥(훈육).
薰炙(훈자) 굽고 지짐. 남에게 감화를 미침.
薰灼(훈작) ①태워서 냄새를 냄. ②높이 향기를 풍김. 세력이 대단함.
薰蒸(훈증) ①찜. 찜질. ②찌는 듯이 더움. ③증발함.
薰菜(훈채) 마늘·파 따위의 특이한 냄새가 나는 풀.
薰風(훈풍) 남쪽에서 불어오는 온화한 바람.
薰薰(훈훈) ①화평하고 기쁜 모양. ②훈기가 나는 모양. 따뜻한 모양. ③술이 거나하게 취한 모양.
◨ 芳薰방훈, 香薰향훈.

艸 15획

15 ⑲【藁】 稿(927)와 동자

15 ⑲【藤】 등나무 등 蒸

인명 2급 ㊥téng ㊐トウ

초서 동자 藤 자해 등나무, 등나무 덩굴. 〔謝朓·詩〕交藤荒且蔓교등황차만.

藤架(등가) 등나무 덩굴을 올리는 시렁.
藤蘿(등라) 등나무의 덩굴.
藤紙(등지) 등나무 껍질로 만든 종이.
◨ 葛藤갈등.

15 ⑲【藜】 명아주 려 齊

인명 ㊥lí ㊐レイ

소전 초서 자해 명아주. 명아줏과의 한해살이풀. 〔晉書〕以母老이모로, 幷贈藜杖一枚병증려장일매.

藜羹(여갱) ①명아주의 잎을 넣어 끓인 국. 명아줏국. ②보잘것없는 음식.
藜藿(여곽) 명아주 잎과 콩잎. ㉠변변치 않은 음식. ㉡빈천(貧賤)한 사람.
藜蘆(여로) 박새. 백합과의 여러해살이풀. 뿌리줄기에 독이 있어 살충제나 한약재로 씀.
藜杖(여장) 명아주 줄기로 만든 지팡이. 가벼워서 노인의 지팡이로 애용됨.
◨ 羹藜갱려, 杖藜장려, 蒺藜질려.

15 ⑲【藟】 등나무 덩굴 루 紙

㊥lěi ㊐ルイ

소전 초서 동자 虆 자해 등나무 덩굴. 덩굴지는 식물의 총칭. 〔詩經〕葛藟纍之갈루루지.

15 ⑲【藩】 덮을 번 元

인명 1급 ㊥fān, fán ㊐ハン

소전 초서 자해 ❶덮다, 지키다. 〔春秋左氏傳〕吳人藩衞侯之舍오인번위후지사. ❷바자울타리. 〔易經〕羝羊觸藩저양촉번. ❸경계, 한계, 끝. 〔莊子〕吾願游於其藩오원유어기번.

藩國(번국) 왕실의 번병(藩屛)이 되는 나라. 곧, 제후(諸侯)의 나라.
藩籬(번리) ①울타리. 藩落(번락). ②입구(入口). 문호(門戶).
藩籬之鷃(번리지안) 울타리에 앉은 메추라기. 구천(九天)을 나는 봉(鳳)에 견주어 견식이 좁은 소인(小人)의 비유.
藩邦(번방) 왕실을 수호하는 나라. 곧, 제후의 나라.
藩屛(번병) ①울타리와 문병(門屛). ②왕실을 수호하는 제후(諸侯). 藩翰(번한).
藩臣(번신) ①왕실을 수호하는 신하. 諸侯(제후). ②중앙에서 멀리 떨어져 있는 감영의 관찰사(觀察使).
藩翰(번한) ①울타리와 기둥. ②한 지방을 진압하여 왕실의 번병(藩屛)이 되는 일.

15 ⑲【藚】 택사 속 沃

㊥xù ㊐ゾク

소전 [glyph] 초서 [glyph] 자해 택사(澤瀉). 택사과의 여러해살이풀. 〔詩經〕 言采其藚언채기속.

15 ⑲ 【藪】 薮 ①늪 수 有 ②또아리 수 麌

인명 ㊥sǒu, shǔ ㊐ソウ

초서 [glyph] 자해 1 ❶늪, 못, 호수. 〔周禮〕 澤虞택우, 每大澤大藪매대택대수. ❷덤불. 〔楚辭〕 逡巡兮圃藪준순혜포수. ❸사물이 모여 귀결하는 곳, 연수(淵藪). 〔詩經〕 叔在藪숙재수. 2 또아리. ¶ 窶藪누수.

藪淵(수연) ①덤불과 늪. ②물건이 많이 모이는 곳.

藪幽(수유) 큰 못의 그윽한 곳.

藪中荊曲(수중형곡) 덤불 속에 난 가시나무는 구부러짐. 나쁜 것이 좋지 않은 주위 환경으로 인해 더욱더 나쁘게 됨.

藪澤(수택) ①잡목이나 잡초가 우거진 곳. '藪'는 물이 없는 곳, '澤'은 물이 있는 곳. ②물건이 많이 모여 있는 곳.

◨ 窶藪누수, 淵藪연수, 幽藪유수, 圃藪포수.

15 ⑲ 【藥】 药 ①약 약 藥 ②더울 삭 藥

중학 인명 6급 ㊥yào, shuò ㊐ヤク

필순 ⺊ 艹 芇 芇 芇 菡 菡 菡 蕐 藥

소전 [glyph] 초서 [glyph] 속자 葯 속자 薬 참고 인명용 음은 '약'이다.

자원 形聲. 艸+樂→藥. '樂(악)'이 음을 나타낸다.

자해 1 ❶약. 〔周禮〕 以五味五穀五藥이오미오곡오약, 養其病양기병. ❷독(毒). 〔春秋公羊傳〕 季子和藥而飮之계자화약이음지. ❸고치다, 치료하다, 구(救)하다. 〔詩經〕 不可救藥불가구약. 2 더운 모양.

藥果(약과) 國꿀과 기름을 섞은 밀가루 반죽을 판에 박아 기름에 지진 과자.

藥局(약국) 약사가 약품을 조제하거나 파는 곳.

藥囊(약낭) 약을 넣어 두는 주머니.

藥袋(약대) 가정의 상비약을 넣어 두는 주머니. 약주머니.

藥令(약령) 國해마다 정기적으로 열려 약재를 사고팔던 장. 藥令市(약령시).

藥籠(약롱) 약을 담아 두는 채롱이나 궤.

藥籠中物(약롱중물) 약 상자 속의 약품. ㉠수중(手中)의 것. 회유(懷柔)해서 제 편으로 만든 것. ㉡필요한 인물.

藥物(약물) ①약이 되는 물질. ②생체에 변화를 일으키게 하는 화학 물질.

藥味(약미) ①약의 맛. ②약의 종류. ③산초·후추 등 모든 음식물에 곁들이는 향신료.

藥方文(약방문) 약을 짓기 위하여 약의 이름과 분량을 적은 글. 藥方(약방).

藥師(약사) ①국가의 면허를 받아 약에 관한 일을 맡아보는 사람. ②(佛)중생의 병을 구제한다는 약사유리광여래(藥師瑠璃光如來).

藥石(약석) ①약과 돌침. ㉠약재(藥材)의 총칭. ㉡치료. ②㉠교훈(敎訓)이 되는 말. ㉡통절(痛切)히 사람의 경계가 되는 사물.

藥石之言(약석지언) 나쁜 점을 고치도록 충고하는 말. 藥言(약언).

藥水(약수) ①약효가 있는 샘물. ②약을 타거나 우린 물.

藥液(약액) 액체로 된 약. 물약.

藥用(약용) 약으로 씀.

藥雨(약우) 음력 10월에 오는 비.

藥材(약재) 약을 짓는 재료.

藥箋(약전) 처방전(處方箋).

藥鼎(약정) ①약을 달이는 기구. 약탕기(藥湯器). ②도교(道敎)에서, 단약(丹藥)을 빚는 그릇. 丹鼎(단정).

藥種商(약종상) 약재를 파는 장사. 藥材商(약재상).

藥酒(약주) ①약을 넣어 빚은 술. 약술. ②독주(毒酒). ③國㉠맑은술. 약주술. ㉡술을 점잖게 이르는 말.

藥指(약지) 약손가락. 넷째 손가락.

藥草(약초) 약으로 쓰는 풀.

藥湯(약탕) ①달여 마시는 한약. ②약재를 넣은 욕탕(浴湯).

藥圃(약포) 약밭. 약초를 심은 밭.

藥品(약품) 약. 약물(藥物).

藥和劑(약화제) 國약방문(藥方文).

藥效(약효) 약의 효험(效驗).

◨ 膏藥고약, 毒藥독약, 妙藥묘약, 服藥복약, 仙藥선약, 良藥양약, 醫藥의약, 煎藥전약, 湯藥탕약, 投藥투약, 爆藥폭약, 丸藥환약.

15 ⑲ 【藝】 艺 심을 예 霽

중학 인명 4Ⅱ급 ㊥yì ㊐ゲイ

필순 ⺊ 艹 芏 芺 蓺 蓺 蓺 藝 藝 藝

초서 [glyph] 동자 埶 속자 芸 자원 會意·形聲. 艸+埶+云→藝. 사람이 무릎을 꿇고 두 손으로 나무를 심는 모습을 뜻하는 '埶(예)'에 풀(艹)을 더하여 '심다'라는 뜻을 나타낸다. 뒤에 음을 나타내는 '云(운)'이 더해졌다.

艸 15획

자해 ❶심다. 〔書經〕 純其藝黍稷순기예서직. ❷기예, 기술, 재능. 〔史記〕 能通一藝以上능통일예이상. ❸궁극, 끝. 〔春秋左氏傳〕 貢之無藝공지무예. ❹법도, 규범. 〔春秋左氏傳〕 陳之藝極진지예극.

藝妓(예기) 기생(妓生). 가희(歌姬).

藝能(예능) 재주와 기능. 음악·미술·연극·영화 따위의 예술과 관련된 능력.

藝林(예림) ①전적(典籍)이 모이는 곳. ②학문과 예술의 사회.

藝文(예문) ①기예와 학문. ②예술과 문학.

藝術(예술) 기예와 학술. 특별한 재료·기교·양식 따위로 감상의 대상이 되는 아름다움을 표현하려는 인간의 활동과 그 작품.

藝苑(예원) 예술의 사회. 藝園(예원).

◨ 工藝공예, 技藝기예, 道藝도예, 武藝무예, 文藝문예, 手藝수예, 演藝연예, 園藝원예, 六藝육예, 才藝재예, 學藝학예.

15 ⑲ 【藕】 연뿌리 우 有

인명 ㊥ǒu ㊐ゴウ

초서 자해 ❶연뿌리. 〔史記〕 咀嚼菱藕저작릉우. ❷연(蓮).

藕根(우근) 연뿌리. 蓮根(연근).

藕花(우화) 연꽃. 蓮花(연화).

16 ⑳ 【藿】 콩잎 곽 藥

인명 1급 ㊥huò ㊐カク

소전 초서 자해 ❶콩잎, 콩의 어린잎. 〔詩經〕 食我場藿식아장곽. ❷향초(香草)의 이름.

藿食者(곽식자) 콩잎을 먹는 사람. 곧, 백성(百姓). 관리·귀족을 육식자(肉食者)라 하는 데 대한 말.

藿巖(곽암) 國미역이 붙어서 자라는 바위. 미역돌.

藿耳(곽이) 미역귀. 미역의 꼭지.

藿田(곽전) 國미역을 양식하는 밭. 미역을 따는 곳. 미역밭.

◨ 葵藿규곽, 鹿藿녹곽, 藜藿여곽.

16 ⑳ 【蘄】 ①풀 이름 기 支 ②고을 이름 기 微

㊥qí, jī ㊐キ

소전 초서 동자 蘄 자해 ①❶풀 이름. ❷승검초, 당귀(當歸). ❸재갈, 마함(馬銜). 〔張衡·賦〕 結駟方蘄결사방기. ②고을 이름. 전국(戰國) 시대 초(楚)나라의 고을. 〔史記〕 陳勝等起蘄진승등기기.

16 ⑳ 【藤】 藤(1100)과 동자

16 ⑳ 【蘭】 蘭(1104)의 속자

16 ⑳ 【蘆】 芦 ①갈대 로 虞 ②절굿대 뿌리 려 魚

인명 2급 ㊥lú ㊐ロ

소전 초서 참고 인명용 음은 '로'이다.

자해 ①갈대, 이삭이 아직 패지 않은 것. 〔淮南子〕 銜蘆而翔함로이상. ②절굿대의 뿌리.

蘆管(노관) ①갈대 줄기. ②갈대 피리. 갈댓잎을 말아서 만듦. 蘆笛(노적).

蘆笠(노립) 國갈삿갓. 갈대로 결어 만든 삿갓.

蘆菔(노복) 무. 蘿蔔(나복).

蘆絮(노서) 갈대꽃.

蘆雪(노설) 눈처럼 흰 갈대의 이삭.

蘆雁(노안) 갈밭에 내려앉은 기러기.

蘆荻(노적) 갈대와 물억새.

蘆田(노전) 갈밭. 갈대밭. 강변의 땅.

蘆花(노화) 갈대꽃.

16 ⑳ 【蘢】 ①개여뀌 롱 東 ②모일 롱 董

㊥lóng, lǒng ㊐ロウ

소전 초서 자해 ①개여뀌, 마료(馬蓼). 여뀟과의 한해살이풀. ②모이다.

16 ⑳ 【藾】 맑은대쑥 뢰 泰

㊥lài ㊐ライ

초서 자해 ❶맑은대쑥. ❷덮다, 가리다. 〔莊子〕 隱將芘其所藾은장비기소뢰.

16 ⑳ 【藺】 蔺 골풀 린 震

인명 ㊥lìn ㊐リン

소전 초서 자해 골풀, 등심초(燈心草).

16 ⑳ 【蘋】 苹 네가래 빈 眞

㊥pín ㊐ヒン

소전 초서 자해 ❶네가래, 초장조(酢漿藻). 네가랫과의 여러해살이 수초(水草). 〔詩經〕 于以采蘋우이채빈. ❷개구리밥, 부평(浮萍).

蘋蘩(빈번) ①개구리밥과 다북쑥. ②변변하지

艸 15획

못한 제물(祭物).
蘋藻(빈조) 수초(水草)의 이름. '蘋'은 물 위에 뜬 풀, '藻'는 물속에 잠겨 있는 풀.

16 ⑳【蘗】 薜(1096)과 동자

16 ⑳【蘇】苏 1차조기 소 虞 2향할 소 遇
고등 인명 3Ⅱ급 ㊥sū ㊐ソ
필순 艹 艹 䒑 苏 苏 蘇 蘇 蘇 蘇 蘇
소전 초서 자원 形聲. 艸+穌→蘇. '穌(소)'가 음을 나타낸다.
자해 1 ❶차조기, 자소(紫蘇). 꿀풀과의 한해살이풀. ❷소생하다, 깨어나다. ❸쉬다. 〔書經〕 后來其蘇후래기소. ❹깨다, 잠에서 깨다, 깨닫다. 〔楚辭〕 蘇世獨立소세독립. 2 향하다, 향하여 가다. ≒傃. 〔荀子〕 蘇刃者死소인자사.
蘇塗(소도) 삼한(三韓) 때 천신(天神)에게 제사하던 성지(聖地).
蘇復(소복) ①병 뒤에 원기가 회복됨. ②병 뒤에 원기가 회복되도록 몸을 보함.
蘇生(소생) 다시 살아남. 蘇息(소식).
蘇醒(소성) 잃었던 의식을 다시 회복함. 다시 깨어남.
蘇葉(소엽) 차조기.
蘇張(소장) 소진(蘇秦)과 장의(張儀). 둘 다 전국(戰國) 시대의 유세가(遊說家)로, 소진은 합종책(合從策)을, 장의는 연횡책(連衡策)을 주장하였음.

16 ⑳【藹】蔼 1열매 많이 열릴 애 泰 2우거질 애 賄
㊥ǎi ㊐アイ
소전 초서 자해 1 열매가 많이 열리다. 2 우거지다, 초목이 우거진 모양.
藹藹(애애) ①성하고 많은 모양. ②초목이 무성한 모양. ③향기로운 모양.
藹蔚(애울) 초목이 무성함. 蔚藹(울애).

16 ⑳【蘂】 蕊(1093)의 속자 인명

16 ⑳【蘊】蕴 쌓을 온 問 吻
인명 1급 ㊥yùn, wēn ㊐ウン
자해 ❶쌓다. =薀. 〔莊子〕 以是相蘊이시상온. ❷너그럽다, 포용(包容)하다. ❸맺히다, 울울해지다. 〔詩經〕 我心蘊結兮아심온결혜. ❹속내, 사물의 가장 심오한 속내, 극치(極致).
蘊奧(온오) 학문·기예 등의 심오한 이치.
蘊藉(온자) ①마음이 너그럽고 온화함. 縕藉(온자). ②함축성이 있고 여유가 있음.
蘊藏(온장) 깊숙이 간직하여 둠.
蘊積(온적) 저축하여 쌓음.
蘊蓄(온축) ①물건을 많이 모아서 쌓음. ②학문·기예 등의 소양이 깊음.
蘊抱(온포) 國가슴속에 재주나 포부를 깊이 간직함. 또는 그 재주나 포부.

16 ⑳【藷】 1사탕수수 저 魚 2참마 서 魚 御
인명 ㊥zhū, shǔ ㊐ショ
소전 초서 참고 인명용 음은 '저'이다.
자해 1 사탕수수. 2 참마, 산약(山藥). ≒薯. 〔山海經〕 景山北望少澤경산북망소택, 其上多草藷萸기상다초저서.
藷芋(저우) 고구마.

16 ⑳【藻】 말 조 皓
인명 1급 ㊥zǎo ㊐ソウ
소전 초서 본자 薻 동자 藻 자해 ❶말, 바닷말. 물속에 나는 민꽃식물의 총칭. 〔詩經〕 于以采藻우이채조. ❷무늬, 채색. 〔曹植·七啓〕 華藻繁縟화조번욕. ❸문채 있는 문장(文章), 아름다운 표현. 〔陸機·賦〕 以述先士之盛藻이술선사지성조.
藻鑑(조감) 사물을 고를 때에 그 됨됨이나 품질을 알아보는 식견. 藻鏡(조경).
藻類(조류) 은화식물(隱花植物)에 딸린 물풀의 종류.
藻文(조문) ①무늬. 화려한 문채(文彩). ②잘 지은 글.
藻思(조사) 시문(詩文)을 잘 짓는 재능.
藻飾(조식) ①몸단장을 함. 외모를 꾸밈. ②문장을 수식함.
藻雅(조아) 시문(詩文)을 잘하고 풍류스러움.
藻翰(조한) ①아름다운 무늬가 있는 깃털. ②아름다운 문장.
◨ 文藻문조, 辭藻사조, 海藻해조, 鴻藻홍조.

16 ⑳【藨】 薦(1097)과 동자

16 ⑳【蘀】萚 낙엽 탁 藥
㊥tuò ㊐タク

艸 16 획

소전 초서 동자 蘀 자해 ❶낙엽, 말라 떨어진 나뭇잎. 〔詩經〕蘀兮蘀兮탁혜탁혜, 風其吹女풍기취녀. ❷갈댓잎.

16 ⑳【藼】 萱(1084)의 본자

17 ㉑【蘜】 국화 국 屋

㊥jú ㊐キク

소전 자해 국화. ＝菊.

17 ㉑【蘭】兰 난초 란 寒

고등 인명 3Ⅱ급 ㊥lán ㊐ラン

필순 艹 芇 芦 芦 芦 芦 萠 萠 蘭 蘭

소전 초서 속자 蘭 자원 形聲. 艸＋闌→蘭. '闌(란)'이 음을 나타낸다.

자해 ❶난초. 〔漢書〕蘅蘭芷若형란지약. ❷목란(木蘭), 목련.

蘭客(난객) 좋은 벗. 良友(양우).
蘭契(난계) 뜻이 맞는 친구 간의 두터운 교분. 金蘭之契(금란지계). 蘭交(난교).
蘭膏(난고) ①향유(香油). ②난초의 꽃술에 괸 이슬.
蘭閨(난규) ①후비(后妃)의 침실. ②부녀자의 침실. 蘭房(난방).
蘭燈(난등) 밝고 아름다운 등. 蘭燭(난촉).
蘭省(난성) ①상서성(尙書省)의 딴 이름. ②왕후(王后)의 침실. 蘭閨(난규).
蘭室(난실) 난초 향기가 그윽한 방. 선인(善人)이나 미인이 거처하는 방. 蘭房(난방).
蘭艾(난애) ①난초와 쑥. ②군자와 소인.
蘭言(난언) 서로 뜻이 맞고 마음이 통하는 말. 친우의 말.
蘭輿(난여) 난간을 베푼 아름다운 수레.
蘭章(난장) ①훌륭한 문장. ②남의 편지의 존칭(尊稱).
蘭殿(난전) 왕후의 궁전.
蘭藻(난조) 아름다운 문장.
蘭草(난초) ①난초과 식물의 총칭. ②붓꽃.
蘭摧玉折(난최옥절) 난초가 꺾어지고 옥이 부서짐. 현인(賢人)이나 미인 등의 죽음.
蘭蕙(난혜) ①난초와 혜초. ②향기로운 풀. 현인·군자의 비유.

◨ 金蘭금란, 木蘭목란, 芳蘭방란, 玉蘭옥란, 紫蘭자란, 芝蘭지란, 香蘭향란, 蕙蘭혜란.

艸 16획

17 ㉑【蘞】莶 ①거지덩굴 렴 鹽 ②풀 맛 매울 험 鹽

㊥liǎn, xiān ㊐レン

초서 자해 ①거지덩굴. ②풀 맛이 맵다.

17 ㉑【蘩】 산흰쑥 번 元

㊥fán ㊐ハン

소전 초서 본자 蘇 자해 산흰쑥, 백호(白蒿). 〔詩經〕于以采蘩우이채번.

蘩蔞(번루) 너도개미자릿과에 속하는 두해살이풀. 별꽃.

◨ 蘋蘩빈번.

17 ㉑【蘗】 황벽나무 벽 陌

인명 ㊥bò ㊐ハク

초서 참고 蘖(1104)은 딴 자.

자해 ❶황벽나무, 황경나무. 운향과의 낙엽 교목. ＝檗. ❷쓰다, 괴롭다. 황벽나무 속껍질이 쓴 데서 온 말.

17 ㉑【蘚】藓 이끼 선 銑

인명 ㊥xiǎn ㊐セン

초서 자해 이끼, 음습한 곳에 나는 이끼. 〔杜甫·詞〕蟲書玉佩蘚충서옥패선.

蘚苔(선태) 이끼.

◨ 碧蘚벽선, 水蘚수선, 苔蘚태선.

17 ㉑【蘖】 그루터기 얼 屑

인명 ㊥niè ㊐ゲツ

초서 참고 蘗(1104)은 딴 자.

자해 ❶그루터기. 나무를 베어 낸 뒤에 남은 밑동. ❷움 그루터기에서 돋은 움. 〔書經〕若顚木之有由蘖약전목지유유얼.

蘖芽(얼아) 움. 그루터기에서 돋아난 움.

17 ㉑【蘟】 인동덩굴 은 吻

인명 ㊥yǐn ㊐イン

자해 인동덩굴, 인동.

19 ㉓【蘿】萝 소나무겨우살이 라 歌

인명 ㊥luó ㊐ラ

소전 초서 자해 ❶소나무겨우살이, 여라(女蘿), 송라(松蘿). 〔詩

經〕蔦與女蘿조여녀라. ❷무, 나복(蘿蔔).
蘿徑(나경) 담쟁이덩굴이 우거진 오솔길.
蘿蔓(나만) 담쟁이덩굴.
蘿蔔(나복) 무. 菁根(청근).
蘿月(나월) 담쟁이덩굴 사이로 보이는 달.
蘿窓(나창) 담쟁이덩굴이 뻗어 얽힌 창.
◨ 藤蘿등라, 松蘿송라, 女蘿여라, 青蘿청라.

19 ㉓【蘼】 장미 미 支

㊥mí ㊐ビ

초서 자해 ❶장미. ❷천궁(川芎).

蘼蕪(미무) 천궁(川芎)의 싹. 어린 궁궁이.

虍 部 범호엄

0 ⑥【虍】 호피 무늬 호 虞

㊥hū ㊐コ

소전 초서 참고 부수로 쓰일 때는 글자 모양이 '虍'으로 바뀌고, '범호엄'이라고 부른다.
자원 象形. 범 가죽의 무늬를 본뜬 글자.
자해 **호피(虎皮)의 무늬.**

2 ⑧【虎】 범 호 麌

중학 인명 3Ⅱ급 ㊥hǔ ㊐コ

필순 丨 ⺊ 𠂉 广 卢 卢 虍 虎

소전 초서 속자 乕 자원 會意. 虍+儿→虎. '虍'는 범 가죽의 무늬를, '儿'은 범의 발을 나타낸다.
자해 ❶**범.** 〔淮南子〕虎嘯而谷風至호소이곡풍지. ❷**용맹스럽다.** ㉮**용맹하다.** 〔詩經〕矯矯虎臣교교호신. ㉯**사납고 모질다.** 〔禮記〕苛政猛於虎也가정맹어호야.

虎踞(호거) ①범처럼 웅크리고 앉음. ②지세(地勢)가 웅대(雄大)한 모습. ③괴이하게 생긴 돌의 모습.
虎踞龍盤(호거용반) 범이 웅크리고 용이 서려 있음. 산세(山勢)가 웅장한 모습.
虎骨(호골) 범의 뼈. 약으로 씀.
虎口(호구) ①범의 입. 매우 위험한 지경이나 경우의 비유. ②엄지와 검지의 사이. 침구(鍼灸)의 합곡혈(合谷穴). ③國바둑에서, 바둑돌 석 점을 솥발 모양으로 놓은 곳. 상대편의 석 점이 이미 둘러싸고 있는 그 속.
虎騎(호기) 용맹한 기병(騎兵).
虎膽(호담) 범의 쓸개. 약으로 씀.
虎狼(호랑) ①호랑이와 이리. ②욕심이 많고 잔인한 사람.
虎吻(호문) 범의 입. ㉠남을 해칠 상(相). ㉡아주 위험한 지경의 비유.
虎尾難放(호미난방) 國이미 잡은 범의 꼬리는 놓기 어려움. 위태한 처지에 빠져 이러지도 저러지도 못함.
虎班(호반) ①범 가죽의 무늬. ②國무관(武官)의 반열. 武班(무반).
虎步(호보) 범처럼 걸음. 곧, 위엄 있는 거동(擧動).
虎符(호부) 구리로 범 모양을 본떠 만들어서 군대 동원의 표지로 쓰던 병부(兵符).
虎父犬子(호부견자) 國호랑이 아비에 개의 새끼. 훌륭한 아버지에 비하여 못난 자식.
虎賁(호분) ①용맹스러운 군사. 천자를 호위하는 군사나 용사.
虎死留皮(호사유피) 범은 죽어서 가죽을 남김. 사람은 죽어서 명성을 남겨야 함. 豹死留皮(표사유피).
虎視眈眈(호시탐탐) ①범이 먹이를 노려, 눈을 부릅뜨고 지켜보는 모양. ②강자가 약자의 것을 먹으려고 기회를 노리고 있는 모양.
虎臣(호신) 용맹한 신하.
虎威(호위) 범의 위세(威勢). 권세가의 위엄의 비유.
虎子(호자) ①범의 새끼. ②변기(便器). ③몸이 튼튼하고 건전한 사나이.
虎叱(호질) 호되게 꾸짖음.
虎豹(호표) ①범과 표범. ②용맹한 병사. ③몹시 우악스럽고 사나운 것. ④범과 표범의 모양을 한 암석.
虎皮(호피) 범의 가죽.
虎穴(호혈) ①범의 굴. 매우 위험한 곳의 비유. ②함정. 허방다리. ③國풍수지리에서, 범의 혈로 된 묏자리.
虎患(호환) 國범에게 당하는 앙화(殃禍).
◨ 騎虎기호, 猛虎맹호, 餓虎아호, 臥虎와호, 龍虎용호, 熊虎웅호, 暴虎포호.

3 ⑨【虐】 사나울 학 本약 藥

인명 2급 ㊥nüè ㊐ギャク

소전 초서 동자 동자 자해 ❶**사납다.** ㉮**해치다.** 〔楚辭〕紂暴虐以失位兮주포학이실위혜. ㉯**모질다.** 〔書經〕不虐無告불학무고, 不廢困窮불폐곤궁. ❷**잔인하다, 가혹(苛酷)하다.** 〔孟子〕民之憔悴於虐政민지초췌어학정, 未有甚

虍 3획

於此時者也미유심어차시자야.
虐待(학대) 가혹하게 대함.
虐使(학사) 잔학(殘虐)하게 부림.
虐殺(학살) 참혹하게 죽임.
虐政(학정) 포학한 정치. 苛政(가정).
虐疾(학질) 몹시 심한 병. 혹독한 병.
◨ 苛虐가학, 貪虐탐학, 暴虐포학, 害虐해학.

3 ⑨【虐】 虐(1105)과 동자

4 ⑩【虔】 정성 건 先

인명 1급 ㊥qián ㊐ケン

소전 초서 자해 ❶정성, 공경하다. 〔春秋左氏傳〕虔卜於先君也건복어선군야. ❷단정한 모양. ❸굳다, 굳게 잡아 쥐다. 〔詩經〕虔共爾位건공이위.
虔恪(건각) 조심하고 삼감. 공손함.
虔虔(건건) 조심하고 삼가는 모양.
虔恭(건공) 삼가 공손한 모양.
虔誠(건성) 삼가고 정성스러운 일.
虔肅(건숙) 삼감.
◨ 恪虔각건, 敬虔경건, 恭虔공건, 肅虔숙건.

4 ⑩【虒】 1 뿔범 사 支 2 가지런하지 않을 치 紙

㊥sī, zhì ㊐シ, チ

소전 초서 자해 1 뿔범. 전설상의 동물로, 범과 비슷하고 뿔이 달려 있다고 한다. 2 가지런하지 아니하다.

4 ⑩【虓】 울부짖을 효 肴

㊥xiāo ㊐コウ

소전 초서 동자 虠 자해 ❶울부짖다, 범이 울부짖다. 〔太玄經〕虎虓振廞호효진흠. ❷범이 성내다. 〔詩經〕闞如虓虎감여효호.

5 ⑪【處】 处 살 처 語

중학 인명 4Ⅱ급 ㊥chǔ ㊐ショ

필순 丶 ⺊ 广 卢 卢 虍 虍 虎 處 處

소전 초서 동자 処 자원 形聲. 虍+処→處. '処(처)'가 음을 나타낸다.

자해 ❶살다. ㉮머물러 있다. 〔禮記〕去者半거자반, 處者半처자반. ㉯집에 있다. 〔易經〕或出或處혹출혹처. ㉰벼슬을 하지 않다. 〔荀子〕古之所謂處士者고지소위처사자. ㉱시집가지 아니하고 있다. 〔莊子〕綽約若處子작약약처자. ❷두다. 〔呂氏春秋〕而安處之이안처지. ❸분별(分別)하다. 〔晉書〕處分既定처분기정, 乃啓請伐吳之期내계청벌오지기. ❹일을 처리하다. 〔春秋左氏傳〕德以處事덕이처사.
處決(처결) ①결정하여 조처함. 판결하여 처단함. ②사형(死刑)에 처함.
處女(처녀) ①성숙한 미혼의 여자. 處子(처자). ②처음으로 하는 일.
處斷(처단) 결단하여 처리함.
處理(처리) 일을 다스려 마무리함.
處方(처방) ①증세에 따라 약을 짓는 방법. ②일을 처리하는 방법.
處罰(처벌) 형벌에 처함.
處變(처변) ①일의 기틀을 따라 변통성 있게 잘 처리함. ②변사(變事)를 당하여 그것을 잘 처리함.
處分(처분) ①처치함. 처벌함. ②죄의 유무를 분별함. ③행정 또는 사법 관청에서 특정한 사건에 대하여 법규를 적용하는 징계(懲戒).
處士(처사) 벼슬하지 않고 초야(草野)에 묻혀 있는 선비.
處事(처사) 일을 처리함.
處暑(처서) 24절기의 하나. 입추(立秋)와 백로(白露) 사이의 절기. 양력 8월 23일경.
處世(처세) 남들과 사귀며 살아가는 일.
處所(처소) ①거처하는 곳. ②일이 일어난 곳이나 물건이 있는 곳.
處身(처신) 몸가짐이나 행동.
處心(처심) 마음에 둠. 유의(留意)함.
處遇(처우) 평가하여 대우함.
處地(처지) ①자기가 처해 있는 경우나 환경. ②서로 사귀어 지내 온 관계. ③지위. 신분.
處斬(처참) 참형(斬刑)에 처함.
處處(처처) ①어디 없이. 각처(各處). 도처(到處). ②처소(處所). ③여기저기. 군데군데.
處置(처치) ①일을 감당하여 처리함. ②처리하여 없애거나 죽임.
處刑(처형) ①형벌에 처함. ②사형을 집행함.
◨ 居處거처, 難處난처, 傷處상처, 安處안처.

5 ⑪【處】 處(1106)의 속자

5 ⑪【虛】 虛(1107)의 속자

5 ⑪【虖】 1 울부짖을 호 虞 2 어조사 호 虞

㊥hū ㊐コ

소전 [seal] 초서 [cursive] 자해 1 ❶울부짖다, 맹수가 울부짖다. ❷탄식하는 소리, 오호(嗚呼). ≒呼. 〔漢書〕 嗚虖오호, 何施而臻此與하시이진차여. 2 어조사. 의문의 뜻을 나타내는 말. 〔漢書〕 寧令從諛承意陷主於不誼虖녕령종유승의함주어불의호.

6 ⑫ 【虛】 빌 허 魚

중학 인명 4Ⅱ급 ㊥xū ㊐キョ

필순 ⺊ 广 卢 卢 虍 虍 虚 虚 虚 虛

소전 초서 속자 虚 자원 形聲. 虍+丘→虛. '虍(호)'가 음을 나타낸다.

자해 ❶비다, 없다. 〔張衡·賦〕 有馮虛公子者유빙허공자자. ❷비워 두다. 〔史記〕 公子從車騎공자종거기, 虛左허좌, 自迎夷門侯生자영이문후생. ❸틈, 빈틈. ❹공허(空虛)하다. 〔淮南子〕 若循虛而出入약순허이출입. ❺하늘. ❻28수(宿)의 하나. 〔書經〕 宵中星虛소중성허.

虛喝(허갈) 허세를 부리어 공갈함.
虛怯(허겁) 마음이 허약하여 겁이 많음.
虛空(허공) 텅 빈 공중.
虛構(허구) 사실이 아닌 것을 사실처럼 얽어 만듦.
虛氣(허기) ①물체는 없는데 냄새만 나는 것. ②기운을 가라앉힘. ③속이 비어 허전한 기운.
虛飢(허기) 몹시 심한 시장기.
虛氣平心(허기평심) 감정을 가라앉혀 마음을 고요하게 함.
虛浪(허랑) 거짓이 많고 착실하지 못함.
虛靈(허령) ①마음이 잡된 생각이 없이 신령함. ②포착할 수는 없으나 그 영험이 불가사의함.
虛靈不昧(허령불매) 마음이 잡된 생각이 없이 신령하여 어둡지 않음.
虛禮(허례) 겉으로만 꾸며 정성이 없는 예절.
虛勞(허로) 심신이 허약하고 피로함.
虛妄(허망) ①거짓되고 망령됨. ②허무하고 어이없음.
虛名無實(허명무실) 이름만 있고 실상이 없음. 有名無實(유명무실).
虛無(허무) ①아무것도 없이 텅 빔. ②덧없음. 無常(무상). ③허공(虛空).
虛無孟浪(허무맹랑) 터무니없이 거짓되고 실속이 없음.
虛病(허병) 꾀병. 佯病(양병).
虛費(허비) 쓸데없는 비용을 씀.
虛事(허사) 헛일.
虛想(허상) 쓸데없는 생각. 부질없는 상념.
虛勢(허세) 실상이 없는 기세.
虛損(허손) 텅 비고 상함.
虛送(허송) 하는 일 없이 헛되이 시간을 보냄.
虛實(허실) ①거짓과 참. 眞僞(진위). ②공허(空虛)와 충실(充實).
虛心坦懷(허심탄회) 마음에 거리낌이 없이 솔직한 태도로 품은 생각을 터놓고 말함.
虛弱(허약) ①몸이 허하고 약함. ②세력이나 권력이 약함.
虛言(허언) ①실속 없는 빈말. ②거짓말.
虛榮(허영) ①자기 분수에 넘치고 실속이 없어 겉모습뿐인 헛된 영화(榮華). ②필요 이상의 겉치레.
虛威(허위) 겉으로 꾸민 헛된 위세(威勢).
虛僞(허위) 거짓. 虛妄(허망).
虛日(허일) 한가한 날. 할 일이 없는 날.
虛字(허자) ①쓸데없는 글자. ②실자(實字)·조자(助字) 이외의 글자. ㉠무형(無形)의 것을 나타내는 글자. 飛·流·行·走 따위. ㉡전치사, 후치사, 감동사 등의 글자. 於·于·哉·焉 따위.
虛張聲勢(허장성세) 헛되이 명성과 위세를 폄. 실력은 없으면서 허세만 부림.
虛點(허점) 허술하거나 불충분한 점. 주의가 미치지 못하거나 틈이 생긴 구석.
虛靜(허정) 망상이나 잡념이 없이 마음이 항상 평정함.
虛舟(허주) ①빈 배. ②아무 거리낌 없는 마음.
虛沖(허충) 허심탄회(虛心坦懷)함.
虛誕(허탄) 거짓되고 미덥지 않음.
虛脫(허탈) 정신이 멍하고 몸에 기운이 빠진 상태.
虛風(허풍) ①동짓날, 남쪽에서 부는 질풍(疾風). 흔히 사람을 해치는 데서 적풍(賊風)이라고도 함. ②國사실과 맞지 않아 믿음성이 적은 과장된 언행.
虛汗(허한) 원기가 허하여 나는 땀. 헛땀.
虛行(허행) ①헛되게 행(行)해짐. ②목적을 이루지 못한 걸음. 헛걸음.
虛虛實實(허허실실) 허실(虛實)의 계책을 써서 싸움. 서로 계략이나 기량을 다하여 적의 실(實)을 피하고 허(虛)를 틈타 싸움.
虛荒(허황) ①거짓되고 근거가 없음. ②國마음이 들떠서 황당함.

7 ⑬ 【虜】 虏 포로 로 麌

인명 1급 ㊥lǔ ㊐リョ

소전 초서 속자 虜 자해 ❶포로, 사로잡다. ≒擄. 〔漢書〕 其將固可襲而虜也기장고가습이로야. ❷종,

虍 7획

하인. ❸오랑캐. 중국 남방 사람들이 북방 사람들을 멸시하여 부르던 말.
虜囚(노수) 포로.
虜獲(노획) 적을 산 채로 잡거나 적의 목을 베어 죽임.
◨ 捕虜포로.

7 ⑬【虜】 虜(1107)의 속자

7 ⑬【虞】 虞(1108)와 동자

7 ⑬【虞】 헤아릴 우 虞

인명 1급 ㊥yú ㊐グ

소전 초서 동자 虞 자해 ❶헤아리다. 〔孟子〕有不虞之譽유불우지예. ❷헤아림. 〔書經〕儆戒無虞경계무우. ❸염려하다, 근심 걱정하다. 〔易經〕悔吝者憂虞之象也회린자우우지상야. ❹경계(警戒), 대비(對備) ❺편안하다, 안정하다. 〔國語〕虞于湛樂우우담락. ❻우제(虞祭). 〔禮記〕士虞禮사우례. ❼왕조(王朝) 이름. ❽나라 이름. 〔詩經〕虞芮質厥成우예질궐성.
虞犯(우범) 범죄를 저지를 우려가 있음.
虞舜(우순) 순(舜)임금.
虞人(우인) 산림, 소택(沼澤), 짐승을 기르는 동산을 맡아보던 벼슬아치. 虞官(우관). 虞衡(우형).
虞祭(우제) 장례를 치른 뒤에 처음으로 지내는 제사인 초우(初虞), 두 번째 지내는 제사인 재우(再虞), 세 번째 지내는 제사인 삼우(三虞)의 총칭.
虞候(우후) ①산림과 소택(沼澤)을 맡아보던 벼슬아치. ②척후(斥候)와 간사한 무리를 살피는 일을 맡아보던 벼슬아치. ③조선 때 각 도의 병영(兵營)과 수영(水營)에 두었던 종3품·정4품의 무관 벼슬.

7 ⑬【號】号 1부르짖을 호 豪 2부를 호 號

중학 인명 6급 ㊥háo, hào ㊐ゴウ

필순 口 口 号 号 号 号 号 號 號 號

소전 초서 속자 号 자원 會意. 号+虎→號. 범〔虎〕이 큰 소리로 운다〔号〕는 뜻을 나타낸다.
자해 1 ❶부르짖다. 〔詩經〕誰之永號수지영호. ❷큰 소리로 울면서 한탄하다. 〔顏氏家訓〕禮以哭有言者爲號례이곡유언자위호. ❸닭이 울다. 〔晉書〕冰凍始泮빙동시반, 蟄蟲始發칩충시발, 雞始三號계시삼호. 2 ❶부르다. ㉮불러오다. 〔春秋左氏傳〕見衞在城上견위재성상, 號之호지, 乃下내하. ㉯호(號)하다, 일컫다. 〔北史〕自號隱君자호은군. ❷이름. ㉮통칭(通稱) 이외의 이름, 호(號). 〔史記〕賜奢號爲馬服君사사호위마복군. ㉯시호(諡號). ❸신호, 첩보(諜報).
號角(호각) 불어서 소리를 내어 신호용 따위로 쓰는 물건.
號哭(호곡) 소리 내어 슬피 욺.
號旗(호기) ①신호용의 기. 信號旗(신호기). ②군기(軍旗).
號令(호령) ①지휘하는 명령. ②國큰 소리로 꾸짖음.
號俸(호봉) 직제(職制)나 연공(年功)을 기초로 하여 정해진 급여 체계에서의 등급.
號召(호소) 여러 사람들을 불러서 오게 함.
號外(호외) 돌발 사건이 있을 때에 신속한 보도를 위해 임시로 발행하는 신문이나 잡지.
號泣(호읍) 목 놓아 욺. 號哭(호곡).
號衣(호의) 군복(軍服).
號笛(호적) 신호·군호로 부는 나팔·피리·사이렌 따위.
號筒(호통) 군중(軍中)에서 입으로 불어서 호령을 전하는 대롱 같은 물건.
號牌(호패) 조선 때 16세 이상의 남자가 차던 신분을 증명하는 패.
號火(호화) 신호로 올리는 불.
◨ 叫號규호, 記號기호, 旗號기호, 番號번호, 別號별호, 商號상호, 諡號시호, 信號신호, 年號연호, 泣號읍호, 尊號존호, 追號추호, 稱號칭호, 徽號휘호.

8 ⑭【虡】 쇠북 거는 틀 기둥 거 語

㊥jù ㊐キョ

소전 초서 본자 虡 동자 簴 자해 쇠북을 거는 틀 기둥. 〔周禮〕爲筍虡위순거.

9 ⑮【虢】 범 발톱 자국 괵 陌

㊥guó ㊐カク

소전 초서 자해 ❶범의 발톱 자국. ❷나라 이름. 문왕의 아우 괵중(虢仲)이 처음 봉해진 땅. 지금의 섬서성(陝西省) 보계현(寶雞縣) 괵성(虢城).

11 ⑰【虧】亏 이지러질 휴 ㊍규 支

인명 ㊥kuī ㊐キ

소전 초서 자해 ❶이지러지다, 한 귀퉁이가 떨어져 나가다. 한 부분이 떨어져 나가다. 〔史記〕日中則移일중즉이, 月滿則虧월만즉휴.
虧喪(휴상) 이지러져 없어짐. 缺損(결손).
虧損(휴손) 이지러짐.
虧蝕(휴식) ①해와 달이 이지러짐. 일식(日蝕)과 월식(月蝕). ②자본금의 결손(缺損).
虧失(휴실) 이지러져 없어짐.
虧盈(휴영) ①이지러짐과 참. 달이 둥글었다 이지러졌다 함. ②가득 차지 않게 함.
虧月(휴월) 이지러진 달. 조각달.
虧蔽(휴폐) 이지러지고 가리어짐.
虧欠(휴흠) 일정한 수효에서 부족함이 생김. 또는 그런 부족. 欠縮(흠축).

虫部 벌레 훼

0 ⑥【虫】 1벌레 훼 尾 2벌레 충 東
인명 ㊥huǐ, chóng ㊐キ, チュウ
소전 초서 동자 蚛 참고 ❶虫과 蟲은 본래 딴 자이지만, 2의 뜻일 때는 虫이 蟲의 속자(俗字)로 쓰인다. ❷인명용 음은 '충'이다.
자원 象形. 살무사가 몸을 사리고 있는 모양을 본뜬 글자.
자해 1❶벌레. ❷살무사. ≒虺. 2벌레.

1 ⑦【虬】 虯(1109)와 동자

2 ⑧【虯】 규룡 규 尤
㊥qiú ㊐キュウ
소전 초서 동자 虬 자해 규룡(虯龍).
虯龍(규룡) 전설에 나오는 상상의 동물. 용의 새끼로 양쪽에 뿔이 있다고 함.
虯髥(규염) 규룡처럼 구불구불한 수염.

2 ⑧【虱】 蝨(1116)과 동자

3 ⑨【虻】 蝱(1116)과 동자

3 ⑨【虵】 蛇(1111)의 속자

3 ⑨【虽】 雖(1352)의 속자

3 ⑨【虹】 1무지개 홍 東 2어지러울 항 江
인명 1급 ㊥hóng ㊐コウ
소전 초서 동자 䗖 동자 坔 참고 인명용 음은 '홍'이다.
자해 1❶무지개. 〔王勃·序〕虹銷雨霽홍소우제. ❷채색(彩色)한 기(旗). 〔楚辭〕建虹采以招指건홍채이초지. 2어지럽다, 어지럽히다. =訌. 〔詩經〕彼童而角피동이각, 實虹小子실항소자.
虹橋(홍교) ①무지개. 彩橋(채교). ②무지개처럼 생긴 다리. 무지개 다리. 虹棧(홍잔).
虹蜺(홍예) 무지개. '虹'은 빛이 선명한 수무지개, '蜺'는 빛이 연한 암무지개.
虹霓(홍예) 무지개.
虹霓門(홍예문) 인방(引枋)을 무지개같이 반월형(半月形)으로 만든 문. 虹蜺門(홍예문).
虹棧(홍잔) 무지개같이 높이 벼랑에 걸친 잔교(棧橋).
虹彩(홍채) 안구의 각막과 수정체 사이에서 동공(瞳孔)을 둘러싸고 있는 둥글고 얇은 막.
虹泉(홍천) 폭포(瀑布).
◨ 彩虹채홍.

3 ⑨【虺】 1살무사 훼 尾 2고달플 회 灰
㊥huǐ, huī ㊐キ, カイ
소전 자해 1❶살무사. 독사의 한 가지. 〔新唐書〕前有巨虺守穴전유거훼수혈. ❷작은 뱀, 어린 뱀. 〔國語〕爲虺弗摧위훼불최, 爲蛇將若何위사장약하. 2고달프다, 말이 병들어 고달프다, 말 병. 〔詩經〕陟彼崔嵬척피최외, 我馬虺隤아마회퇴.

3 ⑨【虵】 虫(1109)과 동자

4 ⑩【蚣】 1지네 공 東 2여치 송 冬
인명 ㊥gōng, zhōng ㊐コウ
초서 참고 인명용 음은 '공'이다.
자해 1지네. 지넷과에 속하는 절지동물의 한 가지. 2여치. 여칫과의 곤충을 통틀어 이른다. =蜙. ¶ 蚣蝑송서.
蚣蝑(송서) 여치·메뚜기·베짱이 등 여칫과 곤충의 총칭. 螽斯(종사).
◨ 蜈蚣오공.

4 ⑩【蚪】 올챙이 두 有

㊥dǒu ㊐ト

초서 자해 **올챙이**. ≒斗. ¶ 蝌蚪과두.

4 ⑩【蚊】 모기 문 文

인명 1급 ㊥wén ㊐ブン

소전 초서 동자 蚉 본자 蟁 자해 **모기**. 장구벌레가 우화(羽化)한 곤충. 〔莊子〕 蚊虻噆膚문맹참부, 則通昔不寐矣즉통석불매의.

蚊雷(문뢰) 모기떼의 윙윙거리는 소리가 대단함을 우렛소리에 견주어 한 말.

蚊蝱(문맹) 모기와 등에. ㉠소인(小人). ㉡쓸모없는 것. 蚊虻(문맹).

蚊蝱走牛羊(문맹주우양) 모기와 등에가 소와 양에 붙어 피를 빨아 달리게 함. 작은 것이 큰 것을 제압할 수 있음.

蚊蚋(문예) 모기.

蚊蚋負山(문예부산) 모기가 산을 짐. 역량이 적어 중임(重任)을 감당하지 못함.

蚊陣(문진) 모기의 떼. 蚊群(문군).

◨ 朝蠅暮蚊조승모문.

4 ⑩【蚉】 蚊(1110)과 동자

4 ⑩【蚌】 방합 방 講

인명 ㊥bàng ㊐ボウ

소전 초서 동자 蜯 자해 ❶**방합**(蚌蛤). 〔左思·賦〕 蚌蛤珠胎방합주태, 與月虧全여월휴전. ❷**말씹조개**. 마합(馬蛤)과에 속하는 민물조개.

蚌珠(방주) 진주조개에서 나온 진주(眞珠).

蚌蛤(방합) 방합과의 민물조개.

蚌鷸之勢(방휼지세) 방합과 도요새가 싸우는 형세. 서로 적대(敵對)하여 버티고 양보하지 않음. 故事 도요새가 방합을 먹으려는 순간에 방합이 조가비로 도요새의 부리를 잡고 서로 버티다가 어부에게 둘 다 잡히게 되었다는 고사에서 온 말. 鷸蚌之勢(휼방지세).

蚌鷸之爭(방휼지쟁) 방휼지세(蚌鷸之勢)로 다투어 결국 제삼자만 유리하게 하는 다툼. 鷸蚌之爭(휼방지쟁).

4 ⑩【蚍】 왕개미 비 支

㊥pí ㊐ヒ

소전 초서 자해 **왕개미**. 개밋과의 곤충. 〔韓愈·序〕 外無蚍蜉蟻子之援외무비부의자지원.

蚍蜉(비부) 왕개미.

4 ⑩【蚋】 蜹(1115)와 동자

4 ⑩【蚓】 지렁이 인 軫

인명 1급 ㊥yǐn ㊐イン

초서 동자 螾 자해 **지렁이**. 〔孟子〕 夫蚓부인, 上食槁壤상식고양, 下飮黃泉하음황천.

4 ⑩【蚕】 蠶(1123)의 속자

4 ⑩【蚤】 벼룩 조 巧 皓

인명 ㊥zǎo ㊐ソウ

소전 초서 자해 **벼룩**. 〔曹植·論〕 得蚤者득조자, 莫不糜之齒牙막불미지치아, 爲害身也위해신야.

蚤蝨(조슬) 벼룩과 이.

蚤知之士(조지지사) 선견지명(先見之明)이 있는 사람. 기회를 보는 데 민감한 사람.

4 ⑩【蚩】 1 어리석을 치 支 2 기어갈 치 紙

인명 ㊥chī ㊐シ

소전 초서 동자 䖢 자해 1 **어리석다**. 〔後漢書〕 宗室無蚩者종실무치자. 2 **기어가다, 벌레가 기어가는 모양**.

蚩蚩(치치) ①어리석은 모양. ②인정이 두터운 모양. 돈독한 모양. ③어지럽게 얽힌 모양.

蚩眩(치현) 업신여겨 속임.

5 ⑪【蚶】 새고막 감 覃

㊥hān ㊐カン

초서 자해 **새고막, 피조개, 피안다미조개**. 살조갯과의 조개. 〔郭璞·賦〕 洪蚶專車홍감전거.

5 ⑪【蛄】 땅강아지 고 虞

㊥gū ㊐コ

소전 초서 자해 ❶**땅강아지, 하늘밥도둑**. 〔李賀·詩〕 嘹嘹濕蛄

聲료료습고성. ❷씽씽매미. 〔莊子〕 蟪蛄不知春秋혜고부지춘추.

5 ⑪【蚯】 지렁이 구 尤

㊥qiū ㊐キュウ

초서 자해 지렁이. 〔禮記〕 蚯蚓出구인출.

蚯蚓(구인) 지렁이. 蚯螾(구인).

5 ⑪【蛋】 새알 단 翰

인명 1급 ㊥dàn ㊐タン

초서 자해 새알, 새의 알.

蛋白(단백) 알의 흰자위. 卵白(난백).
蛋白質(단백질) 생물체를 구성하는 고분자 유기물의 총칭. 탄소·수소·질소·산소 따위를 함유함. 鷄卵素(계란소). 흰자질.
蛋黃(단황) 알의 노른자위. 卵黃(난황).

5 ⑪【蛉】 잠자리 령 靑

㊥líng ㊐レイ

소전 초서 자해 잠자리. 〔謝朓·詩〕 蜻蛉草際飛청령초제비.

5 ⑪【蚹】 비늘 부 遇

㊥fù ㊐フ

초서 자해 비늘, 뱀의 배에 있는 비늘. 〔莊子〕 吾待蛇蚹蜩翼邪오대사부조익야.

5 ⑪【蛇】 1뱀 사 麻 2구불구불 갈 이 支

고등 인명 3Ⅱ급 ㊥shé, yí ㊐ジャ, イ

필순 口 口 中 虫 虫 虫' 虫' 蚧 蛇 蛇

초서 속자 虵 고자 它 참고 인명용 음은 '사'이다.

자원 形聲. 虫+它→蛇. '它(타)'가 음을 나타낸다.

자해 1❶뱀. 파충류(爬蟲類)의 한 가지. ≒它. 〔春秋左氏傳〕 丑父寢於轏中추부침어잔중, 蛇出於其下사출어기하. ❷별 이름. 2구불구불 가다, 용·뱀 따위가 구불구불 가는 모양.

蛇蝎(사갈) ①뱀과 전갈(全蠍). ②남을 해치거나 불쾌한 느낌을 주는 사람.
蛇毒(사독) 뱀의 독. 아주 심한 해독.
蛇龍(사룡) 이무기가 변하여 된다는 용.
蛇紋石(사문석) 뱀 껍질 같은 무늬가 있는 어두운 녹색이나 연두색 돌. 장식용 석재로 씀.
蛇心(사심) 뱀처럼 집요하고 간악한 마음.
蛇心佛口(사심불구) 뱀의 마음에 부처의 입. 속은 악독하면서도 겉으로는 후덕한 말을 함.
蛇足(사족) 뱀의 발. 쓸데없는 일을 덧붙여 하다가 도리어 일을 그르침. 군더더기. 故事 뱀을 빨리 그리는 것으로써 술 내기 시합을 벌인 사람이 있지도 않은 뱀의 발을 공연히 덧붙여 그렸다가 내기에서 졌다는 고사에서 온 말. 畫蛇添足(화사첨족).
蛇行(사행) ①하천이 구불구불하게 된 곳. ②뱀처럼 구불거리며 감.
◼ 蛟蛇교사, 毒蛇독사, 白蛇백사, 龍蛇용사.

5 ⑪【蚖】 꿈틀거릴 원·완 元 寒

㊥wān ㊐ワン

동자 蜿 자해 ❶꿈틀거리다, 용이 꿈틀거리며 가는 모양. ❷지렁이.

蚖蟺(원선) 지렁이.

5 ⑪【蚰】 그리마 유 尤

㊥yóu ㊐ユウ

초서 자해 그리마. 그리맛과의 절지동물. 〔王逸·九思〕 巷有兮蚰蜒항유혜유연.

蚰蜒(유연) 그리마.

5 ⑪【蛆】 구더기 저 魚

㊥qū, jū ㊐ショ

초서 동자 胆 자해 구더기. 파리의 애벌레. 〔後漢書〕 根遂詐死근수사사, 三日삼일, 目中生蛆목중생저.

5 ⑪【蛍】 螢(1118)의 속자

6 ⑫【蛩】 1메뚜기 공 冬 2그리마 공 腫

㊥qióng, gǒng ㊐キョウ

소전 초서 동자 蛩 자해 1❶메뚜기. 〔淮南子〕 飛蛩滿野비공만야. ❷매미 허물, 선퇴(蟬退). ❸귀뚜라미. ≒蛬. 〔鮑照·詩〕 秋蛩扶戶吟추공부호음. 2그리마, 백족(百足).

蛩聲(공성) 귀뚜라미의 울음소리. 蛩音(공음).

6 ⑫【蛬】 귀뚜라미 공 腫

㊥qióng ㊐キョウ

자해 귀뚜라미, 실솔(蟋蟀). ≒蛩. 〔蠡海集〕 蛬近陰依於土공근음의어토.

6 ⑫【蛟】 교룡 교 肴

인명 1급 ㊥jiāo ㊐コウ

소전 초서 자해 교룡(蛟龍). 〔漢書〕 親射蛟江中친사교강중, 獲之획지.

蛟龍(교룡) ①이무기와 용. ②모양이 뱀과 같고 길이가 한 발이 넘으며, 네 개의 넓적한 발이 있다고 하는 상상(想像)의 동물.

蛟螭(교리) ①㉠이무기. ㉡뿔 없는 용. ②㉠수신(水神). ㉡용의 암컷. 용의 새끼라고도 함.

6 ⑫【蛮】 蠻(1123)의 속자

6 ⑫【蛙】 개구리 와 麻

인명 ㊥wā ㊐ア

초서 자해 ❶개구리. 〔漢書〕 蛙與蝦蟆羣鬭와여하마군투. ❷음란하다. 〔漢書〕 紫色蛙聲자색와성.

蛙鳴蟬噪(와명선조) ①개구리와 매미가 시끄럽게 욺. ②졸렬한 문장. ③쓸데없는 입씨름.

蛙聲(와성) ①개구리의 울음소리. ②음란한 음악 소리. 정음(正音)이 아닌 음악 소리.

蛙吠(와폐) 개구리의 울음소리. 蛙鼓(와고).

◨ 井蛙정와.

6 ⑫【蛛】 거미 주 虞

인명 ㊥zhū ㊐チュ

초서 자해 거미. 〔孫覿·詩〕 蛛挂千絲擾주괘천사요.

蛛網(주망) 거미집. 蛛罔(주망).

蛛絲(주사) 거미줄.

◨ 蜘蛛지주.

6 ⑫【蛭】 거머리 질 質

인명 ㊥zhì ㊐シツ

소전 초서 자해 거머리, 수질(水蛭). 〔論衡〕 下地之澤하지지택, 其蟲曰蛭기충왈질.

蛭螾(질인) ①거머리와 지렁이. ②쓸모없는 소인(小人).

6 ⑫【蛤】 대합조개 합 合

인명 1급 ㊥gé, há ㊐コウ

소전 초서 동자 蛤 자해 ❶대합조개, 무명조개. 〔春秋左氏傳〕 魚鹽蜃蛤어염신합, 弗加於海불가어해. ❷개구리.

蛤蜊(합리) ①참조개. ②새조개.

蛤子(합자) 섭조개나 홍합을 말린 어물.

6 ⑫【蛞】 괄태충 활 曷

㊥kuò ㊐カツ

자해 ❶괄태충(括胎蟲), 알달팽이. ¶ 蛞蝓활유. ❷땅강아지, 누고(螻蛄).

蛞蝓(활유) 알달팽이. 온습(溫濕)한 땅에 사는 연체동물(軟體動物). 달팽이 비슷하나 껍데기가 없음. 括胎蟲(괄태충).

6 ⑫【蛔】 거위 회 灰

인명 1급 ㊥huí ㊐カイ

초서 동자 蛕 자해 거위, 회충(蛔蟲).

蛔蟲(회충) 회충과의 기생충. 거위.

7 ⑬【蜑】 오랑캐 이름 단 旱

㊥dàn ㊐タン

소전 초서 자해 오랑캐 이름. 남쪽지방에 살던 만족(蠻族)의 이름. 〔韓愈·銘〕 林蠻洞蜑림만동단.

蜑人(단인) 중국 복건성(福建省)·광동성(廣東省)의 연해(沿海)에 살던 종족의 이름. 수상(水上) 생활을 하던 민족. 蜑戶(단호).

7 ⑬【蜋】 1 사마귀 랑 陽 2 쇠똥구리 랑 陽

㊥láng, liáng ㊐ロウ

소전 초서 동자 螂 자해 1 사마귀, 버마재비. ¶ 螳蜋당랑. 2 풍뎅이, 쇠똥구리.

7 ⑬【蜊】 참조개 리 支

㊥lí ㊐リ

초서 동자 蛚 자해 참조개. 판새류에 속하는 조개의 한 가지. 〔南史〕 不知許事且食蛤蜊부지허사차식합리.

7 ⑬【蜂】 벌 봉 冬

고등 인명 3급 ㊥fēng ㊐ホウ

虫 6획

필순 口 中 虫 虫 虫' 虫' 蚁 蚁 蜂 蜂

소전 초서 고자 蠭 자원 形聲. 虫+夆→蜂. '夆(봉)'이 음을 나타낸다.

자해 ❶벌. 막시류(膜翅類) 중 개미류를 제외한 곤충의 총칭. 〔淮南子〕 蜂房不容鵠卵봉방불용곡란. ❷창날, 창(鎗)의 날카로운 끝. ≒鋒. 〔新唐書〕 突厥蜂銳돌궐봉예, 所向無完소향무완.

蜂起(봉기) 벌 떼같이 일어남. 많은 사람들이 한꺼번에 들고일어남.

蜂屯(봉둔) 벌 떼처럼 무리 지어 모여듦. 蜂聚(봉취).

蜂蠟(봉랍) 꿀을 짜내고 남은 찌꺼기를 끓여서 만든 유지 같은 것. 벌집을 만들기 위하여 꿀벌이 분비하는 물질. 밀(蜜). 黃蠟(황랍).

蜂目豺聲(봉목시성) 벌 같은 눈매에 늑대 같은 목소리. 흉악한 인상(人相).

蜂蜜(봉밀) 벌꿀. 꿀.

蜂衙(봉아) ①벌의 집. 벌집. 蜂窠(봉과). ②꿀벌이 조석으로 일정한 시각에 벌집을 드나들 듯이, 병사들이 군문(軍門)에 드나듦.

蜂腰(봉요) ①벌의 허리. 가는 허리. 細腰(세요). 柳腰(유요). ②벌의 허리가 가는 데서, 삼형제의 둘째가 못났음의 비유.

蜂蝶(봉접) 벌과 나비.

蜂出(봉출) 벌이 벌집에서 나오듯 떼 지어 한꺼번에 나오는 일.

蜂聚(봉취) 벌 떼처럼 사람이 무리 지어 모임.

◫ 蜜蜂밀봉, 養蜂양봉.

7 ⑬ 【蜉】 하루살이 부 尤

㊥fú ㊐フウ

소전 초서 자해 ❶하루살이. 〔詩經〕 蜉蝣之羽부유지우. ❷왕개미. 개밋과의 곤충.

蜉蝣(부유) ①하루살잇과의 작은 곤충. 하루살이. 蜉蝤(부유). ②인생의 덧없음.

7 ⑬ 【蜕】 허물 세·태 霽 泰

㊥tuì ㊐ゼイ, タイ

소전 초서 자해 ❶허물, 매미·뱀 등의 허물. 〔神仙傳〕 忽失其屍홀실기시, 衣冠不解의관불해, 如蛇蜕耳여사세이. ❷허물을 벗다. 〔史記〕 蟬蜕於濁穢선세어탁예.

7 ⑬ 【蛸】 1갈거미 소 肴 2사마귀 알 소 蕭

㊥shāo, xiāo ㊐ソウ, ショウ

소전 초서 자해 1❶갈거미. 납거밋과에 속하는 거미의 한 가지. 〔詩經〕 蠨蛸在戶소소재호. 2사마귀 알, 버마재비의 알.

7 ⑬ 【蜃】 무명조개 신 軫

인명 1급 ㊥shèn ㊐シン

소전 초서 자해 ❶무명조개, 대합(大蛤). 기(氣)를 토하면 누대(樓臺)가 나타난다고 한다. =蜄. 〔禮記〕 雉入大水爲蜃치입대수위신. ❷이무기. 교룡(蛟龍)의 한 가지로, 기운을 토하면 신기루(蜃氣樓)가 나타난다는 상상의 동물. 〔漢書〕 海旁蜃氣象樓臺해방신기상루대.

蜃氣樓(신기루) ①온도·습도의 영향으로 빛이 이상 굴절하여 엉뚱한 곳에 물상(物像)이 나타나는 현상. 蜃氣(신기). 蜃樓(신루). 蜃市(신시). 蜃雲(신운). ②근거나 현실적 토대가 없는 헛된 공상이나 존재.

7 ⑬ 【蛾】 1나방 아 歌 2개미 의 紙

인명 ㊥é, yǐ ㊐ガ

소전 초서 동자 蝵 참고 인명용 음은 '아'이다.

자해 1❶나방, 누에나방, 밤에 날아다니는 곤충의 총칭. ❷눈썹, 미인(美人)의 눈썹. 〔魏文帝·書〕 於是提袂徐進어시제메서진, 提蛾微眺제아미조. 2개미. =蟻.

蛾眉(아미) ①누에나방의 더듬이처럼 가늘고 길게 굽어진 아름다운 눈썹. 미인의 눈썹. ②미인. ③초승달.

蛾眉月(아미월) 초승달. 新月(신월).

蛾賊(의적) ①개미 떼처럼 많은 도둑. ②황건적(黃巾賊).

◫ 飛蛾비아, 蠶蛾잠아.

7 ⑬ 【蜍】 두꺼비 여 本서 魚

㊥chú ㊐ショ

초서 자해 두꺼비. 〔張衡·賦〕 蟾蜍與龜섬여여귀, 水人弄蛇수인롱사.

7 ⑬ 【蜒】 구불구불할 연 先

㊥yán, yàn ㊐エン

초서 자해 ❶구불구불하다, 구불구불하게 긴 모양. 〔楚辭〕 蝮蛇蜒只복사연지. ❷그리마.

◫ 蚰蜒유연.

7 ⑬【蜈】蜈 지네 오 虞

인명 ㊥wú ㊐ゴ

초서 자해 지네. ¶ 蜈蚣오공.

蜈蚣(오공) 지네. 절지동물 중 독충(毒蟲)으로, 한약재로 씀.

7 ⑬【蛹】 번데기 용 腫

㊥yǒng ㊐ヨウ

소전 초서 자해 번데기. 곤충의 애벌레가 나방으로 변하기 전의 한 형태. 〔蔡邕·賦〕繭中蛹兮蠶蠕須견중용혜잠유수.

蛹臥(용와) 번데기가 고치 속에 가만히 드러누워 있음. 은자(隱者)가 칩거(蟄居)함.

蛹蟲(용충) 번데기.

7 ⑬【蜄】 ① 움직일 진 震 ② 무명조개 신 軫

㊥zhèn, shèn ㊐シン

초서 자해 ① 움직이다. 〔史記〕辰者진자, 言萬物之蜄也언만물지진야. ② 무명조개, 대합조개. =蜃.

7 ⑬【蜀】 나라 이름 촉 沃

인명 2급 ㊥shǔ ㊐ショク

소전 초서 자해 ❶나라 이름. ㉮촉한(蜀漢). 유비(劉備)가 후한 말(後漢末)에 지금의 사천성(四川省) 지방에 세운 나라. 서울은 성도(成都)이고, 위(魏)에게 망하였다(221~265). ㉯전촉(前蜀). 오대십국(五代十國)의 하나로 왕건(王建)이 세운 나라. 후당(後唐)에게 망하였다(891~925). ㉰후촉(後蜀). ㉠성한(成漢). 이웅(李雄)이 세운 나라로 동진(東晉)에게 망하였다(302~347). ㉡맹지상(孟知祥)이 세운 오대십국의 하나. 송(宋)에게 망하였다(930~965). ❷나비, 나방 유충의 총칭. ❸사당(祠堂)의 제기(祭器).

蜀犬吠日(촉견폐일) 촉(蜀) 지방의 개가 해를 보고 짖음. 식견(識見)이 좁은 사람이 다른 사람의 탁월(卓越)한 언행에 대하여 의심하고 공격함. 촉 지방은 사방으로 산이 높고 안개가 항상 짙어 해가 보이는 날이 드물기 때문에, 해가 나면 개들이 이상하게 여겨 짖은 데서 온 말. 越犬吠雪(월견폐설).

蜀道(촉도) ①촉(蜀)으로 통하는 험준한 길. ②처세하기 어려운 상황의 비유.

蜀相(촉상) 삼국 시대 촉한(蜀漢)의 재상(宰相). 곧, 제갈량(諸葛亮).

蜀魂(촉혼) 두견(杜鵑). 소쩍새. 촉한(蜀漢) 망제(望帝)의 혼백(魂魄)이 화하여 되었다는 전설에서 온 이름. 子規(자규). 蜀魄(촉백). 蜀鳥(촉조).

◨ 巴蜀파촉, 後蜀후촉.

7 ⑬【蜆】蚬 가막조개 현 銑

㊥xiǎn ㊐ケン

소전 초서 자해 가막조개, 바지락조개. 〔隋書〕性好噉蜆성호담현.

8 ⑭【蜷】 굼틀굼틀 갈 권 先

㊥quán ㊐ケン

초서 자해 ❶굼틀굼틀 가다. ❷구부리다, 웅크리다. 〔楚辭〕蜷局顧而不行권국고이불행.

8 ⑭【蝀】 무지개 동 東

인명 ㊥dōng ㊐トウ

소전 초서 자해 무지개.

8 ⑭【蜡】 蠟(1122)의 속자

8 ⑭【蜜】 꿀 밀 質

고등 인명 3급 ㊥mì ㊐ミツ

필순 宀 宀 宓 宓 宓 宓 密 密 蜜 蜜

소전 초서 동자 蝁 참고 密(333)은 딴 자.

자원 形聲. 宓+虫→蜜. '宓(복)'이 음을 나타낸다.

자해 꿀, 벌꿀. 〔論衡〕蜜爲蜂液밀위봉액.

蜜柑(밀감) 귤. 귤나무.

蜜蠟(밀랍) 꿀벌의 집을 이루는 물질. 초·머릿기름 따위의 원료로 씀. 밀.

蜜蜂(밀봉) 꿀벌. 참벌.

蜜水(밀수) 꿀물.

蜜月(밀월) 꿀같이 달콤한 달. 결혼 초의 즐겁고 달콤한 시기. 영어 허니문(honeymoon)의 의역어.

蜜酒(밀주) 벌꿀로 빚은 술. 꿀술.

蜜炒(밀초) 한약재에 꿀을 발라 볶음.

蜜丸(밀환) 약 가루를 꿀에 반죽하여 만든 환

약(丸藥).

■ **蜂蜜**봉밀.

8 ⑭【蜯】 蚌(1110)과 동자

8 ⑭【蜚】 ①바퀴 비 未 ②날 비 微

인명 1급 ㊥fěi, fēi ㊐ヒ

소전 초서 자해 ① ❶**바퀴, 향랑자**(香娘子). 바퀴과에 딸린 곤충. 몸빛은 갈색이며, 악취를 풍긴다. ❷**쌕쌔기**. 여칫과에 딸린 곤충. 〔漢書〕有蜚有蜮유비유역. ② **날다**. ≒飛. 〔史記〕三年不蜚不鳴삼년불비불명.

蜚禽(비금) 날짐승. 蜚鳥(비조).

蜚騰(비등) 높이 날아오름. 飛騰(비등).

蜚蠊(비렴) 바퀴. 바퀴벌레.

蜚語(비어) 터무니없이 떠도는 말.

8 ⑭【蜥】 도마뱀 석 錫

㊥xī ㊐セキ

소전 초서 자해 **도마뱀**. 〔漢書〕是非守宮시비수궁, 卽蜥蜴즉석척.

蜥蜴(석척) 도마뱀.

8 ⑭【蜮】 물여우 역 職

㊥yù ㊐ヨク

소전 초서 자해 ❶**물여우, 단호**(短狐), **수호**(水狐), **사공**(射工), **사영**(射影). 날도랫과에 속하는 곤충의 유충(幼蟲). 주둥이에 한 개의 긴 뿔이 있는데, 독기(毒氣)로 사람의 그림자를 쏘면 종기(腫氣)가 생긴다고 한다. 〔詩經〕爲鬼爲蜮위귀위역.

8 ⑭【蜺】 무지개 예 齊

㊥ní ㊐ゲイ

소전 초서 자해 ❶**무지개**. 쌍무지개에서 빛이 선명한 수무지개를 '虹', 빛이 엷고 흐린 암무지개를 '蜺'라 한다. ≒霓. ❷**쓰르라미, 한선**(寒蟬), **한조**(寒蜩).

8 ⑭【蜹】 파리매 예 霽

㊥ruì ㊐ゼイ

소전 초서 동자 蚋 자해 **파리매, 파리매의 유충**. 〔荀子〕醯酸而蜹聚焉혜산이예취언.

8 ⑭【蜿】 ①굼틀거릴 완 寒 ②지렁이 원 阮

㊥wān, wǎn ㊐ワン, エン

초서 자해 ① **굼틀거리다, 용이나 뱀이 굼틀거리는 모양**. 〔劉基·詩〕如鶴如鵠如龍蜿여학여곡여룡완. ② **지렁이**.

8 ⑭【蝅】 蠶(1123)와 동자

8 ⑭【蜩】 ①매미 조 蕭 ②굼틀거릴 조 嘯

㊥tiáo, diào ㊐チョウ

소전 초서 자해 ① **매미**. 〔詩經〕五月鳴蜩오월명조. ② **굼틀거리다, 용이 머리를 흔들며 굼틀거리는 모양**. 〔漢書〕蜩蟉偃蹇조료언건.

蜩甲(조갑) 매미의 허물. 선태(蟬蛻)라 하여 한약재로 씀. 蜩蛻(조세).

蜩螗(조당) ①매미. 蜩蟬(조선). ②시끄러워 불편함의 비유.

蜩螗沸羹(조당비갱) 매미가 울고, 물과 국이 끓는 소리. 외치는 소리가 매우 시끄러움의 비유. 蜩沸(조비).

蜩蛻(조세) ①매미의 허물. ②매미가 허물을 벗음. 속세를 벗어남.

8 ⑭【蜘】 거미 지 支

인명 ㊥zhī ㊐チ

소전 초서 동자 鼅 자해 **거미**.

蜘蛛(지주) 거미.

8 ⑭【蜴】 ①도마뱀 척 本역 陌 ②속일 석 錫

㊥yì, xí ㊐エキ

초서 참고 蝪(1117)은 딴 자.

자해 ① **도마뱀**. 〔詩經〕胡爲虺蜴호위훼척. ② **속이다, 기만하다**.

8 ⑭【蜻】 ①귀뚜라미 청 庚 ②잠자리 청 靑

㊥jīng, qīng ㊐セイ

소전 초서 자해 ① **귀뚜라미, 실솔**(蟋蟀). 〔鹽鐵論〕蜻蛚鳴청렬명. ② **잠자리**. 〔戰國策〕王獨不見夫蜻蛉乎왕독불견부청령호.

蜻蛚(청렬) 귀뚜라미. 蟋蟀(실솔).

虫 8획

蜻蛉(청령) 잠자리의 한 가지. 고추잠자리. 암컷은 메밀잠자리라고 함.

8 ⑭【蝃】 무지개 체 霽

㊥dì ㊐テイ

초서 자해 **무지개.** 〔詩經〕蝃蝀在東체동재동.

蝃蝀(체동) ①무지개. 虹蜺(홍예). ②다리.

9 ⑮〖蝎〗 蠍(1121)의 속자 인명

9 ⑮【蝌】 올챙이 과 歌

㊥kē ㊐カ

초서 동자 蚪 자해 **올챙이.** 〔南史〕蝌蚪唯唯과두유유, 群浮闇水군부암수.

蝌蚪(과두) 올챙이.

蝌蚪文字(과두문자) 황제(黃帝) 때 창힐(蒼頡)이 지었다는 중국 고대 문자. 글자 모양이 올챙이같이 획 머리는 굵고 끝이 가늚.

9 ⑮【蝱】 등에 맹 庚

㊥méng ㊐ボウ

소전 초서 동자 虻 속자 蝱 자해 ❶**등에.** 등엣과에 속하는 곤충의 총칭. 〔漢書〕蚊蝱宵見문맹소견. ❷**패모**(貝母). 백합과의 다년초. 〔詩經〕陟彼阿丘척피아구, 言采其蝱언채기맹.

9 ⑮【蝐】 대모 모 隊

㊥mào ㊐バイ

동자 瑁 자해 **대모, 바다거북의 한 가지.** ¶ 瑇蝐대모.

9 ⑮【蝥】 ①해충 모 尤 ②가뢰 모 肴

㊥máo ㊐ボウ

소전 초서 동자 蟊 자해 ①❶**해충**(害蟲). 곡식의 뿌리를 잘라 먹는 해충. 〔春秋左氏傳〕蝥賊遠屛모적원병. ❷**기**(旗) **이름.** ¶ 蝥弧모호. ②**가뢰, 반묘**(斑猫). 가룃과의 곤충의 총칭.

蝥弧(모호) 군대의 깃발. 군기.

9 ⑮【蝠】 박쥐 복 屋

㊥fú ㊐フク

소전 초서 자해 ❶**박쥐.** 〔易林〕蝙蝠夜藏편복야장, 不敢晝行불감주행. ❷**살무사.** ＝蝮. 〔後漢書〕蝠蛇其心복사기심, 縱毒不辜종독불고.

9 ⑮【蝮】 살무사 복 屋

㊥fù ㊐フク

소전 초서 자해 **살무사.** 독사(毒蛇)의 한 가지.

蝮蛇(복사) 살무사.

9 ⑮〖蝨〗 이 슬 質

인명 ㊥shī ㊐シツ

소전 초서 동자 虱 자해 ❶**이, 반풍자**(半風子). 〔漢書〕夫搏牛之蝱부박우지맹, 不可以破蝨불가이파슬. ❷**섞이다, 잡거(雜居)하다.** 〔韓愈·詩〕得無蝨其間득무슬기간, 不武亦不文불무역불문.

9 ⑮〖蝕〗蚀 좀먹을 식 職

인명 1급 ㊥shí ㊐ショク

소전 초서 자해 ❶**좀먹다, 침식**(侵蝕)**하다.** 〔梅堯臣·詩〕精銅不蠹蝕정동부두식. ❷**일식**(日蝕)·**월식**(月蝕). 〔史記〕日月薄蝕일월박식.

蝕旣(식기) 일식·월식으로 해나 달이 아주 가려지는 현상.

9 ⑮〖蝸〗蜗 달팽이 와 ㊍과 麻

인명 1급 ㊥wō ㊐カ

소전 초서 자해 **달팽이.** 〔白居易·詩〕蝸牛角上爭何事와우각상쟁하사.

蝸角(와각) 달팽이의 더듬이. 아주 좁은 지경이나 아주 작은 사물의 비유.

蝸角之爭(와각지쟁) 달팽이 더듬이 위에서의 싸움. ㉠지극히 작은 것을 두고 다툼. ㉡작은 나라끼리의 싸움. 故事 달팽이 왼쪽 더듬이에 있는 촉(觸)나라와 오른쪽 더듬이에 있는 만(蠻)나라가 서로 영토를 다투었다는 이야기에서 온 말. 蠻觸之爭(만촉지쟁).

蝸廬(와려) 달팽이 껍데기 같은 작은 집. 자기 집의 겸칭(謙稱).

蝸牛(와우) 달팽이.

蝸牛角上(와우각상) 달팽이의 더듬이 위. 좁은 세상의 비유.

9 ⑮【蝟】 고슴도치 위 未

인명 ㊥wèi ㊐イ

초서 동자 猬 자해 **고슴도치, 위서**(蝟鼠). 〔淮南子〕 鵲矢中蝟작시중위.

蝟毛(위모) 고슴도치의 털. 수(數)가 많음.
蝟鼠(위서) 고슴도치.
蝟集(위집) 고슴도치 털처럼 사물이 한꺼번에 많이 모임.
蝟縮(위축) 고슴도치가 적과 마주치면 외축(畏縮)하는 것처럼, 두려워 웅크린 모양.

9 ⑮【蝣】 하루살이 유 尤

㊥yóu ㊐ユウ

초서 자해 **하루살이**. 〔詩經〕 蜉蝣之羽부유지우.

9 ⑮【蝓】 달팽이 유 虞

㊥yú ㊐ユ

소전 초서 자해 **달팽이**. 〔劉基·歌行〕 勿生蝓與蜞물생유여기.

9 ⑮【蝶】 나비 접 葉

고등 인명 3급 ㊥dié ㊐チョウ

필순 口 中 虫 虫 虫⁻ 虫ᐩ 虫ᐩ 蜌 蝶 蝶

초서 본자 蜨 자원 形聲. 虫+枼→蝶. '枼(엽)'이 음을 나타낸다.

자해 **나비, 호접**(蝴蝶·胡蝶). 〔張協·詩〕 胡蝶飛南園호접비남원.

蝶夢(접몽) 나비의 꿈. 자아(自我)와 외계(外界)와의 구별을 잊어버린 물아일체(物我一體)의 경지의 비유. 故事 장자(莊子)가 꿈에 나비가 되어 즐기는 동안, 자기가 나비가 된 꿈을 꾸는 것인지, 나비가 자기가 된 꿈을 꾸는 것인지 구별하기 어려웠다는 고사에서 온 말. 蝴蝶夢(호접몽).
蝶兒(접아) 나비.
◨ 孤蝶고접, 蝴蝶호접.

9 ⑮【蝤】 나무굼벵이 추 ㊟주 尤

㊥qiú ㊐シュウ

소전 초서 자해 ❶**나무굼벵이**. 하늘솟과의 애벌레. 〔詩經〕 領如蝤蠐령여추제. ❷**꽃게**.

蝤蠐(추제) ①하늘솟과 애벌레의 총칭. 나무굼벵이. ②미인의 목의 비유. 나무굼벵이의 몸이 희고 깨끗한 데서 온 말.

9 ⑮【蝪】 땅거미 탕 陽

㊥tāng ㊐トウ

참고 蜴(1115)은 딴 자.

자해 **땅거미, 거미의 한 가지**.

9 ⑮【蝦】虾 새우 하 麻

인명 1급 ㊥xiā, há ㊐カ

소전 초서 자해 ❶**새우**. ＝鰕. ❷**두꺼비**. 〔酉陽雜俎〕 蝦蟆無腸하마무장.

蝦蛄(하고) 갯가재. 가재와 비슷하며 연안의 진흙 속에 서식함.
蝦蟆(하마) 두꺼비.
◨ 魚蝦어하.

9 ⑮【蝎】 1 나무좀 할 曷 2 무지개 홍 東

㊥hé, xiē, hóng ㊐カツ

소전 초서 자해 1 ❶**나무좀, 나무굼벵이**. 〔嵇康·論〕 蝎盛則木朽할성즉목후. ❷**도마뱀붙이, 수궁**(守宮). 2 **무지개**.

9 ⑮【蝴】 나비 호 虞

인명 ㊥hú ㊐コ

초서 자해 **나비**. 〔莊子〕 莊周夢爲蝴蝶장주몽위호접.

蝴蝶(호접) 나비.
蝴蝶夢(호접몽) 나비의 꿈. 자아(自我)와 외계(外界)의 구별을 잊어버린 물아일체(物我一體)의 경지의 비유. 故事 장자(莊子)가 꿈에 나비가 되어 내가 나비인지 나비가 나인지를 모르고 즐거이 놀았다는 고사에서 온 말. 莊周之夢(장주지몽). 蝶夢(접몽).

9 ⑮【蝗】 누리 황 陽

인명 ㊥huáng ㊐コウ

소전 초서 자해 **누리, 황충**(蝗蟲). 〔禮記〕 蝗蟲爲災황충위재.

蝗災(황재) 주로 벼농사를 해치는 황충으로 인한 재앙. 蝗害(황해).
蝗蟲(황충) ①누리. 벼메뚜기. 메뚜깃과의 곤충으로 농작물에 큰 해를 끼침. ②논밭을 팔아먹고 사는 못난 자제(子弟)의 비유.

蝗旱(황한) 황재(蝗災)와 한재(旱災).

10 ⑯【螗】 씽씽매미 당 陽

㊥táng ㊐トウ

자해 **씽씽매미.** 〔詩經〕 如蜩如螗여조여당.

10 ⑯【螙】 蠹(1123)의 고자

10 ⑯【螣】 1등사 등 蒸 2박각시나방 애벌레 특 職

㊥téng, tè ㊐トウ, トク

소전 초서 자해 **1등사**(螣蛇). 〔張衡·賦〕 螣蛇蜿而自糾등사완이자규. **2박각시나방의 애벌레.**

螣蛇(등사) 신사(神蛇)의 이름. 운무(雲霧)를 일으켜 몸을 감춘다는 상상의 동물.

10 ⑯【螂】 蜋(1112)과 동자 인명

10 ⑯【螟】 마디충 명 靑

인명 1급 ㊥míng ㊐メイ

소전 초서 자해 **마디충, 명충**(螟蟲). 〔詩經〕 去其螟螣거기명등.

螟蛉(명령) ①빛깔이 푸른 나비와 나방의 유충. 배추벌레. ②타성(他姓)에서 맞아들인 양자(養子). 나나니벌이 명령(螟蛉)의 새끼를 업고 가서 제 새끼로 삼는 데서 온 말.

螟蛉子(명령자) 양아들.

螟嗣(명사) 양자(養子).

螟蟲(명충) 마디충나방. 화본과(禾本科) 식물의 줄기 속을 파먹는 해충.

10 ⑯【螦】 國배좀 소

자해 **배좀.** 배〔船〕의 나무를 쏠아 구멍을 내는 좀의 한 가지.

10 ⑯【融】 화할 융 東

인명 2급 ㊥róng ㊐ユウ

소전 초서 동자 蝙 자해 **❶화(和)하다, 화합하다.** 〔春秋左氏傳〕 其樂也融融기락야융융. **❷녹다, 녹이다. ❸밝다.** 〔詩經〕 昭明有融소명유융.

融釋(융석) ①풂. 풀림. 融解(융해). ②의심이 싹 가심.

融融(융융) ①화락(和樂)한 모양. ②날씨가 화창(和暢)한 모양.

融資(융자) 자본을 융통함.

融劑(융제) 다른 물질을 녹이기 위하여 쓰는 약제.

融風(융풍) ①동북풍. ②입춘(立春)에 부는 바람. ③축융(祝融)의 바람. 곧, 큰불.

融合(융합) 여럿이 녹아서 하나로 합침.

融解(융해) ①녹음. ②고체에 열을 가했을 때 액체로 되는 현상.

◨ 金融금융, 祝融축융, 渾融혼융.

10 ⑯【螘】 개미 의 紙

㊥yǐ ㊐ギ

소전 초서 자해 **개미, 말개미.** ＝蟻·蛾.

螘垤(의질) 개밋둑. 蟻塚(의총).

10 ⑯【螓】 씽씽매미 진 眞

㊥qín ㊐シン

초서 자해 **씽씽매미.** 매미의 한 가지로, 이마가 넓고 희다. 〔詩經〕 螓首蛾眉진수아미.

螓首(진수) ①씽씽매미의 머리. ②미인의 넓고 아름다운 이마의 비유.

10 ⑯【螢】萤 개똥벌레 형 靑

고등 인명 3급 ㊥yíng ㊐ケイ

필순 ⺌ ⺍ 𤇾 螢

초서 동자 熒 속자 蛍 자원 形聲. 𤇾＋虫→螢. '𤇾'은 '熒(형)'의 생략형으로 음을 나타낸다.

자해 **개똥벌레, 반디.** 〔禮記〕 腐草爲螢부초위형.

螢光(형광) 반딧불.

螢雪之功(형설지공) 고생하면서도 꾸준히 학문을 닦은 보람. 故事 진(晉)나라 차윤(車胤)과 손강(孫康)은 등잔 기름을 살 수 없을 정도로 가난하여, 차윤은 반딧불에 비추어 책을 읽고, 손강은 눈빛에 비추어 글을 읽었다는 고사에서 온 말. 螢窓雪案(형창설안).

螢火(형화) 반딧불.

11 ⑰【螳】 사마귀 당 陽

인명 1급 ㊥táng ㊐トウ

소전 초서 자해 **사마귀, 버마재비.** ≒蟷. 〔後漢書〕 螳螂之斧당랑지부.

螳螂(당랑) 사마귀. 버마재비.
螳螂拒轍(당랑거철) 버마재비가 수레바퀴에 대항함. 제 분수도 모르고 강적(強敵)에게 대듦. 故事 제(齊)나라의 장공(莊公)이 수렵하러 나가는데, 버마재비가 앞발을 들어 그가 탄 수레를 가로막아 대항하였다는 고사에서 온 말. 螳螂之斧(당랑지부).

11 ⑰【螺】 소라 라 歌

인명 1급 ㊥luó ㊐ラ

초서 자해 **소라.** 나선(螺旋) 모양을 한 조개 종류의 총칭. ㉮**우렁이.** ㉯**소라.** ㉰**다슬기.** ㉱**소라고둥.** ㉲**달팽이.**

螺角(나각) 소라고둥의 껍데기로 만든 악기. 法螺(법라).
螺階(나계) 나선형(螺旋形)의 계단.
螺髻(나계) ①소라 껍데기 모양으로 틀어 올린 상투. 어린아이들의 북상투. ②푸른 산.
螺髮(나발) ①소라 껍데기처럼 곱슬곱슬한 머리. 고수머리. ②(佛)석가여래의 머리털.
螺絲(나사) 소라처럼 비틀리게 고랑진 못. 나사못.
螺旋(나선) 겉모양이 소라 껍데기처럼 빙빙 뒤틀린 형상.
螺鈿(나전) 광채가 나는 조개 껍데기를 여러 가지 형상으로 조각내어, 박아 꾸미는 일.
◨ 法螺법라, 蝸螺와라, 田螺전라, 吹螺취라.

11 ⑰【螻】蝼 땅강아지 루 尤

㊥lóu ㊐ロウ

소전 초서 자해 ❶**땅강아지, 하늘밥도둑.** 〔莊子〕 在下爲螻蟻食재하위루의식. ❷**청개구리.** 〔周禮〕 馬黑脊而般臂마흑척이반비, 螻루.

螻蛄(누고) 땅강아지. 蛄螻(고루).
螻蟻(누의) ①땅강아지와 개미. ②보잘것없는 것의 비유.

11 ⑰【螭】 교룡 리 ㊍치 支

㊥chī ㊐チ

소전 초서 자해 ❶**교룡(蛟龍), 뿔 없는 용.** ❷**산신(山神)의 이름.** ¶ 螭魅이매.

螭龍(이룡) 상상의 동물인, 뿔이 없는 용.
螭魅(이매) 산속에 산다는 괴물(怪物). 산도깨비. 수목(樹木)의 요정(妖精) 따위.
螭魅罔兩(이매망량) 온갖 도깨비. '罔兩'은 물도깨비.
螭首(이수) 비석(碑石)의 머리나 궁전의 석계(石階)·종정(鐘鼎) 따위에 뿔 없는 용의 머리 모양을 새긴 장식물. 螭頭(이두).
◨ 蛟螭교리.

11 ⑰【蟆】 두꺼비 마 麻

㊥má ㊐バ

소전 초서 동자 蟇 자해 **두꺼비.** 두꺼빗과의 양서류. 〔蘇軾·詩〕 蟆背似覆盂마배사복우.

11 ⑰【蟇】 蟆(1119)와 동자

11 ⑰【蟒】 蟒(1120)의 속자

11 ⑰【蝨】 螫(1116)와 동자

11 ⑰【蟁】 蚊(1110)의 본자

11 ⑰【螫】 쏠 석 陌

㊥shì ㊐セキ

소전 초서 자해 ❶**쏘다, 벌레가 쏘다.** 〔史記〕 蜂蠆之致螫봉채지치석. ❷**독, 해독(害毒).** 〔班固·賦〕 盪亡秦之毒螫탕망진지독석.

螫毒(석독) 독충에게 쏘인 독.
螫手解腕(석수해완) 독사가 손을 물면 독이 몸 전체로 퍼지는 것을 막기 위해 팔을 자름. 전체의 이익을 위하여 일부를 희생함.
螫刺(석자) 벌레가 쏨.

11 ⑰【蟀】 귀뚜라미 솔 質

㊥shuài ㊐シュツ

소전 초서 자해 **귀뚜라미.** 〔詩經〕 蟋蟀在堂실솔재당, 歲聿其莫세율기모.

11 ⑰【蟋】 귀뚜라미 실 質

㊥xī ㊐シツ

소전 초서 자해 **귀뚜라미.** 〔詩經〕 蟋蟀在堂실솔재당, 歲聿其莫세율기모.

蟋蟀(실솔) 귀뚜라미.

虫 11획

11 ⑰【螯】 차오 오 豪

㊥áo ㊐ゴウ

초서 자해 ❶차오(蟕螯). 조개의 한 가지. 대합(大蛤)과 비슷하다. ❷**집게발, 게의 엄지발**. 〔荀子〕蟹六跪而二螯해륙궤이이오.

11 ⑰【螽】 누리 종 東

㊥zhōng ㊐シュウ

소전 초서 자해 ❶**누리, 황충(蝗蟲)**. 메뚜깃과에 속하는 곤충. 〔列子〕春螽之股춘종지고. ❷**베짱이**. 〔詩經〕螽斯羽詵詵兮종사우선선혜, 宜爾子孫振振兮의이자손진진혜.

螽斯(종사) ①㉠메뚜기. ㉡베짱이. 여치. ②자손이 번성할 징조의 비유.

11 ⑰〖蟄〗蛰 숨을 칩 緝

인명 1급 ㊥zhé ㊐チツ

소전 초서 자해 ❶**숨다, 숨어 살다**. ❷**의좋게 모여들다**. 〔詩經〕宜爾子孫蟄蟄兮의이자손칩칩혜.

蟄居(칩거) ①나가서 활동하지 않고 집에 들어박혀 있음. ②벌레 따위가 땅속에 죽치고 있음. 동면(冬眠)함. 蟄伏(칩복). 蟄藏(칩장).

蟄龍(칩룡) 숨어서 나타나지 아니하는 용. 아직 때를 얻지 못하여 숨어 있는 영웅의 비유.

◨ 驚蟄경칩.

12 ⑱【蟣】虮 서캐 기 尾

㊥jǐ ㊐キ

소전 초서 자해 **서캐. 이**. 〔漢書〕介冑生蟣蝨개주생기슬.

蟣蝨(기슬) 사람 몸의 해충. 이.

12 ⑱【蟫】 ①반대좀 담 覃 ②움직일 심 侵

㊥yín, xún ㊐タン

소전 초서 자해 ① **반대좀, 지어(紙魚)**. 반대좀과에 딸린 곤충. 옷·책 따위를 좀먹는다. 〔寒山子·詩〕脫體似蟫蟲탈체사담충. ② **움직이다, 벌레의 움직이는 모양**. 〔後漢書〕蠉蠉蟫蟫연연심심.

12 ⑱【蟒】 이무기 망 養

㊥mǎng ㊐ボウ

초서 속자 蠎 자해 **이무기, 대망(大蟒), 왕뱀**. 〔白居易·詩〕雲烟蟒蛇氣운연망사기.

蟒衣(망의) 명청대(明淸代) 관원의 예복. 남색 바탕에 금실로 5~8마리의 이무기를 신분에 따라 수놓았음. 蟒袍(망포).

12 ⑱〖蟠〗 서릴 반 寒

인명 1급 ㊥pán ㊐ハン

소전 초서 동자 番虫 자해 ❶**서리다, 몸을 감고 엎드려 있다**. 〔尙書大傳〕蟠龍賁信於其藏반룡분신어기장. ❷**쌓이다, 축적되다**. 〔禮記〕及夫禮樂之極乎天蟠于地급부례악지극호천반우지.

蟠踞(반거) 뿌리를 박고 서림. 한 지방을 차지하고 세력을 떨침. 盤踞(반거).

蟠據(반거) 어떤 곳에 근거하여 웅거함.

蟠桃(반도) 선경(仙境)에서 3천 년 만에 한 번씩 열린다는 복숭아. 또는 그 나무.

蟠龍(반룡) 아직 하늘에 오르지 못하고 땅에 서리고 있는 용. 盤龍(반룡).

蟠蜿(반완) ①서리고 얽힌 모양. ②용이 꿈틀거리는 모양.

12 ⑱〖蟬〗蝉 ①매미 선 先 ②땅 이름 제 齊

인명 ㊥chán, tí ㊐セン, ライ

소전 초서 참고 인명용 음은 '선'이다.

자해 ① ❶**매미**. 〔大戴禮〕蟬飮而不食선음이불식. ❷**잇다, 연속하다**. 〔史記〕蟬聯血食선련혈식. ② **땅 이름**. 점제(黏蟬)는 낙랑(樂浪)의 현 이름.

蟬蛻(선세) ①매미의 허물. ②깨끗이 벗어남의 비유. ③세속을 초탈함의 비유.

蟬噪(선조) ①매미가 시끄럽게 욺. ②시끄럽게 떠듦.

蟬脫(선탈) ①매미가 허물을 벗음. ②구습(舊習)이나 옛 사고방식에서 벗어남.

12 ⑱【蟳】 꽃게 심 侵

㊥xún ㊐ジン

자해 **꽃게**. 게의 한 가지.

12 ⑱〖蟯〗蛲 요충 요 蕭

인명 ㊥náo ㊐ジョウ

소전 초서 자해 **요충(蟯蟲)**. 〔史記〕蟯瘕爲病요하위병.

蟯蟲(요충) 요충과의 기생충. 실거위.

12 ⑱【蟲】虫 ①벌레 충 東 ②찔 동 冬

중학 인명 4Ⅱ급 ㊥chóng, tóng ㊐チュウ

필순 丶 口 口 中 虫 虫 虫 虫 虫 蟲 蟲 蟲

소전 초서 속자 虫 참고 인명용 음은 '충'이다.

자원 會意. '虫(벌레 충)' 자 세 개를 합하여 '모든 동물'이라는 뜻을 나타내었으나, 뒤에 '벌레'라는 뜻으로 의미가 축소되었다.

자해 ① ❶**벌레, 곤충의 총칭.** ❷**동물의 총칭.** 우충(羽蟲;새), 모충(毛蟲;짐승), 갑충(甲蟲;벌레), 인충(鱗蟲;물고기), 나충(裸蟲)의 총칭. 〔大戴禮〕有倮之蟲三百六十而聖人爲之長유라지충삼백륙십이성인위지장. ② **찌다, 찌는 듯이 더운 모양.** 〔詩經〕蘊隆蟲蟲온륭동동.

蟲臂鼠肝(충비서간) 벌레의 팔과 쥐의 간. 쓸모없고 하찮은 것의 비유. 鼠肝蟲臂(서간충비).

蟲書(충서) 새와 벌레의 모양을 본뜬 글씨체. 기치(旗幟)와 부신(符信)에 썼음.

蟲魚(충어) ①벌레와 물고기. 작은 동물. ②하찮은 일. 고증(考證) 학자의 장황한 고정(考訂)을 비난하는 말.

蟲齒(충치) 벌레 먹은 이.

蟲害(충해) 해충으로 인해 농작물이 입는 피해.

◨ 昆蟲곤충, 裸蟲나충, 幼蟲유충, 寸蟲촌충, 害蟲해충, 蛔蟲회충.

12 ⑱【蟪】 쓰르라미 혜 霽

㊥huì ㊐ケイ

소전 초서 자해 **쓰르라미.** 〔莊子〕蟪蛄不知春秋혜고부지춘추.

蟪蛄(혜고) 매미의 한 가지. 쓰르라미.

13 ⑲【蠍】 전갈 갈 本헐 月

㊥xiē ㊐ケツ

초서 속자 蝎 자해 **전갈**(全蠍). 전갈과의 절지동물. 꽁지 끝에 독침이 있어 쏘이면 생명이 위험해진다.

蠍虎(갈호) 도마뱀붙이.

◨ 蛇蠍사갈.

13 ⑲【蟷】 사마귀 당 陽

㊥dāng ㊐トウ

소전 초서 동자 螿 자해 **사마귀, 버마재비.** 〔莊子〕蟷蜋執翳而搏之당랑집예이박지.

蟷蜋(당랑) 버마재비. 사마귀. 螳螂(당랑).

13 ⑲【蠣】 蠣(1122)의 속자

13 ⑲【蟾】 두꺼비 섬 鹽

인명 2급 ㊥chán ㊐セン

자해 ❶**두꺼비.** 〔淮南子〕月中有蟾蜍월중유섬여. ❷**달, 달빛.** 〔李白·詩〕開戶半蟾生개호반섬생.

蟾光(섬광) 달빛. 月光(월광).

蟾魄(섬백) 달의 딴 이름.

蟾蜍(섬여) ①두꺼비. ②달의 딴 이름. ③연적(硯滴).

蟾兔(섬토) 달의 딴 이름. 달 속에 두꺼비와 옥토끼가 산다는 전설에서 온 말.

13 ⑲【蠅】蝇 파리 승 蒸

인명 ㊥yíng ㊐ヨウ

초서 속자 蝿 자해 **파리.** 쌍시류(雙翅類)에 속하는 곤충의 총칭. 〔詩經〕營營青蠅영영청승.

蠅頭(승두) ①파리의 대가리. ②미소(微小)한 것의 비유. ③세자(細字).

蠅虎(승호) 껑충거미. 파리잡이거미.

◨ 青蠅청승.

13 ⑲【蟻】蚁 개미 의 紙

인명 ㊥yǐ ㊐ギ

초서 동자 螘 자해 ❶**개미, 비부**(蚍蜉). 〔韓非子〕千丈之堤천장지제, 以螻蟻之穴而潰이루의지혈이궤. ❷**검다, 흑색.** 〔書經〕麻冕蟻裳마면의상.

蟻寇(의구) 두려워할 것 없는 작은 도둑.

蟻潰(의궤) ①개미 떼가 흩어지듯이 흩어져 도망함. ②개미 때문에 무너짐.

蟻螻(의루) ①개미와 땅강아지. ②미천(微賤)한 것의 비유.

蟻封(의봉) 개밋둑. 蟻垤(의질).

蟻蜂(의봉) 개미와 벌.

蟻視(의시) 개미 보듯이 봄. 남을 몹시 멸시함.

蟻壤(의양) 개미집. 개밋둑.

蟻蠶(의잠) 알에서 갓 깬 누에. 개미처럼 생긴 데서 온 말.

蟻集(의집) 개미 떼처럼 많이 모임.

蟻穴(의혈) ①개미집. ②미소(微小)한 것의 비유. 蟻孔(의공).

◨ 螻蟻누의, 浮蟻부의.

13 ⑲【蟶】蛏 긴맛 정 庚

㊥chēng ㊐テイ

초서 자해 긴맛, 마도패(馬刀貝). 긴맛과에 속하는 조개.

13 ⑲【蠆】虿 전갈 채 卦

㊥chài ㊐タイ

소전 초서 자해 ❶전갈. 전갈 중 꽁지가 긴 것을 '蠆', 짧은 것을 '蠍'이라 한다. 〔詩經〕 彼君子女피군자녀, 卷髮如蠆권발여채. ❷가시. ＝蔕.

13 ⑲【蟹】 게 해 蟹

인명 ㊥xiè ㊐カイ

소전 초서 동자 蠏 자해 게. 십각목(十脚目)의 갑각류(甲殼類)에 속하는 동물의 총칭. 〔周禮〕 仄行蟹屬측행해속.

蟹網具失(해망구실) 國게와 그물을 함께 잃어버림. 이익을 보려다가 도리어 손해를 봄.

蟹舍(해사) 어부(漁夫)의 집.

蟹黃(해황) 게의 배 속에 있는 누른 장.

◨ 巨蟹거해, 乾蟹건해, 魚蟹어해, 蝦蟹하해.

13 ⑲【蠏】 蟹(1122)와 동자

14 ⑳【蠒】 繭(997)의 속자

14 ⑳【蠟】 蠟(1122)의 속자

14 ⑳【蠕】 꿈틀거릴 연 銑

㊥rú ㊐ゼン

초서 동자 蝡 자해 꿈틀거리다, 벌레가 움직이는 모양.

蠕動(연동) ①지렁이 따위의 벌레가 굼실거리며 감. 또는 그런 모양. ②미동(微動)하는 모양. ③음식물을 소화하기 위하여 위장이 파상(波狀)으로 움직이는 현상.

14 ⑳【蠑】蝾 영원 영 庚

㊥róng ㊐エイ

초서 자해 영원(蠑螈).

蠑螈(영원) 도롱뇽목 영원과에 딸린 양서류(兩棲類).

14 ⑳【蠖】 자벌레 확 藥

㊥huò ㊐ワク

소전 초서 자해 자벌레, 척확(尺蠖). 몸을 움츠렸다 폈다 하면서 기어가는 모양이 마치 자로 물건을 재는 듯한 데서 온 이름. 〔易經〕 尺蠖之屈척확지굴.

蠖屈(확굴) ①자벌레가 등을 움츠림. ②사람이 뜻을 얻지 못하여 잠시 굽히거나, 재능을 품고 있으면서도 잠시 은퇴(隱退)하여 있음.

◨ 尺蠖척확.

15 ㉑【蠟】蜡 밀 랍 合

인명 1급 ㊥là ㊐ロウ

초서 속자 蠟 속자 獵 속자 蝋 자해 ❶밀. 꿀벌의 집을 끓여서 짜낸 기름. 〔唐書〕 茶蠟芒硝다랍망초. ❷밀초.

蠟淚(납루) 초가 탈 때에 녹아서 옆으로 흘러내리는 것. 촛농. 燭淚(촉루).

蠟燭(납촉) 밀랍으로 만든 초.

蠟丸(납환) 비밀 누설 또는 습기를 막기 위하여 서류를 봉한 둥근 밀덩이.

◨ 蜜蠟밀랍, 白蠟백랍, 黃蠟황랍.

15 ㉑【蠣】蛎 굴 려 霽

인명 ㊥lì ㊐レイ

소전 초서 자해 굴, 굴조개. 굴과에 속하는 조개의 한 가지.

15 ㉑【蠡】 ①좀먹을 려 霽 ②표주박 라 歌 ③달팽이 려 齊

㊥lǐ, lí, luó ㊐レイ, ラ

소전 초서 동자 蠡 자해 ①좀먹다. ②❶표주박. ❷벌레가 나무의 심을 쏠다. ③❶달팽이. ❷다슬기, 소라고둥.

蠡測(여측) 소라 껍데기로 바닷물을 되어 양을 헤아림. 좁은 견식으로 큰일을 헤아림.

15 ㉑【蠢】 꿈틀거릴 준 軫

인명 1급 ㊥chǔn ㊐シュン

소전 초서 동자 惷 자해 ❶꿈틀거리다, 벌레가 움직이는 모양. 〔莊子〕 蠢動而相使준동이상사, 不以爲賜불이위사. ❷어리석다, 무지하여 사리를 분별하지 못하다. 〔書經〕 蠢玆有苗준자유묘.

蠢動(준동) ①벌레가 굼지럭거림. ②무지한 사람들이 비밀리에 어떤 일을 책동(策動)함. ③불순한 세력이 숨어서 몰래 행동함.

蠢愚(준우) ①느리고 어리석음. ②바보.

蠢爾(준이) ①작은 벌레가 굼지럭거리는 모양. ②무지해서 사리에 어두운 모양.

蠢蠢(준준) ①벌레가 굼지럭거리는 모양. ②예의가 없는 모양. ③나라가 어지러운 모양.

16 ㉒【蠧】 蠹(1123)의 속자

17 ㉓【蠲】 밝을 견 先

㊥juān ㊐ケン

소전 초서 자해 ❶밝다, 밝히다. 〔春秋左氏傳〕 惠公蠲其大德혜공견기대덕. ❷제거(除去)하다, 떨어 버리다. 〔揚雄·文〕 應時而蠲응시이견.

蠲除(견제) ①조세·부역 따위를 면제함. 蠲免(견면). ②제거(除去)함. 없앰.

蠲蕩(견탕) 미납된 조세를 죄다 탕감함.

17 ㉓【蠱】蛊 독 고 麌

인명 ㊥gǔ ㊐コ

소전 초서 동자 蛊 자해 ❶독(毒), 사람을 해치는 것. 〔周禮〕 掌除毒蠱장제독고. ❷벌레. ㉮곡식 속에 있는 벌레. 〔春秋左氏傳〕 穀之飛亦爲蠱곡지비역위고. ㉯주술(呪術)에 써서 남을 해치는 벌레. ❸악기(惡氣), 나쁜 기운. 〔史記〕 以狗禦蠱이구어고. ❹고괘(蠱卦), 64괘(卦)의 하나. 괘형은 ䷑.

蠱毒(고독) 해침. 害毒(해독).

蠱惑(고혹) 남의 마음을 호림.

◨ 毒蠱독고, 巫蠱무고.

17 ㉓【蠭】 蜂(1112)의 고자

18 ㉔【蠹】 좀 두 遇

㊥dù ㊐ト

소전 초서 속자 蠧 고자 蟗 자해 ❶좀, 반대좀. 책이나 의복을 좀먹는 해충. 〔周禮〕 掌除蠹物장제두물. ❷나무좀, 나무굼벵이. 나무에 기생하는 해충. 〔呂氏春秋〕 樹鬱則爲蠹수울즉위두. ❸사물을 좀먹어 해독을 끼치는 것. 〔春秋左氏傳〕 財用之蠹재용지두.

蠹簡(두간) 좀먹은 서류나 책.

蠹國病民(두국병민) 나라를 좀먹고 국민을 병들게 함.

蠹毒(두독) 좀벌레의 해. 害毒(해독).

蠹書(두서) ①좀먹은 책. ②책을 볕에 쬐거나 바람에 쐼.

蠹政(두정) 정치(政治)를 그르침.

◨ 邪蠹사두, 書蠹서두.

18 ㉔【蠶】蚕 누에 잠 覃

인명 2급 ㊥cán ㊐サン

소전 초서 동자 蠺 동자 蝅 동자 蚕

속자 蚕 자해 ❶누에, 누에나방의 유충. 〔詩經〕 蠶月條桑잠월조상. ❷누에 치다, 양잠(養蠶)하다. 〔書經〕 桑土旣蠶상상기잠.

蠶架(잠가) 잠박(蠶箔)을 올려놓는 시렁.

蠶繭(잠견) 누에고치.

蠶卵紙(잠란지) 누에가 알을 슬어 놓은 종이. 蠶紙(잠지).

蠶莓(잠매) ①뱀딸기. ②딸기.

蠶箔(잠박) 누에를 담아 기르는 데 쓰는 채반.

蠶沙(잠사) 누에의 똥. 蠶矢(잠시).

蠶絲(잠사) 고치실. 명주실.

蠶桑(잠상) 누에를 치고 뽕나무를 기름.

蠶食(잠식) ①누에가 뽕잎을 갉아 먹음. ②차츰차츰 남의 나라를 병탄(倂呑)함. ③무거운 세금을 거두어들임. ④스스로 일을 하지 아니하고 남의 것을 먹음.

蠶室(잠실) ①누에를 치는 집이나 방. ②궁형(宮刑)에 처할 사람을 가두는 일종의 감옥. ③누에고치.

蠶蛾(잠아) 누에나방.

蠶衣(잠의) ①누에고치. ②누에를 칠 때 입는 옷. ③명주옷.

蠶蔟(잠족) 누에를 올리는 섶.

蠶織(잠직) 누에를 치고 명주를 짬.

◨ 繭蠶견잠, 耕蠶경잠, 桑蠶상잠, 養蠶양잠.

19 ㉕【蠻】蛮 오랑캐 만 刪

인명 2급 ㊥mán ㊐バン

소전 초서 속자 蛮 자해 ❶오랑캐, 남방의 미개 민족. 〔禮記〕 南方曰蠻남방왈만, 雕題交趾조제교지. ❷

미개 민족의 총칭. 〔班固·賦〕 內撫諸夏내무제하, 外綏百蠻외수백만.
蠻貊(만맥) ①미개인(未開人). '蠻'은 중국의 남쪽, '貊'은 북쪽의 이민족(異民族). ②미개한 나라.
蠻性(만성) 야만적인 성질.
蠻語(만어) ①야만인의 언어. ②외국어를 낮잡아 이르는 말.
蠻勇(만용) 사리를 분간하지 않고 함부로 날뛰는 용기.
蠻族(만족) ①남방의 미개 민족. ②야만적인 민족.
蠻風(만풍) ①야만인의 풍속. 오랑캐의 풍속. ②천한 풍속.
蠻行(만행) 야만적인 행위.
蠻荒(만황) 먼 지방의 미개한 지역.
◨ 南蠻남만, 遠蠻원만, 夷蠻이만.

血部 피혈

0 ⑥【血】 피 혈 屑

중학 인명 4Ⅱ급 ㊥xuè ㊐ケツ

필순 丿 丿 白 白 血 血

소전 초서 자원 會意. 皿+丿→血. 제사 지낼 때 그릇〔皿〕에 담아 놓은 희생(犧牲)의 피〔丿〕를 나타낸다.

자해 ❶피. ㉮몸 안의 피. 〔春秋左氏傳〕 口血未乾而背之구혈미간이배지. ㉯희생의 피. 〔詩經〕 取其血膋취기혈료. ㉰골육의 관계. 〔杜牧·詩〕 血絕然方已혈절연방이. ❷피칠하다, 희생의 피를 그릇에 바르다. 〔漢書〕 兵可毋血刃而俱罷병가무혈인이구파.
血枯(혈고) 월경할 나이에 있는 여자의 월경이 막히는 부인병. 血閉(혈폐).
血管(혈관) 혈액이 통하여 흐르는 관. 핏줄.
血氣(혈기) ①피와 기운. ②격동하기 쉽거나 왕성한 의기.
血痰(혈담) 피가 섞여 나오는 가래.
血路(혈로) ①적의 포위망을 뚫고 벗어나는 결사적인 길. ②곤경을 견디어 벗어나는 어려운 고비. 위급을 면하는 수단.
血淚(혈루) 피눈물. 몹시 슬프거나 분통해서 나오는 눈물.
血脈貫通(혈맥관통) ①신체 내에 혈맥이 통해 있음. ②한 편의 문장이 주제를 위하여 긴밀하게 연락되어 있음.
血脈相通(혈맥상통) 혈맥이 서로 통해 있음. ㉠혈육(血肉) 관계에 있음. ㉡의지가 부합하는 친구 사이.
血盟(혈맹) 희생의 피를 입에 머금거나 입술에 발라 맹세함. 굳게 맹세함.
血色(혈색) 살갗에 나타난 핏기.
血書(혈서) 제 몸의 피를 내어 쓴 글씨. 결의나 맹세가 결사적임을 표시함.
血誠(혈성) 진심에서 나오는 정성.
血稅(혈세) 가혹한 세금.
血讎(혈수) 한사코 갚으려고 하는 원수. 피맺힌 원수.
血眼(혈안) ①핏발이 선 눈. ②기를 쓰고 덤비는 핏대 오른 눈.
血壓(혈압) 혈액이 혈관 속을 흐를 때 생기는 압력.
血液(혈액) 동물의 혈관 속을 순환하는 체액.
血緣(혈연) 같은 핏줄로 이어진 인연.
血怨骨讎(혈원골수) 뼈에 사무친 깊은 원수.
血肉(혈육) ①피와 살. ②자기가 낳은 아들딸. ③부모·자식·형제·자매 등의 가까운 혈족.
血胤(혈윤) 핏줄을 이어받은 자손.
血戰(혈전) 피투성이가 되어 싸움. 목숨을 걸고 싸움.
血祭(혈제) 희생(犧牲)의 피를 바쳐 신에게 제사 지냄.
血族(혈족) 혈통이 이어져 있는 겨레붙이.
血清(혈청) 혈장(血漿)에서 섬유소(纖維素)를 빼낸 황색의 투명한 액체.
血忠(혈충) 혈성(血誠)을 다하는 충성.
血統(혈통) 같은 핏줄의 계통.
血鬪(혈투) 죽기를 각오하고 덤벼드는 싸움.
血汗(혈한) 피와 땀.
血痕(혈흔) 피가 묻은 흔적. 핏자국.
◨ 咯血각혈, 喀血객혈, 冷血냉혈, 白血백혈, 鮮血선혈, 泣血읍혈, 凝血응혈, 赤血적혈, 止血지혈, 出血출혈, 吐血토혈, 下血하혈.

3 ⑨【衂】 衄(1124)과 동자

4 ⑩【衄】 코피 뉵 屋

㊥nǜ ㊐ニク

소전 초서 동자 衂 동자 衂 속자 衂

자해 ❶코피. ❷꺾이다, 패배하다. 〔後漢書〕 臣兵累見折衄신병루견절뉵.
衄血(육혈) 코피. 鼻血(비혈).

5 ⑪【衅】 피 칠할 흔 震

㊥xìn ㊐キン

초서 [초서] 동자 釁 자해 피를 칠하다, 희생의 피를 그릇에 바르다. 〔禮記〕 車甲衅而藏之府庫거갑흔이장지부고, 而弗復用이불부용.

6 ⑫【衇】 혈맥 맥 陌

㊥mài ㊐ミャク

소전 [소전] 동자 衂 자해 혈맥(血脈).

6 ⑫【衆】众 무리 중 送

중학 인명 4Ⅱ급 ㊥zhòng ㊐シュウ

필순 ′ 𠂉 血 血 衆 衆 衆 衆 衆 衆

소전 [소전] 초서 [초서] 본자 眾 자원 會意. 日＋众→衆. 해〔日〕 아래에 세 사람〔众〕이 있는 데서, 해가 뜨자 사람들이 모여서 일을 한다는 뜻을 나타낸다.

자해 ❶무리, 많다. ❷많은 사람. 〔周禮〕 七口以上曰衆칠구이상왈중.

衆寡(중과) ①수효(數爻)의 많음과 적음. ②많은 사람과 적은 사람.

衆寡不敵(중과부적) 무리가 적어서 대적할 수 없음. 소수는 다수에 대적할 수 없음.

衆口難防(중구난방) 많은 사람의 입은 막기가 어려움. 곧, 여론(輿論)의 힘이 큼.

衆口鑠金(중구삭금) 여러 사람의 말은 쇠를 녹임. 참언(讒言)이나 여론의 힘이 큼.

衆論(중론) 여러 사람의 의견.

衆望(중망) ①여러 사람들의 촉망(囑望). ②세상 사람들에게서 받는 신망(信望).

衆目(중목) ①많은 사람들의 눈. ②많은 사람의 관찰.

衆目所視(중목소시) 뭇사람이 지켜보고 있는 바. 衆人所視(중인소시).

衆妙(중묘) 많은 묘리(妙理).

衆芳(중방) 많은 향기로운 꽃. 많은 현신(賢臣)의 비유.

衆賓(중빈) 많은 빈객.

衆生(중생) ①모든 생명 있는 것. 많은 사람들. ②사람 이외의 모든 동물. ③(佛)부처의 구제를 받는 인간과 그 밖의 감정을 가진 일체의 생물.

衆庶(중서) ①모든 백성. ②서출(庶出).

衆小(중소) ①많은 소인. ②많은 속인(俗人).

衆心成城(중심성성) 중인(衆人)의 마음이 일치하면 성처럼 견고하게 됨.

衆怨(중원) ①많은 사람에게서 받는 원망. ②원수가 많아짐.

衆人(중인) ①뭇사람. ②보통 사람.

衆子(중자) 맏아들 이외의 모든 아들.

衆智(중지) 뭇사람의 지혜.

◨ 公衆공중, 觀衆관중, 群衆군중, 大衆대중, 民衆민중, 聽衆청중.

15 ㉑【衊】蔑 모독할 멸 屑

㊥miè ㊐ベツ

소전 [소전] 초서 [초서] 자해 ❶모독하다, 욕되게 하다. 〔漢書〕 汙衊宗室우멸종실. ❷코피를 흘리다. 〔素問〕 衄衊瞑目뉵멸명목.

行部 다닐 행

0 ⑥【行】 1갈 행 庚 2행실 행 敬 3늘어설 항 陽

중학 인명 6급 ㊥háng, xìng, xíng ㊐コウ

필순 ′ 𠂆 彳 彳 行 行

소전 [소전] 초서 [초서] 참고 인명용 음은 '행·항'이다.

자원 會意. 彳＋亍→行. '彳(척)'은 왼발이 걷는 모양, '亍'은 오른발이 걷는 모양. 합하여 좌우의 발을 차례로 옮겨 걸어간다는 뜻을 나타낸다.

자해 1❶가다. ㉮걷다. 〔詩經〕 獨行踽踽독행우우. ㉯나아가다. 〔史記〕 膝行蒲伏슬행포복. ㉰향하여 가다. 〔呂氏春秋〕 使者行至齊사자행지제. ㉱떠나다. 〔春秋左氏傳〕 以其族行이기족행. ㉲돌아다니다, 순수(巡狩)하다. 〔周禮〕 師田行役之事사전행역지사. ㉳겪다, 지내다. 〔國語〕 行年五十矣행년오십의. ㉴흐르다. 〔春秋左氏傳〕 潢汙行潦之水황오행료지수. ❷행하다. ㉮하다, 일하다. 〔論語〕 吾無所行而不與二三子者오무소행이불여이삼자자. ㉯베풀다. 〔禮記〕 行糜粥飮食행미죽음식. ❸행하여지다. 〔戰國策〕 書十上而說不行서십상이설불행. ❹길. ㉮도로(道路). 〔詩經〕 行有死人행유사인. ㉯마땅히 행해야 할 의리(義理). 〔詩經〕 女子有行녀자유행. ㉰이정(里程). 〔老子〕 千里之行천리지행, 始於足下시어족하. ❺행서(行書). 서체(書體)의 하나. 2행실, 행위. 3❶늘어서다, 열위(列位). 〔詩經〕 寘彼周行치피주항. ❷줄, 대열. 25명을 1항(行)으로 한다.

行脚(행각) ①불교에서, 여기저기 돌아다니며

도를 닦는 일. ②어떤 목적으로 여기저기 돌아다님.
行姦(행간) 부정한 남녀 관계를 맺음. 도리에 어긋난 음사(淫事)를 행함.
行間(행간) 글의 줄과 줄의 사이.
行檢(행검) 품행이 방정하고 절도가 있음.
行徑(행경) 왕래하는 작은 길. 샛길.
行鼓(행고) 임금의 거둥 때에 치던 북.
行苦(행고) (佛)삼고(三苦)의 하나. 무상유전(無常流轉)으로 인하여 받는 고통.
行賈(행고) 도붓장수. 도붓장사.
行軍(행군) 군대가 줄을 지어 걸어감.
行宮(행궁) 임금이 순행(巡幸)할 때의 임시 숙소. 行在(행재).
行己(행기) 세상을 살아가는 데 가져야 할 몸가짐. 處身(처신).
行氣(행기) ①마음을 온화하게 함. 기분을 풂. ②도교(道敎)에서 이르는 심호흡술(深呼吸術). ③호기나 기세를 부림.
行囊(행낭) ①우편물을 담아서 보내는 자루. ②여행하는 사람이 휴대하는 자루.
行年(행년) ①세상을 살아온 햇수. 먹은 나이. ②죽은 사람이 이 세상에서 산 나이.
行德(행덕) ①도덕을 행함. ②(佛)불법(佛法)을 수행(修行)하여 얻은 덕(德).
行道(행도) ①길을 감. ②도덕을 실천함. ③길. 도로.
行動擧止(행동거지) 몸의 온갖 동작.
行燈(행등) 길을 다닐 때에 가지고 다니는 등.
行樂(❶행락 ❷행악) ❶즐김. 즐겁게 놂. ❷음악을 세상에 보급함.
行廊(행랑) 대문 양쪽으로 있는 방.
行旅(행려) 나그네가 되어 다님, 또는 그 나그네.
行歷(행력) 지나감.
行令(행령) 명령을 내림.
行路(행로) ①통행하는 길. 道路(도로). ②세상을 살아 나가는 길.
行路難(행로난) 세상살이의 어려움을 길의 험난함에 비유한 말.
行錄(행록) 사람의 언행을 기록한 글.
行馬(행마) ①문(門) 밖에 설치하여 말이 들어오거나 달아나지 못하게 쳐 놓은 울짱. ②적의 침입을 막기 위하여, 못을 박아서 만든 말뚝. ③國쌍륙이나 장기 따위에서 말을 씀.
行媒(행매) 중매를 듦. 중매인.
行文(행문) ①문사(文事)를 행함. ②문장을 지음. 지은 문장.
行方(행방) 간 곳. 간 방향.
行步(행보) 걸음을 걸음. 걷는 걸음.
行使(행사) 부려서 씀. 사용함.
行事(행사) ①일을 거행함. ②행한 일. ③사명을 받들고 가는 일에 관계되는 일. 사자(使者)의 일.
行商(행상) 돌아다니며 물건을 팖.
行賞(행상) 상(賞)을 줌.
行色(행색) 차림새. 모습.
行書(행서) ①서체(書體)의 한 가지. 해서(楷書)와 초서(草書)의 중간 되는 한자체(漢字體). ②보수를 받고 필사(筆寫)를 함. 또는 그 사람. 筆耕(필경).
行先地(행선지) 가는 곳.
行星(행성) 태양 둘레를 공전하는 별.
行世(행세) ①처세하며 행동함. 또는 그 태도. ②거짓 처신하며 행동함. 또는 그 태도.
行首(행수) 한 무리의 우두머리.
行尸走肉(행시주육) 걸어가는 시체와 달리는 고깃덩어리. ㉠살아 있으나 아무것도 할 수 없는 사람. ㉡아무 쓸모없는 사람.
行神(행신) 길을 지키는 신령. 祖神(조신).
行實(행실) 실지로 드러난 행동. 그 사람이 실제로 행한 사실(事實).
行惡(행악) 모질고 나쁜 짓을 행함.
行業(행업) ①행실. 품행. ②(佛)불도(佛道)를 수행함.
行役(행역) ①관(官)의 명령에 따라 토목 사업 또는 국경을 지키는 일에 종사함. ②여행함.
行雲流水(행운유수) ①떠가는 구름과 흘러가는 물. ②國㉠막힘없이 일을 잘 해 나감. ㉡일정한 형체가 없이 늘 변화하는 것의 비유.
行爲(행위) 사람이 행하는 짓.
行吟(행음) 걸으면서 시를 읊음. 걸어가면서 노래를 부름.
行衣(행의) ①여행길의 차림. ②國유생(儒生)이 입는 옷. 소매가 넓은 두루마기에 검은 천으로 가를 꾸몄음.
行誼(행의) 올바른 행위. 방정(方正)한 품행. 行義(행의).
行人(행인) ①길을 가는 사람. 여행하는 사람. ②사자(使者)의 통칭. ③벼슬 이름. 빈객(賓客)을 접대하는 일을 맡아보았음. ④(佛)불도를 수행(修行)하는 사람.
行者(행자) ①길 가는 사람. 行人(행인). ②(佛)불도를 수행하는 사람. ③國행상(行喪) 때 상제를 모시고 가는 사내종.
行狀(행장) ①행동. 몸가짐. 품행. ②한문 문체(文體)의 하나. 사람이 죽은 뒤에 그의 평생 행적을 적은 글.
行裝(행장) 여행할 때 쓰이는 모든 물건. 行具(행구).
行蹟(행적) ①행동의 실적이나 자취. ②평생에 한 일을 죽은 뒤에 이르는 말.
行政(행정) 국가 기관에서 법에 따라 행하는

정무.
行酒(행주) ①주령(酒令)을 행함. ②잔에 술을 쳐서 손에게 드림. 술을 침.
行住坐臥(행주좌와) 가는 일, 멈추는 일, 앉는 일, 눕는 일. 곧, 기거동작(起居動作).
行中(행중) 중도(中道)를 행함.
行止(행지) ①가는 일과 멈추는 일. 행하는 일과 그치는 일. ②행실. 品行(품행). ③주선. 처리. ④행방. 종적.
行直(행직) 성질이 강하고 곧음.
行進(행진) 여럿이 줄을 지어 앞으로 나아감.
行陣(행진) ①진중(陣中). 군대의 열(列). ②군대가 진군함. 行軍(행군).
行次(행차) ①여행 중 잠시 동안 머무는 곳. ②웃어른이 차리고 나서서 길을 감.
行草(행초) ①행서(行書)와 초서(草書). ②초서에 가까운 행서. ③國여행할 때에 가지고 가는 담배.
行態(행태) 하는 짓과 몸가짐.
行悖(행패) 체면에 벗어나는 거친 짓을 함.
行暴(행포) 난폭한 행위.
行幸(행행) 임금이 궁궐 밖으로 거둥함. 임금의 거가(車駕)가 이르는 곳에는 행복이 깃든다는 뜻에서 온 말.
行刑(행형) 형벌을 집행함.
行兇(행흉) 사람을 죽이는 흉악한 짓을 함.
行列(❶항렬 ❷행렬) ❶①군대의 대열. ②군대. ③國같은 혈족(血族) 간의 대수(代數) 관계를 나타내는 말. ❷①여럿이 줄지어 감. 또는 그런 줄. ②여럿이 벌여 선 줄.
行伍(항오) ①군대를 편성한 행렬. ②군대. 고대(古代)의 군제(軍制)에서 25인을 '行', 5인을 '伍'라 하였음.
◨ 苦行고행, 急行급행, 德行덕행, 獨行독행, 善行선행, 施行시행, 實行실행, 言行언행, 旅行여행, 力行역행, 運行운행, 直行직행, 進行진행, 通行통행, 品行품행, 孝行효행.

3 ⑨【衎】 1 즐길 간 翰 2 바를 간 旱
㊥kàn, kǎn ㊐カン
소전 초서 자해 1 **즐기다.** 〔詩經〕嘉賓式燕以衎가빈식연이간. 2 **바르다.** ≒侃.
衎衎(간간) ①즐기는 모양. 화락한 모양. ②강직하고 민첩한 모양.
衎然(간연) 즐기며 기뻐하는 모양.

3 ⑨【衍】 넘칠 연 銑
인명 2급 ㊥yǎn ㊐エン
소전 초서 자해 ❶**넘치다.** 〔尚書大傳〕至今衍於四海지금연어사해. ❷**흐르다.** 〔易經〕衍在中也연재중야. ❸**남다, 나머지.** 〔楚辭〕南北順橢남북순타, 其衍幾何기연기하. ❹**퍼지다, 만연하다.**
衍文(연문) 글 가운데 끼인 쓸데없는 글귀.
衍繹(연역) 뜻을 넓혀 설명함.
衍衍(연연) 물이 흘러가는 모양.
衍義(연의) ①인의(仁義)의 도(道)를 널리 폄. ②뜻을 넓혀서 설명함.
衍溢(연일) 가득 차서 넘침.
衍字(연자) 글 가운데 들어간 군글자.
◨ 蔓衍만연, 敷衍부연, 充衍충연.

5 ⑪【術】 术 꾀 술 質
고등 인명 6급 ㊥shù ㊐ジュツ
필순 彳 彳 彳 彳 徘 徘 徘 徘 徘 術
소전 초서 자원 形聲. 行+朮→術. '朮(출)'이 음을 나타낸다.
자해 1 ❶**꾀, 계략.** 〔淮南子〕用兵有術矣용병유술의. ❷**길.** ㉮**통로**(通路). 〔漢書〕園囿術路원유술로. ㉯**마음씨.** 〔禮記〕心術形焉심술형언. ❸**일, 사업**(事業). 〔禮記〕營道同術영도동술. ❹**재주, 학문**(學問), **기예**(技藝). 〔禮記〕古之學術道者고지학술도자.
術計(술계) 계략(計略). 술책(術策).
術法(술법) ①수단. 방법. ②음양(陰陽)과 복술(卜術) 따위에 관한 이치. 또는 그것을 실현하는 방법.
術士(술사) ①유학(儒學)에 능통한 사람. 儒士(유사). ②방술(方術)에 정통한 사람. 方士(방사). ③술책(術策)이 교묘한 사람.
術數(술수) ①꾀. 術計(술계). ②법제(法制)로서 나라를 다스리는 방법. ③음양(陰陽)·오행(五行)의 원리에 의하여 인사(人事)의 길흉을 추측하는 복서(卜筮)·점술(占術) 따위.
術業(술업) 학술과 기예. 학업.
術藝(술예) ①기술(技術)과 문예(文藝). ②경서(經書)와 예술(藝術). ③역수(曆數)·복서(卜筮)의 술법.
術知(술지) 꾀와 슬기. 술수와 지혜.
術學(술학) 기예(技藝)와 학문(學問).
◨ 劍術검술, 技術기술, 美術미술, 兵術병술, 祕術비술, 算術산술, 手術수술, 藝術예술, 醫術의술, 話術화술.

5 ⑪【衒】 팔 현 霰
인명 1급 ㊥xuàn ㊐ゲン

소전 초서 동자 衒 자해 ❶팔다, 돌아다니면서 팔다. 〔楚辭〕 妖夫曳衒요부예현, 何號于市하호우시. ❷발보이다, 스스로를 자랑하여 남에게 내보이다. 〔舊唐書〕 矜衒긍현, 事多專決사다전결.

衒氣(현기) 자만하는 마음. 뽐내는 모양.

衒耀(현요) 자기의 재학(才學)을 발보임.

衒學(현학) 자기 학문을 발보임. 학자인 체함.

6 ⑫【街】 거리 가 佳

중학 인명 4Ⅱ급 ㊥jiē ㊐ガイ

필순 ノ 彳 彳 彳 行 往 往 往 街 街

소전 초서 자원 形聲. 行+圭→街. '圭(규)'가 음을 나타낸다.

자해 ❶거리, 시가(市街). 〔後漢書〕 入街下馬입가하마, 擁經以前옹경이전. ❷한길, 대로(大路). 〔張衡·賦〕 街衢相經가구상경.

街衢(가구) ①거리. 市街(시가). ②사통팔달(四通八達)의 길.

街談巷語(가담항어) 시중의 하찮은 소문. 세간의 뜬소문. 街談巷說(가담항설).

街道(가도) 곧고 넓은 큰 도로.

街頭(가두) 길가. 길거리.

街路(가로) 도시의 넓은 길.

街巷(가항) 거리. '街'는 곧고 넓은 길, '巷'은 굽고 좁은 길.

◨ 商街상가, 市街시가, 巷街항가.

6 ⑫【衕】 거리 동 送 東

㊥tóng, dòng ㊐トウ

소전 초서 자해 거리, 길거리.

6 ⑫【衜】 微(428)와 동자

6 ⑫【衖】 巷(376)과 동자

7 ⑬【衙】 ①마을 아 麻 ②갈 어 魚

인명 1급 ㊥yú, yá ㊐ガ

소전 초서 참고 인명용 음은 '아'이다.

자해 ①❶마을, 관청. 〔舊唐書〕 在公衙亦准此재공아역준차. ❷대궐, 당대(唐代)에 천자(天子)의 거처(居處). 〔新唐書〕 天子居曰衙천자거왈아. ②가다, 가는 모양. 〔楚辭〕 通飛廉之衙衙통비렴지어어.

衙客(아객) 國지방 수령을 찾아와 관아에서 묵는 손.

衙內(아내) ①궁성(宮城) 안. 관청 안. ②당대(唐代) 궁성(宮城)을 수비하던 금병(禁兵). ③귀족의 자제. 당말(唐末)에서 송초(宋初)까지 귀족(貴族)의 자제를 가까운 관아의 무관(武官)으로 임명한 데서 온 말.

衙隷(아례) 지방 관청에서 부리던 하인.

衙門(아문) ①병영(兵營)의 문. ②관청의 문. ③관청.

衙前(아전) 지방 관청에 딸린 낮은 벼슬아치. 吏胥(이서).

衙參(아참) 아침저녁으로 관리들이 아문(衙門)에 참집(參集)하는 일.

衙衙(어어) 걸어가는 모양.

◨ 公衙공아, 官衙관아, 殿衙전아.

9 ⑮【衛】 衞(1129)의 속자 인명

9 ⑮【衝】 冲 ①찌를 충 图 ②뒤얽힐 종 腫

고등 인명 3Ⅱ급 ㊥chōng, chǒng ㊐ショウ

필순 ノ 彳 彳 行 布 布 衝 衝 衝 衝

소전 초서 본자 衝 참고 인명용 음은 '충'이다.

자원 形聲. 行+重→衝. '重(중)'이 음을 나타낸다.

자해 ①❶찌르다, 치다. 〔戰國策〕 使輕車銳騎衝雍門사경거예기충옹문. ❷향하다. 〔山海經〕 首衝南方수충남방. ❸맞부딪치다. 〔唐詩紀事〕 不覺衝大尹韓愈불각충대윤한유. ❹전거(戰車)의 이름. ≒幢. 〔詩經〕 與爾臨衝여이임충. ②뒤얽히다.

衝激(충격) 서로 세차게 부딪침.

衝擊(충격) ①대들어 들이침. ②부딪쳤을 때의 심한 타격. ③심한 마음의 동요.

衝突(충돌) ①서로 부딪침. ②의견이나 이해관계의 대립으로 서로 맞서서 싸움.

衝動(충동) 순간적으로 어떤 행동을 하고 싶은 욕구를 느끼게 하는 마음속의 자극.

衝斗(충두) 북두성(北斗星)에도 부딪칠 만큼의 거센 세력.

衝然(충연) ①우뚝 서 있는 모양. ②흔들리어 안정되지 않는 모양.

衝要(충요) 중요한 지점. 要衝(요충).

衝天(충천) 높이 솟아 하늘을 찌름. 기세(氣勢)가 드높은 모양.

衝火(충화) 일부러 불을 지름. 放火(방화).

■ 緩衝완충, 要衝요충, 折衝절충.

9 ⑮【衚】 거리 호 虞

㊥hú ㊐コ

초서 자해 거리, 도시의 가로(街路). 〔桃花扇〕 胸中一部縉紳흉중일부진신, 腳下千條衚衕각하천조호동.

衚衕(호동) 거리. 한길.

10 ⑯【衜】 道(1258)의 고자

10 ⑯【衞】 卫 지킬 위 霽

중학 인명 4Ⅱ급 ㊥wèi ㊐エイ

필순

소전 초서 속자 衛 자원 形聲. 行+韋→衞. '韋(위)'가 음을 나타낸다.

자해 ❶지키다. 〔春秋公羊傳〕 朋友相衞붕우상위. ❷영위(營爲)하다, 경영(經營)하다. 〔國語〕 有貨以衞身也유화이위신야. ❸나라 이름. 주대(周代)에 무왕(武王)의 아우 강숙(康叔)을 봉(封)한 나라.

衞士(위사) 궁성(宮城)·능(陵)·관아(官衙)·군영을 지키던 병사. 衞兵(위병).

衞生(위생) 건강의 유지·증진을 위하여 질병을 예방하고 치료에 힘쓰는 일.

衞星(위성) ①행성(行星)의 둘레를 운행하는 작은 천체. ②주된 것 가까이에 있어 그것을 지키거나 그것에 딸리어 있음.

衞正斥邪(위정척사) ①옳은 것을 지키고 사특(邪慝)한 것을 배척함. ②조선 후기에 주자학(朱子學)을 지키고 천주교를 배척하자던 주장.

衞戍(위수) ①부대가 일정한 지역의 질서와 안전을 유지하려고 장기간 머무르면서 경비하는 일. ②국경을 지키던 일. 또는 그런 병사. 수자리.

■ 防衞방위, 守衞수위, 侍衞시위, 護衞호위.

10 ⑯【衡】 1 저울대 형 庚 2 가로 횡 庚

고등 인명 3Ⅱ급 ㊥héng ㊐コウ

필순

소전 초서 참고 인명용 음은 '형'이다.

자원 形聲. 行+角+大→衡. '行(행)'이 음을 나타낸다.

자해 1 ❶저울대. 〔禮記〕 猶衡之於輕重也유형지어경중야. ❷달다, 저울질하다. 〔淮南子〕 衡之於左右형지어좌우, 無私輕重무사경중. ❸가로나무. ㉮들보, 외나무를 가로지른 문. 〔詩經〕 衡門之下형문지하. ㉯수레채 끝에 댄 횡목(橫木). 〔論語〕 倚於衡의어형. ❹멍에. 2 가로, 가로눕다. ≒橫. 〔孟子〕 一人衡行於天下일인횡행어천하.

衡門(형문) ①두 개의 기둥에 한 개의 횡목(橫木)을 가로질러서 만든 허술한 대문. ㉠누추한 집. ㉡은자(隱者)가 사는 곳. ②궁궐 앞에서서 천자를 지키는 사람.

衡平(형평) 균형이 잡혀 있음.

衡行(횡행) 도(道)를 거슬러 마음대로 행동함. 橫行(횡행).

■ 均衡균형, 銓衡전형, 平衡평형.

12 ⑱【衝】 衝(1128)의 본자

18 ㉔【衢】 네거리 구 虞

인명 1급 ㊥qú ㊐ク

소전 초서 자해 ❶네거리, 사통팔달의 도로(道路). 〔春秋左氏傳〕 尸諸周氏之衢시저주씨지구, 加木焉가목언. ❷갈림길, 기로(岐路).

衢街(구가) 큰 길거리.

衢國(구국) 지형적으로 사방에서 적의 공격을 받는 위치에 있는 나라.

衢路(구로) 갈림길. 사방으로 통하는 길.

衣部 옷 의

0 ⑥【衣】 옷 의 微

중학 인명 6급 ㊥yī ㊐イ

필순 丶 亠 ナ 衣 衣 衣

소전 초서 참고 '衣'가 한자의 구성에서 변에 쓰일 때는 모양이 '衤'으로 바뀌고, '옷의변'이라고 한다.

자원 象形. 亠+从→衣. '亠'는 덮어 가리는 모양, '从'은 모든 사람을 뜻한다. 사람의 윗도리를 가리는 옷이라는 뜻을 나타낸다.

자해 ❶옷. ㉮저고리, 윗도리에 입는 옷. 〔詩經〕 綠衣黃裳록의황상. ㉯예복, 나들이옷. 〔詩經〕 薄澣我衣박한아의. ㉰가사(袈裟), 승려의 법

衣 0 획

복. ❷입다, 입히다. 〔論語〕 衣弊縕袍의폐온포.
衣架(의가) 옷걸이. 횃대. 衣桁(의항).
衣巾(의건) ①의복과 수건. ②의복과 두건.
衣冠(의관) ①옷과 갓. 사(士) 이상이 갖추어 입는 옷차림. ②옷을 입고 관을 씀. ③문물이 열리고 예의가 바른 풍속.
衣冠之會(의관지회) ①문물이 열리고 예의가 바른 사회. ②의상지회(衣裳之會).
衣裘(의구) 옷과 갖옷. 의복.
衣錦夜行(의금야행) 비단옷을 입고 밤길을 감. 부귀하게 되었으나, 그 보람이 없음. 衣繡夜行(의수야행).
衣囊(의낭) 호주머니.
衣糧(의량) 의복과 식량.
衣類(의류) 옷 종류의 총칭.
衣鉢(의발) ①(佛)가사와 바리때. 스승에게서 전수받은 불법(佛法)의 오의(奧義). ②학문·기예 등을 손아랫사람에게 전하는 일.
衣服(의복) 옷.
衣裳(의상) ①옷. ②저고리와 치마. ③어진 임금. 덕망 높은 선비.
衣裳之治(의상지치) 구태여 법을 제정하는 일을 하지 아니하고, 덕에 의하여 국민을 저절로 교화하는 일.
衣裳之會(의상지회) 예복(禮服)을 입은 사람들의 모임. 곧, 평화의 회담, 평화적인 회합.
衣食(의식) ①의복과 음식. ②입는 일과 먹는 일. 생활.
衣食住(의식주) ①입는 옷과 먹는 양식과 사는 집. 인간 생활의 삼대 요소. ②생활.
衣纓(의영) ①의복과 갓끈. ②조정의 관리. 벼슬아치.
◨ 錦衣금의, 綺衣기의, 衲衣납의, 綠衣녹의, 麻衣마의, 羽衣우의, 着衣착의, 脫衣탈의, 弊衣폐의, 布衣포의.

3 ⑧ 【衫】 적삼 삼 咸

인명 ㊥shān ㊐サン

소전 초서 자해 ❶적삼, 윗도리에 입는 홑옷. ❷옷, 의복의 통칭. 〔新唐書〕 士人以棠苧襴衫爲上服사인이당저란삼위상복.

3 ⑧ 【表】 겉 표 篠

중학 인명 6급 ㊥biǎo ㊐ヒョウ

필순 一 十 丰 𡗗 耒 耒 表 表

소전 초서 동자 褾 자원 會意·形聲. 衣+毛→𧘝→表. '毛'를 안으로 받친 웃옷, 윗도리라는 뜻을 나타낸다. '毛'는 음(音)도 나타낸다.

자해 ❶겉. ㉮거죽, 겉면. 〔潘岳·誄〕 人見其表인견기표, 莫測其裏막측기리. ㉯바깥, 역외(域外). 〔書經〕 至于海表지우해표. ❷나타내다. ㉮밝히다. 〔禮記〕 君子表微군자표미. ㉯표하다, 안표(眼標)를 해 두다. 〔荀子〕 水行者表深수행자표심, 使人無陷사인무함. ㉰드러내다. 〔後漢書〕 表彰德信표창덕신, 是以化致升平시이화치승평. ❸기, 정기(旌旗). 〔國語〕 車無退表거무퇴표. ❹규범(規範), 모범. 〔禮記〕 仁者天下之表也인자천하지표야. ❺표(表). 임금에게 올리는 서장(書狀). ¶ 出師表출사표.
表決(표결) 의안(議案)에 대한 가부(可否) 의사를 표시하여 결정함.
表具(표구) 종이·천 따위를 써서 병풍·족자 따위를 꾸며 만드는 일. 粧潢(장황).
表記(표기) ①표시하여 기록함. ②문자나 부호를 써서 말을 기록하는 일.
表裏不同(표리부동) 사람이 겉 다르고 속 다름. 마음이 음흉하고 불량함.
表面(표면) 겉으로 드러난 면.
表明(표명) ①표시하여 명백히 함. ②나타나 명백해짐.
表文(표문) ①임금 또는 조정(朝廷)에 올리던 글의 한 가지. ②문장(文章).
表白(표백) 드러내어 밝히거나 나타내어 말함.
表象(표상) 대표적인 상징.
表率(표솔) ①스스로 규칙을 세워 여러 사람을 이끎. ②모범. 본보기.
表叔(표숙) 외삼촌. 外叔(외숙).
表示(표시) 드러내어 보임.
表意(표의) 뜻을 나타냄.
表異(표이) ①특이한 점을 나타냄. ②표창함.
表迹(표적) 겉에 나타난 형적.
表情(표정) 감정이나 정서 따위가 얼굴에 나타난 상태.
表旌(표정) 충신·효자·열녀를 표창하여 정문(旌門)을 세움. 또는 그 정문.
表從(표종) 외사촌. 外從(외종).
表奏(표주) 표(表)를 올려 아룀.
表紙(표지) 책의 겉장.
表次(표차) 표를 만들어 순서를 세움.
表彰(표창) 선행(善行)을 기리어 널리 세상에 드러내는 일. 表章(표장). 表顯(표현).
表則(표칙) 본보기. 모범.
表親(표친) 외척(外戚).
表土(표토) 경작에 적당한 표면의 흙.
表表(표표) 뛰어나 눈에 잘 띄는 모양. 두드러지게 나타나는 모양.
表皮(표피) 겉가죽. 겉껍질.

表現(표현) 의견·감정 따위를 드러내어 나타냄.
表兄(표형) 외사촌 형. 外從兄(외종형).
◨ 公表공표, 代表대표, 圖表도표, 墓表묘표, 發表발표, 旌表정표, 賀表하표, 華表화표.

4 ⑩【衮】 袞(1132)과 동자

4 ⑨【衿】 ①옷깃 금 侵 ②맬 금 沁
인명 ⊕jīn ⊟キン
동자 襟 동자 裣 자해 ①옷깃. 〔詩經〕 青青子衿청청자금. ②매다, 잡아매다. 〔禮記〕 衿纓綦屨금영기구.

4 ⑩【衾】 이불 금 侵
인명 1급 ⊕qīn ⊟キン
소전 초서 동자 衾 자해 이불. 침구의 한 가지. 〔詩經〕 抱衾與裯포금여주.
衾具(금구) 이불. 금침. 寢具(침구).
衾褥(금욕) 이불과 요. 곧, 침구.
衾枕(금침) 이불과 베개. 곧, 침구.
◨ 綾衾능금, 枕衾침금.

4 ⑨【衲】 기울 납 合
인명 1급 ⊕nà ⊟ドウ
초서 자해 ❶깁다, 옷을 수선하다. 〔戴復古·詩〕 衲被蒙頭睡납피몽령수. ❷장삼, 승려의 옷. 〔戴叔倫·詩〕 挂衲雲林淨괘납운림정.
衲衣(납의) (佛)①승려가 입는 검정 옷. 장삼. ②승려의 딴 이름.
衲子(납자) (佛)승려. 衲僧(납승).

4 ⑨【袂】 소매 몌 霽
인명 1급 ⊕mèi ⊟ベイ
소전 초서 자해 소매. 〔春秋公羊傳〕 反袂拭面반몌식면.
袂別(몌별) 소매를 나눔. 이별함.
◨ 分袂분몌, 衣袂의몌.

4 ⑩【衰】 ①쇠할 쇠 支 ②줄 최 灰 ③도롱이 사 歌
고등 인명 3Ⅱ급 ⊕shuāi, cuī ⊟スイ
필순 丶 亠 广 亡 声 袁 亨 亨 亨 衰

소전 초서 참고 인명용 음은 '쇠' 이다.
자원 象形. 본래 사람이 띠로 엮어 만든 비옷을 입고 있는 모습을 본뜬 글자로, '도롱이' 라는 뜻을 나타낸다.
자해 ①쇠하다. ㉮약해지다. 〔論語〕 及其老也급기로야, 血氣旣衰혈기기쇠. ㉯작아지다, 적어지다. 〔春秋左氏傳〕 其周德之衰乎기주덕지쇠호. ㉰늙다. 〔淮南子〕 年衰志憫년쇠지민. ㉱여위다. 〔呂氏春秋〕 人之老也인지로야, 形益衰형익쇠. ②줄다. 〔戰國策〕 日食飮得無衰乎일식음득무쇠호. ③도롱이. ＝蓑. 〔詩經〕 何衰何笠하사하립.
衰境(쇠경) 늙바탕. 老境(노경).
衰困(쇠곤) 몸이 쇠약하고 고달픔.
衰軀(쇠구) 쇠약하여진 몸.
衰亂(쇠란) 쇠하며 어지러워짐.
衰老(쇠로) 늙어서 쇠약해짐.
衰亡(쇠망) 쇠잔하여 멸망함.
衰門(쇠문) 영락(零落)한 집안.
衰微(쇠미) 쇠퇴하여 미약함.
衰憊(쇠비) 쇠약하여 지침.
衰世(쇠세) 망하여 가는 세상.
衰顔(쇠안) 쇠한 얼굴. 衰容(쇠용).
衰眼(쇠안) 쇠약해진 시력(視力).
衰弱(쇠약) 몸이 쇠하여 약해짐.
衰殘(쇠잔) 쇠퇴하여 상함. 영락(零落)함.
衰盡(쇠진) 기운이 쇠하여 다함.
衰退(쇠퇴) 쇠하여 전보다 못해짐.
衰敗(쇠패) 쇠하여 기력이 없어짐.
衰弊(쇠폐) 쇠약하여 피폐(疲弊)함.
衰麻(최마) 최복(衰服)으로 지은 베옷.
衰服(최복) 아들이 부모, 증조부모, 고조부모의 상중에 입는 상복(喪服).
衰裳(최상) 베로 만든 치마 모양의 상복.
衰絰(최질) ①상중(喪中)에 입는 삼베옷. '衰'는 상복(喪服), '絰'은 상복을 입을 때 두르는 요질(腰絰)과 수질(首絰). ②거상(居喪).
◨ 老衰노쇠, 盛衰성쇠.

4 ⑩【袁】 옷 길 원 元
인명 2급 ⊕yuán ⊟エン
소전 초서 자해 옷이 긴 모양, 옷이 치렁치렁한 모양.

4 ⑨【衵】 속속곳 일 質
⊕yì ⊟ジツ
자해 속속곳. 여자의 맨 속에 입는 내의. 〔春秋左氏傳〕 皆衷其衵服개충기일복, 以戲于朝이희우조.

衣 4획

袒服(일복) 부인의 속옷. 부인의 땀받이.

4 ⑨【衽】 옷깃 임 沁

㊥rèn ㊐ジン

소전 초서 동자 衽 동자 袵 자해 ❶옷깃. 〔潘岳·賦〕 且斂衽以歸來兮차렴임이귀래혜. ❷옷섶. ❸여미다, 옷깃을 바로잡다. 〔新序〕 衽襟而肘見임금이주견. ❹소매. ❺요. 〔禮記〕 請衽何趾청임하지.

衽席(임석) ①깔개 자리. ②요. ③침실(寢室).

4 ⑩【衷】 속마음 충 東

인명 2급 ㊥zhōng ㊐チュウ

소전 초서 자해 ❶속마음, 정성스러운 마음. 〔顏延之·五君詠〕 深衷自此見심충자차견. ❷가운데, 중앙(中央). 〔春秋左氏傳〕 不止將取其衷부지장취기충. ❸속옷. 〔春秋左氏傳〕 衷其衵服충기일복.

衷懇(충간) 충심(衷心)으로 간청(懇請)함.
衷曲(충곡) 마음속 깊이 간직한 섬세한 감정. 간절하고 애틋한 마음. 心曲(심곡).
衷誠(충성) 마음속에서 우러나오는 정성.
衷心(충심) 진정에서 우러나는 마음. 衷心(충심). 衷懷(충회).
衷情(충정) 진심에서 우러나는 참된 정.
◨ 苦衷고충, 聖衷성충.

5 ⑪【袈】 가사 가 麻

인명 1급 ㊥jiā ㊐カ

초서 자해 가사(袈裟).

袈裟(가사) ①털옷. 毛衣(모의). ②(佛)승려가 장삼 위에, 왼쪽 어깨에서 오른쪽 겨드랑 밑으로 걸쳐 입는 옷.

5 ⑩【袪】 소매 거 魚

㊥qū ㊐キョ

소전 초서 자해 ❶소매, 소맷자락. 〔詩經〕 摻執子之袪兮삼집자지거혜. ❷소맷부리, 수구(袖口). ❸열다, 흩다. 〔漢書〕 合袪於天地神祇합거어천지신기.

袪痰(거담) 담을 없앰.

5 ⑪【衮】 곤룡포 곤 阮

인명 1급 ㊥gǔn ㊐コン

소전 초서 동자 袞 속자 襌 자해 곤룡포. 〔詩經〕 衮衣繡裳곤의수상.

衮龍袍(곤룡포) 천자가 입던 용을 수놓은 예복. 衮服(곤복). 衮袍(곤포). 衮衣(곤의).
衮冕(곤면) ①곤룡포와 면류관. ②조정(朝廷)에 들어가 벼슬함.
衮裳(곤상) 천자 및 삼공이 입던 예복.
◨ 御衮어곤, 龍衮용곤.

5 ⑩【袒】 웃통 벗을 단 旱

인명 ㊥tǎn ㊐タン

소전 초서 자해 웃통을 벗다. ㉮왼쪽 어깨를 벗는 예(禮). 예를 행할 때 왼쪽 소매를 벗어 왼쪽 어깨를 드러내다. 〔孟子〕 雖袒裼裸裎於我側수단석라정어아측. ㉯소매를 걷어 올리다.

袒肩(단견) 웃통을 벗음.
袒免(단문) 왼쪽 어깨를 벗고, 관(冠)을 벗어 머리를 묶음. 유복지친(有服之親) 이외의 친족 상사(喪事)에 조의를 표하는 일.

5 ⑪【袋】 자루 대 隊

인명 1급 ㊥dài ㊐タイ

초서 자해 자루, 부대, 주머니. =帒. 〔隋書〕 有司嘗進乾薑以布袋유사상진건강이포대.

袋鼠(대서) 캥거루.
◨ 書袋서대, 布袋포대.

5 ⑪【袤】 길이 무 宥

㊥mào ㊐ボウ

소전 초서 자해 길이, 남북의 길이, 세로의 길이. 〔史記〕 延袤萬餘里연무만여리.

5 ⑩【袢】 속옷 번 元

㊥fán ㊐ハン

소전 초서 자해 속옷, 땀받이로 속에 입는 옷.

袢暑(번서) 옷에 배는 더위.
袢延(번연) ①헐렁하게 여유가 있는 옷. ②더운 기운.

5 ⑩【袖】 소매 수 宥

인명 1급 ㊥xiù ㊐シュウ

초서 [자해] ❶소매, 옷의 소매. 〔史記〕 長袖善舞장수선무. ❷소매에 넣다, 소매 속에 숨기다. 〔劉禹錫·詞〕 袖刃妬名娼수인투명창.
袖口(수구) 소맷부리.
袖手傍觀(수수방관) 팔짱을 끼고 곁에서 보고만 있음. 응당 해야 할 일을 그대로 버려둠.
袖珍(수진) 소매 속에 들어갈 만한 작은 책. 袖珍本(수진본).
袖箚(수차) 임금에게 직접 바치던 상소.
◨ 羅袖나수, 舞袖무수, 領袖영수.

5 ⑩ 【袗】 홑옷 진 軫
인명 ㊥zhěn ㊐シン
소전 초서 [자해] ❶홑옷, 홑으로 된 여름옷. 〔論語〕 當暑袗絺綌당서진치격. ❷아름다운 옷, 수놓아 꾸민 옷. 〔孟子〕 被袗衣피진의.
袗絺綌(진치격) 갈포(葛布)로 만든 홑옷. 칡베옷. '絺'는 올이 고운 것, '綌'은 올이 굵은 것. 葛衣(갈의).

5 ⑩ 【袙】 ①휘장 파 禡 ②머리띠 말 黠
㊥pà, mò ㊐ハ, ミャク
[자해] ①휘장, 둘러치는 넓은 천. ＝帊·帕. ②머리띠. 무인(武人)의 머리에 둘러 귀천을 나타내는 표지. ＝帕. 〔後漢書〕 爲絳袙以表貴賤위강말이표귀천.

5 ⑩ 【袍】 핫옷 포 豪
인명 1급 ㊥páo ㊐ホウ
소전 동자 裦 [자해] ❶핫옷, 솜을 둔 겨울옷. 〔詩經〕 與子同袍여자동포. ❷웃옷, 겉에 입는 옷. 도포 따위. 〔唐書〕 袍仗精整포장정정.

5 ⑩ 【被】 ①이불 피 紙 ②입을 피 寘
고등 인명 3Ⅱ급 ㊥bèi, bì ㊐ヒ
필순 丶 ㇇ 衤 衤 衤 衤 衤 衭 袚 被
소전 초서 [자원] 形聲. 衣＋皮→被. '皮(피)'가 음을 나타낸다.
[자해] ①이불. 〔楚辭〕 翡翠珠被비취주피. ②❶입다. ㉮옷을 입다. 〔孟子〕 被袗衣피진의. ㉯은혜 등을 입다. 〔趙岐·辭〕 幼被慈母三遷之教유피자모삼천지교. ㉰피해·부상 등을 당하다. 〔諸葛亮·表〕 陟險被創척험피창. ㉱쓰다, 덮어쓰다. 〔禮記〕 被髮衣皮피발의피. ❷당하다. 수동을 나타내는 말. 〔史記〕 信而見疑신이견의, 忠而被謗충의피방.
被褐懷玉(피갈회옥) 겉에는 굵은 베옷을 입었으나 속에는 옥을 품고 있음. 현인(賢人)이 지덕(智德)을 갖추었으나 겉으로 드러내지 않음.
被甲(피갑) 갑옷을 입음.
被擊(피격) 습격이나 공격을 당함.
被告(피고) 소송에서 고소를 당한 사람.
被衾(피금) 이부자리.
被動(피동) 남에게 작용을 받음.
被拉(피랍) 납치를 당함.
被命(피명) 윗사람에게서 명령을 받음.
被髮(피발) 머리를 풀어 헤침. 披髮(피발).
被髮徒跣(피발도선) 부모상에 여자가 머리를 풀고 버선을 벗는 일.
被髮左衽(피발좌임) 머리털을 흐트러뜨리고 옷깃을 왼쪽으로 여밈. ㉠미개한 종족의 풍속. ㉡중원(中原) 사람이 미개한 종족의 통치를 받음.
被服(피복) ①옷. 옷을 입음. ②몸에 입음. 몸에 받음. ③몸소 행함.
被覆(피복) ①덮어씌움. ②이불로 덮음.
被殺(피살) 살해를 당함.
被選(피선) 선거에서 뽑힘.
被訴(피소) 제소를 당함.
被襲(피습) 습격을 당함.
被奪(피탈) 빼앗김. 약탈을 당함.
被害(피해) 해를 입음.

6 ⑪ 【袺】 옷섶 잡을 결 屑
㊥jié ㊐ケツ
소전 초서 [자해] 옷섶을 잡다. 〔詩經〕 采采芣苢채채부이, 薄言袺之박언결지.

6 ⑪ 【袷】 겹옷 겹 洽
㊥jiá ㊐コウ
소전 초서 [자해] 겹옷. 두 겹으로 지은 옷. ＝裌. 〔漢書〕 服繡袷綺衣복수겹기의.
袷衣(겹의) 겹옷.

6 ⑪ 【袴】 ①바지 고 遇 ②샅 과 禡
인명 1급 ㊥kù ㊐コ
초서 동자 絝 속자 褲 [참고] 인명용 음은 '고'이다.

자해 ① **바지.** 가랑이가 있는 아랫도리 옷. 〔禮記〕 衣不帛襦袴의불백유고. ② **샅, 사타구니, 두 다리의 사이.** ＝胯. 〔史記〕 出我袴下출아과하.
袴褶(고습) 융복을 입고 말을 탈 때에 두 다리를 가리던 아랫도리옷. 사마치.

6 ⑪ 【袿】 여자 웃옷 규 齊

中guī 日ケイ

초서 자해 ❶**여자의 웃옷.** 〔後漢書〕 袿裳鮮明규상선명. ❷**옷자락.**

6 ⑫ 【裂】 찢을 렬 屑

고등 인명 3Ⅱ급 中liè 日レツ

필순 一 ㄏ 歹 歹 列 列 刭 裂 裂 裂 裂

소전 초서 동자 𧘑 고자 𧚓 자원 形聲. 列＋衣→裂. '列(렬)'이 음을 나타낸다.

자해 **찢다, 찢어지다.** 〔禮記〕 衣裳綻裂의상탄렬.
裂開(열개) 찢어져 벌어짐. 찢어 벌림.
裂帛(열백) ①비단을 찢음. ②비단을 찢을 때 나는 소리. ③비단을 찢어 편지(便紙)로 함. ④소쩍새가 우는 소리.
裂傷(열상) 피부가 찢어진 상처.
裂指(열지) 병자가 위독할 때 제 손가락을 째서 깨끗한 피를 마시게 하는 일.
裂罅(열하) 터져서 생긴 틈서리.
◨ 決裂결렬, 龜裂균열, 凍裂동렬, 分裂분열, 綻裂탄열, 破裂파열.

6 ⑪ 【袱】 보 복 屋

中fú 日フク

초서 자해 **보, 보자기.** 〔王明清·文〕 尋得一小袱심득일소복.
袱紙(복지) 약첩을 싸는 종이. 약봉지.

6 ⑫ 【裁】 마를 재 灰

고등 인명 3Ⅱ급 中cái 日サイ

필순 + 土 圭 丰 丰 丰 丰 裁 裁 裁

소전 초서 자원 形聲. 𢦏＋衣→裁. '𢦏(재)'가 음을 나타낸다.

자해 ❶**마르다, 마름질하다.** 〔謝惠連·詩〕 裁用笥中刀재용사중도. ❷**옷을 짓다.** 〔玉臺新詠〕 十四學裁衣십사학재의. ❸**분별하다.** 〔唐書〕 於鑒裁尤長어감재우장. ❹**억제하다, 제어하다.** 〔楚辭〕 爲螻蟻之所裁위루의지소재.
裁可(재가) ①안건(案件)을 재량하여 결정함. ②임금이 국사를 결재하여 허가함.
裁減(재감) 재량하여 감함.
裁決(재결) 옳고 그름을 판단하여 결정함.
裁斷(재단) 옷감 따위를 본에 맞추어 마름. 마름질.
裁量(재량) 짐작하여 헤아림.
裁縫(재봉) 옷감을 말라 바느질함.
裁成(재성) 알맞게 처리하여 일을 성취함.
裁抑(재억) 못하게 억누름. 裁制(재제).
裁酌(재작) 재량하고 참작함.
裁定(재정) 옳고 그름을 판단하여 결정함.
裁判(재판) 쟁송(爭訟)을 해결하기 위하여 법원이나 법관이 내리는 공권적 판단.
裁許(재허) 재결(裁決)하여 허가함.
◨ 決裁결재, 抑裁억재, 制裁제재, 體裁체재.

7 ⑫ 【裌】 겹옷 겹 洽

中jiā 日キョウ

자해 ❶**겹옷, 겹으로 된 옷.** ＝袷. 〔杜甫·詩〕 地偏初衣裌지편초의겹. ❷**옷깃.**

7 ⑬ 【裘】 갖옷 구 尤

中qiú 日キュウ

소전 초서 동자 𧚍 자해 **갖옷, 가죽옷, 털가죽옷.** 〔詩經〕 狐裘黃黃호구황황.
裘葛(구갈) ①갖옷과 갈포옷. ②겨울옷과 여름옷. 의복(衣服). ③더위와 추위가 바뀜. 겨울과 여름. ④일 년(一年).
裘褐(구갈) ①갖옷과 거친 털옷. 추위를 막는 겨울옷. ②검소한 의복. ③은사(隱士).
裘馬(구마) 갖옷과 말. 부유한 생활의 비유.
◨ 羊裘양구, 貂裘초구, 皮裘피구, 狐裘호구.

7 ⑫ 【裙】 치마 군 文

인명 中qún 日クン

초서 동자 㾛 자해 **치마.** 여자의 아랫도리에 입는 겉옷. ＝帬. 〔張華·白紵歌〕 羅裙飄颻昭儀光라군표요소의광.
裙帶(군대) 치마와 허리띠.
裙襦(군유) 속옷. 땀받이.
裙釵(군차) ①치마와 비녀. ②부녀자.
◨ 羅裙나군, 紅裙홍군.

7 ⑬ 【㾛】 ① 帬(380)과 동자 ② 裙(1134)과 동자

7 ⑬【裊】袅 간드러질 뇨 篠

㊥niǎo ㊐ジョウ

초서 동자 嫋 자해 간드러지다, 하늘하늘하다. 〔元稹·詩〕樹裊游絲上수뇨유사상.

7 ⑬【裏】里 속 리 紙

고등 인명 3Ⅱ급 ㊥lǐ ㊐リ

필순 亠 亠 亠 亩 亩 重 重 重 裏 裏

소전 초서 동자 裡 자원 形聲. 衣+里→裏. '里(리)'가 음을 나타낸다.

자해 ❶속. ㉮내부, 가운데. 〔李白·詩〕不知明鏡裏부지명경리. ㉯속마음, 충심(衷心). 〔春秋左氏傳〕伯父無裏言백부무리언. ㉰태, 모태(母胎). 〔詩經〕不屬于毛불속우모, 不離于裏불리우리. ❷안. ㉮옷의 안. 〔詩經〕綠衣黃裏록의황리. ㉯사물의 안쪽.

裏書(이서) 어음·수표 등의 소유자가 그것의 뒷면에 필요한 사항을 적고 서명하여 상대편에게 주는 일. 背書(배서).

裏題(이제) 책의 첫 장에 적힌 제목.

裏海(이해) ①대륙 내에 있는 바다. 內海(내해). ②現카스피 해.

◨ 腦裏뇌리, 心裏심리, 表裏표리, 胸裏흉리.

7 ⑫〖裡〗 裏(1135)와 동자 인명 1급

7 ⑫【補】补 기울 보 麌

고등 인명 3Ⅱ급 ㊥bǔ ㊐ホ

필순 丶 ㇇ 礻 衤 衤 衤 衦 衤 補 補

소전 초서 고자 䋠 자원 形聲. 衣+甫→補. '甫(보)'가 음을 나타낸다.

자해 깁다. ㉮옷 따위의 해진 데를 깁다. 〔禮記〕紉箴請補綴인잠청보철. ㉯고치다. 〔大戴禮〕疾其過而不補也질기과이불보야. ㉰보수(補修)하다. 〔荀子〕事暴君者사폭군자, 有補削유보삭, 無撟拂무교불.

補強(보강) 모자라거나 약한 부분을 보태고 채워 튼튼하게 함.

補過拾遺(보과습유) 신하가 임금의 덕 가운데 모자라는 부분을 기워 보탬.

補闕(보궐) 빈자리를 채움.

補給(보급) 물자나 자금 따위를 대어 줌.

補氣(보기) 약을 먹거나 영양을 섭취하여 원기를 도움.

補導(보도) 도와서 올바른 데로 인도함.

補償(보상) 남에게 끼친 재산상의 손해를 금전으로 갚음.

補色(보색) 색상(色相)을 달리하는 두 색을 섞어서 흰색·회색·흑색 따위 무채색(無彩色)을 이룰 때, 이 두 색을 서로 다른 색에 대해서 이르는 말. 餘色(여색).

補修(보수) 상했거나 부서진 부분을 손질하여 고침.

補習(보습) 일정한 과정을 마친 사람에게 적당한 교과(教科)를 더 보충하여 가르침.

補身(보신) 보약이나 영양 식품 등을 먹어 몸의 원기를 도움.

補藥(보약) 몸을 보하는 약.

補完(보완) 모자라는 것을 더하여 완전하게 함.

補遺(보유) 빠진 곳을 기워서 채움. 또는 그 채운 것.

補陰(보음) 몸의 음기(陰氣)를 도움.

補塡(보전) 보태어 채움.

補劑(보제) ①몸을 보하는 약제. 補藥(보약). ②처방(處方) 가운데의 주약(主藥)을 돕거나 부작용을 덜기 위하여 넣는 약제.

補助(보조) 모자란 것을 보태어 도움. 또는 도움이 되는 그것.

補足(보족) 모자람을 보태어 넉넉하게 함.

補佐(보좌) 윗사람 곁에서 일을 도움.

補輯(보집) 책의 부족한 내용을 더하여 편집함. 補葺(보즙).

補綴(보철) ①해어진 데를 기움. ②옛 글귀를 모아 시문(詩文)을 지음.

補充(보충) 모자람을 보태어 채움.

補弊(보폐) 폐단을 바로잡음.

補血(보혈) 약을 써서 부족한 피를 보충함.

◨ 裨補비보, 修補수보, 完補완보, 塡補전보.

7 ⑬【裒】 1 모을 부 尤 2 큰 자락 보 豪

㊥póu, bāo ㊐ホウ

초서 자해 1 ❶모으다, 모이다. 〔詩經〕原隰裒兮원습부혜. ❷덜다, 감소하다. 〔詩經〕裒荊之旅부형지려. 2 큰 자락, 큰 옷자락.

7 ⑬〖裟〗 가사 사 麻

인명 ㊥shā ㊐サ

초서 자해 가사(袈裟). 장삼 위에 왼쪽 어깨에서 오른쪽 겨드랑 밑으로 걸쳐 입는 승려의 옷. 〔慧皎·傳〕且披袈裟차피가

衣 7획

사, 振錫杖진석장.

7
⑬【裔】 후손 예 霽

인명 1급 ㊥yì ㊐エイ

소전 초서 자해 ❶후손, 후사. 〔書經〕德垂後裔덕수후예. ❷옷자락. ❸변방, 변경(邊境). 〔春秋左氏傳〕裔夷之俘예이지부.

裔孫(예손) 대(代) 수가 먼 자손.
裔胄(예주) 먼 후손. 裔孫(예손).
◨ 後裔후예.

7
⑫【裕】 넉넉할 유 遇

고등 인명 3Ⅱ급 ㊥yù ㊐ユウ

필순 丶 ㇇ 衤 衤 衤 衤 衤 衤 衤 裕 裕 裕

소전 초서 자원 形聲. 衣＋谷→裕. '谷(곡)'이 음을 나타낸다.

자해 ❶넉넉하다. ㉮유족하다. 〔法言〕天地裕於萬物乎천지유어만물호. ㉯너그럽다, 관대하다. 〔書經〕裕乃以民寧유내이민녕. ❷넉넉하게 하다, 풍요롭게 하다. 〔國語〕裕其衆庶유기중서.

裕寬(유관) 너그러움.
裕福(유복) 살림이 넉넉함.
裕足(유족) 살림살이가 넉넉함.
◨ 寬裕관유, 餘裕여유.

7
⑬【裛】 향내 밸 읍 緝

㊥yì ㊐ユウ

소전 초서 자해 ❶향내가 배다. 〔韋莊·詩〕麝裛戰袍香사읍전포향. ❷책갑, 책 주머니.

7
⑬【裝】装 꾸밀 장 陽

고등 인명 4급 ㊥zhuāng ㊐ソウ

필순 丨 ㅓ ㅕ 疒 壯 壯 壯 裝 裝 裝 裝

소전 초서 동자 裹 속자 装 자원 形聲. 壯＋衣→裝. '壯(장)'이 음을 나타낸다.

자해 ❶꾸미다. ㉮화장을 하다. 〔後漢書〕脂澤裝具지택장구. ㉯수식하다. 〔韋莊·詩〕寶裝軍器麗보장군기려. ❷차림. ㉮옷차림. 〔後漢書〕何不改裝하불개장. ㉯행장, 길 떠날 차림. 〔戰國策〕約車治裝약거치장. ㉰의복이나 신변의 도구. 〔晉書〕貨其嫁時資裝화기가시자장.

裝甲(장갑) ①갑옷을 입고 투구를 갖춤. ②적의 탄환을 막기 위하여 선체(船體)나 차체(車體)를 강철판(鋼鐵板)으로 싸는 일.
裝束(장속) ①몸을 꾸며 차림. 몸차림. ②예복(禮服)을 입음. 성장(盛裝)함. ③여행 준비를 함. 행장(行裝)을 갖춤.
裝送(장송) 시집보낼 여러 가지 준비.
裝飾(장식) 아름답게 꾸밈. 또는 그 꾸밈새.
裝身具(장신구) 몸치장에 쓰이는 물건들.
裝載(장재) 포장하여 배나 수레에 실음.
裝塡(장전) ①총포(銃砲)에 탄약을 잼. ②속에 채워 넣음.
裝幀(장정) ①책을 매어 표지를 붙임. ②책에 의장(意匠)을 함.
裝着(장착) 기구나 장비 따위를 부착함.
裝置(장치) 기계·설비 따위를 설치함. 또는 그 설치한 물건.
◨ 假裝가장, 改裝개장, 武裝무장, 變裝변장, 服裝복장, 扮裝분장, 旅裝여장, 包裝포장, 行裝행장.

7
⑬【裹】 裝(1136)과 동자

7
⑫【裎】 벌거숭이 정 梗

㊥chéng ㊐テイ

소전 초서 자해 벌거숭이, 벌거벗다. 〔孟子〕雖袒裼裸裎於我側수단석라정어아측.

8
⑬【裾】 ① 옷자락 거 魚 ② 거만할 거 御

㊥jū, jù ㊐キョ

소전 초서 자해 ① 옷자락, 옷의 뒷자락. ② 거만하다. ≒倨. 〔漢書〕禹爲人廉裾우위인렴거.

裾裾(거거) 의복이 훌륭한 모양.
◨ 輕裾경거, 衣裾의거.

8
⑬【裩】 褌(1138)과 동자

8
⑭【裹】 쌀 과 哿

㊥guǒ ㊐カ

소전 초서 자해 ❶싸다, 보자기로 싸다. ¶ 裹革과혁. ❷꽃송이. 〔宋玉·賦〕綠葉紫裹록엽자과. ❸풀의 열매, 초실(草實). 〔郭璞·賦〕濯穎散裹탁영산과.

裹頭(과두) ①머리를 천으로 싸맴. ②관례(冠禮)를 치름. ③승려가 다시 속인(俗人)으로

衣 7획

돌아옴. 還俗(환속). ④國염습(殮襲)할 때 시체의 머리를 싸는 데 쓰는 수의.
裹糧(과량) ①양식을 쌈. ②먼 길을 떠날 때에 가지고 가는 양식.
裹足(과족) 발을 싸맴. ㉠두려워서 발걸음이 떨어지지 않음. ㉡먼 길을 걸어서 여행함.
裹革(과혁) 시체를 말가죽으로 쌈. 전장에서 죽음. 裹屍馬革(과시마혁).

8 ⑬【褂】 마고자 괘 卦

㊥guà ㊐カイ

초서 자해 마고자, 장유(長襦). 저고리 위에 덧입는 방한복의 하나.

8 ⑬【裣】 衿(1131)과 동자

8 ⑬【裸】 벌거숭이 라 哿

인명 2급 ㊥luǒ ㊐ラ

초서 본자 蠃 동자 躶 동자 臝 자해 ❶벌거숭이. 〔列子〕被髮而裸피발이라. ❷벌거벗다. 〔漢書〕裸躬就笞라궁취태.
裸麥(나맥) 보리의 한 가지. 쌀보리.
裸跣(나선) 알몸과 맨발.
裸葬(나장) 관(棺)을 쓰지 않고 시체만을 염하여 묻음.
裸蟲(나충) ①몸에 털·날개·비늘 따위가 없는 벌레. ②사람.
裸形(나형) 나체(裸體). 裸身(나신).
◨ 赤裸裸적나라, 全裸전라.

8 ⑬【裲】 배자 량 養

㊥liǎng ㊐リョウ

초서 자해 배자. 〔沈約·詩〕單衫繡裲襠단진수량당.
裲襠(양당) 소매 없는 저고리. 배자.

8 ⑭【裴】 ①옷 치렁치렁할 배 灰 ②나라 이름 비 微

인명 2급 ㊥péi, féi ㊐ハイ

소전 초서 동자 裵 참고 인명용 음은 '배'이다.

자해 ①옷이 치렁치렁하다. ②나라 이름. '郋裴(즉비)'는 한대(漢代)의 제후국. =棐.

8 ⑭【裵】 裴(1137)와 동자

8 ⑬【裶】 옷 치렁치렁할 비 微

㊥fēi ㊐ヒ

자해 ❶옷이 치렁치렁하다, 옷이 긴 모양. 〔司馬相如·賦〕紛紛裶裶분분비비. ❷옷자락을 잘잘 끄는 모양.

8 ⑬【裨】 도울 비 支

인명 1급 ㊥bì ㊐ヒ

소전 초서 자해 ❶돕다, 보좌하다. 〔漢書〕籍爲裨將적위비장. ❷보태다, 모자라는 것을 더하여 깁다. 〔國語〕裨諸侯之闕비제후지궐.
裨補(비보) 도와서 모자람을 채움.
裨益(비익) ①보태어 도움. ②유익함.
裨將(비장) ①부장군(副將軍). ②조선 때 감사(監司)·유수(留守)·병사(兵使)·수사(水使)·견외 사신(遣外使臣) 들을 따라다니며 돕던 관원.
裨助(비조) 보조함. 도움.

8 ⑭【裳】 치마 상 陽

고등 인명 3Ⅱ급 ㊥cháng ㊐ショウ

필순 丨 ⺌ 尚 尚 尚 尚 裳 裳 裳 裳

초서 자원 形聲. 尙+衣→裳. '尙(상)'이 음을 나타낸다.

자해 치마, 아랫도리에 입는 옷. 〔詩經〕綠衣黃裳록의황상.
◨ 同價紅裳동가홍상, 衣裳의상.

8 ⑬【裼】 ①웃통 벗을 석 錫 ②포대기 체 霽

㊥xī, tì ㊐セキ, テイ

소전 초서 자해 ①웃통을 벗다, 웃통을 벗어 어깨를 드러내다. 〔孟子〕雖袒裼裸裎於我側수단석라정어아측. ②포대기, 강보(襁褓). 〔詩經〕載衣之裼재의지체.

8 ⑭【製】 制 지을 제 霽

중학 인명 4Ⅱ급 ㊥zhì ㊐セイ

필순 ⺊ ⺊ 㐄 伟 制 制 製 製 製 製

소전 초서 자원 形聲. 制+衣→製. '制(제)'가 음을 나타낸다.

자해 ❶짓다. ㉮옷을 짓다. 〔春秋左氏傳〕子有美錦자유미금, 不使人學製焉불사인학제언. ㉯마르다, 치수에 맞추어 베다. 〔楚辭〕製芰荷以

衣 8획

爲裳兮제기하이위상혜. ❷시문(詩文). 〔杜甫·詩〕灑落富淸製쇄락부청제. ❸옷. ㉮갖옷, 가죽옷. ㉯비옷, 우의(雨衣). 〔春秋左氏傳〕成子衣製杖戈성자의제장과.
製鋼(제강) 강철을 만듦.
製菓(제과) 과자를 만듦.
製圖(제도) 기계·건축물 등의 설계 도면을 그려 만듦.
製鍊(제련) 광석(鑛石)에서 금속을 빼내어 정제함.
製法(제법) 물품을 만드는 방법.
製本(제본) 인쇄물 등을 매고, 겉장을 붙여 책으로 만듦. 製册(제책).
製粉(제분) 가루를 만듦.
製氷(제빙) 얼음을 만듦.
製絲(제사) 솜이나 고치 또는 합성 섬유 따위로 실을 뽑음.
製述(제술) 시문(詩文)을 지음.
製藥(제약) 약을 만듦.
製鹽(제염) 소금을 만듦.
製作(제작) ①물건을 만듦. 製造(제조). ②글을 지음.
製材(제재) 원목을 켜서 재목을 만듦.
製劑(제제) 약품을 만듦.
製造(제조) 원료를 가공하여 제품을 만듦.
製紙(제지) 종이를 만듦.
製鐵(제철) 철광석을 녹여 무쇠를 뽑음.
製版(제판) 인쇄판을 만듦.
製品(제품) 물건을 만듦. 또는 만든 그 물건.
製靴(제화) 구두를 만듦.
製革(제혁) 짐승의 날가죽을 다루어 부드러운 가죽으로 만듦.
◨ 工製공제, 官製관제, 御製어제, 特製특제.

8 ⑬【裯】 ①홑이불 주 尤 ②속옷 도 豪

㊥chóu, dāo ㊐チュウ, トウ

소전 초서 자해 ①홑이불, 홑겹의 이불. 〔詩經〕抱衾與裯포금여주. ②속옷, 땀받이로 입는 속옷. 〔楚辭〕被荷裯之晏晏兮피하도지안안혜.

9 ⑭【褐】 털옷 갈 本할 曷

인명 1급 ㊥hè ㊐カツ

소전 초서 동자 褐 자해 ❶털옷, 모포로 지은 옷. 〔詩經〕無衣無褐무의무갈. ❷베옷, 거친 베로 지은 옷. ❸천인(賤人). 〔春秋左氏傳〕余與褐之父睨之여여갈지부예지. ❹갈색, 다색(茶色).
褐巾(갈건) 엉성한 베로 만든 두건(頭巾). 葛巾(갈건).
褐寬博(갈관박) ①천한 사람이 입는 모직 옷. '寬博'은 헐렁하게 지은 의복. ②천한 사람.
褐夫(갈부) 갈관박(褐寬博)을 입은 천한 사람. 褐父(갈부).
褐衣(갈의) ①거친 모직물로 만든 옷. 또는 짧은 옷. ②천한 사람이 입는 옷. 葛衣(갈의).
褐鐵(갈철) 황갈색 또는 흑갈색의 철.
◨ 裘褐구갈, 短褐단갈.

9 ⑭【褌】 裈 잠방이 곤 元

㊥kūn ㊐コン

초서 동자 幝 동자 裩 자해 잠방이. 가랑이가 짧은 홑고의.

9 ⑭【褙】 속적삼 배 隊

인명 ㊥bèi ㊐ハイ

자해 ❶속적삼. ❷배접(褙接)하다.
褙子(배자) ①길고 소매가 있는 부인의 웃옷. ②國마고자 모양의 소매가 없는 덧저고리.
褙接(배접) 종이나 헝겊 따위를 여러 겹 포개어 붙임.
褙布(배포) 가죽신이나 함지박 따위를 질기고 단단하게 하려고 풀칠을 하여 여러 겹으로 붙인 헝겊이나 종이. 배악비.

9 ⑭【褓】 포대기 보 晧

인명 ㊥bǎo ㊐ホウ

초서 동자 緥 자해 포대기. 어린아이를 업을 때 두르는 보.
褓負商(보부상) 國봇짐장수와 등짐장수.
◨ 襁褓강보, 負褓商부보상.

9 ⑭【複】 复 ①겹옷 복 屋 ②겹칠 부 宥

고등 인명 4급 ㊥fù ㊐フク

필순 ⺂ 衤 衤 衤 衤 衫 袹 複 複 複

소전 초서 본자 褈 참고 인명용 음은 '복'이다.

자원 形聲. 衣+复→複. '复(복)'이 음을 나타낸다.

자해 ①❶겹옷. ❷겹치다, 거듭되다. 〔陸游·詩〕山重水複疑無路산중수복의무로. ②겹치다.
複道(복도) ①상하 이중으로 만든 낭하(廊下). 復道(복도). ②건물 안에 다니게 된 긴 통로. 廊下(낭하). ③건물과 건물 사이에 비를 맞지 않도록 지붕을 씌워 만든 통로.

衣 8획

複名(복명) 두 글자로 된 이름.
複本(복본) 원본(原本)을 그대로 베낀 서류.
複寫(복사) ①원본을 베낌. ②그림·문서 등을 복제함.
複線(복선) 겹줄.
複姓(복성) 두 자로 된 성(姓).
複數(복수) 둘 이상의 수.
複式(복식) 둘 또는 그 이상으로 되는 형식이나 방식.
複雜(복잡) 겹치고 뒤섞여 어수선함.
複製(복제) 본떠서 다시 만듦. 책이나 예술 작품 등을 그대로 본떠서 다시 만듦.
複合(복합) 둘 이상을 하나로 합함.
◨ **單複**단복, **繁複**번복, **重複**중복.

9 ⑮ 【褎】 1소매 수 宥 2나아갈 유 宥
㊥xiù, yòu ㊐シュウ
소전 초서 동자 褏 자해 1소매. 〔詩經〕羔裘豹褎고구표수. 2❶나아가다. ❷옷이 화려한 모양. 〔詩經〕褎如充耳유여충이.

9 ⑮ 【褏】 褎(1139)와 동자

9 ⑭ 【褞】 褞(1140)의 속자

9 ⑭ 【褑】 1패옥 띠 원 霰 2옷 원 元
인명 ㊥yuàn, yuán ㊐エン
자해 1**패옥 띠, 패옥을 차는 띠, 노리개를 차는 옷고름.** 2**옷.**

9 ⑭ 【褕】 고울 유 虞
㊥yú ㊐ユ
소전 초서 동자 愉 자해 **곱다, 옷이 아름답다.** 〔史記〕褕衣甘食유의감식.
褕衣(유의) 아름다운 옷.

9 ⑭ 【褚】 솜옷 저 語
㊥zhǔ ㊐チョ
소전 초서 자해 ❶**솜옷, 핫옷.** ¶ 褚衣저의. ❷**구의**(柩衣). 관(棺) 위를 덮는 홑이불 같은 것. 〔禮記〕素錦褚소금저. ❸**주머니.**
褚衣(저의) 솜옷. 핫옷.

9 ⑭ 【褊】 좁을 편 銑
㊥biǎn ㊐ヘン
소전 초서 동자 惼 자해 **좁다.** ㉮**옷의 품이 좁다.** ㉯**땅이 좁다.** 〔孟子〕齊國雖褊小제국수편소, 吾何愛一牛오하애일우. ㉰**능력의 한계가 좁다.** 〔楚辭〕淺智褊能兮천지편능혜.
褊急(편급) 소견이 좁고 성미가 급함.
褊忌(편기) 마음이 좁고 시기심이 많음.
褊陋(편루) 소견이 좁고 비루함.
褊隘(편애) 마음이 좁음.
褊狹(편협) ①땅이 궁벽하고 좁음. ②도량이 좁음.

9 ⑮ 【褒】 기릴 포 本보 豪
인명 1급 ㊥bāo ㊐ホウ
소전 본자 褎 자해 ❶**기리다, 칭찬하다.** ¶ 褒賞포상. ❷**넓고 큰 옷자락.** 〔漢書〕褒衣博帶포의박대.
褒賜(포사) 칭찬하여 물품을 하사함.
褒賞(포상) 칭찬하고 기림. 기려 물품을 줌.
褒揚(포양) 칭찬하고 추어올림. 褒奬(포장).
褒慰(포위) 공적을 칭찬하고 노고를 위로함.
褒章(포장) 표창하여 주는 휘장(徽章).
褒題(포제) 國감사(監司)가 관할 지역 수령(守令)의 치적을 임금에게 알리던 글.
褒懲(포징) 포상(褒賞)과 징계(懲戒).
褒稱(포칭) 칭찬함. 稱揚(칭양).
褒貶(포폄) ①칭찬과 나무람. ②시비선악(是非善惡)을 판단하여 결정함.

9 ⑮ 【褘】 袆 1폐슬 휘 微 2향낭 위 微
인명 ㊥huī, yī ㊐キ, イ
소전 초서 참고 인명용 음은 '위'이다.
자해 1❶**폐슬**(蔽膝). 조복(朝服)이나 제복(祭服)을 입을 때 가슴에서 늘여 무릎을 가리는 천. ❷**꿩을 그린 왕후의 제복**(祭服). ≒翬. 〔周禮〕褘衣위의. 2**향낭**(香囊). ≒幃.

10 ⑯ 【褰】 출 건 先
㊥qiān ㊐ケン
소전 초서 고자 騫 자해 ❶**추다, 옷자락을 추어올리다.** ≒攐. 〔詩經〕褰裳涉溱건상섭진. ❷**바지.** 〔春秋左氏傳〕徵褰與襦징건여유.
褰裳(건상) 옷자락이나 치마를 추어올림.

衣 10획

10 ⑯【褧】 홑옷 경 迥

中jiǒng 日ケン

소전 초서 자해 홑옷. 안을 대지 않은 옷. =絅. 〔詩經〕衣錦褧衣의금경의.

10 ⑮【褲】 袴(1133)의 속자

10 ⑮【褦】 피서립 내 隊

中nài 日ダイ

초서 자해 피서립(避暑笠). 볕을 가리기 위하여 대오리와 천으로 만든 모자.

褦襶子(내대자) ①피서립(避暑笠)을 쓴 사람. ②더운 날씨에 성장을 하고 남을 찾아가는 사람. 미욱하여 사정에 어두운 사람의 비유.

10 ⑮【縕】 무명 핫옷 온 元

中wēn 日オン

초서 속자 褞 자해 무명 핫옷, 변변하지 않은 옷, 허술한 옷. 〔王沈·論〕袞龍出於縕褐곤룡출어온갈.

縕褐(온갈) ①무명 핫옷. 무명으로 만든 솜옷. ②신분이 낮은 사람의 비유.

縕袍(온포) 솜을 두툼하게 놓은 옷. 허술한 옷.

10 ⑮【褥】 요 욕 沃

인명 中rù 日ジョク

초서 자해 요, 까는 침구. 〔後漢書〕給帷帳牀褥급유장상욕.

褥席(욕석) 요. 잠자리.

10 ⑮【褫】 빼앗을 치 紙

中chǐ 日チ

소전 초서 자해 ❶빼앗다. 〔後漢書〕強梁褫氣강량치기. ❷옷을 벗겨 빼앗다. 〔易經〕終朝三褫之종조삼치지.

褫職(치직) 관직을 빼앗음. 免職(면직).

褫奪(치탈) 관직 따위를 빼앗음.

10 ⑮【褪】褪 바랠 퇴 本돈 願

인명 1급 中tùn 日トン

초서 자해 ❶바래다, 빛이 바래어 엷어지다. ¶ 褪色퇴색. ❷벗다, 옷을 벗다.

褪色(퇴색) 빛이나 색이 바램.

10 ⑯【褭】 懷(481)의 고자

11 ⑯【襁】 포대기 강 養

인명 中qiǎng 日キョウ

소전 초서 동자 襁 동자 繈 자해 ❶포대기. 어린아이를 업을 때 두르는 보. 〔列子〕人生有不見日月인생유불견일월, 不免襁褓불면강보. ❷업다, 사람을 등에 업다. 〔論語〕襁負其子而至矣강부기자이지의.

襁褓(강보) ①포대기. ②어릴 적. 襁緥(강보).

11 ⑯【褸】褸 남루할 루 麌

인명 中lǚ 日ル

소전 초서 자해 남루하다, 헐벗은 모양, 해진 옷. =縷. 〔白居易·賦〕傳衣念襤褸전의념람루.

11 ⑯【複】 複(1138)의 본자

11 ⑰【褻】褻 더러울 설 屑

인명 中xiè 日セツ

소전 초서 자해 ❶더럽다, 더럽히다. ¶ 猥褻외설. ❷무람없다, 친압하다. 〔論語〕雖褻必以貌수설필이모. ❸속옷. ¶ 褻衣설의. ❹평복, 평상복. 〔論語〕紅紫不以爲褻服홍자불이위설복. ❺업신여기다. 〔禮記〕欲民之毋相褻也욕민지무상설야.

褻器(설기) ①똥·오줌을 받아 내는 그릇. 요강. 虎子(호자). ②손을 씻는 그릇.

褻瀆(설독) ①모독함. 모욕함. ②더럽혀짐.

褻慢(설만) 무례하고 방자함.

褻服(설복) ①속옷. ②평상복.

褻言(설언) ①천한 말. 외설(猥褻)한 말. ②너무 친근하게 여겨 무람없이 하는 말.

褻翫(설완) 가까이하여 늘 완상함.

褻衣(설의) ①평복(平服). ②속옷.

◨ 猥褻외설.

11 ⑯【褶】 1주름 습 緝 2겹옷 첩 葉

인명 中xí, dié 日シュウ

초서 참고 인명용 음은 '습'이다.

자해 1 ❶주름. ¶ 褶曲습곡. ❷사마치, 말을 탈 때 입는 바지. 2 ❶겹옷. 〔儀禮〕襚者以褶수자이첩. ❷덧옷, 옷 위에 덧입는 옷.

衣 10획

褶曲(습곡) ①주름져 굽음. ②지각 운동의 영향으로 지층에 물결 모양으로 생긴 주름.

11 ⑰【褱】 도울 양 ㊍상 陽

인명 2급 ㊥xiāng ㊐ジョウ

소전 초서 자해 ❶돕다, 조력하다. ❷오르다, 높은 곳으로 가다. 〔書經〕懷山襄陵회산양릉. ❸하다, 이루다. 〔春秋左氏傳〕不克襄事불극양사. ❹돌다, 운행(運行)하다. 〔詩經〕跂彼織女기피직녀, 終日七襄종일칠양.

11 ⑰【褒】 褒(1139)의 본자

12 ⑰【襌】禅 홑옷 단 寒

㊥dān ㊐タン

소전 초서 자해 ❶홑옷. 〔禮記〕襌爲絅단위경. ❷속옷, 땀받이로 맨 안에 입는 옷. 〔漢書〕衣紗縠襌衣의사곡단의.

襌衣(단의) 홑옷. 單衣(단의).

12 ⑰【襏】 도롱이 발 曷

㊥bó ㊐ハツ

자해 도롱이, 우의(雨衣).

12 ⑰【襒】 털 별 屑

인명 ㊥bié ㊐ヘツ

초서 자해 털다, 옷을 털다, 옷으로 훔치다. 〔史記〕適趙적조, 平原君側行襒席평원군측행별석.

12 ⑰【襍】 雜(1352)의 본자

13 ⑱【襟】 옷깃 금 侵

인명 1급 ㊥jīn ㊐キン

초서 동자 裣 동자 衿 자해 ❶옷깃. 〔楚辭〕霑余襟之浪浪점여금지랑랑. ❷가슴, 마음, 생각. ¶ 襟懷금회.

襟帶(금대) ①옷깃과 띠. 의복. ②산이나 강에 둘러싸인 요해지(要害地).

襟度(금도) 금회(襟懷)와 도량(度量).

襟章(금장) 군인이나 학생의 옷깃에 붙여서 계급·소속·학년 따위를 표시하는 휘장.

襟懷(금회) 마음속에 품은 생각. 襟抱(금포).

◨ 衣襟의금, 胸襟흉금.

13 ⑱【襠】裆 잠방이 당 陽

㊥dāng ㊐トウ

초서 자해 ❶잠방이, 농부가 입는 짧은 홑고의. 〔六書故〕襠당, 窮袴也궁고야. ❷등거리, 배자.

13 ⑲【襞】 주름 벽 陌

㊥bì ㊐ヘキ

소전 초서 자해 ❶주름. 치마 주름 따위. 〔史記〕襞積褰縐벽적건추. ❷접다, 옷을 개키다.

襞積(벽적) 옷의 주름. '積'도 주름.

13 ⑱【襚】 수의 수 寘

㊥suì ㊐スイ

소전 초서 동자 䙡 자해 수의(壽衣), 죽은 사람에게 입히는 옷, 수의를 선물로 보내다. 〔儀禮〕君使人襚군사인수.

13 ⑱【襖】袄 웃옷 오 皓

㊥ǎo ㊐オウ

소전 초서 자해 웃옷, 두루마기. 〔韓愈·詩〕破襖請來綻파오청래탄.

13 ⑱【襜】 1행주치마 첨 鹽 2오랑캐 담 覃

㊥chān, dān ㊐セン, タン

소전 초서 동자 襝 자해 1❶행주치마, 폐슬(蔽膝). ❷적삼, 길이가 짧은 홑옷. ¶ 襜褕첨유. 2오랑캐, 오랑캐 나라의 이름. 〔史記〕滅襜襤멸담람.

襜褕(첨유) 짧은 홑옷. 單衣(단의).

14 ⑲【襨】 國의대 대

자해 의대(衣襨). ㉮임금의 옷. ㉯무당이 굿할 때 입는 옷.

14 ⑲【襤】褴 누더기 람 覃

인명 ㊥lán ㊐ラン

소전 초서 동자 檻 동자 繿 자해 누더기, 해어진 옷. ¶ 襤褸남루.

衣 14획

襤褸(남루) 누더기. 해어져 너덜너덜한 옷.
襤衣(남의) 해어진 옷.

14 ⑲【襦】 저고리 유 虞

㊥rú ㊐ジュ

소전 초서 동자 襩 자해 ❶저고리. 허리까지 내려가는 저고리로, 겹 혹은 핫으로 겨울에 추위를 막는 옷. ❷속옷. 땀받이로 속에 입는 짧은 옷. 〔後漢書〕平生無襦평생무유, 今五絝금오고.
襦衣(유의) ①저고리. ②國동옷.

15 ⑳【襪】袜 버선 말 月

인명 1급 ㊥wà ㊐バツ

초서 동자 韤 자해 버선, 족의(足衣). 〔曹植·文〕凌波微步릉파미보, 羅襪生塵라말생진.

15 ⑳【襭】 옷자락 꽂을 힐 屑

㊥xié ㊐ケツ

소전 초서 동자 擷 자해 옷자락을 꽂다, 옷자락 끝을 띠에 꽂고 그 속에 물건을 넣다. 〔詩經〕薄言襭之박언힐지.

16 ㉒【襲】袭 엄습할 습 緝

고등 인명 3Ⅱ급 ㊥xí ㊐シュウ

필순

소전 초서 자원 形聲. 龍＋衣→襲. '龍(룡)' 이 음을 나타낸다.

자해 ❶엄습하다, 불의에 쳐들어가다. 〔春秋穀梁傳〕齊侯襲莒제후습거. ❷잇다, 계승하다. 〔漢書〕襲琁室與傾宮兮습선실여경궁혜. ❸겹치다. ㉮옷을 껴입다. 〔禮記〕寒不敢襲한불감습. ㉯포개다. 〔淮南子〕此聖人所以重仁襲恩차성인소이중인습은. ❹벌, 갖추어진 옷을 세는 단위.
襲擊(습격) 갑자기 적을 덮쳐 침.
襲殮(습렴) 죽은 사람의 몸을 씻은 뒤에 옷을 입히는 일. 殮襲(염습).
襲封(습봉) 제후(諸侯)가 선대(先代)의 봉지(封地)를 세습함.
襲承(습승) 뒤를 이어받음.
襲用(습용) 그전대로 눌러 씀.
襲衣(습의) ①옷을 껴입음. ②염습(殮襲)할 때 시체에 입히는 옷.
襲因(습인) 옛것을 좇아 함. 因襲(인습).
襲取(습취) 습격하여 빼앗음.
◨ 急襲급습, 踏襲답습, 世襲세습, 掩襲엄습, 逆襲역습, 因襲인습, 被襲피습.

16 ㉑【襯】衬 속옷 친 本츤 震

㊥chèn ㊐シン

초서 자해 ❶속옷. ¶ 襯衣친의. ❷가까이하다, 접근하다. 〔李商隱·詩〕香肌冷襯琤琤珮향기랭친쟁쟁패.
襯衣(친의) 속옷. 땀받이.

17 ㉒【襴】 난삼 란 寒

㊥lán ㊐ラン

초서 자해 난삼(襴衫). ≒幱. 〔綱目集覽〕馬周以三代布深衣因于其下著襴刃裾마주이삼대포심의인우기하착란인거, 名曰襴衫명왈란삼, 以爲上士之服이위상사지복.
襴衫(난삼) ①저고리와 치마가 이어지고 옷자락에 가선을 두른 옷. 진사(進士)와 국자생(國子生)·주현생(州縣生) 들이 입던 옷. ②國생원(生員)·진사(進士)에 합격했을 때에 입던 예복. 녹색이나 검은빛의 단령(團領)에 각기 같은 빛의 선을 둘렀음. 幱衫(난삼).

襾部 덮을 아

0 ⑥【襾】 덮을 아 禡

㊥yà ㊐ア

소전 참고 西(1142)는 딴 자.
자원 會意. 凵＋冂＋一→襾. '凵' 은 밑에서 덮고 '冂' 은 그것을 위에서 덮고, '一' 은 그것을 또 덮어 가린다는 데서 '덮다, 엄폐하다' 의 뜻을 나타낸다.
자해 덮다, 가려 덮다.

0 ⑥【西】 서녘 서 齊

중학 인명 8급 ㊥xī ㊐セイ

필순 一 丁 冂 丙 襾 西

소전 초서 참고 襾(1142)는 딴 자.
자원 象形. 弓＋囟→卥→西. '弓' 은 새〔鳥〕, '囟' 는 새의 보금자리의 모양. 합하여 새가 보금자리에 듦을 뜻하며, 그때는 해가 서쪽에 질 때이므로 '서쪽' 이라는 뜻을 나타낸다.

衣 14획

자해 **서녘, 서쪽**. 사시(四時)로는 가을, 오행(五行)으로는 금(金), 간지(干支)로는 유(酉), 팔괘(八卦)로는 태(兌)에 배당된다. 〔論衡〕 西方金也서방금야, 其星白虎也기성백호야.

西經(서경) 본초 자오선을 0도로 하여 서쪽 180도까지의 경선(經線).

西崑體(서곤체) 송대(宋代) 초에 유행한 시체(詩體)의 한 가지. 당대(唐代) 이상은(李商隱)의 시풍(詩風)을 본받아 고사(故事)의 인용과 화려한 수사, 대구(對句)를 중요하게 여겼음.

西瓜(서과) 수박.

西郊(서교) ①도시의 서쪽 교외(郊外). ②가을의 들. 서울의 서쪽 들에서 가을을 맞는 제사를 지낸 데서 이르는 말.

西教(서교) ①불교(佛教). ②서양의 종교. 천주교·기독교 따위.

西歐(서구) 서유럽. 西歐羅巴(서구라파).

西紀(서기) 예수가 태어난 해를 원년(元年)으로 삼는 서력의 기원.

西道(서도) 國황해도와 평안도.

西班(서반) ①무관(武官)의 반열(班列). ②무관. 조회 때에 문관은 동쪽에, 무관은 서쪽에 서 있었던 데서 온 말.

西方(서방) ①서쪽. ②서쪽 지방. ③서유럽의 자유주의 국가.

西方淨土(서방정토) (佛)서쪽 십만 억 국토 저쪽에 있다고 하는 극락세계.

西廂(서상) 집의 서쪽 채.

西序(서서) ①집의 서쪽 채. 西廂(서상). ②하대(夏代)의 소학(小學). 왕궁의 서쪽에 있었던 데서 온 말.

西成(서성) 가을에 농작물이 익어 거두어들이는 일. 음양오행설에서 가을이 서(西)에 해당하는 데서 온 말.

西洋(서양) 유럽과 아메리카 대륙의 여러 나라.

西諺(서언) 서양의 속담.

西域(서역) 중국의 서쪽 지역에 있던 여러 나라의 총칭. 넓게는 서아시아·중앙아시아·인도를 포함하나, 좁게는 지금의 신강성(新疆省)·천산 남로(天山南路) 지방을 가리킴.

西王母(서왕모) 신화에 나오는 선녀의 이름. 곤륜산(崑崙山)에 살며 불사약(不死藥)을 가졌다 함.

西人(서인) ①춘추 시대 주(周)나라 서울인 호경 사람. ②송대(宋代)의 서하(西夏) 사람. ③서양 사람. ④조선 때 당파(黨派)의 하나. 선조(宣祖) 때 김효원(金孝元)을 중심으로 한 동인(東人)에 대하여 심의겸(沈義謙)을 중심으로 한 당파.

西藏(서장) 티베트의 한자 이름.

西征(서정) ①서쪽을 향하여 감. 서쪽을 정벌(征伐)함. ②사람이 죽음. 해가 서쪽으로 짐을 비유한 말.

西窓(서창) ①서쪽으로 난 창. ②부인(婦人)의 거실.

西天(서천) ①서쪽 하늘. ②서천 서역국(西天西域國). 중국에서 인도(印度)를 일컫던 말.

西風(서풍) ①서쪽에서 불어오는 바람. 갈바람. ②가을바람. 음양오행설에서 가을이 서(西)에 해당하는 데서 온 말.

西學(서학) ①주대(周代)의 소학(小學). 도성(都城)의 서쪽 교외에 있었던 데서 이르는 말. ②國서양의 학문. ③천도교.

西海(서해) ①서쪽에 있는 바다. ②황해(黃海).

◨ **江西**강서, **關西**관서, **南西**남서, **隴西**농서, **東西**동서, **嶺西**영서.

3 ⑨ **【要】** ①구할 요 蕭 ②사북 요 嘯

중학 인명 5급 ㊥yāo, yào ㊐ヨウ

필순 一 ㄧ 币 襾 襾 西 覀 要 要

소전 초서 동자 要 자원 象形. 사람이 허리에 두 손을 대고 있는 모습을 본뜬 글자. 본래 '허리'를 뜻하였으나 뒤에 '요구하다'라는 뜻으로 가차되면서 '허리'의 뜻으로는 肉(육) 자를 더한 '腰(요)' 자를 새로 만들어 썼다.

자해 ① ❶**구하다, 요구하다**. 〔孟子〕 以要人爵이요인작. ❷**원하다, 바라다**. ❸**허리띠**. ❹**모으다**. 〔禮記〕 要其節奏요기절주. ② ❶**사북, 근본**. 〔孝經〕 先王有至德要道선왕유지덕요도. ❷**반드시, 꼭**. 〔後漢書〕 男兒要當死於邊野남아요당사어변야.

要綱(요강) 요약된 중요한 사항.

要訣(요결) 중요한 비결. 중요한 비결을 쓴 책.

要結(요결) ①굳게 약속함. ②國중요한 결과.

要求(요구) 필요한 것을 청구함.

要具(요구) 요긴한 도구. 필요한 도구.

要緊(요긴) 꼭 필요함.

要道(요도) ①중요한 길. ②중요한 가르침.

要覽(요람) 중요한 것만 간추려 만든 책.

要領(요령) ①허리와 목. ②허리띠와 옷깃. 사물의 요긴한 곳. ③경험에서 얻은 묘한 이치.

要路(요로) ①가장 중요한 길목. ②권력을 쥔 중요한 지위.

要望(요망) 꼭 그렇게 되기를 바람.

要盟(요맹) 힘으로 억압하여 서약을 맺음. 남을 강제하여 맺은 약속.

要塞(요새) 국방상 중요한 곳에 마련해 놓은 군사적 방어 시설.

要所(요소) 중요한 장소나 지점. 要處(요처).
要素(요소) 어떤 사물의 성립·효력 따위에 꼭 필요한 성분이나 성질.
要須(요수) 꼭 필요함. 必須(필수).
要式(요식) 반드시 따라야 할 양식(樣式).
要約(요약) ①주요한 대목을 추려 냄. ②약속을 함.
要言(요언) ①약속한 말. ②요점만 추려 하는 말. 요령 있는 말.
要員(요원) ①필요한 인원. ②중요한 직위에 있는 사람.
要人(요인) 중요한 자리에 있는 사람.
要節(요절) ①절의(節義)로써 행동을 단속함. ②글의 중요한 대목.
要點(요점) 요약된 점. 요약한 점.
要旨(요지) ①중요한 뜻. ②짧게 간추린 대강. 요약한 줄거리.
要地(요지) ①중요한 곳. ②적을 막는 데 요긴한 곳. ③중요한 지위.
要職(요직) 중요한 직위나 직무.
要津(요진) ①중요한 나루터. ②실권을 쥔 지위. 要路(요로).
要鎭(요진) 요충지에 있는 병영.
要處(요처) ①긴요한 곳. 중요한 점. 要所(요소). ②변소(便所).
要請(요청) 필요한 일을 해 달라고 청함.
要諦(요체) ①사물의 가장 중요한 점. ②중요한 깨달음. 올바른 사리(事理).
要樞(요추) 요긴하고 종요로운 곳.
要害(요해) ①지세(地勢)가 험조(險阻)하여, 지키기에 편하고 공격하기에 힘든 곳. 要害地(요해지). ②신체의 생명과 직결되는 중요한 부분. 急所(급소).
◨ 概要개요, 緊要긴요, 需要수요, 摘要적요, 提要제요, 主要주요, 重要중요, 必要필요.

6 ⑫ 【覃】 ①미칠 담 覃 ②날카로울 염 琰

인명 ㊥tán, yǎn ㊐タン

소전 초서 동자 覃 참고 인명용 음은 '담'이다.

자해 ① ❶미치다, 한정된 곳에 이르다. 〔詩經〕覃及鬼方담급귀방. ❷벋다, 퍼지다. 〔詩經〕葛之覃兮갈지담혜. ② 날카롭다, 예리하다. 〔詩經〕以我覃耜이아염사.
覃恩(담은) ①은혜를 널리 베풂. ②임금이 베푸는 은혜.

12 ⑱ 【覆】 ①뒤집힐 복 屋 ②덮을 부 宥

고등 인명 3Ⅱ급 ㊥fù ㊐フク

필순 一 覀 覀 覀 覀 覀 覆 覆 覆 覆

소전 초서 동자 覆 참고 인명용 음은 '복'이다.

자원 形聲. 襾+復→覆. '復(복·부)'가 음을 나타낸다.

자해 ① ❶뒤집히다. ㉮반전(反轉)하다. 〔國語〕沐則心覆목즉심복. ㉯넘어지다. 〔管子〕棟生橈不勝任則屋覆동생뇨불승임즉옥복. ❷무너지다. 〔禮記〕毋越厥命以自覆也무월궐명이자복야. ② 덮다. 〔魏書〕皆所以撫覆導養개소이무부도양.
覆檢(복검) ①다시 검사함. ②송장을 다시 검사함.
覆啓(복계) 회답을 올림. 편지 첫머리에 쓰는 말. 復啓(복계).
覆考(복고) 반복하여 조사함. 覆校(복교).
覆面(복면) 얼굴을 알아보지 못하게 헝겊 따위로 싸서 가림.
覆滅(복멸) 뒤엎어 멸망시킴. 멸망함.
覆沒(복몰) ①배가 뒤집혀 가라앉음. ②싸움에 크게 패함. ③한집안이 결딴남.
覆盆(복분) ①동이를 엎음. 엎은 동이. ②동이의 물을 뒤집어엎음. 소나기가 세차게 내리는 모양. ③엎어 둔 동이는 속이 어두움. 근거 없는 죄를 뒤집어씀.
覆船(복선) 배가 뒤집힘. 뒤집힌 배.
覆水(복수) 그릇을 뒤집어 물을 쏟음. 엎질러진 물.
覆試(복시) 國과거에서 초시(初試)에 합격한 사람이 2차로 보던 시험.
覆審(복심) ①다시 자세히 조사함. ②상소(上訴)한 사건을 다시 심리(審理)하여 판결함.
覆按(복안) 되풀이하여 잘 조사함.
覆轍(복철) 수레가 뒤집힌 자국. 전에 실패한 일의 비유. 前轍(전철).
覆蓋(부개→복개) ①덮어 가림. ②뚜껑. 덮개.
覆育(부육) ①천지(天地)가 만물을 감싸 기름. ②부형(父兄)의 은혜.
覆載(부재) ①하늘은 만물을 덮어 싸고, 땅은 만물을 받아 실음. 천지 군부(天地君父)의 은덕. ②천지.
◨ 蓋覆개복, 反覆반복, 翻覆번복, 顚覆전복.

13 ⑲ 【覇】 霸(1362)의 속자 인명

13 ⑲ 【覈】 핵실할 핵 陌

㊥hé ㊐カク

소전 초서 자해 ❶핵실하다, 실상을 조사하다. 〔張衡·賦〕研覈

是非연핵시비. ❷엄하다, 엄격하다. 〔後漢書〕 峭覈爲方초핵위방.

覈論(핵론) 일의 실상을 조사하여 논박(論駁)함. 엄하게 논(論)함.

覈辨(핵변) 일의 실상을 조사하여 밝힘.

覈實(핵실) 일의 실상을 조사함.

◨ 檢覈검핵, 考覈고핵, 窮覈궁핵, 研覈연핵, 精覈정핵.

17 ㉓【羇】 羈(1006)의 속자

19 ㉕【覊】 羈(1006)의 속자

見部 볼견

0 ⑦【見】见 1볼 견 霰 2나타날 현 霰

중학 인명 5급 ㊥jiàn, xiàn ㊐ケン

필순 丨 冂 冃 月 目 貝 見

소전 초서 참고 인명용 음은 '견·현'이다.

자원 會意. 目+儿→見. 사람〔儿〕의 눈〔目〕을 특별히 강조하여 '보다'의 뜻을 나타낸다.

자해 1❶보다. 〔易經〕行其庭행기정, 不見其人불견기인. ❷당하다. 수동을 나타낸다. 〔史記〕信而見疑신이견의, 忠而被謗충이피방. 2❶나타나다, 드러나다. 〔漢書〕情見力屈정현력굴. ❷나타내다. ㉮밝히다. 〔荀子〕不見賢良불현현량. ㉯나타내 보이다. 〔漢書〕天見大異천현대이.

見棄(견기) 남에게서 버림을 당함.

見機(견기) ①기미를 보고 이해화복(利害禍福)을 사전에 알아챔. ②기회를 봄.

見利忘義(견리망의) 이익 될 일을 보고 의리를 잊음.

見利思義(견리사의) 이익 될 일을 보고 그것이 의리(義理)에 합당한지를 생각함.

見侮(견모) 남에게서 모욕을 당함.

見聞(견문) ①보고 들음. ②보고 들어서 얻은 지식.

見蚊拔劍(견문발검) 國모기를 보고 칼을 뽑음. 사소한 일에 어울리지 않게 큰 대책을 씀.

見物生心(견물생심) 실물을 보면 욕심이 생김.

見本(견본) ①본보기로 보이는 상품의 일부. ②무엇을 만들 때 본보기가 되는 물건.

見性成佛(견성성불) (佛)자기의 본성을 깨달아 부처가 됨.

見習(견습) 보고 익힘. 修習(수습).

見識(견식) 견문과 학식.

見失(견실) 잃어버림.

見辱(견욕) 욕을 당함.

見危致命(견위치명) 국가의 위태함을 보면 목숨을 던져 힘을 다함.

見積(견적) 수나 비용 등을 어림잡아 셈함.

見地(❶견지 ❷현지) ❶사물을 관찰하거나 판단하는 자기 나름의 처지. 觀點(관점). ❷①현재 소유한 토지. 현지(現地). ②현재 어떤 일이 행하여지고 있는 곳.

見學(견학) 구체적인 지식을 얻기 위해 실제로 보고 배움.

見解(견해) 자기 의견으로 본 해석.

◨ 高見고견, 發見발견, 所見소견, 識見식견, 謁見알현, 豫見예견, 意見의견, 卓見탁견, 偏見편견, 會見회견.

2 ⑨【觃】 觀(1149)의 속자

3 ⑩【覔】 覺(1148)과 동자

3 ⑩【覌】 觀(1149)의 속자

4 ⑪【覐】 覺(1148)의 고자

4 ⑪【覔】 覺(1148)의 속자

4 ⑪【規】规 법 규 支

고등 인명 5급 ㊥guī ㊐キ

필순 二 扌 夫 夫 扨 扨 押 押 規 規

소전 초서 본자 䂓 동자 槼 자원 會意. 夫+見→規. 장부〔夫〕의 식견〔見〕은 법에 맞는다는 데서 '규구(規矩)'라는 뜻을 나타낸다.

자해 ❶법. 〔春秋左氏傳〕極棟宇之弘規극동우지홍규. ❷모범, 의범(儀範). 〔王粲·詩〕死爲壯士規사위장사규. ❸그림쇠, 원을 그리는 제구. 〔孟子〕規矩方員之至也규구방원지지야. ❹본뜨다, 모범으로 삼다.

規諫(규간) ①바르게 간함. ②충고. 훈계. 規箴(규잠).

規格(규격) ①사물의 표준이 되는 격식. ②공업 제품의 품질·형식 따위를 규정한 표준.

規誡(규계) 바르게 경계함. 規戒(규계). 訓戒(훈계).
規矩(규구) ①그림쇠와 자. ②사물의 준칙. 일상생활에서 지켜야 할 법도.
規矩準繩(규구준승) ①그림쇠·곱자·수준기(水準器) 및 먹줄. 모두 목수의 도구임. ②사물의 준칙(準則).
規度(❶규도 ❷규탁) ❶규범(規範). ❷헤아려 계획함.
規模(규모) ①그림쇠와 물건의 틀. ②본보기. ③물건의 크기나 구조.
規範(규범) 꼭 지켜야 할 법칙이나 질서. 模範(모범).
規式(규식) 법규와 격식.
規約(규약) 서로 협의하여 정한 규칙.
規律(규율) 사회 생활에 있어서 행위의 규범이 되는 것.
規定(규정) 규칙으로 정함. 조목(條目)을 나누어 정해 놓은 표준.
規程(규정) ①모든 행위의 준칙이 되는 규칙. ②기관의 내부 조직 및 사무 처리상의 규칙.
規制(규제) 어떤 규칙을 정하여 제한함. 또는 그 규칙.
規準(규준) 그림쇠와 수준기(水準器). 표준이 될 만한 것.
規則(규칙) 여러 사람이 모두 지켜야 할 법칙.
規誨(규회) ①바로잡고 타이름. ②가르침.
規畫(규획) 꾀. 꾀함.
◨ 法規법규.

見 4획

4 ⑪【覓】觅 찾을 멱 錫

인명 2급 ㊥mì ㊐ベキ

초서 속자 覔 자해 찾다, 구하여 찾다. 〔晉書〕是猶欲登山者涉舟航而覓路시유욕등산자섭주항이멱로.
覓去(멱거) ①찾아감. ②가져감.
覓得(멱득) 찾아서 얻음. 찾아냄.
覓來(멱래) 찾아옴.

4 ⑪【覔】 覓(1146)의 속자

4 ⑪【視】 視(1146)와 동자

5 ⑫【覚】 覺(1148)의 속자

5 ⑫【覧】 覽(1149)의 속자

5 ⑫【覗】觇 엿볼 사 支

㊥sì ㊐シ

초서 자해 엿보다, 훔쳐보다. =伺.

5 ⑫【視】视 볼 시 寘

중학 인명 4Ⅱ급 ㊥shì ㊐シ

필순 ニ 亍 亓 示 礻 祁 祁 袒 視 視

소전 초서 동자 視 고자 眎 고자 眂

자원 形聲. 示+見→視. '示(시)'가 음을 나타낸다.

자해 ❶보다. ㉮우러러보다, 바라보다. 〔莊子〕中之質若視日중지질약시일. ㉯똑똑히 보다. 〔尙書大傳〕次三事曰視차삼사왈시. ㉰자세히 살피다, 조사하여 보다. 〔國語〕叔魚生숙어생, 其母視之기모시지. ❷대우(待遇)하다, 대접하다. ❸돌보다, 기르다. 〔國語〕遂弗視수불시.
視角(시각) ①무엇을 보는 각도. ②보거나 생각하는 방향.
視覺(시각) 보는 감각 작용.
視界(시계) 일정한 자리에서 바라볼 수 있는 범위. 眼界(안계).
視官(시관) 시각(視覺)을 맡은 감각 기관. 눈.
視力(시력) 형상을 인식하는 눈의 능력.
視務(시무) 사무를 봄.
視民如子(시민여자) 임금이 백성을 친자식처럼 생각함. 임금이 백성을 깊이 사랑함.
視事(시사) 관청에 나가서 사무를 봄.
視死如歸(시사여귀) 죽음을 집으로 돌아가는 것같이 여김. 죽음을 두려워하지 않음.
視線(시선) 눈길이 가는 방향.
視息(시식) 눈을 뜨고 숨을 쉬고 있음. 이 세상에 살아 있는 일. 生存(생존).
視野(시야) ①시력이 미치는 범위. ②사물을 관찰하는 식견의 범위.
視若楚越(시약초월) 초나라와 월나라처럼 봄. 사이가 벌어져서 서로 무관심하게 봄.
視而不見(시이불견) 보아도 보이지 않음. 시선은 대상을 향하고 있으나 마음이 다른 것에 사로잡혀 있으면, 그것이 눈에 들어오지 않음. '視'는 '주의하여 보는 것'을, '見'은 '자연히 눈에 들어오는 것'을 뜻함.
視點(시점) ①시력의 중심이 가 닿는 점. ②사물을 보는 견지.
視朝(시조) 조정에 나아가 정무를 봄.
視察(시찰) 돌아다니며 실지 사정을 살펴봄.
視聽(시청) 눈으로 보고 귀로 들음.

◨ 監視감시, 檢視검시, 輕視경시, 近視근시, 蔑視멸시, 無視무시, 巡視순시, 遠視원시, 凝視응시, 注視주시, 直視직시, 疾視질시, 透視투시.

5 ⑫ 【覘】 觇 엿볼 점 ㊍첨 鹽

㊥chān ㊐テン

소전 초서 자해 **엿보다, 몰래 보다.** ＝䀡·佔. 〔春秋左氏傳〕 公使覘之공사점지.

覘視(점시) 엿봄. 窺視(규시).
覘敵(점적) 적의 형세를 엿봄.
覘候(점후) ①남몰래 살핌. ②적의 형편을 살핌. 偵伺(정사).

6 ⑬ 【覐】 覺(1148)의 고자

7 ⑭ 【覡】 觋 박수 격 錫

인명 1급 ㊥xí ㊐ケキ

소전 초서 자해 **박수, 남자 무당.** 〔國語〕 在男曰覡재남왈격, 在女曰巫재녀왈무.

9 ⑯ 【覩】 볼 도 麌

인명 ㊥dǔ ㊐ト

초서 자해 **보다.** ＝睹. 〔易經〕 聖人作而萬物覩성인작이만물도.

覩聞(도문) 보는 일과 듣는 일.

9 ⑯ 【覧】 覽(1149)의 속자

9 ⑯ 【覦】 觎 넘겨다볼 유 虞

㊥yú ㊐ユ

소전 초서 자해 **넘겨다보다, 분수 밖의 일을 바라다.** 〔春秋左氏傳〕 能官人능관인, 則民無覦心즉민무유심.

覦視(유시) 엿봄. 살핌.

9 ⑯ 【親】 亲 친할 친 眞震

중학 인명 6급 ㊥qīn ㊐シン

필순 亠 立 亲 亲 亲 親 親 親 親 親

소전 초서 동자 䙲 고자 亲 고자 寴

자원 形聲. 亲＋見→親. '亲(친)'이 음을 나타낸다.

자해 ❶**친하다.** ㉮**사랑하다.** 〔孟子〕 人之親其兄之子인지친기형지자. ㉯**사이좋게 지내다.** 〔呂氏春秋〕 不能相親불능상친. ㉰**가까이하다.** 〔韓愈·詩〕 燈火稍可親등화초가친. ❷**화목하다.** 〔荀子〕 交親而不比교친이불비. ❸**친히, 손수.** 〔禮記〕 世子親齊玄而養세자친제현이양. ❹**어버이, 부모.** 〔禮記〕 始聞親喪시문친상.

親耕(친경) ①몸소 갊. ②임금이 농업을 장려하기 위하여 몸소 적전(籍田)을 갈던 의식.
親告(친고) ①임금이 몸소 신(神)에게 알림. ②피해자가 직접 고소함.
親敎(친교) 부모의 교훈.
親舊(친구) ①친척과 오래 사귄 벗. ②國친하게 사귀는 벗.
親鞫(친국) 임금이 중죄인을 직접 신문함.
親眷(친권) ①아주 가까운 권속(眷屬). 친척. ②친밀하게 돌봄.
親近(친근) 사귀어 지내는 사이가 매우 가까움.
親忌(친기) 國부모의 기제사(忌祭祀).
親同氣(친동기) 國같은 부모에게서 난 형제자매(兄弟姉妹).
親臨(친림) 임금이 직접 그곳에 참석함.
親命(친명) 부모의 명령.
親睦(친목) 서로 친하여 뜻이 맞고 정다움.
親聞(친문) 친히 들음.
親密(친밀) 지내는 사이가 아주 친하고 가까움.
親兵(친병) 임금이 직접 거느리는 군사.
親分(친분) 친밀한 정분.
親喪(친상) 부모의 상사. 父母喪(부모상).
親書(친서) ①몸소 글씨를 씀. ②몸소 써서 보내 준 서신.
親署(친서) 임금이 친히 서명함.
親善(친선) 친밀하고 사이가 좋음.
親疏(친소) 친함과 버성김.
親率(친솔) ①임금이 솔선하여 일을 행함. ②몸소 거느림. ③한집안의 권솔(眷率).
親受(친수) 몸소 받음.
親授(친수) 몸소 줌.
親熟(친숙) 친하고 흉허물이 없음.
親臣(친신) 가까이 거느리는 신하.
親狎(친압) 사이가 너무 가까워져 무람없음. 버릇없이 지나치게 친함.
親愛(친애) 친근하게 사랑함.
親閱(친열) 임금이 친히 사열함.
親王(친왕) 황제의 아들이나 형제.
親往(친왕) 친히 감.
親友(친우) 친한 벗.
親衛(친위) 임금이나 국가 원수에 대한 경호.
親誼(친의) 친밀한 정의.

見 9획

親任(친임) ①친근히 여겨 맡김. ②임금이 친히 임명함. 또는 그 벼슬.
親子(친자) ①친아들. ②친자식.
親裁(친재) 임금이 직접 재결함. 勅裁(칙재).
親展(친전) ①손수 펴 봄. ②받는 이가 손수 펴 보라는 뜻으로, 편지 겉봉에 쓰는 말.
親切(친절) 대하는 태도가 정겹고 고분고분함.
親接(친접) ①친하게 사귐. 주변 가까이에 있음. ②몸소 나가서 대접함.
親征(친정) 임금이 몸소 나아가 정벌함.
親政(친정) 임금이 친히 정사를 봄.
親庭(친정) 國혼인한 여자의 본집.
親祭(친제) 임금이 몸소 신(神)을 제사 지냄. 親享(친향).
親族(친족) 촌수가 가까운 겨레붙이. 일가.
親知(친지) 친하게 잘 알고 지내는 사람.
親執(친집) 몸소 잡음. 일을 몸소 함.
親戚(친척) ①친족과 외척. ②성(姓)이 다른 가까운 척분(戚分). 고종(姑從)·이종(姨從) 따위.
親親(친친) ①마땅히 친해야 할 사람과 친함. 친척을 친애함. 어버이를 친애함. ②친척.
親避(친피) 근친 사이에서 서로 시관(試官)과 과생(科生)이 되기를 피하던 일.
親筆(친필) 손수 쓴 글씨.
親合(친합) 國부부가 동침함.
親好(친호) 친하고 의가 썩 좋음.
親和(친화) 서로 친하여 화합함.
親患(친환) 부모의 병환.
親厚(친후) 친하고 정의가 두터움.
◨ 近親근친, 兩親양친, 嚴親엄친, 六親육친, 肉親육친, 切親절친, 族親족친, 宗親종친, 至親지친, 和親화친.

見 10획

10 ⑰【覯】覯 만날 구 宥
㊥gòu ㊐コウ
소전 [篆] 초서 [草] 자해 ❶만나다, 우연히 만나다. 〔詩經〕 亦旣覯止역기구지. ❷이루다, 구성(構成)하다. ≒構.

10 ⑰【覬】觊 바랄 기 寘
㊥jì ㊐キ
소전 [篆] 초서 [草] 자해 바라다, 분에 넘치는 일을 바라다. ≒冀. 〔王符·論〕 衣冠無所覬望의관무소기망.
覬覦(기유) 분에 넘치는 희망을 품음.

11 ⑱【覰】 覷(1149)의 속자

11 ⑱【覲】觐 뵐 근 震
인명 1급 ㊥jìn ㊐キン
소전 [篆] 초서 [草] 자해 뵈다, 알현(謁見)하다. 〔禮記〕 諸侯北面而見天子曰覲제후북면이현천자왈근.
覲禮(근례) 제후(諸侯)가 천자에게 알현(謁見)하는 예식.
覲參(근참) 찾아가서 뵘.
覲親(근친) ①國시집간 딸이 친정에 가서 부모를 뵘. 歸寧(귀녕). ②(佛)승려가 속가(俗家)의 부모를 뵈러 감.
覲行(근행) 근친(覲親)하러 가거나 옴.
覲見(근현) 뵘. 배알(拜謁)함.

11 ⑱【覷】 엿볼 처 御 魚
㊥qù ㊐シ
소전 [篆] 초서 [草] 동자 覻 속자 覰 자해 엿보다, 노리다. 〔唐書〕 北寇覷邊북구처변.

12 ⑲【覰】 覷(1148)의 속자

13 ⑳【覺】觉 ① 깨달을 각 覺 ② 깰 교 效
고등 인명 4급 ㊥jué, jiào ㊐カク
필순 [筆順]
소전 [篆] 초서 [草] 동자 [同字] 속자 覚 속자 [俗字]
고자 [古字] 고자 [古字] 참고 인명용 음은 '각'이다.
자원 形聲. 𦥯+見→覺. '𦥯'은 '學(학)'의 생략형으로 음을 나타낸다.
자해 ① ❶깨닫다. 〔春秋公羊傳〕 叔術覺焉숙술각언. ❷깨우치다, 깨닫게 하다. 〔孟子〕 使先知覺後知사선지각후지. ❸깨달음. ❹달인(達人), 도리를 깨달은 사람. 〔左思·賦〕 未寤於前覺也미오어전각야. ❺알다, 기억하다. 〔書經〕 厥德修罔覺궐덕수망각. ② 깨다, 꿈을 깨다. 〔詩經〕 尙寐無覺상매무교.
覺非(각비) 이전의 잘못을 깨달음.
覺書(각서) 상대편에게 약속하는 내용을 적어 주는 문서.
覺醒(각성) ①잘못을 깨달아 정신을 차림. ②깨달아 앎.
覺悟(각오) ①깨달음. 이전의 과오를 깨달아 앎. 醒悟(성오). ②(佛)미혹에서 벗어나 진리를 깨닫고 진지(眞智)를 엶. ③國미리 마음을 작정함. 결심함.
覺寤(각오) ①꿈에서 깸. ②깨달아 앎. 깨달아 알게 함.
覺苑(각원) ①(佛)깨달음의 동산. 부처가 있는 정토(淨土). ②마음.
覺知(각지) 깨달아 앎.
覺海(각해) (佛)교의(敎義)가 바다처럼 깊고 넓은 불교의 세계.
◨ 感覺감각, 味覺미각, 發覺발각, 先覺선각, 視覺시각, 自覺자각, 知覺지각, 錯覺착각, 聽覺청각, 觸覺촉각, 嗅覺후각.

14 ㉑【覽】览 볼 람 感

고등 인명 4급 ㊥lǎn ㊐ラン

필순 覽

소전 초서 속자 覧 속자 覧 자원 會意·形聲. 監+見→覽. 사람〔人〕이 그릇〔皿〕 안에 있는 물〔一〕에 자신을 들여다보고〔臣〕 있는 모습으로 '내려다보다'라는 뜻을 나타낸다. '監(감)'이 음도 나타낸다.

자해 보다. ㉮살펴보다, 비교하여 보다. 〔漢書〕又覽纍之昌辭우람루지창사. ㉯바라보다. 〔史記〕登玆泰山등자태산, 周覽東極주람동극.

覽古(남고) 고적을 찾아 그 당시의 일을 회상함. 懷古(회고).
覽觀(남관) 구경함. 觀覽(관람).
覽讀(남독) 죽 훑어보며 읽음.
◨ 觀覽관람, 博覽박람, 閱覽열람, 遊覽유람, 展覽전람.

15 ㉒【覿】觌 볼 적 錫

㊥dí ㊐テキ

소전 초서 자해 보다, 만나다, 뵈다, 보이다. 〔易經〕三歲不覿삼세부적.

覿面(적면) ①눈앞. 목전(目前). ②면전에서 뵘. 임금이나 어른을 직접 면전에서 뵘.

18 ㉕【觀】观 ①볼 관 翰 ②볼 관 寒

중학 인명 5급 ㊥guān, guàn ㊐カン

필순 觀

소전 초서 속자 観 속자 观 속자 覌

자원 形聲. 雚+見→觀. '雚(관)'이 음을 나타낸다.

자해 ①❶보다, 자세히 보다. 〔列子〕不知務內觀부지무내관. ❷보이다, 나타내 보이다. 〔周禮〕嘉量旣成가량기성, 以觀四國이관사국. ❸경관, 경치. 〔蘇軾·記〕背湖山之觀배호산지관, 而行桑麻之野이행상마지야. ❹괘 이름, 64괘의 하나. 괘형은 ䷓. 내순외손(內順外遜)을 상징한다. ②❶보다. ㉮살펴보다. 〔書經〕予欲觀古之象여욕관고지상. ㉯점쳐 보다. 〔漢書〕觀成潢관성황. ㉰바라보다. 〔史記〕諸將皆從壁上觀제장개종벽상관. ❷유람(遊覽). 〔孟子〕吾何修而可以比於先王觀也오하수이가이비어선왕관야.

觀閣(관각) ①누각(樓閣). ②망대(望臺).
觀感(관감) ①서로 느껴 통하는 바를 관찰함. ②눈으로 보고 마음으로 느낌.
觀客(관객) 구경꾼.
觀過知仁(관과지인) 군자의 과오는 관후(寬厚)한 데서 오고, 소인의 과오는 박덕한 데서 빚어지는 것이므로, 과오의 동기를 살피면 그 어짊과 어질지 못함을 알 수 있음.
觀光(관광) ①다른 지방이나 다른 나라의 풍광·풍속·문물 등을 구경함. ②國과거(科擧)를 보러 감.
觀念(관념) 사물·현상에 대한 생각이나 의견.
觀燈(관등) ①정월 보름날 밤에, 등불 구경을 하는 행사. ②(佛)음력 4월 초파일에 등을 달아 석가의 탄일을 축하하는 일.
觀覽(관람) 연극·영화·전시회·운동 경기 따위를 구경함.
觀望(관망) ①멀리서 바라봄. ②되어 가는 형편을 제삼자의 처지에서 바라봄.
觀相(관상) 얼굴 등을 보고 그 사람의 재수·운명 등을 판단하는 일.
觀象(관상) ①점괘(占卦)를 봄. ②법식(法式)을 살펴봄. ③기상(氣象)이나 천문(天文)을 관측함.
觀賞(관상) 취미에 맞는 대상을 보면서 즐김.
觀世音菩薩(관세음보살) (佛)자비(慈悲)의 화신(化身)인 보살. 觀音(관음).
觀心(관심) (佛)마음의 본성을 밝게 살핌. 내관(內觀)함.
觀戰(관전) 운동 경기나 장기 등의 대국을 참관함.
觀點(관점) 사물을 관찰할 때 그 사람이 보는 처지. 見地(견지).
觀照(관조) ①(佛)지혜로써 사리(事理)를 비추어 봄. ②고요한 마음으로 자연이나 예술 작품 등을 관찰하여 음미함. ③미(美)를 직접적으로 지각하는 일.
觀衆(관중) 구경하는 사람들.
觀察(관찰) 주의 깊게 살펴봄.
觀取(관취) 보아서 그 진상을 알아차림. 看取

見 18획

(간취).
觀測(관측) ①자연 현상의 변화를 관찰하여 측정함. ②상황을 관찰하여 장래를 추측함.
觀風(관풍) ①시기(時機)를 살핌. ②타향의 풍속이나 인정의 득실(得失)을 살핌.
觀海(관해) 바다를 바라봄. 보는 바가 큼.
觀形察色(관형찰색) ①안색을 살핌. ②사물을 자세히 관찰함.
◨ 可觀가관, 客觀객관, 景觀경관, 樂觀낙관, 達觀달관, 美觀미관, 悲觀비관, 外觀외관, 壯觀장관, 主觀주관, 參觀참관.

角部 뿔각

0 ⑦【角】 ①뿔 각 覺 ②사람 이름 록 屋
중학 인명 6급 ㊥jiǎo, lù ㊐カク
필순 ノ ク ク 角 角 角 角
소전 角 초서 角 본자 角 참고 인명용 음은 '각'이다.
자원 象形. 짐승의 뿔을 본뜬 글자.
자해 ① ❶뿔. ㉮짐승의 뿔. 〔詩經〕有捄其角유구기각. ㉯달팽이나 곤충의 촉각. 〔莊子〕有國於蝸之左角者유국어와지좌각자. ❷모, 모진 데. 〔易經〕晉其角維用伐邑진기각유용벌읍. ❸상투. 〔禮記〕男角女羈남각녀기. ❹술잔. 〔儀禮〕一角一散일각일산. ❺다투다. 〔後漢書〕與子陽角力여자양각력. ❻오음(五音)의 하나. 〔周禮〕宮商角徵羽궁상각치우. ❼별 이름, 28수(宿)의 하나. ②사람 이름, 녹리(角里). 상산사호(商山四皓)의 한 사람. 〔十八史略〕角里先生록리선생.
角巾(각건) ①은자(隱者)가 쓰던 모가 진 두건. 方巾(방건). ②國㉠정재(呈才) 때 무동(舞童)이 쓰던 건. ㉡향교(鄕校)나 지방 관아의 객사에서 시중드는 남자 종이 예식 때 쓰던 건.
角弓(각궁) 쇠뿔이나 양뿔 따위로 꾸민 활.
角度(각도) ①각의 크기. ②사물을 보는 방향이나 관점.
角力(각력) ①서로 힘을 겨룸. ②씨름.
角列(각렬) ①모나게 늘어섬. ②뿔을 늘어놓은 듯한 모양.
角立(각립) ①뛰어남. 빼어남. ②둘 이상의 무리가 서로 맞버티어 굴복하지 아니함.
角膜(각막) 눈알의 앞쪽에 약간 볼록하게 나와 있는 투명한 막.
角木(각목) 네모지게 켠 나무.
角聲(각성) 군중(軍中)에서 쓰던 나발 비슷한 악기인 각(角)을 부는 소리.
角勝(각승) 승부를 겨룸.
角者無齒(각자무치) 國뿔이 있는 동물에게는 사나운 이빨이 없음. 한 사람에게 여러 가지 재능이나 복이 갖추어지지는 않음.
角材(각재) ①재능을 겨룸. 기능을 잼. ②네모지게 켜 낸 목재(木材).
角抵(각저) ①힘이나 기예·사어(射御) 등을 겨룸. ②씨름.
角笛(각적) 뿔로 만든 피리.
角逐(각축) 서로 이기려고 다투며 덤벼듦. '角'은 '힘을 겨루는 것'을, '逐'은 '뒤쫓는 것'을 뜻함.
角戲(각희) ①승부를 겨루는 놀이의 총칭. ②씨름.
◨ 多角다각, 頭角두각, 四角사각, 三角삼각, 蝸角와각, 牛角우각, 直角직각, 觸角촉각.

0 ⑧【䚗】 角(1150)의 본자

2 ⑨【觓】 굽을 구 尤
㊥qiú ㊐キュウ
소전 觓 속자 觓 참고 斛(561)은 딴 자.
자해 굽다, 뿔의 끝이 굽다. =觩. 〔春秋穀梁傳〕郊牛日展觓角而知傷교우일전구각이지상.

2 ⑨【觔】 힘줄 근 文
㊥jīn ㊐キン
자해 힘줄. =筋. 〔淮南子〕良馬者량마자, 可以形容觔骨相也가이형용근골상야.

4 ⑪【𧢲】 觸(1152)의 고자

4 ⑪【觕】 거칠 추 虞
㊥cū ㊐ソ
초서 觕 자해 거칠다, 정밀하지 못하다. =麤. 〔春秋公羊傳〕觕者曰侵추자왈침, 精者曰伐정자왈벌.

5 ⑫【觚】 술잔 고 虞
㊥gū ㊐コ
소전 觚 초서 觚 속자 𧣴 자해 ❶술잔, 의식(儀式)에 쓰는 술

잔. 〔論語〕觚不觚고불고. ❷네모, 사각형. 〔漢書〕漢興破觚而爲圜한흥파고이위환. ❸법, 법칙.

5 ⑫ 【觜】 1털뿔 자 支 2부리 취 紙

㊥zī, zhǐ ㊐シ

소전 초서 자해 1❶털뿔〔毛角〕. 부엉이의 머리 위에 뿔처럼 난 털. ❷뾰족한 끝. 〔皇甫松·詩〕鷓鴣飛達靑山觜자고비달청산자. ❸별 이름, 28수(宿)의 하나. ❹바다거북. 2부리, 새의 주둥이. 〔潘岳·賦〕列膝破觜열소파취.

觜宿(자수) 28수의 하나. 서쪽에 있는 백호(白虎)의 여섯째 별.

5 ⑫ 【觝】 닥뜨릴 저 薺

1급 ㊥dǐ ㊐テイ

소전 자해 닥뜨리다. =牴. 〔韓愈·解〕觝排異端저배이단.

觝觸(저촉) ①부딪침. 닥뜨림. 방해가 됨. ②모순됨. 이치에 어그러짐. 抵觸(저촉).

◘ 角觝각저, 相觝상저.

6 ⑬ 【觥】 뿔잔 굉 庚

㊥gōng ㊐コウ

소전 초서 동자 觵 자해 뿔잔, 뿔로 만든 큰 술잔. 〔詩經〕我姑酌彼兕觥아고작피시굉.

觥籌交錯(굉주교착) 벌주 잔과 산가지가 뒤섞임. 연회가 성대한 모양.

6 ⑬ 【解】 1풀 해 蟹 2마디 해 卦

중학 인명 4Ⅱ급 ㊥jiě, xiè ㊐カイ

필순 ⺈ 角 角 角 角 角' 角'' 解 解 解

소전 초서 속자 解 속자 觧 자원 會意. 角+刀+牛→解. 칼〔刀〕로 소〔牛〕의 뿔〔角〕을 끊는다는 뜻을 나타낸다.

자해 1❶풀다. ㉮가르다, 해부하다. 〔春秋左氏傳〕宰夫解黿재부해원. ㉯깎다. 〔國語〕晉文公解曹地진문공해조지, 以分諸侯이분제후. ㉰흩뜨리다. 〔莊子〕苟能無解其五藏구능무해기오장. ❷풀리다. ㉮이해되다. 〔諸葛亮·表〕此臣之未解一也차신지미해일야. ㉯긴장이 풀리다. ¶ 解弛해이. ❸괘 이름, 64괘(卦)의 하나. 괘형은 ䷧. 어려움이 풀림을 상징한다. 2마디, 지절(支節). 〔史記〕君知其解乎군지기해호.

解角(해각) ①새 뿔이 나려고 묵은 뿔이 빠짐. ②포위망의 무너진 일각(一角).

解渴(해갈) ①목마름을 풂. 갈증을 해소함. ②비가 내려 가뭄을 면함.

解決(해결) 사건이나 문제를 잘 처리함.

解雇(해고) 고용했던 사람을 내보냄.

解禁(해금) 금지하였던 것을 풂.

解答(해답) ①설명하여 답함. 또는 그 대답. ②문제를 풀어서 답함. 또는 그 답.

解毒(해독) 나쁜 영향을 끼치는 요소. 해와 독.

解讀(해독) ①알기 쉽게 풀어 읽음. ②잘 알 수 없는 것을 읽어서 알아 냄.

解凍(해동) 언 것이 녹아서 풀림.

解得(해득) 깨달아 앎.

解纜(해람) 닻줄을 풂. 출범(出帆)함.

解例(해례) 보기를 들어 가며 풀이함.

解明(해명) 잘 설명하여 분명히 함.

解夢(해몽) 꿈의 길흉을 풀이함.

解悶(해민) 근심을 풂. 고민을 해소함.

解放(해방) ①가두거나 얽매어 둔 것을 풀어 놓음. ②인습적인 속박에서 벗어나 자유로운 상태가 됨.

解配(해배) 유배를 해제함.

解剖(해부) ①생물의 몸을 쪼개어 내부를 조사함. ②사물의 조리를 분석하여 연구함.

解紛(해분) 얽힌 것을 풂. 분쟁을 해결함.

解氷(해빙) ①얼음이 풀림. ②긴장이 완화됨.

解産(해산) 아이를 낳음. 몸을 풂.

解散(해산) 흩어짐. 흩어지게 함.

解喪(해상) 친상(親喪)을 마침.

解釋(해석) ①알기 쉽게 풀이함. 解義(해의). ②풀어 없앰. 解消(해소). ③달램.

解船(해선) 출범(出帆)함. 解纜(해람).

解說(해설) 알기 쉽게 풀어서 설명함.

解消(해소) 어떤 관계를 풀어서 없애 버림.

解顔(해안) 안색을 풂. 부드러운 낯을 함. 얼굴에 웃음을 띰.

解約(해약) ①약속을 취소함. ②계약 관계를 소멸시킴. 解止(해지).

解語(해어) ①말을 이해함. ②깨달음.

解語花(해어화) 말을 알아듣는 꽃. 미인(美人)의 비유. 당(唐) 현종(玄宗)이 양귀비(楊貴妃)를 가리켜 말하였다는 데서 온 말.

解熱(해열) 신열(身熱)을 풀어 내림.

解悟(해오) 깨달음. 도리를 터득함. 解曉(해효).

解冤(해원) 원한을 풂. 분을 풂. 분풀이.

解弛(해이) 풀려서 느즈러짐.

解頤(해이) 턱이 빠짐. 크게 웃음.

解任(해임) 임무를 내어 놓게 함.

解酲(해정) 술기운을 풀기 위하여 조반 전에 국과 함께 술을 약간 마심. 해장.

解除(해제) ①풀어 없앰. 제거함. ②법령 따위를 풀어 자유롭게 함.
解罪(해죄) 죄를 면함. 죄를 벗어남.
解止(해지) 계약 관계를 소멸시킴.
解職(해직) 직위에서 물러나게 함.
解體(해체) ①흩어지거나 없어짐. ②헤치거나 없앰.
解惰(해타) 게으름을 피움.
解脫(해탈) ①구속을 벗겨 줌. 구속에서 벗어남. ②(佛)미계(迷界)에 얽매인 굴레를 벗어남. 미혹이나 번뇌에서 벗어나 깨달음.
解土(해토) ①낙성식 등에서 토지의 신에게 제사를 지냄. ②언 흙이 녹아 풀림. 땅풀림.
解惑(해혹) 의혹(疑惑)을 풂. 破惑(파혹).
◨ 見解견해, 曲解곡해, 難解난해, 讀解독해, 諒解양해, 誤解오해, 瓦解와해, 理解이해.

6 ⑬【觧】 解(1151)의 속자

6 ⑬【鮮】 解(1151)의 속자

7 ⑭【觩】 뿔 굽을 구 尤
㊥qiú ㊐キュウ
초서 [초서] 자해 뿔이 굽다, 뿔이 굽은 모양. ＝觓.〔詩經〕兕觥其觩시굉기구.

9 ⑯【觱】 필률 필 質
㊥bì ㊐ヒツ
소전 [소전] 초서 [초서] 자해 ❶필률(觱栗).〔明皇雜錄〕觱栗本龜茲國樂필률본귀자국악. ❷쌀쌀하다, 바람이 쌀쌀한 모양.〔詩經〕一之日觱發일지일필발.
觱篥(필률) 피리. 앞면에 일곱 개, 뒷면에 한 개의 구멍이 있음. 悲篥(비율). 笳管(가관).
觱發(필발) 바람이 찬 모양.

10 ⑰【觳】 1 뿔잔 곡 屋 2 견줄 각 覺
㊥hú ㊐コク
소전 [소전] 초서 [초서] 자해 1 ❶뿔잔. ❷말, 양기(量器)의 이름. 세 말〔斗〕 또는 한 말 두 되. ≒斛. ❸다하다, 끝이 되다.〔史記〕雖監門之養수감문지양, 不觳於此불곡어차. ❹곱송그리다, 죽음을 두려워하는 모양. ¶ 觳觫곡속. 2 ❶견주다, 겨루다. ≒角.〔韓非子〕彊弱不觳力강약불각력. ❷윤기(潤氣)가 없다, 파리하다.〔莊子〕其道大觳기도대각.
觳觫(곡속) 소가 죽을 곳에 이르러 몹시 두려워하는 모양. 죽음을 두려워하는 모양.

11 ⑱【觴】 觞 잔 상 陽
인명 1급 ㊥shāng ㊐ショウ
소전 [소전] 초서 [초서] 동자 醻 자해 잔, 술잔의 총칭(總稱).〔大戴禮〕執觴杯豆而不醉집상배두이불취.
觴詠(상영) 술을 마시며 시가를 읊음.
觴政(상정) 주연의 흥을 돋우기 위하여 정한 음주(飮酒)의 규칙. 觴令(상령).
◨ 濫觴남상, 玉觴옥상, 獻觴헌상.

12 ⑲【觵】 觥(1151)과 동자

12 ⑲【觶】 觯 잔 치 寘 支
㊥zhì ㊐シ
소전 [소전] 초서 [초서] 자해 잔. 향음주(鄕飮酒)의 의식에 쓰이는 뿔잔.〔儀禮〕實勺觶실작치, 注云주운, 爵三升曰觶작삼승왈치.

13 ⑳【觸】 触 닿을 촉 沃
고등 인명 3Ⅱ급 ㊥chù ㊐ショク
필순 ⺈ 𠂊 角 角 觬 觬 觸 觸 觸 觸
소전 [소전] 초서 [초서] 속자 触 고자 [고자] 자원 形聲. 角+蜀→觸. '蜀(촉)'이 음을 나타낸다.
자해 닿다. ㉮부딪치다.〔易經〕羝羊觸藩저양촉번. ㉯받다, 떠받다.〔春秋左氏傳〕觸槐而死촉괴이사. ㉰범하다, 저촉하다.〔漢書〕去禮儀거례의, 觸刑法촉형법.
觸角(촉각) 곤충 따위의 머리에 있는 감각기. 더듬이.
觸覺(촉각) 피부에 무엇이 닿았을 때 느끼는 감각.
觸感(촉감) 피부에 닿는 느낌.
觸禁(촉금) 법령(法令)에 저촉됨.
觸怒(촉노) 남의 마음을 거슬러 성을 내게 함. 觸忤(촉오).
觸突(촉돌) 충돌함.
觸冷(촉랭) 찬 기운이 몸에 닿음.
觸網(촉망) ①그물에 걸림. 觸羅(촉라). ②법망(法網)에 걸림. 법을어김.
觸媒(촉매) 자신은 변화하지 않으면서 다른 물질의 화학 반응을 매개하여 반응 속도를 촉진하거나 지연시키는 물질.
觸冒(촉모) ①죄를 범함. ②추위·더위 따위를 무릅씀.
觸目傷心(촉목상심) 눈에 뜨이는 것마다 보는 사람의 마음을 아프게 함.
觸發(촉발) ①사물에 맞닥뜨려 어떤 느낌이 일어남. ②무엇에 닿아 폭발함.
觸犯(촉범) 범(犯)함. 어김. 거스름.
觸鼻(촉비) 냄새가 코를 찌름.
觸傷(촉상) 찬 기운이 몸에 닿아서 병이 생김.
觸手(촉수) ①더러운 손. 곧, 오른손. ②무척추동물의 입 언저리에 있는 돌기 모양의 기관. ③물건에 손을 댐.
觸處逢敗(촉처봉패) 가는 곳마다 낭패를 당함.
觸風(촉풍) 찬바람을 쐼.
觸寒(촉한) 추운 기운이 몸에 닿음.
觸諱(촉휘) 기휘(忌諱)해야 할 어른의 이름을 함부로 부름. 觸忌(촉기).
◨ 犯觸범촉, 抵觸저촉, 觝觸저촉, 接觸접촉.

言 部 말씀 언

0 【言】 ①말씀 언 元
⑦ ②온화하고 삼갈 은 眞

중학 인명 6급 ㊥yán, yín ㊐ゲン

필순 丶 亠 亠 言 言 言 言

소전 [篆] 초서 [草] 참고 인명용 음은 '언'이다.

자원 形聲. 口+辛→䇂→言. 辛(건)이 음을 나타낸다.

자해 ① **❶말씀, 말.** ㉮**언어.** 〔孟子〕言不顧行언불고행. ㉯**가르치는 말.** 〔詩經〕受言藏之수언장지. ㉰**호령하는 말.** 〔國語〕有不祀則修言유불사즉수언. ㉱**글자, 문자.** ❷**말하다.** 〔禮記〕言而不語언이불어. ② **온화하고 삼가다.** 〔禮記〕二爵而言言斯이작이은은사.

言過其實(언과기실) 말하는 것이 실제보다 지나침.
言官(언관) 간관(諫官)의 딴 이름.
言近旨遠(언근지원) 말은 알아듣기 쉬우나 그 뜻은 심원(深遠)함.
言及(언급) 하는 말이 그 문제에 미침. 어떤 문제에 대하여 말함.
言端(언단) 말다툼의 실마리.
言談(언담) 말이나 말씨. 言辭(언사).
言動(언동) 말과 행동.
言路(언로) 임금 또는 정부에 말을 올릴 수 있는 길.
言論(언론) 말이나 글로써 자기의 생각을 발표하는 일. 또는 그 의론.
言明(언명) 분명히 말함. 공언(公言)함.
言文(언문) 말과 글.
言文一致(언문일치) 입으로 말하는 언어와 그 말을 적은 문장이 일치함.
言未畢(언미필) 하던 말이 채 끝나기 전.
言辯(언변) 말솜씨. 口辯(구변).
言飛千里(언비천리) 말이 천 리를 날아감. 말이란 삽시간에 멀리까지 퍼짐.
言辭(언사) 말. 말씨.
言相約(언상약) 서로 말로써 약속함.
言說(언설) ①말로써 설명함. ②설명하는 말.
言聲(언성) 말소리.
言笑(언소) 웃으며 이야기함. 말과 웃음소리.
言笑自若(언소자약) 말하고 웃으며 아무 일도 없는 듯 태연함.
言約(언약) 말로 약속함. 또는 그 약속.
言語(언어) 말. 생각이나 느낌을 음성·문자 따위로 전달하는 수단과 체계.
言語道斷(언어도단) ①말할 길이 끊어짐. 어이가 없거나 너무 사리에 맞지 않아 도무지 말할 수 없음. ②(佛)말로 설명할 수 없는 심오(深奧)한 진리.
言外之意(언외지의) 말에 나타난 뜻 이외의 숨어 있는 딴 뜻.
言議(언의) 설명하는 말과 의론.
言爭(언쟁) 말다툼.
言重(언중) 말씨가 신중함. 입이 무거움.
言中有骨(언중유골) 말 속에 뼈가 있음. 예사로 하는 말에 단단한 속뜻이 들어 있음.
言中有言(언중유언) 말 속에 말이 있음. 예사로운 말 속에 어떤 풍자나 암시가 들어 있음.
言則是也(언즉시야) 말인즉 옳음.
言志(언지) 뜻을 진술함. 자기의 뜻을 말함.
言質(언질) 나중에 증거가 될 말.
言讖(언참) 미래의 일을 꼭 맞히는 말.
言責(언책) ①언론을 다할 책임. 간관(諫官) 따위의 임무. ②자기가 한 말에 대한 책임.
言必稱(언필칭) ①말을 할 때마다 반드시. ②말할 때마다 무엇을 칭함.
言行(언행) 말과 행동. 말과 행실.
◨ 諫言간언, 甘言감언, 格言격언, 過言과언, 巧言교언, 金言금언, 訥言눌언, 斷言단언, 妄言망언, 名言명언, 文言문언, 發言발언, 方言방언, 失言실언, 惡言악언, 遺言유언, 直言직언, 讒言참언, 忠言충언, 豪言호언,

2 【計】计 꾀 계 霽
⑨

중학 인명 6급 ㊥jì ㊐ケイ

필순 丶 亠 亠 亖 亖 言 言 言 言一 計

소전 초서 자원 會意. 言+十→計. 말〔言〕로 숫자〔十〕를 센다는 뜻을 나타낸다.

자해 ❶꾀. ㉮계략. 〔史記〕 計者事之機也계자사지기야. ㉯계획. 〔管子〕 一年之計일년지계, 莫如樹穀막여수곡. ㉰경영. 〔晉書〕 我屈節아굴절, 爲汝家作妾위여가작첩, 門戶計耳문호계이. ❷꾀하다. ㉮계획하다. 〔史記〕 會薜計事회설계사. ㉯의논하다. 〔史記〕 請歸與婦計之청귀여부계지. ❸세다, 헤아리다. 〔呂氏春秋〕 命司農計耦耕事명사농계우경사.

計考(계고) 헤아려 고찰함. 인물을 헤아려 고찰하여 관(官)에 추천함.
計巧(계교) 여러모로 생각해 낸 꾀.
計較(계교) 헤아려 비교함. 서로 견주어 살펴봄. 較計(교계).
計窮(계궁) 계책이 막힘. 묘책이 없음.
計器(계기) 분량·정도 등을 재는 기계나 기구의 총칭.
計略(계략) 계획과 책략. 計策(계책).
計量(계량) 분량을 계산함.
計料(계료) 헤아림.
計網(계망) 적을 속여 걸려들게 하는 꾀. 빈틈없는 계략.
計算(계산) 수량을 헤아림. 셈함.
計上(계상) 전체의 셈에 넣음.
計數(계수) ①수를 셈함. 計算(계산). ②수를 헤아림. 會計(회계).
計議(계의) ①꾀하여 의논함. ②계책(計策).
計策(계책) 계략과 책동. 꾀.
計聽(계청) 계책과 남의 말을 듣는 일.
計測(계측) 길이·넓이·무게 등을 재어 계산함.
計畫(계획) ①꾀하여 미리 작정함. ②國관학유생(館學儒生)의 평소 성적을 따져서 시험의 등급을 정함.

◨ 家計가계, 奇計기계, 生計생계, 設計설계, 智計지계, 總計총계, 合計합계.

2 ⑨【訇】 큰 소리 굉 庚

㊥hōng ㊐コウ

소전 초서 자해 ❶큰 소리. ㉮폭포가 내리쏟는 소리. 〔史記〕 砰磅訇礚팽방굉개. ㉯종이나 북이 울리는 소리. 〔張衡·賦〕 軿礚隱訇팽개은굉. ㉰놀라서 내지르는 소리.

2 ⑨【訆】 叫(188)와 동자

2 ⑨【訃】讣 부고 부 遇

인명 1급 ㊥fù ㊐フ

초서 자해 부고, 죽음을 알리는 통지. 〔柳宗元·文〕 捧訃哀號봉부애호.

訃告(부고) 사람의 죽음을 알리는 통지. 赴告(부고). 訃聞(부문). 訃音(부음).

2 ⑨【訂】订 바로잡을 정 徑

고등 인명 3급 ㊥dìng ㊐テイ

필순 丶 亠 亠 亖 亖 言 言 言 言一 訂

소전 초서 자원 形聲. 言+丁→訂. '丁(정)'이 음을 나타낸다.

자해 ❶바로잡다. 〔晉書〕 亦足有所訂正역족유소정정. ❷머무르다, 두류(逗遛)하다.

訂正(정정) 잘못을 고쳐 바로잡음. 글귀나 글자 등의 틀린 곳을 바로잡음. 訂譌(정와).
訂定(정정) 잘잘못을 의논해 정함.

◨ 改訂개정, 檢訂검정, 校訂교정, 再訂재정.

3 ⑩【訡】 誇(1162)의 고자

3 ⑩【記】记 기록할 기 寘

중학 인명 7급 ㊥jì ㊐キ

필순 丶 亠 亠 亖 亖 言 言 言 訁 訂 記

소전 초서 자원 形聲. 言+己→記. '己(기)'가 음을 나타낸다.

자해 ❶기록하다. 〔漢書〕 因江潭而洼記兮인강담이왕기혜. ❷외다, 기억하다. 〔書經〕 撻以記之달이기지. ❸문체의 한 가지. 〔文體明辯〕 記者紀事之文也기자기사지문야.

記念(기념) 오래도록 기억하여 잊지 않음. 紀念(기념).
記錄(기록) ①어떤 사실을 뒤에 남기려고 적음. ②운동 경기 따위의 성적.
記問之學(기문지학) 단순히 고서(古書)를 외어 남의 질문에나 응답하는 학문. 아무런 깨달음도 활용도 없는 학문.
記事(기사) ①사실을 그대로 적음. ②신문·잡지 등에 기록된, 어떠한 사실을 알리는 글.
記寫(기사) 베낌. 씀.
記事本末體(기사본말체) 역사 서술 체제의 하나. 어떤 사건의 전말을 기술하는 방법.
記述(기술) 문장으로 적음.
記憶(기억) 잊지 않고 외어 둠.
記入(기입) 적어 넣음. 記載(기재).

記者(기자) 신문·잡지·방송 등에서 기사를 집필하거나 편집하는 사람.
記帳(기장) 장부(帳簿)에 적음.
記載(기재) 문서에 기록하여 실음.
記傳(기전) 기록과 전기(傳記).
記注(기주) 기록함. 記註(기주).
記票(기표) 투표 용지에 기입함.
記下(기하) 國직위나 신분이 조금 높은 사람에 대하여 자기를 겸손하게 이르던 말.
記號(기호) 어떤 뜻을 나타내기 위한 문자나 부호.
◨ 強記강기, 登記등기, 書記서기, 速記속기, 手記수기, 暗記암기, 連記연기, 日記일기, 雜記잡기, 筆記필기.

3 ⑩【訕】讪 헐뜯을 산 諫刪

中shàn 日サン

소전 초서 속자 訕 자해 헐뜯다, 윗사람을 비방하다. 〔荀子〕有諫而無訕유간이무산.
訕謗(산방) 비웃고 헐뜯음. 비방(誹謗)함.
訕笑(산소) 비방하여 비웃음.

3 ⑩【訊】讯 물을 신 震

인명 1급 中xùn 日ジン

소전 초서 속자 訙 고자 訙 자해 ❶묻다. ㉮하문(下問)하다. 〔詩經〕訊之占夢신지점몽. ㉯방문하다. 〔後漢書〕帝朝夕問訊제조석문신. ㉰따져 묻다, 힐문하다. 〔國語〕乃訊申胥내신신서. ❷알리다, 간하다, 충고하다. 〔詩經〕歌以訊之가이신지.
訊檢(신검) 신문하고 검사함.
訊鞫(신국) ①엄하게 캐어물음. ②죄인을 취조함. 국문(鞫問)함.
訊問(신문) 물어서 캠. 죄를 따져 물음.
訊杖(신장) 신문할 때 매질하던 몽둥이.
◨ 鞫訊국신, 問訊문신.

3 ⑩【訐】讦 들추어낼 알 本갈 月

中jié 日ケツ

소전 초서 참고 訏(1155)는 딴 자. 자해 들추어내다, 폭로하다.
訐揚(알양) 남의 비밀을 들추어냄.

3 ⑩【訏】讦 1클 우 虞 2떠들 호 虞

中xū 日ク

소전 초서 참고 訐(1155)은 딴 자. 자해 1크다. 2떠들다, 큰 소리로 떠들다. 〔詩經〕實覃實訏실담실호.

3 ⑩【訑】訑 으쓱거릴 이 支

中yí 日イ

초서 동자 訑 자해 으쓱거리다. 〔孟子〕訑訑之聲音顔色이이지성음안색, 距人於千里之外거인어천리지외.

3 ⑩【託】讬 부탁할 탁 藥

인명 2급 中tuō 日タク

소전 초서 자해 ❶부탁하다. ㉮당부하다, 청탁하다. 〔孟子〕士之不託諸侯사지불탁제후, 何也하야. ㉯맡기다. 〔論語〕可以託六尺之孤가이탁륙척지고. ❷기탁하다.
託故(탁고) 사고를 빙자하여 핑계함.
託孤(탁고) 고아를 의탁(依託)함.
託孤寄命(탁고기명) ①어린 임금을 의탁하고 국정을 맡김. ②어린 임금을 옹립(擁立)하고 국정을 통괄함. 託寄(탁기).
託寄(탁기) ①맡겨 부탁함. ②탁고기명(託孤寄命).
託辭(탁사) ①핑계하는 말. ②부탁하여 말함. 託言(탁언).
託送(탁송) 남에게 부탁하여 물건을 보냄.
託食(탁식) 남의 집에 의탁하여 숙식(宿食)함. 寄食(기식).
託身(탁신) 남에게 몸을 의탁함.
託意(탁의) 심중의 뜻을 딴 사물에 붙여 상징적으로 나타냄.
託迹(탁적) 종교나 어떤 일에 몸을 의탁함.
◨ 假託가탁, 結託결탁, 付託부탁, 信託신탁, 委託위탁, 依託의탁, 請託청탁, 囑託촉탁.

3 ⑩【討】讨 칠 토 皓

고등 인명 4급 中tǎo 日トウ

필순 丶 亠 亠 言 言 言 言 言 討 討

소전 초서 자원 會意. 言+寸→討. 寸(촌)이 법의 뜻으로 쓰여, 법〔寸〕으로 죄를 따져서〔言〕 벌한다는 뜻을 나타낸다.
자해 ❶치다. ㉮벌하다. 〔禮記〕畔者君討반자군토. ㉯정벌하다. 〔呂氏春秋〕以討其故이토기고. ㉰꾸짖다. ❷다스리다, 죄를 다스리다. 〔書經〕天討有罪천토유죄.

討擊(토격) 무력으로 공격함.
討究(토구) 사물의 이치를 검토하여 궁구함.
討論(토론) 여러 사람이 어떤 논제(論題)에 대하여 따지고 논의함.
討伐(토벌) 군대를 보내어 침.
討索(토색) 금품을 억지로 요구함.
討襲(토습) 적을 덮쳐 침. 적을 습격함.
討尋(토심) 일의 실상을 조사하여 찾음. 잘 조사함. 討問(토문).
討議(토의) 각자의 의견을 내놓고 검토하고 의논함.
討賊(토적) 도둑을 침. 역적을 토벌함.
討罪(토죄) 범한 죄를 하나하나 들어 엄하게 꾸짖음.
討破(토파) 남의 말을 논박하여 깨뜨림.
討平(토평) 무력으로 쳐서 평정함.
討捕(토포) 무력으로 쳐서 잡음.
討覈(토핵) 엄하게 따져 조사함.
◨ 檢討검토, 聲討성토.

3 ⑩【訌】讧 무너질 홍 東送

인명 1급 ㊥hòng ㊐コウ

소전 초서 자해 ❶무너지다, 내부부터 무너지다. 〔詩經〕 蟊賊內訌모적내홍. ❷집안 싸움, 내분.
◨ 內訌내홍.

3 ⑩【訓】训 가르칠 훈 問

중학 인명 6급 ㊥xùn ㊐クン

필순 丶 亠 亠 亠 言 言 言 訁 訓 訓

소전 초서 고자 訔 자원 形聲. 言+川→訓. '川(천)'이 음을 나타낸다.

자해 ❶가르치다, 훈계하다. 〔詩經〕 四方其訓之사방기훈지. ❷인도하다, 이끌다. ❸경계하다. 〔書經〕 學于古訓학우고훈.
訓戒(훈계) 타일러 경계함.
訓告(훈고) ①훈계하여 타이름. ②관리의 과실을 훈계함.
訓詁(훈고) ①경서(經書) 따위 고문(古文)의 자구(字句)를 해석하는 일. ②경서의 고증(考證)·해석·주해(註解)의 총칭.
訓讀(훈독) 한문의 뜻을 새겨 읽음.
訓練(훈련) ①병사에게 무예를 가르침. 調練(조련). ②배워 익히도록 연습하거나 단련함.
訓令(훈령) 상급 관청이 하급 기관을 지휘, 감독하기 위하여 내리는 훈시나 명령.
訓蒙(훈몽) 어린아이나 초학자를 가르침.
訓放(훈방) 가벼운 죄를 범한 죄인을 훈계하여 방면(放免)함.
訓手(훈수) 國바둑·장기 따위를 둘 때, 구경하던 사람이 끼어들어 수를 가르쳐 주는 일.
訓示(훈시) 가르쳐 보임.
訓育(훈육) 훈계하여 기름.
訓長(훈장) 國글방의 선생.
訓典(훈전) 선왕(先王)·성현(聖賢)이 남긴, 교훈이 되는 책.
訓飭(훈칙) 엄하게 경계하여 신칙(申飭)함.
訓解(훈해) 글자나 글의 새겨 읽기와 뜻의 풀이. 訓說(훈설).
訓化(훈화) 가르치고 타일러서 착하게 함.
訓話(훈화) 교훈의 말. 훈시(訓示)하는 말.
訓誨(훈회) 가르침. 교회(教誨)함.
◨ 家訓가훈, 戒訓계훈, 校訓교훈, 規訓규훈.

3 ⑩【訔】 訓(1156)의 속자

3 ⑩【訖】讫 ①이를 흘 物 ②마칠 글 物

인명 ㊥qì ㊐キツ

소전 초서 본자 訖 참고 인명용 음은 '흘'이다.

자해 ①이르다. =迄. 〔漢書〕 訖今不改흘금불개. ②❶마치다, 끝나다. ❷그치다, 그만두다. 〔春秋穀梁傳〕 毋訖糴모글적.
訖今(흘금) 지금까지.

4 ⑪【訣】诀 이별할 결 屑

인명 3Ⅱ급 ㊥jué ㊐ケツ

소전 초서 자해 ❶이별하다, 작별하다. 〔後漢書〕 輕行相候경행상후, 以展訣別이전결별. ❷사별하다. 〔舊唐書〕 生死永訣생사영결.
訣別(결별) 기약 없는 작별. 이별.
訣要(결요) 비술(祕術). 비법(祕法).
◨ 口訣구결, 妙訣묘결, 祕訣비결, 永訣영결, 要訣요결.

4 ⑪【訥】讷 말 더듬을 눌 月

인명 1급 ㊥nè ㊐ドツ

소전 초서 자해 말을 더듬다, 과묵하여 말을 경솔하게 하지 않다. =吶. 〔論語〕 君子欲訥於言而敏於行군자욕눌어언이민어행.
訥訥(눌눌) 말솜씨가 없어 더듬는 모양.
訥辯(눌변) 더듬더듬하는 서투른 말솜씨.

訥言(눌언) 말더듬이. 더듬거리는 말.
訥言敏行(눌언민행) 말은 더듬어도 동작은 민첩함. 과묵하나 선행(善行)에는 민첩함.
◨ 口訥구눌, 語訥어눌, 拙訥졸눌.

4 ⑪【訪】访 찾을 방 漾

중학 인명 4Ⅱ급 ㊥fǎng ㊐ホウ

필순 ⼀ ⼆ ⼆ 言 言 言 言 言 訁 訪 訪

소전 초서 자원 形聲. 言+方→訪. '方(방)'이 음을 나타낸다.

자해 **찾다.** ㉮**구하다, 두루 찾다.** 〔晉書〕博訪遺書박방유서. ㉯**심방하다, 방문하다.** 〔宋史〕欲徒步訪兩蘇욕도보방량소.

訪客(방객) 찾아온 손. 방문객.
訪古(방고) 고적(古蹟)을 탐방함.
訪求(방구) 사람을 찾아 구함.
訪問(방문) 남을 찾아봄.
訪議(방의) ①찾아가 의논함. 상의함. ②계책을 물음.
訪質(방질) 물어서 바로잡거나 밝힘.
訪花(방화) 꽃을 찾아 구경함.
◨ 來訪내방, 搜訪수방, 巡訪순방, 尋訪심방.

4 ⑪【設】设 베풀 설 屑

중학 인명 4Ⅱ급 ㊥shè ㊐セツ

필순 ⼀ ⼆ ⼆ 言 言 言 言 訁 訁 設 設

소전 초서 자원 會意. 言+殳→設. 말〔言〕로 사람을 부려〔殳〕 진열하게 한다는 뜻을 나타낸다.

자해 ❶**베풀다.** ㉮**늘어놓다, 진열하다.** 〔禮記〕整設于屛外정설우병외. ㉯**베풀어 두다, 설치하다.** 〔禮記〕規矩誠設규구성설, 不可欺以方圓불가기이방환. ㉰**세우다.** 〔漢書〕故高帝設之以撫海內고고제설지이무해내. ❷**설령(設令), 가령(假令).** 〔史記〕設百歲後설백세후.

設計(설계) 계획을 세움.
設科(설과) ①조목을 세움. ②과거(科擧) 시험을 베풂. ③어떤 교과 과정을 설치함.
設令(설령) ①명령을 마련함. ②가령(假令). 設或(설혹). 設若(설약). 設使(설사).
設立(설립) 베풀어 세움.
設問(설문) 문제를 내어 물어봄.
設備(설비) 베풀어 갖춤.
設施(설시) ①시행할 바를 계획함. 계획하고 시행함. ②재능을 펼침.
設定(설정) 새로 만들어 정함.
設置(설치) 베풀어 놓음.
設險(설험) 요해지(要害地)에 방비 시설을 함.
◨ 假設가설, 建設건설, 常設상설, 施設시설, 新設신설, 增設증설, 特設특설.

4 ⑪【訟】讼 송사할 송 宋

고등 인명 3Ⅱ급 ㊥sòng ㊐ショウ

필순 ⼀ ⼆ ⼆ 言 言 言 言 言 訁 訟 訟

소전 초서 고자 訟 자원 形聲. 言+公→訟. '公(공)'이 음을 나타낸다.

자해 ❶**송사하다.** ㉮**재물을 다투다.** 〔周禮〕以兩造禁民訟이량조금민송. ㉯**죄를 다투다.** 〔禮記〕分爭辨訟분쟁변송. ㉰**시비곡직을 다투다.** ㉱**글을 올려 억울한 죄를 하소연하다.** 〔漢書〕吏上書冤訟莽者以百數리상서원송분자이백수. ❷**괘 이름, 64괘(卦)의 하나.** 괘형은 ䷅. 서로 다툼을 상징한다. 〔易經〕天與水違行천여수위행, 訟송.

訟理(송리) ①재판이 올바름. ②소송하여 일을 처리함.
訟事(송사) 소송하는 일.
訟獄(송옥) 소송. 송사. '訟'은 민사적인 사건, '獄'은 형사적인 사건.
訟廷(송정) 송사를 듣고 판결을 내리는 관부.
訟隻(송척) 송사에 관계된 상대자.
◨ 訴訟소송, 獄訟옥송, 爭訟쟁송.

4 ⑪【訑】 詑(1163)와 동자

4 ⑪【訝】讶 맞을 아 禡

인명 1급 ㊥yà ㊐ガ

소전 초서 자해 ❶**맞다, 위로하다.** = 迓. 〔儀禮〕厥明訝賓于館궐명아빈우관. ❷**의심하다, 수상히 여기다.** 〔新唐書〕高祖訝無表고조아무표.

訝賓(아빈) 왕명으로 손을 맞이하여 접대함.
◨ 疑訝의아, 嗟訝차아.

4 ⑪【訳】 譯(1184)의 속자

4 ⑪【訡】 譽(1185)의 속자

4 ⑪【訛】讹 그릇될 와 歌

인명 1급 ㊥é ㊐ガ

言 4획

초서 訛 동자 譌 동자 吪 자해 ❶그릇되다. ㉮문자·언어가 그릇 전해져 잘못되다. 〔舊唐書〕 校正訛謬교정와류. ㉯발음이 변하여 그릇되다. 〔晉書〕 其後音訛기후음와. ❷속이다, 거짓되다. 〔詩經〕 民之訛言민지와언. ❸거짓, 거짓말. 〔漢書〕 訛言大水至와언대수지. ❹사투리, 방언.

訛謬(와류) 잘못됨. 잘못되어 이치에 틀림.
訛語(와어) ①그릇 전해진 말. ②사투리.
訛言(와언) ①거짓말. ②잘못 전해진 말. 訛說(와설).
訛音(와음) 그릇 전해진 글자의 음(音).
訛傳(와전) 말을 그릇 전함.
訛脫(와탈) 글자의 와전과 탈락.

4 ⑪ 【訧】 허물 우 尤

㊥yóu ㊐ユウ

소전 訧 초서 訧 동자 䚻 자해 허물, 죄 ≒ 尤. 〔周禮〕 報以庶訧보이서우.

4 ⑪ 【訲】 생각할 임 侵

인명 ㊥rén ㊐ニン

자해 생각하다.

4 ⑪ 【許】 许 ①허락할 허 語 ②이영차 호 麌

중학 인명 5급 ㊥xǔ, hǔ ㊐キョ

필순 ` 亠 亠 亖 言 言 言' 訁 訐 許

소전 許 초서 许 참고 인명용 음은 '허'이다.

자원 形聲. 言+午→許. '午(오)'가 음을 나타낸다.

자해 ① ❶허락하다. ㉮받아들이다. 〔呂氏春秋〕 王子許왕자허. ㉯따르다, 들어주다. ¶ 聽許청허. ㉰편이 되다, 가담하다. 〔春秋公羊傳〕 許夷狄者허이적자, 不一而足也불일이족야. ❷쯤, 정도. 〔漢書〕 赴河死者五萬許人부하사자오만허인. ② 이영차. 여러 사람이 무거운 물건을 들거나 옮길 때 지르는 소리. 〔詩經〕 伐木許許벌목호호.

許可(허가) 들어줌. 許諾(허락).
許交(허교) 서로 벗하기를 허락하고 사귐.
許國(허국) 나라를 위하여 목숨을 바침.
許諾(허낙→허락) 청을 들어줌.
許多(허다) 몹시 많음. 수두룩함.
許心(허심) 마음을 허락함.
許與(허여) ①불러서 오게 함. 불러들임. ②國 허락하여 줌. 내심(內心)으로 허락함.
許容(허용) 허락하여 용납함.
許由(허유) ①고대 중국의 전설상의 인물. 요(堯)임금이 천하를 물려주려 하였으나 거절하고 기산(箕山)에 들어가 은거하였으며, 후에 다시 불러 구주(九州)의 장(長)을 삼으려 하자 도리어 자신의 귀가 더러워졌다고 하여 영수(潁水) 물가에서 귀를 씻었다 함. ②國 말미를 허락함.
許遞(허체) 國임금이 특지(特旨)를 내려서 벼슬을 갈아 줌.
許下(허하) 허락함. 약속함.
許婚(허혼) 혼인을 허락함.
◨ 官許관허, 幾許기허, 免許면허, 允許윤허, 認許인허, 自許자허, 特許특허.

4 ⑪ 【訢】 䜣 ①기뻐할 흔 文 ②공손할 은 眞

인명 ㊥xīn, yín ㊐キン, ギン

소전 訢 초서 訢 참고 ❶訴(1159)는 딴 자. ❷인명용 음은 '은'이다.

자해 ① 기뻐하다. ② 공손하다. 〔漢書〕 僮僕訢訢如也동복은은여야.

訢然(흔연) 기뻐하는 모양.
訢訢(은은) 온화하며 공손한 모양. 삼가 공손한 모양.

5 ⑫ 【訶】 诃 꾸짖을 가 本하 歌

인명 ㊥hē ㊐カ

소전 訶 초서 诃 고자 肯 참고 詞(1159)는 딴 자.

자해 꾸짖다. ㉮야단치다. 〔韓非子〕 王出而訶之曰왕출이가지왈. ㉯노하다. ㉰책망하다.

5 ⑫ 【詎】 讵 어찌 거 語

㊥jù ㊐キョ

소전 詎 초서 讵 자해 ❶어찌. 반어의 뜻을 나타낸다. '豈(기)'와 같은 뜻. =渠. 〔後漢書〕 天下詎可知而閉長者乎천하거가지이폐장자호. ❷적어도, 진실로. '苟(구)'와 같은 뜻.

5 ⑫ 【詁】 诂 주낼 고 麌

㊥gǔ ㊐コ

소전 詁 초서 诂 자해 주내다, 고서(古書)의 자구(字句)에 해석을 붙이다. 〔舊唐書〕 詁訓以紀六經讖候고훈이기륙경참후.

5
⑫【詘】 诎 ①굽을 굴 物 ②내칠 출 質

㊥qū, chù ㊐クツ

소전 초서 자해 ①굽다, 굽히다. ≒屈. ㉮몸을 굽히다, 복종하다. 〔戰國策〕詘敵國굴적국. ㉯뜻을 굽히다. 〔史記〕賢能詘於不肖현능굴어불초. ㉰물건을 굽히다. 〔荀子〕詘五指굴오지. ②내치다, 물리치다. ≒黜. 〔戰國策〕秦勢能詘之진세능출지.

詘服(굴복) 몸을 굽혀 복종함.

詘伸(굴신) 굽힘과 폄. 굽히고 폄. 늘이고 줄임. 屈伸(굴신).

詘身(굴신) 몸을 굽힘.

詘指(굴지) ①손꼽아 셈. 손가락을 꼽아 헤아림. ②지조(志操)를 굽힘. '指'는 '旨'로 '뜻, 지조'를 뜻함. 屈指(굴지).

5
⑫【詈】 꾸짖을 리 寘

㊥lì ㊐リ

소전 초서 자해 꾸짖다, 매도(罵倒)하다. 〔漢書〕詈罵而榜笞之리매이방태지.

5
⑫【詐】 诈 속일 사 禡

고등 인명 3급 ㊥zhà ㊐サ

필순 亠 亠 亠 言 言 言 訁 訃 詐 詐

소전 초서 자원 形聲. 言+乍→詐. '乍(사)'가 음을 나타낸다.

자해 속이다, 거짓말하다. 〔荀子〕匿行曰詐닉행왈사.

詐計(사계) 속이는 꾀. 僞計(위계).

詐欺(사기) 남을 속임.

詐力(사력) 사기(詐欺)와 폭력.

詐妄(사망) 거짓말. 속임. 欺瞞(기만).

詐善(사선) 거짓 착한 체함. 僞善(위선).

詐術(사술) 남을 속이는 꾀. 詐謀(사모). 詐數(사수).

詐僞(사위) 속이는 일. 거짓.

詐取(사취) 남의 것을 속여서 빼앗음.

詐稱(사칭) 성명·관직 등을 속여 일컬음.

詐誕(사탄) 언행이 간사하고 허황함.

◪ 巧詐교사, 詭詐궤사, 欺詐기사, 譎詐휼사.

5
⑫【詞】 词 말씀 사 支

고등 인명 3Ⅱ급 ㊥cí ㊐シ

필순 亠 亠 亠 言 言 言 訁 訁 訂 詞 詞

소전 초서 동자 䛐 고자 𧥤 참고 詞(1158)는 딴 자.

자원 形聲. 言+司→詞. '司(사)'가 음을 나타낸다.

자해 ❶말씀, 문장. 〔春秋公羊傳〕其詞則丘有罪焉爾기사즉구유죄언이. ❷알리다, 고하다. 〔禮記〕其詞于賓曰기사우빈왈.

詞客(사객) 사(詞)를 짓는 사람. 시가나 문장을 잘 짓는 사람. 詞人(사인).

詞曲(사곡) 사(詞)와 곡(曲). '詞'는 중당(中唐) 때 시작하여 송대(宋代)에 성행한 운문(韻文)의 한 체이며, '曲'은 원대(元代)에 비롯한 운문의 한 체임. 詩餘(시여).

詞林(사림) ①시문(詩文)을 모은 책. ②시인·문인들의 세계. 文壇(문단). ③한림원(翰林院)의 딴 이름.

詞伯(사백) 시문에 뛰어난 사람. 시문의 대가. 詞宗(사종).

詞賦(사부) ①사(詞)와 부(賦). ②운자(韻字)를 달아 평측(平仄)을 구별하여 지은 한시의 총칭.

詞章(사장) 시가와 문장.

詞藻(사조) 시문을 짓는 재능. 글의 수식.

詞彩(사채) 언어의 문채. 말의 색조(色調). 곧, 시문의 아름다움.

詞兄(사형) 벗으로 사귀는 문인이나 학자끼리 서로 높여 부르는 말.

詞華(사화) 말의 수사(修辭). 아름다운 무늬로 수놓인 언어. 뛰어난 시문. 詞藻(사조).

◪ 歌詞가사, 名詞명사, 文詞문사, 祝詞축사.

5
⑫【䛐】 詞(1159)와 동자

5
⑫【訴】 诉 ①하소연할 소 遇 ②헐뜯을 척 陌

고등 인명 3Ⅱ급 ㊥sù ㊐ソ

필순 亠 亠 亠 言 言 言 訁 訂 訢 訴 訴

소전 초서 본자 訴 동자 愬 참고 ❶訢(1158)은 딴 자. ❷인명용 음은 '소'이다.

자원 形聲. 言+斥→訴. '斥(척)'이 음을 나타낸다.

자해 ①❶하소연하다. ㉮알리다, 고하다. 〔論語〕訴子路於季孫소자로어계손. ㉯헐뜯어 말하다, 참소(讒訴)하다. 〔春秋左氏傳〕而訴公于晉侯이소공우진후. ❷송사하다. ¶ 訴訟소송. ②헐뜯다, 배척하다.

訴訟(소송) 법원에 재판을 청구함.

訴冤(소원) 억울하고 원통함을 관아에 하소연함. 冤訴(원소).
訴願(소원) ①호소하여 바로잡아 주기를 바람. ②위법(違法)이나 부당한 행정 처분의 취소·변경을 행정 기관에 청구하는 일.
訴人(소인) 소송하는 사람.
訴狀(소장) ①하소연하는 글. ②소송을 제기하는 취지를 써서 사법 당국에 내는 문서. 訴牒(소첩).
訴陳(소진) 하소연하여 진술함.
訴請(소청) 하소연하여 바른 판결을 청함.
◨ 告訴고소, 上訴상소, 勝訴승소, 讒訴참소, 敗訴패소, 呼訴호소.

5 ⑫【訢】 訴(1159)의 본자

5 ⑫【詠】 읊을 영 敬

고등 인명 3급 ㊥yǒng ㊐エイ

필순 ⼀ ⼆ ⼆ ⼆ 言 言 言` 訁 訁 詠 詠

소전 䛕 초서 詠 동자 咏 동자 詠 자원 形聲. 言+永→詠. '永(영)'이 음을 나타낸다.

자해 읊다, 노래하다. ㉮시가를 읊다. 〔書經〕搏拊琴瑟박부금슬, 以詠이영. ㉯사물에 빗대어 노래하다. 〔國語〕則文詠物以行之즉문영물이행지. ㉰새가 노래하다. 〔陸機·行〕耳悲詠時禽이비영시금.

詠歌(영가) 시가(詩歌)를 읊음.
詠物(영물) 사물을 시가(詩歌)로 읊조림. 자연 경물을 제재로 하여 시가를 지음.
詠史(영사) 역사적 사실을 주제로 하여 시가를 지음.
詠雪之才(영설지재) 여자의 뛰어난 글재주. 故事 진(晉)나라 왕응지(王凝之)의 아내 사도온(謝道韞)이 눈을 바람에 날리는 버들개지에 비겨 즉흥으로 뛰어난 시구를 읊었다는 고사에서 온 말.
詠頌(영송) 시가를 지어 칭송함.
詠吟(영음) 시나 노래를 읊음. 吟詠(음영).
詠歎(영탄) ①목소리를 길게 뽑아 읊음. ②감동하여 찬탄함. ③심원하고 강렬한 감정을 문장으로 나타냄.
詠懷(영회) 소회(所懷)를 시가로 읊음.
◨ 歌詠가영, 誦詠송영, 吟詠음영, 題詠제영, 諷詠풍영.

5 ⑫【訑】 ①자랑할 이 支 ②속일 타 哿

㊥yī, tuó ㊐イ, タ

소전 訑 동자 詑 자해 ①❶자랑하다, 자득(自得)하는 모양. ❷천박하다. ②속이다.

5 ⑫【詒】诒 ①보낼 이 支 ②속일 태 賄

㊥yí, dāi ㊐イ, タイ

소전 詒 초서 詒 동자 詚 자해 ①❶보내다, 주다, 증여하다. ≒貽. 〔春秋左氏傳〕叔向使詒子産書숙향사이자산서. ❷전하다, 전언하다. 〔詩經〕詒厥孫謀이궐손모. ②속이다, 기만하다. 〔列子〕吾笑龍之詒孔穿오소룡지태공천.

詒謀(이모) 자손을 위하여 좋은 계책을 남김.
詒託(이탁) 핑계함. 假託(가탁).
詒欺(태기) 속임.

5 ⑫【訾】 ①헐뜯을 자 支 ②나쁠 자 紙

㊥zī, zǐ ㊐シ

소전 訾 초서 訾 동자 訿 자해 ①❶헐뜯다. ≒呰. 〔禮記〕不苟訾불구자. ❷생각하다. 〔禮記〕不訾重器부자중기. ❸아! 탄식하는 소리. 〔漢書〕訾黃其何不徠下자황기하불래하. ②나쁘다, 거칠다.

訾毁(자훼) 헐뜯음. 욕함.
◨ 非訾비자, 毁訾훼자.

5 ⑫【訿】 訾(1160)와 동자

5 ⑫【詆】诋 꾸짖을 저 薺齊

㊥dǐ ㊐テイ

소전 詆 자해 ❶꾸짖다, 비난하다. ¶ 詆呵저가. ❷욕하다, 모욕하다. 〔漢書〕巧言醜詆교언추저. ❸들추어내다, 적발하다. 〔史記〕詆訿孔子저자공자.

詆呵(저가) 헐뜯으며 꾸짖음. 詆訶(저가).
詆欺(저기) 속임. 欺瞞(기만).
詆排(저배) 꾸짖어 물리침.
詆辱(저욕) 꾸짖어 욕되게 함.
詆訾(저자) 남의 잘못을 들추어내어 헐뜯음.
詆毁(저훼) 헐뜯음. 욕함.

5 ⑫【詛】诅 저주할 저 本조 御

인명 1급 ㊥zǔ ㊐ソ

소전 詛 초서 詛 동자 禮 동자 謯 자해 ①❶저주하

言 5획

다. 〔書經〕 否則厥口詛祝부즉궐구저축. ❷맹세하다.
詛呪(저주) 남이 잘못되기를 빎.

5 ⑫【証】 1간할 정 敬 2증거 증 徑
㊥zhèng ㊐ショウ
소전 초서 자해 1간(諫)하다. 〔戰國策〕 士尉以証靖郭君사위이정정곽군. 2증거. ※證(1182)의 속자. 〔晉書〕 皆有典証개유전증.

5 ⑫【詔】 诏 1고할 조 嘯 2소개할 소 嘯
인명 1급 ㊥zhào ㊐ショウ
소전 초서 참고 인명용 음은 '조'이다.
자해 1❶고하다. ㉮알리다. 〔禮記〕 出入有詔於國출입유조어국. ㉯신에게 고하다. 〔周禮〕 司勳詔之사훈조지. ㉰말하다. 〔莊子〕 若唯無詔약유무조. ❷가르치다. 〔呂氏春秋〕 問而不詔문이부조. 2소개하다. ≒紹. 〔禮記〕 故禮有擯詔고례유빈소.
詔令(조령) 천자의 명령.
詔使(조사) 조서(詔書)를 받들고 가는 사신.
詔書(조서) 임금의 명령을 국민에게 알리고자 적은 문서. 制書(제서). 詔命(조명).
詔獄(조옥) 왕의 칙명에 의하여 죄인을 신문함. 또는 죄인을 가두어 두던 옥사(獄舍).
詔諭(조유) ①임금의 명령. ②임금이 명령을 내려서 깨우침.
詔旨(조지) 조서(詔書)의 취지. 勅旨(칙지).
詔册(조책) 조칙(詔勅)의 문서.
詔勅(조칙) 조서(詔書). 詔敕(조칙).
◨ 明詔명조, 制詔제조.

5 ⑫【註】 注 주낼 주 遇
인명 1급 ㊥zhù ㊐チュウ
초서 자해 주내다, 뜻을 풀어 밝히다. ≒注. ¶ 註疏주소.
註脚(주각) 본문의 뜻을 보충하거나 풀이한 것. '註'는 본문 사이에, '脚'은 본문 아래에 보충한 것.
註文(주문) 주석(註釋)한 글.
註釋(주석) 낱말이나 문장의 뜻을 알기 쉽게 풀이함. 註解(주해).
註疏(주소) 경서(經書)의 본문 사이에 끼워 넣은 설명. '註'는 경서의 내용을 해석한 것, '疏'는 '註'를 다시 해석하거나 부연한 것.
◨ 脚註각주, 頭註두주, 標註표주.

5 ⑫【診】 诊 볼 진 軫
인명 2급 ㊥zhěn ㊐シン
소전 초서 동자 訡 속자 訦 자해 보다. ㉮눈으로 보다. 〔楚辭〕 乃自診兮在茲내자진혜재자. ㉯엿보다. 〔後漢書〕 群臣怪而診之군신괴이진지. ㉰맥을 짚다, 진찰하다.
診斷(진단) 의사가 환자를 진찰하여 병의 증상을 판단함.
診療(진료) 진찰하고 치료함.
診脈(진맥) 손목의 맥을 짚어 병을 진찰함.
診察(진찰) 의사가 병의 원인과 증상을 살펴봄. 診候(진후).
◨ 檢診검진, 來診내진, 問診문진, 誤診오진, 往診왕진, 聽診청진, 初診초진, 回診회진, 休診휴진.

5 ⑫【訡】 診(1161)과 동자

5 ⑫【訦】 診(1161)의 속자

5 ⑫【評】 评 꼲을 평 庚
고등 인명 4급 ㊥píng ㊐ヒョウ
필순 亠 亡 亡 言 言 言 訁 訂 評 評
초서 자원 形聲. 言+平→評. '平(평)'이 음을 나타낸다.
자해 꼲다, 평론하다. 〔後漢書〕 故汝南俗有月旦評焉고여남속유월단평언.
評價(평가) 사람·사물의 가치를 판단함.
評決(평결) 평론하여 결정함.
評論(평론) 사물의 가치·선악 따위를 비평하여 논함. 또는 그 글.
評林(평림) 비평을 모아서 실은 책. 평론집(評論集).
評釋(평석) 시가·문장을 해석하고 비평함. 또는 그 글.
評語(평어) ①평론하는 말. 評言(평언). ②학과 성적을 나타내는 짧은 말.
評議(평의) 모여 의논함. 많은 의견을 두고 여럿이 상의함.
評傳(평전) 평론을 붙인 전기(傳記).
評點(평점) ①시가나 문장의 중요한 곳에 찍는 점. ②학력·가치를 평하여 매긴 점수.
評定(평정) 평의(評議)하여 결정함.
評判(평판) ①평론하여 판정함. ②세상 사람의 비평(批評). ③명성(名聲).

◨ 論評논평, 批評비평, 惡評악평, 定評정평, 品評품평, 好評호평, 酷評혹평.

5 ⑫【詖】诐 치우칠 피 寘支

㊥bì ㊐ヒ

소전 초서 자해 ❶치우치다, 공정하지 못하다. 〔孟子〕 詖辭知其所蔽피사지기소폐. ❷기울다, 편파하다. 〔楚辭〕 不從俗而詖行兮부종속이피행혜.

詖辭(피사) 한쪽으로 치우쳐 올바르지 못한 말.
詖行(피행) 비뚤어진 행동. 공평(公平)하지 못하고 한쪽으로 치우친 행동.
詖險(피험) 심지가 비뚤어지고 아첨함.
◨ 傾詖경피.

5 ⑫【詗】诇 염탐할 형 敬

㊥xiòng ㊐ケイ

소전 초서 자해 염탐하다, 염탐꾼. 〔漢書〕 爲中詗長安위중형장안.

詗察(형찰) 남모르게 살핌. 염탐함.

6 ⑬【誇】夸 자랑할 과 麻

고등 인명 3Ⅱ급 ㊥kuā ㊐コ

필순 ﹅ ﹅ ﹅ 言 言 言 言 訡 誇 誇

소전 고자 자원 形聲. 言+夸→誇. '夸(과)'가 음을 나타낸다.

자해 자랑하다, 자만하다. 〔揚雄·賦〕 上將大誇胡人以多禽獸상장대과호인이다금수.

誇矜(과긍) 자랑함.
誇大(과대) ①작은 것을 크게 과장하여 말함. ②자만하여 뽐냄.
誇大妄想(과대망상) 작은 것을 사실 이상으로 크게 평가하는 헛된 생각.
誇尙(과상) 자랑하며 교만을 부림.
誇示(과시) 뽐내어 보임.
誇言(과언) 자랑하여 하는 과장된 말.
誇張(과장) 실제보다 지나치게 떠벌려 나타냄.
誇稱(과칭) 과장하여 일컬음.

6 ⑬【詿】诖 그르칠 괘 卦

㊥guà ㊐カイ

소전 초서 자해 그르치다, 그릇되게 하다. 〔漢書〕 詿誤吏民괘오리민.

詿誤(괘오) ①속여서 미혹하게 함. ②관리가 과실에 대하여 징계를 당함.

6 ⑬【詭】诡 속일 궤 紙

인명 1급 ㊥guǐ ㊐キ

소전 초서 자해 ❶속이다, 기만하다. 〔春秋穀梁傳〕 詭辭而出궤사이출. ❷꾸짖다, 책망하다. 〔漢書〕 今臣得出守郡금신득출수군, 自詭效功자궤효공. ❸어기다, 위배(違背)하다. 〔淮南子〕 詭自然之性궤자연지성.

詭激(궤격) 언행이 과격하여 상궤(常軌)를 벗어남. 矯激(교격).
詭計(궤계) 교묘하게 남을 속이는 꾀. 간사한 꾀. 詭策(궤책).
詭道(궤도) ①남을 미혹하여 속이는 수단. ②지름길. 捷徑(첩경).
詭妄(궤망) 교묘하게 속임. 詭詐(궤사).
詭辯(궤변) 이치에 닿지 않는 내용으로 상대를 속이는 말.
詭詐(궤사) 교묘하게 속임. 詭妄(궤망).
詭辭(궤사) ①거짓말. ②이상야릇한 말.
詭說(궤설) 거짓말. 속이는 말.
詭術(궤술) 속이는 술책.
詭言(궤언) 거짓. 거짓말.
詭遇(궤우) ①사냥할 때 바르지 못한 방법으로 수레를 몰아 새나 짐승을 잡음. ②정도(正道)에 의하지 않고 임기응변(臨機應變)의 수단으로 남의 비위를 맞춤. 세속에 영합(迎合)하여 부귀를 얻음.
詭誕(궤탄) 거짓되고 망령됨.
詭銜竊轡(궤함절비) 말이 재갈을 뱉어 내고 고삐를 물어뜯음. 구속이 심할수록 거기에서 벗어나려고 더욱 애씀의 비유.
◨ 怪詭괴궤, 奇詭기궤, 譎詭휼궤.

6 ⑬【誄】诔 뇌사 뢰 紙

㊥lěi ㊐ルイ

소전 초서 자해 뇌사, 조문(弔文).

誄詞(뇌사) 죽은 사람의 명복을 비는 말이나 글. 죽은 이의 생전의 공덕을 칭송하며 조상하는 말이나 글. 誄文(뇌문).
◨ 哀誄애뢰.

6 ⑬【詳】详 ①자세할 상 陽 ②속일 양 陽

고등 인명 3Ⅱ급 ㊥xiáng, yáng ㊐ショウ

필순 ﹅ ﹅ ﹅ 言 言 言 言' 言' 言' 詳 詳

소전 초서 참고 인명용 음은 '상'이다.

言

5획

자원 形聲. 言+羊→詳. '羊(양)' 이 음을 나타낸다.

자해 1 ❶자세하다. 〔詩經〕 中冓之言중구지언, 不可詳也불가상야. ❷상서롭다. ≒祥. 〔淮南子〕 六畜生多耳目者不詳륙축생다이목자불상. 2 속이다, 거짓. ≒佯. 〔史記〕 公子光공자광, 詳爲足疾양위족질.

詳考(상고) 자세히 참고함. 상세히 검토함.
詳記(상기) 상세하게 기록함. 자세한 기록.
詳略(상략) 상세함과 간략함. 精粗(정조).
詳明(상명) 상세하고 분명함.
詳報(상보) 자세한 소식.
詳說(상설) 상세하게 설명함. 자세한 풀이.
詳細(상세) 자상하고 세밀함.
詳述(상술) 자세하게 진술함.
詳審(상심) 자세히 살핌.
詳雅(상아) 자상하고 단아(端雅)함.
詳正(상정) 공평하고 바르게 함. 또는 마음을 두루 써서 바름.
詳探(상탐) 자세히 더듬어 찾아봄.
詳覈(상핵) 자세히 조사함.
詳聾(양롱) 거짓으로 귀가 먹은 체함.

◨ 仔詳자상.

6 ⑬ 【詵】 诜 많을 선 ㊍신 眞

인명 ㊥shēn ㊐セン

소전 자해 많다, 수가 많은 모양. 〔詩經〕 螽斯羽종사우, 詵詵兮선선혜.

詵詵(선선) ①많은 모양. ②화목하게 모여드는 모양. 흠앙(欽仰)하여 모여드는 모양.

6 ⑬ 【誠】 誠(1167)의 속자

6 ⑬ 【詢】 询 물을 순 眞

인명 ㊥xún ㊐ジュン

소전 초서 자해 묻다, 자문하다. 〔書經〕 詢于四岳순우사악.

詢問(순문) 질문함. 상의함. 咨問(자문).
詢訪(순방) 방문하여 의논함.

◨ 咨詢자순.

6 ⑬ 【詩】 诗 시 시 支

중학 인명 4Ⅱ급 ㊥shī ㊐シ

필순 亠 亠 亠 言 言 言 言 計 詩 詩

소전 초서 동자 䛈 자원 形聲. 言+寺→詩. '寺(시)' 가 음을 나타낸다.

자해 ❶시. 운문(韻文)의 한 체. 〔國語〕 詩所以合意也시소이합의야, 歌所以詠詩也가소이영시야. ❷시경(詩經). 오경(五經)의 하나.

詩歌(시가) 시와 노래. 詩詠(시영).
詩客(시객) 시인(詩人).
詩格(시격) ①시를 짓는 법칙. ②시의 풍격. 시의 품위.
詩經(시경) 오경(五經)의 하나. 중국 최고(最古)의 시집. 각지의 민요를 채집한 3천여 편 중에서 공자(孔子)가 305편을 선정하였다 하며, 한대(漢代)에 모형(毛亨)과 모장(毛萇)이 이를 전하였으므로 '모시(毛詩)' 라고도 함.
詩稿(시고) 시의 초고(草稿).
詩卷(시권) 시를 모은 책. 詩集(시집).
詩壇(시단) 시인들의 사회.
詩禮之訓(시례지훈) 시(詩)와 예(禮)의 교훈. 자식이 아버지에게서 받는 교훈. 故事 노(魯)나라 백어(伯魚)가 아버지인 공자(孔子)에게 시(詩)와 예(禮)를 배워야 하는 까닭을 듣고 당장 배웠다는 고사에서 온 말. 庭訓(정훈).
詩料(시료) 시의 소재(素材). 詩材(시재).
詩魔(시마) ①시를 좋아하는 성벽. 시심(詩心)을 충동하는 불가사의한 힘. ②야비(野鄙)하고 바르지 못한 시상(詩想).
詩文(시문) 시가와 산문.
詩伯(시백) 뛰어난 시인. 시의 대가(大家).
詩癖(시벽) ①시 짓기를 좋아하는 성벽. 詩魔(시마). ②시를 짓는 데 드러나는 그 사람 특유의 편벽(偏癖)된 버릇.
詩賦(시부) 시(詩)와 부(賦). 韻文(운문).
詩社(시사) 시인들이 결성한 문학 단체.
詩想(시상) ①시를 창작하기 위한 시인의 착상이나 구상. 詩情(시정). ②시에 나타난 사상이나 감정. ③시적인 생각이나 상념(想念).
詩仙(시선) ①선풍(仙風)이 있는 천재적인 시인. ②시에 몰두하여 세상일을 잊은 사람. ③당대(唐代)의 이백(李白).
詩聖(시성) ①고금에 뛰어난 시인(詩人). ②당대(唐代)의 두보(杜甫).
詩眼(시안) ①시를 이해하는 안식(眼識). ②시의 잘되고 못됨을 결정짓는 중요한 한 글자. 오언(五言)에서는 셋째 자, 칠언(七言)에서는 다섯째 자가 '眼' 이 됨. 句中眼(구중안).
詩語(시어) 시인의 감정을 나타낸, 함축성 있는 어구.
詩韻(시운) ①시의 운율. 시의 풍류와 운치. ②시(詩) 작법의 격식에 따라 시구의 끝에 다는 운자(韻字).
詩才(시재) 시를 짓는 재능.

詩傳(시전) ①시경(詩經)을 주해(註解)한 책. ②시를 전함.
詩題(시제) 시의 제목. 시를 짓는 제재(題材).
詩調(시조) 시의 가락.
詩宗(시종) ①많은 시인에게서 존경을 받는 시인. ②시경(詩經)에 통달한 대가(大家).
詩體(시체) 시의 형식과 체재(體裁).
詩草(시초) ①시의 초고(草稿). 詩稿(시고). ②시집(詩集).
詩軸(시축) 시를 쓴 두루마리.
詩趣(시취) 시에 나타난 정취(情趣). 시적인 흥취(興趣).
詩篇(시편) ①편(篇) 단위의 시. ②시를 모아 묶은 책.
詩品(시품) 시의 품격. 詩格(시격).
詩號(시호) 시인의 아호(雅號).
詩豪(시호) 뛰어난 시인.
詩話(시화) 시(詩)의 평론(評論)이나 시인에 관한 일화(逸話)를 적은 책.
詩興(시흥) 시에 도취되어 일어나는 흥취.
◨ 古詩고시, 唐詩당시, 詠詩영시, 律詩율시, 作詩작시, 采詩채시, 祝詩축시, 漢詩한시.

6 ⑬【試】试 시험할 시 寘

중학 인명 4Ⅱ급 ㊥shì ㊐シ

필순 亠 亠 言 言 言 訁 訁 試 試 試 試

소전 초서 자원 形聲. 言+式→試. '式(식)'이 음을 나타낸다.

자해 ❶시험하다. ❷쓰다, 사용하다. 〔論語〕 吾不試오불시, 故藝고예.

試官(시관) ①시험을 관장하는 관리. 시험관. 考官(고관). ②관리의 자격은 있으나 아직 임관되지 않은 사람. 試補(시보).
試金石(시금석) ①금의 품질을 시험하는 돌. 층샛돌. 層石(층석). 稱石(칭석). ②가치나 역량(力量)을 알아보는 기회나 사물.
試圖(시도) 어떤 일을 이루어 보려고 계획하거나 행동함.
試練(시련) ①겪기 어려운 단련이나 고비. ②의지나 사람됨을 시험하여 봄.
試尾(시미) 몰래 뒤를 밟음. 미행(尾行)함.
試寫(시사) 영화를 개봉하기 전에 시험적으로 상영함.
試射(시사) ①활이나 총 등을 시험 삼아 쏨. ②활을 잘 쏘는 사람을 시험 보아 선발함.
試乘(시승) 시험 삼아 타 봄.
試食(시식) 맛이나 요리 솜씨를 보기 위하여 먹어 봄.
試案(시안) 시험적으로 만든 안.
試演(시연) 연극·음악 등을 공개에 앞서 시험적으로 상연함.
試藝(시예) 재능을 시험하여 봄.
試用(시용) 시험적으로 사용하여 봄.
試飮(시음) 술이나 음료 따위를 시험 삼아 마셔 봄.
試筆(시필) ①시험 삼아 붓대를 놀림. 시험 삼아 글씨를 쓰거나 그림을 그림. ②신년 초에 처음으로 글씨를 써 보는 일. 試毫(시호).
試合(시합) 서로 재주를 부려 승부를 겨룸.
試驗(시험) ①재능·실력 따위를 일정한 절차에 따라 검사하고 평가하는 일. ②사물의 성질·기능을 실지로 증험하여 보임.
◨ 考試고시, 科試과시, 庭試정시, 初試초시, 鄕試향시, 會試회시.

6 ⑬【詠】詠(1160)과 동자

6 ⑬【詣】诣 이를 예 霽

인명 1급 ㊥yì ㊐ケイ

소전 초서 자해 이르다. ㉮절후가 이르다, 계절이 돌아오다. ㉯도착하다. 〔漢書〕 未得詣前미득예전.

詣闕(예궐) 대궐(大闕)에 들어감.
◨ 造詣조예, 參詣참예, 馳詣치예.

6 ⑬【誉】譽(1185)의 속자

6 ⑬【詸】諛(1176)의 속자

6 ⑬【詮】诠 설명할 전 先

인명 ㊥quán ㊐セン

소전 초서 자해 ❶설명하다, 사리를 밝혀 말하다. ❷법칙, 도리, 진리. 〔淮南子〕 發必中詮발필중전, 言必合數언필합수.

詮釋(전석) 알기 쉽게 해설하여 밝힘.
詮議(전의) ①서로 평의(評議)하여 일을 분명히 정함. 評定(평정). ②죄적(罪跡) 또는 죄인(罪人)을 속속들이 조사함.
詮次(전차) 말이나 글의 짜여진 조리(條理)나 순서.

6 ⑬【誂】 꾈 조 嘯

㊥tiǎo ㊐チョウ

言 6획

소전 [자해] 꾀다, 유혹하다. 〔戰國策〕楚人有兩妻초인유량처, 人誂其長者인조기장자.
誂撆(조별) 조롱함. 비웃고 놀림.

6 ⑬【誅】诛 벨 주 虞

[인명][1급] ㊥zhū ㊐キュウ

소전 초서 [자해] ❶베다. ㉮죽이다. 〔漢書〕將義兵장의병, 行天誅행천주. ㉯풀 같은 것을 베어 없애다. 〔楚辭〕寧誅鋤草芽以力耕乎녕주서초아이력경호. ❷치다, 적을 토벌하다. 〔書經〕天命誅之천명주지. ❸꾸짖다, 책망하다. 〔周禮〕誅以馭其過주이어기과.
誅求(주구) 관청에서 백성의 재물을 강제로 빼앗음.
誅戮(주륙) 죄인을 죽임. 죄로 몰아 죽임. 誅殺(주살).
誅伐(주벌) 죄인을 침. 죄인을 쳐 죽임.
誅罰(주벌) 죄를 책하여 처벌함.
誅夷(주이) 토벌(討伐)하여 평정함. 모조리 살육(殺戮)함. '誅'는 죄가 일문(一門)에 미침을, '夷'는 구족(九族)에 미침을 이름.
誅竄(주찬) 죽이는 형벌과 귀양 보내는 형벌.
誅責(주책) 잘못을 엄하게 꾸짖음.
◨ 族誅족주, 詰誅힐주.

6 ⑬【詹】 [1]이를 첨 鹽 [2]족할 담 勘

[인명] ㊥zhān, dàn ㊐セン, タン

소전 초서 [참고] 인명용 음은 '첨'이다.
[자해] [1] ❶이르다, 도달하다. 〔詩經〕魯邦所詹로방소첨. ❷수다스럽다, 말이 많은 모양. 〔莊子〕大言炎炎대언담담, 小言詹詹소언첨첨. [2]족하다, 넉넉하다. 〔呂氏春秋〕不充則不詹불충즉부담.

6 ⑬【詫】诧 자랑할 타 禡

㊥chà ㊐タ

초서 [자해] 자랑하다, 풍을 치다. 〔宋史〕必列步騎필렬보기, 以自誇詫이자과타.

6 ⑬【該】该 그 해 ㊍개 灰

[고등][인명][3급] ㊥gāi ㊐ガイ

필순 亠 亠 亠 言 言 言 訁 訁 詝 詝 該

소전 초서 [자원] 形聲. 言+亥→該. '亥(해)'가 음을 나타낸다.
[자해] ❶그. 사물을 지시하는 말. ※'其'와 같은 뜻으로 쓴다. 〔福惠全書〕該房開具上任儀注해방개구상임의주. ❷갖추다. 〔楚辭〕齊桓聞以該輔제환문이해보.
該當(해당) ①관련되는 바로 그것. ②바로 들어맞음.
該吏(해리) 담당 관리. 그 계(係)의 직원.
該博(해박) 여러 방면으로 학식이 넓음.
該悉(해실) 죄다 앎.
該地(해지) 그곳. 그 땅.
◨ 當該당해.

6 ⑬【話】话 말할 화 卦

[중학][인명][7급] ㊥huà ㊐ワ

필순 亠 亠 亠 言 言 言 訁 訁 訐 話 話

소전 초서 [자원] 形聲. 言+昏→話. '昏(괄)'이 음을 나타낸다.
[자해] 말하다, 이야기하다. 〔書經〕乃話民之弗率내화민지불솔.
話頭(화두) ①이야기의 첫머리. ②참선 수행을 위한 실마리.
話說(화설) 중국 소설에서 이야기를 시작할 때 쓰는 말. '각설(却說)'과 같은 뜻.
話術(화술) 말하는 기술. 말재주.
話言(화언) 좋은 말. 선한 언어.
話題(화제) 이야깃거리. 이야기.
◨ 談話담화, 對話대화, 童話동화, 祕話비화, 神話신화, 野話야화, 逸話일화, 電話전화.

6 ⑬【詼】诙 조롱할 회 灰

㊥huī ㊐カイ

초서 [자해] 조롱하다, 비웃다. 〔宋史〕詼嘲譏刺회조기자.
詼笑(회소) 기롱하여 웃음. 장난으로 웃음.
詼嘲(회조) 농지거리로 비웃음. 놀림.
詼謔(회학) 익살스럽고도 품위 있는 농담.
詼諧(회해) 실없는 농담이나 익살스러운 말.

6 ⑬【詡】诩 자랑할 후 麌

㊥xǔ ㊐ク

소전 [자해] ❶자랑하다, 장담하다. 〔漢書〕誇詡衆庶과후중서. ❷두루 미치다. 〔禮記〕德發揚덕발양, 詡萬物후만물.

6 ⑬【詬】诟 꾸짖을 후·구 宥 宥

㊥gòu ㊐コウ

소전 詬 초서 詬 자해 **꾸짖다, 욕하며 책망하다.** 〔春秋左氏傳〕曹人詬之조인후지.
詬罵(후매) 꾸짖음. 욕하여 꾸짖음.
詬辱(후욕) 꾸짖어 욕함. 망신을 줌.

6 ⑬ 【詰】诘 물을 힐 質

인명 1급 ㊥jié ㊐キツ

소전 詰 초서 诘 자해 **❶묻다, 힐문(詰問)하다.** 〔老子〕此三者不可致詰차삼자불가치힐. **❷따지다. ㉮꾸짖다.** 〔淮南子〕取之不詰취지불힐. **㉯공격하다.** 〔春秋左氏傳〕詰姦慝힐간특. **❸경계하다, 삼가게 하다.** 〔周禮〕詰四方힐사방.
詰屈聱牙(힐굴오아) 글 뜻이 어렵고 음조(音調)가 까다로워 읽기가 매우 거북한 문장. 佶屈聱牙(길굴오아).
詰窮(힐궁) 사실을 밝히기 위하여 추궁함.
詰難(힐난) 잘못을 따져 비난함.
詰問(힐문) 잘못을 따져 물음.
詰晨(힐신) 이른 아침. 아침 일찍.
詰朝(힐조) 이튿날 아침. 詰旦(힐단).
詰誅(힐주) 죄를 물어 추궁하여 다스림.
詰責(힐책) 잘못을 따져 꾸짖음.

7 ⑭ 【誡】诫 경계할 계 卦

인명 ㊥jiè ㊐カイ

소전 誡 초서 诫 자해 **경계하다.** ≒戒. **㉮훈계하다.** 〔易經〕小懲而大誡소징이대계. **㉯조심하고 삼가다.** 〔春秋左氏傳〕必不誡필불계.
誡勉(계면) 훈계하고 격려함.
誡命(계명) ①도덕상·종교상 마땅히 지켜야 할 규율. ②훈계나 경계의 명령.

7 ⑭ 【誥】诰 고할 고 號

인명 ㊥gào ㊐コウ

소전 誥 초서 诰 자해 **고하다.** ≒告. **㉮말하여 알리다. ㉯아랫사람에게 알리다.** 〔蔡邕·表〕中讀符策誥戒之詔중독부책고계지조. **㉰사람을 모아서 알리는 일. ㉱가르치다.** 〔書經〕文王誥教小子문왕고교소자.
誥戒(고계) 윗사람이 아랫사람에게 훈계함. 또는 그 말. 告戒(고계).
誥命(고명) ①고(誥)와 명(命). '誥'는 천자가 아랫사람에게 고하는 말, '命'은 명령하는 말. ②오품(五品) 이상의 관리를 임명할 때에 주던 사령(辭令).
◨ 典誥전고, 訓誥훈고.

7 ⑭ 【誑】诳 속일 광 漾

㊥kuáng ㊐キョウ

소전 誑 초서 诳 자해 **속이다, 기만하다.** 〔禮記〕幼子常視無誑유자상시무광.
誑詐(광사) 속임.
誑誘(광유) 남을 속여 꾐.
誑惑(광혹) 거짓말을 하여 미혹하게 함.
◨ 欺誑기광.

7 ⑭ 【読】 讀(1185)의 속자

7 ⑭ 【誣】诬 무고할 무 虞

인명 1급 ㊥wū ㊐フ

소전 誣 초서 诬 자해 **❶무고하다, 사실을 굽혀 말하다.** 〔漢書〕非誣告殺傷人비무고살상인, 佗皆勿坐타개물좌. **❷깔보다, 업신여기다.** 〔禮記〕誣上行私而不可止也무상행사이불가지야.
誣告(무고) 없는 죄를 있는 것처럼 꾸며서 관청에 고발함.
誣欺(무기) 속임. 欺瞞(기만).
誣妄(무망) 허위 사실을 꾸며 남을 속임.
誣報(무보) 거짓 보고(報告).
誣服(무복) 강제를 당하여 없는 죄를 있다고 자복(自服)하고 복역(服役)함.
誣說(무설) 터무니없는 뜬소문. 근거 없는 말.
誣言(무언) 실없이 꾸며 댄 말.
誣枉(무왕) 사실을 굽혀 무고함.
誣引(무인) 죄 없는 사람을 죄로 몰아넣음.
誣奏(무주) 남을 헐뜯어 없는 죄를 있는 것처럼 꾸며서 고해 바침. 讒訴(참소).
誣陷(무함) 허물이 없는 사람을 모함함.
◨ 欺誣기무, 讒誣참무.

7 ⑭ 【誓】 맹세할 서 霽

고등 인명 3급 ㊥shì ㊐セイ

필순 扌 扌 扩 扩 折 折 誓 誓 誓 誓

소전 誓 초서 誓 자원 形聲. 折+言→誓. '折(절)'이 음을 나타낸다.
자해 **❶맹세하다, 약속하다.** 〔詩經〕信誓旦旦신서단단. **❷경계하다, 훈계하다.** 〔書經〕禹乃會羣后우내회군후, 誓于師서우사.
誓告(서고) 서약함. 서약하여 고함.

言 6획

誓券(서권) 서약서(誓約書).
誓命(서명) ①임금이 신하에게 명하는 글. 誓誥(서고). ②임금이 신하에게 말하는 경계.
誓詞(서사) 맹세하는 말. 誓言(서언).
誓約(서약) 맹세하여 약속함.
誓願(서원) ①맹세하고 기원함. ②(佛)부처가 중생을 제도(濟度)하려는 소원이 달성되도록 기원하는 일.
◨ 盟誓맹서, 宣誓선서.

7 ⑭【說】说 1말씀 설 屑 2기쁠 열 屑 3달랠 세 霽
중학 인명 5급 ㊥shuō, yuè ㊐セツ
필순 ⺀ 亠 言 言 言' 言'' 訁 訁 訁 說
소전 說 초서 说 속자 説 참고 인명용 음은 '설·열·세'이다.
자원 形聲. 言＋兌→說. '兌(태)'가 음을 나타낸다.
자해 1 ❶말씀, 말. ㉮언설(言說), 언론(言論). 〔禮記〕游於說유어설. ㉯가르침, 학설(學說). 〔史記〕學百家之說학백가지설. ㉰생각, 의견(意見). 〔戰國策〕王不聞夫管與之說乎왕불문부관여지설호. ㉱풀어서 하는 말, 해설(解說). 〔莊子〕孰能說王之意숙능설왕지의. ㉲뜻풀이, 경서(經書)의 주해(註解). 〔墨子〕說설, 所以明也소이명야. ❷문체 이름. 사물에 대한 의리(義理)를 풀어 밝히고, 자기의 의견을 진술하는 글. ¶ 愛蓮說애련설. 2 기쁘다, 기뻐하다. ≒悅. 〔詩經〕我心不說아심불열. 3 달래다, 유세(遊說)하다. 〔孟子〕說大人則藐之세대인즉묘지.
說敎(설교) 종교의 교리를 설명함.
說得(설득) 알아듣도록 설명하여 납득시킴.
說明(설명) 풀이하여 밝힘.
說法(설법) 불법의 이치를 가르침.
說伏(설복) 알아듣도록 말하여 수긍하게 함. 설명하여 좇게 함.
說書(설서) ①책을 강설(講說)함. ②노래와 사설로 된 이야기.
說往說來(설왕설래) 서로 변론을 주고받으며 옥신각신함.
說諭(설유) 말로 타이름.
說破(설파) ①사물의 이론을 밝혀 이의(異議)의 여지가 없도록 말함. ②상대방의 이론을 뒤엎어 깨뜨림.
說話(설화) ①있지 않은 일을 사실처럼 재미있게 말함. 또는 그런 이야기. ②각 민족 사이에 전승되어 오는 신화·전설·민담의 총칭.
說樂(열락) 기쁘고 즐거움. 기쁘게 하고 즐겁게 함. 悅樂(열락).
說客(세객) 유세(遊說)하는 사람.
◨ 經說경설, 論說논설, 師說사설, 序說서설, 小說소설, 俗說속설, 力說역설, 演說연설, 遊說유세, 一說일설, 雜說잡설, 傳說전설, 學說학설, 解說해설.

7 ⑭【誠】诚 정성 성 庚
중학 인명 4Ⅱ급 ㊥chéng ㊐セイ
필순 ⺀ 亠 言 言 訁 訂 訂 訪 誠 誠 誠
소전 誠 초서 诚 속자 誠 자원 形聲. 言＋成→誠. '成(성)'이 음을 나타낸다.
자해 ❶정성. ㉮순수한 마음. 〔中庸〕誠者自成也성자자성야. ㉯공평무사한 마음. 〔易經〕脩辭立其誠수사립기성. ㉰참마음, 진심. 〔後漢書〕開心見誠개심견성. ❷참되게 하다, 마음을 정성스럽게 가지다. 〔新書〕志操精果謂之誠지조정과위지성.
誠敬(성경) 정성을 다하여 공경함.
誠款(성관) 참된 마음. 誠心(성심).
誠謹(성근) 성실하고 조심스러움.
誠金(성금) 정성으로 내는 돈.
誠信(성신) ①정성스럽고 참됨. ②성실한 신앙.
誠實(성실) 정성스럽고 참되어 거짓이 없음. 誠慤(성각).
誠心(성심) 정성스러운 마음.
誠意(성의) 정성스러운 뜻.
誠忠(성충) ①진심에서 우러나온 충성. ②정성 어린 친절.
◨ 悃誠곤성, 至誠지성, 忠誠충성, 致誠치성.

7 ⑭【誦】诵 욀 송 宋
고등 인명 3급 ㊥sòng ㊐ショウ
필순 ⺀ 亠 言 言 訁 訂 訂 誦 誦 誦
소전 誦 초서 诵 자원 形聲. 言＋甬→誦. '甬(용)'이 음을 나타낸다.
자해 ❶외다, 암송하다. 〔周禮〕敎國子興道諷誦言語교국자흥도풍송언어. ❷말하다, 여쭈다. 〔孟子〕臣請爲王誦之신청위왕송지.
誦經(송경) ①경서(經書)를 읽음. ②(佛)소리를 내어 불경을 읽음.
誦功(송공) 공적을 칭송함. 頌功(송공).
誦讀(송독) ①외어 읽음. 暗誦(암송). ②소리를 내어 글을 읽음.
誦說(송설) ①읽는 일과 설명하여 밝히는 일. ②경서(經書)를 읽으면서 해설함.
誦習(송습) ①책을 외어서 익힘. ②시가(詩歌)

를 읊어 익힘.
誦詠(송영) 시가를 외어 읊음. 誦詩(송시).
誦奏(송주) 상주문(上奏文)을 임금에게 읽어 바침.
◨ 背誦배송, 暗誦암송, 諷誦풍송.

7 ⑭【語】语 ①말씀 어 語 ②알릴 어 御
중학 인명 7급 ㊥yǔ, yù ㊐ゴ
필순 亠 亠 言 言 言 訂 訂 語 語 語 語
소전 초서 자원 形聲. 言+吾→語. '吾(오)'가 음을 나타낸다.
자해 ① ❶말씀. ㉮말, 이야기. 〔漢書〕 僕以口語복이구어, 遇遭此禍우조차화. ㉯어구(語句), 문구(文句). 〔宋史〕 聞人誦伊川語문인송이천어. ㉰속담(俗談). 〔春秋穀梁傳〕 語曰어왈, 脣亡則齒寒순망즉치한. ❷소리, 새·벌레 따위의 소리. 〔范成大·詩〕 壁下秋蟲語벽하추충어. ② 알리다, 고하다. 〔春秋左氏傳〕 公語之故공어지고.
語感(어감) 말소리 또는 말투의 차이에 따른 느낌.
語句(어구) 말의 구절. 어귀.
語氣(어기) 말하는 기세.
語訥(어눌) 말을 더듬어 유창하지 못함.
語鈍(어둔) 말을 더듬어 둔함.
語錄(어록) ①명유(名儒)·고승(高僧)의 말을 모은 책. ②외국에 사절(使節)로 나갔다가 주고받은 말을 모아 임금에게 올린 것.
語孟(어맹) 논어(論語)와 맹자(孟子)를 아울러 이르는 말. 論孟(논맹).
語文(어문) 말과 글. 언어와 문장.
語不成說(어불성설) 말이 조금도 이치에 맞지 아니함.
語澁(어삽) 말이 잘 나오지 아니함.
語塞(어색) ①말이 막힘. 語屈(어굴). ②國열없거나 겸연쩍어 서먹서먹함.
語勢(어세) 말에서 느껴지는 힘.
語源(어원) 말이 이루어진 근원.
語義(어의) 말의 뜻. 말뜻.
語節(어절) 문장을 이루는 도막도막의 성분.
語調(어조) ①말의 가락. ②억양.
語趣(어취) 말하고자 하는 취지.
語套(어투) 말투.
語弊(어폐) ①말의 폐단이나 결점. ②남의 오해를 받기 쉬운 말. 語病(어병).
語彙(어휘) ①어떤 일정한 범위 안에서 쓰이는 낱말의 수효. 또는 낱말의 전체. ②많은 말을 유별(類別)하여 모아 놓은 것.
◨ 古語고어, 口語구어, 國語국어, 單語단어, 文語문어, 反語반어, 梵語범어, 鄙語비어, 俗語속어, 術語술어, 詩語시어, 言語언어, 原語원어, 隱語은어, 俚語이어, 傳語전어, 漢語한어, 韓語한어.

7 ⑭【誤】误 그릇될 오 遇
중학 인명 4Ⅱ급 ㊥wù ㊐ゴ
필순 亠 亠 言 言 言 訂 訂 誤 誤 誤 誤
소전 초서 동자 誤 자원 形聲. 言+吳→誤. '吳(오)'가 음을 나타낸다.
자해 ❶그릇되다. ㉮도리에 어긋나다. 〔漢書〕 君何言之誤군하언지오. ㉯실수하다. 〔禮記〕 使者聘而誤사자빙이오. ❷그르치게 하다, 그릇된 길로 이끌다. 〔漢書〕 詿誤吏民괘오리민.
誤國(오국) 나라의 전도(前途)를 그르침. 나라를 위태롭게 함.
誤記(오기) 잘못 적음.
誤答(오답) 틀린 답.
誤導(오도) 그릇 인도함.
誤謬(오류) 그릇되어 이치에 어긋나는 일. 謬誤(유오).
誤發(오발) 실수로 잘못 쏨.
誤犯(오범) 실수하여 지은 죄.
誤報(오보) 잘못된 보고나 보도.
誤死(오사) 형벌이나 재앙을 입어 비명(非命)에 죽음.
誤算(오산) 잘못 계산함.
誤殺(오살) 잘못하여 사람을 죽임.
誤譯(오역) 잘못 번역함.
誤用(오용) 잘못 사용함.
誤認(오인) ①그릇 인정함. 錯認(착인). ②짐작이 틀림.
誤入(오입) ①잘못 들어감. ②國사도(邪道)에 빠짐. 사내가 노는계집과 상종함.
誤字(오자) 잘못 쓴 글자.
誤診(오진) 잘못 진단함.
誤差(오차) ①참값과 근사값과의 차이. ②실제로 측정한 값과 이론적으로 정확한 값과의 차이.
誤判(오판) 잘못 판정함. 誤審(오심).
誤脫(오탈) 글자를 잘못 씀과 빠뜨림.
誤解(오해) 뜻을 잘못 이해함.
◨ 過誤과오, 正誤정오, 錯誤착오, 舛誤천오.

7 ⑭【誘】诱 꾈 유 有
고등 인명 3Ⅱ급 ㊥yòu ㊐コウ
필순 亠 亠 言 言 言 訁 訁 訴 誘 誘 誘

소전 초서 자원 形聲. 言+秀→誘. '秀(수)'가 음을 나타낸다.
자해 ❶꾀다. ㉮유혹하다. ㉯불러내다, 유인하다. 〔孔子家語〕天誘其衷천유기리. ❷꾐, 유인. 〔沈約·碑銘〕庶馮嘉誘서빙가유.
誘拐(유괴) 사람을 속여 꾀어냄.
誘勸(유권) 권하여 하도록 함. 勸誘(권유).
誘導(유도) 꾀어서 이끎.
誘發(유발) 어떤 일이 원인이 되어 다른 일이 일어남.
誘殺(유살) 유괴(誘拐)하여 살해(殺害)함.
誘說(유세) 달콤한 말로 달래어 꾐.
誘掖(유액) 인도하여 도움. 誘益(유익).
誘引(유인) 유혹하여 꾀어냄.
誘因(유인) 어떤 일이나 현상을 일으키는 직접적인 원인.
誘進(유진) 달래어 권함. 勸誘(권유).
誘致(유치) 꾀어서 끌어 옴.
誘脅(유협) 유혹하고 협박함.
誘惑(유혹) 꾀어서 마음을 현혹하게 함.
◨ 勸誘권유, 慰誘위유, 誨誘회유.

7 ⑭【誼】 誼(1172)의 본자

7 ⑭【認】认 알 인 震
중학 인명 4Ⅱ급 ㊥rèn ㊐ニン
필순 一 亠 言 言 言 訒 訒 訒 認 認
초서 동자 認 자원 形聲. 言+忍→認. '忍(인)'이 음을 나타낸다.
자해 ❶알다. ❷승인하다, 허가하다.
認可(인가) 인정하여 허가함.
認識(인식) 사물을 감지(感知)하여, 그 의의를 분별하고 판단하는 마음의 작용.
認容(인용) 인정하여 용납함. 認可(인가).
認賊爲子(인적위자) (佛)도둑을 아들로 생각함. 망상(妄想)을 진실이라고 믿음의 비유.
認定(인정) 옳다고 믿고 정함.
認准(인준) 법률에 규정된 공무원의 임명에 대한 국회의 승인.
認證(인증) 행위 또는 문서의 성립을 공적 기관이 증명하는 일.
認知(인지) 사실을 인정하여 앎.
認許(인허) 인정하여 허락함.
◨ 公認공인, 官認관인, 默認묵인, 否認부인, 承認승인, 是認시인, 誤認오인.

7 ⑭【認】 認(1169)과 동자

7 ⑭【誌】志 기록할 지 寘
고등 인명 4급 ㊥zhì ㊐シ
필순 一 亠 言 言 言 計 計 誌 誌 誌
소전 초서 자원 形聲. 言+志→誌. '志(지)'가 음을 나타낸다.
자해 ❶기록하다, 기록. 〔新唐書〕李吉甫이길보, 元和郡縣誌원화군현지. ❷기억하다, 외다. 〔新唐書〕一經目일경목, 輒誌于心첩지우심. ❸문체 이름. 사적(史的)인 기사문(記事文). =志.
誌面(지면) 신문 따위 인쇄물의 기사가 실린 종이의 면. 誌上(지상).
誌銘(지명) 묘지명(墓誌銘).
誌文(지문) 죽은 사람의 이름·생몰 연월일(生沒年月日)·행적·무덤이 있는 곳을 적은 글.
誌石(지석) 죽은 사람의 이름·생몰 연월일·행적·무덤의 방향 등을 적어 무덤 앞에 묻는 판석(板石).
◨ 銘誌명지, 墓誌묘지, 碑誌비지.

7 ⑭【誚】诮 꾸짖을 초 嘯
㊥qiào ㊐ショウ
초서 자해 꾸짖다, 책망하다. =譙. 〔呂氏春秋〕酒醒而誚其子주성이초기자.
誚讓(초양) 꾸짖어 나무람. '讓'은 '責(책)'으로 '꾸짖다'의 뜻.
誚責(초책) 꾸짖어 나무람.

7 ⑭【誕】诞 태어날 탄 旱
고등 인명 3급 ㊥dàn ㊐タン
필순 一 亠 言 言 訁 訁 訁 誕 誕 誕
소전 초서 자원 形聲. 言+延→誕. '延(연)'이 음을 나타낸다.
자해 ❶태어나다. 〔舊唐書〕上誕日不納中外之貢상탄일불납중외지공. ❷속이다. 〔書經〕乃逸乃諺旣誕내일내언기탄. ❸거짓, 거짓말. 〔國語〕是言誕也시언탄야. ❹넓다, 광활하다. 〔詩經〕旄丘之葛兮모구지갈혜, 何誕之節兮하탄지절혜.
誕降(탄강) 하늘에서 세상에 내려옴. 성인(聖人)이나 제왕이 세상에 남. 誕生(탄생).
誕妄(탄망) 말이나 행동이 터무니없고 망령됨.
誕放(탄방) 지나치게 방자함. 誕縱(탄종).
誕辭(탄사) 허황하여 믿기 어려운 말. 허풍 치는 말. 誕言(탄언).
誕生(탄생) 성인 또는 귀인이 태어남.
誕辰(탄신) 임금이나 성인이 태어난 날. 誕日(탄일).

誕育(탄육) 기름. 양육함.
◨ 聖誕성탄, 虛誕허탄, 荒誕황탄.

7 ⑭【誨】诲 가르칠 회 隊

인명 1급 ㊥huì ㊐カイ

소전 초서 자해 **가르치다, 가르쳐 인도하다.** 〔詩經〕 敎誨爾子교회이자.

誨言(회언) 훈계하여 가르치는 말. 訓言(훈언).
誨諭(회유) 가르쳐 깨우침.

8 ⑮【課】课 매길 과 箇

중학 인명 5급 ㊥kè ㊐カ

필순 ㆍ ㆒ 言 言 訁 訂 誀 諀 課 課 課

소전 초서 자원 形聲. 言+果→課. '果(과)'가 음을 나타낸다.

자해 ❶**매기다, 세금 등을 부과하다.** 〔輟耕錄〕 羊則當年課之양즉당년과지. ❷**조세, 세금.** 〔舊唐書〕 凡賦人之制有四범부인지제유사, 一曰租일왈조, 二曰調이왈조, 三曰役삼왈역, 四曰課사왈과. ❸**시험하다.** 〔楚辭〕 何不課而行之하불과이행지.

課稅(과세) 세금을 매김.
課試(과시) ①일정한 시기에 정기적으로 보이는 시험. ②과제를 내어 시험함.
課業(과업) ①꼭 해야 할 일이나 임무. ②정하여 놓은 업무나 학업.
課役(과역) ①조세와 부역. ②일을 부과함. 또는 그 일.
課外(과외) 규정된 교육 과정 밖.
課程(과정) ①부과된 일이나 학과의 정도. ②물품에 매겨진 세금의 정도.
課題(과제) 문제를 부과함. 또는 부과된 문제.
◨ 考課고과, 賦課부과, 日課일과, 學課학과.

8 ⑮【談】谈 말씀 담 覃

중학 인명 5급 ㊥tán ㊐ダン

필순 ㆍ ㆒ 言 言 言 訁 訟 談 談 談 談

소전 초서 자원 形聲. 言+炎→談. '炎(염)'이 음을 나타낸다.

자해 ❶**말씀, 말, 이야기.** 〔春秋公羊傳〕 魯人至今以爲美談로인지금이위미담. ❷**말하다.** 〔莊子〕 三日不談삼일부담. ❸**농담하다, 희롱하다.** 〔詩經〕 不敢戲談불감희담.

談交(담교) 담론(談論)을 통하여 교제하는 일. 높은 사람을 붙좇아 출세를 바라는 일.
談論(담론) 이야기를 주고받으며 논의함.
談笑自若(담소자약) 놀라운 일이나 걱정되는 일을 당하여도 평시와 같이 담소함.
談餘(담여) ①용건 외의 이야기. ②이야기하던 김에. 談次(담차).
談義(담의) ①도리를 설명함. 뜻을 설명함. ②(佛)불교의 교리를 담론(談論)함. ③의논함.
談天雕龍(담천조룡) 천문(天文)을 말하고 용을 조각함. 변론이 굉원박대(宏遠博大)함.
談判(담판) 시비를 가리거나 결말을 짓기 위해 당사자들이 서로 논의함.
談話(담화) 어떤 일에 대한 의견이나 태도를 밝히는 말.
◨ 怪談괴담, 弄談농담, 漫談만담, 面談면담, 美談미담, 餘談여담, 眞談진담, 閑談한담, 會談회담.

8 ⑮【諌】 말 많을 동 董

㊥dǒng ㊐トウ

참고 諫(1173)은 딴 자.

자해 **말이 많다, 수다스럽다.**

8 ⑮【諒】谅 ①믿을 량 漾 ②어질 량 陽

고등 인명 3급 ㊥liàng, liáng ㊐リョウ

필순 ㆍ ㆒ 言 言 言 訁 訁 諒 諒 諒 諒

소전 초서 자원 形聲. 言+京→諒. '京(경)'이 음을 나타낸다.

자해 ① ❶**믿다, 의심하지 아니하다.** 〔詩經〕 不諒人只불량인지. ❷**참, 진실(眞實).** 〔論語〕 友直友諒우직우량. ② **어질다.** ≒良.

諒恕(양서) 양해하여 용서함.
諒闇(양암) 임금이 부모의 상(喪) 중에 거처하는 방. 또는 임금의 거상(居喪). 諒陰(양음).
諒知(양지) 살펴서 앎.
諒察(양찰) 다른 사람의 사정을 잘 헤아려 살핌. 諒燭(양촉).
諒解(양해) 사정을 헤아려 이해함.
◨ 直諒직량, 忠諒충량.

8 ⑮【論】论 ①말할 론 元 ②조리 륜 眞

중학 인명 4Ⅱ급 ㊥lùn, lún ㊐ロン

필순 ㆍ ㆒ 言 言 言 訁 訟 訡 論 論 論

소전 초서 참고 인명용 음은 '론'이다.

자원 形聲. 言+侖→論. '侖(륜)'이 음을 나타낸다.

자해 1 ❶말하다. ㉮서술하다, 진술하다. 〔張衡·賦〕不可勝論불가승론. ㉯해명하다. 〔書經〕論道經邦론도경방. ㉰고하다, 여쭈다. 〔史記〕臣請論其故신청론기고. ❷왈가왈부하다, 토론하다. 〔論語〕世叔討論之세숙토론지. ❸견해(見解), 학설(學說). 〔後漢書〕觀覽乎孔老人論관람호공로인론. ❹문체 이름. 자기의 의견을 서술하여 주장하는 글. 2 조리, 조리가 있는 말. 〔禮記〕必卽天論필즉천륜.

論客(논객) 논담(論談)을 잘하는 사람. 논담하기를 좋아하는 사람.
論據(논거) 논설이나 이론의 근거.
論啓(논계) 신하가 임금의 잘못을 논하여 간(諫)함.
論告(논고) ①자기의 의견을 논술함. ②형사재판에서, 검사가 피고의 범죄 사실과 그에 대한 법률 적용에 관한 의견을 진술하는 일.
論功行賞(논공행상) 공로를 논의하여 상을 줌.
論究(논구) 사물의 이치를 궁구하여 논함.
論及(논급) 논하는 말이 그 일에까지 미침.
論難(논난→논란) 잘못을 논하여 비난함. 서로 논술하여 비평함.
論壇(논단) ①토론을 하는 곳. ②논객(論客)들의 사회.
論談(논담) 사물의 옳고 그름 따위를 논하여 말함.
論篤(논독) 언론이 독실(篤實)함.
論理(논리) 의론·사고·추리 따위를 끌고 나가는 조리.
論孟(논맹) 논어(論語)와 맹자(孟子)를 아울러 이르는 말. 語孟(어맹).
論文(논문) 자기의 의견을 논술한 글.
論駁(논박) 상대의 의견을 비난하고 공격함.
論辯(논변) 사리의 옳고 그름을 밝혀 말함. 의견을 논술함.
論說(논설) ①사물을 평론하고 설명하는 일. 또는 그 글. ②신문의 사설(社說).
論述(논술) 논하여 의견을 진술함.
論議(논의) 서로 의견을 말하여 토의함. 議論(의논).
論爭(논쟁) 서로 다른 의견을 가진 사람들이 각각 자기의 주장을 논하여 다툼.
論點(논점) 논의의 요점.
論定(논정) 논의하여 결정함.
論題(논제) 논의의 주제.
論調(논조) 논설이나 평론의 경향.
論罪(논죄) ①죄과를 논의함. ②죄를 논의하여 형을 적용함.
論證(논증) 옳고 그름을 이유를 들어 밝힘. 또는 그 근거나 이유.
論旨(논지) 논의의 취지. 논설의 주지(主旨).
論執(논집) 자기의 의견을 논하여 고집함.
論贊(논찬) ①공적을 평론하여 칭찬함. ②사서(史書)의 기술(記述)이 끝난 후 작자가 이에 관하여 내린 평론.
論責(논책) 잘못을 분석하여 책망함.
論策(논책) 시사 문제에 관하여 의견을 진술하는 글. 송대(宋代)부터 시작된 과거의 시험 과제임.
論叢(논총) 논문을 모은 책.
論破(논파) ①듣는 사람이 알기 쉽게 말함. ②논하여 남의 학설이나 이론을 깨뜨림.
論評(논평) 논하면서 비평함.
論劾(논핵) 허물을 논하여 탄핵(彈劾)함.
論詰(논힐) 논술하여 힐난함. 죄과(罪過)를 따져 힐난함.
◨ 講論강론, 談論담론, 勿論물론, 反論반론, 辯論변론, 序論서론, 緖論서론, 言論언론, 輿論여론, 議論의론, 理論이론, 爭論쟁론, 衆論중론, 持論지론, 總論총론, 討論토론.

8 ⑮ 【誹】 诽 헐뜯을 비 尾

인명 1급 ㊥fěi ㊐ヒ

소전 [篆] 초서 [草] 자해 헐뜯다, 비방하다. 〔史記〕誹謗者族비방자족.

誹謗(비방) 비웃고 헐뜯어서 욕함.
誹訕(비산) 남을 헐뜯고 비난함. 誹毁(비훼).
誹笑(비소) 비방하여 웃음. 비웃음.
◨ 怨誹원비.

8 ⑮ 【誰】 谁 누구 수 支

중학 인명 3급 ㊥shuí, sheí ㊐スイ

필순 ˊ ˊˊ 言 言 訁 訃 訃 詐 誰 誰

소전 [篆] 초서 [草] 자원 形聲. 言+隹→誰. '隹(추)'가 음을 나타낸다.

자해 ❶누구, 어떤 사람. 〔論語〕夫執輿者爲誰부집여자위수. ❷옛날, 접때. 〔詩經〕誰昔然矣수석연의.

誰某(수모) 아무개. 누구.
誰怨誰咎(수원수구) 누구를 원망하며 누구를 탓하랴. 남을 원망하거나 탓할 것이 없음.
誰何(수하) ①누구. 아무개. ②'누구냐' 하고 묻는 말.

8 ⑮ 【誶】 谇 1 욕할 수 寘 2 말 더듬을 쇄 隊

㊥suì ㊐スイ

소전 [篆] 초서 [草] 자해 1 ❶욕하다, 꾸짖다. 〔國語〕誶申胥수신서. ❷묻다. 〔莊子〕 察士无淩誶之事則不樂찰사무릉수지사즉불락. ②말을 더듬다.

8 ⑮ 【諔】 诹 ①속일 숙 屋 ②고요할 적 錫

㊥chù, jí ㊐シュク, セキ

자해 ①속이다, 기만하다. 〔莊子〕 諔詭幻怪之名숙궤환괴지명. ②고요하다. ＝寂.

8 ⑮ 【諄】 谆 ①타이를 순 眞 ②죄 순 震

인명 ㊥zhūn ㊐ジュン

소전 초서 자해 ①타이르다, 거듭 타일러 깨우치다. 〔詩經〕 誨爾諄諄회이순순. ②❶죄, 죄악. ❷삼가다, 착실한 모양. 〔後漢書〕 勞心諄諄로심순순.

諄諄(순순) ①친절하게 타이르는 모양. ②삼가고 성실한 모양.

8 ⑮ 【諗】 谂 고할 심 寢

㊥shěn ㊐シン

소전 초서 자해 ❶고하다, 알리다. 〔國語〕 使果敢者諗之사과감자심지. ❷간하다, 간곡하게 간하다. 〔春秋左氏傳〕 昔辛伯諗周桓公석신백심주환공.

8 ⑮ 【誾】 訚 온화할 은 眞

인명 2급 ㊥yín ㊐ギン

소전 초서 자해 ❶온화하다, 온화하면서 삼가는 모양. ❷평온하게 토론하는 모양.

8 ⑮ 【誼】 谊 옳을 의 寘

인명 1급 ㊥yì ㊐ギ

소전 본자 誼 자해 옳다, 사람이 옳다고 생각하는 바. 〔漢書〕 摩民以誼마민이의.

8 ⑮ 【諍】 诤 ①간할 쟁 敬 ②다툴 쟁 庚

인명 ㊥zhèng ㊐ソウ

소전 초서 자해 ①간하다, 윗사람에게 충고하다. 〔漢書〕 諫諍卽見聽간쟁즉견청. ②다투다. ≒爭. 〔晉書〕 闒茸勇敢於饕諍탑용용감어도쟁.

諍訟(쟁송) 송사(訟事)를 일으켜 서로 다툼. 爭訟(쟁송).

諍臣(쟁신) 임금의 잘못을 직언(直言)으로 간하는 충신.

◨ 諫諍간쟁.

8 ⑮ 【調】 调 ①고를 조 蕭 ②뽑힐 조 嘯

중학 인명 5급 ㊥tiáo, diào ㊐チョウ

필순 亠 亡 言 言 訂 訂 訓 訶 調 調

소전 초서 자원 形聲. 言＋周→調. '周(주)'가 음을 나타낸다.

자해 ①❶고르다. ㉮조절하다. 〔新唐書〕 帝賜食제사식, 親爲調羹친위조갱. ㉯어울리다. ¶ 調和조화. ㉰균형이 잡히다. 〔史記〕 陰陽調음양조, 風雨節풍우절. ㉱화합하다. 〔素問〕 調於四時조어사시. ❷꼭 맞다. 〔淮南子〕 皆調於口개조어구. ❸지키다, 수호하다. 〔史記〕 調護太子조호태자. ②❶뽑히다, 선임(選任)되다. 〔史記〕 調爲隴西都尉조위롱서도위. ❷구실. 당대(唐代)의 부세(賦稅)의 한 가지.

調達(조달) 필요한 것을 대어 줌.

調度(조도) ①정도에 맞게 처리함. ②조세(租稅). 또는 조세를 거두어들임.

調練(조련) 병사(兵士)를 훈련함.

調理(조리) ①몸을 보살피고 병을 다스림. 調攝(조섭). 調養(조양). ②음식을 요리함.

調馬(조마) ①말을 길들임. 말을 조련(調練)함. ②말을 징발(徵發)함.

調味(조미) 음식의 맛을 냄.

調査(조사) 살펴서 알아봄.

調書(조서) 조사 사항을 기록한 문서.

調馴(조순) 금수(禽獸)를 길들임.

調習(조습) 정숙하게 배워 익힘.

調用(조용) ①전임(轉任)함. 調任(조임). ②필요한 만큼 씀.

調律(조율) 음을 기준 음에 맞춰 고름.

調印(조인) 서로 약속하여 만든 문서에 도장을 찍음.

調節(조절) 사물을 알맞게 맞추어 잘 어울리도록 함.

調停(조정) 틀어진 사이를 중간에 들어서 화해시키는 일.

調整(조정) 어떤 기준이나 실정에 맞게 정돈함.

調劑(조제) 여러 가지 약재를 적절히 배합하여 약을 짓는 일.

調合(조합) 약재·물감·안료 따위를 일정한 비율로 알맞게 섞음.

調和(조화) ①서로 잘 어울림. ②음악의 가락이 잘 어울리는 일. ③간이 맞는 일. ④싸움을 그만둠.

◨ 格調격조, 曲調곡조, 短調단조, 聲調성조, 時調시조, 詩調시조, 律調율조, 長調장조.

言 8획

8 ⑮【諂】谄 아첨할 첨 琰

인명 1급 ㊥chǎn ㊐テン

소전 초서 자해 아첨하다, 알랑거리다. 〔易經〕上交不諂상교불첨.

諂巧(첨교) 교묘하게 아첨함. 또는 그 사람.
諂佞(첨녕) 아첨함. 諂諛(첨유).
諂笑(첨소) 마음에도 없이 억지로 웃음. 아첨하여 웃음.
◨ 邪諂사첨, 阿諂아첨, 諛諂유첨.

8 ⑮【請】请 청할 청 梗

중학 인명 4Ⅱ급 ㊥qǐng ㊐セイ

필순 ㆒ ㆓ 言 言 言 言⁻ 言⁼ 請 請 請 請

소전 초서 속자 請 자원 形聲. 言+靑→請. '靑(청)'이 음을 나타낸다.

자해 ❶청하다. ㉮요구하다. 〔後漢書〕宦者親屬환자친속, 輒爲請乞첩위청걸. ㉯고하다. 〔禮記〕請賓曰청빈왈. ㉰원하다, 바라다. 〔漢書〕上書自請擊吳상서자청격오. ㉱빌다, 기원하다. 〔春秋左氏傳〕余得請於帝矣여득청어제의. ㉲묻다, 문의하다. ㉳부르다, 초청하다. 〔漢書〕迺置酒請之내치주청지. ❷부탁, 청탁. 〔戰國策〕顚蹶之請전궐지청.

請暇(청가) 말미를 청함. 휴가를 신청함.
請客(청객) ①손을 초대함. ②손에게 청함.
請求(청구) 무엇을 달라고 하거나, 무엇을 해 달라고 요구함.
請期(청기) ①혼인할 때에 신랑 집에서 택일(擇日)을 하여 그 가부를 묻는 편지를 신부 집으로 보내는 일. ②기한을 청함.
請老(청로) 벼슬아치가 늙어 벼슬에서 물러나기를 임금께 청함.
請負(청부) 일을 떠맡음. 都給(도급).
請謁(청알) ①귀인에게 면회를 청함. ②권력 있는 사람에게 사사로이 청탁함.
請約(청약) 계약을 신청함.
請邀(청요) 초청하여 맞음.
請願(청원) 바라는 바를 들어 달라고 청함.
請狀(청장) ①맡았다는 증서. ②청하는 글. 청첩(請牒).
請坐(청좌) 혼인 때에 신부 집에서 신랑에게 사람을 보내어 초례청(醮禮廳)에 나오기를 청하던 일.
請罪(청죄) ①저지른 죄에 대하여 벌을 줄 것을 청함. ②죄를 면하거나 감형(減刑)해 줄 것을 청함.
請牒(청첩) 경사에 손님을 초청하는 글발.
請招(청초) 초청(招請).
請囑(청촉) 청을 들어 주기를 부탁함.
請託(청탁) 청하여 부탁함.
請婚(청혼) 혼인을 청함.
◨ 懇請간청, 申請신청, 要請요청, 奏請주청.

8 ⑮【請】請(1173)의 속자 인명

8 ⑮【諏】诹 꾀할 추 虞

인명 ㊥zōu ㊐シュ

소전 초서 동자 동자 자해 ❶꾀하다, 의논하다. ❷묻다, 자문하다. 〔春秋左氏傳〕諮事爲諏자사위추.

諏吉(추길) 길일(吉日)을 택함.
諏謀(추모) 어떤 일을 의논하여 꾀함.
◨ 諮諏자추.

9 ⑯【諫】谏 간할 간 諫

인명 1급 ㊥jiàn ㊐カン

소전 초서 참고 諌(1170)은 딴 자.
자해 간하다. ㉮직언(直言)하여 바로잡다. 〔漢書〕唐林數上書諫正당림수상서간정. ㉯제지하다, 못하게 하다. 〔呂氏春秋〕內之則諫其君之過也내지즉간기군지과야. ㉰범하다, 간범(干犯)하다. 〔詩經〕又能聽其規諫우능청기규간.

諫鼓(간고) 임금에게 간하거나 호소하고자 하는 사람이 치도록 궁문(宮門)에 달아 두었던 큰 북. 朝鼓(조고). 登聞鼓(등문고).
諫勸(간권) 간하여 착한 일을 권함.
諫臣(간신) 임금에게 직언(直言)으로 간하는 신하.
諫言(간언) 간하는 말.
諫議(간의) 임금에게 간함.
諫爭(간쟁) 굳게 간하여 잘못을 고치게 함.
諫正(간정) 간하여 바로잡음.
諫止(간지) 옳지 못한 일을 간하여 못하게 함.
◨ 切諫절간, 忠諫충간, 諷諫풍간, 譎諫휼간.

9 ⑯【諾】诺 대답할 낙 藥

고등 인명 3Ⅱ급 ㊥nuò ㊐ダク

필순 ㆒ ㆓ 言 言 言 言⁺ 言⁺⁺ 諾 諾 諾

소전 초서 고자 喏 자원 形聲. 言+若→諾. '若(약)'이 음을 나타낸다.

言 9획

자해 ❶대답하다. ㉮예 하고 대답하다. 〔呂氏春秋〕史起敬諾사기경낙. ㉯느린 가락으로 응답하는 공손하지 못한 대답. 〔詩經〕莫敢不諾막감불낙. ㉰좋소 하고 승낙하는 말. 〔禮記〕大師曰대사왈, 諾낙. ㉱알았소 하며 인정하는 말. 〔老子〕輕諾必寡信경낙필과신. ㉲머리를 끄덕이는 일, 수긍하는 일. ❷승낙(承諾). 〔史記〕得黃金百斤득황금백근, 不如得季布一諾불여득계포일낙.

諾否(낙부) 승낙함과 승낙하지 아니함.
諾唯(낙유) 승낙함. 응낙함. '諾'은 느린 대답, '唯'는 빠른 대답.
諾責(낙책) 응낙하여 실행하지 아니한 책임.
◨ 受諾수락, 承諾승낙, 唯諾유락, 許諾허락.

9 ⑯【謀】谋 꾀할 모 尤

고등 인명 3Ⅱ급 ㊥móu ㊐ボウ

필순 亠 亠 言 言 言 計 計 計 謀 謀 謀

소전 초서 고자 자원 形聲. 言+某→謀. '某(모)'가 음을 나타낸다.

자해 꾀하다. ㉮의논하다. 〔詩經〕周爰咨謀주원자모. ㉯관심을 가지다. 〔論語〕君子謀道不謀食군자모도불모식. ㉰모의하다. 〔晉書〕二人對議이인대의, 謂之謀위지모. ㉱헤아리다, 자세히 고찰하다. ㉲꾀미다, 책략을 세우다. 〔魏志〕才策謀略재책모략.

謀計(모계) 계교를 꾸밈. 또는 그 계교.
謀略(모략) ①계책. 책략. ②사실을 왜곡하거나 속임수를 써 남을 해롭게 함. 또는 그 일.
謀慮(모려) 꾀하여 생각함. 또는 계책.
謀免(모면) 꾀를 써서 어떤 일이나 책임에서 벗어남.
謀反(모반) 국가의 전복을 꾀함.
謀叛(모반) ①자기 나라를 배반하고 적국과 내통함. ②반역을 꾀함.
謀士(모사) 일을 잘 꾀하여 이루어지게 하는 사람.
謀事(모사) 일을 꾸밈. 일을 꾀함.
謀殺(모살) ①사람을 죽일 것을 꾀함. ②미리 모략을 꾸며 사람을 죽임.
謀書(모서) ①위조한 문서. ②문서를 거짓으로 꾸밈.
謀臣(모신) 계략을 잘 꾸미는 신하.
謀逆(모역) 반역(叛逆)을 꾀함.
謀議(모의) 어떤 일을 꾀하고 의논함.
謀主(모주) 주모자(主謀者).
謀策(모책) 어떤 일을 처리하거나 모면할 꾀를 세움. 또는 그 꾀.
謀避(모피) 꾀를 부려 피함. 圖免(도면).
謀陷(모함) 꾀를 써서 남을 어려운 처지에 빠뜨림.
謀害(모해) ①해칠 것을 꾀함. ②꾀를 써서 남을 해침.
◨ 計謀계모, 權謀권모, 智謀지모, 策謀책모.

9 ⑯【諝】谞 슬기 서 語魚

인명 ㊥xū ㊐ショ

소전 자해 슬기, 재지(才智).

9 ⑯【諡】谥 시호 시 寘

인명 1급 ㊥shì ㊐シ

소전 초서 자해 시호. ＝謚.

諡望(시망) 시호를 정할 때 미리 세 가지를 의정(議定)하여 임금에게 올리던 일.
諡法(시법) 시호를 붙이는 법. 시호를 의논하여 정하는 법.
諡議(시의) 문체의 이름. 시호를 의정(議定)하는 글.
諡狀(시장) 경상(卿相)이나 유현(儒賢) 들이 시망(諡望)을 의논하여 상주(上奏)할 때, 죽은 사람의 생존 시의 공적들을 적은 글.
諡號(시호) 제왕·공경(公卿)·유현(儒賢) 등의 생전의 공적을 사정(査定)하여 사후(死後)에 임금이 내려 주는 칭호.

9 ⑯【諶】谌 참 심 侵

인명 ㊥chén ㊐シン

소전 초서 자해 ❶참, 진실. 〔詩經〕天難諶斯천난심사. ❷진실로, 참으로. 〔楚辭〕諶荏弱而難持심임약이난지.

9 ⑯【諤】谔 직언할 악 藥

㊥è ㊐ガク

초서 동자 譨 자해 직언하다, 기탄없이 바른말을 하다. 〔楚辭〕或直言之諤諤혹직언지악악.

諤諤(악악) 직언(直言)하는 모양.
諤諤之臣(악악지신) 직언하는 신하.
諤然(악연) 조금도 꺼리지 않는 모양.

9 ⑯【謁】谒 아뢸 알 月

고등 인명 3급 ㊥yè ㊐エツ

필순 ⼀ ⼆ 亖 言 言 訁 訂 謁 謁 謁 謁

소전 [篆] 초서 [草] 자원 形聲. 言+曷→謁. '曷(갈)'이 음을 나타낸다.

자해 ❶아뢰다, 여쭈다. 〔戰國策〕 臣請謁其故신청알기고. ❷알리다, 고하다. 〔春秋左氏傳〕 事至而戰사지이전, 又何謁焉우하알언.

謁告(알고) 휴가를 청함. 請暇(청가).

謁聖(알성) 임금이 문묘(文廟)에 참배함.

謁聖科(알성과) 조선 때 임금이 알성한 뒤에 성균관(成均館)에서 보이던 과거.

謁者(알자) ①알현을 청하는 사람. ②중간에서 연결 지어 주는 안내자. ③사방으로 파견되는 사자(使者).

謁見(알현) 지위가 높은 사람을 뵘.

◨ 拜謁배알, 請謁청알, 親謁친알.

9 ⑯ 【諳】 谙 욀 암 覃

㊥ān ㊐アン

소전 [篆] 초서 [草] 동자 諵 자해 ❶외다, 글을 외다, 암송하다. 〔晉書〕 羅什多所諳誦라십다소암송. ❷알다, 익히 알다. 〔北史〕 無不諳練무불암련.

諳究(암구) 충분히 궁구하여 암송함.

諳記(암기) 외어서 기억함. 暗記(암기).

諳算(암산) 마음속으로 계산함.

諳誦(암송) 책을 보지 않고 외어서 읽음. 暗誦(암송).

諳識(암식) 외어 앎. 죄다 앎.

9 ⑯ 〖諺〗 谚 상말 언 霰

인명 1급 ㊥yàn ㊐ゲン

소전 [篆] 초서 [草] 동자 諺 고자 喭 자해 상말. ㉮속된 말, 속어(俗語). 〔大學〕 古諺有之曰고언유지왈. ㉯예로부터 전해 오는 말, 속담(俗談). 〔戰國策〕 先生聽諺言於市선생청언언어시.

諺簡(언간) 國한글로 쓴 편지(便紙)를 얕잡아 이르던 말.

諺文(언문) 속된 글. 한글을 낮추어 부르던 말.

諺語(언어) 속담(俗談).

諺譯(언역) 언문으로 번역함. 또는 그 글.

諺解(언해) 한문을 한글로 풀이함. 또는 그 책. 諺譯(언역).

◨ 古諺고언, 鄙諺비언, 俗諺속언, 野諺야언, 俚諺이언.

9 ⑯ 【諺】 諺(1175)과 동자

9 ⑯ 【謠】 謠(1179)의 속자

9 ⑯ 【諢】 诨 농담할 원 願

㊥hùn ㊐コン

속자 諢 자해 농담하다. ≒顐. 〔明道雜志〕 雜以談笑諢語잡이담소원어.

9 ⑯ 【謂】 谓 이를 위 未

고등 인명 3Ⅱ급 ㊥wèi ㊐イ

필순 ⼀ ⼆ 亖 言 言 訁 訂 謂 謂 謂 謂

소전 [篆] 초서 [草] 자원 形聲. 言+胃→謂. '胃(위)'가 음을 나타낸다.

자해 ❶이르다. ㉮말하다, 일컫다. 〔戰國策〕 此乃公孫衍之所謂也차내공손연지소위야. ㉯알리다. 〔禮記〕 瑕不謂矣하불위의. ㉰설명하다. 〔楚辭〕 人心不可謂兮인심불가위혜. ㉱비평하다, 논평하다. 〔論語〕 孔子謂季氏공자위계씨, 八佾舞於庭팔일무어정. ❷근면하다. 〔詩經〕 謂之何哉위지하재.

9 ⑯ 〖諭〗 谕 깨우칠 유 遇

인명 1급 ㊥yù ㊐ユ

소전 [篆] 초서 [草] 동자 諭 자해 ❶깨우치다. ㉮타이르다, 효유하다. 〔漢書〕 何聞而不諭하문이불유. ㉯밝히다, 명확히 하다. 〔呂氏春秋〕 欲諭其信於民욕유기신어민. ㉰이끌다, 인도하다. 〔淮南子〕 此教訓之所諭也차교훈지소유야. ❷깨닫다, 말을 듣고 깨달아 알다. 〔荀子〕 其言多當矣기언다당의, 而未諭也이미유야. ❸비유, 견주어 하는 말. ＝喩. 〔傅玄·序〕 必假諭以達其旨필가유이달기지.

諭告(유고) ①타일러 알림. ②문체(文體) 이름. 윗사람이 아랫사람에게 내리는 글.

諭示(유시) 타일러 훈계함. 관아에서 백성을 타이르는 말이나 그 문서.

諭旨(유지) ①취지(趣旨)를 알려 줌. ②천자(天子)가 백성에게 행하는 유시(諭示). 上諭(상유).

◨ 譬諭비유, 慰諭위유, 諷諭풍유, 誨諭회유.

9 ⑯ 【諭】 諭(1175)와 동자

9 ⑯ 〖諛〗 谀 아첨할 유 虞

인명 1급 ㊥yú ㊐ユ

言 9획

소전 諛 초서 諛 속자 諛 자해 아첨하다, 아유(阿諛)하다. 〔史記〕先生何言之諛也선생하언지유야.
諛佞(유녕) 남에게 붙어 아첨하는 일.
諛媚(유미) 아첨함. 알랑거림. 阿媚(아미).
諛言(유언) 아첨하는 말.
◨ 巧諛교유, 阿諛아유, 諂諛첨유.

9 ⑯【諮】谘 물을 자 支
인명 2급 ㊥zī ㊐シ
초서 諮 자해 묻다, 자문하다. 윗사람이 아랫사람에게 묻는 일. ＝咨. 〔蜀志〕諮詢典禮자순전례.
諮問(자문) 물음. 의견을 청함. 諮詢(자순).
諮議(자의) 자문에 응하여 시비(是非)를 평의(評議)함.

9 ⑯【諪】고를 정 青
인명 ㊥tíng ㊐テイ
자해 ❶고르다. ❷조정하다.

9 ⑯【諸】诸 ①모든 제 本저 魚 ②어조사 저 魚
중학 인명 3Ⅱ급 ㊥zhū ㊐ショ
필순 ˉ 亠 言 言 計 計 諎 諸 諸 諸
소전 諸 초서 諸 참고 인명용 음은 '제'이다.
자원 形聲. 言+者→諸. '者(자)'가 음을 나타낸다.
자해 ① 모든, 여러. 〔淮南子〕諸人皆爭學之제인개쟁학지. ② ❶어조사. ㉮어세를 강하게 하는 말. ㉯은, 는, 것은. '者'와 같은 구실을 한다. 〔禮記〕不知神之所在부지신지소재, 於彼乎어피호, 於此乎어차호, 或諸遠人乎혹저원인호. ㉰'之於'의 합음(合音). 〔春秋左氏傳〕邑諸綸읍저륜. ㉱'之乎'의 합음(合音). 〔論語〕子路問자로문, 聞斯行諸문사행저. ㉲에, 에서, 을, 를. 위치, 목적 등을 나타내는 어조사 '乎'와 같다. 〔禮記〕孝弟發諸朝廷효제발저조정. ㉳무의미의 조사. '焉', '乎'와 같다. 〔春秋左氏傳〕不祀忽諸불사홀저. ❷이, 이를. 대명사 '之'와 같다. 〔論語〕告諸往而知來者고저왕이지래자.
諸公(제공) ①여러 공(公). '公'은 제후의 최상위(最上位). ②여러분.
諸君(제군) 여러분. 그대들. 諸氏(제씨).
諸島(제도) 모든 섬. 여러 섬.
諸禮(제례) 모든 예의범절.
諸母(제모) ①자식이 있는 아버지의 첩(妾). 庶母(서모). ②여러 고모(姑母).
諸般(제반) 여러 가지.
諸父(제부) ①아버지의 형제들. 伯叔父(백숙부). ②천자가 동성 제후(同姓諸侯)를, 제후가 동성 대부(同姓大夫)를 높여 부르는 말.
諸司(제사) ①여러 관청. ②많은 관리.
諸相(제상) 여러 가지 모습. 여러 가지 태도와 맵시. 갖가지 형상(形相).
諸御(제어) ①모든 일을 처리하는 벼슬. ②천자가 거느리는 많은 첩.
諸彦(제언) ①많은 뛰어난 사람. '彦'은 남자의 미칭(美稱). ②여러 어진 사람들.
諸位(제위) 여러분.
諸子(제자) ①여러 자식. ②너희들. 선생·장자(長者)가 손아랫사람을 부르는 말. 諸君(제군). ③춘추 시대에, 각기 일가(一家)의 학설을 세운 여러 사람.
諸子百家(제자백가) 춘추 시대의 많은 학자나 학파. 또는 그들의 저서(著書).
諸夏(제하) 주대(周代)에 분봉(分封)된 각 제후국. 곧, 중국 본토.
諸行無常(제행무상) (佛)우주 만물은 늘 돌고 변하여 잠시도 한 모양으로 머물지 않음. 인생의 무상함.
諸賢(제현) ①여러 어진 사람들. 諸彦(제언). ②여러분의 높임말.
諸侯(제후) 천자 밑에서 일정한 영토를 가지고 영내(領內)의 백성을 지배하던 사람.

9 ⑯【諜】谍 염탐할 첩 葉
인명 2급 ㊥dié ㊐チョウ
소전 諜 초서 諜 자해 ❶염탐하다. 〔春秋左氏傳〕使伯嘉諜之사백가첩지. ❷염탐꾼, 간첩. 〔春秋左氏傳〕晉人獲秦諜진인획진첩.
諜報(첩보) 적의 형편을 염탐하여 알려 줌. 또는 그 보고.
諜者(첩자) 첩보의 임무를 띠고 암암리에 활동하는 사람. 염탐꾼. 간첩(間諜). 間者(간자).
諜候(첩후) 몰래 염탐함. 또는 그 사람.
◨ 間諜간첩, 偵諜정첩.

9 ⑯【諦】谛 ①살필 체 本제 霽 ②울 제 齊
인명 1급 ㊥dì, tí ㊐テイ
소전 諦 초서 諦 참고 인명용 음은 '체'이다.
자해 ① 살피다, 자세히 조사하다. 〔關尹子〕諦毫末者체호말자, 不見天地之大불견천지지대. ② 울다, 부르짖다. ≒啼. 〔荀子〕哭泣諦號곡

言 9획

읍제호.
諦觀(체관) ①고려 때, 출가(出家)하여 도(道)를 닦는 승려를 이르던 말. ②체시(諦視).
諦念(체념) ①도리를 깨닫는 마음. ②國희망을 버림. 단념(斷念)함.
諦思(체사) 곰곰이 생각함.
諦視(체시) 정신을 들여서 샅샅이 살펴봄. 자세히 봄.
諦聽(체청) 주의하여 자세히 들음.

9 ⑯【諞】谝 말 교묘히 할 편 銑

㊥piǎn ㊐ヘン

소전 초서 자해 말을 교묘하게 하다. 〔書經〕 我尙不欲아상불욕, 惟截截善諞言유절절선편언.

9 ⑯【諷】讽 욀 풍 送

인명 1급 ㊥fěng ㊐フウ

소전 초서 자해 ❶외다. 〔周禮〕 諷誦言語풍송언어. ❷풍자하다, 넌지시 말하여 깨우치다. 〔顔氏家訓〕 詩有諷刺之詞시유풍자지사.
諷諫(풍간) 넌지시 간함. 슬며시 돌려서 간함.
諷讀(풍독) 책을 외어 읽음. 誦讀(송독).
諷誦(풍송) 소리를 내어 글을 욈.
諷詠(풍영) 시가(詩歌)를 읊조림.
諷諭(풍유) 넌지시 타이름. 諷喩(풍유).
諷刺(풍자) 슬며시 돌려서 남의 결점을 찔러 말함. 무엇에 빗대어 남을 꼬집음.
◨ 吟諷음풍.

9 ⑯【謔】谑 희롱거릴 학 藥

인명 1급 ㊥xuè ㊐ギャク

소전 초서 자해 ❶희롱거리다, 농담하다. 〔北齊書〕 劇談謔語극담학어.
謔劇(학극) 장난하여 희롱거림. 謔浪(학랑).
謔笑(학소) ①희롱하여 웃음. ②익살맞은 웃음.
◨ 笑謔소학, 嘲謔조학, 諧謔해학, 戲謔희학.

9 ⑯【諧】谐 화할 해 佳

인명 1급 ㊥xié ㊐カイ

소전 초서 자해 ❶화하다, 화합하다. 〔周禮〕 克諧以孝극해이효. ❷가리다, 판별하다. 〔列子〕 予一人不盈于德여일인불영우덕, 而諧於樂이해어락. ❸농담하다, 익살 부리다. 〔漢書〕 上以朔口諧辭給상이삭구해사급, 好作問之호작문지.
諧聲(해성) 한자의 육서(六書)의 한 가지인 형성(形聲).
諧語(해어) ①희롱하는 말. 농담(弄談). 익살. ②마음을 털어놓고 정답게 이야기함.
諧調(해조) ①서로 화하여 잘 어울림. ②잘 조화(調和)된 곡조.
諧謔(해학) 익살스럽고 풍자적인 말이나 짓.
諧和(해화) ①서로 화합함. ②음악의 곡조가 잘 어울림. ③부드러워짐. 평온해짐.

9 ⑯【諠】 잊을 훤 元

㊥xuān ㊐ケン

초서 자해 ❶잊다. 〔詩經〕 有斐君子유비군자, 終不可諠兮종불가훤혜. ❷속이다. ＝諼. ❸떠들썩하다, 시끄럽다. ＝喧.
諠言(훤언) 시끄럽게 말함. 수다스럽게 지껄임. 多辯(다변).
諠擾(훤요) 왁자하게 떠듦. 喧擾(훤요).
諠傳(훤전) 소문이 널리 퍼짐.
諠呼(훤호) 시끄럽게 부름. 喧呼(훤호).
諠譁(훤화) 소란을 피움.

9 ⑯【諼】谖 속일 훤 元阮

㊥xuān ㊐ケン

소전 초서 자해 ❶속이다, 거짓말을 하다. 〔漢書〕 虛造詐諼之策허조사훤지책. ❷잊다. ＝諠. 〔詩經〕 終不可諼兮종불가훤혜.

9 ⑯【諱】讳 꺼릴 휘 未

인명 1급 ㊥huì ㊐キ

소전 초서 자해 ❶꺼리다. ㉮싫어하다, 미워하다. ㉯피하다, 기피하다. 〔戰國策〕 罰不諱強大벌불휘강대. ㉰숨기다, 은휘하다. 높은 사람의 이름을 부르기를 피하는 일. 〔春秋公羊傳〕 春秋爲尊者諱춘추위존자휘, 爲親者諱위친자휘, 爲賢者諱위현자휘. ❷휘. ㉮죽은 사람의 이름. 〔春秋左氏傳〕 以諱事神이휘사신. ㉯높은 사람의 이름.
諱忌(휘기) 두려워함. 꺼려서 피함.
諱談(휘담) 세상이 두려워서 드러내 놓고 하기 어려운 말.
諱病(휘병) 병을 숨기는 일. 諱疾(휘질).
諱言(휘언) ①꺼려 삼가야 할 말. 또는 말하기를 꺼림. ②충고나 간언(諫言)을 꺼림.
諱音(휘음) 사람의 죽음을 알리는 통지. 訃音(부음).

諱日(휘일) 제삿날. 忌日(기일).
諱字(휘자) ①자호(字號) 부르기를 피함. ②돌아가신 어른의 생전의 이름자.
諱之祕之(휘지비지) 國남을 꺼리어 숨기고 우물쭈물 얼버무려 넘김. 諱祕(휘비).
◨ 忌諱기휘, 尊諱존휘, 避諱피휘.

10 ⑰【訶】 歌(669)와 동자

10 ⑰【講】讲 ①익힐 강 ②화해할 구
중학 인명 4Ⅱ급 ㊥jiǎng ㊐コウ
필순 ⺊ 亠 言 言 訁 訁 講 講 講 講
소전 초서 참고 인명용 음은 '강'이다.
자원 形聲. 言+冓→講. '冓(구)'가 음을 나타낸다.
자해 ① **❶익히다, 학습하다.** 〔春秋左氏傳〕雩講于梁氏우강우량씨. **❷토구(討究)하다, 검토하다. 연구하다.** 〔論語〕學之不講학지불강. ② **화해하다.** ≒媾. 〔史記〕與魏講罷兵여위구파병.
講經(강경) ①경서의 뜻을 풀어서 밝힘. 성인의 책을 강설(講說)함. ②(佛)불경을 강설하는 일.
講究(강구) ①좋은 방법을 궁리함. ②조사하여 규명함.
講堂(강당) 강연·강의·의식 따위를 할 때에 쓰는 건물이나 큰 방.
講道(강도) ①도(道)를 강의(講議)함. ②도(道)를 배움. 도를 연구함.
講讀(강독) 글을 읽으면서 그 뜻을 밝힘.
講論(강론) 사물의 이치를 설명하고 토론함.
講明(강명) 사리를 강구(講究)하여 분명히 함.
講武(강무) 무술(武術)을 익힘.
講士(강사) 강연하는 사람. 演士(연사).
講師(강사) ①학예(學藝)의 강석(講釋)을 하는 사람. ②무도(武道)를 강습하는 일. 講武(강무). ③강연 따위를 하는 사람. ④학교에서, 정식 교원이 아닌 촉탁(囑託)을 받아 강의하는 사람. ⑤(佛)불교의 강의를 맡아보는 승려.
講席(강석) 강의·강연·설교를 하는 자리.
講釋(강석) 풀어 밝힘. 설명함.
講說(강설) 풀이하여 밝힘.
講誦(강송) 책의 뜻을 새기면서 읽음.
講習(강습) 학문·예술·실무를 익히고 연습함.
講筵(강연) ①강의하는 자리. 講席(강석). ②國임금에게 경서(經書)를 진강(進講)하던 일.
講演(강연) 일정한 주제를 가지고 청중 앞에서 행하는 연설.
講義(강의) ①경전의 뜻을 강론하여 해석함. ②글이나 학설의 뜻을 설명하여 가르침.
講座(강좌) 대학에서 교수가 맡아 강의하는 학과목.
講評(강평) 강석(講釋)하여 비평함.
講學(강학) ①학문을 연구함. 연구하고 배움. ②강설(講說)하고 학습(學習)함.
講和(강화) ①화해함. ②싸우던 나라끼리 전쟁을 마치고 평화를 회복하기 위한 합의.
◨ 開講개강, 受講수강, 熱講열강, 終講종강, 聽講청강, 廢講폐강.

10 ⑰【謇】 떠듬거릴 건 阮
㊥jiǎn ㊐ケン
초서 자해 **❶떠듬거리다, 말을 떠듬떠듬하다.** 〔北史〕因謇而徐言인건이서언. **❷아! 감탄할 때 쓰는 말.** 〔楚辭〕謇不可釋건불가석. **❸바른말 하는 모양.** 〔楚辭〕謇其有意些건기유의사.
謇謇(건건) ①직언(直言)하는 모양. ②정직한 말. ③고생이 심한 모양.
謇諤(건악) 거리낌 없이 바른말을 함.
◨ 剛謇강건, 忠謇충건.

10 ⑰【謙】谦 ①겸손할 겸 鹽 ②족할 협 ㊍겸 葉
고등 인명 3Ⅱ급 ㊥qiān ㊐ケン
필순 ⺊ 亠 言 言 訁 訁 謙 謙 謙 謙
소전 초서 동자 謙 참고 인명용 음은 '겸'이다.
자원 形聲. 言+兼→謙. '兼(겸)'이 음을 나타낸다.
자해 ① **❶겸손하다.** 〔漢書〕謙遜靜愨겸손정각. **❷괘 이름,** 64괘(卦)의 한 가지. 괘형은 ䷎. 남에게 겸손함을 상징한다. ② **족하다, 만족하다.** 〔大學〕此之謂自謙차지위자협.
謙謙(겸겸) 겸손하고 공경하는 모양.
謙恭(겸공) 겸손하고 공손함.
謙謹(겸근) 겸손하고 삼감. 謙愨(겸각).
謙卑(겸비) 자기를 낮춤. 겸손함.
謙遜(겸손) 남을 높이고 자기를 낮추는 태도가 있음.
謙受益(겸수익) 겸손하면 이익을 얻음.
謙讓(겸양) 겸손한 태도로 사양함.
謙稱(겸칭) 겸손하게 일컫는 말. 자기를 소생이라고 하는 따위.
謙退(겸퇴) 겸손한 태도로 사양함. 겸손히 물러남. 謙讓(겸양).

謙虛(겸허) 겸손하게 제 몸을 낮추어 교만한 기가 없음.
謙和(겸화) 겸손하고 온화함.

10 ⑰【謙】 謙(1178)과 동자

10 ⑰【謹】 謹(1180)의 속자

10 ⑰【謄】 誊 베낄 등 蒸

인명 2급 ㊥téng ㊐トウ

소전 초서 속자 謄 자해 **베끼다, 등사하다.** 〔元史〕 謄錄試卷등록시권.

謄記(등기) 원본(原本)을 베낌. 謄寫(등사).
謄錄(등록) ①베낌. 과거(科擧)의 답안을 베끼게 하여 채점자에게 넘겨 필적에 의한 부정을 막게 한 일. ②國베껴서 기록하는 일을 맡아보던 서기(書記).
謄本(등본) 원본대로 베껴 적은 서류. 원본의 사본(寫本).
謄寫(등사) 원본을 베껴 씀.
謄抄(등초) 원본에서 필요한 것만 골라 베낌. 謄書(등서).

10 ⑰【謎】 谜 ①수수께끼 미 霽 ②헛갈리게 할 미 齊

인명 ㊥mí ㊐メイ

소전 초서 자해 ①**수수께끼.** 〔陔餘叢考〕 謎미, 卽古人之隱즉고인지은. ②**헛갈리게 하다, 말로써 사람을 현혹하게 하다.**

謎語(미어) ①수수께끼. 은어(隱語). ②수수께끼 같은 이야기.
謎題(미제) 풀기 어렵거나 풀 수 없는, 수수께끼 같은 문제.

10 ⑰【謐】 谧 고요할 밀 質

인명 1급 ㊥mì ㊐ヒツ

소전 초서 자해 **고요하다, 조용한 말.** 〔漢武帝內傳〕 內外寂謐내외적밀.

10 ⑰【謗】 谤 헐뜯을 방 漾 陽

인명 1급 ㊥bàng ㊐ボウ

소전 초서 자해 **헐뜯다.** ㉮**떠들어 비방하다.** 〔說文通訓〕 大言曰謗대언왈방, 微言曰誹미언왈비. ㉯**몰래 비방하다.** 〔國語〕 國人謗王국인방왕. ㉰**면대해서 꾸짖다.** 〔張來·志〕 常遭人謗罵상조인방매.

謗讟(방독) 헐뜯음. 헐뜯는 말.
謗木(방목) 백성에게 자유로이 정치의 결점을 적게 하기 위하여 조정에 세운 나무. 정치에 나무랄 것이 있을 때에 백성에게 자유로이 이 나무를 치게 하였다고 함. 誹謗之木(비방지목).
謗訕(방산) 나무라고 비웃음.
謗書(방서) ①비방하고 책망하는 편지. ②사마천(司馬遷)의 사기(史記).
謗怨(방원) 비방하고 원망함.
◨ 誹謗비방, 怨謗원방, 毁謗훼방.

10 ⑰【謝】 谢 사례할 사 禡

중학 인명 4Ⅱ급 ㊥xiè ㊐シャ

필순 ⺀ ⺀ 言 言' 訁 訃 訃 訃 謝 謝

소전 초서 자원 形聲. 言+射→謝. '射(사)'가 음을 나타낸다.

자해 ❶**사례하다.** 〔漢書〕 嘗有所薦상유소천, 其人來謝기인래사. ❷**사죄하다, 용서를 빌다.** 〔史記〕 旦日不可不蚤自來謝項王단일불가부조자래사항왕. ❸**물러나다, 사퇴하다.** 〔南齊書〕 若此兒不救약차아불구, 便當回舟謝職편당회주사직.

謝過(사과) 잘못에 대하여 용서를 빎.
謝禮(사례) 고마운 뜻을 상대에게 나타냄. 또는 그 인사.
謝辭(사사) ①사례의 말. ②사과의 말.
謝恩(사은) 은혜에 감사하여 사례함.
謝恩肅拜(사은숙배) 임금의 은혜에 감사하여 경건하게 절함.
謝意(사의) ①감사의 뜻. ②사과하는 마음.
謝絕(사절) 요구를 받아들이지 않고 물리침.
謝罪(사죄) 지은 죄나 잘못의 용서를 빎.
謝表(사표) 임금에게 글을 올려 감사의 뜻을 표함. 또는 그 글.
◨ 感謝감사, 固謝고사, 拜謝배사, 厚謝후사.

10 ⑰【謖】 谡 일어날 속 屋

인명 ㊥sù ㊐ショク

초서 자해 ❶**일어나다, 일어서다.** 〔詩經·箋〕 神醉而尸謖신취이시속. ❷**높이 빼어난 모양.**

10 ⑰【謠】 谣 노래 요 蕭

고등 인명 4Ⅱ급 ㊥yáo ㊐ヨウ

필순 亠 亠 言 言 言 言 謠 謠 謠 謠 謠

초서 속자 謡 자원 形聲. 言＋䍃→謠. '䍃(요)'가 음을 나타낸다.

자해 **노래.** 유행가·민요 따위. 〔國語〕辨祇祥於謠변요상어요.

謠俗(요속) ①세상 풍속. 繇俗(요속). ②풍속을 노래한 노래.

謠言(요언) ①뜬소문. 流言(유언). ②유행가.

謠詠(요영) 노래함. 謠吟(요음).

◨ 歌謠가요, 童謠동요, 民謠민요, 俗謠속요.

10 ⑰【謚】谥 ①웃을 익 陌 ②시호 시 寘

인명 ㊥yì, shì ㊐エキ, シ

소전 초서 참고 인명용 음은 '익'이다.

자해 ①**웃는 모양.** ②**시호.** ＝諡.

11 ⑱【謦】 기침 경 徑

㊥qǐng ㊐ケイ

소전 초서 자해 **기침, 기침 소리.**

謦欬(경해) ①기침 소리. 인기척을 내는 헛기침. 謦咳(경해). ②웃으며 소곤거림.

11 ⑱【謳】讴 노래할 구 ㊍우 尤

인명 1급 ㊥ōu ㊐オウ

소전 초서 자해 **노래하다.** ㉮**노래를 부르다.** 〔孟子〕河西善謳하서선구. ㉯**제창(齊唱)하다.** 〔漢書〕皆歌謳思東歸개가구사동귀. ㉰**읊조리다, 흥얼거리다.**

謳歌(구가) ①노래를 부름. 여러 사람이 모여 노래함. ②임금의 공덕을 칭송함. 謳吟(구음).

11 ⑱【謹】谨 ①삼갈 근 吻 ②찰흙 근 文

고등 인명 3급 ㊥jǐn ㊐キン

필순 亠 亠 言 言 言 詳 詳 詳 謹 謹 謹

소전 초서 속자 謹 자원 形聲. 言＋堇→謹. '堇(근)'이 음을 나타낸다.

자해 ①**삼가다.** ㉮**조심하다.** 〔易經〕庸行之謹용행지근. ㉯**엄하게 하다.** 〔荀子〕謹其時禁근기시금. ㉰**경계하다.** 〔春秋左氏傳〕以謹無良이근무량. ㉱**금지하다.** 〔荀子〕謹盜賊근도적. ②**찰흙, 점토(粘土).** 〔禮記〕塗之以謹塗도지이근도.

謹恪(근각) 행동을 삼가고 직무에 충실함.

謹啓(근계) '삼가 아룁니다'라는 뜻으로, 편지 첫머리에 쓰는 말.

謹告(근고) 삼가 아룀.

謹篤(근독) 근엄하고 돈독함.

謹敏(근민) 조심성이 많으며 재치가 있음.

謹白(근백) 삼가 아룀. 편지에 쓰는 말.

謹封(근봉) 삼가 봉함. 보내는 편지나 소포 따위의 겉봉에 쓰는 말.

謹上(근상) 삼가 올림. 편지 끝에 쓰는 말.

謹肅(근숙) 삼가고 공경함. 恭肅(공숙).

謹愼(근신) 언행을 삼가고 조심함.

謹嚴(근엄) 매우 점잖고 엄함.

謹正(근정) 신중하고 정직함.

謹呈(근정) 삼가 드림. 남에게 물건을 드릴 때 쓰는 말.

謹弔(근조) 삼가 애도(哀悼)를 표함.

謹直(근직) 신중하고 곧음.

謹請(근청) 삼가 청함.

謹敕(근칙) 조심성이 많음. 경솔하지 않음. 삼가고 스스로 경계함. 謹飭(근칙).

謹賀(근하) 삼가 축하함.

謹厚(근후) 조심성 있고 중후(重厚)함.

11 ⑱【謬】谬 그릇될 류 ㊍무 宥

인명 2급 ㊥miù ㊐ビュウ

소전 초서 자해 ❶**그릇되다, 잘못되다.** ≒繆. 〔史記〕比之於春秋謬矣비지어춘추류의. ❷**어긋나다, 상위(相違)하다.** 〔漢書〕差而豪釐차이호리, 謬以千里류이천리. ❸**속이다.** 〔史記〕謬其說류기설, 絀其辭출기사.

謬擧(유거) 잘못 천거하거나 임용함.

謬見(유견) 잘못된 견해. 그릇된 생각.

謬計(유계) 잘못 계산함. 잘못된 계책.

謬習(유습) 그릇된 습관. 못된 버릇.

謬傳(유전) 잘못 전함.

◨ 誤謬오류.

11 ⑱【謾】谩 ①속일 만 寒 ②업신여길 만 諫

㊥mán, màn ㊐マン

소전 초서 동자 譪 자해 ① ❶**속이다, 기만하다.** 〔義證〕漢律有欺謾詐僞科한률유기만사위과. ❷**느리다, 게으름을 피우다.** ② **업신여기다.** ≒慢. 〔漢書〕輕謾宰相경만재상.

謾吟(만음) 생각나는 대로 시를 읊음.

11 ⑱【謨】谟 꾀 모 虞

言 10획

인명 2급 ㊥mó ㊐ボ

소전 [篆] 초서 [草] 동자 謩 고자 譕 고자 䜈

자해 ❶꾀, 계책(計策). 〔周禮〕 夏宗以陳天下之謨하종이진천하지모. ❷꾀하다. ㉮널리 책모(策謀)하다, 대계(大計)를 정하다. 〔詩經〕 訏謨定命우모정명. ㉯계획하다. 〔孟子〕 謨蓋都君모개도군, 咸我績함아적.

謨慮(모려) 계획(計劃). 계략(計略).

謨訓(모훈) ①국가의 대계(大計). ②후왕(後王)의 모범이 될 가르침과 깨우침.

11 ⑱ 【謷】 1헐뜯을 오 豪 2고매할 오 號

㊥áo, ào ㊐ゴウ

소전 [篆] 동자 𧪨

자해 1헐뜯다, 시끄럽게 욕하는 모양. 2❶고매하다, 뜻이 높고 먼 모양. 〔莊子〕 謷乎其未可制也오호기미가제야. ❷오만하다. ≒傲. 〔莊子〕 謷然不顧오연불고.

11 ⑱ 【𧪨】 謷(1181)와 동자

11 ⑱ 【謫】 谪 귀양 갈 적 陌

인명 1급 ㊥zhé ㊐タク

소전 [篆] 초서 [草] 동자 讁

자해 ❶귀양 가다, 유배(流配)되다. 〔范仲淹·記〕 謫守巴陵郡적수파릉군. ❷꾸지람, 견책. 〔春秋左氏傳〕 自取謫于日月之災자취적우일월지재.

謫降(적강) ①문책(問責)을 받아 강등(降等)되어 변방으로 좌천됨. ②신선이 천상(天上)에서 죄를 지어 하계(下界)로 쫓겨남.

謫客(적객) 귀양살이를 하는 사람.

謫居(적거) 먼 곳에서 귀양살이함.

謫咎(적구) 재앙(災殃). 재난(災難).

謫罰(적벌) 책(責)하고 벌함.

謫仙(적선) ①선계(仙界)에서 인간계로 쫓겨 내려온 선인(仙人). ②당대(唐代) 시인 이백(李白)의 미칭(美稱).

謫所(적소) 죄인이 귀양살이를 하는 곳.

謫戍(적수) 잘못을 저질러 변방에 파견되어 수자리를 사는 일. 또는 그 병사.

11 ⑱ 【謼】 1부를 호 虞 2울 효 肴

㊥hū, xiāo ㊐コ

소전 [篆] 초서 [草]

자해 1부르다. 2울다, 큰 소리로 울다.

12 ⑲ 【譏】 讥 나무랄 기 微

인명 1급 ㊥jī ㊐キ

소전 [篆] 초서 [草]

자해 ❶나무라다, 꾸짖다. 〔史記〕 二者皆譏이자개기. ❷간하다, 충고하다. 〔楚辭〕 殷有惑婦은유혹부, 何所譏하소기.

譏弄(기롱) 실없는 말로 놀림.

譏謗(기방) 헐뜯음. 譏刺(기자).

譏訕(기산) 비방함. 욕함.

譏笑(기소) 욕하고 비웃음.

譏議(기의) 헐뜯음. 비난함.

譏察(기찰) ①남의 동태를 엄하게 살핌. ②죄인을 잡기 위하여 염탐하며 검문(檢問)함.

譏讒(기참) 남을 헐뜯어 말함.

譏評(기평) 비난함. 나쁘게 평함.

譏諷(기풍) 넌지시 욕함. 간접적으로 비난함.

12 ⑲ 【譚】 谭 이야기 담 覃

인명 1급 ㊥tán ㊐タン

초서 [草]

자해 ❶이야기, 이야기하다. ≒談. 〔莊子〕 夫子何不譚我於王부자하부담아어왕. ❷크다, 깊다. 〔班固·答賓戲〕 揚雄譚思양웅담사.

譚論(담론) 이야기하고 논의함. 潭論(담론).

譚思(담사) 깊이 생각함.

譚詩(담시) 자유로운 형식의 짧은 서사시.

◼ 怪譚괴담, 奇譚기담.

12 ⑲ 【譜】 谱 계보 보 麌

고등 인명 3Ⅱ급 ㊥pǔ ㊐フ

필순 ⺀ 亠 言 言 言' 言'' 訁 訁 譜 譜 譜

소전 [篆] 초서 [草] 본자 譜

자원 形聲. 言+普→譜. '普(보)'가 음을 나타낸다.

자해 ❶계보. ❷악보(樂譜). 〔隋書〕 候節氣후절기, 作律譜작률보.

譜系(보계) 조상 때부터 내려오는 혈통과 집안의 간단한 역사를 계통적으로 적은 책.

譜記(보기) 가계(家系)의 기록.

譜錄(보록) ①보계(譜系). 족보(族譜). ②악보를 모아 실은 기록.

譜牒(보첩) 족보로 만든 책.

譜表(보표) 음악을 악보로 표시하기 위한 오선(五線)의 체계.

譜學(보학) 각 성씨(姓氏)의 계보를 연구하는 학문.

◼ 系譜계보, 樂譜악보, 年譜연보, 族譜족보.

言 12획

12 ⑲【譔】 ①가르칠 선 ②기릴 찬
㊥zhuàn, quán ㊐セン
소전 초서 자해 ① 가르치다, 교육에 전념하다. ②❶기리다, 칭송하다. 〔禮記〕銘者論譔先祖之有德善명자론찬선조지유덕선. ❷서술하다, 찬술하다. ＝撰. 〔白居易·傳法堂碑〕遠託譔述원탁찬술, 迨今而成태금이성.

12 ⑲【識】识 ①알 식 ②적을 지 ③기 치
중학 인명 5급 ㊥shí, zhì ㊐シキ
필순 亠 亠 言 言 諳 諳 諳 識 識 識
소전 초서 참고 인명용 음은 '식·지'이다.
자원 形聲. 言＋戠→識. '戠(시)'가 음을 나타낸다.
자해 ①❶알다. ㉮분별하다, 판별하다. 〔晉書〕有人倫識鑒유인륜식감. ㉯인정하다, 인식하다. ㉰모르는 것을 깨닫다. 〔詩經〕不識不知불식부지, 順帝之則순제지칙. ㉱자세히 하다. 〔周禮〕壹宥曰不識일유왈불식. ㉲서로 낯이 익다, 사귀다. 〔春秋左氏傳〕見子產如舊相識견자산여구상식. ❷식견, 분별력. 〔唐書〕史有三長사유삼장, 才學識재학식, 世罕兼之세한겸지. ❸친밀한 사이, 친지. 〔梁書〕嘗謂親識상위친식. ② 적다, 기록하다. ≒志. 〔漢書〕以計識其人衆畜牧이계지기인중휵목. ③ 기(旗). ＝幟. 〔漢書〕旌旗表識정기표치.
識鑒(식감) 사물의 선악을 분명히 식별함. 특히 인품(人品)을 식별함.
識見(식견) 사물을 식별하고 관찰하는 능력. 見識(견식).
識達(식달) 식견(識見)이 있어 사리(事理)에 통달함.
識度(식도) 식견과 도량(度量). 뛰어난 생각과 큰 도량. 識量(식량).
識慮(식려) ①깊이 헤아림. ②견식(見識)과 사려(思慮).
識別(식별) 잘 알아서 분별함.
識業(식업) 견식(見識)과 학업(學業).
識藝(식예) 견식(見識)과 재예(才藝).
識者(식자) 사물의 이치를 깨달아 아는 사람. 학식·견식이 있는 사람.
識字憂患(식자우환) ㊎글자깨나 아는 것이 도리어 근심이 됨.
◨ 見識견식, 面識면식, 博識박식, 常識상식, 有識유식, 意識의식, 認識인식, 知識지식, 標識표지, 學識학식.

12 ⑲【譌】讹 ①거짓말 와 ②속일 궤
㊥é, guǐ ㊐ガ
소전 초서 자해 ①❶거짓말. ＝訛. 〔詩經〕民之譌言민지와언. ❷바뀌다, 변화하다. ❸깨다, 잠에서 깨어나다. ②속이다, 꾸짖다. ＝詭.
譌言(와언) 거짓말. 거짓으로 남을 속이는 말.

12 ⑲【證】证 증거 증
중학 인명 4급 ㊥zhèng ㊐ショウ
필순 亠 亠 言 訁 訁 訁 訁 證 證 證
소전 초서 속자 証 자원 形聲. 言＋登→證. '登(등)'이 음을 나타낸다.
자해 ❶증거. 〔大戴禮〕愼用六證신용륙증. ❷증명하다, 확실함을 밝히다. 〔楚辭〕所以證之不遠소이증지불원.
證據(증거) 사실을 증명할 만한 근거나 자료.
證券(증권) ①재산에 관한 권리·의무를 나타낸 법적인 증거 서면. ②증거가 되는 문서.
證明(증명) 증거를 들어 어떤 사물의 진상을 밝힘. 확실한 증거를 세움.
證憑(증빙) 증거로 삼음. 또는 그러한 근거.
證書(증서) 어떤 사실을 법적·공적으로 증명하는 문서.
證言(증언) 어떤 사실을 증명함. 또는 그 말.
證人(증인) 어떤 사실을 증명하는 사람.
證引(증인) 증거를 듦. 또는 증거로 내세움.
證印(증인) 증거로 찍는 도장.
證跡(증적) 증거가 되는 자취.
證票(증표) 증명이나 증거가 될 만한 표.
證驗(증험) 증거. 또는 증거를 세움.
◨ 檢證검증, 考證고증, 保證보증, 實證실증, 僞證위증, 引證인증, 確證확증.

12 ⑲【譖】谮 ①참소할 참 ②어긋날 참
㊥zèn, jiàn ㊐シン
소전 초서 자해 ①❶참소하다, 무고하다. ＝讒. 〔春秋公羊傳〕夫人譖公于齊侯부인참공우제후. ❷헐뜯다, 비방하다. 〔論語〕浸潤之譖침윤지참. ❸하소연하다. ②❶어긋나다. 〔詩經〕譖始竟背참시경배. ❷속이다. 〔詩經〕朋友已譖붕우이참.
譖說(참설) 남을 비방하는 언론. 譖言(참언).
譖訴(참소) 남을 헐뜯어서 없는 죄를 있는 듯

言 12획

이 꾸며 고해바치는 일. 讒訴(참소).
譖言(참언) 비난하는 말. 참소하는 말.
譖潤(참윤) ①날이 갈수록 점차로 참소의 말을 믿게 됨. ②물이 스며들듯이 차츰차츰 감화됨. 浸潤(침윤).
譖人(참인) 남을 헐뜯음. 남의 잘못을 과장하여 비난함.

12 ⑲【譙】谯 ①꾸짖을 초 嘯 ②망루 초 蕭

㊥qiào, qiáo ㊐ショウ

소전 초서 자해 ①**꾸짖다.** 〔史記〕子孫有過失자손유과실, 不譙讓불초양. ②❶**망루(望樓).** 〔漢書〕與戰譙門中여전초문중. ❷**해지다.** 〔詩經〕予羽譙譙여우초초.
譙呵(초가) 꾸짖음.
譙樓(초루) 성문 위에 세운 망루.
譙門(초문) 초루의 문.
譙譙(초초) 새의 날개가 찢기고 깃이 빠짐.

12 ⑲【譁】 시끄러울 화 麻

인명 ㊥huá ㊐カ

소전 초서 자해 **시끄럽다.** 〔書經〕嗟차, 人無譁인무화.
譁笑(화소) 시끄럽게 떠들며 웃음.
譁然(화연) 왁자하게 떠드는 모양.
譁吟(화음) 시끄럽게 외침.
譁譟(화조) 시끄럽게 지껄임. 諠譟(훤조).
譁眩(화현) 귀가 따갑고 눈이 어지러움.
◨ 喧譁훤화.

12 ⑲【譎】谲 속일 휼 ㊍결 屑

인명 ㊥jué ㊐ケツ

소전 초서 자해 ❶**속이다.** 〔論語〕晉文公譎而不正진문공휼이부정. ❷**변하다, 바뀌다.** 〔張衡·賦〕瑰異譎詭괴이휼궤. ❸**풍간(諷諫)하다.** 〔詩經〕文王而譎諫문왕이휼간. ❹**굽다.** ❺**어긋나다.** 〔莊子〕倍譎不同배휼부동. ❻**다르다.** 〔傅毅·賦〕瑰姿譎起괴자휼기.
譎諫(휼간) 직언하지 않고 넌지시 간함.
譎計(휼계) 남을 속이는 꾀. 譎謀(휼모).
譎詭(휼궤) ①속임. ②물건의 형체가 괴이함. 또는 괴이한 물체.
譎欺(휼기) 속임. 기만함.
譎而不正(휼이부정) 속이고 바르지 못함.

12 ⑲【譆】譆 감탄할 희 支

㊥xī ㊐キ

소전 초서 자해 ❶**아!** 〔莊子〕譆善哉희선재, 技蓋至此乎기개지차호. ❷**희롱하며 웃고 즐기는 소리.** ❸**뜨겁다.** ≒熹. 〔春秋左氏傳〕譆譆出出희희출출. ❹**만족스러워하는 모양.**

13 ⑳【警】 경계할 경 梗

고등 인명 4Ⅱ급 ㊥jǐng ㊐ケイ

필순 艹 芍 苟 苟 苟 敬 敬 警 警 警

소전 초서 자원 形聲. 言+敬→警. '敬(경)'이 음을 나타낸다.
자해 ❶**경계하다.** 〔史記〕乃警公仲之行내경공중지행. ❷**놀라다.** ≒驚. ❸**겁나다.** ❹**깨다.** 〔禮記〕大昕鼓徵대흔고징, 所以警衆也소이경중야. ❺**벽제(辟除).** ❻**영리하다.** 〔南史〕幼聰警유총경.
警戒(경계) 잘못되는 일이 생기지 않도록 미리 마음을 가다듬어 조심함.
警告(경고) 조심하라고 경계하여 알림.
警鼓(경고) 비상사태를 알리기 위하여 치는 북.
警句(경구) 진리나 교훈을 짧고 날카롭게 표현한 문구.
警急(경급) ①급변(急變)을 경계하고 대비함. ②경계를 요하는 화급한 사건.
警務(경무) 경찰의 사무.
警敏(경민) 민첩함. 슬기가 있음. 뛰어나게 총명함. 警捷(경첩).
警拔(경발) ①뛰어나게 슬기로움. ②문장이 뛰어나고 기발(奇拔)함.
警發(경발) ①경계하여 분발하게 함. ②뛰어나게 슬기로움.
警報(경보) 닥쳐올 위험을 경계하도록 미리 알리는 일. 또는 그 통보.
警備(경비) 경계하고 대비함.
警世(경세) 세상을 깨우침. 세상 사람들의 주의를 환기함.
警語(경어) 사람을 경계하여 감동하게 할 만한 기발한 말.
警悟(경오) ①깨달음이 빠름. 영특하여 잘 깨달음. ②경고하여 깨닫게 함.
警笛(경적) 주의나 경계를 하도록 울리는 장치. 또는 그 소리.
警鐘(경종) ①비상사태나 위급한 일을 알리는 종·사이렌 따위의 신호. ②사람들이 경계하도록 해 주는 사물.
警察(경찰) ①경계하며 사찰함. ②사회의 질서 유지를 담당하는 국가 조직.
警策(경책) ①경계하고 채찍질함. ②문장을 생

동감 있게 하는 기발(奇拔)한 문구.
警護(경호) 경계하고 호위함.
◨ 軍警군경, 巡警순경, 聽警총경.

13 ⑳【譜】 譜(1181)의 본자

13 ⑳【譬】 비유할 비 寘

인명 1급 ㊥pì ㊐ヒ

소전 초서 자해 ❶비유하다. 〔論語〕 譬如北辰居其所비여북신거기소, 而衆星共之이중성공지. ❷깨닫다. 〔後漢書〕 言之者雖誠언지자수성, 而聞之未譬이문지미비.
譬喩(비유) 어떠한 사물의 모양·상태 따위를 설명하기 위하여 그것과 비슷한 다른 사물에 빗대어 표현함. 또는 그런 표현 방법. 比喩(비유). 譬諭(비유).

13 ⑳【譱】 善(221)의 본자

13 ⑳【譫】谵 헛소리 섬 鹽

㊥zhān ㊐セン

초서 자해 ❶헛소리. 〔素問〕 不欲食譫言불욕식섬언. ❷말이 많다.
譫言(섬언) 헛소리. 터무니없는 말.

13 ⑳【譯】译 통변할 역 陌

고등 인명 3Ⅱ급 ㊥yì ㊐ヤク

필순 亠 亖 言 訁 訁 訁 譯 譯 譯 譯

소전 초서 본자 譯 속자 訳 자원 形聲. 言+睪→譯. '睪(역)'이 음을 나타낸다.
자해 ❶통역하다. 〔史記〕 重譯請朝중역청조. ❷뜻, 뜻을 풀다. 〔潛夫論〕 賢者爲聖譯현자위성역. ❸선택하다. ≒擇.
譯科(역과) 조선 때 잡과(雜科)의 한 가지. 한어(漢語)·몽어(蒙語)·왜어(倭語)·여진어(女眞語)에 능통한 사람을 역관으로 뽑기 위해 보이던 과거.
譯官(역관) ①통역·번역을 맡아보던 관리. 通譯官(통역관). ②사역원(司譯院) 관리의 총칭. 象胥(상서).
譯經(역경) 불전(佛典)을 번역하는 일.
譯詩(역시) 시를 번역함. 번역한 시.
譯言(역언) 통역(通譯).
◨ 國譯국역, 飜譯번역, 誤譯오역, 意譯의역, 直譯직역, 通譯통역.

13 ⑳【譯】 譯(1184)의 본자

13 ⑳【譍】 應(478)과 동자

13 ⑳【議】议 의논할 의 寘

중학 인명 4Ⅱ급 ㊥yì ㊐ギ

필순 亠 言 訁 訁 詳 詳 詳 詳 議 議

소전 초서 자원 形聲. 言+義→議. '義(의)'가 음을 나타낸다.
자해 ❶의논하다. 〔史記〕 爲上大夫위상대부, 不治而議論불치이의론. ❷꾀하다. ㉮문의(問議)하다. 〔書經〕 議事以制의사이제, 政乃不迷정내불미. ㉯평의(評議)하다. 〔後漢書〕 評議乃殺之평의내살지. ㉰계획을 세우다. 〔中庸〕 非天子不議禮비천자불의례. ❸강론하다. 〔荀子〕 法而不議법이불의. ❹간하다, 윗사람에게 충고하다. 〔吳越春秋〕 死於諫議사어간의. ❺논쟁하다. 〔孟子〕 處士橫議처사횡의. ❻의견, 논설. 〔史記〕 始皇下其議丞相시황하기의승상. ❼기울다. 〔管子〕 法制不議법제불의, 則民不相私즉민불상사. ❽문체(文體)의 한 가지.
議決(의결) 합의에 의하여 의안에 대한 의사를 결정하는 일.
議論(의론→의논) ①각자 의견을 주장하거나 논의함. ②서로 의견을 주고받음.
議事(의사) ①일을 의논함. ②의회에서 의안(議案)을 토의함.
議席(의석) ①회의하는 자리. ②의원이 앉는 자리.
議案(의안) ①토의할 안건. ②국회에 제출하는 원안(原案).
議員(의원) 국회나 지방 의회와 같은, 의결권을 가진 합의 기관의 구성원.
議政(의정) ①정사(政事)를 논의함. ②國영의정·좌의정·우의정의 총칭.
議定書(의정서) 논의하여 결정한 일을 기록한 문서.
議題(의제) ①회의에서 논의할 문제. 의안의 제목. ②시문의 제목을 논의하여 정함.
議罪(의죄) 죄의 경중을 논함. 論罪(논죄).
議請(의청) 범죄의 진의를 찾아 그 죄에 해당하는 벌을 의논하여 주청(奏請)하고 재결을 기다리던 일.
議請減贖(의청감속) 특수한 신분에 있는 사람이 죄를 저질렀을 때, 이에 적용하는 형을 의

논하여 일정한 예(例)를 따라 죄를 감하거나 속(贖)하게 할 절차를 갖추어 주청하던 일.
議度(의탁) 헤아림.
◨ 決議결의, 論議논의, 謀議모의, 發議발의, 審議심의, 爭議쟁의, 提議제의, 討議토의, 協議협의, 會議회의.

13 ⑳【譟】 噪 시끄러울 조 本소 號
中zào 日ソウ
소전 초서 동자 噪 자해 ❶시끄럽다. 〔國語〕王使婦人不幃而譟之왕사부인불위이조지. ❷기뻐하다. 〔周禮〕車徒皆譟거도개조. ❸울다. ❹부르짖다. 〔呂氏春秋〕爲絲竹歌舞之聲則若譟위사죽가무지성즉약조. ❺북을 치다. 〔孔子家語〕齊使萊人以兵鼓譟제사래인이병고조.

13 ⑳【譞】 還 영리할 현 先
인명 中xuān 日ケン
소전 자해 ❶영리하다. ❷말이 많다.

14 ㉑【譴】 谴 꾸짖을 견 霰
인명 1급 中qiǎn 日ケン
소전 초서 자해 ❶꾸짖다. 〔戰國策〕太卜譴之曰태복견지왈, 周之祭地爲祟주지제지위숭. ❷허물. 〔北史〕臣有大譴신유대견. ❸재앙. 〔後漢書〕消伏災譴소복재견. ❹구르다.
譴呵(견가) 책망함. 꾸짖음. 譴訶(견가).
譴罰(견벌) 잘못을 책(責)하여 처벌함.
譴謫(견적) 벌을 줌. 처벌함. 또는 그 벌(罰).
譴責(견책) ①허물을 꾸짖고 나무람. ②직무상 허물이 있는 공무원에게 주는 징계 처분의 한 가지.
譴黜(견출) 잘못을 문책하여 관위(官位)를 떨어뜨림.
譴罷(견파) 잘못이 있는 벼슬아치를 꾸짖고 파면함.

14 ㉑【譽】 誉 기릴 예 本여 御
고등 인명 3Ⅱ급 中yù 日ヨ
필순 與譽譽
소전 초서 속자 속자 誉 자원 形聲. 與+言→譽. '與(여)'가 음을 나타낸다.
자해 ❶기리다, 칭찬하다. 〔莊子〕好而譽人者호이예인자, 亦好背而毀之역호배이훼지. ❷바로잡다. 〔禮記〕君子不以口譽人군자불이구예인. ❸가상히 여기다. 〔淮南子〕經誹譽경비예. ❹영예. 〔任昉·序〕譽望所歸예망소귀. ❺즐기다. ≒豫. 〔詩經〕韓姞燕譽한길연예. ❻시호(諡號).
譽望(예망) 명예와 인망. 영예(榮譽).
譽聲(예성) ①명예와 성문(聲聞). ②칭찬하는 소리.
譽訾(예자) 칭찬함과 헐뜯음.
譽歎(예탄) 칭찬하여 감탄함.
◨ 名譽명예, 榮譽영예, 稱譽칭예, 毀譽훼예.

14 ㉑【護】 护 보호할 호 遇
고등 인명 4Ⅱ급 中hù 日ゴ
필순 言言言言言言言言言護護
소전 초서 자원 形聲. 言+蒦→護. '蒦(약)'이 음을 나타낸다.
자해 ❶보호하다. 〔史記〕何數以吏事護高祖하수이리사호고조. ❷통솔하다. 〔史記〕於是幷護趙楚韓魏燕之兵以伐齊어시병호조초한위연지병이벌제. ❸지키다. ㉮감시하다. 〔漢書〕有白馬將유백마장, 出護兵출호병. ㉯섭생(攝生)하다. 〔素問〕適而自護적이자호. ❹돕다. 〔唐書〕如此護宥者數十여차호유자수십. ❺경호. 〔書經〕使有保護사유보호. ❻대호(大護). 악곡(樂曲)의 이름. =濩·頀. 〔呂氏春秋〕湯乃命伊尹탕내명이윤, 作大護작대호.
護國(호국) 나라를 보호하여 지킴.
護短(호단) ①남의 단점을 건드리지 않음. ②자기의 잘못을 감쌈.
護法(호법) ①법을 수호(守護)함. ②(佛)부처의 정법(正法)을 옹호(擁護)함.
護喪(호상) ①장사(葬事)에 관한 모든 일을 주관함. 또는 그 사람. ②영구(靈柩)를 지킴.
護送(호송) ①위해(危害)에 대비해서 호위하여 보내는 일. ②죄인을 압송함.
護身符(호신부) 몸을 재액(災厄)으로부터 지킨다고 하여 몸에 지니는 부적. 護符(호부).
護衛(호위) 보호하여 지킴.
護葬(호장) ①장례(葬禮)를 보살펴 줌. ②장의위원(葬儀委員).
◨ 看護간호, 辯護변호, 保護보호, 守護수호, 擁護옹호.

15 ㉒【讀】 读 ①읽을 독 屋 ②구두 두 宥 ③國이두 두
중학 인명 6급 中dú, dòu 日トク

필순 亠 亠 言 言 詰 請 請 請 請 讀 讀

소전 讀 초서 读 속자 読 참고 인명용 음은 '독·두'이다.

자원 形聲. 言+賣→讀. '賣(매)'가 음을 나타낸다.

자해 1 ❶읽다. 〔史記〕 荊卿好讀書擊劍형경호독서격검. ❷풀다. 〔詩經〕 中冓之言不可讀也중구지언불가독야. ❸잇다. ❹문체(文體)의 한 가지. 제발(題跋)에 속하는 것으로, 독후감을 적은 글. 2 구두(句讀). 3 이두(吏讀).

讀經(독경) 경문(經文)을 소리 내어 읽음.
讀本(독본) 읽어서 그 내용을 익히기 위한 책.
讀書亡羊(독서망양) 책을 읽는 데 정신이 팔려 치던 양을 잃음. 마음을 딴 곳에 쓰느라고 본디 길을 잃음.
讀書三到(독서삼도) 송대(宋代)의 주희(朱熹)가 주창한 독서의 세 가지 방법. 곧, 심도(心到)·안도(眼到)·구도(口到). 글의 참뜻을 이해하려면 마음과 눈과 입을 오로지 글 읽기에 집중해야 한다는 뜻.
讀書三餘(독서삼여) 독서하기에 적합한 겨울과 밤과 비 올 때.
讀書尙友(독서상우) 글을 읽어 옛 현인(賢人)과 벗함.
讀誦(독송) 소리 내어 읽거나 외워 읽음.
讀脣術(독순술) 벙어리가 상대방의 입술 움직임을 보고 그 하는 말을 이해하는 일.
讀習(독습) 글을 읽어 스스로 익힘.
讀心(독심) 남의 마음을 알아냄.
讀音(독음) 글 읽는 소리. 한자(漢字)의 음.
讀者(독자) 책·신문·잡지 등을 읽는 사람.
讀祝(독축) 축문·제문을 읽음.
讀破(독파) 끝가지 다 읽어 냄.
讀解(독해) 글을 읽어 이해함.
讀畫(독화) 그림을 감상(鑑賞)함.
讀會(독회) 의회에서 법률안이나 의안 등의 초안을 토의함. 또는 그 모임.

◨ 講讀강독, 購讀구독, 句讀구두, 濫讀남독, 朗讀낭독, 多讀다독, 代讀대독, 目讀목독, 默讀묵독, 音讀음독, 精讀정독, 耽讀탐독, 訓讀훈독.

15 ㉒【變】 變(1186)의 속자

15 ㉒【譒】 審(341)과 동자

15 ㉒【讇】 谫 얕을 전 銑

㊥jiǎn ㊐セン

초서 谫 동자 譾 자해 얕다. 〔史記〕 能薄而材讇능박이재전.

讇劣(전열) 천박하고 졸렬함.

15 ㉒【讃】 讚(1188)의 속자 인명

15 ㉒【讖】 讖(1188)의 속자

15 ㉒【譿】 슬기로울 혜 霽

인명 ㊥huì ㊐ケイ

자해 ❶슬기롭다. 〔國語〕 今陽子之情금양자지정, 譿矣혜의. ❷재지(才智).

16 ㉓【變】 变 변할 변 霰

중학 인명 5급 ㊥biàn ㊐ヘン

필순 言 絲 絲 絲 絲 絲 絲 絲 變 變

소전 變 초서 变 속자 變 속자 变 자원 形聲. 䜌+攴→變. '䜌(란)'이 음을 나타낸다.

자해 ❶변하다. 〔列子〕 變易治亂변역치란, 古猶今也고유금야. ❷고치다. 〔禮記〕 一成而不可變일성이불가변. ❸전변(轉變), 전화(轉化). 〔淮南子〕 五音之變오음지변, 不可勝聽也불가승청야. ❹어그러지다, 어기다. 〔呂氏春秋〕 無變天之道무변천지도. ❺보통과 다르다. 〔張衡·賦〕 盡變態乎其中진변태호기중. ❻갑자기 일어난 사건. 〔漢書〕 卒然有非常之變졸연유비상지변. ❼죽음. 〔春秋穀梁傳〕 君在祭樂之中군재제악지중, 大夫有變以聞可乎대부유변이문가호. ❽귀신, 악령(惡靈). 〔易經〕 精氣爲物정기위물, 遊魂爲變유혼위변.

變改(변개) 고쳐 바꿈.
變格(변격) 보통과 다른 양식. 색다른 격식.
變更(변경) 바꾸어 고침.
變故(변고) ①괴이한 사건. ②재변(災變)과 사고(事故).
變怪(변괴) 귀신. 도깨비. 재변이 될 만한 괴이한 일. 妖怪(요괴).
變德(변덕) 國이랬다저랬다 잘 변하는 성질.
變動(변동) 변하여 움직임.
變亂(변란) 사변이 일어나 세상이 어지러워짐.
變貌(변모) 모습이 달라짐.
變法(변법) 법률을 고침. 또는 그 고친 법률.
變服(변복) 남의 눈을 피하려고 변장(變裝)함. 또는 변장한 옷.

言 15획

變死(변사) 뜻밖의 재난이나 자해(自害) 등으로 죽는 일. 橫死(횡사).
變色(변색) 빛깔이 달라짐.
變說(변설) ①지론(持論)을 도중에 바꿈. ②자기가 하던 말을 중간에 고침.
變聲(변성) ①오음(五音) 가운데의 치(徵)와 우(羽). ②변궁(變宮)과 변치(變徵). ③목소리가 변함. 목소리를 바꿈.
變速(변속) 속도를 바꿈.
變數(변수) 어떤 상황 등의 가변적 요인.
變身(변신) 몸이나 모습을 다르게 바꿈.
變心(변심) 마음이 변함.
變壓(변압) ①압력을 바꿈. ②전압이 바뀜.
變易(변역) 변하여 바꾸거나 바뀜.
變異(변이) ①괴이한 일. 천지재변 따위. ②같은 종류의 동식물이 그 성상(性狀)이 달라짐.
變裝(변장) 얼굴·옷차림 등을 고쳐서 다르게 꾸밈.
變災(변재) 뜻하지 않은 재앙.
變節(변절) ①절개를 꺾음. ②종래의 주장을 바꿈. ③계절의 변화. 철이 바뀜.
變造(변조) 이미 만들어진 물체를 손질하여 고쳐 만듦.
變種(변종) ①종류가 달라짐. ②원종(原種)에서 변하여 생긴 새 종자. ③성질이나 언행이 괴팍한 사람을 조롱하는 말.
變質(변질) 물질·사물의 성질이 바뀜.
變遷(변천) 세월이 흐르는 동안에 변하여 달라짐.
變則(변칙) 보통의 규칙이나 원칙에서 벗어난 형태나 형식.
變態(변태) 모습이 변함. 또는 그 변한 모습.
變通(변통) ①형편이나 경우에 따라서 융통성 있게 처리함. ②國돈이나 물건을 융통함.
變革(변혁) 사회·제도 등을 근본적으로 바꿈.
變形(변형) 모양이 달라지거나 달라지게 함.
變化無常(변화무상) 변화가 많거나 심하여 종잡을 수가 없음.
變幻(변환) 변화가 종잡을 수 없이 빠름. 갑자기 나타났다 갑자기 없어졌다 함.
變換(변환) 어떤 사물이 전혀 다른 사물로 변하여 바뀜.
◨ 詭變궤변, 應變응변, 異變이변, 一變일변, 禍變화변.

16 ㉓【讋】䜐 ①두려워할 섭 葉 ②자꾸 지껄일 답 合

㊥zhé ㊐ショウ

소전 초서 자해 ①❶두려워하다. 〔後漢書〕 莫不陸讋水慄막불륙섭수률. ❷떨리는 목소리. ❸꺼리다. 〔淮南子〕 故因其資고인기자, 以讋之이섭지. ❹되풀이하다. ②자꾸 지껄이다.

16 ㉓【讐】雠 원수 수 尤

인명 1급 ㊥chóu ㊐シュウ

소전 초서 동자 고자 恧 자해 ❶원수. 〔後漢書〕 骨肉兄弟골육형제, 還爲讐敵환위수적. ❷대답하다, 응답하다. 〔詩經〕 無言不讐무언불수. ❸갚다. ❹쓰다, 사용하다. 〔呂氏春秋〕 民之讐之若性민지수지약성. ❺같다, 비슷하다. 〔漢書〕 皆讐有功개수유공. ❻맞다, 합당하다. 〔新唐書〕 事皆不讐사개불수. ❼부류(部類), 동배(同輩).
讐校(수교) 두 사람이 상대하여 원본과 대조하여 교정(校正)함. 讐正(수정).
讐仇(수구) 원수.
讐怨(수원) 원한(怨恨). 讐冤(수원).
讐日(수일) 國부모의 기일(忌日).
讐柞(수작) 응대(應對)함. 酬酌(수작).
◨ 仇讐구수, 怨讐원수, 敵讐적수.

16 ㉓【讎】 讐(1187)와 동자

16 ㉓【讍】 諤(1174)과 동자

16 ㉓【讌】 잔치 연 霰

㊥yàn ㊐エン

초서 자해 ❶잔치. ＝宴. ❷모여 이야기하다. 〔後漢書〕 與穰人蔡少公等讌語여양인채소공등연어.
讌服(연복) 평상복(平常服).
讌席(연석) 연회(宴會)의 자리. 宴席(연석).
讌笑(연소) 즐겁게 웃음.
讌語(연어) 터놓고 이야기함. 흉허물 없이 이야기함.
讌飮(연음) 잔치하며 술을 마심. 연석(讌席)에서 술을 마심.
讌會(연회) 여러 사람이 모여서 베푸는 잔치.
讌戲(연희) 연회를 베풀어 즐김.

16 ㉓【讇】谄 ①아첨할 첨 琰 ②지나치게 공경할 염 豔

㊥chǎn ㊐テン

초서 자해 ①아첨하다. ＝諂. 〔禮記〕 有頌而無讇유송이무첨. ②지나치게 공경하다. 〔禮記〕 立容辨卑毋讇립용변비무염.

言 16 획

17 ㉔【讕】谰 헐뜯을 란 寒旱

㊥lán ㊐ラン

소전 초서 자해 ❶헐뜯다.〔春秋繁露〕是非之情시비지정, 不可以相讕已불가이상란이. ❷잘못 말하다.〔新唐書〕亮讕辭曰량란사왈, 囚等畏死見誣耳수등외사견무이. ❸속이다.〔漢書〕滿讕誣天만란무천. ❹간하다.〔漢書〕讕言十篇란언십편.

17 ㉔【讓】让 사양할 양 漾

중학 인명 3Ⅱ급 ㊥ràng ㊐ジョウ

필순 言 言 訁 訁 讓 讓 讓 讓 讓 讓

소전 초서 자원 形聲. 言+襄→讓. '襄(양)'이 음을 나타낸다.

자해 ❶사양하다. ㉮남에게 양보하다.〔禮記〕退讓以明禮퇴양이명례. ㉯자기를 낮추다.〔禮記〕其尊讓기존양, 有如此者유여차자. ㉰주다.〔呂氏春秋〕堯以天下讓舜요이천하양순. ㉱응하지 않다.〔楚辭〕知死不可讓兮지사불가양혜. ㉲어기다.〔管子〕治斧鉞者치부월자, 不敢讓刑불감양형. ❷사양.〔大學〕一家讓일가양, 一國興讓일국흥양. ❸꾸짖다.〔國語〕讓不貢양불공. ❹절의 한 가지. ❺빚다. ≒釀.

讓渡(양도) 권리·이익 따위를 남에게 넘겨줌. 讓與(양여).

讓畔而耕(양반이경) 농부가 서로 토지의 경계를 양보하면서 밭을 갊. 민정이 순후함.

讓步(양보) ①남에게 길을 비켜 주거나 자리를 내줌. ②제 주장을 굽혀 남의 의견을 좇음.

讓位(양위) 임금의 자리를 물려줌.

讓揖(양읍) 공수(拱手)하여 절을 함.

讓誚(양초) 꾸짖음.

讓退(양퇴) 남에게 사양하고 물러남.

◨ 謙讓겸양, 辭讓사양.

17 ㉔【讒】谗 참소할 참 咸

인명 1급 ㊥chán ㊐ザン

소전 초서 속자 讒 자해 ❶참소(讒訴)하다.〔莊子〕好言人之惡호언인지악, 謂之讒위지참. ❷해치다.〔荀子〕傷良曰讒상량왈참. ❸거짓말하다.〔韓詩外傳〕讒참, 誕也탄야. ❹알랑거리다. ❺사특하다.〔呂氏春秋〕讒慝勝良참특승량.

讒間(참간) 참소하여 사이를 멀어지게 함. 이간질함.

讒佞(참녕) 참소하고 아첨함. 교묘하게 남을 헐뜯음. 또는 그런 사람.

讒誣(참무) 없는 일을 꾸며서 윗사람에게 고해바침. 무고(誣告)하여 참소함.

讒夫(참부) 참소하는 사람. 교묘한 말로 남을 모함하는 사람. 讒人(참인).

讒邪(참사) 간사한 마음으로 남을 헐뜯음.

讒訴(참소) 남을 헐뜯어서 없는 죄를 있는 듯이 꾸며 고해바침.

讒言(참언) 거짓으로 꾸며서 남을 참소하는 말. 讒說(참설).

讒嫉(참질) 질투하여 참소함.

讒慝(참특) 간특하고 사악함. 또는 그런 사람.

讒毁(참훼) 남을 헐뜯어 말함.

17 ㉔【讖】谶 ①참서 참 沁 ②뉘우칠 참 陷

인명 1급 ㊥chèn, chàn ㊐シン

소전 초서 속자 讖 자해 ①❶참서(讖書), 비결(祕訣), 미래기(未來記). ❷조짐.〔後漢書〕光武善讖광무선참. ②뉘우치다. =懺.

讖記(참기) 미래의 일을 예언한 기록.

讖書(참서) 참언을 모아 적은 책.

讖術(참술) 미래의 일을 아는 술법.

讖言(참언) 앞일의 길흉(吉凶)을 예언하는 말.

讖緯(참위) 도참(圖讖)과 위서(緯書).

◨ 圖讖도참.

18 ㉕【讙】讙 시끄러울 환 寒

㊥huān ㊐カン

소전 초서 자해 ❶시끄럽다.〔荀子〕百姓讙敖백성환오. ❷시끄럽게 말다툼을 하다.〔漢書〕諸將盡讙제장진환. ❸꾸짖다. ❹기뻐하다. ≒歡.〔禮記〕鼓鼙之聲讙고비지성환.

讙敖(환오) 떠들썩함. 시끄러움.

讙譁(환화) 시끄럽게 떠듦.

讙嚻(환효) 시끄럽게 떠듦. 또는 그 소리.

19 ㉖【讚】赞 기릴 찬 翰

고등 인명 4급 ㊥zàn ㊐サン

필순 言 言 言 言 言 言 言 言 讚 讚

초서 속자 讃 자원 形聲. 言+贊→讚. '贊(찬)'이 음을 나타낸다.

자해 ❶기리다.〔魏志〕下詔褒讚하조포찬. ❷밝히다. ❸적다.〔晉書〕凡所讚述범소찬술, 百餘萬言백여만언. ❹돕다.〔潘岳·詩〕光讚納言광찬납언. ❺문체 이름. ≒贊.

讚歌(찬가) 찬미하는 노래.

言 17획

讚美(찬미) 아름답거나 거룩한 것을 기리어 칭송함. 贊美(찬미).
讚佛(찬불) 부처의 공덕을 기림.
讚辭(찬사) 칭찬하는 말이나 글.
讚賞(찬상) 칭찬하여 기림.
讚頌(찬송) 미덕을 기리고 칭찬함.
讚述(찬술) 기리어 기술함. 칭찬하여 기록함.
讚揚(찬양) 칭찬하여 드러냄.
讚歎(찬탄) 기리고 감탄함. 몹시 칭찬함.
◨ 賞讚상찬, 頌讚송찬, 禮讚예찬, 自畫自讚자화자찬, 絕讚절찬, 稱讚칭찬.

20 ㉗【讜】说 곧은 말 당 養

㊥dǎng ㊐トウ

소전 초서 자해 ❶곧은 말, 직언(直言). 〔後漢書〕讜言善策당언선책, 隨事獻納수사헌납. ❷바르다.
讜論(당론) 사리에 바른 이론. 讜議(당의).
讜直(당직) 곧고 바름. 정직함.

20 ㉗【讞】谳 죄 의논할 언·얼 銑 屑

㊥yàn ㊐ゲン

초서 동자 瀛 자해 ❶죄를 의논하다. ❷피의자(被疑者)를 조사하다. 〔後漢書〕欲避請讞之煩욕피청언지번. ❸정직하다. 〔石介·頌〕立朝讞讞립조언언. ❹아뢰다. 〔禮記〕獄成옥성, 有司讞于公유사언우공.
讞書(언서) 재판의 판결문.
讞獄(언옥) 의옥(疑獄)을 조사함.
讞疑(언의) 의심스러운 안건을 심리함.
讞議(언의) 공평한 논의.
讞正(언정) 죄를 바르게 헤아림.

22 ㉙【讟】讟 원망할 독 屋

㊥dú ㊐トク

소전 초서 자해 ❶원망하다. 〔春秋左氏傳〕民無謗讟민무방독. ❷헐뜯다. 〔春秋左氏傳〕君無怨讟군무원독. ❸미워하다. ❹원망하는 말. 〔漢書〕怨讟動於民원독동어민.

谷部 골곡

0 ⑦【谷】 골 곡 屋

중학 인명 3Ⅱ급 ㊥gǔ ㊐コク

필순 丿 八 仌 仌 㕣 谷 谷

소전 초서 자원 會意. 口+仌→谷. '口'는 샘물이 솟아 나오는 구멍, '仌'는 샘물이 절반쯤 솟아난다는 뜻. 합하여 샘물이 솟아나 산과 산 사이를 지나 바다에 흘러들기까지의 사이, 곧 '골짜기'라는 뜻을 나타낸다.

자해 ❶골, 골짜기, 계곡(溪谷). 〔王勃·賦〕緬察谷底면찰곡저. ❷홈, 홈통. 〔漢書〕取竹之解谷취죽지해곡. ❸좁은 길. 〔楚辭〕橫飛谷以南征횡비곡이남정. ❹살이 깊은 곳. 〔素問〕肉之大會爲谷육지대회위곡. ❺막히다. 〔詩經〕進退維谷진퇴유곡. ❻기르다. 〔老子〕谷神不死곡신불사. ❼자라게 하다. 〔爾雅〕東風謂之谷風동풍위지곡풍.
谷澗(곡간) 산골짜기를 흐르는 시내. 개울.
谷谷(곡곡) 새의 울음소리. 穀穀(곡곡).
谷口(곡구) 골짜기의 어귀.
谷無虎先生兔(곡무호선생토) 國범 없는 골에 토끼가 선생 노릇함. ㉠강자가 없어지면 약자가 도리어 횡포하게 굶. ㉡군자가 없는 곳에 소인이 횡행함.
谷水(곡수) 골짜기의 개울물. 개울.
谷神(곡신) 골짜기의 공허한 곳. 현묘(玄妙)한 도(道)의 비유.
谷泉(곡천) 골짜기에서 나는 샘.
谷風(곡풍) ①동풍(東風). 만물의 성장을 돕는 바람. '谷'은 '穀'으로 '곡식'을 뜻함. 春風(춘풍). ②골짜기에서 산꼭대기로 부는 바람. 골바람.
◨ 谿谷계곡, 幽谷유곡, 峽谷협곡.

4 ⑪【谺】 골 휑할 하 麻

㊥xiā ㊐カ

초서 자해 골이 휑하다, 골짜기가 깊고 넓어 텅 빈 모양.

10 ⑰【谿】 시내 계 齊

인명 ㊥xī ㊐ケイ

소전 초서 동자 溪 동자 嵠 동자 磎

자해 ❶시내. ㉮막힌 시내. ㉯마른 시내. 〔呂氏春秋〕若高山之與深谿약고산지여심계. ㉰내에 흘러 들어가는 시내. 〔左思·賦〕含谿懷谷함계회곡. ㉱산골짜기의 시내. ❷비다. 〔呂氏春秋〕則耳谿極즉이계극. ❸살〔肉〕이 깊어 골이 진 곳. 〔素問〕肉之小會爲谿육지소회위계.
谿澗(계간) 골짜기를 흐르는 개울.
谿谷(계곡) ①물이 흐르는 골짜기. 溪谷(계

곡). ②몸에서 살〔肉〕이 모인 곳.
谿流(계류) 산골에 흐르는 시냇물.
谿壑(계학) ①골짜기. 溪谷(계곡). ②끝없는 욕심의 비유.
谿壑之慾(계학지욕) 한없는 욕심. 대단한 탐심(貪心).
◨ 淸谿청계.

10
⑰【豁】 뚫린 골 활 曷

인명 ㊥huò ㊐カツ

소전 초서 본자 자해 ❶뚫린 골, 넓게 탁 트인 골짜기. ❷열리다. 〔郭璞·賦〕 豁若天開활약천개. ❸통하다. 〔何晏·賦〕 開南端之豁達개남단지활달. ❹미치다, 이르다. 〔史記〕 意豁如也의활여야. ❺텅 비다, 공허(空虛)하다. ❻크다, 도량이 크다.
豁達(활달) 활짝 열린 모양. ㉠사방이 탁 트여 넓은 모양. ㉡도량이 넓고 큼.
豁達大度(활달대도) 넓고 큰 도량.
豁然(활연) ①활짝 열리는 모양. ②넓게 트인 모양. ③의심·미혹이 깨끗이 풀리는 모양.
豁然貫通(활연관통) 환하게 도를 깨달음.
豁然大悟(활연대오) 마음이 활짝 열리듯 크게 깨달음을 얻는 일.
豁悟(활오) 시원하게 깨달음.
豁豁(활활) 널찍한 모양.
◨ 空豁공활, 深豁심활.

谷 10획

豆部 콩두

0
⑦【豆】 콩 두 宥

중학 인명 4Ⅱ급 ㊥dòu ㊐トウ

필순 一 ㄒ ㄇ 豆 豆 豆 豆

소전 초서 동자 자원 象形. 굽이 높은 제기(祭器)의 모양을 본뜬 글자. 위의 '一'은 뚜껑, '口'는 물건을 담는 부분, 아래의 '丷'는 그 굽을 가리킨다. 뒤에 '荅'과 통하여 '콩'의 뜻으로 쓰인다.
자해 ❶콩, 팥. 〔王褒·僮約〕 奴當飯豆飮水노당반두음수. ❷제기(祭器) 이름. 〔詩經〕 卬盛于豆앙성우두. ❸제수(祭需), 제물. 〔詩經〕 爲豆孔庶위두공서. ❹잔대, 잔받침. ❺용량 단위, 너되〔四升〕. 〔春秋左氏傳〕 四升爲豆사승위두. ❻무게 단위. 〔說苑〕 十六黍爲一豆십륙서위일두, 六豆爲一銖륙두위일수.
豆羹(두갱) ①한 그릇의 국. 소량(小量)의 국. 매우 적고 하찮음. ②단팥죽 비슷한 음식.
豆萁(두기) ①콩깍지. ②콩깍지를 태워 콩을 삶음. 형제의 의가 좋지 못함의 비유. 煮豆燃萁(자두연기).
豆糜(두미) 콩죽. 豆粥(두죽).
豆籩(두변) 제사 때 쓰는 굽이 높은 그릇. '豆'는 나무 그릇, '籩'은 대나무 그릇으로, 모두 기장을 담는 데 씀.
豆腐(두부) 콩물을 끓인 다음 간수를 넣어 엉기게 만든 음식. 豆泡(두포).
豆剖瓜分(두부과분) 콩이나 오이를 쪼개듯이 분열(分裂)하거나 분할(分割)함.
豆分(두분) 콩이 쪼개지듯이 갈라짐.
豆油(두유) 콩기름.
豆乳(두유) 진한 콩국. 豆漿(두장).
豆人(두인) 작은 사람. 먼 데서 바라본 사람 모습의 형용.
豆酒(두주) 한 말의 술.
豆太(두태) 國①콩과 팥. ②콩팥. 신장(腎臟).
豆黃(두황) 볶은 콩을 간 가루. 콩가루.
◨ 綠豆녹두, 大豆대두, 籩豆변두, 小豆소두, 豌豆완두.

2
⑨【豈】 豆(1190)와 동자

3
⑩【豈】 岂 1어찌 기 尾 2즐길 개 賄

고등 인명 3급 ㊥qǐ, kǎi ㊐キ

필순 ' 山 山 岜 岜 豈 豈 豈 豈 豈

소전 초서 참고 인명용 음은 '기·개'이다.
자원 形聲. 山+豆→豈. '山(산)'은 '微(미)'의 생략형으로 음을 나타낸다.
자해 1❶어찌, 어째서. 〔張衡·賦〕 豈徒跼高天기도국고천, 蹐厚地而已哉척후지이이재. ❷그. 발어사(發語辭). 〔莊子〕 君豈有斗升之水而活我哉군기유두승지수이활아재. ❸바라다, 원하다. 〔曹植·詩〕 君不垂眷군불수권, 豈云其誠기운기성. ❹일찍이. '曾'과 같은 뜻. 2❶즐기다. ≒愷. 〔詩經〕 豈樂飮酒개락음주. ❷개선(凱旋)하여 부르는 노래. ≒凱. ❸화락하다. 〔詩經〕 豈弟君子개제군자.
豈可(기가) 어찌 할 수 있는가? 해서는 안 된다는 금지의 뜻.
豈非(기비) 어찌 ~가 아니랴. 그것임에 틀림없다는 반어의 뜻. 寧非(영비).
豈樂(❶개락 ❷개악) ❶기뻐함. 즐거워함. ❷개

선할 때 부르는 음악.
豈樂飮酒(개락음주) 즐거워하며 술을 마심.

5 ⑫ 【登】 豌(1191)과 동자

6 ⑬ 〖豊〗 ①굽 높은 그릇 례 薺 ②풍년 풍 東

인명 ㊥lǐ, fēng ㊐ホウ

소전 豊 참고 인명용 음은 '풍'이다.
자해 ① ❶굽이 높은 그릇. ❷예도. ※禮(916)의 고자(古字). ② 풍년. ※豐(1191)의 속자(俗字).

8 ⑮ 【豎】 竪(939)의 본자

8 ⑮ 〖豌〗 완두 완 寒

인명 ㊥wān ㊐エン

초서 동자 登 자해 ❶완두. 〔本草綱目〕 其苗柔弱宛宛기묘유약완완, 故得豌名고득완명. ❷콩으로 만든 엿.
豌頭瘡(완두창) 완두 모양으로 허는 종기.

8 ⑮ 【豊】 豐(1191)의 고자

11 ⑱ 〖豐〗 丰 풍년 풍 東

중학 인명 4Ⅱ급 ㊥fēng ㊐ホウ

필순

소전 豐 초서 속자 豊 고자 豊 고자 豊

자원 象形. 제기〔豆〕 위에 물건을 가득 올려놓은 모습으로, '넉넉하다'라는 뜻을 나타낸다.
자해 ❶풍년. 〔禮記〕 視年之豐耗시년지풍모. ❷넉넉하다. ㉮차다, 가득하다. 〔易林〕 富饒豐衍부요풍연. ㉯성하다, 푸지다. 〔張衡·賦〕 仁洽道豐인흡도풍. ㉰많다, 족하다, 부하다. 〔國語〕 不爲豐約擧불위풍약거. ㉱잘 자라다, 무성하다. 〔詩經〕 在彼豐草재피풍초. ❸제기(祭器) 이름. 제사 때 술잔을 받치는 그릇. ❹괘 이름, 64괘(卦)의 하나. 괘형은 ䷶.
豐潔(풍결) 제수(祭需)가 풍족하고 깨끗함.
豐筋多力(풍근다력) 글씨의 획이 굵고 힘참.
豐年(풍년) 농사가 잘된 해.
豐年化子(풍년화자) 國풍년거지. 여러 사람이 이익을 볼 때 혼자 빠져 이익을 못 봄.
豐樂(풍락) 물자가 풍부하고 백성이 안락함. 재물이 넉넉하여 즐거움.
豐滿(풍만) ①물자가 풍족함. ②몸이 투실투실하게 살짐.
豐富(풍부) 넉넉하고 많음.
豐贍(풍섬) 풍족함. 재물이 넉넉함.
豐盛(풍성) 넉넉하고 흥성흥성함.
豐城劍氣(풍성검기) 걸출한 인재의 기운. 故事 진(晉)의 장화(張華)가 북두성과 견우성 사이에 보라색 기운이 뻗치는 것을 보고 풍성(豐城) 지방으로 사람을 보내어 그곳에 묻힌 용천(龍泉)과 태아(太阿)라는 두 명검을 얻었다는 고사에서 온 말.
豐歲(풍세) 풍년(豐年).
豐漁(풍어) 물고기가 많이 잡힘.
豐艶(풍염) 얼굴이 포동포동하고 아리따움.
豐饒(풍요) 매우 넉넉함.
豐潤(풍윤) 풍부하고 윤택함.
豐稔(풍임) 결실(結實)이 잘됨. 풍년이 듦. 豐穰(풍양). 豐熟(풍숙).
豐作(풍작) 풍년이 들어 잘된 농사.
豐足(풍족) 넉넉하여 충분함.
豐下(풍하) 턱 밑이 살쪄 도톰함. 부귀(富貴)의 상(相)임.
豐厚(풍후) 얼굴에 살이 많아 덕성스러움.
豐凶(풍흉) 풍년과 흉년.
◨ 大豐대풍, 歲豐세풍.

21 ㉘ 【豔】 艶(1057)과 동자

豕部 돼지 시

豕 0획

0 ⑦ 〖豕〗 돼지 시 紙

인명 ㊥shǐ ㊐シ

소전 초서 동자 豕 자원 象形. 돼지가 꼬리를 치켜든 모양을 본뜬 글자.
자해 돼지. 돼지류(類)의 총칭. 주역(周易)에서는 '坎(감)', 오행에서는 '水(수)'에 속한다. 〔詩經〕 有豕白蹢유시백적.
豕交獸畜(시교수휵) 돼지와 같이 사귀고 짐승처럼 기름. 사람을 예(禮)로써 대하지 않음.
豕視(시시) 돼지의 눈매로 봄. 불인(不仁)한 인상(人相).
豕心(시심) 돼지처럼 욕심이 많고 부끄러움이 없는 마음.
豕喙(시훼) 돼지 주둥이. 곧, 욕심이 많아 보이는 인상(人相).

4 ⑪ 【豚】 ①돼지 돈 园 ②지척거릴 돈 阮

고등 인명 3급 ㊥tún, dùn ㊐トン

필순 丿 刀 月 月 月 肟 肟 肟 豚 豚

소전 篆 초서 豚 동자 肫 자원 會意. 肉+豕→豚. 제사를 지낼 때 쓰는 고기인 희생(犧牲)을 뜻한다.

자해 ① ❶돼지. 〔禮記〕 豚肩不掩豆돈견불엄두. ❷흙 부대. 〔魏志〕 豫作土豚예작토돈, 遏斷湖水알단호수. ❸복, 복어. ＝魨. ② **발꿈치를 질질 끌고 가다.**

豚兒(돈아) 돼지처럼 어리석은 아이. 자기 아들의 겸칭.

豚魚(돈어) ①돼지와 물고기. ㉠감정이 둔한 사람. ㉡사람을 대접하는 데 예의가 없음. ②복어의 딴 이름.

豚魚之信(돈어지신) 둔한 돼지와 물고기에까지 미치는 신의. 지극한 신의.

豚肉(돈육) 돼지고기.

◨ 家豚가돈, 鷄豚계돈, 養豚양돈.

4 ⑪ 【豘】 豚(1192)과 동자

4 ⑪ 【豝】 암퇘지 파 麻

㊥bā ㊐ハ

소전 豝 초서 豝 동자 豝 자해 ❶암퇘지. 〔詩經〕 壹發五豝일발오파. ❷두 살 난 돼지. ❸큰 돼지. 〔何承天·文〕 漁陽以大豬爲豝어양이대저위파. ❹포, 말린 고기. 〔五代史〕 晉人謂之帝豝진인위지제파.

5 ⑫ 【象】 코끼리 상 養

고등 인명 4급 ㊥xiàng ㊐ショウ

필순 ⺈ ⺈ 㐫 㐫 𠂒 争 旁 旁 象 象

소전 象 초서 象 속자 象 자원 象形. 코끼리의 귀, 어금니, 네 발, 꼬리 등의 모양을 본뜬 글자.

자해 ❶코끼리. 〔山海經〕 禱過之山多象도과지산다상. ❷상아(象牙). 〔禮記〕 笏홀, 諸侯以象제후이상. ❸모양. ≒像. ㉮모습, 생김새. 〔傅毅·賦〕 不可爲象불가위상. ㉯그림, 초상. ❹조짐, 징후(徵候). ❺점조(占兆), 점괘(占卦). 〔史記〕 兆有口象조유구상. ❻일월성신(日月星辰). 〔易經〕 在天成象재천성상. ❼도(道), 도리. 〔老子〕 執大象집대상. ❽본뜨다. 〔法言〕 象龍之致雨也상룡지치우야. ❾문궐(門闕). 궁문(宮門) 밖 양쪽에 만든 대(臺). 〔周禮〕 乃懸治象之灋于象魏내현치상지법우상위. ❿통역관. 〔周禮〕 通夷狄之言者曰象통이적지언자왈상.

象嵌(상감) 금속·도자기 등의 표면에 음각으로 무늬를 새기고 그 자리에 금·은 따위를 박아 넣는 기술. 또는 그 작품.

象德(상덕) 덕을 나타냄. 덕을 본으로 함.

象犀珠玉(상서주옥) 상아(象牙)·서각(犀角)·진주·백옥. 진기한 보배.

象石(상석) 능(陵)·원(園) 등에 세우는 사람이나 짐승 모양의 석물(石物).

象牙塔(상아탑) ①세속을 떠나 오직 학문이나 예술에만 잠기는 경지. ②대학의 비유.

象譯(상역) 통변(通辯). 통역(通譯).

象外(상외) 형상의 밖. 마음이 평범하고 속된 것에서 초연(超然)함.

象魏(상위) 대궐의 문. 옛날에 법률을 높은 성문에 게시한 데서 온 말. '魏'는 '高'로 '높다'는 뜻을 나타냄. 象闕(상궐).

象人(상인) ①인형. 허수아비. ②제례(祭禮)에 탈을 쓰고 놀이하는 사람.

象徵(상징) 추상적인 개념이나 사물을 구체적인 사물로 나타냄.

象齒焚身(상치분신) 코끼리는 상아 때문에 죽임을 당함. 재물이 많으면 화를 입기 쉬움.

象刑(상형) 법률. 국법. 옛날의 형벌은 죄인에게 보통 사람과 다른 옷을 입혀 부끄러움을 느끼게만 한 데서 온 말.

象形(상형) ①형상을 본뜸. ②한자 육서(六書)의 하나로, 사물의 모양을 본뜬 글자. 日·月·山·川 따위.

◨ 氣象기상, 萬象만상, 印象인상, 抽象추상, 表象표상, 現象현상, 形象형상.

5 ⑫ 【象】 象(1192)의 속자

6 ⑬ 【豣】 ①돼지 견 先 ②노루 견 銑

㊥jiān, yàn ㊐ケン

소전 豣 초서 豣 동자 豜 동자 狷 속자 豣

자해 ① ❶돼지. ❷세 살 난 돼지. 〔詩經〕 並驅從兩豣兮병구종량견혜. ② **노루.**

豣豵(견종) 짐승의 새끼.

6 ⑬ 【豢】 기를 환 諫

㊥huàn ㊐カン

소전 豢 초서 豢 자해 ❶기르다. 〔晏子〕 蠶桑豢收잠상환수. ❷이익을 앞세워서 상대방을 꾀다. 〔春秋左氏傳〕子胥懼曰자서구왈, 是豢吳也夫시환오야부.
豢養(환양) 가축 따위를 기름.
豢圉(환어) 마소를 기르는 곳. 외양간.
◨ 芻豢추환.

7 ⑭【豪】 호걸 호 豪

고등 인명 3Ⅱ급 ㊥háo ㊐ゴウ

필순 亠 亠 古 亠 亩 亭 亭 亭 豪 豪 豪

소전 초서 자원 形聲. 高+豕→豪. '高'는 '高(고)'의 생략형으로 음을 나타낸다.

자해 ❶호걸. 〔陸游·歌〕虬鬚豪客狐白裘규수호객호백구. ❷귀인. 〔列子〕對鄉豪稱之대향호칭지. ❸장(長), 우두머리. 〔漢書〕先零豪言선령호언. ❹빼어나다. ❺성하다, 웅대(雄大)하다. 〔蘇軾·詩〕未足當韓豪미족당한호. ❻사치, 호사. 〔梁書〕相競誇豪상경과호. ❼거드름을 피우다. 〔漢書〕不得豪奪吾民矣부득호탈오민의.
豪強(호강) 세력이 매우 강함. 豪彊(호강).
豪健(호건) 뛰어나게 건장함.
豪傑(호걸) ①재덕(才德)이 뛰어난 인물. ②무용(武勇)이 걸출한 사람. '豪'는 백 명 중, '傑'은 십 명 중에 뛰어남.
豪勁(호경) 뛰어나고 굳셈.
豪氣(호기) ①장한 의기. ②호방한 기상.
豪邁(호매) 성질이 호탕하고 인품이 뛰어남.
豪眉(호미) 긴 눈썹. 장수(長壽)의 표시임.
豪民(호민) 세력이 있는 백성.
豪放(호방) 의기가 장하여 작은 일에 거리낌이 없음. 豪縱(호종). 豪宕(호탕).
豪奢(호사) 지나치게 사치함.
豪商(호상) 대규모로 장사하는 상인. 자본이 많은 상인.
豪言壯談(호언장담) 호기롭고 자신 있게 말함. 또는 그 말.
豪勇(호용) 호기롭고 용감함.
豪雨(호우) 세차게 많이 내리는 비.
豪雄(호웅) 호걸과 영웅. 곧, 뛰어나게 훌륭한 사람.
豪飮(호음) 술을 많이 마심. 鯨飮(경음).
豪壯(호장) 세력이 강하고 기세가 대단함.
豪族(호족) 한 지방에서 세력이 성한 일족. 豪姓(호성).
豪俊(호준) 재지가 뛰어남. 또는 그 사람.
豪快(호쾌) 호탕하고 쾌활함.
豪悍(호한) 호방하고 사나움.
豪俠(호협) 호탕하고 의협심이 많음. 또는 그런 사람.
豪華(호화) 사치스럽고 화려함.
◨ 強豪강호, 文豪문호, 富豪부호, 詩豪시호.

7 ⑭【豨】 멧돼지 희 微

㊥xī ㊐キ

소전 초서 자해 ❶멧돼지, 큰 멧돼지. =狶. 〔淮南子〕封豨脩蛇봉희수사. ❷멧돼지가 달리는 모양. ❸봉희(封豨). 신령스러운 짐승의 이름. 〔楚辭〕封豨是射봉희시사.
豨勇(희용) ①멧돼지처럼 무서움을 모르고 덤비는 용기(勇氣). 또는 그런 용기를 가진 군사. ②한대(漢代)의 왕망(王莽)이 죄인과 종을 모아 조직한 군대의 이름.

8 ⑮【豜】 豣(1192)과 동자

9 ⑯【豭】 수퇘지 가 麻

㊥jiā ㊐カ

소전 초서 동자 猳 자해 수퇘지. 〔史記〕佩豭豚패가돈.

9 ⑯【豫】 ①미리 예 ㊅여 御 ②펼 서 魚

고등 인명 4급 ㊥yù, shū ㊐ヨ

필순 マ 予 予 予 予 予 豫 豫 豫 豫

소전 초서 속자 予 참고 인명용 음은 '예'이다.

자원 形聲. 予+象→豫. '予(여)'가 음을 나타낸다.

자해 ①❶미리, 사전에. 〔易經〕君子以思患而豫防之군자이사환이예방지. ❷즐기다. 〔詩經〕逸豫無期일예무기. ❸미리 값을 더 얹어 매기다, 에누리를 하다. 〔史記〕市不豫價시불예가. ❹진심으로, 충심으로. 〔漢書〕將相和則士豫附장상화즉사예부. ❺꺼리다. 〔楚辭〕行婞直而不豫兮행행직이불예혜. ❻괘 이름, 64괘(卦)의 하나. 괘형은 ☳☷. ②펴다. ≒舒.
豫感(예감) 미리 느낌.
豫見(예견) 미리 앞일을 내다봄.
豫告(예고) 미리 알림.
豫期(예기) 앞으로 닥쳐올 일에 대하여 미리 생각하고 기다림.
豫斷(예단) 미리 판단함.
豫買(예매) 미리 삼.
豫賣(예매) 미리 팖.
豫防(예방) 탈이 있기 전에 미리 막음.

豕 9획

豫報(예보) 앞으로 일어날 일을 미리 알림. 미리 보도함.
豫備(예비) 필요할 때 쓰기 위하여 미리 마련하거나 갖추어 놓음.
豫算(예산) 미리 헤아려 어림잡음.
豫想(예상) 미리 어림잡아 생각함.
豫選(예선) 결승전이나 본선에 나갈 사람을 미리 선출하는 일.
豫設(예설) 미리 설비함. 미리 설치함.
豫習(예습) 미리 학습함.
豫審(예심) 소송의 한 단계. 공판에 회부할 것인지를 결정하기 위하여 미리 조사하는 일.
豫約(예약) 미리 약속함.
豫言(예언) 앞에 올 일을 미리 말함.
豫定(예정) 미리 작정함.
豫程(예정) 미리 정한 노정(路程).
豫知(예지) 미리 앎.
豫參(예참) 참여함.
豫測(예측) 미리 헤아려 짐작함. 豫料(예료). 豫度(예탁).
豫探(예탐) 미리 탐색함.
豫編(예편) 예비역으로 편입함.
豫行(예행) 미리 연습해 봄.

9 ⑯【豬】 1 돼지 저 魚 2 암퇘지 차 麻
中zhū 日チョ
소전 초서 동자 豬 속자 猪 자해 1 ❶돼지, 한 털구멍에서 세 가닥의 털이 난 돼지. ❷멧돼지. ❸물이 괸 데. ≒瀦. 〔書經〕大野旣豬대야기저. 2 암퇘지. 〔春秋左氏傳〕旣定爾婁豬기정이루차.

10 ⑰【豳】 1 나라 이름 빈 眞 2 알록알록할 반 刪
中bīn, bān 日ヒン
소전 자해 1 ❶나라 이름. ❷성(姓). 2 알록알록하다. ＝斒.

11 ⑱【豵】 돼지 새끼 종 東
中zōng 日ソウ
소전 초서 자해 ❶돼지 새끼, 난 지 여섯 달 되는 돼지, 한 살 먹은 돼지. 〔詩經〕壹發五豵일발오종. ❷한 배에서 난 세 마리 돼지. ❸작은 돼지.

豸部 갖은돼지시변

0 ⑦【豸】 1 발 없는 벌레 치 紙 2 해태 태 本치 蟹
中zhì 日チ
소전 초서 참고 부수로서의 명칭은 '豕'와 자형이 비슷하여 '갖은돼지시변'이라고 한다.
자원 象形. 짐승이 먹이를 노려, 몸을 낮추어 이제 곧 덮치려 하는 모양을 본뜬 글자.
자해 1 발 없는 벌레의 총칭. 〔漢書〕蟲豸之類謂之孼충치지류위지얼. 2 해태(獬豸). ≒廌. 〔太玄經〕角解豸終각해태종.

3 ⑩【豺】 승냥이 시 佳
인명 1급 中chái 日サイ
소전 초서 동자 犲 자해 승냥이. 갯과의 맹수로 이리와 비슷하다. 〔詩經〕投畀豺虎투비시호.
豺狼(시랑) 승냥이와 이리. ㉠욕심이 많고 무자비한 사람. ㉡간악하고 잔혹한 사람.
豺狼橫道(시랑횡도) 승냥이와 이리가 길을 가로막고 있음. 간악한 자가 요직을 차지하고 권세를 부림.
豺虎(시호) ①승냥이와 호랑이. ②사납고 음험한 사람.

3 ⑩【豻】 1 들개 안 寒 2 옥 안 翰
中àn 日カン
소전 초서 자해 1 ❶들개. ＝犴. 〔淮南子〕玄豹黃羆青豻현표황비청안. 2 옥, 지방의 감옥. 〔漢書〕獄豻不平之所致也옥안불평지소치야.

3 ⑩【豹】 표범 표 效
인명 1급 中bào 日ヒョウ
소전 초서 자해 표범. 〔五代史〕豹死留皮표사유피, 人死留名인사유명.
豹裘(표구) 표범의 털가죽으로 만든 갖옷.
豹騎(표기) 날래고 용감한 기병(騎兵).
豹文(표문) 표범의 털 무늬. 또는 그와 같은 아름다운 무늬.
豹變(표변) 언행·태도·의견 등이 이전과 뚜렷이 달라짐.
豹死留皮(표사유피) 표범은 죽어서 가죽을 남김. 사람은 죽어서 명예를 남겨야 함. 虎死留皮(호사유피).
豹隱(표은) 세상에 나타나지 않고 숨음. 은거함. 표범이 그 털을 아끼기 때문에 비가 올 때는 산속에 숨는 데서 온 말.

◨ 虎豹호표.

4 ⑪【豼】 貔(1196)와 동자

5 ⑫【豿】 豞(1195)과 동자

5 ⑫【豾】 삵 비 支

㊥pī ㊐ヒ

자해 ❶삵. ❷삵의 새끼. =狉. ❸비휴(貔貅). 범과 비슷하다는 맹수.

5 ⑫【貂】 담비 초 蕭

인명 1급 ㊥diāo ㊐チョウ

소전 貂 초서 䝮 동자 鼦 자해 담비. 〔淮南子〕貂裘而雜초구이잡, 不若狐裘而粹불약호구이수.

貂裘(초구) 담비의 털가죽으로 만든 갖옷.

貂璫(초당) ①한대(漢代) 중상시(中常侍)의 관리가 쓰던 관(冠). 담비 꼬리와 금고리로 장식했음. ②환관(宦官). 중상시에서 환관을 등용한 데서 온 말.

貂蟬(초선) ①담비 꼬리와 매미 날개. 고관(高官)이 쓰는 관의 장식으로 씀. ②군자의 덕.

6 ⑬【貊】 북방 종족 맥 陌

인명 2급 ㊥mò ㊐バク

초서 䝮 동자 貃 자해 ❶북방의 종족 이름. 〔書經〕華夏蠻貊화하만맥. ❷고요하다. 〔詩經〕貊其德音맥기덕음. ❸맹수의 이름, 나귀만 한 크기의 곰과 비슷한 짐승. ❹나라 이름, 부여국(扶餘國). 〔山海經〕貊國在漢水東北맥국재한수동북.

6 ⑬【貉】 1 담비 학 藥
2 오랑캐 맥 陌

㊥hé, mò ㊐カク, バク

소전 貉 자해 1 ❶담비. 〔論語〕與衣狐貉者立여의호학자립. ❷몸이 튼튼하다. 2 ❶오랑캐, 북방 오랑캐. ❷고요하다.

6 ⑬【貆】 담비 새끼 환 寒

㊥huān ㊐カン

소전 貆 초서 䝮 자해 ❶담비 새끼. 〔詩經〕胡瞻爾庭有縣貆兮호첨이정유현환혜. ❷너구리. ❸호저(豪豬). 호저과의 포유동물. 〔山海經〕譙明之山有獸焉초명지산유수언, 其狀如貆而赤豪기상여환이적호.

6 ⑬【貅】 비휴 휴 尤

㊥xiū ㊐キュウ

초서 䝮 동자 貅 동자 狖 자해 비휴(貔貅). 범과 비슷하다는 맹수. 〔禮記〕前有摯獸전유지수, 則載貔貅즉재비휴.

7 ⑭【貍】 1 삵 리 支
2 묻을 매 佳

㊥lí, mái ㊐リ

소전 貍 초서 䝮 동자 狸 동자 貍 자해 1 ❶삵, 살쾡이. 〔莊子〕捕鼠不如貍포서불여리. ❷너구리. 〔唐書〕以貍毛爲筆이리모위필. ❸죽이다. 2 ❶묻다, 매장하다. 〔周禮〕以相葬貍이상장매. ❷희생을 땅에 묻어 제사 지내다. 또는 그 제사. 〔周禮〕以貍沈祭山林川澤이매침제산림천택.

◨ 狐貍호리.

7 ⑭【貌】 1 얼굴 모 效
2 본뜰 막 覺

고등 인명 3Ⅱ급 ㊥mào, mó ㊐ボウ

필순 ノ ノ 丆 豸 豸 豸' 豹 貊 貌 貌

소전 皃 초서 䝮 동자 貇 동자 猊 동자 皃

고자 貇 참고 인명용 음은 '모'이다.
자원 形聲. 豸+皃→貌. '皃(모)'가 음을 나타낸다.

자해 1 ❶모습, 자태. 〔春秋穀梁傳〕察其貌而不察其形찰기모이불찰기형. ❷행동에 공경하는 뜻을 나타내는 일. 〔論語〕雖褻必以貌수설필이모. ❸사당. 2 ❶본뜨다. 〔杜甫·丹青引〕畫工如山貌不同화공여산막부동. ❷멀다, 아득하다. ≒邈.

貌色(모색) 얼굴빛. 용모(容貌).

貌樣(모양) 겉으로 드러나 보이는 됨됨이.

貌合心離(모합심리) 표면으로만 친한 듯 할 뿐, 마음은 딴 데 있음.

◨ 面貌면모, 美貌미모, 外貌외모, 容貌용모, 風貌풍모.

8 ⑮【貎】 사자 예 齊

㊥ní ㊐ゲイ

자해 ❶사자. =猊. ❷사슴의 새끼. =麑.

豸 8획

10 ⑰【貔】 비휴 비 支

㊥pí ㊐ヒ

소전 초서 동자 豼 자해 비휴. 〔周書〕 如虎如貔여호여비.

貔虎(비호) ①비휴와 범. ②용맹한 군사.

貔貅(비휴) ①맹수의 이름. '貔'는 수컷, '貅'는 암컷. ②용맹한 군대.

11 ⑱【貘】 짐승 이름 맥 陌

㊥mò ㊐バク

소전 초서 동자 獏 자해 ❶짐승 이름. ❷표범의 딴 이름. 〔列子〕 中國謂之豹중국위지표, 越人謂之貘월인위지맥. ❸북방의 종족 이름. ≒貊.

貝部 조개 패

0 ⑦【貝】贝 조개 패 泰

중학 인명 3급 ㊥bèi ㊐バイ

필순 丨 冂 冃 月 目 貝 貝

소전 초서 자원 象形. 조개의 모양을 본뜬 글자. 옛날에는 조개가 화폐로 통용되었기 때문에 '돈'이라는 뜻도 나타낸다.

자해 ❶조개. 〔宋玉·賦〕 齒如含貝치여함패. ❷돈. 〔史記〕 農工商交易之路通농공상교역지로통, 而龜貝金錢刀布之幣興焉이귀패금전도포지폐흥언. ❸무늬. 〔詩經〕 成是貝錦성시패금. ❹장신구(裝身具). 〔詩經〕 貝冑朱綅패주주침.

貝殼(패각) 조개의 껍데기.

貝物(패물) 國산호·호박·수정·대모 따위로 만든 장신구의 총칭.

貝玉(패옥) ①조가비와 옥. 곧, 보물. 寶玉(보옥). ②장례 때에 죽은 사람의 입에 물린 옥.

貝塚(패총) 고대인이 조개를 까먹고 버린 조가비가 무덤처럼 쌓여 있는 것. 조개더미.

貝貨(패화) 고대에 통용되던 조가비 화폐.

2 ⑨【負】负 질 부 宥

고등 인명 4급 ㊥fù ㊐フ

필순 ノ ク ク 仵 仵 负 自 負 負

소전 초서 속자 負 자원 會意. 人+貝→負. 사람〔人〕이 화폐〔貝〕를 잡고 마음에 믿는 바가 있다는 데서 '믿다'라는 뜻을 나타낸다.

자해 ❶지다. ㉮등에 짐을 지다. 〔詩經〕 是任是負시임시부. ㉯책임을 지다. ㉰빚을 지다. 〔漢書〕 負責數鉅萬부채수거만. ㉱등에 지다, 배후에 두다. 〔禮記〕 天子負斧依천자부부의. ❷지다, 승부에 지다, 싸움에 패하다. 〔孫子兵法〕 一勝一負일승일부. ❸씌우다. 〔史記〕 負之以不義之名부지이불의지명. ❹입다, 당하다. 〔管子〕 必負以恥필부이치. ❺빚. 〔後漢書〕 寬其負算관기부산. ❻저버리다. 〔列子〕 負類反倫부류반륜. ❼잃다, 잃어버리다. 〔後漢書〕 負義於時부의어시. ❽근심, 걱정. 〔後漢書〕 刺史二千石不以爲負자사이천석불이위부.

負笈(부급) 책 상자를 짊어짐. 타향으로 유학(遊學)함.

負笈從師(부급종사) 책 상자를 지고 스승을 좇음. 먼 곳에 유학함.

負擔(부담) ①짐을 짐. 또는 그 짐. ②어떤 일을 맡음. 책임을 짐.

負戴(부대) 짐을 등에 지고 머리에 임.

負商(부상) 國등짐장수.

負傷(부상) 상처를 입음.

負恃(부시) 의지하여 믿음. 의지함.

負薪(부신) ①땔나무를 짊어짐. ②서인(庶人)의 아들. ③천한 사람.

負薪之憂(부신지우) ①땔나무를 졌던 피로로 난 병. ②병으로 땔나무를 질 수 없음. 자기의 병의 겸칭.

負薪之資(부신지자) 천하고 못난 자질.

負薪之才(부신지재) 소인의 재능.

負約(부약) 약속을 저버림.

負債(부채) 빚. 또는 빚을 짐.

負販(부판) 물건을 지고 다니며 팖.

負荷(부하) ①짐을 지고 멤. 負擔(부담). ②선조의 업(業)을 계승함.

負荊(부형) 스스로 가시나무를 짊어짐. 깊이 사죄함.

負暄(부훤) 햇볕을 쬐는 일. ㉠부귀를 부러워하지 않는 마음. ㉡임금에게 충성을 바침. 故事 송(宋)나라의 가난한 농부가 봄볕에 등〔背〕을 쬐면서 세상에 이보다 더 따스한 것은 없으리라 생각하고서 이 상쾌한 맛을 임금에게 드렸으면 했다는 고사에서 온 말.

◨ 勝負승부, 自負자부, 抱負포부.

2 ⑨【貟】 負(1196)의 속자

2 ⑨【貞】 貝(213)의 속자

2
⑨【貞】贞 곧을 정 庚

중학 인명 3Ⅱ급 ㊥zhēn ㊐テイ

필순 丨 ⺊ ⺊ 卢 卢 卣 貞 貞 貞

소전 貞 초서 贞 자원 會意. 卜+貝→貞. 신〔卜〕에게 제물〔貝〕을 바치친다는 데서 '점치다' 라는 뜻을 나타낸다.

자해 ❶곧다. 〔論語〕君子貞而不諒군자정이불량. ❷정하다, 안정하다. ≒定. 〔書經〕一人元良일인원량, 萬邦以貞만방이정. ❸정조. 〔晉書〕覩松竹도송죽, 則思貞操之賢즉사정조지현. ❹진실한 마음. 〔易經〕貞固足以幹事정고족이간사. ❺사덕(四德)의 한 가지. 〔易經〕元亨利貞원형리정. ❻처녀(處女). 〔易經〕女子貞不字녀자정부자.

貞潔(정결) 여자의 정조가 곧고 결백함.
貞固(정고) 마음이 곧고 굳음. 정도(正道)를 굳게 지킴.
貞女(정녀) ①정조와 절개가 굳은 여자. 貞婦(정부). ②남자와 아직 한 번도 성교하지 않은 숫처녀. 童貞女(동정녀).
貞烈(정렬) 여자의 정조가 곧고 매움.
貞木(정목) ①사철 푸른 나무. 常綠樹(상록수). ②소나무의 딴 이름.
貞珉(정민) ①견고하고 아름다운 돌. ②비석.
貞敏(정민) 마음이 곧고 영리함.
貞方(정방) 마음이 곧고 행실이 바름.
貞白(정백) 마음이 곧고 결백함.
貞士(정사) 지조가 굳은 선비.
貞淑(정숙) 여자의 지조가 굳고 마음씨가 얌전함. 貞婉(정완).
貞純(정순) 지조가 굳고 정성스러움.
貞順(정순) 마음이 곧고 온순함.
貞醇(정순) 바르고 순후(醇厚)함.
貞節(정절) 굳은 마음과 변치 않는 절개.
貞靜(정정) 여자의 정조가 굳고 깨끗하며, 마음씨가 얌전함.
貞操(정조) 여자의 굳은 절개.
◨ 端貞단정, 不貞부정, 淸貞청정, 忠貞충정.

2
⑨【貟】 貨(1199)의 본자

3
⑩【貢】贡 바칠 공 送

고등 인명 3Ⅱ급 ㊥gòng ㊐コウ

필순 一 丅 工 产 产 贡 贡 貢 貢 貢

소전 貢 초서 贡 자원 形聲. 工+貝→貢. '工(공)' 이 음을 나타낸다.

자해 ❶바치다, 드리다. 〔書經〕任土作貢임토작공. ❷공물(貢物). 〔禮記〕五官致貢오관치공. ❸천거하다. 〔何遜·牋〕將以允應貢選장이윤응공선, 待問金門대문금문. ❹구실, 하대(夏代)의 조세 이름. 〔周禮〕貢其稅穀공기세곡.

貢擧(공거) 지방에서 우수한 인재를 조정에 천거하던 일.
貢納(공납) ①공물을 바침. ②지방에서 나는 특산물을 현물(現物)로 바침.
貢物(공물) 백성이 나라에 바치던 특산물.
貢奉(공봉) 물품을 조정에 바침.
貢稅(공세) 납세(納稅).
貢御(공어) 貢物(공물). '御' 는 천자가 쓰는 물건.
貢獻(공헌) ①공물을 바치던 일. ②국가나 사회를 위하여 힘써 이바지함.
◨ 奉貢봉공, 雜貢잡공, 朝貢조공.

3
⑩【財】财 재물 재 灰

중학 인명 5급 ㊥cái ㊐ザイ

필순 丨 冂 冃 月 目 貝 貝 貝一 財 財

소전 財 초서 㞷 동자 貯 동자 賍 자원 形聲. 貝+才→財. '才(재)' 가 음을 나타낸다.

자해 ❶재물. 〔禮記〕輕財而重禮之義也경재이중례지의야. ❷녹(祿), 봉록(俸祿). 〔管子〕率部校長官佐各財足솔부교장관좌각재족. ❸마르다, 처리하다. ≒裁. 〔荀子〕一天下財萬物일천하재만물. ❹재주, 재능. ≒才. 〔孟子〕有達財者유달재자. ❺거리, 재료. ≒材. 〔左思·賦〕財以工化재이공화. ❻겨우. ≒纔. 〔漢書〕士財有數千사재유수천.

財界(재계) 실업가나 금융업자의 사회(社會).
財多命殆(재다명태) 재물을 많이 가지고 있으면, 늘 도적의 표적이 되므로 목숨이 위태함.
財團(재단) 어떤 목적을 달성하기 위하여 결합된 재산의 집단.
財利(재리) 재물과 이익. 금전상의 이익.
財務(재무) 재정에 관한 사무.
財物(재물) 돈과 값나가는 물건.
財閥(재벌) 큰 세력을 가진 기업가의 무리. 대자본가의 집단.
財寶(재보) 보배로운 재물. 귀중한 재화(財貨). 금·은·주옥·보석 따위.
財産(재산) 개인이나 단체에 속하여 그의 소유로 되어 있는 물건.
財色(재색) 재물과 여색(女色). 貨色(화색).
財數(재수) 재물에 대한 운수. 財運(재운).
財用(재용) ①밑천. 資本(자본). ②씀씀이. 재

물의 용도.

財源(재원) 재화나 재정의 원천.

財政(재정) ①국가 또는 공공 단체의 유지 발전에 필요한 일체의 경제적 행위. ②개인의 금융 사정.

財足(재족) ①겨우 채워짐. ②재물이 풍족함.

財貨(재화) 사람의 물질적 욕망을 채워 주는 것의 총칭. 재물.

◨ 文化財문화재, 私財사재, 理財이재, 資財자재, 積財적재.

4 ⑪ 【貫】 贯 ①꿸 관 ②당길 만

고등 인명 3Ⅱ급 ㊥guàn, wān ㊐カン

필순 ㄴ 口 毌 毌 毌 貫 貫 貫 貫 貫

소전 초서 참고 인명용 음은 '관'이다.

자원 形聲. 毌+貝→貫. '毌(관)'이 음을 나타낸다.

자해 ①**❶꿰다. ㉮꿰뚫다.** 〔易經〕 貫魚以宮人寵관어이궁인총. **㉯입다, 착용(着用)하다.** 〔晉書〕 貫鉀跨馬관갑과마. **㉰통하다.** 〔淮南子〕 貫大人之國관대인지국. **㉱맞다.** 〔詩經〕 射則貫兮사즉관혜. **❷돈꿰미.** 〔漢書〕 累百鉅萬루백거만, 貫朽而不可校관후이불가교. **❸지위, 관직.** 〔淮南子〕 使各有經紀條貫사각유경기조관. **❹호적(戶籍). ❺전례(前例).** 〔論語〕 仍舊貫잉구관. **❻섬기다.** 〔詩經〕 三歲貫女삼세관녀. ②**당기다.** ≒彎. 〔史記〕 士亦不敢貫弓而報怨사역불감만궁이보원.

貫道之器(관도지기) 도(道)를 밝혀 기술하는 도구. 곧, 문장(文章).

貫祿(관록) 인격에 갖추어진 위엄이나 무게.

貫蝨之技(관슬지기) 이를 꿰뚫는 재주. 궁술(弓術)의 뛰어남. 故事 기창(紀昌)이라는 명궁(名弓)이 먼 데서 활을 쏴, 이의 가슴을 꿰뚫었다는 고사에서 온 말.

貫魚(관어) ①물고기를 나란히 꿺. 또는 그 물고기. ②여관(女官)을 거느림에 편애하지 않음. 물고기는 음물(陰物)로 여자를 상징하는 데서 온 말. ③순서가 정연함의 비유.

貫日(관일) ①해를 꿰뚫음. ②날을 거듭함. 세월을 쌓음.

貫籍(관적) ①본적(本籍). ②관향(貫鄕).

貫徹(관철) 끝까지 뚫어 통하게 함.

貫通(관통) ①꿰뚫어 통함. ②처음부터 끝까지 하나같이 통함.

貫鄕(관향) 시조(始祖)가 난 땅. 本貫(본관).

貫革之射(관혁지사) 과녁을 꿰뚫는 활쏘기. 예용(禮容)을 무시한 채 화살이 과녁을 꿰뚫는 힘만을 겨루는 활쏘기.

貫弓(만궁) 활시위를 한껏 잡아당김.

◨ 本貫본관, 習貫습관, 魚貫어관.

4 ⑪ 【貧】 贫 가난할 빈

중학 인명 4Ⅱ급 ㊥pín ㊐ヒン

필순 八 分 分 分 贫 贫 貧 貧 貧 貧

소전 초서 고자 穷 참고 貪(1199)은 딴 자.

자원 形聲. 分+貝→貧. '分(분)'이 음을 나타낸다.

자해 **❶가난하다.** 〔詩經〕 終窶且貧종루차빈. **❷가난한 사람.** 〔莊子〕 無財謂之貧무재위지빈. **❸적다, 모자라다.** 〔文心雕龍〕 富于萬篇부우만편, 而貧于一字이빈우일자.

貧居(빈거) 가난하게 삶. 어려운 살림.

貧潔(빈결) 가난하지만 결백함.

貧困(빈곤) 가난하고 군색함.

貧交(빈교) 가난할 때의 사귐. 또는 가난할 때 사귄 친구.

貧窮(빈궁) 가난하여 생활이 몹시 어려움.

貧農(빈농) 가난한 농민. 가난한 농가.

貧道(빈도) 덕(德)이 적음. 중이나 도사(道士)가 자기를 겸손하게 이르는 말.

貧民(빈민) 가난한 사람들.

貧富(빈부) 가난함과 넉넉함.

貧素(빈소) 가난함. 가난한 사람.

貧弱(빈약) ①가난하고 약함. ②보잘것없음.

貧而樂道(빈이낙도) 몸은 곤궁에 처해 있어도 도를 즐김.

貧妻(빈처) 가난에 쪼들리는 아내.

貧賤(빈천) 가난하고 천함.

貧賤之交(빈천지교) 빈천할 때에 사귄 친구. 또는 그런 친구와의 사귐.

貧打(빈타) 야구에서, 안타(安打)가 적게 나오는 상태.

貧寒(빈한) 몹시 가난하여 집안이 쓸쓸함.

貧血(빈혈) 피 속의 적혈구나 혈색소의 수가 줄어든 상태.

◨ 極貧극빈, 安貧안빈, 賤貧천빈, 寒貧한빈.

4 ⑪ 【貰】 貰(1201)와 동자

4 ⑪ 【貯】 財(1197)와 동자

4 ⑪ 【貭】 質(1207)의 속자

4 ⑪【責】责 ①꾸짖을 책 陌 ②빚 채 卦

중학 인명 5급 ㊥zé, zhài ㊐セキ

필순 一 十 キ 主 丰 青 青 青 青 責

소전 初서 참고 인명용 음은 '책·채'이다.

자원 形聲. 朿+貝→責. '朿(자)'가 음을 나타낸다.

자해 ① ❶꾸짖다. 〔漢書〕痛自刻責통자각책. ❷바라다. 〔孟子〕責善朋友之道책선붕우지도. ❸책임. ② 빚, 부채(負債). =債. 〔漢書〕負責數百萬부채수백만.

責躬(책궁) 스스로 자기 잘못을 꾸짖음.

責望(책망) ①구하여 바람. 요구함. ②어떤 일을 요구하여 뜻대로 되지 않음을 원망함. ③허물을 들어 꾸짖음.

責務(책무) 당연히 해야 할 의무.

責問(책문) 따져 물음. 꾸짖어 물음.

責罰(책벌) 잘못을 꾸짖어 벌을 줌.

責賦(책부) 세금의 납부를 독촉함.

責善(책선) 착한 일을 하도록 권함.

責言(책언) 힐난(詰難)함. 또는 그 말.

責任(책임) ①맡아서 해야 할 임무. ②행위의 결과로 생기는 손실이나 제재를 떠맡는 일.

責詬(책후) 꾸짖어 욕함.

責主(채주) 채권자. 債主(채주).

◨ 譴責견책, 問責문책, 罰責벌책, 職責직책, 叱責질책, 詰責힐책.

4 ⑪【貪】贪 탐할 탐 覃 勘

고등 인명 3급 ㊥tān ㊐タン

필순 丿 人 亼 今 今 含 含 貪 貪 貪

소전 초서 참고 貧(1198)은 딴 자.

자원 形聲. 今+貝→貪. '今(금)'이 음을 나타낸다.

자해 ❶탐하다. 〔呂氏春秋〕暴戾頑貪폭려완탐. ❷더듬어 찾다. ≒探. 〔後漢書〕捨狀以貪情사상이탐정.

貪官汚吏(탐관오리) 부정하게 재물을 탐하는 관리와 청렴하지 못한 벼슬아치. 貪吏(탐리).

貪求(탐구) 뇌물 따위를 탐내어 구함.

貪溺(탐닉) 옳지 않은 일에 지나치게 마음이 쏠리어 빠짐.

貪多務得(탐다무득) ①많은 지식을 얻고자 애써 노력함. ②아무리 탐하여도 물리지 않음.

貪饕(탐도) 욕심을 냄. 또는 그런 사람.

貪戾(탐려) 욕심이 많고 도리에 벗어남. 욕심이 많고 포악함. 貪悖(탐패).

貪吝(탐린) 욕심이 많고 인색함.

貪墨(탐묵) ①욕심이 많고 마음이 검음. ②욕심내어 남의 것을 빼앗음.

貪兵(탐병) 남의 재물이나 땅을 탐내는 군사.

貪夫徇財(탐부순재) 욕심이 많은 사람은 재물 때문에 목숨을 버림. 貪者殉財(탐자순재).

貪色(탐색) 여색을 탐함. 貪花(탐화).

貪生(탐생) 오로지 살려고 애씀.

貪小失大(탐소실대) 작은 것을 탐하다가 큰 것을 잃음.

貪惡(탐악) 욕심이 많고 마음씨가 나쁨.

貪汚(탐오) 욕심이 많고 마음이 더러움.

貪慾(탐욕) 욕심이 많음. 탐함. 貪欲(탐욕).

貪濁(탐탁) ①욕심이 많고 사악함. ②(佛)탐욕의 번뇌.

貪虐(탐학) 욕심이 많고 포학함.

貪橫(탐횡) 욕심이 많고 방자함.

◨ 色貪색탐, 小貪大失소탐대실, 食貪식탐.

4 ⑪【販】贩 팔 판 願

고등 인명 3급 ㊥fàn ㊐ハン

필순 冂 月 月 目 貝 貝 貝 貶 販 販

소전 초서 자원 形聲. 貝+反→販. '反(반)'이 음을 나타낸다.

자해 ❶팔다. 〔周禮〕販夫販婦판부판부. ❷장사. 〔孔子家語〕子貢好販자공호판, 與時轉貨여시전화.

販路(판로) 상품이 팔려 나가는 길.

販賣(판매) 상품을 팖.

販賤賣貴(판천매귀) 헐값에 사서 비싸게 팖.

販促(판촉) 여러 가지 방법을 써서 수요를 불러일으키고 판매가 늘도록 유도하는 일.

◨ 街販가판, 市販시판, 外販외판, 總販총판.

4 ⑪【贤】賢(1208)의 속자

4 ⑪【貨】货 재화 화 箇

중학 인명 4Ⅱ급 ㊥huò ㊐カ

필순 亻 亻 化 化 化 貨 貨 貨 貨 貨

소전 초서 본자 고자 자원 形聲. 化+貝→貨. '化(화)'가 음을 나타낸다.

자해 ❶재화(財貨). 〔老子〕不貴難得之貨불귀난득지화. ❷물품, 상품(商品). 〔易經〕聚天下之貨취천하지화. ❸뇌물을 주다. 〔春秋左氏傳〕曹伯之豎侯獳貨筮史조백지수후유화서사. ❹팔다.

貝 4획

〔輟耕錄〕今遂有貨者금수유화자.
貨賂(화뢰) 뇌물.
貨利(화리) 재물. 돈. 財利(재리).
貨物(화물) ①화폐로 쓰던 귀갑(龜甲)과 조가비. ②실어 나르는 짐.
貨色(화색) 재물과 여색. 財色(재색).
貨殖(화식) ①재산을 늘림. 돈을 벎. ②상품. 재화.
貨主(화주) 화물의 주인.
貨幣(화폐) 돈. 通貨(통화).
貨賄(화회) ①돈과 포백(布帛). 재물. ②뇌물. '貨'는 금옥(金玉), '賄'는 포백(布帛).
◨ 金貨금화, 銅貨동화, 寶貨보화, 外貨외화, 銀貨은화, 雜貨잡화, 財貨재화, 通貨통화.

5 ⑫【貴】贵 귀할 귀 困
중학 인명 5급 ㊥guì ㊐キ
필순 ⼀ ㇆ 中 虫 冉 冉 青 青 貴 貴
소전 초서 본자 자원 形聲. 臾+貝→貴. '臾(유)'가 음을 나타낸다.
자해 ❶귀하다. 〔漢書〕糴甚貴傷民적심귀상민. ❷자랑하다. 〔後漢書〕爲府鄕貴驕위부향귀교. ❸경외(敬畏)하다. 〔老子〕貴大患若身귀대환약신. ❹사랑하다. 〔荀子〕下安則貴上하안즉귀상. ❺바라다, 원하다. 〔戰國策〕貴合於秦以伐齊귀합어진이벌제. ❻벼슬이 높은 사람. 〔周禮〕以辨其貴賤老幼廢疾이변기귀천로유폐질.
貴客(귀객) ①귀한 손님. 貴賓(귀빈). ②모란의 딴 이름.
貴鵠賤雞(귀곡천계) 고니를 귀하게 여기고 닭을 천하게 여김. 보기 드문 것은 귀하게 여기고 흔히 보는 것은 천하게 여김.
貴官(귀관) ①지위가 높은 관원. ②상대방의 관직을 높여 이르는 말.
貴門(귀문) ①존귀한 집안. ②상대방의 집안을 높여 이르는 말.
貴物(귀물) 귀중한 물건. 진기한 물건.
貴富(귀부) ①재산이 많은 것을 귀히 여김. ②지위가 높고 재산이 많음.
貴耳賤目(귀이천목) 듣는 것을 귀히 여기고, 보는 것을 천히 여김. 생각이 옅음.
貴人(귀인) 신분·지위가 높은 사람.
貴人賤己(귀인천기) 군자는 남을 높이고 자기를 낮춤.
貴族(귀족) 사회적으로 특권을 지닌 상류계급.
貴胄(귀주) 존귀한 집안의 자손.
貴重(귀중) ①매우 소중함. ②신분이 높음. 또는 귀하고 소중함.
貴戚(귀척) ①임금의 친족. ②상대방을 높여 그의 친척을 이르는 말.
貴賤(귀천) ①귀함과 천함. 또는 귀인과 천인. 尊卑(존비). ②값의 비쌈과 쌈.
貴下(귀하) 편지글에서 상대편을 높여 그의 이름 뒤에 쓰는 말.
貴函(귀함) 상대편의 편지를 높여 이르는 말. 貴簡(귀간).
貴幸(귀행) 임금이 은총을 베풂. 임금의 은총을 입음. 貴寵(귀총).
貴顯(귀현) 지위가 높고 또한 세상에 알려져 있음.
◨ 高貴고귀, 富貴부귀, 榮貴영귀, 尊貴존귀.

5 ⑫【貸】贷 1 빌릴 대 隊 2 틀릴 특 職
고등 인명 3Ⅱ급 ㊥dài, tè ㊐タイ
필순 亻 亻 代 代 代 貸 貸 貸 貸 貸
소전 초서 참고 인명용 음은 '대'이다.
자원 形聲. 代+貝→貸. '代(대)'가 음을 나타낸다.
자해 1 ❶빌리다. 〔春秋左氏傳〕盡其家貸於公진기가대어공. ❷바치다. 〔大戴禮〕以財投長曰貸이재투장왈대. ❸빌린 금품. 2 ❶틀리다. ≒忒. 〔禮記〕無有差貸무유차특. ❷빌리다. ❸빌다, 구걸하다. 〔荀子〕行貸而食행특이식.
貸付(대부) 돈을 꾸어 줌.
貸與(대여) 빌려 주거나 꾸어 줌.
貸宥(대유) 형벌을 가볍게 해 줌.
貸地(대지) 세 주는 땅. 빌리는 땅.
貸借(대차) 꾸어 주거나 빌려 옴.
貸出(대출) 돈·물건 따위를 빚으로 꾸어 줌.
◨ 賃貸임대.

5 ⑫【買】买 살 매 蟹
중학 인명 5급 ㊥mǎi ㊐バイ
필순 ⼁ ⼞ ⼞ 罒 罒 買 買 買 買 買
소전 초서 본자 자원 會意. 网+貝→買. 그물〔罒〕로 조개〔貝〕를 잡는다는 데서 '물건을 사고판다'는 뜻을 나타낸다.
자해 ❶사다. 〔元稹·詩〕買犢買破車매독매파거. ❷불러오다, 자초하다.
買櫝還珠(매독환주) 상자는 사고 구슬은 돌려줌. 귀한 것은 천히 여기고 천한 것은 귀히 여김. 故事 초나라 사람이 목란(木蘭) 상자에 찬란한 장식을 하여, 그 속에 구슬을 넣어 정나라 사람에게 팔았더니 정나라 사람은 그 상자를 사서 구슬은 돌려 주었다는 고사에서 온 말.

買死馬骨(매사마골) 죽은 말의 뼈를 삼. ㉠한때 쓸모없는 것에 희생을 치르고 바라는 바의 사물을 얻게 됨. ㉡우자(愚者)라도 우대하여 주면 현자(賢者)도 자연히 모여듦. 故事 어느 나라 임금이 연인(涓人)에게 천금을 주어 천리마를 구하게 하였는데, 사방을 해매던 끝에 명마(名馬)의 죽은 뼈를 오백 금에 사 왔던 바, 그 소문이 사방에 퍼져 일 년도 되기 전에 천리마가 세 마리나 나타났다는 고사에서 온 말.

買上(매상) 상품을 사들임.

買收(매수) ①사들임. ②금품으로 남을 꾀어 자기편으로 삼음.

買怨(매원) 어떤 일로 말미암아 남의 원한을 삼.

買切(매절) 팔다가 남아도 반품하지 않는다는 조건으로 상인이 상품을 한데 몰아서 사는 일.

買占賣惜(매점매석) 값이 오르거나 물건이 달릴 것을 예상하여 어떤 상품을 많이 사 두고 되도록이면 팔지 않으려 하는 일.

買春(매춘) ①술을 삼. '春'은 술의 딴 이름. ②술을 마련하여 봄놀이를 함.

買辦(매판) ①상품의 매입을 맡은 사람. ②외국인 상점 또는 은행·회사 등에 고용되어 매매의 중개를 하는 사람. ③외국 자본의 앞잡이가 되어 사리(私利)를 취하고, 자국의 이익을 돌보지 않는 일. 또는 그 사람.

買票(매표) 표를 삼.

◨ 競買경매, 購買구매, 賣買매매, 不買불매.

5 ⑫ 【貿】 贸 바꿀 무 宥

고등 인명 3Ⅱ급 ㊥mào ㊐ボウ

필순 一 ㄷ ㄷ 卬 卬 𠂎 貿 貿 貿 貿

소전 貿 초서 𭃉 본자 貿 속자 貿 자원 形聲. 卯+貝→貿. '卯(묘)'가 음을 나타낸다.

자해 ❶바꾸다. 〔呂氏春秋〕男女貿功以長生남녀무공이장생. ❷사다. 〔詩經〕抱布貿絲포포무사. ❸흐트러지다. ❹눈이 어두운 모양. 〔禮記〕貿貿然來무무연래.

貿貿(무무) ①눈이 흐릿한 모양. 눈이 어두운 모양. ②낙심하여 머리를 떨어뜨리고 있는 모양. ③흐리멍덩함.

貿首之讐(무수지수) 서로 상대의 머리를 얻고자 하는 원한이 깊은 원수.

貿市(무시) 장사함. 매매함.

貿易(무역) 외국과의 교역.

貿販(무판) ①물품을 교환하여 장사함. ②國육류(肉類)를 파는 푸주를 냄.

5 ⑫ 【貿】 貿(1201)의 속자

5 ⑫ 【貰】 貰(1203)의 속자

5 ⑫ 【費】 费 쓸 비 未

고등 인명 5급 ㊥fèi ㊐ヒ

필순 ㇀ 二 弓 弔 弗 費 費 費 費 費

소전 費 초서 𭃉 자원 形聲. 弗+貝→費. '弗(불)'이 음을 나타낸다.

자해 ❶쓰다. ㉮금품을 소비하다. 〔論語〕君子惠而不費군자혜이불비. ㉯손상하다, 해치다. 〔呂氏春秋〕費神傷魂비신상혼. ㉰소모되다. ❷비용, 용도. 〔韓詩外傳〕君子有三費군자유삼비, 飮食不在其中음식부재기중. ❸재화, 재보(財寶). 〔呂氏春秋〕非愛其費也비애기비야. ❹쓸데없는 말을 지껄이는 일. 〔禮記〕口費而煩구비이번. ❺널리 쓰이다. 〔中庸〕君子之道군자지도, 費而隱비이은.

費耗(비모) 비용.

費目(비목) 비용을 지출하는 명목.

費心(비심) 걱정함. 애태움. 또는 애타는 마음.

費用(비용) 드는 돈. 쓰이는 돈. 費耗(비모).

費而隱(비이은) 성인의 도(道)는 그 효용이 광대하여 두루 미치나 그 자체는 은미하여 드러나지 않음.

費財(비재) 재물을 낭비함. 費錢(비전).

◨ 經費경비, 官費관비, 國費국비, 浪費낭비, 勞費노비, 私費사비, 消費소비, 食費식비, 旅費여비, 學費학비.

5 ⑫ 【貹】 넉넉할 성 敬

인명 ㊥shèng ㊐セイ

자해 ❶넉넉하다. ❷재물.

5 ⑫ 【貰】 贳 세낼 세 霽

인명 2급 ㊥shì ㊐セイ

소전 貰 초서 𭃉 동자 貰 동자 貰 자해 ❶세내다. 〔史記〕常從王媼武負貰酒상종왕온무부세주. ❷놓아주다, 용서하다. 〔國語〕不貰不忍불세불인.

貰貸(세대) ①세를 받고 빌려 줌. ②빌림과 빌려 줌. 貸借(대차).

貰馬(세마) 세를 주고 빌리는 말.
貰牛(세우) 세를 주고 부리는 소.
貰錢(세전) 셋돈.
貰酒(세주) 술을 외상으로 삼.
貰冊(세책) 세를 주고 빌리는 책.
◨ 傳貰전세, 專貰전세.

5 ⑫【貳】贰 두 이 寘

인명 2급 ㊥èr ㊐ジ, ニ

소전 초서 고자 弍 자해 ❶둘. '二'의 갖은자. 〔易經〕 因貳以濟民行인이이제민행. ❷두 마음. 〔春秋左氏傳〕 諸侯朝而歸者제후조이귀자, 皆有貳心개유이심. ❸거듭하다. 〔孔子家語〕 行不貳過행불이과. ❹배반하다. 〔荀子〕 脩道而不貳수도이불이. ❺의심하다. 〔國語〕 不可以貳불가이이. ❻변하다, 바뀌다, 대신하다. 〔春秋左氏傳〕 其卜貳圉也기복이어야. ❼돕다, 보좌하다. ¶ 副貳부이. ❽짝, 적수(敵手).

貳相(이상) 조선 때 삼정승 다음가던 벼슬. 곧, 의정부의 좌·우찬성(左右贊成).
貳室(이실) 임금이 거둥할 때 머무르던 별궁.
貳心(이심) 두 마음. 불충(不忠)한 마음. 모반하려는 마음.
貳衙(이아) 國①감영(監營)이 있는 곳의 군아(郡衙). ②유향소(留鄕所)의 딴 이름.

5 ⑫【貽】贻 끼칠 이 支

인명 ㊥yí ㊐イ

소전 초서 자해 ❶끼치다. ≒詒. 〔書經〕 貽厥子孫이궐자손. ❷주다, 증여하다. 〔韓愈·文〕 作師說以貽之작사설이이지.

貽訓(이훈) 조상이 자손을 위하여 남긴 교훈. 遺訓(유훈).

5 ⑫【貲】赀 재물 자 支

㊥zī ㊐シ

소전 초서 자해 ❶재물. ≒資. 〔史記〕 以貲爲騎郞이자위기랑. ❷대속(代贖)하다. ❸값. 〔管子〕 之龜爲無貲지귀위무자. ❹세다. 〔後漢書〕 不可貲計불가자계.

貲產(자산) 토지·건물·금전 따위의 재산.
貲財(자재) 금은보화(金銀寶貨). 재산.

5 ⑫【貯】贮 쌓을 저 語

중학 인명 5급 ㊥zhù ㊐チョ

필순 冂 冃 月 目 貝 貝 貝` 貝' 貝宀 貯

소전 초서 동자 䝼 자원 形聲. 貝+宁→貯. '宁(저)'가 음을 나타낸다.

자해 ❶저축하다. 〔呂氏春秋〕 我有衣冠아유의관, 而子產貯之이자산저지. ❷우두커니 서다. ＝佇. 〔漢書〕 飾新宮以延貯兮식신궁이연저혜. ❸가게, 상점. ❹복, 행복.

貯金(저금) 돈을 모아 둠. 또는 그 돈.
貯水(저수) 물을 저장함. 물을 모아 가두어 둠.
貯藏(저장) 쌓아서 간직하여 둠.
貯蓄(저축) 절약하여 모아 둠.

5 ⑫【貼】贴 붙을 첩 葉

인명 1급 ㊥tiē ㊐チョウ

소전 초서 자해 ❶붙다. ㉮접근(接近)하여 닿다. 〔徐渭·詩〕 低茅水上貼저모수상첩. ㉯달라붙다. ¶ 貼付첩부. ❷전당 잡히다, 물건을 저당(抵當)하다. 〔南史〕 身自販貼신자판첩. ❸깁다, 보충하다. 〔白居易·詩〕 補貼平生得事遲보첩평생득사지. ❹알맞게 하다. ❺國봉지에 싼 약을 세는 단위.

貼付(첩부) 발라서 붙임.
貼藥(첩약) 國여러 가지 약재를 섞어 한 첩씩 봉지에 싼 약.
貼黃(첩황) 당대(唐代)에 조칙(詔勅)을 고치던 일. 조칙은 황지(黃紙)에 쓰고 고칠 때는 그 위에 다시 황지를 붙였던 데서 온 말.

5 ⑫【貶】贬 떨어뜨릴 폄 琰

인명 1급 ㊥biǎn ㊐ヘン

소전 초서 자해 ❶떨어뜨리다. ㉮관직을 깎아 낮추다. 〔孟子〕 一不朝則貶其爵일부조즉폄기작. ㉯덜다. 〔司馬相如·文〕 不可貶也불가폄야. ㉰물리치다. 〔漢書〕 貶諸侯폄제후, 討大夫토대부. ❷줄다, 감해지다. 〔周禮〕 令邦國都家縣鄙慮刑貶령방국도가현비려형폄.

貶降(폄강) 관직을 깎아 낮춤.
貶辭(폄사) 남을 깎아내리는 말. 貶論(폄론).
貶損(폄손) ①줄임. ②깎아내림. 헐뜯음.
貶坐(폄좌) 허물로 인하여 관위(官位)를 깎아 물리침.
貶職(폄직) 國파면(罷免)함.
貶下(폄하) ①치적이 좋지 못한 원(員)의 벼슬을 떨어뜨림. ②가치를 깎아내림.
貶毁(폄훼) 깎아내려 헐뜯음.
◨ 褒貶포폄, 毁貶훼폄.

5 ⑫【賀】贺 하례 하 箇

중학 인명 3Ⅱ급 ㊥hè ㊐ガ

필순 ㇇ 力 加 加 加 賀 賀 賀 賀 賀 賀

소전 賀 초서 賀 자원 形聲. 加＋貝→賀. '加(가)'가 음을 나타낸다.

자해 ❶하례하다. 〔戰國策〕 群臣聞見者畢賀군신문견자필하. ❷경축, 경사. 〔後漢書〕 每月朔歲首매월삭세수, 爲大朝受賀위대조수하. ❸위로하다. 〔晏子〕 景公迎而賀之경공영이하지. ❹가상(嘉尙)히 여기다. ❺더하다, 보태다. 〔儀禮〕 賀之結于後하지결우후.

賀客(하객) 축하하기 위하여 찾아온 손님.
賀慶(하경) 경사를 축하함.
賀禮(하례) 축하하는 예식. 賀儀(하의).
賀詞(하사) 축하의 말. 祝詞(축사).
賀筵(하연) 축하하는 잔치. 또는 그 좌석.
賀正(하정) 새해를 축하함.
◨ 慶賀경하, 年賀연하, 祝賀축하.

5 ⑫【貺】贶 줄 황 漾

㊥kuàng ㊐キョウ

소전 貺 초서 貺 자해 ❶주다. ❷남에게서 받은 선물이나 하사품(下賜品). 〔春秋左氏傳〕 不敢求貺불감구황.

6 ⑬【賈】贾 ①장사 고 麌 ②값 가 禡

인명 2급 ㊥gǔ, jià ㊐コ, カ

소전 賈 초서 賈 참고 인명용 음은 '고·가'이다.

자해 ① ❶장사. ❷팔다. 〔漢書〕 賈不至千萬고부지천만. ❸사다. 〔韓非子〕 多錢善賈다전선고. ❹구하다, 찾다. 〔國語〕 謀於衆모어중, 不以賈好불이고호. ❺파는 물건, 상품. 〔詩經〕 賈用不售고용불수. ② 값, 가격. ＝價. 〔禮記〕 命市納賈명시납가.

6 ⑬【賂】赂 뇌물 줄 뢰 ㊍로 遇

인명 1급 ㊥lù ㊐ロ

소전 賂 초서 賂 자해 ❶뇌물을 주다. 〔國語〕 驪姬賂二五려희뢰이오, 使言於公사언어공. ❷뇌물. 〔後漢書〕 吏有因事受賂者리유인사수뢰자, 嵩更以錢物賜之숭경이전물사지. ❸재화(財貨). 〔春秋左氏傳〕 以王命이왕명, 取賂而還취뢰이환.

賂物(뇌물) 직권(職權)을 이용하여 특별한 편의를 보아 달라는 뜻으로 몰래 주는 부정한 금품(金品). 賄賂(회뢰).
◨ 受賂수뢰.

6 ⑬【買】 買(1200)의 본자

6 ⑬【賁】贲 ①꾸밀 비 寘 ②클 분 文 ③노할 분 吻

인명 ㊥bì, fén, fèn ㊐ヒ, フン

소전 賁 초서 賁 속자 賁 참고 인명용 음은 '분'이다.

자해 ① ❶꾸미다. 〔易經〕 賁其趾비기지. ❷섞이다. 〔呂氏春秋〕 孔子卜得賁공자복득비. ❸괘 이름, 64괘(卦)의 하나. 괘형은 ☶. ② ❶크다. 〔書經〕 用宏茲賁용굉자분. ❷큰 북. 〔詩經〕 賁鼓維鏞분고유용. ❸달리다. ≒奔. 〔孟子〕 虎賁三千人호분삼천인. ❹아름답다. ③ ❶노하다, 성내다. ≒憤·忿. 〔禮記〕 奮末廣賁之音作분말광분지음작. ❷끓다, 끓어오르다. ❸무찌르다, 패배(敗北)하다. 〔禮記〕 賁軍之將분군지장.

6 ⑬【貰】 貰(1201)와 동자

6 ⑬【賃】赁 품팔이 임 沁

고등 인명 3Ⅱ급 ㊥lìn ㊐チン

필순 亻 亻 仁 仟 任 賃 賃 賃 賃 賃

소전 賃 초서 賃 자원 形聲. 任＋貝→賃. '任(임)'이 음을 나타낸다.

자해 ❶품팔이. 〔史記〕 爲人傭賃위인복임. ❷품팔이하다. 〔揚雄·賦〕 徒行負賃도행부임. ❸고용하다. ❹품삯, 노동의 대가. 〔南史〕 賃書以營事임서이영사. ❺세내다. 〔蘇軾·狀〕 微生芟葑미생삼봉, 卽許劉賃즉허잔임.

賃金(임금) 노동에 대한 보수. 품삯.
賃貸(임대) 삯을 받고 빌려 줌.
賃借(임차) 삯을 내고 빌려 씀.
◨ 船賃선임, 運賃운임, 借賃차임.

6 ⑬【資】资 ①재물 자 支 ②방자할 자 寘

고등 인명 4급 ㊥zī, zì ㊐シ

필순 冫 丷 氵 次 次 资 資 資 資 資

소전 資 초서 資 동자 齎 자원 形聲. 次＋貝→資. '次(차)'가 음을 나타낸다.

자해 ① ❶재물, 재화. 〔詩經〕 喪亂蔑資상란멸

貝 6획

자. ❷**밑천, 자본.** 〔管子〕受資於上而祠之수자어상이사지. ❸**비발, 비용.** 〔禮記〕致馬資於有司치마자어유사. ❹**장사하다.** 〔莊子〕宋人資章甫송인자장보, 而適諸越이적저월. ❺**주다.** 〔戰國策〕王資臣萬金왕자신만금. ❻**돕다.** 〔莊子〕堯何以資汝요하이자여. ❼**의지할 곳.** 〔淮南子〕以水爲資이수위자. ❽**도움.** 〔老子〕不善人善人之資불선인선인지자. ❾**바탕, 재질, 타고난 품성.** 〔漢書〕又有能致之資우유능치지자. ❿**이르다.** 〔禮記〕資冬祈寒자동기한. ②**방자하다.** =恣.

資格(자격) 타고난 바탕. 일정한 신분·지위를 가지거나 어떤 행동을 하는 데 필요한 조건.
資金(자금) 이익을 낳는 바탕이 되는 돈.
資料(자료) 연구나 조사 따위의 바탕이 되는 재료.
資本(자본) 사업의 기본이 되는 돈이나 물자.
資産(자산) 토지·건물·금전 따위의 재산.
資用(자용) ①밑천으로 씀. ②필요한 상품. 또는 비용(費用). 돈.
資源(자원) 생산의 바탕이 되는 여러 가지 물자(物資).
資材(자재) ①물건을 만드는 데 필요한 재료. ②타고난 성질.
資質(자질) 타고난 바탕과 성질. 天性(천성).
資稟(자품) 사람의 타고난 바탕과 성품.
◨ 軍資군자, 物資물자, 投資투자.

6 ⑬【貣】 資(1203)와 동자

6 ⑬【貯】 財(1197)와 동자

6 ⑬【賊】贼 도둑 적 職

고등 인명 4급 ㊥zéi ㊐ゾク

필순 冂 月 目 貝 貝 貝 賊 賊 賊 賊

소전 賊 초서 賊 자원 會意. 貝+戈+刀→賊. 창〔戈〕과 칼〔刀〕을 가지고 재물〔貝〕을 훼손시킨다는 뜻을 나타낸다.

자해 ❶**도둑.** 〔張載·詩〕賊盜如豺虎적도여시호. ❷**해치다.** 〔論語〕賊夫人之子적부인지자. ❸**죽이다.** 〔書經〕寇賊姦宄구적간귀. ❹**훔치다.** ❺**학대하다.** 〔周禮〕賊賢害民적현해민, 則伐之즉벌지. ❻**역적.** 〔史記〕誅賊臣辟陽侯주적신벽양후. ❼**원수.** 〔陳書〕上陣看賊상비간적.

賊去關門(적거관문) 도둑이 나간 뒤에 문을 잠금. 소 잃고 외양간 고치기.
賊軍(적군) 도둑 무리의 군대.
賊民(적민) 사람을 해치는 불인(不仁)한 백성. 간적(奸賊)의 백성.
賊反荷杖(적반하장) 도적이 도리어 매를 듦. 잘못한 사람이 도리어 성을 냄의 비유.
賊殺(적살) 해치어 죽임.
賊首(적수) ①도적의 우두머리. 賊魁(적괴). ②도적의 수급(首級).
賊臣(적신) ①모반한 신하. ②불충한 신하. 逆臣(역신).
賊子(적자) ①어버이를 해치는 불효한 자식. ②반역의 무리.
賊被狗咬(적피구교) 도둑이 개한테 물림. 남에게 말할 수 없음의 비유.
賊害(적해) ①남을 해침. 손해를 입힘. ②國도둑에게 입은 손해.
◨ 盜賊도적, 山賊산적, 逆賊역적, 海賊해적.

6 ⑬【賎】 賤(1207)의 속자

6 ⑬【賄】贿 뇌물 회 賄

인명 1급 ㊥huì ㊐ワイ

소전 賄 초서 賄 동자 賄 자해 ❶**뇌물.** 〔春秋左氏傳〕亂獄滋豐란옥자풍, 賄賂並行회뢰병행. ❷**선물.** 〔春秋左氏傳〕先事後賄禮也선사후회례야. ❸**재보(財寶), 재화.** 〔春秋左氏傳〕爾有利市寶賄이유리시보회.

賄賂(회뢰) 뇌물을 주거나 받음. 또는 그 뇌물.
◨ 收賄수회.

7 ⑭【賕】赇 뇌물 구 尤

㊥qiú ㊐キュウ

소전 賕 초서 賕 자해 ❶**뇌물.** 〔史記〕又恐受賕枉法우공수구왕법. ❷**구하다, 담보를 내고 구하다.** ❸**청하다, 바라다.**

7 ⑭【貿】 貿(1201)의 본자

7 ⑭【賓】宾 ①손 빈 眞 ②물리칠 빈 震

고등 인명 3급 ㊥bìn ㊐ヒン

필순 丶 宀 宀 宀 宀 宀 穷 賓 賓 賓

소전 賓 초서 賓 속자 賔 자원 會意. 宀+丏+貝→賓. '貝(패)'는 손님이 가지고 온 선물을 뜻하고, 집안〔宀〕에서 허리를 숙여〔丏〕 손님을 맞는다는 뜻을 나타낸다.

貝 6획

자해 1❶**손, 손님.** 〔春秋左氏傳〕相敬如賓상경여빈. ❷**존경하다.** 〔周禮〕以禮禮賓之이례례빈지. ❸**인도하다.** ≒儐. 〔列子〕賓者以告빈자이고. ❹**어울리다, 화친하다.** 〔禮記〕諸侯賓服제후빈복. ❺**사위.** 〔儀禮〕賓東面答拜빈동면답배. 2❶**물리치다, 버리다.** ≒擯. 〔書經〕予惟四方罔攸賓여유사방망유빈. ❷**손〔客〕을 모으다.**

賓客(빈객) ①귀한 손. ②문하의 식객(食客). ③國세자시강원에 속하여 경사(經史)와 도의(道義)를 가르치던 정이품 벼슬.
賓貢(빈공) ①외국인이 입조(入朝)하여 공물을 바침. ②다른 나라 출신의 공사(貢士).
賓旅(빈려) 손과 나그네.
賓接(빈접) 손으로 대접함.
賓至如歸(빈지여귀) 손으로 온 것이 제 집에 돌아온 것처럼 조금의 불편도 없음.
賓天(빈천) 하늘의 빈객(賓客)이 됨. 곧, 천자의 죽음.
賓廳(빈청) ①비변사의 대신과 당상관들이 모여 회의하던 곳. ②정승이 집무하던 곳.
◨ 國賓국빈, 貴賓귀빈, 來賓내빈, 內賓내빈, 外賓외빈.

7 ⑭【賔】 賓(1204)의 속자

7 ⑭【賒】赊 외상으로 살 사 麻

㊥shē ㊐シャ

소전 賖 초서 賒 속자 賒 자해 ❶**외상으로 사다.** 〔周禮〕凡賖者범사자, 祭祀無過旬日제사무과순일. ❷**멀다, 아득하다.** 〔何遜·詩〕寂寂漏方賖적적루방사. ❸**느리다, 느릿하다.** 〔謝朓·詩〕徒使春帶賖도사춘대사. ❹**사치하다, 사치.** ＝奢. 〔後漢書〕楚楚衣服초초의복, 戒在窮賖계재궁사.

7 ⑭【賖】 賒(1205)의 속자

7 ⑭【賑】赈 구휼할 진 震

인명 ㊥zhèn ㊐シン

소전 賑 초서 賑 자해 ❶**구휼하다, 기민을 먹이다.** ≒振. 〔史記〕以賑貧民이진빈민. ❷**가멸다, 재화가 넉넉하다.** 〔張衡·賦〕鄕邑殷賑향읍은진.

賑貸(진대) 생활이 어려운 사람에게 물건을 빌려 줌.
賑恤(진휼) 흉년에 곤궁한 백성을 구호(救護)하여 줌. 救恤(구휼).

8 ⑮【賡】赓 이을 갱 庚 𩛒

㊥gēng ㊐コウ

초서 賡 자해 ❶**잇다, 계승하다.** 〔書經〕賡載歌갱재가. ❷**갚다, 보상(補償)하다.** 〔管子〕愚者有不賡本之事우자유불갱본지사.

賡歌(갱가) 다른 사람에 이어서 시가(詩歌)를 지어 읊음.
賡酬(갱수) 다른 사람과 시가를 주고받음.
賡韻(갱운) 다른 사람의 시에 차운(次韻)함.
賡唱(갱창) 시문을 서로 주고받음.

8 ⑮【賚】赉 줄 뢰 隊

인명 ㊥lài ㊐ライ

소전 賚 초서 賚 동자 睞 자해 ❶**주다, 하사하다.** 〔書經〕予其大賚汝여기대뢰여. ❷**사물(賜物), 하사품.** 〔論語〕周有大賚주유대뢰. ❸**위로하다.** ≒勑. ❹**시경(詩經)의 편명(篇名).**

8 ⑮【睞】 賚(1205)와 동자

8 ⑮【賣】卖 팔 매 卦

중학 인명 5급 ㊥mài ㊐バイ

필순 ＋ 士 … 賣 賣

소전 賣 초서 賣 본자 賣 속자 売 자원 會意. 出＋買→賣→賣. 사들인〔買〕 물건을 내다 판다〔出〕는 뜻을 나타낸다.

자해 ❶**팔다.** ❷**속이다, 기만하다.** 〔史記〕自知見賣자지견매. ❸**배신하다, 내통(內通)하다.** 〔戰國策〕欲秦趙之相賣乎욕진조지상매호. ❹**넓히다, 퍼뜨리다.** 〔莊子〕賣名聲于天下매명성우천하.

賣價(매가) 파는 값.
賣却(매각) 물건을 팔아 버림.
賣官賣職(매관매직) 돈을 받고 벼슬을 시킴.
賣國(매국) 나라를 팖. 사리(私利)를 위하여 적국과 내통하여 제 나라에 해를 끼침.
賣渡(매도) 팔아넘김.
賣買(매매) 물건을 팔고 사고 함.
賣名(매명) 이름을 팖. ㉠명의(名義)를 팖. ㉡이름을 세상에 퍼뜨리려고 애씀.
賣文(매문) 글을 팖. 문장을 지어 주고 보수를 받는 일.
賣文爲活(매문위활) 글을 팔아 생활을 함.
賣物(매물) 팔 물건.

賣上(매상) ①상품을 팖. ②판매량. 판매액.
賣場(매장) 상품을 파는 곳.
賣店(매점) 물건을 파는 작은 가게.
賣盡(매진) 남김 없이 다 팔림.
賣出(매출) 물건을 내어 팖.
◨ 競賣경매, 買賣매매, 專賣전매, 販賣판매.

8
⑮【賠】赔 물어 줄 배 灰

인명 2급 ㊥péi ㊐バイ

초서 자해 **물어 주다, 보상(補償)하다.** 〔墨子〕皆各以其賈개각이기고, 賠償之배상지.

賠償(배상) 남에게 끼친 손해를 물어 줌.

8
⑮【賦】赋 구실 부 遇

고등 인명 3Ⅱ급 ㊥fù ㊐フ

필순 冂 目 貝 貝一 貝二 貝三 貝正 貝武 賦 賦

소전 초서 자원 形聲. 貝+武→賦. '武(무)'가 음을 나타낸다.

자해 ❶**구실, 조세(租稅).** ❷**부역(賦役).** 〔周禮〕以任地事而令貢賦이임지사이령공부. ❸**공사(貢士).** 천자에게 천거된 사람. ❹**펴다, 베풀다.** 〔詩經〕明命使賦명명사부. ❺**주다.** 〔漢書〕賦醫藥부의약. ❻**받다.** 〔中庸章句〕氣以成形기이성형, 而理亦賦焉이리역부언. ❼**매기다, 부과하다.** 〔十八史略〕賦於民부어민, 食人二雞子식인이계자. ❽**시가(詩歌)를 짓다.** ❾**문체(文體)의 한 가지.** ¶ 阿房宮賦아방궁부.

賦課(부과) ①세금을 매김. 조세를 할당함. ②일정한 책임을 맡김.
賦斂(부렴) 조세 따위를 부과하여 징수함.
賦命(부명) 타고난 운명. 天稟(천품).
賦性(부성) 타고난 성품. 天性(천성).
賦稅(부세) 세금을 매겨서 거둠. 또는 그 세금.
賦詩(부시) 시를 지음.
賦役(부역) 국가나 공공 단체가 국민에게 의무적으로 지우는 노역.
賦入(부입) 조세의 수입.
◨ 詩賦시부, 天賦천부.

8
⑮【賜】赐 줄 사 寘

고등 인명 3Ⅱ급 ㊥cì ㊐シ

필순 冂 目 貝 貝口 貝日 貝月 貝易 賜 賜 賜

소전 초서 자원 形聲. 貝+易→賜. '易(이)'가 음을 나타낸다.

자해 ❶**주다.** 〔禮記〕凡賜君子與小人범사군자여소인, 不同日부동일. ❷**은덕(恩德), 은혜(恩惠).** 〔國語〕報賜以力보사이력. ❸**다하다.** 〔潘岳·賦〕若循環之無賜약순환지무사.

賜暇(사가) 휴가를 줌. 말미를 줌.
賜給(사급) 하사함. 賜與(사여).
賜賚(사뢰) 물건을 하사함. 또는 그 물건.
賜死(사사) 임금이 중죄인에게 자결을 명함.
賜姓(사성) 임금이 공신에게 성(姓)을 내려 주던 일. 또는 그 성.
賜送(사송) 하사하여 보냄.
賜額(사액) 임금이 사당이나 서원 등에 이름을 지어 그것을 새긴 편액(扁額)을 내리던 일.
賜藥(사약) 國임금이 중한 죄를 지은 신하에게 독약을 내려 죽게 함. 또는 그 약.
賜宴(사연) 나라에서 잔치를 베풀어 줌. 또는 그 잔치.
賜第(사제) ①특별히 과거 급제자와 똑같은 자격을 내려 줌. ②나라에서 집을 하사함.
賜饌(사찬) 임금이 하사한 음식.
◨ 給賜급사, 恩賜은사, 下賜하사, 厚賜후사.

8
⑮【賞】赏 상 줄 상 養

중학 인명 5급 ㊥shǎng ㊐ショウ

필순 ' 㓁 尚 尚 尚 尚 賞 賞 賞 賞

소전 초서 자원 形聲. 尙+貝→賞. '尙(상)'이 음을 나타낸다.

자해 ❶**상을 주다.** 〔墨子〕賞상, 上報下之功也상보하지공야. ❷**기리다.** 〔春秋左氏傳〕善則賞之선즉상지. ❸**즐기다.** 〔陶潛·詩〕奇文共欣賞기문공흔상. ❹**주다.** 〔淮南子〕毋賞越人章甫무상월인장보. ❺**높이다.** ≒尙. 〔荀子〕賞賢使能以次之상현사능이차지. ❻**품평(品評)하다.** 〔南史〕眞賞殆絶진상태절.

賞鑑(상감) 서화·골동 등을 즐기고 감정함.
賞金(상금) 상으로 주는 돈.
賞給(상급) 상으로 줌. 또는 그 물건.
賞味(상미) 칭찬하여 맛봄. 맛있게 먹음.
賞罰(상벌) 상과 벌. 상을 주고 벌을 줌.
賞賜(상사) 공로·선행 등을 기려서 금품·관직 따위를 내림. 또는 그 재물.
賞心(상심) 경치를 완상하는 마음. 또는 마음이 즐거움.
賞與(상여) ①상으로 물품을 줌. ②급료 이외에 노고를 위로하여 주는 돈.
賞譽(상예) 기림.
賞翫(상완) 즐기며 구경함. 즐기며 감상함.
賞狀(상장) 상을 주는 뜻을 표하여 주는 증서.
賞讚(상찬) 기림. 칭찬함.
賞春(상춘) 봄철의 경치를 구경하며 즐김.

賞歎(상탄) 탄복하여 크게 칭찬함.
賞牌(상패) 상으로 주는 패.
賞品(상품) 상으로 주는 물품.
賞刑(상형) 상과 형벌.
賞花(상화) 꽃을 즐김. 꽃을 완상함.
賞勳(상훈) 공로를 찬양함. 공훈이 있는 사람에게 상을 줌.
◨ 鑑賞감상, 觀賞관상, 受賞수상, 授賞수상, 襃賞포상.

8 ⑮【睟】 재물 수 寘

인명 ㊥suì ㊐スイ

자해 재물, 재화. 〔韓非子〕 破家殘睟파가잔수.

8 ⑮【賙】赒 진휼할 주 尤

㊥zhōu ㊐シュウ

초서 자해 ❶진휼(賑恤)하다. 〔詩經〕 欲令賙餼之욕령주기지. ❷주다. ❸보태다. 〔周禮〕 五黨爲州오당위주, 使之相賙사지상주.

8 ⑮【質】质 ①바탕 질 質 ②볼모 질 本지 寘 ③폐백 지 寘

중학 인명 5급 ㊥zhì ㊐シツ, シ

필순 ⺈ ⺁ ⺁ 斤 斦 斦 質 質 質 質

소전 초서 속자 貭 참고 인명용 음은 '질'이다.

자원 形聲. 所+貝→質. '所(은)'이 음을 나타낸다.

자해 ① ❶바탕. 〔禮記〕 大圭不磨대규불마, 美其質也미기질야. ❷진실. 〔大戴禮〕 子貢以其質告자공이기질고. ❸본성(本性), 품성(稟性). 〔列子〕 太素者質之始也태소자질지시야. ❹근본(根本). 〔論語〕 君子義以爲質군자의이위질. ❺몸, 실체(實體). 〔易經〕 原始要終원시요종, 以爲質也이위질야. ❻적게 하다. 〔禮記〕 君子多聞군자다문, 質而守之질이수지. ❼아름답다, 좋다. 〔淮南子〕 靑黃白黑청황백흑, 莫不質良막부질량. ❽이루다. 〔詩經〕 虞芮質厥成우예질궐성. ❾묻다, 따져 묻다. 〔太玄經〕 爰質所疑원질소의. ❿과녁, 표적. 〔淮南子〕 先者則後者之弓矢質的也선자즉후자지궁시질적야. ② ❶볼모, 인질(人質). 〔春秋左氏傳〕 周鄭交質주정교질. ❷저당, 저당잡히다. ③ 폐백, 예물(禮物). ≒贄. 〔荀子〕 錯質之臣착지지신.

質古(질고) 질박(質樸)하고 예스러움.
質量(질량) ①자질과 기량. ②성질과 수량.
質問(질문) 모르거나 의심나는 것을 물음.
質朴(질박) 자연 그대로 꾸밈이 없고 순박함. 素朴(소박). 質樸(질박).
質言(질언) ①꾸밈이 없는 말. 진실한 말. ②남이 한 말을 꼬집어서 증거로 삼음. 또는 그 말. 言質(언질).
質義(질의) 뜻을 물음.
質疑(질의) 의심나는 것을 물음.
質子(질자) 볼모. 자식을 볼모로 잡힘.
質的(질적) ①과녁. 射的(사적). ②실질의 방면. 내용의 방면.
質正(질정) 시비(是非)를 바로잡음.
質責(질책) ①잘못을 따져 꾸짖음. ②잘잘못을 따져서 밝힘.
◨ 氣質기질, 文質문질, 物質물질, 本質본질, 性質성질, 資質자질, 才質재질, 材質재질, 體質체질, 品質품질, 形質형질.

8 ⑮【賛】 贊(1210)의 속자 인명

8 ⑮【賤】贱 천할 천 霰

고등 인명 3Ⅱ급 ㊥jiàn ㊐セン

필순 ⺆ 月 目 貝 貝 貝⁻ 貝⁻ 貝⁼ 貝⁼ 賤

소전 초서 속자 賎 고자 자원 形聲. 貝+戔→賤. '戔(전)'이 음을 나타낸다.

자해 ❶천하다. ㉮값이 싸다. 〔漢書〕 穀賤傷農곡천상농. ㉯신분이 낮다. 〔論語〕 貧與賤빈여천, 是人之所惡也시인지소오야. ❷천히 여기다. ㉮업신여기다. 〔書經〕 不貴異物賤用物불귀이물천용물. ㉯미워하다. 〔荀子〕 下危則賤上하위즉천상. ㉰버리다. 〔禮記〕 是以君子賤之也시이군자천지야.

賤工(천공) 천한 기능인. 또는 서투른 기능인.
賤軀(천구) 천한 몸. 자기 몸의 낮춤말. 賤躬(천궁).
賤技(천기) ①천한 기예(技藝). ②자기 기예를 낮추어 이르는 말.
賤待(천대) 업신여겨 푸대접함.
賤陋(천루) ①천함. 비천함. ②재주와 덕망이 없음.
賤物(천물) 명예와 이익을 천히 여김. 또는 값이 싼 물건.
賤民(천민) 신분이 천한 백성.
賤視(천시) 업신여겨 봄. 천하게 여김.
賤息(천식) 자기 자식을 낮추어 이르는 말.
賤臣(천신) ①지위가 낮은 신하. ②신하가 임금에게 자신을 낮추어 이르는 말.
賤惡(천오) 업신여기고 미워함.

賤易(천이) 업신여김.
賤丈夫(천장부) 행실이 비루한 남자.
賤質(천질) ①천한 품성(品性). 천한 바탕. ②자기의 자질을 겸손하게 이르는 말.
賤妾(천첩) ①천한 계집종. ②아내가 남편에 대하여 자신을 낮추어 이르는 말.
賤出(천출) 천한 출신. 庶出(서출).
賤稱(천칭) 낮춘 호칭(呼稱).
賤貨(천화) ①재물을 귀하게 여기지 않음. ②천한 재물. 싸구려 물건.
◨ 貴賤귀천, 陋賤누천, 微賤미천, 卑賤비천, 貧賤빈천, 下賤하천.

8
⑮【賢】贤 어질 현 先
중학 인명 4Ⅱ급 ㊥xián ㊐ケン
필순 ⺊ 𠂎 𦣞 臣 臤 臤 賢 賢 賢 賢
소전 賢 초서 賢 속자 賢 고자 賢 자원 形聲. 臤+貝→賢. '臤(견)'이 음을 나타낸다.
자해 ❶어질다. 〔春秋穀梁傳〕使仁者佐賢者사인자좌현자. ❷착하다. 〔張衡·賦〕必以肆奢爲賢필이사사위현. ❸낫다. 〔禮記〕某賢於某若干純모현어모약간순. ❹넉넉하다. 〔六書故〕賢현, 貨貝多於人也화패다어인야. ❺많다. 〔呂氏春秋〕賢於千里之地현어천리지지. ❻지치다, 애쓰다. 〔詩經〕我從事獨賢아종사독현.
賢能(현능) ①똑똑하고 유능함. 또는 그 사람. ②덕행(德行)과 재능이 있는 사람.
賢達(현달) 현명하여 사물에 통달함. 또는 그 사람.
賢良(현량) 어질고 착함. 또는 그런 사람.
賢勞(현로) 재능이 남보다 뛰어나 공사(公事)에 사역되어 피로함.
賢明(현명) 어질고 영리하여 사리에 밝음.
賢髦(현모) 뛰어나게 어진 사람.
賢母良妻(현모양처) 어진 어머니이면서 또한 착한 아내.
賢輔(현보) 어진 보좌역(輔佐役). 어진 재상.
賢婦(현부) ①어진 아내. 현명한 아내. ②부덕(婦德)이 뛰어난 여자.
賢不肖(현불초) 어짊과 못남. 또는 어진 사람과 미련한 사람. 현인(賢人)과 우인(愚人).
賢聖(현성) 현명하고 뛰어남. 또는 지덕(智德)이 뛰어난 사람. 현인과 성인.
賢聖在德(현성재덕) 성현이 성현인 까닭은 용모에 있는 것이 아니라 그 덕에 있음.
賢淑(현숙) 여자의 심성이 어질고 착함. 현명하고 정숙함.
賢愚(현우) 현명함과 어리석음. 영리함과 우둔함. 또는 현인과 우인.
賢人(현인) ①어진 사람. 현명한 사람. 賢者(현자). ②재덕을 겸비하여 성인 다음가는 사람. ③탁주(濁酒)의 딴 이름.
賢才(현재) 뛰어난 재능. 또는 그런 사람.
賢俊(현준) 남보다 뛰어나고 훌륭함. 또는 그 사람.
賢妻(현처) 어진 아내. 현명한 아내.
賢哲(현철) ①어질고 사리에 밝음. 또는 그 사람. ②현인(賢人)과 철인(哲人).
◨ 群賢군현, 大賢대현, 名賢명현, 先賢선현, 聖賢성현, 前賢전현.

9
⑯【貴】貴(1200)의 본자

9
⑯【賭】赌 걸 도 麌
인명 1급 ㊥dǔ ㊐ト
소전 賭 초서 賭 자해 ❶걸다, 승부(勝負)에 금품을 걸다. 〔晉書〕與玄圍棊여현위기, 賭別墅도별서. ❷노름. 〔魏書〕設宴賭射설연도사.
賭博(도박) 재물을 걸고 승부를 겨루는 내기. 노름.
賭租(도조) 國남의 전지(田地)를 빌려서 부치고 해마다 내는 벼.
賭地(도지) 國①도조를 내는 논밭이나 집터. ②도조(賭租).

9
⑯【賴】赖 힘입을 뢰 泰
고등 인명 3Ⅱ급 ㊥lài ㊐ライ
필순 一 𠃍 㕣 㫃 束 束' 剌 賴 賴 賴
소전 賴 초서 賴 속자 頼 자원 形聲. 剌+貝→賴. '剌(랄)'이 음을 나타낸다.
자해 ❶힘입다. 〔書經〕萬世永賴만세영뢰. ❷의지, 의뢰. 〔晉書〕百姓嗷然無生賴矣백성오연무생뢰의. ❸이득, 이익. 〔國語〕君得其賴군득기뢰. ❹착하다. 〔孟子〕富歲子弟多賴부세자제다뢰.
◨ 無賴무뢰, 依賴의뢰.

9
⑯【賵】 보낼 봉 送
㊥fèng ㊐ボウ
소전 賵 초서 賵 자해 보내다, 장례에 물품을 보내다. 〔禮記〕至于賵賻承含지우봉부승함, 皆有正焉개유정언.
賵贈(봉증) 부의를 보냄. 또는 그 물건.

貝
8획

9 ⑯【賷】 贐(1211)과 동자

9 ⑯【賱】 넉넉할 운 ㊀吻

인명 ㊥yǔn ㊐ウン
자해 넉넉하다.

9 ⑯【賰】 부유할 춘 ㊀軫

인명 ㊥chǔn ㊐シュン
자해 부유하다.

10 ⑰【購】购 살 구 ㊀宥

인명 2급 ㊥gòu ㊐コウ
소전 초서 자해 ❶사다. ㉮사들이다. ㉯현상금(懸賞金)을 내걸고 구하다. 〔漢書〕吾聞漢購我頭千金邑萬戶오문한구아두천금읍만호. ❷화해하다. 〔史記〕北購於單于북구어선우. ❸장려하다.
購讀(구독) 서적·신문·잡지 등을 사서 읽음.
購買(구매) 물건을 삼. 購入(구입).
購蓄(구축) 사들여서 간직하여 둠.

10 ⑰【賷】 賫(1205)의 본자

10 ⑰【賻】赙 부의 부 ㊀遇

인명 1급 ㊥fù ㊐フ
소전 초서 자해 부의. 〔後漢書〕賻贈甚厚부증심후.
賻儀(부의) 상가(喪家)에 부조로 보내는 돈이나 물건.
賻助(부조) 부의를 상가에 보내어 장례(葬禮)를 도움.

10 ⑰【賽】赛 굿할 새 ㊀隊

인명 ㊥sài ㊐サイ
소전 초서 자해 ❶굿하다. 〔史記〕冬賽禱祠동새도사. ❷우열(優劣)을 겨루다. 〔韓愈·詩〕賽饌木盤簇새찬목반족.
賽馬(새마) 경마(競馬).
賽社(새사) 농사가 끝나고 토지의 신에게 감사하는 굿.
賽神(새신) 신에게 감사하는 제사.

10 ⑰【賾】 깊숙할 색 ㊀陌

㊥zé ㊐サク
동자 賾 자해 깊숙하다, 심오(深奧)하다. 〔易經〕聖人有以見天下之賾성인유이견천하지색.

10 ⑰【賸】 남을 잉·싱 ㊅승 ㊀徑

㊥shèng ㊐ショウ
소전 초서 자해 ❶남다. =剩. ❷늘다, 증가하다. ❸둘, 쌍(雙). ❹보내다. ❺진실로. 〔杜牧·詩〕賸肯新年歸否잉긍신년귀부.

10 ⑰【賺】赚 속일 잠 ㊀陷

㊥zhuàn ㊐タン
소전 초서 동자 賺 자해 ①속이다. ②돈을 벌다.

11 ⑱【贈】 贈(1210)의 속자

11 ⑱【贄】贽 폐백 지 ㊀寘

인명 ㊥zhì ㊐シ
초서 자해 폐백. 〔春秋左氏傳〕男贄남지, 大者玉帛대자옥백, 小者禽鳥소자금조, 以章物也이장물야.
◻ 執贄집지.

11 ⑱【贅】赘 혹 췌 ㊀霽

인명 1급 ㊥zhuì ㊐ゼイ
소전 초서 자해 ❶혹. 〔莊子〕附贅縣疣부췌현우. ❷군더더기. 〔近思錄〕無用之贅言也무용지췌언야. ❸저당 잡히다. ❹회유(懷柔)하다. 〔管子〕大臣之贅下而射人心者必多矣대신지췌하이사인심자필다의. ❺꿰매다, 옷을 깁다. 〔後漢書〕虎賁贅衣호분췌의. ❻데릴사위가 되다. 〔漢書〕家貧子壯則出贅가빈자장즉출췌. ❼목뼈, 경추(頸椎). 〔莊子〕句贅指天구췌지천.
贅論(췌론) 필요 없는 너저분한 의론.
贅言(췌언) 군말. 실없는 말. 쓸데없는 말.
贅疣(췌우) 혹과 사마귀. 쓸데없는 것.

12 ⑲【贇】赟 예쁠 빈 ㊅윤 ㊀眞

인명 ㊥bīn, yūn ㊐ヒン
초서 동자 贇 참고 인명용 음은 '윤'이다.

贝 12획

자해 ❶예쁘다, 예쁜 모양. ❷빛나다, 문채(文彩). ＝彬.

12 ⑲【贋】 贗(1211)의 속자

12 ⑲【贈】赠 보낼 증 徑

고등 인명 3급 ㊥zèng ㊐ソウ

필순 П 目 貝 貝' 貝'' 貝ˊ 貝'' 賻 贈 贈

소전 贈 초서 贈 동자 䞍 속자 贈 자원 形聲. 貝+曾→贈. '曾(증)'이 음을 나타낸다.

자해 ❶보내다. ㉮선물하다. 〔詩經〕 雜佩以贈之잡패이증지. ㉯글을 적어 보내다. 〔禮記〕 何以贈我하이증아. ㉰조상(弔喪)하다. 〔禮記〕 主人贈而祝宿虞尸주인증이축숙우시. ㉱내몰다, 내쫓다. 〔周禮〕 冬堂贈동당증, 無方無算무방무산. ❷선물. ❸보태다. 〔詩經〕 以贈申伯이증신백.

贈答(증답) 시문(詩文)이나 선물을 주고받고 하는 일.

贈別(증별) 떠나는 사람에게 시문·물품 따위를 주어 석별의 정을 표함.

贈序(증서) 작별할 때 글을 지어서 보냄. 또는 그 글. 送序(송서).

贈送(증송) ①전송함. ②물품을 보냄, 증정(贈呈)함.

贈與(증여) ①선물로 줌. ②재산을 거저 남에게 양여하는 법률상의 행위.

贈遺(증유) 물품을 선사함. 또는 그 물품.

贈呈(증정) 남에게 물품을 드림.

贈賄(증회) 뇌물을 줌.

■ 寄贈기증, 追贈추증.

12 ⑲【贊】赞 도울 찬 翰

고등 인명 3Ⅱ급 ㊥zàn ㊐サン

필순 ⺊ ⺊ 生 先 先 兟 兟 替 替 贊

소전 贊 초서 贊 속자 賛 자원 會意. 兟+貝→贊. 재물(貝)을 가지고 예를 갖추어 나아가서(兟) 뵙는다는 뜻을 나타낸다.

자해 ❶돕다. 〔春秋左氏傳〕 能贊大事능찬대사. ❷이끌다, 인도하다. 〔國語〕 太史贊王태사찬왕. ❸추천하다, 드러내다. 〔漢書〕 朔自贊삭자찬. ❹알리다. 〔書經〕 伊陟贊于巫咸이척찬우무함. ❺기리다. 〔魏志〕 下詔褒贊하조포찬. ❻전달하다. 〔舊唐書〕 典儀掌殿上贊喝之節전의장전상찬갈지절. ❼찬성하다. ＝讚. 〔魏書〕 明賢贊成명현찬성. ❽문체(文體) 이름. ≒讚.

贊反(찬반) 찬성과 반대.

贊辭(찬사) 칭찬하는 말이나 글. 讚辭(찬사).

贊成(찬성) ①다른 사람의 의견에 동의함. 贊同(찬동). ②조선 때, 의정부의 종일품 벼슬.

贊頌(찬송) ①문체의 이름. 찬(贊)과 송(頌). ②찬성하여 기림.

贊揚(찬양) 칭찬하여 널리 드러냄.

贊助(찬조) 곁에서 힘을 보탬. 뜻을 같이하여 도움. 贊翼(찬익). 贊佐(찬좌).

贊歎(찬탄) 칭찬하며 감탄함.

■ 自贊자찬, 絕贊절찬, 稱贊칭찬, 協贊협찬.

12 ⑲【贗】 貨(1199)의 고자

13 ⑳【贍】赡 넉넉할 섬 豔

인명 ㊥shàn ㊐セン

소전 贍 초서 贍 자해 ❶넉넉하다. 〔孟子〕 力不贍也력불섬야. ❷구휼(救恤)하다, 구제하다. 〔晉書〕 祿俸所資록봉소자, 皆以贍給九族개이섬급구족. ❸돕다, 구조하다. 〔吳志〕 賁自贍育분자섬육. ❹보태다. 〔史記〕 動合無形동합무형, 贍足萬物섬족만물.

贍麗(섬려) 풍부하고 아름다움. 어휘가 풍부하고 문장이 화려함. 美贍(미섬).

贍敏(섬민) 부족함이 없고 민첩함.

贍富(섬부) 흡족하고 풍부함.

贍辭(섬사) 말이 풍부함. 곧, 변재(辯才)나 문재(文才)가 풍족함.

13 ⑳【贏】赢 남을 영 庚

㊥yíng ㊐エイ

소전 贏 초서 贏 참고 羸(1009)는 딴 자.

자해 ❶남다. 〔小學〕 常須稍存贏餘以備不虞상수초존영여이비불우. ❷벌다, 이득(利得). ❸지나치다, 과도하다. 〔周禮〕 撟幹欲孰於火而無贏교간욕숙어화이무영. ❹나아가다. 〔國語〕 贏縮轉化영축전화. ❺자라다, 성장하다. 〔淮南子〕 孟春始贏맹춘시영. ❻성(盛)하다. 〔淮南子〕 天地始肅천지시숙, 不可以贏불가이영. ❼싸다, 꾸리다. 〔莊子〕 贏糧而趣之영량이취지. ❽지다, 짊어지다. 〔荀子〕 贏三日之糧영삼일지량. ❾이기다, 낫다. 〔陸游·詩〕 爭言鬪草贏쟁언투초영.

■ 輸贏수영.

13 ⑳【賺】 賺(1209)과 동자

貝 12획

14 【贔】 힘쓸 비 寘
㉑
㊥bì ㊐ヒ

초서 [자해] ❶힘쓰다. ¶ 贔屓비희. ❷노하다, 성내다. 〔左思·賦〕 姦回內贔간회내비. ❸큰 거북, 암자라. ❹편들다, 역성들다.

贔屓(비희) ①힘을 버쩍 씀. ②큰 거북. ③편을 듦.

14 【贐】 赆 전별할 신 震
㉑
㊥jìn ㊐ジン

초서 동자 賮 [자해] ❶전별하다. 〔孟子〕 行者必以贐행자필이신. ❷예물(禮物).

贐行(신행) 떠나는 사람에게 송별연(送別宴)을 베풀거나 시문·금품 따위를 주어 석별의 정을 표함.

14 【贓】 赃 장물 장 陽
㉑
인명 ㊥zāng ㊐ゾウ

초서 동자 贜 속자 臟 [자해] ❶장물(贓物). 〔魏志〕 今贓物先得而後訊금장물선득이후신. ❷숨기다, 감추다. ❸뇌물을 받다. 〔福惠全書〕 款犯贓私反叛관범장사반반.

贓物(장물) 부정한 수단으로 취득한 물품.
贓罪(장죄) ①장물죄. ②뇌물을 받은 죄.

14 【贒】 賢(1208)의 고자
㉑

15 【贖】 赎 속바칠 속 沃
㉒
인명 1급 ㊥shú ㊐ショク

소전 초서 [자해] ❶속바치다. 〔書經〕 金作贖刑금작속형. ❷바꾸다. 〔史記〕 解左驂贖之해좌참속지. ❸잇다. ≒續. 〔後漢書〕 昔原大夫贖桑下絕氣석원대부속상하절기. ❹가다, 떠나다.

贖良(속량) ①속신(贖身). ②속죄(贖罪).
贖身(속신) 몸값을 받고 노비의 신분을 풀어 양민이 되게 하던 일.
贖錢(속전) 돈을 내고 형벌을 벗어남. 또는 그 돈. 贖金(속금).
贖罪(속죄) 재물을 내고 죄를 면하는 일.

15 【贗】 赝 옳지 않을 안 諫
㉒
㊥yàn ㊐ガン

속자 贋 [자해] ❶옳지 않다. ❷가짜, 위조품. 〔歐陽脩·詩〕 方其榮盛時방기영성시, 曾莫見眞贗증막견진안.

贗物(안물) 가짜 물건. 위조한 물건.
贗本(안본) 가짜 서화(書畫).
贗書(안서) 가짜 책.
贗鼎(안정) 가짜 솥. 가짜. [故事] 제(齊)나라가 노(魯)나라를 치고 참정(讒鼎)을 요구하자 가짜 솥을 주었다는 고사에서 온 말.
贗造(안조) 위조(僞造). 또는 위조품.
贗札(안찰) 위조 지폐. 가짜 증표.
◨ 眞贗진안.

17 【贛】 赣 ①줄 공 送 ②강 이름 감 勘
㉔
㊥gòng, gàn ㊐コウ, カン

소전 [자해] ①주다. 〔淮南子〕 一朝用三千鍾贛일조용삼천종공. ② ❶강 이름. =灨. ❷강서성(江西省)의 딴 이름.

赤部 붉을 적

0 【赤】 붉을 적 陌
⑦
중학 인명 5급 ㊥chì ㊐セキ

필순 一 十 土 尹 赤 赤 赤

소전 烾 초서 本 본자 烾 동자 灻 고자 烾

[자원] 會意. 大+火→烾→赤. 크게〔大〕 불타는〔火〕 데서 붉은 빛깔을 나타내고, 불타 밝은 데서 밝게 드러낸다는 뜻을 나타낸다.

[자해] ❶붉다. 〔杜甫·詩〕 崢嶸赤雲西쟁영적운서. ❷발가숭이. 〔蘇軾·詩〕 兩脚得暫赤량각득잠적. ❸비다. 〔漢書〕 赤地數千里적지수천리. ❹멸하다. 〔揚雄·解嘲〕 不知一跌將赤吾之族也부지일질장적오지족야. ❺가뭄, 한발(旱魃). 〔淮南子〕 殺不辜則國赤地살불고즉국적지. ❻진심(眞心), 충심(衷心). 〔杜甫·詩〕 以玆報主寸心赤이자보주촌심적. ❼어린아이. 〔陳元龍·詩〕 保民如保赤보민여보적.

赤脚(적각) ①맨발. 赤跣(적선). 赤足(적족). ②맨발의 선인(仙人). 도교(道敎)의 신(神). ③계집종.
赤裸裸(적나라) ①발가벗음. 알몸. ②아무 숨김없이 진상 그대로를 드러냄.
赤道(적도) 남극과 북극의 중간에서 지구 표면을 한 바퀴 도는 위도 0의 선.
赤貧(적빈) 몹시 가난하여 아무것도 없음.

赤色(적색) 붉은색.
赤松(적송) 껍질이 붉고 잎이 가는 소나무의 한 가지.
赤手(적수) 아무것도 없는 빈손. 赤手空拳(적수공권).
赤身(적신) 벌거벗은 몸. 알몸.
赤心(적심) ①조금도 거짓이 없는 참된 마음. ②붉은 심. 붉은 속줄기.
赤子(적자) ①갓난아이. 젖먹이. 嬰兒(영아). ②제왕 치하에 있는 백성. 國民(국민).
赤字(적자) 수입보다 지출이 많음.
赤子之心(적자지심) 갓난아이같이 거짓이 없는 마음. 세속에 물들지 않은 순결한 마음.
赤潮(적조) 바닷물에 있는 미생물의 이상 증식으로 물빛이 붉게 변하는 현상.
赤土(적토) ①붉은 빛깔의 땅. ②초목이 전혀 자라지 않은 땅. 赤地(적지).
赤霞(적하) 붉은 놀. 저녁 놀.
赤血(적혈) 붉은 피.
赤頰(적협) ①붉은 볼. ②학(鶴)의 딴 이름.
赤化(적화) ①붉게 됨. ②공산주의화함.

4 ⑪【赦】 용서할 사 禡

인명 2급 ㊥shè ㊐シャ

소전 赦 초서 赦 고자 灾 자해 ❶용서하다. 〔史記〕赦免罪人사면죄인. ❷성(姓).

赦令(사령) 사면의 명령. 은사(恩赦)의 명령.
赦免(사면) ①지은 죄를 용서하여 벌을 면제하는 일. ②국가 원수의 특권에 의하여, 공소권(公訴權)을 소멸하거나 형의 언도의 일부 또는 전부를 소멸하는 일.
赦狀(사장) 죄를 용서한다는 내용을 적은 서면. 사면의 선고서. 사면장(赦免狀).
赦罪(사죄) 죄를 용서함.

5 ⑫【赧】 얼굴 붉힐 난 潸

㊥nǎn ㊐ダン

소전 赧 초서 赧 자해 ❶얼굴을 붉히다. 〔世說新語〕鬼赧愧而退귀난괴이퇴. ❷두려워하다. 〔國語〕自進則敬자진즉경, 不則赧부즉난.

赧愧(난괴) 부끄러워 얼굴을 붉힘.
赧赧(난난) 부끄러워 얼굴을 붉히는 모양. 멋쩍은 모양. 赧然(난연).
赧顏(난안) 부끄러워 붉어진 얼굴.

6 ⑬【赩】 붉을 혁 陌

㊥xì ㊐カク

소전 赩 초서 赩 자해 ❶붉다. 〔左思·賦〕丹沙赩熾出其坂단사혁치출기판. ❷붉은 모양, 민둥산의 붉은 모양. 〔楚辭〕北有寒山逴龍赩只북유한산탁룡혁지. ❸검푸른 빛. 〔一切經音義〕青黑曰赩청흑왈혁.

7 ⑭【赬】 붉을 정 庚

㊥chēng ㊐テイ

소전 赬 자해 붉다, 붉은빛. ＝赬. 〔儀禮〕赬裏著組繫정리착조계.

7 ⑭【赫】 ①붉을 혁 陌 ②꾸짖을 하 禡

인명 2급 ㊥hè, xià ㊐カク

소전 赫 초서 赫 동자 爀 속자 焃 참고 인명용 음은 '혁'이다.

자해 ① ❶붉다. 〔詩經〕赫如渥赭혁여악자. ❷빛나는 모양. 〔韓愈·書〕赫赫之光혁혁지광. ❸성한 모양. 〔魏志〕赫赫天子혁혁천자, 恩不遺物은불유물. ❹나타나다, 드러나다. 〔詩經〕以赫厥靈이혁궐령. ❺성내다. 〔詩經〕王赫斯怒왕혁사노. ❻겁내다, 두려워하다. 〔詩經〕赫赫在上혁혁재상. ② 꾸짖다. ＝嚇.

赫怒(혁노) 몹시 화를 냄. 벌컥 성을 냄.
赫然(혁연) ①벌컥 성내는 모양. ②환히 빛나는 모양. ③성한 모양.
赫奕(혁혁) 크게 빛나는 모양.
赫赫(혁혁) ①빛나는 모양. 왕성한 모양. ②위명(威名)을 떨치는 모양. ③열기가 대단한 모양. ④햇볕이 쨍쨍 내리쬐는 모양.
赫赫之光(혁혁지광) ①눈부신 빛. ②대단한 위세(威勢)나 성망(聲望).

9 ⑯【赭】 붉은 흙 자 馬

㊥zhě ㊐シャ

소전 赭 초서 赭 자해 ❶붉은 흙. 〔山海經〕若山多赭약산다자. ❷붉은 빛. 〔詩經〕赫如渥赭혁여악자. ❸벌거벗기다, 초목을 베어 민둥산으로 만들다. 〔史記〕伐湘山樹赭其山벌상산수자기산. ❹죄수가 입는 적토색(赤土色)의 수의(囚衣). 〔宋書〕田叔鉗赭전숙겸자. ❺다하다, 바닥나다.

赭山(자산) 민둥산.
赭繩(자승) 목수(木手)가 사용하는 먹통.
赭衣(자의) ①붉은 옷. 죄수(罪囚)가 입는 옷. ②죄수.
赭鞭(자편) 붉은 채찍. 故事 신농씨(神農氏)

가 붉은 채찍으로 백초(百草)를 쳐서 그 약성(藥性)을 알아냈다는 고사에서 온 말.

9 ⑯【赬】赬 붉을 정 庚

㊥chēng ㊐テイ

초서 赬 자해 붉다, 붉은빛. ＝經. 〔王融·詩〕 赬霞文翠旆정하문취전.

走部 달릴 주

0 ⑦【走】 달릴 주 有

중학 인명 4Ⅱ급 ㊥zǒu ㊐ソウ

필순 一 十 土 丰 丰 走 走

소전 초서 본자 속자 자원 會意. 夭＋止→赱. '夭'는 '大'의 변형으로, 사람〔大〕이 두 팔을 벌리고 달린다〔止〕는 뜻을 나타낸다.

자해 ❶**달리다.** 〔大戴禮〕 在位者皆反走辟재위자개반주벽. ❷**가다.** 〔呂氏春秋〕 水出於山수출어산, 而走於海이주어해. ❸**달아나다, 도망치다.** 〔孟子〕 棄甲曳兵而走기갑예병이주. ❹**달아나게 하다.** 〔十八史略〕 死諸葛走生仲達사제갈주생중달. ❺**짐승.** ¶ 走獸주수. ❻**종, 노비, 하인.** 〔春秋左氏傳〕 吏走問諸朝리주문저조.

走狗(주구) ①사냥개. 남의 앞잡이 노릇하는 사람의 비유. ②개를 부리어 사냥을 함.

走馬(주마) ①말을 달림. ②달리는 말. 또는 싸움터로 달리는 말. 군마(軍馬).

走馬加鞭(주마가편) 國달리는 말에 채찍질하기. ㉠형편이나 힘이 한창 좋을 때 더욱 힘을 냄. ㉡힘껏 하는데도 자꾸 더하라고 격려함.

走馬看花(주마간화) 닫는 말 위에서 꽃을 봄. 사물의 외면만을 슬쩍 지나쳐 볼 뿐, 그 깊은 내용을 음미하지 못함. 走馬看山(주마간산).

走馬燈(주마등) ①안팎이 이중으로 된 등롱(燈籠). 안쪽 틀에 갖가지 그림을 붙이고 중앙에 축(軸)을 세워 그 상부에 풍차(風車)를 달면 등불의 상승 기류 때문에 안쪽 틀이 돌게 되며, 그 그림이 바깥 틀에 비쳐 보이게 됨. ②사물이 빨리 변함.

走獸(주수) ①달리는 짐승. ②짐승의 총칭.

走者(주자) ①짐승. 수류(獸類). ②달리는 사람. ③야구에서, 누(壘)에 나가 있는 사람.

走筆(주필) 붓을 달림. 글씨를 빨리 씀.

◨ 競走경주, 逃走도주, 奔走분주, 疾走질주, 脫走탈주, 敗走패주, 暴走폭주, 滑走활주.

0 ⑥【赱】 走(1213)의 속자

0 ⑧【赱】 走(1213)의 본자

2 ⑨【赳】 헌걸찰 규 有尤

인명 ㊥jiū ㊐キュウ

소전 초서 동자 赳 자해 ❶**헌걸차다.** 〔詩經〕 赳赳武夫규규무부, 公侯干城공후간성. ❷**재능(才能).** ❸**용이 목을 길게 늘이고 가는 모양.**

2 ⑨【赴】 나아갈 부 遇

고등 인명 3급 ㊥fù ㊐フ

필순 一 十 土 丰 丰 走 走 赴 赴

소전 초서 자원 形聲. 走＋卜→赴. '卜(복)'이 음을 나타낸다.

자해 ❶**나아가다.** ㉮**향하여 가다.** 〔隋書〕 何以赴敵하이부적. ㉯**이르다, 도달하다.** ㉰**들다, 들어가다.** 〔呂氏春秋〕 於是赴江刺蛟어시부강자교. ㉱**가다, 밟다.** 〔莊子〕 赴水則接腋持頤부수즉접액지이. ❷**알리다, 가서 알리다.** 〔儀禮〕 赴曰부왈, 君之臣某死군지신모사. ❸**부고(訃告).** ＝訃. 〔杜預·序〕 赴告策書부고책서. ❹**넘어지다.** ≒仆.

赴擧(부거) 과거를 보러 감.

赴告(부고) 찾아가서 알림. 사람의 죽음을 알림. 訃告(부고).

赴難(부난) 달려가서 국난(國難)을 구함.

赴任(부임) 임지(任地)로 감. 가서 취임함.

赴湯蹈火(부탕도화) 끓는 물과 타는 불에 들어감. 어떠한 괴로움도 사양하지 아니함.

3 ⑩【起】 일어날 기 紙

중학 인명 4Ⅱ급 ㊥qǐ ㊐キ

필순 一 十 土 丰 丰 走 走 起 起 起

소전 초서 본자 起 자원 形聲. 走＋己→起. '己(기)'가 음을 나타낸다.

자해 ❶**일어나다.** ㉮**일어서다.** 〔漢書〕 僵柳復起강류복기. ㉯**날아오르다.** 〔謝朓·詩〕 鵲起登吳山작기등오산. ㉰**출세하다, 입신하다.** 〔漢書〕 皆起秦刀筆吏개기진도필리. ❷**일으키다.** ㉮**기용(起用)하다.** 〔戰國策〕 起樗里子于國기저리자우국. ㉯**파견(派遣)하다.** ㉰**계발(啓發)하다.** 〔論

語〕起予者商也기여자상야. ㉣세우다, 짓다. 〔漢書〕武帝起建章宮무제기건장궁. ❸값이 오르다. 〔素問〕白起金用백기금용. ❹더욱, 한층 더. 〔禮記〕諫若不入간약불입, 起敬起孝기경기효.

起家(기가) ①벼슬에 올라 입신출세함. ②쇠퇴하였거나 단절되었던 집안을 다시 일으킴.

起居(기거) ①행동거지(行動擧止). ②일상적인 생활을 함. ③어른의 기분·안부 등을 이름. ④똥을 눔.

起居動作(기거동작) 사람이 살아가면서 하는 일상의 모든 행동. 起臥(기와).

起居無時(기거무시) 행동하는 데 일정한 때가 없음. 은거하는 몸의 자유로움.

起稿(기고) 원고를 쓰기 시작함.

起工(기공) 공사를 시작함.

起句(기구) ①한시(漢詩)의 첫 구. ②문장의 첫 어구.

起動(기동) ①몸을 움직임. ②일상의 행동.

起聯(기련) 율시(律詩)의 첫 두 구(句). 首聯(수련).

起立(기립) 자리에서 일어섬.

起伏(기복) ①일어섬과 엎드림. 높아짐과 낮아짐. ②흥망성쇠(興亡盛衰).

起死回生(기사회생) 죽어 가는 사람을 다시 살림. ㉠큰 행복을 줌. ㉡가망이 없던 상황에서 벗어남.

起床(기상) 잠자리에서 일어남.

起訴(기소) 법원에 소송을 제기하는 일.

起承轉結(기승전결) 한시(漢詩)의 절구(絕句) 및 율시(律詩)의 구성. 곧, 시구의 배열상의 명칭. 절구의 첫째 구를 '起', 그 뜻을 이어받은 둘째 구를 '承', 정취를 한 번 돌린 셋째 구를 '轉', 전체의 끝맺음을 '結'이라고 함. 율시에서는 2구씩 4분하여 해당시킨다.

起身(기신) ①몸을 움직여 일어남. ②서서 절을 함. 자리에서 일어서서 경의를 표함.

起案(기안) 초안을 잡음.

起用(기용) 어떤 직무에 사람을 임용함.

起原(기원) 사물이 생겨난 근원.

起因(기인) 일이 현재 상태에 이르게 된 원인.

起點(기점) 사물이 시작되는 곳.

起程(기정) 여행을 떠남. 發程(발정).

起草(기초) 글의 초안을 잡음.

起寢(기침) ①잠자리에서 일어남. 起牀(기상). 起枕(기침). ②(佛)절에서 새벽에 일어나 종을 치고 부처에게 배례하는 일.

◨ 發起발기, 蜂起봉기, 奮起분기, 早起조기, 喚起환기, 興起흥기.

3 ⑩【起】 起(1213)의 본자

3 ⑩【赸】 뛸 산 ㊀刪

㊥shàn ㊐サン

초서 [초서체] 자해 ❶뛰다, 도약(跳躍)하다. ❷헤어져 가다, 떠나다. 〔西廂記〕俺也赸이야산, 我也赸아야산.

5 ⑫【越】 넘을 월 ㊀月

고등 인명 3Ⅱ급 ㊥yuè ㊐エツ

필순 土 キ キ 丰 走 走 赴 赵 越 越

소전 [소전체] 초서 [초서체] 고자 戉 자원 形聲. 走+戉→越. '戉(월)'이 음을 나타낸다.

자해 ❶넘다. ㉮건너다. 〔楚辭〕巖何越兮암하월혜. ㉯앞지르다. 〔孔子家語〕油然若將可越而不可及者유연약장가월이불가급자. ㉰달아나다. 〔後漢書〕天子播越천자파월. ㉱빼어나다. 〔荀子〕筋力越勁근력월경. ❷멀다, 사정에 어둡다. 〔國語〕越哉臧孫之爲政也월재장손지위정야. ❸잃다. 〔呂氏春秋〕處義不越처의불월. ❹빠르다. 〔漢書〕太白發越犯庫태백발월범고. ❺떨어지다, 떨어뜨리다. 〔書經〕顚越不恭전월불공. ❻작다. 〔莊子〕越雞不能伏鵠卵월계불능복곡란. ❼빼앗다. 〔孟子〕殺越人於貨살월인어화. ❽~에. 위치·목적을 나타내는 말. 〔詩經〕對越在天대월재천. ❾미치다, 이르다. 〔書經〕惟四月旣望유사월기망, 越六日乙未월륙일을미. ❿나라 이름. 주대(周代)의 제후국. ⓫남방에 살던 종족(種族) 이름, 백월(百越). 〔史記〕南定百越남정백월.

越江(월강) ①강을 건넘. 양자강(揚子江)을 건넘. ②國압록강·두만강을 넘어 중국으로 감.

越境(월경) 경계나 국경을 넘음.

越權(월권) 자기 직권의 범위를 넘음.

越女(월녀) 월나라의 미녀. 서시(西施).

越女齊姬(월녀제희) 미인(美人). 월(越)·제(齊) 두 나라에서 미인이 많이 난 데서 이르는 말.

越冬(월동) 겨울을 넘김.

越等(월등) 사물에서 정도의 차이가 현저함. 훨씬 나음.

越獄(월옥) 옥을 뛰어넘어 도망침. 脫獄(탈옥).

越月(월월) 달을 넘김. 달을 거듭함.

越人(월인) ①월(越)나라 사람. ②사이가 먼 사람. 소원(疏遠)한 사람.

越日(월일) 다음 날. 翌日(익일).

越墻(월장) ①담을 넘음. ②정당하지 못한 남녀의 교제.

越次(월차) 차례를 뛰어넘음.

越尺(월척) 낚시로 잡은 물고기의 길이가 한

자 남짓함. 또는 그 물고기.

◨ 吳越오월, 優越우월, 僭越참월, 超越초월, 卓越탁월.

5 ⑫【䟃】 越(1214)의 고자

5 ⑫【趄】 뒤뚝거릴 저 魚

㊥jū ㊐ショ

소전 趄 자해 ❶뒤뚝거리다. ❷서성거리다.

5 ⑫【趁】 ① 좇을 진 震 ② 떠들 진 眞

㊥chèn, chén ㊐チン

소전 趁 초서 趁 동자 趂 동자 䟴 자해 ① ❶좇다. 〔朱子·詩〕好趁春風入殿衞호진춘풍입전위. ❷앞으로 나아가지 못하다. ❸편승(便乘)하다. 〔白居易·詩〕人趁早涼行입진조량행. ❹달리다. ② ❶떠들다. ❷밟다. ❸넘다.

5 ⑫【䟴】 趁(1215)과 동자

5 ⑫【超】 ① 넘을 초 蕭 ② 구보할 초 篠

고등 인명 3Ⅱ급 ㊥chāo, chǎo ㊐チョウ

필순 土 キ ‡ 走 走 起 起 超 超 超

소전 超 초서 超 자원 形聲. 走+召→超. '召(소)'가 음을 나타낸다.

자해 ① ❶넘다. ㉮뛰어넘다. 〔孟子〕挾泰山以超北海협태산이초북해. ㉯멀어지다. 〔老子〕雖有榮觀수유영관, 燕處超然연처초연. ㉰낫다, 뛰어나다. 〔唐書〕功超古初공초고초. ㉱오르다, 올라가다. ❷멀다, 아득하다. ❸높다. ❹근심하다. 〔莊子〕武侯超然不對무후초연부대. ② 구보하다, 가볍게 달리는 모양.

超階(초계) 순서를 뛰어넘어 관위(官位)가 오름. 超升(초승).

超過(초과) 예정하였던 한도나 수를 넘어섬.

超登(초등) 높이 오름.

超邁(초매) 보통보다 뛰어남. 월등함.

超拜(초배) 순서를 뛰어넘어 임관됨.

超世(초세) ①일세(一世)에 뛰어남. ②세속을 초탈함. 超俗(초속).

超然(초연) 구속되지 않는 모양. 세속 따위에 얽매이지 않는 모양.

超越(초월) ①보통보다 뛰어남. ②세속에서 벗어남. ③뛰어넘음.

超人(초인) 범속을 초탈하여 비상한 능력을 가진 사람.

超逸(초일) 월등함. 탁월함. 卓逸(탁일).

超資(초자) 차례를 뛰어넘어 벼슬이 오름.

超絕(초절) ①남보다 뛰어남. ②인식이나 경험의 범위를 넘어섬.

超脫(초탈) 세속에서 벗어남.

6 ⑬【趌】 반걸음 규 紙

㊥kuǐ ㊐キ

동자 跬 자해 반걸음, 한 발 내디딘 거리.

6 ⑬【趑】 머뭇거릴 자 支

㊥zī ㊐シ

소전 趑 속자 趦 자해 ❶머뭇거리다. ❷멋대로 굴다.

7 ⑭【趙】 赵 나라 이름 조 篠

인명 2급 ㊥zhào ㊐チョウ

소전 趙 초서 趙 자해 ❶나라 이름. ㉮전국 칠웅의 하나. ㉯전조(前趙). 오호 십육국의 하나. ㉰후조(後趙). 오호 십육국의 하나. ❷걸음걸이가 느린 모양. ❸넘다, 뛰어넘다. 〔穆天子傳〕天子北征趙行천자북정조행. ❹찌르다. ≒鈔. 〔詩經〕其鎛斯趙기박사조. ❺흔들다. 〔荀子〕頭銛達而尾趙繚者邪두섬달이미조료자야.

趙女(조녀) 조나라의 미녀. 미녀의 범칭.

趙字(조자) 원대(元代)의 서예가 조맹부(趙孟頫)의 글씨체.

趙行(조행) 급히 감.

8 ⑮【趣】 ① 달릴 취 本추 遇 ② 재촉할 촉 沃

고등 인명 4급 ㊥qù, cù ㊐シュ

필순 土 キ ‡ 走 走 走 走 走 趄 趣

소전 趣 초서 趣 참고 인명용 음은 '취'이다.

자원 形聲. 走+取→趣. '取(취)'가 음을 나타낸다.

자해 ① ❶달리다. 〔詩經〕左右趣之좌우취지. ❷향하다. ❸미치다. ❹뜻, 취향(趣向). 〔後漢書〕聖哲之通趣성철지통취. ❺멋, 자태(姿態). ② 재촉하다, 촉구하다. ≒促. 〔史記〕趣趙兵亟入關촉조병극입관.

走 8획

趣味(취미) 마음에 끌리어 일정한 지향성을 가지는 흥미. 興趣(흥취).
趣旨(취지) 일정한 일에 대한 기본적인 목적이나 의도.
趣向(취향) ①목표를 정하고 그곳을 향하여 감. ②하고 싶은 마음이 쏠리는 방향.
◨ 雅趣아취, 意趣의취, 情趣정취, 旨趣지취, 興趣흥취.

9 ⑯【趦】 赼(1215)의 속자

10 ⑰【趨】趋 1달릴 추 虞 2재촉할 촉 沃
인명 2급 ㊥qū, cù ㊐スウ
소전 속자 趍 참고 인명용 음은 '추'이다.
자해 1❶달리다. ❷쫓다. 〔呂氏春秋〕於是相與趨之어시상여추지. ❸취향(趣向), 취지(趣旨). 〔宋書〕未知指趨미지지추. ❹취하다. 〔史記〕趨舍有時추사유시. ❺손짓. 〔淮南子〕手會綠水之趨수회록수지추. 2❶재촉하다. ≒促. 〔漢書〕馳傳督趨치전독촉. ❷빨리, 서둘러. ❸줄이다, 짧게 하다. 〔莊子〕修上而趨下수상이촉하.
趨利(추리) 다투어 이익을 도모함.
趨步(추보) 빨리 종종걸음으로 나아감.
趨舍(추사) ①나아감과 멈춤. ②취함과 버림.
趨勢(추세) ①대세가 지향하는 바. ②권세를 붙좇음.
趨時(추시) 시속을 따름.
趨炎赴熱(추염부열) 권세 있는 자에게 나아가 아부하여 좇음. 趨炎附勢(추염부세).
趨庭(추정) ①아들이 아버지의 가르침을 받음. ②그 가정에 나아가 친히 가르침을 받는 일.
趨蹌(추창) ①예의에 맞도록 허리를 굽혀 종종걸음으로 나아감. ②권세 있는 집을 찾아 바쁘게 돌아다니며 청탁함.
趨向(추향) ①나아가는 방향. ②대세가 지향하는 바. ③자연의 추세.

13 ⑳【邅】 1좇을 전 先 2따를 전 銑
㊥zhān, zhàn ㊐テン
소전 자해 1❶좇다. ❷옮다, 전이(轉移)하다. 2❶따르다, 복종하다. ❷옮아가다.

13 ⑳【趮】 조급할 조 號
㊥zào ㊐ソウ
소전 초서 동자 躁 자해 조급하다. 〔漢書〕用兵靜趮용병정조, 吉趮凶길조흉.

14 ㉑【趯】 1뛸 약 藥 2뛸 적 錫
㊥yuè, tì ㊐ヤク
소전 초서 동자 趯 자해 1뛰다. ≒躍. 〔漢書〕涌趯邪陰용약사음. 2뛰는 모양. 〔詩經〕趯趯阜螽적적부종.

足部 발족

0 ⑦【足】 1발 족 沃 2지나칠 주 遇
중학 인명 7급 ㊥zú, jù ㊐ソク
필순 丶 口 口 ⺊ 𠯁 𧾷 足
소전 초서 참고 ❶'足'이 한자의 구성에서 변으로 쓰일 때는 글자 모양이 '𧾷'으로 된다. ❷인명용 음은 '족'이다.
자원 象形. 무릎을 본뜬 '口'와 정강이에서 발목까지를 본뜬 '止'를 합하여 '무릎부터 아래', 곧 '발'을 나타낸다.
자해 1❶발. 〔孟子〕不知足之蹈之부지족지도지, 手之舞之수지무지. ❷그치다. 〔老子〕常德乃足상덕내족. ❸가다, 달리다. 〔蜀志〕駑馬有逸足之力노마유일족지력. ❹밟다, 디디다. 〔司馬相如·賦〕足壄羊족야양. ❺족하다, 충족하다. 〔禮記〕學然後知不足학연후지부족. 2❶지나치다, 과도하다. 〔論語〕巧言令色足恭교언령색주공. ❷더하다, 보태다. 〔列子〕以晝足夜이주주야.
足蹈(족도) ①발로 뜀. ①좌우 발을 떼어 옮기는 춤사위.
足鎖(족쇄) 죄인이나 피의자의 발목에 채우던 쇠사슬. 차꼬. 足枷(족가).
足食足兵(족식족병) 국민의 생활을 넉넉하게 하고, 나라의 군비를 충실하게 하는 일.
足衣足食(족의족식) 의식이 넉넉함.
足跡(족적) 발자국. 걸어온 자취.
足趾(족지) 발. 발가락.
足債(족채) 國먼 곳에 심부름 보내는 사람에게 주는 품삯.
足下(족하) ①발 아래. ②발이 서 있는 곳. ③같은 연배에 대한 경칭. ④편지를 받을 사람의 성명 아래에 쓰는 존칭의 한 가지.
◨ 滿足만족, 不足부족, 蛇足사족, 手足수족,

纏足전족, 充足충족, 濯足탁족, 豐足풍족.

4 ⑪【跂】 1 육발이 기 支 2 발돋움할 기 紙 3 힘쓸 지 支

㊥qí, qǐ, zhī ㊐キ

소전 동자 岐 자해 1 ❶육발이. 〔莊子〕 枝者不爲跂기자불위기. ❷가다, 벌레가 기어가다. 2 ❶발돋움하다. 〔詩經〕 跂予望之기여망지. ❷나아가다. 〔老子〕 跂者不立기자불립. 3 힘쓰다.

跂望(기망) 발돋움하여 먼 곳을 바라봄. 몹시 기다리는 모양. 企望(기망).

跂想(기상) 발돋움하여 바람. 기대(期待)함.

跂足(기족) 발돋움함. 멀리 바라보는 모양.

4 ⑪【趺】 책상다리할 부 虞

인명 ㊥fū ㊐フ

초서 자해 ❶책상다리하다. ¶ 結跏趺坐결가부좌. ❷발등. ＝跗. ❸발뒤꿈치.

趺坐(부좌) 부처의 앉음새. 발등을 바른편 넓적다리 위에 얹어 책상다리하여 앉는 일. 원만안좌(圓滿安坐)의 좌법(坐法).

4 ⑪【趾】 발 지 紙

인명 ㊥zhǐ ㊐シ

초서 자해 ❶발, 복사뼈 이하의 부분. 〔詩經〕 麟之趾린지지. ❷발가락. 〔左思·賦〕 足趾之所不蹈족지지소부도. ❸발자국, 종적(蹤跡). 〔王勃·詩〕 松崖聖趾餘송애성지여. ❹걸음걸이.

趾高氣揚(지고기양) 발을 높이 들어 걸으며 의기양양하여 뽐내는 모양.

趾骨(지골) 발가락 뼈.

5 ⑫【跏】 책상다리할 가 麻

인명 ㊥jiā ㊐カ

초서 자해 책상다리하다. 〔白居易·詩〕 中宵入定跏趺坐중소입정가부좌.

跏趺(가부) 두 발의 발등을 반대편 넓적다리 위에 어긋맞게 포개어 앉는 법.

◨ 結跏趺坐결가부좌.

5 ⑫【距】 떨어질 거 語

고등 인명 3Ⅱ급 ㊥jù ㊐キョ

필순 口 ⺊ 早 ⻊ 𧾷 距 距 距 距 距 距

소전 초서 자원 形聲. 足+巨→距. '巨(거)'가 음을 나타낸다.

자해 ❶떨어지다. 〔國語〕 距今九日거금구일. ❷며느리발톱. 〔漢書〕 雌雞化爲雄자계화위웅, 而不鳴不將無距이불명부장무거. ❸이르다, 도달하다. 〔莊子〕 距陸而止거륙이지. ❹겨루다. ≒拒. 〔詩經〕 敢距大邦감거대방. ❺뛰다, 도약하다. 〔春秋左氏傳〕 距躍三百거약삼백. ❻어기다. 〔書經〕 不距朕行불거짐행. ❼어찌. ≒詎. 〔韓非子〕 衞奚距然哉위해거연재.

距關(거관) 관문을 막음. 관문을 굳게 방비함.

距今(거금) 지금으로부터 거슬러 올라가서.

距離(거리) 두 곳 사이의 떨어진 길이.

5 ⑫【跋】 跋 밟을 발 曷

인명 1급 ㊥bá ㊐バツ

소전 초서 동자 跋 자해 ❶밟다, 짓밟다. 〔詩經〕 狼跋其胡랑발기호. ❷비틀거리다. ❸넘다. 〔詩經〕 大夫跋涉대부발섭. ❹밑동. 〔禮記〕 燭不見跋촉불견발. ❺되돌리다, 돌이키다. 〔漢書〕 跋犀犛발서리. ❻발뒤꿈치. ❼문체 이름. 〔文體明辯〕 題跋者제발자, 簡編之後語也간편지후어야.

跋剌(발랄) ①물고기가 펄떡펄떡 뛰는 소리. ②새가 날아오르는 소리.

跋文(발문) 문체의 한 가지. 책의 끝에 그 책의 대강(大綱)이나 내력(來歷) 등을 간략하게 적은 글. 뒷글. 跋辭(발사). 跋語(발어).

跋尾(발미) ①어서(御書)의 끝에 서명함. ②발문(跋文). ③살인의 원인·정황 등에 대한 검시관의 의견서.

跋涉(발섭) 산을 넘고 물을 건넘. 여러 지방을 편력(遍歷)함.

跋扈(발호) 세력이 강대하여 제멋대로 행동함. 신하가 권세를 농락하여 군주를 범하는 일.

◨ 序跋서발, 題跋제발.

5 ⑫【䟦】 跋(1217)과 동자

5 ⑫【跗】 발등 부 虞

㊥fū ㊐フ

초서 자해 ❶발등. 〔莊子〕 蹶泥則沒足滅跗궐니즉몰족멸부. ❷받침. ❸꽃받침, 화악(花萼).

5 ⑫【跚】 비틀거릴 산 寒

㊥shān ㊐サン

초서 동자 跚 자해 ❶비틀거리다. 〔皮日休·詩〕天祿行蹣跚천록행반산. ❷말을 타다.

5 ⑫【跌】 넘어질 질 屑

인명 1급 ㊥diē ㊐テツ

소전 초서 자해 ❶넘어지다. 〔淮南子〕若跌而據약질이거. ❷달리다, 빨리 가다. 〔淮南子〕夫墨子跌蹏而趨千里부묵자질제이추천리. ❸도가 지나치다, 제멋대로 하다. ≒泆. 〔後漢書〕跌蕩放言질탕방언. ❹넘다, 건너다.

跌仆(질부) 넘어짐. 발을 헛디디거나 물건에 걸려 넘어짐.

跌宕(질탕) ①행동이 단정하지 못하고 제멋대로임. ②문장이 호방하고 변화가 풍부함.

◨ 蹉跌차질.

5 ⑫【跅】 해이할 척 陌

㊥tuò ㊐タク

초서 자해 ❶해이하다. 〔北史〕光獨跅弛광독척이, 交通輕俠교통경협. ❷물리치다. ❸맨발.

5 ⑫【跖】 발바닥 척 陌

㊥zhí ㊐セキ

소전 초서 자해 ❶발바닥. 〔淮南子〕善學者若齊王之食雞선학자약제왕지식계, 必食其跖數十而後足필식기척수십이후족. ❷밟다. 〔漢書〕跖魂負沴척혼부려. ❸뛰다.

跖犬吠堯(척견폐요) 도척(盜跖)의 개가 요임금을 짖음. ㉠주인에게 충성을 다함. ㉡악인과 한편이 되어 현인을 시기함.

跖蹻(척교) 큰 도적인 노(魯)나라의 도척(盜跖)과 초(楚)나라의 장교(莊蹻).

跖之徒(척지도) ①도척(盜跖) 같은 큰 도적의 무리. ②자신의 이익만을 위하여 부정(不正)을 꾀하는 무리.

◨ 盜跖도척.

5 ⑫【跆】 밟을 태 灰

인명 1급 ㊥tái ㊐タイ

초서 자해 밟다. 〔漢書〕兵相跆藉병상태자.

跆拳(태권) 우리나라 고유 무예의 하나. 태권도(跆拳道).

5 ⑫【跛】 1 절뚝발이 파 哿 2 기대 설 피 寘

인명 1급 ㊥bǒ, bì ㊐ハ

소전 초서 동자 波 참고 인명용 음은 '파'이다.

자해 1 절뚝발이. 〔鹽鐵論〕是以跛夫之欲及樓季也시이파부지욕급루계야. 2 기대 서다. 〔禮記〕立毋跛입무피.

跛蹇(파건) 절뚝발이. 절름발이.

跛驢之伍(파려지오) 무능하고 아무 쓸모없는 무리들.

跛鼈千里(파별천리) 절뚝거리는 자라도 천 리의 먼 길을 감. 쉬지 않고 노력하면 노둔(魯鈍)한 사람도 성공함.

跛行(파행) ①절뚝거리며 걸음. ②일이 순조롭지 못하고 이상하게 진행됨.

跛立(피립) 한쪽 다리로 섬.

跛立箕坐(피립기좌) 무례한 태도. '跛立'은 한쪽 발로 서는 일, '箕坐'는 두 다리를 뻗고 가랑이를 벌려 앉는 일.

跛倚(피의) ①한 다리로 서서 몸을 딴 것에 기대는 일. ②한쪽에 치우침.

6 ⑬【跫】 발자국 소리 공 冬

㊥qiāng, giōng ㊐キョウ

초서 자해 발자국 소리. 〔莊子〕聞人足音跫然而喜矣문인족음공연이희의.

6 ⑬【跨】 1 타넘을 과 禡 2 걸터앉을 고 遇

인명 ㊥kuà, kù ㊐コ

소전 초서 동자 跉 참고 인명용 음은 '과'이다.

자해 1 ❶타넘다. 〔春秋左氏傳〕康王跨之강왕과지. ❷사타구니. ❸자랑하다. ≒誇. 2 ❶걸터앉다. 〔史記〕跨野馬고야마. ❷점거(占據)하다. 〔國語〕不跨其國불고기국.

跨俗(과속) 세속을 초월함.

跨下(과하) ①사타구니 밑. ②장래의 큰일을 위해 일시적인 작은 치욕을 참음.

6 ⑬【跪】 꿇어앉을 궤 紙

㊥guì ㊐キ

소전 초서 자해 ❶꿇어앉다. 〔禮記〕授立不跪수립불궤. ❷발, 게의 발. 〔荀子〕蟹六跪而二螯해륙궤이이오.

跪拜(궤배) 무릎을 꿇고 절함.

跪伏(궤복) ①무릎을 꿇고 엎드림. ②무릎을 꿇고 앉음.

跪奏(궤주) 무릎을 꿇고 엎드려 임금에게 상주(上奏)함.
跪祝(궤축) 무릎을 꿇고 신에게 빎.

6 ⑬【跬】 반걸음 규 紙

㊥kuǐ ㊐キ

초서 자해 ❶반걸음, 한 발만 내디딘 걸음. ＝跂·蹞. 〔禮記〕故君子고군자, 跬步而不忘孝也규보이불망효야. ❷가깝다. 〔莊子〕敝跬譽無用之言非乎폐규예무용지언비호. ❸적다, 얼마 안 되다.
跬步(규보) 반걸음. 반걸음밖에 안 되는 아주 가까운 거리. 蹞步(규보).
跬行(규행) ①혼자서 감. ②앙감질함.

6 ⑬【跟】 발꿈치 근 元

㊥gēn ㊐コン

소전 초서 동자 𨁀 참고 䟰(1220)은 딴 자.
자해 ❶발꿈치, 발뒤꿈치. 〔急就篇〕腨踝跟踵相近聚천과근종상근취. ❷따르다, 수행하다. 〔品字箋〕跟隨僕隸근수복례, 隨主足踵行수주족종행.
跟伴(근반) 주인을 수행하는 사람.
跟隨(근수) ①수행함. 또는 수행하는 사람. 從者(종자). ②유력자(有力者)의 그늘에 숨는 일. 跟從(근종).
跟肘(근주) 발꿈치와 팔꿈치.

6 ⑬【跳】 ①뛸 도 本조 蕭 ②달아날 도 豪

고등 인명 3급 ㊥tiào, táo ㊐チョウ

필순 口 ⻊ ⻊ ⻊ 𧾷 跀 跁 跳 跳 跳

소전 초서 자원 形聲. 足＋兆→跳. '兆(조)'가 음을 나타낸다.
자해 ① ❶뛰다, 도약하다. 〔列子〕跳往助之도왕조지. ❷빨리 가다. 〔史記〕跳驅至長安도구지장안. ② ❶달아나다, 달리는 모양. ≒逃. 〔史記〕漢王跳한왕도. ❷덤비다, 싸움을 걸다.
跳刀(도도) 칼을 힘껏 휘두름.
跳騰(도등) 뛰어오름.
跳奔(도분) 피하여 달아남. 逃奔(도분).
跳躍(도약) 뛰어오름.
跳戰(도전) 싸움을 걺. 挑戰(도전).
跳盪(도탕) 적의 전투 준비가 갖추어지기 전이나 전쟁을 시작하기 전에 먼저 기습하여 쳐부수는 일.
跳板(도판) ①널뛰기. ②건너다닐 수 있도록 물과 배에 걸쳐 놓은 판자.

6 ⑬【路】 길 로 遇

중학 인명 6급 ㊥lù ㊐ロ

필순 口 ⻊ ⻊ ⻊ 𧾷 跁 跂 路 路 路

소전 초서 자원 形聲. 足＋各→路. '各(각)'이 음을 나타낸다.
자해 ❶길. 〔南史〕天長路遠천장로원. ❷크다. 〔詩經〕厥聲載路궐성재로. ❸바르다. 〔莊子〕雖有義臺路寢수유의대로침. ❹고달프다. 〔孟子〕率天下而路也솔천하이로야. ❺드러나다. 〔荀子〕路亶者也로단자야. ❻길손. ❼수레. ≒輅. 〔禮記〕乘鸞路승란로. ❽모〔角〕, 모지다. 〔周禮〕以路鼓鼓鬼享이로고고귀정.
路毒(노독) 여행에서 오는 피로. 여로(旅路)에 시달려 생긴 병.
路頭(노두) 길가. 路邊(노변).
路柳墻花(노류장화) 길가의 버들과 담 밑의 꽃. 창녀나 기생.
路面(노면) 길 표면.
路文(노문) 國공무(公務)로 지방에 가는 벼슬아치의 도착 예정일을 미리 그곳 관아에 알리던 공문(公文).
路傍(노방) 길가. 길옆. 路邊(노변).
路不拾遺(노불습유) 길에 떨어진 물건이 있어도, 주어서 제 것으로 하지 않음. ㉠국민이 위정자에게 감화되어 모두 정직함. ㉡국법이 잘 행해지고 있음. 道不拾遺(도불습유).
路人(노인) ①길 가는 사람. 행인(行人). ②자기와 아무 관계도 없는 사람.
路引(노인) 통행권. 여행권.
路資(노자) 여비(旅費). 路費(노비).
路程(노정) ①길의 이수(里數). ②여행의 경로. 行程(행정). ③여행의 일정. 旅程(여정).
路祭(노제) 발인할 때 문 앞에서 지내는 제사.
路次(노차) ①길의 경로. 道程(도정). ②길을 가는 중도. 道中(도중).
◨ 街路가로, 經路경로, 岐路기로, 道路도로, 陸路육로, 進路진로, 通路통로, 海路해로.

6 ⑬【跣】 ①맨발 선 銑 ②돌아다닐 선 先

인명 ㊥xiǎn ㊐セン

소전 초서 자해 ①맨발. 〔韓非子〕越人跣行월인선행. ②돌아다니다.
◨ 徒跣도선.

6 ⑬【跡】 자취 적 陌

고등 인명 3Ⅱ급 ㊥jì ㊐セキ

필순 ㅁ ㅁ ㅁ 丆 𧾷 𧾷 跀 跡 跡 跡 跡

초서 동자 迹 동자 蹟 자원 形聲. 足+亦→跡. '亦(역)'이 음을 나타낸다.

자해 ❶자취, 발자취. 〔新論〕 晝空而尋跡화공이심적. ❷뒤를 캐다. 〔後漢書〕 跡衰敝之所由致적쇠폐지소유치. ❸밟다, 뛰다.

◨ 軌跡궤적, 人跡인적, 潛跡잠적, 足跡족적, 蹤跡종적, 追跡추적, 筆跡필적, 痕跡흔적.

6 ⑬ 【跭】 세울 항·강 江

인명 ㊥xiáng ㊐コウ

참고 인명용 음은 '강'이다.

자해 ❶세우다, 우뚝 서다. ❷머뭇거리다, 나아가지 못하다.

7 ⑭ 【跼】 구부릴 국 沃

㊥jú ㊐キョク

초서 자해 ❶구부리다. 〔史記〕 騏驥之跼躅기기지국촉, 不若駑之安步불약노지안보. ❷굽다, 펴지지 않다. ❸한쪽 발을 들다.

跼天蹐地(국천척지) 머리가 하늘에 닿을까 두려워 허리를 굽혀 걷고, 땅이 꺼질까 염려하여 발소리를 죽여 걸음. 몹시 두려워 몸 둘 바를 모름. 跼蹐(국척).

跼躅(국촉) 머뭇거리는 모양.

7 ⑭ 【跽】 꿇어앉을 기 紙

㊥jì ㊐キ

소전 초서 자해 ❶꿇어앉다. 〔史記〕 項王按劍而跽항왕안검이기. ❷굽히다, 몸을 앞으로 구부리다. ❸무릎.

7 ⑭ 【跿】 뛸 도 虞

㊥tú ㊐ト

초서 자해 ❶뛰다, 뛰어오르다, 한쪽 발을 들다. ❷맨발.

7 ⑭ 【踉】 ①뛸 량 陽 ②천천히 걸을 량 漾 ③허둥지둥 갈 랑 漾

㊥liáng, liàng ㊐ロウ, リョウ

초서 참고 踉(1219)은 딴 자.

자해 ①❶뛰다. ❷가려고 하는 모양. ②천천히 걷는 모양. ③허둥지둥 가는 모양. 〔剪燈餘話〕 猿踉蹌走去원랑창주거.

踉蹌(낭창) ①마구 달리는 모양. 황급히 달려가는 모양. ②비틀거림. 쓰러질 듯한 모양.

7 ⑭ 【踊】 뛸 용 腫

인명 1급 ㊥yǒng ㊐ヨウ

소전 초서 동자 踴 자해 ❶뛰다. ㉮도약하다. 〔禮記〕 辟斯踊矣벽사용의. ㉯춤추다, 무용하다. 〔劉禹錫·賦〕 霓裳踊于河上예상용우하상. ❷신, 월형(刖刑)을 당한 사람이 신는 신. ❸오르다. 〔春秋公羊傳〕 踊于棓而窺客용우부이규객. ❹몹시. 〔史記〕 物踊騰糶물용등조. ❺미리.

踊躍(용약) 춤추듯이 뜀. 좋아서 뜀.

踊出(용출) 높이 솟아남.

踊塔(용탑) 높이 솟은 탑.

◨ 舞踊무용.

7 ⑭ 【踆】 ①그칠 준 眞 ②웅크릴 준 ㊍존 元

㊥qūn, cún ㊐シュン

초서 자해 ①❶그치다, 마치다. ❷물러나다, 후퇴하다. 〔張衡·賦〕 已事而踆이사이준. ②❶웅크리다. ≒蹲. 〔淮南子〕 日中有踆烏일중유준오. ❷짓밟다. 〔春秋公羊傳〕 祁彌明逆而踆之기미명역이준지.

8 ⑮ 【踞】 웅크릴 거 御

인명 ㊥jù ㊐キョ

소전 초서 자해 ❶웅크리다. 〔漢書〕 高祖箕踞罵詈고조기거매리. ❷거만하다. ≒倨. 〔抱朴子〕 輕人士而踞傲者경인사이거오자, 驕人也교인야. ❸놀다. 〔春秋左氏傳〕 執冰而踞집빙이거.

踞慢(거만) 건방지고 잘난 체하며 남을 업신여기는 태도.

踞傲(거오) 오만함. 교만을 부림.

踞坐(거좌) 걸터앉음.

8 ⑮ 【踝】 복사뼈 과 馬

㊥huái ㊐カ

소전 초서 자해 ❶복사뼈. 〔陸游·詩〕 雨來三日泥沒踝우래삼일니몰과. ❷발꿈치, 발뒤꿈치. 〔禮記〕 負繩及踝以應直부승급과이응직.

8 ⑮ 【踦】 ①절뚝발이 기 支 ②의지할 의 紙

㊥qī, yǐ ㊐キ, イ

足 6획

소전 踦 초서 踦 자해 1 ❶절뚝발이. 〔國語〕 踦跂畢行기기필행. ❷발, 다리. 〔淮南子〕 男女切踦남녀절기. ❸정강이. ❹부정(不正), 사악(邪惡). 〔大戴禮〕 已過勿發이과물발, 失言勿踦실언물기. 2 의지하다, 기대다. ≒倚. 〔春秋公羊傳〕 相與踦閭而語상여의려이어.

踦嶇(기구) ①걸어가는 모양. ②산이 험하여 평탄하지 않은 모양.

踦閭(의려) 문에 기대어 섬.

8 ⑮【踏】 밟을 답 合

고등 인명 3Ⅱ급 ㊥tà ㊐トウ

필순 ㅁ ㅁ ㅁ 묘 묘 趵 跅 跻 踏 踏

초서 踏 동자 蹹 자원 形聲. 足+沓→踏. '沓(답)'이 음을 나타낸다.

자해 ❶밟다. ❷발판. 〔宋史〕 以水晶飾脚踏이수정식각답. ❸신. 〔溫庭筠·詩〕 瑤踏動芳塵요답동방진. ❹발로 장단을 맞추다. ❺조사하다, 살피다.

踏歌(답가) 두 발을 굴러 장단을 맞추면서 노래함.

踏橋(답교) 國다리밟기. 재앙을 물리친다 하여 음력 정월 보름날 밤에 부녀자들이 다리를 밟으며 놀던 민속.

踏舞(답무) 발을 구르며 덩실덩실 춤을 춤.

踏步(답보) 제자리걸음. 일의 진전이 없음.

踏査(답사) 실지로 그곳에 가서 살핌.

踏襲(답습) 뒤를 이음. 선인(先人)이 하던 대로 따라 행함.

踏靑節(답청절) 삼짇날. 삼월 삼질. 이날 들에 나가 파란 풀을 밟는 풍습이 있던 데서 온 말.

踏破(답파) 전 행정(行程)을 다 마침. 힘든 길을 도보로 정복함.

◨ 踐踏천답.

8 ⑮【踣】 1 넘어질 복 職 2 넘어질 부 宥

㊥bó, pòu ㊐ホク

소전 踣 초서 踣 자해 1 ❶넘어지다. 〔春秋左氏傳〕 與晉踣之여진복지. ❷망하다. 〔管子〕 故設用無度고설용무도, 國家踣국가복. ❸효수(梟首)하다. 〔周禮〕 凡殺人者범살인자, 踣諸市복저시, 肆之三日사지삼일. 2 ❶넘어지다. =仆. ❷패하다, 깨뜨려지다. 〔呂氏春秋〕 擧矣而不踣거의이불부.

8 ⑮【踖】 밟을 적 陌

㊥jí, qì ㊐セキ

소전 踖 초서 踖 자해 ❶밟다. ㉮밟고 지나가다. 〔禮記〕 毋踖席무적석. ㉯밟고 서다. ❷삼가는 모양. ❸공손한 모양. 〔詩經〕 執爨踖踖집찬적적.

8 ⑮【踧】 1 평평할 적 錫 2 삼갈 축 屋

㊥dí, cù ㊐テキ, シュク

소전 踧 초서 踧 동자 跾 자해 1 ❶평평하다. 〔詩經〕 踧踧周道적적주도. 2 ❶삼가다. ¶ 踧踖축적. ❷놀라는 모양. 〔法言〕 或人踧爾曰혹인축이왈. ❸재촉하다.

踧踖(축적) 공손하고 삼가는 모양.

8 ⑮【踪】 자취 종 冬

인명 1급 ㊥zōng ㊐ソ

자해 자취, 발자취, 형적. =蹤. 〔宋史〕 踪跡深藏종적심장.

8 ⑮【踟】 머뭇거릴 지 支

㊥chí ㊐チ

초서 踟 자해 머뭇거리다, 주저하다. 〔古樂府〕 五馬立踟躕오마립지저.

踟蹰(지주) 주저함. 머뭇거림. 踟躕(지저).

8 ⑮【踐】 践 밟을 천 銑 霰

고등 인명 3Ⅱ급 ㊥jiàn ㊐セン

필순 ㅁ ㅁ ㅁ 早 묘 跁 跿 跿 踐 踐

소전 踐 초서 踐 속자 践 자원 形聲. 足+戔→踐. '戔(전)'이 음을 나타낸다.

자해 ❶밟다. ㉮발로 디디다. 〔劉潛·書〕 足踐寒地족천한지. ㉯걷다, 가다. 〔江淹·誄〕 經宜陽而東踐경의양이동천. ㉰오르다. 〔禮記〕 踐其位천기위. ㉱나아가다, 부임(赴任)하다. 〔春秋左氏傳〕 往踐乃職왕천내직. ㉲실천하다. 〔春秋左氏傳〕 踐脩舊好천수구호. ㉳따르다. 〔論語〕 不踐迹불천적. ❷해치다, 다치다. 〔禮記〕 凡有血氣之類범유혈기지류, 弗身踐也불신천야. ❸베다. ❹차리다, 진설(陳設)한 모양. 〔詩經〕 籩豆有踐변두유천. ❺맨발. 〔漢書〕 皆無踐개무천. ❻옅다, 얕다. ≒淺. 〔詩經〕 有踐家室유천가실.

踐踏(천답) 짓밟음.

踐歷(천력) 여러 곳을 두루 돌아다님. 또는 다녀온 자취. 經歷(경력).

踐履(천리) ①밟고 다님. 또는 실지로 행함. ②경험함. ③짓밟음.
踐言(천언) 말한 바를 실행함. 언행이 일치함.
踐阼(천조) 임금의 자리에 오름. 임금의 자리를 계승함. 踐祚(천조).
踐行(천행) 실천함. 履行(이행).
◨ 實踐실천.

8 ⑮【踔】 ①달릴 초 效 ②멀 탁 覺

㊥chuō, diào ㊐チョウ, タク

소전 초서 자해 ① ❶달리다. 〔漢書〕 踔天蹻초요교. ❷밟다, 디디다. ❸뛰다, 뛰어넘다. 〔後漢書〕 踔宇宙而遺俗兮초우주이유속혜. ② ❶멀다. ≒趠. 〔史記〕 地踔遠지탁원, 人民希인민희. ❷뛰어나다. ≒卓. 〔漢書〕 踔絶之能탁절지능.
踔絶(탁절) 견줄 데가 없이 뛰어남. 남보다 월등하게 뛰어남.

9 ⑯【踴】 踊(1220)과 동자

9 ⑯【踽】 홀로 갈 우 ㊍구 麌

㊥jǔ ㊐ク

소전 초서 자해 ❶홀로 가는 모양. 〔孟子〕 古之人고지인, 行何爲踽踽涼涼행하위우우양량. ❷띠엄띠엄 성기게 가는 모양. ❸곱사등이, 구루(傴僂). 〔宋玉·賦〕 旁行踽僂방행우루.

9 ⑯【踰】 ①넘을 유 虞 ②멀 요 蕭

인명 2급 ㊥yú, yáo ㊐ユ, ヨウ

소전 초서 참고 인명용 음은 '유'이다.

자해 ① ❶넘다. ㉮지나가다. 〔詩經〕 無踰我里무유아리. ㉯건너다. 〔國語〕 踰江五里유강오리. ㉰이기다, 낫다. 〔淮南子〕 子發攻蔡踰之자발공채유지. ❷뛰다. 〔漢書〕 踰波趨浥유파추읍. ❸더욱, 한층 더. 〔淮南子〕 亂乃踰甚난내유심. ② 멀다, 아득하다. ≒遙. 〔禮記〕 無踰言무요언.
踰年(유년) 해를 넘김.
踰歷(유력) 지나감. 경과함. 경험함.
踰月(유월) 그 달을 넘김.
踰限(유한) 기한을 넘김.

9 ⑯【蹂】 ①밟을 유 宥 ②축일 유 尤

인명 1급 ㊥rǒu, róu ㊐ジュウ

소전 초서 자해 ① ❶밟다, 짓밟다. 〔漢書〕 百姓奔走相蹂躪백성분주상유린. ❷빠르다, 재빠르다. ② ❶축이다. ❷벼를 밟다.
蹂躪(유린) ①짓밟음. ②폭력으로 남의 권리나 인격을 누르고 침해함.
蹂踐(유천) 짓밟음. 蹂躪(유린).

9 ⑯【蹀】 밟을 접 ㊍첩 葉

㊥dié ㊐チョウ

초서 자해 ❶밟다, 뛰다. 〔淮南子〕 足蹀陽阿之舞족접양아지무. ❷잔걸음으로 걷는 모양. ❸말〔馬〕이 가는 모양. ❹왕래가 빈번한 모양.
蹀躞(접섭) ①잔걸음으로 걷는 모양. ②말이 가는 모양. ③왕래가 빈번한 모양.

9 ⑯【踶】 ①찰 제 霽 ②굽 제 齊 ③힘쓸 치 紙

㊥dì, tí, zhì ㊐テイ, チ

소전 초서 자해 ① 차다. ＝蹄. 〔莊子〕 怒則分背相踶노즉분배상제. ② 굽, 짐승의 발굽. ＝蹏·蹄. ③ 힘쓰다.
¶ 踶跂치지.
踶跂(치지) 온 힘을 기울임. 힘씀.

9 ⑯【蹄】 ①굽 제 齊 ②밟을 제 霽

인명 1급 ㊥tí, dì ㊐テイ

초서 동자 蹏 자해 ① ❶굽. ＝蹏. 〔莊子〕 馬蹄可以踐霜雪마제가이천상설. ❷올무. 〔莊子〕 蹄者所以在兔제자소이재토. ② 밟다, 차다. ≒踶.
蹄嚙(제설) 짐승이 차고 물고 함.
蹄筌(제전) 올무와 통발. 도(道)를 풀이한 문자와 언설의 비유. 문자와 언설은 도를 깨닫는 도구가 된다는 데서 이르는 말.
◨ 馬蹄마제, 牛蹄우제.

9 ⑯【踵】 발꿈치 종 腫

인명 1급 ㊥zhǒng ㊐ショウ

소전 초서 자해 ❶발꿈치. 〔禮記〕 擧前曳踵거전예종. ❷쫓다. 〔春秋左氏傳〕 吳踵楚오종초. ❸잇다. ❹말미암다. 〔漢書〕 踵秦而置材官於郡國종진이치재관어군국. ❺찾다. 〔後漢書〕 踵介旅종개려. ❻밟다. 〔漢書〕 相踵以爲故事상종이위고사. ❼이르다〔至〕. 〔孟子〕 踵門而告文公曰종문이고문공왈.

足 8획

❽거듭, 자주. 〔莊子〕 踵見仲尼종견중니.
踵古(종고) 옛일을 계승함.
踵武(종무) 뒤를 이음. 전인(前人)의 사업을 계속함. '武'는 발자국.
踵接(종접) 발꿈치가 잇닿음. 사람이 잇달아 감.

9 ⑯【蹲】 뒤섞일 준 軫
㊥chuǎn ㊐シュン
자해 ❶뒤섞이다. 〔新書〕 諫臣詰逐간신힐축, 政治蹲亂정치준란. ❷위배(違背)되다. 〔左思·賦〕 謀蹲駮於王義모준교어왕의. ❸실의(失意)한 모양.

9 ⑯【蹁】 비틀거릴 편 先
㊥pián ㊐ヘン
소전 초서 동자 偏 자해 ❶비틀거리다. ❷에도는 모양. 〔蘇軾·賦〕 羽衣蹁躚우의편선.
蹁躚(편선) ①너울너울 춤추는 모양. ②비틀거리는 모양. ③빙 돌아서 가는 모양.

10 ⑰【蹇】 절 건 阮
인명 ㊥jiǎn ㊐ケン
소전 초서 속자 蹇 자해 ❶절다. 〔莊子〕 聾盲跛蹇롱맹파건. ❷괘 이름, 64괘(卦)의 하나. 괘형은 ䷦. ❸멈추다. 〔管子〕 凝蹇而爲人응건이위인. ❹고생하다, 곤란을 겪다. 〔剪燈餘話〕 子蹇困如此자건곤여차, 尙暇擇地哉상가택지재. ❺강하다, 굳세다. ❻교만하다, 뽐내다. 〔漢書〕 驕蹇數不奉法교건수불봉법.
蹇脚(건각) 절뚝발이. 절름발이.
蹇蹇(건건) ①충성을 다하여 애쓰는 모양. ②충정(忠貞)한 모양.
蹇蹇匪躬(건건비궁) 신하가 충성으로 임금을 섬기고 자신의 이해(利害)를 돌보지 않음.
蹇屯(건둔) 운수가 막힘. 운수가 침체함.
蹇士(건사) 충직(忠直)한 선비.
蹇澁(건삽) ①걷기가 어려움. ②말과 글이 세련되지 못함.
蹇劣(건열) 둔하고 용렬함. 또는 그런 사람.
蹇淺(건천) 생각이 온전하지 못하고 천박함.
蹇滯(건체) 일이 어렵고 막힘. 일이 뜻대로 되지 않음. 蹇澁(건삽).
◨ 偃蹇언건.

10 ⑰【蹋】 밟을 답 合
㊥tà ㊐トウ
소전 초서 동자 躢 동자 蹹 자해 ❶밟다. ≒踏. 〔資治通鑑〕 乃爲虜蹋歌내위로답가. ❷차다. 〔史記〕 六博蹋鞠육박답국.

10 ⑰【蹈】 밟을 도 號
인명 1급 ㊥dǎo ㊐トウ
소전 초서 속자 蹈 고자 踻 자해 ❶밟다. ㉮발로 디디다. 〔中庸〕 白刃可蹈也백인가도야. ㉯가다, 걷다. 〔宋史〕 深蹈不測之地심도불측지지. ㉰뛰다, 춤추다. 〔禮記〕 不知手之舞之부지수지무지, 足之蹈之也족지도지야. ㉱행하다, 실천(實踐)하다. 〔春秋穀梁傳〕 蹈道則未也도도즉미야. ❷슬퍼하다. ≒悼. 〔詩經〕 上帝甚蹈상제심도.
蹈歌(도가) 발장단에 맞추어 노래를 부름.
蹈舞(도무) 흥겹고 즐거워서 덩실덩실 춤을 춤. 手舞足蹈(수무족도).
◨ 舞蹈무도.

10 ⑰【蹣】 발 구부릴 반 寒
㊥pán ㊐バン
자해 발을 구부리다.

10 ⑰【蹎】 넘어질 전 先
㊥diān ㊐テン
소전 초서 자해 넘어지다. ≒顚. 〔淮南子〕 其行蹎蹎기행전전, 其視瞑瞑기시명명.

10 ⑰【蹏】 굽 제 齊
㊥tí ㊐テイ
소전 초서 자해 ❶굽, 짐승의 발굽. ＝蹄. ❷토끼 그물, 올가미. 〔左思·賦〕 罠蹏連網민제련망. ❸달리다, 빨리 가다. 〔淮南子〕 跌蹏而趍千里질제이추천리.

10 ⑰【蹉】蹉 넘어질 차 歌
인명 1급 ㊥cuō ㊐サ
소전 초서 자해 ❶넘어지다. 〔王褒·僮約〕 轉出旁蹉전출방차. ❷때를 놓치다. 어긋나다, 틀리다. 〔揚雄·箴〕 宗周罔職종주망직, 日月爽蹉일월상차.
蹉跌(차질) ①발을 헛디뎌 넘어짐. ②일에 실패함. 일이 난관에 부딪침.

足 10획

10 ⑰【蹌】跄 추창할 창 陽

㊥qiāng ㊐ソウ

소전 자해 ❶추창하다.〔詩經〕巧趨蹌兮교추창혜. ❷흔들리다. ❸춤추는 모양. ❹말이 빨리 달리는 모양.

蹌蹌(창창) ①걸음걸이에 위의(威儀)가 있는 모양. ②용의(容儀)가 우아한 모양. ③덩실덩실 춤추는 모양.

◨ 踉蹌낭창, 趨蹌추창.

10 ⑰【蹐】 살금살금 걸을 척 陌

㊥jí ㊐セキ

소전 초서 본자 蹟 자해 살금살금 걷다.〔詩經〕謂地蓋厚위지개후, 不敢不蹐불감불척.

10 ⑰【蹊】 1 지름길 혜 齊 2 기다릴 혜 齊

인명 ㊥xī ㊐ケイ

초서 자해 1 ❶지름길.〔史記〕桃李不言도리불언, 下自成蹊하자성혜. ❷건너다.〔春秋左氏傳〕牽牛以蹊人之田견우이혜인지전. 2 기다리다. ＝徯.

蹊徑(혜경) 좁은 길. 지름길.

◨ 山蹊산혜, 成蹊성혜.

11 ⑱【蹞】 반걸음 규 紙

㊥kuǐ ㊐キ

자해 반걸음. ＝跬·跬.〔荀子〕不積蹞步부적규보, 無以至千里무이지천리.

蹞步(규보) 반걸음. 跬步(규보).

11 ⑱【蹣】蹒 1 비틀거릴 반 寒 2 넘을 만 寒

㊥pán, mán ㊐バン

초서 자해 1 비틀거리다. 2 넘다, 뛰어넘다.

蹣跚(반산) ①비틀거리는 모양. ②절뚝거리는 모양.

11 ⑱【蹟】 자취 적 陌

인명 3Ⅱ급 ㊥jì ㊐セキ

초서 자해 ❶자취, 지나간 자국. ＝迹. ❷좇다, 따르다.〔詩經〕念彼不蹟념피부적.

◨ 古蹟고적, 奇蹟기적, 史蹟사적, 事蹟사적, 遺蹟유적, 行蹟행적.

11 ⑱【蹤】 자취 종 冬

㊥zōng ㊐ショウ

초서 동자 蹤 자해 ❶자취, 발자취. ＝踪. ❷뒤를 쫓다. ❸놓아 보내다.〔史記〕發蹤指示獸處者人也발종지시수처자인야.

蹤跡(종적) ①발자취. ②사람이 간 뒤의 행방. ③고인(故人)의 행적. 蹤迹(종적).

11 ⑱【蹢】 1 머뭇거릴 척 陌 2 굽 적 錫

㊥zhí, dí ㊐テキ

소전 초서 본자 蹢 동자 躑 자해 1 머뭇거리다, 서성거리다.〔禮記〕蹢躅焉척촉언, 踟躕焉지주언. 2 ❶굽.〔詩經〕有豕白蹢유시백적. ❷던지다.〔莊子〕齊人蹢子於宋者제인적자어송자.

11 ⑱【蹠】 밟을 척 陌

인명 ㊥zhí ㊐セキ

소전 초서 고자 跖 자해 ❶밟다, 뛰다.〔漢書〕蹠彭咸之所遺척팽함지소유. ❷가다, 나아가다.〔淮南子〕自無蹠有자무척유, 自有蹠無자유척무. ❸이르다, 도달하다.〔淮南子〕致其所蹠치기소척. ❹발바닥. ＝跖. ❺발(足). ❻소원, 희망.〔淮南子〕各從其蹠而亂生焉각종기척이란생언.

11 ⑱【蹙】 대지를 축 屋

인명 ㊥cù ㊐シュク

소전 초서 동자 蹴 자해 ❶대지르다. ㉮가까이 대들다.〔李華·詩〕兩軍蹙兮生死決양군축혜생사결. ㉯궁지(窮地)에 빠지다.〔後漢書〕群生危蹙군생위축. ❷오므리다, 옴츠리다. ❸찌푸리다, 찡그리다.〔孟子〕擧疾首蹙頞거질수축알. ❹삼가다, 공경하다.〔禮記〕不然則已蹙불연즉이축.

蹙竦(축송) 송구하여 어쩔 줄 모르는 모양.

蹙頞(축알) 콧잔등을 찡그림. 근심하는 모양.

11 ⑱【蹴】 蹙(1224)과 동자

11 ⑱【蹕】跸 길 치울 필 質

㊥bì ㊐ヒツ

초서 자해 ❶길을 치우다, 벽제(辟除)하다.〔史記〕聞蹕匿橋下문필닉교하.

❷임금의 거둥. 〔史記〕 此人犯蹕차인범필. ❸기대다, 한 발로 서다. 〔列女傳〕 立不蹕립불필.
蹕御(필어) 길을 치움. 벽제(辟除)함.

12 ⑲【蹺】跷 발돋움할 교 蕭
㊥qiāo ㊐キョウ
초서 자해 발돋움하다. ＝蹻.

12 ⑲【蹻】 1발돋움할 교 蕭 2교만할 교 篠 3짚신 각 藥
㊥qiāo, jiǎo, jué ㊐キョウ, キャク
소전 초서 자해 1❶발돋움하다. 〔揚雄·賦〕 莫不蹻足抗首막불교족항수. 2❶교만하다. ❷굳센 모양. 〔詩經〕 蹻蹻王之造교교왕지조. 3❶짚신, 초리(草履). ❷교만한 모양. 〔詩經〕 小子蹻蹻소자각각.
蹻足(교족) 발돋움함.
蹻捷(교첩) 발이 빠르고 날쌤.

12 ⑲【蹶】 1넘어질 궐 月 2움직일 궤 霽
인명 1급 ㊥jué, guì ㊐ケツ
소전 초서 동자 蹷 참고 인명용 음은 '궐'이다.
자해 1❶넘어지다. 〔後漢書〕 並遘屯蹶병구준궐. ❷기울어져 다하다. 〔漢書〕 天下財產천하재산, 何得不蹶하득불궐. ❸지다, 패(敗)하다. ❹뽑다. 〔漢書〕 蹶六國궐륙국, 兼天下겸천하. ❺달리다, 질주하다. 〔國語〕 蹶而趨之궐이추지. ❻일어나다. 〔史記〕 蹶然起坐궐연기좌. ❼놀라다. 〔莊子〕 蹶然而起궐연이기. ❽넘어뜨리다, 죽이다. 〔史記〕 百里而趣利者蹶上將軍백리이취리자궐상장군. 2❶움직이다. 〔詩經〕 文王蹶厥生문왕궤궐생. ❷허둥지둥 가는 모양. 〔禮記〕 足毋蹶족무궤.
蹶起(궐기) 벌떡 일어섬. 발분(發奮)하여 일어남. 분기(奮起)함.

12 ⑲【蹷】 蹶(1225)과 동자

12 ⑲【蹹】 1蹋(1223)과 동자 2踏(1221)과 동자

12 ⑲【蹬】 1비틀거릴 등 徑 2오를 등 蒸
㊥dèng, dēng ㊐トウ
소전 초서 자해 1❶비틀거리다. ¶ 蹭蹬층등. ❷밟다. 2❶오르다. ＝登. ❷계단.

12 ⑲【蹸】 짓밟을 린 震
㊥lìn ㊐リン
소전 동자 躪 자해 ❶짓밟다. 〔後漢書〕 蹂蹸其十二三유린기십이삼. ❷자국, 수레의 자국.

12 ⑲【蹼】 물갈퀴 복 屋
㊥pǔ ㊐ボク
초서 자해 물갈퀴. 〔爾雅〕 鳧鴈醜부안추, 其足蹼기족복.

12 ⑲【躧】 躧(1227)과 동자

12 ⑲【蹲】 웅크릴 준 本존 元 眞
㊥dūn ㊐ソン
소전 초서 동자 踆 자해 ❶웅크리다. 〔後漢書〕 蹲夷踞肆준이거사. ❷모으다. ❸춤추다. 〔詩經〕 蹲蹲舞我준준무아. ❹절도(節度)가 있는 모양. 〔漢書〕 穆穆肅肅蹲蹲如也목목숙숙준준여야.
蹲踞(준거) 웅크리고 앉음. 무릎을 세우고 앉음. 蹲坐(준좌).
蹲循(준순) ①뒷걸음질치는 모양. 망설이는 모양. ②마음이 느긋한 모양.
蹲蹲(준준) ①춤추는 모양. ②단정(端整)히 걷는 모양.

12 ⑲【蹴】 찰 축 屋
인명 2급 ㊥cù ㊐シュク
소전 초서 동자 躮 동자 蹵 동자 蹵
자해 ❶차다. 〔孟子〕 蹴爾而與之축이이여지. ❷밟다. 〔董仲舒·對策〕 以迫蹴民이박축민. ❸좇다. ❹공경하는 모양. ❺얼굴빛을 바꾸다. 〔莊子〕 諸大夫蹴然曰제대부축연왈.
蹴球(축구) 11명이 한 팀이 되어, 발이나 머리를 이용하여 상대편의 골에 공을 많이 넣는 것으로 승부를 겨루는 경기.
蹴鞠(축국) 꿩의 깃을 꽂은 공을 땅에 떨어뜨리지 않고 발로 계속 차 올리는 옛날 귀인들의 유희의 한 가지. 蹴毬(축구).
◨ 先蹴선축, 失蹴실축.

12 ⑲【躄】 蹴(1225)과 동자

12 ⑲【蹭】 비틀거릴 층 徑

㊥cèng ㊐ソウ

소전 蹭 초서 蹭 자해 ❶비틀거리다. 〔韓愈·詩〕 蹭蹬抵積甃층등저적추. ❷길을 잃다.

蹭蹬(층등) ①비틀거림. ②방황함.

13 ⑳【蹻】 번디딜 거 御

㊥jù ㊐キョ

초서 蹻 자해 ❶번디디다. ＝據. 〔班固·答賓戲〕 超忽荒而躆昊蒼也초홀황이거호창야. ❷손으로 땅을 짚다.

13 ⑳【躄】 앉은뱅이 벽 陌

㊥bì ㊐ヘキ

초서 躄 동자 躃 자해 ❶앉은뱅이, 절뚝발이. 〔禮記〕 瘖聾跛躄음롱파벽. ❷넘어지다.

躄踊(벽용) 부모의 상(喪)에 몹시 애통해 하는 모양. 擗踊(벽용).

13 ⑳【躃】 躄(1226)과 동자

13 ⑳【躇】 ①머뭇거릴 저 魚 ②건너뛸 착 藥

인명 1급 ㊥chú, chuò ㊐チョ

초서 躇 참고 인명용 음은 '저'이다.

자해 ①❶머뭇거리다. ❷밟다, 발로 밟다. ②건너뛰다. 〔春秋公羊傳〕 躇階而走착계이주.

◨ 躊躇주저.

13 ⑳【躁】 성급할 조 號

인명 1급 ㊥zào ㊐ソウ

초서 躁 동자 趮 동자 踈 자해 ❶성급하다, 조급하다. 〔論語〕 言未及之而言언미급지이언, 謂之躁위지조. ❷떠들다. ≒譟. 〔禮記〕 君子齊戒군자제계, 處必掩身毋躁처필엄신무조. ❸거칠다, 난폭하다. 〔荀子〕 躁者皆化而愨조자개화이각.

躁急(조급) 초조하게 서두름.

躁鬱(조울) 초조하고 답답함. 躁悶(조민).

躁虐(조학) 성급하고 포악함.

◨ 輕躁경조, 浮躁부조.

13 ⑳【躅】 ①머뭇거릴 촉 沃 ②자취 탁 覺

㊥zhú, zhuó ㊐チョク, タク

소전 躅 초서 躅 고자 蹢 자해 ①❶머뭇거리다. ❷밟다. 〔逸周書〕 師曠東躅其足사광동촉기족. ②자취. ㉮발은 자국. ㉯고인의 행적(行蹟). 〔漢書〕 伏周孔之軌躅복주공지궤탁.

14 ㉑【躍】 跃 ①뛸 약 藥 ②빠를 적 錫

고등 인명 3급 ㊥yuè, tì ㊐ヤク

필순 躍

소전 躍 초서 躍 속자 趯 참고 인명용 음은 '약'이다.

자원 形聲. 足+翟→躍. '翟(적)'이 음을 나타낸다.

자해 ①❶뛰다. ㉮뛰어오르다. 〔詩經〕 魚躍于淵어약우연. ㉯뛰어넘다. 〔春秋左氏傳〕 距躍三百거약삼백. ❷뛰게 하다. 〔孟子〕 搏而躍之박이약지. ②빠르다. 〔詩經〕 躍躍毚兔적적교토, 遇犬獲之우견획지.

躍動(약동) ①생기 있게 움직임. ②힘차게 활동함.

躍如(약여) ①뛰어오르는 모양. ②생기 있는 모양. 힘찬 모양. ③눈앞에 생생하게 나타나는 모양.

躍進(약진) 힘차게 앞으로 나아감.

◨ 跳躍도약, 飛躍비약, 一躍일약, 活躍활약.

14 ㉑【躋】 跻 오를 제 齊

㊥jī ㊐セイ

소전 躋 자해 ❶오르다, 올리다. 〔詩經〕 聖敬日躋성경일제. ❷떨어지다, 추락하다.

14 ㉑【躊】 踌 머뭇거릴 주 尤

인명 1급 ㊥chóu ㊐チュウ

초서 躊 동자 躊 자해 ❶머뭇거리다. ¶ 躊躇주저. ❷느직한 모양. ❸득의한 모양. 〔莊子〕 方將躊躇방장주저.

躊躇(주저) ①머뭇거림. 망설임. 躊佇(주저). ②느직한 모양. ③득의(得意)한 모양.

15 ㉒【躐】 밟을 렵 葉

㊥liè ㊐リョウ

초서 동자 躐 자해 ❶밟다, 디디다. 〔楚辭〕凌余陣兮躐余行릉여진혜렵여행. ❷넘다, 뛰어넘다. 〔禮記〕學不躐等학불렵등. ❸쥐다, 손으로 잡아 쥐다. 〔後漢書〕躐纓整襟렵영정금.

躐等(엽등) 순서를 뛰어넘음. 신분(身分)을 넘어섬.

15 ㉒【躔】 ①궤도 전 先 ②자취 전 銑

㊥chán, zhàn ㊐テン

소전 초서 자해 ①❶궤도(軌道). 〔揚子方言〕日運爲躔일운위전. ❷돌다. 〔呂氏春秋〕月躔二十八宿월전이십팔수. ❸가다, 건너다. 〔漢書〕躔離弦望전리현망. ②❶자취. ❷옮겨 가다.

15 ㉒【躓】踬 ①넘어질 지 寘 ②굳은살 지 支

㊥zhì, zhī ㊐チ

소전 초서 동자 蹠 자해 ①❶넘어지다. ❷부딪치다. 〔列子〕其行足躓株陷기행족지주함. ❸밟다, 디디다. ❹멈추다, 멈춰 서다. ②굳은살. ≒胝. 〔孟子〕故禹稷胼躓고우직변지.

15 ㉒【躑】踯 머뭇거릴 척 陌

㊥zhí ㊐テキ

초서 자해 ❶머뭇거리다, 발을 멈추다. ＝蹢. 〔沈約·賦〕咏歸歟而躑躅영귀여이척국. ❷뛰어오르다. 〔剪燈新話〕三人悲啼躑躅삼인비제척촉. ❸철쭉, 진달래꽃.

躑躅(척촉) ①왔다갔다함. 배회함. ②발로 땅을 침. 발을 구르는 일. ③뛰어오름. ④철쭉. 진달래. 杜鵑花(두견화).

16 ㉓【躙】 짓밟을 린 震

㊥lìn ㊐リン

초서 동자 躪 자해 ❶짓밟다, 마구 밟다. ¶ 蹂躙유린. ❷수레의 자국. ❸수레에 깔리다.

16 ㉓【躚】跹 춤출 선 先

㊥xiān ㊐セン

초서 동자 躚 자해 ❶춤추다. ❷비틀거리는 모양. ❸에돌다.

躚躚(선선) ①춤을 추는 모양. ②비틀거리는 모양.

17 ㉔【躞】 걸을 섭 葉

㊥xiè ㊐ショウ

초서 자해 걷다, 걸어가는 모양. 〔白居易·詩〕躞蹀退朝騎섭접퇴조기.

躞蹀(섭접) 종종걸음치는 모양.

18 ㉕【躡】蹑 밟을 섭 本녑 葉

㊥niè ㊐ジョウ

소전 속자 蹑 자해 ❶밟다, 디디다. 〔史記〕張良장량·陳平진평, 躡漢王足섭한왕족. ❷오르다. 〔宋書〕登躡常著木屐등섭상저목극. ❸이르다, 다다르다. ❹잇다. 〔唐書〕勞問相躡로문상섭. ❺뒤좇다, 따르다. 〔晉書〕高躡王劉고섭왕류. ❻빠르다.

20 ㉗【躩】 바삐 갈 곽 藥

㊥jué ㊐カク

소전 초서 자해 ❶바삐 가다. 〔莊子〕蹇裳躩步건상곽보. ❷머뭇거리는 모양. 〔論語〕足躩如也족곽여야. ❸뛰어오르다, 도약하다. 〔漢書〕躩以連卷곽이련권.

20 ㉗〖躪〗躏 짓밟을 린 震

인명 1급 ㊥lìn ㊐リン

초서 동자 躙 자해 짓밟다, 유린하다. 〔漢書〕百姓奔走相蹂躪백성분주상유린.

身部 몸신

0 ⑦【身】 몸 신 眞

중학 인명 6급 ㊥shēn ㊐シン

필순 ′ 亻 亣 亣 自 自 身

소전 초서 동자 𨉖 자원 形聲. 𢁘＋人→身. '𠂆'은 '𢁘(申)'의 생략체. '𢁘(신)'이 음을 나타낸다. 일설에는, 아이가 배 속에서 움직이는 형상을 그린 상형자로 보기도 한다.

자해 ❶몸. ㉮몸뚱이, 신체. 〔禮記〕身也者신야자, 父母之遺體也부모지유체야. ㉯나, 자신. 〔盧諶·詩〕仰悲先意앙비선의, 俯思身愆부사신건. ❷임신하다. 〔詩經〕大任有身대임유신. ❸대(代), 세(世). 〔晉書〕蓋李氏子개리씨자, 祜

之前身也호지전신야.
身命(신명) 몸과 목숨. 육체와 생명.
身邊(신변) 몸의 주변.
身柄(신병) 보호나 구금의 대상이 되는 몸.
身病(신병) 몸에 지닌 병.
身分(신분) 개인의 사회적인 위치나 계급.
身上(신상) ①일신에 관한 일. ②몸.
身世(신세) ①일신상의 처지나 형편. ②國타인에게 도움을 받거나 폐를 끼침.
身手(신수) ①몸과 손. ②國㉠사람의 얼굴에 나타난 건강 상태의 빛. ㉡용모와 풍채.
身言書判(신언서판) 당대(唐代)에, 관리를 등용할 때 사람을 판단하던 네 가지 기준. '身'은 몸집이 큼, '言'은 말이 바름, '書'는 글씨가 힘차고 아름다움, '判'은 판단이 훌륭하고 빼어남.
身熱(신열) 병으로 인하여 오르는 몸의 열.
身長(신장) 키.
身體(신체) 사람의 몸.
身體髮膚(신체발부) 몸과 머리털과 살갗. 곧, 몸 전체.
◨ 裸身나신, 短身단신, 文身문신, 心身심신, 長身장신, 赤身적신, 挺身정신, 獻身헌신, 護身호신.

3 ⑩【躬】 몸 궁 東

인명 1급 ㊥gōng ㊐キュウ

소전 초서 본자 躳 자해 ❶몸, 자신(自身). 〔詩經〕 躬自悼矣궁자도의. ❷몸소. 〔宋史〕 躬御紫宸궁어자신. ❸몸에 지니다, 품수(稟受)하다. 〔漢書〕 聖人旣躬明悊之性성인기궁명철지성. ❹활. =弓. 〔論語〕 吾黨有直躬者오당유직궁자.
躬耕(궁경) ①몸소 농사지음. 躬稼(궁가). ②임금이 몸소 적전(籍田)을 경작하던 일.
躬行(궁행) 몸소 행함.
◨ 鞠躬국궁, 治躬치궁.

4 ⑪【躭】 耽(1019)의 속자

5 ⑫【躰】 體(1414)의 속자

6 ⑬【躲】 비킬 타 哿

㊥duǒ ㊐タ

동자 躱 자해 ❶비키다, 피하다, 숨다. 〔夷堅志〕 瘧有鬼학유귀, 可以出他處躲避가이출타처타피. ❷몸, 몸소.

8 ⑮【躶】 발가벗을 라 哿

㊥luǒ ㊐ラ

초서 동자 裸 자해 발가벗다. 〔史記〕 臣躶有來신라유래, 不受金불수금, 無以爲資무이위자.
躶身(나신) 발가벗은 알몸. 裸身(나신).

9 ⑯【躾】 예절 가르칠 미 인명

참고 본래 일본에서 만든 글자이다.
자해 ❶예절을 가르치다. ❷모양 내다.

11 ⑱【軀】 躯 몸 구 虞

인명 1급 ㊥qū ㊐ク

소전 초서 동자 軆 자해 몸, 신체. 〔荀子〕 曷足以美七尺之軀哉갈족이미칠척지구재.
軀命(구명) 몸과 목숨. 身命(신명).
軀體(구체) 몸. 신체.

12 ⑲【軄】 職(1023)의 속자

13 ⑳【軆】 體(1414)의 속자

車部 수레 거

0 ⑦【車】 车 1수레 거·차 魚 2성 차 麻

중학 인명 7급 ㊥jū, chē ㊐キョ

필순 一 ㄱ 万 百 亘 亘 車

소전 車 초서 참고 인명용 음은 '거·차'이다.
자원 象形. 외바퀴 수레의 모양을 본뜬 글자.
자해 1❶수레. ❷수레의 바퀴, 차륜(車輪). 〔禮記〕 山出器車산출기거. ❸도르래, 활차(滑車). ❹잇몸, 치은(齒齦). 〔春秋左氏傳〕 輔車相依보거상의. 2성(姓).
車同軌(거동궤) 수레의 바퀴 간격이 다 같음. 천하가 통일되어 있음. 書同文(서동문).
車馬費(거마비) 교통비(交通費).
車書(거서) 수레와 서적. 나라의 문물제도.
車魚之歎(거어지탄) 사람의 욕심을 끝이 없음.
故事 맹상군(孟嘗君)의 식객(食客) 풍환(馮驩)이 칼을 어루만지며 '밥상에 생선이 없

다' 고 투덜대었고, 생선이 나온 다음에는 '출입할 때 수레가 없다' 고 탄식하였다는 고사에서 온 말.

車裂(거열) 옛날 형벌의 한 가지. 죄인의 사지(四肢)를 두 대의 우차(牛車)에 나누어 묶고 좌우(左右)로 찢어 죽이던 혹형(酷刑).

車載斗量(거재두량) 수레에 싣고 말[斗]로 됨. 물건이 많음.

車道(차도) 차가 다니는 길.

車輛(차량) ①모든 차. ②열차의 한 칸.

車胤盛螢(차윤성형) 고학(苦學)함. 故事 진(晉)나라의 차윤(車胤)이 여름이면 개똥벌레를 잡아 비단 주머니에 담아, 그 빛에 비추어 글을 읽었다는 고사에서 온 말.

車戰(차전) ①병거(兵車)를 이용한 싸움. ②國음력 정월 보름날 행하던 편놀이의 한 가지. 차전놀이.

車體(차체) 차량의 몸체.

車軸(차축) 두 개의 차바퀴를 이은 바퀴 회전의 중심축이 되는 쇠막대기.

◨ 汽車기거, 水車수거, 電車전차, 停車정차, 駐車주차, 風車풍차, 下車하차.

1
⑧【軋】轧 삐걱거릴 알 黠

인명 1급 ㊥yà ㊐アツ

소전 초서 자해 ❶삐걱거리다. ㉮바퀴가 닿아 삐걱거리다. ㉯두 물건이 서로 닿아 마찰하다. 〔杜牧·詩〕歸櫂何時軋軋鳴귀도하시알알명. ㉰불화(不和)하다. ❷형벌 이름, 알형(軋刑). 〔史記〕有罪유죄, 小者軋소자알, 大者死대자사.

軋轢(알력) ①수레가 매끄럽지 못하고 삐걱거림. ②의견이 맞지 않아 서로 충돌함. 불화를 일으킴. 反目(반목).

軋軋(알알) ①만물이 모여서 무더기로 생겨나는 모양. ②수레가 움직일 때, 배의 노를 저을 때, 베를 짤 때 등의 삐걱거리는 소리.

軋刑(알형) 수레바퀴 밑에 깔아 죽이던 형벌.

2
⑨【軍】军 군사 군 文

중학 인명 8급 ㊥jūn ㊐グン

필순 丶 冖 冖 冝 冝 冝 宣 軍

소전 초서 본자 자원 會意. 冖+車→軍. '冖'는 '包(포)'의 생략형이다. 전차(戰車)로 둘러싼〔包〕군영(軍營)을 뜻한다.

자해 ❶군사. 〔宋史〕分布軍伍분포군오, 咸有節制함유절제. ❷진치다. 〔春秋左氏傳〕晉之餘師不能軍진지여사불능군. ❸송대(宋代)의 행정구획 이름. ❹명대(明代)의 형벌 이름, 충군(充軍). ❺군대를 지휘하다. 〔左傳〕王亦能軍왕역능군.

軍歌(군가) 군대의 사기를 북돋우기 위해 부르는 노래.

軍監(군감) ①군사를 감독하던 직책. ②조선 때, 군수품(軍需品)을 맡아보던 관청. 軍資監(군자감).

軍警(군경) 군대와 경찰.

軍禁(군금) 군대의 금제(禁制).

軍紀(군기) 군대의 기강.

軍機(군기) 군사상의 기밀.

軍納(군납) 군대에 필요한 물자를 납품하는 일.

軍團(군단) 육군(陸軍)의 편성 단위로, 사단(師團)의 위.

軍隊(군대) 군인의 집단.

軍亂(군란) 군대가 일으킨 난리.

軍糧(군량) 군대의 양식.

軍旅(군려) ①군대. 병사. ②전쟁.

軍令(군령) 군사상의 명령.

軍禮(군례) ①군사(軍事)에 관한 의식. ②군대의 경례법.

軍吏(군리) ①군대의 장수. ②군대에 딸린 관리. 군의 감찰관.

軍務(군무) 군사에 관한 사무.

軍門(군문) ①군영(軍營)의 문. ②군대.

軍閥(군벌) ①군인의 파벌. ②군부를 중심으로 한 정치적 당파나 세력.

軍部(군부) 군사(軍事) 업무를 맡아보는 기관이나 부서.

軍府(군부) ①병기를 간직하여 두는 곳. ②군중에서 장군이 집무하는 곳.

軍費(군비) 군사상의 준비나 전쟁 따위에 드는 비용.

軍備(군비) ①국방상의 모든 설비. ②전쟁의 준비. 兵備(병비)

軍事(군사) 군대·전쟁에 관한 일.

軍師(군사) ①주장(主將) 아래에서, 군의 기밀을 맡으며 전략을 세우는 참모.

軍需(군수) 군사상 필요한 것.

軍役(군역) 군대의 복역(服役). 兵役(병역).

軍營(군영) 군대가 주둔하여 있는 곳.

軍伍(군오) 군의 대오(隊伍). 軍隊(군대).

軍用(군용) 군사 목적에 쓰이는 것.

軍裝(군장) 군대의 장비.

軍籍(군적) ①군인의 인적 사항을 기록한 장부. ②군인으로서의 지위·분한(分限). 軍案(군안).

軍田(군전) 군영에 딸렸던 전지.

軍丁(군정) 군역(軍役)에 충당되는 장정.

車 2획

軍政(군정) ①병사(兵事)에 관한 정무(政務). ②군부가 실권을 장악하고 행하는 정치. ③전시에 군사령관이 일정한 구역 내에서 행하는 행정.
軍中(군중) 군대의 내부. 진영의 안.
軍陣(군진) ①군대의 진영. 軍營(군영). ②군대의 진법.
軍帖(군첩) 군중에서 알리는 글. 군부에서 발부하는 통지서.
軍縮(군축) 군비 축소의 준말.
軍布(군포) 군적에 있는 장정(壯丁)이 복역 대신에 바치던 베나 무명.
軍艦(군함) 해상 전투를 목적으로 하는 함선.
軍港(군항) 해군 함대의 근거지로 시설한 항구.
軍號(군호) ①군중(軍中)에서 쓰는 암호나 신호. ②서로 몸짓·눈짓·말짓 등의 암호로 남몰래 연락하는 일.
◨ 空軍공군, 水軍수군, 我軍아군, 陸軍육군, 將軍장군, 敵軍적군, 海軍해군, 行軍행군.

2 ⑨【軍】 軍(1229)의 본자

2 ⑨【軌】轨 길 궤 紙

고등 인명 3급 ㊥guǐ ㊐キ

필순 一 ㄏ ㄇ 戸 目 亘 車 車 軌

소전 軌 초서 軌 동자 边 자원 形聲. 車+九→軌. '九(구)'가 음을 나타낸다.

자해 ❶**길, 천체가 운행하는 길.** ❷**바퀴 자국.** 〔史記〕 結軌還轅결궤환원. ❸**바퀴 사이.** 〔中庸〕 車同軌거동궤. ❹**굴대, 차축**(車軸). 〔詩經〕 車不濡軌거불유궤. ❺**좇다.**

軌度(궤도) 규범. 법도. 법칙.
軌道(궤도) ①수레가 지나간 바퀴 자국. ②기차·전차의 길. 鐵路(철로). ③천체가 공전하는 일정한 길. ④일이 발전하는 정상적이며 본격적인 방향과 단계.
軌範(궤범) ①모범(模範). 본보기. ②본받음. 본보기로 삼음.
軌跡(궤적) ①수레바퀴가 지나간 자국. ②선인(先人)의 올바른 행적.
軌轍(궤철) ①수레바퀴 자국. ②법칙. ③전인(前人)의 행위. 전례(前例).
◨ 同軌동궤, 常軌상궤, 儀軌의궤, 狹軌협궤.

3 ⑩【軑】 줏대 대 泰

㊥dài ㊐タイ

소전 軑 초서 軑 자해 **줏대.** 〔楚辭〕 齊玉軑而竝馳제옥대이병치.

3 ⑩【軔】轫 쐐기 인 震

㊥rèn ㊐ジン

소전 軔 초서 軔 자해 ❶**쐐기.** 〔楚辭〕 朝發軔於蒼梧兮조발인어창오혜. ❷**멈추다, 정지시키다.** 〔後漢書〕 遂以頭軔乘輿輪수이두인승여륜.

3 ⑩【軒】轩 추녀 헌 元

고등 인명 3급 ㊥xuān ㊐ケン

필순 一 ㄏ ㄇ 戸 目 亘 車 車 軒 軒

소전 軒 초서 軒 자원 形聲. 車+干→軒. '干(간)'이 음을 나타낸다.

자해 ❶**추녀, 처마.** 〔左思·賦〕 周軒中天주헌중천. ❷**집.** 〔朱熹·記〕 獨西北隅一軒亢爽可喜독서북우일헌항상가희. ❸**수레.** ❹**행랑, 장행랑**(長行廊). ❺**헌함, 난간**(欄干). 〔漢書〕 天子自臨軒檻上천자자림헌함상. ❻**훨훨 나는 모양.** ❼**춤추는 모양.** ❽**자득**(自得)**한 모양.**

軒冕(헌면) ①초헌(軺軒)과 면류관. 높은 관직. ②대부(大夫). 귀현(貴顯)한 사람.
軒昻(헌앙) ①의기가 양양한 모양. ②높이 오름. ③사물의 기세가 왕성한 모양.
軒軒(헌헌) ①춤추는 모양. ②자득(自得)한 모양. ③높이 오르는 모양. 출중한 모양.
軒軒丈夫(헌헌장부) 외모가 준수하고 쾌활한 남자.
軒豁(헌활) 앞이 탁 트이어 시원스러움.
◨ 東軒동헌.

4 ⑪【軟】软 연할 연 銑

고등 인명 3Ⅱ급 ㊥ruǎn ㊐ナン

필순 一 ㄇ 戸 目 亘 車 車 軟 軟 軟

본자 輭 자원 形聲. 車+耎→輭→軟. '耎(연)'이 음을 나타낸다.

자해 ❶**연하다, 부드럽다.** 〔柳宗元·文〕 文詞婉軟문사완연. ❷**연약하다.** 〔史記〕 妻子軟弱처자연약.

軟膏(연고) 외상이나 피부 질환에 바르는 약.
軟骨(연골) 물렁뼈.
軟禁(연금) 신체적 자유는 속박하지 않으나 외출이나 외부와의 접촉을 제한하는 감금.
軟美(연미) ①연하고 맛이 좋음. ②부드럽고 아름다움.

軟打(연타) 가볍게 치거나 때림.
軟風(연풍) 부드러운 바람. 微風(미풍).
◨ 柔軟유연.

4 ⑪【軠】轉(1237)의 속자

5 ⑫【軻】轲 굴대 가 歌

인명 2급 ㊥kē ㊐カ

소전 초서 자해 ❶굴대. ❷일이 뜻대로 되지 않다. 〔杜甫·詩〕德尊一代常轗軻덕존일대상감가. ❸맹자(孟子)의 이름.

5 ⑫【軽】輕(1233)의 속자

5 ⑫【軱】轱 큰 뼈 고 虞

㊥gū ㊐コ

초서 자해 큰 뼈, 대골(大骨), 반골(盤骨). 〔莊子〕技經肯綮之未嘗기경긍경지미상, 而況大軱乎이황대고호.

5 ⑫【軰】輩(1234)의 속자

5 ⑫【軶】멍에 액 陌

㊥è ㊐ヤク

자해 멍에.

5 ⑫【軼】轶 ①앞지를 일 質 ②갈마들 질 屑 ③수레바퀴 철 屑

㊥yì, dié ㊐イツ, テツ

소전 초서 자해 ①❶앞지르다. 〔淮南子〕軼鶤雞於姑餘일곤계어고여. ❷찌르다, 범하다. 〔春秋左氏傳〕懼其侵軼我也구기침일아야. ❸넘치다. =溢·泆. 〔漢書〕軼爲榮일위영. ❹흩어지다, 없어지다. =逸. ②갈마들다. =迭. 〔史記〕軼興軼衰질흥질쇠. ③수레바퀴. 〔史記〕伏式結軼복시결철.
軼事(일사) 세상에 널리 알려지지 않은 사실.
軼詩(일시) 시경(詩經)에 수록되지 않은 고시(古詩). 逸詩(일시).
軼蕩(질탕) 지나치게 방탕한 모양.

5 ⑫【軹】轵 굴대 머리 지 紙

㊥zhǐ ㊐シ

소전 초서 자해 ❶굴대 머리. 〔周禮〕軹崇三尺有三寸也지숭삼척유삼촌야. ❷바퀴통 바깥쪽의 비녀장 구멍. ❸격자창.

5 ⑫【軫】轸 수레 뒤턱 나무 진 軫

인명 ㊥zhěn ㊐シン

소전 초서 동자 輡 자해 ❶수레의 뒤턱 나무. 〔周禮〕加軫與轐焉가진여복언. ❷수레, 수레의 통칭. 〔後漢書〕往車雖折왕거수절, 而來軫方遒이래진방주. ❸기러기발. ❹구르다, 빙빙 돌다. 〔太玄經〕軫轉其道진전기도. ❺슬퍼하다. 〔楚辭〕出國門而軫懷兮출국문이진회혜. ❻많고 성대한 모양. 〔淮南子〕士卒殷軫사졸은진. ❼별 이름. 28수(宿)의 하나. 〔史記〕軫爲車진위거, 主風주풍.
軫念(진념) 임금이 아랫사람의 처지나 형편을 걱정함. 宸襟(신금).
軫軫(진진) 왕성하고 성대한 모양.
軫恤(진휼) 불쌍히 여겨 베풀어 줌.

5 ⑫【輡】軫(1231)과 동자

5 ⑫【軺】轺 수레 초 蕭

㊥yáo ㊐ヨウ

소전 초서 자해 ❶수레, 가볍고 작은 수레. 〔漢書〕立軺倂馬립초병마. ❷운구(運柩)하는 수레.
軺軒(초헌) ①가벼운 수레. 輕車(경거). ②고관이 타던 외바퀴 수레. 軒軺(헌초).

5 ⑫【軸】轴 굴대 축 屋

인명 2급 ㊥zhóu ㊐ジク

소전 속자 轴 자해 ❶굴대. 〔史記〕車軸折거축절. ❷북. 〔詩經〕杼軸其空저축기공. ❸두루마리. 〔韓愈·詩〕鄴侯家多書업후가다서, 插架三萬軸삽가삼만축. ❹중요한 지위. 〔漢書〕當軸處中당축처중.
軸轤(축로) 배의 이물과 고물. 舳艫(축로).
◨ 卷軸권축, 地軸지축, 車軸차축, 樞軸추축.

6 ⑬【較】较 ①견줄 교 效 ②수레귀 각 覺

고등 인명 3Ⅱ급 ㊥jiào, jué ㊐コウ

필순 一 ㄇ 百 亘 車 車' 軒 軒 軡 較

車 6획

참고 인명용 음은 '교'이다.
자원 形聲. 車+交→較. '交(교)'가 음을 나타낸다.
자해 1 ❶견주다, 비교하다. 〔老子〕 長短相較장단상교. ❷나타내다. ❸조금, 거의. 〔杜甫·詩〕 春寒花較遲춘한화교지. 2 ❶수레의 귀. 〔周禮〕 以其隧之半爲較崇이기수지반위각숭. ❷겨루다, 경쟁하다. ≒角. 〔孟子〕 魯人獵較로인렵각.
較量(교량) ①비교하여 헤아림. ②저항함.
較差(교차) 최고와 최저의 차이.
◨ 比較비교.

6 ⑬ 【輅】 辂 1 수레 로 遇 2 임금 수레 락 藥 3 맞이할 아 禡
인명 ㊥hé, lù, yà ㊐ロ, カク
참고 인명용 음은 '로'이다.
자해 1 ❶수레. ㉮임금의 수레. 〔張衡·賦〕 龍輅充庭룡로충정. ㉯은대(殷代)의 수레. 〔論語〕 乘殷之輅승은지로. ㉰섶으로 덮개를 한 허술한 수레, 시거(柴車). ㉱큰 수레. 〔國語〕 輅車十五乘로거십오승. ❷끌채마구리. 2 임금의 수레. 3 맞이하다, 봉영(奉迎)하다. 〔春秋左氏傳〕 狂狡輅鄭人광교아정인.

6 ⑬ 【軿】 거마 소리 병 青
인명 ㊥píng ㊐ヘイ
소전 軿 초서
자해 ❶거마(車馬) 소리, 거마의 요란한 소리. ❷가벼운 병거(兵車).

6 ⑬ 【軾】 轼 수레 앞턱 가로나무 식 職
인명 2급 ㊥shì ㊐ショク
소전 초서
자해 수레의 앞턱 가로나무.

6 ⑬ 【輀】 辆 수레 이 支
㊥ér ㊐ジ
소전 동자 轜
자해 수레. 〔晉書〕 靈輀夙駕령이숙가.

6 ⑬ 【載】 载 1 실을 재 隊 2 일 대 隊
고등 인명 3Ⅱ급 ㊥zài, dài ㊐サイ
필순 土 吉 吉 亘 亘 𠦝 𨊥 載 載 載
소전 초서
참고 인명용 음은 '재'이다.
자원 形聲. 𢦏+車→載. '𢦏(재)'가 음을 나타낸다.
자해 1 ❶싣다. ㉮수레에 실어서 운반하다. 〔易經〕 大車以載대거이재. ㉯지우다, 맡기다. 〔荀子〕 以國載之이국재지. ㉰기재(記載)하다. 〔書經〕 冀州旣載기주기재. ❷타다. ㉮수레에 오르다. 〔史記〕 旣與同載기여동재. ㉯오르다, 높이 되다. 〔漢書〕 身寵而載高位신총이재고위. ❸베풀다, 설비하다. 〔詩經〕 清酒旣載청주기재. ❹어조사(語助辭). 이에, 곧. 〔詩經〕 載馳載驅재치재구. ❺해, 년(年). 〔書經〕 朕在位七十載짐재위칠십재. 2 이다, 머리 위에 얹다. =戴.
載錄(재록) 기록하여 실음.
載覆(재부) 땅은 만물을 싣고, 하늘은 만물을 덮음. 곧, 천지(天地)나 천지의 덕(德).
載書(재서) ①열국(列國)의 맹약(盟約)을 기록한 문서. 열국이 맹약할 때에는 소를 잡아 그 피를 마시며, 그 시체 위에 서약서를 얹어 함께 땅속에 파묻었음. ②책을 실음.
載送(재송) 물건을 실어서 보냄.
載籍(재적) 책. 서적(書籍). 전적(典籍).
載舟覆舟(재주복주) 물은 배를 띄우지만 배를 뒤집어엎기도 함. 백성은 임금을 받들지만 또한 임금을 해칠 수도 있음.
載戢干戈(재집간과) 전란(戰亂)이 끝나 무기를 거두어 간수함. 천하가 태평함.
◨ 揭載게재, 記載기재, 登載등재, 積載적재.

6 ⑬ 【輈】 辀 끌채 주 尤
㊥zhōu ㊐チュウ
소전 초서
자해 ❶끌채. 한 개로 된 끌채. 양쪽 두 개로 된 끌채는 '轅(원)'이라고 한다. ❷거여(車輿), 거상(車箱). ❸굳센 모양. 〔後漢書〕 汝今輈張여금주장, 怙汝兄邪호여형야.
輈張(주장) 강경(強勁)한 모양. 굳센 모양.

6 ⑬ 【輊】 轾 숙은 수레 지 寘
㊥zhì ㊐チ
초서
자해 ❶숙은 수레, 수레의 앞이 무거워서 숙다. 수레의 앞이 가볍고 높은 것은 '軒(헌)'이라 한다. 〔詩經〕 如輊如軒여지여헌. ❷수레의 앞뒤 무게가 균형이 맞게 조절하다. 〔後漢書〕 居前不能令人輊거전불능령인지, 居後不能令人軒거후불능령인헌.

7 ⑭ 【輕】 轻 1 가벼울 경 庚 2 조급히 굴 경 敬
중학 인명 5급 ㊥qīng, qìng ㊐ケイ

車 6획

필순 一 ㄱ 亘 亘 車 車 軒 輕 輕 輕 輕

소전 輕 초서 軽 속자 軽 자원 形聲. 車+巠→輕. '巠(경)'이 음을 나타낸다.

자해 1 ❶가볍다. ㉮적다. 〔李商隱·詩〕秋庭暮雨類輕埃추정모우류경애. ㉯신분이 낮다. ㉰값이 없다. 〔漢書〕爲錢益多而輕위전익다이경. ㉱손쉽다, 홀가분하다. 〔南齊書〕出入輕單출입경단. ㉲재빠르다. 〔戰國策〕輕車銳騎경거예기. ❷가벼이 하다. ❸가벼운 수레, 경거(輕車). 2 ❶조급히 굴다, 경솔하다. 〔春秋左氏傳〕秦師輕而無禮진사경이무례, 必敗필패. ❷함부로, 경솔하게. 〔漢書〕不輕得後불경득후.

輕減(경감) 덜어서 가볍게 함.
輕車(경거) 가볍고 빨리 달리는 수레.
輕擧(경거) ①가볍게 오름. 등선(登仙)하거나 은둔하는 일. 輕矯(경교). ②경거망동(輕擧妄動).
輕擧妄動(경거망동) 경솔하게 함부로 행동함.
輕健(경건) 몸이 가볍고 건강함.
輕輕(경경) 가벼운 모양. 경박한 모양.
輕裘肥馬(경구비마) 가볍고 따뜻한 갖옷을 입고 살진 말을 탐. 부귀(富貴)함. 輕肥(경비).
輕裘緩帶(경구완대) 가벼운 갖옷과 느슨한 허리띠. ㉠느긋한 모양. 여유 있는 태도. ㉡간편한 복장.
輕侮(경모) 가벼이 보아 업신여김.
輕蔑(경멸) 가볍게 보고 업신여김.
輕微(경미) 정도가 가볍고 작음.
輕薄(경박) ①침착하지 못함. 경솔하고 천박함. ②가볍게 여김. 업신여김. ③가볍고 엷음. 가치가 적음.
輕犯(경범) 비교적 가벼운 범죄.
輕傷(경상) 가볍게 다침.
輕率(경솔) 언행이 진중하지 못하고 가벼움.
輕視(경시) 가볍게 봄. 깔봄.
輕銳(경예) 몸이 가볍고 날랜 병사.
輕佻浮薄(경조부박) 사람됨이 경솔하고 천박함. 輕浮(경부).
輕舟(경주) ①가볍고 빨리 달리는 배. 輕舸(경가). ②배다리. 浮橋(부교).
輕重(경중) 가벼움과 무거움.
輕重斂散(경중염산) 풍년에는 곡식 가격이 떨어지므로 정부가 곡식을 사들여 지나친 하락을 막고, 흉년에는 곡식 가격이 등귀하므로 정부의 양곡을 방매하여 지나치게 오르는 것을 막음.
輕捷(경첩) 몸이 가볍고 날램. 敏捷(민첩).
輕快(경쾌) 가뜬하고 유쾌함.
輕波(경파) 잔물결. 微波(미파).
輕剽(경표) ①경솔한 일. 깝작거리는 일. 浮剽(부표). ②일정한 생활 근거 없이 남을 협박하여 노략질하는 일.
輕悍(경한) 민첩하고 사나움.
輕俠(경협) 의리를 중요하게 여겨 자신의 목숨을 가벼이 여기고 남을 위하는 협기(俠氣).
輕忽(경홀) ①경박하고 소홀함. ②깔보고 소홀히 대접함.

7
⑭ 【輓】 끌 만 阮 願

인명 1급 ㊥wǎn ㊐バン

소전 輓 초서 輓 자해 ❶끌다. ≒挽. 〔春秋左氏傳〕或輓之혹만지, 或推之혹추지. ❷만사(輓詞), 죽음을 애도하는 시가(詩歌). 〔晉書〕輓歌出於漢武帝만가출어한무제.

輓歌(만가) ①상여를 메고 갈 때 부르는 노래. 葬送曲(장송곡). ②죽은 사람을 애도하는 노래. 挽歌(만가).
輓車(만거) 수레를 끎. 끄는 수레.
輓詞(만사) 죽은 사람을 애도하여 지은 글. 輓章(만장).
輓詩(만시) 죽은 사람을 애도하는 시.
◨ 推輓추만.

7
⑭ 【輔】 辅 덧방나무 보 麌

인명 2급 ㊥fǔ ㊐ホ

소전 輔 초서 輔 동자 軵 자해 ❶덧방나무. 〔詩經〕無棄爾輔무기이보. ❷돕다. ㉮보좌하다, 조력하다. 〔呂氏春秋〕齊晉又輔之제진우보지. ㉯바루다, 도와서 바르게 하다. 〔書經〕爾尙輔予一人이상보여일인.

輔車(보거) ①수레의 덧방나무와 수레바퀴. ②이해관계가 깊음.
輔車相依(보거상의) 수레의 덧방나무와 수레바퀴가 서로 의지함. 서로 떠날 수 없을 정도로 밀접한 관계.
輔國(보국) 나라를 도움. 나랏일을 보좌함.
輔國安民(보국안민) 충성을 다하여 나랏일을 돕고 백성을 편안하게 함.
輔導(보도) 도와서 인도함.
輔相(보상) ①거들고 도움. ②재상(宰相).
輔成(보성) 도와서 이룸.
輔翼(보익) 도움. 보좌함.
輔仁(보인) 서로 도와서 인덕(仁德)을 권면(勸勉)함.
輔正(보정) 도와서 바로잡음.
輔佐(보좌) 윗사람을 도와 일을 처리함.
輔弼(보필) 윗사람의 일을 도움.

7
⑭【輒】辄 문득 첩 葉

인명 ㊥zhé ㊐チョウ

소전 초서 속자 輙 자해 ❶문득. ❷쉽게. 〔漢書〕盜賊不輒伏辜도적불첩복고. ❸번번이. 〔史記〕張負女五嫁而夫輒死장부녀오가이부첩사. ❹오로지. ❺수레 양쪽에 두르는 휘장. ❻움직이지 않는 모양. 〔莊子〕輒然忘吾有四肢形體也첩연망오유사지형체야.

8
⑮【輬】辌 와거 량 陽

㊥liáng ㊐リョウ

소전 초서 자해 와거(臥車). 〔史記〕置始皇居轀輬車中치시황거온량거중.

8
⑮【輛】辆 수레 량 漾

인명 2급 ㊥liàng ㊐リョウ

초서 자해 ❶수레, 차량(車輛). ❷필적하다. ❸수레의 수를 세는 단위.

◨ 車輛거량.

8
⑮【輦】辇 손수레 련 銑

인명 1급 ㊥niǎn ㊐レン

소전 초서 자해 ❶손수레. ㉮사람이 끄는 수레. ㉯임금이나 왕후가 타는 수레. 〔左思·賦〕都輦殷而四奧來도련은이사오래. ㉰관(棺)을 싣는 수레. 〔穆天子傳〕韋穀黃城三邦之事輦喪위곡황성삼방지사련상. ❷끌다. 〔春秋左氏傳〕以乘車輦其母이승거련기모. ❸손수레를 타다. 〔春秋左氏傳〕公叔文子老矣공숙문자로의, 輦而如公련이여공.

輦車(연거) 손수레.

輦轂(연곡) ①천자가 타는 수레. ②천자. 임금.

輦道(연도) ①궁중의 길. ②임금의 수레가 왕래하는 길. 輦路(연로).

8
⑮【輪】轮 바퀴 륜 眞

고등 인명 4급 ㊥lún ㊐リン

필순 冂 冃 亘 車 軨 軨 輪 輪 輪 輪

소전 초서 자원 形聲. 車+侖→輪. '侖(륜)'이 음을 나타낸다.

자해 ❶바퀴. 〔白居易·詩〕君若作大車군약작대거, 輪軸材須此륜축재수차. ❷수레, 탈것. ❸수레를 세는 단위. 〔南史〕車至二十輪거지이십륜. ❹돌다, 구르다. 〔呂氏春秋〕天地車輪천지거륜. ❺주위, 외곽. 〔宋書〕輪郭形制륜곽형제. ❻둥근 것. 〔梁簡文帝·詩〕圓輪既照水원륜기조수. ❼번갈아, 섞바꾸어. 〔神仙傳〕使諸弟子隨事輪出米絹器物사제제자수사륜출미견기물.

輪講(윤강) 여러 사람이 차례로 강의함.

輪廓(윤곽) ①둘레의 선. 테두리. ②사물의 대강. 輪郭(윤곽).

輪讀(윤독) 여러 사람이 한 권의 책을 차례로 돌려 가며 읽음.

輪番(윤번) 차례로 번듦. 또는 그 돌아가는 차례. 輪次(윤차).

輪船(윤선) ①바퀴를 달아 바퀴의 회전력을 이용하여 나아가는 배. ②기선(汽船).

輪作(윤작) 같은 땅에 해마다 농작물을 바꾸어 재배하는 경작법.

輪轉(윤전) ①바퀴가 돎. ②윤회(輪廻).

輪禍(윤화) 바퀴에 의해 입는 모든 피해. 교통사고.

輪廻(윤회) ①순환하여 그치지 않음. 한없이 돌아감. ②(佛)수레바퀴가 돌고 돌아 끝이 없는 것과 같이, 중생의 영혼은 해탈할 때까지는 육체와 같이 멸망하지 않고 그 업(業)에 따라 무시무종(無始無終)으로 변신하여 전생(轉生)한다는 불교의 근본 사상. 輪轉(윤전).

◨ 競輪경륜.

8
⑮【輞】辋 바퀴테 망 養

인명 ㊥wǎng ㊐ボウ

초서 자해 바퀴테. 〔後漢書〕重輞縵輪중망만륜.

8
⑮【輩】辈 무리 배 隊

고등 인명 3Ⅱ급 ㊥bèi ㊐ハイ

필순 丨 ㅋ 非 非 非 輩 輩 輩 輩 輩

소전 초서 속자 자원 形聲. 非+車→輩. '非(비)'가 음을 나타낸다.

자해 ❶무리. ㉮반열(班列). ㉯동아리, 패. 〔李商隱·詩〕或出倖臣輩혹출행신배. ㉰같은 또래, 동류(同類). 〔史記〕使者十輩來사자십배래. ❷짝. ❸합하여 하나로 만들다. 〔後漢書〕時人以輩前世趙張시인이배전세조장. ❹번. 〔史記〕高使人請子嬰數輩고사인청자영수배.

輩流(배류) 같은 또래의 사람. 同輩(동배).

輩出(배출) 인재(人材)가 연달아 많이 나옴.

輩行(❶배항 ❷배행) ❶선배·후배의 순서. ❷같

은 또래의 친구.

◨ 先輩선배, 年輩연배, 後輩후배.

8
⑮【輟】辍 그칠 철 屑

인명 ㊥chuò ㊐テツ

소전 초서 고자 자해 ❶그치다. ＝掇. 〔論語〕耰而不輟우이불철. ❷깁다, 꿰매다, 수선하다. ＝綴.

輟耕(철경) 밭 가는 일을 그만둠.

輟斤(철근) 도끼질을 그만둠. 지기(知己)를 잃음. 故事 유명한 석공(石工)인 장석(匠石)이 지기가 죽자 임금이 청하였는데도 자기의 기량을 보이지 않은 고사에서 온 말.

輟業(철업) 일을 그만둠. 작업을 중단함.

輟朝(철조) 임금이 대신의 죽음을 슬퍼하여 조정(朝政)을 임시 폐하던 일. 廢朝(폐조).

◨ 不輟불철.

8
⑮【輙】 輒(1234)의 속자

8
⑮【輜】辎 ①짐수레 치 支 ②바퀴살 끝 치 寘

인명 ㊥zī, zì ㊐シ

소전 초서 본자 자해 ①❶짐수레. ❷관(棺)을 싣는 수레. ❸고요함, 조용함. ②바퀴살 끝.

輜重(치중) ①나그네의 짐. ②군대의 하물(荷物). 군수품.

8
⑮【輝】辉 빛날 휘 微

고등 인명 3급 ㊥huī ㊐キ

필순 丨 ⺌ 业 光 光 光 炉 炉 焊 輝

초서 동자 자원 形聲. 光＋軍→輝. '軍(군)'이 음을 나타낸다.

자해 ❶빛나다. 〔古樂府〕輝光燭我牀휘광촉아상. ❷빛. ㉮아침 햇빛. 〔魏志〕朝旦爲輝조단위휘, 日中爲光일중위광. ㉯불빛. ㉰광채, 광휘. 〔後漢書〕虹蜺揚輝홍예양휘.

輝光(휘광) ①빛남. ②찬란한 빛.

輝映(휘영) 밝게 비침. 映輝(영휘).

輝耀(휘요) 번쩍번쩍 빛남.

輝煌(휘황) 광채가 눈부시게 빛남.

◨ 光輝광휘, 明輝명휘, 發輝발휘.

9
⑯【輻】辐 바퀴살 복·부 宥 屋

인명 1급 ㊥fú ㊐フク

소전 초서 참고 인명용 음은 '복·폭'이다.

자해 ❶바퀴살. ❷모여들다. 〔漢書〕四方輻輳사방복주.

輻輳(복주→폭주) 바퀴살이 바퀴통으로 쏠려 모이듯이 사람이나 사물이 한곳으로 모여듦. 輻湊(폭주).

9
⑯【輹】輹 복토 복 屋

인명 ㊥fù ㊐フク

소전 초서 속자 자해 복토(伏兔). 거여(車輿)의 바닥 밑에 장치하여 거여와 굴대를 연결하여 고정하는 나무.

9
⑯【輸】输 ①나를 수 ㊍유 虞 ②경혈 수 遇

고등 인명 3Ⅱ급 ㊥shū, shù ㊐シュ

필순 一 𠂆 币 百 亘 車 軩 軩 輸 輸 輸

소전 초서 동자 자원 形聲. 車＋俞→輸. '俞(유)'가 음을 나타낸다.

자해 ①❶나르다. ❷다하다. ㉮애쓰다. 〔春秋左氏傳〕輸力於王室수력어왕실. ㉯헌납하다, 바치다. 〔春秋左氏傳〕輸積聚以貸수적취이대. ❸깨뜨리다, 떨어뜨리다. 〔詩經〕載輸爾載재수이재. ❹돌아오다, 귀환하다. 〔周禮〕及其受兵輸亦如之급기수병수역여지. ❺지다, 패하다. ❻모으다. ②❶경혈, 경맥의 혈(穴). 〔史記〕五藏之輸오장지수. ❷선물하다, 선물.

輸送(수송) 기차·자동차·비행기 따위로 사람이나 물건을 실어 보냄.

輸贏(수영) 짐과 이김. 패배와 승리. 勝負(승부). 贏輸(영수).

輸入(수입) 다른 나라로부터 물품을 사들임.

輸出(수출) ①실어서 보냄. ②재화를 팔기 위해 외국으로 실어 보냄.

◨ 空輸공수, 運輸운수.

9
⑯【輸】 輸(1235)와 동자

9
⑯【輴】 상여 순 ㊍춘 眞

㊥chūn ㊐チュン

초서 자해 ❶상여(喪輿). 〔周禮〕世俗之行喪세속지행상, 載之以大輴재지이대순. ❷썰매. ❸관을 괴는 수레. ❹바퀴통을 꾸민 장식물.

9
⑯【輭】 軟(1230)의 본자

9
⑯【輶】輶 가벼울 유 尤宥

㊥yóu ㊐ユウ

소전 초서 자해 ❶가볍다. 〔詩經〕德輶如毛덕유여모. ❷가벼운 수레. 〔詩經〕輶車鸞鑣유거란표. ❸임금의 사자(使者)가 타는 수레. 〔陸機·頌〕輶軒東踐유헌동천.

9
⑯【輮】辋 바퀴테 유 尤宥

㊥róu ㊐ジュウ

소전 초서 자해 ❶바퀴테. ❷짓밟다. ≒蹂. 〔漢書〕亂相輮蹈란상유도. ❸휘다, 휘어 굽히다. ≒揉. 〔易經〕坎爲矯輮감위교유.

9
⑯【輳】辏 모일 주 宥

인명 1급 ㊥còu ㊐ソウ

초서 자해 모이다. 〔漢書〕四方輻輳사방복주.

輳合(주합) 모아서 합침. 湊合(주합).

◨ 輻輳복주.

9
⑯【輯】辑 모을 집 ㊍즙 緝

인명 2급 ㊥jí ㊐シュウ

소전 초서 동자 輎 속자 轗 자해 ❶모으다. ≒集. 〔漢書〕門人相與輯而論篹문인상여집이론찬, 故謂之論語고위지론어. ❷모이다. 〔國語〕和協輯睦화협집목. ❸합치다. 〔漢書〕比輯其議비집기의. ❹화하다. 〔詩經〕輯柔爾顔집유이안.

輯錄(집록) 여러 가지를 모아 적음.

輯成(집성) 자료를 모아 책 따위를 이룸.

輯要(집요) 요점만을 모음.

◨ 收輯수집, 特輯특집, 編輯편집.

9
⑯【輴】 1 멍에 훈 元
2 초헌 헌 元

인명 ㊥hūn, xuān ㊐コン, ケン

참고 인명용 음은 '헌'이다.

자해 1 ❶멍에. ❷돌아오다. 2 초헌(軺軒). ≒軒.

10
⑰【轂】毂 바퀴통 곡 屋

㊥gū ㊐コク

소전 초서 자해 ❶바퀴통. 〔老子〕三十輻共一轂삼십복공일곡. ❷수레, 차량. 〔漢書〕轉轂百數전곡백수. ❸밀다, 추천하다. 〔史記〕推轂趙綰추곡조관, 爲御史大夫위어사대부. ❹모으다, 한데 모아 통괄하다.

轂擊肩摩(곡격견마) 수레의 바퀴통이 서로 부딪치고 사람의 어깨가 서로 스침. 수레의 왕래가 빈번하고 사람들이 많이 모여들어 시가(市街)가 번화함.

10
⑰【輿】舆 1 수레 여 魚
2 가마 여 御

고등 인명 3급 ㊥yú, yù ㊐ヨ

필순 ⺁ 𠂇 ⺊ 𦥑 ... 輿

소전 초서 자원 形聲. 舁+車→輿. '舁(여)'가 음을 나타낸다.

자해 1 ❶수레, 수레의 총칭. 〔漢書〕景帝使使持乘輿駟경제사사지승여사. ❷거여(車輿), 거상(車箱). 〔六書故〕輿여, 車中거중, 人所載也인소재야. ❸싣다. 〔呂氏春秋〕扶傷輿死부상여사, 履腸涉血리장섭혈. ❹메다, 짊어지다. ❺땅, 대지(大地). 〔後漢書〕堪輿日相之屬감여일상지속. ❻수레를 모는 노복, 마부(馬夫). ❽많다, 대중(大衆). 〔春秋左氏傳〕聽輿人之誦청여인지송. 2 가마, 두 사람이 마주 메는 가마. ≒舉. 〔晉書〕乘籃輿승람여.

輿歌(여가) 대중이 부르는 노래.

輿臺(여대) 머슴. 하인. 종. 輿隷(여례). 輿皁(여조).

輿圖(여도) ①천하. 세계. ②여지도(輿地圖).

輿論(여론) 사회 대중의 공통된 의견.

輿望(여망) 여러 사람의 기대.

輿薪(여신) ①수레에 가득 실은 섶나무. ②큰 것의 비유.

輿人(여인) ①뭇사람. 많은 사람. 衆人(중인). ②수레를 만드는 공인(工人). ③천한 사람.

輿丁(여정) 수레를 끌거나 가마를 메는 사람.

輿情(여정) 민중의 마음. 백성들의 심정.

輿地(여지) 수레처럼 만물을 싣고 있는 땅.

輿地圖(여지도) 종합적인 사항을 담은 일반 지도. 輿圖(여도)

◨ 肩輿견여, 籃輿남여, 喪輿상여.

10
⑰【轀】辒 와거 온 元

㊥wēn ㊐オン

소전 초서 속자 輼 자해 와거(臥車). 〔史記〕置始皇居轀輬車中치시황거온량거중.

車 9획

10 ⑰ 【轅】辕 끌채 원 元

인명 ㊥yuán ㊐エン

소전 초서 자해 ❶끌채. 〔白居易·詩〕何異北轅將適楚하이북원장적초. ❷수레, 차량.

轅門(원문) 수레의 끌채를 마주 세워서 문처럼 만든 것. 곧, 군영(軍營)이나 군영의 문.

◨ 軒轅헌원.

10 ⑰ 【輾】辗 ①구를 전 銑 ②연자매 년 銑

인명 1급 ㊥zhǎn, niǎn ㊐テン

초서 참고 인명용 음은 '전' 이다.

자해 ① ❶구르다. 〔詩經〕輾轉反側전전반측. ❷國타작하다, 타작. ② ❶연자매. =碾. ❷수레바퀴가 물건을 짓눌러 부수다.

輾轉(전전) ①수레바퀴가 돌고 돎. 또는 그와 같이 바쁘게 떠돌아 다니는 일. ②누워서 이리저리 몸을 뒤척임.

輾轉反側(전전반측) 몸을 엎치락뒤치락하며 잠을 이루지 못하는 모양. '輾' 은 반 바퀴, '轉' 은 한 바퀴 도는 일.

10 ⑰ 【轄】辖 비녀장 할 黠

인명 1급 ㊥xiá ㊐カツ

소전 초서 동자 轄 자해 ❶비녀장. 〔漢書〕取客車轄投井中취객거할투정중. ❷관할하다, 지배하다. 〔宋史〕置兩總轄치량총할.

◨ 管轄관할, 直轄직할, 統轄통할.

11 ⑱ 【轆】辘 도르래 록 屋

㊥lù ㊐ロク

초서 동자 轒 자해 ❶도르래, 활차(滑車). 〔墨子〕引弦轆轤收인현록로수. ❷물레. ㉮실을 잣는 물레, 방차(紡車). ㉯도자기를 만드는 물레.

轆轤(녹로) ①두레박 따위의 줄을 걸치는 도르래나 고리. 고패. ②도자기를 만들 때 쓰는, 나무로 된 회전 원반. ③우산대의 꼭대기에 끼워 놓아, 우산살을 펴고 오므리게 하는 대롱 모양의 장치.

11 ⑱ 【轉】转 ①구를 전 銑 ②돌릴 전 霰

고등 인명 4급 ㊥zhuǎn, zhuàn ㊐テン

필순 亠 亘 亘 亘 車 車' 車ᄀ 軻 轉 轉 轉

소전 초서 속자 転 자원 形聲. 車+專→轉. '專(전)' 이 음을 나타낸다.

자해 ① ❶구르다. 〔詩經〕輾轉反側전전반측. ❷옮다, 변하다. ㉮움직여 옮기다. 〔春秋左氏傳〕勞罷死轉노피사전. ㉯빠지다, 처박히다. 〔國語〕將轉於溝壑장전어구학. ㉰움직이다, 행동하다. 〔曹植·賦〕隨皓腕以徐轉수호완이서전. ❸목소리, 음성(音聲). 〔淮南子〕異轉而皆樂이전이개락. ❹도리어, 반대로. 〔詩經〕女轉棄予녀전기여. ② ❶돌리다. 〔詩經〕我心匪石아심비석, 不可轉也불가전야. ❷옮기다. ㉮운반하다. 〔史記〕漕轉山東粟조전산동속. ㉯관직을 옮기다. 〔宋史〕補轉一官보전일관. ❸버리다, 내버리다. 〔淮南子〕死無轉尸사무전시.

轉嫁(전가) 자기의 허물이나 책임 따위를 남에게 덮어씌움.

轉勤(전근) 근무처를 옮김.

轉落(전락) ①굴러서 떨어짐. ②나쁜 상태에 빠짐.

轉歷(전력) 두루 돌아다님. 遍歷(편력).

轉賣(전매) 산 물건을 다시 팖. 되팔기.

轉變(전변) 변천함. 변천.

轉報(전보) 남을 통하여 알림.

轉補(전보) 동일한 직급 안에서, 다른 자리에 임용됨.

轉送(전송) ①전해 보냄. ②편지나 물건 따위를 전해 달라고 남에게 주어 보냄.

轉語(전어) ①말을 전함. ②본래의 뜻이 변하여 다른 뜻으로 쓰이는 말.

轉業(전업) 직업을 바꿈.

轉役(전역) 현재까지 복무하던 역종(役種)에서 다른 역종으로 바뀜.

轉訛(전와) 어떤 말이 잘못 전하여지거나 어떤 사실이 왜곡되어 굳어짐.

轉用(전용) 쓰려고 예정된 데 쓰지 않고 다른 데로 돌려서 씀.

轉移(전이) ①자리나 위치 따위를 다른 곳으로 옮김. ②변천함.

轉輾(전전) 잠이 오지 않아 엎치락뒤치락 함. 輾轉(전전).

轉轉(전전) ①잇따라 변화하는 모양. ②점점. 점차. ③이리저리 떠돌아다님.

轉漕(전조) ①배로 물건을 실어 나름. 漕運(조운). ②수레와 배로 운반함. '轉' 은 육상 운반, '漕' 는 수상 운반.

轉注(전주) ①강물이 굽이굽이 흐름. ②한자(漢字) 육서(六書)의 한 가지. 글자의 원뜻이 바뀌어 딴 뜻으로 쓰이는 것.

轉職(전직) 직업이나 직무를 바꾸어 옮김.

轉敗爲功(전패위공) 실패를 바꾸어 도리어 성

공을 거둠. 因敗爲成(인패위성).
轉學(전학) 다니던 학교에서 다른 학교로 학적을 옮김.
轉向(전향) ①방향을 바꿈. ②종래의 사상에서 다른 사상으로 바꿈.
轉禍爲福(전화위복) 재앙을 만나도 이를 잘 처리하면 오히려 복이 됨.
轉回(전회) 돎. 회전함. 또는 돌림.
◧ 公轉공전, 反轉반전, 逆轉역전, 運轉운전, 移轉이전, 自轉자전, 輾轉전전, 回轉회전.

12 ⑲【轎】轿 가마 교 蕭

인명 1급 ㊥jiào ㊐キョウ

초서 동자 輴 자해 ❶가마. 〔漢書〕輿轎而隃領여교이유령. ❷사람이 타는 작은 수레.
轎軍(교군) 國가마를 메어 주고 삯을 받는 사람. 轎丁(교정).
轎子(교자) 나무로 된 네모난 가마. 肩輿(견여).

12 ⑲【轔】辚 1 수레 소리 린 眞 2 밟을 린 震

㊥lín, lìn ㊐リン

소전 초서 자해 1 ❶수레 소리. 〔杜甫·詩〕車轔轔거린린, 馬蕭蕭마소소. ❷바퀴, 수레바퀴. 2 ❶밟다. ❷번화하고 성한 모양. 〔揚雄·賦〕振殷轔而軍裝진은린이군장.

12 ⑲【轍】辙 바큇자국 철 屑

인명 1급 ㊥zhé ㊐テツ

소전 초서 자해 ❶바큇자국. ❷흔적, 행적, 옛날의 법도. 〔潘徽·序〕總會舊轍총회구철, 創立新意창립신의.
轍鮒之急(철부지급) 수레바퀴 자국에 괸 물속에 있는 붕어의 위급함. 절박한 곤경의 비유. 涸轍鮒魚(학철부어).
轍迹(철적) ①수레바퀴의 자국. ②수레바퀴 자국과 말의 발자국. ③사물의 자취.
轍環天下(철환천하) 수레를 타고 천하를 두루 돌아다님.
◧ 軌轍궤철, 前轍전철, 車轍거철.

13 ⑳【轗】轗 가기 힘들 감 感

㊥kǎn ㊐カン

초서 동자 輡 자해 ❶가기 힘들다. ❷뜻을 얻지 못하여 불우한 모양. ≒坎. 〔古詩〕轗軻長苦辛감가장고신.
轗軻(감가) ①길이 험하여 다니기 힘듦. ②일이 뜻대로 안 되어 마음이 답답함.

13 ⑳【轘】轘 환형 환 諫

㊥huàn ㊐カン

소전 초서 자해 ❶환형(轘刑). 〔春秋左氏傳〕轘諸栗門환저률문. ❷산 이름, 관(關) 이름. 〔史記〕因張良遂略地轘轅인장량수략지환원.
轘刑(환형) 넉 대의 수레에 사지를 묶고 사방으로 수레를 달리게 하여 찢어 죽이던 형벌.

14 ㉑【轟】轰 울릴 굉 本횡 庚 敬

인명 1급 ㊥hōng ㊐ゴウ

소전 초서 속자 軣 자해 ❶울리다. ㉮수레들의 요란한 소리. 〔左思·賦〕車馬雷駭거마전해, 轟轟闐闐굉굉전전. ㉯천둥 소리. ㉰요란한 물소리, 폭포 소리. ❷쳐서 무너뜨리다. 〔元好問·詩〕駭浪幾轟山石破해랑기굉산석파. ❸쫓다, 구축(驅逐)하다.
轟轟(굉굉) ①수레의 요란한 소리. ②폭포 소리. ③천둥 소리.
轟笑(굉소) 큰 소리로 웃음. 哄笑(홍소).
轟音(굉음) 크게 울리는 소리.
轟沈(굉침) ①함선(艦船)이 폭파되어 큰 소리를 내며 가라앉음. ②함선을 폭파하여 가라앉힘.

14 ㉑【轝】 가마 여 御

인명 ㊥yù ㊐ヨ

자해 ❶가마. =輿. ❷임금이 타는 수레. 〔漢書〕轝駕侍從甚盛여가시종심성.

14 ㉑【輀】 상여 이 支

㊥ér ㊐ジ

초서 동자 輀 동자 轜 자해 상여(喪輿). 〔陸機·詩〕素驂佇轜軒소참저이헌.

15 ㉒【轢】轹 삐걱거릴 력 錫

인명 ㊥lì ㊐レキ

소전 초서 동자 轣 자해 ❶삐걱거리다. ¶ 軋轢알력. ❷치다, 갈다. =轣. 〔張衡·賦〕値輪被轢치륜피력. ❸짓밟다, 업신여기다. 〔漢書〕刻轢宗室

車 12획

각력종실, 侵辱功臣침욕공신.
轢死(역사) 수레에 치어 죽음.
轢殺(역살) 수레바퀴로 깔아뭉개어 죽임.
◨ 軋轢알력.

15 ㉒【轡】辔 고삐 비 寘
㊥pèi ㊐ヒ
소전 초서 동자 轡 자해 ❶고삐. 〔詩經〕 六轡如絲륙비여사. ❷재갈. 〔鹽鐵論〕 執法者집법자, 國之轡銜국지비함.

16 ㉓【轣】 갈 력 錫
㊥lì ㊐レキ
동자 轣 자해 ❶갈다, 치다. ＝轢. ❷물레, 방차(紡車). ❸수레의 궤도(軌道). ❹수레의 요란한 소리. 〔尹延高·詩〕 車轣轆거력록. ❺새의 울음소리. 〔陸游·詩〕 青絲玉井聲轣轆청사옥정성력록.
轣轆(역록) ①수레의 궤도. ②물레. ③수레가 삐걱거리는 소리. ④새가 우는 소리.

16 ㉓【轤】轳 도르래 로 虞
㊥lú ㊐ロ
초서 속자 轳 자해 ❶도르래, 활차(滑車). ❷물레. ㉮실을 잣는 물레. ㉯도자기를 만드는 물레. ❸산륜(散輪). 무거운 물건을 옮길 때, 힘을 덜 들게 하기 위하여 그 밑에 깔고 굴리는 둥근 나무토막.

辛部 매울 신

0 ⑦【辛】 매울 신 眞
중학 인명 3급 ㊥xīn ㊐シ
필순 辛
소전 초서 자원 象形. 죄인의 얼굴을 자자(刺字)하는 데 쓰던 칼을 본뜬 글자.
자해 ❶맵다, 매운맛. 〔楚辭〕 辛甘行些신감행사. ❷고생하다. 〔逸周書〕 以匡辛苦이광신고. ❸살상(殺傷)하다. 〔白虎通〕 辛所以煞傷之也신소이살상지야. ❹천간(天干) 이름, 10간의 여덟 번째. 〔詩經〕 朔日辛卯삭일신묘.
辛苦(신고) ①맵고 씀. 매운맛과 쓴맛. ②고되고 괴로움. 고생함. 辛艱(신간).
辛苦遭逢(신고조봉) 어려운 일에 부딪힘.
辛勤(신근) ①몹시 애써 일함. ②고된 근무.
辛辣(신랄) ①맛이 매우 맵고 아림. ②비평·분석 따위가 매우 날카롭고 예리함. 辛烈(신열).
辛酸(신산) ①매운맛과 신맛. ②고되고 힘듦. 辛楚(신초).
辛勝(신승) 고생스럽게 간신히 이김.
辛時(신시) 24시의 스무째. 곧, 하오 6시 30분~7시 30분.

5 ⑫【辜】 허물 고 虞
인명 1급 ㊥gū ㊐コ
소전 辜 초서 자해 ❶허물, 죄. 〔書經〕 與其殺不辜寧여기살불고언. ❷희생을 잡아 각을 뜨는 일. ❸책형(磔刑). 〔周禮〕 殺王之親者辜之살왕지친자고지. ❹이익 따위를 독점하다. 〔漢書〕 沒入辜榷財物몰입고각재물. ❺까닭, 때문. ≒故. 〔史記〕 亦夫子之辜也역부자지고야.
辜罪(고죄) 허물. 죄.
◨ 無辜무고.

6 ⑬【辟】 1 임금 벽 陌 2 견줄 비 寘 3 피할 피 寘
㊥bì, pì ㊐ヘキ, ヒ
소전 초서 자해 1 ❶임금. ㉮하늘, 상제(上帝). 〔詩經〕 蕩蕩上帝탕탕상제, 下民之辟하민지벽. ㉯천자(天子). ㉰제후(諸侯). 〔詩經〕 百辟卿士백벽경사. ㉱장관(長官). 〔逸周書〕 三卿一長曰辟삼경일장왈벽. ㉲지아비. 〔禮記〕 夫曰皇辟부왈황벽. ❷법, 법률. 〔周禮〕 以放司空之辟이방사공지벽. ❸허물, 죄. 〔禮記〕 司寇正刑明辟사구정형명벽. ❹본받다, 거울삼다. 〔詩經〕 辟爾爲德벽이위덕. ❺다스리다. 〔春秋左氏傳〕 辟獄刑벽옥형. ❻치우다, 제거하다. 〔周禮〕 王燕出入則前驅而辟왕연출입즉전구이벽. 2 견주다, 비유하다. ≒譬. 〔中庸〕 辟如行遠비여행원. 3 피하다. ≒避. 〔荀子〕 不辟死傷불피사상.
辟穀(벽곡) ①곡식을 먹지 않고 솔잎·대추·밤 따위만 먹고 삶. 도교의 수련 방법의 한 가지. ②화식(火食)을 피하고 생식만 하는 일.
辟公(벽공) 제후(諸侯).
辟歷(벽력) 벼락. 霹靂(벽력).
辟陋(벽루) 궁벽(窮僻)하고 비루(卑陋)함.
辟邪(벽사) ①나쁜 귀신을 물리침. ②상상의 짐승 이름. 한대(漢代) 사람들이 사악(邪惡)을 물리치기 위해 장신구에 그 모양을 새겨 넣었다고 함. ③편벽되고 바르지 않음.
辟書(벽서) 관(官)의 호출장(呼出狀).
辟言(벽언) ①사벽(邪辟)한 말. ②법도(法度)에 맞는 말.
辟淫(벽음) 사특하고 음탕함.
辟除(벽제) ①불러내어 관에 임명함. ②떨어 없앰. ③國지위 높은 사람이 행차할 때 일반 사람의 통행을 금하고 길을 치우던 일.
辟忌(피기) 피하고 꺼림. 避忌(피기).
辟事(피사) 일을 피함.
辟暑(피서) 더위를 피함. 避暑(피서).

7 ⑭【辣】 매울 랄 曷

인명 1급 ㊥là ㊐ラツ

초서 동자 辢 자해 ❶맵다, 몹시 매운 맛. 〔齊民要術〕 薑辛桂辣강신계랄. ❷언행이 매우 엄격하고 혹독하다. ¶ 辛辣신랄.
辣手(날수) 날쌔게 일하는 솜씨.
辣腕(날완) 민첩한 수완. 날쌘 솜씨.
◨ 毒辣독랄, 辛辣신랄.

8 ⑮【辤】 辭(1240)와 동자

9 ⑯【辨】 1 분별할 변 銑 2 두루 편 霰 3 갖출 판 本변 諫

고등 인명 3급 ㊥biàn, bàn ㊐ベン

필순

소전 초서 동자 辧 참고 인명용 음은 '변'이다.

자원 形聲. 辡+刀→辨. '辡(변)'이 음을 나타낸다.

자해 1 ❶분별하다. 〔荀子〕 忠信調和均辨之至也충신조화균변지지야. ❷분명히 하다. 〔荀子〕 說不喩설불유, 然後辨연후변. ❸나누다. ❹다스리다. 〔呂氏春秋〕 實辨天下실변천하. ❺바루다, 바로잡다. 〔周禮〕 水之以辨其陰陽수지이변기음양. ❻준비하다. 〔周禮〕 辨三酒之物변삼주지물. 2 두루, 널리. ≒徧. 〔春秋左氏傳〕 辨舍爵於季氏之廟편사작어계씨지묘. 3 갖추다. ≒辦. 〔周禮〕 以辨民器이판민기.
辨理(변리) 일을 분별하여 처리함. 분별하여 다스림.
辨明(변명) ①옳고 그름을 가려 사리를 밝힘. 辨白(변백). ②자기 언행에 대하여 다른 사람이 납득할 수 있게 설명함.
辨誣(변무) 사리를 따져 무언(誣言)을 변명함.
辨駁(변박) 시비를 가려 논박함. 남의 언론 가운데 도리에 맞지 않은 점을 들어 반박함.
辨別(변별) ①서로 다른 점을 구별함. ②시비나 선악을 분별함.
辨償(변상) 끼친 손해를 물어 줌.
辨析(변석) 사리를 밝힘. 밝혀서 바로잡음.
辨釋(변석) 사리를 분명하게 풀어 밝힘.
辨正(변정) 옳고 그름을 따져서 일을 바로잡음. 卞正(변정).
辨證(변증) 변별하여 증명함.
辨覈(변핵) 분별하여 밝힘.
◨ 強辨강변, 論辨논변, 明辨명변, 分辨분변.

9 ⑯【辧】 辨(1240)과 동자

9 ⑯【辦】 力 힘쓸 판 本변 諫

인명 1급 ㊥bàn ㊐ハン

소전 초서 자해 ❶힘쓰다. 〔趙庚夫·詩〕 縫紉連夜辦봉인련야판. ❷갖추다. 〔顏氏家訓〕 家貧燈燭難辦가빈등촉난판. ❸주관하다. 〔史記〕 項梁嘗爲主辦항량상위주판.
辦公(판공) 공무에 종사함. 공사(公事)를 처리함. 집무함.
辦理(판리) 사리를 판별하여 일을 잘 처리함.
辦務(판무) 맡은 사무를 처리함.
辦備(판비) 갖추어 준비함.
辦事(판사) 일을 처리함. 사무를 봄.

12 ⑲【辭】 辛 말 사 支

고등 인명 4급 ㊥cí ㊐ジ

필순

소전 초서 동자 辤 속자 辞 자원 會意. 𤔔+辛→辭. 죄를 따져서〔辛〕 다스린다〔𤔔〕는 데서 '송사(訟事)에서 하는 말'이란 뜻을 나타낸다.

자해 ❶말. ≒詞. 〔禮記〕 無辭不相接也무사불상접야. ❷하소연하다. ❸쓰다, 글씨를 쓰다. 〔春秋穀梁傳〕 其辭石尙士也기사석상사야. ❹청하다, 원하다. 〔國語〕 大夫辭之대부사지. ❺꾸짖다, 책망하다. ❻떠나다, 사퇴하다. 〔呂氏春秋〕 願辭不爲臣원사불위신. ❼거절하다, 사양하다. 〔書經〕 禹拜稽首固辭우배계수고사. ❽교훈, 타이름. 〔詩經〕 辭之輯矣사지집의. ❾보내다, 파견하다. 〔春秋左氏傳〕 辭八人者而後王安之사팔인자이후왕안지. ❿빌다, 사죄하다. 〔呂氏春秋

秋〕 嬰可以辭而無棄乎영가이사이무기호. ⓫문체의 하나.
辭氣(사기) ①말씨. ②글의 풍격(風格).
辭達(사달) 말이나 글의 뜻이 통함.
辭理(사리) 문장의 내용과 표현 형식.
辭命(사명) 춘추 시대에 사신이 제후의 명을 받고 외교를 할 때 쓰던 수사(修辭) 언어.
辭貌(사모) 말과 용모.
辭賦(사부) ①시가와 문장. 詩文(시문). ②문체(文體)의 이름. 초사(楚辭)의 형식을 본뜬 운문.
辭謝(사사) 사절하여 물리침.
辭書(사서) 낱말을 모아서 일정한 순서로 배열하고 설명·용례 등을 베풀어 놓은 책.
辭說(사설) ①말. 언사(言辭). ②國잔소리로 늘어놓는 말.
辭世(사세) 세상을 하직함. 죽음.
辭歲(사세) ①묵은해를 보냄. ②제야(除夜)의 전야(前夜)에 주연(酒宴)을 벌이는 일.
辭讓之心(사양지심) 사단(四端)의 하나로, 겸손하여 남에게 사양할 줄 아는 마음.
辭言(사언) 말. 言辭(언사).
辭緣(사연) 편지나 말의 내용.
辭意(사의) ①맡은 일을 그만두고 물러날 뜻. ②말이나 글의 뜻.
辭章(사장) 문장과 시부(詩賦)를 아울러 이르는 말.
辭絕(사절) 사양하여 받지 아니함.
辭藻(사조) 시문(詩文)의 아름다운 문채(文采). 문장의 수식. 詞藻(사조).
辭宗(사종) 시문의 대가. 詞宗(사종).
辭旨(사지) 말이나 문장의 취지.
辭職(사직) 직무를 그만두고 물러남.
辭退(사퇴) ①어떤 일을 그만두고 물러섬. ②사절하여 물리침.
辭表(사표) 사직의 뜻을 적어 제출하는 문서. 辭狀(사장).
辭豊意雄(사풍의웅) 문사(文辭)가 풍부하고 의지가 웅건함.
辭彙(사휘) ①사전(辭典). ②어휘(語彙).
◨ 歌辭가사, 答辭답사, 頌辭송사, 祝辭축사.

14 ㉑ 【辯】 辩 ①말잘할 변 銑 ②편녕할 변 先 ③두루 편 霰

고등 인명 4급 ㊥biàn, pián ㊐ベン

필순 亠 立 辛 ...辯

소전 辯 초서

참고 인명용 음은 '변'이다.

자원 會意. 言+辡→辯. 송사(訟事)에서 말〔言〕로 자기를 변호함〔辡〕을 뜻한다.

자해 ① ❶말을 잘하다. 〔老子〕 辯者不善변자불선. ❷다스리다. 〔周禮〕 辯其獄訟변기옥송. ❸바루다, 바로잡다. 〔禮記〕 有司弗辯也유사불변야. ❹밝히다. ❺분변하다. ≒辨. 〔易經〕 君子以辯上下군자이변상하. ❻나누다, 나뉘다. 〔太玄經〕 君臣父子夫婦之道辯矣군신부자부부지도변의. ❼말다툼하다. 〔春秋左氏傳〕 辯而不德변이부덕. ❽문체의 이름. ② ❶편녕(便佞)하다. 〔春秋公羊傳〕 友辯佞우변녕. ❷교묘하게 말하다. ③ 두루, 두루 미치다. ≒徧. 〔儀禮〕 大夫辯受酬대부편수수.
辯告(변고) 널리 고함. 널리 알림.
辯佞(변녕) 말솜씨가 좋아 남의 비위를 잘 맞춤. 또는 그 사람.
辯論(변론) 옳고 그름을 따져 말함.
辯駁(변박) 시비를 가리어 논박함.
辯法(변법) 법으로써 쟁송(爭訟)하는 일.
辯士(변사) ①변설(辯舌)에 능한 사람. 辨士(변사). ②연설이나 웅변을 하는 사람. ③무성영화를 상영할 때 거기에 맞추어 내용을 설명하던 사람.
辯嘗(변상) 혀로 핥아 음식의 양부(良否)를 판별함. 음식의 맛을 봄.
辯析(변석) 시비를 따지어 가림. 이치를 똑똑하게 밝힘.
辯釋(변석) 사리를 풀어 밝힘. 辨釋(변석).
辯舌(변설) 말을 잘하는 재주.
辯訟(변송) 시비곡직(是非曲直)을 따져 다툼.
辯才(변재) ①말재주. ②(佛)설법(說法)을 잘하는 재능.
辯智(변지) ①사리를 분별하는 슬기. ②말재주가 좋아 말을 잘함.
辯護(변호) 남의 이익을 위하여 해명하고 감싸서 도움. 도리를 밝혀 비호함.
◨ 強辯강변, 論辯논변, 達辯달변, 明辯명변, 雄辯웅변, 抗辯항변.

辰部 별신

0 ⑦ 【辰】 ①지지 진 ㊍신 眞 ②때 신 眞

중학 인명 3Ⅱ급 ㊥chén ㊐シン

필순 一 厂 戶 𠩺 𠩺 辰 辰

소전 초서 본자 辰 고자 고자

참고 인명용 음은 '진·신'이다.

자원 象形. 조개가 조가비를 벌리고 발을 내놓

은 모양을 본뜬 글자. 지지(地支)의 뜻은 뒤에 가차된 것이다.

자해 1 ❶**지지(地支), 12지의 총칭.** 〔周禮〕十有二辰之號십유이진지호. ❷**다섯째 지지.** ❸**별 이름.** ㉮**수성(水星).** 〔史記〕祭日辰之會찰일진지회, 以治辰星之位이치진성지위. ㉯**28수의 하나.** 2 ❶**때, 시각, 시대, 기회.** 〔詩經〕我生不辰아생불신. ❷**아침, 새벽.** 〔詩經〕不能辰夜불능신야. ❸**해와 달과 별의 총칭.** ❹**북극성, 북신(北辰).** ❺**날, 날을 받다, 택일.**

辰宿(진수) ①28수의 하나. ②모든 별자리의 별들. 星宿(성수).

辰時(진시) ①12시의 다섯째 시. 오전 7시~9시. ②24시의 아홉째 시. 오전 7시 30분~8시 30분.

◨ 生辰생신, 星辰성신, 良辰양신, 誕辰탄신.

0 ⑥ 【𠨚】 辰(1241)의 고자

0 ⑦ 【辰】 辰(1241)의 본자

0 ⑧ 【辰】 辰(1241)의 고자

3 ⑩ 【辱】 욕되게 할 욕 沃

고등 인명 3Ⅱ급 ㊥rǔ ㊐ジョク

필순 一 厂 厂 戶 戶 辰 辰 辰 辱 辱

소전 [篆] 초서 [草] 고자 [古] 자원 會意. 辰+寸→辱. '辰'은 때를, '寸'은 법(法)을 뜻한다. 옛날에는 별자리로 농사철이 시작됨을 알았고, 그 때를 놓친 자는 죽여서 욕을 보였으므로 합하여 '욕보이다'의 뜻을 나타낸다.

자해 ❶**욕되게 하다.** 〔韓愈·書〕愈白유백, 辱惠書욕혜서. ❷**욕보이다.** 〔禮記〕不辱其身불욕기신, 不羞其親불수기친. ❸**거스르다.** 〔管子〕辱擧其死욕거기사. ❹**더럽히다.** 〔老子〕大白若辱대백약욕.

辱臨(욕림) 남이 자기를 찾아옴을 높여 이르는 말. 賁臨(비림).

辱說(욕설) 남을 욕하는 말.

◨ 屈辱굴욕, 凌辱능욕, 雪辱설욕, 榮辱영욕, 汚辱오욕, 恥辱치욕.

6 ⑬ 【農】 农 농사 농 冬

중학 인명 7급 ㊥nóng ㊐ノウ

필순 口 曲 曲 曲 曲 芦 農 農 農 農

소전 [篆] 초서 [草] 본자 䢉 고자 辳 고자 辳 고자 𨐌

자원 會意. 林+辰→農. 경작지를 뜻하는 '林'과 농기구를 뜻하는 '辰'을 합하여 '땅을 일구어 농사를 짓는다'는 뜻을 나타낸다.

자해 ❶**농사.** 〔漢書〕闢土殖穀曰農벽토식곡왈농. ❷**농부, 백성.** 〔論語〕吾不如老農오불여로농. ❸**전답(田畓), 경지.** 〔周禮〕三農生九穀삼농생구곡. ❹**힘쓰다, 노력하다.** 〔春秋左氏傳〕小人農力以事其上소인농력이사기상. ❺**두텁다, 농후하다.** 〔書經〕農用八政농용팔정.

農家(농가) 농사를 본업으로 하는 사람의 집.

農耕(농경) ①논밭을 갊. 농사를 지음. ②농사.

農具(농구) 농사에 쓰이는 기구.

農奴(농노) 중세 봉건 시대에, 영주에게 예속된 농민.

農力(농력) ①정성을 다하여 힘씀. ②농사짓는 능력.

農林(농림) 농업과 임업.

農民(농민) 농업에 종사하는 사람.

農繁期(농번기) 농사일이 한창 바쁜 시기.

農兵(농병) ①농민으로 조직된 군대. ②평시(平時)에는 농사일을 하고 유사시에는 군사가 되는 사람.

農夫(농부) 농사짓는 사람.

農事(농사) 농업에 관한 온갖 일.

農藥(농약) 농작물에 해로운 벌레·병균·잡초 따위를 없애거나 농작물이 잘 자라게 하는 약품.

農業(농업) 땅을 이용하여 작물이나 동물을 가꾸고 기르는 산업.

農謠(농요) 농부들이 부르는 속요(俗謠).

農園(농원) 주로 원예 작물을 가꾸는 농장.

農月(농월) 농사일이 바쁜 달.

農爲國本(농위국본) 농업은 국가의 근본임.

農人(농인) 농사짓는 사람. 農民(농민).

農蠶(농잠) 농사짓는 일과 누에 치는 일. 농업과 양잠업. 農桑(농상).

農場(농장) 농지와 설비를 갖추고 농업을 경영하는 일정한 장소.

農莊(농장) 國농사의 편의를 위하여 농토 근처에 모든 설비를 갖추어 놓은 집.

農政(농정) 농업에 관한 행정. 農務(농무).

農酒(농주) 國농사일을 할 때에 농부들이 먹는 탁주. 農濁(농탁).

農地(농지) 농사를 짓는 데 쓰는 땅.

農村(농촌) 농사로 생업을 삼는 주민이 대부분인 마을.

辰 0획

農土(농토) 농사짓는 땅.
農圃(농포) ①농토(農土)와 채소밭. ②농사. 田圃(전포).
農閑期(농한기) 농사일이 바쁘지 않은 시기.
◨ 勸農권농, 富農부농, 貧農빈농, 營農영농.

6 ⑬【農】 農(1242)의 고자

6 ⑬【莀】 農(1242)의 고자

8 ⑮【蕽】 農(1242)의 고자

13 ⑳【䢉】 農(1242)의 본자

辵 部 쉬엄쉬엄 갈 착

0 ⑦【辵】 쉬엄쉬엄 갈 착 藥

㊥chuò ㊐チャク

소전 초서 참고 한자의 구성에서 부수로 쓰일 때는 글자 모양이 '辶'으로 바뀌고, '책받침'이라고 부른다.

자원 會意. 가다를 뜻하는 '彳'과 서다를 뜻하는 '止'를 합하여 '가다가는 쉬고 쉬다가는 간다'는 뜻을 나타낸다.

자해 **❶쉬엄쉬엄 가다. ❷달리다. ❸뛰어넘다. ❹한자 부수의 하나, 갖은책받침. ＝辶.**

2 ⑥【边】 軌(1230)의 고자

2 ⑥【辺】 邊(1269)의 속자

3 ⑦【过】 過(1257)의 속자

3 ⑦【迅】迅 빠를 신 震

인명 1급 ㊥xùn ㊐ジン

소전 초서 자해 **❶빠르다.** 〔論語〕 迅雷風烈必變신뢰풍렬필변. **❷뛰어넘다.** 〔楚辭〕 九侯淑女구후숙녀, 多迅衆些다신중사.

迅雷風烈(신뢰풍렬) 맹렬한 우레와 세찬 바람. 疾風迅雷(질풍신뢰).
迅速(신속) 매우 날쌔고 빠름.
迅羽(신우) ①빨리 나는 새. ②매의 딴 이름.
迅捷(신첩) 재빠름.
迅漂(신표) 빠름.
迅風(신풍) 세찬 바람. 疾風(질풍).

3 ⑦【迂】迂 멀 우 虞

인명 1급 ㊥yū ㊐ウ

소전 초서 본자 迃 자해 **❶멀다. ㉮길이 멀다.** 〔太玄經〕 其次迂塗기차우도. **㉯실지의 사정에 맞지 않다.** 〔論語〕 有是哉유시재, 子之迂也자지우야. **❷먼 길.** 〔宋史〕 捨逕而就迂사경이취우. **❸굽히다, 기세를 꺾다.** 〔管子〕 民流通則迂之민류통즉우지. **❹잘못하다.** 〔荀子〕 失之已反之人실지기반지인, 豈不迂乎哉기불우호재.

迂路(우로→오로) 멀리 돌아가는 길.
迂言(우언) 세정(世情)에 통하지 않는 말. 시세나 사정에 밝지 못한 말.
迂餘曲折(우여곡절) 여러 가지로 뒤얽힌 복잡한 사정이나 변화.
迂遠(우원) ①생활·태도·방법 따위가 현실과 거리가 멂. ②길이 돌아서 멂.
迂拙(우졸) 세상 물정에 어둡고 옹졸함.
迂闊(우활→오활) ①실정(實情)에 맞지 않음. 세상일에 어두움. ②곧바르지 아니하고 에돌아서 거리가 멂.
迂廻(우회) 곧바로 가지 않고 멀리 돌아감. 迂回(우회).

3 ⑦【迆】 迤(1246)와 동자

3 ⑦【辿】辿 천천히 걸을 천 先

㊥chán ㊐テン

초서 자해 **천천히 걷다, 느릿느릿 걷다.**

3 ⑦【迁】 遷(1267)의 속자

3 ⑦【迄】迄 이를 흘 物

㊥qì ㊐キツ

소전 초서 자해 **❶이르다, 도달하다, 미치다.** 〔詩經〕 以迄于今이흘우금. **❷마침내, 드디어.** 〔後漢書〕 才疏意廣재소의광, 迄無成功흘무성공.

4 ⑧【近】近 ①가까울 근 吻 ②가까이할 근 問

중학 인명 6급 ㊥jìn ㊐キン

필순 ㇀ 厂 斤 斤 斤 䜣 䜣 近

소전 초서 자원 形聲. 辵+斤→近. '斤(근)'이 음을 나타낸다.

자해 ① ❶가깝다. ㉮거리가 멀지 않다. 〔唐書〕 駕自中禁가자중금, 狩于近坰수우근경. ㉯닮다, 비슷하다. 〔中庸〕 好學者近乎知호학자근호지. ㉰천박하다, 생각이 얕다. 〔唐書〕 語言俚近어언리근. ❷요사이, 요즘. ❸가까이. ② ❶가까이하다, 친하게 지내다. 〔書經〕 民可近민가근, 不可下불가하. ❷사랑하다, 총애하다. 〔戰國策〕 有七孺子皆近유칠유자개근.

近間(근간) ①요사이. 요즈음. ②가까운 장래.
近坰(근경) 가까운 교외.
近境(근경) ①가까운 부근의 일대. ②요즈음의 사정.
近景(근경) 가까이 보이는 경치.
近攻(근공) 이웃 나라들을 공격함.
近郊(근교) 도시에 가까운 지역.
近畿(근기) 서울에 가까운 지방.
近年(근년) 최근 몇 해 동안.
近代(근대) ①지난 지 얼마 안 되는 가까운 시대. ②중세와 현대의 사이.
近洞(근동) 가까운 동네. 이웃 마을.
近來(근래) 요즈음. 요사이.
近理(근리) 이치에 가까움.
近隣(근린) 가까운 이웃.
近墨者黑(근묵자흑) 먹을 가까이하면 검은 물이 들기 쉬움. 나쁜 사람을 가까이하면 악에 물들기 쉬움.
近密(근밀) ①가깝고 친밀함. ②임금의 측근.
近方(근방) 가까운 곳. 近處(근처).
近似(근사) ①거의 같음. ②그럴싸함.
近思(근사) ①높고 먼 이상을 좇지 않고 자기 몸 가까운 일부터 생각함. ②자기 주변의 일을 반성함.
近視(근시) 가까운 물체는 잘 보아도 먼 데 것은 잘 못 보는 눈.
近臣(근신) 임금을 가까이에서 모시는 신하.
近影(근영) 최근에 찍은 인물의 사진.
近憂(근우) 바로 눈앞에 닥친 근심.
近易(근이) 하기 쉬움. 손쉬움.
近者(근자) 요사이. 요즈음. 近日(근일).
近接(근접) 가까이 닿음.
近體(근체) 시체(詩體)의 이름. 당대(唐代)에 정형화된 율시(律詩)와 절구(絕句). 고시(古詩)와 상대되어, 평측(平仄)·자수(字數)·대구(對句) 등에 엄격한 규칙이 있음.
近就(근취) 가까이하여 친하게 사귐.
近親(근친) 촌수가 가까운 일가.
近海(근해) 육지에 가까운 바다.
近幸(근행) 가까이하여 총애함. 또는 그 신하.
近況(근황) 요사이의 형편.

◨ 遠近원근, 隣近인근, 最近최근, 側近측근, 親近친근.

4 ⑧【迺】 退(1249)의 고자

4 ⑧【迚】 國무지 두

자해 ❶무지. 곡식이 완전한 한 섬이 못 되는 것. ❷마투리. 한 섬이나 한 가마가 되지 못하고 남은 양.

4 ⑧【迍】迍 머뭇거릴 둔 圓

㊥zhūn ㊐チュン

초서 자해 머뭇거리다. 〔左思·詩〕 英雄有迍邅영웅유둔전.

迍邅(둔전) 길이 험하여 잘 나아가지 못하는 모양.

4 ⑧【返】返 돌아올 반 阮

고등 인명 3급 ㊥fǎn ㊐ハン

필순 ㇀ 厂 万 反 反 㐡 㐡 返

소전 초서 자원 形聲. 反+辵→返. '反(반)'이 음을 나타낸다.

자해 ❶돌아오다. 〔漢書〕 往者不返왕자불반. ❷돌려주다. 〔漢書〕 返之於天반지어천. ❸바꾸다, 새롭게 하다. 〔呂氏春秋〕 返瑟而弦반슬이현.

返納(반납) 남에게 빌린 것을 도로 돌려줌.
返戾(반려) 빌리거나 차지했던 것을 되돌려 줌.
返老還童(반로환동) 젊어짐. 다시 젊어지게 함. 反老還童(반로환동)
返命(반명) 명령을 받고 일을 처리한 사람이 그 결과를 보고함. 復命(복명).
返璧(반벽) 빌려 온 물건을 도로 돌려줌.
返償(반상) 꾼 것을 되돌려 갚음.
返書(반서) 회답 편지. 답장. 返簡(반간).
返送(반송) 도로 돌려보냄.
返照(반조) ①빛이 되비침. ②저녁 햇빛. 석양. 낙조. 返景(반영).
返品(반품) 사들인 물품을 도로 돌려보냄. 또는 그 물품.
返魂(반혼) 부활함. 회생함.
返還(반환) 받거나 빌린 것을 도로 돌려줌.

4 ⑧【迓】迓 마중할 아 禡

㊥yà ㊐ガ

자해 마중하다. 〔書經〕 我迓續乃命于天아아속내명우천.

4 ⑧【迎】迎 ①맞이할 영 庚 ②마중할 영 敬

중학 인명 4급 ㊥yíng, yìng ㊐ゲイ

필순 ′ ㇀ 𠂎 卬 ˋ卬 ˋ卬 迎 迎

소전 초서 자원 形聲. 卬＋辵→迎. '卬(앙)' 이 음을 나타낸다.

자해 ①❶맞이하다. 〔孟子〕 簞食壺漿단사호장, 以迎王師이영왕사. ❷마음으로 따르다. 〔孔子家語〕 民嚴而不迎민엄이불영. ❸헤아리다. 〔史記〕 迎日推筴영일추협. ②마중하다. 〔詩經〕 親迎于渭친영우위.

迎擊(영격) ①공격해 오는 적을 나아가 맞받아침. ②찾아오는 사람을 중도에서 만남.
迎年(영년) ①새해를 맞이함. 迎新(영신). ②풍년 들기를 기원함.
迎梅雨(영매우) 음력 3월에 내리는 비.
迎賓(영빈) 귀빈을 맞이함.
迎送(영송) 맞이함과 떠나보냄.
迎新(영신) 새해를 맞음.
迎阿(영아) 비위를 맞추고 아첨함. 阿諛(아유).
迎引(영인) ①맞이하여 인도함. ②손을 맞아 대접함. 迎接(영접).
迎日(영일) ①미리 날짜를 헤아림. ②태양을 맞음.
迎入(영입) 사람을 맞아들임.
迎戰(영전) 적군을 맞이하여 싸움.
迎接(영접) 손을 맞아서 접대함.
迎合(영합) ①남의 마음에 들도록 비위를 맞춤. ②미리 기일을 약속하고 만남.
◨ 送迎송영, 歡迎환영.

4 ⑧【迕】迕 만날 오 遇

㊥wǔ ㊐ゴ

초서 자해 ❶만나다, 상봉하다. ❷거스르다. 〔漢書〕 宮人畏之궁인외지, 莫敢復迕막감부오.

迕視(오시) 거슬러 봄. 무례한 태도로 봄.

4 ⑧【还】 還(1268)의 속자

5 ⑨【迦】迦 막을 가 麻

인명 2급 ㊥jiā ㊐カ

초서 자해 ❶막다. ❷만나다. ❸범어(梵語) 'ka' 의 음역자(音譯字).

迦藍(가람) (佛)절. 또는 승려가 사는 집. 伽藍(가람). 僧伽藍摩(승가람마).

5 ⑨【迲】 國자래 겁 인명

자해 ❶자래. 나뭇단을 세는 단위. ❷군 이름.

5 ⑨【迯】 逃(1247)의 속자

5 ⑨【迫】迫 닥칠 박 ㊍백 陌

고등 인명 3Ⅱ급 ㊥pò ㊐ハク

필순 ′ ㇒ 𠂆 白 白 ˋ白 迫 迫 迫

소전 초서 속자 자원 形聲. 辵＋白→迫. '白(백)' 이 음을 나타낸다.

자해 ❶닥치다. 〔史記〕 然迫近北夷연박근북이. ❷다가오다. 〔後漢書〕 西州地勢局迫서주지세국박. ❸궁하다. 〔楚辭〕 悲時俗之迫阨兮비시속지박액혜. ❹다급하다. 〔淮南子〕 迫而動박이동. ❺다그치다. 〔呂氏春秋〕 迫生爲下박생위하.

迫劫(박겁) 다그쳐 위협함. 迫恐(박공).
迫擊(박격) 덤벼들어 마구 몰아침.
迫頭(박두) 기일이나 시간이 가까이 닥쳐 옴.
迫力(박력) 강하게 밀고 나가는 힘.
迫殺(박살) 핍박하여 죽임.
迫切(박절) ①여유가 없고 아주 급함. ②인정이 없고 쌀쌀함.
迫進感(박진감) 진실에 가까운 느낌.
迫促(박촉) ①재촉함. 핍박함. ②시간이 바짝 가까이 닥침. 促迫(촉박).
迫奪(박탈) 다가들어 빼앗음.
迫害(박해) 약한 자를 괴롭히거나 해를 입힘.
迫脅(박협) ①위력으로 강압함. 협박(脅迫)함. ②비좁음.
◨ 急迫급박, 壓迫압박, 切迫절박, 逼迫핍박, 脅迫협박.

5 ⑨【述】述 지을 술 質

고등 인명 3Ⅱ급 ㊥shù ㊐ジュツ

필순 一 十 才 木 朮 朮 ˋ朮 述 述

소전 초서 자원 形聲. 辵＋朮→述. '朮(출)' 이 음을 나타낸다.

자해 ❶짓다. 〔後漢書〕 又作典引篇우작전인편,

述敍漢德술서한덕. ❷말하다, 설명하다.〔論語〕述而不作술이부작. ❸잇다, 좇다.〔書經〕述大禹之戒以作歌술대우지계이작가. ❹닦다, 편수(編修)하다.〔漢書〕祖述堯舜조술요순.
述而不作(술이부작) 전인(前人)의 학설을 기술할 뿐 새로운 학설을 창작하지 않음.
述作(술작) 전인(前人)의 학설을 논술(論述)하는 일과 새로운 학설을 창작하는 일.
述職(술직) 제후가 천자를 뵙고 직무에 대하여 보고함.
述懷(술회) 마음속에 품은 생각을 말함.
◨ 口述구술, 記述기술, 詳述상술, 敍述서술, 撰述찬술, 纂述찬술.

5 ⑨【迤】迤 [1]비스듬할 이 紙 [2]굽을 이 支 [3]가는 모양 타 歌

㊥yǐ, yí, tuó ㊐イ, タ

소전 초서 동자 迱 자해 [1] ❶비스듬하다. ❷연해 있는 모양.〔杜牧·詩〕浪態迤迤好랑태이이호. [2] ❶굽다.〔後漢書〕道固逶迤也도고위이야. ❷길게 뻗어 있는 모양.〔王粲·賦〕路逶迤而修迥兮노위이이수형혜. [3] 가는 모양.
迤迤(이이) ①연이은 모양. ②비스듬히 뻗은 모양.
◨ 委迤위이, 逶迤위이.

5 ⑨【迩】邇(1269)와 동자

5 ⑨【迪】迪 나아갈 적 錫

인명 ㊥dí ㊐テキ

소전 초서 속자 廸 자해 ❶나아가다.〔詩經〕弗求弗迪불구불적. ❷길, 도덕.〔書經〕惠迪吉혜적길, 從逆凶종역흉. ❸이끌다.〔書經〕啓迪後人계적후인. ❹밟다, 행하다.〔書經〕允迪厥德윤적궐덕. ❺이르다.〔漢書〕漢迪于秦한적우진.

5 ⑨【迭】迭 갈마들 질 屑

인명 1급 ㊥dié ㊐テツ

소전 초서 자해 ❶갈마들다, 번갈아.〔詩經〕日居月諸일거월저, 胡迭而微호질이미. ❷범하다, 침노하다.〔春秋左氏傳〕迭我殽地질아효지.
迭擊(질격) 번갈아 침. 교대로 공격함.
迭起(질기) 번갈아 일어남. 迭興(질흥).
◨ 更迭경질.

5 ⑨【迮】迮 닥칠 책 陌

㊥zé ㊐サク

소전 초서 자해 ❶닥치다, 좁혀 오다.〔後漢書〕鄰舍比里린사비리, 共相壓迮공상압책. ❷갑자기.〔春秋公羊傳〕今若是迮而與李子國금약시책이여리자국.

5 ⑨【迢】迢 멀 초 蕭

㊥tiáo ㊐チョウ

소전 초서 자해 ❶멀다, 아득하다. ❷높은 모양.〔李商隱·詩〕雙鯉迢迢一紙書쌍리초초일지서.
迢遙(초요) 아득히 멂.
迢迢(초초) ①아득히 먼 모양. ②까마득히 높은 모양.

5 ⑨【迨】迨 미칠 태 賄

초서 자해 ❶미치다, 이르다.〔詩經〕迨其吉兮태기길혜. ❷기회를 타다.〔詩經〕迨天之未陰雨태천지미음우.

5 ⑨【迥】迥 멀 형 迥

㊥jiǒng ㊐ケイ

소전 초서 속자 逈 자해 ❶멀다, 멀리. ❷빛나다.
迥然(형연) 아득히 먼 모양. 迥迥(형형).

6 ⑩【适】빠를 괄 曷

인명 ㊥kuò ㊐カツ

소전 초서 자해 빠르다, 신속하다.

6 ⑩【迺】迺 이에 내 賄

㊥nǎi ㊐ダイ

소전 자해 ❶이에, 곧. =乃. ❷너.〔漢書〕必欲烹迺翁필욕팽내옹. ❸비로소.〔漢書〕太子迺生태자내생. ❹이.
迺者(내자) 요사이. 근간.

6 ⑩【逃】逃 달아날 도 豪

고등 인명 4급 ㊥táo ㊐トウ

필순 丿 丬 丬 兆 兆 兆 兆 逃 逃 逃

소전 [篆] 초서 [草] 속자 迯 자원 形聲. 辵+兆→逃. '兆(조)'가 음을 나타낸다.

자해 ❶달아나다. 〔書經〕乃惟四方之多罪逋逃내유사방지다죄포도. ❷숨다. 〔楚辭〕魂無逃只혼무도지.

逃去(도거) 달아남. 도망침.
逃難(도난) 재난을 피하여 멀리 달아남.
逃匿(도닉) 도망하여 숨음. 逃竄(도찬).
逃亡(도망) ①몰래 피하여 달아남. ②쫓겨 달아남. 逃走(도주).
逃名(도명) 명예를 기피함.
逃散(도산) 도망하여 뿔뿔이 흩어짐.
逃潛(도잠) 달아나 자취를 감춤.
逃走(도주) 피하여 달아남.
逃避(도피) 도망하여 몸을 피함.

6 ⑩【迷】迷 미혹할 미 齊

고등 인명 3급 ㊥mí ㊐メイ

필순 丶 丷 丷 半 米 米 米 洣 洣 迷

소전 [篆] 초서 [草] 자원 形聲. 辵+米→迷. '米(미)'가 음을 나타낸다.

자해 ❶미혹하다. 〔韓非子〕凡失其所欲之路범실기소욕지로, 而妄行者이망행자, 之謂迷지위미. ❷전념하다. 〔舊唐書〕惟公執迷유공집미, 獨阻聲敎독저성교. ❸헤매게 하다.

迷宮(미궁) ①한번 들어가면 나올 길을 쉽게 찾을 수 없게 되어 있는 곳. ②복잡하게 얽혀서 해결의 실마리를 찾기 어려움의 비유.
迷路(미로) 어지럽게 갈래가 져서 한번 들어가면 빠져나오기 어려운 길.
迷謬(미류) 미혹하여 그르침.
迷離(미리) ①분명하지 않은 모양. 흐릿한 모양. ②산란한 모양.
迷妄(미망) 사리에 어두워 갈피를 잡지 못하고 헤맴.
迷罔(미망) ①미혹하게 함. ②마음이 흐트러지고 어두워짐.
迷昧(미매) 미혹하여 마음이 어두움.
迷夢(미몽) 마음의 미혹. 꿈처럼 종잡을 수 없는 허망한 생각.
迷霧(미무) ①방향을 종잡을 수 없을 만큼 짙은 안개. 미혹된 마음의 비유.
迷迷(미미) ①사욕(私慾)에 미혹된 모양. ②분명하지 않은 모양.
迷信(미신) 비과학적이고 종교적으로 망령되다고 판단되는 신앙.
迷兒(미아) ①길을 잃은 아이. 迷路兒(미로아). ②자기 아이의 겸칭.
迷惑(미혹) ①길을 잃어 헤맴. ②무엇에 홀려 정신이 헷갈림. ③남의 마음을 헷갈리게 함.

◨ 昏迷혼미.

6 ⑩【送】送 보낼 송 送

중학 인명 4Ⅱ급 ㊥sòng ㊐ソウ

필순 丶 丷 丷 亠 羊 关 关 ⻌关 送 送

소전 [篆] 초서 [草] 동자 送 자원 形聲. 辵+关→送. '关(잉)'이 음을 나타낸다.

자해 ❶보내다. ㉮사람을 보내다. 〔荀子〕送逆無禮송역무례. ㉯다하다, 바치다. 〔後漢書〕遣生送敬견생송경. ㉰물품을 보내다. 〔史記〕他送亦千金타송역천금. ㉱쫓다, 물러나게 하다. 〔禮記〕出土牛以送寒氣출토우이송한기. ❷전송, 사람을 떠나보내는 일. ❸선물. 〔後漢書〕裝送資賄甚盛장송자회심성.

送哭(송곡) 상여를 보내면서 욺.
送舊迎新(송구영신) ①묵은해를 보내고 새해를 맞음. ②전임 벼슬아치를 배웅하고 새로 부임하는 벼슬아치를 맞이함. 送故迎新(송고영신).
送窮(송궁) 궁귀(窮鬼)를 내쫓음.
送金(송금) 돈을 보냄.
送年(송년) 한 해를 보냄.
送達(송달) 보내어 줌.
送梅雨(송매우) 음력 5월에 오는 비.
送別(송별) 떠나는 사람을 이별하여 보냄.
送死(송사) ①부모를 장송(葬送)함. ②스스로 자신을 죽이는 길을 취하는 일.
送信(송신) 통신을 보냄.
送葬(송장) 시신을 장지(葬地)로 보내는 일.
送電(송전) 전력을 보냄.
送終(송종) 장사(葬事)를 지냄.
送還(송환) 도로 돌려보냄.

◨ 急送급송, 發送발송, 輸送수송, 護送호송, 回送회송.

6 ⑩【逆】逆 거스를 역 陌

중학 인명 4Ⅱ급 ㊥nì ㊐ギャク

필순 丶 丷 丷 㐅 屰 屰 屰 ⻌屰 逆 逆

소전 [篆] 초서 [草] 자원 形聲. 辵+屰→逆. '屰(역)'이 음을 나타낸다.

자해 ❶거스르다. ㉮배반하다. 〔國語〕未退而逆之미퇴이역지. ㉯어기다. 상리(常理)에서 벗어나다. 〔荀子〕言辯而逆언변이역. ❷맞다. 〔國語〕上卿逆於境상경역어경. ❸거절하다. 〔戰國

策〕故專兵一志고전병일지, 以逆秦이역진. ❹**생각하다**.〔周禮〕以逆其役事이역기역사. ❺**미리, 사전에**.〔宋史〕何逆計未然之事乎하역계미연지사호. ❻**불운**(不運), **불행**. ❼**허물, 죄**.〔書經〕從逆凶종역흉. ❽**거꾸로**.〔史記〕吾故倒行而逆施之오고도행이역시지. ❾**반란, 반역자**.〔後漢書〕退惡攘逆퇴악양역.

逆擊(역격) 역습하여 침. 영격(迎擊)함.

逆境(역경) 뜻대로 안 되는 불행한 경우.

逆氣(역기) ①거스르는 마음. ②國욕지기. 嘔逆(구역). 吐氣(토기).

逆黨(역당) 역적의 무리. 逆徒(역도).

逆旅(역려) 여관(旅館). 여사(旅舍). '逆'은 '迎'으로 손을 맞이하는 것을 뜻함.

逆旅過客(역려과객) ①세상은 여사(旅舍)와 같고 인생은 나그네와 같음. ②지나가는 나그네와 같이 아무 관계도 없는 사람.

逆流(역류) ①물이 거슬러 흐름. ②흐르는 물을 거슬러 올라감.

逆理(역리) 도리에 어긋남.

逆鱗(역린) ①거꾸로 난 비늘. ②임금의 진노(震怒). 용(龍)의 역린을 건드리면 크게 노하여 사람을 죽인다는 전설에서 온 말.

逆命(역명) ①임금의 명령을 어김. ②분부를 받듦.

逆說(역설) ①어떤 주의·주장에 반대되는 이론. ②언뜻 보기에는 진리에 어긋나는 것 같으나, 사실은 그 속에 진리를 품고 있는 말.

逆數(역수) ①사계절의 한서(寒暑)가 고르지 못함. ②미래의 운명을 미리 깨달음.

逆順(역순) 거꾸로 된 순서.

逆襲(역습) 막는 처지에 있다가 도리어 반격으로 나섬.

逆用(역용) 반대로 이용함.

逆運(역운) 불운(不運).

逆意(역의) ①반역을 꾀하려는 마음. 逆心(역심). ②남의 뜻을 거스름. 반항(反抗)함.

逆耳之言(역이지언) 귀에 거슬리는 말. 충간(忠諫)하는 말.

逆賊(역적) 제 나라 또는 제 임금에게 반역한 사람.

逆戰(역전) 적의 공격을 받다가 역습하여 나아가 싸움.

逆轉(역전) ①반대 방향으로 회전함. ②형세·순위 등이 뒤바뀜.

逆政(역정) 도리에 어그러진 정사(政事).

逆情(역정) 몹시 언짢거나 못마땅하여 내는 성.

逆調(역조) 일이 순조롭지 않거나 좋지 않은 방향으로 나아가는 상태.

逆天(역천) 천명(天命)을 거스름. 천리(天理)를 거역함.

辵 6획

逆聽(역청) 남의 말을 거꾸로 들음. 남의 말을 순순히 받아들이지 않음.

逆探(역탐) 미리 알아냄. 사전에 탐지함.

逆風(역풍) ①앞바람. ②바람을 안고 감.

逆行(역행) ①반대 방향으로 나아감. ②도리에 어긋나는 행동.

逆婚(역혼) 형제자매 중 나이가 적은 사람이 먼저 혼인함.

◨ 拒逆거역, 大逆대역, 莫逆막역, 反逆반역, 忤逆오역, 悖逆패역.

6 ⑩ 【迹】迹 자취 적 陌

인명 1급 ㊥jì ㊐セキ

소전 초서 자해 ❶**자취**. =跡. ㉮**발자국**.〔淮南子〕足蹍地而爲迹족전지이위적. ㉯**행위, 행동거지**.〔楚辭〕見伯夷之放迹견백이지방적. ㉰**길, 앞길**.〔楚辭〕昏微遵迹혼미준적. ㉱**공적**(功績), **업적**.〔漢書〕太王肇基王迹태왕조기왕적. ❷**좇다**.〔漢書〕深迹其道심적기도, 而務修其本이무수기본.

◨ 足迹족적, 蹤迹종적, 痕迹흔적.

6 ⑩ 【追】追 1좇을 추 支 2갈 퇴 灰

중학 인명 3Ⅱ급 ㊥zhuī, duī ㊐ツイ

필순 ′ ｲ 𠂤 𠂤 𠂤 㠯 追 追 追 追

소전 초서 참고 인명용 음은 '추'이다.

자원 形聲. 辵+自→追. '自(퇴)'가 음을 나타낸다.

자해 1 ❶**좇다**.〔漢書〕公無所追공무소추, 追信詐也추신사야. ❷**이루다, 완수하다**.〔漢書〕歸獄不解귀옥불해, 茲謂追非자위추비. ❸**구**(救)**하다, 돕다**.〔論語〕往者不可諫왕자불가간, 來者猶可追래자유가추. ❹**사모하다**.〔論語〕愼終追遠신종추원. ❺**보내다, 전송하다**.〔詩經〕薄言追之박언추지. 2 **갈다, 탁마하다**.〔詩經〕追琢其章퇴탁기장.

追加(추가) 나중에 더하여 보탬.

追擊(추격) 뒤쫓아가서 공격함.

追考(추고) 지나간 일을 돌이켜 생각함.

追觀(추관) 과거의 일을 생각하여 봄.

追究(추구) 근본 이치를 캐어 들어가 연구함.

追窮(추궁) 잘못에 대하여 엄하게 따져 밝힘.

追及(추급) 뒤쫓아 미침. 뒤따라 붙음.

追記(추기) 본문에 추가하여 적어 넣음. 또는 그 글.

追念(추념) 옛일이나 옛사람을 생각함.

追悼(추도) 죽은 사람을 회상하며 슬퍼함.

追突(추돌) 뒤에서 달려와 들이받음.
追論(추론) 추구(追究)하여 논의함.
追慕(추모) 죽은 사람을 사모함.
追放(추방) 쫓아냄. 放逐(방축).
追北(추배) 달아나는 자를 쫓음.
追服(추복) 상(喪)을 당한 때에 상복을 입지 못한 사람이 뒷날에 상복을 입는 일.
追思(추사) 지나간 일을 생각함.
追賜(추사) 죽은 뒤에 물품을 하사함.
追殺(추살) 뒤쫓아가서 죽임.
追上(추상) 國죽은 왕이나 왕비에게 존호(尊號)를 올림.
追敍(추서) 죽은 뒤에 관작을 내려 주거나 품계를 높여 주는 일.
追隨(추수) 뒤를 좇음. 남의 뒤를 따름.
追崇(추숭) 왕위에 오르지 못하고 죽은 이에게 임금의 칭호를 주던 일. 追尊(추존).
追伸(추신) 편지 등에서 사연을 덧붙여 쓸 때 그 첫머리에 쓰는 말.
追憶(추억) 지난 일을 돌이켜 생각함.
追友江南(추우강남) 國친구 따라 강남을 감. 자기는 하고 싶지 않으나 남에게 끌려서 덩달아 하게 됨.
追遠(추원) ①먼 옛일을 생각함. ②조상의 미덕(美德)을 추사(追思)함.
追越(추월) 뒤따라 가서 앞지름.
追跡(추적) 뒤를 밟아 쫓아감.
追從(추종) 남에게 빌붙어 따름.
追蹤(추종) ①다른 사람의 뒤를 몰래 밟음. ②옛일을 더듬어 찾음.
追贈(추증) 죽은 뒤에 관위(官位)를 내려 주거나 높여 줌.
追徵(추징) 나중에 추가로 거둠.
追逐(추축) ①달아나는 자를 쫓음. ②내쫓아 버림. ③서로 겨룸. 角逐(각축). ④친구끼리 서로 오가며 사귐.
追風(추풍) 바람을 쫓음. 말이 매우 빨리 달림의 비유.
追行(추행) ①뒤에 행함. ②뒤를 따라감. 뒤를 밟음.
追還(추환) 되돌려보냄. 쫓아냄.
追悔(추회) 지난 뒤에 잘못을 뉘우침.
追懷(추회) 지나간 일이나 떠나간 사람을 회상하며 그리워함.
追後(추후) 이 다음. 나중.

6 【退】 退 1물러날 퇴 隊
⑩ 2바랠 퇴 ㊍톤 願
중학 인명 4Ⅱ급 ㊥tuì ㊐タイ

필순 ㄱ ㅋ ㅋ 艮 艮 艮 艮 退 退 退

소전 초서 동자 고자 자원 會意. 辵+日+夂→退. 간다는 뜻의 '辶'과 해를 뜻하는 '日'과 아래쪽을 향한 발의 모양을 나타낸는 '夂'가 합하여 해가 아래로 향해 간다는 데서 '물러나다'라는 뜻을 나타낸다.

자해 1 ❶물러나다. ㉮뒤로 물러나다. 〔易經〕知進而不知退지진이부지퇴. ㉯그만두다, 사직하다. 〔春秋左氏傳〕康子請退강자청퇴. ㉰피하다. 〔儀禮〕主人少退주인소퇴. ㉱돌아가다. 〔漢書〕臨淵羨魚림연선어, 不如退而結網불여퇴이결망. ❷물리치다. ㉮멀리하다. ㉯쫓아내다. 〔國語〕誰能退敵수능퇴적. ㉰떨어뜨리다. 〔漢書〕多所貶退다소폄퇴. 2 바래다, 빛깔이 날다. =褪. 〔道經〕蝶交則粉退접교즉분퇴, 蜂交則黃退봉교즉황퇴.

退却(퇴각) ①싸움에 져서 물러남. ②가져온 금품 따위를 물리쳐 받지 않음.
退居(퇴거) ①세속(世俗)을 피하여 은거(隱居)함. ②물러나 있음. ③살고 있는 곳에서 다른 곳으로 거주를 옮겨 감.
退官(퇴관) 벼슬을 내놓고 물러남.
退軍(퇴군) 군사를 뒤로 물림. 退陣(퇴진).
退闕(퇴궐) 대궐에서 물러나옴.
退勤(퇴근) 직장에서 근무 시간을 마치고 나옴.
退期(퇴기) 정해 놓은 기한(期限)을 물림.
退路(퇴로) 물러날 길. 후퇴할 길.
退步(퇴보) ①뒤로 물러섬. ②정도나 수준이 이제까지의 상태보다 못하게 됨.
退社(퇴사) 회사를 그만둠.
退散(퇴산) ①모였던 것이 흩어짐. ②흩어져 도망함.
退色(퇴색) 빛이 바램. 褪色(퇴색).
退食(퇴식) ①조정에서 나와 집에서 식사를 함. ②관리가 공직에서 물러남.
退身(퇴신) 벼슬을 내놓고 물러남.
退室(퇴실) 방에서 나감.
退役(퇴역) 현역에서 물러남.
退嬰(퇴영) ①뒤로 물러나 가만히 틀어박혀 있음. ②활기나 진취적 기상이 없게 됨.
退院(퇴원) 입원했던 환자가 병원에서 나옴.
退隱(퇴은) ①물러나 숨음. 세상과의 교제를 끊음. 退潛(퇴잠). ②벼슬을 그만두고 은거함. 은퇴(隱退)함.
退任(퇴임) 임무에서 물러남.
退場(퇴장) ①어떤 장소에서 물러남. ②배우가 무대에서 물러남. ③경기 도중 반칙으로 물러남.
退藏(퇴장) ①물러나서 자취를 감춤. ②남몰래 감추어 놓고 지님.
退廷(퇴정) 법정·조정에서 나옴.

退潮(퇴조) ①썰물. ②기운, 세력 등이 줄어듦.
退走(퇴주) 물러나 달아남.
退職(퇴직) 현직에서 물러남.
退陣(퇴진) ①관여했던 직장·직무에서 물러남. ②군사를 뒤로 물림.
退出(퇴출) 물러나서 나감. 물러남.
退治(퇴치) 물리쳐 없애 버림.
退避(퇴피) 물러나 피함.
退筆(퇴필) 끝이 다 닳아서 못 쓰게 된 붓.
退學(퇴학) 다니던 학교를 졸업 전에 그만둠. 退校(퇴교).
退閑(퇴한) 관직에서 물러나 한거(閑居)함. 세속을 떠나 조용히 삶.
退行(퇴행) ①물러감. ②진보된 것이 진보 이전의 상태로 되돌아감. ③날짜를 물려서 함.
退化(퇴화) ①진보 이전의 상태로 돌아감. ②생물의 기관 등이 오래 쓰지 않아 쇠퇴해 감.
退休(퇴휴) 퇴직(退職)하여 쉼. 退息(퇴식).
◨ 隱退은퇴, 早退조퇴, 進退진퇴, 脫退탈퇴, 後退후퇴.

6 ⑩【逥】 迴(1246)의 속자 인명

6 ⑩【迴】 回(240)와 동자

6 ⑩【逅】 逅 ①만날 후 宥 ②터놓을 후 尤
인명 1급 ㊥hòu ㊐コウ
소전 초서 자해 ①만나다. 〔詩經〕 邂逅相遇해후상우. ② ❶터놓다. ❷단단하지 않은 모양.

7 ⑪【逕】 迳 소로 경 徑
인명 ㊥jìng ㊐ケイ
초서 자해 ❶소로, 좁은 길. 〔江淹·詩〕 劍逕羞前檢검경수전검, 岷山慙舊名민산참구명. ❷지름길. 〔文心雕龍〕 李斯之奏驪山리사지주려산, 事略而意逕사략이의경. ❸곧다, 똑바르다. ❹지나다, 통과하다.
逕路(경로) ①곧은 길. ②작은 길. ③지름길.

7 ⑪【逑】 逑 짝 구 尤
인명 ㊥qiú ㊐キュウ
소전 초서 자해 ❶짝, 배우자. ≒仇. 〔詩經〕 君子好逑군자호구. ❷모으다, 모이다. ＝鳩. 〔詩經〕 以爲民逑이위민구. ❸구하다. ＝求.

7 ⑪【途】 途 길 도 虞
고등 인명 3Ⅱ급 ㊥tú ㊐ト
필순 ノ 人 今 全 余 余 余 涂 途 途
초서 자원 形聲. 辵＋余→途. '余(여)'가 음을 나타낸다.
자해 길, 도로. ≒塗. 〔晉書〕 掃河漢而清天途소하한이청천도.
途上(도상) ①길 위. 路上(노상). ②사업 등이 진행되고 있는 과정이나 도중.
途程(도정) 거쳐 지나가는 길이나 과정. 路程(노정).
途中(도중) ①길을 가는 중간. 途次(도차). ②일이 계속되고 있는 과정이나 일의 중간.
◨ 半途반도, 別途별도, 用途용도, 壯途장도, 前途전도, 中途중도.

7 ⑪【逗】 逗 ①머무를 두 宥 ②성 주 遇
인명 ㊥dòu, zhù ㊐トウ, チュ
소전 초서 참고 인명용 음은 '두'이다.
자해 ① ❶머무르다, 묵다. 〔後漢書〕 逗華陰之湍渚두화음지단저. ❷투합(投合)하다. ❸이르다, 다다르다. ❹뒤쫓다, 달리다. 〔陸龜蒙·詩〕 各樣蓮船逗村去각양련선두촌거. ② ❶성(姓). ❷머무르다. ≒住. 〔漢書〕 逗遛不進주류부진.

7 ⑪【連】 连 잇닿을 련 先
중학 인명 4Ⅱ급 ㊥lián, liǎn ㊐レン
필순 一 万 戸 百 亘 車 連 連 連 連
소전 초서 자원 會意. 辵＋車→連. 수레〔車〕를 끌고 간다〔辶〕는 뜻을 나타낸다.
자해 ❶잇닿다, 이어지다, 계속되다. 〔禮記〕 連步以上련보이상. ❷늘어 세우다. 〔孟子〕 連諸侯者次之련제후자차지. ❸동행, 동반자. ❹살붙이, 친척. ❺더디다, 시간이 오래 걸리다. 〔易經〕 往蹇來連왕건래련.
連蹇(연건) 일이 뜻대로 되지 않는 모양. 사람이 뜻을 얻지 못하는 모양.
連結(연결) 서로 이어서 맺음.
連境(연경) 맞닿은 경계. 接境(접경).
連繫(연계) ①잇달아 맴. ②서로 관계를 맺음. ③다른 사람의 죄에 관련되어 옥에 갇힘.
連貫(연관) 활을 쏠 때 잇달아 적중(的中)시킴. 連中(연중).
連襟(연금) 옷깃을 맞댐. 곧, 다정하게 한 자리

에 앉음.

連帶(연대) 어떤 일을 두 사람 이상이 공동으로 책임지고 맡음.

連動(연동) 한 부분이 움직이면 연결된 다른 부분도 함께 작동하는 일.

連絡(연락) ①서로 관계(關係)를 맺음. ②통보(通報)함.

連累(연루) 남의 범죄에 연관됨. 連坐(연좌).

連理枝(연리지) 두 나무의 가지가 맞닿아서 결이 통하여 하나가 된 것. ㉠화목한 부부의 비유. ㉡남녀가 정을 맺음의 비유.

連綿(연면) ①길게 이어져 끊이지 않는 모양. 連緜(연면). ②처마. 지붕의 끝 부분.

連袂(연메) 소매를 이음. 행동을 같이함.

連璧(연벽) ①한 쌍의 구슬. 雙璧(쌍벽). ②재능이 뛰어난 두 사람의 벗.

連署(연서) 같은 문서에 두 사람 이상이 잇대어 이름을 적는 일. 連名(연명).

連續(연속) 연이어 계속함. 계속 이어짐.

連鎖(연쇄) ①양쪽을 연결하는 사슬. ②서로 관련됨. 서로 잇대어 맺음.

連夜(연야) ①매일 밤. 밤마다. 每夜(매야). ②밤새도록. 밤 내내. 連宵(연소).

連延(연연) 연하여 뻗음. 聯延(연연)

連雲(연운) ①구름에 가 닿음. ②서로 잇닿아 있는 구름.

連陰(연음) ①매일 날이 흐리거나 비가 옴. ②나무 그늘이 잇닿음.

連任(연임) 임기를 마친 사람이 다시 그 자리에 임용됨.

連載(연재) 신문·잡지 따위에 글을 여러 번 나누어 실음.

連戰連勝(연전연승) 싸울 때마다 이김.

連坐(연좌) ①여러 사람이 잇대어 죽 벌여 앉음. ②남의 범죄에 연관됨.

連枝(연지) ①한 뿌리에서 난 이어진 가지. ②형제자매(兄弟姊妹).

連逮(연체) 연좌(連坐)되어 잡힘.

連打(연타) 계속하여 때리거나 침.

連破(연파) 싸움이나 경기에서 상대를 잇달아 물리침.

連敗(연패) 싸움이나 경기에서 잇달아 짐.

連覇(연패) 경기 등에서 잇달아 우승함.

連呼(연호) 계속하여 부름. 연이어 외침.

連婚(연혼) 혼인으로 인척 관계를 맺음.

連環(연환) 여러 개의 고리를 연결한 사슬.

連橫(연횡) 전국 시대에 장의(張儀)가 주장한 외교 정책. 한(韓)·위(魏)·조(趙)·연(燕)·제(齊)·초(楚)의 여섯 나라가 진(秦)나라와 동맹을 맺어 화친(和親)할 것을 주장한 정책. 連衡(연횡).

7 ⑪【逞】逞 ①굳셀 령 ㊍정 梗 ②사람 이름 영 庚

인명 1급 ㊥chěng, yíng ㊐テイ

소전 초서 참고 인명용 음은 '령'이다.

자해 ① ❶**굳세다, 용감하다.** 〔蘇軾·賦〕 其意驕逞而不可摧기의교령이불가최. ❷**쾌하다, 즐겁다.** 〔春秋左氏傳〕 求逞於人구령어인, 不可불가. ❸**왕성하다.** 〔晉書〕 其志未逞기지미령. ❹**굳세게 하다.** 〔春秋左氏傳〕 今民餒而君逞欲금민뇌이군령욕. ❺**펴다.** 〔論語〕 逞顏色령안색. ② **사람 이름.** ≒盈. 〔史記〕 曲沃攻逞곡옥공영, 逞死영사.

7 ⑪【邉】 邊(1269)의 속자

7 ⑪【逢】逢 ①만날 봉 冬 ②성 봉 東

중학 인명 3Ⅱ급 ㊥féng, páng ㊐ホウ

필순 夂 夂 夂 夅 夅 夆 夆 逄 逄 逢

소전 초서 자원 形聲. 辵+夆→逢. '夆(봉)'이 음을 나타낸다.

자해 ① ❶**만나다, 마주치다.** 〔春秋左氏傳〕 莫能逢之막능봉지. ❷**맞다, 영합하다.** 〔孟子〕 逢君之惡봉군지악. ❸**점치다.** 〔論衡〕 公曰공왈, 乃逢是吉내봉시길. ② ❶**성(姓).** ❷**북소리.** 〔韓愈·詩〕 安眠聽逢逢안면청봉봉.

逢變(봉변) ①남에게 욕을 봄. ②뜻밖의 변을 당함.

逢別(봉별) 만남과 헤어짐. 상봉과 이별.

逢迎(봉영) ①마중 나가 영접함. ②남의 마음에 들도록 애씀. 아첨함. 迎合(영합).

逢着(봉착) 어떤 처지나 상태에 부닥침. 맞닥뜨림.

逢處(봉처) 이르는 곳마다. 到處(도처).

逢敗(봉패) 낭패를 당함.

◨ 相逢상봉, 萍水相逢평수상봉.

7 ⑪【逝】逝 갈 서 霽

고등 인명 3급 ㊥shì ㊐セイ

필순 扌 扌 扌 扩 扩 折 折 浙 浙 逝

소전 초서 자원 形聲. 辵+折→逝. '折(절)'이 음을 나타낸다.

자해 ❶**가다, 향하여 가다.** 〔史記〕 騅不逝兮可奈何추불서혜가내하. ❷**뜨다, 떠나가다.** 〔呂氏春秋〕 龍俛耳低尾而逝룡면이저미이서. ❸**죽다.** 〔漢書〕 長逝者魂魄私恨無窮장서자혼백사한무궁.

辵 7획

❹미치다〔及〕. 〔詩經〕 行與子逝兮행여자서혜. ❺빠르다. 〔論語〕 日月逝矣일월서의. ❻이에. 발어사(發語辭). 〔詩經〕 乃如之人兮내여지인혜, 逝不古處서불고처.

逝去(서거) 남을 높이어 그의 죽음을 이르는 말. 長逝(장서).

逝世(서세) 세상을 떠남. 別世(별세).

逝者(서자) ①떠나가는 사람. ②죽은 사람.

逝者如斯(서자여사) 가는 것이 이와 같음. 시간은 물과 같이 한번 지나가면 다시 돌아오지 않음.

◨ 急逝급서, 永逝영서.

7 ⑪ 【逍】 거닐 소 蕭

인명 1급 ㊥xiāo ㊐ショウ

소전 초서 자해 거닐다, 노닐다. 〔詩經〕 河上乎逍遙하상호소요.

逍遙(소요) 자유롭게 이리저리 거닐며 돌아다님. 逍搖(소요).

逍遙自在(소요자재) 구속됨이 없이 자유로이 소요함. 逍遙自得(소요자득).

逍風(소풍) 갑갑한 마음을 풀기 위하여 바람을 쐼. 消風(소풍).

7 ⑪ 【速】 速 빠를 속 屋

중학 인명 6급 ㊥sù ㊐ソク

필순 一 丆 ㄖ 申 東 東 束 涑 涑 速

소전 초서 자원 形聲. 辵+束→速. '束(속)'이 음을 나타낸다.

자해 ❶빠르다. 〔禮記〕 其去之必速기거지필속. ❷부르다. 〔易經〕 有不速之客三人來유불속지객삼인래. ❸삼가다. 〔楚辭〕 吾與君兮齋速오여군혜재속.

速決(속결) 빨리 끝을 맺음.

速攻(속공) 재빨리 공격함.

速球(속구) 야구에서, 투수가 던지는 빠른 공.

速記(속기) 빠르게 기록함.

速斷(속단) 빨리 판단함. 성급하게 판단함.

速達(속달) ①빨리 달성함. ②빨리 전달함.

速度(속도) 빠르기.

速讀(속독) 빨리 읽음.

速力(속력) 빠르기.

速步(속보) 빨리 걸음.

速報(속보) 빨리 알림. 신속한 보도.

速賓(속빈) 손을 청함. 請賓(청빈).

速射(속사) 빠른 속도로 연달아 쏨.

速成(속성) 빨리 이루어짐.

速戰速決(속전속결) 싸움을 빨리 끝냄.

速禍(속화) 화를 부름.

◨ 加速가속, 高速고속, 急速급속, 迅速신속, 拙速졸속, 快速쾌속.

7 ⑪ 【這】 这 ①이 저 馬 ②맞을 언 願

인명 ㊥zhè, yàn ㊐シャ

초서 속자 这 참고 인명용 음은 '저'이다.

자해 ①이. 〔新唐書〕 這賊誤我저적오아. ②맞다, 맞이하다.

這間(저간) 요즈음.

這麼(저마) ①이와 같이. 이렇게. ②이리. 이쪽. ③대저(大抵).

這番(저번) 지난번. 접때.

7 ⑪ 【逖】 逖 멀 적 錫

㊥tì ㊐テキ

소전 초서 자해 ❶멀다, 아득하다. 〔書經〕 逖矣西土之人적의서토지인. ❷멀리하다, 멀어지다. 〔春秋左氏傳〕 糾逖王慝규적왕특. ❸근심하다. 〔易經〕 渙其血환기혈, 去逖出거적출.

7 ⑪ 【造】 造 ①지을 조 皓 ②이를 조 號

중학 인명 4Ⅱ급 ㊥zào ㊐ゾウ

필순 ⺊ 𠂉 牛 𠂒 告 告 告 浩 浩 造

소전 초서 자원 形聲. 辵+告→造. '告(고)'가 음을 나타낸다.

자해 ①❶짓다. 〔禮記〕 大夫不得造車馬대부부득조거마. ❷세우다. 〔書經〕 凡我造邦범아조방. ❸꾸미다, 조작하다. 〔周禮〕 造言之刑조언지형. ❹시작하다, 처음으로 하다. 〔呂氏春秋〕 文王造之而未遂문왕조지이미수. ❺만나다. ≒遭. 〔史記〕 兩造具備량조구비. ②❶이르다. 〔周禮〕 凡四方之賓客造焉범사방지빈객조언. ❷다하다, 이루다. 〔孟子〕 君子深造之以道군자심조지이도. ❸갑자기, 졸지에. 〔論語〕 造次必於是조차필어시.

造景(조경) 경관(景觀)을 아름답게 꾸밈.

造構(조구) 얽어서 만듦. 또는 만듦새.

造端(조단) 시초가 됨. 發端(발단).

造物主(조물주) 천지 만물(天地萬物)을 만들고 이를 주재(主宰)하는 신. 造化翁(조화옹).

造士(조사) ①인물을 양성함. ②학문을 성취한 사람.

造船(조선) 배를 만듦.

造成(조성) 만들어서 이루어 냄.

造言(조언) 꾸며낸 말. 날조한 말.

造詣(조예) ①학문이나 기예에 관한 지식·경험이 깊은 경지에 이른 정도. ②남의 집을 찾아가는 일.
造作(조작) ①물건을 만듦. ②일을 지어내거나 꾸며냄.
造次(조차) 지극히 짧은 동안.
造次顚沛(조차전패) 아차 하는 순간과 존망이 위급한 때.
造形(조형) 어떤 형상을 만듦.
造化(조화) ①만물을 창조하고 화육(化育)하는 대자연의 이치. ②조물주. 자연.
造花(조화) 종이나 헝겊 따위로 만든 꽃.
◪ 改造개조, 構造구조, 捏造날조, 變造변조, 僞造위조, 人造인조, 制造제조, 創造창조.

7 ⑪【逎】 遒(1261)의 속자 인명

7 ⑪【逡】逡 뒷걸음질칠 준 眞
인명 ㊥qūn ㊐シュン
소전 초서 자해 ❶뒷걸음질치다. 〔史記〕逡巡遁逃而不敢進준순둔도이불감진. ❷달의 운행(運行). 〔方言〕月運爲逡월운위준. ❸차례가 있다. 〔漢書〕有功者上유공자상, 無功者下무공자하, 則群臣逡즉군신준. ❹토끼. ≒㕙. 〔戰國策〕東郭逡者동곽준자, 海內之狡兔也해내지교토야.
逡巡(준순) ①조금씩 뒤로 물러섬. 단행하지 못하고 망설임. 逡遁(준준). ②달무리.

7 ⑪【逓】 遞(1264)의 속자

7 ⑪【逐】逐 1 쫓을 축 屋 2 돼지 돈 阮 3 빠를 적 錫
고등 인명 3급 ㊥zhú, tún ㊐チク
필순 一 丆 丂 豕 豕 豕 豕 逐 逐 逐
소전 초서 참고 인명용 음은 '축'이다.
자원 會意. 辵+豕→逐. 짐승〔豕〕을 뒤따라 감〔辶〕을 뜻한다.
자해 1 ❶쫓다, 내쫓다, 쫓아내다. 〔史記〕非秦者去비진자거, 爲客者逐위객자축. ❷다투다, 경쟁하다. 〔後漢書〕豪傑競逐호걸경축. ❸달리다, 질주하다. 〔張衡·賦〕群士放逐군사방축. 2 돼지. ≒豚. 〔山海經〕苦山有獸焉고산유수언, 名曰山膏명왈산고, 其狀如逐기상여돈. 3 빠르다, 빠른 모양. 〔易經〕其欲逐逐기욕적적.

逐客(축객) ①손을 쫓음. ②이국(異國)의 세객(說客)을 추방함.
逐鬼(축귀) 잡귀(雜鬼)를 쫓음.
逐年(축년) 해마다. 每年(매년).
逐鹿(축록) ①사슴을 쫓음. ②제위(帝位)·정권(政權) 따위를 얻으려고 다툼의 비유.
逐夜(축야) 現밤마다. 每夜(매야).
逐月(축월) 달마다. 每月(매월). 逐朔(축삭).
逐日(축일) ①날마다. 每日(매일). ②태양을 뒤쫓음. ③말이 매우 빨리 달림의 비유.
逐條(축조) 한 조목 한 조목. 조목마다.
逐次(축차) 차례를 따라. 차례차례로.
逐斥(축척) 쫓아 버림. 내쫓음.
逐出(축출) 쫓아냄.
逐兔(축토) ①토끼를 몲. ②제위(帝位)를 다툼의 비유.
逐捕(축포) 쫓아가 체포함. 追捕(추포).
◪ 角逐각축, 競逐경축, 驅逐구축.

7 ⑪【通】通 통할 통 東
중학 인명 6급 ㊥tōng ㊐ツウ
필순 一 マ 冂 丙 月 甬 甬 诵 诵 通
소전 초서 자원 形聲. 辵+甬→通. '甬(용)'이 음을 나타낸다.
자해 ❶통하다. ㉮꿰뚫다. 〔易經〕通神明之德통신명지덕. ㉯걷다, 거치다, 지나가다. 〔莊子〕反在通達之國반재통달지국. ❷오가다. 〔梁元帝·書〕書信恒通서신항통. ❸사귀다, 교제하다. 〔史記〕上卽欲與神通상즉욕여신통. ❹함께 사용하다, 서로 바꾸다. 〔禮記〕不通寢席불통침석. ❺전하다, 알려 주다. 〔春秋穀梁傳〕通王命也통왕명야. ❻공허하다, 속이 텅 비다. 〔周敦頤·說〕中通外直중통외직. ❼두루, 모두. 〔孟子〕匡章通國皆稱不孝焉광장통국개칭불효언. ❽합계, 총계(總計). 〔禮記〕以三十年之通制國用이삼십년지통제국용. ❾통. 서류나 악기 따위를 세는 말.
通家(통가) ①세의(世誼)가 있는 집. 서로 친밀히 내왕하는 집. ②인척(姻戚). ③國통내외(通內外)하는 집.
通姦(통간) 간음(姦淫)을 함. 姦通(간통).
通告(통고) 통지하여 알림.
通功易事(통공역사) 일을 서로 융통함. 분업(分業)하여 일을 함.
通過(통과) ①통하여 지나감. ②제출한 의안이 가결됨.
通關(통관) 세관을 통과함.
通款(통관) 적과 내통함. 배신(背信)함.
通國(통국) 온 나라. 擧國(거국).
通勤(통근) 직장으로 일하러 다님.

通念(통념) ①항상 생각함. ②일반적인 공통된 생각.
通達(통달) ①막힘이 없이 통하여 환히 앎. ②통지하여 전달함.
通道(통도) ①통하는 길. ②천하에 통하는 도리(道理).
通覽(통람) 처음부터 끝까지 죄다 훑어봄.
通例(통례) 일반에게 공통으로 쓰이는 전례. 常例(상례).
通路(통로) 통하여 다니는 길.
通論(통론) ①모든 일에 통하는 바른 의론. ②어떤 사물에 대한 일반적인 이론.
通理(통리) ①사물의 이치에 통달함. ②일반에 공통되는 도리. ③전체를 통괄하여 다스림. 統理(통리).
通明(통명) 사리에 통달하여 밝음.
通文(통문) ①문장에 통달함. ②國회람(回覽)하는 통지문(通知文).
通問(통문) ①서로 사례의 인사를 함. ②방문함. 문후(問候)함.
通辯(통변) ①유창하게 말을 잘함. ②소통시켜 분석함. ③통역(通譯)함.
通變(통변) 변화(變化)의 이치에 통함.
通報(통보) 통지하여 보고함.
通史(통사) 고금을 통관하여 기술한 역사.
通事(통사) ①통역(通譯). ②한 쪽의 의사를 다른 쪽에 전함. 또는 그 역할을 맡은 사람.
通算(통산) 전부를 통틀어 셈함.
通常(통상) 특별하지 않고 보통임.
通商(통상) 외국과 통교(通交)하여 서로 상거래를 함.
通夕(통석) 밤새도록. 밤새껏. 通宵(통소). 通夜(통야).
通說(통설) ①능통한 논설. ②일반에 널리 인정된 학설.
通俗(통속) ①일반적인 풍속. ②일반에 쉽게 알려진 일.
通信(통신) 우편·전신 등으로 소식을 전함.
通譯(통역) 서로 통하지 않는 양쪽의 말을 번역하여 그 뜻을 전함. 또는 그 사람.
通用(통용) 세상에 널리 쓰임.
通義(통의) 일반에 모두 통하는 불변의 도리.
通人(통인) 사물에 통달한 사람. 박람다식(博覽多識)한 사람. 通士(통사).
通帳(통장) 금융 기관에서 돈의 출납을 기록하여 주는 장부.
通才(통재) 사리에 밝고 재능이 있는 사람.
通典(통전) 고금에 통하는 법칙. 일반에 행해지는 규칙.
通情(통정) ①마음을 통함. 애정을 통함. ②일반적인 인정(人情). 누구나 다 가지는 마음.
通知(통지) 기별하여 알림.
通察(통찰) 전체를 통하여 두루 살핌.
通天(통천) 하늘에 통함.
通徹(통철) 환하게 깨달음. 洞徹(통철).
通牒(통첩) 공적인 문서로 통지함.
通治(통치) ①통상적으로 나라를 다스림. ②두루 익힘. ③國한 가지 약이 여러 병에 두루 효험이 있음.
通稱(통칭) ①공통으로 쓰이는 이름. ②두루 일컬음.
通風(통풍) 바람을 통하게 함.
通學(통학) ①널리 통하여 배움. 두루 배움. ②학교에 다님. 학교에 다니며 공부함.
通行(통행) 일정 공간을 지나서 다님.
通婚(통혼) 서로 혼인을 맺음.
通話(통화) ①말을 주고받음. ②전화 따위로 말을 서로 통함.
通貨(통화) 한 나라에서 통용되는 화폐의 총칭. 유통이나 지불의 수단으로서 기능하는 화폐.
通曉(통효) ①환하게 깨달아 앎. ②새벽까지 일어나 있음. 밤을 샘.
◨ 姦通간통, 開通개통, 貫通관통, 交通교통, 普通보통, 不通불통, 神通신통, 流通유통, 融通융통, 亨通형통.

7 ⑪【退】退(1249)와 동자

7 ⑪【透】透 ①통할 투 宥 ②놀랄 숙 屋

고등 인명 3Ⅱ급 ㊥tòu, shū ㊐トウ

필순 二 千 禾 禾 秀 秀 秀 诱 诱 透

소전 초서 참고 인명용 음은 '투'이다.

자원 形聲. 辵+秀→透. '秀(수)'가 음을 나타낸다.

자해 ①❶통하다. ❷뛰다. 〔齊書〕事窮奔透사궁분투, 自然沈溺자연침닉. ❸다하다. ❹새다, 누설되다. 〔袁桷·詩〕壞牆雨透蝸生角괴장우투와생각. ②놀라다.

透過(투과) 물체에 빛이 비치거나 액체가 스미면서 통과함.
透明(투명) 속까지 환히 비쳐 보임.
透水(투수) ①물 속까지 환히 비침, 또는 비춤. ②물에 몸을 던져 자살함.
透視(투시) 속에 있는 것을 환히 꿰뚫어 봄.
透徹(투철) ①속까지 환히 비쳐 보임. ②사리가 분명하고 뚜렷하거나 사리에 어긋남이 없이 철저함.
◨ 浸透침투.

7 ⑪ 【逋】逋 달아날 포 虞

인명 1급 ㊥bū ㊐ホ

소전 초서 자해 ❶달아나다, 도망치다. 〔書經〕于伐殷逋播臣우벌은포파신. ❷체납하다. 〔後漢書〕其口賦逋稅기구부포세. ❸체납한 조세.

逋逃(포도) 죄를 범하고 도망함.
逋亡(포망) 달아남. 도망침.
逋逸(포일) 도망함. 달아남.
逋租(포조) 세금을 내지 않음. 미납(未納)된 조세. 逋負(포부). 逋欠(포흠).
逋脫(포탈) ①도망하여 피함. ②과세(課稅)를 피하여 면함.

8 ⑫ 【逿】 過(1257)의 속자

8 ⑫ 【逵】逵 길 규 支

인명 1급 ㊥kuí ㊐キ

초서 자해 ❶길, 한길. ㉮아홉 갈래 진 길. 〔張衡·賦〕神逵昧其難覆兮신규매기난복혜. ㉯수레 아홉 승(乘)이 나란히 다닐 수 있는 길. 〔春秋左氏傳〕至于逵路지우규로. ❷수중(水中)에 있는 동굴처럼 된 길. 〔山海經〕半石之山반석지산, 合水出于其陰합수출우기음, 多鰧魚다등어, 居逵거규.

◨ 九逵구규, 大逵대규.

8 ⑫ 【迸】迸 달아날 병 敬

㊥bèng ㊐ホウ

소전 속자 迸 자해 ❶달아나다, 도주하다. 〔魏志〕海盜奔迸해도분병. ❷세차게 내뿜다. 〔潘岳·賦〕淚橫迸而霑衣루횡병이점의.

8 ⑫ 【䢖】 往(418)의 고자

8 ⑫ 【逺】 遠(1263)의 속자

8 ⑫ 【逶】逶 구불구불 갈 위 支

㊥wēi ㊐イ

소전 초서 자해 구불구불 가다. 〔謝靈雲·賦〕引脩堤之逶迤인수제지위이.

逶迤(위이) ①긴 모양. ②길이 구불구불한 모양. ③비스듬히 가는 모양. ④물이 굽어 흐르는 모양.
逶蛇(위이) ①물이 구불구불 돌아 흐르는 모양. ②비스듬히 가는 모양. ③뱀처럼 구불구불 휘어서 가는 모양.

8 ⑫ 【遊】 遊(1261)의 속자

8 ⑫ 【逸】逸 달아날 일 質

고등 인명 3Ⅱ급 ㊥yì ㊐イツ

필순 ⺈ 𠂊 ⺈ 刍 免 兔 ˋ兔 逸 逸 逸

소전 초서 자원 會意. 辵+兔→逸. 토끼〔兔〕를 쫓다가〔辶〕 놓쳤다는 뜻을 나타낸다.

자해 ❶달아나다. 〔春秋左氏傳〕隨侯逸수후일. ❷없어지다, 잃다. 〔柳宗元·記〕壁壞文逸而未克繼之벽괴문일이미극계지. ❸숨다. 〔漢書〕擧逸民거일민. ❹달리다, 질주하다. 〔國語〕馬逸不能止마일불능지. ❺빠르다. 〔傅毅·賦〕良駿逸足량준일민. ❻뛰어나다, 빼어나다. 〔論語〕逸民일민. ❼기뻐하다. 〔漢書〕君人者勤於求賢군인자근어구현, 而逸於得人이일어득인. ❽실수, 잘못. ≒失. ❾제멋대로 하다, 방자하다. 〔漢書〕厥政斯逸궐정사일.

逸去(일거) 달아남. 도망함.
逸居(일거) 마음 편히 삶. 안일하게 지냄.
逸群(일군) 여럿 가운데에서 뛰어남. 超群(초군). 拔群(발군).
逸氣(일기) ①뛰어난 기상(氣象). ②세속을 벗어난 기상.
逸德(일덕) ①잘못된 행동. 失德(실덕). ②훌륭한 덕.
逸樂(일락) 편안히 놀기를 즐김. 쾌락을 즐겨 멋대로 놂. 逸豫(일예).
逸文(일문) ①뛰어난 문장. 名文(명문). ②산일(散逸)하여 전하지 않는 문자나 문장. 세상에 알려지지 않은 글.
逸民(일민) 세상을 피하여 숨어 사는 사람.
逸史(일사) 정사(正史)에 빠진 사실(史實)을 기록한 역사.
逸事(일사) 세상에 알려지지 않은 일.
逸詩(일시) 현존하는 시경(詩經)에 실려 있지 않은 옛날의 시.
逸走(일주) 달아남. 도망침.
逸致(일치) 뛰어난 아치(雅致).
逸脫(일탈) ①조직·규범 등에서 빠져나감. ②잘못하여 빠뜨림.
逸宕(일탕) 작은 일에 구애되지 않고 호탕함.

佚宕(질탕).
逸蕩(일탕) 상규(常規)를 벗어나 주색(酒色)에 빠짐.
逸態(일태) 뛰어난 자태(姿態).
逸品(일품) 썩 뛰어나게 좋은 물건이나 작품.
逸話(일화) 아직 세상에 널리 알려지지 않은 이야기.
逸興(일흥) 세속을 떠난 풍류로운 흥취.
◨ 安逸안일, 隱逸은일.

8 ⑫【逷】 멀 적 錫

㊥tì ㊐テキ

자해 멀다, 멀리하다. 〔詩經〕 用逷蠻方용적만방.

8 ⑫【週】周 돌 주 尤

인명 5급 ㊥zhōu ㊐シュウ

초서 자해 ❶돌다, 회전하다. ¶ 週期주기. ❷일주일, 칠요(七曜). ¶ 週刊주간. ❸둘레.
週刊(주간) 일주일을 주기로 한 번씩 발행함. 또는 그 간행물.
週期(주기) 같은 현상이 한 번 나타나고부터 다음 번 되풀이되기까지의 기간.
週年(주년) 한 해를 단위로 하여 돌아오는 그 날. 周歲(주세).
週日(주일) ①월요일부터 일요일까지의 이레 동안. ②이레 동안을 세는 단위.
◨ 隔週격주, 今週금주, 來週내주, 每週매주, 一週일주, 前週전주.

辵 8획

8 ⑫【進】进 나아갈 진 震

중학 인명 4Ⅱ급 ㊥jìn ㊐シン

필순 亻 亻 亻 亻 亻 隹 隹 隹 隹 進

소전 초서 자원 會意. 辵+隹→進. 새〔隹〕가 앞으로 나아간다〔辵〕는 데서 '나아가다'의 뜻을 나타낸다.

자해 ❶나아가다. ㉮오르다. 〔禮記〕 三揖而進삼읍이진. ㉯앞에 나오다. 〔儀禮〕 進受命於主人진수명어주인. ㉰벼슬하다. 〔荀子〕 君子進則能益上之譽군자진즉능익상지예. ❷추천하다. ㉮인재를 천거하다. 〔呂氏春秋〕 貴則觀其所進귀즉관기소진. ㉯바치다, 올리다. ❸다하다. ≒盡. 〔列子〕 竭聰明進智力갈총명진지력.
進甲(진갑) 國환갑 이듬해. 또는 그해의 생일.
進講(진강) 임금 앞에서 글을 강론함.
進擊(진격) 앞으로 나아가서 침.
進貢(진공) 공물(貢物)을 바침.
進軍(진군) 군대가 전진함.
進級(진급) 등급이나 계급이 올라감.
進達(진달) ①추천하여 등용함. ②공문서 따위를 상급 관청에 올림.
進度(진도) 일이 진행되는 속도나 정도.
進路(진로) 앞으로 나아갈 길.
進壘(진루) 야구에서, 주자가 다음 베이스로 나아감.
進步(진보) 차츰차츰 발전하여 나아짐.
進士(진사) 지난날, 소과(小科)와 진사과(進士科)에 급제한 사람을 일컫던 말.
進仕(진사) 나아가 벼슬함. 出仕(출사).
進上(진상) 임금이나 고관에게 물건을 바침.
進善(진선) 선행(善行)을 권장(勸奬)함.
進水(진수) 새로 만든 배를 처음 물에 띄움.
進言(진언) 윗사람에게 자기의 의견을 말함.
進如激矢(진여격시) 쏜살같이 나아감. 매우 빠름의 비유.
進銳退速(진예퇴속) 나아감이 날카롭고 물러섬이 빠름. 진퇴가 민첩함.
進用(진용) ①천거하여 등용함. ②소중하게 쓰이는 재보(財寶). 財用(재용).
進入(진입) 향하여 들어감.
進展(진전) 진행되어 나아감. 진보·발전함.
進駐(진주) 타국 영토에 진군하여 머무름.
進止(진지) ①나아감과 머무름. 進退(진퇴). ②행동거지. ③지시(指示). 지휘(指揮).
進陟(진척) ①벼슬 따위를 올림. ②일이 잘되어 감.
進寸退尺(진촌퇴척) 한 치 나아가고 한 자 물러남. 얻는 것이 적고, 잃는 것이 많음.
進出(진출) 어떤 방면으로 활동 범위나 세력을 넓혀 나아감.
進取(진취) 나아가 공명(功名)을 취함. 용감히 나아가 일을 함.
進就(진취) 차차 진보하여 성취되어 감.
進退兩難(진퇴양난) 나아가기도 어렵고 물러나기도 어려움. 進退維谷(진퇴유곡).
進學(진학) 상급 학교에 감.
進航(진항) 배를 띄워 나아감.
進行(진행) ①앞으로 나아감. ②일을 치러 감.
進獻(진헌) 바침. 드림. 進奉(진봉).
進化(진화) 진보하여 차차 더 나은 상태로 됨.
◨ 急進급진, 邁進매진, 先進선진, 升進승진, 前進전진, 漸進점진, 促進촉진, 推進추진, 行進행진, 後進후진.

8 ⑫【逮】逮 ①미칠 체 本대 隊 ②편안할 체 霽 ③미칠 태 賄

고등 인명 3급 ㊥dài, dì ㊐タイ

필순 逮

소전 초서 참고 인명용 음은 '체'이다.

자원 形聲. 辵+隶→逮. '隶(대)'가 음을 나타낸다.

자해 1 ❶미치다, 이르다. 〔書經〕 無敢不逮무감불체. ❷잡다. ❸보내다. 〔漢書〕 逮繫長安체계장안. 2 편안하다. 〔禮記〕 威儀逮逮위의체체, 不可選也불가선야. 3 미치다. =迨. 〔春秋左氏傳〕 逮夜至于齊태야지우제, 國人知之국인지지.

逮繫(체계) 붙잡아서 옥에 가둠.

逮鞫(체국) 체포하여 문초함.

逮捕(체포) 죄를 범하였거나 혐의가 있는 사람을 잡음.

逮夜(태야) 밤이 됨. 기일(忌日)의 전날 밤.

8 ⑫【逴】逴 멀 탁 覺

㊥chuò ㊐タク

소전 초서 자해 ❶멀다, 아득하다. ≒卓. 〔史記〕 逴行殊遠탁행수원. ❷넘다, 뛰어넘다. ❸비추다. 〔楚辭〕 逴龍赩只탁룡혁지.

9 ⑬【過】过 1 지날 과 箇 2 지날 과 歌

중학 인명 5급 ㊥guò, guō ㊐カ

필순 過

소전 초서 속자 过 속자 過 자원 形聲. 辵+咼→過. '咼(괘)'가 음을 나타낸다.

자해 1 ❶지나다. ㉮초월(超越)하다. 〔論語〕 過猶不及과유불급. ㉯빠져나가다. 〔易經〕 範圍天地之化而不過범위천지지화이불과. ㉰남다, 여유가 있다. ❷실수하다, 틀리다, 잘못하다. 〔論語〕 過則勿憚改과즉물탄개. ❸죄, 허물. ❹책하다, 꾸짖다. 〔呂氏春秋〕 煩爲教而過不識번위교이과불식. 2 ❶지나다, 거치다, 경력(經歷)하다. ❷들르다. ㉮이르다, 다다르다. 〔呂氏春秋〕 五員過於吳오원과어오. ㉯찾다, 방문하다. 〔史記〕 趙禹來過衞將軍조우래과위장군.

過客(과객) 지나가는 나그네.

過去(과거) ①지나간 때. ②지난 일.

過激(과격) 지나치게 격렬함.

過期(과기) 기한이 지남. 過限(과한).

過年(과년) 여자의 나이가 보통의 혼기를 지남.

過多(과다) 지나치게 많음.

過當(과당) 보통보다 정도가 지나침.

過大(과대) 지나치게 큼.

過渡期(과도기) 어떤 단계에서 다른 단계로 나아가는 시기.

過勞(과로) 지나치게 일하여 지침.

過目不忘(과목불망) 한 번 본 것은 잊지 않음.

過敏(과민) 지나치게 예민함.

過密(과밀) 한 곳에 지나치게 많이 모임.

過半(과반) 반을 넘음.

過分(과분) 분이 넘침.

過不及(과불급) 지나침과 미치지 못함.

過歲(과세) 설을 쇰. 묵은해를 보냄.

過速(과속) 제한을 넘는 속도.

過食(과식) 지나치게 많이 먹음.

過信(과신) 지나치게 믿음.

過失(과실) ①잘못이나 허물. ②부주의로 말미암은 실수.

過言(과언) 정도에 지나친 말.

過熱(과열) ①지나치게 뜨겁게 하거나 뜨거워짐. ②경기가 지나치게 좋아짐. ③경쟁이 지나치게 치열함.

過誤(과오) 잘못. 그릇된 짓.

過慾(과욕) 욕심이 지나침. 지나친 욕심.

過猶不及(과유불급) 지나침은 미치지 못함과 같음. 중용(中庸)이 가장 중요함.

過飮(과음) 술을 지나치게 마심.

過人(과인) 보통 사람보다 뛰어남.

過剩(과잉) 필요 이상으로 많음.

過獎(과장) 지나친 칭찬. 過褒(과포).

過程(과정) 일이 되어가는 경로.

過重(과중) ①지나치게 무거움. ②힘에 겨움.

過讚(과찬) 정도에 지나치게 칭찬함. 또는 그 칭찬.

過怠(과태) ①태만(怠慢). ②과실(過失).

過河拆橋(과하탁교) 다리를 건너고 나서 그 다리를 부수어 목재를 훔쳐 감. ㉠극도의 이기주의자. ㉡은혜를 잊음.

過化存神(과화존신) 성인(聖人)이 지나는 곳은 반드시 그 덕(德)으로 교화(敎化)되고, 성인이 머물러 있는 곳에서는 신(神)과 같은 감화(感化)가 이루어짐.

過患(과환) ①허물. 실수(失手). 過失(과실). ②근심.

◨ 改過개과, 經過경과, 罪過죄과, 通過통과.

9 ⑬【達】达 통할 달 曷

중학 인명 4Ⅱ급 ㊥dá ㊐タツ

필순 達

소전 초서 동자 逹 자원 形聲. 辵+幸→達. '幸(달)'이 음을 나타낸다.

辵 9획

자해 ❶통하다. ㉮다다르다, 이르다. 〔書經〕 達于河달우하. ㉯나오다, 돋아나다. 〔史記〕 區萌達구맹달. ㉰깨닫다. 〔論語〕 丘未達구미달. ❷길이 엇갈리다, 가서 만나지 못하다. =達. 〔詩經〕 挑兮達兮도혜달혜. ❸결정하다. 〔周禮〕 小事則專達소사즉전달. ❹좋다, 적당하다. 〔詩經〕 受小國是達수소국시달, 受大國是達수대국시달. ❺입신출세하여 뜻을 이루다. 〔孟子〕 達則兼善天下달즉겸선천하. ❻천거하다, 추천하다. 〔禮記〕 推賢而進達之추현이진달지. ❼총명하다, 사리(事理)에 밝다. 〔論語〕 賜也達사야달. ❽현인(賢人), 지자(智者).

達官(달관) ①높은 벼슬. ②지위가 높고 천자의 고명(顧命)을 받은 신하.

達觀(달관) ①사물을 널리 봄. 전체를 내다봄. ②사소한 것에 얽매이지 않는, 세속을 벗어난 높은 견식(見識).

達德(달덕) ①사람으로서 마땅히 행해야 할 덕. ②덕이 있는 사람을 등용함.

達道(달도) ①모든 사람이 지켜 행해야 할 도덕. 고금을 통하여 변하지 않는 윤리. ②도(道)에 통달함.

達辯(달변) ①말이 능숙함. ②능란한 말솜씨.

達不離道(달불리도) 입신출세를 하여도 결코 도리에 벗어나는 일은 하지 않음.

達士(달사) 이치에 밝아 사물에 얽매여 지내지 않는 사람.

達成(달성) 뜻한 바를 이룸.

達言(달언) ①사리에 맞는 말. ②어디에나 통용되는 말. 達辭(달사).

達意(달의) 의사를 충분히 나타냄.

達人(달인) ①학문이나 기예에 통달한 사람. ②널리 사물의 이치에 통달한 사람.

達人大觀(달인대관) 널리 도리에 정통한 사람은 사물을 올바르게 널리 관찰함.

達才(달재) 널리 사물에 통달한 재주. 또는 그런 재주를 가진 사람.

達尊(달존) ①세상 사람이 모두 떠받드는 관작(官爵)·연령(年齡)·학덕(學德)의 세 가지. ②존귀한 지위에 오름.

達筆(달필) 그림·글씨·문장에 능한 사람.

達孝(달효) 세상 사람이 널리 인정하는 지극한 효행(孝行).

◨ 窮達궁달, 到達도달, 發達발달, 倍達배달, 不達부달, 速達속달, 送達송달, 榮達영달.

9 ⑬【逹】 達(1257)과 동자

9 ⑬【道】 道 ①길 도 皓 ②말할 도 號

중학 인명 7급 ㊥dào ㊐ドウ

필순

소전 [seal] 초서 [cursive] 본자 道 동자 逌 고자 衜

자원 會意. 首+辵→道→道. '首'는 '首(머리 수)'의 본자로 궁극적으로 가서 닿는 곳이라는 뜻을 나타내고, '辵'는 간다는 뜻인 데서 '걸어다니는 길'을 나타낸다. 여기서 한 걸음 더 나아가 사람이 마땅히 걸어야 할 길, 곧 도덕적인 길이라는 뜻으로도 쓰이게 되었다.

자해 1❶길. ㉮다니는 길. 〔論語〕 道聽而塗說도청이도설. ㉯이치, 도리. 〔中庸〕 道也者도야자, 不可須臾離也불가수유리야. ㉰방법, 술책(術策). ❷통하다, 다니다. 〔春秋左氏傳〕 不如小決使道불여소결사도. ❸따르다, 순하다. 〔書經〕 九河既道구하기도. ❹도교(道敎). 〔魏志〕 造作道書조작도서, 以惑百姓이혹백성. ❺國지방 행정 구역의 단위. ¶ 忠淸道충청도. 2❶말하다. 〔荀子〕 不道禮憲부도례헌. ❷다스리다. 〔論語〕 道千乘之國도천승지국. ❸의존하다, 의거하다. 〔禮記〕 苟無忠信之人구무충신지인, 則禮不虛道즉례불허도. ❹~에서, ~부터. 〔漢書〕 諸使者道長安來제사자도장안래.

道家(도가) ①노자(老子)와 장자(莊子)의 무위자연(無爲自然)의 설을 신봉한 학파. ②도교(道敎)를 믿는 사람. 道士(도사).

道高益安(도고익안) 도덕은 높이 쌓으면 쌓을수록 몸이 편안하여짐.

道觀(도관) 도교의 사원.

道敎(도교) ①도덕으로 교화함. ②황제(黃帝)·노자(老子)·장자(莊子)를 교조(敎祖)로 하고, 음양오행(陰陽五行)·신선설(神仙說)·불교(佛敎) 등을 혼화(混和)하여 불로장생(不老長生)을 추구한 다신적(多神的) 종교.

道具(도구) 일을 할 때 쓰이는 연장.

道宮(도궁) 도사(道士)가 사는 집.

道大莫容(도대막용) 공자(孔子)의 도(道)는 지극히 커서 세상에서 다 받아들일 수가 없음.

道德(도덕) 사람으로서 마땅히 지켜야 할 도리 및 그에 준한 행동.

道路(도로) 사람이나 차량이 다니는 길.

道理(도리) 마땅히 행해야 할 바른 길.

道脈(도맥) 성현(聖賢)의 도를 전한 계통. 도학(道學)을 전하는 계통. 道統(도통).

道伴(도반) 여행의 동반자. 길동무.

道法(도법) ①바른 법도(法度). ②도교(道敎)의 법. ③도리와 법도.

道不拾遺(도불습유) 길에 떨어진 것을 주워 가지지 않음. 백성의 풍속이 돈후(敦厚)함.

道費(도비) 여비. 路費(노비).

道俗(도속) 도인(道人)과 속인(俗人). 승려와 보통 사람.
道術(도술) 도가나 도사의 방술(方術).
道心(도심) ①바르고 착한 길을 따르려는 마음. ②(佛)불도(佛道)에 귀의(歸依)하려는 마음. 보리(菩提)를 구하려는 마음.
道遠知驥(도원지기) 먼 길을 달리고 나서야 비로소 천리마인 줄을 앎. 난세를 당해서야 그 인물의 진가를 앎의 비유.
道義(도의) 사람으로서 마땅히 지켜야 할 도리. 도덕과 의리.
道人(도인) ①득도(得道)한 사람. ②신선(神仙)의 도(道)를 터득한 사람.
道場(❶도장 ❷도량) ❶①무예(武藝)를 가르치거나 연습하는 곳. ②수양·훈련을 위하여 단체 생활을 하는 곳. ❷부처를 공양(供養)하는 곳. 절. 불사(佛寺).
道程(도정) ①길의 이수(里數). 路程(노정). ②여행의 경로(經路).
道聽塗說(도청도설) 길에서 얻어듣고 이를 이내 길에서 옮겨 말함. 좋은 말을 듣고도 이를 깊이 간직하지 못하고 떠벌림.
道體(도체) ①도(道)의 본체. ②천자의 몸.
道通(도통) 사물의 이치에 통함.
道袍(도포) 지난날, 남자의 통상 예복으로 입던 겉옷.
道學(도학) ①송대(宋代)의 정자(程子)·주자(朱子) 등이 주장한 이기(理氣)의 학문. 性理學(성리학). 程朱學(정주학). ②도덕을 논하는 학문. 유가(儒家)의 학문. 儒學(유학). ③도교(道敎)의 학문.
道學先生(도학선생) ①도학을 닦는 학자. ②도덕에 얽매여 세상 물정에 어둡고 융통성이 없는 학자를 조롱하여 이르는 말.

9 ⑬【道】 道(1258)와 동자

9 ⑬【遁】遁 1달아날 둔 本돈 願 2뒷걸음질칠 준 眞

인명 1급 中dùn, qūn 日トン

소전 초서 참고 인명용 음은 '둔'이다.

자해 1 《同》遯(1264). ❶달아나다. 〔孔子家語〕齊軍遁제군둔. ❷피하다. 〔後漢書〕上下相遁상하상둔. ❸숨다. 〔楚辭〕後悔遁而有他후회둔이유타. ❹달리다. 〔淮南子〕淖溺流遁요닉류둔. ❺잃다. 〔呂氏春秋〕博則無所遁矣박즉무소둔의. ❻속이다. 2 뒷걸음질치다. ＝逡. 〔漢書〕遁巡不敢進준순불감진.
遁甲(둔갑) 술법을 써서 마음대로 자기 몸을 숨기거나 다른 것으로 변하게 함.
遁思(둔사) 세상을 도피하려는 생각. 은둔(隱遁)하려는 뜻.
遁辭(둔사) 발뺌하는 말. 핑계 대는 말.
遁世(둔세) ①속세를 피하여 은거함. ②출가(出家)하여 불무에 들어감.
遁避(둔피) 세상을 피하여 숨음.

9 ⑬【遂】遂 이룰 수 寘

고등 인명 3급 中suì 日スイ

필순 丷 䒑 㒸 㒸 㒸 㒸 豙 遂 遂 遂

소전 초서 자원 形聲. 辵＋㒸→遂. '㒸(수)'가 음을 나타낸다.

자해 ❶이루다. ㉮성취하다. 〔禮記〕百事乃遂백사내수. ㉯고루 미치다. 〔呂氏春秋〕遂於四方수어사방. ㉰자라다, 키우다. 〔禮記〕氣衰則生物不遂기쇠즉생물불수. ㉱뻗다, 신장하다. 〔國語〕遂威而遠權수위이원권. ㉲나아가다, 전진하다. 〔易經〕不能退불능퇴, 不能遂불능수. ❷따르다, 순응하다. 〔國語〕行之以遂八風행지이수팔풍. ❸맞다, 적합하다. 〔詩經〕不遂其媾불수기구. ❹드디어, 마침내. ❺길, 도로. 〔史記〕禽夫差於干遂금부차어간수.
遂古(수고) 먼 옛날. '遂'는 '往'으로 '예, 과거'를 뜻함. 上古(상고).
遂事(수사) ①이미 이룬 일. ②일을 오로지 제 마음대로 결정하여 함.
遂成(수성) 드디어 이룸.
遂願(수원) 소원(所願)을 이룸. 뜻대로 됨.
遂志(수지) 뜻을 이룸. 목적을 달성함.
遂初(수초) ①초지(初志)를 이룸. ②치사(致仕)하려던 뜻을 이룸.
遂行(수행) 생각하거나 계획한 대로 해냄.
◨ 未遂미수, 完遂완수.

9 ⑬【遏】遏 막을 알 曷

中è 日アツ

소전 초서 자해 ❶막다. ㉮가로막다. 〔孟子〕爰整其旅원정기려, 以遏徂莒이알조거. ㉯금하다. 〔易經〕君子以遏惡揚善군자이알악양선. ❷끊다. 〔書經〕四海遏密八音사해알밀팔음.

9 ⑬【遇】遇 만날 우 遇

중학 인명 4급 中yù 日グウ

필순 口 日 日 旦 禺 禺 禺 遇 遇 遇

소전 [篆] 초서 [草] 자원 形聲. 辵+禺→遇. '禺(우)'가 음을 나타낸다.

자해 ❶만나다. ㉮길에서 만나다. 〔春秋〕公及宋公遇于淸공급송공우우청. ㉯이르다. 〔列子〕生之難遇而死之易及생지난우이사지이급. ㉰뜻이 맞다, 합치하다. 〔孟子〕子父責善而不相遇也자부책선이불상우야. ㉱때를 만나다, 등용(登用)되다. 〔史記〕仲尼干七十餘君중니간칠십여군, 無所遇무소우. ❷맞서다, 상대하다. 〔戰國策〕以與王遇이여왕우. ❸맞먹다, 해당하다. ❹대접하다, 예우(禮遇)하다. 〔漢書〕漢遇我厚한우아후. ❺때, 기회. 〔袁宏·贊〕千載一遇천재일우, 賢智之嘉會현지지가회.

遇難(우난) 재난을 만남. 遭難(조난).
遇待(우대) 신분에 맞게 대접함.
遇人(우인) ①남을 대함. ②남을 대우함.
遇合(우합) ①우연히 만남. ②어진 임금을 만나 등용됨.
遇害(우해) 해를 만남. 살해(殺害)당함.
◨ 奇遇기우, 待遇대우, 不遇불우, 禮遇예우.

9 ⑬【運】运 돌 운 問

중학 인명 6급 ㊥yùn ㊐ウン

필순 冖 冖 冃 冒 宣 軍 軍 渾 運 運

소전 [篆] 초서 [草] 고자 運 자원 形聲. 辵+軍→運. '軍(군)'이 음을 나타낸다.

자해 ❶돌다. 〔周髀算經〕凡日月運行四極之道범일월운행사극지도. ❷길, 천체(天體)의 궤도. ❸움직이다, 운전하다. 〔莊子〕運物之泄也운물지설야. ❹옮다, 옮기다. ❺나르다, 운반하다. 〔蜀志〕男子當戰남자당전, 女子當運녀자당운. ❻운, 운수, 정수(定數).

運柩(운구) 시체를 넣은 관을 운반함.
運斤成風(운근성풍) 도끼를 휘둘러 바람을 일으킴. 장인의 솜씨가 절묘함. 故事 초(楚)나라 영(郢) 땅에 사는 사람이 콧등에 백토(白土)를 엷게 바르면, 장석(匠石)이 도끼를 휘둘러 바람을 일으키며 날쌔게 이를 깎아 내되 코는 다치지 않았다는 고사에서 온 말.
運到時來(운도시래) 일을 이룰 수 있는 좋은 운수와 좋은 때를 만남.
運動(운동) ①몸을 단련하거나 건강을 위하여 몸을 움직이는 일. ②어떤 목적을 이루려고 힘쓰는 일.
運命(운명) 인간을 지배하는 초인간적인 힘. 또는 그것에 의하여 이미 정하여져 있는 목숨이나 처지.
運搬(운반) 물건을 옮겨 나름.
運甓(운벽) 벽돌을 옮김. 건강을 위하여 노력함. 故事 진(晉)나라의 도간(陶侃)이 체력을 단련하기 위하여 벽돌 100장을 아침에는 집 밖으로 옮기고, 저녁에는 집 안으로 옮기는 일을 되풀이했다는 고사에서 온 말.
運勢(운세) 사람이 타고난 운명이나 운수.
運送(운송) 물건을 운반하여 보냄.
運數(운수) 이미 정해져 인간의 힘으로는 어쩔 수 없는 천운(天運)과 기수(氣數).
運輸(운수) 여객·화물 등을 실어 나름.
運身(운신) 몸을 움직임.
運營(운영) 어떤 일이나 조직 따위를 운용하여 경영함.
運用(운용) 돈이나 물건·제도 따위의 기능을 부리어 씀.
運賃(운임) 운반·운수·운송한 보수로 받거나 무는 삯.
運掌(운장) 손바닥에 물건을 놓고 굴림. 매우 쉬움의 비유.
運轉(운전) ①돌림. 돎. ②기계 따위를 다루어 움직임.
運轉亡已(운전무이) 우주 만물은 늘 운행 변전하여 잠시도 그치지 않음.
運籌帷幄(운주유악) 장막(帳幕) 안에서 작전 계획을 짬.
運筆(운필) 글씨를 쓰거나 그림을 그리기 위하여 붓을 움직임.
運河(운하) 배가 다닐 수 있도록 인공으로 판 수로(水路).
運航(운항) 배나 항공기 등이 정해진 항로를 운행함.
運行(운행) 운전하여 다님.
◨ 國運국운, 不運불운, 遭運조운, 天運천운, 幸運행운.

9 ⑬【運】 運(1260)의 고자

9 ⑬【違】违 어길 위 微

고등 인명 3급 ㊥wéi ㊐イ

필순 ⺊ 土 吉 韋 韋 韋 違 違 違 違

소전 [篆] 초서 [草] 자원 形聲. 辵+韋→違. '韋(위)'가 음을 나타낸다.

자해 ❶어기다, 위반하다. 〔禮記〕違之俾不通위지비불통. ❷다르다, 틀리다. 〔沈約·詩〕江海事多違강해사다위. ❸떠나다. ㉮떨어지다. 〔詩經〕中心有違중심유위. ㉯떠나가다. 〔禮記〕事君三違而不出境사군삼위이불출경. ❹원망하다. 〔書經〕民否則厥心違怨민부즉궐심위원. ❺부정,

사악(邪惡). 〔國語〕以逞其違이령기위. ❻잘못, 과실. 〔後漢書〕故光武鑒前事之違고광무감전사지위.
違科(위과) 법령(法令)을 어김.
違德(위덕) 바르지 못한 덕(德).
違道(위도) 도리에 어긋남.
違命(위명) 명령을 거스름.
違反(위반) 법률·명령 따위를 지키지 않고 어김. 違背(위배).
違法(위법) 법을 어김.
違約(위약) 약속을 어김.
違言(위언) ①거역하는 말. ②도리에 어긋난 말. ③자기가 한 말을 어김.
違忤(위오) 거슬러 어김. 반항함.
違願(위원) 바라던 것과 다름. 뜻대로 이루어지지 못함.
違貳(위이) 두마음을 품음. 또는 그 사람.
違程(위정) 규칙을 어김.
違舛(위천) 틀리고 어그러짐. 乖舛(괴천).
違限(위한) 기한을 어김.
違憲(위헌) ①법을 어김. ②헌법에 어긋남.
違惑(위혹) 미혹(迷惑)하여 도리를 어김.
違和(위화) ①조화를 잃음. ②병이 남.
◨ 非違비위.

9 ⑬【遊】游 놀 유 尤

중학 인명 4급 ㊥yóu ㊐ユウ

필순 ⸗ ⺈ 方 方 方' 方ᐟ 斿 斿 游 游 遊

초서 [草書] 속자 遊 자원 形聲. 辵+斿→遊. '斿(유)'가 음을 나타낸다.

자해 ❶놀다. ㉮즐겁게 지내다. 〔書經〕乃盤遊無度내반유무도. ㉯여행하다. 〔戰國策〕王資臣萬金而遊왕자신만금이유. ㉰취학(就學)하다. 〔孟子〕遊於聖人之門유어성인지문. ㉱자적(自適)하다. 〔莊子〕心有天遊심유천유. ❷틈. 〔禮記〕息焉遊焉식언유언. ❸놀이. ❹벗, 붕우(朋友). 〔晉書〕門絕賓遊문절빈유, 不交世事불교세사.
遊擊(유격) 그때그때의 형편에 따라 우군을 도와 적을 침.
遊覽(유람) 돌아다니며 구경함.
遊離(유리) 따로 떨어짐.
遊牧(유목) 일정한 거처를 정하지 않고 옮겨 다니면서 가축을 치는 일.
遊民(유민) 일정한 직업이 없이 놀며 지내는 사람.
遊說(유세) ①제후(諸侯)를 찾아다니며 자기의 정견(政見)을 설명하고 권유함. 遊談(유담). ②자기 또는 자기 소속 정당의 주장을 선전하며 각지를 돌아다님.
遊藝(유예) 학문과 기예를 닦고 익힘.
遊蕩(유탕) 방탕함.
遊必有方(유필유방) 자식이 먼 곳으로 출타할 때에는 반드시 가는 곳을 부모에게 여쭘.
遊學(유학) ①타향에 가서 공부함. 留學(유학). ②와서 배움. ③학문을 함.
遊俠(유협) 호방하고 의협심이 있는 사람. 俠客(협객).
遊興(유흥) 흥취 있게 놂.
遊戲(유희) 즐겁게 놂.
◨ 交遊교유, 夜遊야유, 外遊외유, 宦遊환유.

9 ⑬【逾】逾 넘을 유 虞

인명 ㊥yú ㊐ユ

소전 [篆書] 초서 [草書] 자해 ❶넘다. ㉮넘어가다. 〔書經〕日月逾邁일월유매. ㉯건너다. 〔書經〕逾于洛유우락. ❷점점 더, 더욱. 〔淮南子〕火逾然而消逾亟화유연이소유극. ❸멀다, 까마득하다.
逾邁(유매) 지나감. 세월이 지나감.
逾月(유월) 달을 넘김. 踰月(유월).
逾越(유월) 한도를 넘음.
逾日(유일) 날을 넘김. 다른 날에 걸침.

9 ⑬【遒】遒 다가설 주 尤

인명 ㊥qiú ㊐シュウ

소전 [篆書] 초서 [草書] 속자 迺 자해 ❶다가서다. 〔楚辭〕分曹竝進분조병진, 遒相迫些주상박사. ❷모이다. 〔詩經〕百祿是遒백록시주. ❸굳다. 〔詩經〕四國是遒사국시주. ❹가다, 돌아다니다. 〔書經〕遒人以木鐸徇于路주인이목탁순우로.

9 ⑬【遅】 遲(1267)의 속자

9 ⑬【遄】 빠를 천 先

㊥chuán ㊐セン

소전 [篆書] 자해 ❶빠르다, 빠르게. 〔詩經〕胡不遄死호불천사. ❷자주, 빈번하게. 〔易經〕已事遄往이사천왕.
遄急(천급) 빠름.
遄死(천사) 빨리 죽음.
遄疾(천질) 빠름.

9 ⑬【遍】遍 두루 편 ㊄변 霰

고등 인명 3급 ㊥biàn ㊐ヘン

필순 丶 ㇇ 户 启 扁 扁 扁 徧 徧 徧 遍

초서 자원 形聲. 辵+扁→遍. '扁(편)'이 음을 나타낸다.

자해 ❶두루, 고루 미치다. ❷처음부터 끝까지 한 차례 하는 일. 〔魏志〕 讀書百遍意自見독서백편의자현.

遍歷(편력) ①널리 각지를 돌아다님. ②여러 가지 경험을 함.

遍在(편재) 두루 퍼져 있음.

遍照(편조) ①두루 비춤. ②(佛)법신불(法身佛)의 광명(光明)이 온 세계를 비춤.

◨ 普遍보편.

9 ⑬【逼】逼 닥칠 핍 本벽 職

인명 1급 中bī 日ヒョク

소전 초서 자해 ❶닥치다. 〔後漢書〕 逼近京師핍근경사. ❷협박하다. 〔陸機·論〕 不患權之我逼불환권지아핍. ❸강제하다, 강박(強拍)하다. 〔古詩〕 自誓不嫁자서불가, 其家逼之기가핍지. ❹좁다, 좁아지다. 〔曹植·七啓〕 人稠網密인조망밀, 地逼勢脅지핍세협. ❻몰다, 구축(驅逐)하다. 〔孟子〕 居堯之官거요지관, 逼堯之子핍요지자.

逼近(핍근) 매우 가까이 닥침.

逼迫(핍박) ①형세가 절박함. ②바싹 죄어 괴롭게 굶.

逼眞(핍진) 실물(實物)과 다름없을 정도로 아주 비슷함.

逼奪(핍탈) ①협박하여 빼앗음. ②핍박하여 임금의 자리를 빼앗음.

9 ⑬【遐】遐 멀 하 麻

인명 1급 中xiá 日カ

소전 초서 자해 ❶멀다, 멀리. 〔書經〕 若陟遐약척하, 必自邇필자이. ❷가다. ❸길다, 오래다. 〔魏書〕 以知命爲遐齡이지명위하령.

遐年(하년) 오래 삶. 遐壽(하수).

遐福(하복) 큰 복. 오래 지속되는 행복.

遐遠(하원) 아득히 멂. 遼遠(요원).

遐祚(하조) 오래 지속되는 복(福).

◨ 升遐승하.

9 ⑬【遑】遑 허둥거릴 황 陽

인명 1급 中huáng 日コウ

소전 초서 자해 ❶허둥거리다, 바쁘다. 〔後漢書〕 諸郡遑急제군황급, 各以狀聞각이상문. ❷겨를, 한가한 시간. 〔詩經〕 莫敢或遑막감혹황.

遑急(황급) 몹시 어수선하고 급박함.

遑忙(황망) 마음이 몹시 급하고 당황하여 허둥지둥함.

遑遑(황황) 당황하여 갈팡질팡하는 모양. 몹시 급한 모양.

遑遑汲汲(황황급급) 살림에 쪼들려 안달함.

遑遑罔措(황황망조) 마음이 급하여 어찌할 줄을 모르고 허둥지둥함.

10 ⑭【遣】遣 1보낼 견 銑 2하사품 견 霰

고등 인명 3급 中qiǎn, qiàn 日ケン

필순 ㅁ 中 虫 串 冑 書 䨻 遣 遣 遣

소전 초서 참고 遺(1266)는 딴 자.

자원 形聲. 辵+𠳋→遣. '𠳋(견)'이 음을 나타낸다.

자해 1❶보내다. 〔戰國策〕 齊王遣使求臣女弟제왕견사구신녀제. ❷풀다, 달래다. 〔王禹偁·記〕 消遣世慮소견세려. ❸~하게 하다. 사역(使役)의 뜻을 나타낸다. 〔蘇軾·詩〕 故遣佳人在空谷고견가인재공곡. ❹선물. 〔儀禮〕 書遣於策서견어책. ❺심부름꾼. 2하사품(下賜品). 신하의 장례(葬禮)에 임금이 내리는 물품. 〔禮記〕 遣車一乘견거일승.

遣悶(견민) 답답한 마음을 풂. 우울한 기분을 개운하게 풂. 消悶(소민).

遣憤(견분) 분한 마음을 풂. 울분을 씻음.

遣奠(견전) 발인할 때에 문 앞에서 지내는 제사. 路祭(노제). 遣奠祭(견전제).

◨ 派遣파견.

10 ⑭【遘】遘 만날 구 宥

中gòu 日コウ

소전 초서 자해 ❶만나다. 〔書經〕 遘厲虐疾구려학질. ❷남녀가 교접(交接)하다.

遘禍(구화) 재화(災禍)를 입음.

10 ⑭【遝】遝 뒤섞일 답 合

인명 1급 中tà 日トウ

소전 초서 속자 逷 자해 ❶뒤섞이다. 〔漢書〕 雜遝衆賢집답중현. ❷미치다, 따라붙다. 〔墨子〕 遝至乎夏王桀답지호하왕걸.

遝至(답지) 한군데로 몰려듦.

◨ 雜遝잡답.

辵 9획

10
⑭【遉】 道(1258)의 본자

10
⑭【遡】 거슬러 올라갈 소 遇

인명 1급 ㊥sù ㊐ソ

초서 동자 溯 자해 ❶거슬러 올라가다. 〔曹植·賦〕御輕舟而上遡어경주이상소. ❷따라 내려가다. 〔詩經〕遡游從之소유종지, 宛在水中央완재수중앙. ❸거스르다, 맞서다. 〔張衡·賦〕咸遡風而欲翔함소풍이욕상.

遡及(소급) 과거까지 거슬러 올라가서 영향이나 효력을 미침.

溯源(소원) ①수원(水源)을 찾아 거슬러 올라감. ②사물의 근원을 밝히고 탐구함. 학문의 본원(本源)을 궁구(窮究)함.

10
⑭【遜】逊 겸손할 손 願

인명 1급 ㊥xùn ㊐ソン

소전 초서 자해 ❶겸손하다. 〔書經〕惟學遜志유학손지. ❷사양하다, 양보하다. 〔後漢書〕皇帝遜位於魏황제손위어위. ❸따르다, 순종하다. 〔書經〕五品不遜오품불손. ❹달아나다, 피(避)하다. 〔書經〕吾家耄遜于荒오가모손우황. ❺못하다, 뒤떨어지다. ¶ 遜色손색.

遜遁(손둔) 벗어나 피함.

遜色(손색) 서로 견주어 보아 못하거나 모자란 점.

遜位(손위) 임금의 자리를 내놓음.

◨ 謙遜겸손, 恭遜공손, 不遜불손.

10
⑭【遙】遥 멀 요 蕭

고등 인명 3급 ㊥yáo ㊐ヨウ

필순 ク タ 夕 夂 夅 䍃 䍃 遙 遙 遙

소전 초서 자원 形聲. 辵+䍃→遙. '䍃(요)'가 음을 나타낸다.

자해 ❶멀다. 〔禮記〕千里而遙천리이요. ❷길다. 〔莊子〕故遙而不悶고요이불민. ❸거닐다, 떠돌다. 〔楚辭〕魂魄歸俠혼백귀협, 無遠遙只무원요지.

遙然(요연) 아득히 먼 모양.

遙遠(요원) 아득히 멂.

◨ 逍遙소요.

10
⑭【遠】远 1멀 원 阮
2멀리할 원 願

중학 인명 6급 ㊥yuǎn, yuàn ㊐エン

필순 土 吉 声 声 声 袁 遠 遠 遠 遠

소전 초서 속자 遠 자원 形聲. 辵+袁→遠. '袁(원)'이 음을 나타낸다.

자해 1❶멀다. ㉮아득하다. 〔史記〕日暮塗遠일모도원. ㉯길이 멀다. 〔後漢書〕糧少入遠량소입원, 又不曉道徑우불효도경. ㉰세월이 오래다. 〔呂氏春秋〕音樂之所由來者遠矣음악지소유래자원의. ❷넓다. 〔呂氏春秋〕巡彼遠方순피원방. ❸깊다, 심오하다. 〔易經〕其旨遠기지원. ❹많다. 〔呂氏春秋〕其輕於韓又遠기경어한우원. ❺선조(先祖). 〔論語〕愼終追遠신종추원. 2❶멀리하다. ㉮거리를 두다. 〔孟子〕是以君子遠庖廚也시이군자원포주야. ㉯내쫓다, 추방하다. 〔孟子〕驅虎豹犀象而遠之구호표서상이원지. ㉰싫어하다, 꺼려 멀리하다. 〔論語〕遠佞人원녕인. ❷멀어지다. 〔論語〕不仁者遠矣불인자원의. ❸어긋나다. 〔漢書〕故法不遠義고법불원의, 則民服而不離즉민복이불리.

遠隔(원격) 멀리 떨어져 있음. 懸隔(현격).

遠景(원경) 멀리 보이는 경치.

遠境(원경) 중앙에서 멀리 떨어져 있는 국경.

遠交近攻(원교근공) 먼 나라와 가까이하여 가까운 나라를 공격함. 전국 시대 진(秦)나라의 외교 정책.

遠近(원근) 멂과 가까움. 遠邇(원이).

遠大(원대) 규모가 크고 깊음.

遠略(원략) ①원대한 계책. 遠謀(원모). ②먼 나라를 칠 계략.

遠慮(원려) 앞날에 대한 깊은 생각.

遠望(원망) 먼 곳을 바라봄. 遠眺(원조). 遠矚(원촉).

遠謀(원모) 원대한 계책. 遠圖(원도).

遠配(원배) 먼 곳으로 귀양 보냄. 遠流(원류).

遠不忘君(원불망군) 충신은 멀리 내침을 당하여도 임금을 잊지 않음.

遠想(원상) 멀리 생각함. 원대한 생각.

遠色(원색) ①아득히 보이는 색조(色調). ②멀리 보이는 경치. ③여색(女色)을 멀리함.

遠墅(원서) 교외(郊外)의 별장(別莊).

遠孫(원손) 먼 후대의 자손. 遠裔(원예).

遠視(원시) ①멀리 봄. ②가까운 데 있는 물체를 잘 볼 수 없는 눈.

遠臣(원신) ①임금과의 사이가 소원(疏遠)한 신하. ②먼 나라에서 와서 벼슬하는 신하.

遠洋(원양) 뭍에서 멀리 떨어진 바다.

遠裔(원예) ①먼 후예(後裔). 遠孫(원손). ②먼 곳에 있는 이민족의 나라.

遠人(원인) ①먼 곳에 있는 사람. 먼 곳에 수자리 사는 사람. ②사람을 멀리함.

辵
10획

遠征(원정) ①먼 곳을 정벌함. ②멀리 감.
遠族近隣(원족근린) 國멀리 사는 친족보다 가까이 있는 이웃이 더 나음.
遠竄(원찬) ①멀리 귀양 감. 遠配(원배). ②멀리 달아나 숨음.
遠親(원친) 촌수가 먼 친척. 먼 일가.
遠鄕(원향) 먼 시골. 도성에서 멀리 떨어진 시골. 遐鄕(하향).
遠禍召福(원화소복) 화를 멀리하고 복을 불러들임.
◨ 敬遠경원, 久遠구원, 疏遠소원, 永遠영원, 迂遠우원, 遙遠요원.

10 ⑭【遲】 遲(1267)의 고자

10 ⑭【遷】 遷(1267)의 속자

10 ⑭【遞】 递 갈마들 체 霽
고등 인명 3급 ㊥dì ㊐テイ
필순 厂 广 庐 庐 庐 虎 虒 虒 遞 遞
소전 초서 동자 递 속자 逓 자원 形聲. 辵+虒→遞. '虒(사)'가 음을 나타낸다.
자해 ❶갈마들다. 〔漢書〕四輿遞代八風生사흥체대팔풍생. ❷전하다, 보내다. 〔元史〕載遞諸物재체제물. ❸역참(驛站). ❹역참의 거마(車馬), 역말. ❺두르다, 에워싸다. 〔漢書〕絳侯依諸將之遞강후의제장지체, 據相扶之埶거상부지예.
遞減(체감) 등수를 따라 차례로 덜어 감.
遞送(체송) 차례차례로 전하여 보냄.
遞信(체신) 차례차례로 여러 곳을 거쳐서 음신(音信)을 통하는 일.
遞任(체임) 國벼슬을 갈아 냄. 遞職(체직).
◨ 郵遞우체.

11 ⑮【遯】 遯 달아날 둔 ㊉돈 願
인명 ㊥dùn ㊐トン
소전 동자 遁 자해 ❶달아나다. 〔柳宗元·記〕莫得遯隱막득둔은. ❷피하다, 물러나다. 〔後漢書〕乃遯辭詣府내둔사예부. ❸속이다. 〔淮南子〕審於形者심어형자, 不可遯以狀불가둔이상. ❹괘 이름. 64괘의 하나. 괘형은 ䷠.
遯世(둔세) 세상을 피해 삶. 은거(隱居)함.
遯逸(둔일) 세상을 피하여 편히 삶. 隱逸(은일).
◨ 隱遯은둔.

11 ⑮【適】 适 ①갈 적 ㊉석 陌 ②원수 적 錫
중학 인명 4급 ㊥shì, dì ㊐テキ
필순 亠 亣 产 产 产 商 商 滴 適 適
소전 초서 자원 形聲. 辵+商→適. '商(적)'이 음을 나타낸다.
자해 1 ❶가다, 이르다, 도달하다. 〔莊子〕以二缶鐘惑而所適不得矣이이부종혹이소적부득의. ❷만나다. 〔班彪·論〕以爲適遭暴亂이위적조포란. ❸당연하다. 〔漢書〕以爲是適然耳이위시적연이. ❹맞다, 맞추다. ㉮좋다. 〔呂氏春秋〕不能用威適불능용위적. ㉯고르다, 갖추다. 〔史記〕歲穀不熟不能適세곡불숙불능적. ㉰어울리다, 조화를 이루다. 〔漢書〕軍馬不適士군마부적사. ❺상쾌하다, 기분이 좋다. 〔漢書〕以適其欲也이적기욕야. ❻정말, 틀림없이. 〔莊子〕其知適足以知人기지적족이지인, 而不知其所以過이부지기소이과. ❼마침, 우연히. 〔春秋左氏傳〕鳳鳥適至봉조적지. 2 ❶원수, 적. ≒敵. 〔史記〕與戰却適여전각적. ❷상대자, 상대편. 〔禮記〕大夫訃於國適者대부부어국적자. ❸본처의 맏아들, 세사(世嗣). ≒嫡. 〔春秋公羊傳〕立適입적. ❹본처, 정실(正室). ≒嫡. 〔漢書〕適妾將有爭寵적첩장유쟁총. ❺주인(主人). 〔呂氏春秋〕帝也者天下之適也제야자천하지적야. ❻오로지, 한결같이. ❼놀라는 모양. 〔莊子〕適適然驚적적연경. ❽다만, 단지, 뿐. ≒啻. 〔孟子〕口腹豈適爲尺寸之膚哉구복기적위척촌지부재.
適格(적격) 어떤 격식이나 기준에 맞음.
適期(적기) 알맞은 시기.
適當(적당) 정도에 알맞음.
適齡(적령) 알맞은 나이.
適莫(적막) ①부후(富厚)와 궁박(窮薄). ②가(可)와 불가(不可). ③적극과 소극. ④어떤 사람에게 전적으로 마음을 기울이는 일과 마음을 기울이지 않는 일.
適法(적법) 법규에 맞음.
適否(적부) 적합함과 부적합함.
適時(적시) 적당한 때.
適室(적실) ①몸채의 방. 정침(正寢). ②본처(本妻). 정실(正室). 嫡室(적실).
適用(적용) 알맞게 응용함.
適應(적응) 상황이나 조건에 잘 어울림.
適宜(적의) ①알맞고 마땅함. 適當(적당). ②편의(便宜)에 따름. 隨意(수의).
適意(적의) 뜻에 맞음. 뜻대로 됨.
適任(적임) 어떤 임무나 일에 알맞음.
適者生存(적자생존) 환경에 적응하는 생물만이 살아남고, 그렇지 못한 것은 도태되는 현상.
適材適所(적재적소) 적당한 인재를 적당한 자

리에 씀.
適切(적절) 아주 알맞음.
適正(적정) 알맞고 바름.
適合(적합) 꼭 들어맞음. 합당함.
◨ 自適자적, 快適쾌적, 閒適한적.

11 ⑮【遭】遭 만날 조 豪

인명 1급 ㊥zāo ㊐ソウ

소전 초서 자원 形聲. 辵+曹→遭. '曹(조)'가 음을 나타낸다.

자해 ❶만나다. ㉮상봉하다. 〔禮記〕 遭先生於道조선생어도. ㉯일을 당하다. 〔春秋左氏傳〕 又有朝聘遭喪之禮우유조빙조상지례. ❷~을 당하다. 〔漢書〕 遭呂太后虧損至德조여태후휴손지덕. ❸돌다, 한 바퀴 빙 돌다. 〔劉禹錫·詩〕 山圍故國周遭在산위고국주조재. ❹번, 회(回), 차(次). 〔孟郊·百姓吟〕 虛繞千萬遭허요천만조.

遭逢(조봉) 우연히 서로 만남.
遭喪(조상) 상(喪)을 당함.
遭遇(조우) ①우연히 서로 만남. ②신하가 뜻에 맞는 임금을 만남.
遭際(조제) ①우연히 만남. ②현신(賢臣)과 명군(明君)이 뜻이 맞아 서로 도움.

11 ⑮【遲】 遲(1267)의 속자

11 ⑮【遮】遮 막을 차 麻

인명 2급 ㊥zhē ㊐シャ

소전 초서 자해 ❶막다. 〔後漢書〕 伏兵遮擊복병차격. ❷덮다, 가리다. 〔李商隱·雜纂〕 樹陰遮景수음차경. ❸침범하다. ❹많다, 겸하다. ≒庶. 〔管子〕 六畜遮育륙축차육, 五穀遮熟오곡차숙.

遮擊(차격) 막아서 침. 要擊(요격).
遮斷(차단) 막거나 끊어서 통하지 못하게 함.
遮路(차로) 통행을 못하도록 길을 막음. 遮道(차도).
遮陽(차양) ①햇볕을 가림. ②햇볕을 가리는 용구.
遮日(차일) 햇볕을 가리기 위하여 치는 포장.
遮蔽(차폐) ①막아서 덮어 가림. ②막아서 지킴. 방어(防禦)함. 蔽遮(폐차).

12 ⑯【遼】辽 멀 료 蕭

인명 2급 ㊥liáo ㊐リョウ

소전 초서 자해 ❶멀다, 거리·시간 등이 멀다. 〔淮南子〕 遼遠未能至료원미능지. ❷늦추다, 느슨하게 하다. 〔春秋公羊傳〕 少遼緩之소료완지. ❸강 이름, 요하(遼河). ❹왕조(王朝) 이름. 916년에 거란족이 세운 나라.

遼遠(요원) 아득히 멂. 遼邈(요막).
遼迥(요형) 아득히 멂.
遼闊(요활) 멀리 떨어져 있음.

12 ⑯【遴】遴 ①어려워할 린 震 ②가릴 린 眞

㊥lìn, lín ㊐リン

소전 초서 자해 ①❶어려워하다. 〔漢書〕 誠難以忽성난이홀, 不可以遴불가이린. ❷나아가지 못하다. ❸탐하다, 욕심 부리다. ≒吝. 〔漢書〕 晚節遴만절린, 惟恐不足于財유공부족우재. ② 가리다, 선택하다. 〔新唐書〕 遴柬俊髦而使之린간준모이사지.

12 ⑯【選】选 ①가릴 선 銑 ②뽑을 선 霰

중학 인명 5급 ㊥xuǎn, xuàn ㊐セン

필순 ㅋ 𠃌 巳巳 巳巳 巽 巽 巽 巽 選 選

소전 초서 자원 形聲. 辵+巽→選. '巽(손)'이 음을 나타낸다.

자해 ①❶가리다, 가려 뽑다. 〔禮記〕 選賢與能선현여능. ❷열거하다. ❸좋다. ≒善. 〔逸周書〕 夫民群居而無選부민군거이무선. ②❶뽑다. ❷뛰어나다, 우수하다.

選擧(선거) 조직이나 집단에서 그 대표자나 임원을 뽑음.
選官(선관) ①관리를 뽑아서 씀. ②관리를 뽑는 일을 맡은 벼슬.
選良(선량) ①선출된 인재. ②국회 의원.
選拔(선발) 많은 가운데서 골라 뽑음.
選別(선별) 가려서 골라냄.
選手(선수) 여럿 중 대표로 뽑힌 사람.
選用(선용) 골라서 씀.
選任(선임) 선발하여 임용함.
選定(선정) 여럿 가운데 어떤 것을 뽑아 정함.
選集(선집) ①골라서 모음. ②한 사람 또는 여러 사람의 작품 중에서 몇 편의 작품만을 추려 모은 책.
選出(선출) 여럿 가운데서 골라냄.
選擇(선택) 골라서 뽑음.
選好(선호) 여럿 중에서 특별히 가려 좋아함.
◨ 落選낙선, 當選당선, 補選보선, 入選입선.

12 ⑯【遶】 두를 요 篠

㊥rào ㊐ジョウ

초서 [자해] **두르다, 에워싸다.** =繞.

12 ⑯【遺】遺 1 끼칠 유 本이 支 2 보낼 유 寘

[중학][인명][4급] ㊥yí, wèi ㊐イ

필순 ⼝ ⾅ 虫 青 青 書 貴 'ₐ 遺 遺

소전 초서 동자 遻 고자 遻 [참고] 遣(1262)은 딴 자.

[자원] 形聲. 辵+貴→遺. '貴(귀)'가 음을 나타낸다.

[자해] 1 ❶**끼치다.** 〔後漢書〕遺不滅之令蹤유불멸지령종. ❷**잃다.** 〔春秋左氏傳〕君惟不遺德刑군유불유덕형. ❸**버리다.** ❹**두다, 놓다.** 〔禮記〕天不遺耆老천불유기로. ❺**잊다.** 〔孔子家語〕長幼無序而遺敬讓장유무서이유경양. ❻**남다, 남기다.** 〔禮記〕有遺音者矣유유음자의. 2 ❶**보내다, 음식을 대접하다.** 〔禮記〕凡遺人弓者범유인궁자. ❷**더하다, 더해지다.** 〔詩經〕政事一埤遺我정사일비유아.

遺憾(유감) 마음에 차지 않아 섭섭하거나 불만스럽게 남아 있는 느낌.
遺稿(유고) 고인(故人)이 남긴 원고(原稿).
遺骨(유골) 죽은 사람의 뼈. 遺骸(유해).
遺棄(유기) 돌보지 않고 내버림.
遺德(유덕) 고인이 남긴 덕(德).
遺老(유로) ①이전의 왕조나 이미 망한 나라에서 일하였던 신하. ②살아남은 노인.
遺留(유류) ①물건을 남겨 둠. ②죽은 뒤에 물려줌.
遺命(유명) 유언으로 남긴 명령. 遺敎(유교).
遺墨(유묵) 사후에 남긴 서화(書畫). 고인의 필적(筆跡). 遺芳(유방).
遺物(유물) ①물건을 잊음. 잊은 물건. ②선인(先人)이 남긴 물건.
遺民(유민) ①살아남은 백성. ②망한 나라의 백성. ③전조(前朝)의 백성으로서 절의를 지켜 새 조정을 섬기지 않는 백성.
遺法(유법) ①옛사람이 남긴 법. 고인이 남긴 법도. ②(佛)부처가 끼친 교법(敎法).
遺腹(유복) 잉태 중에 그 아버지가 죽은 사람. 遺腹子(유복자).
遺事(유사) 생전에 다 이루지 못하고 사후(死後)까지 남긴 사업.
遺嗣(유사) 죽은 후에 남은, 대를 이을 아들.
遺產(유산) ①죽은 사람이 남겨 놓은 재산. ②앞 세대가 물려준 사물이나 문화.
遺書(유서) ①산일(散佚)한 책. ②저술하여 후세에 남긴 책. ③전인이 간직하고 있던 책. ④유언(遺言)을 적은 글. ⑤문서를 보냄.
遺緖(유서) 전인이 남긴 사업. 遺業(유업).
遺失(유실) 잃어버림. 떨어뜨림.
遺言(유언) ①죽음에 이르러 남긴 말. ②옛 성현이 남긴 말이나 교훈.
遺孼(유얼) ①아버지가 돌아간 후에 남은 서자(庶子). ②뒤에 남은 나쁜 사물.
遺業(유업) 선대부터 이어온 사업.
遺佚(유일) ①유능한 사람이 잊히거나 버림받아 등용되지 않음. ②흩어져 없어짐.
遺作(유작) 생전에 발표하지 않았던 저작물.
遺跡(유적) 남아 있는 옛 자취. 遺蹟(유적).
遺傳(유전) ①후세(後世)에 전함. ②부모의 체질, 성격 등이 자손에게 전해지는 일.
遺詔(유조) 임금의 유언(遺言).
遺族(유족) 죽은 사람의 남은 가족.
遺珠(유주) ①소중한 구슬을 잊고 버려둠. 잊고 버려둔 구슬. ②세상에 미처 알려지지 않은 훌륭한 인물이나 시문(詩文).
遺址(유지) 예전에 축조물이 있던 터.
遺志(유지) 죽은 사람이 생전에 이루지 못하고 남긴 뜻.
遺體(유체) ①부모가 남겨 준 몸. 곧, 자기의 몸. ②시체(屍體).
遺臭萬年(유취만년) 더러운 이름을 후세에 영원히 남김.
遺表(유표) 신하가 죽음에 즈음하여 임금에게 올리는 글.
遺品(유품) 세상을 떠난 이가 생전에 쓰던 물품.
遺恨(유한) 한을 남김. 남아 있는 한.
遺香(유향) 남아 있는 향기. 죽은 사람이 남긴 미덕의 비유. 遺薰(유훈).
遺訓(유훈) 죽은 사람이 남긴 훈계(訓戒). 遺戒(유계).
◨ 拾遺습유.

12 ⑯【遻】遺(1266)와 동자

12 ⑯【遻】遺(1266)의 고자

12 ⑯【遵】遵 좇을 준 眞

[고등][인명][3급] ㊥zūn ㊐ジュン

필순 ⺘ ⺍ 㑒 酋 尊 尊 尊 遵 遵

소전 초서 [자원] 形聲. 辵+尊→遵. '尊(존)'이 음을 나타낸다.

[자해] ❶**좇다, 순종하다, 복종하다.** 〔孟子〕遵先王之法而過者준선왕지법이과자, 未之有也미지

辵 12획

유야. ❷거느리다. 〔詩經〕 遵養時晦준양시회. ❸가다.
遵據(준거) 의거(依據)하여 좇음.
遵法(준법) 법이나 규칙을 따름.
遵守(준수) 전례·규칙 등을 좇아 지킴.
遵養時晦(준양시회) 도(道)를 좇아 역량을 기르고, 때가 오지 않을 경우에는 언행을 삼가 나타나지 않음.
遵用(준용) 좇아 씀.
遵節(준절) 법도(法度)를 따름.
遵行(준행) 좇아 행함. 그대로 행함.

12 ⑯ 【遲】迟 ①늦을 지 支 ②기다릴 지 ㊍치 寘
고등 인명 3급 ㊥chí, zhì ㊐チ
필순 ㇕ 尸 尸 尸 尸 尸 尸 屖 屖 遲 遲
소전 篆 초서 草 속자 遅 속자 遅 고자 遅
자원 形聲. 辵+犀→遲. '犀(서)'가 음을 나타낸다.
자해 ①❶늦다. 〔楚辭〕 恐美人之遲暮공미인지지모. ❷게을리 하다. 〔荀子〕 陵遲故也릉지고야. ❸쉬다, 소요(逍遙)하다. 〔詩經〕 可以棲遲가이서지. ②❶기다리다. 〔荀子〕 故學曰遲고학왈지. ❷생각하다. 〔曹植·詩〕 遲奉聖顏지봉성안. ❸바라다, 원하다. 〔後漢書〕 朕思遲直士짐사지직사. ❹무렵, ~할 때쯤. 〔漢書〕 遲帝還趙王死지제환조왕사. ❺곧, 이에.
遲刻(지각) 정해진 시각보다 늦음.
遲久(지구) ①더디고 오램. ②오래 기다림.
遲鈍(지둔) 느리고 둔함. 遲頓(지둔).
遲明(지명) 날이 샐 무렵. 黎明(여명).
遲速(지속) 더딤과 빠름.
遲延(지연) 무슨 일을 더디게 끌거나 시간을 늦춤.
遲遲不進(지지부진) 매우 더뎌서 일 따위가 진척되지 않음.
遲滯(지체) 때를 늦추거나 질질 끎.

12 ⑯ 【遷】迁 옮길 천 先
고등 인명 3Ⅱ급 ㊥qiān ㊐セン
필순 ㇐ 覀 覀 覀 覀 䙴 䙴 䙴 遷 遷
소전 篆 초서 草 속자 迁 속자 遷
자원 形聲. 辵+䙴→遷. '䙴(천)'이 음을 나타낸다.
자해 ❶옮기다. ❷옮다. ㉮오르다. 〔詩經〕 出自幽谷출자유곡, 遷于喬木천우교목. ㉯움직이다, 이동하다. 〔詩經〕 舍其坐遷사기좌천. ㉰내몰다, 방축(放逐)하다. 〔書經〕 何遷乎有苗하천호유묘. ❸천도(遷都). 〔周禮〕 詢國遷순국천. ❹벼랑, 낭떠러지. 〔龍飛御天歌〕 與達川合여달천곡, 爲淵遷위연천.
遷改(천개) 바뀌어 달라짐.
遷客(천객) 죄를 지어 먼 곳으로 유배(流配)된 사람. 遷人(천인).
遷怒(천노) 성난 마음을 딴 데에 옮김. 엉뚱한 데에 분풀이를 함.
遷都(천도) 도읍을 옮김.
遷善(천선) 잘못이나 허물을 고쳐 착하게 됨.
遷易(천역) 변천함. 변이(變移)함.
遷移(천이) 옮김. 옮음. 遷徙(천사).
遷人(천인) 좌천된 사람. 유배된 사람.
遷革(천혁) 바꿈. 고침.
遷化(천화) ①변하여 바뀜. ②(佛)고승(高僧)의 죽음.
◨ 變遷변천, 左遷좌천, 播遷파천.

12 ⑯ 【遹】 비뚤 휼 ㊍율 質
㊥yù ㊐イツ
소전 篆 초서 草 자해 ❶비뚤다. 〔詩經〕 謀猶回遹모유회휼. ❷좇다, 의지하다. ❸펴다, 진술하다. 〔書經〕 祗遹乃父考지휼내부고.

13 ⑰ 【遽】遽 갑작스러울 거 御
인명 ㊥jù ㊐キョ
소전 篆 초서 草 자해 ❶갑작스럽다, 갑자기. 〔呂氏春秋〕 遽告太公거고태공. ❷군색하다, 절박하다. ❸역말, 파발마. 〔春秋左氏傳〕 且使遽告于鄭차사거고우정. ❹두려워하다. 〔春秋左氏傳〕 豈不遽止기불거지. ❺곳, 거처. 〔莊子〕 則其自爲遽즉기자위거, 危其觀臺위기관대. ❻어찌, 어찌 ~랴? =詎. 〔史記〕 何遽不爲福乎하거불위복호.
遽然(거연) ①두려워서 몸이 벌벌 떨리는 모양. ②몹시 놀라며 기뻐하는 모양.
◨ 急遽급거.

13 ⑰ 【邁】迈 갈 매 卦
인명 1급 ㊥mài ㊐マイ
소전 篆 초서 草 자해 ❶가다. ㉮멀리 가다. 〔詩經〕 行邁靡靡행매미미. ㉯순수(巡狩)하다. 〔詩經〕 時邁其邦시매기방. ❷지나다. ㉮경과하다. 〔後漢書〕 年齒之不邁년치지불매. ㉯넘다, 초과하다. 〔詩經〕 後予邁焉후여매언. ㉰낫다, 뛰어나다. 〔魏志〕 三王可邁삼왕가매, 五帝可越오제가월. ❸**힘쓰다, 노력하다.** 〔春秋左氏傳〕皋陶邁種德고요매종덕.
邁進(매진) 씩씩하게 나아감. 邁往(매왕).

13 ⑰ 【邀】 邀 맞을 요 蕭

인명 1급 ㊥yāo ㊐ヨウ

초서 자해 ❶**맞다.** ㉮**오는 것을 기다리다.** 〔張衡·賦〕不邀自遇불요자우. ㉯**부르다, 초대하다.** 〔李白·詩〕擧杯邀明月거배요명월, 對影成三人대영성삼인. ❷**구하다, 요구하다.** 〔劉峻·論〕邀潤屋之微澤요윤옥지미택. ❸**만나다, 마주치다.**
邀迓(요아) 초대하여 맞음.
邀請(요청) 부름. 초대함.
邀招(요초) 청하여 맞아들임. 招邀(초요).

13 ⑰ 【邅】 邅 ① 머뭇거릴 전 先 ② 돌 전 霰 ③ 변천할 전 銑

㊥zhān, zhàn ㊐テン

초서 자해 ① **머뭇거리다.** 〔易經〕屯如邅如둔여전여. ② **돌다, 돌아서 가다.** 〔楚辭〕邅吾道兮洞庭전오도혜동정. ③ **변천하다, 이행(移行)하다.**
邅回(전회) ①나아가지 못하는 모양. ②빙 돌아감. 구불구불 꿈틀거리며 감.

13 ⑰ 【避】 避 피할 피 寘

고등 인명 4급 ㊥bì ㊐ヒ

필순 ㄱ 尸 𠃜 𡰪 𡰫 辟 辟 避 避 避

소전 초서 고자 僻 자원 形聲. 辵＋辟→避. '辟(벽)'이 음을 나타낸다.
자해 ❶**피하다.** 〔史記〕相如引車避匿상여인거피닉. ❷**벗어나다, 면하다.** 〔呂氏春秋〕拜請以避死배청이피사. ❸**숨다, 자취를 감추다.** 〔後漢書〕避地教授피지교수. ❹**가다, 떠나다.** 〔王禹偁·記〕願避位以禳之원피위이양지. ❺**꺼리다.** ❻**물러나다, 물러서다.** 〔呂氏春秋〕桓公避席再拜환공피석재배.
避難(피난) 재난을 피하여 멀리 옮겨 감.
避亂(피란) 난리를 피하여 옮겨 감.
避暑(피서) 더위를 피함.
避席(피석) ①앉은 자리에서 다른 곳으로 옮김. ②어른에게 경의를 표하기 위하여 자리에서 일어남. 避座(피좌).
避世(피세) 속세를 피하여 삶. 난세(亂世)를 피함. 은둔함.
避身(피신) 위험을 피하여 몸을 숨김.
避姙(피임) 인위적으로 임신을 피함.
避嫌(피혐) ①혐의를 피함. 남의 혐의를 받지 않도록 배려함. ②꺼리고 멀리함.
避禍(피화) 재화(災禍)를 피함.
避諱(피휘) ①꺼려서 피함. ②휘(諱)를 피함. 군부(君父)의 이름을 피하여 쓰지 않는 일.
◨ 忌避기피, 逃避도피, 回避회피.

13 ⑰ 【邂】 邂 만날 해 卦

인명 1급 ㊥xiè ㊐カイ

소전 초서 자해 ❶**만나다.** 〔詩經〕邂逅相遇해후상우. ❷**기뻐하는 모양.** 〔詩經〕見此邂逅견차해후.
邂逅(해후) ①우연히 만남. 뜻밖에 만남. ②즐거워하는 모양.

13 ⑰ 【還】 还 ① 돌아올 환 刪 ② 돌 선 先

고등 인명 3Ⅱ급 ㊥huán, xuán ㊐カン

필순 罒 罒 罒 睘 睘 睘 還 還 還 還

소전 초서 속자 还 참고 인명용 음은 '환'이다.
자원 形聲. 辵＋睘→還. '睘(경)'이 음을 나타낸다.
자해 ① ❶**돌아오다.** ㉮**되돌아오다.** 〔詩經〕還而不入환이불입. ㉯**물러나다, 물러서다.** 〔儀禮〕主人答拜還주인답배환. ❷**돌려보내다.** 〔後漢書〕乃還其侍子내환기시자. ❸**사방을 둘러보다.** 〔國語〕視無還시무환. ❹**도리어.** 〔魏志〕還被患禍환피환화. ② ❶**돌다, 돌리다.** ≒旋. 〔禮記〕左還授師좌선수사. ❷**에워싸다, 포위하다.** ❸**얽히다, 감기다.** 〔荀子〕比周還主黨與施비주선주당여시.
還却(환각) 되돌려 보냄.
還甲(환갑) 國예순한 살. 回甲(회갑).
還穀(환곡) 國사창(社倉)에 저장하였다가, 백성에게 봄에 꾸어 주고 가을에 이자를 붙여 거두던 곡식.
還軍(환군) 군사를 되돌림. 回軍(회군).
還給(환급) 도로 돌려줌. 還付(환부).
還納(환납) 도로 바침.
還都(환도) 다시 서울로 돌아옴.
還拂(환불) 요금 따위를 되돌려 줌.
還生(환생) 죽었다가 되살아남. 다시 태어남.
還俗(환속) (佛)승려가 도로 속인(俗人)이 됨. 또는 그런 일.
還收(환수) 도로 거두어들임.
還元(환원) 본디의 상태로 다시 돌아감.

還鄕(환향) 고향으로 돌아감.
還魂(환혼) ①죽은 사람이 되살아남. ②과거에 한 번 낙제한 사람을 재차 시험하여 합격시킴.
◨ 歸還귀환, 返還반환, 奪還탈환.

14 ⑱【邈】邈 멀 막 覺

인명 ㊥miǎo ㊐バク

소전 초서 동자 邈 자해 ❶멀다. 〔漢書〕 邈而無祀막이무사. ❷업신여기다, 경멸하다. 〔陸機·表〕 顧邈同列고막동렬. ❸근심하다, 번민하다.
邈邈(막막) ①먼 모양. ②번민하는 모양.
邈然(막연) ①아득히 먼 모양. 똑똑하지 못하고 어렴풋한 모양. ②늦은 모양.

14 ⑱【邉】 邊(1269)의 속자

14 ⑱【邃】邃 깊을 수 寘

인명 ㊥suì ㊐スイ

소전 초서 자해 ❶깊다, 깊숙하다. 〔易經〕 深堂邃宇심당수우, 君安其所군안기소. ❷학문이 심오하다. 〔唐書〕 少邃於學소수어학. ❸멀다, 시간이 오래다. 〔楚辭〕 邃古之初수고지초, 誰傳道之수전도지.
邃古(수고) 먼 옛날. 太古(태고).
邃密(수밀) ①깊숙하고 고요함. ②심원하고 세밀함.

14 ⑱【邇】迩 가까울 이 紙

인명 ㊥ěr ㊐ジ

소전 초서 동자 迩 자해 ❶가깝다. ㉮거리가 가깝다. 〔書經〕 柔遠能邇유원능이. ㉯관계가 가깝다. 〔詩經〕 父母孔邇부모공이. ❷가까이하다. 〔書經〕 惟王不邇聲色유왕불이성색. ❸통속적이다, 비근하다. 〔詩經〕 維邇言是聽유이언시청. ❹가까운 데, 가까운 이웃.
邇來(이래) ①요사이. 近來(근래). ②그 후. 그 때 이후. 爾來(이래).
邇遐(이하) 멂과 가까움. 遠近(원근).
◨ 遠邇원이.

15 ⑲【邊】边 가 변 先

고등 인명 4Ⅱ급 ㊥biān ㊐ヘン

필순 自 自 皁 臱 臱 臱 臱 臱 邊 邊

소전 초서 속자 辺 속자 邉 속자 邉

자원 形聲. 辵+臱→邊. '臱(면)'이 음을 나타낸다.

자해 ❶가, 가장자리. 〔禮記〕 續衽鉤邊속임구변. ❷근처, 부근, 일대. 〔晉書〕 人從日邊來인종일변래. ❸끝, 한계. 〔齊書〕 無始無邊무시무변. ❹두메, 벽지. 〔禮記〕 其在邊邑기재변읍. ❺변경, 국경. ❻모퉁이, 구석. 〔晉書〕 阻之邊而高視조지변이고시. ❼이웃하다, 잇닿다. 〔史記〕 齊邊楚제변초. ❽변. ㉮한자(漢字)의 왼쪽에 붙은 부수(部首). ㉯다각형(多角形)의 한계를 짓는 선분(線分). ❾國변리(邊利), 이자(利子).
邊境(변경) 나라의 경계가 되는 변두리의 땅. 邊疆(변강). 邊方(변방).
邊寇(변구) 국경을 침입하는 외적.
邊利(변리) 國변돈에서 느는 이자.
邊防(변방) 국경의 방어. 邊守(변수).
邊鄙(변비) ①시골 구석. 僻村(벽촌). ②두메산골 사람. 촌사람.
邊塞(변새) 변경의 요새(要塞).
邊涯(변애) 끝. 한계(限界). 邊際(변제).
邊邑(변읍) 변지(邊地)의 마을. 僻村(벽촌).
邊庭(변정) 변경에 있는 관서(官署).
邊地(변지) 국경 근처의 땅. 邊域(변역). 邊土(변토).
邊鎭(변진) 변경을 지키는 군영(軍營).
邊陬(변추) 변두리 지방. 僻地(벽지).
邊荒(변황) ①황폐한 변토(邊土). 흉년이 든 변방. ②국토의 끝. 궁벽한 땅.
◨ 江邊강변, 身邊신변, 底邊저변, 海邊해변.

19 ㉓【邏】逻 1돌 라 箇 2가로막을 라 哿

인명 1급 ㊥luó ㊐ラ

소전 초서 자해 1❶돌다, 순찰(巡察)하다. 〔晉書〕 宜遠偵邏의원정라. ❷연하(煙霞) 따위가 산에 끼다. 〔杜甫·詩〕 雲山紫邏深운산자라심. 2가로막다, 차단하다. 〔黃庭堅·詩〕 蛛蝥結網工遮邏주무결망공차라.
邏吏(나리) 순찰하는 관리.
邏卒(나졸) 순라(巡邏)하는 병졸(兵卒).
◨ 巡邏순라.

19 ㉒【邐】逦 이어질 리 紙

㊥lǐ ㊐リ

소전 초서 자해 이어지다, 줄지어 이어진 모양, 비스듬히 이어지다. 〔杜牧·賦〕 礫棄擲邐迤력기척리이.

辵 19획

邑部 고을 읍

0 ⑦【邑】 고을 읍 緝

중학 인명 7급 ㊥yì, è ㊐ユウ

필순 丶 ㄇ ㅁ 뭑 뮤 뮤 邑

소전 초서 참고 한자의 구성에서 방에 쓰일 때는 글자 모양이 '阝'으로 바뀌고, '우부방'이라고 부른다.

자원 會意. 口+巴→邑. '口'는 경계가 뚜렷한 구역을, '巴'는 'ㄹ'로 사람이 꿇어앉아 있는 모습을 뜻한다. 합하여 어떤 구역 안에 사람이 산다는 뜻을 나타낸다.

자해 **❶고을, 마을.** 〔呂氏春秋〕 舜一徙成邑순일사성읍. **❷서울.** **㉮국도(國都).** 〔詩經〕 商邑翼翼상읍익익. **㉯종묘(宗廟)가 없는 서울.** 〔春秋左氏傳〕 凡邑有宗廟先君之主曰都범읍유종묘선군지주왈도, 無曰邑무왈읍. **❸영지(領地), 식읍(食邑).** **❹행정 구역의 이름.** 주대(周代)에 구부(九夫)를 정(井), 4정을 읍이라 하였다. **❺근심하다.** ≒悒. 〔荀子〕 無邑憐之心무읍련지심. **❻國읍.**

邑犬群吠(읍견군폐) 고을의 개들이 모여서 짖음. 많은 소인(小人)들이 남을 비난함.

邑內(읍내) 읍의 구역 안.

邑閭(읍려) ①마을의 문. 동구(洞口)에 세운 문. ②마을. 邑閈(읍한).

邑憐(읍련·읍린) 근심하고 아낌.

邑里(읍리) 마을. 촌락.

邑人(읍인) 마을 사람. 한 마을에 사는 사람.

◨ 都邑도읍, 食邑식읍, 村邑촌읍.

3 ⑥【邛】 언덕 공 冬

㊥qióng ㊐キョウ

소전 초서 자해 **❶언덕, 구릉.** 〔詩經〕 邛有旨苕공유지초. **❷앓다, 병들다.** 〔詩經〕 亦孔之邛역공지공. **❸지치다, 피로해지다.** 〔禮記〕 惟王之邛유왕지공. **❹나라 이름.** 한대(漢代)에 있었던 서남이(西南夷)의 나라.

3 ⑥【邙】 산 이름 망 陽

인명 ㊥máng ㊐ボウ

소전 초서 자해 **❶산 이름, 북망산(北邙山).** 〔唐書〕 北對嵩邙북대숭망, 右眄汝海우면여해. **❷고을 이름.**

3 ⑩【邕】 ①화할 옹 冬 ②막을 옹 腫

인명 2급 ㊥yōng, yǒng ㊐ヨウ

소전 초서 자해 ① **❶화(和)하다, 화목하다.** ≒雝. 〔漢書〕 肅邕永享숙옹영향. **❷물이 사방을 빙 두른 토지.** ② **막다.** ≒壅. 〔漢書〕 邕河水不流옹하수불류.

4 ⑦【那】 ①어찌 나 歌 ②무엇 나 箇

고등 인명 3급 ㊥nuó, nuò ㊐ダ, ナ

필순 ㇆ ㇇ ㇇ 丹 丹' 丹ß 那

소전 초서 본자 자원 形聲. 冄+邑→那. '冄(염)'이 음을 나타낸다.

자해 ① **❶어찌, 어떻게.** 〔古詩〕 那得自任專나득자임전. **❷많다.** 〔詩經〕 受福不那수복불나. **❸아름답다.** 〔國語〕 使富都那豎贊焉사부도나수찬언. ② **❶무엇.** **❷저, 저것.**

那落(나락) 지옥.

那裏(나리) ①어디. 어느 곳. 何處(하처). ②저기. 저곳. 彼處(피처). ③어찌하여.

那邊(나변) ①어느 곳. 어디. ②저기. 저곳.

◨ 刹那찰나.

4 ⑦【㑚】 那(1270)의 본자

4 ⑦【邦】 나라 방 江

고등 인명 3급 ㊥bāng ㊐ホウ

필순 一 = 三 丰 丰' 丰ß 邦

소전 초서 동자 枏 동자 邫 자원 形聲. 丰+邑→邦. '丰(봉)'이 음을 나타낸다.

자해 **❶나라, 대국(大國).** 〔周禮〕 二佐王治邦國이좌왕치방국. **❷서울, 수도(首都).** 〔儀禮〕 至于邦門지우방문. **❸제후(諸侯)의 봉토(封土).** 〔詩經〕 布政于邦國都鄙也포정우방국도비야. **❹천하(天下).** 〔論語〕 顏淵問爲邦안연문위방.

邦家(방가) 나라. 국가. 邦國(방국).

邦禁(방금) 국가의 금령(禁令). 國禁(국금).

邦紀(방기) 나라를 다스리는 법칙(法則).

邦禮(방례) 나라의 전례(典禮).

邦本(방본) ①나라의 근본. ②백성.

邦人(방인) ①자기 나라 사람. ②만이(蠻夷)에 대하여 한인(漢人)을 이름.

邦畫(방화) 자기 나라에서 만든 영화.

◨ 萬邦만방, 聯邦연방, 友邦우방, 合邦합방.

4 ⑦【邠】 나라 이름 빈 眞

인명 ㊥bīn ㊐ヒン

소전 초서 자해 ❶나라 이름. 〔孟子〕 大王居邠대왕거빈. ❷빛나다, 문채(文彩)가 성한 모양. ≒份. 〔太玄經〕 斐如邠如비여빈여.

4 ⑦【邪】 1간사할 사 麻 2고을 이름 야 麻

고등 인명 3Ⅱ급 ㊥xié, yá ㊐ジャ

필순 一 二 于 牙 牙' 邪 邪

소전 초서 동자 邪 참고 인명용 음은 '사' 이다.

자원 形聲. 牙+邑→邪. '牙(아)' 가 음을 나타낸다.

자해 1 ❶간사하다. 〔書經〕 去邪勿疑거사물의. ❷어긋나다, 위배되다. ❸기울다, 치우치다. 〔宋玉·賦〕 愚亂之邪臣우란지사신. ❹속이다, 거짓말하다. ❺악하다, 성질이 나쁘다. 〔禮記〕 雖有奇邪而不治者수유기사이불치자. ❻사사로움, 사삿일. ❼요사스런 기운. 〔呂氏春秋〕 百善至百邪去백선지백사거. 2 ❶고을 이름. 〔史記〕 北抵琅邪북저랑야. ❷어조사(語助詞). 의문(疑問)·부정(不定)의 뜻을 나타낸다. ≒耶.

邪曲(사곡) 마음이 비뚤어져 있음.
邪敎(사교) 요사스러운 종교.
邪氣(사기) ①요망스럽고 간악한 기운. ②몸을 해치고 병을 가져오는 나쁜 기운.
邪念(사념) 올바르지 못한 못된 생각.
邪黨(사당) 사악한 무리.
邪道(사도) ①올바르지 않은 길. ②사악한 도리(道理).
邪法(사법) 올바르지 않은 법.
邪僻(사벽) 도리에 벗어나고 편벽됨.
邪不犯正(사불범정) 바르지 못한 것은 바른 것을 감히 범하지 못함.
邪辭(사사) 간사한 말.
邪說(사설) 올바르지 않은 말. 정도(正道)를 벗어난 의견.
邪世(사세) 사악(邪惡)한 세상.
邪神(사신) 재앙을 가져오는 못된 귀신.
邪心(사심) 사특한 마음.
邪惡(사악) 간사하고 악독함.
邪意(사의) 부정(不正)한 마음. 사악한 마음.
邪正(사정) 바르지 못함과 바름.
邪侈(사치) 간사하고 사치함.
邪慝(사특) 요사하고 간특함.
邪虐(사학) 사악하여 사물을 해침.
邪學(사학) 조선 때, 주자학에 위배되는 학문을 이르던 말.

◧ 奸邪간사, 妖邪요사, 斥邪척사.

4 ⑦【邧】 鄖(1276)과 동자

4 ⑦【邨】 村(616)의 본자 인명

4 ⑦【邢】 1나라 이름 형 青 2땅 이름 경 梗

인명 2급 ㊥xíng, gěng ㊐ケイ

소전 초서 본자 邢 참고 인명용 음은 '형' 이다.

자해 1 ❶나라 이름. 주대(周代)의 제후국. 〔春秋左氏傳〕 莊伯以鄭人邢人伐翼장백이정인형인벌익. ❷성(姓). 2 땅 이름. ≒耿. 〔史記〕 祖乙遷于邢조을천우경.

5 ⑧【邱】 땅 이름 구 尤

인명 2급 ㊥qiū ㊐キュウ

소전 초서 참고 청대(淸代)에, '언덕' 의 뜻으로 쓰는 '丘' 자가 공자(孔子)의 이름자라 하여, 사서오경(四書五經) 이외의 서적에 나오는 '丘' 자는 모두 '邱' 로 쓰게 하였다.

자해 ❶땅 이름. ❷언덕. 〔韓非子〕 登糟邱등조구, 臨酒池림주지.

5 ⑧【邴】 고을 이름 병 梗

㊥bǐng ㊐ヘイ

소전 초서 자해 ❶고을 이름. ㉮춘추 시대 송(宋)나라의 읍(邑). ㉯춘추 시대 정(鄭)나라의 읍(邑). ❷기뻐하는 모양, 명백한 모양. 〔莊子〕 邴邴乎其似喜乎병병호기사희호.

5 ⑧【邳】 클 비 支

㊥pī ㊐ヒ

소전 초서 동자 郊 자해 ❶크다. ≒丕. ❷나라 이름. 은대(殷代)의 제후국. 〔春秋左氏傳〕 奚仲遷于邳해중천우비, 仲虺以爲湯左相중훼이위탕좌상. ❸언덕. 〔史記〕 至于大邳지우대비.

5 ⑧【邵】 고을 이름 소 嘯

인명 2급 ㊥shào ㊐ショウ

邑 5획

소전 초서 자해 **고을 이름**. 춘추 시대 진(晉)나라의 읍(邑).

5 ⑧【邸】 집 저 齊

인명 1급 ㊥dǐ ㊐テイ

소전 초서 속자 邸 자해 ❶**집, 저택**. 〔南史〕以北邸爲建章宮이북저위건장궁. ❷**묵다, 머무르다**. 〔楚辭〕邸余車兮方林저여거혜방림. ❸**이르다, 다다르다**. 〔史記〕自中山西邸瓠口爲渠자중산서저호구위거. ❹**돌아가다, 돌아오다**. 〔漢書〕亡邸父客망저부객.

邸報(저보) 國조정의 명령·서임(敍任) 등을 실어 관아에 보내던 문서.

邸舍(저사) ①점방. 가게. ②집. ③여관.

邸第(저제) ①규모가 큰 집. 邸宅(저택). ②귀인(貴人)의 집.

邸宅(저택) 규모가 큰 집.

邸下(저하) 國왕세자(王世子)의 존칭.

◨ 京邸경저, 官邸관저, 私邸사저, 潛邸잠저.

5 ⑧【邰】 나라 이름 태 灰

인명 ㊥tái ㊐タイ

소전 초서 자해 **나라 이름**. 주대(周代)의 제후국. 〔史記〕舜封棄於邰순봉기어태.

5 ⑧【邶】 나라 이름 패 隊

㊥bèi ㊐ハイ

소전 초서 동자 鄁 자해 ❶**나라 이름**. 주(周) 무왕(武王)의 아들이 봉해진 나라. ❷**고을 이름**. 춘추 시대 제(齊)나라의 읍(邑).

5 ⑧【邯】 ①땅 이름 한 寒 ②현 이름 함·감 覃

인명 2급 ㊥hán ㊐カン

소전 초서 참고 인명용 음은 '감'이다.

자해 ①**땅 이름**. 춘추 시대 조(趙)나라의 도읍. 〔後漢書〕進至邯鄲진지한단. ②**현(縣) 이름**. 한대(漢代)의 현 이름.

邯鄲之夢(한단지몽) 한단에서의 꿈. 인생의 부귀영화가 덧없음. 故事 당대(唐代)에, 노생(盧生)이 한단에서 도사 여옹(呂翁)의 베개를 빌려 베고 잠이 들었는데, 꿈속에서 수십 년 동안 부귀영화를 누렸으나 깨어 보니 메조밥이 채 익지도 않은 동안이었다는 고사에서 온 말. 邯鄲枕(한단침).

邯鄲學步(한단학보) 한단의 걸음걸이를 배움. 자기 본분을 버리고 남의 행위를 따라 하면 자기 본래의 좋은 점도 잃게 됨. 故事 연(燕)나라의 어떤 소년이 조(趙)나라 서울 한단에 가서 그곳 사람들의 걸음걸이를 배우다가 다 익히기도 전에 귀국하게 되었는데, 본래의 걸음걸이마저 잊어버려 기어서 돌아왔다는 고사에서 온 말. 邯鄲之步(한단지보).

6 ⑨【郊】 성 밖 교 肴

고등 인명 3급 ㊥jiāo ㊐コウ

필순 丶 亠 亣 六 ⺮ 交 交' 交阝 郊

소전 초서 자원 形聲. 交+邑→郊. '交(교)'가 음을 나타낸다.

자해 ❶**성 밖**. 주대(周代)의 제도에서, 도성(都城) 밖 50리(里)까지의 땅을 근교(近郊), 100리까지의 땅을 원교(遠郊)라 하였다. 〔呂氏春秋〕不出國郊불출국교. ❷**국경(國境)**. 〔戰國策〕軍於邯鄲之郊군어한단지교. ❸**끝, 제한(際限)**. 〔易經〕同人于郊동인우교. ❹**들, 전야(田野)**. ❺**시골**. ❻**하늘과 땅에 올리는 제사**. 〔孝經〕昔者周公郊祀后稷以配天석자주공교사후직이배천.

郊圻(교기) ①성읍(城邑)의 경계. 도읍의 경계. ②교외(郊外)의 들판.

郊祀(교사) 하늘과 땅에 지내는 제사. 천자(天子)가 동지(冬至)에 남쪽 교외에 나가 하늘에, 하지(夏至)에 북쪽 교외에 나가 땅에 올린 제사. 郊祭(교제).

郊野(교야) 도성 밖의 땅. '野'는 도성 밖 300리 안의 땅.

郊外(교외) 성 밖. 郊坰(교경).

◨ 近郊근교, 遠郊원교.

6 ⑨【郄】 隙(1343)과 동자

6 ⑨【郎】 郞(1273)의 속자

6 ⑨【郱】 邦(1270)과 동자

6 ⑨【郇】 나라 이름 순 眞

㊥xún ㊐シュン

소전 초서 자해 **나라 이름**. 주(周) 문왕(文王)의 아들이 봉해진 나라. 〔詩經〕 郇伯勞之순백로지.

6 ⑨【郁】 성할 욱 屋

인명 2급 ㊥yù ㊐イク

소전 초서 자해 ❶성하다. 〔左思·賦〕 蜜房郁毓被其阜밀방욱육피기부. ❷향기롭다. 〔曹植·賦〕 踐椒塗之郁烈천초도지욱렬. ❸문채가 나는 모양. 〔論語〕 郁郁乎文哉욱욱호문재.

郁郁(욱욱) ①문물이 성한 모양. ②무늬가 찬란한 모양. ③향기가 나는 모양. ④심오(深奧)한 모양.

郁郁靑靑(욱욱청청) 향기가 매우 좋고 나무가 우거져 푸르름.

6 ⑨【邾】 나라 이름 주 虞

㊥zhū ㊐チュ

소전 초서 자해 ❶나라 이름. 춘추 시대 노(魯)나라의 부용국(附庸國). 〔春秋左氏傳〕 公及邾儀父盟于蔑공급주의부맹우멸. ❷현(縣) 이름.

6 ⑨【郉】 邢(1271)의 본자

6 ⑨【郈】 고을 이름 후 宥

㊥hòu ㊐コウ

소전 초서 자해 고을 이름. 춘추 시대 노(魯)나라의 읍(邑). 〔春秋左氏傳〕 叔孫何忌숙손하기, 帥師圍郈솔사위후.

7 ⑩【郟】 郏 고을 이름 겹 ㊍협 洽

㊥jiá ㊐キョウ

소전 초서 자해 ❶고을 이름. 춘추 시대 정(鄭)나라의 읍(邑). ❷땅 이름. 주(周)의 동도(東都). 〔國語〕 晉文公既定襄王于郟진문공기정양왕우겹. ❸문 양쪽에 달린 방. ≒夾. 〔大戴禮〕 郟室割雞于室中겹실할계우실중.

7 ⑩【郜】 ①나라 이름 고 號 ②성 곡 沃

㊥gào ㊐コウ

소전 초서 동자 郚 자해 ① ❶나라 이름. 주(周) 문왕(文王)의 아들이 봉해진 나라. 〔春秋左氏傳〕 以郜大鼎賂公이고대정뢰공. ❷고을 이름. 춘추 시대 송(宋)나라의 읍(邑). ② 성(姓).

7 ⑩【郡】 고을 군 問

중학 인명 6급 ㊥jùn ㊐グン

필순 ㄱ ㅋ ㅋ 尹 尹 君 君 君' 君阝郡

소전 초서 본자 郡 자원 形聲. 君+邑→郡→郡. '君(군)'이 음을 나타낸다.

자해 ❶고을, 군. ❷관청(官廳), 군의 관청. 〔晉書〕 乘驢到郡승려도군.

郡國制(군국제) 한(漢) 고조(高祖)가 실시한 지방 통치 제도. 수도와 가까운 지역은 군현(郡縣)을 두어 황제가 직접 다스리고, 먼 지역은 황족이나 공신들을 제후로 봉하여 다스리게 하였음.

郡守(군수) 군의 장관.

郡縣制(군현제) 진(秦)의 시황제(始皇帝)가 지방 분권적인 봉건 제도의 약점을 없애기 위해 실시한 중앙 집권적 지방 행정 제도. 전국을 36개의 군으로 나누고 이를 다시 현으로 갈라, 중앙 정부에서 지방관을 보내어 직접 다스리게 하였음.

7 ⑩【郤】 고을 이름 극 陌

㊥xì ㊐ケキ

소전 초서 자해 ❶고을 이름. 춘추 시대 진(晉)나라의 읍(邑). ❷우러르다. 〔儀禮〕 郤于敦南극우돈남. ❸틈, 사이. ≒隙. ㉮벌어져 사이가 난 자리, 간격. 〔禮記〕 諸侯相見於郤地日會제후상견어극지왈회. ㉯불화(不和), 원쟁(怨爭). 〔史記〕 令將軍與臣有郤령장군여신유극.

7 ⑩【郞】 사나이 랑 陽

중학 인명 3Ⅱ급 ㊥láng ㊐ロウ

필순 ` ㅋ ㅋ ㅋ 良 良 良 良' 良阝郞

속자 郎 자원 形聲. 良+邑→郞. '良(량)'이 음을 나타낸다.

자해 ❶사나이. 〔唐書〕 僕閱人多矣복열인다의, 無如此郞者무여차랑자. ❷젊은이, 청소년(靑少年). ❸남의 아들을 부르는 말. ❹아버지. ❺주인(主人), 주공(主公). 〔唐書〕 君非其家奴군비기가노, 何郞之云하랑지운. ❻남편. 〔晉書〕 天壤之中천양지중, 乃有王郞내유왕랑. ❼벼슬 이름. ¶ 郞中낭중.

郞官(낭관) ①한대(漢代)에, 시랑(侍郞)·낭중

邑 7 획

(郞中)의 관직. ②조선 때, 각 관아의 당하관(堂下官).
郞君(낭군) ①남의 아들의 경칭. ②귀공자(貴公子). ③새로 진사(進士)에 급제한 사람. ④자기 남편을 부르는 말. ⑤남을 존경하여 이르는 말.
郞中(낭중) 상서(尙書)를 보좌하던 벼슬.
◨ 侍郞시랑, 新郞신랑, 花郞화랑.

7 ⑩【郛】 외성 부 虞

㊥fú ㊐フ

소전 초서 자해 외성(外城), 성곽(城郭). 〔春秋左氏傳〕 伐宋入其郛벌송입기부.

7 ⑩【郕】 땅 이름 성 庚

㊥chéng ㊐セイ

소전 초서 자해 ❶땅 이름. 춘추 전국시대 노(魯)나라의 읍(邑). ❷나라 이름. 주(周) 무왕(武王)이 아우 숙무(叔武)를 봉한 나라. 〔春秋左氏傳〕 郕人侵衞성인침위, 故衞師入郕고위사입성.

7 ⑩【郢】 땅 이름 영 敬

㊥yǐng ㊐エイ

소전 초서 자해 ❶땅 이름. 춘추 시대 초(楚)나라의 서울. 〔國語〕 遂至于郢수지우영. ❷가다. 〔史記〕 左人郢좌인영, 字行자행.

8 ⑪【郶】 郶(1273)과 동자

8 ⑪【郭】 성곽 곽 藥

고등 인명 3급 ㊥guō ㊐カク

필순 亠 亠 亠 亠 亠 享 享 享' 享阝 郭

소전 초서 본자 鄺 자원 形聲. 𩫏+邑→鄺→郭. '享(곽)'은 𩫏의 생략체로 음을 나타낸다.
자해 ❶성곽, 도읍(都邑)의 주변을 둘러싼 누벽(壘壁). 〔禮記〕 城郭溝池以爲固성곽구지이위고. ❷둘레. ❸돈〔錢〕 따위의 가장자리. 〔史記〕 鑄五銖錢주오수전, 周郭其下주곽기하. ❹성(姓).
郭外(곽외) 성곽(城郭) 밖.
◨ 城郭성곽, 外郭외곽, 輪郭윤곽.

8 ⑪【郯】 나라 이름 담 覃

㊥tán ㊐タン

소전 초서 자해 나라 이름. 주대(周代)의 제후국.

8 ⑪【都】 都(1275)의 속자

8 ⑪【部】 거느릴 부 麌

중학 인명 6급 ㊥bù ㊐ブ

필순 亠 亠 亠 立 立 咅 咅 咅' 咅阝 部

소전 초서 동자 郶 자원 形聲. 咅+邑→部. '咅(부)'가 음을 나타낸다.
자해 ❶거느리다, 통솔하다. 〔後漢書〕 部陳從事부진종사. ❷나누다, 가르다. 〔漢書〕 部署諸將부서제장. ❸분류(分類). ㉮조(組), 항오(行伍). 〔後漢書〕 校隊案部교대안부. ㉯세분(細分), 물건의 구분(區分). ❹곳, 장소(場所). ❺지경, 경계(境界). 〔後漢書〕 撫接邊民무접변민, 爲幽部所歸위유부소귀. ❻지방 행정 구획의 통칭. 〔後漢書〕 州部多豪族주부다호족.
部曲(부곡) ①군대의 단위별 편성. ②사람들이 조직한 작은 집단. 조(組). 반(班). ③사인(私人)이 소유하던 군대. ④사삿집에서 부리던 종. ⑤國병기·유기·농기구 따위의 생산에 종사하던 천민 집단 부락.
部隊(부대) 일정한 규모로 편성된 군대 조직.
部落(부락) 마을.
部類(부류) 동일한 범주에 속하는 대상들을 일정한 기준에 따라 나누어 놓은 갈래.
部門(부문) 일정한 기준에 따라 나누어 놓은 낱낱의 범위나 부분.
部分(부분) 전체를 몇 개로 나눈 것의 하나.
部署(부서) 國사무의 각 부문.
部屬(부속) ①부하를 지휘함. ②어떠한 부류나 부문에 부속(附屬)됨.
部首(부수) 자전(字典)에서 글자를 찾는 길잡이가 되는, 글자의 한 부분. '引·弘'의 부수는 '弓'인 따위.
部位(부위) 전체에 대하여 어떤 특정한 부분이 차지하는 위치.
部族(부족) 같은 조상·언어·종교 등을 가진, 원시 사회나 미개 사회의 구성 단위가 되는 지역적 생활 공동체.
部品(부품) 기계 따위의 어떤 부분에 쓰는 물품.
部下(부하) 자기보다 낮은 직책에 있는 사람.
◨ 幹部간부, 兵部병부, 外部외부.

8 ⑪【郵】邮 역참 우 尤

고등 인명 4급 ㊥yóu ㊐ユウ

필순

소전 초서 동자 郵 속자 郶 자원 形聲. 垂+邑→郵. '垂(수)'가 음을 나타낸다.

자해 ❶역참(驛站). 〔漢書〕橋梁郵亭不脩고량우정불수. ❷역체(驛遞). 〔漢書〕因郵上封事인우상봉사. ❸오두막집. ❹과실, 허물, 죄. ≒尤. 〔漢書〕以顯朕郵이현짐우.

郵送(우송) 우편으로 보냄.
郵傳(우전) 역참(驛站)에서 역참으로 인마(人馬)를 갈아 가며 화물을 보냄.
郵遞(우체) ①역참(驛站). ②역(驛)에서 역으로 체송(遞送)함. ③우편(郵便).
郵遞司(우체사) 조선 말에 우편 사무를 맡아보던 관아.
郵便(우편) 서신이나 기타 물품을 국내외로 보내는 업무. 郵遞(우체).
郵票(우표) 우편물에 붙여 수수료를 낸 증표로 삼는 종이 딱지.

8 ⑪【郰】 고을 이름 추 尤

㊥zōu ㊐シュウ

소전 초서 동자 鄹 자해 고을 이름. ≒陬. 〔春秋左氏傳〕郰人紇抉之以出門者추인흘결지이출문자.

8 ⑪【郷】 鄕(1276)의 속자

9 ⑫【都】都 도읍 도 虞

중학 인명 5급 ㊥dū, dōu ㊐ト

필순

소전 초서 속자 都 자원 形聲. 者+邑→都. '者(자)'가 음을 나타낸다.

자해 ❶도읍, 서울. ㉮천자(天子)가 살고 있는 곳. 〔潘岳·賦〕遊都邑以永久유도읍이영구. ㉯선군(先君)의 종묘(宗廟)가 있는 곳. 〔春秋左氏傳〕凡邑有宗廟先君之主曰都범읍유종묘선군지주왈도, 無曰邑무왈읍. ❷채지(采地). ❸제후(諸侯)의 하읍(下邑). ❹마을, 동네. 〔戰國策〕王不如因而賂一名都왕불여인이뢰일명도. ❺있다, 자리하다. 〔漢書〕都卿相之位도경상지위. ❻모두, 다. 〔漢書〕嘗爲弟子都養상위제자도양.

都監(도감) 國①국혼·국상 등 나라의 일이 있을 때 임시로 설치하던 관아. ②(佛)절에서 돈이나 곡식 등을 맡아보는 사람.
都給(도급) 어떤 일을 도거리로 맡김.
都督(도독) ①통틀어 거느리고 감독함. ②군대(軍隊)의 총대장.
都賣(도매) 물품을 모개로 넘겨 파는 일.
都門(도문) ①㉠도성의 출입문. ㉡서울. 京師(경사). ②번화한 거리에 있는 문.
都鄙(도비) ①서울과 시골. 도시와 농촌. '都'는 왕(王)의 자제의 식읍(食邑), '鄙'는 공경(公卿)의 식읍. ②품위 있음과 비루(鄙陋)함.
都城(도성) ①천자(天子) 또는 제후(諸侯)의 서울. ②성벽으로 둘러싸인 도시.
都承旨(도승지) 조선 때 승정원(承政院)의 으뜸 벼슬. 왕명(王命)의 출납을 맡아봄.
都市(도시) 상공업이 발달하고 정치·경제·문화의 중심이 되는 지역.
都是(도시) 國①모두 해서. ②원래. 본시. ③전연. 도무지.
都心(도심) 도시의 중심.
都邑(도읍) 서울. 京師(경사).
都亭(도정) 군현(郡縣)의 관청이 있는 곳.
都總(도총) ①총괄하여 다스림. 통솔하여 지배함. ②國모두 합하여. 都合(도합).
都統(도통) 통솔하여 다스림.
都合(도합) 모두 합한 셈. 모두. 합계.
都會(도회) 사람이 많이 사는 번잡한 지역.

◨ 古都고도, 首都수도, 王都왕도, 遷都천도, 還都환도.

9 ⑫【鄂】 땅 이름 악 藥

인명 ㊥è ㊐ガク

소전 초서 본자 鄂 자해 ❶땅 이름. 춘추 시대 진(晉)나라의 읍(邑). ❷경계, 끝. 〔漢書〕紛被麗其亡鄂분피려기망악.

9 ⑫【鄆】郓 고을 이름 운 問

㊥yùn ㊐ウン

소전 초서 자해 고을 이름. 춘추 시대 노(魯)나라의 읍(邑). 〔春秋左氏傳〕城諸及鄆성제급운.

10 ⑬【鄔】邬 땅 이름 오 虞

㊥wū ㊐オ

소전 초서 자해 ❶땅 이름. 춘추 시대 진(晉)나라의 읍(邑). 〔春

秋左氏傳〕司馬彌牟爲鄔大夫사마미모위오대부.

10 ⑬【鄖】郧 나라 이름 운 文

㊥yún ㊐ウン

소전 초서 동자 䢵 자해 ❶나라 이름. 주대(周代)의 제후국. 〔春秋左氏傳〕鄖人軍於蒲騷운인군어포소. ❷땅 이름. 춘추 시대 위(衛)나라의 땅.

10 ⑬【鄒】邹 나라 이름 추 尤

인명 2급 ㊥zōu, jù ㊐スウ

소전 초서 자해 나라 이름. 주대(周代)의 제후국. ＝鄹.

鄒魯(추로) ①공자(孔子)와 맹자(孟子). '鄒'는 맹자의 출생지, '魯'는 공자의 출생지인 데서 온 말. ②공맹(孔孟)의 학문.

鄒魯遺風(추로유풍) 공자와 맹자의 유풍.

鄒孟(추맹) 맹자(孟子).

10 ⑬【鄕】乡 1 시골 향 陽 2 구제할 향 漾

중학 인명 4Ⅱ급 ㊥xiāng, xiǎng ㊐キョウ

필순 乡 乡 乡' 乡卩 乡卩 乡卩 乡卩 乡卩 乡卩 鄕

소전 초서 속자 郷 속자 鄉 자원 會意. 乡+皀+阝→鄕. 밥상〔皀〕을 가운데 놓고 두 사람〔乡와 阝〕이 마주 앉아 있는 모습으로, '같이 밥을 먹다'라는 뜻을 나타낸다.

자해 1 ❶시골, 성진(城鎭) 이외의 땅. ❷마을, 촌락, 동네. 〔孟子〕莫知其鄕막지기향. ❸곳, 장소. 〔詩經〕于此中鄕우차중향. ❹고향. 〔史記〕富貴不歸故鄕부귀불귀고향, 如衣繡夜行여의수야행. ❺행정 구획(行政區劃)의 이름. 2 ❶구제하다. ❷소리가 울리다, 울림. ≒響. 〔漢書〕如影鄕之應形聲也여영향지응형성야. ❸대접하다, 향응하다. ≒饗. 〔漢書〕專鄕獨美其福전향독미기복. ❹향하다. ❺앞서, 접때. ≒曏. 〔論語〕鄕也吾見於夫子而問知향야오견어부자이문지.

鄕歌(향가) 신라 중엽에서 고려 초기에 걸쳐 민간에 널리 유행한 우리나라 고유의 시가(詩歌). 모두 향찰(鄕札)로 기록되어 있으며, 현재 전하는 것은 삼국유사(三國遺事)에 14수, 균여전(均如傳)에 11수 등 25수이다.

鄕曲(향곡) 시골. 벽촌(僻村).

鄕曲之譽(향곡지예) 향리(鄕里)의 명예. 한 지방의 작은 명예.

鄕貫(향관) ①태어난 고향의 호적(戶籍). 本籍(본적). ②國시조(始祖)가 난 땅.

鄕校(향교) ①고대의 지방 학교. ②國지방에 설치한 관립(官立) 학교.

鄕國(향국) ①고국(故國). ②고향.

鄕黨(향당) ①주대(周代)의 지방 행정 구획 제도. '鄕'은 1만 2,500호(戶), '黨'은 500호. ②시골. 고향.

鄕黨尙齒(향당상치) 향당에서는 나이가 많은 사람을 높임.

鄕導(향도) 길을 인도함. 嚮導(향도).

鄕吏(향리) ①향(鄕)의 벼슬아치. ②國한 고을에 대물림으로 내려오던 아전.

鄕里(향리) ①고향. ②시골 마을.

鄕班(향반) 國낙향하여 살면서 여러 대 동안 벼슬을 하지 못한 양반.

鄕愁(향수) 고향을 그리는 마음.

鄕試(향시) ①3년마다 각 성(省)에서 실시하던 과거. ②조선 때 지방에서 실시하던 과거의 초시(初試).

鄕約(향약) 향촌의 자치 규약.

鄕飮酒禮(향음주례) 온 마을의 유생이 모여서 읍양(揖讓)의 예를 지켜 술을 마시던 잔치.

鄕邑(향읍) ①시골 마을. ②고향.

鄕人(향인) ①고향 사람. ②시골 사람.

鄕札(향찰) 신라 때, 한자의 음과 뜻을 빌려 우리말을 표음식(表音式)으로 적던 표기법.

鄕土(향토) ①태어나서 자란 땅. ②시골.

鄕學(향학) ①마음을 학문에 기울임. ②향(鄕)에 설치하던 학교. ③지방의 학교.

◨ 故鄕고향, 歸鄕귀향, 望鄕망향, 他鄕타향.

10 ⑬【鄗】 1 땅 이름 호 皓 2 산 이름 교 肴

㊥hào, qiāo ㊐コウ

소전 초서 자해 1 땅 이름. 춘추 시대 진(晉)나라의 읍(邑). 2 산 이름. 〔春秋左氏傳〕晉師在敖鄗之間진사재오교지간.

11 ⑭【鄙】 다라울 비 紙

인명 1급 ㊥bǐ ㊐ヒ

소전 초서 속자 鄙 자해 ❶다랍다. ㉮인색(吝嗇)하다. ㉯도량(度量)이 좁다. 〔孟子〕鄙夫寬비부관. ㉰가문(家門)이 보잘것없다. 〔呂氏春秋〕魯之鄙家也로지비가야. ㉱어리석다, 품성이 낮다. 〔漢書〕或仁或鄙혹인혹비. ❷천하게 여기다. ㉮멸시하다. 〔春秋左氏傳〕夫猶鄙我부유비아. ㉯수치로 여기다. 〔史記〕君子所鄙군자소비. ❸행정 구역의 이름. ❹시골, 촌. ❺변경(邊境)의 부락. 〔禮記〕 四鄙入保사비입보. ❻교외(郊外).
鄙見(비견) 천한 견해. 자기 의견의 겸칭.
鄙軀(비구) 천한 몸. 자기의 몸의 겸칭.
鄙近(비근) 고상하지 못하고 천박함. 흔하여 천한 것에 가까움.
鄙陋(비루) 마음이 고상하지 못하고 하는 짓이 더러움. 학문이나 견식이 천박함.
鄙俚(비리) 풍속(風俗)·언어(言語) 등이 거칠고 촌스러움. 鄙野(비야).
鄙吝(비린) ①마음이 고상하지 못하고 더러움. ②다랍게 인색함.
鄙薄(비박) ①야비하고 경박함. ②깔봄.
鄙夫(비부) ①어리석고 천한 사람. 도량이 좁은 사람. ②자신(自身)의 겸칭(謙稱).
鄙言(비언) ①야비한 말. ②자기 언사(言辭)의 겸칭.
鄙諺(비언) 상스러운 속담.
鄙劣(비열) 성품과 행실이 더럽고 못남. 卑劣(비열).
鄙儒(비유) 견식이 좁고 상스러운 선비.
鄙人(비인) ①촌사람. ②자신의 겸칭.
鄙賤(비천) 마음이 천박하고 상스러움.

11 ⑭【鄢】 고을 이름 언 先

㊥yān ㊐エン

소전 초서 자해 ❶고을 이름. 춘추 시대 초(楚)나라의 서울. ❷나라 이름. 주대(周代)의 나라. 〔國語〕 昔鄢之亡也석언지망야, 由仲任유중임.

11 ⑭【鄘】 나라 이름 용 冬

㊥yōng ㊐ヨウ

소전 초서 자해 ❶나라 이름. ❷벽(壁), 성(城). ≒墉. 〔春秋左氏傳〕 宋城舊鄘송성구용.

11 ⑭【鄞】 땅 이름 은 眞

㊥yín ㊐ギン

소전 초서 자해 땅 이름.

12 ⑮【鄲】 郸 1고을 이름 단 寒 2나라 이름 다 歌

인명 ㊥dān, duō ㊐タン

소전 초서 참고 인명용 음은 '단'이다.

자해 1고을 이름. 전국(戰國) 시대 조(趙)나라의 서울. ¶ 邯鄲한단. 2나라 이름. 한대(漢代)의 제후국. 〔史記〕 封周隱爲鄲侯봉주은위다후.

12 ⑮【鄧】 邓 나라 이름 등 徑

인명 2급 ㊥dèng ㊐トウ

소전 초서 자해 ❶나라 이름. 주대(周代)의 제후국. 〔春秋〕 鄧侯吾離來朝등후오리래조. ❷땅 이름.

12 ⑮【鄰】 隣(1344)의 본자 인명

12 ⑮【鄯】 나라 이름 선 霰

㊥shàn ㊐ゼン

소전 초서 자해 ❶나라 이름. 서역(西域)의 나라. ❷주(州) 이름.

12 ⑮【鄩】 郛 고을 이름 심 侵

㊥xún ㊐ジン

소전 초서 자해 고을 이름. 춘추 시대 주(周)나라의 읍(邑).

12 ⑮【鄭】 郑 나라 이름 정 敬

인명 2급 ㊥zhèng ㊐テイ

소전 초서 자해 ❶나라 이름. ❷겹치다. ≒仍.

鄭聲(정성) 춘추 때 정(鄭)나라의 음악. 음란한 음악. 鄭音(정음).
鄭衛桑間(정위상간) 음란한 노래와 망국적인 음악. 춘추 때 정(鄭)나라와 위(衛)나라의 음악이 세상을 어지럽히는 음란한 음악이었던 데서 온 말. '桑間'은 복수(濮水)의 상류로, 은(殷)나라 주(紂)임금이 퇴폐적인 노래를 즐기다가 빠져 죽은 곳.
鄭重(정중) ①자주. 빈번(頻繁)히. ②은근하고 점잖음. 점잖고 무게가 있음.

13 ⑯【鄴】 邺 땅 이름 업 葉

㊥yè ㊐ギョウ

소전 초서 자해 땅 이름. 춘추 시대 제(齊)나라의 읍(邑).

13 ⑯【鄶】 郐 나라 이름 회 泰

㊥kuài ㊐カイ

소전 초서 자해 나라 이름. 주대(周代)의 나라. 〔春秋左氏

傳〕文夫人斂而葬之鄶城之下문부인렴이장지회성지하.

14 【鄹】 ①나라 이름 추 尤 ②마을 취 宥
⑰
㊥zōu, jù ㊐シュウ
자해 ①❶나라 이름. =鄒. ❷땅 이름. 춘추 시대 노(魯)나라의 읍(邑). =郰. ②❶마을. ❷역참(驛站) 이름. ≒郰.

15 【鄽】 가게 전 先
⑱
㊥chán ㊐テン
초서 동자 廛 속자 鄽 자해 가게, 상점.
鄽肆(전사) 가게.

18 【酆】 나라 이름 풍 東
㉑
㊥fēng ㊐ホウ
소전 초서 속자 酆 자해 ❶나라 이름. 주(周) 문왕(文王)이 도읍한 곳. ❷물 이름. 〔後漢書〕西顧酆鄗서고풍고.

19 【酈】 郦 ①땅 이름 리 支 ②고을 이름 력 錫
㉒
㊥lí, lì ㊐リ, レキ
소전 초서 자해 ①땅 이름. 춘추 시대 노(魯)나라의 땅. 〔春秋〕公子友帥師敗莒師于酈공자우솔사패거사우리. ②❶고을 이름. 한대(漢代)의 현(縣). ❷성(姓).

19 【酇】 酂 ①나라 이름 찬 翰 ②고을 이름 차 歌
㉒
㊥zàn, cuó ㊐サン, サ
소전 초서 속자 酇 자해 ①❶나라 이름. 한대(漢代)의 제후국. 소하(蕭何)를 봉(封)한 나라. ❷행정 구역의 이름. 주대(周代)의 제도로, 4리를 이름. 〔周禮〕五酇爲鄙오찬위비. ②고을 이름.

邑 14획

酉部 닭 유

0 【酉】 닭 유 有
⑦
중학 인명 3급 ㊥yǒu ㊐ユウ
필순 一 丆 冂 丙 两 西 酉

소전 초서 자원 象形. 술두루미를 본뜬 글자. 본래 '술'을 뜻하였으나 뒤에 '지지'의 뜻으로 가차되었다.
자해 ❶닭, 12지(支)의 열 번째. 방위로는 서쪽, 달로는 음력 8월, 율려(律呂)로는 남려(南呂), 시각으로는 오후 5시~7시, 동물로는 닭에 배당한다. ❷술, 술을 담는 그릇.
酉陽(유양) 호남성(湖南省)에 있는 산 이름. 이 산의 석굴 속에 진대(秦代)의 서적 1,000권이 숨겨져 있었다고 함.
酉月(유월) 음력 8월의 딴 이름.

2 【酊】 술 취할 정 迥
⑨
인명 1급 ㊥dǐng ㊐テイ
소전 초서 자해 술에 취하다, 술에 몹시 취하다. ≒仃.

2 【酋】 묵은 술 추 尤
⑨
인명 1급 ㊥qiú ㊐シュウ
소전 초서 자해 ❶묵은 술, 오래된 술. ❷이루다, 성취하다. 〔漢書〕說難既酋설난기추, 其身迺囚기신내수. ❸두목, 우두머리. ❹술 빚는 일을 맡아보는 벼슬.
酋長(추장) ①미개인 부족의 우두머리. ②도둑들의 두목(頭目). 酋渠(추거). 酋領(추령).
酋酋(추추) 사물이 성취(成就)되는 모양.

3 【配】 아내 배 隊
⑩
고등 인명 4Ⅱ급 ㊥pèi ㊐ハイ
필순 一 丆 冂 丙 两 西 酉 酉' 酉㇆ 配
소전 초서 자원 形聲. 酉+己→配. '己(기)'가 음을 나타낸다.
자해 ❶아내, 배필. ≒妃. 〔詩經〕天立厥配천립궐배. ❷걸맞다, 필적(匹敵)하다. ❸견주다. 〔詩經〕懋敬厥德무경궐덕, 克配上帝극배상제. ❹배향(配享)하다. 〔易經〕殷薦之上帝은천지상제, 以配祖考이배조고. ❺나누다, 할당하다, 분배하다. 〔舊唐書〕割配鄕村할배향촌. ❻귀양 보내다, 유형(流刑). 〔宋史〕杖配商州장배상주.
配給(배급) 분배하여 공급함. 나누어 줌.
配達(배달) 물건을 가져다가 몫몫으로 나누어 돌림.
配當(배당) 일정한 기준에 따라 나누어 줌. 또는 그 액수나 양.
配慮(배려) 남을 위하여 여러 모로 마음을 씀.
配命(배명) 천리(天理)에 합당함.
配付(배부) 나누어 줌.

配分(배분) 몫몫이 별러 나눔.
配所(배소) 귀양살이하는 곳. 謫所(적소).
配食(배식) ①식사를 몫몫이 나누어 줌. ②배향(配享).
配役(배역) 영화·연극 등에서 배우에게 어떤 역을 맡김.
配列(배열) 죽 벌여서 늘어놓음.
配偶(배우) 부부가 되는 짝. 配匹(배필).
配定(배정) 나누어 몫을 정함.
配天(배천) ①덕(德)이 광대하여 하늘과 같음. ②왕자(王者)가 그 조상을 하늘과 함께 제향(祭享)하던 일. 排置(배치).
配置(배치) 사람이나 물자 따위를 알맞은 자리에 앉히거나 둠.
配布(배포) 널리 나누어 줌.
配合(배합) ①이것저것을 한데 알맞게 섞어 합침. ②짝 지어 부부가 되게 함.
配享(배향) ①종묘(宗廟)에 공신(功臣)을 부제(祔祭)함. ②문묘(文廟)나 사원(祠院)에 학덕이 있는 사람을 부제함. 配食(배식).
◨ 分配분배, 匹配필배.

3
⑩【酏】 기장술 이 支 紙

㊥yí ㊐イ

소전 초서 자해 ❶기장술. ❷맑은 술. ❸묽은 죽, 미음.

3
⑩【酌】 따를 작 藥

고등 인명 3급 ㊥zhuó ㊐シャク

필순 一 丆 丙 丙 两 两 酉 酉′ 酌 酌

소전 초서 자원 形聲. 酉+勺→酌. '勺(작)'이 음을 나타낸다.

자해 ❶따르다, 술을 따르다. ❷취(取)하다, 받아들이다. 〔禮記〕上酌民言상작민언. ❸참작하다, 이것저것 대보아 취사(取捨)하다. 〔後漢書〕參酌秦法참작진법. ❹술〔酒〕. 〔禮記〕酒曰清酌주왈청작.

酌量(작량) 술·쌀 따위를 계량(計量)함. 사물의 경중(輕重)을 짐작하여 처결함.
酌婦(작부) 술집에서 손님을 접대하고 술 시중을 드는 여자.
酌定(작정) 일의 사정을 헤아려 결정함.
酌酒(작주) 술을 침. 술을 따름.
◨ 對酌대작, 酬酌수작, 斟酌짐작, 參酌참작,

3
⑩【酒】 술 주 有

중학 인명 4급 ㊥jiǔ ㊐シュ

필순 丶 氵 氵 氵 沂 沂 洒 洒 酒 酒

소전 초서 자원 會意·形聲. 水+酉→酒. 술은 가을철에 익은 기장에 물을 타서 빚는다는 데서 물〔氵〕과 술두루미〔酉〕를 합하여 '술'이라는 뜻을 나타낸다. '酉(유)'는 음도 나타낸다.

자해 ❶술, 누룩으로 빚은 술. 〔禮記〕酒食者주식자, 所以合歡也소이합환야. ❷잔치, 주연(酒宴). 〔史記〕酒酣주감, 高祖擊筑고조격축.

酒家(주가) 술집.
酒渴(주갈) 술을 마신 후에 생기는 갈증.
酒酣(주감) 술이 거나해짐. 주연(酒宴)이 한창인 무렵.
酒客(주객) 술을 좋아하는 사람. 술꾼.
酒困(주곤) 술을 마셔서 정신이 산란하여짐.
酒果脯醯(주과포혜) 술과 과실과 마른 포(脯)와 식혜. 곧, 간소하게 차린 제물(祭物).
酒囊飯袋(주낭반대) 술 부대와 밥 자루. 무지무능(無智無能)하여 다만 놀고먹는 자를 욕하여 이르는 말.
酒黨(주당) 술을 즐기고 잘 마시는 무리. 酒徒(주도).
酒德(주덕) ①술의 공덕(功德)이나 덕택. ②술을 마신 뒤에도 주정하지 않고 바른 태도를 보이는 품성.
酒道(주도) 술자리에서 지켜야 할 도리.
酒亂(주란) 술에 취하여 난동을 부림.
酒量(주량) 술을 마시는 분량.
酒醴(주례) 술과 감주(甘酒).
酒醪(주료) 청주(淸酒)와 탁주(濁酒).
酒樓(주루) 술을 파는 집.
酒幕(주막) 國시골의 길거리에서 술이나 밥을 팔면서 나그네도 잠을 재우는 집.
酒妄(주망) 술주정이 심함. 酒狂(주광).
酒母(주모) ①누룩을 섞어 버무린 지에밥. 술밑. ②술청에서 술을 파는 여자.
酒癖(주벽) ①술을 몹시 즐겨 마시는 버릇. ②술 취한 뒤에 드러나는 버릇.
酒保(주보) ①술집의 심부름꾼. ②술을 파는 사람. ③國군대의 영내에서 음식·일용품 등을 파는 가게.
酒邪(주사) 술에 취하여 부리는 못된 버릇.
酒傷(주상) 음주로 말미암은 위(胃)의 병.
酒色(주색) ①술과 여색(女色). 술과 계집. ②술기운으로 불그레한 얼굴빛.
酒仙(주선) 세속에 구애받지 않고 두주(斗酒)로써 즐거움을 삼는 사람.
酒聖(주성) ①청주(淸酒). ②주량이 많은 사람. 酒豪(주호).
酒案床(주안상) 술상.

酒宴(주연) 술잔치.
酒肉(주육) 술과 고기.
酒貲(주자) 술 마실 돈. 술값. 酒資(주자).
酒漿(주장) 술과 음료(飮料).
酒敵(주적) 술친구.
酒戰(주전) 술을 많이 마시는 내기.
酒店(주점) 술집. 酒肆(주사). 酒鋪(주포).
酒酊(주정) 술에 취하여 하는 난잡한 말이나 행동.
酒造(주조) 술을 빚어 만듦.
酒槽(주조) 술통. 술독.
酒樽(주준) 술독. 술통. 酒尊(주준).
酒池肉林(주지육림) 술은 못을 이루고 고기는 숲을 이룸. 호사스러운 술잔치. 故事 은(殷)나라 주(紂)임금이 술로 연못을 채우고 고기를 나무에 걸어 숲을 이룰 정도로 흥청망청 놀았다는 고사에서 온 말.
酒債(주채) 술빚. 酒逋(주포).
酒泉(주천) 많은 양의 술.
酒滯(주체) 음주(飮酒)로 인한 체증(滯症).
酒卮(주치) 술잔. 酒杯(주배).
酒豪(주호) 술을 잘 마시는 사람.
酒荒(주황) 술에 빠짐.
酒肴(주효) 술과 안주.
酒興(주흥) 술에 취하여 일어나는 흥취(興趣).
◨ 甘酒감주, 勸酒권주, 禁酒금주, 罰酒벌주, 詩酒시주, 飮酒음주, 淸酒청주, 濁酒탁주.

3
⑩【酎】 진한 술 주 宥

인명 ㊥zhòu ㊐チュウ

소전 초서 자해 **진한 술.** 세 번을 거듭 빚어 만든 술. 〔禮記〕天子飮酎천자음주.

4
⑪【酘】 두 번 빚은 술 두 尤宥

㊥dòu ㊐トウ

자해 **두 번 빚은 술.**

4
⑪【酔】 醉(1283)의 속자

4
⑪【酖】 1탐닉할 탐 覃 2독조 이름 짐 沁

㊥dān, zhèn ㊐タン

소전 초서 자해 1**탐닉하다, 술을 즐기다.** 2❶**독조(毒鳥)의 이름, 짐새.** ≒鴆. ❷**독주(毒酒), 짐새의 독이 든 술.** 〔史記〕乃飮酖而死내음짐이사.
酖酖(탐탐) 술을 마시며 즐기는 모양.
酖毒(짐독) 짐새의 독(毒).
酖殺(짐살) 짐독(酖毒)을 먹여서 죽임.

4
⑪【酗】 주정할 후 遇

㊥xù ㊐ク

초서 자해 **주정하다, 주란(酒亂).** 〔書經〕沈酗于酒침후우주.
酗酒(후주) 술에 취해 정신없이 말하거나 행동함. 주정.

5
⑫【酣】 즐길 감 覃

㊥hān ㊐カン

소전 초서 자해 ❶**즐기다, 술을 마시며 즐기다.** 〔書經〕酣歌于室감가우실. ❷**한창, 한창 성하다.** 〔淮南子〕戰酣日暮전감일모.
酣歌(감가) 술을 마시고 노래를 부르며 즐김.
酣酣(감감) ①봄이 한창인 모양. ②꽃이 만발한 모양. ③술이 거나하여 기분이 좋은 모양.
酣賞(감상) 마음껏 놀며 완상(玩賞)함.
酣觴(감상) 술을 실컷 마심.
酣睡(감수) 달게 잠. 깊이 잠듦.
酣飫(감어) 실컷 먹고 마심.
酣宴(감연) 성대한 주연. 호사한 잔치를 벌임.
酣娛(감오) 술에 취해 즐겁게 놂. 酣適(감적).
酣臥(감와) 달게 잠. 깊이 잠듦.
酣飮(감음) 흥겹게 술을 마심.
酣戰(감전) 한창 치열하게 싸움.
酣中客(감중객) 부귀에 탐닉(耽溺)하는 사람.
酣暢(감창) 술에 취하여 기분이 좋고 나른함.
酣春(감춘) 봄이 한창인 때. 한창 무르익은 봄.
酣醉(감취) 술에 몹시 취함.
酣興(감흥) 술을 마신 뒤 한껏 즐거워진 흥취.

5
⑫【酤】 1계명주 고 虞 2팔 고 遇

㊥gū ㊐コ

소전 초서 자해 1❶**계명주(鷄鳴酒).** 하룻밤 사이에 익은 술. ❷**사다, 술을 사다.** 〔詩經〕無酒酤我무주고아. 2**팔다, 술을 팔다.** 〔資治通鑑〕禁酤酒금고주.
酤榷(고각) 정부가 술을 전매(專賣)하여 그 이익을 독점하는 일.
酤酒(고주) ①술을 삼. ②술을 팖. ③하룻 밤 사이에 익는 술. 一宿酒(일숙주).

5
⑫【酥】 연유 수 ㊍소 虞

㊥sū ㊐ソ

초서 자해 ❶연유(煉乳). 소·양의 젖을 정련(精煉)한 음료. ❷술의 딴 이름. ❸깨끗하고 매끄러운 것.
酥燈(수등) 불전(佛前)에 켜는 등불.
酥酪(수락) 소나 양의 젖을 가공해 만든 식품.

5 ⑫ 【酢】 ①초 초 ㊕조 遇 ②잔 되돌릴 작 藥
인명 ㊥cù, zuò ㊐シ, サク
소전 초서 참고 인명용 음은 '초'이다.
자해 ① ❶초. 신맛이 나는 조미료. 〔隋書〕寧飮三升酢녕음삼승초. ❷시다. ② 잔을 되돌리다. =醋. 〔詩經〕或獻或酢혹헌혹작.
酢爵(작작) ①손이 주인에게 술잔을 되돌림. ②되돌리는 술잔.
◨ 酬酢수작, 獻酢헌작.

5 ⑫ 【酡】 불그레해질 타 歌
㊥tuó ㊐タ
소전 자해 불그레해지다, 술에 취하여 얼굴이 불그레해지다. 〔楚辭〕美人旣醉미인기취, 朱顏酡些주안타사.
酡顏(타안) 술에 취한 붉은 얼굴. 醉顏(취안).

6 ⑬ 【酪】 진한 유즙 락 藥
인명 1급 ㊥lào ㊐ラク
소전 초서 자해 ❶㉠진한 유즙(乳汁). 소·양·말 따위의 젖을 정련(精煉)한 음료. ㉡치즈, 건락(乾酪). ❷초, 식초. 〔禮記〕以爲醴酪이위례락. ❸술.
酪農(낙농) 소·양 따위의 젖을 가공하여 유제품을 만드는 농업.
酪漿(낙장) 젖을 달여 만든 음료(飮料).

6 ⑬ 【酩】 술 취할 명 迥
인명 1급 ㊥mǐng ㊐メイ
소전 초서 자해 술에 취하다. 〔韓愈·詩〕遇酒卽酩酊우주즉명정.
酩酊(명정) 몸을 가눌 수 없을 정도로 술에 몹시 취함. 泥醉(이취).

6 ⑬ 【酬】 갚을 수 尤
인명 1급 ㊥chóu ㊐シュウ
소전 초서 속자 酧 자해 ❶갚다, 배상하다. ❷다시 술잔을 돌리다. =醻. ❸서로 말을 주고받다. 〔易經〕是故可與酬酢시고가여수작. ❹보내다, 부치다, 주다. 〔春秋左氏傳〕爲專已甚위전이심, 吾無以酬之오무이수지.
酬答(수답) ①묻는 말에 대답함. ②시문(詩文) 등을 지어 응답함. 酬對(수대).
酬勞(수로) 공로(功勞)에 보답(報答)함.
酬報(수보) 고마움을 갚음. 報酬(보수).
酬應(수응) ①응답(應答)함. ②술잔을 되돌려서 권함.
酬酢(수작) ①말을 서로 주고받음. ②서로 술잔을 주고받음.
酬唱(수창) 시문(詩文)을 지어서 서로 증답(贈答)함.
◨ 報酬보수, 應酬응수.

6 ⑬ 【酧】 酬(1281)의 속자

7 ⑭ 【酹】 부을 뢰 泰
㊥lèi ㊐ライ
소전 초서 자해 붓다, 땅에 술을 붓고 신에게 제사를 지내다. 〔後漢書〕以酒酹地이주뢰지.
酹酒(뇌주) ①음주례(飮酒禮)의 처음에 술을 땅에 뿌리는 일. ②강신(降神)할 때 술을 땅에 뿌리는 일.
酹地(뇌지) 술을 땅에 조금 부어 지신(地神)을 제사 지내는 일.

7 ⑭ 【酸】 초 산 寒
인명 2급 ㊥suān ㊐サン
소전 초서 자해 ❶초, 식초. 〔周禮〕以酸養骨이산양골. ❷시다. 오미(五味)의 한 가지. 〔呂氏春秋〕其味酸기미산. ❸괴롭다, 고통스럽다. ❹슬퍼하다, 아파하다. ❺가난하다. ❻㊪산소(酸素).
酸味(산미) 신맛.
酸鼻(산비) 콧마루가 시큰함. 곧, 몹시 슬프고 애통함.
酸素(산소) 공기의 주성분인 기체 원소.
酸辛(산신) ①맛이 맵고 심. ②고됨. 괴로움. 애달픔. 辛酸(신산).
酸然(산연) ①쓸쓸한 모양. ②상심하는 모양.
酸楚(산초) 몹시 슬픔. 酸痛(산통).
酸敗(산패) 음식물이 부패하여 맛이 시어짐.
酸寒(산한) ①가난하고 고생스러움. ②초라함. 불쌍함. 가련함.
酸化(산화) 물질이 산소와 화합함.
◨ 鹽酸염산, 炭酸탄산.

7 ⑭【酳】 입 가실 인 震

㊥yìn ㊐イン

초서 자해 ❶입을 가시다, 술로 입을 가시다. 〔漢書〕執爵而酳집작이인. ❷시동(尸童)에게 술을 드리다. 〔儀禮〕升酌酳尸승작인시.

酳尸(인시) 시동(尸童)에게 술을 드리는 일.

7 ⑭【酲】 숙취 정 庚

㊥chéng ㊐テイ

소전 초서 자해 ❶숙취(宿醉). 〔詩經〕憂心如酲우심여정. ❷술병. 술로 생긴 병. 〔管子〕終無痟酲종무소정.

◨ 酒酲주정.

7 ⑭【酺】 연회 포 虞

㊥pú ㊐ホ

소전 초서 자해 연회, 주연(酒宴). 〔史記〕天下大酺천하대포.

酺宴(포연) 나라에 경사가 있을 때 임금이 백성에게 회음(會飮)을 허락하는 일. 또는 주식(酒食)을 하사(下賜)하는 일.

◨ 頒酺반포, 賜酺사포.

7 ⑭【酷】 독할 혹 ㊍곡 沃

인명 2급 ㊥kù ㊐コク

소전 초서 자해 ❶독하다. ㉮술이 독하다. ㉯향기가 짙다. ❷잔인하다, 모질다. 〔唐書〕時吏橫酷시리횡혹. ❸심하다, 지독하다. 〔晉書〕酷似其舅혹사기구. ❹가엾다, 애처롭다. 〔魏志〕吳人傷子胥之冤酷오인상자서지원혹. ❺원통한 일, 원한.

酷毒(혹독) ①정도가 몹시 심함. ②성질·행위 따위가 모질고 독함.

酷烈(혹렬) ①매우 격렬함. ②향기가 짙음.

酷吏(혹리) ①혹독한 관리. ②몹시 심한 더위.

酷薄(혹박) 매우 박정스러움. 무자비함.

酷似(혹사) 아주 비슷함. 酷類(혹류).

酷使(혹사) 혹독하게 부림.

酷暑(혹서) 몹시 심한 더위. 酷炎(혹염).

酷信(혹신) 미혹되어 믿음.

酷甚(혹심) 매우 지나침.

酷愛(혹애) 지극히 사랑함.

酷政(혹정) 가혹한 정치.

酷評(혹평) 가혹하게 비평함. 苛評(가평).

酷虐(혹학) 끔찍하게 학대함.

酷寒(혹한) 몹시 심한 추위.

酷刑(혹형) 가혹한 형벌.

◨ 苛酷가혹, 冷酷냉혹, 殘酷잔혹, 慘酷참혹.

7 ⑭【酵】 술밑 효 ㊍교 效

인명 1급 ㊥jiào ㊐コウ

초서 자해 ❶술밑, 주모(酒母). ❷술이 괴다, 술이 익으면서 거품이 일다.

酵母(효모) 술밑. 발효 작용(醱酵作用)을 일으키는 원료.

酵素(효소) 술·된장 등을 제조할 때 쓰는 고분자 화합물. 뜸팡이.

◨ 發酵발효.

8 ⑮【醁】 좋은 술 록 沃

㊥lù ㊐リョウ

초서 자해 ❶좋은 술, 미주(美酒). ❷술 이름.

醁酒(녹주) 좋은 술. 미주.

8 ⑮【醂】 복숭아 절임 림 ㊍람 感

㊥lǎn ㊐リン

초서 자해 ❶복숭아 절임. 소금에 절인 복숭아. ❷감을 우리다, 우린 감.

8 ⑮【醅】 거르지 않은 술 배 灰

㊥pēi ㊐ハイ

소전 초서 자해 ❶거르지 않은 술. ❷취하고 배부르다.

8 ⑮【醇】 진한 술 순 眞

인명 1급 ㊥chún ㊐ジュン

소전 초서 동자 醕 자해 ❶진한 술, 전내기. ❷순일(純一)하다. 〔漢書〕鄕化未醇향화미순. ❸순수하다, 순후하다. ≒純. 〔漢書〕政事惟醇정사유순.

醇謹(순근) 순박하고 조심성이 많음.

醇醲(순농) ①진한 술. ②백성들이 유순(柔順)하고 근직(謹直)함.

醇醴(순례) 진한 술과 단술.

醇醪(순료) ①진하고 순수한 술. 미주(美酒). ②재덕(才德)이 뛰어난 사람.

醇醨(순리) 진한 술과 묽은 술. 인정(人情)의 후함과 박함.

醇美(순미) 순수하고 아름다움.

醇朴(순박) 인정이 많고 꾸밈이 없음.

醇酒(순주) 다른 것이 조금도 섞이지 않은 술.

醇乎(순호) 순수한 모양. 純然(순연).
醇化(순화) ①순박하게 교화함. ②잡스러운 것을 걸러서 순수하게 함. 純化(순화).
醇厚(순후) 순박하고 인정이 두터움. 경박하지 않음. 醇篤(순독).

8 ⑮【醋】 1 술 권할 작 藥 2 초 초 本조 遇

인명 1급 中zuò, cù 日サク

소전 참고 인명용 음은 '초'이다.
자해 1 **술을 권하다, 손이 잔을 주인에게 되돌리다.** ＝酢. 〔儀禮〕尸以醋主人시이작주인. 2 **초, 식초.** ≒酢.
醋酸(초산) 자극성 냄새와 신맛을 가진 무색 투명한 액체. 유기산 식초의 주성분임. 아세트산. 酢酸(초산).
◨ 食醋식초.

8 ⑮【醉】 취할 취 寘

고등 인명 3Ⅱ급 中zuì 日スイ

필순 一 冂 丙 酉 酉 酉 酉 酉 酔 醉

소전 초서 속자 醉 자원 會意·形聲. 酉＋卒→醉. 술을 알맞은 정도로 마시고 그친다〔卒〕는 뜻을 나타낸다. '卒(졸)'은 음도 나타낸다.
자해 ❶**취하다.** ❷**마음을 빼앗기다, 빠지다.** ❸**만족해하다, 기뻐하다.** 〔詩經〕神具醉止신구취지. ❹**어리석어지다.** 〔楚辭〕衆人皆醉중인개취, 我獨醒아독성.
醉客(취객) 술에 취한 사람.
醉氣(취기) 술에 취하여 얼근해진 기운.
醉倒(취도) 술에 취하여 넘어짐.
醉罵(취매) 술의 힘을 빌려 욕지거리함.
醉眠(취면) 술에 취하여 잠.
醉夢(취몽) 술에 취해 꾸는 꿈.
醉墨(취묵) 취중에 쓴 글씨.
醉步(취보) 술에 취하여 비틀거리는 걸음걸이.
醉生夢死(취생몽사) 술에 취해 살다가 꿈 속에서 죽음. 아무 의미 없이 한평생을 흐리멍덩하게 살아감.
醉聖(취성) ①취중에도 망녕을 부리는 일이 없는 사람을 칭찬하여 이르는 말. ②당대(唐代) 이백(李白)의 별호(別號).
醉眼(취안) 술에 취한 눈.
醉顔(취안) 술에 취한 얼굴.
醉言(취언) 취중에 이야기함.
醉吟(취음) 술에 취하여 시를 읊음.
醉中(취중) 술에 취한 동안.
醉趣(취취) 취중에 느끼는 흥취.
醉飽(취포) 실컷 마시고 먹음.
醉漢(취한) 술에 취한 사람의 비칭(卑稱).
醉鄕(취향) 취중의 기분을 별천지(別天地)에 비겨 이르는 말.
醉暈(취훈) 술에 취하여 일어나는 어지럼증. 酒暈(주훈).
醉興(취흥) 술에 취하여 일어나는 흥취.
◨ 滿醉만취, 宿醉숙취, 心醉심취.

9 ⑯【醓】 장 담 本탐 感

中tǎn 日タン

초서 자해 ❶**장, 간장.** ❷**고기 절임, 육장(肉醬).** 〔詩經〕醓醢以薦담해이천.
醓醢(담해) 쇠고기를 잘게 썰어서 간장에 졸인 것. 肉醬(육장).

9 ⑯【醑】 미주 서 語

中xǔ 日ショ

초서 자해 ❶**미주(美酒), 맛 좋은 술.** ❷**거른 술.**
醑醨(서리) 상등 술과 하등 술. 수주(首酒)와 미주(尾酒).

9 ⑯【醒】 깰 성 靑 迥

인명 1급 中xǐng 日セイ

소전 초서 자해 **깨다.** ㉮**술이 깨다.** 〔宋書〕彌日不醒미일불성. ㉯**잠이 깨다.** ㉰**깨닫다, 지혜가 열리다.**
醒然(성연) 술에서 깬 모양.
醒寤(성오) 잠에서 깸.
醒日(성일) 술에 취하지 않은 날.
醒酒(성주) 술에서 깸.
◨ 覺醒각성, 夢醒몽성, 酒醒주성.

9 ⑯【醕】 醇(1282)과 동자

9 ⑯【醍】 1 맑은 술 제 薺 2 정순한 우락 제 齊

인명 中tǐ, tí 日タイ

소전 초서 동자 酟 자해 1 **맑은 술, 맛이 순한 술.** 2 **정순(精醇)한 우락(牛酪), 정제한 버터(butter).**
醍醐(제호) ①우락(牛酪)의 순수한 것. 맛이 좋고, 자양분이 많음. ②불가(佛家)에서의 정법(正法). ③훌륭한 인품(人品). ④맑은 술. 淸酒(청주).

9
⑯【醎】 鹹(1447)의 속자

9
⑯【醐】 제호 호 虞

㊥hú ㊐ゴ

소전 초서 자해 **제호**(醍醐). 우유에서 정제(精製)한 음료.

10
⑰【醞】 酝 빚을 온 問

㊥yùn ㊐ウン

소전 초서 자해 ❶**빚다, 술을 빚다.** ❷**너그러움.** ≒蘊. 〔漢書〕 溫雅有醞藉온아유온자.

醞釀(온양) ①술을 빚음. 釀酒(양주). ②없는 죄를 날조함. ③인격을 기름.

醞藉(온자) 마음이 너그럽고 따스함.

10
⑰【醜】 丑 추할 추 有

고등 인명 3급 ㊥chǒu ㊐シュウ

필순 一 丌 两 酉 酉′ 酉ᐟ 酉ᐟ 酉由 醜醜

소전 초서 자원 形聲. 酉＋鬼→醜. '酉(유)'가 음을 나타낸다.

자해 ❶**추하다.** ㉮**추잡스럽다, 징그럽다.** ㉯**더럽다.** ㉰**못생기다, 용모가 보기 흉하다.** 〔後漢書〕 同縣孟氏有女동현맹씨유녀, 狀肥醜而黑상비추이흑. ❷**부끄러워하다.** 〔莊子〕 寡人醜乎과인추호. ❸**창피를 주다.** 〔呂氏春秋〕 而欲醜之以辭이욕추지이사. ❹**동류, 같은 무리.** 〔易經〕 獲匪其醜획비기추. ❺**같다, 대등하다.** 〔孟子〕 今天下地醜德齊금천하지추덕제.

醜怪(추괴) 용모가 추하고 괴이함.

醜女(추녀) 얼굴이 못생긴 여자.

醜談(추담) 음탕한 말. 추잡한 말.

醜虜(추로) ①천한 오랑캐. 적국(敵國) 사람을 낮잡아 이르는 말. ②많은 오랑캐.

醜陋(추루) ①용모가 추하고 천함. ②마음씨가 추악하고 비루함.

醜類(추류) ①악인(惡人)의 무리. ②동아리. 부류(部類). ③유사(類似)한 사물을 비교함.

醜貌(추모) 보기 흉한 용모.

醜聞(추문) 추잡한 소문.

醜物(추물) 國①더럽고 지저분한 물건. ②행실이 더럽고 추잡한 사람.

醜美(추미) 더러움과 아름다움.

醜惡(추악) ①용모(容貌)가 아주 못생김. ②더러움. 추잡함.

醜穢(추예) 추하고 더러움.

醜夷(추이) 많은 동배(同輩).

醜雜(추잡) 말과 행실이 지저분하고 잡스러움.

醜詆(추저) 비방함. 욕함.

醜態(추태) 더럽고 지저분한 태도나 행동.

醜漢(추한) ①못생긴 남자. ②추잡한 짓을 하는 사나이.

醜行(추행) ①추잡한 행동. ②음란한 짓. 亂行(난행).

10
⑰【醢】 젓갈 해 賄

㊥hǎi ㊐カイ

소전 초서 자해 ❶**젓갈, 물고기 절임.** 〔呂氏春秋〕 鱣鮪之醢전유지해. ❷**인체(人體)를 소금에 절이는 형벌.** 〔呂氏春秋〕 殺梅伯而醢之살매백이해지.

醢醯(해혜) 젓갈.

◨ 魚醢어해, 菹醢저해, 脯醢포해, 醯醢혜해.

11
⑱【醪】 막걸리 료 本로 豪

㊥láo ㊐ロウ

소전 초서 자해 **막걸리, 탁주.** 〔漢書〕 買二石醇醪매이석순료.

醪醴(요례) 탁주.

醪膳(요선) 술과 요리.

◨ 酒醪주료, 濁醪탁료.

11
⑱【醫】 医 의원 의 支

중학 인명 6급 ㊥yī ㊐イ

필순 一 乛 ヲ 医 医ᐟ 殹 殹 毉 醫

소전 초서 동자 毉 속자 医 자원 會意. 殹＋酉→醫. '殹'는 흉한 모습, 또는 병자(病者)의 앓는 소리. 옛날에는 술을 약으로 썼기 때문에 '殹'와 '酉'를 합하여 '치료하다'의 뜻을 나타낸다.

자해 ❶**의원, 의사.** 〔禮記〕 醫不三世의불삼세, 不服其藥불복기약. ❷**치료하다, 구(救)하다.** 〔國語〕 上醫醫國상의의국.

醫療(의료) 병을 치료함.

醫方(의방) 병을 고치는 기술. 醫術(의술).

醫伯(의백) 의사(醫師)의 미칭(美稱).

醫師(의사) 일정한 자격을 가지고 의술과 약으로 병을 고치는 것을 업으로 삼는 사람.

醫生(의생) ①당대(唐代)에, 관학(官學)에서 의학을 배우던 학생. ②의사(醫師).

醫術(의술) 병을 낫게 하는 기술.

醫藥(의약) ①병을 고치는 데 쓰는 약. ②의술

과 약풍. ③의학과 약학.

醫王(의왕) (佛)①중생(衆生)의 무명번뇌(無明煩惱)를 불법(佛法)의 약(藥)으로 낫게 하는 불보살(佛菩薩). ②약사여래(藥師如來).

醫員(의원) 의사(醫師)와 의생(醫生)의 총칭.

醫院(의원) 진료 시설을 갖추고 의사가 의료 행위를 행하는 곳. 병원보다 규모가 작음.

醫學(의학) 질병과 그 치료·예방 등에 관하여 연구하는 학문.

◨ 名醫명의, 巫醫무의, 良醫양의, 洋醫양의, 外科醫외과의, 韓醫한의, 漢醫한의.

11 ⑱【醬】酱 젓갈 장 漾

인명 1급 ㊥jiàng ㊐ショウ

소전 초서 자해 ❶젓갈. ❷된장, 간장. 〔論語〕不得其醬부득기장, 不食불식.

醬油(장유) ①간장. ②간장과 기름.

醬肉(장육) 장조림.

醬太(장태) 國메주를 쑬 콩. 메주콩.

醬缸(장항) 장을 담는 항아리. 장독.

12 ⑲【醱】酦 술 괼 발 曷

인명 1급 ㊥pō ㊐ハツ

초서 자해 ❶술이 괴다. ❷거듭 빚다. 〔李白·詩〕恰似葡萄初醱醅흡사포도초발배.

醱醅(발배) 술을 거듭 빚어 진하게 함.

醱酵(발효) 효소의 작용으로 유기물이 분해되는 현상. 發酵(발효).

12 ⑲【醮】 초례 초 嘯

인명 ㊥jiào ㊐ショウ

소전 초서 자해 ❶초례. 〔禮記〕父親醮子부친초자, 而命之迎이명지영. ❷제사 지내다.

醮禮(초례) 혼인 예식. 婚禮(혼례).

醮祭(초제) 별에 지내는 제사.

12 ⑲【醯】 초 혜 齊

인명 1급 ㊥xī ㊐ケイ

소전 초서 속자 醓 동자 醢 자해 초, 식초. 〔論語〕或乞醯焉혹걸혜언.

醯雞(혜계) 술·초·간장 등에 잘 덤벼드는 파리. 초파리. 蠛蠓(멸몽).

醯醢(혜해) ①젓갈. ②식초에 절인 것과 젓갈.

13 ⑳【醵】 술잔치 갹·거 藥魚

인명 1급 ㊥jù ㊐キャク, キョ

소전 초서 참고 인명용 음은 '갹'이다.

자해 ❶술잔치, 연회(宴會). 〔唐書〕合醵爲歡합갹위환. ❷추렴하다, 금전(金錢)을 널리 모으다. ¶ 醵金갹금.

醵金(갹금·거금) 돈을 추렴하여 냄.

醵飮(갹음·거음) 술추렴.

醵出(갹출·거출) 돈이나 물건을 추렴함.

13 ⑳【醲】酞 진한 술 농 冬

㊥nóng ㊐ジョウ

소전 초서 자해 ❶진한 술. ❷후하다, 두텁다. ≒濃. 〔後漢書〕夫明主부명주, 醲於用賞농어용상.

醲郁(농욱) 짙은 맛. 문장 따위에 묘미가 있음.

13 ⑳【醴】 단술 례 薺

인명 2급 ㊥lǐ ㊐レイ

소전 초서 자해 ❶단술, 계명주(鷄鳴酒). 〔漢書〕常爲穆生設醴상위목생설례. ❷달다〔甘〕. 〔太平御覽〕醴泉出山예천출산.

醴酪(예락) ①감주(甘酒)와 식초. ②젖을 끓여 만든 음료.

醴酒(예주) 단술. 甘酒(감주).

醴酒不設(예주불설) 상에 단술을 차리지 않음. 손을 대우하는 예가 차츰 식어 감. 故事 초(楚)나라 원왕(元王)이 사람들을 예우하면서 술을 좋아하지 않는 목생(穆生)에게는 특별히 단술을 차려서 후대하였으나, 뒤에 왕무(王戊)가 즉위하고 나서 얼마 있다가 단술을 차리지 않자 목생이 초나라를 떠났다는 고사에서 온 말.

醴泉(예천) ①단맛이 나는 물이 솟는 샘. 甘泉(감천). ②침〔唾〕. ③샘물의 이름.

◨ 甘醴감례.

13 ⑳【醸】 釀(1286)의 속자

13 ⑳【醳】 1 진한 술 역 陌 2 풀 석 陌

㊥yì, shì ㊐エキ

초서 자해 1 ❶진한 술, 전국 술. ❷위로하다, 주식(酒食)을 베풀어 위로하다. 〔史記〕以饗士大夫醳兵이향사대부역병. 2

❶풀다, 용서하다. ≒釋. 〔史記〕 共執張儀掠笞數百공집장의략태수백, 不服불복, 醳之석지.
醳兵(역병) 술과 음식을 베풀어 병사를 위로함.

14 ㉑【醻】 ①갚을 수 尤 ②미주 이름 도 號

㊥chóu, dào ㊐シュウ

소전 자해 ①갚다, 잔을 주고받다. ＝酬. 〔詩經〕 一朝醻之일조수지. ②미주(美酒)의 이름, 좋은 술의 이름.
醻答(수답) 서로 주고받고 함. 酬答(수답).
醻賞(수상) 보상(報賞).

14 ㉑【醺】 취할 훈 文

㊥xūn ㊐クン

소전 초서 자해 ❶취하다, 약간 취하다. 〔杜甫·詩〕 纔傾一盞卽醺人재경일잔즉훈인. ❷기분이 좋은 모양.
醺然(훈연) 술에 취한 모양.
醺醺(훈훈) 술에 취하여 기분이 좋은 모양.

16 ㉓【醼】 잔치 연 霰

인명 ㊥yàn ㊐エン

자해 잔치, 연회(宴會). ＝宴.
醼飮(연음) 주연(酒宴). 연회(宴會).

17 ㉔【醽】 좋은 술 령 靑

㊥líng ㊐レイ

초서 자해 ❶좋은 술, 미주(美酒). ❷술을 거르다.
醽醁(영록) 좋은 술. 美酒(미주).

17 ㉔【醾】 거듭 빚은 술 미 支

㊥mí ㊐ビ

초서 자해 거듭 빚은 술, 찌끼를 거르지 않은 보리술, 막걸리.

17 ㉔【釀】 酿 빚을 양 本냥 漾

인명 1급 ㊥niàng ㊐ジョウ

소전 초서 속자 醸 자해 ❶빚다, 술을 빚다. 〔史記〕 通邑大都통읍대도, 酤一歲千釀고일세천양. ❷술. 〔晉書〕 令人欲傾家釀령인욕경가양.
釀成(양성) ①술·장 등을 빚어 만듦. ②어떤 사건이나 분위기 또는 감정 등을 자아냄.
釀造(양조) 술·간장 등을 담가 만듦.
釀禍(양화) 재앙을 빚어 냄. 화근을 만듦.

18 ㉕【釂】 다 들이켤 조 嘯

㊥jiào ㊐ショウ

소전 초서 자해 다 들이켜다, 잔에 있는 술을 다 마시다. 〔張協·七命〕 酒駕方軒주가방헌, 千鍾電釂천종전조.

18 ㉕【釁】 衅 피 바를 흔 震

㊥xìn ㊐キン

소전 초서 자해 ❶피를 바르다, 희생(犧牲)의 피를 그릇에 발라 신에게 제사 지내다. ＝衅. 〔周禮〕 上春釁寶鎭及寶器상춘흔보진급보기. ❷틈, 사이. 〔漢書〕 國多釁矣국다흔의. ❸흠, 결점(缺點). 〔春秋左氏傳〕 讐有釁수유흔, 不可失也불가실야. ❹허물, 과실(過失). ❺죄, 죄과(罪過). 〔春秋左氏傳〕 觀釁而動관흔이동.
釁咎(흔구) 문책(問責)되어 형벌을 받음.
釁隙(흔극) 사이가 틀어짐. 불화(不和).
釁端(흔단) 분쟁의 실마리. 싸움의 발단.
釁鐘(흔종) 갓 주조(鑄造)한 종에 희생의 피를 발라 신에 제사하던 일.

19 ㉖【釃】 酾 거를 시 紙

㊥shī ㊐シ

소전 초서 자해 ❶거르다, 술을 거르다. 〔詩經〕 釃酒有藇시주유여. ❷진한 술. ❸나누다. 〔漢書〕 酒釃二渠주시이거, 以引其河이인기하.
釃酒(시주) ①술을 거름. 거른 술. ②술을 잔질함. 술을 잔에 따름.

釆部 분별할 변

0 ⑦【釆】 분별할 변 諫

㊥biàn ㊐ハン

소전 초서 자원 象形. 짐승의 발톱이 갈라져 있는 모양을 본뜬 글자.
자해 분별하다, 나누다.

1 ⑧【采】 캘 채 賄

인명 2급 ㊥cǎi ㊐サイ

소전 초서 참고 采(1286)는 딴 자.
자해 ❶캐다, 따다, 뽑다. =採. 〔詩經〕薄言釆之박언채지. ❷가리다, 선택하다. =採. 〔詩經〕捋釆其劉날채기류. ❸채지(釆地), 식읍(食邑). 〔禮記〕大夫有釆대부유채, 以處其子孫이처기자손. ❹벼슬, 관직(官職). ❺폐백(幣帛). ❻빛깔, 채색(彩色). ≒彩. 〔書經〕以五釆이오채, 彰施于五色창시우오색.

釆芹(채근) 반수(泮水)의 미나리를 캠. 입학(入學)함. '泮水'는 제후(諸侯)의 학교 둘레에 판 해자(垓字)의 물. 入泮(입반).

釆緞(채단) 혼인 때에 신랑이 신부 집으로 보내는 청색·홍색의 두 가지 비단.

釆色(채색) 풍채와 안색.

釆詩之官(채시지관) 주대(周代)에 풍속(風俗)을 살펴 정사를 행하는 데 참고하기 위해 민간에서 부르는 시가(詩歌)를 수집하던 벼슬.

釆薪(채신) 나무를 함. 땔감을 마련함.

釆薪之憂(채신지우) 병으로 나무를 할 수 없음. 자기의 병의 겸칭. 負薪之憂(부신지우).

釆地(채지) 경대부(卿大夫)의 봉읍(封邑). 그 땅의 조세(租稅)로 녹(祿)을 삼음.

釆戲(채희) 주사위 놀이.

4
⑪【釈】 釋(1287)의 속자

5
⑫【釉】 윤 유 宥

인명 ㊥yòu ㊐ユウ

초서 자해 ❶윤, 광택. ❷잿물. ¶ 釉藥유약.

釉藥(유약) 도자기를 굽기 전에 그 표면에 발라 광택이 나게 하는 재료. 釉灰(유회).

13
⑳【釋】 释 ①풀 석 陌 ②기뻐할 역 陌

고등 인명 3Ⅱ급 ㊥shì, yì ㊐シャク

필순 ⺈ ⺈ 釆 釆ㄧ 釆罒 釆罒 釋 釋 釋 釋

소전 초서 속자 釈 참고 인명용 음은 '석'이다.

자원 形聲. 釆+睪→釋. '睪(역)'이 음을 나타낸다.

자해 ① ❶풀다. ㉮풀어 내다. ㉯다스리다, 처리하다. 〔呂氏春秋〕太子不肯自釋태자불긍자석. ㉰흩뜨리다. 〔漢書〕慰釋皇太后之憂慍위석황태후지우온. ㉱벗다. 〔儀禮〕主人釋服주인석복. ㉲없애다. 〔春秋左氏傳〕釋茲在茲석자재자. ㉳설명하다. 〔大學·章句〕右傳之首章우전지수장, 釋明明德석명명덕. ❷풀리다. ㉮깨닫다. 〔國語〕惑不釋也혹불석야. ㉯녹아 없어지다. ❸놓아주다, 석방하다. 〔漢書〕釋有罪誅亡辜석유죄주망고. ❹풀이, 해석. 〔魏志〕作字釋작자석. ❺석가(釋迦)의 교(敎), 불교(佛敎). ② 기뻐하다, 즐거워하다.

釋迦(석가) ①고대 인도(印度) 크샤트리아 계급에 속하는 종족의 하나. 석가모니도 이에 속함. ②불교의 개조(開祖)인 석가모니(釋迦牟尼).

釋褐(석갈) 갈의(褐衣)를 벗고 관복(官服)을 입음. 처음으로 벼슬길에 나감.

釋敎(석교) 석가(釋迦)의 가르침. 佛敎(불교).

釋慮(석려) 마음을 놓음. 안심함.

釋明(석명) 사실을 설명하여 밝힘.

釋門(석문) 불교(佛敎)를 믿는 사람, 또는 그 사회. 佛門(불문). 僧門(승문).

釋放(석방) 법에 의하여 구속되었던 것을 풀고 자유롭게 함.

釋言(석언) ①말로 변명함. ②자의(字義)를 해석함.

釋然(석연) ①의문이나 의심이 풀려 개운한 모양. ②녹아 없어지는 모양.

釋義(석의) ①교리(敎理)·진리(眞理)를 풀어 밝힘. ②불교의 의의(意義).

釋奠(석전) ①산천(山川)·묘사(廟社)·선성(先聖)·선사(先師)를 학교에서 제사할 때 행하는 예. ②문묘(文廟)에서 공자(孔子)를 제사 지내는 의식. 음력 2월과 8월의 상정일(上丁日)에 거행함.

釋尊(석존) 석가모니(釋迦牟尼)를 높여 이르는 말. 釋迦世尊(석가세존).

■ 孔釋공석, 慰釋위석, 註釋주석, 解釋해석.

里 0획

里部 마을 리

0
⑦【里】 마을 리 紙

중학 인명 7급 ㊥lǐ ㊐リ

필순 丨 冂 日 日 甲 甲 里

소전 자원 會意. 田+土→里. 밭〔田〕도 있고, 흙〔土〕도 있어서 사람이 살 만한 곳이라는 데서 '마을'이라는 뜻을 나타낸다.

자해 ❶마을, 촌락. 〔詩經〕無踰我里무유아리. ❷주거(住居), 저택. 〔孟子〕然後收其田里연후수기전리. ❸이웃. ❹행정 구역(行政區域)의 명칭. 주대(周代)에, 25가(家)를 이름. 〔周禮〕五家爲鄰오가위린, 五鄰爲里오린위리. ❺길이의 명칭. ㉮300보(步). 〔春秋穀梁傳〕古者三百步爲里고자삼백보위리. ㉯360보. 〔日知錄〕今以三百六十步爲里금이삼백륙십보위리.
里居(이거) ①벼슬을 그만두고 시골에서 삶. ②줄지어 있는 인가(人家).
里閭(이려) ①동구(洞口)에 세운 문. ②마을. 시골.
里門(이문) 마을 어귀에 세운 문.
里社(이사) 마을에서 지신(地神)을 모시는 사당(祠堂).
里數(이수) ①거리를 이(里)의 단위로 센 수. ②마을의 수효.
里塾(이숙) 마을의 서당(書堂).
里仁(이인) 인후(仁厚)한 미풍(美風)이 있는 고장.
里長(이장) 한 리의 우두머리.
里程(이정) 길의 이수(里數).
里巷(이항) ①마을. ②마을 안의 거리.
◨ 閭里여리, 一瀉千里일사천리, 鄕里향리.

2 ⑨ 【重】 ① 무거울 중 腫 ② 거듭할 중 图

중학 인명 7급 ㊥zhòng, chóng ㊐チョウ

필순 ㇐ 二 亍 亓 育 盲 亩 重 重

소전 초서 자원 形聲. 壬+東→重. '東(동)' 이 음을 나타낸다.

자해 ① ❶무겁다. ㉮두껍다. 〔淮南子〕九鼎重味구정중미. ㉯크다. 〔禮記〕引重鼎不程其力인중정부정기력. ㉰무게가 나가다. ㉱드레지다. 〔論語〕君子不重則不威군자부중즉불위. ❷무겁게 하다, 존중하다. 〔中庸〕尊其位존기위, 重其祿중기록. ❸무게, 중량. 〔春秋左氏傳〕鼎之輕重정지경중, 未可問也미가문야. ❹위세(威勢), 권력(勸力). 〔漢書〕吾徒得君重오도득군중. ❺두번, 또다시. 〔南史〕重立賞格중립상격. ② ❶겹치다. 〔儀禮〕蓋二以重개이이중. ❷보태다, 곁들이다. 〔禮記〕重醴중례. ❸거듭하다. 〔史記〕重會期중회기. ❹많다. 〔春秋左氏傳〕重備器중비기.
重刻(중각) ①엄하고 심함. 가혹(苛酷)하고 과중(過重)함. ②거듭 판각(板刻)함.
重刊(중간) 이미 펴낸 책을 거듭 박아냄.
重客(중객) 귀중한 손〔客〕. 賓客(빈객).
重建(중건) 건물을 손질하여 고쳐 세움.
重繭(중견) ①발에 누에고치 같은 물집이 생김. 발에 못이 박힘. ②무명옷을 겹쳐 입음.
重科(중과) 무거운 죄과. 重罪(중죄).
重過(중과) 중대한 과실.
重課(중과) 부담이 많게 매김.
重光(중광) ①앞뒤 연이어서 덕을 빛냄. 덕이 높은 임금이 잇따라 나옴. ②10간(干) 중에서 신(辛)의 고갑자(古甲子).
重禁(중금) 엄한 법령. 무거운 경계.
重器(중기) ①나라의 귀중한 보배. 重寶(중보). ②중요한 직책. 소중한 인물.
重難(중난) 거듭되는 고난.
重大(중대) 아주 중요함.
重德(중덕) ①경박하지 아니하고 침착한 덕. 중후(重厚)의 덕. ②덕을 존중함.
重量(중량) 무게.
重力(중력) 지구가 지구 중심 방향으로 끌어당기는 힘.
重祿(중록) 후한 녹봉(祿俸).
重利(중리) ①많은 이익. ②복리(複利).
重巒(중만) 첩첩이 쌓인 산.
重名(중명) ①매우 두터운 명망(名望). 소문난 명성(名聲). ②명예를 중히 여김.
重門擊柝(중문격탁) 겹겹이 문을 만들고 딱다기를 치며 경계함. 삼엄한 경계.
重罰(중벌) 무거운 형벌.
重辟(중벽) 무거운 형벌. 重罪(중죄).
重病(중병) 아주 심한 병.
重複(중복) 거듭함.
重聘(중빙) 정중히 예를 갖추어 초빙함.
重三(중삼) 음력 3월 3일. 삼짇날. 삼질.
重傷(중상) 심하게 다침.
重稅(중세) 과중(過重)한 세금.
重修(중수) ①낡은 건조물(建造物)을 다시 고침. 改修(개수). ②거듭 편수(編修)함.
重視(중시) 중요하게 보거나 중대하게 여김.
重臣(중신) ①중직(重職)을 맡은 신하. ②정이품(正二品) 이상의 관원.
重愛(중애) 아끼고 사랑함.
重陽(중양) ①음력 9월 9일. 9는 양수(陽數)인데 이것이 거듭되는 날이므로 이르는 말. 重九(중구). ②하늘. 구중(九重)의 하늘.
重言復言(중언부언) 이미 한 말을 거듭 하고 다시 되풀이함.
重役(중역) 회사 등에서 중요한 업무를 맡은 임원.
重譯(중역) 원어(原語)에서 한 번 다른 나라 말로 번역된 것을 다시 다른 말로 번역하는 일. 이중 번역.
重午(중오) 음력 5월 5일. 곧, 단오(端午). 重五(중오).
重要(중요) 귀중하고 종요로움.
重用(중용) 중요한 자리에 임명하여 부림.
重圍(중위) 여러 겹으로 에워쌈.
重闈(중위) ①겹겹으로 된 궁문(宮門). ②깊은 궁전. ③부녀(婦女)가 거처하는 곳.
重恩(중은) 두터운 은혜. 높고 큰 은택.

重任(중임) ①임기(任期)가 끝나고 거듭 선임(選任)됨. ②중대한 역할. 중요한 직책.
重典(중전) ①엄한 법률. ②중요한 전적(典籍).
重點(중점) 중요한 점.
重重疊疊(중중첩첩) ①겹치는 모양. 중첩된 모양. ②한없는 모양. 끝없는 모양.
重地(중지) 중요한 땅.
重鎭(중진) ①병권(兵權)을 쥐고 요해(要害)의 땅에 웅거(雄據)하는 사람. 한 지방을 지배하는 사람. ②일정한 분야에서 지도적 영향력을 가진 중요한 인물.
重徵(중징) 조세를 무겁게 물리어 거둠.
重責(중책) ①무거운 책임. ②엄하게 꾸짖음.
重泉(중천) ①깊은 샘. ②먼 곳의 땅. ③지하의 사자(死者)가 있는 곳. 黃泉(황천).
重疊(중첩) 거듭됨. 거듭함.
重治(중치) ①잘 다스려짐. ②엄하게 다스림.
重態(중태) 병이 위급한 상태.
重荷(중하) ①무거운 짐. ②분에 넘치는 부담. 무거운 임무. 重任(중임).
重險(중험) 겹겹이 험준한 지세(地勢)로 둘러싸인 곳. 요해지(要害地).
重刑(중형) 무거운 형벌.
重婚(중혼) 배우자가 있는 사람이 다른 사람과 또 결혼함.
重患(중환) 병이 심각함.
重厚(중후) 태도가 정중하고 독실함.
◨ 加重가중, 九重구중, 莫重막중, 愼重신중, 嚴重엄중, 危重위중, 尊重존중, 體重체중.

4 ⑪ 【野】 들 야 [馬]

[중학] [인명] [6급] ㊥yě ㊐ヤ

[필순] 野

[소전] [초서] [속자] 埜 [고자] 壄 [자원] 形聲. 里+予→野. '予(여)'가 음을 나타낸다.

[자해] ❶**들.** ㉮**성 밖, 교외**(郊外). 〔詩經〕 遠送于野원송우야. ㉯**주대**(周代)**에, 왕성**(王城) **밖 200리에서 300리까지의 사이.** 〔周禮〕 掌野장야. ㉰**들판, 논밭.** ❷**민간**(民間). 〔晉書〕 朝野淸晏조야청안. ❸**촌스럽다, 꾸밈새가 없다, 질박하다.** 〔論語〕 質勝文則野질승문즉야. ❹**등한하다, 사리에 어둡다.** 〔論語〕 野哉由也야재유야. ❺**길들지 않다.** 〔春秋左氏傳〕 狼子野心랑자야심. ❻**별자리, 분야**(分野).

野客(야객) ①벼슬하지 않고 산야에 묻혀 사는 사람. 野人(야인). ②장미(薔薇)의 딴 이름.
野坰(야경) 성 밖의 들. 郊外(교외).
野徑(야경) 들길. 野逕(야경).
野談(야담) 민간에 전해져 오는 흥미있는 역사 이야기.
野黨(야당) 정권을 담당하고 있지 않은 정당.
野渡(야도) ①시골의 나루터. ②들을 흐르는 강의 나루터.
野童(야동) 시골 아이. 시골 어린이.
野老(야로) 시골에 사는 늙은이.
野陋(야루) 속되고 천함.
野蠻(야만) ①문화의 정도가 낮고 미개함. ②상스럽고 미개하여 도의심이 없는 상태.
野望(야망) ①이루기 힘든 욕망. ②분수에 넘치는 희망.
野無遺賢(야무유현) 현자가 다 등용되어, 민가에 숨어 있는 인재가 없음.
野無靑草(야무청초) 들에 푸른 풀이 없음. 기근(饑饉)이 매우 심함.
野民(야민) 농민(農民).
野薄(야박) 야속하고 박정함.
野芳(야방) 들에 피는 향기로운 꽃.
野服(야복) 시골 사람이 입는 옷. 꾸밈없고 수수한 의복.
野卑(야비) 성질이나 행동이 속되고 천함.
野鄙(야비) ①시골. ②천함. 촌스러움.
野史(야사) 민간(民間)에서 찬술(撰述)한 역사. 外史(외사).
野山(야산) 들녘에 있는 나지막한 산.
野生(야생) 산이나 들에서 저절로 나서 자람.
野性(야성) ①거칠고 촌스러운 성질. ②자연적인 본능 그대로의 성질.
野蔬(야소) 채소. 野菜(야채).
野獸(야수) 야생의 짐승.
野叟(야수) 시골 노인. 村老(촌로).
野乘(야승) 민간(民間)에서 엮은 역사서(歷史書). 野史(야사).
野僧(야승) ①시골 승려. ②승려의 자기 겸칭(謙稱). 野衲(야납).
野心(야심) ①잘 길들지 아니하고 사람을 해치고자 하는 마음. ②민간에 은둔하여 전원 생활을 즐기려는 마음. ③분수에 넘치는 욕망.
野鴨(야압) 물오리. 野鶩(야목).
野語(야어) 시골 사람의 말. 野言(야언).
野煙(야연) ①들에 낀 연기. ②연하(煙霞).
野營(야영) ①야외에 친 병영(兵營). ②휴양이나 훈련을 목적으로 야외에 천막을 치고 하는 생활.
野外(야외) 들판. 교외.
野慾(야욕) ①분에 넘치는 욕망. ②야수 같은 성적 욕망.
野吟(야음) 전야(田野)에서 시를 읊음.
野遊(야유) 들에 나가 노는 놀이. 들놀이.
野人(야인) ①촌스러운 사람. ②겉을 꾸미지

않는 성실한 사람. ③일반 백성. 야(野)에 있어 벼슬하지 않은 사람. 庶人(서인). ④미개인(未開人). 蕃人(번인). ⑤國압록강·두만강 이북에 살던 만주족, 또는 여진족(女眞族).

野店(야점) 시골에 있는 가게.

野次(야차) 들에서 잠. 한데서 잠.

野采(야채) 나물.

野處(야처) 집 없이 들에서 삶.

野趣(야취) 시골의 정취(情趣).

野態(야태) 촌스러운 모양. 시골티.

野鶴(야학) 들에 사는 학. 은사(隱士)가 속세의 일에 초연함의 비유.

野合(야합) ①정식 혼인을 하지 아니하고 부부가 됨. 부부 아닌 남녀가 정을 통함. ②옳지 못한 목적으로 한데 어울림.

野火(야화) ①들판을 태우는 불. ②도깨비불. 鬼火(귀화).

野畦(야휴) 논두렁 길. 밭두둑 길.

◨ 廣野광야, 分野분야, 鄙野비야, 林野임야, 在野재야, 草野초야, 平野평야, 荒野황야.

5 【量】 ①헤아릴 량 陽
⑫ ②되 량 漾

중학 인명 5급 ㊥liáng, liàng ㊐リョウ

필순 ㅁ ㅁ ㅁ ㅁ 昌 昌 昌 量 量 量

소전 초서 자원 形聲. 日＋重→量. '重(중)'이 음을 나타낸다.

자해 ① ❶헤아리다, 재다, 계량하다. 〔淮南子〕量粟而舂량속이용. ❷추측하다, 미루어 헤아리다. 〔後漢書〕其多所裁量若此기다소재량약차. ❸생각하다. 〔元稹·詩〕閒坐思量小來事문좌사량소래사. ② ❶되, 말. 〔書經〕同律度量衡동률도량형. ❷한계, 분한(分限). 〔禮記〕月以爲量월이위량. ❸정도, 분량(分量). 〔論語〕惟酒無量유주무량, 不及亂불급란. ❹역량(力量), 일을 해낼 수 있는 재량. 〔蜀志〕以亮有殊量이량유수량, 乃三顧亮於草廬之中내삼고량어초려지중.

量檢(양검) 헤아려 검사함.

量決(양결) 사정을 잘 헤아려 결정함.

量器(양기) ①말·되 따위와 같이 물건의 분량을 재는 기구. ②사람의 덕량(德量)과 재능(才能). 器量(기량).

量粟而舂(양속이용) 좁쌀을 알알이 세어 방아를 찧음. 하찮은 일에 마음을 씀.

量移(양이) 멀리 유배(流配)된 사람을 감형하여 가까운 곳으로 옮김.

量知(양지) 헤아려 앎.

量窄(양착) ①식량(食量)이나 주량(酒量)이 적음. 小量(소량). ②도량이 좁음.

量刑(양형) 형벌(刑罰)의 정도를 헤아려 정함.

◨ 計量계량, 數量수량, 酒量주량, 測量측량.

11 【釐】 厘 다스릴 리 支
⑱

인명 1급 ㊥lí ㊐リ

소전 초서 속자 厘 자해 ❶다스리다. 〔書經〕允釐百工윤리백공. ❷고치다, 바로잡다. 〔後漢書〕豈一朝所釐기일조소리. ❸복, 행복. 〔漢書〕祠官祝釐사관축리. ❹과부, 미망인. 〔詩經〕鄰之釐婦린지리부. ❺수량(數量)의 이름. 기준 단위의 100분의 1, 푼(分)의 10분의 1, 척(尺)의 1,000분의 1, 묘(畝)의 100분의 1, 양(兩)의 1,000분의 1. ＝氂. 〔漢書〕失之毫釐실지호리.

釐降(이강) 임금의 딸을 신하에게 시집 보내는 일. 降嫁(강가).

釐改(이개) 고침. 개혁함.

釐嫂(이수) 과부. 홀어미.

釐正(이정) 다스려 바룸. 개정(改正)함.

釐定(이정) 다스려 개정(改定)함.

◨ 毫釐호리.

金部 쇠금

0 【金】 ①쇠 금 侵
⑧ ②國성 김

중학 인명 8급 ㊥jīn ㊐キン

필순 ノ 𠆢 亼 今 今 全 金 金

소전 초서 참고 인명용 음은 '금·김'이다.

자원 形聲. 今＋丷＋土→金. '今(금)'이 음을 나타낸다.

자해 ① ❶쇠. ㉮금속(金屬), 광물(鑛物)의 총칭. 〔書經〕金作贖刑금작속형. ㉯구리, 동(銅). ㉰철(鐵). 〔呂氏春秋〕分府庫之金분부고지금. ㉱돈, 금전(金錢). 〔戰國策〕位高而多金위고이다금. ㉲금, 황금(黃金). 〔列子〕構以金銀구이금은, 絡以珠玉락이주옥. ❷오행(五行)의 하나. 방위로는 서(西), 계절로는 가을, 성음(聲音)으로는 상(商), 간지로는 경신(庚辛)에 배당된다. ❸황금색. ❹금속으로 만든 그릇, 종정(鐘鼎). 〔呂氏春秋〕功績銘乎金石공적명호금석. ❺귀하다. 〔揚雄·劇秦美新〕金科玉條금과옥조. ❻단단하다. 〔易經〕得金矢득금시. ❼좋다, 아름답다. 〔太玄經〕失金匱실금궤. ❽악기, 팔음(八音)의 하나. 종(鐘) 등 쇠로 만든 악기. 〔周禮〕金石土革絲木匏竹금석토혁사목포죽. ❾나라 이름. 여진(女眞)의 아골타(阿骨打)가 1115년에 세운 나라. ❿**별 이름, 금성.** ② ❶**성(姓).** ❷**땅 이름.**
金甲(금갑) 황금으로 장식한 갑옷.
金剛(금강) ①금강석(金剛石). ②(佛)여래(如來)의 지덕. ③금강산(金剛山)
金剛神(금강신) (佛)불법을 수호하기 위해 절의 문 양쪽에 세운 한 쌍의 신장(神將). 金剛力士(금강역사).
金鏡(금경) ①금으로 꾸민 거울. ②달의 딴 이름. 金丸(금환). ③밝은 덕(德).
金庫(금고) 돈이나 재물을 넣어 두는 창고나 궤.
金鼓(금고) 군중(軍中)에서 쓰는 종과 북. '鼓'는 진격할 때, '金'은 후퇴할 때 씀.
金谷酒數(금곡주수) 벌주(罰酒). 벌배(罰杯). 故事 진대(晉代)에 석숭(石崇)이 금곡의 별장에 빈객을 초대하여 잔치를 베풀고 시를 짓지 못하는 사람에게는 벌주 서 말을 마시게 한 고사에서 온 말.
金骨(금골) ①쇠와 뼈. 견고한 것의 비유. ②귀중한 물건.
金科玉條(금과옥조) 금옥(金玉)과 같이 훌륭한 과조(科條). ㉠귀중한 법률. ㉡절대적으로 여기는 교훈과 규칙.
金冠(금관) 금으로 만들거나 장식한 관.
金管(금관) ①금으로 만든 퉁소. ②금으로 만든 붓대.
金貫子(금관자) 2품 이상의 관리가 달았던 황금으로 만든 망건 관자.
金塊(금괴) 금의 덩이.
金口木舌(금구목설) ①교령(教令)을 낼 때 흔들어서 청중에게 주의를 환기하는 큰 종. ②학자가 지위를 얻어 가르침을 베풂.
金甌無缺(금구무결) 조금도 흠집이 없는 황금 단지. 방위가 튼튼하여 외국에게 수모를 받은 적이 없는 완전무결한 국가.
金口閉舌(금구폐설) 입을 다물고 혀를 놀리지 아니함. 침묵함.
金匱(금궤) ①금으로 장식하여 만든 궤. ②쇠로 만든 궤. 귀중한 물건을 넣어 두고 길이 전하는 데에 씀.
金匱石室(금궤석실) 쇠로 만든 상자와 돌로 만든 방. 책을 엄중하게 간직하는 곳.
金氣(금기) ①오행(五行)의 금(金)의 기운. ②가을 기운.
金女(금녀) 서왕모(西王母)의 딴 이름.
金丹(금단) 선인(仙人)·도사(道士)가 금으로 조제했다는 불로장수의 묘약.
金堂(금당) ①화려한 전당(殿堂). ②(佛)절의 본당(本堂). 본존(本尊)을 안치하는 곳.
金蘭(금란) 두 사람이 합심하면 날카로움이 쇠와 같고 향기로움이 난초와 같음. 친구 사이의 정의(情誼)가 매우 두터움. 金蘭之交(금란지교).
金蓮步(금련보) 미인의 아름다운 걸음걸이. 故事 제(齊)나라 동혼후(東昏候)의 총희(寵姬) 반비(潘妃)가 걷는 길에 금으로 만든 연꽃을 깔고 그 위를 걷게 한 고사에서 온 말.
金罍(금뢰) 금으로 꾸민, 운뢰(雲雷)의 무늬를 그린 술통.
金縷(금루) 금빛이 나는 실.
金利(금리) 돈의 이자.
金文(금문) ①금니(金泥)로 쓴 글자. 조서(詔書) 등의 미칭. ②금석문(金石文).
金箔(금박) 금을 두드려 종이처럼 얇게 늘인 것.
金髮(금발) 황금색의 머리털.
金榜(금방) 과거(科擧)에 급제한 사람의 이름을 게시한 방.
金帛(금백) 황금과 비단.
金碧(금벽) 황금빛과 푸른빛. 호화찬란한 색채.
金粉(금분) ①금가루. 금빛 가루. ②꽃가루. ③번화하고 아름다움. ④화장에 쓰는 분.
金盆(금분) ①금으로 만든 단지. ②달.
金肥(금비) 금전을 주고 사는 비료. 화학 비료.
金砂(금사) ①금싸라기. ②금빛의 모래.
金絲(금사) ①금실. 금빛의 실. ②수양버들의 모양. ③누에고치실의 모양.
金蛇(금사) ①뱀의 한 가지. 금빛이 나는 작은 뱀. ②번개의 비유. 電光(전광).
金山(금산) ①황금의 산. 학문 도덕이 숭고 심원함. ②금이 나는 산. 金鑛(금광).
金生水(금생수) 오행(五行)의 상생(相生)의 하나. '金'에서 '水'가 나옴.
金石(금석) ①쇠와 돌. ㉠영구불변한 것. ㉡단단한 것. ②금석문(金石文).
金石文(금석문) 금문(金文)과 석문(石文). 곧, 종정(鐘鼎)·비갈(碑碣)에 새긴 문자.
金石絲竹(금석사죽) 네 가지의 주요 악기. '金'은 종(鐘), '石'은 경(磬), '絲'는 거문고·비파, '竹'은 피리·퉁소 따위.
金石聲(금석성) ①종(鐘)이나 경(磬) 같은 악기의 소리. ②시문(詩文)이 뛰어남의 비유.
金石人(금석인) 사사로운 정에 끌리지 않는 강직한 사람.
金石之言(금석지언) 금석같이 굳은 언약. 확고한 말.
金仙(금선) 부처. 부처의 몸은 금색이며, 생사를 초월해 있기 때문에 이름.
金蟾(금섬) 달의 딴 이름. 달 속에 두꺼비가 있다는 전설에서 나온 말.
金城(금성) ①견고한 성. ②견고함.
金星(금성) 태양에서 둘째로 가까운 행성.
金聲玉振(금성옥진) 종(鐘)소리와 경(磬)소리.

㉠시가(詩歌)나 음악의 아름다운 가락. ㉡사물을 집대성(集大成)함. 팔음(八音)을 합주할 때에 종을 쳐서 시작하고 마지막에 경(磬)을 치는 데서 온 말. ㉢시작과 끝을 온전히 하여 지(智)와 덕(德)을 아울러 갖춘 상태.

金城湯池(금성탕지) 쇠로 만든 성과 그 둘레에 파 놓은 뜨거운 물이 고여 있는 못. 방비가 매우 튼튼한 성(城).

金素(금소) 가을. 가을은 오행(五行)에서는 금(金), 오색(五色)에서는 '白(백)' 에 해당하는 데서 온 말.

金屬(금속) ①쇠붙이. ②금붙이.

金翅鳥(금시조) 인도 전설상의 괴조(怪鳥). 입에서 불을 토하며 용을 잡아먹는다고 함.

金魚(금어) ①금붕어. ②금으로 만든 물고기 모양의 주머니. 당대(唐代)에 삼품 이상의 벼슬아치와 특사(特賜)를 받은 사람만이 찼음. ③자물쇠. 자물쇠를 물고기 모양으로 만들었던 데서 온 말.

金額(금액) 돈의 액수.

金言(금언) ①짧은 말 속에 깊은 교훈을 담고 있는 귀중한 말. 格言(격언). ②굳게 맹세한 말. ③(佛)부처의 법어(法語).

金烏(금오) 해의 딴 이름. 태양 속에 세 발 가진 까마귀가 산다는 전설에서 온 말.

金玉(금옥) ①황금과 주옥(珠玉). ②귀중한 것. ③망건에 금관자(金冠子)와 옥관자(玉冠子)를 붙인 벼슬아치의 총칭.

金玉君子(금옥군자) 금옥 같이 굳게 절조를 지키는 군자.

金玉滿堂(금옥만당) 금옥이 집에 가득 있음. ㉠조정에 현명한 신하가 가득함. ㉡방 안에 높은 벼슬아치가 가득함.

金玉聲(금옥성) 금과 옥을 치는 것 같은 아름다운 소리. ㉠훌륭한 시문(詩文). ㉡남의 시문. ㉢남의 목소리.

金玉之世(금옥지세) 태평한 세상.

金旺之節(금왕지절) 오행의 금(金)이 왕성한 절후. 곧, 가을.

金融(금융) ①돈의 융통. ②자금의 대차(貸借)와 수요·공급의 관계.

金字(금자) ①금니(金泥)로 쓴 글자. ②비명(碑銘)의 글자. ③천자(天子)가 쓴 글자. ④귀중한 글자.

金紫(금자) 금으로 만든 도장과 자줏빛 인끈. 존귀한 사람의 비유.

金字塔(금자탑) '金' 자 모양의 탑. 후세에까지 빛날 훌륭한 업적.

金裝(금장) ①황금으로 장식함. 아름답게 차림. ②갑주(甲胄)로 무장함.

金錢(금전) ①쇠붙이로 만든 돈. ②돈.

金箭(금전) ①황금 화살. ②물시계에서 시각을 나타내는 바늘.

金殿玉樓(금전옥루) 휘황찬란한 궁전.

金枝玉葉(금지옥엽) ①금으로 된 가지와 옥으로 된 잎. ㉠황족(皇族). 왕족(王族). ㉡귀한 자손. ②구름·초목(草木)의 아름다운 모양.

金刹(금찰) 절. 사원(寺院).

金策(금책) 중대한 일이나 임금의 명령을 기재한 금 바탕의 기록물.

金柝(금탁) 진중(陣中)에서 밤에 경계하기 위하여 치는 징과 딱따기.

金鐸(금탁) 옛날 군사(軍事)에 관한 교령(教令)을 내릴 때 흔들던 큰 방울. 문사(文事)에는 목탁(木鐸)을 썼다.

金兔(금토) 달의 딴 이름. 달 속에 토끼가 살고 있다는 전설에서 온 말.

金波(금파) ①달빛. 月光(월광). ②달빛에 금빛으로 빛나는 물결. ③술.

金品(금품) 돈과 물품.

金風(금풍) 가을 바람. 秋風(추풍).

金革(금혁) ①병기(兵器). ②전쟁. 兵革(병혁).

金穴(금혈) ①금이 나는 곳. 금광의 구덩이. 金坑(금갱). ②큰 부자. 재산가(財産家). ③돈을 대는 사람. 자본주(資本主).

金虎(금호) ①해. 태양. ②금성(金星)과 묘성(昴星). 이 두 별이 가까이 접근하면 전란(戰亂)이 일어난다고 함.

金婚式(금혼식) 서양 풍속에서 결혼 만 50주년을 기념하는 의식.

金丸(금환) ①달의 딴 이름. 金鏡(금경). ②금속으로 만든 탄환.

◨ 募金모금, 罰金벌금, 賞金상금, 稅金세금, 冶金야금, 資金자금, 貯金저금, 積金적금, 獻金헌금.

2
⑩【釜】 가마 부 麌

인명 2급 ㊥fǔ ㊐フ

초서 동자 鬴 동자 釡 자해 ❶가마, 발 없는 큰 솥. 〔詩經〕維錡及釜유기급부. ❷용량(容量)의 단위, 엿 말 넉 되. 〔春秋左氏傳〕豆區釜鍾두구부종.

釜鬲(부력) 솥의 총칭. '釜'는 가마솥, '鬲'은 세 발 달린 솥.

釜中生魚(부중생어) 오래도록 밥을 짓지 못하여 솥 안에 물고기가 생김. 아주 가난함.

釜中魚(부중어) 솥 안에 든 물고기. 곧 죽게 됨의 비유.

2
⑩【釡】 釜(1292)와 동자

金 2획

2
⑩【釗】钊 1힘쓸 소 ㊍초 蕭
2國쇠 쇠

인명 ㊥zhāo ㊐ショウ

소전 초서 참고 인명용 음은 '쇠'이다.

자해 1 ❶힘쓰다. =劭. ❷깎다. 2 쇠〔金〕. 어린아이나 종들의 이름으로 사용하였다.

2
⑩【釘】钉 1못 정 靑
2못 박을 정 徑

인명 1급 ㊥dīng, dìng ㊐テイ

소전 초서 자해 1 못. 〔晉書〕 竹頭爲釘죽두위정, 裝船장선. 2 못을 박다. 〔晉書〕 以棘針이극침, 釘其心정기심.

釘頭(정두) 못의 대가리.

2
⑩【針】针 1바늘 침 侵
2바느질할 침 沁

중학 인명 4급 ㊥zhēn ㊐シン

필순 丿 𠆢 亽 今 全 仐 余 金 金一 針

초서 동자 鍼 자원 形聲. 金+十→針. '十(십)'이 음을 나타낸다.

자해 1 ❶바늘. ㉮꿰매는 데 쓰는 도구. 〔魏書〕 又自射針孔中之우자사침공중지. ㉯침. 의료용으로 쓰는 바늘. 현재는 주로 '鍼' 자를 쓴다. 〔魏志〕 針藥所不能及침약소불능급. ㉰바늘같이 생긴 물건. ¶ 時針시침. 2 ❶바느질하다, 재봉하다. 〔白居易·詩〕 因命染人與針女인명염인여침녀. ❷침을 놓다.

針工(침공) ①바느질. ②바느질을 하는 사람.
針孔(침공) 바늘귀.
針女(침녀) 바느질하는 여자.
針路(침로) ①나침반의 침이 가리키는 방향. ②배나 비행기 등이 나아가는 길.
針母(침모) 남의 바느질을 하여 주고 삯을 받는 여자.
針線(침선) ①바늘과 실. ②바느질.
針小棒大(침소봉대) 바늘만큼 작은 것을 몽둥이만큼 크다고 말함. 작은 일을 크게 허풍 떨어 말함.
針才(침재) 바느질하는 재주. 바느질 솜씨.
針尺(침척) 바느질에 쓰는 자.
◨ 縫針봉침, 分針분침, 時針시침, 指針지침, 秒針초침.

3
⑪【釦】 금테 두를 구 宥

㊥kòu ㊐コウ

소전 초서 자해 ❶금테를 두르다. 〔揚雄·賦〕 雕鐫釦器조전구기, 百伎千工백기천공. ❷주옥을 박아 꾸미다. 〔班固·賦〕 玄墀釦砌현지구체. ❸단추.

釦器(구기) 금은(金銀)으로 그릇의 가장자리를 꾸민 기구(器具).
釦砌(구체) 옥(玉)을 박아 꾸민 섬돌.

3
⑪【釪】 악기 이름 우 虞

인명 ㊥yú ㊐ウ

초서 자해 ❶악기의 이름. ¶ 錞釪순우. ❷바리때. 승려의 밥그릇. 〔世說新語〕 自是鉢釪後王何人也자시발우후왕하인야.

3
⑪【釣】钓 낚시 조 嘯

인명 2급 ㊥diào ㊐チョウ

소전 초서 동자 鈟 자해 ❶낚시, 낚시질하다. 〔論語〕 釣而不網조이불망. ❷낚다, 꾀다, 호리다. 〔淮南子〕 虞君好寶우군호보, 而晉獻以璧馬釣之이진헌이벽마조지. ❸구하다, 탐내다. 〔漢書〕 欲以釣名욕이조명.

釣竿(조간) 낚싯대.
釣橋(조교) 성의 바깥 해자(垓字)에 놓은 다리. 弔橋(조교).
釣磯(조기) 낚시터.
釣臺(조대) 낚시질하는 대(臺). 낚시터.
釣徒(조도) 낚시질하는 무리. 낚시꾼.
釣綸(조륜) 낚싯줄.
釣名(조명) 교묘하게 속이어 명예를 얻고자 힘씀. 要名(요명).
釣艇(조정) 낚싯배. 釣船(조선).
釣戶(조호) 낚시질을 업으로 하는 집.
釣況(조황) 낚시질이 잘되고 안되는 상황.

3
⑪【釵】钗 비녀 차·채 麻佳

㊥chāi ㊐サイ

소전 초서 본자 叉 참고 인명용 음은 '채'이다.

자해 비녀, 부인용의 두 갈래 난 비녀. 원음은 '채'였으나, '叉'의 다른 뜻갈래인 음 '차'와 혼동되어 현재는 두 음을 혼용하고 있다. 〔司馬相如·賦〕 玉釵挂臣冠옥차괘신관.

釵梳(차소) 비녀와 빗.
釵釧(차천) 비녀와 팔찌.
◨ 金釵금차, 玉釵옥차, 銀釵은차.

3
⑪【釧】钏 팔찌 천 霰

인명 2급 ㊥chuàn ㊐セン

소전 (seal) 자해 팔찌, 팔에 끼는 장신구. 〔南史〕女臂有玉釧녀비유옥천.

3 ⑪【鈦】 차꼬 체 霽

㊥dì ㊐テイ

소전 (seal) 초서 (cursive) 자해 ❶차꼬, 족가(足枷). 죄인의 발목에 채우던 형구. 〔史記〕鈦左趾체좌지. ❷비녀장. 수레의 굴대 머리에 내리꽂아 바퀴가 벗어나지 않게 하는 쇠못.

3 ⑪【鈔】 좋은 쇠 초 篠

인명 ㊥qiǎo ㊐ショウ

초서 (cursive) 자해 ❶좋은 쇠. ❷아름답다.

4 ⑫【鈐】钤 비녀장 검 鹽

인명 ㊥qián ㊐ケン

소전 (seal) 초서 (cursive) 자해 ❶비녀장. 수레의 굴대 머리에 내리꽂아 바퀴가 벗어나지 않게 하는 쇠못. ❷자물쇠, 열쇠. 〔郭璞·序〕六藝之鈐鍵륙예지검건. ❸도장, 인형(印形).

鈐鍵(검건) ①자물쇠. 열쇠. ②일의 관건(關鍵)이나 핵심.

鈐韜(검도) ①병법(兵法). ②무술(武術).

鈐束(검속) 엄중하게 단속함.

鈐印(검인) 도장을 찍음.

鈐制(검제) 제어함.

□■ 韜鈐도검.

4 ⑫【鈎】 鉤(1296)의 속자

4 ⑫【鈞】钧 서른 근 균 眞

인명 ㊥jūn ㊐キン

소전 (seal) 초서 (cursive) 고자 鉤 자해 ❶서른 근. 〔張衡·賦〕洪鐘萬鈞홍종만균. ❷고르다, 고르게 하다. ≒均. 〔春秋左氏傳〕善鈞從衆선균종중. ❸녹로(轆轤), 도자기 만드는 물레. 〔史記〕獨化於陶鈞之上독화어도균지상. ❹존경의 뜻을 나타내는 말. 편지 글에 주로 쓴다. ¶ 鈞鑒균감.

鈞鑒(균감) 상관이나 고위 관리에게 보내는 편지의 첫머리에 쓰는 경칭.

鈞陶(균도) 녹로(轆轤)를 써서 오지그릇을 만듦. 인물을 양성함.

鈞石(균석) 저울추. '鈞'은 30근(斤), '石'은 120근.

鈞旨(균지) 천자(天子)의 뜻. 천자의 명령.

鈞樞(균추) 가장 요긴하고 중요한 자리. 또는 그 자리에 있는 사람. 鈞軸(균축).

鈞衡(균형) ①인재(人材)를 헤아려 뽑음. ②㉠정치의 공평(公平)을 지킴. ㉡재상(宰相). ③어느 한쪽으로 치우치지 않는 일. 차별이 없는 일.

4 ⑫【釿】 큰 자귀 근 文

㊥jīn ㊐キン

소전 (seal) 초서 (cursive) 자해 ❶큰 자귀. 〔莊子〕釿鋸制焉근거제언. ❷끊다.

釿鋸(근거) 자귀와 톱.

4 ⑫【鈕】钮 인꼭지 뉴 有

인명 ㊥niǔ ㊐ジュウ

소전 (seal) 초서 (cursive) 자해 ❶인(印)꼭지. 도장의 손으로 잡는 부분. 〔漢舊儀〕皇帝六璽皆玉황제륙새개옥, 螭虎鈕리호뉴. ❷단추.

4 ⑫【鈍】钝 무딜 둔 願

고등 인명 3급 ㊥dùn ㊐トン

필순 丿 𠆢 亼 今 今 仐 金 金 釒 鈍

소전 (seal) 초서 (cursive) 자원 形聲. 金+屯→鈍. '屯(둔)'이 음을 나타낸다.

자해 ❶무디다, 둔하다. 〔漢書〕莫邪爲鈍兮막사위둔혜. ❷어리석다, 우둔하다. 〔宋書〕棗膏昏鈍조고혼둔. ❸느리다, 굼뜨다. 〔漢書〕臣宣吶鈍於辭신선눌둔어사.

鈍角(둔각) 한 직각보다 크고 두 직각보다 작은 각.

鈍感(둔감) 감각이나 감정이 무딤.

鈍金(둔금) 무른 쇠.

鈍器(둔기) ①무딘 연장. ②날이 없는 막대기 모양의 도구.

鈍利(둔리) 무딤과 날카로움.

鈍馬(둔마) 굼뜬 말. 둔한 말.

鈍兵(둔병) ①굼뜬 병정. ②무딘 병기(兵器).

鈍步(둔보) 굼뜬 걸음. 느린 걸음.

鈍頑(둔완) 우둔하고 완고함.

鈍才(둔재) ①재주가 둔함. ②재주가 둔한 사람. 鈍智(둔지).

鈍濁(둔탁) ①성질이 굼뜨고 흐리터분함. ②소리가 굵고 거침.

鈍痛(둔통) 둔하고 무지근하게 느끼는 아픔.
鈍筆(둔필) 서툰 글씨. 글씨가 서툰 사람.
鈍學累功(둔학누공) 학문의 재주가 둔한 사람이 꾸준히 노력함.
鈍漢(둔한) 아둔한 사람. 미련한 사람.
◨ 老鈍노둔, 駑鈍노둔, 銳鈍예둔, 愚鈍우둔, 癡鈍치둔.

4 ⑫【鈇】鈇 도끼 부 虞

㊥fǔ, fū ㊐フ

소전 鈇 초서 鈇 자해 **도끼, 큰 도끼.** ≒斧. 〔禮記〕諸侯賜弓矢제후사궁시, 然後征연후정, 賜鈇鉞사부월, 然後殺연후살.
鈇鉞(부월) ①작은 도끼와 큰 도끼. 천자가 제후나 대장에게 생살권(生殺權)을 가진다는 의미로 주던 것. ②정벌(征伐)·형륙(刑戮)·형구(刑具)의 비유. 斧鉞(부월).
鈇鑕(부질) ①도끼와 모탕. ②형륙(刑戮)·주륙(誅戮)의 비유.

4 ⑫【鈒】 창 삽 洽

인명 ㊥sà ㊐ソウ

소전 鈒 초서 鈒 자해 ❶**창(槍).** 〔陸雲·書〕擧鈒成雲거삽성운, 下鈒成雨하삽성우. ❷**새기다, 아로새기다.** ¶ 鈒鏤삽루.
鈒鏤(삽루) 가느다란 선으로 새김.

4 ⑫【鈆】 鉛(1297)의 속자

4 ⑫【鈗】 병기 윤 軫

인명 2급 ㊥yǔn ㊐イン

소전 鈗 자해 **병기 이름.** 주로 시신(侍臣)이 가지는 병기. 창(槍)의 한 가지.

4 ⑫【鈔】钞 노략질할 초 肴

㊥chāo ㊐ショウ

소전 鈔 초서 鈔 자해 ❶**노략질하다, 약탈하다.** 〔後漢書〕攻鈔郡縣공초군현. ❷**베끼다.** ㉮**그대로 옮겨 쓰다.** 〔晉書〕手自鈔寫수자초사. ㉯**필요한 곳만 골라 적다.** ≒抄. ¶ 鈔錄초록. ❸**지폐(紙幣), 종이돈, 어음.**
鈔盜(초도) 노략질함. 탈취함.
鈔略(초략) 노략질함. 抄掠(초략).
鈔錄(초록) 필요한 부분만을 뽑아서 적음. 抄錄(초록).
鈔本(초본) ①지폐를 발행할 때의 준비금(準備金). ②붓으로 베껴 쓴 책. 寫本(사본).
鈔寫(초사) 책을 베껴 씀.
鈔引(초인) ①돈. 지폐(紙幣). ②송대(宋代)의 차, 소금 등의 판매 허가 증명서.

4 ⑫【鈑】 금박 판 潸

인명 ㊥bǎn ㊐ハン

초서 鈑 자해 **금박(金箔).** 얄팍한 판자 모양의 황금. ＝版.

5 ⑬【鉀】钾 갑옷 갑 洽

인명 2급 ㊥jiǎ ㊐コウ

초서 鉀 자해 **갑옷.** ＝甲. 〔晉書〕貫鉀上馬관갑상마.

5 ⑬【鉅】 클 거 語

인명 ㊥jù ㊐キョ

소전 鉅 초서 鉅 자해 ❶**크다.** ＝巨. 〔禮記〕創鉅者其日久창거자기일구. ❷**강하다, 몹시 단단하다.** 〔史記〕宛之鉅鐵완지거철. ❸**높다, 존귀(尊貴)한 사람.** 〔漢書〕吾欲見鉅公오욕견거공. ❹**어찌, 어찌하여.** ≒詎. 〔荀子〕是豈鉅知見侮之爲不辱哉시기거지견모지위불욕재.
鉅公(거공) ①천자(天子). ②존귀한 사람의 통칭(通稱).
鉅萬(거만) 썩 많음. 巨萬(거만).
鉅纖(거섬) 큼과 작음.
鉅偉(거위) 뛰어나게 큼.
鉅材(거재) 큰 재목. 큰 인재(人材).
鉅鐵(거철) 강철(鋼鐵).

5 ⑬【鉗】钳 칼 겸 鹽

인명 ㊥qián ㊐ケン

소전 鉗 초서 鉗 자해 ❶**칼, 항쇄(項鎖).** 죄인의 목에 씌우는 형구(刑具). ＝箝. 〔舊唐書〕又擊囚之具우격수지구, 有枷杻鉗鎖유가추겸쇄. ❷**칼을 씌우다, 죄인을 잡죄다.** 〔漢書〕楚人將鉗我於市초인장겸아어시. ❸**집다, 집게.** ❹**다물다, 말을 아니하다.**
鉗梏(겸곡) ①항쇄(項鎖)와 수갑(手匣). ②항쇄와 수갑을 채움. 구속함.
鉗髡(겸곤) 목에 칼을 씌우고 머리를 깎음.
鉗口(겸구) 입을 다물고 말을 하지 아니함.
鉗子(겸자) ①목에 칼을 쓴 죄인. 鉗奴(겸노). 鉗徒(겸도). ②못뽑이. 족집게.

鉗制(겸제) 남을 억눌러 자유를 구속함.
◨ 髡鉗곤겸, 口鉗구겸.

5 ⑬【鈷】钴 ①다리미 고 麌 ②제기 이름 호 虞
㊥gǔ, hú ㊐コ
초서 자해 ①다리미, 울두(熨斗). ¶ 鈷鉧고무. ②제기(祭器) 이름, 서직(黍稷)을 담는 제기.
鈷鉧(고무) 다리미. 熨斗(울두).
鈷鉧(고무) ①다리미. ②작은 솥.

5 ⑬【鉱】 鑛(1315)의 속자

5 ⑬【鉤】钩 갈고랑이 구 尤
인명 1급 ㊥gōu ㊐コウ
소전 초서 속자 鈎 자해 ❶갈고랑이. ㉮끝이 꼬부라진 기구나 병기. 〔漢書〕作刀劍鉤鐔작도검구심. ㉯낚싯바늘, 조구(釣鉤). 〔莊子〕鉤餌罔罟罾笱之知구이망고증구지지. ㉰대구(帶鉤). 혁대의 두 끝을 서로 끼워 맞추는 자물단추. ❷낫. 〔淮南子〕木鉤而樵목구이초. ❸걸음쇠. 원을 그리는 도구. 〔漢書〕帶鉤矩而佩衡兮대구구이패형혜. ❹찾아내다, 속내를 떠보다. 〔漢書〕善爲鉤距선위구거, 以得事情이득사정. ❺걸다. 〔易經〕鉤深致遠구심치원. ❻꾀다, 유인(誘引)하다. ❼굽다, 구부리다. ❽돌다, 회전하다. ❾멈추게 하다.
鉤距(구거) ①미늘. ②사정을 조사함.
鉤鎌(구겸) ①낫. ②배를 타고 싸울 때 쓰는, 긴 자루 끝에 낫이 달린 무기.
鉤曲(구곡) 낚싯바늘처럼 고부라짐.
鉤校(구교) 찾아내어 조사함. 檢校(검교).
鉤矩(구구) ①걸음쇠와 곡척(曲尺). ②법칙(法則). 規矩(규구).
鉤索(구색) 끌어내고 찾아냄.
鉤繩(구승) ①곡척(曲尺)과 먹줄. ②규칙(規則). 법도(法度).
鉤餌(구이) 낚시에 꿴 미끼. 낚싯밥.
鉤章棘句(구장극구) ①글을 짓기 어려움. ②매우 읽기 어려운 문장.
鉤止(구지) 붙잡아 둠. 억류(抑留)함.
鉤摭(구척) ①다 끌어냄. ②주움.
鉤取(구취) 갈고랑이로 끌어당겨 가짐.
◨ 帶鉤대구, 釣鉤조구.

5 ⑬【鈴】铃 방울 령 靑
인명 1급 ㊥líng ㊐レイ
소전 초서 자해 ❶방울. 〔晉書〕塔上一鈴獨鳴탑상일령독명. ❷하인, 호위병, 심부름꾼.
鈴鈴(영령) ①땅이 흔들리는 모양. ②지팡이의 소리.
鈴語(영어) 풍경(風磬) 소리.
鈴鐸(영탁) ①방울. ②풍경(風磬).
鈴下(영하) ①수종(隨從)하는 호위병. ②편지글에서 장수(將帥)에 대한 경칭.
◨ 金鈴금령, 鸞鈴난령, 鐸鈴탁령, 風鈴풍령.

5 ⑬【鉚】 쇠 류 有
㊥liǔ ㊐リュウ
초서 자해 쇠, 질이 좋은 쇠, 미금(美金).

5 ⑬【鉑】 금박 박 藥
인명 ㊥bó ㊐ハク
초서 자해 금박(金箔). 금을 얇은 종이 모양으로 넓힌 것.

5 ⑬【鈸】钹 방울 발 曷
㊥bó ㊐ハツ
초서 자해 ❶방울. ❷동발(銅鈸). 바라보다 작은 악기의 하나.

5 ⑬【鉢】钵 바리때 발 曷
인명 2급 ㊥bō ㊐ハツ
초서 속자 缽 자해 ❶바리때, 승려의 밥그릇. 범어(梵語) 'Pātra'의 음역어(音譯語)인 '鉢多羅(발다라)'의 약칭. ＝盋. ❷(佛)의발(衣鉢). 불가(佛家)에서 대대로 전하는 가사(袈裟)와 바리때. 대대로 전하는 사물이나 학술의 비유로 쓴다.
鉢囊(발낭) 길 가는 승려가 지고 다니는, 바리때를 넣은 자루 같은 큰 주머니. 바랑.
鉢盂(발우) 승려의 식기(食器). 바리때.
◨ 衣鉢의발, 周鉢주발, 托鉢탁발.

5 ⑬【鉏】钼 ①호미 서 魚 ②어긋날 서 語
㊥chú, jǔ ㊐ショ
소전 초서 자해 ①❶호미, 괭이. ＝鋤. ❷김매다, 제초(除草)하다. 〔漢書〕帶經而鉏대경이서. ❸죽이다. ②어긋나다. ≒齟. ¶ 鉏鋙서어.
鉏耨(서누) 호미와 괭이.

金 5획

鉏耒(서뢰) ①호미와 쟁기. ②농기구.
鉏鋙(서어) ①위아래가 맞지 않음. ②일이 서로 어긋남.
鉏耰(서우) ①호미와 곰방메. ②농사를 지음.
◨ 耰鉏우서, 誅鉏주서.

5 ⑬ 【鉐】 놋쇠 석 陌

인명 ㊥shí ㊐セキ

자해 ❶놋쇠. 구리와 아연(亞鉛)의 합금. ¶ 鍮鉐유석. ❷성(姓).

5 ⑬ 【鉥】 돗바늘 술 質

인명 ㊥shù ㊐シュツ

소전 초서 자해 ❶돗바늘. 썩 길고 굵은 바늘. 〔管子〕一女必有一鍼一鉥일녀필유일침일술. ❷이끌다, 인도하다. ≒訹. 〔國語〕吾請爲子鉥오청위자술.

5 ⑬ 【鉛】 铅 납 연 先

고등 인명 4급 ㊥qiān ㊐エン

필순 ノ ㅅ 亼 仐 仒 金 金 釒 鈆 鉛

소전 초서 본자 鈆 속자 鈆 자원 形聲. 金+㕣→鉛. '㕣(연)'이 음을 나타낸다.

자해 ❶납. 광물의 한 가지. 〔史記〕鉛刀爲銛연도위섬. ❷분, 연분(鉛粉). 산화(酸化)한 납으로 만든 화장품. ❸따르다, 따라 내려가다. ≒沿. 〔荀子〕鉛之重之연지중지.
鉛駑(연노) 무딘 칼과 굼뜬 말. 무능함.
鉛丹(연단) 납으로 만든 도가(道家)의 단약.
鉛黛(연대) ①분과 눈썹 그리는 먹. ②화장(化粧). 粉黛(분대).
鉛刀(연도) ①무딘 칼. ②쓸모없는 것.
鉛刀一割(연도일할) 무딘 칼이나마 한 번 벨 힘이 있음. ㉠자기의 미력(微力)함에 대한 겸사. ㉡두 번 다시 쓰지 못함.
鉛毒(연독) 납에 함유되어 있는 독.
鉛鈍(연둔) 연도처럼 무딤. 자질이 둔함.
鉛白(연백) 백분(白粉).
鉛粉(연분) 백분(白粉). 鉛華(연화).
鉛筆(연필) ①연분(鉛粉)을 찍어서 잘못된 글자를 고치는 붓. ②흑연으로 된 심을 나뭇대에 박아 만든 필기구.
鉛華(연화) ①백분(白粉) ②화장을 한 아름다운 얼굴빛.
鉛黃(연황) ①글을 쓰는 연분(鉛粉)과 오자(誤字)를 지우는 자황(雌黃). ②교정(校正)함.
◨ 亞鉛아연, 黑鉛흑연.

5 ⑬ 【鈺】 钰 보배 옥 沃

인명 2급 ㊥yù ㊐ギョク

자해 ❶보배, 보물. ❷쇠, 단단한 금속.

5 ⑬ 【鉞】 钺 도끼 월 月

인명 ㊥yuè ㊐エツ

소전 초서 자해 ❶도끼, 큰 도끼. 옛날 장군이 출정할 때 임금이 부신(符信)으로 주던 것. ≒戉. 〔書經〕一人冕일인면, 執鉞집월. ❷수레의 방울 소리. 〔詩經〕鑾聲鉞鉞란성월월.
鉞斧(월부) ①큰 도끼와 작은 도끼. ②정벌(征伐)·형륙(刑戮)·중형(重刑)의 비유.
鉞鉞(월월) 수레의 방울 소리.
◨ 秉鉞병월, 斧鉞부월.

5 ⑬ 【鈿】 钿 비녀 전 先 霰

인명 ㊥tián, diàn ㊐デン

소전 초서 자해 ❶비녀, 화잠(花簪). ❷금장식. ❸나전 세공. 〔白居易·詩〕鈿軸金泥誥一通전축금니고일통.
鈿螺(전라) 자개 세공. 螺鈿(나전).
鈿瓔(전영) 금을 박아 장식한 목걸이.
鈿針(전침) 보석으로 상감한 비녀.
鈿合(전합) 자개를 박은 향합(香盒).

5 ⑬ 【鉦】 钲 징 정 庚

인명 ㊥zhēng ㊐ショウ

소전 초서 자해 징. 두드려 소리를 내는 악기. 전쟁에서 정지의 군호로 썼다. 〔詩經〕鉦人伐鼓정인벌고.
鉦鼓(정고) ①징과 북. ②군사(軍事).

5 ⑬ 【鉒】 쇳돌 주 遇

인명 ㊥zhù ㊐チュ

초서 자해 ❶쇳돌. 아직 제련하지 않은 광석(鑛石). 〔管子〕上有鉛者상유연자, 其下有鉒銀기하유주은. ❷두다, 놓아두다.

5 ⑬ 【鉁】 珍(820)과 동자 인명

5 ⑬ 【鉄】 鐵(1314)의 속자

金 5획

5
⑬【鉋】铇 대패 포 㸲

㊥bàn, páo ㊐ホウ

초서 [초서체] 자해 ❶대패. ❷파다.

鉋屑(포설) 대팻밥.

5
⑬【鉍】铋 창 자루 필 質

인명 ㊥bì ㊐ヒツ

초서 [초서체] 자해 창의 자루.

5
⑬【鉉】铉 솥귀 현 銑

인명 2급 ㊥xuàn ㊐ゲン

소전 [소전체] 초서 [초서체] 자해 ❶솥귀, 솥을 들어 올릴 수 있게 만든 고리. 〔易經〕 鼎黃耳金鉉정황이금현. ❷삼공(三公)의 지위. 〔陳書〕 相國秩踰三鉉상국질유삼현.

鉉席(현석) 삼공의 지위. 또는 그 지위에 있는 사람.

鉉台(현태) 삼공(三公). 台鉉(태현).

◨ 三鉉삼현, 鼎鉉정현, 台鉉태현.

6
⑭【鉇】 1 쟁기 날 궤 紙 2 줄 의 尾

인명 ㊥guǐ, wěi ㊐キ

소전 [소전체] 참고 인명용 음은 '귀'이다.

자해 1 ❶쟁기의 날. ❷광택이 나는 쇠. ❸뻐꾸기, 포곡조(布穀鳥). 2 줄. 톱니를 쓸어 세우는 도구.

6
⑭【銅】铜 구리 동 東

고등 인명 4Ⅱ급 ㊥tóng ㊐ドウ

필순 丿 𠂉 𠆢 今 全 金 釒 釦 銅 銅

소전 [소전체] 초서 [초서체] 자원 形聲. 金+同→銅. '同(동)'이 음을 나타낸다.

자해 ❶구리. 〔唐書〕 以銅爲鑑이동위감. ❷동화(銅貨). 〔後漢書〕 論者嫌其銅臭론자혐기동취.

銅鏡(동경) 구리로 만든 거울.

銅鼓(동고) ①꽹과리. ②구리로 만든, 진중(陣中)에서 쓰던 북.

銅鑼(동라) 구리로 만든 쟁반 모양의 군용(軍用) 징. 銅鉦(동정).

銅盤(동반) ①구리로 만든 대야. ②동발(銅鈸). ③촛대.

銅鈸(동발) 구리로 만든 쟁반 비슷한, 두 개의 짝을 마주 쳐서 소리를 내는 악기. 제금.

銅鉢(동발) ①도금한 놋쇠로 만든 주발. ②(佛)구리로 만든 방울. 승려가 근행(勤行)할 때 침.

銅像(동상) 구리로 만든 조각상.

銅錢(동전) 구리로 만든 돈.

銅池(동지) 구리로 만든 낙숫물받이 홈통.

銅靑(동청) 구리의 녹. 銅綠(동록).

銅臭(동취) ①돈 냄새. ②돈으로 벼슬을 산 사람. ③부자. ④돈에 탐욕이 많은 사람.

◨ 鑄銅주동, 採銅채동, 靑銅청동, 黃銅황동.

6
⑭【銘】铭 새길 명 靑

고등 인명 3Ⅱ급 ㊥míng ㊐メイ

필순 丿 𠂉 𠆢 今 全 金 釒 釸 銘 銘

소전 [소전체] 초서 [초서체] 자원 形聲. 金+名→銘. '名(명)'이 음을 나타낸다.

자해 ❶새기다, ㉮조각하다. ㉯마음에 새기다, 명심하다. 〔吳志〕 銘心立報명심입보. ❷명정(銘旌). 〔周禮〕 置銘치명. ❸문체(文體) 이름. 금석이나 기물(器物)에 새겨 그 사람의 공덕을 기려 후손에게 보이거나, 경계의 글을 새겨 반성하는 자료로 삼는 글. 〔大學〕 湯之盤銘탕지반명.

銘刻(명각) ①쇠나 돌에 글자를 새김. 刻銘(각명). ②마음에 새겨 잊지 않음.

銘戒(명계) ①명심하여 경계함. ②금석(金石)에 새긴 훈계의 말.

銘記(명기) 깊이 마음에 새겨 잊지 않는 일.

銘肌鏤骨(명기누골) 살갗에 새기고 뼈에 새김. 명심하여 잊지 않음.

銘誄(명뢰) 죽은 사람의 공덕을 기리는 글.

銘心(명심) 마음에 깊이 새김.

銘文(명문) ①금석(金石)에 새긴 글. ②마음에 새겨 두어야 할 문구.

銘誌(명지) 묘비(墓碑)에 새기는 글.

◨ 刻銘각명, 感銘감명, 鑑銘감명, 盤銘반명, 碑銘비명, 箴銘잠명.

6
⑭【鉾】 칼끝 모 尤

㊥móu ㊐ボウ

자해 ❶칼끝. ❷창. =矛.

6
⑭【鉼】 鉼(1304)의 속자 인명

6
⑭【銑】铣 끌 선 銑

인명 1급 ㊥xiǎn ㊐セン

소전 초서 자해 ❶끌, 작은 끌. ❷윤이 나는 쇠. ❸무쇠. ¶ 銑鐵선철.
銑鐵(선철) 무쇠. 鑄鐵(주철).

6 ⑭ 【銛】 1 가래 섬 鹽 2 도끼 첨 琰
㊥xiān, guā ㊐セン
소전 초서 자해 1 ❶가래. 농기구의 하나. ❷날카롭다, 날이 예리하다. ≒鐵. 2 ❶도끼. ❷끊다, 자르다.
銛鈍(섬둔) 날카로움과 둔함. 鋭鈍(예둔).
銛利(섬리) 날카롭고 시원하게 잘 듦.

6 ⑭ 【銖】 铢 무게 단위 수 虞
인명 2급 ㊥zhū ㊐シュ
소전 초서 자해 ❶무게의 단위. 1냥(兩)의 24분의 1. 〔禮記〕雖分國如錙銖수분국여치수. ❷무디다, 둔하다. 〔淮南子〕其兵戈銖而無刃기병과수이무인.
銖兩(수량) ①얼마 안 되는 중량(重量). ②근소(僅少)함. 경미(輕微)함.
銖分(수분) 세밀히 분별(分別)함.
銖積寸累(수적촌루) 조금씩 쌓임. 적은 것도 쌓이고 쌓이면 큰 것이 됨.
◨ 錙銖치수.

6 ⑭ 【銚】 铫 1 냄비 요 蕭 2 가래 조 蕭
㊥yáo, tiáo ㊐ヨウ, チョウ
소전 초서 자해 1 냄비, 쟁개비. 2 ❶가래, 쟁기. 〔管子〕耕者必有一耒一耜一銚경자필유일뢰일거일조. ❷창, 긴 창. 〔呂氏春秋〕可以勝人之長銚利兵가이승인지장조이병.
銚鎒(조누) 가래와 호미.

6 ⑭ 【銀】 银 은 은 眞
중학 인명 6급 ㊥yín ㊐ギン
필순
소전 초서 자원 形聲. 金+艮→銀. '艮(간)'이 음을 나타낸다.
자해 ❶은. 〔漢書〕它銀一流直千타은일류직천. ❷화폐(貨幣), 돈. ❸도장, 은인(銀印).
銀甲(은갑) ①은으로 만든 갑옷. ②비파(琵琶) 따위를 탈 때 손가락 끝에 씌우는 은으로 만든 가조각(假爪角). 銀篦(은비).
銀塊(은괴) 은덩이.
銀觥(은굉) 은 술잔. 銀杯(은배).
銀鉤(은구) ①발〔簾〕을 거는 은제(銀製)의 고리. ②잘 쓴 필적(筆蹟). 특히 초서(草書)를 이름. ③은으로 만든 띠의 자물단추.
銀泥(은니) 은가루를 아교에 갠 되직한 물.
銀臺(은대) ①관문(官門)의 이름. 한림사원(翰林士院). ②신선(神仙)이 사는 곳. ③은으로 지은 누각(樓閣). 아름다운 누각. ③國승정원(承政院)의 딴 이름.
銀露(은로) 달빛이 비친 이슬.
銀輪(은륜) ①아름다운 수레. ②달〔月〕.
銀鱗(은린) ①은빛이 나는 물고기의 비늘. ②물고기.
銀幕(은막) ①영사막. ②영화계.
銀髮(은발) 은백색 머리털.
銀沙(은사) 은빛이 나는 흰 모래.
銀絲(은사) 은실.
銀蟾(은섬) 달의 딴 이름. 銀盤(은반).
銀子(은자) 돈. 銀錢(은전). 銀貨(은화).
銀錢(은전) 은으로 만든 돈.
銀燭(은촉) 밝은 촛불이나 등불.
銀兎(은토) 달의 딴 이름.
銀波(은파) ①달빛. ②희게 번쩍이는 물결.
銀河(은하) ①청명한 날 밤에, 흰 구름같이 남북으로 길게 보이는 별의 무리. 銀潢(은황). ②도가(道家)에서, 눈〔目〕을 이르는 말.
銀漢(은한) 은하수(銀河水).
銀婚式(은혼식) 결혼 25주년을 맞아 베푸는 기념 의식.
銀花(은화) ①촛불. 등불. ②눈〔雪〕. ③빛이 흰 인동화(忍冬花).
銀黃(은황) ①은과 금. 金銀(금은). ②은인(銀印)과 금인(金印). ③은인과 황수(黃綬). 고관(高官)이 차던 것.

6 ⑭ 【銭】 錢(1304)의 속자

6 ⑭ 【銓】 铨 저울질할 전 先
인명 1급 ㊥quán ㊐セン
소전 초서 자해 ❶저울질하다. 〔國語〕無以銓度天下之衆寡무이전도천하지중과. ❷전형(銓衡)하다, 가려 뽑다. 〔三國志〕銓簡秀士전간수사, 以爲賓友이위빈우.
銓考(전고) 인물을 헤아려 고름.
銓補(전보) 인물을 전형하여 벼슬을 줌.
銓部(전부) 이부(吏部)의 딴 이름.
銓選(전선) 관리의 자격이 있는 사람을 선임함. 銓簡(전간). 銓擇(전택).

銓曹(전조) ①관리의 선발을 맡아보던 부서. ②고려 때 이조(吏曹)를 이르던 말. ③조선 때 이조와 병조의 통칭.
銓次(전차) 인물을 전형하여 차서를 정함.
銓擢(전탁) 인재를 전형하여 발탁(拔擢)함.
銓衡(전형) ①저울. ②사람을 심사하여 뽑음.

6
⑭【銍】 낫 질 質

㊥zhì ㊐チツ

소전 초서 자해 **❶낫, 짧은 낫. ❷베다, 벼를 베다.** 〔詩經〕奄觀銍艾엄관질애.
銍艾(질애) 낫으로 벼를 벰. 銍刈(질예).

6
⑭【銕】 ①쇠 철 屑 ②땅 이름 이 支

㊥tiě, yí ㊐テツ
자해 ① **쇠.** ※鐵(1314)의 고자(古字). ② **땅 이름.** ≒夷.

6
⑭【銃】铳 총 총 送

고등 인명 4Ⅱ급 ㊥chòng ㊐ジュウ
필순
초서 자원 形聲. 金+充→銃. '充(충)'이 음을 나타낸다.
자해 **총, 화총(火銃).** ¶ 銃砲총포.
銃劍(총검) ①총과 칼. ②총 끝에 꽂는 칼.
銃擊(총격) 총으로 사격함.
銃口(총구) 총의 주둥이 부분.
銃器(총기) 소총이나 권총 따위 무기의 총칭.
銃獵(총렵) 총으로 하는 사냥.
銃殺(총살) 총으로 쏘아 죽임.
銃床(총상) 개머리판. 銃牀(총상).
銃傷(총상) 총알에 다친 상처. 銃創(총창).
銃聲(총성) 총소리.
銃彈(총탄) 총알.
銃砲(총포) 총(銃)이나 포(砲) 종류의 총칭.
銃火(총화) 총을 쏠 때 총구에 번쩍이는 불꽃.
◨ 拳銃권총, 小銃소총, 獵銃엽총, 鳥銃조총.

6
⑭【銜】衔 재갈 함 咸

인명 1급 ㊥xián ㊐カン
소전 초서 동자 啣 속자 啣 자해 **❶재갈. ❷머금다, 입에 물다. ❸받다, 받들다.** 〔禮記〕銜君命而使함군명이사. **❹원망하다.** 〔漢書〕景帝心銜之경제심함지. **❺직함(職銜).**

銜橛之變(함궐지변) 말이 날뛰어 재갈이 벗겨지는 일과 같은 변고.
銜勒(함륵) 말 입에 물리는 가는 막대. 재갈.
銜尾相隨(함미상수) 뒤의 짐승이 앞의 짐승의 꼬리를 물고 감. 앞뒤로 줄지어서 갊.
銜冤(함원) 원죄(冤罪)를 입어 원한을 품음.
銜字(함자) 상대방 이름의 높임말.
銜環(함환) 구슬을 물고 옴. 은혜를 갚음. 故事 후한(後漢) 때, 양보(楊寶)가 상처 입은 참새를 살려 주었는데 얼마 후 누런 옷을 입은 동자(童子)가 흰 구슬 4개를 물고 와서 보답하였다는 고사에서 온 말.
◨ 名銜명함, 尊銜존함, 職銜직함.

6
⑭【銾】 돌쇠뇌 홍 東

인명 ㊥hóng ㊐コウ
자해 **돌쇠뇌, 돌을 쏘는 큰 활, 석궁(石弓).**

7
⑮【銶】 끌 구 尤

인명 ㊥qiú ㊐キュウ
초서 자해 **끌.** 나무에 구멍을 뚫는 연장. 〔詩經〕又缺我銶우결아구.

7
⑮【鋒】锋 칼끝 봉 冬

인명 1급 ㊥fēng ㊐ホウ
초서 자해 **❶칼끝, 병기의 날.** 〔書經〕礪乃鋒刃려내봉인. **❷물건의 뾰족한 끝, 첨단(尖端).** 〔晉書〕抽鋒擢穎추봉탁영. **❸날카로운 기세, 예기(銳氣). ❹군대의 앞장, 선봉(先鋒).** 〔史記〕布常爲軍鋒포상유군봉.
鋒戈(봉과) 날카로운 창. 矛戟(모극).
鋒氣(봉기) 날카로운 기상(氣象).
鋒起(봉기) 창날처럼 날카롭게 일어남. 성하게 일어남. 蜂起(봉기). 鋒出(봉출).
鋒利(봉리) ①날카로움. 銳利(예리). ②글의 논조(論調) 따위가 날카로움.
鋒芒(봉망) ①칼끝. 창끝. 鋒鋩(봉망). ②날카로운 의론이나 사람의 예기(銳氣).
鋒不可當(봉불가당) 세력이 막강하여 당해 낼 수가 없음.
鋒銳(봉예) 성질이 예민함.
鋒刃(봉인) 창·칼 등의 예리한 날.
鋒鏑(봉적) 창끝과 살촉. ㉠무기. ㉡전쟁.
◨ 劍鋒검봉, 先鋒선봉, 銳鋒예봉, 筆鋒필봉.

7
⑮【鋤】锄 호미 서 魚

인명 ㊥chú ㊐ジョ

초서 [초서체] 자해 ❶호미, 쟁기. ❷김매다, 갈고 김을 매다. ❸없애다.
鋤犂(서려) 호미와 쟁기.
鋤耰(서우) ①호미. ②호미로 흙을 고름.
鋤除(서제) ①김을 맴. ②악한 사람을 없앰. 芟除(삼제). 誅除(주제).
鋤禾(서화) 논의 김을 맴.

7 ⑮【銷】销 녹일 소 蕭

인명 ㊥xiāo ㊐ショウ

소전 [소전체] 초서 [초서체] 자해 ❶녹이다, 녹다, 쇠붙이를 녹이다. 〔史記〕銷以爲鐘鐻金人十二소이위종거금인십이. ❷다하다. 〔漢書〕膏以明自銷고이명자소. ❸쇠하다, 스러지다. 〔禮記〕禮減而不進則銷례감이부진즉소.
銷距(소거) 며느리발톱을 없앰. 곧, 병력(兵力)을 쓰지 않음.
銷金(소금) ①쇠를 녹임. 녹인 쇠. ②황금을 뿌림. ③인물을 그릴 때, 그 옷에 금으로 비단 무늬를 칠하는 일.
銷棄(소기) ①지워 없앰. ②유산(流産).
銷鋒鑄鐻(소봉주거) 무기를 녹여서 악기 걸이를 만듦. 병란(兵亂)이 끝나 평화를 되찾음.
銷鑠(소삭) 쇠붙이가 녹아서 없어짐.
銷失(소실) 녹아 없어짐. 삭아 없어짐.
銷鎔(소용) 쇠를 녹임. 용해(鎔解)함.
銷憂(소우) 근심을 없앰. 消憂(소우).
銷沈(소침) ①쇠퇴함. ②의기나 기세 따위가 사그라지고 까라짐. 消沈(소침).

7 ⑮【銹】锈 녹슬 수 宥

인명 ㊥xiù ㊐シュウ

동자 鏥 자해 녹슬다, 녹, 산화철(酸化鐵).

7 ⑮【銳】锐 1날카로울 예 霽 2창 태 泰

고등 인명 3급 ㊥ruì, duì ㊐エイ

필순 [필순]

소전 [소전체] 초서 [초서체] 속자 銳 참고 인명용 음은 '예'이다.

자원 形聲. 金＋兌→銳. '兌(태)'가 음을 나타낸다.

자해 1❶날카롭다, 예리하다. 〔淮南子〕銳而不挫예이부좌. ❷예민(銳敏)하다. 〔春秋左氏傳〕子羽銳敏자우예민. ❸군대가 날래고 용맹하다. 〔戰國策〕使輕車銳騎衝雍門사경거예기충옹문. ❹재빠르다, 민속(敏速)하다. 〔孟子〕其進銳者기진예자, 其退速기퇴속. ❺창끝, 칼끝, 예리한 병기. 2창(槍).
銳角(예각) 직각(直角)보다 작은 각.
銳氣(예기) 날카로운 기상(氣象). 힘찬 세력.
銳騎(예기) 날랜 기병(騎兵).
銳鈍(예둔) ①날카로움과 둔함. ②영리함과 우둔함.
銳利(예리) 날카로움.
銳敏(예민) 감각·행동 등이 날카롭고 빠름.
銳鋒(예봉) ①창·칼 등의 날카로운 끝. ②날카롭게 공격하는 이론(理論)이나 기세(氣勢).
銳意(예의) 단단히 차리는 마음.
銳卒(예졸) 날래고 용맹스러운 병사.
◘ 敏銳민예, 纖銳섬예, 細銳세예, 利銳이예, 精銳정예, 尖銳첨예, 聰銳총예.

7 ⑮【鋈】 도금 옥 沃

㊥wù ㊐オク

소전 [소전체] 초서 [초서체] 자해 ❶도금(鍍金), 도금하다. ❷은(銀).
鋈器(옥기) 금·은 따위로 도금(鍍金)한 그릇.
鋈續(옥속) 백금으로 꾸민 가슴걸이의 고리.

7 ⑮【鋥】锃 칼 갈 정 敬

인명 ㊥zèng ㊐トウ

자해 칼을 갈다, 칼을 갈아 날을 세우다.

7 ⑮【鋌】铤 쇳덩이 정 迥

인명 ㊥dìng ㊐テイ

소전 [소전체] 초서 [초서체] 자해 ❶쇳덩이. 아직 정련하지 않은 동철(銅鐵)의 덩이. ❷판금(板金).

7 ⑮【鋳】 鑄(1315)의 속자

7 ⑮【銡】 새길 지 寘

인명 ㊥zhì ㊐シ

자해 새기다, 마음에 새기다, 명심하다.

7 ⑮【鋪】铺 1펼 포 虞 2가게 포 遇

인명 2급 ㊥pū, pù ㊐ホ

소전 [소전체] 초서 [초서체] 자해 1❶펴다, 깔다, 늘어놓다. ❷베풀다, 설비하다. 2❶가게, 점포. ＝舖. ❷역참(驛站). 역말을 갈아타는 곳. 〔元史〕設急遞鋪설급체포.

金 7획

鋪道(포도) 포장(鋪裝)한 길.
鋪馬(포마) 역말. 驛馬(역마).
鋪石(포석) 길에 까는 돌.
鋪設(포설) ①펴서 베풂. ②가게를 냄.
鋪裝(포장) 길에 돌·시멘트·아스팔트 등을 깔아 굳게 다져 꾸밈.
鋪陳(포진) ①부연(敷衍)함. 상세하게 진술함. ②바닥에 까는 침구(寢具).
鋪置(포치) 넓게 늘어놓음.
◨ 店鋪점포.

7 ⑮【銲】 땜납 한 翰
㊥hàn ㊐カン
자해 ❶땜납. ＝釬. ❷물미. 창 자루의 끝을 감싸는, 끝이 뾰족한 쇠붙이.

7 ⑮【鋧】 작은 끌 현 銑
㊥xiàn ㊐ケン
초서 자해 작은 끌, 작은 창. ¶ 銑鋧선현.

7 ⑮【鋗】 ①노구솥 현 先 ②쓸 견 先
㊥xuān, juān ㊐ケン
소전 초서 동자 자해 ①❶노구솥. ❷작은 동이, 소분(小盆). ②쓸다, 청소하다. 〔史記〕王行遇其故鋗人왕행우기고견인.
鋗鍋(현과) 음식물을 끓이는 냄비. 노구솥.
鋗人(견인) 궁중의 청소부.

7 ⑮【鋏】铗 집게 협 葉
인명 ㊥jiá ㊐キョウ
소전 초서 자해 ❶집게, 불집게. ❷가위. 〔管子〕衣夾鋏의협협. ❸칼, 장검(長劍). 〔楚辭〕帶長鋏之陸離兮대장협지륙리혜. ❹칼자루, 검파(劍把). 〔戰國策〕長鋏歸來乎장협귀래호.
鋏刀(협도) ①작두와 비슷한, 약재를 써는 칼. ②가위. 剪刀(전도).

8 ⑯【鋼】钢 강철 강 陽 漾
고등 인명 3Ⅱ급 ㊥gāng ㊐コウ
필순 ノ ㇒ 㑒 伞 金 釘 鈿 鋼 鋼 鋼
초서 자원 形聲. 金＋岡→鋼. '岡(강)'이 음을 나타낸다.
자해 강철. 제련하여 강도(剛度)를 높게 한 쇠. 〔列子〕鍊鋼赤刃련강적인.
鋼管(강관) 강철로 만든 관(管).
鋼鐵(강철) 불려서 강도를 높인 쇠.
鋼板(강판) 강철로 만든 철판.
◨ 鍊鋼연강, 精鋼정강.

8 ⑯【鋸】锯 톱 거 御
인명 ㊥jù ㊐キョ
소전 초서 자해 ❶톱. ≒鐻. 〔國語〕中刑중형, 用刀鋸용도거. ❷톱질하다. ❸정강이뼈를 자르는 톱처럼 된 형구(刑具). 〔漢書〕奈何令刀鋸之餘薦天下豪雋哉내하령도거지여천천하호전재.
鋸屑(거설) ①톱밥. ②말이나 문장이 막힘없이 줄줄 나옴.
鋸牙(거아) 톱니처럼 날카로운 치아(齒牙). 鋸齒(거치).
鋸匠(거장) 톱일을 전문으로 하는 사람.

8 ⑯【錮】锢 땜질할 고 遇
인명 1급 ㊥gù ㊐コ
소전 초서 자해 ❶땜질하다. 〔漢書〕治銅錮其內야동고기내. ❷가두다, 붙들어 매다. 〔後漢書〕其在位者기재위자, 免官禁錮면관금고. ❸고질병. ＝痼. 〔禮記〕身有錮疾신유고질.
錮疾(고질) 오래도록 앓아서 낫지 않는 병. 痼疾(고질).
錮弊(고폐) 나쁜 버릇.
◨ 禁錮금고, 廢錮폐고.

8 ⑯【錕】锟 붉은 쇠 곤 元
인명 ㊥kūn ㊐コン
초서 자해 붉은 쇠, 붉은빛의 금속. ¶ 錕鋙곤오.
錕鋙(곤오) ①칼 이름. 옥(玉)도 자른다는 보검. ②붉은 쇠. ③명검(名劍)을 만드는 쇠가 난다는 산. 곤오산(錕鋙山).

8 ⑯【錧】 비녀장 관 旱
인명 ㊥guǎn ㊐カン
초서 자해 ❶비녀장. 수레의 굴대 머리에 내리꽂는 쇠못. ＝輨. ❷중요한 부분, 추요(樞要).
錧鎋(관할) 수레의 비녀장. 사물의 중요한 부분의 비유.

金 7획

8
⑯【錦】锦 비단 금 寑

고등 인명 3Ⅱ급 ㊥jǐn ㊐キン

필순 丿 𠂉 𠆢 亼 金 鈊 鈤 鉑 錦 錦

소전 錦 초서 錦 자원 形聲. 金+帛→錦. '金(금)'이 음을 나타낸다.

자해 ❶비단, 여러 가지 색채로 무늬를 넣어 짠 비단. 〔春秋左氏傳〕子有美錦자유미금. ❷아름답다, 아름다운 사물.

錦衾(금금) 비단 이불.

錦綺(금기) 비단. 화려한 비단.

錦囊(금낭) ①비단 주머니. ②잘 지은 시(詩). 故事 당대(唐代)의 이하(李賀)가 좋은 시를 지을 때마다 이를 비단 주머니에 넣어 둔 데서 온 말. 詩囊(시낭).

錦鱗(금린) 아름다운 물고기.

錦帆(금범) 비단 돛. 아름다운 배.

錦上添花(금상첨화) 비단 위에 꽃을 더함. 좋은 일에 또 좋은 일이 더해짐.

錦繡(금수) ①비단과 수. ②비단에 놓은 수. ③아름다운 옷.

錦繡江山(금수강산) 비단에 수를 놓은 듯한 강산 ㉠아름다운 자연. ㉡우리나라.

錦心繡口(금심수구) 비단에 수를 놓은 듯이 아름다운 마음과 고운 말. 글재주에 빼어난 사람. 錦心繡腸(금심수장).

錦衣夜行(금의야행) 비단옷을 입고 밤에 돌아다님. 아무 보람 없는 일을 자랑스레 함.

錦衣玉食(금의옥식) 비단옷에 맛난 음식. 생활이 사치스러움.

錦衣還鄕(금의환향) 비단옷을 입고 고향에 돌아옴. 출세하여 고향에 돌아옴. 衣錦還鄕(의금환향). 錦還(금환).

錦字(금자) 비단에 짜 넣은 글자. ㉠아내가 남편을 사모하여 보내는 편지. 故事 전진(前秦) 때 두도(竇滔)의 아내 소씨(蘇氏)가 회문시(廻文詩)를 비단에 짜 넣어 귀양 간 남편에게 보냈다는 고사에서 온 말. ㉡매우 아름다운 시구.

錦楓(금풍) 비단같이 아름다운 단풍.

8
⑯【錡】锜 ①솥 기 支 ②톱 의 紙

인명 ㊥qí, yǐ ㊐キ

소전 錡 초서 錡 참고 인명용 음은 '기'이다.

자해 ①솥, 세 발 달린 솥. =鬲. 〔詩經〕維錡及釜유기급부. ②❶톱. ❷쇠뇌틀, 쇠뇌를 걸어 두는 틀.

錡釜(기부) 발이 달린 솥과 발이 없는 가마.

8
⑯【錤】 호미 기 支

인명 ㊥jī ㊐キ

자해 호미. 농기구의 한 가지.

8
⑯【錟】 ①창 담 覃 ②날카로울 섬 鹽

인명 ㊥tán, xiān ㊐タン

소전 錟 초서 錟 참고 인명용 음은 '담'이다.

자해 ①창〔矛〕, 긴 창. ②날카롭다.

8
⑯【錄】录 ①기록할 록 沃 ②사실할 려 御

고등 인명 4Ⅱ급 ㊥lù, lǜ ㊐ロク

필순 亼 今 今 金 金' 釕 鈩 鈩 錄 錄

소전 錄 초서 錄 속자 録 참고 인명용 음은 '록'이다.

자원 形聲. 金+彔→錄. '彔(록)'이 음을 나타낸다.

자해 ①❶기록하다, 적다. 〔春秋公羊傳〕春秋錄內而略外춘추록내이략외. ❷기록 문서. ❸취(取)하다. 〔魏志〕餘子瑣瑣여자쇄쇄, 亦焉足錄哉역언족록재. ❹살피다, 성찰하다. 〔漢書〕錄德而定位녹덕이정위. ❺범용(凡庸)한 모양. =碌. 〔漢書〕當時錄錄당시녹록, 未有奇節미유기절. ②사실(査實)하다, 정상(情狀)을 살피다. 〔漢書〕每行縣錄囚徒還매행현려수도환.

錄錄(녹록) 무능(無能)하고 평범한 모양. 碌碌(녹록).

錄音(녹음) 現레코드나 테이프 따위에 소리를 기록함.

錄用(녹용) 채용(採用)함.

錄奏(녹주) 글로써 임금에게 아룀.

錄牒(녹첩) 성명을 기록한 장부.

錄取(녹취) 방송·인터뷰 따위의 내용을 녹음하고 채취함.

錄畫(녹화) 現비디오테이프에 영사 신호를 기록함.

◨ 記錄기록, 登錄등록, 收錄수록, 實錄실록, 著錄저록, 抄錄초록.

8
⑯【録】 錄(1303)의 속자

8
⑯【錀】 ①금 륜 眞 ②토끼그물 고리 분 文

인명 ㊥lún, fēn ㊐リン

참고 인명용 음은 '륜'이다.

자해 ①금. ②토끼그물의 고리.

8 ⑯【鉼】 ①판금 병 梗 ②나라 이름 병 靑

㊥bǐng, píng ㊐ヘイ

초서 속자 鉼 자해 ①❶판금(板金). 얇고 넓게 조각낸 쇠붙이. ❷가마솥. ②나라 이름. 한대(漢代)의 제후국.

鉼盂(병우) 가마솥과 바리.

8 ⑯【錫】 锡 주석 석 錫

인명 2급 ㊥xī ㊐セキ

소전 초서 자해 ❶주석. 금속 원소의 한 가지로 녹슬지 않는다. 〔詩經〕 如金如錫여금여석. ❷주다, 하사하다. 〔書經〕 師錫帝사석제. ❸가는 베. 〔列子〕 衣阿錫의아석. ❹석장(錫杖). 〔高僧傳〕 飛錫淩空而行비석릉공이행.

錫賚(석뢰) ①상을 내림. ②윗사람에게 하사(下賜)받은 물건.

錫姓(석성) 성을 내려 줌.

錫杖(석장) 승려나 도사 등이 쓰는 지팡이. 禪杖(선장).

錫衰(석최) 고운 베로 지은 상복(喪服).

◨ 寵錫총석, 褒錫포석.

8 ⑯【錞】 악기 이름 순 眞

인명 ㊥chún ㊐ジュン

소전 초서 자해 악기 이름, 순우(錞釪). 종(鐘)과 비슷한 상대하소(上大下小)의 타악기(打樂器). 〔周禮〕 以金錞和鼓이금순화고.

錞于(순우) 북〔鼓〕과 어울려 울리는 동이 모양의 금속 악기. 錞釪(순우).

金 8획

8 ⑯【錏】 투구 목가림 아 麻

㊥yā ㊐ア

소전 초서 동자 鐚 자해 투구 목가림. 목을 보호하기 위해 투구의 옆과 뒤에 늘어뜨린 것.

8 ⑯【錚】 铮 쇳소리 쟁 庚

인명 1급 ㊥zhēng ㊐ソウ

소전 초서 자해 ❶쇳소리, 쇠붙이에서 나는 소리. ❷징. 〔東觀漢記〕 介士鼓吹錚鐸개사고취쟁탁.

錚盤(쟁반) 운두가 얕고 바닥이 넓적한 그릇.

錚錚(쟁쟁) ①쇠붙이가 맞부딪쳐 나는 맑은 소리. ②여럿 가운데에서 매우 빼어난 사람.

8 ⑯【錢】 钱 돈 전 先

중학 인명 4급 ㊥qián ㊐セン

필순 丿 𠂉 𠆢 今 余 金 金' 金⺀ 錢 錢 錢

소전 초서 속자 銭 자원 形聲. 金+戔→錢. '戔(전)'이 음을 나타낸다.

자해 ❶돈. 〔史記〕 下有積錢하유적전. ❷무게의 단위, 한 돈쭝. 한 냥의 10분의 1. ❸國화폐 단위. 원의 100분의 1.

錢貫(전관) 돈을 꿰는 끈. 돈꿰미.

錢穀(전곡) 돈과 곡식.

錢刀(전도) 칼 모양의 돈.

錢文(전문) ①돈. ②돈의 표면에 새긴 글자.

錢癖(전벽) 돈을 지나치게 아끼어 모으는 성벽. 구두쇠.

錢神(전신) 돈이란 이름의 신. 금전의 위력(威力)을 신에 비유하여 이르는 말.

錢主(전주) ①돈의 주인. ②밑천을 대어 주는 사람. 또는 빚을 준 사람.

錢布(전포) 엽전과 지폐. 錢貨(전화).

錢荒(전황) 돈이 잘 융통되지 않아 귀함.

◨ 金錢금전, 銅錢동전, 本錢본전, 葉錢엽전, 銀錢은전, 鑄錢주전, 紙錢지전, 換錢환전.

8 ⑯【錠】 锭 제기 이름 정 徑

인명 1급 ㊥dìng ㊐ジョウ

소전 초서 자해 ❶제기(祭器) 이름, 익힌 제수를 담는 세 발 달린 제기. 〔博古圖〕 漢虹燭錠한홍촉정. ❷정제(錠劑), 알약.

錠劑(정제) 동글납작하게 굳힌 약제. 알약.

8 ⑯【錯】 错 ①섞일 착 藥 ②둘 조 遇

고등 인명 3Ⅱ급 ㊥cuò, cù ㊐サク

필순 丿 𠂉 𠆢 今 余 金 金' 金⺊ 金⺊ 錯 錯

소전 초서 참고 인명용 음은 '착'이다.

자원 形聲. 金+昔→錯. '昔(석)'이 음을 나타낸다.

자해 ①❶섞이다. 〔詩經〕 翹翹錯薪교교착신. ❷어지러워지다. 〔書經〕 殷既錯天命은기착천명. ❸잘못하다. 〔五代史〕 鑄一个주일개, 錯不成착불성. ❹갈마들다, 번갈아. 〔中庸〕 辟如四時之錯行비여사시지착행. ❺도금(鍍金)하다, 금도금. ❻무늬를 놓다. 〔史記〕 錯臂左衽착비좌임. ②❶두다, 그대로 두다. 〔尙書大傳〕 錯刑遂罰조형

축벌. ❷베풀다, 설치하다. 〔史記〕展采錯事전채조사.
錯覺(착각) 어떤 사물이나 사실을 실제와 다르게 지각하거나 생각함.
錯簡(착간) 뒤섞인 죽간(竹簡). 책 내용의 순서가 뒤섞여 있는 일.
錯落(착락) 온통 깔림. 뒤섞임.
錯亂(착란) 뒤섞이어 어수선함.
錯慮(착려) 뒤섞이고 어지러움. 잘못된 생각.
錯臂(착비) ①팔짱을 낌. 예용(禮容)이 없음. ②팔에 문신함.
錯視(착시) 착각하여 잘못 봄.
錯誤(착오) ①착각으로 인한 잘못. ②실제와 표상(表象)이 다름. 錯繆(착류).
錯認(착인) 잘못 보거나 잘못 앎. 誤認(오인).
錯雜(착잡) 뒤섞이어 복잡함.
錯綜(착종) ①뒤섞여 엉클어짐. ②여러 가지를 섞어 모음.
錯舛(착천) 어그러짐. 위배(違背)됨.
錯行(착행) 번갈아 듦. 번갈아 돎.
錯辭(조사) 글을 지을 때 글자나 어구들을 골라서 알맞게 씀. 措辭(조사).
錯愕(조악) 뜻밖의 일로 놀라 허둥지둥함.

8 ⑯【錣】 물미 철 屑

㊥zhuì ㊐テツ

초서 자해 ❶물미. 채찍 끝에 박은 뾰족한 쇳조각. 〔淮南子〕倒杖策도장책, 錣上貫頤철상관이. ❷산대, 산가지. 계산할 때 쓰는 댓가지. 〔管子〕引錣量用인철량용.
錣鈞(철균) 다과(多寡)를 재는 기구. 계수기(計數器).

8 ⑯【錘】锤 저울추 추 支

인명 1급 ㊥chuí ㊐スイ

소전 초서 자해 ❶저울추, 분동(分銅). ❷무게 단위. 8수(銖)의 무게. 또는 열두 냥쭝. ❸마치. 달군 쇠붙이를 두드려 물건을 만드는 연장.
錘鐘(추종) 추가 달린 괘종(掛鐘).
◨ 紡錘방추, 秤錘칭추.

8 ⑯【錐】锥 송곳 추 支

인명 1급 ㊥zhuī ㊐スイ

소전 초서 자해 ❶송곳. 작은 구멍을 뚫는 연장. ❷작은 화살, 쇠붙이의 살촉에 깃을 붙인 화살. 〔戰國策〕疾如錐矢질여추시.
錐股(추고) 넓적다리를 송곳으로 찌름. 졸음을 참으며 공부함. 故事 전국 시대에 소진(蘇秦)이 자기의 넓적다리를 송곳으로 찔러 졸음을 쫓으면서 공부했다는 고사에서 온 말.
錐刀之末(추도지말) 송곳과 주머니칼의 끝. 지극히 작은 사물.
錐處囊中(추처낭중) 송곳이 주머니 속에 있음. 뛰어난 사람은 저절로 재능이 드러남. 囊中之錐(낭중지추).
◨ 試錐시추, 立錐입추.

8 ⑯【錙】锱 저울눈 치 支

㊥zī ㊐シ

소전 초서 자해 저울눈, 무게 단위. 6수(銖), 8수, 또는 엿 냥, 여덟 냥 등의 여러 설이 있다.
錙銖(치수) ①치(錙)와 수(銖). 얼마 안 되는 무게. ②하찮은 물건.
錙錘(치추) 작은 분량. 사세(些細)함.

9 ⑰【鍳】 鑑(1314)과 동자

9 ⑰【鍵】键 열쇠 건 阮

인명 2급 ㊥jiàn ㊐ケン

소전 초서 자해 ❶열쇠. 자물쇠를 여는 쇠. 〔禮記〕脩鍵閉수건폐. ❷비녀장. 바퀴가 벗어지지 않게 굴대 머리에 내리지르는 큰 못. ❸現건반(鍵盤).
鍵盤(건반) 現피아노·오르간 따위의 앞부분에 있는 흑백의 작은 판(板).
鍵鑰(건약) 자물쇠.
◨ 關鍵관건.

9 ⑰【鍥】锲 1 새길 계 霽 2 낫 결 屑

㊥qiè ㊐ケツ

소전 초서 자해 1 새기다, 조각하다. 〔荀子〕鍥而不舍계이불사, 金石可鏤금석가루. 2 낫, 풀을 베는 낫.
鍥薄(계박) ①돈을 깎아 얇게 하는 일. ②각박(刻薄)함. 잔혹(殘酷)함.

9 ⑰【鍋】锅 노구솥 과 歌

인명 ㊥guō ㊐カ

초서 자해 노구솥, 냄비. 〔陸龜蒙·詩〕盈鍋玉泉沸영과옥천비.
鍋爐(과로) 증기 기관실.

鍋戶(과호) 소금을 굽는 백성.

9 ⑰【鍠】 종고 소리 굉 本횡 陽

中huáng 日コウ

소전 鍠 초서 鍠 자해 ❶종고(鐘鼓)의 소리, 종소리나 북소리. 〔詩經〕 鐘鼓鍠鍠종고굉굉. ❷도끼, 의장(儀仗)에 쓰는 나무 도끼.

9 ⑰【鍛】锻 쇠 불릴 단 翰

인명 2급 中duàn 日タン

소전 鍛 초서 鍛 동자 煅 자해 ❶쇠를 불리다, 쇠를 단련하다. 〔書經〕 鍛乃戈矛단내과모. ❷교묘하게 죄에 얽어 넣다. 〔後漢書〕 鍛鍊之吏단련지리. ❸다듬다, 글을 다듬다.

鍛鍊(단련) ①쇠를 불림. 쇠붙이를 불에 달구어 두드림. ②몸과 마음을 닦아 기름. ③머리를 짜서 문장을 다듬는 일. ④혹리(酷吏)가 억지로 사람을 죄에 몰아넣음.

鍛冶(단야) ①쇠붙이를 단련하여 기물을 만듦. ②대장장이.

鍛造(단조) 달군 쇠붙이를 두드려 늘여서 물건을 만듦.

9 ⑰【鍍】镀 도금할 도 遇

인명 1급 中dù 日ト

초서 鍍 자해 도금(鍍金)하다. 〔李紳·詩〕 假金只用眞鍍金가금지용진도금.

9 ⑰【鍊】 불릴 련 霰

고등 인명 3Ⅱ급 中liàn 日レン

필순 丿 ㅅ 亼 仐 牟 金 釒 鈩 鉮 鍊

소전 鍊 초서 鍊 참고 인명용 음은 '련'이다.

자원 形聲. 金+柬→鍊. '柬(간)'이 음을 나타낸다.

자해 불리다. ≒煉. ㉮쇠붙이를 달구어 두드리다, 정련(精煉)하다. 〔皇極經世〕 金百鍊然後精금백련연후정. ㉯몸·정신 등을 단련하다. 〔蘇軾·詩〕 養鍊歲月長양련세월장. ㉰사물을 익숙하게 하다, 습련(習練)하다. 〔淮南子〕 鍊土生木련토생목, 鍊木生火련목생화.

鍊鋼(연강) ①불린 단단한 쇠. 鋼鐵(강철). ②강하고 날카로움.

鍊句(연구) 머리를 짜서 시구(詩句)를 생각함. 시구를 가다듬음.

鍊金(연금) ①쇠를 불림. ②정련(精鍊)한 황금(黃金).

鍊氣(연기) 심기(心氣)를 단련하는 일. 도교(道教)의 장생술(長生術).

鍊丹(연단) 도교(道教)에서, 도사(道士)가 불로불사(不老不死)의 약을 만드는 일. 또는 그 약. 鍊藥(연약).

鍊磨(연마) ①돌·쇠붙이·보석 따위를 갈고 닦아서 표면을 반질반질하게 함. ②심신·지식·기술 따위를 힘써 배우고 닦음.

鍊師(연사) 덕(德)이 높은 도사(道士).

鍊習(연습) 학문·기예 따위를 익숙하도록 되풀이하여 익힘.

◨ 鍛鍊단련, 修鍊수련, 精鍊정련.

9 ⑰【錨】锚 닻 묘 蕭

인명 中máo 日ビョウ

초서 錨 자해 닻. 배를 정박시키기 위하여 닻줄 끝에 매어 물 밑으로 가라앉히는 갈고리진 쇠뭉치.

◨ 拔錨발묘, 投錨투묘.

9 ⑰【鍪】 투구 무 尤

中móu 日ボウ

소전 鍪 초서 鍪 자해 ❶투구. 군인이 쓰는 쇠모자. 〔戰國策〕 甲盾鞮鍪갑순제무. ❷가마, 발 없는 큰 솥.

9 ⑰【鍑】 솥 복 屋

인명 中fù 日フク

소전 鍑 초서 鍑 자해 ❶솥, 아가리가 오므라진 솥. ❷아가리가 큰 솥.

9 ⑰【鍤】锸 가래 삽 洽

中chā 日ソウ

소전 鍤 초서 鍤 자해 ❶가래. 흙을 파헤치거나 떠서 던지는 농기구. 〔漢書〕 負籠荷鍤부롱하삽. ❷바늘. 시침질할 때 쓰는 돗바늘.

9 ⑰【鍱】 쇳조각 섭·엽 葉

中xié, yè 日ヨウ

소전 鍱 초서 鍱 자해 ❶쇳조각, 편철(片鐵), 쇠붙이를 두드려 편 박편(薄片). ❷쇠고리.

9 ⑰【鍔】锷 칼날 악 藥

인명 ㊥è ㊐ガク

초서 자해 ❶칼날. 〔漢書〕 底厲鋒鍔저려봉악. ❷칼끝, 검단(劍端). ❸칼등, 칼날의 반대편. ❹높은 모양. 〔張衡·賦〕 鍔鍔列列악악렬렬.

鍔鍔(악악) 높은 모양.

9 ⑰【鍈】 방울 소리 영 庚

인명 ㊥yìng ㊐エイ

자해 방울 소리.

9 ⑰【鍮】 놋쇠 유 本투 尤

인명 1급 ㊥tōu ㊐チュウ

초서 자해 놋쇠. 구리에 아연(亞鉛)을 섞어서 만든 쇠붙이.

鍮器(유기) 놋그릇.

鍮尺(유척) 國①어사(御史)에게 하사하는 놋쇠로 만든 자. 자막대처럼 곧고 바르게 일을 처결(處決)하라는 상징물(象徵物). ②지방 수령이나 암행어사가 검시(檢屍)에 쓰던, 놋쇠로 만든 자. 놋자.

9 ⑰【鍉】 1 피 그릇 저 齊 2 숟가락 시 支

㊥dī, chí ㊐テイ, シ

초서 자해 1 ❶피 그릇. 혈맹(血盟)을 할 때 희생의 피를 담아 마시던 그릇. ❷창끝. 창(槍)의 날카로운 끝. 2 숟가락. 혈맹할 때 쓰던 숟가락. ＝匙. 〔後漢書〕 牽馬操刀견마조도, 奉盤錯鍉봉반착시, 遂割牲而盟수할생이맹.

9 ⑰【鍾】钟 술병 종 冬

인명 4급 ㊥zhōng ㊐ショウ

소전 초서 자해 ❶술병. 술을 담아 두는 그릇. 흔히, 술을 따르는 잔(盞)으로 쓴다. 〔孔叢子〕 堯舜千鍾요순천종. ❷모이다, 모으다. 〔國語〕 澤택, 水之鍾也수지종야. ❸주다, 부여(賦與)하다. ❹부피 단위. 6곡 4두(六斛四斗), 8곡, 10곡 등의 여러 설이 있다. 〔孟子〕 兄戴蓋祿萬鍾형대개록만종. ❺종. ≒鐘.

鍾念(종념) 자애(慈愛)를 모음. 극진히 사랑하고 아낌.

鍾鉢(종발) 작은 보시기.

鍾愛(종애) 사랑을 모음. 매우 귀여워함.

鍾乳洞(종유동) 석회암(石灰巖)이 지하수에 침식(浸蝕)되어 이루어진 동굴(洞窟). 石乳洞(석유동).

9 ⑰【鍐】 말굴레 종 東

㊥zōng ㊐ソウ

초서 자해 말굴레, 말의 머리 장식.

9 ⑰【鍬】锹 가래 초 蕭

㊥qiāo ㊐ショウ

초서 동자 鍫 자해 가래, 괭이. 농기구의 한 가지.

9 ⑰【鍫】 鍬(1307)와 동자

9 ⑰【鍼】 침 침 侵

인명 1급 ㊥zhēn ㊐シン

소전 초서 동자 針 자해 ❶침. ㉮의료용(醫療用) 침. 〔素問〕 鑱石鍼艾治其外也참석침애치기외야. ㉯재봉용(裁縫用) 바늘. ❷찌르다, 침을 놓다. 〔漢書〕 以鐵鍼鍼之이철침침지.

鍼灸(침구) 침질과 뜸질.

鍼芒(침망) ①바늘 끝. ②극히 미세(微細)함. 鍼末(침말). 鍼鋒(침봉).

鍼術(침술) 침을 놓아 병을 고치는 의술.

鍼艾(침애) ①침과 쑥. 침과 뜸. 鍼灸(침구). ②경계(警戒). 잠계(箴戒).

鍼醫(침의) 침술로 병을 고치는 의원.

鍼筒(침통) 침을 넣어 두는 통.

鍼砭(침폄) ①쇠로 만든 침과 돌로 만든 침. 또는 침술(鍼術). ②잘못을 바로잡도록 가르치고 훈계하는 말. 教訓(교훈).

9 ⑰【鍖】 모탕 침 侵

㊥zhēn ㊐チン

초서 자해 모탕. 죄인의 목을 자를 때 밑에 받치는 나무토막. ＝椹.

9 ⑰【鍜】 목투구 하 麻

㊥xiá ㊐カ

소전 초서 자해 목투구, 아하(錏鍜). 목까지 깊숙이 감추게 만든 투구.

9 ⑰【鍰】锾 무게 단위 환 刪

㊥huán ㊐カン

소전 鍰 초서 鍰 자해 ❶무게 단위, 엿 냥쭝. 〔詩經〕六兩曰鍰육량왈환. ❷고리. ≒環. 〔漢書〕謂宮門銅鍰위궁문동환.

9 ⑰【鍭】 화살 후 尤

㊥hóu ㊐コウ

소전 鍭 초서 鍭 자해 화살. 활촉에 깃을 단 화살. 〔詩經〕四鍭既鈞사후기균.

10 ⑱【鎧】铠 갑옷 개 賄

인명 ㊥kǎi ㊐ガイ

소전 鎧 초서 鎧 자해 ❶갑옷, 갑의(甲衣). 〔漢書〕被鎧扞피개한, 持刀兵지도병. ❷갑옷을 입다, 무장(武裝)하다. 〔晉書〕鎧馬二百五十匹개마이백오십필.

鎧甲(개갑) 갑옷. 甲衣(갑의).
鎧馬(개마) 무장한 말. 鐵馬(철마).
鎧仗(개장) 갑옷과 병기(兵器).
鎧冑(개주) 갑옷과 투구. 甲冑(갑주).

10 ⑱【鎌】镰 낫 겸 ㊍렴 鹽

인명 ㊥lián ㊐レン

소전 鎌 초서 鎌 동자 鐮 자해 낫. 나무·풀·곡식 따위를 베는 농기구.

鎌利(겸리) 낫처럼 날카로움.
鎌刃(겸인) 낫의 날.

10 ⑱【鎒】 1 괭이 누 宥 2 풀 벨 호 豪

㊥nòu, hāo ㊐ドウ

초서 鎒 자해 1 괭이, 호미. ＝耨. 〔管子〕一農之事일농지사, 必有一耜一銚一鎌一鎒一椎一銍필유일사일조일겸일누일추일질. 2 풀을 베다, 김매다. 〔淮南子〕治國者若鎒田치국자약호전, 去害苗者而已거할묘자이이.

10 ⑱【鎛】镈 종 박 藥

㊥bó ㊐ハク

소전 鎛 초서 鎛 자해 ❶종. 악기의 한 가지. ㉮큰 종. 〔周禮〕鎛如鐘而大박여종이대. ㉯작은 종. 〔國語〕細鈞有鐘無鎛세균유종무박. ❷괭이, 호미.

鎛磬(박경) 종(鐘)과 경쇠.
鎛鐘(박종) 작은 종과 큰 종.

10 ⑱【鎞】 비녀 비 齊

㊥bì ㊐ヘイ

초서 鎞 자해 ❶비녀. ❷빗. 머리를 빗는 도구. 〔杜甫·詩〕髮短不勝鎞발단불승비.

10 ⑱【鎖】锁 쇠사슬 쇄 哿

고등 인명 3Ⅱ급 ㊥suǒ ㊐サ

필순 丿 𠂉 𠆢 今 金 金' 金" 釒 鎖 鎖

소전 鎖 초서 鎖 동자 鏁 속자 鎻 자원 形聲. 金+貨→鎖. '貨(쇄)'가 음을 나타낸다.

자해 ❶쇠사슬. 〔漢書〕以鐵鎖琅當其頸이철쇄랑당기경. ❷자물쇠. 〔酉陽雜俎〕扃鎖甚固경쇄심고. ❸잠그다, 닫아 걸다.

鎖骨(쇄골) 가슴 위쪽 좌우에 있는 한 쌍의 어깨뼈. 빗장뼈.
鎖國(쇄국) 나라의 문호를 굳게 닫고 외국과의 왕래를 끊음.
鎖門(쇄문) 문을 잠금.
鎖鑰(쇄약) ①자물쇠와 열쇠. 문단속. ②중요한 장소. 출입의 요소(要所).
鎖院(쇄원) ①과시(科試)에서 시험장의 문을 걸어 잠그고 시험 보던 일. ②시원(試院). 과장(科場).
鎖匠(쇄장) 國옥문지기. 옥졸(獄卒). 獄鎖匠(옥쇄장).
鎖港(쇄항) ①항만에 장애물이 있어 배가 들어오지 못함. ②항만을 폐쇄하여 외국과의 통상 무역을 하지 않음. 또는 그 항구.

◨ 封鎖봉쇄, 閉鎖폐쇄.

10 ⑱【鎻】 鎖(1308)의 속자 인명

10 ⑱【鎪】锼 아로새길 수 尤

㊥sōu ㊐ソウ

초서 鎪 자해 ❶아로새기다, 조각하다. 〔左思·賦〕木無雕鎪목무조수. ❷말 귀에 다는 쇠붙이 장식. ❸녹. 쇠의 표면이 산화(酸化)하여 생기는 것.

鎪鏤(수루) 조각(彫刻)함.

10 ⑱【鎔】镕 녹일 용 冬

인명 2급 ㊥róng ㊐ヨウ

소전 초서 동자 熔 자해 ❶녹이다, 쇠를 녹이다, 쇠가 녹다. 〔徐陵·碑〕金膏未鎔금고미용. ❷거푸집, 주물(鑄物)의 모형. 〔漢書〕冶鎔炊炭야용취탄.

鎔鑛爐(용광로) 쇠붙이나 광석을 녹이는 가마.

鎔範(용범) 쇠붙이를 녹여 거푸집에 넣음. 또는 그 거푸집.

鎔鑠(용삭) 쇠붙이를 녹임.

鎔石(용석) 화산에서 뿜어 나온 암장(岩漿)이 식어서 이루어진 돌.

鎔巖(용암) 화산에서 분출한 마그마. 또는 그것이 굳어서 된 암석.

鎔融(용융) 고체가 열에 녹아 액체 상태로 되는 일. 融解(융해).

鎔接(용접) 쇠붙이를 녹여 붙이거나 이음.

鎔鑄(용주) ①쇳물을 거푸집에 부어 기물을 만듦. ②일을 이룩함.

鎔解(용해) 열을 가하여 광석이나 금속 따위를 녹임.

10 ⑱【鎰】镒 무게 단위 일 質

인명 2급 ㊥yì ㊐イツ

초서 자해 **무게 단위**. 스무 냥.

10 ⑱【鎗】 1종소리 쟁 庚 2창 장 陽

㊥chēng, qiāng ㊐ソウ

소전 초서 자해 1**종소리, 금석(金石)의 소리**. ＝鏘. 〔淮南子〕鎗然有聲쟁연유성. 2❶**창(槍)**. ❷**총, 화총(火銃)**.

鎗鎗(쟁쟁) ①나란히 줄을 선 모양. ②종고(鐘鼓)의 소리.

10 ⑱【鎸】 鐫(1313)의 속자

10 ⑱【鎭】镇 1진압할 진 震 2메울 전 先

고등 인명 3Ⅱ급 ㊥zhèn, tián ㊐チン

필순

소전 초서 속자 鎮 참고 인명용 음은 '진'이다.

자원 形聲. 金＋眞→鎭. '眞(진)'이 음을 나타낸다.

자해 1❶**진압하다**. ㉮**억눌러서 조용하게 하다**. 〔國語〕是陽失其所而鎭陰也시양실기소이진음야. ㉯**어루만져 편안하게 하다**. 〔後漢書〕鎭烏孫以公主진오손이공주. ❷**누르다**. ❸**진정(鎭靜)하다**. 〔王勃·序〕三途鎭而九派分삼도진이구파분. ❹**요해지(要害地), 전략상(戰略上) 요긴한 곳**. 〔唐書〕臨難棄城鎭림난기성진. ❺**진영(陣營), 둔영(屯營)**. 2**메우다**. ≒塡. 〔國語〕譬之如室비지여실, 旣鎭其甍矣기전기맹의.

鎭撫(진무) 난리를 평정하고 백성을 편안하게 함. 민심을 진정시켜 위무(慰撫)함.

鎭邊(진변) 변경(邊境)을 진압함.

鎭服(진복) 진압하여 복종하게 함.

鎭守(진수) 변경(邊境)을 지킴. 鎭戍(진수)

鎭安(진안) 진정시켜 편안하게 함.

鎭壓(진압) ①진정시키어 억누름. 평온하게 진정시킴. ②짓밟힘. 억눌림. ③포개어 쌓임.

鎭營(진영) 조선 때 지방군이 주둔하던 곳. 병영(兵營)이나 수영(水營) 밑에 두었음.

鎭慰(진위) 가라앉히고 위로함.

鎭衛(진위) 가라앉히고 지킴.

鎭定(진정) 진압하여 평정함.

鎭靜(진정) 가라앉아 조용함. 흥분·혼란 등을 가라앉혀 조용하게 함.

鎭重(진중) 무게가 있고 점잖음.

鎭痛(진통) 아픈 것을 가라앉힘.

鎭咳(진해) 기침을 가라앉힘.

鎭護(진호) 난리를 진압하거나 난리가 나지 않도록 지킴.

鎭魂(진혼) 망혼을 진정시킴.

鎭火(진화) 불을 끔.

10 ⑱【鎮】 鎭(1309)의 속자

10 ⑱【鎚】 쇠망치 추 支

인명 1급 ㊥chuí ㊐ツイ

초서 자해 ❶**쇠망치**. 〔抱朴子〕以鐵鎚鍛이철추단, 其頭數千下기두수천하. ❷**치다, 망치질하다**.

鎚殺(추살) 쇠망치로 쳐 죽임.

10 ⑱【鎋】辖 비녀장 할 黠

㊥xiá ㊐カツ

초서 자해 ❶**비녀장**. 수레바퀴가 빠져나오지 않도록 굴대 끝에 내리꽂는 쇠못. ❷**추요(樞要)**. 긴요하고 중요한 것. ＝轄.

10 ⑱【鎣】 1줄 형 徑 2그릇 영 庚

인명 ㊥yíng, jiǒng ㊐エイ

金 10획

소전 초서 참고 인명용 음은 '형'이다.

자해 1 ❶줄. 문질러 광택을 내는 연장. ❷꾸미다, 장식하다. ❸갈다, 문지르다. 2 ❶그릇. ❷반짝이는 쇠.

10 ⑱【鎬】镐 호경 호 晧

인명 2급 ㊥hào ㊐コウ

소전 초서 자해 ❶호경(鎬京). 〔詩經〕 鎬京辟廱호경벽옹. ❷냄비, 쟁개비. ❸빛나는 모양, 밝은 모양. 〔何晏·賦〕 鎬鎬鑠鑠호호삭삭.

鎬京(호경) 주(周)의 무왕(武王)이 도읍했던 곳. 지금의 섬서성(陝西省) 장안현(長安縣)의 서남쪽.

鎬鎬(호호) 빛나는 모양. 밝은 모양.

11 ⑲【鏗】铿 금옥 소리 갱 ㊍경 庚

㊥kēng ㊐コウ

초서 자해 ❶금옥(金玉) 소리. 〔禮記〕 鐘聲鏗종성갱, 鏗以立號갱이립호. ❷거문고 소리. ❸기침하는 소리.

鏗鏗(갱갱) 금석(金石)이 울리는 소리. 鏗鏘(갱장).

鏗鍠(갱굉) ①금석의 소리. ②거문고 소리.

鏗鏘(갱장) ①금옥(金玉)의 소리. ②악기의 소리. 鏗戛(갱알).

11 ⑲【鏡】镜 거울 경 敬

고등 인명 4급 ㊥jìng ㊐キョウ

필순 𠆢 今 金 金 金 鈩 鉝 錇 鏡 鏡

소전 초서 자원 形聲. 金+竟→鏡. '竟(경)'이 음을 나타낸다.

자해 ❶거울. 형상을 비추어 보는 물건. 〔漢書〕 淸水明鏡청수명경, 不可以形逃불가이형도. ❷거울삼다, 본받다, 경계를 삼다. 〔漢書〕 以鏡考己行이경고기행. ❸비추다, 조람(照覽)하다. 〔呂氏春秋〕 孰當可而鏡숙당가이경. ❹밝히다, 광명(光明). 〔後漢書〕 榮鏡宇宙영경우주.

鏡鑑(경감) ①거울. ②본보기. 모범(模範). 龜鑑(귀감).

鏡戒(경계) 거울삼아 경계함. 명확한 훈계.

鏡考(경고) 거울삼아 생각함. 성찰(省察)함.

鏡臺(경대) 거울을 달아 세운 화장대(化粧臺). 粧鏡(장경).

鏡水(경수) 거울같이 맑고 잔잔한 물.

鏡花水月(경화수월) 거울에 비친 꽃과 물에 비친 달. ㉠보기만 할 뿐 잡을 수 없음. 허황된 환영. ㉡시문(詩文)에서, 느껴지기는 하나 표현할 수 없는 미묘한 정취.

◼ 寶鏡보경, 眼鏡안경, 粧鏡장경, 破鏡파경.

11 ⑲【鏜】镗 종고 소리 당 陽

㊥tāng ㊐トウ

소전 초서 자해 종고(鐘鼓) 소리, 종이나 북의 소리. =鐺. 〔詩經〕 擊鼓其鏜격고기당, 踊躍用兵용약용병.

鏜鏜(당당) ①종고의 소리. ②큰 소리의 형용.

鏜鞳(당탑) 종·파도·폭포 등의 큰 소리.

鏜把槍(당파창) 창의 한 가지. 끝이 세 갈래로 갈라졌음.

11 ⑲【鏤】镂 1 새길 루 宥 2 칼 이름 루 虞

인명 ㊥lòu, lǘ ㊐ロウ

소전 초서 자해 1 ❶새기다, 아로새기다. 〔春秋左氏傳〕 器不彤鏤기불동루. ❷강철, 강한 쇠. ❸쇠붙이 장식. 〔詩經〕 虎韔鏤膺호창루응, 交韔二弓교창이궁. 2 칼 이름. 〔史記〕 賜子胥屬鏤之劍사자서촉루지검.

鏤刻(누각) ①글자나 그림을 파서 새김. 조각함. '鏤'는 쇠에 새김, '刻'은 나무에 새김. ②문장(文章)을 재치 있게 꾸밈.

鏤骨(누골) 뼈에 새김. 잊지 않음.

鏤句(누구) ①교묘히 시구를 지음. ②구(句)를 짓는 데 고심하는 일.

鏤氷(누빙) 얼음에 새김. 무익한 노력.

鏤身(누신) 문신(文身). 鏤膚(누부).

鏤月裁雲(누월재운) 달에 새기고 구름을 마름질함. 재주가 뛰어나고 기예가 정교함.

鏤梓(누자·누재) 판목(板木)에 새김. 책을 출판함. 鏤板(누판).

11 ⑲【鏐】镠 금 류 尤

㊥liú ㊐リュウ

소전 초서 자해 금, 질이 좋은 황금(黃金).

11 ⑲【鏋】 금 만 旱

인명 ㊥mǎn ㊐マン

자해 금, 금의 정기(精氣).

11 ⑲【鏝】镘 흙손 만 寒翰

㊥màn ㊐マン

소전 鏊 초서 鏊 속자 鏊 자해 ❶흙손. 이긴 흙 따위를 떠서 바르고 그 표면을 반반하게 하는 연장. ❷날이 없는 창(槍).

11 ⑲【鏟】铲 대패 산 ㊄찬 潸
㊥chǎn ㊐サン
소전 鏟 초서 鏟 자해 ❶대패, 큰 자귀. ❷깎다, 깎아 내다.

11 ⑲【鏇】 1갈이틀 선 霰 2고패 선 先
㊥xuàn, xuán ㊐セン
소전 鏇 초서 鏇 자해 1❶갈이틀, 선기(鏇機). 나무를 깎는 기계. ❷선반(鏇盤). 쇠를 깎는 기계. 2고패, 녹로(轆轤). 오지그릇을 만들 때 발로 돌리며 모형을 뜨는 물레.
鏇盤(선반) 재료를 위에 얹어 돌리면서 칼을 대어 여러 가지 물건을 갈아 만드는 틀. 旋盤(선반).

11 ⑲【鎩】铩 창 쇄·살 卦黠
㊥shā, shài ㊐サイ
소전 鎩 초서 鎩 자해 ❶창. ㉮양날 창. ㉯긴 창. ❷날개를 펴다. 〔淮南子〕 飛鳥鎩翼비조살익.
鎩羽(살우) 날개가 부러져 날지 못함. 곧, 뜻을 잃음.
鎩翼(살익) 날개를 폄.

11 ⑲【鏁】 鎖(1308)와 동자

11 ⑲【鏥】 銹(1301)와 동자

11 ⑲【鏖】 무찌를 오 豪
㊥áo ㊐オウ
초서 鏖 자해 ❶무찌르다, 모조리 죽이다. 〔漢書〕 合短兵합단병, 鏖皐蘭下오고란하. ❷냄비. ❸힘써 싸우다.
鏖殺(오살) 죄다 무찔러 죽임. 鏖糟(오조).
鏖戰(오전) ①힘을 다하여 격렬하게 싸움. ②많은 사상자를 낸 큰 싸움.

11 ⑲【鏞】镛 종 용 冬
인명 2급 ㊥yōng ㊐ヨウ
소전 鏞 초서 鏞 자해 종, 큰 종. 악기의 한 가지.

11 ⑲【鏘】锵 금옥 소리 장 陽
㊥qiāng ㊐ショウ
초서 鏘 자해 금옥(金玉) 소리, 금옥이 부딪쳐 나는 소리. 〔禮記〕 然後玉鏘鳴也연후옥장명야.
鏘鳳(장봉) 부창부수(夫唱婦隨)하여 부부가 화합하는 일.
鏘然(장연) ①금옥 등의 맑은 소리. ②낭랑하게 글을 읽는 소리.
鏘鏘(장장) ①금옥 따위가 부딪쳐 나는 맑고 높은 소리. ②방울 소리.

11 ⑲【鏑】镝 살촉 적 錫
인명 ㊥dí ㊐テキ
소전 鏑 초서 鏑 자해 ❶살촉, 전촉(箭鏃). 〔潘岳·賦〕 簒焉中鏑복언중적. ❷우는살, 명전(鳴箭). 〔史記〕 作爲鳴鏑작위명적.
鏑矢(적시) 소리를 내며 날아가는 화살. 우는 살. 鳴鏑(명적).
鏑銜(적함) 말 입에 물리는 재갈.
◨ 鳴鏑명적, 鋒鏑봉적, 箭鏑전적.

11 ⑲【鏨】 1새길 참 感 2불타오를 참 咸
㊥zàn, jiàn ㊐セン, ザン
자해 1새기다, 파다, 돌에 글자 같은 것을 새기다. ＝鏨. 2❶불타오르다, 불이 타오르는 모양. ❷재빠르게 전진하는 모양. 〔太玄經〕 銳鏨鏨예참참.
鏨鏨(참참) ①불이 타오르는 모양. ②재빠르게 전진하는 모양.

11 ⑲【鏨】錾 끌 참 覃感
㊥zàn ㊐ザン
소전 鏨 자해 ❶끌, 돌을 새기는 작은 끌. ❷파다, 새기다, 돌에 글자 같은 것을 새기다. ＝鏨.

11 ⑲【鏃】镞 살촉 촉 ㊄족 屋
인명 ㊥zú ㊐ソク
소전 鏃 초서 鏃 참고 인명용 음은 '족'이다.

金 11획

자해 ❶살촉, 화살촉. 〔賈誼·論〕秦無亡矢遺鏃之費진무망시유촉지비. ❷날카롭다, 예리(銳利)하다.
鏃矢(촉시) 살촉이 날카롭고 가벼운 화살.
鏃鏃(촉촉) 새롭고 눈에 잘 뜨임. 빼어난 모양.
◨ 矢鏃시촉, 箭鏃전촉.

11 ⑲【鏦】 ①창 총 冬 ②칠 창 江
㊥cōng ㊐ショウ
소전 초서 자해 ①❶창(槍), 작은 창. 〔淮南子〕修鏦短鏦수살단총. ❷찌르다. 〔漢書〕使人鏦殺吳王사인총살오왕. ②❶치다, 종이나 북을 치다. ❷쇠붙이가 울리는 소리. 〔歐陽脩·賦〕鏦鏦錚錚창창쟁쟁, 金鐵皆鳴금철개명.
鏦殺(총살) 창으로 찔러 죽임.
鏦鏦(창창) 금속이 부딪쳐 나는 소리.

12 ⑳【鐃】铙 ①징 뇨 肴 ②굽힐 뇨 效
㊥náo, nào ㊐ドウ
소전 초서 자해 ①❶징, 군중(軍中)에서 쓰는 작은 징. 〔周禮〕以金鐃止鼓이금뇨지고. ❷동발(銅鈸). 자바라의 한 가지. ❸떠들썩하다, 시끄럽다. 〔後漢書〕今年尙可금년상가, 後年鐃후년뇨. ②굽히다. 〔莊子〕萬物無足以鐃心者만물무족이뇨심자.
鐃歌(요가) 군악(軍樂)의 한 가지. 징 소리에 맞춰 부르는 노래.
鐃鈸(요발) (佛)법회 때 쓰는, 구리로 만든 바리 모양의 악기. 銅鈸(동발).

12 ⑳【鐓】镦 창고달 대 隊
㊥duì ㊐タイ
소전 초서 자해 창고달, 창의 물미. 〔禮記〕進矛戟者前其鐓진모극자전기대.

12 ⑳【鐙】镫 등자 등 蒸
㊥dèng ㊐トウ
소전 초서 자해 ❶등자(鐙子). 〔南齊書〕何乃作鐙亦是銀하내작등역시은. ❷등잔 접시. 등유(燈油)를 담는 그릇. ❸오지 제기(祭器), 와두(瓦豆). 〔禮記〕執醴授之執鐙집례수지집등.
鐙骨(등골) 중이(中耳)의 뼈. 등자(鐙子)의 모양과 비슷함. 등자뼈.
鐙子(등자) 말을 타고 앉아서 두 발로 디디게 되어 있는 물건.

12 ⑳【鐐】镣 은 료·로 蕭 號
㊥liáo ㊐リョウ
소전 초서 자해 ❶은(銀), 천은(天銀), 미은(美銀). ❷족쇄(足鎖). 죄인의 발을 묶는 쇠사슬. 〔明史〕鐐료, 鐵連環之以縶足철련환지이칩족. ❸화로, 밑에 구멍이 뚫린 화로.

12 ⑳【鐇】镭 도끼 번 元
㊥fán ㊐ハン
초서 자해 ❶도끼, 날이 넓은 도끼. ❷자귀, 큰 자귀.

12 ⑳【鐥】 國복자 선 인명
자해 복자, 기름복자. 기름을 되는 데 쓰는, 귀때가 붙은 쟁첩 모양의 쇠 그릇.

12 ⑳【鐔】镡 날밑 심·담 侵 覃
㊥xín ㊐シン
소전 초서 자해 ❶날밑. 칼날과 칼자루 사이에 끼워 손을 보호하는 테. 〔漢書〕鑄作刀劍鉤鐔주작도검구심. ❷칼, 작은 검(劍).

12 ⑳【鐛】 鋞(1304)와 동자

12 ⑳【鐘】钟 종 종 冬
중학 인명 ㊥zhōng ㊐ショウ
필순 丿 𠂉 金 金' 金' 鉡 鉡 鐘 鐘 鐘
소전 초서 참고 '鐘'과 '鍾'은 원래 딴 자이나 '종, 쇠북'의 뜻으로는 통용함.
자원 形聲. 金+童→鐘. '童(동)'이 음을 나타낸다.
자해 ❶종, 쇠북. 악기의 한 가지. 〔詩經〕窈窕淑女요조숙녀, 鐘鼓樂之종고락지. ❷시계(時計).
鐘閣(종각) 종을 달아 놓은 집.
鐘鼓(종고) 종과 북.
鐘鼓之樂(종고지락) 음악의 즐거움.
鐘樓(종루) 종을 달아 놓은 누각.
鐘銘(종명) 종에 새긴 글.

金 11획

鐘鳴漏盡(종명누진) 시각을 알리는 종이 울리고 물시계의 물이 다함. ㉠밤이 깊어 감. ㉡늙어서 여명(餘命)이 얼마 남지 않음.
鐘鳴鼎食(종명정식) 종을 쳐서 식구를 모아 솥을 벌여 놓고 먹음. 부귀한 사람이 호사스럽게 생활함.
鐘鼎(종정) ①종과 솥. ②종명정식(鐘鳴鼎食). ③높은 벼슬의 무거운 책임.
鐘鼎文(종정문) 은(殷)·주(周) 시대의 종정(鐘鼎)에 새긴 고문(古文).
鐘鼎玉帛(종정옥백) 음악이 연주되고 산해진미가 가득하며, 주연 뒤에는 옥과 비단의 선물이 나오는 호화로운 연회.
◨ 警鐘경종, 掛鐘괘종, 梵鐘범종.

12 ⑳【鐏】镈 창고달 준 願
㊥zūn ㊐ソン
소전 초서 자해 **창고달, 창의 물미.** 〔禮記〕 進戈者前其鐏진과자전기준.

12 ⑳【鏶】 판금 집 緝
인명 ㊥jí ㊐シュウ
소전 자해 **판금(板金), 금속판.**

12 ⑳【鏸】 1 날카로울 혜 霽 2 병기 예 霽
㊥juì, ruì ㊐ケイ
초서 자해 1 **❶날카롭다. ❷세모창, 삼릉창(三稜槍).** 2 **병기(兵器).** 시신(侍臣)이 가지는 창의 한 가지.

12 ⑳【鏵】铧 가래 화 麻
㊥huá ㊐カ
자해 **가래, 쌍날 가래.** 〔農政全書〕 翻轉熟地번전숙지, 宜用鏵의용화.

12 ⑳【鐄】 종 횡 庚
인명 ㊥huáng ㊐コウ
초서 자해 **❶종, 큰 종.** 악기의 한 가지. **❷종소리. ❸낫, 풀을 베는 큰 낫. ❹크게 울리는 소리.**

12 ⑳【鐍】镢 걸쇠 휼 ㊍결 屑
㊥jué ㊐ケツ
초서 자해 **❶걸쇠, 고리를 거는 쇠, 자물쇠.** 〔莊子〕 固扃鐍고경휼. **❷요처(要處), 추요(樞要).**

13 ㉑【鐻】镰 악기 걸이 거 御
㊥jù ㊐キョ
초서 자해 **❶악기 걸이.** 편경(編磬)·편종(編鐘)을 다는 기구. 〔史記〕 銷鋒鑄鐻소봉주거. **❷악기 이름.** 나무로 만든 협종(夾鐘) 비슷한 악기. 〔莊子〕 削木爲鐻삭목위거.

13 ㉑【鐮】 鎌(1308)과 동자

13 ㉑【鐺】铛 1 쇠사슬 당 陽 2 솥 쟁 庚
인명 ㊥dāng, chēng ㊐トウ
소전 초서 참고 인명용 음은 '당'이다.
자해 1 **❶쇠사슬, 철쇄(鐵鎖). ❷종고 소리.** 종이나 북이 울리는 소리. 〔史記〕 鏗鎗鐺鐺갱쟁당당. 2 **솥, 노구솥.**
鐺鐺(당당) ①금속 소리. ②북소리.

13 ㉑【鐩】 鐆(1310)의 속자

13 ㉑【鏽】 녹슬 수 宥
㊥xiù ㊐シュウ
초서 자해 **녹슬다, 녹.** =銹.
鏽澀(수삽) 녹. 녹슮.

13 ㉑【鏖】 솥 오 豪
㊥áo ㊐オウ
소전 초서 참고 鏕(1316)는 딴 자.
자해 **❶솥.** 음식을 익히는 그릇. **❷익히다, 끓이다.**

13 ㉑【鐫】镌 새길 전 先
인명 ㊥juān ㊐セン
소전 초서 속자 鎸 자해 **❶새기다, 쪼다, 파다.** 〔淮南子〕 鐫山石전산석. **❷끌.** 나무에 구멍을 파는 연장. **❸내치다, 폄출(貶黜)하다.**
鐫刻(전각) 쇠붙이에 조각함.
鐫切(전절) 갈고 깎음. 깊이 책선(責善)함.

鐫黜(전출) 관위(官位)를 깎아 내리고 내쫓음.
鐫琢(전탁) ①새기고 갊. 조탁(彫琢)함. ②사구(辭句)를 퇴고(推敲)함.

13 ㉑ 【鐵】 铁 쇠 철 屑

중학 인명 5급 ㊥tiě ㊐テツ

필순

소전 鐵 초서 鐵 속자 鉄 고자 銕 고자 鐵

자원 形聲. 金+戴→鐵. '戴(질)'이 음을 나타낸다.

자해 ❶쇠. 〔書經〕 厥貢璆鐵銀鏤砮磬궐공구철은루노경. ❷**검다, 검은빛.** 〔詩經〕 駟鐵孔阜사철공부. ❸**단단하다, 견고하다.** ❹**병기, 무기.** 〔李陵·書〕 人無尺鐵인무척철.

鐵甲(철갑) 쇠로 만든 갑옷. 鐵鎧(철개).
鐵鋼(철강) 주철과 강철을 아울러 이르는 말.
鐵骨(철골) ①굳세게 생긴 골격. ②철재로 된 건축물의 뼈대.
鐵冠(철관) 철주(鐵柱)를 세운 관(冠). 어사(御史)의 관. 法冠(법관).
鐵券(철권) 임금이 공신(功臣)을 봉(封)할 때 주던 부신(符信).
鐵拳(철권) 쇠같이 굳센 주먹.
鐵筋(철근) 콘크리트 속에 묻어서 콘크리트를 보강하기 위하여 쓰는 막대 모양의 철재.
鐵騎(철기) ①무장한 군마(軍馬). ②철갑을 입은 기병(騎兵). 용맹한 기병.
鐵路(철로) 철길. 레일. 鐵道(철도).
鐵馬(철마) ①철갑(鐵甲)을 입힌 기마(騎馬). 용맹 정예의 기병(騎兵). ②國기차(汽車).
鐵網(철망) 철사를 얽어서 만든 그물.
鐵面皮(철면피) 쇠처럼 두꺼운 낯가죽. 뻔뻔스러운 사람.
鐵鉢(철발) 쇠로 만든 바리. 승려의 밥그릇.
鐵壁(철벽) 쇠로 만든 벽. 아주 튼튼한 장벽이나 방비.
鐵棒(철봉) ①쇠몽둥이. ②기계 체조 용구의 한 가지.
鐵分(철분) 어떤 물질의 속에 들어 있는 철의 성분.
鐵絲(철사) 쇠로 만든 가는 줄.
鐵石(철석) ①쇠와 돌. ②의지가 굳고 변함이 없음.
鐵石肝腸(철석간장) 쇠나 돌같이 굳은 마음. 굳센 의지나 지조가 있는 마음.
鐵城(철성) 철(鐵)의 성(城). 견고한 성.
鐵心(철심) ①굳은 마음. ②인정(人情)이 없음. 무자비함. 차디찬 마음. ③어떤 물건의 속에 넣는, 쇠로 만든 심.
鐵心石腸(철심석장) 쇠나 돌처럼 굳은 마음. 의지가 굳음.
鐵案(철안) ①증거가 확실하여 번복할 수 없는 안건. ②쇠로 만든 책상.
鐵甕城(철옹성) 쇠로 만든 독처럼 튼튼하게 둘러쌓은 성. 방비나 단결 따위가 견고한 사물이나 상태.
鐵腕(철완) 무쇠처럼 단단하고 힘이 센 팔.
鐵牛(철우) 쇳물을 부어 만든 소의 형상. 수재(水災)를 치방(治防)하는 부적으로 우왕(禹王)이 만들어 황하(黃河)에 넣었다고 함.
鐵人(철인) 몸이나 힘이 쇠처럼 강한 사람.
鐵中錚錚(철중쟁쟁) 많은 쇠 가운데서 소리가 아주 좋음. 보통 사람보다 뛰어난 사람.
鐵窓(철창) ①쇠창살문. ②감방. 감옥.
鐵柵(철책) 쇠로 만든 울타리.
鐵鏃(철촉) 쇠로 된 화살촉.
鐵椎(철추) 쇠몽치. 鐵槌(철퇴).
鐵則(철칙) 엄격한 규칙. 절대적인 규칙.
鐵片(철편) 쇳조각.
鐵鞭(철편) 포교(捕校)가 가지고 다니던 채찍. 고들개 철편.
鐵砲(철포) 소총(小銃).
鐵筆(철필) ①조각할 때 쓰는 새김칼. 刻刀(각도). 印刀(인도). ②등사 철판이나 복사지 위에 쓰는 송곳 모양의 붓. ③펜.
鐵血(철혈) ①쇠와 피. ②무기와 군대.
鐵鑊(철확) 큰 가마솥. 고기를 삶는 데 쓰며, 옛날에는 죄인을 죽이는 데도 썼음.
◨ 鋼鐵강철, 製鐵제철.

13 ㉑ 【鐸】 铎 방울 탁 藥

인명 1급 ㊥duó ㊐タク

소전 鐸 초서 鐸 자해 ❶**방울.** 〔周禮〕 以金鐸通鼓이금탁통고. ❷**풍경(風磬).** 처마 끝에 다는 작은 경쇠.

鐸鈴(탁령) 방울.
◨ 木鐸목탁.

13 ㉑ 【鐶】 镮 고리 환 刪

인명 ㊥huán ㊐カン

초서 鐶 자해 ❶**고리, 쇠고리.** ≒環. ❷**가락지, 지환(指環).** 〔晉書〕 以金同心指鐶爲娉이금동심지환위빙.

14 ㉒ 【鑑】 鉴 거울 감 陷

고등 인명 3Ⅱ급 ㊥jiàn ㊐カン

金 13획

필순 … 鑑

소전 초서 동자 鑒 자원 形聲. 金+監→鑑. '監(감)'이 음을 나타낸다.

자해 ❶거울. 〔詩經〕我心匪鑑아심비감. ❷본보기, 모범. ❸훈계(訓誡), 교훈. 〔晉書〕言成規鑑언성규감. ❹보다, 거울에 비추어 보다. 〔國語〕無鑑於水무감어수. ❺살피다, 성찰(省察)하다. 〔梁書〕試加省鑑시가성감.

鑑戒(감계) 잘못을 되풀이하지 않도록 하는 경계(警戒).

鑑機(감기) 낌새를 알아차림.

鑑別(감별) 잘 살펴서 분간해 냄.

鑑賞(감상) 예술 작품을 음미하고 가치를 이해함. 賞鑑(상감).

鑑識(감식) 감정(鑑定)하여 식별함.

鑑定(감정) 사물의 진짜와 가짜, 좋고 나쁨 등을 가려내는 일.

◨ 鏡鑑경감, 龜鑑귀감, 寶鑑보감.

14 ㉒ 【鑒】 鑑(1314)과 동자 인명

14 ㉒ 【鑄】 铸 쇠 부어 만들 주 遇

고등 인명 3Ⅱ급 ㊥zhù ㊐チュウ

필순 … 鑄

소전 초서 속자 铸 자원 形聲. 金+壽→鑄. '壽(수)'가 음을 나타낸다.

자해 ❶쇠를 부어 만들다, 주조(鑄造)하다. 〔國語〕美金以鑄劍戟미금이주검극. ❷감화 도야(感化陶冶)하다, 인재를 양성하다. 〔揚子法言〕孔子鑄顏淵矣공자주안연의.

鑄物(주물) 쇠붙이를 녹여 거푸집에 부은 다음 굳혀서 만든 물건.

鑄山煮海(주산자해) 산의 구리를 캐어 돈을 만들고, 바닷물을 달여서 소금을 만듦. 자연 자원을 잘 개발하고 이용함.

鑄人(주인) 인재를 양성(養成)함.

鑄字(주자) 쇠를 녹여 부어 활자를 만듦. 또는 그 활자.

鑄錢(주전) 쇠를 녹여 돈을 만듦. 또는 그 돈.

鑄造(주조) 쇠를 녹여 거푸집에 부어서 물건을 만듦.

鑄型(주형) ①쇳물을 부어 만드는 틀. 거푸집. ②활자(活字)를 주조하는 틀.

鑄貨(주화) 쇠붙이를 녹여서 돈을 만듦. 또는 그 돈.

14 ㉒ 【鐵】 鐵(1314)의 고자

14 ㉒ 【鑊】 镬 가마 확 藥

㊥huò ㊐カク

소전 초서 자해 가마. ㉮고기를 삶는 가마. 〔淮南子〕嘗一臠肉知一鑊之味상일련육지일확지미. ㉯죄인을 삶아 죽이는 형기(刑器). 〔漢書〕鑊亨之刑확팽지형.

鑊煮(확자) 솥에 삶음.

鑊亨(확팽) 사람을 가마솥에 넣어 삶아 죽이는 혹형(酷刑). 鑊烹(확팽).

14 ㉒ 【鑂】 바랠 훈 問

인명 ㊥xùn ㊐フン

자해 바래다, 금(金)의 색이 변하다.

15 ㉓ 【鑛】 쇳돌 광 梗

고등 인명 4급 ㊥kuàng ㊐コウ

필순 … 鑛

초서 동자 磺 동자 礦 속자 鉱 자원 形聲. 金+廣→鑛. '廣(광)'이 음을 나타낸다.

자해 쇳돌. 〔王褒·論〕精練藏於鑛朴정련장어광박.

鑛脈(광맥) 광물이 매장된 줄기.

鑛物(광물) 지각(地殼) 속에 섞여 있는 천연 무기물. 금·석탄·철 따위.

鑛夫(광부) 광산에서 일하는 노동자.

鑛山(광산) 광물을 캐내는 곳.

鑛石(광석) 경제적 가치가 있고 채광할 수 있는 광물.

鑛泉(광천) 광물질의 성분이 들어 있는 샘.

◨ 採鑛채광, 炭鑛탄광.

15 ㉓ 【鑞】 镴 주석 랍 合

㊥là ㊐ロウ

초서 동자 鍚 자해 ❶주석. ❷백철, 납과 주석의 합금.

鑞紙(납지) 종이같이 얇게 편, 납과 주석의 합금. 은종이. 錫箔(석박).

◨ 白鑞백랍, 錫鑞석랍.

15 ㉓ 【鑢】 铝 줄 려 御

㊥lǜ ㊐リョ

소전 초서 자해 ❶줄. 쇠붙이를 쓰는 연장. ❷줄로 쓸다, 갈다.

15 ㉓【鑠】铄 녹일 삭 藥

㊥shuò ㊐シャク

소전 초서 자해 ❶녹이다, 쇠붙이를 녹이다. ＝爍. 〔楚辭〕故衆口其鑠金兮고중구기삭금혜. ❷빛나다.

鑠金(삭금) ①달아서 열도가 높은 금. 또는 아름다운 황금. ②쇠를 녹임.

◨ 鎔鑠용삭.

15 ㉓【鑕】锧 모루 질 質

㊥zhì ㊐シツ

초서 자해 ❶모루. 대장간에서 쇠를 불릴 때 받침으로 쓰는 쇠 모탕. ❷참요대(斬腰臺). 아래위로 달린 도끼날이 맞닿으면서 몸을 자르는 형구(刑具). 〔春秋公羊傳〕君不忍加之以鈇鑕군불인가지이부질.

15 ㉓【鑚】 鑽(1317)의 속자

15 ㉓【鑣】镳 재갈 표 蕭

㊥biāo ㊐ヒョウ

소전 초서 동자 驃 자해 ❶재갈. 말 입에 물리는 쇠토막. 〔楚辭〕斷鑣銜以馳騖兮단표함이치무혜. ❷성(盛)한 모양. 〔詩經〕朱幩鑣鑣주분표표.

鑣轡(표비) 재갈과 고삐.

鑣鑣(표표) 성한 모양.

16 ㉔【鑪】 화로 로 虞

㊥lú ㊐ロ

소전 동자 爐 자해 ❶화로, 향로, 화덕. ❷큰 독. 오지로 된 춤이 높은 큰 그릇. 〔莊子〕在鑪埵之間耳재로타지간이. ❸풀무. 〔淮南子〕鑪橐埵坊設로탁타방설.

鑪橐(노탁) 대장간에서 바람을 일으켜 불을 피우는 도구. 풀무.

鑪炭(노탄) 난로의 숯불.

17 ㉕【鑰】钥 자물쇠 약 藥

㊥yào ㊐ヤク

초서 자해 ❶자물쇠. ❷마음의 단속(團束). 〔魏志〕外要名利외요명리, 內無關鑰내무관약. ❸추요(樞要), 기비(機祕).

鑰匣(약갑) 열쇠를 넣어 두는 상자.

鑰匙(약시) 열쇠. 鑰鍵(약건).

◨ 鎖鑰쇄약.

17 ㉕【鑱】镵 보습 참 咸

㊥chán ㊐サン

소전 초서 동자 鋡 자해 ❶보습, 쟁기의 날. 〔杜甫·歌〕長鑱長鑱白木柄장참장참백목병, 我生託子以爲命아생탁자이위명. ❷침, 돌침. ❸끌. 나무에 구멍을 파는 연장. 〔宋書〕施鐵鑱시철참. ❹파다, 뚫다. 〔韓愈·詩〕九疑鑱天荒是非구의참천황시비.

鑱石(참석) 돌침. 石鍼(석침).

鑱天(참천) 하늘을 찌를 듯이 공중으로 높이 솟아서 늘어섬.

18 ㉖【鑵】 두레박 관 翰

㊥guàn ㊐カン

초서 자해 두레박. 줄을 길게 달아 우물물을 퍼 올리는 데 쓰는 도구. ＝罐.

18 ㉖【鑷】镊 족집게 섭 ㊍녑 葉

㊥niè ㊐ジョウ

초서 동자 鉚 자해 ❶족집게. 털 따위를 뽑는 데 쓰는, 쇠로 만든 조그마한 집게. ❷뽑다, 족집게로 털을 뽑다. 〔李白·詩〕鑷白坐相看섭백좌상간.

鑷髮(섭발) 족집게로 머리털을 뽑아 없앰.

鑷白(섭백) 흰 머리털을 뽑음.

19 ㉗【鑼】锣 징 라 歌

㊥luó ㊐ラ

초서 자해 ❶징. 구리로 만든 대야 모양의 악기. 〔元史〕鳴鑼명라, 擊鼓격고. ❷동발(銅鈸). 자바라의 한 가지.

19 ㉗【鑾】銮 방울 란 寒

㊥luán ㊐ラン

소전 초서 자해 ❶방울, 천자가 타는 수레의 말고삐에 다는 방울. 〔張衡·賦〕鑾聲噦噦란성홰홰. ❷천자(天子)가 타는 수레, 천자. ≒鸞.

鑾鈴(난령) 난여(鑾輿)에 단 방울.

鑾輿(난여) 천자가 타는 수레. 鑾駕(난가).

19 ㉗【鑽】鉆 끌 찬 團

인명 2급 ㊥zuàn ㊐サン

소전 鑽 초서 鑽 속자 鑽 자해 ❶끌, 강철로 만든 끌, 송곳. 〔蘇軾·詩〕利汝椎與鑽리여추여찬. ❷뚫다, 자르다. ㉮송곳으로 구멍을 내다. ㉯깊이 연구하다. 〔論語〕鑽之彌堅찬지미견. ㉰술책이나 청탁으로 사진(仕進)의 길을 찾다. 〔班固·答賓戲〕商鞅挾三術以鑽孝公상앙협삼술이찬효공.

鑽堅(찬견) 견고한 것을 뚫음. 학문을 연구함.
鑽礪(찬려) 쪼거나 새기는 일.
鑽味(찬미) 깊이 연구하고 완미(玩味)함.
鑽燧(찬수) 나무나 돌을 맞비비거나 구멍을 뚫는 마찰력으로 불씨를 얻던 일. 鑽木(찬목).
鑽仰(찬앙) 성인(聖人)의 도(道)와 덕(德)을 탐구하여 우러러봄.

◨ 研鑽연찬, 雕鑽조찬.

20 ㉘【钁】钁 괭이 곽 藥

㊥jué ㊐カク

소전 钁 자해 ❶괭이, 볼이 넓은 큰 괭이. ❷끊다, 쪼개다.

钁鍤(곽삽) 큰 괭이.

20 ㉘【鑿】凿 1 뚫을 착 藥 2 구멍 조 號

인명 1급 ㊥záo, zào ㊐サク

소전 鑿 초서 鑿 참고 인명용 음은 '착'이다.

자해 1 ❶뚫다, 파다. ㉮구멍을 내다. 〔淮南子〕喉中有病후중유병, 無害於息무해어식, 不可鑿也불가착야. ㉯끊다, 자르다. 〔詩經〕鑿冰冲冲착빙충충. ㉰열다, 소통하다. ㉱끝까지 캐다, 멋대로 억측(臆測)하다. 〔孟子〕所惡於智者소오어지자, 爲其鑿也위기착야. ❷끌. 나무에 구멍을 파는 연장. 〔論衡〕鑿所以入木者착소이입목자, 槌叩之也추고지야. 2 구멍. 〔周禮〕凡輻범복, 量其鑿深량기조심, 以爲輻廣이위복광.

鑿漑(착개) 도랑을 파서 물을 댐.
鑿空(착공) ①뚫어서 엶. 새로 길을 냄. ②쓸데없는 의론. 空論(공론).
鑿飮耕食(착음경식) 우물을 파서 마시고 밭을 갈아 먹음. 천하가 태평하고 생활이 안락함. 요(堯)임금 때 한 노인이 부른 노래인 격양가(擊壤歌)의 가사에서 온 말.
鑿井(착정) 우물을 팜.
鑿鑿(착착) 확실한 모양. 분명한 모양.
鑿枘(조예) 모난 구멍에 둥근 장부. 사물이 서로 맞지 않음. 枘鑿(예조).

◨ 穿鑿천착.

長部 길 장

0 ⑧【長】长 1 길 장 陽 2 어른 장 養

중학 인명 8급 ㊥cháng, zhǎng ㊐チョウ

필순 丨 𠂆 𠂇 𠂉 E 툐 長 長

소전 長 초서 長 고자 镸 자원 象形. 나이 많은 노인이 머리털을 나부끼고 있는 모양을 본뜬 글자.

자해 1 ❶길다. ㉮짧지 않다. 〔孟子〕布帛長短同포백장단동, 則賈相若즉고상약. ㉯오래다. 〔國語〕以民生之不長이민생지부장. ㉰멀다. 〔詩經〕道阻且長도조차장. ㉱깊다. ㉲크다. ㉳많다. 〔呂氏春秋〕亂世之所以長也란세지소이장야. ㉴성(盛)하다. 〔呂氏春秋〕此神農之所以長차신농지소이장. ❷길이, 오래도록, 늘. 〔詩經〕長發其祥장발기상. ❸늘이다, 길게 하다. 〔禮記〕歌之爲言也가지위언야, 長言之也장언지야. ❹키, 신장(身長). 〔後漢書〕身長九尺신장구척. ❺낫다, 우수하다. 〔孟子〕敢問감문, 夫子惡乎長부자오호장. 2 ❶어른, 성인(成人). ❷연장(年長), 나이가 위인 사람. 〔禮記〕十年以長則兄事之십년이장즉형사지. ❸우두머리. ㉮수령(首領), 두목(頭目). 〔書經〕外薄四海외박사해, 咸建五長함건오장. ㉯임금, 제후, 현(縣)의 장관. ㉰맏아들. ❹형(兄). ❺어른이 되다. 〔史記〕及長爲委吏급장위위리. ❻자라다, 생장하다. 〔孟子〕苟得其養구득기양, 無物不長무물부장.

長江天塹(장강천참) 양자강(揚子江)은 천연의 요해(要害)임.
長劍(장검) 긴 칼.
長頸烏喙(장경오훼) 긴 목과 까마귀처럼 뾰족이 나온 입. 지혜와 참을성이 많아 고생은 견디지만 탐욕스럽고 시기심이 많아 안락은 같이 누릴 수 없는 인상(人相).
長計(장계) ①먼 앞날을 내다본 계획. ②뛰어난 계책. 良計(양계).
長空(장공) 높고 먼 하늘.
長廣舌(장광설) ①길고 줄기차게 잘 늘어놓는 말솜씨. ②쓸데없이 오래 지껄이는 말.
長久(장구) 길고 오램.
長驅(장구) 말을 타고 멀리 적을 추격함.
長裙(장군) 긴 치마.
長技(장기) 특히 뛰어난 재주. 特技(특기).
長技(장기) 가장 능한 재주.
長期(장기) 오랜 기간.

長男(장남) 맏아들.
長女(장녀) 맏딸.
長短(장단) ①길고 짧음. ②장점과 단점. ③노래의 박자.
長途(장도) 먼 길. 긴 여행.
長樂(장락) 오래 즐김.
長老(장로) ①나이가 많고 학문과 덕이 높은 사람. ②(佛)배움이 크고 덕이 높으며 나이가 많은 승려의 존칭.
長流(장류) 긴 흐름. 긴 강(江).
長律(장률) ①가락이 느린 음률(音律). ②㉠한시의 배율(排律). ㉡칠언 율시(七言律詩).
長吏(장리) ①지위가 높은 관리. ②國지방의 수령(守令).
長利(장리) ①장기간에 걸친 이익. 큰 이익. ②國돈이나 곡식을 꾸어 주고 1년에 5할의 이자를 붙이는 변리.
長立待令(장립대령) 國오랫동안 서서 명령을 기다림. 권력 있는 사람의 집에 드나들며 이익을 보려고 아첨하는 사람을 비난조로 이르는 말.
長眠(장면) 영원히 잠듦. 죽음. 永眠(영면).
長命(장명) 긴 수명. 長壽(장수).
長命富貴(장명부귀) 장수와 부귀. 남을 송축(頌祝)할 때 쓰는 말.
長物(장물) 쓸모없는 물건. 무용지물.
長髮(장발) 길게 기른 머리털.
長服(장복) 같은 약이나 음식을 계속해서 오랫동안 먹음.
長婦(장부) 형수(兄嫂).
長蛇陣(장사진) ①긴 뱀처럼 한 줄로 길게 벌인 군진(軍陣). ②많은 사람이 줄을 지어 길게 늘어선 모양.
長殤(장상) 15세부터 20세 사이에 장가들지 않고 죽음. 上殤(상상).
長逝(장서) ①먼 곳에 감. ②영구(永久)히 가서 돌아오지 않음. 죽음. 長眠(장면).
長舌(장설) 긴 혀. 말이 많음.
長成(장성) 자라서 성인이 됨. 성장(成長)함.
長城(장성) 길게 둘러쌓은 성.
長星(장성) 살별. 慧星(혜성).
長孫(장손) 맏손자.
長袖(장수) ①긴 소매. ②소매가 긴 옷을 입은, 노래하고 춤추는 기녀(妓女).
長壽(장수) 오래 삶.
長身(장신) 키가 큰 몸.
長安(장안) ①주(周)·한(漢)·당(唐) 시대의 도읍지. 지금의 섬서성(陝西省) 서안(西安). ②수도(首都). 서울.
長夜(장야) 긴 밤.
長吁短歎(장우단탄) 긴 한숨과 짧은 탄식. 탄식하여 마지않음.
長幼有序(장유유서) 나이 많은 사람과 어린 사람 사이에는 지켜야 할 차례가 있음.
長揖(장읍) 두 손을 눈높이만큼 올리고 허리를 굽히는 예.
長日(장일) ①해가 긴 날. 여름날. ②동지(冬至)의 절기. 동지가 지나면 해가 하루하루 길어지는 데서 이르는 말.
長子(장자) 맏아들.
長者(장자) ①나이 많은 사람. 年長者(연장자). ②지위가 높고 귀한 사람. ③덕(德)이 높고 인망(人望)이 두터운 사람. ④큰 부자의 높임말.
長斫(장작) 國통나무를 잘라서 쪼갠 땔나무.
長齋(장재) 오랫동안 재식(齋食)을 계속함. 불교에서 오후에 음식을 먹지 않는 수행법.
長嫡(장적) 본처가 낳은 맏아들.
長點(장점) ①좋은 점. ②특히 잘하는 점.
長征(장정) 멀리 감. 멀리 정벌(征伐)을 떠남.
長亭(장정) 10리마다 두었던 역숙(驛宿).
長程(장정) 매우 먼 길.
長弟(장제) 가장 나이가 많은 동생.
長足(장족) ①긴 다리. ②빠른 걸음. ③진보(進步)가 빠름.
長存(장존) 오래 삶. 長生(장생).
長至(장지) 하지(夏至)와 동지(冬至)를 아울러 이르는 말.
長策(장책) ①긴 채찍. 長鞭(장편). ②훌륭한 계책.
長處(장처) 좋은 점. 長點(장점).
長天(장천) ①높고 먼 하늘. ②㉠낮이 긴 날. ㉡종일(終日).
長醉(장취) 늘 술에 취해 있음.
長枕大衾(장침대금) 긴 베개와 큰 이불. 형제간에 우애가 깊음. 故事 당(唐) 현종이 우애가 깊어 긴 베개와 큰 이불로 형제들과 함께 잤다는 고사에서 온 말. 長枕大被(장침대피).
長篇(장편) 내용이 긴 소설이나 영화 따위.
長風(장풍) 먼 데서 불어오는 바람. 먼 곳까지 불어 가는 큰 바람.
長恨(장한) 오래도록 한이 되는 일.
長鋏(장협) ①장검(長劍). ②처지가 군색하여 다른 사람이 은혜를 베풀기를 바람. 故事 풍훤(馮諼)이 집이 가난하여 맹상군(孟嘗君)의 식객(食客)으로 있었는데, 대우가 좋지 않자 긴 칼자루〔長鋏〕를 두드리며 밥상에는 고기가 없고 나가려 해도 수레가 없다고 노래한 데서 온 말.
長兄(장형) ①맏형. ②연장자(年長者)에 대한 존칭.
長虹(장홍) ①무지개. ②긴 다리〔橋〕.

長
0획

長話(장화) 긴 이야기.

長靴(장화) 목이 무릎까지 올라오도록 만든 신.

◨ 家長가장, 官長관장, 校長교장, 社長사장, 成長성장, 市長시장, 身長신장, 年長연장, 總長총장, 會長회장, 訓長훈장.

0 ⑦【镸】 長(1317)의 고자

門部 문문

0 ⑧【門】门 문 문 元

중학 인명 8급 ㊥mén ㊐モン

필순 丨 𠃌 𠃍 戶 𨳇 門 門 門

소전 초서 동자 閅 참고 鬥(1421)는 딴 자.

자원 象形. 두 개의 문짝을 닫아 놓은 모양을 본뜬 글자.

자해 ❶문, 출입문. 〔史記〕門外可設雀羅문외가설작라. ❷문간, 문전. 〔史記〕有荷蕢而過門者유하궤이과문자. ❸집안, 가문, 문벌. 〔宋書〕將興吾門장흥오문. ❹일가, 친척. 〔李中·詩〕一門淸貴古今稀일문청귀고금희. ❺귀현(貴顯)이 재능 있는 사람을 양성하는 곳. 〔史記〕門下不見一賢者문하불견일현자. ❻배움터, 가르치는 곳. 〔孟子〕願留而受業於門원류이수업어문. ❼구별, 유별(類別). 〔舊唐書〕號曰通典호왈통전, 書凡九門서범구문. ❽대포를 세는 단위. ❾생물(生物)의 분류학상 단위의 한 가지. 강(綱)의 위, 계(界)의 아래.

門客(문객) 권세 있는 집의 식객(食客).

門功(문공) 조상의 공적(功績).

門闕(문궐) 대궐의 문. 궐문(闕門).

門閭(문려) ①성문(城門)과 마을의 문. ②궁궐의 문. ③향리. 마을. ④가문. 가정.

門無雜賓(문무잡빈) 시시한 사람이 찾아오지 않음. 친구를 가려 사귐.

門閥(문벌) 대대로 내려오는 그 집안의 사회적 신분이나 지위. 家閥(가벌).

門不夜關(문불야관) 밤에 문을 잠그지 않음. 세상이 태평하여 도적이 없음.

門不停賓(문불정빈) 손을 기다리게 하지 않고 즉시 맞아들임.

門士(문사) ①군영의 문을 지키는 군사. ②문지기.

門扇(문선) 문짝. 門扉(문비).

門塾(문숙) 여문(閭門) 좌우에 붙은 방. 이곳에서 학문과 농사를 가르쳤음.

門外黜送(문외출송) 國죄를 지은 벼슬아치에 대해 벼슬과 품계를 떼고 도성 밖으로 내쫓던 형벌. 門黜(문출).

門外漢(문외한) 어떤 일에 직접 관계가 없거나 전문적인 지식이 없는 사람.

門蔭(문음) 공신(功臣)이나 고위 관리의 자제에게 과거(科擧)를 통하지 않고 벼슬을 주던 일. 蔭敍(음서).

門人(문인) 제자. 門生(문생). 門下生(문하생).

門長(문장) 國한 문중(門中)에서 항렬과 나이가 가장 높은 사람.

門前成市(문전성시) 문 앞이 시장을 이룸. 방문하는 사람이 많음. 門庭若市(문정약시).

門前沃畓(문전옥답) 집 앞 가까이에 있는 기름진 논.

門庭(문정) ①문과 뜰. ②집 앞의 뜰.

門弟(문제) 제자(弟子). 門人(문인).

門祚(문조) 한 문중(門中)의 행복.

門中(문중) 國성(姓)과 본(本)이 같은 가까운 친척.

門地(문지) 가문(家門). 문벌(門閥).

門標(문표) ①문패(門牌). ②함부로 드나들지 못하게 하기 위한 문의 출입 허가증.

門風(문풍) 한 집안 특유의 풍습.

門下(문하) ①집의 안. ②식객(食客)이나 문객(門客). ③문생(門生). 제자.

門限(문한) 밤에 궁문(宮門)이나 성문(城門)을 닫는 시한(時限).

門戶(문호) ①대문과 지게문. ②입구(入口). 드나드는 곳. ③지세(地勢)가 험하고 중요한 땅. 요해지(要害地). ④좋은 집안. 훌륭한 가문(家門).

◨ 家門가문, 開門개문, 關門관문, 軍門군문, 名門명문, 城門성문, 專門전문, 閉門폐문.

1 ⑨【閂】闩 빗장 산 刪

㊥shuān ㊐サン

초서 자해 빗장.

2 ⑩【閅】 門(1319)과 동자

2 ⑩【閃】闪 번쩍일 섬 琰

인명 1급 ㊥shǎn ㊐セン

소전 초서 자해 ❶번쩍이다, 깜박거리다. 〔古詩〕寒鴉閃閃前山去한아섬섬전산거. ❷잠깐 보이다. ¶ 閃屍섬시. ❸

門 2획

아첨하다. 〔後漢書〕 榮納由於閃楡영납유어섬유. ❹번개.
閃光(섬광) 번쩍 빛나는 빛.
閃鑠(섬삭) 번쩍번쩍 빛남. 閃爍(섬삭).
閃閃(섬섬) 번쩍이는 모양.
閃屍(섬시) 잠깐 보이는 모양. 잠시 나타나는 모양.
閃電(섬전) 순간적으로 번쩍하는 번갯불. 매우 빠름의 비유.
閃忽(섬홀) 번쩍함. 번쩍하는 모양.
閃火(섬화) 번쩍이는 불빛.

3 ⑪ 【閉】闭 닫을 폐 霽

중학 인명 4급 ㊥bì ㊐ヘイ

필순 𠃌 𠃌 𠃌 門 門 門 門 門 閉 閉

소전 초서 속자 閇 자원 會意. 門+才→閉. 문〔門〕에 빗장〔才〕을 건다는 데서 '문을 닫다'의 뜻을 나타낸다.

자해 ❶닫다. ㉮문을 잠그다. 〔春秋左氏傳〕 閉門而索客폐문이색객. ㉯끊다, 단절하다, 자르다. 〔書經〕 予不敢閉于天降威用여불감폐우천강위용. ㉰막다, 막히다. ㉱간직하다. 〔史記〕 主父閉之주부폐지. ❷자물쇠. 〔禮記〕 脩鍵閉수건폐. ❸입추(立秋)·입동(立冬)의 두 계절. 〔春秋左氏傳〕 凡分至啓閉범분지계폐, 必書雲物필서운물.
閉講(폐강) 하던 강의나 강좌 따위를 없앰.
閉關(폐관) ①관문을 닫음. ②문을 닫고 방문객을 물리침. ③동면(冬眠)함.
閉口(폐구) 입을 다묾. 말을 하지 않음.
閉幕(폐막) 막을 내림. 연극·음악회·행사 따위가 끝남.
閉門(폐문) 문을 닫음.
閉塞(폐색) 막음. 또는 막힘.
閉鎖(폐쇄) ①문을 굳게 닫고 자물쇠를 채움. ②기능을 정지시킴.
閉市(폐시) 시장의 가게를 닫음.
閉業(폐업) 문을 닫고 영업을 쉼.
閉藏(폐장) ①숨겨 둠. 남이 알지 못하도록 함. ②물건을 간직함. 收藏(수장).
閉店(폐점) ①장사를 그만둠. ②장사를 마치고 가게 문을 닫음.
閉蟄(폐칩) 동면(冬眠).
閉會(폐회) 회의(會議)를 마침.
◨ 開閉개폐, 密閉밀폐, 隱閉은폐.

3 ⑪ 【閇】 閉(1320)의 속자

3 ⑪ 【閈】闬 이문 한 翰

㊥hàn ㊐カン

소전 초서 자해 ❶이문(里門). 동네 어귀에 세운 문. 〔漢書〕 綰自同閈관자동한. ❷마을, 촌락. 〔新唐書〕 閈無留人한무류인. ❸담. 〔張衡·賦〕 閈庭詭異한정궤이. ❹문, 문 앞. 〔春秋左氏傳〕 高其閈閎고기한굉. ❺닫다.
閈閎(한굉) 마을 어귀의 문.
閈庭(한정) 담으로 둘러싸인 뜰.

4 ⑫ 【間】间 1틈 간 刪 2사이 간 諫

중학 인명 7급 ㊥jiàn, jiān ㊐カン

필순 丨 𠃌 𠃌 𠃌 門 門 門 門 問 間

소전 본자 閒 자원 會意. 門+月→閒→間. 닫힌 문짝〔門〕 사이로 달빛〔月〕이 새어드는 것이 보여 '두 문짝 사이의 틈'이란 뜻을 나타내었다. 뒤에 '閒'이 '閑(한가할 한)'과 혼용(混用)되자 '사이, 틈'의 뜻으로는 '月' 대신 '日'을 넣은 '間' 자를 새로 만들어 썼다.

자해 1 ❶틈, 틈새기. ❷사이. ㉮중간. 〔漢書〕 間者諸呂用事擅權간자제여용사천권. ㉯안, 속. 〔莊子〕 攘臂於其間양비어기간. ㉰주변(周邊). ❸때, 무렵. 〔孟子〕 七八月之間칠팔월지간. ❹요즈음. 〔漢書〕 帝間顏色瘦黑제간안색수흑. ❺잠깐, 잠시. 〔孟子〕 夷子憮然爲間曰이자무연위간왈. 2 ❶사이, 간격. 〔淮南子〕 醜美有間추미유간. ❷틈. ㉮빈틈. ㉯불화(不和). 〔春秋左氏傳〕 君臣多間군신다간. ❸떨어지다, 사이를 두다. 〔漢書〕 間歲而祫간세이협. ❹다르다. ❺엿보다, 간첩. 〔孫子〕 用間有立용간유립.
間架(간가) ①집의 칸살의 얽이. ②시문(詩文)의 짜임새.
間間(간간) 國사이사이. 틈틈이.
間隔(간격) 물건과 물건이 떨어져 있는 사이.
間氣(간기) 세상에 드물게 나는 영웅호걸(英雄豪傑)의 기운.
間斷(간단) 잠시 그치거나 끊어짐.
間道(간도) 샛길.
間髮(간발) 털 한 오라기 사이. 아주 잠시. 아주 적음.
間不容髮(간불용발) 털 한 오라기를 넣을 만한 틈도 없음. ㉠거리가 매우 가깝거나 사물이 매우 정밀함. ㉡시간이 긴박하거나 형세가 몹시 위급함.
間色(간색) 두 가지 이상의 원색(原色)을 섞어서 낸 색.

門 3획

間歲(간세) 한 해씩 거름.
間食(간식) 끼니와 끼니 사이에 먹는 음식.
間於齊楚(간어제초) 제(齊)나라와 초(楚)나라 사이에 있음. 곧, 약자가 강자 틈에 끼여 괴로움을 당함.
間言(간언) ①비난하는 말. ②이간하는 말.
間然(간연) 결점을 지적하여 비난함. 남의 실수를 들춤.
間月(간월) 달을 거름. 격월(隔月).
間作(간작) ①한 농작물을 심은 이랑 사이에 다른 농작물을 심어 가꾸는 일. ②어떤 농작물을 수확하고 다음 작물을 씨 뿌리기 전에 채소 따위를 심어 가꾸는 일.
間接(간접) 사이에 든 다른 것을 통하여 맺어지는 관계.
間奏(간주) 어떤 곡의 도중에 끼워 연주하는 부분.
間紙(간지) 책장 사이에 끼워 두는 종이.
間諜(간첩) 국가나 단체의 비밀이나 상황을 몰래 알아내어 경쟁·대립 관계에 있는 국가나 단체에 제공하는 사람. 間人(간인). 間者(간자). 細作(세작).
間行(간행) ①㉠숨어서 남몰래 감. ㉡샛길로 감. ②그릇된 행동. 부정한 행위.
間歇(간헐) 일정한 시간을 두고 주기적으로 일어났다 멎었다 함.
間或(간혹) 어쩌다가 띄엄띄엄.
間婚(간혼) 남의 혼인을 이간질하는 일.
▣ 期間기간, 時間시간, 夜間야간, 月間월간, 日間일간, 晝間주간, 週間주간, 巷間항간.

4 ⑫【閒】 ①間(1320)의 본자 ②閑(1323)과 동자 인명

4 ⑫【開】开 열 개 灰

중학 인명 6급 ㊥kāi ㊐カイ

필순 丨 𠃌 𠃌 門 門 門 門 門 開 開

소전 開 초서 開 자원 會意. 門+廾+一→開. 문(門)에서 두 손(廾)으로 빗장(一)을 연다는 뜻을 나타낸다.

자해 **❶열다, 열리다.** ㉮**닫히거나 막힌 것을 열다.** 〔老子〕善閉선폐, 無關楗而不可開무관건이불가개. ㉯**통하다, 통달하다.** 〔荀子〕敎誨開導成王교회개도성왕. ㉰**비롯하다, 시작하다.** 〔後漢書〕開歲發春兮개세발춘혜. ㉱**피다, 꽃이 피다.** 〔梁簡文帝·詩〕桃花含雨開도화함우개. ㉲**개간하다.** 〔戰國策〕秦開阡陌진개천맥. ㉳**넓어지다.** 〔晉書〕江望南開강망남개. **❷사라지다, 소멸하다.** 〔朱熹·詩〕幾度呼童掃不開기도호동소불개.

開墾(개간) 산이나 황무지를 일구어 농토나 쓸모 있는 땅으로 만듦.
開講(개강) 강의·강습 등을 시작함.
開關(개관) ①성문(城門)을 엶. ②관문(關門)을 엶.
開館(개관) 도서관·박물관 등을 신설하여 업무를 시작함.
開校(개교) 새로 학교를 세워 교육 업무를 시작함.
開口(개구) ①입을 엶. 말을 함. 이야기를 시작함. ②웃음. ③음식을 먹음.
開局(개국) 우체국·방송국 등이 신설되어 처음 업무를 시작함.
開國(개국) ①새로 나라를 세움. ②나라의 문호를 열어 다른 나라와 교류함.
開掘(개굴) 광물 등을 캐냄.
開卷(개권) ①책을 펴서 읽음. ②책을 편 첫째 장. ③펴는 일과 마는 일. 卷舒(권서).
開卷有得(개권유득) 책을 펼쳐 읽으면 유익함을 얻음. 開卷有益(개권유익).
開襟(개금) ①옷깃을 풂. ②속마음을 털어놓음. 흉금(胸襟)을 터놓고 이야기함.
開基(개기) ①터전을 닦음. 어떤 일을 맨 먼저 시작함. ②(佛)불사(佛寺)를 창립한 사람.
開導(개도) 가르쳐 인도함. 지도(指導)함.
開落(개락) 꽃의 핌과 짐.
開幕(개막) 무대의 막을 엶.
開明(개명) ①열어서 밝힘. ②인지(人智)가 열리고 문물이 진보함.
開門納賊(개문납적) 문을 열고 도적을 들임. 제 스스로 화를 만듦.
開物成務(개물성무) 만물(萬物)의 도리를 깨달아 모든 일을 이룸. 開成(개성).
開發(개발) ①토지나 천연자원을 개척하여 유용하게 만듦. ②슬기와 재능을 널리 열어 줌. ③새로운 것을 생각해 내어 실용화하는 일.
開放(개방) ①활짝 열어 놓음. ②속박(束縛)·경계(警戒)를 풀어 자유롭게 함.
開帆(개범) 돛을 올림. 출범(出帆)함.
開闢(개벽) 천지가 처음으로 열림.
開復(개복) 휴직 중에 있던 관리가 복직됨.
開封(개봉) 봉한 것을 뜯어서 엶.
開設(개설) 어떤 시설을 새로 설치함.
開城(개성) ①성문을 엶. ②항복함. ③고려(高麗)의 수도. 開京(개경).
開歲(개세) 한 해의 시작. 開年(개년).
開市(개시) ①시장의 가게를 엶. ②장사를 시작함. 무역을 시작함.
開始(개시) 시작함.

門 4획

開心(개심) ①지혜를 개발(開發)함. ②흉금(胸襟)을 열어 진심을 보임.
開眼(개안) ①각막 이식을 통하여 시력을 되찾는 일. ②(佛)㉠불도의 진리를 깨달음. ㉡새로 완성한 불상(佛像)·불화상(佛畫像)에 부처의 영(靈)을 맞이하는 의식.
開顏(개안) 활짝 웃음. 解顏(해안).
開業(개업) 영업을 처음 시작함.
開悟(개오) 깨달음. 깨닫게 함.
開運(개운) 운이 트임. 행운이 열림.
開元(개원) ①연호(年號)를 바꿈. ②왕조나 임금이 바뀜.
開院(개원) 병원·학원 등을 신설하여 처음 문을 엶.
開誘(개유) 깨우쳐 인도함. 訓誘(훈유).
開諭(개유) 사리를 잘 알아듣도록 타이름.
開場(개장) 경기장·시장 등을 열어 업무를 시작함.
開展(개전) 진보하고 발전함.
開戰(개전) 전쟁을 시작함.
開店(개점) 처음 상점을 열어 영업을 시작함.
開廷(개정) 법정을 열어 재판을 시작함.
開陳(개진) 의견이나 내용을 드러내어 말하거나 글로 씀.
開祖(개조) 어떤 일을 처음 시작하여 그 일파의 원조가 되는 사람.
開鑿(개착) ①산을 뚫거나 땅을 파서 길을 냄. ②운하(運河)를 파서 수로를 냄.
開拓(개척) ①거친 땅을 일구어 쓸모 있는 땅으로 만듦. ②새로운 영역·운명·진로 따위를 처음으로 열어 나감.
開催(개최) 모임·행사를 엶.
開坼(개탁) ①엶. 개척(開拓)함. ②봉한 것을 뜯어 봄.
開土(개토) 묘를 쓰거나 집을 지을 때 처음으로 땅을 팜.
開通(개통) 도로·교량·철도·전화 따위가 완성되거나 이어져 통하기 시작함.
開閉(개폐) 엶과 닫음. 여닫음.
開票(개표) 투표함을 열고 투표 결과를 점검함.
開學(개학) 학교가 방학을 끝내고 수업을 다시 시작함.
開緘(개함) 봉함(封緘)을 엶. 편지를 뜯어 봄.
開闔(개합) 엶과 닫음.
開港(개항) ①항구를 외국에 개방함. ②항구를 건설하여 처음 업무를 개시함.
開化(개화) 사람의 지혜가 열리고 문화가 진보하는 일.
開豁(개활) ①마음이 넓고 여유가 있음. 도량(度量)이 큼. ②앞이 탁 트이어 시야(視野)가 넓음.
開會(개회) 회의 등을 시작함.
開曉(개효) 깨닫도록 잘 타이름.
◨ 公開공개, 滿開만개, 展開전개, 打開타개.

4 ⑫ 【閎】闳 마을 문 굉 庚

㊥hóng ㊐コウ

소전 초서 자해 ❶마을 문, 대궐 문, 사당 문, 성곽의 문. 〔春秋左氏傳〕與婦人蒙衣乘輦而入于閎여부인몽의승련이입우굉. ❷문. 〔春秋左氏傳〕高其閈閎고기한굉. ❸하늘의 문. 〔漢書〕騰九閎등구굉. ❹크다.
閎辯(굉변) 의론이 광대하여 끝이 없음.
閎誕(굉탄) 터무니없이 큰소리치는 일.
閎廓(굉확) 넓고 깊음. 宏廓(굉확).

4 ⑫ 【閔】闵 위문할 민 軫

인명 2급 ㊥mǐn ㊐ビン, ミン

소전 동자 초서 자해 ❶위문하다, 문병하다, 조문(弔問)하다. ❷마음 아파하다, 가엾게 여기다. 〔詩經〕婦人能閔其君子부인능민기군자. ❸걱정하다. 〔春秋穀梁傳〕閔雨也민우야. ❹어둡다, 사리에 어둡다. 〔史記〕竊閔然不敏절민연불민. ❺노력하다, 힘쓰다. 〔書經〕予惟用閔于天越民여유용민우천월민.
閔懣(민만) 근심하며 답답해함.
閔閔(민민) ①깊이 근심하는 모양. ②심원(深遠)한 모양.
閔惜(민석) 가엾고 애석하게 여김.
閔傷(민상) 가엾이 여기며 마음 아파함.
閔凶(민흉) 친상(親喪). 부모와 사별(死別)하는 불행(不幸). 愍凶(민흉).

4 ⑫ 【閏】闰 윤달 윤 震

고등 인명 3급 ㊥rùn ㊐ジュン

필순 ㇑ ㇒ ㇓ 門 門 門 閂 閈 閏 閏

소전 초서 자원 會意. 門+王→閏. 옛날, 초하룻날 사당에 예(禮)를 드릴 때 왕(王)은 종묘(宗廟)에 있는데, 윤달에는 문 안에 있으므로 '門'과 '王'을 합쳐서 '여분의 달, 불어나다'라는 뜻을 나타낸다.
자해 ❶윤달, 윤년, 여분(餘分)의 월일(月日). 〔易經〕五歲再閏오세재윤. ❷윤위(閏位).
閏年(윤년) 윤달이 든 해.
閏餘(윤여) ①나머지. ②윤월(閏月).
閏月(윤월) 윤년에 드는 달. 윤달.

閏位(윤위) 정통이 아닌 왕위(王位).
閏集(윤집) 원집(原集)에 수록되지 못한 글을 따로 모아 편집한 문집. 遺補集(유보집).

4 ⑫【閑】闲 막을 한 刪

중학 인명 4급 ㊥xián ㊐カン

필순 ｢ ｢ ｢ 門 門 門 門 閅 閑 閑

소전 초서 동자 閒 자원 會意. 門+木→閑. 문〔門〕 안의 나무〔木〕, 곧 '문지방'을 나타낸다.

자해 ❶막다, 막히다. 〔易經〕閑邪存其誠한사존기성. ❷문지방. ❸법규, 규칙. 〔論語〕大德不踰閑대덕불유한. ❹틈, 한가한 시간. ❺고요하다. 〔許棠·詩〕無風樹盡閑무풍수진한. ❻느긋하다, 마음이 한가롭다. 〔賈誼·賦〕貌甚閑暇모심한가. ❼우아하다, 아름답다. 〔曹植·美女篇〕美女妖且閑미녀요차한. ❽마구간. 〔周禮〕天子十有二閑천자십유이한.

閑暇(한가) 바쁘지 않아 겨를이 있음.
閑居(한거) ①한가히 있음. ②한적한 곳에 삶.
閑談屑話(한담설화) 심심풀이로 하는 자질구레한 이야기.
閑良(한량) ①우아하고 좋음. ②國㉠아직 무과(武科)에 급제하지 못한 호반(虎班)의 사람. ㉡무과·잡과(雜科)의 응시자. ㉢돈 잘 쓰고 풍류를 즐기는 멋이 있는 사람.
閑忙(한망) 한가로움과 바쁨.
閑邪(한사) 사특한 마음을 막음.
閑散(한산) 한가하고 쓸쓸함.
閑歲月(한세월) 한가한 세월. 閑日月(한일월).
閑素(한소) 조용하고 소박함.
閑雅(한아) ①정숙하고 우아(優雅)함. ②한적하고 아취가 있음.
閑雲野鶴(한운야학) 한가이 흐르는 구름과 들에서 자유로이 노는 학. 세속에 구애되지 않는 자유로운 모습.
閑裕(한유) 한가하고 여유가 있음.
閑吟(한음) 조용히 읊조림.
閑寂(한적) 한가롭고 쓸쓸함.
閑靜(한정) ①한가하고 고요함. ②욕심이 없는 모양.
閑職(한직) 한가한 벼슬자리. 散官(산관).
閑筆(한필) 한가한 마음으로 쓴 글씨나 글.
閑話休題(한화휴제) 한가한 이야기는 그만함. 이야기를 본래의 내용으로 돌릴 때 쓰는 말.

5 ⑬【閘】闸 물문 갑 洽

인명 1급 ㊥zhá ㊐コウ

소전 초서 자해 ❶물문, 수문(水門). 〔陸游·詩〕漲水雨餘晨放閘창수우여신방갑. ❷문을 닫다.

閘頭(갑두) 여닫는 수문(水門).
閘門(갑문) ①물문. 수문(水門). ②물의 높이가 서로 다른 곳에서 선박을 통과시키기 위하여 수위(水位)를 조절하는 장치.

5 ⑬【閟】閟 문 닫을 비 寘

㊥bì ㊐ヒ

소전 초서 자해 ❶문을 닫다. ❷끝나다. 〔春秋左氏傳〕今命以時卒금명이시졸, 閟其事也비기사야. ❸삼가다. ❹신(神). 〔詩經〕閟宮有侐비궁유혁.

閟宮(비궁) 혼령을 모시는 사당(祠堂).
閟匿(비닉) 깊숙이 숨김.

6 ⑭【閣】阁 문설주 각 藥

고등 인명 3Ⅱ급 ㊥gé ㊐カク

필순 ｢ ｢ ｢ 門 門 門 閁 閔 閣 閣

소전 초서 자원 形聲. 門+各→閣. '各(각)'이 음을 나타낸다.

자해 ❶문설주. ❷시렁, 음식물을 얹어 놓는 시렁. 〔禮記〕大夫七十而有閣대부칠십이유각. ❸궁전(宮殿). 〔史記〕信謂左右閣都尉曰신위좌우각도위왈. ❹다락집, 누각(樓閣). ❺가교(假橋), 잔도(棧道). 〔戰國策〕故爲棧道木閣고위잔도목각. ❻복도, 두 건물 사이의 복도. 〔史記〕周馳爲閣道주치위각도. ❼중지하다, 보류하다. 〔魏志〕閣筆不能措手각필불능조수.

閣閣(각각) 단정하고 곧은 모양.
閣道(각도) ①복도(複道). ②험한 벼랑에 나무로 선반처럼 내매어 만든 길. 棧道(잔도).
閣僚(각료) 내각(內閣)을 구성하는 각부 장관.
閣手(각수) 팔짱을 낌. 아무 일도 하지 않음.
閣議(각의) 내각의 회의.
閣筆(각필) 쓰던 글을 그만두고 붓을 놓음.
閣下(각하) ①전각(殿閣)의 아래. ②신분이 높은 사람의 경칭(敬稱).

◨ 內閣내각, 樓閣누각, 臺閣대각, 雲閣운각, 殿閣전각, 層閣층각.

6 ⑭【関】 關(1328)의 속자

6 ⑭【閨】闺 도장방 규 齊

인명 2급 ㊥guī ㊐ケイ

門 6획

소전 초서 자해 ❶**도장방, 규방(閨房), 부녀자의 거실.** ❷**독립한 작은 문.** 위는 둥글고 아래는 네모져 홀〔圭〕과 비슷하다. ❸**궁중의 작은 문.** 〔楚辭〕 念靈閨兮隩重深념령규혜오중심. ❹**부인(婦人).**

閨闥(규달) 아낙네의 침실(寢室).

閨門(규문) ①㉠방의 출입문. ㉡방 안. 家庭(가정). ②성(城)안의 작은 문.

閨房(규방) 부녀자가 거처하는 방. 도장방.

閨範(규범) 부녀자가 지켜야 할 법도(法度).

閨秀(규수) ①지체 높은 집의 학문과 재주가 뛰어난 부녀자. 才媛(재원). 賢夫人(현부인). ②國남의 집 처녀를 점잖게 이르는 말.

閨愛(규애) 여자. 부인.

閨怨(규원) 남편에게 버림 받은 여자의 원한.

閨中(규중) 부녀자가 거처하는 곳. 閨內(규내).

閨閤(규합) ①㉠궁중의 작은 문. ㉡침전(寢殿). ②안방. 침실(寢室).

閨閤之臣(규합지신) 근시(近侍)의 신하.

6 ⑭ 【閩】闽 종족 이름 민 眞

中mǐn 日ビン

소전 초서 자해 ❶**종족 이름.** 복건성(福建省) 지역에 살던 소수 민족의 하나. ❷**나라 이름.** 오대 십국(五代十國)의 하나. 〔舊五代史〕 延鈞自稱帝연균자칭제, 國號大閩국호대민. ❸**복건성의 옛 이름.**

閩越(민월) 진한(秦漢) 시대에 복건 지방에 살던 월족(越族)이 세운 왕조.

6 ⑭ 【閥】阀 공훈 벌 月

인명 2급 中fá 日バツ

소전 초서 자해 ❶**공훈(功勳), 공을 쌓다.** 〔後漢書〕 不繫閥閱불계벌열. ❷**대문의 왼쪽에 세우는 기둥.** 당송대(唐宋代) 이후 작위(爵位) 있는 집의 대문에 세웠다. ❸**문벌(門閥), 집안의 지체.**

閥閱(벌열) ①문의 양쪽 기둥. ②나라에 공이 많고 벼슬 경력이 많음. 또는 그런 집안. ③귀족(貴族).

閥族(벌족) 신분이 높은 가문의 일족.

◨ 官閥관벌, 門閥문벌, 財閥재벌, 派閥파벌, 學閥학벌.

6 ⑭ 【閪】 國잃을 서

자해 **잃다.**

閪失(서실) 물건을 부지중(不知中)에 잃어버림. 遺失(유실).

6 ⑭ 【閡】阂 문 잠글 애 隊

中ài 日ガイ

소전 초서 자해 ❶**문을 잠그다, 밖에서 문을 잠그다.** 〔說文解字〕 閡애, 外閉也외폐야. ❷**방해하다, 거리끼다.** ≒礙. 〔後漢書〕 勿令有所拘閡而已물령유소구애이이.

6 ⑭ 【閤】 閤 쪽문 합 合

인명 中gé 日コウ

소전 초서 자해 ❶**쪽문, 대문(大門) 곁에 달린 작은 문.** 〔漢書〕 開東閤개동합. ❷**궁중의 작은 문.** ❸**침실, 규방(閨房).** 〔梁元帝·曲〕 蘭房椒閤夜方開란방초합야방개. ❹**누각(樓閣).** 〔梁簡文帝·賦〕 待餘春於北閤대여춘어북합.

閤內(합내) ①어전(御殿)의 안. ②國상대를 높여 그의 집안 식구를 이르는 말.

閤門(합문) ①國편전(便殿)의 앞문. ②고려 때 조회(朝會)의 의례(儀禮)를 맡은 관아.

閤夫人(합부인) 國남의 아내의 높임말.

閤外(합외) 편전(便殿)의 밖.

閤下(합하) 신분이 높은 사람에 대한 존칭.

◨ 閨閤규합.

6 ⑭ 【閧】 골목길 항 絳

中xiàng 日コウ

자해 **골목길, 시골 골목길.**

7 ⑮ 【閫】阃 문지방 곤 阮 願

中kǔn 日コン

초서 자해 ❶**문지방.** 〔揚雄·賦〕 天閫決兮地垠開천곤결혜지은개. ❷**문지방 한가운데의 턱.** 문이 문지방 안까지 들어오는 것을 막는다. ❸**왕후(王后)가 거처하는 곳, 후비(后妃).** 〔後漢書〕 內無出閫之言내무출곤지언.

閫寄(곤기) 곤(閫) 밖을 맡김. 군(軍)을 통솔하는 전권(全權). 장군(將軍)의 임무.

閫德(곤덕) ①부녀자의 덕행(德行). ②부녀자가 다른 사람에게 베푼 은혜.

閫範(곤범) 부녀자가 지켜야 할 규범.

閫席(곤석) 문지방과 자리. 곧, 남녀가 유별(有別)함.

閫帥(곤수) ①지방의 군사(軍事)를 총괄하는 장수. ②國병마절도사(兵馬節度使)와 수군절도사(水軍節度使)의 총칭.

閫閾(곤역) 문지방.

閫奧(곤오) ①깊숙한 곳. 마음속. ②깊은 뜻.
閫外(곤외) ①궁성(宮城) 또는 도성(都城)의 밖. 조정(朝廷)의 밖. ②국경(國境) 밖. ③외임을 맡은 장수나 관리.
閫外之任(곤외지임) 병마(兵馬)를 통솔하는 직임. 閫任(곤임).
閫闈(곤위) ①궁중(宮中)의 문. ②부녀자가 거처하는 내실. 안방.

7 ⑮【閬】阆 1 솟을대문 랑 漾 2 넓고 밝을 랑 養

㊥làng, lǎng ㊐ロウ

소전 초서 자해 1 ❶솟을대문. ❷휑뎅그렁하다. 〔後漢書〕集太微之閬閬집태미지랑랑. 2 넓고 밝다.
閬宮(낭궁) 선궁(仙宮).
閬閬(낭랑) ①높고 큰 모양. ②텅 빈 모양. 휑뎅그렁함.
閬苑(낭원) 신선(神仙)이 산다는 곳.
閬風瑤池(낭풍요지) 신선이 산다는 곳.

7 ⑮【閭】闾 이문 려 魚

인명 1급 ㊥lǘ ㊐リョ

소전 초서 자해 ❶이문(里門). 동네 어귀에 세운 문. 주대(周代)의 제도에, 25가구를 이(里)라 하고, 이에는 반드시 문이 있는데 이를 여(閭)라 하였다. 〔書經〕式商容閭식상용려. ❷마을. 주대의 제도로, 25가구의 호칭.
閭家(여가) 여염집.
閭里(여리) ①마을. ②마을 사람.
閭門(여문) 마을 어귀의 문. 里門(이문).
閭市(여시) 마을의 거리.
閭閻(여염) ①서민이 모여 사는 마을. 촌리(村里). ②촌민(村民). 평민.
閭伍(여오) 주대(周代) 촌락(村落) 단위.
閭井(여정) 마을.
閭左(여좌) 진대(秦代)에 부역 등을 면제하여 이문(里門)의 왼쪽에 살게 한 가난한 백성. 貧民(빈민).
閭巷(여항) ①마을. ②민간(民間).
閭巷人(여항인) 민간에 있는 사람. 벼슬을 하지 않는 사람.
◨ 倚閭의려.

7 ⑮【閱】阅 검열할 열 屑

고등 인명 3급 ㊥yuè ㊐エツ

필순 丨 𠃌 冂 冂 門 門 門 閂 閱 閱

소전 초서 자원 形聲. 門+兌→閱. '兌(태)'가 음을 나타낸다.
자해 ❶검열하다, 조사하다. 하나하나 수효를 세어 확인하다. 〔春秋左氏傳〕商人閱其禍敗之釁상인열기화패지흔. ❷차례차례로 거치다. 〔漢書〕閱天下之義理多矣열천하지의리다의. ❸문서를 견주며 교감(校勘)하다. ❹점검, 검열. 〔周禮〕中冬教大閱중동교대열. ❺벌열(閥閱), 공적. 〔史記〕積日曰閱적일왈열. ❻문기둥. 당송대(唐宋代) 이후 작위(爵位) 있는 집의 문에 세우는 기둥. 왼쪽에 있는 것을 '閥(벌)', 오른쪽에 있는 것을 '閱(열)' 이라 한다.
閱年(열년) 1년이 걸림. 한 해를 보냄.
閱覽(열람) 책이나 문서 따위를 죽 훑어보거나 조사하면서 봄.
閱歷(열력) ①겪어 온 이력. ②지나감. 경과함.
閱兵(열병) 군대를 정렬해 놓고 병사들의 사기와 훈련 상태 따위를 검열함. 閱武(열무).
閱世(열세) 세상의 여러 가지 일들을 겪어 옴.
閱歲(열세) 해를 넘김. 越年(월년).
閱視(열시) 하나하나 조사하여 밝힘.
閱試(열시) 조사하여 시험해 봄.
閱實(열실) 실정(實情)을 일일이 조사함.
閱人(열인) 널리 많은 사람을 겪어 봄.
◨ 檢閱검열, 校閱교열, 閥閱벌열.

7 ⑮【閏】 윤달 윤 震

인명 ㊥rùn ㊐ジュン

자해 윤달. =閏.

8 ⑯【閼】阏 1 가로막을 알 曷 2 선우 왕비 연 先

인명 2급 ㊥è, yān ㊐アツ

소전 초서 자해 인명용 음은 '알'이다.
자해 1 ❶가로막다. 〔列子〕勿壅勿閼물옹물알. ❷그치다, 멈추다. 〔莊子〕而莫之夭閼者이막지요알자. ❸막다, 못하게 하다. 〔列子〕謂之閼聽위지알총. 2 선우(單于)의 왕비. ¶ 閼氏연지.
閼密(알밀) 음악 연주 등을 그치고 조용히 함.
閼塞(알색) 막힘. 壅塞(옹색).
閼氏(연지) 흉노(匈奴)의 왕인 선우(單于)의 비(妃)의 호칭.
◨ 單閼단알, 天閼요알.

8 ⑯【閹】阉 내시 엄 鹽 琰

㊥yān ㊐エン

소전 초서 자해 ❶내시, 환관(宦官). ❷궁문(宮門) 여닫이를 맡

門 8획

아보는 하인.
閹尹(엄윤) 환관(宦官)의 우두머리.
閹人(엄인) 궁형(宮刑)으로 거세(去勢)한 남자. 내시. 宦官(환관). 閹寺(엄시).

8 ⑯【閾】 문지방 역 職
㊥yù ㊐ヨク
소전 초서 자해 문지방. 〔論語〕行不履閾행불리역.

8 ⑯【閻】阎 ①이문 염 鹽 ②땅 이름 염 琰 ③예쁠 염 豔
인명 2급 ㊥yán, yǎn ㊐エン
소전 초서 자해 ① ❶이문(里門). 동네 어귀에 세운 문. 〔荀子〕隱於窮閻漏屋은어궁염누옥. ② 땅 이름. 춘추 시대 진(晉)나라의 땅. 〔春秋左氏傳〕周甘人與晉閻嘉주감인여진염가, 爭閻田쟁염전. ③ 예쁘다, 아름답다. 〔漢書〕哀褒閻之爲郵애포염지위우.
閻羅國(염라국) (佛)염라대왕(閻羅大王)이 다스린다는 저승.
閻羅大王(염라대왕) (佛)죽은 사람의 생전의 죄를 다스린다는 지옥의 임금. 閻魔大王(염마대왕).
閻羅人(염라인) (佛)지옥의 옥졸(獄卒).
閻妻(염처) 사랑받는 아리따운 아내.
◨ 閭閻여염.

8 ⑯【閶】阊 천문 창 陽
㊥chāng ㊐ショウ
소전 초서 자해 ❶천문(天門). ¶ 閶闔창합. ❷문. ¶ 閶闔창합. ❸가을바람. ¶ 閶風창풍.
閶風(창풍) 서쪽 바람. 가을바람.
閶闔(창합) ①천상계(天上界)의 문. ②궁궐의 정문(正門). ③창풍(閶風).

8 ⑯【閽】阍 문지기 혼 元
㊥hūn ㊐コン
소전 자해 ❶문지기. 〔春秋左氏傳〕吳人伐楚오인벌초, 獲俘焉획부언, 以爲閽이위혼. ❷궁문(宮門), 대궐문. 〔左思·賦〕重閽洞出중혼동출.
閽禁(혼금) 관아에서 잡인(雜人)의 출입을 금지하던 일.
閽寺(혼시) 내정(內廷)에서 봉사하는 환관(宦官). 원래 궁형(宮刑)을 받은 사람을 문지기로 썼던 데서 온 말.
閽人(혼인) 문지기. 閽者(혼자).

9 ⑰【闃】阒 고요할 격 錫
㊥qù ㊐ケキ
소전 초서 자해 고요하다, 조용하다. 〔易經〕闃其无人격기무인.
闃然(격연) 고요한 모양.

9 ⑰【闋】阕 문 닫을 결 屑
㊥què ㊐ケツ
소전 초서 자해 ❶문을 닫다, 일이 끝나서 문을 닫다. ❷다하다. 〔漢書〕物物卬市물물앙시, 日闋亡儲일결망저. ❸탈상(脫喪)하다. 〔後漢書〕服闋복결, 拜全椒長배전초장. ❹쉬다, 휴식하다. 〔詩經〕俾民心闋비민심결.
闋制(결제) 삼년상을 마침. 闋服(결복). 脫喪(탈상).

9 ⑰【闍】阇 ①망루 도 虞 ②화장할 사 麻
㊥dū, shé ㊐ト, ジャ
소전 초서 자해 ① ❶망루(望樓). 〔詩經〕出其闉闍출기인도. ❷서울의 외곽 안의 거리. ② 화장(火葬)하다.
闍梨(사리) (佛)모범이 되는 승려. 고승(高僧)의 칭호(稱號).

9 ⑰【闌】阑 가로막을 란 寒
㊥lán ㊐ラン
소전 초서 자해 ❶가로막다. 차단하다. 〔戰國策〕晉國之去梁也진국지거량야, 千里有餘천리유여, 無河山以闌之무하산이란지. ❷문에 가로질러 출입을 차단하는 나무. ❸다하다. 〔謝靈運·詩〕述職期闌暑술직기란서. ❹함부로, 마구. 〔漢書〕闌入尙方掖門난입상방액문.
闌駕上書(난가상서) 임금의 수레를 가로막고 소장(訴狀)을 올림.
闌干(난간) ①층계·마루·자리 등의 가장자리를 일정한 높이로 막은 물건. 欄干(난간). 闌楯(난순). ②종횡으로 뒤얽힌 모양. ③눈물이 그칠 새 없이 흐르는 모양. ④별빛이 반짝이는 모양.
闌單(난단) ①지친 모양. ②옷 따위가 타지고 해진 모양.
闌珊(난산) ①한창을 지나 쇠하여 가는 모양.

②어지럽게 흩어지는 모양. 闌散(난산).
闌暑(난서) 늦더위. 殘暑(잔서).
闌夕(난석) 반야(半夜)를 지날 무렵. 깊은 밤. 深夜(심야).
闌入(난입) 허가 없이 함부로 들어감.
闌出(난출) ①재물을 함부로 내놓음. ②통행증 없이 관문(關門)을 함부로 나감.

9 ⑰ 【闇】 闇 ①닫힌 문 암 勘 ②어두운 모양 암 感
인명 1급 ㊥àn, ǎn ㊐アン
소전 초서 자해 ① ❶닫힌 문, 잠긴 문. ❷어둡다. 〔後漢書〕 日闇月散일암월산. ❸어둡게 하다, 가리다. ❹날씨가 흐리다. 〔後漢書〕 正月以來정월이래, 陰闇連日음암연일. ❺어리석다. 〔國語〕 除闇以應外謂之忠제암이응외위지충. ② ❶어두운 모양. 〔禮記〕 闇然而日章암연이일장. ❷걸음이 빠른 모양. ¶ 闇跳암도.
闇跳(암도) 걸음이 빠른 모양.
闇鈍(암둔) 도리에 어둡고 동작이 둔함.
闇昧(암매) ①㉠어두운 곳. 빛이 닿지 않는 곳. ㉡남이 보지 않는 곳. ②사리에 어둡고 어리석음. 暗昧(암매).
闇弱(암약) 어리석고 겁이 많음.
闇然(암연) ①어두워서 보이지 않음. ②어리석어 깨닫지 못함.
闇主(암주) 사리에 어둡고 어리석은 임금.
闇淺(암천) 사리에 어둡고 천박함.
◨ 昏闇혼암.

9 ⑰ 【闈】 闱 대궐 작은문 위 微
㊥wéi ㊐イ
소전 초서 자해 ❶대궐의 작은 문. 궁중의 통로에 세운 문. 〔周禮〕 使其屬守王闈사기속수왕위. ❷쪽문. 대문 옆에 작게 따로 낸 문. 〔禮記〕 夫人至부인지, 入自闈門입자위문. ❸왕후(王后)가 거처하는 궁(宮)의 안채. 〔宋書〕 庶儀廢椒闈서의폐초위. ❹과장(科場). 과거 시험을 보던 장소.
闈闥(위달) ①왕궁 안의 작은 문. ②왕궁 안.
闈門(위문) 궁중(宮中)에서 종묘에서 왕래하는 문. 협문.

9 ⑰ 【闉】 闉 성곽 문 인 眞
㊥yīn ㊐イン
소전 초서 자해 ❶성곽(城廓)의 문. 그 위에 감시 망루(監視望樓)를 세운다. 〔顏延之·詩〕 登闉訪川陸등인방천륙. ❷구부러지다. 〔莊子〕 闉跂支離無脤인기지리무진.
闉闍(인도) 곡성(曲城)과 성대(城臺). 또는 성중(城中)의 마을.

9 ⑰ 【闏】 ㊎문바람 팽
자해 문바람.

9 ⑰ 【闊】 阔 트일 활 ㊍괄 曷
인명 1급 ㊥kuò ㊐カツ
소전 초서 속자 濶 자해 ❶트이다, 통하다. ❷멀다. 〔詩經〕 于嗟闊兮우차활혜. ❸넓다. ❹도량이 넓다. 〔後漢書〕 武爲人嗜酒무위인기주, 闊達敢言활달감언. ❺느슨하다, 늦추다. 〔漢書〕 闊其租賦활기조부.
闊達(활달) 마음이 넓어 작은 일에 개의치 않음. 명랑하고 구애됨이 없음. 豁達(활달).
闊落(활락) 거칠고 세밀하지 못함.
闊略(활략) ①대범(大凡)하고 자상하지 못함. ②눈감아 줌. 관용(寬容)함.
闊別(활별) 오랫동안 헤어져 만나지 못함.
闊步(활보) 큰 걸음으로 당당히 걸음.
闊顙(활상) 넓은 이마.
闊疏(활소) ①세정(世情)에 어둡고 주의가 부족함. ②촘촘하지 않음. 성김.
闊袖(활수) 통이 넓은 소매. 또는 그런 옷.
闊葉樹(활엽수) 잎이 넓은 나무.
◨ 廣闊광활, 久闊구활, 疎闊소활, 迂闊우활, 快闊쾌활.

10 ⑱ 【闓】 闿 열 개 賄
㊥kǎi ㊐●
소전 초서 자해 ❶열다. 〔漢書〕 與漢闓大關여한개대관. ❷즐기다, 좋아하다. 〔漢書〕 昆蟲闓懌곤충개역.

10 ⑱ 【闗】 關(1328)의 속자

10 ⑱ 【闕】 阙 대궐 궐 月
인명 2급 ㊥què ㊐ケツ
소전 초서 자해 ❶대궐. 천자(天子)가 사는 곳. 〔漢書〕 詣闕上書예궐상서, 書久不服서구불복. ❷궁문(宮門) 양 옆에 설치한 두 개의 대(臺). 위는 망대(望臺). 여기에 법령(法令)을 게시하였는데, 이를 상위

門 10획

(象魏)라 한다. ❸문(門). 〔淮南子〕 天阿者천아자, 羣神之闕也군신지궐야. ❹빠지다. 〔論語〕 吾猶及史之闕文也오유급사지궐문야. ❺빼다, 제외하다. 〔周禮〕 亡者闕之망자궐지. ❻줄이다, 깎다. 〔春秋左氏傳〕 欲闕翦我公室욕궐전아공실. ❼부족하다. 〔國語〕 聚必有闕취필유궐.

闕閣(궐각) 궁문(宮門)의 누각(樓閣).

闕略(궐략) 뺌. 생략함.

闕漏(궐루) 새어 없어짐.

闕本(궐본) 한 질(帙)에서 권수가 모자라는 일. 또는 그 빠진 책. 缺本(결본).

闕祀(궐사) 國제사를 지내지 않거나 제삿날을 지나치어 못 지냄. 闕祭(궐제).

闕席(궐석) ①자리가 빔. ②출석하지 않음. 缺席(결석).

闕損(궐손) 손실(損失).

闕失(궐실) ①이지러져 없어짐. ②결점(缺點). 과실(過失).

闕掖(궐액) 궁중(宮中). 禁掖(금액).

闕如(궐여) 빠짐. 누락(漏落)함.

闕員(궐원) 인원이 정수에 모자람. 缺員(결원).

闕字(궐자) ①문장 중에서 임금 또는 귀인의 이름을 쓸 때, 경의를 표하기 위하여 한두 자 쓸 자리를 비우거나 줄을 바꾸는 일. ②문장 중의 빠진 글자.

闕典(궐전) ①흠이 있는 책. 온전하지 못한 책. ②부족한 규정이나 문서.

闕廷(궐정) 궁궐(宮闕).

闕炊(궐취) 國가난하여 끼니를 거름.

闕下(궐하) 대궐 아래. 곧, 천자(天子).

闕畫(궐획) ①글자의 획을 빠뜨림. ②피휘(避諱)의 한 방법. 임금 또는 귀인의 이름과 같은 글자를 쓰기를 꺼려 그 글자의 한두 획을 생략하여 쓰던 일. 缺劃(결획).

◨ 宮闕궁궐, 大闕대궐, 補闕보궐, 入闕입궐.

門 10획

10 ⑱【闑】 문에 세운 말뚝 얼 屑

㊥niè ㊐ゲツ

소전 초서 자해 문에 세운 말뚝. 〔禮記〕 君入門군입문, 介拂闑개불얼.

闑內(얼내) 문의 안쪽.

10 ⑱【闐】 阗 성할 전 先

㊥tián ㊐テン

소전 초서 자해 ❶성하다, 많다. ❷차다, 가득하다. 〔史記〕 賓客闐門빈객전문. ❸거마(車馬)의 소리. ❹북소리. 〔詩經〕 振旅闐闐진려전전.

闐溢(전일) 꽉 차서 넘침. 充溢(충일).

闐闐(전전) ①성한 모양. ②크게 울리는 소리. ㉠북소리. ㉡거마(車馬)의 소리.

10 ⑱【闒】 阘 다락문 탑 合

㊥tà ㊐トウ

소전 초서 자해 ❶다락문. 다락에 마련한 출입문. ❷비천하다, 용렬하다. 〔漢書〕 在闒茸之中재탑용지중.

闒茸(탑용) ①비천함. 용렬함. ②어리석음.

10 ⑱【闖】 闯 엿볼 틈 本침 沁

인명 ㊥chèn ㊐チン

소전 초서 자해 ❶엿보다. 〔韓愈,孟郊·詩〕 儒門雖大啓유문수대계, 奸首不敢闖간수불감틈. ❷머리를 내밀다. 〔春秋公羊傳〕 開之개지, 則闖然公子陽生也즉틈연공자양생야. ❸불쑥 들어가다.

闖然(틈연) 머리를 불쑥 내미는 모양.

闖入(틈입) 느닷없이 함부로 들어감. 난입(亂入)함.

10 ⑱【闔】 阖 문짝 합 合

인명 ㊥hé ㊐コウ

소전 초서 자해 ❶문짝. 나무로 만든 것을 '闔', 갈대나 대로 만든 것을 '扉(비)'라 한다. 〔禮記〕 乃脩闔扇내수합선. ❷문을 닫다. 〔禮記〕 閏月則闔門左扇윤월즉합문좌선. ❸모두, 온통. ❹어찌 ~하지 않느냐. ≒盍. '何'와 '不'을 합한 것. 〔莊子〕 夫子闔行耶부자합행야.

闔家(합가) 온 집안. 거가(擧家).

闔境(합경) 온 지경 안. 영내(領內) 전부.

闔門(합문) 國제사에서 유식(侑食)을 할 때 문을 닫거나 병풍으로 가리어 막는 일.

闔闢(합벽) 닫음과 엶. 開閉(개폐).

闔扇(합선) 문짝.

闔眼(합안) 남의 허물을 눈감아 줌.

闔邑(합읍) 고을 전체. 全邑(전읍).

◨ 開闔개합, 戶闔호합.

11 ⑲【關】 关 빗장 관 刪

중학 인명 5급 ㊥guān ㊐カン

필순 门 门 門 門 門 門 闁 闗 關 關

소전 초서 속자 関 속자 闗 자원 形聲. 門+

䜌→關. '䜌(관)'이 음을 나타낸다.

자해 ❶빗장. 〔老子〕 善閉無關鍵而不可開선폐무관건이불가개. ❷기관(機關), 자동 장치. 〔後漢書〕 施關設機시관설기. ❸닫다, 잠그다. 〔淮南子〕 城郭不關성곽불관. ❹사이를 띄우다, 거리를 두다. ❺관문. 〔易經〕 先王以至日閉關선왕이지일폐관. ❻인체(人體)의 요처. ㉮오금의 위. ㉯귀·눈·입. ❼매듭, 결속. 〔素問〕 腎者胃之關也신자위지관야. ❽관계하다, 관여하다. 〔宋書〕 遺財祿秩유재록질, 一不關豫일불관예. ❾걸다, 걸리다. ¶ 關心관심. ❿거치다, 겪다.

關鍵(관건) ①빗장과 자물쇠. 문호(門戶)의 단속. ②사물의 가장 중요한 부분.

關係(관계) 둘 이상이 서로 걸림.

關聯(관련) 둘 이상의 사람·사물이 서로 관계를 맺어 매여 있음.

關門(관문) ①지난날, 국경이나 교통 요지에 설치하였던 문. ②중요한 길목. ③문을 닫음.

關山(관산) ①관소(關所)와 그 주위의 여러 산들. ②향리(鄕里)의 사방을 두른 산. ③고향.

關塞(관새) 국경의 성. 변경의 요새(要塞).

關西(관서) 마천령의 서쪽 지방. 곧, 평안도와 황해도 북부 지역.

關稅(관세) 한 나라의 세관을 통과하는 물품에 대하여 부과하는 세금.

關鎖(관쇄) 출입문의 자물쇠. 문단속.

關市(관시) ①관문과 저자. ②국경 지방에서의 교역(交易).

關心(관심) 어떤 것에 마음이 끌려 주의를 기울임.

關礙(관애) 막음. 저지(沮止)함.

關鑰(관약) 빗장과 자물쇠. 關籥(관약).

關與(관여) 어떤 일에 관계함.

關節(관절) ①두 개의 뼈가 맞닿아 굴신할 수 있게 된 부분. ②중요한 지위에 있는 사람에게 뇌물을 써서 청탁하는 일.

關津(관진) 관문과 나루. 곧, 수륙(水陸)의 요처(要處).

關河(관하) ①함곡관(函谷關)과 황하(黃河). 전쟁터에서, 요해처(要害處). ②산하(山河).

◨ 機關기관, 難關난관, 稅關세관.

11 ⑲【闚】 엿볼 규 支 寘

㊥kuī ㊐キ

소전 초서 자해 ❶엿보다, 훔쳐보다. ≒窺. 〔易經〕 闚其戶규기호. ❷조사하다, 검사하다. 〔後漢書〕 秦人不敢闚兵于西河진인불감규병우서하. ❸꾀다, 유인하다. 〔史記〕 闚以重利규이중리.

闚伺(규사) 몰래 틈을 엿봄.

闚覦(규유) 엿보며 바람. 분에 넘치는 일을 은근히 바라는 일. 闚闟(규유).

12 ⑳【闡】 闡 열 천 銑

인명 1급 ㊥chǎn ㊐セン

소전 초서 자해 ❶열다. 〔易經〕 微顯闡幽미현천유. ❷넓히다, 땅을 넓히다. 〔史記·注〕 禪선, 闡廣土地也천광토지야. ❸분명하게 하다, 드러내다. 〔易經〕 微顯闡幽미현천유.

闡校(천교) 바로잡고 분명히 함. 교정함.

闡究(천구) 구명(究明)하여 명백하게 함.

闡明(천명) 드러내어 밝힘. 闡揚(천양).

闡幽(천유) 숨은 것을 드러내어 밝힘.

闡證(천증) 분명히 함. 증명함.

12 ⑳【闞】 闞 ①범 소리 함 豏 ②바랄 감 勘

㊥hǎn, kàn ㊐カン

소전 초서 자해 ①❶범의 소리. ❷성내는 모양. 입을 크게 벌리고 성내는 모양. 〔詩經〕 闞如虓虎함여효호. ②❶바라다. ❷보다.

闞闞(함함) ①용감한 모양. ②범이 성내어 우짖는 소리.

13 ㉑【闥】 闼 문 달 曷

㊥tà ㊐タツ

소전 초서 자해 ❶문, 작은 문. 〔漢書〕 斧敬法闥부경법달. ❷문의 안, 문과 담 사이. 〔詩經〕 在我闥兮재아달혜.

13 ㉑【闢】 辟 열 벽 陌

인명 1급 ㊥pì ㊐ヘキ

소전 초서 자해 ❶열다, 열리다. 〔春秋左氏傳〕 寢門闢矣침문벽의. ❷물리치다, 제거하다. 〔荀子〕 是以闢耳目之欲시이벽이목지욕. ❸피하다, 멀리하다. 〔周禮〕 凡外內命夫命婦出入범외내명부명부출입, 則爲之闢즉위지벽. ❹개간(開墾)하다. 〔司馬相如·賦〕 地可墾闢지가간벽.

闢土(벽토) ①토지를 개간함. ②영토를 넓힘.

闢闔(벽합) 엶과 닫음.

◨ 開闢개벽, 闔闢합벽.

13 ㉑【闤】 阛 거리 환 刪

㊥huán ㊐カン

소전 闠 초서 闠 자해 ❶거리, 시가(市街). ❷시가(市街)를 둘러싼 담.

阜部 언덕 부

0 ⑧【阜】 언덕 부 有

인명 2급 ㊥fù ㊐フ

소전 초서 참고 한자의 구성에서 변에 쓰일 때는 글자 모양이 '阝'으로 바뀌고, '좌부변'이라고 부른다.

자원 象形. 돌이 없는 토산(土山)을 본뜬 글자. 언덕, 또는 높고 큰 토지 등을 뜻한다.

자해 ❶언덕, 대륙(大陸). 〔詩經〕如山如阜여산여부. ❷크다. 〔張衡·賦〕百物殷阜백물은부. ❸번성하다. 〔楚辭〕人阜昌只인부창지. ❹살찌다. 〔詩經〕駟驖孔阜사철공부.

阜蕃(부번) 크게 번식함.

阜成(부성) ①훌륭하게 이루어 냄. 훌륭한 사람으로 만들어 냄. ②부유하게 만듦.

阜螽(부종) 메뚜기.

3 ⑥【阡】 두렁 천 先

인명 ㊥qiān ㊐セン

소전 초서 자해 ❶두렁, 두렁길. 남북으로 난 두렁. 〔漢書〕出入阡陌출입천맥. ❷무성하다. ≒芊. 〔謝朓·詩〕遠樹曖阡阡원수애천천. ❸일천. ※'千'의 갖은자.

阡陌(천맥) 두렁. 두렁길. 동서(東西)로 난 두렁을 '陌'이라 함.

阡阡(천천) 초목이 우거진 모양.

4 ⑦【阬】 1문 높은 모양 갱 本강 庚 2큰 언덕 갱 本강 陽

㊥kēng, gāng ㊐コウ

소전 초서 자해 1❶문이 높은 모양. 〔詩經〕皋門有伉고문유항, 然則門亦得稱阬연즉문역득칭갱. ❷구덩이. ≒坑. 〔莊子〕在谷滿谷재곡만곡, 在阬滿阬재갱만갱. ❸구덩이에 묻어서 죽이다. 〔史記〕秦始皇진시황, 犯禁者四百六十餘人범금자사백육십여인, 皆阬之咸陽개갱지함양. 2큰 언덕.

阬儒(갱유) 진시황(秦始皇)이 유학자를 산 채로 구덩이에 파묻어 죽인 일. 坑儒(갱유).

阬穽(갱정) 함정. 坑穽(갱정).

4 ⑦【阪】 級(971)의 속자

4 ⑦【阧】 치솟을 두 有

인명 ㊥dǒu ㊐トウ

초서 자해 ❶치솟다, 우뚝 솟다. ❷험하다, 가파르다.

4 ⑦【防】 둑 방 陽

중학 인명 4Ⅱ급 ㊥fáng ㊐ボウ

필순 ⺈ 阝 阝 阝' 阝亠 防 防

소전 초서 자원 形聲. 阜+方→防. '方(방)'이 음을 나타낸다.

자해 ❶둑, 제방. 〔淮南子〕脩彭蠡之防수팽려지방. ❷막다. ㉮물을 막다. ㉯대비하다. 〔易經〕君子以思患而豫防之군자이사환이예방지. ㉰수비(守備)하다, 방비(防備)하다. 〔晉書〕尋陽接蠻심양접만, 宜示有遏防의시유알방. ❸맞서다. 〔詩經〕百夫之防백부지방.

防姦(방간) 간사함을 막음.

防穀(방곡) 國곡식의 반출을 막음.

防共(방공) 공산주의 세력을 막아 냄.

防空(방공) 적의 항공기나 미사일 공격을 막음.

防毒(방독) 독기로부터 피해를 막음.

防微(방미) 작은 일도 주의하여 일이 크게 벌어지지 않도록 방지함.

防犯(방범) 범죄를 막음.

防壁(방벽) 밖으로부터 쳐들어오는 것을 막으려고 쌓은 벽.

防腐(방부) 썩지 못하게 막음.

防備(방비) 적의 침략이나 재해 따위를 막기 위한 준비.

防塞(❶방색 ❷방새) ❶가려서 막음. 防遏(방알). ❷적의 침공을 막는 요새.

防泄(방설) 새는 것을 막음.

防水(방수) ①홍수를 막음. ②물이 스며들지 않게 특수한 도료를 칠하는 일.

防濕(방습) 습기를 막음.

防禦(방어) 적이 공격하여 오는 것을 막음.

防疫(방역) 전염병의 발생·침입 따위를 막음.

防衛(방위) 적의 공격을 막아서 지킴.

防災(방재) 재해를 막음.

防材(방재) 적함(敵艦)의 침입을 막기 위하여 미리 항만(港灣)에 쇠사슬로 동여매어 놓은 커다란 재목.

防除(방제) ①막아서 없앰. ②농작물의 병충해를 예방하거나 없앰.

防潮(방조) 조수(潮水)의 피해를 막음.

防止(방지) 막아서 멎게 함.

防諜(방첩) 적의 첩보 활동을 막음.

防築(방축) 물을 막기 위해 쌓은 둑.

防臭(방취) 나쁜 냄새를 막음.
防彈(방탄) 날아오는 탄알을 막음.
防牌(방패) 칼·창·화살 등을 막던 무기.
防風(방풍) 바람을 막음.
防寒(방한) 추위를 막음.
防護(방호) 막아 지켜서 보호함.
防火(방화) 화재를 미리 막음.
◨ 國防국방, 消防소방, 豫防예방, 堤防제방.

4 ⑦【阫】 담 배 灰

㊥péi ㊐ハイ
자해 **담, 울타리.** 〔莊子〕 日中穴阫일중혈배.

4 ⑦【阺】 氐(690)와 동자

4 ⑦【阨】 ①좁을 애 卦 ②막힐 액 陌

㊥ài, è ㊐アイ, ヤク
초서 자해 ① **좁다.** 〔唐書〕 且地狹阨차지협애. ② ❶**막히다.** ＝阸. 〔左思·賦〕 邦有湫阨而踡跼방유추액이권국. ❷**험하다, 험한 길.** 〔史記〕 魏居嶺阨之西위거령액지서. ❸**시달리다.** 〔孟子〕 阨窮而不憫액궁이불민. ❹**곤란, 어려움.** 〔孟子〕 是時孔子當阨시시공자당액.
阨塞(❶애새 ❷액색) ❶견고한 성채(城砦). ❷ 國①운수가 막힘. ②궁색하게 지냄.
阨困(액곤) 괴로움. 고생.
阨窮(액궁) 운이 나빠 궁지에 빠짐. 고생함.

4 ⑦【阮】 관 이름 완 本원 阮 元

인명 1급 ㊥yuán ㊐ゲン
소전 참고 인명용 음은 '완, 원'이다.
자해 ❶**관문(關門) 이름.** 한대의 오완관(五阮關). ❷**나라 이름.** 은대(殷代)의 제후국.
阮丈(완장) 國남의 삼촌(三寸)의 높임말. 진(晉)나라의 완적(阮籍)과 완함(阮咸)은 삼촌과 조카 사이로 함께 문명(文名)을 떨친 데서 남의 삼촌을 완장(阮丈), 남의 조카를 함씨(咸氏)라 일컬음.

4 ⑦【阭】 높을 윤 軫

인명 ㊥yǔn, jún ㊐イン
자해 ❶**높다.** ❷**돌.**

4 ⑦【阯】 터 지 紙

㊥zhǐ ㊐シ
소전 초서 자해 ❶**터, 토대.** ≒址. 〔太玄經〕 牆峭阯장초지. ❷**산기슭.** 〔漢書〕 禪泰山下阯선태산하지. ❸**작은 섬.** 洲(주)·渚(저)에 비하여 더 작은 섬. ≒沚. 〔張衡·賦〕 黑水玄阯흑수현지.

4 ⑦【阪】 비탈 판 阮

인명 2급 ㊥bǎn ㊐ハン
소전 초서 동자 飯 자해 ❶**비탈, 고개.** ＝坂. 〔詩經〕 阪有漆판유칠. ❷**험하다.** 〔詩經〕 瞻彼阪田첨피판전. ❸**기울다, 비스듬해지다.**
阪路(판로) 비탈길.
阪上走丸(판상주환) 비탈 위에서 공을 굴림. ㉠세(勢)에 편승하여 일을 하면 손쉬움. ㉡일이 자연의 추세에 따라 이루어져 감.
阪田(판전) 자갈이 많은 밭. 불모(不毛)의 땅.
阪險(판험) 가파르고 험함.

5 ⑧【附】 ①붙을 부 遇 ②부화할 부 虞

고등 인명 3Ⅱ급 ㊥fù, fū ㊐フ
필순 ' 𠃋 阝 阝 阝 阝一 附 附
소전 초서 자원 形聲. 阜+付→附. '付(부)'가 음을 나타낸다.
자해 ① ❶**붙다, 달라붙다, 접착(接着)하다.** 〔周禮〕 是故塗不附시고도불부. ❷**기대다, 의지하다.** 〔孟子〕 附於諸侯曰附庸부어제후왈부용. ❸**따르다, 마음을 주다.** 〔史記〕 附於楚則晉怒부어초즉진노. ❹**가깝다.** 〔淮南子〕 附耳之言부이지언, 聞於千里也문어천리야. ❺**부치다, 보내다.** 〔杜甫·詩〕 路逢相識人로봉상식인, 附書與六親부서여륙친. ② **부화(孵化)하다, 알을 깨다.** ≒孚.
附加(부가) 이미 있던 것에 덧붙임.
附近(부근) 가까운 언저리.
附記(부기) 본문에 덧붙여 적음. 또는 그 기록.
附驥(부기) 천리마(千里馬)에 달라붙음. 후진(後進)이 선배에게 의지하여 명성을 얻음.
附錄(부록) 책의 끝에 참고 자료로 덧붙이는 인쇄물.
附設(부설) 어떤 기관에 부속시켜 설치함.
附屬(부속) 주된 일이나 물건에 딸려서 붙음.
附隨(부수) 주되는 것에 따라감.
附言(부언) 덧붙여 말함.
附與(부여) 지니게 하여 줌.
附炎棄寒(부염기한) 권세를 떨칠 때에는 붙좇고 권세가 쇠하면 버리고 떠남. 인정의 경박함을 이름.

附庸(부용) ①작은 나라가 독립하지 못하고 큰 나라에 딸리어 지내는 일. ②남에게 의지하여 따로 독립하지 못하고 살아감.
附耳(부이) 귀에 대고 소곤소곤 말함.
附益(부익) 덧붙임. 첨가(添加).
附着(부착) 들러붙어 떨어지지 않음.
附則(부칙) 어떤 규칙을 보충하기 위하여 덧붙인 규칙.
附託(부탁) ①의지함. ②어떤 일을 해 달라고 청하여 맡김.
附合(부합) 서로 한데 붙어서 떨어지지 않음.
附和(부화) 붙좇아 어울림. 주견(主見)이 없이 경솔하게 남의 의견에 따름.
附和雷同(부화뇌동) 주견도 없이 무조건 남의 주장에 동조하여 움직임.
附會(부회) 이치에 맞지 않는 말이나 이론을 억지로 끌어다 붙여 맞춤. 傅會(부회).
◨ 寄附기부, 送附송부, 阿附아부.

5 ⑧ 【阿】 언덕 아 歌

인명 3Ⅱ급 ㊥ē, ā ㊐ア

소전 초서 자해 ❶언덕, 큰 언덕. 〔詩經〕在彼中阿재피중아. ❷구석, 모퉁이. ❸산비탈. ❹물가, 냇가. ❺굽다, 구부러지다. 〔楚辭〕行叩誠而不阿兮행고성이불아혜. ❻아첨하다. 〔國語〕弗諫而阿之불간이아지. ❼호칭. 남을 부를 때 친근감을 나타내기 위하여 성·이름 등의 위에 붙이는 말. 〔古詩〕阿兄得聞之아형득문지.
阿女(아녀) 딸.
阿黨(아당) 아첨하고 편듦.
阿羅漢(아라한) (佛)불교의 수업자(修業者)로 번뇌(煩惱)를 버리고 깨달음을 얻어 공덕(功德)을 갖춘 성자(聖者). 羅漢(나한).
阿母(아모) ①유모의 미칭(美稱). ②어머니를 정답게 부르는 말.
阿蒙(아몽) 어린아이.
阿媚(아미) 아첨함. 알랑거림. 阿諛(아유).
阿房宮(아방궁) 진시황(秦始皇)이 세운 궁전.
阿父(아부) ①아버지를 정답게 부르는 말. ②숙백부(叔伯父)를 친근하게 부르는 말. 또는 숙백부가 스스로를 일컫는 말.
阿附(아부) 남의 비위를 맞추려고 알랑거림.
阿鼻(아비) (佛)팔열(八熱) 지옥의 하나. 극악인(極惡人)이 떨어지는 가장 고통스러운 지옥. 아비지옥. 무간지옥(無間地獄).
阿鼻叫喚(아비규환) (佛)①아비지옥(阿鼻地獄)과 규환지옥(叫喚地獄). ②여러 사람이 몹시 비참한 지경에 빠졌을 때, 그 고통에서 헤어나려고 악을 쓰며 소리를 지르는 모양.
阿斯達(아사달) 단군(檀君)이 치세(治世)하였다는 국도(國都).
阿世(아세) 세상에 아첨함. 세속에 빌붙음.
阿翁(아옹) ①할아버지. ②아버지. ③시아버지.
阿容(아용) 관대함. 남을 포용함.
阿諛苟容(아유구용) 남의 환심(歡心)을 사려고 알랑거리며 구차스럽게 행동함.
阿諛順旨(아유순지) 아첨하여 그 사람의 뜻을 따름.
阿諂(아첨) 남의 환심을 사거나 잘 보이기 위하여 알랑거림.
阿片(아편) 덜 익은 양귀비 열매의 진(津)을 굳혀 말린 물질. 진통제·마취제로 쓰임.
阿兄(아형) 형뻘되는 사람을 친근(親近)하게 부르는 말.
阿衡(아형) 재상(宰相)의 범칭.

5 ⑧ 【阨】 1 막힐 액 陌 2 험할 애 卦

㊥è, ài ㊐アク

소전 자해 1 ❶막히다, 메다. ＝阸. ❷고생, 고민. 〔漢書〕百姓仍遭凶阨백성잉조흉액. 2 ❶험하다. ❷막히다. ❸좁다. ≒隘. 〔後漢書〕乘阨據險승애거험.
阨困(애곤) 재앙을 만나 곤궁함.
阨塞(애새) 험한 요새. 요해(要害)가 견고함.

5 ⑧ 【阽】 1 벽 무너지려 할 염 豔 2 떨어지려 할 점 豔

㊥diàn ㊐テン

소전 초서 자해 1 ❶벽이 무너지려 하다. ❷위태롭다, 위태롭게 하다. 〔楚辭〕阽余身而危死兮염여신이위사혜. ❸숨이 넘어가려 하다, 위독하다. 〔漢書〕或阽於死亡혹염어사망. 2 떨어지려 하다. 〔漢書〕爲天下阽危者위천하점위자.
阽危(점위) 낭떠러지에 가까워 떨어질 듯함. 매우 위태로움.

5 ⑧ 【阻】 험할 조 語

인명 1급 ㊥zǔ ㊐ソ

소전 초서 자해 ❶험하다. 〔周禮〕以周知其山林川澤之阻이주지기산림천택지조. ❷사이가 멀다, 떨어지다. ❸괴로워하다, 시달리다. 〔書經〕黎民阻飢려민조기. ❹의거하다, 의지하다. 〔呂氏春秋〕阻丘而保威也조구이보위야. ❺믿다, 기대하다. 〔春秋左氏傳〕阻兵而安忍조병이안인.
阻隔(조격) 멀리 떨어짐.
阻飢(조기) 굶주림.

阜 5획

阻難(조난) 험준하여 통행하기가 어려움.
阻深(조심) ①험하고 깊음. ②산천(山川)이 멀리 떨어짐.
阻隘(조애) 길이 험하고 좁음. 阻阸(조애).
阻礙(조애) 막아서 거치적거림. 장애가 생김.
阻峭(조초) 험준함. 또는 요해(要害)의 땅.
阻限(조한) 길이 막히고 멂.
阻害(조해) 막아서 못 하게 방해함.
阻險(조험) 험난(險難)함. 또는 그런 곳.
◨ **峻阻**준조, **天阻**천조, **險阻**험조.

5 ⑧ **【阼】** 동편 층계 조 遇

㊥zuò ㊐ソ

소전 초서 자해 **❶동편 층계.** 주인(主人)이 당(堂)에 올라가는 계단. 〔儀禮〕立于阼階下립우조계하. **❷보위(寶位), 천자(天子)의 자리.** 옛날 천자가 즉위하여 제사를 지낼 때에 동쪽 층계로 올라감. 〔禮記〕成王幼성왕유, 不能涖阼불능리조.
阼階(조계) 주인이 오르는 계단. 東階(동계).

5 ⑧ **【陀】** 비탈질 타 歌

인명 1급 ㊥tuó ㊐ダ

초서 자해 **❶비탈지다. ❷험하다, 평탄하지 않은 모양. ❸무너지다, 떨어지다.** 〔淮南子〕岸崤者必陀안쟁자필타. **❹벼랑, 낭떠러지.** 〔漢書〕巖陀甗錡암타언기.
陀羅尼(타라니→다라니) (佛)①범문(梵文)을 그대로 독송(讀誦)하면 무변(無邊)의 의미를 품고 있어 각종 장애를 제거하고 공덕을 받는 일. ②다라니주(陀羅尼呪).
陀羅尼呪(타라니주→다라니주) (佛)모든 불보살(佛菩薩)의 선정(禪定)에서 생겨난 진언(眞言). 陀羅尼(다라니).
◨ **彌陀**미타, **佛陀**불타, **阿彌陀**아미타.

5 ⑧ **【陂】** 1비탈 피 支 2비탈 파 歌 3기울 피 ㊍지 寘

인명 ㊥bēi, bí, pō ㊐ヒ

소전 초서 참고 인명용 음은 '피'이다.

자해 1 **❶비탈, 고개. ❷보, 못.** 〔書經〕陂池피지. **❸막다, 물을 막다.** 〔國語〕陂漢以象帝舜피한이상제순. **❹물가, 냇가.** 〔國語〕故濱於東海之陂고빈어동해지피. **❺기울다.** 2 **❶비탈. ❷산의 옆구리.** 3 **기울다.** 〔禮記〕商亂則陂상란즉피.
陂曲(피곡) 한쪽으로 치우쳐 바르지 못함.
陂塘(피당) ①둑. 제방. ②저수지(貯水池).
陂僻(피벽) 옳지 않음. 비뚤어짐.
陂障(피장) 둑을 쌓아 막음.
陂隤(피퇴) 무너져 떨어짐.
陂陀(파타) ①지면(地面)이 평평하지 않음. 陂陁(파타). ②높고 낮은 모양.

6 ⑨ **【陏】** 오이 라 ㊍타 哿

㊥duò ㊐タ

자해 **오이, 박과 식물 열매의 총칭.** 〔史記〕果陏蠃蛤과라라합, 不待賈而足부대고이족.

6 ⑨ **【陋】** 좁을 루 宥

인명 1급 ㊥lòu ㊐ロウ

소전 초서 본자 陋 자해 **❶좁다. ㉮장소가 좁다.** 〔論語〕在陋巷재루항. **㉯견문(見聞)·식량(識量)이 좁고 적다.** 〔漢書〕此臣淺陋之罪也차신천루지죄야. **❷낮다, 신분이 낮다.** 〔北齊書〕門族寒陋문족한루. **❸천하다, 미천하다, 품격이 낮다.** 〔新書〕辭令就得사령취득, 謂之雅위지아, 反雅爲陋반아위루. **❹보기 흉하다, 얼굴이 못생기다.** 〔晉書〕納之爲貴嬪납지위귀빈, 姿陋無寵자루무총.
陋見(누견) ①천한 생각. 좁은 소견. ②자기 의견의 겸칭.
陋名(누명) 억울하게 뒤집어쓴 불명예. 창피스러운 평판. 汚名(오명).
陋薄(누박) 하찮고 볼품이 없음.
陋習(누습) 나쁜 관습. 천한 습관. 陋俗(누속).
陋識(누식) 좁은 견식. 陋見(누견).
陋室(누실) 누추한 집. 비좁은 집. 陋屋(누옥).
陋心(누심) 좁은 생각. 천한 마음.
陋劣(누열) 마음이 천하고 더러움.
陋屋(누옥) 좁고 더러운 집. 자기 집의 겸칭.
陋愚(누우) 천하고 어리석음.
陋地(누지) 자기가 사는 곳의 겸칭.
陋質(누질) 비루(卑陋)한 천성(天性).
陋淺(누천) 마음이 천박함. 견문(見聞)이 좁고 생각이 얕음.
陋醜(누추) 천하고 보기 흉함.
陋巷(누항) 좁고 지저분한 거리. 빈천(貧賤)한 사람들이 사는 협소한 골목.
◨ **固陋**고루, **卑陋**비루, **鄙陋**비루, **野陋**야루, **賤陋**천루, **醜陋**추루.

6 ⑨ **【陌】** 두렁 맥 陌

인명 ㊥mò ㊐ハク

초서 [자해] ❶두렁, 두렁길. 동서로 난 두렁. 〔漢書〕出入阡陌출입천맥. ❷길, 거리. 〔後漢書〕車乘日千餘兩거승일천여량, 塡塞街陌전색가맥. ❸일백, 수(數)의 이름. ≒百.
陌頭(맥두) ①길거리. ②머리띠.
陌上(맥상) 밭두둑 부근. 밭.
陌上人(맥상인) 길 가는 사람. 아무 연고도 없는 사람.
陌阡(맥천) 밭둑길.
◨ 阡陌천맥, 巷陌항맥.

6 ⑨【限】 한계 한 潸

중학 인명 4Ⅱ급 ㊥xiàn ㊐ゲン

필순 ⁊ ⁊ 阝 阝ㄱ 阝ㅋ 阝ㅌ 阝ㅌ 阝ㅌ 限

소전 초서 [자원] 形聲. 阜+艮→限. '艮(간)'이 음을 나타낸다.

[자해] ❶한계, 지경. ㉮경계, 구획. ㉯제한. 〔魏文帝·書〕官守有限관수유한. ㉰끝, 궁극. 〔徐陵·書〕散有限之微財산유한지미재, 供無期之久客공무기지구객. ❷한정하다. ㉮경계(境界)로 하다. 〔郭璞·讚〕天限內外천한내외, 分以流沙분이류사. ㉯헤아리다, 재다. 〔楚辭〕限之以大故한지이대고.
限界(한계) 한정된 범위.
限期(한기) 한정한 시기. 期限(기한).
限內(한내) 기한 안. 한정한 그 안.
限度(한도) 일정하게 정한 정도.
限滿(한만) 기한이 끝남. 기한이 다 됨.
限命(한명) 하늘이 정한 수명(壽命). 한정되어 있는 수명.
限死(한사) 죽음을 걸고 일함. 決死(결사).
限死決斷(한사결단) 죽음을 걸고 결단함. 죽기를 각오하고 결정함.
限定(한정) 일정한 범위를 정함.
限制(한제) 일정한 한도를 넘지 못하게 억제함.
限終身(한종신) 國죽을 때까지.
◨ 局限국한, 期限기한, 無限무한, 年限연한, 有限유한, 制限제한.

6 ⑨【降】 1 항복할 항 江 2 내릴 강 絳

중학 인명 4급 ㊥xiáng, jiàng ㊐コウ

필순 ⁊ ⁊ 阝 阝' 阝ク 阝夂 降 降 降

소전 초서 [참고] 인명용 음은 '항·강'이다.

[자원] 形聲. 阜+夅→降. '夅(항)'이 음을 나타낸다.

[자해] 1 ❶항복하다, 적(敵)에게 굴복하다. 〔春秋公羊傳〕成降于齊師성항우제사. ❷항복받다.
2 ❶내리다. ㉮높은 곳에서 낮은 곳으로 옮다. 〔儀禮〕降西階一等강서계일등. ㉯임하다, 행차하다. 〔潘岳·賦〕於是我皇乃降靈壇어시아황내강령단. ㉰공주(公主)가 신하에게 시집가다. 〔舊唐書〕公主出降공주출강. ㉱물러나다. 〔春秋左氏傳〕中聲以降중성이강. ㉲겸손하다, 자기를 낮추다. 〔春秋左氏傳〕其能降以相從也기능강이상종야. ❷비가 내리다.
降虜(항로) 항복한 포로.
降兵(항병) 항복한 병사. 降卒(항졸).
降伏(항복) 전쟁에 패하여 적에게 굴복함. 降服(항복)
降服(❶항복 ❷강복) ❶항복(降伏). ❷상복(喪服)의 등급을 낮춤. 또는 그 상복.
降附(항부) 항복하여 복종함.
降意(항의) 항복하려는 뜻.
降表(항표) 항복할 의사를 적에게 알리는 글.
降嫁(강가) 황녀(皇女)·왕녀(王女)가 신하에게 시집가는 일. 下嫁(하가)
降等(강등) 등급이나 계급을 낮춤.
降臨(강림) 신이 인간 세상에 내려옴.
降福(강복) 하늘이 인간에게 복을 내림.
降世(강세) 신이나 부처가 사람으로 태어나 세상에 내려옴. 降生(강생).
降殺(강쇄) ①수효를 줄임. ②명위(名位)에 따르는 예의 격식을 점차 줄이는 일.
降衰(강쇠) 차차 쇠하여 감.
降神(강신) 신(神)을 부름. 신이 내리게 함. 제사 지낼 때 신이 내리게 하는 뜻으로 향을 피우고 술을 모사(茅沙)에 붓는 일.
降雨(강우) 비가 내림. 내린 비.
降黜(강출) 벼슬을 낮추어 물리침.
降誕(강탄) 성인(聖人)·귀인(貴人) 등이 탄생함. 誕降(탄강).
降下(강하) 높은 곳에서 아래로 향하여 내려옴. 下降(하강).
降婚(강혼) 귀한 집안에서 낮은 집안으로 시집가는 일.
◨ 霜降상강, 昇降승강, 投降투항, 下降하강.

6 ⑨【陔】 층층대 뜰 해 灰

㊥gāi ㊐ガイ

소전 초서 [자해] ❶층층대 뜰. ❷겹침, 포개짐. 〔漢書〕泰一壇三陔태일단삼해.

7 ⑩【陡】 험할 두 有

㊥dǒu ㊐トウ

阜 6획

초서 [초서] 자해 ❶험하다. 높이 솟다. ❷갑자기. 〔汪華·詞〕夜來陡覺霜風急야래두각상풍급.

陡壁(두벽) 낭떠러지. 벼랑.

陡然(두연) 갑자기. 突然(돌연).

7 ⑩【陋】 陋(1333)의 본자

7 ⑩【陵】 陵(1337)과 동자

7 ⑩【陜】陝 고을 이름 섬 琰

인명 2급 ㊥shǎn ㊐セン

소전 [소전] 초서 [초서] 고자 [고자] 참고 陝(1336)은 딴 자.

자해 ❶고을 이름. 괵(虢)나라의 옛 땅. 지금의 하남성(河南省) 섬현(陝縣). ❷섬서성(陝西省)의 약칭(略稱).

7 ⑩【陞】 오를 승 蒸

인명 ㊥shēng ㊐ショウ

초서 [초서] 자해 ❶오르다. ≒昇. ❷나아가다, 전진하다.

陞降(승강) ①오르고 내림. ②서로 옥신각신함. 승강이. 실랑이.

陞降石(승강석) 國섬돌.

陞級(승급) 등급이 오름.

陞敍(승서) 관위(官位)를 올림.

陞進(승진) 관위(官位)가 오름.

陞遷(승천) 영전(榮轉)함.

陞獻(승헌) 윗사람에게 올림. 바침.

7 ⑩【院】 담 원 霰

고등 인명 5급 ㊥yuàn ㊐イン

필순 ㇓ ㇌ 阝 阝' 阝'' 阝宀 阝宀 阝宁 阝完 院

소전 [소전] 초서 [초서] 자원 形聲. 阜+完→院. '完(완)'이 음을 나타낸다.

자해 ❶담, 울타리. 〔墨子〕其類在院下之鼠기류재원하지서. ❷집, 담장을 두른 궁실(宮室). 〔唐書〕作丘王院以處王子之幼者작구왕원이처왕자지유자. ❸내전(內殿). ❹뜰, 정원(庭園). ❺불사(佛寺), 절.

院落(원락) 주택의 안뜰. 또는 담을 두른 저택.

院主(원주) ①사원(寺院)의 주인. 주지(住持). ②역원(驛院)을 숙직하여 지키던 벼슬아치.

院畫(원화) 송대(宋代)에 한림도화원에 소속된 화공이 그린 그림. 또는 그 화풍을 본받은 원명대(元明代)의 그림.

◨ 醫院의원, 退院퇴원, 學院학원, 畫院화원.

7 ⑩【除】 섬돌 제 ㊟저 魚

중학 인명 4Ⅱ급 ㊥chú ㊐ジョ

필순 ㇓ ㇌ 阝 阝' 阝人 阝스 阝今 阝全 除 除

소전 [소전] 초서 [초서] 자원 形聲. 阜+余→除. '余(여)'가 음을 나타낸다.

자해 ❶섬돌, 계단. 〔班固·賦〕脩除飛閣수제비각. ❷덜다. ㉮제거하다. 〔書經〕除惡務本제악무본. ㉯쓸어서 깨끗이 하다. 〔周禮〕帥其屬而修除솔기속이수제. ㉰탈상(脫喪)하다. 〔禮記〕親喪外除친상외제, 兄弟之喪內除형제지상내제. ❸벼슬을 주다. 〔漢書〕初除之官초제지관. ❹나누다, 나눗셈. ❺섣달 그믐날 밤.

除去(제거) 없앰. 치움.

除官(제관) 관(官)에 임명함. 구관(舊官)을 물러나게 하고 신관(新官)을 들어서게 함.

除隊(제대) 현역 군인이 복무(服務)가 해제됨.

除毒(제독) 독을 없앰.

除禮(제례) 갖추어야 할 예를 다 갖추지 못함. 편지 첫머리나 초면 인사 때 쓰는 말.

除幕(제막) 막을 걷어 냄.

除免(제면) 관직을 그만두게 함. 免官(면관).

除滅(제멸) 송두리째 없앰. 根滅(근멸).

除名(제명) ①부정한 관리의 관직을 박탈함. ②명단에서 이름을 뺌.

除拜(제배) 관위(官位)를 내림. 관직을 줌.

除百事(제백사) 國한 가지 일에만 전력하기 위하여 다른 일은 다 젖혀 놓음.

除喪(제상) 상복(喪服)을 벗음. 除服(제복).

除夕(제석) 섣달 그믐날 밤. 除夜(제야).

除雪(제설) 쌓인 눈을 치움.

除授(제수) 추천의 절차를 밟지 않고 임금이 직접 벼슬 자리를 줌.

除濕(제습) 습기를 없앰.

除外(제외) 따로 빼어 냄.

除月(제월) 음력 12월의 딴 이름. 臘月(납월).

除日(제일) 섣달 그믐날. 歲除(세제).

除籍(제적) ①관리의 적에서 이름을 뺌. ②호적이나 학적에서 이름을 뺌.

除斥(제척) 물리쳐 없앰.

除草(제초) 잡초를 없앰.

◨ 辟除벽제, 削除삭제, 掃除소제.

7 ⑩【陣】阵 줄 진 震

고등 인명 4급 ㊥zhèn ㊐ジン

필순 ㇇ ㇋ 阝 阝 阝一 阿 阿 陌 陌 陣

초서 [초서체] 자원 形聲. 阜＋木＋申→陳→陣. '申(신)'이 음을 나타낸다. 본래 '陳'으로 썼으나 진대(晉代)에 왕희지가 '陣'으로 쓴 뒤로 널리 쓰이게 되었다.

자해 ❶줄, 열(列), 대오(隊伍), 군대의 행렬. ❷방비(防備), 포병(布兵). 〔顏氏家訓〕若在軍陣약재군진, 貶損自居폄손자거. ❸진영, 둔영(屯營). 〔魏志〕勒兵安陣륵병안진. ❹전쟁, 병법(兵法), 군사(軍事). 〔南史〕親臨陣督戰친림진독전. ❺진을 치다. 〔史記〕信乃使萬人先行신내사만인선행, 出背水陣출배수진.

陣頭(진두) ①진(陣)의 선두. ②일의 맨 앞장.
陣亡(진망) 싸움터에서 죽음. 戰死(전사).
陣沒(진몰) 싸움터에서 죽음. 陣歿(진몰).
陣營(진영) ①군대가 진을 치고 있는 곳. 軍營(군영). 兵營(병영). ②서로 대립하는 각각의 세력.
陣伍(진오) 군병의 대오(隊伍).
陣容(진용) ①진을 친 형편이나 상태. ②어떤 단체의 구성원들의 짜임새.
陣雲(진운) ①병진(兵陣) 모양으로 일어나는 구름. ②전쟁터에 감도는 불길한 구름.
陣場(진장) 싸움터. 戰場(전장).
陣地(진지) 공격이나 방어를 위한 준비로 구축해 놓은 지역.
陣痛(진통) 해산(解產)할 때 주기적으로 되풀이되는 복통(腹痛).
陣行(진항) 군대의 배열(排列).
◨ 兵陣병진, 雁陣안진, 布陣포진, 筆陣필진.

7 ⑩ 【陟】 오를 척 職

인명 2급 ㊥zhì ㊐チョク

소전 [소전체] 초서 [초서체] 자해 ❶오르다. 〔書經〕汝陟帝位여척제위. ❷올리다, 추천하다. 〔書經〕三考黜陟幽明삼고출척유명.

陟降(척강) ①오름과 내림. ②하늘에 오르기도 하고, 땅에 내리기도 함.
陟方(척방) ①임금의 죽음. ②임금이 순수(巡守)의 길에 오름.
陟罰(척벌) 좋은 사람을 승진(昇進)시키고 악한 사람을 처벌함.
◨ 登陟등척, 進陟진척, 黜陟출척.

7 ⑩ 【陛】 섬돌 폐 薺

인명 1급 ㊥bì ㊐ヘイ

소전 [소전체] 초서 [초서체] 자해 ❶섬돌, 계단. ㉮높은 곳에 오르는 계단. ㉯궁전(宮殿)에 오르는 계단. 〔漢書〕大王陛下대왕폐하. ㉰순서, 차례, 품급(品級). 〔楚辭〕擧傑壓陛거걸압폐. ❷섬돌 곁에 시립(侍立)하다. 〔漢書〕殿中郎吏陛者皆聞焉전중랑리폐자개문언.

陛戟(폐극) 창을 들고 어전(御殿)의 섬돌 아래에서 수비함. 또는 그 병사.
陛楯(폐순) 방패를 가지고 섬돌 아래에서 지킴. 또는 그 군사.
陛衞(폐위) 임금의 거소(居所) 섬돌 아래에 서 있는 호위병.
陛下(폐하) 섬돌 밑. 신하가 제왕을 일컫는 말. 천자(天子)에게 상주할 때 직접 하지 않고 섬돌 아래에 있는 근신(近臣)을 통하여 한 데서 온 말.
陛見(폐현) 임금에게 알현하는 일. 陛覲(폐근).

7 ⑩ 【陥】 陷(1340)의 속자

7 ⑩ 【陜】 陜 1 좁을 협 洽 2 國땅 이름 합

인명 2급 ㊥xiá ㊐キョウ

소전 [소전체] 초서 [초서체] 동자 陿 참고 ❶陝(1335)은 딴 자. ❷인명용 음은 '합'이다.

자해 1 ❶좁다. ＝狹. ❷산골짜기. ≒峽. 2 땅 이름.

陜薄(협박) 땅이 좁음. 狹薄(협박).
陜隘(협애) 좁음.

8 ⑪ 【陶】 1 질그릇 도 豪 2 화락하게 즐길 요 蕭

고등 인명 3Ⅱ급 ㊥táo, yáo ㊐トウ

필순 ㇋ 阝 阝' 阝勹 阝勹 阝匂 阝匋 陶 陶 陶

소전 [소전체] 초서 [초서체] 동자 陶 참고 인명용 음은 '도'이다.

자원 形聲. 阜＋匋→陶. '匋(도)'가 음을 나타낸다.

자해 1 ❶질그릇, 도기. 〔呂氏春秋〕陶器必良도기필량. ❷질그릇을 만들다, 도자기를 굽다. 〔呂氏春秋〕陶於河濱도어하빈. ❸옹기장이, 도공(陶工). ❹변화시키다, 교화(敎化)하다. 〔宋書〕化之所陶者廣화지소도자광, 而德之所被者大이덕지소피자대. 2 ❶화락하게 즐기다. ❷사람 이름, 고요(皐陶). 고요는 순(舜)임금의 신하. ≒繇.

陶車(도거) 도기를 만들 때 쓰는 물레.
陶甄(도견) 도공이 도기를 만듦. ㉠성왕(聖王)이 천하를 다스림. ㉡조물주가 만물을 화성(化成)함.

陶犬瓦鷄(도견와계) 도제(陶製)의 개와 와제(瓦製)의 닭. 곧, 무용지물(無用之物).
陶工(도공) 옹기장이.
陶鈞(도균) ①도기를 만드는 데 쓰는 선반(旋盤). 녹로(轆轤). ②임금이 천하를 경륜함. 陶甄(도견).
陶器(도기) 질그릇. 오지그릇.
陶唐(도당) 요(堯)임금. 처음에 도(陶) 땅에 살다가 당(唐)이라는 곳으로 옮아 살았기 때문에 이르는 말.
陶冶(도야) ①도기를 굽고 금속을 주조(鑄造)하는 일. ②몸과 마음을 닦아 기름.
陶染(도염) 감화(感化)함.
陶藝(도예) 도자기에 관한 미술·공예 따위.
陶瓦(도와) ①기와를 굽는 일. ②질기와.
陶窯(도요) 도기를 굽는 가마.
陶鬱(도울) 우울함. 鬱陶(울도).
陶猗(도의) 도주공(陶朱公)과 의돈(猗頓). 부호(富豪). 둘 다 부자인 데서 온 말.
陶瓷器(도자기) 도기와 자기의 병칭. 陶磁器(도자기).
陶鑄(도주) 도공이 도기를 만들고 단공(鍛工)이 쇠를 녹여 그릇을 만듦. ㉠물건을 만들어 냄. ㉡인재(人材)를 양성함.
陶醉(도취) ①기분 좋게 취함. ②좋아하는 것에 마음이 쏠려 취하다시피 열중함.
陶誕(도탄) ①완고하여 도리에 어두움. ②실상을 숨김. 속임.
陶化(도화) 선(善)으로 이끎. 감화(感化)함.
◨ 皐陶고요, 鬱陶울도, 薰陶훈도.

8 ⑪ **【陶】** 陶(1336)와 동자

8 ⑪ **【陸】** 陆 뭍 륙 屋

중학 인명 5급 ㊥lù ㊐リク

필순 ㇇ ㇋ 阝 阝一 阝十 阝土 陆 陆 陸 陸

소전 陸 초서 陸 참고 계약서 등의 문서에서는 금전·날짜 따위의 변조를 막기 위하여 '六'의 갖은자로 쓴다.

자원 形聲. 阜+坴→陸. '坴(륙)'이 음을 나타낸다.

자해 ❶**뭍, 육지.** 〔春秋左氏傳〕 而田於大陸이전어대륙. ❷**언덕.** 〔楚辭〕 巡陸夷之曲衍兮순륙이지곡연혜. ❸**높고 평평한 산의 꼭대기.** 〔易經〕 鴻漸于陸홍점우륙. ❹**뛰다, 껑충 뛰다.** 〔莊子〕 翹足而陸교족이륙.

陸橋(육교) 도로나 철도 위에 가로질러 놓은 다리.
陸軍(육군) 육지의 전투 및 방어를 맡은 군대.
陸稻(육도) 밭에 심는 벼. 밭벼.
陸路(육로) 육상으로 난 길.
陸離(육리) ①빛이 서로 뒤섞이어 눈부시게 빛나는 모양. ②많은 모양. ③아름다운 모양.
陸上(육상) 뭍 위. 육지의 위.
陸續(육속) 잇닿아 끊이지 않는 모양.
陸送(육송) 육지에서의 운송.
陸輸(육수) 육로로 물건을 운반하는 일.
陸田(육전) 밭.
陸地(육지) 물에 잠기지 않는 지구의 표면. 땅.
陸處(육처) 육지에서 삶.
陸風(육풍) 육지에서 바다로 부는 바람.
◨ 大陸대륙, 上陸상륙, 離陸이륙, 着陸착륙.

8 ⑪ **【隆】** 隆(1341)의 속자

8 ⑪ **【陵】** 큰 언덕 릉 蒸

고등 인명 3Ⅱ급 ㊥líng ㊐リョウ

필순 ㇇ ㇋ 阝 阝一 阝十 阝土 陆 陵 陵 陵

소전 陵 초서 陵 동자 陵 자원 形聲. 阜+夌→陵. '夌(릉)'이 음을 나타낸다.

자해 ❶**큰 언덕.** 〔易經〕 鴻漸于陵홍점우릉. ❷**무덤, 임금의 무덤.** 〔國語〕 陵爲之終릉위지종. ❸**능가하다.** ㉮**높이 오르다.** ㉯**넘다, 순서를 뛰어넘다.** 〔禮記〕 喪事雖遽不陵節상사수거불릉절. ❹**깔보다, 가벼이 보다.** 〔中庸〕 在上位재상위, 不陵下불릉하. ❺**지나다, 건너다.** ≒凌. 〔史記〕 陵水經地릉수경지.

陵谷(능곡) ①구릉(丘陵)과 계곡(溪谷). ②세상사의 변천.
陵谷之變(능곡지변) 구릉이 계곡이 되고, 계곡이 구릉이 됨. 세상일의 변천이 심함. 滄桑之變(창상지변).
陵丘(능구) 언덕. '陵'은 큰 언덕, '丘'는 작은 언덕. 丘陵(구릉).
陵轢(능력) ①범(犯)하여 짓밟음. ②서로 충돌함. 불화하게 됨. 軋轢(알력).
陵侮(능모) 업신여김. 무시함. 얕봄.
陵墓(능묘) 천자나 제후의 무덤. 陵園(능원).
陵犯(능범) 범(犯)하여 짓밟음.
陵域(능역) 임금의 무덤이 있는 구역.
陵辱(능욕) ①깔보고 창피를 줌. ②여자를 강제로 욕보임. 凌辱(능욕).
陵雨(능우) 억세게 퍼붓는 비.
陵雲(능운) 구름을 능가함. 용기가 대단함. 凌雲(능운).

陵雲之志(능운지지) 구름을 능가하려는 뜻. ㉠ 높은 지위에 오르려는 희망. ㉡속세에서 초연히 벗어나려는 마음.
陵園(능원) 천자의 묘소.
陵夷(능이) 구릉이 세월이 지나면서 평평해짐. 처음에는 성하다가 나중에는 쇠퇴함.
陵遲處斬(능지처참) 머리·몸·손발 등을 토막쳐서 죽이던 극형.
陵替(능체) ①아랫사람이 윗사람을 업신여겨 윗사람의 권위가 떨어짐. ②사물이 쇠퇴함.
陵寢(능침) 왕이나 왕비의 무덤.
陵虐(능학) 업신여겨 학대함.
陵幸(능행) 國임금이 능에 거둥함.
◨ 丘陵구릉, 武陵무릉, 山陵산릉, 王陵왕릉.

8 ⑪【陪】 쌓아 올릴 배 灰

인명 1급 ㊥péi ㊐バイ

소전 초서 자해 ❶쌓아 올리다, 흙을 쌓아 올리다. ❷돕다, 거들다. 〔漢書〕皆秉德以陪朕개병덕이배짐. ❸따르다, 모시다. ❹종자(從者), 수행원. ❺배신(陪臣), 가신(家臣).
陪客(배객) 귀인(貴人)을 수행하여 온 손.
陪哭(배곡) ①다른 사람을 위하여 함께 곡함. ②주인이 손을 따라 곡함.
陪僕(배복) 사환(使喚). 종. 하인. 陪隷(배례).
陪賓(배빈) 수행하여 온 손.
陪席(배석) 윗사람을 모시고 자리를 함께함.
陪乘(배승) 國윗사람을 모시고 수레를 탐.
陪侍(배시) 높은 사람을 곁에서 모심.
陪食(배식) 높은 사람을 곁에서 모시고 한자리에서 식사를 함. 伴食(반식). 侍食(시식).
陪臣(배신) ①제후(諸侯)의 대부(大夫)가 천자(天子)에 대하여 자기를 이르던 말. ②대부의 가신(家臣).
陪審(배심) 재판의 소송 심리에 배석함.
陪遊(배유) 귀인을 모시고 놂.
陪從(배종) 임금이나 높은 사람을 모시고 따라가는 일.
陪持(배지) 國①지방 관청에서 장계(狀啓)를 가지고 서울에 가던 사람. ②말을 타고 급한 공문을 전하여 보내던 사람. 騎撥(기발).
陪幸(배행) 임금의 행차에 배종(陪從)함.
陪行(배행) 윗사람을 모시고 따라감.

8 ⑪【陴】 성가퀴 비 支

㊥pí ㊐ヒ

소전 초서 자해 성가퀴. 성 위에 덧쌓은 낮은 담. 〔春秋左氏傳〕閉門登陴폐문등비.
陴堞(비첩) 성가퀴.
陴隍(비황) 성가퀴와 해자(垓字).

8 ⑪【陲】 위태할 수 支

㊥chuí ㊐スイ

소전 초서 자해 ❶위태하다. ❷부근, 근처, 경계(境界). 〔史記〕連兵於邊陲련병어변수.

8 ⑪【陰】阴 응달 음 侵

중학 인명 4Ⅱ급 ㊥yīn ㊐イン

필순 ⼀ ⻖ 阝 阝⼈ 阝⼈ 险 陰 陰 陰 陰

소전 초서 동자 陰 속자 阴 고자 侌 고자 黔

자원 形聲. 阜+侌→陰. '侌(음)'이 음을 나타낸다.

자해 ❶응달. ㉮산의 북쪽 땅. 〔山海經〕杻陽之山뉴양지산, 其陽多赤金기양다적금, 其陰多白金기음다백금. ㉯하천의 남쪽 기슭. ❷음(陰). 태극(太極)이 나뉜 두 기운 중의 하나. 양기(陽氣)에 대하여 소극적·여성적인 원기(元氣). 곧, ❸습기(濕氣), 축축함. ❹어둡다. ❺흐려지다, 그늘지다. 〔詩經〕以陰以雨이음이우. ❻볕, 햇살. 〔晉書〕大禹惜寸陰대우석촌음, 吾輩當惜分陰오배당석분음. ❼남녀의 외부 생식기(生殖器), 치부(恥部). ❽몰래, 살짝. 〔戰國策〕陰合於秦음합어진. ❾덮다. ≒蔭. ❿숨다. 〔漢書〕臣聞신문, 有陰德者유음덕자, 必饗其樂필향기락, 以及子孫이급자손.
陰刻(음각) 평면에 어떤 그림이나 글씨를 옴폭하게 파내어 새김. 또는 그런 조각(彫刻).
陰姦(음간) 숨어서 하는 나쁜 짓.
陰莖(음경) 남자의 생식기. 자지.
陰界(음계) 귀신의 세계. 저승.
陰計(음계) 은밀한 계획. 비밀 계획.
陰功(음공) 숨은 공덕. 남에게 알려지지 않은 공적.
陰溝(음구) 땅속으로 흐르는 도랑.
陰鬼(음귀) 죽은 사람의 넋. 망령(亡靈).
陰氣(음기) 음의 기운. 소극적인 기운. 습기·추위·어둠·흐림 따위.
陰德(음덕) ①남몰래 베푼 덕행(德行). 숨은 은덕(恩德). 陰惠(음혜) ②땅의 덕. 땅이 만물을 자라게 하는 덕.
陰德陽報(음덕양보) 남이 모르게 덕행을 쌓은 사람은 훗날 그 보답을 받음.
陰道(음도) ①음(陰)의 도(道). ②신하·자식·

아내의 도. ③오른쪽. ④달의 궤도(軌道).
陰冷(음랭) 음산하고 참.
陰曆(음력) 달이 지구를 일주하는 시간을 기본으로 하여 만든 달력.
陰謀(음모) 몰래 꾸미는 악한 계략.
陰門(음문) 여자의 외부 생식기. 보지.
陰密(음밀) 숨어서 겉으로 드러나지 아니함. 隱密(은밀).
陰伏(음복) 몰래 숨음. 몰래 숨김.
陰府(음부) 지옥의 염마대왕(閻魔大王)이 있는 곳. 저승. 黃泉(황천).
陰私(음사) 사사로운 비밀. 내밀(內密)한 일.
陰事(음사) ①비밀(祕密). 남에게 숨기는 일. 祕事(비사). 密事(밀사). ②남녀가 잠자리를 같이하는 일. 房事(방사). ③부인(婦人)의 일. 가정의 일.
陰散(음산) 國날씨가 흐리고 으스스함.
陰森(음삼) ①나무가 우거져 어둠침침함. ②어둠침침하고 쓸쓸한 모양.
陰水(음수) 남성 생식기에서 분비되는 정액(精液). 陰液(음액).
陰濕(음습) 그늘지고 습함.
陰室(음실) ①햇빛이 잘 들지 않는 방. ②북향(北向)의 방.
陰崖(음애) 산의 북쪽 언덕. 햇빛이 잘 들지 않는 언덕.
陰約(음약) 몰래 약속함. 蜜約(밀약).
陰陽(음양) ①음(陰)과 양(陽). 역학(易學)에서 만물을 만들어 내는 상반된 두 개의 기(氣). ②겉과 안. 表裏(표리). ③숨음과 나타남. 隱現(은현).
陰煙(음연) 흐림. 또는 연기가 자욱이 낀 경치.
陰影(음영) ①그림자. ②그늘.
陰翳(음예) ①하늘에 구름이 낌. 날이 흐림. ②짙은 숲 속의 그늘.
陰雨(음우) 음산하게 비가 옴. 또는 계속 내리는 장맛비.
陰雨晦冥(음우회명) 구름이 하늘을 덮고 비가 내려 캄캄함. 어지러운 세상의 비유.
陰雲(음운) 비구름. 검은 구름.
陰鬱(음울) ①마음이 우울함. ②날씨가 음침하고 쓸쓸함.
陰月(음월) 음력 4월의 딴 이름.
陰陰(음음) ①하늘이 흐려 어두운 모양. 음산한 모양. ②나무가 우거져 어둠침침한 모양.
陰助(음조) 뒤에서 도움. 남모르게 도움.
陰中(음중) ①음기(陰氣)의 계절의 중간. 곧, 가을. ②은밀히 사람을 모함하여 해침.
陰地(음지) 그늘진 곳. 응달.
陰慘(음참) 음산하고 참혹함.
陰晴(음청) 흐림과 갬. 晴曇(청담).
陰蟲(음충) ①음증의 성질을 가진 벌레. 빈대 따위. ②가을 벌레. 귀뚜라미 따위.
陰測(음측) 남모르게 넌지시 헤아림.
陰沈(음침) ①성질이 명랑하지 못함. 마음이 음흉함. ②날씨가 흐리고 컴컴함.
陰慝(음특) 성질이 음흉하고 간사함.
陰寒(음한) ①음기와 한기. ②추위. ③날씨가 흐리고 추움.
陰害(음해) 은근히 남을 해침.
陰核(음핵) 공알.
陰險(음험) 내숭스럽고 음흉함.
陰刑(음형) 거세하는 형벌. 宮刑(궁형).
陰火(음화) 도깨비불. 鬼化(귀화).
陰晦(음회) 날이 흐리고 어두움.
陰訓(음훈) 여자에 대한 교육.
陰凶(음흉) 마음이 음침하고 내숭스러움.
◨ 光陰광음, 綠陰녹음, 分陰분음, 寸陰촌음.

8 ⑪ 【陡】 隄(1342)의 속자

8 ⑪ 【陳】 陈 1늘어놓을 진 眞 2방비 진 震

고등 인명 3Ⅱ급 ㊥chén, zhèn ㊐チン

필순 ⺈ 阝 阝 阝 阝 阝 陌 陣 陣 陳

소전 陳 초서 陈 자원 形聲. 阜+木+申→陳. '申(신)'이 음을 나타낸다.

자해 1 ❶늘어놓다. 〔楚辭〕陳竽瑟兮浩倡진우슬혜호창. ❷늘어서다. 〔淮南子〕利害陳于前리해진우전. ❸펴다, 넓게 깔다. 〔詩經〕陳錫哉周진석재주. ❹베풀다, 주다. ❺말하다, 설명하다. 〔禮記〕事君欲諫不欲陳사군욕간불욕진. ❻묵다, 오래되다. ❼나라 이름. 주대(周代)의 제후국. ❽왕조(王朝) 이름. 진패선(陳霸先)이 양(梁)의 선위(禪位)를 받아 세운, 남조(南朝)의 마지막 나라. 2 방비, 진법(陣法). ≒陣. 〔論語〕衛靈公問陳於孔子위령공문진어공자.
陳啓(진계) 말씀 드림. 진언(進言)함.
陳告(진고) 말하여 알림.
陳穀(진곡) 묵은 곡식. 舊穀(구곡).
陳久(진구) 묵고 오래됨.
陳露(진로) 마음속에 있는 것을 다 털어놓고 말함.
陳米(진미) 묵은 쌀.
陳辯(진변) 이유를 말하여 변명함.
陳腐(진부) 낡고 케케묵음. 아무나 다 알고 있어 새롭지 못함.
陳狀(진상) 일의 사정을 아룀. 상황을 말함.
陳設(진설) ①의식·연회 등에서 필요한 여러

阜 8획

가지 제구를 차려놓음. 排設(배설). ②잔치·제사 때 법식에 따라 상에 음식을 벌여 차림.
陳述(진술) 자세히 벌여 말함. 陳說(진설).
陳言(진언) ①진부한 말. ②진술함. 말함.
陳列(진열) 물건 따위를 보이기 위하여 죽 벌여 놓음.
陳外家(진외가) 國아버지의 외가.
陳迹(진적) 지난날의 자취.
陳情(진정) ①사정을 진술함. ②사정을 아뢰어 부탁함.
陳奏(진주) 말씀 드림. 아룀.
陳陳相因(진진상인) 오래 묵은 곡식이 겹겹이 쌓임. 세상이 잘 다스려져 곡식이 풍부함.
陳請(진청) 사정을 말하여 간청함.
陳編(진편) 옛날의 서적(書籍). 古書(고서).
陳皮(진피) 말린 귤껍질. 한약재로 쓰임.
陳荒地(진황지) 오래 묵혀 거칠어진 땅.

8 ⑪【陬】 모퉁이 추 因

㊥zōu ㊐スウ

소전 초서 동자 陬 자해 ❶모퉁이, 구석. 〔史記〕後吳奔壁東南陬후오분벽동남추. ❷정월(正月). 〔楚辭〕攝提貞于孟陬兮섭제정우맹추혜. ❸마을, 촌락. 〔左思·賦〕蠻陬夷落만추이락. ❹땅 이름. 노(魯)나라의 읍(邑), 공자(孔子)의 출생지.
陬落(추락) 변방의 마을.
陬遠(추원) 먼 시골. 僻村(벽촌).
陬月(추월) 정월(正月)의 딴 이름.
陬邑(추읍) ①시골 구석. 邊鄕(변향) ②공자(孔子)의 출생지. 지금의 산동성(山東省) 사수현(泗水縣).

8 ⑪【陷】 빠질 함 陷

고등 인명 3Ⅱ급 ㊥xiàn ㊐カン

필순 ' ⺈ 阝 阝' 阝ク 阝夕 阝个 阝臼 陷 陷 陷

소전 초서 동자 陥 속자 陥 참고 形聲. 阜+臽→陷. '臽(함)'이 음을 나타낸다.

자해 ❶빠지다. 〔後漢書〕臣孤恩負義신고은부의, 自陷重刑자함중형. ❷무너지다. 〔宋書〕卽時潰陷즉시궤함. ❸빠뜨리다, 속여 넘기다. 〔論語〕君子可逝也군자가서야, 不可陷也불가함야. ❹궁지에 몰아넣다, 해치다. 〔史記〕然謀陷湯罪者연모함탕죄자, 三長史也삼장사야. ❺공락(攻落)하다. 〔史記〕戰常陷堅전상함견. ❻함정, 허방다리. 〔中庸〕驅而納諸罟擭陷阱之中구이납저고확함정지중.

陷溺(함닉) ①구덩이에 떨어지고 물에 빠짐. ②주색(酒色)에 빠짐.
陷落(함락) ①땅 같은 것이 움푹 꺼져 들어감. ②요새나 성이 적의 수중에 들어감.
陷沒(함몰) ①움푹 꺼짐. 모두 빠짐. ②재난을 당하여 멸망함.
陷穽(함정) 짐승 따위를 잡기 위하여 땅바닥에 파 놓은 구덩이. 허방다리.
陷地(함지) 움푹 꺼진 땅.
陷害(함해) 남을 어려운 구렁에 빠뜨려 해침.
◨ 謀陷모함.

8 ⑪【陥】 陷(1340)과 동자

8 ⑪【険】 險(1345)의 속자

9 ⑫【階】阶 섬돌 계 ㊍개 佳

고등 인명 4급 ㊥jiē ㊐カイ

필순 ⺈ 阝 阝- 阝ヒ 阝比 阝比 階 階 階

소전 초서 자원 形聲. 阜+皆→階. '皆(개)'가 음을 나타낸다.

자해 ❶섬돌, 층계, 당(堂)에 오르는 계단. 〔書經〕舞干羽于兩階무간우우량계. ❷사닥다리. 〔禮記〕虞人設階우인설계. ❸사닥다리를 놓다. 〔論語〕猶天之不可階而升也유천지불가계이승야. ❹품계(品階), 등위(等位), 관등(官等). ❺오르다, 나아가다. 〔禮記〕不得階主부득계주. ❻연고, 인연(因緣).
階級(계급) 지위·관직의 등급.
階段(계단) 층층대. 層階(층계).
階闥(계달) 섬돌과 궁의 작은 문. 宮中(궁중).
階前萬里(계전만리) 만리 밖의 일도 계단 앞의 일처럼 훤히 내다봄. 지방 행정의 득실을 천자가 환히 알고 있어서, 신하가 결코 속일 수 없음.
階除(계제) 계단. 층층대.
階梯(계제) ①층계와 사닥다리. ②실마리. 근원. ③일이 되어 가는 순서. ④일이 잘 되어 가거나 생기게 된 좋은 기회.
階次(계차) 계급의 차례.
◨ 位階위계, 層階층계, 品階품계.

9 ⑫【隊】队 ①무리 대 隊 ②떨어질 추 寘

고등 인명 4Ⅱ급 ㊥duì, zhuì ㊐タイ

필순 ⺈ 阝 阝' 阝丷 阝䒑 阝芍 阝豕 隊 隊 隊

소전 隊 초서 (초서체) 참고 인명용 음은 '대'이다.

자원 形聲. 阜+㒸→隊. '㒸(수)'가 음을 나타낸다.

자해 1 ❶무리, 떼. 〔春秋左氏傳〕分爲二隊분위이대. ❷줄, 늘어선 줄. 2 ❶떨어지다, 높은 곳에서 떨어지다. =墜. ❷떨어뜨리다. 〔春秋左氏傳〕俾隊其師비추기사.

隊商(대상) 사막 지방에서 주로 낙타를 이용하여 떼 지어 다니는 상인.

隊列(대열) 줄을 지어 늘어선 행렬.

隊伍(대오) 군대의 항오(行伍). 대열(隊列)의 조(組).

隊員(대원) 부대나 집단의 구성원.

隊形(대형) 대(隊)의 형태.

◻ 軍隊군대, 部隊부대, 樂隊악대, 艦隊함대, 橫隊횡대.

9 ⑫ 【隆】 클 륭 東

고등 인명 3Ⅱ급 ㊥lóng ㊐リュウ

필순 阝 阝 阝 阾 阾 隆 隆 隆 隆 隆

소전 隆 초서 (초서체) 속자 隆 자원 形聲. 生+降→隆. '降(강)'이 음을 나타낸다.

자해 ❶크다, 풍성하고 크다. ❷두텁다, 극진하다, 융숭하다. ❸높다, 높이다. ❹성(盛)하다. 〔禮記〕道隆則從而隆도륭즉종이륭. ❺고귀하다, 존경하다. 〔荀子〕君者國之隆也군자국지륭야.

隆古(융고) 옛날의 번성하였던 시대.

隆貴(융귀) 매우 존귀함. 신분이 높음.

隆起(융기) ①어느 한 부분이 높이 솟아오름. ②성(盛)하게 일어남.

隆冬(융동) 한창 추운 때. 한겨울.

隆隆(융륭) ①세력이 왕성한 모양. ②큰 모양. ③우렛소리.

隆暑(융서) 심한 더위. 한더위. 酷暑(혹서).

隆盛(융성) 매우 기운차게 일어나거나 대단히 번성함. 隆昌(융창).

隆崇(융숭) 대우나 태도가 정중하고 극진함.

隆渥(융악) 임금의 두터운 은혜.

隆遇(융우) 융숭하게 대우함. 優遇(우우).

隆運(융운) 번영하는 운수.

隆恩(융은) 큰 은혜. 洪恩(홍은).

隆準(융준) 우뚝한 콧대. 隆鼻(융비).

隆替(융체) 성(盛)함과 쇠(衰)함.

隆寒(융한) 대단한 추위. 嚴寒(엄한).

隆赫(융혁) 높게 빛남. 성(盛)하게 드러남.

隆興(융흥) 성하게 일어남. 사물이 성함.

◻ 興隆흥륭.

9 ⑫ 【陽】 阳 볕 양 陽

중학 인명 6급 ㊥yáng ㊐ヨウ

필순 阝 阝 阝 阝 阝 阝 陽 陽 陽 陽

소전 陽 초서 (초서체) 동자 昜 동자 陽 속자 阳

자원 形聲. 阜+昜→陽. '昜(양)'이 음을 나타낸다.

자해 ❶볕, 양지(陽地). ㉮산의 남면(南面)의 땅. 〔詩經〕在南山之陽재남산지양. ㉯내의 북안(北岸). 〔春秋穀梁傳〕水北爲陽수북위양, 山南爲陽산남위양. ❷양(陽). 태극(太極)이 나뉜 두 기운 중의 하나. 음(陰)에 대하여 적극적·남성적인 원기(元氣). ❸밝다. ❹나타나다. 〔大戴禮〕考其陰陽고기음양. ❺속이다. ≒佯.

陽刻(양각) 돋을새김.

陽乾(양건) 볕에 말림.

陽莖(양경) 남자의 생식기(生殖器). 자지.

陽光(양광) ①햇빛. ②양기(陽氣)의 빛.

陽狂(양광) 거짓 미친 체함. 佯狂(양광).

陽氣(양기) ①양(陽)의 기운. 만물이 맹동(萌動)하는 기운. 봄의 기운. ②맑고 환한 기운. ③남자의 정력(精力).

陽德(양덕) ①양(陽)의 덕(德). 만물을 낳아 기르는 덕. ②해. 太陽(태양).

陽道(양도) ①남자의 도. 군도(君道). ②남성의 생식기. ③태양의 궤도. ④왼쪽.

陽曆(양력) 지구가 태양을 한번 도는 시간을 1년으로 하는 역법. 太陽曆(태양력).

陽明學(양명학) 명대(明代)에 왕양명(王陽明)이 제창한 양지(良知), 양능(良能), 지행합일(知行合一)을 논한 학설 및 그 계통에 속하는 사상. 王學(왕학).

陽物(양물) ①양기(陽氣)를 띤 물건. ②남자의 생식기.

陽報(양보) 분명히 나타나는 보답.

陽傘(양산) 햇볕을 가리기 위해 쓰는 물건.

陽聲(양성) ①양(陽)에 속하는 소리. ②우렛소리. ③맑은 소리.

陽焰(양염) 아지랑이. 遊絲(유사).

陽烏(양오) 태양의 딴 이름. 해 속에 세 발 달린 까마귀가 있다는 전설에서 온 말.

陽月(양월) 음력 10월의 딴 이름.

陽鳥(양조) ①양기(陽氣)를 따르는 새. 기러기 따위. ②학(鶴)의 딴 이름.

陽尊(양존) 겉으로만 존경함. 존경하는 체함.

陽中(양중) 봄의 딴 이름.

陽地(양지) 볕이 바로 드는 곳.

陽春(양춘) ①따뜻한 봄. ②음력 정월의 딴 이름. ③덕정(德政)·은택(恩澤) 등의 비유.

陽春佳節(양춘가절) 따뜻한 봄철.
陽春白雪(양춘백설) 초(楚)나라의 가곡(歌曲). 고상한 가곡의 비유.
陽宅(양택) ①사람이 사는 집. ②마을이나 고을의 터. 陽基(양기)
陽夏(양하) 여름.
陽和(양화) 화창한 봄철. 春和(춘화).
◨ 洛陽낙양, 孟陽맹양, 陰陽음양, 太陽태양.

9 ⑫ 【隁】 둑 언 願
㊥yàn ㊐エン
자해 둑, 제방. ≒堰.
隁堤(언제) 둑. 방죽. 堤防(제방).

9 ⑫ 【隈】 굽이 외 灰 隊
㊥wēi ㊐ワイ
소전 초서 동자 隈 자해 ❶굽이. ㉮물굽이. ㉯산모퉁이. 〔管子〕大山之隈대산지외. ❷낭떠러지, 벼랑. 〔潘岳·賦〕憑高望之陽隈빙고망지양외. ❸그늘, 가려진 곳. 〔春秋左氏傳〕隈入而係輿人외입이계여인.
隈曲(외곡) 물 또는 산의 형세가 굽어 들어간 곳. 구석진 곳.
隈澳(외오) 물가의 후미진 곳.

9 ⑫ 【隅】 모퉁이 우 虞
인명 1급 ㊥yú ㊐グウ
소전 자해 ❶모퉁이, 귀퉁이. 〔書經〕至于海隅蒼生지우해우창생. ❷구석, 깊숙한 곳. ❸모서리, 모난 귀퉁이. 〔論語〕擧一隅거일우, 不以三隅反불이삼우반. ❹염우(廉隅), 바르고 의젓하다. 〔詩經〕維德之隅유덕지우.
隅曲(우곡) 구석. 모퉁이. 隅角(우각).
隅反(우반) 물건에 사우(四隅)가 있어 그 일우(一隅)를 들면 삼우(三隅)를 앎. 유추(類推)해서 앎.
隅隈(우외) 구석과 후미.
隅坐(우좌) 한쪽 구석에 앉음. 곧, 겸손의 뜻을 표함.
◨ 四隅사우, 廉隅염우.

9 ⑫ 【隃】 1넘을 유 虞 2땅 이름 수 遇
㊥yú ㊐ユ
소전 초서 자해 1❶넘다, 넘어가다. ≒踰. 〔漢書〕卑不隃尊비불유존. ❷고을 이름. 한대(漢代)의 현(縣) 이름. 2땅 이름, 안문(雁門). 지금의 산서성(山西省) 대현(代縣)의 서북쪽.
隃麋(유미) ①한대(漢代)의 현(縣) 이름. 먹〔墨〕의 산지. ②먹의 딴 이름.

9 ⑫ 【隂】 陰(1338)과 동자

9 ⑫ 【隄】 둑 제 本저 齊
㊥dī ㊐テイ
소전 초서 속자 隄 자해 ❶둑, 제방, 방죽. ＝堤. 〔荀子〕脩隄梁수제량. ❷한계(限界). 〔漢書〕夫一日之樂부일일지락, 不足以危無隄之輿부족이위무제지여.
隄溝(제구) 방죽과 도랑.
隄潰蟻穴(제궤의혈) 제방도 개미굴 때문에 무너질 수가 있음. 작은 일도 조심해야 함.
隄塘(제당) 둑. 방죽. 堤塘(제당).
隄防(제방) 둑. 방죽. 堤堰(제언).

9 ⑫ 【隋】 1떨어질 타 哿 2나라 이름 수 支
인명 2급 ㊥duò, suí ㊐ダ
소전 초서 참고 인명용 음은 '수'이다.
자해 1❶떨어지다. ≒墮. ❷제사 지내고 남은 고기. 〔周禮〕旣祭기제, 則藏其隋즉장기타. ❸타원형(橢圓形). ❹게을리하다. ≒惰. 2❶나라 이름. 주대(周代)의 제후국. 〔淮南子〕隋侯之珠. ❷왕조 이름. 양견(楊堅)이 북주(北周)의 선위(禪位)를 받아 세운 왕조(王朝).
隋和(수화) 수후(隋侯)의 구슬〔珠〕과 변화(卞和)의 구슬〔璧〕. 훌륭한 재덕(才德)의 비유.
隋侯之珠(수후지주) 수(隋)나라의 국보였던 구슬. 明月珠(명월주). 隋珠(수주).

9 ⑫ 【隍】 해자 황 陽
인명 ㊥huáng ㊐コウ
소전 초서 자해 해자(垓字). 성(城) 밖으로 둘러 판 마른 못. 〔易經〕城復于隍성복우황.
隍塹(황참) 해자.

10 ⑬ 【隔】 사이 뜰 격 陌
고등 인명 3Ⅱ급 ㊥gé ㊐カク
필순 ⺊ ⻖ 阝 阝一 阝冂 阝円 隔 隔 隔 隔

阜 9획

소전 [seal] 초서 [cursive] 속자 隔 자원 形聲. 阜+鬲→隔. '鬲(격)'이 음을 나타낸다.

자해 ❶**사이가 뜨다, 사이를 떼다.** 〔晉書〕因被疎隔인피소격. ❷**거리(距離).** ❸**장해(障害).** 〔戰國策〕秦無韓魏之隔진무한위지격. ❹**경계, 구분.** ❺**사이, 간격.**

隔年(격년) ①해를 거름. ②한 해가 지남. 隔歲(격세).
隔斷(격단) 멀리 떨어짐. 떨어져 있어 연락이 끊김.
隔離(격리) ①사이를 막거나 떼어 놓음. ②전염병 환자를 떨어진 곳으로 옮겨 병독의 전염을 막는 일.
隔面(격면) 절교(絕交).
隔壁(격벽) ①벽을 사이에 둠. ②이웃집.
隔塞(격색) 막힘. 끊김.
隔世(격세) ①시대를 달리함. 딴 세상. ②세대를 거름.
隔世之感(격세지감) 아주 바뀌어 딴 세상 같은 느낌.
隔遠(격원) 멀리함. 또는 멂.
隔意(격의) 서로 터놓지 않는 속마음.
隔墻(격장) 담을 사이에 두고 이웃함.
隔絕(격절) 멀리 서로 헤어짐. 隔越(격월).
隔阻(격조) ①소식이 오래 끊김. ②서로 멀리 떨어져 있어 통하지 못함.
隔週(격주) 일주일을 거름. 일주일씩 거름.
隔差(격차) 수준이나 품질·수량 따위의 차이.
隔靴搔癢(격화소양) 신을 신고 발바닥을 긁음. 일을 하느라고 애는 쓰되 정통을 찌르지 못해 답답함.
隔闊(격활) 멀리 떨어져 있음.
◪ 間隔간격, 遠隔원격, 懸隔현격.

10 ⑬【隔】 隔(1342)의 속자 인명

10 ⑬【隙】 틈 극 陌

인명 1급 ㊥xì ㊐ゲキ

소전 [seal] 초서 [cursive] 동자 郤 속자 隙 고자 隟

자해 ❶**틈.** ㉮**벽의 틈, 구멍.** 〔荀子〕若馳之過隙약사지과극. ㉯**동안.** ㉰**겨를, 여가.** 〔春秋左氏傳〕皆於農隙以講事也개어농극이강사야. ❷**갈라지다.** 〔春秋左氏傳〕牆之隙壞장지극괴.

隙孔(극공) 틈. 구멍. 隙穴(극혈).
隙壞(극괴) 틈이 생겨 무너짐.
隙駒(극구) 틈 앞을 지나가는 망아지. 세월이 지극히 빠름. 隙駟(극사).
隙地(극지) 빈터. 空地(공지).

10 ⑬【随】 隨(1345)의 속자

10 ⑬【隘】 ①좁을 애 卦 ②막을 액 陌

인명 1급 ㊥ài, è ㊐アイ

소전 [seal] 초서 [cursive] 참고 인명용 음은 '애'이다.

자해 ①❶**좁다.** ㉮**땅이 좁다.** 〔詩經〕誕寘之隘巷탄치지애항. ㉯**기량(器量)이 좁다.** 〔孟子〕伯夷隘백이애. ❷**험조(險阻)한 요해(要害)의 땅, 요해지.** 〔齊書〕有三關之隘유삼관지애. ②**막다, 가로막다.** ≒阨.

隘路(애로) ①좁은 산길. ②일의 진행을 가로막는 장애.
隘巷(애항) 좁고 더러운 거리. 陋巷(누항).
隘害(애해) 지세(地勢)가 험하여 지키기에 좋은 요해지.
隘險(애험) 좁고 험준함.
隘守(액수) 國요긴한 곳을 굳게 지킴.

10 ⑬【隗】 험할 외 賄

㊥wěi ㊐カイ

소전 [seal] 초서 [cursive] 자해 ❶**험하다, 높다.** ❷**나라 이름.** 춘추(春秋) 때의 제후국. 〔春秋公羊傳〕楚人滅隗초인멸외, 以隗子歸이외자귀.

10 ⑬【隕】 陨 떨어질 운 軫

인명 1급 ㊥yǔn ㊐イン

소전 [seal] 초서 [cursive] 자해 ❶**떨어지다, 추락하다.** =磒. 〔春秋〕夜中星隕如雨야중성운여우. ❷**죽다.** =殞.

隕潰(운궤) 무너짐. 깨어짐.
隕淚(운루) 눈물을 떨어뜨림. 隕涕(운체).
隕命(운명) 목숨이 끊어짐.
隕喪(운상) ①죽는 일. ②잃음.
隕石(운석) 큰 별이 떨어지면서 타다가 땅에 떨어진 물체. 별똥돌.
隕絕(운절) 쇠하여 끊김.
隕墜(운추) 떨어짐. 隕隊(운추).

11 ⑭【隔】 불안할 구 虞

㊥qū ㊐ク

소전 [seal] 초서 [cursive] 자해 **불안하다, 편안하지 않다.**

11 ⑭【隙】 隙(1343)의 속자

11 ⑭【隝】 섬 도 [篆]

㊥dǎo ㊐トウ

[자해] 섬, 물 가운데 솟은 섬 같은 산(山).

11 ⑭【隠】 隱(1346)의 속자

11 ⑭【隠】 隱(1346)의 속자

11 ⑭【障】 막을 장 [篆]

[고등][인명][4Ⅱ급] ㊥zhàng ㊐ショウ

[필순] 阝 阝 阝 阝 阝 陪 陪 陪 陪 隌 障

[소전] [초서] [자원] 形聲. 阜+章→障. '章(장)'이 음을 나타낸다.

[자해] ❶막다. ㉮가로막다, 저지하다, 틀어막다. 〔呂氏春秋〕 是障其源而欲其水也시장기원이욕기수야. ㉯방어하다. 〔呂氏春秋〕 太華之高태화지고, 會稽之險회계지험, 不能障矣불능장의. ❷가리다. 〔南史〕 以腰扇障日이요선장일.

障拒(장거) 가리고 막음.

障距(장거) 가로막아 사이를 떼어 놓음.

障壁(장벽) ①가리어 막은 벽. ②방해가 되는 사물.

障塞(❶장색 ❷장새) ❶①가리어 막음. ②차단되어 막힘. ❷요새. 보루(堡壘).

障扇(장선) 햇볕을 가리기 위하여 세우는 자루가 긴 부채.

障礙(장애) ①거치적거려 방해가 되는 일. ②신체상의 고장.

障翳(장예) ①가려 막음. ②부채. ③그늘.

障日(장일) 해를 가림.

障蔽(장폐) 가리고 덮음. 또는 그 덮개.

障扞(장한) 막음. 방어함.

障害(장해) 막아서 방해함. 또는 그런 물건.

11 ⑭【際】 际 사이 제 [篆]

[고등][인명][4Ⅱ급] ㊥jì ㊐サイ

[필순] 阝 阝 阝 阝 阝 阝 阝 阝 際 際 際

[소전] [초서] [자원] 形聲. 阜+祭→際. '祭(제)'가 음을 나타낸다.

[자해] ❶사이. ㉮벽과 벽의 이음매. ㉯서로 만나는 지점. 〔論語〕 唐虞之際당우지제. ㉰두 사물의 중간. 〔易經〕 天地際也천지제야. ㉱교제(交際). 〔孟子〕 敢問交際何心也감문교제하심야. ㉲때, 기회, 시기. ❷가. ㉮가장자리, 변두리. ㉯경계(境界). 〔晉書〕 端際不可得見단제불가득견. ❸만나다. 〔易經〕 剛柔際也강유제야. ❹다다르다, 이르다. 〔淮南子〕 高不可際고불가제.

際可(제가) 예의를 갖추어 대접함.

際可之仕(제가지사) 임금의 예우(禮遇)를 받으며 벼슬함.

際畔(제반) 끝. 한계.

際涯(제애) 끝 닿는 곳. 맨 가. 際限(제한).

際會(제회) ①임금과 신하가 뜻이 맞아 만남. 際遇(제우). ②혼례(婚禮)에 관한 회합.

■ 交際교제, 國際국제.

12 ⑮【隥】 고개 등 [篆]

㊥dèng ㊐トウ

[소전] [초서] [자해] 고개, 험한 고갯길. ≒嶝.

12 ⑮【隣】 邻 이웃 린 [篆]

[고등][인명][3급] ㊥lín ㊐リン

[필순] 阝 阝 阝 阝 阝 阝 阝 隣 隣 隣 隣

[소전] [본자] 鄰 [동자] [자원] 形聲. 阜+粦→隣. '粦(린)'이 음을 나타낸다.

[자해] ❶이웃. ㉮이웃집. 〔詩經〕 洽比其隣흡비기린. ㉯이웃 지역. ㉰이웃 나라. 〔書經〕 睦乃四隣목내사린. ㉱반려(伴侶), 같은 부류(部類). 〔論語〕 德不孤덕불고, 必有隣필유린. ❷이웃하다. 〔春秋左氏傳〕 隣於善民之望也린어선민지망야. ❸행정 구역의 이름. 주대(周代)의 제도로, 5가(家)를 인(隣), 5린(隣)을 이(里)라 이른다. 〔周禮〕 五家爲隣오가위린.

隣近(인근) 이웃한 가까운 곳.

隣里鄕黨(인리향당) 이웃. 향리(鄕里).

隣保(인보) 가까운 이웃집. 또는 이웃 사람들.

隣比(인비) 처마를 맞댐. 이웃함. 또는 이웃.

隣舍(인사) 이웃집. 隣家(인가).

隣人(인인) 이웃 사람.

隣敵(인적) 이웃하고 있는 적국(敵國).

隣接(인접) 이웃함.

隣村(인촌) 이웃 마을.

隣好(인호) 가까운 이웃 간의 정분.

■ 近隣근린, 比隣비린, 四隣사린, 善隣선린.

12 ⑮【陽】 陽(1341)과 동자

12 ⑮ 【隤】 隤 무너뜨릴 퇴 灰

㊥tuí ㊐タイ

소전 초서 자해 ❶무너뜨리다, 허물어지다. ＝頹. 〔漢書〕因隤其土인퇴기토, 以附苗根이부묘근. ❷떨어지다, 잃다. 〔漢書〕士衆滅兮名已隤사중멸혜명이퇴.

隤舍(퇴사) 낡아서 부서진 집. 頹舍(퇴사).
隤崖(퇴애) 무너진 낭떠러지.
隤牆(퇴장) ①무너진 담장. ②담장을 무너뜨림. 隤垣(퇴원).
隤陷(퇴함) 함정 같은 데에 빠짐.

13 ⑯ 【隨】 随 따를 수 支

고등 인명 3Ⅱ급 ㊥suí ㊐ズイ

필순 阝 阝 阝 阝 阝 阝 隋 隋 隋 隋 隨

소전 초서 속자 随 자원 形聲. 辵＋隋→隨. '隋(수)'가 음을 나타낸다.

자해 ❶따르다. ㉮따라가다, 수행하다. 〔禮記〕行而無隨행이무수, 則亂於塗也즉난어도야. ㉯연(沿)하다. 〔書經〕隨山刊木수산간목. ㉰뒤를 좇다. 〔史記〕行國隨畜행국수축, 與匈奴同俗여흉노동속. ❷거느리다, 동반하다, 몸에 지니다. ❸괘(卦) 이름, 64괘(卦)의 하나. 괘형은 ䷐. 물건과 물건이 서로 따름을 상징한다. 〔易經〕澤中有雷택중유뢰, 隨수.

隨駕(수가) 거둥 때 임금을 모시고 따라감.
隨機應變(수기응변) 그때그때 기회에 따라 일을 적절히 처리함. 임기응변(臨機應變).
隨伴(수반) ①붙좇아서 따름. ②어떤 일과 함께 일어남. 同伴(동반).
隨想(수상) 사물을 대할 때의 느낌이나 그때그때 떠오르는 생각.
隨時(수시) 때때로. 때에 따라.
隨身(수신) ①몸에 가짐. ②뒤따르는 하인.
隨緣眞如(수연진여) (佛)만물의 본체는 하나이나 인연을 따라 다른 상(相)을 나타내는 일.
隨員(수원) 수행하는 사람.
隨意(수의) 생각대로. 마음대로.
隨從(수종) ①따라서 감. 隨行(수행). ②그 사람을 좇아 가르침을 받음.
隨坐(수좌) 남의 죄에 관계됨. 連坐(연좌).
隨逐(수축) 뒤를 좇아 따라감.
隨筆(수필) 견문·체험·감상 등을 붓 가는 대로 쓴 글.
隨行(수행) ①따라서 감. 윗사람을 따라감. ②따라서 행함.
■ 附隨부수, 夫唱婦隨부창부수.

13 ⑯ 【隧】 길 수 寘

인명 ㊥suì ㊐スイ

초서 동자 墜 자해 길. ㉮통로, 도로. 〔詩經〕大風有隧대풍유수. ㉯무덤 길, 묘도(墓道). 관(棺)을 운반하기 위하여 평지에서 광혈(壙穴)까지 비스듬히 파서 통하게 한 길. 〔春秋左氏傳〕請隧청수, 弗許불허. ㉰굴, 수도(隧道), 터널.

隧渠(수거) 땅속이나 구조물 속으로 낸 도랑.
隧道(수도) ①땅속을 파서 낸 한길. 터널. ②무덤의 길.
隧埏(수연) 무덤의 길. 墓道(묘도).

13 ⑯ 【隩】 1굽이 오 號 2굽이 욱 屋

㊥yù, ào ㊐オウ, イク

소전 초서 자해 1 ❶굽이, 물가에서 뭍으로 굽어든 곳. ＝澳. ❷깊다. 〔莊子〕其塗隩矣기도오의. ❸방의 서남쪽 구석. 〔孔子家語〕目巧之室목교지실, 則有隩阼즉유오조. 2 ❶굽이, 굽어든 안쪽. ❷따뜻하다. 〔書經〕厥民隩궐민욱.

隩阼(오조) 집의 서남쪽 모퉁이의 층계.
隩室(욱실) 따뜻한 방.

13 ⑯ 【險】 险 험할 험 琰

고등 인명 4급 ㊥xiǎn ㊐ケン

필순 阝 阝 阝 阝 阝 阝 阝 险 險 險 險

소전 초서 속자 険 자원 形聲. 阜＋僉→險. '僉(첨)'은 음을 나타낸다.

자해 ❶험하다, 다니기에 위태롭다, 험조(險阻)하다. ❷높다. 〔易經〕天險不可升也천험불가승야. ❸깊다, 헤아리기 힘들다. 〔荀子〕上幽險則下漸詐矣상유험즉하점사의. ❹멀다. 〔淮南子〕幽野險塗유야험도. ❺위태롭다. ❻요해(要害)의 땅. 〔南史〕憑險作守빙험작수, 兵食兼資병식겸자.

險艱(험간) 험하고 위험함. 險難(험난).
險固(험고) 험하고 견고함.
險口(험구) 남의 흠을 들추어 내어 헐뜯거나 험한 욕을 잘하는 입. 또는 그런 사람.
險難(험난) ①지세가 다니기 위험하고 어려움. ②험하여 고생스러움.
險談(험담) 헐뜯어서 하는 말. 險言(험언).
險路(험로) 험한 길. 고생스러운 길.
險壘(험루) 험한 요새(要塞).
險狀(험상) 험악하게 생긴 모양.

險塞(❶험새 ❷험색) ❶요해견고(要害堅固)한 성채(城砦). ❷험준하게 막힘.
險惡(험악) ①지세가 험하고 사나움. ②형세(形勢)가 좋지 않음. 형세가 어렵게 됨. ③생김새나 태도가 험상스럽고 모짊.
險隘(험애) 길이 험하고 좁음.
險阨(험액) 지세(地勢)가 험함. 험한 곳.
險語(험어) 사람을 놀라게 하는 의론(議論).
險要(험요) 험하고 중요한 땅. 험하여 수비하기에는 쉽고 공격하기에는 어려운 땅.
險夷(험이) 땅의 험난한 곳과 평탄한 곳.
險易(험이) ①땅의 험준한 곳과 평탄한 곳. ②위험(危險)과 안이(安易). ③선(善)과 악(惡). ④다스려짐과 어지러워짐.
險絕(험절) 다시없이 험함. 매우 험준함.
險阻(험조) ①험함. 험한 곳. 險阨(험액). ②세상 살아가기의 어려움.
險峻(험준) 지세가 험하고 가파름. 험함.
險詖(험피) ①마음이 비뚤고 사특함. 險陂(험피). ②함부로 형벌을 줌.
◨ 冒險모험, 保險보험, 危險위험.

14 ⑰【隰】 진펄 습 緝

㊥xí ㊐シツ

소전 [篆] 초서 [草] 동자 隰 동자 隰 동자 隰

자해 ❶진펄. 지세가 낮고 습한 땅. ＝濕. 〔詩經〕 隰有栗습유률. ❷개간지. 새로 개간한 토지. 〔詩經〕 徂隰徂畛조습조진.

14 ⑰【隱】隐 ①숨길 은 吻 ②기댈 은 問

고등 인명 4급 ㊥yǐn, yìn ㊐イン

필순 阝 阝 阝 阝 阝 隱 隱 隱 隱 隱

소전 [篆] 초서 [草] 속자 隠 속자 隠 자원 形聲. 阜＋㥯→隱. '㥯(은)'이 음을 나타낸다.

자해 ① ❶숨기다. ㉮가리다. ㉯비밀로 하다. 〔國語〕 則事可以隱즉사가이은. ㉰속에 넣어 두다. 〔國語〕 隱五刀은오도. ㉱닫다, 잠그다. 〔儀禮〕 隱之如尸은지여시. ❷숨다. ㉮드러나지 않다. 〔潘岳·賦〕 雖形隱而草動수형은이초동. ㉯벗어나다. ㉰떠나다. 〔禮記〕 今大道旣隱금대도기은. ㉱숨어 있다, 잠재(潛在)하다. 〔易經〕 天地閉천지폐, 賢人隱현인은. ❸은사(隱士), 숨어서 드러나지 않는 사람. 〔宋書〕 謂之潯陽之三隱위지심양지삼은. ❹아파하다, 불쌍히 여기다. 〔詩經〕 如有隱憂여유은우. ② 기대다, 의지하다. 〔孟子〕 隱几而臥은궤이와.

隱居(은거) ①세상을 피하여 숨어 삶. ②벼슬을 그만두고 한가한 곳에서 지냄.
隱君子(은군자) ①부귀공명을 구하지 않는 숨은 군자. ②國은근짜. 매춘부. ③국화(菊花)의 딴 이름.
隱匿(은닉) ①숨김. 감춤. ②숨어 있는 사람.
隱德(은덕) 남이 모르게 베푸는 덕행.
隱遁(은둔) ①세상을 피하여 숨음. ②모습을 숨김. 자태를 감춤.
隱漏(은루) ①몰래 빠뜨림. ②國논밭을 숨기어 토지 대장에 올리지 않음.
隱沒(은몰) 없어짐. 산실(散失)함.
隱微(은미) 희미하여 나타나지 않음. 속이 깊어서 알기 어려움.
隱民(은민) 궁하여 고생하는 백성. 또는 달아나 숨은 백성.
隱密(은밀) 숨겨 비밀로 함.
隱僻(은벽) 사람의 왕래가 드물며 구석짐.
隱庇(은비) 숨겨 보호함.
隱祕(은비) 숨겨 비밀로 함.
隱士(은사) 조용히 숨어 사는 선비. 隱者(은자).
隱事(은사) 세상에 알려지지 않은 사건.
隱棲(은서) 세상을 피하여 숨어서 삶.
隱身(은신) 피하여 몸을 숨김.
隱惡(은악) ①악을 숨김. ②드러나지 않는 악한 일.
隱惡揚善(은악양선) 나쁜 점을 숨기고 좋은 점을 드러냄.
隱語(은어) ①특수한 집단·계층에서 자기들끼리만 쓰는 말. ②수수께끼.
隱然(은연) ①그윽하고 은근함. ②얕볼 수 없는 힘이 있어 보이는 모양.
隱憂(은우) 몹시 근심함. 또는 남모르는 걱정.
隱喩(은유) 사물의 상태나 움직임을 암시적으로 나타내는 수사법.
隱隱(은은) ①성(盛)한 모양. ②가리워져 있는 모양. ③근심 걱정하는 모양. ④큰 소리의 형용. ⑤희미하여 분명하지 않은 모양.
隱忍自重(은인자중) 마음속으로 참으며 몸가짐을 신중히 함.
隱逸(은일) 세상을 피해 숨어 삶. 또는 그 사람.
隱疵(은자) 감춰진 흠이나 허물.
隱田(은전) 백성들이 숨기고 조정(朝廷)에 연공(年貢)을 바치지 않는 전지(田地).
隱退(은퇴) 직책이나 맡은 일에서 물러남.
隱蔽(은폐) 덮어 감추거나 가려 숨김.
隱避(은피) 피하여 숨음. 潛避(잠피).
隱害(은해) 몰래 남을 해침.
隱見(은현) 숨음과 나타남. 보였다 안 보였다 함. 隱現(은현). 隱顯(은현).
隱顯(은현) ①은현(隱見). ②세상에 숨는 일과

阜 14획

나타나는 일. 顯晦(현회).
隱晦(은회) 숨음. 모습을 감춤.
隱諱(은휘) 숨기고 꺼림.
隱恤(은휼) 딱하게 여기어 은혜를 베풂.

14 ⑰【隮】阝齐 오를 제 齊

㊥jī ㊐セイ

초서 자해 **❶오르다.** 〔書經〕由賓階隮유빈계제. **❷올리다, 기록에 올리다. ❸떨어지다.** 〔書經〕今爾無指금이무지, 告予顚隮고여전제.
隮墜(제추) 떨어짐. 또는 떨어뜨림.

15 ⑱【隳】 무너뜨릴 휴 支

㊥huī ㊐キ

초서 자해 **❶무너뜨리다, 무너지다.** 〔呂氏春秋〕隳人之城郭휴인지성곽. **❷쇠퇴하다.** 〔呂氏春秋〕愛則隳애즉휴.
隳惰(휴타) 게으름을 피움. 태만히 함.
隳廢(휴폐) 무너지고 헒. 낡아빠짐.

16 ⑲【隴】陇 고개 이름 롱 腫

㊥lǒng ㊐ロウ

소전 초서 자해 **❶고개 이름.** 한대(漢代)의 천수군(天水郡)에 있었음. **❷땅 이름.** 지금의 감숙성(甘肅省) 청수현(淸水縣)의 북쪽. **❸산(山) 이름, 농산(隴山). ❹두둑, 언덕.** ≒壟.
隴禽(농금) 앵무새의 딴 이름. 隴客(농객). 隴鳥(농조).
隴斷(농단) ①우뚝 솟은 언덕. ②시장의 이익을 독차지함. 壟斷(농단).
隴畝(농묘) ①밭. 밭이랑. ②시골.
隴上(농상) 언덕 위. ②밭두둑.
隴樹(농수) ①약간 높은 언덕 위의 나무. ②묘지(墓地)의 나무.

隶 部 미칠 이

0 ⑧【隶】 미칠 이 寘

㊥dài ㊐イ

소전 초서 자원 會意. 손을 뜻하는 '⺕'와 꼬리를 뜻하는 '⽔'을 합하여 손으로 꼬리를 붙잡기 위해 뒤에서 미친다는 뜻을 나타낸다.
자해 **미치다, 이르다.**

7 ⑮【隸】 隸(1347)와 동자

8 ⑯【隸】 隸(1347)와 동자

9 ⑰【隸】隶 붙을 례 霽

고등 인명 3급 ㊥lì ㊐レイ

필순 十 木 圭 幸 幸ㄱ 幸ヨ 隸 隸 隸 隸

소전 동자 동자 동자 자원 形聲. 柰+隶→隸. '柰(내)'가 음을 나타낸다.
자해 **❶붙다, 서로 마주 닿다. ❷좇다, 따르다, 분속(分屬)하다.** 〔晉書〕割此三郡할차삼군, 配隸益州배례익주. **❸부리다, 사역(使役)하다.** 〔春秋左氏傳〕士有隸子弟사유례자제. **❹종, 하복(下僕).** 〔春秋左氏傳〕社稷之常隸也사직지상례야. **❺서체(書體) 이름.** ¶ 隸書예서.
隸僕(예복) 하인(下人). 종. 奴僕(노복).
隸書(예서) 한자 서체(書體)의 하나. 진시황(秦始皇) 때 정막(程邈)이 만든 것으로, 천한 종도 이해할 수 있다는 데서 붙인 이름임.
隸屬(예속) 딸려서 매임. 지배나 지휘를 받음.
隸御(예어) 종. 노복. 하인.
隸役(예역) 종. 노복.
隸人(예인) ①종. 하인. ②죄인(罪人).
◨ 奴隸노예, 賤隸천예.

10 ⑱【隸】 隸(1347)와 동자

隹 部 새 추

0 ⑧【隹】 새 추 支

㊥zhuī ㊐スイ

소전 초서 자원 象形. 꽁지가 짧은 새의 모양을 본뜬 글자.
자해 **❶꽁지가 짧은 새.** 꽁지가 짧은 새를 '隹', 꽁지가 긴 새를 '鳥(조)'라 한다. **❷뻐꾸기, 산비둘기.**

2 ⑩【隺】 새 높이 날 각 藥

㊥hè ㊐カク

소전 [篆] 자해 ❶새가 높이 날다. ❷학. ＝鶴.

2
⑩【雋】 雋(1351)과 동자

2
⑩【隼】 새매 준 軫

인명 ㊥sǔn ㊐シュン

초서 [草] 자해 ❶새매, 저루. 맷과의 새. ❷맹금(猛禽)의 총칭.

隼鷹(준응) 새매. 작요(雀鷂).

2
⑩【隻】只 새 한 마리 척 陌

인명 2급 ㊥zhī ㊐セキ

소전 [篆] 초서 [草] 속자 隻 자해 ❶새 한 마리. 〔潘岳·詩〕如彼翰林鳥여피한림조, 雙栖一朝隻쌍서일조척. ❷짝 있는 것의 한쪽. 〔春秋公羊傳〕匹馬隻輪無反者필마척륜무반자. ❸한 사람, 한 개. ❹단위, 척. 뭇 생물·기구를 세는 단위. 〔唐書〕賜馬百匹羊千隻사마백필양천척.

隻句(척구) 글의 한 구. 짧은 문구(文句).
隻手(척수) 한쪽 손. 한 손.
隻身(척신) 홀몸. 單身(단신).
隻眼(척안) ①애꾸눈. ②남다른 견식(見識).
隻言(척언) 한 마디 말. 隻語(척어). 片言(편언).
隻影(척영) 홀로 외롭게 비친 그림자.
隻日(척일) 기수(奇數)의 날. 奇日(기일).

3
⑪【雀】 참새 작 藥

인명 1급 ㊥què ㊐ジャク

소전 [篆] 초서 [草] 자해 ❶참새. ≒爵. 〔詩經〕誰謂雀無角수위작무각. ❷검붉은 빛깔, 적흑색(赤黑色). 〔書經〕二人雀弁執惠이인작변집혜.

雀羅(작라) 새를 잡는 그물. 새그물.
雀鼠之爭(작서지쟁) 쟁송(爭訟)하는 일.
雀舌(작설) 차나무의 어린 잎을 따서 만든 차.
雀躍(작약) 참새가 날며 춤추듯이 깡충깡충 뛰면서 기뻐함. 雀立(작립).
雀羽(작우) ①새의 깃. ②國전립(戰笠)에 꽂던 공작(孔雀)의 깃. 공작우(孔雀羽).

4
⑫【雅】 바를 아 馬

고등 인명 3Ⅱ급 ㊥yǎ ㊐ガ, ア

필순 一 ㄷ 于 牙 矛 矛 矛 矛 雅 雅

소전 [篆] 초서 [草] 동자 鴉 자원 形聲. 牙＋隹→雅. '牙(아)'가 음을 나타낸다.

자해 ❶바르다. 〔論語〕子所雅言자소아언. ❷우아하다, 고상하다. 〔史記〕從車騎雍容閑雅甚都종거기옹용한아심도. ❸본디, 본디부터. ❹바른 음악. 〔荀子〕使夷俗邪音不敢亂雅사이속사음불감란아. ❺시경(詩經) 육의(六義)의 하나. 천하의 정사(政事)를 노래하는 것으로, 천자(天子) 제후(諸侯)의 제사 음향(祭祀飮享)에 쓰인다.

雅客(아객) ①우아한 사람. 품위가 있는 사람. 雅士(아사). ②수선화(水仙花)의 딴 이름.
雅健(아건) 우아하고 견실함.
雅潔(아결) 단아(端雅)하고 지조가 높음.
雅契(아계) 점잖게 사귄 정분.
雅故(아고) ①바른 훈고(訓詁). 바른 뜻. ②옛 친구. 舊友(구우).
雅曲(아곡) 바른 음악. 雅樂(아악).
雅淡(아담) 고상하고 담박함.
雅量(아량) ①깊고 너그러운 마음씨. ②술을 잘 마시는 사람. 故事 후한(後漢)의 유표(劉表)의 두 아들이 술을 즐겨 한 말들이, 일곱 되들이, 닷되들이의 잔〔雅〕을 만들게 한 고사에서 온 말.
雅麗(아려) 우아하고 아름다움.
雅望(아망) 깨끗한 인망(人望).
雅文(아문) ①우아함. 아취(雅趣)가 있음. ②우아한 문장.
雅美(아미) 우아하고 아름다움.
雅士(아사) 풍아(風雅)한 사람.
雅素(아소) 평소. 또는 평소의 행동.
雅俗(아속) 아담함과 속됨.
雅頌(아송) 시경의 '아(雅)'와 '송(頌)'의 시. '雅'는 정악(正樂)의 노래, '頌'은 조상의 공덕을 찬양하는 노래.
雅馴(아순) 문장의 용어가 바르고 온당함.
雅樂(아악) ①바른 음악. 종묘(宗廟)·궁정(宮廷)에서 연주하는 음악. ②國민속악에 상대하여, 궁중 음악을 이르는 말.
雅言(아언) ①늘 하는 말. ②바른 말.
雅游(아유) 시가(詩歌)·서화(書畫)·음악 등의 고상한 놀이.
雅意(아의) ①평소의 뜻. ②고상한 뜻. 바른 뜻. 雅旨(아지).
雅人深致(아인심치) 고상한 뜻을 가진 사람의 심원(深遠)한 풍치(風致).
雅正(아정) 기품이 높고 바름. 아름답고 바름.
雅志(아지) ①우아한 뜻. ②평소의 뜻.
雅趣(아취) 아담한 정취(情趣). 고상한 취미. 雅致(아치).
雅兄(아형) 남자 친구끼리 서로 상대자를 높이

어 이르는 말.
雅號(아호) 문인·학자·서화가들이 본명 이외에 따로 지어 부르는 이름. 호(號).
雅會(아회) 멋스러운 모임. 시문 따위를 짓고 노는 고상한 모임. 雅集(아집).
雅懷(아회) 고상하고 아름다운 생각.
◨ 古雅고아, 端雅단아, 典雅전아, 清雅청아, 風雅풍아, 閑雅한아.

4 ⑫【雁】 기러기 안 諫

고등 인명 3급 ㊥yàn ㊐ガン

필순 一 厂 𠂆 𠂇 𠂇 𠂇 𠂇 雁 雁 雁

소전 雁 초서 雁 자해 **기러기, 기러기 울음소리.** ≒鴈. 〔春秋左氏傳〕 賦鴻雁之卒章부홍안지졸장.

雁帛(안백) 편지. 故事 한대(漢代)의 소무(蘇武)가 흉노(匈奴) 땅에 억류되어 있을 때, 비단에 쓴 편지를 기러기 발에 묶어 무제(武帝)에게 보낸 고사에서 온 말. 雁書(안서). 雁信(안신).
雁序(안서) ①나는 기러기에 차례가 있음. ②형제. 雁行(안항).
雁字鶯梭(안자앵사) 기러기가 줄지어 나는 것을 글자에 비유하고, 꾀꼬리가 나무 사이를 나는 것을 베틀에서 북이 왔다갔다하는 것에 비유한 말. 시문 등의 자구를 수식하는 말.
雁奠(안전) 혼인의 약속으로 보내는 예물.
雁柱(안주) 기러기발. 거문고의 동체 위에 놓여 줄을 얹어 팽팽하게 하는 받침. 琴柱(금주). 雁足(안족).
雁陣(안진) ①줄지어 날아가는 기러기의 행렬. ②기러기 행렬 모양의 진법(陣法).
雁齒(안치) 목재 따위가 한 장 한 장 엇물려 나란히 놓인 모양.
雁塔(안탑) 탑의 이름. 기러기를 공양(供養)하기 위하여 세운 탑.
雁行(❶안항 ❷안행) ❶남의 형제의 존칭. ❷①기러기의 행렬. ②기러기발이 비스듬히 벌여 놓인 모양.

4 ⑫【雄】 수컷 웅 東

중학 인명 5급 ㊥xióng ㊐ユウ

필순 一 ナ 厷 厷 厷 厷 㕘 雄 雄 雄

소전 雄 초서 雄 동자 雄 자원 形聲. 厷+隹→雄. '厷(굉)'이 음을 나타낸다.

자해 **❶수컷. ㉮새의 수컷, 수탉.** 〔詩經〕 誰知烏之雌雄수지오지자웅. **㉯짐승류의 수컷.** 〔詩經〕 雄狐綏綏웅호수수. **❷이기다, 승리하다.** 〔史記〕 願與漢王挑戰決雌雄원여한왕도전결자웅. **❸우수하다, 뛰어나다.** 〔人物志〕 韓信是雄한신시웅. **❹씩씩하다, 용감하다.** 〔春秋左氏傳〕 是寡人之雄也시과인지웅야.

雄強(웅강) ①세력이 강대함. ②필력이 힘참.
雄據(웅거) 한 지역을 차지하고 위력을 폄.
雄健(웅건) 씩씩하고 건장함.
雄傑(웅걸) 뛰어난 인물. 雄桀(웅걸).
雄劍(웅검) ①춘추(春秋) 때 오(吳)나라의 간장(干將)이 만든 두 자루의 칼 중의 하나. ②훌륭한 칼. 名劍(명검). 寶劍(보검).
雄大(웅대) 웅장하고 큼.
雄略(웅략) 웅대한 계략. 雄圖(웅도).
雄邁(웅매) 기개가 웅대하고 뛰어남.
雄猛(웅맹) 굳세고 용맹함.
雄拔(웅발) 웅대하여 무리에서 뛰어남.
雄辯(웅변) 힘차며 거침없는 말솜씨.
雄飛(웅비) 힘차고 씩씩하게 낢. 용기 있고 기운차게 행동함.
雄辭閎辯(웅사굉변) 뛰어난 문장과 깊이 있는 변설.
雄性(웅성) 생물의 수컷.
雄勝(웅승) ①요해지(要害地)로서의 조건을 구비한 곳. ②뛰어난 모양.
雄視(웅시) 위세가 당당하게 남을 내려다봄.
雄心(웅심) 씩씩하고 장한 마음.
雄深(웅심) 문장의 짜임이 웅대하고 의미심장(意味深長)함.
雄蕊(웅예) 수꽃술. 수술. 雄蘂(웅예).
雄勇(웅용) 씩씩하고 용감함. 雄武(웅무).
雄偉(웅위) 훌륭하고 큼. 웅장하고 위대함.
雄姿(웅자) 웅장한 모습.
雄雌(웅자) ①수컷과 암컷. 雌雄(자웅). ②우열(優劣)을 이름.
雄壯(웅장) 용감하고 씩씩함. 굉장히 우람함.
雄將(웅장) 뛰어나고 용감한 장수.
雄俊(웅준) 재주와 힘이 뛰어남. 또는 그런 사람. 英俊(영준).
雄志(웅지) 웅대한 뜻.
雄唱雌和(웅창자화) ①날짐승의 암컷과 수컷이 서로 의좋게 노래함. ②일하는 데 남남끼리 서로 손이 맞음.
雄豪(웅호) 씩씩하고 날램. 또는 그런 사람.
雄渾(웅혼) 시문 등이 힘차고 원숙(圓熟)함.
◨ 英雄영웅, 雌雄자웅.

4 ⑫【集】 모일 집 緝

중학 인명 6급 ㊥jí ㊐シュウ

필순 亻 亻 亻 亻 亻 隹 隹 隼 隼 集

소전 초서 동자 雧 자원 會意. 雥+木→雧→集. '雥'은 새〔隹〕 셋을 합한 것으로 '뭇새'를 뜻한다. 많은 새가 나무〔木〕 위에 앉아 있다는 데서 '새가 많이 모이다'의 뜻을 나타낸다.

자해 ❶**모이다.** ㉮**새가 떼지어 나무 위에 모이다.** 〔詩經〕 黃鳥于飛황조우비, 集于灌木집우관목. ㉯**만나다, 회동(會同)하다.** ❷**모으다.** 〔孟子〕 孔子之謂集大成공자지위집대성. ❸**이르다, 도착하다.** 〔國語〕 不其集亡불기집망. ❹**섞이다.** 〔孟子〕 是集義所生者시집의소생자. ❺**시문(詩文)을 편록(編錄)한 서책(書冊).** ❻**서적 분류의 명칭, 집부(集部), 정부(丁部).**

集結(집결) 한곳으로 모으거나 모임.
集計(집계) 한데 모아서 계산함.
集光(집광) 빛을 한곳으로 모음.
集權(집권) 권력을 한군데로 모음.
集團(집단) 모여 무리를 이룬 상태.
集大成(집대성) 여럿을 모아서 하나의 정리된 것으로 완성함.
集配(집배) 한군데로 모으거나 배달함.
集服(집복) 모여 따름. 함께 귀순함.
集部(집부) 서적을 경(經)·사(史)·자(子)·집(集)의 네 가지로 분류(分類)한 것의 하나. 문집(文集)·시집(詩集) 따위. 丁部(정부).
集散(집산) 모임과 흩어짐.
集成(집성) 많은 것을 모아서 하나의 정리된 것으로 만듦.
集約(집약) 한데 모아 요약함.
集英(집영) ①뛰어난 사람을 모음. ②궁전(宮殿)의 이름.
集議(집의) 여럿이 모여 의론함, 또는 그 의론.
集積(집적) 모아 쌓음.
集注(집주) ①제가(諸家)의 주석(注釋)을 모아서 만든 주석. 또는 그 책. 集註(집주). ②한곳으로 힘을 모음.
集中(집중) 한곳에 모으거나 모임.
集綴(집철) 한데 모아 엮음.
集荷(집하) 여러 지역의 각종 산물을 시장 따위의 한곳으로 모음, 또는 그 산물.
集合(집합) 한군데로 모으거나 모임.
集解(집해) 여러 사람의 여러 해석을 모은 책.
集賢殿(집현전) ①당대(唐代)의 관아(官衙). ②고려 때의 제관전(諸館殿)의 하나. ③조선 초 경적(經籍)·전고(典故)·진강(進講) 등에 관한 일을 맡았던 관아.
集會(집회) 많은 사람들이 일정한 때에 한곳에 모임. 또는 그 모임.

◨ 募集모집, 文集문집, 召集소집, 收集수집, 蒐集수집, 詩集시집, 採集채집, 會集회집.

4 ⑫ 【雇】 ①새 이름 호 **麌** ②품 살 고 **遇**

인명 2급 ㊥hù, gù ㊐コ

소전 초서 속자 僱 참고 인명용 음은 '고'이다.

자해 ①**새 이름.** 비둘기의 한 가지. ②❶**품을 사다, 고용하다.** ≒賈. ❷**갚다, 값을 치르다.** 〔後漢書〕 以見錢雇直이견전고치.

雇役(고역) ①고용하여 부림. ②부역을 면제해 준 백성에게서 대전(代錢)을 받아 그 돈으로 딴 사람을 쓰는 일.
雇用(고용) 삯을 주고 사람을 부림.
雇傭(고용) ①고용(雇用). ②품삯을 받고 남의 일을 하여 줌.
雇直(고치) 품삯. 賃金(임금).

5 ⑬ 【雊】 장끼 울 구 **宥**

㊥gòu ㊐コウ

소전 초서 자해 ❶**장끼가 울다.** 〔禮記〕 雉雊雞乳치구계유. ❷**현(縣) 이름.** 한대(漢代)에 두었던 현 이름.

5 ⑬ 【雍】 ①누그러질 옹 **冬** ②땅 이름 옹 **宋**

인명 2급 ㊥yōng ㊐ヨウ

초서 자해 ①❶**누그러지다, 온화해지다.** 〔書經〕 黎民於變時雍려민어변시옹. ❷**기뻐하다, 환성(歡聲)을 지르는 모양.** 〔孔子家語〕 言乃雍언내옹. ❸**막다, 메우다.** ≒壅. 〔春秋穀梁傳〕 毋雍泉무옹천. ❹**벽옹(辟雍), 반궁(泮宮).** 주대(周代)의 국립 대학. 〔班固·賦〕 盛三雍之上儀성삼옹지상의. ❺**음악 이름.** 식사가 끝났을 때 연주한다. 〔論語〕 以雍徹이옹철. ②**땅 이름.** 우(禹)임금 때 9주(九州)의 하나. 〔書經〕 黑水西河흑수서하, 惟雍州유옹주.

雍睦(옹목) 서로 뜻이 맞고 정다움. 화목함.
雍塞(옹색) ①막히어 통하지 못함. ②國㉠생활이 군색함. ㉡장소가 배좁음.
雍容(옹용) 온화하고 조용함. 또는 그런 용모.
雍徹(옹철) 천자(天子)가 종묘(宗廟) 제사를 끝내고 철상할 때 옹(雍)의 시를 읊던 일. '雍'은 시경(詩經) 주송(周頌)의 편명(篇名), '徹'은 '撤'로 '철상(撤床)'을 뜻함.
雍齒(옹치) 늘 밉고 싫은 사람. 한(漢)나라 고조(高祖)가 미워하던 사람의 이름이 옹치였던 데서 온 말.
雍齒封侯(옹치봉후) 묵은 원한은 살피지 않음. 故事 한(漢) 고조(高祖)가 평소에 미워하던 옹치를 먼저 제후에 봉하여 여러 장수를 진무(鎭撫)한 고사에서 온 말.
雍和(옹화) 화목함. 안온함. 온화함.
雍熙(옹희) 화락함. 천하가 태평함.

5 ⑬【碓】 雄(1349)과 동자

5 ⑬【雌】 암컷 자 支

인명 2급 ㊥cí ㊐シ

소전 초서 고자 자해 ❶암컷. ㉮새의 암컷, 암탉. 〔詩經〕誰知烏之雌雄수지오지자웅. ㉯짐승의 암컷. ❷지다, 패배. 〔史記〕願與漢王挑戰決雌雄원여한왕도전결자웅. ❸약하다. 〔淮南子〕是故淸人守淸道而抱雌節시고청인수청도이포자절.
雌伏(자복) ①날짐승의 암컷이 수컷에게 복종함. 남에게 굴복하여 좇음. ②은퇴(隱退)함.
雌性(자성) ①암컷. ②암컷이 가지는 성질.
雌蜺(자예) 암무지개. 雌霓(자예).
雌雄(자웅) ①암컷과 수컷. ②강약(強弱)·우열(優劣)·승패(勝敗) 등의 비유.
雌黃(자황) ①식물의 수지로 만든 노란색의 채료(彩料). 글의 잘못된 곳을 지울 때 사용하였음. ②시문을 첨삭(添削)하거나 시비(是非)를 가리는 일.

5 ⑬【雎】 물수리 저 魚

㊥jū ㊐ショ

초서 자해 물수리, 징경이. ≒鴡. 〔詩經〕關關雎鳩관관저구, 在河之洲재하지주.
雎鳩(저구) 물수리. 징경이. 수릿과의 새.

5 ⑬【雋】 1 새 살질 전 銑 2 우수할 준 震

인명 ㊥juàn, jùn ㊐セン

소전 초서 동자 참고 인명용 음은 '준·전'이다.

자해 1 ❶새가 살지다. ❷살진 고기. ❸맛이 좋다. 〔漢書〕號曰雋永호왈전영. 2 우수하다, 뛰어나다. ≒俊·儁. 〔漢書〕至武帝卽位지무제즉위, 進用英雋진용영준.
雋永(전영) 살지고 맛 좋은 고기.
雋異(준이) 재능이 남달리 뛰어남.
雋哲(준철) 뛰어나게 현명함. 또는 그런 사람. 俊哲(준철).

5 ⑬【雉】 꿩 치 紙

인명 2급 ㊥zhì ㊐チ

소전 초서 자해 ❶꿩. 〔周禮〕士執雉사집치. ❷성벽 넓이의 단위. 높이 1장(丈), 길이 3장(丈)의 넓이. ❸담, 장원(墻垣). 〔管子〕欲藉於臺雉욕자어대치.
雉頭裘(치두구) 꿩 대가리의 아름다운 깃털로 진기하게 장식한 갖옷.
雉媒(치매) 길들인 꿩. 들꿩을 꾀는 데 씀.
雉門(치문) ①왕성(王城)의 남문. ②제후의 궁문(宮門).
雉兔者(치토자) 꿩·토끼 등을 사냥하는 사람.

6 ⑭【雒】 수리부엉이 락 藥

㊥luò ㊐ラク

소전 초서 자해 ❶수리부엉이. ❷가리온. 털이 희고 갈기가 검은 말. ≒駱. ❸강 이름.

6 ⑭【雑】 雜(1352)의 속자

8 ⑯【雑】 雖(1352)의 속자

8 ⑯【雗】 鶉(1441)과 동자

8 ⑯【䧿】 까치 작 藥

㊥què ㊐ジャク

자해 ❶까치. ＝鵲. ❷산 이름. 〔山海經〕南山經之首曰䧿山남산경지수왈작산.

8 ⑯【雕】 독수리 조 蕭

인명 ㊥diāo ㊐チョウ

소전 주문 초서 자해 ❶독수리. ＝鵰. 〔史記〕是必射雕者也시필사조자야. ❷새기다, 파다. ≒彫. 〔書經〕雕玉仍几조옥잉궤. ❸시들다, 쇠약해지다. ≒凋. 〔國語〕民力雕盡민력조진.
雕梁(조량) 조각을 한 대들보.
雕鏤(조루) 아로새김. 새기어 꾸밈.
雕盡(조진) 쇠하여 다함.
雕蟲小技(조충소기) 자질구레한 세공(細孔). 학문, 기예(技藝) 따위를 얕보아 하는 말. 雕蟲末技(조충말기).
雕蟲篆刻(조충전각) 벌레 모양을 조각하고 전서(篆書)를 새김. 글을 지을 때 글귀의 수식에만 치우치는 일.

雕悍(조한) 독수리처럼 강하고 사나움.
雕朽(조후) 썩은 나무에 조각함. 아무 보람도 없음.

9 ⑰【雖】虽 비록 수 支

중학 인명 3급 ㊥suī ㊐スイ

필순 口 吕 吊 吊 虽 虽 䨼 䨼 雖 雖

소전 [篆] 초서 [草] 속자 虽 속자 雖 자원 形聲. 虫+唯→雖. '唯(유)'가 음을 나타낸다.

자해 **비록**. ㉮**그러나**. 확정(確定)의 뜻을 나타낸다. 〔陶潛·辭〕門雖設而常關문수설이상관. ㉯**~라 하더라도, ~일지라도**. 가정(假定)의 뜻을 나타낸다. 〔論語〕雖曰未學수왈미학, 吾必謂之學矣오필위지학의.

雖然(수연) ①비록 ~라 하더라도. ②그러나.

10 ⑱【雞】鷄(1442)와 동자

10 ⑱【雚】황새 관 翰

㊥quàn ㊐カン

자해 **황새**. =鸛.

10 ⑱【難】難(1353)의 속자

10 ⑱【雙】双 쌍 쌍 江

고등 인명 3Ⅱ급 ㊥shuāng ㊐ソウ

필순 亻 亻 仁 仹 隹 隹 雔 雔 雙 雙

소전 [篆] 초서 [草] 속자 双 속자 雙 속자 䨇

자원 會意. 雔+又→雙. 손〔又〕에 두 마리의 새〔雔〕를 가지고 있다는 데서 '한 쌍, 한 벌'의 뜻을 나타낸다.

자해 ❶**쌍**. ㉮**새 두 마리**. ㉯**둘**. ㉰**두 짝으로 이루어진 것**. 〔南史〕作牙管筆一雙작아관필일쌍. ❷**유(類), 유례(類例)**. 〔史記〕至如信者지여신자, 國士無雙국사무쌍. ❸**짝이 되다**. 〔詩經〕冠緌雙止관유쌍지. ❹**짝수, 우수(偶數)**.

雙肩(쌍견) 양쪽 어깨.
雙關法(쌍관법) 한시(漢詩)에서, 상대되는 두 사물을 읊을 때, 위아래 구(句)를 상대되는 글귀로 늘어놓아 한 편 또는 한 단의 골자(骨子)가 되게 하는 법. 雙關(쌍관).
雙弓米(쌍궁미) 죽의 딴 이름. '粥' 자를 파자(破字)하면 '弓米弓'이 되어 '弓' 자가 2개이고 '米' 자가 1개인 데서 온 말.
雙淚(쌍루) 흐르는 두 줄기 눈물. 雙涕(쌍체).
雙六(쌍륙) 주사위를 굴려 말이 먼저 궁에 들어가기를 겨루는 놀이. 雙陸(쌍륙).
雙務(쌍무) 쌍방이 서로 의무를 지는 일.
雙美(쌍미) ①둘 다 아름다움. ②두 사람이 다 미인임.
雙方(쌍방) 상대되는 두 쪽.
雙璧(쌍벽) ①두 개의 구슬. 한 쌍의 구슬. ②두 사람의 뛰어난 영재(英才).
雙飛(쌍비) 한 쌍의 새가 나란히 낢. 부부가 화합함.
雙棲(쌍서) ①짝지어 삶. ②자웅(雌雄) 또는 부부가 같이 삶.
雙手(쌍수) 두 손.
雙樹(쌍수) ①두 나무. 한 쌍의 나무. ②두 그루씩 짝을 지어서 나는 사라수. 석가모니가 열반한 곳. 沙羅雙樹(사라쌍수).
雙蛾(쌍아) 여자의 눈썹. 미인.
雙眼(쌍안) 양쪽 눈. 兩眼(양안).
雙日(쌍일) 우수(偶數)의 날.
雙斃(쌍폐) ①양쪽이 모두 죽음. ②남녀의 정사(情死).

◨ 無雙무쌍.

10 ⑱【䨇】雙(1352)의 속자

10 ⑱【雝】할미새 옹 冬

㊥yōng ㊐ヨウ

소전 [篆] 초서 [草] 자해 ❶**할미새, 척령(鶺鴒)**. 〔詩經〕脊令척령, 雝渠也옹거야. ❷**누그러지다, 화하다**. 〔詩經〕曷不肅雝갈불숙옹.

雝渠(옹거) 할미새의 딴 이름.
雝雝(옹옹) ①화락한 모양. ②새의 울음소리.

10 ⑱【雜】杂 섞일 잡 合

고등 인명 4Ⅱ급 ㊥zá ㊐ザツ

필순 亠 ナ 亣 卒 卒 卒 新 新 雜 雜

소전 [篆] 초서 [草] 속자 雑 본자 襍 자원 形聲. 衣+集→襍→雜. 본래의 뜻은 오채(五采)가 합쳐진〔集〕의복의 배색. 이에서 물건이 뒤섞인다는 뜻을 나타내며, '集(집)'이 음을 나타낸다.

자해 ❶**섞이다**. ㉮**색이 섞이다**. 〔詩經〕雜佩以贈之잡패이증지. ㉯**뒤얽히다**. 〔易經〕六爻相

雜륙효상잡. ㉰흩어지다, 어지러워지다. ❸얼룩, 얼룩빼기. 〔淮南子〕 貂裘而雜초구이잡. ❹순수하지 않다. ❺잘다, 장황하고 번거롭다. 〔易經〕 其稱名也기칭명야, 雜而不越잡이불월. ❻섞다. 〔淮南子〕 故不得雜焉고부득잡언.

雜家(잡가) 여러 가지 학설을 취사선택하여 일가(一家)를 이룬 춘추 전국 시대의 학파.

雜歌(잡가) ①정악(正樂) 이외의 속된 노래. 잡스러운 노래. ②조선 후기에 평민들이 지어 부르던 노래. 지방에 따라 민요로 굳어짐. 경기 잡가, 서도 잡가, 남도 잡가 따위.

雜居(잡거) ①뒤섞여 있음. ②여러 나라 사람이 섞여 삶.

雜考(잡고) 일정한 체계 없이 다방면에 걸쳐 조사 연구함.

雜穀(잡곡) ㊀쌀 이외의 온갖 곡식.

雜鬼(잡귀) 온갖 못된 귀신.

雜技(잡기) ①하찮은 기예(技藝). ②각종 놀이의 기술. ③노름. 賭博(도박).

雜記(잡기) 자질구레한 일들을 기록함. 또는 기 기록.

雜念(잡념) 여러 가지 쓸데없는 생각.

雜多(잡다) 잡스러운 여러 가지가 뒤섞여 너저분하게 많음.

雜談(잡담) 쓸데없이 지껄이는 말.

雜亂(잡란) 뒤섞이어 어지러움. 亂雜(난잡).

雜木(잡목) 재목으로 쓸 수 없는 온갖 나무.

雜務(잡무) 자질구레한 일.

雜物(잡물) 잡다한 물건.

雜駁(잡박) 질서 없이 뒤섞임.

雜輩(잡배) 잡된 무리.

雜夫(잡부) 잡일을 하는 인부.

雜費(잡비) 자질구레하게 쓰이는 비용. 雜用(잡용).

雜色(잡색) ①여러 가지 빛이 뒤섞인 빛깔. ②종. 노예(奴隷).

雜說(잡설) ①잡다한 일을 설명한 논설. ②의론(議論)으로 서술(敍述)을 겸한 것.

雜襲(잡습) ①뒤섞여 많이 몰려옴. 떼 지어 옴. ②많이 쌓임.

雜心(잡심) 잡된 마음.

雜言(잡언) ①여러 가지 이야기. 잡다한 말. ②자수(字數)가 일정하지 않은 시(詩).

雜役(잡역) 허드렛일.

雜然(잡연) 여러 가지가 뒤섞인 모양.

雜英(잡영) ①여러 가지 꽃. ②뒤섞이어 빛남.

雜詠(잡영) 여러 가지 사물을 읊은 시가.

雜玩(잡완) 여러 가지 노리개.

雜音(잡음) ①불쾌한 느낌을 주는 시끄러운 소리. ②주변에서 들려 오는 갖가지 말.

雜議(잡의) 여러 가지로 논의함.

雜著(잡저) ①여러 가지 저서. 雜書(잡서). ②잡문(雜文)을 수록한 책.

雜俎(잡조) 여러 가지 일을 써 모음. 또는 그 기록. 雜錄(잡록).

雜卒(잡졸) 신분이 낮은 병사.

雜種(잡종) ①섞어서 심음. ②여러 가지가 섞인 잡다한 종류.

雜坐(잡좌) 섞어 앉음.

雜誌(잡지) 다양한 내용의 글을 싣는 정기 간행물.

雜草(잡초) 잡풀.

雜抄(잡초) 여러 책에서 잡다한 것을 추려 뽑아 적음. 또는 그런 책.

雜學(잡학) 여러 학설을 뒤섞은 잡박(雜駁)한 학문. 조리가 서지 않는 학문.

雜行(잡행) 여러 가지 잡다한 행동.

雜貨(잡화) 잡다한 상품.

雜戲(잡희) 여러 가지 놀이. 온갖 장난.

◨ 亂雜난잡, 繁雜번잡, 複雜복잡, 粗雜조잡, 錯雜착잡, 醜雜추잡, 混雜혼잡.

10 ⑱ 【雛】 雏 병아리 추 虞

인명 ㊥chú ㊐スウ

소전 초서 속자 雏 자해 ❶병아리. ㉮닭의 새끼. 〔禮記〕 天子乃以雛嘗黍천자내이추상서. ㉯날짐승의 새끼. 〔楚辭〕 哀枯楊之怨雛애고양지원추. ㉰준수(俊秀)한 자제(子弟). 〔杜甫·歌〕 丈夫生兒有如此二雛者장부생아유여차이추자. ❷큰 새, 봉(鳳) 따위.

雛鳳(추봉) 봉황의 새끼. 뛰어난 자제.

雛孫(추손) 어린 손자.

雛僧(추승) 나이가 어린 승려.

雛兒(추아) 새 새끼. 어리고 어리석은 사람.

◨ 鳳雛봉추, 龍雛용추.

11 ⑲ 【難】 ①어려울 난 寒 ②근심 난 翰

중학 인명 4Ⅱ급 ㊥nán, nàn ㊐ナン

필순 艹 艹 苩 堇 葉 葉 輧 難 難 難

소전 초서 속자 難 속자 難 자원 形聲. 菓+隹→難. '菓(난)'이 음을 나타낸다.

자해 ① ❶어렵다, 곤란하다. 〔論語〕 爲君難위군난, 爲臣不易위신불이. ❷어려운 사정. 〔孟子〕 責難於君책난어군. ❸고생하다. 〔莊子〕 瞋目而語難진목이어난. ② ❶근심. ❷재앙, 고통. 〔禮記〕 臨難毋苟免림난무구면. ❸전쟁, 싸움. 〔春秋公羊傳〕 請作難청작난. ❹꾸짖다, 힐책하다.

〔孟子〕於禽獸又何難焉어금수우하난언.
難堪(난감) 견디어 내기 어려움.
難攻不落(난공불락) 공격하기가 어려워 좀처럼 함락되지 않음.
難關(난관) ①통과하기 어려운 관문(關門). ②뚫고 나가기 어려운 일이나 고비.
難局(난국) 어려운 판국.
難得(난득) 얻기 어려움. 진귀(珍貴)함.
難問(난문) ①의심하여 물음. 힐문(詰問)함. ②國대답하기 어려운 문제.
難民(난민) 전쟁이나 재난을 피하여 떠돌아다니며 고생하는 사람.
難駁(난박) 비난하고 반박함.
難事(난사) 처리하기 어려운 일.
難產(난산) 어렵게 아이를 낳음.
難澀(난삽) ①어렵고 빡빡하여 순조롭게 진행되지 못함. ②글 뜻이 매우 어려움.
難色(난색) 난처한 기색(氣色).
難言(난언) 말하기 곤란함.
難義(난의) 어려운 뜻.
難疑(난의) 결점을 비난하고 의심나는 점을 캐물음.
難易(난이) 어려움과 쉬움.
難戰(난전) 어려운 싸움. 苦戰(고전).
難題(난제) ①시부(詩賦)의 짓기 어려운 제목. ②처리하기 곤란한 문제.
難重(난중) 매우 어렵고도 중함.
難中之難(난중지난) 어려운 중에서도 가장 어려움. 至難(지난).
難處(난처) ①험난한 곳. ②國처지가 어려움. 처리하기 어려움.
難聽(난청) 잘 들을 수 없음.
難測(난측) 측량하기 어려움. 이루 헤아릴 수 없음. 곧, 너무 많거나 큼.
難治(난치) ①다스리기 어려움. ②병을 완치하기 어려움.
難破(난파) 배가 항해 중에 폭풍우 따위를 만나 부서지거나 뒤집힘.
難風(난풍) 배의 항행을 방해하는 바람.
難航(난항) ①배나 비행기의 항행이 순조롭지 못함. ②일이 순조롭게 되어 가지 않음.
難解(난해) ①까다로워 풀기 어려움. ②이해하기 곤란함.
難行(난행) ①행하기가 어려움. ②(佛)심신(心身)을 괴롭히며 하는 고된 수행(修行).
難兄難弟(난형난제) 누구를 형이라 하고 누구를 아우라 해야 할지 분간하기 어려움. 두 사물의 우열을 분간하기 어려움. 莫上莫下(막상막하).
◨ 艱難간난, 危難위난, 災難재난, 遭難조난, 避難피난, 禍難화난, 患難환난, 詰難힐난.

11 ⑲ **【難】** 難(1353)의 속자

11 ⑲ **【離】** 离 떼어 놓을 리 支

고등 인명 4급 ㊥lí ㊐リ

필순 (stroke order)

소전 초서 자원 形聲. 离＋隹→離. '离(리)'가 음을 나타낸다.

자해 **❶떼어 놓다, 떨어지다. ㉮가르다, 째다.** 〔儀禮〕離肺리폐. **㉯끊다. ㉰나누다, 구별하다.** 〔呂氏春秋〕合則弗能離합즉불능리. **㉱열다.** 〔張衡·賦〕離朱脣而微笑兮리주순이미소혜. **㉲헤어지다, 이별하다.** 〔列子〕形名離也형명리야. **❷틀리다, 어긋나다.** 〔呂氏春秋〕形性相離형성상리. **❸배반하다.** 〔國語〕民人離落민인리락. **❹화(和)하지 않다.** 〔淮南子〕上下離心상하리심. **❺거치다, 지나가다. ❻걸리다, 당하다.** 〔張衡·賦〕循法度而離殃순법도이리앙. **❼괘(卦) 이름. ㉮8괘(卦)의 하나.** 괘형(卦形)은 ☲. 사물에 대하여 분명한 모양을 상징한다. **㉯64괘(卦)의 하나.** 괘형은 ䷝. 차례를 지키면 일이 모두 이루어짐을 상징한다.
離歌(이가) 이별의 노래. 離曲(이곡)
離間(이간) 두 사람의 사이를 벌려 놓음.
離隔(이격) 사이가 떨어짐. 또는 사이를 띄움.
離苦(이고) ①이별의 괴로움. ②(佛)고난(苦難)에서 벗어남.
離群索居(이군삭거) 친구와 떨어져 홀로 쓸쓸하게 지냄.
離宮(이궁) 천자의 별장. 行宮(행궁).
離農(이농) 농촌을 떠남.
離淚(이루) 이별의 눈물.
離陸(이륙) 비행기 따위가 날기 위해 땅에서 떠오름.
離離(이리) ①벼 이삭이나 과실 등이 익어 아래로 처진 모양. ②구름이 길게 뻗친 모양. ③초목이 무성한 모양. ④사이가 벌어져 소원(疏遠)한 모양.
離反(이반) 사이가 벌어져 떠나거나 돌아섬.
離杯(이배) 이별의 술잔. 離酌(이작).
離背(이배) 서로 사이가 벌어져 배반함.
離別(이별) 서로 헤어짐. 別離(별리).
離思(이사) 이별의 슬픈 마음. 이별의 정.
離散(이산) 떨어져 흩어짐.
離席(이석) 자리를 이탈함.
離俗(이속) 속세를 떠남.
離愁(이수) 이별의 슬픔. 이별의 시름.
離心(이심) 배반하려는 마음.
離緣(이연) ①인연을 끊음. ②부부 또는 양자

(養子)의 관계를 끊음.
離貳(이이) 두 마음을 품음. 배반함.
離任(이임) 맡아보던 일을 내놓고 그 자리를 떠남.
離絕(이절) 인연을 끊음. 절연(絕緣)함.
離亭(이정) 이별의 주연을 베푸는 자리.
離職(이직) 직업을 잃거나 직장을 떠남.
離脫(이탈) 떨어져 나가거나 떨어져 나옴.
離恨(이한) 이별의 한.
離合集散(이합집산) 헤어지고 합치고 모이고 흩어짐. 헤어졌다 모였다 함.
離婚(이혼) 혼인 관계를 끊는 일.
離魂(이혼) 육체를 떠난 혼.
離闊(이활) 오랫동안 떨어져 있어 소식이 적조(積阻)한 일.
◨ 距離거리, 隔離격리, 乖離괴리, 流離유리.

20 ㉘【雧】 集(1349)과 동자

雨部 비 우

0 ⑧【雨】 ①비 우 麌 ②비 올 우 遇
중학 인명 5급 ㊥yǔ, yù ㊐ウ
필순 一 丅 币 币 雨 雨 雨 雨
소전 雨 초서 雨 고자 雨 **자원** 象形. 一+冂+⺀→雨. 하늘〔一〕을 덮은 구름〔冂〕 사이로 물방울이 떨어지는〔⺀〕 것을 본뜬 글자.
자해 ① ❶비. ❷**많은 모양의 비유.** 〔詩經〕 其從如雨기종여우. ❸**흩어지는 모양의 비유.** 〔王粲·詩〕 風流雲散풍류운산, 一別如雨일별여우. ② ❶**비가 오다.** 〔詩經〕 雨我公田우아공전. ❷**눈이나 싸라기눈이 오다.** 〔詩經〕 雨雪其雱우설기방. ❸**적시다.** 〔說苑〕 吾不能以夏雨雨人오불능이하우우인.
雨脚(우각) 빗발. 雨足(우족).
雨過天青(우과천청) ①비가 그치고 날씨가 갬. ②비가 막 갠 때의 하늘의 빛깔.
雨期(우기) 일 년 중 비가 많이 오는 시기. 雨季(우계).
雨奇晴好(우기청호) 빗속 경치도 썩 기이하거니와, 갠 후의 경치도 또한 좋음.
雨露(우로) ①비와 이슬. ②비와 이슬이 만물을 기르는 것처럼 은혜가 골고루 미침.
雨淚(우루) 눈물이 비 오듯 흘러내림.
雨雹(우박) 적란운에서 내리는 얼음 덩어리. 누리.
雨備(우비) 비를 가리기 위하여 사용하는 물건. 우산(雨傘)·도롱이·비옷 따위.
雨師(우사) 비를 맡아 다스린다는 신(神).
雨傘(우산) 펴고 접을 수 있게 만든 우비.
雨水(우수) ①빗물. ②24절기의 하나. 입춘(立春)과 경칩(驚蟄) 사이. 양력 2월 18일경.
雨矢(우시) 비처럼 쏟아지는 화살.
雨暘(우양) 비 오는 날과 갠 날. 우천(雨天)과 청천(晴天). 晴雨(청우).
雨滴(우적) 빗방울.
雨天(우천) 비가 내리는 날. 비가 내리는 하늘.
雨澤(우택) ①비가 만물을 적심. ②임금의 은택(恩澤).
雨後送傘(우후송산) 비 온 뒤에 우산을 보냄. 때가 늦음.
雨後竹筍(우후죽순) 비 온 뒤에 돋아나는 죽순. 많이 생겨남의 비유.
◨ 降雨강우, 穀雨곡우, 陰雨음우, 暴雨폭우.

3 ⑪【雪】 눈 설 屑
중학 인명 6급 ㊥xuě ㊐セツ
필순 一 ⼾ 帀 币 雨 雨 雫 雪 雪 雪
소전 雪 초서 雪 본자 霻 **자원** 形聲. 雨+彐〔彗의 생략체〕→霻→雪. '彗(혜)'가 음을 나타낸다.
자해 ❶**눈, 눈이 오다.** 〔世說新語〕 于時始雪우시시설. ❷**씻다.** ㉮**더러움을 씻다.** 〔史記〕 沛公遽雪足杖矛曰패공거설족장모왈, 延客入연객입. ㉯**누명이나 치욕을 벗다.** 〔戰國策〕 以雪先王之恥이설선왕지치.
雪客(설객) 해오라기.
雪景(설경) 눈이 내리거나 쌓인 경치.
雪肌(설기) 눈같이 희고 깨끗한 살결.
雪泥(설니) ①눈과 흙탕. ②쌓인 눈이 녹아 길이 진창이 됨.
雪泥鴻爪(설니홍조) 눈 위에 난 기러기 발자국은 눈이 녹으면 없어짐. 인생이 무상하고 아무 흔적이 없음의 비유.
雪嶺(설령) 눈에 덮인 산봉우리.
雪馬(설마) 國썰매.
雪面(설면) 눈같이 흰 얼굴.
雪眉(설미) ①눈같이 흰 눈썹. ②백발 노인.
雪白(설백) 눈같이 흼.
雪膚花容(설부화용) 눈같이 흰 살결과 꽃같이 아름다운 얼굴. 미인의 용모.
雪憤(설분) 분함을 풂. 분풀이.
雪崩(설붕) 눈사태.
雪山(설산) ①눈이 쌓인 산. ②히말라야 산. 석가여래가 수도한 산.
雪霜(설상) ①눈과 서리. ②갖은 고생을 맛봄.
雪上加霜(설상가상) 눈 위에 서리를 더함. 환난이 거듭됨.
雪色(설색) ①눈빛. 눈같이 흰 빛깔. ②눈의 경치. 雪景(설경).
雪水(설수) 눈 녹은 물.
雪餘(설여) 눈이 내린 뒤. 雪後(설후).
雪辱(설욕) 부끄러움을 씻음. 雪恥(설치).
雪原(설원) 눈에 뒤덮인 벌판.
雪冤(설원) 원통함을 풂. 누명을 벗음.
雪月(설월) ①눈과 달. ②눈 위에 비치는 달빛.
雪月花(설월화) 눈과 달과 꽃. 사계절의 좋은 경치.
雪中松柏(설중송백) 소나무와 잣나무는 눈 속에서도 그 빛을 잃지 않음. 절조가 굳어 변하지 않음.
雪天(설천) ①눈이 내리는 날씨. ②눈이 내리는 하늘.
雪恥(설치) 부끄러움을 씻음.
雪寒(설한) 國눈이 내리거나 내린 후의 추위.
雪寒風(설한풍) 國눈이 내릴 때 휘몰아치는 추운 바람. 눈바람.
雪花(설화) ①눈. 눈송이. 눈을 꽃에 비유한 말. ②눈같이 흰 꽃.
◨ 降雪강설, 大雪대설, 白雪백설, 瑞雪서설, 積雪적설.

3
⑪ 【雩】 ①기우제 우 虞 ②땅 이름 우 虞

인명 ㊥yú, xū ㊐ウ

소전 雩 초서 雩 동자 雩 자해 ① ❶기우제(祈雨祭), 기우제를 지내다. 〔春秋左氏傳〕 龍見而雩룡견이우. ❷무지개. ② 땅 이름, 우루(雩婁). 춘추 시대 오(吳)나라의 땅.
雩祀(우사) 기우제(祈雨祭). 雨祭(우제).
雩祭(우제) 가뭄이 들었을 때 비를 비는 제사.

3
⑪ 【𩂣】 雨(1355)의 고자

4
⑫ 【雯】 구름 무늬 문 文

인명 ㊥wén ㊐ブン

초서 雯 자해 **구름무늬, 구름이 이루는 아름다운 무늬.**
雯華(문화) 구름이 이루는 아름다운 무늬.

4
⑫ 【雱】 눈 내릴 방 陽

㊥pāng ㊐ホウ

초서 雱 자해 **❶눈이 내리다, 눈이 펑펑 쏟아지다.** 〔詩經〕 雨雪其雱우설기방. **❷비가 세차게 오다.**

4
⑫ 【雰】 안개 분 文

인명 1급 ㊥fēn ㊐フン

초서 雰 자해 **❶안개.** 〔素問〕 寒雰結爲霜雪한분결위상설. **❷비나 눈이 오는 모양.** ¶ 雰雰분분. **❸기운.** ＝氛.
雰雰(분분) 눈이나 비가 내리는 모양.
雰圍氣(분위기) ①지구를 싸고 있는 대기(大氣). ②어떤 장면이나 회합 등의 일반적인 기분. ③개인의 주변 상황. 환경.
雰祲(분침) 나쁜 기운.
雰虹(분홍) 무지개.

4
⑫ 【雲】 云 구름 운 文

중학 인명 5급 ㊥yún ㊐ウン

필순 一 ㄧ 币 币 雨 雨 雪 雲 雲 雲

소전 雲 초서 雲 자원 會意·形聲. 雨+云→雲. '云(운)'이 음도 나타낸다. 云은 본래 구름이 피어오르는 모습을 그린 것으로 '구름'을 뜻하였는데, 뒤에 '말하다'의 뜻으로 가차되자 구름이라는 뜻으로는 비(雨)를 더한 '雲' 자를 새로 만들어 썼다.
자해 **❶구름. ❷높음의 비유.** 〔後漢書〕 雲車十餘丈운거십여장. **❸많음의 비유.** 〔後漢書〕 雲輜蔽路운치폐로, 萬有三千餘乘만유삼천여승.
雲脚(운각) ①구름이 움직여 가는 모양. ②구름이 낮게 드리워 있는 모양. 구름발.
雲監(운감) 國관상감(觀象監)의 딴 이름.
雲客(운객) 구름 속의 사람. 신선이나 은자(隱者)의 미칭(美稱).
雲車(운거) ①망루(望樓)가 있는 수레. ②구름 무늬를 새긴 수레. ③신선이 탄다는 구름 수레.
雲捲天晴(운권천청) 구름이 걷히고 하늘이 맑게 갬. 병이나 근심이 씻은 듯이 없어짐.
雲錦裳(운금상) 썩 아름다운 옷. 신선(神仙)이 입는 옷.
雲氣(운기) ①구름이 움직이는 모양. ②공중으로 떠오르는 기운.
雲起龍驤(운기용양) 구름이 일고 용이 올라감. 영웅이 분기함.
雲泥(운니) 구름과 진흙. 서로의 차이가 현격(懸隔)함.
雲屯(운둔) 구름처럼 떼를 지어 모임.
雲路(운로) ①구름이 길게 뻗쳐 있는 길. ②벼

승하여 높은 지위에 오름.
雲龍(운룡) ①구름을 타고 승천하는 용. 천자(天子)나 왕후(王侯)·영웅의 비유. ②구름과 용의 무늬.
雲龍風虎(운룡풍호) 용은 구름을 좇고 범은 바람을 따름. ㉠의기와 기질이 서로 맞음. ㉡성주(聖主)가 현명한 신하를 얻음.
雲林(운림) 구름이 끼어 있는 숲.
雲霧(운무) 구름과 안개.
雲髮(운발) 구름 같은 머리. 여자의 아름다운 머리.
雲峯(운봉) ①산봉우리처럼 뭉게뭉게 피어오르는 구름 봉우리. ②구름이 걸려 있는 높은 산봉우리.
雲散鳥沒(운산조몰) 구름처럼 흩어지고 새처럼 형적을 감춤. 형적이 없음.
雲翔(운상) ①뿔뿔이 흩어짐. ②구름처럼 여기저기에서 일어남. ③구름처럼 빨리 달림.
雲霄(운소) ①하늘. 천공(天空). ②높은 지위.
雲消霧散(운소무산) 구름처럼 사라지고 안개처럼 흩어짐. 흔적 없이 사라짐.
雲孫(운손) 멀어진 자손. 8대(代)째의 후손.
雲水(운수) ①구름과 물. ②행각승(行脚僧).
雲樹之懷(운수지회) 벗을 그리는 마음.
雲心月性(운심월성) 욕심이 없고 세속의 명예나 이익을 구하지 않음.
雲靄(운애) ①구름과 안개. ②구름이 낌.
雲霓(운예) 구름과 무지개.
雲霓之望(운예지망) 가물 때 구름과 무지개를 바람. 간절한 희망.
雲臥(운와) 구름이 걸려 있는 높은 산에서 잠이 듦. 속세를 피하여 산속에 은거함.
雲雨(운우) ①구름과 비. ②은택(恩澤). 덕택(德澤). ③남녀의 교정(交情).
雲雨之情(운우지정) 남녀의 교정(交情). 故事 초(楚) 회왕(懷王)이 꿈속에서 어떤 여자와 동침하였는데, 그 여자가 헤어지면서 자신은 무산(巫山)의 신녀(神女)로서 아침에는 구름이 되고 저녁이면 비가 되어 내린다고 하였다는 고사에서 온 말.
雲遊(운유) ①구름 속에서 놂. ②구름처럼 자유로이 놂.
雲仍(운잉) 운손(雲孫)과 잉손(仍孫). 대수가 먼 후손.
雲雀(운작) 종달새. 노고지리.
雲梯(운제) ①성을 공격하는 데 쓰는 높은 사닥다리. ②높은 곳에 오름.
雲際(운제) 구름의 가장자리. 높은 하늘이나 높은 산.
雲蒸(운증) 구름이 뭉게뭉게 피어오름.
雲蒸龍變(운증용변) 물이 증발하여 구름이 되고, 뱀이 변하여 용이 됨. 영웅호걸이 시운을 만나 일어남.
雲脂(운지) 머리의 비듬.
雲集(운집) 구름같이 모여듦.
雲集霧散(운집무산) 구름처럼 모였다가 안개처럼 흩어짐. 일시에 모였다가 흩어짐.
雲霞(운하) ①구름과 노을. 구름과 안개. ②봄의 딴 이름.
雲鶴(운학) ①구름 속을 나는 학. ②구름과 학을 그린 무늬.
雲漢(운한) ①은하수(銀河水). ②하늘.
雲海(운해) ①구름이 덮인 바다. ②물이 구름에 닿아 보이는 수평선.
雲行(운행) ①구름이 떠다님. ②천은(天恩)이 널리 미침.
雲鬟(운환) ①여자의 아름답게 쪽 찐 머리. ②먼 산의 모양.

5 ⑬ 【零】 조용히 오는 비 령 靑

고등 인명 3급 ㊥líng ㊐レイ

필순

소전 초서 동자 자원 形聲. 雨+令→零. '令(령)'이 음을 나타낸다.

자해 **❶조용히 오는 비. ❷떨어지다. ㉮비가 오다.** 〔詩經〕 靈雨既零령우기령. **㉯영락(零落)하다.** 〔班固·答賓戲〕 失時者零落실시자령락. **㉰풀이 마르다.** 〔楚辭〕 惟草木之零落兮유초목지령락혜. **❸우수리, 남은 수.** 〔宋史〕 數既奇零수기기령. **❹수가 없음, 제로**(zero).

零落(영락) ①초목이 시들어 떨어짐. ②세력이나 살림이 아주 보잘것없이 됨.
零零碎碎(영령쇄쇄) ①아주 잘게 부스러짐. ②자질구레하고 번거로움.
零露(영로) 방울져 떨어지는 이슬.
零淚(영루) 눈물을 떨어뜨림. 落淚(낙루).
零散(영산) 떨어져 흩어짐.
零星(영성) ①얼마 되지 않음. ②사람이 낙탁(落魄)함.
零細(영세) 國①매우 미세함. 근소(僅少)함. ②살림이 보잘것없고 가난함.
零碎(영쇄) ①떨어져 부서짐. ②자질구레함. 자질구레한 사물.
零餘(영여) 쓰고 남은 돈이나 물건. 허섭스레기. 나머지.
零雨(영우) ①가랑비. 보슬비. 細雨(세우). ②國큰 빗방울이 뚝뚝 떨어지는 비.
零錢(영전) 잔돈. 우수리.
零點(영점) ①득점이 없음. ②섭씨 온도계의

빙점(冰點).

零凋(영조) 꽃이 시들어 떨어짐.

零替(영체) 영락(零落)함.

零縮(영축) 수효가 줄어서 모자람.

零下(영하) 온도가 0℃ 이하를 나타냄.

5 ⑬【雷】 우레 뢰 灰

고등 인명 3Ⅱ급 ㊥léi ㊐ライ

필순 一 𠫔 币 币 币 雨 雨 雨 雷 雷

소전 畾 초서 雷 본자 靁 자원 會意·形聲. 雨+田〔畾의 생략체〕→雷. '畾(뢰)'가 음도 나타낸다. '畾'는 음(陰)과 양(陽)이 서로 끌어 공중에서 회전함을 나타낸다.

자해 ❶우레, 천둥. 오행(五行)으로는 토(土), 주역(周易)으로는 진(震). ❷빠른 모양. 〔李群玉·詩〕雷奔電逝三千兒뇌분전서삼천아.

雷車(뇌거) ①뇌신(雷神). ②우렛소리가 달리는 수레 소리와 같음.

雷巾(뇌건) 도사(道士)가 쓰는 두건(頭巾).

雷擊(뇌격) ①벼락이 침. 주벌(誅伐)을 행함. ②어뢰(魚雷)로 공격함.

雷鼓(뇌고) ①천둥소리. ②팔면(八面)으로 된 북. 천제(天祭)에 씀.

雷公(뇌공) ①천둥. ②뇌신(雷神).

雷轟(뇌굉) ①천둥소리가 크게 울림. ②벼락이 떨어짐. 落雷(낙뢰).

雷同(뇌동) 시비의 분별이 없이 함부로 남의 말에 붙좇음. 附和(부화).

雷厲風飛(뇌려풍비) ①일하는 솜씨가 벼락같이 빠름. ②명령이 엄함.

雷名(뇌명) ①세상에 널리 알려진 명성. ②남의 성명이나 명예에 대한 존칭.

雷鳴(뇌명) ①천둥소리가 남. ②천둥소리 같은 큰 소리.

雷逢電別(뇌봉전별) 우레같이 만났다가 번개같이 헤어짐. 잠깐 만났다가 곧 헤어짐.

雷斧(뇌부) ①돌로 만든 도끼. 석기 시대의 유물. 石斧(석부). ②괴상하게 생긴 돌.

雷奔(뇌분) 우레처럼 세차게 달림.

雷神(뇌신) 우레를 맡고 있다는 신. 雷公(뇌공). 雷師(뇌사).

雷雨(뇌우) 우레와 함께 내리는 비.

雷電(뇌전) 천둥과 번개.

雷霆霹靂(뇌정벽력) 격렬한 천둥과 번개.

雷震(뇌진) 천둥이 진동(震動)함.

雷歎(뇌탄) 크게 탄식함.

雷火(뇌화) 낙뢰(落雷)로 일어난 화재.

◨ 地雷지뢰, 避雷피뢰.

5 ⑬【雹】 누리 박 覺

인명 ㊥báo ㊐ハク

소전 雹 초서 雹 자해 누리, 우박. 〔春秋左氏傳〕大雨雹대우박.

◨ 霜雹상박, 雨雹우박, 風飛雹散풍비박산.

5 ⑬【電】电 번개 전 霰

중학 인명 7급 ㊥diàn ㊐デン

필순 一 𠫔 币 币 币 雨 雨 雨 雷 電

소전 電 초서 电 본자 電 자원 會意·形聲. 雨+电→電. 申(신)은 본래 电으로 번개가 칠 때 구부러지는 모양을 그린 것이다. 뒤에 지지(地支)의 아홉 번째 글자로 가차되자, 雨 자를 덧붙여 뜻을 분명하게 하고 申도 电으로 모양을 구부러뜨린 '電' 자를 새로 만들어 썼다.

자해 ❶번개. 〔蘇軾·詩〕柳侯運筆如電閃류후운필여전섬. ❷남에게 대하여 경의를 표하는 말. ¶ 電覽전람. ❸전기.

電激(전격) 번개처럼 격렬함.

電擊(전격) ①번개처럼 급작스럽게 들이침. ②감전(感電)된 충격.

電光石火(전광석화) 번갯불과 돌이 맞부딪쳐 튀는 불꽃. ㉠일이 신속함. ㉡짧은 시간.

電光朝露(전광조로) 극히 짧은 시간.

電球(전구) 공 모양의 둥근 전등.

電戟(전극) 번개같이 번쩍이는 빛을 내는 미늘창.

電氣(전기) 전자의 이동으로 생기는 에너지의 한 형태.

電燈(전등) 전기의 힘으로 켜는 등.

電覽(전람) ㊢번갯불과 같이 밝게 비추어 봄. 남의 관람에 대한 경칭(敬稱).

電力(전력) 단위 시간에 사용되는 전기 에너지의 양.

電流(전류) 전하(電荷)가 이동하는 현상.

電滅(전멸) 번갯불처럼 순식간에 없어짐.

電報(전보) 전신을 이용한 통신이나 통보.

電線(전선) 전류가 통하도록 만든 금속선.

電閃(전섬) ①번개. ②번갯불같이 번쩍임.

電送(전송) 전류나 전파를 이용하여 먼 곳에 보냄.

電信(전신) 전류나 전파를 이용한 통신.

電壓(전압) 도체 안에 있는 두 점 사이의 전기적인 위치 에너지 차.

電熱(전열) 전기가 흐를 때 생기는 열.

電影(전영) ①번개. ②중국에서 영화(映畫)를 이르는 말.

電源(전원) 전력을 공급하는 근원.
電子(전자) 음전하를 가지고 원자핵의 주위를 도는 소립자.
電柱(전주) 전선을 늘여 매기 위해 세운 기둥.
電池(전지) 전극 사이에 전기 에너지를 발생시키는 장치.
電車(전차) 전력을 공급받아 궤도 위를 달리는 차량.
電鐵(전철) 전기를 동력으로 사용하는 철도.
電馳(전치) 번개처럼 빨리 달림.
電波(전파) 전류가 진동함으로써 방사되는 전자기파.
電火(전화) 번갯불.
◨ 感電감전, 急電급전, 放電방전, 送電송전, 停電정전, 祝電축전.

6 ⑭【需】 구할 수 虞

고등 인명 3Ⅱ급 ㊥xū ㊐ジュ

필순 一 ⼾ 币 雨 雨 雫 雫 雫 雬 需

소전 需 초서 需 자원 會意. 雨+而→需. '而'는 '大'와 같아 사람을 뜻한다. 사람〔而〕이 비〔雨〕를 만나서 긋기를 기다린다는 데서 '구(求)하다'라는 뜻을 나타낸다.

자해 ❶구하다, 바라다. 〔高啓·詩〕君才適時需군재적시수, 正若當暑扇정약당서선. ❷머뭇거리다, 의심하다. 〔春秋左氏傳〕子行抽劍曰자행추검왈, 需事之賊也수사지적야. ❸쓰다, 사용하다. 〔宋史〕公家百需공가백수. ❹괘(卦) 이름, 64괘의 하나. 괘형은 ䷄. 때를 기다리면 이루어짐을 상징한다.

需給(수급) 수요와 공급.
需要(수요) ①필요해서 구함. 소용됨. ②재화(財貨)에 대하여 가지는 욕망.
需用(수용) ①필요하여 얻고자 함. 소용됨. ②필요로 하는 일이나 물품.
◨ 軍需군수, 祭需제수, 必需필수.

6 ⑭【雩】 물소리 우 遇

인명 ㊥yù ㊐ウ

자해 ❶물소리, 흐르는 물소리. ❷오성(五聲)의 하나. ≒羽.

7 ⑮【霊】 靈(1363)의 속자

7 ⑮【霄】 하늘 소 蕭

㊥xiāo ㊐ショウ

소전 霄 초서 霄 동자 䨝 동자 霫 자해 ❶하늘. 〔李從遠·詩〕中霄日天子중소일천자, 半座寶如來반좌보여래. ❷진눈깨비. ❸밤. ≒宵. 〔呂氏春秋〕有晝盲유화맹, 有霄見유소견.

霄壤(소양) ①하늘과 땅. ②격차가 심함.
霄峙(소치) 하늘 높이 우뚝 솟음.
霄漢(소한) 하늘. 蒼天(창천).

7 ⑮【霅】 ① 번개 칠 잡 洽 ② 빛날 합 洽

㊥zhá, sà ㊐ショウ, ソウ

소전 霅 초서 霅 자해 ① ❶번개가 치다. ❷떠들다, 시끄럽다. ❸비가 오다. 〔後漢書〕霅爾雹落잡이포락. ② ❶빛나다, 빛나는 모양. ❷떠드는 소리.

霅霅(잡잡) ①번개 치는 모양. ②떠들썩함. 뭇사람의 소리.

7 ⑮【霆】 천둥소리 정 靑 迥

인명 ㊥tíng ㊐テイ

소전 霆 초서 霆 자해 ❶천둥소리, 벼락. 〔素問〕迺爲雷霆내위뢰정. ❷번개. ❸떨치다, 펄럭이다. 〔管子〕天冬雷천동뢰, 地冬霆지동정.

霆擊(정격) 번개처럼 단숨에 들이침.

7 ⑮【震】 벼락 진 震

고등 인명 3Ⅱ급 ㊥zhèn ㊐シン

필순 ⼾ 币 雨 雨 雨 雫 雫 雫 震 震

소전 震 초서 震 자원 形聲. 雨+辰→震. '辰(진·신)'이 음을 나타낸다.

자해 ❶벼락, 천둥. 〔詩經〕爗爗震電엽엽진전. ❷떨다. ㉮벼락 치다. 〔春秋〕震夷伯之廟진이백지묘. ㉯움직이다. 〔書經〕震驚朕師진경짐사. ㉰두려워 떨다. 〔晉書〕子女內震자녀내진. ❸괘(卦) 이름. ㉮8괘의 하나. 괘형은 ☳. 떨쳐 나오려는 것을 상징한다. ㉯64괘의 하나. 괘형은 ䷲. 만물이 발동하는 것을 상징한다.

震撼(진감) 흔들어 움직임.
震驚(진경) 겁내고 놀람. 위협하여 놀라게 함.
震懼(진구) 두려워 떪. 떨며 두려워함.
震宮(진궁) 황태자(皇太子)의 궁전.
震怒(진노) ①하늘의 노여움. ②천자(天子)의 노여움.
震檀(진단) 國우리나라의 딴 이름. 震壇(진

단). 震域(진역).
震動(진동) ①흔들리고 움직임. ②놀라고 두려워함.
震服(진복) 두려워 복종함.
震死(진사) 벼락에 맞아 죽음.
震慴(진섭) ①떨며 두려워함. ②으름. 위협함.
震慄(진율) 두려워 벌벌 떪.
震災(진재) 지진으로 인한 재해.
震電(진전) 천둥이 울리고 번개가 번쩍임.
震霆(진정) ①번개. ②천둥. 벼락.
震天駭地(진천해지) 천지를 진동시킴. ㉠세력이 굉장함. ㉡외치는 소리가 대단함.
震盪(진탕) 흔들려 움직임.
震駭(진해) 떨고 놀람. 놀라고 두려워함.
震眩(진현) 놀라서 눈이 아찔함.
◨ 強震강진, 雷震뇌진, 餘震여진, 地震지진.

7 ⑮【霈】 비 쏟아질 패 泰

㊥pèi ㊐ハイ

초서 자해 ❶비가 쏟아지다, 비가 억수로 오다. ≒沛. 〔李白·賦〕于斯之時우사지시, 雲油雨霈운유우패. ❷큰비. ❸성(盛)한 모양. ≒沛.

8 ⑯【霍】 빠를 곽 ㊍확 藥

㊥huò ㊐カク

초서 자해 ❶빠르다, 갑자기. 〔荀子〕霍焉離耳곽언리이. ❷나라 이름. 주(周) 문왕(文王)의 아들 곽숙(霍叔)을 봉한 나라.
霍亂(곽란) 여름철에 갑자기 토사(吐瀉)를 일으키는 급성 위장병.

8 ⑯【霖】 장마 림 侵

인명 ㊥lín ㊐リン

소전 초서 자해 ❶장마, 사흘 이상 계속 오는 비. ≒淋. 〔春秋左氏傳〕凡雨自三日以往爲霖범우자삼일이왕위림. ❷비가 그치지 않는 모양. ¶ 霖霖임림.
霖霖(임림) 비가 그치지 않는 모양.
霖濕(임습) 장마 때의 눅눅한 습기.
霖雨(임우) 장마. 淫雨(음우).

8 ⑯【霏】 눈 펄펄 내릴 비 微

㊥fēi ㊐ヒ

소전 초서 자해 ❶눈이 펄펄 내리다, 눈이 내리는 모양. 〔詩經〕雨雪其霏우설기비. ❷조용히 오는 비.
霏微(비미) 가랑비나 가랑눈 따위가 부슬부슬 내리는 모양.
霏霏(비비) ①비나 눈이 몹시 내리는 모양. ②이야기가 길게 이어지는 모양.

8 ⑯【霎】 가랑비 삽 洽

㊥shà ㊐ショウ

소전 초서 자해 ❶가랑비. ❷빗소리. 〔韓偓·詩〕霎霎高林簇雨聲삽삽고림족우성. ❸잠시. 〔陳造·詩〕蝶夢蘧蘧一霎間접몽거거일삽간.
霎時(삽시) 잠깐 동안.
霎雨(삽우) ①가랑비. 細雨(세우). ②한차례 오고 그치는 비.

8 ⑯【霓】 무지개 예 齊

인명 ㊥ní ㊐ゲイ

소전 초서 자해 ❶무지개, 암무지개. ≒蜺. ❷가, 가장자리. 〔莊子〕何謂和之以天霓하위화지이천예.
霓裳(예상) 무지개와 같이 아름다운 치마. 선인(仙人)의 옷.
◨ 雲霓운예, 虹霓홍예.

8 ⑯【霔】 電(1358)의 본자

8 ⑯【霑】 젖을 점 鹽

인명 1급 ㊥zhān ㊐テン

소전 초서 자해 ❶젖다, 비나 물에 젖다. ❷적시다. 〔詩經〕旣霑旣足기점기족. ❸두루 미치다. 〔揚雄·賦〕仁霑而恩洽인점이은흡.
霑潤(점윤) ①젖어서 불음. ②땀이나 물기가 배어 번짐.
霑醉(점취) 술에 젖음. 몹시 취함. 泥醉(이취).
霑汗(점한) 땀이 뱀.
霑洽(점흡) 골고루 적심. 두루 혜택을 입음.

9 ⑰【霛】 靈(1363)의 고자

9 ⑰【霡】 霢(1361)과 동자

9 ⑰【霜】 서리 상 陽 漾

중학 인명 3Ⅱ급 ㊥shuāng ㊐ソウ

필순 一 㐅 ⺈ 雨 雨 霜 霜 霜 霜 霜

소전 초서 자원 形聲. 雨＋相→霜. '相(상)'이 음을 나타낸다.
자해 ❶서리. ❷해, 세월. 〔賈島·詩〕 客舍并州已十霜객사병주이십상. ❸머리털이 희게 셈의 비유. 〔杜甫·詩〕 艱難苦恨繁霜鬢간난고한번상빈. ❹차가움의 비유. ❺흰 가루, 과실의 겉에 생기는 흰 가루. ¶ 霜杮상시.

霜降(상강) ①서리가 내림. ②24절기의 하나. 양력 10월 23일경으로, 이때부터 서리가 내리기 시작함.
霜氣(상기) ①서리의 찬 기운. ②사람의 엄숙한 기상(氣像).
霜臺(상대) ①어사대(御史臺)의 딴 이름. 어사대는 법률을 관장하는 추관(秋官)이므로 '霜' 자를 씀. 霜署(상서). ②國사헌부(司憲府)의 딴 이름.
霜林(상림) 서리를 맞은 숲. 단풍이 든 숲.
霜毛(상모) ①서리처럼 흰 털. ②흰 머리털.
霜眉(상미) 흰 눈썹. 노인의 눈썹.
霜蓬(상봉) 서리를 맞아 마른 쑥. 백발(白髮)의 비유.
霜鬢(상빈) 희게 센 귀밑털.
霜雪(상설) ①서리와 눈. ②마음이 결백하고 엄격함.
霜鬚(상수) 서리처럼 흰 수염.
霜杮(상시) ①서리 맞은 감. ②곶감 겉에 생긴 흰 가루.
霜信(상신) 기러기의 딴 이름. 기러기가 오면 곧 서리가 내린다는 데서 온 말.
霜髥(상염) 흰 구레나룻. 흰 수염.
霜葉(상엽) 서리를 맞아 단풍 든 잎.
霜月(상월) ①서리가 내리는 밤의 달. 寒月(한월). ②음력 11월의 딴 이름.
霜天(상천) 서리가 내리는 밤하늘.
霜楓(상풍) 서리 맞은 단풍잎.
霜蹊(상혜) 서리가 내린 작은 길.
霜毫(상호) 서리같이 흰 털. 霜毛(상모).
霜花(상화) ①꽃같이 고운 서릿발. ②백발(白髮)과 흰 수염. 霜華(상화).
◨ 星霜성상, 秋霜추상, 風霜풍상.

9 ⑰【霙】 진눈깨비 영 庚

인명 ㊥yīng ㊐エイ

초서 자해 ❶진눈깨비. ❷눈, 눈꽃. 〔蘇軾·詩〕 晩雨纖纖變玉霙만우섬섬변옥영.

9 ⑰【霞】 놀 하 麻

인명 1급 ㊥xiá ㊐カ

소전 초서 자해 ❶놀, 이내. 〔左思·賦〕 舒丹氣而爲霞서단기이위하. ❷멀다, 아득하다. ≒遐. 〔楚辭〕 載營魄而登霞兮재영백이등하혜.

霞光(하광) 놀. 아침놀. 저녁놀.
霞觴(하상) 선인(仙人)이 쓴다는 술잔. 아름다운 술잔.
霞彩(하채) 놀의 아름다운 빛깔.

10 ⑱【霤】 낙숫물 류 宥

㊥liù ㊐リュウ

소전 초서 자해 ❶낙숫물. ❷물이 흐르다. 〔束晳·詩〕 濛濛甘霤몽몽감류. ❸낙수받이. 〔禮記〕 池視重霤지시중류.

霤穿石(유천석) 낙숫물이 돌에 구멍을 냄. 힘써 쉬지 않으면 작은 힘도 큰일을 할 수 있음.

10 ⑱【霢】 가랑비 맥 陌

㊥mài ㊐ミャク

소전 동자 霡 동자 𩃬 자해 ❶가랑비. ❷땀이 흐르는 모양. 〔唐書〕 皆流汗霢霂개류한맥목.

霢霂(맥목) ①가랑비. ②땀이 흐르는 모양.

10 ⑱【霶】 滂(746)과 동자

11 ⑲【霧】 雾 안개 무 遇

고등 인명 3급 ㊥wù ㊐イン

필순 ⺈ 雨 雨 雨 雨 雰 雰 霧 霧 霧

소전 초서 자원 形聲. 雨＋務→霧. '務(무)'가 음을 나타낸다.
자해 ❶안개. ❷어둡다. 〔後漢書〕 三精霧塞삼정무색. ❸가볍다. 〔漢書〕 廁霧縠측무곡. ❹모이다. 〔王勃·序〕 雄州霧列웅주무렬.

霧縠(무곡) 가볍고 엷은 주름 비단. 선녀·미인의 옷.
霧露(무로) ①안개와 이슬. ②안개나 이슬에 젖어 생기는 병.
霧散(무산) 안개가 걷히듯이 흩어져 없어짐.
霧塞(무색) 안개가 잔뜩 끼어 어두움.
霧消(무소) 안개가 사라지듯 흔적 없이 사라짐.
霧淞(무송) ①추위로 언 안개. ②초목에 내려서 눈같이 된 서리. 상고대.
霧笛(무적) 짙은 안개 속에서 선박이 충돌하는 것을 막기 위하여 울리는 경적(警笛).

霧集(무집) 안개처럼 많이 모임.
◨ 濃霧농무, 烟霧연무, 雲霧운무.

11
⑲【䨮】 雪(1355)의 본자

11
⑲【䨱】 霄(1359)와 동자 인명

11
⑲【霪】 장마 음 侵

㊥yín ㊐イン

초서 자해 장마, 열흘 이상 계속되는 비. 〔淮南子〕禹沐浴霪雨우목욕음우.
霪雨(음우) 장맛비. 霖雨(임우).

12
⑳【露】 이슬 로 遇

중학 인명 3Ⅱ급 ㊥lù ㊐ロ

필순

소전 초서 자원 形聲. 雨+路→露. '路(로)'가 음을 나타낸다.
자해 ❶이슬. ❷적시다, 젖다. 〔淮南子〕包裹覆露포리복로. ❸은혜를 베풀다. 〔漢書〕陛下垂德惠폐하수덕혜, 以覆露之이복로지. ❹드러나다, 드러내다. ❺現러시아.
露車(노거) 덮개가 없는 수레.
露檄(노격) 봉하지 않은 격문(檄文).
露髻(노계) 관을 쓰지 않고 머리를 노출함.
露骨(노골) ①전사(戰死)하여 뼈를 싸움터에 드러냄. ②가식이 없이 진심을 적나라(赤裸裸)하게 드러냄.
露光(노광) 이슬 방울의 반짝이는 빛.
露根(노근) 뿌리가 땅 위로 드러남.
露頭(노두) ①머리를 드러냄. 맨머리. ②지표에 드러난 광맥(鑛脈)의 단서.
露眠(노면) 한데서 잠을 잠. 野宿(야숙).
露洩(노설) 비밀이 누설(漏洩)됨.
露宿(노숙) 한데서 잠.
露營(노영) 옥외(屋外)의 진영. 野營(야영).
露才(노재) 재지(才智)를 세상에 나타냄.
露積(노적) 물건을 한데에 쌓음.
露電(노전) 이슬과 번개. ㉠인생의 덧없음. ㉡세월이 빨리 지나감.
露店(노점) 한데에 물건을 벌여 놓은 가게.
露點(노점) 대기 중의 수증기가 냉각하여 액체로 응결하기 시작하는 때의 온도. 이슬점.
露井(노정) 덮개가 없는 우물.
露呈(노정) 사실을 드러냄.
露天(노천) 한데.
露體(노체) 알몸을 드러냄.
露草(노초) 이슬을 머금은 풀.
露出(노출) 겉으로 드러나거나 드러냄.
露布(노포) ①봉함(封緘)을 하지 않은 글. ②문체(文體)의 한 가지. 봉하지 않고 노출된 채로 선포하는 포고문. 주로 전승(戰勝)을 급히 알리는 데 씀.
露見(노현) ①명백히 나타남. ②숨은 사실이 드러남.
露花(노화) 이슬에 젖은 꽃.
◨ 甘露감로, 霜露상로, 朝露조로, 草露초로, 暴露폭로, 寒露한로.

12
⑳【霰】 싸라기눈 산 ㊍선 霰

인명 ㊥xiàn ㊐セン

소전 초서 동자 霓 동자 霰 동자 霰
자해 ❶싸라기눈. 〔詩經〕如彼雨雪여피우설, 先集維霰선집유산. ❷말린 떡을 잘게 썬 것.

13
㉑【霛】 靈(1363)과 동자

13
㉑【雱】 滂(746)과 동자

13
㉑【霹】 벼락 벽 錫

인명 ㊥pī ㊐ヘキ

초서 자해 ❶벼락, 천둥. ❷뇌신(雷神). ❸벼락이 떨어지다, 낙뢰하다. 〔杜甫·詩〕雷霆霹長松뢰정벽장송, 骨大郤生筋골대극생근.
霹靂(벽력) ①벼락. 벼락이 침. ②천둥. 천둥소리가 요란하게 남.
霹靂車(벽력거) 수레 안에서 돌을 튀겨 내쏘는 장치를 한 공격용 수레.
霹靂手(벽력수) 재주가 민첩한 사람.

13
㉑【霸】 으뜸 패 ㊍파 禡

2급 ㊥bà ㊐ハ

소전 초서 동자 覇 속자 覇 자해 ❶으뜸, 우두머리. 〔孟子〕以力假仁者霸이력가인자패. ❷성(姓).
霸權(패권) ①패자가 가진 권력. ②승자가 가진 권력. ③강대국의 힘에 의거한 권력.
霸氣(패기) ①패자(霸者)가 되려는 기세. 제패(制霸)하려는 기상. ②의기에 찬 야망.

雨 11획

霸道(패도) 패자의 도(道). 곧, 무력과 권모로 천하를 통일하고자 하는 주의.
霸府(패부) 패자가 천자의 자리에 오르지 않고 왕으로서 국정(國政)을 보는 곳.
霸心(패심) 패자가 되려고 하는 마음.
霸業(패업) 제후(諸侯)의 우두머리가 되는 사업. 천하를 통일하려는 대업.
霸王(패왕) ①㉠패자(霸者)와 왕자(王者). ㉡패도(霸道)와 왕도(王道). ②춘추 전국 시대에, 제후를 거느리고 천하를 다스리던 사람.
霸者(패자) ①제후의 우두머리. ②무력(武力)으로 제후를 통치하는 사람. ③어느 분야에서 으뜸이 되는 사람이나 단체.
◨ 五霸오패, 爭霸쟁패, 制霸제패.

14 ㉒【霾】 흙비 올 매 佳

㊥mái ㊐バイ

소전 초서 자해 **흙비가 오다.** 〔詩經〕 終風且霾종풍차매.

霾霧(매무) 흙비와 안개.
霾翳(매예) 흐릿한 흙먼지가 덮임.

14 ㉒【霽】 갤 제 霽

인명 ㊥jì ㊐セイ

소전 초서 동자 霄 동자 霁 자해 ❶**개다, 비나 눈이 그치다.** ❷**마음이 개운해지다, 기분이 좋아지다.** 〔宋史〕 哲宗爲之少霽철종위지소제. ❸**쾌청한 모양.** 〔宋史〕 胸懷灑落흉회쇄락, 如光風霽月여광풍제월.

霽月光風(제월광풍) ①비가 갠 뒤의 밝은 달과 맑은 바람. ②도량이 넓고 시원시원함.
霽威(제위) 노기(怒氣)가 풀림.

15 ㉓【靁】 우레 뢰 灰

㊥léi ㊐ライ

본자 畾 자해 ❶**우레, 천둥.** =雷. ❷**한탄하는 소리.** 〔馬融·賦〕 靁歎頹息뢰탄퇴식.

16 ㉔【靂】 雳 벼락 력 錫

인명 ㊥lì ㊐レキ

초서 자해 **벼락, 천둥.** 〔韓愈·序〕 雷霆霹靂뇌정벽력.

16 ㉔【靈】 灵 신령 령 靑

고등 인명 3Ⅱ급 ㊥líng ㊐レイ

필순 一 帀 霝 霝 霝 霝 霝 靈 靈 靈

소전 초서 고자 靇 동자 靈 속자 灵

속자 霊 자원 形聲. 霝+巫→靈. '霝(령)'이 음을 나타낸다.

자해 ❶**신령.** 〔楚辭〕 合五嶽與八靈兮합오악여팔령혜. ❷**신령하다, 신묘하다.** 〔書經〕 惟人萬物之靈유인만물지령. ❸**영혼, 정기(精氣), 혼백.** 〔大戴禮〕 神靈者신령자, 品物之本也품물지본야. ❹**좋다, 아름답다.** 〔詩經〕 靈雨旣零령우기령. ❺**행복, 은총.** 〔後漢書〕 寵靈顯赫총령현혁. ❻**마음, 생각.** ❼**빼어난 것, 걸출한 것.** 〔隋書〕 江漢英靈강한영령, 燕趙奇俊연조기준.

靈覺(영각) ①뛰어나게 민첩(敏捷)하고 현명함. ②(佛)중생이 본래부터 갖추고 있는 영묘한 불성(佛性).
靈感(영감) ①신불(神佛)의 영묘한 감응. ②인간 심령의 미묘한 작용에 의한 감득(感得).
靈鑑(영감) ①뛰어난 감식(鑑識). ②하늘이 내려다봄. 신불(神佛)이 보고 있음.
靈車(영거) 관(棺)을 실은 수레. 喪輿(상여).
靈境(영경) ①영묘한 경지. ②신불을 봉사(奉祀)하고 있는 곳. 영지(靈地).
靈鼓(영고) 지신(地神)을 제사할 때 쓰던 육면(六面)으로 된 북.
靈怪(영괴) 영묘하고 괴상함.
靈柩(영구) 시체를 넣은 관(棺).
靈氣(영기) 영묘한 기운이나 효험(效驗).
靈壇(영단) ①신을 제사 지내는 단. ②기우제(祈雨祭)를 지내는 단.
靈堂(영당) 신불(神佛)을 모신 사당(祠堂). 靈殿(영전).
靈德(영덕) 영묘한 덕.
靈媒(영매) 신령이나 사자(死者)의 혼령과 의사를 통할 수 있도록 매개한다는 사람. 박수·무당 따위.
靈木(영목) 신령이 깃들어 있는 나무.
靈夢(영몽) 신령스러운 꿈. 영묘한 꿈.
靈妙(영묘) 신령스럽고 기묘함. 사람의 지혜로는 헤아릴 수 없다는 현묘(玄妙)한 일.
靈廟(영묘) 사당(祠堂). 靈殿(영전).
靈峯(영봉) 신령스러운 산. 또는 그 봉우리. 靈山(영산).
靈府(영부) 혼령이 깃들어 있는 곳. 곧, 마음. 靈臺(영대).
靈符(영부) 영험이 있는 부적(符籍).
靈祠(영사) 신성한 사당(祠堂).
靈瑞(영서) 신령스러운 서조(瑞兆).
靈秀(영수) 뛰어나고 빼어남. 神秀(신수).

靈獸(영수) 신령스러운 짐승. 기린(麒麟)·용(龍) 따위.
靈液(영액) ①신령스러운 물. ②이슬.
靈藥(영약) 영묘한 효험이 있는 약.
靈輿(영여) ①천자(天子)의 수레. ②천자의 상여(喪輿).
靈雨(영우) 때맞추어 오는 비.
靈位(영위) 신위(神位). 위패(位牌).
靈應(영응) ①신불의 영묘한 감응(感應). ②영묘한 일을 알리는 증험(證驗).
靈異(영이) 영묘하고 기이함.
靈長(영장) 가장 뛰어나 영묘한 능력을 지닌 것.
靈場(영장) 신불(神佛)을 모신 신성한 곳.
靈跡(영적) ①기적(奇跡)이 있던 자취. ②신불에 관한 고적. 靈迹(영적).
靈前(영전) 죽은 사람의 혼령을 모신 앞.
靈祭(영제) 죽은 이의 혼백에 제사를 지냄.
靈鳥(영조) 신령스러운 새. 봉황(鳳凰) 따위.
靈智(영지) 영묘한 지식. 뛰어난 슬기.
靈泉(영천) 영묘한 효험이 있다는 샘. 온천(溫泉)의 미칭(美稱). 神泉(신천).
靈草(영초) 영묘한 풀. 죽은 사람을 살리며 불로장생하게 한다는 가상의 풀.
靈寵(영총) 신불(神佛) 등의 거룩한 혜택.
靈驗(영험) 사람의 기원에 대한 신불(神佛)의 영묘한 감응.
靈慧(영혜) 영묘한 지혜.
靈魂(영혼) ①넋. 정신. ②육체 이외에 따로 존재한다고 생각하는 정신의 근원.
◨ 聖靈성령, 神靈신령, 英靈영령, 慰靈위령, 幽靈유령, 魂靈혼령.

16 ㉔ 【靄】 霭 아지랑이 애 㕛
인명 1급 ㊥ǎi ㊐アイ
소전 초서 동자 靄 자해 ❶아지랑이, 연무(煙霧). ❷자욱하게 낀 기운.
靄靄(애애) ①화기(和氣)가 가득한 모양. ②구름이 모이는 모양. 연무 등이 끼어 있는 모양. 靄然(애연).

16 ㉔ 【霴】 䨴 구름 낄 체 ㊍태 㕛
㊥dài ㊐タイ
동자 䨴 자해 ❶구름이 끼다. 〔潘尼·詩〕 朝雲靉霴조운애체. ❷밝지 않다. ❸구름이 성(盛)한 모양. ¶ 靉霴애체.

17 ㉕ 【靉】 叆 구름 낄 애 㕛
㊥ài ㊐アイ
초서 자해 구름이 끼다. 〔潘尼·詩〕 朝雲靉霴조운애체.
靉靉(애애) ①구름이 성한 모양. ②수목(樹木)이 울창한 모양.
靉霴(애체) ①구름이 길게 뻗친 모양. ②구름이 해를 덮은 모양.

青部 푸를 청

0 ⑧ 【靑】 青 푸를 청 㕛
중학 인명 8급 ㊥qīng ㊐セイ
필순 一 十 丰 丰 青 青 青 青
소전 초서 동자 青 자원 會意. 生+井→靑. 싹〔生〕도 우물물〔井〕도 맑은 푸른빛인 데서 '푸르다'라는 뜻을 나타낸다.
자해 ❶푸르다, 푸른빛. 〔荀子〕 靑出於藍청출어람, 而勝於藍이승어람. ❷젊다, 나이가 젊다. ❸녹청(綠靑), 동록(銅綠). 구리에 생기는 푸른빛의 녹. ❹대의 겉껍질, 죽간(竹簡). 〔後漢書〕 欲殺靑簡以寫經書욕살청간이사경서.
靑蓋(청개) 임금의 수레에 씌우던 청색 덮개.
靑莖(청경) ①푸른 줄기. ②살대가 푸른 화살. ③㊅시래기.
靑果(청과) 신선한 과실과 채소. ②감람(橄欖)의 속칭.
靑丘(청구) 우리나라의 옛 이름.
靑衿(청금) ①푸른 깃의 옷. 학생이 입는 옷. ②학생. 유생(儒生). 靑襟(청금).
靑囊(청낭) ①㉠약을 넣는 주머니. ㉡의술(醫術). ②천문(天文)·복서(卜筮)·의술(醫術)에 관한 서적. 故事 진(晉)나라의 곽박(郭璞)이 곽공(郭公)이라는 도인(道人)에게서 천문·복서·의술에 관한 책 9권을 넣은 푸른 주머니를 받았다는 고사에서 온 말. ③도장을 넣는 주머니.
靑女(청녀) ①서리와 눈을 맡은 여신(女神). ②서리의 딴 이름.
靑年(청년) 젊은 사람. 젊은이.
靑黛(청대) ①고운 남빛. 감청색(紺靑色). ②눈썹을 그리는 푸른 먹.
靑童(청동) 선인의 시중을 드는 사동(使童). 仙童(선동).
靑瞳(청동) 푸른 눈동자.
靑銅(청동) 구리와 주석의 합금.
靑蘿(청라) 푸른 담쟁이.

青藜杖(청려장) 명아줏대로 만든 지팡이.
青龍(청룡) 사신(四神)의 하나. 동쪽 방위를 지키는 신령을 상징하는 용 모양의 짐승.
青樓(청루) ①푸른 누각. ㉠현귀(顯貴)한 사람의 집. ㉡귀인(貴人)의 딸이 거처하는 고루(高樓). ②유녀(遊女)가 있는 곳.
青林(청림) 짙푸른 숲.
青梅(청매) 푸른 매실(梅實).
青盲(청맹) 눈을 뜨고도 보지 못하는 눈. 당달봉사. 청맹과니.
青苗(청묘) 푸른 모. 어린 모종.
青苗法(청묘법) 북송(北宋) 때 왕안석(王安石)이 제안한 신법(新法)의 하나. 싹이 푸른 봄에 백성에게 돈과 곡식을 대여하고 수확 때 원리(元利)를 갚도록 한 제도.
青蕪(청무) ①푸르게 자란 풀. ②풀이 무성하게 난 땅.
青碧(청벽) ①푸른 옥. ②옥의 푸른색.
青史(청사) 역사(歷史). 사서(史書). 종이가 발명되기 이전에는 푸른 대나무의 껍질을 불에 쬐어 기름기를 빼고 사실(史實)을 기록하였던 데서 온 말.
青絲(청사) 푸른 실. 청실.
青山流水(청산유수) 國푸른 산과 흐르는 물. 말을 막힘 없이 잘함의 비유.
青衫(청삼) ①푸른 빛깔의 홑옷. ㉠신분이 낮은 사람이 입던 옷. ㉡서생(書生). 젊은이. ②國㉠제향(祭享) 때 입는 남빛 웃옷. ㉡조복(朝服) 안에 받쳐 입던 옷.
青裳(청상) ①푸른 치마. ②기생. 기녀(妓女).
青孀(청상) 나이가 젊은 과부(寡婦).
青蛾(청아) ①푸르고 아름다운 눈썹. ②미인.
青眼(청안) ①친밀한 감정으로 대하는 눈매. 故事 진(晉)나라의 완적(阮籍)이 친한 사람은 청안으로, 거만한 사람은 백안(白眼)으로 대했다는 고사에서 온 말. ②뜻과 마음이 맞는 벗.
青雲(청운) ①푸른 구름. ②학덕이 있고 명망이 높음. ③높은 지위나 벼슬. ④풍월(風月)을 벗 삼는 은일(隱逸)의 생활.
青雲之士(청운지사) ①학덕(學德)이 높은 어진 사람. ②높은 지위나 벼슬에 오른 사람.
青雲之志(청운지지) ①입신출세하려는 뜻. ②속세를 초월하여 은자(隱者)가 되려는 뜻.
青衣(청의) ①푸른 빛깔의 옷. ②신분이 낮은 사람이 입던 옷.
青田(청전) 벼가 푸릇푸릇한 논.
青鳥(청조) ①파랑새. ②사자(使者)나 편지. 故事 한(漢)의 궁전에 세 발 가진 푸른 새가 온 것을 보고 동방삭(東方朔)이 서왕모(西王母)의 사자라고 하였다는 고사에서 온 말.
青蒼(청창) ①푸르디푸른 빛깔. 짙푸른 빛깔. ②하늘. 蒼天(창천).
青天(청천) 푸른 하늘. 碧空(벽공). 青空(청공).
青天白日(청천백일) ①맑게 갠 대낮. ②억울한 누명을 쓴 용의자가 무죄 방면이 됨.
青天霹靂(청천벽력) 맑은 하늘에 치는 벼락. 뜻밖에 일어난 변고나 사건.
青春(청춘) ①봄. ②20세 안팎의 젊은 나이.
青出於藍(청출어람) 푸른 물감은 쪽에서 나왔지만 쪽보다 더 푸름. 제자가 스승보다 더 훌륭한 경우의 비유.
青翠(청취) 짙푸른 녹색. 산이나 수목의 색.
青袍(청포) 푸른 도포. 옥색 도포.
青風(청풍) 푸른 초목에 부는 바람. 봄바람.
◨ 紺青감청, 丹青단청, 淡青담청, 踏青답청, 碧青벽청.

0 ⑧ 【青】 青(1364)과 동자 인명

3 ⑪ 【彭】 조촐하게 꾸밀 정 梗

인명 ㊥jìng ㊐セイ

자해 ❶조촐하게 꾸미다. ❷청정(清淨)하다. ❸모직물, 아름다운 모직물.

5 ⑬ 【靖】 편안할 정 梗

인명 1급 ㊥jìng ㊐セイ

소전 초서 자해 ❶편안하다. 〔春秋左氏傳〕 靖共爾位정공이위. ❷고요하다. ≒靜. 〔張衡·賦〕 既防溢而靖志兮기방일이정지혜. ❸다스리다. 〔詩經〕 俾予靖之비여정지. ❹그치다, 그만두다. 〔春秋左氏傳〕 諸侯靖兵제후정병.
靖匡(정광) 천하를 편안하게 다스림.
靖國(정국) 나라를 편안하게 다스림.
靖難(정난) 국난(國難)을 평정함.
靖亂(정란) 천하의 어지러움을 평정함.
靖邊(정변) 변방을 평정함.
靖兵(정병) 전쟁을 그침.
靖綏(정수) 편안함. 편안하게 함.
靖獻(정헌) 신하로서의 의무를 다하며 선왕(先王)의 영(靈)에 성의를 다함.

6 ⑭ 【静】 靜(1366)의 속자 인명

7 ⑮ 【靚】 靓 단장할 정 敬

인명 ㊥jìng ㊐セイ

青 7획

소전 靚 자해 ❶단장하다, 화장하다. ❷안존하다, 정숙하다. ❸예를 갖추어 부르다.
靚飾(정식) 아름답게 꾸밈.
靚妝(정장) 아름답게 화장함.

8 ⑯【靜】静 고요할 정 庚

중학 인명 4급 ㊥jìng ㊐セイ

필순 十 丰 青 青 青 靑 靜 靜 靜 靜

소전 靜 초서 静 속자 静 자원 形聲. 青+爭→靜. '爭(쟁)'이 음을 나타낸다.

자해 ❶고요하다. ㉮움직이지 않다. 〔易經〕至靜而德方지정이덕방. ㉯침착하다. 〔淮南子〕怒則手足不靜노즉수족부정. ❷맑다. ❸바르다. 〔詩經〕靜女其姝정녀기주.

靜嘉(정가) 정결하고 아름다움.
靜居(정거) 고요하고 한가롭게 삶.
靜觀(정관) 조용히 사물을 관찰함.
靜女(정녀) 정숙하고 절개가 굳은 여자.
靜脈(정맥) 정맥혈을 심장으로 나르는 핏줄.
靜物畫(정물화) 꽃·과실·기물 등을 제재(題材)로 하여 그린 그림. 靜物(정물).
靜謐(정밀) ①썩 고요함. ②세상이 편안함.
靜思(정사) 고요히 생각함. 靜慮(정려).
靜修(정수) 마음을 고요히 하여 학문과 덕행을 닦음.
靜淑(정숙) 마음이 차분하고 태도가 얌전함.
靜肅(정숙) 고요하고 엄숙함. 靜嚴(정엄).
靜息(정식) 조용히 그침. 靜止(정지).
靜養(정양) 심신을 안정시켜 병을 요양함.
靜影(정영) ①고요한 그림자. ②달빛.
靜穩(정온) ①고요하고 평온함. 安穩(안온). ②세상이 무사태평함. 平穩(평온).
靜寂(정적) 고요하여 괴괴함.
靜坐(정좌) ①고요히 앉음. ②마음을 가라앉히고 몸을 바르게 하여 앉음.
靜中動(정중동) 조용한 가운데 움직임이 있음.
靜閑(정한) 조용하고 한가함.
靜虛(정허) 조용하여 마음에 번거로움이 없음.
◨ 端靜단정, 安靜안정, 鎭靜진정, 閑靜한정.

非部 아닐 비

0 ⑧【非】 1아닐 비 微 2비방할 비 尾

중학 인명 4Ⅱ급 ㊥fēi, fěi ㊐ヒ

필순 丿 ㇐ ㇐ ㇐ 非 非 非 非

소전 非 초서 非 자원 象形. 새가 날아 내릴 때 날개를 좌우로 드리운 모양으로, 양쪽 두 날개가 좌우에서 서로 등지고 있는 데서 '어긋나다' 의 뜻을 나타내고, 이에서 부정의 뜻인 '아니다' 의 뜻이 되었다.

자해 1 ❶아니다. 〔禮記〕非禮也비례야. ❷등지다, 배반하다. ❸거짓, 진실이 아니다. 〔孟子〕非禮之禮비례지례, 非義之義비의지의, 大人弗爲대인불위. ❹나쁘다. ❺책하다, 꾸짖다. 〔春秋穀梁傳〕非隱也비은야. ❻아닌가, 아니한가. 2 비방하다. ≒誹. 〔荀子〕百姓怨非而不用백성원비이불용.

非據(비거) 있어서는 안 될 곳에 있음. 재능이 없이 높은 지위에 있음.
非難(비난) 남의 잘못이나 결점을 들추어 나쁘게 말함.
非但(비단) 다만. 오직.
非道(비도) 도리에 어긋남.
非禮(비례) 예의에 어긋남.
非類(비류) ①같은 종족(種族)이 아님. ②행동이 바르지 않은 사람.
非理(비리) 도리에 어긋남.
非望(비망) ①분수에 맞지 않는 희망. ②기대하지 않음. 생각하지도 않음.
非命(비명) 천명(天命)을 다하지 못함.
非命橫死(비명횡사) 뜻밖의 재변으로 제명대로 살지 못하고 죽음.
非夢似夢(비몽사몽) 國잠이 들락말락한 때. 꿈인지 생시인지 어렴풋한 때.
非凡(비범) 평범하지 않음. 보통 수준보다 훨씬 뛰어남.
非法(비법) 법에 어긋남. 不法(불법).
非常(비상) ①정상이 아님. ②보통이 아님.
非笑(비소) 비방하여 웃음.
非心(비심) 좋지 못한 마음.
非違(비위) 법에 어긋나는 일.
非意(비의) 뜻하지 않게. 별안간.
非義(비의) ①의리에 어긋남. ②도리에 맞지 않음.
非議(비의) 비방하여 논함.
非人(비인) ①사람답지 못한 사람. ②병 따위로 쓸모없이 된 사람. 廢人(폐인). ③(佛)속세를 떠난 사람.
非一非再(비일비재) ①한두 번이 아님. 번번이 그러함. ②하나 둘이 아님. 많음.
非訾(비자) 헐뜯음. 비방함.
非情(비정) 인정이 없이 몹시 쌀쌀함.
非行(비행) 그릇된 행동.
◨ 是非시비.

7
⑮【靠】 기댈 고 號

㊥kào ㊐コウ

소전 靠 초서 靠 동자 靠 자해 ❶기대다, 의지하다. 〔林逋·詩〕 瘦靠闌干搭梵襟수고란간탑범금. ❷어긋나다, 배반하다.

11
⑲【靡】 쓰러질 미 紙

인명 1급 ㊥mǐ ㊐ビ

소전 靡 초서 靡 자해 ❶쓰러지다, 쏠리다. 〔春秋左氏傳〕 望其旗靡망기기미. ❷복종하다, 순응하다. 〔史記〕 燕從風而靡연종풍이미. ❸화려하다, 곱다. 〔漢書〕 靡衣婾食미의투식. ❹없다. 〔詩經〕 靡日不思미일불사. ❺다하다.

靡寧(미녕→미령) 어른의 몸이 병으로 편하지 못함.
靡爛(미란) 썩어서 문드러짐. 糜爛(미란).
靡麗(미려) 화려함. 화미(華美)함.
靡靡(미미) ①순응하는 모양. 서로 따르는 모양. ②목소리가 가늘고 아름다움. ③느릿느릿 걷는 모양. ④서로 의지하는 모양. ⑤다하는 모양. 다해 없어지는 모양.
靡薄(미박) 경박하며 독실하지 않음.
靡然(미연) 초목이 바람에 쏠리는 모양.
靡衣婾食(미의투식) 아름다운 의복을 좋아하고 한 끼의 음식을 탐함. 영구한 계책이 없음.
靡敝(미폐) 쇠약해짐. 쇠약해져 무너짐.
◨ 委靡위미, 草靡초미.

面部 낯 면

0
⑨【面】 낯 면 霰

중학 인명 7급 ㊥miàn ㊐メン

필순 一 丆 丆 丙 而 而 而 面 面

소전 面 초서 面 본자 面 속자 靣 자원 象形. 百+囗→圓→面. '百'은 목, '囗'는 얼굴의 윤곽을 나타내 '낯'을 뜻한다.

자해 ❶낯, 얼굴. ❷겉, 표면. 〔明心寶鑑〕 古人結交唯結心고인결교유결심, 今人結交唯結面금인결교유결면. ❸쪽, 방향. 〔史記〕 令四面騎馳下령사면기치하. ❹뵈다. 〔儀禮〕 面不升면불승. ❺향하다. 〔孟子〕 東面而西夷怨동면이서이원. ❻얼굴을 돌리다. ❼國행정 구역의 하나. 시(市)나 군(郡)에 속한 행정 구역 단위.

面講(면강) 國과거(科擧) 볼 때, 시험관 앞에서 글을 외던 일.
面結(면결) ①면전에서 약속을 맺음. ②깊은 사귐이 아닌, 표면만의 교제. 面交(면교).
面鏡(면경) 얼굴이나 볼 정도의 작은 거울.
面具(면구) 탈. 假面(가면).
面談(면담) 서로 만나서 이야기함.
面刀(면도) 얼굴의 수염을 깎음.
面貌(면모) ①얼굴의 모양. ②사물의 겉모습.
面目(면목) ①얼굴 생김새. 容貌(용모). ②체면(體面). 명예(名譽). ③태도나 모양.
面目可憎(면목가증) 얼굴 생김새가 추하고 불쾌함. 빈자(貧者)의 모양.
面駁(면박) 면전에서 꾸짖거나 나무람.
面縛(면박) 두 손을 뒤로 돌려 묶고 얼굴은 보이게 앞으로 쳐듦.
面拜(면배) 눈앞에서 뵘. 아주 가까운 데서 뵘.
面壁(면벽) (佛)①벽을 마주 대하고 참선함. 故事 달마(達磨)가 숭산(嵩山)에서 9년 동안 면벽하여 도통하였다는 고사에서 온 말. 坐禪(좌선). ②바깥일에 개의치 않음. ③하는 일 없이 한가로이 지냄.
面朋(면붕) 표면적으로 사귀는 벗. 얼굴만 서로 알고 지낼 뿐, 마음으로 친하지 않은 벗. 面友(면우).
面相(면상) 얼굴의 생김새.
面首(면수) ①면모(面貌)와 두발(頭髮)이 아름다운 남자. ②남첩(男妾).
面識(면식) 얼굴을 서로 알 정도의 관계. 안면.
面譽不忠(면예불충) 면대하여 그 사람을 칭찬하는 사람은 진실함이 없음.
面諛(면유) 면전에서 아첨함.
面諭(면유) 대면하여 타이름.
面衣(면의) ①여자가 말을 타고 먼 길을 갈 때 얼굴을 가리던 쓰개. ②남자가 추위를 막기 위하여 얼굴을 가리던 두건.
面牆(면장) 울타리를 대함. ㉠앞날을 내다보지 못함. ㉡견문이 좁음.
面爭(면쟁) 임금 앞에서 그 잘못을 간함.
面積(면적) 넓이.
面前(면전) 보고 있는 앞. 눈앞.
面折(면절) 면전에서 그 사람의 잘못이나 결점을 책망함.
面折廷爭(면절정쟁) 임금의 면전에서, 임금의 덕행이나 정사에 대하여 쟁론(爭論)함.
面接(면접) 서로 대면하여 만나 봄.
面腫(면종) 얼굴에 나는 종기나 부스럼.
面從腹背(면종복배) 겉으로는 복종하는 체하면서 속으로는 배반함.
面從後言(면종후언) 면전에서는 아첨하고 돌아

面 0획

서서는 욕함.
面奏(면주) 임금을 뵙고 상주(上奏)함.
面質(면질) 대질(對質)함. 무릎맞춤.
面責(면책) 면대하여 책망함. 面詰(면힐).
面皮(면피) ①낯가죽. ②얼굴.
面汗(면한) 부끄러워서 얼굴에 땀이 남.
面會(면회) 만나 봄.
◨ 假面가면, 當面당면, 對面대면, 四面사면, 書面서면, 顏面안면, 外面외면, 裏面이면, 地面지면, 側面측면, 海面해면, 畫面화면.

0 ⑧【靣】 面(1367)의 속자

0 ⑨【靣】 面(1367)의 본자

5 ⑭【靤】 면종 포 效

㊥bào ㊐ホウ

초서 자해 **면종(面腫), 얼굴에 난 부스럼, 여드름.** ＝皰.

7 ⑯【靦】 부끄러워할 전 銑

㊥tiǎn ㊐テン

소전 초서 동자 䩄 동자 䩵 자해 ❶**부끄러워하다.** ❷**뻔뻔한 낯.** 〔國語〕余雖靦然而人面哉여수전연이입면재.
靦顏(전안) ①부끄러워하지 않는 낯. 厚顏(후안). ②부끄러워하는 얼굴.
靦然(전연) 뻔뻔스러운 모양.
靦汗(전한) 부끄러워 땀을 흘림.

14 ㉓【靨】 靥 보조개 엽 葉

㊥yè ㊐ヨウ

소전 초서 동자 䩸 속자 䩹 자해 **보조개.** 〔淮南子〕靨酺在頰則好엽보재협즉호.
靨酺(엽보) 보조개.
靨笑(엽소) 보조개를 지으며 웃음.

面 0획

革部 가죽 혁

0 ⑨【革】 가죽 혁 陌

중학 인명 4급 ㊥gé ㊐カク

필순 一 十 廾 廿 廿 苜 苩 莒 革

소전 초서 자원 會意. 금문에서는 '𦥑'으로, 두 손〔𦥑〕으로 짐승〔부〕의 털을 뽑는 모양을 본떴다. 털을 뽑고 나면 가죽이 드러나는 데서 '가죽'이라는 뜻을 나타낸다.

자해 ❶**가죽.** ㉮**무두질만 한 가죽.** ㉯**가죽의 총칭.** 〔詩經〕羔羊之革고양지혁. ㉰**다루지 않은 가죽.** 〔漢書〕每見曳革履매견예혁리. ㉱**피부**(皮膚). 〔禮記〕膚革充盈부혁충영. ❷**북.** 팔음(八音)의 하나. 〔周禮〕金石土革絲木匏竹금석토혁사목포죽. ❸**갑주**(甲冑), **투구.** ❹**고치다.** 〔呂氏春秋〕天地陰陽不革而成천지음양불혁이성. ❺**괘(卦) 이름,** 64괘의 하나. 괘형은 ䷰. 옛것을 고치는 것을 상징한다.
革甲(혁갑) 갑옷.
革去(혁거) 구법(舊法)의 폐해를 개혁함.
革車(혁거) 가죽으로 둘러친 병거(兵車).
革故鼎新(혁고정신) 묵은 것을 버리고 새것을 취함.
革囊(혁낭) 가죽 주머니.
革帶(혁대) 가죽띠.
革面(혁면) ①안색을 고쳤을 뿐, 그 마음은 아직 고치지 못함. 표면적인 것만 고침. ②임금을 좇음. 복종함. ③가죽의 겉.
革命(혁명) ①천명이 바뀜. 한 왕통(王統)이 다른 왕통으로 바뀜. ②헌법의 범위를 벗어나 국체(國體) 또는 정체(政體)를 변혁함. ③어떤 상태가 급격하게 변동하거나 발전함.
革新(혁신) 묵은 것을 바꾸어 새롭게 함. 개혁하여 새롭게 함.
革心(혁심) 마음을 고침. 마음을 새롭게 함.
革役(혁역) 직책을 박탈함.
革音(혁음) 북소리.
革正(혁정) 바르게 고침.
革制(혁제) 제도를 개혁함.
革除(혁제) ①제거함. ②관직에서 물러나게 함. 면직함. ③고침. 새롭게 고침.
革職(혁직) 관직(官職)을 면함. 면직함.
革罷(혁파) 폐지(廢止)함.
革鞭(혁편) 가죽으로 만든 채찍.
革弊(혁폐) 폐해(弊害)를 고쳐 바로잡음.
◨ 改革개혁, 變革변혁, 沿革연혁, 皮革피혁.

3 ⑫【靭】 靱(1372)과 동자 인명 1급

3 ⑫【靮】 고삐 적 錫

㊥dí ㊐テキ

소전 靮 초서 靮 자해 고삐. 〔禮記〕 執執羈靮以從숙집기적이종.

3
⑫【靫】 전동 차 · 채 佳

㊥chá ㊐サ

초서 靫 자해 전동〔箭筒〕, 화살통.

4
⑬【靳】 가슴걸이 근 問

㊥jìn ㊐キン

소전 靳 초서 靳 자해 ❶가슴걸이. ❷인색하다, 아끼다. 〔後漢書〕 悔不小靳회불소근, 可至千萬가지천만. ❸부끄러워하다, 수줍어하다. 〔春秋左氏傳〕 宋公靳之송공근지.

靳固(근고) ①아껴 극비(極祕)로 함. ②단단함. 단단히 붙음.

4
⑬【靷】 가슴걸이 인 震

인명 ㊥yǐn ㊐イン

소전 靷 초서 靷 자해 가슴걸이. 마소의 가슴에 걸어, 말은 안장에 소는 멍에에 매는 가죽 끈.

4
⑬【靴】 신 화 歌

인명 2급 ㊥xuē ㊐カ

초서 靴 동자 鞾 자해 신, 가죽신, 목이 긴 신.

靴工(화공) 양화(洋靴)를 만드는 직공.

◨ 軍靴군화, 短靴단화, 洋靴양화, 長靴장화, 製靴제화, 着靴착화.

5
⑭【靼】 다룸가죽 단 · 달 旱 曷

㊥dá ㊐タン

소전 靼 초서 靼 자해 ❶다룸가죽. ❷부드럽다. ❸오랑캐 이름, 달단(韃靼).

5
⑭【靺】 버선 말 曷

인명 2급 ㊥mò ㊐マツ

초서 靺 자해 ❶버선. ≒袜. ❷북방 종족 이름, 말갈(靺鞨).

靺鞨(말갈) 중국 수(隋)·당(唐) 때에 동북 지방에서 한반도 북부에 걸쳐 거주한 퉁구스계의 여러 민족. 만주족의 선조로, 10세기 이후 여진(女眞)으로 불림.

5
⑭【鞅】 가슴걸이 앙 養

㊥yāng ㊐オウ

소전 鞅 초서 鞅 자해 ❶가슴걸이. 〔春秋左氏傳〕 抽劍斷鞅추검단앙. ❷뱃대끈. ❸원망하다. 〔漢書〕 心常鞅鞅심상앙앙. ❹짊어지다. 〔詩經〕 或王事鞅掌혹왕사앙장.

鞅鞅(앙앙) 불평을 품고 만족하지 않는 모양.

鞅掌(앙장) 매우 바쁘고 번거로움.

5
⑭【鞄】 혁공 포 肴

㊥páo ㊐ホウ

소전 鞄 초서 鞄 자해 혁공(革工). 가죽을 다루는 사람.

5
⑭【鞁】 가슴걸이 피 寘

㊥bèi ㊐ヒ

소전 鞁 초서 鞁 자해 가슴걸이. 마소의 가슴에 걸어, 말의 안장이나 소의 멍에에 매는 끈. 〔國語〕 吾兩鞁將絕오량피장절.

6
⑮【鞏】 巩 묶을 공 腫

인명 1급 ㊥gǒng ㊐キョウ

소전 鞏 초서 鞏 자해 ❶묶다, 가죽으로 단단하게 묶다. 〔易經〕 鞏以黃牛之革공이황우지혁. ❷굳다, 단단하다. ❸두려워하다. 〔荀子〕 敬而不鞏경이불공.

鞏固(공고) 단단하고 튼튼함. 확고하여 움직이지 않음. 堅固(견고). 確固(확고).

6
⑮【鞍】 안장 안 寒

인명 1급 ㊥ān ㊐アン

초서 鞍 동자 鞌 자해 안장. 〔漢書〕 皆下馬解鞍개하마해안.

鞍橋(안교) 안장.

鞍馬(안마) ①말에 안장을 지움. 안장을 지운 말. ②체조 경기의 한 종목.

鞍轡(안비) 안장과 고삐.

鞍裝(안장) 말 따위의 등에 얹어서 사람이 타기에 편리하도록 만든 도구.

鞍銜(안함) 안장과 재갈.

6
⑮【鞌】 鞍(1369)과 동자

革 6획

6
⑮【韐】 굳을 협 洽

㊥gé ㊐コウ

소전 초서 자해 1 ❶굳다, 굳은 모양. 〔荀子〕 韐如金石협여금석. ❷화살을 막는 기구. 〔管子〕 蘭盾韐革난순협혁.

6
⑮【鞋】 신 혜 ㊍해 佳

인명 ㊥xié ㊐アイ

초서 동자 鞵 자해 ❶신, 짚신. ❷목이 짧은 신.

鞋韤(혜말) 신과 버선.

◨ 芒鞋망혜, 草鞋초혜, 太史鞋태사혜.

7
⑯【鞗】 고삐 조 蕭

㊥tiáo ㊐チョウ

초서 자해 고삐, 가죽 고삐. 〔詩經〕 鞗革沖沖조혁충충.

鞗革(조혁) 가죽으로 만든 고삐.

7
⑯【鞘】 1 칼집 초 嘯
2 선후 걸이 초 肴

㊥qiào, shāo ㊐ショウ

소전 초서 갑골 韒 자해 1 칼집. 2 ❶선후걸이. 말의 가슴걸이와 후걸이의 총칭. ❷말 채찍의 끝. 〔晉書〕 長鞘馬鞭擊左股장초마편격좌고.

鞘狀(초상) 칼집처럼 생긴 형상.

7
⑯【鞙】 멍에 끈 현 銑

㊥xuàn ㊐ケン

초서 자해 ❶멍에 끈. 멍에를 매는 끈. ❷패옥(佩玉)의 모양. 〔詩經〕 鞙鞙佩璲현현패수. ❸밑치끈.

鞙鞙(현현) 패옥의 아름다운 모양.

革 6획

8
⑰【鞚】 재갈 공 送

㊥kòng ㊐コウ

초서 자해 재갈. 〔隋書〕 因捉馬鞚인착마공.

8
⑰【鞟】 鞹(1371)의 속자

8
⑰【鞠】 공 국 屋

인명 2급 ㊥jū ㊐キク

소전 초서 속자 毱 자해 ❶공, 축국(蹴鞠). ❷궁(窮)하다. 〔書經〕 爾惟自鞠自苦이유자국자고. ❸국문(鞠問)하다. ≒鞫. 〔漢書〕 鞠獄不實국옥부실. ❹굽히다, 삼가다. 〔論語〕 鞠躬如也국궁여야. ❺기르다. 〔詩經〕 母兮鞠我모혜국아.

鞠躬(국궁) ①존경하는 뜻으로 몸을 굽힘. ②애써 노력함.

鞠躬盡瘁(국궁진췌) 심신을 다하여 나랏일에 힘씀.

鞠旅(국려) 출정(出征)에 앞서 병사(兵士)에게 맹세하여 알림.

鞠問(국문) 죄인을 신문함. 鞫問(국문).

鞠養(국양) 기름. 양육함.

鞠獄(국옥) 죄를 처단함. 죄인을 다스림.

鞠育(국육) 어린아이를 기름.

鞠子(국자) 어린아이. 稚子(치자).

鞠治(국치) 죄인을 신문하여 다스림.

鞠劾(국핵) 죄를 신문하여 밝힘. 송사(訟事)를 심리(審理)함.

鞠戲(국희) 공차기 놀이

◨ 蹴鞠축국.

8
⑰【鞞】 1 칼집 병 迥
2 마상 북 비 齊

㊥bǐng, pí ㊐ヘイ

소전 초서 자해 1 칼집. 〔逸周書〕 請令以魚皮之鞞爲獻청령이어피지병위헌. 2 마상(馬上)의 북, 기고(騎鼓).

鞞鼓(비고) ①작은북과 큰북. ②공격할 때 말 위에서 치는 북.

8
⑰【鞜】 가죽신 탑 合

㊥tà ㊐トウ

초서 자해 ❶가죽신. 〔漢書〕 革鞜不穿혁탑불천. ❷북소리.

9
⑱【鞨】 말갈 갈 曷

인명 2급 ㊥hé ㊐カツ

초서 속자 鞂 자해 ❶말갈(靺鞨). 북방 종족의 이름. ❷가죽신.

9
⑱【鞬】 동개 건 元

㊥jiān ㊐ケン

소전 초서 자해 ❶동개. 화살과 활을 꽂아 등에 지는 물건. ❷공(毬). ¶ 鞬子건자.

鞬櫜(건고) ①화살을 넣는 통과 활을 넣는 자

루. ②갑옷을 넣는 자루.
鞬子(건자) 공. 납이나 주석을 닭털로 싼 공의 한 가지.

9 ⑱【鞫】 국문할 국 屋

인명 ㊥jū ㊐キク

초서 자해 ❶국문하다. ≒鞠. 〔史記〕訊鞫論報신국론보. ❷다하다, 다되다. 〔詩經〕鞫哉庶正국재서정.

鞫斷(국단) 죄인을 신문(訊問)하여 판결함.
鞫問(국문) 죄인을 신문함. 鞠問(국문).
鞫獄(국옥) 국문하여 처벌함. 斷獄(단옥).
鞫正(국정) 조사하여 바로잡음.
鞫廳(국청) 國역적 따위의 중죄인을 신문하기 위하여 임시로 설치한 관청.
鞫治(국치) 죄인을 신문하여 다스림.
◨ 訊鞫신국, 推鞫추국.

9 ⑱【鞣】 다룸가죽 유 尤 有

㊥róu ㊐ジュウ

소전 초서 자해 ❶다룸가죽. ❷부드럽다.

鞣皮(유피) ①무두질함. 제혁(製革)함. ②무두질한 가죽. 다룸 가죽.

9 ⑱【鞮】 가죽신 제 齊

㊥dī ㊐テイ

소전 초서 자해 ❶가죽신. ❷통역(通譯)하다. ¶ 狄鞮적제.

9 ⑱【鞦】 秋 그네 추 尤

㊥qiū ㊐シュウ

초서 자해 ❶그네. ❷밀치끈, 껑거리끈. ＝緧. 〔宋史〕紅絲鞦홍사추.

鞦韆(추천) 그네.

9 ⑱【鞭】 채찍 편 先

인명 1급 ㊥biān ㊐ベン

소전 초서 자해 ❶채찍. 〔國語〕其左執鞭弭기좌집편이. ❷매질하다.

鞭撻(편달) ①채찍질하여 부림. 마소를 부리는 일. ②채찍으로 때림. 일깨워 주고 격려함.
鞭扑(편복) ①채찍과 몽둥이. ②형벌에 쓰는 곤장.
鞭影(편영) 채찍의 그림자. 자신을 격려하는 사물의 비유.
鞭長莫及(편장막급) 채찍이 길어도 말 배에는 미치지 못함. 세력이 강해도 미치지 못하는 곳이 있음.
鞭策(편책) ①채찍. ②채찍질하여 격려함.
鞭笞(편태) 매질함. 훈계(訓戒)함.

10 ⑲【鞱】 韜(1373)와 동자

10 ⑲【鞶】 큰 띠 반 寒

㊥pán ㊐ハン

소전 초서 자해 ❶큰 띠. ❷말의 뱃대끈.

鞶鑑(반감) 거울을 장식으로 단 큰 띠. 왕후(王后)가 쓰던 것.
鞶帶(반대) 가죽으로 만든 큰 띠. 조정(朝廷)에서 하사(下賜)함.

10 ⑲【鞴】 1가로 나무 싸개 복 屋 2전동 보 遇

㊥bèi, bù ㊐ヒ, ホ

속자 鞴 자해 1가로 나무 싸개. 수레 앞턱의 가로 나무를 싼 가죽. 2전동. 화살을 넣는 통.

10 ⑲【鞵】 생가죽 신 혜 本해 佳

㊥xié ㊐アイ

소전 초서 자해 생가죽 신, 가죽 창을 덧댄 삼신. 〔淮南子〕不亟於爲文句疏短之鞵불극어위문구소단지혜.

11 ⑳【鞹】 무두질한 가죽 곽 藥

㊥kuò ㊐カク

소전 초서 속자 鞟 자해 ❶무두질한 가죽. 〔楚辭〕筐澤瀉以豹鞹兮광택사이표곽혜. ❷생가죽. 털을 제거하지 않고 말린 가죽.

11 ⑳【鞺】 종소리 당 陽

㊥tāng ㊐トウ

자해 종소리, 북소리. ＝鼞.

鞺鞳(당탑) 종소리. 북소리.

11 ⑳【鞸】 1슬갑 필 質 2칼집 병 迥

㊥bì, bǐng ㊐ヒツ, ヘイ

革 11획

자해 1 슬갑(膝甲). ＝韠. 2 칼집. ＝鞞.

12 ㉑【韡】 신 화 歌

㊥xuē ㊐カ

자해 신, 가죽신. ＝靴.

13 ㉒【韃】靼 종족 이름 달 曷

㊥dá, tà ㊐ダツ

초서 자해 ❶종족 이름, 달단(韃靼). ❷매질하다. ≒撻.

韃靼(달단) 몽골 족 가운데 한 부족. 명대(明代) 이후 몽골 족의 통칭으로 쓰임.

15 ㉔【韤】 韈(1373)과 동자

15 ㉔【韆】千 그네 천 先

인명 ㊥qiān ㊐セン

자해 그네. 〔韋莊·詩〕綠楊低映畫鞦韆녹양저앙화추천.

17 ㉖【韉】韀 언치 천 先

㊥jiān ㊐セン

소전 초서 동자 자해 언치. 안장이나 길마 밑에 까는 깔개.

21 ㉚【韊】 전동 란 刪

㊥lán ㊐ラン

초서 자해 전동, 화살통. 〔史記〕平原君負韊矢평원군부난시.

韊矢(난시) 전동에 꽂은 화살.

韋部 다룸가죽 위

0 ⑨【韋】韦 다룸가죽 위 微

인명 2급 ㊥wéi ㊐イ

소전 초서 자원 會意. 口＋舛→韋. 본래 어떤 구역〔口〕을 사람들이 돌며〔舛〕 지킨다는 뜻을 나타낸다.

자해 ❶다룸가죽, 무두질한 가죽. 〔儀禮〕皮韋同類피위동류. ❷부드러운 것, 유연(柔軟)한 것. 〔楚辭〕如脂如韋여지여위.

韋編三絶(위편삼절) 책을 맨 가죽 끈이 세 번이나 끊어짐. 독서에 힘씀. 故事 공자(孔子)가 주역(周易)을 몹시 즐겨 읽은 나머지, 죽간(竹簡)을 엮은 가죽 끈이 세 번이나 끊어졌다는 데서 온 말.

韋革(위혁) ①무두질한 가죽. 다룸가죽. ②다룸가죽과 날가죽.

3 ⑫【韌】韧 질길 인 震

㊥rèn ㊐ジン

소전 초서 동자 靭 자해 질기다. 부드러우면서도 탄력이 있어 잘 끊어지지 않다.

韌帶(인대) 관절의 두 뼈를 서로 이어 주는, 탄력 있는 힘줄.

5 ⑭【韎】 가죽 매 隊

㊥mèi ㊐バイ

소전 초서 자해 ❶가죽, 붉은 가죽. 꼭두서니 뿌리로 연하게 물들인 다룸가죽. 〔春秋左氏傳〕韎韋之跗매위지부. ❷매악(韎樂), 동이(東夷)의 음악 이름. ≒昧.

韎樂(매악) 동이(東夷)의 음악.

韎韋(매위) 꼭두서니 뿌리로 염색한 붉은빛의 다룸가죽.

5 ⑭【韍】韨 폐슬 불 物

㊥fú ㊐フツ

소전 초서 자해 ❶폐슬(蔽膝), 다룸가죽으로 만든 폐슬. 조복·제복을 입을 때 가슴에서 늘여 무릎을 가리던 헝겊. ＝黻. 〔禮記〕有虞氏服韍유우씨복불. ❷인끈. 도장 따위의 손잡이 부분에 맨 끈. 〔漢書〕奉上璽韍봉상새불.

7 ⑯【鞘】 鞘(1370)와 동자

8 ⑰【韔】 활집 창 漾

㊥chàng ㊐チョウ

소전 초서 자해 활집. 활을 넣어 두는 자루. 〔詩經〕虎韔鏤膺호창루응, 交韔二弓교창이궁.

8 ⑰【韓】韩 나라 이름 한 寒

중학 인명 8급 ㊥hán ㊐カン

필순 𠦝 卓 卓 韓 韓 韓 韓 韓 韓

소전 초서 자원 形聲. 倝＋韋→韓. '倝'은 '倝(간)'의 생략형으로 음을 나타낸다.

자해 **나라 이름. ㉮주대(周代)의 제후국. ㉯전국 칠웅(戰國七雄)의 하나. ㉰삼한(三韓).** 마한(馬韓)·진한(辰韓)·변한(弁韓)의 통칭. **㉱대한제국(大韓帝國)의 약칭. ㉲대한민국(大韓民國)의 약칭.**

韓服(한복) 한국 고유의 의복.

韓食(한식) 한국식의 음식이나 식사.

韓譯(한역) 외국어로 된 문장을 한국말로 고침.

韓屋(한옥) 한국 고래(古來)의 건축 양식으로 지은 집.

韓牛(한우) 한국 재래종 소.

韓紙(한지) 한국 고래의 제조법으로 뜬 종이. 창호지 따위.

韓海蘇潮(한해소조) 한유(韓愈)의 글은 바다와 같고, 소식(蘇軾)의 글은 조수(潮水)와 같음. 곧, 문장의 기세가 드높고 규모가 웅장함.

◨ 大韓대한, 馬韓마한, 弁韓변한, 三韓삼한, 辰韓진한.

9 ⑱【韘】 깍지 섭 葉

㊥shè ㊐ショウ

소전 초서 자해 **깍지.** 활을 쏠 때 엄지손가락에 끼워 시위를 당기는 기구.

9 ⑱【韞】 韞(1373)의 속자

9 ⑱【韙】 韪 바를 위 尾

㊥wěi ㊐イ

소전 초서 동자 韪 자해 **바르다, 옳다.** 〔春秋左氏傳〕 犯五不韙범오불위.

10 ⑲【韝】 깍지 구 尤

㊥gōu ㊐コウ

소전 초서 동자 鞲 자해 **깍지.** 활을 쏠 때 오른쪽 엄지손가락에 끼워 시위를 잡아당기는 기구.

10 ⑲【韜】 韬 ①감출 도 豪 ②팔찌 도 號

인명 ㊥tāo, tào ㊐トウ

소전 초서 동자 韬 동자 縚 자해 ① **❶감추다, 갈무리하다, 싸다.** 〔後漢書〕 以被韜面이피도면. **❷활집. ❸비결, 병법의 비결.** ② **팔찌.** 활을 쏠 때 소매를 걷어 매는 띠.

韜鈐(도검) ①육도(六韜)와 옥검편(玉鈐篇). ②병서(兵書).

韜光(도광) ①빛을 감추어 밖에 나타내지 않음. ②재덕(才德)을 감추어 숨김.

韜略(도략) 육도(六韜)와 삼략(三略). 병서(兵書)나 병법(兵法).

韜筆(도필) 붓을 넣어 두고 쓰지 않음. 글을 쓰지 않음.

韜晦(도회) ①종적을 감춤. ②본심(本心)·학식(學識) 따위를 감추어 숨김. 韜藏(도장).

◨ 六韜육도.

10 ⑲【韛】 허풍선 비 卦

㊥bài ㊐ハイ

동자 鞴 자해 **허풍선, 풀무.** 바람을 일으켜 숯불을 피우는 기구.

10 ⑲【韞】 韫 감출 온 阮

㊥yùn ㊐ウン

초서 속자 韫 자해 **❶감추다, 깊이 간직하여 두다.** 〔論語〕 韞匵而藏諸온독이장저. **❷주황색, 붉은색과 누른색의 간색.**

韞價(온가) 재능이나 학식이 있으면서 세상에 알려지지 않음.

韞匵(온독) 함 속에 감추어져 있음. 재능이 있으면서도 등용되지 못함. 韞櫝(온독).

11 ⑳【韠】 폐슬 필 質

㊥bì ㊐ヒツ

소전 초서 자해 **폐슬(蔽膝).** 조복(朝服)이나 제복(祭服)을 입을 때 가슴에 늘여 무릎을 가리는 것. 〔儀禮〕 主人玄冠朝服緇帶素韠주인현관조복치대소필.

15 ㉔【韤】 袜 버선 말 月

㊥wà ㊐ベツ

소전 초서 동자 襪 동자 韈 자해 **❶버선.** 〔史記〕 爲我結韤위아결말. **❷버선을 신다.**

◨ 洋韤양말.

韋 15획

韭部 부추 구

0 ⑨【韭】 부추 구 㕛

㊥jiǔ ㊐キュウ

소전 韭 초서 韭 동자 韮 자원 象形. '一'은 땅, '非'는 부추의 모양을 본뜬 글자.

자해 **부추.** 백합과의 여러해살이풀. 훈채(葷菜)의 한 가지. 〔禮記〕 豚春用韭돈춘용구.

韭細靑(구세청) 청자(靑瓷) 빛깔의 한 가지. 회청(灰靑)에 가까움.

4 ⑬【韮】 韭(1374)와 동자

6 ⑮【韯】 韱(1374)과 동자

8 ⑰【韱】 산부추 섬 鹽

㊥xiān ㊐セン

소전 韱 동자 韯 자해 ❶**산부추.** ❷**가늘다, 섬세하다.** ≒纖.

10 ⑲【齏】 잘게 썬 풋김치 제 齊

㊥jī ㊐セイ

소전 齏 초서 齏 자해 ❶**잘게 썬 풋김치.** ❷**섞다, 혼합하다.** 〔莊子〕 故以是非相齏也고이시비상제야.

10 ⑲【韲】 齏(1463)와 동자

音部 소리 음

0 ⑨【音】 소리 음 侵

중학 인명 6급 ㊥yīn ㊐オン

필순 丶 亠 亠 立 立 产 音 音 音

소전 音 초서 音 자원 指事. '言(말씀 언)'의 口 속에 '一'을 더하여 소리가 입 밖으로 나오는 것을 나타낸다.

자해 ❶**소리.** ㉮**물체가 진동하여 나는 소리.** 〔淮南子〕 合氣而爲音합기이위음. ㉯**가락, 음조, 음색, 음률.** 〔禮記〕 審聲以知音심성이지음. ㉰**말, 언어, 사장**(詞章). ❷**음신**(音信), **소식.**

音價(음가) 낱자가 지니고 있는 소리.

音感(음감) 음에 대한 감수성.

音階(음계) 음을 그 높이의 차례대로 일정하게 배열한 것.

音曲(음곡) ①음률의 곡조. ②음악.

音讀(음독) ①글 따위를 소리 내어 읽음. ②한자를 음으로 읽음.

音律(음률) ①소리와 음악의 가락. ②오음(五音)과 육률(六律).

音問(음문) ①방문하여 안부를 물음. 尋訪(심방). ②소식.

音盤(음반) 음성·음악 등을 녹음한 원반.

音色(음색) 그 음이 지닌 특유한 성질이나 울림.

音聲(음성) ①말소리. 목소리. ②음악.

音素(음소) 음운의 최소 단위.

音速(음속) 소리의 속도.

音信(음신) 소식이나 편지. 音書(음서).

音樂(음악) 소리를 아름답게 조화·결합하여 어떤 감정이나 정서를 나타내는 예술.

音譯(음역) 한자의 음을 빌려 외국어의 음을 나타내는 일. 'Asia'를 '亞細亞(아세아)'로, 'India'를 '印度(인도)'로 적는 따위.

音韻(음운) ①한자(漢字)의 음과 운. ②음절(音節)을 구성하는 음의 단위. 자음(子音)과 모음(母音).

音義(음의) 한자의 음과 뜻. 音訓(음훈).

音字(음자) 한자의 음을 표시하는 데 쓰는, 음이 같거나 비슷한 한자.

音調(음조) 소리의 높낮이·강약(強弱)·장단(長短) 따위의 정도.

音旨(음지) 말의 뜻.

音叉(음차) 일정한 진동수의 소리를 내는 기구. 소리굽쇠.

音癡(음치) 소리에 대한 감각이 둔하고 가락을 구별하지 못하는 상태. 또는 그런 사람.

音波(음파) 소리의 파동.

音標(음표) 음의 길이·높낮이를 나타내는 기호.

音響(음향) 소리의 울림.

◨ 轟音굉음, 單音단음, 讀音독음, 發音발음, 鼻音비음, 五音오음, 雜音잡음, 和音화음.

4 ⑬【韵】 韻(1375)과 동자

5 ⑭【韶】 풍류 이름 소 蕭

인명 ㊥sháo ㊐ショウ

소전 韶 초서 韶 자해 ❶**풍류**(風流) **이름.** 순(舜)임금의 음악. 〔論語〕

子在齊聞韶자재제문소. ❷아름답다, 예쁘다.
韶光(소광) 봄날의 화창한 경치. 韶景(소경). 韶氣(소기).
韶麗(소려) 밝고 아름다움.
韶武(소무) 고악(古樂)의 이름. 순임금의 음악과 주(周) 무왕(武王)의 음악.
韶舞(소무) 순(舜)임금이 지은 '韶'라는 무악(舞樂).
韶顔(소안) ①아름다운 얼굴. 젊은이의 용모. ②젊어 보이는 노인의 얼굴.
韶夏(소하) ①고악의 이름. 순임금의 음악과 우(禹)임금의 음악. ②덕(德)이 밝고 큼.
韶護(소호) 고악의 이름. 순임금의 음악과 탕(湯)임금의 음악. 韶濩(소호).
韶和(소화) 아름답고 화평함.
韶華(소화) ①화려한 봄의 경치. ②청년 시절.

10 ⑲【韻】 운 운 問

고등 인명 3Ⅱ급 ㊥yùn ㊐イン

필순 亠 立 立 音 音 音' 韵 韻 韻 韻

소전 韻 초서 韵 동자 韵 자원 形聲. 音+員→韻. '員(원)'이 음을 나타낸다.

자해 ❶운, 음운(音韻). 한자(漢字)를 사성(四聲)에 따라 나누고, 다시 중성·종성의 유사성이나 동일성에 따라 분류한 것. 〔南史〕將平上去入四聲장평상거입사성, 以此制韻이차제운. ❷울림, 소리의 울림. ❸시부(詩賦), 가곡(歌曲), 운문. ❹기품(氣品), 풍치(風致). 〔晉書〕雅有遠韻아유원운.

韻脚(운각) 시(詩)나 부(賦)의 구말(句末)에 붙이는 운자(韻字).
韻目(운목) 같은 운자를 끝 자로 한, 두 자 또는 석 자로 된 글.
韻文(운문) ①운율을 갖춘 글. 시(詩)·부(賦) 따위. ②운자(韻字)를 달아서 지은 글.
韻士(운사) 멋을 아는 사람. 운치가 있는 사람.
韻事(운사) 운치가 있는 일. 시가·서화 등에 관한 놀이.
韻書(운서) 한자를 운(韻)에 따라 분류, 배열한 자전(字典).
韻律(운율) 시문을 이루는 단어의 배열과 글자의 발음에 의해 시적 정서를 자아내는 음조.
韻字(운자) 한시(漢詩)에서 운으로 다는 글자.
韻致(운치) 고상하고 우아한 멋.
◨ 俗韻속운, 雅韻아운, 音韻음운, 疊韻첩운.

11 ⑳【韾】 響(1375)의 속자

13 ㉒【響】 响 울림 향 養

고등 인명 3Ⅱ급 ㊥xiǎng ㊐キョウ

필순 乡 乡' 乡' 纟 绾 鄉 鄉 響 響 響

소전 響 초서 響 동자 韾 속자 響 자원 形聲. 鄕+音→響. '鄕(향)'이 음을 나타낸다.

자해 ❶울림, 음향(音響). 〔易經〕其受命也如響기수명야여향. ❷울리다. 〔南史〕震響山谷진향산곡.

響卜(향복) ①물체의 울림으로 길흉을 점침. ②제야(除夜)에, 그 사람의 말을 듣고 길흉을 점침.
響應(향응) 메아리가 울리듯이 곧 응함. 민첩하게 응답함.
◨ 餘響여향, 影響영향, 音響음향.

14 ㉓【韄】 구할 호 遇

인명 ㊥hù ㊐コ

초서 韄 자해 ❶구하다, 구제하다. ❷풍류 이름. 탕(湯)임금의 음악. ≒濩.

頁部 머리 혈

0 ⑨【頁】 页 1머리 혈 屑 2책 면 엽 葉

인명 ㊥xié, yè ㊐ケツ

소전 頁 초서 頁 참고 인명용 음은 '혈'이다.

자원 象形. '首'은 사람의 목 윗부분을, '八'은 사람의 몸을 본뜬 글자. 합하여 '사람의 머리'를 뜻한다.

자해 1 ❶머리. ※首(1399)의 고자(古字). ❷목, 목덜미. 2 책 면(冊面), 쪽. ≒葉.

2 ⑪【頃】 顷 1기울 경 庚 2밭 넓이 단위 경 梗

고등 인명 3Ⅱ급 ㊥qīng, qǐng ㊐ケイ

필순 ㇐ ㇑ ㇑' ㇑' 㫃 㫃 㫃 頃 頃 頃

소전 頃 초서 頃 자원 會意. 頁+匕→頃. 사람의 머리〔頁〕가 기운다〔匕〕는 뜻을 나타낸다.

자해 1 기울다. ≒傾. 〔詩經〕不盈頃筐불영경광. 2 ❶밭의 넓이의 단위. 100묘(畝). ❷잠깐, 잠시. 〔荀子〕不待頃矣부대경의. ❸요사이, 근래.

頃刻(경각) 눈 깜빡할 사이. 아주 짧은 시간.
頃畝(경묘) ①100묘(畝)의 넓이. ②토지의 면적. 토지의 면적을 잼.
頃歲(경세) 근년(近年). 요사이. 頃年(경년).
頃日(경일) 요즈음. 근래.
頃者(경자) 요즈음. 요사이.
◨ 萬頃만경, 食頃식경, 一食頃일식경.

2 ⑪【頂】顶 정수리 정 迥

중학 인명 3Ⅱ급 ㊥dǐng ㊐チョウ

필순 丁 丁 丁 丁 丁 頂 頂 頂 頂 頂

소전 초서 자원 形聲. 丁+頁→頂. '丁(정)'이 음을 나타낸다.

자해 **❶정수리.** 머리 위의 숫구멍이 있는 자리. **❷머리, 목의 위.** 〔易經〕過涉滅頂과섭멸정. **❸꼭대기, 정상(頂上).** **❹머리에 이다, 소중히 받들다.** 〔梁武帝·文〕頂戴奉持정대봉지.

頂戴(정대) ①공경하고 높여 받듦. ②경례(敬禮). ③청대(淸代)에 벼슬아치의 계급을 표시하기 위하여 관(冠) 꼭대기에 달던 주옥(珠玉)으로 된 표지(標識).
頂門(정문) 정수리. 숫구멍.
頂門一鍼(정문일침) 정수리에 침을 놓음. 남의 약점이나 결함을 찌른 따끔한 비판이나 타이름. 頂門一針(정문일침).
頂拜(정배) 머리를 숙여 절함.
頂上(정상) ①산꼭대기. ②그 이상 더 없는 최고의 상태. 最上(최상).
頂點(정점) ①사물의 맨 꼭대기. 絶頂(절정). ②각을 이루는 두 직선이 만나는 점.
◨ 絶頂절정.

3 ⑫【須】须 모름지기 수 虞

중학 인명 3급 ㊥xū ㊐シュ

필순 彡 彡 彡 須 須 須 須 須 須 須

소전 초서 자원 會意. 彡+頁→須. 사람의 얼굴〔頁〕에 털〔彡〕이 났다는 데서 '수염'이란 뜻을 나타낸다.

자해 **❶모름지기, 반드시.** 〔傳燈錄〕百尺竿頭須進步백척간두수진보. **❷수염.** **㉮얼굴의 수염.** **㉯짐승이나 물고기의 촉수(觸鬚).** 〔尙書〕東海魚須동해어수. **❸기다리다, 대기하다.** 〔易經〕歸妹以須귀매이수. **❹바라다, 구하다.** **❺잠깐.** 지극히 짧은 시간.

須彌壇(수미단) 사원의 불전(佛殿)에 불상을 안치하는 단. 수미산을 본뜬 데서 온 말.
須要(수요) ①꼭 ~하지 않으면 안 됨. 마땅히 ~해야 함. ②가장 필요한 일.
須臾(수유) 잠시. 잠깐. 寸刻(촌각).
須知(수지) ①꼭 알아야 함. ②비망록. 각서.
◨ 必須필수.

3 ⑫【順】顺 순할 순 震

중학 인명 5급 ㊥shùn ㊐ジュン

필순 川 川 川 川 川 順 順 順 順 順 順 順

소전 초서 고자 恒 자원 會意. 川+頁→順. 사람은 머리끝에서 발끝으로 이르는 것이 순리의 으뜸이요, 내〔川〕가 흘러가는 것 역시 순리의 지극함이라는 데서 '순하다, 좇다'의 뜻을 나타낸다.

자해 **❶순하다, 온순하다.** 〔春秋左氏傳〕師衆以順爲武사중이순위무. **❷좇다.** **㉮도리(道理)를 따르다.** 〔易經〕將以順性命之理장이순성명지리. **㉯거스르지 않다, 복종하다.** 〔論語〕六十而耳順륙십이이순. **❸잇다, 이어받다.** 〔呂氏春秋〕上不順天상불순천. **❹차례, 순서.** **❺안락(安樂)하다.** 〔中庸〕父母其順矣乎부모기순의호.

順氣(순기) ①순조로운 기후(氣候). ②기질(氣質)에 따름. ③온화한 기분. 바른 기상.
順德(순덕) ①유순한 덕. ②덕을 따름.
順刀(순도) 양날의 칼. 쌍날칼.
順道(순도) ①순순히 인도(引導)함. ②도리에 따름. 도리를 좇음.
順良(순량) 성질이 부드럽고 무던함.
順禮(순례) 예의를 좇음. 예법을 따름.
順路(순로) ①평탄한 길. ②마땅하고 올바른 사물의 순서.
順流(순류) ①거스르지 않고 흐름. 물의 흐름에 따름. ②세상 물정이 돌아가는 대로 좇음.
順理(순리) ①도리를 좇음. ②올바른 도리나 이치.
順命(순명) ①명령을 따름. ②천명에 순종함.
順民(순민) ①본분을 지키고 도를 따르는 백성. 법을 잘 지키는 백성. ②민심(民心)을 좇음. ③國귀순한 백성.
順番(순번) 차례로 돌아오는 순서.
順服(순복) 덕(德)을 좇아 복종함.
順産(순산) 아무 탈 없이 순조롭게 아이를 낳음. 順娩(순만).
順序(순서) 차례. 次第(차제).
順成(순성) 아무 탈 없이 순조롭게 이룸.
順守(순수) 도리를 좇아 지킴.
順受其正(순수기정) 천리(天理)를 따라 몸을 닦고, 스스로 정명(正命)을 기다림.
順逆(순역) ①좇음과 거스름. ②순리(順理)와

역리(逆理). ③정(正)과 사(邪).
順延(순연) 기일을 차례로 늦춤.
順位(순위) 기준에 의해 정해진 위치나 지위.
順應(순응) ①순순히 응함. ②조건이나 경우에 맞게 적응함.
順義(순의) 도의나 정의를 좇음.
順適(순적) 순종하여 거스르지 않음.
順正(순정) ①도리에 어긋나지 않고 바름. ②차례가 바름.
順調(순조) 일이 아무 탈 없이 예정대로 잘되어 가는 상태.
順從(순종) 순순히 따름.
順天(순천) 천명을 좇음. 천도(天道)를 따름.
順坦(순탄) ①길이 험하지 않고 평탄함. ②아무 탈 없이 순조로움.
順風(순풍) ①순하게 부는 바람. ②배가 가는 쪽으로 부는 바람. ③편안하고 운수가 좋음. ④풍속을 따름.
順行(순행) ①차례를 밟아 감. ②거스르지 않고 행함. ③유성(流星)이 서쪽에서 동쪽으로 향하는 운동.
順孝(순효) 부모에게 순종하고 효도함.
◨ 歸順귀순, 溫順온순, 柔順유순, 耳順이순.

3 ⑫【愼】 順(1376)의 고자

3 ⑫【頉】 ①기를 이 支 ②國탈 탈
㊥yí ㊐イ
자해 ①기르다〔養〕. ②탈. ㉮병(病). ㉯사고(事故).
頉免(탈면) 國뜻밖의 사정이나 사고로 응당 져야 할 책임을 면제받음.
頉處(탈처) 國탈이 난 곳.
頉稟(탈품) 國관리나 구실아치가 임시로 책임을 면제해 주기를 청함.

3 ⑫【項】项 목 항 講
고등 인명 3Ⅱ급 ㊥xiàng ㊐コウ
필순 一 丅 工 项 项 項 項 項 項 項
소전 초서 자원 形聲. 工+頁→項. '工(공)'이 음을 나타낸다.
자해 ❶목, 목덜미. 〔張衡·賦〕修額短項수액단항. ❷크다. 〔詩經〕四牡項領사모항령. ❸조목(條目), 항목.
項領(항령) ①굵은 목덜미. ②목. ③요해지(要害地).
項目(항목) 어떤 기준에 따라 나눈 일의 가닥. 條目(조목). 條項(조항).
項背相望(항배상망) 목과 등이 서로 바라봄. 왕래가 빈번함.
項鎖(항쇄) 목에 씌우는 칼.
◨ 事項사항, 條項조항.

4 ⑬【頍】 머리 들 규 紙
㊥kuǐ ㊐キ
소전 초서 자해 ❶머리를 들다. 〔詩經〕有頍者弁유규자변. ❷머리 장식.

4 ⑬【頎】颀 헌걸찰 기 微
㊥qí ㊐キ
소전 초서 자해 헌걸차다, 키가 크고 풍채가 장한 모양. 〔詩經〕碩人其頎석인기기.
頎然(기연) 긴 모양.

4 ⑬【頓】顿 ①조아릴 돈 願 ②사람 이름 돌 月
인명 2급 ㊥dùn, dú ㊐トン
소전 초서 참고 인명용 음은 '돈'이다.
자해 ① ❶조아리다. 머리를 숙여 이마가 땅에 닿도록 절을 하다. 〔史記〕句踐頓首再拜구천돈수재배. ❷고생하다, 곤고(困苦)하다. 〔管子〕頓卒怠倦以辱之돈졸태권이욕지. ❸그치다, 멈추다. ❹갖추다, 정비하다. ❺묵다, 투숙하다. ❻갑자기, 급작스럽게. 〔列子〕凡一氣不頓進범일기부돈진, 一形不頓虧일형부돈휴. ❼國사돈. ② 사람 이름, 묵돌(冒頓). 흉노(匈奴)의 임금. 〔漢書〕及漢興급한흥, 冒頓始彊묵돌시강.
頓病(돈병) 갑자기 나는 병.
頓服(돈복) 약 등을 한꺼번에 먹음.
頓憊(돈비) 좌절하여 힘들고 고달픔.
頓首(돈수) ①머리가 땅에 닿도록 몸을 굽혀 절을 함. 또는 그 경례. ②편지 끝에 써서 경의를 표시하는 말. 頓顙(돈상).
頓然(돈연) ①갑자기. 별안간. 突然(돌연). ②전혀. 아주.
頓悟(돈오) (佛)문득 깨달음. 수행(修行)의 단계를 거치지 않고 갑자기 교리를 깨달음.
頓絕(돈절) 편지나 소식 따위가 딱 끊어짐.
頓筆(돈필) 글 쓰는 일을 그만둠.

4 ⑬【頒】颁 나눌 반 刪
인명 1급 ㊥bān ㊐ハン

소전 초서 동자 肦 자해 ❶나누다. ㉮구분하다. ㉯나누어 주다, 하사하다. 〔周禮〕遂頒禽수반금. ㉰널리 퍼뜨리다. 〔張衡·賦〕布政頒常포정반상. ❷반백. 〔孟子〕頒白者不負戴於道路반백자불부대어도로.

頒給(반급) 나누어 줌.
頒賜(반사) 임금이 신하에게 물품을 내려 나누어 줌.
頒布(반포) 세상에 널리 펴서 알게 함.

4 ⑬【頌】颂 1기릴 송 宋 2얼굴 용 冬

고등 인명 4급 ㊥sòng, róng ㊐ショウ

필순 八 公 公 公 頌 頌 頌 頌 頌 頌

소전 초서 참고 인명용 음은 '송'이다. 자원 形聲. 公+頁→頌. '公(공)'이 음을 나타낸다.

자해 1❶기리다, 칭송하다. 〔禮記〕頌而無諂송이무첨. ❷시(詩)의 육의(六義)의 한 가지. 천자의 성덕(盛德)을 칭송하여 신명에게 고하는 종묘악(宗廟樂). ❸문체(文體)의 한 가지. 성덕을 칭송하는 글. 2얼굴, 용모. ≒容. 〔漢書〕而魯徐生善爲頌이노서생선위용.

頌歌(송가) ①칭송하여 노래함. ②덕을 칭송하는 노래.
頌德(송덕) 공덕을 찬양함. 덕망을 기림.
頌聲(송성) ①칭송하는 소리. ②태평을 구가하는 음악.
頌祝(송축) 경사를 기려 축하함. 頌禱(송도).
◨ 歌頌가송, 偈頌게송, 讚頌찬송, 稱頌칭송.

4 ⑬【預】预 미리 예 ㊍여 御

인명 2급 ㊥yù ㊐ヨ

소전 초서 자해 ❶미리, 미리 하다. ≒豫. 〔史記〕聖人預知微성인예지미. ❷참여하다, 간여하다. ❸맡기다, 금품을 맡기다. ¶ 預金예금.

預金(예금) 금융 기관에 돈을 맡겨 둠.
預置(예치) 맡겨 둠. 맡김.
預度(예탁) 미리 헤아림. 豫測(예측).
預託(예탁) 부탁하여 맡겨 둠.
◨ 干預간예, 參預참예.

4 ⑬【頑】顽 완고할 완 刪

인명 1급 ㊥wán ㊐ガン

소전 초서 자해 ❶완고하다, 고집이 세다. 〔書經〕心不則德義之經爲頑심불칙덕의지경위완. ❷굳고 단단하다. ❸욕심이 많다. 〔孟子〕頑夫廉완부렴. ❹악하다, 흉악하다.

頑強(완강) 성질·태도 등이 검질기고 드셈.
頑健(완건) ①매우 건강함. 頑強(완강). ②자기 건강의 겸칭(謙稱).
頑固(완고) ①고집이 셈. ②사리에 어둡고 융통성이 없음.
頑童(완동) ①고집이 세고 어리석은 아이. ②완고하고 사리에 어두운 사람.
頑昧(완매) 완고하고 사리에 어두움.
頑命(완명) 죽지 않고 모질게 살아 있는 목숨.
頑冥(완명) 완고하고 사리에 어두움.
頑民(완민) ①새로운 정치를 달갑게 여기지 않는 백성. ②완고하고 어리석은 백성.
頑夫(완부) 분별없이 욕심만 부리는 사람.
頑守(완수) 굳게 지킴.
頑習(완습) 완악한 버릇.
頑惡(완악) 성질이 억세게 고집스럽고 사나움.
頑愚(완우) 완고하고 어리석음.
頑敵(완적) 완강한 적.
頑悖(완패) 성질이 모질고 도리에 어긋나게 행동함.

4 ⑬【頊】顼 삼갈 욱 沃

인명 2급 ㊥xū ㊐ギョク

소전 초서 자해 ❶삼가다, 머리를 숙여 삼가는 모양. ❷자실(自失)한 모양. 〔莊子〕頊頊然不自得욱욱연부자득. ❸사람 이름, 전욱(顓頊). 중국 고대의 황제.

頊頊(욱욱) 넋을 잃은 모양.

4 ⑬【頏】颃 새 날아 내릴 항 陽

㊥háng ㊐コウ

소전 초서 자해 ❶새가 날아 내리다. 〔詩經〕燕燕于飛연연우비, 頡之頏之힐지항지. ❷목(頸). ＝亢.

5 ⑭【頚】 頸(1379)의 속자

5 ⑭【頋】 顧(1383)의 속자

5 ⑭【領】领 옷깃 령 梗

중학 인명 5급 ㊥lǐng ㊐レイ

필순 ノ 人 今 令 令 令 領 領 領 領

소전 초서 자원 形聲. 令＋頁→領. '令(령)'이 음을 나타낸다.
자해 ❶옷깃, 의금(衣襟). 〔荀子〕若挈裘領약설구령. ❷목〔頸〕. 〔孟子〕引領而望之矣인령이망지의. ❸가장 요긴한 곳, 사북, 요소(要所). ❹거느리다, 통솔하다. 〔禮記〕領父子君臣之節령부자군신지절. ❺받다, 수령(受領)하다. ❻우두머리, 수령(首領). 〔宋史〕腹心酋領복심추령.
領空(영공) 한 나라의 주권이 미치는 공간.
領導(영도) 거느려 이끎.
領率(영솔) 부하를 통솔함.
領收(영수) 돈이나 물품 따위를 받아들임. 領受(영수).
領袖(영수) ①옷깃과 소매. ②어떤 단체의 우두머리.
領域(영역) ①국가의 주권이 미치는 범위. ②세력이 미치는 범위.
領悟(영오) 깨달음.
領有(영유) 차지하여 가짐.
領土(영토) ①영유하고 있는 땅. ②한 나라의 통치권이 미치는 지역.
領解(영해) ①깨달음. 領悟(영오). ②당대(唐代)에, 향시(鄕試)에 급제한 사람.
◨ 要領요령, 占領점령, 統領통령, 項領항령.

5 ⑭【䪢】 강할 민 眞
인명 ㊥mín ㊐ビン
자해 강하다, 굳세다.

5 ⑭【頗】颇 1 자못 파 哿 2 치우칠 파 歌
고등 인명 3급 ㊥pō, pō ㊐ハ
필순 丿 厂 广 皮 皮 皮' 頗 頗 頗 頗
소전 초서 자원 形聲. 皮＋頁→頗. '皮(피)'가 음을 나타낸다.
자해 1 ❶자못. ㉮조금, 약간. 〔史記〕周以來乃頗可著주이래내파가저. ㉯매우, 꽤, 몹시, 대단히. 〔大學章句〕舊本頗有錯簡구본파유착간. 2 치우치다. ㉮기울다, 굽다. 〔楚辭〕循繩墨而不頗순승묵이불파. ㉯공평하지 못하다. 〔漢書〕天不頗覆천불파복. ㉰사특하다.
頗多(파다) 아주 많음.

6 ⑮【頞】颏 콧마루 알 曷
㊥è ㊐アツ
소전 초서 자해 콧마루, 콧대. 〔孟子〕擧疾首蹙頞而相告거질수축알이상고.

6 ⑮【頤】颐 턱 이 支
인명 ㊥yí ㊐イ
초서 속자 頥 자해 ❶턱. ❷기르다, 봉양(奉養)하다. 〔禮記〕百年曰期頤백년왈기이. ❸부리다, 턱짓으로 부리다. 〔漢書〕頤指如意이지여의. ❹어조사. 어세(語勢)를 돕는 구실을 한다. ❺괘(卦) 이름, 64괘의 하나. 괘형은 ䷚. 음식을 주어 다른 사람을 구제함을 상징한다. 〔易經〕頤이, 貞吉정길.
頤使(이사) 턱짓으로 부림. ㉠사람을 제 마음대로 부림. ㉡거만하게 부림. 頤指(이지).
頤神養性(이신양성) 마음을 수양하고 바른 성정(性情)을 기름.
頤養(이양) 심신을 수양함.
◨ 解頤해이.

6 ⑮【頡】颉 1 곧은 목 힐 屑 2 약취할 알 黠
㊥xié, jiá ㊐キツ
소전 초서 자해 1 ❶곧은 목. ❷날아오르다. 〔詩經〕燕燕于飛연연우비, 頡之頏之힐지항지. ❸사람 이름, 창힐(倉頡). 황제(黃帝) 때 사람으로, 날짐승의 발자국을 보고 글자를 만들었다고 한다. 2 약취(掠取)하다. 〔新唐書〕盜頡資糧도알자량.
頡頏(힐항) ①새가 날아 오르락내리락하는 모양. ②서로 우열을 다툼. ③목줄기가 굳셈. 남에게 굴하지 않음. 強項(강항).

7 ⑯【頸】颈 목 경 梗 庚
인명 1급 ㊥jǐng ㊐ケイ
소전 초서 속자 頚 속자 頚 자해 ❶목, 목덜미. 〔莊子〕上斬頸領상참경령. ❷기물의 목 부분. 〔禮記〕韠필, 其頸五寸기경오촌.
頸骨(경골) 목뼈.
頸聯(경련) 율시(律詩)의 셋째 연(聯). 곧, 제5, 제6의 두 구(句).
頸領(경령) 목. 목덜미.
頸椎(경추) 목등뼈. 척추의 가장 윗부분.
◨ 頭頸두경, 刎頸문경.

7 ⑯【頭】头 머리 두 尤
중학 인명 6급 ㊥tóu ㊐トウ
필순 一 ㅁ ㅂ 豆 豆' 頭 頭 頭 頭 頭
소전 초서 자원 形聲. 豆＋頁→頭. '豆(두)'가 음을 나타낸다.

頁 7획

자해 ❶머리. ㉮인체의 목 윗부분. 〔禮記〕頭容直두용직. ㉯머리털. ❷꼭대기, 최상부. 〔列仙傳〕乘白鶴승백학, 駐山頭주산두. ❸맨 앞, 선단(先端). ❹시초(始初). 〔新唐書〕年頭月尾연두월미. ❺우두머리, 장(長). 〔唐書〕以彊幹者爲番頭이강간자위번두. ❻첫째, 상위(上位). ❼물건을 셀 때의 단위. 동물을 세는 말. 〔漢書〕馬마·牛우, 云云운운, 七十餘萬頭칠십여만두.

頭角(두각) ①짐승의 머리에 있는 뿔. ②머리 끝. 여럿 중에서 뛰어난 학식이나 재능.
頭頸(두경) 머리와 목.
頭腦(두뇌) ①머릿골. ②사물을 판단하는 슬기. ③지식 수준이 높은 사람.
頭童齒豁(두동치활) 머리가 벗어지고 이가 빠짐. 노인이 됨.
頭等(두등) 첫째 등급.
頭領(두령) 한 당파나 무리의 우두머리. 首領(수령).
頭面(두면) ①얼굴. ②여자 머리의 장식.
頭目(두목) 패거리의 우두머리.
頭尾(두미) ①머리와 꼬리. ②처음과 끝.
頭緖(두서) ①일의 차례나 갈피. 條理(조리). ②마음속에 생기는 여러 가지 생각.
頭數(두수) 소·말 등의 마릿수.
頭鬚(두수) 머리털과 수염.
頭人(두인) 우두머리.
頭頂(두정) ①정수리. ②國머리에 임.
頭註(두주) 본문 위쪽에 적은 주(註).
頭瘡(두창) 머리에 나는 부스럼.
頭陀(두타) (佛)①승려의 탁발수행(托鉢修行). ②행각승(行脚僧).
頭痛(두통) 머리가 아픔. 또는 그런 증세.
頭眩(두현) 현기증. 頭暈(두훈). 頭迷(두미).
頭會箕斂(두회기렴) 인원수를 조사하여 조세를 받음. 세금을 수탈함.

◨ 街頭가두, 口頭구두, 饅頭만두, 沒頭몰두, 先頭선두, 舌頭설두, 低頭저두, 陣頭진두.

頁 7획

7 ⑯【頼】 賴(1208)의 속자

7 ⑯【貎】 貌(1195)의 고자

7 ⑯【頻】频 자주 빈 眞

고등 인명 3급 ㊥pín ㊐ヒン

필순 ⺊ 止 步 步 步 𩑋 頻 頻 頻 頻

초서 자원 會意. 步+頁→頻. '步'는 '涉(섭)'의 생략형으로 '물을 건너다'의 뜻인데, 頁(혈)과 합하여 '물가'라는 뜻을 나타낸다.

자해 ❶자주, 빈번히. 〔列子〕汝何去來之頻여하거래지빈. ❷물가. =瀕. 〔詩經〕池之渴矣지지갈의, 不云自頻불운자빈. ❸급박하다. 〔詩經〕國步斯頻국보사빈. ❹나란하다, 병행하다. 〔國語〕群臣頻行군신빈행. ❺찡그리다, 찌푸리다.

頻度(빈도) 같은 현상이나 일이 반복되는 정도.
頻發(빈발) 어떤 일이나 현상이 자주 일어남.
頻繁(빈번) 번거로울 정도로 잦음.
頻頻(빈빈) 잦은 모양. 頻數(빈삭).
頻蹙(빈축) 얼굴을 찡그림. 頻顣(빈축).

7 ⑯【頥】 頤(1379)의 속자

7 ⑯【赬】 붉을 정 庚

㊥chēng ㊐テイ

초서 자해 붉다. =赬. 〔詩經〕魴魚赬尾방어정미.

7 ⑯【頹】颓 무너질 퇴 灰

인명 1급 ㊥tuí ㊐タイ

초서 속자 頽 자해 ❶무너지다, 무너뜨리다. 〔禮記〕泰山其頹乎태산기퇴호. ❷기울다, 기울어지다. 〔潘岳·賦〕歲云暮兮日西頹세운모혜일서퇴. ❸쇠퇴하다.

頹唐(퇴당) 무너져 떨어짐.
頹落(퇴락) 낡아서 무너지고 떨어짐.
頹齡(퇴령) 노쇠한 나이.
頹雪(퇴설) 눈사태. 雪崩(설붕).
頹俗(퇴속) 쇠퇴한 풍속.
頹然(퇴연) ①술에 취하여 비틀거리는 모양. ②유순(柔順)한 모양.
頹惰(퇴타) 뜻이 꺾이고 나태함.
頹墮委靡(퇴타위미) 형체나 기력 따위가 점차 쇠퇴함.
頹敗(퇴패) 쇠퇴하여 무너짐. 頹圮(퇴비).
頹廢(퇴폐) ①쇠퇴하여 결딴이 남. ②도덕·풍속 따위가 어지러워짐.
頹風(퇴풍) ①거친 바람. ②퇴폐한 풍속.

◨ 老頹노퇴, 衰頹쇠퇴, 敗頹패퇴, 廢頹폐퇴.

7 ⑯【頽】 頹(1380)의 속자

7 ⑯【頷】颔 1 턱 함 感 2 끄덕일 암 感

㊥hàn ㊐ガン

소전 頷 초서 [草書] 자해 ① 턱, 아래턱. 〔漢書〕 虎頭燕頷호두연함. ② 끄덕이다. 〔春秋左氏傳〕 逆於門者역어문자, 頷之而已암지이이.
頷聯(함련) 율시(律詩)의 제3, 제4의 두 구.
頷下之珠(함하지주) ①용(龍)의 턱 밑에 있다는 구슬. 용이 잠든 틈을 타서 훔친다고 함. ② 손에 넣기 어려운 귀중한 보물.

7 ⑯【頰】颊 뺨 협 本겹 葉
인명 1급 中jiá 日キョウ
소전 [篆] 초서 [草書] 자해 뺨. 〔黃庭堅·詩〕 小兒豐頰輔소아풍협보.
頰車(협거) 턱의 딴 이름. 이를 얹어 받치고 있는 데서 온 말.
頰骨(협골) 볼의 뼈. 광대뼈.
頰筋(협근) 볼의 근육.
頰上添毫(협상첨호) 초상(肖像)을 그리는데 뺨 위에 털을 더함. 문장(文章)이 입신(入神)의 경지에 이른 사람을 평하는 말.

8 ⑰【顆】颗 낟알 과 哿
인명 1급 中kě 日カ
소전 [篆] 초서 [草書] 자해 ❶낟알. ❷흙덩이. 〔漢書〕 顆蔽冢而託葬焉과폐총이탁장언.
顆粒(과립) ①둥글고 자잘한 알갱이. 낟알. ② 마마·홍역 따위로 피부에 돋은 부스럼.

8 ⑰【頿】 髭(1418)와 동자

8 ⑰【䪫】 아름다울 정 敬
인명 中jìng 日セイ
자해 아름답다.

9 ⑱【類】 類(1382)와 동자

9 ⑱【䫉】 ① 머리 앓아 동일 문 元 ② 강할 민 眞
인명 中mén, mín 日ビン
참고 인명용 음은 '민'이다.
자해 ① 머리를 앓아 동이다. ② 강하다.

9 ⑱【顋】 뺨 시 本새 灰
中sāi 日サイ

초서 [草書] 속자 腮 자해 ❶뺨, 볼. ❷아가미. 물고기의 호흡 기관.
顋頰(시협) 뺨.

9 ⑱【顎】颚 근엄할 악 藥
인명 1급 中è 日ガク
초서 [草書] 자해 ❶근엄(謹嚴)하다. ❷턱, 위턱과 아래턱의 총칭(總稱).
顎骨(악골) 턱뼈.

9 ⑱【顏】颜 얼굴 안 刪
중학 인명 3Ⅱ급 中yán 日ガン
필순 亠 产 产 彦 彦 彦 顔 顔 顔 顏
소전 [篆] 초서 [草書] 동자 䫀 속자 顔 자원 形聲. 彦+頁→顏. '彦(언)'이 음을 나타낸다.
자해 ❶얼굴, 낯, 얼굴빛. 〔唐書〕 帝喜見顏間제희견안간. ❷면목(面目), 체면(體面), 염치. 〔世說新話〕 何顏謝桓公하안사환공. ❸이마. 〔史記〕 隆準而龍顏륭준이룡안. ❹채색, 빛깔.
顏甲(안갑) 낯가죽에 철갑(鐵甲)을 씌움. 염치를 모름.
顏料(안료) ①연지·분 따위의 화장 재료. ②그림물감. ③염료(染料). 塗料(도료).
顏面(안면) ①얼굴. ②서로 알 만한 친분.
顏貌(안모) 얼굴의 생김새.
顏色(안색) 얼굴빛.
顏巷(안항) 안회(顏回)가 살던 좁고 더러운 거리. 청빈(淸貧)한 사람들이 사는 곳.
顏厚(안후) 낯가죽이 두꺼움. 염치를 모르고 뻔뻔함. 厚顏(후안).
◨ 童顏동안, 洗顏세안, 愁顏수안, 龍顏용안, 破顏파안, 解顏해안.

9 ⑱【顔】 顏(1381)의 속자

9 ⑱【額】额 이마 액 陌
고등 인명 4급 中é 日ガク
필순 丶 宀 安 客 客 額 額 額 額 額
초서 [草書] 자원 形聲. 客+頁→額. '客(객)'이 음을 나타낸다.
자해 ❶이마. 〔後漢書〕 城中好廣眉성중호광미, 四方且半額사방차반액. ❷일정한 액수, 수량의 한도. 〔新五代史〕 租有定額조유정액. ❸편액(扁額), 현판(懸板).

額角(액각) 관자놀이. 顳顬.(섭유).
額面(액면) ①이마의 표면. 말이나 글의 표현된 그대로의 것. ②편액(扁額)의 겉면. ③화폐·유가 증권 따위에 표시한 금액.
額手(액수) 이마에 손을 올림. 경의를 표하는 태도.
額數(액수) ①돈의 머릿수. ②정해진 수.
額子(액자) 그림·글씨 따위를 끼우는 틀.
額字(액자) 國현판에 쓴 글자.
◨ 高額고액, 金額금액, 全額전액, 定額정액, 總額총액.

9 ⑱ 【顒】颙 공경할 옹 图

㊥yóng ㊐ギョウ

소전 초서 동자 顒 자해 ❶공경하다. 〔易經〕有孚顒若유부옹약. ❷온화(溫和)한 모양. 〔詩經〕顒顒卬卬옹옹앙앙.

顒顒(옹옹) ①온화하고 경순(敬順)한 모양. ②향모(向慕)하는 모양.

9 ⑱ 【顓】颛 전단할 전 先

㊥zhuān ㊐セン

소전 초서 자해 ❶전단(專斷)하다, 제 마음대로 하다. ≒專. 〔漢書〕顓兵秉政전병병정. ❷착하다. 〔淮南子〕猛獸食顓民맹수식전민. ❸사람 이름, 전욱(顓頊). 중국 고대의 황제.

顓門(전문) 어떤 한 가지 분야만 연구하거나 맡음. 專門(전문).
顓民(전민) 어진 백성. 良民(양민).
顓兵(전병) 병권(兵權)을 마음대로 휘두름.
顓制(전제) 제 마음대로 일을 처리함.

9 ⑱ 【題】题 ①표제 제 齊 ②볼 제 霽

중학 인명 6급 ㊥tí, dì ㊐ダイ

필순 ㄇ 日 旦 是 是 題 題 題 題 題

소전 초서 자원 形聲. 是+頁→題. '是(시)'가 음을 나타낸다.

자해 ①❶표제(表題), 시문(詩文)·서책(書册)의 제목. ❷맨 앞머리. ❸표지(表識). 〔晉書〕欲墾荒田욕간황전, 先立表題선립표제. ❹물음, 문제. 〔宋史〕請試他題청시타제. ❺문체(文體) 이름. 책머리에 그 책의 내용을 요약하여 적은 글. ②보다. 〔詩經〕題彼脊令제피척령.

題名(제명) ①문체(文體)의 한 가지. 명승고적을 유람한 날짜와 동유(同遊)한 사람의 이름을 기록한 것. ②표제(表題)나 제목의 이름.
題目(제목) ①명호(名號). ②겉장에 쓴 책의 이름. 表題(표제). ③글제. 시문(詩文)의 명제(命題).
題跋(제발) 제사(題辭)와 발문(跋文).
題辭(제사) ①책의 첫머리나 비석의 위쪽에 적는 글. ②國관(官)에서 백성이 제출한 소장(訴狀)이나 원서(願書)에 쓰던 관의 판결이나 지령(指令).
題額(제액) 편액(扁額)에 글씨를 씀.
題詠(제영) 제목을 정하여 놓고 시가를 지음. 또는 그 시가.
題字(제자) 책의 표지나 비석 따위에 쓴 글자.
題材(제재) 예술 작품이나 학술 연구 따위에서 주제의 재료가 되는 것.
題品(제품) 사물을 품평함.
題號(제호) 책이나 글의 이름이나 제목.
題畫(제화) 그림에 시나 글을 적어 넣는 일.
◨ 課題과제, 問題문제, 宿題숙제, 議題의제, 主題주제, 標題표제.

9 ⑱ 【顕】 顯(1384)의 속자 인명

10 ⑲ 【類】类 무리 류 寘

고등 인명 5급 ㊥lèi ㊐ルイ

필순 丷 米 米 类 类 类 類 類 類 類

소전 초서 동자 類 자원 形聲. 頪+犬→類. '頪(뢰)'가 음을 나타낸다.

자해 ❶무리. ㉮일족(一族), 동족(同族). 〔國語〕其類維何기류유하. ㉯동류(同類), 동렬(同列), 패거리. 〔淮南子〕以養羣類이양군류. ❷견주다, 비기다. 〔禮記〕比類以成其行비류이성기행. ❸닮다, 비슷하다. 〔國語〕類有大憂류유대우. ❹착하다, 좋다. 〔詩經〕克明克類극명극류. ❺일, 사실. 〔孟子〕此之謂不知類也차지위부지류야.

類例(유례) 같거나 비슷한 예.
類萬不同(유만부동) ①많은 것이 서로 같지 않고 다름. ②분수에 맞지 않음. 정도에 넘침.
類別(유별) 같은 종류끼리 나누어 구별함.
類似(유사) 서로 비슷함.
類書(유서) 여러 가지 서적을 모아 내용별·항목별로 분류, 편찬하여 검색(檢索)에 편리하도록 만든 책. 類本(유본).
類類相從(유유상종) 같은 무리끼리 서로 왕래하여 사귐.
類推(유추) 어떤 사물의 이치에 비추어 그와

비슷한 사물의 이치를 미루어 짐작함.
類聚(유취) 같은 부류(部類)의 사물을 한데 모음. 종류에 따라 모음.
類編(유편) 분류하여 편집함. 또는 그 책.
類型(유형) 성질·특성 따위가 공통적인 것끼리 묶은 하나의 틀.
◼ 同類동류, 分類분류, 魚類어류, 人類인류, 鳥類조류, 種類종류.

10 ⑲【顙】颡 이마 상 養
㊥sǎng ㊐ソウ
소전 초서 속자 顙 자해 ❶이마. 〔易經〕其於人也爲廣顙기어인야위광상. ❷절하다. 이마를 땅에 대어 절하다. 〔春秋公羊傳〕再拜顙재배상.
顙汗(상한) 이마의 땀.

10 ⑲【願】愿 원할 원 願
중학 인명 5급 ㊥yuàn ㊐ガン
필순 厂 戶 戶 戶 原 原 原 願 願 願
소전 초서 자원 形聲. 原+頁→願. '原(원)'이 음을 나타낸다.
자해 ❶원하다, 바라다. 〔詩經〕願言思子원언사자. ❷소원, 소망. 〔王勃·文〕弘宣誓願홍선서원. ❸원컨대, 바라건대. 〔諸葛亮·表〕願陛下親之信之원폐하친지신지.
願力(원력) 신불에 기원하여 소원을 성취하고자 하는 마음의 힘.
願望(원망) 원하고 바람.
願書(원서) 지원하거나 청원하는 내용을 적은 서류.
願意(원의) 바라는 뜻.
願海(원해) ①소원이 굉대(宏大)함을 바다에 견주어 이르는 말. ②(佛)보살의 서원(誓願)이 깊고 넓음을 바다에 견주어 이르는 말.
◼ 懇願간원, 祈願기원, 誓願서원, 所願소원, 宿願숙원, 請願청원.

10 ⑲【顚】颠 꼭대기 전 先
인명 1급 ㊥diān, tián ㊐テン
소전 초서 동자 巔 속자 顛 속자 顚
자해 ❶꼭대기, 정수리, 산정(山頂). ❷이마. 〔詩經〕有馬白顚유마백전. ❸뒤집다. 〔楚辭〕顚裳以爲衣전상이위의. ❹정신 이상. ≒癲.
顚狂(전광) ①정신 이상이 생김. 미침. 또는 미치광이. ②미친 듯이 제멋대로 행동함.
顚倒(전도) ①엎어져 넘어지거나 넘어뜨림. ②차례, 위치 등이 원래와 달리 거꾸로 됨.
顚末(전말) 처음부터 끝까지 일이 진행되어 온 경과.
顚毛(전모) 머리털. 두발(頭髮).
顚沒(전몰) 뒤집혀 몰락함.
顚覆(전복) ①뒤집힘. 또는 뒤집음. ②쳐부숨. 멸망시킴.
顚仆(전부) 넘어짐. 또는 넘어뜨림.
顚跌(전질) ①발이 걸려 넘어짐. 실족(失足)함. ②일이 어긋나서 실패함. 顚蹶(전궐).
顚沛(전패) ①발이 걸려 넘어짐. ②당황함. 허둥거림.

10 ⑲【顛】 顚(1383)의 속자

10 ⑲【顕】 顯(1384)의 속자

12 ㉑【顧】顾 돌아볼 고 遇
고등 인명 3급 ㊥gù ㊐コ
필순 戶 戶 戶 戶 雇 雇 顧 顧 顧 顧
소전 초서 속자 頋 자원 形聲. 雇+頁→顧. '雇(고)'가 음을 나타낸다.
자해 ❶돌아보다. ㉮머리를 돌려 뒤를 보다. 〔古詩〕徘徊顧樹下배회고수하. ㉯사방을 둘러보다. 〔論語〕車中거중, 不內顧불내고. ㉰반성(反省)하다. 〔書經〕顧乃德고내덕. ❷생각하다. 〔戰國策〕而不顧萬乘之利이불고만승지리. ❸찾다, 방문하다. 〔諸葛亮·表〕三顧臣於草廬之中삼고신어초려지중. ❹보살피다, 돌보다. ❺도리어, 거꾸로. 〔呂氏春秋〕白之顧益黑백지고익흑. ❻끌다, 인도하다.
顧客(고객) 상점·식당 따위에 찾아오는 손님.
顧忌(고기) 뒷일을 염려하고 꺼림. 삼감.
顧念(고념) 마음에 두고 생각함.
顧慮(고려) 마음을 씀.
顧望(고망) ①돌아봄. 두루 살핌. ②고기(顧忌). ③형세를 살핌. ④주저(躊躇)함.
顧眄(고면) ①뒤돌아봄. ②사방을 둘러봄. 回視(회시).
顧命(고명) 임금이 임종에 유언(遺言)하여 후사(後事)를 부탁하는 일. 또는 그 유언. 遺詔(유조).
顧問(고문) ①의견을 물음. 본래 천자가 신하에게 그 의견을 묻는 일. ②자문(諮問)에 응하여 의견을 제시하고 조언하는 직책. 또는 그 직책에 있는 사람.
顧復(고복) 부모가 자식을 기름.
顧而言他(고이언타) 대답이 궁하거나 대답할 가치가 없다고 생각할 때, 물음에 답하지 않고 얼굴을 돌려 엉뚱한 말을 하는 일.
顧託(고탁) 돌아보고 부탁함.
顧護(고호) 돌보고 보호함.
顧恤(고휼) 가엾이 여겨 돌보아 줌.
◨ 左顧右眄좌고우면, 回顧회고.

12 ㉑ 【顦】 파리할 초 蕭

㊥qiáo ㊐ショウ

소전 초서 자해 ❶파리하다, 야위다. 〔白居易·詩〕自顧顦顇容자고초췌용. ❷근심하는 모양. ＝憔.
顦顇(초췌) ①몸이 야위어 파리함. ②근심하는 모양. 憔悴(초췌).

12 ㉑ 【顥】 颢 클 호 皓

인명 ㊥hào ㊐コウ

소전 초서 자해 ❶크다. 〔漢書〕登孔顥而上下兮등공호이상하혜. ❷머리털이 흰 모양. ❸하늘. ≒昊. 〔呂氏春秋〕西方曰顥天서방왈호천.
顥天(호천) 서쪽 하늘.
顥顥(호호) ①흰 모양. 하늘이 새하얗게 빛나는 모양. ②원기(元氣)가 넓고 큰 모양.

13 ㉒ 【顫】 颤 ⅰ떨릴 전 霰 ⅱ냄새 잘 맡을 선 先

인명 1급 ㊥chàn, shān ㊐セン

소전 초서 참고 인명용 음은 '전'이다.

자해 ⅰ 떨리다. 〔淮南子〕故寒者顫고한자전, 懼者亦顫구자역전. ⅱ 냄새를 잘 맡다. 〔莊子〕鼻徹爲顫비철위선.
顫動(전동) 부들부들 떪. 흔들어 떨게 함.
◨ 手顫수전.

14 ㉓ 【顬】 颥 관자놀이 움직일 유 虞

㊥rú ㊐ジュ

자해 관자놀이가 움직이다. ¶ 顳顬섭유.

14 ㉓ 【顯】 显 나타날 현 銑

고등 인명 4급 ㊥xiǎn ㊐ケン

필순 ㅁ 日 旦 㬎 㬎 㬎 顯 顯 顯 顯

소전 초서 속자 顕 속자 顕 자원 形聲. 㬎+頁→顯. '㬎(현)'이 음을 나타낸다.

자해 ❶나타나다, 드러나다. 〔素問〕其令鳴顯기령명현. ❷영달하다. 〔孟子〕而未嘗有顯者來이미상유현자래. ❸나타내다. 〔孝經〕揚名於後世양명어후세, 以顯父母이현부모, 孝之終也효지종야. ❹뚜렷하다, 선명(鮮明)하다. ❺죽은 부조(父祖)에 대한 높임말. ¶ 顯考현고.
顯界(현계) 이 세상. 現世(현세).
顯考(현고) ①고조(高祖)의 높임말. ②돌아가신 아버지의 높임말.
顯官(현관) 높은 벼슬.
顯貴(현귀) 지위가 높고 귀함. 또는 그 사람.
顯達(현달) 벼슬과 덕망이 높아서 이름이 세상에 드러남. 입신출세함.
顯德(현덕) ①밝은 덕(德). ②덕을 밝게 함.
顯麗(현려) 뛰어나게 화려함.
顯名(현명) 세상에 드러난 명성.
顯命(현명) 밝은 명령. 天命(천명).
顯沒(현몰) 나타남과 숨음. 나아감과 물러남.
顯微鏡(현미경) 아주 작은 사물을 확대하여 보는 장치.
顯微無間(현미무간) 드러난 것과 그윽한 것 사이에는 아무런 구별이 없음. 현상계(現象界)와 본체계(本體界)는 일체(一體)여서 떨어질 수 없는 관계임.
顯白(현백) 명백하게 함. 분명히 함.
顯否(현부) 나타남과 나타나지 않음. 영달과 빈궁. 窮達(궁달).
顯妣(현비) 죽은 어머니의 높임말.
顯士(현사) 이름이 들날린 선비.
顯仕(현사) 높은 벼슬.
顯賞(현상) ①크고 후한 상. ②공로를 밝혀 표창함.
顯善(현선) 선(善)을 나타냄. 선을 밝힘.
顯示(현시) 나타내어 보임.
顯揚(현양) 이름을 높이 들날림.
顯然(현연) 분명한 모양. 뚜렷한 모양.
顯榮(현영) 입신출세하여 부귀를 얻음.
顯要(현요) 현관(顯官)과 요직(要職). 또는 그런 자리에 있는 사람.
顯允(현윤) 덕(德)이 밝고 마음이 신실함.
顯著(현저) 뚜렷이 드러남.
顯迹(현적) 뚜렷한 흔적. 선행(善行)의 자취.
顯祖(현조) 선조(先祖)의 높임말.
顯朝(현조) 당시 조정(朝廷)의 높임말.
顯彰(현창) 환히 드러남. 명백하게 드러냄.
顯貶(현폄) 명백하게 벌하여 물리침.
顯赫(현혁) 뚜렷이 나타남. 성하게 빛남.
顯顯(현현) 환한 모양.

顯號(현호) 공덕을 빛내는 명호.
顯晦(현회) 세상 사람들에게 알려지는 것과 알려지지 아니하는 것.
◨ 明顯명현, 尊顯존현, 彰顯창현.

15 ㉔【顰】颦 찡그릴 빈 眞

㊥pín ㊐ヒン

소전 초서 자해 **찡그리다, 이맛살을 찌푸리다.** ≒嚬.

顰眉(빈미) 이맛살을 찌푸림.
顰蹙(빈축) 얼굴을 찡그림. 불쾌한 표정을 함.
◨ 效顰효빈.

16 ㉕【顱】颅 머리뼈 로 虞

㊥lú ㊐ロ

소전 초서 자해 **머리뼈, 두개골.** 〔戰國策〕頭顱僵仆두로강복.

顱頂骨(노정골) 정수리뼈. 頭頂骨(두정골).

18 ㉗【顴】颧 광대뼈 관 本권 先

1급 ㊥quán ㊐ケン

초서 동자 髖 자해 **광대뼈.** 〔北齊書〕長頸高顴장경고관.

顴骨(관골) 광대뼈.

18 ㉗【顳】颞 관자놀이 섭 葉

㊥niè ㊐ジョウ

초서 자해 **관자놀이.** ¶ 顳顬섭유.

顳顬(섭유) ①귀의 위, 눈의 옆쪽으로 음식을 씹을 때 움직이는 곳. 관자놀이. ②경혈(經穴)의 태양혈(太陽穴).

風部 바람 풍

0 ⑨【風】风 바람 풍 東

중학 인명 6급 ㊥fēng ㊐フウ

필순 丿 几 凡 凡 凧 凧 風 風 風

소전 초서 고자 颿 자원 形聲. 凡+虫→風. '凡(범)'이 음을 나타낸다.

자해 ❶**바람.** 〔莊子〕大塊噫氣대괴애기, 其名爲風기명위풍. ❷**불다, 바람이 불다.** 〔詩經〕終風且暴종풍차포. ❸**바람을 쐬다, 납량(納涼)하다.** 〔論語〕風乎舞雩풍호무우. ❹**바람을 받다.** 〔孟子〕有寒疾유한질, 不可以風불가이풍. ❺**암내 내다, 발정(發精)하다.** 〔春秋左氏傳〕惟是風馬牛不相及也유시풍마불상급야. ❻**가르침, 교화(教化).** 〔戰國策〕從風而服종풍이복. ❼**관습, 습속.** 〔呂氏春秋〕此亡國之風也차망국지풍야. ❽**품성(稟性), 선천적 소질.** ❾**시경(詩經) 육의(六義)의 한 가지.** 여러 나라의 민요로, 정풍(正風)과 변풍(變風)이 있다. ❿**노래, 악곡.** ⓫**풍채, 용모.** 〔史記〕有國士之風유국사지풍. ⓬**경치, 경관(景觀).** ⓭**병명(病名).** ㉮**중풍(中風), 뇌일혈(腦溢血).** ㉯**풍전(風顚).**

風角(풍각) ①뿔피리를 부는 소리. ②사방(四方)·사우(四隅)의 바람을 살펴 길흉(吉凶)을 점치는 법.
風鑑(풍감) 용모와 풍채로 성질을 판단함.
風槪(풍개) ①고상한 인품. ②절개(節槪). 절조(節操).
風格(풍격) ①고상한 인품. 훌륭한 인격. ②시문(詩文) 따위의 운치.
風景(풍경) ①경치. ②어떤 정경이나 상황.
風磬(풍경) 처마 끝에 다는 종. 風鈴(풍령). 風鐸(풍탁).
風鷄(풍계) 國두꺼비.
風骨(풍골) 풍채와 골격.
風光(풍광) ①경치. ②모습. 인품(人品).
風教(풍교) 풍속과 교화.
風規(풍규) 풍기와 법도.
風紀(풍기) 풍습이나 풍속에 대한 기율.
風氣(풍기) ①바람과 공기. ②풍도(風度)와 기상(氣像).
風德(풍덕) ①덕을 베풀어 널리 미치게 함. ②풍도(風度)와 덕행(德行).
風動(풍동) ①바람이 붊. ②바람에 초목이 움직임. 백성들이 스스로 좇아서 감화됨.
風浪(풍랑) ①바람과 물결. ②바람결에 따라 일어나는 물결.
風厲(풍려) ①바람이 세차게 붊. ②가르치고 격려함.
風流(풍류) ①미풍(美風)의 흔적. ②품격(品格)이 우아한 일. ③운치(韻致). ④예법에 구애되지 않고 스스로 일파를 이루어 남과 취향을 달리하는 일.
風流雲散(풍류운산) 바람이 불어 구름이 흩어짐. 자취도 없이 사라짐.
風磨雨洗(풍마우세) 바람에 갈리고 비에 씻김. 오랫동안 자연의 침식(浸蝕)을 입음.
風望(풍망) 풍채(風采)와 인망(人望).
風貌(풍모) 풍채와 용모.
風聞(풍문) ①바람결에 들리는 소문. 뜬소문.

風說(풍설). ②관리의 비행을 규탄하기 위하여 어사(御史)에게 올리는 익명(匿名)의 글.
風物(풍물) ①경치. ②國농악에 쓰는 악기.
風味(풍미) ①음식의 고상한 맛. ②멋스럽고 풍치 있는 성격.
風靡(풍미) 바람에 초목이 쓰러짐. ㉠어떤 사회적 현상이나 사조가 널리 퍼짐. ㉡저절로 쏠려 따름.
風伯雨師(풍백우사) 바람의 신(神)과 비의 신.
風病(풍병) ①풍사(風邪)를 받아 생기는 병. ②중풍.
風丰(풍봉) 용모가 탐스럽게 보동보동함.
風飛雹散(풍비박산) 사방으로 날아 흩어짐.
風邪(풍사) ①감기. 風寒(풍한). ②좋지 못한 평판. 나쁜 소문.
風尙(풍상) 거룩한 모습. 높은 지조(志操).
風霜(풍상) ①바람과 서리. ②세월. 星霜(성상). ③세상의 온갖 어려움과 고생.
風霜之任(풍상지임) 사정을 둘 수 없는 냉엄(冷嚴)한 임무. 곧, 어사(御史).
風色(풍색) ①날씨. ②경치. ③기색. 안색.
風說(풍설) 항간에 떠돌아다니는 말.
風雪(풍설) ①바람과 눈. ②눈보라.
風聲(풍성) ①바람 소리. 風韻(풍운). ②교화(敎化). ③풍문(風聞).
風聲鶴唳(풍성학려) 바람 소리와 학의 울음소리. 겁을 먹은 병사가 하찮은 일에도 크게 놀람. 故事 전진(前秦)의 부견(苻堅)이 비수(淝水)에서 대패한 후, 그의 군사들이 바람소리와 학의 울음소리만 듣고도 진(晉)나라 병사들인 줄 알고 놀라 떨었다는 데서 온 말.
風俗(풍속) 전통적으로 지켜져 오는 일상생활의 사회적 관습.
風水(풍수) ①바람과 물. ②집·무덤 따위의 방위와 지형의 좋고 나쁨과 사람의 화복(禍福)이 절대적 관계를 가진다는 학설.
風樹之歎(풍수지탄) 부모를 여의어 봉양할 길이 없는 자식의 슬픔. 風樹(풍수).
風習(풍습) 풍속과 습관.
風信(풍신) ①바람이 계절에 따라 불어오는 일. ②음신(音信). ③풍향(風向).
風樂(풍악) 음악.
風煙(풍연) ①바람과 연기. ②경치.
風鳶(풍연) 연. 紙鳶(지연).
風謠(풍요) ①한 지방의 풍속을 바탕으로 한 노래. ②신라 선덕 여왕(善德女王) 때의 사구체(四句體) 향가(鄕歌)의 이름.
風容(풍용) 용모.
風雨(풍우) ①바람과 비. ②시련이나 고난.
風雲(풍운) ①바람과 구름. ②지세(地勢)가 높고 까마득함. ③높은 지위(地位). ④영웅이 큰 뜻을 펼 수 있는 좋은 기운. 시세(時勢). 참風雲會(풍운회).
風韻(풍운) ①풍도(風度)와 운치(韻致). ②고상한 인품(人品). 멋스러운 풍채(風采).
風雲兒(풍운아) 난시(亂時)에 어려움을 무릅쓰고 활약하여 세상에 두각을 나타내는 사람.
風雲月露(풍운월로) 살아가는 데 도움이 되는 것은 없고, 한갖 음풍영월(吟諷詠月)한 시문.
風雲之志(풍운지지) 난시(亂時)에 처하여 공명을 세우려는 뜻.
風月(풍월) 맑은 바람과 밝은 달. 곧, 아름다운 경치.
風月主人(풍월주인) 청풍명월(淸風明月)을 즐기는 사람.
風儀(풍의) 아름다운 용모. 멋스러운 풍채.
風日(풍일) ①바람과 햇빛. ②날씨.
風姿(풍자) 훌륭한 용자(容姿). 風采(풍채).
風箏(풍쟁) ①풍경(風磬). ②연. 지연(紙鳶).
風前燈火(풍전등화) 바람 앞의 등불. ㉠매우 위급한 처지. ㉡인생의 덧없음.
風情(풍정) ①아담한 정취. ②품고 있는 뜻. ③풍월의 정취. 재미있는 풍취.
風潮(풍조) ①바람 따라 흐르는 조수(潮水). ②풍향(風向)과 조류(潮流). ③세상의 추세(趨勢). 시대의 경향(傾向).
風調(풍조) ①모양. 취향(趣向). ②시가 등의 가락. ③규칙. 관습(慣習). ④바람이 때에 맞춰 순조롭게 붊.
風調雨順(풍조우순) ①풍우가 순조로움. 기후가 순조로워 오곡이 잘 익음. ②사문(寺門)의 양쪽에 세운 사천왕(四天王).
風從(풍종) 바람에 쏠리는 풀처럼 순종함.
風櫛雨沐(풍즐우목) 바람에 머리 빗고 비에 목욕함. 외지에서 심한 고생을 겪음.
風塵(풍진) ①바람과 티끌. 바람에 날리는 티끌. ②전쟁으로 인한 난리. 兵亂(병란). 兵塵(병진). ③인간 세상. ④세속의 일.
風餐露宿(풍찬노숙) 바람을 먹고 이슬을 맞으며 잠. 객지에서 겪는 모진 고생.
風窓破壁(풍창파벽) 뚫어진 창과 헌 담벼락. 돌보지 않아 허술한 집.
風采(풍채) 드러나 보이는 의젓한 모습.
風聽(풍청) 소문을 들음. 또는 그 소문.
風草德(풍초덕) 군자(君子)의 덕. 교화(敎化)하는 덕.
風趣(풍취) ①아담한 정취가 있는 풍경. ②격에 맞는 멋.
風致(풍치) ①훌륭하고 멋진 경치. ②격에 맞는 멋.
風土(풍토) 어떤 지역의 기후와 토지의 상태.
風波(풍파) ①바람과 물결. 바람이 불고 물결

이 잃. 風浪(풍랑). ②동요하여 안정되지 못함. ③세속의 번거로운 일.
風害(풍해) 바람으로 인한 재해.
風行草偃(풍행초언) 임금이 덕으로써 백성을 교화함.
風憲(풍헌) 풍습과 도덕에 관한 규범.
風化(풍화) ①덕(德)으로써 백성을 교화하는 일. ②완곡히 타일러 교화하는 일. ③암석이 공기·물·햇빛 등의 작용으로 점차 파괴, 분해되는 일.
風火(풍화) ①바람과 불. 폭풍과 화재. ②전란(戰亂). ③기세가 맹렬함.
風候(풍후) ①풍물과 기후. ②철. 시절.
◨ 家風가풍, 強風강풍, 古風고풍, 國風국풍, 東風동풍, 微風미풍, 民風민풍, 屛風병풍, 瑞風서풍, 順風순풍, 溫風온풍, 威風위풍, 淸風청풍, 秋風추풍, 颱風태풍, 薰風훈풍.

5 ⑭【颯】飒 바람 소리 삽 合

인명 ㊥sà ㊐サツ

소전 초서 동자 颭 동자 颾 자해 ❶바람 소리. 〔宋玉·賦〕有風颯然而至유풍삽연이지. ❷바람이 불다. ❸흐트러지다. ❹쇠하다, 이울다.
颯沓(삽답) ①많고 성한 모양. ②거듭 겹치는 모양.
颯颯(삽삽) ①바람 소리. 바람이 갑자기 불어 오는 모양. ②빗소리.
颯爽(삽상) ①모습이 씩씩하고 성미가 시원스러움. ②가뿐하고 민첩함.
颯然(삽연) ①바람 소리. ②바람에 나뭇잎이 떨어지는 모양.

5 ⑭【颭】飐 물결 일 점 琰

㊥zhǎn ㊐セン

소전 초서 자해 ❶물결이 일다. ❷살랑거리다, 바람에 가볍게 흔들리다.
颭颭(점점) 바람에 흔들리는 모양.

5 ⑭【颱】台 태풍 태 灰

인명 2급 ㊥tái ㊐タイ

초서 자해 태풍, 구풍(颶風).

8 ⑰【颶】飓 구풍 구 遇

㊥jù ㊐ク

초서 자해 구풍(颶風), 맹렬한 폭풍. 열대성 저기압의 총칭. 〔白居易·詩〕天黃生颶母천황생구모.
颶母(구모) 구풍(颶風)이 불어올 조짐.

9 ⑱【颸】飔 선선한 바람 시 支

㊥sī ㊐シ

초서 자해 ❶선선한 바람, 양풍(涼風). ❷빠른 바람, 질풍(疾風).
颸風(시풍) 빠른 바람. 疾風(질풍).

9 ⑱【颺】飏 날릴 양 陽

㊥yáng ㊐ヨウ

소전 초서 동자 飊 자해 ❶날리다. 바람이 물건을 날게 하다. 〔閻伯璵·賦〕終沿風以颺颺종연풍이양양. ❷날다, 새가 날아오르다. ❸높이다. 소리를 높여 빨리 말하다. 〔書經〕皐陶拜手稽道颺言曰고요배수계수양언왈. ❹풍채가 빼어나다, 용모가 남달리 훌륭하다. 〔春秋左氏傳〕今子少不颺금자소불양.
颺去(양거) 새가 날아감.
颺言(양언) 소리를 높여 말함. 揚言(양언).

10 ⑲【颼】飕 바람 소리 수 尤

㊥sōu ㊐シュ

자해 바람 소리. 〔後漢書〕啾啾颼颼추추수수.
颼颼(수수) ①바람 소리. ②빗소리. ③한랭한 모양.

10 ⑲【颻】飖 불어 오르는 바람 요 蕭

㊥yáo ㊐ヨウ

초서 동자 飆 자해 ❶불어 오르는 바람. ❷질풍(疾風).
颻颺(요양) 나무가 바람에 흔들림.
颻颻(요요) 바람이 부는 모양.

11 ⑳【飄】飘 회오리바람 표 蕭

인명 1급 ㊥piāo ㊐ヒョウ

소전 초서 동자 飃 자해 ❶회오리바람, 선풍(旋風). 〔詩經〕飄風自南표풍자남. ❷바람이 부는 모양. 〔楚辭〕東風飄兮동풍표혜. ❸나부끼다, 나부끼게 하다. ❹떠돌다, 유랑하다. 〔北史〕羈旅飄泊기려표박.
飄零(표령) ①나뭇잎이 바람에 펄럭이며 떨어

風 11획

짐. ②영락(零落)함. 飄落(표락).
飄眇(표묘) 소리가 맑고 긴 모양.
飄泊(표박) 정처 없이 떠돌아다님. 타향으로 떠돎. 飄寓(표우).
飄泛(표범) ①배 따위가 가볍게 뜸. ②유랑(流浪)함.
飄揚(표양) ①번드치며 날아오름. 飄颺(표양). ②표박(飄泊)함.
飄然(표연) ①바람에 가볍게 날리는 모양. ②훌쩍 떠나는 모양. ③정처 없이 떠돌아다니는 모양.
飄逸(표일) ①뛰어난 모양. 俊逸(준일). ②높이 날아오르는 모양. ③표연히 속세를 떠나 세상일에 상관하지 않음.
飄蕩(표탕) ①흔들림. ②유랑함. 영락함.
飄飄(표표) ①날아오르는 모양. 펄펄 날리는 모양. ②바람이 부는 모양. 바람에 가볍게 날리는 모양. ③유랑(流浪)하는 모양.
飄風(표풍) 회오리바람. 旋風(선풍).

12
㉑【飆】飙 폭풍 표 ㊇
㊥biāo ㊐ヒョウ
소전 초서 동자 飈 동자 飇 속자 飊
자해 **❶폭풍. ❷회오리바람.**

12
㉑〖飊〗 飆(1388)와 동자 인명

18
㉗【飌】 風(1385)의 고자

飛部 날 비

0
⑨【飛】飞 날 비 ㊉
중학 인명 4Ⅱ급 ㊥fēi ㊐ヒ
필순
소전 초서 고자 자원 象形. 새가 양쪽 날개를 쭉 펴고 나는 모습을 본뜬 글자.
자해 **❶날다. ㉮하늘을 가다.** 〔詩經〕鳶飛戾天연비여천. **㉯오르다.** 〔史記〕大風起兮雲飛揚대풍기혜운비양. **㉰빨리 가다. ㉱근거 없는 말이 떠돌다.** 〔漢書〕迺有飛語내유비어. **❷날리다, 빨리 닿게 하다.** 〔後漢書〕馳檄飛翰치격비한. **❸높다.** 누각 같은 것이 높이 솟아 있는 모양. **❹빠르다.**
飛閣(비각) ①높은 누각. ②높은 곳에 건너지른 다리. 飛棧(비잔).
飛車(비거) ①바람을 타고 공중을 날아다닌다는 수레. ②現비행기(飛行機).
飛檄(비격) 격문을 급히 돌림. 또는 그 격문.
飛橋(비교) 높은 다리.
飛騎(비기) ①기병 대장(騎兵大將). ②썩 날랜 기병.
飛動(비동) 날아 움직임. 생동하는 모양.
飛騰(비등) 날아 올라감.
飛廉(비렴) ①바람의 신(神). 풍백(風伯). ②바람을 일으킨다는 신금(神禽)의 이름. ③날개가 있다는 괴수(怪獸)의 이름.
飛龍在天(비룡재천) 성인(聖人)이 천자(天子)의 자리에 있음의 비유.
飛樓(비루) ①망루(望樓)가 있는 병거(兵車). ②높이 솟은 누각. 飛閣(비각).
飛流(비류) ①빨리 흐름. 빨리 낢. ②폭포.
飛輪(비륜) 해. 태양.
飛沫(비말) 튀어 오르는 물방울.
飛白(비백) 서체(書體)의 한 가지. 후한(後漢)의 채옹(蔡邕)이 창안한 것으로, 속필로 힘차게 획을 긋기 때문에 필적(筆跡)이 비로 쓴 자국처럼 보임. 飛帛(비백).
飛報(비보) 급히 알림. 급한 통지.
飛蓬(비봉) ①바람에 날리는 마른 쑥. ②동요하여 안정되지 못한 모양.
飛散(비산) 날아 흩어짐.
飛翔(비상) 훨훨 하늘을 낢.
飛書(비서) ①화살 따위에 편지를 매달아 날려 보냄. ②편지를 급히 보냄. 또는 그 편지. ③익명의 편지.
飛星(비성) 별똥별. 流星(유성).
飛矢(비시) 날아가는 화살.
飛躍(비약) ①높이 뛰어오름. ②급속히 진보함. ③맹렬히 활약함.
飛揚(비양) ①날아오름. 뛰어오름. ②무질서하고 어지러움. ③자유자재(自由自在)임.
飛言(비언) 뜬소문. 근거 없는 말. 飛語(비어).
飛肉(비육) 날짐승. 조류(鳥類).
飛耳長目(비이장목) 먼 곳에서 일어나는 일을 능히 듣고 보는 귀와 눈. 사물에 대한 관찰력이 예민함의 비유.
飛將(비장) 행동이 재빠르고 무용(武勇)이 뛰어난 장수.
飛傳(비전) 역참(驛站)의 재빠른 말〔馬〕.
飛電(비전) 번쩍이는 번개.
飛箭(비전) 날아오는 화살.
飛梯(비제) 성을 공격할 때 쓰던 높은 사닥다리. 雲梯(운제).

飛鳥(비조) 하늘을 나는 새. 飛禽(비금).
飛走(비주) ①나는 새와 달리는 짐승. ②나는 듯이 달림.
飛札(비찰) 편지를 급송함. 급히 보내는 편지.
飛泉(비천) ①폭포. 飛淙(비종). 飛瀑(비폭). ②힘차게 솟아오르는 샘.
飛簷(비첨) 높은 집의 번쩍 들린 처마.
飛蟲(비충) ①새. ②잘 나는 벌레.
飛彈(비탄) 날아가는 탄환. 飛丸(비환).
飛筆(비필) 힘차게 빨리 씀. 빨리 쓰는 글씨.
飛行(비행) 날아감. 날아다님.
飛軒(비헌) 높은 처마. 높은 집.
飛虎(비호) 國나는 듯이 빨리 달리는 범. 동작이 용맹하고 신속함의 비유.
飛火(비화) ①튀는 불똥. ②사건 따위의 영향이 직접 관계 없는 다른 데에까지 번짐.
飛花(비화) 떨어지는 꽃. 飛華(비화).
飛禍(비화) ①뜻밖의 재난. 뜻밖의 죽음. ②國남의 일로 까닭 없이 당하는 재화(災禍).
◨ 奮飛분비, 雄飛웅비.

1 ⑩ 【飛】 飛(1388)의 고자

12 ㉑ 【飜】 뒤칠 번 元

고등 인명 3급 ㊥fān ㊐ハン

필순 ㇒ 平 采 番 番 番飞 番飞 番飞 飜 飜 飜

초서 [초서] 동자 翻 참고 어휘와 예문은 '翻(1014)'을 아울러 보라.

자원 形聲. 番+飛→飜. '番(번)'이 음을 나타낸다.

자해 ❶뒤치다, 엎어지다. ❷날다.

飜覆(번복) 이리저리 뒤집힘.
飜案(번안) ①國원작의 내용이나 줄거리는 그대로 두고 풍속·인명·지명 따위를 시대나 풍토에 맞게 바꾸어 고침. ②안건을 뒤집음.
飜譯(번역) 어떤 언어로 된 글을 다른 언어의 글로 옮김.

食部 밥 식

0 ⑨ 【食】 ①밥 식 職 ②밥 사 寘 ③사람 이름 이 寘

중학 인명 7급 ㊥shì, sì ㊐ショク

필순 ノ 人 𠆢 今 今 今 食 食 食

소전 [소전] 초서 [초서] 본자 𩚁 본자 [본자] 고자 [고자] 속자 [속자]

참고 ❶'食'이 한자의 구성에서 변에 쓰일 때는 글자 모양이 '飠'으로 바뀌고, '밥식변'이라고 부른다. ❷인명용 음은 '식'이다.

자원 會意. 亼+皀→食. '모이다'를 뜻하는 '亼(집)'과 곡물의 좋은 향기를 뜻하는 '皀(흡)'을 합하여 곡물이 모인 것〔食〕, 곧 '쌀, 밥'의 뜻을 나타낸다.

자해 ① ❶밥. ㉮쌀밥. 〔周禮〕治其糧與其食치기량여기식. ㉯먹을거리. 밥·반찬 등 먹는 것의 총칭. 〔詩詁〕凡可食之物曰食범가식지물왈식. ❷먹다. ❸속이다, 식언하다. 〔國語〕言不可食언불가식. ❹식사(食事), 밥 먹는 일. 〔論語〕發憤忘食발분망식. ❺녹(祿), 질록(秩祿). 〔論語〕君子謀道不謀食군자모도불모식. ❻생활하다. ❼받아들이다. 〔漢書〕不食膚受之愬불식부수지소. ② ❶밥. 〔周禮〕掌王之食飮膳羞장왕지사음선수. ❷먹이다, 기르다. 〔詩經〕飮之食之음지사지. ③ 사람 이름. 〔漢書〕酈食其역이기.

食客(식객) 예전에 세력 있는 집에 얹혀 있으면서 문객 노릇을 하던 사람.
食頃(식경) 밥을 먹을 동안.
食氣(❶식기 ❷사기) ❶①기(氣)를 먹음. 신이 제물을 흠향(歆饗)함. ②공기를 먹음. 도교(道敎)에서 양생법(養生法)의 한 가지. ③음식물의 냄새. ❷곡물을 먹은 기운.
食德(식덕) 조상이 쌓은 공덕으로 자손이 작위(爵位)를 누림.
食道(식도) ①군량(軍糧)을 나르는 도로. ②소화 기관의 일부로서, 인두(咽頭)에서 위까지의 긴 관. 밥줄.
食祿(식록) ①녹(祿). 급료(給料). 俸祿(봉록). ②녹을 먹음. 녹봉(祿俸)을 받음.
食料(식료) ①음식의 재료. ②음식 값.
食無求飽(식무구포) 배부르게 먹기를 바라지 않음. 군자의 마음가짐의 하나.
食復(식복) 병이 나을 무렵에 음식 조섭을 잘 못하여 병이 재발하는 일.
食福(식복) 먹을 복.
食俸(식봉) 녹(祿). 급료. 俸祿(봉록).
食不甘味(식불감미) 먹어도 맛을 느끼지 못함. 늘 심로(心勞)하고 있음.
食費(식비) 밥값.
食事(식사) 밥을 먹는 일.
食傷(식상) ①음식물의 중독이나 과식으로 일어나는 배앓이. 食滯(식체). ②같은 음식이나 사물이 되풀이되어 물리거나 질림.
食色(식색) ①음식과 여색. 식욕과 성욕. ②굶주린 기색이 없음. 양식이 넉넉함.

食膳(식선) 먹을 것. 음식물.
食性(식성) 음식에 대하여 좋아하고 싫어하는 성질.
食率(식솔) 國딸린 식구. 家率(가솔).
食言(식언) 한번 입 밖에 낸 말을 입 속에 도로 넣음. 약속한 말을 지키지 않음.
食慾(식욕) 음식을 먹고 싶어 하는 마음.
食用(식용) 먹을 것으로 씀.
食牛之氣(식우지기) 소도 삼킬 정도의 큰 기백(氣魄).
食飮(식음) 먹을 것과 마실 것. 먹음과 마심.
食邑(식읍) 공신에게 하사한 채읍(采邑).
食餌(식이) ①먹을 것. 먹이. ②먹이를 먹음.
食前(식전) 밥을 먹기 전.
食前方丈(식전방장) 앞에 맛난 음식을 사방 열 자나 되게 차려 놓음. 매우 사치함.
食鼎(식정) 밥을 짓는 솥. 밥솥.
食指(식지) 집게손가락.
食卓(식탁) 음식을 차려 먹을 수 있게 만든 탁자(卓子).
食醯(식혜) 國쌀밥을 엿기름으로 삭혀서 설탕을 넣고 차게 삭힌 음료.
食貨(식화) ①식료와 재화. ②경제.
◨ 斷食단식, 月食월식, 日食일식, 節食절식, 會食회식.

0 ⑨【𠊊】 食(1389)의 고자

0 ⑨【飠】 食(1389)의 속자

1 ⑩【𩚀】 食(1389)의 본자

1 ⑩【𩚁】 食(1389)의 본자

2 ⑪【飢】饥 주릴 기 囡

고등 인명 3급 ㊥jī ㊐キ

필순 ノ 𠆢 𠆢 今 今 今 今 食 飣 飢

소전 초서 동자 饑 자원 形聲. 食+几→飢. '几(궤)'가 음을 나타낸다.

자해 ❶주리다, 굶주리다. 〔孟子〕 飢者易爲食기자이위식. ❷주리게 하다. 〔孟子〕 稷思天下有飢者직사천하유기자, 由己飢之也유기기지야. ❸주림, 기아(飢餓).

飢渴(기갈) ①배고픔과 목마름. ②바람이 매우 간절함.
飢困(기곤) 굶주려 고달픔.
飢饉(기근) 흉년(凶年)이 듦.
飢歲(기세) 흉년(凶年). 凶歲(흉세).
飢餓(기아) 굶주림.
飢穰(기양) 흉년과 풍년. 凶豐(흉풍).
飢疫(기역) 기근과 역질(疫疾).
飢寒(기한) 배고픔과 추위.

2 ⑪【飡】 飧(1390)의 속자 인명

2 ⑪【飣】饤 쌓아 둘 정 徑

㊥dìng ㊐テイ

초서 자해 ❶쌓아 두다, 음식물을 수북이 담다. ❷음식물을 늘어놓다. 〔韓愈·詩〕 肴核紛飣餖효핵분정두.

飣餖(정두) ①음식물을 다 먹을 수 없을 만큼 많이 늘어 놓음. ②문사(文詞)를 짓는데, 고어(古語)·고자(古字)를 의미없이 늘어놓음.

3 ⑫【飧】 저녁밥 손 园

㊥sūn ㊐ソン

소전 초서 속자 飡 속자 飱 자해 ❶저녁밥, 석반(夕飯). 〔周禮〕 賓賜之飧牽빈사지손견. ❷밥, 간단한 식사. 〔周禮〕 致飧如致積之禮치손여치적지례.

飧饔(손옹) 저녁밥과 아침밥. 조석의 식사.

3 ⑫【飦】 죽 전 先

㊥zhān ㊐セン

자해 죽. =饘. 〔孟子〕 飦粥之食전죽지식.

飦粥(전죽) 죽. 죽과 미음.

4 ⑬【飩】饨 찐만두 돈 元

㊥tún ㊐トン

초서 자해 찐만두, 빵. =肫.

4 ⑬【飯】饭 밥 반 阮

중학 인명 3Ⅱ급 ㊥fàn ㊐ハン

필순 ノ 𠆢 今 今 今 食 飠 飣 飯 飯

소전 초서 동자 飰 자원 形聲. 食+反→飯. '反(반)'

食 0 획

이 음을 나타낸다.
자해 ❶밥. 〔禮記〕 毋摶飯무박반. ❷먹다, 밥을 먹이다. 〔論語〕 飯疏食반소사, 飮水음수. ❸먹이다, 기르다. 〔史記〕 見信飢飯信견신기반신.
飯羹(반갱) 밥과 국.
飯顆(반과) 밥알. 飯粒(반립).
飯囊(반낭) 밥주머니. 무위도식(無爲徒食)하는 사람을 조롱하는 말. 飯袋(반대).
飯米(반미) 밥쌀.
飯噴(반분) 입에 든 음식을 내뿜음. 웃음을 터뜨리는 모양. 噴飯(분반).
飯匕(반비) 숟가락.
飯床器(반상기) 國격식을 갖추어 밥상 하나를 차리도록 만든 한 벌의 그릇.
飯匙(반시) 숟가락.
飯食(❶반식 ❷반사) ❶밥을 먹음. ❷밥.
飯盂(반우) 밥을 담는 그릇.
飯店(반점) 중국 음식을 파는 대중음식점.
飯酒(반주) 國끼니를 먹을 때 곁들여서 한두 잔 마시는 술.
飯含(반함) 염습(殮襲)할 때, 죽은 사람의 입속에 구슬이나 쌀·돈 등을 물리는 일.
◨ 多飯다반, 麥飯맥반, 夕飯석반, 蔬飯소반, 粗飯조반, 酒飯주반.

4 ⑬【飰】 飯(1390)과 동자

4 ⑬【飱】 飧(1390)의 속자

4 ⑬【飫】饫 물릴 어 御

㊥yù ㊐ヨ

소전 [소전] 초서 [초서] 동자 饇 자해 ❶물리다, 실컷 먹다. 〔詩經〕 飮酒之飫음주지어. ❷주연(酒宴). 〔國語〕 王公立飫왕공립어.
飫聞(어문) 싫증이 날 만큼 많이 들음.
飫賜(어사) 술과 음식을 충분히 내림.
飫宴(어연) 주연(酒宴).

4 ⑬【飮】饮 마실 음 寢

중학 인명 6급 ㊥yǐn ㊐イン

필순 ノ 𠆢 今 今 今 𩙿 𩚃 飠 飮 飮

소전 [소전] 초서 [초서] 고자 㱃 고자 飲 자원 會意. 食+欠→飮. 입을 벌리고〔欠〕 음식을 먹는다〔𩙿〕는 데서 '마시다'의 뜻을 나타낸다.
자해 ❶마시다. ㉮물을 마시다. 〔易經〕 君子以飮食宴樂군자이음연락. ㉯술을 마시다. ❷잔치, 주연. ❸음료(飮料). 마실 수 있는 것의 총칭. ❹마시게 하다. 〔禮記〕 酌而飮寡人작이음과인.
飮客(음객) 술을 잘 마시는 사람. 酒客(주객).
飮器(음기) ①술잔. ②요강.
飮福(음복) 제사를 지내고 나서 제수(祭需)를 나누어 먹는 일.
飮食(음식) ①사람이 먹을 수 있는 물건. ②먹고 마심.
飮章(음장) 저자(著者)의 이름을 밝히지 않은 글. 익명(匿名)의 글.
飮餞(음전) 먼 길을 떠날 때, 도신(道神)에게 제사 지내어 안전을 빌고, 제사가 끝난 뒤에 주연을 베풀던 일.
飮酒(음주) 술을 마심.
飮醉(음취) 술을 마시고 취함.
飮河滿腹(음하만복) 강물을 마셔도 배만 차면 그것으로 만족함. 자기 분수를 따라 만족할 줄 알아야 함.
飮禍(음화) 음주에서 오는 화(禍).

4 ⑬【飲】 飮(1391)의 고자

4 ⑬【飪】饪 익힐 임 寢

㊥rèn ㊐ジン

소전 [소전] 초서 [초서] 동자 餁 자해 익히다, 삶다. 〔論語〕 失飪不食실임불식.
飪熟(임숙) 음식물을 알맞게 익힘.

4 ⑬【飭】饬 신칙할 칙 職

인명 ㊥chì ㊐チョク

소전 [소전] 초서 [초서] 자해 ❶신칙하다, 훈계하다. 〔漢書〕 欲令戒飭富平侯延壽욕영계칙부평후정수. ❷삼가다, 삼가는 모양. 〔漢書〕 愛敬飭盡애경칙진. ❸갖추다, 정비하다. 〔漢書〕 匡飭天下광칙천하.
飭躬(칙궁) 스스로를 바로잡고 삼감.
飭勵(칙려) 타이르고 격려함.
飭正(칙정) 몸을 삼가 행실을 바르게 함.
◨ 戒飭계칙, 謹飭근칙, 修飭수칙, 申飭신칙.

5 ⑭【餗】 꼴 말 曷

㊥mò ㊐バツ

소전 [소전] 동자 秣 자해 꼴, 꼴을 먹이다.

5 ⑭【飼】饲 먹일 사 寘

인명 2급 ㊥sì ㊐シ

초서 자해 ❶먹이, 사료(飼料). 〔唐書〕張頤待飼장이대사. ❷기르다, 치다.

飼料(사료) 가축에게 주는 먹을거리.
飼養(사양) 짐승을 기름. 飼育(사육).
◨ 放飼방사.

5 ⑭【飾】饰 꾸밀 식 職

고등 인명 3Ⅱ급 ㊥shì ㊐ショク

필순 𠆢 今 今 今 今 食 飠 飠 飭 飾

소전 초서 동자 餝 자원 形聲. 食+人+巾→飾. '食(식)'이 음을 나타낸다.

자해 ❶꾸미다. ㉮치장(治粧)하다, 모양을 내다. 〔禮記〕婦人不飾부인불식, 不敢見舅姑불감견구고. ㉯옷에 가선을 둘러 수식하다. 〔論語〕君子不以紺緅飾군자불이감추식. ❷꾸밈, 장식. 〔詩經〕羔裘豹飾고구표식.

飾非(식비) 교묘하게 잘못을 얼버무려 숨김.
飾詐(식사) 속임. 거짓으로 꾸밈.
飾辭(식사) 말을 꾸밈. 꾸며서 하는 말.
飾言(식언) 말을 꾸밈. 거짓으로 꾸민 말. 飾口(식구).
飾僞(식위) 거짓을 그럴싸하게 꾸밈.
飾喜(식희) 國부모의 경사에 잔치를 베풂.
◨ 假飾가식, 修飾수식, 裝飾장식, 虛飾허식.

5 ⑭【飴】饴 ①엿 이 支 ②먹일 사 寘

인명 ㊥yí, sì ㊐イ

소전 초서 참고 인명용 음은 '이'이다.

자해 ①❶엿. ❷단맛, 감미(甘味). 〔周禮〕五味오미, 醯혜, 酒주, 飴蜜이밀, 薑鹽之屬강염지속. ❸달다. ②먹이다, 기르다. 〔晉書〕以私米作饘粥이사미작전죽, 以飴餓者이사아자.

飴糖(이당) 엿.
飴蜜(이밀) 엿과 꿀.

5 ⑭【飽】饱 물릴 포 巧

고등 인명 3급 ㊥bǎo ㊐ホウ

필순 𠆢 今 今 今 今 食 飠 飣 飽 飽

소전 초서 고자 饆 자원 形聲. 食+包→飽. '包(포)'가 음을 나타낸다.

자해 ❶물리다, 싫증이 나다. ㉮배부르다. 〔春秋左氏傳〕無醉飽之心무취포지심. ㉯음식이 많다. ❷가득 차다, 만족하다. 〔陸機·賦〕耳飽從諛之說이포종유지설. ❸배불리, 실컷. 〔孟子〕飽食煖衣포식난의.

飽看(포간) 싫증이 나도록 봄. 실컷 봄.
飽喫(포끽) 물리도록 먹음. 飽食(포식).
飽暖(포난) 배불리 먹고 따뜻하게 입음.
飽德(포덕) 은덕(恩德)을 흐뭇이 받음.
飽滿(포만) 넘치도록 가득함.
飽聞(포문) 싫도록 들음. 飫聞(어문).
飽食煖衣(포식난의) 배불리 먹고 따뜻하게 입음. 의식(衣食)이 넉넉하게 지냄.
飽足(포족) 만족하게 함.
飽享(포향) 흡족하게 누림.
飽和(포화) 더 이상의 양을 수용할 수 없을 정도로 가득 참.
◨ 饑飽기포, 醉飽취포.

5 ⑭【飶】 음식 냄새 필 質

㊥bì ㊐ヒツ

소전 초서 자해 ❶음식 냄새. ❷향기롭다, 향기로운 냄새. 〔詩經〕有飶其香유필기향.

5 ⑭【飳】 餬(1396)와 동자

6 ⑮【餃】饺 엿 교 效

인명 ㊥jiǎo ㊐コウ

자해 ❶엿. ❷경단. ❸교자(餃子).

餃子(교자) 밀가루를 반죽하여 소를 넣어 빚은 음식. 만두.
餃飴(교이) 엿에 곡식 가루를 버무려서 만든 과자.
餃餌(교이) 찐만두.

6 ⑮【餅】 餠(1395)의 속자

6 ⑮【養】养 기를 양 養漾

중학 인명 5급 ㊥yàng, yǎng ㊐ヨウ

필순 丷 䒑 羊 美 养 养 养 養 養 養

소전 초서 자원 形聲. 羊+食→養. '羊(양)'이 음을 나타낸다.

자해 ❶기르다. ㉮자라게 하다, 성장(成長)시키다. 〔大學〕未有學養子而后嫁者也미유학양

食 5획

자이후가자야. ㉯**튼튼하게 하다**. 〔孟子〕我善養吾浩然之氣아선양오호연지기. ㉰**젖을 먹이다, 품어 기르다**. 〔荀子〕父能生之부능생지, 不能養之불능양지. ㉱**양생(養生)하다, 건강의 증진을 꾀하다**. 〔荀子〕以養生爲已至道이양생위기지도. ㉲**기민(飢民)을 구제하다, 진휼(賑恤)하다**. ㉳**가르치다, 교육하다**. 〔禮記〕立太傅少傅입태부소부, 以養之이양지. ㉴**다스리다, 치료하다**. 〔孟子〕養心莫善於寡欲양심막선어과욕. ❷**양육, 기르는 일, 기르는 힘**. 〔孟子〕雨露之養우로지양. ❸**밥을 짓다**. ❹**자식을 낳다**. 〔韓詩外傳〕王季遂立而養文王왕계수립이양문왕. ❺**봉양하다**.

養家(양가) ①가족을 부양함. ②양자(養子)로 들어간 집.
養氣(양기) ①심신의 원기(元氣)를 기름. ②호연지기(浩然之氣)를 기름. ③생물을 자라게 하는 기운.
養女(양녀) ①딸을 낳아 기름. ②수양딸.
養豚(양돈) 돼지를 기름.
養老(양로) 노인을 봉양함.
養母(양모) ①양가(養家)의 어머니. ②길러 준 수양어머니. 수양모. 義母(의모).
養目(양목) 눈을 즐겁게 함.
養兵(양병) 군사를 양성함.
養蜂(양봉) 꿀을 얻기 위하여 벌을 기름.
養父(양부) ①양가(養家)의 아버지. ②길러 준 수양아버지. 수양부. 義父(의부).
養分(양분) 영양이 되는 성분.
養嗣(양사) ①양자. ②양자를 들임.
養生(양생) 장수(長壽)를 위하여 위생에 힘씀. 건강을 위하여 섭생(攝生)함.
養生送死(양생송사) 살아 있는 사람을 잘 봉양하고, 죽은 사람을 후하게 장사 지냄.
養成(양성) 길러 자라게 함.
養性(양성) ①착한 천성(天性)을 기름. ②타고난 성(性)을 보존함.
養殖(양식) 물고기·굴·김 등을 기르고 번식시키는 일.
養心(양심) 심성(心性)을 훌륭하게 기름.
養育(양육) 아이를 보살펴 자라게 함.
養子(양자) ①자녀를 낳아 기름. ②양아들.
養志(양지) ①뜻을 기름. 뜻을 이루기 위하여 끊임없이 노력함. ②어버이의 뜻을 받들어 참된 효도를 다함.
養親(양친) ①어버이를 봉양(奉養)함. ②양부모(養父母).
養虎遺患(양호유환) 國범을 길러 후환을 남김. 화근(禍根)이 될 것을 그대로 두었다가 후일 화를 당하게 됨.
養和(양화) ①화평한 마음을 기름. ②등을 기대는 기물.

◨ 供養공양, 敎養교양, 牧養목양, 培養배양, 奉養봉양, 修養수양, 育養육양.

6 ⑮【餌】饵 먹이 이 紙

1급 ㊥ěr ㊐ジ

소전 초서 자해 ❶**먹이, 모이**. 〔淮南子〕無餌之釣不可以得魚무이지조불가이득어. ❷**먹다**. 〔後漢書〕常餌薏苡實상이의이실. ❸**미끼를 던지다, 꾀다**. 〔正字通〕陰以利誘人亦曰餌음이리유인역왈이. ❹**경단**.

餌口(이구) 음식을 먹음. 생계(生計)를 세움. 糊口(호구).
餌啗(이담) 먹이를 먹임. 이(利)를 미끼로 하여 남을 꾐.
餌藥(이약) ①약을 먹음. ②國보약(補藥).
◨ 食餌식이.

6 ⑮【餞】 餞(1396)의 속자

6 ⑮【餂】餂 낚을 첨 琰

㊥tián ㊐テン

초서 자해 **낚다, 취하다, 꾀어내다**. 〔孟子〕是以言餂之也시이언첨지야.

6 ⑮【餉】饷 건량 향 本상 漾

인명 ㊥xiǎng ㊐ショウ

소전 초서 동자 餉 동자 饟 자해 ❶**건량(乾糧), 도시락**. 여행하는 사람이나 들에서 일하는 사람에게 보내는 음식. 〔書經〕乃葛伯仇餉내갈백구향. ❷**군량(軍糧)**. ❸**잠깐 동안**. 식사(食事)할 정도의 짧은 시간. 〔韓愈·詩〕雖得一餉樂수득일향락. ❹**보내다, 음식을 대접하다, 물품을 주다**. 〔孟子〕有童子유동자, 以黍肉餉이서육향.

餉穀(향곡) 군량(軍糧)으로 쓰던 곡식.
餉饋(향궤) 군량. 군용미(軍用米).
餉道(향도) 군량을 운반하는 길.
◨ 軍餉군향.

7 ⑯【餒】馁 주릴 뇌 賄

㊥něi ㊐ダイ

소전 초서 자해 ❶**주리다, 굶주리다**. ＝餧. ❷**굶주리게 하다**. 〔孟子〕凍餒其妻子동뇌기처자. ❸**굶주림**. 〔論語〕耕也경야, 餒在其中矣뇌재기중의. ❹**썩다**,

고기가 썩어 문드러지다. 〔論語〕 魚餒而肉敗不食어뇌이육패불식.
餒饉(뇌근) 굶주림.
餒士(뇌사) 굶주린 선비.
◨ 困餒곤뇌, 貧餒빈뇌, 乏餒핍뇌, 寒餒한뇌.

7 ⑯【餖】饾 늘어놓을 두 宥
㊥dòu ㊐トウ
초서 자해 **늘어놓다.** 음식을 상에 죽 차려 놓다.

7 ⑯【餓】饿 주릴 아 箇
고등 인명 3급 ㊥è ㊐ガ
필순 丿 𠆢 今 今 刍 食 飠 飣 餓 餓 餓
소전 초서 자원 形聲. 食+我→餓. '我(아)'가 음을 나타낸다.
자해 ❶**주리다, 굶주리다.** 〔禮記〕 夫子爲粥與國之餓者부자위죽여국지아자. ❷**굶주리게 하다.** 〔孟子〕 餓其體膚아기체부. ❸**굶주림, 기아**(飢餓). 〔後漢書〕 伯夷守餓백이수아.
餓鬼(아귀) ①(佛)아귀도에 빠진 귀신. ②염치없이 먹을 것만 탐내는 사람.
餓狼(아랑) ①굶주린 이리. ②잔인한 사람의 비유.
餓死(아사) 굶어 죽음.
餓殺(아살) 굶겨 죽임.
餓莩(아표) 굶어 죽은 시체. 餓殍(아표).
餓虎(아호) 굶주린 범. 몹시 위험하거나, 탐욕스럽고 포악한 사람의 비유. 餒虎(뇌호).
◨ 飢餓기아, 饑餓기아, 凍餓동아.

7 ⑯【餘】余 남을 여 魚
중학 인명 4Ⅱ급 ㊥yú ㊐ヨ
필순 丿 𠆢 今 今 刍 食 飠 飠 餘 餘 餘
소전 초서 속자 余 자원 形聲. 食+余→餘. '余(여)'가 음을 나타낸다.
자해 ❶**남다.** ㉮**넉넉하다, 여유가 있다.** 〔荀子〕 不求其餘불구기여. ㉯**나머지, 잉여**(剩餘). 〔孟子〕 乞其餘不足걸기여부족. ㉰**그 이상**(以上). 〔張華·遊俠篇〕 食客三千餘식객삼천여. ㉱**그 이외의 것.** 〔吳志〕 餘皆釋放여개석방. ❷**죄다, 남김없이.**
餘暇(여가) 일이 없어 한가로운 시간.
餘皆倣此(여개방차) 여타(餘他)의 것은 다 이와 같음.
餘慶(여경) 조상이 쌓은 덕으로 자손이 받게 되는 경사. 餘福(여복).
餘光(여광) ①해가 진 뒤에 남은 빛. ②넘치는 빛. 인덕(人德)·위세(威勢) 등이 저절로 밖으로 나타남의 비유. ③남은 은덕. 餘德(여덕).
餘敎(여교) ①유훈(遺訓). ②여타의 가르침.
餘念(여념) 딴 생각.
餘怒(여노) 심한 노여움. 격렬한 분노.
餘談(여담) 본 줄거리와 관계없는 딴 이야기.
餘德(여덕) 나중까지 남아 있는 은덕.
餘桃啗君(여도담군) 먹다 남은 복숭아를 임금에게 먹임. 애증(愛憎)의 변화가 심함. 故事 춘추 시대 위(衛)나라의 미자하(彌子瑕)가 임금의 총애를 받을 때에는 제가 먹던 복숭아를 바쳐 신임을 얻었으나, 총애를 잃은 후에는 그 행동 때문에 죄를 얻어 처벌을 받았다는 데서 온 말.
餘力(여력) 남은 힘.
餘祿(여록) 여분의 소득(所得).
餘錄(여록) 남은 기록.
餘論(여론) 본론에 덧붙인 의론.
餘望(여망) 남아 있는 희망.
餘命(여명) 남아 있는 목숨.
餘民(여민) 나라가 망한 뒤에 살아남은 백성.
餘芳(여방) ①남아 있는 향기. ②다른 꽃. ③죽은 뒤까지 남은 명예.
餘白(여백) 글씨를 쓰고 남은 빈 자리.
餘分(여분) 나머지.
餘事(여사) ①여가에 하는 일. 여력(餘力)으로 하는 일. ②딴 일. 他事(타사).
餘生(여생) ①남은 생애. ②간신히 살아난 목숨. 근근이 붙어 있는 목숨.
餘勢(여세) 나머지 세력이나 기세.
餘習(여습) 타성이 된 습성. 평소의 습관.
餘殃(여앙) 조상의 악덕(惡德)으로 자손이 받는 재앙.
餘哀(여애) 채 다 가시지 않은 슬픔.
餘孽(여얼) 패망한 집의 남은 자손.
餘業(여업) ①선인(先人)이 남긴 공업(功業). ②본업 이외의 일. 副業(부업).
餘炎(여염) ①타고 남은 불꽃. ②늦더위.
餘榮(여영) ①조상이 남긴 영예. 죽은 뒤까지 남은 영예. ②분에 넘치는 영광.
餘裔(여예) ①자손(子孫). ②말류(末流).
餘饒(여요) 남아돎. 물자가 풍부함.
餘運(여운) 남은 운수. 아직 더 흥왕(興旺)할 운기(運氣).
餘韻(여운) ①아직 가시지 않고 남아 있는 운치. ②여음(餘音).
餘裕(여유) ①남아돎. ②침착하고 작은 일에 얽매이지 않음. 느긋하고 대범함.

餘音(여음) 소리가 그친 뒤에도 남아 있는 음향. 餘響(여향).
餘蔭(여음) ①넉넉한 그늘. ②조상의 공덕으로 자손이 받는 복.
餘日(여일) ①남아 있는 날짜. ②여명(餘命). ③한가한 날.
餘滴(여적) 남아 있는 물방울.
餘情(여정) ①잊을 수 없는 생각. 마음속 깊이 남아서 가시지 않는 정.
餘罪(여죄) 주가 되는 죄 이외의 다른 죄.
餘地(여지) ①남은 땅. ②어떤 일을 하거나 어떤 일이 일어날 가능성이나 희망.
餘塵(여진) 옛 사람이 남긴 업적의 자취.
餘震(여진) 큰 지진이 일어난 다음에 얼마 동안 잇따라 일어나는 작은 지진.
餘醜(여추) 악인들의 잔당(殘黨).
餘他(여타) 밖의 다른 것.
餘澤(여택) 선인(先人)이 남긴 은택.
餘波(여파) ①큰 물결이 지나간 뒤에 일어나는 잔물결. ②어떤 일이 끝난 뒤에 남아서 미치는 영향.
餘風(여풍) 남아 있는 풍습.
餘恨(여한) 남은 원한. 풀리지 않는 원한.
餘寒(여한) 남은 추위. 늦추위.
餘香(여향) ①다 사라지지 않고 아직 남아 있는 향기. ②그윽한 향기.
餘響(여향) 뒤에까지 남아 있는 소리의 울림.
餘嫌(여혐) 아직 남아 있는 혐의.
餘暉(여휘) ①저녁놀. ②두루 미치는 은택.
餘痕(여흔) 남아 있는 자국.
餘興(여흥) 놀이 끝에 남아 있는 흥.
◨ 剩餘잉여, 殘餘잔여.

7 ⑯ 【餕】 대궁 준 震

㊥jùn ㊐シュン

소전 [篆] 초서 [草] 자해 ❶대궁. 먹다 남은 밥. 〔論語·釋文〕食餘曰餕식여왈준.
餕餘(준여) 먹다 남긴 음식물.

7 ⑯ 【餐】 먹을 찬 寒

인명 2급 ㊥cān ㊐サン

소전 [篆] 초서 [草] 동자 飡 자해 ❶먹다, 마시다. 〔詩經〕使我不能餐兮사아불능찬혜. ❷음식물. 〔漢書〕列侯幸得賜餐錢奉邑열후행득사찬전봉읍.
餐飯(찬반) ①밥을 먹음. ②식사. 음식물.
餐食(찬식) ①먹음. ②식사(食事).
餐錢(찬전) 천자가 신하에게 하사하는 식시비.
餐霞之人(찬하지인) 놀을 먹고 사는 사람. 곧, 선인(仙人).
◨ 晩餐만찬, 素餐소찬, 正餐정찬, 朝餐조찬.

7 ⑯ 【餔】 饰 새참 포 虞

㊥bū ㊐ホ

소전 [篆] 초서 [草] 자해 ❶새참. 오후 4시경인 신시(申時)에 먹는 곁두리. 〔呂氏春秋〕餔至下晡포지하포, 下晡至日夕하포지일석. ❷밥, 식사. ❸먹다. ❹먹이다, 기르다. ≒哺. 〔漢書〕呂后因餔之여후인포지.
餔時(포시) 새참을 먹을 무렵. 신시(申時), 곧 지금의 오후 4시경. 晡時(포시).
餔啜(포철) 먹고 마심. 飮食(음식).

7 ⑯ 【餑】 飽(1392)의 고자

8 ⑰ 【館】 馆 객사 관 旱

고등 인명 3Ⅱ급 ㊥guǎn ㊐カン

필순 丿 亽 今 今 ⻝ 食 食' 飣 飵 館

소전 [篆] 초서 [草] 속자 舘 자원 形聲. 食+官→館. '官(관)'이 음을 나타낸다.
자해 ❶객사, 원(院), 여관. 〔詩經〕適子之館兮적자지관혜. ❷사람이 상주(常住)하지 않는 건물. 관청·학교 따위. ❸묵다, 투숙하다. 〔春秋左氏傳〕館于寫氏관우사씨. ❹묵게 하다, 유하게 하다. 〔孟子〕帝館甥于貳室제관생우이실.
館閣(관각) ①귀인(貴人)의 저택. ②송대(宋代) 한림원(翰林院)의 딴 이름. ③國홍문관(弘文館)과 예문관(藝文館).
館驛(관역) 역참(驛站). 역사(驛舍).
館人(관인) 관사에서 손을 접대하던 사람.
◨ 公館공관, 別館별관, 本館본관, 使館사관, 舍館사관, 驛館역관.

8 ⑰ 【餤】 馅 1권할 담 覃 2먹을 담 勘

㊥tán, dàn ㊐タン

초서 [草] 자해 1권하다, 음식을 권하다. 2 ❶먹다, 먹이다. ≒啗. ❷미끼를 먹이다, 낚다. 〔史記〕故以齊餤天下고이제담천하. ❸떡. 곡식 가루를 익혀 만든 음식의 한 가지.

8 ⑰ 【餠】 饼 떡 병 梗

인명 1급 ㊥bǐng ㊐ヘイ

食 8획

소전 餅 속자 餠 자해 떡, 밀이나 보릿가루로 만든 떡. ＝餅.
餅師(병사) 떡을 파는 사람. 떡 장수.

8 ⑰【餝】 飾(1392)과 동자

8 ⑰【餧】 ①먹일 위 ②주릴 뇌
㊥wèi, něi ㊐イ, ダイ
소전 餧 동자 餵 자해 ①먹이다, 기르다. 〔楚辭〕鳳亦不貪餧而妄食봉역불탐위이망식. ② ❶주리다, 주림. 〔漢書〕發倉廩발창름, 振乏餧진핍뇌. ❷생선이 썩다.

8 ⑰【餞】 饯 전별할 전
인명 1급 ㊥jiàn ㊐セン
소전 餞 초서 餞 속자 餞 자해 ❶전별하다, 주식(酒食)을 대접하여 가는 사람을 보내다. 〔詩經〕飮餞于禰음전우예. ❷송별연, 가는 사람에게 주는 예물.
餞別(전별) ①잔치를 베풀어 작별함. ②송별 때 선물로 주는 돈이나 물품.
餞送(전송) 전별하여 보냄.
餞筵(전연) 송별연(送別宴).
餞飮(전음) 작별의 주연(酒宴). 餞杯(전배).
餞春(전춘) 봄을 보냄. 가는 봄을 아쉬워하며 주연을 차려 즐김.
◨ 送餞송전, 飮餞음전, 贈餞증전.

8 ⑰【餉】 餉(1393)과 동자

8 ⑰【餛】 馄 떡 혼
㊥hún ㊐コン
초서 餛 자해 ❶떡. ❷만두, 빵.

8 ⑰【餚】 반찬 효
㊥yáo ㊐コウ
초서 餚 자해 반찬, 안주. ＝肴. 〔國語〕親戚宴饗친척연향, 則有餚烝즉유효증.

9 ⑱【餲】 쉴 애
㊥ài ㊐アイ
소전 餲 초서 餲 자해 ❶쉬다, 음식 맛이 변하다. ＝饐. 〔論語〕食饐而餲사애이애. ❷유과, 유밀과, 산자.

9 ⑱【餮】 탐할 철
㊥tiè ㊐テツ
초서 餮 자해 탐하다. 음식을 욕심내어 먹다. 〔春秋左氏傳〕天下謂之饕餮천하위지도철.
餮饕(철도) 음식이나 재물을 탐냄.

9 ⑱【餪】 國떡 편
자해 떡.

9 ⑱【餬】 기식할 호
㊥hú ㊐コ
소전 餬 초서 餬 동자 餰 자해 ❶기식(寄食)하다. ❷죽을 먹다, 가난하게 살다. 〔莊子〕足以餬口족이호구.
餬口(호구) ①남에게 기식함. 식객(食客)이 됨. ②죽을 먹음. 겨우 먹고삶.
餬饘(호전) 죽(粥).

9 ⑱【餱】 건량 후
㊥hóu ㊐コウ
소전 餱 초서 餱 자해 건량(乾糧), 말린 밥. ＝糇. 〔詩經〕或負其餱혹부기후.
餱糧(후량) 밥을 말려서 만든 양식.

10 ⑲【餽】 보낼 궤
㊥kuì ㊐キ
소전 餽 초서 餽 자해 ❶보내다, 보내는 것. 금전·식량 등을 대접하여 보내는 일. ≒饋. 〔孟子〕王餽兼金一百而不受왕궤겸금일백이불수. ❷제사.
餽歲(궤세) 연말에 친척·친구 등에게 음식을 보냄. 세말(歲末)의 선물.
餽遺(궤유) 음식물이나 금품을 보냄.

10 ⑲【餾】 餾(1397)과 동자

10 ⑲【饁】 들밥 엽
㊥yè ㊐ヨウ
소전 饁 초서 饁 자해 ❶들밥. 들에서 일하는 사람에게 보내는 음식.

〔詩經〕有噴其饁유탐기엽. ❷들밥을 내가다. 〔詩經〕饁彼南畝엽피남묘.

10 ⑲ 【餼】饩 보낼 희 未

㊥xì ㊐キ

초서 자해 ❶보내다. ㉮음식을 대접하다. 〔玉篇〕餼희, 饋餉也궤향야. ㉯희생(犧牲)을 보내다. 〔儀禮〕餼之以其禮희지이기례. ❷희생. 제물로 바치는 산 짐승. 〔論語〕子貢欲去告朔之餼羊자공욕거고삭지희양.

餼牽(희견) 살아 있는 희생(犧牲).

餼羊(희양) 삭망(朔望)에 종묘에 희생으로 바치는 양.

11 ⑳ 【饉】馑 흉년 들 근 震

인명 1급 ㊥jǐn ㊐キン

소전 초서 자해 흉년 들다, 흉년, 기근(饑饉). 〔春秋穀梁傳〕三穀不升삼곡불승, 謂之饉위지근.

11 ⑳ 【饅】馒 만두 만 寒

인명 1급 ㊥mán ㊐マン

초서 자해 만두. 〔事物紀原〕饅頭疑自武侯始也만두의자무후시야.

饅頭(만두) 밀가루를 얇게 반죽하여 소를 넣고 둥글게 빚어서 삶거나 찐 음식.

12 ㉑ 【饋】馈 먹일 궤 寘

인명 ㊥kuì ㊐キ

소전 초서 동자 餽 자해 ❶먹이다, 음식을 대접하다, 호궤(犒饋)하다. 〔春秋左氏傳〕齊人饋之餼제인궤지희. ❷음식이나 물건을 보내다. 〔禮記〕顏淵之喪饋祥肉안연지상궤상육. ❸드리다, 올리다. ❹선물. 〔論語〕朋友之饋붕우지궤.

饋食(궤식) ①제사 때 익힌 음식을 바치는 일. ②음식물을 선사함.

饋遺(궤유) 물품을 보냄. 진물(進物)을 보냄.

饋奠(궤전) 제물을 갖추어 신에게 제사함.

饋饌(궤찬) 윗사람에게 드리는 음식.

◨ 犒饋호궤.

12 ㉑ 【饑】饥 주릴 기 微

인명 ㊥jī ㊐キ

소전 초서 동자 飢 자해 ❶주리다, 굶주리다. 〔淮南子〕寧一月饑녕일월기. ❷흉년, 기근(饑饉). 〔墨子〕五穀不收오곡불수, 謂之饑위지기.

饑渴(기갈) 굶주림과 목마름.

饑窮(기궁) 굶주려 고생함.

饑饉(기근) 흉년.

饑溺(기닉) 굶주리는 일과 물에 빠지는 일. 백성의 고통이 절박함.

饑凍(기동) 굶주리고 추위에 떪.

饑色(기색) 굶주린 안색.

饑歲(기세) 흉년.

饑穰(기양) 식량이 부족함과 넉넉함. 기근과 풍양(豐穰).

饑飽(기포) 굶주림과 배불리 먹음.

饑寒(기한) 허기와 추위. 굶주리고 추위에 떪. 飢寒(기한).

12 ㉑ 【餹】 國요기할 료

자해 요기(餹飢)하다. 조금 먹어서 시장기를 면하다.

12 ㉑ 【餾】馏 찔 류 宥

㊥liù ㊐リュウ

소전 동자 餾 자해 ❶찌다. 물에 불린 쌀을 시루에 넣어 찌다. ❷뜸들다, 밥이 충분히 익다.

12 ㉑ 【饙】 찔 분 文

㊥fēn ㊐フン

자해 ❶찌다, 익히다. 〔韓愈·詩〕或若氣饙餾혹약기분류.

饙餾(분류) 삶음. 찜.

12 ㉑ 【饍】 膳(1040)과 동자 인명

12 ㉑ 【饒】饶 넉넉할 요 蕭 嘯

인명 1급 ㊥ráo ㊐ジョウ

소전 초서 속자 饒 자해 ❶넉넉하다. ㉮배불리 먹다, 포식하다. ㉯많다. 〔漢書〕資用益饒자용익요. ❷너그럽다. ❸땅이 기름지다, 비옥(肥沃)하다. 〔史記〕關中阻山河四塞관중저산하사색, 地肥饒지비요.

饒富(요부) 풍부함. 재물이 넉넉함.

饒舌(요설) 수다스럽게 지껄임.

饒沃(요옥) 땅이 비옥하여 산물이 많음.

饒益(요익) 풍요하여 조금도 불편이 없음.

饒足(요족) 넉넉함.
饒戶(요호) 살림이 넉넉한 집. 부잣집.
◨ 富饒부요, 肥饒비요, 餘饒여요, 豊饒풍요.

12 ㉑【饐】饐 쉴 의·애 寘霽

㊥yì ㊐イ

소전 초서 자해 쉬다, 음식이 썩다. 〔論語〕食饐而餲사애이애.

12 ㉑〖饌〗馔 반찬 찬 潸

인명 1급 ㊥zhuàn ㊐サン

소전 초서 본자 餕 동자 籑 자해 ❶반찬. 〔周禮〕以共王之四飮三酒之饌이공왕지사음삼주지찬. ❷차리다, 음식을 차려 내다. ❸먹다, 먹이다. 〔論語〕有酒食유주식, 先生饌선생찬.
饌具(찬구) 음식을 차리는 데 쓰는 기구.
饌饋(찬궤) 밥상을 차려 음식을 대접함.
饌玉炊金(찬옥취금) 주옥으로 반찬을 하고 황금으로 밥을 지음. ㉠값비싼 음식. ㉡사치스러운 음식.
饌欌(찬장) 國그릇이나 반찬을 넣어 두는 장.
◨ 饋饌궤찬, 飯饌반찬, 盛饌성찬, 素饌소찬.

12 ㉑【饎】 주식 치 寘

㊥chì ㊐シ

소전 초서 동자 餀 동자 饎 자해 ❶주식(酒食), 술과 음식. 〔詩經〕吉蠲爲饎길견위치. ❷익히다, 열을 가하여 음식을 조리하다.

13 ㉒【饕】 탐할 도 豪

㊥tāo ㊐トウ

소전 자해 ❶탐하다, 욕심을 부리다. ㉮음식을 탐하다. ㉯재물을 탐하다. 〔春秋左氏傳〕天下之民以比三凶천하지민이비삼흉, 謂之饕餮위지도철.
饕餮(도철) ①음식과 재물을 탐냄. ②탐욕스럽고 사람을 잡아먹는다는 전설상의 흉악한 짐승. ③탐욕스러운 악인(惡人).

13 ㉒〖饔〗 아침밥 옹 冬

인명 ㊥yōng ㊐ヨウ

소전 초서 자해 ❶아침밥, 조반(朝飯). 〔孟子〕饔飧而治옹손이치. ❷익힌 음식. 〔詩經〕有母之尸饔유모지시옹. ❸희생, 도살한 희생. ＝雍. 〔儀禮〕君使卿韋弁歸饔餼五牢군사경위변귀옹희오뢰.
饔飧(옹손) 아침밥과 저녁밥. 조석의 식사.
饔餼(옹희) 죽은 희생과 산 희생.

13 ㉒【饘】 죽 전 先

㊥zhān ㊐セン

소전 초서 자해 죽, 진하게 쑨 죽. ＝飦.
饘酏(전이) 죽(粥). 된죽과 묽은 죽.

13 ㉒〖饗〗飨 1잔치할 향 養 2흠향할 향 陽

인명 1급 ㊥xiǎng ㊐キョウ

소전 초서 자해 1 ❶잔치하다, 연회하다. 〔蜀志〕嶷殺牛饗宴의살우향연. ❷대접하다. 〔儀禮〕壹食再饗일식재향. ❸권하다, 신에게 흠향하라고 고하다. 〔儀禮〕祝饗축향, 命佐食祭명좌식제. ❹제사하다. 2 흠향(歆饗)하다. 신이 제사를 받아들이다. 〔漢書〕賓百寮山河饗빈백료산하향.
饗告(향고) 제물을 차려 조상에게 제사 지내고 신에게 고함.
饗禮(향례) 빈객(賓客)에게 잔치를 베풀어 대접하는 예.
饗報(향보) 신에게 제사하여 은혜에 보답함.
饗宴(향연) 주식(酒食)을 대접하는 잔치.
饗應(향응) 주식을 차려 사람을 대접함.
饗奠(향전) 제수를 차려 놓고 제사 지냄.
◨ 宴饗연향, 祭饗제향, 歆饗흠향.

14 ㉓【饛】 수북이 담을 몽 東

㊥méng ㊐ボウ

소전 초서 자해 수북이 담다. 음식을 수북이 담은 모양. 〔詩經〕有饛簋飧유몽궤손.

14 ㉓【饜】餍 물릴 염 豔

㊥yàn ㊐エン

소전 동자 饜 자해 ❶물리다. ❷실컷 먹다, 포식하다. 〔孟子〕必饜酒食而後反필염주식이후반. ❸흐뭇하다. 〔孟子〕不奪不饜불탈불염.
饜足(염족) 물릴 정도로 실컷 먹고 마심.

14 ㉓【籑】 음식 차릴 찬 潸

㊥zhuàn ㊐サン

食 12획

자해 음식을 차리다, 반찬. =饌.

17 ㉖【饟】 건량 양 本상 漾

中xiǎng 日ジョウ

소전 자해 ❶건량(乾糧). 익혀서 말린 음식. ❷건량을 보내다, 들밥을 내가다. 〔詩經〕其饟伊黍기양이서. ❸군량(軍糧), 군대의 양식.

饟道(양도) 군량(軍糧)을 수송하는 길.

17 ㉖【饞】馋 탐할 참 咸

中chán 日サン

초서 자해 탐하다. ㉮음식을 탐하다. 〔易林〕舌饞於腹설참어복. ㉯재물을 탐하다.

首部 머리 수

0 ⑨【首】 머리 수 有

중학 인명 5급 中shǒu 日シュ

필순 丶 丷 䒑 𦣻 产 产 首 首 首

소전 초서 고자 𩠐 동자 䭫 자원 象形. 머리털이 나 있는 사람의 머리를 본뜬 글자. '巛'는 머리털을, '百'는 사람의 머리를 나타낸다.

자해 ❶머리. ㉮두부(頭部). 〔詩經〕搔首踟躕소수지주. ㉯목, 고개. ㉰머리털. ❷시초(始初), 초두(初頭). 〔春秋公羊傳〕首時過則書수시과즉서. ❸먼저, 앞, 선두(先頭). ❹우두머리, 주장(主長). 〔禮記〕毋爲戎首무위융수. ❺편(篇). 시문(詩文)의 편수(篇數)를 세는 말. ❻자백하다, 자수(自首)하다. 〔漢書〕驕嫚不首교만불수. ❼향하다, 머리를 향하다. 〔漢書〕北首爭死敵북수쟁사적. ❽國마리. 짐승·물고기·벌레 따위를 세는 단위.

首丘初心(수구초심) 여우가 죽을 때면 머리를 본디 살던 언덕 쪽으로 둠. ㉠근본을 잊지 않음. ㉡고향을 그리워함.

首肯(수긍) 그러하다고 고개를 끄덕임. 옳음을 인정함.

首級(수급) 전쟁에서 베어 얻은 적군의 머리.

首腦(수뇌) 중추적(中樞的)인 자리를 맡고 있는 사람. 우두머리.

首都(수도) 한 나라의 중앙 정부가 있는 도시.

首聯(수련) ①첫머리의 연구(聯句). ②율시(律詩)의 첫 두 구(句).

首領(수령) 한 당파나 무리의 우두머리.

首虜(수로) 수급(首級)과 포로(捕虜).

首尾(수미) ①머리와 꼬리. ②처음과 끝. 본말(本末). 首末(수말). ③결말을 지음.

首服(수복) ①자수(自首)함. 首伏(수복). ②머리의 장식(裝飾). 관(冠).

首富(수부) 첫째가는 부자. 甲富(갑부).

首相(수상) ①영의정. ②내각의 우두머리.

首鼠兩端(수서양단) 쥐가 구멍에서 머리를 내밀고 나갈까 말까 망설임. 어느 쪽으로도 결정 짓지 못하고 망설임의 비유.

首席(수석) 맨 윗자리. 일등(一等).

首善(수선) 모범이 되는 곳. 서울.

首惡(수악) 악인의 우두머리. 首虐(수학).

首位(수위) 첫째가는 자리나 우두머리가 되는 자리.

首義(수의) ①의병을 일으킬 것을 수창(首唱)함. ②솔선 항복하여 정의를 좇음.

首弟子(수제자) 으뜸가는 제자.

首足(수족) 머리와 발. 頭足(두족).

首足異處(수족이처) 참형(斬刑)을 당하여 머리와 다리가 따로따로 됨.

首從(수종) ①앞서서 하는 사람과 따라 하는 사람. ②주범(主犯)과 종범(從犯).

首罪(수죄) ①범죄 중에서 가장 무거운 죄. ②주범(主犯). 首犯(수범).

首職(수직) 주요 직책.

首絰(수질) 상복에 갖추어 머리에 쓰는, 짚에 삼 껍질을 감은 둥근 테.

首唱(수창) ①앞장서서 주창함. ②좌중에서 맨 먼저 시를 지은 사람.

首勳(수훈) 첫째가는 큰 공훈.

◨ 黔首검수, 魁首괴수, 皓首호수, 梟首효수.

0 ⑩【𩠐】 首(1399)의 고자

2 ⑪【馗】 광대뼈 구 支

中kuí 日キ

소전 초서 자해 ❶광대뼈, 협골(頰骨). ❷길, 사방팔방으로 통하는 큰길. 〔說文解字〕馗구, 九達道也구달도야.

8 ⑰【馘】 벨 괵 陌

中guó 日カク

초서 속자 䤋 자해 베다. 전쟁에서 적의 왼쪽 귀나 머리를 베다.

首 8획

〔禮記〕以訊馘告이신괵고.
馘首(괵수) 목을 벰. 馘截(괵절).
馘耳(괵이) 귀를 벰. 벤 귀.

9 ⑱【䭫】 首(1399)와 동자

香部 향기 향

0 ⑨【香】 향기 향 陽

중학 인명 4Ⅱ급 ㊥xiāng ㊐コウ

필순 ノ 二 千 禾 禾 禾 香 香 香

소전 초서 자원 會意. 黍+甘→香. 기장〔黍〕을 맛있게 익혔을 때 단내〔甘〕가 나는 데서 '향기' 라는 뜻을 나타낸다.

자해 ❶향기, 향내. 〔詩經〕有飶其香유필기향. ❷향기롭다, 향내가 나다. 〔呂氏春秋〕水泉必香수천필향. ❸향, 향내를 풍기는 것. 〔陳書〕燒香正坐소향정좌.

香閣(향각) ①향기 높은 전각. 부인의 침실. 閨房(규방). ②절〔寺〕.
香界(향계) 절. 寺刹(사찰).
香氣(향기) 기분 좋은 냄새.
香徒(향도) 國상여를 메는 사람. 상여꾼.
香爐(향로) 향을 피우는 자그마한 화로.
香名(향명) 향기로운 이름. 남의 좋은 평판.
香夢(향몽) 봄철의 아름다운 꿈.
香味(향미) 음식의 향기로운 맛.
香雪(향설) 향기로운 흰 꽃.
香水(향수) 액체 화장품의 하나. 향료를 알코올 따위에 풀어 만듦.
香辛料(향신료) 음식물에 매운맛이나 향기를 풍기게 하는 조미료(調味料).
香煙(향연) 향을 태우는 연기.
香豔(향염) 향기와 윤기. 향기롭고 아름다움.
香油(향유) 향기가 나는 화장용 물기름.
香餌(향이) ①향기로운 미끼. ②사람의 마음을 유혹하는 재물이나 이익 따위.
香奠(향전) 상가(喪家)에 부조로 보내는 돈이나 물품. 賻儀(부의).
香草(향초) 향기로운 풀.
香燭(향촉) 제사에 쓰는 향과 초.
香臭(향취) ①향기. ②향기와 취기(臭氣).
香魂(향혼) ①꽃의 정령(精靈). ②미인의 넋.
香火(향화) ①향불. ②제사 또는 불공.
香花(향화) ①향기로운 꽃. ②신불(神佛)에 바치는 향과 꽃.
香薰(향훈) ①좋은 향기. ②미인(美人).
◨ 焚香분향, 燒香소향, 馨香형향.

4 ⑬【馠】 ①향기 별 屑 ②향기 날 함 覃

인명 ㊥bié, hān ㊐ヘチ

참고 인명용 음은 '별' 이다.

자해 ①향기. ②향기가 나다.

5 ⑭【馝】 향기로울 필 質

인명 ㊥bì ㊐ヒツ

자해 향기롭다, 좋은 향내가 나다.

馝馞(필발) 매우 향기로운 모양.

7 ⑯【馞】 향기로울 발 月

㊥bó ㊐ホツ

자해 향기롭다, 진한 향내가 물큰 나는 모양.

9 ⑱【馥】 향기 복 屋

인명 2급 ㊥fù ㊐フク

소전 초서 동자 䅽 동자 馛 자해 ❶향기, 향내. ❷명성, 덕화(德化). 〔江淹·表〕凝華重馥응화중복.

馥郁(복욱) 향기가 그윽함. 馥馥(복복).

11 ⑳【馨】 향기 형 靑

인명 2급 ㊥xīn ㊐ケイ

소전 초서 동자 槃 자해 ❶향기. ㉮향내. ㉯명성, 덕화(德化). 〔晉書〕化盛隆周화성융주, 垂馨千祀수형천사. ❷향기가 나다. ㉮향기롭다. ㉯명성·덕화가 전하다. 〔書經〕明德惟馨명덕유형.

馨逸(형일) 향기가 뛰어남. 색다른 향기.
馨香(형향) ①향내. 좋은 향기. ②멀리까지 풍기는 향기. 덕화(德化)가 먼 곳까지 미침.

馬部 말 마

0 ⑩【馬】马 말 마 馬

중학 인명 5급 ㊥mǎ ㊐バ

필순 丨 𠃌 冂 冂 𫝀 馬 馬 馬 馬 馬

소전 [seal] 초서 [cursive] 자원 象形. 말의 모양을 본뜬 글자.

자해 ❶말, 가축의 한 가지. 〔管子〕 馬者所乘以行野也마자소승이행야야. ❷산가지. 투호(投壺)를 할 때 득점(得點)을 세는 물건. 〔禮記〕 請爲勝者立馬청위승자입마.

馬脚(마각) ①말의 다리. ②연극 등에서, 말의 탈을 뒤집어 쓴 사람의다리. 숨기고 있던 일이나 본성의 비유.

馬褂子(마괘자) 방한용으로 저고리 위에 덧입는 옷. 마고자.

馬具(마구) 말을 타거나 부리는 데 쓰는 도구.

馬廐間(마구간) 말을 기르는 곳.

馬頭(마두) ①말의 머리. ②말의 위. ③마부(馬夫)의 두목.

馬頭出令(마두출령) 갑자기 명령을 내림.

馬鹿(마록) ①윗사람을 농락하여 권세를 마음대로 함. 指鹿爲馬(지록위마). ②사슴의 속칭(俗稱).

馬勒(마륵) 말의 굴레. 말굴레.

馬勃(마발) ①말똥. 馬矢(마시). ②말불버섯.

馬夫(마부) 말을 부리는 사람.

馬上(마상) ①말의 등 위. ②말에 올라 탐.

馬上得之(마상득지) 말을 타고 전쟁터를 달려 천하를 얻음.

馬上才(마상재) 國달리는 말 위에서 부리는 온갖 재주. 馬技(마기). 馬藝(마예).

馬生角(마생각) 말에 뿔이 남. 결코 세상에 있을 수 없는 일의 비유.

馬首(마수) ①말의 머리. 馬頭(마두). ②말이 향하여 가는 방향.

馬乘(마승) 네 필의 말.

馬食(마식) ①말먹이. ②말처럼 많이 먹음.

馬鞅(마앙) 말의 가슴걸이. 뱃대끈.

馬纓(마영) 말의 가슴걸이.

馬耳東風(마이동풍) 말의 귀에 봄바람. ㉠남의 말을 귀담아듣지 않고 흘려 버림. ㉡그 일에 관여하지 않음.

馬賊(마적) ①말을 탄 비적(匪賊). ②말을 훔치는 도둑.

馬蹄(마제) 말의 발굽. 말굽.

馬草(마초) 말에게 먹이는 풀. 말꼴.

馬駄(마태) 말에 실린 짐.

馬牌(마패) 관리가 지방으로 출장 갈 때 역마(驛馬)를 징발할 수 있도록 상서원(尙瑞院)에서 주던, 구리쇠로 만든 둥근 패.

馬鞭(마편) 말채찍. 馬箠(마추).

馬匹(마필) ①말. ②말 몇 마리.

馬汗(마한) 말이 흘리는 땀. 심한 노고(勞苦)의 비유.

馬銜(마함) 말 재갈.

馬革裹尸(마혁과시) 말가죽으로 자기의 시체를 쌈. 싸움터에 나가 살아 돌아오지 않겠다는 결의의 비유.

馬好替乘(마호체승) 國말도 갈아타는 것이 좋음. 옛것이 좋지만 새것으로 바꾸어 보는 것도 더욱 즐거움.

馬戲(마희) 옛날 백희(百戲)의 이름. 말을 타고 부리는 갖가지 재주. 말놀음.

◨ 犬馬견마, 競馬경마, 軍馬군마, 騎馬기마, 駑馬노마, 名馬명마, 木馬목마, 駟馬사마, 乘馬승마, 驛馬역마, 龍馬용마, 竹馬죽마, 駿馬준마, 匹馬필마.

2 ⑫ 【馮】冯 ①탈 빙 蒸 ②성 풍 東

인명 2급 ㊥píng, féng ㊐ヒョウ

소전 [seal] 속자 凭 참고 인명용 음은 '풍'이다.

자해 ① ❶타다, 오르다. 〔周禮〕 馮相氏빙상씨. ❷넘보다, 업신여기다. 〔周禮〕 馮弱犯寡빙약범과. ❸기대다, 의지하다. ❹걸어서 물을 건너다. 〔詩經〕 不敢馮河불감빙하. ② ❶성(姓). ❷이름.

馮陵(빙릉) 권세를 믿고 남을 짓밟음.

馮軾(빙식) 수레 앞의 가로대에 몸을 기댐.

馮河(빙하) ①걸어서 황하(黃河)를 건넘. ②무모한 용기.

馮虛(빙허) 하늘에 오름.

馮夷(풍이) 수신(水神)의 이름. ㉠하백(河伯)의 이름. ㉡우사(雨師)의 이름.

2 ⑫ 【馭】驭 말 부릴 어 御

인명 ㊥yù ㊐ギョ

초서 [cursive] 자해 ❶말을 부리다, 말을 몰다. ＝御. 〔管子〕 馭者어자, 操轡也조련야. ❷마부(馬夫), 말을 부리는 하인. ❸타는 것, 말이나 수레 따위. 〔歐陽詹·賦〕 烟馭雲車연어운거. ❹통솔하다, 다스리다, 지도하다. 〔周禮〕 以八統詔王馭萬民이팔통조왕어만민.

馭馬(어마) 말을 몲. 말을 부림.

馭者(어자) 말을 부리는 사람. 마부(馬夫).

馭風之客(어풍지객) 바람을 타고 날아다니는 사람. 곧, 선인(仙人).

3 ⑬ 【馴】驯 길들 순 寘

인명 1급 ㊥xún ㊐シュン

소전 [seal] 초서 [cursive] 자해 ❶길들다. 새나 짐승이 사람이 시키는 대로 하다. 〔淮南子〕 馬先馴而後求良마선순이후구량.

馬 3획

❷길들이다. 〔史記〕 調馴鳥獸조순조수. ❸따르다, 순종하다. 〔易經〕 馴致其道순치기도.
馴禽(순금) 길들여진 새. 앵무새.
馴良(순량) 온순함. 선량함.
馴鹿(순록) ①길들인 사슴. ②북극 지방에 사는 사슴의 한 가지.
馴服(순복) 정들어 따름. 길들여 따르게 함.
馴養(순양) 길들여 기름.
馴擾(순요) 길듦. 길들임.
馴致(순치) ①짐승을 길들임. ②점차로 변하여 어떤 상태에 이르게 함.
馴行(순행) 착한 행동. 善行(선행).
馴化(순화) ①선정을 베풀어 백성을 감화시킴. ②기후가 다른 지역에 옮겨진 생물이 점차로 그 환경에 적응하는 체질로 변하는 일.
◨ 調馴조순.

3 ⑬ 【馳】驰 달릴 치 支
인명 1급 ㊥chí ㊐チ
소전 초서 자해 ❶달리다. ㉮거마(車馬)를 빨리 몰다. 〔詩經〕 弗馳弗驅불치불구. ㉯질주(疾走)하다. 〔晉書〕 羌戎來馳강융래치. ❷쫓다, 빨리 뒤쫓다. 〔春秋左氏傳〕 公將馳之공장치지. ❸마음이 그곳으로 달려가다. ❹지나가다, 빨리 경과(經過)하다. 〔諸葛亮·書〕 年與時馳년여시치. ❺전하다, 빨리 전파(傳播)하다.
馳車(치거) ①빠른 수레. 공격용 수레. ②달리는 수레. 수레를 달림.
馳驅(치구) ①말이나 수레를 타고 달림. ②몹시 바삐 돌아다님.
馳念(치념) 생각을 달림. 걱정함.
馳到(치도) 달음질하여 도달함.
馳道(치도) ①천자나 귀인이 다니는 길. 輦道(연도). ②천자의 승여(乘輿).
馳突(치돌) 힘차게 달림. 돌진(突進)함.
馳名(치명) 이름을 날림. 명성이 널리 퍼짐.
馳辯(치변) 말을 교묘하게 잘함.
馳步(치보) 달리기도 하도 걷기도 함.
馳報(치보) 빨리 달려가서 알림.
馳騁(치빙) ①달림. 뜀. ②말을 달림. 사냥을 함. ③바삐 돌아다님. 지위나 공명(功名)을 위하여 수완을 발휘함.
馳詣(치예) 달려가 이름. 달려가 찾아뵘.
馳進(치진) ①어른 앞에 빨리 달려 나감. ②國 고을 원이 감영(監營)으로 달려감.
馳逐(치축) ①달려가 쫓음. 말을 달려 뒤쫓음. ②경마(競馬)를 함.
馳驟(치취) 몹시 빠름.
◨ 競馳경치, 驅馳구치, 奔馳분치.

3 ⑬ 【馱】驮 실을 태 本타 歌 箇
인명 ㊥tuó, duò ㊐ダ
소전 속자 駄 참고 인명용 음은 '타'이다.
자해 ❶싣다. 마소에 짐을 싣다. 〔李白·詩〕 吳姬十五細馬馱오희십오세마태. ❷짐. 마소의 등에 실은 짐. ❸짐 싣는 말, 태마(馱馬).
馱價(태가) 짐을 날라 준 삯. 馱賃(태임).
馱馬(태마) ①짐 싣는 말. ②좋지 않은 말.

3 ⑬ 【馯】 1 사나운 말 한 翰 2 동이 별종 한 寒
㊥hàn, hán ㊐カン
초서 자해 1 사나운 말, 성질이 사나운 말. ＝騂. 2 동이(東夷)의 별종.

4 ⑭ 【駆】 驅(1408)의 속자

4 ⑭ 【駈】 驢(1412)의 속자

4 ⑭ 【駁】驳 얼룩말 박 覺
인명 1급 ㊥bó ㊐バク
소전 초서 자해 ❶얼룩말. 털빛이 얼룩얼룩한 말. 〔詩經〕 皇駁其馬황박기마. ❷섞이다, 얼룩지다. ≒駮. 〔莊子〕 其道舛駁기도천박. ❸치다, 논박하다.
駁擊(박격) 남의 의견이나 주장 등의 결점을 비난함. 難駁(난박).
駁論(박론) 남의 의견이나 의론을 따져 비평함. 논박함. 또는 그 논박. 駁議(박의).
駁雜(박잡) 뒤섞여 순수하지 못함. 雜駁(잡박).
◨ 詭駁궤박, 論駁논박, 面駁면박, 反駁반박.

4 ⑭ 【馺】 달릴 삽 合
㊥sà ㊐ソウ
소전 자해 ❶달리다, 말이 질주하다. ❷빠르다. 〔揚雄·賦〕 輕先疾雷而馺遺風경선질뢰이삽유풍.
馺娑(삽사) 말이 빠른 모양.

4 ⑭ 【駅】 驛(1411)의 속자

4 ⑭ 【馹】驲 역말 일 質
인명 ㊥rì ㊐ジツ

馬 3획

소전 駅 초서 駅 동자 馹 자해 역말, 역마(驛馬). 〔春秋左氏傳〕 楚子乘馹초자승일, 會師于臨品회사우림품.

4 ⑭【馱】 馱(1402)의 속자

5 ⑮【駕】驾 멍에 가 禡

인명 1급 ㊥jià ㊐ガ

소전 초서 자해 ❶멍에, 멍에를 메우다. 〔詩經〕 戎車既駕융거기가. ❷타다, 탈것에 오르다. 〔白居易·詩〕 始知駕鶴乘雲外시지가학승운외. ❸탈것, 거마(車馬), 천자의 수레. 〔漢書〕 出郎奉駕출즉봉가. ❹부리다. 수레를 타고 말을 어거하다.

駕跨(가과) 말에 걸터탐. 말을 탐.
駕轎(가교) ①쌍가마. ②임금이 타는 가마.
駕說(가설) 자기 설을 전해서 널리 폄.
駕御(가어) ①말을 자유로이 다루어 부림. ②사람을 마음대로 부림. 駕馭(가어).
駕前(가전) 천자의 수레 앞. 어가(御駕) 앞에 서는 시위병(侍衛兵).

5 ⑮【駉】 목장 경 靑

㊥jiōng ㊐ケイ

소전 초서 자해 ❶목장. 말을 방목(放牧)하는 곳. ❷굳세다, 말이 살찌고 굳센 모양. 〔詩經〕 駉駉牡馬경경모마, 在坰之野재경지야.

駉駉(경경) 말이 살찌고 큰 모양.

5 ⑮【駒】驹 망아지 구 虞

인명 1급 ㊥jū ㊐ク

소전 초서 자해 ❶망아지, 새끼말. 〔唐書〕 乳駒乳犢유구유독. ❷젊은이, 아이. 〔後漢書〕 卿名家駒경명가구, 努力勉之노력면지.

駒隙(구극) 세월이 빠름.
駒馬(구마) 망아지와 말.

5 ⑮【駈】 驅(1408)의 속자

5 ⑮【駑】驽 둔할 노 虞

인명 1급 ㊥nú ㊐ド

초서 자해 둔하다. ㉮걸음이 느린 말. 노마(駑馬). 〔楚辭〕 駑駿雜而不分兮노준잡이불분혜. ㉯재능이 없고 미련하다. 〔荀子〕 庸衆駑散용중노산.

駑蹇(노건) 말이 둔하고 느림.
駑鈍(노둔) 어리석고 둔함. 아둔함.
駑馬(노마) ①걸음이 느린 말. ②노둔한 사람.
駑馬十駕(노마십가) 노마도 열흘을 달리면 준마가 하루에 갈 길을 갈 수 있음. 재주가 없는 사람도 노력하면 재주 있는 사람과 어깨를 나란히 할 수 있음.
駑材(노재) ①재능이 뒤떨어짐. ②자기의 재지에 대한 겸칭. 駑才(노재).
駑下(노하) ①재능이 없음. 둔한 사람. ②자기의 겸칭.

5 ⑮【駙】驸 곁마 부 遇

인명 1급 ㊥fù ㊐フ

소전 초서 자해 ❶곁마, 부마(副馬). 예비로 함께 몰고 다니는 말. ❷가깝다, 접근하다.

駙馬都尉(부마도위) 임금의 사위. 駙馬(부마).

5 ⑮【駓】 황부루 비 支

㊥pī ㊐ヒ

소전 초서 자해 ❶황부루, 토황마(土黃馬). 누른빛과 흰빛이 섞인 말. 〔詩經〕 有騅有駓유추유비. ❷달리는 모양. 〔楚辭〕 逐人駓駓些축인비비사.

駓駓(비비) 달리는 모양.

5 ⑮【駟】驷 사마 사 寘

인명 ㊥sì ㊐シ

소전 초서 자해 ❶사마(駟馬). 한 채의 수레를 함께 끄는 네 필의 말. 〔詩經〕 駟介旁旁사개방방. ❷말. 〔禮記〕 若駟之過隙약사지과극.

駟過隙(사과극) 사마(駟馬)가 문틈을 지나감. 세월이 빠름. 白駒過隙(백구과극).
駟馬(사마) ①한 채의 수레를 끄는 네 필의 말. ②네 필의 말이 끄는 수레.
駟不及舌(사불급설) 한번 입 밖에 낸 말은 사마(駟馬)도 따라잡을 수 없음.

5 ⑮【駛】驶 달릴 사 紙

㊥shǐ ㊐シ

초서 자해 ❶달리다, 말이 빨리 달리다. ❷빠르다, 신속하다. 〔梁簡文帝·詩〕 鶯啼春欲駛앵제춘욕사.

駛雨(사우) 소나기. 急雨(급우).
駛足(사족) 발이 빠른 사람. 疾足(질족).
駛走(사주) 빨리 달림. 疾走(질주).
駛河(사하) 빨리 흐르는 강물. 急流(급류).

5 ⑮【駔】驵 ①준마 장 養 ②끈 끈 조 麌

㊥zǎng, zǔ ㊐ソウ

소전 초서 자해 ① ❶준마(駿馬), 기세가 좋은 말. 〔左思·賦〕 冀馬塡廐而駔駿기마전구이장준. ❷중도위, 거간꾼, 장쾌(駔儈). 〔淮南子〕 段干木단간목, 晉國之大駔也진국지대장야. ❸거칠다, 조잡하다. ② 끈 끈. 실을 여러 올로 짠 끈. 〔周禮〕 駔琮五寸조종오촌.

駔駿(장준) 힘찬 말. 駿馬(준마).
駔儈(장쾌) 중개인. 거간꾼. 牙儈(아쾌).

5 ⑮【駐】驻 머무를 주 遇

인명 2급 ㊥zhù ㊐チュウ

소전 초서 자해 ❶머무르다. ㉮말이나 수레가 멈추어 서다. 〔宋之問·序〕 主稱未醉주칭미취, 惟見馬駐유견마주. ㉯한곳에 체류(滯留)하다. ❷머무르게 하다. 〔李邕·賦〕 長繩難駐장승난주.

駐駕(주가) 어가(御駕)를 멈춤. 駐蹕(주필).
駐屯(주둔) 군대가 어떤 곳에 진(陣)을 치고 오래 머무름. 屯駐(둔주).
駐兵(주병) 군사를 어떤 곳에 주둔시킴. 또는 그 군사. 駐軍(주군).
駐在(주재) ①머물러 있음. ②파견되어 그곳에 머무름.
駐箚(주차) 관리가 직무상 외국에 머물러 있음. 駐紮(주찰).
駐車(주차) 자동차를 일정한 곳에 세워 둠.
◨ 停駐정주.

5 ⑮【駝】驼 낙타 타 歌

인명 1급 ㊥tuó ㊐タ

초서 동자 駞 자해 ❶낙타, 약대. 〔晉書〕 指洛陽宮門銅駝지락양궁문동타. ❷곱사등이, 구루(佝僂). ❸싣다, 가축에 짐을 싣다.

駝鷄(타계) 타조(駝鳥)의 딴 이름.
駝峰(타봉) 낙타의 육봉(肉峰).
◨ 駱駝낙타, 橐駝탁타.

5 ⑮【駞】 駝(1404)와 동자

5 ⑮【駘】骀 둔마 태 灰

㊥tái ㊐タイ

소전 초서 자해 ❶둔마(鈍馬), 둔한 말, 느린 말. ❷둔하다, 어리석다, 재능이 뒤지다. ❸벗다, 말이 재갈을 벗다. 〔崔寔·政論〕 馬駘其銜마태기함. ❹밟다, 짓밟다. 〔史記〕 兵相駘藉병상마적. ❺넓다, 공허(空虛)하다. ¶ 駘蕩태탕.

駘蕩(태탕) ①넓고 큼. ②봄날의 화창한 모양.
駘銜(태함) 말의 재갈을 벗김.
◨ 駑駘노태.

5 ⑮【駜】 말 살찔 필 質

㊥bì ㊐ヒツ

소전 초서 자해 ❶말이 살찌다, 말이 살찌고 건장한 모양. 〔詩經〕 有駜有駜유필유필.

6 ⑯【駱】骆 낙타 락 藥

인명 1급 ㊥luò ㊐ラク

소전 초서 자해 ❶낙타, 약대. 〔後漢書〕 駱駝畜産數萬頭락타축산수만두. ❷가리온. 몸의 털빛은 희고 갈기가 검은 말. 〔詩經〕 嘽嘽駱馬탄탄락마. ❸이어지다, 계속되다. 〔漢書〕 駱驛道路락역도로.

駱馬(낙마) 가리온.
駱驛(낙역) 왕래가 빈번하여 끊이지 않음.

6 ⑯【駮】 짐승 이름 박 覺

㊥bó ㊐ハク

소전 초서 자해 ❶짐승 이름. 말과 비슷하며 범을 잡아 먹는다는 상상의 맹수. 〔管子〕 駮食虎豹박식호표. ❷나무 이름, 자유(梓楡). 〔詩經〕 隰有六駮습유륙박. ❸섞이다, 순일(純一)하지 않다. ≒駁. 〔荀子〕 駮而霸박이패. ❹논박하다. ≒駁. 〔漢書〕 兄弟相駮不可형제상박불가.

駮正(박정) 비평하여 바로잡음.

6 ⑯【駢】 騈(1406)의 속자

6 ⑯【駪】 말 많을 신 眞

㊥shēn ㊐シン

소전 초서 자해 ❶말이 많은 모양. 〔詩經〕 駪駪征夫신신정부.

❷많은 말이 질주하는 모양.
駪駪(신신) 말을 타고 가는 사람이 많은 모양.

6 ⑯【駰】 오총이 인 眞

㊥yīn ㊐イン

소전 초서 자해 **오총이.** 흰 털이 섞인 거무스름한 말. 〔詩經〕我馬維駰아마유인.

6 ⑯【駭】骇 놀랄 해 蟹

인명 1급 ㊥hài ㊐ガイ

소전 초서 자해 **놀라다.** ㉮**크게 놀라다.** ＝駴. 〔春秋公羊傳〕皆色然而駭개색연이해. ㉯**놀래다, 놀라게 하다.** 〔呂氏春秋〕鳴將駭人명장해인.
駭擧(해거) 해괴한 짓.
駭怪(해괴) 매우 괴이함. 놀라 의심함.
駭怪罔測(해괴망측) 헤아릴 수 없이 해괴함.
駭遁(해둔) 놀라 달아남.
駭服(해복) 놀라 복종함.
駭愕(해악) 몹시 놀람. 놀라 당황함.
駭惋(해완) 놀라고 한탄함. 駭歎(해탄).
駭慄(해율) 놀라고 두려워함. 駭懼(해구).
駭震(해진) 놀라서 몸을 떪.
駭殫(해탄) 놀라 두려워함.
駭悖(해패) 몹시 패악(悖惡)함.
駭汗(해한) 놀라서 식은땀을 흘림.
◨ 驚駭경해, 慄駭율해, 怖駭포해, 惶駭황해.

7 ⑰【駼】 양마 이름 도 虞

㊥tú ㊐ト

소전 자해 **양마(良馬) 이름.** 북해(北海)에서 난다.

7 ⑰【駹】 찬간자 방 江

㊥máng ㊐ボウ

소전 초서 자해 ❶**찬간자.** 얼굴과 이마만 흰 푸른 말. ❷**얼굴이 흰 검은 말.**

7 ⑰【騁】骋 달릴 빙 ㊍정 梗

인명 ㊥chěng ㊐テイ

소전 초서 고자 자해 **달리다.** ㉮**말을 달리다.** 〔春秋左氏傳〕林楚怒馬림초노마, 及衢而騁급구이빙. ㉯**마음을 달리다, 회포를 풀다.** ❷**다하다, 극도에 이르다.** 〔詩經〕我瞻四方아첨사방, 蹙蹙靡所騁척척미소빙.
騁望(빙망) ①마음껏 바라봄. ②유람함.
騁懷(빙회) 흉금을 털어놓음.
◨ 驅騁구빙, 馳騁치빙.

7 ⑰【騂】骍 붉은말 성 庚

㊥xīng ㊐セイ

소전 초서 자해 ❶**붉은 말.** 붉은빛에 약간 누른빛을 띤 말. 〔詩經〕有騂有騏유성유기. ❷**붉은 소.** 붉은 털빛의 희생(犧牲). 〔禮記〕牲用騂생용성, 尙赤也상적야. ❸**붉다, 흙빛이 붉다.** 〔周禮〕凡糞種범분종, 騂剛用牛성강용우.
騂剛(성강) ①붉고 딱딱한 토질(土質). ②희생으로 쓰는 붉은 털빛의 소.

7 ⑰【騃】𫘤 ① 어리석을 애 蟹 ② 말 달릴 사 紙

㊥ái, sì ㊐ガイ

소전 초서 자해 ① **어리석다.** 〔漢書〕內實騃내실애, 不曉政事불효정사. ② **말이 달리다, 말이 씩씩하게 나아가다.**
騃女(애녀) 어리석은 여자.

7 ⑰【駿】骏 준마 준 震

인명 2급 ㊥jùn ㊐シュン

소전 초서 자해 ❶**준마(駿馬), 양마(良馬), 잘 달리는 말.** 〔楚辭〕驁駿雜而不分兮노준잡이불분혜. ❷**뛰어난 사람, 걸출한 사람.** ≒俊. 〔史記〕誹駿疑桀兮비준의걸혜. ❸**빼어나다, 뛰어나다.** 〔詩經〕爲下國駿厖위하국준방. ❹**빠르다, 신속하다.** 〔詩經〕駿發爾私준발이사.
駿骨(준골) ①준마(駿馬)의 뼈. 현명한 인재의 비유. ②준마.
駿良(준량) 뛰어나게 좋음.
駿馬(준마) 잘 달리는 좋은 말.
駿敏(준민) 뛰어나고 총명함.
駿厖(준방) 매우 후함. 총명하고 후덕함.
駿奔(준분) 썩 빠르게 달림. 질주함.
駿逸(준일) ①말이 뛰어나게 빠름. ②뛰어난 인재. 俊逸(준일).
駿足(준족) 발이 빠른 훌륭한 말. 뛰어난 인재의 비유. 俊才(준재).

7 ⑰【駸】骎 말 달릴 침 侵

㊥qīn ㊐シン

소전 초서 자해 ❶말이 달리는 모양. ❷빨리 지나가는 모양. ¶ 駸駸침침.
駸駸(침침) ①말이 빠르게 달리는 모양. ②일의 진행이 빠른 모양.

7 ⑰【駾】 달릴 태 泰
㊥tuì ㊐タイ
소전 초서 자해 달리다, 말이 질주하여 오는 모양. 〔詩經〕混夷駾矣곤이태의.

7 ⑰【駻】 사나운 말 한 翰
㊥hàn ㊐カン
소전 초서 자해 사나운 말, 성질이 거칠어 길들지 않은 말. 〔漢書〕猶以轙而御駻突유이기이어한돌.
駻突(한돌) 사나운 말. 길들지 않은 말.
駻馬(한마) 사나운 말.

7 ⑰【駴】 놀랄 해 蟹
㊥hài ㊐ガイ
초서 자해 놀라다, 놀래다. ＝駭. 〔列子〕子列子之徒駴之자렬자지도해지.

7 ⑰【駽】 철총이 현 霰
㊥xuān ㊐ケン
소전 초서 속자 駨 자해 철총이, 돗총이. 털빛이 검푸른 말. 〔詩經〕駜彼乘駽필피승현.

8 ⑱【騎】骑 ①말 탈 기 支 ②기병 기 寘
고등 인명 3Ⅱ급 ㊥qí ㊐キ
필순 丨 厂 ⺁ 馬 馬 馬 馬 騎 騎 騎
소전 초서 속자 騎 자원 形聲. 馬+奇→騎. '奇(기)'가 음을 나타낸다.
자해 ①❶말을 타다. 〔史記〕乃上馬騎내상마기. ❷걸터앉다. 〔漢書〕不騎衡불기형. ②❶기병(騎兵), 말 탄 군사. 〔唐書〕自率鎧騎二千자솔개기이천. ❷기마(騎馬), 승용마. 〔史記〕車騎輜重거기치중.
騎馬(기마) ①말을 탐. 乘馬(승마). ②타는 말. 乘用馬(승용마).
騎兵(기병) 말을 타고 싸우는 병사.
騎士(기사) 말을 탄 병사.
騎射(기사) ①말 타는 기술과 활 쏘는 기술. ②말을 타고 활을 쏨.
騎乘(기승) ①말을 탐. ②말을 타는 일과 수레에 오르는 일.
騎御(기어) 말을 부려 몲.
騎從(기종) ①말을 타고 따라감. ②말을 탄 종자(從者).
騎虎之勢(기호지세) 범을 탄 기세. 일의 추세가 중도에서 그만둘 수 없는 형편.
◨ 步騎보기, 虎騎호기.

8 ⑱【騏】骐 털총이 기 支
인명 2급 ㊥qí ㊐キ
소전 초서 자해 ❶털총이. 푸르고 검은 무늬가 장기판처럼 줄이 진 말. ❷천리마, 준마(駿馬). 〔莊子〕騏驥驊騮기기화류.
騏驎(기린) ①뛰어나게 좋은 말. 駿馬(준마). ②성인이 날 조짐으로 나타난다는 상상 속의 상서로운 짐승. 麒麟(기린).
◨ 驥騏기기.

8 ⑱【騋】 큰 말 래 灰
㊥lái ㊐ライ
소전 초서 자해 큰 말, 키가 7척(尺)인 말. 〔詩經〕騋牝三千내빈삼천.
騋牝(내빈) ①키가 7척인 큰 말과 암말. ②유녀(遊女). 娼妓(창기).

8 ⑱【騄】 말 이름 록 沃
㊥lù ㊐ロク
자해 말 이름, 녹이(騄駬). 주(周) 목왕(穆王)이 타던 팔준마(八駿馬)의 하나. 〔漢書〕華騮騄駬之乘화류록이지승.

8 ⑱【駢】骈 나란히 할 변·병 先 青
인명 ㊥pián ㊐ヘン
소전 초서 속자 駈 속자 騈 참고 인명용 음은 '병'이다.
자해 ❶나란히 하다. ㉮말 두 필을 나란히 하여 수레에 메우다. 〔尙書大傳〕然後得乘飾車駢馬연후득승식거변마. ㉯늘어서 있다. ㉰겹치다, 포개지다. ㉱이어지다, 합쳐지다. 〔史記〕欲觀其駢脅욕관기변협.

馬 7획

騈儷(변려·병려) 문체의 한 가지. 4자로 된 구와 6자로 된 구의 대구를 써서 음조를 맞추는 화려한 문체. 육조(六朝) 시대에 성행함.
騈死(변사) 머리를 나란히 하여 죽음. 죽은 사람이 많음.
騈植(변식) 나란히 섬. 併立(병립).
騈列(변열) 나란히 늘어섬. 羅列(나열).

8 ⑱【騑】 곁마 비 微

㊥fēi ㊐ヒ

소전 초서 자해 ❶**곁마, 부마(副馬).** 곁에 예비로 몰고 가는 말. 〔顔延之·誄〕如彼騑駟여피비사, 配服驂衡배복참형. ❷**세 살 된 말.** 〔本草綱目〕馬三歲曰騑마삼세왈비. ❸**말이 계속 달리는 모양.** ¶ 騑騑비비.
騑騑(비비) ①말이 쉬지 않고 달리는 모양. ②지침. 피로함. ③사마(駟馬)의 모양.

8 ⑱【騒】 騷(1408)의 속자

8 ⑱【騅】骓 오추마 추 支

㊥zhuī ㊐スイ

소전 초서 자해 ❶**오추마.** 검푸른 털에 흰 털이 섞인 말. 〔詩經〕有騅有駓유추유비. ❷**항우(項羽)의 애마(愛馬) 이름.**
騅不逝(추불서) 기세가 꺾이고 힘이 다 빠져 온갖 책략이 소용없게 됨. 故事 초(楚)나라의 항우(項羽)가 유방(劉邦)에게 패하자 그의 애마인 오추마(烏騅馬)도 나아가지 않았다는 고사에서 온 말.
◨ 烏騅오추.

8 ⑱【騐】 驗(1411)의 속자

8 ⑱【騐】 驗(1411)의 속자

9 ⑲【騧】 공골말 과·와 麻佳

㊥guā ㊐カ

소전 초서 자해 ❶**공골말,** 주둥이가 검은 누런 말. 〔詩經〕騧驪是驂과려시참. ❷**지나다.** ≒過.

9 ⑲【騤】 말 끌밋할 규 支

㊥kuí ㊐キ

소전 초서 자해 ❶**말이 끌밋하다.** 말이 위의 있게 나아가는 모양. 〔張衡·賦〕駟飛龍兮騤騤사비룡혜규규. ❷**말이 힘써 쉬지 않는 모양.**

9 ⑲【騎】 騎(1406)의 속자

9 ⑲【騖】骛 달릴 무 遇

㊥wù ㊐ブ

소전 초서 자해 ❶**달리다, 질주하다.** 〔漢書〕四馬騖馳사마무치. ❷**힘쓰다, 노력하다.**
騖置(무치) 역참(驛站)에 마련한 말.
騖馳(무치) 거마(車馬)를 빨리 몲.

9 ⑲【騠】 양마 이름 제 齊

㊥tí ㊐テイ

소전 초서 속자 騙 자해 **양마(良馬) 이름.** 〔後漢書〕馭宛馬어완마, 鞭駃騠편결제.

9 ⑲【騣】 갈기 종 東

㊥zōng ㊐ソウ

소전 초서 자해 **갈기, 말갈기 털.** 〔杜甫·行〕肉騣碨礧連錢動육종외뢰련전동.

9 ⑲【騙】骗 속일 편 霰

인명 1급 ㊥piàn ㊐ヘン

초서 자해 ❶**속이다, 기만하다.** ¶ 騙取편취. ❷**말에 뛰어 올라타다.**
騙馬(편마) 말을 타고 부리는 곡예.
騙取(편취) 속여서 빼앗음. 詐取(사취).

9 ⑲【騢】 적부루마 하 麻

㊥xiá ㊐カ

소전 초서 자해 **적부루마, 홍사마(紅紗馬).** 붉은빛과 흰빛의 털이 섞인 말. 〔詩經〕有駰有騢유인유하.

9 ⑲【騞】 줄곧 갈 획 陌

㊥huō ㊐カク

자해 ❶**줄곧 가다.** ❷**칼 쓰는 소리, 소를 각 뜨**

는 소리. 〔莊子〕 奏刀騞然주도획연.
騞然(획연) 칼로 물건을 가를 때 나는 소리.

10 ⑳【騫】骞 이지러질 건 先 願

인명 ㊥qiān ㊐ケン

소전 초서 자해 ❶이지러지다. 〔詩經〕 不騫不崩불건불붕. ❷추어올리다. ❸노마(駑馬), 둔한 말.
騫裳(건상) 옷을 추어올림.
騫汚(건오) 이지러지고 더러워짐.

10 ⑳【騰】腾 오를 등 蒸

고등 인명 3급 ㊥téng ㊐トウ

필순 刀 月 月' 肸 胅 胅 滕 滕 騰 騰

소전 초서 자원 形聲. 朕+馬→騰. '朕(짐)'이 음을 나타낸다.
자해 ❶오르다. ㉮높은 곳으로 가다. 〔淮南子〕 蹈騰昆侖도등곤륜. ㉯값이 비싸지다. ¶ 騰貴등귀. ❷타다, 말·수레 같은 것을 타다. ❸넘다, 뛰어넘다. ❹지나다, 지나가다. 〔楚辭〕 騰衆車使徑待등중거사경대.
騰蛟起鳳(등교기봉) 뛰어오르는 교룡과 날아오르는 봉황. 재능이 뛰어남의 비유.
騰貴(등귀) 물가가 오름.
騰達(등달) ①위로 오름. ②입신출세(立身出世)함. 顯達(현달).
騰騰(등등) ①성하게 일어나는 모양. ②북을 치는 소리. ③완만한 모양.
騰落(등락) 물가의 오름과 내림.
騰翻(등번) 높이 날아 번드침.
騰沸(등비) 끓어오름.
騰揚(등양) 기세나 지위가 높이 떨침.
騰驤(등양) 뛰어넘음.
騰踐(등천) 밟고 넘어감.
騰捷(등첩) 날아가듯 가볍게 달려감.

10 ⑳【騮】骝 월따말 류 尤

㊥liú ㊐リュウ

소전 초서 본자 駵 자해 월따말. 털빛이 붉고 갈기가 검은 말. 〔詩經〕 騏騮是中기류시중.

10 ⑳【騷】骚 떠들 소 豪

고등 인명 3급 ㊥sāo ㊐ソウ

필순 ㄏ 𠂤 𠂤 馬 馬 馬 馬又 馬叉 騷 騷 騷

초서 속자 騒 자원 形聲. 馬+蚤→騷. '蚤(조)'가 음을 나타낸다.
자해 ❶떠들다, 떠들썩하다. 〔國語〕 王室方騷왕실방소. ❷근심하다, 근심. 〔史記〕 離騷者리소자, 猶離憂也유리우야. ❸운문(韻文)의 한 체(體). 굴원(屈原)의 이소(離騷)에서 시작된 이래 그 유파에서 창작된 시부(詩賦). 〔楚辭·注〕 騷則興少而比賦多소즉흥소이비부다. ❹시부(詩賦), 풍류(風流).
騷客(소객) 시인(詩人). 문사(文士).
騷動(소동) ①법석을 피움. ②가슴이 두근거림. 불안함.
騷亂(소란) 시끄럽고 어수선함.
騷騷(소소) ①급히 서두는 모양. 바쁜 모양. ②부산하고 시끄러움.
騷然(소연) 어수선한 모양. 떠들썩한 모양.
騷擾(소요) 여럿이 떠들썩하게 들고일어남.
騷人墨客(소인묵객) 시문·서화를 하는 사람.
騷體(소체) 문체의 한 가지. 각 구의 끝에 '兮'자를 붙이는 것이 특징임.
◨ 離騷이소, 喧騷훤소.

10 ⑳【騭】 수말 즐 ㊍질 質

㊥zhì ㊐シツ

소전 초서 자해 ❶수말, 말의 수컷. ❷정(定)하다, 안정하다. 〔書經〕 惟天陰騭下民유천음즐하민.

10 ⑳【騶】驺 말 먹이는 사람 추 尤

인명 ㊥zōu ㊐シュウ

소전 초서 자해 ❶말을 먹이는 사람, 말에 관한 일을 맡은 벼슬. 〔春秋左氏傳〕 孟氏之御騶맹씨지어추. ❷기사(騎士), 말 탄 군사. 〔漢書〕 武士騶比外郞무사추비외랑. ❸원유(苑囿), 대궐 안에 있는 동산.
騶御(추어) 마부(馬夫). 御者(어자).
騶虞(추우) 검은 무늬가 있는 백호(白虎). 성인의 덕에 감응하여 나타난다는 서수(瑞獸)로, 생물을 먹지 않으며 생초(生草)를 밟지 않음. 騶牙(추아).
騶卒(추졸) 신분이 천한 하인.
騶從(추종) 신분이 높은 사람이 외출할 때 수레의 앞뒤에서 수행하는 시종.

11 ㉑【驅】驱 몰 구 虞 遇

고등 인명 3급 ㊥qū ㊐ク

필순 ㄏ 𠂤 𠂤 馬 馬 馬一 馬ㄱ 馬ㅁ 馬品 驅

소전 驅 초서 (초서) 속자 駈 속자 駆 고자 敺

자원 形聲. 馬＋區→驅. '區(구)'가 음을 나타낸다.

자해 ❶몰다. 말을 채찍질하여 몰다. 〔詩經〕 弗馳弗驅불치불구. ❷달리다, 빨리 가다. 〔晉書〕 順流長驅순류장구. ❸쫓다, 몰아내다. 〔禮記〕 驅獸毋害五穀구수무해오곡. ❹핍박하다. 〔陶潛·詩〕 饑來驅我去기래구아거.

驅遣(구견) 쫓아냄.
驅儺(구나) 세밑이나 입춘 때 역귀(疫鬼)와 잡신을 몰아내는 의식.
驅迫(구박) 마구 몰아대어 못 견디게 괴롭힘.
驅步(구보) 뛰어감. 또는 그 걸음걸이.
驅使(구사) ①사람이나 가축을 마구 부림. ②자유자재로 다루어서 씀.
驅役(구역) 사람을 마구 부림. 양민을 강제로 동원하여 부리는 일.
驅除(구제) 몰아내어 없애 버림. 제거함.
驅集(구집) 사방에서 긁어모음.
驅逐(구축) 몰아냄. 쫓아냄.
驅蟲(구충) 해충이나 기생충을 없앰.
驅馳(구치) ①말을 몰아 빨리 달림. 馳驅(치구). ②남의 일로 분주히 돌아다님.

◨ 先驅선구, 馳驅치구.

11 ㉑【騾】骡 노새 라 歌

㊥luó ㊐ラ

초서 (초서) 자해 노새. 수나귀와 암말 사이에 난 잡종.

騾驢(나려) 노새와 나귀. 평범한 사람.

11 ㉑【驀】蓦 말 탈 맥 陌

인명 ㊥mò ㊐バク

소전 (소전) 초서 (초서) 자해 ❶말을 타다. ❷쏜살같이. 〔貴耳集〕 驀地焮天驀地空맥지흔천맥지공. ❸뛰어넘다. ¶ 驀越맥월.

驀越(맥월) 뛰어넘음. 超越(초월).
驀地(맥지) 쏜살같이. 한눈 팔지 않고, 곧장. 힘차게 나아가는 모양. 驀然(맥연).
驀進(맥진) 똑바로 힘차게 나아감.

11 ㉑【驁】骜 준마 오 豪 號

㊥ào ㊐ゴウ

소전 (소전) 초서 (초서) 동자 驐 자해 ❶준마(駿馬)의 이름. 〔呂氏春秋〕 良馬期乎千里량마기호천리, 不期乎驥驁불기호기오. ❷오만하다. ≒傲. 〔漢書〕 其桀驁尙如斯기걸오상여사. ❸깔보다, 업신여기다. 〔呂氏春秋〕 士驁祿爵者사오록작자, 固輕其主고경기주.

11 ㉑【驐】 驁(1409)와 동자

11 ㉑【驂】骖 곁마 참 覃

㊥cān ㊐サン

소전 (소전) 초서 (초서) 자해 ❶곁마. 네 필의 말이 끄는 마차에서, 바깥의 두 필의 말. 〔詩經〕 騧驪是驂과려시참. ❷배승(陪乘). 어자(御者)의 오른쪽에 앉아 왼쪽에 탄 윗사람을 모시는 사람. 〔漢書〕 乃令宋昌驂乘내령송창참승.

驂乘(참승) 귀인을 모시고 그 곁에 탐. 또는 그 사람. 陪乘(배승).

11 ㉑【驄】骢 총이말 총 東

㊥cōng ㊐ソウ

소전 (소전) 초서 (초서) 속자 驄 속자 騘 자해 총이말, 청총이, 청총마(青驄馬).

11 ㉑【驃】骠 표절따 표 嘯

인명 ㊥biāo ㊐ヒョウ

소전 (소전) 초서 (초서) 자해 ❶표절따, 표마(驃馬). 누른 바탕에 흰 털이 섞인 말. 또는 갈기와 꼬리가 흰 황마(黃馬). ❷말이 빨리 달리는 모양. ❸날래고 용감하다.

12 ㉒【驕】骄 교만할 교 蕭

인명 1급 ㊥jiāo ㊐キョウ

소전 (소전) 초서 (초서) 자해 ❶교만하다. ㉮남을 깔보다, 업신여기다. 〔論語〕 富而無驕부이무교. ㉯잘난 체하다. 〔呂氏春秋〕 多以貴富驕得道之人다이귀부교득도지인. ㉰무례하다, 버릇없다. 〔孝經〕 在上而不驕재상이불교. ❷굳세다, 장한 모양.

驕倨(교거) 교만함. 거만함.
驕矜(교긍) 거드름을 피우며 뽐냄.
驕氣(교기) 교만한 마음. 오만한 태도.
驕慢(교만) 잘난 체하고 뽐내며 방자함.
驕兵(교병) 힘을 믿고 적을 업신여기는 군대.
驕奢(교사) 교만하고 사치스러움.
驕色(교색) 오만한 태도.
驕揚(교양) 교만하고 뽐냄.

驕傲(교오) 교만하고 오만함.
驕易(교이) 교만하여 남을 얕봄.
驕人(교인) ①교만하고 방자한 사람. ②간악하여 남을 참소하고 득의양양해하는 사람.
驕佚(교일) 거만하고 태만히 함.
驕溢(교일) 교만하여 분수에 넘치는 짓을 함.
驕惰(교타) 교만하고 태만함.
驕宕(교탕) 교만하고 방자함.
驕暴(교포) 교만하고 포악함.
驕悍(교한) 교만하고 난폭함.
驕橫(교횡) 교만하고 횡포(橫暴)함.

12 ㉒【驔】 정강이 흰 말 담·점 覃 琰

㊥diàn ㊐テン

소전 초서 자해 ❶**정강이 털이 길고 흰 말.** 〔詩經〕 有驔有魚유담유어. ❷**검은 말, 등이 누른 검은 말.**

12 ㉒【驑】 騮(1408)의 본자

12 ㉒【驎】 얼룩말 린 眞

㊥lín ㊐リン

초서 자해 ❶**얼룩말, 화마(花馬).** ❷**기린(麒麟).**

12 ㉒【驒】 연전총 탄 寒

㊥tuó ㊐タ

소전 초서 자해 ❶**연전총(連錢驄).** 돈닢을 늘어놓은 듯한 흰 무늬가 박힌 검푸른 말. 〔詩經〕 有驒有駱유탄유락. ❷**지쳐서 헐떡거리다.** ≒嘽.
驒驒(탄탄) 말이 지쳐서 헐떡이는 모양.

12 ㉒【驊】骅 준마 화 麻

㊥huá ㊐カ

초서 자해 ❶**준마의 이름, 화류(驊騮).** ❷**준마(駿馬).**
驊騮(화류) 주(周) 목왕(穆王)이 천하를 주유(周遊)할 때 탔다는 팔준마(八駿馬)의 하나.

12 ㉒【驍】骁 날랠 효 蕭

인명 ㊥xiāo ㊐ギョウ

소전 초서 자해 ❶**날래다, 굳세다, 용감하다.** 〔史記〕 衛尉李廣爲驍騎將軍위위이광위효기장군. ❷**날랜 말, 양마(良馬).** 〔詩經〕 驍驍牡馬효효모마.
驍騎(효기) ①용맹하고 날랜 기병. ②장군의 명호(名號).
驍名(효명) 용감하다는 평판.
驍銳(효예) 굳세고 날카로움.
驍勇(효용) 날쌔고 용맹스러움. 驍武(효무).
驍雄(효웅) 굳세고 용맹함. 또는 그 사람.
驍將(효장) 용감한 장수. 梟將(효장).
驍悍(효한) 날래고 사나움. 僄悍(표한).

13 ㉓【驚】惊 놀랄 경 庚

중학 인명 4급 ㊥jing ㊐キョウ

필순 艹 芍 苟 茍 敬 敬 警 警 驚 驚

소전 초서 자원 形聲. 敬＋馬→驚. '敬(경)'이 음을 나타낸다.

자해 ❶**놀라다.** ㉮**말이 겁내다.** 〔史記〕 馬驚車敗마경거패. ㉯**당황하고 두려워하다.** 〔史記〕 擧坐客皆驚下거좌객개경하. ㉰**움직이다, 동요하다.** 〔揚雄·賦〕 軍驚師駭군경사해. ❷**경풍(驚風), 경기(驚氣).**
驚悸(경계) 놀라고 두려워서 가슴이 두근거림.
驚恐(경공) 겁먹고 두려워함. 驚懼(경구).
驚懼(경구) ①놀라 두려워함. ②놀라게 하여 겁을 먹게 함.
驚弓之鳥(경궁지조) 활에 놀란 새. 한 번 놀란 사람이 조그마한 일에도 겁을 내어 위축됨.
驚起(경기) 놀라서 일어남.
驚湍(경단) 몹시 빠른 여울.
驚倒(경도) 놀라 넘어짐. 몹시 놀람.
驚悼(경도) 놀라고 슬퍼함.
驚濤(경도) 사나운 파도. 驚瀾(경란).
驚動(경동) ①놀라게 함. ②놀라 떠듦.
驚服(경복) 경탄하여 복종함.
驚奔(경분) 놀라 달아남.
驚沙(경사) 바람에 날리는 모래.
驚蛇入草(경사입초) 놀란 뱀이 풀 속으로 들어감. 초서(草書)의 모양이 뛰어남.
驚騷(경소) 놀라 떠듦. 驚擾(경요).
驚心動魄(경심동백) ①마음을 놀라게 하고 넋을 뒤흔듦. 곧, 몹시 놀람. ②남에게 깊은 감동을 줌.
驚訝(경아) 놀라 의심함.
驚愕(경악) 몹시 놀람. 놀라고 당황함.
驚悟(경오) 놀라 눈을 뜸. 놀라 잠을 깸.
驚異(경이) 놀랍고 이상함.
驚逸(경일) 놀라 달아남.
驚天動地(경천동지) 하늘을 놀라게 하고 땅을 움직임. 크게 세상을 놀라게 함.
驚蟄(경칩) 24절기(節氣)의 하나. 우수(雨水)

와 춘분(春分) 사이, 양력 3월 5일경.
驚歎(경탄) ①놀라고 탄식함. ②몹시 감탄함.
驚破(경파) 놀람. 놀라게 함.
驚怖(경포) 놀라 두려워함.
驚風(경풍) ①거센 바람. ②한방에서 어린아이가 깜짝깜짝 놀라며 경련을 일으키는 병의 총칭. 驚氣(경기).
驚惑(경혹) 놀라 허둥댐.
驚魂(경혼) 놀람. 마음을 놀라게 함.
驚鴻(경홍) 놀라서 날아오르는 기러기. ㉠미인의 날씬한 몸매. ㉡미인이 가볍고 아름다운 자태로 춤추는 모양.
驚惶(경황) 두려워서 어찌할 바를 모름.
驚喜(경희) 놀라 기뻐함. 몹시 기뻐함.
◼ 大驚失色대경실색.

13 ㉓【驛】驿 역참 역 陌

고등 인명 3Ⅱ급 ㊥yì ㊐エキ

필순 ｢ ㄇ 馬 馬 馬 馬罒 馬罒 驛 驛 驛

소전 驛 초서 驛 속자 駅 자원 形聲. 馬+睪→驛. '睪(역)'이 음을 나타낸다.

자해 ❶역참(驛站). 역말을 갈아타는 곳. ❷연락부절하다. ❸㊀역.
驛館(역관) 역참에 설치한 객사.
驛券(역권) 역참에서 역마와 역부를 징발할 때에 쓰던 문권.
驛路(역로) 역참에서 역참으로 통하는 길.
驛吏(역리) 역참에 딸렸던 관리.
驛馬(역마) 역참에 대기시켜 두고 관용(官用)으로 쓰던 말. 역말.
驛舍(역사) 역으로 쓰는 건물.
驛員(역원) 역에 근무하는 직원.
驛院(역원) ㊀역로변(驛路邊)에 세워, 국가가 경영하던 여관(旅館).
驛長(역장) 철도역의 책임자.
驛前(역전) 정거장 앞. 驛頭(역두).
驛亭(역정) 예전에, 역참(驛站)에 마련되어 있던 정자(亭子).
驛卒(역졸) 역참을 지키는 군사.
驛站(역참) 역(驛)과 참(站). 역마(驛馬)를 바꿔 타던 곳.
驛遞(역체) 역마로 공문서를 체송(遞送)하거나 관리의 왕래를 호송하던 일. 또는 그 일을 하는 사람.

13 ㉓【驖】 구렁말 철 屑

㊥tiě ㊐テツ

소전 驖 초서 驖 자해 구렁말. 털빛이 밤색인 말. 〔詩經〕 駟驖孔阜사철공부.

13 ㉓【驗】验 증험할 험 豔

고등 인명 4Ⅱ급 ㊥yàn ㊐ケン

필순 ｢ ㄇ 馬 馬 馬 馬人 驗 驗 驗 驗

소전 驗 초서 驗 속자 騐 속자 験 자원 形聲. 馬+僉→驗. '僉(첨)'이 음을 나타낸다.

자해 ❶증험하다, 시험하다. 〔呂氏春秋〕 必驗之以理필험지이리. ❷증거(證據). 〔史記〕 何以爲驗하이위험. ❸효능(效能). 〔淮南子〕 驗在近而求之遠험재근이구지원. ❹징조(徵兆).
驗問(험문) 조사하여 물음. 驗訊(험신).
驗左(험좌) 증거. 證左(증좌).
驗證(험증) 증거를 조사함.
驗知(험지) 시험하여 앎.
驗治(험치) 죄인을 조사하여 다스림.
◼ 經驗경험, 試驗시험, 實驗실험, 靈驗영험, 證驗증험, 徵驗징험, 體驗체험, 效驗효험.

14 ㉔【驟】骤 달릴 취 ㊍추 宥

인명 ㊥zhòu ㊐シュウ

소전 驟 초서 驟 자해 ❶달리다, 말이 빨리 달리다. 〔詩經〕 載驟駸駸재취침침. ❷빠르다. ❸갑자기. 〔老子〕 驟雨不終日취우부종일. ❹자주, 종종. 〔呂氏春秋〕 驟戰而驟勝취전이취승.
驟躐(취렵) 차례를 뛰어넘어 승진(昇進)함.
驟暑(취서) 갑자기 닥친 더위.
驟雨(취우) 소나기. 白雨(백우).

15 ㉕【驫】 鑣(1316)과 동자

16 ㉖【驥】骥 천리마 기 寘

인명 2급 ㊥jì ㊐キ

소전 驥 초서 驥 자해 ❶천리마. 하루에 천 리를 달린다는 준마. 〔論語〕 驥不稱其力기불칭기력, 稱其德칭기덕. ❷뛰어난 인물, 준재(俊才), 걸사(傑士). 〔史記〕 附驥尾而行益顯부기미이행익현.
驥尾(기미) 천리마의 꼬리. 다른 사람에게 의지하여 이름을 얻음.
驥服鹽車(기복염거) 천리마가 소금 실은 수레를 끎. 유능한 사람이 천역(賤役)에 종사함.

驥足(기족) 준마의 발. 뛰어난 재능. 또는 그런 재능을 가진 사람.
◨ 駿驥준기.

16 ㉖【驢】驴 나귀 려 魚
인명 ㊥lǘ ㊐ロ
소전 초서 속자 騳 자해 나귀, 당나귀. 〔賈誼·賦〕驂蹇驢兮참건려혜.
驢年(여년) 당나귀의 해. 곧, 그 해가 없어 끝끝내 만날 기회가 없음.
驢馬(여마) ①당나귀. ②당나귀와 말.
驢鳴狗吠(여명구폐) 당나귀가 울고 개가 짖음. ㉠들을 가치가 없음. ㉡문장이 졸렬함.
◨ 蹇驢건려.

17 ㉗【驤】骧 머리 들 양 陽
㊥xiāng ㊐ジョウ
소전 자해 ❶머리를 들다, 말이 머리를 쳐들다. 〔曹植·詩〕六龍仰天驤륙룡앙천양. ❷달리다.

18 ㉘【驩】 기뻐할 환 寒
인명 1급 ㊥huān ㊐カン
소전 초서 통자 歡 자해 기뻐하다, 기쁨. 〔孟子〕驩虞如也환우여야.
驩然(환연) 기쁘게 사귀는 모양.
驩虞(환우) 기뻐하고 즐거워함. 歡虞(환우).

19 ㉙【驪】骊 가라말 려·리 齊支
인명 2급 ㊥lí ㊐レイ
소전 초서 참고 인명용 음은 '려'이다.
자해 ❶가라말. 온몸의 털빛이 검은 말. 〔詩經〕有驪有黃유려유황. ❷검다, 흑색. ❸나란히 하다, 멍에에 두 필의 말을 나란히 메우다.
驪駕(여가) 한 수레에 말 두 필을 나란히 메움.
驪駒(여구) 가라말. 加羅馬(가라마).
驪龍(이룡) 흑룡(黑龍).

20 ㉚【驫】 騁(1405)의 고자

骨部 뼈골

0 ⑩【骨】 뼈 골 月
중학 인명 4급 ㊥gǔ ㊐コツ
필순 丨 冂 冎 冎 冎 冎 冎 骨 骨 骨
소전 초서 자원 會意. 冎+月〔肉〕→骨. 고기〔月〕에서 살을 발라내면〔冎〕 남는 것은 뼈이기 때문에 '뼈'라는 뜻을 나타낸다.
자해 ❶뼈. ㉮근육 속에 있어 몸을 지탱하는 물질. ㉯몸, 구간(軀幹). 〔李賀·詩〕病骨獨能在병골독능재. ㉰심, 중심이 되는 것, 골수. ㉱골격(骨格), 골상(骨相). 〔曹唐·詩〕逢人相骨強斷號봉인상골강시호. ❷됨됨이, 풍도(風度), 사람의 품격. 〔南史〕風骨奇偉풍골기위. ❸國골품(骨品). 신라 때의 골품 제도.
骨角(골각) 뼈와 뿔.
骨幹(골간) ①뼈대. 骨格(골격). ②사물의 중요한 부분.
骨格(골격) ①뼈의 조직. 뼈대. 骨骼(골격). ②사람의 품격. ③시문(詩文)의 짜임새와 격식.
骨鯁(골경) ①물고기의 뼈. ②강직하여 임금의 허물을 직간(直諫)하는 충신.
骨氣(골기) ①기개. ②힘찬 필세(筆勢).
骨董(골동) ①자질구레한 것들을 뒤섞음. ②애완(愛玩)할 옛 도구. 옛날의 서화·도자기·칠기(漆器)·도검(刀劍) 등의 미술품.
骨董飯(골동반) 비빔밥.
骨董品(골동품) ①희귀하고 오래된 옛날 물건. ②오래되어 쓸모없이 된 물건이나 사람.
骨力(골력) ①체력. ②서화에서의 필세(筆勢).
骨盤(골반) 허리 부분을 이루는 납작한 뼈.
骨法(골법) ①골격(骨格). ②필력(筆力).
骨相(골상) ①인체의 골격. ②골격에 나타난 그 사람의 성격이나 운명.
骨生員(골생원) 國①옹졸하고 고루한 사람. ②몸이 약하여 잔병치레로 골골하는 사람.
骨髓(골수) ①뼛속에 차 있는 황색의 연한 조직. ②요점. 골자. ③마음속. 참정신.
骨肉相殘(골육상잔) ①혈연 관계에 있는 사람끼리 서로 해치며 싸움. ②같은 민족끼리 서로 살상(殺傷)함.
骨肉之親(골육지친) 부자나 형제자매와 같이 서로 피를 나눈 혈족.
骨子(골자) ①뼈. ②종요로운 곳. 사물의 핵심.
骨材(골재) 콘크리트 따위를 만드는 데 쓰이는 모래나 자갈.
骨折(골절) 뼈가 부러짐. 折骨(절골).
骨節(골절) 뼈의 관절. 뼈마디.
骨牌(골패) 상아나 뼈로 만든 도박 도구의 한 가지. 牙牌(아패).

骨品(골품) 신라 때 왕족 내 혈통상의 계급적 등급. 성골(聖骨)·진골(眞骨) 따위.
骨筆(골필) 뼈로 만든 붓. 경문(經文)을 베낄 때 사용함.
◨ 刻骨각골, 筋骨근골, 氣骨기골, 聖骨성골, 弱骨약골, 眞骨진골, 皮骨피골, 骸骨해골.

3 ⑬【骭】 정강이 뼈 간 翰

㊥gàn ㊐カン

소전 초서 동자 骬 자해 ❶정강이뼈, 경골(脛骨). ❷갈빗대, 늑골.

3 ⑬【骫】 굽을 위 紙

㊥wěi ㊐イ

소전 초서 속자 骪 자해 ❶굽다, 뼈가 굽다. 〔呂氏春秋〕 直則骫직즉위. ❷굽히다, 구부리다. 〔漢書〕 皇帝骫天下正法황제위천하정법.
骫法(위법) 법(法)을 굽힘.
骫骳(위피) ①정강이가 구부러짐. ②남에게 영합하고 강직한 기개가 없음.

3 ⑬【骪】 骫(1413)의 속자

4 ⑭【骰】 주사위 투 尤

㊥tóu ㊐トウ

초서 자해 주사위, 투자(骰子). 〔五代史〕 以骰子擲之이투자척지, 而勝者爲直이승자위직.
骰子(투자) 주사위.
骰戲(투희) 노름. 도박. 博戲(박희).

4 ⑭【骯】肮 살찔 항 養

㊥kǎng ㊐コウ

초서 자해 ❶살찌다. 몸이 비대해지다. ¶ 骯髒항장. ❷꼿꼿하여 굽히지 않는 모양. 〔後漢書〕 骯髒倚門邊항장의문변.
骯髒(항장) ①몸이 비대해짐. ②강직(強直)하여 뜻을 얻지 못하는 모양.

5 ⑮【骬】 骭(1413)과 동자

5 ⑮【骲】 뼈살촉 박 覺

㊥bào ㊐ハク

초서 자해 뼈살촉, 뼈로 만든 살촉.

骲箭(박전) 뼈로 만든 살촉을 붙인 화살.

5 ⑮【骵】 體(1414)의 속자

6 ⑯【骼】 뼈 격 陌

㊥gé ㊐カク

소전 초서 자해 뼈. ㉮넓적다리뼈, 대퇴골(大腿骨). ㉯백골(白骨), 해골. 〔禮記〕 掩骼埋胔엄격매자.

6 ⑯【骹】 정강이 교 肴

㊥qiāo ㊐コウ

소전 초서 자해 ❶정강이, 발회목, 발목. ＝跤. 〔六書故〕 骹교, 脛近足者경근족자. ❷명적(鳴鏑), 우는살.
骹骱(교가) 뼈가 이 사이에 끼여 빠지지 않음. 사물의 처리가 잘 진척되지 않음.
骹箭(교전) 우는살. 개전(開戰) 신호 따위에 씀. 鳴箭(명전).

6 ⑯【骸】 뼈 해 佳

인명 1급 ㊥hái ㊐ガイ

소전 초서 속자 骱 자해 ❶뼈. 해골. 〔春秋公羊傳〕 析骸而炊之석해이취지. ❷정강이뼈, 경골(脛骨). ❸몸, 신체. 〔呂氏春秋〕 逸身煖骸일신난해.
骸骼(해격) 시체. 주검.
骸骨(해골) ①몸을 이루는 뼈. ②살이 썩고 남은 뼈. 또는 그 머리뼈.
骸筋(해근) ①뼈와 살. 몸. 신체. ②체력.
◨ 乞骸걸해, 遺骸유해, 殘骸잔해, 形骸형해.

7 ⑰【骾】 걸릴 경 梗

㊥gěng ㊐コウ

소전 초서 자해 ❶걸리다. 가시가 목에 걸리다. ❷기골이 차다. 모가 나서 세속을 따르지 않다. 〔晉書〕 骨骾不動於物골경부동어물.
骾訐(경알) 직언하여 남의 잘못을 파헤침.

8 ⑱【髁】 넓적다리뼈 과 箇

㊥kē ㊐カ

소전 초서 자해 ❶넓적다리뼈, 대퇴골(大腿骨). ❷종지뼈, 슬골(膝骨).

8 ⑱【骿】 통갈비 변 先

㊥pián ㊐ヘン

소전 초서 속자 骿 자해 통갈비. 〔國語〕 聞其骿脅문기변협, 欲觀其狀욕관기상.

骿脅(변협) 통갈비. 늑골이 한데 연이어 있어 마치 하나의 뼈같이 보이는 갈비.

8 ⑱【髀】 넓적다리 비 紙

㊥bì ㊐ヒ

소전 초서 동자 䏶 속자 髀 자해 ❶넓적다리. 〔蜀志〕 髀肉之歎비육지탄. ❷넓적다리뼈. 대퇴골(大腿骨). 〔漢書〕 至於髖髀之所지어관비지소.

髀膂(비려) 넓적다리와 척추.

髀肉之歎(비육지탄) 넓적다리에 살이 쪘음을 한탄함. 재능을 발휘할 기회를 얻지 못하고 부질없이 세월만 보내는 것을 한탄함. 故事 촉(蜀)나라의 유비(劉備)가 오랫동안 전장(戰場)에 나가지 않아 넓적다리가 굵어졌음을 한탄하면서, 몸은 늙어 가고 뜻한 바는 이루지 못하였음을 슬퍼한 고사에서 온 말.

◨ 肩髀견비.

9 ⑲【髃】 어깨 앞쪽 우 虞

㊥yú ㊐グ

소전 자해 어깨의 앞쪽, 어깨뼈. =腢.

10 ⑳【髆】 어깨뼈 박 藥

㊥bó ㊐ハク

소전 초서 통자 膊 자해 ❶어깨뼈. ❷어깨.

10 ⑳【髓】 髓(1414)의 속자

11 ㉑【髏】 髅 해골 루 尤

㊥lóu ㊐ロウ

소전 초서 속자 髅 자해 해골, 두개골(頭蓋骨). 〔莊子〕 夜半髑髏見夢야반촉루견몽.

12 ㉒【髐】 해골 효 肴

㊥xiāo ㊐キョウ

초서 자해 해골. 백골이 윤택이 없는 모양. 〔莊子〕 莊子之楚장자지초, 見空髑髏견공촉루, 髐然有形효연유형.

13 ㉓【髓】 髓 골수 수 紙

인명 1급 ㊥suǐ ㊐スイ

소전 초서 동자 膸 속자 髓 자해 ❶골수. 뼛속에 들어 있는 누른빛의 연한 물질. 〔漢書〕 浹肌膚而臧骨髓협기부이장골수. ❷사물의 중심, 정화(精華), 추축(樞軸).

髓腦(수뇌) ①머릿골. 腦髓(뇌수). ②사물의 가장 중요한 부분. 추요(樞要)한 곳.

髓海(수해) ①뇌(腦). ②뇌 속에 있는 점액.

◨ 骨髓골수, 精髓정수, 脊髓척수.

13 ㉓【髒】 脏 몸 뚱뚱할 장 養

㊥zǎng ㊐ソウ

초서 자해 ❶몸이 뚱뚱하다. ❷교만하고 완고한 모양. 〔後漢書〕 抗髒倚門邊항장의문변.

13 ㉓【體】 体 몸 체 薺

중학 인명 6급 ㊥tǐ ㊐タイ

필순 冂 冎 骨 骨 骨冂 骨曲 骨豊 體 體 體

소전 초서 속자 躰 속자 軆 속자 骵 속자 体 자원 形聲. 骨+豊→體. '豊(례)'가 음을 나타낸다.

자해 ❶몸, 신체(身體). 〔禮記〕 身也者父母之遺體也신야자부모지유체야. ❷수족, 사지(四肢). 〔詩經〕 相鼠有體상서유체. ❸모양. ㉮형상(形象). ㉯용모(容貌). ㉰격식(格式). 〔宋書〕 延年之體裁明密연년지체재명밀. ❹법, 규칙. 〔揚雄·賦〕 大哉體乎대재체호. ❺도리(道理), 이세(理勢). ❻근본. ㉮근경(根莖). 〔詩經〕 無以下體무이하체. ㉯본체(本體), 본연(本然). ❼몸소, 친히. 〔後漢書〕 體行德本체행덕본, 正性也정성야.

體幹(체간) 몸. 신체.

體感(체감) 몸으로 느끼는 감각.

體格(체격) ①몸의 골격. ②근육·골격·영양 상태 등으로 나타나는 몸의 생김새.

體系(체계) ①낱낱의 것을 통괄하여 질서정연

하게 짜 이룬 계통이나 조직. ②일정한 원리에 의해 조직된 지식의 통일적 전체.
體軀(체구) 몸. 몸집. 몸뚱이.
體局(체국) 사람의 됨됨이. 인품(人品).
體級(체급) 권투·레슬링·유도·역도 따위에서, 경기자의 체중에 따라서 매겨진 등급.
體內(체내) 몸의 안.
體能(체능) 신체의 능력.
體德(체덕) 타고난 덕.
體道(체도) 몸소 도를 실천함.
體得(체득) 체험하여 진리를 터득함. 몸소 경험하여 알아냄.
體量(체량) ①타고난 기량. ②짐작함. 어림쳐서 헤아림. 體測(체측). ③國체중(體重).
體諒(체량) 깊이 이해하고 동정함. 體恤(체휼).
體力(체력) 몸의 힘이나 작업 능력.
體面(체면) 남을 대하는 낯. 면목(面目).
體貌(체모) 자태와 용모.
體罰(체벌) 신체에 직접 고통을 주는 벌. 體刑(체형).
體膚(체부) ①몸과 살갗. ②몸.
體性(체성) ①신체의 성능(性能). ②타고난 성품. 本性(본성).
體溫(체온) 몸의 온도.
體要(체요) ①사물의 요점(要點). ②요지를 깨달아 앎.
體容(체용) 몸의 생긴 모양. 體樣(체양).
體用(체용) 사물의 근본 바탕과 그 작용.
體育(체육) 일정한 운동 따위를 통하여 신체를 튼튼하게 단련시키는 일.
體認(체인) 확실하게 납득함. 충분히 터득함.
體長(체장) 몸의 길이.
體裁(체재) ①겉으로 본 사물의 본새. ②시문(詩文)의 형식.
體積(체적) 부피.
體制(체제) ①시문의 체재(體裁). ②사회 조직의 양식. ③생물체의 모든 기관의 구성.
體操(체조) 신체 각 부분의 고른 발육과 건강의 증진을 위하여 일정한 형식으로 몸을 움직임. 또는 그런 운동.
體重(체중) 몸무게.
體質(체질) ①신체의 성질. 몸의 생긴 바탕. ②단체·조직의 성질.
體臭(체취) ①몸에서 나는 냄새. ②그 사람만의 독특한 기분이나 버릇.
體統(체통) ①國체면. 품위. ②체재와 통리(統理). ③대강(大綱). ④규정된 의식이나 제도.
體行(체행) 몸소 행함. 실천함. 躬行(궁행).
體驗(체험) 몸소 경험함.
體型(체형) 체격에 나타나는 특징으로 분류되는 일정한 부류.
體形(체형) ①몸의 생긴 모양. ②실천함. 행동으로 나타냄.
體候(체후) ①신체의 상황. ②편지 글에서 남의 안부를 물을 때, 그의 기거(起居)나 건강을 높여 이르는 말.
◨ 個體개체, 客體객체, 裸體나체, 物體물체, 身體신체, 液體액체, 人體인체, 肢體지체, 解體해체, 形體형체.

13 ㉓【髑】 해골 촉 本독 屋

中dú 日トク

소전 초서 동자 䯬 자해 **해골**. 백골이 된 사람의 머리뼈. 〔常建·曲〕 **髑髏盡是長城卒**촉루진시장성졸.
髑髏(촉루) 살이 썩고 남은 뼈. 백골이 된 머리뼈. 骸骨(해골).

14 ㉔【髕】 髌 종지뼈 빈 軫

中bìn 日セン

소전 초서 동자 臏 자해 ❶**종지뼈**, 슬개골(膝蓋骨). ❷㉮**월형**(刖刑). 죄인의 발을 자르는 형벌. 〔漢書〕 髕罰之屬빈벌지속, 五百오백. ㉯**종지뼈를 도려내는 형벌**. ¶ 髕罰빈벌.
髕罰(빈벌) ①발을 절단하는 형벌. ②종지뼈를 도려내는 형벌.

15 ㉕【髖】 髋 허리뼈 관 寒

中kuān 日カン

소전 초서 동자 臗 자해 ❶**허리뼈**, 엉덩이뼈. ❷**살**, 사타구니. 〔新書〕 至髖髀之所지관비지소, 非斤則斧矣비근즉부의.
髖骨(관골) 허리 부분에서 등뼈와 하지(下肢)를 연결하는 뼈. 장골(腸骨)·좌골(坐骨)·치골(恥骨)의 세 부분으로 이루어짐. 궁둥이뼈.
髖髀(관비) 궁둥이뼈.

18 ㉘【髗】 顱(1385)과 동자

高部 높을 고

0 ⑩【高】 높을 고 豪

중학 인명 6급 中gāo 日コウ

필순 丶 亠 亣 亯 亯 亯 高 高 高 高

소전 高 초서 高 속자 髙 자원 象形. '冋'는 높이 솟은 누대(樓臺)이고, '口'는 그 누대에 들어가는 입구의 문을 본뜬 글자.

자해 ❶**높다**. 공간적으로 높다. 〔詩經〕謂天蓋高위천개고, 不敢不局불감불국. ❷**존귀하다**. 신분이 높다. ❸**나이가 많다**. 〔漢書〕奉高年봉고년. ❹**값이 비싸다**. 〔宋史〕物下而估高물하이고고. ❺**고상하다, 비속하지 않다**. ❻**공경하다, 높이다**. 〔呂氏春秋〕雖死天下愈高之수사천하유고지. ❼**경의(敬意)를 나타내는 말**. 〔徐陵·書〕請觀高製청관고제. ❽**높이, 고저(高低)의 정도**.

高架(고가) 높이 건너지름.
高價(고가) 값이 비쌈. 또는 값이 비싼 것.
高強(고강) 뛰어남. 나음. 高勝(고승).
高擧(고거) ①높이 날아오름. ②세속을 일탈(逸脫)하여 은거함. 高蹈(고도). ③높은 지위에 오름.
高車駟馬(고거사마) 귀현(貴顯)이 타는 수레.
高見(고견) ①뛰어난 식견이나 의견. ②남의 의견의 높임말.
高潔(고결) ①고상하고 결백함. ②풍경 따위가 고상하고 아름다움.
高古(고고) 고상하고 고아(古雅)함.
高空(고공) 높은 공중.
高拱(고공) 팔짱을 높이 낌. 방관함.
高科(고과) 과거에서 수석 합격함. 장원(壯元). 高第(고제).
高官大爵(고관대작) 높은 벼슬아치.
高曠(고광) ①높고 넓음. ②거룩한 마음.
高敎(고교) ①존귀한 가르침. ②남의 가르침의 높임말.
高穹(고궁) 높은 하늘.
高貴(고귀) 훌륭하고 귀중함.
高級(고급) 높은 등급.
高達(고달) ①재주가 뛰어나 사리에 통달함. ②뜻을 높게 지님. ③높이 도달함.
高談(고담) ①고상한 이야기. ②남의 이야기의 높임말. ③소리 높여 이야기함.
高談闊論(고담활론) 유쾌하게 이야기함.
高踏(고답) 현실을 속되게 여기면서 그와 동떨어진 것을 고상한 것으로 여김.
高堂(고당) ①높은 집. 훌륭한 집. ②남의 집의 높임말. ③부모(父母)의 높임말.
高臺廣室(고대광실) 높은 누대와 넓은 집. 매우 크고 좋은 집.
高德(고덕) 덕이 높음. 또는 그런 사람.
高度(고도) 높이의 정도.
高跳(고도) ①높이 뜀. ②높이 뛰는 경기.
高粱(고량) 수수. 볏과의 한해살이풀.
高齡(고령) 나이가 많음.
高論(고론) ①탁월한 의론. ②남의 언론의 높임말.
高樓巨閣(고루거각) 높고 큰 누각.
高利(고리) ①비싼 이자. ②많은 이익.
高邁(고매) 인격·품성 따위가 높고 빼어남. 超邁(초매).
高眠(고면) 베개를 높게 베고 기분 좋게 잠.
高名(고명) ①명성이 높음. ②세상에 널리 알려진 이름. ③남의 이름의 높임말.
高明(고명) ①높고 밝음. ②덕성·학업이 높고 밝음. ③지위가 높고 권세 있는 사람. ④상대방에 대한 높임말.
高妙(고묘) ①재주가 높이 빼어남. ②뛰어나고 교묘함.
高文(고문) ①식견이 높은 문장. 대문장(大文章). ②남의 문장의 높임말.
高文典册(고문전책) 칙명에 따라 만든 문서. 조칙(詔勅)·법령(法令) 따위.
高峰峻嶺(고봉준령) 높이 솟은 산봉우리와 험한 고개.
高朋(고붕) 고상한 친구. 좋은 벗.
高批(고비) 남에게서 받은 비평의 높임말.
高卑(고비) 높음과 낮음. 존귀와 비천.
高飛(고비) ①높이 낢. 高翔(고상). ②멀리 달아남.
高飛遠走(고비원주) 멀리 달아나 자취를 감춤.
高士(고사) ①뜻이 높고 지조가 굳은 사람. ②품행이 고상한 사람. ③재야(在野)의 은군자(隱君子).
高算(고산) 훌륭한 계략.
高山景行(고산경행) 높은 산과 큰 길. 사람들에게 존경을 받는 덕행.
高山流水(고산유수) ①높은 산과 흐르는 물. ②교묘하고 아름다운 음악. 故事 백아(伯牙)가 높은 산을 상상하며 거문고를 타면, 종자기(鍾子期)는 이를 감상하며 '아아(峩峩)한 고산과 같다'고 평하였고, 흐르는 물을 상상하며 거문고를 타면 '양양(洋洋)한 유수와 같다'고 평한 고사에서 온 말.
高尙(고상) 인품이나 학문의 정도가 높으며 품위가 있음.
高說(고설) ①탁월한 의견. 뛰어난 논설. ②남의 의견이나 논설의 높임말.
高聲(고성) 높은 목소리.
高世之德(고세지덕) 일세에 뛰어난 덕.
高速(고속) 속도가 빠름.
高手(고수) ①수가 높음. 上手(상수). ②기예에 뛰어남. 또는 그런 사람. 名手(명수).
高僧(고승) 학덕이나 지위가 높은 중.

高識(고식) 탁월한 식견(識見).
高雅(고아) 고상하고 우아함.
高岸(고안) ①높은 언덕. ②높은 제방. ③기품이 높고 준엄함.
高岸深谷(고안심곡) 높은 언덕이 무너져 골짜기가 되고, 깊은 골짜기가 언덕으로 변함. ㉠산하의 변천. ㉡세상의 변전(變轉).
高壓(고압) ①강한 압력. ②높은 전압.
高額(고액) 많은 금액. 큰돈.
高仰(고앙) 고개를 쳐들고 봄. ㉠거만을 떠는 모양. 거드럭거리는 모양. ㉡존경하는 모양.
高揚(고양) 정신·기분 등을 드높임.
高言(고언) ①고상(高尙)한 말. ②큰소리. 희떠운 소리.
高熱(고열) 높은 열.
高詠(고영) ①높은 소리로 읊음. ②남의 시가(詩歌)의 높임말.
高臥(고와) ①뜻을 고상하게 지니고 세속을 초월하여 생활함. ②은거하여 벼슬하지 않음.
高韻(고운) 고상한 운치.
高原(고원) 높은 산지의 넓은 벌판.
高遠(고원) ①높고 멂. 멀리 떨어져 있음. ②뜻이 높고 원대(遠大)함.
高位(고위) 높은 지위. 높은 위치.
高游(고유) ①세속을 떠나 유유자적함. ②성대한 놀이. 高遊(고유).
高恩(고은) 큰 은혜. 높은 은덕.
高義(고의) ①뛰어난 덕행(德行). ②높은 의리(義理). 高宜(고의).
高誼(고의) ①높은 의리. 굳은 지조. ②두터운 우의(友誼). 남의 우정의 높임말.
高議(고의) ①고상한 의론. ②성하게 논의함.
高逸(고일) 높이 뛰어남.
高才(고재) 남보다 뛰어난 재주. 또는 그 사람. 高材(고재).
高材疾足(고재질족) 재능이 뛰어나고 행동이 민첩함. 지용(智勇)을 겸비한 사람.
高低(고저) 높고 낮음. 높낮이.
高絶(고절) 더할 나위 없이 높고 뛰어남.
高節(고절) ①높은 절개. ②절개를 굳게 지킴.
高情(고정) ①고상한 정서. 고상한 마음. ②남에게서 받은 정의(情誼)의 높임말.
高弟(고제) 뛰어난 제자.
高製(고제) 남의 시문(詩文)의 높임말.
高祖(고조) ①조부의 조부. 고조부(高祖父). ②나라를 세운 천자의 시호.
高調(고조) ①높은 가락. ②사상·감정 등이 가장 높은 상태. 高潮(고조).
高潮(고조) ①밀물이 들어와 가장 높은 상태. 滿潮(만조). ②감정·기분·시세(時勢) 등이 가장 높은 상태.
高族(고족) 지체가 높은 집안.
高座(고좌) ①높은 좌석. ②윗자리.
高峻(고준) ①산이 높고 험함. ②헤아릴 수 없는 높은 견식(見識). ③인격이 고상함.
高旨(고지) ①고상한 취지(趣旨). ②남의 뜻의 높임말.
高策(고책) 뛰어난 계책. 훌륭한 책략.
高秋(고추) 하늘이 높고 맑게 갠 가을. 한가을.
高峙(고치) 우뚝 솟음.
高致(고치) 고상한 취미. 高趣(고취).
高篇(고편) 뛰어난 시문. 雄篇(웅편).
高抱(고포) 고상한 뜻. 고상한 생각.
高風(고풍) 높은 지조. 고상한 풍격.
高喊(고함) 크게 외치는 목소리.
高亢(고항) ①높이 뛰어난 모양. ②뜻을 높이 가져 굴하지 않음.
高行(고행) 고상한 행실. 高蹤(고종).
高虛(고허) 지위만 높고 실제 직임은 없음.
高軒(고헌) ①높은 처마. 높은 난간(欄干). ②귀인이 타는 큰 수레. 남의 수레의 높임말.
高賢(고현) 높이 뛰어남. 또는 그 사람.
高華(고화) ①높고 화려함. ②매우 훌륭함. ③높은 지위나 문벌(門閥).
高會(고회) 성대한 모임이나 연회.
高懷(고회) 고상한 마음. 품위 있는 생각.
高興(고흥) ①고상한 흥취(興趣). ②도도(滔滔)한 흥치.
◨ 孤高고고, 崇高숭고, 日高일고, 尊高존고, 最高최고, 波高파고, 標高표고.

0 ⑪【髙】 高(1415)의 속자

髟 部 터럭발

0 ⑩【髟】 머리털 드리워질 표 蕭

㊥biāo ㊐ヒョウ

소전 초서 [참고] 한자 부수 명칭으로는 '髮(터럭 발)'의 부수인 데서 '터럭발'이라고 부른다.

[자원] 會意. 镸+彡→髟. '镸'은 '長(길 장)'의 고자(古字), '彡'은 털〔毛〕의 뜻인 데서 '머리털이 길다'라는 뜻을 나타낸다.

[자해] **❶머리털이 드리워지다. ❷반백(斑白)의 머리털. ❸한자 부수의 한 가지, 터럭발.**

2 ⑫【髠】 髡(1418)의 속자

髟 2획

3 ⑬【髡】 머리 깎을 곤 元

㊥kūn ㊐コン

소전 초서 속자 髨 자해 ❶머리를 깎다, 삭발하다. 〔後漢書〕至有自髡剔者지유자곤척자. ❷나무의 가지를 치다. ❸머리를 깎는 형벌.

髡鉗(곤겸) 머리털을 깎고 목에 칼을 씌우던 형벌.

髡刖(곤월) 머리털을 깎고 발을 자르던 형벌.

3 ⑬【髢】 다리 체 霽

㊥tì ㊐テイ

초서 자해 ❶다리, 월자(月子). 숱이 적은 머리에 덧대는 가발. 〔詩經〕鬒髮如雲진발여운, 不屑髢也불설체야. ❷다리를 드리어 땋다. 〔禮記〕斂髮毋髢렴발무체.

4 ⑭【髦】 ① 다팔머리 모 豪 ② 종족 이름 무 尤

㊥máo ㊐ボウ

소전 초서 자해 ① ❶다팔머리. 다팔거리는 머리털. 〔詩經〕髧彼兩髦담피량모. ❷긴 털. 머리털 가운데 굵고 긴 털. ❸빼어나다, 걸출하다, 걸출한 사람. 〔後漢書〕時髦允集시모윤집. ❹갈기, 말갈기. 〔禮記〕乘髦馬승모마. ② 종족 이름. 서방의 소수 민족 이름. 〔詩經〕如蠻如髦여만여무.

髦士(모사) 뛰어난 인물.

髦俊(모준) 재지가 뛰어난 선비. 髦秀(모수).

4 ⑭【髪】 髮(1418)의 속자

4 ⑭【髣】 비슷할 방 養

㊥fǎng ㊐ホウ

초서 자해 비슷하다, 닮다. 〔楚辭〕存髣髴而不見兮존방불이불견혜.

髣髴(방불) ①그럴듯하게 매우 비슷함. 彷彿(방불). ②희미하여 선명하지 않은 모양.

4 ⑭【髩】 鬢(1420)의 속자

4 ⑭【髯】 구레나룻 염 鹽

인명 ㊥rán ㊐ゼン

초서 속자 髥 자해 ❶구레나룻. 귀밑에서 턱까지 잇달아 난 수염. ❷수염이 많은 사람.

髯鬚(염수) 구레나룻과 턱수염.

髯鬚主簿(염수주부) 양(羊)의 딴 이름.

4 ⑭【髹】 옻칠할 휴 尤

㊥xiū ㊐キュウ

동자 髤 자해 ❶옻칠하다, 옻을 바르다. ❷검붉은 옻칠.

髹飾(휴식) 검붉은 빛의 칠로 꾸밈.

5 ⑮【髮】 发 터럭 발 月

고등 인명 4급 ㊥fà ㊐ハツ

필순 ⺁ 𠂇 𠃊 長 镸 髟 髟 髮 髮 髮

소전 초서 속자 髪 자원 形聲. 髟+犮→髮. '犮(발)'이 음을 나타낸다.

자해 ❶터럭, 머리털. 〔史記〕一沐三握髮일목삼악발. ❷길이의 단위. 한 치〔一寸〕의 100분의 1.

髮短心長(발단심장) 늙어서 머리털은 짧아졌으나 그 지략(智略)은 매우 깊음.

髮膚(발부) ①머리털과 살갗. ②몸. 신체.

髮際(발제) 머리털이 난 가장자리.

髮指(발지) 머리털이 곤두서서 하늘을 가리킴. 몹시 성냄. 髮上指冠(발상지관).

髮衝冠(발충관) 곤두선 머리털이 관을 찌름. 격노(激怒)함. 髮上衝冠(발상충관).

■ 假髮가발, 金髮금발, 斷髮단발, 頭髮두발, 毛髮모발, 白髮백발, 辮髮변발, 削髮삭발, 散髮산발, 理髮이발, 長髮장발, 黑髮흑발.

5 ⑮【髴】 비슷할 불 物

㊥fú ㊐フツ

소전 초서 자해 비슷하다, 흡사하다. =彿. ¶ 髣髴방불.

5 ⑮【髥】 髯(1418)의 속자

5 ⑮【髭】 코밑수염 자 支

㊥zī ㊐シ

동자 頾 자해 코밑수염, 콧수염.

髭鬚(자수) 코밑수염과 턱수염. 수염의 범칭.

5 ⑮【髫】 다박머리 초 蕭

髟 3획

㊥tiáo ㊐チョウ

소전 초서 자해 다박머리. 어린아이의 다보록하게 난 짧은 머리털. 〔後漢書〕髫髮厲志초발려지.

髫髮(초발) ①어린아이의 늘어뜨린 머리. ②어린아이.

髫歲(초세) 어린 나이. 髫齒(초치).

髫齔(초츤) 다박머리에 유치(乳齒)를 갈 나이. 7~8세 된 아이.

5 ⑮【髱】 수염 많은 모양 포 效

㊥bào ㊐ホウ

초서 자해 **수염이 많은 모양.**

5 ⑮【髲】 다리 피 寘

㊥bì ㊐ヒ

소전 초서 자해 **다리, 월자**(月子). 숱이 적은 머리에 덧대는 가발. 〔世說新語〕頭髮委地下두발위지하, 爲二髲위이피.

6 ⑯【髻】 ①상투 계 霽 ②부엌 귀신 길 質

㊥jì, jié ㊐ケイ

소전 초서 자해 ① **상투.** 머리털을 끌어 올려서 정수리 위에 감아 맨 것. ② **부엌 귀신, 조왕신.** 〔莊子〕竈有髻조유길.

髻根(계근) 상투의 밑동.

髻子(계자) 상투.

6 ⑯【髷】 고수머리 곡 沃

㊥qū ㊐キョク

초서 자해 **고수머리, 머리카락이 곱슬곱슬한 모양.** ≒曲.

6 ⑯【髹】 髤(1418)와 동자

7 ⑰【髸】 鬟(1420)의 속자

7 ⑰【髽】 북상투 좌 麻

㊥zhuā ㊐サ

소전 초서 자해 **북상투.** 부인이 상중(喪中)에 묶는 머리. 〔禮記〕魯婦人之髽而弔也로부인지좌이조야.

髽髻(좌계) ①묶기만 하고 싸개를 하지 않은 상투. ②상투를 틀거나 쪽을 찜.

8 ⑱【鬈】 아름다울 권 先

㊥quán ㊐ケン

소전 초서 자해 ❶**아름답다.** 머리털이 아름답다, 용모가 아름답다. 〔詩經〕其人美且鬈기인미차권. ❷**갈래머리.** 두 갈래로 나누어 머리를 땋다. 〔禮記〕燕則鬈首연즉권수.

鬈首(권수) 두 갈래로 땋아서 늘어뜨린 머리.

8 ⑱【鬅】 머리털 흐트러질 붕 蒸

㊥péng ㊐ホウ

초서 자해 ❶**머리털이 흐트러지다.** ❷**사물이 헝클어지다.**

鬅鬙(붕승) ①머리털이 흐트러진 모양. ②널리 물건이 흩어져 어수선한 모양.

8 ⑱【鬆】 松 더벅머리 송 冬

㊥sōng ㊐ショウ

초서 자해 ❶**더벅머리, 헝클어진 머리털.** 〔陸龜蒙·賦〕首蓬鬆以半散수봉송이반산. ❷**거칠다, 느슨하다.**

8 ⑱【鬃】 상투 종 冬

㊥zōng ㊐ソウ

초서 자해 ❶**상투, 높이 튼 상투, 고계**(高髻). ❷**갈기, 말갈기.**

9 ⑲【鬋】 살쩍 늘어질 전 先

㊥jiǎn ㊐セン

소전 초서 자해 ❶**살쩍이 늘어지다.** 〔楚辭〕盛鬋不同制성전부동제. ❷**깎다, 자르다.** 〔禮記〕不蚤鬋부조전.

鬋茅(전모) 띠를 벰.

鬋髮(전발) 머리털을 자름.

9 ⑲【鬌】 머리털 빠질 타 哿

㊥tuǒ ㊐タ

소전 초서 동자 髶 자해 ❶**머리털이 빠지다.** ❷**어린아이의 머리를 깎고 남긴 머리.** 〔禮記〕擇日翦髮爲鬌택일전발위타.

髟 9획

9 ⑲【鬍】胡 수염 호 虞

㊥hú ㊐コ

초서 자해 수염. ≒胡.

鬍子(호자) 수염.

10 ⑳【鬐】 갈기 기 支

㊥qí ㊐キ

소전 초서 자해 ❶갈기, 말의 갈기. ❷등지느러미. 〔儀禮〕魚進鬐어진기.

鬐鬣(기렵) 등지느러미.

鬐興(기흥) 갈기를 세움. 갈기가 일어섬.

10 ⑳【鬒】 머리숱 많을 진 軫

㊥zhěn ㊐シン

소전 초서 자해 ❶머리숱이 많다. ❷머리털이 검고 윤기 있는 모양. 〔詩經〕鬒髮如雲진발여운.

鬒髮(진발) 검고 아름다운 머리.

11 ㉑【鬘】 머리 장식 만 刪

㊥mán ㊐バン

초서 자해 ❶머리의 장식(裝飾). 가발(假髮)·조화(造花)로 꾸민 비녀. ❷꽃 이름, 말리화(茉莉花)의 딴 이름.

11 ㉑【鬖】 헝클어진 머리 삼 覃

㊥sān ㊐サン

초서 자해 ❶헝클어진 머리. ❷머리털이 늘어진 모양.

鬖鬖(삼삼) ①머리털이 헝클어져 내린 모양. ②물건이 헝클어져 드리워진 모양.

12 ㉒【鬝】 대머리 간 刪

㊥qiān ㊐カン

소전 동자 鬜 자해 대머리, 두창(頭瘡). 〔韓愈·詩〕或赤若禿鬝혹적약독간.

12 ㉒【鬚】须 수염 수 虞

인명 ㊥xū ㊐シュ

초서 동자 須 자해 수염. ㉮턱수염. ㉯동물의 입 가장자리에 난 뻣뻣한 털. ㉰식물의 수염처럼 늘어진 것.

鬚根(수근) 원뿌리나 곁뿌리에 난, 수염처럼 가는 뿌리. 실뿌리. 수염뿌리.

鬚眉(수미) ①수염과 눈썹. ②남자.

鬚髥(수염) 턱수염과 구레나룻.

鬚髭(수자) 턱수염과 코밑수염.

12 ㉒【鬙】 머리털 헝클어질 승 蒸

㊥sēng ㊐ソウ

초서 자해 ❶머리털이 헝클어지다. ❷머리털이 짧다.

鬙鬙(승승) 머리털이 흐트러진 모양.

13 ㉓【鬠】 결발할 괄 曷

㊥kuò ㊐カツ

자해 결발하다, 머리털을 묶다. 〔儀禮〕鬠笄用桑괄계용상.

鬠笄(괄계) 묶은 머리가 흐트러지지 않게 꽂은 비녀.

13 ㉓【鬟】 쪽 찐 머리 환 刪

㊥huán ㊐カン

소전 초서 자해 ❶쪽을 찐 머리. 〔白居易·詩〕窈窕雙鬟女요조쌍환녀. ❷산(山)의 모양, 산색(山色)의 비유. 〔楊萬里·詩〕髣髴隔簾青玉鬟방불격렴청옥환. ❸계집종, 비자(婢子).

14 ㉔【鬢】鬓 살쩍 빈 震

㊥bìn ㊐ビン

소전 초서 속자 鬂 속자 髩 자해 살쩍, 귀밑털. 관자놀이와 귀 사이에 난 털.

鬢毛(빈모) 살쩍.

鬢髮(빈발) ①귀밑털과 머리털. ②머리털.

鬢絲(빈사) 흰 살쩍. 노인의 백발.

鬢雪(빈설) 살쩍이 눈처럼 흼. 곧, 늙음. 白髮(백발). 鬢霜(빈상).

◨ 鬚鬢수빈, 雲鬢운빈.

15 ㉕【鬣】 갈기 렵 葉

㊥liè ㊐リョウ

소전 초서 속자 巤 속자 鬛 자해 ❶갈기, 말갈기. ❷머리털이 치선 모양. ¶ 鬣鬣엽렵. ❸물고기의 옆 지느러미.

鬣鬣(엽렵) 머리털이 치서는 모양.
鬣尾(엽미) 말갈기와 말총.
◨ 馬鬣마렵.

鬥部 싸울 투

0 ⑩【鬥】斗 싸울 투 宥
㊥dòu ㊐トウ
소전 초서 자원 會意. 두 사람이 손에 병장기(兵杖器) 따위의 물건을 들고 서로 대항하여 '다툰다'는 뜻을 나타낸다. 소전의 '𠀎'과 '𠁽'는 손에 물건을 가지고 있는 모양을 본떴다.
자해 **싸우다.** 병기를 들고 싸우다. ≒鬪.

5 ⑮【鬧】闹 시끄러울 뇨 效
인명 ㊥nào ㊐ドウ
소전 초서 자해 ❶**시끄럽다, 들레다.** 〔陳與義·詩〕平生厭喧鬧평생염훤뇨. ❷**혼잡해지다.** ❸**성하다.**
鬧熱(요열) 혼잡하여 시끄럽고 귀찮음.
◨ 喧鬧훤뇨.

6 ⑯【鬨】 싸울 홍·항 送 絳
㊥hòng ㊐コウ
소전 초서 자해 ❶**싸우다, 투쟁하다.** 〔孟子〕鄒與魯鬨추여로홍. ❷**함성(喊聲), 함성을 지르다.**

8 ⑱【鬩】阋 다툴 혁 錫
㊥xì ㊐ゲキ
소전 초서 자해 **다투다, 시종 말다툼하다.** 〔詩經〕兄弟鬩于牆형제혁우장.
鬩訟(혁송) 송사(訟事)함. 말다툼함.
鬩牆(혁장) 같은 담장 안의 사람끼리 싸움. 형제끼리의 싸움.

10 ⑳【鬪】斗 싸울 투 宥
고등 인명 4급 ㊥dòu ㊐トウ
필순 丨 𠄌 𠁣 𠁤 鬥 鬥 鬪 鬪 鬪 鬪
소전 본자 鬭 속자 鬦 속자 閗 자원 形聲. 鬥+斲→鬪. '斲(주)'가 음을 나타낸다.
자해 ❶**싸우다, 싸움.** 〔孟子〕今有同室之人鬪者금유동실지인투자. ❷**만나다, 부딪치다.** ❸**겨루다, 경쟁하다.** 〔史記〕吾寧鬪智오녕투지.
鬪犬(투견) 개싸움.
鬪鷄(투계) ①싸움닭. ②닭싸움을 붙이는 일.
鬪技(투기) ①서로 맞붙어 싸움. ②선수끼리 맞붙어 싸우는 방식의 경기. 유도·레슬링·씨름 따위.
鬪病(투병) 병마(病魔)와 싸움.
鬪士(투사) ①싸움터에 나가 싸우는 사람. 戰士(전사). ②투지가 만만한 사람.
鬪牛(투우) 소싸움.
鬪爭(투쟁) 상대를 이기려고 싸움.
鬪戰(투전) 싸움. 戰鬪(전투).
鬪志(투지) 싸우려는 마음. 경쟁에 뒤지지 않으려는 패기.
鬪草(투초) 단오절에 행하던 여자들의 유희. 풀싸움. 꽃싸움.
鬪魂(투혼) 끝까지 싸우려는 기백.
◨ 決鬪결투, 拳鬪권투, 奮鬪분투, 死鬪사투, 爭鬪쟁투, 戰鬪전투.

12 ㉒【闞】 범 우는 소리 함 陷
㊥hǎn ㊐カン
초서 자해 ❶**범이 우는 소리.** 맹수가 성내어 부르짖는 소리. 〔詩經〕闞如虓虎함여효호. ❷**용맹스럽다.** 〔漢書〕七雄虓闞칠웅효함.
闞闞(함함) ①호랑이가 울부짖는 소리. ②날쌘 위용(威容)이 있는 모양.

14 ㉔【鬭】 鬪(1421)의 본자

16 ㉖【鬮】阄 제비 구 尤
㊥jiū ㊐キュウ
소전 초서 속자 鬮 자해 **제비, 추첨(抽籤).**

鬯部 울창주 창

0 ⑩【鬯】 울창주 창 漾
㊥chàng ㊐キョウ
소전 초서 자원 會意. 凵+※+匕→鬯. '凵'는 물건을 담는 그

릇. '※'는 곡식의 낟알. '匕'는 숟가락. 곡식의 낟알이 그릇에 담겨 괴어 액체가 된 것을 숟가락으로 뜬다는 데서 '술'을 나타낸다.
자해 ❶울창주(鬱鬯酒). 검은 기장을 원료로 울금초(鬱金草)를 섞어 빚은, 좋은 향기가 나는 술. 제주(祭酒)로 씀. ❷활집. 활을 넣어 두는 자루. 〔詩經〕抑鬯弓忌억창궁기. ❸자라다, 펴다. ≒暢. 〔漢書〕草木鬯茂초목창무.
鬯茂(창무) 초목이 무성함 暢茂(창무).
鬯酒(창주) ①검은 기장으로 빚은 술. ②검은 기장에 창초(鬯草)를 섞어서 빚은 술.

19 ㉙【鬱】郁 막힐 울 物
인명 2급 ㊥yù ㊐ウツ
소전 초서 속자 鬰 속자 𣡡 자해 ❶막히다, 답답하다, 자욱하다. 〔春秋左氏傳〕鬱湮不育울인불육. ❷우거지다, 수풀이 무성하다. 〔詩經〕鬱彼北林울피북림. ❸성하다, 장성(壯盛)한 모양. ❹울금초(鬱金草). ❺산앵두나무. 철쭉과의 낙엽 관목. 산이스랏.
鬱結(울결) ①마음이 울적하고 답답함. ②기운이 막혀 펴지 못하는 모양.
鬱金香(울금향) ①백합과의 다년초. 튤립. ②울금향을 넣어 빚은 술.
鬱氣(울기) 울적한 마음. 답답한 기분.
鬱陶(울도) ①마음이 근심스럽고 답답함. ②날씨가 무더움.
鬱林(울림) 울창한 숲.
鬱勃(울발) ①기(氣)가 성(盛)한 모양. ②초목이 우거진 모양. ③울적하고 답답한 모양.
鬱憤(울분) 분한 마음이 가슴에 가득히 쌓임. 맺혀서 풀리지 않는 분노. 憤懣(분만).
鬱塞(울색) 기운이 막힘. 마음이 답답함.
鬱怏(울앙) 마음이 답답하고 막힘.
鬱然(울연) ①초목이 무성한 모양. 사물이 왕성한 모양. ②울적한 모양.
鬱鬱(울울) ①침울한 모양. 기분이 언짢은 모양. ②수목이 울창한 모양. ③성(盛)한 모양.
鬱鬱蒼蒼(울울창창) 수목이 울창한 모양.
鬱寂(울적) 마음이 답답하고 쓸쓸함.
鬱積(울적) 불평불만이 겹쳐 쌓임.
鬱症(울증) 우울증.
鬱蒼(울창) 나무가 빽빽하게 우거지고 푸름.
鬱鬯(울창) 제주(祭酒)를 빚을 때 넣는 울금향(鬱金香). 또는 그 향주(香酒).
鬱閉(울폐) 막혀서 흐르지 않는 모양.
鬱血(울혈) 정맥에 피가 많이 몰린 증상.
鬱火(울화) 속이 답답해 일어나는 심화(心火).
鬱懷(울회) 울적한 회포.

◨ 憂鬱우울, 陰鬱음울, 沈鬱침울.

鬲部 솥 력

0 ⑩【鬲】 1솥 력 錫 2손잡이 격 陌
㊥lì ㊐レキ
소전 초서 고자 𩰲 자원 象形. 다리가 굽은 솥의 모양을 본뜬 글자.
자해 1솥. 와제(瓦製)와 금속제(金屬製)의 두 가지가 있다. 발은 셋으로, 굽었으며 속이 비어 있다. 음식을 익히는 데 쓴다. 〔周禮〕鬲實五觳력실오곡. 2❶손잡이. ❷막다, 사이를 막다. ≒隔. 〔漢書〕鬲閉門戶격폐문호.
鬲閉(격폐) 외계와의 접촉을 막음.

6 ⑯【𩰲】 鬲(1422)의 고자

7 ⑰【鬴】 가마솥 부 麌
㊥fǔ ㊐フ
소전 초서 자해 ❶가마솥. =釜. 〔漢書〕銜其鬴六七枚함기부륙칠매. ❷양기(量器)의 이름. 엿 말 너 되들이의 그릇.
鬴鍑(부복) 아가리가 큰 솥. 가마솥.

8 ⑱【鬵】 용가마 심 侵
㊥qín ㊐シン
소전 초서 자해 용가마, 큰 가마솥. 〔詩經〕誰能亨魚수능형어, 漑之釜鬵개지부심.

9 ⑲【鬷】 가마솥 종 東
㊥zōng ㊐ソウ
소전 초서 자해 ❶가마솥. ❷모이다, 한곳에 모여들다. 〔詩經〕越以鬷邁월이종매.

12 ㉒【鬻】 1죽 죽 屋 2팔 육 屋
㊥zhōu, yù ㊐シュク, イク
소전 초서 자해 1죽, 묽은 죽. =粥. 〔春秋左氏傳〕饘於是전어시, 鬻於是죽어시. 2❶팔다. 값을 받고 물건을

주다. 〔春秋左氏傳〕 有鬻踊者유육용자. **❷속이다, 기만하다.** 〔戰國策〕 鬻五國육오국.

鬻技(육기) 기예(技藝)를 팔아 생활함.

鬻賣(육매) 팖. 판매함.

鬻獄(육옥) 죄인에게서 금품을 받고 죄를 경감해 줌. 뇌물을 받고 법을 어김.

鬻踊(육용) 용(踊)을 팖. 형벌을 받은 사람이 많음. '踊'은 월형(刖刑)을 당한 사람들이 신는 신.

鬻爵(육작) 금품을 받고 관작(官爵)을 팖. 賣官(매관).

鬼 部 귀신 귀

0
⑩ **【鬼】** 귀신 귀 尾

고등 인명 3Ⅱ급 ㊥guǐ ㊐キ

필순 丿 亻 白 白 白 由 甶 鬼 鬼 鬼

소전 초서 자원 會意. 由+儿+厶→鬼. '由'는 귀신의 머리 모양을 본뜬 것, '儿'은 '人'으로 사람, '厶'는 해친다는 뜻. 합하여 사람을 해치는 망령(亡靈), 곧 '귀신'을 뜻한다.

자해 **❶귀신.** **㉮죽은 사람의 넋.** 사람이 죽으면 정신을 맡은 '魂(혼)'은 승천(昇天)하여 신(神)이 되고, 육체를 주재(主宰)하는 '魄(백)'은 땅에 들어가 '鬼'가 된다. 〔禮記〕 死必歸土사필귀토, 此之謂鬼차지위귀. **㉯제사를 모시는 죽은 사람의 혼백**(魂魄). 천신지기(天神地祇)에 대한 말. 〔論語〕 非其鬼而祭之비기귀이제지. **㉰불가사의**(不可思議)**한 힘이 있다고 믿어지는 인격.** 〔禮記〕 幽則有鬼神유즉유귀신. **㉱사람을 해치는 요괴.** 〔詩經〕 爲鬼爲蜮위귀위역. **㉲도깨비, 상상의 생물.** **❷멀다, 먼 곳.** 〔易經〕 高宗伐鬼方고종벌귀방. **❸별 이름, 28수(宿)의 하나.**

鬼谷(귀곡) 전설상 여러 귀신이 모여 산다는 골짜기.

鬼哭(귀곡) ①귀신이 욺. 또는 그 소리. ②귀신마저도 통곡함.

鬼哭啾啾(귀곡추추) 유령이 서글피 욺. 으스스한 기운이 엄습해 옴.

鬼工(귀공) 기술이 정교하여 사람의 솜씨라고는 생각할 수 없는 훌륭한 작품.

鬼道(귀도) ①기괴한 술법. ②귀신이 다니는 길. ③아귀도(餓鬼道)의 준말.

鬼燐(귀린) 도깨비불. 鬼火(귀화).

鬼魅(귀매) 도깨비. 두억시니. 妖怪(요괴).

鬼門(귀문) ①귀성(鬼星)이 있는 방위. 점술가들이 매사에 꺼리는 동북방. 鬼方(귀방). ②(佛)죽어서 저승으로 들어가는 문.

鬼斧(귀부) 귀신의 도끼로 다듬은 듯한, 썩 교묘한 세공(細工).

鬼神(귀신) ①죽은 사람의 영혼. 조상의 신령. ②하늘과 땅의 지혜로운 신령. ③눈에 보이지 않는 영혼. 혼백(魂魄). ④사람을 해친다는 괴이한 존재. ⑤천지 창조의 신.

鬼蜮(귀역) 귀신과 불여우. 음흉하여 남을 해치는 사람의 비유.

鬼才(귀재) ①보기 드물게 매우 뛰어난 재능. 또는 그런 재능을 가진 사람. ②시재(詩才)에 뛰어난 사람.

鬼畜(귀축) ①아귀(餓鬼)와 축생(畜生). ②잔인무도한 사람.

鬼胎(귀태) ①귀신에게서 수태하여 태어난 자식. ②남몰래 겁을 먹음. 속으로 은근히 공포에 떪. ③기형(畸形)의 태아(胎兒).

鬼話(귀화) ①엉터리 이야기. 거짓말. ②요괴·괴물에 관한 이야기. 怪談(괴담).

◨ **魔鬼**마귀, **餓鬼**아귀, **惡鬼**악귀.

3
⑬ **【鬽】** 도깨비 매 ㊍미 寘

㊥mèi ㊐ミ

소전 자해 **도깨비, 이매**(魑魅). =魅. 〔周禮〕 以夏日至致地示物鬽이하일지치지시물매.

4
⑭ **【魁】** 으뜸 괴 灰

인명 1급 ㊥kuí ㊐カイ

소전 초서 자해 **❶으뜸.** **㉮우두머리, 수령**(首領). **㉯과거**(科擧)**에서, 각 경서**(經書)**의 수석 합격자.** 〔漢紀〕 獨涉爲魁首독섭위괴수. **❷크다, 큰 것.** **❸선구**(先驅), **제일**(第一). 〔漢書〕 閭里之俠려리지협, 原涉爲魁원섭위괴. **❹빼어나다, 빼어난 것.** 〔漢書〕 充爲人魁岸충위인괴안. **❺대합조개, 큰 조개.** **❻뿌리, 근본.** **❼토란의 땅속줄기.** 〔漢書〕 飯我豆食반아두식, 羹芋魁갱우괴. **❽별 이름.**

魁甲(괴갑) 진사 시험에 장원(壯元)으로 급제한 사람.

魁傑(괴걸) ①몸집이 크고 건장함. ②두목(頭目). ③걸출한 인물.

魁奇(괴기) 출중하고 특이함. 魁殊(귀수).

魁頭(괴두) 아무것도 쓰지 않은 머리. 맨머리.

魁榜(괴방) 國과거의 갑과(甲科)에 장원 급제한 사람.

魁選(괴선) 과거에 수석으로 급제함.

魁首(괴수) 악당의 우두머리. 首魁(수괴).
魁岸(괴안) 슬기와 용맹이 뛰어남.
魁然(괴연) ①장대(壯大)한 모양. ②혼자 서 있는 모양. 고독한 모양. ③마음 편한 모양. ④뽐내는 모양.
魁梧(괴오) 체구가 큰 모양. 건장함. 魁偉(괴위). 魁壯(괴장).
魁壯(괴장) 용모가 크고 훌륭함.
◨ 首魁수괴.

4 ⑭【魂】 넋 혼 元

고등 인명 3Ⅱ급 ㊥hún ㊐コン

필순 ﹅ 云 云' 动 动 魂 魂 魂 魂 魂

소전 초서 동자 䰟 자원 形聲. 云+鬼→魂. '云(운)'이 음을 나타낸다.

자해 ❶넋. ㉮**사람의 생장(生長)을 맡은 양(陽)의 기운**. 정신을 주관하는 것을 '魂(혼)'이라 하고, 육체를 주관하는 것을 '魄(백)'이라 한다. 〔春秋左氏傳〕人生始化曰魄인생시화왈백, 旣生魄기생백, 陽曰魂양왈혼. ㉯**정신**(精神). 〔廣雅〕物本爲魂물본위혼. ❷**마음, 생각**. 〔呂氏春秋〕費神傷魂비신상혼.
魂怯(혼겁) 國몹시 놀라거나 겁이 나서 혼이 나갈 뻔함.
魂膽(혼담) 혼백과 간담. 영혼. 마음. 넋.
魂靈(혼령) 죽은 사람의 넋. 靈魂(영혼).
魂魄(혼백) 혼과 넋. 영혼. '魂'은 양(陽)의 정기로 이루어져 정신을 주관하다가 죽으면 하늘로 돌아가고, '魄'은 음(陰)의 정기로 이루어져 육체를 주관하다가 죽으면 땅으로 돌아간다고 함.
魂飛魄散(혼비백산) 혼이 날고 넋이 흩어짐. 몹시 놀라거나 두려워 넋을 잃음.
魂銷(혼소) 혼이 나감. 얼이 빠짐. 놀람.
魂遊石(혼유석) 넋이 나와 놀도록 한 돌. 상석과 무덤 사이에 놓는 직사각형의 돌.
◨ 靈魂영혼, 鎭魂진혼, 招魂초혼.

4 ⑭【䰟】 魂(1424)과 동자

5 ⑮【魅】 도깨비 매 本미 寘

인명 2급 ㊥mèi ㊐ミ

자해 ❶**도깨비, 요괴**(妖怪). =魅. 〔史記〕以御螭魅이어리매. ❷**홀리다, 미혹(迷惑)하게 하다**. 〔玄中記〕狐百歲호백세, 善蠱魅선고매, 使人迷惑사인미혹.

魅力(매력) 남의 마음을 호리어 끄는 힘.
魅了(매료) 남의 마음을 완전히 사로잡아 홀리게 함.
魅惑(매혹) 호려 현혹(眩惑)하게 함. 홀려 미혹(迷惑)함.
◨ 魍魅망매, 魑魅이매.

5 ⑮【魃】 가물 귀신 발 曷

인명 1급 ㊥bá ㊐ハツ

소전 초서 자해 **가물 귀신, 한발(旱魃)의 신**. 〔詩經〕旱魃爲虐한발위학.
魃蜮(발역) 가뭄과 요변(妖變). '蜮'은 물여우로, 모래를 머금었다가 사람을 쏜다는 전설의 동물.
◨ 旱魃한발.

5 ⑮【魄】 ① 넋 백 陌 ② 영락할 탁 藥

인명 1급 ㊥pò, tuò ㊐ハク

소전 초서 참고 인명용 음은 '백'이다.

자해 ① ❶**넋, 사람의 생장을 돕는 음(陰)의 기운**. 정신을 주관하는 것을 혼(魂), 육체를 주관하는 것을 백(魄)이라 하며, 오관(五官)의 기능은 백(魄)의 작용이라고 한다. ❷**몸, 형체**. 〔國語〕其魄兆乎民矣기백조호민의. ❸**달, 달빛**. 〔權德輿·詩〕皓魄流露空호백류로공. ❹**달 둘레의 빛이 없는 부분**. ② **영락(零落)하다**.
魄散(백산) 마음이 흩어져서 가라앉지 않음.
魄兆(백조) 넋의 징조.
◨ 落魄낙백, 魂魄혼백.

8 ⑱【魎】 魉 도깨비 량 養

㊥liǎng ㊐リョウ

초서 자해 **도깨비**. 산수(山水)·목석(木石)의 정기가 엉겨서 된 요괴(妖怪).

8 ⑱【魍】 도깨비 망 養

㊥wǎng ㊐ボウ

초서 자해 **도깨비**. 산수(山水)·목석(木石)의 정기가 엉겨서 된 요괴(妖怪).
魍魎(망량) 도깨비. 두억시니. 산수(山水)·목석(木石)의 정기가 어려서 된 도깨비.
魍魎量稅(망량양세) 國도깨비에게 세금 매기기. 허망한 수입을 바람.
魍魅(망매) 산수·목석 따위의 정기(精氣)의 변신인 요괴.

鬼 4획

8
⑱【魏】 1나라 이름 위 未 2빼어날 위·외 微 灰

인명 2급 ㊥wèi, wéi ㊐ギ

초서 참고 인명용 음은 '위'이다.

자해 1 ❶나라 이름. ㉮주(周)의 동성(同姓) 제후국. 춘추 전국 시대 칠웅(七雄)의 하나. ㉯한말(漢末) 삼국(三國)의 하나. 조조(曹操)의 아들 조비(曹丕)가 후한(後漢)을 대신하여 화북(華北)에 세운 나라. ㉰동진(東晉) 때, 탁발규(拓拔珪)가 세운 나라. 이를 후위(後魏)라 하는데, 후에 동위(東魏)·서위(西魏)로 나누어졌다가, 동위는 북제(北齊)에, 서위는 북주(北周)에 멸망되었다. ❷높다. ＝巍. 2 ❶빼어나다, 홀로 출중(出衆)한 모양. 〔集韻〕莊子장자, 魏然而已위연이이. ❷큰 모양. ≒巍. 〔莊子〕魏魏乎외외호, 其終則復始也기종즉부시야.

魏闕(위궐) ①높고 큰 문. 궁성(宮城)의 정문으로 법령 등을 게시하던 곳. ②조정(朝廷).

魏魏(위위·외외) 높고 큰 모양.

8
⑱【魋】 1북상투 추 支 2곰 퇴 灰

㊥chuí, tuí ㊐ツイ, タイ

소전 자해 1 북상투. 아무렇게나 짠 상투. ≒椎. 〔漢書〕尉佗魋結箕踞見賈위타추계기거견고. 2 곰, 털빛이 붉은 작은 곰. 신령스러운 짐승으로 여겨 모양을 만들어 액(厄)을 막기 위해 문 앞에 두었다.

魋結(추계) 망치 모양의 상투. 북상투.

11
㉑【魑】 도깨비 리 ㊍치 支

㊥chī ㊐チ

소전 초서 자해 도깨비, 산의 요괴(妖怪).

魑魅(이매) 산의 요괴. 산도깨비.

魑魅魍魎(이매망량) 도깨비. 두억시니.

11
㉑【魔】 마귀 마 歌

인명 2급 ㊥mó ㊐マ

소전 초서 자해 ❶마귀, 악귀. 요사스럽고 못된 잡귀. ❷마술, 요술. 〔南史〕師巫魔媪사무마온. ❸인, 인이 박이다. 한 가지 일에 열중하여 그 본성(本性)을 잃는 일. 〔李中·詩〕成僻成魔二雅中성벽성마이아중. ❹(佛)마라(魔羅). 수도(修道)를 방해하는 악귀.

魔窟(마굴) ①마귀가 있는 곳. ②악한 무리들이 모여 있는 곳.

魔鬼(마귀) 요사스럽고 못된 짓을 하는 잡귀의 총칭.

魔女(마녀) ①마력을 가진 여자. ②여자 마귀.

魔力(마력) ①마귀의 힘. ②불가사의한 힘.

魔法(마법) 마력(魔力)으로 행하는 기괴한 술법. 魔術(마술).

魔手(마수) 마귀의 손길. 흉악한 목적으로 꾀는 음험한 수단.

魔術(마술) 사람의 눈을 속여 이상한 일을 해 보이는 재주. 妖術(요술).

魔王(마왕) 마귀의 우두머리.

◨ 病魔병마, 邪魔사마, 色魔색마, 惡魔악마.

14
㉔【魘】 가위눌릴 염·압 琰 葉

㊥yǎn ㊐エン

소전 초서 자해 가위눌리다, 악몽(惡夢)에 시달리다. 〔韓愈·詩〕怵惕夢成魘출척몽성염.

魘死(염사) 가위눌려 죽음.

◨ 夢魘몽염.

魚 部 고기 어

0
⑪【魚】 鱼 고기 어 魚

중학 인명 5급 ㊥yú ㊐ギョ

필순 ⺈ ⺈ 𠂊 𠂊 角 角 角 魚 魚 魚

소전 초서 고자 속자 자원 象形. 물고기 모양을 본뜬 글자.

자해 ❶고기, 물고기. 〔詩經〕魚躍于淵어약우연. ❷어대(魚袋). 당대(唐代)의 관리들이 허리에 차던 물고기 모양의 패물. ❸나. 1인칭 대명사. 〔列子〕姬희, 魚語汝어어여. ❼바다 짐승의 이름.

魚肝(어간) 물고기의 간.

魚貫(어관) 꼬챙이에 꿴 생선처럼 죽 늘어서서 줄을 지어 가는 일. 魚串(어관).

魚潰鳥散(어궤조산) 물고기처럼 썩고 새 떼처럼 흩어짐. 크게 패(敗)함.

魚袋(어대) 금은(金銀)으로 장식한 물고기 모양의 부절(符節). 좌우 두 쪽으로 나누어 관직의 명칭과 성명을 새겨, 왼쪽은 궁정에 비치하고 오른쪽은 주머니에 넣어 차고 다니다가 궁정에 출입할 때 맞추어 보던 것. 당송대(唐宋代)를 거쳐 명대(明代)에 폐지하였음.

魚隊(어대) 물고기 떼. 魚群(어군).

魚頭肉尾(어두육미) 물고기는 대가리 쪽이, 짐승의 고기는 꼬리 쪽이 맛이 좋음. 魚頭鳳尾(어두봉미).
魚爛(어란) 물고기가 썩음. 나라가 내부에서부터 붕괴함.
魚籃(어람) 물고기를 잡아 담는 바구니. 魚籠(어롱).
魚梁(어량) 물줄기를 한곳으로 끌어 그곳에 통발을 놓아 물고기를 잡는 장치.
魚魯不辨(어로불변) '魚' 자와 '魯' 자를 분간하지 못함. 무식함.
魚雷(어뢰) 자동 장치로 물속을 전진하여 적의 함대를 공격하는 폭탄.
魚鱗(어린) ①물고기의 비늘. ②물고기의 비늘처럼 잇대어 줄섬.
魚鱗鶴翼(어린학익) 어린진과 학익진. '魚鱗'은 중앙이 나오고 사다리꼴로 배열한 진형, '鶴翼'은 일직선으로 길게 배열한 진형.
魚網(어망) 물고기를 잡는 데 쓰는 그물. 漁網(어망).
魚網鴻離(어망홍리) 물고기를 잡으려고 친 그물에 기러기가 걸림. 구하던 것은 얻지 못하고, 딴것을 얻음.
魚目(어목) ①물고기의 눈. ②구슬을 닮았으나 구슬이 아닌 것. 진짜와 비슷하나 본질은 다른 것. ③티눈.
魚物(어물) 생선 또는 생선을 가공(加工)하여 말린 것.
魚變成龍(어변성룡) 國물고기가 변하여 용이 됨. 곤궁하던 사람이 부귀를 누리게 되거나 보잘것없던 사람이 큰 인물이 됨.
魚鼈(어별) ①물고기와 자라. ②어류(魚類)의 총칭.
魚服(어복) ①어피(魚皮)로 장식한 전동〔箭筒〕. ②지체 높은 사람이 천한 사람의 의복으로 가장하는 일. ③물고기 무늬가 있는 옷.
魚腹(어복) 물고기의 배.
魚粉(어분) 물고기·조개 등을 빻은 가루.
魚水(어수) 물고기와 물의 관계처럼 끊으려야 끊을 수 없는 밀접한 관계. 군신(君臣)·부부(夫婦) 따위의 관계. 水魚(수어).
魚水契(어수계) 군신이나 부부의 인연이 썩 깊은 일.
魚水親(어수친) 물고기와 물의 관계처럼 군신(君臣)이 친밀하게 지냄.
魚雁(어안) ①물고기와 기러기. ②편지.
魚鹽柴水(어염시수) 생선·소금·땔나무·물. 곧, 생활에 필요한 일용품의 총칭.
魚遊釜中(어유부중) 물고기가 솥 안에서 놀고 있음. 위험이 눈앞에 닥쳐 있음을 모름.
魚肉(어육) ①물고기와 짐승의 고기. ②생선의 살. ③썰려 요리됨. ㉠살육(殺戮)을 당함. ㉡경멸(輕蔑)을 당함.
魚醬(어장) 젓갈. 소금에 절인 생선.
魚拓(어탁) 물고기의 탁본을 뜸.
魚醢(어해) 생선을 소금에 절인 것. 젓갈.
魚虎(어호) ①악어(鰐魚)와 범. ②물총새. ③비취(翡翠)의 딴 이름. ④복어의 한 가지.
魚笏(어홀) 대부(大夫)가 가지는 홀. 대부의 홀은 상어의 수염으로 장식함.
◨ 乾魚건어, 鮮魚선어, 養魚양어, 人魚인어.

0 ⑩【奐】魚(1425)의 속자

2 ⑬【魛】魛 웅어 도 豪

㊥dāo ㊐トウ

자해 **웅어**. 멸칫과의 바닷물고기.
魛魚(도어) 웅어. 葦魚(위어).

4 ⑮【魥】 말린 물고기 겁 葉

㊥qiè ㊐キョウ

초서 자해 **말린 물고기, 건어**(乾魚). 고기를 대나무에 꿰어 말린 것.

4 ⑮【魶】 도롱뇽 납 合

㊥nà ㊐ドウ

초서 자해 ❶**도롱뇽, 산초어**(山椒魚). 양서류(兩棲類)의 도마뱀 비슷한 동물. ❷**물고기 이름, 납어**(魶魚). 자라 비슷하나 갑각(甲殼)이 없고, 꼬리가 있으나 발이 없으며, 입은 배 밑에 있다.

4 ⑮〖魯〗鲁 노둔할 로 麌

인명 2급 ㊥lǔ ㊐ロ

소전 초서 자해 ❶**노둔하다, 미련하다**. 〔論語〕 參也魯삼야로. ❷**나라 이름, 주대(周代)의 제후국**. 주(周) 무왕(武王)의 아우 주공(周公) 단(旦)이 봉(封)해졌던 나라. 〔詩經〕 周公歸政주공귀정, 成王封其元子伯禽於魯성왕봉기원자백금어로.
魯男子(노남자) 여색을 좋아하지 않는 남자. 故事 노(魯)나라의 어느 마을에 홀아비와 과부가 가까이 살았는데, 어느 날 폭우가 내려 과부의 집이 무너져 과부가 홀아비의 집을 찾았으나 그 홀아비는 문을 닫아걸고 끝까지 열어 주지 않았다는 고사에서 온 말.
魯鈍(노둔) 어리석고 둔함.

魯論(노론) ①한대(漢代) 논어(論語)의 하나. 한대에 논어가 제론(齊論)·노론(魯論)·고론(古論)의 3종(種)이 있었는데, 노론은 노(魯)나라 사람이 전한 것. ②논어의 딴 이름.
魯朴(노박) 어리석고 순박함.
魯酒(노주) 노(魯)나라의 술. 맛없는 술.
魯直(노직) 지나치게 정직함. 고지식함.
魯質(노질) 둔하고 미련한 성질. 駑質(노질).

4 ⑮【魬】 가자미 반 潸
㊥bǎn ㊐ハン
초서 자해 ❶가자미. ❷넙치.

4 ⑮【魴】魴 방어 방 陽
㊥fáng ㊐ホウ
소전 초서 동자 鰟 자해 방어. 〔詩經〕維魴及鱮유방급서.
魴魚(방어) 전갱잇과의 바닷물고기.

4 ⑮【魦】 鯊(1429)와 동자

4 ⑮【魳】 鰤(1432)와 동자

4 ⑮【魰】 漁(753)와 동자

4 ⑮【魭】 ①큰 자라 원 元 ②모나지 않을 완 旱
㊥yuán, wǎn ㊐ゲン
초서 자해 ①큰 자라. =黿. ②모나지 않다, 규각(圭角)이 없는 모양.
魭斷(완단) 규각(圭角)이 없는 모양. 인품이 모나지 않고 원만(圓滿)한 모양.

5 ⑯【鮊】 뱅어 백 陌
㊥bà ㊐ハク
소전 자해 뱅어, 백어(白魚).

5 ⑯【鮒】鮒 붕어 부 遇
㊥fù ㊐フ
소전 초서 자해 ❶붕어, 즉어(鯽魚). 〔呂氏春秋〕鮒入而鯢居부입이예거. ❷두꺼비.

5 ⑯【鮏】 ①비릴 성 青 ②고기 이름 쟁 庚
㊥xīng, zhēng ㊐セイ
소전 초서 동자 鯹 자해 ①비리다. ≒腥. ②고기 이름.

5 ⑯【鮓】 젓 자 馬
㊥zhǎ ㊐サ
초서 자해 ❶젓. 소금에 짜게 절인 어물(魚物). ❷해파리, 해월(海月), 수모(水母).

5 ⑯【鮎】鮎 메기 점 ㊍념 鹽
인명 ㊥nián ㊐デン
소전 초서 동자 鯰 자해 메기, 점어(鮎魚).

5 ⑯【鮆】 갈치 제 薺
㊥jì ㊐シ
소전 초서 동자 鮤 동자 鱭 자해 갈치. 칼 모양의 바닷물고기.

5 ⑯【鮤】 鮆(1427)과 동자

5 ⑯【鮐】鮐 복 태 灰
㊥tái ㊐タイ
소전 초서 자해 ❶복, 하돈(河豚). 〔史記〕鮐鮆千斤태제천근. ❷늙다, 늙은이.
鮐背(태배) 늙은이. 노인. 나이가 많아지면 피부에 복어의 등에 있는 얼룩 같은 검버섯이 생기는 데서 이르는 말.
鮐稚(태치) 노인과 어린이. 老弱(노약).

5 ⑯【鮃】鮃 넙치 평 庚
㊥píng ㊐ヘイ
초서 자해 넙치, 비목어(比目魚).

5 ⑯【鮑】鮑 절인 어물 포 巧
인명 2급 ㊥bāo ㊐ホウ

소전 초서 자해 ❶절인 어물, 소금에 절인 생선. ❷전복.

鮑魚(포어) ①소금에 절인 생선. 자반. ②전복.

鮑魚之肆(포어지사) 건어물을 파는 상점. 소인배들이 모여드는 곳.

6 ⑰【鮫】鮫 상어 교 肴

인명 ㊥jiāo ㊐コウ

소전 초서 자해 ❶상어, 사어(鯊魚). ❷교룡(蛟龍). ≒蛟.

鮫魚(교어) 상어.

鮫人(교인) 바다에 산다는 인면어신(人面魚身)의 상상의 동물. 人魚(인어).

鮫函(교함) 상어 껍질로 만든 갑옷.

6 ⑰【鮭】鮭 ①복 규 齊 ②어채 해 佳

㊥guī, xié ㊐ケイ, カイ

초서 자해 ①복, 복어, 하돈(河豚). ②어채(魚菜), 조리(調理)한 어채의 총칭. 〔張籍·詩〕新果及異鮭신과급이해, 無不相待嘗무불상대상.

鮭魚(규어) 복어.

鮭菜(해채) 조리한 어채의 총칭.

6 ⑰【鮦】鮦 가물치 동 東

㊥tóng ㊐トウ

소전 자해 가물치, 동어(鮦魚).

6 ⑰【鮩】 뱅어 병 梗

㊥bīng ㊐ホウ

초서 자해 뱅어, 백어(白魚).

6 ⑰【鮬】 ①납자루 보 遇 ②알젓 고 遇

㊥kū, kù ㊐コ

초서 자해 ①납자루. 잉엇과의 붕어 비슷한 민물고기. ②알젓, 어란(魚卵).

6 ⑰【鮮】鮮 ①고울 선 先 ②적을 선 銑

중학 인명 5급 ㊥xiān, xiǎn ㊐セン

필순 ⺈ 𠂊 ⺈ 各 角 角 鱼 魚 魚' 魚" 鮮 鮮

소전 초서 자원 形聲. 魚+羊→鮮. '羊(양)'이 음을 나타낸다.

자해 ① ❶곱다, 아름답다. ❷뚜렷하다, 선명하다. ❸깨끗하다, 떳떳하다. 〔班固·賦〕鮮顥氣之淸英선호기지청영. ❹착하다, 좋다. ❺화려하다. 〔宋玉·賦〕竊春風兮發鮮榮오춘풍혜발선영. ❻새롭다. 〔漢書〕衣服常鮮於我의복상선어아. ❼날생선. ❽날고기. ② ❶적다. 〔詩經〕鮮克有終선극유종. ❷드물다, 흔하지 않다. 〔大學〕天下鮮矣천하선의.

鮮車怒馬(선거노마) 아름다운 수레와 살진 말. 의복(衣服)·거마(車馬)가 화려하고 사치스러운 모양.

鮮潔(선결) 새롭고 깨끗함.

鮮麗(선려) 산뜻하고 아름다움.

鮮明(선명) 산뜻하고 밝음. 조촐하고 깨끗함.

鮮美(선미) 싱싱하고 아름다움.

鮮媚(선미) ①필치(筆致)가 선명하고 아름다움. ②경치가 산뜻하고 우미함.

鮮民(선민) 가난하고 고독한 사람.

鮮肥(선비) 신선하고 살진 고기.

鮮色(선색) 선명한 빛깔.

鮮少(선소) 적음. 근소함.

鮮新(선신) 싱싱하고 깨끗함.

鮮魚(선어) 신선한 물고기. 生鮮(생선).

鮮姸(선연) 선명하고 고움.

鮮血(선혈) 신선한 피. 선지피.

鮮好(선호) 산뜻하고 고움. 鮮姸(선연).

鮮紅(선홍) ①짙은 붉은빛. ②복숭아꽃. 도화(桃花).

鮮花(선화) 선명하고 고운 꽃.

鮮華(선화) 산뜻하고 화려함.

◨ 生鮮생선, 新鮮신선.

6 ⑰【鮟】鮟 아귀 안 翰

인명 ㊥àn ㊐アン

초서 자해 ❶아귀. ❷메기.

鮟鱇(안강) 아귀. 아귓과의 바닷물고기.

6 ⑰【鮠】 작은 메기 외 灰

㊥wéi ㊐ガイ

초서 자해 작은 메기.

6 ⑰【鮪】鮪 다랑어 유 尾

㊥wěi ㊐イ

소전 초서 자해 다랑어. 고등엇과의 바닷물고기. 〔詩經〕鱣鮪發發전유발발.

魚 6획

鮪魚(유어) 다랑어.

6 ⑰【鮧】 ①복 이 支 ②메기 제 齊

㊥yí, tǐ ㊐イ, テイ

자해 ①❶복, 하돈(河豚). ¶ 鯸鮧후이. ❷젓, 젓갈. ②메기, 큰 메기.

6 ⑰【鮞】鮞 곤이 이 支

㊥ér ㊐ジ

소전 초서 자해 곤이(鯤鮞), 물고기 배 속의 알. 〔國語〕 魚禁鯤鮞어금곤이.

6 ⑰【鮨】鮨 ①젓갈 지 支 ②다랑어 예 霽

㊥qí, yì ㊐シ, ケイ

소전 초서 자해 ①젓갈, 물고기의 젓갈. ②다랑어.

7 ⑱【鯁】鯁 생선뼈 경 梗

㊥gěng ㊐コウ

소전 초서 자해 ❶생선의 뼈. ❷가시가 박히다, 생선뼈가 목에 걸리다. ❸재앙, 우환. 〔國語〕 除鯁而避強제경이피강. ❹곧다, 바르다. 〔後漢書〕 骨鯁可任골경가임.

鯁骨(경골) ①생선의 뼈. ②굳고 단단한 뼈. 硬骨(경골). ③강직한 사람.

鯁言(경언) ①바른 언론. ②거리낌 없이 솔직하게 말함. 또는 그 말. 直言(직언).

鯁直(경직) 강하고 바름.

◨ 骨鯁골경.

7 ⑱【鯀】鯀 물고기 이름 곤 阮

㊥gǔn ㊐コン

소전 초서 동자 鮌 자해 ❶물고기 이름. 상상 속의 대어(大魚)의 이름. =鯤. ❷물고기의 알.

7 ⑱【鮟】 鯘(1430)와 동자

7 ⑱【鯉】鯉 잉어 리 紙

인명 ㊥lǐ ㊐リ

소전 초서 자해 ❶잉어. 〔詩經〕 豈其食魚기기식어, 必河之鯉필하지리. ❷편지, 서찰(書札). ❸사람 이름.

鯉素(이소) 편지. 故事 잉어의 배 속에서 흰 비단에 쓴 편지가 나왔다는 고사에서 온 말.

鯉魚(이어) 잉어.

鯉魚風(이어풍) 음력 9월에 불어 오는 바람. 가을바람.

鯉庭(이정) 자식이 아버지의 교훈을 받는 곳. 故事 공자(孔子)가 뜰을 지나가던 아들 이(鯉)를 불러 세워 시(詩)와 예(禮)를 배워야 한다고 훈계한 고사에서 온 말.

7 ⑱【鮸】鮸 참조기 면 銑

㊥miǎn ㊐ベン

소전 초서 자해 참조기, 황석수어(黃石首魚).

鮸魚(면어) 민어과의 바닷물고기. 참조기.

7 ⑱【鯊】鯊 문절망둑 사 麻

㊥shā ㊐サ

초서 동자 魦 동자 鯋 자해 ❶문절망둑. 망둑엇과의 바닷물고기. 〔詩經〕 魚麗于罶어려우류, 鱨鯊상사. ❷상어. ❸모래무지.

鯊魚(사어) 모래무지. 잉엇과의 민물고기.

7 ⑱【鮹】 물고기 이름 소 肴

㊥shāo ㊐ソウ

초서 자해 물고기 이름. 말채찍 비슷하며 꼬리가 두 갈래진 물고기.

7 ⑱【鯈】 ①피라미 조 蕭 ②곤이 주 尤

㊥tiáo, chóu ㊐チョウ

소전 초서 본자 鰷 자해 ①피라미. ②곤이(鯤鮞), 물고기 배 속의 알.

鯈魚(조어) ①작은 물고기. 피라미. ②괴어(怪魚)의 한 가지.

7 ⑱【鯆】鯆 돌고래 포 虞

㊥pū ㊐ホ

초서 자해 돌고래, 강돈(江豚), 해돈(海豚).

7 ⑱【鯇】鯇 산천어 혼·완 阮 旱

㊥huàn ㊐カン

소전 鯇 초서 鯇 동자 鯶 자해 **산천어**(山川魚), **초어**(草魚).
鯇魚(혼어·완어) 산천어(山川魚). 연어과의 민물고기로, 몸은 송어(松魚)와 닮았으나 작고, 옆구리에 연분홍 띠와 점무늬가 뚜렷함.

8 ⑲【鯨】鯨 고래 경 庚
인명 1급 ㊥jīng ㊐ゲイ
초서 鯨 자해 ❶**고래**. 〔張衡·賦〕鯨魚失流而蹉跎경어실류이차타. ❷**수고래**. 암고래는 '鯢(예)'라고 한다. 〔春秋左氏傳〕取其鯨鯢而封之취기경예이봉지.
鯨獵(경렵) 고래잡이.
鯨船(경선) 고래잡이 배.
鯨魚(경어) ①고래. ②당목(撞木). 종(鐘) 따위를 치는 정자형(丁字形)의 방망이.
鯨鯢(경예) 수고래와 암고래. 고래가 작은 물고기를 잡아먹는 데서, 악인(惡人)의 우두머리의 비유.
鯨油(경유) 고래의 지방에서 짜낸 기름. 식용하거나 비누의 원료가 됨.
鯨飮(경음) 고래가 물을 마시듯이 술을 많이 마심.
鯨戰蝦死(경전하사) 國고래 싸움에 새우 등 터짐. 강자들이 다투는 틈바구니에서 약자가 화를 당함.
鯨呑(경탄) 고래가 작은 물고기를 통째로 삼킴. 강자가 약자를 병탄(倂呑)함.
鯨波(경파) ①큰 물결. 鯨濤(경도). 鯨浪(경랑). ②많은 사람이 일제히 외치는 소리.
◨ 捕鯨포경.

8 ⑲【鯝】鯝 참마자 고 遇
㊥gù ㊐コ
초서 鯝 자해 ❶**참마자**, **황고어**(黃鯝魚). 잉엇과의 민물고기. ❷**물고기의 창자**.

8 ⑲【鯤】鯤 곤이 곤 元
인명 ㊥kūn ㊐コン
초서 鯤 자해 ❶**곤이**(鯤鮞), **물고기 배 속의 알**. 〔國語〕魚禁鯤鮞어금곤이. ❷**큰 물고기의 이름**. 변하여 대붕(大鵬)이 된다는 상상의 큰 물고기. 〔莊子〕北冥有魚북명유어, 其名爲鯤기명위곤, 鯤之大不知其幾千里也곤지대부지기기천리야.
鯤鵬(곤붕) 장자(莊子)가 비유해서 말한 큰 물고기와 큰 새. 썩 큰 것의 비유.
鯤鮞(곤이) 물고기 배 속의 알.

8 ⑲【鯘】생선 썩을 뇌 賄
㊥něi ㊐ダイ
동자 鮾 자해 **생선이 썩다**.

8 ⑲【鯥】물고기 이름 륙 屋
㊥líng ㊐リク
초서 鯥 자해 **물고기 이름**. 소같이 생겼는데 날개가 있고, 겨울에 죽었다가 여름에 살아난다는 상상의 괴어(怪魚). 〔郭璞·賦〕鯪鯥跻跼於垠隒능륙기구어은엄.

8 ⑲【鯪】鯪 천산갑 릉 蒸
㊥líng ㊐リョウ
초서 鯪 자해 ❶**천산갑**(穿山甲), **능어**(鯪魚). 온몸이 각질(角質)의 인갑(鱗甲)으로 덮인 동물. 〔本草綱目〕穿山甲천산갑, 石鯪魚석릉어. ❷**큰 물고기의 이름**. 〔臨海異魚圖贊〕呑舟之魚탄주지어, 其名曰鯪기명왈릉.
鯪鯉(능리) 천산갑. 한약재로 씀.

8 ⑲【鯡】鯡 곤이 비 未
㊥fèi ㊐ヒ
초서 鯡 자해 ❶**곤이**(鯤鮞), **물고기 배 속의 알**, **어자**(魚子). ❷**물고기의 이름**. 붕어와 비슷한 물고기. ❸**날치**, **비어**(飛魚).

8 ⑲【鯗】鮝 건어 상 養
㊥xiǎng ㊐ショウ
초서 鯗 동자 鱶 속자 鮝 자해 ❶**건어**(乾魚), **말린 생선**. ❷**굴비**, **말린 조기**. 〔本草綱目〕石首魚석수어, 乾者名鯗魚건자명상어.

8 ⑲【鯢】鯢 도롱뇽 예 齊
㊥ní ㊐ゲイ
소전 鯢 초서 鯢 자해 ❶**도롱뇽**. ❷**암고래**, **큰 물고기의 이름**. 〔春秋左氏傳〕取其鯨鯢而封之취기경예이봉지. ❸**잔고기**, **소어**(小魚). 〔莊子〕守鯢鮒수예부.
鯢鮒(예부) 작은 물고기의 하나.
鯢齒(예치) ①노인의 이. ②노인(老人).

8 ⑲【鯩】鮎(1427)과 동자

8 ⑲【鯯】 전어 제 霽

㊥zhì ㊐セイ

동자 鰶 자해 전어(錢魚). ＝鰶.

8 ⑲【鯛】鯛 도미 조 蕭

㊥diāo ㊐チョウ

소전 초서 자해 도미.

8 ⑲〖鯖〗鯖 ①청어 청 靑 ②오후정 정 庚

인명 ㊥qīng, zhēng ㊐セイ

초서 참고 인명용 음은 '청'이다.

자해 ①청어. ②오후정(五侯鯖). 열구자탕 비슷한, 어육(魚肉) 등을 섞어 조리한 요리 이름. 〔西京雜記〕 世稱五侯鯖세칭오후정, 以爲奇味이위기미.

8 ⑲【鯫】鯫 ①뱅어 추 尤 ②작을 추 有

㊥zōu ㊐ソウ

소전 초서 자해 ①❶뱅어. ❷잡어(雜魚), 자질구레한 물고기. 〔史記〕 鯫千石추천석. ②작다, 틀이 작다. 〔史記·注〕 鯫生說我추생설아, 言鯫小也언추소야.

鯫生(추생) ①잡어(雜魚). 못난 사람. ②자기를 낮추어 일컫는 말.

8 ⑲【鯔】鯔 숭어 치 支

㊥zī ㊐シ

초서 자해 숭어, 치어(鯔魚). 〔本草綱目〕 鯔魚生東海치어생동해, 狀如青魚상여청어.

9 ⑳【鰊】 고기 이름 련 霰

㊥liàn ㊐レン

초서 자해 물고기 이름.

9 ⑳〖鰒〗鰒 전복 복 屋

인명 1급 ㊥fù ㊐フク

소전 초서 자해 ❶전복. ❷떡조개. 전복과 비슷하나 작다. 〔後漢書〕 獻鰒魚헌복어.

鰒魚(복어) ①전복(全鰒)의 하나. 전복보다 작음. ②상어의 딴 이름.

9 ⑳【鰓】鰓 ①아가미 새 灰 ②두려워할 시 紙

㊥saì, xǐ ㊐サイ, シ

초서 자해 ①아가미. 어류나 갑각류(甲殼類)의 호흡기. ②두려워하다, 두려워하는 모양. 〔漢書〕 鰓鰓常恐시시상공.

鰓蓋(새개) 아가미를 보호하는, 뼈로 된 얇은 뚜껑. 아감딱지.

鰓骨(새골) 아가미의 뼈. 아감뼈.

鰓鰓(시시) 두려워하는 모양.

9 ⑳【鯹】 鮏(1427)과 동자

9 ⑳〖鰐〗鰐 악어 악 藥

인명 ㊥è ㊐ガク

동자 鱷 자해 악어. 〔韓愈·表〕 颶風鰐魚구풍악어, 患禍不測환화불측.

9 ⑳【鯷】鯷 메기 제 齊

㊥tí ㊐テイ

초서 자해 ❶메기, 큰 메기. 〔戰國策〕 鯷冠秫縫제관출봉. ❷종족 이름.

鯷冠(제관) 큰 메기 가죽으로 만든 관.

鯷岑(제잠) 國우리나라의 딴 이름.

9 ⑳【鯽】鯽 붕어 즉 ㊍적 陌

㊥jì, zéi ㊐セキ

초서 자해 붕어, 부어(鮒魚). 〔庾信·啓〕 洞庭鮮鮒동정선부, 溫湖美鯽온호미즉.

9 ⑳〖鰍〗鰍 미꾸라지 추 尤

인명 1급 ㊥qiū ㊐シュウ

소전 초서 동자 鰌 자해 미꾸라지. 〔莊子〕 鰍然乎哉추연호재.

9 ⑳【鰌】 鰍(1431)와 동자

9 ⑳【鰆】鰆 고기 이름 춘 眞

㊥chūn ㊐シュン

초서 자해 고기 이름, 바닷물고기의 이름.

9 ⑳【鮵】 물고기 새끼 타 哿

㊥duò ㊐タ

자해 물고기의 새끼.

9 ⑳【鰈】鰈 1가자미 탑·첩 合葉 2납자루 첩 葉

㊥dié, qiè ㊐チョウ

소전 초서 자해 1 가자미. 2 납자루.

9 ⑳【鰕】鰕 새우 하 麻

인명 ㊥xiā ㊐カ

소전 초서 자해 ❶새우. =蝦. ❷도롱뇽. ❸암고래.

9 ⑳【鰉】鰉 용상어 황 陽

㊥huáng ㊐コウ

초서 동자 鱑 자해 용상어, 철갑상어, 전어(鱣魚).

9 ⑳【鯸】 복 후 尤

㊥hóu ㊐コウ

소전 초서 자해 복, 하돈(河豚). 〔左思·賦〕王鮪鯸鮐왕유후태.

鯸鮧(후이) 복. 하돈의 딴 이름. 鯸鮐(후태).

10 ㉑【鰭】鰭 지느러미 기 支

㊥qí ㊐キ

초서 자해 지느러미, 등지느러미.

鰭狀(기상) 지느러미 같은 형상.

10 ㉑【鰧】鰧 쑤기미 등 蒸

㊥téng ㊐トウ

초서 동자 鰺 자해 쑤기미. 쏘가리 비슷한 바닷물고기.

10 ㉑【鰤】鰤 물고기 이름 사 支

㊥shī ㊐シ

초서 동자 鰤 자해 물고기 이름, 노어(老魚).

10 ㉑【鰣】鰣 준치 시 支

㊥shí ㊐シ

초서 동자 鰣 자해 준치, 시어(鰣魚). 〔本草綱目〕鰣魚시어, 形秀而扁형수이편.

10 ㉑【鰴】 漁(753)와 동자

10 ㉑【鰥】鰥 환어 환 ㊍관 刪

인명 1급 ㊥guān ㊐カン

소전 초서 동자 鱞 자해 ❶환어(鰥魚). 홀로 있기를 좋아하며, 근심으로 늘 눈을 감지 못한다는 전설상의 큰 민물고기. 〔陸游·詩〕愁似鰥魚夜不眠수사환어야불면. ❷홀아비. 늙어서 아내가 없는 남자. 〔孟子〕老而無妻曰鰥로이무처왈환. ❸잠을 이루지 못하는 모양. 〔李商隱·詩〕羈緒鰥鰥夜景侵기서환환야경침.

鰥居(환거) 늙어서 아내 없이 혼자서 삶.

鰥寡(환과) 홀아비와 과부. 鰥釐(환리). 늙어서 아내가 없는 사람을 '鰥', 늙어서 남편이 없는 여자를 '寡'라 함.

鰥寡孤獨(환과고독) 홀아비, 과부, 고아와 늙어서 자식이 없는 사람. 맹자(孟子)는 이를 천하의 궁민(窮民)이라 하였음.

鰥民(환민) 늙고 아내가 없는 사람. 홀아비.

鰥夫(환부) 홀아비.

鰥鰥(환환) 눈이 말똥말똥하여 잠을 이루지 못하는 모양.

11 ㉒【鱇】鱇 안강 강

인명 ㊥kāng ㊐カウ

자해 아귀. 아귓과의 바닷물고기.

11 ㉒【鰹】鰹 가물치 견 先

㊥jiān ㊐ケン

초서 자해 가물치, 큰 가물치.

11 ㉒【鰺】 鰧(1432)과 동자

11 ㉒【鰱】鰱 연어 련 先

㊥lián ㊐レン

소전 초서 자해 연어. 〔郭璞·賦〕鯪鯉鰫鰱릉리요련.

鰱魚(연어) 연어. 연어과의 바닷물고기.

11 ㉒【鰻】鰻 뱀장어 만 寒

인명 1급 ㊥mán ㊐マン

소전 鰻 초서 鰻 동자 鱗 자해 **뱀장어.**

11 ㉒【鰲】鼇(1458)의 속자 인명

11 ㉒【鳙】鳙 전어 용 冬

㊥yōng ㊐ヨウ

소전 鱅 초서 鱅 자해 **❶전어**(錢魚). 〔史記〕 鰅鳙鰬魠우용건탁. **❷괴어**(怪魚)**의 이름, 용용**(鳙鳙).

11 ㉒【鱄】 ①물고기 이름 전 先 ②물고기 이름 단 寒

㊥zhuān, tuán ㊐セン, タン

소전 鱄 초서 鱄 자해 ① **❶물고기 이름, 전어**(鱄魚). 〔呂氏春秋〕 洞庭之鱄동정지전. **❷용상어.** 철갑상엇과의 바닷물고기. ≒鱣. ② **물고기 이름.**

11 ㉒【鰶】鰶 전어 제 霽

㊥jì ㊐セイ

초서 鰶 자해 **전어**(錢魚). ＝鱭.

11 ㉒【鰷】 피라미 조 蕭

㊥tiāo ㊐チョウ

자해 **피라미.** 잉엇과의 민물고기.

11 ㉒【鱁】 창난젓 축 屋

㊥zhú ㊐チク

초서 鱁 자해 **❶창난젓.** 생선의 창자로 담근 젓. **❷상어의 한 가지, 용상어.**

11 ㉒【鰾】鰾 부레 표 篠

㊥biào ㊐ヒョウ

초서 鰾 자해 **❶부레, 어표**(魚鰾). **❷창난젓.**

鰾膠(표교) 부레를 끓여서 만든 풀. 부레풀.

12 ㉓【鱖】鱖 쏘가리 궐·궤 月 霽

㊥guì ㊐ケイ, ケツ

소전 鱖 초서 鱖 자해 **쏘가리, 궐어**(鱖魚). 〔張志和·歌〕 桃花流水鱖魚肥도화류수궐어비.

鱖豚(궐돈) 쏘가리의 딴 이름. 水豚(수돈).

鱖魚(궐어) 꺽짓과의 민물고기. 쏘가리.

12 ㉓【鱗】鱗 비늘 린 眞

인명 1급 ㊥lín ㊐リン

소전 鱗 초서 鱗 자해 **❶비늘.** 〔周禮〕 其動物宜鱗物기동물의린물. **❷물고기. ❸비늘이 있는 동물, 어룡**(魚龍)**의 총칭.** 〔淮南子〕 介鱗者夏食而冬蟄개린자하식이동칩. **❹배열하다, 나열하다.** 〔司馬相如·文〕 鱗集仰流린집앙류.

鱗甲(인갑) ①비늘과 껍데기. 곧, 어패류(魚貝類). ②비늘 모양의 단단한 껍데기. ③마음에 모가 나 있음.

鱗介(인개) 어류와 패류. 魚貝類(어패류).

鱗羅(인라) 비늘처럼 잇닿아 늘어섬. 비늘처럼 벌여 놓음. 鱗接(인접).

鱗鱗(인린) 비늘같이 빛나고 고운 모양.

鱗毛(인모) 물고기와 짐승.

鱗比(인비) 비늘처럼 차례로 정연히 늘어섬. 鱗次(인차).

鱗羽(인우) 비늘과 깃. 곧, 어류(魚類)와 조류(鳥類).

◨ 魚鱗어린, 逆鱗역린, 片鱗편린.

12 ㉓【鼈】鼈(1459)과 동자 인명

12 ㉓【鱓】鱔 드렁허리 선 銑

㊥shàn ㊐セン

소전 鱓 초서 鱓 동자 䱇 속자 鱔 자해 **드렁허리, 사선**(蛇鱓). 드렁허릿과의 민물고기. 〔淮南子〕 蛇鱓著泥百仞之中사선저니백인지중.

12 ㉓【鱔】鱓(1433)의 속자

12 ㉓【鱏】鲟 철갑상어 심 侵

㊥xún ㊐シン

자해 **철갑상어, 심어**(鱏魚). ＝鱘.

12 ㉓【鱘】 철갑상어 심 侵

㊥xún ㊐シン

魚 12획

소전 초서 자해 철갑상어, 심어(鱏魚). =鱘. 〔左思·賦〕感鱏魚감심어, 動陽侯동양후.

12 ㉓【鱒】鳟 송어 준 阮

㊥zūn ㊐ソン

소전 초서 자해 송어(松魚), 준어(鱒魚). 〔詩經〕九罭之魚鱒魴구역지어준방.

13 ㉔【鱷】고래 경 庚

㊥jīng ㊐ゲイ

소전 자해 고래, 수고래. =鯨. 〔漢書〕取其鱷鯢취기경예.

13 ㉔【鱧】鳢 가물치 례 薺

㊥lǐ ㊐レイ

소전 초서 자해 가물치. 칠성장어.

13 ㉔【鱐】건어 숙 屋

㊥sù ㊐シュク

초서 자해 ❶건어(乾魚). 말린 물고기. ❷물고기 기름, 어지(魚脂).

13 ㉔【鱣】鳣 1 철갑상어 전 先 2 드렁허리 선 銑

㊥zhān, shàn ㊐テン, セン

소전 초서 자해 1 철갑상어, 황어(鰉魚). 〔賈誼·文〕橫江湖之鱣鯨兮횡강호지전경혜. 2 드렁허리, 선어. ≒鱓. 〔後漢書〕有冠雀銜三鱣魚유관작함삼선어.

鱣堂(선당) 강의를 하는 곳. 故事 후한(後漢) 때 양진(楊震)이 강론(講論)하는 강당 앞에 황새들이 세 마리의 선어(鱣魚)를 물고 날아와 모였다는 고사에서 온 말.

鱣序(선서) 학교(學校).

13 ㉔【鱠】鲙 회 회 本괴 泰

㊥kuài ㊐カイ

초서 자해 ❶회. =膾. 〔舊唐書〕飛刀鱠鯉비도회리. ❷물고기 이름, 회잔어(鱠殘魚). 뱅어의 한 가지.

13 ㉔【鱟】鲎 참게 후 宥

㊥hòu ㊐コウ

초서 자해 ❶참게. 게의 한 가지. 〔本草綱目〕鱟狀如惠文冠及熨斗之形후상여혜문관급울두지형. ❷무지개의 속칭. 〔徐光啓·農政全書〕東鱟晴동후청, 西鱟雨서후우.

14 ㉕【鱨】鲿 자가사리 상 陽

㊥cháng ㊐ショウ

소전 초서 자해 자가사리, 황상어(黃鱨魚). 퉁가릿과의 민물고기. 〔詩經〕魚麗于罶어려우류, 鱨鯊상사.

14 ㉕【鱮】鱮 연어 서 語

㊥xù ㊐ショ

소전 초서 자해 연어(鰱魚). 〔本草綱目〕鱮魚서어, 鰱魚련어.

14 ㉕【鱭】鮆(1427)와 동자

15 ㉖【鱶】鮝(1430)과 동자

15 ㉖【鱵】鱵 공미리 침 侵

㊥zhēn ㊐シン

초서 자해 공미리, 학꽁치. 학꽁칫과의 바닷물고기. 〔本草綱目〕鱵魚침어, 喙有一鍼훼유일침.

鱵魚(침어) 공미리. 학꽁치. 針魚(침어).

16 ㉗【鱸】鲈 농어 로 虞

㊥lú ㊐ロ

초서 자해 농어. 농엇과의 바닷물고기. 〔李白·詩〕此行不爲鱸魚膾차행불위로어회.

16 ㉗【鱷】악어 악 藥

㊥è ㊐ガク

동자 鰐 자해 악어.

鱷魚文(악어문) 문장(文章)의 이름. 한유(韓愈)가 조주자사(潮州刺史)로 있을 때, 악계(鱷溪)에 사는 악어의 폐해가 심했으므로 이를 쫓아버리기 위해 지은 글. 이 글을 악계에 던지자, 악어가 모조리 떠나버리고 다시는 재해(災害)가 없었다고 함.

19 ㉚【鱺】鲡 ① 뱀장어 리 齊 ② 가물치 례 薺

㊥lí ㊐リ

소전 초서 자해 ① **뱀장어**. 〔格物粗談〕燒鰻鱺魚骨소만리어골. ② **가물치**. ＝鱧. 〔韓詩外傳〕南假子曰남가자왈, 吾聞君子不食鱺魚오문군자불식례어.

22 ㉝【鱻】① 생선 선 先 ② 드물 선 銑

㊥xiān, xiǎn ㊐セン

소전 초서 자해 ① **생선, 물고기의 날 것**. ＝鮮. ② **드물다, 적다**.

鳥部 새 조

0 ⑪【鳥】鸟 새 조 篠

중학 인명 4Ⅱ급 ㊥niǎo ㊐チョウ

필순 ′ 丿 ㇒ 户 户 自 鳥 鳥 鳥 鳥 鳥

소전 초서 자원 象形. 새의 모양을 본뜬 글자.

자해 ❶**새**. 두 날개와 두 발을 가진 동물의 총칭. '隹(추)'가 꽁지가 짧은 새의 총칭인데 대하여 '鳥'는 꽁지가 긴 새의 총칭이다. ❷**별 이름, 주조(朱鳥)**. 〔書經〕日中星鳥일중성조.

鳥瞰(조감) 위에서 아래를 한눈에 내려다봄. 俯瞰(부감).

鳥罟(조고) 새그물. 鳥羅(조라).

鳥窮則啄(조궁즉탁) 새가 쫓기어 막다른 곳에 이르면 도리어 상대편을 쫌. 약자도 궁지에 몰리면 강자에게 대항함.

鳥道(조도) 새가 아니면 다닐 수 없을 정도로 험한 길. 험한 산길.

鳥路(조로) 새가 날아다니는 길. 일직선의 길.

鳥類(조류) 새무리. 날짐승.

鳥獸(조수) 날짐승과 길짐승. 禽獸(금수).

鳥語(조어) ①새소리. 鳥聲(조성). ②새의 말. ③알아들을 수 없는 외국어. 鴃舌(격설).

鳥雲(조운) 새처럼 모여들고 구름처럼 흩어짐. 또는 새처럼 흩어지고 구름처럼 모여듦.

鳥葬(조장) 시체를 들에 내다 놓아 새들이 쪼아 먹도록 하는 장사(葬事).

鳥跡(조적) ①새의 발자국. ②한자의 필적을 이르는 말. 故事 창힐(蒼頡)이 새 발자국을 보고 그 모양을 본떠서 글자를 만들었다는 고사에서 온 말.

鳥篆(조전) 고문(古文)의 전자(篆字).

鳥足之血(조족지혈) 새 발의 피. 매우 적은 분량을 이르는 말.

鳥盡弓藏(조진궁장) 새를 다 잡으면 활은 창고에 보관함. 쓸모없어지면 버림을 당함.

鳥啄聲(조탁성) 國새가 쪼아 먹는 소리. 근거 없이 지껄이는 소리. 헛소문.

2 ⑬【鳩】鸠 비둘기 구 尤

인명 1급 ㊥jiū ㊐キュウ

소전 초서 동자 雊 자해 ❶**비둘기**. 〔詩經〕維鵲有巢유작유소, 維鳩居之유구거지. ❷**모으다, 모이다**.

鳩居鵲巢(구거작소) ①비둘기가 까치 둥우리에 들어가 삶. 아내가 남편의 집에 들어가 삶. ②셋방살이.

鳩巢(구소) ①비둘기의 둥우리. ②초라한 집.

鳩首(구수) 머리를 모음. 여러 사람이 모여 머리를 맞대고 의논함.

鳩杖(구장) ①손잡이 꼭대기에 비둘기를 새긴 지팡이. 나라에서 공로가 있는 늙은 신하에게 하사하였음. ②머리에 비둘기 형상을 새긴 노인의 젓가락.

鳩財(구재) 돈이나 재물을 거두어 모음.

鳩集(구집) 한데 모음. 蒐集(수집).

鳩合(구합) 사람·세력 등을 한데 모음. 또는 모임. 鳩集(구집). 糾合(규합).

◨ 雎鳩저구.

2 ⑬【鳯】鳳(1436)의 속자

2 ⑬【鳧】凫 오리 부 虞

인명 ㊥fú ㊐フ

소전 초서 동자 鳬 속자 鳬 자해 ❶**오리**. ㉮**물오리**. 〔詩經〕鳧鷖在涇부예재경. ㉯**집오리**. ❷**산 이름**.

鳧鴨(부압) 물오리와 집오리. 오리의 총칭.

鳧翁(부옹) ①물오리의 수컷. ②물오리의 목에 난 털.

鳧藻(부조) 몹시 기뻐서 떠들어 댐. 물오리는 수조(水藻)를 보면 기뻐하는 데서 온 말.

2 ⑨【鳬】鳧(1435)의 속자

3 ⑭【鳴】鸣 울 명 庚

중학 인명 4급 ㊥míng ㊐メイ

필순 口 口 口' 口' 口' 口' 口' 鳴 鳴 鳴

소전 초서 자원 會意. 口＋鳥→鳴. 새〔鳥〕의 주둥이〔口〕에서 소리가 난다는 뜻을 나타낸다.

자해 **❶울다, 새·짐승이 소리를 내다.** 〔詩經〕 鳳凰鳴矣봉황명의. **❷울리다. ㉮음향이 나다.** 〔韓愈·序〕 大凡物不得其平則鳴대범물부득기평즉명. **㉯명성이 들날리다.** 〔元史〕 以文鳴江東이문명강동.

鳴鼓(명고) ①북. ②북을 울림. ③죄(罪)를 꾸짖어 몰아세움.

鳴管(명관) ①관(管)을 울림. ②울대. 조류(鳥類)의 소리를 내는 기관.

鳴琴(명금) ①거문고. ②거문고를 탐. ③폭포 소리 등의 형용.

鳴動(명동) 크게 울리어 진동함.

鳴鑾(명란) 임금의 수레에 다는 방울. ㉠임금의 수레. ㉡임금의 거둥.

鳴謝(명사) 깊이 사례함.

鳴箭(명전) 날아가면서 바람을 받아 울도록 만든 화살. 우는살. 鳴鏑(명적).

鳴條(명조) 바람에 우는 나뭇가지.

鳴鐘(명종) ①종을 쳐서 울림. ②종소리.

鳴絃(명현) ①거문고를 탐. ②우는 거문고. 鳴弦(명현).

鳴號(명호) 울부짖음. 號叫(호규).

◨ 鷄鳴계명, 耳鳴이명.

3
⑭ **【鳳】** 凤 봉새 봉 送

고등 인명 3Ⅱ급 ㊥fèng ㊐ホウ

필순 几 凡 凡 凤 凤 凤 凤 鳳 鳳 鳳

소전 초서 속자 凤 속자 鳳 자원 形聲. 凡＋鳥→鳳. '凡(범)'이 음을 나타낸다.

자해 **봉새, 봉황새.** 성인(聖人)이 세상에 나면 이에 응하여 나타난다는 상상의 상서로운 새. 깃털은 오색(五色), 소리는 오음(五音)에 맞으며, 수컷을 '鳳', 암컷을 '凰(황)'이라 한다.

鳳駕(봉가) ①천자의 수레. 鳳輿(봉여). ②신선이 타는 수레.

3 획

鳳蓋(봉개) ①천자의 거개(車蓋). ②천자의 승여(乘輿).

鳳闕(봉궐) ①궁성(宮城)의 문. ②궁성.

鳳德(봉덕) 거룩한 덕.

鳳鸞(봉란) 봉황새와 난새. 모두 상상의 영조(靈鳥). 신령한 새.

鳳輦(봉련) 임금이 타던 가마의 한 가지.

鳳麟(봉린) 봉황과 기린. 재능이 뛰어난 젊은 이의 비유.

鳳鳴(봉명) ①봉황이 욺. 봉황의 울음소리. ②훌륭한 말을 함.

鳳鳴朝陽(봉명조양) 봉황이 산 동쪽에서 욺. ㉠천하가 태평할 상서로운 조짐. ㉡뛰어난 행동. ㉢빼어난 성행(性行)이나 재능.

鳳毛(봉모) 봉황의 털. ㉠자식이 부조(父祖)에 뒤지지 않는 소질을 가지고 있음. ㉡뛰어난 문재(文才)의 비유. ㉢뛰어난 풍채(風采)의 비유.

鳳尾(봉미) ①봉의 꼬리. 또는 봉의 꼬리 모양을 한 것. ②빼어나고 아름다운 것의 여향(餘香)이나 여파(餘波).

鳳聲(봉성) ①봉황의 울음소리. ②전언(傳言)이나 음신(音信)의 존칭.

鳳友(봉우) 공작(孔雀)의 딴 이름.

鳳苑(봉원) 대궐 안의 동산. 祕苑(비원).

鳳吟(봉음) ①봉황 같은 성조(聲調)로 노래함. ②대숲에 부는 바람 소리의 형용.

鳳字(봉자) 평범(平凡)한 사람을 비웃어 이르는 말. '鳳' 자를 파자(破字)하면 凡鳥(범조)가 되어 '보통 새'라는 뜻이 되는 데서 온 말. 題鳳(제봉).

鳳姿(봉자) 품위 있는 자태.

鳳蝶(봉접) 호랑나비.

鳳詔(봉조) 천자의 조서(詔書).

鳳雛(봉추) 봉황의 새끼. ㉠뛰어나게 현명한 아이. 鳳兒(봉아). 麒麟兒(기린아). ㉡아직 세상에 알려지지 않은 영재(英才).

鳳穴(봉혈) 봉황의 거처. 문재(文才)에 뛰어난 사람들이 모여 있는 곳.

鳳凰(봉황) 상서로움을 상징하고, 성인이 세상에 나타날 징조로 여겨지는 상상의 새.

鳳凰來儀(봉황내의) 태평성대(太平聖代)의 징표. '來儀'는 날아와서 춤을 추듯 몸가짐이 의젓함.

◨ 鸞鳳난봉, 神鳳신봉.

3
⑭ **【鳲】** 뻐꾸기 시 支

㊥shī ㊐シ

초서 동자 鳸 자해 **뻐꾸기, 포곡조**(布穀鳥). 〔詩經〕 鳲鳩在桑시구재상, 其子七兮기자칠혜.

鳲鳩(시구) 뻐꾸기.

3
⑭ **【鳶】** 鸢 솔개 연 先

인명 1급 ㊥yuān ㊐エン

초서 자해 **❶솔개.** 수릿과의 맹금(猛禽)의 한 가지. 〔中庸〕 鳶飛戾天연비려

천. ❷연. 공중에 날리는 장난감.
鳶肩(연견) 솔개가 웅크리고 앉을 때처럼 위로 치켜 올라간 어깨.
鳶飛魚躍(연비어약) 솔개는 날고, 물고기는 뜀. ㉠미물(微物)이 스스로 만족하게 여김. ㉡임금의 덕화(德化)가 골고루 미침. ㉢천지 만물은 저절로 그 즐거움을 얻음.
鳶絲(연사) 연줄로 쓰는 실. 연실.
◨ 飛鳶비연, 紙鳶지연, 風鳶풍연.

3 ⑭【鳿】 鴻(1439)과 동자

4 ⑮【鴃】鴃 때까치 격 錫
㊥jué ㊐ゲキ
초서 자해 때까치. 〔詩經〕七月鳴鴃칠월명격, 應陰而後勸者也응음이후권자야.
鴃舌(격설) ①때까치의 지저귀는 소리. ②알아들을 수 없이 지껄이는 말.

4 ⑮【鴂】 1 뱁새 결 屑 2 접동새 계 霽
㊥jué, guī ㊐ケツ, ケイ
소전 초서 동자 鳺 자해 1 ❶뱁새, 붉은머리오목눈이, 초료(鷦鷯). ❷때까치. 2 접동새, 두견이.

4 ⑮【鴎】 鷗(1444)의 속자

4 ⑮【鳳】 1 國성 궝 2 봉새 봉 送
㊥fèng ㊐ホウ
자해 1 성(姓). 2 봉새, 봉황새. ＝鳳.

4 ⑮【鴇】鸨 능에 보 皓
㊥bǎo ㊐ホウ
소전 초서 동자 鳵 자해 ❶능에, 느시. 기러기와 비슷하며 몸집이 큰 새. 〔詩經〕肅肅鴇羽숙숙보우. ❷창부(倡婦), 노기(老妓). 능에는 음란한 새인 데서 바뀐 말. 〔通俗編〕妓女之老者曰鴇기녀지로자왈보. ❸오총이. 흰 털이 섞인 검은 말. 〔詩經〕乘乘鴇승승보.
鴇羽之嗟(보우지차) 백성이 정역(征役)에 시달려 부모를 봉양할 수 없어 탄식함.

4 ⑮【鴉】鸦 갈까마귀 아 麻
인명 ㊥yā ㊐ア
초서 자해 ❶갈까마귀. 까마귓과의 새. ❷검다, 검은빛. 〔古詩〕鴉鬢青雛色아빈청추색.
鴉鬢(아빈) 여자의 검은 머리털.
鴉軋(아알) ①녹로(轆轤)가 돌아가는 소리. ②노 젓는 소리. ③문 여닫는 소리.
鴉陣(아진) 날아가는 갈까마귀 떼.
鴉青(아청) 검은빛을 띤 푸른빛.
鴉鬟(아환) ①쌍상투. ②검은 머리. ③계집종.

4 ⑮【鴈】 기러기 안 諫
인명 ㊥yàn ㊐ガン
소전 초서 자해 ❶기러기. ＝雁. 〔禮記〕鴻鴈來홍안래. ❷가짜, 모조. ≒贋. 〔韓非子〕魯以其鴈往로이기안왕.

4 ⑮【鳷】 새매 지 支
㊥zhī ㊐シ
초서 자해 ❶새매. 수릿과의 새. ＝雉. ❷새 이름, 지작(鳷鵲).
鳷鵲(지작) ①새 이름. 한(漢) 장제(章帝) 때 조지국(條支國)에서 조공(朝貢)하였다는 전설상의 새. 사람의 말을 알아들으며 키가 7척이었다고 함. ②한(漢) 무제(武帝) 때 지은 궁전의 이름. 감천원(甘泉苑) 안에 있었음.

4 ⑮【鴆】鸩 짐새 짐 沁
㊥zhèn ㊐チン
소전 초서 동자 𨾴 자해 ❶짐새. 중국 남방에 사는, 올빼미 비슷한 독조(毒鳥). ❷짐새의 깃을 담근 술. ＝酖. 〔國語〕使醫鴆之사의짐지.
鴆毒(짐독) 짐새의 깃에 있는 맹독(猛毒).
鴆殺(짐살) 짐주를 마시게 하여 사람을 죽임.
鴆鳥(짐조) 독조의 이름.
鴆酒(짐주) 짐새의 깃을 담가서 우려낸 술.

5 ⑯【鴐】 거위 가 麻
㊥gé ㊐カ
자해 거위, 들거위. 기러기의 한 가지. 〔本草綱目〕野鵝大於鴈야아대어안, 猶似家蒼鵝유사가창아, 謂之鴐鵝위지가아.

5 ⑯【鴣】鸪 자고 고 虞
㊥gū ㊐コ

鳥 5획

소전 [篆] 초서 [草] 동자 雄 자해 **자고**. 꿩과의 새. 메추라기와 비슷하나 조금 큼.

5 ⑯ 【鴝】 鸲 ①구관조 구 虞 ②꿩 울 구 宥

㊥qú, gòu ㊐ク, コウ

소전 [篆] 같은 駒 자해 ①❶**구관조**(九官鳥), **구욕**(鴝鵒). ❷**부엉이**, **휴류**(鵂鶹). ②**꿩이 울다**.

鴝鵒(구욕) 구관조. 구욕새.

5 ⑯ 【鴒】 鸰 할미새 령 靑

㊥líng ㊐レイ

초서 [草] 자해 **할미새**, **옹거**(雝鶏). ¶ 鶺鴒척령.

5 ⑯ 【鴘】 매 변 銑

㊥biǎn ㊐ヘン

자해 **매**, **두 살 된 매**.

鴘鷹(변응) 두 살 난 매.

5 ⑯ 【鴨】 鸭 오리 압 洽

인명 2급 ㊥yā ㊐オウ

소전 [篆] 초서 [草] 동자 鴄 동자 鴡 자해 ❶**오리**, **집오리**. ❷**하비**(下婢), **여종**. 〔中吳紀聞〕 俗貴鵝賤鴨속귀아천압, 故呼婢爲鴨고호비위압.

鴨脚樹(압각수) 은행나무의 딴 이름. 잎이 오리발 비슷한 데서 이르는 말.

鴨頭(압두) ①오리의 머리. ②녹색(綠色).

鴨綠江(압록강) 우리나라와 중국의 국경을 흘러 황해로 들어가는 강.

鴨黃(압황) 오리 새끼.

5 ⑯ 【鴦】 鸯 원앙 앙 陽

인명 1급 ㊥yāng ㊐オウ

소전 [篆] 초서 [草] 자해 **원앙**, 원앙새의 암컷. 〔盧照鄰·詩〕 願作鴛鴦不羨仙원작원앙불선선.

鴦錦(앙금) 아름다운 비단.

5 ⑯ 【鴛】 鸳 원앙 원 元

인명 1급 ㊥yuān ㊐エン

소전 [篆] 초서 [草] 자해 **원앙**, 원앙새의 수컷. 〔詩經〕 鴛鴦于飛원앙우비, 畢之羅之필지라지.

鴛侶(원려) ①사환(仕宦)의 동료. ②짝. 배우(配偶).

鴛鴦(원앙) ①오릿과의 물새. 원앙새. ②화목한 부부(夫婦). 匹鳥(필조).

鴛鴦衾(원앙금) ①원앙을 수놓은 이불. ②부부가 덮는 이불.

鴛鴦枕(원앙침) ①원앙을 수놓은 베개. ②부부가 베는 베개.

5 ⑯ 【鴥】 빨리 날 율 質

㊥yù ㊐イツ

소전 [篆] 초서 [草] 동자 鴪 자해 **빨리 날다**, **새가 빨리 나는 모양**. 〔詩經〕 鴥彼晨風율피신풍.

5 ⑯ 【鴟】 鸱 솔개 치 支

㊥chī ㊐シ

초서 [草] 동자 雖 동자 雉 동자 鵄 자해 ❶**솔개**. 수릿과의 맹금(猛禽)의 한 가지. 〔詩經〕 爲梟爲鴟위효위치. ❷**수리부엉이**, **수알치새**. 〔漢書〕 鴟梟群翔치효군상. ❸**올빼미**. 부엉이 비슷한데 모각(毛角)이 없으며, 밤에 활동하는 새. ¶ 鴟鴞치효.

鴟目(치목) 올빼미의 눈. 간악(奸惡)한 인상(人相)의 비유.

鴟目虎吻(치목호문) 올빼미의 눈과 범의 입. 잔인하고 탐욕스러운 용모.

鴟梟(치효) 올빼미. 탐욕스럽고 간악(奸惡)한 사람의 비유. 鴟鴞(치효).

鴟鵂(치휴) 수리부엉이.

◨ 梟鴟효치.

5 ⑯ 【鴕】 鸵 타조 타 歌

㊥tuó ㊐タ

초서 [草] 동자 鴕 자해 **타조**, **대마작**(大馬爵).

鴕鳥(타조) 타조과의 새. 조류 가운데 가장 몸집이 크며, 아시아, 아라비아, 아프리카 등지의 사막에 삶.

5 ⑯ 【鴞】 鸮 부엉이 효 蕭

㊥xiāo ㊐キョウ

소전 [篆] 초서 [草] 자해 ❶**부엉이**, **치효**(鴟鴞). 올빼밋과의 새로 올빼미와 비슷하게 생겼다. ❷**수리부엉이**, **수알치**

새, 치휴(鴟鵂).

6 ⑰【鵃】 鶻(1440)의 속자

6 ⑰【鵁】䴔 해오라기 교 肴

㊥jiāo ㊐コウ

소전 본자 鵁 자해 해오라기, 백로(白鷺). 〔新唐書〕 玄宗遣中人捕鵁鶄현종견중인포교청.

鵁鶄(교청) 해오라기. 왜가릿과의 새.

6 ⑰【鴾】 세가락메추라기 모 尤

㊥móu ㊐ボウ

초서 자해 세가락메추라기. 세가락메추라깃과의 새.

6 ⑰【鵔】 새매 숭 東

㊥sōng ㊐シュウ

동자 鵟 자해 새매. 수릿과의 새. ¶ 爵鵔작숭.

6 ⑰【鴳】 세가락메추라기 안 諫

㊥yàn ㊐アン

소전 동자 鷃 동자 雁 자해 세가락메추라기, 안작(鴳雀).

6 ⑰【鵙】 鵙(1438)와 동자

6 ⑰【鴿】鸽 집비둘기 합 合

㊥gē ㊐コウ

소전 초서 동자 雂 자해 집비둘기. 〔本草綱目〕 處處人家畜之처처인가휵지, 亦有野鴿역유야합.

6 ⑰【鴻】鸿 큰기러기 홍 東

고등 인명 3급 ㊥hóng ㊐コウ

필순 氵 氵 汀 沪 沪 沪 沪 鴻 鴻 鴻

소전 초서 동자 𩿨 자원 形聲. 江＋鳥→鴻. '江(강)'이 음을 나타낸다.

자해 ❶큰기러기. 기러기 비슷하고 몸집이 더 큰 물새의 한 가지. 〔詩經〕 鴻雁于飛홍안우비. ❷크다. 〔太玄經〕 鴻文無范홍문무범. ❸성하다, 번성하다. 〔呂氏春秋〕 神農以鴻신농이홍.

鴻鵠(홍곡) ①큰기러기와 고니. 큰 새. ②큰 인물. 영웅호걸.

鴻鵠之志(홍곡지지) 큰기러기와 고니의 뜻. 영웅호걸의 뜻. 원대한 포부.

鴻德(홍덕) 큰 덕. 大德(대덕).

鴻圖(홍도) ①큰 계획. 鴻猷(홍유). 鴻謨(홍모). ②큰 판도(版圖). 넓은 영토.

鴻毛(홍모) 기러기의 털. 썩 가벼운 것.

鴻濛(홍몽) ①천지 자연의 원기. ②광대한 모양. 천지가 나누어지기 이전의 상태.

鴻門之會(홍문지회) 홍문에서의 회합. 한(漢) 고조 유방(劉邦)과 초(楚)나라의 왕 항우(項羽)가 홍문에서 회견한 일. 이때 항우는 범증(范增)의 권유로 유방을 죽이려고 하였으나, 유방은 장양(張良)의 계략에 따라 무사히 피할 수 있었음. 이 회견에서 고조를 놓친 것이 항우가 패망한 일대 전기(轉期)가 됨.

鴻博(홍박) 학문이 넓고 깊음.

鴻寶(홍보) 큰 보배. 비장(祕藏)한 책.

鴻鴈(홍안) 큰기러기와 작은 기러기. 기러기.

鴻業(홍업) 큰 사업. 임금의 통치의 대업.

鴻儒(홍유) 큰 학자. 大儒(대유).

鴻恩(홍은) 큰 은혜. 洪恩(홍은).

鴻益(홍익) 큰 이득. 큰 이익. 洪益(홍익).

鴻漸之翼(홍점지익) ①차츰 높은 자리에 오르는 재능이 있음. ②큰 사업을 이룰 기량(器量)이 있음.

鴻爪(홍조) 기러기의 발자국. 인생여로(人生旅路)의 자취가 덧없음. 북으로 돌아가는 기러기가 다시 올 때의 안표(眼票)로 눈이나 진흙 위에 남긴 발자국이 이내 지워져서 형적도 남지 않는다는 데서 온 말.

鴻志(홍지) 큰 뜻. 大志(대지).

鴻筆(홍필) ①대문장(大文章)을 씀. ②뛰어난 문장.

鴻號(홍호) 숭고하고 큰 명호(名號). 천자(天子)의 이름.

鴻荒(홍황) 태고(太古). 荒古(황고).

鴻禧(홍희) 큰 행복. 景福(경복).

6 ⑰【鵂】鸺 수리부엉이 휴 尤

㊥xiū ㊐キュウ

초서 자해 수리부엉이, 수알치새. ¶ 鴟鵂치휴.

7 ⑱【鵙】 때까치 격 錫

㊥jú ㊐ケキ

속자 䳟 자해 때까치. 〔詩經〕七月鳴䳟칠월명격.

7 ⑱【鵑】鹃 두견이 견 先

인명 1급 ㊥juān ㊐ケン

초서 [초서] 동자 䳌 속자 鵳 자해 ❶두견이, 접동새, 소쩍새. 〔太平寰宇記〕望帝自逃망제자도, 後欲復位不得死후욕복위부득사, 化爲鵑화위견. ❷두견화, 진달래, 참꽃, 척촉(躑躅).

◨ 杜鵑두견.

7 ⑱【鵊】 두견이 겹 洽

㊥jiá ㊐キョウ

초서 [초서] 자해 ❶두견이, 접동새, 자규(子規). ❷최명조(催明鳥), 비겹(鵯鵊), 하계(夏雞).

7 ⑱【鵠】鹄 ①고니 곡 ㊍혹 沃 ②과녁 곡 沃

인명 1급 ㊥hù, gǔ ㊐コク

소전 [소전] 초서 [초서] 동자 䳗 자해 ① ❶고니, 백조(白鳥), 황곡(黃鵠). 오릿과의 물새. 〔漢書〕弋白鵠익백곡. ❷희다, 흰빛. 〔後漢書〕大儀鵠髮대의곡발. ② 과녁, 정곡(正鵠).

鵠企(곡기) 목을 길게 늘이고 발돋움하여 기다림. 鵠望(곡망). 鵠立(곡립).

鵠髮(곡발) 백발(白髮). 鶴髮(학발).

鵠的(곡적) 과녁. 正鵠(정곡).

鵠志(곡지) 원대한 포부.

7 ⑱【鵡】鹉 앵무새 무 麌

인명 ㊥wǔ ㊐ム

초서 [초서] 동자 䳇 자해 앵무새. ¶ 鸚鵡앵무.

7 ⑱【鵝】鹅 거위 아 歌

인명 ㊥é ㊐ガ

소전 [소전] 초서 [초서] 동자 鵞 동자 䳘 자해 거위, 서안(舒雁). 오릿과의 가금(家禽)의 한 가지. 〔白居易·詩〕雪似鵝毛飛散亂설사아모비산란.

鵝口瘡(아구창) 어린아이의 입 안, 잇몸, 혓바닥이 헐어서 하얀 반점이 생기는 병.

鵝眼(아안) 구멍이 뚫린 쇠돈. 孔方(공방).

鵝鴨(아압) 거위와 오리.

鵝黃(아황) 거위 새끼의 털빛 같은 황색. 또는 노랗고 아름다운 것. 술, 어린 버들잎, 국화(菊花)의 색을 형용.

7 ⑱【鵒】鹆 구관조 욕 沃

㊥yù ㊐ヨク

소전 [소전] 초서 [초서] 동자 雊 동자 鵯 자해 구관조(九官鳥). 〔春秋左氏傳〕鸜之鵒之구지욕지, 公出辱之공출욕지.

7 ⑱【鵜】鹈 사다새 제 齊

㊥tí ㊐テイ

소전 [소전] 초서 [초서] 자해 ❶사다새. 〔詩經〕維鵜在梁유제재량. ❷두견이.

¶ 鵜鴂제계.

鵜鴂(제계) 소쩍새. 두견이.

鵜鶘(제호) 사다새.

8 ⑲【鶊】鹒 꾀꼬리 경 庚

인명 ㊥gēng ㊐コウ

초서 [초서] 동자 䳟 자해 꾀꼬리. ¶ 鶬鶊창경.

8 ⑲【鷄】 鷄(1442)의 속자

8 ⑲【鵾】 댓닭 곤 元

㊥kūn ㊐コン

초서 [초서] 속자 鹍 자해 댓닭, 곤계(鵾鷄). 몸집이 큰, 닭 비슷한 새.

8 ⑲【鵩】 새 이름 복 屋

㊥fú ㊐フク

초서 [초서] 자해 새 이름. 올빼미 비슷한데, 우는 소리를 들으면 불길하다는 새. 〔賈誼·序〕鵩似鴞복사효, 不祥鳥也불상조야.

8 ⑲【鵬】 붕새 붕 蒸

인명 2급 ㊥péng ㊐ホウ

초서 [초서] 자해 붕새, 대붕(大鵬). 날개 길이가 수천 리나 되고 단번에 구만 리를 난다는 상상의 새. 〔莊子〕北冥有魚북명유어, 其名爲鯤기명위곤, 云云운운, 化而爲鳥화이위조, 其名爲鵬기명위붕.

鵬圖(붕도) 붕새가 일거에 구만 리 장천을 날고자 하는 큰 계획. 큰 사업이나 큰 뜻.
鵬飛(붕비) 붕새처럼 높이 낢.
鵬翼(붕익) ①붕새의 날개. ②원대한 계획.
鵬程(붕정) 붕새가 날아가는 길. ㉠앞길이 원대함. ㉡먼 도정(道程).
鵬際(붕제) ①붕새가 나는 높고 넓은 하늘. ②아득히 멀어 끝이 없는 곳.

8 ⑲【鵯】 떼까마귀 비 支

㊥bēi ㊐ヒ

초서 자해 **떼까마귀, 당까마귀.** 까마귓과의 겨울새. 〔張衡·賦〕鵯鶋秋棲비거추서.
鵯鶋(비거) 떼까마귀.

8 ⑲【鵐】 새매 수 支

인명 ㊥shuì ㊐スイ

자해 **새매.**

8 ⑲【鶉】鹑 메추라기 순 眞

㊥chún ㊐ジュン

초서 동자 雜 동자 䳢 동자 雜 자해 ❶**메추라기.** 꿩과의 몸집이 작은 새. ❷**별 이름, 순화(鶉火).**
鶉居(순거) 메추라기처럼 일정한 보금자리가 없음. 사는 곳이 일정하지 않음.
鶉衣(순의) 초라한 누더기 옷. 해진 옷이 메추라기의 꽁지깃과 같다는 데서 이른 말.
鶉火(순화) ①성차(星次)의 이름. ②천구(天球)의 남쪽에 있는 별자리의 이름.

8 ⑲【鵶】 雅(1348)와 동자

8 ⑲【鵪】鹌 세가락메추라기 암 覃

㊥ān ㊐アン

초서 자해 **세가락메추라기.** 메추라기의 한 가지.

8 ⑲【鵺】 새 이름 야 禡

㊥yè ㊐ヤ

동자 䳐 자해 **새 이름, 백야(白鵺).** 꿩 비슷하다는 전설상의 새. 〔山海經〕其狀如雉기상여치, 而文首白翼黃足이문수백익황족, 名曰白鵺명왈백야.

8 ⑲【鶂】 새 이름 역·예 錫齊

㊥yì ㊐ゲキ

소전 동자 鵙 자해 ❶**새 이름, 물새의 한 가지.** ❷**거위가 우는 소리.** 〔孟子〕惡用是鶂鶂者爲哉오용시예예자위재.

8 ⑲【鵷】 원추새 원 元

㊥yuān ㊐エン

초서 자해 **원추(鵷鶵)새.** 봉황(鳳凰)의 한 가지.

8 ⑲【鵲】鹊 까치 작 藥

인명 1급 ㊥què ㊐ジャク

초서 동자 雒 자해 **까치, 희작(喜鵲).** 까마귓과의 새. 이 새가 울면 기쁜 소식을 듣게 된다는 길조(吉鳥). 〔詩經〕鵲之彊彊작지강강.
鵲橋(작교) 까치의 다리. 매년 음력 7월 7일에 견우(牽牛)·직녀(織女)가 서로 만날 수 있도록 까치가 모여 은하(銀河)에 놓는다는 전설의 다리. 烏鵲橋(오작교).
鵲報(작보) 까치 소리. 기쁜 소식. 鵲喜(작희).
鵲巢鳩居(작소구거) 까치 둥지에 비둘기가 삶. 남의 지위(地位)를 차지함.
鵲噪(작조) 까치가 떠들썩하게 지저귐. 길사(吉事)의 조짐.

8 ⑲【鵰】 수리 조 蕭

㊥diāo ㊐チョウ

초서 자해 **수리, 독수리.** 수릿과의 맹조(猛鳥). ＝雕. 〔史記〕以鵰鷙之秦이조지지진, 行怨暴之怒행원포지노, 豈足道哉기족도재.

8 ⑲【鶄】䴖 해오라기 청 庚

㊥qīng ㊐セイ

소전 초서 속자 䲔 자해 **해오라기, 창로(蒼鷺), 교청(鵁鶄).** 〔左思·賦〕鶄鶴鶖鶬청학추창, 謂四鳥也위사조야.

9 ⑳【鶪】䴗 때까치 격 錫

㊥jú ㊐ゲキ

동자 䳤 속자 䳭 자해 **때까치, 백로(伯勞), 백설조(百舌鳥).** ≒鴂.

9 ⑳【鶤】 봉황새 곤 元

㊥kūn ㊐コン

소전 초서 자해 **봉황새**.

9 ⑳【鶩】鹜 집오리 목 屋

인명 ㊥wù ㊐ボク

소전 초서 동자 鶩 속자 雉 자해 **집오리**, **서부**(舒鳧), **가압**(家鴨). 오릿과의 가금(家禽). 〔後漢書〕刻鵠不成각곡불성, 尙類鶩상류목.

鶩列(목렬) 집오리처럼 늘어섬. 조관(朝官)의 행렬(行列).

9 ⑳【鶚】鹗 물수리 악 藥

㊥è ㊐ガク

초서 동자 雎 자해 **물수리**, **징경이**, **저구**(雎鳩). 물수릿과의 맹금(猛禽).

鶚視(악시) 물수리처럼 날카롭게 쏘아 봄.

鶚薦(악천) 인재를 추천하는 글. 故事 후한(後漢) 때 공융(孔融)이 예형(禰衡)을 물수리에 비유하여, 물수리 한 마리가 수백 마리의 새보다 낫다고 하면서 추천한 데서 온 말.

鶚表(악표) 임금에게 인재를 천거하는 글.

9 ⑳【鶖】鹙 무수리 추 尤

㊥qiū ㊐シュウ

초서 자해 **무수리**, **독추**(禿鶖), **부로**(扶老), **자로**(鴜鵝). 황샛과의 물새. 〔詩經〕有鶖在梁유추재량.

9 ⑳【鶡】鹖 새 이름 할 曷

㊥hé ㊐カツ

소전 자해 **새 이름**. 꿩과의 꿩 비슷한 산새. 성질이 맹렬하여 싸우기를 좋아하며 죽을 때까지 물러서지 않으므로 그 꽁지깃을 무인(武人)의 관 장식으로 썼으며, 또 용퇴(勇退)의 뜻으로 은사(隱士)의 관 꾸미개로도 썼다. 〔鹽鐵論〕鶡鳴暗夜鳴할단암야명.

10 ㉑【鷄】鸡 닭 계 齊

중학 인명 4급 ㊥jī ㊐ケイ

필순

동자 雞 속자 鶏 자원 形聲. 奚+鳥→鷄. '奚(해)'가 음을 나타낸다.

자해 **닭**, **가금**(家禽). 〔高啓·歌〕萬家夢破一聲鷄만가몽파일성계.

鷄姦(계간) 비역. 男色(남색). 龍陽(용양).

鷄犬相聞(계견상문) 닭 우는 소리와 개 짖는 소리가 서로 들림. 땅이 좁고, 인가가 연접해 있음. 鷄鳴狗吠(계명구폐).

鷄冠(계관) ①닭의 볏. ②맨드라미.

鷄口(계구) 닭의 부리. 작은 단체의 우두머리.

鷄群一鶴(계군일학) 닭의 무리 가운데 있는 한 마리의 학. 평범한 사람 가운데서 뛰어난 인물. 群鷄一鶴(군계일학).

鷄卵有骨(계란유골) 國계란에도 뼈가 있음. 운수가 나쁜 사람은 모처럼 좋은 기회를 만나도 일이 잘 안 됨.

鷄肋(계륵) ①닭의 갈비뼈. 가치는 적지만 버리기 아까운 것. ②연약한 몸.

鷄鳴狗盜(계명구도) 닭의 울음소리로 남을 속이고 개를 가장하여 물건을 훔침. ㉠천한 기능을 가진 사람도 때로는 쓸모가 있음. ㉡점잖은 사람이 배울 것이 못 되는 천한 기능. 故事 전국 때 제(齊)나라의 맹상군(孟嘗君)이 진(秦)나라에 사신으로 갔다가 억류되었는데, 그의 식객(食客)들이 닭 울음소리와 도둑질로 맹상군을 위기에서 구했다는 고사에서 온 말.

鷄鳴酒(계명주) 하룻밤 사이에 빚은 술.

鷄鳴之助(계명지조) 임금에 대한 어진 왕후의 내조(內助).

鷄黍(계서) 닭국과 기장밥. 정중히 대접함.

鷄棲(계서) 닭이 올라 앉는 홰. 鷄栖(계서).

鷄眼(계안) 티눈.

鷄子(계자) ①달걀. ②병아리.

鷄猪酒麪(계저주면) 國한약을 복용할 때 금해야 하는 닭고기·돼지고기·술·메밀국수의 네 가지 음식물.

鷄窓(계창) 서재(書齋). 독서실. 故事 진(晉)나라의 송처종(宋處宗)이 잘 우는 닭을 서재 창가에 두고 길렀는데, 나중에는 그 닭이 말을 하게 되어 닭과 더불어 현묘한 도리를 논하였다는 데서 온 말.

鷄皮鶴髮(계피학발) 닭의 살갗 같은 피부와 학의 깃털 같은 머리털. 곧, 노인.

◨ 家鷄가계, 群鷄군계, 養鷄양계, 鬪鷄투계.

10 ㉑【鶻】鹘 ①송골매 골 月 ②나라 이름 홀 月

㊥gǔ, hú ㊐コツ

소전 초서 동자 鳩 자해 ① ❶**송골매**, **골매**. 〔唐書〕犬

馬鷹鶻견마응골. ❷산비둘기. 비둘깃과의 새. 반구(斑鳩). 2 나라 이름, 회흘(回紇), 위구르(Uigur).

10 ㉑【鷇】鷇 새 새끼 구 宥

㊥kòu ㊐コウ

소전 초서 자해 새 새끼. 제비처럼 어미새가 먹이를 물어다 입에 넣어 주는 새끼를 '鷇', 병아리처럼 스스로 먹이를 쪼는 새끼를 '雛(추)'라 한다. 〔國語〕 鳥翼鷇卵조익구란.

鷇食(구식) 새 새끼가 어미새에게서 먹이를 받아 먹듯이 먹음. 자연에 주어진 먹을 것에 만족함. 鷇飮(구음).

鷇音(구음) 새 새끼의 울음소리. 의논이 분분하여 옳고 그름을 결정하기 어려움.

10 ㉑【鷃】鷃 세가락메추라기 안 諫

㊥yàn ㊐アン

초서 동자 鴳 자해 세가락메추라기. 〔禮記〕 雉兎鶉鷃치토순안.

鷃雀(안작) 세가락메추라기와 참새. 소인(小人)의 많은 말의 비유.

10 ㉑〖鶯〗莺 꾀꼬리 앵 庚

인명 1급 ㊥yīng ㊐オウ

소전 초서 자해 ❶꾀꼬리, 황리(黃鸝), 창경(倉庚), 황조(黃鳥). =鸎. 〔杜牧·詩〕 綠樹鶯鶯語록수앵앵어. ❷새 깃이 아름다운 모양. 〔詩經〕 交交桑扈교교상호, 有鶯其羽유앵기우.

鶯谷(앵곡) 꾀꼬리가 깊은 골짜기에 있음. 아직 출세하지 못함.

鶯衫(앵삼) 조선 때 나이 어린 사람이 생원시(生員試)나 진사시(進士試)에 급제했을 때 입던 황색 예복.

鶯舌(앵설) ①꾀꼬리의 혀. ②꾀꼬리의 울음소리. 鶯韻(앵운).

鶯聲(앵성) ①꾀꼬리 소리. ②고운 목소리.

鶯燕(앵연) ①꾀꼬리와 제비. ②기녀(妓女).

鶯衣(앵의) 꾀꼬리의 깃털.

鶯遷(앵천) 꾀꼬리가 깊은 산골짜기에서 나와 높은 나뭇가지에 앉음. 과거(科擧)에 급제하거나 승진·이사(移徙) 등을 했을 때 축하하는 말.

10 ㉑【鶸】 댓닭 약 藥

㊥ruò ㊐ジャク

초서 자해 댓닭, 곤계(鵾雞). 투계(鬪鷄)에 쓰는 몸집이 큰 닭.

10 ㉑【鶲】 새 이름 옹 東

㊥wēng ㊐オウ

자해 새 이름.

10 ㉑【鷂】鹞 익더귀 요 嘯

㊥yào ㊐ヨウ

소전 초서 동자 鷂 자해 익더귀, 새매의 암컷. 수컷은 '난추니'라 한다.

鷂魚(요어) 가오리. 海鷂魚(해요어).

10 ㉑【鷁】 새 이름 익 本역 錫

㊥yì ㊐ゲキ

초서 자해 ❶새 이름, 익조(鷁鳥). 백로(白鷺) 비슷하며 몸집이 크고 날개가 흰 물새의 한 가지. 바람을 잘 견디는 성질이 있다 하여 그 모양을 뱃머리에 조각하거나 그렸다. 〔春秋〕 六鷁退飛륙익퇴비, 過宋都과송도. ❷배, 선박(船舶). 〔漢書〕 浮文鷁부문익.

鷁首(익수) ①익조의 우두머리. ②익조의 모양을 그리거나 새긴 뱃머리.

◨ 文鷁문익, 飛鷁비익.

10 ㉑【鶿】 가마우지 자 支

㊥cí ㊐シ

소전 동자 鷀 자해 가마우지, 노자(鸕鶿).

10 ㉑【鶬】鸧 왜가리 창 陽

㊥cāng ㊐ソウ

소전 초서 동자 鶬 자해 ❶왜가리, 창계(鶬雞). 왜가릿과의 새. ❷꾀꼬리. 〔王瓚·詩〕 昔往鶬鶊鳴석왕창경명, 今來蟋蟀吟금래실솔음.

鶬鶊(창경) 꾀꼬리. 黃鳥(황조).

鶬雞(창계) 왜가리. 鶬鴰(창괄).

10 ㉑【鶺】 할미새 척 錫

㊥jí ㊐セキ

초서 자해 할미새. 〔抱朴子〕 鶺鴒傲蓬林以鼓翼척령오봉림이고익.

鳥 10획

鶺鴒(척령) ①물가에 사는 연작류(燕雀類)의 작은 새. 할미새. 脊令(척령). ②형제(兄弟).

10 ㉑【鶵】 원추새 추 本수 虞

中chú 日スウ

자해 ❶원추(鵷鶵)새. 봉황(鳳凰)의 한 가지. 〔莊子〕南方有鳥남방유조, 其名爲鵷鶵기명위원추. ❷병아리. ＝雛.

10 ㉑【鶴】鹤 학 학 藥

고등 인명 3Ⅱ급 中hè 日カク

필순 一 亻 隺 隺 隺 隺 鶴 鶴 鶴 鶴

소전 초서 동자 鶮 자원 形聲. 隺＋鳥→鶴. '隺(확)'이 음을 나타낸다.

자해 ❶학, 두루미. 두루밋과의 새. 〔王建·詩〕鶴壽千年也未神학수천년야미신. ❷희다, 흰 빛깔. 〔杜甫·詩〕淸秋鶴髮翁청추학발옹.

鶴駕(학가) ①태자(太子)가 타는 수레. ②신선(神仙)의 수레.

鶴禁(학금) 왕세자가 사는 궁전.

鶴唳(학려) ①학이 욺. 학의 울음소리. 鶴鳴(학명). ②처절(悽絕)하고 측은한 문장이나 말. 학의 울음소리가 쓸쓸하고 날카로우며 맑은 데서 온 말.

鶴立(학립) 학처럼 목을 길게 빼고 발돋움하여 기다림. 鶴企(학기). 鶴望(학망).

鶴舞(학무) ①학이 춤춤. 또는 학의 춤. ②아름다운 음악. ③國학춤.

鶴髮(학발) 학의 깃털처럼 흰 머리털.

鶴首(학수) ①학의 목. ②백발(白髮). ③학수고대(鶴首苦待).

鶴壽(학수) 장수(長壽). 학이 천년수(千年壽)를 누린다는 데서 온 말.

鶴首苦待(학수고대) 國학처럼 목을 길게 빼고 몹시 기다림.

鶴馭(학어) ①선인(仙人)의 탈것. ②남의 탈것의 미칭(美稱). ③태자(太子)의 수레. ④상여(喪輿).

鶴翼陣(학익진) 학이 날개를 편 듯이 치는 진.

鶴氅衣(학창의) 소매가 넓고 뒤 솔기가 갈라진 흰옷의 가를 검은 천으로 넓게 댄 웃옷.

11 ㉒【鷗】鸥 갈매기 구 本우 尤

인명 2급 中ōu 日オウ

소전 초서 동자 鸥 속자 鴎 자해 갈매기. 갈매깃과의 새의 총칭. 〔元稹·詩〕鷗眠起水驚구면기수경.

鷗盟(구맹) ①은거하여 갈매기와 벗함. ②속세를 떠나 풍류를 즐기는 사귐.

11 ㉒【鷞】 새 이름 상 陽

中shāng 日ショウ

자해 ❶새 이름, 외발새, 일족조(一足鳥). 몸에 무늬가 있고 입은 붉으며 낮에는 엎드려 있다가 저녁이면 날아다니는데, 비가 내릴 조짐이면 춤을 춘다고 한다. ❷꾀꼬리.

鷞鶊(상경) 꾀꼬리.

11 ㉒【鷖】鹥 1갈매기 예 齊 2검푸른 빛 예 霽

中yī, yì 日エイ

소전 초서 자해 1❶갈매기, 백구(白鷗). 〔詩經〕鳧鷖在涇부예재경. 2검푸른 빛. 〔周禮〕彫面鷖總조면예총.

11 ㉒【鷕】 울 요 篠

中yǎo 日ヨウ

소전 초서 동자 鴢 자해 울다, 암꿩이 울다, 암꿩이 우는 소리. 〔詩經〕有鷕雉鳴유요치명.

11 ㉒【鷓】鹧 자고 자 禡

中zhè 日シャ

소전 초서 자해 자고(鷓鴣). 메추라기 비슷한 꿩과의 새. 〔李白·詩〕只今惟有鷓鴣飛지금유유자고비.

11 ㉒【鷙】鸷 맹금 지 寘

中zhì 日シ

소전 초서 자해 ❶맹금(猛禽). 매나 수리처럼 성질이 사나운 새. 〔楚辭〕鷙鳥之不群兮지조지불군혜. ❷치다, 공격하다. 〔後漢書〕湯武善御衆탕무선어중, 故無忿鷙之師고무분지지사. ❸사납다, 용맹스럽다.

鷙勇(지용) 사납고 용맹스러움.

鷙悍(지한) 몹시 억세고 사나움.

12 ㉓【鸜】 할미새 거 魚

中qú 日キョ

소전 동자 鸜 자해 할미새, 척령(鶺鴒).

12 ㉓【鷮】 꿩 교 蕭

㊥jiāo ㊐キョウ

소전 초서 자해 꿩, 긴꽁지꿩. 꽁지가 긴 꿩의 한 가지. 〔詩經〕有集維鷮유집유교.

12 ㉓【鷺】鹭 해오라기 로 遇

인명 2급 ㊥lù ㊐ロ

소전 초서 동자 鵅 자해 해오라기, 백로(白鷺). 백로과의 물새. 〔李紳·詩〕碧峯斜見鷺鷥飛벽봉사견로로비.

鷺約鷗盟(노약구맹) 해오라기와 약속하고 갈매기와 맹세함. 세속을 벗어나 풍류를 즐기는 사귐.

鷺羽(노우) ①해오라기의 깃. ②해오라기 깃으로 만들어 춤을 출 때 쓰는 장식.

12 ㉓【鷯】鹩 굴뚝새 료 蕭

㊥liáo ㊐リョウ

소전 초서 동자 雡 자해 굴뚝새. 〔莊子〕鷦鷯巢於深林초료소어심림.

12 ㉓【鷭】 새 이름 번 元

㊥fán ㊐ハン

초서 동자 䨇 자해 새 이름, 칠면조(七面鳥) 비슷한 새.

12 ㉓【鷩】 금계 별 屑

㊥bì ㊐ハツ

소전 초서 동자 𩿧 자해 금계(錦雞·金雞). 볏이 누른 빛을 한 꿩의 한 가지.

12 ㉓【鷩】 무수리 털 창 養

㊥chǎng

자해 무수리의 털. ＝氅.

12 ㉓【鷦】鹪 뱁새 초 蕭

㊥jiāo ㊐ショウ

초서 동자 鳭 동자 𪁺 자해 뱁새, 붉은머리오목눈이, 교부조(巧婦鳥). 휘파람샛과의 하나. ¶ 鷦鷯초료.

鷦鷯(초료) 뱁새. 巧婦鳥(교부조).

12 ㉓【鷲】鹫 수리 취 宥

인명 ㊥jiù ㊐シュウ

소전 초서 동자 鵰 동자 鷻 자해 수리, 독수리. 수릿과의 맹조(猛鳥). 〔本草綱目〕鷲悍多力취한다력, 盤旋空中반선공중, 無細不見무세불견, 皂鵰조붕, 卽鷲也즉취야.

鷲瓦(취와) 큰 기와집의 대마루 양쪽 머리에 얹는 장식용 기와. 망새. 鷲頭(취두).

12 ㉓【鷳】鹇 솔개 한 刪

㊥xián ㊐カン

소전 초서 동자 鷴 자해 ❶솔개. 수릿과의 맹조(猛鳥). ❷흰 꿩, 백한(白鷳). 꿩의 한 가지. 털빛이 흰데 검은 점이 있으며, 꽁지는 길고 부리와 발톱은 붉다.

12 ㉓【鷴】 鷳(1445)과 동자

12 ㉓【鷸】鹬 도요새 휼 ㊍율 質

인명 ㊥yù ㊐イツ

소전 초서 자해 ❶도요새. 도욧과의 새의 총칭. 〔戰國策〕鷸蚌相持휼방상지. ❷물총새, 쇠새, 비취(翡翠). 물총샛과의 새.

鷸蚌之爭(휼방지쟁) 도요새와 조개의 다툼. 둘이 다투다가 제삼자에게 이익을 빼앗김. 蚌鷸之勢(방휼지세). 漁父之利(어부지리).

13 ㉔【鸂】 비오리 계 齊

㊥xī ㊐ケイ

초서 자해 비오리, 자원앙(紫鴛鴦). 오릿과의 물새.

鸂鶒(계칙) ①비오리. ②뜸부기의 잘못. 季鶒(계칙).

13 ㉔【鷫】 신조 숙 屋

㊥sù ㊐シュク

소전 초서 동자 鹔 자해 ❶신조(神鳥). 서방(西方)을 지킨다는 신조. 봉황의 한 가지. ❷기러기의 한 가지. 깃은 푸르고 목이 길며 따뜻한 곳

鳥 13 획

으로 옮아 다니는 철새.

13 ㉔【鷹】鹰 매 응 蒸

인명 2급 ㊥yīng ㊐ヨウ

소전 초서 자해 **매, 송골매, 해동청**(海東青). 맷과의 맹조(猛鳥)의 총칭. 〔白居易·詩〕**鷹翅疾如風**응시질여풍.

鷹犬(응견) ①사냥하는 데 쓰려고 길들인 매와 개. ②남의 앞잡이 노릇을 하는 사람. 하수인(下手人). 走狗(주구).

鷹視(응시) 매처럼 날카롭게 노려봄.

鷹揚(응양) 매가 하늘 높이 날아오름. ㉠위엄이나 무용(武勇)을 떨침. ㉡용맹한 병사.

鷹隼(응준) ①매와 새매. 猛鳥(맹조). ②필력(筆力)이 굳셈.

◨ 隼鷹준응.

13 ㉔【鸇】鹯 새매 전 先

㊥zhān ㊐セン

소전 동자 鸇 자해 **새매**. 맷과의 맹조(猛鳥). 〔孟子〕爲叢敺爵者鸇也위총구작자전야.

13 ㉔【鷽】 메까치 학 覺

㊥xué ㊐カク

소전 초서 동자 鸴 자해 ❶**메까치, 산작**(山鵲), **미장조**(尾長鳥). 까마귓과의 새. ❷**작은 비둘기**.

14 ㉕【鸑】 신조 이름 악 覺

㊥yuè ㊐ガク

소전 초서 동자 鸑 자해 **신조**(神鳥)**의 이름**. 봉황의 한 가지.

14 ㉕【鸎】 꾀꼬리 앵 庚

㊥yīng ㊐オウ

초서 자해 ❶**꾀꼬리, 황조**(黃鳥). ＝鶯. ❷**뱁새, 초료**(鷦鷯).

14 ㉕【鸒】 떼까마귀 여 御 魚

㊥yù ㊐ヨ

소전 초서 동자 鸒 자해 **떼까마귀, 비거**(卑居·鵯鶋). 까마귓과의 새.

16 ㉗【鸕】鸬 가마우지 로 虞

㊥lú ㊐ロ

소전 초서 동자 鸕 자해 **가마우지**. 가마우짓과의 물새.

¶ 鸕鷀노자.

鸕鷀(노자) 가마우지.

17 ㉘【鸚】鹦 앵무새 앵 庚

인명 ㊥yīng ㊐オウ

소전 초서 동자 鸚 자해 ❶**앵무새**. 〔岑參·詩〕隴山鸚鵡能言語롱산앵무능언어. ❷**앵무조개**. 앵무조갯과의 바닷조개를 통틀어 이르는 말. 〔郭璞·賦〕**鸚螺蜁蝸**앵라선와.

鸚鵡(앵무) 사람의 말을 잘 흉내내는 앵무샛과의 새. 앵무새. 앵무과의 새의 총칭.

18 ㉙【鸛】鹳 황새 관 翰

㊥guàn ㊐カン

초서 자해 ❶**황새**. 황샛과의 새. 〔詩經〕**鸛鳴于垤**관명우질. ❷**떼까마귀**. 까마귓과의 겨울새.

鸛鵲(관작) ①까치. 鸛雀(관작). ②누각(樓閣)의 이름. 산서성(山西省) 영제현(永濟縣)에 있던 삼층 누각.

18 ㉙【鸜】 구관조 구 虞

㊥qú ㊐ク

초서 동자 鴝 자해 **구관조**(九官鳥). 찌르레깃과의 새. 〔春秋〕有鸜鵒來巢유구욕래소.

鸜鵒(구욕) 구관조(九官鳥). 鴝鵒(구욕).

19 ㉚【鸞】鸾 난새 란 寒

인명 1급 ㊥luán ㊐ラン

소전 초서 속자 鵉 자해 ❶**난새**. 봉황(鳳凰)의 한 가지인 전설상의 영조(靈鳥). 〔詩經〕**貨鸞雝雝**화란옹옹. ❷**방울**. 천자가 타는 마차의 말고삐에 닮. 〔周禮〕**以鸞和爲節**이란화위절. ❸**천자의 수레**.

鸞駕(난가) 천자(天子)가 타는 수레. 鸞輿(난여). 輦(연).

鸞車(난거) ①순(舜)임금의 수레. ②천자의 수레. ③장례 때 희생(犧牲)과 명기(明器)를 싣는 수레.

鸞旗(난기) 천자의 수레에 단 기. 난령(鸞鈴)

을 달아 꾸민 기. 鸞旌(난정).
鸞鈴(난령) 난기(鸞旗)에 달던 방울.
鸞輅(난로) 천자와 왕후가 타는 수레.
鸞鷺(난로) ①난새와 해오라기. ②귀인(貴人)·현관(顯官)의 위의(威儀).
鸞鳳(난봉) ①난새와 봉황새. ②현인(賢人)이나 군자(君子). ③동지(同志)이면서 벗. ④부부(夫婦)의 인연.
鸞鳥(난조) 닭을 닮은 밝은 오색의 신령스러운 상상의 새. 난새.

19 ㉚ 【鸝】 鹂 꾀꼬리 리 支
㊥lí ㊐リ
초서 자해 **꾀꼬리, 황앵(黃鶯), 창경(倉庚).** 〔宋玉·賦〕 王睢鸝黃왕휴리조.
鸝黃(이황) 꾀꼬리. 黃鸝(황리).

鹵部 짠땅 로

0 ⑪ 【鹵】 卤 소금 로 麌
인명 ㊥lǔ ㊐ロ
소전 초서 자원 指事. '鹵'는 '西(서녘 서)' 자의 주문(籒文)으로, 소금의 모양을 그린 '⁘'과 합하여 서쪽에 있는 소금밭이라는 뜻을 나타낸다.
자해 ❶**소금, 천연 소금, 암염(巖鹽).** 인조 소금은 '鹽(염)'이라 한다. 〔元稹·樂曲〕 小兒販鹽鹵소아판염로. ❷**짠땅, 염밭.** 소금기가 많아 경작할 수 없는 땅. 〔漢書〕 常困於蓮勺鹵中상곤어련작로중. ❸**거칠다, 조잡(粗雜)하다.** ❹**노략질하다.** ≒虜. 〔史記〕 鹵御物로어물. ❺**방패.** ≒櫓. 〔戰國策〕 流血漂鹵류혈표로.
鹵掠(노략) 재물을 약탈함.
鹵莽(노망) 소금기가 많은 땅과 잡초가 덮인 들.
鹵簿(노부) 천자가 거둥할 때의 행렬. '鹵'는 경호(警護)할 때 쓰는 큰 방패, '簿'는 행렬의 순서를 적은 장부.
鹵田(노전) 소금기가 있는 메마른 땅.
鹵獲(노획) 전쟁에서 적의 군용품 등을 빼앗음. 또는 그 물건.
◨ 鹽鹵염로, 鹹鹵함로, 荒鹵황로.

5 ⑯ 【䴚】 鹽(1447)과 동자

8 ⑲ 【𪉖】 鹽(1447)과 동자

9 ⑳ 【鹹】 咸 짤 함 咸
인명 1급 ㊥xián ㊐カン
소전 초서 동자 䶢 속자 醎 자해 **짜다, 짠맛, 소금기.** 〔書經〕 潤下作鹹윤하작함.
鹹度(함도) 바닷물에 들어 있는 소금의 양.
鹹鹵(함로) 염분이 많은 메마른 땅.
鹹水(함수) 짠물. 바닷물.
鹹水魚(함수어) 바닷물고기.
鹹鹺(함차) 제사(祭祀)에 쓰는 소금.
鹹菜(함채) 소금에 절인 채소.

10 ㉑ 【𪉖】 鹽(1447)과 동자

10 ㉑ 【鹺】 鹾 소금 차 歌
㊥cuó ㊐サ
소전 초서 동자 䶢 자해 ❶**소금.** 〔禮記〕 鹽曰鹹鹺염왈함차. ❷**진한 소금기.**
◨ 鹹鹺함차.

13 ㉔ 【鹼】 硷 ① 소금기 감 豏 ② 잿물 감 ㊅첨 鹽
㊥jiǎn ㊐ケン
소전 초서 자해 ① **소금기.** 땅에 함유(含有)되어 있는 소금기. ② ❶**잿물.** 재를 걸러서 우려 낸 세탁용 물. ❷**소금물.**

13 ㉔ 【鹽】 盐 소금 염 鹽
고등 인명 3Ⅱ급 ㊥yán ㊐エン
필순 𦣞 𦣞 𦣞 𦣞 𦣞 𦣞 𦣞 鹽 鹽 鹽
소전 초서 동자 䴚 동자 𪉖 동자 𪉖
속자 塩 자원 形聲. 監+鹵→鹽. '監(감)'이 음을 나타낸다.
자해 ❶**소금.** 인공으로 만든 소금. 천연 소금은 '鹵(로)'라 한다. 〔周禮〕 掌鹽之政令장염지정령, 以共百事之鹽이공백사지염. ❷**악곡의 한 체(體).** ¶ 昔昔鹽석석염·阿鵲鹽아작염.
鹽梅(염매) ①간을 맞춤. 소금이 지나치면 짜고, 매실이 지나치면 시게 됨. ②신하가 임금을 도와 선정(善政)을 베풀게 함.
鹽飯(염반) 찬 없는 밥. 소금엣밥.
鹽分(염분) 소금기.
鹽稅(염세) 소금을 만들어 파는 사람들에게 부

과하던 세금.
鹽水(염수) 소금물. 소금기가 있는 물.
鹽田(염전) 바닷물을 태양열로 증발시켜 소금을 만드는 밭. 소금밭.
鹽井(염정) ①소금을 만들 바닷물을 모아 두는 염전(鹽田) 웅덩이. ②염분을 함유한 우물.
鹽池(염지) ①소금이 나오는 못. ②천일염(天日鹽)을 만들 때 바닷물을 증발시키기 위하여 설비한 옅은 못.
鹽菜(염채) ①소금과 채소. ②소금에 절인 채소. 鹹菜(함채).
鹽湯(염탕) 소금을 넣고 끓인 물. 소금국.

鹿部 사슴 록

0 ⑪【鹿】 사슴 록 屋

고등 인명 3급 ㊥lù ㊐ロク

필순 一 广 户 户 庐 庐 庐 唐 鹿 鹿

소전 초서 동자 麀 자원 象形. 사슴의 머리, 뿔, 네 다리를 본뜬 글자.

자해 ❶사슴. 〔後漢書〕 指鹿爲馬지록위마. ❷제위(帝位)의 비유. 〔史記〕 秦失其鹿진주기록, 天下共逐之천하공축지. ❸곳집, 방형(方形)의 미창(米倉). 〔國語〕 囷鹿空虛균록공허.
鹿角(녹각) ①사슴뿔. ②녹채(鹿砦).
鹿角菜(녹각채) 청각과 해초(海草)의 한 가지. 청각(靑角).
鹿車(녹거) 한 마리의 사슴을 실을 정도의 수레. 작은 수레.
鹿巾(녹건) 녹비(鹿皮)로 만든 건(巾). 은자(隱者)의 건.
鹿裘(녹구) 녹비로 만든 갖옷.
鹿臺(녹대) 은(殷)의 폭군(暴君)인 주왕(紂王)이 재화(財貨)를 쌓아 두던 곳.
鹿盧(녹로) ①도르래. 활차(滑車). 고패. 轆轤(녹로). ②녹로 모양의 옥(玉) 장식이 붙어 있는 검(劍).
鹿死誰手(녹사수수) 사슴은 누구의 손에 죽을 것인가. 천하가 누구에게로 돌아갈지 알 수 없음의 비유. 中原逐鹿(중원축록).
鹿茸(녹용) 새로 돋은 사슴의 뿔로, 아직 가지가 돋지 않은 것. 잘라 말려서 한약재로 씀.
鹿砦(녹채) 대나 나무를 사슴의 뿔처럼 세워 적의 침입을 막는 울타리.
鹿脯(녹포) 사슴의 말린 고기.
鹿皮(녹피→녹비) 사슴의 가죽.
鹿血(녹혈) 사슴의 피.
◨ 囷鹿균록, 麋鹿미록, 逐鹿축록.

0 ⑪【鹿】 鹿(1448)과 동자

2 ⑬【麀】 암사슴 우 尤

㊥yōu ㊐ユウ

소전 초서 동자 麑 자해 암사슴. 〔詩經〕 麀鹿麌麌우록우우.
麀鹿(우록) 암사슴.

2 ⑬【鹿】 麤(1450)의 속자

4 ⑮【麗】 麗(1449)의 속자

4 ⑮【麃】 ①큰사슴 포 肴 ②씩씩할 표 蕭

㊥páo, biāo ㊐ホウ

소전 초서 자해 ①큰 사슴. 사슴의 한 가지. 쇠꼬리에 뿔이 하나인 동물. 〔史記〕 獲一角獸획일각수, 若麃然약포연. ②씩씩한 모양, 용감한 모양. 〔詩經〕 駟介麃麃사개표표.
麃麃(표표) ①용맹스러운 모양. ②성한 모양.

5 ⑯【麇】 ①노루 균 眞 ②떼 지어 모일 군 吻

㊥jūn, qún ㊐キン, クン

소전 초서 자해 ①노루. 〔春秋左氏傳〕 逢澤有介麇焉봉택유개균언. ②떼 지어 모이다, 군집(群集)하다. 〔春秋左氏傳〕 求諸侯而麇至구제후이군지.
麇至(군지) 떼를 지어 옴. 群至(군지).

5 ⑯【麈】 큰 사슴 주 麌

㊥zhǔ ㊐シュ

소전 초서 자해 ❶큰 사슴. 〔司馬相如·賦〕 沈牛麈麋침우주미. ❷먼지떨이, 불자(拂子). 원래 벌레를 쫓거나 먼지를 떨 때 사용하였으나, 뒤에 선종(禪宗)의 승려가 번뇌를 떨치는 표지로 썼던 도구. 〔歐陽脩·詩〕 揮麈無由停휘주무유정.
麈談(주담) 불자(拂子)를 들고 이야기함.
麈尾(주미) 불자(拂子). 총채.
◨ 僧麈승주, 揮麈휘주.

6 ⑰【麟】 기린 린 眞

인명 ㊥lín ㊐リン

자해 기린, 암기린.

6 ⑰【麋】 큰 사슴 미 支

㊥mí ㊐ビ

소전 초서 자해 ❶큰 사슴. 〔孟子〕 樂其有麋鹿魚鼈락기유미록어별. ❷눈썹. 〔荀子〕 面無須麋면무수미. ❸물가. 〔詩經〕 居河之麋거하지미.

麋鹿(미록) ①큰 사슴과 사슴. ②미록지자(麋鹿之姿).

麋鹿之姿(미록지자) 산림(山林)이나 전야(田野)에서 한가롭게 지내는 자신을 겸손하게 이르는 말.

麋侯(미후) 큰 사슴의 흰 가죽으로 만든 활의 과녁.

7 ⑱【麌】 수사슴 우 麌

㊥yǔ ㊐グ

초서 자해 ❶수사슴. ❷떼 지어 모여드는 모양. 〔詩經〕 麀鹿麌麌우록우우.

麌麌(우우) 떼 지어 모이는 모양.

8 ⑲【麕】 1고라니 균 眞 2떼 지을 군 吻

㊥jūn ㊐キン

초서 동자 麇 자해 1고라니. 〔詩經〕 野有死麕야유사균. 2떼 지어 모이다, 군집(群集)하다.

8 ⑲【麒】 기린 기 支

인명 2급 ㊥qí ㊐キ

소전 초서 자해 기린. 태평성대에 성인(聖人)이 날 징조로 나타난다는 상상의 동물. 수컷을 '麒', 암컷을 '麟(린)'이라 한다. 〔禮記〕 鳳凰麒麟봉황기린, 皆在郊㮰개재교추.

麒麟兒(기린아) 재지(才智)가 남달리 뛰어난 젊은이.

8 ⑲【麗】 丽 1고울 려 霽 2꾀꼬리 리 支 3나라 이름 려 齊

고등 인명 4Ⅱ급 ㊥lì, lí ㊐レイ

필순 ... 麗

소전 초서 속자 𠩵 참고 인명용 음은 '려'이다.

자원 形聲. 丽+鹿→麗. '丽(려)'가 음을 나타낸다.

자해 1❶곱다, 우아하다, 예쁘다, 아름답다. 〔戰國策〕 佳麗人之所出也가려인지소출야. ❷짝, 짝을 짓다. 〔周禮〕 麗馬一圉려마일어. ❸붙다, 붙이다. 2❶꾀꼬리. ¶ 麗黃이황. ❷진, 전진(戰陣)의 이름. 〔春秋左氏傳〕 爲魚麗之陣위어리지진. 3나라 이름, 우리나라의 옛 왕조. ¶ 高句麗고구려·高麗고려.

麗曲(여곡) 아름다운 노래.

麗句(여구) 아름다운 시문의 문구(文句).

麗靡(여미) 곱고 화사함. 靡麗(미려).

麗辭(여사) 아름다운 말. 고운 말.

麗色(여색) ①아름다운 빛깔. ②아름다운 경치. ③아름다운 안색(顏色).

麗豎(여수) 아름다운 동자(童子). 예쁜 아이.

麗飾(여식) 곱게 장식함. 또는 그 장식.

麗雅(여아) 아름답고 우아함. 雅麗(아려).

麗艷(여염) 곱고 아리따움. 艷麗(염려).

麗人(여인) 아름다운 사람. 佳人(가인).

麗日(여일) 화창한 날.

麗藻(여조) 아름다운 시문(詩文).

麗質(여질) ①아름다운 천성(天性). ②미인.

麗澤(여택·이택) 연접해 있는 두 늪이 서로 물을 윤택하게 함. 벗끼리 서로 도와 학문과 덕을 닦음.

麗風(여풍) 서북풍(西北風).

◨ 佳麗가려, 美麗미려, 華麗화려.

8 ⑲【麓】 산기슭 록 屋

인명 1급 ㊥lù ㊐ロク

소전 초서 자해 ❶산기슭. 산의 아랫부분. 〔詩經〕 瞻彼旱麓첨피한록. ❷산감(山監). 산림(山林)·원유(苑囿)를 주관하는 관리. 〔國語〕 主將適螻而麓不聞주장적루이록불문.

8 ⑲【麑】 사자 예 齊

㊥ní ㊐ゲイ

소전 초서 자해 ❶사자. =猊. ❷사슴 새끼. 〔論語〕 素衣麑裘소의예구.

麑裘(예구) 흰 새끼 사슴 가죽으로 지은 갖옷.

10 ㉑【麝】 사향노루 사 禡

인명 1급 ㊥shè ㊐ジャ

鹿 10 획

소전 초서 자해 ❶사향노루, 궁노루. 사향노룻과의 포유동물. 암수 모두 뿔이 없으며 배에는 향주머니가 있다.

麝香(사향) 사향노루의 향주머니 속에 있는 사향샘을 말려서 얻은 향료.

◨ 香麝향사.

12 ㉓ 【麟】 기린 린 眞

인명 2급 ㊥lín ㊐リン

소전 초서 자해 기린, 암기린. 〔白虎通〕麒麟臻기린진, 白虎到백호도.

麟角(인각) ①암기린의 뿔. ②학업(學業)에 뜻을 두는 사람은 쇠털처럼 많지만, 이를 성취하는 사람은 기린의 뿔처럼 적음. 지극히 희귀함.

麟鳳(인봉) 기린과 봉황. 현인(賢人)이나 성인(聖人).

◨ 麒麟기린, 鳳麟봉린, 祥麟상린, 神麟신린, 天麟천린, 獲麟획린.

22 ㉝ 【麤】 거칠 추 虞

㊥cū ㊐ソ

소전 초서 속자 麁 자해 거칠다. ㉮소략(疎略)하다, 꼼꼼하지 못하다. 〔禮記〕麤而翹之추이교지. ㉯조잡(粗雜)하다. 〔禮記〕布帛精麤포백정추.

麤糲(추려) 쓿지 않은 쌀. 玄米(현미).

麤物(추물) ①거칠고 덜렁대는 사람. ②거칠고 못생긴 사람.

麤米(추미) 쓿지 않은 궂은쌀. 현미(玄米).

麤飯(추반) ①현미밥. ②변변하지 못한 밥. 疎食(소사). ③식사를 남에게 권할 때의 겸사.

麤疎(추소) 거칢. 소략(疏略)함.

麤率(추솔) 거칠고 경솔함.

麤習(추습) 거칠고 경솔한 버릇.

麤惡(추악) 거칠고 나쁨. 변변찮음.

麤人(추인) 버릇없는 사람. 무례한 사람.

麤雜(추잡) 거칠고 막되어 조촐한 맛이 없음.

麤才(추재) 변변찮은 재능. 또는 그런 사람.

◨ 疏麤소추, 精麤정추.

鹿 12획

麥部 보리 맥

0 ⑪ 【麥】麦 보리 맥 陌

중학 인명 3Ⅱ급 ㊥mài ㊐バク

필순 一 厂 厂 刀 刀 巫 巫 夾 麥 麥

소전 초서 속자 麦 자원 會意. 來+夊→麥. '來'는 까끄라기가 있는 곡식의 이삭, '夊'는 '늦다'의 뜻이다. 다른 곡식보다 늦게 가을에 파종하여 초여름에 거두어들인다는 데서 '보리'라는 뜻을 나타낸다.

자해 보리. 오곡(五穀)의 한 가지. 맥류(麥類)의 총칭. 〔淮南子〕麥秋生夏死맥추생하사.

麥藁(맥고) 보릿짚이나 밀짚.

麥曲之英(맥곡지영) 술.

麥麴(맥국) 엿기름.

麥浪(맥랑) 푸른 보리밭이 바람에 물결치듯 흔들리는 모양.

麥糧(맥량) 보리 양식.

麥嶺(맥령) 國보릿고개. 묵은 곡식은 달리고 햇보리는 아직 여물지 않아 농촌의 식량 사정이 가장 어려운 때.

麥飯(맥반) 보리밥.

麥粉(맥분) 밀가루.

麥穗(맥수) 보리 이삭.

麥秀之歌(맥수지가) 보리 이삭이 팬 것을 보고 지은 노래. 망국(亡國)의 한. 故事 은대(殷代)의 충신인 기자(箕子)가 폐허가 된 도읍지를 지나다가 궁궐터에 보리 이삭이 팬 것을 보고 슬퍼하며 노래를 지은 데서 온 말.

麥秀之嘆(맥수지탄) 보리 이삭이 팬 것을 보고 하는 탄식. 고국의 멸망을 한탄함.

麥芽(맥아) ①보리 싹. ②엿기름.

麥酒(맥주) 보리의 엿기름 즙에 홉(hop)을 섞어 발효시켜 만든 술.

麥秋(맥추) 음력 5월의 딴 이름. 보리가 익는 계절이라는 데서 온 말.

0 ⑦ 【麦】 麥(1450)의 속자

4 ⑮ 【麪】 밀가루 면 霰

㊥miàn ㊐メン

소전 초서 동자 麵 속자 麫 자해 ❶밀가루, 보릿가루. 〔宋史〕衍食於家연식어가, 唯一麪一飯유일면일반. ❷국수. ¶ 麪床면상.

麪床(면상) 국수류를 주식(主食)으로 하여 차린 상.

◨ 冷麪냉면.

4 ⑮ 【麫】 麪(1450)의 속자

4 ⑮【麩】麸 밀기울 부 虞

㊥fū ㊐フ

소전 초서 동자 䴸 자해 밀기울, 맥부(麥麩). 밀을 빻아 밀가루를 빼고 남은 찌끼. 〔齊民要術〕磨盡無麩마진무부.

麩豉(부시) 밀기울로 만든 된장.
麩醬(부장) 밀기울로 만든 장.
麩炒(부초) 한약 정제법의 한 가지. 밀가루를 묻혀서 볶는 일.

5 ⑯【麭】 떡 포 效

㊥pào ㊐ホウ

초서 자해 ❶떡, 가루떡. ❷빵.

6 ⑰【麯】曲 누룩 국 屋

㊥qū ㊐キク

동자 麴 자해 누룩, 곡자(曲子). 〔劉伶·頌〕枕麯藉糟침국자조.

6 ⑰【麰】麰 보리 모 尤

㊥móu ㊐ボウ

소전 초서 자해 ❶보리, 대맥. 〔孟子〕麰麥모맥, 播種而耰之파종이우지. ❷누룩, 곡자(曲子).

麰麥(모맥) 보리.

8 ⑲【麴】曲 누룩 국 屋

인명 ㊥qū ㊐キク

초서 동자 麯 자해 ❶누룩. 〔列子〕積麴成封적국성봉. ❷술. 〔元稹·詩〕憑買家家麴빙매가가국.

麴君(국군) 술의 애칭(愛稱). 麴生(국생).
麴菌(국균) 누룩에 들어 있어 녹말을 당분으로 변화시키는 효모(酵母).
麴室(국실) 누룩을 띄우는 방.
麴糵(국얼) ①누룩. ②술.
麴子(국자) 누룩. 酒媒(주매).

8 ⑲【䴵】 國밀떡 병

자해 밀떡.

9 ⑳【麵】 麪(1450)과 동자 인명 1급

麻部 삼마

0 ⑪【麻】 삼 마 麻

고등 인명 3Ⅱ급 ㊥má ㊐マ

필순 亠 广 广 庐 庐 庥 庥 麻 麻 麻

소전 초서 속자 麻 자원 會意. 广+林→麻. '朩'는 삼의 껍질을 벗긴 것으로, 이것을 둘 합하여 삼의 껍질을 가늘게 삼은 것을 나타낸다. 집〔广〕에서 삼을 삼는다〔林〕는 데서 '삼', '삼실'을 뜻한다.

자해 ❶삼. 뽕나뭇과의 일년초. 〔詩經〕麻衣如雪마의여설. ❷조칙(詔勅). 당대(唐代)에 칙명(勅命)을 황마지(黃麻紙)와 백마지(白麻紙)에 쓴 데서 온 말. 〔舊唐書〕弘景草麻홍경초마. ❸참깨, 유마(油麻), 호마(胡麻). ❹마비(痲痺)되다, 근육이 마비되는 병. ≒痲.

麻莖(마경) 삼대. 삼줄기.
麻姑(마고) ①손톱이 긴 전설상의 선녀(仙女) 이름. ②마고소양(麻姑搔痒).
麻姑搔痒(마고소양) 마고가 가려운 곳을 긁어 줌. 일이 뜻대로 됨. 故事 후한(後漢)의 채경(蔡經)이 마고의 손톱을 보고, 가려운 곳이 있으면 어디든 긁을 수 있으리라고 생각했다는 데서 온 말.
麻袋(마대) 굵은 삼실로 짠 커다란 자루.
麻木(마목) 마비(痲痺)되는 일. 痲木(마목).
麻蕡(마분) ①삼꽃의 꽃가루. 약재로 씀. 麻勃(마발). ②삼씨.
麻衣(마의) 삼베옷.
麻子(마자) ①삼씨. 麻仁(마인). ②맷돌. ③곰보. 마맛자국.
麻雀(마작) 중국의 실내 오락의 한 가지.
麻中之蓬(마중지봉) 삼밭에 난 쑥. 곧은 삼 속에서 자란 쑥은 저절로 곧게 자라게 됨. 좋은 환경에서는 악인이 선인으로 바뀜의 비유.
麻紙(마지) 삼으로 만든 종이.
麻布(마포) 삼실로 짠 피륙. 삼베.
麻鞋(마혜) 미투리.
◨ 桑麻상마, 天麻천마, 黃麻황마.

0 ⑪【麻】 麻(1451)의 속자

3 ⑭【麽】么 잘 마 哿

㊥mó, ma ㊐マ

소전 𪎭 속자 麽 자해 ❶잘다, 작다, 세소(細小)하다. 〔列子〕江浦之間강포지간, 生麼蟲생마충. ❷어찌 ~느냐? 속어(俗語)에 쓰는 의문(疑問) 어조사. ❸그런가. 어조(語調)를 고르는 어조사.

◨ 那麼나마, 什麼십마, 這麼저마.

3 ⑭【麽】 麼(1451)의 속자

4 ⑮【麾】 대장기 휘 支

인명 1급 ㊥huī ㊐キ

소전 麾 초서 麾 속자 麾 자해 ❶대장기. 장수가 군대를 지휘하는 데 쓰는 기. 진(陣)의 표지로 세우는 기. 〔春秋穀梁傳〕置五麾치오휘. ❷지휘(指揮)하다. 〔顏延之·詩〕一麾乃出守일휘내출수. ❸부르다, 손짓하여 오라고 하다. 〔春秋左氏傳〕周麾而呼주휘이호.

麾下(휘하) ①대장의 깃발 아래. 장군의 지휘 아래에 딸린 병졸. 부하. ②장수(將帥). ③무관(武官)의 미칭(美稱).

◨ 軍麾군휘, 指麾지휘.

黃部 누를 황

0 ⑫【黃】 누를 황 陽

중학 인명 6급 ㊥huáng ㊐コウ

필순 一 艹 艹 芒 芇 芾 苗 黃 黃 黃

소전 黃 초서 黃 동자 黄 자원 形聲. 田+炗→黃. '炗(광)'이 음을 나타낸다.

자해 ❶누르다, 누른빛, 오색(五色)의 하나. 오행(五行)으로는 토(土)에 속하며, 방위로는 중앙에 배당된다. 〔詩經〕綠衣黃裏록의황리. ❷누래지다. 〔禮記〕草木黃落초목황락. ❸어린아이, 유아(幼兒). 〔唐書〕民三歲以下爲黃민삼세이하위황.

黃閣(황각) ①㉠재상(宰相)이 집무하는 청사(廳舍)의 문. ㉡재상. ②당대(唐代)의 급사중(給事中). ③國의정부(議政府)의 딴 이름.

黃瓜(황과) 오이.

黃冠(황관) ①풀로 만든 관. 야인(野人)이 썼음. ②도사(道士)의 관. 도사.

黃耇(황구) 노인.

黃卷(황권) 책.

黃金(황금) ①금(金). 순금(純金). ②돈. 금전(金錢). 재물. ③구리. 동(銅).

黃疸(황달) 담즙(膽汁)의 색소가 혈액에 이행하여 온몸과 눈이 누렇게 되는 병.

黃童(황동) 어린아이.

黃落(황락) 나뭇잎이 가을이 되어 떨어짐.

黃蠟(황랍) 밀. 蜜蠟(밀랍).

黃粱夢(황량몽) 메조밥을 한 번 짓는 동안의 꿈. ㉠부귀영화의 덧없음. ㉡이룰 수 없는 욕망. 故事 당대(唐代)에 노생(盧生)이 한단(邯鄲)의 주막에서 주막 주인이 밥을 짓는 것을 보고 도사(道士) 여옹(呂翁)의 베개를 빌려 베고 잠이 들었는데, 꿈속에서 온갖 부귀영화를 다 누렸으나 깨어 보니 주막 주인이 짓던 밥이 채 익지도 않았더라는 고사에서 온 말.

黃老(황로) 황제(黃帝)와 노자(老子). 또는 그들이 주장한 학설. 도가(道家)의 학문. 허무자연(虛無自然)을 숭상하여 유학(儒學)과 대립하였음.

黃鸝(황리) 꾀꼬리. 黃鳥(황조). 黃鶯(황앵).

黃麻紙(황마지) 좀을 막기 위하여 황벽(黃蘗)나무 즙으로 물들인 종이.

黃毛(황모) 족제비의 꼬리털. 붓을 매는 최상의 재료임.

黃門(황문) ①환관(宦官)의 딴 이름.

黃米(황미) 찹쌀.

黃髮(황발) ①누렇게 변한 노인의 머리털. ②노인.

黃蜂(황봉) ①말벌. ②國참벌.

黃砂(황사) 누런 빛깔의 모래.

黃鼠(황서) 족제비.

黃綬(황수) 황색의 인끈. 승(丞)·위(尉) 등의 벼슬.

黃熟(황숙) 곡식·과실 따위가 누렇게 잘 익음.

黃埃(황애) 누런 먼지.

黃壤(황양) ①누런 흙. ②저승. 黃泉(황천).

黃雲(황운) ①누런 구름. ②바람에 넘실거리는 황숙(黃熟)한 들판.

黃鉞(황월) 황금으로 장식한 도끼. 천자가 정벌할 때 썼음.

黃雀(황작) ①꾀꼬리. 黃鳥(황조). ②참새의 한 가지. 부리와 다리가 다 노란색임.

黃籍(황적) 호적(戶籍).

黃帝(황제) ①중국 전설 시대의 제왕. 역산(曆算)·문자(文字)·율려(律呂)·의약(醫藥) 등을 백성에게 처음으로 가르쳤다고 하며 헌원씨(軒轅氏)라고도 함. ②오천제(五天帝)의 하나. 중앙(中央)을 주재(主宰)함.

黃鳥(황조) 꾀꼬리.

黃塵(황진) 누런 먼지. 세속의 잡사(雜事).

黃泉(황천) ①지하(地下)의 샘. ②저승. 冥府(명부). 黃壤(황양).
黃泉客(황천객) 죽은 사람.
黃淸(황청) 國빛깔이 누르고 품질이 좋은 꿀.
黃貂(황초) 털빛이 누른 담비.
黃燭(황촉) 밀로 만든 초. 밀초.
黃土(황토) ①토지(土地). 大地(대지). ②누르고 거무스름한 흙. ③저승. 黃泉(황천). ④적토(赤土)에서 뽑은 황적색 안료(顔料).
黃袍(황포) 황색 옷감으로 지은 곤룡포(袞龍袍). 황제의 예복.
黃昏(황혼) ①해가 져서 어둑어둑할 무렵. ②종말에 이른 때.
黃花(황화) ①누른빛의 꽃. ②국화의 꽃. 국화. 黃菊(황국).
黃禍(황화) 황인종에 의한 백인종의 재화(災禍). 청일 전쟁 때 독일 빌헬름 2세가 일본의 진출에 대한 반감으로 주창한 말.
◨ 卵黃난황, 牛黃우황, 硫黃유황, 雌黃자황, 蒼黃창황, 玄黃현황.

0 ⑪【黄】 黃(1452)과 동자

5 ⑰【黈】 누른빛 주 ㊍두 有

㊥tǒu ㊐トウ

초서 [자해] ❶누른빛. ❷귀막이솜. 〔淮南子〕黈纊塞耳주광색이, 所以掩聰소이엄총. ❸늘이다, 증익(增益)하다. 〔馬融·賦〕猶以二皇聖哲黈益유이이황성철주익.
黈纊(주광) 귀막이솜. 누른빛의 솜을 둥글게 뭉친 솜방울을 면류관 양쪽에 늘어뜨려 귓구멍을 가리게 한 것으로, 임금이 불요불급(不要不急)한 말을 듣지 않도록 경계하는 것.
黈益(주익) 더하여 수량을 늘게 함.

13 ㉕【黌】 黉 글방 횡 庚

㊥hóng ㊐コウ

초서 [자해] 글방, 학사(學舍), 학교. 고대의 학교 이름. ≒橫.
黌堂(횡당) 글방. 학교. 黌宇(횡우).

黍部 기장 서

0 ⑫【黍】 기장 서 語

[인명] [1급] ㊥shǔ ㊐ショ

소전 초서 [자원] 會意. 禾+氽→黍. '氽'는 '雨(비 우)'의 생략형. 곡식 중에서도 가장 찰기가 많은 것이 기장이므로, 곡식〔禾〕에 물〔雨〕을 더하여 '기장'이라는 뜻을 나타냈다.
[자해] ❶기장. 오곡(五穀)의 하나. 〔詩經〕我黍與與아서여여. ❷도량형의 기본 단위. 기장쌀 한 개의 길이를 1푼〔分〕, 기장쌀 2,400개의 용량을 1홉〔合〕, 기장쌀 100개의 무게를 1수(銖)라 한다. 〔漢書〕一黍爲一分일서위일푼.
黍穀(서곡) 조·수수·옥수수 따위의 잡곡.
黍離之歎(서리지탄) 나라가 멸망하여 옛 궁전 터에 기장만이 무성함을 보고 하는 탄식. 세상의 영고성쇠(榮枯盛衰)가 무상함. [故事] 주(周)가 망한 뒤 허물어진 대궐 터에 기장이 무성하게 자라는 것을 보고 시를 읊어 탄식한 고사에서 온 말. 麥秀之歎(맥수지탄).
黍粟(서속) 기장과 조.
黍稷(서직) 찰기장과 메기장. 곡물의 범칭. 지난날, 나라의 제사 때 날로 썼음.
◨ 麥黍맥서, 稷黍직서.

3 ⑮【黎】 검을 려 齊

[인명] [1급] ㊥lí ㊐レイ

소전 초서 동자 㰈 [자해] ❶검다, 검은 빛. 〔書經·傳〕黎民려민, 黑髮之人흑발지인. ❷녘, 무렵. 〔史記〕黎明圍宛城三匝려명위완성삼잡. ❸종족 이름, 이인(俚人). 광동성(廣東省) 경주도(瓊州島)에 사는 종족. 〔宋史〕有黎母山유려모산, 黎人居焉려인거언.
黎明(여명) 밝아 오는 새벽. 먼동이 틀 무렵.
黎明期(여명기) 새로운 시대가 시작되는 시기.
黎民(여민) 모든 백성. 고대에, 일반 백성은 관을 쓰지 않아 검은 머리였던 데서 온 말. 黔首(검수). 庶民(서민). 黎庶(여서).
黎黑(여흑) 검음.
◨ 黔黎검려.

5 ⑰【黏】 차질 점 ㊍념 鹽

㊥nián ㊐デン

소전 초서 동자 粘 [자해] 차지다. 끈기가 있어 들러붙다.
◨ 飯黏반점.

11 ㉓【黐】 끈끈이 치 支

㊥chī ㊐リ

[자해] 끈끈이. 끈끈하여 붙으면 날 수 없게 되

는, 새를 잡는 데 쓰는 물질. 〔陸游·詩〕正如病翼遭黐粘정여병익조치점.

黑 部 검을 흑

0 ⑫ 【黑】 검을 흑 職

중학 인명 5급 ㊥hēi ㊐コク

필순 丶 ㄇ ㄇ ㄇ 㘝 甲 甲 里 里 黑

소전 㷎 초서 黒 본자 㷎 동자 黒 자원 會意. 㕚+炎→㷎→黑. '㕚'은 '窓(창문 창)'의 변형. 본래 불〔炎〕이 활활 타올라 창문〔㕚〕 밖으로 나간다는 뜻을 나타낸다. 창으로 불길이 나가게 되면 거멓게 그을리게 되므로 '검다'라는 뜻이 나왔다.

자해 **❶검은빛, 흑색(黑色), 오색(五色)의 하나**. 오행(五行)으로는 수(水)에 속하며, 방위로는 북(北), 계절로는 겨울에 배당된다. 〔禮記〕夏后氏尙黑하후씨상흑. **❷검다**. **㉮빛이 검다**. 〔書經〕厥土黑墳궐토흑분. **㉯나쁜 마음, 흑심(黑心)**. 〔法苑珠林〕心不染黑심불염흑. **❸거메지다**. **㉮검은빛으로 변하다**. 〔魏志〕池水盡黑지수진흑. **㉯어두워지다, 날이 저물다**. 〔楚辭〕行明白而日黑兮행명백이일흑혜.

黑角(흑각) 물소의 뿔.
黑鬼子(흑귀자) ①흑인(黑人)의 비칭. ②피부가 검은 사람을 조롱하여 이르는 말.
黑糖(흑당) ①검은 엿. ②검은 설탕. 흑설탕.
黑頭公(흑두공) ①머리가 검은 공(公). 젊어서 삼공(三公)의 지위에 오른 사람. 黑頭宰相(흑두재상). ②붓의 딴 이름.
黑馬(흑마) 몸 빛깔이 검은 말.
黑幕(흑막) ①검은 장막. ②겉으로 드러나지 않은 음흉한 내막.
黑髮(흑발) 검은 머리털.
黑白(흑백) ①검은색과 흰색. ②옳고 그름.
黑色(흑색) ①검은색. ②무정부주의를 상징하는 빛깔.
黑黍(흑서) 검은 기장. 옻기장.
黑松(흑송) 곰솔. 海松(해송).
黑手(흑수) ①검은 손. ②음흉한 수단.
黑心(흑심) ①(佛)질투심. ②음흉하고 부정(不正)한 마음. 邪心(사심).
黑夜(흑야) 아주 깜깜한 밤. 漆夜(칠야).
黑暗(흑암) 캄캄함. 몹시 어두움.
黑雲(흑운) ①검은 구름. ②불길한 일이 일어날 조짐.
黑衣(흑의) ①검은 빛깔의 옷. ②승복(僧服).
黑衣宰相(흑의재상) ①승려의 몸으로 천하의 정권에 참여하는 사람. ②남조(南朝) 때 송대(宋代)의 혜림도인(慧琳道人).
黑子(흑자) ①사마귀. 살갗에 돋은 작고 검은 군살. ②바둑의 검은 돌.
黑字(흑자) ①검은 글자. ②수지(收支) 결산상의 이익.
黑鳥(흑조) 까마귀의 딴 이름.
黑淸(흑청) 빛깔이 검은 꿀.
黑板(흑판) 분필로 글씨를 쓰게 만든 검은색이나 녹색의 판. 漆板(칠판).
黑風(흑풍) 거센 바람. 暴風(폭풍).
黑風白雨(흑풍백우) 거센 바람과 소나기.
◨ 暗黑암흑, 漆黑칠흑.

0 ⑪ 【黒】 黑(1454)과 동자

0 ⑭ 【㷎】 黑(1454)의 본자

4 ⑯ 【黔】 검을 검 鹽

인명 ㊥qián ㊐ケン

소전 黔 초서 黔 자해 **❶검다**. 〔戰國策〕扶社稷부사직, 安黔首안검수. **❷그을다, 검어지다**. 〔韓愈·論〕墨突不得黔흑돌부득검. **❸연하게 검은 빛깔, 천흑(淺黑)**. **❹군(郡) 이름**. 〔史記〕秦置黔中郡진치검중군. **❺현(縣) 이름**. 〔前漢書〕琅邪郡黔陬縣랑야군검추현.

黔驢之技(검려지기) 검(黔) 땅 나귀의 재능. ㉠자기 기량이 졸렬함을 모르고 욕을 봄. ㉡재주는 오직 한 가지뿐 별다른 기능이 없음. 故事 검 땅에는 본디 나귀가 없었는데, 어떤 사람이 이를 산 밑에 놓아 먹였더니 처음에는 범이 나귀의 몸집이 큰 데 놀라 주저하다가 뒤에 나귀가 뒷발길질만 하고 별 기능이 없음을 알아차리고, 결국 나귀를 잡아먹었다는 고사에서 온 말.
黔首(검수) 관을 쓰지 않은 검은 머리. 일반 백성. 庶民(서민).

4 ⑯ 【黕】 때 담 感

㊥dǎn ㊐タン

초서 黕 자해 **❶때, 때가 끼다, 더러워지다**. 〔楚辭〕或黕點而汙之혹담점이한지. **❷검은 모양**. 〔潘岳·賦〕翠幕黕以雲布취막담이운포.

黑 0획

4
⑯【默】 묵묵할 묵 職

고등 인명 3Ⅱ급 ㊥mò ㊐モク

필순 ㄇ ㄇ 日 甲 里 里 黑 黑 黑 默 默

소전 초서 자원 形聲. 黑＋犬→默. '黑(흑)'이 음을 나타낸다.

자해 ❶묵묵하다, 말하지 않다. 〔易經〕或默或語혹묵혹어. ❷고요하다. ㉮인기척이 없다. 〔書經〕恭默思道공묵사도. ㉯말이 적다. 〔晉書〕靜默有遠志정묵유원지.

默契(묵계) 말 없는 가운데 뜻이 서로 맞음. 또는 그렇게 이루어진 약속. 默約(묵약).
默考(묵고) 묵묵히 생각함. 默念(묵념).
默稿(묵고) 마음속으로 지어 놓은 시문(詩文)의 초고(草稿).
默過(묵과) 말없이 지나쳐 버림. 알고도 모르는 체 넘겨 버림.
默記(묵기) 말하지 아니하고 마음속에 기억하여 둠.
默念(묵념) ①말없이 생각에 잠김. ②마음속으로 빎.
默禱(묵도) 말없이 마음속으로 기도함.
默讀(묵독) 소리를 내지 않고 읽음.
默禮(묵례) 말없이 고개만 숙여 인사함.
默默(묵묵) 아무 말 없이 잠잠함. 默然(묵연).
默祕(묵비) 묵묵히 말하지 않음.
默殺(묵살) 알고도 모르는 체하고 내버려 둠. 문제 삼지 않음.
默想(묵상) 말없이 조용히 생각함.
默示(묵시) 말 없는 가운데 은연중에 자기 의사를 나타내 보임.
默吟(묵음) 시가(詩歌)를 마음속으로 읊음.
默認(묵인) 모르는 체하고 하려는 대로 내버려 둠으로써 슬며시 인정함.
默從(묵종) 말없이 따름
默坐(묵좌) 묵묵히 앉아 있음.
默重(묵중) 과묵(寡默)하고 신중(愼重)함.
默識(묵지) 남이 한 말의 진의(眞義)를 곧 알아차림. 마음속에 기억함.

◨ 寡默과묵, 沈默침묵.

5
⑰【黛】 눈썹먹 대 隊

인명 ㊥dài ㊐タイ

초서 본자 黱 자해 ❶눈썹먹. 눈썹을 그리는 데 쓰는 연필 모양의 화장품. 〔楚辭〕粉白黛黑분백대흑. ❷눈썹먹으로 그린 눈썹. 〔陶潛·賦〕願在眉而爲黛원재미이위대. ❸검푸른 빛, 짙은 청색, 산이나 숲의 푸른빛. 〔皇甫冉·詩〕南望千山如黛色남망천산여대색.

黛眉(대미) 눈썹먹으로 그린 눈썹.
黛色(대색) 눈썹먹 같은 빛. 검푸른 빛.
黛青(대청) 눈썹먹처럼 진한 푸른색.

5
⑰【黝】 검푸를 유 有

㊥yǒu ㊐ユウ

소전 초서 자해 ❶검푸르다, 청흑색(青黑色). ❷검다, 검은 모양. ≒幽. 〔春秋穀梁傳〕天子諸侯黝堊천자제후유악.

黝牲(유생) 제사(祭祀)에 쓰는 검푸른 빛깔의 희생.
黝堊(유악) ①땅을 평평하게 하여 검게 하고 담벽을 희게 칠하여 꾸미는 일. ②검푸르게 칠하는 일.

5
⑰【點】 点 점 점 琰

고등 인명 4급 ㊥diǎn ㊐テン

필순 ㄇ ㄇ 日 甲 里 里 黑 黑 黠 點 點

소전 초서 속자 奌 속자 点 자원 形聲. 黑＋占→點. '占(점)'이 음을 나타낸다.

자해 ❶점. ㉮작은 흔적. 〔詩經〕紫點爲文자점위문. ㉯문장의 구두점(句讀點), 사물의 표시로 찍는 점. ㉰점을 찍은 것과 같은 작은 물건. 〔庾信·啓〕連珠疎點련주소점. ㉱자획(字畫)의 하나인 점. 〔王羲之·筆陣圖〕每作一點매작일점, 如高峯墜石여고봉추석. ❷세다, 점검(點檢)하다. 〔舊唐書〕點檢兵馬一萬三千점검병마일만삼천. ❸수로써 나타낸 평가의 숫자. ❹장소를 나타내는 말. ¶ 終點종점. ❺등불을 켜다. 〔岑參·詩〕火點伊陽村화점이양촌.

點檢(점검) ①낱낱이 검사함. 또는 그런 검사. ②돌이켜 살펴봄.
點考(점고) 점을 찍어 가며 수효를 헤아림.
點頭(점두) 응낙하거나 옳다는 뜻으로 머리를 끄덕임. 首肯(수긍).
點燈(점등) 등불을 켬.
點滅(점멸) 등불이 켜졌다 꺼졌다 함.
點線(점선) 줄지어 찍은 점으로 이루어진 선.
點數(점수) 성적을 나타내는 숫자.
點心(점심) 낮에 끼니로 먹는 음식.
點眼(점안) ①눈에 안약을 넣음. ②불상을 그리고 나서 불상의 눈에 점을 찍음.
點額(점액) ①이마를 물들임. 이마에 글씨를 쓰거나 그림을 그리는 일. ②시험에 낙제함. 故事 용문(龍門)을 오른 물고기는 용이 되지만 못 오른 물고기는 이마만 다치고 되돌아간다는 고사에서 온 말.
點染(점염) ①물들임. ②더럽혀짐. 묻은 때. 얼룩. ③문장(文章)을 윤색(潤色)하는 일.
點字(점자) 점으로 이루어진 맹인용 글자.
點在(점재) 여기저기에 흩어져 있음. 곳곳에 산재(散在)함.
點滴(점적) ①점점이 듣는 물방울. ②시료(試料)에 시약(試藥)을 적정(滴定)하는 일.
點定(점정) 문장을 하나하나 따져 바로잡음.
點睛(점정) 동물이나 사람을 그릴 때 맨 마지막으로 눈동자를 그림. 사물의 안목이 되는 가장 중요한 곳을 이루어 완성함. 참畫龍點睛(화룡점정).
點竄(점찬) 문장의 자구(字句)를 고치는 일.
點綴(점철) 여기저기 흩어진 점이 서로 이어짐. 또는 그 점을 이음.
點鐵成金(점철성금) 쇳덩이를 다루어 황금(黃金)을 만듦. 전인(前人)의 글을 활용(活用)하여 명작(名作)을 만듦.
點穴(점혈) ①침을 놓거나 뜸을 뜰 곳에 먹으로 점을 찍어 표하는 일. ②풍수(風水)에서, 묘자리를 점치는 일.
點呼(점호) 한 사람 한 사람 이름을 불러서 인원을 조사함.
點火(점화) 불을 켜거나 붙임.
◨ 缺點결점, 觀點관점, 得點득점, 弱點약점, 汚點오점, 要點요점, 終點종점, 總點총점, 黑點흑점.

5 ⑰【黜】 물리칠 출 質

인명 1급 ㊥chù ㊐チュツ

소전 초서 자해 ❶물리치다, 물러나다. 〔論語〕 柳下惠爲士師류하혜위사사, 三黜삼출. ❷떨어뜨리다, 관직을 낮추다. 〔王禹偁·記〕 直士抗言직사항언, 我將黜之아장출지.
黜去(출거) 내쫓음. 黜放(출방).
黜敎(출교) 교인(敎人)을 교적(敎籍)에서 삭제하는 일.
黜黨(출당) 당파. 정당 등에서 내쫓음.
黜免(출면) 파면(罷免)하여 내쫓음.
黜罰(출벌) 관직을 파면하고 벌을 줌.
黜遠(출원) 내쫓고 멀리함.
黜責(출책) 물리치고 견책함.
黜斥(출척) 물리쳐 쓰지 않음.
黜陟(출척) 무능한 사람을 물리치고, 유능한 사람을 등용함. 黜升(출승).
黜學(출학) 퇴학(退學)시킴.
黜會(출회) 단체나 회합에서 내쫓음. 회(會)에서 제명함.
◨ 譴黜견출, 放黜방출, 削黜삭출, 斥黜척출, 貶黜폄출, 廢黜폐출.

6 ⑱【黟】 검을 이 支

㊥yī ㊐イ

소전 초서 자해 ❶검다, 검은빛. 〔歐陽脩·賦〕 黟然黑者爲星星이연흑자위성성. ❷흑단(黑檀). 감나뭇과의 상록 활엽 교목.

6 ⑱【黠】 약을 힐 本할 黠

㊥xiá ㊐カツ

소전 초서 자해 ❶약다, 영리하다. 〔北史〕 簡選黠慧者數十人간선힐혜자수십인. ❷교활하다, 간교하다. 〔後漢書〕 外癡內黠외치내힐.
黠奴(힐노) ①노비(奴婢)의 딴 이름. ②교활한 놈. 나쁜 놈. 남을 욕하여 이르는 말.
黠智(힐지) 교활한 꾀.
黠慧(힐혜) 교활함. 약삭빠름.
黠獪(힐회) 교활함. 간교함.
◨ 奸黠간힐, 狡黠교힐.

8 ⑳【黥】 묵형 경 庚

㊥qíng ㊐ゲイ

소전 초서 동자 剠 자해 묵형(墨刑). 얼굴에 죄명(罪名)을 자자(刺字)하던 옛 형벌. 〔後漢書〕 黥首刖足경수월족.
黥面(경면) 얼굴에 입묵(入墨)을 함. 또는 그 얼굴.
黥首(경수) 이마에 자자하던 벌. 또는 그 이마.

8 ⑳【黨】 党 무리 당 養

고등 인명 4Ⅱ급 ㊥dǎng ㊐トウ

필순

소전 초서 속자 党 자원 形聲. 尙+黑→黨. '尙(상)'이 음을 나타낸다.
자해 ❶무리, 한동아리. 의기가 서로 통하며 귀추를 같이하는 사람들. 〔論語〕 各於其黨각어기당. ❷마을, 향리(鄕里). 〔楚辭〕 惟此黨人其獨異유차당인기독이. ❸일가, 친척. 〔禮記〕 睦於父母之黨목어부모지당. ❹돕다. 서로 도와 비행(非行)을 숨기다. 〔論語〕 君子不黨군자부당.

黑 5 획

黨錮之禍(당고지화) 후한(後漢)의 환제(桓帝) 때 환관(宦官)들이 정권을 장악하여 국사를 마음대로 하자, 진번(陳蕃)·이응(李膺) 등이 이들을 탄핵하였는데, 환관들은 도리어 그들을 조정(朝廷)을 반대하는 당인(黨人)이라 하여 종신금고(終身禁錮)에 처하였고, 영제(靈帝) 때 다시 등용된 이응 등이 환관을 몰아내려다 실패하여 이응을 포함한 수백 명의 관리가 피살, 처형되고 유배, 수감된 사건.

黨規(당규) 당의 규칙. 黨則(당칙).

黨同伐異(당동벌이) 일의 잘잘못에 관계없이 자기와 같은 무리에 가담하여 반대자를 공격하는 일.

黨論(당론) 정당의 의견이나 논의.

黨閥(당벌) 같은 당파의 무리끼리 굳게 단결하여 동료만을 위하고 남을 배척하는 일.

黨朋(당붕) 같은 무리. 동료. 朋黨(붕당).

黨首(당수) 당의 우두머리.

黨人(당인) ①같은 무리. 한패가 되어 서로 돕고 비행을 숨겨 주는 사람들. ②같은 향리(鄕里)의 사람.

黨引(당인) 한패가 되어 서로 돕는 일.

黨爭(당쟁) 당파를 이루어 서로 싸움.

黨派(당파) ①주의·주장·이해를 같이하는 사람들이 뭉쳐 이룬 단체나 모임. ②붕당·정당의 분파(分派).

黨見(당견) 당의 의견.

黨禍(당화) 당쟁으로 말미암아 입는 화.

◨ 徒黨도당, 朋黨붕당, 新黨신당, 野黨야당, 與黨여당, 政黨정당, 創黨창당, 脫黨탈당.

8 ⑳【黧】 검을 리 支

中lí 日リ

자해 ❶검다. 〔楚辭〕顏黴黧而沮敗兮안미리이저패혜. ❷검누렇다, 황흑색(黃黑色).

9 ㉑【黮】 1검을 담 感 2어두울 탐 勘

中dǎn 日タン

소전 초서 자해 1검다, 새까맣다. 2어둡다, 밝지 못한 모양.

◨ 黯黮암담.

9 ㉑【黯】 어두울 암 豏

中àn 日アン

소전 초서 자해 ❶어둡다, 캄캄하다. ❷검다, 시커멓다. 〔蔡邕·賦〕玄雲黯而凝結兮현운암이응결혜.

黯然(암연) ①어두운 모양. 검은 모양. ②실색(失色)한 모양. ③기분이 풀리지 않는 모양.

9 ㉑【黭】 검을 암 感

中yǎn 日アン

소전 초서 자해 ❶검다, 과일이 썩어서 검은 모양. ❷어둡다, 밝지 못하다. 〔王褒·論〕鄙人黭淺비인암천.

10 ㉒【黱】 黛(1455)의 본자

11 ㉓【黴】霉 곰팡이 미 支

인명 中méi 日ビ

소전 초서 자해 ❶곰팡이, 곰팡이가 피다. ❷검다, 그을다, 때가 끼다. 〔淮南子〕舜黴黑순미흑, 禹胼胝우변지. ❸썩다. 곰팡이가 생겨 부패하다.

黴菌(미균) 사람의 몸을 해치는 미생물. 박테리아. 細菌(세균).

14 ㉖【黶】黡 검정 사마귀 염 琰

中yǎn 日エン

소전 초서 자해 ❶검정 사마귀. 〔史記〕左黶有七十二黑子좌염유칠십이흑자, 注云주운, 今中國通呼爲黶子금중국통호위염자. ❷검다. ❸속이 검다.

15 ㉗【黷】黩 더럽힐 독 屋

中dú 日トク

소전 초서 동자 瀆 자해 ❶더럽히다. ㉮때를 묻히다, 탁하게 하다. 〔漢書〕以故得媟黷貴幸이고득설독귀행. ㉯욕되게 하다. 〔書經〕黷于祭祀독우제사. ㉰업신여기다. 〔後漢書〕患其黷武환기독무. ㉱친압하다, 버릇없이 굴다. ❷더러워지다, 때묻다, 더럽혀지다. 〔漢書〕無復與群小媟黷燕飮무부여군소설독연음.

黷貨(독화) ①부정한 재물을 취함. ②금전을 남용함.

黹部 바느질할 치

0 ⑫【黹】 바느질할 치 紙

中zhǐ 日チ

소전 초서 자원 象形. 바늘에 꿴 실로 한 땀 한 땀 수를 놓은 옷감을 본뜬 글자.

자해 ❶**바느질하다, 수놓다.** ❷**수놓은 옷.**

5 ⑰【黻】 수 불 物

㊥fú ㊐フツ

소전 초서 자해 ❶**수(繡).** 예복에 푸른 실과 검은 실을 섞어, '弓' 자 둘을 서로 등지게 수놓은 무늬. 일설에는 '己' 자라고도 한다. 〔周禮·疏〕 黻불, 黑與青흑여청, 爲形則兩己相背위형즉량기상배, 取臣民背惡向善취신민배악향선. ❷**폐슬(蔽膝).** 조복(朝服)이나 제복(祭服)을 입을 때 가슴에서 늘여 무릎을 가리던 헝겊. 〔論語〕 惡衣服而致美乎黻冕오의복이치미호불면.

黻冕(불면) 제사 때 갖추는 예복과 예관.

黻文(불문) '弓' 자 둘을 서로 등지게 수놓은 무늬.

黻翣(불삽) 불문(黻文)을 그린 널 조각에 자루를 달아, 발인(發靷) 때 상여 앞뒤에 세우고 가는 것.

黻衣(불의) 불문(黻文)을 수놓은 제복(祭服).

◨ 黼黻보불.

7 ⑲【黼】 수 보 麌

㊥fǔ ㊐ホ

소전 초서 자해 ❶**수(繡).** 예복에 흰 실과 검은 실을 섞어 도끼 모양으로 놓은 무늬. 〔爾雅〕 黼보, 蓋半白半黑개반백반흑, 似斧사부, 刃白而身黑인백이신흑, 取能斷취능단. ❷**여러 가지 색으로 아름답게 수놓은 옷.** 〔潘岳·賦〕 身拕黼繪신타보회.

黼黻(보불) ①임금이 입던 예복의 치마같이 만든 자락에 수놓은 무늬. 黻黼(불보). ②화려하게 꾸민 문장.

黼扆(보의) ①붉은 비단에 흑백의 실을 섞어 도끼 모양으로 수놓아 만든 병풍. 천자가 제후의 배알(拜謁)을 받을 때 뒤쪽에 치던 것. ②천자(天子).

黼帳(보장) 흑백(黑白)의 도끼 모양을 수놓은 천자의 휘장.

黼座(보좌) 보의(黼扆)가 있는 자리. 곧, 천자가 앉는 자리.

◨ 黻黼불보, 繡黼수보, 刺黼자보.

黽部 맹꽁이 맹

0 ⑬【黽】 ①힘쓸 민 軫 ②맹꽁이 맹 梗 ③고을 이름 면 銑

㊥mǐn, měng ㊐ビン

소전 초서 속자 黾 자원 象形. 맹꽁이 또는 개구리의 모양을 본뜬 글자.

자해 ① **힘쓰다, 노력하다.** 〔詩經〕 黽勉同心민면동심. ② **맹꽁이.** 맹꽁잇과의 개구리 비슷한 동물. ③ **고을 이름.** 한대(漢代)의 현(縣). 지금의 하남성(河南省) 면지현(澠池縣). ≒澠.

黽勉(민면) 부지런히 힘씀.

0 ⑧【黾】 黽(1458)과 동자

4 ⑰【黿】 鼋 자라 원 元

㊥yuán ㊐ゲン

소전 초서 자해 ❶**자라, 큰 자라.** 〔春秋左氏傳〕 楚人獻黿於鄭靈公초인헌원어정령공. ❷**영원(蠑蚖).** 도롱뇽목 영원과 동물의 총칭. 〔國語〕 化爲玄黿화위현원.

黿鳴鼈應(원명별응) 큰 자라가 울면 작은 자라가 따라 욺. 임금과 신하가 서로 응함.

5 ⑱【鼂】 아침 조 蕭

㊥zhāo ㊐チョウ

소전 초서 자해 ❶**아침.** =朝. 〔漢書〕 鼂不及夕조불급석. ❷**바다거북.**

6 ⑲【鼃】 개구리 와 佳

㊥wā ㊐ア

소전 초서 동자 鼁 자해 ❶**개구리.** =蛙. 〔莊子〕 埳井之鼃감정지와. ❷**음란한 소리.** 〔漢書〕 紫色鼃聲자색와성.

鼃聲(와성) 음란한 음악. 바르지 못한 음악.

6 ⑲【鼁】 鼃(1458)와 동자

8 ㉑【鼅】 蜘(1115)와 동자

11 ㉔【鼇】 자라 오 豪

인명 ㊥áo ㊐ゴウ

소전 鼇 초서 鼇 속자 鰲 자해 ❶자라, 바다의 큰 자라. ❷큰 바다거북. 봉래(蓬萊)·방장(方丈)·영주(瀛洲)의 삼신산(三神山)을 등에 지고 있다는 상상의 동물.

鼇頭(오두) ①큰 바다자라의 머리. ②장원(壯元)으로 급제한 사람.

鼇峰(오봉) ①오산(鼇山)의 봉우리. 신선이 산다는 곳. ②한림원(翰林院)의 딴 이름.

鼇山(오산) 큰 자라가 등에 지고 있다는 바다 속의 산.

12 ㉕【鼈】 자라 별 屑

인명 1급 ㊥biē ㊐ベツ

소전 鼈 동자 鱉 자해 ❶자라. 〔易經〕 離爲鼈리위별. ❷고사리.

鼈甲(별갑) ①자라의 등딱지. 약재로 씀. ②관(棺)의 뚜껑.

◨ 龜鼈 귀별.

12 ㉕【鼉】鼍 악어 타 歌

㊥tuó ㊐ダ

소전 鼉 자해 악어(鰐魚). 〔詩經〕 鼉鼓逢逢타고봉봉.

鼉鼓(타고) 악어의 가죽으로 메운 북.

鼎 部 솥 정

0 ⑬【鼎】 솥 정 迥

인명 2급 ㊥dǐng ㊐テイ

소전 鼎 초서 鼎 속자 鼑 자원 象形. 발이 셋, 귀가 두 개 달린 솥의 모양을 본뜬 글자.

자해 ❶솥. ㉮발이 셋 달리고 귀가 둘 달린 기구. 고대에 음식을 끓이거나 종묘(宗廟)에 비치하였다. ㉯국가의 보물. 우(禹)임금이 구주(九州)의 금속을 모아서 주조(鑄造)한 아홉 개의 솥. 이를 왕위(王位) 전승(傳承)의 보기(寶器)로 삼은 데서, 왕위·제업(帝業)을 이른다. 〔春秋左氏傳〕 在德不在鼎재덕부재정. ❷정승. 솥의 세 발을 삼공(三公)에 비겨 경상(卿相)의 자리의 비유. 〔後漢書〕 位登臺鼎위등대정. ❸형구(刑具). 극형에 처할 죄인을 삶아 죽이는 솥같이 생긴 형구(刑具). ❺괘(卦) 이름, 64괘의 하나. 괘형은 ䷱. 바른 지위(地位)에 처함을 상징한다. 〔易經〕 木上有火목상유화, 鼎정, 君子以正位凝命군자이정위응명.

鼎鼐(정내) ①솥과 가마솥. ②재상의 자리.

鼎談(정담) 세 사람이 둘러앉아 이야기함. 세 사람이 둘러앉아 나누는 이야기.

鼎立(정립) 솥발처럼 셋이 벌여 섬. 또는 그 모양. 鼎峙(정치).

鼎銘(정명) 솥에 새긴 명문(銘文).

鼎輔(정보) 삼공(三公). 大臣(대신).

鼎分(정분) 셋으로 나눔.

鼎沸(정비) 솥의 물이 끓듯이 의론이 들끓음. 천하가 어지러워짐.

鼎食(정식) 솥을 벌여 놓고 먹음. ㉠귀인의 음식. ㉡진수성찬(珍羞盛饌). ㉢부유하고 호화로운 생활을 함.

鼎臣(정신) 삼공(三公) 따위의 대신(大臣).

鼎新(정신) 낡은 것을 개혁하여 새롭게 함. 革新(혁신). 維新(유신).

鼎運(정운) 제왕(帝王)의 운수.

鼎俎(정조) ①솥과 도마. ②솥에 삶고 도마에 올림. 곧, 죽음을 면하지 못함.

鼎祚(정조) 제왕의 자리. 寶祚(보조).

鼎足(정족) ①솥발. ②삼공(三公)의 지위. ③삼자가 협력함. ④세 곳에 할거(割據)하여 삼자가 대립함.

鼎族(정족) 부귀한 집안.

鼎坐(정좌) 솥발처럼 세 사람이 벌여 앉음.

鼎革(정혁) 새것을 취하고 옛것을 버림. 왕자(王者)의 역성 혁명(易姓革命).

鼎鉉(정현) ①솥의 귀. 솥의 손잡이. ②삼공(三公)의 지위.

鼎鑊(정확) 큰 솥. 가마솥.

0 ⑪【鼑】 鼎(1459)의 속자

2 ⑮【鼐】 가마솥 내 隊

㊥nài ㊐ダイ

소전 鼐 초서 鼐 자해 가마솥, 큰 솥. 〔詩經〕 鼐鼎及鼒내정급자.

2 ⑮【鼏】 소댕 멱 錫

㊥mì ㊐ベキ

소전 鼏 자해 ❶소댕, 솥뚜껑. 〔儀禮·注〕 鼎鼏蓋以茅爲之정멱개이아위지. ❷덮개, 음식물을 덮는 보.

3 ⑯【鼒】 옹달솥 자 支

㊥zī ㊐シ

鼎 3획

소전 𪔂 초서 𪔂 속자 鎡 자해 옹달솥, 옹솥, 작은 솥.〔詩經〕鼐鼎及鼒내정급자.

鼓部 북고

0 ⑬【鼓】 북 고 麌

고등 인명 3Ⅱ급 ㊥gǔ ㊐コ

필순 十 士 吉 吉 吉 壴 壴 壴 鼓 鼓

소전 鼓 초서 鼓 속자 皷 자원 會意. 壴+屮+又→鼓. '壴'는 악기의 하나인 북, '屮'는 거기에 달린 장식, '又'는 오른손을 뜻한다. 합하여 장식이 달린 악기를 오른손으로 친다는 데서 '북'이라는 뜻을 나타낸다.

자해 ❶북, 악기의 한 가지.〔周禮〕掌土鼓장토고. ❷치다, 두드리다. ❸맥박(脈搏), 심장의 고동(鼓動).〔素問·論〕鼓甚而盛也고심이성야. ❹부추기다, 격려하여 분발하게 하다.〔墨子〕弦歌鼓舞以聚徒현가고무이취도.

鼓角(고각) ①군중(軍中)에서 호령으로 쓰는 북과 각적(角笛). ②각성(角聲)을 쳐서 울림.

鼓動(고동) ①두드려 움직이게 함. ②피의 순환을 위하여 뛰는 심장의 운동.

鼓膜(고막) 귓구멍 안쪽에 있는 얇은 막. 귀청.

鼓舞(고무) ①북을 쳐서 춤추게 함. ②용기를 내도록 격려함.

鼓腹擊壤(고복격양) 배를 두드리고 땅을 침. 태평성대를 누림. 故事 요(堯)임금 때, 한 노인이 실컷 먹고 배를 두드리고 땅을 치면서 요임금의 덕을 노래하고 태평한 세월을 즐겼다는 고사에서 온 말.

鼓盆(고분) 분(盆)을 두드림. 상처(喪妻)함. 故事 장주(莊周)가 아내를 잃었을 때, 생사가 한 가지요 애락(哀樂)이 둘이 아니라는 뜻에서, 기좌(箕坐)하여 흙으로 만든 분을 치며 노래하였다는 고사에서 온 말.

鼓手(고수) 북을 치는 사람.

鼓樂(고악) 음악을 연주함.

鼓笛(고적) 북과 피리.

鼓譟(고조) 북을 치고 함성을 지름.

鼓吹(고취) ①북을 치고 피리를 붊. ②격려함. 고무함. ③사상(思想) 따위를 선전하여 이에 공명(共鳴)하도록 하는 일. ④밝힘. 밝히어 알림.

鼓鐸(고탁) 군중(軍中)에서 쓰던 북과 큰 방울.

鼓行(고행) 북을 치면서 진군(進軍)함.

◨ 擊鼓격고, 法鼓법고, 小鼓소고, 鐘鼓종고, 懸鼓현고.

0 ⑬【鼔】 북 칠 고 麌

㊥gǔ ㊐コ

소전 鼔 초서 鼔 참고 '鼓(1460)'는 원래 딴 자이나 글자 모양과 뜻이 비슷하여 지금은 혼용한다.

자해 ❶북을 치다, 북을 두드리다.〔孟子〕塡然鼔之전연고지. ❷타다, 연주하다.〔論語〕鼔瑟고슬. ❸치다, 두드리다.〔呂氏春秋〕以其尾鼔其腹이기미고기복.

鼔瑟(고슬) 거문고를 탐.

5 ⑱【鼕】冬 북소리 동 冬

㊥dōng ㊐トウ

자해 북소리.〔韓愈·詩〕斯須曙鼓動鼕鼕사수서고동동동.

鼕鼕(동동) 둥둥. 북소리의 형용.

6 ⑲【鼗】 땡땡이 도 豪

㊥táo ㊐トウ

동자 鞉 자해 땡땡이. 북 자루를 잡고 돌리면 양쪽 끈에 단 구슬이 북면을 쳐서 소리를 내는 작은 북.〔書經〕下管鼗鼓하관도고.

鼗鼓(도고) 땡땡이.

6 ⑲【鼖】 큰 북 분 文

㊥fén ㊐フン

소전 鼖 초서 鞼 초서 鼖 자해 큰 북, 병고(兵鼓).〔周禮〕以鼖鼓鼓軍事이분고고군사.

8 ㉑【鼙】 마상고 비 齊

㊥pí ㊐ヘイ

소전 鼙 초서 鼙 자해 ❶마상고(馬上鼓). 기병(騎兵)이 말 위에서 공격 신호로 울리던 북.〔白居易·歌〕漁陽鼙鼓動地來어양비고동지래. ❷작은 북, 소고(小鼓).〔儀禮〕應鼙在其東응비재기동.

鼙鼓(비고) 큰 북과 작은 북. 전진(戰陣)에 임하여 말 위에서 치던 북. 전고(戰鼓).

11 ㉔【鼞】 북소리 당 陽

㊥tāng ㊐トウ

초서 □ 자해 **북소리.** 〔詩經〕 擊鼓其鼞격고기당.

鼠部 쥐서

0 ⑬ **【鼠】** 쥐 서 [語]

인명 1급 ㊥shǔ ㊐ソ

소전 □ 초서 □ 속자 鼡 자원 象形. 이를 드러내고 있는 쥐의 모양을 본뜬 글자.

자해 ❶**쥐.** 〔漢書〕 鼠서, 盜竊小蟲도절소충, 夜出晝匿야출주닉. ❷**임금 측근에서 해독을 끼치는 간신의 비유.** 〔晏子〕 社鼠不可熏去사서불가훈거. ❸**근심하다.** 〔詩經〕 鼠思泣血서사읍혈.

鼠肝蟲臂(서간충비) 쥐의 간과 벌레의 팔. 쓸모없고 하찮은 사람이나 물건.
鼠遁(서둔) 쥐처럼 도망쳐 숨음. 鼠竄(서찬).
鼠狼(서랑) 족제비의 딴 이름.
鼠目(서목) 쥐의 눈. 탐욕(貪慾)스러운 눈매.
鼠婦(서부) 쥐며느리.
鼠憑社貴(서빙사귀) 쥐가 종사(宗社)에 집을 지으면, 쥐구멍에 불을 지펴 쫓아내려 해도 종사를 불태울까 두려워서 못하고, 부득이 방자하게 구는 대로 버려 두는 수밖에 없음. 간신이 임금의 총애를 받고 위세를 부림. 城狐社鼠(성호사서).
鼠疫(서역) 흑사병(黑死病). 페스트.
鼠賊(서적) 좀도둑. 鼠盜(서도).
鼠竊狗偸(서절구투) 쥐나 개처럼 훔침. ㉠자잘한 속임수로 훔치거나 빼앗음. ㉡좀도둑.
鼠縮(서축) 곡식을 쥐가 먹어서 모자라는 양.

0 ⑪ **【鼡】** 鼠(1461)의 속자

3 ⑯ **【⿰鼠勺】** 석서 작 [藥]

㊥bào ㊐サク

소전 □ 자해 ❶**석서(鼫鼠).** 다람쥣과의 포유동물. 곡식에 해를 끼치나 꼬리털로는 붓을 맨다. ❷**작견(⿰鼠勺犬).** 날개가 돋아 있고 키가 석 자나 되며, 범도 능히 잡아 먹을 수 있다는 큰 쥐. 〔三才圖會〕 周成王時獻之주성왕시헌지, ⿰鼠勺犬者작견자, 露犬로견.

5 ⑱ **【鼪】** 족제비 생 [庚]

㊥shēng ㊐セイ

초서 □ 자해 ❶**족제비, 유서(鼬鼠).** 〔陸游·詩〕 拂面逢飛鼪불면봉비생. ❷**날다람쥐, 오서(鼯鼠).**

5 ⑱ **【鼬】** 족제비 유 [宥]

㊥yòu ㊐ユウ

소전 □ 초서 □ 동자 ⿰鼠穴 자해 **족제비, 유서(鼬鼠).** 〔韓愈·詩〕 倏閃雜鼯鼬유섬잡오유.

5 ⑱ **【鼦】** 貂(1195)와 동자

7 ⑳ **【鼯】** 날다람쥐 오 [虞]

㊥wú ㊐ゴ

초서 □ 동자 ⿰鼠吳 자해 **날다람쥐, 오서(鼯鼠), 청서(青鼠).** 〔馬融·賦〕 鼯鼠夜叫오서야규.

9 ㉒ **【鼴】** 두더지 언 [阮]

㊥yǎn ㊐エン

자해 **두더지, 전서(田鼠).** 〔劉守·滿江紅〕 飮河鼴鼠음하언서, 無過滿腹무과만복.

鼴鼠(언서) 두더지.

10 ㉓ **【鼷】** 생쥐 혜 [齊]

㊥xī ㊐ケイ

소전 □ 자해 **생쥐.** 〔韓非子〕 虎豹必不用其爪牙호표필불용기과아, 而與鼷鼠同威이여혜서동위.

鼻部 코비

0 ⑭ **【鼻】** 코 비 [寘]

중학 인명 5급 ㊥bí ㊐ヒ

필순 … 鼻

소전 □ 초서 □ 동자 □ 자원 形聲. 自+畀→鼻. '畀(비)'가 음을 나타낸다.

자해 ❶**코.** 오관(五官)의 하나. 〔孟子〕 人皆掩鼻而過之인개엄비이과지. ❷**시초, 처음.** 〔漢書〕 或鼻祖於汾隅혹비조어분우.

鼻腔(비강) 콧구멍에서 목젖 윗부분에 이르는

코 안의 빈 곳. 콧속.
鼻梁(비량) 콧대. 콧마루. 鼻莖(비경).
鼻門(비문) 콧구멍의 입구.
鼻笑(비소) 코웃음. 冷笑(냉소).
鼻息(비식) ①코로 쉬는 숨. 콧숨. ②남의 기분. 남의 의향(意向).
鼻音(비음) 콧소리.
鼻飮(비음) 코로 들이마심.
鼻祖(비조) ①어떤 일을 가장 먼저 시작한 사람. ②처음으로 사업을 일으킨 사람. 創始者(창시자). ③한 겨레의 맨 처음 조상. 始祖(시조).
鼻涕(비체) 콧물. 鼻液(비액).
鼻下政事(비하정사) 코 밑에 닥친 일만 그때그때 처리하여 가는 정사. ㉠겨우 먹고 살아가는 일. ㉡임시(臨時)로 미봉(彌縫)하는 정치.

0 ⑭【𪖐】 鼻(1461)와 동자

2 ⑯【鼽】 코 막힐 구 尤

㊥qiú ㊐キュウ

소전 초서 자해 ❶코가 막히다. 〔禮記〕 李秋行夏令리추행하령, 民多鼽嚔민이구체. ❷콧물이 흐르다. 〔素問·論〕 春不鼽衄춘불구뉵.
鼽窒(구질) 코가 막힘. 鼻窒(비질).
鼽嚔(구체) 코가 막히고 재채기를 함.

3 ⑰【鼾】 코 골 한 寒 翰

㊥hān ㊐カン

소전 초서 자해 코를 골다, 코를 고는 소리. 〔唐彥謙·詩〕 安寢正鼾睡안침정한수.
鼾睡(한수) 코를 골면서 잠.

5 ⑲【齁】 코 고는 소리 후 尤

㊥hōu ㊐コウ

초서 자해 코를 고는 소리. 〔柳寬·詩〕 暮投山館睡齁齁모투산관수후후.
齁齁(후후) ①코로 쉬는 숨소리. ②코를 고는 소리.

10 ㉔【齅】 냄새 맡을 후 宥

㊥xiù ㊐キュウ

소전 초서 동자 자해 냄새를 맡다. =嗅. 〔漢書〕 不齅驕君之餌불후교군지이.

齊部 가지런할 제

0 ⑭【齊】 斉 1 가지런할 제 齊 2 옷자락 자 支 3 재최 재 佳

고등 인명 3Ⅱ급 ㊥qí, zī ㊐セイ

필순 亠 亣 亣 斉 斉 斉 斉 齊 齊

소전 초서 동자 斋 동자 亝 속자 齐 속자 斉 참고 인명용 음은 '제'이다.
자원 象形. 곡식의 이삭이 패어 끝이 가지런한 모양을 본뜬 글자.

자해 1 ❶가지런하다, 가지런하게 하다, 같게 하다. 〔莊子〕 以化於齊民이화어제민. ❷갖추다, 미비한 것이 없다. 〔荀子〕 四者齊也사자제야. ❸다, 똑같이, 모두. 〔史記〕 民不齊出於南畝민부제출어남묘. ❹나라 이름. ㉮전국 때 칠웅(七雄)의 하나. 주(周) 무왕(武王)이 태공망(太公望)을 봉한 나라. ㉯남조(南朝)의 하나. 소도성(蕭道成)이 송(宋)의 뒤를 이어 세운 나라. 남제(南齊). ㉰북조(北朝)의 하나. 고양(高洋)이 동위(東魏)의 뒤를 이어 세운 나라. 북제(北齊). 2 옷자락, 옷의 아랫자락. 〔論語〕 攝齊升堂섭자승당. 3 ❶재최(齊衰). 굵은 생베로 만든, 아랫단을 꿰맨 상복(喪服). 본음(本音)은 '자'이다. =齋. 〔禮記〕 兩手摳衣去齊尺량수구의거재척. ❷재계(齋戒)하다. =齋. 〔論語〕 齊必變食재필변식. ❸엄숙하게 공경하다. 〔論語〕 祭必齊如제필재여.
齊家(제가) 한 집안을 잘 다스려 바로잡음. 治家(치가).
齊給(제급) ①재빨리 응(應)함. 재빨리 공급함. ②고르게 나누어 줌.
齊東野語(제동야어) 제(齊)나라 동부 지방에 사는 시골뜨기의 말. 믿을 수 없는 허황된 말. 故事 제나라 동부 지방에 사는 사람들은 어리석어 그들의 말을 믿을 수 없었다는 고사에서 온 말.
齊等(제등) 같음. 동등함. 평등함.
齊盟(제맹) 다 함께 맹세함.
齊物(제물) 평등한 견지(見地)에서 만물을 관찰함.
齊眉之案(제미지안) 밥상을 눈썹 높이까지 받쳐 듦. 남편을 받들어 공경함. 擧案齊眉(거안제미).
齊民(제민) ①백성을 평등하게 다스림. ②서민

(庶民). 平民(평민).
齊心(제심) 마음을 함께함. 合心(합심).
齊一(제일) 똑같이 가지런함. 均一(균일).
齊正(제정) ①정돈되어 바름. ②바르게 정제(整齊)함.
齊整(제정) 가지런함. 정돈되어 있음.
齊進(제진) 일제히 나아감. 가지런히 나아감.
齊唱(제창) 여러 사람이 일제히 소리를 내어 부름.
齊平(제평) ①같음. 동등함. ②정돈되어 가지런한 일.
齊戒(재계) 몸과 마음을 깨끗이 하여 부정한 일을 멀리하는 일. 齋戒(재계).
齊明(❶재명 ❷자명) ❶①재계하여 마음을 바르게 함. ②치우침이 없이 공명정대함. ❷제기(祭器)에 담은 서직(黍稷).
齊衰(재최·자최) 오복(五服)의 하나. 거친 삼베로 지은 아랫단을 혼 상복(喪服). 齊疏(재소). 齋衰(재최).
◨ 一齊일제, 整齊정제.

3 ⑰【齋】斋 ①재계할 재 佳 ②상복 재 ㊍자 支

인명 1급 ㊥zhāi ㊐サイ

소전 초서 속자 斎 자해 ①❶재계(齋戒)하다. 마음과 몸을 깨끗이 하고 부정(不淨)한 일을 멀리하다. 〔呂氏春秋〕 天子乃齋천자내재. ❷집, 방. ㉮연거(燕居)하는 곳. ¶ 山齋산재. ㉯공부하는 곳. ¶ 書齋서재. ②상복(喪服). 삼베로 지은 아랫단을 혼 상복. 〔孟子〕 齋疏之服재소지복.

齋潔(재결) 심신을 정결하게 함. 재계(齋戒)함. 潔齋(결재).
齋戒(재계) 부정(不淨)한 일을 멀리하고 심신(心身)을 깨끗이 하는 일.
齋供(재공) ①절에서 시식(時食)을 제공하는 일. ②(佛)불전에 재반(齋飯)을 올리는 일.
齋宮(재궁) ①천자가 대묘(大廟)에 제사하기 전에 재계하는 궁전. ②각 고을에 있는 문묘(文廟). 校宮(교궁). 鄕校(향교).
齋糧(재량) 법회(法會) 때 메를 짓는 쌀.
齋米(재미) 승려에게 보시(布施)로 주는 쌀.
齋舍(재사) ①재계하는 집. 齋屋(재옥). ②서재(書齋).
齋宿(재숙) 하룻밤을 재계하면서 지냄.
齋食(재식) ①정결한 음식물. ②(佛)㉠오전 중에 먹는 음식. ㉡재공(齋供)하였던 음식물. ㉢점심밥.
齋室(재실) ①國무덤이나 사당 옆에 제사를 지내기 위하여 지은 집. 齋閣(재각). 齋宮(재궁). ②능이나 종묘에 제사를 지내기 위하여 지은 집. 齋殿(재전). ③문묘(文廟)에서 유생들이 공부하던 집.
齋筵(재연) ①공양(供養)하는 자리. ②(佛)재식(齋食)을 베풀어 삼보(三寶)를 공양하는 법회.
齋長(재장) 재사(齋舍)의 우두머리.
齋主(재주) ①불공의 주인. ②재식(齋食)의 시주(施主).
◨ 山齋산재, 書齋서재.

7 ㉑【齎】 가져올 재 齊

인명 ㊥jī ㊐セイ

소전 초서 자해 ❶가져오다, 가져가다. 〔古詩〕 齎錢三百萬재전삼백만. ❷주다, 보내다, 증여하다. 〔周禮〕 設道齎之奠설도재지전. ❸휴대(携帶)하는 물건. 〔周禮〕 共其財用之幣齎공기재용지폐재.

齎送(재송) 물품을 보냄.
齎志(재지) 사후(死後)까지 뜻을 버리지 않음.

9 ㉓【齏】齑 회 제 齊

㊥jī ㊐セイ

초서 동자 韲 자해 ❶회. 살〔肉〕을 잘게 썰어 날로 먹는 것. ❷무침. 파·부추 따위의 채소를 잘게 썰어 간장 따위 조미료로 버무린 것. 〔孫詒讓正義〕 菜肉之細切者채육지세절자, 通謂之齏통위지재.

齒部 이치

0 ⑮【齒】齿 이 치 紙

중학 인명 4Ⅱ급 ㊥chǐ ㊐シ

필순

소전 초서 속자 歯 자원 形聲. 이가 서 있는 모양을 본뜬 글자.

자해 ❶이, 음식을 씹는 기관. 〔周禮〕 自生齒以上자생치이상, 登于天府등우천부. ❷나이, 연령. 〔禮記〕 貴德而尙齒귀덕이상치. ❸수, 수효, 나이를 세다. 〔禮記〕 齒路馬有誅치로마유주. ❹비견(比肩)하다, 나란히 서다. 〔春秋左氏傳〕 不敢與諸任齒불감여제임치.

齒冠(치관) 잇몸 밖으로 드러난 이의 부분. 치아머리.
齒德(치덕) ①나이와 덕행(德行). ②나이가 많

고 덕행이 높음.
齒錄(치록) ①수록(收錄)함. ②과거에서 함께 급제(及第)한 사람끼리 서로의 성명·나이·관향·부조(父祖)의 이름 등을 적어 인각(印刻)한 책자(冊子).
齒髮不及(치발불급) 이와 머리털이 아직 미치지 못함. 나이가 어림.
齒石(치석) 이의 표면에 누렇게 엉겨 붙어서 굳은 석회분. 잇돌.
齒牙(치아) ①이와 어금니. ②이를 점잖게 이르는 말.
齒藥(치약) 이를 닦는 약.
齒列(치열) ①이가 나란히 박힌 생김새. 잇바디. ②잇바디 모양으로 동등하게 나란히 섬.
齒齦(치은) 잇몸.
齒杖(치장) 70세가 된 노신(老臣)에게 내리는 지팡이. 王杖(왕장).
齒槽(치조) 이의 뿌리가 박혀 있는 상하 턱뼈의 구멍.
齒車(치차) 톱니바퀴.
齒痛(치통) 이가 아픈 증세.
齒弊舌存(치폐설존) 단단한 이는 빠져도 부드러운 혀는 남음. 강한 자는 망해도 유한 자는 나중까지 남음. 齒亡舌存(치망설존).
◨ 脣齒순치, 年齒연치, 幼齒유치, 乳齒유치, 切齒절치, 蟲齒충치.

1 ⑯【齔】 齔(1464)과 동자

2 ⑰【齔】齔 이 갈 츤 震

㊥chèn ㊐シン

소전 동자 자해 ❶이를 갈다. 젖니가 빠지고 영구치(永久齒)가 나다. ❷철없는 나이, 어린애, 이를 갈 무렵의 나이, 유년(幼年). 〔後漢書〕 年皆童齔연개동츤.
齔齒(츤치) 이가 빠지고 다시 남.

3 ⑱【齕】齕 깨물 흘 月

㊥hé ㊐コツ

소전 초서 동자 齕 동자 齕 자해 깨물다, 씹다. 〔禮記〕 庶人齕之서인흘지.

5 ⑳【齡】齡 나이 령 靑

인명 1급 ㊥líng ㊐レイ

소전 초서 자해 나이, 연령. 〔論衡·感類〕 古者謂年爲齡고자위년위령.
◨ 高齡고령, 老齡노령, 妙齡모령, 年齡연령, 適齡적령, 學齡학령.

5 ⑳【齚】 齰(1465)과 동자

5 ⑳【齟】齟 어긋날 저 語

인명 ㊥jǔ ㊐ソ

초서 자해 ❶어긋나다. ㉮윗니와 아랫니가 서로 어긋나다. ㉯사물이 서로 어긋나 맞지 않다. 〔白居易·詩〕 齟齬於其中저어어기중. ❷씹다. 〔孔子家語〕 齟嚼者九竅而胎生저작자구규이태생.
齟齬(저어) ①윗니와 아랫니가 서로 어긋나 맞지 않음. ②일이 서로 어긋나거나 차질이 생김. 서로 모순됨.
齟嚼(저작) 음식물을 씹음. 咀嚼(저작).

5 ⑳【齠】齠 이 갈 초 蕭

㊥tiáo ㊐チョウ

초서 자해 ❶이를 갈다. 유치(乳齒)가 빠지고 영구치(永久齒)가 나다. ❷이를 갈 무렵의 7~8세 아이.
齠年(초년) 이를 갈 나이. 또는 그 아이.
齠齔(초츤) 이를 갈 나이의 어린아이. 7~8세 정도의 어린아이.

5 ⑳【齝】 새김질할 치 支

㊥chī ㊐チ

소전 동자 齝 자해 ❶새김질하다, 소가 반추(反芻)하다. ❷소·양·사슴 등이 풀을 먹다.

6 ㉑【齩】 깨물 교 巧

㊥yǎo ㊐コウ

소전 초서 자해 깨물다. ＝咬.
齩齧(교설) 깨묾.

6 ㉑【齧】啮 물 설 屑

인명 ㊥niè ㊐ゲツ

소전 초서 자해 ❶물다. ㉮깨물다. 〔禮記〕 毋齧骨무설골. ㉯물어뜯다, 씹다. ㉰갉아 먹다, 벌레가 먹다. 〔相和歌·雞鳴〕 蟲來齧桃根충래설도근. ㉱이를 갈다, 절치(切齒)하다. 〔南史〕 自齧其齒자설기치.
齧鐵(설철) ①쇠를 씹어 먹음. ②불가사리의 딴 이름.
齧齒(설치) 이를 갊. ㉠몹시 분노하고 한스러워함. ㉡밤에 자면서 이를 가는 증상.
齧齒類(설치류) 쥐나 토끼처럼 물건을 잘 갉는 포유동물의 한 부류.
◪ 齩齧교설, 齰齧색설.

6 ㉑ 【齦】 齦 ①잇몸 은 文 ②물 간 阮
㊥yín, kěn ㊐ギン
소전 초서 자해 ①잇몸, 치은(齒齦). 〔李禎·陌上桑〕 香齦皓齒疑貝編향은호치의패편. ②물다, 깨물다.

7 ㉒ 【齬】 齬 어긋날 어 語
인명 ㊥yǔ ㊐ギョ
소전 초서 자해 어긋나다. 윗니와 아랫니가 어긋나다.

7 ㉒ 【齪】 齪 악착할 착 覺
인명 ㊥chuò ㊐サク
초서 동자 踀 자해 ❶악착하다. 도량이 좁다, 작은 일에 끈기 있고 모질다. 〔鮑照·行〕 小人自齷齪소인자악착. ❷이가 맞부딪치는 소리.

8 ㉓ 【齰】 물 색 陌
㊥zé ㊐サク
소전 초서 동자 齚 자해 ❶물다, 깨물다. ❷이가 서로 맞다.
齰齧(색설) 깨묾.

8 ㉓ 【齯】 齯 다시 난 이 예 齊
㊥ní ㊐ゲイ
소전 초서 자해 ❶다시 난 이. 이가 다 빠진 뒤에 다시 난 노인의 이. 장수(長壽)의 상(相)으로 본다. ❷90세의 노인, 나이 많은 사람.
齯齒(예치) ①이가 다 빠진 뒤에 다시 난 노인의 이. ②90세의 노인.

8 ㉓ 【齮】 물 의 紙
㊥yǐ ㊐ギ
소전 초서 자해 ❶물다, 깨물다, 한쪽 어금니로 깨물다. ❷물어뜯다. 남의 재능을 시기하여 배척하다. 〔史記〕 齮齕用事者墳墓矣의흘용사자분묘의.

8 ㉓ 【齭】 이 아플 초 語
㊥chǔ ㊐ショ
소전 자해 이가 아프다. 이에 초가 들어가서 곱고 저리며 아프다.

9 ㉔ 【齷】 齷 악착할 악 覺
인명 ㊥wò ㊐アク
초서 자해 ❶악착하다, 도량이 좁다. ¶ 齷齪악착. ❷작은 모양. 〔左思·賦〕 齷齪而算악착이산, 固亦曲士之所歎也고역곡사지소탄야.
齷齪(악착) ①이가 빽빽한 모양. ②도량이 좁고 억지스러움. ③작은 일에 구애하여 아득바득 다투는 모양.

9 ㉔ 【齶】 잇몸 악 藥
㊥è ㊐ガク
초서 자해 잇몸, 치은(齒齦). 〔韓愈·詩〕 齒牙嚼齧舌齶反치아작설설악반.

9 ㉔ 【齲】 齲 충치 우 麌
㊥qǔ ㊐ク
초서 자해 ❶충치. 벌레 먹은 이. 〔史記〕 太倉公治齊中大夫病齲齒태창공치제중대부병우치. ❷이가 아프다.
齲齒(우치) 벌레 먹은 이. 蟲齒(충치).

9 ㉔ 【齵】 이 바르지 못할 우 尤
㊥óu ㊐ゴウ
소전 초서 자해 ❶이가 바르지 못하다. ❷서로 어긋맞다. 〔荀子〕 境內之事경내지사, 有弛易齵差者矣유이이우차자의.

9 ㉔ 【齳】 이 빠질 운 吻
㊥yǔn ㊐グン
소전 초서 자해 ❶이가 빠지다. 〔韓詩外傳〕 齳然而齒墮矣운연이치타의. ❷이가 없다. 유치가 아직 나지 않았거나, 늙어서 이가 다 빠지고 없다.

齳然(운연) 이가 빠진 모양.

10
㉕【齺】 물 삭 覺

㊥zōu ㊐サク

소전 자해 ❶물다. 〔管子〕 車轂齺騎거곡삭기. ❷아랫윗니가 서로 가까워지는 모양. 〔荀子〕 上下齺然相信상하삭연상신.

齺然(삭연) 윗니와 아랫니가 서로 가까워지는 모양. 상하(上下)가 서로 화합함.

龍部 용룡

0
⑯【龍】龙 용 룡 冬

고등 인명 4급 ㊥lóng ㊐リュウ

필순 亠 立 产 音 音 音 背 背 龍 龍 龍

소전 초서 고자 竜 속자 龍 자원 象形. 머리에 뿔이 있고, 입을 벌린 기다란 몸뚱이를 가진 용의 모양을 본뜬 글자.

자해 ❶용. 상상의 동물로, 거북·봉황·기린과 함께 사령(四靈)의 하나. 〔呂氏春秋〕 以龍致雨이룡치우. ❷임금·제왕의 비유. 임금과 관련 있는 사물에 붙이는 말. 〔龍飛御天歌〕 海東六龍飛해동륙룡비. ❸뛰어난 인물, 호걸. 〔蜀志〕 諸葛孔明者臥龍也제갈공명자와룡야. ❹크다, 대형(大型)인 것. ¶ 龍舟용주. ❺키가 8척 이상인 말. 〔禮記〕 駕蒼龍가창룡. ❻산맥(山脈)의 모양, 풍수설(風水說)에서 주산(主山)의 산맥.

龍駕(용가) 용이 끄는 수레. 임금의 수레. 鳳駕(봉가). 御賀(어가).

龍光(용광) ①군자(君子)의 덕을 기리는 말. ②남의 풍채(風采)의 경칭(敬稱).

龍駒(용구) ①뛰어난 말. 駿馬(준마). ②뛰어난 아이. 麒麟兒(기린아).

龍宮(용궁) 바다 속에 있다는 용왕의 궁전.

龍女(용녀) ①용궁에 산다는 선녀. 용왕(龍王)의 딸. ②현녀(賢女).

龍德(용덕) 천자의 덕. 俊德(준덕).

龍頭(용두) ①용의 머리. ②과거(科擧)에서 가장 좋은 성적을 거둔 급제자(及第者). 壯元(장원). ③용의 머리처럼 새긴 기물의 장식. ④망새.

龍頭蛇尾(용두사미) 용의 머리에 뱀의 꼬리. 야단스럽게 시작했다가 흐지부지 끝남.

龍淚(용루) 용의 눈물. 곧, 임금의 눈물.

龍鱗(용린) ①용의 비늘. ②임금·영웅 등의 위광(威光). ③금은보옥(金銀寶玉) 등이 빛남. ④물결이 번쩍거림. ⑤늙은 소나무의 줄기.

龍鱗甲(용린갑) 용의 비늘 모양으로 미늘을 단 갑옷.

龍馬(용마) ①준마(駿馬). ②복희씨(伏羲氏) 때 하도(河圖)를 업고 나왔다는 신마(神馬). ③늙어서도 건강한 사람.

龍文(용문) ①용의 무늬. 용무늬. 龍紋(용문). ②준마. ③장래에 대성(大成)할 만한 뛰어난 아이. ④시문(詩文)의 필력이 웅장한 모양.

龍門(용문) 우(禹)임금이 구년 홍수를 다스릴 때 산험(山險)을 개척하여 황하(黃河)의 물을 통하게 하였다는 곳. 또는 그 수문(水門). 잉어가 이곳을 올라가면 용이 된다고 함. 登龍門(등용문).

龍門點額(용문점액) 용문을 오르지 못하고 이마에 상처만 입음. 과거(科擧)에 떨어지고 돌아옴. 故事 잉어가 용문을 오르면 용이 되지만 그렇지 못하면 이마에 상처만 입고 돌아간다는 데서 온 말.

龍蟠(용반) ①용이 몸을 서림. 용이 숨음. ②호걸이 뜻을 얻지 못하여 세상을 숨어 있음. 龍蟄(용칩).

龍盤虎踞(용반호거) 용이 서리고 범이 걸터앉음. ㉠기세가 대단한 모양. ㉡지세가 험조(險阻)하여 견고한 모양. 龍蟠虎踞(용반호거).

龍鳳(용봉) 용과 봉황. ㉠뛰어난 인물. ㉡뛰어난 인상(人相). 귀인(貴人)의 상(相).

龍飛(용비) ①용이 낢. ②임금의 즉위(卽位). ③영웅이 뜻을 얻어 흥기(興起)함.

龍蛇(용사) ①용과 뱀. ②비범(非凡)·비상(非常)한 사람. ③초서(草書)의 생동감 있는 필세(筆勢).

龍蛇飛騰(용사비등) 용이 날아오르는 것같이 아주 활기 있는 필력.

龍床(용상) 임금이 앉는 자리.

龍象(용상) ①용과 코끼리. ②(佛)학덕(學德)이 뛰어난 승려를 사후(死後)에 일컫는 말.

龍沼(용소) 폭포가 떨어지는 바로 밑에 있는 웅덩이.

龍鬚鐵(용수철) 늘고 주는 탄력이 있는 나선형으로 된 쇠줄.

龍顏(용안) ①임금의 얼굴. 聖面(성면). 玉顏(옥안). 天顏(천안). ②용같이 생긴 얼굴. 미골(眉骨)이 불룩하게 솟은 상.

龍驤虎視(용양호시) 용처럼 날뛰고 범처럼 웅시(雄視)함. 고원(高遠)한 지기(志氣)로 일세를 웅시하는 모양.

龍馭(용어) ①용이 수레를 몲. 천자의 죽음. ②천자의 거가(車駕). ③천하에 군림함.

龍姿(용자) ①임금의 모습. ②준마(駿馬)의 자

태. ③거룩한 모습.

龍潛(용잠) 임금이 될 사람이 아직 즉위(卽位)하기 전을 일컬음. 潛龍(잠룡).

龍章(용장) ①용의 무늬. 용의 형상. 龍文(용문). ②뛰어난 풍채. ③용을 그린 기(旗).

龍種(용종) ①뛰어나게 좋은 말. 駿馬(준마). ②제왕의 자손.

龍舟(용주) 천자가 타는 배.

龍湫(용추) ①폭포(瀑布). ②폭포의 물줄기.

龍袍(용포) 용의 무늬를 수놓은 임금의 정복(正服). 袞龍袍(곤룡포).

龍虎(용호) ①용과 호랑이. ②천자의 기상. ③뛰어난 문장. ④걸출한 인물. ⑤풍수설(風水說)에서, 무덤의 왼쪽 산줄기인 청룡(靑龍)과 오른쪽의 백호(白虎)를 아울러 이르는 말.

龍虎榜(용호방) ①문무과(文武科)에 합격한 사람의 명단을 게시하던 나무판. ②명사(名士)들이 동시에 급제하여 게시되는 일.

龍虎相搏(용호상박) 용과 범이 서로 싸움. 강자끼리 승패를 겨룸.

◨ 蛟龍교룡, 虯龍규룡, 蟠龍반룡, 魚龍어룡, 臥龍와룡, 潛龍잠룡.

3 ⑲【龐】庞 [1]클 방 江 [2]충실할 롱 東

[인명] [2급] ㊥páng, lóng ㊐ロウ

[소전] [초서] [참고] 인명용 음은 '방'이다.

[자해] [1] **크다.** ㉮**두텁고 크다.** 〔司馬相如·文〕 湛恩龐鴻담은방홍. ㉯**높고 크다, 높고 큰 집.** 〔柳宗元·文〕 形之龐也類有德형지방야류유덕. [2] **충실하다, 강성(彊盛)하다.** 〔詩經〕 四牡龐龐사모롱롱.

龐眉皓髮(방미호발) 굵은 눈썹과 흰 머리털. 곧, 노인.

龐龐(농롱) 충실한 모양. 강성(彊盛)한 모양.

6 ㉒【龕】龛 감실 감 覃

[인명] ㊥kān ㊐ガン

[소전] [초서] [자해] ❶**감실(龕室).** 사당 안에 신주(神主)를 모시어 두는 장(欌). 불탑(佛塔) 밑에 베푼 작은 방. 〔褚遂良·書〕 久棄塵世與彌勒同龕구기진세여미륵동감. ❷**이기다.** 사악을 물리치고 난을 평정(平定)하다. 〔謝靈運·詩〕 龕暴資神理감포자신리. ❸**담다, 물건을 담는 그릇.** 〔揚子方言〕 龕受也감수야.

龕像(감상) 암벽을 파내고 작은 방을 만들어 그곳에 모셔 둔 불상.

龕室(감실) ①사당 안에 신주를 모셔 두는 장(欌). ②(佛)탑(塔) 속에 만든 작은 방. ③천주교에서, 성체를 모시는 방.

龜部 거북 귀

0 ⑯【龜】亀 [1]거북 귀 支 [2]나라 이름 구 尤 [3]틀 균 眞

[고등] [인명] [3급] ㊥guī, qiū ㊐キ

[필순]

[소전] [초서] [속자] 亀 [속자] 亀 [참고] 인명용 음은 '귀·구·균'이다.

[자원] 象形. 거북의 모양을 본뜬 글자.

[자해] [1] ❶**거북.** 파충류의 하나. 고대에는 신령한 동물로 여겨 그 등딱지로 거북점을 쳤다. 〔禮記〕 麟鳳龜龍린봉귀룡. ❷**거북의 등딱지, 귀갑(龜甲).** 〔周禮〕 攻龜用春時공귀용춘시. ❸**거북점.** 귀갑을 태워서 길흉을 점치는 일. 〔書經〕 擇建立卜筮人택건립복서인. [2] ❶**나라 이름.** ¶ 龜茲구자. ❷**땅 이름.** [3] **트다, 터지다, 손이 트다, 논바닥이 갈라지다.** ¶ 龜裂균열.

龜鑑(귀감) 거북과 거울. 본받을 만한 모범(模範)이나 본보기.

龜甲(귀갑) 거북의 등딱지. 한약재로 씀. 龜殼(귀각).

龜甲文(귀갑문) 귀갑에 새긴 은대(殷代)의 문자. 甲骨文字(갑골문자).

龜頭(귀두) ①거북의 머리. ②음경(陰莖)의 머리. 음경 상사목의 바깥쪽 부분.

龜齡(귀령) 거북의 나이. 매우 긴 수명.

龜毛(귀모) 거북의 털. 아주 진귀(珍貴)한 것.

龜毛兔角(귀모토각) 거북의 털과 토끼의 뿔. ㉠절대로 있을 수 없는 일. ㉡난리가 바야흐로 일어나려 함.

龜文鳥跡(귀문조적) 거북 등딱지의 무늬와 새의 발자국. 문자의 기원.

龜鼈(귀별) ①거북과 자라. ②남을 업신여기어 이르는 말.

龜卜(귀복) 거북 등딱지를 태워 생기는 모양을 보아 길흉을 판단하는 일.

龜趺(귀부) 거북 모양으로 새겨 만든 비석(碑石)의 받침돌.

龜書(귀서) 우(禹)임금 때, 낙수(洛水)에서 출현한 신귀(神龜)의 등에 있었다는 9개의 무늬. 우임금이 여기에서 수리(數理)를 안출(案出)하였다고 전함. 洛書(낙서).

龜船(귀선) 國거북 모양으로 만든 배. 거북선.

龜裂(❶귀열 ❷균열) ❶거북의 등딱지 모양으로 갈라짐. 또는 그 갈라진 금이나 틈. ❷㉠추위로 손발이 틈. ㉡사물이 갈라져 분열함.
龜占(귀점) 거북의 등딱지를 불에 태워 그 갈라진 금을 보고 길흉(吉凶)을 판단하는 점.
龜貝(귀패) 거북 등딱지와 조개껍데기. 고대(古代)에 화폐(貨幣)로 썼음.
龜茲(구자) 나라 이름. 신강성(新疆省) 고거현(庫車縣) 지방. 한대(漢代) 서역(西域) 36국(國)의 하나. 丘茲(구자). 屈支(굴지).
龜手(균수) 추위에 튼 손.

5 ㉑【龝】 秋(920)의 고자

龠部 피리 약

0 ⑰【龠】 피리 약 藥

㊥yuè ㊐ヤク

소전 초서 자원 象形. 피리의 모양을 본뜬 글자. 가운데의 '口'은 피리의 구멍를 그린 것이다.
자해 ❶**피리**. 대나무로 만든 악기로 구멍이 셋·여섯·일곱의 세 가지가 있다. =籥. ❷**용량**(容量)의 단위. ㉮1홉(合)의 10분의 1, 일작(一勺). ㉯1약(龠)을 되는 되. 〔漢書〕量者량자, 龠合升斗斛也약홉승두곡야.
龠合(약홉) 약과 홉. 곡식 따위의 양이 적음.

5 ㉒【龢】 풍류 소리 조화될 화 歌

㊥hé ㊐カ

소전 초서 자해 ❶**풍류 소리가 조화되다**. ❷**화하다, 화합하다**. 〔國語〕言惠必及龢언혜필급화.

9 ㉖【籲】 부를 유 遇

㊥yù ㊐ユ

초서 동자 籲 자해 **부르다, 큰 소리로 부르다, 외치다**. 〔柳宗元·駁復讐議〕上下蒙冒상하몽모, 籲號不聞유호불문.

10 ㉗【龥】 피리 지 ㊍치 支

㊥chí ㊐ジ

소전 초서 자해 **피리, 저**. 대나무로 만 들고, 구멍이 일곱 또는 아홉 개이며, 옆으로 부는 관악기. 〔楚辭〕鳴龥兮吹竽명지혜취우.

부록 및 색인

中國 簡體字表

이 표에 수록되지 않은 讠=言, 饣=飠, 纟=糸, 钅=金 등 4자는 변(邊)으로 쓰일 때만 간화(簡化)되는 간체자이고, 𠃓=昜, 収=臤, 𫇦=𤇾, 𠂉=臨, 只=戠, ⺍=𦥯, 𠬤=睪, 𢀖=巠, 亦=䜌, 呙=咼 등 10자는 변·방·머리로 쓰이는 경우의 간체자이다. 변·방으로도 쓰이고 독립적으로도 쓰이는 간체자 贝=貝 등 132자는 독립 간체자만을 실어 유추할 수 있게 하였다.

2획			千	韆	1372	厅	廳	402	冈	岡	362
厂	廠	401	亿	億	99	历	曆	594	贝	貝	1196
了	瞭	891	么	麼	1452		歷	675	见	見	1145
卜	蔔	1089	乡	鄉	1276	双	雙	1352	仆	僕	96
几	幾	391	门	門	1319	劝	勸	156	仑	侖	70
儿	兒	107	马	馬	1400	邓	鄧	1277	风	風	1385
3획			4획			办	辦	1240	乌	烏	775
广	廣	399	斗	鬥	1421	丑	醜	1284	5획		
义	義	1008		鬪	1421	书	書	599	汇	滙	750
干	幹	389	认	認	1169	队	隊	1340		彙	414
	乾	35	忆	憶	478	仓	倉	85	汉	漢	756
亏	虧	1108	为	爲	793	从	從	425	头	頭	1379
与	與	1049	韦	韋	1372	丰	豐	1191	宁	寧	338
才	纔	1001	专	專	346	长	長	1317	兰	蘭	1104
万	萬	1081	开	開	1321	气	氣	691	礼	禮	916
飞	飛	1388	无	無	778	凤	鳳	1436	写	寫	341
习	習	1011	云	雲	1356	仅	僅	93	让	讓	1188
卫	衛	1129	艺	藝	1101	币	幣	385	灭	滅	745
个	個	80	区	區	162	车	車	1228	击	擊	538

简体	繁体	쪽
节	節	953
扑	撲	535
术	術	1127
厉	厲	179
龙	龍	1466
东	東	617
对	對	347
圣	聖	1019
辽	遼	1265
边	邊	1269
卢	盧	880
叶	葉	1082
号	號	1108
叹	嘆	228
只	祇	911
	隻	1348
电	電	1358
业	業	644
旧	舊	1050
归	歸	676
帅	帥	380
丛	叢	185
仪	儀	99
冬	鼕	1460
务	務	153
处	處	1106
刍	芻	1061
尔	爾	795
饥	饑	1397
乐	樂	653
台	臺	1048
	颱	1387
发	發	868
	髮	1418
戋	戔	486
鸟	鳥	1435
丝	絲	980

6획

简体	繁体	쪽
兴	興	1050
关	關	1328
冲	衝	1128
壮	壯	272
妆	妝	298
产	產	841
刘	劉	146
齐	齊	1462
庄	莊	1073
庆	慶	469
农	農	1242
讲	講	1178
灯	燈	787
夹	夾	287
划	劃	145
尧	堯	262
动	動	152
扩	擴	543
扫	掃	519
执	執	260
巩	鞏	1369
协	協	168
亚	亞	45
权	權	665
朴	樸	658
毕	畢	848
机	機	657
过	過	1257
达	達	1257
迈	邁	1267
夸	誇	1162
夺	奪	293
压	壓	270
厌	厭	178
买	買	1200
戏	戲	489
观	觀	1149
欢	歡	670
寻	尋	346
导	導	348
尽	盡	879
	儘	100
孙	孫	318
阳	陽	1341
阶	階	1340
阴	陰	1338
当	當	851
吁	籲	963
吓	嚇	234
虫	蟲	1121
团	團	246
网	網	986
屿	嶼	369
岂	豈	1190
岁	歲	675
师	師	381
尘	塵	267
杀	殺	683
爷	爺	794
伞	傘	92
会	會	601
众	衆	1125
朱	硃	900
迁	遷	1293
乔	喬	219
杂	雜	1352

偽	僞	96
伙	夥	277
优	優	101
价	價	98
伤	傷	93
华	華	1078
向	嚮	235
后	後	421
妇	婦	305
页	頁	1375
忏	懺	482
异	異	847
纤	纖	1000

7획

冻	凍	124
沪	滬	757
沈	瀋	767
沟	溝	744
穷	窮	934
状	狀	805
亩	畝	846
疗	療	864
疖	癤	865
应	應	478
这	這	1252
庐	廬	402
证	證	1182
启	啓	214
补	補	1135
怀	懷	481
忧	憂	471
灶	竈	935
来	來	70
寿	壽	273
麦	麥	1450
进	進	1256
远	遠	1263
运	運	1260
还	還	1268
迟	遲	1267
壳	殼	683
声	聲	1021
坟	墳	268
坛	壇	269
	罎	1002
坏	壞	271
块	塊	263
丽	麗	1449
两	兩	111
严	嚴	235
芦	蘆	1102
苏	蘇	1103
劳	勞	153
克	剋	139
护	護	1185
扰	擾	543
报	報	261
邮	郵	1275
拟	擬	542
折	摺	534
医	醫	1284
励	勵	156
歼	殲	682
鸡	鷄	1442
灵	靈	1363
驴	驢	1412
层	層	358
际	際	1344
陆	陸	1337
陈	陳	1339
卤	鹵	1447
坚	堅	257
听	聽	1023
时	時	583
里	裏	1135
县	縣	993
园	園	246
谷	穀	927
邻	鄰	1277
余	餘	1394
乱	亂	36
条	條	636
龟	龜	1467
体	體	1414
佣	傭	94
犹	猶	810
彻	徹	430
系	係	74
	繫	997
纵	縱	995
佥	僉	95
弃	棄	638
灿	燦	790
灾	災	772

8획

泻	瀉	767
泸	瀘	768
变	變	1186
实	實	338
宝	寶	342
审	審	341
帘	簾	959
剂	劑	147
卷	捲	517

庙	廟	400	郁	鬱	1422	质	質	1207	疮	瘡	862
衬	襯	1142	矿	礦	906	征	徵	429	袄	襖	1141
怜	憐	475	矾	礬	906	参	參	180	恼	惱	460
学	學	319	轰	轟	1238	练	練	988	姜	薑	1095
郑	鄭	1277	艰	艱	1056	杰	傑	91	类	類	1382
单	單	220	录	錄	1303	黾	黽	1458	娄	婁	305
炉	爐	792	隶	隸	1347	肮	骯	1413	总	總	995
环	環	833	肃	肅	1024	周	週	1256	烂	爛	792
丧	喪	220	弥	彌	413	鱼	魚	1425	炼	煉	781
卖	賣	1205	虏	虜	1107	疟	瘧	861	赵	趙	1215
画	畫	849	齿	齒	1463	泪	淚	728	垫	墊	266
枣	棗	641	国	國	243		9획		荣	榮	650
范	範	951	图	圖	247	济	濟	766	荐	薦	1103
苹	蘋	1102	罗	羅	1006	浏	瀏	767	茧	繭	997
拦	攔	544	帜	幟	385	洼	窪	934	带	帶	382
拣	揀	524	购	購	1209	洁	潔	757	药	藥	1101
担	擔	538	岭	嶺	369	洒	灑	770	栏	欄	664
拥	擁	539	籴	糴	968	浊	濁	763	标	標	655
势	勢	155	舍	捨	519	宪	憲	477	栋	棟	639
柜	櫃	662	侨	僑	95	窃	竊	936	树	樹	658
枪	槍	651	制	製	1137	觉	覺	1148	挤	擠	542
松	鬆	1419	备	備	91	举	擧	540	牵	牽	802
极	極	642	肤	膚	1039	将	將	345	欧	歐	669
构	構	648	胁	脅	1033	奖	獎	292	咸	鹹	1447
态	態	468	肿	腫	1038	亲	親	1147	面	麵	1451
奋	奮	293	凭	憑	476	弯	彎	413	垦	墾	269

간체	번체	쪽
昼	晝	587
逊	遜	1263
尝	嘗	227
点	點	1455
战	戰	488
哑	啞	217
响	響	1375
显	顯	1384
虾	蝦	1117
虽	雖	1352
临	臨	1044
钟	鍾	1307
	鐘	1312
钥	鑰	1316
帮	幫	386
毡	氈	689
选	選	1265
适	適	1264
复	復	426
	複	1138
秋	鞦	1371
种	種	925
胆	膽	1040
胜	勝	154
俩	倆	81
独	獨	811
垒	壘	271
挂	掛	516
胡	鬍	1420
须	鬚	1420
迹	跡	1219
	蹟	1224
养	養	1392

10획

간체	번체	쪽
宾	賓	1204
窍	竅	935
浆	漿	754
准	準	748
竞	競	939
恋	戀	482
症	癥	865
痈	癰	866
离	離	1354
斋	齋	1463
袜	襪	1142
递	遞	1264
烬	燼	791
烛	燭	790
蚕	蠶	1123
壶	壺	273
盐	鹽	1447
热	熱	786
恶	惡	455
	噁	230
获	獲	812
	穫	930
样	樣	654
档	檔	662
桥	橋	656
毙	斃	558
顾	顧	1383
础	礎	906
致	緻	993
难	難	1353
恳	懇	477
剧	劇	146
党	黨	1456
虑	慮	470
晒	曬	597
罢	罷	1005
紧	緊	985
监	監	879
爱	愛	462
笔	筆	947
艳	艷	1057
钻	鑽	1317
铁	鐵	1314
敌	敵	557
牺	犧	803
脑	腦	1037
胶	膠	1039
积	積	928
称	稱	926
借	藉	1099
舰	艦	1055
继	繼	999
聂	聶	1022
笋	筍	946
涂	塗	264
涩	澀	765
绣	繡	998

11획

간체	번체	쪽
淀	澱	763
渗	滲	752
痒	癢	865
旋	鏇	1311
谗	讒	1188
惊	驚	1410
惧	懼	482
惨	慘	472
盖	蓋	1085
断	斷	565
兽	獸	813
麸	麩	1451

啬	嗇	225
酝	醞	1284
据	據	537
营	營	790
梦	夢	277
辆	輛	1234
随	隨	1345
堕	墮	269
隐	隱	1346
职	職	1022
悬	懸	480
跃	躍	1226
累	纍	999
粜	糶	968
秽	穢	929
衅	釁	1286
偿	償	101
猎	獵	813
盘	盤	880
御	禦	915
绳	繩	998
象	像	96
渊	淵	740

12획

滞	滯	755
湿	濕	765
窜	竄	935
装	裝	1136
蛮	蠻	1123
痨	癆	864
亵	褻	1140
粪	糞	968
琼	瓊	834
联	聯	1021
趋	趨	1216
搀	攙	544
屡	屢	357
确	確	904
凿	鑿	1317
筑	築	956
腊	臘	1042
馋	饞	1399
惩	懲	480
椭	橢	659
硷	鹼	1447
锈	鏽	1313

13획

滩	灘	770
滤	濾	767
誉	譽	1185
寝	寢	340
酱	醬	1285
誊	謄	1179
粮	糧	968
数	數	556
雾	霧	1361
蒙	矇	892
	濛	765
献	獻	813
摄	攝	544
摊	攤	545
摆	擺	543
楼	樓	652
碍	礙	906
辟	闢	1329
龄	齡	1464
鉴	鑑	1315
筹	籌	961
签	簽	960
	籤	962
辞	辭	1240
触	觸	1152
韵	韻	1375
缠	纏	1000

14획

墙	墻	270
酿	釀	1286
蔷	薔	1096
蔑	衊	1125
踊	踴	1222
蜡	蠟	1122
蝇	蠅	1121
稳	穩	929
愿	願	1383

15획

瘫	癱	866
霉	黴	1457
聪	聰	1022
镊	鑷	1316

부록

한자능력검정시험 1급 배정 한자

*한국어문회 시행 한자능력검정시험 1급 배정 한자 3,500자를 한 글자모순으로 배열하였다.

가	可 加 佳 架 家 假 街 暇 歌 價 伽 哥 嘉 嫁 柯 呵 稼 苛 袈 賈 軻 迦 駕
각	各 角 却 刻 脚 閣 覺 恪 殼 珏
간	干 刊 肝 看 姦 間 幹 懇 簡 艮 墾 奸 揀 杆 澗 癎 竿 艱 諫
갈	渴 葛 喝 竭 褐 鞨
감	甘 減 敢 感 監 憾 鑑 勘 堪 柑 疳 邯 瞰 紺
갑	甲 匣 岬 鉀 閘
강	江 降 剛 康 強 綱 鋼 講 岡 姜 崗 彊 慷 疆 糠 腔 薑
개	介 改 皆 個 開 蓋 慨 概 价 箇 凱 愾 塏 漑 芥
객	客
갱	坑 羹
거	去 巨 車 居 拒 距 據 擧 渠 倨 醵
건	件 建 健 乾 巾 腱 虔 鍵
걸	乞 傑 桀 杰
검	儉 劍 檢
겁	劫 怯
게	揭 憩 偈
격	格 隔 激 擊 覡 檄 膈
견	犬 見 肩 牽 堅 遣 絹 甄 繭 譴 鵑
결	決 缺 結 潔 訣
겸	兼 謙
경	京 庚 徑 耕 竟 頃 景 卿 硬 敬 傾 經 境 輕 慶 警 更 鏡 競 驚 儆 憬 梗 炅 璟 瓊 磬 痙 莖 頸 脛 勁 鯨
계	系 戒 季 界 癸 契 係 計 桂 啓 械 階 溪 繫 繼 鷄 悸
고	古 考 告 固 苦 姑 孤 枯 故 高 庫 雇 鼓 稿 顧 皐 呱 拷 敲 辜 叩 痼 股 膏 袴 錮
곡	曲 谷 哭 穀 鵠 梏
곤	困 坤 昆 棍 袞
골	骨 汨
공	工 公 孔 功 共 攻 空 供 恭 貢 恐 拱 鞏
과	戈 瓜 果 科 過 誇 寡 課 菓 顆
곽	郭 廓 槨 藿

관	官 冠 貫 款 寬 管 慣 館 關 觀 灌 棺 琯 串 顴
괄	刮 括
광	光 狂 廣 鑛 匡 壙 曠 胱
괘	掛 卦 罫
괴	怪 傀 塊 愧 壞 乖 拐 槐 魁
굉	宏 肱 轟
교	巧 交 郊 校 敎 絞 較 僑 膠 橋 矯 咬 喬 嬌 攪 狡 皎 蛟 轎 驕
구	九 口 久 丘 句 求 究 具 苟 拘 狗 俱 區 球 救 構 歐 舊 購 懼 驅 鷗 龜 仇 枸 駒 嘔 垢 寇 嶇 柩 毆 溝 灸 矩 臼 舅 衢 謳 軀 邱 鉤 玖 廏 鳩
국	局 菊 國 鞠
군	君 軍 郡 群 窘
굴	屈 掘 窟
궁	弓 宮 窮 穹 躬
권	券 卷 拳 圈 勸 權 倦 眷 捲
궐	厥 闕 蹶
궤	軌 几 机 櫃 潰 詭
귀	鬼 貴 歸
규	叫 糾 規 閨 圭 奎 揆 珪 硅 逵 窺 葵
균	均 菌
귤	橘
극	克 極 劇 剋 戟 棘 隙
근	斤 近 根 筋 僅 勤 謹 槿 瑾 覲 饉
금	今 金 禽 琴 禁 錦 衾 擒 襟
급	及 急 級 給 扱 汲
긍	肯 兢 矜 亘
기	己 企 忌 技 汽 奇 其 祈 紀 氣 豈 起 記 飢 基 寄 旣 棄 幾 棋 欺 期 旗 畿 器 機 騎 冀 嗜 伎 妓 岐 朞 杞 淇 崎 琦 琪 璣 箕 綺 畸 羈 耆 肌 譏 沂 騏 驥 麒
긴	緊
길	吉 拮
끽	喫
나	那 儺 懦 拏 拿
낙	諾
난	暖 難 煖
날	捏 捺 涅
남	男 南
납	納 衲
낭	娘 囊

내	乃 內 奈 耐
녀	女
년	年 撚
념	念
녕	寧
노	奴 努 怒 弩 駑
농	農 濃 膿
뇌	惱 腦
뇨	尿
눌	訥
뉴	紐
능	能
니	尼 泥
닉	溺 匿
다	多 茶
단	丹 旦 但 段 單 短 團 端 壇 檀 斷 鍛 湍 簞 緞 蛋
달	達 撻 疸
담	淡 潭 談 擔 膽 痰 憺 澹 譚 曇
답	畓 答 踏 遝
당	唐 堂 當 糖 黨 塘 撞 棠 螳
대	大 代 垈 待 帶 貸 隊 臺 對 戴 擡 袋
덕	德 悳
도	刀 到 度 挑 逃 島 倒 徒 途 桃 悼 陶 盜 渡 道 都 塗 跳 圖 稻 導 掉 堵 屠 搗 淘 萄 滔 濤 燾 睹 禱 賭 蹈 鍍
독	毒 督 篤 獨 讀 瀆 禿
돈	豚 敦 惇 沌 燉 頓
돌	突 乭
동	冬 同 東 洞 凍 桐 動 童 棟 銅 憧 疼 瞳 胴 董
두	斗 豆 頭 兜 杜 痘
둔	屯 鈍 臀 遁
득	得
등	登 等 燈 謄 騰 藤 橙 鄧
라	裸 羅 懶 癩 邏 螺
락	洛 落 絡 樂 烙 酪 駱
란	卵 亂 蘭 欄 爛 鸞 瀾
랄	剌 辣
람	藍 濫 覽 籃
랍	拉 臘 蠟
랑	浪 郞 朗 廊 狼

래	來 萊
랭	冷
략	略 掠
량	良 兩 涼 梁 量 諒 糧 輛 亮 倆 樑 粱
려	旅 慮 勵 麗 侶 呂 廬 戾 濾 礪 閭 驪 黎
력	力 歷 曆 瀝 礫
련	連 蓮 煉 憐 練 聯 鍊 戀 漣 輦
렬	劣 列 烈 裂
렴	廉 斂 殮 濂 簾
렵	獵
령	令 零 領 嶺 靈 囹 玲 鈴 齡 逞
례	例 禮 醴 隷
로	老 勞 路 露 爐 撈 擄 盧 蘆 虜 魯 鷺
록	鹿 祿 綠 錄 碌 麓
론	論
롱	弄 籠 壟 聾 瓏
뢰	雷 賴 磊 牢 儡 賂
료	了 料 僚 療 寮 燎 寥 瞭 聊 遼
룡	龍
루	累 淚 屢 漏 樓 陋 壘
류	柳 留 流 硫 類 謬 劉 溜 琉 瘤
륙	六 陸 戮
륜	倫 輪 崙 綸 淪
률	律 栗 率 慄
륭	隆
륵	肋 勒
름	凜
릉	陵 凌 稜 綾 菱 楞
리	里 理 利 離 裏 梨 履 李 吏 俚 釐 悧 痢 籬 罹 裡
린	隣 吝 鱗 躪 燐 麟
림	林 臨 淋
립	立 笠 粒
마	馬 麻 摩 磨 魔 痲
막	莫 幕 漠 膜 寞
만	萬 晩 滿 慢 漫 灣 蠻 娩 卍 彎 挽 瞞 饅 鰻 蔓 輓
말	末 抹 沫 靺 襪
망	亡 妄 忙 忘 罔 茫 望 網 惘 芒
매	每 妹 埋 買 梅 媒 賣 魅 枚 昧 寐 煤 罵 邁 呆
맥	脈 麥 貊

맹	盲 孟 猛 盟 萌
멱	覓
면	免 面 眠 勉 綿 冕 棉 沔 緬 眄 俛 麪
멸	滅 蔑
명	名 命 明 冥 鳴 銘 酩 溟 皿 瞑 螟
몌	袂
모	毛 母 矛 某 侮 募 帽 慕 暮 模 貌 謀 冒 摸 牟 牡 耗 茅 糢 謨
목	木 目 沐 牧 睦 穆
몰	沒 歿
몽	夢 蒙
묘	卯 妙 苗 墓 廟 描 猫 昴 杳 渺
무	戊 茂 武 務 無 貿 舞 霧 畝 毋 巫 憮 拇 撫 蕪 誣
묵	墨 默
문	文 門 問 聞 紊 汶 蚊 紋
물	勿 物
미	未 米 尾 味 美 眉 迷 微 媚 彌 薇 靡
민	民 敏 憫 悶 旻 玟 旼 珉 閔
밀	密 蜜 謐
박	朴 泊 拍 迫 博 薄 舶 剝 搏 撲 樸 珀 箔 粕 縛 膊 駁
반	反 半 伴 返 叛 班 般 飯 搬 盤 拌 攀 斑 潘 磻 蟠 礬 畔 絆 頒 槃
발	拔 發 髮 勃 渤 潑 撥 跋 醱 鉢 魃
방	方 芳 妨 防 邦 房 放 倣 紡 訪 傍 坊 尨 幇 彷 旁 枋 榜 昉 肪 膀 謗 龐
배	杯 拜 背 倍 俳 配 培 排 輩 賠 徘 湃 胚 裵 陪
백	白 百 伯 柏 帛 魄
번	番 煩 繁 飜 蕃 藩
벌	伐 罰 閥 筏
범	凡 犯 汎 範 帆 梵 氾 泛 范
법	法
벽	碧 僻 壁 劈 擘 璧 癖 闢
변	辨 邊 辯 變 卞 弁
별	別 瞥 鼈
병	丙 兵 屛 竝 病 倂 昞 昺 柄 炳 甁 秉 餠
보	步 保 普 補 報 譜 寶 堡 洑 潽 甫 菩 輔
복	卜 伏 服 復 腹 福 複 覆 僕 匐 輻 馥 鰒
본	本
봉	奉 封 峯 俸 逢 蜂 鳳 縫 捧 棒 烽 蓬 鋒
부	夫 父 付 否 扶 府 附 負 赴 浮 符 婦 部 副 富 腐 膚 賦 簿 敷

	俯 剖 咐 埠 孵 斧 腑 芙 訃 賻 釜 阜 駙 傅
북	北
분	分 奔 粉 紛 憤 墳 奮 吩 噴 忿 扮 芬 焚 盆 糞 雰
불	不 弗 佛 拂 彿
붕	朋 崩 棚 硼 繃 鵬
비	比 妃 批 非 肥 卑 飛 匪 祕 悲 費 備 婢 鼻 碑 憊 扉 毘 丕 妣
	匕 庇 沸 琵 毖 痺 砒 秕 緋 脾 臂 蜚 裨 誹 翡 譬 鄙
빈	貧 賓 頻 彬 嚬 嬪 殯 濱 瀕
빙	氷 聘 憑
사	士 巳 四 史 司 仕 寺 死 似 沙 邪 私 舍 事 使 社 祀 查 思 唆
	師 射 捨 蛇 斜 赦 絲 詐 詞 斯 飼 寫 賜 謝 辭 蓑 些 嗣 奢 娑
	徙 泗 瀉 獅 祠 紗 麝
삭	削 朔
산	山 產 傘 散 算 酸 刪 珊 疝
살	殺 撒 煞 薩
삼	三 森 蔘 滲
삽	揷 澁
상	上 床 尙 狀 相 桑 商 常 祥 喪 象 想 傷 詳 裳 嘗 像 賞 霜 償
	箱 孀 庠 爽 翔 觴
새	璽 塞
색	色 索 嗇
생	生 牲 甥
서	西 序 書 恕 徐 庶 敍 暑 署 瑞 誓 緖 嶼 抒 曙 棲 犀 胥 壻 舒
	薯 逝 黍 鼠
석	夕 石 昔 析 席 惜 碩 釋 奭 晳 潟 錫
선	仙 先 宣 旋 船 善 選 線 禪 鮮 繕 扇 煽 瑄 璇 璿 羨 腺 膳 銑
설	舌 雪 設 說 卨 屑 洩 泄 渫 薛
섬	纖 暹 殲 蟾 閃 陜
섭	涉 攝 燮
성	成 性 姓 省 星 城 盛 聖 誠 聲 晟 醒
세	世 洗 細 稅 歲 勢 貰
소	小 少 召 所 昭 素 笑 消 掃 紹 疎 訴 蔬 燒 蘇 騷 塑 宵 疏 巢
	搔 梳 沼 甦 瘙 簫 蕭 逍 遡 邵
속	束 俗 速 粟 屬 續 贖
손	孫 損 遜
송	松 送 訟 頌 誦 宋 悚
쇄	刷 鎖 灑 碎
쇠	衰
수	水 手 囚 守 收 秀 受 垂 首 帥 修 殊 授 搜 須 遂 愁 睡 需 壽

	隨 誰 數 樹 輸 雖 獸 嫂 戍 洙 狩 瘦 穗 竪 粹 繡 羞 蒐 讐 袖 酬 銖 隋 髓
숙	叔 宿 淑 孰 肅 熟 塾 夙 菽
순	旬 巡 盾 殉 純 脣 順 循 瞬 洵 淳 珣 荀 筍 舜 醇 馴
술	戌 述 術
숭	崇
슬	瑟 膝
습	拾 習 濕 襲
승	升 承 昇 乘 勝 僧 丞 繩
시	市 示 矢 侍 始 是 屍 施 時 視 詩 試 匙 媤 弑 柹 柴 猜 諡 豺
식	式 食 息 植 殖 飾 識 拭 湜 熄 蝕 軾
신	申 臣 辛 身 伸 信 神 晨 腎 愼 新 紳 呻 娠 燼 薪 蜃 宸 訊 迅
실	失 室 實 悉
심	心 甚 深 尋 審 瀋
십	十
쌍	雙
씨	氏
아	牙 芽 我 亞 兒 阿 雅 餓 俄 訝 啞 衙
악	岳 惡 握 顎 堊 愕
안	安 岸 案 眼 雁 顔 按 晏 鞍
알	謁 軋 斡 閼
암	巖 暗 癌 庵 闇
압	押 壓 鴨
앙	央 仰 殃 怏 昂 秧 鴦
애	哀 涯 愛 礙 埃 曖 崖 艾 隘 靄
액	厄 液 額 扼 縊 腋
앵	櫻 鶯
야	也 夜 耶 野 倻 冶 惹 揶 爺
약	若 約 弱 藥 躍 葯
양	羊 洋 揚 陽 楊 養 樣 壤 孃 讓 瘍 攘 襄 釀 恙 癢
어	於 魚 御 漁 語 圄 瘀 禦
억	抑 億 憶 臆
언	言 焉 堰 彦 諺
엄	嚴 儼 奄 掩
업	業
여	予 汝 如 余 與 餘 輿
역	亦 役 易 逆 疫 域 譯 驛 繹
연	延 沿 宴 軟 研 然 硯 煙 鉛 演 燃 緣 燕 姸 捐 椽 淵 衍 鳶 筵
열	悅 閱 熱

염	炎 染 厭 鹽 焰 艶 閻
엽	葉 燁
영	永 迎 英 泳 映 詠 榮 影 營 暎 瑛 嬰 盈
예	預 銳 豫 藝 譽 裔 曳 濊 睿 穢 芮 詣
오	午 五 汚 吾 烏 悟 娛 梧 嗚 傲 誤 吳 奧 寤 墺 懊 伍
옥	玉 屋 獄 沃 鈺
온	溫 穩 蘊
옹	翁 擁 壅 甕 邕 雍
와	瓦 臥 渦 蝸 訛
완	完 緩 婉 宛 玩 腕 頑 莞 阮
왈	曰
왕	王 往 旺 枉 汪
왜	歪 倭 矮
외	外 畏 猥 巍
요	妖 要 搖 遙 腰 謠 曜 僥 凹 拗 堯 夭 姚 撓 擾 窈 窯 耀 邀 饒
욕	辱 浴 欲 慾
용	用 勇 容 庸 熔 傭 涌 溶 瑢 聳 茸 蓉 踊 鎔 鏞
우	又 于 友 尤 牛 右 宇 羽 雨 偶 遇 愚 郵 憂 優 嵎 佑 寓 祐 禹
	虞 迂 隅
욱	旭 昱 煜 郁 頊
운	云 雲 運 韻 殞 耘 芸 隕
울	鬱 蔚
웅	雄 熊
원	媛 元 苑 怨 原 員 院 援 圓 園 源 遠 願 寃 猿 瑗 袁 鴛
월	月 越
위	危 位 委 胃 威 偉 尉 爲 圍 違 僞 慰 緯 謂 衛 渭 萎 韋 魏
유	由 幼 有 酉 乳 油 柔 幽 悠 唯 惟 猶 裕 遊 愈 維 誘 遺 儒 兪
	喩 宥 庾 愉 揄 柚 楡 癒 諛 諭 踰 蹂 鍮 游
육	肉 育
윤	閏 潤 允 尹 胤 鈗
융	融 戎 絨
은	恩 銀 隱 垠 殷 誾
을	乙
음	吟 音 淫 陰 飮 蔭
읍	邑 泣 揖
응	凝 應 膺 鷹
의	擬 衣 矣 宜 依 意 義 疑 儀 醫 議 椅 毅 誼
이	二 已 以 而 耳 夷 異 移 貳 怡 痍 伊 姨 弛 爾 珥 餌
익	益 翼 翊 翌

인	人 刃 仁 引 因 印 忍 姻 寅 認 咽 湮 蚓 靭
일	一 日 逸 壹 佚 溢 鎰 佾
임	壬 任 賃 妊
입	入
잉	剩 孕
자	子 字 自 姉 刺 者 玆 姿 恣 紫 慈 資 磁 雌 諮 仔 滋 炙 煮 瓷
	疵 蔗 藉
작	作 昨 酌 爵 綽 勺 灼 炸 芍 嚼 鵲 雀
잔	殘 棧 盞
잠	暫 潛 蠶 箴 簪
잡	雜
장	丈 壯 長 莊 章 帳 張 將 掌 葬 場 粧 裝 腸 奬 障 藏 臟 墻 仗
	匠 庄 杖 檣 漿 獐 璋 蔣 薔 醬
재	才 在 再 災 材 哉 宰 栽 財 裁 載 滓 齋
쟁	爭 錚
저	低 底 抵 沮 著 貯 咀 狙 箸 詛 躇 邸 觝
적	赤 的 寂 笛 跡 賊 滴 摘 適 敵 積 績 蹟 籍 嫡 狄 謫 迹
전	田 全 典 前 展 專 電 傳 殿 錢 戰 轉 剪 塡 奠 廛 悛 栓 氈 澱
	煎 甸 癲 箋 箭 篆 纏 輾 銓 顚 顫 餞
절	切 折 竊 絶 節 截
점	占 店 漸 點 粘 霑
접	接 蝶
정	丁 井 正 呈 廷 定 征 亭 貞 政 訂 庭 頂 停 偵 情 淨 程 精 整
	靜 艇 幀 珽 挺 旌 晶 楨 汀 町 睛 碇 禎 穽 鄭 酊 釘 錠 靖 鼎
제	弟 制 帝 除 第 祭 堤 提 齊 製 際 諸 劑 濟 題 啼 悌 梯 蹄
조	弔 早 兆 助 造 祖 租 鳥 措 條 組 釣 彫 朝 照 潮 調 操 燥 凋
	嘲 曺 曹 棗 槽 漕 爪 眺 祚 稠 粗 糟 繰 藻 詔 趙 躁 肇 遭 阻
족	足 族 簇
존	存 尊
졸	卒 拙 猝
종	宗 從 終 種 綜 縱 鍾 慫 琮 腫 踵 踪
좌	左 坐 佐 座 挫
죄	罪
주	主 朱 舟 州 走 住 周 宙 注 洲 柱 奏 酒 株 珠 晝 週 駐 鑄 做
	呪 嗾 廚 疇 紬 註 誅 躊 輳 紂 胄
죽	竹
준	俊 准 準 遵 埈 峻 晙 樽 浚 濬 竣 蠢 駿
중	中 仲 重 衆
즉	卽

즐	櫛
즙	汁 葺
증	症 曾 蒸 增 憎 證 贈
지	之 止 支 只 至 旨 枝 池 地 志 知 持 指 脂 紙 智 誌 遲 咫 址
	摯 祉 肢 枳 芝
직	直 職 織 稙 稷
진	辰 珍 津 眞 振 陣 陳 進 診 塵 盡 震 鎭 嗔 晋 疹 秦
질	姪 疾 秩 窒 質 叱 帙 桎 膣 跌 迭 嫉
짐	斟 朕
집	執 集 輯 什
징	徵 懲 澄
차	且 次 此 差 借 遮 叉 嗟 蹉
착	捉 着 錯 搾 窄 鑿
찬	餐 贊 讚 撰 燦 璨 瓚 簒 纂 鑽 饌
찰	札 刹 察 擦
참	參 慘 慙 斬 僭 塹 懺 站 讒 讖
창	昌 倉 窓 唱 創 蒼 滄 暢 彰 倡 娼 廠 愴 敞 昶 槍 漲 猖 瘡 脹
	艙 菖
채	菜 採 彩 埰 寨 蔡 采 債
책	冊 責 策 柵
처	妻 處 悽 凄
척	尺 斥 拓 戚 隻 擲 滌 瘠 脊 陟
천	千 川 天 泉 淺 踐 賤 遷 薦 喘 擅 穿 闡 釧
철	哲 撤 徹 鐵 凸 喆 澈 綴 轍
첨	尖 添 僉 瞻 籤 諂
첩	妾 諜 帖 捷 牒 疊 貼
청	青 清 晴 請 聽 廳
체	逮 替 遞 滯 體 締 涕 諦
초	肖 抄 初 招 草 秒 哨 焦 超 礎 憔 梢 楚 樵 炒 硝 礁 稍 蕉 貂
	醋
촉	促 燭 觸 蜀 囑
촌	寸 村 忖
총	銃 聰 總 叢 塚 寵
촬	撮
최	最 催 崔
추	抽 秋 追 推 趨 醜 墜 楸 樞 芻 鄒 酋 鰍 椎 錐 錘 鎚
축	丑 畜 祝 逐 軸 蓄 築 縮 蹴
춘	春 椿
출	出 黜

충	充 忠 衷 衝 蟲 沖
췌	悴 萃 贅 膵
취	吹 取 臭 就 醉 趣 炊 娶 翠 聚 脆
측	側 測 惻
층	層
치	治 値 恥 致 置 稚 齒 雉 侈 峙 幟 熾 痔 嗤 癡 緻 馳
칙	則 勅
친	親
칠	七 漆
침	沈 枕 侵 浸 針 寢 砧 鍼
칩	蟄
칭	稱 秤
쾌	快
타	他 打 妥 墮 唾 惰 楕 舵 陀 駝
탁	托 卓 託 琢 濁 濯 擢 鐸
탄	炭 誕 彈 歎 呑 坦 憚 灘 綻
탈	脫 奪
탐	貪 探 耽 眈
탑	塔 搭
탕	湯 宕 蕩
태	太 怠 殆 胎 泰 態 颱 兌 台 汰 笞 苔 跆
택	宅 澤 擇
탱	撐
터	攄
토	土 吐 兎 討
통	通 痛 統 慟 桶 筒
퇴	退 堆 槌 褪 腿 頹
투	投 透 鬪 套 妬
특	特 慝
파	波 派 破 頗 罷 播 把 坡 婆 巴 爬 琶 芭 跛
팍	愎
판	判 板 版 販 辦 阪
팔	八
패	貝 敗 覇 佩 唄 悖 沛 牌 稗
팽	彭 澎 膨
편	片 便 偏 遍 篇 編 扁 鞭 騙
폄	貶
평	平 坪 評 萍
폐	肺 閉 廢 蔽 弊 幣 斃 陛

포	布 包 抛 抱 怖 胞 浦 捕 砲 飽 鋪 匍 咆 哺 圃 庖 泡 疱 脯 葡 蒲 袍 褒 逋 鮑
폭	幅 暴 爆 曝 瀑
표	表 票 漂 標 剽 杓 慓 豹 飄
품	品 稟
풍	風 楓 豊 諷 馮
피	皮 彼 疲 被 避 披
필	匹 必 畢 筆 弼 疋 泌
핍	乏 逼
하	下 何 河 夏 荷 賀 瑕 蝦 遐 霞
학	虐 學 鶴 瘧 謔 壑
한	汗 旱 恨 限 寒 閑 漢 翰 韓 澣 悍 罕
할	割 轄
함	含 咸 陷 艦 函 喊 檻 涵 緘 銜 鹹
합	合 盒 蛤 陜
항	抗 巷 恒 航 港 項 亢 沆 缸 肛
해	亥 害 奚 海 該 解 偕 咳 懈 楷 諧 邂 駭 骸
핵	核 劾
행	行 幸 杏
향	向 享 香 鄕 響 嚮 饗
허	許 虛 噓 墟
헌	軒 憲 獻
헐	歇
험	險 驗
혁	革 爀 赫
현	玄 弦 現 絃 賢 縣 懸 顯 峴 炫 眩 絢 衒 鉉
혈	穴 血
혐	嫌
협	協 脅 峽 俠 挾 狹 頰
형	兄 刑 亨 形 型 螢 衡 瀅 炯 荊 邢 馨 瑩
혜	兮 惠 慧 彗 醯
호	戶 互 乎 好 虎 呼 胡 浩 毫 湖 號 豪 濠 護 壕 弧 扈 昊 晧 滸 狐 琥 瑚 皓 糊 鎬 祜
혹	或 惑 酷
혼	昏 混 婚 魂 渾
홀	忽 笏 惚
홍	弘 洪 紅 鴻 泓 虹 哄 訌
화	火 化 禾 花 和 華 貨 畫 話 靴 禍 嬅 樺
확	確 擴 穫

환	丸 幻 患 換 還 環 歡 喚 宦 桓 煥 鰥 驩
활	活 滑 猾 闊
황	況 皇 荒 黃 凰 煌 遑 徨 恍 惶 慌 晃 滉
회	灰 回 廻 悔 會 懷 恢 晦 檜 淮 繪 膾 徊 蛔 誨 賄
획	劃 獲
횡	橫
효	孝 效 曉 哮 嚆 爻 酵
후	厚 侯 後 喉 候 后 吼 嗅 朽 逅
훈	訓 勳 壎 熏 薰 暈
훤	喧
훼	毁 卉 喙
휘	揮 輝 彙 徽 諱 麾
휴	休 携 烋
휼	恤
흉	凶 胸 兇 匈 洶
흑	黑
흔	欣 痕
흠	欠 歆 欽
흡	吸 恰 洽
흥	興
희	希 喜 稀 熙 噫 戲 姬 嬉 熹 憙 犧 禧 羲
힐	詰

總 畫 索 引

1. 본 색인은 표제자를 총획수순으로 정리하고, 같은 획수의 표제자는 부수순으로 배열하였다.
2. 글자 왼편 작은 글자는 부수를, 오른편 숫자는 표제자가 실린 면수를 나타낸다.

총획 색인

7획

총획 색인

총획
색인

총획
색인

9획

총획 색인

총획 색인

총획 색인

11획

총획
색인

총획 색인

총획 색인

총획 색인

14획

15획

총획 색인

17획

총획
색인

18획

총획 색인

총획 색인

22획

23획

字音索引

1. 본 색인은 표제자의 모든 음을 한글 자모순으로 정리하고, 음이 같은 글자는 부수별 획수순으로 배열하였다.
2. 약호 (중)은 중학교 기초한자, (고)는 고등학교 기초한자, (명)은 대법원 지정 인명용 한자이다.
3. 오른편 숫자는 그 표제자가 실린 면수를 나타낸다.

자음 색인

자음 색인

자음 색인

자음 색인

자음 색인

자음 색인

자음 색인

자음 색인

자음 색인

자음 색인

자음 색인

자음 색인

자음 색인

자음 색인

자음 색인

자음 색인

동아 實用玉篇

2007년 1월 5일 초 판 발행
2023년 1월 5일 18 쇄 발행

엮은이/펴낸데 **동 아 출 판 (주)**
펴낸이 **이 욱 상**

서울시 영등포구 은행로 30 (우 07242)
등록 : 제18-6호(1951.9.19.)

ISBN 978-89-00-46907-3 11710

정가 30,000원

http://www.bookdonga.com
내용 문의 : 1644 - 0600 **FAX** : 2229 - 7419
구입 문의 : 1644 - 0600 **FAX** : 2229 - 7378
교환 문의 : 1644 - 0600

부수(部首) 색인